Sebastian Erlhofer

Suchmaschinen-Optimierung

Das umfassende Handbuch

Liebe Leserin, lieber Leser,

dieses Handbuch zur Suchmaschinen-Optimierung von Sebastian Erlhofer gilt in Fachkreisen zu Recht als das deutschsprachige Standardwerk zum Thema. Es bietet Ihnen fundierte Informationen zu allen wichtigen Bereichen der Suchmaschinen-Optimierung. Elf Auflagen hat das Buch bisher erlebt. Für uns Anlass, diesmal auch dem Lieblingstier aller SEOs einen Platz im »großen Erlhofer« einzuräumen, dem Pinguin. Wo? Schauen Sie ganz genau hin. Unten auf der Seite. Und wenn man die Seiten schnell durchblättert, dann hat man, genau: Ein Daumenkino. Zugegeben, es sind eher Mikroabenteuer, die unser Pinguin erlebt. Macht aber trotzdem Spaß.

Aber zurück zum Buch: Wissen über Google & Co hat aufgrund häufiger Updates eine kurze Halbwertzeit. Mit schnellen Kochrezepten und Hacks ist Ihnen hier nicht weitergeholfen. In diesem Buch lernen Sie daher die Grundlagen, die Sie befähigen, eigenständig Optimierungspotenziale zu erkennen, entsprechende Maßnahmen durchzuführen und natürlich Ihren Erfolg nachzuverfolgen.

Die elfte Auflage wurde erneut überarbeitet, aktualisiert und erweitert, sodass Sie langfristig zuverlässige Informationen aus der schnelllebigen SEO-Welt erhalten. Neben ausführlichen Details zur Planung und Erfolgsmessung einer strategischen Suchmaschinen-Optimierung reicht das Spektrum von der Keyword-Recherche, der wichtigen Onpage-Optimierung Ihrer Website über erfolgreiche Methoden des Linkbuildings bis hin zu Ranktracking, SEO-gerechter Content-Erstellung, Monitoring und Controlling. Auch ergänzende Bereiche wie Google Ads, die Konversionsraten-Optimierung, Web Analytics und Strategien zum Relaunch kommen nicht zu kurz. Zudem erhalten Sie in einem von Medienrechtsanwalt Christian Solmecke verfassten Kapitel Antworten auf Rechtsfragen, die im Zusammenhang mit der Suchmaschinen-Optimierung auftauchen. Auch Informationen zur europäischen Datenschutz-Grundverordnung (DSGVO) finden hier ihren Platz.

Um die Qualität unserer Bücher zu gewährleisten, stellen wir hohe Ansprüche an Autoren und Lektorat. Falls Sie dennoch Anmerkungen und Vorschläge zu diesem Buch formulieren möchten, so freue ich mich über Ihre Rückmeldung.

Ihr Stephan Mattescheck
Lektorat Rheinwerk Computing

stephan.mattescheck@rheinwerk-verlag.de
www.rheinwerk-verlag.de
Rheinwerk Verlag · Rheinwerkallee 4 · 53227 Bonn

Auf einen Blick

1	Die Welt der Suchmaschinen-Optimierung	31
2	SEO-Zieldefinition und Workflows	83
3	Keyword-Recherche	131
4	Anatomie des World Wide Web	221
5	Architektur von Suchmaschinen	257
6	Suchprozess	325
7	Gewichtung und Relevanz	373
8	Suchmaschinen-optimierte Website-Struktur	437
9	Websiteaufnahme, Relaunches und Domainwechsel	607
10	Onpage-Optimierung	649
11	Offpage-Optimierung (Linkbuilding)	763
12	Universal Search und strukturierte Daten	877
13	Spam	953
14	Monitoring, Controlling und Tracking	985
15	Google – Gerüchte, Updates und Theorien	1059
16	Usability und Suchmaschinen-Optimierung	1093
17	SEO-Anforderungen an ein Content-Management-System	1113
18	SEO und Recht	1153

Impressum

Wir hoffen, dass Sie Freude an diesem Buch haben und sich Ihre Erwartungen erfüllen. Falls Sie Anregungen, Wünsche und Kommentare haben, lassen Sie es uns wissen: **service@rheinwerk-verlag.de**.

Informationen zu unserem Verlag und Kontaktmöglichkeiten finden Sie auf unserer Verlagswebsite **www.rheinwerk-verlag.de**. Dort können Sie sich auch umfassend über unser aktuelles Programm informieren und unsere Bücher und E-Books bestellen.

Autor Sebastian Erlhofer
Lektorat Stephan Mattescheck
Copy-Editing Ralf J. Klumb, Berlin
Typografie & Layout Vera Brauner
Satz SatzPro, Krefeld
Herstellung Nadine Preyl
Covergestaltung Silke Braun
Coverbild Unsplash: studio-republic-qeij
Druck Beltz Grafische Betriebe, Bad Langensalza

Dieses Buch wurde mit mineralölfreien Farben auf FSC-zertifiziertem Papier aus nachhaltiger Waldwirtschaft gedruckt. Hergestellt in Deutschland.

Das vorliegende Werk ist in all seinen Teilen urheberrechtlich geschützt. Alle Rechte vorbehalten, insbesondere das Recht der Übersetzung, des Vortrags, der Reproduktion, der Vervielfältigung auf fotomechanischen oder anderen Wegen und der Speicherung in elektronischen Medien.

Ungeachtet der Sorgfalt, die auf die Erstellung von Text, Abbildungen und Programmen verwendet wurde, können weder Verlag noch Autor*innen, Herausgeber*innen oder Übersetzer*innen für mögliche Fehler und deren Folgen eine juristische Verantwortung oder irgendeine Haftung übernehmen.

Die in diesem Werk wiedergegebenen Gebrauchsnamen, Handelsnamen, Warenbezeichnungen usw. können auch ohne besondere Kennzeichnung Marken sein und als solche den gesetzlichen Bestimmungen unterliegen.

Die automatisierte Analyse des Werkes, um daraus Informationen insbesondere über Muster, Trends und Korrelationen gemäß § 44b UrhG (»Text und Data Mining«) zu gewinnen, ist untersagt.

Bibliografische Information der Deutschen Nationalbibliothek:
Die Deutsche Nationalbibliothek verzeichnet diese Publikation in der Deutschen Nationalbibliografie; detaillierte bibliografische Daten sind im Internet über *http://dnb.dnb.de* abrufbar.

ISBN 978-3-8362-9169-9

11., aktualisierte Auflage 2023, 1., korrigierter Nachdruck 2025
© Rheinwerk Verlag, Bonn 2025

Rheinwerk Verlag GmbH • Rheinwerkallee 4 • 53227 Bonn
service@rheinwerk-verlag.de

Inhalt

Vorwort 29

1 Die Welt der Suchmaschinen-Optimierung — 31

1.1	Suchhilfen im Web	33
	1.1.1 Suchmaschinen	33
	1.1.2 Bookmarks	39
	1.1.3 Webkataloge	42
	1.1.4 Alternative Suchanbieter	46
	1.1.5 Bezahlte Werbeeinblendungen	47
1.2	Die Content-Anbieter	52
	1.2.1 Content-Anbieter nach Größe	53
	1.2.2 Ziele der Content-Anbieter	59
	1.2.3 Ganzheitlicher Ansatz: SEO, SEA, Content-Marketing, CRO, SMO und Co.	61
1.3	Suchende, die zu Besuchern und Kunden werden (sollen)	62
	1.3.1 Qualifizierte Besucher haben ein Problem	63
	1.3.2 Fünf Phasen des Online-Marketings	64
1.4	Suchmaschinen-Optimierer und Online-Marketing	67
	1.4.1 SEO-Dienstleister und -Agenturen	68
	1.4.2 Inhouse-SEO	74
	1.4.3 Autodidakten und die Nebenbei-Optimierung	75
	1.4.4 Automatische Optimierung mit SEO-Software	75
	1.4.5 Installierbare SEO-Software	77
	1.4.6 Online-SEO-Tools	78
	1.4.7 SEO-Konferenzen, Stammtische & Co.	80

2 SEO-Zieldefinition und Workflows — 83

2.1	Rahmenbedingungen einer Optimierung	84
2.2	Ziele der Suchmaschinen-Optimierung	90
	2.2.1 SEO zur Steigerung des bloßen Traffics	92
	2.2.2 SEO für E-Commerce-Verkäufe	93

	2.2.3	SEO zur Lead-Generierung	96
	2.2.4	SEO zur Steigerung der Markenbekanntheit	97
	2.2.5	SEO als Krisen-Reputationsmanagement	98
	2.2.6	Für jede Zielsetzung die richtige Strategie	100
2.3	**SMART vorgehen**	**100**
	2.3.1	Spezifische Zielsetzung (specific)	100
	2.3.2	Messbare Ziele (measureable)	101
	2.3.3	Erreichbare Ziele (achievable)	101
	2.3.4	Relevante Ziele (relevant)	102
	2.3.5	Terminiert (time-bound)	103
	2.3.6	Beispiele für (k)eine SMARTe Zielsetzung	103
2.4	**Fortschritt messen mit Key-Performance-Indikatoren (KPIs)**	**105**
	2.4.1	Traffic	106
	2.4.2	Relativer Zuwachs von Besuchern über Suchmaschinen	107
	2.4.3	Sichtbarkeit	108
	2.4.4	Suchmaschinen-Rankings	110
	2.4.5	Seiteninhalte	111
	2.4.6	Keywords	111
	2.4.7	Links	112
	2.4.8	Einnahmen und Transaktionen aus Suchanfragen	112
2.5	**Zielgruppe erkennen**	**113**
2.6	**Der SEO-Marketing-Plan**	**114**
	2.6.1	Tipps für die Erstellung eines Marketing-Plans	115
	2.6.2	Ein SEO-Marketing-Plan nach OKR	117
2.7	**Ein agiler Workflow für SEO mittels MOOVE**	**119**
	2.7.1	SEO-Ebenenmodell als Grundlage	121
	2.7.2	SEO-Score-Card	123
	2.7.3	Peer Review – Vier-Augen-Prinzip zur Absicherung	125
	2.7.4	Objectives und Key Results (OKR) definieren	126
	2.7.5	Optimierungsprozess mittels Kanban	127
	2.7.6	Monitoring der Ergebnisse	128
	2.7.7	Evaluation über regelmäßige Retrospektiven	128

3 Keyword-Recherche 131

3.1	**Keywords, natürlichsprachige Anfragen und Entitäten**		**132**
	3.1.1	Die Abwendung von strengen Keyword-Bestimmungen	135
	3.1.2	Bedeutung von Entitäten und Kontext in der Keyword-Recherche	135

3.2	**Die Theorie hinter der Keyword-Recherche**	138
	3.2.1 Die Suchenden verstehen – der User Intent	138
	3.2.2 Der richtige Zeitpunkt für eine Keyword-Recherche	140
	3.2.3 Keyword-geleitete Suchmaschinen-Optimierung	140
3.3	**Gütekriterien und Arten von Keywords**	142
	3.3.1 Die drei Gütekriterien für ein gutes Keyword	144
	3.3.2 Keyword-Arten	145
3.4	**Keyword-Strategien: vom Shorthead zum Longtail**	146
	3.4.1 Generische Begriffe (Shorttail oder Shorthead)	147
	3.4.2 Der Longtail	148
	3.4.3 Refinements nutzen mit dem Midtail	150
	3.4.4 Keystroke-Optimierung	151
	3.4.5 Fehlschreibweisen-Optimierung	152
3.5	**Schritte einer Keyword-Recherche**	153
	3.5.1 Erstes Brainstorming	155
	3.5.2 Aktuelle Suchanfragen aufnehmen	156
	3.5.3 Google Search Console als Datenquelle nutzen	157
	3.5.4 Mitbewerber analysieren	160
	3.5.5 Synonyme finden	164
	3.5.6 Umfeld: Freunde, Kollegen, Bekannte, Kunden und Besucher	165
	3.5.7 IDF überprüfen	167
	3.5.8 Erste Bereinigung	168
3.6	**Keyword-Datenbanken**	170
	3.6.1 Der Keyword-Planer von Google Ads	170
	3.6.2 Keyword-Planer Derivate	178
	3.6.3 Verwandte Suchanfragen	180
	3.6.4 Google Suggest	181
	3.6.5 Google Search Console (ehemals Webmaster-Tools)	184
	3.6.6 MetaGer	185
	3.6.7 Der Wortschatz der Universität Leipzig	186
	3.6.8 Tools für automatische Keyword-Analysen	188
	3.6.9 eBay, Amazon und Co.	189
	3.6.10 Weitere Keyword-Datenbanken und Datenquellen	191
3.7	**Eigenschaften der Keywords**	191
	3.7.1 Groß- und Kleinschreibung	191
	3.7.2 Singular oder Plural?	192
	3.7.3 Sonderzeichen	194
	3.7.4 Flexionen	195

3.7.5	Sonstige Eigenschaften	195
3.7.6	Falsche orthografische Schreibweise	196
3.7.7	Getrennt oder zusammen?	199
3.7.8	Wortkombinationen	200
3.7.9	Termabstand und Wortnähe	201
3.7.10	Lokalisierte Keywords	201
3.8	**Bewerten der Listeneinträge: Keyword-Potenzialanalyse**	**201**
3.8.1	Matrix-Schemata überprüfen	202
3.8.2	Liste bereinigen	203
3.8.3	Permutation: Keyword-Reihenfolgen generieren	204
3.8.4	Verticals schränken SERP-Möglichkeiten ein	206
3.8.5	Keyword-Daten einfügen	208
3.8.6	Keyword-Effizienz abschätzen	208
3.8.7	Keyword-Effizienz berechnen	210
3.9	**Zeitliche und regionale Einflüsse mit Google Trends**	**214**
3.9.1	Saisonale Effekte	214
3.9.2	Regionale Schwerpunkte finden	216
3.9.3	Verwandte Suchanfragen	217
3.10	**Zuweisung von Keywords: Keyword-Mapping**	**218**
3.10.1	Keywords gruppieren und sortieren	218
3.10.2	Zuordnung zu Seiten im Seitenbaum	219

4 Anatomie des World Wide Web 221

4.1	**Exkurs in HTML**	**222**
4.1.1	HTML-Dokumentstruktur	224
4.1.2	DOM	226
4.1.3	Tags	226
4.1.4	Meta-Tags	228
4.1.5	Cascading Style Sheets (CSS)	229
4.2	**Trägermedium Internet**	**232**
4.2.1	Das Client-Server-Prinzip	232
4.2.2	TCP/IP	235
4.2.3	Adressierung der Hosts	236
4.2.4	Funktion und Aufbau einer URL	237
4.3	**HTTP**	**240**
4.3.1	Request	245

	4.3.2	Response	249
	4.3.3	HTTP live erleben	251
4.4	Content-Management-Systeme		252

5 Architektur von Suchmaschinen — 257

5.1	Suchmaschinen		258
	5.1.1	User-Interfaces	259
	5.1.2	Typische Hürden	264
	5.1.3	Funktionen und Komponenten	265
5.2	Meta-Suchmaschinen		268
	5.2.1	Formale Kriterien	270
	5.2.2	Einsatzgebiete	270
	5.2.3	Operatoren	271
	5.2.4	Anonymisierung der Suchanfrage	272
	5.2.5	Präsentation der Suchergebnisse	272
5.3	Dokumentgewinnung mit dem Webcrawler-System		275
	5.3.1	Dokumentenindex	277
	5.3.2	Scheduler	278
	5.3.3	Crawler	280
	5.3.4	Web Rendering Service	281
	5.3.5	Storeserver	284
	5.3.6	Repository	289
5.4	Datenaufbereitung und Dokumentanalyse		290
	5.4.1	Datenaufbereitung durch den Parser	294
	5.4.2	Datennormalisierung	295
	5.4.3	Wortidentifikation durch den Tokenizer	297
	5.4.4	Identifikation der natürlichen Sprache	299
	5.4.5	Grundformreduzierung durch Word Stemming	304
	5.4.6	Mehrwortgruppenidentifikation	308
	5.4.7	Stoppwörter	309
	5.4.8	Keyword-Extrahierung	311
	5.4.9	URL-Verarbeitung	315
5.5	Datenstruktur		316
	5.5.1	Hitlist	316
	5.5.2	Direkter Index	319
	5.5.3	Invertierter Index	321
	5.5.4	Verteilte Datenstruktur	323

6 Suchprozess ... 325

6.1 Arbeitsschritte des Query-Prozessors ... 326
6.1.1 Tokenizing ... 326
6.1.2 Parsing ... 327
6.1.3 Stoppwörter und Stemming ... 327
6.1.4 Erzeugung der Query ... 328
6.1.5 Verwendung eines Entitäten-Thesaurus ... 328
6.1.6 Einsatz künstlicher Intelligenz mit Hummingbird, Rankbrain, BERT und MUM ... 329
6.1.7 Matching und Gewichtung ... 334
6.1.8 Darstellung der Trefferliste ... 334

6.2 Einfache Suchoperatoren ... 336
6.2.1 Boolesche Ausdrücke ... 337
6.2.2 Phrasen ... 338
6.2.3 Wortabstand ... 338
6.2.4 Trunkierung ... 339

6.3 Erweiterte Suchmöglichkeiten ... 340
6.3.1 Der »site«-Operator und die erweiterte Suche ... 341
6.3.2 Sprachfilter ... 344
6.3.3 Positionierung ... 344
6.3.4 Aktualität ... 345
6.3.5 Dateityp mit »filetype« und »ext« ... 345
6.3.6 Sonstige Suchmöglichkeiten ... 348
6.3.7 Suchergebnis-Individualisierung ... 349

6.4 Personalisierter Suchprozess ... 350
6.4.1 Historische Suchanfragen ... 350
6.4.2 Lokalisierte Suche ... 353
6.4.3 Das (gescheiterte) soziale Netzwerk Google+ ... 356
6.4.4 Differenzierte Keywords ... 357
6.4.5 Unterschiedliche Endgeräte und Mobile-First-Indexierung ... 358
6.4.6 Personalisierung deaktivieren ... 360

6.5 Nutzerverhalten im Web ... 361
6.5.1 Suchaktivitäten ... 361
6.5.2 Suchmodi ... 363
6.5.3 Intentbasiertes Nutzerverhalten ... 364
6.5.4 Welche Suchmaschine wird genutzt? ... 365
6.5.5 Was wird gesucht? ... 368

7 Gewichtung und Relevanz 373

7.1 Statistische Modelle 375
- 7.1.1 Boolesches Retrieval 375
- 7.1.2 Fuzzy-Logik 376
- 7.1.3 Vektorraummodell 377
- 7.1.4 Termfrequenz (TF) 380
- 7.1.5 Keyword-Dichte (KD) oder Within Document Frequency (WDF) 381
- 7.1.6 Inverse Dokumenthäufigkeit (IDF) 383
- 7.1.7 Termgewichtung TF*IDF bzw. WDF*IDF 384
- 7.1.8 Bedeutung der Lage und Auszeichnung eines Terms 387
- 7.1.9 Main Content und Supplementary Content 389
- 7.1.10 Betrachtung der URL 393

7.2 Natural Language Processing (NLP) 395
- 7.2.1 Word2Vec, GloVe und FastText 396
- 7.2.2 Neurale Netzwerke 398
- 7.2.3 ELMo, BERT, MUM und Co. 399

7.3 PageRank 404
- 7.3.1 Link-Popularity 405
- 7.3.2 PageRank-Konzept, Random Surfer und Reasonable Surfer 406
- 7.3.3 PageRank-Formel 407
- 7.3.4 Beispiel zur PageRank-Berechnung 408
- 7.3.5 Effekte des PageRanks 410
- 7.3.6 Intelligente Surfer und weitere Einflussfaktoren 413
- 7.3.7 Bad Rank 415

7.4 Das Hilltop-Prinzip 417

7.5 TrustRank 418
- 7.5.1 Funktionsweise 420
- 7.5.2 Trust-Pyramide 420
- 7.5.3 Trust-Netzwerk mit Hubs 421
- 7.5.4 TrustRank-Anzeige 421

7.6 User-Signale 422
- 7.6.1 Click-Popularity 422
- 7.6.2 Return-to-SERP-Rate (RTS) 424
- 7.6.3 Techniken zur eindeutigen Zuordnung eines Suchenden 427
- 7.6.4 User-Signale zur SERP-Optimierung mittels A/B-Tests 429
- 7.6.5 Quellen für User-Signale 429

7.7	Cluster-Verfahren	431
7.7.1	Cluster-Verfahren im Einsatz	432
7.7.2	Die Single-Pass-Methode	433
7.7.3	Cluster aus Netzwerken	434

8 Suchmaschinen-optimierte Website-Struktur 437

8.1	Barrierefreiheit für Suchmaschinen	437
8.1.1	Gut indexierbare Inhalte	439
8.1.2	Nicht indexierbare Inhalte: Flash und Text in Bildern	440
8.1.3	Korrektes Rendering und gültiges HTML	440
8.1.4	Einsatz von CSS	448
8.1.5	Korrekter Einsatz von HTML-Tags	452
8.1.6	Frames und iframes	453
8.1.7	Cookie Consent Banner und Overlays	460
8.2	**Mobile Websites, Responsive Design und AMP**	**464**
8.2.1	Mobile First Indexing	464
8.2.2	Arten von mobilen Endgeräten und der mobile Index	465
8.2.3	Responsive Websites	465
8.2.4	Dynamische Bereitstellung und unterschiedliche Domains	467
8.2.5	Mobiltauglichkeit testen	468
8.2.6	Tipps für mobiloptimierte Websites	469
8.2.7	Google AMP	471
8.2.8	Progressive Web App (PWA)	474
8.3	**Die optimale Navigationsarchitektur**	**476**
8.3.1	Kriterien für eine gute Navigation	477
8.3.2	Verschiedene Navigationssysteme	479
8.3.3	Die ideale 404-Fehlerseite	482
8.3.4	Crawlbare Navigation verwenden	484
8.3.5	Broken Links vermeiden	487
8.4	**Die Startseite**	**490**
8.4.1	Auf Intro-Seiten verzichten	491
8.4.2	Nutzer- und Suchmaschinen-gerechte Startseite	492
8.5	**Semantische Struktur wahren**	**494**
8.6	**Sprechende URLs**	**495**
8.6.1	Der richtige Dateityp	495

	8.6.2	Dynamische Seiten- und URL-Generierung	498
	8.6.3	URL-Rewrite für sprechende URLs	502
8.7	**Cookies und Session-IDs**		**503**
8.8	**Domainwahl**		**504**
	8.8.1	Der passende Domainname	505
	8.8.2	Keyword-Domains bzw. Exact-Match-Domains (EMD)	505
	8.8.3	Domainweiterleitungen	507
	8.8.4	Mit oder ohne Bindestrich?	508
	8.8.5	Umlaut-Domains (IDN vs. Punycode)	509
	8.8.6	Alternativen zu ».de« – die richtige Top Level Domain	509
	8.8.7	Domainalter	510
8.9	**Optimale Verzeichnis- und Dateinamen**		**513**
	8.9.1	Dateinamen von Bildern und sonstigen Dateien	515
	8.9.2	Verzeichnistiefe	516
	8.9.3	Aktualität einer URL	517
8.10	**Platzierung neuer Inhalte**		**519**
	8.10.1	Verwendung von Unterverzeichnissen	520
	8.10.2	Verwendung von Subdomains	520
	8.10.3	Einsatz eigener Domains als Microsites	521
8.11	**Webhosting**		**521**
	8.11.1	IP-Sharing	522
	8.11.2	Eigene Webserver für eigene IP-Adresse und Performance	522
	8.11.3	Kostenloser Webspace	523
	8.11.4	Voller Zugriff	525
	8.11.5	Eigene IP-Adresse	526
8.12	**Ladezeiten optimieren (Pagespeed)**		**527**
	8.12.1	Critical Rendering Path/kritischer Rendering-Pfad	528
	8.12.2	Rendering-Pfad analysieren	531
	8.12.3	Ladezeit-Metriken	534
	8.12.4	Google Core Web Vitals	538
	8.12.5	Die ideale Ladezeit	539
	8.12.6	Crawling und Pagespeed	543
	8.12.7	Optimierung der Ladezeit	544
	8.12.8	Reverse Proxy und Server-Caching	548
8.13	**Stetige Aktualisierung und Content-Pflege**		**549**
	8.13.1	Stetiges Wachstum	550
	8.13.2	Seiten und Inhalte entfernen	551
	8.13.3	Seiten mit hoher Qualität pflegen	554

8.14	Duplicate Content		555
	8.14.1	Warum Suchmaschinen keine doppelten Inhalte mögen	555
	8.14.2	Begriffe im Duplicate-Content-Umfeld	559
	8.14.3	Arten von Duplicate Content	560
	8.14.4	Wie Suchmaschinen Duplicate Content erkennen	560
	8.14.5	Konsequenzen von Duplicate Content	563
	8.14.6	Häufige Ursachen von Duplicate Content	565
	8.14.7	Duplicate Content identifizieren	572
	8.14.8	Mit Duplicate Content auf eigener Seite umgehen	576
	8.14.9	Das <canonical>-Tag	582
	8.14.10	Fremdsprachiger Duplicate Content	587
	8.14.11	Wie lässt sich aus einem Text einzigartiger anderer Text generieren?	588
	8.14.12	Thin Content	590
8.15	Redirects korrekt umsetzen		591
	8.15.1	Das Meta-Tag »refresh«	592
	8.15.2	Redirects mit JavaScript	592
	8.15.3	Redirect für Apache (».htaccess«) und NGINX	593
8.16	Webcrawler-Steuerung		594
	8.16.1	Die Datei »robots.txt«	594
	8.16.2	Robots »noindex« und »nofollow«	598
	8.16.3	rel="nofollow"	600
	8.16.4	rel="sponsored", rel="ugc"	600
8.17	Versteckte Inhalte (Deep Web)		601
	8.17.1	Quasigeschützte Bereiche vermeiden	602
	8.17.2	Seiteninterne Suchfunktion	603
	8.17.3	Inhalte hinter Paywalls	603

9   Websiteaufnahme, Relaunches und Domainwechsel   607

9.1	Der Suchmaschinen-Markt		608
	9.1.1	Auf und Ab von Yahoo!	608
	9.1.2	Eintrag in 200 Suchmaschinen?	609
9.2	Die Anmeldung einer neuen Domain		609
	9.2.1	Anmeldung über Search Console und Webmaster Tools	609
	9.2.2	Anmeldung bei Spezialsuchmaschinen	612
	9.2.3	Anmeldung bei Verzeichnissen	613

	9.2.4	Automatisierte Anmeldung per Software	614
	9.2.5	Indirekte Anmeldung	615
	9.2.6	Aufnahmedauer	615
	9.2.7	Kostenpflichtige Aufnahmen	617
9.3	**Anmeldung einzelner URLs**		**619**
	9.3.1	Google Search Console und Bing Webmaster Tools	619
	9.3.2	Indexing APIs	620
9.4	**XML-Sitemaps**		**622**
	9.4.1	Was ist eine XML-Sitemap?	622
	9.4.2	Struktur	622
	9.4.3	Generierung	623
	9.4.4	Konfigurieren der XML-Sitemap	625
	9.4.5	Image-, Video- und News-Sitemaps	627
	9.4.6	XML-Sitemapindex	629
	9.4.7	Anmelden der XML-Sitemap	630
9.5	**Aufnahme beschleunigen**		**631**
9.6	**Die Wiederaufnahme**		**632**
	9.6.1	Gründe für eine Deindexierung	633
	9.6.2	Benachrichtigung der Sperrung	635
	9.6.3	Wiederaufnahme-Antrag stellen	636
9.7	**Relaunches aus SEO-Sicht**		**638**
	9.7.1	Arten von Relaunches	638
	9.7.2	Relaunch vorbereiten	640
	9.7.3	URL-Set und 301-Redirect-Liste erstellen	642
	9.7.4	Fallunterscheidung bei Bildern	644
	9.7.5	Relaunch durchführen	645
	9.7.6	Relaunch nachbereiten	645
9.8	**Domainwechsel aus SEO-Sicht**		**646**
	9.8.1	Site-Struktur bei Domainwechsel beibehalten	646
	9.8.2	Vorgehen bei einem Domainumzug	647

10 Onpage-Optimierung 649

10.1	**Optimierung durch Tags**		**651**
	10.1.1	Das Title-Tag	651
	10.1.2	Description-Meta-Tag	656
	10.1.3	Das <p>-Tag	663
	10.1.4	Aufzählungen mit <li> und <ol>	665

10.1.5	Texthervorhebungen	666
10.1.6	Überschriften von H1 bis H6	668
10.1.7	Links und Anchor-Text	671
10.1.8	Tabellen	674
10.1.9	Das <comment>-Tag	677
10.1.10	Formulare und das <input>-Tag	678
10.1.11	Das <noscript>-Tag	679
10.1.12	Das <iframe>-Tag	679

10.2 Meta-Tags ... 680

10.2.1	Das Meta-Tag »keywords«	681
10.2.2	Das Meta-Tag »robots«	682
10.2.3	Das Meta-Tag »language«	686
10.2.4	Das Meta-Tag »content-type«	686
10.2.5	Das Meta-Tag »refresh«	687
10.2.6	Das Meta-Tag »viewport«	687
10.2.7	Google-spezifische Meta-Tags	688
10.2.8	Das Meta-Tag »hreflang«	689
10.2.9	Das Meta-Tag »revisit-after«	693
10.2.10	Das Meta-Tag »expires«	693
10.2.11	Das Meta-Tag »cache-control«	693
10.2.12	Open-Graph-Markup von Facebook	694
10.2.13	Sonstige Meta-Tags	697

10.3 Bildoptimierung ... 698

10.3.1	Funktionsweise der Bildersuche	700
10.3.2	Das »alt«- und das »title«-Attribut	707
10.3.3	Bildgröße und Bildtyp	708
10.3.4	Umgebender Text	709
10.3.5	Dateiname und Pfad	709
10.3.6	Responsive Bilder	709
10.3.7	Strukturierte Daten für Bilder	710
10.3.8	Image-Maps	711
10.3.9	Bilder-XML-Sitemap verwenden	713
10.3.10	SafeSearch und Erwachseneninhalte	713

10.4 Suchmaschinen-optimiertes Schreiben ... 714

10.4.1	Nutzerorientierung statt Suchmaschinen-Optimierung	714
10.4.2	Hauptkeyword und Nebenkeywords definieren	715
10.4.3	Textkonzeption erstellen	718
10.4.4	Termnennung für Suchmaschinen	723
10.4.5	Keyword-Häufigkeit	725

	10.4.6	Begriffswelten und Entitäten mittels latent semantischer Optimierung	728
	10.4.7	Sprachtypische Strukturen verwenden	730
	10.4.8	Orthografie und der »Schwafel-Score«	730
	10.4.9	Verlinkungen nach außen	733
	10.4.10	Publizieren eines Textes	734
	10.4.11	Workflow für Textoptimierung	735
10.5	**Hochwertige Inhalte schaffen**		**736**
	10.5.1	Der Panda-Fragenkatalog	737
	10.5.2	Ist meine Website von Panda betroffen?	739
	10.5.3	Echten Mehrwert schaffen für Besucher, niedrige Absprungraten	740
	10.5.4	Textqualität beachten	741
	10.5.5	Hochwertiges Website- und Content-Design	742
	10.5.6	Das Anliegen der Besucher ins Zentrum stellen	742
	10.5.7	Unique Content statt Duplicate Content	743
	10.5.8	Echten Mehrwert schaffen für Besucher	745
	10.5.9	Nicht übertreiben durch Überoptimierung	746
	10.5.10	Ladegeschwindigkeit und Website-Performance	746
	10.5.11	Linkqualität seit Penguin	747
10.6	**JavaScript und Ajax**		**747**
	10.6.1	Ajax vorgestellt	748
	10.6.2	JavaScript und JavaScript-Frameworks	749
	10.6.3	Infinite Scrolling mit Ajax	751
	10.6.4	Lazy Loading von Bildern	754
	10.6.5	JavaScript und Ajax-Rendering bei Google prüfen	755
10.7	**PDF-Dokumente optimieren**		**756**
	10.7.1	Meta-Daten nutzen	757
	10.7.2	Erschließbare Textinhalte schaffen	758
	10.7.3	Dateiname	759
	10.7.4	Dateigröße	759
	10.7.5	Eingehende Verlinkung auf PDFs per <canonical>-Tag umleiten	759
	10.7.6	Indexierung verhindern oder rückgängig machen mittels »noindex«	761

11 Offpage-Optimierung (Linkbuilding)   763

11.1	**Linkjuice**	**764**
11.2	**Interne Verlinkung optimieren**	**765**

	11.2.1	Externe Links überlegt einsetzen	765
	11.2.2	Link Sculpting	767
	11.2.3	Den Linkjuice-Flow kontrollieren	768
	11.2.4	Interne Verlinkung aus dem Content	770
	11.2.5	Interne Verlinkung aus Marginal-Boxen	770
	11.2.6	Siloing	770
11.3	**Linkbaiting und das KAKADU-Prinzip**		**771**
11.4	**Natürliches Linkbuilding**		**774**
	11.4.1	Direktes und indirektes Linkbuilding	774
	11.4.2	Anchor-Texte	776
	11.4.3	Agenda-Überprüfung	777
	11.4.4	Content-Änderung	778
	11.4.5	Linkherkunft	779
	11.4.6	Kennzeichnung von werblichen Links	779
11.5	**Backlink-Profil-Analyse**		**782**
	11.5.1	Einsatzzweck einer Backlink-Profil-Analyse	782
	11.5.2	Daten sammeln für die Backlink-Profil-Analyse	783
	11.5.3	Auswertung der Daten	795
11.6	**Linkpartnerschaften**		**797**
	11.6.1	Erfolgsquote und Stil	797
	11.6.2	Qualitätskriterien potenzieller Linkpartner	798
	11.6.3	An andere Webautoren herantreten	800
	11.6.4	Linktausch	802
	11.6.5	Reziproke Links	802
	11.6.6	Ringtausch	803
11.7	**Linkkauf**		**804**
	11.7.1	Der Kaufmarkt	804
	11.7.2	Linkkauf als skalierbares Agentur-Modell?	806
	11.7.3	Gibt es einen Zwang zum Linkkauf?	807
	11.7.4	Linkkauf und Linkmiete	808
	11.7.5	Linkpreise	808
	11.7.6	Nachhaltige Suchmaschinen-Optimierung vs. Linkkauf	808
11.8	**Webkataloge und Webverzeichnisse**		**809**
	11.8.1	Was ist ein Webkatalog?	811
	11.8.2	Liste von Webkatalogen?	814
	11.8.3	Auswahl der Rubrik	815
	11.8.4	Titelwahl	815
	11.8.5	Aufgepasst beim Beschreibungstext	816
	11.8.6	Stichwörter mit Sorgfalt wählen	817

11.8.7	Häufige Fehler	818
11.8.8	Submit-Tools	818

11.9 Weblogs 819
- 11.9.1 Weblogs finden und anlegen 819
- 11.9.2 Kommentar-Spam 821

11.10 Sonstige mögliche Linkquellen 823
- 11.10.1 Presseportale und Artikelverzeichnisse 823
- 11.10.2 Signaturen in Foren 824
- 11.10.3 Offline- und Crossmedia-Linkbuilding 826
- 11.10.4 Linkfarmen und Google-Bomben 827

11.11 Individuelle Linkquellen erschließen 828
- 11.11.1 Die einfache Google-Suche 828
- 11.11.2 Allinanchor-Suche 828
- 11.11.3 Attribut-Suchanfragen bei Google 828

11.12 Penaltys 830
- 11.12.1 Raus aus dem Index: Delisting 831
- 11.12.2 Site-Deranking 831
- 11.12.3 Keyword-Deranking 832
- 11.12.4 Keyword-Cluster-Deranking 832

11.13 Linkabbau 833
- 11.13.1 Penguin-Abstrafung erkennen 834
- 11.13.2 Backlink-Daten sammeln und bewerten 835
- 11.13.3 Um Linkabbau oder Linkumbau bitten 838
- 11.13.4 Links entwerten mit dem Disavow-Tool 839
- 11.13.5 Linkmanagement und Linkmonitoring 841

11.14 Aufbau von Satellitendomains 842

11.15 Das Web 2.0 zur Offpage-Optimierung nutzen 844
- 11.15.1 Wikis nutzen 844
- 11.15.2 Social Bookmarking 847
- 11.15.3 Social Signals aus Facebook und Co. 847
- 11.15.4 Twitter 850
- 11.15.5 Frage-Antwort-Portale 852
- 11.15.6 Web-2.0-Nutzer arbeiten lassen 853
- 11.15.7 RSS-Feeds anbieten 854

11.16 Click-Popularity erhöhen durch Snippet-Optimierung 856
- 11.16.1 Inhaltliche Optimierung 857
- 11.16.2 Zählweisen der Klicks 860
- 11.16.3 Klicksimulation 860
- 11.16.4 Klickrate in der Search Console analysieren 861

11.17 Wenn es einmal länger dauert: PPC als Ergänzung 862
    11.17.1 Pay per Click (PPC) 863
    11.17.2 Bieterprinzip 863
    11.17.3 Darstellung von bezahlter Werbung 864
    11.17.4 Zahlreiche Optionen mit Google Ads und Co. 865
    11.17.5 Geld verdienen mit AdSense und Co. 866

11.18 Content-Marketing für das Linkbuilding 869
    11.18.1 Was ist Content-Marketing? 870
    11.18.2 Content-Marketing als Linkbait-Methode 871
    11.18.3 Phasen des Content-Marketings 872
    11.18.4 Nachteile des Content-Marketings 875

12 Universal Search und strukturierte Daten   877

12.1 Potenzial für die Optimierung 879

12.2 Verschiedene Universal-Search-Typen 879
    12.2.1 Google Maps und Google Business Profile
            (ehemals Places oder My Business) 880
    12.2.2 Google Bildersuche 885
    12.2.3 Produktsuche 887
    12.2.4 Google News 891
    12.2.5 Videos 893
    12.2.6 Abgeschaltet: Weblogs und rel-Author 894
    12.2.7 Twitter 895
    12.2.8 Rich Data Query 896

12.3 Google Knowledge Graph 898
    12.3.1 Entitäten im semantischen Netzwerk 898
    12.3.2 Datenherkunft und Datenmenge 899
    12.3.3 Knowledge Graph als Webmaster erweitern 900

12.4 Unterschiedliche Markup-Formate 902
    12.4.1 HTML-Mikrodaten 902
    12.4.2 RDFa 905
    12.4.3 JSON-LD 908

12.5 Markup-Formate 909
    12.5.1 Erfahrungsberichte und Bewertungen (Review) 909
    12.5.2 Stellenausschreibung mit Google for Jobs (Jobposting) ... 915
    12.5.3 Produktauszeichnungen (Product) 917

	12.5.4	Veranstaltungen und Seminare (Event)	920
	12.5.5	Videos auszeichnen (Video)	921
	12.5.6	Breadcrumbs (Navigationspfad)	924
	12.5.7	Frequently Asked Questions (FAQPage)	926
	12.5.8	Sonstige Mikrodaten (Rezepte, Veranstaltungen, Musik etc.)	928
	12.5.9	Korrekte Einbindung testen mit dem Test-Tool	930
12.6	**Typologie der Google-Ergebnisse**		**931**
	12.6.1	Web Search Result Blocks	932
	12.6.2	Basic Results	932
	12.6.3	Rich Results/Enriched Search Results	933
	12.6.4	Special Content Result Blocks	937
	12.6.5	Fakten-Anzeige (Fact)	938
	12.6.6	Compilation	939
	12.6.7	Device Action Result Blocks	949
	12.6.8	Andere häufig verwendete Begriffe	949

13 Spam 953

13.1 Keyword-Stuffing 955

13.2 Unsichtbare und kleine Texte 957

13.3 Hidden-Links 962

13.4 Phantom-Pixel und Alt-Attribut-Spam 962

13.5 Meta-Spam 964

13.6 Doorway-Pages 965

13.7 Cloaking 969

13.8 IP-Delivering 971

13.9 Bait-and-Switch 971

13.10 Domaindubletten 972

13.11 Page-Jacking 973

13.12 Blog- und Gästebuch-Spam 974

13.13 Kopierte Inhalte 976

13.14 Teilnahme an Linktausch oder Linkkauf 977

13.15 Negative SEO 978

13.16 Pop-up-Spam 978
13.17 Thin Affiliates und Thin Content 979
13.18 Oversubmitting 980
13.19 Spam melden 980
13.20 Die Qualitätsrichtlinien von Google 981

14 Monitoring, Controlling und Tracking 985

14.1 Monitoring 986
    14.1.1 Erreichbarkeits-Monitoring 986
    14.1.2 Servergeschwindigkeit beobachten 988
    14.1.3 Versehentliche Änderung von URLs 989
    14.1.4 Website-Änderungen überwachen 990

14.2 Controlling mit der Google Search Console 991
    14.2.1 Anmeldung und Verifikation 992
    14.2.2 Einladungen aussprechen und widerrufen 994
    14.2.3 Initiale Angaben 996
    14.2.4 Einzelne URL prüfen 996
    14.2.5 Regelmäßiges Controlling mit der Search Console 998
    14.2.6 Typische Controlling-Arbeiten mit der Search Console 999

14.3 Tracking 1014
    14.3.1 Grundsätzliche Tracking-Möglichkeiten 1015
    14.3.2 Dashboards zur Visualisierung 1017

14.4 Website-Tracking mit Google Analytics 1018
    14.4.1 Nachteil von Google Analytics und Co. 1019
    14.4.2 Technische Einbindung über Google Analytics oder Tag Manager 1021
    14.4.3 Datenschutzkonformer Einsatz 1024
    14.4.4 Website-Tracking für unterschiedliche Website-Typen 1029
    14.4.5 Typische Auswertungen vorgestellt 1032

14.5 Logdateien zur Besucheranalyse nutzen 1043
    14.5.1 Besucheranalyse aus den Logfiles 1044
    14.5.2 Anfragen pro Tag und Monat 1045
    14.5.3 Herkunftsland der Besucher 1047
    14.5.4 Seitenbesuche 1047
    14.5.5 404-Statuscodes 1048
    14.5.6 Vergleich zwischen Website-Tracking und Logfile-Analyse 1048

14.6	**Logdateien zur Crawler-Analyse nutzen**	**1052**
	14.6.1 Logfiles vorbereiten	1052
	14.6.2 Google-Crawler verifizieren	1053
	14.6.3 Google-Crawler-Verhalten auswerten	1054
14.7	**Rank-Monitoring**	**1055**
	14.7.1 Manuelles Tracking	1055
	14.7.2 Automatisches Rank-Tracking	1056

15   Google – Gerüchte, Updates und Theorien   1059

15.1	**Gerüchtequellen und Gerüchteküchen**	**1060**
15.2	**Googles Crawling-Strategien**	**1064**
	15.2.1 Everflux	1064
	15.2.2 Fresh Crawl und Deep Crawl	1064
	15.2.3 Caffein	1065
	15.2.4 Mobile First Indexing und Googlebot Smartphone	1065
15.3	**Google-Update-Typen**	**1067**
	15.3.1 Kommunikationspolitik zu Updates	1067
	15.3.2 Varianten von Updates	1068
15.4	**Historie wichtiger Google-Updates**	**1069**
	15.4.1 Florida-Update (2003)	1069
	15.4.2 Austin-Update (2004)	1070
	15.4.3 Brandy-Update (2004)	1070
	15.4.4 Allegra-Update (2005)	1071
	15.4.5 Bourbon-Update (2005)	1071
	15.4.6 Gillian-Update (2005)	1072
	15.4.7 Jagger-Update (2005)	1072
	15.4.8 Big-Daddy-Update (2006)	1073
	15.4.9 Anti-Google-Bomben-Update (2007)	1074
	15.4.10 Buffy-Update (2007)	1075
	15.4.11 Update zur Subdomain und Aktualität (2007)	1075
	15.4.12 Brand-Update (2009)	1075
	15.4.13 Mayday-Update (2010)	1075
	15.4.14 Attribution-Update (2011)	1076
	15.4.15 Panda-Update (seit 2011)	1076
	15.4.16 Freshness-Update (2011)	1076
	15.4.17 Google+-Button (2012)	1077
	15.4.18 Venice-Update (2012)	1077

15.4.19	Knowledge-Graph-Update (2012)	1078
15.4.20	Penguin-Update #1 (ab 2012)	1080
15.4.21	Exact-Match Domain (EMD) Update (2012)	1080
15.4.22	Hummingbird (2013)	1080
15.4.23	Layout-Update oder Ads-Above-The-Fold-Update 2.0 (2012)	1081
15.4.24	Payday Loan Update (2013)	1081
15.4.25	Google Core Update aka Phantom-Update (2015)	1081
15.4.26	RankBrain (2015)	1082
15.4.27	Panda und Penguin – die x-te Iteration (2011–2017)	1082
15.4.28	Fred-Update (2017)	1082
15.4.29	Unknown Updates (seit 2017)	1083
15.4.30	Medic-Update (seit 2018)	1083
15.4.31	BERT-Update (2019)	1084
15.4.32	Core-Updates (ab 2019 bis heute)	1084

15.5 Google und die geheimen Labors ... 1086
    15.5.1 Geheime Labors ... 1086
    15.5.2 Quality Rater, YMYL und E-A-T ... 1088

15.6 Sandbox ... 1089
    15.6.1 Der Sandbox-Effekt ... 1089
    15.6.2 Sandbox: Gerücht oder Fakt? ... 1090
    15.6.3 Den Sandbox-Effekt vermeiden ... 1090
    15.6.4 Nicht auf Google-Updates warten ... 1092

16 Usability und Suchmaschinen-Optimierung   1093

16.1 Suchmaschinen-Optimierung allein reicht nicht ... 1094

16.2 Was Usability mit Suchmaschinen-Optimierung zu tun hat ... 1095
    16.2.1 Was ist Usability? ... 1095
    16.2.2 Von der Suchmaschinen-Optimierung zur Usability ... 1097

16.3 Usability-Regeln ... 1103
    16.3.1 Kohärenz und Konsistenz ... 1103
    16.3.2 Erwartungen erfüllen ... 1104
    16.3.3 Schnelle Erschließbarkeit ... 1106
    16.3.4 Lesbarkeit sicherstellen ... 1107
    16.3.5 Nutzersicht einnehmen! ... 1109
    16.3.6 Zweckdienliche und einfache Navigation ... 1110

17 SEO-Anforderungen an ein Content-Management-System ... 1113

17.1 Crawling- und Indexierungssteuerung ... 1114
17.1.1 »robots.txt« ... 1114
17.1.2 XML-Sitemaps ... 1114
17.1.3 Canonicals ... 1115
17.1.4 Meta-Robots-Tags »noindex« & »nofollow« ... 1116
17.1.5 Link-Attribute: »nofollow«, »sponsored«, »ugc« ... 1117

17.2 Snippets und Meta-Daten ... 1118
17.2.1 Title-Tag ... 1118
17.2.2 Meta-Description ... 1118
17.2.3 Fokus-Keyword ... 1119
17.2.4 Favicon ... 1119
17.2.5 Nicht zu berücksichtigende Meta-Daten ... 1120
17.2.6 Weitere Meta-Daten außerhalb von SEO ... 1120

17.3 Bilder ... 1120
17.3.1 Alt-Attribute ... 1121
17.3.2 Responsive Images ... 1121
17.3.3 Automatische Bildkompression ... 1122
17.3.4 Bildskalierung ... 1122
17.3.5 Bildunterschriften ... 1123
17.3.6 Sprechende Verzeichnispfade für Bilder ... 1123
17.3.7 Bilder im WebP-Format mit Fallback ... 1123

17.4 URLs ... 1123
17.4.1 Startseite ... 1124
17.4.2 Sprechende URLs ... 1124
17.4.3 URL-Endung ... 1125
17.4.4 HTTPS und Standard-Host ... 1125
17.4.5 Großschreibung in URLs ... 1126
17.4.6 Weiterleitungmanagement für Redakteure ... 1126
17.4.7 URL-Parameter ... 1127
17.4.8 404- und 410-Seite ... 1128

17.5 Strukturierte Daten nach schema.org ... 1128
17.5.1 Website- und Sitelinks-Suchfeld ... 1128
17.5.2 Breadcrumb auszeichnen ... 1129
17.5.3 Unternehmen bzw. Organisation auszeichnen ... 1130
17.5.4 Pflegbarkeit der strukturierten Daten ... 1130

17.6	HTML-Struktur und Semantik		1131
	17.6.1	Generelle HTML5-Struktur	1131
	17.6.2	Überschriften	1132
	17.6.3	Paginierungen	1132
	17.6.4	Interne Suche & interne Suchergebnisseiten	1133
	17.6.5	»hreflang« bei mehrsprachigen Inhalten	1133
17.7	Ladezeitoptimierung (Pagespeed)		1134
	17.7.1	Browser-Caching	1134
	17.7.2	Kompression	1135
	17.7.3	Minify	1135
	17.7.4	Zusammenfassen von Ressourcen	1135
	17.7.5	Lazy Loading	1135
	17.7.6	Critical Rendering Path	1136
17.8	Sicherheit		1137
	17.8.1	HTTPS	1137
	17.8.2	HSTS	1137
17.9	Rendering		1138
	17.9.1	Erreichbarkeit aller Rendering-Ressourcen	1138
	17.9.2	JavaScript für SEO-relevante Elemente	1138
	17.9.3	Einsatz von CDN für Bilder	1139
17.10	Optimierung für Mobilgeräte		1139
	17.10.1	Responsive Design	1139
	17.10.2	AMP	1140
17.11	Sonstige Anforderungen		1140
	17.11.1	Aktivierbarer Wartungsmodus	1140
	17.11.2	Modulare Content-Pflege	1141
	17.11.3	Server-Umgebung	1142
17.12	Besonderheiten bei E-Commerce-Seiten		1142
	17.12.1	Auswahl der geeigneten Shop-Software	1143
	17.12.2	Doppelstrategie bei der E-Shop-Optimierung	1145
	17.12.3	Optimierung der Funktionsbereiche eines E-Shops	1147
	17.12.4	Controlling über Konversionen	1150
17.13	Viel Erfolg!		1151

18 SEO und Recht — 1153

18.1 Das Vertragsrecht — 1154
- 18.1.1 Vertragsart: Werkvertrag oder Dienstvertrag? — 1155
- 18.1.2 Der Leistungsgegenstand — 1158
- 18.1.3 Vertragsdauer — 1161
- 18.1.4 Kündigungsrechte — 1162
- 18.1.5 Datenschutzerklärung — 1164
- 18.1.6 Haftungsbeschränkungen — 1164
- 18.1.7 Exklusivitäts- und Geheimhaltungsvereinbarungen — 1167
- 18.1.8 Form des Vertrags — 1167

18.2 Urheberrecht — 1168
- 18.2.1 Urheberrecht an Suchmaschinen-optimierten Inhalten — 1168
- 18.2.2 Das Urheberrecht an Inhalten Dritter — 1169

18.3 Markenrecht — 1173
- 18.3.1 Markenrechtliche relevante Urteile des BGH und EuGH — 1174
- 18.3.2 Rechtsfolgen von Markenrechtsverstößen — 1177

18.4 Wettbewerbsrecht — 1177
- 18.4.1 Gesetzliche Informationspflichten — 1177

18.5 Persönlichkeitsrecht: das Recht am eigenen Bild — 1181

18.6 Datenschutz — 1182
- 18.6.1 Umgang mit Daten nach der Europäischen Datenschutz-Grundverordnung und dem Telekommunikation-Telemedien-Datenschutzgesetz — 1183
- 18.6.2 Datenschutzkonformer Einsatz von Cookies zur Suchmaschinenoptimierung — 1185
- 18.6.3 Datenschutzkonformer Einsatz von Google Analytics — 1188

18.7 Gesetzliche Informationspflicht: das Impressum — 1191
- 18.7.1 Impressumspflicht nach § 5 TMG — 1191
- 18.7.2 Bestandteile des Impressums — 1191
- 18.7.3 Platzierung und Ausgestaltung des Impressums — 1194
- 18.7.4 Impressumspflicht nach § 18 Abs. 1 MStV — 1195

18.8 Rechtliche Relevanz der Google-Richtlinien — 1197

18.9 Haftung des Website-Betreibers — 1198
- 18.9.1 Haftung für fremde Inhalte wie Kommentare — 1199
- 18.9.2 Grundsätzliche Haftung für Links — 1200
- 18.9.3 Haftung des Website-Betreibers für Spam-Links (Negative SEO) — 1201

Anhang 1205

A Glossar 1205
B Literaturverzeichnis 1217

Index 1220

Vorwort

Suchmaschinen-Optimierung ist heute ohne Frage nicht mehr aus dem digitalen Marketing-Mix wegzudenken. Das war nicht immer so. Noch vor einem Jahrzehnt galt man als Suchmaschinen-Optimierer als Meister der dunklen Künste, als Technik-Voodoo-Künstler und als Beherrscher der Google-Updates.

In den letzten Jahren wandelte sich die Suchmaschinen-Optimierung. Sie wurde professioneller, aber auch umfangreicher und komplexer. Immer wieder kamen technische Neuerungen auf – meist von Google, der beherrschenden Suchmaschine auf dem hiesigen Markt. Die letzten Jahre nahm die gefühlte Innovationsgeschwindigkeit allerdings ab. Sollten etwa alle notwendigen Techniken und Methoden etabliert worden sein? Sollten nun tatsächlich alle Crawlingsteuerungen, Kanonisierungen, Indexregeln, HTML-Auszeichnungen und Co. vollständig erschaffen und standardisiert worden sein? Man hatte eine Zeitlang fast den Eindruck, dass alle SEOs das Hype-Thema Pagespeed dankbar aufsogen und dies eine regelrechte Welle an Geschwindigkeitsoptimierungen lostrat. Man konnte den Eindruck gewinnen, SEO bestünde nur noch aus Pagespeed.

Die eigentliche große technologische Änderung in der Suche hat sich währenddessen unter der Haube, fast schon im Verborgenen, entwickelt. Die künstliche Intelligenz und maschinelles Lernen spielen mittlerweile eine entscheidende Rolle in den Bewertungs- und Rankingalgorithmen bei Google. BERT, RankBrain, MUM und viele andere Algorithmen lernen mittlerweile selbstständig, entwickeln sich quasi von alleine weiter, und kein Google-Entwickler muss sich noch Gedanken machen, ob ein Keyword in einer H1-Überschrift bessere oder schlechtere Rankings geben muss, als wenn das Keyword »nur« in einer H2-Überschrift vorkommt. Das erledigen jetzt und in Zukunft noch viel mehr neuronale Netzwerke und andere algorithmische Modelle.

Stehen wir also erneut vor einem Zeitalter der Technik-Voodoo-Künstler? Ich denke nicht. Auch wenn man ohne vertieftes Mathematik- und Informatik-Wissen vielleicht gerade einmal die Grundzüge der KI-Technologien verstehen kann, sind ein paar Dinge in der heutigen Zeit für SEO wichtiger denn je: Eine solide, stabile und saubere technische Basis, gute und nutzerorientierte Inhalte und ein strategisch durchdachtes Vorgehen.

Hier hat sich also in der Tat nicht so viel verändert – glücklicherweise möchte ich sagen. Denn belohnt wird heute nicht mehr die Optimierungsstrategie, die am schnellsten mit ein paar Tricks und Hacks funktioniert.

Google ist jetzt schon so weit und kann zuverlässiger Informationen aus Websites extrahieren als manch ein Mensch. Und das Ende der Entwicklung ist derzeit noch nicht abzusehen. Insofern ist es sicherlich auch nicht nötig, dass man alle grundle-

genden algorithmischen Rahmenbedingungen bis ins Letzte versteht. Und ehrlich: Welcher – auch erfahrene – Suchmaschinen-Optimierer konnte früher schon aus dem Stehgreif den PageRank genau erklären, der jahrelang ein großer Rankingfaktor war?

Dass Google Websites quasi »wie ein Mensch« versteht, bedeutet für mich in der Konsequenz vor allem eins: Suchmaschinen-Optimierung ist mehr denn je eine Disziplin, in der es darum geht, gut strukturierte, verständliche, schnelle Websites und letztendlich besucherorientierte Inhalte bereitzustellen. Das hat technische Aspekte, strukturelle und natürlich auch inhaltliche.

SEO ist in meinen Augen also – auch dank der KI-Algorithmen – deutlich nachhaltiger geworden. Und das ist auch gut so. Außerdem ist SEO deutlich interdisziplinärer geworden. Suchmaschinen-Optimierer und -Optimiererinnen arbeiten Hand in Hand mit Webanalysten, Konzeptern, Designern, UX- und Usability-Experten, Entwicklern und vielen anderen Disziplinen. SEO ist für meine Begriffe eine der umfassendsten und anspruchsvollsten Disziplinen im gesamten Online-Marketing geworden.

Und genau hier möchte ich mit diesem Buch seit Jahren helfen. Es ist mittlerweile ein Standardwerk für die Ausbildung zahlreicher Trainees geworden. Es wird in etlichen Studienarbeiten zum Thema SEO zitiert, von denen es glücklicherweise immer mehr gibt. Und aufgrund seiner Dicke ist es auch hier und da ein geeigneter Unterbau für einen Monitor oder ein Türstopper gegen Durchzug.

Ich wünsche Ihnen, dass Sie mindestens genau so viel Freude bei der Optimierung von Websites haben, wie ich sie nun seit vielen Jahren immer noch habe. Ich wünsche mir auch, dass ich mit diesem Buch trotz des schnellen Wandels in der Branche weiterhin (m)einen Teil dazu beitragen kann, dass das Niveau der Suchmaschinen-Optimierung weiter steigt – trotz der Komplexität und trotz der vielen Seiten, die Sie jetzt vor sich haben. Vielleicht hilft Ihnen der Pinguin über den ein oder anderen theoretischen Exkurs hinweg.

Ich wünsche Ihnen ganz viel Freude, eine spannende und aufschlussreiche Lektüre. Und ich freue mich über Feedback und Erfahrungsberichte und stehe Ihnen unter *mail@erlhofer.de* auch gerne für Fragen und Anregungen zur Verfügung.

Sebastian Erlhofer

Kapitel 1
Die Welt der Suchmaschinen-Optimierung

In diesem Kapitel erhalten Sie einen Überblick über alle wichtigen Bereiche der Suchmaschinen-Optimierung. Neben den Suchmaschinen werden die Content-Anbieter, die Website-Besucher und -Kunden sowie die Suchmaschinen-Optimierer selbst behandelt.

Suchmaschinen-Optimierung bedeutete noch vor wenigen Jahren, einige mehr oder weniger komplizierte technische Veränderungen an Websites vorzunehmen, damit die Suchmaschinen die Site besser finden konnten. Das Ziel, möglichst ganz oben zu stehen, ist bis heute noch das gleiche geblieben. Allerdings ist Suchmaschinen-Optimierung wesentlich komplexer geworden: Zu einem nach wie vor großen Anteil Technik kamen Analysen, Mediaplanung und Optimierungsstrategien hinzu. Auch betrachtet man heute Suchmaschinen-Optimierung nicht mehr als alleinigen Kanal, um interessierte Besucher auf die Website zu bringen. Auch andere sogenannte Inbound-Marketing-Kanäle, wie das Suchmaschinen-Advertising mit Google oder Microsoft Advertising, Facebook, Video- oder Social-Media-Marketing, spielen im großen Orchester mit. Dennoch ist und bleibt die Suchmaschinen-Optimierung ein zentraler Marketing-Kanal.

Dabei werden die Bewertungsverfahren von Suchmaschinen von Jahr zu Jahr differenzierter und mächtiger. Der Branchenprimus Google spricht von über 200 Faktoren, die in die Bewertung mit einfließen. Doch die Zahl der Webseitenbetreiber, die gern möglichst weit oben in den Ergebnislisten erscheinen wollen, ist ebenfalls stark gestiegen. Das führt in vielen Branchen dazu, dass eine Optimierung aufwendiger und damit auch teurer wird. Auch der Bedarf an professionellen Suchmaschinen-Optimierern und entsprechenden Hilfsmitteln (Tools) zur Analyse und Durchführung einer Optimierung ist von Jahr zu Jahr deutlich gewachsen. Entsprechend begehrt sind auch erfahrene SEOs auf dem Arbeitsmarkt.

Suchmaschinen-Optimierung ist ohne Frage mittlerweile ein fester und unverzichtbarer Bestandteil im Online-Marketing-Mix. Neben den alten Klassikern wie Banner- oder Displaywerbung, Newsletter-Marketing oder auch modernen Formen wie Na-

tive Advertising oder Programmatic Advertising setzt Suchmaschinen-Optimierung (*Search Engine Optimization*, SEO) auf einen immer noch stetig wachsenden Markt.

Die Zahl der Webseiten stieg seit dem Beginn des World Wide Web Mitte der Neunzigerjahre unaufhaltsam an. Das Internet enthält die gigantischste Informationsmenge, die der Mensch je geschaffen hat. Mechanismen zum schnellen und effektiven Auffinden von Informationen sind damit von zentraler Bedeutung.

Ein vollständiges Inhaltsverzeichnis, das alle Dokumente des World Wide Web enthält, gibt es nicht. Man spricht beim Internet von einem *dezentralen Netzwerk*, denn es gibt keine zentrale Verwaltungseinheit oder Kontrollinstanz. Jeder kann jederzeit neue Inhalte veröffentlichen.

Im Gegensatz dazu ist z. B. ein Online-Katalog einer Bibliothek ein geschlossenes und zentrales System: Neue Bücher werden bei Anlieferung mit einer Nummer versehen, in das vorhandene Ordnungssystem eingegliedert und mit Titel, Autor, Inhalt und Stichworten erfasst.

Da die Welt der Suchmaschinen-Optimierung vielfältiger geworden ist, muss sich jeder, der eine erfolgreiche Optimierung durchführen möchte, mit dieser Komplexität beschäftigen. Nur dann können alle Register gezogen werden, und nur dann können alle relevanten Faktoren, die eine gute Platzierung in den Suchmaschinen ausmachen, in Zukunft verstanden und genutzt werden. Denn es gibt nicht mehr den einen entscheidenden Rankingfaktor oder den einen Trick, der Top-Positionen verspricht. Moderne Suchmaschinen-Optimierung bedeutet, ganzheitliche und auf den Suchenden ausgerichtete Maßnahmen durchzuführen.

Im Folgenden werden daher die verschiedenen Bereiche, die für eine gute Suchmaschinen-Optimierung relevant sind, dargestellt und erläutert. In den folgenden Kapiteln dieses Handbuches werden die einzelnen Bereiche dann ausführlicher behandelt.

Sie müssen dieses Handbuch nicht von vorn nach hinten durchlesen. Die Vorkenntnisse und Interessenschwerpunkte sind so verschieden, dass die einzelnen Kapitel auch für sich allein sinnvoll genutzt werden können.

Praxistipps

Sie werden im gesamten Buch Infokästen wie diesen mit hilfreichen Praxistipps finden. Die Infokästen fassen Themen zusammen und leiten Sie bei Ihrer Optimierung.

Seit 2002 habe ich mit meiner Agentur *mindshape GmbH* in Köln ganz unterschiedliche eigene Projekte und Kundenprojekte im Bereich Suchmaschinen- und Online-Marketing durchgeführt. Die Praxistipps sind ein Resultat dieser Arbeit und sollen Ihnen eine zusätzliche wertvolle Hilfestellung geben.

1.1 Suchhilfen im Web

Seit der Entstehung des Web haben sich verschiedene Strukturen entwickelt, um die Informationsflut zu bändigen und den Suchenden einen Zugang zum Gesuchten zu verschaffen. Die Suchhilfen im Internet haben unterschiedliche Ausrichtungen und Ansätze. Für Anbieter im Online-Sektor ist es unerlässlich, zu wissen, über welche Wege Besucher und Besucherinnen auf ihr Angebot gelangen können und wie diese Mechanismen funktionieren, um die Besucherströme noch effektiver zum eigenen Vorteil zu lenken.

Dabei gibt es zentrale Unterscheidungskriterien, wie Suchhilfen ihren Datenbestand aufbauen, verwalten und aktualisieren. Die wichtigsten und zugleich meistgenutzten Suchhilfen kann man in vier Grundtypen unterteilen: Suchmaschinen, Bookmarks, Webkataloge und bezahlte Werbeeinblendungen.

Diese vier Grundtypen sind, wie Ihnen sicherlich bekannt ist, nicht die einzigen Wege, um auf eine Website zu gelangen. Postings von Influencern in Social-Media-Kanälen wie Instagram können sehr mächtige Trafficquellen sein. Allerdings muss man hier zwischen Lean-Forward und Lean-Backward-Situationen unterscheiden. Suchhilfen sind deswegen Lead-Forward, weil ein Suchender aktiv sich auf den Weg macht, ein akutes Problem oder eine akute Frage zu lösen. Es wird gesucht – und dafür werden Suchhilfen genutzt.

Das genannte Beispiel eines Instagram-Postings gehört in den Lean-Backward-Bereich, da ein Nutzer oder eine Nutzerin hier nicht aktiv auf der Suche ist, sondern gewissermaßen über das Posting schlendert, wie bei einer Shopping-Tour durch die Innenstadt ohne nähere Kaufintention. Dazu später noch mehr.

Die vier Grundtypen von Suchhilfen sollen im Folgenden auch in ihrer historischen Entwicklung betrachtet werden, denn sie unterliegen – wie alles im Web – einem stetigen Wandel, und meiner Erfahrung nach hilft es ungemein im SEO, sich auch mit der Historie zu beschäftigen – denn vieles kommt in ähnlicher Form nochmals wieder.

1.1.1 Suchmaschinen

Die Mehrheit der deutschen Bevölkerung nutzt täglich Suchmaschinen. Bei den unter 30-Jährigen sind es 70 Prozent, bei den Älteren knapp 60 Prozent. Damit steht diese »Angebotsklasse« seit Jahren ganz weit oben in der regelmäßig erscheinenden ARD-ZDF-Onlinestudie (*www.ard-zdf-onlinestudie.de*). Die E-Mail-Nutzung befand sich lange auf dem Thron auf Platz eins. Mittlerweile haben sich allerdings die Messenger-, Social-Media und Video-Nutzung deutlich an die Spitze der täglichen Nutzungszeiten gesetzt.

Andere Studien haben festgestellt, dass über 85 Prozent aller Internet-Sessions mit der Eingabe eines Suchbegriffs in eine Suchmaschine beginnen. In Deutschland ist dies je nach Studie mit über 90 bis 99 Prozent Marktanteil die Suchmaschine Google. Nicht umsonst nahm der Duden in seiner 23. Auflage 2004 das Wort *googeln* mit der Bedeutung »im Internet, besonders in Google suchen« auf. Nach einer markenrechtlichen Beschwerde wurde dies in der 24. Auflage übrigens in »mit Google im Internet suchen« geändert. Auf dem amerikanischen Markt hat Bing von Microsoft noch ein wenig größere Marktanteile als in Deutschland. Nur in Russland und in China sieht der Markt etwas anders aus. In Russland ist Yandex der führende Suchmaschinen-Anbieter. Auf dem stark regulierten chinesischen Markt hält Baidu die Marktführerschaft inne. Weltweit gesehen ist allerdings Google unangefochtener Marktführer, wenn es um die Informationssuche im Web geht.

In diesem Verdrängungswettbewerb verlor der ehemals große Mitspieler Yahoo!, der nach mehreren Verkäufen heute im SEO keine praktische Rolle mehr spielt. Hingegen beabsichtigen andere Suchmaschinen wie Ecosia oder Qwant, Google Marktanteile streitig zu machen. Allerdings sind die finanziellen und personellen Möglichkeiten von Google derzeit in Bezug auf Innovationsgeschwindigkeit vor allem im Bereich künstliche Intelligenz und der wichtigen Verarbeitungsgeschwindigkeit und Datenhaltung durch große Rechenzentren unangefochten, sodass nicht davon auszugehen ist, dass sich die Marktsituation auf dem Suchmaschinenmarkt international schnell ändern wird.

Bevor ich in Kapitel 5 ausführlich auf die Architektur von Suchmaschinen eingehe, möchte ich hier einen kurzen Überblick geben. Hinter dem einfachen Suchschlitz steckt nämlich mehr, als man auf den ersten Blick glauben könnte. Durch die schriftliche oder sprachliche Eingabe einer Suchanfrage (*Query*), die aus einem oder mehreren Begriffen (*Keywords*) oder aus einer ganzen Frage (*natürlichsprachige Query* oder *natural language query*) bestehen kann, wird nicht das Web in Echtzeit abgefragt. Dabei ist es unerheblich, ob das Suchinterface ein Monitor ist, etwa in Form eines Laptops, Tablets oder Smartphones, oder ob es sich um einen smarten Lautsprecher wie bei Alexa, Siri oder ähnlichen virtuellen Sprachassistenten handelt.

In allen Fällen wird ein aufbereiteter Index durchsucht. Das ist ein komplexes Stichwort- oder ein Inhaltsverzeichnis, in dem gewissermaßen alle relevanten Dokumente und Webseiten zu einem Keyword oder einer Sache (*Entität*) aufgelistet sind. Aktuelle Suchmaschinen setzen diese Entitäten in speziellen Indexformen miteinander semantisch ins Verhältnis. Bei Google nennt sich dieser Index beispielsweise *Knowledge Graph*. Suchmaschinen filtern zunächst aus einer Anfrage relevante Dokumente oder Entitäten heraus. Diese Menge bezeichnet man als Relevanz-Set (*Relevancy Set*). Daraus berechnet dann ein Ranking-Algorithmus anhand eines meist geheimen und komplexen Verfahrens, welches sich fester Logiken und selbstlernender Methoden bedient, eine Rangfolge (*Ranking*) und zeigt diese als Ergebnisliste an. In der Fachsprache wird diese Liste als Suchmaschinen-Suchergebnisseite oder als *Search Engine Result Page* (SERP) bezeichnet.

Da das Erfassen, Rendern und Analysieren von Milliarden von Webdokumenten sehr zeitaufwendig ist, erfolgt es kontinuierlich im Hintergrund. Sogenannte *Robots* oder *Crawler* besuchen Webseiten regelmäßig und speichern die gefundenen Inhalte als Kopie im *Cache* ab. Manche Crawler beachten dabei nur das bloße HTML. Google führt allerdings seit einigen Jahren immer regelmäßiger auch JavaScript auf Websites aus und berechnet das Aussehen der Website wie in einem Browser (*Rendering*), um an weitere Inhalte und Auswertungsmöglichkeiten zu gelangen. In allen Fällen analysiert ein *Parser* bzw. *Indexer* die Inhalte anschließend und speichert sie im Index. Dort warten sie dann auf ihren Einsatz bei der nächsten Suchanfrage.

Die vielen einzelnen Faktoren, die das endgültige Ranking bei einer Anfrage letztlich ausmachen, kann man grob in zwei Kategorien unterteilen: Zu den *Onpage-Faktoren* gehören all jene, die auf einer Website selbst beeinflussbar sind. Sehr wichtige zentrale Onpage-Kriterien sind der Seitentitel oder die Keyword-Platzierung und -Nennung auf der Seite selbst. Auch Eigenschaften der jeweiligen Unterseite, wie etwa die einzelne URL, die man in den Browser eingeben kann, um die Seite zu erreichen, oder auch die Ladegeschwindigkeit zählt man noch zum Onpage-Bereich, auch wenn sich diese Faktoren nicht mehr direkt innerhalb eines Webdokuments selbst steuern lassen.

Als *Offpage-Faktoren* bezeichnet man hingegen alles, was nicht im direkten Einflussbereich des Webentwicklers und damit der Website liegt. Eingehende Links von anderen Webseiten, sogenannte *Backlinks* oder *Inlinks*, sind der wichtigste Faktor im Offpage-Bereich. Moderne Suchmaschinen, allen voran Google, bewerten Links, die auf eine Website führen, als unabhängige Empfehlung für deren Inhalte. Der Grundgedanke dabei ist simpel und genial zugleich: Wenn viele fremde Webseiten einen Link auf eine einzelne Webseite setzen, dann muss diese einzelne Webseite einen interessanten Inhalt bieten. Die Suchmaschinen können bislang den Inhalt nicht direkt verstehen, wie es ein Mensch könnte. Daher werden verschiedene statistische, netzwerkanalytische und andere sprachliche und mathematische Verfahren genutzt, um den Inhalt einer Webseite zu »verstehen«. Kommt – stark vereinfacht – die Begriffskette »gelbe Krawatte« besonders häufig im Dokument vor und verlinken die anderen Webseiten mit dem Begriff »Krawatte« oder »günstige Krawatten hier«, dann kann auch ein Computeralgorithmus, wie ihn Suchmaschinen einsetzen, den Inhalt einer Seite verstehen und ihn einem Suchenden als passenden Treffer auf die Suchanfrage »Krawatte« anbieten.

Neben den Onpage- und Offpage-Faktoren hat sich allerdings noch ein dritter Bereich etabliert: die *Nutzersignale*. Manche zählen diese auch unter die Offpage-Faktoren, wenn insbesondere die Nutzersignale auf den SERPs gemeint sind.

Was sind aber Nutzersignale? Google misst die Reaktion der Besucher und Besucherinnen der Ergebnisseiten und lässt diese indirekte Abstimmung über die einzelnen Treffer wiederum in das Ranking einfließen. Ob dies direkt oder indirekt einen Einfluss auf alle Rankings hat, ist nicht gesichert, und hier widersprechen sich die Aussagen diverser Google-Mitarbeiter und -Mitarbeiterinnen auch. Sicher ist nur, dass Suchmaschinen darauf achten, wie die Benutzer und Benutzerinnen ihres Suchinterfaces mit den vorgeschlagenen Ergebnistreffern umgehen, um damit das Sucherlebnis besser zu machen. Vereinfacht ausgedrückt, führen so beispielsweise mehr Klicks auf einen zweiten Ranking-Platz als auf die Nummer eins zur Ranking-Steigerung, weil die Nummer zwei wohl trotz anderslautender Onpage- und Offpage-Signale attraktiver ist. Sie nehmen als Suchender also täglich an mehreren verdeckten Abstimmungen teil.

> **Wieso geht es Google um ein gutes Besuchererlebnis?**
>
> Häufig höre ich die Frage, wieso Google sich eigentlich um ein gutes Besuchererlebnis in den organischen, nicht bezahlten Suchergebnissen kümmert. Denn dort verdiene der Suchriese kein Geld.
>
> Letzteres stimmt zwar, in der Suche verdient Google über die bezahlte Werbung (Google Ads). Google möchte jedoch, dass die Menschen häufig wieder zur Suche zurückkommen und mehrmals täglich googeln. Insofern ist es für das Nutzererlebnis sehr wichtig, dass die Zufriedenheit im Sinne »ich habe ein gutes und passendes Ergebnis auf meine Suchanfrage ganz oben erhalten« auch im organischen Bereich passt. Denn nur dann wechseln Suchende mittelfristig nicht zu anderen Suchanbietern und klicken dann dort ab und an auf die bezahlten Sucheinträge.

In den frühen Zeiten der Suchmaschinen zeigten alle Ergebnislisten bei der Eingabe eines bestimmten Suchbegriffs immer das gleiche Ergebnis an. Heute berücksichtigen alle großen Suchmaschinen allerdings noch viele weitere Bedingungen, die die Rankings beeinflussen. Man kann diese als Umweltbedingungen verstehen. So spielt der Ort, an dem eine Suchanfrage gestellt wird, mittlerweile eine sehr wichtige Rolle (*Lokalisierung*). Denn ob jemand in Berlin oder in Köln nach »Pizzadienst« sucht, impliziert offensichtlich ganz andere Ergebnisse. Alle Suchmaschinen zeigen auch ohne Eingabe einer Stadt entsprechend lokalisierte Ergebnisse an, wenn sie für die Suchanfrage geeignet sind. Auch die persönliche Suchhistorie und die daraus personalisierte Suchanzeige spielen eine wichtige Rolle, wenn es um unterschiedliche Ergebnislisten bei gleichen Anfragen geht (*Personalisierung*). Nicht zuletzt ist es von entscheidender Bedeutung, auf welchem Endgerät gesucht wird (*Deviceabhängigkeit*). Die Ergebnisse unterscheiden sich vor allem zwischen stationären Suchanfragen von einem Desktop-Computer im Vergleich zu einem mobilen Endgerät wie einem Smartphone. Wenn Sie beispielsweise eine Pizzeria über Google auf Ihrem Smartphone suchen, zählen mittlerweile der exakte Standort und die entsprechende Distanz zu den Treffern. Ein Suchender in Nord-Köln erhält so andere Ergebnisse als jemand in Süd-Köln.

Zusammenfassend kann man also sagen: Suchmaschinen sind indexbasierte Softwareprogramme, die automatisch das World Wide Web durchsuchen, ihren Datenbestand stetig und selbstständig erweitern und Nutzern die bestmöglichen Ergebnisse auf eine Suchanfrage liefern.

Eine Sonderstellung in diesem Segment nehmen Meta-Suchmaschinen wie etwa der Klassiker *Metacrawler* (*www.metacrawler.de*) ein. Sie scheinen auf den ersten Blick wie Suchmaschinen zu funktionieren. Jedoch haben Meta-Suchmaschinen keinen eigenen Index als Datenbestand. Stattdessen setzen sie bei der Suche auf den Datenbestand anderer Suchmaschinen und präsentieren aus den verschiedenen fremden Ergebnislisten heraus ihre eigenen Ergebnistreffer. Vor der beherrschenden Marktstellung von Google waren Meta-Suchmaschinen besonders beliebt, verloren dann aber aufgrund der technologischen Unterlegenheit und der daraus resultierenden mangelnden Suchergebnisqualität an Bedeutung. Erst in den letzten Jahren rücken Meta-Suchmaschinen wieder stärker ins Bewusstsein der Öffentlichkeit.

Dabei werden besondere Nutzerzielgruppen ins Auge genommen. Bei Ecosia (*www.ecosia.org*) beispielsweise werden die erzielten Gewinne zum Pflanzen von Bäumen genutzt. Die Datengrundlage stammt allerdings von Bing und wird von Ecosia unter anderem nach ökologischen Aspekten neu bewertet.

Abbildung 1.1 Die Suchmaschine Ecosia pflanzt Bäume.

Eine andere aufstrebende Meta-Suchmaschine ist DuckDuckGo (*duckduckgo.com*). Hier geht es um das Thema Datenschutz. Der Suchanbieter verspricht, keine persönlichen Daten zu speichern. Die Ergebnisdaten stammen aus unterschiedlichen Quellen, wie z. B. der Fakten-Suchmaschine Wolfram Alpha (*wolframalpha.com*), Wikipedia, Apple Maps und anderen.

Abbildung 1.2 DuckDuckGo legt den Fokus auf den persönlichen Datenschutz.

> **Praxistipp: Konzentrieren Sie sich auf Google**
>
> Auch wenn es zahlreiche Suchmaschinen und Meta-Suchmaschinen gibt und immer wieder dubiose SEO-Angebote die Anmeldung bei über 500 Suchmaschinen anpreisen: Praktisch geschieht die Optimierung für Websuchmaschinen heutzutage ausschließlich für Google, denn seine Marktabdeckung ist schlichtweg erdrückend.
>
> Mittlerweile orientieren sich außerdem alle Suchanbieter technologisch an Google, sodass eine Optimierung für Google meist auch eine Optimierung für Bing und Co. beinhaltet. Ich kenne keinen deutschsprachigen Optimierungsfall, bei dem eine explizite Optimierung auf andere Suchmaschinen-Anbieter oder Nischenanbieter sich finanziell rechnen würde. International für Yandex bzw. Baidu sieht die Lage natürlich anders aus.

1.1.2 Bookmarks

Jeder gängige Browser bietet die Möglichkeit, Webadressen als Lesezeichen (*Bookmarks*) abzulegen und zu ordnen. Später kann der Nutzer oder die Nutzerin wieder darauf zurückgreifen und sich so ein Archiv von favorisierten Webseiten anlegen. Daher werden Bookmarks gelegentlich auch als *Favoriten* bezeichnet.

Wenn Sie regelmäßig an verschiedenen Computern arbeiten, werden Sie allerdings schnell feststellen, dass der Bookmark, den Sie gestern Abend zu Hause auf Ihrem privaten Rechner gespeichert haben, auf der Arbeit gerade nicht zur Verfügung steht. Aber selbst dann, wenn Sie nur an einem Computer surfen oder sich in Google Chrome einloggen und das Bookmark-Sharing damit freigeben oder gar einen expliziten Dienst nutzen, der die Bookmarks zwischen verschiedenen Endgeräten synchronisiert, finden Sie häufig den gewünschten Bookmark unter zahlreichen Einträgen nicht mehr wieder.

Auch in Social-Media-Plattformen wie Facebook oder Instagram gibt es die Möglichkeit, Beiträge oder Webseiten für späteres Lesen zu bookmarken bzw. zu favorisieren.

Neben verschiedenen Software- und Plattformlösungen zum Synchronisieren und Ordnen der Bookmarks hatte sich im Web eine ganz eigene Lösung etabliert. Sogenannte *Social-Bookmarking-Dienste* ermöglichen diese Funktionen auch im Internet auf eigens dafür geschaffenen Webplattformen.

Mithilfe einer Browseroberfläche erhielt man die Möglichkeit, seine Bookmarks mit anderen zu teilen. In diesem Sinne verstand sich eine Bookmark-Plattform dann auch als soziales Netzwerk. Der Nutzer stellte der gesamten Gemeinschaft eigene Bookmarks zur Verfügung und konnte im Gegenzug von der sozialen Gemeinschaft profitieren, indem er andere Bookmarks bereitgestellt bekam. Durch diesen Zusammenschluss ergaben sich auch neue Möglichkeiten: So ließen sich etwa Statistiken generieren, welche Webinhalte besonders häufig als Bookmark gespeichert wurden und daher vielleicht von hohem Interesse für den Nutzer oder die Nutzerin sein könnten.

Diesen Bedarf am sozialen Teilen haben allerdings mittlerweile Social-Media-Plattformen weitestgehend abgelöst, sodass explizite Social-Bookmarking-Dienste keine Rolle mehr spielen und nur noch ein Schattendasein führen.

In Deutschland war Mister Wong (*www.mister-wong.de*) eine beliebte Plattform dieser Art. Im Frühjahr 2006 startete der Dienst, der nach eigenen Angaben über 8 Millionen Bookmarks enthielt. Im August 2013 war damit dann Schluss. Mit dem Verkauf des Portals wurde aus Mister Wong eine Mode-Plattform, später ein Vergleichsportal für Produkte, dann wieder eine Mode-Plattform und schlussendlich ein Magazin einer Internetagentur zur Offpage-Optimierung. Andere Portale bestanden etwas länger weiter, wurden aber immer weniger genutzt – selbst das amerikanische Vor-

bild Delicious verlor stark an Beliebtheit und Bedeutung und wurde schon 2017 verkauft und damit quasi eingestellt.

> **Warum die Social-Bookmark-Historie relevant ist**
>
> Die Geschichte vom Sterben der Social-Bookmark-Portale zeigt eindrucksvoll, wie stetig das Web und damit auch die Suchmaschinen-Optimierung im Wandel sind. Früher gab es eine eigene SEO-Sparte, die gezielt Einträge in alle möglichen Social-Bookmark-Portale gegen Geld für Kunden und Kundinnen platzierte. Es herrschte Goldgräberstimmung, und es wurden aufwendige Programme geschrieben, die das Eintragen noch schneller und skalierbarer machten.
>
> Nach der Erläuterung, die Sie gerade gelesen haben, ist Ihnen klar, dass dies heute keinerlei Effekt mehr auf eine Suchmaschinen-Optimierung hat. Nicht nur, dass die großen Portale nicht mehr existieren – Sie können sich sicher sein, dass Google Links von den verbleibenden Social-Bookmark-Portalen nicht mehr positiv wertet, da sie niemand mehr nutzt.
>
> Umso erstaunlicher ist es, dass es immer noch zahlreiche Anbieter gibt, die genau solche Eintrage-Dienstleistungen für wenige Cent pro Linksetzung anbieten – was natürlich aus SEO-Perspektive völliger Unsinn ist.
>
> Das Beispiel zeigt allerdings wie kein anderes, dass man sich als guter SEO nicht nur mit dem Hier und Jetzt beschäftigen muss, sondern auch mit der Historie – ganz nach dem Motto »jeden Tag steht ein Dummer auf«. Sie sollten nicht dazugehören, das ist auch ein Teil meiner Motivation, dieses Buch zu schreiben.

Aktuelle Browser unterstützen die Synchronisation von Favoriten zwischen verschiedenen Endgeräten auch ganz ohne externe Portale. Somit war auch spätestens hier die Existenzberechtigung der Plattformen erloschen. Die Bookmarks im Browser sind allerdings für die Suchmaschinen-Optimierung in Bezug auf eine direkte Ranking-Optimierung ohne Belang. Dennoch sollte man bei der Wahl von URLs darauf achten, dass sie einerseits gut »bookmarkbar« sind und andererseits damit auch in den sozialen Medien gut teilbar. Gut lesbare URLs konvertieren immer ein Stückchen besser als kryptische URLs. Oder welche URL würden Sie lieber anklicken?

- https://www.domain.de/hosen/stretch-jeans/
- https://www.domain.de/sjeans_x65281928.asp

Ein Relikt aus diesen Social-Bookmark-Zeiten sind die verschiedenen bunten Icons. In Blogs waren regelrechte Icon-Wände zu verschiedenen Diensten zu sehen. In einem SEO-Audit sollte die klare Empfehlung sein, solche Icons von der Website zu entfernen. Sie haben für Nutzer und Nutzerinnen keine praktische Relevanz mehr, und mit so vielen ausgehenden Links auf verschiedene (vielleicht sogar nicht mehr existierende) Portale geht wertvoller Linkjuice verloren (dazu in Kapitel 11 mehr).

1.1 Suchhilfen im Web

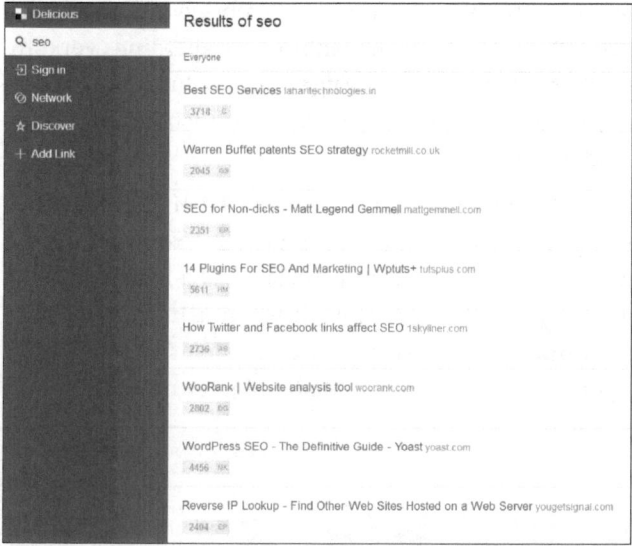

Abbildung 1.3 Delicious war der Vorzeige-Social-Bookmark-Dienst und beliebte Linkquelle für SEOs.

Abbildung 1.4 Die mannigfaltigen und bunten Icons sind mittlerweile ebenfalls Geschichte und sollten aus SEO-Sicht von Websites entfernt werden. (Quelle: »https://www.deviantart.com/nouveller/art/Social-Media-Bookmark-Icon-125995730«)

Der geistige Nachfolger dieser Social-Bookmark-Icons waren übrigens Like-Buttons wie der von Facebook. Durch die DSGVO hat sich die Einbindung allerdings verkompliziert, und viele Websitebetreiber haben in diesem Zuge die Like-Buttons ganz entfernt. Im Bereich der Onpage-Optimierung bleibt hier also nur noch das Entfernen dieser und ähnlicher Buttons oder Icons.

Die ideellen Nachfolger, etwa Weiterentwicklungen wie *paper.li*, bei dem man sich und anderen eine Online-Zeitung aus Bookmarks zusammenstellen konnte, oder das heutige *Pinterest* (*de.pinterest.com*) als bildorientierte Social-Media-Plattform, sind aber selbstverständlich moderne Traffic-Bringer. Ähnlich wie mit Instagram, Facebook, Tic Toc und andere Plattformen verlässt man hier dann aber den Bereich der Suchmaschinen-Optimierung und spricht von Social-Media-Marketing (SMM).

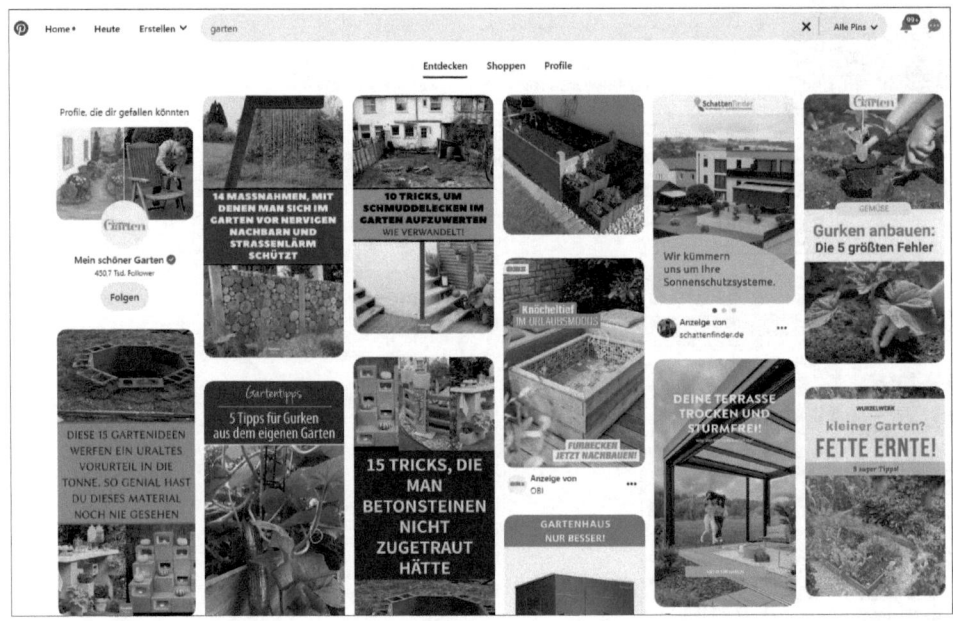

Abbildung 1.5 »pinterest« – die bekannteste visuelle Bookmark- bzw. Pin-Plattform

1.1.3 Webkataloge

Webkataloge haben sich ebenso wie Social-Bookmarking-Dienste in der Geschichte der Suchmaschinen-Optimierung einen festen Platz verdient. Um 2006, als die Suchmaschinen-Betreiber Linksignale noch nicht mit den heutigen Qualitätsrichtlinien bewerteten, bauten Suchmaschinen-Optimierer aller Länder Links aus Webkatalogen auf. Heute spielen nur noch sehr wenige Webkataloge überhaupt noch eine Rolle. Was leider trotzdem bedeutet, dass windige Anbieter gegen teils horrende Kosten Eintrage-Dienstleistungen anbieten. Praktisch kann man mit zu vielen Backlinks aus Webkatalogen gerade bei neuen Domains, die noch keine anderen Backlinks haben, eine Domain für Google regelrecht »abschießen«, sodass sie nicht mehr gute Rankingpositionen erhält. Obacht ist also angesagt.

Abbildung 1.6 Ein Beispiel eines Webkatalogs (»webspider24.de«)

Als Nachfahren der unorganisierten Linklisten, die zu Beginn des Web noch vollkommen genügten, wurden Webkataloge mit ihrer verzweigten Kategorienstruktur der entstandenen Netzkomplexität gerecht. Im Prinzip kann man Webkataloge als Online-Branchenbuch ansehen. Daher werden sie häufig auch als *Webverzeichnis* bezeichnet. Jeder – vom Großunternehmen über einen kleinen Dienstleister, eine Organisation oder einen Verein bis hin zur Privatperson – kann einen Katalogeintrag vornehmen.

Bei seriösen Webverzeichnissen wurden die Einträge durch einen menschlichen Redakteur begutachtet und im Idealfall anschließend in eine entsprechende Kategorie aufgenommen. Bis März 2017 bestand der für SEOs und Suchmaschinen wichtigste Webkatalog, das *Open Directory Project* (*www.dmoz.de*), aus dem sogar Google die

Description-Tags für die SERPs generierte. Jeder konnte sich dort für eine Kategorie als Redakteur bewerben und anschließend die Einträge verwalten. Viele Redakteure und Redakteurinnen verstanden die Entscheidung des Betreibers AOL nicht. Eine Wiederaufnahme des Katalogs ist allerdings nach all den Jahren und angesichts der modernen technologischen Möglichkeiten mehr als unwahrscheinlich.

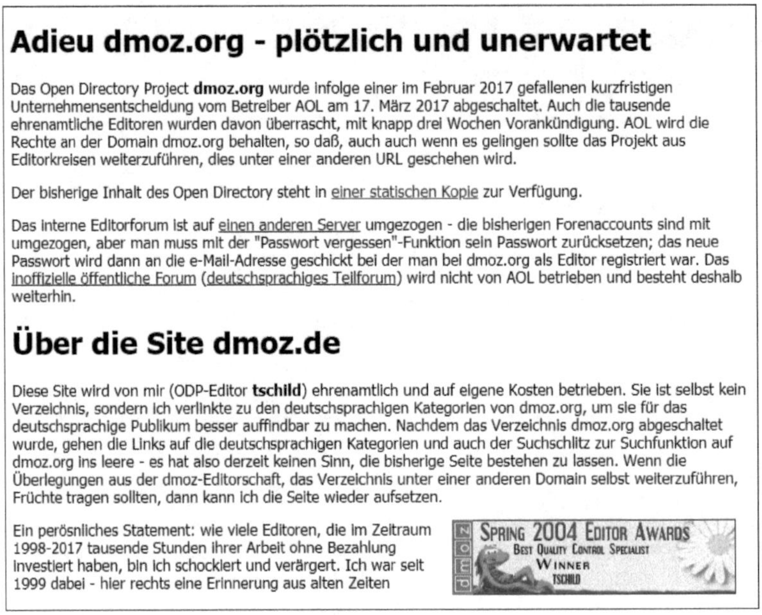

Adieu dmoz.org - plötzlich und unerwartet

Das Open Directory Project **dmoz.org** wurde infolge einer im Februar 2017 gefallenen kurzfristigen Unternehmensentscheidung vom Betreiber AOL am 17. März 2017 abgeschaltet. Auch die tausende ehrenamtliche Editoren wurden davon überrascht, mit knapp drei Wochen Vorankündigung. AOL wird die Rechte an der Domain dmoz.org behalten, so daß, auch auch wenn es gelingen sollte das Projekt aus Editorkreisen weiterzuführen, dies unter einer anderen URL geschehen wird.

Der bisherige Inhalt des Open Directory steht in einer statischen Kopie zur Verfügung.

Das interne Editorforum ist auf einen anderen Server umgezogen - die bisherigen Forenaccounts sind mit umgezogen, aber man muss mit der "Passwort vergessen"-Funktion sein Passwort zurücksetzen; das neue Passwort wird dann an die e-Mail-Adresse geschickt bei der man bei dmoz.org als Editor registriert war. Das inoffizielle öffentliche Forum (deutschsprachiges Teilforum) wird nicht von AOL betrieben und besteht deshalb weiterhin.

Über die Site dmoz.de

Diese Site wird von mir (ODP-Editor **tschild**) ehrenamtlich und auf eigene Kosten betrieben. Sie ist selbst kein Verzeichnis, sondern ich verlinkte zu den deutschsprachigen Kategorien von dmoz.org, um sie für das deutschsprachige Publikum besser auffindbar zu machen. Nachdem das Verzeichnis dmoz.org abgeschaltet wurde, gehen die Links auf die deutschsprachigen Kategorien und auch der Suchschlitz zur Suchfunktion auf dmoz.org ins leere - es hat also derzeit keinen Sinn, die bisherige Seite bestehen zu lassen. Wenn die Überlegungen aus der dmoz-Editorschaft, das Verzeichnis unter einer anderen Domain selbst weiterzuführen, Früchte tragen sollten, dann kann ich die Seite wieder aufsetzen.

Ein perösnliches Statement: wie viele Editoren, die im Zeitraum 1998-2017 tausende Stunden ihrer Arbeit ohne Bezahlung investiert haben, bin ich schockiert und verärgert. Ich war seit 1999 dabei - hier rechts eine Erinnerung aus alten Zeiten

Spring 2004 Editor Awards
Best Quality Control Specialist
Winner
tschild

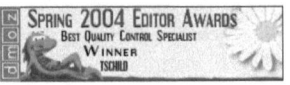

Abbildung 1.7 Die Reste des einst bekannten Webkatalogs »dmoz.org«

Bei einigen noch existierenden Katalogen ist die Aufnahme kostenpflichtig. Von Anbieterseite will man so das Signal geben, dass nur qualitativ hochwertige Einträge vorhanden sind. Das Geschäftsmodell funktionierte allerdings in jüngerer Zeit nicht mehr wirklich gut, und so ist es kaum verwunderlich, dass nach und nach viele große und kleine Webkataloge entweder komplett schlossen oder die bezahlten Einträge einstellten. Mittlerweile sucht faktisch niemand mehr über einen Webkatalog regelmäßig Inhalte im Web, und so gehört der Webkatalog zu den Auslaufmodellen – könnte man denken.

Denn die Zahl der Webverzeichnisse stieg immer kontinuierlich an. Beflügelt von frei verfügbaren Open-Source-Programmen, mit denen man selbst im Handumdrehen einen eigenen Webkatalog auf die Beine stellen kann, findet man im Netz unzählige solcher Linkportale. Schauen Sie in das Impressum, werden Sie vielleicht eine nicht zwingend nachhaltig oder aktuell arbeitende Online-Marketing-Agentur finden. Der Grundgedanke dabei ist schnell erklärt: Als Dienstleister für die Suchmaschinen-Optimierung spielen Links, die auf die zu optimierende Seite verweisen, eine bedeutende Rolle. Da nutzt man gern einen oder mehrere eigene Webkataloge als Möglichkeit, um schnell und unkompliziert Links setzen zu können. Da ein solches Portal auch anderen Suchmaschinen-Optimierern die Möglichkeit bietet, ihre Links dort einzutragen, wächst der Webkatalog quasi wie von selbst. Der SEO-Markt hat sich gewissermaßen selbst eine ursprüngliche Recherchequelle als Werkzeug für den Linkaufbau, das *Linkbuilding*, geschaffen. Dass Google und Co. hier nicht tatenlos zusehen, ist klar. Denn die offensichtlich künstlich platzierten Links auf verschiedene Angebote stellen keine unabhängige Empfehlung dar. Entsprechend gering werden auch die eingehenden Links von solchen Webkatalogen von den Suchmaschinen gewertet. Google wertet eine unnatürlich hohe Verlinkung aus Webkatalogen sogar als negatives Ranking-Signal.

Insofern spielen Webkataloge auch heute noch eine Rolle auch für seriös arbeitende Suchmaschinen-Optimierer, allerdings nicht mehr im Bereich des Linkaufbaus, sondern im Bereich des Link**ab**baus. Bei Backlink-Audits geht man mit Tools wie *ahrefs* oder *majestic* die Backlinks auf eine zu untersuchende Domain durch und findet dabei vielleicht massiv viele solcher Webkatalog-Links. Nehmen diese quantitativ überhand, kann man sie sogar für Google über die *disavow*-Methode entwerten, um ganz sicher zu gehen, dass sie keinen negativen Einfluss auf die Rankings haben.

> **Praxistipp: Finger weg von massivem Webkatalog-Linkbuilding!**
>
> Linkbuilding durch Webkataloge hat nach seinem Höchststand 2008 kontinuierlich an Bedeutung und Effekt verloren. Seit den Google-Penguin-Updates, die schon Mitte 2012 erfolgten, ist ein massiver Anteil an Webkatalogen im Backlink-Profil mit immer gleichen Linktexten sogar schädlich und führt zu massiven Ranking-Verlusten.
>
> Ich würde heute nicht mehr empfehlen, gezielt Links in Webkatalogen aufzubauen. Das rechnet sich weder zeitlich noch inhaltlich. Es mag allerdings Ausnahmen geben, etwa für ganz spezialisierte Branchen- und Webkataloge, bei denen idealerweise nicht jeder einen Link bekommen kann, wie bei der örtlichen IHK bzw. HWK oder bei einem Online-Branchenkatalog einer Fachzeitschrift.
>
> Letztendlich können Sie sich eine Frage stellen, um zu prüfen, ob eine Linksetzung attraktiv für Sie ist: Würde dieser Link durch einen für Sie relevanten Besucher gesehen und geklickt werden?

Um die Bedeutung eines Webkatalogs zu erhöhen, besteht bei einigen Anbietern eine sogenannte *Backlink-Pflicht*: Die Aufnahme des eigenen Eintrags ist an die Voraussetzung gebunden, dass man selbst einen Link auf das Webverzeichnis setzt. Manche Anbieter versprechen bei einem Backlink auch eine zügigere Aufnahme oder eine bessere Position innerhalb des Katalogs. Man darf hier durchaus skeptisch sein: Dieses »Ich verlinke dich und du verlinkst mich«-Spiel macht es Suchmaschinen-Betreibern sehr einfach, Webkataloge als solche zu identifizieren. Denn wenn Hunderte

von ausgehenden Links jeweils auch wieder einen eingehenden Link besitzen, dann kann man hier wohl kaum von einem natürlichen Linknetzwerk sprechen. Die Konsequenz ist klar: Diese Links haben kaum eine Wirkung auf das Ranking einer Seite.

Sicherlich darf man nicht alle über einen Kamm scheren, aber auch große Webkataloge wie *web.de* (dir.web.de) oder viele kleinere, branchenspezifische Webkataloge haben faktisch heute kaum noch eine Bedeutung für die Nutzer oder Nutzerin und damit für die Suchmaschinen-Optimierung.

Abbildung 1.8 Fast schon eine Rarität – der Webkatalog von »web.de«

1.1.4 Alternative Suchanbieter

Auch wenn Google für die alltäglichen und allgemeinen Suchanfragen unangefochten die Nummer eins ist, sollte man die vielen anderen Suchmöglichkeiten im Web nicht vernachlässigen. So zählen beispielsweise YouTube für die Videosuche, Amazon als Produkt-Suchmaschine oder die App-Stores von Apple und Android zu den größten Suchen neben Google. Der Markt des YouTube-SEO, Amazon-SEO oder App-Store-SEO ist im Vergleich zum Google-SEO immer noch vergleichsweise gering. Aber gerade für entsprechende Anbieter ist dies ein sehr lukrativer Markt, da eine Optimierung beispielsweise bei Amazon noch deutlich schneller und erfolgreicher vonstattengeht als bei Google. Zweifellos wird auch hier der Schwierigkeitsgrad mit der Anzahl der Wettbewerber stark ansteigen, wie man das auch schon die letzten Jahre beobachten konnte. Einfaches Keyword-Stuffing in dem Video- oder Produkttitel reicht heute auch nicht mehr aus. Hier sind durchaus Parallelen zur Geschichte der Google-Optimierung zu erkennen.

Neben den großen Suchanbietern sollten Sie für spezielle Themen aber die Augen auf spezialisierte vertikale Suchanbieter richten. Für die Suche nach einem vermeintlich guten Arzt hat sich beispielsweise der Anbieter *https://jameda.de* etabliert. Derweil gibt es wohl für jede Branche entsprechende Suchanbieter, die Sie auf dem Schirm haben sollten.

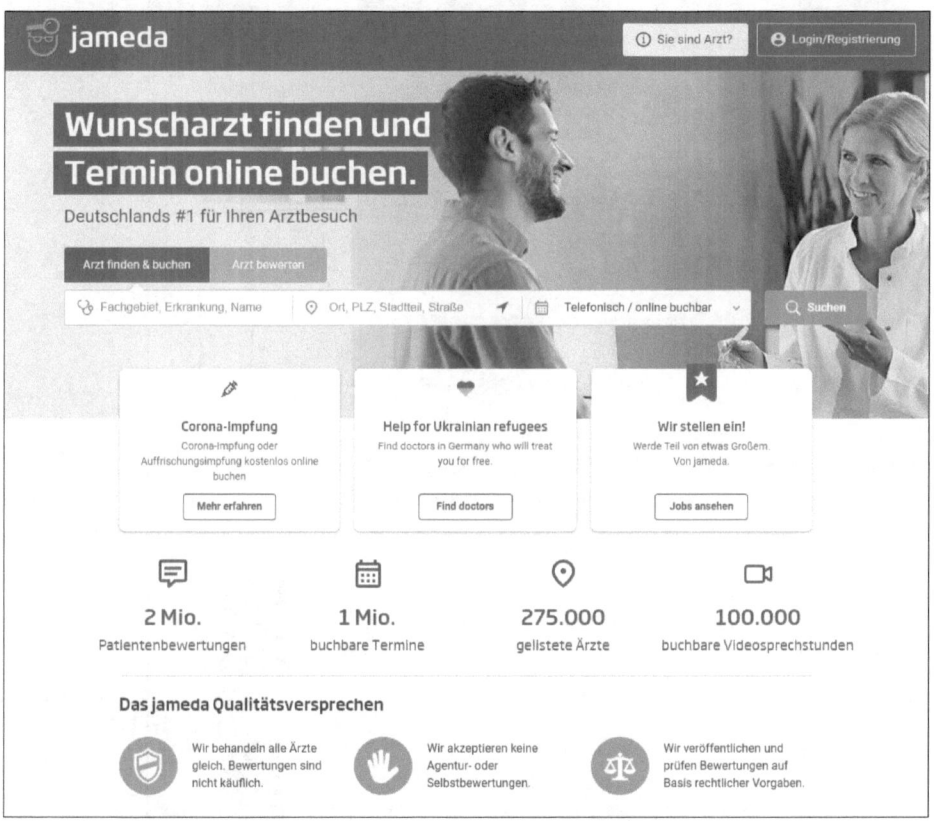

Abbildung 1.9 Jameda als bekannter Vertreter vertikaler Suchanbieter

1.1.5 Bezahlte Werbeeinblendungen

Bei fast jeder Suchanfrage bei großen Suchmaschinen wird auch bezahlte Werbung eingeblendet. Die jeweiligen Programme heißen zum Beispiel *Google Ads* oder *Microsoft Advertising (vormals Bing Ads)*, und es geht darum, dass im Gegensatz zu den nicht bezahlten *organischen Treffern* eine Rankingplatzierung über ein Bieterprinzip gekauft werden kann. In Fachkreisen sagt man, dass der Kanal Suche (*Search*) sich aufteilt in *Paid* (bezahlt) und *Organic* (organische Treffer).

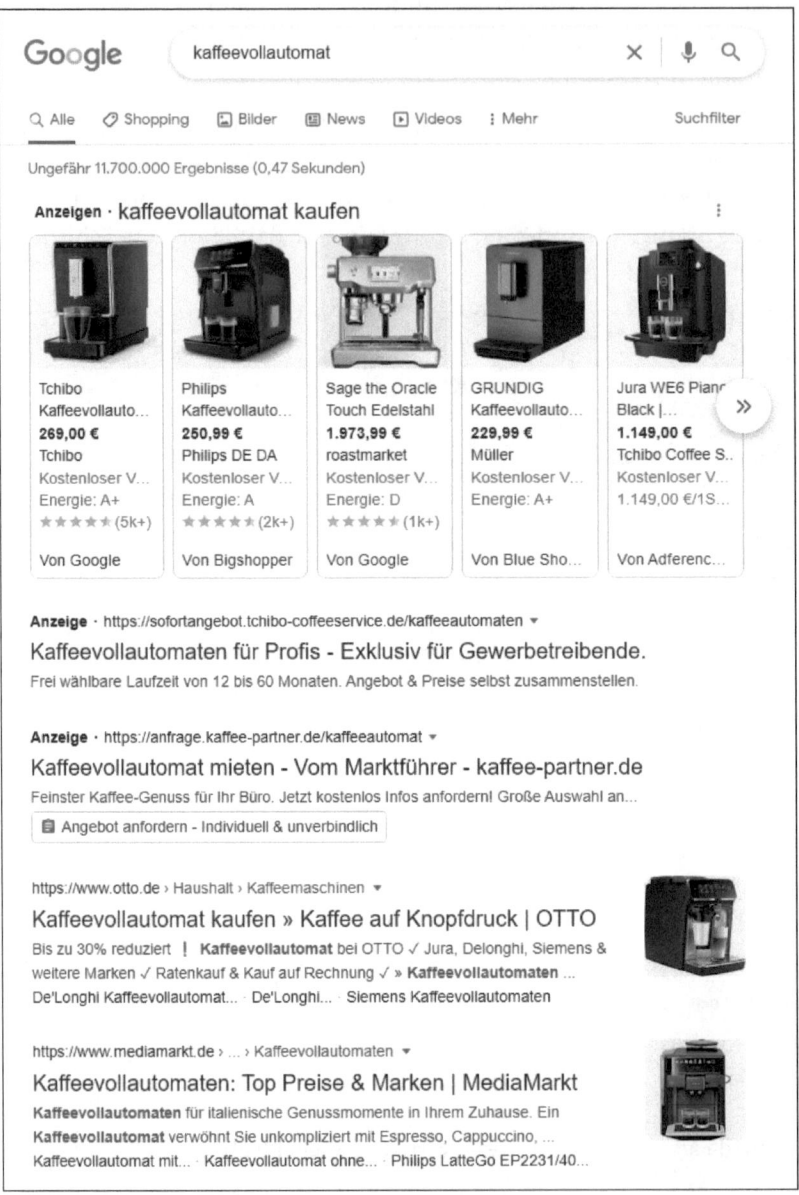

Abbildung 1.10 Bezahlte Anzeigen sind mit dem Hinweis »Anzeige« gekennzeichnet und können in unterschiedlichen Formen als Bild- und Textanzeige auftreten.

Doch auch Einblendungen in Form von Grafikbannern (*Displayanzeigen*) oder werbliche Texte (*Native Advertising*) auf Websites können als Suchhilfen verstanden werden. Dabei werden Werbebanner auf Websites angezeigt, die oft auf die Interessen und vergangenen Suchanfragen des Nutzers abgestimmt sind. Sucht man zum Beispiel nach einem Kaffeevollautomaten, so erhält man die Tage darauf häufig auch Werbeanzeigen zu dem Thema. Dieses *Remarketing* oder *Retargeting* soll dafür sorgen, dass ein noch unentschlossener Suchender auch Tage später eventuell zum Kauf bewegt wird. Voraussetzung hierfür ist, dass viele Website-Betreiber diese Bannerfläche zum Ausspielen auf ihren Websites anbieten. Genau das macht u. a. das *Google AdSense*-Programm. Jeder Website-Betreiber kann verschiedene Bannerplätze auf der eigenen Website einrichten. Google spielt dann zielgruppenspezifische Werbung dort aus und beteiligt die Website-Besitzer anteilig für jeden Klick oder jede Sichtung.

Ein Prinzip haben alle bezahlten Werbeeinblendungen gemeinsam: Sie werden von werbetreibenden Personen oder Unternehmen gegen Geld geschaltet und sind daher in der Regel direkt oder indirekt kommerziell orientiert. Werbeeinblendungen stehen daher in Bezug auf die Platzierungslogik im Gegensatz zu organischen Treffern, deren Reihenfolge ohne direkte finanzielle Vergütung über Ranking-Algorithmen bestimmt werden – oder auch im Gegensatz zu frei redaktionell erstellten Inhalten, bei denen Redakteure vor allem im professionellen, journalistischen Kontext um eine möglichst objektive Darstellung bemüht sind.

Bezahlte Werbeeinblendungen gehören als fester Bestandteil zum Online-Marketing-Mix vor allem für Anbieter mit direkter Verkaufsabsicht im gesamten E-Commerce. Vor allem die direkten Möglichkeiten, Sichtbarkeit und Reichweite zu schaffen, sind ein Vorteil im Vergleich zur eher indirekten und langwierigeren Optimierung für die organische Suche. Insofern wird man in den meisten strategischen Konzepten beide Ausrichtungen finden: eine flexibel und auf kürzere Zeiträume angelegte bezahlte Strategie in Kombination mit einer langfristigeren und kontinuierlich angelegten organischen Suchmaschinen-Optimierungs-Strategie.

Da man als SEO spätestens bei der Keyword-Recherche über Begrifflichkeiten aus dem bezahlten Bereich stößt und damit arbeiten kann, seien an dieser Stelle kurz die zentralen Begriffe erwähnt. Man untergliedert bezahlte Werbeeinblendungen in zwei Hauptgruppen, die sich in der Art der Abrechnung unterscheiden:

▶ **CPM (Cost per Mille) oder TKP (Tausend-Kontakt-Preis)**: Die klassische Einblendung von Werbung – etwa in Form von Werbebannern im Seitenkopf eines Nachrichtenportals – funktioniert meist nach dem Prinzip des Sichtkontakts. Mit jedem Seitenaufruf wird das Banner angezeigt. Im Online-Marketing spricht man bei einem Seitenabruf allgemein auch von einer *Page Impression* oder auch kurz nur von einer *Impression*. Der oder die Werbetreibende zahlt dem Portalbetreiber einen Betrag für eine bestimmte Anzahl von Seitenabrufen, bei denen das Werbebanner angezeigt wird. Diese relevanten Seitenabrufe mit Werbeeinblendungen werden als *AdImpressions* bezeichnet. Üblicherweise beziehen sich die Werbekosten auf jeweils tausend AdImpressions. Der sogenannte TKP (*Tausend-Kontakt-*

Preis) ist auch in der Print-Mediaplanung üblich. Im Online-Marketing spricht man jedoch häufiger vom CPM (*Cost per Mille*), auch wenn beide Bezeichnungen das gleiche Abrechnungsmodell beschreiben.

- **CPC (Cost per Click):** In der Praxis werden die Begriffe *Pay per Click* (PPC) und *Cost per Click* (CPC) synonym verwendet. Dabei bezeichnet streng genommen PPC das Verfahren als solches, nämlich das Bezahlen pro Klick, und CPC die zu zahlenden Kosten pro Klick. Das CPC-Modell hat sich neben dem CPM etabliert, weil es für die Werbetreibenden fairer ist: Man zahlt nicht für eine bestimmte Anzahl von Impressions, sondern nur für die Klicks, die auf eine Werbeanzeige ausgeführt werden. Dabei sind meist zwei Kenngrößen relevant, wobei der Klickpreis bestimmend ist: Das ist der Preis, der pro Klick auf die Werbeanzeige vom Werbetreibenden bezahlt werden muss. Weil man ungern unkontrolliert Werbebudgets ausgibt, wird eine Deckelung vereinbart. Meist ist das ein Tagesbudget. Wenn dies aufgebraucht ist, wird die Anzeige erst wieder am nächsten Tag geschaltet. Investieren Sie also z. B. 20 € pro Tag in eine Kampagne und wird der CPC mit 0,50 € festgesetzt, können Sie maximal 40 Besucher pro Tag mit dieser Aktion generieren. Mit diesem Abrechnungsmodell in Kombination mit dem Bieterprinzip auf den ersten Platz bei höchstem CPC ist Google Ads groß geworden.

Neben diesen beiden Hauptabrechnungsmodellen findet man je nach Plattform auch zahlreiche andere Modelle. So entstehen bei *Cost per Action* (CPA) dann Kosten, wenn eine bestimmte Handlung auf der Internetseite ausgeführt wird. Dies kann z. B. eine Anmeldung zum Newsletter sein.

Ist die Handlung eine, bei der es zu einer erfolgreichen Kontaktanbahnung eines Website-Besuchers mit einem Produkt- oder Dienstleistungsanbieter gekommen ist, dann spricht man im Marketing gern von einem *Lead*. Wird ein Abrechnungsmodell vereinbart, bei dem nur bei Kontaktaufnahme gezahlt wird, spricht man nicht mehr von CPA, sondern von *Cost per Lead* (CPL).

Und um den Kreis der Abrechnungsmodelle zu schließen: Handelt es sich bei der Kontaktaufnahme gleich um einen Verkauf, dann bietet sich das Modell *Cost per Sale* (CPS) an. Gerade bei der Vermarktung beratungsintensiver Güter kommen jedoch selten direkte Käufe zustande. Hier ist CPL also eindeutig CPS vorzuziehen. Insgesamt findet man diese Modelle vor allem im *Affiliate-Marketing*. Als *Affiliates* bezeichnet man Vertriebspartner, die selbstständig für einen kommerziellen Anbieter ein Produkt oder eine Dienstleistung bewerben und die bei einer Vermittlung eine Provision erhalten.

Auch wenn sich die Werbeformen stetig weiterentwickeln, bleiben diese grundlegenden Abrechnungslogiken doch meistens gleich oder zumindest ähnlich. So platziert man beim *Native Advertising* beispielsweise innerhalb eines Online-Magazin-Bereichs einer Zeitschrift einen werblichen Artikel, der in Form und Inhalt jedoch wie ein redaktioneller Beitrag daherkommt. Wichtig ist hier aus rechtlicher Sicht, dass dieser Artikel als Werbung gekennzeichnet wird. Anbieter wie Outbrain, Taboola, Plista und Co. sorgen dann für die Verbreitung der Native-Advertising-Artikel oder auch von anderen Website-Inhalten wie z. B. Produkte aus Shops. Dies geschieht ähnlich wie bei Google AdSense: Für die Einbindung von Teasern auf möglichst stark frequentierten Websites erhält der Website-Eigentümer einen finanziellen Anteil.

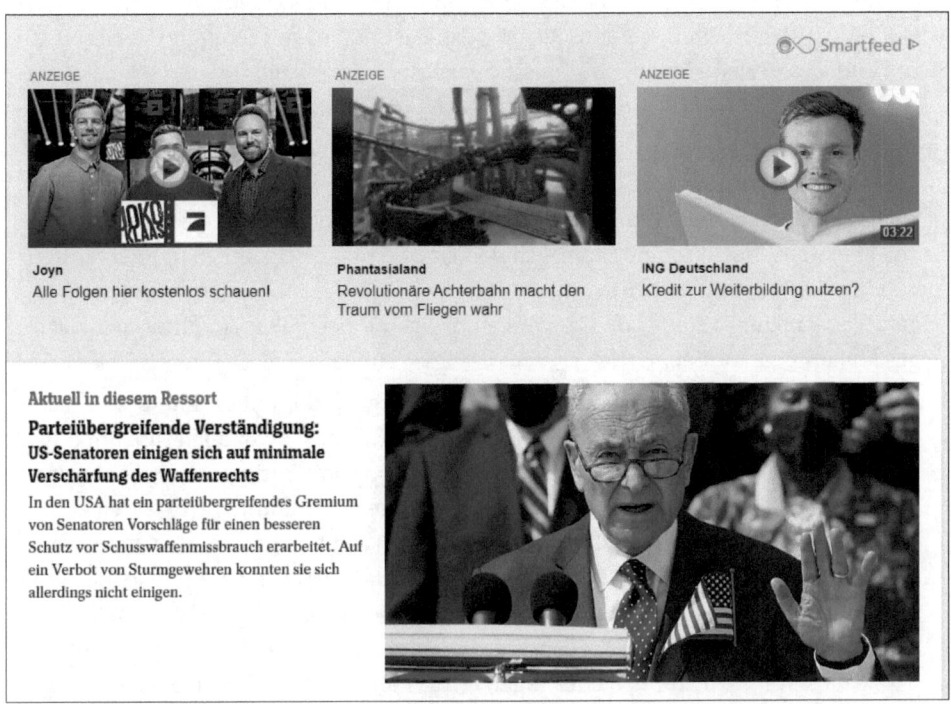

Abbildung 1.11 Einbindung von vier Outbrain-Teasern auf »spiegel.de«

Selbstverständlich sind den Fantasien der Werbetreibenden keine Grenzen gesetzt, und wenn Sie sich in bestimmten Märkten umschauen, finden Sie Abrechnungsmodelle, die z. B. Click per Install, Click per SignUp oder Click per PrintOut heißen. Diese und andere haben in der Regel aber keine breite praktische Bedeutung.

Auch neue Formen der Werbesteuerung, wie zum Beispiel das vollautomatische *Programmatic Advertising*, nutzen noch stärker algorithmische Logiken zur möglichst optimalen zielgruppenspezifischen Werbeeinblendung. Die Bieterprinzipien bleiben jedoch weitgehend gleich, auch wenn sie immer mehr durch qualitative Faktoren ergänzt werden, wie man sie aus der organischen Suchmaschinen-Optimierung schon länger kennt – etwa Themennähe, inhaltliche und lokale Relevanz, Darstellungsqualität oder auch stärker technische Aspekte wie Ladezeit.

> **PPC oder organische Suchmaschinen-Optimierung?**
>
> Im Agenturalltag begegnet mir fast täglich die Frage von Unternehmen, ob man sich lieber auf die »bezahlte oder unbezahlte Suche« konzentrieren sollte. Manchmal nehme ich auch gewisse Vorurteile gegenüber diesen beiden Bereichen wahr.
>
> Grundsätzlich ist dabei weder Paid noch Organic ein besserer oder schlechterer Weg. Es kommt immer auf den Fall, die Branche, das Unternehmen und die Zielgruppe an. Grundsätzlich hat sich aber durchgesetzt, und das ist auch meistens sinnvoll, dass beide Wege beschritten werden. Wichtig dabei ist nur, es mit Sinn und Verstand zu tun und idealerweise beides strategisch zusammen zu denken.
>
> Denn es gibt durchaus Abhängigkeiten zwischen bezahlten und unbezahlten Suchtreffern. Die sind allerdings nicht so, wie häufig vermutet wird: Es gibt keinen Zusammenhang in dem Sinne, dass auch die organischen Rankings steigen, wenn Sie bei Suchmaschinen viel Geld für bezahlte Anzeigen ausgeben. Diese Gerüchte sind meines Erachtens Blödsinn und mehrfach von Google und Microsoft (Bing) dementiert worden. Auch der umgekehrte Weg – weniger Geld in Ads auszugeben und dann organische Rankings »zur Strafe« zur verlieren – ist mir nach über 20 Jahren kein einziges Mal untergekommen.
>
> Häufig vergessen wird allerdings, dass auch die organische unbezahlte Suche nicht kostenfrei ist. Je stärker der Wettbewerb, desto mehr muss man auch tun, um organisch gute Rankings zu erhalten. Hier geht die Investition allerdings viel mehr in eigene Bereiche wie eine schnelle Website, hochwertige und optimierte Texte, eine bessere Seitenstruktur oder ähnliche, typische SEO-Themen. Sprich: Hier haben alle Besucher und Besucherinnen Ihrer Website etwas davon. Dafür dauert eine Suchmaschinen-Optimierung meist aber auch länger – alleine schon wegen der komplexeren Optimierungsmethoden. Im Gegensatz dazu sind Sie mit einer Google-Ads-Kampagne nach wenigen Stunden oder Tagen fertig, haben vielleicht noch entsprechende optimierte Landingpages erstellt und können dann schon Besucher und Besucherinnen generieren. Hier gehen die meisten Investitionen in der Regel aber nicht auf Ihre Website oder an einen betreuenden Dienstleister, sondern an Google, Bing, Facebook oder andere PPC-Plattformen.
>
> Am Ende macht es die Mischung, die bei jeder Projektsituation individuell zu bewerten ist.

1.2 Die Content-Anbieter

Vielleicht lesen Sie dieses Buch, weil Sie ein Projekt betreuen oder eine Website betreiben, die besser in den Suchmaschinen gefunden werden soll. Damit gehören Sie zum Kreis der *Content-Anbieter* oder *Publisher*. Diese bieten Inhalte, Produkte oder

Dienstleistungen im Internet an, die von Suchenden gefunden und anschließend meist auch genutzt werden sollen.

Suchmaschinen-Optimierung ist für Content-Anbieter meist ein wichtiger Teil im gesamten Online-Marketing. Welche weiteren Online-Marketing-Maßnahmen üblicherweise ergriffen werden und in welcher Weise die Suchmaschinen-Optimierung genutzt wird, hängt von verschiedenen Rahmenbedingungen ab, die sich überblicksartig in den Kategorien Größe, Ziele und Ansatz zusammenfassen lassen.

1.2.1 Content-Anbieter nach Größe

Wie so oft ist die Größe eines Unternehmens oder eines Projekts maßgeblich für die zur Verfügung stehenden Ressourcen. Eine zentrale Ressource ist wie überall der finanzielle Rahmen, in dem sich das Content-Angebot bewegen soll. Daneben spielen aber auch zeitliche Ressourcen und die Expertise in Sachen Online-Marketing eine wichtige Rolle.

Man kann Content-Anbieter nach vielen Kriterien untergliedern – etwa nach der Art der Inhalte: Handelt es sich um ein privates Weblog, um eine kleine Unternehmenswebsite, um ein Forum, ein Informationsportal, ein Wiki oder um einen Online-Shop? Auch das Ziel der Website kann als Unterscheidungskriterium hilfreich sein. So unterscheiden sich Content-Anbieter, die gar kein kommerzielles Interesse verfolgen, deutlich von einem Online-Shop, bei dem es um direkte Verkäufe geht. Zudem ist ein Online-Shop wiederum nicht mit einer Website eines Großkonzerns zu vergleichen.

Ein Kriterium, das die beiden genannten (Art und Ziel) mit einschließt, ist allerdings die Unternehmensgröße. Sicherlich kann man nicht allein von der Unternehmensgröße auf die Notwendigkeit und Art der Suchmaschinen-Optimierung schließen. In der Praxis zeigen sich aber immer wiederkehrende Muster, die für einen Überblick auf jeden Fall zweckdienlich sind. Wo finden Sie sich in der Spannbreite von Privatperson, KMU (kleine und mittlere Unternehmen) und Großunternehmen bzw. Konzerne wieder?

Privatpersonen

Meist wird langfristige Suchmaschinen-Optimierung aus kommerziellen Interessen betrieben. Allerdings besteht das Web nur zu einem geringen Teil aus kommerziellem Inhalt. Den weitaus größeren Teil bilden Inhalte, die ohne Gewinnabsicht erstellt wurden. Dies reicht von einem privaten Weblog oder einem Urlaubsalbum über die Familien- oder Hochzeitswebsite bis hin zur detaillierten Informationssite über die eigene Eisenbahnanlage im Keller oder die besten Wanderrouten in den Alpen.

Eine Suchmaschinen-Optimierung wird hier eher nicht durchgeführt, wenn man einmal Hobby-SEO-Projekte außer Acht lässt. Die Webseiten sind häufig selbst erstellt, oder es wird ein vorgefertigtes *Content-Management-System* (CMS) wie etwa WordPress genutzt, über das die Site-Struktur samt Text-, Bild- und Videoinhalten über Webformulare eingestellt und gepflegt werden kann. Das Zielpublikum der Website ist den Inhalten entsprechend eng segmentiert, dafür aber hochinteressiert. Man kann sich gut vorstellen, dass ein begeisterter Modelleisenbahner gern die Anlagendetails eines anderen begutachtet, um neue Ideen zu sammeln. Dennoch erhalten die meisten dieser und anderer Websites in diesem Segment eher weniger eingehende Links – auch wenn die Inhalte häufig mit viel Liebe, Zeit und Aufwand entstanden sind.

Suchmaschinen-Optimierung wird in diesen Fällen, wenn überhaupt, nur rudimentär und primär auf textlicher Ebene vorgenommen. Alles andere ist entweder zu komplex oder lohnt sich schlichtweg nicht. Entsprechend werden hier auch keine externen Dienstleister wie Agenturen oder Freelancer genutzt. Woher soll auch das Geld für diese Investition wieder reinkommen, wenn es keine Einnahmen gibt? Vielleicht lesen Sie ja gerade dieses Buch, um SEO für eine kleine private Website selbst zu machen? Das ist meist der beste Einstieg in die Welt des SEO.

Kleine Unternehmen

Anders sieht es aus, wenn eine kommerziell orientierte Ausrichtung hinzukommt. Die kleinste denkbare Einheit ist dabei eine Einzelperson oder ein Einzelunternehmen. Je nachdem, welcher Definition man folgt, haben sogenannte *kleine Unternehmen* bis zu zehn Beschäftigte und einen Umsatzerlös unter einer Million Euro. Häufig trifft man allerdings auch auf Kleinstunternehmen mit nur ein oder zwei beteiligten Personen und Umsatzerlösen, die weit unter einer Million Euro liegen.

Typischerweise handelt es sich dabei um Webseiten von Einzelunternehmern oder eben kleinen Unternehmen. Dazu gehören z. B. kleine Handwerksbetriebe, Steuerberater, Notare, Anwälte, Architekten, Dienstleister jeglicher Art und Gewerbe, die vor allem »offline« vertreten sind – also etwa der Schuster um die Ecke oder die Kneipe gegenüber.

Die Websites in dieser Kategorie sind meist schon vor einigen Jahren erstellt worden, und die Inhalte sind über die Jahre wenig oder gar nicht verändert worden. Warum auch – eine typische Website-Struktur eines kleinen Unternehmens kennen Sie. Sie besteht aus einer Homepage, die Besucher meist mit Sätzen wie »Herzlich willkommen bei der Bäckerei Grause« begrüßt. Dann gibt es die obligatorische »Wir über uns«-Seite, die die Firmengeschichte enthält und die Personen nennt und abbildet. Natürlich darf auch die Rubrik »Unsere Produkte« oder »Unsere Dienstleistungen«

nicht fehlen. Dort werden dann alle Bereiche als Listendarstellung stichwortartig genannt. Meistens finden sich auch ein Kontaktformular und ein Impressum sowie der Datenschutzhinweis (was in Deutschland übrigens beides v. a. bei kommerziell orientierten Inhalten gesetzlich vorgeschrieben ist).

Die Spannbreite erstreckt sich also von einer einfachen Visitenkarte mit Adresse und Öffnungszeiten bis hin zu einer Website mit zwischen etwa fünf und 100 Unterseiten. Noch vor einigen Jahren wurde von solchen Anbietern kaum Suchmaschinen-Optimierung betrieben. Wieso sollte ein Anwalt aus einer Kleinstadt, der seine Telefonnummer und Adresse auch dem Online-Publikum präsentieren möchte, in Suchmaschinen ganz oben gefunden werden, wenn er ohnehin im ganzen Ort bekannt ist und neben dem Stammpublikum vor allem von Empfehlungen (*Empfehlungsmarketing* oder *Word-of-Mouth-Marketing*) lebt?

Solche Websites, die als Webvisitenkarte dienen, werden meistens direkt gefunden, wenn man den Unternehmensnamen in Google und Co. eingibt. Für mehr bestand lange Zeit schlichtweg kein Bedarf.

In den letzten Jahren haben allerdings viele kleine Betriebe das Internet und dessen Möglichkeiten für sich entdeckt und möchten mehr erreichen, als nur unter dem eigenen Namen gefunden zu werden. Das liegt vor allem an einem oder mehreren Auslösern:

- Der Wettbewerb ist stärker online vertreten, und man muss nachziehen.
- Offline-Kanäle wie Kataloge, Print-Magazine oder Ähnliches werden eingestellt oder sinken in der Auflage.
- Ein Firmennachfolger ist jünger und kennt die Vorzüge des Internets.
- Die Betriebskosten (Personalkosten, Standortkosten, Ressourcenkosten) werden höher, und man benötigt mehr Aufträge als früher.
- Komplette Geschäftsmodelle ändern sich im Rahmen der Digitalisierung, und klassische Absatzmärkte brechen weg.
- Das Nutzerverhalten zur Suche von Dienstleistern und Produkten ändert sich. Wer schaut heute noch in die gedruckten Gelben Seiten, wenn ein Handwerker gebraucht wird?
- Auch Bestandskunden erwarten Online-Services wie z. B. einen personalisierten Online-Kundenbereich.

Welcher Auslöser auch immer am Ende ausschlaggebend ist, früher oder später wird dann auch an die Sichtbarkeit der neuen Website gedacht, und spätestens dann ist der Zeitpunkt gekommen, an dem mit der Suchmaschinen-Optimierung begonnen wird.

> **SEO nicht nach der Website-Erstellung, sondern währenddessen beginnen!**
>
> Unabhängig davon, ob Sie eine komplett neue Website konzeptionieren oder erstellen oder ob Sie »nur« einen Relaunch durchführen, ist ein Aspekt in Sachen Suchmaschinen-Optimierung mittlerweile erfolgsentscheidend:
>
> Suchmaschinen-Optimierung einer Website beginnt nicht nach Fertigstellung der Website, sondern bereits bei den ersten Gedanken zur Konzeption.
>
> Sehr häufig erhalten wir in der Agentur Anrufe nach dem Motto: »Hallo, wir haben nun unsere Website online gestellt und würden jetzt gerne mit SEO anfangen«. Tatsächlich wurde über Monate hart gearbeitet und meist viel Geld investiert. Und nun möchte man die Website auch sichtbar machen. Leider sind während der Erstellungsphase häufig so viele Fehler gemacht worden, dass quasi ein wirtschaftlicher Totalschaden entsteht, wenn man sich die Website nach SEO-Aspekten anschaut: Zu viel müsste auf struktureller, technischer und inhaltlicher Ebene wieder geändert und angepasst werden.
>
> Das Resultat ist dann meistens, dass man mit möglichst moderatem Aufwand die Bereiche optimiert, die ebenso möglichst minimalinvasiv sind. Da mittlerweile aber alle Rankingfaktoren zusammenwirken und man stets versuchen sollte, möglichst gut in allen SEO-Bereichen dazustehen, handelt es sich hierbei dann leider um SEO mit angezogener Handbremse.
>
> Ein Wettbewerber, der gleich von Beginn an SEO bei der Konzeption, dem Design, der Programmierung und den Texten mit einbezieht, fährt direkt bei Relaunch ohne angezogene Handbremse und wird viele andere überholen.
>
> Daher ist es meiner Erfahrung nach bei einer neuen Website enorm wichtig, gleich alle relevanten Marketing-Kanäle zu berücksichtigen – und hier gehört SEO als integrierter Kanal von Beginn an mit hoher Priorität und Mitspracherecht mit dazu.

Grundsätzlich ist bei dem Ziel, Sichtbarkeit und Traffic über Suchmaschinen zu generieren, weder Paid noch Organic ein besserer oder schlechterer Weg. Es kommt immer auf den Fall, die Branche, das Unternehmen und die Zielgruppe an.

Die Optimierung findet bei kleinen Unternehmen häufig direkt auf der Website statt. Der Fokus liegt also im Onpage-Bereich. Der Linkaufbau steht hingegen hintenan, da die beworbenen Suchbegriffe häufig mit dem Städtenamen oder der Region verbunden sind: Ein kleiner Sanitärbetrieb in Bayern möchte in der Regel keine Aufträge in Norddeutschland erhalten. Allein die teure Anfahrt würde die Kosten ins Unermessliche treiben. Daher konzentriert man sich auf seinen Umkreis. Er kann mal 30 Kilometer betragen, aber auch mal 300 Kilometer – je nach Gewerbe. Und dieser Umkreis wird bei der Suchmaschinen-Optimierung immer mit der Nennung des Heimatortes, einer umliegenden größeren Stadt oder der Region genutzt. Damit sinkt die Anzahl der virtuellen Mitbewerber, die auch für dieses Keyword gerne ganz oben in den Ergebnislisten erscheinen würden, und eine Optimierung wird einfacher und weniger zeit- und kostenintensiv.

In der Regel führen dann die Kleinstunternehmen die Suchmaschinen-Optimierung auch selbst durch. Oft ist es auch die Tochter oder der Sohn, ein Bekannter oder Freund, der sich mit dem Thema ein wenig auskennt und hilfreiche Tipps und Tricks verrät. Vielleicht gehören Sie ja auch zu dieser Gruppe und möchten Ihrer Site mit diesem Buch einen Platz ganz vorne verschaffen und damit Ihren Kundenkreis erweitern.

Meiner Erfahrung nach können viele Kleinstunternehmen sich eine vollständige Auslagerung der Optimierung nicht leisten. Hier bietet sich aber an, dass ein Experte oder eine Expertin einen einmaligen SEO-Audit durchführt, bei dem alle Schwachstellen identifiziert und konkrete Handlungsempfehlungen genannt werden, die dann vom Unternehmen selbst umgesetzt werden können.

Mittelständische Unternehmen

Der oft zitierte Mittelstand hat zwischen zehn und 100 Mitarbeiter und kann maximal 50 Millionen Euro Umsatz aufweisen.

Die Webseiten vor allem von mittleren und großen mittelständischen Unternehmen werden meist als professionelles Marketing-Instrument betrieben. Bei diesem Umsatzvolumen und dieser Mitarbeiterstärke existiert häufig eine Marketing-Abteilung oder zumindest eine Person, die für das Marketing zuständig ist. Nicht selten wird die Suchmaschinen-Optimierung dennoch an Agenturen oder externe Dienstleister ausgelagert. Die Marketing-Abteilung ist häufig mit anderen Bereichen ausgelastet, da sie in der Regel Messeauftritte plant und durchführt, Pressemeldungen und Presseanfragen bedient und auch das restliche Offline-Marketing, wie Broschüren und Anzeigen, organisiert.

Und selbst Unternehmen mit eigener Online-Marketing-Abteilung und vielleicht sogar SEO-Experten im Haus nutzen häufig Freelancer oder Agenturen. Hier geht es in der Regel jedoch mehr um eine strategische Beratung (*SEO-Consulting*) und um einen fachlichen Austausch (*Sparring*), da Agenturen und Freelancer meist einen breiteren Hintergrund aufgrund mehrere Kundenprojekte haben und schlichtweg schon »mehr gesehen« haben. Auch der Zugang zu teuren Tools oder effizienten Arbeitsprozessen ist häufig ein Argument.

Vor allem mittelständische Unternehmen merken in den vergangenen Jahren den Konkurrenzdruck bei Google und Co.: Die Mitbewerbersituation in den Suchmaschi-

nen wird immer schwieriger, langjährige gute Rankings wackeln, und es entsteht die Notwendigkeit, die Suchmaschinen-Optimierung noch viel stärker oder überhaupt kontinuierlicher zu betreiben. Ohne entsprechende Ressourcen in Kombination mit dem fachlichen Know-how, das ständig aktuell sein muss, geht es hier eher rückwärts statt vorwärts voran.

Wenn der Absatzmarkt über die Website für das Unternehmen bedeutend ist, werden meistens sogenannte *Inhouse-SEOs* eingesetzt. So werden Mitarbeiter und Mitarbeiterinnen bezeichnet, die hauptsächlich für die Suchmaschinen-Optimierung und das Suchmaschinen-Marketing verantwortlich sind und diese Aufgabe auch in die Unternehmensstrukturen tragen. Der Arbeitsalltag eines Inhouse-SEOs besteht also nicht nur aus dem technischen Optimieren von Webseiten und dem Linkaufbau. Er berät das Unternehmen oder Abteilungen vielmehr auch strategisch, fertigt Analysen an oder schult Mitarbeiter, um im Ergebnis eine verbesserte Suchmaschinen-Optimierung zu erhalten. Er schafft gewissermaßen das Bewusstsein für Suchmaschinen-Optimierung bei allen Unternehmensprozessen, die vollständig oder auch nur teilweise im Internet stattfinden. So kann z. B. auch die Personalabteilung ihren Beitrag zur SEO leisten, wenn sie Stellenausschreibungen im Internet veröffentlicht, indem gezielt bestimmte Stichwörter mit der Unternehmenspräsenz verlinkt werden.

Großunternehmen, Konzerne, Parteien und Organisationen

Im Grunde unterscheiden sich die typischen Strukturen bei großen internationalen Konzernen, Parteien oder Nichtregierungsorganisationen (NGOs) nicht wesentlich von denen der größeren mittelständischen Unternehmen. Oft sind allerdings die Budgets größer, sodass auch größere Agenturen beauftragt oder ganze interne Marketing-Abteilungen unterhalten werden. Die Aufgaben der Suchmaschinen-Optimierung bleiben streng genommen jedoch die gleichen. Typisch für dieses Segment ist aber ein deutlich höherer Anteil an Kommunikation, um die verschiedenen Akteure wie interne Abteilungen, externe Agenturen und Dienstanbieter zu koordinieren.

Hieraus entstehen jedoch häufig noch weitere Möglichkeiten. So verfügen etwa große Verlage nicht nur über eine einzige Website, sondern gleich über eine Vielzahl mit unterschiedlichen Themen, Redakteuren und Inhalten.

Damit können beispielsweise diese verschiedenen Websites und Portale untereinander gewinnbringend verlinkt werden und sich inhaltlich ergänzen. Dazu müssen Sie sich nur einmal den Fußbereich von *www.focus.de* oder anderen Verlagswebsites ansehen (siehe Abbildung 1.12).

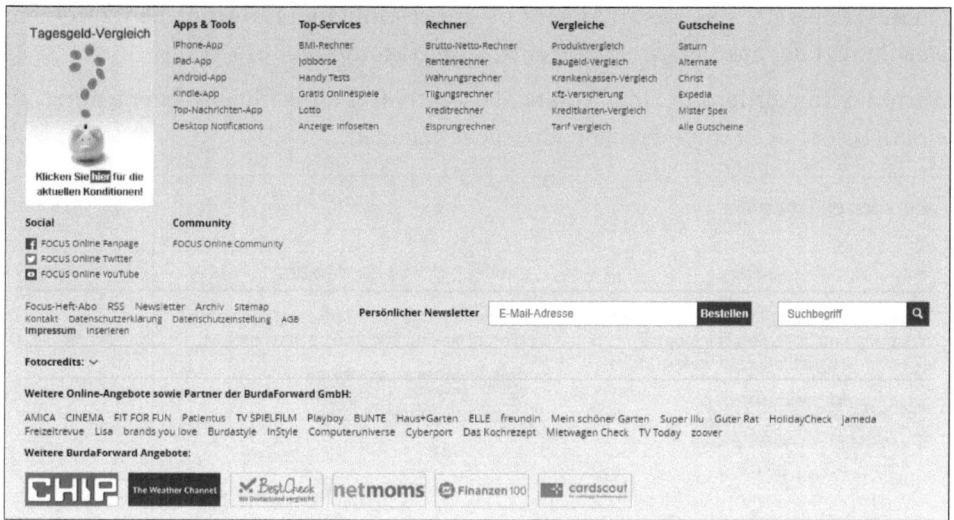

Abbildung 1.12 Footer von focus.de mit Querverlinkungen zu anderen BurdaForward-Portalen

Content-Vermarkter

Neben den genannten Marktteilnehmern haben sich in den letzten Jahren vermehrt Firmen etabliert, die selbst Content-Portale betreiben und damit ein bestimmtes Monetarisierungskonzept verfolgen – wie etwa die Vermarktung von Werbefläche oder auch immer noch Backlinks. Dies sind zum Beispiel Portale wie *www.netmoms.de* oder *www.t-online.de*, das die Telekom 2017 dem Werbevermarkter Ströer verkauft hat.

Das Unternehmensziel der Content-Vermarkter dreht sich hauptsächlich um Content und dessen Bewerbung, damit über die Leser und Leserinnen bzw. die Reichweite wiederum Geld verdient werden kann. Hier besteht der gravierende Unterschied zu anderen oben genannten Kategorien, bei denen Firmen ihre Dienstleistungen oder Produkte vermarkten möchten und bei denen die Website mit dem enthaltenen Content »nur« einen Marketing- und Werbekanal darstellt.

1.2.2 Ziele der Content-Anbieter

Als eine Möglichkeit, den tatsächlichen Erfolg einer Website zu messen, hat sich das Prinzip der Konversion etabliert. Vor allem im kommerziellen Sektor definiert man als Ziel einer Website nicht unbedingt eine »hohe Besucherzahl«, da der bloße Besuch eines Nutzers oder einer Nutzerin an sich meist noch keinen Umsatz generiert.

Erst ein *Lead*, eine seitens des Anbieters fest definierte Aktion des Website-Besuchers, wird als Zielerfüllung angesehen. Das kann z. B. das Bestellen eines Artikels aus dem

Online-Shop sein, das Ausfüllen eines Adressformulars, das Anmelden zu einem Newsletter oder das Herunterladen eines PDF-Dokuments.

Auch die Konvertierung eines Lesers, der kostenfrei ein Online-Angebot nutzt, zu einem Leser mit Online-Abo kann ein solches Ziel sein.

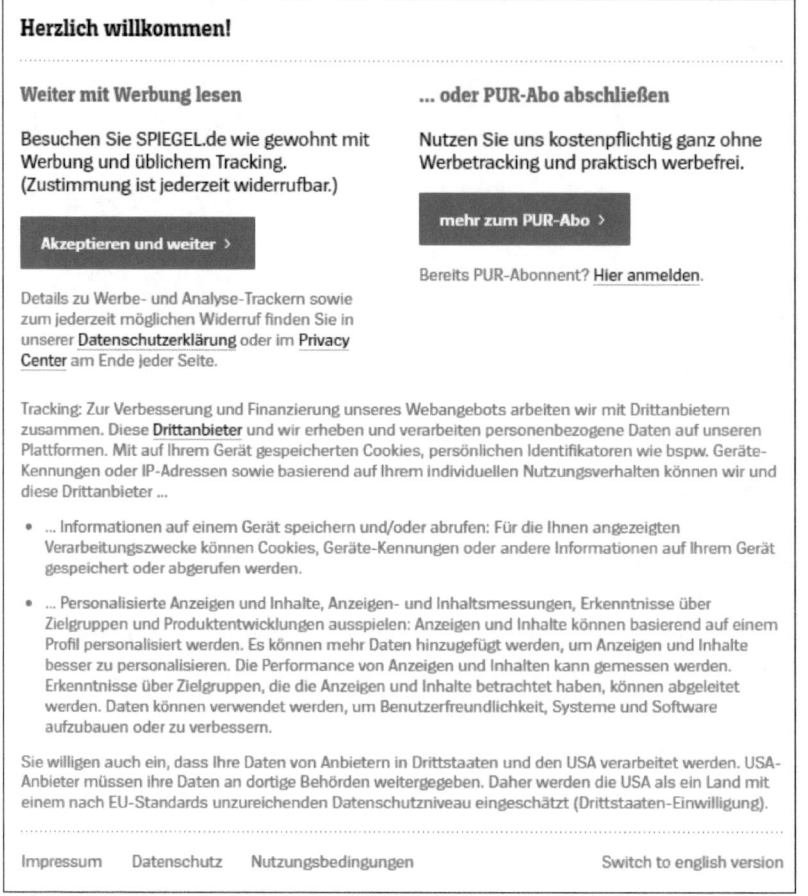

Abbildung 1.13 Auf »www.spiegel.de« muss man sich für oder gegen Tracking entscheiden – und für oder gegen ein Abo.

Die *Konversionsrate* (*Conversion Rate*) gibt dabei an, wie viel Prozent der Besucher einen Lead durchgeführt haben – oder anders formuliert: wie viele Besucher zu Kunden »konvertiert« wurden.

Dabei werden für die verschiedenen Leads jeweils eigene Konversionsraten angegeben. So wäre die Formel für die Berechnung der Konversionsrate »C1« mit dem Lead »Herunterladen des Katalogs im PDF-Format« folgende:

C1 = (Anzahl der PDF-Downloads ÷ Anzahl der Besucher) × 100

Die C1 läge z. B. bei 2.000 Besuchern pro Tag und einer Download-Zahl von 12 bei 0,6 Prozent.

Einen globalen Richtwert für »gute« Konversionsraten gibt es leider nicht, da der Wert stark von der Zieldefinition, dem Lead, abhängt. In vielen Fällen sind jedoch Konversionsraten von drei bis fünf Prozent bereits überdurchschnittlich.

Konversionsraten eignen sich nicht nur für die Langzeitmessung des Erfolgs einer Website (*Conversion Tracking*), wobei die Daten insbesondere zur Erfolgsbewertung nach Marketing-Aktionen (wie etwa einer Ads-Kampagne) herangezogen werden können. Die Überlegung, welche Aktionen Sie als Lead auf Ihrer Website definieren, hilft Ihnen erfahrungsgemäß enorm bei der Konzeption.

Ein Lead muss dabei nicht immer als Bedingung wie »Kauf durchgeführt« oder »Download getätigt« definiert werden. Ein Lead kann durchaus auch das Lesen eines Artikels oder das komplette Anschauen einer Fotogalerie sein. Dabei sollten Sie allerdings bedenken, dass der bloße Seitenabruf keine hinreichende Bedingung für das Lesen ist, da Sie nicht bei jedem Benutzer oder jeder Benutzerin automatisch annehmen können, dass er oder sie bei einem Abruf einer Seite den Text auch gelesen hat.

In diesem Sinne ist die bloße Reichweite eines Artikels oftmals auch eine Metrik, die von Content-Anbietern genutzt wird. Wenn beispielsweise durchschnittlich 40.000 Personen einen Artikel an einem Tag lesen, dann kann man mit diesen Werten auf potenzielle Werbebanner-Partner zugehen und höhere Preise verlangen, als wenn der Artikel nur von 100 Personen gelesen werden würde.

1.2.3 Ganzheitlicher Ansatz: SEO, SEA, Content-Marketing, CRO, SMO und Co.

Suchmaschinen-Optimierung (SEO) ist ein wichtiger, dennoch aber nicht der einzige Bereich für ein erfolgreiches Online-Marketing. Zahlreiche andere Bereiche sind hier relevant:

- *Suchmaschinen-Advertising* (SEA) mit Google Ads, Microsoft Advertising und Co.
- *Content-Marketing* (CM), bei dem hilfreiche und nützliche Inhalte für ganz spezifische Nutzergruppen angeboten und verteilt werden
- *Conversion-Rate-Optimierung* (CRO) zur Optimierung der Konversionsraten auf den Landingpages
- *Social Media Optimization* (SMO) zur Optimierung der Sichtbarkeit in sozialen Netzwerken und Plattformen
- *App-Store Optimization* (ASO) zur Optimierung der Sichtbarkeit von Apps im Apple App Store oder Google Play App Store
- *Amazon Shop Optimization* (ebenfalls ASO) zur Optimierung von Produktverkäufen bei Amazon

Die Liste könnte man sicherlich noch deutlich erweitern auf einzelne Kanäle und Plattformen. Letztendlich ist es eine der größten Aufgaben der kommenden Jahre, die verfügbaren Ressourcen und Budgets so zu investieren, dass ein ganzheitlicher Online-Marketing-Mix entsteht, der auf die definierten Geschäftsziele von Unternehmen und Organisationen einzahlt.

Das Internet – ob im Büro, zu Hause oder mobil unterwegs aufgesucht – ist immer noch das neueste Medium, das als Werbe- und Informationsträger genutzt wird. Unabhängig davon, dass die Zielgruppen immer mehr auf Social-Media-Plattformen einerseits und in geschlossenen Apps andererseits unterwegs sind, liegt immer noch eine immense Bedeutung für den Marketing-Erfolg auf der eigenen Website.

Daher muss in den Agenturen und in den Köpfen der Kunden und Privatanwender weiterhin das Bild geschärft werden, wie der Entstehungsprozess einer erfolgreichen Website mit all diesen verschiedenen Optimierungsschwerpunkten aussieht.

Dass hier vielerlei Gehversuche unternommen werden, ist unschwer an den semiprofessionell gestalteten und programmierten Websites von überwiegend kleinen und mittelständischen Unternehmen zu erkennen. Oftmals hat jemand aus der Verwandtschaft oder Bekanntschaft die Präsenz erstellt. Häufig geht das Wissen dieser Person nicht über die grundsätzliche Bedienung eines Webdesign-Programms hinaus. Aber selbst wenn eine Site durch professionelle Programmierer »gut programmiert« wurde, bedeutet das nicht automatisch, dass sie erfolgreich ist.

Beide Ansätze schlagen sich leider oft nicht nur in der Optik und damit in der Glaubwürdigkeit der Website (und des Unternehmens) nieder, sondern auch in den Optimierungen für eine gute Usability und insbesondere für die Suchmaschinen. Dieser Erkenntnisprozess setzt nur allmählich ein, ist aber unaufhaltsam, wie man schon im Druckbereich erkennt. Die Besitzer oder Besitzerinnen einer solchen semiprofessionellen Seite würden sicher niemals Geschäftspapiere oder gar Broschüren von Nichtprofessionellen gestalten lassen. Würden Sie das tun?

1.3 Suchende, die zu Besuchern und Kunden werden (sollen)

Wenn Sie eine erfolgreiche Website betreiben möchten, haben Sie eine schwierige Hürde zu nehmen: Sie müssen sich in Ihre Zielgruppe hineinversetzen. Das klingt zunächst banal – ist es aber nicht. Das beweisen immer noch zahlreiche Websites, die zwar die Organisationsstruktur eines Unternehmens optimal präsentieren, aber an den Bedürfnissen und Interessen der Besucher und Besucherinnen meist vorbeigehen.

Die Besucher und Besucherinnen Ihrer Website haben ein Problem, und das sollten Sie erkennen und bedienen. Nur dann werden Sie erfolgreich sein.

1.3.1 Qualifizierte Besucher haben ein Problem

Suchmaschinen-Marketing ist ein dankbares Gewerbe. Nirgendwo sonst sind die zukünftigen Kunden und Kundinnen gezwungen, ihr Bedürfnis in kurze und prägnante Stichworte zu fassen und diese in den Suchschlitz von Suchmaschinen einzugeben.

Einer Besucherin, die aus der Fußgängerzone schlendernd zur Eingangstür eines Kaufhauses hereinkommt, sieht man nicht an, ob sie eine neue Hose, ein Paar Socken, vielleicht einen Wasserkocher, ein Buch oder einen Kochtopf kaufen möchte. Das wird man frühestens dann erfahren, wenn sie sich intensiv an einem Regal oder in einer Abteilung umsieht. Online ist das anders. Wenn auf Ihre Website Besucher oder Besucherinnen über Suchmaschinen kommen, dann waren diese zuvor gezwungen, Ihre Website zu finden: Sie mussten ohne Ausnahme eine Suchanfrage stellen.

Im Marketing spricht man hier von *qualifizierten Besuchern*. Damit sind nicht etwa fachlich qualifizierte Menschen gemeint, sondern Besucher und Besucherinnen, die durch die Suchanfrage ein ganz bestimmtes Bedürfnis formuliert und folglich an den angebotenen Produkten oder Dienstleistungen ein hohes Maß an Interesse haben. Leider verirren sich ab und an auch *unqualifizierte Besucher* auf Ihre Website. Das liegt entweder daran, dass die Besucher unpassende Suchanfragen zu einem eigentlich ganz anderen Problem formuliert haben, die dann fälschlicherweise zu Ihnen führten. Oder es liegt mindestens ebenso häufig daran, dass die Optimierungsstrategie eines Unternehmens nicht wirklich zielführend gestaltet wurde, sodass die Website beispielsweise für unpassende oder für mehrdeutige Begriffe ranked. Nehmen Sie zum Beispiel einen Versandhändler für Torten, der aufgrund der zwingenden Kühlung nur im Stadtgebiet von Hamburg liefert. Würden hier Besucher mit Suchanfragen nach `Torte Lieferservice` aus München auf diese Website kommen, wären es (leider) unqualifizierte Besucher und Besucherinnen für diesen Konditor.

Bevor ein User allerdings einen Suchbegriff eingeben oder aussprechen kann, muss er zunächst einen Mangel verspüren. Das kann ein materieller Mangel sein: Die alte Waschmaschine ist defekt, und nun muss eine neue her. Der Mangel kann allerdings auch immaterieller Natur sein, wenn z. B. eine ganz bestimmte Information fehlt: »Was läuft heute Abend im Kino?«, »Wie hoch ist der Eiffelturm?« oder »Was ist eigentlich ein Oxymoron?«. Man könnte hier statt allgemein von einem *Mangel* auch von *Informationsmangel* oder einem *Informationsbedürfnis* sprechen. Abstrakt formuliert: Ein Mensch muss zunächst ein Problem erkennen, bevor er sich auf die Suche nach dessen Lösung macht.

Die Kunst im Online-Marketing ist folglich, Suchenden die passende Lösung für ihre spezifischen Probleme anzubieten. So werden Suchende zu Besuchern Ihrer Website und schließlich zu Kunden und Kundinnen. Das klingt ganz einfach. Ist es auch, Sie müssen sich allerdings in die typischen Probleme Ihrer Besucher hineinversetzen.

Und da liegt der Hase im Pfeffer: Denn Sie stehen auf der anderen Seite und tun sich schwer, die Betriebsbrille vollständig abzulegen.

1.3.2 Fünf Phasen des Online-Marketings

Wie zu allen Bereichen des Lebens gibt es auch zum Online-Marketing zahlreiche Theorien. Sie werden hier keine Abhandlung zur Marketing-Theorie finden, allerdings haben Sie soeben die ersten beiden Phasen des Problemlösungsprozesses Ihrer zukünftigen Kunden kennengelernt – und da ist es hilfreich, auch die restlichen drei zu kennen.

1. **Problem- und Bedürfniserkennung**: Am Beginn steht der Mangel an einer Sache oder einer Information. Dies ist das Problem des Users, und er entwickelt daraus ein Bedürfnis, dieses Problem zu beseitigen. Häufig entstehen solche Probleme natürlich von selbst. Täglich benötigen Menschen neue Informationen, und zumindest regelmäßig stehen sie vor dem Problem, ein neues Produkt kaufen zu müssen oder – das ist meist der angenehmere Fall – es kaufen zu wollen. Die Konsumindustrie greift hier dann ordentlich ein: Bedarfsweckung durch Werbung in allen Situationen des Alltags, ob im Fernsehen, im Briefkasten, auf Hauswänden oder in der Bahn. Werbung soll Ihnen klarmachen: Sie haben ein Problem, lösen Sie es! In der Regel setzt das Suchmaschinen-Marketing allerdings noch nicht bei der Weckung von Bedürfnissen an, sondern erst in der nächsten Phase. Es ist allerdings wichtig, dass Sie wissen, welche Probleme Ihre Zielgruppe oder Ihre unterschiedlichen Zielgruppen jeweils haben, damit Sie sich als kompetenter Problemlöser darstellen können.

2. **Informationssuche**: Angetrieben von ihrem Problem, machen sich die Menschen nun auf, diesen unangenehmen Zustand zu beenden. Dabei gibt es unzählige Möglichkeiten, wie man eine bestimmte Information erhalten kann oder einen passenden Dienstleister für sein Problem findet. Sie können einen Freund oder eine Freundin anrufen, im Branchenbuch nachschlagen, blindlings in die Stadt fahren oder – und genau hier beginnt die Suchmaschinen-Optimierung – im Internet danach suchen. Über 80 Prozent aller Internetsitzungen beginnen mit dem Aufruf einer Suchmaschine. In Deutschland ist dies seit vielen Jahren mit überwältigender Mehrheit Google. Die Informationssuche besteht also konkret aus dem Aufruf von Google, der Eingabe eines oder mehrerer Suchbegriffe und der Auswahl eines geeignet erscheinenden Treffers. Auch das Begutachten des Treffers, also der Website – im Idealfall Ihrer Website –, gehört zur Informationssuche dazu.

   Zunehmend hält auch die Sprachsuche Einzug in die Nutzungsgewohnheit der Menschen. Viele Statistiken überschätzen allerdings die tatsächlichen Suchen im Rahmen von Informationssuchen. »Wohnzimmerlampe an« ist keine Informationssuche, sondern ein Sprachbefehl zur Haussteuerung. Hier werden zukünftige

Studien sicherlich genauer unterscheiden. Fest steht aber auf jeden Fall: Die Eingabe von Keywords weicht zunehmend auf, es werden entweder natürlichsprachige Anfragen eingegeben oder in ein Gerät eingesprochen. Daran, dass die Menschen Informationen oder Produkte suchen, ändert das Device allerdings nichts. Die Art der Suche wird nur vielfältiger.

3. **Evaluation von Alternativen**: Je nachdem, welches Problem der Suchende hat, wird er sich nicht mit dem erstbesten Treffer zufriedengeben. Vielleicht gibt es den mobilen Lautsprecher bei einem anderen Shop noch etwas günstiger oder in einer anderen Farbe? Vielleicht ist die gesuchte Information zwar vollständig, aber man möchte sich noch einmal an anderer Stelle vergewissern, dass sie auch tatsächlich stimmt. Das Web bietet dem User die Möglichkeit, ohne große Umstände viele Alternativen zu evaluieren. Dank mehrerer Tabs im Browser kann sich ein Nutzer auch parallel die Alternativen ansehen. Dabei kommt es häufig auch zu Veränderungen der Suchanfrage (*Refinement*), damit die Treffer noch besser zum Problem passen.

Um beim Vergleich mit Mitbewerbern nicht zu verlieren, müssen die Informationen und Angebote auf Ihrer Website einem direkten Vergleich standhalten können. Die beste Suchmaschinen-Optimierung hilft Ihnen herzlich wenig, wenn Sie der teuerste Anbieter eines Produkts sind. Käufer und Käuferinnen im Internet wollen häufig Produkte möglichst günstig kaufen. Insofern spielt in dieser Phase die Suchmaschinen-Optimierung eine untergeordnete Rolle. Vielmehr muss das Angebot seriös wirken, und es muss mit den virtuellen Mitbewerbern mithalten können, denn der Mitbewerber ist im Internet nur einen Klick weit entfernt.

4. **Durchführung der Transaktion**: Hat sich der Nutzer oder die Nutzerin für eine Alternative entschieden, wird eine Transaktion durchgeführt. Im Fall des mobilen Lautsprechers ist dies der Kauf in dem Online-Shop, der am besten auf das Bedürfnis reagieren kann. Das wird meist der günstigste sein, aber eventuell auch derjenige, der die besten Versandbedingungen bietet und das Vertrauen des Käufers oder der Käuferin gewonnen hat. Auch das Ausfüllen eines Kontaktformulars oder ein Anruf ist eine Transaktion. Die Transaktion bei reinen Informationsproblemen kann man ebenso festlegen: Sucht jemand nach dem Abendprogramm im örtlichen Kino, dann findet die Transaktion mit dem Aufruf der Programmseite statt. Sie merken, Transaktionen lassen sich vielfältig messen, aber sie lassen sich messen, und damit verfügen Sie über einen sehr wichtigen Datenbestand, um die eigenen Optimierungserfolge zu kontrollieren.

Damit möglichst viele Besucher zu Käufern werden und Transaktionen durchführen, muss die Konversionsrate optimiert werden. Die *Conversion-Rate-Optimierung* (CRO) sollte mittlerweile fester Bestandteil des Online-Marketings sein. Dabei können schon Kleinigkeiten dafür sorgen, dass mehr Besucher und Besucherinnen auch tatsächlich zu Kunden und Kundinnen werden: Ein besserer Text, ein besser passendes Bild oder ein optimierter Kaufen-Button bewirken häufig Wunder.

> **Praxistipp: Betreiben Sie schon Conversion-Rate-Optimierung?**
>
> In der Praxis erlebe ich immer wieder, dass sehr viel Zeit, Geld und Energie in SEO, SEA und andere Inbound-Kanäle gesteckt werden. Ab einem bestimmten Punkt sollten Sie sich allerdings auch um die Verwertung der generierten Besucher auf Ihrer Website kümmern. Conversion-Optimierung wird im deutschsprachigen Raum meiner Einschätzung nach absolut unterschätzt und vernachlässigt. Es muss nicht immer der teure A/B-Test sein, bei dem man Tausende von Besuchern und Besucherinnen benötigt. Beschäftigen Sie sich einfach mit der Frage, wie man noch mehr Besucher zu einer Transaktion bewegen könnte. Damit vervielfachen Sie auch nebenbei die Rentabilität Ihrer Inbound-Marketing-Investitionen!

5. **Verhalten nach der Transaktion**: Das Problem ist gelöst, die Suchende ist zur Kundin geworden. Was soll jetzt noch kommen? Das Verhalten der Besucherin nach dem Kauf kann hilfreich sein für weitere Transaktionen – für die eigenen wie die von anderen.

Wenn ein zufriedener Kunde z. B. Ihren Online-Shop lobt und das mit einer Top-Bewertung auf einem Bewertungsportal oder in Ihrem Shop tut, dann kann dies andere Besucher davon überzeugen, dass Sie ein kompetenter und zuverlässiger Handelspartner sind. Damit werden die Konversionsraten Ihrer Website also steigen – ganz ohne zusätzliche Suchmaschinen-Optimierung. Zum Verhalten nach der Transaktion gehören aber auch direkte Wiederbesuche Ihrer Website oder ein direkter Anruf, wenn ein ähnliches Problem nochmals bestehen sollte.

Auch ein hilfreicher Kommentar zu einem Beitrag gehört in diese Kategorie. Wenn Sie z. B. einen Beitrag über einen Konzertabend in Ihrem Weblog geschrieben haben, der auch von anderen Konzertbesuchern gesucht, gelesen und kommentiert wurde, steigt der Informationsgehalt Ihres Beitrags mit jedem Kommentar. Das bedeutet wiederum einen echten Mehrwert für neue Besucher.

Im Rahmen der Online-Marketing-Optimierung ist es hier Ihre Aufgabe, dafür zu sorgen, dass die Kunden und Kundinnen nach der Transaktion die Möglichkeit für Bewertungen, Kommentare und andere Aktionsmöglichkeiten haben. Wenn Sie in Ihrem Online-Shop etwa keine Möglichkeit anbieten, eine Bewertung zu hinterlassen, können Sie diese logischerweise auch nicht nutzen, um neue Besucher und Besucherinnen von der Qualität Ihrer Produkte und Leistungen zu überzeugen.

Für das Verständnis Ihrer Zielgruppe und den damit verbundenen Erfolg Ihres Projekts ist das Wissen um diese Phasen und die notwendigen Maßnahmen sehr entscheidend. In jeder einzelnen Phase sind spezielle Maßnahmen möglich und notwendig, damit Sie den größtmöglichen Nutzen für Ihr Unternehmen ziehen können.

1.4 Suchmaschinen-Optimierer und Online-Marketing

Als die ersten Suchmaschinen den Benutzern und Benutzerinnen das Durchforsten des Web erleichterten, kümmerte man sich noch recht wenig um die Position in den Ergebnislisten. Erst mit zunehmender Bedeutung der Suchmaschinen und damit auch der Zahl der Besucher und Besucherinnen, die über Suchmaschinen zu einer Site kommen, wuchs eine neue Branche heran: die Suchmaschinen-Optimierer.

Suchmaschinen-Optimierer ist bislang in Deutschland kein Ausbildungsberuf, und man kann auch kein explizites Bachelor- oder Masterstudium absolvieren. Allerdings werden immer häufiger Seminare im Rahmen von Marketing-Studiengängen angeboten. Die *afs* (Akademie für Fortbildung in SEO) bietet z. B. eine berufsbegleitende SEO-Grundausbildung an. Ein häufiger Eintritt in die SEO-Welt sind allerdings nach wie vor Traineeships in Unternehmen und Agenturen, die sich meist über ein Jahr erstrecken. Der BVDW (Bundesverband Digitale Wirtschaft) hat 2019 das Fachkräftezertifikat für SEO-Trainees eingeführt. Das Zertifikat besteht aus einem umfangreichen Fragebogen, der ortsunabhängig online absolviert werden kann. Dieses Buch ist unter anderem die Grundlage für das Zertifikat.

Abbildung 1.14 Das SEO-Fachkräftezertifikat des BVDW kann online absolviert werden.

> **Praxistipp: Mit dem SEO-Traineeship in die SEO-Welt**
>
> In meiner Agentur haben wir bereits zahlreiche Trainees zu waschechten Suchmaschinen-Optimierern ausgebildet. Theorie ist schön und gut, aber letztendlich muss man vor allem eins tun, um ein guter SEO zu werden: selbst Websites optimieren. Und das lernt man am besten mit verschiedenen Projekten in einer Agentur und von erfahrenen Kollegen. Wenn Sie also in die Welt der Suchmaschinen-Optimierung professionell einsteigen möchten, sollten Sie sich diesen Weg einmal näher anschauen. Mittlerweile bietet nahezu jede Agentur Traineeships an. Achten Sie bei der Auswahl auf die Betreuungsqualität und das Know-how – das sind die wichtigsten Faktoren für einen erfolgreichen Start als Trainee in die SEO-Branche.

Die jeweiligen Interessenschwerpunkte oder die eigene Ausbildung bringen Suchmaschinen-Optimierer mit unterschiedlichen Ausrichtungen hervor. Während der eine stärker in der strategischen Beratung zu Hause ist, kann der andere ausgefeilte technische Optimierungskonzepte planen und umsetzen. Mittlerweile ist der Wettbewerb zwischen den Optimierern jedoch härter geworden, sodass man deutlich erkennen kann, dass sich professionelle Suchmaschinen-Optimierer und -Optimiererinnen einen gewissen Grundstock an Know-how in allen notwendigen Bereichen angeeignet haben – von der Beratung über die Planung bis zur Umsetzung. Gleichzeitig steigt die Anzahl von Spezialisten für bestimmte Teilbereiche.

1.4.1 SEO-Dienstleister und -Agenturen

Heute existieren zahlreiche Dienstleister und Agenturen, die sich auf Suchmaschinen-Optimierung spezialisiert haben. Der Markt hat sich in den letzten Jahren so ausgebildet, dass es für jeden Kunden die passende Agentur gibt. Dabei kann man das Spektrum der SEO-Dienstleistungen grob in vier Bereiche unterteilen:

1. **Beratung und Begutachtung**: Viele SEO-Dienstleister verstehen sich hauptsächlich oder ausschließlich als *Berater*. Dabei werden bestehende Webauftritte und Marketing-Strategien analysiert, begutachtet, und in mündlicher oder schriftlicher Form erfolgen Hinweise zur Optimierung. Häufig bezeichnet man dies auch als *strategische Beratung* oder *strategische Suchmaschinen-Beratung*. SEO-Beratung ist oft auch Teil einer ganzheitlichen Marketing- oder Online-Marketing-Beratung. Findet die Beratung nur einmalig statt, dann wird in der Regel ein Report oder Gutachten angefertigt. Es enthält eine Ist-Analyse zum aktuellen Zustand, eine Zieldefinition der Marketing-Ziele sowie (hoffentlich) möglichst konkrete Hinweise auf die Mittel und Techniken, mit denen die Ziele erreicht werden können. Auch die Durchführung von Keyword-Recherchen und Potenzialanalysen könnte man hier ansiedeln. Bei größeren Projekten werden hingegen Beraterverträge abgeschlossen. Die SEO-Dienstleister stellen ihr Know-how zur Verfügung,

das dann üblicherweise pauschal oder auf Stundenbasis abgerechnet wird. Damit kauft sich ein Unternehmen die Optimierungskompetenz ein – oder anders formuliert: Es findet Outsourcing an eine Marketing-Agentur statt.

2. **Technische Umsetzung**: Die konkrete technische Umsetzung ist ein weiterer Kompetenzbereich. Meist sind hier Programmierer und Webentwickler am Werk. Hat ein Kunde sich bereits beraten lassen und ein Optimierungskonzept mit entsprechenden Hinweisen vorliegen, dann kann der Webentwickler oder die Webentwicklerin anhand dieser Punkte die Onpage-Optimierung der Webseiten durchführen. Dabei müssen oft nicht nur bestehende Webseiten optimiert werden. Der Aufbau von weiteren spezialisierten Domains, die Integration eines allgemeinen oder speziellen Tracking-Systems zum Aufzeichnen von Besucheraktivitäten bis hin zum Programmieren von Gewinnspielen oder Aktionsseiten gehören in den Bereich der technischen Umsetzung bei der Suchmaschinen-Optimierung. Hier zählen hauptsächlich Kompetenzen im Bereich der Web- und Programmiersprachen (wie HTML, CSS oder JavaScript) sowie Datenbankabfragen mit SQL. Häufig sind Kunden und Kundinnen bereits vor der Suchmaschinen-Optimierung bei Agenturen, die diese Kompetenzen vorweisen können. Sie nennen sich meist *Online-Agenturen*, *Webagenturen* oder *Internetagenturen*.

3. **Inhaltliche Umsetzung**: Das Schreiben von optimierten Texten und Inhalten sowie der kontinuierliche Linkaufbau, bei dem auch fortlaufend Texte verfasst werden müssen, haben weder mit umfassenden technischen Maßnahmen noch mit der Beratung und Analyse zu tun. Die inhaltliche Umsetzung der Optimierung setzt auf die Handlungshinweise aus der Beratung und den vorgegebenen technischen Rahmen auf und platziert die für Sucher und Suchmaschinen passenden Inhalte. Die inhaltliche Umsetzung wird bei größeren Projekten in der Regel von professionellen Textern oder Textagenturen vorgenommen. Man spricht hier von *Content-Agenturen*. Liegt der Schwerpunkt eher auf dem Aufbau von Linkstrukturen, findet man als Kunde oder Kundin Hilfe bei sogenannten *Linkbuilding-Agenturen*.

4. **Datenorientierte Agenturen**: Mittlerweile ist gerade bei großen Websites das Thema Datenbeschaffung, Datenhaltung und Datenauswertung sehr wichtig geworden. Wenn zu viele URLs existieren, als dass man diese manuell durchgehen und optimieren könnte, kommen Agenturen mit Daten-Know-how ins Spiel. Meist sind Kompetenzen sowohl in der Programmierung mit *R* oder *Python* als auch in der Datenspeicherung mittels *BigQuery* oder anderen komplexeren Datenbanksystemen vertreten. Auch das Einrichten von *Reporting- und KPI-Dashboards* oder das Etablieren von automatischen Workflows etwa mit *knime* gehören häufig zum Angebotsspektrum. Letztlich sind auch Agenturen im Bereich *Marketing-Automation* hier angesiedelt, auch wenn es dabei selten um pure SEO geht.

Diese vier Bereiche haben natürlich keine festen Grenzen, und mit zunehmender Komplexität der Suchmaschinen-Optimierung kann es sich auch kein Dienstleistungsunternehmen leisten, Scheuklappen zu tragen und nicht links und rechts des Weges zu schauen. Für potenzielle Auftraggeber ist es allerdings von zentraler Bedeutung, die Spezialitäten und Schwerpunkte einer Agentur zu kennen, bevor man sich langfristiger bindet.

Wie sieht es mit der Agenturgröße aus? In der SEO-Branche waren Agenturen mit nur ein oder zwei Mitarbeitern vor einigen Jahren nicht unüblich, die auch alle vier Bereiche abdeckten. Bei dem zunehmenden Kompetenzgeflecht ist aber ein Full-Service mit wenigen Mitarbeitern gar nicht mehr möglich. Meist arbeiten diese Unternehmen daher in Netzwerken mit anderen Agenturen oder Freelancern zusammen, sodass die jeweiligen Spezialisten immer für ein Projekt zusammenkommen.

Sollten Sie allerdings das Online-Marketing oder speziell die Suchmaschinen-Optimierung aus welchen Gründen auch immer komplett outsourcen, dann bietet sich eine echte Full-Service-Online-Marketing-Agentur (*Full-Service-ONMA* oder *360°-Agentur*) an. Sie vereint die Kompetenzen aller vier Bereiche: strategische und operative Beratung, technische Umsetzung, Datenorientierung und inhaltliche Optimierung samt Reputations- und Linkaufbau über Content und Content-Marketing. Das ist nicht zwingend zu verwechseln mit einer Full-Service-Werbeagentur, die auch beispielsweise Print- und Messedienstleistungen anbietet. Viele Agenturen schreiben sich auf die Fahnen bzw. Websites, dass sie SEO können – achten Sie allerdings stets auf eine ausreichend tiefe Expertise in der Suchmaschinen-Optimierung für alle für Sie relevanten Bereiche!

> **Praxistipp: Die Wahl der richtigen Agentur**
>
> Häufig rufen mich Unternehmen an, die gerade einen Relaunch ihrer Website beendet haben und nun mit SEO starten möchten. Leider ist hier ebenso häufig das Kind bereits in den Brunnen gefallen, da entscheidende SEO-relevante Faktoren bereits in der Konzeption und dem Design hätten berücksichtigt werden müssen. Nachträgliche Änderungen sind nun aufwendig oder gar unmöglich. »Warum wurde das nicht gleich von Beginn an berücksichtigt?«, werden Sie sich vielleicht fragen. Das liegt häufig gar nicht an der Qualität der ausgewählten Agentur – sondern schlicht an der Ausrichtung der Agentur. Wählt man einen rein technischen Dienstleister oder eine reine Werbeagentur, dann findet man zwar nicht zwangsläufig, aber dennoch recht häufig eben keine ausgewiesene SEO-Expertise in der Agentur. Meiner Erfahrung nach ist es gerade für Unternehmen, die nicht zu 100 Prozent digital »ticken« – und das sind die meisten in Deutschland, Österreich und der Schweiz –, sehr schwer, für ihr Webprojekt den passenden Agenturtyp oder die passende Agenturkonstellation zu wählen. Überlegen Sie daher genau, welche Kompetenzen wichtig sind und ob der jeweilige

> Projektpartner oder -partnerin diese im Schwerpunkt abbilden kann oder ob zusätzliche Unterstützung erforderlich ist.
>
> Nach all den Jahren auf Agenturseite muss ich allerdings feststellen, dass Vertrauen und Fairness auf beiden Seiten letztendlich die Erfolgsgaranten sind, um eine langjährige und erfolgreiche Partnerschaft auf beiden Seiten zu erhalten.

Die Bündelung der vier Online-Kompetenzbereiche hat einen entscheidenden Vorteil: Sie erhalten alles aus einer Hand. Die Teams einer Full-Service-Online-Marketing-Agentur sind meist eingespielt, und es entfällt die aufwendige Kommunikation zwischen den unterschiedlichen Dienstleistern. Dieser Vorteil hat aber auch seinen Preis: Da die verschiedenen Spezialgebiete sehr selten von ein oder zwei Personen abgedeckt werden, muss ein Dienstleister entsprechend große Teams bereitstellen, und Sie als Kunde müssen sie auch bezahlen. Gerade für kleine Unternehmen kommt daher eine Full-Service-Online-Marketing-Agentur mit mehreren Tausend Euro Kosten pro Monat nicht infrage. Für alle anderen lohnt sich der Agenturtyp erfahrungsgemäß schnell.

Sollten Sie sich also entschließen, das Suchmaschinen-Marketing ganz oder teilweise auszulagern, dann sehen Sie sich sorgfältig um, und vergleichen Sie die Angebote und Preise. Dabei kommt es allerdings nicht so sehr darauf an, dass Sie vorab schon Optimierungskonzepte vorgelegt bekommen. Keine seriöse Agentur wird Ihnen ohne Kostenberechnung ein ausführliches Gutachten oder eine ausführliche strategische Beratung bieten können, weil dies mehrere Stunden oder meist Tage Arbeitszeit bedeutet und auch nur in einer ausführlichen Auseinandersetzung mit Ihnen als Auftraggeber stattfinden kann. Aber anhand Ihres Wissens – das Sie nicht zuletzt bei der Lektüre dieses Buches erwerben – können Sie mit einem Telefonat oder persönlichen Gespräch meist schon sehr gut herausfinden, ob das Kompetenzprofil des Dienstleisters oder der Agentur zu Ihren Anforderungen passt.

Damit Kunden eine seriöse, zuverlässige und kompetente Agentur finden können, gibt es in Deutschland einige Initiativen, um eine Zertifizierung für Suchmaschinen-Optimierer durchzuführen. Seit 2006 gibt es in überarbeiteter Form das »Qualitätszertifikat für SEM- und/oder SEO-Agenturen« des Bundesverbandes Digitale Wirtschaft (BVDW). Das Zertifikat ist allerdings umstritten, und die Zahl der zertifizierten Unternehmen hält sich bislang auch in Grenzen. Dies mag einerseits an den hohen Einstiegshürden liegen: Insbesondere kleine Agenturen und Dienstleister können das mindestens geforderte SEO-Honorarvolumen nicht vorweisen. Ein viel gewichtigerer und sehr umstrittener Punkt ist allerdings die Tatsache, dass ein Unternehmen, das sich für das Zertifikat bewirbt, detaillierte Informationen über das Vorgehen bei der Optimierung liefern muss. Die begutachtenden Mitarbeiter und Mitarbeiterinnen seitens des BVDW sind allerdings selbst Geschäftsführer und Geschäftsführerin-

nen von SEO-Agenturen in Deutschland und damit streng genommen Mitbewerber. Viele Agenturen scheuen auch den hohen Aufwand, alle zwei Jahre erneut Cases ihrer Arbeit vorzulegen. Nicht zuletzt müssen die Kunden und Kundinnen damit auch einverstanden sein.

Auch wenn die Diskussion und der Wunsch nach einer branchenweiten Zertifizierung auf vielen Konferenzen und bei Stammtischen immer wieder aufflammen, sorgt letztlich vielleicht eine ganz andere Tatsache dafür, dass ein Zertifikat sich nicht so recht durchzusetzen vermag. Denn wie überall zählt die Reputation mehr als vieles andere. Die viel zitierte Mundpropaganda sorgt auch bei erfolgreichen SEO-Agenturen mit zufriedenen Kunden und Kundinnen dafür, dass neue Anfragen eintreffen. Und man munkelt, dass auch der ein oder andere Top-Platzierte bereits Anrufe erhalten hat und nach der betreuenden SEO-Agentur gefragt wurde.

> **Praxistipp: Fragen an eine neue SEO-Agentur**
> Meiner Erfahrung nach ist die Wahl einer SEO-Agentur vor allem eine Frage des Gefühls und der menschlichen Wellenlänge. Aber auch unabhängig davon können Sie ein paar hilfreiche Fragen stellen, um eine passende SEO-Agentur zu finden. Fragen Sie beispielsweise danach, wie die Agentur ihre Mitarbeiter weiterbildet. Achten Sie auf Publikationen der Agentur, deren Website oder Vorträge auf Konferenzen. Fragen Sie nach, wie die Agentur Ihr Geschäftsmodell versteht und wie sie die Chancen für eine Suchmaschinen-Optimierung einschätzt. Auch ein monatliches Reporting für die Transparenz der Arbeit sollte selbstverständlich sein. Und am Ende eines Gesprächs sollten Sie das Gefühl haben, dass der Ansprechpartner Sie versteht und Sie auch den Ansprechpartner verstehen. Die wenigsten guten Marketer müssen ständig mit Fachbegriffen um sich werfen und dem Projektpartner damit häufig unverständlich bleiben. Ein SEO-Projekt mag komplex sein, aber man kann es auch in verständlichen Worten darlegen.

Bei der Auswahl einer geeigneten Agentur sollten Sie außer nach der Qualifikation auch näher nach den angewandten Methoden fragen. Man unterscheidet in Anlehnung an die Hackerkultur allgemein zwischen der sogenannten *Whitehat*- und der *Blackhat*-Optimierung. Ein *Whitehat-SEO* ist ein Optimierer, der sich streng an die Qualitätsrichtlinien der Suchmaschinen hält. Er nutzt keine unlauteren Methoden, kein Suchmaschinen-Spam und erstellt nur Inhalte, die auch für die Suchenden relevant sind.

Einen Blackhat-SEO hingegen könnte man als Suchmaschinen-Optimierer auf der dunklen Seite der Macht beschreiben. Dies beginnt bei der Platzierung von weißem Text auf weißem Hintergrund, geht über Methoden, die dafür sorgen, dass Suchmaschinen andere Inhalte sehen als Besucher, bis hin zur automatischen Generierung von Tausenden überoptimierter Texte zu einem Keyword. In Anlehnung an die Namensgebung aus der Hackerszene werden Blackhat-SEOs immer häufiger auch als diejenigen bezeichnet, die rechtlich nicht zulässige Methoden zur Optimierung anwenden. Dazu zählt z. B. das »Hacken« bzw. Eindringen in fremde Systeme, um dort Links zu setzen.

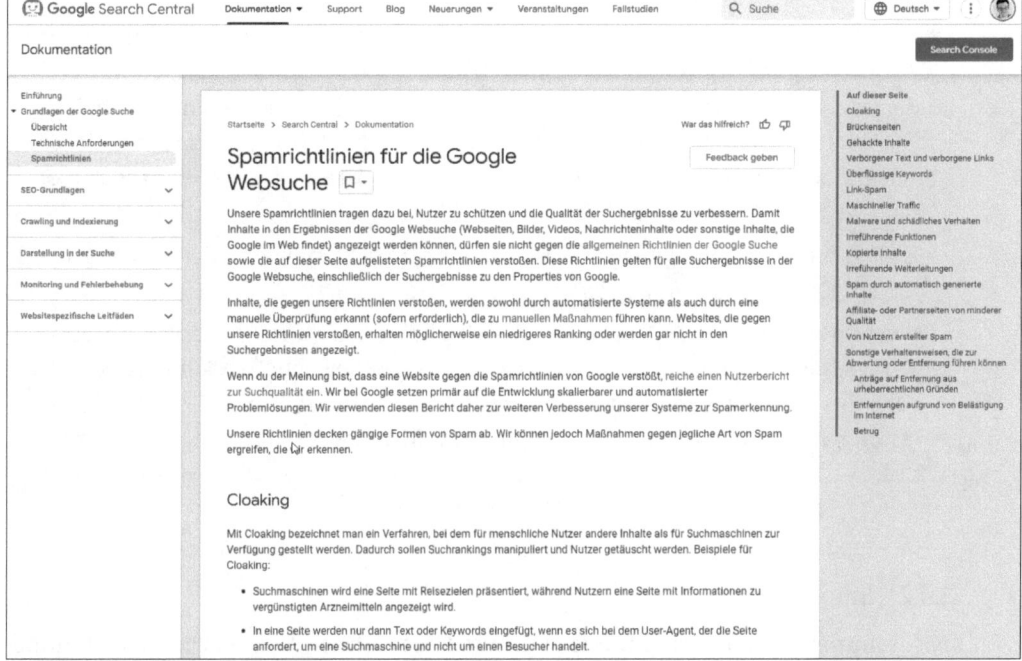

Abbildung 1.15 Sollte man kennen: die Spamrichtlinien von Google für die Suchmaschinen-Optimierung. Ein Blick lohnt sich (»https://bit.ly/3GSRBKJ«).

Je stärker ein Thema oder ein Suchbegriff umworben oder umkämpft wird, desto ausgefeilter und perfekter müssen die Optimierungstechniken werden. Einige Suchmaschinen-Optimierer und -Optimiererinnen sind der Meinung, dass man ab einem gewissen Punkt ohne den Kauf von Links keine Optimierung mehr betreiben könne. Der Kauf von Links verstößt allerdings gegen die Qualitätsrichtlinien der Suchmaschinen und ist damit eine nicht zulässige Optimierungstechnik.

Wichtig ist dabei die Unterscheidung zwischen »nicht zulässig« im Sinne der Spam- und Qualitätsrichtlinien und »illegal«. Ein Verstoß gegen die Qualitätsrichtlinien verletzt keinen rechtlichen Bewertungsrahmen. Man verstößt gegen die Aufnahmeregeln eines privaten Unternehmens. Bei illegalen Optimierungsmaßnahmen (wie dem Eindringen in fremde Websites durch das Ausnutzen von Sicherheitslücken) liegt ein Verstoß gegen geltende Gesetze, in diesem Beispiel gegen den »Hackerparagraphen«, § 202c des deutschen Strafgesetzbuches, vor.

In der Praxis bewegen sich viele Suchmaschinen-Optimierer vor allem bei schwierigen Optimierungen häufig in einem Graubereich zwischen der Whitehat- und der Blackhat-Optimierung. Sie verstoßen nicht gegen geltendes Recht, sondern teilweise gegen die Qualitätsrichtlinien der Suchmaschinen. Diesen Bereich bezeichnet man als *Greyhat-Optimierung*.

> **Nachhaltige Suchmaschinen-Optimierung gewinnt**
>
> Meiner Meinung nach sollten Sie und jeder SEO-Dienstleister auf eine nachhaltige, d. h. Whitehat-Optimierung setzen. Alles andere wird sich früher oder später rächen, sobald Google die Bewertungskriterien anzieht und damit das eine oder andere vorhandene Schlupfloch schließt.
>
> Es gibt schon seit Jahren im SEO keine Hacks oder Tricks mehr, mit denen man plötzlich von 100 auf eins kommen kann.
>
> Allerdings sollte jeder SEO, der etwas auf sich hält und Erfahrung aufbauen möchte, sich auch im Greyhat- oder sogar Blackhat-Bereich bewegen – allerdings definitiv nicht für »echte« Projekte oder Kundenwebsites. Dafür legt man Testprojekte und Testdomains an und testet dort kurz- und langfristig bestimmte Optimierungstechniken.

1.4.2 Inhouse-SEO

Nicht immer ist es unternehmerisch sinnvoll oder lohnend, einen wichtigen Kompetenzbereich nach außen zu verlagern. Die meisten Unternehmen ab einer bestimmten Größe unterhalten daher seit Langem schon eine eigene Online-Marketing-Abteilung. Dort findet man seit einigen Jahren auch zunehmend *Inhouse-SEOs*, also eine oder auch mehrere Personen, die sich ausschließlich um das Online-Marketing bzw. speziell um die Suchmaschinen-Optimierung kümmern.

Ein Inhouse-SEO ist vor allem für die strategische Beratung und Analyse zuständig. Die Umsetzung wird in der Regel von anderen Spezialisten und Spezialistinnen vorgenommen. Auch die eigentliche Content-Arbeit, also das Schreiben von Texten oder das Aufbauen eines Linknetzwerks, wird von einem Inhouse-SEO hauptsächlich gelenkt und delegiert. Denn Inhouse-SEO zu sein bedeutet vor allem eins: viel Projektmanagement zu betreiben und nicht nur nach außen, sondern vor allem nach innen die Mittel und Methoden der Suchmaschinen-Optimierung zu kommunizieren und durchzusetzen. Eine SEO-Verantwortliche in einem Unternehmen verbringt daher viel Zeit in Projektmeetings, bei denen sie die Optimierung im Auge behält und beratend oder oft auch missionarisch tätig ist. Sie versucht, die Optimierung in alle Prozesse gleich von Beginn an zu integrieren, um den größtmöglichen Erfolg zu erzielen. Genau hier liegt auch der Vorteil eines Inhouse-SEOs im Vergleich zu einem externen

Dienstleister: Ein eigener Mitarbeiter ist viel besser über die Entwicklungen und Themen innerhalb des Unternehmens informiert, als es ein externer Dienstleister je sein kann.

Ein Nachteil ist hingegen, dass ein Inhouse-SEO weniger Projekterfahrung sammeln kann als eine Fachkollegin in einer Agentur, die oftmals mehrere Projekte gleichzeitig betreut, mehrere andere Fachkollegen zum Austausch täglich neben sich sitzen hat und zumindest theoretisch einen breiteren Eindruck von den Optimierungsmethoden und ihren Erfolgen erhält. Daher sollte ein Unternehmen einen Inhouse-SEO auch regelmäßig zu Konferenzen, Fortbildungen und Workshops schicken, um dieses mögliche Defizit auszugleichen. In der Praxis haben die meisten Inhouse-SEOs auch noch eine begleitende Agentur unter Vertrag, um gemeinsam die Sichtbarkeit nach vorne zu bringen.

1.4.3 Autodidakten und die Nebenbei-Optimierung

Insbesondere bei kleineren Unternehmen, bei Neugründungen oder bei Unternehmen, bei denen Suchmaschinen-Optimierung nur eine Nebenrolle spielt, kümmert sich häufig jemand »nebenbei« auch um die Optimierung. Häufig sind dies Autodidakten, vielleicht wie Sie, die über Bücher, Foren und Konferenzen ihr Optimierungswissen aufbauen und erweitern.

Vor allem wenn es um eine Grundoptimierung geht oder um einen Nischenmarkt, funktioniert das Optimieren nebenbei recht gut. Allerdings wird man recht schnell in seine Grenzen verwiesen, wenn andere Unternehmen die gleichen Suchbegriffe »professionell« mithilfe spezialisierter Dienstleister oder Agenturen optimieren. Leider ist dies in immer mehr Themenbereichen der Fall, sodass über die Jahre nicht nur die Komplexität der Suchmaschinen-Optimierung gestiegen ist, sondern auch die Kosten, die für eine erfolgreiche Optimierung investiert werden müssen. Gemeint sind damit auch die zeitlichen Kosten, die Sie selbst aufbringen müssen, um sich auf dem Laufenden zu halten und die Analysen und Optimierungen durchzuführen, auch wenn das zunächst direkt keinen Euro kostet.

1.4.4 Automatische Optimierung mit SEO-Software

Eine Branche in zweiter Reihe entstand recht schnell, als der Markt wuchs: Automatische *SEO-Software* ist teilweise speziell für den deutschsprachigen oder amerikanischen Sprachraum entworfen und programmiert. Mit dieser Softwareart meine ich allerdings nicht die unverzichtbaren SEO-Tools, die jeder Suchmaschinen-Optimierer nutzt, etwa Sistrix, XOVI, ahrefs und so weiter. Diese behandle ich im nächsten Abschnitt.

Vielmehr geht es um Software, die quasi automatisch SEO macht oder machen soll. Offen gestanden halte ich von diesen Lösungen nicht viel, denn SEO ist deutlich komplexer und bedingt in so vielen Bereichen einer Website Änderungen, dass eine Software allein zum jetzigen Stand wenig hilft. Und noch skeptischer bin ich immer, wenn vollmundig mit künstlicher Intelligenz oder mit Geld-Zurück-Garantien geworben wird.

Dabei gibt es Programme, die Sie auf Ihrem Rechner installieren und mit denen Sie verschiedene Analysen durchführen können. Einer der ältesten und bekanntesten Vertreter dieser Gattung ist seit 1998 *Hello Engines!* von AceBIT (hello-engines.de).

Mit individueller, zeitgemäßer Suchmaschinen-Optimierung hat das allerdings nicht zwingend viel zu tun. Diese und ähnliche Website-Promotion-Software ist dem semiprofessionellen Bereich zuzuordnen. Die meisten professionellen SEOs arbeiten mit Tools, die bestimmte Analysen vereinfachen oder überhaupt erst ermöglichen, aber keine automatischen technischen Änderungen an Webseiten vornehmen (siehe Abbildung 1.16).

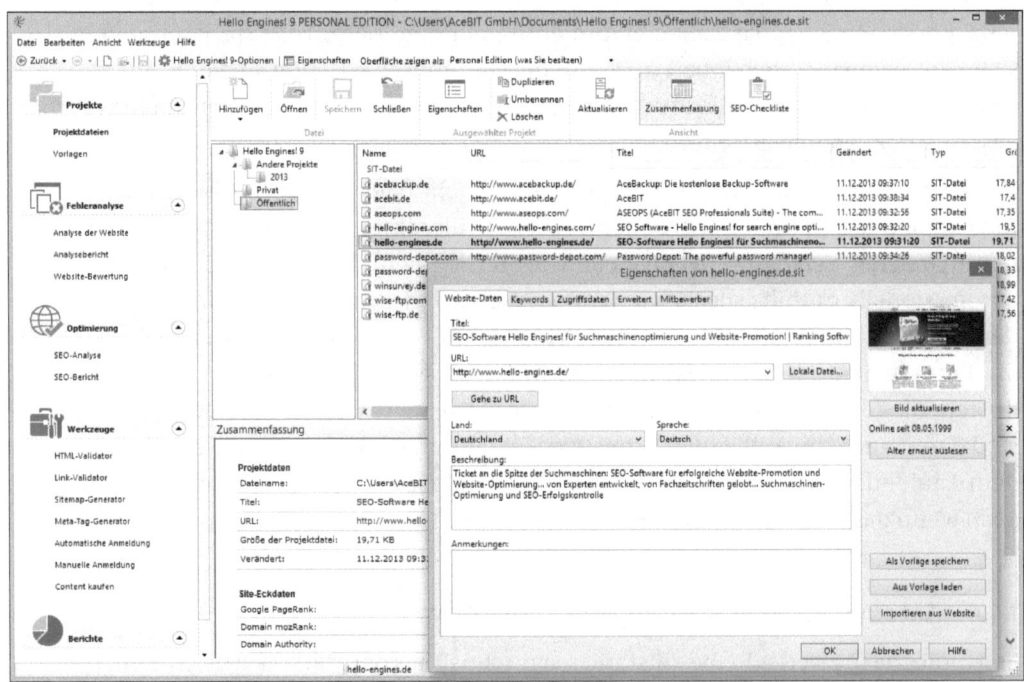

Abbildung 1.16 Die SEO-Software Hello Engines! (Quelle: Hello Engines)

Die Erfahrung zeigt, dass es keine einzelne Softwarelösung gibt, die gute Optimierungserfolge bringt. Eine Software kann immer nur zur Unterstützung von Analysen und dem Projektmanagement von Suchmaschinen-Optimierung dienen – die Bewertungsverfahren von Suchmaschinen sind zu komplex, als dass automatische Softwareverfahren quasi auf Knopfdruck eine Top-1-Platzierung erzielen könnten.

Hüten sollten Sie sich vor Anbietern, die Ihnen mit dem Kauf einer Software eine Top-10-Platzierung garantieren. Dies mag für wenig umworbene und sehr spezifische Suchbegriffe funktionieren. Aber meist sind die automatisch erstellten Webseiten wenig benutzerfreundlich und verstoßen gegen die Qualitätsrichtlinien der Suchmaschinen. Suchmaschinen-Optimierung ist und bleibt viel Handarbeit (siehe Abbildung 1.17).

1.4.5 Installierbare SEO-Software

Dabei ist die Tatsache, dass eine Software lokal auf einem Rechner läuft, nicht zwingend ein Ausschlusskriterium. Neben zahlreichen Tools, die ausschließlich online als *SaaS-Modell* (Software as a Service) gegen monatliche Gebühren zur Verfügung stehen, sind viele beliebte und häufig genutzte Programme lokal zum Installieren. Spannenderweise sind hier Jahreslizenzen häufiger vertreten.

So ist z. B. die Software *Advanced Web Ranking* (www.advancedwebranking.com) ein gutes Tool, um die Position einzelner Keywords zu verfolgen (*Rank-Monitoring*).

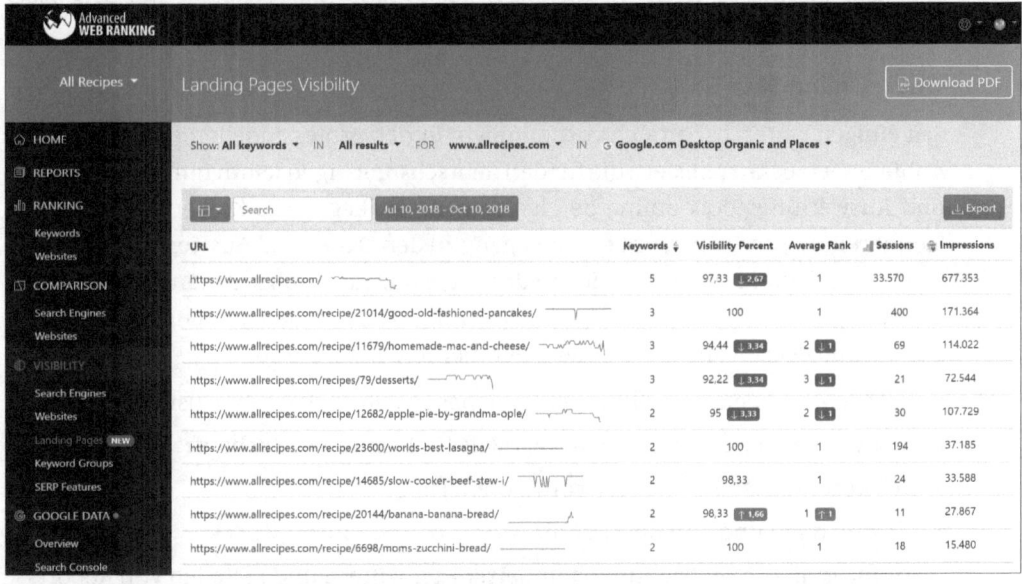

Abbildung 1.17 Rank-Monitoring mit Advanced Web Ranking

Das wohl beliebteste installierbare Tool – und meiner Meinung nach das Pflicht-Tool für jeden Suchmaschinen-Optimierer – ist der Screaming Frog SEO Spider. Hiermit lassen sich eigene oder fremde Websites crawlen und zahlreiche allgemeine und in-

1 Die Welt der Suchmaschinen-Optimierung

dividuelle Daten extrahieren und anzeigen. Auch die Visualisierung der internen Verlinkung ist seit 2019 möglich und vieles mehr.

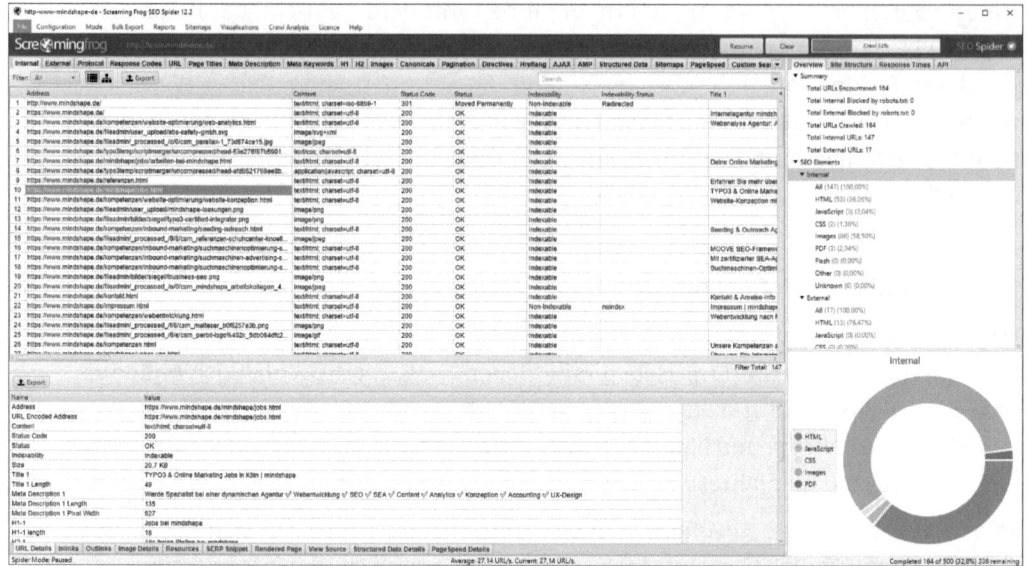

Abbildung 1.18 Das Schweizer Taschenmesser eines SEOs – der Screaming Frog SEO Spider

1.4.6 Online-SEO-Tools

Seit einigen Jahren haben sich vornehmlich für den professionelleren Bereich einige Anbieter herauskristallisiert, die für den deutschsprachigen Raum hilfreiche Analyse- und Auswertungstools online bereitstellen. Meist liegen die Kosten bei mehreren Hundert Euro pro Monat, um einen Zugang zu den Daten und Auswertungsmöglichkeiten zu erhalten. Dies lohnt sich in der Regel nur für Unternehmen und Personen, die häufig solche Daten benötigen. Die Online-Tools haben verschiedene Schwerpunkte und decken entweder einen oder mehrere Bereiche ab:

- Beobachten eigener und fremder Rankings in den Suchergebnislisten
- Analysieren der geschalteten Google Ads für bestimmte Suchanfragen
- Keyword-Recherche und Keyword-Potenziale
- Linkanalysen und Linknetzwerke
- Monitoring zur Beobachtung definierter Kennziffern und Erstellen von Reports
- Bereitstellung relevanter Informationen für einzelne Domains sowie weitere Marktanalysen
- Verwaltung aktiv und passiv aufgebauter Backlinks

Bekannte Tools sind die SISTRIX Toolbox (*www.sistrix.de*), XOVI (*www.xovi.de*) sowie die Searchmetrics Suite (*www.searchmetrics.com*). Einen kostenfreien Ersteindruck gibt Ihnen der Dienst auf *www.seitenreport.de*. Hier und bei allen anderen Tools mit einer Gesamt-Optimierungsbewertung sollten Sie stets ruhig eine gesunde Portion Skepsis an den Tag legen und hinterfragen, wie sich diese Bewertung zusammenstellt.

Tools im eigentlichen Sinne, die als Werkzeuge für bestimmte Arbeitsschritte bei der Suchmaschinen-Optimierung genutzt werden können, bietet z. B. Christoph Cemper mit seinen LinkResearchTools (*www.linkresearchtools.com*) an. Bei mindshape haben wir das Google Search Console Tool *www.serplorer.com* herausgebracht, mit dem man die Daten aus der Search Console besser analysieren kann.

Seit 2012 bietet *ryte.com* (ehemals onpage.org) mit massivem Marketing-Einsatz eine Lösung an, die u. a. das Onpage-Monitoring für einzelne Projekte bequem ermöglicht. Andere Tool-Anbieter wie etwa *www.seobility.net* versprechen ähnliche Analysen.

Daneben stehen Spezial-Tools, die nicht nur für bestimmte Arbeitsschritte gedacht sind, sondern auch noch sehr viel fachliches Know-how erfordern. Ein Paradebeispiel ist *TermLabs.io* von Thomas Mindnich, das häufig für die TF*IDF-Optimierung von Texten eingesetzt wird.

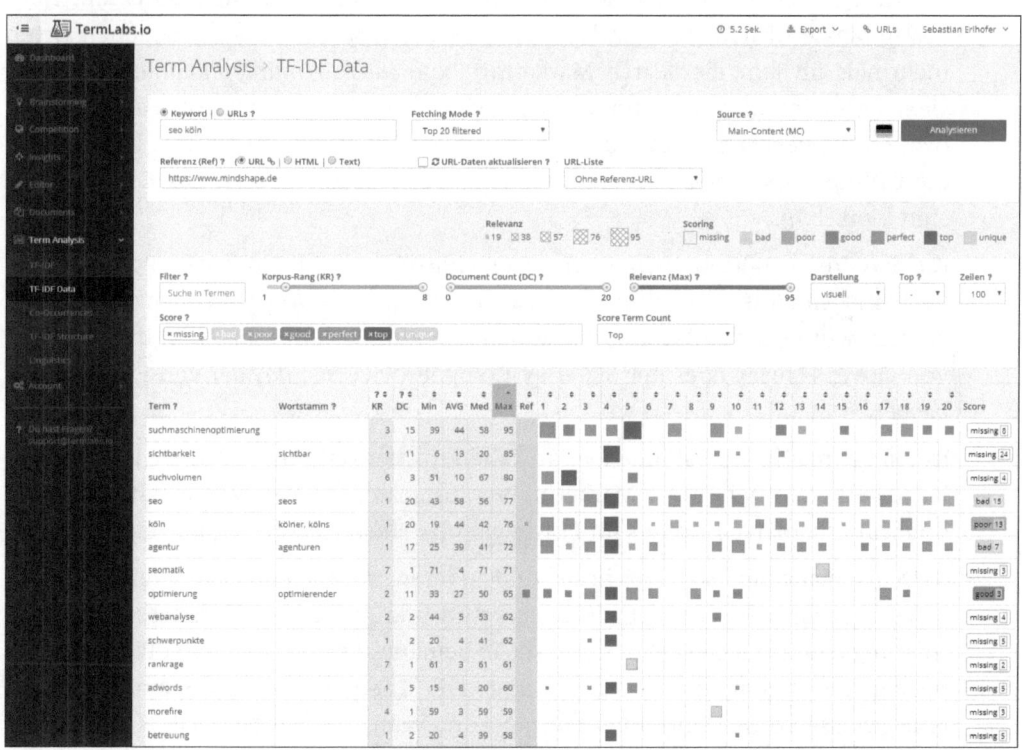

Abbildung 1.19 »TermLabs.io« ist ein Spezial-SEO-Tool rund um die Textoptimierung.

Eine klare Empfehlung für ein spezielles Tool auszusprechen ist nicht möglich. Zu unterschiedlich sind die Ausrichtungen und Einsatzzwecke der jeweiligen Tools und auch deren Zusammenspiel. Je nach eigenem Arbeitsstil, notwendigen Analysen und Vorlieben mag der eine oder andere Anbieter die Nase vorn haben. Die Anbieter sind außerdem stets bemüht, Neuerungen und Erweiterungen anzubieten, sodass Sie sich ohnehin regelmäßig einen eigenen Überblick über die Leistungsfähigkeit der Tools verschaffen sollten.

Häufig finden Sie auch kostenfreie Tools und Helferlein, die Ihnen die Arbeit erleichtern oder sogar abnehmen. Bei einer regelmäßigen SEO werden Sie allerdings um bestimmte monatliche Tool-Ausgaben nicht herumkommen.

1.4.7 SEO-Konferenzen, Stammtische & Co.

Mit der zunehmenden Zahl von Unternehmen und Personen, die sich mit Suchmaschinen-Optimierung professionell beschäftigen, wuchs auch der Bedarf nach Austausch und Wissenstransfer.

Neben der thematisch allgemein gehaltenen, jährlich stattfindenden Online-Marketing-Messe DMEXCO (*www.dmexco.de*) findet weltweit an verschiedenen Orten mehrmals im Jahr die Search Marketing Expo (*https://marketinglandevents.com/smx*) statt. Einmal jährlich findet sich auch internationales Publikum auf der SMX (*www.smxmuenchen.de*) in München. Meist zeitlich in der Nähe findet in Hamburg die Online-Marketing-Rockstars-Konferenz oder, besser gesagt, das OMR-Festival statt (*omr.com*).

Kleinere Veranstaltungen im deutschsprachigen Raum, die in der Branche sehr beliebt sind, sind die SEO Campixx (*www.campixx.de*), die von Marco Janck ins Leben gerufen wurde, die SEOkomm (*www.onlineexpertdays.com/seokomm*) in Österreich von Oliver Hauser oder der SEO-Day Cologne (*www.seo-day.de*) von Fabian Rossbacher.

In unregelmäßigen Abständen veranstalten mittlerweile aber auch die IHK und die Handwerkskammer Online-Marketing-Veranstaltungen. Diese Veranstaltungen sind erfahrungsgemäß besonders für Einsteiger und Einsteigerinnen gut geeignet.

In Deutschland gibt es neben diesen und anderen größeren und kleineren Konferenzen und Events zum Thema Online-Marketing und speziell zur Suchmaschinen-Optimierung häufig auch SEO-Stammtische in beinahe allen größeren Städten. Während bei den zuerst genannten Veranstaltungen die Themen und Vorträge häufig schon eine gewisse Vorkenntnis voraussetzen, kann man erfahrungsgemäß auch als Neueinsteiger oder Neueinsteigerin bei SEO-Stammtischen interessante Themen, Anregungen und Erfahrungen austauschen (und nebenbei auch nette Leute kennenlernen).

Natürlich finden Sie im Internet zahlreiche Weblogs und Foren zum Thema Suchmaschinen-Optimierung. Seit einigen Jahren wird im Abakus-Forum unter *www.abakus-internet-marketing.de/foren* über Optimierungsthemen diskutiert. Das englischsprachige Forum Webmasterworld finden Sie unter *www.webmasterworld.com*.

Die Fluktuation bei Weblogs ist naturgemäß so stark, dass eine Empfehlung in einem Buch nicht besonders sinnvoll ist. Zumal viele SEO-Blogs nicht mehr weitergepflegt wurden. Sie können aber gern »SEO Blog« in Google eintippen, und Sie erhalten unmittelbar eine Vielzahl von Weblogs, die meist zu aktuellen Themen Beiträge veröffentlichen.

Auch über Twitter (*www.twitter.com*) finden Sie unter den Hashtags #seo, #sem, #google oder verwandten Tags zahlreiche Beiträge zum Thema Suchmaschinen. Häufig erhalten Sie Informationen über interessante Beiträge, Veröffentlichungen der Suchmaschinen oder sonstige branchenrelevante Meldungen auf Twitter am schnellsten.

Seit Jahren veröffentlicht Mario Fischer seine Zeitschrift »Website Boosting«, die stets lesenswerte Fachbeiträge von verschiedenen Experten beinhaltet.

Abbildung 1.20   »Website-Boosting« ist quasi die Fachzeitschrift für SEOs.

Und wer weniger gerne liest und lieber zuhört – die Auswahl an SEO-Podcasts ist erstaunlich hoch. Ich persönlich kann die regelmäßigen SEO-News von Jens Fauldrath und Stefan Keil im Termfrequenz-Podcast (*www.termfrequenz.de/podcast/seo-house-podcast*) sehr empfehlen. Wer es etwas kompakter mag, ist sicherlich bei Markus Höveners Search-Camp-Podcast gut aufgehoben (*www.bloofusion.de/infos/podcast*).

> **Praxistipp: Networking auf Konferenzen**
>
> Die deutschsprachige SEO-Szene ist sehr vernetzt und offen. Auch wenn die Kosten für einen Konferenzbesuch den einen oder anderen abschrecken mögen – die Investition lohnt sich allemal. Dabei ist das fachliche Lernen von Vorträgen auf einer Konferenz nur ein Aspekt.

Der Austausch mit Kollegen und Kolleginnen ist gerade in der SEO-Branche essenziell wichtig, um eigene Erfahrungen mit denen von anderen zu vergleichen und gemeinsam neue Optimierungsmöglichkeiten zu finden. Nicht selten entstehen auf Konferenzen und Stammtischen gewinnbringende Kooperationen für beide Seiten.

Kapitel 2
SEO-Zieldefinition und Workflows

Suchmaschinen-Optimierung sollte niemals blind betrieben werden. In diesem Kapitel erfahren Sie, welche typischen Ziele Sie mit einer Optimierung erreichen können, wie Sie korrekte Zieldefinitionen verfassen und wie Sie den Optimierungsfortschritt messen und organisieren können.

Wahrscheinlich haben Sie dieses Buch zur Hand genommen, weil Sie für Ihre Website oder ein Projekt etwas ganz Bestimmtes erreichen wollen: eine bessere Position in den Suchmaschinen und daraus folgend mehr Besucher und Besucherinnen auf der Website.

Doch nicht immer ist es sinnvoll und zielführend, die erste Position in den Ergebnislisten anzustreben. So unterschiedlich die Methoden der Suchmaschinen-Optimierung sind, so unterschiedlich sind auch die Ziele, die mit Suchmaschinen-Optimierung erreicht werden können.

Häufig habe ich erlebt, dass eine Suchmaschinen-Optimierung ohne vorherige Zieldefinition durchgeführt wurde und alle Bemühungen im Sande verlaufen sind. Vor allem in umkämpften Branchen läuft man heute ohne strategische Ausrichtung und entsprechende Vorbereitungen unweigerlich gegen die Wand. Nach einigen Monaten steigen die Rankings und Besucherzahlen nicht wie erwartet, weil das verfügbare Budget und die eingesetzten Ressourcen schlichtweg nicht mit den ebenfalls SEO-treibenden Mitbewerbern mithalten konnten oder weil man sich auf die falschen Keywords und Themen konzentriert hat.

Es muss nicht immer die groß angelegte strategische Analyse sein. Schon einige wenige zentrale Fragen (und Antworten) vermeiden das Schlimmste. Diese möchte ich Ihnen zunächst mitgeben. Danach folgen Gedanken zu einem strategisch geleiteten SEO-Marketing-Plan. Denn wer jede Woche in eine andere Richtung optimiert, wird keinen Erfolg in der Suchmaschinen-Optimierung haben. Abschließend stelle ich Ihnen daher auch den agilen MOOVE-Workflow vor, den wir in meiner Agentur entwickelt haben und auf SEO-Projekte anwenden.

2.1 Rahmenbedingungen einer Optimierung

Die meisten Suchmaschinen-Optimierer wissen, dass kein Optimierungsprozess einem anderen vollkommen gleicht. Es gibt zwar erprobte Verfahren und eingespielte Optimierungsschritte, allerdings gibt es kein Drehbuch, wie man ein Projekt von A bis Z optimiert. Das liegt zum einen an dem hohen Innovationsgrad im Online-Marketing, vor allem bei den Suchmaschinen. Ständig kommen neue Möglichkeiten und Dienste auf den Markt. So wurde z. B. der Mikroblogging-Dienst Twitter (*twitter.com*) am Anfang noch von vielen Seiten belächelt. Von Mikroblogging war die Rede und von einer verrückten Idee, mit begrenzten Zeichen einen Nachrichtendienst aufzubauen. Dann aber gewann Twitter mit steigenden Nutzerzahlen und schließlich der Aufnahme der Tweets (d. h. den Nachrichten auf Twitter) in die Ergebnislisten der Suchmaschinen eine wichtige Bedeutung für die Informationsverbreitung. Heute ist Twitter spätestens seit der Kommunikationspolitik von Herrn Trump selbst aus den Massenmedien nicht mehr wegzudenken. Bei Instagram sah die Entwicklung ähnlich aus. Die Weiterentwicklung der Suchmaschinen-Technologien verläuft ähnlich schnell. Allerdings findet sie stärker im Verborgenen statt und ist nach außen für die breite Masse nur dann sichtbar, wenn sich die SERPs visuell ändern.

Welche Auswirkung hat das auf die Suchmaschinen-Optimierung? Es wird niemals eine finale und vollständige Checkliste der perfekten Suchmaschinen-Optimierung geben. Dafür gibt es wöchentlich zu viele Änderungen bei den Suchmaschinen. Nicht umsonst sagt man, dass ein Suchmaschinen-Optimierer oder eine -Optimiererin etwa 20 Prozent seines bzw. ihres Arbeitstages damit verbringt, sich zu informieren und auf dem Laufenden zu bleiben.

Doch auch innerhalb eines Unternehmens oder einer Organisation gibt es zahlreiche Faktoren, die dazu führen, dass keine Optimierung wie die andere ist – selbst nicht im gleichen Unternehmen. Daher sollten Sie sich vor Beginn einer Suchmaschinen-Optimierung über folgende Bereiche zumindest einige Gedanken gemacht haben – oder besser noch: Sie sollten sich folgenden Fragen ausführlich widmen, bevor Sie überhaupt an Suchmaschinen-Optimierung denken. Ansonsten laufen Sie Gefahr, dass Sie aus dem Bauch heraus irgendetwas optimieren. Das geht meist einher mit einem ineffizienten Kosten-Nutzen-Verhältnis – d. h., Sie zahlen drauf, anstatt mit der Optimierung Gewinne zu machen. Um diese Gefahr einzuschränken, sollten Sie folgende Fragen klären:

1. **Was versuchen wir zu vermarkten?**
   Besucher und Besucherinnen auf die Website zu bringen ist meist nur ein Zwischenziel. Den eigentlichen Umsatz erzielt erst die Konversion. Ein Online-Shop lebt nicht von Besuchern, sondern von Käufern und Käuferinnen. Dabei ist es bei einem Online-Shop für Kissen klar, dass die Kissen vermarktet werden. Wie steht es aber bei einem Beratungsunternehmen? Was soll hier vermarktet werden? Die

Auswahl ist hier vielfältig: das Team, die Dienstleistung, das Unternehmen oder die Erfolge? Häufig erleben Agenturen, dass sich ihre Kunden oder Kundinnen gar nicht wirklich im Klaren darüber sind, wer oder was eigentlich genau im Schwerpunkt über die Suchmaschinen-Optimierung vermarktet werden soll. Wissen Sie es?

2. **Was ist unser Zielmarkt?**
Wenn Sie nicht gerade erst seit gestern unternehmerisch tätig sind, werden Sie schon eine relativ genaue Vorstellung davon haben, welcher Markt Ihr Zielmarkt ist. Diesen kann man z. B. geografisch oder thematisch beschreiben. Ein Pizzadienst in Hamburg wird verständlicherweise seinen Markt in Hamburg sehen – wahrscheinlich sogar in einem speziellen Stadtgebiet. Ein Online-Shop für klassische Musik hingegen hat keinen geografisch beschränkten Zielmarkt. Allerdings ist der Zielmarkt gleichwohl thematisch beschränkt. Denn ein eingefleischter Hip-Hop-Fan wird kaum besonders viel klassische Musik kaufen.

Der Zielmarkt ist also der Teil des Gesamtmarktes für eine Dienstleistung oder ein Produkt, auf den sich ein Unternehmen konzentriert. Das hat direkte Konsequenzen für die Art und Weise, wie Sie Werbung betreiben. Aber vor allem die Orte und Gelegenheiten, wo Sie Ihre Bannerwerbung oder Pay-per-Click-Werbung schalten, spielen in diesem Zusammenhang eine enorme Rolle. Klassische Musik in einem Hip-Hop-Forum zu bewerben, wird im Allgemeinen nicht sehr gewinnbringend sein.

3. **Wer ist unsere Zielgruppe?**
Eng verbunden mit dem Zielmarkt ist selbstverständlich die Zielgruppe. Unter einer *Zielgruppe* versteht man die Menge an Personen, die Ihre Dienstleistung oder Ihr Produkt in Anspruch nehmen bzw. konsumieren. Eine Zielgruppe kann anhand verschiedener Kriterien definiert werden. Alter, Geschlecht, der Bildungsgrad, die Interessen, typische Berufe und vieles mehr dienen dazu, eine Zielgruppe von Nichtinteressenten oder einer anderen Zielgruppe abzugrenzen und genauer zu definieren. Es ist zentral für den Erfolg einer Optimierungskampagne, dass Sie genau wissen, welche Ihre Zielgruppen sind.

Versetzen Sie sich z. B. in einen Betrieb, der Heizungsanlagen für Privathaushalte verkauft. In seinem Zielmarkt, dem Einzugsgebiet von 150 km um Trier, gibt es zahlreiche ältere Haushalte, in denen eine Heizungssanierung ansteht. Die Hauseigentümer sind meist über 60 Jahre alt, leben zu zweit oder allein in einem Haus, und die Dämmung des Hauses ist in der Regel auch nicht mehr auf dem aktuellen Stand. Zudem steigt der Bedarf an »Wohlfühlwärme« mit zunehmendem Alter. In den Neubaugebieten hingegen bauen viele junge Familien ab 30 modern gedämmte Häuser. Meist leben die Familien mit drei oder vier Bewohnern in einem Haus. Junge Familien möchten kosteneffektiv und umweltfreundlich wohnen und heizen.

Auch wenn bei beiden Zielgruppen die gleiche Heizungsanlage verbaut werden würde, sind die Informationsbedürfnisse und -probleme doch sehr unterschiedlich. Herangehensweise und Ansprache der Zielgruppen müssen im Optimalfall unterschiedlich erfolgen. Sie erinnern sich: Die Besucher und Besucherinnen holt man am besten bei ihren Problemen ab – d. h., der Heizungsbetrieb muss bereits vor der Optimierung, nämlich schon bei der Erstellung der Website, diese beiden Zielgruppen im Auge haben und die Struktur, die Inhalte und die Optimierung auf sie abstimmen.

Es gibt eine einfache Methode, wie man einer Zielgruppenbeschreibung Leben einhauchen und die Zielgruppe damit greifbarer machen kann. Das *Persona-Konzept* beschreibt, wie man Steckbriefe für einzelne typische Vertreter einer Zielgruppe verfasst. Die Personas erhalten typische Namen, ein Alter, Hobbys, einen Beruf und eine Beschreibung aller relevanten Faktoren und Lebensumstände. Auch ein typisches Bild wird häufig ausgesucht. Personas erlauben Ihnen immer wieder die Überlegung, ob Ihre Ziele und Optimierungskonzepte noch auf die jeweilige Zielgruppe abgestimmt sind oder ob Sie leicht vom idealen Weg abgekommen sind. Sollten mehrere Personen an einem Optimierungsprojekt teilnehmen, dann sind Personas ein hervorragendes Mittel, um sich innerhalb des Teams über die Zielgruppen zu verständigen.

> **Praxistipp: Zu wenig Zeit für Persona-Entwicklung? Ein Ausweg**
>
> Wenn Sie Personas für Ihr Unternehmen oder Ihr Online-Marketing entwickeln, dann werden Sie feststellen, dass das eine gehörige Zeit in Anspruch nimmt. Meist sind mehrere Abteilungen daran beteiligt und auch wenn es nur idealerweise maximal zehn Personas sein sollten, dann kann sich der Prozess über Wochen und Monate hinziehen.
>
> Alternativ kann ich Ihnen das Micro-Persona-Konzept empfehlen. Rein für die Suchmaschinen-Optimierung ist es nicht immer zwingend erforderlich, komplette Personas zu beschreiben. Konzentrieren Sie sich auf die Frage, welche Motivation bzw. welches Problem eine Persona hat und mit welchen Informationen Sie wiederum dieses Problem auf Ihrer Website bedienen können. Beantworten Sie dies möglichst schematisch und vollständig, und entwickeln Sie daraus kurz und knapp die Micro-Personas. Das ist dann auch an einem oder zwei Workshop-Tagen machbar.

4. **Wie steht es mit unserer Marke?**
   Die Marke eines Produkts oder eines Unternehmens sind alle Eigenschaften, mit denen sich Dinge, die mit einem Markennamen in Verbindung stehen, von anderen Marken unterscheiden und abheben. Ein deutliches Alleinstellungsmerkmal (*Unique Selling Proposition*, USP) stärkt eine Marke enorm, da sie etwas zu bieten hat, das es im Zielmarkt ansonsten nicht gibt. Vertreibt z. B. ein Hersteller einen

Bluetooth-Kopfhörer, der eine überdurchschnittlich lange Akkulaufzeit besitzt, dann ist dies ein Alleinstellungsmerkmal. Mit dem entsprechenden Marketing kann die Herstellermarke das Attribut »hat lange Akkulaufzeit« erhalten, auch wenn später andere Mitbewerber nachziehen sollten.

Vor einer Optimierung sollten Sie sich darüber klar werden, woraus sich Ihre Marke aufbaut. Ist Ihr Unternehmen bekannt für bestimmte Dinge? Oder hat Ihr Produkt besondere Eigenschaften, die es von Mitbewerbern abhebt? Wenn Sie diese Überlegungen bereits angestellt haben, muss noch geklärt werden, inwieweit die Zielgruppe dieses Markenbild teilt. Vielleicht weiß ja noch niemand, dass Ihr Kopfhörer besonders lange Akkulaufzeiten hat. Dann wäre es ein zentraler Aspekt des Marketings und damit auch der Optimierung, dies zu kommunizieren.

5. **Welche Website haben und wollen wir?**
Die allgemeinen Überlegungen führen früher oder später auch zum Online-Auftritt und dessen Struktur. Besteht bereits eine Struktur, die aus welchen Gründen auch immer nicht verändert werden kann, hat dies direkte Auswirkungen auf mögliche (oder eben dann unmögliche) Optimierungsvorhaben. Wenn ein internationaler Konzern z. B. weltweit ein ganz bestimmtes Shop-System einsetzt und dies eine Website-Struktur bedingt und die gesamte Warenwirtschaft daran gekoppelt ist, dann kann das Shop-System nicht einfach ausgetauscht werden – auch wenn vielleicht bestimmte technisch dringend notwendige Optimierungsfaktoren damit nicht umzusetzen sind. Hier gilt es dann, abzuwägen, in welchen sauren Apfel man lieber beißt.

6. **Wie gut können Inhalte verändert und produziert werden?**
Die beste technische Optimierung von HTML-Quellcode ist wertlos, wenn Sie keine entsprechenden Inhalte bieten können. »Content ist King« liest man häufig in Foren – was ist damit gemeint? Suchmaschinen möchten den Suchenden möglichst gute Antworten auf ihre Suchanfragen liefern. Je hochwertiger ein Dokument eingestuft wird, desto wahrscheinlicher wird es auch ganz oben als Treffer angezeigt werden. *Hochwertig* meint dabei vor allem den Grad des Informationsgehalts.

Stellen Sie sich vor, Sie möchten die Website für ein Hotel optimieren. Die Hotelbranche ist wie die gesamte Tourismusbranche mittlerweile stark umworben, und eine Optimierung in diesem Feld ist meist aufwendig. Daher ist es enorm wichtig, dass alle Faktoren möglichst optimal positioniert sind. Sie haben sich nun bereits Gedanken über Ihren Zielmarkt und auch Ihre Zielgruppe gemacht. Sie möchten in Hamburg vor allem das Messepublikum ansprechen. Sie lassen eine Designagentur ein angemessenes Webdesign entwerfen und setzen die üblichen Inhalte ein: Wer sind Sie, welche Zimmer haben Sie, was kosten die Zimmer, wo findet man Ihr Hotel? Und genau hier liegt das Problem: Wieso sollten andere Webautoren Ihre

Hotel-Website verlinken oder Google und Co. Sie bei Suchanfragen wie »Messehotel Hamburg« nennen? Ihre Website unterscheidet sich kaum von den Dutzenden anderer. Content ist King – besinnen Sie sich auf Ihren Alleinstellungsfaktor, und überlegen Sie, welche Inhalte Sie in welcher Form für Mensch und (Such-)Maschine gleichermaßen anbieten können. Als Messehotel haben Sie vielleicht bestimmte Services? Besondere Preise? Vielleicht auch einen direkten Shuttle zur Messe? Dies müssen Sie dann inhaltlich optimal platzieren und auffindbar machen.

Ein ähnliches Beispiel finden Sie leider auf jeder dritten Website eines Handwerksbetriebs. Dort stehen die Navigationspunkte: Wir über uns, Dienstleistungen, Referenzen, Kontakt und Impressum. Hier gibt es kaum Alleinstellungsmerkmale. Erfolgreich wird eine Optimierungskampagne jedoch dann, wenn der Betrieb einzigartigen und einmaligen Inhalt anbietet: wenn auf der Website z. B. ein Online-Tool platziert wird, mit dem man die Menge an Material berechnen lassen kann, um einen Wandschrank zu bauen. Dann ist dies ein Mehrwert, der von Nutzern und Suchmaschinen erkannt wird.

Die zentrale Frage heißt also: Welche Inhalte können Sie anbieten, damit Ihr Webauftritt mehr bietet als viele andere? Wenn Sie diese Frage nicht beantworten können, wird es vor allem in stark umworbenen Bereichen sehr schwer werden, eine gute Optimierung zu realisieren.

7. **Welche Ressourcen haben wir für eine Optimierung?**
Der in der Praxis häufigste Grund für eine nicht konsequent durchgeführte Optimierung sind beschränkte Ressourcen. Das betrifft einerseits die finanziellen Ressourcen. Hier müssen Sie sich bewusst sein, dass Online-Marketing immer in einem gesunden Kosten-Nutzen-Verhältnis stehen sollte. Auch die Suchmaschinen-Optimierung als Teil des Online-Marketings ist davon betroffen. Sie werden allerdings gleich sehen, dass die Optimierungsziele nicht immer nur finanzieller Natur sind: Suchmaschinen-Optimierung kann sich auch rechnen, wenn man mehr Geld investiert, als zumindest direkt über die Optimierung wieder zurückfließt.

Aber auch menschliche Ressourcen – Ihre eigenen und die von Mitarbeitern und Kolleginnen – sollten Sie stets berücksichtigen. So hilft ein ehrgeiziges Optimierungsprojekt nicht viel, wenn es bereits in den ersten Phasen stecken bleibt.

Ein häufiger Fallstrick ist erfahrungsgemäß die Textproduktion: Nach langen Keyword-Recherchen und Abwägungen wird eine optimale Seitenstruktur entwickelt. Eine solche Struktur gibt nicht selten vor, dass einige Dutzend optimierte Texte neu erstellt werden müssen, bevor die neue Website online gehen kann. Noch nach Monaten allerdings befindet sich die Website immer noch versteckt auf dem Entwicklungsserver, weil die Textproduktion immer neben alltäglichen Aufgaben zurückstand. Das ist ein klassischer Fall von falscher Ressourcenplanung.

Die zur Verfügung stehenden Ressourcen bestimmen auch maßgeblich das Vorankommen bei den Optimierungsbemühungen. Von einem kontinuierlichen Linkaufbau, der wichtig für die Reputation einer Website bei Google und Co. ist, kann man bereits bei einem Link pro Monat sprechen. Das bindet wenig finanzielle oder menschliche Ressourcen. Spürbare Effekte dürfen Sie sich davon aber selbstverständlich nicht erhoffen. Erst mit einem vernünftigen Ressourceneinsatz sind Effekte sichtbar. Übertreiben sollten Sie es dabei allerdings auch nicht.

> **Praxistipp: Textoptimierung in der Ressourcenplanung ernst nehmen**
>
> Leider erleben wir in der Agenturpraxis sehr häufig, dass der Textbereich zeitlich absolut unterschätzt wird. Vor allem im Rahmen eines Relaunches, der von Marketing-Managern in Unternehmen eh schon mit Unterstützung von Agenturen quasi »nebenbei« durchgeführt wird, wird der Aufwand für die Text-Produktion und -Optimierung häufig nicht gesehen. Dann ist der Relaunch technisch und strukturell fertig, aber die Inhalte sind weder optimiert noch in das neue CMS überführt.
>
> Hier hilft meiner Erfahrung nach nur das konsequente Trennen der Textbedarfe, denn Ressourcen zur Optimierung aller Inhalte gibt es so gut wie nie. Teilen Sie in einem Content-Audit aus SEO-Sicht die Texte ein in ganz zentrale Texte, wichtige Texte und den Rest. Je größer Ihre Geld- und Zeitressourcen, desto mehr zentrale und wichtige Texte können Sie mit aufnehmen. Nun kümmern Sie sich ausschließlich um diese beiden ersten Kategorien: Sie optimieren Texte, führen zusammen, schreiben ggf. auch neu und platzieren diese dann im neuen Layout auf der Website. Die Kategorie »Rest« übernehmen Sie entweder, oder sie löschen Inhalte, wo es nur geht – vor allem veraltete Inhalte oder solche, die in den letzten 12 Monaten keine Visits vorweisen konnten.
>
> Als grobe Orientierung sollten Sie je nach Textlänge, Komplexität und Aktualisierungsbedarf zwischen einer und drei Stunden Arbeit je Text rechnen. Wenn Sie also zwei Stunden im Mittel nehmen, liegen Sie bei einer Aufwandskalkulation meist recht gut. Bei 40 Texten, die es zu optimieren und zu übernehmen gilt, sollten Sie damit bereits mindestens 10 Personentage einrechnen – und dann macht eine Person auch nichts anderes mehr in dieser Zeit.

Diese Liste ist keineswegs vollständig. Je nach Projekt und Zielsetzung können weitere Fragen (und hoffentlich Antworten) entstehen. Die genannten Fragen sind allerdings jene, die überdurchschnittlich häufig gestellt und leider ebenso häufig übergangen werden. Das rächt sich zu einem späteren Zeitpunkt. Denn Suchmaschinen-Optimierung bedeutet heute nicht mehr nur, technische Stellschrauben zu verändern, sondern zu einem großen Teil auch kontinuierlich analytisch und strategisch zu arbeiten. Spätestens wenn Sie das verinnerlicht haben, wird Ihnen deutlich, warum Suchmaschinen-Optimierung keine einmalige Unternehmung ist, sondern ein kontinuierlicher Prozess.

2.2 Ziele der Suchmaschinen-Optimierung

Wenn es um das Ziel einer Suchmaschinen-Optimierung geht, denken die meisten Menschen an die Top-1-Position bei Google. In diesem Zusammenhang kann ich Ihnen wärmstens dieses Video einer Melbourner SEO-Agentur empfehlen (*https://www.youtube.com/watch?v=MIAEy4fshOE*). Es ist zwar schon von 2010, aber leider immer noch aktuell.

Abbildung 2.1 Lustig, aber dennoch leider wahr: »I want to be #1 On Google« – von Kunden, die keine richtigen SEO-Ziele haben

»Bei Google ganz oben stehen« oder »Wir bringen Ihnen Traffic über Suchmaschinen« lauten dann auch die entsprechenden Werbeslogans einiger Suchmaschinen-Agenturen.

Dabei geht es nicht immer nur darum, unbedingt an erster Stelle zu stehen und möglichst viele Besucher und Besucherinnen auf die eigene Website zu lotsen. Das ist lediglich eine von vielen Zielsetzungen der Suchmaschinen-Optimierung. Jedes Marketing-Ziel zieht spezifische Einsatzszenarien, Keyword-Strategien und Anforderungen an die angebotenen Inhalte nach sich.

Prinzipiell kann man von einer *Vermarktungsfunktion* sprechen, die die Webseiten übernehmen sollen. Ein Content-Anbieter will, dass seine Publikation von anderen genutzt wird, und muss sie daher vermarkten. Ob es sich dabei um die kostenfreie Vermarktung von Informationen handelt oder um eine Vermarktung im klassischen Sinn, sei dahingestellt.

In sehr vielen Fällen ist selbst bei gewinnorientierten Unternehmen der direkte Verkauf über das Web nicht das Primärziel. Vielmehr soll hier die Website die Funktion des *Presales* übernehmen, eine *Marke aufbauen* oder lediglich die Verbindung und den *Service* zum Kunden verbessern.

Die Antwort auf die Frage nach der Zielsetzung deutet dabei in den meisten Fällen bereits das weitere Vorgehen und die Anwendung der primären Optimierungsstrategie an. So wird an dieser Stelle geklärt, ob die Auffindbarkeit über Suchmaschinen das wichtigste Kriterium ist. Dies ist meistens dann nicht der Fall, wenn z. B. ein neues Produkt auf einer Seite eigens beworben wird und der gewünschte Besucherstrom über Social Media, Bannerwerbung, Affiliate-Marketing oder über andere (Offline-)Medien herangezogen werden soll. Hier wäre vielleicht eine freche, interaktive Kampagnenseite angebrachter, und im Sinne einer Optimierung des gewünschten Effekts würde die Suchmaschinen-Optimierung hintanstehen.

In der überwiegenden Anzahl der Fälle wird die Zielsetzung einer Website jedoch erlauben oder sogar voraussetzen, dass ein Besucherstrom über das Suchmaschinen-Marketing generiert werden muss. Das Suchmaschinen-Marketing (*SEM*) beinhaltet hier alle Formen der Suchmaschinen-Optimierung, um in den organischen Ergebnislisten der Suchmaschinen möglichst gut platziert zu sein. Andererseits beinhaltet es den Teilbereich, der dafür verantwortlich ist, mit eingekauften Platzierungen des Search Engine Advertisings (*SEA*) für entsprechende Besucherzahlen zu sorgen.

Es lohnt sich auf jeden Fall auch in diesem Kontext, die Zielsetzung einer Website schriftlich zu fixieren. Eine genaue Festlegung hilft dem Team hier auch über eine längere Dauer hinweg, den »roten Faden« zu wahren und sich nicht in Details zu verlieren. Damit vermeidet man zudem das Problem, dass eine Website für den Nutzer und die Nutzerin bei näherer Betrachtung keinen erkennbaren Zweck erfüllt und damit letztlich unattraktiv erscheint.

Ein besonderer Schwerpunkt sollte bei der Definition der Zielsetzung auf die Bestimmung des Mehrwerts des Webauftritts gelegt werden. Es gibt bereits Millionen von Webseiten, sodass für Nutzer und Suchmaschinen insbesondere die Seiten von besonderem Interesse sind, die etwas Neues und möglichst Einzigartiges bieten. Im Marketing nennt man dies Alleinstellungsmerkmal oder auch *Unique Selling Proposition* (USP) und bezeichnet damit ein Leistungsmerkmal, mit dem sich ein Angebot deutlich von den Angeboten der Wettbewerber unterscheidet.

> **Praxistipp: Alleinstellungsmerkmal definieren**
>
> Ein Alleinstellungsmerkmal ist nicht nur für die potenziellen Käufer oder Kunden von höchstem Interesse. Google versucht, einem Suchenden möglichst diverse Suchergebnisse anzuzeigen. Wenn Sie es schaffen, Ihren USP herauszustellen, dann kann dies auch für die Suchmaschinen-Optimierung sehr nützlich sein.
>
> Häufig sehe ich bei Erstgesprächen in ratlose Gesichter, wenn es um die Frage geht, was das spezifische Alleinstellungsmerkmal ist. Service, Erreichbarkeit, Qualität und Ähnliches werden dann häufig genannt. Allerdings wird dies meist schon von den Kunden und Käufern vorausgesetzt. Gerade bei Online-Shop-Betreibern, die Produkte anbieten, die auch in anderen Shops verfügbar sind, ist die Frage nach dem USP daher

> äußerst zentral. Vielleicht denken Sie hier einmal etwas unkonventioneller! Überlegen Sie doch einmal, wie Sie als USP z. B. die Liebe und Leidenschaft zu Ihrem Shop oder Ihrem Produkt zeigen können. Oder ob Sie vielleicht mit Authentizität, Offenheit, Sympathie oder anderen »weicheren« Werten punkten können.

Was aber sind nun übliche Optimierungsziele, und welche sind die jeweils typischen SEO-Strategien?

2.2.1 SEO zur Steigerung des bloßen Traffics

Eine sehr weit verbreitete Zielsetzung ist die Steigerung der Besucherzahlen auf einer Website. Gemessen werden die Besucher und Besucherinnen in *Visitors* oder *Unique Visitors* (eindeutige Besucher), was auch als *Traffic* auf der Website bezeichnet wird. Grundsätzlich wird hier weniger zwischen qualifizierten und nicht qualifizierten Besuchern unterschieden. Es gilt allerdings häufig die einfache Regel »Je mehr, desto besser«.

Meist soll mit einem hohen Traffic das Erreichen von Sekundärzielen (wie etwa eine rentablere Displayvermarktung) erreicht werden. Je mehr Besucher und Besucherinnen eine Website pro Tag vorweisen kann, desto teurer lassen sich die Displayplätze an Werbekunden verkaufen.

Leider ist häufig zu beobachten, dass die bloße Steigerung der Besucherzahlen das nicht genau definierte Ziel einer Suchmaschinen-Optimierung ist. Im Prinzip wurde also gar keine Zielsetzung für die Suchmaschinen-Optimierung festgelegt; stattdessen wird die Holzhammermethode angewandt. Ganz nach dem Motto »Viel hilft viel«.

Sie sollten allerdings wohl überlegen, auf welchen Seiten welcher Traffic generiert werden sollte, damit eine Zielerreichung dann auch wahrscheinlich wird. Denn einfach nur Besucher und Besucherinnen zu generieren, die nach Sekunden wieder von der Seite abspringen, bringt meist niemandem etwas.

Wann sollten Sie diese Methode einsetzen?

Wenn Sie direkten Traffic, egal, ob qualifiziert oder nicht, ohne weitere Aktionen der Besucher und Besucherinnen monetarisieren können, dann ist dies die richtige Zielsetzung für Sie. Meist ist dies, wie erwähnt, der Fall, wenn es darum geht, durch mehr Besucher und Besucherinnen Werbeplätze über einen pauschalen Tausend-Kontakt-Preis (TKP) zu einem höheren Preis zu verkaufen.

Was ist die richtige Keyword-Strategie?

Wenn Sie möglichst viele Besucher und Besucherinnen auf Ihre Website bringen möchten, ohne ein spezifischeres Ziel zu haben, dann konzentrieren Sie sich nicht nur auf ein paar wenige Begriffe. Im Gegenteil: Bei dieser Zielsetzung gilt es, sich möglichst breit aufzustellen und keine spezifischen Keywords zu optimieren. Besucher sollen dabei nicht nur über sehr häufig gesuchte Begriffe auf die Website gelangen, sondern auch über sehr viele Anfragen, die aus mehreren Begriffen bestehen und nicht so häufig gesucht werden (*Long Tail Keywords*).

Welche Inhalte benötigen Sie?

Keine spezifischen Keywords zu optimieren, bedeutet für die Struktur der Website vor allem eins: Sie muss von der Basis an sehr gut optimiert sein. Hier spielt die Onpage-Optimierung eine zentrale Rolle. Natürlich benötigen Sie für einen entsprechenden Erfolg sehr gute, aktuelle und interessante Inhalte. Eine leicht zu verstehende einfache Site-Architektur ist ebenfalls ganz wichtig. Es geht hier nicht um verschachtelte Strukturen, sondern um eingängige und meist flache Seitenbäume. Dies wird nicht selten mit Rubriken oder Kategoriesystemen gelöst. Dies alles können Sie sehr gut bei typischen Themenportalen erkennen, z. B. zum Thema Gesundheit, Sport, Politik oder anderen beliebten Schwerpunkten.

2.2.2 SEO für E-Commerce-Verkäufe

Eine ganz andere Zielsetzung verfolgt ein Online-Shop. Hier geht es darum, die beworbenen Produkte oder Produktgruppen möglichst gut in den Suchmaschinen-Ergebnislisten (SERPs) zu positionieren, die Besucher und Besucherinnen in den Shop zu bringen und dort eine Transaktion, also einen Verkauf, zu erreichen. Für Online-Shop-Betreiber sind die organische Suchmaschinen-Optimierung und das Suchmaschinen-Marketing über bezahlte Werbung wie Google Ads zentrale Aspekte, wie Besucher und Besucherinnen auf die Website gelangen und zu Käufern werden. Einer Online-Shop-Betreiberin reicht es dann hier auch nicht, dass bloßer Traffic im Shop herrscht. Erst der Kauf eines Produkts spült Geld in die Kassen. Entsprechen sollten auch alle Optimierungsmaßnahmen transaktionsorientiert sein.

Wann sollten Sie diese Methode einsetzen?

Das Einsatzszenario ist denkbar einfach beschrieben: Wenn Sie einen Shop haben, sollten Sie nicht auf bloßen Traffic setzen, sondern auf qualifizierte Besucher, die mit hoher Wahrscheinlichkeit auch zu Käufern und Käuferinnen werden. Ihre Aufgabe dabei ist es, das Suchproblem eines potenziellen Käufers zu verstehen und ihm als Wegbereiter möglichst alle Steine aus dem Weg zu räumen. Das heißt, Sie sorgen dafür, dass der User auf dem Weg vom interessierten Suchenden in den Suchmaschinen bis zum Kaufabschluss nicht abkommt. Hohe Konversionsraten sind hier ein eindeutiges Zeichen, dass Sie Ihre Aufgabe gut bewältigen.

2 SEO-Zieldefinition und Workflows

Was ist die richtige Keyword-Strategie?

Die zu bewerbenden Suchbegriffe sind bei einem Online-Shop einerseits die Produkte und andererseits die Produktkategorien. Ein Online-Shop für Waschmaschinen sollte auch unter den einzelnen Waschmaschinen-Namen gefunden werden. Das betrifft sowohl die eigentlichen Produktnamen wie »Waschking XL« als auch die Artikelnummer (z. B. WK XL8736), nach der häufig von bereits sehr gut informierten Interessenten gesucht wird. Aber natürlich sind auch generische Begriffe wie »Waschmaschine« oder »Waschmaschinen« interessant, gern auch in Kombination mit bestimmten Herstellern. Aber auch die Kombination mit Produkteigenschaften gehört in diese Kategorie, wie z. B.:

- Waschmaschine günstig
- Waschmaschine weiß
- energieeffiziente Waschmaschine
- Strom sparende Waschmaschine
- Waschmaschine Testsieger

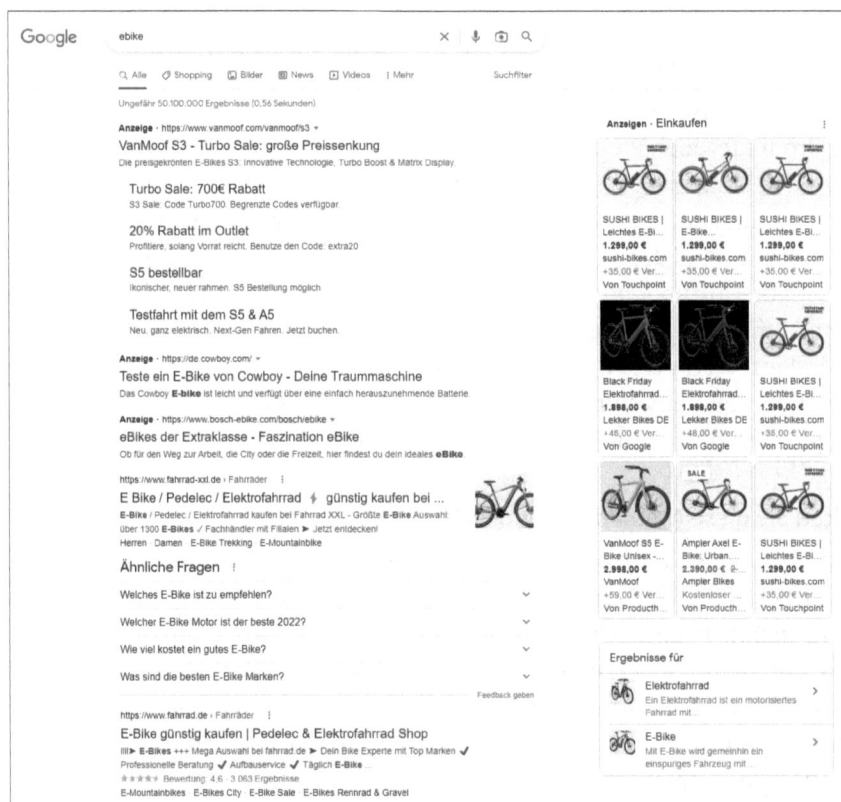

Abbildung 2.2 Google Ads und Product Listing Ads (PLA) werden bei transaktionalen Suchanfragen oben und oben rechts ausgespielt und verdrängen die organischen Suchtreffer.

Die organischen Ergebnistreffer sind eine wichtige Quelle, um qualifizierte Besucher über diese Keywords zu generieren. Im Bereich von Online-Shops ist es Standard, über bezahlte Werbung mit Google Ads und Co. zusätzlich qualifizierte Besucher zu generieren. Dank verschiedener Tracking-Methoden ist genau zurückzuverfolgen, welche Anzeige bzw. welches Keyword zu wie vielen Verkäufen geführt hat. Dies macht die bezahlte Werbung zu einem nicht nur kurzfristig einsetzbaren, sondern auch sehr gut steuerbaren Marketing-Instrument. Vor allem der Wandel der SERPs bei transaktionalen Suchanfragen, bei denen kaum noch organische Treffer weit oben sichtbar sind, zwingt die Shop-Betreiber regelrecht dazu, Ads – häufig in Form von Product Listing Ads – zu schalten.

Welche Inhalte benötigen Sie?

Die meisten Online-Shops bieten Produkte an, die auch in anderen Shops angeboten werden. Waschmaschinen finden Sie in unzähligen Online-Shops. Als Shop-Betreiber heißt es in solch einem Fall daher, sich von den Mitbewerbern abzusetzen und dem User am besten schon in den Suchmaschinen-Ergebnislisten das Alleinstellungsmerkmal (USP) zu kommunizieren. Stellen Sie sich einen Waschmaschinen-Händler vor – er wird relativ wenig Möglichkeit haben, die Waschmaschinen, die er verkauft, zu verbessern. Das deutlichste Alleinstellungsmerkmal ist daher der Preis. Die zahlreichen Preissuchmaschinen und Suchanfragen mit dem Zusatz »günstig« und »billig« sind ein untrügliches Zeichen dafür, dass Webkäufer und -käuferinnen vor allem eins möchten: sparen.

Neben allen Produktinformationen, der Beschreibung von Vorteilen und Eigenschaften eines Produkts zählt im Online-Shop bei Massenprodukten also vor allem der Preis. Sie können die beste Optimierung betreiben und den schönsten Shop haben – wenn Sie der teuerste sind, gehen die Kunden oder Kundinnen zu einem anderen Shop.

Dies gilt hauptsächlich für Massenprodukte. Wenn Sie z. B. individuelle Sofakissen anbieten, die handgefertigt und speziell auf die Kundenwünsche ausgerichtet sind, dann sieht die Sache schon ganz anders aus. Dann ist Ihr Alleinstellungsmerkmal die Einzigartigkeit des Produkts, der Lifestyle-Faktor.

Neben einem attraktiven Preis und anderen Alleinstellungsmerkmalen müssen Sie bei einem Online-Shop den Kunden auch die Sicherheit bieten, dass eine bezahlte Bestellung wirklich ankommt. Vertrauen, Seriosität und Zuverlässigkeit sind hier die wichtigen Elemente, die über das Design und auch die Inhalte kommuniziert werden müssen.

Sie sehen – einen Online-Shop erfolgreich für Suchmaschinen zu optimieren bedeutet immer auch, den Shop ganzheitlich zu optimieren. Da sich der Erfolg eines Shops in den Konversionen (Verkäufen) bzw. in den Konversionsraten misst (Anteil der Be-

sucher, die zu Kunden werden), spricht man hier auch von der *Konversionsraten-Optimierung (Conversion Rate Optimization,* CRO). Die Grenzen zwischen SEO und CRO verschwimmen immer mehr. Das macht es einerseits komplexer, andererseits aber nochmals um einiges spannender und wirksamer!

> **»SEO-Texte« in Shops**
>
> Texte für Shop-Kategorien und Produktdetailseiten sind dementsprechend auch bitte keine »SEO-Texte«, bei denen man möglichst häufig das betreffende Keyword nennt. Setzen Sie stattdessen genau bei den Gedanken an, die Sie gerade gelesen haben: Bieten Sie beratende Texte an, die auf das Alleinstellungsmerkmal eingehen und den Kundennutzen eines Produktes oder einer Produktkategorie hervorheben. Niemand interessiert beim Kauf von Römersandalen, was die alten Römer damals so in Rom für Schuhe trugen.

2.2.3 SEO zur Lead-Generierung

Von einer Lead-Generierung im Online-Marketing spricht man dann, wenn eine bestimmte definierte Transaktion stattfindet. Meist ist dies eine Kontaktaufnahme über ein Kontaktformular, per E-Mail oder Telefon. Aber auch das Bestellen eines Newsletters oder der Download einer PDF-Datei kann ein Lead sein.

Leads sind insofern weniger direkt, ähneln aber Transaktionen in einem Online-Shop.

Wann sollten Sie diese Methode einsetzen?

Wenn Sie eine Dienstleistung online bewerben oder anbieten, dann werden Sie die Suchmaschinen-Optimierung zur Lead-Generierung oder Lead-Steigerung nutzen.

Eine Kfz-Werkstatt möchte z. B. über ihre Website werben und informieren. Hier geht es nicht darum, ein Motoröl zu verkaufen, sondern darum, Suchende mit Problemen wie »Mein Auto ist defekt« oder »Mein Auto benötigt Winterreifen« davon zu überzeugen, die Kfz-Werkstatt aufzusuchen. Ein Lead wäre hier demnach eine Anfrage nach einem Werkstatttermin, ein Anruf oder auch der Besuch vor Ort.

Was ist die richtige Keyword-Strategie?

Ähnlich wie beim E-Commerce wählen Sie hier Keywords, die Ihre Dienstleistung beschreiben. Häufig werden die Keywords lokalisiert. Eine Kfz-Werkstatt aus Köln möchte die Kunden und Kundinnen aus der Umgebung ansprechen und nicht etwa Autofahrer oder Autofahrerinnen in Hamburg oder München. Daher würde eine Werkstatt solche Keywords nutzen:

2.2 Ziele der Suchmaschinen-Optimierung

- Kfz-Werkstatt Köln
- Ölwechsel Köln
- Winterreifen wechseln Köln
- Chip-Tuning NRW

Je stärker das Alleinstellungsmerkmal ist, desto weiter reisen natürlich auch die Kunden oder Kundinnen an, wie das Beispiel Chip-Tuning in Nordrhein-Westfalen (»Chip-Tuning NRW«) verdeutlicht.

Nicht alle Dienstleistungen sind nun zwingend ortsgebunden oder haben ein eng umfasstes Einzugsgebiet. Eine Agentur für Suchmaschinen-Marketing kann ihre Dienstleistungen deutschlandweit zur Optimierung anbieten. Hier sind neben den lokalisierten Keywords vor allem spezielle gefragt, die die Dienstleistung selbst näher spezifizieren:

- professionelle Suchmaschinen-Optimierung
- zuverlässige Suchmaschinen-Optimierung Agentur
- erfahrener SEO

Wie beim E-Commerce eignet sich für die vornehmlich werblichen Dienstleistungen die bezahlte Werbung über Google Ads und Co. hier besonders gut als Ergänzung zur organischen Keyword-Optimierung.

Welche Inhalte benötigen Sie?

Bei Dienstleistungen müssen Sie inhaltlich noch viel stärker Ihre Alleinstellungsmerkmale herausstellen als bei Online-Shops. Je mehr Mitbewerber sich in Ihrem Zielmarkt tummeln, desto aufwendiger wird die Optimierung und desto bessere Inhalte müssen Sie anbieten. Eine in die Jahre gekommene einfache »Wir über uns«-Website reicht heutzutage in vielen Branchen nicht mehr aus, um sich online von den Mitbewerbern abzuheben und Leads zu generieren.

2.2.4 SEO zur Steigerung der Markenbekanntheit

Suchmaschinen-Optimierung kann auch ohne direkt sichtbare oder messbare Erfolge über Transaktionen oder Leads hinaus eingesetzt werden. Wenn Sie die Bekanntheit einer Marke steigern möchten, dann müssen Sie im Bereich der Suchmaschinen-Optimierung vor allem eins schaffen: Sichtbarkeit.

Wann sollten Sie diese Methode einsetzen?

Nicht immer geht es bei der Suchmaschinen-Optimierung um Online-Inhalte oder Online-Bestellungen. Ein Marketing-Ziel kann ebenso darin bestehen, eine bestimmte Marke oder eine Nachricht in den Köpfen der Menschen zu verankern und mit

einem bestimmten Image zu verbinden. Vereinfacht ausgedrückt geht es darum, dass Web-User über eine gezielte Nachricht ein bestimmtes Bild von einer Marke erhalten. Dies kann dann indirekt (z. B. beim nächsten Einkauf im Supermarkt) von Vorteil sein. Das klingt subversiv – und ist es häufig auch, etwa in diesem Beispiel:

Ein Hersteller möchte deutschlandweit eine neue Schoko-Erdbeer-Eissorte auf den Markt bringen. Das Eis wird in allen bekannten Supermärkten, Tankstellen und Schwimmbädern angeboten. Um die Entscheidung des Kunden oder der Kundin an der Eistheke im Supermarkt zu erleichtern, muss die Marke einerseits bekannt gemacht werden und andererseits mit möglichst positiven Dingen in Verbindung gebracht werden. Dies wird üblicherweise mit TV-Spots, Plakaten oder Kinowerbung erreicht: Eine gut aussehende junge Dame genießt mit ihrem ebenso gut aussehenden jungen Freund sichtlich gut gelaunt (mit ein paar ebenso gut gelaunten Freunden, die ins Bild laufen) das neue Schoko-Erdbeer-Eis. Die Nachricht ist klar, und der Betrachter verbindet dieses Bild samt der dazugehörigen Emotionen mit dem Produkt und der Marke.

Das gelingt so natürlich auch unterstützend im Web. Hier wird meist eine aufwendige Produkt-Website erstellt. Diese Microsite muss dann online beworben werden.

Was ist die richtige Keyword-Strategie?

Eine ausgefeilte und gezielte Keyword-Strategie gibt es dafür eher selten. Natürlich sind die Marke und der Produktname wichtige Keywords. Social-Media-Influencer, Blogger und Foren sollen auf die Microsite verlinken und damit das Linkbuilding fördern. Über Social-Media-Kanäle wie Instagram, Facebook, Twitter und Co. wird versucht, mit der Zielgruppe interaktiv zu kommunizieren und diese auf die Microsite zu lenken.

Welche Inhalte benötigen Sie?

Die Inhalte müssen passend aufbereitet sein, damit sie die Markenidentität transportieren können. Häufig werden multimediale Inhalte angeboten, die für die Suchmaschinen-Optimierung weniger relevant sind. Der Schwerpunkt liegt vor allem darauf, verlinkungswürdige und teilwürdige Inhalte anzubieten. Dies bezeichnet man als *Linkbait*. Bait ist das englische Wort für Köder, und ein Linkbait ist entsprechend ein (inhaltlicher) Köder, der andere User dazu verleitet, einen Link auf das eigene Angebot zu setzen. Im Social-Media-Kontext versucht man zu erreichen, dass Inhalte *viral gehen*, um eine möglichst hohe Social-Sichtbarkeit zu generieren.

2.2.5 SEO als Krisen-Reputationsmanagement

Nicht immer geht es bei der Suchmaschinen-Optimierung primär darum, den eigenen Inhalt möglichst weit vorne zu platzieren. Stellen Sie sich ein Unternehmen vor, das ein bestimmtes Produkt auf den Markt gebracht hat, das fehlerhaft war. In einer großen Rückholaktion muss das Unternehmen das Produkt wieder vom Markt nehmen. Wenn man in den Suchmaschinen nach dem Unternehmen sucht, erscheinen zahlreiche Blog-Beiträge, Nachrichtenartikel und Foreneinträge, die diese Rückholaktion zum Thema haben. Das wirft mittel- bis langfristig kein gutes Licht auf das Unternehmen und schadet dem Ruf, also der Reputation.

Suchmaschinen-Optimierung als Krisen-Reputationsmanagement zu betreiben, heißt daher, dafür zu sorgen, dass eher negative Inhalte bei einer Eingabe entsprechender Suchbegriffe nicht mehr in den Top 10 erscheinen. Optimierung ist hier also Verdrängung. In der Natur der Suchmaschinen-Optimierung liegt allerdings eine gewisse Langfristigkeit. Das bedeutet, dass beim Auftreten einer Krise auch direkt an den SEO-Kanal gedacht werden sollte, aber das Beheben meist länger dauert, als die Krise akut ist.

Wann sollten Sie diese Methode einsetzen?

Diese Methode ist sehr aufwendig, weil verschiedene Webseiten und Inhalte benötigt werden, um die vorderen Plätze für relevante Keywords zu füllen und damit die reputationsschädigenden Inhalte zu verdrängen. Der große Aufwand schlägt sich unmittelbar in einem großen Budget nieder, sodass die Suchmaschinen-Optimierung als Krisen-Reputationsmanagement vor allem bei einer vermeintlich längeren Marken- oder Unternehmensschädigung eingesetzt wird. Die Maßnahmen werden dann meist kurzfristig auch offline durch Öffentlichkeitsarbeit begleitet. Online werden kurzfristige Kanäle wie SEA und Social Media sowie die Website selbst genutzt.

Was ist die richtige Keyword-Strategie?

Die relevanten Keywords bei dieser Strategie sind einfach und schnell identifiziert: Es sind der Unternehmensname und das betroffene Produkt.

Welche Inhalte benötigen Sie?

Da die Suchmaschinen die Top 10 in den Ergebnislisten nicht mit einer einzigen Website füllen, müssen Sie dafür sorgen, dass Ihre Botschaft auch auf anderen Domains kommuniziert wird. Der häufig genutzte Weg geht hier über Online-PR und Content-Marketing, indem Ihre Inhalte in Form von Gastartikeln oder Presseartikeln von anderen auf deren Websites präsentiert werden. In seltenen, extremen und langfristig angelegten Fällen kann man auch selbst verschiedene Domains aufbauen, die dann alle separat mit Inhalten bestückt, jeweils individuell optimiert werden und durch Linkbuilding Relevanz für Google erhalten. Hier sind dann aber gigantische Budgets vonnöten. Dabei müssen die Inhalte nicht zwingend mit dem Ereignis, das zur Reputationsschädigung geführt hat, in Zusammenhang stehen. Auch andere Keyword-

relevante Inhalte können in den Ergebnislisten der Suchmaschinen die reputationsschädigenden Treffer verdrängen.

2.2.6 Für jede Zielsetzung die richtige Strategie

Zusammenfassend lässt sich festhalten, dass es für jede Zielsetzung bestimmte Strategien gibt, die angewandt werden müssen, um im Bereich der Suchmaschinen-Optimierung erfolgreich zu sein. In den wenigsten Fällen geht es bei der SEO um die einfache Traffic-Steigerung. Meist verbirgt sich das eigentliche Ziel dahinter. Die beste Strategie ist letztlich jene, die Sie am schnellsten und kostengünstigsten an Ihr Ziel bringt. Diese Fragen können Ihnen helfen, die passende Zielsetzung zu finden:

- Verkaufen Sie Produkte entweder direkt über das Web, oder vermitteln Sie eine Dienstleistung, die online beauftragt werden kann?
- Benötigen Sie direkte Verkäufe, Kontaktanfragen, Sichtbarkeit zu einem bestimmten Thema oder Produkt, bloßen Traffic ohne weitere Ziele oder eine Kombination aus diesen Punkten?
- Gibt es zu Ihrem Produkt oder Unternehmen in den Suchergebnislisten negative Kritiken, die der Reputation schaden?
- Möchten Sie unabhängig vom Online-Markt eine gezielte Nachricht, eine Marke oder ein Image bei einer bestimmten Zielgruppe platzieren?

2.3 SMART vorgehen

Wenn Sie die für Sie passende Zielsetzung gefunden haben, sollten Sie sich nicht gleich blindlings in die Optimierung stürzen. Neben dem technischen Know-how ist ein reflektiertes, geplantes und strategisches Vorgehen bei der Optimierung entscheidend. Gerade in Märkten, in denen viele Mitbewerber ebenfalls Suchmaschinen-Optimierung betreiben, laufen Sie ansonsten Gefahr, viel Zeit und Geld zu investieren, ohne überhaupt jemals eine realistische Chance gehabt zu haben. Gehen Sie daher SMART vor! Das Kurzwort SMART steht dabei für die fünf wichtigsten Punkte bei einer Optimierungsstrategie.

2.3.1 Spezifische Zielsetzung (specific)

Das S in SMART steht für *specific* und bedeutet, eine spezifische Zielsetzung zu haben. Eine Optimierung muss stets ein Ziel haben, das klar, deutlich und exakt beschrieben ist. Das hilft Ihnen nicht nur, das eigentliche Ziel nicht aus den Augen zu verlieren, sondern ermöglicht auch einen stetigen Soll-Ist-Vergleich.

Am besten ist es, wenn Sie die Zielsetzung präzise schriftlich festhalten, denn nur dann verändert sich diese nicht mit der Zeit »wie von selbst«.

2.3.2 Messbare Ziele (measureable)

Das Schöne am Online-Marketing aus Anbietersicht ist, dass man fast alles und jeden messen kann. Sie sehen, wie viele Besucher auf Ihrer Website waren, woher sie kamen, was sie getan haben, wie lange sie blieben etc. Für eine SMARTe Suchmaschinen-Optimierung ist es unerlässlich, dass Ihre Ziele auch messbar sind. Denn nur dann haben Sie die Möglichkeit, den Erfolg Ihrer Optimierungsbemühungen überhaupt zu erkennen. Bei einem Online-Shop oder der Lead-Generierung sind die messbaren Ziele klar: Es sind die Verkäufe oder die jeweiligen Leads. Hier ist allerdings nicht nur wichtig, dass die Anzahl messbar ist, sondern auch die Tatsache, woher die Transaktionen oder Leads kamen. Sie müssen also dafür sorgen, dass nicht nur das Ziel messbar ist (Transaktionen oder Leads), sondern auch der Weg bis zur Zielerfüllung.

Stellen Sie sich vor, Sie betreiben für einen Online-Shop organische Suchmaschinen-Optimierung und parallel dazu bezahlte Werbung über Google und Facebook Ads. Nach vier Monaten sind die Verkäufe um 20 Prozent gestiegen, das können Sie messen. Nur wenn Sie jetzt zusätzlich noch messen können, dass nur zehn Prozent der Verkäufe über Facebook Ads realisiert wurden, können Sie Maßnahmen planen, um die Facebook-Ausgaben effizienter zu gestalten.

2.3.3 Erreichbare Ziele (achievable)

Natürlich müssen meine Ziele erreichbar sein, werden Sie sich vielleicht jetzt sagen. Vielen fehlt jedoch eine realistische Selbsteinschätzung. Das werden Sie auch in den seltensten Fällen korrigieren können, da Sie sehr stark in Ihrem Projekt, Unternehmen oder Produkt involviert sind. Selbst externe Berater oder Agenturen tendieren hin und wieder dazu, den wertvollen Blick von außen zu verlieren.

Zentral für den Erfolg einer jeden Marketing-Aktion ist die theoretische und praktische Erreichbarkeit.

Ein ganz einfaches Beispiel für die theoretische Erreichbarkeit ist die Größe eines Marktes. Sie können Dienstleistungen und Produkte nicht an mehr Interessenten verkaufen, als es in Ihrem Markt gibt. Dies betrifft auch die Zahlungsfähigkeit der Kunden in einem Marktsegment oder das Wachstum eines Marktes und dessen Sättigung.

Eine praktische Einschränkung besteht z. B. dann, wenn Sie Ziele definieren, die über Ihre Ressourcen hinausgehen. Bei einem Suchmaschinen-optimierten Website-Relaunch müssen häufig viele neue optimierte Textinhalte erstellt werden. Schnell

kommt man dabei auf mehrere Dutzend oder gar Hundert Texte. Wenn der Relaunch dann innerhalb von zwei Tagen stattfinden soll und Sie nur wenige Texter oder Texterinnen zur Verfügung haben (oder Sie selbst der einzige Texter sind), dann ist das Ziel selbst mit einem 24-Stunden-Tag schlichtweg nicht erreichbar.

Neben den internen Ressourcen spielen die externen Bedingungen eine ebenso große Rolle, wenn es um die Definition erreichbarer Ziele geht. Erreichbare Ziele sind auch realistische Ziele. Wenn Sie mit einer neu registrierten Domain innerhalb von zwei Tagen mit allen relevanten Keywords auf Platz 1 in den Suchmaschinen stehen möchten, dann ist dies wenig realistisch und damit auch nicht erreichbar.

Natürlich spielt auch das Geld eine zentrale Rolle. Wenn Sie z. B. eine Linkbuilding-Kampagne durch einen Dienstleister durchführen lassen, dann erstellt dieser Texte und platziert diese im Web mit eingehenden Links auf Ihr Projekt. Wenn dies qualitativ hochwertig gemacht wird, unterscheidet sich Linkbuilding im Prinzip wenig von der *Öffentlichkeitsarbeit* (PR). Ein Dienstleister kann einen Text pro Monat verfassen und platzieren, aber auch mehrere Dutzend. Letztlich ist das eine Frage des Budgets. Ein Ziel muss daher so definiert sein, dass es im finanziellen Rahmen erreichbar ist. 10 neue qualitativ hochwertige Links pro Monat mögen zwar durchaus wünschenswert sein, für ein 1.000-Euro-Budget im Monat ist das allerdings keine realistische Zieldefinition. Um im Rahmen der Suchmaschinen-Qualitätsrichtlinien aktiv Links über Online-PR aufzubauen, muss man je nach Thema, Branche und Zeitraum eher über Budgets von 2.000 bis 10.000 € je Link rechnen. Dabei ist »je Link« als künstlicher, kalkulatorischer Mittelwelt zu verstehen, da man den Link im Vergleich zum *klassischen Linkkauf* nicht direkt einkauft, sondern mit der gezielten Verteilung und Platzierung von Inhalten (*Seeding*) Linksetzungen wahrscheinlicher macht. Daher kann es mal eine Kampagne geben, bei der das gar nicht klappt, und eine Folgekampagne funktioniert dann wiederum besser als erwartet.

Je nach Literatur steht das A übrigens nicht für *achievable*, sondern für »aktiv beeinflussbar«, »attraktiv« oder »angemessen«. In diesem Fall übernimmt dann das R mit »realistisch« den zielorientierten Ansatz.

2.3.4 Relevante Ziele (relevant)

Selbst wenn Ziele theoretisch und praktisch erreichbar sind, müssen sie nicht zwingend für Ihr Unternehmensziel relevant sein.

Achten Sie darauf, dass Sie keine Scheinziele definieren. Häufig stößt man in der Praxis darauf, dass entweder gar kein Ziel oder eine wichtige Zwischenstation als Ziel definiert wurde.

So könnten Sie z. B. der Meinung sein, dass es Ihr Ziel sei, die Top-1-Position für ein bestimmtes Keyword zu erhalten. Das ist jedoch lediglich ein Scheinziel, denn eigentlich möchten Sie mehr Waschmaschinen verkaufen. Also ist es Ihr Ziel, eine hohe Transaktionszahl mit Besuchern und Besucherinnen aus Suchmaschinen zu erreichen. Dabei kann es dann durchaus sein, dass Ihnen höhere Besucherzahlen über Suchmaschinen gar nicht mehr Verkäufe bescheren, sondern dass eine Konversionsraten-Optimierung des Shops zur Erreichung des Ziels viel effizienter ist.

2.3.5 Terminiert (time-bound)

Wenn Sie keinen fixen Endpunkt haben, an dem Ihr Ziel erfüllt sein soll, kann Ihr Projekt niemals fehlschlagen. Wie auch – Sie haben unendlich viel Zeit, das Ziel zu erreichen. Das mag im philosophischen Sinne attraktiv erscheinen. Im Marketing ist es allerdings unabdingbar, dass Sie sich klare Zeitpunkte setzen.

Suchmaschinen-Optimierung ist im Grunde eine mittel- bis langfristige Marketing-Strategie. Daher ergibt es häufig keinen Sinn, sich auf einen bestimmten Tag in einem Jahr zu fixieren, an dem eine Optimierung entweder funktioniert hat oder eben nicht. Es ist ein häufiger Fehler bei der Optimierung, dass nach wenigen Monaten nicht die gewünschten Erfolge sichtbar sind und dann die Suchmaschinen-Optimierung abgebrochen wird.

Da die Optimierung ein andauernder Prozess ist, kann es eigentlich kein Enddatum geben, das Sie in einer Optimierungsstrategie definieren können. Allerdings können und sollten Sie Etappenziele (*Milestones*) zeitlich definieren. Zu diesen Zeitpunkten wird ein Soll-Ist-Abgleich vorgenommen. Dieser zeigt, wie gut eine Optimierungsstrategie funktioniert hat, und erlaubt dann auch, das Vorgehen selbst zu optimieren. Hier wird wieder deutlich, warum Suchmaschinen-Optimierung ein ständiger Wechsel aus Optimierung und Analyse ist.

> **Praxistipp: Regelmäßige Erfolgskontrolle**
>
> SMARTe Ziele sind nicht nur in der Suchmaschinen-Optimierung äußerst effektiv. Aber gerade hier sollten Sie besonders darauf achten, dass Sie vor Optimierungsbeginn ein entsprechendes Ziel ausarbeiten. Bei mindshape haben wir mindestens einmal im Quartal eine Sitzung, bei der wir die Ziele und deren Stand ausführlich beleuchten und besprechen. Das sorgt zum einen dafür, dass wir die Ziele nicht aus den Augen verlieren, und andererseits dafür, dass eventuell mittlerweile unpassende oder falsch formulierte Ziele korrigiert werden können.

2.3.6 Beispiele für (k)eine SMARTe Zielsetzung

Eine SMARTe Zielbeschreibung für eine Suchmaschinen-Optimierung umfasst die fünf genannten Punkte, ohne einen einzigen zu übergehen. Gerade für SEO-Dienst-

leister ist es entscheidend, sich mit einem Kunden oder einer Kundin auf eine SMARTe Zielsetzung zu verständigen, da sich nur so der Auftraggeber auch vergewissern kann, dass die Arbeiten ordentlich durchgeführt werden. Und auch wenn Sie selbst die Optimierung vornehmen, schützt Sie eine SMARTe Zieldefinition davor, zu viele Entscheidungen aus dem Bauch heraus zu treffen und die Optimierung zu wenig reflektiert zu betreiben.

Mehr oder weniger SMARTe Zielsetzungen

Um Ihnen einen Eindruck von weniger guten und guten Zielsetzungen zu vermitteln, finden Sie hier ein paar (verfremdete) Beispiele aus dem Agentur-Alltag:

Wir möchten für HOTEL auf Platz 1 stehen.

Das Ziel ist leider nicht sehr spezifisch, weil keine eindeutige Zielsetzung definiert ist. Der Platz 1 scheint ein Scheinziel zu sein. Was möchte man wirklich? Ist der Platz 1 wirklich relevant, oder geht es hauptsächlich um die Steigerung von Hotelbuchungen? Dies wäre auch mit einem zweiten Platz erreichbar. Messbar ist das Ziel gleichwohl – entweder ist man auf Platz 1 oder nicht. Die Erreichbarkeit ist allerdings angesichts der Tatsache, dass die Hotelbranche sehr engagiert bei der Suchmaschinen-Optimierung ist, durchaus infrage zu stellen. Ohne entsprechendes Budget wird hier wenig zu erreichen sein. Zudem enthält der Wunsch keinerlei Zeitangaben.

Unser Industriestaubsauger ist der beste auf dem deutschen Markt, und wir möchten die Verkäufe über Besucher von Suchmaschinen in einem Jahr verdoppeln.

Das klingt schon besser, finden Sie nicht? Allerdings sind auch hier einige Fragen offen. Ist der Markt für Industriestaubsauger überhaupt groß genug, um die Verkäufe zu verdoppeln? Vielleicht zieht die Website bereits 90 Prozent aller Interessenten auf sich. Eine Verdopplung auf 180 Prozent gibt kein Markt der Welt her. Es sei denn, man nimmt eine Bedarfsweckung zur Marktvergrößerung vor. Das wäre dann aber wiederum ein anderes Ziel. Letztlich bleibt auch die Frage, ob eine Verdopplung – selbst wenn sie möglich wäre – auch zeitlich in einem Jahr realistisch ist.

Was halten Sie von dieser Zieldefinition?

Innerhalb der nächsten acht Monate sollen die Verkaufszahlen der Produktgruppe Waschmaschinen von Besuchern aus organischen Suchmaschinen-Treffern um 20 Prozent gegenüber dem Vorjahresniveau steigen.

Es gibt ein spezifisches Ziel, es ist messbar, theoretisch und praktisch erreichbar, relevant, und es beinhaltet eine Zeitvorgabe. Eine SMARTe Zieldefinition, was meinen Sie?

2.4 Fortschritt messen mit Key-Performance-Indikatoren (KPIs)

Ein zentrales Element im Optimierungsprozess neben der Optimierung selbst ist das Messen. In bestimmten Zeitintervallen oder beim Erreichen von Milestones werden die Maßzahlen (*Metriken*) erhoben und einerseits mit vergangenen Maßzahlen und andererseits mit den Zielvorgaben verglichen. So erhält man eine genaue Aussage über den Fortschritt einer Optimierung. Metriken messen und beschreiben zunächst den Zustand eines Prozesses.

Im Online-Marketing spricht man bei einer Maßzahl dann von einem *Key-Performance-Indikator* oder auch kurz KPI, wenn bestimmte Faktoren zutreffen. Ein KPI

1. beschreibt organisatorische Ziele,
2. ist vom Management bestimmt oder zumindest bestätigt,
3. lässt nachfolgende Handlungen ableiten, um den KPI zu beeinflussen,
4. basiert auf bekannten und verständlichen Daten,
5. ist einfach zu verstehen.

Damit ist jeder KPI auch eine Metrik, aber nicht jede Metrik zwingend ein KPI. Eine genaue Auflistung von allgemeingültigen KPIs kann es nicht geben, da sie stark vom organisatorischen Rahmen abhängt. Selbst Unternehmen in der gleichen Branche mit gleichen Produkten können verschiedene KPIs haben. Die Erhebung der Indikatoren dient meist diesen Zwecken:

1. **Information**: Der KPI ist ein Messwert, um den Stand bzw. Fortschritt einer Optimierung zu definieren.
2. **Kontrolle eines Aspekts**: Der KPI ermöglicht die Kontrolle eines unternehmenswichtigen Optimierungsprozesses in Bezug auf seine Effizienz, Effektivität, Kosten oder andere Aspekte.
3. **Steuerung**: Durch die Interpretation mehrerer KPI-Werte im zeitlichen Verlauf können Rückschlüsse auf eine Veränderung der Optimierungsstrategie gezogen werden.

Es ist üblich, dass gleichzeitig mehrere KPIs beobachtet und ausgewertet werden. KPIs werden häufig in Dashboards präsentiert. Im SEO-Bereich wird hierzu häufig das *Google Looker Studio* (ehemals Google Data Studio) genutzt, das sich einfach mit Google Analytics, der Google Search Console und anderen Datenlieferanten verbinden lässt.

Auch wenn KPIs eine sehr individuelle Sache sind, die man zu Beginn einer Suchmaschinen-Optimierungsstrategie definiert, gibt es je nach Zielsetzung dennoch typische Indikatoren, die immer wieder genutzt werden. Im Folgenden möchte ich Ihnen daher ein paar Anregungen geben, damit Sie leichter Ihre eigenen KPIs entwickeln können.

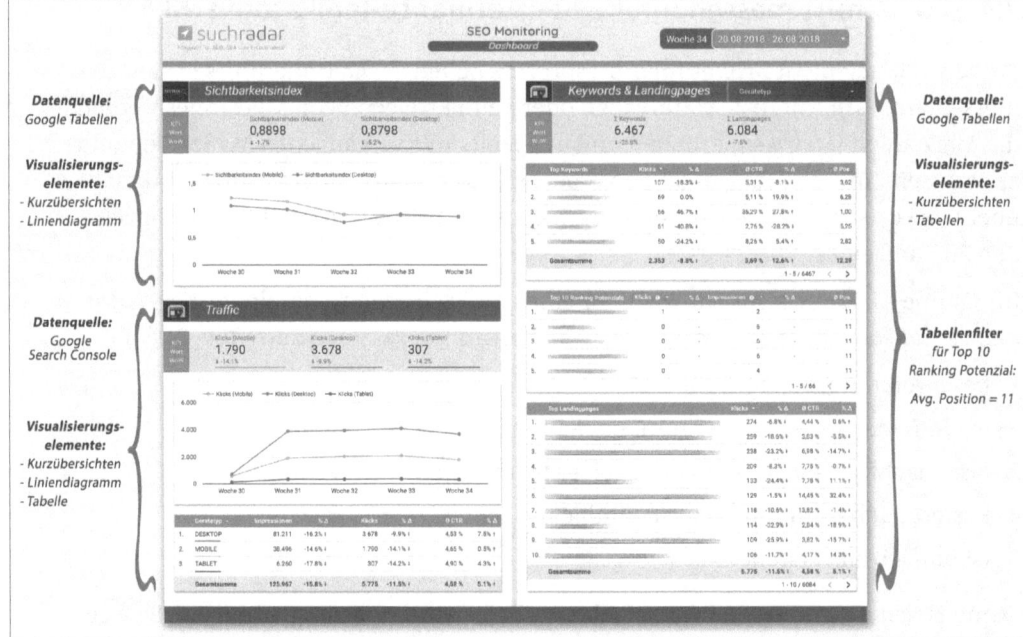

Abbildung 2.3 Beispiel eines Looker Studio-Dashboards von Markus Beireuther im suchradar (»https://bit.ly/2Twvzof«)

2.4.1 Traffic

Wenn man die Besucherzahlen bzw. den Traffic einer Website betrachten möchte, ergeben sich vor allem diese KPIs:

Besucher insgesamt pro Zeiteinheit

Ein einfacher KPI ist die Anzahl der Besucher und Besucherinnen pro Tag, Woche, Monat oder Jahr. Die Wahl der Zeiteinheit muss auf die Zieldefinition abgestimmt sein. Meist werden eindeutige Besucher (*Unique Visitors*) gezählt. Das heißt, ein User kann mehrfach innerhalb eines Tages auf die Website kommen, wird aber nur einfach gezählt.

Traffic auf Hauptseiten

Nicht alle Seiten auf einer Domain sind für die Zielerreichung gleich wichtig. Einige Unterseiten sind besonders wichtig, dies sind die Hauptseiten. Messbar ist, wie viel Traffic diese Hauptseiten pro Zeiteinheit erhalten.

Verhältnis »Einstiege Hauptseiten« zu »Einstiege alle Seiten«

Eine Optimierung ist dann besonders erfolgreich, wenn die Besucher und Besucherinnen von den Suchmaschinen direkt auf die jeweiligen Hauptseiten gelangen und sich nicht erst von anderen Seiten zu den Hauptseiten durchklicken müssen. Man kann in allen gängigen Tracking-Tools ablesen, welche Seiten die Einstiegsseiten sind – also welche Seite ein Besucher oder eine Besucherin bei seinem bzw. ihrem ersten Kontakt mit einer Domain zuerst aufgerufen hat. Das Verhältnis zwischen den Einstiegen auf Hauptseiten zu allen Einstiegen drückt dann aus, wie erfolgreich eine Optimierung für die wichtigen Seiten ist. Ein Beispiel?

> Von 100 Einstiegen von Suchmaschinen auf eine Domain A fallen 20 auf eine Hauptseite. Der KPI ist damit 20 durch 100, also 0,2.
>
> Bei Domain B fallen von 100 Einstiegen 60 auf eine Hauptseite. Der KPI ist hier 60 durch 100, also 0,6.
>
> Domain B schneidet hier mit 0,6 wesentlich besser ab als Domain A mit 0,2.

2.4.2 Relativer Zuwachs von Besuchern über Suchmaschinen

Auch der Zuwachs an Besuchern und die damit verbundene Traffic-Steigerung können ein interessanter KPI sein.

Zuwachs mit Zeitvergleich

Den Zuwachs können Sie am besten errechnen, indem Sie den aktuellen Wert durch den Vergleichswert dividieren. Wenn Sie also den Zuwachs von Besuchern und Besucherinnen über Suchmaschinen zum Vormonat berechnen möchten, gehen Sie wie folgt vor:

Sie entnehmen am Monatsende Ihrem Analyse-Tool die Anzahl der Besucher von Suchmaschinen, sagen wir, Sie hatten im August 240 Besucher. Im Vergleichsmonat Juli hatten Sie 200 Besucher. Wenn Sie nun 240 durch 200 teilen, erhalten Sie 1,2 als KPI. Das heißt, die Besucherzahl ist auf 120 Prozent gestiegen.

Diese Vergleiche werden häufig auch quartalsweise angestellt. Bei Branchen, die stark saisonabhängig sind (Weihnachten, Wintersport, Tourismus etc.) werden meist Vorjahresvergleiche, sogenannte *Year-Over-Year*-Vergleiche (*YoY*), vorgenommen. Man vergleicht dann etwa den Monat Juli des aktuellen mit dem des letzten Jahres.

Relativer Anteil an Besuchern über Suchmaschinen

Wenn Sie eine Suchmaschinen-Optimierung durchführen, dann steigt meist nicht nur die Anzahl der Besucher und Besucherinnen bzw. der Traffic selbst, sondern es

verändert sich auch die Herkunft der Besucher insgesamt. Bei einer nicht optimierten Seite liegt der Anteil von Besuchern, die über Suchmaschinen kommen, üblicherweise unter 30 Prozent. Bei einer Suchmaschinen-optimierten Seite können dies auch mal 80 Prozent oder mehr sein.

2.4.3 Sichtbarkeit

Die Sichtbarkeit einer Website wird im Online-Marketing über den sogenannten *Sichtbarkeitsindex* ausgedrückt. Dabei gibt es nicht den einen Sichtbarkeitsindex als KPI. Je nach Berechnungsmethode kann dieser variieren. Üblicherweise bewegt sich der Index von »unsichtbar« bei null linear nach oben.

Ein in der Suchmaschinen-Optimierung bekannter Sichtbarkeitsindex ist der SISTRIX-Sichtbarkeitsindex, der mit einem kostenpflichtigen Account der gleichnamigen SEO-Toolbox für jede Domain berechnet werden kann (*www.sistrix.de*).

> **Ist ein Sichtbarkeitsindex ein KPI?**
>
> Bei der Frage, ob ein Sichtbarkeitsindex ein echter KPI ist, streiten sich häufig die Geister. Theoretiker sagen hier (zu Recht), dass vor allem die genauen Zusammensetzungen der Sichtbarkeitsindizes von Sistrix, Searchmetrics und XOVI nicht transparent bekannt sind und daher bestimmte der oben genannten Kriterien für KPIs nicht gegeben sind. So weiß man beispielsweise beim Fall des Sichtbarkeitsindex nicht direkt, welche Maßnahmen zu ergreifen sind, weil man nicht genau weiß, welche Keywords für den Sichtbarkeitsverlust in welchem Maße verantwortlich sind. Das geben die meisten Toolanbieter auch nicht vollends preis. Metricstools (*metrics-tools.de*) ist hier eine lobenswerte Ausnahme.
>
> Praktiker hingegen sagen, dass die Sichtbarkeitskurven gerade für das obere Management deutlich einfacher zu verstehen ist und den SEO-Stand einer Website besser darstellen als komplexe SEO-KPIs, deren Verständnis eventuell auch noch spezifisches Fachwissen erfordert.
>
> Bei mindshape versuchen wir häufig einen Mittelweg zu gehen. Traditionell ist das obere Management eine Sichtbarkeitskurve gewohnt. Die Abkehr zu strengen SEO-KPI-Formen ist hier oft schwer, sodass wir diese eher ergänzend einführen und vor allem dem SEO-Team zur Verfügung stellen. Für das obere Management versuchen wir dann, einen spezifischen Sichtbarkeitsindex zu entwickeln. Mittels des SISTRIX Optimizers kann man beispielsweise spezifische Keywords definieren und auf diese eine Projektsichtbarkeit definieren. Damit ist man in Sachen KPI-Definition immer noch nicht im theoretisch korrekten Bereich, aber es ist ein erprobter und pragmatischer Weg.

Der SISTRIX-Sichtbarkeitsindex ist als ein Wert zu interpretieren, der die Sichtbarkeit einer gesamten Website mit ihren Keywords im Google-Index berechnet. Der Index

2.4 Fortschritt messen mit Key-Performance-Indikatoren (KPIs)

berechnet sich aus der Platzierung einer Website für eine Million überwachter und repräsentativer Keywords und Keyword-Kombinationen aus der zu erwartenden Klickrate aufgrund des Rankings sowie aus dem erwarteten Suchvolumen. Näheres erfährt man unter *www.sistrix.de/support/sistrix-sichtbarkeitsindex*.

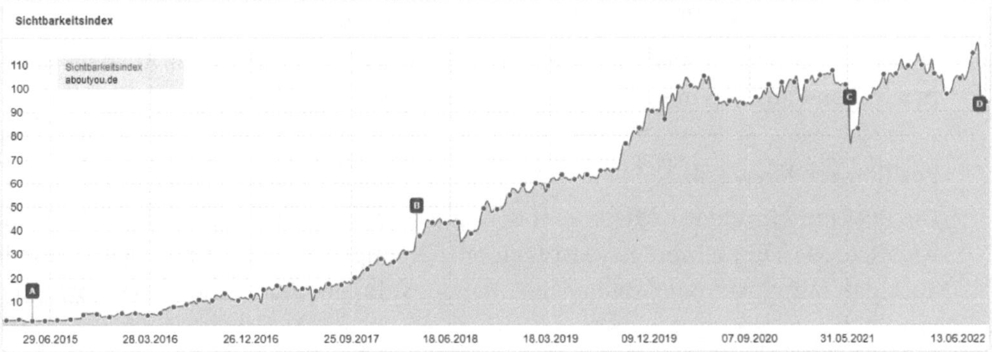

Abbildung 2.4 Anzeige des SISTRIX-Sichtbarkeitsindexes

Wenn Ihre Website also für ein besonders häufig gesuchtes Keyword wie »Wohnung mieten« auf dem ersten Platz steht, dann ist dies sehr gut für die Sichtbarkeit. Wenn Sie für viele weniger häufig genutzte Suchanfragen wie etwa »Wohnung mieten günstig Wolfenbüttel« auf dem ersten Platz stehen, dann ist dies im Vergleich zum ersten Beispiel nicht ganz so wirksam, weil die Sichtbarkeit Ihrer Website bei einem volumenstarken Keyword natürlich höher ist. Die Website wird in der Ergebnisliste pro Zeiteinheit (Tag, Woche oder Monat) also häufiger gesehen und kann daher häufiger angeklickt werden. Dies drückt der höhere Sichtbarkeitsindex aus.

Durch die Darstellung des Sichtbarkeitsindexes als Graph wie in Abbildung 2.4 eignet sich dieser KPI besonders gut für einen zeitlichen Vergleich des Optimierungserfolgs über die gesamte Website hinweg.

2.4.4 Suchmaschinen-Rankings

Ein KPI muss nicht immer auf der eigenen Website gemessen werden. Auch die Suchmaschinen-Rankings dienen als Quelle für einen KPI.

Position von Keywords

Die Position einzelner Keywords in den Ergebnislisten ist ein einfacher, aber sehr wichtiger KPI. Für mehrere Keywords einer Themengruppe kann man gegebenenfalls auch den Mittelwert oder Median aller Rangpositionen bilden und als KPI formulieren.

Besonders die *durchschnittliche Position* aus der Google Search Console wird hier gern genutzt, da es Daten sind, die direkt von Google stammen. Über die Search-API kann man diese Daten auch regelmäßig in Excel, Google Sheets, Datenbanken oder Tools importieren.

Ranking von Keywords zu Traffic

Vor allem dann, wenn Sie verschiedene Websites miteinander vergleichen möchten, können Sie die mittlere Ranking-Position im Verhältnis zum Traffic berechnen.

Domain A rankt für zwei Keywords auf Platz 4 und 6. Der Mittelwert ist 5. Der Traffic der Domain liegt bei 100 Besuchern und Besucherinnen pro Tag für die Keywords.

Domain B rankt für die zwei Keywords auf Platz 11 und 1, der Mittelwert beträgt also 6. Auch Domain B hat 100 Besucher und Besucherinnen pro Tag über die Keywords.

Dividieren Sie das durchschnittliche Ranking durch die Besucherzahlen, erhalten Sie bei Domain A einen KPI von 0,05 und bei Domain B einen KPI von 0,06. Hier gilt: Je niedriger der KPI, desto besser. Also schneidet die Domain A besser ab als die Domain B. Vor allem bei vielen beobachteten Rankings und Besucherzahlen ist dieser KPI als schneller Überblick hilfreich.

Rankings von Keywords

Die Anzahl der beworbenen Keywords in bestimmten Ranking-Abschnitten eignet sich ebenfalls gut als KPI. Je nach Ranking-Abschnitt erhält man unterschiedliche KPIs:

- Anzahl von Keywords auf Platz 1
- Anzahl von Keywords in Top 3

- Anzahl von Keywords in Top 5
- Anzahl von Keywords in Top 10
- Anzahl von Keywords in Top 20

Bei der Wahl der Abschnitte sind Sie völlig frei. Allerdings haben sich die genannten besonders als Kennziffern bewährt. Der erste Platz ist selbstverständlich. Die Top-3-Treffer werden am häufigsten betrachtet. Das haben Blickaufzeichnungsstudien ergeben. Die Top 5 sind wichtig, weil diese bei üblichen Bildschirmauflösungen, ohne zu scrollen, gesehen werden können. Die Top 10 bilden die erste Seite. Die nächste Seite, also die Treffer 11 bis 20, ist weniger interessant für die aktuellen Rankings, sondern eher ein Indikator dafür, wie viel Potenzial noch mit einem Sprung von Seite 2 auf Seite 1 in der Optimierung steckt (*Schwellenkeywords*).

2.4.5 Seiteninhalte

Die angebotenen Inhalte bzw. deren Anzahl können auch ein interessanter KPI sein:

- **Anzahl von Landingpages**: Wie viele gezielt optimierte Zielseiten für Besucher von Suchmaschinen (*Landingpages*) hat eine Domain?
- **Seiten mit Besuchern zu Anzahl indexierter Seiten**: Betrachten Sie über die Eingabe von »site:www.ihredomain.de« in Google, wie viele Seiten Ihrer Domain von Google ungefähr erfasst wurden. Aus dem Analyse-Tool entnehmen Sie dann, wie viele verschiedene Seiten pro Zeiteinheit überhaupt besucht worden sind.

  Wenn Sie z. B. 242 erfasste Seiten bei Google haben und in den vergangenen Wochen davon 87 mindestens einmal von den Suchmaschinen-Ergebnislisten aufgerufen wurden, dann liegt der KPI bei 87 durch 242, also bei 0,36.

  Eine Domain, die ebenfalls 242 erfasste Seiten vorweisen kann, allerdings nur 20 aufgerufene Seiten hat, erhält nach dieser Rechnung einen KPI von 0,08 und schneidet damit deutlich schlechter ab.

- **Anzahl indexierter Seiten**: Natürlich ist auch die bloße Anzahl der indexierten Seiten eine relevante Größe. Je mehr Seiten bei den Suchmaschinen erfasst sind, desto häufiger kommt die Domain bei Suchanfragen überhaupt in Betracht.

  Wie fast jeden KPI kann man auch diesen relativ ausdrücken, um ihn mit anderen Domains besser vergleichen zu können. Dazu dividieren Sie lediglich die Anzahl der indexierten Seiten durch die Anzahl aller verfügbaren Seiten. Damit erhalten Sie den relativen Anteil von indexierten Seiten.

2.4.6 Keywords

Auch die Keywords selbst können als KPI berechnet werden. Dies geschieht meist in Zusammenhang mit anderen Kennzahlen:

- **Anzahl der Besuche bzw. Klicks pro Keyword**: Wie viele Besuche bringt ein Keyword? Dieser KPI kann entweder je Keyword berechnet werden oder im Mittel über alle Keywords hinweg. Die Datenquelle ist auch hier die Google Search Console.
- **Am besten konvertierende Keywords**: Meistens ist ein KPI ein Zahlenwert. Allerdings kann ein KPI auch in Form einer Liste formuliert werden. Eine solche Liste bestünde z. B. aus den Suchanfragen, die die häufigsten direkten oder vorbereitenden Konversionen oder Leads generiert haben. Von einer *vorbereitenden Konversion* spricht man im Übrigen dann, wenn die Konversion nicht direkt über den Besuch mittels Klicks auf den organischen Treffer getätigt wurde, sondern der Besucher oder die Besucherin erst später z. B. über eine Google-Ads-Anzeige wiederkehrte und dann konvertierte.

2.4.7 Links

Die Verlinkung spielt bei der Suchmaschinen-Optimierung eine zentrale Rolle. Daher beziehen sich in jeder Optimierung auch immer einige KPIs auf die Verlinkung.

- **Anzahl eingehender Links (Backlinks)**: Die Anzahl und die Qualität der eingehenden Links (Backlinks) sind für das Ranking einer Website für Suchmaschinen besonders entscheidend. Qualität und Quantität der Backlinks fließen in verschiedene grafentheoretische Ranking-Algorithmen wie den PageRank oder den TrustRank mit ein. Leider geben die Suchmaschinen die gefundenen Backlinks nicht mehr vollständig aus, sodass die früher funktionierende Suchanfrage über Google mit »link:www.ihredomain.de« heute keine verwertbaren Ergebnisse mehr bringt. Ein besseres Bild erhalten Sie für eigene Domains über die *Google Search Console* (GSC) oder über die meist kostenpflichtigen Datenbanken von Tool-Anbietern wie *ahrefs.com*, die selbst ihre Crawler ins Web schicken, um Backlinks zu identifizieren.
- **Veränderung der Backlinks**: Gerade beim Linkbuilding kommt es darauf an, die Zahl der eingehenden Verweise stetig zu steigern. Hier ist die Veränderung zu einem Vergleichszeitpunkt sehr interessant.
- **Leads/Konversionen von externen Links**: Eingehende Links sind nicht nur für das Suchmaschinen-Ranking wichtig, sondern auch für den Webseitenbetreiber. Daher wird auch häufig ein KPI genutzt, der zählt, wie viele Konversionen von Besuchern über eingehende Links generiert werden.

2.4.8 Einnahmen und Transaktionen aus Suchanfragen

Nicht zuletzt lassen sich vor allem bei definierten Transaktionen oder Leads viele Rentabilitätsberechnungen als KPI definieren.

- **Einnahmen/Leads je Keyword**: Dieser KPI zeigt an, wie viele Einnahmen oder Leads je Keyword zustande kamen.

- **Kosten pro Konversion**: Vor allem bei bezahlter Werbung nach Klick (PPC) wie bei Google Ads lassen sich die bezahlten Klicks ins Verhältnis zu den Konversionen setzen und damit die Kosten für eine Konversion berechnen. Wenn z. B. 100 Klicks (also Besucher und Besucherinnen auf Ihrer Website) Sie 10 € kosten und von diesen 100 Besuchern fünf Personen etwas kaufen (Konversion), dann betragen die durchschnittlichen Kosten pro Konversion 10 durch 5, also 2 €. Damit können (und sollten) Sie sehr genau messen, ob sich eine Werbekampagne rechnet.

Es lassen sich noch Hunderte weiterer Key-Performance-Indikatoren definieren. Wichtig ist, dass Sie die zu Ihrer Zielsetzung passenden KPIs wählen.

2.5 Zielgruppe erkennen

Die Festlegung auf eine Zielgruppe ist eine der wichtigsten Fragen zu Beginn eines Projekts. Nach ihr richtet sich nicht nur die Werbestrategie außerhalb der zukünftigen Website oder das Design. Die Seiten müssen den Anforderungen der Zielgruppe auch möglichst passgenau entsprechen. Angefangen bei der vermittelten Stimmung bis hin zur Planung der Navigation – eine Seniorenseite muss sich grundlegend von der Seite eines Jugendportals unterscheiden, um erfolgreich zu werden.

Die Zielgruppe sollte im Zuge des *Customer Profilings* zu Beginn eines Projekts schriftlich festgelegt werden. Das erleichtert die Bestimmung deutlich, da Sie als Anbieter gezwungen werden, Ihre zunächst recht grobe Vorstellung in genaue Worte zu fassen. Eine schriftliche Festlegung hat sich aber auch für die spätere Keyword-Recherche und für das Controlling nach der Optimierungsphase bewährt.

Prinzipiell gibt es zwei Möglichkeiten, die Zielgruppe zu beschreiben. Einerseits können einzelne Attribute aufgezählt werden. Jede Person, die diese Bedingungen erfüllt, gehört dementsprechend zur Zielgruppe. Andererseits können Idealtypen beschrieben werden. Hier werden eine oder mehrere imaginäre Personen entworfen, die dann in ihren demografischen Eigenschaften, Gewohnheiten, Charakterzügen etc. beschrieben werden. Dieses Verfahren nennt man *Persona-Erstellung*. Häufig wird auch jeweils ein passendes Bild dieser Person gesucht, um den Eindruck visuell zu unterstützen.

Beide Varianten der Zielgruppenbeschreibung sollten vor allem folgende Fragen beantworten:

- Wie alt ist die Zielgruppe durchschnittlich? Welche Altersgruppe soll hauptsächlich angesprochen werden?
- Soll die Zielgruppe hauptsächlich männlich oder weiblich sein, oder ist das nicht von Bedeutung?
- Welche Vorlieben und Hobbys haben die Nutzer und Nutzerinnen?

- Welchen Beruf, welches Bildungsniveau und welches Einkommen haben sie?
- Welche Erfahrung hat die Zielgruppe im Umgang mit dem Web?
- Wie hoch ist die Bereitschaft, Transaktionen im Web durchzuführen? Welche Kriterien sind dann für diese Nutzer und Nutzerinnen wichtig? (Diese Frage ist insbesondere bei Projekten relevant, bei denen es darum geht, Leistungen oder Produkte zu verkaufen.)
- Welche typischen, für Sie relevanten Probleme und daraus resultierenden Suchmotivationen hat die Zielgruppe?

Die Liste lässt sich, je nach Ausrichtung und Umfang eines Projekts, beliebig erweitern. Viele Punkte können bei entsprechender Erfahrung ad hoc beantwortet werden. In größerem Kontext ist es sicherlich sinnvoll, die Besucher und Besucherinnen einer Website direkt zu befragen, die Zielgruppe der Mitbewerber aufgrund ihres Auftretens zu interpretieren, entsprechende Studien zu konsultieren oder gar ein externes Marketing-Unternehmen mit den Untersuchungen zu beauftragen.

Ganz wichtig ist nur, dass Sie sich bei Projektbeginn um die Zielgruppendefinition bemühen und dies im gesamten Projektteam bekannt ist. Nur dann können alle Maßnahmen zielgerichtet stattfinden und verschwimmen nicht in einem zielgruppenlosen Einheitsbrei, der am Ende keine Zielgruppe wirklich anspricht.

2.6 Der SEO-Marketing-Plan

Die Suchmaschinen-Optimierung ist dem Anfangsstadium, in dem mit ein paar wenigen technischen »Hacks und Tricks« Top-Rankings erzielt wurden, längst entwachsen. Mehr als bei anderen Marketing-Maßnahmen muss gerade die Suchmaschinen-Optimierung bei stetig wachsender Konkurrenz in den Ergebnislisten Hand und Fuß haben. Noch immer gehört eine Menge Bauchgefühl dazu – dafür verraten Google und Co. einfach zu wenig über die exakten Methoden der Ranking-Bestimmung. Allerdings kostet ein falsches Bauchgefühl schnell ein paar Ranking-Plätze und noch schneller wertvolles Budget. Daher gehören das Planen, Messen und Analysieren heute ebenso zum Alltag eines Suchmaschinen-Optimierers oder einer -Optimiererin wie die eher technischen Optimierungsschritte und das Linkbuilding.

Wenn Sie also das nächste Projekt in den Suchmaschinen nach vorne bringen möchten, sollten Sie sich zunächst ganz genau überlegen, was Ihre eigentlichen Ziele und Zielgruppen sind. Nutzen Sie dabei das SMART-Prinzip. Dann ergibt sich quasi wie von selbst auch die Antwort auf die Frage, welche Rolle die Suchmaschinen-Optimierung spielt oder ob sie nicht um eine Konversionsraten-Optimierung oder auch um Offline-Kampagnen ergänzt werden muss.

Bei festgelegten Milestones können Sie dann anhand der definierten KPIs regelmäßig den Stand Ihrer Optimierungsbemühungen überprüfen. Die Analyse des Fortschritts ist ebenso wichtig wie die Optimierung selbst.

2.6.1 Tipps für die Erstellung eines Marketing-Plans

Es gibt keine richtigen oder falschen Marketing-Pläne bei der Suchmaschinen-Optimierung. Nur gar keinen Plan zu haben – im engeren und weiteren Sinne – ist definitiv falsch.

Bei der praktischen Arbeit haben sich ein paar Erfahrungswerte herauskristallisiert, die in Projektteams und Agenturen auch als grobe Richtschnur verwendet werden können, wie ein Marketing-Plan aussehen könnte:

- **maximal eine DIN-A4-Seite**
  Der gesamte Plan sollte so kurz wie möglich und so ausführlich wie nötig sein. Wenn er allerdings für ein Projekt deutlich länger als eine DIN-A4-Seite ist, dann muss dringend gekürzt werden.

- **drei bis vier Sätze für die Zieldefinition**
  Häufig sollten drei bis vier Sätze zur Zieldefinition vorab ausreichen. Bei mehr als fünf Zielen kann man meist sinnvolle Unterziele entwickeln und damit auf weniger Hauptziele kommen.

- **jedes Ziel mit mindestens einem KPI**
  Ziele allein helfen nur bedingt. Daher nehmen Sie in den Marketing-Plan auf jeden Fall die relevanten KPIs mit auf. Häufig können Sie für ein Ziel auch einen KPI definieren. Manchmal sind es aber auch mehrere KPIs je Ziel. Grundsätzlich darf es allerdings kein Ziel geben, das nicht durch mindestens einen KPI abgedeckt ist!

- **maximal zehn KPIs definieren**
  Erfahrungsgemäß sollten Sie nicht mehr als zehn KPIs definieren, da ansonsten das spätere Monitoring und Reporting unübersichtlich werden. Maximal zehn KPIs zu definieren muss nicht bedeuten, dass Sie im Verlauf der Optimierung keine anderen Kennzahlen mehr anschauen. Aber die Key-Performance-Indikatoren sollen das sein, was ihr erster Namensbestandteil impliziert: *Schlüssel*indikatoren für die Performance.

- **Ist-Zustand beschreiben**
  Der SEO-Marketing-Plan ist gewissermaßen ein Soll-Zustand. In der Praxis hat es sich bewährt, daher auch den aktuellen Ist-Zustand zu dokumentieren. Zu jedem KPI sollte daher kurz der entsprechende Wert notiert werden. Dann haben Sie auch noch nach ein paar Monaten ohne große Recherche stets die Ausgangssituation vor Augen.

- **Budgets und Ressourcen definieren**
  Als Agentur oder Dienstleister werden Sie stets Suchmaschinen-Optimierung unter bestimmten Ressourcen- und Budgetgrenzen betreiben. Doch auch wenn Sie allein für sich arbeiten oder in der glücklichen Lage sind, über ein gefühlt unbegrenztes Zeit- und Ressourcenbudget zu verfügen, sollten Sie im SEO-Marketing-Plan vorab ein entsprechendes Budget einplanen und die Ressourcen in Form von beteiligten Personen und Mitteln definieren. Spätestens dann, wenn Sie in der Zukunft ein ähnliches Projekt durchführen, helfen Ihnen diese Vorabeinschätzungen und die entsprechenden Auswertungen enorm, um das neue Projekt noch genauer zu kalkulieren.

- **Stakeholder-Erwartungen**
  Stakeholder sind Personen, die ein Interesse am Verlauf oder am Ergebnis des Projekts haben. Das kann der Auftraggeber, der Projektleiter, die Geschäftsführerin oder auch eine andere interne oder externe Person sein, die nicht zwingend am Projekt beteiligt ist, jedoch gewisse Erwartungen hegt und entsprechende Interessen vertritt. Vielleicht decken sich bestimmte Stakeholder-Erwartungen nicht zu hundert Prozent mit den vereinbarten Zielen. Dann ist es umso wichtiger, diese Erwartungen zu dokumentieren und zu kennen, damit es während des Projektverlaufs nicht zu unerwarteten Zwischenfällen kommt und im schlimmsten Fall die Projektzielerreichung gefährdet wird.

- **Festhalten, was nicht im Projekt enthalten ist**
  Während der Erstellung eines SEO-Marketing-Plans kommt es gelegentlich vor, dass bestimmte Leistungen oder Bereiche nicht berücksichtigt werden sollen. So könnte z. B. ein Kunde oder eine Kundin einer SEO-Agentur aus Kostengründen eine bestimmte Leistung verneinen. Wäre diese jedoch sehr sinnvoll gewesen, dann kann man diesen Fakt auch im Projektplan festhalten.

  Dabei geht es gar nicht darum, im Nachhinein einen Schuldigen zu finden. Vielmehr liegt der Sinn darin, dass die Erwartungen aller Beteiligten synchronisiert werden. Denn auch das ist das Ziel eines Marketing-Plans: Er soll eine allgemein akzeptierte Grundlage darstellen, in welche Richtung sich ein Projekt entwickeln soll.

- **Projektplan allen Beteiligten offenlegen**
  Eigentlich ist dieser Punkt selbstverständlich. Allerdings habe ich in der Praxis mehr als einmal erlebt, dass die Ziele für ein Projekt ausgearbeitet wurden, jedoch nicht alle Projektmitarbeiter und -mitarbeiterinnen vollständig informiert waren. Dann wundert es nicht, wenn am Ende Ressourcen nicht zielgerichtet eingesetzt wurden oder im schlimmsten Fall sogar auf andere Ziele hingearbeitet wurde. Machen Sie den Projektplan allen Beteiligten zugänglich, oder – noch besser – entwickeln Sie gemeinsam im Team den Projektplan. Dann haben Sie auch eine breite Akzeptanz und Identifikation im Team mit den Zielen und dem Projekt.

> **Praxistipp: SEO-Projektmanagement auch für Einzelkämpfer**
>
> Dieser SEO-Marketing-Plan unterscheidet sich in der Form nicht wesentlich von den sogenannten *Projektaufträgen* im klassischen Projektmanagement. Auch wenn kein ganzes Team an der Optimierung sitzt und keine verschiedenen Stakeholder existieren: Schreiben Sie sich kurz die Ziele und wesentlichen KPIs auf, und hängen Sie diese in Sichtweite an Ihren Arbeitsplatz. Das verhindert, dass Sie sich bei der Optimierung verzetteln und die Zeit falsch investieren.

2.6.2 Ein SEO-Marketing-Plan nach OKR

OKR steht für *Objectives and Key Results*. Es handelt sich um ein Zielerreichungs-Framework, welches von Intel-Mitbegründer Andy Grove erfunden wurde. OKR wird heute von vielen erfolgreichen Unternehmen eingesetzt, um unternehmensweit Ziele zu definieren und diese auf Unternehmens-, Team- und Mitarbeiterebene abzustimmen und den Fortschritt jederzeit messbar und transparent für alle im Auge zu behalten. So setzen Google, Twitter, myMuesli und andere seit Jahren erfolgreich OKR ein.

OKR lässt sich ebenfalls als Zielerreichungs-Framework für einen SEO-Marketing-Plan einsetzen – egal, ob in einer Agentur oder als Inhouse-SEO. Wie geht man dabei konkret vor? Zunächst sollten Sie wissen, dass Sie maximal drei oder vier *Objectives* – also Ziele – formulieren sollten. Viel mehr taugt meist nicht. Diese Objectives gelten dann für drei Monate. Manche nehmen hierfür die Jahresquartale. Man kann aber auch absichtlich den Drei-Monats-Zyklus versetzt zu den Quartalen durchführen, da zu Quartalswechseln ohnehin immer ein Mehr an Arbeit entsteht – etwa durch Jahrespläne oder Halbjahresreports. Zu jedem Objective formulieren Sie anschließend ebenfalls drei bis vier *Key Results* (KR), also gewissermaßen Ziele mit KPIs. Lassen Sie mich ein Beispiel machen, dann wird es sofort verständlich:

- **Objective:** TOP-Ranking für wichtiges Keyword »segelbekleidung«
- **KR1:** Experten-Beitrag mit über 5.000 Wörtern für das Keyword »segelbekleidung« in den TOP 5 bei Google Deutschland
- **KR2:** 50 Prozent mehr Besucher über dieses Keyword als im YoY-Vergleich (Year over Year).
- **KR3:** 5 neue Backlinks auf die Zielseite

Die Key Results zahlen alle auf das Objective ein. Dabei sind die Key Results quasi SMART definiert. Die Zeiteinheit kann ausgelassen werden, da das gesamte OKR für drei Monate angelegt ist. Das Objective selbst hingegen sollte keine Zahlen enthalten und eher motivierend, falls möglich sogar emotional begeisternd sein.

Als Merksatz formuliert:

Ein Objective sagt, wohin man gehen möchte, und die KR sagen, wie man dort hinkommt.

Welche konkreten OKRs Sie für Ihr SEO nutzen, hängt ganz von Ihnen ab. Es gibt keine inhaltlichen Vorgaben oder Zwänge. Lediglich strukturell sollten Sie sich an ein paar Grundlagen halten. Im Folgenden finden Sie eine Checkliste zur Formulierung von Objectives und Key Results.

Checkliste Objectives:

- **Richtungsweisend**: Muss eine klare Richtung vorgeben.
- **Ausrichtung (Alignment)**: Muss auf ein höheres Objective einzahlen und damit auch die richtige Richtung vorgeben.
- **Fortschritt (Impact)**: Erreichung muss einen klaren Fortschritt bzw. eine Verbesserung darstellen vom Status quo zur Beendigung des OKR-Zyklus.
- **Unscharf**: Darf keine Metrik und Zahlen enthalten.
- **Beeinflussbar**: Muss durch die Bearbeiter auch aktiv erreichbar sein.
- **Terminiert**: Das Objective hat ein klar definiertes Ende.
- **Nicht zu viele**: 3 bis 4 OKRs je Bereich maximal, um Fokus zu wahren und hohen Impact zu sichern.
- **Verständlich**: Muss so verständlich formuliert sein (ohne unnötige Fachsprache), dass alle im Unternehmen das Objective verstehen können.
- **Knapp**: Muss möglichst knapp formuliert sein – möglichst wenige Worte.
- **Inspirierend (falls möglich)**: Sollte inspirierend und begeisternd sein und begeisternde Sprache einsetzen – Adjektive einsetzen: erfolgreich, beste, stärkste usw.
- **Atomar**: Objectives sind einzeln bewertbar (und nicht durch ein »und« verknüpft).

Checkliste Key Results:

- **Zuträglich**: Muss auf das Objective einzahlen, damit das Objective mit den KRs erreicht werden kann – Key Results sind der Schlüssel (Key) zu dem Objective.
- **Ambitioniert**: Sollte ein wenig unangenehm und ehrgeizig sein (30–40 Prozent über dem, was man für erreichbar hält), damit man gezwungen wird, neue Wege zu denken und zu gehen …
- **Realistisch**: … aber auch nicht zu übertreiben, um unrealistisch zu sein.
- **Messbar**: Entweder Boolean (erreicht/nicht erreicht, wahr/falsch) **oder** mit einer Zahl, damit es trackbar und auswertbar ist.
- **Größter Gemeinsamer Nenner (für Company-Scope)**: Sollte keinen Bezug auf einzelne Teams haben, sondern einen möglichst großen gemeinsamen Nenner für alle. Teams bauen sich dann daraus Team-OKRs.

▶ **Keine Initiativen:** KRs sollten keine Initiativen enthalten oder sein, KRs sollten Ergebnisse sein, keine Handlungen!

Passen Sie die OKR jeweils auf Ihren Bedarf und Ihr Jahresziel an. Sie sollten die OKRs allerdings stets transparent halten, sodass alle im Projektteam darauf Zugriff haben. Für solche Zwecke können Sie beispielsweise die Websoftware perdoo nutzen.

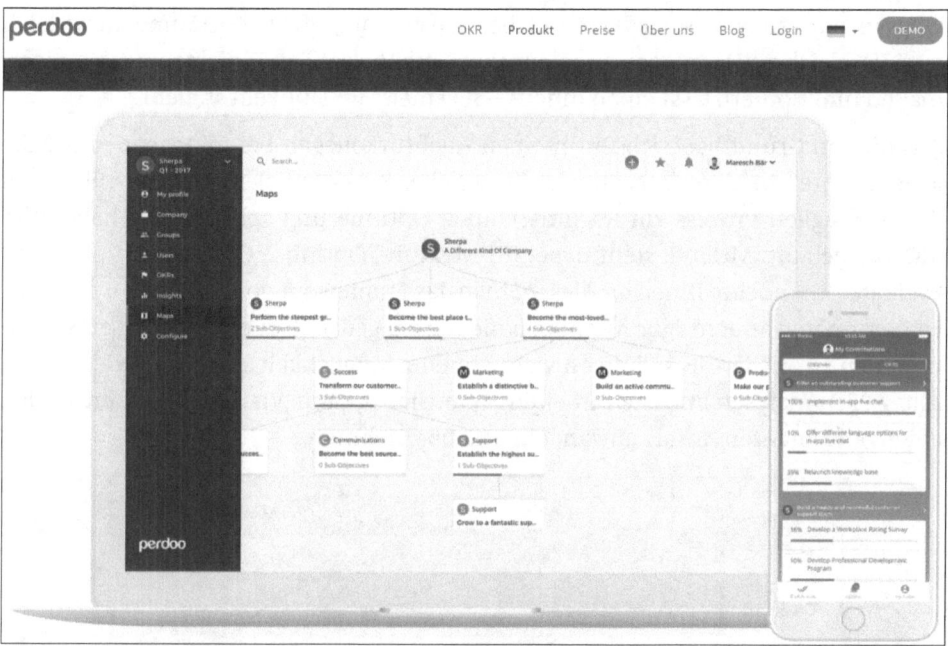

Abbildung 2.5 Ansicht von perdoo zur Verwaltung von OKR (»perdoo.com«)

Auf deren Website finden Sie auch hilfreiche weitere Informationen zum Thema OKR: *https://www.perdoo.com/okr-guide/*.

2.7 Ein agiler Workflow für SEO mittels MOOVE

SEO ist komplex. Gleicher Input führt oft zu unterschiedlichem Output – je nach Website und Wettbewerbsumfeld können SEO-Maßnahmen ganz unterschiedliche Auswirkungen zeigen. Die genauen Bestandteile des Google-Algorithmus und deren Gewichtung sind zudem nach wie vor unbekannt. Das macht SEO zu einem nicht zuverlässig steuerbaren und sehr dynamischen Feld mit hoher Komplexität – und Komplexes lässt sich selbst für Experten nicht sicher beherrschen. Dabei ist der Moment der Entscheidung, welche konkreten Maßnahmen zum aktuellen Zeitpunkt für ein SEO-Projekt am zielführendsten sind, von bedeutender Wichtigkeit – denn oft hängen monatelange Aufwände und Kosten davon ab!

In der Suchmaschinen-Optimierung ist also das Risiko relativ hoch, dass an den eigentlichen Website-Potenzialen »vorbeioptimiert« wird. Häufig scheinen bestimmte Aspekte auf den ersten Blick relevant und vielleicht auch verlockend. Auf den zweiten Blick stellt sich aber heraus, dass andere Teilbereiche der SEO viel mehr Potenzial bergen. Das Risiko, als Suchmaschinen-Optimierer oder -Optimiererin falsche Entscheidungen zu treffen, ist also relativ groß. Lerneffekte stellen sich hier auch nur sehr langsam ein – zu unterschiedlich sind die Projekte, zu groß die Zeiträume für wirklich gute Vergleiche. Was in Agenturen aufgrund der Vielzahl an Projekten noch einigermaßen funktioniert, lässt einen Inhouse-SEO meist im Dunkeln stehen.

Aus diesem Grund habe ich mit meinen Agenturkollegen bei mindshape über die letzten Jahre ein Vorgehen entwickelt, welches einen effizienten, planvollen und dennoch agilen Prozess zur Suchmaschinen-Optimierung abbildet. Wir haben ihn MOOVE getauft. MOOVE steht dabei für Measure, Optimize Objectives, Verify und Evaluate. Ich möchte Ihnen an dieser Stelle das Framework vorstellen. Es ist ähnlich wie Scrum und andere agile Methoden nicht dazu gedacht, überall eins zu eins übernommen zu werden. Es soll Ihnen vielmehr eine Möglichkeit aufzeigen, wie man im Alltag SEO-Analysen und SEO-Arbeiten organisieren kann. Vielleicht können Sie den einen oder anderen Ansatz abwandeln und übernehmen.

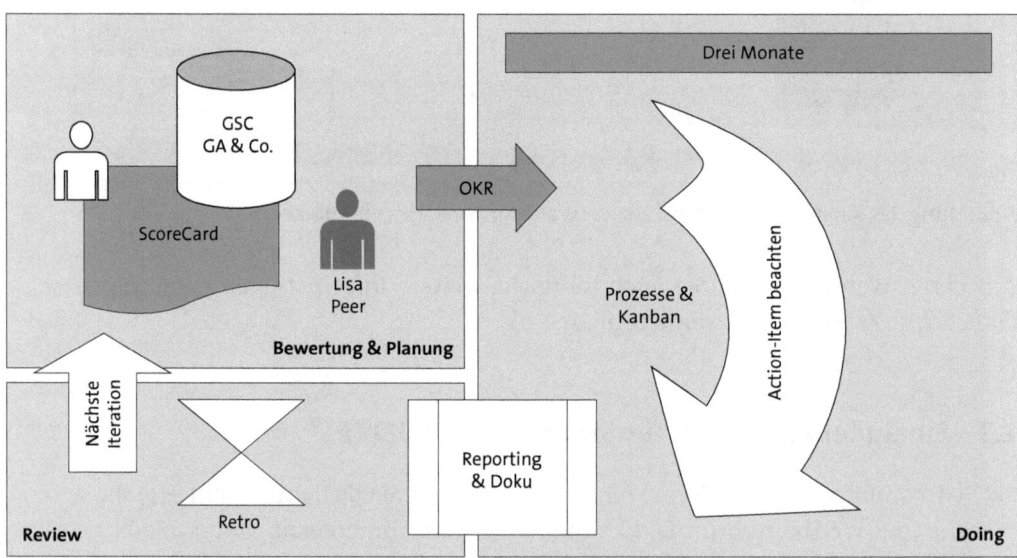

Abbildung 2.6 Grafische Übersicht über das MOOVE-Framework

Für eine effiziente Suchmaschinen-Optimierung ist es aufgrund der Komplexität elementar wichtig, sich einen verlässlichen Überblick zu verschaffen, woran es bei einer Website im Hinblick auf SEO tatsächlich krankt. Ein kompletter SEO-Audit der gesamten Website ist aber häufig aus zeitlichen und/oder finanziellen Gründen nicht realisierbar. Was also tun? Abhilfe schaffen kann ein planvolles Vorgehen, das es ermöglicht, innerhalb kurzer Zeit eine strukturierte Website-Bewertung vorzunehmen, die potentesten Baustellen zu identifizieren und passende Maßnahmen zu ergreifen. Ziel ist also die Beantwortung der Frage: »Welche SEO-Potenziale gehe ich wann und wie am ehesten an, um den bestmöglichen Output zu erzielen?« Diese Analysephase stellt gleichermaßen den ersten Schritt des gesamten Vorgehens dar. Die agile und strukturierte Abarbeitung der anstehenden Optimierungsmaßnahmen rundet das MOOVE-Framework als SEO-Workflow ab.

2.7.1 SEO-Ebenenmodell als Grundlage

Die Basis für das MOOVE-Framework stellt ein Modul-Baukasten dar, welcher die einzelnen Teilbereiche der Suchmaschinen-Optimierung in eine feste Systematik bringt.

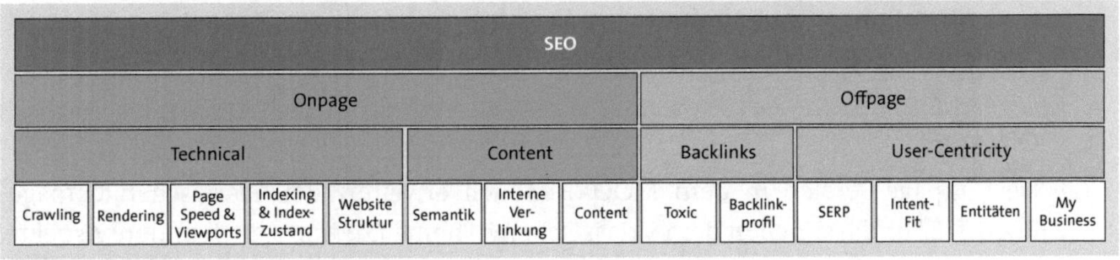

Abbildung 2.7 SEO-Ebenenmodell

Eine simple Unterteilung in Onpage als »alles, was auf der Website selbst passiert« und Offpage als »alles rund um Backlinks« reicht dabei nicht mehr aus. Dafür ist SEO mittlerweile viel zu vielschichtig.

Und genau diese Vielschichtigkeit bildet das SEO-Ebenenmodell ab, welches feinteiliger ist und gleichzeitig die Komplexität von SEO in eine möglichst einfache, intuitive Struktur bringt – gewissermaßen ein komplexitätsreduzierendes Abbild der Wirklichkeit, was ja ein Modell auch sein soll. Die erste Grobunterteilung erfolgt nach wie vor klassisch in die Bereiche *Onpage* und *Offpage*.

Onpage

Die Strukturierung des Onpage-Bereiches entspricht mit der Unterteilung in die Ebenen *Technical* und *Content* dem allgemeinen SEO-Verständnis. Die beiden Ebenen sind wiederum in spezifische Optimierungsbereiche untergliedert.

Onpage: Technical

Für die Kategorie Technical sind die relevanten Optimierungsbereiche:

▶ das *Crawling* der Website durch den Googlebot
▶ das *Rendering* der Seite durch Google

- die Ladezeit (*Pagespeed*) sowie die Darstellung der Website auf verschiedenen Endgeräten und *Viewports*
- das *Indexing* durch Google sowie der *Index-Zustand*, also die Frage danach, welche relevanten und welche irrelevanten Inhalte indexiert sind
- die *Website-Struktur*, also etwa die generelle URL-Struktur und struktureller Duplicate Content sowie Thin Content

Onpage: Content

In der Ebene Content geht es um:

- *Semantik*, also die HTML-Struktur und strukturierte Daten
- die Optimierung der *internen Verlinkung*
- die Erstellung und Optimierung von *Content* sowie weitere Content-Assets wie Bilder, Videos, PDFs usw.

Offpage

Der Offpage-Bereich in dem MOOVE-Modell erweitert den klassischen Offpage-Begriff. Er umfasst neben dem »klassischen« Thema *Backlinks* auch andere Aspekte, die nicht auf der eigenen Website liegen. Diese sind unter dem Oberbereich *User-Centricity* (Nutzerorientierung) zusammengefasst.

Offpage: Backlinks

Der Backlinks-Bereich gliedert sich im Grunde genommen nach »positiven« Maßnahmen des Backlinkaufbaus und »negativen« Maßnahmen, nämlich dem Erkennen und Entfernen von schädlichen Backlinks:

- *Toxic* bezeichnet Backlink-Profil-Analysen und Detox-Analysen, um potenziell schädliche Linkstrukturen zu identifizieren und alle Maßnahmen zur Linkentwertung oder zum Linkabbau.
- Bei dem *Backlinkprofil* geht es um den aktiven Aufbau und vor allem die zentrale Frage, mit welchen Strategien und Maßnahmen das Backlinkprofil gestärkt werden kann.

Offpage: User Centricity

Die konzentrierte Beachtung von Nutzerinteressen spielte lange Zeit gar keine Rolle. Moderne Suchmaschinen-Optimierung muss aber den Nutzer viel stärker im Fokus haben als die Suchmaschine. Und das meint auch insbesondere die Bewegungen außerhalb der eigenen Website, nämlich:

- der gesamte Bereich der Suchergebnisliste (*SERP*) bei Google
- Alle Themen um den *Intent-Fit* zwischen dem Search Intent der Suchenden und der Website. Es geht hier also um die Antwort auf die Frage, wie gut eine Trefferseite die eigentliche Suchabsicht bedient. Hier sind Begriffe wie SERP-CTR-Analysen und Return-to-SERP-Raten zu verordnen.
- Bei *Entitäten* geht es um die Optimierung von Marken, Personen und anderen für das Optimierungsziel wichtige Entitäten.
- Aussteuerung von lokalgeprägten Suchanfragen, insbesondere mit Google *My Business*

Warum muss der klassische Offpage-Begriff erweitert werden? Die Darstellung einer Website in den SERPs passiert nicht auf der Website selbst, sondern offpage, nämlich auf der Suchergebnisseite bei Google. Zudem bewertet Google mittlerweile sehr stark die Nutzersignale direkt oder indirekt für die Rankingermittlung. Über kurz oder lang ist das Verständnis einer Offpage-Optimierung, die nur Linkaufbau meint, nicht mehr zweckdienlich.

Konkrete Optimierungsmaßnahmen

In den soeben vorgestellten Optimierungsbereichen sind wiederum konkrete SEO-Maßnahmen verortet, deren Optimierung eine Website operativ voranbringt, wenn es dort Defizite gibt. Für den Bereich Pagespeed und Viewports fallen darunter z. B. die Optimierung des Critical Rendering Path, Optimierungsmaßnahmen für Bilder und so weiter.

So entsteht ein SEO-Modulbaukasten, der alle Möglichkeiten einer Suchmaschinen-Optimierung systematisch beschreibt und verortet. Natürlich ist das kein statisches Gebilde, sondern es muss regelmäßig aktualisiert werden. Wie arbeitet man aber nun konkret damit?

2.7.2 SEO-Score-Card

Bevor eine Website optimiert werden kann, sollte man zunächst deren Schwachstellen – oder positiv formuliert, deren Optimierungspotenziale – identifizieren. Gerade wenn eine Website noch nie strukturiert optimiert worden ist, benötigt man zu Beginn nicht Hunderte Detailoptimierungen, sondern einen Plan für das große Ganze. Da – wie bereits erwähnt – ein umfassender Audit meist weder finanziell noch zeitlich möglich ist, haben wir bei mindshape das Verfahren der SEO-Score-Card entwickelt. Sie ist gewissermaßen ein SEO-Schnelltest, der die oben genannten Bereiche durch den Einsatz repräsentativer Fragen bewertet und innerhalb von 30 bis 90 Minuten je nach Website-Größe einen guten Überblick über die Website-Performance in Bezug auf SEO gibt.

Dazu werden qualitative und quantitative Aspekte miteinander kombiniert: Der SEO-Manager nimmt eine qualitative Bewertung der Website vor, die mit quantitativen Daten zum Beispiel aus der Google Search Console und Google Analytics angereichert wird. Die Analyse der Website erfolgt dabei, wie erwähnt, durch die Bewertung repräsentativer Aussagen bzw. Fragen. Sämtliche Kategorien und Optimierungsbereiche aus dem MOOVE-Ebenenmodell sind somit abgedeckt. Das Charmante daran: Der Prozess ist teilweise automatisierbar, indem beispielsweise Werte aus PageSpeed Insights von Google per API importiert werden.

		IST 1		SOLL		ETI			
		Datum: 01.03.19		Datum: 01.06.19					
	Zu bewertende Aussagen:	Wert	Gesamt	Wert	Gesamt	EASE	TIME	IMPACT	ETI
Crawling	Die Website ist für den Googlebot erreichbar und das Crawling wird durch eine robots.txt sinnvoll gesteuert.	2	40 %	4	80 %	1	1	3	26
Rendering	Alle notwendigen Ressourcen werden ordnungsgemäß gerendert (Bilder, CSS, …).	3	50 %	4	80 %	1	2	3	12
Rendering	Alle relevanten Inhalte und Links werden auch mit deaktiviertem JS ausgespielt.	2		4		1	3	3	22
Pagespeed & Viewports	Der PageSpeed Insights-Wert ist auf einem guten Niveau.	3	67 %	5	93 %	1	2	2	14
Pagespeed & Viewports	Bilder werden in sinnvollen Abmessungen verwendet und sind komprimiert.	4		5		1	2	2	7
Pagespeed & Viewports	Best Practices wie http2, Browser-Caching und Zusammenfassung von Ressourcen werden eingesetzt.	3		4		2	3	3	10

Abbildung 2.8 Ausschnitt aus einer SEO-Score-Card

Die repräsentativen Fragen decken zwar nicht alle Bereiche aus dem SEO-Modulbaukasten ab, sind aber so gewählt, dass sie bei den meisten Websites für eine solide Einschätzung taugen. Genau hier liegt der enorme Geschwindigkeitsvorteil gegenüber einem kompletten Audit aller Bereiche.

ETI-Werte in der SEO-Score-Card

Wie wird die SEO-Score-Card im Detail ausgefüllt? Für die repräsentativen Aussagen wird eine Bewertung des Ist-Zustandes auf einer Skala von 0 (irrelevant) bzw. 1 (schlecht) bis 5 (ausgezeichnet) vorgenommen. Je Kategorie (wie z. B. Crawling, Rendering etc.) wird aus diesen Bewertungen ein prozentualer Optimierungsgrad errechnet. So liegt der Optimierungsgrad für den Bereich Pagespeed beispielsweise bei 67 Prozent. Im Anschluss an die Bewertung des Ist-Zustands erfolgt die Definition der Soll-Werte auf derselben Skala. Die Soll-Werte sollten ambitioniert sein, gleichzeitig aber im Hinblick auf die zur Verfügung stehenden Ressourcen realistisch gewählt werden. So könnte als Zielwert für den Pagespeed, der ein wichtiger SEO-Bereich ist, ein Optimierungsgrad von 93 Prozent festgelegt werden.

Es kommt nicht selten vor, dass Websites gleich eine ganze Reihe an Optimierungsbereichen mit hohen Potenzialen mit sich bringen. Um die Auswahl der effektivsten und effizientesten Maßnahmen zu erleichtern und eine Priorisierung zu ermöglichen, erfolgt deshalb eine weitere Bewertung der einzelnen Optimierungsaspekte. Diese setzt sich aus drei Faktoren zusammen:

- Ease – wie einfach ist die Optimierung?
- Time – wie zeitaufwendig ist die Optimierung?
- Impact – wie groß ist der zu erwartende Output der Optimierung?

Jeder Optimierungsbereich wird für die betreffende Website entsprechend mit niedrig (1), mittel (2) bzw. hoch (3) bewertet.

Ergebnis ist der *ETI*-Wert. Dieser ergibt sich aus der Differenz zwischen Ist und Soll multipliziert mit der Summe aus Ease, Time und Impact hoch 2. Je höher der ETI-Wert eines Optimierungsbereichs ist, desto eher sollte er angegangen werden. Das »hoch 2« legt mehr Gewicht auf den Impact, da bei höherem Ertrag (also besseren Rankings) durchaus mehr Zeit und Mühe in Kauf genommen werden dürfen.

In den meisten Fällen muss die Bewertung von Ease, Time und Impact individuell für jede Website vorgenommen werden, da die drei Faktoren maßgeblich von der Größe und Komplexität der Website sowie dem Wettbewerbsumfeld abhängen. Eine generelle ETI-Bewertung der einzelnen Maßnahmen ist erfahrungsgemäß nicht zielführend beziehungsweise gar nicht möglich.

Zur Verdeutlichung soll ein einfaches Beispiel dienen: Wird die Gestaltung von Titles und Descriptions als großes Optimierungspotenzial identifiziert, hängt der Faktor Time sehr stark von der Anzahl der zu optimierenden Titles und Descriptions ab. Bei einer kleinen Website mag es sehr schnell gehen, bei einer großen Website hingegen wesentlich mehr Zeit beanspruchen. Und das wirkt sich wiederum maßgeblich auf den ETI-Wert aus.

Die ETI-Bewertung hilft unter anderem dabei, sogenannte *Quick Wins* zu identifizieren, also solche Maßnahmen, die leicht umzusetzen sind und wenig Zeit beanspruchen, aber eine relativ hohe erwartete Auswirkung mit sich bringen. Mittels der SEO-Score-Card ist es dem SEO-Manager oder der SEO-Managerin möglich, selbst bei sehr vielen Baustellen auf Basis einer fundierten Website-Bewertung diejenigen Potenziale herauszufiltern, die er oder sie als Erstes angehen sollte.

2.7.3 Peer Review – Vier-Augen-Prinzip zur Absicherung

Mit dem SEO-Modulbaukasten und der SEO-Score-Card erhält man hilfreiche Werkzeuge, welche die Auswahl passender Optimierungsmaßnahmen erleichtern. Nichtsdestotrotz garantieren diese beiden Elemente nicht zu 100 Prozent, dass wichtige Optimierungspotenziale nicht doch übersehen werden. Denn Werkzeuge sind immer nur so gut wie ihr Anwender, und kein SEO-Manager ist unfehlbar in seiner Einschätzung. Deshalb empfiehlt sich im Rahmen des SEO-Frameworks ein *Peer Review* zur zusätzlichen Kontrolle. Die SEO-Score-Card wird also nicht nur vom projektverantwortlichen SEO-Manager ausgefüllt, sondern auch von seinem Peer. Das ist eine weitere fachkundige Person, die eine zweite unabhängige Bewertung vornimmt. Das kann ein Kollege oder eine Kollegin vor Ort sein, aber auch ein Inhouse-SEO oder ein Agentur-SEO.

Die Ergebnisse werden gemeinsam miteinander verglichen, und mögliche Abweichungen werden diskutiert. Ergebnis ist eine finale Score-Card. Insbesondere für weniger erfahrene SEOs ist dieses Verfahren wertvoll, da sie so von dem Wissen eines berufserfahreneren Peers profitieren können und die Qualität der Suchmaschinenoptimierung bereits in der wichtigen Planungsphase gesichert wird. Denn Irren kann teuer sein beim SEO.

2.7.4 Objectives und Key Results (OKR) definieren

Mittels Score-Card werden diejenigen Optimierungsbereiche ermittelt, die wahrscheinlich am erfolgversprechendsten sind. Wie findet ein SEO-Manager oder eine SEO-Managerin jetzt heraus, welche konkreten Optimierungsmaßnahmen die richtigen sind, um die Performance in den definierten Teilbereichen zu verbessern? Dazu müssen zunächst konkrete Ziele definiert werden, anhand derer dann wiederum die passenden Maßnahmen ausgewählt werden.

Um diese Ziele zu definieren, bieten sich OKR (Objectives und Key Results) an, die Sie bereits im Rahmen des SEO-Marketing-Plans in Abschnitt 2.6.2, »Ein SEO-Marketing-Plan nach OKR«, kennengelernt haben.

Über Objectives wird ein wünschenswerter Zustand in der Zukunft beschrieben, und mittels dazugehöriger Key Results kann der Fortschritt in Bezug auf diese Ziele gemessen werden. Zur Verdeutlichung ein Beispiel:

Objective: Wir haben eine ultraschnelle Website.

Key Result 1: Die Time to First Byte ist < 40 ms.

Key Result 2: Der First Contentful Paint liegt unter 0,5 s.

Key Result 3: Der Lighthouse-Performance-Wert liegt bei 100 %.

OKRs werden auch innerhalb des MOOVE-Frameworks jeweils für drei Monate definiert. Wichtig ist hier, nicht zu wenige und nicht zu viele OKRs zu definieren. Eine Anzahl von zwei bis drei OKRs je Drei-Monats-Zyklus hat sich bewährt – so ist sichergestellt, dass man sich zum einen nicht nur auf eine einzige Baustelle fokussiert, zum anderen aber auch nicht zu viele Optimierungspotenziale zu hoch priorisiert werden und der Fokus verloren geht (Vermeidung des Gießkannen-Prinzips). Letztendlich muss die Maßnahmenwahl aber auch zum SEO-Budget und den Ressourcen passen.

Warum OKRs hier besser funktionieren als SMART(e) Ziele

Wenn es um Zieldefinition geht, wird, wie Sie wissen, oft mit SMART(en) Zielen gearbeitet. Ziele werden damit allerdings schon sehr konkret definiert und schränken damit den Handlungsspielraum bei einer eventuell erst Wochen später operativ durchgeführten Maßnahme ein. OKRs bieten gegenüber diesem recht gängigen Modell deshalb einen entscheidenden Vorteil: Sie ermöglichen die Zieldefinition, ohne schon konkrete, vordefinierte Handlungen mit sich zu bringen. Damit ist dieses Modell agil genug für SEO-Arbeiten und schafft ausreichend Flexibilität und Autonomie für den SEO-Manager.

Das heißt konkret: Die Ziele für das SEO-Projekt sind für die kommenden drei Monate fest definiert. Wenn sich aber beispielsweise die zur Verfügung stehenden Ressourcen unerwartet ändern oder Timings durch Externe nicht eingehalten werden (was erfahrungsgemäß nicht selten vorkommt), können die konkreten To-dos umgeplant werden, ohne dass direkt auch die definierten Ziele über den Haufen geworfen werden müssen.

2.7.5 Optimierungsprozess mittels Kanban

Das eine O in MOOVE steht für Optimize, also Optimieren. Sobald zwei bis drei konkrete OKRs für die kommenden drei Monate definiert sind, geht es an die Auswahl konkreter SEO-Maßnahmen, die auf diese OKRs einzahlen. Hier empfiehlt sich bei größeren Projekten ein monatliches Vorgehen innerhalb des Drei-Monats-Zyklus für die operative Maßnahmenplanung. Hilfreich dafür ist eine Prozessbibliothek, die Prozesse für sämtliche gängigen SEO-Maßnahmen aus dem SEO-Modulbaukasten enthält. Aus dieser kann der SEO-Manager oder die SEO-Managerin auf Basis seiner OKRs die passenden Prozesse bzw. Maßnahmen auswählen.

SEO-Prozessbibliothek

SEO-Prozesse beschreiben den Ablauf einer Optimierungsmaßnahme, enthalten Vorlagen und grobe Zeitabschätzungen. In einem agilen Feld wie SEO sind Prozesse natürlich nicht in Stein gemeißelt, sondern wandeln sich stetig. Deshalb braucht es *Process Owners*, die die Verantwortung für einzelne Prozesse tragen und diese regelmäßig updaten und erweitern.

Zur konkreten Drei-Monats-Planung bietet sich der Einsatz eines *Kanban-Boards* an (siehe Abbildung 2.9). Aus der SEO-Prozessbibliothek zieht der SEO-Manager passende Prozesse in sein Backlog und plant diese für die kommenden drei Monate ein. Am Ende des Zyklus sollten alle Prozesse in der Done-Spalte (Erledigt) angekommen sein.

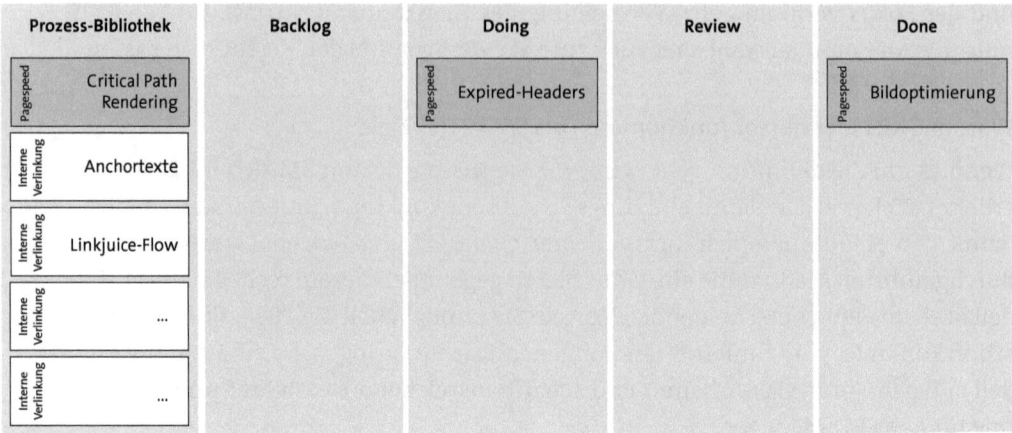

Abbildung 2.9 Beispielhafte Kanban-Ansicht des MOOVE-Frameworks

2.7.6 Monitoring der Ergebnisse

Bei der Auswahl der Maßnahmen ist es unabdingbar, immer zu kontrollieren, dass jede ausgewählte Maßnahme auf eines der definierten OKRs einzahlt. Dies ist die Verify-Phase im MOOVE-Framework.

Über kontinuierliches Monitoring der Key Results wird verifiziert, dass die Maßnahmen die erwarteten Ergebnisse erzielen bzw. sich in die richtige Richtung entwickeln. So kann rechtzeitig eingegriffen und ggf. nachjustiert werden. Hier kommen bekannte und gängige Monitoring-Prozesse vom Rank-Monitoring über das Index-Monitoring bis hin zum Traffic-Monitoring zum Einsatz.

2.7.7 Evaluation über regelmäßige Retrospektiven

Zur kontinuierlichen Verbesserung des generellen Vorgehens und der zum Einsatz kommenden Prozesse sollten regelmäßig Retrospektiven durchgeführt werden. An einer solchen Retrospektive nehmen alle Projektbeteiligten (mindestens also der projektverantwortliche SEO-Manager und sein Peer) teil.

Zu Beginn des Meetings erfolgt ein kurzes Review über den abgeschlossenen Drei-Monats-Zyklus. Im Anschluss werden sämtliche Aspekte gesammelt, die sich als verbesserungswürdig entpuppt haben, und gemeinsam priorisiert. Die einzelnen Aspekte werden gemäß Priorisierung gemeinsam diskutiert, wobei je Aspekt fünf Minuten Diskussionszeit nicht überschritten werden sollten, um das Meeting möglichst effizient zu halten. Am Ende werden gemeinsam ein bis drei sogenannte *Action Items* definiert – also konkrete Punkte, die in der nächsten Iteration besser gemacht werden sollen. Nach der Retrospektive beginnt dann wieder ein neuer Zyklus von vorne.

Erfolg in der Suchmaschinen-Optimierung zu haben, ist heute mehr denn je davon bestimmt, ob die richtigen Maßnahmen gewählt werden und diese dann auch gegen störende Einflüsse jeglicher Art (Kunden, Chefs, Kollegen, Unlust, Vergesslichkeit usw.) konsequent durchgesetzt werden. Für beides sollten klare Regeln und ein ebenso klares Vorgehen vereinbart werden. Das MOOVE-Framework soll genau das erfüllen – es gibt Orientierung in einem dynamischen Feld und schafft Ruhe, Vergleichbarkeit und Fokus. Letztendlich muss man aber immer die Regeln und Rahmenbedingungen eines Frameworks an die eigene Organisationsform und das eigene Team anpassen.

Kapitel 3
Keyword-Recherche

Mit welchen Begriffen suchen Ihre potenziellen Besucher? Welche Schreibweisen nutzen sie? Für welche Keywords lohnt sich überhaupt eine Optimierung? Auf diese Fragen erhalten Sie in diesem Kapitel Antworten.

Die Wahl der richtigen Begriffe für eine Optimierung ist eine der wichtigsten Phasen bei der Suchmaschinen-Optimierung. Die Begriffe, die Sie anschließend optimieren, bezeichnet man als *Keywords*. Dies ist die Suchanfrage, die ein potenzieller Besucher oder eine Besucherin bei den Suchmaschinen stellt. Dabei ist es unerheblich, ob ein Keyword aus einem oder mehreren Begriffen besteht, wie diese Beispiele von Keywords zum Thema Tierfutter verdeutlichen:

- Tierfutter
- Tierfutter günstig
- Tierfutter zuckerfrei
- Tierfutter Geschäft
- Tierfutter Testsieger
- gutes Tierfutter
- Hunde-Tierfutter

Bei der Suchmaschinen-Optimierung sind dies alles jeweils gültige Suchanfragen, also letztlich in dieser oder ähnlicher Form Keywords für die Optimierung.

In der Praxis beobachtet man immer noch, dass eine Keyword-Recherche einfach übergangen wird. »Wir kennen unsere Produkte« oder »Wir wissen, mit welchen Begriffen die Kunden suchen« hört man an dieser Stelle häufig. Die Konsequenz ist ohne Ausnahme, dass Potenziale durch unbekannte Keywords nicht genutzt werden.

Sie sollten daher die Keyword-Recherche nicht zu stiefmütterlich behandeln. Das Resultat ist dabei meist erst nach einer technisch erfolgreichen Optimierung zu spüren. Die auf Suchmaschinen optimierten Seiten sind zwar in entsprechenden Positionen gelistet, eine deutlich sichtbare Steigerung der Besucherzahlen lässt sich jedoch nicht beobachten. Woran liegt das?

Das Ausbleiben des erhofften Besucherstroms kann viele Ursachen haben. Die häufigste Ursache ist hier erfahrungsgemäß eine fehlerhaft oder überhaupt nicht durchgeführte Keyword-Recherche. Suchmaschinen-Optimierung zu betreiben, bedeutet nicht nur, die technischen Möglichkeiten auszunutzen, sondern auch die Website auf dem Markt, also im Web, entsprechend zu positionieren. Hier spielen die Keywords eine elementare Rolle, denn sie sind sozusagen der Schlüssel, mit dem Besucher und Besucherinnen auf Ihre Website gelangen.

Keywords müssen daher bestimmten Gütekriterien entsprechen. Dabei gibt es – wie Sie sich sicherlich vorstellen können – nicht *die* idealen Keywords. Die Wahl hängt je nach Fall von verschiedenen Faktoren ab.

> **Praxistipp: Aus Sicht der Suchenden denken**
> Besonders wichtig ist, stets die Zieldefinition und die Zielgruppe vor Augen zu haben, damit Sie nicht zu sehr aus Ihrer Sicht des Anbieters, sondern aus der Perspektive des oder der Suchenden denken. Versetzen Sie sich möglichst gut in Ihre Zielgruppe hinein. Denn die sucht meist anders, als Sie es tun würden.

3.1 Keywords, natürlichsprachige Anfragen und Entitäten

Spätestens seit Einzug der Smart-Speaker und virtuellen Assistenten wie Alexa, Siri und Co. werden Suchanfragen immer stärker nicht mehr nur über vereinzelte Keywords gestellt, sondern über ganze Sätze oder Fragen. Dies bezeichnet man als natürlichsprachige Anfrage (*natural language query*).

- Wie wird das Wetter heute?
- Wie alt ist Olaf Kopp?

Wie solche Anfragen verarbeitet werden, erfahren Sie detailliert in Kapitel 5, »Architektur von Suchmaschinen«. Vorab an dieser Stelle: Die natürlichsprachigen Anfragen wertet Google seit dem Hummingbird-Update 2013 verstärkt algorithmisch aus. Seit 2019 nutzt Google außerdem den Sprachverständnis-Algorithmus BERT und seit 2021 die angeblich 1000-mal leistungsfähigere KI-Technologie MUM (*Multitask Unified Model*), um den Kontext innerhalb einer Suchanfrage und deren Zusammenhang mit Entitäten besser zu verstehen. Was bedeutet das konkret?

Stellen Sie sich vor, jemand sucht nur nach dem Keyword »Jaguar«. Nun ist nicht klar, ob es sich dabei um das Tier, die Automarke oder gar um den Panzernamen handelt. Entsprechend zeigen Suchmaschinen eine gemischte SERP an, die den meisten Suchanfragen wahrscheinlich gerecht wird – meistens eine Mischung aus der Marke und dem Tier. Erst wenn Sie einen Kontext geben, wie etwa die Anfrage »Welche Fellfarbe hat ein Jaguar?« erhalten Sie überwiegend tierische Ergebnisse. Wie sich die Suche mit den Technologien Hummingbird, BERT und MUM verändert, zeigt ein Blick in die Historie. So lieferte die Suche nach »Wie schnell fährt ein Jaguar« noch 2020 mit BERT zwar als ersten organischen Treffer die Wikipedia-Seite für das Auto Jaguar, allerdings stand darüber eine Box mit dem Steckbrief des Tieres, das sicherlich nicht fährt. Auch der darunterliegende FAQ-Bereich ging eher auf das Tier ein.

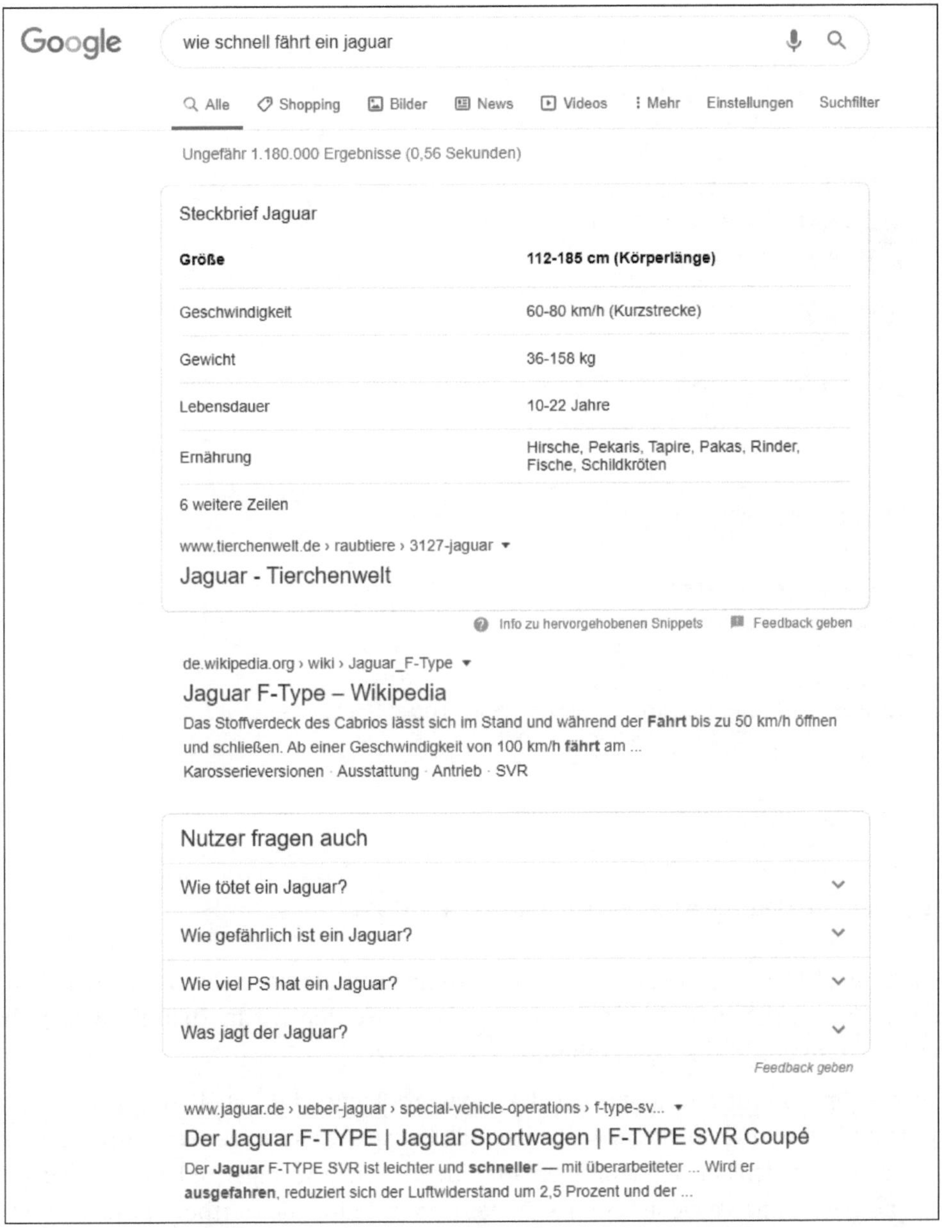

Abbildung 3.1 Trotz BERT funktionierte die Anfragenverarbeitung nicht immer zuverlässig.

Seit 2021 werden Suchanfragen verstärkt mittels MUM ausgewertet und dies führt zu offensichtlich passenderen Ergebnissen, wie Abbildung 3.2 zeigt.

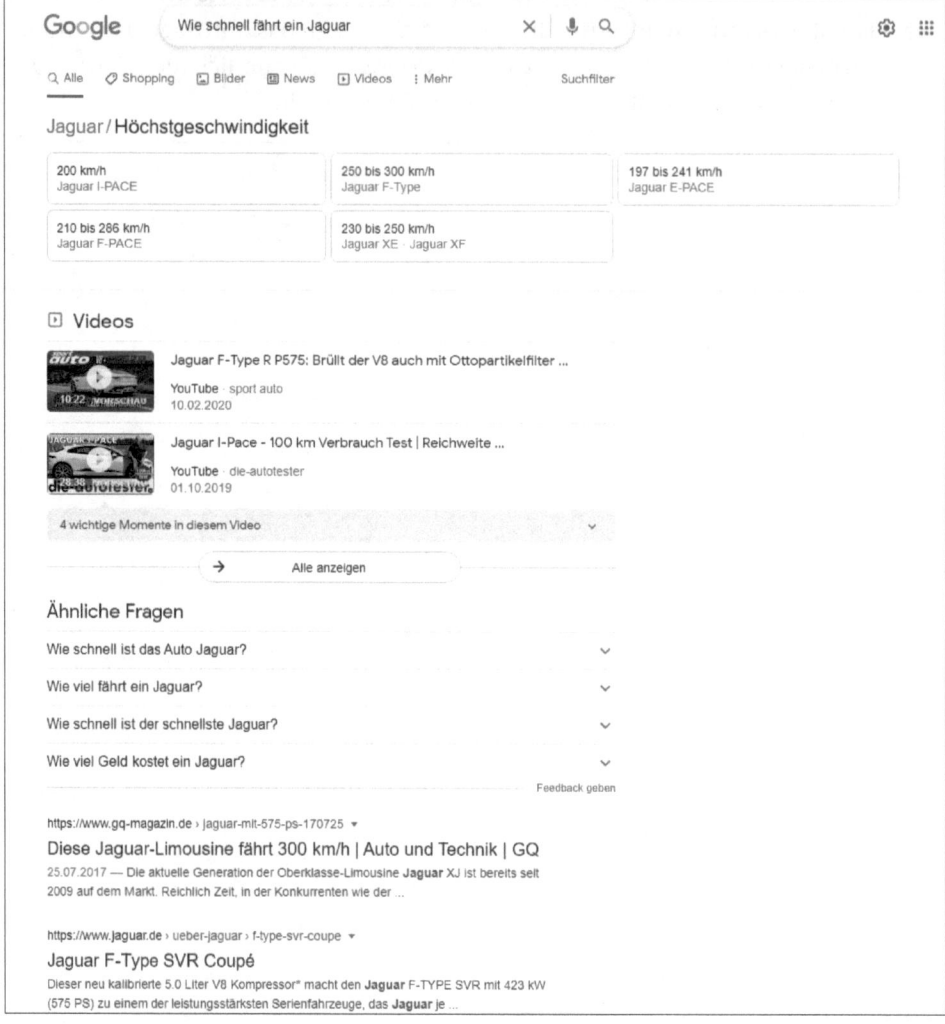

Abbildung 3.2 Deutlich bessere Ergebnisse mittels MUM.

Hier zeigt sich schön, wie die Suche mittlerweile technologisch von Jahr zu Jahr mittels KI Fortschritte macht und besser wird. Hier werden wir in Zukunft sicherlich noch weitere Verbesserungen sehen.

Für die Optimierung und speziell die Keyword-Recherche hat diese Entwicklung spannenderweise gar nicht so weitreichende Folgen, wie man denken würde. Letztendlich lassen sich alle Suchanfragen auf kürzere Term-Anfragen ableiten. So würde beispielsweise aus »Welche Fellfarbe hat ein Jaguar?« in einer termorientierten Keyword-Recherche »Fellfarbe Jaguar« werden. Spätestens, wenn ein Suchmaschinenversierter Redakteur oder eine Redakteurin aus dieser Termkombination einen Text schreiben dürfte, würden idealerweise wiederum Überschriften wie »Das ist die Fellfarbe von einem Jaguar« oder eben »Welche Fellfarbe hat ein Jaguar?« entstehen. Sie sehen, einzelne Keywords sind nach wie vor die Grundlage für zeitgemäße Keyword-Recherchen. Zwei Ausnahmen müssen Sie allerdings berücksichtigen, die es vor ein paar Jahren noch nicht zu beachten galt.

3.1.1 Die Abwendung von strengen Keyword-Bestimmungen

Dass Suchmaschinen im Allgemeinen Suchanfragen nicht mehr nur als Begriffe nutzen, die dann identisch so und nicht anders in Dokumenten gesucht werden, ist seit Langem Geschichte. Dennoch sieht man immer wieder Keyword-Recherchen, bei denen man sich um Singular- und Plural-Verwendungen, Fehlschreibweisen und ähnliche Aspekte sehr viele Gedanken und Mühe gemacht hat. Dies ist, wie Sie weiter unten lesen werden, nicht immer nötig, es gibt allerdings häufig Ausnahmen – und sei es, weil die Suchmaschinen immer noch die ursprünglichen Keyword-Algorithmen einsetzen. Sie haben sich für viele Suchanfragen nach wie vor als effizient und gut erwiesen.

Allerdings sollten Sie sich bei keiner Keyword-Recherche sklavisch an einzelnen Keyword-Schreibweisen oder Keyword-Formen festhalten. Dazu verschwimmen die einzelnen Schreibweisen und Formen mittlerweile zu sehr. Dennoch gibt es sie nach wie vor, die Unterschiede in den SERPs beispielsweise bei Singular- und Pluralverwendungen. Fehlschreibweisen hingegen korrigieren alle Suchmaschinen mittlerweile selbstständig und zeigen gleich die Ergebnisse zur vermeintlich korrekten Suchanfrage.

Als Daumenregel können Sie sich merken: Je wichtiger und umkämpfter ein Suchbegriff ist, desto differenzierter sollten Sie ihn behandeln. Dazu hilft im Zweifel immer ein Vergleich zweier SERPs mit den verschiedenen Suchanfragen.

3.1.2 Bedeutung von Entitäten und Kontext in der Keyword-Recherche

Suchmaschinen liefern für gleiche Suchanfragen nicht immer die gleichen Ergebnisse aus. Dies sollten Sie bei allen Schritten der Keyword-Recherche immer bedenken. Wichtige Rahmenfaktoren sind beispielsweise:

- **Personalisierung:** Welche Suchhistorie hat eine Suchanfrage? Suchen Sie häufig nach Natur- und Tierfilmen, werden die Suchmaschinen tendenziell eher Suchergebnisse in diese Richtung für Sie präferieren.
- **Lokalisierung:** Wo suchen Sie? Anhand der GPS-Koordinaten oder Ortssuchen wie z. B. Ortsteil- oder Städtenamen wird ein Suchergebnis lokalisiert.

- **Device-Abhängigkeit:** Mit welchem Gerät suchen Sie? Es ist ein Unterschied, ob Sie vom Smartphone oder vom Desktop-Rechner aus suchen.
- **Term-Relation:** Welche Terme verwenden Sie in Kombination? Es macht, wie Sie erfahren haben, einen Unterschied, ob man `Jaguar PS` sucht oder `Jaguar Fellfarbe`.
- **Entitäten:** Welche Sachkonzepte werden verwendet?

Gerade das Thema Entitäten hat dabei eine ganz neue Dimension in die Suchmaschinen-Optimierung gebracht. Eine Entität ist ein eindeutig zu bestimmendes Objekt, etwa eine Person, ein Ort, eine Sache – im Prinzip also alles, was man sehen, schmecken, riechen, hören oder fühlen kann.

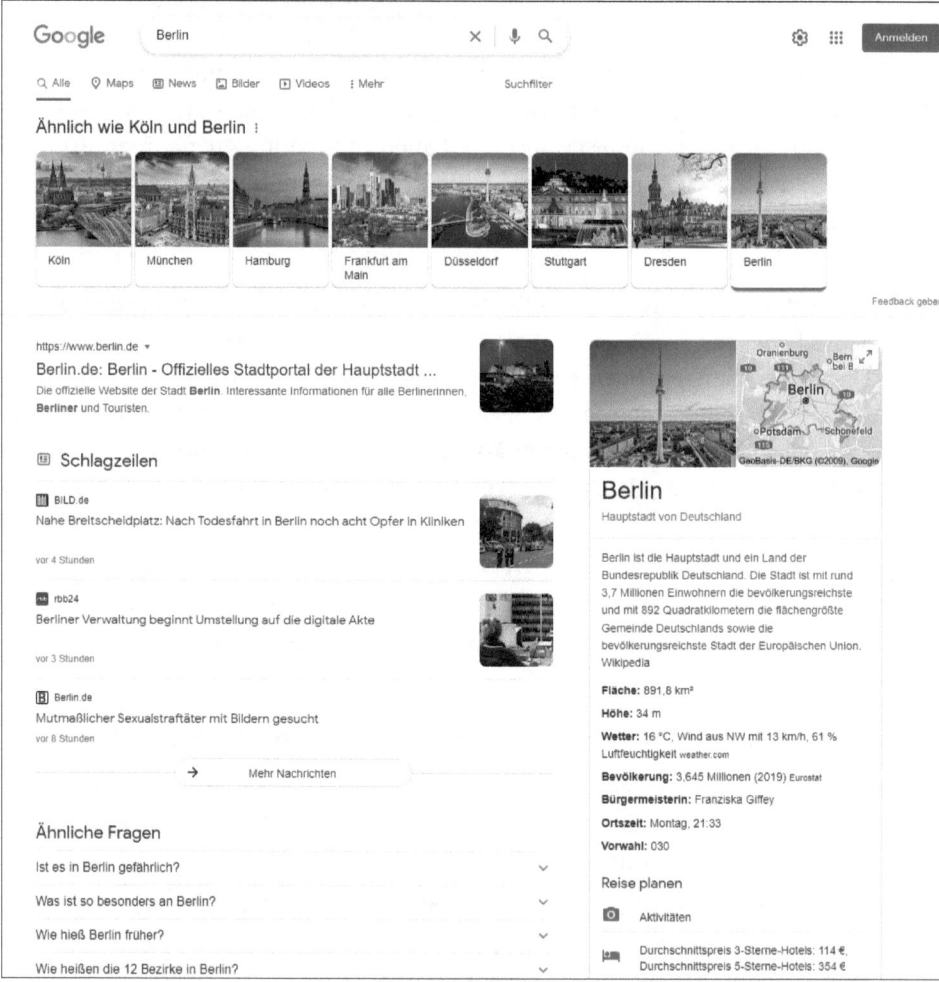

Abbildung 3.3 Google zeigt Informationen in Bezug auf die Entität Berlin an.

Google und andere Suchmaschinen verarbeiten und erkennen Entitäten mittlerweile sehr zuverlässig. Wie sie verarbeitet werden, erfahren Sie später in Kapitel 5. An dieser Stelle soll es um die Bedeutung von Entitäten bei der Keyword-Recherche gehen. Denn Google und andere Suchanbieter erkennen Entitäten innerhalb der Suchanfragen und können mittels der Relationen zwischen Entitäten erweiterte Analysen und Suchergebnisse bringen. Im Beispiel der Anfrage nach »Berlin« zeigt Google entsprechend auch ähnliche Entitäten in der obersten Zeile an. Hier steht im Übrigen »Ähnlich wie Köln und Berlin« – Berlin war die vorherige Anfrage, ein schönes Beispiel von kurzfristiger Personalisierung. Entsprechend werden hier europäische Hauptstädte angezeigt. Suchen Sie zwischenzeitlich nach München und dann nach Berlin, wird unter anderem auch Stuttgart als weitere Landeshauptstadt angezeigt.

Das Beispiel verdeutlicht schön, wie Google in der sogenannten Knowledge-Graph-Datenbank die Entitäten in Relation zueinander setzt und damit semantisch attribuiert. Die Entität Berlin hat dabei verschiedene Relationen, etwa:

- Stadt
- Hauptstadt
- in Deutschland
- Großstadt
- in Europa
- hat Bürgermeister
- hat Sehenswürdigkeiten
- usw.

Die Liste der Relationen ist wahrscheinlich sehr lang. Sie zeigt aber sehr schön, dass Sie bei der Keyword-Recherche nicht einfach nur auf Terme achten dürfen. Sie müssen die Entitäten mitbedenken, egal ob es sich um eine Stadt, eine Person, ein Event oder ein Buch wie dieses hier handelt.

Die zweite wichtige Erkenntnis, die Sie für eine zeitgemäße Keyword-Recherche benötigen, ist, dass nicht jede Suchanfrage gleichbehandelt wird. Bei einigen Suchanfragen greift die altbewährte Keyword-Fokussierung. Andere Suchanfragen werden vorher über den Hummingbird-, Rankbrain-, BERT- oder MUM-Algorithmus stärker verarbeitet und gewissermaßen zur internen Verwendung auf Term- oder eben Entitätenebene zurückgeführt. Wann genau welche Verarbeitungslogik greift, kann man von außen nicht eindeutig erkennen. Dies wird sich sicherlich auch regelmäßig ändern und seitens Google stetig optimiert und erweitert werden. Für Sie ist aber wichtig, dies zu bedenken und auch zu wissen, dass Suchergebnisse nicht nur aus exakten oder nahezu exakten Keyword-Treffern bei Dokumenten entstehen, sondern auch beispielsweise der Entitäten-Datenbank entstammen können.

Die Praxis oder den Ablauf einer Keyword-Recherche hat dies meiner Erfahrung nach allerdings nicht so stark beeinflusst, wie man nun denken könnte. Denn am Ende der Verarbeitungskette stehen doch wieder Terme, Termkombinationen oder Termkonzepte, die Entitäten beschreiben. Das ist eine gute Nachricht für Sie – denn Sie können, vereinfacht gesagt, weiter in Termen bzw. Keywords denken, egal wie komplex die Verarbeitungslogiken der Suchmaschinen sind. Nur sollten Sie Keywords eben nicht mehr dogmatisch als feste Zeichenkette von Buchstaben sehen.

3.2 Die Theorie hinter der Keyword-Recherche

Die Keyword-Recherche gehört ohne Frage zu den Königsdisziplinen der Suchmaschinen-Optimierung. Hier geht es hauptsächlich um das Recherchieren, das Erweitern von gedanklichen Grenzen, aber auch um das Einschränken und Richtunggeben. Klingt abenteuerlich, finden Sie? Das kann es auch sein.

3.2.1 Die Suchenden verstehen – der User Intent

Wie Sie bereits im ersten Kapitel erfahren haben, hat jeder Suchende ein Informationsproblem. Die Keyword-Recherche muss herausfinden, mit welchen Suchanfragen die Suchenden versuchen, ihr Informationsproblem zu lösen. Für Sie als Anbieter bedeutet das wiederum, dass Sie nicht nur Ihre Zielgruppe mit ihren typischen Informationsproblemen kennen, sondern sie auch verstehen müssen. Sie begeben sich auf eine detektivische Suche, bei der Sie nicht nur Suchbegriffe aufspüren werden, sondern auch mehr über Ihre potenziellen Kunden erfahren.

Jede Suchanfrage, die an die Suchmaschinen übermittelt wird, wird aufgezeichnet und steht mehr oder weniger genau über verschiedene Tools zur Analyse bereit. 2012 ersetzte Google das frei zugängliche *Keyword Tool* durch den *Keyword-Planer* (*https://ads.google.com/aw/keywordplanner/home*). Die Nutzung ist seitdem nur noch mit einem aktiven Google-Ads-Konto möglich. Dies stellt in der Regel jedoch kein Problem dar, sodass der Keyword-Planer nach wie vor ein beliebtes Tool zur Bestimmung von Suchvolumina ist.

> **Praxistipp: Suchvolumen und Mitbewerberstärke aus dem Keyword-Planer ermitteln**
>
> Auch wenn der Keyword-Planer für Google-Ads-Treibende angeboten wird, werden die Daten auch für die organische Suchmaschinen-Optimierung genutzt. Sie sollten sich allerdings bewusst sein, dass die angegebenen Werte nicht immer exakt sind. Erfahrungsgemäß schwanken die Angaben bis zu 200 %! Sie dienen jedoch als gute Orientierung und zur Abschätzung der Interessenlage im Web. Gewissermaßen führen Sie mit jeder Keyword-Recherche eine kleine Marktstudie durch – nur dass Sie die Teil-

nehmer nicht direkt befragen, sondern die Teilnahme durch die Eingabe in das Suchfeld bei Google erfolgt.

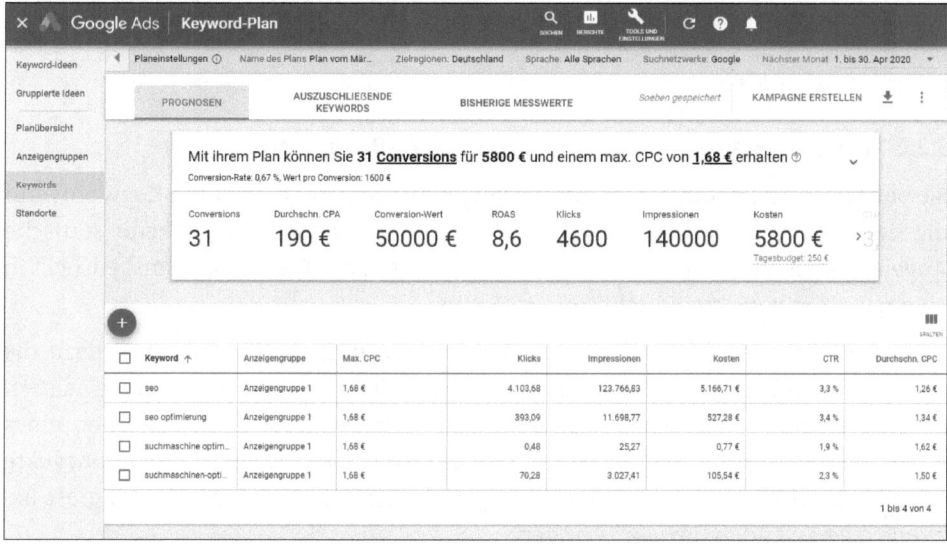

Abbildung 3.4 Der Google-Ads-Keyword-Planer zur Bestimmung von Suchvolumina

Aber auch wenn dieses und andere Tools Daten zum ungefähren *Suchvolumen* (Suchanfragen pro Monat) preisgeben, zeigen sie niemals direkt, welchen tatsächlichen Wert oder welche Wichtigkeit einzelne Keywords für Ihre Optimierung und die Erfüllung Ihres Projektziels haben. Um den wirklichen Wert zu verstehen, müssen Sie Hypothesen aufstellen, Versuche durchführen, Zielwerte festlegen und die Optimierung immer zirkulär anlegen, was stetiges Nachjustieren zur Folge hat.

Es geht also letztlich darum zu verstehen, mit welchen Suchanfragen ein Suchender oder eine Suchende Ihre Produkte oder Dienstleistungen sucht. Dabei spricht man auch von dem *User Intent* – also der Absicht, die ein Nutzer bzw. Suchender verfolgt, um sein Problem zu lösen. Häufig wird ein User Intent in eine der drei Kategorien eingeordnet:

▶ Transaktionale Absichten – der oder die Suchende möchte etwas kaufen oder eine andere Transaktion auslösen (z. B. eine Kontaktanfrage).

▶ Informatorische Absichten – der oder die Suchende möchte eine Information erhalten, etwa wann ein Event stattfindet oder wie viele Einwohner in einer bestimmten Stadt wohnen.

▶ Navigatorische Ansichten – der oder die Suchende kennt eine Domain eines Unternehmens nicht direkt und möchte auf die Website gelangen.

Sie können den User Intent allerdings gern weiter fassen und nutzen. Letztendlich geht es darum, dass Sie als Verantwortlicher oder Verantwortliche für eine Keyword-Recherche genau die Begriffe, Entitäten und Konzepte finden, die Ihre Zielgruppen nutzen. Sie müssen daher die verschiedenen, typischen User Intents verstehen und die passenden Suchanfragen dazu finden. Das ist letztendlich das simple Geheimnis hinter einer guten Keyword-Recherche.

3.2.2 Der richtige Zeitpunkt für eine Keyword-Recherche

Sie benötigen zu Beginn einer Optimierung eine Liste von relevanten Keywords, auf die Sie Ihr Angebot optimieren können. Doch eine Keyword-Liste ist keine statische Angelegenheit, die über Monate oder gar Jahre als Excel-Tabelle oder ausgedruckt in einem Ordner vor sich hin schlummern sollte.

Allein der ständige Kreislauf zwischen Optimierung und Analyse zwingt Sie dazu, die Keyword-Liste in regelmäßigen oder unregelmäßigen Zeitintervallen zu verfeinern oder zu ergänzen. Typischerweise wird eine Keyword-Liste beim Erreichen eines Milestones erneut auf den Prüfstand gestellt. Aber auch, wenn Sie neue Produkte oder Dienstleistungen in Ihr Angebot aufgenommen haben, müssen Sie für diese Bereiche die passenden Keywords finden.

Nicht zuletzt ändert sich das Suchverhalten der User kontinuierlich. Mit einer regelmäßig durchgeführten Keyword-Recherche können Sie rechtzeitig auf Marktveränderungen reagieren oder vielleicht sogar frühzeitig Nischen besetzen, bevor es Ihre Mitbewerber tun.

3.2.3 Keyword-geleitete Suchmaschinen-Optimierung

Eine erfolgreiche Suchmaschinen-Optimierung erfolgt immer Keyword-geleitet. Andernfalls laufen Sie Gefahr, einen klaren Fokus zu verlieren. Selbst wenn Sie eine perfekte Zieldefinition und eine ausführliche Zielgruppenbeschreibung vorliegen haben, fehlt Ihnen noch ein entscheidender Punkt: Sie müssen die *richtigen* Suchbegriffe *aktiv bedienen*. Hier stellen sich zwei Fragen: Was sind richtige Suchbegriffe, und wie bedient man diese aktiv?

Die Antwort auf diese Frage ist zunehmend schwerer geworden. Denn einerseits sind immer mehr Keywords in den organischen Suchergebnissen stark beworben und entsprechend umkämpft. Das Ergebnis: Die Suchmaschinen-Optimierung wird aufwendiger und damit teurer. Umso wichtiger ist, dass Sie sich sehr genau überlegen, auf welche Keywords Sie optimieren. Denn nichts ist frustrierender und wirtschaftlich schädlicher, als ein halbes Jahr einem nicht budgetgerechten Ziel hinterherzulaufen und es praktisch niemals erreichen zu können, weil die Mitbewerber in den Ergebnislisten einfach mehr tun (können).

Außerdem schlägt die Entwicklung bei Google den Suchmaschinen-Optimierern regelmäßig ein Schnippchen. Wie bereits oben erwähnt, werden spätestens durch das Google-Hummingbird-Update im August 2013 nicht mehr alle Bestandteile einer Suchanfrage gleichwertig berücksichtigt. Die einzelnen Teile einer Anfrage werden analysiert, gewichtet und semantisch bewertet. Das führt dann auch dazu, dass Google absichtlich gesuchte Begriffe ausschließt (siehe Abbildung 3.5).

In der Keyword-Recherche sollten Sie daher, wie gesagt, nicht zu streng sein und berücksichtigen, dass Google eine Suchanfrage gewissermaßen vor der eigentlichen internen Datenabfrage auswertet und umschreibt. Deswegen spricht man heute auch häufig von *Keyword-Clustern*, also sehr ähnlichen oder verwandten Suchanfragen, die man später in der Optimierung zusammenzieht. Die Ausgangslage ist aber nach wie vor ein einzelnes Keyword im Sinne einer Begriffskette. Entsprechend durcheinander werden die Begrifflichkeiten Keywords, Keyword-Cluster, Suchanfragen, Suchbegriffe usw. genutzt. Lassen Sie sich davon nicht verwirren. Wenn ich in diesem Buch von Keywords spreche, was im SEO meiner Erfahrung nach noch der meistgenannte Begriff ist, bezeichne ich damit nicht einzelne Terme, sondern Keyword-Cluster, was z. B. verschiedene Schreibweisen oder Reihenfolgen von Termen meint.

Was sind aber jetzt die richtigen Keywords für Sie? Grundsätzlich sind die richtigen Keywords eben jene, die zum Erreichen Ihres Ziels durch die definierte Zielgruppe geeignet sind.

Abbildung 3.5 Google nutzt nicht immer alle Bestandteile einer Suchanfrage.

Aktiv bedienen bedeutet wiederum, dass Sie im optimalen Fall (und das ist der erstrebenswerte Zustand einer Optimierung) für jedes gefundene Keyword eine Zielseite in Ihrem Angebot haben, die exakt auf dieses Keyword hin optimiert ist. Diese Zielseite bezeichnet man als *Landingpage* oder – wenn man den Bezug zum Keyword deutlich machen möchte – als *Keyword Landing Page*.

Dabei wird dann auch vermieden, dass ein Keyword auf verschiedenen URLs optimiert wird und sich die Suchmaschinen nicht für die passende URL entscheiden können. Im E-Commerce Umfeld wird dann beispielsweise für einen generischen Begriff wie »Jeans« statt einer Kategorieseite eine Produktdetailseite angezeigt. Dabei wäre die Kategorieseite für den User Intent deutlich besser, da er ja nicht nach einer bestimmten Jeans sucht. In diesem Fall spricht man von *Keyword-Kannibalisierung*, da sich mehrere URLs gegenseitig die Rankings streitig machen und es keinen eindeutigen Keyword-Fokus gibt.

3.3 Gütekriterien und Arten von Keywords

Nachdem Zielgruppe und Zielsetzung der Website bekannt sind, müssen Sie im nächsten Schritt der Suchmaschinen-Optimierung folgende Frage beantworten: Was sind gute und effiziente Keywords für die Optimierung der Website? Oder anders formuliert: Für welche Keywords lohnt es sich, die Seiten zu optimieren? Denn jegliche Optimierung kostet Zeit und Geld.

Im Grunde geht es darum, den Information-Retrieval-Systemen ein inhaltlich möglichst optimales Ausgangsmaterial zur Bewertung zur Verfügung zu stellen. Dazu sind, wie bereits in den vorangegangenen Abschnitten immer wieder angeklungen ist, immer noch die Schlüsselwörter innerhalb eines Dokuments maßgeblich. Nicht umsonst werden sie so bezeichnet, denn sie sind der Schlüssel, mit dem der Inhalt eines Dokuments erschlossen werden kann. Die Wahl der richtigen Schlüsselwörter hat somit unmittelbare Auswirkungen auf den Erfolg einer Webseite.

Die Wortart mit der höchsten Aussagekraft in Bezug auf einen Text sind erwiesenermaßen *Substantive*. Sie repräsentieren am besten das Thema eines Textes, in dem sie enthalten sind. Aus diesem Grund gibt auch die Mehrzahl der Benutzer und Benutzerinnen Substantive in Suchmaschinen ein, um das gesuchte Thema zu umschreiben. Es ist also mehr als sinnvoll, primär Substantive als Schlüsselwörter auszuwählen. Dabei gibt es sehr generische Substantive und spezifischere Substantive. Adjektive werden dann häufig zur Eingrenzung oder weiteren Spezifizierung genutzt.

- Schuhe
- Damenschuhe
- rote Damenschuhe
- rote Damenschuhe günstig

Dabei wird ein Textdokument nur dann überhaupt in die Ergebnismenge einer Suchanfrage aufgenommen, wenn einer der gesuchten Begriffe auch als Schlüsselwort in einem Dokument gefunden werden konnte oder wenn andere Webseiten mit einem Schlüsselwort auf diese Seite verweisen. Und auch wenn mittlerweile eine automatische Anwendung des Thesaurus erfolgt, der selbstständig den Suchraum um Synonyme und themenverwandte Begriffe erweitert, so hat die Website mit dem besten Suchbegriff doch meist noch die Nase vorn. Dies unterstreicht die Bedeutung der richtigen Schlüsselwörter für die Optimierung.

Denn selbst eine optimal auf Suchmaschinen ausgerichtete Seite bringt keinen Erfolg, sofern sie nicht tatsächlich diejenigen Schlüsselwörter enthält, nach denen gesucht wird. Das mag banal klingen, die strikte Umsetzung hat jedoch ihre Tücken. Man findet nicht selten technisch korrekt optimierte Webseiten mit Begriffen, die an der Zielgruppe vorbeigehen. Stellen Sie sich als Beispiel einen neuen Anbieter von Internettelefonie vor, der als Dienstleistung VoIP (*Voice over Internet Protocol*) anbietet und mit seinem Service darauf abzielt, kleinen Unternehmen eine kostengünstige Alternative zu den konventionellen Anschlüssen zu liefern. Die Website dieses Anbieters ist auf den Begriff »VoIP« hin optimiert worden, der erhoffte Besucheransturm bleibt jedoch aus, und die wenigen Besucher interessieren sich anscheinend nur für die erklärenden Informationen zur Technik, jedoch nicht für die Dienstleistung als solche.

Woran kann das liegen? Zum einen ist es sicherlich nicht glücklich, eine Abkürzung als alleiniges Schlüsselwort zu nutzen. Denn auch ein Informatikstudent oder -studentin, der oder die eine Seminararbeit zu diesem Thema schreibt, würde nach »VoIP« suchen und nicht in die Zielgruppe gehören.

Aber viel gravierender ist die Missachtung des Suchverhaltens der anvisierten Zielgruppe. Denn auch der Geschäftsführer oder die Geschäftsführerin eines kleinen Unternehmens sucht mit hoher Wahrscheinlichkeit nicht nur nach »VoIP«, sondern nach Begriffen wie »Telefon Internet« oder »Internet Telefonie«. Das Schlüsselwort wurde hier offensichtlich unglücklich gewählt und würde daher womöglich für ein rein im Internet operierendes Gewerbe das schnelle Aus bedeuten. Das durchgängige Desinteresse am Dienstleistungsangebot einerseits und das vermehrte Interesse an den technischen Informationen andererseits zeigen außerdem, dass der Begriff »VoIP«, sofern er denn gesucht wird, vermehrt von technisch orientierten Besuchern und Besucherinnen genutzt wird. Das dokumentiert, wie bedeutsam ein nachträgliches Beobachten des Benutzerverhaltens mithilfe der Logbücher ist, um gegebenenfalls im Nachhinein den eingeschlagenen Kurs zu korrigieren.

Die richtige Wahl von Schlüsselwörtern ist anscheinend dann erfolgt, wenn sie den Inhalt widerspiegeln und gleichzeitig im aktiven Wortschatz der gewünschten Zielgruppe vorhanden sind. Man muss sich also in den Besucher oder die Besucherin hineinversetzen. Andernfalls – es wird leider zu oft falsch gemacht, sodass es nicht oft genug gesagt werden kann – hilft die bestoptimierte Seite gar nichts für ein Schlüsselwort, das nicht gesucht wird.

143

3.3.1 Die drei Gütekriterien für ein gutes Keyword

Zusammenfassend lassen sich drei Hauptkriterien für jeweils unterschiedliche Positionen formulieren, die zusammen die Gütekriterien für optimale Suchbegriffe darstellen:

- **Themen-Adäquatheit:** Optimale Keywords beschreiben zunächst das Thema einer Seite möglichst genau. Gelangt ein Besucher oder eine Besucherin mit einem Keyword auf Ihre Seite, zu dem aber der Inhalt nicht passt, ist der Besucher oder die Besucherin schnell wieder fort. Die Optimierung war in diesem Fall vergebens.
- **Nutzungspotenzial:** Außerdem werden gute Keywords häufig von der Zielgruppe genutzt, d. h., die potenziellen Besucher und Besucherinnen müssen solche Keywords in die Suchfelder der Suchmaschinen eingeben. Sicherlich lassen sich unzählige Begriffskombinationen finden, die das Thema einer Webseite gut beschreiben, allerdings gilt es, diejenigen herauszufinden, nach denen auch tatsächlich häufig gesucht wird.
- **Quantitative und qualitative Mitbewerberstärke:** Wie überall im Leben ist es einfacher, an erster Position zu stehen, falls nicht sehr viele Mitbewerber das gleiche Ziel haben. Für die Keyword-Güte bedeutet dies, dass eine Seite für ein Keyword oder eine Keyword-Kombination tendenziell umso leichter zu optimieren ist, je weniger Wettbewerb um dieses Keyword oder die Keyword-Kombination herrscht. Zur Quantität der Mitbewerber kommt außerdem noch die Qualität hinzu. Ein Beispiel verdeutlicht dies recht schnell: Falls Sie versuchen, mit dem Begriff »Suchmaschinen-Optimierung« eine Position in den Top 10 bei Google zu erreichen, liegt aufgrund der Optimierungsqualität der Mitbewerberangebote der Aufwand mit großer Wahrscheinlichkeit beträchtlich höher als etwa beim Versuch, bei der Kombination »Massagepraxis Hintertupfingen« gut platziert zu werden.

Ein *gutes* Keyword für die Suchmaschinen-Optimierung zeichnet sich dementsprechend dadurch aus, dass es alle drei Kriterien möglichst vollständig erfüllt.

> **Praxistipp: Stets die Gütekriterien kritisch bei jedem Keyword prüfen**
>
> Ich habe im SEO-Consulting sehr häufig erlebt, dass die drei Gütekriterien für die Keyword-Auswahl nicht berücksichtigt wurden. Was ist die Konsequenz? Es werden viel Aufwand und Budget in die Optimierung von Themen und Keywords investiert, die sich am Ende wirtschaftlich nicht rechnen! Entweder steht man für eine Suchanfrage auf Platz 1, aber niemand oder nicht ausreichend viele suchen nach diesem Keyword. Oder man arbeitet monate- und jahrelang an der Optimierung, nur um am Ende festzustellen, dass die Mitbewerber von Beginn an viel mehr Zeit und Budget in die Optimierung investiert haben und man am Ende einfach nicht mithalten kann. Im letzten Fall stehen Sie vielleicht auf Platz 1, erhalten auch Besucher und Besucherinnen, aber niemand kauft oder fragt Ihre Dienstleistung an. Warum? Weil Ihr Angebot nicht zur

> suchenden Zielgruppe passt. Sie erhalten hohe Absprungraten, und die Optimierung war auch hier letztlich vergebens.
>
> Ich kann Ihnen daher nur raten, eine gründliche und ordentliche Keyword-Recherche durchzuführen und stets die drei genannten Gütekriterien zu beherzigen.

3.3.2 Keyword-Arten

Dass Keyword nicht gleich Keyword ist, wird spätestens in den ersten Minuten einer Keyword-Recherche klar. Über alle Recherchen hinweg haben sich bestimmte Klassen herauskristallisiert, die man immer wieder anwenden kann. Dies ist sicherlich keine erschöpfende Liste, aber hilft bei der Orientierung.

Marken-Keywords oder Brand-Keywords

Diese Keywords beinhalten einen Markennamen. Das ist meist der Name des Unternehmens oder der Name eines Produkts. Häufig wird auch der Domainname zu den Marken-Keywords gezählt. Je nach Bekanntheit können auch Namen zu den Marken-Keywords gezählt werden:

- Apple
- Seitenbacher Müsli
- mindshape.de
- Steve Jobs

Money-Keywords

Money-Keywords sind all jene Keywords, bei denen eine konkrete Kaufabsicht vorliegt und die häufig gesucht werden:

- Handy mit Vertrag
- Wäschetrockner
- Kleiderschrank kaufen

Compound-Keywords

Zusammengesetzte Keywords bestehen aus vielen Einzelteilen. Sie enthalten häufig mehr als drei Begriffe und weisen auch Konjunktionen und Präpositionen auf:

- leckere Pizza aus Köln
- TYPO3-Website von mindshape
- Suchmaschinen-Optimierung mit Nachhaltigkeit

Compound-Keywords können in Teilen sowohl Money-Keywords als auch Marken-Keywords enthalten.

3.4 Keyword-Strategien: vom Shorthead zum Longtail

Es gibt verschiedene Strategien der Keyword-Auswahl. Diese unterscheiden sich darin, welche Art von Keywords für ein Projekt als relevant betrachtet und anschließend optimiert werden. Schauen Sie sich die folgenden Keywords mit dem Suchvolumen pro Monat und der Mitbewerberstärke (von schwach mit 0,0 bis stark mit 1,0) einmal an. Worin unterscheiden sie sich?

Keyword	Suchvolumen	Mitbewerber
CD Player	37.000	1,0
CD Player Kinder	14.900	1,0
CD Player Kleinkinder	1.100	0,6
CD Player mit SD Karte	110	0,4
Fricco C65-2 weiß	80	0,2

Tabelle 3.1 Verschiedene Keyword-Typen mit Parametern

Auch wenn es hier augenscheinlich immer wieder um das Informationsproblem »Ich interessiere mich für einen CD-Spieler für (m)ein Kind« geht, sind die Suchbegriffe jeweils unterschiedlich. Auch die Häufigkeit der Sucheingaben (Suchvolumen) und die Stärke der Mitbewerber in den Ergebnislisten differieren.

Aus den Suchanfragen können Sie sehr viel über das Suchproblem des oder der jeweils Suchenden erfahren. Jemand, der nach »CD Player mit SD-Karte« sucht, hat bereits eine bestimmte Vorstellung und sucht nicht nur generisch nach einem »CD Player« allgemein. Noch spezifischer ist die Anfrage nach einem exakten Modell (»Fricco C65-2 weiß«). Je spezifischer eine Suchanfrage wird, desto geringer ist in der Regel auch das Suchvolumen. Es suchen eben mehr Menschen allgemein nach einer Produktgruppe insgesamt als nach einem speziellen Typ. Dies schlägt sich in der Angabe zum Suchvolumen nieder. Bei der Mitbewerberstärke verhält es sich oft genau umgekehrt: Je attraktiver ein Begriff ist, d. h., je häufiger er gesucht wird, desto besser eignet er sich für die Suchmaschinen-Optimierung. Die logische Konsequenz ist, dass dieser Begriff in den Suchergebnislisten stärker umkämpft ist. Das drückt die Mitbewerberstärke von 0 bis 1 aus.

3.4.1 Generische Begriffe (Shorttail oder Shorthead)

Generische Begriffe bezeichnen allgemein ein Thema, ein Produkt oder eine Dienstleistung. Sie beziehen sich immer auf eine große Menge. *Generische Keywords* sind meist kurz und bestehen nur aus einem oder höchstens zwei Begriffen. Typische generische Begriffe sind z. B.:

- CD Player
- Trockner
- Wäschetrockner
- Industrietrockner
- Großtrockner
- Ablufttrockner
- Kondenstrockner

Generische Suchanfragen zeichnen sich meist durch ein relativ hohes Suchvolumen aus. Das ist kaum verwunderlich, denn unter dem Begriff »Wäschetrockner« lassen sich viele denkbare Suchprobleme zusammenfassen – von der Neuanschaffung eines Geräts über die Reparatur bis hin zur Entsorgung.

Daher sind generische Begriffe häufig die erste Wahl, wenn es um die Suchmaschinen-Optimierung geht. Daraus resultiert dann logischerweise auch, dass die Begriffe stark umkämpft sind, wenn es um die Top 10 in den Suchergebnislisten geht. Vor allem in bestimmten Branchen wie Versicherungen, Hotelgewerbe oder Tourismus sind in den letzten Jahren die Kosten für eine Suchmaschinen-Optimierung mit generischen Begriffen durch den höheren Aufwand enorm gestiegen.

> **Praxistipp: Generische Keywords mit hohem Streuverlust**
>
> Generische Suchanfragen haben zwar häufig das höchste Suchvolumen, aber selbst eine gute Platzierung ist dann kein Garant für viele Verkäufe oder Leads. Denn je allgemeiner eine Suchanfrage formuliert ist, desto mehr unterschiedliche Suchmotivationen stecken meist dahinter. Entsprechend hoch sind die Streubreite und damit der Streuverlust. Wundern Sie sich also nicht, wenn Absprungraten bei generischen Begriffen häufiger auch über 50 Prozent liegen.

Grundsätzlich kann jede Domain für generische Begriffe ranken. Allerdings müssen Sie bei einer Entscheidung für generische Begriffe zwingend die notwendigen Ressourcen zur Optimierung beachten. Gute Positionen für generische Begriffe sind einfach deutlich aufwendiger zu generieren und zu halten.

3.4.2 Der Longtail

Sie werden sich wahrscheinlich fragen: Macht es denn überhaupt Sinn, sich wie alle anderen auf die wenigen Traffic-starken, generischen Keywords zu stürzen und für diese eine Menge Budget zu investieren, um überhaupt mit in den Top 10 sein zu können? Das ist richtig. Ist es vielleicht nicht effizienter, sich die vielen kleinen Detailanfragen zunutze zu machen und diese zu bedienen? Kleinvieh macht ja schließlich auch Mist. Genau diesen Gedanken beschreibt das *Longtail*-Prinzip.

Ursprung des Longtail-Begriffs

Longtail bedeutet »langer Schwanz« und meint das Gegenteil von *Shorthead* (oder auch *Shorttail*). Der US-amerikanische Journalist Chris Anderson veröffentlichte 2004 einen Artikel im Wired-Magazin und zwei Jahre später auch ein Buch mit dem Titel »The Long Tail: Nischenprodukte statt Massenmarkt. Das Geschäft der Zukunft«.

Das Longtail-Prinzip wird am Beispiel von Amazon deutlich. Der frühe Erfolg von Amazon rührt nicht aus dem Verkauf weniger Bestseller, sondern vieler kleiner Nischenprodukte. Durch enorme Lagerkapazitäten kann Amazon im Vergleich zu Buchhändlern in Innenstädten und teuren Fußgängerzonen sehr viele Nischenprodukte anbieten – Bücher, die vielleicht nur ein- oder zweimal pro Monat gekauft werden. Wenn Sie allerdings von 1.000 Nischenbüchern drei Stück pro Monat verkaufen, sind dies auch 3.000 Bücher insgesamt, und das ist besser, als von einem Bestseller nur 2.000 Stück zu verkaufen.

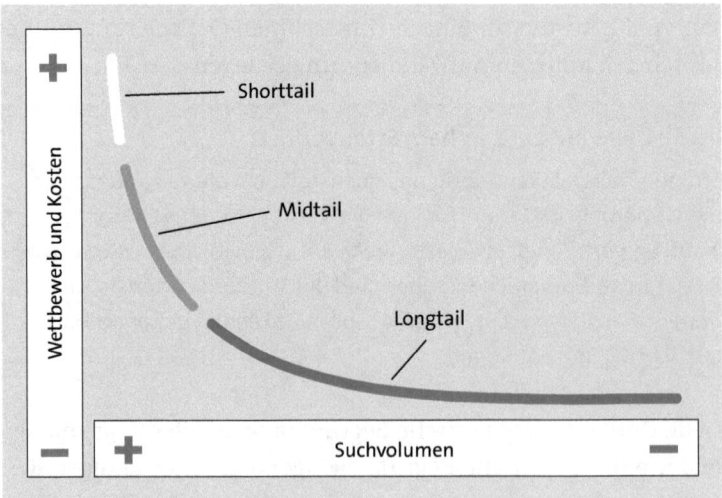

Abbildung 3.6 Das Longtail-Prinzip

Das Longtail-Prinzip kann man auch auf die Keyword-Recherche bei der Suchmaschinen-Optimierung übertragen.

Durch Abbildung 3.6 wird auch deutlich, woher der Longtail seinen Namen hat. Der Schwanz der Kurve ist in der Tat sehr lang. Ein Keyword, das sehr wenig Suchvolumen besitzt, befindet sich ganz rechts auf der horizontalen Achse. Die Mitbewerberzahl und damit auch die Kosten einer Optimierung sind hier am niedrigsten. Je mehr Suchvolumen ein Keyword vorweisen kann, desto weiter links ist es auf der horizontalen Achse anzusiedeln. Da mehr User danach suchen, steigt dann auch wiederum die Attraktivität für eine Optimierung und damit auch die Mitbewerberzahl und -stärke.

Anatomie von Longtail-Anfragen

Longtail-Anfragen bestehen im Gegensatz zu generischen Anfragen aus dem Shorttail nicht zwingend, aber meistens aus mehreren Begriffen. Um das Beispiel des Wäschetrockners aufzugreifen:

- Wäschetrockner Testsieger 2020
- Wäsche trocknen Gerät energieeffizient
- Kondenstrockner Max3 3000 Umdrehungen
- Kondenstrockner Reparatur Düsseldorf

Longtail-Anfragen haben den entscheidenden Vorteil, dass sie sehr detailliert sind. Anders ausgedrückt: Sie verraten sehr genau, was das Suchproblem des Nutzers oder deer Nutzerin ist. Als Anbieter ist das dann Ihre Chance, um genau dieses Suchproblem zu bedienen.

Eine Longtail-Strategie anzuwenden, bedeutet demnach, sich bei der Optimierung hauptsächlich auf Keywords aus dem Longtail zu konzentrieren. Mit der Longtail-Strategie macht man sich zunutze, dass die Fläche unter der Longtail-Kurve mindestens genau so groß ist wie die Fläche im Shorttail. Mehrere Traffic-schwache Suchanfragen sind damit gleichbedeutend mit wenigen Traffic-starken. Die Mitbewerbersituation ist allerdings vergleichsweise einfacher.

Longtail-Strategie bedeutet viele Inhaltsseiten

Ein Problem entsteht dabei allerdings: Für mehr Keywords benötigen Sie auch mehr Inhalt, da man nicht alle Longtail-Keywords auf eine URL setzen (*mappen*) kann. Zwar lassen sich auf einer URL tendenziell verschiedene, nah miteinander verwandte Longtail-Keywords zusammenbringen, aber eben nicht alle.

Bei Longtail-Strategien mit sehr, sehr vielen Longtail-Keywords ist eine manuelle Texterstellung praktisch nicht mehr möglich. Daher sind viele Longtail-Strategien häufig gleichzeitig auch Strategien zum Optimieren von Datenbankinhalten. Das können Produktdatenbanken sein, also Online-Shops oder auch Rezeptdatenbanken. Wenn Sie z. B. eine Rezeptdatenbank mit über 200.000 Rezepten pflegen, dann haben Sie für jedes Rezept eine Detailansicht. Das Keyword für ein Rezept ist der Rezeptname: »Leckerer Schweinebraten mit Bier-Semmelknödel« ist ein einwandfreies Longtail-Keyword.

Laut Google sind etwa 30 Prozent aller Suchanfragen komplett neue, bislang noch nie genutzte Anfragen – also tendenziell Longtail-Anfragen. Das ist einerseits eine Riesenchance für jeden Content-Anbieter, andererseits helfen Ihnen hier keine Tools oder Keyword-Datenbanken weiter. Denn diese kennen nur die Anfragen, die tatsächlich gestellt werden. Stattdessen müssen Sie selbst mögliche Longtail-Keywords identifizieren oder generieren.

3.4.3 Refinements nutzen mit dem Midtail

Häufig unterscheidet man nur zwischen wenigen Traffic-starken, kurzen Shorthead-Keywords und vielen Traffic-schwachen, längeren Longtail-Keywords. Der sogenannte *Midtail* befindet sich genau zwischen diesen beiden Polen.

Er bildet sich aus dem unteren Bereich der generischen Begriffe, die bereits mehr als ein Wort enthalten, und dem oberen Bereich der Shorthead-Begriffe, die drei bis vier Begriffe beinhalten, jedoch schon Traffic-stärker und umworbener sind.

Im Midtail finden Sie z. B. solche Anfragen:

- Trockner günstig
- stromsparender Wäschetrockner
- Trockner Test
- Wäschetrockner verkaufen Köln

Refinement-Queries

Suchanfragen, die in diesen Bereich fallen, sind häufig sogenannte *Refinement-Queries*. *Refinement* bedeutet »Veredelung«. Stellen Sie sich vor, Sie möchten Ihren alten Wäschetrockner verkaufen. Sie suchen nun im Internet über eine Suchmaschine eine Möglichkeit, eine Anzeige zu platzieren. Sie starten zunächst mit der Anfrage »Wäschetrockner«. Die Ergebnisliste bietet Ihnen sehr unterschiedliche Treffer. Vom Trocknerkauf bis hin zur Reparatur ist alles dabei. Anstatt die Treffer genau zu durchsuchen, werden Sie höchstwahrscheinlich Ihre Anfrage verfeinern. Genau das bezeichnet man als Refinement. Sie geben also nun ein: »Wäschetrockner verkaufen«. Vielleicht sind Sie noch nicht zufrieden, weil Sie den Wäschetrockner nicht verschicken wollen. Für eine Selbstabholung möchten Sie den Trockner in Köln und Umgebung verkaufen, sodass Sie erneut ein Refinement durchführen: »Wäschetrockner verkaufen Köln«. Genau diese Begriffe befinden sich im Midtail, da sie nicht nur generisch sind, aber auch nicht vollkommen detailliert.

Midtail-Strategie und Mischstrategie

Wenn man diesen Vorgang aus Sicht eines Anbieters betrachtet, dann liegt im Midtail ein interessantes Potenzial. Ein Anbieter, der sich zu einer Midtail-Strategie entschließt, muss sich nicht mit anderen bei den generischen Rankings messen. Andererseits kann er immer noch ein relativ hohes Suchvolumen mit relativ wenigen Begriffen nutzen. Darüber hinaus sind die Besucher und Besucherinnen qualifizierter als solche über generische Begriffe, da die Anfragen bereits detaillierter sind.

Vielleicht fragen Sie sich jetzt, welche Strategie denn die beste von allen ist. Darauf gibt es leider keine allgemeingültige Antwort. Viel hängt hier von der jeweiligen Branche ab, dem konkreten Suchvolumen, Ihren Ressourcen, verfügbaren Inhalten und, und, und. Häufig setzt man aber ohnehin nicht auf nur eine Strategie. Die richtige Mischung macht es. Wenn Sie viele Inhalte haben, aber nur ein begrenztes Budget, lohnt sich vielleicht eine Strategie mit 20 Prozent Shorthead, 20 Prozent Midtail und 60 Prozent Longtail. Wenn Sie wenige Inhalte anbieten und mit einem ausreichend hohen Budget kalkulieren, dann ist vielleicht folgendes Verhältnis das richtige für Sie:

- 40 Prozent Shorthead
- 40 Prozent Midtail
- 20 Prozent Longtail

Hier gibt es keine festen Regeln, und die Wahl der richtigen Mischung der Keywords hängt einerseits vom Ausgang der Keyword-Recherche mit ihren Metriken und Zahlenwerten ab, andererseits aber auch von den Präferenzen und der Erfahrung des Suchmaschinen-Optimierers (oder des Kunden bzw. der Auftraggeberin) selbst.

3.4.4 Keystroke-Optimierung

Eine besondere Keyword-Strategie wurde durch die Einführung von *Google Suggest* (früher *Google Instant*) im Sommer 2010 attraktiv. Wie bei allen anderen Suchmaschinen-Betreibern auch, konnte man bei Google Suchbegriffe durch das Drücken der Eingabetaste oder durch Klick auf den Suchbutton starten. Seit Google Suggest werden Suchergebnisse bereits beim Tippen des ersten Buchstabens angezeigt. Dabei wird eine Handvoll besonders häufig genutzter und beliebter Suchanfragen vorgeschlagen, die mit den bisher eingetippten Zeichen und Ziffern beginnen.

Früher machte die sogenannte Keystroke-Optimierung sich dies zunutze. Anstatt auf komplette, meist generische Suchbegriffe (z. B. »Bücher«) zu setzen, bei denen die Mitbewerberzahl und -stärke enorm hoch war, wählte man als Keyword nur einen Teil des Begriffs. So wird aus »bücher« das Keyword »büc«. Oder anstatt »CD Player« zu optimieren, wählt man das Keyword »CD«. Heute ist diese Variante quasi ausgestorben, weil die Suchenden sich daran gewöhnt haben, Google Suggest zu nutzen und die Vorschläge entsprechend auszuwählen. Dadurch werden kaum noch Anfragen wie »büc« gestellt.

Abbildung 3.7 Google Suggest für die Keyword-Recherche nutzen

Die Suggest-Funktion spielt im SEO heute eher eine bedeutende Rolle als Datenquelle für Suchanfragen, wie Sie in Abschnitt 3.6.4 »Google Suggest« erfahren werden.

3.4.5 Fehlschreibweisen-Optimierung

Bei der Suche nach häufig verwendeten Fehlschreibweisen hoffen viele Optimierer und Optimiererinnen auf weniger starken Wettbewerb für ein falsch geschriebenes Keyword. Diese Fehlschreibweisen-Optimierung war lange Zeit eine sehr beliebte und erfolgreiche Keyword-Strategie. Und so optimierte man lieber auf »Weinachten Spielzeug« als auf die korrekte Schreibweise »Weihnachten Spielzeug« und kam damit überhaupt erst in die Top 10 bei Google. Allerdings erkennen alle Suchmaschinen mittlerweile sehr zuverlässig die Rechtschreibfehler und Vertipper, sodass häufig nicht mal mehr ein »Meinten Sie« vorgeschlagen wird, sondern direkt die Ergebnisse für die korrekte Schreibweise gesucht werden.

Abbildung 3.8 Fehler wie »Weinachten Spielzeug« korrigiert Google automatisch.

3.5 Schritte einer Keyword-Recherche

Eine richtige oder falsche Vorgehensweise bei der Keyword-Recherche gibt es im Prinzip nicht. Keyword-Recherchen unterscheiden sich höchstens im Umfang, in ihrem Detailgrad oder in ihrer Ausrichtung. Jeder Suchmaschinen-Optimierer bzw. jede -Optimiererin führt die Keyword-Recherche leicht unterschiedlich durch und lässt sich auch von Ideen und Hinweisen aus den Keywords führen, ohne sich vom eigentlichen Weg und Ziel abbringen zu lassen. Verschiedene Verfahren haben sich allerdings als besonders tauglich und hilfreich erwiesen. Zunächst müssen Sie jedoch Ihre Betriebsbrille absetzen.

Gute Keywords sind vor allem solche, nach denen die Nutzer suchen. Und das sind leider oftmals nicht diejenigen, die Ihnen spontan einfallen. Das lässt sich auch nicht so einfach bewerkstelligen, denn schließlich sollte man auf dem Gebiet, für das man ein Produkt, eine Dienstleistung oder qualitativ hochwertige Informationen anbietet, auch über umfassendes Wissen verfügen. Doch vernebelt es oftmals auch die Sicht auf die Eigenschaften und Kenntnisse der Zielgruppe. Man ist schließlich häufig betriebsblind.

Keyword-Recherche vollständig outsourcen?

Folgt daraus also, diese wichtige und scheinbar komplexe Angelegenheit außer Haus zu geben und dafür hochwertige Schlüsselwörter geliefert zu bekommen? Nichts weniger versprechen viele Dienstleister im Web. Doch in der Praxis müssen Sie zumindest die Richtung vorgeben. Eine Keyword-Recherche durchzuführen, bedeutet auch immer, sich mit seinem Angebot, der Zielgruppe und der Branche auseinanderzusetzen. Das müssen meistens Sie selbst tun, denn keiner kennt Ihre Zielgruppe so gut wie Sie. Wenn das nicht so ist, werden Sie mit Sicherheit bereits in naher Zukunft enorme Probleme bekommen, sofern Sie finanziell auf Ihr Angebot angewiesen sind.

Auch für einen Dienstleister, der einen neuen Kunden oder eine Kundin betreut, ist eine initiale oder aktualisierende Keyword-Recherche nicht nur gut, um passende

Keywords zu finden, sondern um sich selbst auch mit dem thematischen Bereich vertraut zu machen.

Die Suche nach den passenden Keywords ist daher keine Aufgabe, die von anderen vollständig übernommen werden kann und die erst recht nicht vollständig automatisierbar ist. Zumindest Ihre Mitarbeit ist in der Regel nötig. Viele Produkte versprechen aber das »schnelle Glück«. Allein die Tatsache, dass Hunderte die gleiche Software anwenden und zu immer den gleichen Ergebnissen kommen, sollte Sie schon stutzig machen. Jeder Webautor und jede professionelle Suchmaschinen-Optimiererin wird an einem Regal in der Computerabteilung mit einer Software, die Hunderte Webseiten auf die gleiche Weise mit den gleichen »besten« Begriffen optimiert, leicht schmunzelnd vorbeigehen – nicht nur, weil der Besuch einer Computerabteilung an sich deutlich seltener geworden ist. Effektive Suchmaschinen-Optimierung ist kein stupides Anwenden von vorgefertigten Rezepten, sondern setzt grundlegendes Wissen voraus. Aber genau dafür haben Sie ja dieses Buch in der Hand.

Die Keyword-Recherche im Schnellüberblick

Zurück zum Aufspüren der Schlüsselwörter: Dieser Schritt muss von Menschen durchgeführt werden, die eine genaue Kenntnis der angebotenen Produkte, Dienstleistungen oder Informationen im Allgemeinen besitzen. Wie Sie am Beispiel des Internettelefonie-Anbieters gesehen haben, sind zusätzlich die genaue Kenntnis der Zielgruppe und nicht zuletzt auch das Wissen um spezifische Fachausdrücke und passende Synonyme von Bedeutung. Kommen dabei mehrere Personen infrage, muss zunächst die Person oder, noch besser, ein Team von Personen ausgewählt werden, die bzw. das die genannten Kriterien am besten erfüllt. Natürlich erübrigt sich die Auswahl bei privaten oder anderen kleineren Projekten. Bei größeren Projekten stehen aber oftmals mehrere Personen zur Verfügung. Hier und da mag es auch vorteilhaft sein, mehrere Abteilungen oder Hierarchieebenen in die Überlegungen mit einzubeziehen.

Im Folgenden stelle ich Ihnen eine Strategie zum Auffinden passender Schlüsselbegriffe vor, die sich über Jahre hinweg im praktischen Einsatz bewährt hat und die mit Sicherheit in abgewandelter Form beinahe überall dort angewandt wird, wo man professionell Suchmaschinen-Optimierung betreibt. Ob Sie diese Strategie ganz allein durchführen oder sich dabei von einer professionellen Agentur unter die Arme greifen lassen, ist dabei zunächst unerheblich – die Schritte dürften überall die gleichen sein.

Im Prinzip geht es darum, eine Liste mit infrage kommenden Keywords zu erstellen und diese anschließend sinnvoll auf wenige gute zu reduzieren. Ob Sie die Liste mit einem Tabellenkalkulationsprogramm erfassen, in einem Textverarbeitungsprogramm oder auf dem Whiteboard im Büro, ist vollkommen Ihnen überlassen. Nur ausreichend Platz sollten Sie vorsehen.

Je nach Konzept kann die Keyword-Liste für eine gesamte Website funktionieren, für einzelne Bereiche einer Präsenz oder – wie in den meisten Fällen – für jede einzelne Seite im Angebot. Die Frage danach ist üblicherweise bereits mit der Strukturplanung der Website beantwortet worden. Denn dort lassen sich bequem die Themen bzw. die separaten Themengebiete der Website herauslesen. In der Regel wird es jedoch tatsächlich darauf hinauslaufen, dass die Keyword-Suche ab einem bestimmten Punkt für jede einzelne Webseite, also URL, durchgeführt wird.

Im Folgenden werden daher verschiedene Schritte beschrieben, die Sie aufeinander aufbauend zu einer fertigen Keyword-Liste führen. Sollten sich in einem Schritt Schlüsselwörter ergeben, die sich bereits durch einen vorangegangenen Schritt auf der Liste befinden, markieren Sie diese. Das mehrfache Auftreten oder die Mehrfachnennung sind erfahrungsgemäß verlässliche Zeichen für die Güte eines Keywords.

3.5.1 Erstes Brainstorming

Zu Beginn geht es darum, die bislang leere Liste mit ersten Kandidaten für Schlüsselwörter zu füllen. Diese Liste können Sie auf einem ausreichend großen Blatt Papier erstellen, oder Sie nutzen ein Text- oder Tabellenkalkulationsprogramm. Egal, wie Sie sich entscheiden – die stichwortartige Definition Ihrer Zielgruppe sollte stets sichtbar sein. Denn in diese müssen Sie sich nun hineinversetzen.

Anschließend schreiben Sie alle Wörter auf, die Ihnen in den Sinn kommen. Das kann durchaus einige Zeit in Anspruch nehmen. Wenn Ihnen nichts mehr einfällt, lesen Sie die bisherige Liste nochmals durch und ergänzen Ihre neuen Einfälle. Sicherlich fallen Ihnen im Laufe des Tages oder der nächsten Tage noch ein paar Begriffe ein.

Es hat sich gezeigt, dass gewisse Begriffsarten besser und manche eher weniger geeignet sind. So sollten Sie im Sinne einer zielgruppengerechten Lösung nicht allzu spezielle Begriffe wählen, sondern eher auf Gattungsbegriffe oder übergeordnete Kategorien zurückgreifen. Nehmen Sie auch diese Art von Begriffen in Ihre Liste auf. Als meist nicht besonders gut geeigneter Begriff hat sich der Firmenname herausgestellt. Die Zielgruppe sucht in der Regel nach einem Produkt oder einem Service jeglicher Art, in den seltensten Fällen aber direkt nach einem Firmennamen. Und dieser steht ohnehin in der Mehrheit aller Fälle in der Domain und muss daher normalerweise nicht als gesondertes Schlüsselwort auftreten und optimiert werden. Ein weiteres Problem stellen oftmals auch Produkt- oder Artikelbezeichnungen dar. Insbesondere wenn der Bekanntheitsgrad des Produkts in der Zielgruppe (noch) nicht sehr hoch ist, wird sicherlich selten danach gesucht werden. Stattdessen werden vermehrt die Gattungsbegriffe genannt. Eine unumstößliche Regel ist dies nicht, sondern es muss hier von Fall zu Fall abgewogen werden.

Schließlich sollten Sie die Liste erneut durchgehen. Sie finden dann sicherlich Synonyme für bereits vorhandene Begriffe. Fehlen noch Begriffe, vielleicht fachspezifische Ausdrücke, sofern die Zielgruppe ausreichend Wissen besitzt, um danach zu suchen?

3.5.2 Aktuelle Suchanfragen aufnehmen

Ein erstes unabhängiges Brainstorming sichert, dass Sie keine falsche Richtung einschlagen und von aktuellen Suchbegriffen beeinflusst werden, die gerade zu Besuchen auf Ihre Website führen. Im zweiten Schritt ist dies allerdings sehr sinnvoll. Denn häufig gab es ja bereits eine Optimierung der Website, und man möchte die aktuellen Keywords nicht verlieren oder zumindest kritisch bewerten.

Server-Logfiles

In früheren Auflagen dieses Buches oder auch ab und an in Internetforen und Blogs liest man, dass man die Suchbegriffe aus den Server-Logfiles extrahieren kann. In der Regel wird jeder Zugriff auf einen Webserver von diesem protokolliert. Diese Logdateien oder Logbücher enthalten die IP-Adresse, den Zeitpunkt und die Anfrageart der jeweiligen Aktion. Ein Beispiel aus der Logdatei eines Apache-Webservers zeigt folgende Informationen:

```
124.165.172.128 - [16/Feb/2022:04:29:20 +0100] "GET /aktuelles/
/kanada/visum.html HTTP/1.1" 200 5510 "http://www.google.lu/
search?q=Kanada+Visum&hl=de&lr=lang_de &start=10&sa=N")"
```

Seit der flächendeckenden Einführung der verschlüsselten Übertragung über HTTPS werden die Parameter und damit die Keywords nicht mehr übertragen.

In den Logfiles werden demnach technisch gar keine Keyword-Daten mehr hinterlegt. Ist damit die Logdaten-Analyse tot? Nicht ganz. Lediglich die Quelle ändert sich.

Interne Suche als Quelle nutzen

Haben Sie z. B. eine interne Suchfunktion auf Ihrer Website? Und führen Sie dazu auch ein Logbuch, das alle Suchbegriffe aufzeichnet? Dies ist eine wunderbare Quelle für eine Keyword-Recherche.

Logs über die interne Suche stehen nur bei einem Relaunch bereits zur Verfügung. Bei einem Neustart einer Website können Sie diesen Schritt getrost übergehen – es sei denn, Sie besitzen Zugriff auf Daten von Seiten eines gleichen oder zumindest stark verwandten Themengebiets.

Manchmal tun sich hier Begriffe auf, die besonders häufig zu Besuchen führten. Die Häufigkeit sollten Sie mit in die Liste aufnehmen. Denn natürlich macht es einen Unterschied, ob 200 Besucher oder Besucherinnen pro Tag mit einer Suchanfrage bei Ihnen landen oder nur 17. Die Gründe dafür können jedoch unterschiedlich sein, und die Häufigkeiten sollten daher nicht überbewertet werden. Sie dienen bei der abschließenden Gütebewertung erfahrungsgemäß jedoch als sinnvolle Interpretationshilfe.

Sind bereits ähnliche oder gar identische Schlüsselwörter auf der Liste enthalten, war das erste Brainstorming bereits erfolgreich. Decken sich jedoch die Begriffe nicht mit den Erwartungen, die Sie an die Besucher und Besucherinnen aus Ihrer Zielgruppe gestellt haben, gilt es, eine kurze Ursachenforschung zu betreiben. Das Ganze ist nicht weiter tragisch, falls sich die Zielgruppendefinition mit dem Relaunch ändert. Bleibt sie jedoch erhalten, kann ein großer Unterschied ein Hinweis darauf sein, dass entweder die alte Seite mit den Schlüsselwörtern ungünstig ausgerichtet war oder die jetzige Liste der Schlüsselbegriffe (noch) nicht ausreichend an die Zielgruppe angepasst ist.

3.5.3 Google Search Console als Datenquelle nutzen

Häufig wird mittlerweile eine Keyword-Recherche nicht gänzlich initial durchgeführt, sondern es ist eine wiederholte Recherche oder eine Recherche für einen Relaunch. Insofern stehen meist auch über Logfiles und interne Suchen bereits viele Daten zur Verfügung, die genutzt werden sollten.

Sogenannte *Tracking-Tools* sind ein wahrer Segen für jeden datenorientierten Online-Marketer. Google Analytics, Matomo (ehemals Piwik), eTracker, mapp (ehemals Webtrekk) und unzählige weitere Anbieter und Tools zeichnen den Besucherfluss auf und bieten detaillierte Auswertungen.

»Not-provided«-Problem

Dazu gehörte lange Zeit auch die Auswertung, mit welchen Begriffen die Besucher und Besucherinnen von Suchmaschinen auf Ihre Seite gelangt sind. Diese Daten wurden aber vor allem von Google Analytics stückchenweise zurückgefahren und durch (NOT PROVIDED) ersetzt. Spätestens seit der vollständigen Umstellung der Google-Suche auf HTTPS ist diese Ansicht nicht mehr zu gebrauchen. Dennoch befindet sich der Bereich noch unter AKQUISITION – KAMPAGNEN – ORGANISCHE KEYWORDS, wie der Ausschnitt in Abbildung 3.9 zeigt.

3 Keyword-Recherche

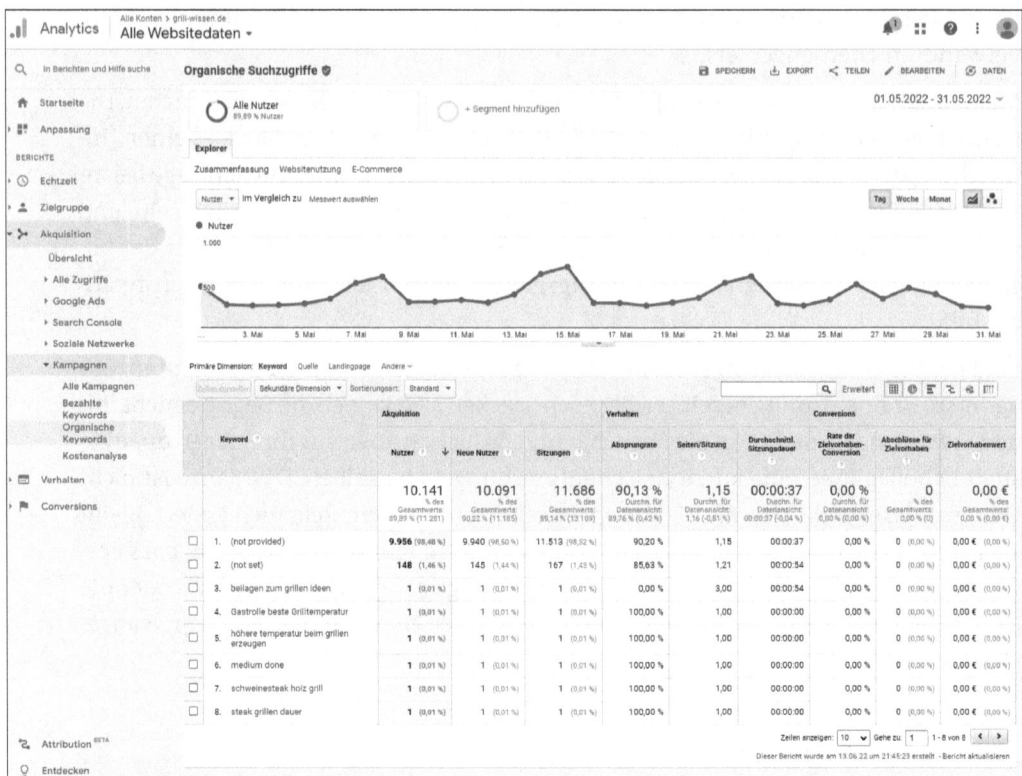

Abbildung 3.9 Dieser Ausschnitt aus der Keyword-Liste von Google Analytics verdeutlicht das »Not-provided«-Problem.

Kommt man also gar nicht mehr an aktuelle Keywords heran, die zu Besuchen von Suchmaschinen führen? Doch – als Alternative bieten sich zwei Möglichkeiten an:

Im einfachsten Falle nutzen Sie die Daten aus der Google Search Console. Diese können Sie entweder direkt aufrufen oder mit Google Analytics verbinden.

Hier erhalten Sie dann die tatsächlich genutzten Keywords, die zumindest zu einer Einblendung Ihres Website-Snippets bei Google geführt haben (*Impression*). Wenn ein Nutzer oder eine Nutzerin auf den Sucheintrag geklickt hat und auf Ihre Website gelangt ist, wird dies als *Klick* gezählt. Die *durchschnittliche Position* zeigt darüber hinaus sogar noch das mittlere Ranking an – wobei hier vor allem die Top 10 spannend sind, die Sie ggf. erhalten möchten und die Top 20, die sie gegebenenfalls zukünftig stärker optimieren möchten, um auf die erste Seite zu kommen (*Schwellenkeywords*).

Für den aktuellen Schritt in der Keyword-Recherche können Sie alle relevanten Keywords mit auf die Liste setzen.

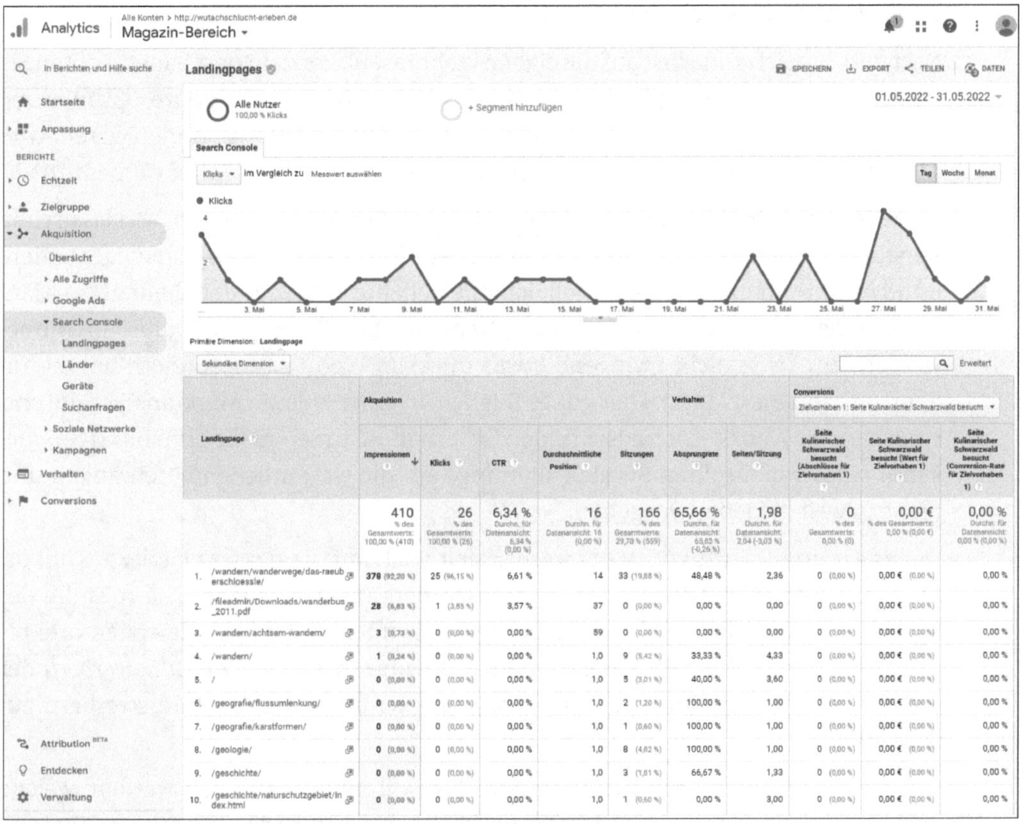

Abbildung 3.10 Search-Console-Daten in Google Analytics

Google-Ads-Kampagne als alternativer Datenlieferant

Wenn die Google Search Console nicht verfügbar ist – vor allem bei einem komplett neuen Websiteprojekt – dann bleibt Ihnen nur noch eine Möglichkeit übrig: Sie schalten eine breit angelegte Google-Ads-Kampagne. Das heißt, Sie schalten Anzeigen und werten die Impressionen auf Keyword-Ebene aus.

Dabei sind allerdings nicht nur die Impressionen interessant, sondern auch die tatsächlich verwendeten Suchanfragen. Sie sollten daher die Kampagnen mit der Keyword-Option »weitgehend passend« schalten, um möglichst viele tatsächliche Suchanfragen zu erhalten.

Hier geht es also nicht um das Generieren von qualifizierten Besuchern, sondern um das Schalten von Ads zur Generierung von Daten für die Keyword-Recherche der organischen Suchmaschinen-Optimierung.

3.5.4 Mitbewerber analysieren

Nachdem Sie sich zunächst auf die eigene Webpräsenz konzentriert haben, sollten Sie im Folgenden einen Blick über den Tellerrand hinauswagen. Die ganze Optimierung müsste nicht erfolgen, wenn Sie der einzige Anbieter von Informationen wären. Wieso sollten Sie sich also nicht anschauen, was die (erfolgreichen) Mitbewerber tun?

Dabei ist der Begriff *Mitbewerber* hier in zweierlei Sinne zu verstehen. Im klassischen Verständnis sind dies die konkurrierende Spedition aus der Nachbarstadt, der andere Handwerker um die Ecke oder vielleicht die beliebte Seite, auf der ebenfalls saarländische Kochrezepte angeboten werden. Demnach hat dieses Verständnis von Mitbewerbern zunächst nicht zwingend etwas mit dem Web zu tun, sondern beruht auf dem vorhandenen Markt. Hier gilt es folglich, in einer kleinen Marktanalyse die entsprechenden Websites herauszufinden, sofern diese Ihnen nicht ohnehin schon bekannt sind. Dabei sollten Sie sich allerdings auf die wesentlichen beschränken und nicht zu weit gefächert vorgehen.

Der erweiterte Begriff von Mitbewerber zielt auch auf die besser platzierte Konkurrenz auf den Ergebnislisten der Suchmaschinen ab. Dazu suchen Sie mithilfe der Suchmaschinen oder Webkataloge die passenden Seiten heraus. Die ersten drei bis vier organischen Einträge einer Ergebnisliste sind Ihre *Keyword-Mitbewerber* oder *SEO-Mitbewerber*. Im Idealfall decken sich diese mit den realen Mitbewerbern auf dem Markt.

Bei der Analyse von Seiten der Mitbewerber soll herausgefunden werden, welche Schlüsselbegriffe dort verwendet werden. Das dient primär der Erweiterung Ihrer eigenen Schlüsselwortliste. Insbesondere bei Seiten von Mitbewerbern, die für Suchmaschinen optimiert wurden, können Sie sich deren Arbeit gut zunutze machen.

Mittels Tools wie Sistrix lassen sich zunächst wie gezeigt die Mitbewerber-Rankings analysieren. Das sind dann gewissermaßen die Keywords, bei denen die Optimierung erfolgreich war. Allerdings stehen auch Wettbewerber (glücklicherweise) nicht für alle optimierten Keywords auf guten Positionen.

> **Praxistipp: Toolboxen nutzen für Keyword-Recherche**
>
> Auch verschiedene SEO-Tools unterstützen Sie beim Auffinden von Mitbewerbersites. Die SISTRIX-Toolbox stellt dazu z. B. im Bereich KEYWORDS/KEYWORDS die Suchbegriffe zusammen, für die ein Mitbewerber Rankings vorweist (siehe Abbildung 3.11). Sowohl die SISTRIX-Toolbox als auch andere Tools bieten darüber hinaus noch weitere Möglichkeiten der Keyword-Analyse bei Mitbewerber-Sites an. Sollten Sie über einen Tool-Zugang verfügen, gehört diese Analyse definitiv zum Pflichtprogramm.

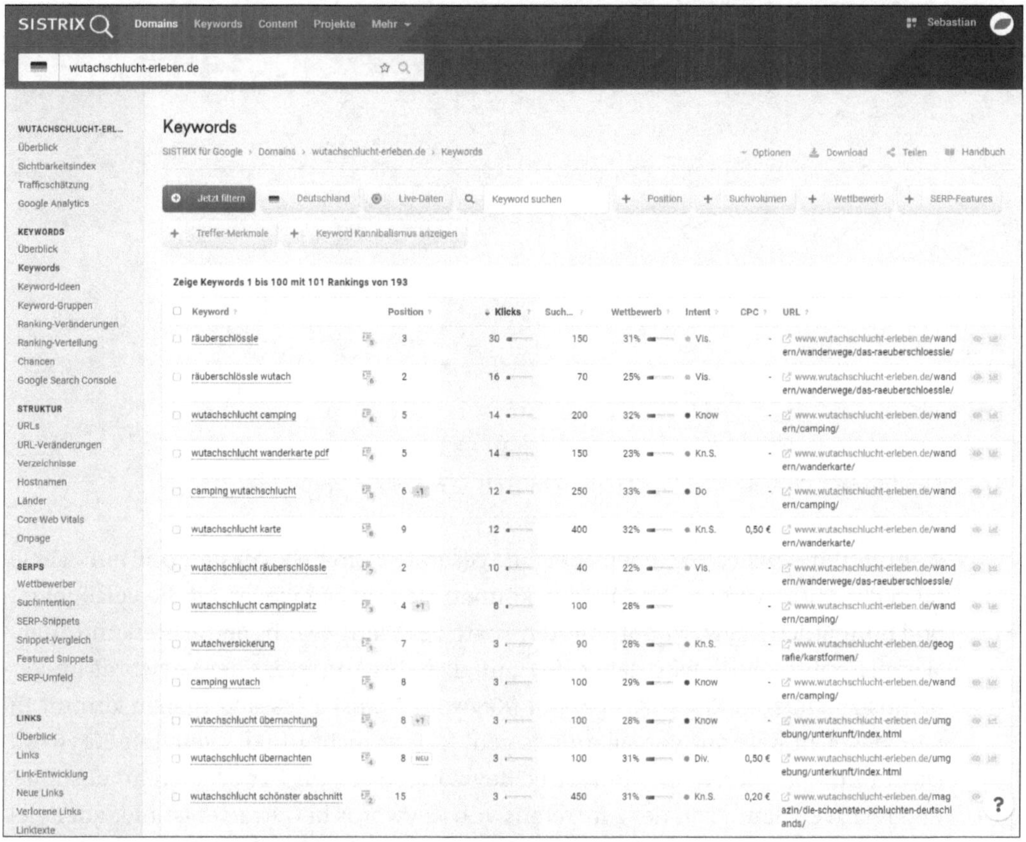

3.5 Schritte einer Keyword-Recherche

Abbildung 3.11 Keyword-Recherche mit der SISTRIX-Toolbox

Um an ein komplettes Keyword-Set eines Wettbewerbers zu gelangen, können Sie manchmal auf das veraltete Wissen oder die Unsicherheit der Mitbewerber bauen. Gar nicht so selten werden nämlich immer noch die Meta-Keywords in Content-Management-Systemen ausgefüllt und öffentlich ausgespielt, auch wenn Suchmaschinen diese seit Jahren schon nicht mehr berücksichtigen. Im Quellcode der Websites finden sich dann solche Einträge:

```
<meta name="keywords" lang="de" content="Autohaus, Ford, Carsharing,
Mietwagen, Reisemobilvermietung, Oldtimer">
```

Wenn sich jemand also wirklich die Arbeit gemacht hat, jede URL mit eigenen Keywords zu versehen, dann kann man hier einen wunderbaren Einblick in die Keyword-Strategie gewinnen – und entsprechend die Arbeit für die eigene Keyword-Liste nutzen. Ein wunderbares Tool, um schnell an diese Daten zu gelangen, ist übrigens der Screaming Frog SEO Spider (*www.screamingfrog.co.uk/seo-spider*).

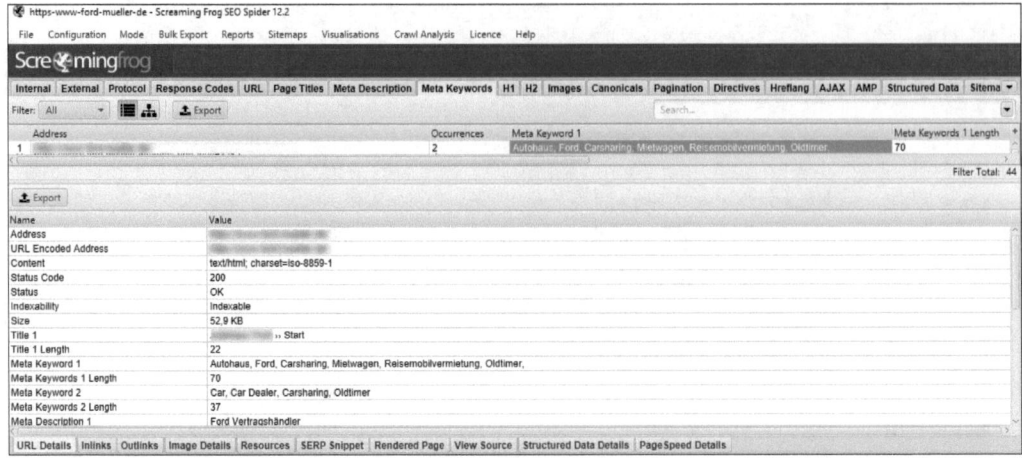

Abbildung 3.12 Mitbewerber-Analyse mittels Screaming Frog

Während ein solches Vorgehen eher eine gesamte Domain analysiert und ein »Versehen« des Mitbewerbers voraussetzt, können Sie hingegen jederzeit die verfügbaren und hoffentlich Keyword-optimierten Texte des Wettbewerbs betrachten und analysieren. Hauptsächlich wird dabei die Häufigkeit des Auftretens der Keywords im Verhältnis zu anderen Keywords gezählt (*Keyword-Fokus*). Dieses Vorgehen kommt Ihnen vielleicht bekannt vor, allerdings geht es hier nicht um die veraltete Keyword-Dichte im optimierenden Sinne. Der Keyword-Fokus wird zwar auch an absoluter und relativer Häufigkeit des Auftretens von Keywords bewertet, er ist hier aber vielmehr ein Hilfsmittel, um die Keyword-Optimierung des Mitbewerbers schnell und unkompliziert zu rekonstruieren. Abbildung 3.13 zeigt das Ergebnis einer solchen Analyse mit dem Browser-Plug-in *SeoQuake*.

Bei einer derartigen Analyse lässt sich sehr deutlich erkennen, auf welche Begriffe eine Seite abgestimmt wurde. Zu diesem Zeitpunkt soll es dabei nur um die Erweiterung der Liste gehen. Später ist eine derartige Analyse besonders auf Seiten hilfreich, die sich auf oberen Rangpositionen befinden.

An der Übernahme bestimmter Begriffe ist rechtlich nichts auszusetzen, solange diese nicht geschützt oder allzu speziell sind. Dies betrifft insbesondere auch Begriffskombinationen. Auch die als geschützt ausgezeichneten Slogans sind hier mit eingeschlossen. Besondere Vorsicht sollten Sie jedoch bei der Übernahme von Firmen- und Produktnamen walten lassen. Beim Deutschen Patent- und Markenamt (*www.dpma.de*) lässt sich übrigens im Anschluss an eine kostenlose Registrierung nach geschützten Marken suchen. Insbesondere bei den Produktkategorien und bei den Oberbegriffen im Allgemeinen lassen sich erfahrungsgemäß durch eine Analyse anderer Webseiten hier und da Ergänzungen zur bisherigen Liste finden.

3.5 Schritte einer Keyword-Recherche

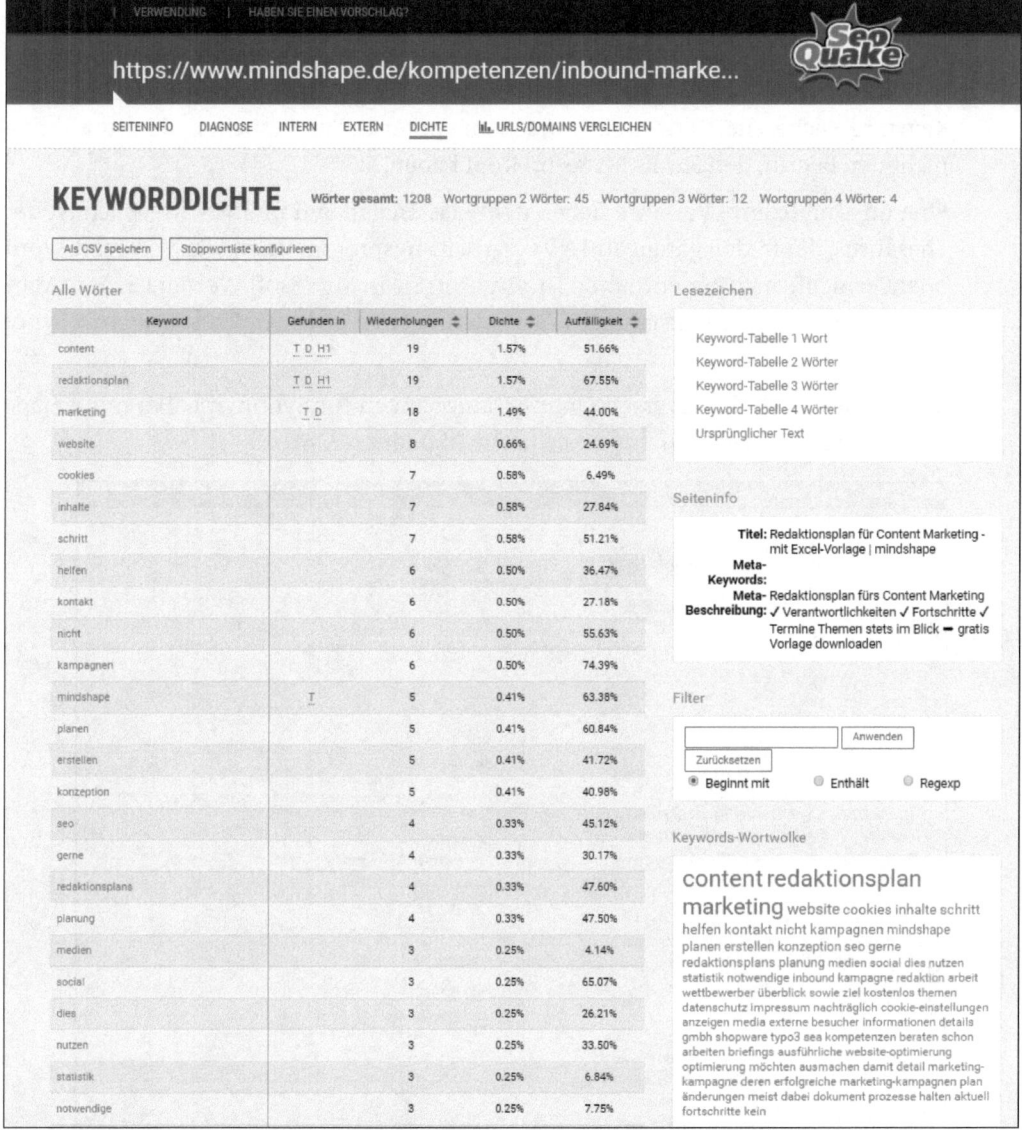

Abbildung 3.13 Term-Analyse mit dem Chrome-Plug-in SeoQuake

Sie sollten jedoch nicht dem Irrtum verfallen, eine in Schlüsselwörtern, Häufigkeiten und Dichte nachgeahmte eigene Seite würde zum gleichen Ranking-Erfolg führen wie bei einem Mitbewerber. Denn neben diesen Faktoren spielen, wie Sie wissen, auch die Formatierung, Positionierung und vor allem auch die Einzigartigkeit einer Domain mit ihrer Link-Popularity eine wichtige Rolle. Als Vergleich und gutes Vorbild taugt eine solche Analyse dennoch allemal.

3.5.5 Synonyme finden

Da es das Ziel der Keyword-Recherche ist, möglichst alle für Sie infrage kommenden Begriffe zu finden, gehört die Suche nach Synonymen zum Standardvorgehen einer Keyword-Recherche. Denn meist nutzen Ihre potenziellen Besucher oder Kundinnen nicht den Begriff, den Sie als Erstes im Kopf haben.

Eine unkomplizierte Variante neben dem klassischen Synonym-Wörterbuch ist der Thesaurus, der in den gängigen Textverarbeitungsprogrammen wie Microsoft Word oder OpenOffice Writer enthalten ist. Drücken Sie in Microsoft Word nach dem Markieren eines Wortes einmal ⇧ + F4, dann öffnet sich der Thesaurus mit Synonymen.

Beliebt sind auch die diversen Online-Datenbanken für Synonyme. Bei mindshape setzen wir auf den *openthesaurus.de* (siehe Abbildung 3.14).

Abbildung 3.14 Synonyme finden mit »openthesaurus.de«

Auch unter *https://wortschatz.uni-leipzig.de/de* finden Sie eine gute Quelle für Synonyme.

> **Praxistipp: API zur Automatisierung nutzen**
>
> *openthesaurus.de* bietet sogar eine API an, wenn man die Keyword-Recherche als semiautomatisierten Prozess etablieren möchte.
>
> Gerade wenn Sie häufig große Keyword-Recherchen durchführen, spart die Nutzung einer API enorm viel Zeit.

3.5.6 Umfeld: Freunde, Kollegen, Bekannte, Kunden und Besucher

Sie sollten nunmehr bereits eine recht gute Liste zur Hand haben. Mit der Analyse der Mitbewerber wurden bereits externe Ressourcen angezapft. Dies soll im nächsten Schritt noch ausgebaut werden.

Fragen Sie in Ihrem Umfeld nach Unterstützung. Bei privaten Projekten sind dies oftmals Freunde und Bekannte. Professionell erstellte Auftritte können dabei zunächst auf die intern vorhandenen Ressourcen zugreifen, also auf die Mitarbeiter. In seltenen Fällen wird außerdem ein Prototyp der zukünftigen Website als Studie in Auftrag gegeben. Viele Unternehmen, kommerzielle Institute wie auch Universitäten führen dann diesbezüglich Usability-Tests mit Probanden durch. Eine Abfrage der Schlüsselwörter findet dabei jedoch leider selten statt, könnte aber ohne Weiteres in den ohnehin vorgelegten Fragebogen aufgenommen werden.

In der Regel bleibt es bei den direkten Kontakten. Diesen Personen sollte man nicht etwa die Seite als Prototyp zeigen oder die bisherige Konzeption vorlegen. Vielmehr sollte die Frage lauten, welche Begriffe die Person nutzen würde, um den Inhalt Ihrer Webpräsenz oder einer Seite zu beschreiben oder danach zu suchen. Überprüfen Sie währenddessen, ob sich die genannten Begriffe bereits auf der Liste befinden, und markieren Sie diese jeweils pro Nennung. Falls Begriffe genannt werden sollten, die bislang noch nicht aufgetreten sind, werden diese ebenfalls hinzugefügt.

Als Nächstes legen Sie den Personen die Liste vor und gehen mit ihnen jeden Begriff unter dem Gesichtspunkt durch, ob dieser Begriff geeignet ist, das gewünschte Thema oder Produkt zu beschreiben. Hier werden Sie bereits eine Abstufung erhalten, die eine Unterscheidung von geeigneten und weniger geeigneten Begriffen erkennen lässt.

Darüber hinaus hilft dieses Verfahren manchmal, den einen oder anderen Hirnknoten zu lösen oder den notwendigen Schritt von dem Schlauch zu tun, auf dem man die ganze Zeit gestanden hat.

Im größeren Umfeld werden immer öfter auch Online-Befragungen auf den betreffenden Seiten durchgeführt. Bei der Suchmaschinen-Optimierung für die Website des Reiseführer-Anbieters *www.marcopolo.de* haben wir bei mindshape z. B. eine solche Online-Befragung durchgeführt.

Die Umfrage enthielt neben den Fragen zu Keywords auch Skalen zur Einschätzung der Usability und zur Motivation sowie zum Interesse der Besucher und Besucherinnen. Ein besonderer Vorteil von Online-Befragungen insbesondere im Vergleich zur Logdateien-Analyse besteht darin, dass auch zukünftige Seiten oder Seitenbereiche abgefragt werden können, die noch nicht veröffentlicht wurden.

Dabei muss bedacht werden, dass – sofern die Umfrage auf der betreffenden Webpräsenz durchgeführt wird und keine externen Aufrufe stattfinden – die Stichprobe nur die tatsächlichen Besucher und Besucherinnen der Website repräsentiert.

Andere Methoden, wie die Gruppendiskussion oder die direkte Nutzerbeobachtung, werden in bestimmten Fällen vorwiegend von Optimierungsagenturen eingesetzt. Dazu werden Nutzergruppen, die der Zielgruppe angehören, zu Gesprächen über das Projekt bzw. über die Website eingeladen. Die Nutzerbeobachtung hingegen wird üblicherweise mit einem Probanden und einem Moderator durchgeführt. Dabei werden die Aktionen auf dem Bildschirm samt den Äußerungen in einem Video zur Analyse aufgezeichnet (siehe Abbildung 3.15).

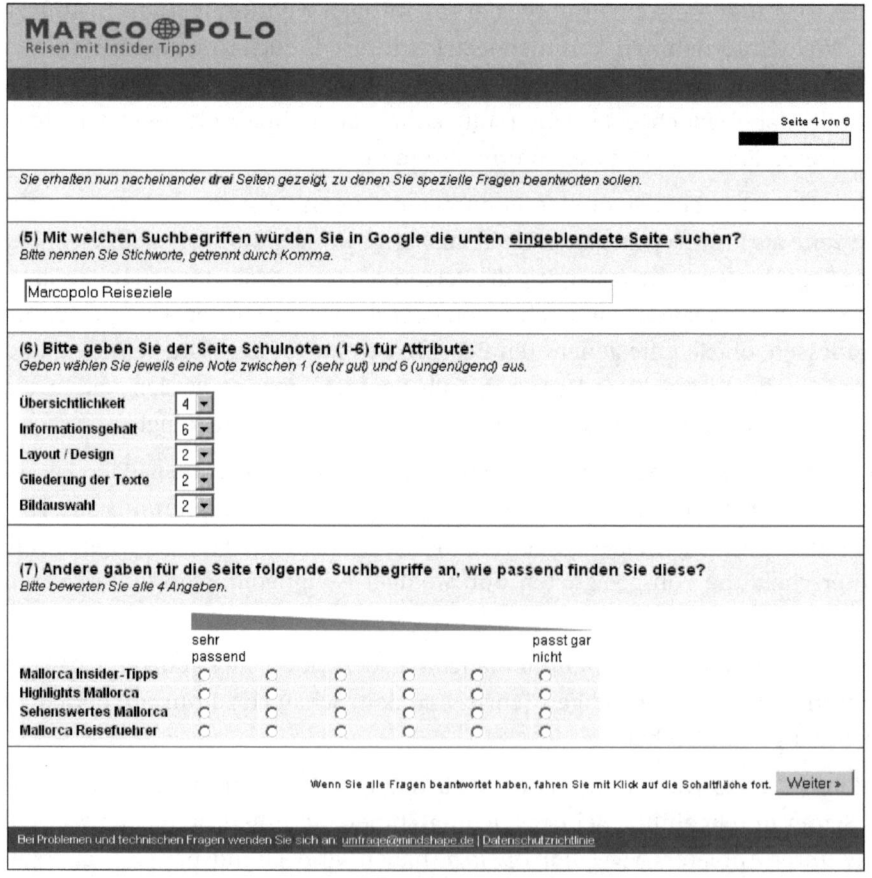

Abbildung 3.15 Umfrage zur Keyword-Recherche (gekürzte Darstellung)

Diese Methoden dienen jedoch nicht nur zur Erweiterung der Keyword-Liste allein, sondern sollen gleichzeitig andere Fragen beantworten, etwa nach der Usability.

3.5.7 IDF überprüfen

Gute Schlüsselwörter zeichnen sich, wie bereits festgestellt, nicht nur dadurch aus, dass sie ein Thema besonders gut repräsentieren, sondern sind auch umso besser geeignet, je weniger sie in den restlichen Dokumenten auftreten. Das Prinzip der *inversen Dokumenthäufigkeit* (IDF) führt dazu, dass sich ein Dokument mit global gesehen eher selten auftretenden Begriffen besser dazu eignet, ein gutes Ranking zu erzielen, als andere Dokumente. Für einen wissenschaftlichen Aufsatz über das Medium E-Mail könnte man so sicherlich die Schlüsselwörter »email« oder »E-Mail« benutzen. Allerdings tauchen diese Begriffe wie auch »Telefon« oder »Adresse« innerhalb jeder dritten Kontaktseite im Web auf. Außerdem gibt es viele Anbieter für kostenlose E-Mail-Accounts, die aufgrund der Link-Popularity sehr hohe Ranking-Werte besitzen und damit eine starke Konkurrenz bilden. Die IDF für diesen Begriff wäre in diesem Fall sehr ungünstig, und daher eignet sich der Begriff nur bedingt als Schlüsselwort. Stattdessen könnte man mit den Schlüsselwörtern »electronic mail« mehr Erfolg haben. Denn auch der Benutzer oder die Benutzerin, der oder die nach einem derartigen wissenschaftlichen Aufsatz sucht, wird nach einer ersten Eingabe des Begriffs »email« angesichts der unpassenden Ergebnisse seine bzw. ihre Suche präzisieren. Ob dabei dann »electronic mail« eine häufige Wahl ist und diese zum Erfolg führt, ist jedoch aufgrund der enormen Zahl von Dokumenten zu dieser Anfrage ebenso fraglich. Als Alternative böte sich eine Optimierung für eine Kombination von Begriffen wie etwa »email studie« an. Doch dazu später mehr.

Wie finden Sie jedoch schließlich heraus, ob ein Begriff grundsätzlich genügend Differenzierungspotenzial gegenüber der Datenbasis einer Suchmaschine besitzt? Das ist kinderleicht. Sie starten lediglich eine Suchanfrage mit dem betreffenden Begriff bei einer Suchmaschine. Alle Ergebnislisten enthalten eine Zahl, wie viele Dokumente die Ergebnismenge enthält. Diese grobe Größenordnung sollten Sie sich zu dem entsprechenden Begriff auf der Liste notieren. Je seltener ein Begriff vorkommt, umso besser ist es.

Bei dieser Gelegenheit lässt sich auch gleich abschätzen, ob ein einzelner Begriff als Schlüsselbegriff zuverlässig funktionieren wird. Beim Beispiel mit dem Wort »E-Mail« ist – abgesehen von der enorm hohen Treffermenge – die Konkurrenz auf den ersten beiden dargestellten Seiten ziemlich groß. Hier sollten Sie den Tatsachen ins Auge sehen und die Größe der beabsichtigten Webpräsenz in die Waagschale werfen. Um beim Beispiel zu bleiben: Selbst eine stark verlinkte und gut optimierte Website einer Universität, auf der ein Artikel über das Medium E-Mail publiziert wird, wird es angesichts der Top-Platzierten mail.de, t-online.de und Co. schwer haben. Gegebenenfalls sollten Sie sich daher verstärkt auf die Optimierung anderer Begriffe oder Begriffskombinationen konzentrieren.

Gehen Sie die einzelnen Begriffe nach dieser Methode durch und markieren Sie jene, bei denen eine besonders starke Konkurrenz zu erwarten ist. Wenn sich im Vorhinein bereits abzeichnet, dass Sie mit einem Schlüsselwort wahrscheinlich nicht unter die ersten zehn bis 20 Treffer kommen, ist blindes Weiterarbeiten eher eine Verschwendung von Zeit und Geld.

Leider lassen sich hier keine genauen Richtwerte angeben, ab welcher Trefferzahl ein Keyword zur Optimierung nicht mehr rentabel ist. Oftmals werden Erfahrungswerte genannt, die etwa wie folgt aussehen:

Anzahl der Treffer	Optimierbarkeit
bis 60.000	leicht
60.000 bis 230.000	schwieriger, jedoch im Bereich des Möglichen
230.000 bis 1.000.000	aufwendig, hoher Arbeitsaufwand
über 1.000.000	nur in Ausnahmefällen möglich

Tabelle 3.2 Optimierbarkeit von Keywords in Abhängigkeit von der Trefferzahl

Ein tatsächlicher Zusammenhang zwischen Trefferzahl und Optimierungsniveau lässt sich aber definitiv nicht über alle Keywords hinweg herstellen. Daher kann bei näherer Betrachtung eine derartig pauschale Angabe eigentlich nie Gültigkeit beanspruchen. Zu unterschiedlich sind die Einflüsse anderer Faktoren. Etwa die Frage, wie relevant eine Website für den gesuchten Themenkomplex ist. Oder: Wie sieht die Einbettung in die Verlinkungsstruktur anderer Websites aus? Wie gut hat die Konkurrenz ihre Seiten optimiert? Und wie hoch sind schließlich deren Themenrelevanz und Linkpopularität?

Ich empfehle daher, die Anzahl der gefundenen Treffer für eine Suchanfrage als Anhaltspunkt zu nutzen, um die Tendenz im Sinne der IDF für die Optimierung abzuschätzen. Dies ist vor allem dann sinnvoll, wenn sie inhaltlich oder thematisch keinerlei Einschätzung zu einem Keyword oder Themenbereich geben können. Eine wirklich scharfe Abgrenzung ist jedoch in den wenigsten Fällen sinnvoll.

3.5.8 Erste Bereinigung

Bislang wurde die Liste stetig erweitert und sollte nunmehr eine beachtliche Anzahl guter Schlüsselwörter aufweisen. Sicherlich finden Sie dort auch weniger geeignete Begriffe. Diese sollten Sie an dieser Stelle entfernen, um die späteren Arbeitsschritte nicht an zu vielen Begriffen durchführen zu müssen.

Bei der ersten Bereinigung sollten all jene Begriffe herausgefiltert werden, die bei einer Recherche definitiv nicht von der Zielgruppe ausgewählt würden. Sehen Sie sich nochmals die Zielgruppendefinition an und überprüfen Sie diesbezüglich anschließend die Liste. Darüber hinaus ist im besten Fall die Mehrheit der Begriffe mit Markierungen aus vorangegangenen Schritten versehen. Haben Begriffe bereits hier schlecht abgeschnitten und keine Markierung erhalten, sollten Sie sich überlegen, ob diese Begriffe als Schlüsselwort überhaupt sinnvoll eingesetzt werden können.

Finden Sie Einträge auf der Liste, die weniger als drei Zeichen zählen, sollten diese ebenso mit hoher Wahrscheinlichkeit entfernt werden, wenn es sich nicht um Abkürzungen handelt. So kurze Keywords haben selten einen hohen Unterscheidungswert und werden deswegen auch deutlich seltener zu qualifizierten Besuchern und Besucherinnen führen. Es sei denn, wie gesagt, es handelt sich um Abkürzungen oder seltene Produktnamen. Aber wie viele Produktnamen oder sinnvolle Schlüsselwörter mit zwei oder drei Zeichen fallen Ihnen auf Anhieb ein? Vermutlich eher weniger.

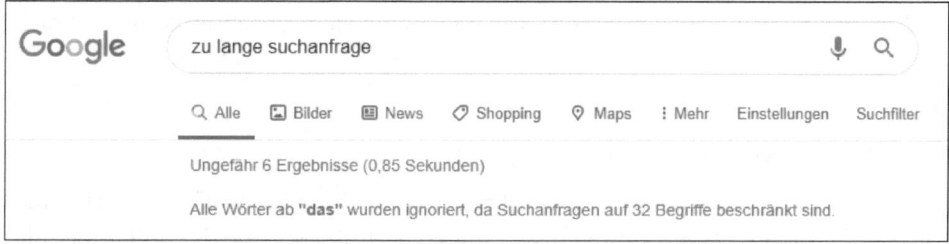

Abbildung 3.16 Mehr als 32 Keywords verarbeitet Google nicht.

Wenn man überhaupt die Zeichenzahl mit berücksichtigen möchte, wäre ein gutes Schlüsselwort zwischen fünf und vierzehn Zeichen lang. Das kann man gut eingeben und gut überblicken.

Eine Grenze gibt es bei Google nur für die Anzahl der Begriffe. Hier ist nach 32 Begriffen Schluss. In der Praxis kommen so lange Suchanfragen aber wohl nie vor. Sie sollten primär versuchen, sich in den Nutzer oder die Nutzerin hineinzuversetzen. Er oder sie möchte möglichst schnell an sein bzw. ihr Rechercheziel gelangen. Wahrscheinlich wird solch ein Benutzer oder Benutzerin in der Regel eher kürzere und prägnantere Begriffe verwenden, anstatt sich bereits bei der Eingabe des Suchbegriffs aufzuhalten. Schlimmstenfalls macht der Nutzer oder die Nutzerin lieber ein oder zwei nachfolgende Refinements und spezifiziert damit seine bzw. ihre Suche.

Sonderzeichen in den Keywords sollten Sie aufgrund der Verarbeitung durch Suchmaschinen ebenfalls vermeiden. Die Eingabe von »work%travel« oder »work$travel« wird von Google z. B. als Begriffskombination »work travel« angesehen. Dazu später mehr.

Erfahrungsgemäß fällt die Bereinigung bei kürzeren Listen meist spärlich aus. Bei ausführlicheren Listen kann es durchaus vorkommen, dass von den Einträgen ein Drittel oder mehr entfernt wird. Sie sollten diese Einträge jedoch nicht endgültig löschen, sondern für eventuelle spätere Verwendungen vorsorglich erhalten. Dieser Schritt soll lediglich die gänzlich unpassenden Begriffe herausfiltern. Im Zweifel sollte ein Begriff daher auf der Liste bleiben.

3.6 Keyword-Datenbanken

Im nächsten Schritt sollten Sie verschiedene Online-Datenbanken abfragen, die mit ihren spezifischen Ausrichtungen die Suche nach den Schlüsselwörtern erheblich vereinfachen. Darunter gibt es kostenlose wie auch kostenpflichtige Tools unterschiedlicher Qualität.

Besonders die Frage nach der Datengrundlage ist in diesem Kontext relevant, wenn Suchhäufigkeiten angegeben werden. Die unterschiedliche Datenherkunft lässt nicht ohne Weiteres einen Vergleich der angegebenen Suchhäufigkeiten zu.

3.6.1 Der Keyword-Planer von Google Ads

Es liegt zunächst nahe, bei demjenigen Anbieter eine Datenbankabfrage durchzuführen, bei dem die meisten Anfragen stattfinden. Dafür stellt Google im Rahmen des Ads-Programms ein Abfrage-Tool zur Verfügung, das auch für die Keyword-Recherche bei der Suchmaschinen-Optimierung hilfreich ist.

Der *Google-Keyword-Planer* (früher: *Keyword Tool*) ist nicht nur deswegen besonders beliebt als Quelle, weil die Daten von Google selbst stammen. Er ist auch das einzige Tool, das so vermeintlich aktuelle und ausführliche Informationen liefert. Sie müssen lediglich ein aktives Google-Ads-Konto haben.

Auch wenn er im Prinzip Nutzern und Nutzerinnen des Ads-Programms als Tool zur Seite gestellt wird, kann man ohne große Übertreibung sagen, dass sich der Google-Keyword-Planer auch für Suchmaschinen-Optimierer und -Optimiererinnen bei der Keyword-Recherche als Standard etabliert hat. Das liegt nicht zuletzt auch an der stetigen Optimierung des Tools durch Google selbst.

In der ersten Version gab Google noch keine Suchhäufigkeiten aus. In der zweiten Version des Tools gab es grobe Angaben über das Suchvolumen und die Mitbewerberdichte zu sehen. In der dritten Version konnten sehr viele detaillierte Angaben herausgelesen und auch exportiert werden. Der aktuelle Keyword-Planer wird ebenfalls stetig weiterentwickelt, teilweise erscheinen im Monatsrhythmus neue Funktionen.

Unter der Adresse *https://ads.google.com/aw/keywordplanner/home* ist dieses Tool öffentlich zugänglich (oder Sie klicken auf den ersten Ergebnistreffer bei der Suche nach »keyword planer«).

Falls Sie sich wundern: Die englische Schreibweise ist übrigens mit zwei »n« bei Planner, die deutsche enthält nur ein »n« bei Planer.

Zunächst müssen Sie zwischen zwei Optionen wählen (siehe Abbildung 3.17). Probieren Sie diese in Ruhe einmal beide aus. Für die Keyword-Recherche eignet sich vor allem die erste Option NEUE KEYWORDS ENTDECKEN. Hier geben Sie ein oder mehrere Keywords oder eine Zielseite ein. Alternativ können Sie auch eine vorgegebene Produktkategorie wählen.

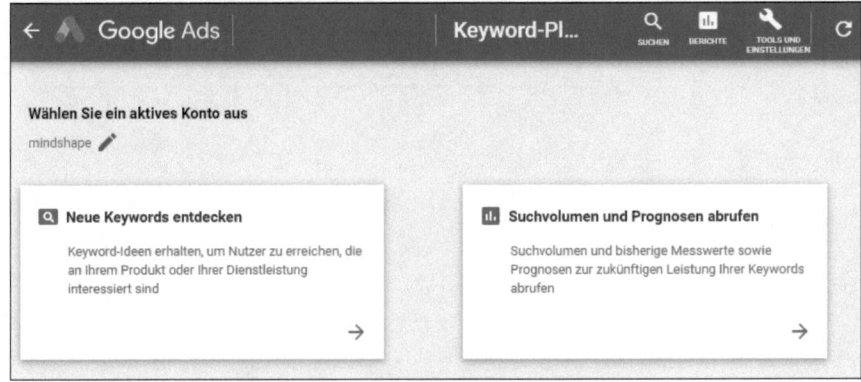

Abbildung 3.17 Wahlmöglichkeit im Google-Keyword-Planer

Üblicherweise können Sie für die Recherche die weiteren Suchparameter so beibehalten, wenn Sie deutschsprachige Keywords recherchieren. Nach Eingabe eines oder mehrerer Keywords wird eine Liste von Keywords angezeigt (siehe Abbildung 3.18). In der Liste finden Sie Keyword-Kombinationen, die entweder eines der oben angegebenen Keywords enthalten oder damit verwandt sind.

Sie haben links im Filter die Wahl zwischen KEYWORD-IDEEN und GRUPPIERTE IDEEN, bei denen die Keywords automatisch geclustert sind. Das hilft in der Regel allerdings nicht so viel, aber verschafft in der einen oder anderen Situation einen ersten Überblick. In dem horizontalen Filterbereich können Sie unter anderem die Zielregion und das Land einstellen. Das ist Pflicht, wenn Sie fremdsprachige Recherchen durchführen.

Eine Funktion sollten Sie auf keinen Fall verpassen (vgl. Abbildung 3.19). Im Bereich NEUE KEYWORDS ENTDECKEN befindet sich rechts auch der zweite Tab MIT EINER WEBSITE BEGINNEN. Hier geben Sie eine Domain oder noch besser eine bestimmte URL ein, wählen dann die passenden Optionen darunter, und Google zeigt Ihnen anschließend die passenden Keywords an. Dies ist ein sehr effizientes Verfahren für die Mitbewerber-Keyword-Recherche.

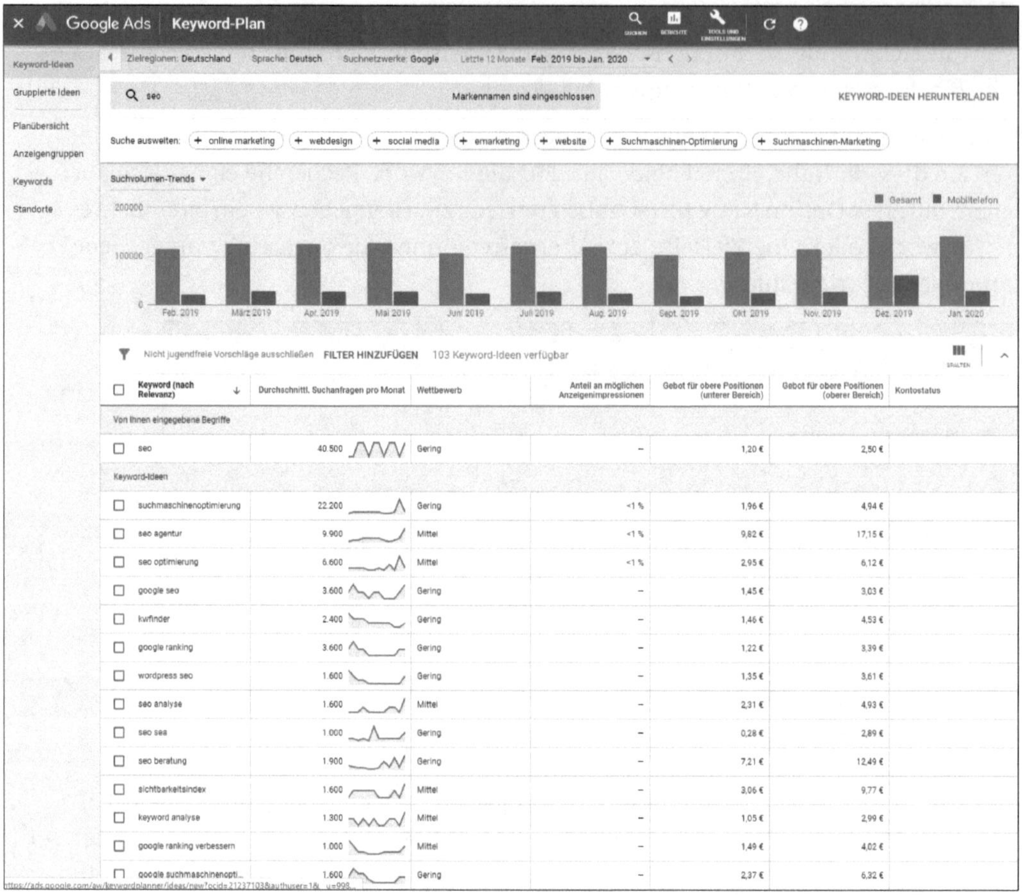

Abbildung 3.18 Listenansicht des Keyword-Planers mit Suchvolumen

Abbildung 3.19 Mitbewerber-Keyword-Recherche mittels Google Planer

Die zweite Ansicht, SUCHVOLUMEN UND PROGNOSEN ABRUFEN, ermöglicht direkt das Eingeben von Keywords, für die dann jeweils die Daten angezeigt werden. Hier kann man auch eine CSV-Datei hochladen. Erfahrungsgemäß werden aber nicht alle Keywords strukturiert und vollständig übernommen.

Eine kostenpflichtige API für die Abfragen gibt es technisch auch. Allerdings ist der Zugang dazu äußerst beschränkt und wird von Google nur nach einem aufwendigen Prüfprozess freigegeben, bei dem der Sinn und Zweck der Datenabfrage genau hinterfragt wird. Das führt dazu, dass die API im SEO-Bereich direkt keine Rolle spielt. Es gibt allerdings Alternativen, auf die ich später eingehe.

Zunächst sollen Sie sich auf jeden Fall mit den Kennzahlen aus dem Keyword-Planer vertraut machen, denn diese werden toolübergreifend genutzt, sobald es um Suchvolumina geht.

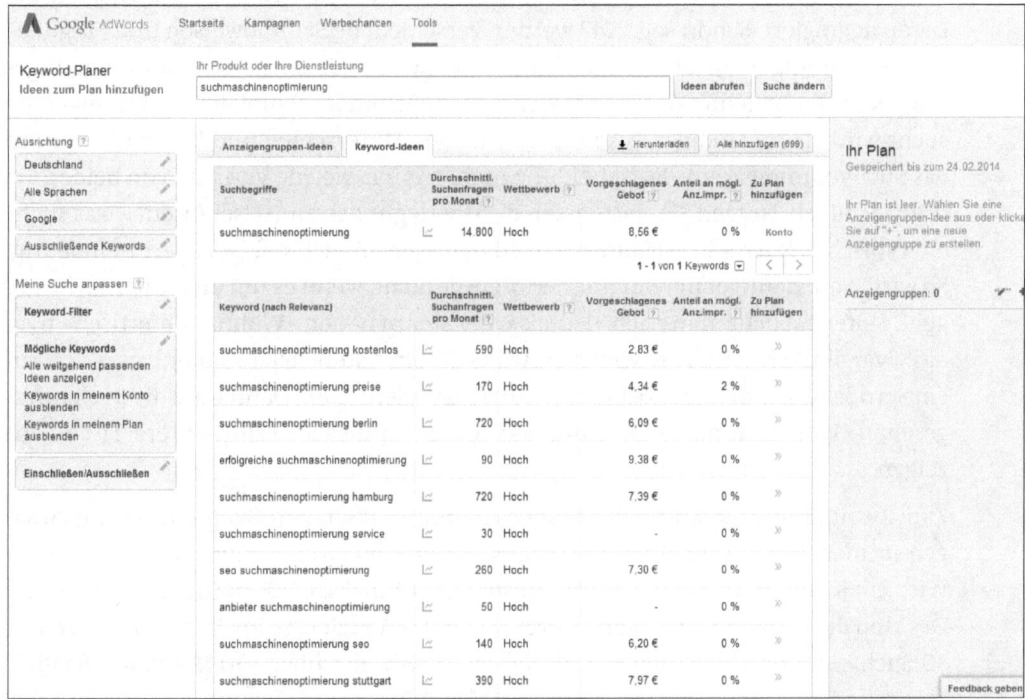

Abbildung 3.20 Listenansicht des Keyword-Planers

Suchvolumen

Die Sortierung der Listen erfolgt standardmäßig nach der Relevanz, die der Keyword-Planer automatisch berechnet. In der Spalte DURCHSCHNITTLICHE SUCHANFRAGEN PRO MONAT wird zu jeder Keyword-Kombination das monatliche Suchvolumen angegeben.

Unter SUCHVOLUMEN ist dabei die Anzahl der Google-Suchanfragen von Nutzern nach dem betreffenden Keyword bzw. der betreffenden Keyword-Kombination zu verstehen. Diese Angabe erfolgt auch noch in Bezug auf das lokale Suchvolumen, wenn Sie eine Region, ein Land und ein Endgerät ausgewählt haben. Grundsätzlich sollten Sie bei der Keyword-Recherche im Voraus festlegen, für welche Region Sie geeignete Keywords für die Optimierung suchen. Ist dies weltweit, nutzen Sie die monatlichen globalen Suchanfragen für die weiteren Einschätzungen. Möchten Sie aber z. B. nur den österreichischen Markt beurteilen, stellen Sie den Standort im Keyword-Planer auf ÖSTERREICH um und nutzen dann anschließend das monatliche lokale Suchvolumen.

Bei der Betrachtung vor allem von Suchvolumina sind zwei Aspekte besonders wichtig, die Sie nie vergessen dürfen. Erstens hat Google über die Jahre die Nutzung des Google-Keyword-Planers nicht nur immer weiter eingeschränkt, sondern auch die Daten aggregiert. Schon seit 2017 werden verschiedene Schreibweisen und Singular-Plural-Nennungen zusammengefasst, und es wird das gleiche Suchvolumen angezeigt. Konkret bedeutet das: Selbst wenn ein Keyword im Plural deutlich weniger gesucht wird als im Singular, erkennen Sie keinen Unterschied und können aufgrund des Suchvolumens keine Entscheidung mehr treffen, welche Variante von beiden Sie primär nutzen. Nutzen Sie stattdessen die Überlegungen zum User Intent – was sucht ein typischer Nutzer bzw. Nutzerin wohl häufiger? Manchmal ist es recht eindeutig. So wird wohl häufiger der Singular »Hotel« gesucht, wenn es um eine Übernachtung geht. Seltener sucht man nach »Hotels«. Bei einem neuen »Wohnzimmertisch« mag das zwar ähnlich sein, aber vielleicht wünscht ein potenzieller Käufer bzw. Käuferin eine große Auswahl und möchte sich zunächst orientieren. Dann wäre die Suchanfrage eher »Wohnzimmertische«, und sie sollten in diesem Fall mehrere Tische anzeigen.

Zum Zweiten sind die Angaben der Suchvolumina äußerst großzügig, um nicht zu sagen immer falsch. Sie sollten höchstens zur groben Orientierung genutzt werden. Wird ein Keyword im Monat 20-mal gesucht, 200-mal, 2.000-mal oder 60.000-mal? Das sind die Größenordnungen, die relevant sind. Vergleiche im Sinne von 20 versus 30 Suchvolumen sind sinnlos, weil die Daten teilweise über 200 % von der Realität abweichen.

Verlassen Sie sich also nicht exakt auf die Angaben des Keyword-Planers oder auch anderer Tools mit Suchvolumen, sondern nehmen Sie diese bloß als groben Richtwert.

> **Praxistipp: Suchvolumina mit Impressions aus der GSC vergleichen**
>
> Leider schwankt die Genauigkeit der Suchvolumen-Daten sehr von Keyword zu Keyword. Um eine grobe Orientierung zu bekommen, können Sie die Suchvolumen-Daten aus dem Keyword-Planer mit den Impression-Daten der Google Search Console vergleichen. Wenn Sie bestimmte Impressionsdaten aus der GSC nehmen, dann können Sie die Daten gut vergleichen und werden sehen, dass die Abweichung meist recht hoch ist.
>
> Die GSC-Daten für ein Keyword können Sie dann nutzen, wenn Sie über einen ganzen Monat eine stabile Top-10-, besser noch Top-5-Position für dieses Keyword innehatten. Denn dann wurde Ihr SERP-Snippet bei jeder getätigten Suchanfrage im Monat auch angezeigt und erhielt eine Impression – was praktisch das »echte« monatliche Suchvolumen darstellt.

Wettbewerb

Unter WETTBEWERB finden Sie eine Angabe zur Mitbewerberstärke bei den Ads-Anzeigen. Der Wert erstreckt sich von 0,0 (Gering) über 0,5 (Mittel) bis 1,0 (Hoch). Je nach Tool wird entweder die Zahl oder die passende Stufe eingeblendet. Ein Wert von 0,5 (Mittel) bedeutet also einen mittleren Wettbewerb. Diese Angabe ist einerseits interessant, wenn Sie bezahlte Werbung über Ads anstreben. Denn je höher der Wettbewerb um ein Keyword bei Google Ads ist, desto mehr Bieter gibt es und desto höher und teurer wird vermutlich auch das Ads-Gebot für dieses Keyword sein, um eine Anzeige auf einer guten Position platzieren zu können.

Für die Keyword-Recherche bei der organischen Suchmaschinen-Optimierung ist der Wert allerdings auch sehr interessant, denn er gibt einen Hinweis auf den Grad der Prominenz des Keywords: Je mehr Ads-Kunden für einen Begriff werben, umso stärker wird dieser Begriff oder die Begriffskombination auch in den organischen Ergebnislisten »umkämpft« sein.

Gebot für obere Positionen

Interessant für die spätere Potenzialanalyse ist noch die Spalte GEBOT FÜR OBERE POSITIONEN (OBERER BEREICH). Diese gibt Ihnen Informationen darüber, wie hoch der Klickpreis durchschnittlich bei einer oben positionierten Ads-Anzeige mit diesem Keyword wäre. Die Überlegung ist identisch mit der oberen: Je teurer die Anzeigen für ein Keyword geschaltet werden, desto mehr ist erfahrungsgemäß davon auszugehen, dass dieses Keyword auch in den organischen Rankings umkämpft sein wird. Bei einigen Tools ist diese Angabe auch unter CPC zu finden.

Dabei möchte ich Sie keineswegs ermutigen, nur die günstigen Keywords auszuwählen. Aber spätestens hier sollten Sie nochmals die oben erläuterte und von Ihnen vorab gewählte Keyword-Strategie mit den Zahlenwerten Ihrer Mitbewerber und den Ads-Kosten abgleichen. Es macht in der Regel keinen Sinn, eine Longtail-Strategie zu wählen und dann nur solche Keywords auszuwählen, die allesamt einen Klickpreis von über 5 € besitzen und damit entsprechend umkämpft sind. Das bedeutet nämlich, dass diese Longtail-Keywords schon von Mitbewerbern stark optimiert sind und dass Sie sich eher auf eine Auswahl dieser Keywords konzentrieren sollten, anstatt generalistisch mit einer Longtail-Strategie gegen die gezielte Optimierung von Mitbewerbern punkten zu wollen.

Suchtrend für saisonale Keywords
In der Spalte Durchschnittliche Suchanfragen pro Monat finden Sie wie beschrieben das durchschnittliche Suchvolumen und eine kleine Verlaufsgrafik. Wenn Sie mit der Maus über diese fahren, erscheint ein eigenes Fenster (siehe Abbildung 3.21). Dort sehen Sie, wie das Suchvolumen je Monat für das Keyword »Osterhase« aussieht.

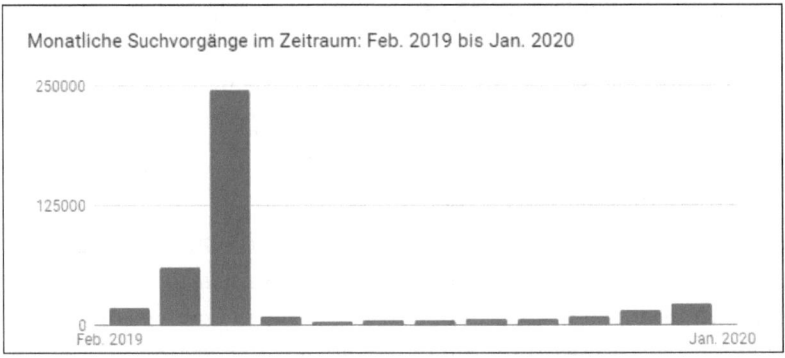

Abbildung 3.21 Suchvolumen in der Monatsansicht für »Osterhase«

Diese Funktion ist besonders für Branchen und Keywords interessant, die über das Jahr hinweg unterschiedliche Suchvolumen verzeichnen und für die der Durchschnitt nicht so aussagekräftig ist. So kann man z. B. zu Beginn der Sommerferien einen erhöhten Bedarf an Sonnenmilch über das Such-Tool feststellen oder vor Weihnachten die Entwicklung des Begriffs »Weihnachtsgeschenke« nachvollziehen.

Für noch detailliertere Auswertungen in Bezug auf die saisonale Entwicklung stellt Google übrigens das Tool *Google Trends* unter *www.google.de/trends* bereit.

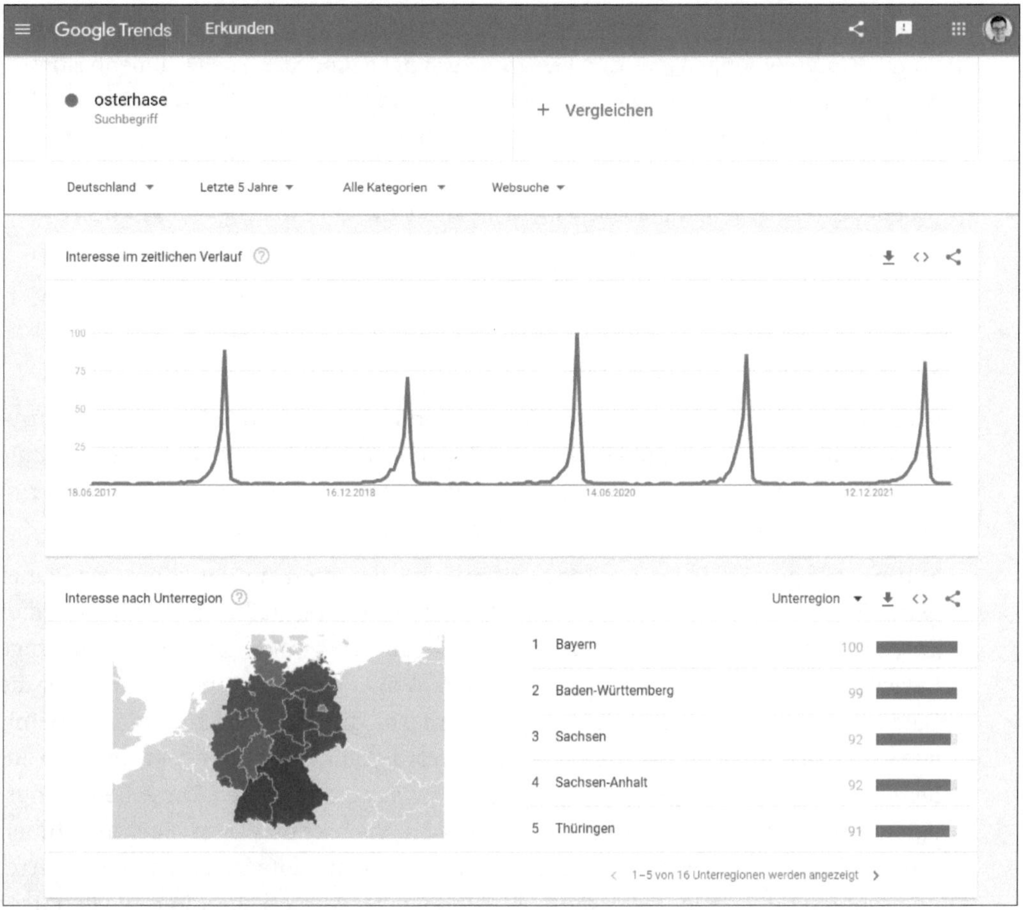

3.6 Keyword-Datenbanken

Abbildung 3.22 Über Google Trends lassen sich ebenfalls Keywords mit saisonalen Schwankungen genauer betrachten.

Download der Daten

Über die Schaltfläche KEYWORD-IDEEN HERUNTERLADEN rechts oben können Sie alle Daten als CSV-Datei herunterladen. Hier stehen auch die monatlichen Trends dann als Zahlenwerte zur Verfügung.

> **Praxistipp: Nicht nur den Keyword-Planer nutzen**
>
> Sie sollten nicht glauben, dass Google über den Keyword-Planer alle Geheimnisse preisgibt. Bei Weitem nicht alle Anfragen, die über die Google-Suchmaske vorgenommen werden, stehen zur Anzeige im Google-Keyword-Planer bereit, und auch die Zahlenwerte sind – vergleicht man diese später mit den eigenen Zugriffszahlen selbst bei Platz-1-Positionierungen – nicht immer hundertprozentig zuverlässig.

177

> Dennoch ist der Keyword-Planer das Standard-Tool für Suchmaschinen-Optimierer und -Optimiererinnen bei der Keyword-Recherche und der Suchvolumenbestimmung. Meist wird auf den Einsatz anderer Tools gänzlich verzichtet. Das erklärt vielleicht auch das regelrechte Aussterben von Alternativen, wie Sie im Folgenden lesen werden.
>
> Dennoch gibt es weitere Möglichkeiten für die Keyword-Recherche. Verlassen Sie sich nicht nur auf den Keyword-Planer, denn den verwenden alle – auch Ihre Mitbewerber.

3.6.2 Keyword-Planer Derivate

Insgesamt ist der Keyword-Planer von Google nicht gerade ein Beispiel für hervorragende Usability. Man munkelt, dass der Zugang und die Bedienung seitens Google absichtlich erschwert werden, damit Suchmaschinen-Optimierer und -Optimiererinnen nicht zu viele und zu leicht Suchvolumen-Daten extrahieren können.

Mittlerweile gibt es eine ganze Industrie, welche die Daten aus dem Keyword-Planer extrahiert und als Datenbank oder als Tool zur Verfügung stellt. Beim Anbieter *dataforseo.com* kann jeder für etwas über 5.000 Dollar ca. 134 Millionen deutschsprachige Keywords mit entsprechenden Daten kaufen. Woher diese oder andere Anbieter die Daten genau haben, erfährt man so gut wie nie, da die Datenbeschaffung vermeintlich gegen die AGB von Google und des Keyword-Planers verstoßen würde. Eine andere potenzielle Datenquelle sind sogenannte *Clickstream-Daten*. Diese Bewegungsdaten und somit auch Keyword-Eingaben in Suchschlitze von Suchmaschinen werden durch Browser-Plug-ins oder Browser-Toolbars aufgezeichnet, ausgewertet und schlussendlich wieder verkauft. Hin und wieder werden allerdings die Benutzer und Benutzerinnen gar nicht oder nur sehr versteckt darauf hingewiesen.

Diese oder andere Quellen werden am Ende jedoch von allen Tool-Anbietern als Datenquelle genutzt, sobald es um das Thema Suchvolumen und CPC-Preise geht.

Entsprechend groß ist die Bandbreite der Tools, und letztendlich ist es jedem selbst überlassen, welche Zusatzfunktionen noch spannend und hilfreich sind und wie hoch die Kosten sind. Ein gut zu bedienendes und nicht zu teures Tool ist der *kwfinder.com* von Mangools.

Er ist wie viele andere Tools deutlich einfacher und vor allem schneller zu bedienen als der Google-Keyword-Planer. Und bei Recherchen von mehreren Hundert Keywords spielt Geschwindigkeit eine große Rolle.

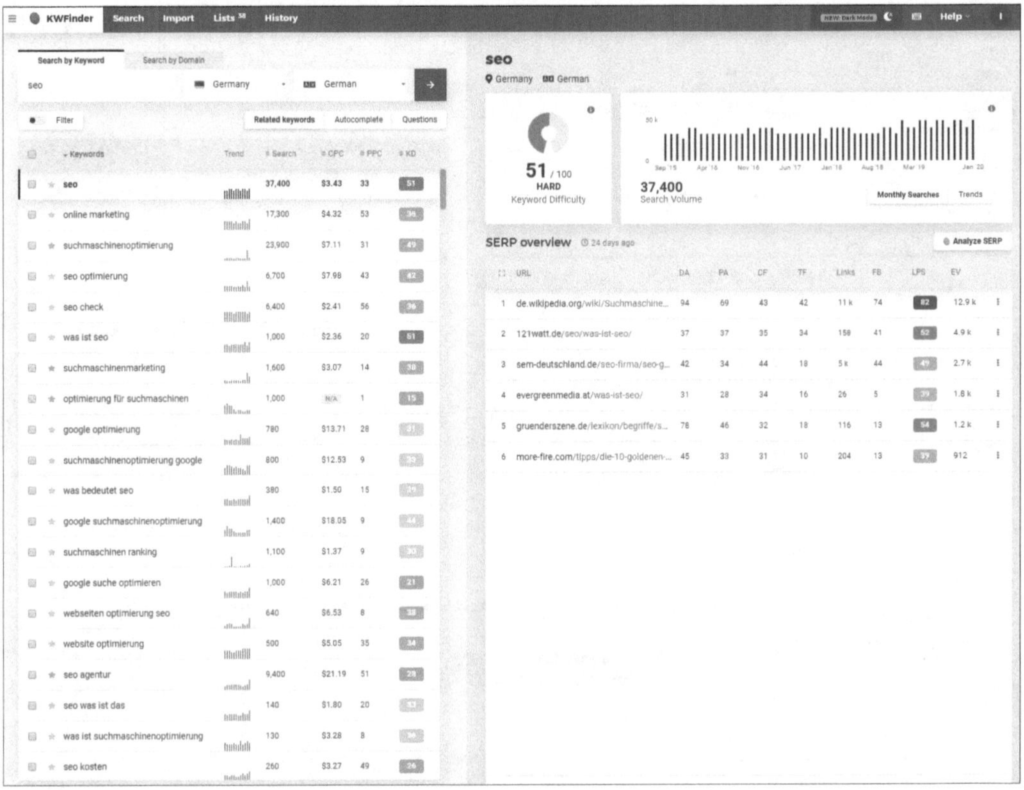

Abbildung 3.23 KWfinder von Mangools ist ein guter Ersatz für den Keyword-Planer.

Zusätzlich bringen solche Derivate weitere Berechnungen mit. So hat sich über die Jahre überall eine Form der *Keyword-Difficulty* etabliert. Je Anbieter ist die Berechnung höchst unterschiedlich. Sie soll aber ausdrücken, wie schwer oder leicht eine Optimierung ist. Nutzen Sie diesen Wert allerdings höchstens als grobe Orientierung, da die Schwere einer Optimierung vor allem von dem konkreten Optimierungsstand Ihrer Website abhängt.

Ähnliche Auswertungen finden Sie nach dem Login mit einem Google-Account bei Neil Patel unter *https://app.neilpatel.com/en/ubersuggest*.

Wenn Sie also kein ausreichend hohes Google-Ads-Volumen ausgeben und damit den Google-Keyword-Planer nicht nutzen können, stehen ausreichend kostenpflichtige Alternativen zur Verfügung.

3 Keyword-Recherche

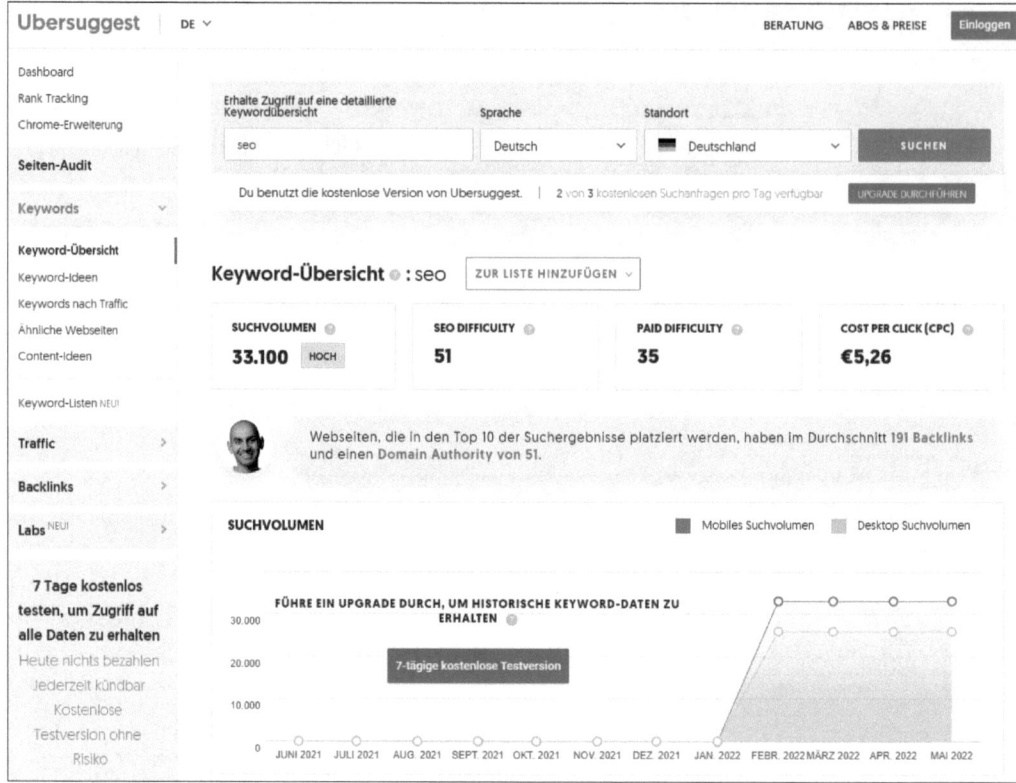

Abbildung 3.24 uebersuggest von Neil Patel

3.6.3 Verwandte Suchanfragen

Die SEO-Tool-Industrie stellt mittlerweile sehr viele Datenquellen und Auswertungsmöglichkeiten zur Verfügung. Aber auch ohne Tools können Sie weiter Ihre Keyword-Liste auffüllen und anreichern. So liefert Google direkt bei den Suchergebnissen auch spannende Informationen. Die verwandten Suchanfragen finden Sie ganz unten auf der Ergebnisseite (siehe Abbildung 3.25).

Abbildung 3.25 Google zeigt verwandte Suchanfragen an.

3.6.4 Google Suggest

Google und Bing bieten mit der Auto-Suggest-Funktion eine weitere Quelle für die Keyword-Recherche. Nach der Eingabe eines Suchbegriffs erscheinen weitere mögliche Ergänzungen (siehe Abbildung 3.26).

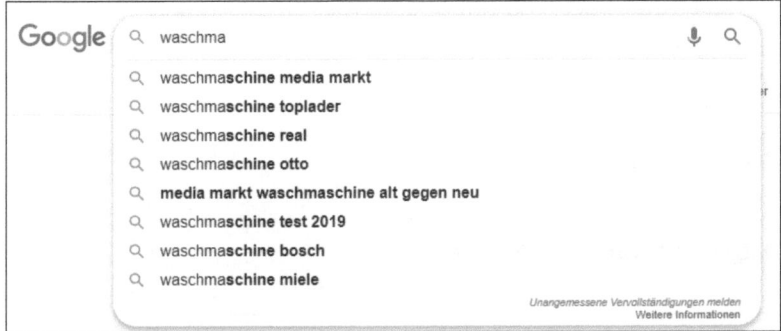

Abbildung 3.26 Google Suggest

Wenn einige der Vorschläge für Ihr Projekt passen, übernehmen Sie die Keywords in Ihre Liste. Mit einer einfachen Eingabestrategie können Sie auch noch weitere Keyword-Kombinationen erfragen. Dazu setzen Sie zunächst ein Keyword ein, im Beispiel ist dies »Waschmaschine«. Google Suggest zeigt Ihnen verschiedene Varianten an. Mit einem Leerzeichen erhalten Sie dann Vorschläge für einen zweiten Begriff.

Abbildung 3.27 Suggest mit Leerzeichen

Wenn Sie nun die Buchstaben des Alphabets durchgehen, erhalten Sie nach und nach verschiedene Vorschläge. So bringt die Eingabe von »Waschmaschine A« die Liste aus Abbildung 3.28 zum Vorschein.

Die Eingabe von »Waschmaschine B« liefert wiederum ganz andere Begriffe (siehe Abbildung 3.29).

3 Keyword-Recherche

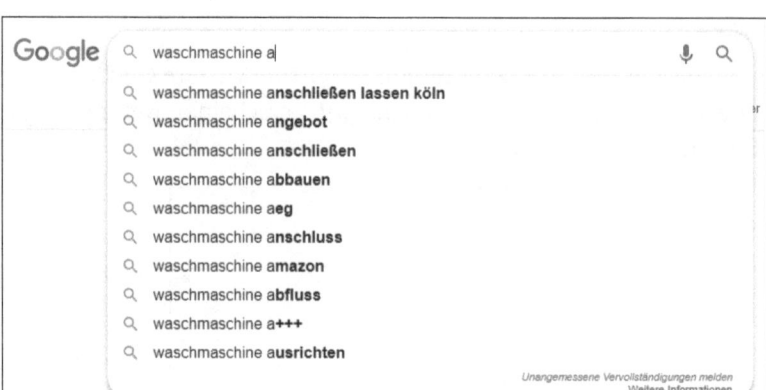

Abbildung 3.28 Suggest mit Leerzeichen und »A«

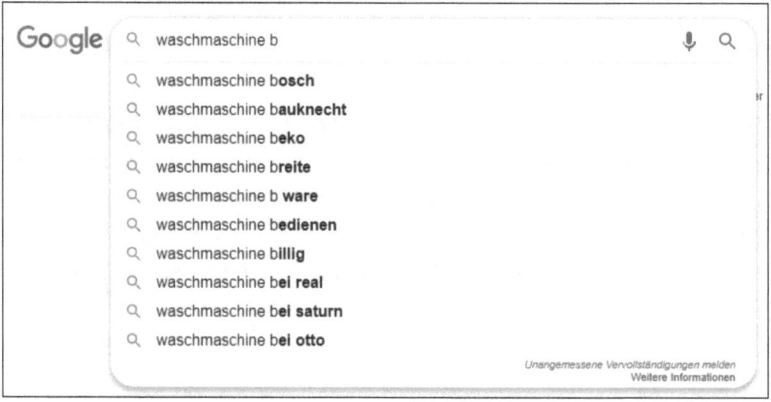

Abbildung 3.29 Suggest mit Leerzeichen und »B«

Dieses Eingabemuster können Sie für das gesamte Alphabet durchspielen und erhalten so zahlreiche Keyword-Ideen. Vor allem zum Auffinden von Midtail- oder Longtail-Keywords ist diese Methode gut geeignet. Sie können das ABC-Verfahren natürlich auch nach dem zweiten Wort beginnen, etwa nach »Waschmaschine test s« (siehe Abbildung 3.30).

Wie so häufig gibt es kurz nach dem Erscheinen einer solchen Funktion von Google verschiedene Tools, die diese manuelle Abfrage für Sie automatisieren. Bis zum 10. August 2015 hat Google das auch durchgehen lassen. Dann allerdings wurde die Programmierschnittstelle offiziell geschlossen. Einige Anbieter haben andere technische Wege gefunden, die Daten von Google zu erhalten. Andere sind auch auf die Suggest-Funktion von Bing als Quelle umgestiegen. Bekannte, mittlerweile aber auch alle kostenpflichtigen Vertreter sind *www.keywordtool.io*, *www.hypersuggest.com* oder der oben als Suchvolumen-Lieferant genannte *kwfinder.com*.

3.6 Keyword-Datenbanken

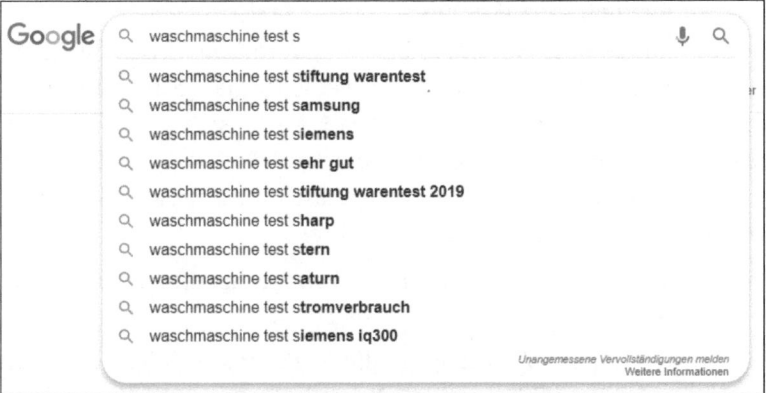

Abbildung 3.30 Longtail-Recherche mit Google Suggest

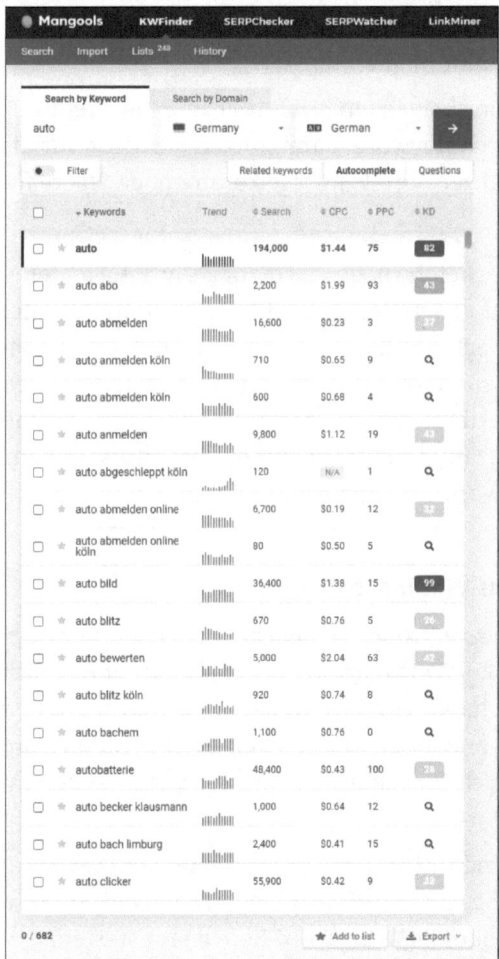

Abbildung 3.31 Suggest-Einträge aus »kwfinder.com«

Sinnvoller Umgang mit der Suggest-Methode

Wenn Sie mit dieser Methode neue Keywords bzw. Keyword-Kombinationen generieren, werden Sie relativ schnell feststellen, dass Sie eine Unmenge an neuen sinnvollen und weniger sinnvollen Keywords generiert haben. Hier sollten Sie umsichtig vorgehen, denn wenn Sie ein generisches Keyword wie etwa »Rezept« eingeben, dann erhalten Sie jede Menge auch nicht passender Ergebnisse für Ihr Projekt. Sie sollten daher diese Regeln bei einer Longtail-Recherche beachten:

1. Verwenden Sie ein möglichst spezifisches, nicht generisches Keyword als Ausgangs-Keyword.
2. Übernehmen Sie nicht blind alle Vorschläge in die finale Liste, sondern gehen Sie die Ergebnisse einzeln durch und überprüfen Sie sie kritisch auf die thematische Passgenauigkeit.
3. Überprüfen Sie das Suchvolumen der vorgeschlagenen Keyword-Erweiterungen. Eine Optimierung auf viele Keywords ist aufwendig und teuer und lohnt sich in der Regel nur, wenn ausreichend Suchvolumen vorhanden ist.
4. Versuchen Sie, aus den genannten Vorschlägen ein Schema abzuleiten. Steht z. B. häufig eine Stadt hinter dem genannten Keyword, dann nutzen Sie nicht nur die vorgeschlagenen Städte, sondern ergänzen Sie alle infrage kommenden Städte für Ihre Keyword-Liste.

Es geht in diesem Schritt der Keyword-Recherche noch viel mehr als in allen anderen hauptsächlich darum, Keyword-Ideen zu generieren. Sie sollten sich immer wieder aktiv zurücklehnen und fragen, welches Schema hinter bestimmten Keywords oder Varianten steht und ob Sie damit eventuell weitere ähnliche Schemata recherchieren können. Wenn Sie die Tools lediglich dazu nutzen, unüberlegt eine lange Liste von passenden und (wohl dann in der Mehrzahl) unpassenden Keywords zu sammeln, dann führen Sie keine zielführende Keyword-Recherche mehr durch.

3.6.5 Google Search Console (ehemals Webmaster-Tools)

Google stellt über die *Google Search Console* (früher *Webmaster-Tools*) Webmastern einige Informationen zu ihrer Website zur Verfügung. Unter anderem finden sich auch Angaben darüber, bei welchen Suchanfragen Ihre bestehende Website in den Trefferlisten erschienen ist. Das ist besonders charmant, weil es sich hierbei um Daten direkt von Google handelt, die auch für die Benutzung zur Suchmaschinen-Optimierung gedacht sind.

Die Besonderheit bei diesen Daten ist natürlich, dass es ausschließlich Keyword-Daten sind, für die Ihre vorhandene Website bereits in den Top 100 ranked. Sie können damit also keine fremden Websites oder neue Keyword-Bereiche austesten.

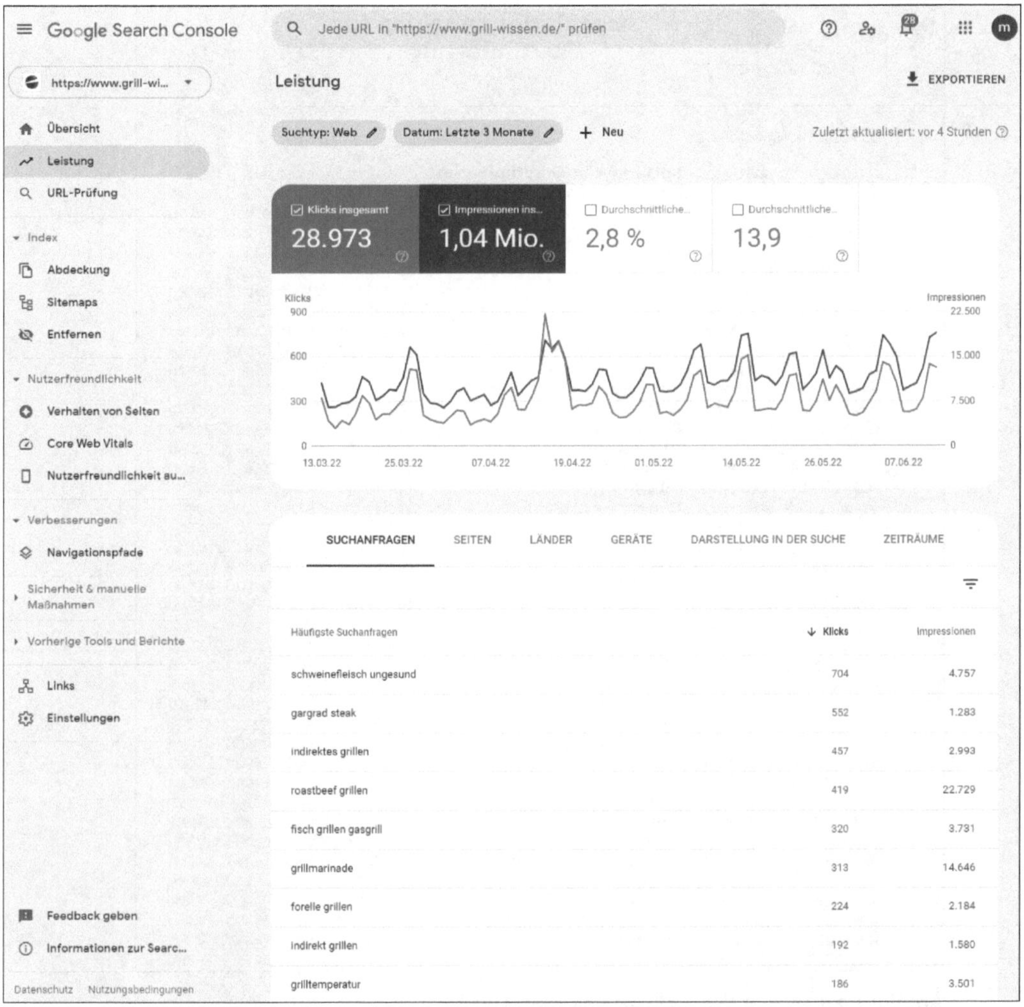

Abbildung 3.32 Leistungsbericht in der Google Search Console (GSC)

Häufig sind diese Keywords aber auch eine sehr gute Ausgangsbasis für eine Midtail- oder Longtail-Analyse. Geben Sie doch einmal ein paar der Keywords aus der Search Console, wie soeben beschrieben, in Google Suggest mit der ABC-Methode ein.

3.6.6 MetaGer

Ein gänzlich nicht kommerzielles Tool finden Sie bei *MetaGer*. Der Web-Assoziator unter *https://metager.de/asso* liefert bei der Eingabe eines Begriffs verschiedenartige Assoziationen (siehe Abbildung 3.33). Das kann besonders bei der Erweiterung Ihrer Liste hilfreich sein, falls diese zu einem bestimmten Thema noch gewisse Lücken aufweist oder bislang nur Schlüsselbegriffe mit starker Konkurrenz enthält.

MetaGer	Assoziationsanalyse für optimierung		
	© RRZN Feedback		

Antwort aus Assoziationsgedächtnis ....

diesen Begriff assoziieren	suchmaschinenoptimierung	(4.615 %)	diesen Begriff suchen
diesen Begriff assoziieren	suchmaschinen	(3.443 %)	diesen Begriff suchen
diesen Begriff assoziieren	2011	(3.076 %)	diesen Begriff suchen
diesen Begriff assoziieren	mathematik	(2.051 %)	diesen Begriff suchen
diesen Begriff assoziieren	lineare	(1.758 %)	diesen Begriff suchen
diesen Begriff assoziieren	social	(1.465 %)	diesen Begriff suchen
diesen Begriff assoziieren	search	(1.465 %)	diesen Begriff suchen
diesen Begriff assoziieren	script	(1.465 %)	diesen Begriff suchen
diesen Begriff assoziieren	google	(1.391 %)	diesen Begriff suchen
diesen Begriff assoziieren	webdesign	(1.318 %)	diesen Begriff suchen
diesen Begriff assoziieren	promomasters	(1.318 %)	diesen Begriff suchen
diesen Begriff assoziieren	suchmaschinen-optimierung	(1.245 %)	diesen Begriff suchen
diesen Begriff assoziieren	marketing	(1.245 %)	diesen Begriff suchen
diesen Begriff assoziieren	bookmark	(1.245 %)	diesen Begriff suchen
diesen Begriff assoziieren	programmierung	(1.098 %)	diesen Begriff suchen
diesen Begriff assoziieren	simulation	(1.025 %)	diesen Begriff suchen
diesen Begriff assoziieren	internet	(1.025 %)	diesen Begriff suchen
diesen Begriff assoziieren	engine	(1.025 %)	diesen Begriff suchen
diesen Begriff assoziieren	research	(0.952 %)	diesen Begriff suchen
diesen Begriff assoziieren	optimisation	(0.952 %)	diesen Begriff suchen
diesen Begriff assoziieren	köln	(0.952 %)	diesen Begriff suchen
diesen Begriff assoziieren	institut	(0.952 %)	diesen Begriff suchen
diesen Begriff assoziieren	design	(0.952 %)	diesen Begriff suchen
diesen Begriff assoziieren	agentur	(0.952 %)	diesen Begriff suchen
diesen Begriff assoziieren	universität	(0.879 %)	diesen Begriff suchen
diesen Begriff assoziieren	optimieren	(0.879 %)	diesen Begriff suchen
diesen Begriff assoziieren	operations	(0.879 %)	diesen Begriff suchen
diesen Begriff assoziieren	beratung	(0.879 %)	diesen Begriff suchen
diesen Begriff assoziieren	ranking	(0.805 %)	diesen Begriff suchen
diesen Begriff assoziieren	professionelle	(0.805 %)	diesen Begriff suchen
diesen Begriff assoziieren	partner	(0.805 %)	diesen Begriff suchen
diesen Begriff assoziieren	münchen	(0.805 %)	diesen Begriff suchen
diesen Begriff assoziieren	eintrag	(0.805 %)	diesen Begriff suchen
diesen Begriff assoziieren	wikipedia	(0.732 %)	diesen Begriff suchen
diesen Begriff assoziieren	tools	(0.732 %)	diesen Begriff suchen
diesen Begriff assoziieren	suchmaschinenmarketing	(0.732 %)	diesen Begriff suchen
diesen Begriff assoziieren	deutschland	(0.659 %)	diesen Begriff suchen
diesen Begriff assoziieren	websites	(0.586 %)	diesen Begriff suchen
diesen Begriff assoziieren	website-optimierung	(0.586 %)	diesen Begriff suchen
diesen Begriff assoziieren	webseite	(0.586 %)	diesen Begriff suchen
diesen Begriff assoziieren	unternehmen	(0.586 %)	diesen Begriff suchen

Abbildung 3.33 Der Web-Assoziator MetaGer

Beachten Sie, dass es sich dabei nicht um rein statistische Werte aus den echten Suchanfragen bei MetaGer handelt. Teilweise werden nach Angaben der Betreiber Webseiten automatisch nach Assoziationen durchsucht. Hier wird also die Produzentenseite analysiert und nicht, wie bei den oben besprochenen Anbietern, die Konsumentenseite.

3.6.7 Der Wortschatz der Universität Leipzig

Eine ebenfalls frei verfügbare Quelle für Keyword-Assoziationen bietet der Wortschatz der Universität Leipzig unter *wortschatz.uni-leipzig.de*.

3.6 Keyword-Datenbanken

Hier können Sie linguistische und statistische Daten zu Wörtern erfahren. Die Daten basieren auf automatischen Analysen einer Unzahl ausgewählter und öffentlich verfügbarer Texte.

Besonders die Angabe zu Kookkurrenzen (Wörter, die im Umfeld des Gesuchten besonders häufig auftreten) ist hilfreich, wenn Sie dort vor allem die Substantive beachten (siehe Abbildung 3.34).

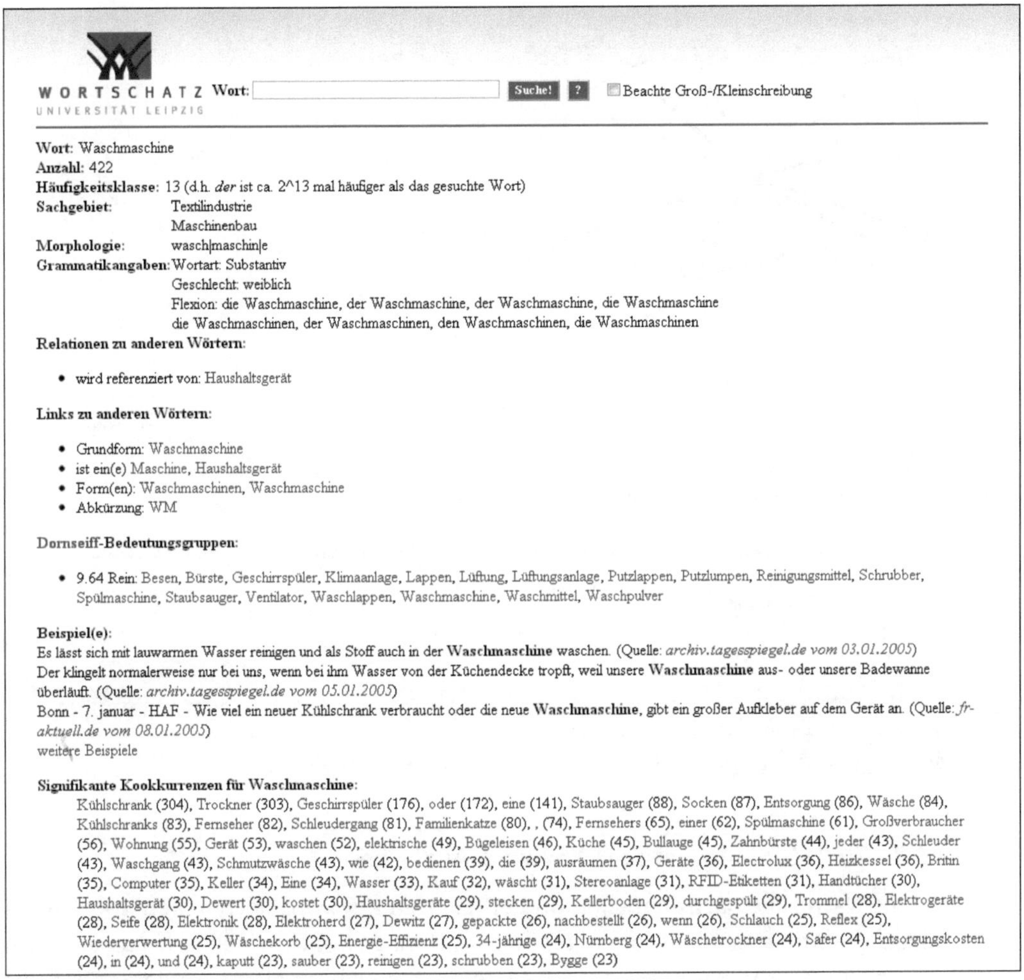

Abbildung 3.34 Ausgabe der Daten von »wortschatz.uni-leipzig.de« – Teil 1

Die Universität Leipzig stellt sogar eine Programmierschnittstelle (API) zur Verfügung, sodass Sie mit eigenen Programmen dort Daten im größeren Umfang abfragen und verarbeiten können.

3 Keyword-Recherche

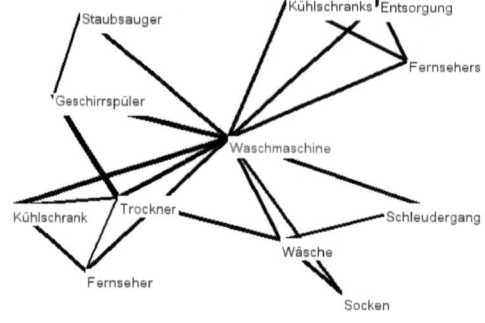

Abbildung 3.35 Ausgabe der Daten von »wortschatz.uni-leipzig.de« – Teil 2

3.6.8 Tools für automatische Keyword-Analysen

Wo die Nachfrage nach schnellen und effizienten Keyword-Recherchen hoch ist, da lassen die Anbieter nicht lange auf sich warten. Sowohl im englisch- als auch im deutschsprachigen Raum haben sich in den letzten Jahren einige Anbieter für mehr oder weniger automatische Keyword-Analysen etabliert.

Mit diesen sind auch Teilanalysen machbar, sodass sie für eine komplexere, manuelle Keyword-Recherche ebenso als Ideen- und Datenlieferant genutzt werden können. Da sich der Markt und die Features so schnell drehen, soll Ihnen diese Liste zur Orientierung dienen. Fast alle Anbieter haben einen kostenlosen Testzeitraum, den Sie nutzen können. Letztendlich geht es darum, dass das Tool Ihnen zusagt und möglichst gut in Ihre Workflows passt.

- *www.searchmetrics.com/de*
- *www.seolyze.de*
- *www.sistrix.de*
- *www.xovi.de*
- *www.semrush.com*

Vielfalt nutzen

Auch wenn die Schlüsselwortsuche durch derartige Vorschlags- und Analyse-Tools vereinfacht wird, können Sie vor allem bei gelegentlich durchgeführten Keyword-Recherchen dennoch mit ein wenig Mehraufwand erfolgreich die frei zugänglichen Tools nutzen. Viele Tools bieten auch tägliche, kostenfreie Kontingente, die wenige Abfragen erlauben. Wenn Sie einmal im Jahr eine Keyword-Recherche durchführen, dann lohnen sich mehrere Hundert Euro für den Zugang zu kostenpflichtigen Tools vielleicht nicht.

Unabhängig von dem Budget sollten Sie unbedingt nicht nur auf ein einziges Tool setzen, da die Datenbasis immer eingeschränkt und damit nicht unbedingt allgemeingültig ist. Nutzen Sie, wo möglich, verschiedene Datenquellen und verschiedene Tools. Genau das ist auch der Ansatz der Keyword-Recherche, über den Sie gerade lesen.

Bei der gesamten Recherche sollten Sie sich außerdem stets bewusst sein, dass auch andere diese Produkte nutzen, um ihre Keyword-Liste zu erweitern. Dennoch tun Sie gut daran, ein wenig mit den Tools und den bisherigen Begriffen auf Ihrer Liste zu experimentieren. Erweitern Sie Letztere um sinnvolle und prägnante Wörter und markieren Sie sich die Häufigkeiten in Ihrer Liste.

3.6.9 eBay, Amazon und Co.

Das Online-Auktionshaus ist zugegebenermaßen nicht gerade bekannt als Keyword-Datenbank zur Suchmaschinen-Optimierung. Dennoch spielen Suchbegriffe zum Finden von Auktionen eine zentrale Rolle bei eBay. Insbesondere für Projekte, bei denen es um das Bewerben von Produktgruppen geht, kann eBay auch bei der Keyword-Recherche weiterhelfen.

Unter der URL *https://www.ebay.de/sch/i.html?_nkw=handy* finden Sie z. B. neben der Anzeige der Kategorien um den Begriff »Handy« (die eventuell auch eine dankbare Keyword-Quelle sein können) direkt unter dem Suchfeld die Anzeige VERWANDT (siehe Abbildung 3.36).

3 Keyword-Recherche

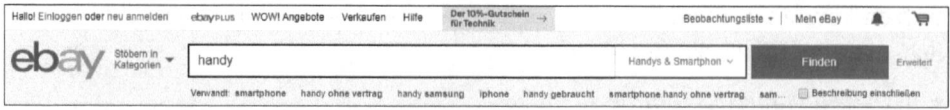

Abbildung 3.36 Auch eBay kann für die Keyword-Recherche genutzt werden.

Hier werden Suchalternativen vorgeschlagen, die aus häufigen Nutzereingaben generiert werden. Selbstverständlich können Sie den Begriff »handy« in der URL durch jeden anderen ersetzen. Mit der Anfrage *https://www.ebay.de/sch/i.html?_nkw= waschmaschine* werden dann auch ähnliche Produktgruppen angezeigt (siehe Abbildung 3.37).

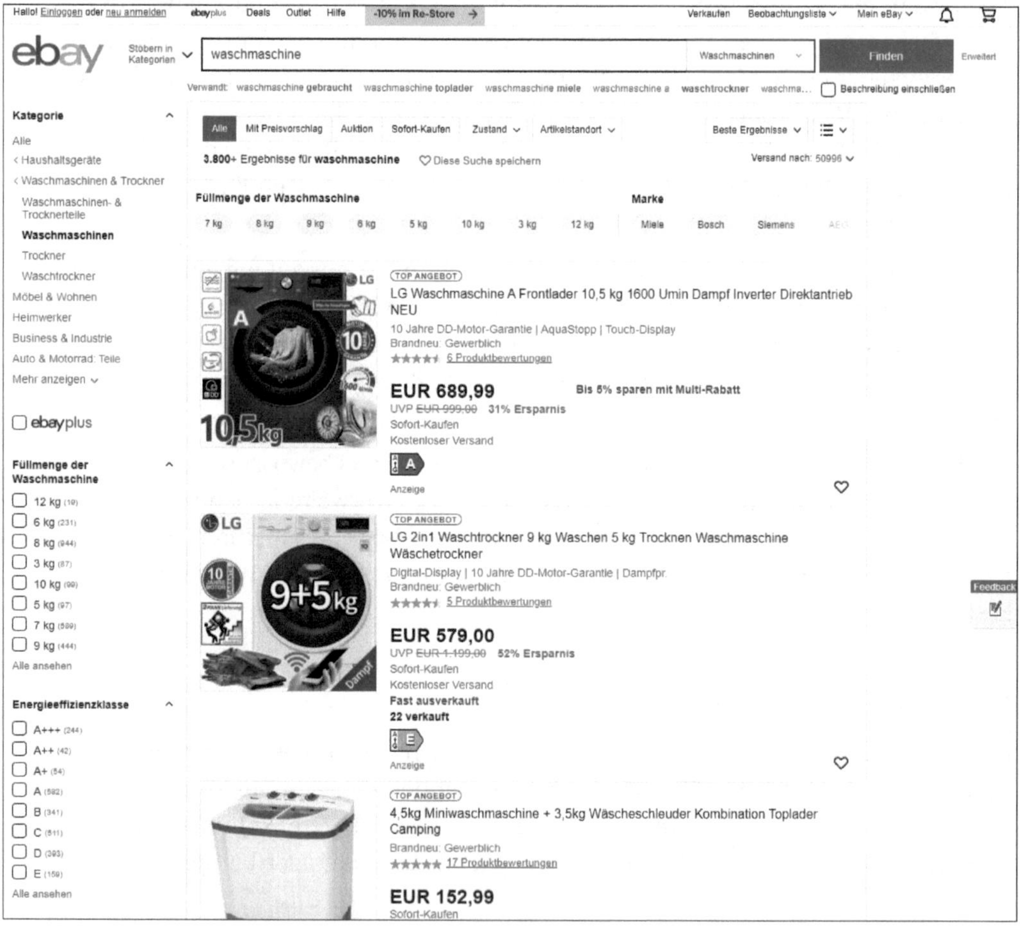

Abbildung 3.37 Ähnliche Produktgruppen finden mit eBay

Dabei sind auch weitere Informationen durchaus interessant, etwa die vorgeschlagenen Cluster nach Füllmenge oder auch alle anderen facettierten Filter in der linken

Spalte. So kann man für die eigene Keyword-Liste verschiedene Beladungstypen, Waschprogramme oder Markennamen extrahieren. Gerade bei Produkten, die man nicht aus dem alltäglichen Leben und Arbeiten kennt, ist das sehr wertvoll.

Ähnliches gilt dann selbstverständlich auch für andere E-Commerce-Plattformen wie Amazon, Alibaba und Co.

3.6.10 Weitere Keyword-Datenbanken und Datenquellen

Es existieren noch zahlreiche andere, teils kommerzielle, teils private Keyword-Datenbanken und Datenquellen im Web. Diese hier zu nennen, würde jedoch den Rahmen sprengen und den schnellen Entwicklungen im Web nicht gerecht werden. Sie finden mithilfe einer Suchmaschine oder bei einem Konferenzgespräch sicherlich auch selbstständig die entsprechenden Adressen und Quellen.

Im Vordergrund sollte beim Einsatz der Keyword-Datenbanken eine sinnvolle Erweiterung der eigenen Liste stehen. Die Erfahrung zeigt, dass die Verwendung solcher und ähnlicher Online-Tools immer noch einige gute Schlüsselwörter hervorbringt, an die man zuvor nicht gedacht hat. Sie erhalten durch die Angaben der Suchhäufigkeiten auch gleichzeitig einen guten Eindruck davon, ob ein bestimmtes Keyword überhaupt das Kriterium des Nutzungspotenzials erfüllt.

3.7 Eigenschaften der Keywords

Bei der Auswahl der geeigneten Schlüsselwörter haben wir bislang nicht auf die verschiedenen Formen geachtet, die ein Substantiv oder ein Begriff generell annehmen kann. Diese Formen können jedoch vielfältig sein und den Erfolg einer Optimierungsstrategie mal mehr und mal weniger beeinflussen.

3.7.1 Groß- und Kleinschreibung

Nahezu keine Suchmaschine speichert bei der Indexerstellung die Stichwörter in ihrer tatsächlichen Ausprägung ab, sondern verarbeitet alle Wörter in durchgängiger Kleinschreibung. Damit gilt für die Schlüsselwörter eine absolute Freiheit hinsichtlich der Groß- und Kleinschreibung.

In der SEO-Praxis werden Keywords in Listen oder Präsentationen aus diesem Grund häufig konsequent kleingeschrieben. Selbst Google zeigt die Suggest-Einträge in durchgängiger Kleinschreibung (vgl. Abbildung 3.38).

Auf der Website selbst sollten Sie allerdings darauf achten, dass Sie die korrekte Schreibweise verwenden. Alles andere wirkt in der Regel unseriös.

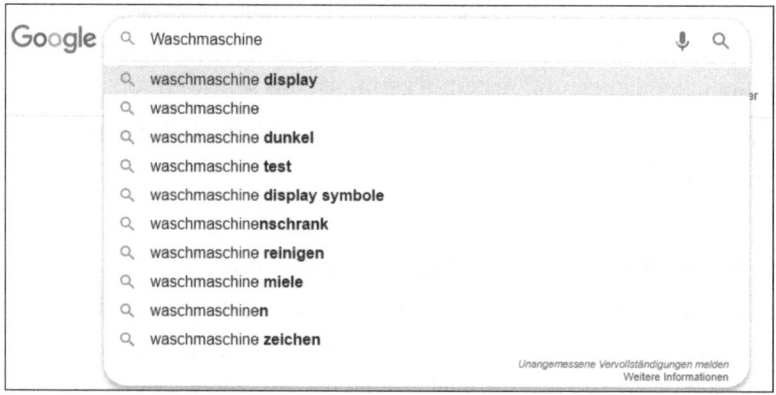

Abbildung 3.38 Auch Google schreibt in Suggest alles klein.

3.7.2 Singular oder Plural?

Anders sieht es dagegen bei der Frage aus, ob das Substantiv in der Einzahl- oder Mehrzahlform als Schlüsselbegriff auftreten soll. Wie bereits erwähnt, sind Information-Retrieval-Systeme im Prinzip durchaus in der Lage, durch *Stemming* die verschiedenen Pluralformen auf einen Stamm zurückzuführen und auf diese Weise auch entsprechende Substantivformen im Singular zu finden. Allerdings ist dies bei deutschen Suchmaschinen in der Regel nur eingeschränkt möglich. Grundsätzlich gilt als Daumenregel, dass ein exakter Treffer bei sonst gleichen Ranking-Bewertungen von den Suchmaschinen immer präferiert wird.

Haben also zwei Domains völlig identische Ranking-Ergebnisse, weil sie die gleiche Keyword-Dichte aufweisen, die gleiche Art und Qualität von eingehenden Links etc., dann entscheidet letztlich diese Frage, welche Seite näher am Suchbegriff ist. Gibt der oder die Suchende die Pluralform ein, dann erscheint die Domain mit der Verwendung des Plurals weiter oben. In der Praxis haben zwei Domains fast nie die gleichen Werte.

Diese Annahme ist aber eher theoretischer Natur. Viel wichtiger ist die Frage, welcher User Intent, also welche vom oder von der Suchenden verfolgte Absicht, sich aus bestimmten Singular- oder Plural-Suchanfragen ableiten lässt. Typisch sind Pluralsuchen, wenn eine große Auswahl gewünscht ist und sich der oder die Suchende noch nicht näher auf eine Ausprägung festgelegt hat. Die Suche nach »Damenschuhe« sollte insofern auf eine Seite mit mehreren Schuhen optimiert werden und nicht nur einem.

Oftmals sind Singular und Plural allerdings auch gleich, wie etwa bei der Suche nach »Rasenmäher«. Im Zweifel hilft hier auch immer ein Blick in die aktuelle Ergebnisliste bei Eingabe des Singulars und des Plurals. Dann sieht man quasi, was Google gerade gut findet.

Nicht immer fällt die Wahl der passenden Form allerdings unbedingt ganz so leicht, wie man denken möchte. Ein Beispiel soll dies verdeutlichen. Für einen Händler, der nur eine einzige sensationelle Bratpfanne auf seiner Seite bewirbt, ist nicht zwangsläufig der Begriff »Bratpfanne« in der Singularform die optimale Wahl. Je weniger ein Keyword im Shorthead-Bereich ist, desto eher ist die Tendenz der Singular-Verwendung. Oder was liegt Ihnen näher?

- »testsieger spülmaschinenfeste teflon-bratpfanne«
- »testsieger spülmaschinenfeste teflon-bratpfannen«

Das Entscheidende ist auch hier, wonach die Zielgruppe suchen würde. Da die meisten Keyword-Tools hier keine Unterscheidung mehr in Sachen Suchvolumen vornehmen, bleibt es letztendlich bei Ihrem Bauchgefühl – oder der Meinung anderer, wie in Abschnitt 3.5.6, »Umfeld: Freunde, Kollegen, Bekannte, Kunden und Besucher«, beschrieben.

Mit den vorangegangenen Schritten sollte es leichter fallen, eine geeignete Wahl zu treffen. Eine Faustregel gibt es hier aber nicht. Es lässt sich jedoch festhalten, dass selbst in Kombination mit Produktkategorien durchschnittlich mehr Singularformen gesucht werden. Es bleibt Ihnen am Ende nichts anderes übrig, als sich die SERPs zumindest für die wichtigen Keywords anzuschauen und die Unterschiede zu erkennen (vgl. Abbildung 3.39).

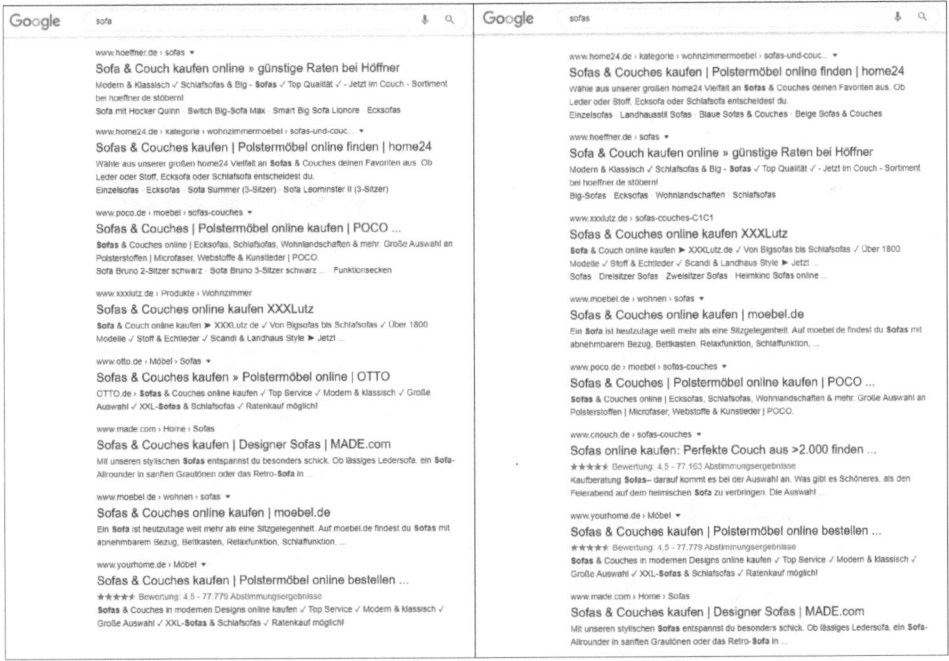

Abbildung 3.39 Leicht unterschiedliche SERPs zwischen Singular- und Pluralverwendung (bereinigte Ansicht)

3.7.3 Sonderzeichen

Bei der Normalisierung von Dokumenten werden die Begriffe auf das Auftreten von Bindestrichen, Unterstrichen, Punkten, Kommata, Klammern etc. hin untersucht und bereinigt. Je nach Suchmaschine variieren die gefilterten Sonderzeichen leicht. Bei der Schlüsselwortsuche muss jedoch auf jeden Fall beachtet werden, dass Begriffe, die Zeichen und Interpunktionen enthalten, auf eine bestimmte Art zur Indexierung verändert werden. So sind die Begriffe »e.mail«, »e-mail«, »e/mail« oder »e_mail« meistens gleichbedeutend mit »e mail«. Insofern muss man sich hier nicht um alternative Schreibweisen Gedanken machen, und Sie können getrost Sonderzeichen einsetzen, wie Sie mögen – oder auch darauf verzichten.

Umlaute fallen ebenfalls unter die Sonderzeichen. Einige Suchmaschinen behandeln dabei ein »ä« ebenso wie ein »ae«, ein »ö« wie ein »oe« etc. In diversen Online-Foren wird die Umformung der Umlaute mittels HTML-Entities empfohlen. Die Mehrzahl der WYSIWYG-Programme setzt so z. B. automatisch ein ä, sobald der Nutzer ein »ä« eingibt. Es ist auch oft zu lesen, dass Dokumente mit direkt codierten Umlauten höher gewichtet werden. Diese Äußerungen beruhen wahrscheinlich auf einzelnen oder veralteten Beobachtungen. Die Unschärfe dieses Sachverhalts zeigt, dass die Suchmaschinen-Betreiber in den letzten Jahren mehrfach die Verarbeitung von Sonderzeichen in Bezug auf ihre Gewichtung abgewandelt haben. Schlüsselwörter mit Umlauten können jedoch ohne Bedenken gemäß den W3C-Richtlinien genutzt werden, um erfolgreich indexiert zu werden.

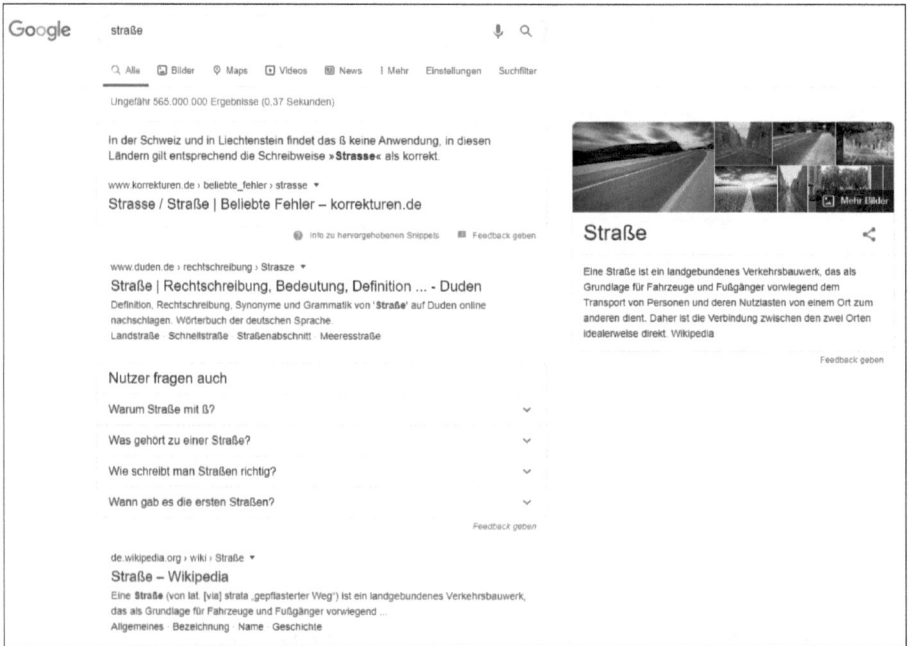

Abbildung 3.40 »straße« und »strasse« sind unterschiedliche Terme bei Google.

Google als wichtigste Suchmaschine im deutschsprachigen Raum unterscheidet jedoch zwischen »ö« und »oe«. Hier sollten Sie also die bei der Zielgruppe übliche Schreibweise verwenden. Gleiches gilt im Übrigen auch für »ß« und »ss«. Googeln sie selbst – bei »straße« und »strasse« erhalten sie leicht unterschiedliche SERPs. Die Entitäten-Einblendung auf der rechten Seite bleibt davon jedoch meist unberührt, weil zur Erkennung und Einspielung der Entität eine andere Logik verwendet wird (siehe Abbildung 3.40).

3.7.4 Flexionen

Als *Flexion* bezeichnet man die Änderung der Gestalt eines Wortes. Streng grammatikalisch ist der Numerus (Singular/Plural) eine Flexion und spielt für die Keyword-Recherche eine besondere Rolle, wie oben beschrieben wurde.

Für die Keyword-Recherche sind andere Flexionen wie die des Tempus oder des Kasus weniger interessant. Warum? Weil Google diese durch das Stemming und andere algorithmische Verfahren sehr gut erkennen kann.

Sie sollten Ihre Keyword-Liste auf Flexionen prüfen und in der Regel hier die Urform nutzen. Wenn Sie aber Schwarzwälder Schinken vertreiben, dann ist das eindeutig kein »Schwarzwald Schinken«. Sie sehen, Sie sollten bei der Keyword-Recherche immer hellwach sein ...

3.7.5 Sonstige Eigenschaften

Kleinere Schwierigkeiten bringt auch die (mittlerweile nicht mehr ganz so) neue deutsche Rechtschreibung mit sich, vor allem bei Suchenden, die in ihrer Schulzeit die alte Variante gelernt haben. Bing und Google zeigen leicht unterschiedliche SERPs bei »Delphin« und »Delfin«. Bei »photograph« und »fotograf« sind die organischen SERPs schon deutlicher unterschiedlich, und man erkennt bei Google deutlich die Entitäten-Erkennung, denn Photograph ist ein Song-Titel des Sängers Ed Sheeran.

Interessant ist zusätzlich, dass die einzelnen Rangpositionen je nach verwendetem Begriff im unteren, rein organischen Bereich dennoch leicht variieren. Es ist daher nicht leicht, eine Universallösung zu entwickeln. Mit einem Blick auf die Zielgruppe einerseits und in die SERPs andererseits erhöht man jedoch die Chancen der richtigen Wahl. Alles in allem sollten Sie diesem Punkt jedoch keine so große Bedeutung beimessen und die Begriffe auf jeden Fall im Sinne eines einheitlichen Textbildes der verwendeten Rechtschreibung angleichen.

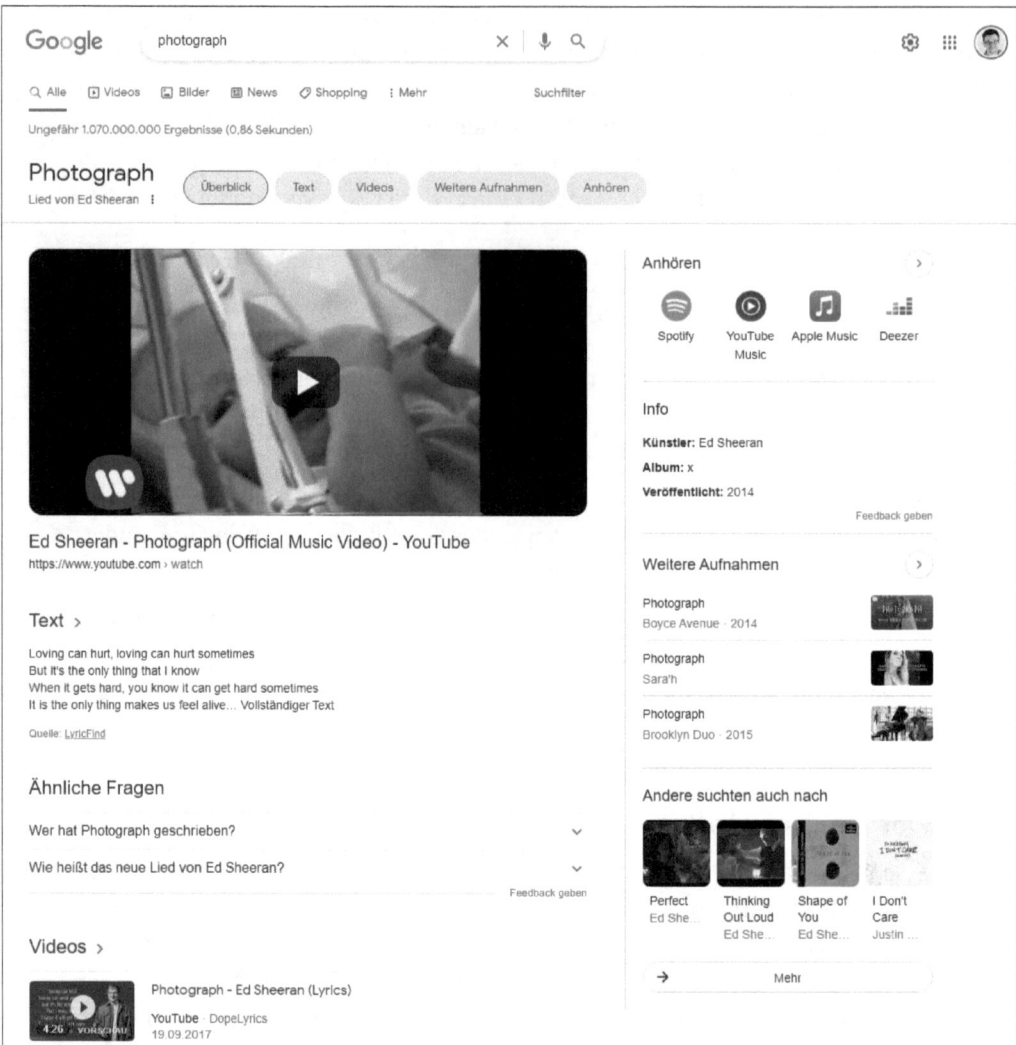

Abbildung 3.41 Diese Suche nach »photograph« ist aufgrund der Entitäten-Erkennung ganz anders als die nach »fotograf«.

3.7.6 Falsche orthografische Schreibweise

Unter das Thema Rechtschreibung fällt auch eine Strategie, die sicherlich nicht immer bewusst angewandt wird. Ob Begriffe unabsichtlich oder absichtlich falsch geschrieben sind – die Suchmaschinen indexieren auch Wörter mit Rechtschreibfehlern.

Google korrigiert falsche Schreibweisen automatisch und zeigt teilweise gar nicht mehr an, dass es sich um eine Fehlschreibweise handelt. So findet sich eine Mischung aus korrekter und falscher Schreibweise in der entsprechenden Trefferliste. Im Beispiel von »Farrad« aus Abbildung 3.42 erscheinen gänzlich andere Themen wie »Farad« für die elektrische Kapazität, »Farrad« als Fehlschreibung und »Fahrrad« als korrekte Schreibweise.

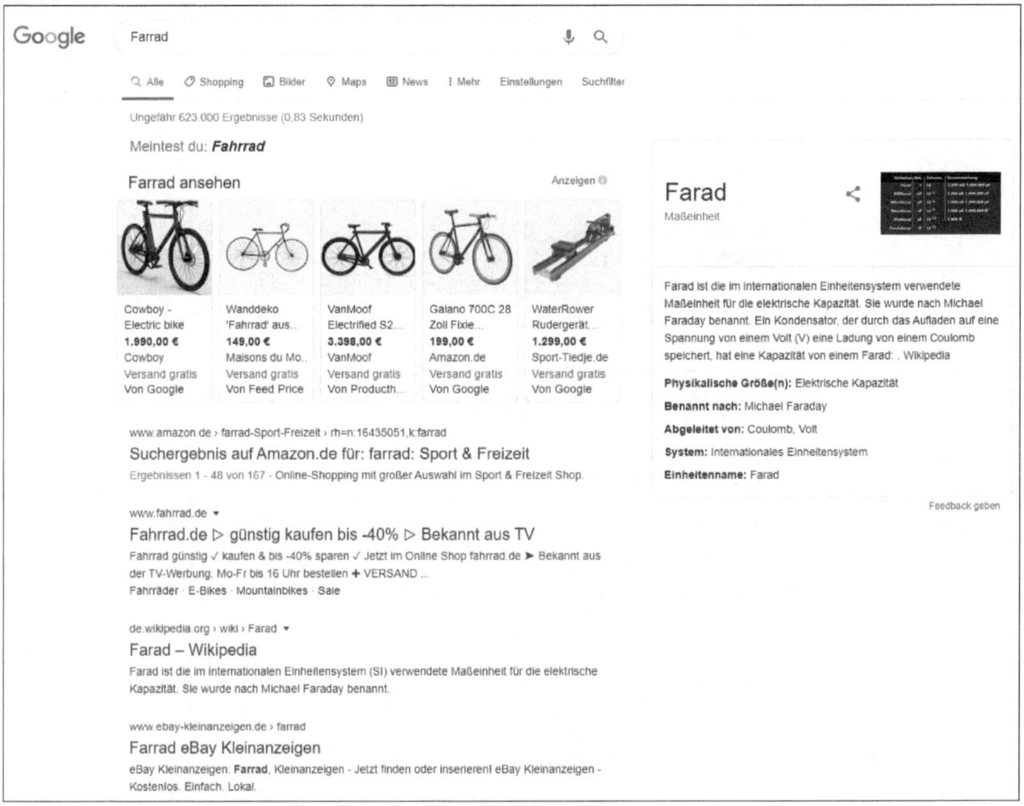

Abbildung 3.42 Fehlschreibweisenbehandlung bei Google

Oftmals handelt es sich dabei um Unwissen oder lediglich um ein Versehen beim nicht sorgfältigen Erstellen von Texten. Jedoch kann – und wird – eine falsche Rechtschreibung auch absichtlich dazu genutzt werden, Nutzer oder Nutzerinnen bei einer entsprechenden Fehleingabe zu gewinnen.

Was noch vor wenigen Jahren eine valide Taktik war, um insbesondere bei hart umkämpften Schlüsselwörtern einen eigentlich stärkeren Mitbewerber zu übertrumpfen, hat heute quasi keine Bedeutung mehr. Optimierungen auf »Freuflug« (statt »Freiflug«), »Östereich«, »Enwicklung«, »Maschiene«, »Anschaung«, »Enstehung«, »Aktzeptanz« werden heute entweder automatisch korrigiert oder sind so bekannte Fehlschreibweisen, dass es bei den Ergebnissen explizit um diese Fehlschreibweise geht (vgl. zu »Maschiene«). Hier können Sie mit Ihren Maschinen nicht ranken.

Abbildung 3.43 Google zeigt passende Treffer zu bekannten Falschschreibweisen auf.

Unabhängig davon möchte man eigentlich auch nicht für ein falsch geschriebenes Wort gefunden werden. Welchen Eindruck macht das auch, wenn ein Anbieter von Baumaschinen sein Kernprodukt nicht richtig schreiben kann?

Für die Optimierung auf ein falsch geschriebenes Wort hat man daher früher häufig noch auf eine eigene URL zurückgegriffen. Man wollte vermeiden, dass das falsch geschriebene Wort auf der »richtigen« Website zu finden ist und Besucher oder Besucherinnen, die nicht über dieses Keyword von Google kamen, nichts von der Fehlschreiboptimierung mitbekamen. Diese Taktik ist heute eher gefährlich, weil man schnell Duplicate Content und eine Keyword-Kannibalisierung generiert.

Spätestens damit verliert die Taktik, orthografisch falsch geschriebene Keywords zu nutzen, ihre Attraktivität und praktische Relevanz.

3.7.7 Getrennt oder zusammen?

Die berühmte Donaudampfschifffahrtskapitänsausweisstempelkarte beweist eindrucksvoll, dass die deutsche Sprache eine nahezu unendlich lange Aneinanderreihung von Substantiven ermöglicht. Bei der Suche nach den optimalen Schlüsselwörtern stolpert man daher gelegentlich über ein zusammengesetztes Wort. Eignen sich solche Substantive als Schlüsselwörter?

Kurz gesagt: Nein. Zumindest nicht im Allgemeinen, wenn man den eiligen Webnutzer vor Augen hat. Denn mehr als drei Kettenelemente einzugeben, nimmt unnötig viel Zeit in Anspruch. Außerdem sind lange Wörter von sich aus unübersichtlich und lassen sich nicht mit einem Blick nochmals auf ihre Korrektheit hin überprüfen, bevor die Anfrage gestartet wird. Betrachtet man veröffentlichte Suchlogs, scheint die Würze tatsächlich in der Kürze zu liegen.

Abbildung 3.44 Google erkennt zuverlässig Wortaneinanderreihungen.

Google hat, wie Sie in Abbildung 3.44 sehen, zudem mittlerweile eine wirklich solide Sprach- und Worterkennung, sodass Sie sich auch hier eigentlich gar nicht mehr viele Gedanken über Zusammen- oder Getrenntschreibweisen machen müssen.

Eine übliche Taktik, die zwar typografisch nicht zwingend eine korrekte Lösung darstellt, jedoch von etlichen professionellen Suchmaschinen-Optimierern und Optimiererinnen eingesetzt wird, ist die Verwendung von Bindestrichen als Kettenbindeglied. So wird das Wort »fensterbank« im HTML-Dokument als »fenster-bank«, also mit Bindestrich, auftreten. Das Ziel ist, mit beiden Stichwörtern gefunden zu werden, da die Suchmaschine bei der Normalisierung wie gesehen die Sonderzeichen entfernt. Beide Begriffe generieren konstant über Jahre hinweg unterschiedliche SERPs, da es eigentlich einmal eine Ein-Term-Suche »fensterbank« und einmal eine Zwei-Term-Suche »fenster bank« ist.

Das ist im Übrigen auch der Grund, weshalb dieses Buch »Suchmaschinen-Optimierung« heißt und nicht »Suchmaschinenoptimierung«. Und wo wir gerade dabei sind

– bitte nutzen Sie niemals SEO-Optimierung. Das hat mit dem Bindestrich nichts zu tun, aber wenn Sie nicht Ihr SEO optimieren möchten, dann ist Suchmaschinen-Optimierung-Optimierung für ernsthafte Vertreter und Vertreterinnen unserer Zunft immer ein wenig schmerzhaft.

Sie müssen sich also bei langen Schlüsselwörtern auf der Liste entscheiden. Verwenden Sie den Bindestrich, lassen Sie das Wort zusammengeschrieben, oder trennen Sie es? Als Faustregel gilt, dass Sie zu lange Begriffsketten vermeiden und eher im Sinne des rastlosen Nutzers handeln sollten, der überdurchschnittlich viele kurze Begriffe eingibt. Ausnahmen bestätigen auch hier wie anderswo die Regel.

3.7.8 Wortkombinationen

Bei den Online-Tools traten schon häufig Kombinationen verschiedener Begriffe auf. Wie zuvor bereits erwähnt wurde, werden auch die meisten Anfragen mit mehreren Wörtern gestellt. Bislang haben wir das Augenmerk bei der Erstellung der Liste primär auf einzelne Schlüsselbegriffe gerichtet. Nun soll es darum gehen, bestimmte Gruppen zu bilden, die später gemeinsam im Dokument platziert werden.

Bei der Auswahl dieser Gruppen sind die vorgestellten Tools sicherlich eine nützliche Hilfe. Die gezielte Kombination von Begriffen bereits in dieser Phase zu bestimmen, birgt den enormen Vorteil, dass die Umsetzung später konsequent verfolgt werden kann.

Die Platzierung von Wortkombinationen hat sich als sehr effektiv erwiesen, da mit einzelnen Begriffen nicht leicht gegen die übermächtige Konkurrenz anzukommen ist. Mit zwei oder drei gut gewählten Begriffen können Sie allerdings mit wenig Aufwand gute Ergebnisse erzielen.

Nachdem Sie sich für ein Begriffspaar entschieden haben, sollten Sie bei der Zusammenstellung im Detail auch hier gewisse Punkte beachten. So berücksichtigen die meisten Suchanbieter die Reihenfolge der Suchbegriffe. Eine Seite erhält somit ein höheres Ranking, wenn die Begriffe in der gesuchten Abfolge auch im Dokument auftreten. Daher ist die Anordnung der gewählten Wortkombinationen durchaus die eine oder andere Überlegung wert. Berücksichtigen Sie dabei neben logischen und inhaltlichen Kriterien auch die Vorgehensweise der Suchverfeinerung. Denn oftmals beginnen Nutzer und Nutzerinnen eine Suche nur mit einem Begriff, der jedoch nicht zu einem befriedigenden Ergebnis führt. Die Suche wird daraufhin verfeinert, indem ein neuer Begriff hinter dem bereits vorhandenen angefügt wird, um die Anfrage zu präzisieren. Die Berücksichtigung dieses Phänomens kann einer Seite durchaus Vorteile im Ranking verschaffen.

Andererseits führen die vermehrten natürlichsprachigen Suchen dazu, dass Anfragen nicht »schuhe günstig« lauten, sondern »günstige schuhe«. Dies gilt vor allem bei Initialsuchen, also nicht bei Refinements. Das würde mit hoher Wahrscheinlichkeit auch hier wieder lauten: »günstige schuhe rot« statt »rote günstige schuhe«. Letztendlich müssen Sie sich also die Frage stellen, ob ein Keyword eine Initialsuchanfrage ist oder ein Refinement. Aber auch hier schauen Sie bitte vorher in die beiden SERPs hinein und betrachten die Unterschiede. Wenn diese nur marginal sind, kommen Sie erst mal mit einer der beiden Varianten in die Top 3, und dann machen Sie sich darüber später Gedanken.

3.7.9 Termabstand und Wortnähe

Nicht immer eignen sich Schlüsselwörter, um durchweg direkt aufeinanderfolgend platziert zu werden. Das ist auch nicht bei jedem Auftreten zwingend nötig. Jedoch sollte der Abstand zwischen den einzelnen Termen nicht zu groß sein (*Termabstand*). Dieser Abstand, der häufig auch als *Wortnähe* bezeichnet wird, spielt neben der Wortdichte, über den gesamten Text betrachtet, eine wichtige Rolle bei der Vergabe von Gewichtungen. Gleiches gilt dann entsprechend auch für die Suchanfragen. Wählen Sie vor allem bei Longtail-Keywords mit Bedacht, wie viel Abstand zwischen zentralen Termen herrscht.

3.7.10 Lokalisierte Keywords

Aber apropos Nähe: Insbesondere bei Dienstleistungen, die sich primär innerhalb eines lokalen Radius abspielen, sollten Sie den Stadt- oder Regionsnamen als Begriff in die Wortkombination mit aufnehmen. Vor allem nach touristischen Themen wird vorwiegend mit Städtenamen gesucht. Zusätzlich ist es auch nicht hilfreich, eine Webseite z. B. nur auf die Begriffe »hotel sauna« hin zu optimieren. Die wenigsten Erholungssuchenden wählen sich ihre Urlaubsregion nach einem Hotel mit Sauna aus. Vielmehr wird ein Urlaub in einer bestimmten Region gesucht. Eine typische Suchanfrage könnte demzufolge so lauten: »hotel sauna eifel«.

Wenn Sie diese spezielle Situation bedenken und den Ort mit in die Wortkombination aufnehmen, machen Sie etliche Plätze auf den Ergebnislisten wett.

3.8 Bewerten der Listeneinträge: Keyword-Potenzialanalyse

Im letzten Schritt wird die Schlüsselwortliste nicht mehr erweitert. Nun gilt es, geeignete von weniger geeigneten Begriffen und Begriffskombinationen zu trennen und die drei Gütekriterien für die Keywords genau zu untersuchen.

Das Ziel der Potenzialanalyse ist es gewissermaßen, die rentablen von den nicht rentablen Keywords zu unterscheiden. Denn die Auswahl jedes einzelnen Keywords hat weitreichende Folgen: Es werden Strukturen geschaffen, Texte geschrieben oder op-

timiert und weitere SEO-Maßnahmen getroffen. All das verursacht Aufwände und Kosten, und daher ist die Überlegung, welche Keywords optimiert werden sollen, eine grundlegende Entscheidung.

Dabei können Sie entweder festlegen, dass alle Keywords, die bestimmte Kriterien nicht ausreichend gut erfüllen, überhaupt nicht weiter berücksichtigt werden (*Threshold-Methode*) oder dass die Keywords nacheinander in einer bestimmten Rangfolge nach und nach optimiert werden (*Priority-Methode*).

Für welches Verfahren Sie sich entscheiden, hängt wie so oft von den verfügbaren Ressourcen und der Menge an Keywords in der finalen Liste ab. Nicht selten wird auch eine Mischung der beiden Methoden genutzt: Man bestimmt die Potenziale der einzelnen Keywords, lässt Keywords unter einer bestimmten Grenze fallen (z. B. unter einem Suchvolumen von 100 Anfragen pro Monat) und priorisiert dann Gruppen von thematisch passenden Keywords für die Optimierung.

Aber mit welchen Schritten nehmen Sie eine Keyword-Potenzialanalyse nun genau vor? Im folgenden Abschnitt finden Sie einen Vorschlag.

3.8.1 Matrix-Schemata überprüfen

Während der Keyword-Recherche haben Sie idealerweise nicht nur einfach Keywords gesammelt, sondern auch bestimmte Schemata entdeckt und notiert, die sich über verschiedene Keywords erstrecken. Beliebte schematische Ergänzungen sind etwa Orte wie Städtenamen, Bundesländer oder auch Transaktionstypen (kaufen, bestellen etc.).

Diese Ergänzungen bieten sich ganz hervorragend an, in einer sogenannten Matrix kombiniert zu werden. Vielleicht optimieren Sie eine Website, die Filialen in 40 Städten hat? Dann bietet sich eine Matrix-Keyword-Kombination an. Sie ergänzen ein Keyword dabei mit allen 40 Städtenamen. Und da man das meistens nicht mit einem Keyword alleine macht, kombinieren Sie eine Keyword-Stadt-Matrix zu entsprechenden Kombinationen.

Das gleiche Verfahren lässt sich auch mit transaktionalen Begriffen durchführen. Schuhe kann man bekanntlich kaufen, shoppen, erwerben und so weiter. Mit einem Keyword-Merger wie *https://www.toptal.com/marketing/mergewords* kann man die Keywords mit anderen Keywords gut kombinieren (vgl. Abbildung 3.45).

So erhalten Sie z. B. aus den beiden Kernbegriffen »schuhe« und »damenschuhe« und einigen Ergänzungen wie »kaufen«, »online«, »shop«, »besorgen« etc. diese Liste:

- schuhe kaufen
- schuhe erwerben
- schuhe shoppen

- schuhe shop
- schuhe günstig
- damenschuhe kaufen
- damenschuhe erwerben
- damenschuhe shoppen
- damenschuhe shop
- damenschuhe günstig

Abbildung 3.45 Keyword-Merger zur Matrix-Kombination

Das Verfahren bezeichnet man auch als *Keyword-Shuffling* und Sie finden dazu im Web zahlreiche Tools neben dem oben genannten Keyword-Merger.

3.8.2 Liste bereinigen

Sie müssen die Liste nun noch ein letztes Mal durchgehen und die einzelnen Keywords bewerten. Dabei haben bestimmte Begriffe innerhalb des vorangegangenen Verfahrens bereits gewisse *Qualifikationen* erlangt. Diese sollten durch die verschiedenen Markierungen und Werte deutlich sichtbar sein. Eine besondere Auszeichnung sollten auch die im letzten Schritt erstellten Wortkombinationen erhalten. Diese sind oftmals effektiver als einzelne Begriffe mit hoher Verwendung im Web.

Bevor Sie dazu übergehen, die Liste zu bereinigen, ist es ratsam, sich ein letztes Mal die Zielgruppendefinition und das zu beschreibende Thema der Webseite vor Augen zu führen. Anschließend fallen Ihnen wahrscheinlich oftmals Begriffe auf, die der Zielgruppe nicht gerecht werden oder nicht prägnant genug für die Beschreibung des Themas sind. Ebenfalls sollten Wörter mit doppelter Bedeutung nicht in die engere Auswahl gelangen. Falls ein solcher Term unumgänglich für die Beschreibung des Sachverhalts ist und kein anderer Begriff dafür zur Verfügung steht, fallen Ihnen vielleicht Synonyme ein. Zur Not wiederholen Sie für einzelne Begriffe, mit denen Sie noch nicht ganz zufrieden sind, selektiv vorangegangene Schritte.

Selbstverständlich ist auch, dass keine Terme als Schlüsselwörter taugen, die entweder auf Stoppwortlisten oder sogar auf Blacklists stehen oder in irgendeiner Form gegen die Nutzungsbedingungen der Suchmaschinen-Betreiber verstoßen. Hier hilft die beste Optimierung nichts.

Mittlerweile sollte Ihre Liste recht kompakt sein und viele gute Schlüsselwörter enthalten. Ob die Liste eine »ausreichende« Anzahl Einträge enthält, müssen Sie von Fall zu Fall entscheiden. Mit einer gewissen Erfahrung läuft der gesamte Prozess natürlich wesentlich schneller und zuverlässiger ab. Falls Sie noch nicht über diese Erfahrung verfügen und Ihr Blatt Papier mit den Markierungen eher einem Schlachtfeld gleicht als einer schön sortierten Liste, haben Sie dennoch alles richtig gemacht – oder gerade dann!

Sagt Ihr Bauchgefühl aber, dass die Liste noch zu lang ist, und macht die überwiegende Zahl der Begriffe Sie noch nicht glücklich, sollten Sie entweder Alternativen suchen oder die infrage kommenden Begriffe entfernen. Denken Sie dabei immer aus Sicht des potenziellen Besuchers und bleiben Sie so nahe wie möglich an dem zu beschreibenden Thema.

3.8.3 Permutation: Keyword-Reihenfolgen generieren

Es gibt Verfechter der Potenzialanalyse, die alle möglichen Kombinationen und Reihenfolgen von Keywords austesten möchten, um die ideale Reihenfolge für mehrere Begriffe innerhalb eines Keywords zu finden und genau darauf zu optimieren.

Dazu müssen mehrteilige Keywords systematisch in der Reihenfolge vertauscht werden, was als *Keyword-Permutation* bekannt ist. So erhalten Sie aus »rote Damenschuhe kaufen« diese Varianten:

- rote Damenschuhe kaufen
- rote kaufen Damenschuhe
- Damenschuhe rote kaufen

- Damenschuhe kaufen rote
- kaufen rote Damenschuhe
- kaufen Damenschuhe rote

Damit Sie dies nicht von Hand aufwendig generieren müssen, gibt es im Web zahlreiche Tools, z. B. unter *www.kappacs.com/keyword-exploder* (siehe Abbildung 3.46).

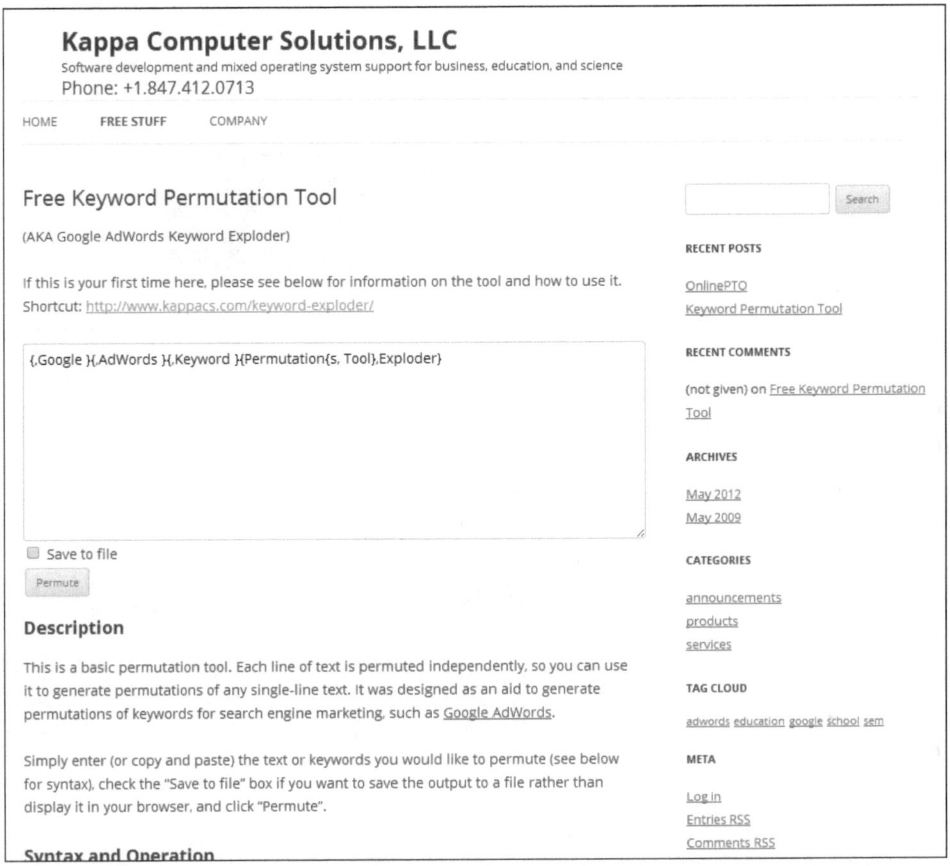

Abbildung 3.46 Tool zur Keyword-Permutation

Erfahrungsgemäß lohnt sich dieser Schritt nur dann, wenn Sie eine groß angelegte und sehr gründliche Keyword-Potenzialanalyse durchführen möchten. Google und andere Suchmaschinen finden die passenden Ergebnisse häufig sehr gut selbstständig, auch bei »falscher« Reihenfolge der Begriffe. In einem hart umkämpften Keyword-Gebiet kann jedoch wiederum die richtige Reihenfolge dafür sorgen, sodass Sie Ihren Mitbewerbern ein Stück voraus sind. Ich würde diesen Permutationsschritt nicht bei einer großen Keyword-Recherche empfehlen, sondern höchstens bei einer kleinen und spezifischen mit wenigen Keywords.

3.8.4 Verticals schränken SERP-Möglichkeiten ein

Bei jedem wichtigen Keyword sollten Sie auch die Möglichkeit prüfen, wie viel organische Treffer überhaupt in den Top 10 angezeigt werden. Die Zeiten, in denen bei jeder Suchanfrage immer nur zehn organische Treffer erscheinen, sind längst vorbei. Sogenannte *Verticals* sind nicht organische Datenbestände von Google, die bei bestimmten Suchanfragen eingeblendet werden (siehe Abbildung 3.47).

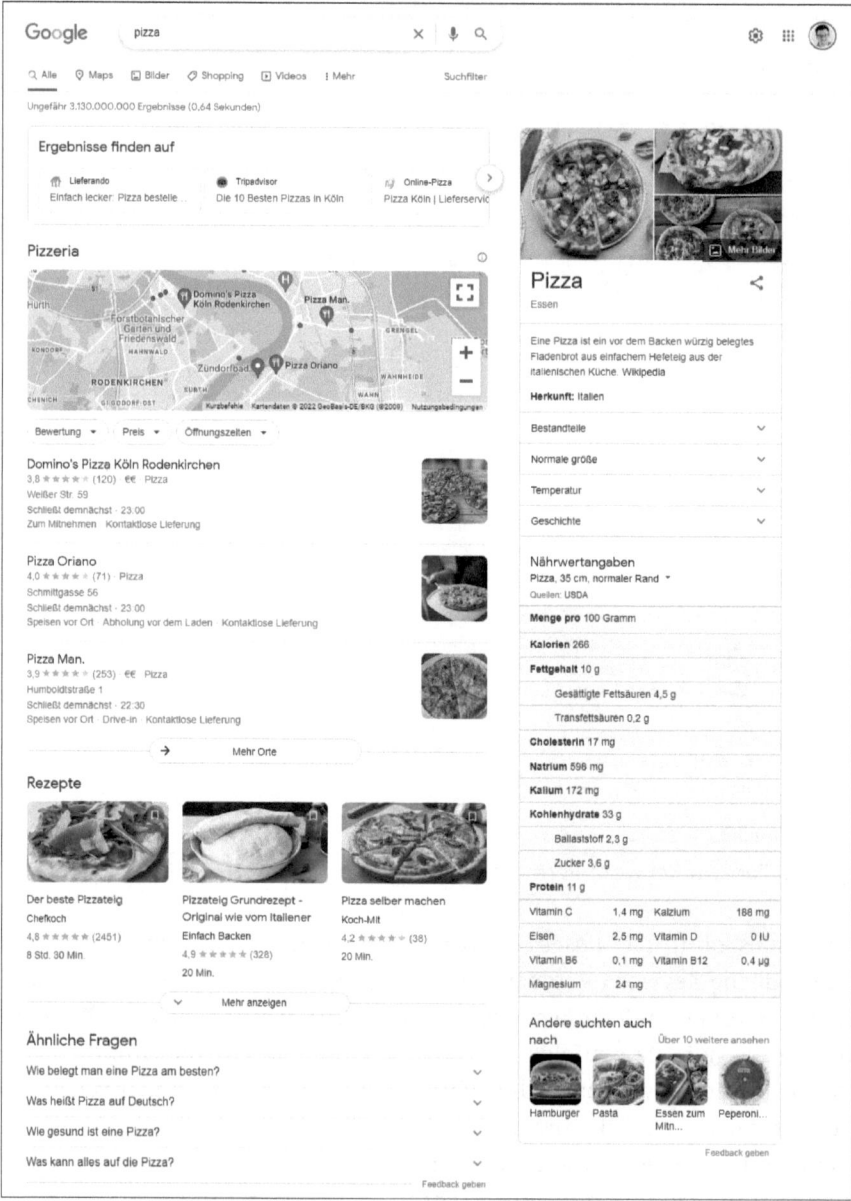

Abbildung 3.47 Verticals bei Google

3.8 Bewerten der Listeneinträge: Keyword-Potenzialanalyse

Damit entfällt die Möglichkeit, selbst mit einer guten Rank-Position organisch auch gut sichtbar zu sein und geklickt zu werden. Letztendlich zählt der absolute Beginn des ersten, organischen Treffers von oben an in Pixel gezählt. Bislang gibt es allerdings noch kein Tool, welches diese Berechnung einer Pixel-Position anbietet.

Dabei ist die tatsächliche Positionierung ein entscheidender Faktor in der Keyword-Auswahl. Ein extremes Beispiel zeigt die Suche nach einem Hotel in Berlin – hier sind durch Google Ads und Verticals weder in der Desktop-Ansicht noch mobil irgendwelche organischen Treffer zu sehen (vgl. Abbildung 3.48).

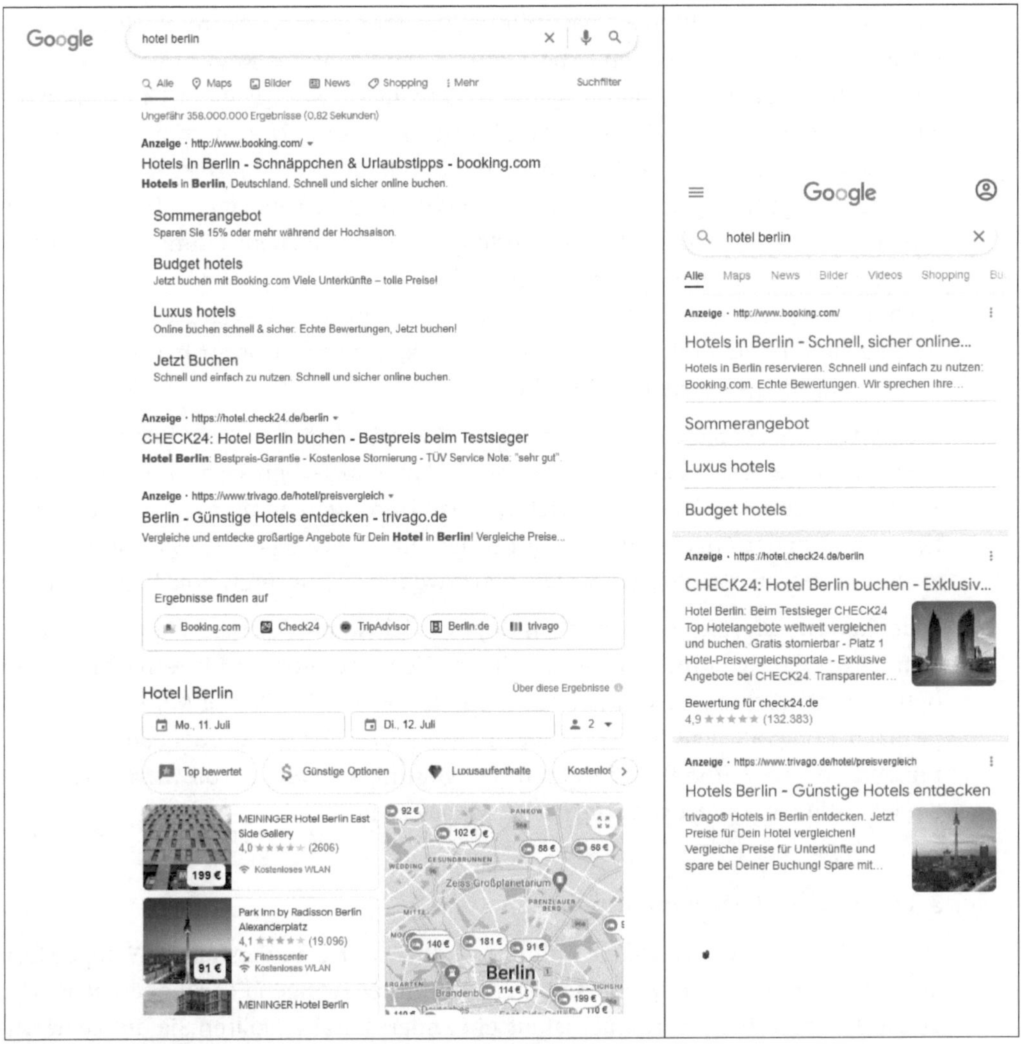

Abbildung 3.48 Weder am Desktop noch mobil gibt es organische Treffer in der ersten Ansicht, ohne zu scrollen.

Darauf sollten Sie bereits in der Keyword-Recherche achten und gegebenenfalls auf das Keyword für das organische Ranking verzichten oder eine Strategie innerhalb der Vertical-Rankings anstreben – bei *Google Unternehmensprofil (früher My Business), Google Maps, Google Bildersuche, YouTube, Google Merchant Center* und wie die verschiedenen Datenquellen alle heißen.

3.8.5 Keyword-Daten einfügen

Um besser abschätzen zu können, welches Potenzial ein einzelnes Keyword für eine Optimierung birgt, sollten Sie bestimmte Werte für jedes Keyword bestimmen. Am einfachsten geht das über den Export von kostenpflichtigen Keyword-Datenbanken oder kostenfrei auch über den Export des Google-Keyword-Planers. Oft werden die Zahlen aus den Keyword-Tools direkt mit in die Keyword-Liste übernommen, um abschließend bestimmte Kalkulationen damit durchzuführen – dazu später mehr. Dies führt allerdings häufig zu Interpretationen, die auf der Grundlage von wenigen Tausend unterschiedlichen Häufigkeiten erfolgen und für die Beurteilung der Keyword-Qualität nicht zweckdienlich sind. Neben der Aufnahme der Zahlen hat sich daher vor allem eine eigene, genormte Ranking-Skala bewährt. Übertragen Sie die absoluten Häufigkeiten in eine relativ interpretierbare Skala, wie z. B. »sehr häufig – häufig – durchschnittlich – seltener – sehr selten«.

Alternativ können Sie alle gesammelten Keywords über eine Datenbank bewerten lassen. Hier bietet sich der Google-Keyword-Planer an. Geben Sie dort Ihre Keywords ein, und übertragen Sie die angezeigten Werte zum Suchvolumen, zu den Mitbewerbern sowie zu der Angabe zum CPC (Cost per Click bei Google Ads). Sie können auch weitere Werte übertragen, wenn Sie einen erweiterten Interpretationsbedarf haben.

Bedenken Sie, dass Sie gegebenenfalls Keyword-Cluster für die Abschätzung gemeinsam berücksichtigen müssen. Wenn Sie das Keyword »Rezept Mitternachtssuppe« optimieren, möchten Sie vielleicht auch für Anfragen wie »Rezept Mitternachtssuppe pikant« oder »Rezept Mitternachtssuppe lecker« gefunden werden. Entsprechend müssen Sie die Summe aller einzelnen Suchvolumina bilden, um die Attraktivität des Keyword-Clusters »Rezept Mitternachtssuppe« zu bestimmen.

3.8.6 Keyword-Effizienz abschätzen

Die erhobenen Keyword-Daten sind nur als Richtwerte zu verstehen. Wenige Hundert Anfragen mehr pro Monat sollten nicht immer zwingend darüber entscheiden, ob ein Keyword besser geeignet ist als ein anderes. Daher sollten Sie die Keyword-Effizienzen nicht strikt mathematisch berechnen (wie das ginge, wird im nächsten Abschnitt beschrieben), sondern die Keyword-Daten als Hinweise für Ihre Abschätzung nutzen.

Die folgenden Werte können Sie für jedes Keyword aus dem Keyword-Planer von Google auslesen oder mittels Excel berechnen und miteinander so in Verbindung setzen, dass eine sinnvolle Abschätzung über das Potenzial des Keywords entsteht.

Keyword

Aus dem Keyword selbst können Sie bereits einige Informationen ableiten. Je länger das Keyword ist und je mehr einzelne Begriffe es enthält, desto weniger häufig wird es eingegeben werden. Keywords mit einem Begriff sind tendenziell eher dem Shorttail zuzuordnen. Zwei bis drei Begriffe weisen auf ein Midtail-Keyword hin, und mehr als drei Begriffe sind oft ein untrügliches Zeichen für ein Longtail-Keyword.

Nutzen Sie Excel, hilft Ihnen z. B. diese Formel, um die Wortanzahl in eine eigene Spalte zu setzen:

```
=LÄNGE(Zelle)-LÄNGE(WECHSELN(Zelle;" ";""))+1
```

Ersetzen Sie die beiden Nennungen von `Zelle` dabei durch die tatsächliche Zelle in Excel, also etwa `A3`.

Suchvolumen

Zunächst müssen Sie entscheiden, welches Suchvolumen für Sie das relevante ist. Das ist je nach Tool unterschiedlich. Wenn Sie ausschließlich das Suchvolumen zu einem bestimmten Standort (z. B. Deutschland) oder einer Sprache (z. B. Deutsch) nutzen möchten, dann sollten Sie dies zunächst einstellen und dann die monatlichen Suchanfragen als Referenz nutzen. Im deutschen Sprachraum geht es hier vor allem um die Überlegung, ob Deutschland, Österreich und die Schweiz genutzt werden sollen oder nur ein einzelnes Land. Andernfalls nutzen Sie die allgemeinen globalen Suchanfragen. Diese sind in aller Regel bei deutschsprachigen Keyword-Tools die geeignete Wahl.

Je höher das Suchvolumen für ein Keyword ist, desto mehr Besucher erhalten Sie auf Ihrer Website – vorausgesetzt, Sie sind in Top-Positionen in den Ergebnislisten vertreten. Je nach Keyword, Branche und Thema erhält eine Top-1-Platzierung bis zu 30 bis 40 Prozent aller Suchanfragen als Klick. Platz zwei und drei erhalten jeweils 20 Prozent, der Rest entsprechend weniger. Dies sind allerdings nur grobe Richtwerte aus verschiedenen Untersuchungen und Vergleichen. Je nach Suchanfrage kann auch der Drittplatzierte häufiger angeklickt werden (wenn z. B. nach einem bestimmten Parfüm gesucht wird und die präferierte Marke auf Platz drei steht).

Ein hohes Suchvolumen, kombiniert mit einem generischen Begriff, weist meist eindeutig auf ein Shorthead-Keyword hin. Die Mitbewerber werden hier gut aufgestellt sein. Bereiten Sie sich also auf eine aufwendige Optimierung vor.

Wettbewerb

Die Anzahl der Wettbewerber wird meist auf einer Skala von 0 bis 1 angezeigt. Je nach Tool gibt es auch Werte von niedrig, mittel bis hoch.

Auch wenn Sie keine Ads-Kampagne schalten möchten, dient diese Angabe erfahrungsgemäß als guter Indikator, wie stark umworben ein Keyword auch in den organischen Rankings ist.

Schätzung zum CPC

Zusätzlich können Sie die Angaben aus diesem Wert nutzen. Je mehr Ads-Kunden auf ein Keyword bieten, desto teurer ist es. Für Sie heißt dies: Je teurer ein Keyword ist, desto intensiver werden auch die Mitbewerber für die organischen Rankings die Suchmaschinen-Optimierung betreiben. Denn wenn sich für einen Ads-Kunden ein Klickpreis von z. B. 1,08 € rechnet, dann rechnet sich auch ein entsprechend hohes monatliches Budget für die organische Suchmaschinen-Optimierung.

Aktuelle Rankings

Extrahieren Sie auch das aktuelle Ranking für die betreffenden Keywords und ggf. auch die aktuell rankende URL. Das aktuelle Ranking erhalten Sie entweder aus der Google Search Console oder aus einem Keyword-Monitoring-Tool wie SISTRIX. Berücksichtigen Sie bei der Auswahl dann auch die vorhandene Platzierung. Sie möchten ja weder wichtige Top-Rankings verlieren noch Potenziale in den Top 20 außer Acht lassen.

Potenzial und Effizienz abschätzen

Wenn Sie sich diese verschiedenen Werte je Keyword vor Augen führen, dann erkennen Sie recht schnell bestimmte Gruppen. Sie können leicht zu optimierende Longtail-Keywords identifizieren. Sie können aber auch ganz gezielt Traffic-starke Shorthead-Keywords erkennen, für die sich ein eventuell höherer Aufwand bei der Optimierung rechnet. Wenn Sie eine gründliche Keyword-Recherche durchführen, werden Sie vielleicht auch das Glück haben, ein paar lohnende und Traffic-starke Keywords zu finden, die bislang noch nicht so stark umworben sind.

3.8.7 Keyword-Effizienz berechnen

Für die Auswahl der richtigen Keywords bei einer Optimierung benötigt man die richtige Mischung aus Themen- und Branchenkenntnis, Erfahrung und Intuition. Wie schön wäre es, wenn man die Güte eines Keywords einfach berechnen könnte und so einen objektiven Wert in der Hand hätte, der die Qualität des Begriffs für die Optimierung angibt.

So einen Wert gibt es tatsächlich. Der *Keyword-Effizienz-Index* (KEI, im englischen Sprachraum auch als *Keyword Efficiency Index* bezeichnet) wurde erstmalig von Sumatra Roy entwickelt und erlangte Bekanntheit durch die Einbindung in *Wordtracker*.

Der KEI ist ein Quotient, der im Zähler die Suchpopularität und im Nenner die Anzahl der Anfragen für ein Keyword oder eine Keyword-Kombination berechnet.

Dabei liegen dem KEI folgende drei Axiome zugrunde:

1. Der KEI für ein Keyword steigt, wenn die Keyword-Popularität steigt. Dabei ist *Popularität* definiert als die Häufigkeit, mit der ein Keyword in einem definierten Zeitraum gesucht wird.
2. Der KEI für ein Keyword sinkt, wenn der Begriff stärker beworben ist. *Beworben* bedeutet in diesem Zusammenhang die Anzahl der Seiten, die von einer Suchmaschine bei einer Anfrage mit diesem Keyword zurückgeliefert werden.
3. Wenn die Keyword-Popularität und die Mitbewerberzahl im gleichen Verhältnis zu den Werten anderer Keywords stehen, soll das Keyword mit der höheren Keyword-Popularität und der höheren Mitbewerberzahl einen höheren KEI verzeichnen.

Während die ersten beiden Axiome weitgehend selbsterklärend sind, soll das dritte an einem Beispiel verdeutlicht werden.

Nehmen wir an, dass die Popularität des Keywords »sprachurlaub« bei sechs Anfragen pro Monat liegt. (Das entspricht natürlich nicht der Realität, aber eignet sich besser zur Verdeutlichung.) Eine Abfrage bei Google würde 100 Ergebnisse liefern, sodass die Anzahl der Mitbewerber 100 ist. Der Quotient der beiden Werte wäre demzufolge 6 ÷ 100 = 0,06.

Nehmen wir weiter an, dass sich bei einem zweiten Keyword »sprachreise« eine höhere Keyword-Popularität von 60 feststellen ließe. Die Mitbewerberzahl läge sogar bei 1.000 Seiten. Der Quotient wäre hier 60 ÷ 1.000 = 0,06.

Interessanterweise ist der Quotient für beide Begriffe gleich. Dabei ist es offensichtlich, dass der zweite Begriff »sprachreise« wesentlich attraktiver für eine Suchmaschinen-Optimierung ist als der erste. Für sechs Suchanfragen pro Monat ist es wenig sinnvoll, eine Optimierung zu unternehmen, auch wenn bei 100 Seiten die Wahrscheinlichkeit für ein besseres Ranking in der Regel höher ist als bei 1.000 Mitbewerbern. Bemüht man eine Kosten-Nutzen-Rechnung, ist der zweite Begriff mit 60 Suchanfragen pro Monat wesentlich ergiebiger für eine Optimierung.

Der KEI muss daher – und das fordert das dritte Axiom – beim zweiten Begriff einen höheren Wert liefern als beim ersten. Dies wird dadurch erreicht, dass man die Popularität potenziert. Die Formel für den KEI eines Keywords lautet demnach wie folgt:

$$\text{KEI} = \text{Keyword-Popularität}^2 \div \text{Anzahl der Mitbewerber}$$

Häufig finden Sie auch die verkürzte Angabe, bei der die Keyword-Popularität mit P und die Anzahl der Mitbewerber mit C abgekürzt wird:

$$\text{KEI} = P^2 \div C$$

Dieser KEI erfüllt nun alle drei Axiome:

1. Wenn P steigt, steigt auch P^2 und entsprechend der KEI.
2. Wenn C steigt, sinkt der KEI.
3. Wenn P und C gemeinsam stärker steigen als bei anderen Keywords, steigt der KEI beim *stärkeren* Keyword trotz des gleichen Quotienten (wie im Beispiel gezeigt).

Mit dem KEI gibt es scheinbar eine einfache mathematische Lösung zur Berechnung der Keyword-Güte, die quasi von jedermann und jedefrau durchgeführt werden kann. Man berechnet für alle Keywords einer Liste jeweils den KEI, sortiert dann die Ergebnisse und hat im Handumdrehen eine Hierarchie der besten Begriffe für die Optimierung. Man sagt in diesem Kontext oft, dass Begriffe unter einem KEI von 10,0 nicht für die Suchmaschinen-Optimierung geeignet seien und dass Keywords zwischen 1,0 und 10,0 eher für das Suchmaschinen-Marketing, also für Paid-Listing-Programme, geeignet seien. Keywords mit einem KEI unter 1,0 seien zu vernachlässigen.

Kritik an der klassischen KEI-Berechnung

Doch ist es wirklich so einfach? Schön wäre es. Jedoch gibt es zahlreiche Fallstricke zu beachten, die die Aussagekraft des KEI erheblich infrage stellen können.

Ein Grundproblem sind die Herkunft und Qualität der Daten. Für die Berechnung benötigen Sie die beiden Zahlenwerte zur Keyword-Popularität und zur Anzahl der Anfragen. Ihnen bleibt in der Regel nur die Nutzung von Online-Datenbanken wie dem Google-Keyword-Planer oder anderen Keyword-Tools. Das Problem besteht darin, dass Google mit dem Keyword-Planer zwar Daten zur Verfügung stellt, diese aber nicht unbedingt immer korrekt sind. Teilweise handelt es sich um Schätzungen, teilweise auch um eine absichtliche Verallgemeinerung. Google mag wie so häufig auch hier nicht alle Daten genau preisgeben. Verschiedene Tests und Vergleiche haben dies bestätigt.

Die diesbezüglichen Einschränkungen in Bezug auf die Gültigkeit und Aussagekraft der Häufigkeiten kommen besonders bei einer mathematischen Berechnung zum Tragen, denn die KEI-Berechnung steht und fällt mit der Keyword-Popularität. Inwieweit die Daten von Google exakt und verlässlich sind, hängt erfahrungsgemäß stark vom Keyword ab. Bei manchen Anfragen liefert die Berechnung über die Google-Daten zuverlässige Ergebnisse, in vielen Fällen leider aber auch nicht.

Die Bestimmung der Mitbewerberzahl fällt hingegen wesentlich leichter: Sie geben das entsprechende Keyword bei Google ein und lesen anschließend in der Ergebnisliste die Zahl der Treffer ab (im Beispiel aus Abbildung 3.49 sind es 3.670.000).

Nun könnte man sich mit der Tatsache anfreunden, dass die Daten von Google nicht das Nonplusultra darstellen, jedoch immerhin die Möglichkeit bieten, den KEI überhaupt zu berechnen. Im Prinzip mag das stimmen, praxistauglich wird das Konzept allerdings dadurch immer noch nicht. Es bestehen gewisse andere Einschränkungen bei der KEI-Berechnung, die ich Ihnen hier nicht verschweigen will.

Abbildung 3.49 Google liefert die Mitbewerberzahl für ein Keyword.

Zum einen erhalten sehr populäre Begriffe aufgrund der Potenzierung der Keyword-Popularität einen überdurchschnittlichen KEI. Dies wird besonders deutlich, wenn Sie die Liste mit den fertigen KEI-Berechnungen sortieren und sich die vermeintlich *besten* Keywords ansehen. Abhilfe schafft hier die Einführung eines Grenzwertes. Das bedeutet, dass ab einem bestimmten Popularitätswert ein definierter Maximalwert eingesetzt wird.

Zudem sollten Sie beachten, dass bei der Berechnung von mehreren Stichwörtern die Mitbewerberzahl je nach Verwendung von Operatoren bei der Suchanfrage schwanken kann. So liefert Google für die Anfrage »"seo köln"« als Phrase mit Anführungszeichen lediglich 7.220 Treffer zurück, bei der gleichen Anfrage ohne Anführungszeichen hingegen 3.670.000 Ergebnisse. Je mehr Begriffe eine untersuchte Anfrage enthält, desto gravierender wird dieses Phänomen. Sie sollten daher unbedingt darauf achten, dass Sie einheitlich entweder immer oder nie Operatoren zur Datenerhebung für die Berechnung verwenden. Ansonsten ist die Vergleichbarkeit der KEI-Werte nicht gegeben. Im Allgemeinen empfiehlt es sich, den Wert für die Mitbewerberzahl bei der KEI-Berechnung ohne Phrasensuche in Google zu bestimmen, da die meisten Nutzer ohnehin Suchbegriffe ohne Operatoren eingeben.

Letztlich stellt sich generell die Frage, ob die Zahl der Mitbewerber tatsächlich eine Aussage zur Güte eines Keywords zulässt. Ist ein Keyword automatisch weniger gut geeignet, weil es unzählige Mitbewerberseiten gibt?

Diese und ähnliche Fragen sind nicht einfach zu beantworten, und das führt dazu, dass die KEI-Berechnung unter den Suchmaschinen-Optimierern und Optimiererinnen umstritten ist.

Als probates Mittel zur Einschätzung lässt sich der KEI aber dennoch zumindest zur Orientierung verwenden, wenn man alle genannten Bedingungen und Einschränkungen berücksichtigt. An eine interessante Weiterentwicklung des KEI ist auch zu denken. So können verschiedene andere Faktoren mit in die Effizienzberechnung eingehen und die Aussagekraft um ein Vielfaches erhöhen.

> **Praxistipp: Mitbewerberstärke wichtiger als Mitbewerberanzahl**
>
> Wir von der mindshape GmbH wenden bei der Suchmaschinen-Optimierung von Kunden-Websites eine stark erweiterte und in Teilen auch veränderte KEI-Berechnung an. In diese Berechnungen spielen u. a. die konkrete Website-Stärke an oberen Ranking-Positionen sowie deren Optimierungsgrad stark hinein.
>
> Der Gedanke ist einfach: Wenn man die Keyword-Effizienz als Verhältnis von Ertrag zu Aufwand sieht, dann ist die Mitbewerberstärke in den Top 10 ein viel entscheidenderes Kriterium als die Anzahl der gefundenen Treffer. Oder anders formuliert: Um in den Top 10 zu stehen, müssen Sie vor allem mit den Top 10 mithalten können – wie viele Millionen andere Seiten hinter Ihnen sind, ist dann egal. Daher nutzen wir die durchschnittliche Mitbewerberstärke in den Top 10 für ein Keyword als Faktor für den Aufwand und damit die Keyword-Effizienz.

3.9 Zeitliche und regionale Einflüsse mit Google Trends

Bei der Keyword-Recherche und den Keyword-Daten wie etwa dem Suchvolumen sind wir die ganze Zeit von einheitlichen Werten pro Monat ausgegangen.

Für bestimmte Branchen und auch für bestimmte Suchanfragen gibt es allerdings zeitliche Einflüsse, die ganz entscheidend für eine Suchmaschinen-Optimierung sein können.

3.9.1 Saisonale Effekte

Stellen Sie sich einen Online-Shop-Betreiber vor, der Weihnachtskerzen verkauft. Auch wenn der Google-Keyword-Planer für das Keyword »Weihnachtskerzen« etwa 1.000 Anfragen monatlich ausweist, handelt es sich dabei doch nur um einen Durchschnittswert. Im Sommer interessieren sich nur sehr wenige Menschen für Weihnachtskerzen. Nicht immer sind die zeitlichen Einflüsse so klar und vorhersehbar wie in diesem Beispiel. Sie sollten daher immer ein Auge auf die zeitlichen Einflüsse haben. Ansonsten laufen Sie Gefahr, dass Sie ein Keyword auf einen bestimmten Zeitpunkt hin optimieren, ohne dass dann entsprechender Bedarf besteht.

Einen groben Anhaltspunkt für diese saisonalen Schwankungen liefert das Diagramm im Google-Keyword-Planer. Aber auch generelle Trends lassen sich gut nachvollziehen, wie etwa das Thema Content Marketing in Abbildung 3.50. Viel detailliertere Informationen erhalten Sie jedoch über ein anderes Tool: *Google Trends* unter *www.google.com/trends*.

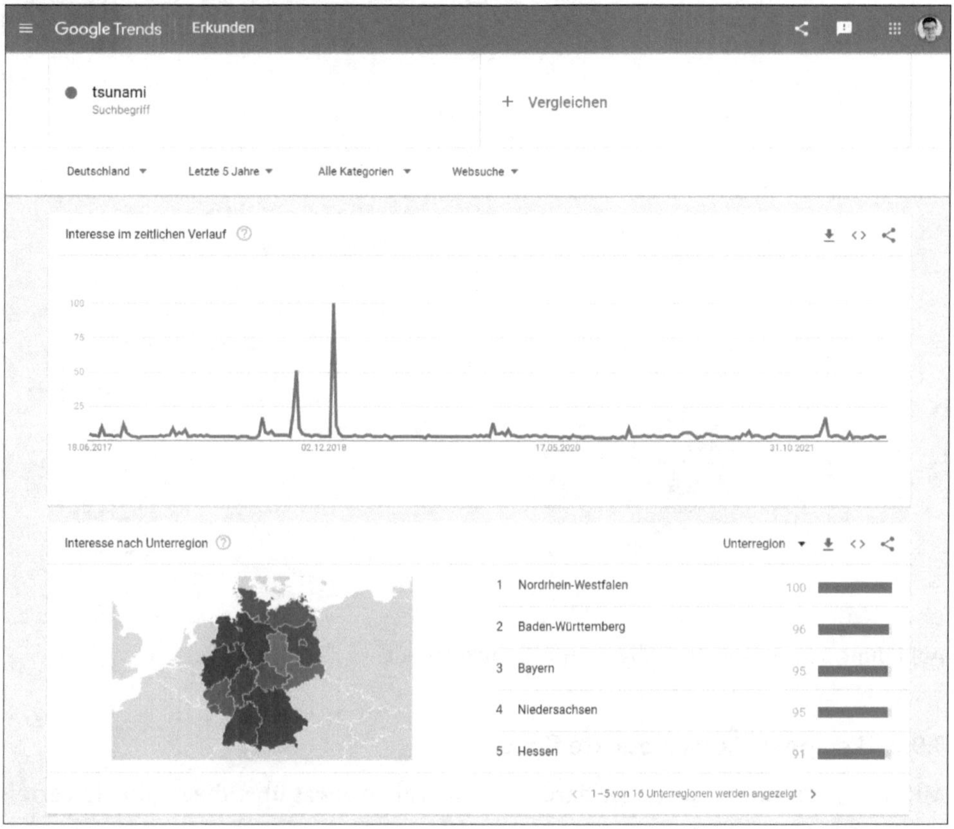

Abbildung 3.50 Mit Google Trends können Sie saisonale Schwankungen und langfristige Trends erkennen und beobachten.

In den Begriffsfeldern können Sie auch mehrere Keywords miteinander vergleichen. Um einen Eindruck davon zu erhalten, wann Weihnachtskerzen in Deutschland besonders gefragt sind, schränken Sie die Suche über den Filter auf DEUTSCHLAND ein. Ab 2004 können Sie zusätzlich auch verschiedene Zeiträume definieren, z. B. nur ein Jahr. Bei einigen Fragestellungen ist sicherlich ein Zeitraum von mehreren Jahren sinnvoll. Sie können aber auch einzelne Wochen vor Weihnachten betrachten, falls Sie eine Kampagne zur besten Zeit planen (siehe Abbildung 3.51).

3 Keyword-Recherche

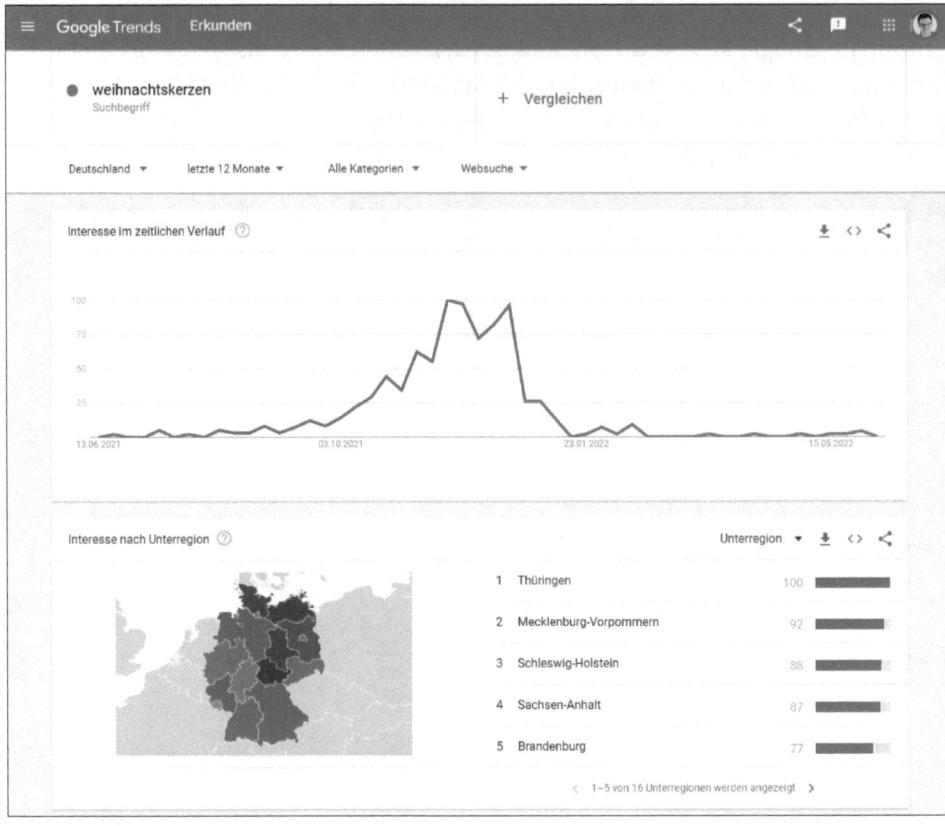

Abbildung 3.51 Saisonale Analysen mit Google Trends

3.9.2 Regionale Schwerpunkte finden

Mit Google Trends erfahren Sie darüber hinaus auch etwas über die regionale Verteilung von Suchanfragen.

So können Sie nach Bundesländern (Unterregion) oder Städten gegliedert erfahren, wo der Bedarf für Weihnachtskerzen am höchsten zu sein scheint.

Für die Keyword-Recherche ist dies insofern interessant, als dass Sie die Regionen als zusätzliche Begriffe in die Keywords mit einbeziehen können. So wäre die Keyword-Kombination »Weihnachtskerzen Mecklenburg-Vorpommern« vielleicht ein neues, lohnenswertes Keyword. Stattdessen oder ergänzend könnten Sie auch die großen Städte als Kombinationsbegriff nutzen.

Diese Keywords lohnen sich schon eher:

- Weihnachtskerzen Hannover
- Weihnachtskerzen Berlin

- Weihnachtskerzen München
- Weihnachtskerzen Stuttgart
- Weihnachtskerzen Hamburg

Das Beispiel soll Ihnen auch zeigen, wie Sie mit den Tools arbeiten können und sollten. Es geht nicht darum, die Daten blind zu übernehmen, sondern sie zu interpretieren, neue Ideen und Anhaltspunkte zu gewinnen und diese zu verfolgen.

Bei Weihnachtskerzen mag der Bedarf flächendeckend sehr ähnlich sein, experimentieren Sie gern mit Ihren Begriffen in Google Trends. Manchmal gibt es spannende regionale Unterschiede.

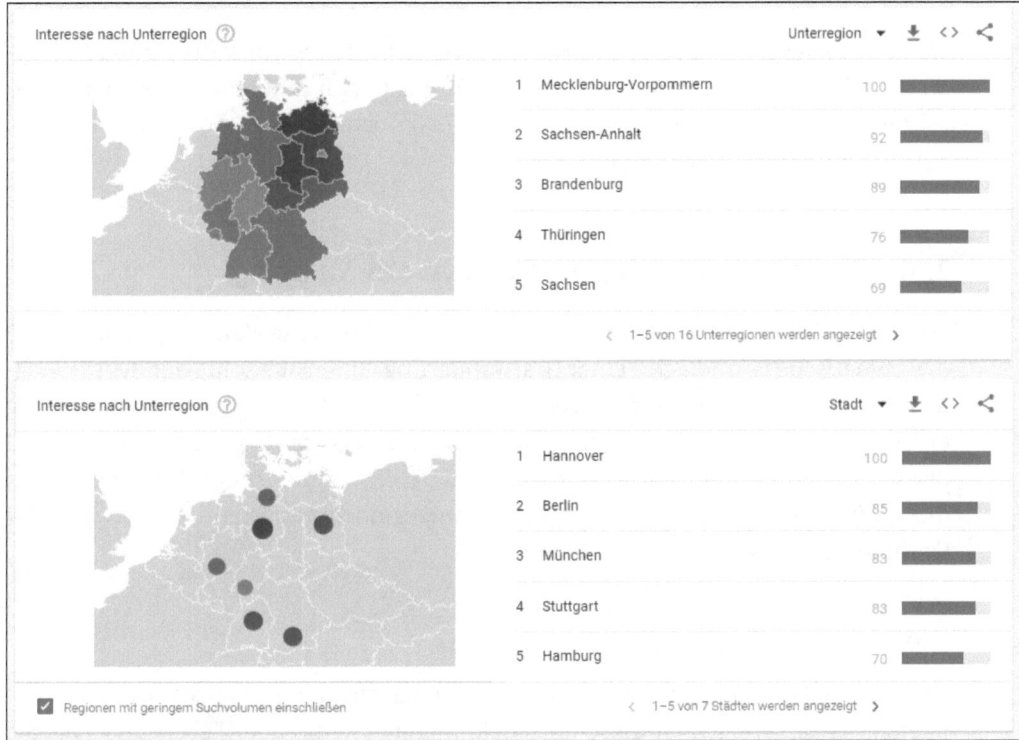

Abbildung 3.52 Ansicht nach Unterregion oder Stadt in Google Trends

3.9.3 Verwandte Suchanfragen

Am unteren Ende von Google Trends finden Sie einige Hinweise zu aktuellen Top-Suchanfragen. Diese sollten Sie nach einer gründlichen Keyword-Recherche jedoch nicht mehr überraschen. Interessanter sind die Angaben unter dem Punkt ÄHNLICHE SUCHANFRAGEN (siehe Abbildung 3.53).

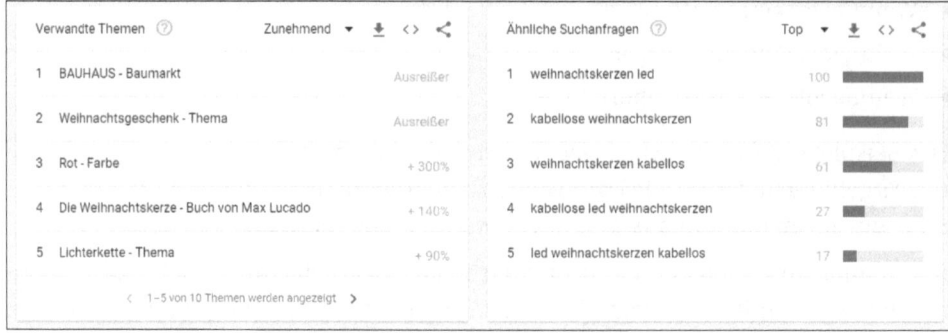

Abbildung 3.53 Quelle für verwandte Suchanfragen

Spannend mag gerade bei innovativen oder neuartigen Keywords die Option ZUNEH-MEND sein. Damit können verwandte, zukünftig stärker aufkommende Themenbereiche identifiziert werden. So könnte eventuell noch der eine oder andere Hinweis auf ein gutes Keyword zu finden sein.

3.10 Zuweisung von Keywords: Keyword-Mapping

Die endgültige Auswahl der Schlüsselwörter für eine Website gleicht – mit oder ohne mathematische Grundlage – einer Gratwanderung. Einerseits sollte der Begriff möglichst oft in Anfragen genannt werden. Andererseits sollten Sie nicht der Versuchung erliegen, ausschließlich besonders weit verbreitete Begriffe auszuwählen. Die Anzahl der Konkurrenten steigt dann enorm an; und häufig genutzte Begriffe werden durch die statistischen Gewichtungsverfahren weniger hoch gewertet. Der Aufwand der Optimierung steigt daher ebenfalls enorm.

3.10.1 Keywords gruppieren und sortieren

Die abschließende Wahl der wenigen Schlüsselbegriffe für eine Website will daher gut überlegt sein. Letztlich ist diese Entscheidung aber keine über Leben und Tod. Sie können jederzeit Veränderungen an der bestehenden Website vornehmen. Sie sollten sich dennoch der Tatsache bewusst sein, dass die Suchmaschinen diese eventuell vor allem in tieferen Ebenen nicht allzu häufig besuchen und ihren Index dann nicht aktualisieren. Eine Änderung kann sich also durchaus erst ein paar Tage oder gar Wochen später im Ranking niederschlagen.

Sortieren Sie abschließend also Ihre Keyword-Liste nach Wichtigkeit der Begriffe und Kombinationen, indem Sie die einzelnen Werte und gegebenenfalls den KEI und natürlich auch Ihre Intuition mit in die Bewertung einbeziehen.

Wenn Sie mehrere Produkte oder Dienstleistungen recherchiert haben, dann gruppieren Sie die jeweils zugehörigen Keywords zu *Themenbereichen* (*Channels*) oder Keyword-Clustern.

Legen Sie dabei auch die Reihenfolge, Ausprägung und Zuordnung insbesondere bei Keyword-Kombinationen genau fest. Diese sollten auch in der Form später einheitlich optimiert werden.

3.10.2 Zuordnung zu Seiten im Seitenbaum

Ein einfaches Verfahren, das in der Praxis erstaunlicherweise sehr häufig vernachlässigt wird und sich dann auf die gesamte Optimierung auswirkt, ist das *Keyword-Mapping*.

Der Grundgedanke ist recht einfach: Eine perfekte Optimierung erhalten Sie, wenn Sie pro Unterseite einer Domain jeweils nur ein ganz spezielles Keyword bzw. Keyword-Cluster optimieren. So können die Mechanismen der Suchmaschinen eindeutig und leicht feststellen, dass es sich bei einer Seite um genau dieses eine Keyword handelt und um sonst kein anderes. Damit vermeiden Sie auch konzeptionell bereits Phänomene wie Keyword-Kannibalisierung.

Eine einzelne Seite innerhalb einer Webpräsenz sollte also niemals mehrere verschiedene optimierte Keywords enthalten. Dies ist jedoch ein immer wieder auftretender Fehler, der allen Optimierungsmühen den Garaus macht.

Ein negatives Beispiel wäre etwa eine Handwerker-Website, in der alle Dienstleistungen auf einer großen Landingpage (also URL) genannt werden. Besser wäre es, wenn jeder Dienstleistungsbereich eine eigene Seite (also URL) erhalten würde.

Ein Dokument mit vielen Schlüsselwörtern nimmt zwar an mehreren Suchanfragen teil, wird jedoch im Vergleich zu gezielt auf ein Thema bzw. Keyword optimierten Seiten immer auf den hinteren Bänken landen und im unendlichen Meer von Treffern untergehen. Der TF-Algorithmus bevorzugt Dokumente, die ein einzelnes Thema oder zumindest sehr wenige, verwandte Themen enthalten. Damit erklärt sich auch, warum ein Dokument idealerweise höchstens auf ein Keyword hin optimiert sein sollte. Daher bezeichnet man dies dann häufig auch als *Hauptkeyword*, *Seitenkeyword* oder *Fokuskeyword*. Keywords, für die eine URL zusätzlich noch ranken soll, bezeichnet man als *Nebenkeywords*.

Das Keyword-Mapping ist dann entsprechend das Verfahren, bei dem alle Keywords aus der Keyword-Recherche innerhalb der Seitenstruktur als Fokuskeywords verteilt werden.

Jede Unterseite erhält dabei ihr eigenes, ganz spezielles Keyword. In Ihrer Liste können Sie z. B. die URL hinter die entsprechende Zeile schreiben. Oder Sie verfügen

ohnehin über eine grafische Übersicht der Website, sozusagen eine Sitemap als Baumdiagramm, die Sie um die Begriffe ergänzen können.

Diese wie auch immer geartete Übersicht soll als Grundlage dienen, um im fortschreitenden Optimierungsprozess durch entsprechende Modifikationen z. B. im HTML-Code, bei der Textoptimierung und der internen Verlinkung eine gute Rangposition in den Ergebnislisten zu erreichen. Das heißt: Alle folgenden Optimierungsschritte, von der Textgestaltung bis hin zur Gestaltung der eingehenden Links, orientieren sich an diesem Seiten-Keyword.

Abschließend sei noch erwähnt, dass durch die Suche nach den passenden Schlüsselwörtern ein entscheidender Vorteil gegenüber den Mitbewerbern entsteht: Sie bekommen einen ausgezeichneten Blick dafür, wie Ihre Zielgruppe nach Produkten, Dienstleistungen und Informationen sucht. Die wenigsten Webseitenbetreiber machen sich diese Mühe und verschwinden mit ihren Seiten in den meisten Fällen im dichten Nebel des Web.

Die Startseite wird in der Regel außer dem Firmennamen kein Seiten-Keyword erhalten. Als Einstiegsseite hat die Startseite bei größeren Websites vor allem eine Verteilerfunktion. Die Nutzer und Nutzerinnen sowie Crawler müssen von dort aus auf die Unterseiten geleitet werden. Nur bei monothematischen Websites, vor allem bei Microsites zu einem Produkt oder einer Dienstleistung, erhält die Startseite auch ein ganz spezifisches Seiten-Keyword.

Nicht immer werden Sie für ein Keyword eine bereits vorhandene oder erdachte Seite im Seitenbaum finden. Hier sollten Sie dann eine neue Seite an einer geeigneten Stelle im Seitenbaum einplanen. Idealerweise fällt die Erstellung der Sitemap bei einem Relaunch mit der Phase des Keyword-Mappings zusammen. Dann erhalten Sie die perfekte Synergie aus Website-Konzeption und Suchmaschinen-Optimierung. Andersherum muss auch nicht zwingend jede Seite ein Keyword zugewiesen bekommen. Nur solche Seiten, die relevante, auffindbare Informationen bieten, sollten gemappt werden. So gehören Seiten wie der Warenkorb, das Impressum oder die Datenschutzerklärung meistens nicht dazu.

Nach dem Keyword-Mapping sind Sie nun so weit, dass Sie mit der eigentlichen Optimierung beginnen können.

Kapitel 4
Anatomie des World Wide Web

In diesem Kapitel erhalten Sie das technische Grundwissen, das ein SEO benötigt. Danach werden HTML, CSS und HTTP keine Fremdwörter mehr für Sie sein.

Das *World Wide Web* (WWW) wurde im März 1989 von Timothy Berners-Lee am CERN, dem europäischen Forschungszentrum für Teilchenphysik in der Schweiz, entworfen. Sein Ziel war es, ein hypertextuelles Informationsnetzwerk zu schaffen, das den wissenschaftlichen Austausch vereinfachen sollte. Berners-Lee wurde damit weltberühmt und im Sommer 2004 obendrein von der englischen Queen zum Ritter geschlagen. 1994 gründete er in Kooperation mit anderen Wissenschaftlern das *World Wide Web Consortium* (W3C), um die Weiterentwicklung von technischen Standards für das Web sicherzustellen.

Bis zum heutigen Tag hat das WWW einen enormen Wachstumsprozess hinter sich, und ein Ende ist noch immer nicht in Sicht. Dieser unübersichtliche Wald von verteilten, heterogenen Rechnernetzen ist die Welt der Suchmaschinen. Dort durchforsten sie Tag für Tag eine unendlich erscheinende Menge hypermedialer Webseiten. Weltweit müssen dabei gleiche Standards gelten, um eine Kommunikation zwischen den Suchmaschinen und den Zielrechnern überhaupt zu ermöglichen.

Bereits im Vorfeld eines Besuchs der Suchmaschine auf einer Webseite werden wichtige Informationen übermittelt, die sowohl für die weitere Verarbeitung der Daten als auch für einen späteren Zugriff zum Aktualisieren des Datenbestands nützlich sind. Für die Suchmaschinen-Optimierung ist es hilfreich, die Grundlagen des Arbeitsumfeldes und dessen Möglichkeiten und Einschränkungen zu kennen. Bei der Relevanzbewertung werden nämlich auch Aspekte aus diesem direkten hypermedialen Kontext mit einbezogen. So werden Sie viele Fehler bei der Optimierung vermeiden und Ihr Wissen über das Umfeld auch noch gewinnbringend und gezielt einsetzen können.

Dieser Abschnitt gibt Ihnen eine Übersicht, aus welchen Teilen das World Wide Web besteht und wie die einzelnen Elemente miteinander verflochten sind. Die Zusammenhänge sind so weit vereinfacht, wie es für das Verständnis in Bezug auf die Suchmaschinen notwendig ist.

4 Anatomie des World Wide Web

4.1 Exkurs in HTML

Als Johannes Gutenberg 1445 den Buchdruck mit der Druckerpresse erfand, ermöglichte er Millionen von Menschen den Genuss, Bücher in die Hand zu nehmen und zu lesen. Durch Inhaltsverzeichnisse, Kapitel, Abschnitte und Seitenzahlen finden sich bis heute Leser in Büchern zurecht. Mit diesen Strukturprinzipien mussten sich digitale Dokumente auf EDV-Anlagen seither messen. Auf dem Bildschirm verliert der Benutzer schnell die Orientierung, weil er oftmals keinen Anhaltspunkt besitzt, welche Seitenelemente zusammengehören, und weil der Gesamtüberblick über das Angebot fehlt. Kleinere, mobile Displays verringern das Problem heute nicht gerade. Um dieses Rahmungs- und Orientierungsproblem zu lösen, entstand bereits im Laufe der 70er- und 80er-Jahre u. a. der Standard SGML (*Standard Generalized Markup Language*). SGML sollte ein flexibles und allumfassendes Codierungsschema werden. Mit der Möglichkeit, einzelne Informationen in elektronischen Dokumenten auszuzeichnen, eignete SGML sich für die Weiterverarbeitung und Darstellung durch diverse Programme wie etwa einen Browser. Eine hypertextuelle Struktur sollte die Orientierung und Navigation innerhalb der elektronischen Dokumente ermöglichen.

Allerdings zeigte sich schnell, dass SGML zu komplex war. Ebenso waren die Kosten für die Entwicklung und Wartung von SGML-Umgebungen enorm hoch. Der HTML-Standard (*Hypertext Markup Language*) brachte Anfang der 90er-Jahre mit Beginn des World Wide Web dann jedoch den Durchbruch in Sachen Hypertext. Die erste Version von HTML beherrschte lediglich Funktionen wie Texthervorhebung, Verlinkung und Überschriften. Der Standard wurde jedoch rasch weiterentwickelt. 1999 wurde der lange Jahre gültige HTML-Standard 4.1 verabschiedet. Er legte den Schwerpunkt auf Multimedia und die Einbindung von Skriptsprachen. Mit HTML5 wurde 2014 dann auch der aktuelle Standard nach langem Ringen verabschiedet. Vor allem eine detailliertere Auszeichnung von verschiedenen Elementen steht im Zentrum der neuen Version. Heute ist HTML5 in allen modernen Browsern der Standard.

HTML ist zwar ein SGML-Abkömmling, streng genommen aber ein Rückschritt in der Entwicklung der Auszeichnungssprachen. Der überwiegende Teil der HTML-Dokumente setzt heutzutage auf eine reine Formatierung statt auf die Auszeichnung von Textstrukturen, sodass eine Weiterverwertung der Informationen nicht ohne Weiteres möglich ist. Dies stellt ein Kernproblem für Suchmaschinen dar. Der Browser setzt freilich das HTML-Dokument meist optisch passend für den Menschen um (*Rendering*), und der Mensch erkennt visuelle Zusammenhänge unterbewusst auf den ersten Blick (*visuelle Kognition*). Die Algorithmen der Suchmaschinen können trotz aller Fortschritte im Bereich der künstlichen Intelligenz aber immer noch nicht so zuverlässig wie ein Mensch feststellen, zu welchem Bild etwa eine Bildunterschrift gehört.

Um zu den Idealen der maschinenfreundlichen Auszeichnung zur Informationsgewinnung zurückzukehren, wurde der XML-Standard (*Extensible Markup Language*) entworfen. Der verallgemeinernde Charakter von SGML stand bei der Entwicklung von XML Pate. Nach der Bekanntmachung von XML veröffentlichte das W3-Konsortium (W3C) Anfang 2000 den Nachfolger des gängigen HTML-Standards, nämlich XHTML 1.0. Während XHTML zwar immer stärkere Verbreitung im Web erfährt, überwiegt derzeit noch der Standard HTML 4.1. Das liegt nicht zuletzt an den weit verbreiteten WYSIWYG-HTML-Editoren (WYSIWYG = *What You See Is What You Get*), die erst allmählich Neuerungen übernehmen. Und natürlich sind aus verschiedenen Gründen auch häufig noch ältere Versionen im Einsatz.

Heutzutage betrachtet Google allerdings nicht mehr nur den reinen Quellcode, sondern rendert die Websites immer mehr, um noch mehr Informationen für die Algorithmen zu erhalten. Google renderte Websites jedoch sehr lange mit veralteten Versionen der Chrome Engine Version 41. Seit August 2019 wird immer die neueste Chrome Engine genutzt. Diesen Ansatz bezeichnete Google in einem Blogbeitrag (*https://webmasters.googleblog.com/2019/08/evergreen-googlebot-in-testing-tools.html*) als *Evergreen Rendering*. Damit können auch aktuellere JavaScript-Techniken gerendert werden und sind für die Suchmaschine auswertbar.

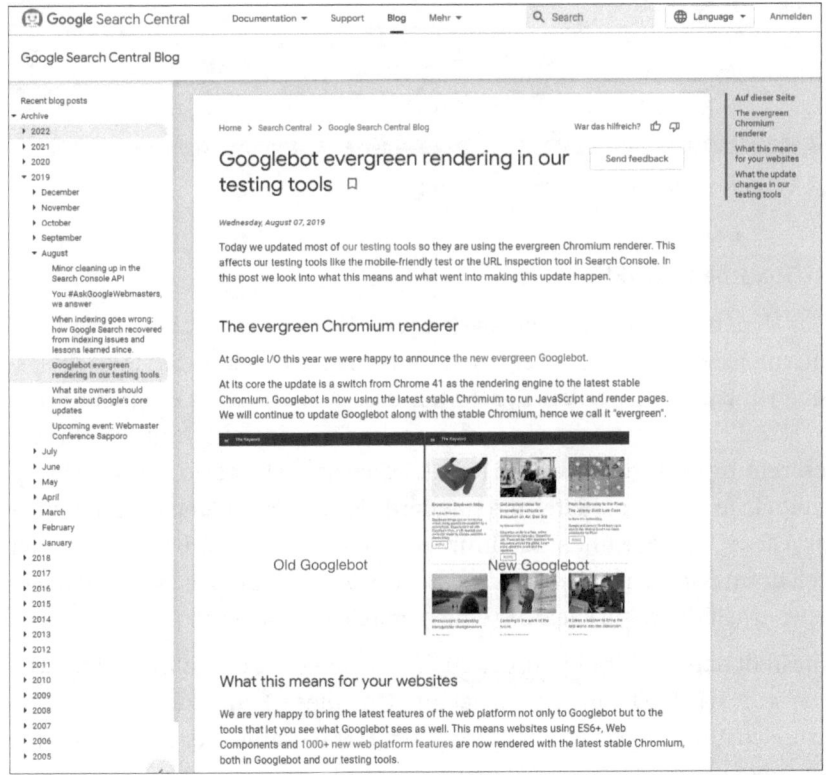

Abbildung 4.1 Google veröffentlicht Informationen zum Evergreen Rendering.

Unter der URL *https://caniuse.com* können Sie prüfen, welche HTML5- und CSS3-Auszeichnungen Sie für die verbreiteten Browser und für Google Evergreen Rendering (Chrome) nutzen können. In der Praxis sind die üblichen Aspekte abgedeckt, ohne dass Sie bei der Programmierung etwas Besonderes beachten müssen.

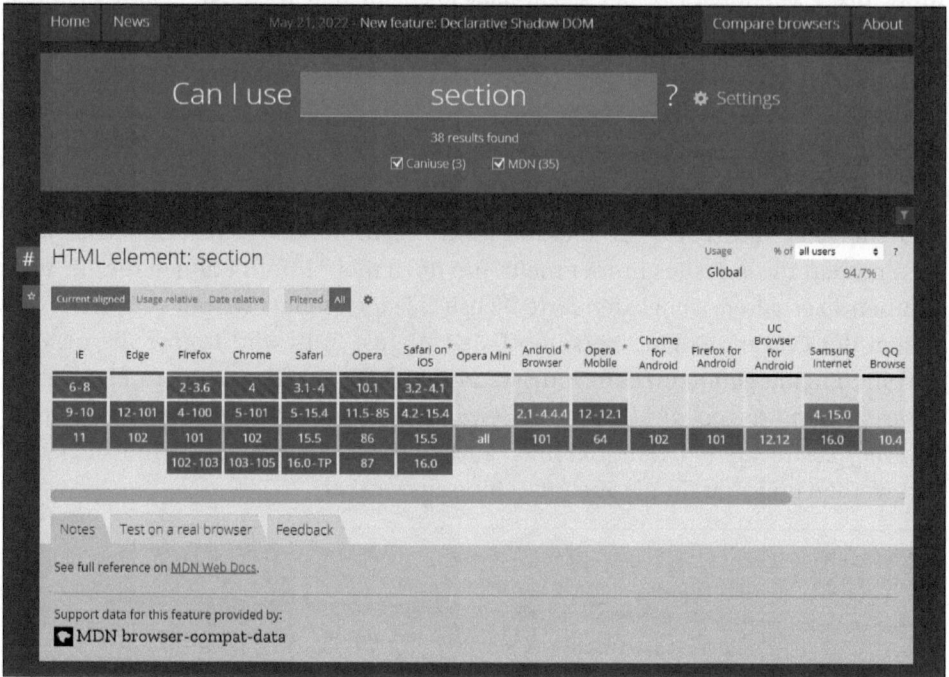

Abbildung 4.2 Ergebnis der »caniuse.com«-Prüfung

4.1.1 HTML-Dokumentstruktur

HTML steht für Hypertext Markup Language (engl. für Hypertext-Auszeichnungssprache) und kann mit jedem beliebigen Texteditor auf einem frei wählbaren Betriebssystem geschrieben und gelesen werden. Der Vorteil, dass kein spezielles Programm zum Erstellen von HTML-Seiten benötigt wird, ist eine der Grundvoraussetzungen für die weltweite Verbreitung und den Erfolg von HTML. Dabei handelt es sich zunächst lediglich um eine einfache ASCII-Textdatei, die standardisierte HTML-Befehle, sogenannte *Tags*, enthält. Diese Tags zeichnen bestimmte Textelemente aus, woher auch der Name »Auszeichnungssprache« (*Markup Language*) stammt. Durch die so ausgezeichneten Elemente erhält der reine Fließtext eine hierarchische Struktur.

Doch worin besteht dann das Problem, das Suchmaschinen bei der Informationswiedergewinnung aus HTML-Dokumenten haben? Um diese Frage zu beantworten, müssen Sie zunächst die Struktur einer einfachen HTML-Datei verstehen, wie man sie heutzutage überall im Netz finden kann.

```
<!DOCTYPE html>
<html>
<head>
   <title>Titel-Ueberschrift des Dokuments</title>
</head>
<body>
   <h1>Abschnitt 1</h1>
   <p>Ein Fliesstext beschreibt den Inhalt des Dokuments.</p>
</body>
</html>
```

Listing 4.1 Typische HTML-Struktur

Wie in diesem Beispiel bestehen alle HTML-Dokumente generell aus zwei Teilen:

- **Dokumentkopf**: Der obere Teil eines HTML-Dokuments, auch als *Head* bezeichnet, enthält die Beschreibung des gesamten Dokuments, wie das `<title>`-Tag oder verschiedene Meta-Tags (siehe Abschnitt 4.1.4, »Meta-Tags«). Er stellt überwiegend Informationen zur Verfügung, die nicht innerhalb eines Browsers angezeigt werden.

- **Dokumentkörper**: Hier befindet sich die eigentliche Information der Webseite. Sie wird daher auch als *Body* bezeichnet. Der Dokumentkörper stellt den Inhalt zur Verfügung, der im Browserfenster erscheint. Innerhalb dieses Bereichs werden unterschiedliche Formatierungen zur Hervorhebung und Textauszeichnung verwendet.

> **Praxistipp: Sauberes HTML**
>
> Immer wieder gibt es Diskussionen darüber, ob Google nicht korrekt formatiertes HTML, also unsauber programmiertes HTML, verarbeiten kann. Laut Google sind die Algorithmen hier sehr fehlertolerant und kommen mit vielen Fehlern klar. Dennoch sollten Sie darauf achten, dass Ihr HTML möglichst sauber und valide ist – warum sollte man es Besuchern, Suchmaschinen und Browsern schwerer machen als nötig? So vermeiden Sie auf jeden Fall Fehlinterpretationen, die sich negativ auf das Ranking auswirken könnten.

Der Dokumentkopf wird ebenso von den HTML-Tags eingeschlossen wie der Dokumentkörper (erste und letzte Zeile). In jedem ordnungsgemäßen HTML-Dokument findet man eine zweigeteilte Struktur. Der Browser muss den Sourcecode interpretieren und eine »gerenderte« Ansicht des HTML-Codes im Browserfenster anzeigen, wie man es im Alltag gewohnt ist. Die beiden ersten Zeilen, also das `<!DOCTYPE html>`-Tag und das `<html>`-Tag, weisen darauf hin, dass ein HTML5-Dokument vorliegt. So weiß der Browser, dass es sich z. B. nicht um ein undefiniertes XML-Dokument handelt, und das Dokument kann dementsprechend korrekt interpretiert werden.

4.1.2 DOM

Wenn ein Browser oder eine Suchmaschine das HTML verarbeitet, dann entsteht daraus eine Baumstruktur, die als *Document Object Model* (*DOM*) bezeichnet wird. Sie können sich dieses selbst anschauen, indem Sie im Chrome- oder Firefox-Browser mit der rechten Maustaste den Punkt UNTERSUCHEN anklicken und einen Ausschnitt der DOM-Baumstruktur sehen wie in Abbildung 4.3.

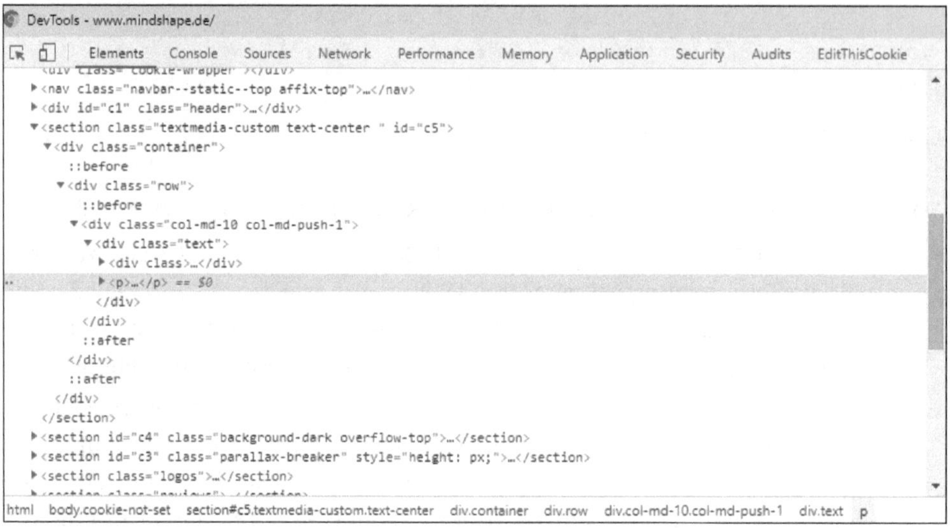

Abbildung 4.3 HTML-DOM

Die einzelnen Knoten stellen dabei logische Sinneinheiten dar, die dann wiederum mittels CSS oder JavaScript optisch oder inhaltlich beeinflusst werden können. Doch dazu später mehr. Was sind diese Tags genau, und welche Rolle spielen sie für die Suchmaschinen-Optimierung?

4.1.3 Tags

Im Sourcecode erscheinen die Tags wie im vorangegangenen Beispiel immer in spitzen Klammern (< >). Die Zeichen zwischen diesen Klammern werden von einem *User Agent*, sprich dem Browser oder dem Webcrawler, als Befehle interpretiert. Ist ein Befehl nicht bekannt, wird er ignoriert. Dabei ist es für die Erkennung unerheblich, ob die Tags in Klein- oder Großschreibung verfasst wurden.

Grundsätzlich gibt es drei verschiedene Formate für Tags:

- `<tag_name/>`
- `<tag_name>Text</tag_name>`
- `<tag_name attribut_name="argument">Text</tag_name>`

1. **Empty-Tags**: Die einfachen, einmal auftretenden *Empty-Tags* können von User Agents sofort ausgeführt werden. Dazu gehören etwa der Zeilenumbruch <br/> oder die horizontale Linie <hr/>. Gemäß dem HTML-Standard werden Empty-Tags noch ohne abschließenden Slash / genutzt.
2. **Container-Tags**: Die zweite Art von Tag ist etwas umfangreicher: Es gibt ein öffnendes und ein schließendes Tag, das durch einen vorangestellten Schrägstrich gekennzeichnet ist. Die Anfang- und Ende-Tags umschließen den auszuzeichnenden Text, auf den der Befehl angewandt werden soll. Beispiele dafür sind alle Tags zur Texthervorhebung wie <b></b> (fett), <i></i> (kursiv) sowie die unterschiedlichen Hierarchien für Überschriften. <h1></h1> stellt die höchste Ordnungsebene dar, <h6></h6> die niedrigste. Diese Tags haben bei der Auswertung durch Suchmaschinen eine besonders große Bedeutung. Wie Sie sich leicht vorstellen können, stellen Überschriften und Texthervorhebungen innerhalb eines Fließtextes wichtige und markante Punkte dar. Diese finden seitens der Suchmaschinen-Betreiber besondere Beachtung bei der Bewertung von Stichwörtern.
3. **Container-Tags mit Zusatz**: Das dritte Format ist eine Erweiterung des Container-Tags mit zusätzlichen Spezifizierungen. Diese werden benötigt, um Referenzen auf Bild-, Video- und Audiodateien oder Verweise innerhalb oder außerhalb des Dokuments herzustellen. Das meistgenutzte Tag ist hier sicherlich der Hypertext-Link:

   <a href="link.html">Linktext</a>

   Außerdem werden die Attribute häufig zur Festlegung von Textfarben, Ausrichtungen oder sonstigen Formatierungen genutzt.

Neben diesen drei Grundformen soll hier noch ein besonders wichtiges Tag, wenn nicht gar das wichtigste, Erwähnung finden: das <title>-Tag.

<title> ADAC: Allgemeiner Deutscher Automobil-Club.</title>

Das <title>-Tag steht im Dokumentkopf und beschreibt den Titel des betreffenden Dokuments. Innerhalb der Webseite ist es nicht sichtbar, allerdings wird das Tag je nach Browser in der Fensterleiste, in der Tableiste oder beim Mouseover angezeigt, wie in Abbildung 4.4 zu sehen ist.

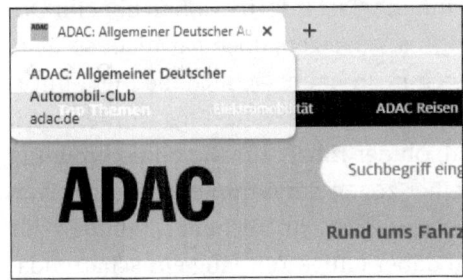

Abbildung 4.4 Das <title>-Tag in der Titelleiste von Firefox

Das <title>-Tag stellt meist die erste Information für Besucher und Crawler dar, weil es meist in der Ecke links oben steht, auf die der Benutzer besonders achtet, und auch bei längeren Ladezeiten früh zu sehen ist. Dementsprechend wichtig ist das <title>-Tag auch für die Bewertung in Suchmaschinen. In den Ergebnislisten wird der Inhalt des Titels fast immer als verlinkte Überschrift eines jeden Treffers angezeigt (siehe Abbildung 4.5).

> www.adac.de ▼
> **ADAC: Allgemeiner Deutscher Automobil-Club**
> Wir bieten Informationen rund um die Themen Verkehr, Automobil, Reise sowie ADAC-Versicherungen und neutrale Testberichte.

Abbildung 4.5 Rein organischer Treffer aus der Ergebnisliste von Google

Ebenso verwenden die Browser das <title>-Tag für die Bezeichnung des Bookmarks (Lesezeichens oder Favoriten).

4.1.4 Meta-Tags

Keine Frage, das Thema *Meta-Tags* gehört zu den meistdiskutierten Themen im SEO-Bereich. Meta-Tags stehen im Dokumentkopf meist direkt unter dem <title>-Tag. Meta-Tags haben keine eigenständige Funktion, sondern beschreiben andere Informationen. Im Kontext von HTML sind sie überwiegend für die nähere Beschreibung des jeweiligen Dokumentinhalts verantwortlich und für den Benutzer im Browser nicht sichtbar.

Es gibt eine riesige Menge nicht standardisierter Meta-Tags. Aber um es vorwegzunehmen: Heutzutage besteht der einzige Gewinn bei der Verwendung von Meta-Tags darin, dem Autor die Möglichkeit der Kontrolle zu geben, wie seine Webseite bei einigen Suchmaschinen beschrieben wird. Darüber hinaus bieten bestimmte Meta-Tags eine Steuerungsmöglichkeit für den Webcrawler. Die meisten Meta-Tags werden von einem Großteil der Suchmaschinen überhaupt nicht beachtet. Ebenso haben sie keinen markanten Einfluss mehr auf das Ranking bei den relevanten Suchdiensten. Aber warum ist das so?

Eigentlich ist die Idee, die Autoren und Autorinnen selbst Informationen über ihr Dokument bereitstellen zu lassen und diese dann anzuzeigen, doch gar nicht so übel. Daher nutzten die ersten Suchmaschinen auch noch hauptsächlich die Meta-Informationen. Jedoch kam es schnell zu Missbrauch, denn die Meta-Tags wurden nach der Willkür des Webmasters *optimiert* – egal, ob der Inhalt zur Meta-Beschreibung passte oder nicht. Die Suchmaschinen-Betreiber zogen daraufhin nach, ignorierten die Meta-Tags weitgehend und benutzten eigene, fortschrittlichere Methoden zur Ranking-Berechnung. Die Meta-Tags führten daher einige Zeit lang ein Schattendasein. Erst in den letzten Jahren stützen sich die meisten Suchmaschinen wieder auf die Angaben der Webmaster, um die Webseiten zu beschreiben. Jedoch wird die Güte von Titel und Description jeweils einzeln bewertet, und es kommt daher vor, dass die Suchmaschine eine automatisch generierte Variante bevorzugt.

Dass viele Webmaster keine gepflegten Meta-Daten, vor allem Meta-Description, haben, hat meiner Erfahrung nach hauptsächlich zwei Ursachen: Entweder sie kennen die Bedeutung von gut gepflegten Meta-Daten nicht, oder es werden aufgrund zeitlicher Überforderung zu wenige Meta-Daten gepflegt. Wenn eine Seite fertiggestellt ist, soll sie meist auch so schnell wie möglich online gehen. Wer will sich dann noch mit Angaben beschäftigen, die der Besucher oder die Besucherin ohnehin nicht sieht? Diese Denke ist leider immer noch weit verbreitet. Die Notiz, die Meta-Tags nachzutragen, verschwindet dann für alle Ewigkeit unter dem Berg von To-dos und Tickets.

Man kann bei den wichtigen Meta-Tags zwischen diesen Hauptarten unterscheiden:

- beschreibende Meta-Tags, die Inhalte wie Titel oder Dokumentbeschreibung enthalten
- steuernde Meta-Tags, die den Suchmaschinen Hinweise zur Indexierung und Crawlingsteuerung geben
- Social-Meta-Tags wie z. B. die Meta-Tags von Facebook, die zur Generierung von Teasern genutzt werden und für SEO keine direkte Bedeutung haben

Welche Meta-Tags für aktuelle Suchmaschinen eine Rolle spielen und welche Bedeutung diese für SEO haben, erfahren Sie ausführlich in Kapitel 10. Zunächst möchte ich Ihnen noch den Mitspieler von HTML vorstellen, der dafür sorgt, dass das Web bunt und schön aussieht.

4.1.5 Cascading Style Sheets (CSS)

In den Anfangszeiten des World Wide Web, als überwiegend Wissenschaftler Webseiten publizierten, wurde mehr Wert auf den Inhalt als auf die Gestaltung der Webseiten gelegt. Das Streben nach ästhetischen Seiten ist heute stark ausgeprägt. Kaum eine Werbeagentur arbeitet derzeit wirklich nach dem Bauhaus-Prinzip »form follows function«. Dafür spielen optische Kriterien noch eine zu übergeordnete Rolle in den Köpfen der Kunden und Agenturen. HTML wird eher zu gestalterischen Zwecken genutzt als zur Auszeichnung besonderer Textstellen. Das erschwert das Information Retrieval für automatische Agenten, wie es Suchmaschinen sind, enorm. Besonders deutlich wird dies beim Gebrauch von Tabellen. Sie dienen oftmals nicht als Tabelle im eigentlichen Sinne, sondern werden als Layouthilfe zweckentfremdet.

Um eine Trennung zwischen Inhalt und Darstellung zu erreichen, wurden *Cascading Style Sheets* (CSS) entwickelt. Dabei handelt es sich im Idealfall um eine gesonderte Datei, in der das Aussehen einzelner Tags global definiert ist. Damit kommt den HTML-Tags wieder ihre ursprüngliche Funktion der reinen Textauszeichnung zu. In-

halt und Design sind getrennt. Eine komplette Einführung in CSS kann und soll an dieser Stelle nicht erfolgen. Einen guten Einstieg bieten zahlreiche Tutorials im Web (z. B. *www.w3schools.com/css*).

Wichtig ist jedoch noch ein Fachbegriff, der vor allem im Rahmen der Ladezeitoptimierung eine Rolle spielt. Ergänzend zu der HTML-DOM-Baumstruktur, die ein Browser bzw. eine Suchmaschine aus dem HTML-Quellcode aufbaut, wird aus CSS ein CSSOM-Baum erstellt. Beide Baumstrukturen zusammen stellen dann letztendlich die technische Grundlage für Browser und Suchmaschinen dar, um eine Seite final mit ihren Elementen und ihrem Aussehen für die Anzeige zu berechnen (*Rendern*). Näheres erfahren Sie auch unter *https://developers.google.com/web/fundamentals/performance/critical-rendering-path/render-tree-construction?hl=de*

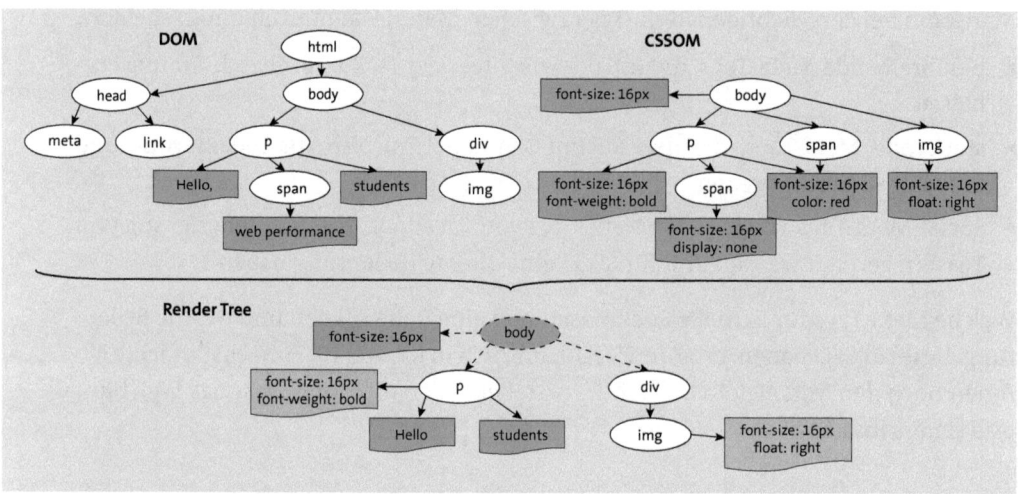

Abbildung 4.6 DOM und CSSOM werden für das Rendering zusammengeführt (Quelle: Google »https://bit.ly/39RpY1s«).

An dieser Stelle soll das CSS-Prinzip zunächst an einem einfachen Beispiel verdeutlicht werden, da im weiteren Verlauf mehrfach auf CSS zurückgegriffen wird und es dem SEO auch nicht schadet, zumindest lesend CSS grundsätzlich zu verstehen. In einer CSS-Datei könnten Sie z. B. folgende Formatierungsregel für die Überschrift <h1> finden:

```
h1 {
    font-size: 14px;
    font-weight: bold;
    font-family: verdana, arial, helvetica, sans-serif;
    color: green;
}
```

Listing 4.2 Formatierung des <h1>-Tags innerhalb einer CSS-Datei

Dieser Befehl formatiert das `<h1>`-Tag, das eine Überschrift auszeichnet, in einer Schriftgröße von 14 Pixeln Höhe. Die Schrift ist darüber hinaus gefettet, und es soll – sofern auf dem Client-System vorhanden – primär die Schriftart Verdana zur Anzeige genutzt werden. Außerdem ist in der letzten Zeile Grün als Textfarbe definiert.

In einem HTML-Dokument ohne CSS sähe das entsprechende Tag so aus:

```
<h1><font-size="14px" color="green"><b>text</b></font></h1>
```

Unschön, nicht wahr? Durch CSS wird nur das `<h1>`-Tag benötigt. In welcher Datei die zugehörige CSS-Formatierung zu einem HTML-Dokument zu finden ist, hat der Browser bereits im Seitenkopf über ein `<link>`-Tag erfahren. Zur gewünschten Darstellung wird nun ein deutlich kürzeres (und auch schöneres) Stück HTML-Code benötigt:

```
<h1>text</h1>
```

So viel an dieser Stelle zu CSS. Warum beschäftigen Sie sich gerade mit CSS, wo Sie doch ein Buch über Suchmaschinen in der Hand halten? Nun denn, ein Erklärungsversuch muss her.

Etwas übertrieben ausgedrückt befinden sich Suchmaschinen noch immer in der Zeit, in der wissenschaftliche Fließtexte das Web beherrschen. Streng genommen ist das auch gut so, denn diese wissenschaftliche Präsentationsform beinhaltet genügend Textmaterial, das eine Suchmaschine auswerten kann – ganz im Gegensatz zu den gestylten, textkargen Webseiten, die man heutzutage überall im Web antrifft. Nun möchte jedoch keiner den Fortschritt aufhalten und die einmal lieb gewonnene Ästhetik schön gestalteter Webseiten missen. Allerdings führte der Designtrend dazu, dass z. B. immer weniger Überschriften-Tags (`<h1>` bis `<h6>`) genutzt wurden, da diese, gestalterisch gesehen, ohne gesonderte CSS-Formatierung unschöne Eigenschaften haben und den ästhetischen Ansprüchen der Webautoren und -autorinnen nicht genügen. Für Überschriften wird daher oftmals normaler Fließtext so umformatiert, dass er wie eine Überschrift erscheint. Das mag zwar nett für die Optik sein, ist jedoch schlecht für ein hohes Ranking. Denn gerade auf diese Überschriften-Tags achten die Suchmaschinen-Algorithmen bei der Keyword-Gewichtung besonders gern.

CSS schließt somit die Schere zwischen der visuellen Designwelt und den puristischen Suchmaschinen. Für den Benutzer werden Überschriften und andere Formate durch den Browser optisch schön dargestellt, und Suchmaschinen finden die aussagekräftigen Tags. Übrigens verarbeiten die meisten Suchmaschinen heutzutage noch kein CSS, sodass man hier mit einem gezielten Einsatz die Webseite mit einigen Tricks noch optimieren kann. Dazu erfahren Sie mehr in Abschnitt 8.1.4, »Einsatz von CSS«.

4.2 Trägermedium Internet

Jetzt wissen Sie, wie einzelne HTML-Dokumente aufgebaut sind und was es mit der Auszeichnungssprache HTML und den ganzen Meta-Tags auf sich hat.

Was geschieht aber nun im einfachsten Falle, wenn ein Autor oder eine Autorin in einem Texteditor eine HTML-Datei geschrieben und sie auf der Festplatte abgespeichert hat? Ein Browser liest diese Datei ein, interpretiert die darin enthaltenen Tags und baut die Webseite mit den einzelnen Objekten darin für den Benutzer oder die Benutzerin auf. So weit, so gut – vorausgesetzt, das alles findet auf einem einzelnen Rechner statt. Nun soll jedoch die Webseite weltweit und nicht nur für die lokalen Benutzer und Benutzerinnen verfügbar sein.

Das World Wide Web ist – genau betrachtet – eines von vielen Medien, die es im Internet gibt. Mit 60 Prozent des gesamten Internet-Transfervolumens ist es zwar das größte, aber bei Weitem nicht das einzige. E-Mail, FTP (*File Transfer Protocol*) zum Übertragen von Dateien, News, frühe Chat-Systeme wie IRC oder ICQ oder aktuelle wie Slack oder Microsoft Teams und etliche andere Dienste stellen die Gattungen der unterschiedlichsten Online-Medien dar. Ein Vergleich kann dies verdeutlichen: Das Internet ist ein Trägermedium im technischen Sinne, wie etwa die Radiowellen. Über Radiowellen kann nicht nur Sprache für das alltägliche Radio, sondern können auch Bilder für das Fernsehen oder sonstige Signale übermittelt werden. Im alltäglichen Sprachgebrauch wird das Internet allerdings oft fälschlicherweise mit dem World Wide Web gleichgesetzt.

Kommen wir jedoch wieder zu der Frage zurück, wie im World Wide Web die einzelnen HTML-Dateien global zur Verfügung gestellt werden – denn nichts anderes bedeutet doch »weltweites Netz«. Dazu müssen wir uns zunächst einmal anschauen, wie das Internet funktioniert. Denn was für das Internet im Allgemeinen gilt, gilt auch für das World Wide Web im Speziellen.

4.2.1 Das Client-Server-Prinzip

Die meisten Online-Medien im Internet basieren auf dem sogenannten *Client-Server-Prinzip*. Im einfachsten Fall kommunizieren dabei zwei Teilnehmer (Hosts) miteinander über die Leitungen und Knoten des Internets (siehe Abbildung 4.7).

Ein Host tauscht mit einem anderen Host dabei über ein standardisiertes Verfahren (*Protokoll*) Informationen aus. In den meisten Fällen handelt es sich nicht um gleichwertige Kommunikationsrollen, sondern ein Host will bestimmte Informationen von einem anderen Host abfragen. Den anfragenden Host bezeichnet man als *Client*.

Hinter dem Client sitzt meistens ein Mensch, der ein Benutzer-Interface wie etwa einen Webbrowser oder ein E-Mail-Programm bedient. Client-Prozesse zeichnen sich dadurch aus, dass sie nur dann gestartet werden, wenn sie tatsächlich benötigt werden. Der Client versucht, mit der Gegenseite, dem *Server*, Verbindung aufzunehmen. Dies setzt voraus, dass auf dem Ziel-Host der gewünschte Serverprozess permanent zur Kontaktaufnahme und Datenübermittlung bereit ist. Das ist auch wirklich so: Ein Webserverprozess wartet die ganze Zeit passiv auf Anfragen eines Clients.

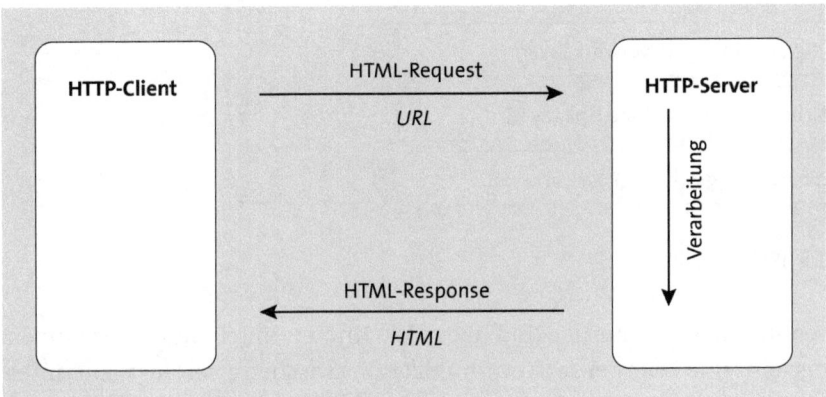

Abbildung 4.7 Client-Server-Kommunikation

Diese Kommunikation nach dem Frage-Antwort-Prinzip ist allerdings nicht ganz so trivial, wie man vermuten könnte. Allein in einer einzigen größeren Firma wird man heute sicherlich mehrere Betriebssysteme oder zumindest mehrere Versionen eines Betriebssystems finden. Aus diesem und einigen anderen (technischen) Gründen entwickelte eine Gruppe der *International Organization for Standardization* (ISO) das *Open Systems Interconnection* (OSI)-Referenzmodell, das den eingängigen Namen ISO-OSI-Modell trägt. Dabei handelt es sich um ein Modell, das Protokollcharakteristika und -funktionen beschreibt. Unter *Protokoll* ist dabei im übertragenen Sinne das Gleiche zu verstehen wie unter dem Protokoll bei einem Staatsbesuch. Es regelt das Verhalten aller Beteiligten und besagt, wann wer agieren und wie darauf wiederum reagiert werden soll. Das OSI-Modell besteht aus sieben Schichten (siehe Abbildung 4.8), und jede Schicht bietet der jeweils übergeordneten Schicht bestimmte Dienstleistungen an. So wird die unterste Schicht z. B. als *Bitübertragungsschicht* (engl. *Physical Layer*) bezeichnet, was nichts anderes bedeutet, als dass etwa Telefonkabel, Glasfasern oder WLAN-Funkwellen die einzelnen Computersignale weiterleiten und die darüberliegenden Schichten diesen Service nutzen können.

Abbildung 4.8 ISO-OSI-Modell

Die einzelnen Rechner im Internet sind über viele Knoten miteinander verbunden. Daher können einzelne Teile bei der Kommunikation zwischen zwei Hosts auf unterschiedlichen Wegen zum Ziel gelangen. Genau für diesen Zweck ist der Vorgänger des Internets, das ARPANET, im Jahr 1957 vom US-Verteidigungsministerium geschaffen worden. Die dezentrale Struktur ermöglichte damals wie heute auch bei teilweisen Netzausfällen eine störungsfreie Kommunikation über Alternativrouten.

In den meisten Fällen sind die Rollen von Server und Client klar verteilt. Ein Arbeitsplatzrechner, ein Notebook, ein Smartphone oder Tablet mit einem Browser als Client dienen eher selten als Server, ebenso wie ein reiner Webserver im Internet meist nur als Server seine Dienste anbietet und kein Arbeitsrechner ist.

Suchmaschinen haben im Gegensatz dazu eine Zwitterfunktion. Die Crawler-Komponente einer Suchmaschine besucht die einzelnen Webserver und fordert von ihnen Webseiten an, die anschließend von einem Rendering-Dienst für die weitere Analyse visuell gerendert werden. Dabei haben der Webcrawler und der Rendering-Dienst die Rolle des Clients inne.

Anders verhält es sich bei einer Suchanfrage eines Benutzers oder einer Benutzerin auf dem Web-Interface, also dem Searcher einer Suchmaschine. Hier ist die Suchmaschine der Server und beliefert den Client, also den Suchenden oder die Suchende, mit Informationen.

Abbildung 4.9 Eindruck eines DataCenters mit vielen Servern (von Navneet Srivastav)

4.2.2 TCP/IP

Die Daten müssen über das verzweigte Internet von Host zu Host gelangen und werden dazu in einem ersten Schritt in einzelne Pakete zerteilt und anschließend kontrolliert versendet. Das setzt eine strenge Organisation voraus, damit die am Ziel angekommenen Pakete auch wieder richtig zusammengesetzt werden können. Gerät ein einzelnes Paket auf einem Netzknoten (Router) in eine Warteschlange, kann es passieren, dass ein früher verschicktes Paket später beim Empfänger ankommt als ein später verschicktes. Es wird demnach ein Protokoll benötigt, das auch Pakete wieder zusammensetzt, die in falscher Reihenfolge ankommen – von der erneuten Anforderung von verloren gegangenen Paketen ganz zu schweigen. Für diese Aufgaben hat sich im Internet das heute übliche *TCP/IP* als Protokoll durchgesetzt. Streng genommen handelt es sich dabei um zwei getrennte Protokolle.

Im OSI-Modell befindet sich das *Internet Protocol* (IP) auf der *Netzwerkschicht* (*Network Layer*). Eine der wichtigsten Aufgaben von IP ist die Auswahl von Paketrouten bzw. das Routing vom Absender zum Empfänger. Damit stellt es die Basis für das eine Schicht höher angesiedelte *Transmission Control Protocol* (TCP) dar. TCP hat, wie der Name bereits sagt, die Aufgabe, den Datenfluss zu steuern und die Unverfälschtheit der Daten zu gewährleisten. TCP ist ein verbindungsorientiertes Protokoll. Das bedeutet, es merkt, wenn einzelne Elemente aus dem Paketstrom fehlen. Am Ziel angekommen, muss ein Paketstrom sinnvoll verarbeitet werden. Damit mehrere Anfragen parallel bedient werden können und es nicht zu langen Wartezeiten kommt, laufen auf einem Server üblicherweise mehrere Serverprozesse gleichzeitig.

Nun kommt häufig erschwerend hinzu, dass unterschiedliche Serverprozesse auf ein und demselben Server ihre Dienste anbieten. So ist es bei kleineren Servern nicht unüblich, neben einem Webserver auch einen Mailserver zu betreiben, mit dem Mails empfangen und versendet werden können. Woher weiß jedoch ein Server, dass der anfragende Client-Prozess ein Webbrowser ist und nicht ein E-Mail-Programm, wo doch die Daten beider Dienste per TCP/IP transportiert werden? Auch auf diese Frage haben die Protokolle eine Antwort parat: Die einzelnen Serverdienste warten hinter speziellen *Ports* auf Anfragen; und die Clients sprechen genau die für sie infrage kommenden Ports an. Sie können sich das wie einen Wohnblock mit Hunderten von Klingeln und Türen vorstellen, wobei jede Klingel und jede Tür eine spezifische Nummer besitzt. Für Anfragen an Webserver hat sich der Port 80 (http) bzw. 443 (https) eingebürgert. Auf einigen Servern wartet der Webserver aber auch auf einem anderen Port. Diese Abweichung vom Standard muss dann auf der Client-Seite separat angegeben werden.

4.2.3 Adressierung der Hosts

Bevor man sich für die passende Türklingel entscheiden kann, muss man zuerst die Hausnummer kennen. Jeder an das Internet angeschlossene Host besitzt eine solche »Hausnummer«, auch *IP-Adresse* genannt. Dabei handelt es sich um eine eindeutige Kombination aus vier Zahlenblöcken mit Zahlen zwischen 1 und 255, die jeweils durch Punkte voneinander getrennt sind (z. B. 196.128.185.154). Diese 32-Bit-Zahl entspricht der Adressierung nach Version 4 des Internetprotokolls (IPv4). Die Nachfolgeversion IPv6 mit 128 Bit existiert bereits seit mehreren Jahren, wird aber im Internet bislang immer noch nicht großflächig eingesetzt und kommt nur sehr langsam zum Einsatz. Eine IPv6-Adresse sieht z. B. so aus: 2004:db8:0:8d3:0:8a2e:70:7344.

Generell unterscheidet man zwischen festen und dynamischen IP-Adressen. Server und Router im Internet besitzen in der Regel feste Adressen, die sich nicht ändern. Dynamische IP-Adressen werden meist an Teilnehmer vergeben, die sich über einen Internetanbieter, auch *Internet Service Provider* (ISP) genannt, in das Internet einwählen. Bei jeder Einwahl erhält der Teilnehmer oder die Teilnehmerin eine andere IP-Adresse aus dem Pool der freien Adressen zugewiesen.

Die Welt der Computer besteht bekanntermaßen aus Zahlen. Dagegen kennen viele Menschen in Zeiten des allzeit bereiten Telefonbuchs in Form des Handys kaum noch die Telefonnummern ihrer engsten Freunde. Weil sich Menschen ohnehin noch nie besonders gut Zahlen merken konnten, wurde ein Dienst im Internet eingerichtet, der sich *Domain Name Service* (DNS) nennt. DNS-Server haben keine andere Aufgabe, als Domainangaben wie etwa *www.mindshape.de* in IP-Adressen umzuwandeln und umgekehrt. Das DNS-Protokoll befindet sich in der obersten Schicht des OSI-Modells, der *Applikationsschicht* (*Application Layer*). Es gibt ein verzweigtes Netz von DNS-Servern, die unterschiedliche Zonen abdecken. Vereinfacht gesagt, hat jeder DNS-Server von allen Rechnern innerhalb seiner Zone eine lange Liste, auf der jeweils links eine

IP-Adresse und rechts der zugehörige Domainname stehen. Für die Vergabe deutscher Domainnamen mit der Endung .de ist das *Deutsche Network Information Center* (DENIC) zuständig.

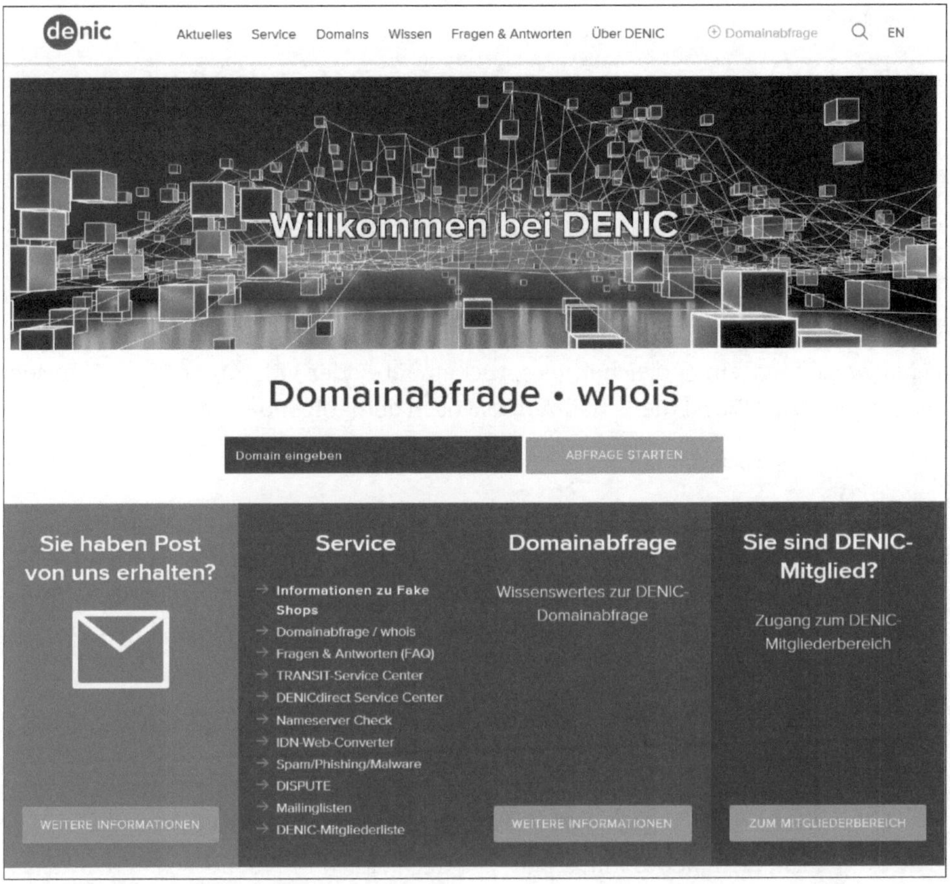

Abbildung 4.10 »www.denic.de«

4.2.4 Funktion und Aufbau einer URL

Die Domain, die z. B. von einem Benutzer im Webbrowser eingegeben wird, übersetzt der DNS-Server in eine IP-Adresse, damit das TCP/IP anschließend weiß, wohin die Pakete geschickt werden sollen.

Dieser Eingabetext im Textfeld des Browsers trägt den Namen *Uniform Resource Locator* (URL). URLs stellen nicht nur die genaue Adresse eines Servers dar, sondern bestimmen vor allem ein Zieldokument. Heutzutage findet man überall URLs, die Werbung für Websites machen. Meist haben sie die folgende Form:

```
www.domain.de/pfad/datei.html
```

Dabei ist dies nur eine verkürzte URL von vielen möglichen. Die URL berücksichtigt sehr viele Adressierungsarten. Der schematische Aufbau sieht wie folgt aus:

```
Ressourcentyp://User:Passwort@Host.Domain.tld:Port/Pfad/Datei?Parameter#sprungmarke
```

Der Ressourcentyp kennzeichnet das zu verwendende Protokoll auf der Anwendungsebene des OSI-Modells. Die gängigen Protokolle sind dabei HTTP für das Web, MAIL für den E-Mail-Verkehr, NNTP für den Abruf von News-Diensten und FTP für den Dateitransfer. Der Doppelpunkt trennt den Ressourcentyp vom übrigen Ressourcenzeiger. Die beiden Schrägstriche // (Doppel-Slash) weisen auf eine externe Ressource hin. Optional folgen ein Benutzername und das zugehörige Passwort, das übrigens beim Absenden über einen Browser mittels HTTP ohne Verschlüsselung (als sogenannter *Plaintext*) übertragen wird. Sofern mindestens der Benutzername angegeben wird, folgt ein @-Zeichen (gesprochen »ät« oder »Klammeraffe«). Eine sehr häufig genutzte URL ist die E-Mail-Adresse nach dem folgenden Schema:

```
mailto:benutzer@domain.tld
```

Nach der ursprünglichen Spezifikation folgen der Zielrechner (Host) und eine bestimmte Domain, die sich innerhalb einer *Top Level Domain* (TLD) befindet. Diese Top Level Domains bezeichnen z. B. das Land (de für Deutschland, fi für Finnland), die Art der Organisation (com für ein Unternehmen, org für eine Organisation) oder sonstige Dienste (info, biz etc.).

> **Praxistipp: Passende Top Level Domain auswählen**
>
> Mittlerweile gibt es eine schier unüberschaubare Menge an Top Level Domains: Städte (.koeln), Bundesländer (.nrw) und viele andere (.xxx, .eu, .gmbh, .blog usw.)
>
> Für die Suchmaschinen-Optimierung sind technisch im Grunde genommen alle gleich geeignet. Google macht angeblich keinen großen Unterschied mehr zwischen den Domains. Allerdings klicken Suchende aus Deutschland Studien zufolge immer noch lieber und häufiger auf .de-Domains oder bekannte Domains wie .net oder .org (je nach Thema und Suchziel). Insofern hat die Wahl der TLDs dann doch einen Einfluss, denn das Nutzersignal, dass z. B. .de-Domains in den SERPs häufiger angeklickt werden als .biz-Domains, führt dann zu einer besseren Bewertung der .de-Domain.
>
> Insofern empfehle ich im Allgemeinen immer die Nutzung von .de- oder .com-TLDs für Unternehmenswebsites (oder die entsprechenden internationalen TLDs).

Der Host-Eintrag wird auch als *Subdomain* bezeichnet und ist streng technisch gesehen ein anderer virtueller Host oder sogar ein eigener Server. Auf jeden Fall benötigt jede Subdomain einen eigenen DNS-Eintrag (sogar die Subdomain www). Virtuelle Hosts sind Webserverprozesse, die zwar auf dem gleichen Server laufen können, jedoch auf unterschiedliche Domainanfragen reagieren. Die Angabe *host.domain.tld* wandelt der DNS-Dienst schließlich in eine IP-Adresse um, die alternativ auch direkt angegeben werden kann. Der Port ist, wie bereits angesprochen, eine Art Tür, hinter der ein Serverdienst wartet. Ist ein Webserver auf den Port 8080 konfiguriert, muss dies explizit in der URL angegeben sein. Webbrowser setzen ansonsten standardmäßig den Port 80 für HTTP bzw. 443 für HTTPs ein. Am hinteren Ende der URL befinden sich die Pfadangabe auf dem Serversystem und die gewünschte Datei. Stehen wie im oberen Beispiel keine Pfad- und Dateiangabe, wird im Root-Verzeichnis das Standarddokument angefragt – das ist im Web meist die Datei index.html.

Parameter werden nicht von jedem Ressourcentyp akzeptiert. Im Web werden solche Angaben oft bei Content-Management-Systemen (CMS) genutzt. Ein CMS trennt das Aussehen vom Inhalt und erlaubt angemeldeten Redakteuren und Redakteurinnen, Seiten und Texte innerhalb eines vorher definierten Layouts auch ohne technische Vorkenntnisse anzulegen und zu pflegen. Die Daten werden in einer Datenbank gespeichert. Fragt ein Client an, wird die Textinformation zusammen mit dem Layout zur Verfügung gestellt. Eine typische URL sieht z. B. so aus:

```
http://www.domain.de/index.php?page_id=43&print=yes
```

Die aufzurufende Datei (index.php) besitzt die Parameter page_id und print mit den Werten 43 bzw. yes. In dem Beispiel würde das CMS daraufhin den Seiteninhalt mit der Kennziffer 43 aus der Datenbank laden und diesen zusammen mit demjenigen Layout anbieten, das für die Druckansicht bestimmt wurde. Diese dynamisch generierten Dateien sind im Zusammenhang mit der Suchmaschinen-Indexierung meist heikel. Viele Suchmaschinen-Anbieter ignorieren die Parameter oder nehmen dynamisch generierte Dateien erst gar nicht auf. Google nimmt nach eigenen Angaben nur besonders wichtige Anbieter mit dynamischem Inhalt auf. Es ist dennoch ratsam, dynamische URLs möglichst zu vermeiden. Dies lässt sich über die Konfiguration des jeweiligen CMS mittlerweile immer nutzer- und suchmaschinenfreundlich lösen.

Hinter den optionalen Parametern kann schließlich noch eine seiteninterne Sprungmarke (*Anchor*) definiert sein. Ein Browser scrollt sozusagen genau an diese Stelle des Dokuments. Dabei muss allerdings der Anchor im Voraus im HTML-Code definiert worden sein.

Im Zusammenhang mit der URL sieht man häufig auch eine ähnliche Abkürzung, nämlich URI. *Uniform Resource Identifier* ist der Oberbegriff für eine unverwechselbare und einheitliche Ressourcenkennzeichnung. Die Definition des URIs stammt aus dem Jahre 1998 und umfasst auch alle davor erschienenen Einzelkonzepte, also auch die URL. Alle URIs haben das folgende Schema:

```
Ressourcentyp: Ressource
```

Neben der URL ist auch der URN (*Uniform Resource Name*) im Alltag häufig vertreten. So ist die überwiegende Zahl von Produkten mit dem EAN-Code (*European Article Number*) gekennzeichnet. Bücher tragen den ISBN-Code (*International Standard Book Number*). Dieses Buch trägt z. B. den eindeutigen ISBN-Code, mit dem Sie es in jeder Bücherdatenbank finden.

4.3 HTTP

Neben dem Client-Server-Prinzip und der Adressierung mittels einer URL fehlt abschließend noch die dritte Komponente, um die Funktionsweise des World Wide Web zu beschreiben. Das *Hypertext Transfer Protocol* (HTTP) sorgt, wie der Name bereits vermuten lässt, für den Transport von miteinander verknüpften, hypertextuellen Text-, Bilder-, Video- und Audioressourcen. HTTP definiert die Kommunikation zwischen einem HTTP-Client und einem HTTP-Server. Dabei bedient es sich eines einfachen und gleichzeitig doch mächtigen Systems. Der Client sendet eine Anfrage an den Server und wartet unmittelbar darauf auf eine Antwort. Diese Aktion wird im Fachjargon auch als *Request* bezeichnet. Der Server wiederum empfängt diese Anfrage, verarbeitet sie und schickt eine Antwort (*Response*) zurück an den Client.

HTTP ist wie andere Anwendungsprotokolle auf der obersten OSI-Schicht anzusiedeln und bedient sich im praktischen Einsatz im Internet des Protokolls TCP/IP, das sich auf den unteren OSI-Schichten befindet und den Transport der HTTP-Pakete übernimmt. Die erste Version, HTTP 0.9, bestand nur aus rudimentären Befehlen zum Abrufen von HTML-Dokumenten und wurde 1990 von HTTP 1.0 abgelöst. Seit 1997 existiert die derzeit noch gängige Version HTTP 1.1. Sie beinhaltet zahlreiche Neuerungen. Sie trägt vor allem dem Wachstum des Web Rechnung und enthält neben Erweiterungen im Bereich der Proxys und des Cachings vor allem die Unterstützung persistenter Verbindungen und virtueller Hosts.

Seit 2015 hat die IETF (*Internet Engineering Task Force*) mit dem RFC 7541 HTTP/2 als Nachfolger von HTTP 1.1 verabschiedet. Wie üblich setzt sich HTTP/2 allerdings sehr langsam durch, da alle Browser- und Crawler-Hersteller dieses Protokoll zunächst implementieren mussten. Mittlerweile unterstützt zwar jeder moderne Browser HTTP/2, die Crawler der Suchmaschinen lassen allerdings damit noch auf sich warten. Das ist vor allem bei der Ladezeitoptimierung zu beachten!

Da HTTP/2 stark auf HTTP 1.1 aufbaut, schauen wir uns zunächst das Wirkprinzip dort an: Der Vorteil der CPU- und speicherfreundlichen persistenten Verbindung bei HTTP 1.1 ist besonders dann erkennbar, wenn mehrere zeitnahe Anfragen an einen Server gestellt werden. Derzeit wird von Webcrawlern neben HTTP 1.1 jedoch immer noch HTTP 1.0 für einzelne Anfragen verwendet, weil dabei keine persistente Verbindung aufgebaut wird und die Protokollanforderungen für die Kommunikation geringer sind. Abbildung 4.11 zeigt den typischen Ablauf auf Protokollebene bei der Anfrage an einen Server. Dabei ist der Ablauf bei einem Browser als User Agent der gleiche wie bei einem Webcrawler:

- Der Browser initiiert nach Eingabe einer URL durch den Benutzer oder die Benutzerin eine Verbindung zum Server und sendet einen Request ab ❶.
- TCP unterteilt die Daten in Pakete und gibt diese nummeriert an das IP weiter ❷.
- Die Datenpakete gelangen vom Client über verschiedene Router im Internet (❸, ❹) über das Internetprotokoll zum Zielrechner, dem Server.
- Dort fügt die TCP-Schicht die einzelnen Pakete wieder zusammen und überprüft die Daten auf Fehlerfreiheit ❺.
- Die vollständigen Daten werden anschließend zum entsprechenden Port geleitet, wo der Webserver die Anfrage aufnimmt ❻.
- Nach der Bearbeitung der Anfrage sendet der Server die Antwort mittels TCP ❼ und IP ❽ über Router im Internet (❾, ❿) wieder zurück.
- Die TCP-Schicht des Clients ⓫ nimmt diese Daten wiederum auf und liefert dem HTTP-Client ⓬ die Daten, die dieser dann für den Benutzer oder die Benutzerin auswerten oder darstellen kann.

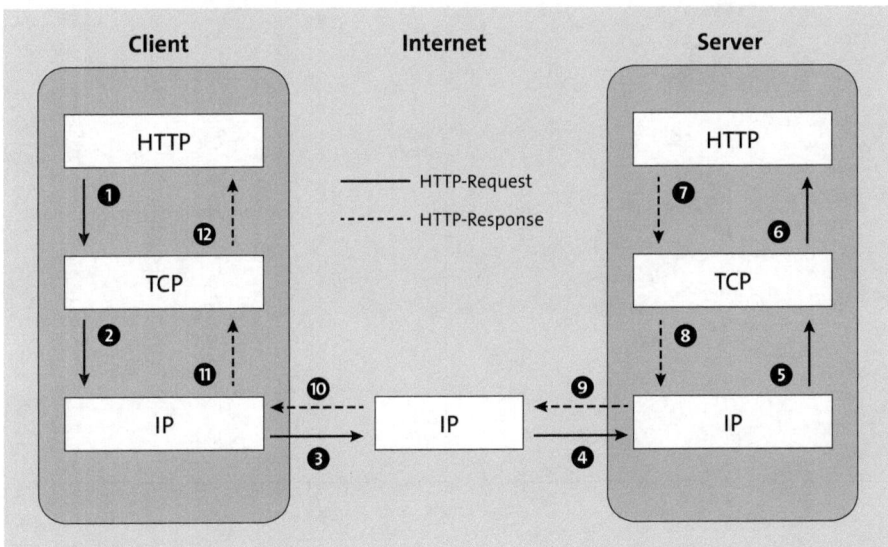

Abbildung 4.11 HTTP-Ablaufschema

Eine zentrale Limitierung von HTTP 1.1 ist, dass sich pro TCP-Verbindung zum Server immer nur ein Request, also eine Anfrage, gleichzeitig stellen lässt. Je nach Browser sind maximal sechs bis acht parallele Verbindungen gleichzeitig möglich, sodass also maximal sechs bis acht Dateien gleichzeitig übertragen werden können. Besitzt eine

URL sehr viele Bilder, CSS- und JavaScript-Dateien, entsteht dadurch ein gravierender Flaschenhals, den man *Head of Line Blocking* nennt. Daher stammt die Empfehlung bei der Ladezeitoptimierung, möglichst viele Ressourcen zusammenzuführen (*merge*) oder insgesamt zu reduzieren.

Bei HTTP/2 gibt es diese Limitierung nicht mehr und der Browser kann beliebig viele Requests über eine Verbindung senden. Dieses *Multiplexing* verhilft dabei auch, dass zwei andere Bremsen weitgehend umgangen werden: Bei jedem TCP-Verbindungsaufbau kommt es zu einer anfänglichen Datendurchsatzbegrenzung durch den Slow-Start-Algorithmus. Da nur noch eine TCP-Verbindung aufgebaut werden muss, geht die gesamte Übertragung entsprechend flotter. Außerdem muss nur noch einmal der HTTPS-Tunnel aufgebaut werden, was ebenfalls Zeit spart.

Neben diesen und anderen Vorteilen, welche vor allem die Datenübertragung von Dateien zwischen Server und Browser verbessern, werden bei HTTP/2 im Gegensatz zu HTTP 1.1 mithilfe des HPACK-Algorithmus auch die übertragenen HTTP-Header um bis zu fast 90 Prozent komprimiert. Vor allem bei geringen Bandbreiten, wie bei der mobilen Nutzung über 3G, macht sich das bemerkbar.

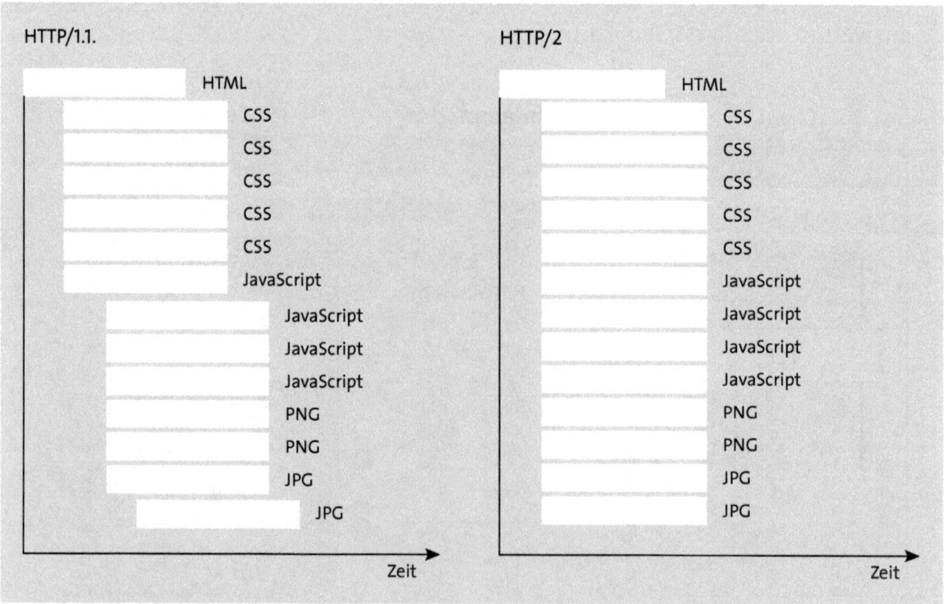

Abbildung 4.12 Durch Multiplexing zu schnellerer Ladezeit mit HTTP/2

Technologisch wirkte Google sehr stark an der Entwicklung von HTTP/2 mit. Das Apache-Modul *mod_spdy* wurde ab 2012 von Google angeboten und stetig weiterentwickelt. Es erweiterte das HTTP/1.1-Protokoll um das Multiplexing, um so eine schnellere Auslieferung zu erreichen. Sehr viel der Arbeiten von mod_spdy floss in HTTP/2 ein, sodass mod_spdy seit 2016 nicht mehr weiterentwickelt wird.

Wenn Sie tiefer in HTTP/2 einsteigen möchten, empfehle ich Ihnen diese Seite von Google für Entwickler:

https://developers.google.com/web/fundamentals/performance/http2/

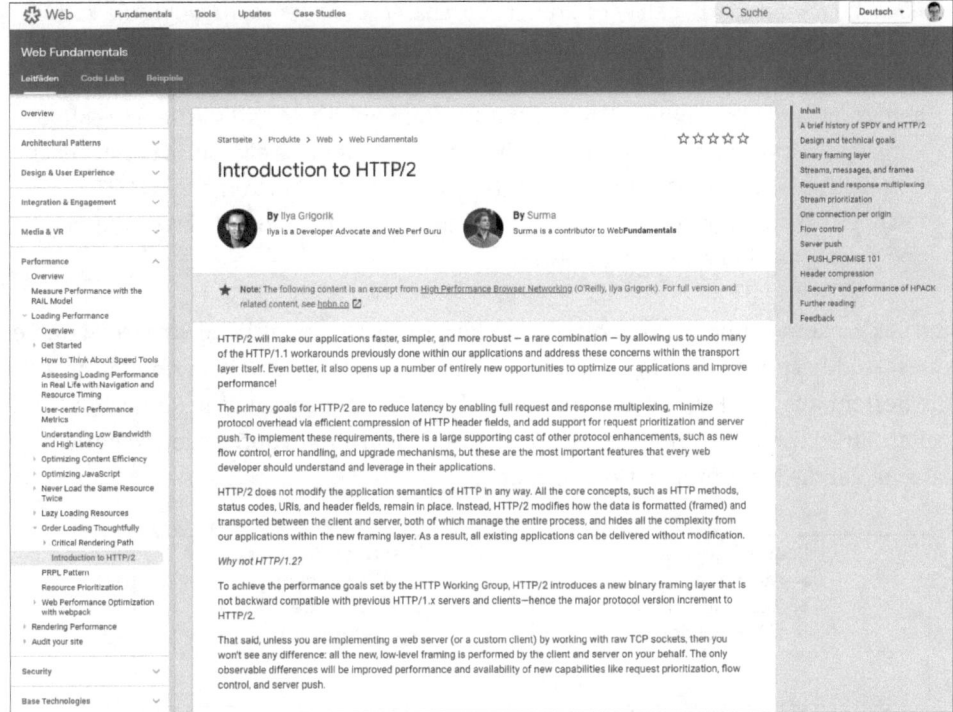

Abbildung 4.13 Ausführliche Dokumentation zu HTTP/2 findet man unter anderem bei Google selbst.

Ob eine Website bereits HTTP/2 einsetzt, können Sie beispielsweise mit dem Tool unter *https://tools.keycdn.com/http2-test* testen.

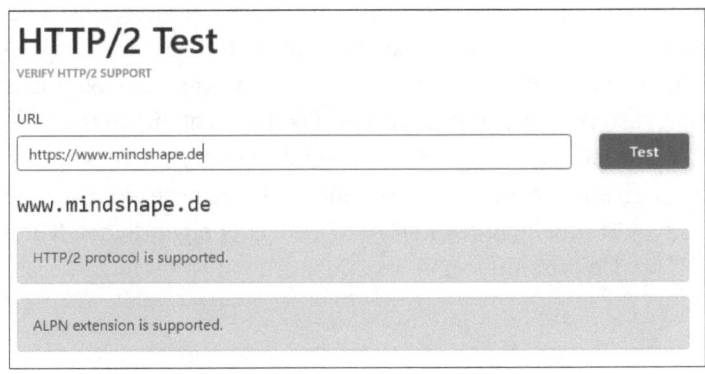

Abbildung 4.14 mindshape.de ist HTTP/2-tauglich (»https://tools.keycdn.com/http2-test«).

> **Praxishinweis: Google unterstützt nur teilweise HTTP/2**
> Google unterstützt laut eigener Aussage nur für »ausgewählte Websites« HTTP/2 (Stand 2023), und es gibt bislang auch noch keine Aussagen dazu, ob und wann dies flächendeckend geschehen wird. Früher oder später wird aber auch Google die Vorteile der schnelleren Protokollversion komplett nutzen. Derzeit sind aber auch noch nicht alle Websites auf HTTP/2 umgestellt. Sie sollten dennoch eine Umstellung angehen, da der Ladezeitgewinn deutlich ist. Und Ladezeit wiederum ist ein wichtiger Ranking-Faktor für Desktop und mobil bei Google! Achten Sie allerdings darauf, dass Ihre Website sowohl mit dem neuen HTTP/2 als auch mit dem Vorgänger HTTP 1.1 erreichbar bleibt. Websites, die nur HTTP/2 anbieten, werden meiner Erfahrung nach von Google nicht zuverlässig gecrawled.

Zurück zu dem Aufbau von Request und Response. Die inhaltliche Struktur von Request und Response ist nämlich nahezu identisch aufgebaut (siehe Abbildung 4.15). Sie besteht aus vier Elementen. Einer einzelnen Startzeile folgt eine Reihe von Kopfzeilen. Eine Leerzeile trennt diese Informationen von einem optionalen Nachrichtenkörper, der die Nutzinformation enthält.

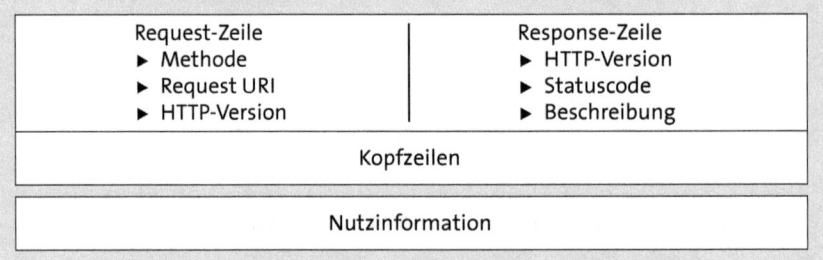

Abbildung 4.15 Schematischer Aufbau von HTTP-Request/Response

In Bezug auf die Startzeile unterscheiden sich Aussehen und Aufgaben je nach Nachrichtenart. Beim Request enthält die erste Zeile eine Anfrage, bei der Response enthält sie einen Statuscode über den Erfolg oder Misserfolg der Anfragebearbeitung. Jede Kopfzeile enthält einen Bezeichner mit dem zugehörigen Wert, der ebenfalls durch einen Doppelpunkt getrennt wird. Die HTTP-Spezifikation legt die meisten Bezeichner fest. Es ist zwar auch möglich, proprietäre, anwendungsspezifische Kopfzeilen zu nutzen, im praktischen Einsatz mit Suchmaschinen spielen diese jedoch keine Rolle. Eine Leerzeile dient als Trennsignal zur Kennzeichnung der eigentlichen Nutzinformation, etwa des HTML-Dokuments.

4.3.1 Request

Der typische HTTP/1.1-Request enthält nach dem Verbindungsaufbau zu einem Server in der ersten Zeile die Angaben zur Anfrageart, zur Ressource, auf die sich die Anfrage bezieht, und abschließend eine Information über die genutzte Protokollversion.

```
GET /pfad/datei.html HTTP/1.1
Host: www.domain.de
[Leerzeile]
```

Listing 4.3 HTTP/1.1-Request mit Host-Header

Im Unterschied zu HTTP 1.0 ist bei der Version 1.1 der Host-Header in der zweiten Zeile zwingend. Anhand dieses Bezeichners kann auch bei virtuellen Hosts der korrekte Host angesprochen werden. Die Zeilenenden werden mit einer speziellen Zeichenkombination (CRLF) gekennzeichnet, die z. B. auch beim Drücken der ⏎-Taste auf Ihrer Tastatur ausgelöst wird. Die Leerzeile erhält man demzufolge durch zwei unmittelbar aufeinanderfolgende CRLF-Sequenzen.

Der gleiche Request als HTTP/2 sieht etwas anders aus, bewirkt aber im Grunde das Gleiche:

```
HEADERS
 + END_STREAM
 + END_HEADERS
    :method = GET
    :scheme = https
    :path = /pfad/datei.html
    host = http://domain.de
```

Listing 4.4 HTTP/2-Request

Dem Client stehen verschiedene Anfragearten, auch *Methoden* genannt, zur Verfügung, um mit dem Server zu kommunizieren. Die Webcrawler der Suchmaschinen verwenden dabei insbesondere zwei der insgesamt sieben Methoden. Die meistgenutzte Anfrageart ist die GET-Methode. Sie fordert den Server dazu auf, die angegebene Ressource an den Client zu übertragen. Außerdem werden gleichzeitig dazugehörige Meta-Informationen verlangt, die sich innerhalb der Response im Kopfbereich befinden. Dieser Kopfbereich kann mit der Head-Methode auch ohne Nutzdaten angefordert werden. Für Suchmaschinen ist diese Methode insbesondere bei der Überprüfung bereits indexierter URLs von Vorteil. Melden die Header im Kopfbereich der

Response keine neuere Dokumentversion als die bereits in der Datenbank vorliegende, muss das Dokument nicht erneut übertragen werden. Das spart enorme Bandbreite bei den Millionen von Anfragen täglich, da die Nutzinformation im Allgemeinen wesentlich größer ist als die Informationen der Kopfzeilen.

Eine Methode, die vor allem für Browser Bedeutung hat, sei hier noch zusätzlich erwähnt. Die POST-Methode kann vom Client genutzt werden, um Daten an den Server zu übertragen. Dies wird etwa beim Übermitteln der Inhalte von Formularfeldern genutzt. Übrigens verwenden Meta-Suchmaschinen genau diese Methode zur Übertragung der Suchdaten an die einzelnen Quell-Suchmaschinen. Neben diesen und anderen Methoden stellt HTTP Suchmaschinen hilfreiche Filter für die Anfragen zur Verfügung. Bei einem Request können neben dem in HTTP 1.1 erforderlichen Host-Header noch weitere übermittelt werden. Insgesamt existieren 46 standardisierte Header; in HTML 1.0 waren es lediglich 16. Dabei haben insbesondere vier Header im Kontext der Suchmaschinen besondere Bedeutung. Bei den ersten beiden im Folgenden erwähnten Headern handelt es sich um sogenannte *konditionale Bezeichner*. Die Nutzinformationen nach einer Anfrage durch die GET-Methode werden hier nur dann übertragen, wenn die gestellte Bedingung auch tatsächlich erfüllt ist.

Der Header »If-Modified-Since«

Der Inhalt der angeforderten Seite wird nur dann übermittelt, wenn der Stand der Ressource aktueller ist als das mitgelieferte Datum. Die Suchmaschine hat das Datum der letzten Indexierung einer Seite in der Datenbank abgespeichert und sendet dieses mit der GET-Methode im Header-Bereich mit.

    If-Modified-Since: Sun, 30 Apr 2022 19:43:31 GMT

Liegt keine neuere Version der angeforderten Seite vor, teilt der Server dies dem Client in seiner Response mit. Dafür ist in HTTP der Statuscode 304 (*Not Modified*) als standardisierte Rückmeldung vorgeschrieben. Für den Fall, dass eine neuere Version vorhanden ist, antwortet der Server wie auf einen normalen GET-Request.

Gerade im Hinblick auf die Pflege und Aktualisierung des Datenbestands ist der If-Modified-Since-Header bei Webcrawlern von enormer Bedeutung. Denn Nutzinformationen werden nur dann übertragen, wenn sie wirklich noch nicht in aktueller Form in der Datenbank vorliegen. Das Verhalten ist ähnlich wie bei der Head-Methode, allerdings ist diese konditionale GET-Methode noch effizienter einzusetzen.

Der gegensätzliche Bezeichner If-Unmodified-Since überträgt ein Dokument nur, wenn es seit einem bestimmten Datum nicht verändert wurde. Für Webcrawler hat dies normalerweise keinerlei Bedeutung, weil unveränderte HTML-Seiten auch keine neuen Informationen für eine Dokumentbewertung bringen.

Der Header »If-None-Match«

Dieser Header weist den Server an, die angeforderte Datei nur zu senden, wenn sie nicht dem angegebenen Entity-Tag entspricht. Näheres dazu erfahren Sie in Abschnitt 4.3.2, »Response«.

```
If-None-Match: "ze-j1979n"
```

Mehrere Werte werden durch ein Komma voneinander getrennt. Alternativ kann auch ein Stern verwendet werden. Er gilt als Standard, wenn alle Dateien erwünscht sind.

Der Header »User Agent«

Um dem Webserver mitzuteilen, welcher Client gerade eine Anfrage stellt, übermitteln Browser und Suchmaschinen ihre Bezeichnung:

```
User Agent: msnbot/0.3 (+http://search.msn.com/msnbot.htm)
```

In diesem Beispiel sehen Sie die Angabe des MSN-Webcrawlers in der Version 0.3. In den ersten Jahren bekamen Suchmaschinen-Betreiber sogar E-Mails von verwunderten Seitenbetreibern, nachdem der Webcrawler viele Seiten besucht hatte. Um diesbezüglich Aufklärung zu betreiben, liefern manche Suchdienste eine URL in der Kennung mit, um Interessierten weiterführende Informationen zu bieten.

Die meisten modernen Suchmaschinen haben auch gar nicht mehr nur einen Crawler, sondern mehrere für die verschiedenen Einsatzgebiete wie Web, Werbung, Bilder oder News. Man kann die Menge und die passenden User-Agents sehr schön bei Google sehen (Abbildung 4.16).

Der Header User Agent ist besonders im Hinblick auf die Auswertung der Logdateien hilfreich. So können Zugriffe und Suchbegriffe auch auf einzelne Suchmaschinen bezogen analysiert werden.

> **Praxistipp: Nicht alles, was aussieht wie eine Suchmaschine, ist auch eine**
>
> Verlassen Sie sich nicht zu sehr auf die User-Agent-Angabe in Logfiles oder anderen Quellen. Diese ist ohne technische Probleme ganz individuell in jedem Browser oder Crawler konfigurierbar. So kann ein E-Mail-Spam-Programm durchaus getarnt als Googlebot durch das Web ziehen. Um die Identität eindeutig festzustellen, müssen Sie eine Reverse-IP-Abfrage stellen, um die Herkunft der IP-Adresse eindeutig dem entsprechenden Suchmaschinen-Betreiber zuordnen zu können. Alternativ können Sie auch direkt die IP-Adressen verifizieren. Google stellt die Google-Bot-IPs in einer JSON-Datei unter *https://developers.google.com/search/apis/ipranges/googlebot.json* zur Verfügung.

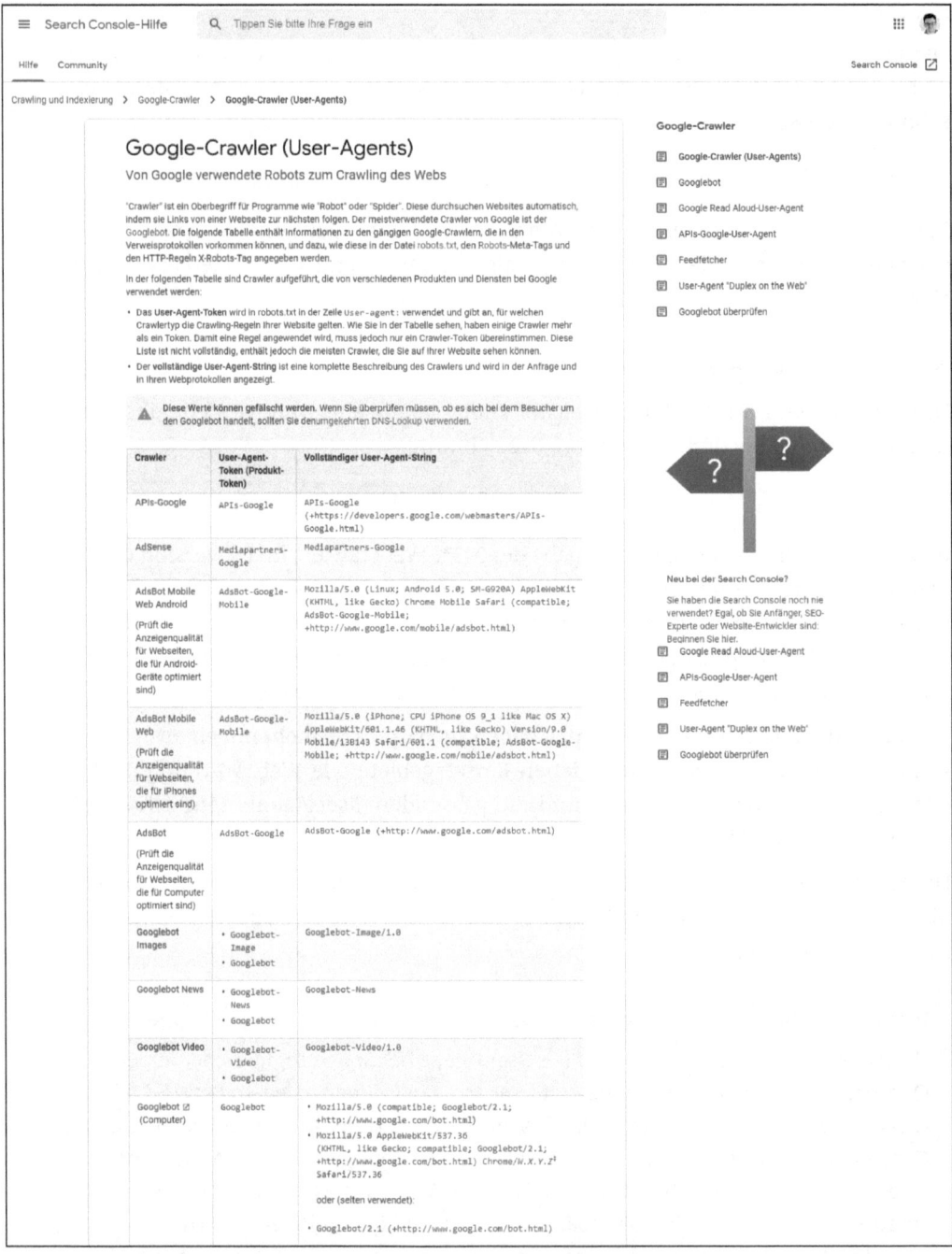

Abbildung 4.16 Die Signaturen der verschiedenen Google-Bots

Der Header »Accept«

Suchmaschinen können nur bestimmte Informationen für das Information Retrieval verwerten. Texte innerhalb von Bildern können z. B. nicht analysiert werden, weil es sich dabei für Suchmaschinen nur um Pixel innerhalb einer Grafik handelt. Daher ist es sinnvoll, dem Server mitzuteilen, welche Mediatypen verlangt bzw. erwartet werden:

```
Accept: text/html, text/pdf
```

Der Mediatyp besteht aus zwei Teilen: dem Haupt- und dem Untertyp, die durch einen Schrägstrich voneinander getrennt sind. Anstelle eines konkreten Untertyps kann auch hier wiederum ein Sternchen als Platzhalter für alle möglichen Untertypen gesetzt sein. Verschiedene Formate können durch ein Komma getrennt aneinandergereiht werden. Im Beispiel akzeptiert der Client nur Dokumente vom Mediatyp html oder pdf.

4.3.2 Response

Der Client sendet in den meisten Fällen mittels der GET-Methode und variabler Header einen Request an den Server. HTTP definiert ein standardisiertes Antwortformat – quasi ein Antwortvokabular, das jeder Webserver beherrschen muss. Die Statuszeile der Response enthält wie bereits im Request die HTTP-Version. Danach folgen ein Statuscode und eine Beschreibung, die den Client über Erfolg oder Misserfolg seiner Anfrage informieren. Nach den Headern und der trennenden Leerzeile folgt die Nutzinformation. Im folgenden Beispiel handelt es sich dabei um ein HTML-Dokument, wie auch aus dem Content-type-Header ersichtlich wird.

```
HTTP/1.1 200 OK
Date: Thu, 07 Oct 2020 19:49:00 GMT
Server: Apache/2.4.49
Content-type: text/html
Content-length: 2832
Connection: close
Etag: "has273gs"
[Leerzeile]
<html>
[...]
</html>
```

Listing 4.5 HTTP/1.1-Response

Im Header-Bereich sind genauere Angaben über den Server und das zurückgelieferte Dokument enthalten. So weist Date auf die Antwortzeit des Requests hin. Der verarbeitende Server ist in diesem Fall der Apache-Webserver; und es handelt sich um ein HTML-Dokument mit einer Länge von 2.832 Byte. Eine Besonderheit in HTTP 1.1 ist der Connection-Header, der das Ende der persistenten (dauerhaften) Verbindung anzeigt. Getrennt durch eine Leerzeile findet sich schließlich auch der Quellcode des HTML-Dokuments.

Der Etag-Header ist die Chiffriersumme (Entity-Tag), die der Server errechnet hat und mit der er das angeforderte Dokument eindeutig kennzeichnet. Bei Änderungen im Dokument ändert sich auch der Etag, und damit können Browser und Crawler gut das Caching von URLs managen. Der Etag-Header kann vom Client in Kombination mit den konditionalen If-Range-, If-Match- oder If-None-Match-Headern bei zukünftigen Requests genutzt werden. HTTP definiert für eine einheitliche Rückmeldung der Server an Clients verschiedene Statuscodes, auch *Response-Codes* genannt. Diese dreistellige Zahl zwischen 100 und 599 teilt dem Client das Ergebnis seiner Anfrage mit. Suchmaschinen verarbeiten diesen Code nach Erhalt der Response intern, Browser zeigen die Fehlercodes auch oftmals mit einer Beschreibung an. Die Codes selbst sind in bestimmte Bereiche gegliedert:

▶ **Statusbereich 100**: Dieser Bereich wird meist nur im Zusammenhang mit bestimmten Headern und mit HTTP 1.1 verwendet, um das Versenden mehrteiliger Nachrichten (100 Continue) oder den Protokollwechsel (101 Switching Protocols) zu kommunizieren.

▶ **Statusbereich 200**: Diese Response-Codes zeigen dem Client, dass sein Request erfolgreich war. Wie im obigen Beispiel zu sehen ist, sind glücklicherweise auch die meisten Anfragen in der Praxis erfolgreich (200 OK). Die angeforderte Ressource wird übertragen und kann vom Client verarbeitet werden.

▶ **Statusbereich 300**: In diesem Bereich finden sich hauptsächlich Codes, die eine Weiterleitung signalisieren. Eine Weiterleitung (*Redirect*) dient dazu, Anfragen sowohl nach permanent verschobenen Dateien (301 Moved Permanently) als auch nach temporär verschobenen Dateien (302 Found, 307 Temporary Redirect) abzufangen und dem User Agent mittels des Location-Headers im Response mitzuteilen, wo die Ressource nun zu finden ist.

Eine spezielle Art der Weiter- bzw. Umleitung stellt der Code dar, der z. B. auf einen Request mit einer konditionalen If-Modified-Since-Methode folgt. Wurde die Ressource nicht verändert (304 Not Modified), wird der User Agent angewiesen, die Datei aus dem eigenen Cache zu laden – was damit im Grunde genommen auch wieder eine Umleitung darstellt.

- **Statusbereich 400**: Fehler bei der Request-Verarbeitung werden in diesem Bereich behandelt. Dabei kann die Anfrage nicht dem HTTP-Standard entsprechen (400 Bad Request), oder der Client kann versuchen, auf einen geschützten Bereich ohne entsprechende Zugriffsberechtigung zuzugreifen (401 Unauthorized, 403 Forbidden). Der sicherlich berühmteste Statuscode wird übermittelt, wenn die gesuchte Ressource nicht (mehr) auf dem Server existiert (404 Not Found). Erhält ein Webcrawler diesen Code zurück, läuft das mit ziemlicher Sicherheit auf das Entfernen der URL aus dem Datenbestand hinaus.
- **Statusbereich 500**: Für Fehler, die aufseiten des Servers entstehen, ist ein eigener Bereich vorgesehen. Dabei kann es z. B. vorkommen, dass es sich um einen veralteten Server handelt, der gewisse Standards noch nicht beherrscht (501 Not Implemented), oder dass administrative Arbeiten erledigt werden und daher der Webserver vorübergehend nicht zu erreichen ist (504 Service Unavailable). In einem solchen Fall würde der Webcrawler zu einem späteren Zeitpunkt erneut eine Abfrage starten.

4.3.3 HTTP live erleben

Falls Sie möchten, können Sie die HTTP-Anfragen auch selbst einmal online durchführen. Beinahe jedes Betriebssystem stellt ein Telnet-Tool zur Verfügung, mit dessen Hilfe man eine HTTP-Kommunikation durchführen kann. Damit öffnen Sie eine interaktive Verbindung zu einem Server Ihrer Wahl und können per Hand einen Request abschicken und sehen, wie der Server darauf antwortet. Geben Sie dazu in der Kommandozeile Ihres Betriebssystems Folgendes ein:

```
telnet www.domain.de 80
```

Danach geben Sie einen Request ein, etwa:

```
GET /pfad/dateiname.html HTTP/1.0
[Header, falls gewünscht, oder ENTER]
[ENTER]
```

Anschließend bekommen Sie die Response des Servers angezeigt, die die Statuszeile mit Headern und – sofern erfolgreich – die Nutzinformation enthält.

Sowohl Chrome als auch Firefox bieten allerdings auch komfortabler die Möglichkeit, sich die HTTP-Kommunikation im Detail anzusehen. Drücken Sie z. B. in Chrome auf einem PC die Taste F12, damit öffnen Sie die *Chrome Developer Tools*. Gehen Sie nun auf den Reiter NETZWERK und rufen Sie eine Website auf. Im Beispiel sehen Sie die Website von *www.mindshape.de* mit HTTP/2.

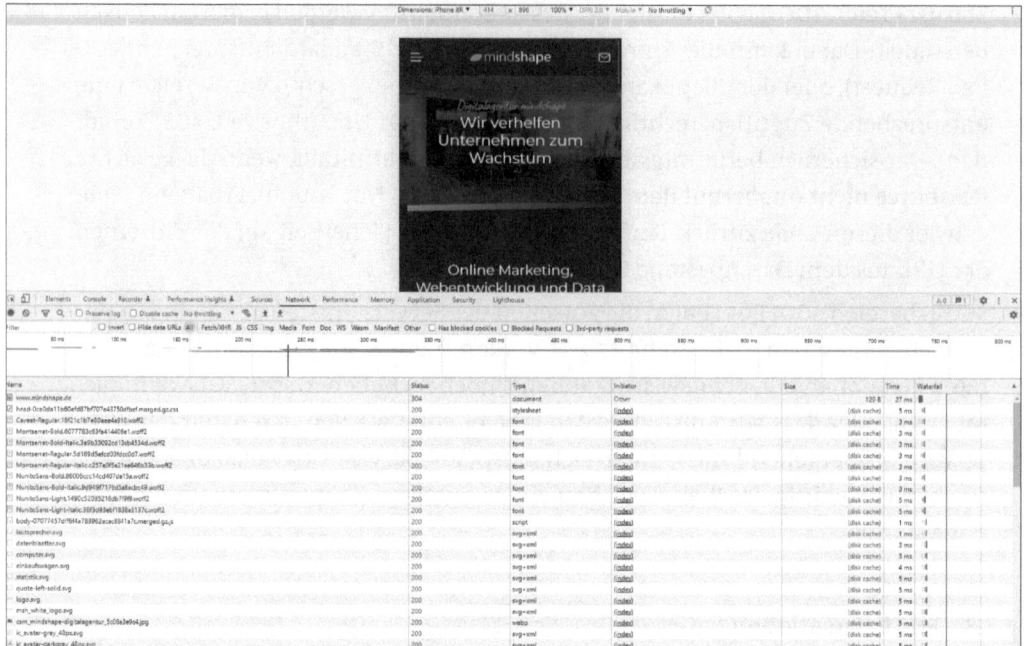

Abbildung 4.17 Die Chrome Developer Tools nutzen, um die HTTP-Kommunikation zu betrachten

4.4 Content-Management-Systeme

Im modernen Web spielen Content-Management-Systeme (CMS) eine wesentliche Rolle. Sie stehen gewissermaßen am Ende der bisherigen Evolution von *Web-Publishing Workflows*. Dabei geht es um die Frage, wie primär HTML- und CSS-Dateien auf Webservern für Clients bereitgestellt und aktualisiert werden.

In den frühen Phasen des WWW haben noch Programmierer und Programmiererinnen einzelne HTML- und CSS-Dateien manuell erstellt, Texte und Bilder einprogrammiert und meist via FTP-Software auf einen Webserver geladen. Das macht heute eigentlich niemand mehr, da diese Methode sehr unflexibel ist – spätestens wenn man alle HTML-Dateien einzeln anpassen muss, wird es aufwendig.

Daher gab und gibt es Web-Autoren-Programme wie Dreamweaver von Adobe, mit dem man mehrere Dateien gemeinsam bearbeiten kann und auch viele typische Arbeitsschritte vereinfacht werden.

Letztendlich stellen diese Programme jedoch nur eine Vereinfachung des Arbeitsablaufs dar. Es werden immer noch sogenannte *statische HTML*-Dateien auf einen Webserver geladen. Statisch bedeutet in diesem Sinne, dass die HTML-Dateien nicht dynamisch generiert werden, sondern als wirkliche, unveränderbare HTML-Dateien auf dem Webserver liegen und dort auf ihren Abruf durch einen Client warten.

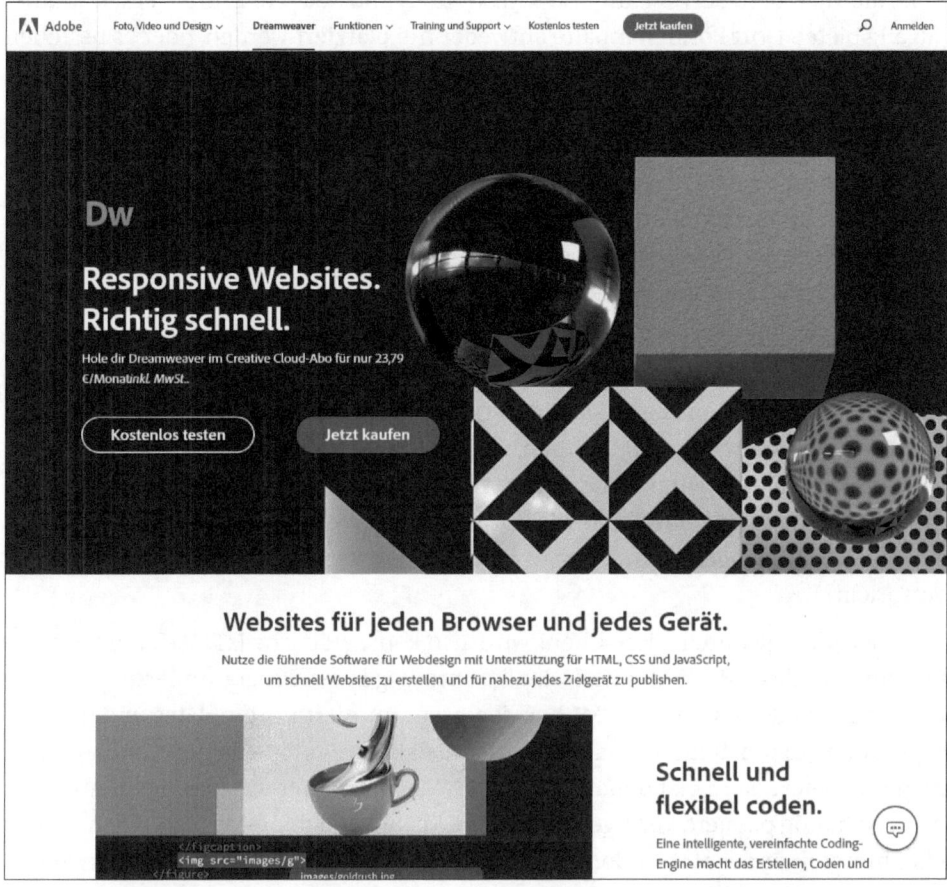

Abbildung 4.18 Adobe Dreamweaver existiert heute noch (»https://www.adobe.com/de/products/dreamweaver.html«).

Nun ist Ihnen sicherlich WordPress, das bekannteste und meistverbreitete Content-Management-System, ein Begriff. Es wurde »erst« 2003 von dem Texaner Matthew Mullenweg veröffentlicht und als Open-Source-Projekt frei verfügbar gemacht. Es basiert wie viele andere Open-Source-CMS auf der Programmiersprache PHP und bindet Daten mittels einer mySQL-Datenbank oder ähnlichen freien Datenbanksystemen an. Bekannte Vertreter solcher Open-Source-CMS sind TYPO3, Joomla! oder Drupal. Auch Shopsysteme wie Magento, Shopware oder Oxid funktionieren technisch genau wie Web-CMS, nur dass ihr Einsatzzweck eher auf die Funktionen eines Online-Shops ausgelegt ist. Daneben existieren auch zahllose kommerzielle und nicht frei verfügbare CMS, etwa das Adobe-CMS oder Sitecore.

Jedes CMS funktioniert dabei im Grunde recht ähnlich – vor allem im Vergleich zu den vorherigen statischen Publikationsmethoden. Letztendlich ist ein CMS eine Software, die auf einem Server läuft und Redakteuren und Redakteurinnen einen Online-Zugang bietet. Dort können Inhalte entweder frei platziert werden, oder es bestehen bestimmte Formen (Templates), die immer gleichförmig mit Informationen gefüllt werden. Aktuelle Meldungen, Jobausschreibungen, Öffnungszeiten von Filialen oder andere strukturierte Informationen sind typische Fälle für solche Templates. Ein solches CMS wird einmalig von Programmierern, Designern und Frontend-Entwicklern auf einem Server installiert und eingerichtet. WordPress ist daher so beliebt, weil man hier viele Schritte auch selbst erledigen kann. Bei umfangreichen WordPress-Sites steht initial aber meist eine Agentur oder ein Freelancer-Team dahinter.

Ein CMS speichert die von Redakteuren und Redakteurinnen eingegebenen Daten in einer Datenbank. Die Programmierlogiken bei der Installation und Ersteinrichtung betreffen das Aussehen, die Navigationsstruktur, die URL-Struktur, die Art, wie Bilder möglichst optimiert angezeigt werden, und andere technische Rahmenbedingungen. Hier stecken viel Know-how und Arbeit drin, um das CMS für Suchmaschinen technisch fit zu machen. Leider kenne ich bis heute kein System, welches das von Haus aus bereits mitbringt – auch wenn es jedes System mehr oder weniger vollmundig verspricht!

Bei einer Abfrage durch einen Client wird also keine statische HTML-Datei ausgeliefert, sondern das CMS baut mittels der darunterliegenden Programmiersprache (z. B. PHP, Python oder Java) das HTML aus den programmierten Templates und den eingegebenen Texten, Bildern und Videos der Redakteure und Redakteurinnen zusammen und liefert dann erst dynamisch das HTML aus. Damit dies bei vielen Abfragen nicht zu häufig passiert, verfügen moderne CMS über Caching-Mechanismen, sodass kurz hintereinander stattfindende Client-Anfragen nicht jeweils einzeln den Erstellungsprozess auslösen, sondern eine quasistatische HTML-Zwischenkopie erhalten. Sobald ein Redakteur oder eine Redakteurin beispielsweise eine Überschrift anpasst, wird der CMS-Cache geleert und beim ersten Aufruf durch einen Client wieder gefüllt.

Die meisten CMS fungieren nach dem *Headfull-Prinzip*. Das soeben beschriebene Verfahren, dass ein CMS einen Login ermöglicht und nach dem Speichern auf dem gleichen Server eine Website generiert, ist gewissermaßen das traditionelle Verfahren. Ein anderes Verfahren bezeichnet das *Headless-Prinzip*. Folgt man diesem Prinzip streng, kann ein Redakteur oder eine Redakteurin keine Struktur von Inhalten mehr bestimmen, sondern er oder sie speichert lediglich die einzelnen Bestandteile wie Texte, Bilder oder Videos. Diese werden in dem CMS bzw. *Digital-Asset-Management-System* (*DAM*) abgelegt. Die Headless-CMS-Komponente kann dann die Inhalte für verschiedene Medien und Darstellungsformen ausspielen, etwa für Mobilgeräte, Desktop-Ansichten, eine iPhone-App, für ein Display im Lobby-Eingangsbereich oder auch für ein gedrucktes Magazin. Hier geht es sehr stark um *Cross-Media-Publishing*.

Entsprechend aufwendig ist das Setup eines solchen Systems, und es setzt viele gleichförmige Publikationsprozesse voraus – denn individuelle Platzierungen von Inhalten sind hier eher die (teure) Ausnahme. In der Praxis machen sich daher gerade Hybridsysteme einen Namen. Viele Open-Source-Systeme lassen sich in diesem Hybridmodus betreiben.

Unabhängig davon, welchem CMS Sie begegnen – die Komplexität bei der Suchmaschinen-Optimierung von Content-Management-Systemen ist deutlich höher als bei einfachen Systemen. Das gilt technisch wie menschlich, denn meistens sind mehrere Personenkreise von einer Suchmaschinen-Optimierung betroffen: Serveradministratoren für die Datenbank-Performance, Backend-Programmierer für die HTML-Auslieferung, Frontend-Entwickler für die HTML-Optimierung, Bildeinbindung oder JavaScript-Fragen und letztlich Redakteure für Texte, Struktur und Bildoptimierung.

Da diese Komplexität immer mehr Anforderungen an die Server und die Kompetenzen der Webteams stellt, gibt es seit Jahren einen Gegentrend, der quasi wieder ein Stück zur alten Publishing-Methode zurückkehrt: Flat-File CMS. Diese Programme laufen entweder online oder auf einem lokalen Computer und lassen sich wie Server-CMS bedienen. Sie legen allerdings direkt statische HTML-Dateien ab, die dann dem Webserver zur Verfügung gestellt werden. Für weniger dynamische Szenarien mag das ein guter Ersatz sein, und die Entwicklung geht hier in den letzten Jahren auch erst richtig los. Die Herausforderungen für die Suchmaschinen-Optimierung bleiben aber die gleichen.

Mit Ionos, WIX oder Jimdo gibt es auch Plattformanbieter, bei denen man ohne eigene Installation direkt ein CMS nutzen kann. Vor allem für ganz kleine und sehr kostenbewusste Website-Betreiber mag das eine Alternative sein. Allerdings kann man hier nicht alle technischen und inhaltlichen Parameter bis ins letzte Detail beeinflussen, was bei einer wirklich stringenten Suchmaschinen-Optimierung oft erforderlich ist.

Als Suchmaschinen-Optimierer oder -Optimiererin werden Sie meist vor vollendete Tatsachen gestellt. Nur selten bekommt man die Gelegenheit, bei der Auswahl eines neuen CMS direkt mitzuwirken. Letztendlich lässt sich aber fast jedes System für Nutzer und Nutzerinnen sowie Suchmaschinen optimieren. Es ist nur eine Frage der Zeit, des Aufwandes und damit eine Frage des Geldes.

Kapitel 5
Architektur von Suchmaschinen

Suchmaschinen sind für die meisten Nutzer eine Blackbox. Man gibt Begriffe ein, und es kommen Ergebnisse heraus. Für einen Suchmaschinen-Optimierer ist die Kenntnis über die genaue Funktionsweise allerdings eine wichtige Grundlage für die Optimierung.

Im ersten Kapitel bin ich bereits ein wenig auf die Spezifitäten einer Suchmaschine eingegangen. Erinnern Sie sich an die drei Komponenten einer Suchmaschine? Die Datengewinnung und die darauffolgende Datenanalyse und -verwaltung werden innerhalb eines komplexen Systems organisiert, das als Ganzes den Namen *Suchmaschine* trägt. In diesem Kapitel beschreibe ich die Funktionsweise eines solchen Systems im Detail. Dabei wird deutlich werden, wie Suchmaschinen ihre Daten erhalten, weiterverarbeiten und schließlich dem oder der Suchenden die Ergebnisse präsentieren.

Bei der Aufnahme und Verarbeitung der Dokumente im Kontext von Information-Retrieval-Systemen, zu denen die Suchmaschinen gehören, existieren typische und charakteristische Komponenten und Filtermethoden. Diese werden im Folgenden beschrieben. Denn viele Stolperfallen bei der Webseitenoptimierung sind oft nicht erkennbar, falls man den Ablauf aufseiten der Suchmaschinen nicht kennt. Oder positiv ausgedrückt: Wenn Sie die prinzipielle Funktionsweise einer Suchmaschine kennen, vermeiden Sie Fehler bei der Optimierung. Dabei ist es nicht wichtig, ob es sich um Google, Bing oder irgendeinen anderen Anbieter handelt. Die genaue Systemzusammenstellung mit ihren einzelnen Komponenten und Aufgaben wird ohnehin geheim gehalten – wie so vieles zum Thema Suchmaschinen. Kein Anbieter will einem Konkurrenten wertvolle Informationen zukommen lassen. Dennoch arbeiten alle nach den gleichen Grundprinzipien.

Daher möchte ich in diesem Kapitel gar nicht explizit nur auf Google eingehen, sondern die generelle Architektur von Suchmaschinen beschreiben. Google hat zwar sicherlich eine Vorreiterrolle, wie Sie gleich lesen werden. Aber insbesondere die Google-spezifischen Strukturen und Algorithmen wie Caffein, RankBrain, Hummingbird, MUM und Co. sollen erst später im Fokus stehen.

Dabei stammt von Google spannenderweise das Dokument, was wohl in die Geschichte der Web-Suchmaschinen eingegangen ist: Die beiden Google-Erfinder Ser-

gey Brin und Lawrence Page veröffentlichten unter dem Titel »The Anatomy of a Large-Scale Hypertextual Web Search Engine« erstmals die Funktionsweise einer komplexen Web-Suchmaschine. Damals noch aus vorwiegend wissenschaftlichem Interesse stellten sie 1998 neben dem PageRank-Algorithmus auch die Systemkomponenten des damaligen Prototyps vor. Auch wenn die Beschreibungen stellenweise ungenau sind, gilt dieses Werk dennoch als eine wichtige Grundlage für Wissenschaftler und andere Suchmaschinen-Betreiber. Wer will schon das Rad noch einmal erfinden, wenn es bereits rollt?

Die folgende Beschreibung basiert allerdings nicht nur auf der Darstellung der Systemarchitektur von Brin und Page, sondern bezieht auch andere Veröffentlichungen aus Wissenschaft und Industrie mit ein. Ich möchte Ihnen dadurch ein Grundverständnis für die Systemkomponenten vermitteln, die an der Generierung des Datenbestands beteiligt sind. Dieses Wissen lässt sich bei der Optimierung sehr gewinnbringend verwenden.

5.1 Suchmaschinen

Suchmaschinen sind umfangreiche Systeme, mit denen man im Web systematisch suchen kann. Im Gegensatz zu anderen Erschließungssystemen für das Web wie Wikis, Branchenbüchern oder Webkatalogen, die nur einen sehr begrenzten Umfang an Websites erfassen, können die einmal programmierten Suchmaschinen selbstständig theoretisch das gesamte Web erfassen. Daraus leitet sich auch das wichtigste Merkmal einer Suchmaschine ab, nämlich das automatische Sammeln und Auswerten von Webseiten.

Hinzu kommt, dass das Wachstum nichtautomatischer Systeme nicht mit dem rasanten Wachstum des World Wide Web mithalten kann. An einem durchschnittlichen Tag werden allein in Deutschland bei der verantwortlichen Organisation DENIC über 5.000 neue Domains angemeldet. Vorsichtige Schätzungen gehen von einer Verdopplung der Webauftritte weltweit innerhalb von sechs Monaten aus.

Angesichts dieser gigantischen Informationsmenge ist es unumgänglich, geeignete Software und Algorithmik einzusetzen, um auch großflächig gezielt und effektiv nach Informationen suchen zu können.

Um das Jahr 2000 sind Suchmaschinen wie Pilze aus dem Boden geschossen. Allerdings wurden seit Beginn an immer nur einige wenige Marktführer tatsächlich genutzt. So ergab bereits 2003 eine repräsentative Umfrage der Bertelsmann-Stiftung, dass zwar 91 Prozent der deutschen Internetnutzer und -nutzerinnen Suchmaschinen nutzen, dass allerdings die Verteilung auf die einzelnen Suchmaschinen sehr unterschiedlich ist. So gaben 70 Prozent der Befragten an, Google als Hauptsuchmaschine zu nutzen. Dieser Anteil ist bis heute sogar noch auf über 90 Prozent gestiegen.

Weit abgeschlagen auf dem zweiten Platz mit 10 Prozent stand damals Yahoo!, auf dem dritten Platz mit nur noch 5 Prozent Lycos. Heute spielen Yahoo! und Lycos keine Rolle mehr, Bing von Microsoft ist der ewige Zweite. International spielen Yandex (Russland) und Baidu (China) noch eine bedeutendere Rolle.

5.1.1 User-Interfaces

Im Alltagsgebrauch wird mit dem Begriff »Suchmaschine« meist nur die Website eines Suchdienst-Anbieters bezeichnet. Dass es sich dabei nur um die »Spitze des Eisbergs« handelt, wird im Folgenden deutlich zu sehen sein. Zunächst betrachten wir jedoch einmal das Offensichtliche, das User-Interface.

Die meisten Anfragen erhalten Suchmaschinen meist über das klassische Display-Interface, sei es mobil von einem Smartphone oder noch von einem Desktop oder Tablet aus. Durch smarte Lautsprecher und virtuelle Assistenten in Smartphones, Autos oder anderen Geräten spielt aber auch die Suche per Spracheingabe (*Voice-Search*) eine zunehmend wichtigere Rolle. Dabei gehört zu diesem Interface nicht nur die Eingabe, sondern vor allem die Ausgabe, nämlich per Sprachausgabe. Auch Kombinationen sind mittlerweile an der Tagesordnung – sei es über dezidierte Geräte wie *Echo Show* von Amazon oder die Spracheingabe in die Google-Suche und die Ausgabe über die traditionellen SERPs auf dem Smartphone-Display.

Wie läuft schematisch eine traditionelle Sucheingabe ab? Auf der Startseite eines Suchmaschinen-Betreibers befindet sich in der Regel eine einfache Eingabemaske für Suchanfragen – entweder in Form von Zeichen, einer Spracheingabe oder einem Bild-Upload.

Abbildung 5.1 Die Google-Suche erlaubt Direkteingabe oder Sprachsuche. Die Bildersuche ermöglicht auch die Ähnlichkeitssuche nach hochgeladenen Bildern.

Die erste Ansicht ist meist recht einfach gehalten. Auch bei der darauffolgenden Anzeige von Suchergebnissen bleibt die Möglichkeit einer schnellen Sucheingabe bestehen. Zwischen oftmals vorhandener Werbung, Links und Themenblöcken findet sich ein Eingabefeld, um die initiale Suchanfrage um einen oder mehrere Suchbegriffe zu erweitern oder abzuändern. Die meisten Suchmaschinen bieten zusätzlich eine erweiterte Eingabemaske an, die für erfahrene Benutzer und Benutzerinnen weitere Optionen bereitstellt.

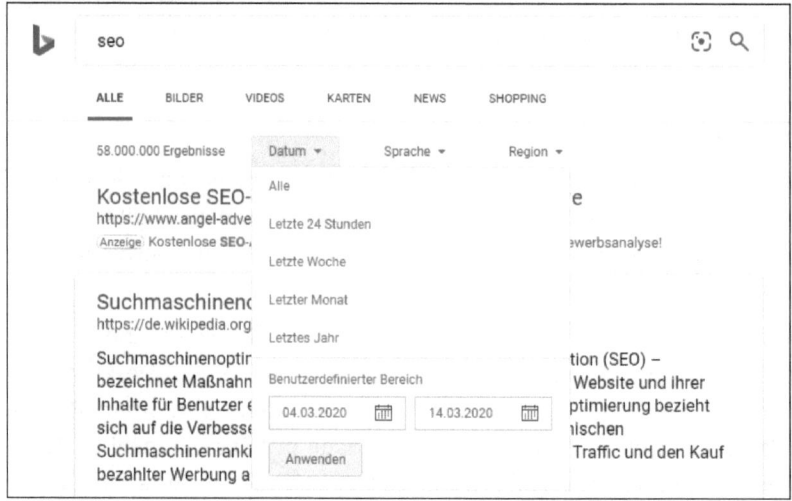

Abbildung 5.2 Bing verfügt über weniger erweiterte Suchmöglichkeiten als Google.

Alle gängigen Suchmaschinen gestatten es inzwischen, Suchbegriffe logisch zueinander in Beziehung zu setzen. Die meistgenutzten Hilfen aus der zugrunde liegenden booleschen Algebra sind dabei die AND- und die OR-Verknüpfung (Näheres dazu erfahren Sie in Abschnitt 6.2.1, »Boolesche Ausdrücke«).

Im Herbst 2010 bot Google das erste Mal *Google Instant* an. Seitdem werden Ergebnisse bereits beim Eingeben von Suchanfragen angezeigt, und die Suchmaschine macht eigenständig Vorschläge für weitere Keyword-Kombinationen. Heute ist diese Funktion unter dem Namen *Google Suggest* bekannt.

Alle Suchmaschinen bieten nach einer Suchanfrage meist mehrere Ergebnisseiten passend zu einem Suchbegriff an. Eine Ergebnisseite enthält dabei bei den großen Suchmaschinen in der Regel zehn Resultate. Eine Ausnahme stellte einige Zeit Yahoo! dar; die Ergebnisliste umfasste dort 20 Einträge. Dies schien jedoch für die Nutzer zu viel zu sein. Jedes einzelne gefundene Dokument ist bei allen Suchmaschinen-Betreibern mit einem verlinkten Titel, einem Beschreibungstext sowie weiteren anbieterspezifischen Diensten versehen. Diese Einträge bezeichnet man als *Suchtreffer* oder *Snippet*. Je nach Geräteansicht und Suchmaschinen-Betreiber sehen die Snippets leicht unterschiedlich aus, wie Sie im Falle von Google in Abbildung 5.3 (Desktop) und Abbildung 5.4 (Mobile) sehen können.

Geordnet werden die einzelnen Links nach algorithmisch berechneter Relevanz. Der erste Link passt nach Meinung der Suchmaschinen-Betreiber am besten, der zweite am zweitbesten und so weiter.

5.1 Suchmaschinen

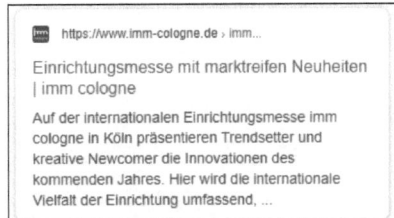

Abbildung 5.3 Desktop-Snippet bei Google

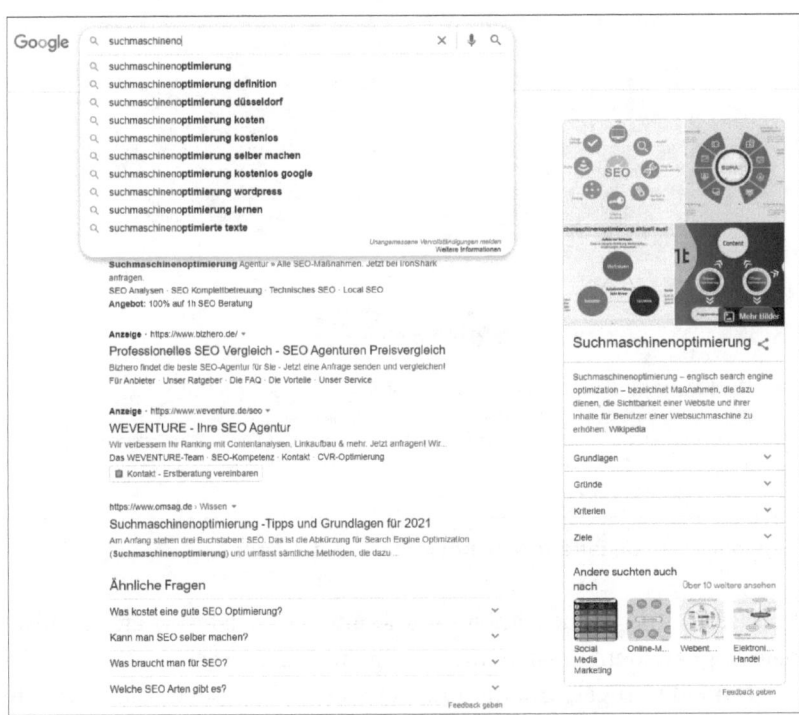

Nein, warte – das ist das falsche Bild. Lass mich neu anfangen.

Abbildung 5.4 Mobile-Snippet bei Google mit Favicon

Die einzelnen Suchmaschinen unterscheiden sich heutzutage weniger in ihren Programmstrukturen zum Anlegen des Datenbestands, sondern vielmehr in der Anwendung der einzelnen Algorithmen und der dadurch entstehenden Gewichtung. Vergleicht man die Ergebnislisten verschiedener Suchmaschinen mit gleichen Suchbegriffen, ist dieser Unterschied deutlich zu erkennen (siehe Abbildung 5.5 und Abbildung 5.6).

Abbildung 5.5 Ergebnisliste bei Google zu »suchmaschinenoptimierung«

261

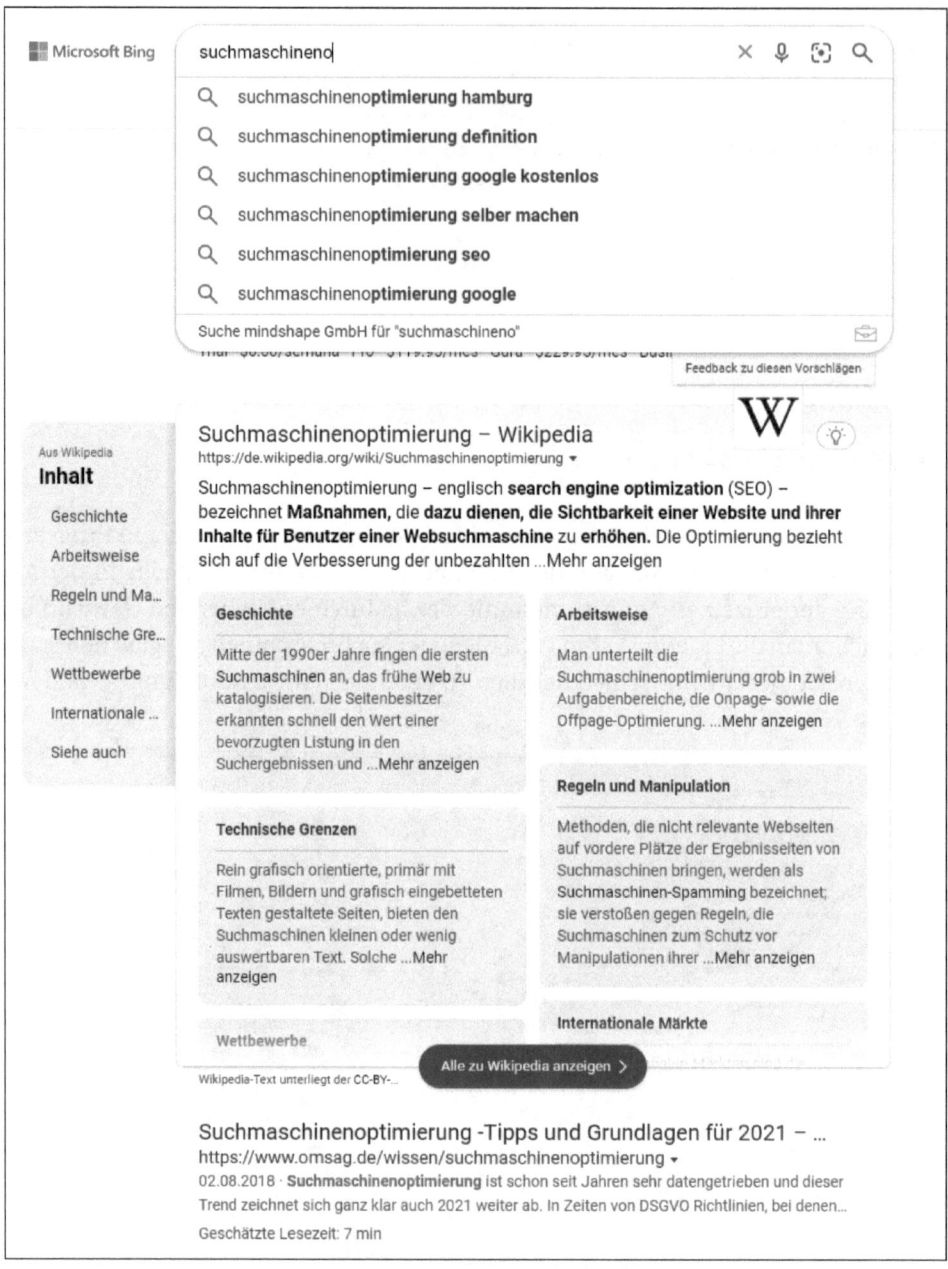

Abbildung 5.6 Ergebnisliste von Bing zu »suchmaschinenoptimierung«

Die Suchergebnisseiten sind je nach Anbieter und Endgerät leicht unterschiedlich. Vor allem Google zeigt auf dem Smartphone eine ganz andere Ansicht, die sehr viel stärker in Boxen mit Rahmungen arbeitet und auf Slide-Effekte setzt. Die Elemente selbst bleiben hierbei allerdings weitgehend gleich.

Insgesamt werden die Suchergebnislisten (SERPs) immer vielfältiger und bunter. Das zeigt die mobile Ansicht sehr deutlich. Über die verschiedenen Formen und deren Möglichkeiten erfahren Sie in Kapitel 12 mehr.

Abbildung 5.7 Unterschiedliche SERP-Ansicht je nach Endgerät

Das Interface bei reinen Sprachbedienungen von Suchmaschinen erfolgt über den Lautsprecher in Form von Sprachausgaben. In den Anfängen bekam man nach einer natürlichsprachigen Suchanfrage die ersten Ergebnisse einer Ergebnisliste vorgelesen. Das ist ein wahrer UX-Albtraum. Heute versuchen Suchmaschinen meist die Antwort zu einer Frage direkt zu geben. Im Falle einer listenartigen Antwort (wie z. B. dem Vorlesen eines Rezepts) dauert das aber immer noch sehr lange. Hier wird die

Menschheit wohl die nächsten Jahre noch auf kleinere oder größere Screens angewiesen sein, um visuell Ergebnisse und Listen zu überfliegen und schnell einen Treffer oder eine Information auszuwählen. Erste Versuche, das Display in Brillengläsern oder Kontaktlinsen zu platzieren, gibt es ja bereits.

5.1.2 Typische Hürden

Typischerweise ergibt sich für den Benutzer und die Benutzerin von Suchmaschinen eine Reihe von Hürden, die es zu überwinden gilt.

So wird bei der überwiegenden Anzahl von Suchanfragen mit nur wenigen Stichwörtern eine Unmenge von Ergebnisseiten angezeigt, die sich der Benutzer oder die Benutzerin im Grunde genommen gar nicht alle ansehen kann. So liefert z. B. die Suche nach »tipps tricks rad« bei Bing ca. 1.070.000 und bei Google etwa 1.180.000 Ergebnisse. Berücksichtigt man zusätzlich, dass die wenigsten Benutzer oder Benutzerinnen überhaupt die zweite Ergebnisseite betrachten, zeigt sich die enorme Bedeutung effizienter Algorithmen für die Sortierung der Treffer – und nicht zuletzt die Bedeutung des Wissens, wie Suchmaschinen funktionieren und wie Seiten optimiert werden können.

Die endlos erscheinende Menge an dargebotenen Verweisen zwingt den Benutzer bzw. die Benutzerin, sich auf das Relevanzurteil der Suchmaschine zu verlassen. Allerdings weiß jeder, der einmal eine Suchmaschine genutzt hat, dass sich hinter dem obersten Treffer nicht immer das Gewünschte befindet.

Gelegentlich trifft man obendrein auf »tote« Links. Die entsprechende Seite gibt es nicht mehr, sie ist temporär nicht erreichbar, oder der Inhalt hat sich geändert. Vorsichtige Schätzungen diesbezüglich gehen davon aus, dass in Suchmaschinen ein Blindanteil von zehn bis 15 Prozent vorhanden ist.

Ein ganz anders geartetes Problem stellt ihre zunehmende Kommerzialisierung dar. Die ersten Suchergebnisse sind nicht mehr zwingend die am besten geeigneten, sondern die am besten bezahlten. Derzeit sind diese zum Glück noch gesondert ausgezeichnet.

Allerdings leidet vor allem die organische Suchmaschinen-Optimierung darunter, dass Suchmaschinen immer mehr zu *Antwortmaschinen* werden. Google selbst hat sich zum Ziel gemacht, möglichst alle Fragen an die Suchmaschine möglichst direkt zu beantworten. Wenn Sie sich die Ergebnisliste zur Anfrage nach »messen köln« anschauen, kann man erahnen, wo die Reise hingeht: Die Suchergebnisse bestehen aus deutlich vielfältigeren Elementen, und traditionelle typische Ergebnistreffer treten eher weiter unten auf.

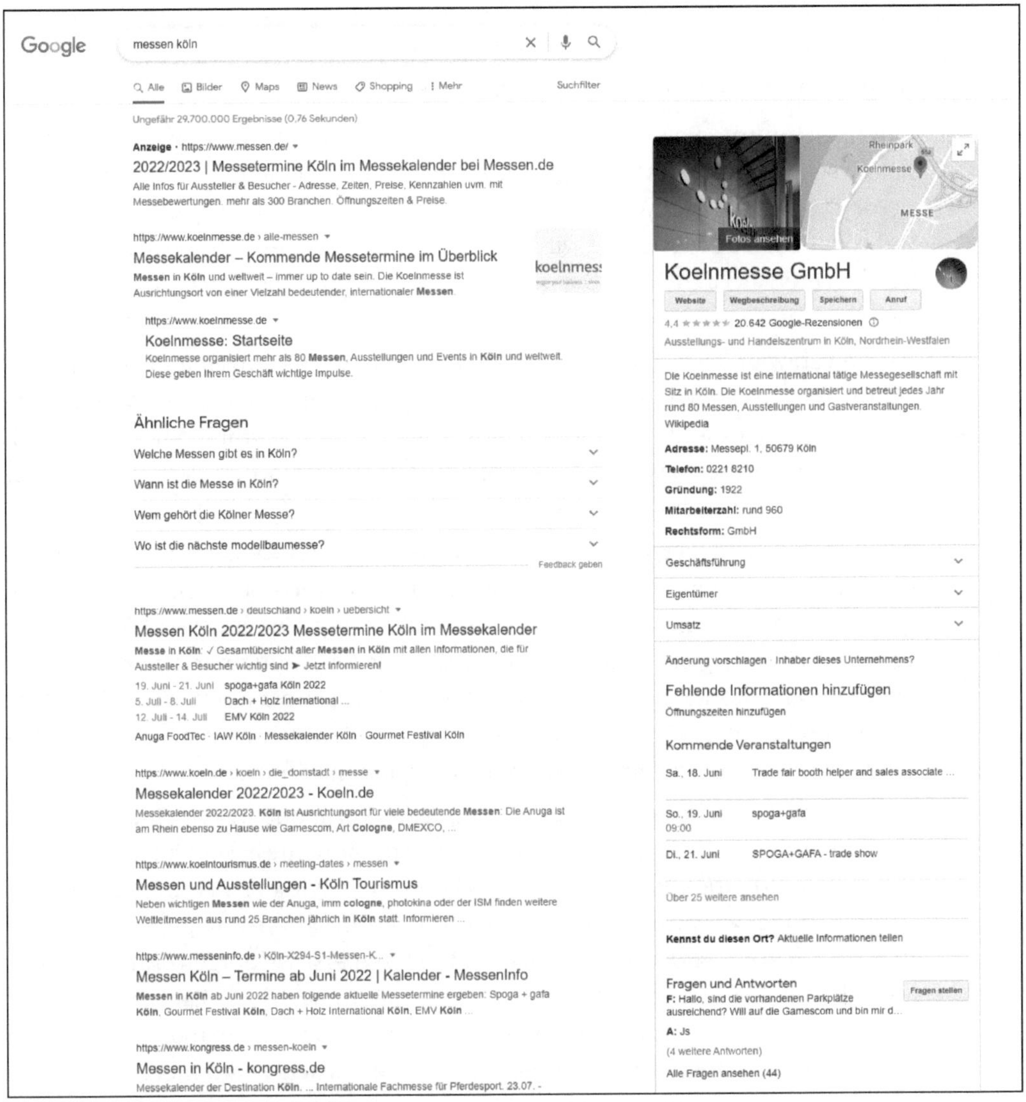

Abbildung 5.8 Bunte SERP bei Google für »messen köln«

5.1.3 Funktionen und Komponenten

Im Gegensatz zur weitverbreiteten Meinung sind die dargestellten Suchergebnisse im Browser keineswegs Live-Ergebnisse. Wenn eine Suchanfrage verarbeitet wird, sind zuvor bereits zahlreiche Systemkomponenten im Einsatz gewesen, um die möglichen Trefferdokumente zu verarbeiten. Wie bereits angesprochen wurde, ist die Weboberfläche einer Suchmaschine nur ein kleiner Teil dessen, was notwendig ist, um letztlich eine brauchbare Ergebnisliste auf Suchanfragen zu liefern. Typischerweise kann man einer Suchmaschine drei Funktionen zuschreiben. Dabei wird jede Funktion von einer Kernkomponente abgedeckt.

1. **Datengewinnung**: Bevor Daten ausgewertet werden können, müssen diese logischerweise zunächst beschafft, gesichtet und in ein geeignetes Format konvertiert werden. Dafür ist das Webcrawler-System zuständig, das gelegentlich auch als Webrobot-System bezeichnet wird. Seine Hauptaufgabe besteht im Sammeln von Dokumenten aus dem Web. Dazu ruft es eine Seite nach der anderen auf und lädt diese herunter.

   Das Webcrawler-System ist eine Zusammenstellung aus einzelnen Unterkomponenten und zusätzlich für die Überprüfung der Existenz und die Veränderung bereits im Datenbestand vorhandener Dokumente verantwortlich. Nur durch regelmäßige Vergleiche zwischen dem eigenen Datenbestand und dem Webangebot kann Aktualität gewährleistet werden.

2. **Datenanalyse und -verwaltung**: Nachdem die Dokumente lokal vorliegen, werden sie zunächst noch einmal zur weiteren Verarbeitung vorbereitet. Das kann beispielsweise das *Normalisieren* der HTML-Struktur sein, indem etwa HTML-Fehler automatisch korrigiert werden. Es können aber auch umfangreichere Prozesse sein, wie etwa das Rendern des HTML, CSS und JavaScripts durch einen *Web-Rendering-Service* (*WRS*), damit auch visuelle Aspekte der Website von den später folgenden Bewertungssystemen berücksichtigt werden können.

   Im nächsten Zwischenschritt baut die nächste Komponente der Suchmaschine eine durchsuchbare Datenstruktur auf. Diese Komponente basiert auf einem sogenannten *Information-Retrieval-System* (IR-System). Wie der Begriff *Retrieval* (zu Deutsch: Wiedergewinnung) bereits sagt, sind Informationen in großen Datenbeständen zunächst verloren gegangen und müssen erst wiedergewonnen werden. Auf das Web übertragen, bedeutet das eine schier unbegrenzte Zahl Texte, die für eine Software vorerst nichts anderes darstellen als eine Aneinanderreihung von Buchstabenkombinationen. Um die Daten untersuchen zu können, werden die verfügbaren Dokumente in eine zur Verarbeitung günstige Form umgewandelt. Diese auf das Wesentliche reduzierten Texte bezeichnet man als *Dokumentenrepräsentation*. Sie stellen die Grundlage dar, anhand derer das Information-Retrieval-System automatisch nach bestimmten Methoden Werte vergibt, die auch als *Gewichte* bezeichnet werden. Jedes Dokument besitzt somit einen festgelegten Relevanzwert aufgrund seines Gewichts. Dieser gilt immer in Bezug auf ein bestimmtes Schlagwort. Findet das IR-System mehrere benutzbare Schlagwörter, wird für jedes ein eigenes Gewicht errechnet. Die Zuordnung der Schlagwörter, auch *Deskriptoren* genannt, bezeichnet man in diesem Zusammenhang als *Indexierung*.

3. **Verarbeiten von Suchanfragen**: Während das gesamte bisher erwähnte System Tag und Nacht daran arbeitet, die Datenbasis zu erweitern und zu aktualisieren, liefert der Query-Prozessor – oder auch Searcher genannt – die Funktionalität, die man gemeinhin von einer Suchmaschine erwartet. Der Query-Prozessor stellt, wie zu Beginn des Abschnitts gezeigt, über das Web-Interface die Schnittstelle zum Benutzer oder zur Benutzerin dar. Anhand der eingegebenen Stichwörter wird aus dem Index des IR-Systems zunächst eine Menge an überhaupt relevanten Dokumenten identifiziert (*Relevancy Set*). Danach wird algorithmisch eine gewichtete, also sortierte Liste von Einträgen erzeugt. Diese Liste reichert der Query-Prozessor mit weiteren Informationen aus dem Datenbestand an, wie etwa dem Datum der Indexierung, Vorschaubildern oder anderen Informationen für die Anzeige. Abschließend wird eine Listenansicht für den Benutzer bzw. die Benutzerin erstellt, die im Browser als Ergebnisliste angezeigt wird.

Mit dem Wissen über die drei Kernkomponenten lässt sich auch erklären, weshalb es keineswegs Zufall ist, dass Suchmaschinen bei der Eingabe gleicher Stichwörter teilweise gravierend unterschiedliche Ergebnisse anzeigen. Denn schon bei der Datenerfassung unterscheiden sich die Methoden der Suchmaschinen, da jede Suchmaschine andere Websites in unterschiedlicher Tiefe aufnimmt. Bei der Dokumentauswertung hängt das errechnete Gewicht vom Umfang der ausgewerteten Textpassagen ab. Wurden früher nur die ersten Passagen des Textes auf Webseiten beachtet, findet heute bei allen großen Suchmaschinen der gesamte Text einer Seite Beachtung. Unterschiede gibt es insbesondere noch bei der Beachtung von unsichtbaren Texten, Bildinformationen oder sogar HTML-Kommentaren. Zu guter Letzt wirken sich im dritten Schritt vor allem die Wahl und Einstellung der Ranking-Algorithmen und deren Feinabstimmung auf das Suchergebnis aus.

Das beschriebene vollkommen automatisierte Verfahren setzt ein striktes Regelwerk voraus. Genau hier liegt der Vorteil für den Webseitenanbieter. Der Redakteur oder die Redakteurin eines Webkatalogs entschied früher nach mehr oder weniger freien Mustern über die Aufnahme und die Bewertung eines Eintrags. Die Suchmaschine hingegen behandelt jede Seite nach dem gleichen Schema, auch wenn dieses zugebenermaßen mittlerweile äußerst komplex ist. Kennt man die zugrunde liegenden Faktoren, die eine hohe Gewichtung und Relevanzeinschätzung bewirken, kann man diese gezielt bedienen, um die eigenen Seiten zu optimieren und Spitzenpositionen zu erzielen. Die Idee der Suchmaschinen-Optimierung ist damit geboren.

Jedoch wissen auch die Suchmaschinen-Betreiber um diese Schwäche und halten daher ihre Algorithmen und Feineinstellungen geheim. Sie verändern diese regelmäßig – nicht nur zur reinen Verbesserung der Suchmaschine, sondern auch, um zu verhindern, dass eine gezielte Optimierung zu einem hundertprozentigen Erfolg führt.

> **Es gibt nicht den einen Algorithmus zur Rankingbestimmung**
> Im Alltag wird eine ganz wichtige Sache oft vergessen: Es gibt nicht den einen Algorithmus, der jede Suchanfrage gewichtet und Ergebnisse ausliefert. Mittlerweile sind Suchmaschinen so komplex, dass zwischen sehr vielen verschiedenen Suchanfragen-Typen automatisch unterschieden wird. Jede Suchanfrage wird analysiert und individuell ausgewertet. Es handelt sich also vielmehr um eine Menge an Algorithmen, die auf unterschiedliche Art und Weise miteinander zusammenarbeiten und dann entsprechende Ergebnisse liefern. Dazwischen liegen auch noch Filter, die Ergebnisse gewissermaßen korrigieren.
>
> Ich bin der Überzeugung, dass auch bei Google niemand mehr die verschiedenen Algorithmen und Filter in ihrem Zusammenspiel in Gänze versteht. Spätestens seit maschinelles Lernen und künstliche Intelligenz Einzug in die Algorithmik gehalten haben, können die Suchmaschinen-Betreiber lediglich die Güte der Ergebnisse prüfen und dann Stellschrauben zur Ergebnisoptimierung beeinflussen.

Im Fortlauf dieses Buches werden die grundsätzlichen Verfahren und Methoden, die Suchmaschinen einsetzen, näher erläutert. Mit der genauen Kenntnis können Sie dann Websites besser optimieren und sind in der Lage, auf Veränderungen kompetent zu reagieren – auch ohne dass Sie ganz genau wissen müssen, wie Google und Co. wirklich funktionieren.

Dabei folge ich an Stellen, an denen eine Differenzierung der einzelnen Komponenten nicht zwingend erforderlich ist, der Einfachheit halber dem alltäglichen Sprachgebrauch und spreche im Allgemeinen von »Suchmaschine«.

5.2 Meta-Suchmaschinen

Meta-Suchmaschinen erlauben die Suche über einen fremden Index, der nicht selbst erhoben wurde. Das kann dann entweder über einen fremden Index oder auch über mehrere Indizes geschehen.

Ecosia und *DuckDuckGo* sind aktuelle Beispiele von Meta-Suchmaschinen für das WWW. *MetaGer* und *Metacrawler* sind bereits seit Längerem im Dienst, auch wenn sie sich nicht wirklich im deutschsprachigen Raum gegen Google durchsetzen können. Dagegen sind andere Meta-Suchmaschinen wie etwa *Ladenzeile* im Bereich der Produkt-Suchmaschine oder *joblift.de* im Bereich der Stellenausschreibungen bekannt.

> **Legen Sie Meta-Suchmaschinen nicht zum alten Eisen!**
> Meist sind Meta-Suchmaschinen, wie bereits in Kapitel 1 erwähnt, vor allem in bestimmten Nischen oder für bestimmte Zielgruppen stark. Sie sollten daher das Thema

> Meta-Suchmaschinen nicht ganz aus den Augen verlieren, wenn es darum geht, sich nicht vollständig abhängig von dem Suchgiganten Google zu machen.
>
> Grundsätzlich lässt sich aber sagen, dass die meisten Optimierungen für Google auch für die meisten Meta-Suchmaschinen zuträglich sind.

Die Meta-Suchdienste zeichnen sich dadurch aus, dass sie keinen eigenen Datenbestand besitzen, sondern entweder via Schnittstelle (API) oder sogar via HTTP-Request auf die Webseiten anderer Informationsanbieter zugreifen. Die Suchanfrage wird also parallel weitergeleitet, und die zurückgelieferten Ergebnislisten der angesprochenen Suchmaschinen werden gesammelt und für die eigene Listaufstellung verwertet.

Das Ablaufschema bei einer Suchanfrage durch den Benutzer oder die Benutzerin ist dabei prinzipiell immer gleich:

1. Eingeben der Stichwörter in das Web-Interface der Meta-Suchmaschine durch den Benutzer bzw. die Benutzerin
2. Konvertieren der Suche für die jeweiligen Informationsquellen
3. Paralleles Anfragen der Informationen per Schnittstelle (API) oder HTTP-Request und Warten auf Antwort
4. Einsammeln der Ergebnisse und Konvertieren in weiterverarbeitbare Datenpakete
5. Analysieren der Listen, Entfernen von Dubletten und Anwenden eigener Kriterien zur Erzeugung eines Rankings
6. Darstellen der eigenen Ergebnisliste auf eigener Oberfläche

Fälschlicherweise werden oftmals auch Webseiten mit direkten Schnittstellen zu Suchmaschinen als Meta-Suchdienste bezeichnet, die die zurückgelieferten Daten dann unverändert ausspielen. Bei diesen sogenannten *All-in-One-Formularen* handelt es sich lediglich um die Auslagerung des Suchmaschinen-Textfeldes zur Eingabe von Stichwörtern. Ein Beispiel ist *t-online.de*.

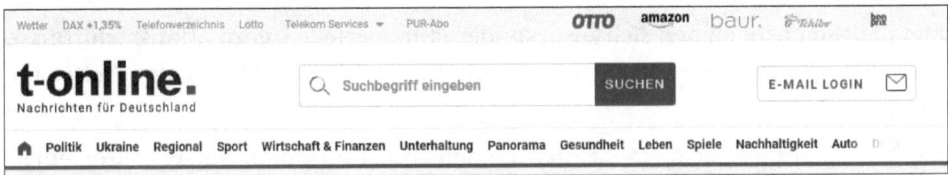

Abbildung 5.9 Die Sucheingabe bei t-online.de

Die Verarbeitung der Suchbegriffe und die Darstellung der Ergebnisliste übernimmt bei solchen All-in-One-Formularen der ursprüngliche Suchdienst – im Falle von

t-online.de ist dies Google. Damit erhoffen sich die Suchmaschinen-Anbieter höhere Nutzerraten.

Weit häufiger verbreitet ist das All-in-One-Formular bei Website-Betreibern, die Suchergebnisse nur für ihre spezielle Website anbieten und dann die Google-Suche nutzen.

5.2.1 Formale Kriterien

Aufgrund einiger Unklarheiten wurden bereits im Juli 1998 bei einer Tagung der Internet Society in Genf klare formale Kriterien vorgeschlagen, anhand derer eine Meta-Suchmaschine definiert werden kann. Dabei müssen sechs der insgesamt sieben Kriterien auf einen Suchdienst zutreffen, damit er als Meta-Suchdienst bezeichnet werden kann.

1. **Parallele Suche**: Die Meta-Suchmaschine muss tatsächlich selbstständig parallel suchen; es darf sich nicht um ein All-in-One-Formular handeln.
2. **Ergebnis-Merging**: Die Ergebnisse müssen zusammengeführt und in einem einheitlichen Format dargestellt werden.
3. **Dubletteneliminierung**: Gleiche, mehrfach vorhandene Treffer müssen erkannt und entfernt werden.
4. **AND- und OR-Operatoren**: Für logische Operationen müssen mindestens die Operatoren AND und OR zur Verfügung stehen und an die abzufragenden Suchmaschinen weitergereicht werden.
5. **Kein Informationsverlust**: Bietet ein Suchdienst eine Kurzbeschreibung einer Fundstelle an, muss diese übernommen werden.
6. **Search Engine Hiding**: Die spezifischen Eigenschaften der Quell-Suchmaschinen dürfen für Anwender keine Rolle spielen.
7. **Vollständige Suche**: Die Meta-Suchmaschine soll so lange in den Trefferlisten der abzufragenden Suchdienste suchen, bis diese keine Treffer mehr liefern.

5.2.2 Einsatzgebiete

Meta-Suchdienste eignen sich insbesondere für spezielle Informationsbedürfnisse, bei denen die einzelnen Suchmaschinen nur unzureichende oder wenige Treffer aufweisen.

Meist werden spezielle Meta-Suchmaschinen von bestimmten Nutzerkreisen eingesetzt, die oftmals sehr spezielle oder fachspezifische Anfragen haben. Schätzungen gehen davon aus, dass heute selbst die großen Suchmaschinen nur ein Drittel des gesamten World Wide Web erfassen. Dabei liegt das Hauptaugenmerk eher auf Themen von allgemeinem Interesse. Da die Suchmaschinen-Betreiber das Web nach unterschiedlichen Kriterien erschließen, erlaubt die Nutzung von Meta-Suchdiensten das Zusammenschließen dieser verschiedenen Bereiche.

Abbildung 5.10 Meta-Suchmaschine MetaGer

5.2.3 Operatoren

Ein charakteristischer Nachteil der Meta-Suchdienste ist ihre Beschränkung bei der Suchanfrageformulierung. Hier muss auf Operatoren zur logischen Verknüpfung der Stichwörter weitestgehend verzichtet werden. Diese Beschränkungen ergeben sich aus dem heterogenen Umfeld. Nicht jede Suchmaschine beherrscht die Verwendung von Operatoren im gleichen Maße, sodass oftmals das kleinste gemeinsame Vielfache gerade einmal die AND- und OR-Verknüpfung ist. Nicht selten ist auch die Anfrageart bzw. die Schreibweise der Operatoren zu unterschiedlich.

Man kam daher vor einiger Zeit auf den Gedanken, die Suchanweisung für jeden Suchdienst so umzuformatieren, dass die Anfrage möglichst passend übersetzt wird.

Das war eine sehr gute Idee, jedoch stößt man dabei recht schnell auf ein inhaltliches Problem. So soll etwa die Suche nach »Haus OR Garten« Dokumente liefern, die entweder den Begriff »Haus« oder den Begriff »Garten« enthalten. Unterstützt eine Suchmaschine diesen Operator nicht, wird als Stichwortsuche »Haus Garten« übermittelt, was einem AND-Operator entspricht. Daraufhin wird die entsprechende Suchmaschine alle Dokumente liefern, in denen sowohl »Haus« als auch »Garten« vorkommt – also nicht explizit Dokumente, in denen einer der beiden Begriffe auch einzeln auftritt. Aber genau das hatte der oder die Suchende mit dem OR-Operator bezweckt.

Je komplexer die Operatoren sind, die in den Anfragen verwendet werden, desto wahrscheinlicher sind solche oder ähnliche Phänomene. Ein kleiner Ausweg bleibt den Meta-Suchmaschinen allerdings. Bei Anfragen mit Operatoren werden nur noch diejenigen Suchmaschinen abgefragt, die die verlangte Funktionalität besitzen. Dies führt zwar auf der einen Seite zu einer Reduktion potenzieller Treffer, insgesamt fallen die Suchergebnisse aber qualitativ besser aus.

Gleichwohl ist eine komplette Annäherung der Meta-Suchmaschinen-Schnittstelle an die Schnittstelle einer einzelnen Suchmaschine kaum zu erreichen. Dies wird besonders bei der Betrachtung der erweiterten Suchfunktion deutlich. Diese beschränkt sich in der Regel auf die Auswahl der zu benutzenden Quell-Suchmaschinen. Eine Auswahl nach Dateiformat, das Einschränken auf einzelne Domains und Ähnliches sind in der Regel nicht möglich.

Mittlerweile lösen viele Meta-Suchmaschinen diese und ähnlich gelagerte Probleme über eine direkte Anbindung an die Schnittstelle eines Suchanbieters. Voraussetzung dafür ist allerdings eine vertragliche Verhandlung und vor allem Einigung mit dem Suchanbieter. So erhält beispielsweise Ecosia die Daten direkt von Bing.

5.2.4 Anonymisierung der Suchanfrage

Ein weiterer Vorteil von Meta-Suchmaschinen, der mit der zunehmenden Datensammlung der großen Suchbetreiber sich immer größerer Beliebtheit erfreut, ist die Anonymisierung der Suchanfragen. Dies verspricht die Meta-Suchmaschine *DuckDuckGo* (www.duckduckgo.com), die angeblich auf 400 individuellen Quellen basiert – darunter Bing, Yandex und Wikipedia.

5.2.5 Präsentation der Suchergebnisse

Das zentrale Problem der Meta-Suchmaschinen ist die Gewichtung der Verweise der verschiedenen Datenquellen. Die Ranking-Algorithmen der Quellsysteme sind nicht bis ins Detail bekannt und somit auch nicht miteinander vergleichbar. Da bleibt eigentlich nur, so scheint es zumindest, die Ergebnisse nach Suchdiensten zu gruppieren, um ein echtes Abbild der ursprünglichen Rankings zu erhalten.

Die Realität sieht allerdings wie immer etwas anders aus. Bei Meta-Suchdiensten werden diverse Formen der Darstellung von Suchergebnissen genutzt: Ein häufig angewandtes Verfahren ist die Übernahme der Relevanzbeurteilung. Die Positionen der einzelnen Einträge werden aus den Ergebnislisten der benutzten Suchmaschinen ermittelt, und anschließend stellt der Meta-Suchdienst aufgrund dieser Werte die Treffer fusioniert dar. Für Duplikate wird normalerweise ein durchschnittlicher Ranking-Wert aus den einzelnen Positionen errechnet. Allerdings funktioniert die Duplikaterkennung nur auf Basis der URL. Sind zwei Seiten inhaltlich gleich, aber unter unterschiedlichen URLs zu erreichen, wird dies nicht erkannt, und beide Einträge werden gelistet.

Dieses Verfahren ist offensichtlich nicht optimal, da die unterschiedlichen Suchdienste wie erwähnt sehr heterogene Verfahren zur Relevanzermittlung einsetzen. Zudem liefern die Suchmaschinen nicht die gleiche Anzahl Einträge zurück, sodass die Anteile einer Suchmaschine höher oder niedriger sind als die anderer. Darüber hinaus ist die Qualität der Suchergebnisse keineswegs ähnlich. Die Ergebnisse dieses fusionierten Verfahrens können folglich nicht als vergleichbar angesehen werden. Dennoch setzen Suchmaschinen wie *MetaCrawler* (*www.metacrawler.de*) diese Technik (noch) ein.

Das fortschrittlichere Verfahren übernimmt nur die Suchergebnisse, beachtet die Ranking-Position des zuliefernden Suchdienstes jedoch nicht. Unabhängig von der Quelle wird das Relevanzurteil mittels der Worthäufigkeit in Bezug auf die Stichwörter selbst berechnet. Die Basis dazu stellen die mitgelieferten Angaben zu jedem Eintrag wie Titel, URL und Kurzbeschreibung dar. MetaGer (*https://metager.de*) ist ein Vertreter dieser Gattung (wobei anzumerken ist, dass diese Meta-Suchmaschine durch den SUMA-EV in Kooperation mit der Universität Hannover ständig weiterentwickelt wird und einen enormen Funktionsumfang bietet).

Noch einen Schritt weiter geht das experimentelle System des NEC Research Institute mit dem Namen *Inquirus*. Dieser Meta-Suchdienst verlässt sich nicht auf die Angaben der abgefragten Suchmaschinen, sondern lädt jedes Zieldokument herunter und berechnet auf der Basis der Originaldaten einen eigenen Ranking-Wert. Die Einträge aus den Suchmaschinen dienen quasi nur noch als verkleinerte, bereits vorsortierte Auswahl von Websites aus dem Netz. Dabei können mit diesem Verfahren auch tote Links und Duplikate erkannt werden. Ein großer Nachteil wird jedoch sofort ersichtlich, wenn man die Zeitdauer bedenkt, die solche Anfragen benötigen. Bereits die Parallelabfrage normaler Meta-Suchmaschinen nimmt schon wesentlich mehr Zeit in Anspruch als das Benutzen einer einzelnen Suchmaschine. Die Untersuchung der einzelnen Trefferseiten würde ungemein viel mehr Zeit benötigen. Vielleicht ist die-

ses Konzept daher noch nicht umgesetzt worden. Es existiert zwar neben wissenschaftlichen Veröffentlichungen (u. a. *https://bit.ly/2wSCAXF*) auch eine statische Ansicht des Prototyps, jedoch noch völlig ohne Funktion.

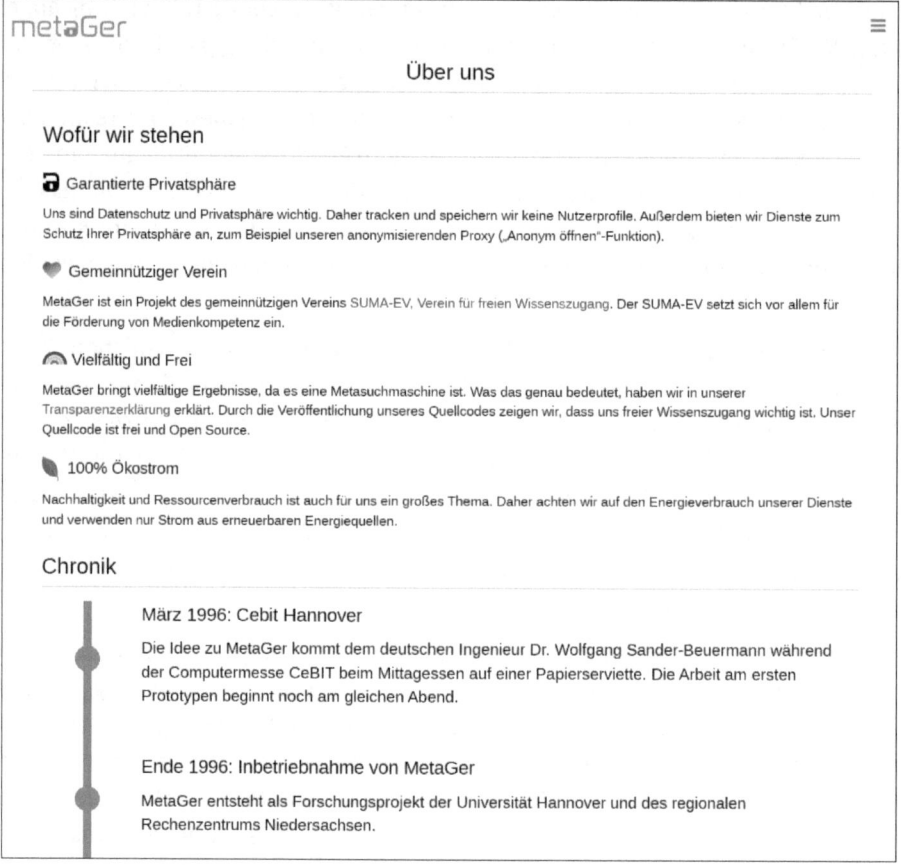

Abbildung 5.11 metaGer möchte einen Beitrag dazu leisten, einen freien Wissenszugang zu gewährleisten. Spenden und Förderer sind gern gesehen.

Bei der großen Zahl an Meta-Suchmaschinen versuchen einige Anbieter, ganz eigene Wege zu gehen, um sich aus der Masse hervorzuheben. So steht bei *Yippy* (ehemals *Clusty*), der Suchmaschine von Vivisimo, die Cluster-Technik bei der Präsentation der Ergebnisse im Vordergrund. Dabei wird versucht, die gefundenen Treffer mittels künstlicher Intelligenz durch IBM Watson so in Gruppen anzuordnen, dass der Benutzer oder die Benutzerin bei der Auswahl eines thematischen Blocks nur noch für ihn themenrelevante Links erhält (siehe Abbildung 5.12).

Das Besondere an der Clustering-Methode bei Yippy ist die *On the fly*-Generierung der Cluster. Aus den noch unsortierten Suchergebnissen werden automatisch thematische Gruppen generiert, und alle Treffer werden möglichst passend eingeordnet.

Mit der zweiten Version ermöglicht Yippy seit Anfang 2008 auch das sogenannte *Remix Clustering*. Ein Klick – und aus den gleichen Quellen werden neue Cluster gebildet, die sich von den ersten unterscheiden. Dieses Verfahren soll laut dem Betreiber versteckte Themenbereiche sichtbar machen.

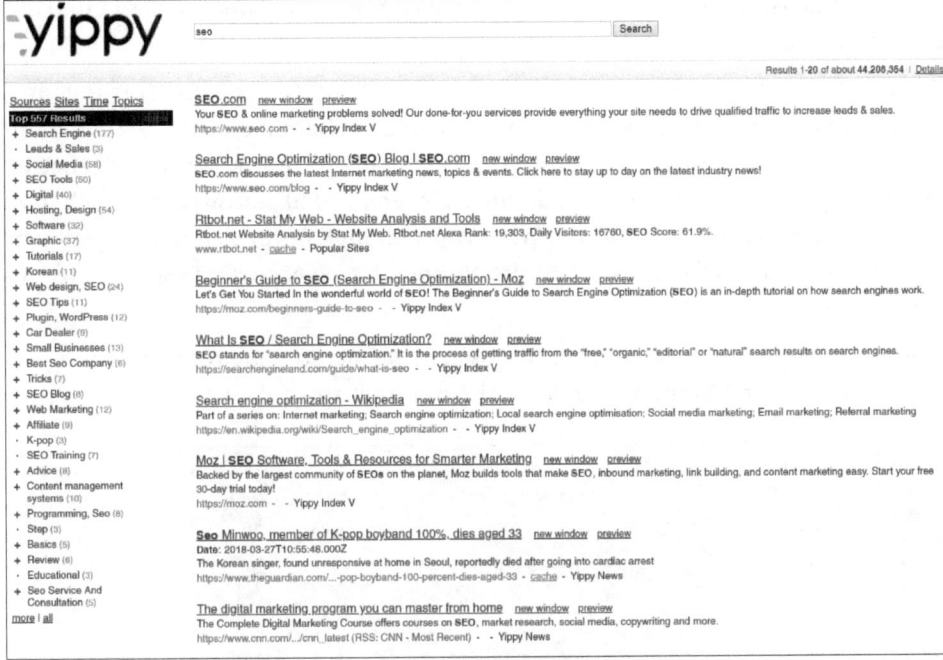

Abbildung 5.12 Clustering bei der Meta-Suchmaschine Yippy

Trotz Clusterings, Paralleldarstellung der Ergebnisse durch Meta-Suchmaschinen oder gar grafische Netzwerke ist jedoch eines klar: Die meisten Nutzer und Nutzerinnen möchten in den meisten Fällen eine einfach zu durchschauende und leicht zu konsumierende Präsentation der Suchergebnisse.

5.3 Dokumentgewinnung mit dem Webcrawler-System

Unabhängig davon, wie oder von wem die Daten aggregiert werden, besteht zu Beginn des Vorgangs eine zentrale Herausforderung: Bevor Daten innerhalb eines Information-Retrieval-Systems ausgewertet oder bewertet werden können, müssen sie zunächst einmal aus dem World Wide Web beschafft werden. Dafür ist das bereits erwähnte Webcrawler-System zuständig. Seine primäre Aufgabe besteht im Herunterladen (Download) von Dokumenten aus dem Web, die der Suchmaschine bislang unbekannt sind. Die überwiegende Anzahl der abgefragten URLs ist dabei selbstständig aus dem Web akquiriert, indem Links verfolgt werden. Auch andere Quellen wie z. B.

XML-Sitemaps oder auch noch das händische Anmelden von URLs sind mögliche Quellen.

Durch den Einsatz von JavaScript und umfangreichem CSS ist es mittlerweile bei modernen Suchmaschinen wie Google notwendig, dass nicht nur der bloße HTML-Quellcode zur Analyse bereitsteht, sondern dass die Webseite auch mit JavaScript und CSS gerendert wird.

Es geht allerdings insgesamt gar nicht nur um die Neuerfassung von Dokumenten, sondern auch um die Aktualisierung des vorhandenen Datenbestands. Die bereits erfassten Dokumente müssen auf ihre Aktualität hin überprüft werden, und der betreffende Datensatz muss gegebenenfalls anschließend modifiziert werden. Auch dazu wird eine Schnittstelle in das World Wide Web benötigt. Bevor es um die eigentliche Datenaufbereitung geht, muss daher im Vorfeld das Webcrawler-System ganze Arbeit leisten.

Es ist sozusagen die Schnittstelle nach außen in das World Wide Web. Abbildung 5.13 zeigt die einzelnen Komponenten und ihr Zusammenspiel.

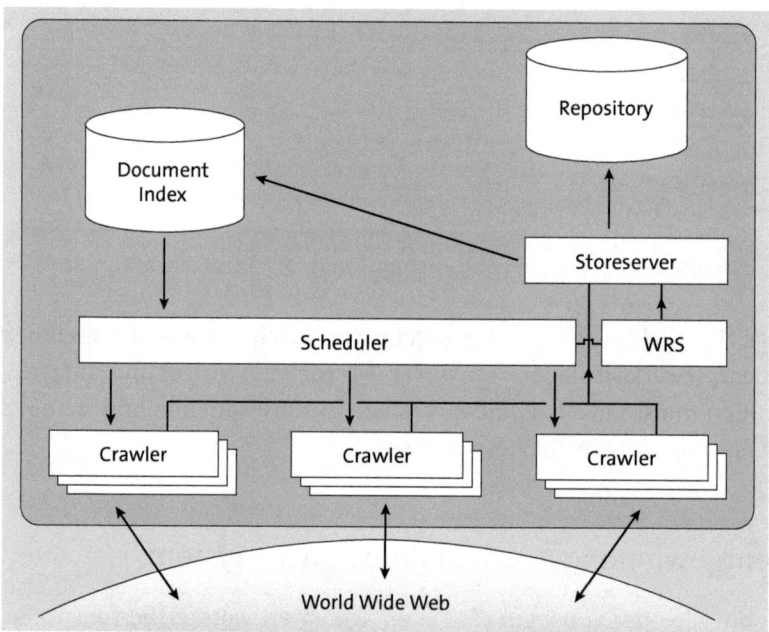

Abbildung 5.13 Webcrawler-System

Man unterscheidet innerhalb des Webcrawler-Systems drei Arten von Modulen. Einerseits gibt es die *Protokollmodule (Protocol Modules)*, die als Clients in direktem Kontakt zu Servern im World Wide Web stehen. Dazu gehören vor allem die einzelnen Crawler, die verschiedene Ressourcen abfragen. Allen voran sind dies HTML-Dateien, aber auch alle anderen Ressourcen wie CSS, Bilder, JavaScript, PDFs und andere.

Auf der anderen Seite stehen die *Verarbeitungsmodule* (*Processing Modules*), die für das Verarbeiten und Speichern der gewonnenen Informationen verantwortlich sind. Zu dieser Art gehören der *Web Rendering Service* (WRS), der *Storeserver* und der Scheduler, wobei der Storeserver, wie später deutlich werden wird, auch zu den Protokollmodulen gezählt werden kann, da er teilweise auch die Auswertung der HTTP-Daten übernimmt. Der *Dokumentenindex* (*Document Index*) und das *Depot* (*Repository*) gehören zu den *Datenspeichermodulen*.

5.3.1 Dokumentenindex

Der Dokumentenindex (Document Index) enthält Informationen zu jedem Dokument in der Datenbank. Innerhalb der Dokumentverarbeitung wird einem Dokument ein eindeutiger Schlüssel zugeteilt, der auch als *Dokumentenidentifikation* (DocID) bezeichnet wird. Die Einträge innerhalb des Dokumentenindexes sind nach dieser DocID geordnet und enthalten weitere wichtige Informationen.

Zum einen wird hier der augenblickliche Dokumentstatus definiert. Dieser kann z. B. auf »wird gerade gecrawlt« stehen, falls die betreffende URL in diesem Moment durch einen Crawler von einem Webserver heruntergeladen wird. Der Dokumentstatus verrät auch, ob eine URL überhaupt schon indexiert wurde oder noch zu den URLs gehört, die zum ersten Mal besucht werden müssen. Dabei wird keine beschreibende Zeichenkette (»wird gerade gecrawlt« oder »noch nicht indexiert«) genutzt, sondern es wird ein kurzer systeminterner Code für jeden Status vergeben. Das Ziel ist stets, möglichst viel Platz in der Datenbank zu sparen. Darüber hinaus verweist ein Zeiger auf die lokale Kopie innerhalb des Repositorys, das weiter unten angesprochen wird.

Für das effiziente Abwickeln vieler Aufgaben ist eine *Check-Summe* für jedes Dokument und jede URL von besonderer Bedeutung. Eine Check-Summe ist eine Zeichenfolge aus Ziffern und Buchstaben und wird anhand eines Algorithmus berechnet. Dieser Algorithmus erhält als Eingabewert etwa ein HTML-Dokument, die URL oder Ähnliches und gibt eine eindeutige Zeichenfolge aus, die unabhängig von der Quelle immer die gleiche Länge besitzt. Ändert man in der Quelle nur ein einziges Zeichen, ändert sich auch die Check-Summe. Sie kann somit als Repräsentant einer Quelle genutzt werden. Eine bekannte Form der Check-Summen-Berechnung ist der MD5-Algorithmus; die Suchmaschinen-Betreiber verwenden jedoch überwiegend selbst implementierte Algorithmen. Die Check-Summen dienen in der Praxis hauptsächlich zum Abgleich zweier Dokumente. Erhält man für zwei Dokumente die gleichen Check-Summen, handelt es sich um ein und dasselbe Dokument. Neben diesen Angaben enthält der Dokumentenindex für jeden Eintrag noch verschiedene statistische Daten, wie etwa:

- Länge des Dokuments
- Zeitstempel des Erstellungsdatums und des letzten Besuchs

- Wert der beobachteten bzw. errechneten Änderungshäufigkeit
- Dokumenttyp (Content-Type)
- Seitentitel aus dem `<title>`-Tag
- Informationen aus der Datei *robots.txt* bzw. aus dem Meta-Tag `robots`
- Statusinformationen über den Server
- Hostname und IP-Adresse des Hosts

Die Erfassung der IP-Adressen wird u. a. dazu eingesetzt, alle URLs eines Hosts aus dem Bestand zu löschen. Der Dokumentenindex wird ständig durch bislang nicht erfasste URLs erweitert. Einerseits gelangen die URLs von der manuellen Anmeldung durch die Autoren über das Web-Interface in den Dokumentenindex, andererseits werden selbstständig Links ausgewertet und hinzugefügt. Aus diesem Grund wird der Dokumentenindex oftmals auch als *URL-Datenbank* einer Suchmaschine bezeichnet.

Neben dem klassischen Dokumentenindex verarbeiten Suchmaschinen auch Entitäten und deren Relationen zueinander (»Köln« ist eine »Stadt«). Die Entitätendatenbank stellt aber eine eigenständige Komponente dar und spielt im Information-Retrieval-System für HTML-Dokumente zunächst keine zentrale Rolle. Ich erwähne es nur an dieser Stelle, weil viele fälschlicherweise davon ausgehen, dass Entitäten auch vollständig in dem Dokumentenindex enthalten sind. Das ist jedoch nicht der Fall.

5.3.2 Scheduler

Der Scheduler ist das zentrale Verwaltungsorgan im Webcrawler-System. Er koordiniert die verschiedenen Crawler und verteilt Aufträge zum Download von Ressourcen (HTML, CSS, PDF usw.). Dabei bekommt er die notwendigen Informationen aus dem Dokumentenindex. Der Scheduler hat zwei Richtlinien, anhand derer er entscheidet, welche URL als nächste bearbeitet werden soll. Je nach Politik der Suchmaschinen-Betreiber liegt das Bestreben primär auf der Erweiterung oder auf der Pflege des Datenbestands. Oft wird auch ein alternierendes Wellensystem angewandt, sodass zu bestimmten Zeiten das Neuerfassen Vorrang vor dem Aktualisieren der URLs hat und umgekehrt. Dem Scheduler wird ein bestimmtes Verhältnis zwischen neu zu erfassenden und zu pflegenden URLs vorgegeben, aufgrund dessen er die richtige Mischung der Auftragsarten errechnet.

In der Praxis unterstehen einem Scheduler sehr viele Crawler. Um die ständig steigende Zahl der Millionen von Webseiten überhaupt bewältigen zu können, setzen Suchmaschinen auf ein sogenanntes *verteiltes Rechnersystem* (Cluster) mit vielen einzelnen Crawlern. Dabei laufen auf mehreren Rechnern parallel die gleichen Crawler-Algorithmen unabhängig voneinander. Die Arbeit wird untereinander aufgeteilt.

Dem Scheduler ist dabei der Status eines jeden Crawlers bekannt. Die Crawler können sich in verschiedenen Zuständen befinden:

- Der Crawler ist frei und kann erneut einen Auftrag entgegennehmen.
- Der Crawler tritt mit dem Server in Verbindung und sendet einen HTTP-Request.
- Der Crawler wartet auf eine Antwort des Servers.
- Der Crawler verarbeitet die HTTP-Response und gibt diese weiter.

Daraus erkennt der Scheduler jederzeit die Belastung jedes einzelnen Crawlers. So kann er neue Aufträge immer an einen Crawler mit wenig Last verteilen. Die Crawler selbst liefern das Ergebnis ihrer Arbeit an den Storeserver. Dies kann zum einen das Dokument nach erfolgreichem Download sein oder aber auch eine Fehler- oder Statusmeldung. Dabei wird je nach Art der Rückmeldung des Crawlers nach Auftragserledigung angemessen reagiert. Konnte ein Dokument nicht unter der angegebenen URL gefunden werden, gibt der Storeserver z. B. die Anweisung an den Dokumentenindex, die betreffende URL zu löschen.

Bei einer erfolgreichen Neuerfassung oder einer aktuelleren Dokumentvariante werden die entsprechenden Parameter nach einer Verarbeitung in den Dokumentenindex übertragen. Diese Arbeit erledigt in der Regel der Storeserver, je nach Systemarchitektur aber auch der Scheduler. Für die Überprüfung der Aktualität des Datenbestands müssen unzählige URLs erneut besucht werden. Dabei wird nicht jede Website in den gleichen Abständen besucht. Der Scheduler gewichtet nach einem bestimmten Verfahren die zu besuchenden URLs aus dem Dokumentenindex und übergibt die ermittelten URLs an die Crawler. Bei der Kalkulation wird einerseits auf die berechnete Aktualisierungsfrequenz der Zielressource zurückgegriffen. Je öfter ein Dokument aktualisiert wird, desto relevanter und zeitgemäßer ist offenbar die darin enthaltene Information und umso häufiger wird sie von Webcrawlern besucht. Andererseits wirkt noch eine Vielzahl anderer Parameter darauf ein, wann eine Seite erneut besucht oder eine Ressource erneut angefragt wird.

Man kann grob zwischen der Neuerfassung von Dokumenten, der Wiedererfassung von Dokumenten und dem Anfordern von Ressourcen wie Bildern oder CSS-Dateien unterscheiden. Die genaue Zusammenstellung der einzelnen Methoden zur Berechnung der Wiederbesuchsfrequenz ist bei jedem Anbieter unterschiedlich.

Ich möchte Ihnen einen beispielhaften Eindruck von möglichen Logiken zur Verdeutlichung geben. Oftmals spielt die Tiefe eines Dokuments innerhalb des Verzeichnissystems eine Rolle für Suchmaschinen.

`www.domain.de/inhalt/sonstiges/datei.html`

Aus dieser URL würde der Scheduler z. B. herleiten, dass das Dokument `datei.html` die Tiefe zwei besitzt. Null würde bedeuten, dass sich das Dokument direkt auf der obers-

ten Root-Ebene befände. Der Gedanke dahinter ist, dass tiefer liegende Informationen weniger relevant und vor allem weniger aktuell sind als höher liegende und daher nicht so häufig auf Änderungen hin überprüft werden müssen. Darüber hinaus kann jeder URL-Eintrag – der Relevanz nach sortiert – erneut besucht werden. Bei einer anderen Gruppierungsmethode werden URLs nach IP-Bereichen, Art der Seiten (statisch oder dynamisch) oder nach dem Dokumenttyp geordnet.

5.3.3 Crawler

Crawler werden auch als *Spider, Robots, Bot, Webwanderer* oder *Webcrawler* bezeichnet. Sie stellen in einem gewissen Sinne die heikelste Komponente der Suchmaschine dar, da sie die einzige Komponente sind, die außerhalb des sonst in sich abgeschlossenen Systems arbeitet. Die Kontaktpartner der Crawler sind insbesondere weltweite Webserver, und diese liegen außerhalb des Einflussbereichs der Suchmaschinen-Betreiber. Daher muss bei der Implementierung sehr sorgfältig gearbeitet werden, um Fehler zu vermeiden bzw. um alle möglichen Fremdfehler frühzeitig zu erkennen und angemessen darauf reagieren zu können. Denn das Web ist voller Fehler – von der Nichterreichbarkeit eines Servers, falsche HTTP-Statuscodes über zirkulär angelegte und damit nie endende Umleitungen bis hin zu massiven Fehlern im HTML-Quellcode.

Die Aufgabenbeschreibung eines Crawlers ist im Prinzip recht einfach. Er bekommt vom Scheduler den konkreten Auftrag, eine bestimmte URL zu besuchen und von dort entweder eine neue Ressource herunterzuladen oder eine in der Datenbank bestehende Ressource daraufhin zu prüfen, ob sie noch existiert oder verändert wurde. In Abbildung 5.13 sehen Sie drei Crawler, die den Cluster symbolisieren. In der Praxis sind es jedoch wesentlich mehr. So betreibt Google derzeit unzählige Rechenzentren, die weltweit verteilt sind. In diesen Rechenzentren stehen tausende Server, auf denen jeweils wiederum tausende Crawler-Prozesse laufen. Diese Architektur ist heutzutage ein Muss, da sie enorme Vorteile in Skalierbarkeit und Ausfallsicherheit bietet.

Wie läuft nun eine Auftragserledigung konkret ab? Nachdem der Crawler seine Bereitschaft an den Scheduler gemeldet hat, erhält er einen neuen Auftrag. Nehmen wir an, dabei handelt es sich um die einfachste Variante, nämlich eine bislang nicht erfasste URL. Der Crawler löst die URL zuerst mittels DNS in eine IP-Adresse auf. Damit die Bandbreite nicht ständig durch wiederholte DNS-Abfragen unnötig geschmälert wird, befindet sich auf jedem Crawler-Rechner ein temporärer DNS-Cache. DNS-Anfragen werden nur noch dann gestellt, falls die gewünschte URL nicht im lokalen DNS-Cache zu finden ist. In diesem Fall wird das Ergebnis der DNS-Abfrage mit einer gewissen Halbwertszeit, der sogenannten TTL (*Time To Live*), in den DNS-Cache geschrieben. In manchen Architekturen haben bestimmte Cluster-Elemente feste DNS-Sektoren. Der Scheduler kennt diese und verteilt Aufträge mit Anfragen an bestimmte Zonen an die entsprechenden Crawler. So können die DNS-Anfragen zusätzlich minimiert werden.

Der Crawler sendet anschließend mittels des DNS-Cache einen HTTP-Request an die betreffende IP-Adresse des Servers und fordert den Server mit der GET-Methode zum Übertragen der Ressource auf. Diese Aktion wird auf der Serverseite im Logbuch festgehalten und ist landläufig als »die Suchmaschine hat die Webseite besucht« bekannt. Die HTTP-Response enthält neben den Dokumentdaten auch einige Header-Informationen. Diese Daten übergibt der Crawler nach Erhalt entweder dem Storeserver direkt zur Weiterverarbeitung durch, oder es schaltet sich noch ein Web Rendering Service dazwischen, der für das Rendern des Quellcodes und JavaScripts verantwortlich ist. Anschließend meldet sich der Crawler wieder beim Scheduler und ist für den nächsten Auftrag bereit.

Mit der Ausdehnung von multimedialen Elementen wurden einzelne spezialisierte Webcrawler entwickelt. So gibt es Crawler für Bilder, Crawler für Mobile- oder Desktop-Ansichten, für News oder andere Bereiche. Dabei übernehmen diese spezialisierten Crawler vor der Übergabe an den Storeserver noch die Konvertierung in ein durch das System lesbares Format. Jedem Crawler diese erweiterten (Multimedia-)Fähigkeiten zu verleihen, wäre derzeit aus Effizienzgründen noch nicht sinnvoll, da die Auswertungsmechanismen z. B. bei PDF-Dateien wesentlich komplexer sind als bei einfachen HTML-Dateien und der Anteil der einfachen HTML-Dokumente noch deutlich überwiegt. Besäße jeder Crawler alle Fähigkeiten, würde er erheblich mehr Speicherbedarf haben, um die oben angesprochene Fehlerbehandlung hundertprozentig sicherzustellen.

5.3.4 Web Rendering Service

Vor allem mit der weiteren Verbreitung von JavaScript reicht es Suchmaschinen nicht mehr aus, nur den HTML-Quellcode von einem Webserver zu erhalten. Manche Websites sind mittlerweile ohne JavaScript gar nicht mehr oder nur noch sehr bruchstückhaft interpretierbar. Dieser Trend hat die letzten Jahre deutlich zugenommen und wird wahrscheinlich noch stärker werden.

Wo früher also Suchmaschinen nur das bloße HTML verarbeiteten, werden heute immer mehr URLs wie bei einem menschlichen Besuch auch mit einem Browser mit JavaScript und CSS gerendert. Seit Einführung des Google Evergreen Bot 2019 wird dafür auch immer die jeweils aktuelle Chrome-Engine genutzt. Google »sieht« quasi die Website genau wie Sie, wenn Sie den Chrome-Browser benutzen.

Die dafür verantwortliche Komponente ist der Web Rendering Service (WRS). Der Google-Mitarbeiter Martin Splitt ist, wie ich selbst erleben durfte, nicht nur ein begnadeter Meister diverser Kartenspielertricks, sondern setzt sich auch insbesondere

für die Erklärung des Rendering-Prozesses bei Google ein. Hierzu finden Sie unzählige Videos, unter anderem unter *https://developers.google.com/search/docs/advanced/javascript/javascript-seo-basics?hl=de*.

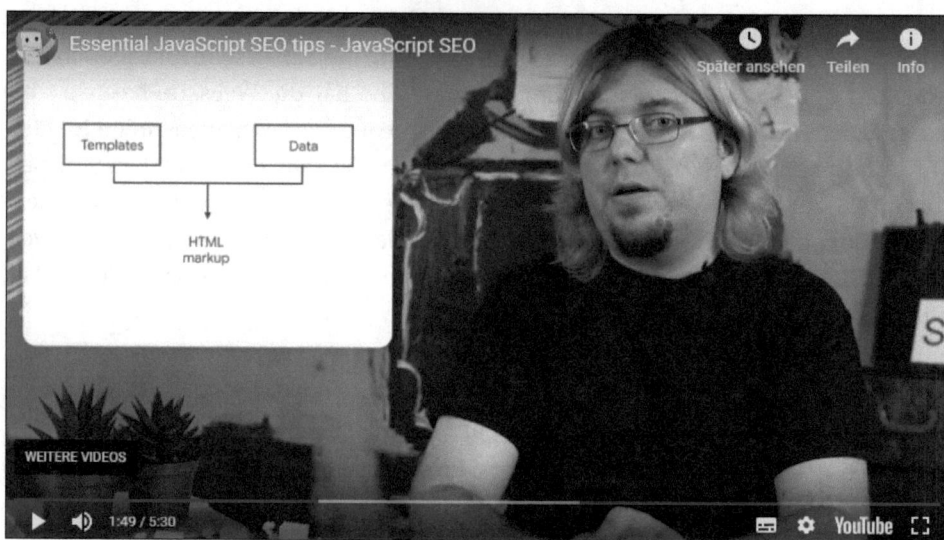

Abbildung 5.14 Martin Splitt von Google erklärt das JavaScript-Rendering bei Google.

Von dort stammt auch das Ablaufdiagramm aus Abbildung 5.15. Es zeigt, dass das Rendering nicht gleichzeitig mit dem Besuch des Crawlers stattfindet. Der Web Rendering Service ist ein nachgelagerter Prozess.

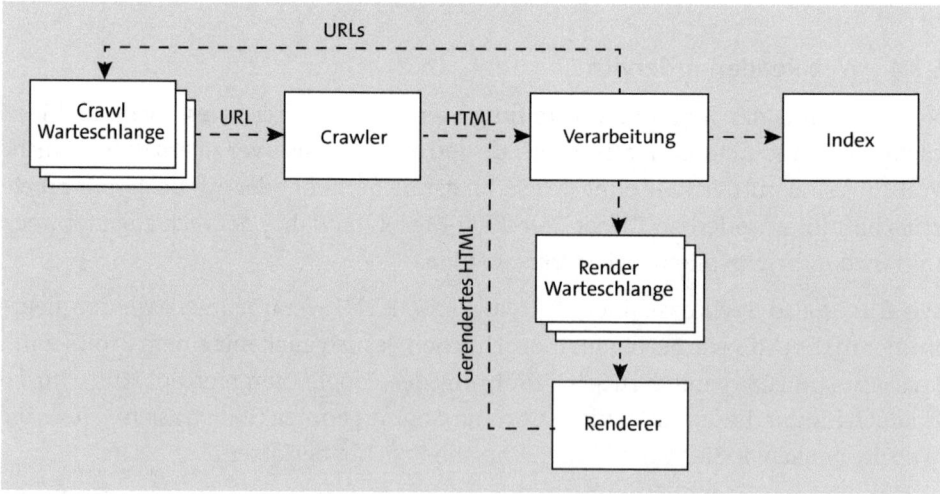

Abbildung 5.15 Web Rendering Service (WRS) in der Google-Dokumentation

Das heißt konkret: Erst weist der Scheduler einen Crawler an, ein HTML-Dokument von einem Webserver abzufragen, und analysiert danach das Dokument (z. B. auf weitere Links). Wenn eine URL für das Rendern vorgesehen ist, werden die notwendigen Ressourcen (CSS, JavaScript, Bilder usw.) wieder in eine Warteschlange gesetzt und durch einen Crawler abgefragt. Wenn alle notwendigen Ressourcen für eine URL zur Verfügung stehen, rendert der Web Rendering Service die URL mit der Chrome-Engine und liefert dann das gerenderte HTML zurück zur weiteren Verarbeitung in den Storeserver.

Der Web Rendering Service ist also gewissermaßen ein Zwischenschritt, bei dem aus dem ursprünglichen HTML nochmals eine gerenderte HTML-Version erstellt wird. Das ist notwendig, weil vor allem JavaScript das ursprüngliche HTML grundlegend verändern kann. Dabei wird nicht wirklich ein Browser in einem Display geöffnet, wie Sie das kennen. Es handelt sich vielmehr um den sogenannten Headless-Mode, bei dem der Browser gewissermaßen verdeckt ohne Benutzeroberfläche das Rendering durchführt und einen HTML-DOM und CSSOM zurückgibt, sodass sich daraus dann z. B. die Pixelpositionen von einzelnen Tags herauslesen lassen.

Zwischen dem ersten Abfragen einer URL und dem Rendern durch das Web-Renderingsystem liegen meistens Minuten, manchmal aber auch Stunden oder Tage. Das hat wohl derzeit noch Ressourcengründe, da ein Renderingprozess durch die clientseitige Interpretation von JavaScript deutlich rechenintensiver ist als das bloße Abfragen von HTML über das HTTP.

Das kann einen unschönen Effekt bei der praktischen Suchmaschinen-Optimierung haben. Nehmen Sie einmal an, das ungerenderte HTML unterscheidet sich sehr stark von dem gerenderten HTML, weil das JavaScript noch sehr viele Inhalte nachlädt. Es kann durch eine Zeitverzögerung bis zum Rendering von mehreren Stunden passieren, dass zunächst nur das bloße HTML-Dokument weiterverarbeitet wird und sogar als Snippet in den SERPs angezeigt wird. Nach ein paar Stunden kommt dann die gerenderte JavaScript-Version in den Index, und auch das Snippet ändert sich wieder. Häufig springt dann das Ranking für die gleiche URL, weil ja quasi zwei unterschiedliche Inhalte bewertet und gewichtet worden sind. Das geht so lange gut, bis der Crawler zum Wiederbesuch erscheint und das Spiel von vorne beginnt.

Ich gehe allerdings davon aus, dass die Zeit zwischen Erstabfrage und Renderingabfrage die nächsten Jahre immer mehr sinken wird, da die Hardwarekosten immer kleiner werden und damit mehr Rechenkapazität zur Verfügung steht. Das ist auch der Grund, weshalb Google derzeit nicht zwingend jede URL automatisch rendert. Das sollten Sie immer im Hinterkopf behalten!

Letztendlich schließe ich mich daher auch bisher immer noch der Empfehlung von Google an – nämlich möglichst SEO-relevante Inhalte ohne clientseitigen JavaScript-

Einsatz gleich anzuzeigen. Entweder verzichtet man dann ganz auf JavaScript für solche Inhalte oder man setzt auf sogenanntes *isomorphes* oder *hybrides Rendering*. Hier übernimmt der Webserver bei Erstaufruf einer URL das JavaScript-Rendering, und erst beim weiteren Surfen werden die Inhalte clientseitig durch das gleiche JavaScript gerendert.

5.3.5 Storeserver

Der Storeserver ist im Wesentlichen für die Sicherung der Daten verantwortlich, die von den Crawlern geliefert werden. Er erfüllt jedoch noch verschiedene andere Funktionen zur Sicherung der Datenintegrität (siehe Abbildung 5.16).

Storeserver				
HTTP-Statuscode	Dokumenttyp	Dublettenerkennung	URL-Filter	etc.

Abbildung 5.16 Detailaufbau des Storeservers

Die Aufgaben des Storeservers lassen sich in drei Bereiche gliedern:

1. Er erhält von den Crawlern den HTTP-Response-Header der angesprochenen Webserver zur Auswertung.
2. Der Dokumentenindex wird sowohl bei erfolgreicher Abfrage einer Ressource als auch bei einem Misserfolg auf den aktuellen Stand gebracht.
3. Der Storeserver unterzieht eine erfolgreich übermittelte Ressource einer Aufnahmeprüfung, für die gewisse Filter eingesetzt werden.

Als Eingabe erhält der Storeserver in jedem Fall die Header aus der HTTP-Response. Darüber hinaus wird das HTML-Dokument bzw. die vom Crawler angeforderte Ressource übertragen. Oftmals kommt es bei der Anfrage seitens des Crawlers zu Fehlern, zu unbeantworteten HTTP-Requests oder Ähnlichem.

Dabei erhält der Crawler in jedem Fall in der HTTP-Response einen Statuscode zurück, der auf die Ursache des nicht erfolgreichen Auftrags schließen lässt. Für den Crawler war der Auftrag an sich dennoch erfolgreich, da er ein Ergebnis erzielt hat. Er übermittelt dieses Ergebnis daher an den Storeserver.

Der Storeserver wertet die Statuscodes und Header-Informationen aus und ergreift entsprechende Maßnahmen. Bei Aufträgen mit konditionalen Headern zur Überprüfung der Aktualität des Datenbestands wird z. B. der `If-Modified-Since`-Header angewandt; das dazu notwendige Datum hatte der Scheduler aus dem Dokumentenindex als Parameter an den Crawler übergeben. Das Ergebnis ist unter Umständen ebenfalls ein Statuscode, der vom Storeserver verarbeitet werden muss. Als Beispiel sollen die Reaktionen auf gebräuchliche Statuscodes beschrieben werden:

5.3 Dokumentgewinnung mit dem Webcrawler-System

- **Statuscode 200 (OK)**: Die Anfrage war erfolgreich, die URL existiert, das Dokument wird vom Storeserver verarbeitet, die Header-Informationen werden aus der HTTP-Response ausgewertet, und die Daten werden im Dokumentenindex aktualisiert.

- **Statuscode 301 (Moved Permanently)**: Unter der abgefragten URL befindet sich kein Dokument mehr. Der Server hat den Request weitergeleitet und der neuen URL übermittelt. Der Storeserver aktualisiert den Eintrag im Dokumentenindex und überschreibt damit die veraltete URL. Auf den Webseiten von Google erfährt man, dass solche Änderungen innerhalb von sechs bis acht Wochen bei der Darstellung von Suchergebnissen berücksichtigt werden.

- **Statuscode 302 (Moved Temporarily)**: Die gewünschte Zielressource ist zeitweilig nicht unter der verwendeten URL erreichbar, eine neue URL wird in der Response angegeben. Im Gegensatz zum Statuscode 301 wird in der Regel die ursprüngliche URL nicht geändert. Damit wird auch exakt die Anweisung des RFC 2616 (HTTP 1.1) befolgt:

    »The requested resource resides temporarily under a different URI. Since the redirection might be altered on occasion, the client SHOULD continue to use the Request-URI for future requests.«

    Besteht ein 302-Statuscode allerdings langfristiger, wird er von Google wie ein 301-Status behandelt.

- **Statuscode 304 (Not Modified)**: Diese Antwort auf einen konditionalen HTTP-Request teilt dem Storeserver mit, dass seit dem Datum des letzten Zugriffs keine Änderung an der angesprochenen Ressource erfolgt ist. Der Storeserver wird daraufhin den Wert zur Aktualisierungshäufigkeit der URL im Dokumentenindex herabsetzen, was zur Konsequenz hat, dass die betreffende URL in Zukunft weniger häufig frequentiert werden wird.

- **Statuscode 401 (Unauthorized)**: Um auf die gewünschte URL zugreifen zu können, werden bestimmte Zugriffsrechte vorausgesetzt, die nicht erfüllt wurden. Da die Suchmaschine bei solchen Ressourcen keine für die Allgemeinheit hilfreichen Informationen zu finden glaubt, wird der Storeserver in der Regel die Löschung der URL einleiten. Ein ähnliches Verhalten folgt auf den Statuscode *403 Forbidden*.

- **Statuscode 404 (Not Found)**: Die gewünschte Ressource ist nicht (mehr) verfügbar, und es existiert keine Umleitung. Der Storeserver gibt die Anweisung, die URL aus dem Dokumentenindex zu löschen, ebenso wie alle anderen Datensätze, die diese URL betreffen. Der Googlebot wird aber dennoch vor der Löschung noch mehrfach vorbeikommen, um sicherzustellen, dass es sich nicht um einen versehentlichen 404er-Fehler handelt.

- **Statuscode 410 (Gone)**: Dieser Statuscode signalisiert Browser und Crawler, dass die Ressource nicht mehr da ist und auch nie wiederkommen wird. Er wirkt wie ein

404er-Code. Allerdings löschen Suchmaschinen solche URLs schneller als bei einem Statuscode 404.

- **Statuscode 414 (Request URL Too Long)**: Die angeforderte URL ist zu lang und kann daher nicht ordnungsgemäß verarbeitet werden. Daher wird der Eintrag ebenfalls gelöscht.
- **Statuscode 500 (Internal Server Error)**: Der angefragte Server kann die Anfrage aufgrund eines internen Fehlers nicht beantworten. Je nach Einstellung des Storeservers wird der URL-Eintrag gelöscht oder ein Marker gesetzt. Häufen sich nach mehrfachen Anfragen diese Marker über eine gewisse Zeit, wird der URL-Eintrag aufgrund permanenter Unerreichbarkeit entfernt.
- **Statuscode 503 (Service Unavailable)**: Ist ein Server temporär nicht in der Lage zu antworten, merkt der Storeserver die URL im Dokumentenindex für einen späteren Besuch vor. Dies kann bei stark frequentierten Webservern zu Stoßzeiten vorkommen.

Das Auswerten der HTTP-Response-Header und das anschließende Aktualisieren des Dokumentenindexes sichern die Konsistenz des Datenbestands. Der Statuscode ermöglicht dem Storeserver insbesondere beim Auftreten von Fehlern eine passende Reaktion.

Sofern ein Dokument ordnungsgemäß an den Storeserver übergeben wurde, muss die Ressource auf ihre Speicherungswürdigkeit und Verarbeitbarkeit hin geprüft werden, bevor sie im Repository endgültig gespeichert werden kann. Dabei handelt es sich um eine Kette von verschiedenen Filtern, die die Ressource nacheinander durchläuft. Durch diese Filterkette wird sichergestellt, dass nur solche Ressourcen in das System und zur weiteren Verarbeitung gelangen, die einerseits überhaupt verarbeitbar und andererseits auch erwünscht sind.

Diese Stelle ist für den Webmaster von besonderem Interesse, da es hier erstmalig zu einer Ablehnung einer Ressource kommen kann. Dabei zeigt sich sehr deutlich, dass das Wissen über die prinzipielle Funktionsweise von Suchmaschinen hilft, Fehler bereits im Vorfeld zu vermeiden. Die genaue Art und Anordnung der Filter ist systemspezifisch. Allerdings lassen sich drei wesentliche Filterprozesse herausstellen, die praktisch in jeder Suchmaschine Anwendung finden: die Filterung nach Dokumenttyp, die Dublettenerkennung und URL-Filter (siehe die folgenden Abschnitte und Abbildung 5.16).

Dokumenttyp

Suchmaschinen mit ihren Information-Retrieval-Systemen können Informationen nur aus bestimmten Medientypen gewinnen. Eine voll automatisierte Informationsgewinnung aus Videoressourcen ist heutzutage noch nicht flächendeckend im Einsatz, und so stellen viele Medientypen ohne zugehörige Meta-Daten für Suchmaschinen informationsarmen Ballast dar. Der Storeserver hat klare Vorgaben, welche Medientypen zu akzeptieren und welche abzulehnen sind. Dazu werden bei der Analyse vor allem der MIME-Type- bzw. Content-type-Header aus der HTTP-Response verarbeitet.

Dublettenerkennung und Duplicate Content

Nachdem die Ressource den Dokumentfilter erfolgreich durchlaufen hat, muss überprüft werden, ob die vorliegende Ressource nicht bereits unter einer anderen URL erfasst wurde.

Diese Dubletten sind dabei nicht nur tatsächliche Kopien, sondern auch inhaltlich identische Ressourcen. Insbesondere Unternehmen besitzen oft mehrere Domains, die auf ein und dieselbe Webpräsenz verlinken:

- *www.fahrrad-krause.de/service/wintercheck.html*
- *www.rad-service.de/service/wintercheck.html*

Beide Domains haben bei den DNS-Servern die gleiche IP-Adresse, verweisen also auf denselben Webserver. Im Beispiel gelangt man somit in beiden Fällen auf das gleiche Dokument, was jedoch aus einer reinen Betrachtung der URL nicht ersichtlich ist. Die gleiche Verzeichnisstruktur und der gleiche Dateiname, ohne die Domain zu betrachten, sind leider für eine Dublettenerkennung nicht ausreichend. Denken Sie z. B. an /kontakt/anfahrt.html. Dieser Ausschnitt kommt sicherlich in zahllosen URLs vor, die jedoch keine identischen Dokumente darstellen.

Im zweiten Fall kann eine Ressource unter einem anderen Namen auf einem anderen Server auftreten, die aber dennoch inhaltlich hundertprozentig identisch ist:

www.radfahr-erlebnisse.de/routentipps.html
www.biking.com/germany/routes.htm

Eine Erkennung über die URL ist hier nicht möglich. Heutige Information-Retrieval-Systeme verfügen über eine effektive Methode zum Vergleich zweier Ressourcen. Dabei kommt die bereits weiter oben angesprochene Check-Summe zum Einsatz. Für die neue Ressource wird eine Check-Summe gebildet. Der Dokumentenindex wird daraufhin überprüft, ob diese Check-Summe vorkommt. Liefert die Suche ein positives Ergebnis, befindet sich bereits eine inhaltlich identische Kopie der Ressource im Datenbestand. Eine erneute Erfassung bringt aus Sicht der Suchmaschinen-Betreiber keinen Gewinn und wird daher abgelehnt.

Die einfache Checksumme für Bilder kann beispielsweise aus der Höhe und Breite in Pixel, der Farbtiefe, dem Dateinamen sowie der Größe in Byte gebildet werden.

Nicht immer jedoch handelt es sich um hundertprozentig identische Kopien von Dokumenten oder Ressourcen. Schon ein fehlender Absatz oder ein anderes Datum ändern die Check-Summe leicht. Die Suchmaschinen-Betreiber sind daher dazu übergegangen, auch sehr ähnliche Inhalte nur einmalig zu indexieren. Man spricht hier von dem Grad der *Uniqueness*, der Einzigartigkeit. Als Faustregel zählen für Google und Co. Textinhalte, die mindestens 80 Prozent einzigartig bzw. unique sind. Auch hier ist das Ziel der Suchmaschinen, Speicherplatz zu sparen und dem oder der Suchenden nicht identische Dokumente mehrfach auf verschiedenen Websites anzubieten.

Für Suchmaschinen-Optimierer und -Optimiererinnen ist damit das reine Kopieren von Texten nicht mehr attraktiv. Es entsteht sogenannter *Duplicate Content* (DC), der seit 2011 von Google bei mehrfachem Auftreten sogar abgestraft wird. Auch leichte Veränderungen im Text reichen in der Regel nicht aus. Moderne Erkennungsverfahren arbeiten nach der Shingle-Methode. Ein *Shingle* ist dabei ein Fenster, das über den Text fährt und jeweils drei Wörter erfasst. Man kann dabei auch von einem *N-Gramm* sprechen.

Dabei werden Satzenden und Absatzenden ignoriert. Es entsteht eine Menge an Elementen mit jeweils drei Wörtern (Trigramm). Wenn man nun einen anderen Text vergleicht, in dem z. B. die Absätze oder einzelne Sätze vertauscht sind, ändert sich das Shingle-Muster nur unwesentlich. Die Uniqueness ist nicht hoch genug. Für den Optimierer bzw. die Optimiererin heißt dies: Ein Text sollte möglichst einzigartig sein. Inhaltlich ähnliche Texte dürfen höchstens sinngemäß und inhaltlich gleich sein – syntaktisch sollten sie sich unterscheiden, um nicht als Duplicate Content gewertet zu werden. Finden Suchmaschinen einen Duplicate-Content-Fall, wird meist das zuerst indexierte Dokument als Elterndokument definiert, und alle weiteren Dokumente werden bei der Ranking-Ermittlung ignoriert.

URL-Filter

Es gibt eine Reihe von Filtern, die eine neue URL vor der Aufnahme in das Repository durchlaufen muss. Existenz und Erreichbarkeit einer Ressource, auf die eine URL verweist, sind mit der Übermittlung der Nutzdaten im Vorfeld zumindest temporär bereits gesichert. Jetzt müssen die URL und damit auch die betreffende Ressource weitere Kriterien erfüllen, um in den Datenbestand aufgenommen werden zu können.

Eine URL ist der einzige Schlüssel für den erneuten Zugriff auf eine Ressource. Dabei ist der spätere Besuch eines Crawlers zur Aktualisierung eher von sekundärer Bedeutung. Es muss vielmehr sichergestellt werden, dass genau die erfasste Ressource auch jedes Mal beim Aufruf der URL zu finden ist und nicht etwa eine andere Fassung oder gar eine ganz andere Ressource. Stellen Sie sich vor, bei der Darstellung der Ergebnisliste würde später jedes Mal bei ein und demselben Link ein anderes Dokument erscheinen. In erster Linie wird überprüft, ob die URL dem Standard entspricht. Darüber hinaus wird die URL auf Anzeichen untersucht, die auf ein dynamisch generiertes Dokument schließen lassen. Denn gerade bei dynamisch erzeugten Dokumenten besteht die größte Gefahr, bei mehrmaligen Anfragen jeweils verschiedene Dokumentvarianten zu erhalten.

Natürlich können weitere Kriterien an einzelne Elemente der URL angelegt werden. So kann ein Suchdienst-Betreiber z. B. festlegen, dass nur Ressourcen mit einer bestimmten Verzeichnistiefe in den Index aufgenommen werden. Ebenso wäre eine Ablehnung aller URLs außer denen der Top Level Domain de relativ einfach realisierbar. Beide Verfahren finden aber nur in sehr kleinen, meist experimentellen Suchmaschinen überhaupt Anwendung.

Weit verbreitet ist hingegen die Verwendung einer sogenannten *Black List*. Diese schwarze Liste enthält Wörter und Phrasen, die nicht erwünscht sind. Meist handelt es sich dabei um Wörter, die gegen die Nutzungsordnung des Suchmaschinen-Betreibers oder gegen nationale und internationale Gesetze verstoßen. Die Einträge werden manuell in die Black List eingepflegt. Erscheint ein Wort der Black List in irgendeiner Form in der URL, sei es in Form der Domain oder in Form eines Verzeichnis- oder Dateinamens, wird die Aufnahme in den Datenbestand abgelehnt.

Eine weitere Art von Filter errechnet aus dem Dokumentenindex die Anzahl der URLs für die Domain, aus der die zu filternde URL stammt. Eine Variable setzt dazu die maximale Anzahl von URLs einer einzelnen Domain fest. Ist diese Anzahl erreicht, wird die URL abgelehnt. Allerdings wird diese Technik selten verwendet, da die Anzahl von URLs einer Domain kein Kriterium für die Güte einer URL bzw. der betreffenden Ressource darstellt und die Hardwarekapazitäten glücklicherweise durch die ständig sinkenden Speicherkosten mit dem wachsenden Web Schritt halten können. Allerdings findet des Öfteren eine Filterung in Kombination mit der Verzeichnistiefe statt. Manche Provider bieten kleinen Webspace an, der mittels eingeblendeter Werbebanner finanziert wird. Dabei beinhaltet eine Domain unzählige Unterverzeichnisse oder Subdomains, die jeweils eine eigenständige Webpräsenz darstellen. Kommt es bei einer URL unter der Domain eines solchen Massen-Providers zu einer enormen Verzeichnistiefe in Kombination mit einer hohen URL-Anzahl, kann dies durchaus zur Ablehnung führen.

5.3.6 Repository

Hat eine Ressource alle bisherigen Hürden genommen, wird sie als lokale Kopie im *Repository* gespeichert und zur weiteren Verarbeitung markiert.

Das Repository stellt den Datenspeicher dar, der überwiegend Webseiten mit HTML-Code enthält. Die Datensätze sind in der Regel nicht sortiert, sondern erhalten beim Eingang eine fortlaufende Kennzahl, nämlich die betreffende DocID, entsprechend dem Dokumentenindex. Außerdem werden die Länge der URL, die URL selbst sowie die Länge bzw. Größe der Ressource mit aufgenommen.

Um den vorhandenen Speicherplatz effektiv zu nutzen, werden diese Daten komprimiert abgelegt. Das Erstellen der angesprochenen Daten, ihre Komprimierung und Speicherung übernimmt je nach Systemarchitektur der Storeserver oder das Repository selbst. Wird eine neue Version eines bereits erfassten Dokuments entdeckt, wird der vorhandene Eintrag anhand der DocID identifiziert und durch die aktuellen Daten ersetzt.

Das Repository beinhaltet das Resultat der Arbeit des Webcrawler-Systems. Alle relevanten Dokumente liegen hier auf Vorrat im Originalzustand bereit und werden im nächsten Schritt, der Datenaufbereitung, zu einer durchsuchbaren Struktur weiterverarbeitet.

5.4 Datenaufbereitung und Dokumentanalyse

Die Aufgabe einer Suchmaschine besteht darin, relevante Dokumente auf Basis eines oder mehrerer Suchbegriffe zu finden. Das ist so weit nichts Neues. Das Webcrawler-System hat dazu auch schon ganze Arbeit geleistet, jedoch müssen die gesammelten Dokumente noch in den Index aufgenommen werden.

Sie können sich das sehr gut anhand eines Buches vorstellen, in dem Sie zu einem bestimmten Stichwort Informationen suchen. Das Suchen innerhalb des Buches an sich würde sehr lange dauern. Sie müssten jeden Abschnitt und jedes darin stehende Wort von vorne bis hinten durchschauen. Das tun Sie nicht. Denn in Ihrem Buch gibt es hinten eine Liste von alphabetisch sortierten Stichwörtern mit der Angabe der Seite, auf der das betreffende Wort zu finden ist. Und in aller Regel erwartet Sie auf der dann aufgeschlagenen Seite auch tatsächlich ein Thema, das mit dem Stichwort zu tun hat.

Suchmaschinen stellen im übertragenen Sinne diesen Index für Webseiten zur Verfügung. Dabei muss der Index im Vergleich zu der Buchmetapher jedoch automatisch erstellt werden. Eine schwierige Aufgabe, denn wie bei dem Buch möchte man auch bei einer Suchmaschine valide und relevante Ergebnisse erzielen. Diese Aufgabe löst das Information-Retrieval-System – oder es versucht vielmehr, diese Aufgabe zu lösen. Denn bei der Wiedergewinnung und Strukturierung von Textinformationen sind vielerlei Hindernisse zu überwinden.

Dabei kommen insbesondere dem Information-Retrieval-System innerhalb einer Suchmaschine die folgenden drei Aufgabenbereiche zu:

- Datennormalisierung
- Datenanalyse
- Generierung einer durchsuchbaren Datenstruktur (Index)

Die Ausgangsbasis für diesen Schritt stellen die vom Webcrawler-System gesammelten Dokumente im Repository dar. Abbildung 5.17 zeigt eine schematische Darstellung desjenigen Teils der Suchmaschine, der für die Datenaufbereitung zuständig ist.

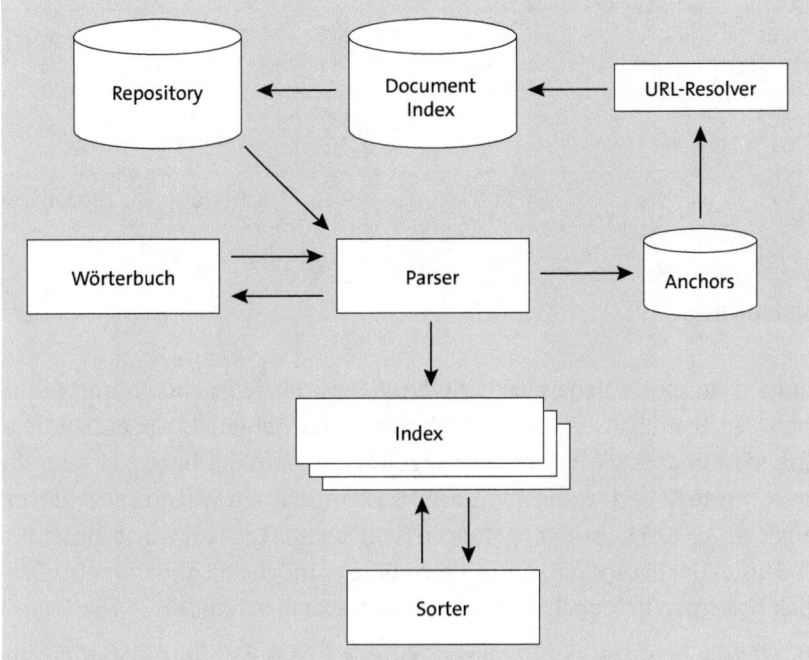

Abbildung 5.17 Information-Retrieval-System-Information

Bevor der genaue Ablauf der Indexierung durch eine Suchmaschine erläutert wird, soll vorab der Unterschied zwischen dem Information Retrieval und dem *Fakten-Retrieval* deutlich werden. Dies ist erfahrungsgemäß hilfreich, da Sie sicherlich wie die meisten Menschen im (Arbeits-)Alltag überwiegend mit Fakten-Retrieval statt mit Information Retrieval zu tun haben.

Fakten-Retrieval beruht im Wesentlichen auf tabellenorientierten Datenbanksystemen. Im Alltag tauchen strukturierte Tabellen inzwischen überall in Form von Excel-Dokumenten auf. Und auch im Web stehen Datenbanken mittlerweile nicht mehr nur hinter einem Shop-System. Eine typische Tabelle besteht dabei immer aus Zeilen und Spalten. Jede Spalte trägt einen Namen und besitzt einen bestimmten Feldtyp. Dieser wird in der Regel bei der Erstellung definiert und bestimmt die Art, die Länge und verschiedene Attribute des Eintrags. Zum Beispiel können Sie festlegen, dass eine Zeile etwa nur Zahlen oder Buchstabenketten mit einer maximalen Länge von 20 Zeichen enthalten darf. In relationalen Datenbanken können zusätzlich diverse Regeln (Constraints) sowie bedingte Aktionen (Trigger) definiert sein.

Eine Zeile bildet jeweils einen kompletten *Datensatz*, der auch *Tupel* genannt wird. Eine Tabelle für Gebrauchtwagen könnte z. B. folgendermaßen aussehen:

G-NR	MODELL	KLIMA	BAUJAHR	PS	KM	PREIS
117	OPEL	Ja	2003	60	22.000	27.000
872	PEUGEOT	Nein	1992	110	9.000	13.000
726	PORSCHE	Nein	1980	125	90.000	9.000
343	VW	Ja	2001	150	1.000	11.000
...	...	...	...	...	...	...

Tabelle 5.1 Gebrauchtwagen

Sicherlich findet man eine solche oder eine ähnliche Tabelle irgendwo im Web in einer Datenbank – z. B. im Hintergrund der Website eines Gebrauchtwagenhändlers. Die Datenbank wird über ein Webformular abgefragt, in dem der Benutzer oder die Benutzerin bestimmte Kriterien angeben kann. So kann z. B. ein Wagen gesucht werden, der weniger als 25.000 Kilometer gefahren ist, nach 1980 gebaut wurde und mindestens 100 PS unter der Haube hat. Außerdem sollte er möglichst günstig sein, da es sich schließlich um einen gebrauchten und keinen Neuwagen handelt.

Der Benutzer oder die Benutzerin gibt diesen Wunsch in das Webformular ein. Beim Absenden wandelt das Interface diese Anfrage in eine Sprache um, die von der Datenbank verstanden wird. Diese Art von Sprache nennt man in der Informatik *Data Manipulation Language* (DML). Ein bekannter Vertreter dieser Gattung ist die *Structured Query Language*, üblicherweise unter der Abkürzung SQL bekannt. SQL hat sich aufgrund vieler frei verfügbarer Datenbanksysteme (wie z. B. MySQL) besonders in der Webgemeinde etablieren können. Die Anfrage nach dem Gebrauchtwagen würde in SQL etwa so aussehen:

```
SELECT *
FROM Gebrauchtwagen
WHERE Kilometer < 25000
    AND BAUJAHR > 1980
    AND PS >= 100
ORDER BY PREIS ASC;
```

Diese Anfragesprache ist im Grunde genommen mit geringen Englischkenntnissen durchaus zu verstehen. Nach der Anfrage erhielte man diese Informationen in Tabellenform zurück:

| 343 | VW | Ja | 2001 | 150 | 1.000 | 11.000 |
| 872 | PEUGEOT | Nein | 1992 | 110 | 9.000 | 13.000 |

Tabelle 5.2 Ergebnis der SQL-Anfrage

Diese beiden Wagen erfüllen alle geforderten Kriterien und sind zusätzlich aufsteigend nach dem Preis sortiert.

Worin besteht nun der Unterschied zwischen Information Retrieval und Fakten-Retrieval? SQL stellt eine künstliche Sprache mit einer definierten Grammatik und Semantik dar, mit der eine Anfrage an eine Datenbank gestellt werden kann. Die Eingabe der Daten erfolgt nicht nur durch eine Eingabemaske, sondern über den Import einer Datenstruktur in SQL. Suchmaschinen erhalten hingegen Anfragen, die auf einer natürlichen Sprache beruhen, und die Daten liegen schwach strukturiert im Repository als HTML-Dokument und nicht in einer genormten Datenbankstruktur vor. Um die Datenkonsistenz zu erhalten, besteht eine korrekt aufgebaute SQL-Datenbank beim Füllen einer Tabelle meist auf der vollständigen Eingabe eines jeden Tupels. So dürfen z. B. keine Daten innerhalb einer Zeile fehlen, damit später nach jedem Kriterium gesucht werden kann. Innerhalb eines Information-Retrieval-Systems können Datenbestandteile dagegen unvollständig sein, weil die Eingangsdaten nicht normiert sind.

Das Ergebnis beim Fakten-Retrieval ist, wie im Beispiel gezeigt, eindeutig entscheidbar. Es werden nur diejenigen Ergebnisse geliefert, die exakt auf die Anfrage passen. Bei Information-Retrieval-Systemen gibt es hingegen keine harten Grenzen der Entscheidbarkeit. Es geht darum, die relevantesten Informationen zu einer Suchanfrage zu finden. Bei der strukturierten Tabelle war dies relativ leicht. Durch die Vorgabe, die Ergebnisliste nach dem günstigsten Preis zu sortieren, ist das erste Tupel zugleich das am besten passende. Streng genommen entsprechen alle anderen Ergebnisse nicht mehr der Anforderung, den günstigsten Wagen zu finden. Das zweite Ergebnis bleibt nun mal nur das zweitbeste.

Das Auffinden des *besten* Eintrags ist bei Information-Retrieval-Systemen nicht ganz so trivial. Hier müssen Gewichtungsmodelle eingesetzt werden, die wiederum verschiedene Analyse- und Bewertungsverfahren nutzen, um ein Gewicht für ein Dokument zu berechnen. Das Dokument mit dem höchsten Gewicht ist dann sozusagen das beste. Dabei sind Information-Retrieval-Systeme meist fehlertolerant. Da das Ergebnis einer Anfrage ohnehin nicht immer als korrekt eingestuft werden kann, sind im Gegensatz zu Fakten-Retrieval-Systemen auch leichte Fehleingaben tolerierbar. Sie sehen: Das Fakten-Retrieval unterscheidet sich enorm vom Information Retrieval. Die Bestimmtheit einer tabellenorientierten Datenbank lässt keine Vagheit des Ergebnisses zu. Die Suche endet irgendwann, sie ist deterministisch.

Wie wohl jeder Suchmaschinen-Nutzer zu berichten weiß, sind die Ergebnisse der Suchmaschinen keineswegs immer exakt. Es gibt einen unscharfen Übergang zwischen relevanten und irrelevanten Dokumenten zu einem Suchbegriff. Die Formulierung der Anfrage in der natürlichen Sprache und die schwach strukturierten Quelldokumente erschweren dies zusätzlich. Aber vor allem die Herausforderung, den Sinn und das Thema aus einem niedergeschriebenen Text in Form eines HTML-Dokuments zu extrahieren, lässt die Grenzen noch weiter verschwimmen.

Das Information-Retrieval-System erkennt zunächst einmal keinerlei Struktur innerhalb eines Dokuments. Für die Algorithmen stellt eine Ressource nur eine willkürlich erscheinende Abfolge einzelner Zeichen dar. Das Ziel des Information-Retrieval-Systems ist es, aus diesen Zeichen Stichwörter zu extrahieren, die obendrein auch den Inhalt repräsentieren sollen. Das ist ungefähr so, als wenn Sie ein Buch in chinesischen Zeichen vorgesetzt bekämen und daraus einen Index erstellen sollten. Eine spannende Aufgabe, finden Sie nicht auch?

5.4.1 Datenaufbereitung durch den Parser

Genau diese Aufgabe wird bei der Dokumentanalyse erledigt. Zuvor müssen die Daten jedoch so aufbereitet werden, dass sie für das System überhaupt automatisiert verarbeitbar sind.

Der *Parser*, gelegentlich auch als *Indexer* bezeichnet, bezieht ein Dokument aus dem Repository und unterwirft es einem mehrstufigen Prozess. Dadurch wird ein einheitliches Datenformat hergestellt. Damit ist einerseits die Grundvoraussetzung für eine gleichartige Verarbeitung geschaffen, andererseits reduziert sich der Speicherbedarf, da nicht verwertbare Informationen im Vorhinein ausgeschlossen werden.

Das Web besteht aus einer riesigen Menge inhomogener Dokumente. Unterschiedliche Programmiererweiterungen wie JavaScript und unzählige Multimedia-Elemente bieten zwar dem menschlichen Betrachter zusätzliche Informationen, müssen aber bei der Informationsgewinnung von Suchmaschinen herausgefiltert werden, weil sie meist nicht verwertbar oder analysierbar sind. Bei der Dokumentanalyse werden die relevanten Informationen aus den weniger relevanten extrahiert. Das Ziel ist hier, Schlüsselwörter zu ermitteln, die das Thema einer Ressource beschreiben.

Innerhalb der Suchmaschinen wendet der Parser dabei charakteristische Prozesse an, deren Ausprägung und Anordnung auch hier wieder systemspezifisch sind. Jedoch stellt er die zentrale Komponente der Suchmaschine dar. Daher ist die Kenntnis seiner Funktionsweise unerlässlich. Abbildung 5.18 veranschaulicht den mehrstufigen Prozess, den jedes Dokument innerhalb des Parsers durchlaufen muss. Anschließend sollen die einzelnen Schritte genauer erläutert werden.

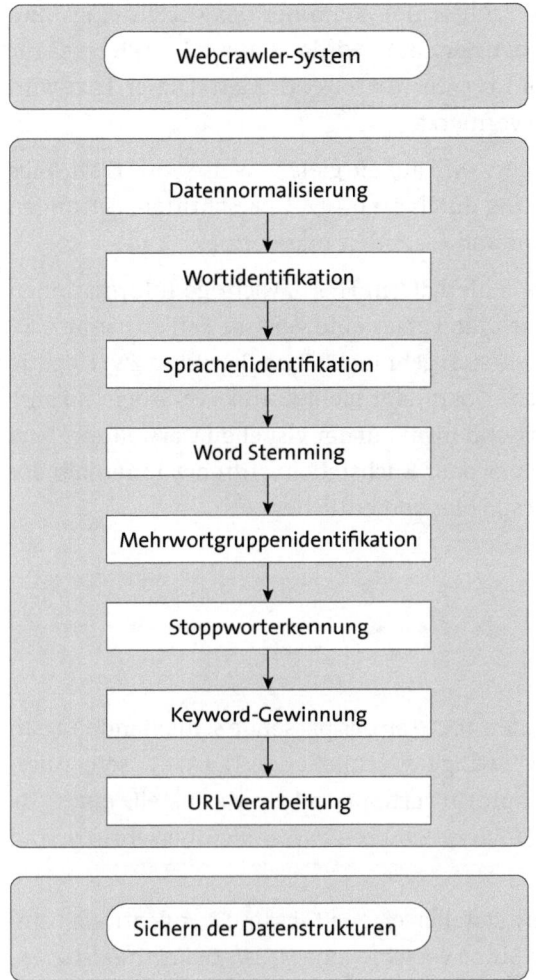

Abbildung 5.18 Mehrstufiger Prozess innerhalb des Parsers

5.4.2 Datennormalisierung

Im ersten Schritt muss das vom Webcrawler-System gewonnene Dokument im Repository in ein einheitliches Datenformat umgewandelt werden. Die späteren Prozesse können nur korrekt und effizient arbeiten, wenn sie immer das gleiche Datenformat als Eingabe erhalten. Der Kern der *Datennormalisierung* ist dabei das Entfernen von informationslosem Ballast, etwa HTML-Kommentaren oder Tracking-Codes.

Dabei müssen gleichzeitig jedoch auch die Struktur und die darin befindlichen Textauszeichnungen erhalten bleiben. Die schwache Strukturierung der HTML-Dokumente erfolgt mittels der <head>- und <body>-Tags zumindest grob. Innerhalb des Dokumentkopfes werden das <title>-Tag und eventuelle Meta-Tags extrahiert.

Der Parser erkennt die öffnende und schließende Klammer des <title>-Tags und nimmt alle dazwischen liegenden Zeichen heraus. So wird z. B. aus <title>Bremsen für jedes Wetter</title> der Text Bremsen für jedes Wetter extrahiert. Dieser Text wird systemintern als Titel des Dokuments vermerkt.

Der Text innerhalb des Dokumentkörpers wird auf die gleiche Weise von HTML-Tags befreit. Oftmals wird eine Strukturierung durch h1- bis h6-Überschriften, Fettungen oder sonstige Hervorhebungen erkannt und gesondert markiert.

Bei diesem Vorgang können bei stark fehlerhaftem HTML wichtige Informationen verloren gehen. Natürlich besitzen auch die Parser eine gewisse Fehlertoleranz. So kommt es nicht selten vor, dass Webseiten in gebräuchlichen Browsern zwar richtig angezeigt werden, der Parser jedoch das Dokument nicht korrekt verarbeiten kann, weil er auf dem genauen DOM aufsetzt und nicht auf der visuellen Darstellung. Eine häufige Fehlerquelle sind hier Tippfehler oder Buchstabenverdreher innerhalb der HTML-Tags. Ein vereinfachtes Beispiel soll dies verdeutlichen:

```
<h1>Überschrift 1</j1>
    <p>Text zur Überschrift 1</p>
<h1>Überschrift 2</h1>
    <p>Text zu Überschrift 2</p>
```

Der Parser sucht zum vorderen öffnenden <h1>-Tag das passende schließende Tag. In der obersten Zeile sollte das hintere <h1>-Tag das schließende Tag </h1> sein. Allerdings hat sich der Webautor oder die -autorin vertippt und ein »j« anstelle eines »h« eingegeben. Daher ist für einen wenig fehlertoleranten Parser die Überschrift erst in der dritten Zeile beendet.

Zusätzlich meinen bestimmte Browserhersteller, eigene Tags und Konventionen einführen zu müssen, sodass im gewissen Sinne verschiedene *HTML-Dialekte* existieren. Nicht nur Webdesigner kämpfen regelmäßig mit unterschiedlichen Darstellungsarten in verschiedenen Browsern – die Parser von Suchmaschinen ebenso. Falls eine Umwandlung von Sonderzeichen nicht bereits im Vorfeld durchgeführt wurde, findet sie spätestens zu diesem Zeitpunkt statt. Vornehmlich werden deutsche und französische Akzentzeichen in ein systemeigenes Format konvertiert, das von allen folgenden Komponenten ordnungsgemäß verarbeitet werden kann. Google empfiehlt daher, bereits alle Dokumente in UTF-8 anzubieten.

Je nach Suchmaschine findet an dieser Stelle auch die Erkennung des Hauptinhaltes statt. Eine Website kann aus verschiedenen Bereichen bestehen. Neben einem Navigationskopf und einem Fußbereich (Footer) finden sich hier und da auch rechte oder linke Randspalten und ein Hauptinhalt (Main Content). Dieser wird mittels Machine-Learning-Algorithmen gesondert identifiziert, und die Inhalte darin werden später höher gewichtet. Damit wird verhindert, dass HTML-Inhalte wie die Navigation oder sich wiederholende Randspalten inhaltlich die Auswertung des Dokuments stören.

5.4.3 Wortidentifikation durch den Tokenizer

Bislang wurde das auszuwertende Dokument normalisiert. Der Parser hat aus einer einzigen Aneinanderreihung von Zeichen mittels der HTML-Struktur und der Tag-Entfernung verschiedene Aneinanderreihungen von Zeichen gewonnen. Das ist immerhin ein Fortschritt. Um die Semantik des Dokuments zu ermitteln und repräsentative Stichwörter zu finden, müssen jedoch einzelne Wörter aus der scheinbar willkürlichen Ansammlung von Zeichen entschlüsselt werden. Die Wortidentifikation überführt dazu zunächst den Zeichenstrom in einen Wortstrom. Diesen Vorgang bezeichnet man als *Tokenisierung*. Gemeint ist damit die Zerlegung eines Textes in einzelne Token.

Auf den ersten Blick scheint das Problem relativ einfach lösbar zu sein. Jede Ansammlung von Zeichen zwischen zwei Leerzeichen ist ein semantisches Wort. Das führt allerdings relativ schnell zu unsauberen Ergebnissen. Besonders im Englischen sind zusätzlich einzelne Wörter in ihrem semantischen Sinn nur gemeinsam in Wortgruppen sinnvoll (z. B. Information Retrieval). Im Deutschen sind hingegen Bindestrichergänzungen häufiger. Leider gibt es kein Patentrezept, um die *Wortstromgenerierung* einheitlich zu lösen. Dazu sind die natürlichen Sprachen in ihren Ausprägungen zu unterschiedlich. Neben der Zerlegung in Wortgruppen anhand von Wortseparatoren wie Leer- oder Satzzeichen existiert gleichwohl eine weitere gängige Methode. Hauptsächlich bei vielen asiatischen Sprachen sind Wortgrenzen nicht durch Separatoren festgelegt. Der Text wird ähnlich wie bei der Duplicate-Content-Erkennung in N-Gramme zerlegt. Dabei werden Zeichenfolgen in bestimmten Längen gebildet und dann anhand eines Lexikons auf Übereinstimmung hin geprüft.

Die westlich geprägten Suchmaschinen verwenden allerdings hauptsächlich Leer- und Satzzeichen als Separatoren. Sonderzeichen wie #, +, ? etc. werden herausgefiltert und gelten ebenfalls als Wortseparator. Eine Suche nach der Raute bzw. dem Hashtag (#) in Google liefert deswegen Ergebnisse, weil die Suchmaschine die Suche nach »#« in »Hashtag« bzw. die Suche nach ».« in »Punkt« übersetzt. Zulässige Zeichen innerhalb eines Wortes werden in einem Alphabet aufgelistet, das alle gültigen Symbole enthält. Dieses Alphabet ist im Prinzip eine Liste von Zeichen. Ein zweites Alphabet enthält die Wortseparatoren. Der Parser durchläuft das normalisierte Datum von vorn bis hinten und überprüft für jedes Zeichen, in welchem Alphabet es vorkommt.

Solange der Parser auf ein Zeichen aus dem zulässigen Alphabet stößt, wird das Zeichen an einem bestimmten Speicherplatz an eventuell bereits vorhandene Zeichen angehängt. Erst wenn der Parser auf ein Zeichen aus dem Wortseparatoren-Alphabet stößt, werden die bis dahin gesammelten Zeichen als eigenständiges Wort in eine Liste der extrahierten Wörter aufgenommen, und der Prozess beginnt wieder von vorn. Vielleicht kennen Sie das Wortspiel Scrabble? So ähnlich stellt auch der Parser Zeichen für Zeichen die Wörter des Dokuments zusammen. Das Ergebnis der Wortidentifikation ist eine Liste von Wörtern aus dem Dokument. Diese Liste enthält alle Begriffe, jedoch bislang noch nicht zwingend im lexikalischen Sinne. Ein Beispiel soll dies verdeutlichen:

```
Neble stieg aus dem Wald empor,so
war's zu sehen - von der Fenster-
bank aus.
```

Die Wortidentifikation würde eine Liste wie diese liefern:

```
Neble, stieg, aus, dem,
Wald, empor, so, war, s, zu,
sehen, von, der, Fenster, Bank, aus
```

Zunächst werden alle Begriffe extrahiert, auch falsch (Neble) geschriebene. Leider ist die Rechtschreibprüfung in heutigen Browsern bei der schnellen Erstellung von Website-Texten zwar vorhanden, wird aber im Gegensatz zu den gängigen Office-Programmen eher stiefmütterlich behandelt. So schleichen sich auf Webseiten immer noch überdurchschnittlich viele orthografische Fehler ein, die in der Form auch vorerst als Wort extrahiert werden.

Im Beispiel trägt das Komma als Wortseparator dazu bei, dass selbst bei einem Fehler – kein Leerzeichen nach einem Satzzeichen zu setzen (wie bei empor,so) – die beiden Wörter korrekt getrennt werden. Der Bindestrich ist ebenfalls im Alphabet der Wortseparatoren und wird daher nicht mit aufgenommen. Dies trifft darüber hinaus auch auf den manuell gesetzten Trennstrich zu. Dieser führt dann auch dazu, dass die eigentlich als ein Begriff gedachte »Fensterbank« aus unserem Beispieltext als zwei eigenständige Wörter »erkannt« wird.

Je nach Systemarchitektur kann auf die Wortlistengenerierung eine erste grobe Bereinigung folgen. Dabei werden in einem ersten Schritt sehr kurze Begriffe mit nur einem oder zwei Zeichen entfernt. Im Beispiel würden somit das s und gegebenenfalls die Wörter zu und so entfallen. In einem zweiten Schritt kann dann ein internes Lexikon herangezogen werden, mit dem jeder einzelne Begriff abgeglichen wird. So wird sichergestellt, dass die Wortliste nur aus lexikalisch korrekten Begriffen besteht. Bei den gebräuchlichen Suchmaschinen wird aber weder eine Kontrolle der Mindestanzahl von Zeichen noch die lexikalische Überprüfung durchgeführt. Probieren Sie es bei Ihrer Lieblingssuchmaschine einmal aus, und geben Sie nur einen einzigen Buchstaben ein. Auch auf die Suchanfrage nach einer willkürlichen Zeichenkombination wie »qweewdai« zeigt Google eine Trefferliste mit entsprechenden Seiten (siehe Abbildung 5.19).

Abbildung 5.19 Auch vermeintlich Sinnloses wird indexiert.

Die soeben beschriebene Wortidentifikation entspricht der klassischen Identifikationsmethode. Wissenschaftler und Wissenschaftlerinnen haben über die Jahre noch viele andere, teils effizientere oder robustere Methoden entwickelt. Durch AI-Algorithmen werden heutzutage Wörter noch viel komplexer und zuverlässiger aus Textsammlungen extrahiert. Dabei werden auch bereits semantische Zusammenhänge und der Satzbau erkannt. In diesem Zusammenhang spielen neuronale Netzwerke eine große Rolle. Ein von Google entwickeltes Verfahren trägt den Namen BERT (Bidirectional Encoder Representations from Transformers). Dabei handelt es sich um eine Technik, die mittels eines neuronalen Netzwerkes Texte analysieren kann. Google versteht zunehmend mehr ganze Sätze und nicht mehr nur einzelne Terme.

5.4.4 Identifikation der natürlichen Sprache

Das World Wide Web besteht zum Großteil aus Dokumenten, die in englischer Sprache, in asiatischen sowie in westeuropäischen Sprachen verfasst sind. Durch die hyper-

textuelle Struktur sind von einem Quelldokument ausgehend oftmals auch fremdsprachige Dokumente verlinkt. Auf diese Weise können Dokumente aller Sprachen bis zum Parser gelangen, wenn alle Filter erfolgreich durchlaufen wurden. Stellen Sie sich aber vor, dass als Suchergebnisse alle möglichen Dokumente in unterschiedlichen Sprachen zurückgeliefert würden. Wenn Sie nicht gerade ein Sprachgenie sind, ist das unpraktikabel und meist auch unerwünscht.

Die Trennung der Dokumente nach Sprachen innerhalb einer Domain ist enorm wichtig für eine ordentliche Verarbeitung durch Suchmaschinen. Denn nur dann können die richtigen Algorithmen für die jeweilige Sprache auch korrekt angewandt werden. Doch neben der »unschönen« Eigenschaft, verschiedensprachige Dokumente angezeigt zu bekommen, gibt es noch einen ganz anderen Grund für die Sprachtrennung.

> **Praxistipp: »hreflang« nutzen!**
>
> Moderne Suchmaschinen sind ganz gut darin, die Sprache einer URL automatisch zu erkennen. Vermeiden Sie allerdings zwingend das Mischen von mehreren Sprachen auf einer URL, damit verhindern Sie diese automatische Erkennung.
>
> Wenn Sie für eine URL mehrere andere Sprachvarianten anbieten, sollten Sie falls möglich das Meta-Tag hreflang einsetzen, um genau dies für Google und Co. auszuweisen. Dann erfassen die Crawler und Algorithmen der Suchmaschinen Ihre Website noch deutlich besser. Das gilt vor allem für Websites für Deutschland, Österreich und die deutschsprachige Schweiz.

Als *Polyseme* bezeichnet man Wörter, die trotz gleicher Schreibweise eine unterschiedliche Bedeutung haben. Schon innerhalb der deutschen Sprache existiert eine Vielzahl dieser Polyseme. Eine Bank kann zum einen ein Sitzplatz im Park sein, andererseits aber auch ein Gebäude, in dem Sie Ihre Geldgeschäfte erledigen. Oder was machen Sie mit Staubecken? Gehen Sie mit dem Staubsauger gegen *Staub*ecken vor, oder wird Ihnen schwindlig, wenn Sie von einem Staudamm auf ein *Stau*becken hinunterblicken?

Polyseme stellen eine große Herausforderung für das Information Retrieval dar. Die aktuelle Forschung ist immer noch intensiv auf der Suche nach effektiven Algorithmen, um mittels künstlicher Intelligenz verlässlich den semantischen Kontext von Begriffen zu erfassen. Dabei gibt es Benchmarks, mit denen die Erkennungsalgorithmen auf ihre Güte geprüft werden (GLUE, RACE, SQuAD 2.0, MNLI SST-2 usw.).

Wenn Sie sich näher dafür interessieren, schauen Sie sich doch einmal die wissenschaftlichen Publikationen dazu an, etwa unter *https://arxiv.org/abs/1909.11942*. Die vortrainierten Modelle der Light-Version von BERT, nämlich ALBERT, hat Google auf Github veröffentlicht.

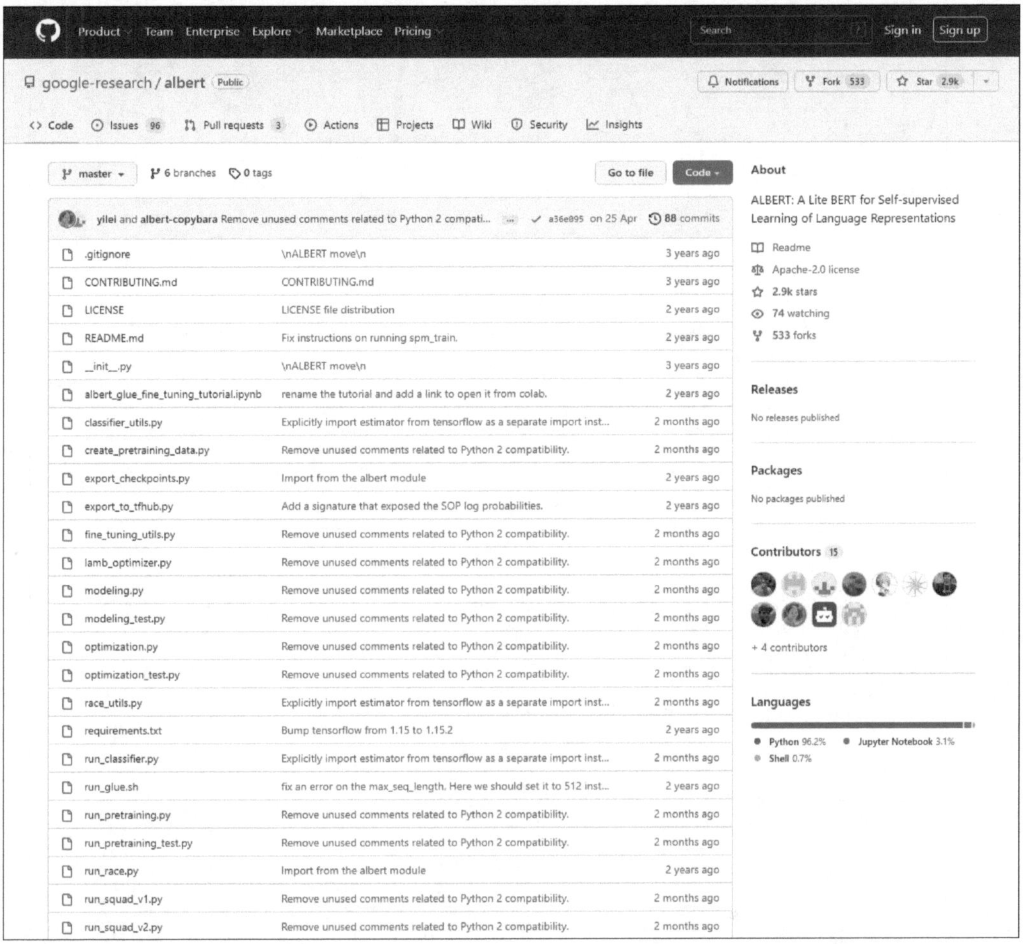

5.4 Datenaufbereitung und Dokumentanalyse

Abbildung 5.20 Google stellt ALBERT auf Github.

Unabhängig von den konkreten Erkennungsmethodiken werden die Dokumente in den Indexen der Suchmaschinen mit Sprachmarkern gekennzeichnet. Je nach Architektur existieren auch separate Indexe für jede natürliche Sprache.

Google stellte wie die meisten anderen Anbieter lange Zeit direkt unter dem Sucheingabefeld Filter zur Bestimmung der gewünschten Sprache zur Verfügung, über die nur Dokumente angezeigt wurden, die in der geforderten Sprache verfasst waren (siehe Abbildung 5.21). Mittlerweile sind diese Einstellungen nur über die erweiterte Suche möglich, und Google bestimmt selbst die angeblich optimale Sprache.

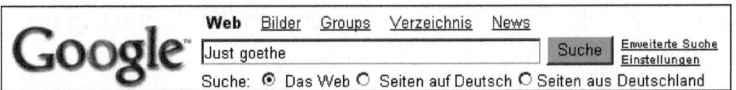

Abbildung 5.21 Google ließ den Usern bei der Sprache lange die Wahl.

5   Architektur von Suchmaschinen

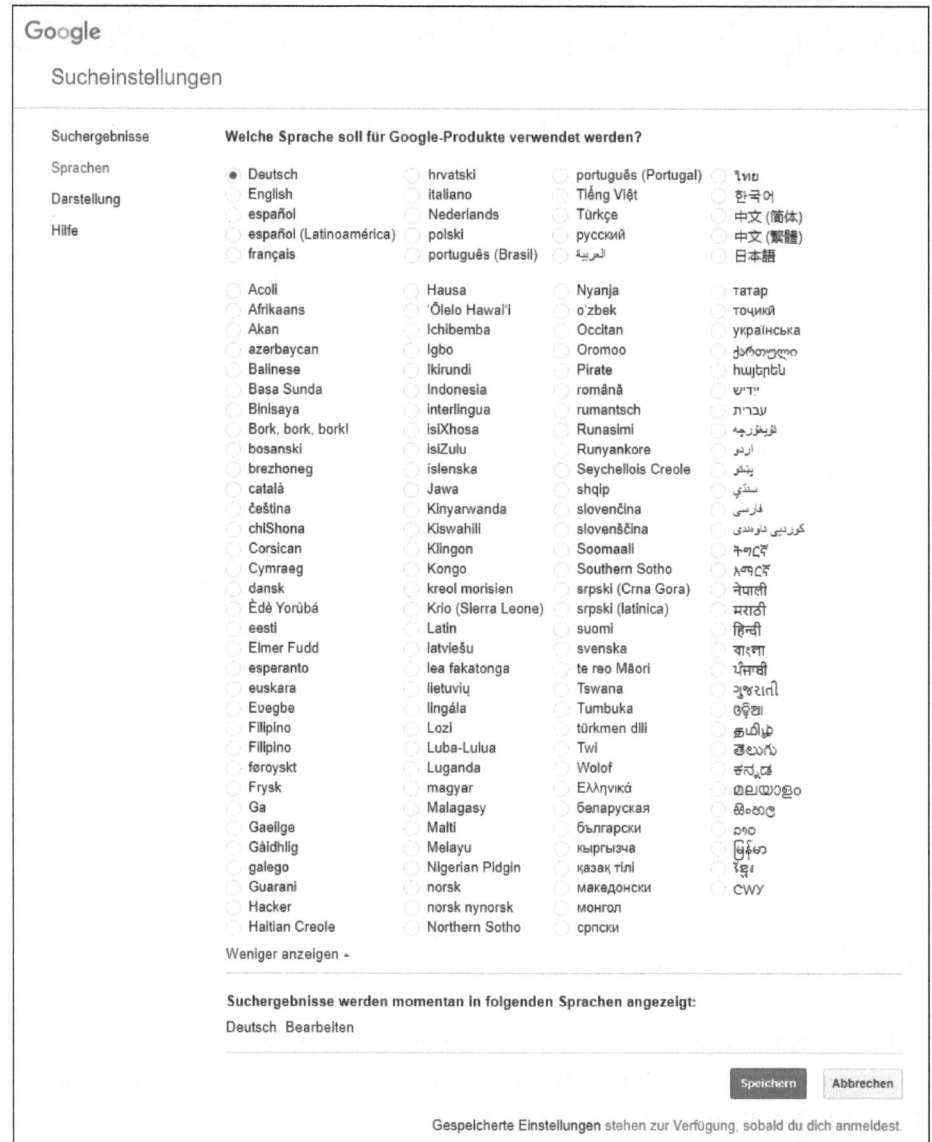

Abbildung 5.22 Heute ist die erweiterte Sprachwahl in den Spracheinstellungen versteckt.

Bei der Suche nach der Phrase »Just goethe« (Sinn von *just* im Deutschen: gerade, nur) erhielt man bei Google bei der Einstellung DAS WEB überwiegend englischsprachige Dokumente mit der englischen Bedeutung von »just«. Bei der Einstellung SEITEN AUF DEUTSCH hingegen wurden *eher* Seiten mit dem passenden Kontext in deutscher Sprache angegeben. Die Betonung liegt bewusst auf dem Wort »eher«.

Schaut man sich heute das Ergebnis der Suchanfrage »just goethe« an, dann erhält man eine bunte Auswahl an möglichen Treffern. Google kann die Nutzerintention hinter dieser Anfrage nicht sauber interpretieren und zeigt daher eine möglichst breite Auswahl an deutschsprachigen und englischsprachigen Ergebnissen an.

Information-Retrieval-Systeme haben nicht selten erhebliche Probleme mit der Spracherkennung, insbesondere in Dokumenten, die mehrere Sprachen gleichzeitig enthalten. Das hat sich bis heute auch trotz künstlicher Intelligenz nicht geändert. Wieso ist das so?

Die Spracherkennung kann unterschiedlich ausgerichtet sein. Einerseits ist sie derart konzipiert, dass sie alle Sprachen eines Dokuments auffinden und zurückliefern kann, andererseits verfügt sie über die Fähigkeit, ein Dokument auf eine einzige natürliche Sprache hin zu untersuchen. Um die natürliche Sprache eines Dokuments möglichst genau zu bestimmen, werden in der Regel statistische Verfahren mit einer Wörterbucherkennung kombiniert. Eine Berücksichtigung des `language`-Meta-Tags findet allerdings nicht statt.

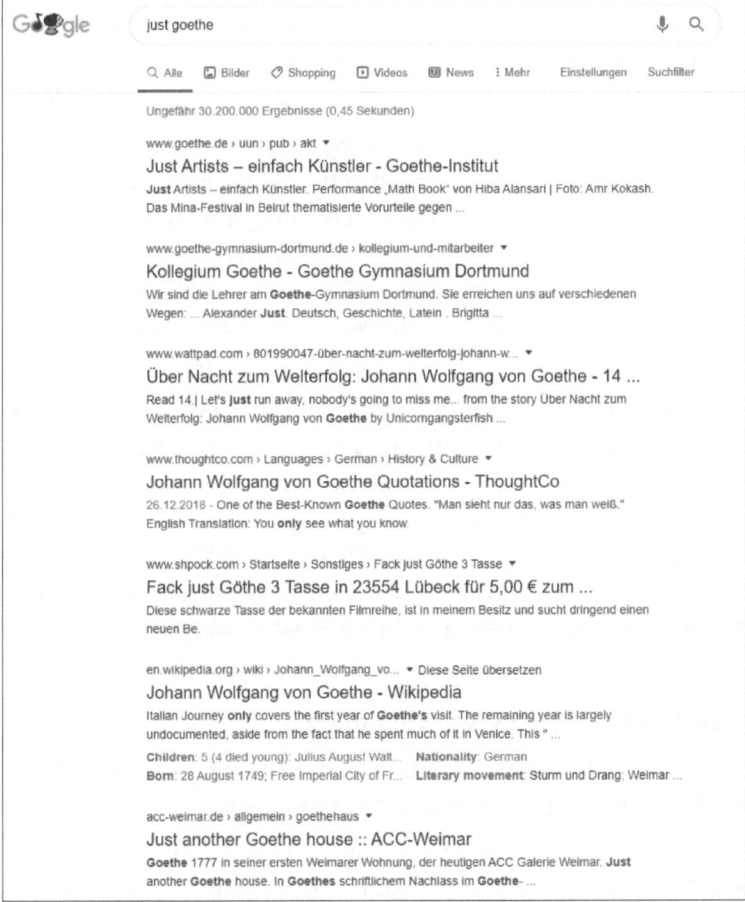

Abbildung 5.23 Auch heute noch hat Google Probleme mit sprachlicher Zuordnung von Anfragen wie »just goethe«.

Bei der Berechnung mittels statistischer Verfahren wurde vor der Revolution durch die künstliche Intelligenz und neuronale Netzwerke oftmals auf die Theorie der *Hidden-Markov-Modelle* zurückgegriffen. Diese werden überwiegend auch im Bereich der auditiven Spracherkennung eingesetzt.

In einer vorangegangenen Trainingsphase lernt das Modell typische Muster einer Sprache. Dazu werden dem Algorithmus verschiedene Dokumente einer einzigen Sprache vorgelegt. Eine so trainierte Markov-Kette erkennt daraufhin typische Muster der erlernten Sprache auch in fremden Dokumenten. Vereinfacht gesagt, muss für jede relevante Sprache eine solche Markov-Kette gebildet werden. Diese rechenintensive Lernphase findet einmalig im Vorfeld statt und wird höchstens zur Optimierung wiederholt.

Liegt nun ein Dokument in unbekannter Sprache vor, liefert das Markov-Modell anhand der Ähnlichkeit der Muster eine Wahrscheinlichkeitsabschätzung über die Art der Sprache. Zur Unterstützung wird der normalisierte Text nach Sonderzeichen durchsucht. Ein überdurchschnittliches Auftreten von deutschen Umlauten lässt meistens auch auf einen Text in deutscher Sprache schließen.

Ergänzend kommt darüber hinaus ein Lexikon zum Einsatz. Die Stärke des Hidden-Markov-Modells wird aufgrund der Mustererkennung besonders bei der Spracherkennung innerhalb von Fließtexten deutlich. Bei stichwortlastigen Textinhalten treten die sprachtypischen Muster jedoch nicht deutlich genug auf. Zudem bestehen viele Texte verstärkt aus Eigennamen, Lehnwörtern und Fachtermini, die eine statistische Spracherkennung zusätzlich erschweren. Der Abgleich der im Text auftretenden Begriffe mit einem gut gepflegten Wörterbuch kann hier Abhilfe schaffen.

Die endgültige Bestimmung der natürlichen Sprache, in der ein Dokument verfasst ist, errechnet sich aus diesen oder anderen Verfahren mit unterschiedlicher Gewichtung. In der überwiegenden Zahl der Fälle verläuft die Erkennung erfolgreich, da Dokumente meist einheitlich in einer Sprache verfasst sind oder nur einen geringen Anteil einer fremden Sprache beinhalten. Diese fällt dann oftmals unter den Tisch. Problematisch wird es allerdings dann, wenn die Anteile annähernd gleich sind. Gerade bei Webseiten mit Übersetzungen von Gedichten oder Liedtexten ist häufig zu beobachten, dass sie trotz nicht passender Sprache als Ergebnis angezeigt werden.

5.4.5 Grundformreduzierung durch Word Stemming

Die Bestimmung der Sprache ist auch für den nächsten Schritt von Bedeutung, da die Wahl der benötigten Algorithmen sehr stark sprachabhängig ist.

Als *Stemming* bezeichnet man ein Verfahren zum Zusammenführen von lexikalisch verwandten Termen. Das wird dadurch erreicht, dass verschiedene Varianten eines Wortes auf eine Repräsentation, den sogenannten *Stamm*, zurückgeführt werden. Diese Reduktion wird auch als *Conflation* bezeichnet.

Die Idee dahinter ist folgende: Der Stamm trägt die Bedeutung des Konzepts, das mit einem Wort verbunden ist. Endungen, Vorsilben, Konjugationen, Deklinationen oder andere Verformungen eines Wortes ändern dessen eigentliche Bedeutung nicht. Der errechnete Wortstamm ist dabei allerdings nicht immer mit dem grammatikalischen Stamm identisch, sondern eher ein künstlicher. An der englischen Sprache wurden Stemming-Algorithmen erstmalig erprobt. Hier entspricht z. B. der sprachlich korrekte Stamm »beauty« nach einem Stemming-Algorithmus dem Stamm »beauti«.

In der Praxis hat dies aber keinerlei negative Folgen, im Gegenteil. Wichtig ist nur, dass sozusagen sinngleiche Wörter erfolgreich auf den gleichen Stamm zurückgeführt werden. Außerdem muss darauf geachtet werden, dass die Suchmaschine dieses Stemming-Verfahren nicht nur beim Indexieren der Dokumente anwendet, sondern auch bei den Stichwörtern einer späteren Suchanfrage. Nur so findet eine Anfrage nach »Öffnungszeit« auch Dokumente mit »Öffnungszeiten«.

Insbesondere das Stemming für die Indexierung erweist sich als effizient und verkleinert die Indexdateien, was sich positiv auf den später zu durchsuchenden Datenbestand auswirkt. Allerdings gehen Informationen zu den ursprünglichen Termen verloren. Wenn Sie explizit nach einem Plural wie »Autos« suchen, werden auch Ergebnisse mit »Auto« angezeigt, wenn nicht sogar »autonom«. Um dies zu umgehen, würde man zusätzlichen Speicher benötigen – einmal für die »gestemmte« Form und einmal für die »ungestemmte« Form. Das Stemming der Suchbegriffe ist zusätzlich problematisch, denn die Errechnung des Stamms kostet Rechenzeit. Besonders bei der Menge der Anfragen entsteht so ein enormer Kapazitätsbedarf.

Eine einfachere Lösung zum Stemming stellt die *Trunkierung* dar. Dabei muss meist durch den Benutzer oder die Benutzerin ein *Trunkierungsoperator* gesetzt werden. Das kennen Sie vielleicht aus der Kommandokonsole: Ein Stern (*) steht dort für »beliebig viele oder gar kein Zeichen«. Das Problem dabei wird aber schnell ersichtlich, wenn man erneut das Auto-Beispiel bemüht. So wird eine Suche nach »auto*« neben »Auto« und »Autos« auch »automatisch«, »Autor«, »Autobiografie« und Ähnliches finden. Das Verfahren hat – wie Sie deutlich sehen – keinen Vorteil gegenüber dem Stemming, was das Ergebnis betrifft. Die Trunkierung ist insbesondere im Kontext der Suchmaschinen daher nicht verbreitet. Stemming scheint daher trotz des Rechenaufwands die bessere Lösung zu sein.

Im wissenschaftlichen Bereich gibt es mehrere Kriterien zur Beurteilung der Leistungsfähigkeit eines Information-Retrieval-Systems. Die beiden bekanntesten sind der *Recall* und die *Precision*.

Der Recall ist ein Kennwert für den Anteil an relevanten Dokumenten, die mit einer Suchanfrage innerhalb der Datenbank gefunden werden können (siehe Abbildung 5.24). Er kann durch eine einfache Formel errechnet werden. Dazu teilt man die Anzahl der relevanten gefundenen Dokumente durch die Gesamtzahl aller relevanten

Dokumente und erhält einen Wert zwischen 0 (keine relevanten Treffer) und 1 (alle relevanten Treffer). Findet eine Suchmaschine 100 von insgesamt 1.000 eigentlich relevanten Dokumenten, beträgt der Recall-Wert also 0,1. Das heißt, es wären hier nur 10 Prozent aller infrage kommenden Dokumente innerhalb des Datenbestands angezeigt worden.

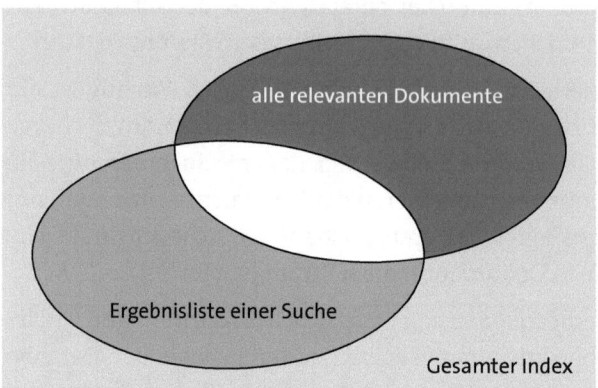

Abbildung 5.24 Precision und Recall im Information-Retrieval-System

Die Precision beziffert hingegen den Anteil aus der Menge der gefundenen Dokumente, die auch tatsächlich relevant sind. Denn leider passen nicht immer alle vermeintlichen Treffer auch wirklich zur Suchanfrage. Natürlich ist auch dieser Wert berechenbar. Die Precision entspricht der Anzahl der gefundenen relevanten Dokumente, geteilt durch die Anzahl aller gefundenen Dokumente. Eine Suchmaschine, die 100 Treffer zurückliefert, von denen nur 20 wirklich auf die Suchanfrage passen, besitzt eine Precision von 0,2, also 20 Prozent.

Ein optimales Retrieval besitzt sowohl bei der Precision als auch beim Recall jeweils einen Wert von 1. In Abbildung 5.24 wären in diesem Fall beide Ovale deckungsgleich. In der Regel finden Suchmaschinen jedoch nicht alle relevanten Dokumente und liefern zusätzlich nicht relevante Ergebnisse. Die Berechnung der Gesamtheit aller relevanten Dokumente auf das Web bezogen ist – nebenbei gesagt – auch ein sehr schwieriges Unterfangen, das aufgrund der enormen Größe nur über eine repräsentative Stichprobenziehung gelöst werden kann.

Stemming verbessert trotz allem fast immer den Recall, verschlechtert in der Regel im Gegenzug aber auch die Precision. Dabei existieren unterschiedliche Stemming-Verfahren.

Eine Kategorie bilden die *Look-up-Stemmer*. Zunächst werden sehr einfache und möglichst zuverlässige Regeln zur Stammreduktion angewandt – z. B. die Entfernung der relativ einfachen Pluralformen im Englischen. Anschließend wird ein Lexikon zu

Hilfe genommen und das neu gewonnene Wort mit den Einträgen verglichen. Im nächsten Schritt wird es durch den Stamm ersetzt, der dem Wort im Wörterbuch am meisten gleicht. Diese Art des Stemmings gewährleistet einen hohen Precision-Wert. Allerdings erfordert ein solches Tabellen-Look-up eine große Datenstruktur – das Lexikon – und damit erhöhten Speicherplatz. Ein viel gewichtigerer Punkt ist allerdings der enorme Arbeitsaufwand für die regelmäßige Pflege und Erweiterung des Wörterbuches.

Daneben gibt es das Verfahren der Ähnlichkeitsberechnung. Hier werden Ähnlichkeiten zwischen Wörtern wie etwa »sieben« und »gesiebt« errechnet. Die am weitesten verbreitete Art von Stemming ist allerdings das Entfernen von Affixen. Diese Stemmer arbeiten meist iterativ und versuchen entweder, die längstmöglichen Affixe zu entfernen, oder »stemmen« sozusagen flach, indem sie nur bestimmte Flexionen entfernen. Diese als *Affix-Removal-Stemmer* bezeichneten Algorithmen sind schnell und leicht zu implementieren und erfordern zusätzlich keine großen Ressourcen. Das erklärt ihre Verbreitung, obwohl es zu einem Verlust an Precision kommt und die Anzahl von Anomalien, d. h. von falsch »gestemmten« Wörtern, recht hoch ist.

Der sicherlich bekannteste Algorithmus dieser Kategorie ist der *Porter-Algorithmus*. Er basiert auf einem bestimmten Regelwerk und Bedingungen für die Suffixe. Diesen Bedingungen entsprechen die Aktionen, die am Wort in mehreren Schritten durchgeführt werden. Der Porter-Algorithmus führt allerdings nur in einer grammatikalisch einfacheren Sprache wie dem Englischen zu relativ guten Ergebnissen. Bei deutschen Texten findet er daher in der Regel weniger Anwendung. Hier wird besonders deutlich, dass eine Erkennung der Sprache für ein korrektes Stemming unabdingbar ist.

Es gibt eine Vielzahl anderer Stemming-Algorithmen mit jeweils spezifischen Vor- und Nachteilen. Eine Erläuterung würde hier aber zu weit führen. Denn lange Zeit sah die Realität in Bezug auf das Stemming bei Suchmaschinen weit weniger rosig aus, als die Vielzahl an Algorithmen hoffen ließ. Bis heute haben die großen Suchmaschinen-Betreiber ihre Stemming-Verfahren stark ausgebaut und für bestimmte Bereiche komplexe Wörterbücher aufgebaut. Vor allem bei den vielen kleinen Suchmaschinen ist das Stemming jedoch häufig sträflich vernachlässigt worden.

Für die Optimierung einer Website ist das Wissen über die Verfahrensweise beim Stemming keinesfalls uninteressant, auch wenn Sie davon ausgehen können, dass vor allem Google und Bing ein deutlich komplexeres Stemming-Verfahren anwenden. Letztendlich bedeutet das für Sie aber, dass Sie sich keine allzu großen Gedanken über die exakte Verwendung von Termen machen sollten und ob diese in dieser oder jener grammatikalischen Form auftreten. Suchmaschinen werden dies zuverlässig erkennen. Achten Sie eher auf verständliche Texte für Ihre Zielgruppe.

5.4.6 Mehrwortgruppenidentifikation

Die zwei wichtigsten Kenngrößen für die Beurteilung der Qualität eines Information-Retrieval-Systems kennen Sie bereits.

Dabei ist das Stemming nicht die einzige Möglichkeit, die Precision zu erhöhen. Oftmals sind mehrere Begriffe in einem Wort enthalten, nach denen meist nicht im Ganzen gesucht wird. Überwiegend enthalten Substantivkombinationen wertvolle Informationen, wie etwa die Beispiele »Marktforschungsinstitut«, »Luftfahrtindustrie« oder »Programmzeitschrift« verdeutlichen.

Um eine Mehrwortgruppe in ihre Komponenten zu zerlegen, wird ein spezielles Mehrwortgruppen-Wörterbuch genutzt, das nach einem robusten Verfahren automatisch erstellt werden kann. Dabei werden Parameter wie der Abstand zwischen Komponenten, die Reihenfolge und die Satzstruktur berücksichtigt. Hundertprozentig zuverlässige Ergebnisse liefert das Verfahren nicht. Daher werden jeweils Wahrscheinlichkeitswerte errechnet, die dann als Gewichtung im Retrieval-Verfahren berücksichtigt werden.

Die Forschung zu Information-Retrieval-Systemen untersucht schon seit Längerem Methoden zur Verbesserung der Informationswiedergewinnung. So ist eine Synonymkontrolle mittels eines umfangreichen Wörterbuches heute nicht mehr nur vorstellbar, sondern Realität. Ein *Thesaurus*, d. h. ein kontrolliertes Vokabular, dessen Begriffe durch Relationen miteinander verbunden sind, um bedeutungsgleiche oder bedeutungsähnliche Wörter zu identifizieren, steigert die Leistungen von Suchmaschinen heutzutage enorm. Abkürzungen, Synonyme und selbst massive Fehlschreibweisen werden von Google und Co. zuverlässig mittels der gut ausgebauten Thesauri erkannt. Viele Menschen nutzen daher Google auch zur Prüfung ihrer Rechtschreibung, indem sie einfach ein Wort eingeben und schauen, ob Google sie korrigiert oder nicht.

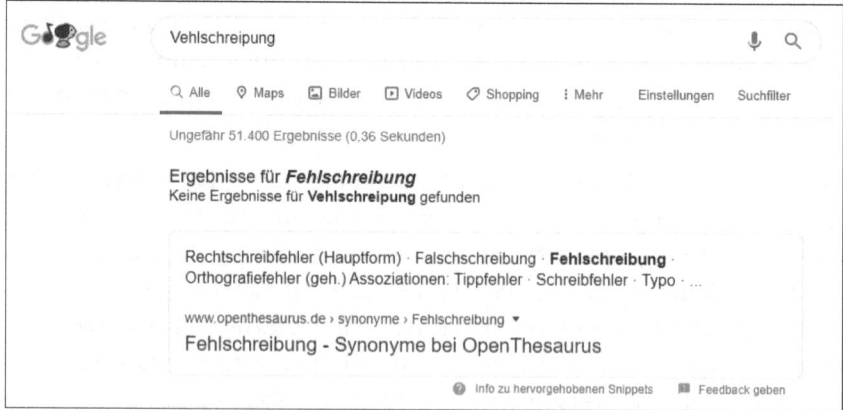

Abbildung 5.25 Fehlschreibungen erkennt und korrigiert Google meist zuverlässig dank eines guten Thesaurus und automatischen Erkennungs-Algorithmen.

5.4.7 Stoppwörter

Für gewöhnlich besteht ein Fließtext überwiegend aus Wörtern mit geringer oder gar keiner inhaltlichen Bedeutung. Zudem treten bestimmte und unbestimmte Artikel, Konjunktionen, Präpositionen und Negationen in hoher Frequenz auf. Um bei der Textsuche diese eigentlich informationsleeren Wörter auszuschließen, werden solche Wörter in eine sogenannte *Stoppwortliste* eingetragen. Ein Ausschnitt aus einer solchen Liste sieht etwa wie folgt aus:

aber alle allein aller alles als am an andere anderen anderenfalls anderer anderes anstatt auch auf aus aussen außen ausser ausserdem außerdem außerhalb ausserhalb behalten bei beide beiden beider beides beinahe bevor bin bis bist bitte da daher danach dann darueber darüber darueberhinaus darüberhinaus darum das dass daß dem den der des deshalb die diese diesem diesen dieser dieses dort duerfte duerften duerftest duerftet dürfte dürften dürftest dürftet durch durfte durften durftest durftet ein eine einem einen einer eines einige einiger einiges entgegen entweder erscheinen es etwas fast fertig fort fuer für gegen gegenueber gegenüber gehalten geht gemacht gemaess gemäß genug getan getrennt gewesen gruendlich gründlich habe haben habt haeufig häufig hast hat hatte hatten hattest hattet hier hindurch hintendran hinter hinunter ich ihm ihnen ihr ihre ihrem ihren ihrer ihres ihrige ihrigen ihriges immer in indem innerhalb innerlich irgendetwas irgendwelche irgendwenn irgendwo irgendwohin ist jede jedem jeden jeder jedes jedoch jemals jemand jemandem jemanden jemandes jene jung junge jungem jungen junger junges kann kannst kaum koennen koennt koennte koennten [...] welcher welches wem wen wenige wenn wer werde werden werdet wessen wie wieder wir wird wirklich wirst wo wohin wuerde wuerden wuerdest wuerdet würde würden würdest würdet wurde wurden wurdet ziemlich zu zum zur

Alle im Dokument vorkommenden Wörter werden mit dieser Liste abgeglichen und bei einem Auftreten aus dem Text entfernt. Dadurch werden diese Begriffe von der Indexierung ausgeschlossen. Das erhöht die Precision und vermindert quasi nebenbei die Größe des zu indexierenden Textes im Schnitt um bis zu 40 Prozent.

Neben semantisch wenig relevanten Wörtern können mithilfe der Stoppwortliste auch Begriffe herausgefiltert werden, die aus verschiedenen Gründen nicht indexiert werden sollen. So enthalten diese Listen in der Regel Begriffe, die gegen geltendes Recht oder die Nutzungsordnung der Suchmaschine verstoßen.

Ob der Vorgänger des Suchdienstes Bing (*Live.com* und MSN) das Wort »geil« aus Gründen des Jugendschutzes als Stoppwort führte, ist nicht sicher. Mittlerweile findet man bei der Suche nach »geil« wieder Ergebnisse – allerdings nicht solche, die viele Suchende vermutlich gerne finden würden. Hier greift nach wie vor der Jugend-

schutzfilter, den man auch nicht über die erweiterten Einstellungen ausschalten kann. Interessant dabei ist, dass Google zwar auch einen solchen Filter (*SafeSearch*) anbietet, dieser jedoch nicht standardmäßig aktiviert ist. Hier war Microsoft mit MSN noch wesentlich strikter, was auch die Suche nach dem Wort »sexy« in Abbildung 5.26 zeigt.

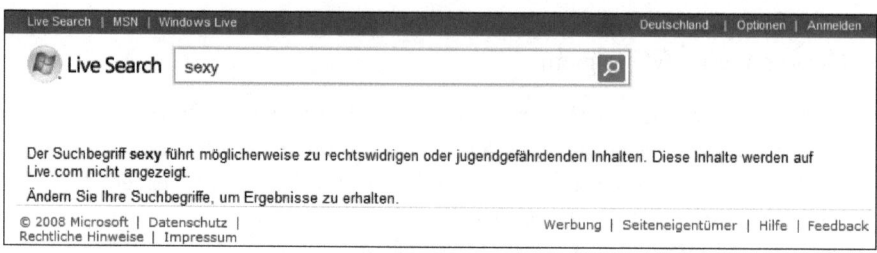

Abbildung 5.26 War nichts mit »sexy« bei MSN.

Allerdings setzte die Suchmaschine schon früh eine fortschrittlichere Stoppwort-Strategie für den Jugendschutz ein. Die Suchen nach dem beliebten Wort »Sex« oder ähnlichen Begriffen liefen bei MSN ins Leere. Der oder die Suchende wurde stattdessen auf die Gefahr von rechtswidrigen oder jugendgefährdenden Ergebnissen hingewiesen. Erst bei Eingabe eines zweiten Keywords wurde eine Ergebnisliste angezeigt. Im Vergleich zu anderen Suchdiensten fiel hier auf, dass die Liste durch spezielle Filter jugendfrei gehalten werden sollte – was allerdings nicht immer überzeugend zu funktionieren schien und daher auch nicht mehr so gehandhabt wird. Der MSN-Nachfolger Bing liefert für alle Begriffe direkt Ergebnisse.

Ein verwandtes Verfahren des Listenabgleichs soll in diesem Zusammenhang erwähnt werden. Ähnlich wie bei der Stoppwortliste handelt es sich bei einer *Black List* um eine Liste von Begriffen, die nicht erwünscht sind. Jedoch ist die Konsequenz beim Auftreten eines solchen Begriffs innerhalb des Textes weitreichender. Sobald ein Wort gefunden wird, das auf der Black List steht, führt dies zur sofortigen Löschung des gesamten Dokuments. Dagegen werden Wörter innerhalb der Stoppwortliste nur von der Indexierung ausgeschlossen, nicht aber das gesamte Dokument.

Die Anwendung der Stoppwortliste und der Black List kann zu unterschiedlichen Zeitpunkten geschehen und hängt vom individuellen Zusammenspiel der einzelnen Komponenten der Suchmaschine ab.

Es gibt auch beim Stoppwort-Filterverfahren die berühmte andere Seite der Medaille. Die Stoppwort-Eliminierung vermindert den Recall. Shakespeares »Sein oder nicht sein« würde radikal auf den Begriff »sein« reduziert werden. Das ist sicherlich ein Grund, weshalb Google Anfang 2002 begann, Stoppwörter mit zu indexieren. Auch die anderen Anbieter verfolgen mittlerweile das Prinzip der *Vollindexierung*. Jedoch werden Wörter aus der Stoppliste oftmals weniger hoch gewichtet, um die wirklich aussagekräftigen Stichwörter zu einem Thema nicht zu überdecken.

Bei der Verarbeitung der Suchanfragen werden heutzutage alle Wörter algorithmisch ausgewertet und miteinander in Beziehung gesetzt. Ich werde gleich auf das Hummingbird-Update kommen. Dass das nicht immer so war, zeigt die Abbildung 5.27 noch schön. Hier ignorierte Google Teile der Suchanfrage und konnte so nicht zwischen einer Anfrage nach einem Kinderwagen mit oder ohne Dach unterscheiden.

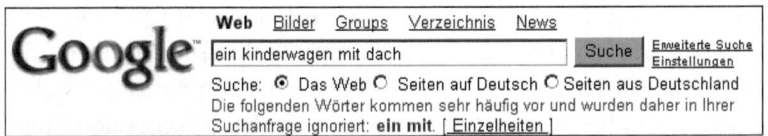

Abbildung 5.27 Ein Stück SEO-Geschichte: Sichtbare Stoppwort-Eliminierung bei der Suche in Google

Bei all den Neuerungen, die Suchmaschinen und allen voran Google immer wieder veröffentlichen und ankündigen – suchen Sie doch einmal selbst nach »Kinderwagen mit Dach« und dann auch einmal nach »Kinderwagen ohne Dach«. Finden Sie die unterschiedlichen SERPs wirklich passend unterschiedlich genug? Meiner Meinung nach steht den Mitarbeitern und Mitarbeiterinnen bei Suchmaschinen und den Forschern und Forscherinnen in den Universitäten noch viel bevor, bis Suchmaschinen wirklich ein solides Textverständnis entwickeln und passende Ranking-Algorithmen dazu führen, dass aus Suchmaschinen wirklich zuverlässige Findemaschinen für alle Themen und Lebenslagen werden.

5.4.8 Keyword-Extrahierung

Oberstes Ziel beim Information Retrieval ist das Bestimmen von Wörtern aus Textdokumenten, die dazu geeignet sind, das Thema inhaltlich zu repräsentieren. Die bisher dargestellten Verfahren werden in der einen oder anderen Form vorgeschaltet, um die Daten zu normalisieren und die gröbsten möglichen Störfaktoren zu beseitigen. Im letzten Schritt der Dokumentanalyse muss nun eine Liste von Begriffen aus dem übrig gebliebenen Text entnommen werden. Diese nennt man *Schlüsselwörter* (*Keywords*), weil sie gewissermaßen den Zugang zum Inhalt eines Dokuments gewähren. Im wissenschaftlichen Kontext wird auch der Begriff *Deskriptor* genutzt.

Bei einer Anfrage werden nicht die gesamten Dokumente auf Treffer durchsucht, sondern nur der Index wird durchsucht, der Verweise auf die betreffenden Dokumente enthält. Der Aufbau einer Indexdatei bestimmt nicht zuletzt die Qualität der zurückgelieferten Suchergebnisse. Und diese Indexdatei basiert wiederum auf den Ergebnissen der Keyword-Extrahierung.

Dabei existieren prinzipiell verschiedene Verfahren, um diese Aufgabe zu erfüllen. Zum einen kann jeder Begriff eines Dokuments ungestemmt und ohne weitere Vorfilter zur Indexierung übernommen werden. Dies wird gelegentlich insbesondere bei

der Indexierung von Fachliteratur mit vielen Eigennamen und Fremdwörtern in Bibliothekssystemen angewandt. In der Regel finden bei den üblichen Suchmaschinen im Web jedoch die oben genannten Filterprozesse statt. Hier unterscheiden sich die Methoden in Bezug auf eine Vollindexierung und auch im Hinblick auf die Menge der analysierten Dokumentbereiche.

Die verwendete Technik hängt letztlich vom Einsatzzweck und von verschiedenen anderen Faktoren ab. Neben den zur Verfügung stehenden Rechner-Ressourcen spielen auch die Größe und der Umfang der zu untersuchenden Dokumente eine wichtige Rolle. Um die Jahrtausendwende analysierten die marktbeherrschenden Suchdienste nur die ersten 200 bis 300 Zeichen innerhalb des HTML-Dokumentkörpers. Mittlerweile werden Dokumente vollständig analysiert. Teilweise existieren jedoch immer noch Beschränkungen bei manchen Suchmaschinen, was die indexierte Dokumentgröße anbetrifft. Dies ist u. a. auf die verwendete Datenstruktur beim Anlegen des Indexes zurückzuführen. Google untersuchte z. B. vor dem Frühjahr 2005 nur die ersten 101 KB eines Dokuments. Dies schlug sich dann auch in der Cache-Darstellung nieder. Suchte man etwa nach dem Begriff »tagesschau« und verglich anschließend den Cache des gefundenen Links »*www.tagesschau.de*« mit der tatsächlichen Seite, konnte man feststellen, dass ab einem gewissen Punkt das HTML-Dokument abgeschnitten wurde (siehe Abbildung 5.28). Wie im Bild zu sehen ist, tauchen bei dieser begrenzten Aufnahmegröße oftmals am Ende gecachter Seiten ab einer bestimmten Größe unvollständige HTML- oder JavaScript-Codestücke auf.

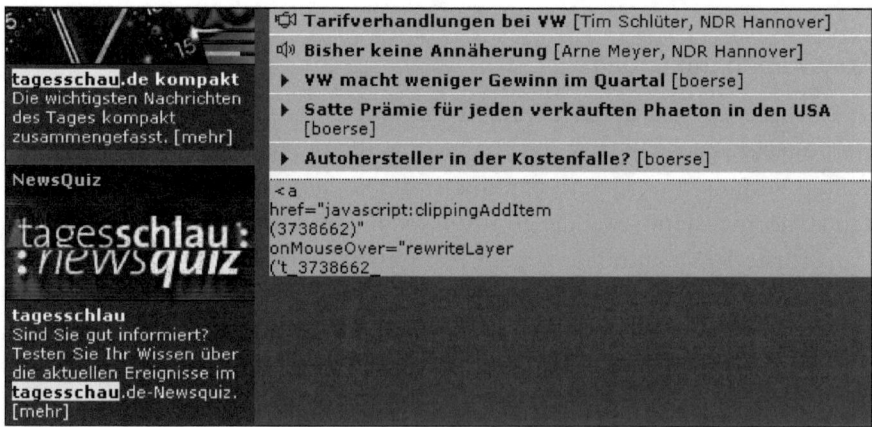

Abbildung 5.28 Googles 101-KB-Grenze vor 2005 war auch im Cache sichtbar.

Seit einem Google-Update im Jahr 2005 werden auch größere Dokumente indexiert und entsprechend im Cache angezeigt. Heute liegt die Grenze für HTML-Dokumente bei 15 MB – das sollte in der Regel mehr als ausreichend sein. Die Indexierung von größeren Dateien lässt zudem nicht zwingend den Schluss zu, dass der gesamte Dokumentinhalt auch zur Relevanzbewertung herangezogen wird.

Daher ist eine gründliche Vorüberlegung wichtig, welche Art von Schlüsselwörtern repräsentativ für den Dokumenteninhalt sein kann. Denn hier besteht Optimierungspotenzial. Dabei gibt es verschiedene Kriterien:

- **Stichwortvalidität**: Die Begriffe müssen später vor allem als zuverlässige Stichwörter im Index dienen, um relevante Dokumente auf eine Anfrage liefern zu können. Das ist offensichtlich, jedoch noch nicht alles.
- **Gewichtungsvalidität**: Die Keywords müssen zusätzlich auch geeignet sein, um an ihnen eine Relevanzbestimmung mittels einer Gewichtung durchführen zu können. Dazu wurden verschiedene Methoden und Verfahren entwickelt, deren Parametern die Keywords genügen müssen.
- **Cluster-Validität**: Abschließend sollten die Keywords geeignet sein, um Verknüpfungen zu anderen thematisch verwandten Dokumenten herzustellen. Nur so kann ein automatisches Clustering funktionieren.

Dass nicht jeder Begriff diese Qualifikationen als Schlüsselwort mit sich bringt, wird an einem einfachen Beispiel deutlich. Nehmen Sie die Begriffe »und« und »jeder«. Zwar könnte man sich sicherlich auch bei diesen Termen einen seltenen Fall ausdenken, in dem die Suche nach einem dieser Begriffe sinnvoll wäre. Damit ist allerdings nur das erste Kriterium der Stichwortvalidität erfüllt. Eine Gewichtung nach solchen Begriffen ist jedoch meist keineswegs repräsentativ, wenn es um die Frage geht, ob ein Dokument, das nach einer entsprechenden Suchanfrage angezeigt wird, auch *inhaltlich* relevant ist.

Spätestens wenn man davon ausgehen sollte, dass Dokumente mit einer ähnlichen Anzahl von »und« und »jeder« auch zwangsläufig thematisch verwandt sind, begibt man sich auf sehr dünnes Eis. Es ist deutlich, dass die Schwierigkeit bei der Keyword-Extrahierung in der Bestimmung der passenden Schlüsselwörter liegt. Mehr als anderswo müssen die gefundenen Begriffe auf den Inhalt des Dokuments bezogen erschöpfend und bezeichnend sein. Erinnern Sie sich noch an zwei bekannte Kenngrößen? Richtig, optimale Schlüsselwörter erfüllen die Kriterien des Recall und der Precision weitestgehend.

Betrachtet man die Satzstruktur einer natürlichen Sprache, wird relativ schnell deutlich, dass Artikel, Konjunktionen, Negationen etc. nicht als Schlüsselwörter infrage kommen, da sie die genannten Kriterien nur sehr bedingt erfüllen. Nicht umsonst werden diese Wörter ja auch in früheren Schritten entfernt, wenn es sich nicht von vornherein um eine Vollindexierung handelt. Aus der linguistischen Textanalyse stammt die Erkenntnis, dass Inhalte am ehesten durch Substantive dargestellt werden. Dass der größte Teil der Semantik eines Textes von Substantiven getragen wird, können Sie selbst ausprobieren. Entfernen Sie aus einem Text alle Wörter, die keine Substantive sind. Sie werden mit hoher Wahrscheinlichkeit zumindest grob das Thema des ursprünglichen Textes erkennen können. Im umgekehrten Fall gleicht dieser Versuch eher dem Fischen in trüben Gewässern.

Damit ist bei Substantiven die Stichwortvalidität auf jeden Fall gesichert. Wie sieht es mit den beiden anderen Kriterien aus? Sind Substantive z. B. gewichtungsvalide? Dahinter verbirgt sich die Frage, wie wichtig ein Schlüsselwort für das Thema eines Textes ist oder – anders ausgedrückt – wie thematisch repräsentativ ein Begriff ist. Stellen Sie sich einen Text vor, der einen neu eröffneten Fahrradweg beschreibt. Die Substantive »Fahrrad« und »Weg« werden sicherlich in ihren Abwandlungen, die durch das Stemming vereinheitlicht werden, enorm häufig in dem Text auftreten. Vielleicht erwähnt der Autor nebenbei, dass die Strecke teilweise über eine stillgelegte Bahntrasse führt. Das gestemmte Wort »Bahn« ist ein Substantiv und würde daher als Schlüsselwort herangezogen. Die ersten beiden Terme sind aufgrund der häufigeren Nennung offensichtlich bedeutender für den Text als der Begriff »Bahn«. Es wird deutlich, dass die Häufigkeit, mit der ein stichwortvalider Begriff vorkommt, als legitimes Gewichtungsmaß genutzt werden kann.

Dieser eher intuitive Ansatz ist in der ersten Hälfte des 20. Jahrhunderts von dem Harvard-Professor für Linguistik George Kingsley Zipf auch wissenschaftlich korrekt beschrieben worden. Das nach ihm benannte *Zipfsche Gesetz* besagt, dass die empirisch gefundene Häufigkeit von Wörtern eines ausreichend langen Textes mit dem Rang ihrer Bedeutung korreliert. Das bedeutet: Je häufiger ein Begriff in einem Text auftritt, desto bedeutender ist er für die inhaltliche Beschreibung. Zipf begründete mit dieser Erkenntnis die quantitative Linguistik. Wie jedes empirische Gesetz ist allerdings auch das Zipfsche Gesetz nur näherungsweise gültig. Liefert es im mittleren Bereich einer Häufigkeitsverteilung sehr gute Ergebnisse, ist seine Aussagekraft bei sehr häufig oder sehr selten auftretenden Begriffen dagegen weniger stark.

Der Wissenschaftler Hans Peter Luhn beschäftigte sich 1958 mit dem automatischen Generieren von Zusammenfassungen aus literarischen Texten. Er erweiterte sozusagen die Idee von Zipf, indem er zwei Grenzen einführte. Über Schwellenwerte können diese Grenzen jeweils bestimmt werden. In Abbildung 5.29 wird deutlich, wie das Prinzip der Trennung funktioniert. Die obere Grenze grenzt die häufig auftretenden Begriffe ab, die untere Grenze die selten auftretenden. Der markierte Mittelbereich enthält die inhaltsrelevanten Begriffe, die das Kriterium der Gewichtungsvalidität erfüllen.

Nur durch die Erkenntnisse von Luhn und anderen Wissenschaftlern ist es überhaupt möglich, eine gültige Indexierung oder gar eine Vollindexierung durchzuführen. Sind die beiden Schwellenwerte für allgemeinsprachliche Texte richtig gesetzt, können übermäßig auftretende Wortformen wie Artikel, Konjunktionen etc. herausgefiltert werden. Das verhält sich ähnlich wie ein mehrstufiges Sieb, bei dem die mittelgroßen Körnungen im mittleren Sieb hängen bleiben und dann anschließend mit der größten Bedeutung versehen werden können. Die zu großen und zu kleinen Körnungen befinden sich in anderen Sieben und finden keine Beachtung.

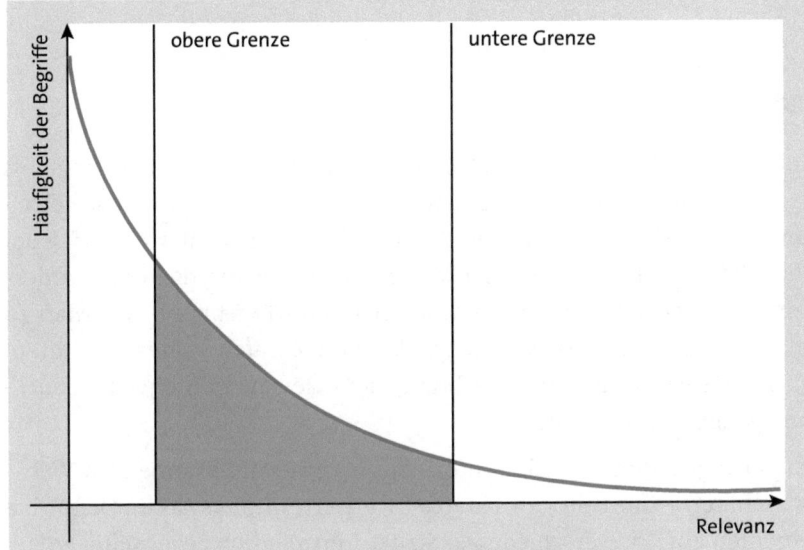

Abbildung 5.29 Worthäufigkeit und Relevanz nach Luhn

Substantive mit einem mittleren Vorkommen eignen sich somit am besten als repräsentative Begriffe für einen Text. Damit ist auch das dritte Kriterium der Cluster-Validität erfüllt. Erschließen die gefundenen Schlüsselwörter einen beliebigen Text gleich gut, ist die Basis für die Verknüpfungen gleichwertig und damit auch durchführbar.

5.4.9 URL-Verarbeitung

Der Parser erfüllt neben den bisher dargestellten Aufgaben noch eine weitere wichtige Funktion. Er extrahiert die Links, auch *Anchors* genannt, und fügt sie einer temporären Liste hinzu. Diese Anchors-Datei wird von einer eigenen Systemkomponente namens *URL-Resolver* weiterverarbeitet. Der URL-Resolver nimmt aus der Anchors-Datei einen Eintrag nach dem anderen, konvertiert die relative URL in eine absolute und speichert sie dann in dem Dokumentenindex ab, sofern sie nicht bereits dort vorhanden ist. Dort wartet die URL dann, bis der Scheduler sie an einen Crawler gibt und der Verarbeitungsprozess so von Neuem beginnt.

Durch das Extrahieren von URLs aus bereits gesammelten Dokumenten kann eine Suchmaschine theoretisch das gesamte Web erfassen. Legt man die Idee zugrunde, dass jede Webseite von mindestens einer anderen Webseite verlinkt ist, erhält man ein Spinnennetz ohne ein alleinstehendes Element. Gerade hier wird der Vorteil einer automatischen Suchmaschine im Vergleich zu den manuell zu pflegenden Webkatalogen besonders deutlich. Suchmaschinen erweitern ihren Bestand hauptsächlich durch das Auswerten vorhandener Dokumente selbstständig.

5.5 Datenstruktur

Als Ergebnis der Datenaufbereitung und Dokumentenanalyse liefert der Parser als verantwortliche Systemkomponente eine Liste von Schlüsselwörtern, die die betreffende Ressource beschreiben. Der aufwendige Prozess kann nicht während jeder Suchanfrage bei allen Dokumenten immer wieder aufs Neue durchgeführt werden. Daher muss eine Datenstruktur entworfen werden, um die Ergebnisse dauerhaft zu speichern und effizient darauf zurückgreifen zu können. Zusätzlich muss die Datenstruktur möglichst viele Kriterien zur Berechnung der Relevanz während einer Suchanfrage leicht zugänglich bereitstellen.

Die Umsetzung erfolgt nahezu in allen Information-Retrieval-Systemen im Web – sprich: Suchmaschinen – über ein gewichtetes invertiertes Dateisystem. Dieses basiert im Allgemeinen auf drei verschiedenen Strukturen, die sich gegenseitig ergänzen, nämlich:

- der Hitlist
- dem direkten Index
- dem indirekten Index

Sie werden es sich sicherlich denken, dennoch will ich es Ihnen noch ein letztes Mal an dieser Stelle in Erinnerung rufen: Die Zusammensetzung der einzelnen Komponenten, insbesondere der im Folgenden vorgestellten Dateistrukturen, variiert von System zu System. Darüber hinaus ist die tatsächliche Implementierung weitaus komplexer und detaillierter als dargestellt. Das tut jedoch dem notwendigen Verständnis der Arbeitsweise einer Suchmaschine keinerlei Abbruch – im Gegenteil.

5.5.1 Hitlist

Im Gegensatz zu einem datenbankorientierten Index besteht eine charakteristische Eigenheit von Information-Retrieval-Systemen in der Relevanzbewertung und in der dieser zugrunde liegenden Gewichtung einzelner Begriffe. Für viele Details wird später jeweils ein Gewicht verteilt. Die Summe der Gewichtungen ergibt einen Wert, der die Relevanz eines Dokuments in Bezug auf einen Suchbegriff widerspiegelt. Jedes dieser Schlüsselwörter, die vom Parser in einer Liste geliefert werden, muss daher mit weiteren Informationen versehen werden, um später eine differenzierbare Berechnung der Relevanz in Bezug auf einen Suchbegriff durchführen zu können. Dazu werden verschiedene statistische Informationen zu jedem Begriff erstellt, die im späteren Verlauf jeweils mit abgespeichert werden. Das Ziel dieses Schrittes ist, die Eigenschaften eines betreffenden Schlüsselwortes innerhalb des Dokuments möglichst genau zu beschreiben, um eine detaillierte Berechnung des Gewichts zu ermöglichen.

Diese Ansammlung von Informationen nennt man *Hitlist* oder auch *Location List*, da sie u. a. die Position des zugehörigen Begriffs enthält. Diese Position ist eine der wichtigsten Informationen, denn sie beschreibt den Rang eines Begriffs innerhalb des Dokuments. Dem liegt der Gedanke zugrunde, dass ein Schlüsselwort umso wichtiger für die inhaltliche Aussage ist, je weiter oben es auftritt. Die Positionsangabe kann wahlweise global sein, sodass alle Wörter inklusive des Header-Bereichs mitgezählt werden. In der Regel ist sie aber kombiniert mit einem systeminternen Schlüssel, der codiert, in welchem Dokumentbereich der Begriff auftritt. So könnte die Zahl 1 für die Titelzeile, die 2 für den Kopfbereich und die 3 für den Dokumentkörper stehen. Diese Unterscheidung ist von Bedeutung, da z. B. das Vorkommen eines Suchwortes in der Titelzeile in der Regel höher bei der Berechnung des Relevanzwertes gewichtet wird als etwa ein Vorkommen am Ende eines langen Fließtextes im Dokumentkörper.

Zusätzlich wird das Gesamtvorkommen des Wortes innerhalb des Dokuments festgehalten. Für jedes Auftreten wird eine eigene Hitlist erstellt, um später z. B. den Abstand zwischen gleichen Schlüsselwörtern innerhalb eines Dokuments mit in die Berechnung einfließen lassen zu können. Darüber hinaus können etwa Informationen über die Formatierung gegebenenfalls von Interesse sein. Die Schriftart sagt meist wenig über die Bedeutung eines Schlüsselwortes für ein Dokument aus, die Schriftgröße jedoch umso mehr. Jedem Autor, jeder Autorin ist freigestellt, welche Schriftgröße er oder sie als Standard auf seinen Webseiten festlegt. Um eine Vergleichbarkeit zwischen allen Webseiten zu erreichen, könnte die Schriftgröße eines Schlüsselwortes für die Hitliste daher relativ zu den verwendeten Schriftgrößen innerhalb des Dokuments bestimmt werden.

Neben der Schriftgröße ist außerdem die Art der Groß- bzw. Kleinschreibung von Interesse und wird daher ebenfalls in der Hitlist festgehalten. Alle Begriffe werden in der Regel in Kleinschreibung als Ausdruck einer einheitlichen Formatierung umgewandelt. Dies vereinfacht viele Abfragen an das Wörterbuch. Daher muss diese Information gesondert gespeichert werden. Ein Wort im Dokument kann dabei ausschließlich aus Großbuchstaben bestehen oder auch nur aus Kleinbuchstaben. Darüber hinaus haben Substantive meist einen führenden Großbuchstaben; die gemischte Groß- und Kleinschreibung tritt eher seltener auf.

- ▶ ÖFFNUNGSZEIT
- ▶ öffnungszeit
- ▶ Öffnungzeit
- ▶ öFfNunGsZeIT

5 Architektur von Suchmaschinen

Eine genauere Betrachtung der Schreibweise und ihrer Handhabung seitens der Suchmaschinen zeigte vor wenigen Jahren noch starke Unterschiede. Google und Bing setzten bereits von Beginn an Groß- und Kleinschreibung gleich.

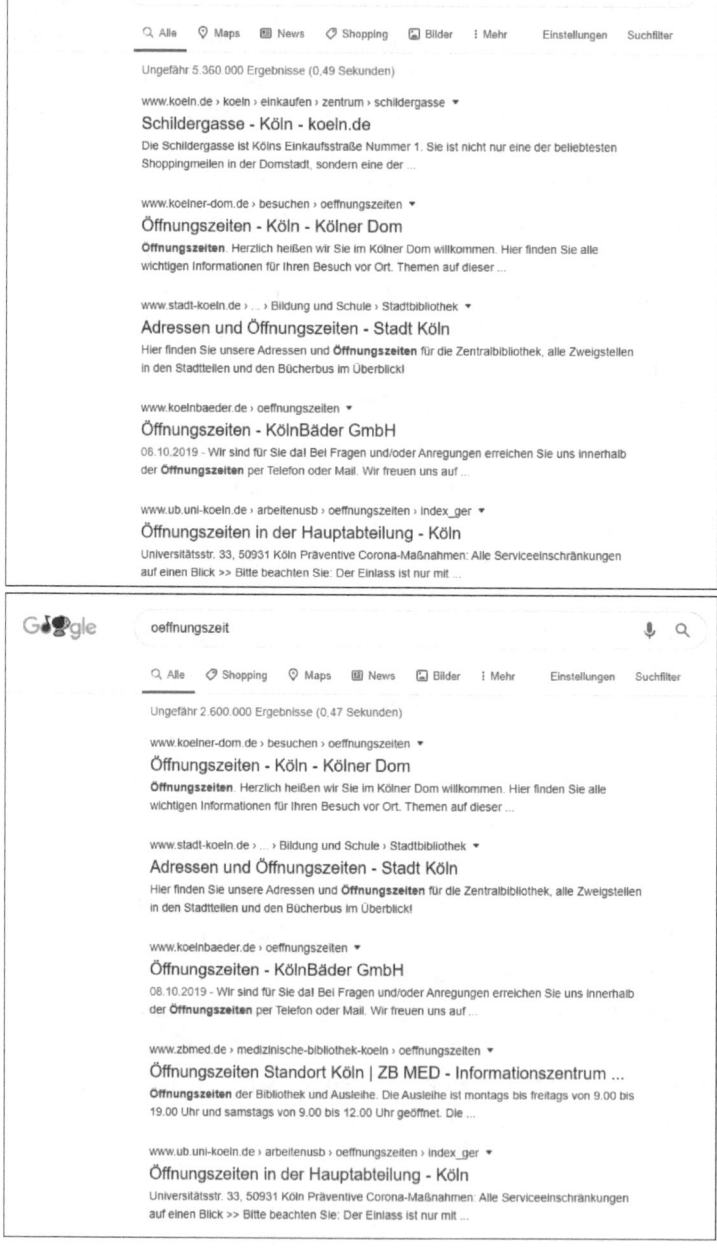

Abbildung 5.30 Unterschiedliche SERPs bei Verwendung von »ö« und »oe« weisen darauf hin, dass hier zwei unterschiedliche Keywords für Google vorliegen.

Sie können selbst herausfinden, wie andere Suchmaschinen sich in Sachen Groß- und Kleinschreibung bzw. Umlautkonvertierung verhalten. Geben Sie einfach die unterschiedlichen Schreibweisen eines Wortes in die Suchmaske ein und vergleichen Sie die Anzahl der gefundenen Treffer. Verschiedene Betreiber regeln die Konvertierung von Sonderzeichen immer noch unterschiedlich.

Abgesehen von diesen Formatierungen werden auch typografische Hervorhebungen wie gefettete, kursive, unterstrichene oder sonstige Buchstaben im Datenbestand vermerkt. Begriffe sind innerhalb eines Textes in der Regel vom Autor oder von der Autorin hervorgehoben, wenn sie eine besondere Bedeutung für den Inhalt besitzen. Diese wertvollen Informationen dürfen keinesfalls durch die Indexierung verloren gehen.

Neben den Formatierungsinformationen kann für eine spätere Relevanzberechnung anhand der Begriffe von Interesse sein, welche Funktion der Begriff innerhalb des Dokuments erfüllt. So werden im Allgemeinen Begriffe, die im einfachen Fließtext vorkommen, weniger relevant sein als etwa Wörter in Überschriften oder Anchortexten. Die Funktion wird aus diesem Grund ebenfalls in der Hitlist festgehalten. Die Hitlist beinhaltet dementsprechend eine Menge an Informationen – und dies für jedes einzelne Schlüsselwort innerhalb einer jeden Ressource. Daher ist die Gestaltung dieser Hitlist eine enorme Herausforderung für die Systemarchitektur. Da sie an jedes gefundene Schlüsselwort angehängt wird, müssen die oben erwähnten Informationen hochgradig kompakt abgespeichert werden, um den Speicherbedarf so gering wie möglich zu halten. Dabei erhalten jeder Zustand und jede Eigenschaft einen internen Code, der den übrigen Komponenten insbesondere bei der Relevanzberechnung ebenfalls bekannt ist. So könnte man z. B. auch hier alle Begriffe, die gefettet sind, mit der Zahl 1 versehen, kursive Begriffe mit einer 2 etc. Und ähnlich wird es tatsächlich in der Praxis auch gemacht.

Die originäre Datenstruktur von Google speichert die Hitlist in 16 Bit ab, was zwei Byte entspricht. Näheres können Sie in dem bereits erwähnten Paper von Sergey Brin und Larry Page nachlesen. Die dort beschriebene Lösung ist nicht die einzige. Die Informatik stellt viele Möglichkeiten zur Verfügung: Eine weitere ist z. B. der Huffman-Code.

5.5.2 Direkter Index

Nachdem für jedes Schlüsselwort eine Hitlist berechnet wurde, sollen diese Informationen nun abschließend abgespeichert werden. Der direkte Index enthält eine lange Liste von Begriffen mit den zugehörigen Hitlisten aus der Datenanalyse. Das oben erwähnte Beispiel »Sein oder nicht sein« würde im direkten Index ohne Codierung wie folgt aussehen:

Dokument	Schlüsselwort	Hitlist
http://www.literatur.de/zitate/shakespeare.html	Sein	[1,4] ...
http://www.literatur.de/zitate/shakespeare.html	Oder	[2] ...
http://www.literatur.de/zitate/shakespeare.html	Nicht	[3] ...

Tabelle 5.3 Einfaches Beispiel eines direkten Indexes ohne Codierung

In der ersten Spalte steht das betreffende Dokument, nachfolgend das Schlüsselwort. Das doppelt auftretende Schlüsselwort wie »sein« ist hier nur einmal aufgenommen. Die Hitlist wird an jeden Begriff angehängt. Im Beispiel besagt die Hitlist des Begriffs »oder«, dass es das zweite Wort im Dokument ist. Im praktischen Einsatz ist die Hitlist mit all ihren detaillierten Informationen wesentlich komplexer.

Bei der Hitlist schien es elementar wichtig, die Daten möglichst effizient abzulegen. Der direkte Index kann also nicht so wie im Beispiel bleiben, finden Sie nicht auch? Allein die URL in der Dokumentspalte nimmt sehr viel Platz ein, und das kostet enorme Speicherkapazitäten und verschlechtert zusätzlich die Systemperformance. Daher wird der gesamte Index in einer Datei mit einem eindeutigen Format als direkte Datei gespeichert.

Die Dokumentzuordnung erfolgt dabei über die DocID aus dem Dokumentenindex. Dieser enthält ja bereits die URL und einige zusätzliche Daten, die nicht doppelt abgespeichert werden müssen. Es ist also nicht nötig, die URL zur Beschreibung des Dokuments hier erneut zu nutzen, sondern es kann auf die eindeutige systeminterne Kennzeichnung des Dokuments aus dem Dokumentenindex zurückgegriffen werden.

Ähnlich verhält es sich mit den Begriffen. Wird eine neue Zeile in der direkten Datei angelegt, kann dazu das Lexikon als Datengrundlage genutzt werden. Analog zum Dokumentenindex enthält das Lexikon alle Begriffe mit einer jeweiligen WordID. Wird ein Begriff nicht im Lexikon gefunden, wird er über einen gesonderten Prozess neu hinzugefügt und erhält eine eigene WordID. Das Lexikon erfüllt eine Vielzahl von Funktionen, daher ist es hier besonders wichtig, eine schnelle Bearbeitbarkeit zu garantieren. Aus diesem Grund liegt es in der Regel innerhalb des virtuellen Speicherbereichs. Eine Ablage auf der Festplatte würde zu lange Zugriffszeiten erfordern. Vereinfacht ausgedrückt, müsste sich die Scheibe der Festplatte bei jeder Anfrage erst an die richtige Stelle drehen und der Lesekopf entsprechend positioniert werden. Solche mechanischen Vorgänge sind beim Hauptspeicher eines Rechners nicht erforderlich, daher sind Zugriffe enorm schnell möglich. Die platzsparende codierte Tabelle würde dementsprechend so aussehen:

DocID	WordID	Hitlist
000034	004532	CE625
000034	000235	67F24
000034	001256	E42C4

Tabelle 5.4 Direkter Index im codierten Zustand

Nun werden Sie sagen: »Das Beispiel zeigt immer noch eine Tabelle und keine Datei.« Richtig. In der Praxis ist dem Information-Retrieval-System durch die Dateispezifikationen die Datenlänge der Zeilen bekannt, sodass die Tabelle folgendermaßen endgültig in der direkten Datei abgespeichert oder eben im Speicher gelagert werden könnte:

000034004532CE625
00003400023567F24
000034001256E42C4

Listing 5.1 »Sein oder nicht sein« in einer direkten Datei

Es ist nun ein Kinderspiel, alle Schlüsselwörter zu einem gesuchten Dokument schnell zu finden und deren einzelne Positionen und weitere Merkmale anhand der Hitlist zu ermitteln. Dabei können die einzelnen Einträge sogar innerhalb einer einzigen Zeile ohne Zeilenumbruch geführt werden, denn die Länge eines einzelnen Eintrags ist bekannt und stets gleich.

Der Clou dabei ist, dass dazu die ursprüngliche Datei im Repository keineswegs mehr erforderlich ist. Dank der komprimierten Datenspeicherung wird, wie soeben angedeutet, eine große Menge an Zeit und Ressourcen gespart. Damit hat der Parser nun auch endgültig seine Schuldigkeit getan – zumindest für dieses Dokument, denn das nächste Dokument aus dem Repository wartet schon auf die Datennormalisierung und Dokumentanalyse.

5.5.3 Invertierter Index

Die eigentliche Indexierung besteht jedoch nicht im Anlegen der direkten Dateien. Streng genommen bedeutet Indexierung erst das Anlegen eines Eintrags im invertierten Index.

Diese Struktur entspricht im übertragenen Sinne erst dem Index eines Buches und wird daher auch einfach nur als *Index* oder *invertierter Index* bezeichnet. Bislang hat das Information-Retrieval-System einen direkten Index erzeugt. Damit ist es mög-

lich, alle Schlüsselwörter und die dazugehörigen Informationen zu einem bestimmten Dokument über die URL bzw. die DocID zu erfahren.

Das ist zweifelsohne schön, bringt aber den Suchenden oder die Suchende ohne eine weitere Komponente dennoch nicht weiter. Denn in Suchanfragen wird nicht nach Dokumenten gesucht, sondern nach Schlüsselwörtern. Es wird also zusätzlich eine Struktur benötigt, die nicht nach Dokumenten ausgerichtet ist, sondern nach Schlüsselwörtern. Genau diese Struktur stellt der invertierte Index zur Verfügung.

Für die Erstellung der invertierten Dateien, die den invertierten Index enthalten, ist eine eigene Systemkomponente zuständig. Der Sorter arbeitet kontinuierlich daran, den nach DocID sortierten direkten Index in einen nach WordID sortierten invertierten Index zu konvertieren. Die invertierte Datei ist sozusagen eine Umkehrung der direkten Datei. Dabei bleibt der direkte Index notwendigerweise bestehen und wird nicht etwa gelöscht. Später werden beide Dateistrukturen für eine Suchanfrage benötigt.

Der grundsätzliche Aufbau des invertierten Indexes wird in Tabelle 5.5 veranschaulicht.

WordID	DocID (Zeiger)
004532	000034, 001243, 000872, 007360, 083729
002176	000237, 371613, 002371, 927872, 298109
093278	000281, 287301, 984590, 298732, 029491

Tabelle 5.5 Invertierter Index

Bei einer Suchanfrage wird das gesuchte Stichwort durch das Lexikon in seine WordID umgewandelt. Die entsprechende Zeile des invertierten Indexes verweist über die Zeiger auf sämtliche Dokumente, in denen das Schlüsselwort vorkommt. Die DocID ist also auch hier als Zeiger das Bindeglied zwischen dem invertierten und dem direkten Index.

Je nach Systemarchitektur enthält der invertierte Index zusätzlich oder sogar ausschließlich die Hitlist der betreffenden Begriffe. Ebenso ist es vorstellbar, dass das Lexikon direkt einen Zeiger beinhaltet. Dieser würde auf eine zusätzliche Datenstruktur verlinken, in der gesondert die DocIDs mit den dazugehörigen Hitlists aufgereiht sind. Unabhängig von der programmtechnischen Umsetzung entstammen die verschiedenen Systemarchitekturen jedoch alle dem gleichen Grundgedanken mit dem Prinzip der drei Komponenten Hitlist, direkter Index und invertierte Liste. Nur über die invertierten Dateien ist es möglich, einen derart großen und verwaltbaren Datenbestand aufzubauen und die notwendigen Ressourcen für die Bearbeitung von Suchanfragen anzubieten, ohne dazu die eigentlichen Dokumente als Suchbasis nutzen zu müssen.

5.5.4 Verteilte Datenstruktur

Die meisten Suchmaschinendienste betreiben mehrere eigenständige Rechenzentren. Jedes dieser Rechenzentren beherbergt tausende von vernetzten Servern. Dies ist notwendig, um die enormen Datenmengen und die hohe Anzahl Suchanfragen in akzeptabler Zeit bearbeiten zu können. Über ein spezielles Verfahren namens *DNS-Balancing* wird bei einer Anfrage an die Google-Website immer das passende Rechenzentrum angesprochen. Die DNS-Server erhalten Informationen über Status und Auslastung der einzelnen Rechenzentren und stellen die DNS-Route entsprechend ein. Der Anwender oder die Anwenderin merkt dabei nicht, dass er bzw. sie immer wieder die Dienste eines anderen Rechenzentrums in Anspruch nimmt.

Sowohl der direkte als auch der invertierte Index kann auf die Rechner innerhalb eines Rechenzentrums verteilt sein. Auch in diesem Zusammenhang spricht man von Clustern. Insbesondere bei einer unkontrollierten Indexierung steigt der Platzbedarf des gesamten Indexes sprunghaft an. Im Gegensatz zur kontrollierten Indexierung liegt dem Index dabei kein Wörterbuch der zulässigen Begriffe zugrunde. Dieses Wörterbuch ist gewissermaßen ein Positivfilter, der auch als *White List* bezeichnet wird. Die großen Suchanbieter verfolgen mittlerweile überwiegend das Prinzip der *unkontrollierten Indexierung*. Dabei kann ohne aufwendige Pflege eines Wörterbuches ein Index generiert werden, der allerdings auch Begriffe indexiert, die im lexikalischen Sinne keine Wörter sind. Sicherlich erinnern Sie sich an das »qweewdai«-Beispiel im Abschnitt über die Wortidentifikation. Dieser Begriff wird genauso indexiert wie lexikalisch sinnvolle Wörter und auch falsche Schreibweisen wie »Weinachten«.

Dass Sie diesen Sachverhalt jedoch auch zu Ihren Gunsten einsetzen können, wird an späterer Stelle noch deutlich. Macht man bei eBay vielleicht noch das eine oder andere Schnäppchen im Kampf um »weinachtlichen« Baumschmuck, der aufgrund der falschen Schreibweise kaum gefunden wurde und nur wenig im Preis gestiegen ist, will man bei Suchmaschinen in der Regel trotz einer falschen Schreibweise gefunden werden. Insbesondere Google verfügt ungeachtet der unkontrollierten Indexierung über ein sehr gutes Wörterbuch.

Dabei kann mittels eines speziellen Algorithmus die phonetische Ähnlichkeit des falsch geschriebenen Wortes mit einem Begriff aus dem Wörterbuch errechnet und dem Benutzer ein Korrekturvorschlag unterbreitet werden.

Bei einer umfangreichen Anzahl von Begriffen wachsen die Indexdateien so stark an, dass eine einzelne sequenzielle Liste auf einem Server nicht mehr genügend Effizienz

bietet. Durch das Clustering kann diese Last verteilt werden. Allerdings können die Indexdateien dann meist nicht mehr aus einer einzigen sequenziellen Datei bestehen, sondern müssen in logischen Einheiten auf den einzelnen Rechnern des Netzwerks verteilt werden (siehe Abbildung 5.31).

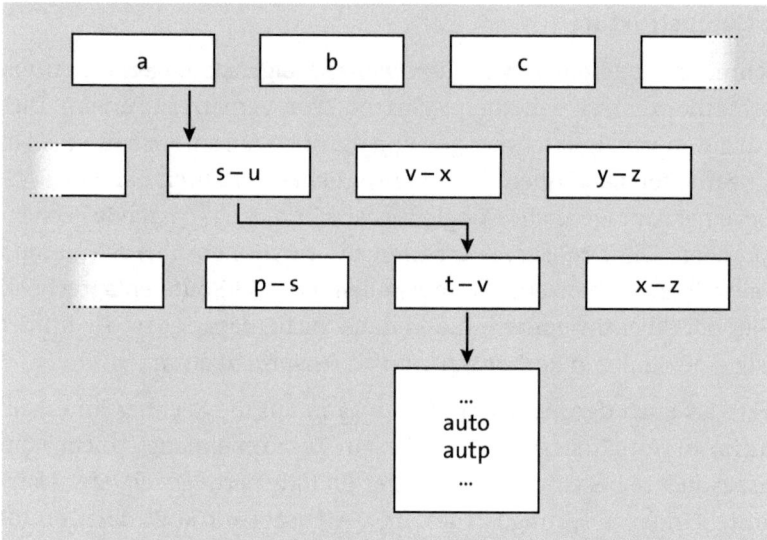

Abbildung 5.31 Schematische Darstellung eines verteilten Indexsystems

Für die Organisation bedient man sich eines mächtigen Konzepts aus der Graphentheorie der Informatik, der Baumstruktur. Sollten Sie zum ersten Mal einen solchen *informatischen* Baum sehen, wundern Sie sich nicht. In der Informatik wachsen Bäume nach unten, die Wurzel (Root) steht ganz oben.

Die einzelnen Blöcke werden als *Knoten* bezeichnet, die über sogenannte *Kanten* miteinander verbunden sind. Am Ende einer jeweiligen Kette befindet sich immer ein *Blatt*.

Das Beispiel verdeutlicht ausschnittsweise den schematischen Weg zu dem Rechner, auf dem der Abschnitt des Indexes vorhanden ist, der den Begriff »auto« enthält. Während das Wort von vorn nach hinten Buchstabe für Buchstabe zerlegt wird, gelangt der Suchalgorithmus immer eine Hierarchieebene tiefer und letztlich auf den richtigen Rechner. Im Beispiel befinden sich auf dem gefundenen Server alle indexierten Begriffe, die mit den Buchstaben »aut« beginnen. Natürlich kann dort neben dem Ausschnitt aus dem invertierten Index auch der korrespondierende Teil des direkten Indexes abgelegt sein.

Kapitel 6
Suchprozess

Die Kenntnis über den Ablauf des Suchprozesses bei einer Suchanfrage kann entscheidende Vorteile bei der Suchmaschinen-Optimierung bringen. In diesem Kapitel erfahren Sie, wie Suchmaschinen eine Anfrage behandeln und wonach und wie Suchende eigentlich suchen.

Im vorangegangenen Kapitel wurde ausführlich beschrieben, mit welchen Methoden und Modellen die Relevanz eines Dokuments anhand von Suchbegriffen bestimmt werden kann. Im Folgenden betrachten wir abschließend den *Query-Prozessor*, die Komponente der Suchmaschine, die bisher noch nicht beschrieben wurde. Während das gesamte übrige System kontinuierlich daran arbeitet, die Datenstruktur zu erweitern und zu aktualisieren, stellt der Query-Prozessor die Funktionalität zur Verfügung, die im Allgemeinen von einer Suchmaschine erwartet wird: Er verarbeitet die Eingaben des Nutzers oder der Nutzerin und liefert Ergebnislisten, die nach der Relevanz der Dokumente für die Anfrage geordnet sind.

Die auch als *Searcher* bezeichnete Komponente stellt für den Benutzer bzw. die Benutzerin das visuelle oder auditive Interface bzw. Frontend zum Information-Retrieval-System dar. An dieser Stelle laufen alle Fäden zusammen; der Query-Prozessor vereint alle Funktionen des gesamten Systems. Ein Schlüsselkriterium ist dabei die Bearbeitungsgeschwindigkeit. Man könnte annehmen, dass die Qualität der Suchergebnisse umso höher ist, je länger der Benutzer oder die Benutzerin auf die Ergebnisliste warten muss. Dies trifft sicherlich bis zu einer gewissen Grenze auch zu. Die Konzeption eines Query-Prozessors oder des gesamten Systems erfordert einen Spagat bei der Architekturplanung. Schnelligkeit muss gegen Qualität abgewogen werden. Suchmaschinen im Web entscheiden sich zumeist zugunsten der schnellen Bearbeitung. Eine andere Entscheidung ist in Anbetracht der immensen Anzahl von zu bewertenden Dokumenten de facto auch nicht möglich.

Die Suchanfrage wird in den meisten Fällen von den Benutzern und Benutzerinnen in ein einzeiliges Textfeld eingegeben und anschließend als Zeichenkette an den Query-Prozessor übermittelt. Dabei lassen sich die Arbeitsschritte in drei Bereiche gliedern: Nach der Erfassung und Verarbeitung der Suchanfrage findet im zweiten Schritt eine Relevanzbewertung der Dokumente anhand der bereits vorgestellten Gewichtungsmodelle statt. Anschließend wird dem Benutzer oder der Benutzerin als Antwort auf seine bzw. ihre Anfrage eine Trefferliste präsentiert.

6.1 Arbeitsschritte des Query-Prozessors

Die Bearbeitung der Suchanfrage (*Query Processing*) ähnelt in vielerlei Hinsicht der Normalisierung des Datenbestands. Dies scheint auch logisch, da in beiden Fällen von Menschenhand geschriebene Texte in ein einheitliches, verarbeitbares und vergleichbares Format umgewandelt werden müssen. Nur so können gesuchte Dokumente und Suchanfragen miteinander verglichen werden. Diesen Vorgang bezeichnet man auch als *Matching*. Dabei werden die Stichwörter aus der Suchanfrage mit den Einträgen aus dem invertierten Index verglichen.

Als die Information-Retrieval-Forschung noch nicht so weit fortgeschritten war wie heute und die CPU-Rechenkosten noch sehr hoch waren, wurden grundlegende Techniken wie die gleich vorgestellten (Tokenizing, Parsing usw.) je nach Suchmaschine mehr oder weniger gut angewandt. Moderne Suchmaschinen wie Google oder Bing verfügen mittlerweile über Algorithmen, die sich im Bereich der künstlichen Intelligenz mit Machine Learning und neuronalen Netzwerken bewegen. Die operative Grundlage dieser fortschrittlichen Algorithmen sind zwar immer noch einzelne grundlegende Techniken, allerdings in deutlich komplexerem und nicht mehr konsequent aufeinanderfolgendem Maße.

Tatsächlich nutzen Google und Bing allerdings nicht nur die klassische oder die moderne Variante für das Query Processing. Je nach Suchanfrage wird ein Modus gewählt, da der klassische Weg für viele, vor allem generische Short- oder Midtail-Suchanfragen immer noch sehr schnell und gut funktioniert. Bei komplexeren, oft natürlichsprachigen Anfragen im Longtail mit vielen Termen kommen aber verstärkt die KI-Algorithmen zum Einsatz.

Um Ihnen ein grundlegendes Verständnis zu geben, skizziere ich beide Möglichkeiten im Folgenden.

6.1.1 Tokenizing

Für die Eingabe einer Suchanfrage stehen heute mindestens zwei Möglichkeiten zur Verfügung: entweder die Eingabe über eine Tastatur an einem Computer oder Mobilgerät oder die Eingabe per Sprache. Bei Letzterem wird die Spracheingabe durch eine Spracherkennung in Terme übersetzt, sodass die Verarbeitung beider Eingabequellen von dort an gleichbehandelt werden kann.

Nachdem der Benutzer die Suchanfrage eingegeben oder eingesprochen hat, wird die Anfrage an den Query-Prozessor gesendet. Hier müssen nun einzelne Elemente, die als *Token* bezeichnet werden, aus dem Zeichenstrom identifiziert werden. Das betrifft einerseits die primär stichwortbasierten Suchmaschinen wie Google, Bing oder Yandex, andererseits aber auch die natürlichsprachlichen Systeme (NLPS, *Natural Lan-*

guage Processing Systems) wie z. B. Siri von Apple oder Alexa von Amazon. Letztere sind darum bemüht, komplexe Anfragen wie etwa »Wie wird das Wetter morgen?« sinnvoll zu beantworten, um eine benutzerfreundliche Suche zu ermöglichen.

Google hat der Erkennung und Bewertung von Anfragen in natürlicher Sprache im August 2013 sogar ein eigenes, grundlegendes Update des gesamten Suchalgorithmus gewidmet: Das Hummingbird-Update bewertet die (natürlichsprachlichen) Suchanfragen der Suchenden besser. Neue KI-Technologien wie beispielsweise BERT oder MUM bieten noch mehr Möglichkeiten. Mehr dazu erfahren Sie gleich.

6.1.2 Parsing

Da die Suchanfragen der Benutzer und Benutzerinnen oftmals nicht nur reine Stichwörter, sondern auch spezielle Operatoren enthalten, muss jedes einzelne Token aus dem vorangegangenen Schritt auf seine Funktion hin geprüft werden. Die Operatoren werden anhand einer Liste von reservierten Zeichen und Begriffen bestimmt. So können Anführungszeichen, boolesche Operatoren wie AND und OR und sonstige spezielle Funktionen (wie etwa die Einschränkung bei Google, nur nach PDF-Dateien zu suchen – `filetype:pdf`) erkannt werden.

6.1.3 Stoppwörter und Stemming

Sofern es sich um einen Suchdienst handelt, der bereits während der Dokumentnormalisierung eine Stoppwortliste angewandt hat, müssen freilich auch die Suchbegriffe auf Stoppwörter bei der Eingabe untersucht werden. Natürlich könnte man die Stoppwörter auch in der Suchanfrage belassen. Ein Ergebnis würde ohnehin nicht erzielt werden, da keine Entsprechung zu den Stoppwörtern im Index gefunden würde. Allerdings kostet das Erkennen und Entfernen der Stoppwörter im Voraus weniger Rechenzeit als die erfolglose Suche im Index. Darüber hinaus würden vorhandene Stoppwörter in der Stichwortliste die Ergebnisse verschiedener Algorithmen verzerren. So steht z. B. das Wort »Neuseeland« in der reinen Suchanfrage »Urlaub machen in Neuseeland« an Position vier. Die Stoppwort-Eliminierung würde ein anderes Ergebnis liefern (»Urlaub Neuseeland«), das mit hoher Wahrscheinlichkeit eine bessere Voraussetzung für das Matching darstellt.

Google und Bing setzen seit Längerem keine Stoppwort-Eliminierung mehr ein, sondern nutzen Präpositionen, Adjektive und Verben zur Erkennung von semantischen Zusammenhängen.

Adäquat dazu findet ein Stemming der Suchbegriffe auch nur bei Suchmaschinen statt, bei denen dies bereits während der Dokumentverarbeitung im Information-Retrieval-System durchgeführt wurde. In diesem Fall ist ein Stemming sogar unum-

327

gänglich, da die Begriffe beider Textmengen – das Dokument und die Suchanfrage – auf einen gemeinsamen Stamm reduziert werden müssen, um überhaupt ein Matching erfolgreich durchführen zu können.

Führt ein Information-Retrieval-System weder eine Stoppwortprüfung noch ein Stemming durch, werden diese beiden Schritte übersprungen.

6.1.4 Erzeugung der Query

Die bisherigen Schritte dienten der Normalisierung der Suchanfrage. Man kann diesen Prozess auch als eine Form der Übersetzung ansehen. Das wird besonders bei den natürlichsprachlichen Anfragen deutlich. Hier wird ohne Einsatz von KI-Algorithmen eine umgangssprachliche Frage »Wie lang ist der Nil?« in ein Format übersetzt, anhand dessen der Query-Prozessor ein Matching durchführen kann. Durch Stoppwortbetrachtung und Stemming erhält man das Paar »lang nil« (wobei »lang« z. B. auch die gestemmte Form des Wortes »Länge« darstellen würde).

Um das Matching durchzuführen, fehlt lediglich die Relation zwischen den erhaltenen Suchbegriffen. Dazu werden die extrahierten Operatoren aus dem zweiten Schritt genutzt. Dadurch entsteht ein systemspezifisches Format, das die Repräsentation der ursprünglichen Suchanfrage darstellt.

An diesem Punkt übernehmen die meisten Suchmaschinen die Repräsentation der Suchanfrage und führen das Matching mit dem invertierten Index durch.

6.1.5 Verwendung eines Entitäten-Thesaurus

Bei umfassenderen Entwicklungen zeichnet sich die Verwendung eines Entitäten-Thesaurus ab. Eine speziell erweiterte Datenstruktur enthält ein Wortnetz, dessen Einträge miteinander verbunden sind und so in sinnvoller Relation zueinander stehen. So lassen sich z. B. Synonyme, Abkürzungen sowie Ober- und Unterbegriffe zu einzelnen Termen bestimmen. Der Thesaurus ist ein effektives Hilfsmittel zur Sacherschließung.

Diese Erkenntnis kann man sehr gut in den Query-Verarbeitungsprozess mit einbeziehen. Oftmals nutzen Suchende eine Suchmaschine, um zu einem gewissen Themengebiet mehr zu erfahren. Infolgedessen ist das Wissen über spezielle Suchbegriffe meist eher dünn gesät und die Suche nicht selten wenig erfolgreich oder sehr mühsam. Eine Suchmaschine, die auf Wunsch gleichzeitig alle möglichen Synonyme und verwandten Ober- und Unterbegriffe in die Suche mit einbezieht, kann hier wahre Wunder bewirken.

6.1.6 Einsatz künstlicher Intelligenz mit Hummingbird, Rankbrain, BERT und MUM

In Zeiten, in denen mehr Anfragen über Smartphones als über Desktop-Rechner gestellt werden, verändert sich auch das Eingabeverhalten. Über Siri, Alexa und Google Voice Search tippt man keine Suchbegriffe mehr in ein Suchfeld ein. Vielmehr spricht man eine sogenannte natürlichsprachliche Frage in das Gerät ein und erwartet entweder auch eine direktsprachliche Antwort oder nach wie vor eine Liste auf dem Gerät. Dies färbt auch auf die textliche Eingabe ab, und entsprechend hat sich das Eingabeverhalten in die Suchfelder von Suchmaschinen verändert. Laut Google werden immer mehr komplette Fragen und ganze Sätze eingegeben. Man sucht nun nach einer guten Pizzeria nicht mehr mit »gute Pizzeria Köln«, sondern »Wo ist die nächste gute Pizzeria« – der Standort spielt oftmals gar keine Rolle mehr, weil er ohnehin automatisch erkannt wird.

Gleichzeitig führen die oben erwähnte Reduzierung von CPU-Rechenkosten und Fortschritte in der KI-Forschung dazu, dass immer mehr selbstlernende Algorithmen eingesetzt werden. Sie können davon ausgehen, dass Google-Algorithmen mittlerweile ein besseres und sichereres Textverständnis als ein Grundschüler haben. Das zeigen Benchmarks, die algorithmische Leistungen mit menschlichen Leistungen vergleichen. Insofern ist es nur konsequent, dass diese Erkennungsverfahren auch beim Query Processing eingesetzt werden.

Bereits 2013 hat Google dem Rechnung getragen und das Update Hummingbird (Kolibri) herausgebracht. Mit diesem relativ großen Update hat Google den alten algorithmischen Kern einer grundlegenden Überarbeitung unterzogen und damit den Suchalgorithmus, die Grundlage der Google-Suche, zukunftsfähig gemacht. Die Suche sollte damit nicht nur schneller, sondern auch deutlich präziser Suchanfragen auswerten und passendere Suchergebnisse ausliefern. Einige alte Filter wie z. B. Panda und Penguin sind fest mit in den Kern integriert worden, und sicherlich sind auch andere, ältere Bestandteile übernommen oder integriert worden.

Mit Hummingbird verfolgte Google das Ziel, Suchanfragen der Nutzer und Nutzerinnen besser interpretieren zu können und damit die Qualität der gezeigten Suchergebnisse – ob visuell oder sprachlich – zu erhöhen. Wie funktioniert das? Durch Hummingbird kann Google komplexe, also auch natürlichsprachliche Anfragen insofern besser interpretieren und verstehen, als dass eine Anfrage semantisch verstanden wird. Es zählen hier nicht mehr hauptsächlich nur Substantive wie vor dem Update. Die ganze Suchanfrage mit allen Präpositionen und Verben wird seit Hummingbird ausgewertet.

Die *Intention* des oder der Suchenden (User-Intent) spielt hier eine entscheidende Rolle. Es geht also zusammengefasst vielmehr um die gesamte Suchanfrage und die Verarbeitung dessen, was der oder die Suchende vermeintlich finden möchte, als um die einzelnen Begriffe. Hummingbird wird laut Google auf über 90 Prozent aller Suchanfragen angewandt.

Mit Hummingbird greift Google auf eine Entitäten-Datenbank (*Knowledge Graph*) zurück. So werden Gebäude, Firmen, Marken, Lebensmittel, Persönlichkeiten und alle anderen denkbaren Entitäten referenziert und bei der Analyse miteinander in Abhängigkeit gebracht. So weiß Google, dass beispielsweise das Keyword »Bank« sowohl ein Ort sein kann, an dem man Geldgeschäfte erledigen kann, als auch ein Ort, an dem man im Park sitzen kann. Die zusätzlichen Begriffe wie »Öffnungszeit« oder »Holz« erlauben Google, entsprechend unterschiedlich mit den Anfragen umzugehen.

2015 integrierte Google außerdem *RankBrain*, einen auf Machine Learning aufgebauten Algorithmus vor allem zur Einordnung von Suchanfragen, die bislang noch nie gestellt worden sind. Das sollen laut Angaben von Google immerhin 15 Prozent aller Suchanfragen sein. Wenn RankBrain ein unbekanntes Wort erhält, wird mittels mathematischer Abbildungen ein Ähnlichkeitsvektor aufgebaut, sodass bereits bekannte und vermeintlich bedeutungsähnliche Wörter daraus abgeleitet werden können. Damit baut Rankbrain die Brücke zu der semantischen Zuordnung von Hummingbird – bislang unbekannte Wörter werden semantisch mit bekannten Termen und Entitäten verbunden.

2019 veröffentlichte Google schließlich BERT für über 70 Sprachen. Dieser Algorithmus brachte neuronale Netzwerke mit in die Query-Verarbeitung ein. Der Fokus liegt hierbei vor allem in der Kontexterkennung der Suchanfrage. Google versucht also, verschiedene Wörter in semantische Verbindung zu bringen und vor allem Suchanfragen nicht nur Wort für Wort zu identifizieren. Wie bereits RankBrain zuvor kommt BERT wohl vor allem bei Longtail-Anfragen und natürlichsprachigen Anfragen zum Einsatz – ein weiterer Schritt, um textliche und sprachliche Anfragen noch besser zu verstehen und das Query Processing auf ein ganz neues Niveau zu heben.

Ein Beispiel soll abschließend die Entwicklung verdeutlichen. Nehmen wir an, jemand sucht nach der Antwort, ob man auch für jemand anderen in der Apotheke Medikamente abholen darf. Die Suche würde vielleicht wie folgt aussehen:

```
Darf ich Medikamente für jemanden in der Apotheke holen?
```

Klassische Algorithmen würden mit einer harten Stoppwort-Eliminierung die Suchanfrage `Medikamente Apotheke` extrahieren, was die tatsächliche Intention hinter der Anfrage eigentlich nicht trifft. Denn die Intention könnte nun auch sein, welche oder ob es Medikamente in Apotheken gibt oder Ähnliches. Entsprechend werden Google Ads, News und Online-Apotheken angezeigt (vgl. Abbildung 6.1). Google kann den User Intent nicht eindeutig bestimmen und bietet alles an, was einigermaßen sinnvoll erscheint.

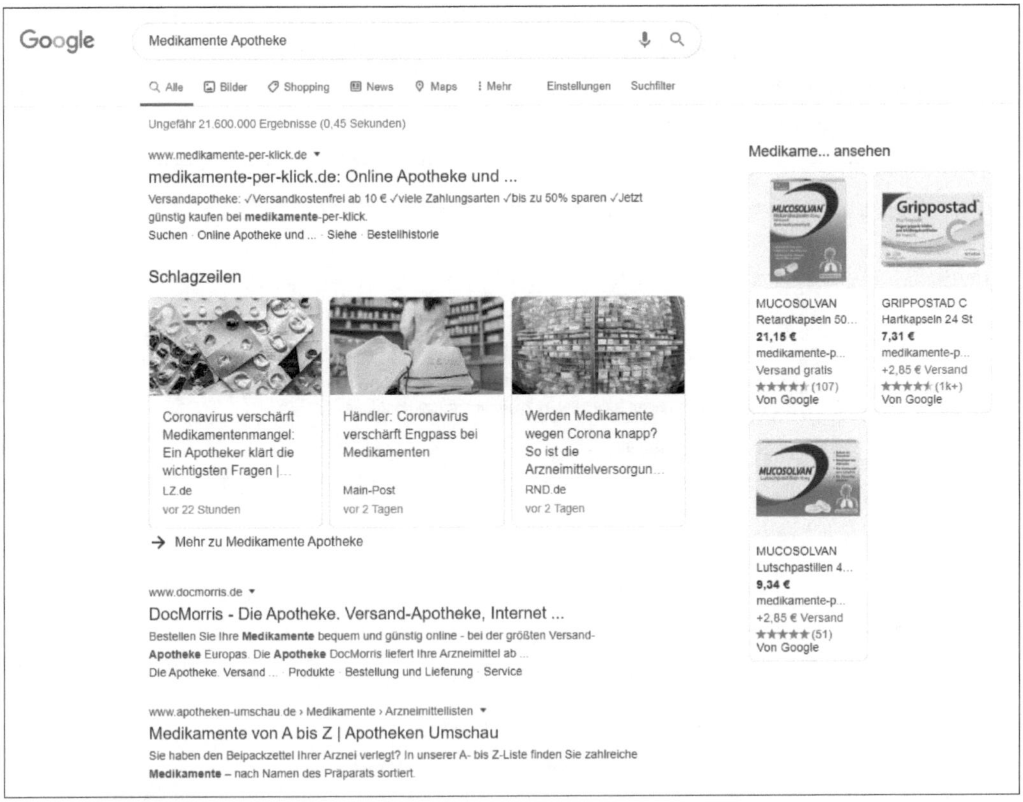

6.1 Arbeitsschritte des Query-Prozessors

Abbildung 6.1 Google kann nicht eindeutig einen User Intent erkennen.

Hier wird der Verlust, den ein zu starkes Reduzieren einer Suchanfrage bewirkt, sehr deutlich – gerade wenn man sich dazu das Ergebnis nach der oben genannten natürlichsprachigen Anfrage bei Google anschaut, das Sie in Abbildung 6.2 sehen können. Hier wird der Nutzen der fortschrittlichen Query-Verarbeitung mittels künstlicher Intelligenz sofort deutlich. Einerseits wird gleich eine Antwort-Box als Antwort gegeben, welche bei einer rein sprachlich gestellten Anfrage auch vorgelesen werden würde. Andererseits sehen Sie eindrücklich, dass die Ergebnisse darunter gar nicht die eigentliche Frage enthalten, sondern bereits die Antworten. Es geht bei der modernen Suchmaschinen-Optimierung gar nicht unbedingt immer nur um die exakte Keyword-Platzierung, sondern darum, auf bestimmte Suchanfragen passende Antworten zu haben. Und das verarbeiten moderne Suchmaschinen mittlerweile immer besser.

In der Reihe der bekannten KI-Entwicklungen von Google darf hier MUM nicht fehlen. Das Multitask Unified Model (MUM) wurde 2021 als Nachfolger von BERT vorgestellt und ist angeblich 1000-fach besser. MUM dient dabei weniger der Bestimmung

331

von textlichen oder natürlichsprachigen Anfragen, sondern vor allem soll MUM über mehrere Sprachen hinweg Entitäten innerhalb von Texten miteinander in Beziehung bringen. Was aber für einen ganzen Text funktioniert, kann natürlich auch für Suchanfragen genutzt werden.

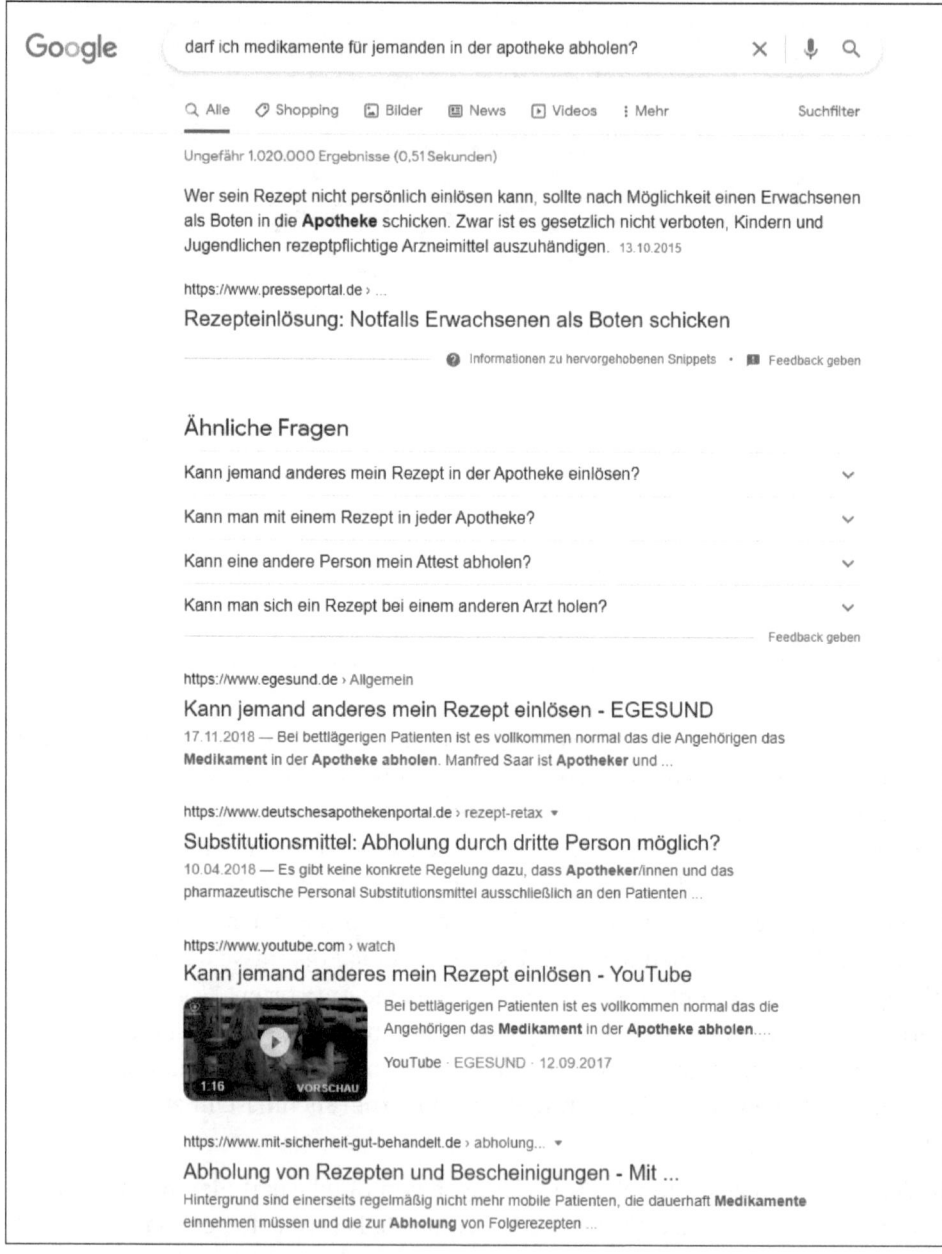

Abbildung 6.2 Verarbeitung einer natürlichsprachigen Anfrage mittels KI-Algorithmen bei Google

Wichtig bei allen Algorithmen sind allerdings zwei Dinge: Einerseits, wie eingangs erwähnt, werden die KI-Algorithmen bei Google nicht immer genutzt. Gerade bei kurzen und generischen Anfragen gilt nach wie vor noch die eher klassische Optimierung auf Suchanfragen, wobei auch hier die Tage von Keyword-Stuffing, Keyword-Dichten und Ähnlichem definitiv vorbei sind. Grundsätzlich gilt immer: Bieten Sie möglichst den besten Inhalt für die jeweilige Suchabsicht an!

Zweitens sollten Sie beachten, dass nicht alle Suchmaschinenanbieter so fortschrittlich sind wie Google. Das sieht man am Beispiel von Yandex (Abbildung 6.3). Im Zweifel testen Sie solche Anfragen immer live – auch Google entwickelt sich schnell, und manchmal funktionieren Anfragen auch ganz anders, als man theoretisch denken würde oder als Google selbst behauptet.

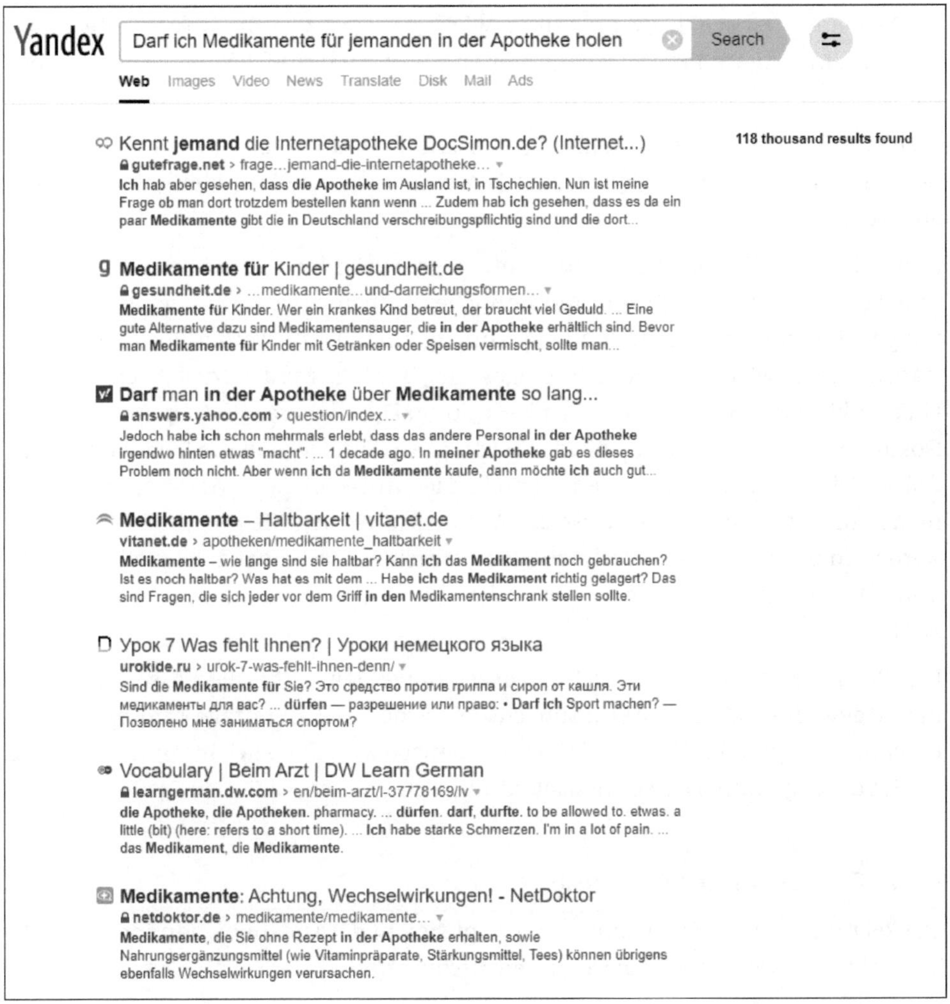

Abbildung 6.3 Yandex liefert bei der gleichen Anfrage nicht so passende Ergebnisse.

6.1.7 Matching und Gewichtung

Unabhängig vom klassischen oder modernen KI-Ansatz ist der Normalisierungsprozess spätestens an dieser Stelle abgeschlossen. Das Matching kann nun durchgeführt werden. Das grundsätzliche Vorgehen wurde bereits eingangs kurz angesprochen.

Vor dem Matching werden zunächst die Begriffe der Anfrage-Repräsentation in die entsprechenden WordIDs übersetzt. Anschließend werden die grundsätzlich infrage kommenden Dokumente bestimmt. Dazu wird die WordID anhand des invertierten Indexes durchsucht. Das Ergebnis dieser Suche ist eine Auswahl an Dokumenten, die den gesuchten Begriff enthalten.

Handelt es sich um eine Suchanfrage mit mehreren Begriffen, muss die Bedeutung der Relation zwischen den jeweiligen Begriffen berücksichtigt werden. Bei einem AND-Operator zwischen zwei Begriffen würden z. B. nur solche Dokumente bei der Suche im invertierten Index herausgefiltert, die auch tatsächlich beide Begriffe enthalten.

Gleichzeitig wird bei der Erkennung von Entitäten auch die Entitäten-Datenbank nochmals genutzt, um für die Trefferliste entsprechende Entitäten-Informationen anzuzeigen.

Anhand der Hitlist der gefundenen Einträge, die wichtige Werte über die Wortposition, Formatierung, Häufigkeit und Ähnliches enthält, werden die weiteren Berechnungen für das organische Ranking durchgeführt. Dazu werden an dieser Stelle statistische Gewichtungsmodelle eingesetzt. Oftmals werden zusätzlich auch die Linkstrukturen z. B. mittels PageRank ermittelt. Durch dieses Verfahren erhält jedes Dokument eine Gewichtung, die die Relevanz im Hinblick auf die Suchanfrage ausdrückt. Diese Gewichtung bezieht dann je nach Auswahl der verwendeten Algorithmen zum einen die Art und Weise des Auftretens der Begriffe mit ein. Zum anderen werden makrostrukturelle Verlinkungen betrachtet, und nicht zuletzt wird das einzelne Dokument in Relation zu den anderen infrage kommenden Dokumenten gesetzt.

Um Rechenkapazitäten sinnvoll einzusetzen, werden nicht alle passenden Dokumente gewichtet. Meistens wird zunächst ein großes Set an infrage kommenden Dokumenten ausgewählt (*Relevancy Set*), und danach wird die Gewichtung dann auf dieses Set durchgeführt. Das können allerdings immer noch Millionen Treffer sein.

6.1.8 Darstellung der Trefferliste

Die Relation zu anderen Dokumenten zeigt sich in der Listenposition innerhalb der Trefferliste. Je weiter oben ein Dokument anzutreffen ist, desto höher ist die vom System angenommene Ähnlichkeit mit der Suchanfrage. Die Seite auf Platz eins ist die vermeintlich hilfreichste und damit die optimal passende Ressource zur Anfrage.

Die Darstellung der Trefferliste stellt den letzten Schritt des Query-Prozessors dar. Der Benutzer oder die Benutzerin erhält die Liste als Antwort auf seine bzw. ihre Anfrage und muss nun anhand der präsentierten Informationen zu jedem Treffer entscheiden, auf welcher Seite er oder sie seinen bzw. ihren Wissensdurst befriedigen möchte.

Die Mehrheit der Suchmaschinen stellt hier noch die Möglichkeit zur Verfügung, das Suchergebnis zu verfeinern. Das geschieht allerdings in unterschiedlichem Ausmaß. Bei den meisten Betreibern erfolgt dies leider nur sehr rudimentär. Die Suchanfrage wird einfach nochmals in dem Suchfeld über der Ergebnisliste angezeigt und kann somit verfeinert werden. Die meisten Suchmaschinen übergeben die vorangegangene Suche auch auf Wunsch zur Verfeinerung an die erweiterte Suchfunktion.

Eine Besonderheit boten *AllTheWeb* und Yahoo! nach manchen Suchanfragen. Es wurden bis zu zehn weitere Begriffe zur gegebenen Anfrage vorgestellt, die der Benutzer oder die Benutzerin durch einen Klick auf ein Plus oder Minus zur Suche hinzufügen (AND) oder ausschließen (NOT) konnte. Abbildung 6.4 zeigt als Beispiel eine Liste der vorgeschlagenen Begriffe zur Suche nach dem Begriff »wok«.

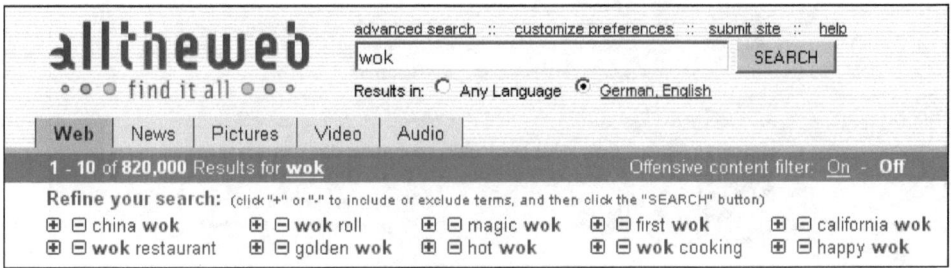

Abbildung 6.4 Verfeinerte Suche bei AllTheWeb

Ein derart komplexes Verfeinerungskonzept konnte sich allerdings nicht durchsetzen. Beide Suchmaschinen gibt es heute nicht mehr, und betrachtet man den Marktführer Google, dann wird diese grundlegende Funktionalität wohl auch nicht gebraucht.

Bei heutigen Suchmaschinen findet man bei den meisten Anfragen »Ähnliche Suchanfragen wie«, die meist unter oder sogar zwischen der eigentlichen Trefferauflistung zu finden sind. Heute setzen alle modernen Suchmaschinen auf eine Suggest-Suche als Unterstützung zur Verfeinerung der Suchergebnisse. Das Beispiel zeigt schön, dass nicht alle Features von Suchmaschinen-Interfaces sich durchsetzen können und irgendwann durch optimierte Interfaces abgelöst werden.

Der Misserfolg dieser Eingabeform mag auch daran liegen, dass sich die vorgeschlagenen Begriffe oftmals nicht sonderlich gut dazu eigneten, die Treffermenge der eigenen Suche sinnvoll zu erweitern bzw. zu reduzieren. Meist gab der oder die Suchende schneller einen weiteren, eigenen Begriff per Hand ein, anstatt einen geeigneten aus einer Liste auszuwählen.

Ein Beispiel, wie eine Suchanfrage aber dennoch unterschiedlich bei der Darstellung der Trefferliste behandelt wird, zeigt eine Suchanfrage nach einem Kinderspielzeug mittels wiener schnitzel mit pommes ohne plastik. Hier beachtet Google den Zusatz »plastik« nicht, sondern bietet dem oder der Suchenden direkt beim SERP-Snippet an, dies dennoch zu nutzen.

Entsprechend wird dann bei Klick die Suche verfeinert bzw. umgewandelt in wiener schnitzel mit pommes ohne "plastik". Die Anführungszeichen sorgen dafür, dass der Term »Plastik« zwingend in den Ergebnistreffern auftreten muss. Damit kommen wir direkt zum Bereich der Suchoperatoren.

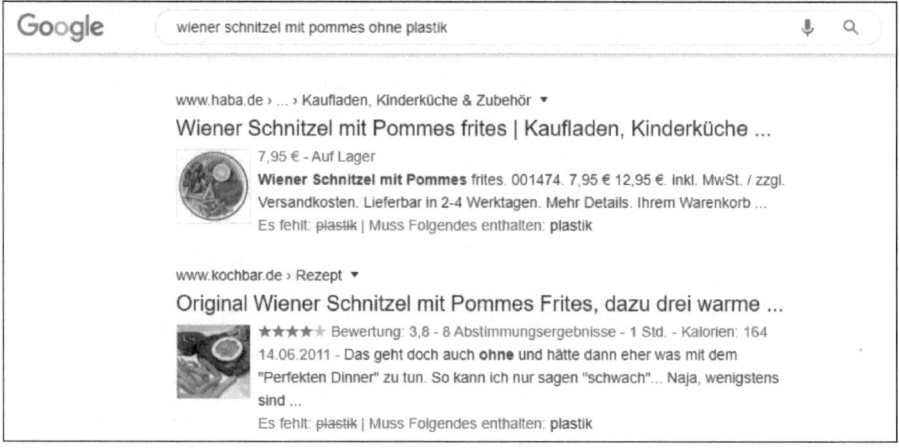

Abbildung 6.5 Wiener Schnitzel ohne Plastik

6.2 Einfache Suchoperatoren

Die wachsende Anzahl von Webseiten im Index der Suchmaschinen zwingt den Benutzer oder die Benutzerin, immer genauere Suchanfragen zu stellen. Die Eingabe eines einzelnen Begriffs liefert heutzutage oftmals einen undurchdringbaren Wald von Treffern, bei dem selbst die Ergebnisse an erster Stelle selten dem Wunsch des Benutzers oder der Benutzerin entsprechen. In diesem Zusammenhang spricht man auch von der *Practical Precision*. Diese bezeichnet die Leistung der Suchmaschine, speziell auf der ersten und zweiten Ergebnisseite eine hohe Precision-Rate zu erzielen. Der Hintergrund dieser Überlegung ist, dass sich die wenigsten Benutzer und Benutzerinnen weiter hinten liegende Seiten der Trefferliste anschauen und dass sich somit die tatsächliche Präzision nicht auf die gesamte Trefferliste, sondern nur auf die meistbeachteten Treffer beziehen sollte.

Um das Gesuchte näher einzugrenzen und die Precision von der Benutzerseite aus zu erhöhen, bedarf es einer mächtigen Anfragesprache. Diese ermöglicht es, einzelne Stichwörter in logische Verbindung zueinander zu setzen und Begriffe mit Attributen zu versehen. Dabei beherrscht heutzutage jede Suchmaschine im Web diese Grundfunktionalität, die man durchaus als gemeinsamen Standard definieren könnte.

6.2.1 Boolesche Ausdrücke

Die meisten Suchenden sind sich gar nicht bewusst, dass sie bei einer Suchanfrage mit mehr als einem Begriff bereits von der booleschen Logik Gebrauch machen. Das ist für die Suchmaschinen-Optimierung jedoch eine enorm wichtige Erkenntnis. Denn werden in das Suchfeld z. B. zwei Suchbegriffe direkt hintereinander ohne Zuhilfenahme eines Operators eingegeben, setzen alle großen Suchmaschinen automatisch ein AND dazwischen ein. Der Benutzer oder die Benutzerin bemerkt dies nicht, weil er oder sie intuitiv eine AND-Verknüpfung beabsichtigt, wenn zwei Begriffe eingegeben werden. Erfahrene Web-User benutzen die ausgefeilte Technik der verschiedenen Operatoren, um die Anfrage im Voraus zu präzisieren. Und auch bei weniger erfahrenen Benutzern und Benutzerinnen ist zunehmend zu beobachten, dass die booleschen Ausdrücke immer häufiger Verwendung finden, nachdem ein erster »Blindschuss« mit einem Begriff nicht das gewollte Ergebnis erzielt hat. Der Boom an Praxisbüchern, die das Geheimnis der effektiven Suche im Web zu lüften versprechen, ist sicherlich als ein Zeichen für diesen Trend zu sehen.

An dieser Stelle erhalten Sie einen kurzen Überblick über die Operatoren und deren Abkürzungen, um Ihr Wissen abzurunden und an späterer Stelle darauf zurückgreifen zu können.

- **AND (+)**: Jeder Begriff muss mindestens einmal im Suchergebnis enthalten sein. Als Abkürzung kann auch das Pluszeichen (+) direkt vor das zu verknüpfende Wort gestellt werden.

    ```
    hausboot AND neuseeland
    hausboot +neuseeland
    ```

- **OR (|)**: Hier muss nur einer der beiden Begriffe in einem Dokument vorhanden sein, damit das Dokument mit in die Treffermenge aufgenommen wird. Wie alle Operatoren kann auch dieser mit Klammern kombiniert werden. Dabei gilt die aus der Schulmathematik bekannte Regel, dass ein Term von innen nach außen hinsichtlich der Klammern verarbeitet wird. So würde die Anfrage eines Benutzers oder

einer Benutzerin, der oder die am Erwerb eines neuen Autos interessiert ist und sich über Kauf- und Leasingangebote informieren möchte, wie folgt aussehen:

```
auto AND (kauf OR leasing)
```

Dabei würden sowohl alle Dokumente mit den beiden Begriffen auto kauf wie auch auto leasing infrage kommen. Dokumente mit dem Thema auto mieten kämen hingegen nicht infrage.

- **NOT (–)**: Um gewisse Themen bei der Suche auszugrenzen, kann der negative Operator verwendet werden. Möchten Sie z. B. alle Computermessen angezeigt bekommen, wollen aber die nicht mehr stattfindende, jedoch immer noch in den SERPs stark vertretene Messe CeBIT ausschließen, können Sie einen der folgenden Ausdrücke verwenden:

```
Computermesse NOT cebit
Computermesse -cebit
```

6.2.2 Phrasen

Durch Verwendung von Anführungszeichen können mehrere Wörter zu Ausdrücken vereint werden. Manche Begriffe lassen sich nicht in einem Wort fassen, sondern es bedarf der genauen Anordnung mehrerer Wörter. Dies trifft insbesondere auf die Kombination von Vor- und Nachnamen zu. Aber auch bei den Ausdrücken »Bundesrepublik Deutschland« oder »Universität Freiburg« ist eine Phrasensuche sinnvoll. Oftmals können auch Zitate auf diese Art leichter gefunden werden.

Die Phrasen werden dann genau in der vorgegebenen Anordnung und Schreibweise gesucht. Mit der Eingabe »Universität Freiburg« ohne Anführungszeichen erhalten Sie eine Ergebnismenge mit Seiten, die zwar beide Wörter enthalten, aber nicht zwingend in der Reihenfolge direkt hintereinander. Die Phrasensuche ist neben den booleschen Operatoren eine weitverbreitete Methode.

Wie Sie gerade gelesen haben, dient die Phrasensuche insbesondere bei Google auch dazu, dass genau der verwendete Term genutzt wird – wie im Beispiel wiener schnitzel mit pommes ohne "plastik".

6.2.3 Wortabstand

Können oder wollen Sie den Abstand zwischen zwei Begriffen nicht genau definieren, stehen verschiedene Ausdrücke zur Verfügung, die angeben, wie nahe beieinander die Wörter in etwa stehen dürfen.

- **ADJ**: Dieser Operator bedingt, dass beide Begriffe direkt nebeneinanderstehen müssen. Dieser Operator ist der Phrasensuche sehr ähnlich, nur dass es dabei nicht auf die Reihenfolge der Begriffe ankommt.
- **NEAR (~) oder AROUND(10)**: Um die gewünschte Nähe zweier Begriffe auszudrücken, kann dieser Operator verwendet werden. Zwischen den beiden Begriffen dürfen nicht mehr als zehn andere Begriffe stehen, ansonsten wird eine Seite nicht in die Ergebnismenge mit aufgenommen.

```
Schneewittchen AROUND(10) Zwerge
```

Im Beispiel würde ein Dokument mit dem Satz »Schneewittchen und die sieben Zwerge« gefunden, andere Seiten, die diese Begriffe mit größerem Wortabstand enthalten, hingegen nicht.
- **FAR**: Dieser Operator ist das Gegenstück zum vorangegangenen. Beide Begriffe müssen in einem Dokument vorkommen und dürfen nicht nahe beieinanderstehen.

Bislang unterstützen nur wenige Suchmaschinen diese Funktionen. Die geringe Verbreitung liegt sicherlich an der höheren Anforderung, die damit für den Benutzer oder die Benutzerin verbunden ist. Dieser bzw. diese muss eine abstrakte Vorstellung davon haben, wie die von ihm oder ihr gesuchten Begriffe zueinander stehen. Dies ist jedoch in der Regel nicht der Fall.

6.2.4 Trunkierung

Ein Stern (*) wird als Platzhalter, eine sogenannte *Wildcard*, einem Begriff voran- oder nachgestellt. Der Query-Prozessor interpretiert diesen und sucht nicht nur ausschließlich nach dem angegebenen Begriff, sondern auch nach entsprechend erweiterten Begriffen. So werden bei der Suche nach »haus*« nicht nur Dokumente mit dem Begriff »Haus« angezeigt, sondern auch z. B. Seiten mit den Wörtern »Hausmann«, »Haushalt«, »Hausboot« etc. Entsprechendes gilt für eine vorangestellte Wildcard.

Google und Bing wenden die Trunkierung bereits automatisch an. Möchten Sie dies verhindern, ist nicht selten ein glückliches Händchen bei der Suche nach der Funktionsbeschreibung der Suchmaschine nötig.

Die Stern-Notation kann man bei Google dann gut einsetzen, wenn man mit Suchanfragen mit mehreren Termen arbeitet, die dann ein Wildcard enthalten (Abbildung 6.6).

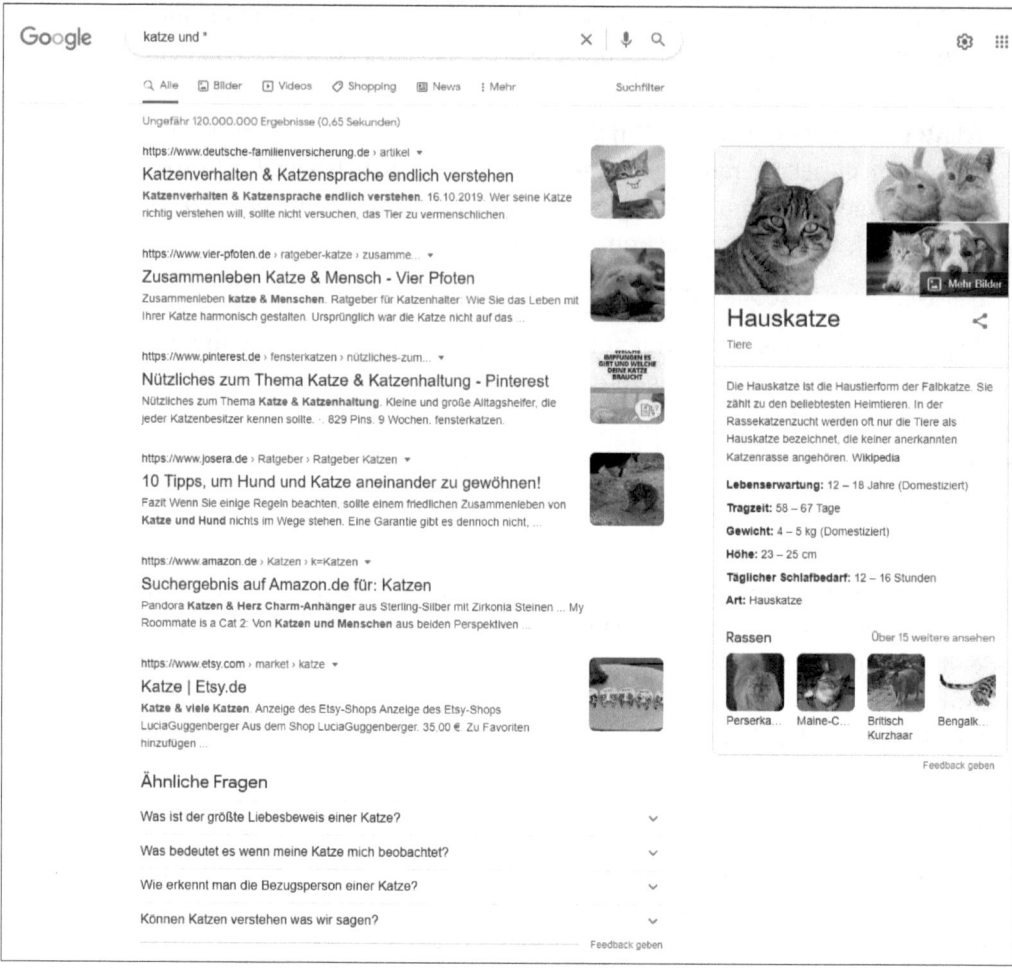

Abbildung 6.6 Suchergebnis für die Suche nach: »Katze und *«.

6.3 Erweiterte Suchmöglichkeiten

Um die spezifischen Eigenschaften der Anfragesprache einer Suchmaschine, die nicht zu einem Quasistandard zusammengefasst werden können, komfortabel nutzen zu können, stellen alle Suchmaschinen-Betreiber eine erweiterte Suche zur Verfügung.

Die erweiterte Suche kann entweder direkt über das normale Suchfeld genutzt werden oder über ein eigenes komplexeres Formular (siehe Abbildung 6.9). Die einzelnen Befehle für die erweiterte Suche sind von Suchmaschine zu Suchmaschine unterschiedlich. Allerdings lassen sich die verschiedenen Funktionen in mindestens drei

Bereiche einteilen. Der erste Bereich erweitert die normale Suche um bestimmte Attribute. Der zweite Bereich verringert die normale Suche beispielsweise zum Ausschluss von bestimmten Keywords oder Sprachen.

6.3.1 Der »site«-Operator und die erweiterte Suche

Der dritte Bereich schließlich greift auf bestimmte Indexstrukturen zurück: So kann man sich mit `site:domain.de` alle indexierten URLs einer Domain ausgeben lassen.

Abbildung 6.7 Beispiel eines Site-Operators bei Google

Dieser grundlegende »site«-Operator beinhaltet alle Subdomains (also beispielsweise *www.domain.de*, *dev.domain.de*, *test.domain.de* usw.). Man kann ihn auch entsprechend einschränken und mit Ergänzungen (hier einem Pfad) versehen:

site:www.domain.de/pfad/

Hier wird dann nur das Indexierte der Subdomain www angezeigt, das sich im Verzeichnis /pfad/ befindet.

> **Praxistipp: »site«-Operator immer zuerst nutzen**
>
> Eines der ersten Dinge, die ich überprüfe, wenn ich mir eine unbekannte Domain nach SEO-Gesichtspunkten ansehe, ist der site-Operator. Zuerst schaue ich, welche URLs auf den vorderen Plätzen stehen, und erhalte einen Eindruck von dem Indexierungsstand (Anzahl der indexierten Seiten) sowie den Titles und Descriptions. Dann blättere ich immer weiter nach hinten und schaue, welche URLs mir da so begegnen.
>
> Das ist sehr hilfreich, um z. B. Indexierungsfehler, schädlichen Duplicate Content (mehrfach vorhandene Inhalte) oder Thin-Content-Probleme auf Websites zu identifizieren.

Häufig wird die erweiterte Suche auch als *Experten-* oder *Profisuche* bezeichnet. Dieser Begriff ist insofern unglücklich gewählt, als die Vermutung nahegelegt wird, diese Suche sei nur von Experten oder Profis zu bedienen oder diene sogar nur den Interessen von Experten. Das ist aber keineswegs so. Allerdings erkennt Google durchaus, wenn man als Suchmaschinen-Optimierer oder -Optimiererin mehrfach hintereinander eine Site-Abfrage ausführt, und man muss zunächst bestätigen, dass es sich bei den Anfragen nicht um eine automatisierte Abfrage handelt (vgl. Abbildung 6.8).

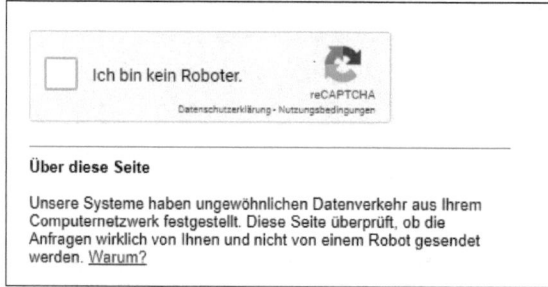

Abbildung 6.8 Google möchte bei massiven Site-Abfragen sicherstellen, dass Sie kein Bot sind.

Darüber hinaus finden Sie in den Formularen und Dokumentationen zur erweiterten Suche bei allen Betreibern eine Vielzahl an Möglichkeiten, die Anfrage zu präzisieren. Allerdings benutzen die wenigsten Web-User diese Detailsuchen. Um die Funktionsweise einer Suchmaschine zu verstehen, sind diese Formulare jedoch eine kleine

Fundgrube. Die diversen Möglichkeiten zur Suche setzen voraus, dass eine Differenzierung des Datenmaterials im Vorhinein stattgefunden hat. Wird z. B. die Möglichkeit gegeben, Stichwörter ausschließlich im `<title>`-Tag zu suchen, legt dies die Vermutung nahe, dass der Inhalt des `<title>`-Tags auch in einer spezifischen Weise eigenständig in die Gewichtung mit einfließt. Natürlich ist dies kein hundertprozentig zuverlässiges Verfahren, und der Umkehrschluss gilt ebenso wenig. Jedoch rundet die Betrachtung in jedem Fall das Wissen ab, um später eigenständig eine Suchmaschinen-Optimierung durchzuführen.

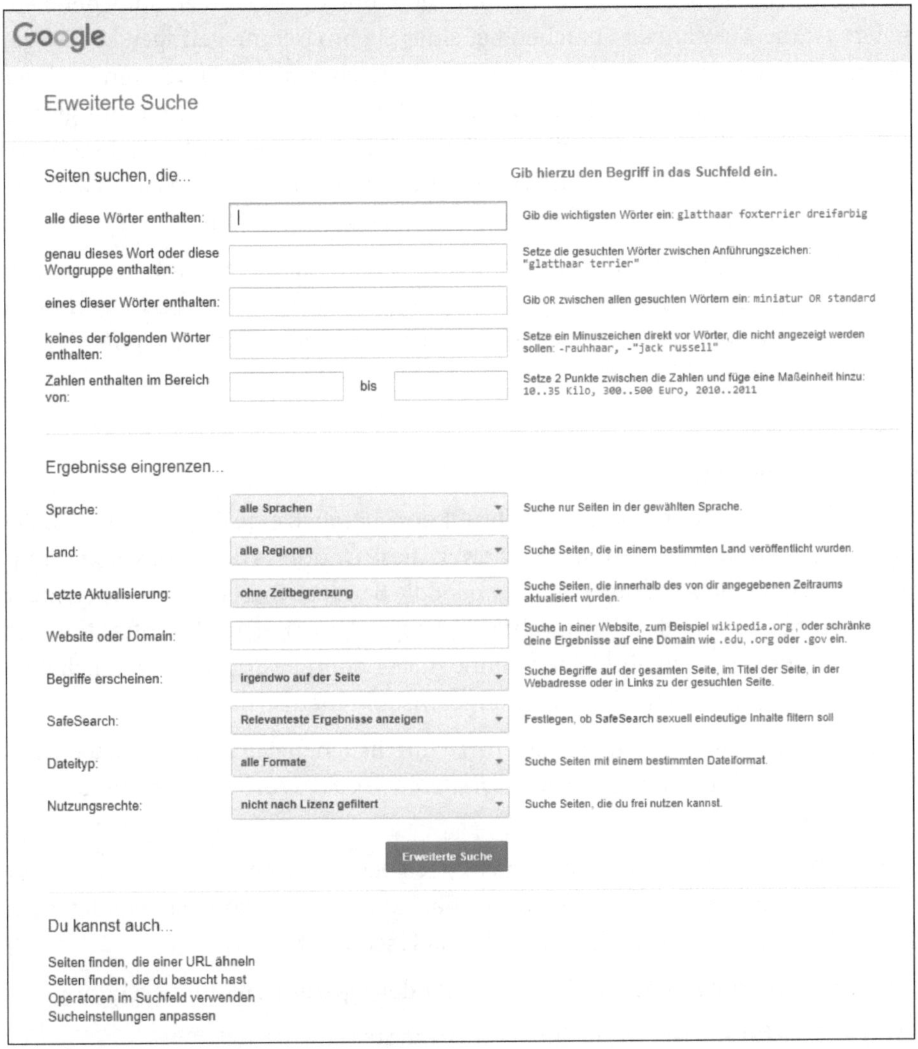

Abbildung 6.9 Erweiterte Suche bei Google

Die wichtigsten Suchoptionen neben den bereits genannten allgemeinen, grundlegenden Operatoren sollen daher jetzt kurz mit Blick auf die Suchmaschinen-Optimierung behandelt werden. Den wichtigsten Operator für einen SEO, den Site-Operator, haben Sie bereits kennengelernt.

6.3.2 Sprachfilter

Die Sprache, in der die gesuchten Dokumente verfasst sein sollen, kann bei allen Suchmaschinen bestimmt werden. Unabhängig davon zeigt das bloße Vorhandensein eines solchen Sprachfilters, dass das betreffende Information-Retrieval-System die Ressourcen einer Spracherkennung unterzieht und diese dann entsprechend abspeichert. Ist die Auswahl an Sprachen bei einer Suchmaschine geringer, sodass gewisse Sprachen nicht auswählbar sind, ist dies ein Zeichen dafür, dass Seiten in dieser Sprache mit hoher Wahrscheinlichkeit nicht indexiert werden. Dies kommt gerade bei kleineren Suchmaschinen-Anbietern häufig vor. Die großen Suchmaschinen-Anbieter beherrschen aber nahezu jede verbreitete Sprache und können damit aus den Texten algorithmische Schlussfolgerungen für das Ranking ziehen.

Der Sprachfilter ist für einen Suchmaschinen-Optimierer dann relevant, wenn es sich um ein internationales und mehrsprachiges Projekt handelt. Wenn Sie dann noch häufiger mehrere Sprachen auf einer URL mischen, werden Sie sich bald gut mit dem Sprachfilter auskennen.

6.3.3 Positionierung

Interessant ist eine weitere spezielle Suchfunktion, nämlich eine Eingrenzung, wo die Stichwörter positioniert sein sollen. Inwieweit diese Option in der Praxis angewandt wird, ist jedoch fraglich. Für den Benutzer oder die Benutzerin ist es in der Regel nicht von Bedeutung, ob sich der gewünschte Suchbegriff im Titel, im Haupttext, in der URL oder in Verweisen zu einer Seite befindet. Der oder die Suchende will lediglich ein zu der Anfrage möglichst passendes Ergebnisdokument erhalten.

Google ermöglicht es, alle Bereiche eigens zu durchsuchen. Sie können dazu entweder die erweiterte Suche unter *www.google.de/advanced_search* oder einen der vielen Operatoren nutzen.

Die Suchanfrage inurl:seo bei Google sucht nach dem Vorkommen von »seo« in der URL. Möchte man mehrere Keywords in der URL finden, dann verwendet man inurl:seo inurl:agentur oder einfacher allinurl:seo agentur.

Gleiche Positionierungen lassen sich mit folgenden Operatoren durchsuchen:

- (all)intitle für Keywords, die im <title>-Tag stehen
- (all)inanchor für Keywords, die in Backlinks vorhanden sind
- (all)intext für Keywords nur im HTML-Body

6.3.4 Aktualität

Eine durchaus hilfreiche Option ist die Wahl des Aktualitätsgrades. Oftmals suchen Benutzer und Benutzerinnen nach besonders aktuellen Informationen zu einem bestimmten Thema – nicht selten tun Sie das auch als SEO, um veraltete Informationen auszublenden. Dabei kann der oder die Suchende je nach Suchmaschine entweder einzelne Zeiträume wählen oder das Zeitfenster auf das Anfangs- und Enddatum genau eingrenzen.

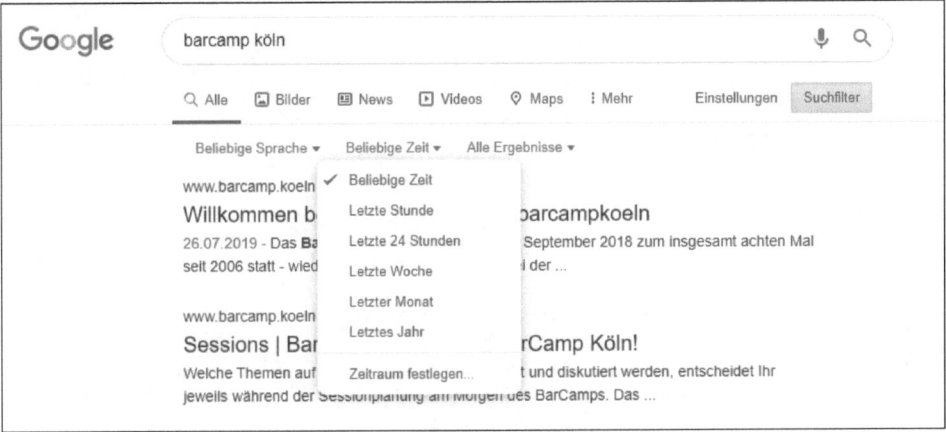

Abbildung 6.10 Google lässt in festen und freien Zeiträumen suchen.

6.3.5 Dateityp mit »filetype« und »ext«

Auch wenn HTML den größten Anteil an vorhandener Information im Web umfasst, kommen doch noch andere Formate hinzu. Die Suchmaschinen-Betreiber bemühen sich, auch diese Formate mit in ihre Suche einzubinden. Technisch setzt dies gewisse Umwandlungsprozesse voraus, die bereits im Zusammenhang mit dem Crawler-System erwähnt wurden.

Insbesondere das Dateiformat PDF (*Portable Document Format*), das ursprünglich vom Adobe-Gründer John Warnock als Technik für ein papierloses Büro eingeführt wurde, erfreut sich seit Anfang der 90er-Jahre größter Beliebtheit. Die Plattformunabhängigkeit trug zur weiten Verbreitung bei. Zusätzlich können aus nahezu allen Datenquellen PDF-Dateien generiert und somit im Web komfortabel und kostengünstig publiziert werden. Deswegen beachten nahezu alle Suchmaschinen PDF-Dokumente bei der Erfassung und Durchsuchung des Web.

Mit Google können Sie sich für eine bestimmte Domain alle indexierten PDF-Dateien anzeigen lassen. Dazu nutzen Sie den `site`-Operator in Verbindung mit dem `filetype`-Operator (siehe Abbildung 6.11).

So bezieht Google neben PDF-Dateien auch PostScript-Dateien (.*ps*) sowie Word- (.*doc*), Excel- (.*xls*) und PowerPoint-Dateien (.*ppt*) aus der Microsoft-Office-Familie mit ein. Lange Zeit war Google mit dieser Formatfülle führend. Die Mitbewerber, allen voran Bing und Yahoo!, haben allerdings in den letzten Jahren wie so oft nachgezogen.

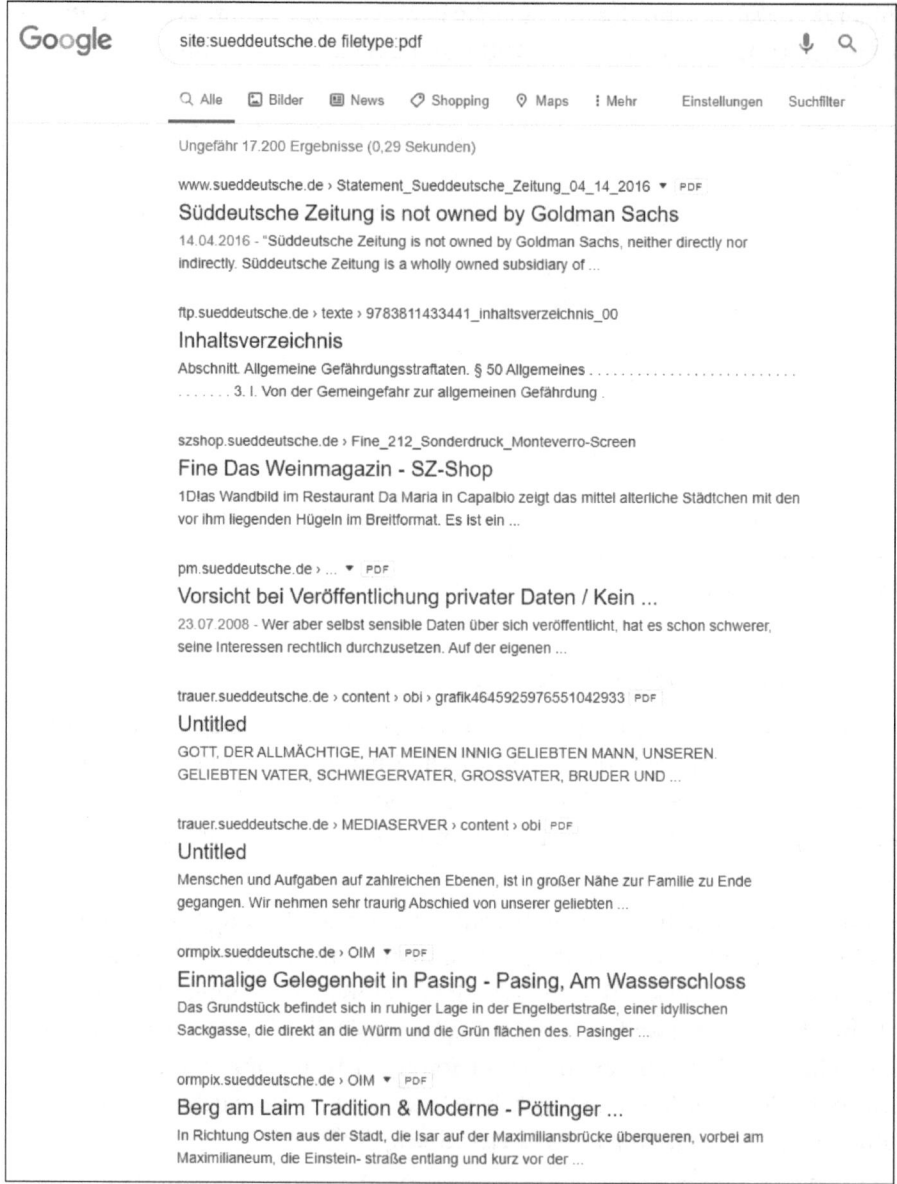

Abbildung 6.11 »site«-Operator und »filetype«-Operator in einer Anfrage

Und auch wenn Google die Dateiendungen nicht als Ranking-Faktor wertet, kann es dennoch manchmal nützlich sein, beispielsweise nur PHP-Dateien zu identifizieren

6.3 Erweiterte Suchmöglichkeiten

– etwa wenn das Content-Management-System eigentlich statt `index.php?id=42` sprechende URLs generieren sollte. Mittels des ext-Operators lassen sich indexierte Dateien mit bestimmten *Extensions* (Erweiterungen) anzeigen:

`site:www.domain.de ext:php`

Das Beispiel in Abbildung 6.12 zeigt alle indexierten URLs der Domain *sueddeutsche.de* auf, die eine PHP-Dateiendung aufweisen. Davon ausgeschlossen sind alle Subdomains (und andere Dokumente) mit den Worten `immobilienmarkt`. Man könnte nun auch noch weitere Operatoren zur Eingrenzung mit aufnehmen – so robben Sie sich Stück für Stück an die wenigen URLs heran, die Sie (vermeintlich) interessieren.

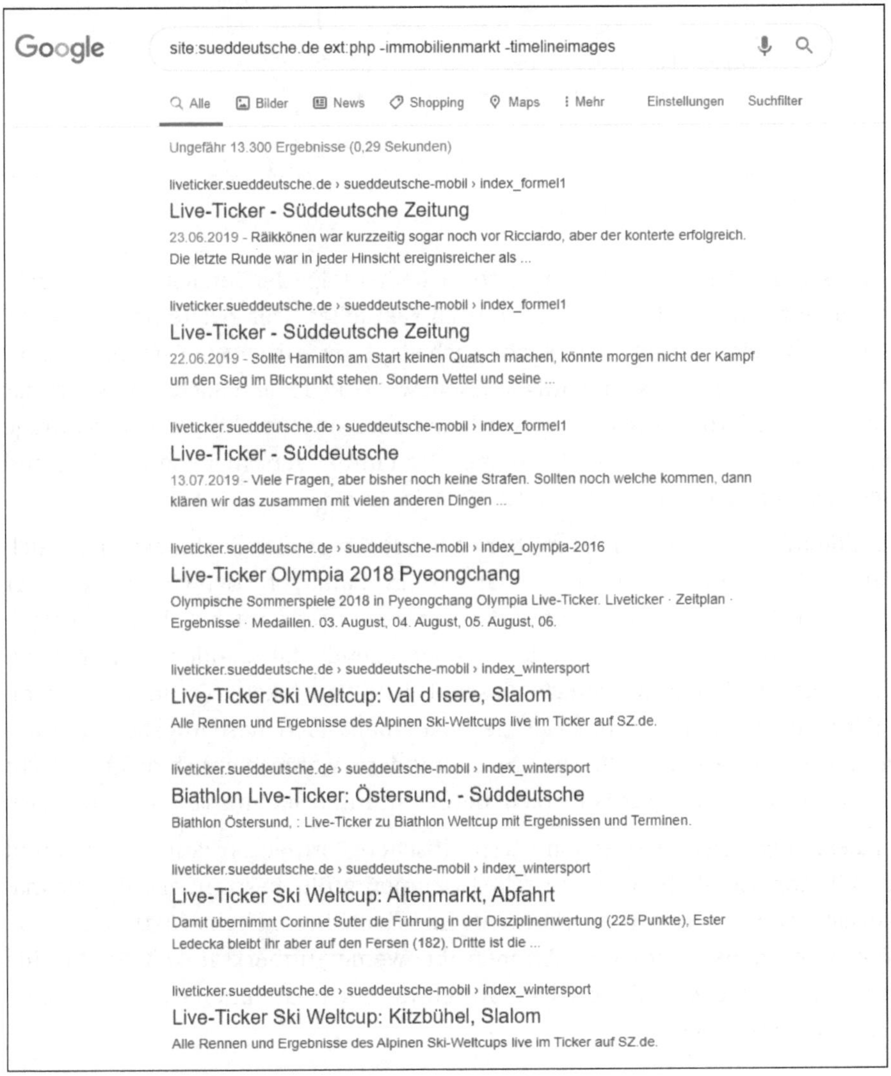

Abbildung 6.12 Google-Nutzung mit »ext«-Operator

6.3.6 Sonstige Suchmöglichkeiten

Neben den bislang erwähnten Optionen stehen bei den unterschiedlichen Anbietern noch viele weitere Möglichkeiten zur Verfeinerung der Suche zur Verfügung.

So wird eine Suche in verschiedenen Bereichen angeboten: Text, Bilder, Videos, Blogs und viele weitere Bestände (siehe Abbildung 6.13).

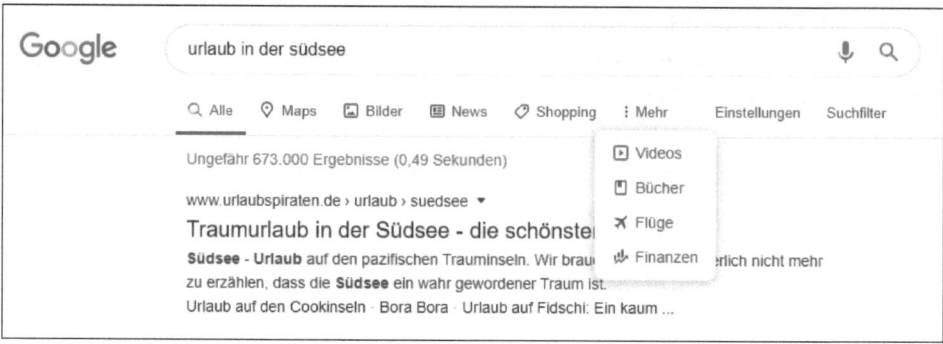

Abbildung 6.13 Suchbereiche bei Google

Haben Sie schon einmal gemerkt, dass sich die Reihenfolge der Bereiche je nach Suchanfrage ändert? Während bei der Suche nach »aktuelles« der zweite Bereich NEWS lautet, ist der zweite Reiter bei der Suche nach »laptop« SHOPPING. Anhand der Sortierung der Bereiche lässt sich häufig ablesen, wie Google eine Suchanfrage primär einordnet – als informatorisches Keyword oder eher als transaktionale Suchanfrage mit einem nahen Kaufinteresse. Versuchen Sie einmal verschiedene Begriffe, und schauen Sie, ob es auch für Ihren Bereich funktioniert.

Der Familienfilter (SafeSearch) ist mittlerweile bei den großen Suchmaschinen auch standardmäßig gesetzt. Seiten werden dabei u. a. anhand von Stichwörtern auf einer Blacklist als nicht jugendfrei eingestuft. Für Betreiber bestimmter Websites, und seien es z. B. nur aufklärende Informationen über jugendgefährdende Schriften, kann dies durchaus von Bedeutung sein. In diesem Fall hilft auch keine Optimierungsstrategie, denn der Familienfilter blockiert gegebenenfalls auch diese Angebote. Der unwissende Webautor bzw. die Webautorin staunt dann wahrscheinlich nicht schlecht darüber, wieso seine oder ihre Seite nicht bei bestimmten Suchmaschinen gelistet ist.

Neben diesen Optionen existieren noch spezifischere Formen. So kann man hier und da einen IP-Adressen-Filter benutzen, die Dokumentgröße bestimmen oder die maximale oder minimale Tiefe der Dokumente innerhalb ihrer Seitenstruktur festlegen. Die Web-User schenken diesen Funktionen aber wenig Aufmerksamkeit, für die eine oder andere Recherche sind diese Operatoren für Suchmaschinen-Optimierer aber dann und wann nützlich.

6.3.7 Suchergebnis-Individualisierung

Immer wiederkehrende Versuche, die in diesem Zusammenhang zu verzeichnen sind, kann man unter dem Begriff *Suchergebnis-Individualisierung* subsumieren. Die Suchmaschinen bieten ihren Nutzern und Nutzerinnen an, die Suchfilter und Suchmöglichkeiten individuell einzustellen und zu speichern. Damit ist nicht die Personalisierung der Suchergebnisse gemeint, die seitens der Suchmaschinen automatisch angewandt wird.

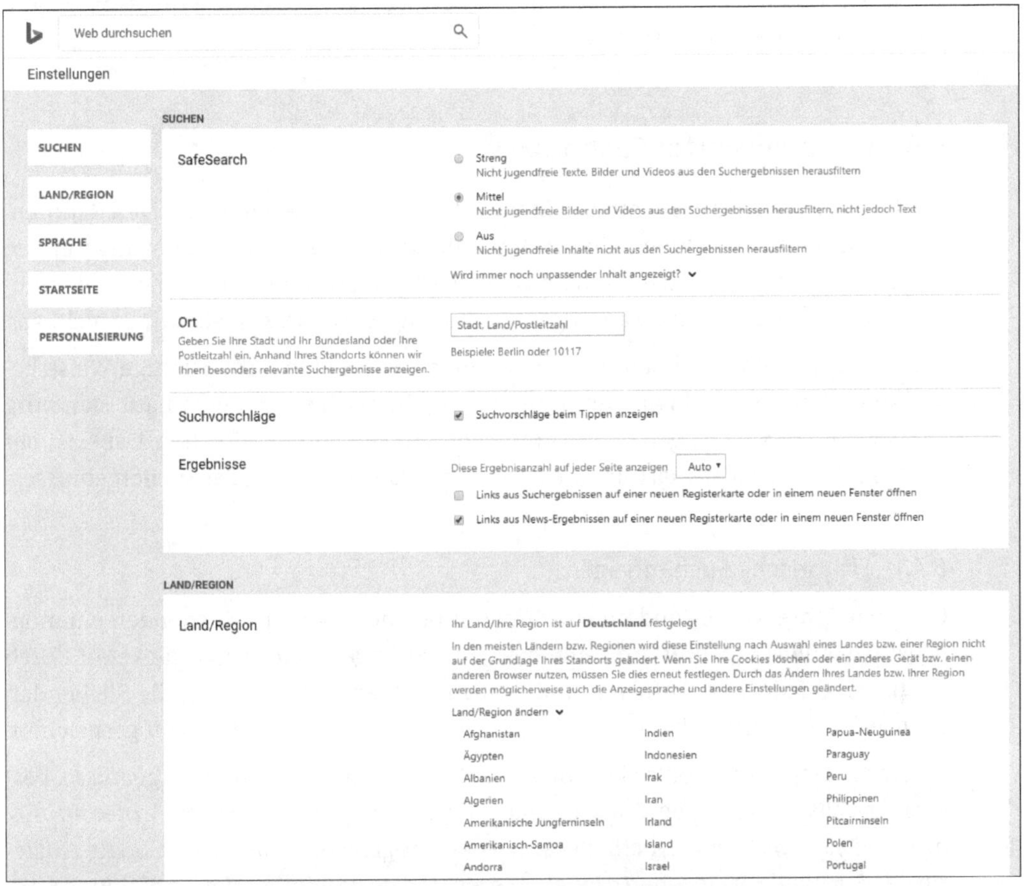

Abbildung 6.14 Die Individualisierungsmöglichkeiten der Einstellungen bei Suchmaschinen werden kaum wahrgenommen.

Die Individualisierung kann verschiedene Formen annehmen. Angefangen beim Merken der Suchbegriffe über das Speichern von einmal vorgenommenen Sprach- und Sucheinstellungen bis hin zur Gestaltung der eigenen Startseite. Die Wiedererkennung des Benutzers oder der Benutzerin erfolgt in der Regel über Cookies oder

über einen Login, z. B. mit dem Google-Account. Allerdings wird die Möglichkeit der Veränderung bzw. des Speicherns der Einstellungen von den wenigsten Benutzern und Benutzerinnen wahrgenommen. In den meisten Fällen wird die Standardeinstellung verwendet.

Es bleibt dennoch festzuhalten, dass es sich in jedem Fall lohnt, ab und zu einen Blick auf die Detailsuchen der Suchmaschinen zu werfen. So entdecken Sie vielleicht eine Neuerung, die auf bestimmte Datenstrukturen oder Gewichtungsverfahren schließen lässt. Das kann bei der Webseitenoptimierung durchaus einen Vorsprung gegenüber einem Mitbewerber schaffen.

6.4 Personalisierter Suchprozess

Häufig wird das Thema Suchmaschinen-Optimierung unter einer einzigen Rahmenbedingung betrachtet. Wenn eine SEO-Abteilung ein monatliches Reporting mit den Rankings an die Vorgesetzten sendet, dann wird gewissermaßen künstlich angenommen, dass es *die* offiziellen Rankings zum Stichtag X gibt. Das ist allerdings nicht so.

Die Suchergebnisse und damit auch der Suchprozess sind auf vielfältige Weise bestimmten Rahmenbedingungen unterworfen, durch die eine Person aus Hamburg den Suchprozess selbst ganz anders erlebt als eine Person in München. Dabei ist der Ort, also die Lokalisierung, nur eine Form der Personalisierung der Suchergebnisse.

6.4.1 Historische Suchanfragen

Google möchte wie alle anderen Suchmaschinen dem oder der Suchenden ein möglichst passendes Ergebnis auf seine bzw. ihre Anfragen liefern. Google kennt durch die unterschiedlichen Anfragen und besuchten Websites jeden Tag die Suchenden sehr genau. Die Suchanfragen werden z. B. im individuellen Suchverlauf gespeichert.

Dadurch verspricht Google sich vor allem drei Vorteile: relevantere Ergebnisse, bessere Vervollständigung bei Suggest und endgerätübergreifende Daten. Unter *https://myactivity.google.com/myactivity* kann jeder Google-Nutzer und jede Google-Nutzerin den Suchverlauf einsehen bzw. aktivieren und deaktivieren (siehe Abbildung 6.15).

Spätestens seit dem Hummingbird-Update denkt Google gewissermaßen mit den Suchanfragen mit. Anfang 2014 war in der US-Version bereits eine sichtbare Verkettung der Suchanfragen sichtbar. Wenn Sie hier z. B. nach »Wer ist Justin Bieber?« googeln und anschließend »Wie alt ist er?« suchen, dann weiß Google, dass Sie Justin Bieber meinen, und zeigt entsprechende Daten an. Diese Funktion hat sich allerdings nicht bis nach Europa durchgesetzt.

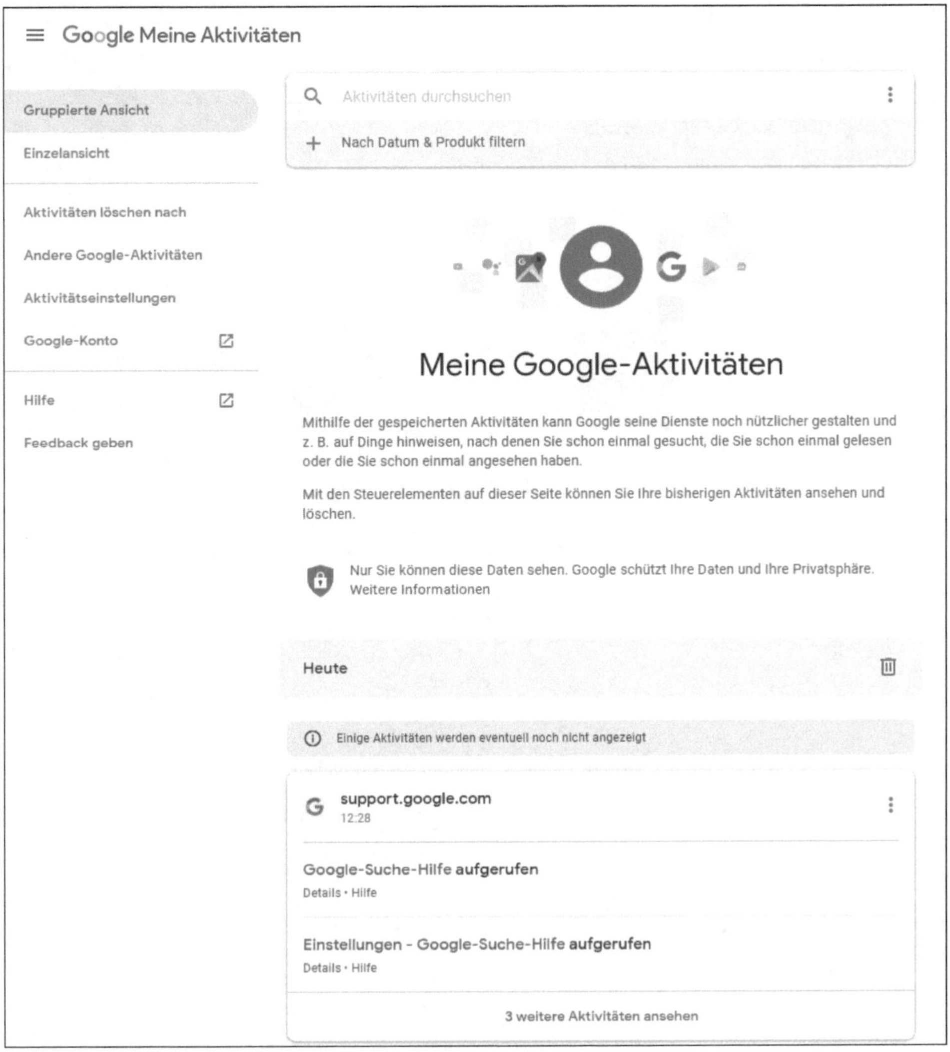

Abbildung 6.15 Google History – hier im deaktivierten Zustand

Personalisierung über historische Daten lässt sich aber auf vielen anderen Ebenen feststellen. Ein Blick in die Google-Anzeigeneinstellungen (*https://adssettings.google.com/authenticated*) zeigt, wie genau Google Daten zu jedem einzelnen Benutzer bzw. Benutzerin erfasst (siehe Abbildung 6.16). Hier werden neben allgemeinen Interessensgebieten u. a. die folgenden Daten aufgrund des Surfverhaltens berechnet:

- Alter
- Geschlecht
- Sprachen
- thematische Interessenschwerpunkte

- typische Standorte
- Bewegungsprofil

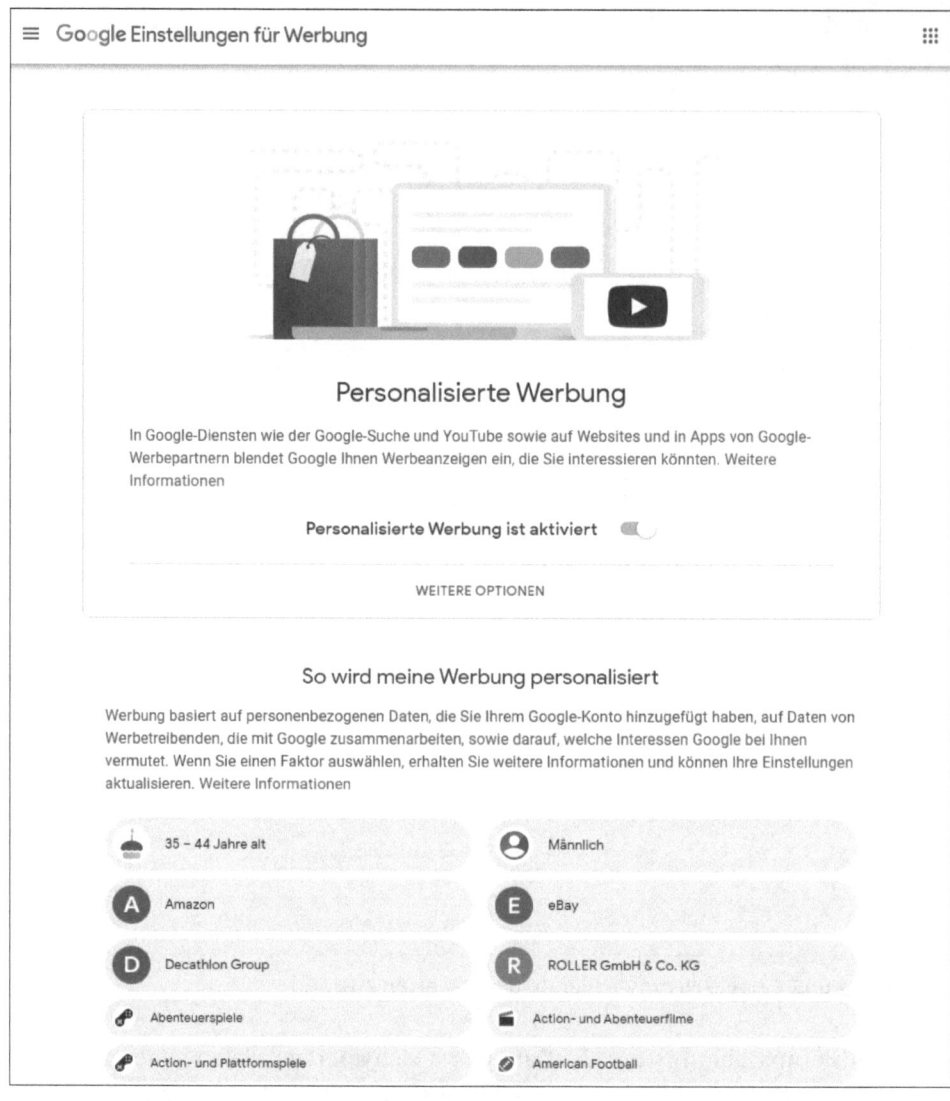

Abbildung 6.16 Anzeigeneinstellungen bei Google

Diese Datenerfassung dient primär dazu, den Suchenden in den Ergebnisseiten und im Werbenetzwerk möglichst passende und gute Werbung zu zeigen. Doch tragen die Daten ganz klar auch zur Personalisierung der Suche bei.

Schauen Sie einmal auf *https://myaccount.google.com/dashboard*, dort finden Sie Ihre Google-Daten aller Google-Dienste auf einem Dashboard zusammengefasst.

6.4.2 Lokalisierte Suche

Es macht, wie gesagt, einen Unterschied, ob Sie in Hamburg oder Köln nach einem Pizzadienst oder Friseur suchen. Niemand möchte in Hamburg einen Friseurladen angezeigt bekommen, der in Köln ist. Daher berücksichtigt Google bei bestimmten Suchanfragen lokale Treffer.

Vereinfacht formuliert zeigt Google für lokalisierte Such-Keywords das Ergebnis so an, als würden Sie den Standort mitsuchen. Pizza ist also »Pizza Köln« für den Kölner und »Pizza Hamburg« für den Hamburger.

Die Verortung findet dabei meistens direkt über die IP-Adresse statt. Die Geolokalisierung über die IP-Adresse ist kein Hexenwerk, Google beherrscht sie ohne Probleme. Sie können selbst über zahlreiche Online-Dienste die IP-Lokalisierung testen (siehe Abbildung 6.17).

Abbildung 6.17 IP-Adress-Geolokalisierung bei »ipligence.com«

Gerade in ländlichen Gegenden funktioniert das allerdings eher schlecht, da der nächste Einwahlknoten in einer Stadt auch ein paar Kilometer weit weg sein kann. Hier nehmen Suchmaschinen entweder die Ungenauigkeit in Kauf, oder sie nutzen

die WLAN-Ortung. Vor allem Google ist im Rahmen des Street-View-Programms nicht nur durch die Straßen gefahren, um Bilder aufzunehmen. Die Autos haben auch die Namen der WLAN-Netzwerke und deren Standorte aufgezeichnet. Daher kann man z. B. bei einem Laptop mit Google Maps auch ohne GPS-Modul teilweise auf wenige Meter genau seinen Standort bestimmen lassen. Und das kann Google bei der Suche natürlich auch nutzen.

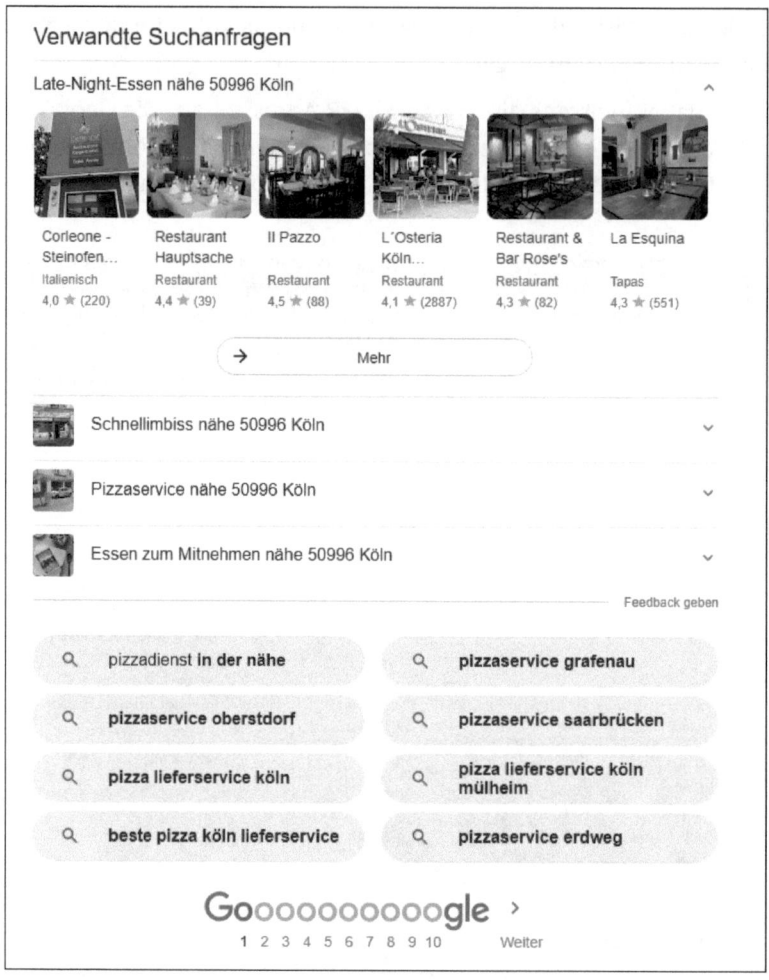

Abbildung 6.18 Google zeigt im Fußbereich die Lokalisierung für die Suche nach »pizzadienst« an.

Die lokalisierte Suche setzt seit dem Venice-Update auf die Anzeige von Google-Places-Einträgen in Kombination mit einer Map. Doch nicht nur die Places-Einträge sind lokalisiert, sondern die gesamte Suchergebnisliste. Nur bestimmte, gewissermaßen überregionale Ergebnisse wie z. B. Wikipedia sind von überall aus zu finden (siehe Abbildung 6.19).

6.4 Personalisierter Suchprozess

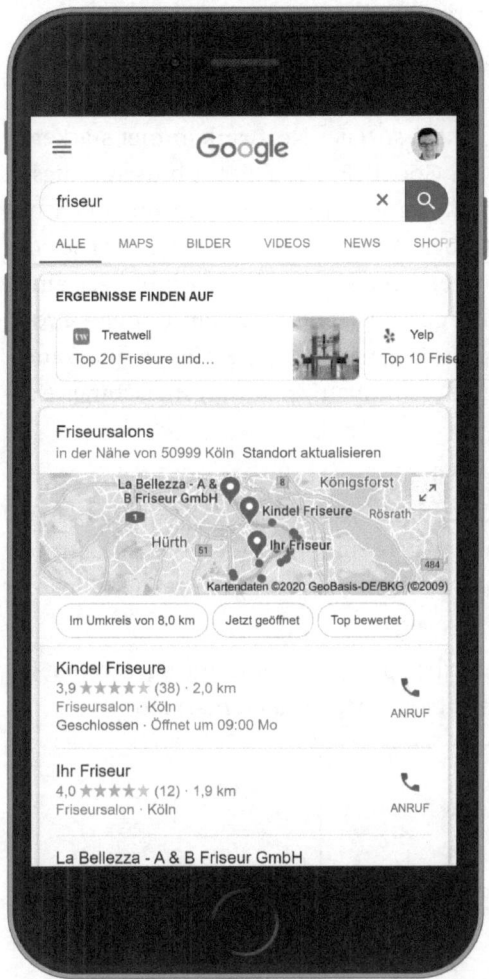

Abbildung 6.19 Die Friseursuche ist auf Mobile (und Desktop) lokalisiert.

Google unterscheidet bei Themen zwischen Keywords, die einen regionalen Bezug haben, und solchen, die einen lokalen Bezug haben. Nicht alle Begriffe spielen für die lokalisierte Suche eine Rolle.

Google hat durch den Abgleich mit Bewegungsprofilen eindeutig die Möglichkeit, Ihnen abends zu Hause privatere Ergebnisse darzustellen als tagsüber auf der Arbeit. Dabei ist es ein Leichtes, festzustellen, ob jemand einer geregelten Arbeit nachgeht und wo das Zuhause ist, wenn man vergleicht, wo über Monate hinweg der Aufenthaltszeitpunkt tagsüber und nachts ist. Wenn Sie ein Android-Handy haben oder Google Maps im eingeloggtem Zustand zur Navigation nutzen, schauen Sie einmal unter *https://www.google.com/maps/timeline?authuser=0&pb* nach.

6.4.3 Das (gescheiterte) soziale Netzwerk Google+

Im September 2011 startete Google mit Google+ den Versuch, ein soziales Netzwerk gegen Facebook zu etablieren. Weil Google+ auch nach ein paar Jahren immer noch wie ein Friedhof aussah, integrierte Google sein soziales Netzwerk immer stärker in alle Dienste. Geschäftstreibende mit einem Google-Places-Eintrag mussten diesen über ein Google+-Profil pflegen. YouTube-Kommentare ließen sich nur noch mit einem Google+-Profil abgeben. Wenn Sie Google Analytics, Google Ads, AdSense oder einen anderen Google-Dienst nutzen wollten, mussten Sie sich zumindest einen Google-Account anlegen. Der war genauso gut für Google wie ein Google+-Profil. Selbst die Nutzer und Nutzerinnen von Android-Smartphones erhielten quasi automatisch einen Account und waren damit in der Datenaufzeichnungsmaschinerie gefangen.

So richtig durchstarten konnte Google+ jedoch nie. Im April 2014 wurde eine Pressemeldung zum Umbau von Google+ veröffentlicht. Der bisherige Projektleiter, Vic Gundotra, verließ Google. Auch 1.000 Entwickler wurden abgezogen. Seitdem war ein Rückbau von Google+ Stück für Stück zu erkennen und führte letztendlich zur Schließung am 2. April 2019.

Dabei gab es durchaus Potenzial – so wurden beispielsweise einzelne Suchtreffer, bei denen Bekannte bereits ein Plus vergeben haben, entsprechend markiert:

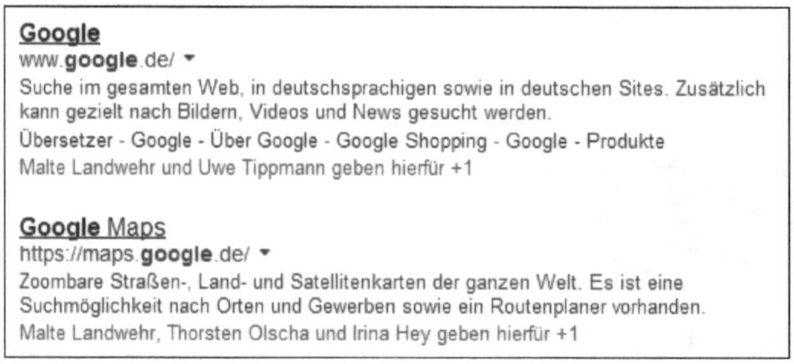

> **Google**
> www.google.de/ ▾
> Suche im gesamten Web, in deutschsprachigen sowie in deutschen Sites. Zusätzlich kann gezielt nach Bildern, Videos und News gesucht werden.
> Übersetzer - Google - Über Google - Google Shopping - Google - Produkte
> Malte Landwehr und Uwe Tippmann geben hierfür +1
>
> **Google** Maps
> https://maps.google.de/ ▾
> Zoombare Straßen-, Land- und Satellitenkarten der ganzen Welt. Es ist eine Suchmöglichkeit nach Orten und Gewerben sowie ein Routenplaner vorhanden.
> Malte Landwehr, Thorsten Olscha und Irina Hey geben hierfür +1

Abbildung 6.20 Einblendung von »+1« in den personalisierten SERPs (historisch)

Die Einblendung von Google+-Postings war 2014 auch verstärkt zu beobachten, bevor sie dann nahezu eingestellt wurde. Abbildung 6.21 zeigt ein schönes Beispiel dafür, wie Google versuchte, sein soziales Netzwerk anzuschieben.

> Bääääm! Wird ein spannender Tag heute. Ich freue mich auf ...
> https://plus.google.com/.../posts/CMq3q6wpKF6 ▾
> Stefan Klenk
> 03.09.2012 - In **Köln** dann am Stand C048 in Halle 7. #EndeDerDurchsage und nun ab zum Kaffee trinken. NETFORMIC **Internetagentur** Stuttgart, Webagentur für B2B & B2C ...

Abbildung 6.21 Einblendung von Google+-Postings in den personalisierten SERPs (historisch)

6.4 Personalisierter Suchprozess

Google hat es letztendlich nicht geschafft, sich gegen Facebook im Bereich der sozialen Netzwerke durchzusetzen. Das mag gravierende Folgen für den zukünftigen Werbemarkt haben, denn so fehlen Google personalisierte Daten, die der Konkurrent Facebook von jedem seiner Nutzer hat, wodurch er besser persönlich angepasste Werbung ausspielen kann.

Auch wäre ein starkes soziales Netzwerk eine hervorragende Quelle für soziale Signale gewesen – etwa bei dem Erkennen von aktuellen Trends. Wohl auch deswegen hat Google nach jahrelangem Hin und Her auch die Kooperation mit Twitter wieder intensiviert, sodass Twitter-Meldungen (*Tweets*) wieder in den Google-SERPs erscheinen.

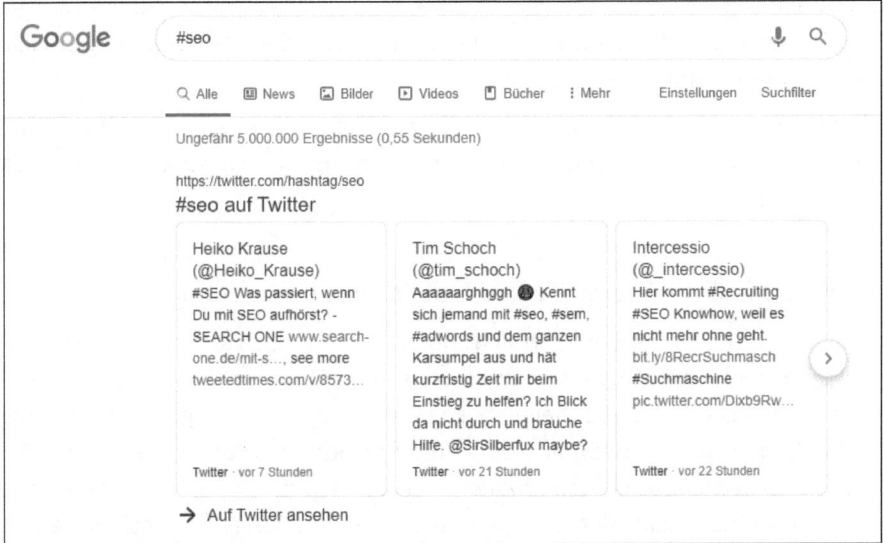

Abbildung 6.22 Tweets in Google

6.4.4 Differenzierte Keywords

Die Suchergebnisse sind nicht für jedes Keyword gleich. Das ist klar. Lange wurde vermutet, dass es für bestimmte Themenbereiche leicht unterschiedliche Algorithmuseinstellungen gab. Google verneinte dies allerdings offiziell. Eine Suche nach einer Versicherung folge den gleichen Logiken wie die Suche nach einem geeigneten Urlaubsziel.

Ob das jemals gestimmt hat, ist ungewiss. Heute zumindest werden Keywords und Themen unterschiedlich behandelt – nicht nur aufgrund der Länge der Anfrage, wie Sie mit Hummingbird, RankBrain und BERT erfahren haben. Vor allem besonders sensible Themen, welche die Gesundheit oder das Geld der Suchenden positiv wie negativ beeinflussen könnten, werden gewissermaßen strenger beachtet und bewertet.

Google nennt diese Themenbereiche in den Quality-Rater-Guidelines »YMYL« (Your Money Your Life).

Entsprechend gelten für Money-Keywords wie »Kredit« oder »private Krankenversicherung« andere Regeln als für »Hamster Futter Möhren«.

Und nicht nur die Bewertung erfolgt differenziert. Auch die Anzeige der SERPs ist stark abhängig davon, um welche Suchanfrage es sich handelt. Bei generischen Money-Keywords kann man beispielsweise gut beobachten, dass Google eine ausgeglichene Top 10 anzeigt. Eine Domain erscheint nur äußerst selten mehrmals. Hier werden dann einerseits sehr stark kommerziell orientierte Treffer angezeigt, aber auch Hintergrundartikel zu dem Thema, sehr häufig von Wikipedia. Außerdem erscheint hier und da noch ein Frage-und-Antwort-Portal. Die Top 10 ist gewissermaßen ausgewogen. Bei einer Suchanfrage nach einer bestimmten Marke werden hingegen viele Treffer einer Domain angezeigt.

Behalten Sie bei der Optimierung stets im Hinterkopf, dass Google sehr adaptiv auf die Suchanfragen reagiert. Dies ändert sich auch kontinuierlich, sodass ein Blick in die SERPs unerlässlich ist.

6.4.5 Unterschiedliche Endgeräte und Mobile-First-Indexierung

Die Google-Ergebnisse unterscheiden sich stark je nachdem, ob Sie von einem stationären Rechner aus suchen oder ob Sie mit Ihrem Smartphone mitten in der Stadt stehen und nach etwas suchen, was vielleicht sogar noch lokalen Bezug hat. Seit Anfang 2015 spielte Google offiziell für Smartphones eine gesonderte mobile Ansicht aus. Dabei handelt es sich nicht um einen *mobilen Index*, sondern um die mobiloptimierte Darstellung des einen, zentralen Google-Indexes. Die Rankings unterscheiden sich hier allerdings häufig von den Tablet- und Desktop-Ergebnissen.

Im Frühjahr 2018 gab Google bekannt, das lang erwartete *Mobile First Indexing* für immer mehr Domains zu aktivieren. Im Sommer 2020 wurde dies dann der allein gültige Weg. Das bedeutet, dass alle Websites, egal ob mobiltauglich oder nicht, von dem Googlebot in der mobilen Ansicht besucht werden.

Dabei dreht Google gewissermaßen die Bewertungslogik um: Ohne Mobile First Index zog Google die Desktop-Version einer URL für die Ranking-Bewertung heran – selbst wenn die Anzeige auf einem Smartphone erfolgte. Mit dem Mobile First Index wird nun konsequenterweise nur die mobile Version genutzt – und zwar für das Smartphone und die Desktop-Ansicht.

Für eine optimierte Website bedeutet dies, dass die Mobile- und Desktop-Inhalte inhaltlich gleich sein sollten. Verzichten Sie auf eine reduzierte Ansicht im Mobile-Bereich. Alles, was in der Mobilansicht nicht enthalten ist, zählt auch für das Desktop-Ranking nicht mehr. Dabei ist häufig strittig, inwieweit zwar vorhandene, aber z. B.

durch ein Akkordeon versteckte Inhalte in der Mobilversion nachteilig sind. Eine gesicherte Aussage seitens Google gab es hierzu nie. Tests zeigen jedoch, dass auch unsichtbare Inhalte gefunden werden. Allerdings sagte Google mehrfach, man solle wichtige Inhalte weder vor Nutzern oder Nutzerinnen noch vor Suchmaschinen verstecken oder schwerer zugänglich machen. Insofern könnte man der These folgen, dass verdeckte Inhalte, die erst nach Nutzerinteraktion sichtbar werden, ein klein wenig schlechter bewertet werden als direkt sichtbare Inhalte.

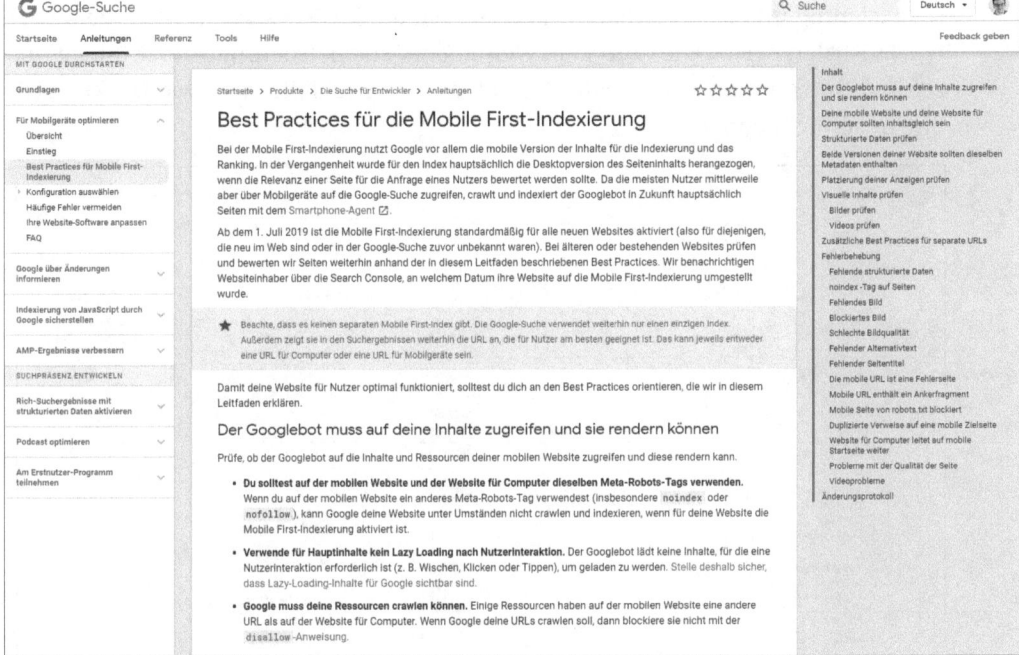

Abbildung 6.23 Ausführliche Erklärungen zur Mobile-First-Indexierung

Nähere Details zum Mobile First Indexing erfährt man am besten direkt bei Google unter *https://developers.google.com/search/mobile-sites/mobile-first-indexing?hl=de*.

Google setzt aufgrund der anteilig starken mobilen Suchanfragen stark auf die mobile Suche. Die findet bei Weitem nicht nur auf dem Smartphone statt. Sprachassistenten wie Alexa, Brillen wie Google Glass, smarte Ringe, Armbänder, Uhren oder smarte Kleidung sind unaufhaltsam auf dem Vormarsch und werden auch das Such- und Nutzungsverhalten ihrer User verändern.

Entsprechenden Einfluss muss das verwendete Endgerät auf den Suchprozess haben. Im plakativsten Fall einer smarten Uhr haben Sie nur ein sehr kleines Display. Ein smarter Ohrstöpsel hat nur noch auditive Feedback-Möglichkeiten. Das bedeutet, die aktuell vorherrschende visuelle Top-10-Darstellung der Suchergebnisse muss für solche Endgeräte zwangsläufig von einem dialogischen Verfahren abgelöst werden.

6.4.6 Personalisierung deaktivieren

Als Suchmaschinen-Optimierer oder -Optimiererin möchte man für die Arbeit möglichst allgemeingültige, nicht personalisierte Google-Ergebnisse erhalten. Google bietet die grundsätzliche Möglichkeit, einige Personalisierungsformen zu deaktivieren. Dies geschieht über die Einstellungen im eingeloggten und nicht eingeloggten Zustand.

Diese Deaktivierung zielt allerdings hauptsächlich auf die eigene Suchhistorie ab. Die Lokalisierung und das verwendete Endgerät sind schwer bis gar nicht zu deaktivieren. Es ist klar: Bei Google führt kein Weg an der Personalisierung vorbei. Einige Nutzer und Nutzerinnen finden daher bei alternativen Suchdiensten wie DuckDuckGo ihre neue Suchheimat.

Abbildung 6.24 DuckDuckGo nutzt Lokalisierung nur in der Kartenanzeige.

6.5 Nutzerverhalten im Web

Die gänzlich andere Herausforderung für SEO-Tool-Anbieter besteht in Bezug auf die Personalisierung vor allem im Bereich des Monitorings, also darin, wie möglichst gleichmäßige Ranking-Ergebnisse aufgezeichnet werden können.

6.5 Nutzerverhalten im Web

Bislang haben wir lediglich die technische Seite der Information-Retrieval-Systeme betrachtet. Dabei wurde stillschweigend die Tatsache vorausgesetzt, dass potenzielle Besucher und Besucherinnen einer Website überhaupt eine Suchmaschine nutzen, um bislang unbekannte Informationsquellen zu erschließen. Nur wenn die überwiegende Anzahl von Nutzern und Nutzerinnen eine Website über Suchmaschinen findet, lohnt sich überhaupt erst die aufwendige Suchmaschinen-Optimierung.

Prinzipiell muss sich jeder Seitenbetreiber zu Beginn die Frage stellen, welches Zielpublikum erreicht werden soll. Eine kleine lokale Tageszeitung wird vielleicht den Schwerpunkt auf die Abonnenten des Muttermediums, der gedruckten Zeitung, und die in der Nähe wohnende Bevölkerung legen. Diese Zielgruppe besucht die Website sicherlich direkt, indem die bekannte Domain eingegeben oder der Bookmark ausgewählt wird.

Große Konzerne sind erstaunlicherweise auch noch sehr häufig nicht besonders bestrebt, ihre Webseiten für Suchmaschinen zu optimieren. Oftmals kommen Besucher und Besucherinnen über klassische Werbung in Printmedien oder den Rundfunk direkt auf die Website. Andere Besucher, die bereits Kunden bzw. Kundinnen sind, wollen Service-Informationen zu dem erworbenen Produkt und entnehmen die Webadresse z. B. dem Handbuch.

Was bleibt, sind vor allem kleine, mittelständische und große Unternehmen, private Webseiten und natürlich auch E-Commerce-Unternehmen wie Amazon, eBay, mobile.de und wie sie alle heißen.

Bei der Optimierung ist es von enormer Bedeutung, nicht nur Kenntnisse über technische Grundlagen im Hinblick auf die Suchmaschinen zu besitzen, sondern auch das Wissen über die grundsätzlichen Strategien potenzieller Besucher bzw. Kunden. Das Suchen nach Informationen ruft ein klassisches Problemlöseverhalten auf den Plan, das immer gewissen Regelmäßigkeiten folgt.

6.5.1 Suchaktivitäten

Um die unterschiedlichen Suchverhalten im Web zu beschreiben, hat sich das von Aguilar 1967 entwickelte und durch Weick und Daft im Jahr 1983 erweiterte Modell über die Jahre durchgesetzt. Das Modell beschreibt vier Suchmodi, von denen jeder

Modus verschiedenartige Informationsbedürfnisse befriedigt und sich eine andere Strategie zunutze macht.

Bevor im folgenden Abschnitt näher auf die Suchmodi eingegangen wird, sollen zunächst die zugrunde liegenden Suchaktivitäten beschrieben werden.

- **Starting**: Diese Aktivität gilt, wie der Name bereits vermuten lässt, als Ausgangssuche nach Informationen. Es werden Quellen identifiziert und genutzt, die das spezifische Informationsbedürfnis bestmöglich befriedigen. Diese Quellen sind in der Regel vertraute Websites wie Suchmaschinen, News-Portale oder Social-Media-Plattformen. Man kann diese Seiten als Typen definieren, deren primärer Nutzen für den Benutzer oder die Benutzerin darin besteht, zusätzliche Quellen oder Referenzen empfohlen zu bekommen. Nur in seltenen Fällen wird beim Starting auf wenig bekannte Seiten zurückgegriffen. Jedoch sind es auch in diesem Fall Seiten, von denen sich der Benutzer oder die Benutzerin schnell weiterführende Informationen erhofft.

- **Chaining**: Das Verfolgen von Verweisen von diesen Einstiegsseiten aus nennt man *Chaining* (Verkettung). Bildlich gesprochen bewegt sich der Webnutzer bzw. die Webnutzerin entlang eines Pfades, indem er oder sie sich von einer Seite zur nächsten klickt. Dieser Pfad wird in diesem Bild als Kette (engl. *chain*) betrachtet, wobei die einzelnen Seiten die Kettenglieder darstellen. Damit wird also die Navigationsbewegung des Benutzers bzw. der Benutzerin ausgedrückt. Chaining kann vorwärts oder rückwärts betrieben werden, was dementsprechend als Forward- bzw. Backward-Chaining bezeichnet wird.

- **Browsing**: Nachdem die Ressourcen entdeckt sind, werden sie auf ihre Eignung als potenzielle Informationsquelle durchsucht. Dieser Vorgang beschränkt sich häufig auf das schnelle Überfliegen der Gliederung, von Überschriften, Zusammenfassungen oder typografisch hervortretenden Punkten. Er wird auch als *Scannen* oder *Skimmen* bezeichnet. Man kann sich als Analogie einen Bibliotheksbesucher vorstellen, der langsam an den Büchern im Regal entlanggeht und die Bücherrücken nach dem gewünschten Titel oder der Signatur absucht. Jakob Nielsen, der für seine zahlreichen Publikationen zum Thema Usability bekannt ist, befasste sich näher mit dem Thema und erstellte als Konsequenz seiner Erkenntnis, dass Webnutzer und -nutzerinnen oftmals scannen, einen Regelkatalog, wie webfreundliche Texte geschrieben sein sollten.

- **Differentiating**: Stehen mehrere Informationsquellen zur näheren Auswahl, wählt der Benutzer oder die Benutzerin aus diesen die wichtigen Ressourcen aus. Dabei werden die verschiedenen Dokumente untereinander anhand der subjektiv erhobenen Kriterien Qualität, Niveau und Inhalt miteinander verglichen und entsprechend den gestellten Ansprüchen ausgewählt. Ein wichtiger Aspekt diesbezüglich ist die Seriosität des Angebots, also gewissermaßen der Grad an Vertrauen, den der Benutzer den offerierten Informationen entgegenbringen kann. Ohne ein gewisses Maß an Vertrauen ist die Information nicht glaubwürdig, oder – wenn man noch einen Schritt weitergehen möchte – es kann und wird ohne Vertrauen auch kein Kaufprozess stattfinden. In diesem Zusammenhang wird auch von der *Socio-Usability* gesprochen. Der Differentiating-Prozess wird nicht nur durch den direkten, spontanen Eindruck beeinflusst, sondern auch durch frühere Erfahrungen, Meinungen oder Empfehlungen anderer Personen.

- **Monitoring**: Eine Suchaktivität, die kein Suchen mehr erforderlich macht, ist das regelmäßige Besuchen bestimmter Webseiten. Dort werden Informationen angeboten, die der Web-User für wichtig hält. Darunter fallen z. B. Nachrichtenportale wie Spiegel Online (*www.spiegel.de*) oder sonstige Themenportale wie die Heise News (*www.heise.de*). Oftmals werden seitens solcher Anbieter Newsletter angeboten, die das Monitoring erleichtern sollen. Ab und an sind diese überwachten Websites auch als schnell zugängliche Bookmarks oder RSS-Feeds im Browser abgespeichert.

- **Extracting**: Besonders bei intensiveren Recherchen oder zum direkten Weiterverwerten der Informationen findet ein systematisches und exaktes Durchsuchen einer Quelle statt. Man extrahiert die Informationen aus der Quelle. Im einfachsten Fall merkt sich der Benutzer oder die Benutzerin den Inhalt. Alternativ speichert er oder sie ihn lokal auf der Festplatte, kopiert ihn per Copy-and-paste oder druckt die gesamte Ressource aus. Dieser Vorgang wird als *Extracting* (Extrahieren) bezeichnet.

6.5.2 Suchmodi

Diese verschiedenen Suchaktionen treten in bestimmten Konstellationen und Ausprägungen in den bereits erwähnten vier Suchmodi auf. Dabei kann man einem Benutzer bzw. dessen Verhalten immer einen Suchmodus zuweisen. Der Benutzer oder die Benutzerin kann jedoch während der Webnutzung zwischen verschiedenen Modi hin- und herspringen.

- **Undirected Viewing**: Der Benutzer oder die Benutzerin befindet sich in einem Zustand, in dem er oder sie keine konkrete Vorstellung davon hat, was er bzw. sie sucht. Man könnte diesen Zustand auch als »nicht vorausschauend« bezeichnen. Der Benutzer bzw. die Benutzerin flaniert wie auf einer Einkaufsstraße ziellos von einer Seite zur anderen, klickt eher von Neugier geleitet auf weiterführende Links oder Werbung (Chaining). Dabei beginnt er oder sie bei einer Startseite, die mit hoher Wahrscheinlichkeit zu seinen bzw. ihren Lieblingsseiten gehört (Starting). Dieses Nutzerverhalten wird im Alltag auch als *Surfen* bezeichnet.

- **Conditioned Viewing**: Wenn der Benutzer oder die Benutzerin eine ungefähre Vorstellung von dem hat, was er oder sie sucht, spricht man von *abhängiger Nutzung*. Sie besteht im Web aus den Suchaktivitäten Browsing, Differentiating und

Monitoring. *Bedingt* im Sinne des Conditioned Viewing ist die Nutzung insofern, als der Web-User Seiten auswählt, die er bereits von früheren Besuchen her kennt oder die ihm von anderen Personen empfohlen wurden. Dabei kann es sich um Mund-zu-Mund-Propaganda unter Freunden oder Bekannten handeln. Oder der Benutzer bzw. die Benutzerin hat einen Artikel in einer Zeitung oder Zeitschrift gelesen, Werbung im Fernsehen gesehen oder über ein anderes Medium von der Website erfahren. Die Auswahl solcher Seiten wird durchgesehen (Browsing) und bei Gefallen oftmals in die Bookmarks übernommen. Anschließend kehrt der Benutzer oder die Benutzerin in unbestimmten Zeitabständen zurück, um sich nach neuen Informationen umzusehen (Monitoring).

- **Informal Search**: Der Benutzer oder die Benutzerin ist sich bei diesem Suchmodus bewusst, zu welchem Thema er Informationen erhalten möchte. Bei dieser offenen Suche kommen überdurchschnittlich oft Suchmaschinen zum Einsatz. Der Nutzer oder die Nutzerin hat oftmals als Ziel, die gesuchten Informationen weiterzuverwerten (Extracting), und möchte daher möglichst schnell und bequem an Informationsquellen gelangen, die sowohl qualitativ hochwertig als auch für ihn oder sie relevant sind. Das erklärt auch die wichtige Rolle von Suchmaschinen bei diesem Suchverhalten. Sie übernehmen den Differentiating-Prozess für den Benutzer bzw. die Benutzerin.

- **Formal Search**: Auch bei der formellen Suche weiß der Benutzer oder die Besucherin exakt, welche Informationen er bzw. sie sucht. Im Gegensatz zur offenen Suche ist ihm oder ihr jedoch bekannt, wo er bzw. sie die gewünschten Informationen erhalten kann. Zum Beispiel werden viele Web-User ein Buch immer bei Amazon bestellen; sie sind sozusagen Stammkunden. Dieser Modus beschränkt sich überwiegend auf das Extrahieren von Informationen – um beim Beispiel zu bleiben, etwa auf das Bestellen eines Buches oder auf das Lesen von Bewertungen. Ein Monitoring der betreffenden Webseiten ist dieser Suchform implizit, wenn man davon ausgeht, dass ein Benutzer oder eine Benutzerin sich für die Neuerscheinungen auf dem Buchmarkt interessiert.

6.5.3 Intentbasiertes Nutzerverhalten

In den letzten Jahren hat sich noch eine andere Typologie etabliert: die Suchintention (*User Intent*). Sie bezieht sich auf die übergeordnete Absicht einer Suchanfrage. Entwickelt hat sie ursprünglich 2002 Andrei Broder bei AltaVista (*https://www.cis.upenn.edu/~nenkova/Courses/cis430/p3-broder.pdf*, A taxonomy of web search):

- **Transaktionale Suchen** sind solche, die eine Transaktion zur Absicht haben. Das ist in den meisten Fällen ein Kauf in einem Shop. Es kann aber auch das Eintragen in einen Newsletter oder das Reservieren eines Tisches in einem Restaurant sein.

- **Informatorische Suchen** haben zum Ziel, Informationen zu erhalten. Das kann von der Höhe des höchsten Gebäudes der Welt bis zum Farbenkleid von Osterhasen in der Brutzeit quasi alles sein. Hier werden von Suchenden auch nicht immer nur die ersten ein oder zwei Treffer betrachtet, sondern auch Treffer auf der zweiten SERP-Seite haben hier ein wenig häufiger eine Chance auf einen Besuch.
- **Navigatorische Suchen** werden durchgeführt, wenn ein Suchender oder eine Suchende an eine bestimmte Stelle im Web möchte, aber die direkte Domain nicht kennt. Eine Suche nach »youtube« beispielsweise oder nach einem Firmennamen führt dann meist bei Treffer 1 direkt zum gewünschten Ziel.

Das korrekte Erkennen des vorliegenden Intents ist während des Query Processing bei Suchmaschinen von entscheidender Bedeutung. Je besser eine Suchmaschine die Sucheingabe zuordnen kann, desto besser kann der oder die Suchende bedient werden. Daher ist davon auszugehen, dass Suchmaschinen eine deutlich feinteiligere Typologie verfolgen.

Wer sich näher mit diesem Thema beschäftigen möchte, dem sei die Arbeit »Automatisierte Keyword-Klassifikation von Suchmaschinen wie Google« von Kai Spriestersbach unter *https://www.grin.com/document/468935* empfohlen.

6.5.4 Welche Suchmaschine wird genutzt?

Der Anbieter *netmarketshare* bietet u. a. Informationen über die Verteilung der Suchmaschinen-Nutzung. Die gewonnenen Daten aus Tausenden von Zugriffen auf verschiedenen Websites wurden bis 2020 zu einem Webbarometer (*https://netmarketshare.com/search-engine-market-share.aspx*) zusammengerechnet. Zu diesem Webbarometer gehörten neben einer Anzeige über die verwendeten Browsertypen und Bildschirmauflösungen u. a. auch eine Auswertung zur Nutzung von Suchmaschinen (siehe Abbildung 6.25). Google war mit über 70 Prozent aber auch weltweit Marktführer. Bei der bloßen Mobilnutzung lag der weltweite Marktanteil demnach sogar bei über 90 %.

Eine aktuelle gleichwertig breit angelegte Datensammlung ist so leider nicht mehr verfügbar. Seit Jahren zeigen aber Einzeluntersuchungen in Deutschland, Europa und weltweit recht eindrucksvoll, dass Google den Markt deutlich anführt: Google ist seit Jahren unangefochten die Nummer eins auf dem Suchmaschinen-Markt und damit für die Suchmaschinen-Optimierung die maßgebliche Suchmaschine. Auch technologisch hinken die anderen Anbieter bislang immer hinter dem enormen Innovationstreiber Google hinterher.

Google ist bereits seit kurz nach seiner Veröffentlichung im Jahr 2001 der zentrale Suchdienst im World Wide Web. Das lässt sich mit Daten anderer Studien über die letzten Jahre hinweg zeigen: So maß eine Studie von Forrester Research schon Mitte

2004 einen Marktanteil von 84 Prozent für Google, gefolgt von MSN mit etwa vier Prozent.

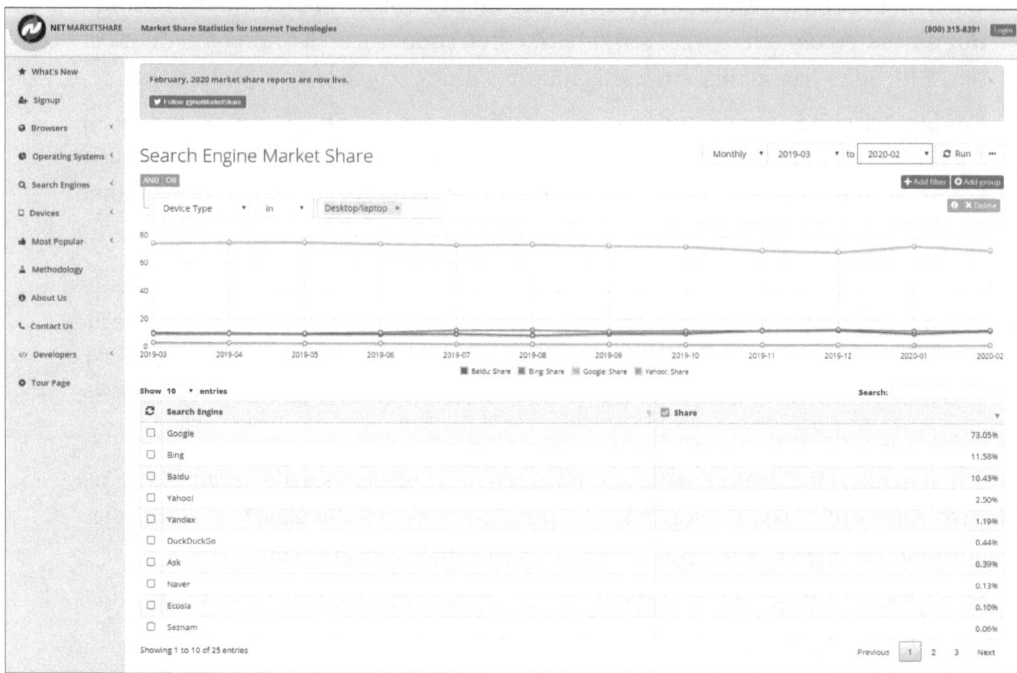

Abbildung 6.25 Suchmaschinen-Nutzung nach »netmarketshare.com« (2020)

Diese frühe Studie wurde in 60.000 amerikanischen Haushalten durchgeführt; die Vorreiterstellung von Google ist also seit Erscheinen auf der Suchbühne nicht nur ein europäisches Phänomen.

Das amerikanische Marktforschungsunternehmen Vividence untersuchte führende Suchmaschinen auf deren Popularität. Auch hier lag Google deutlich vorne. Als Begründung wurde insbesondere die aufgeräumte Benutzeroberfläche genannt. Diese ist im Vergleich zu vielen anderen Suchportalen sehr minimalistisch und enthält auf der ersten Startseite keinerlei Werbung. Die Anforderungen der US-User im Bereich der Websuche unterscheiden sich jedoch gravierend von den Erwartungen deutscher Benutzer und Benutzerinnen. In den USA zählen zu den wichtigsten Kriterien für einen »Lieblingssuchdienst« folgende Punkte: Personalisierung, Präsentation und Qualität der Suchergebnisse und vor allem sogenannte *integrierte Webdienste* wie ein News-Portal, ein E-Mail-Dienst und ein Shopping-Ratgeber. Deutsche Benutzer und Benutzerinnen legen überwiegend Wert auf Relevanz und Aktualität der angebotenen Suchergebnisse. Darüber hinaus ist eine einfache und schnelle Ergebnisdarstellung von Bedeutung.

Die Daten zur eindeutigen Marktdominanz von Google dürfen zudem nicht darüber hinwegtäuschen, dass die internationalen Hauptkonkurrenten Bing, Yandex (v. a. Russland) und Baidu (v. a. China) durch gezielten Ausbau der eigenen Technologien und durch die Übernahme anderer Dienste mit einer großen Reichweite mit Hochdruck daran arbeiten, mittel- bis langfristig Google im wahrsten Sinne des Wortes den Rang abzulaufen. Es ist allerdings fraglich, ob das klappt – denn schließlich hatte das auch Yahoo! über Jahre versucht und wurde am Ende für einen relativ kleinen Betrag von 4,5 Milliarden Dollar an Verizon verkauft. Schon davor spielte Yahoo! kaum noch eine prägende Rolle im Suchmaschinen-Technologie-Markt. 2020 baute Verizon Yahoo dann zu einem Mobilfunkanbieter um. Mit einer technologisch hoch entwickelten Suchmaschine hat das nicht mehr viel zu tun.

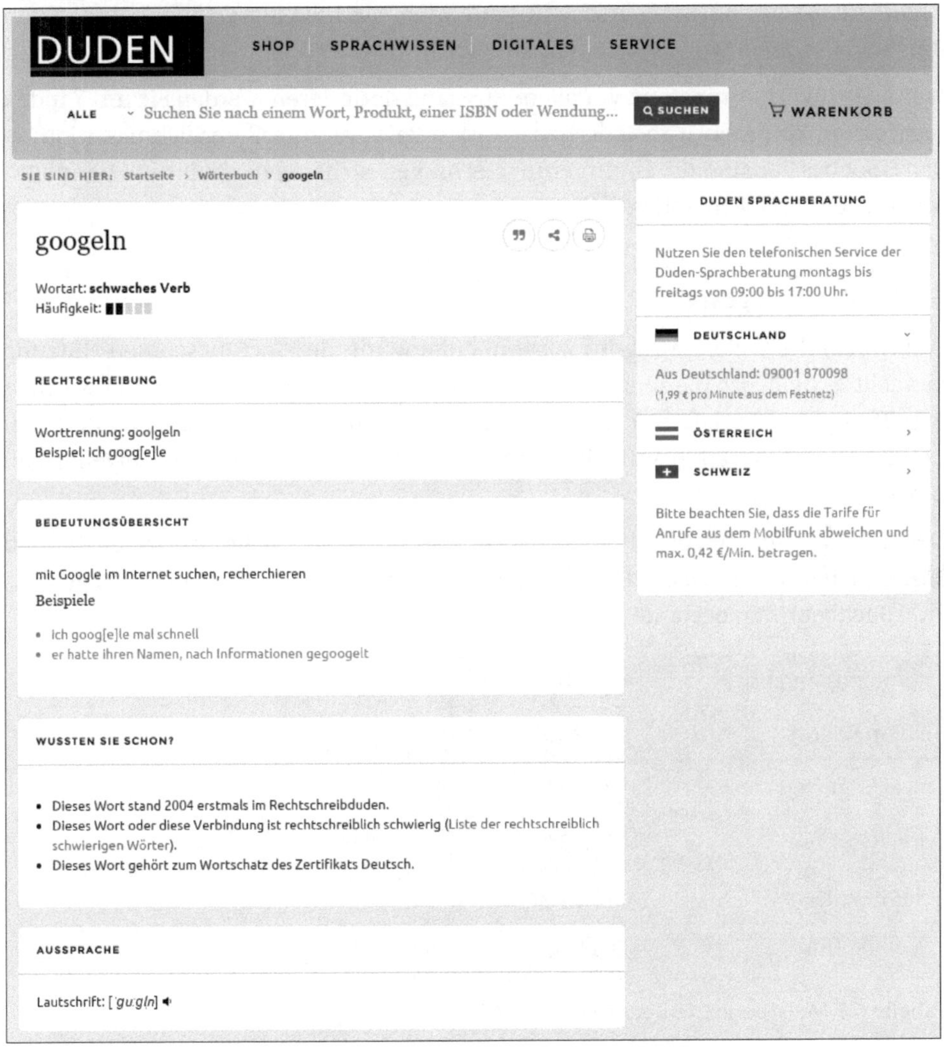

Abbildung 6.26 »Googeln« ist seit 2014 ein offizielles Wort im Duden.

Anfang 2005 veröffentlichte MSN (heute Bing) eine verbesserte Suche und versuchte dabei, möglichst viel Medienaufsehen zu erregen. Drei Jahre später gab es bereits erste Anläufe für eine Übernahme von Yahoo! – allerdings war das Angebot von 44,6 Milliarden Dollar zunächst nicht ausreichend –, damals wusste noch keiner, dass Yahoo! für wesentlich weniger verkauft werden würde. Dabei ging es bei der versuchten Übernahme nicht um das direkte Suchmaschinen-Geschäft, sondern vor allem um den rentablen Online-Werbemarkt.

Wollen Sie Ihre Website in Mitteleuropa optimieren, sollten Sie aufgrund dieser Erkenntnisse derzeit auf jeden Fall die dominante Position von Google berücksichtigen. Außerdem wird deutlich, dass außer den *Global Players* kaum andere Suchmaschinen für die allgemeine Recherche genutzt werden, sodass eine *Breitband-Optimierung* eher unsinnig erscheint. Außerdem sind die Bewertungskriterien von Bing und Co. denen von Google sehr ähnlich.

Wenn Sie für Osteuropa und vor allem Russland optimieren, werden Sie um Yandex nicht herumkommen. Im asiatischen Raum ist Baidu eine größere Suchmaschine neben Google. Hier sind die Optimierungstechniken nicht zuletzt aufgrund der politischen Situation leicht anders.

6.5.5 Was wird gesucht?

Wenn man die Webnutzung im Zusammenhang mit der Suchmaschinen-Nutzung betrachtet, stellt sich die zentrale Frage: Welche Themengebiete werden mit welchen Begriffen gesucht? Ließen sich dabei Regelmäßigkeiten entdecken und verallgemeinernde Aussagen treffen, wäre das durchaus ein großer Gewinn für den eigenen Optimierungsvorgang.

Der amerikanische Webanalyse-Dienst *OneStat* fasste Logbücher mehrerer Kunden zusammen und kam zu dem Ergebnis, dass knapp ein Drittel aller Suchanfragen aus zwei Suchbegriffen bestand:

Kombination aus ...	Häufigkeit
einem Begriff	24,76 %
zwei Begriffen	29,22 %
drei Begriffen	24,33 %
vier Begriffen	12,34 %
fünf Begriffen	5,43 %

Tabelle 6.1 Meistbenutzte Begriffskombinationen

Kombination aus ...	Häufigkeit
sechs Begriffen	2,21 %
sieben Begriffen	0,94 %

Tabelle 6.1 Meistbenutzte Begriffskombinationen (Forts.)

Der Anteil der Suchanfragen mit zwei und drei Begriffen macht mit über 53,55 Prozent über die Hälfte der Suchanfragen aus. Das zeigt die Notwendigkeit, Webseiten nicht mehr nur auf einen Begriff hin zu optimieren, sondern gewisse Begriffspaare zu favorisieren.

Bei der Frage nach den meistgesuchten Begriffen lässt sich leider keine wirklich verlässliche Aussage treffen. Die meisten Veröffentlichungen von Anfragenhäufigkeiten lassen die pornografischen Begriffe außen vor, was definitiv das Bild neben Anfragen wie »wetter« und Co. verzerrt.

Viele Auswertungen zeigen auch nur eine Momentaufnahme. Sie berücksichtigen, dass sich die meisten Suchbegriffe nur einer sehr kurzen – aber nicht weniger starken – Beliebtheit erfreuen. Bei Google fand man unter dem sogenannten Zeitgeist die meistgefragten Suchen der letzten Monate. Seit 2009 war das Angebot leider nicht mehr so aktuell, und es wurden nur noch bis 2014 sporadisch Ergebnisse präsentiert.

Mittlerweile erscheinen jährlich die beliebtesten Suchanfragen bei Google Trends (siehe Abbildung 6.27). Diese sind noch stärker medial aufbereitet, und nach wie vor werden natürlich heikle Suchanfragen aus dem sexuellen, pornografischen und illegalen Bereich nicht berücksichtigt.

Begriffe wie »Routenplaner«, »Sonnenuntergang« oder auch »Wetter« gehören aber nicht erst seit 2004 zu den Dauerbrennern. Der Suche nach Serviceleistungen kann seit jeher ein starkes Gewicht zugemessen werden. Das ist letztlich der Grund, warum die meisten Unternehmen die organische Suchmaschinen-Optimierung und die bezahlte Google-Ads-Werbung verstärkt betreiben und sich so der herrliche Markt der Suchmaschinen-Optimierung etablieren konnte.

Die jährliche Auswertung der Suchbegriffe (vgl. Abbildung 6.27) spiegelt auch stark die gesellschaftlichen Schwerpunkte der Webnutzer wider. Für die konkrete Optimierung hat das zwar weniger Bedeutung, ist aber sicherlich einen Blick wert (*https://trends.google.de/trends/yis/2021/DE/*).

Ihre Suchmaschinen-Optimierung wird wahrscheinlich deutlich konkretere Keywords enthalten. Denn weder um Service, Shop-Käufe, Leads noch um Download-Material geht es bei der Suche nach Prominenten. Deren Namen finden sich oftmals nur kurz in den Toplisten – in der Regel beim Erscheinen eines neuen Albums, bei Skandalen oder nach der Veröffentlichung von Fotos im Playboy-Magazin. Allerdings ist das Suchvolumen deutlich höher. Natürlich spielt auch die Jahreszeit eine Rolle. So sind im Dezember um Weihnachten herum regelmäßig andere Begriffe zu beobachten als im Februar für den Valentinstag. Um die »Karriere« eines Begriffs zu verfolgen, bietet Google mit dem Dienst Google Trends unter *www.google.com/trends* ein entsprechendes Werkzeug an.

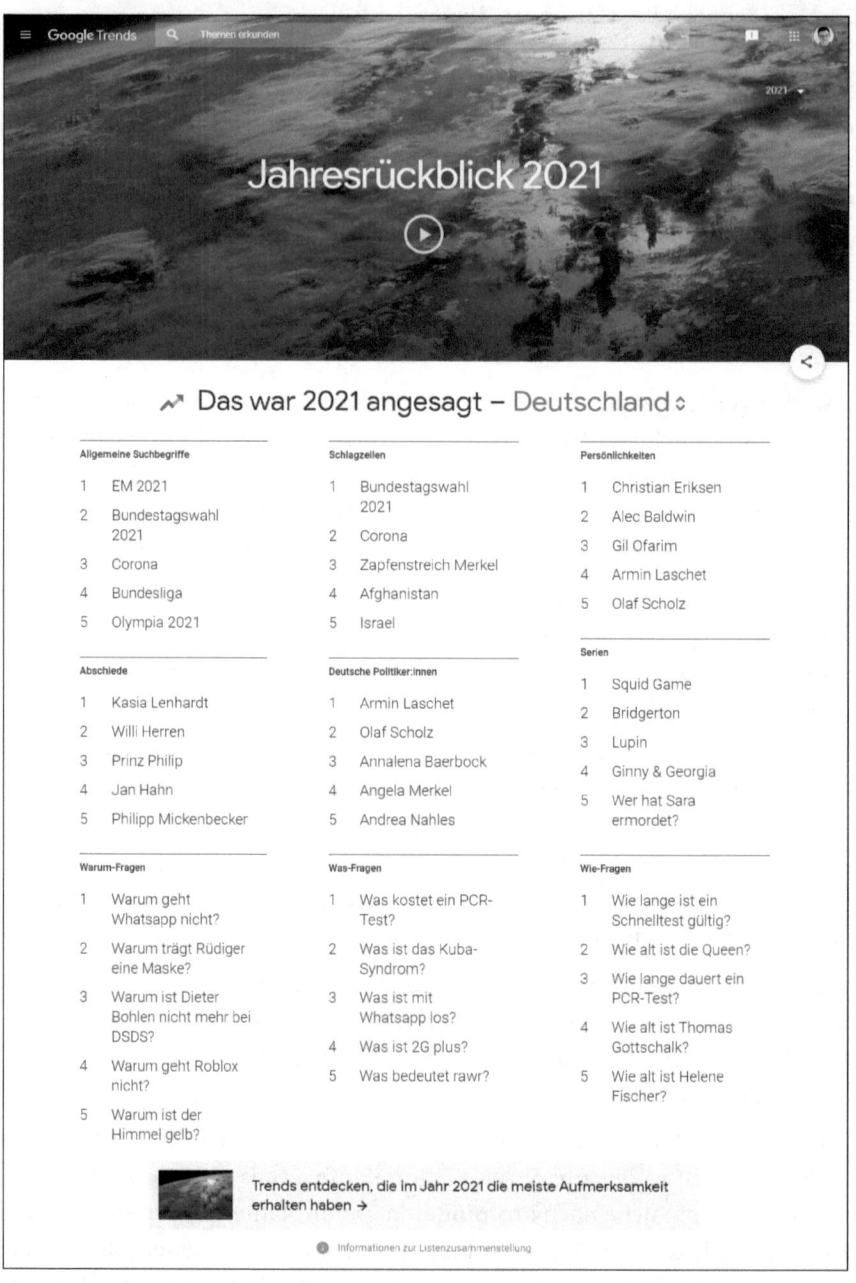

Abbildung 6.27 Google Trends für das Jahr 2021

Man kann das unterschiedliche Suchvolumen in Abbildung 6.28 deutlich erkennen. Die Kurve zeigt den weltweiten Verlauf des Suchbegriffs »Flutkatastrophe« über fünf Jahre an. Zur Zeit des Ereignisses im Ahrtal ist ein deutlicher Anstieg in den Suchen zu sehen.

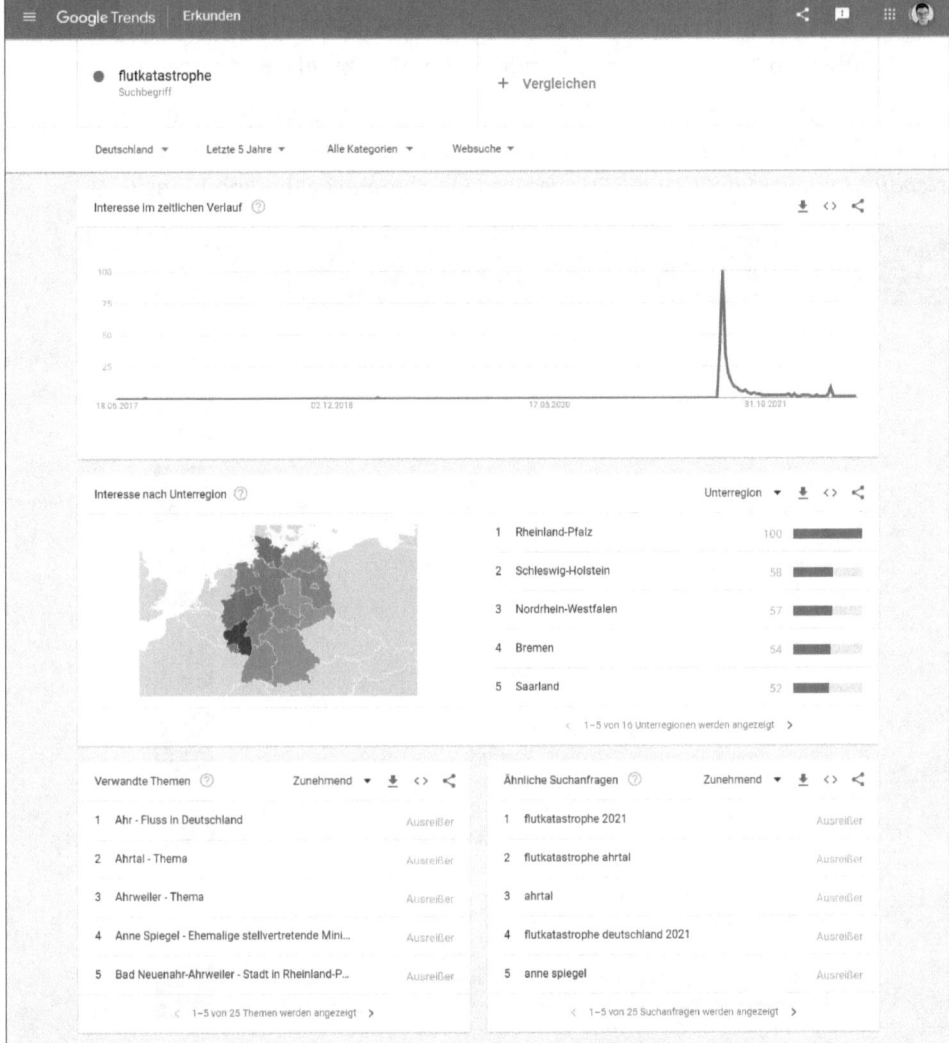

Abbildung 6.28 Google Trends bei der Suche nach »Flutkatastrophe«

Die Datenerhebung für Google Trends macht Google selbstverständlich nicht, damit Sie besser die Suchkarrieren von Themen nachvollziehen können. Die Daten sind vor allem für Google selbst interessant. Google kann mit diesen Daten zum Beispiel schnell feststellen, welches Keyword gerade eine außergewöhnliche Karriere macht: Verstärkt sich das Rauschen im Kanal zu einem deutlichen Signal, wie im Fall des

Tsunami-Beispiels, können mittels dieses Buzz-Trackings bestimmte Webseiten, die über dieses vermeintlich aktuelle Ereignis berichten, kurzzeitig höher gelistet werden. Genau dies macht Google seit 2007 und kann dann auch Logiken wie *QDF* (Query Deserves Freshness) auslösen – ein Algorithmus-Bestandteil, bei dem Suchanfragen identifiziert werden, die eine besondere Aktualität in der Ergebnispräsentation bedingen. Bei einem aktuellen Tsunami zeigt Google damit keine historischen Inhalte zu vergangenen Katastrophen an, sondern eher die aktuelle Berichterstattung.

Doch auch für kleinere Zeiteinheiten hält Google Informationen für Sie parat. So finden Sie auf der Unterseite von Google Trends (*https://trends.google.de/trends/trendingsearches/daily?geo=DE*) tagesaktuelle Themen (siehe Abbildung 6.29).

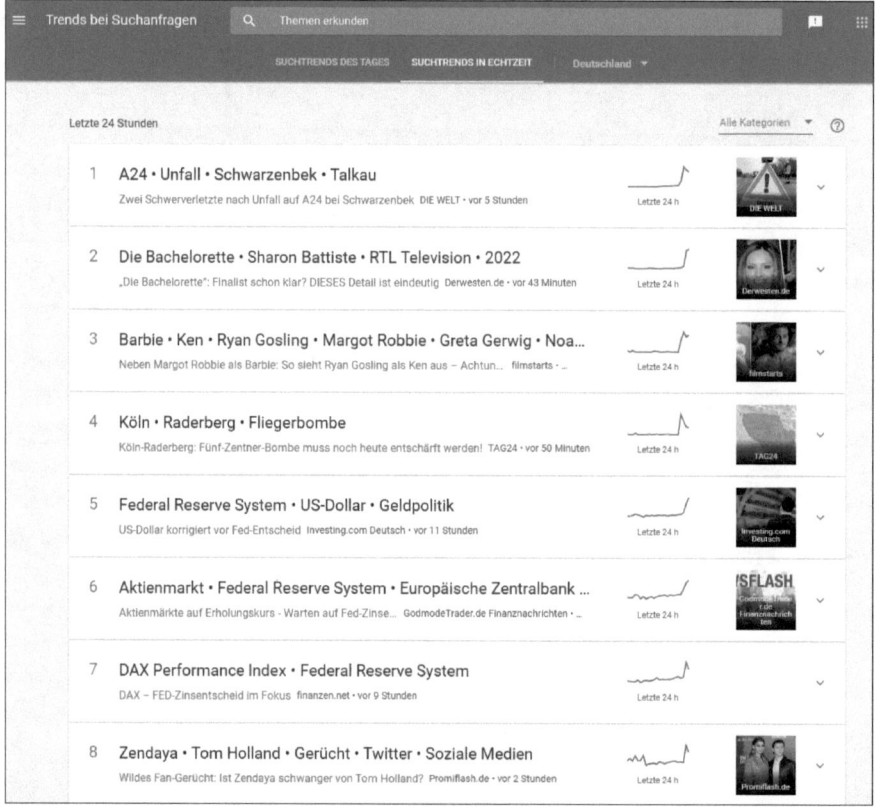

Abbildung 6.29 Google zeigt Suchtrends des Tages an.

Für kleine und mittelständische Unternehmen und die meisten privaten Website-Betreiber sind diese Listen der Top-Begriffe allerdings von eher geringer Bedeutung. In der Regel geht es darum, dem Webnutzer und der Webnutzerin spezielle Produkte, Dienstleistungen oder spezifische Themengebiete näherzubringen. Vor allem für größere Magazin-Websites, Verlage oder Newsportale ist diese Quelle aber äußerst spannend.

Kapitel 7
Gewichtung und Relevanz

Dieses Kapitel erläutert die genauen Bewertungsverfahren von Suchmaschinen, die zum Ranking der Ergebnisse führen. Statistische Modelle sowie linkbasierte Verfahren wie der PageRank und der TrustRank werden vorgestellt.

Die Schritte zum Akquirieren, Auswerten und Speichern des durchsuchbaren Datenbestands stellen die unabdingbare Grundlage für ein weit skaliertes Information Retrieval dar. Anders als bei den datenbankorientierten Systemen muss bei der Suchanfrage die Relevanz einzelner Ressourcen durch komplexe Algorithmen ermittelt werden. Relevanz bedeutet in diesem Sinne die Ähnlichkeit eines Dokuments mit der Suchanfrage. Je genauer der Inhalt eines Dokuments zu den angegebenen Suchbegriffen passt, desto relevanter ist das Dokument für den Benutzer. Ein rein binäres Entscheidungskriterium ist in der Praxis nicht oder zumindest nicht mehr einsetzbar, da die Auswahl hier nach dem Entweder-oder-Prinzip erfolgt.

Für klassische Datenbanksysteme ist dies durchaus erwünscht. So soll eine Anfrage an eine Adressdatenbank, in welcher Straße Frau Brosig wohnt, auch den entsprechenden Eintrag liefern. Die Anfrage »Zeige mir das Feld ›Straßenname‹ der Datensätze, die im Feld ›Nachname‹ das Wort ›Brosig‹ enthalten« soll eindeutig beantwortet werden. Den Benutzer oder die Benutzerin interessiert dabei nicht, wo z. B. Herr Borsig wohnt, der einen ähnlich klingenden Namen trägt, aber sonst keinerlei Beziehung zu der gesuchten Person aufweisen kann. Die Informationen sind zu hundert Prozent genau zuzuordnen und gehören entweder in die Ergebnismenge oder eben nicht.

Die Herausforderung bei Information-Retrieval-Systemen (IR-Systemen) besteht hingegen darin, auch Ressourcen in die Ergebnismenge aufzunehmen, die eine Suchanfrage vielleicht zu 90 oder gar nur zu 75 Prozent erfüllen. Das ist zwingend notwendig, denn die mehrfach angesprochene Heterogenität der Texte lässt keine eindeutige thematische Zuordnung zu. Selbst Dokumente, die bei Betrachtung durch einen Redakteur oder eine Redakteurin einem bestimmten Themenkreis zugeordnet werden können, sind nicht ohne Weiteres automatisch als solche zu identifizieren. Zu stark wirken sich die Seitenformatierung, der Schreibstil und die Wortwahl des Webautors oder der Webautorin auf den Text aus.

Für den Menschen ist es oftmals ein Leichtes, zwischen thematisch zu einem Gebiet passenden und weniger passenden Dokumenten zu unterscheiden. Information-Retrieval-Systeme müssen diese Intelligenz bestmöglich nachahmen. Sie imitieren das menschliche Verhalten und vergeben mittels Algorithmen Gewichtungen für einzelne Dokumente. Dazu werden verschiedene Gewichtungsmodelle eingesetzt. Je ähnlicher ein Dokument der Suchanfrage ist, desto höher wird seine Gewichtung sein und desto höher die resultierende Relevanz.

Dies muss in einem gewissen Grad dynamisch bei jeder Anfrage neu geschehen, da Texte in Bezug auf die Suchanfrage, also hinsichtlich der gewünschten Themen, unterschiedlich relevant sein können. So ist die Website eines Hausbootsherstellers sicherlich bei den Suchbegriffen »Hausboot Kauf« von gewisser Relevanz für den Suchenden oder die Suchende, der oder die sich zwischen zwei favorisierten Bootstypen entscheiden möchte und dafür genauere Spezifikationen benötigt. Für eine Familie, die einen Hausbootsverleiher für einen Urlaub mit den Begriffen »Hausboot Urlaub« sucht, ist der Hausbootshersteller sicherlich nicht die relevanteste Seite, auch wenn diese möglicherweise beide Begriffe enthält.

Das Beispiel ist zugegebenermaßen recht trivial, es macht aber deutlich, dass die Relevanzbewertung direkt bei der Suche erfolgen muss. Hier blinkt bei jedem Programmierer oder Systemadministrator sofort ein Warnlicht auf. Sollen für Millionen von Anfragen pro Minute jedes Mal die Relevanzwerte berechnet werden?

Um die Flut von Anfragen bewältigen zu können, benötigt ein Information-Retrieval-System zwei Grundvoraussetzungen: Zum einen ist dies eine effiziente Datenablage, die einen schnellen Zugriff auf die Menge der Dokumentrepräsentanten erlaubt, die überhaupt infrage kommen. Diese Bedingung erfüllt der bereits behandelte invertierte Index. Er ermöglicht durch die inverse Struktur einen direkten und somit schnellen Zugriff auf alle Ressourcen zu einem bestimmten Stichwort. Damit werden in einem ersten Schritt bei einer Suche alle Dokumente in die nähere Auswahl einbezogen, die ein Mindestmaß an Ähnlichkeit mit der Anfrage besitzen. Um anschließend aus dieser Auswahl eine nach Relevanz sortierte Liste zu gewinnen, benötigt man im zweiten Schritt zuverlässige und effiziente Gewichtungsmodelle.

Jedes Dokument aus der Stichprobe durchläuft dabei eine Reihe von Algorithmen und bekommt letztlich einen Platz in der Ergebnisliste zugewiesen. In der Regel sehen sich die wenigsten Benutzer und Benutzerinnen mehr als die erste Ergebnisseite an. Es werden jedoch Dutzende von Seiten angeboten, und es wären Hunderte, wenn nicht gar Tausende von Seiten, würde man nicht einen Schwellenwert als Aufnahmebedingung setzen. Erlangt eine Ressource nicht einen bestimmten Relevanzwert, wird sie daher nicht in die Ergebnisliste mit aufgenommen. Dieser finale Relevanzwert errechnet sich aus allen durchgeführten Gewichtungsmodellen. Dabei werden die Anteile in der Regel ungleichmäßig verteilt. So kann z. B. ein Verhältnis von 2 zu 1 gegeben sein. Der erste Algorithmus würde die endgültige Gewichtung doppelt so stark beeinflussen wie der zweite Algorithmus. In der Praxis wird eine Fülle von Gewichtungsmodellen eingesetzt. Die jeweilige Kombination, ihre genaue Ausarbeitung sowie Anordnung zueinander führen zu unterschiedlichen Relevanzbewertungen und somit zu unterschiedlichen Ergebnislisten bei den diversen Suchmaschinen.

7.1 Statistische Modelle

In diesem Abschnitt sollen zunächst die wichtigsten Gewichtungsmodelle vorgestellt werden. Dabei wird überwiegend auf mathematische Darstellungen verzichtet und stattdessen das Thema allgemein verständlich dargestellt. Die Mathematiker und Wissenschaftler unter Ihnen mögen dies verzeihen.

7.1.1 Boolesches Retrieval

Das *boolesche Retrieval* ist das Modell, das zuerst entwickelt und eingesetzt wurde. Vermutlich wurde das Verfahren eingesetzt, um das Retrieval von Schlitzlochkarten durchzuführen. Auch als man später Daten auf Magnetbändern speicherte, war die Speicherkapazität der Rechner noch sehr gering. Direkt beim Einlesen musste also entschieden werden, ob ein Dokument relevant war oder nicht.

Obwohl derartige Beschränkungen heutzutage nicht mehr existieren, hat sich das boolesche Modell im Information Retrieval bis heute nicht grundlegend verändert, sondern sich lediglich mit einigen funktionalen Erweiterungen begnügt. Das binäre Prinzip lässt nur zwei Zustände zu: einen positiven Zustand, der oftmals als wahr (*true*) bezeichnet und mit einer »1« codiert wird, und einen negativen Zustand, der als falsch (*false*) bezeichnet und mit einer »0« codiert wird. Werte dazwischen gibt es nicht, die binäre Welt kennt keine Graustufen.

Daraus resultiert als Antwort auf eine Anfrage eine Zweiteilung der Dokumente in passende (*true* bzw. 1) und nicht passende (*false* bzw. 0) Dokumente. In realen IR-Systemen ist das boolesche Retrieval meist in einer modifizierten Form implementiert. Dabei können Konjunktionen mit der Suchanfrage übermittelt werden, die als Kriterien das Ergebnis beeinflussen. So ist der AND-Operator (UND) eine Verknüpfung aller Suchwörter und lässt nur Dokumente als Ergebnis zu, in denen alle genannten Suchwörter mindestens einmal enthalten sind. Der OR-Operator bewirkt hingegen, dass bereits das Vorkommen eines einzelnen Suchwortes aus der Suchwortkette ausreicht, um den Wert *true* zu erhalten. Darüber hinaus bewirkt die Anwendung des NOT-Operators das Ausschlussprinzip: Es werden nur Dokumente akzeptiert, die nicht das mit NOT gekennzeichnete Suchwort beinhalten. Die Anwendung des NOT-Operators ist vor allem dann sinnvoll, wenn der Informationsgehalt eingeschränkt werden soll – wie etwa bei der Suche »insel AND strand NOT karibik«.

Durch die strikte Trennung des relativ simplen booleschen Retrievals ergeben sich nur zwei Ergebnismengen: passende und nicht passende Treffer. Die Menge der erfolgreich gefundenen Dokumente ist allerdings in keiner Weise sortiert. Man würde sich jedoch wünschen, irgendeinen Mechanismus anzuwenden, der die unterschiedliche Relevanz der Dokumente in Bezug auf die Suchanfrage unterscheiden kann und damit eine absteigende Rangfolge ermöglicht. Aus diesem Grund eignet sich das boolesche Retrieval nicht für offene Dokumentkollektionen, wie sie im Web zu finden sind, sondern eher für tabellenorientierte Datenbanksysteme. Die voll strukturierten Datenbanksysteme, die z. B. mit SQL angesprochen werden, basieren auf einer solchen binären Suche. Als Ergebnisse sollen nur solche Daten zurückgeliefert werden, die auch hundertprozentig der Anfrage entsprechen. Wenn ein Benutzer nach dem Autoverkäufer Engler sucht, will er nicht noch Ergebnisse des Verkäufers Enghauser haben. Praktisch erfolgt die Suche, indem die Zeichen, aus denen das Suchwort besteht, mit den Einträgen in der Datenbank verglichen werden.

Bei Information-Retrieval-Systemen ist die Anforderung eine andere. Die Datenbasis ist heterogen und nicht standardisiert. Verschiedene Texte können je nach Art, Schreibstil, Darstellungsform, Zielsetzung des Autors oder der Autorin und nicht zuletzt abhängig von der persönlichen Motivation stark in Inhalt und Form variieren. Suchanfragen können daher oftmals nicht zu 100 Prozent beantwortet werden. Wie erwähnt, müssen daher Systematiken eingesetzt werden, die auch nur eine 90-prozentige Relevanz zulassen.

7.1.2 Fuzzy-Logik

Durch die Zweiteilung des booleschen Retrievals entsteht recht schnell eine unübersichtlich große Ergebnisliste. Die Trennung der gefundenen und nicht gefundenen Dokumente ist oftmals zu streng. Die *Fuzzy-Logik* wurde daher als Lösung für dieses Problem angesehen. Fuzzy (engl. für ungenau) ist eine Verallgemeinerung der zweistelligen Logik. Sie lässt auch abgestufte Werte zwischen den extremen Polen *wahr* und *falsch* zu. Die Fuzzy-Logik wird heutzutage auch außerhalb von Information-Retrieval-Systemen eingesetzt. Zum Beispiel regeln Waschmaschinen die Länge des Waschvorgangs und die Menge an Waschmittel je nach Verschmutzung der Wäsche. Eine exakte Definition des Verschmutzungsgrades ist allerdings nicht möglich, daher findet eine Annäherung statt.

Diese Ungenauigkeit war allerdings der Grund, dass sich die Fuzzy-Logik bei den Suchmaschinen nicht durchsetzen konnte. Zwar kann durch die feinere Abstufung ein Ranking der Dokumente erreicht werden, allerdings ist die Retrieval-Qualität im Vergleich zu anderen Verfahren wie dem nachfolgend beschriebenen Vektorraummodell nicht annähernd so gut.

7.1.3 Vektorraummodell

Das wahrscheinlich bekannteste Modell aus der Information-Retrieval-Forschung basiert auf der Idee, die Suchanfrage und Stichwörter aus den Dokumenten in Vektoren umzuwandeln und anschließend zu berechnen, wie ähnlich, also wie nah, sich diese Vektoren sind. Die Relevanz eines Dokuments lässt sich also als Ähnlichkeit zwischen dem Dokument und der Suchanfrage auffassen. Eine Voraussetzung für die Anwendung des Vektorraummodells ist ein festes Vokabular von Termen, die die Dokumente beschreiben. Spätestens hier wird deutlich, wieso jedes Dokument im Voraus einer aufwendigen Keyword-Extrahierung unterzogen wird.

Im Modell bildet jedes Keyword eine Dimension des Vektors ab. Bei zwei Keywords besitzt der Vektor also zwei Dimensionen, bei drei Keywords entsprechend drei Dimensionen etc. In der Mathematik spricht man verallgemeinernd von einem n-dimensionalen Vektor bei einer Anzahl von n Keywords. In einem Beispiel wird das Verfahren deutlich. Ein ursprünglicher Text eines Dokuments könnte z. B. wie folgt aussehen:

```
Sein oder nicht Sein. Denn Sein ohne Sinn ist nicht Sein.
```

Eine Menge Terme wäre bereits bei der Stoppworterkennung entfernt worden, sodass noch die beiden Terme Sein und Sinn als Deskriptoren übrig bleiben. Zwei Terme bedeuten, dass man einen zweidimensionalen Vektor erhält, der folgendermaßen aussieht:

```
dokumentvektor = (4,1)
```

Der Term Sein kommt viermal in dem untersuchten Dokument vor, der Term Sinn nur einmal. Entsprechendes wird in den Vektor übertragen. Dieser Vektor wird für jedes infrage kommende indexierte Dokument berechnet. Dabei ist der invertierte Index ungemein hilfreich, da wirklich nur die Vektoren aus den Dokumenten bzw. den Dokumentrepräsentationen zu berechnen sind, die die Stichwörter auch tatsächlich enthalten. Nun sollen nicht die Dokumente untereinander verglichen werden, sondern jedes einzelne infrage kommende Dokument mit einer Suchanfrage des Benutzers oder der Benutzerin. Eine Suchanfrage eines zugegeben puristischen, aber dennoch philosophischen Menschen könnte etwa so lauten:

```
Ist da Sinn?
```

Durch Stoppwort-Eliminierung erhält die Suchmaschine den Term Sinn, der ebenfalls in einen zweidimensionalen Vektor umgewandelt wird:

```
suchvektor = (0,1)
```

Dabei wird bei den Dimensionen, die keine Entsprechung in der Suchanfrage haben, eine Null eingetragen. Der Term Sinn tritt im Gegensatz zum Term Sein in der Suchanfrage auf und erhält daher einen positiven Wert. Als Ergebnis des ersten Schrittes stehen jeweils ein Dokumentvektor und ein Suchvektor als Paar zur Verfügung. Die Vektoren bezeichnen jetzt einheitlich die Dimensionen (Sein, Sinn). Als letzter Schritt folgt abschließend der eigentliche Vergleich des Suchvektors mit den einzelnen Dokumentvektoren. Zur Bestimmung der Ähnlichkeit eignet sich ein gängiges, leicht verständliches und damit einfach zu implementierendes Verfahren. Die Berechnung erfolgt über den Cosinus-Wert des Winkels zwischen den beiden Vektoren. Dabei handelt es sich um das binäre Vektorraummodell, das unabhängig von der tatsächlich auftretenden Anzahl von Begriffen nur die beiden Zustände *vorhanden* bzw. *nicht vorhanden* kennt. Daher wird der Dokumentvektor binär normalisiert; aus dem Dokumentvektor (4,1) wird (1,1).

```
dokumentvektor = (1,1)
suchvektor     = (0,1)
```

Abbildung 7.1 veranschaulicht die Ähnlichkeitsbestimmung über den Cosinus-Winkel.

Je größer der Cosinus-Wert ist, desto passender ist die Suchanfrage für das Dokument. Bei einem Cosinus-Wert von 1 würden beide Vektoren deckungsgleich übereinanderliegen und eine maximale Entsprechung besitzen. Mit diesem Ähnlichkeitsmaß erhält man ein Ranking. Allerdings hat das ungewichtete binäre Vektorraummodell eine gravierende Schwäche.

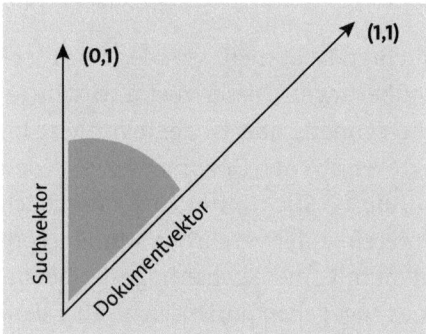

Abbildung 7.1 Veranschaulichung des binären Vektorraummodells

Die Länge der Vektoren bleibt unberücksichtigt, d. h., die Anzahl der auftretenden Keywords innerhalb der Dokumente wird nicht beachtet. Ein Dokument, das einmalig den Term Sein enthält, wird genauso gewichtet wie ein Dokument, das den Term etwa viermal nennt. Viel gravierender ist jedoch, dass die Abstufungen durch das binäre System eher theoretischer Natur sind. Eine ausreichende Differenzierung zwischen den einzelnen Begriffen bzw. letztlich zwischen den Dokumenten findet hier nicht statt.

Um dieses Problem zu lösen, werden in der Praxis zwei Alternativen angewandt. Zum einen kann die Häufigkeit der Terme über weitere Algorithmen berechnet werden (siehe Abschnitt 7.1.4), zum anderen wird häufig eine erweiterte Form des Vektorraummodells genutzt. Beim gewichteten Vektorraummodell werden zwar nach wie vor die Terme aus den Dokumenten in Vektoren verwandelt, jedoch nicht binär normiert. Der grundlegende Unterschied besteht allerdings im Verarbeiten der Suchanfrage. Im gewichteten Modell spannen die Gewichtungen der Suchwörter den Vektorraum selbst auf. In Abbildung 7.2 wird dies deutlich: Die Achsen entsprechen den Gewichtungen der Stichwörter aus der Suchanfrage.

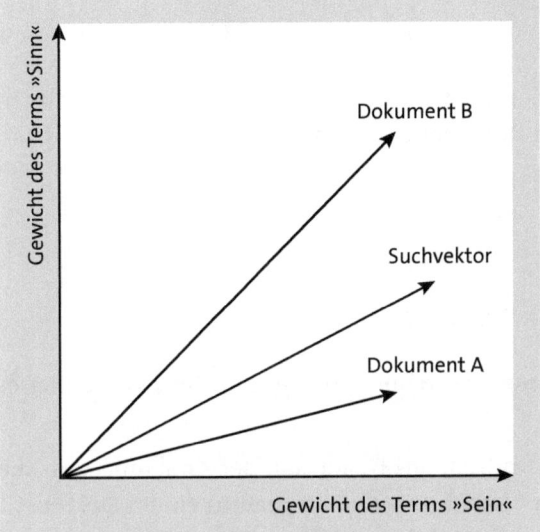

Abbildung 7.2 Gewichtetes Vektorraummodell mit zwei Termen

In der Abbildung sind innerhalb des Vektorraums exemplarisch zwei Dokumentvektoren zu sehen:

```
dokumentvektor_A = (4,1)
dokumentvektor_B = (4,4)
```

Es wird deutlich, dass beim gewichteten Vektorraummodell über die Länge der Vektoren (also die Häufigkeit des Auftretens der Stichwörter innerhalb der einzelnen Dokumente) und über die Richtung ein wesentlich differenzierteres und effektiveres Ranking erfolgen kann. Hier gilt: Je höher die Ähnlichkeit eines Dokumentvektors mit dem Suchvektor ist, desto höher ist auch die Gewichtung und damit letztlich die Relevanz. Das Ziel ist damit erreicht. Um ein Dokument als relevant auszuweisen, wird nun nicht mehr eine völlige Übereinstimmung von Dokument- und Suchvektor gefordert wie im binären Modell, sondern man erhält eine abgestufte Gewichtung.

Dabei ist dieses zweidimensionale Beispiel für die Veranschaulichung sehr gut geeignet. In der Praxis sind die Anfragen jedoch in der Regel mehrdimensional, wodurch die Stärken des Vektorraummodells noch deutlicher in Erscheinung treten. Jedes Verfahren hat seine spezifischen Vor- und Nachteile. Häufig wird nicht nur ein einziger Ranking-Algorithmus zur Relevanzberechnung angewandt, sondern eine Mischung aus verschiedenen. Dabei kann über Parameter der Einfluss eines jeden Verfahrens auf das endgültige Gewicht bestimmt werden. So können etwa das Ergebnis der relativen Worthäufigkeit mit 70 Prozent und das Ergebnis aus der Vektorraumberechnung mit 30 Prozent ins Gewicht fallen.

7.1.4 Termfrequenz (TF)

Die Termfrequenz (*Term Frequency*) zählt die absolute Häufigkeit eines Begriffs in einem Dokument. Kommt in einem Dokument das Wort »Gretchen« zwölfmal vor, ist die Termfrequenz gleich 12.

$$TF = Freq(i,j)$$

Abbildung 7.3 Termfrequenz

Die Formel aus Abbildung 7.3 bezeichnet die Frequenz (*Freq*) eines Terms *i* in dem Dokument *j*.

Die ursprüngliche Idee hinter der Termfrequenz basiert auf der Annahme, dass die Bedeutung eines Terms mit seinem vermehrten Aufkommen in einem Dokument steigt. Die Häufigkeit eines Wortes in einem Dokument ist ein empirisch gesicherter Indikator dafür, wie repräsentativ es für den gesamten Inhalt ist.

Um die Relevanz gegenüber anderen Dokumenten abgleichen zu können, nimmt man als Gewicht des Dokuments die Summe der Häufigkeit. Ein Beispiel macht dies deutlich und zeigt gleichzeitig die Schwäche des Verfahrens.

Denn gingen Sie von einem Dokument mit 168 Termen aus, das bei gestemmter Betrachtungsweise das Wort »Gretchen« fünfmal enthält, würde sich aus dieser Summe ein absoluter TF-Wert von 5 ergeben. Betrachten Sie im Vergleich dazu ein wesentlich längeres Dokument mit 1.032 Termen, das »Gretchen« 20-mal enthält, errechnen Sie hier einen TF-Wert von 20. Das zweite Dokument würde also wesentlich höher gewichtet. Diese einfache Berechnungsweise führt aber offensichtlich dazu, dass längere Dokumente mit einer großen Wahrscheinlichkeit höher gewertet werden als kürzere, weil die Suchterme, absolut betrachtet, häufiger vorkommen.

Die Termfrequenz allein scheint also kein wirklich gutes Mittel zu sein, um ein Dokument thematisch zu klassifizieren.

7.1.5 Keyword-Dichte (KD) oder Within Document Frequency (WDF)

Einen Ausweg bietet das erweiterte Verfahren der relativen Worthäufigkeit. Man setzt dabei die Summe des Suchterms mit der Gesamtzahl der Wörter ins Verhältnis.

Suchmaschinen-Optimierern und -Optimiererinnen ist dieser Wert als *Keyword-Dichte* bekannt. Sie berechnet sich aus der Termfrequenz, geteilt durch die Anzahl der Terme im Dokument. Damit relativiert man die absolute Häufigkeit der Terme und setzt sie in Bezug auf die Dokumentlänge (siehe Abbildung 7.4).

$$KD = \frac{Freq(i,j)}{N} \times 100$$

Abbildung 7.4 Keyword-Dichte

Nehmen wir an, ein bestimmter Term *i* kommt 20-mal vor. Damit ist die Termfrequenz 20. Nehmen wir weiter an, ein Dokument *j* besitzt 500 Wörter. Dann beträgt die relative Keyword-Dichte 20 ÷ 500 × 100, also 4. Die relative Keyword-Dichte wird in den meisten Tools in Prozent ausgedrückt.

> **Praxistipp: Die ideale Keyword-Dichte**
>
> Die Keyword-Dichte war lange Zeit eine Richtlinie für das Schreiben von Texten. Lange Zeit galten Werte zwischen drei und fünf Prozent als optimal, und Redakteure und Redakteurinnen versuchten, diese Werte ohne Rücksicht auf die Lesbarkeit von Texten zu erreichen.
>
> Mittlerweile sind die Algorithmen glücklicherweise deutlich fortgeschrittener und die Keyword-Dichte ist keine Richtschnur mehr für Redakteure und Suchmaschinen-Optimierer.
>
> Dennoch ist die Keyword-Dichte als Metrik nicht ganz verschwunden. Sie wird hier und da in der Praxis noch zur schnellen Selbstkontrolle eingesetzt, da das Erklären verschiedener anderer algorithmischer Verfahren zu komplex ist oder kostenpflichtiger Tools bedarf. Letztendlich können Sie aber im einfachsten Fall auch die Richtlinie herausgeben: »Das Hauptkeyword soll in Überschriften und im Text verteilt und wo passend genannt werden.« Dies ist zwar immer noch sehr stark verkürzt, hilft aber in der Praxis, wenn sonstige Erklärungen nicht helfen.

Erstmals hat Harman Donna über eine Erweiterung der Keyword-Dichte geschrieben. Interessierte Leser und Leserinnen finden unter *http://www2.denizyuret.com/ref/harman/Document_Ranking___Harman_1986.pdf* spannende Details.

Die sogenannte *Within Document Frequency* (WDF), also das dokumentspezifische Wortgewicht, enthält zusätzlich zur oben genannten Formel den Logarithmus. Dieser staucht die Werte und hemmt sie gewissermaßen am linearen Wachstum. Der Hintergedanke dabei ist, dass nicht mit jeder Nennung des Terms auch die Gesamtrelevanz des Dokuments steigt. Hermann Heinrich Gossen hat dies als das *Gossensche Gesetz* formuliert: Der Nutzen für ein und dieselbe Sache nimmt nicht konstant zu, sondern bei jeder weiteren Verwendung der Sache nimmt der (Grenz-)Nutzen ab (siehe Abbildung 7.5).

Der Logarithmus dämpft damit sinnvollerweise die Bedeutung von sehr vielen Termnennungen. Nach wie vor ist es aber so, dass die WDF umso größer ist, je häufiger ein Term genannt wird.

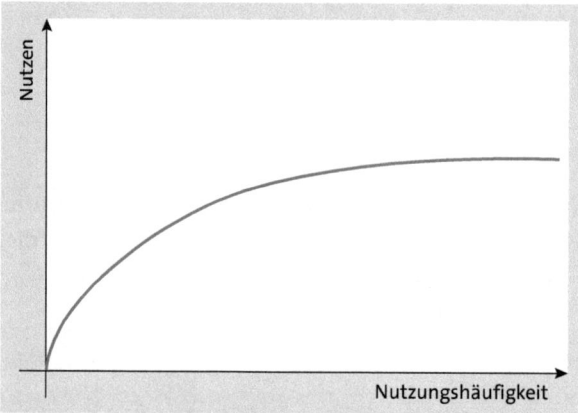

Abbildung 7.5 Gossensches Gesetz

$$WDF = \frac{\log_2(\mathrm{Freq}(i,j)+1)}{\log_2(N)}$$

Abbildung 7.6 WDF-Berechnung

Bei der WDF verwendet man also den Logarithmus, aber verzichtet auf den Multiplikator von 100. Die +1 im Zähler sorgt dafür, dass der Zähler 0 ist, auch wenn die Termfrequenz ebenfalls 0 ist, denn log2(0) können wir hier nicht gebrauchen.

Die WDF ist also die gedämpfte, relative Gewichtung eines Keywords im Dokument. Je höher der Wert ist, desto häufiger kommt ein Begriff in einem Dokument vor. Damit eignet sich diese Formel schon etwas besser, um das Thema eines Dokuments zu bestimmen und es entsprechend den Web-Usern vorzuschlagen, die nach diesem Keyword suchen.

7.1.6 Inverse Dokumenthäufigkeit (IDF)

Alle bisherigen Überlegungen bezogen sich auf die jeweilige Betrachtung eines einzelnen Dokuments in isolierter Form. Indexierte Dokumente sind jedoch nur ein Teil einer großen Dokumentsammlung. Da liegt der Gedanke nahe, das Vorkommen des gesuchten Terms mit anderen Dokumentrepräsentationen ins Verhältnis zueinander zu setzen. Wie die Bedeutungsdichte im letzten Abschnitt belegt hat, ist ein Stichwort umso aussagekräftiger für den Dokumentinhalt, je häufiger es darin vorkommt. Die inverse Dokumenthäufigkeit fügt zusätzlich hinzu, dass ein Term noch bedeutsamer ist, je seltener er im Datenbestand insgesamt auftritt. Genau dies besagt die *inverse Dokumenthäufigkeit*, die auch als *Inverse Document Frequency* (IDF) bekannt ist.

Die IDF beschreibt, wie häufig ein Term in einer Datenbank vorkommt. Diese Berechnung kann sehr effizient durchgeführt werden, da lediglich die Anzahl der Verweise eines Terms innerhalb des Lexikons bzw. des inversen Indexes gezählt werden muss (siehe Abbildung 7.7).

$$IDF = \log_2 \left(1 + \frac{\text{Gesamtzahl der Dokumente in der Datenbank}}{\text{Anzahl der Dokumente, in denen der Term vorkommt}}\right)$$

Abbildung 7.7 Formel zur Berechnung der inversen Dokumenthäufigkeit

Möchte man die inverse Dokumenthäufigkeit bei Google für das Keyword »suchmaschinenoptimierung« berechnen, benötigt man also zwei Werte: die Gesamtzahl aller indexierten Dokumente bei Google und die Anzahl der gefundenen Treffer. Für beide Werte gibt es keine genauen Zahlen, jedoch kann man für Letztere einfach eine Keyword-Suchanfrage bei Google stellen und erhält die ungefähre Treffermenge (siehe Abbildung 7.8).

Abbildung 7.8 Treffermenge bei Google für »suchmaschinenoptimierung«

Es scheint also etwa 2.540.000 Dokumente im Google-Index mit dem Keyword »Suchmaschinenoptimierung« zu geben. Die Gesamtzahl der Dokumente in der Datenbank entspricht der Gesamtgröße des Google-Indexes. Hier kann man nur schätzen oder gar raten, denn Google zeigte nur bis 2004 die Indexgröße an (damals gab es ca. 8 Milliarden Dokumente). Klar ist, dass es heute definitiv sehr viel mehr sind.

Sie werden feststellen, dass die Indexgröße gar nicht so bedeutend ist. Bei den Berechnungen sollten Sie diese jedoch immer fix halten.

Nehmen wir einmal an, Google hat derzeit eine Billion Dokumente indexiert (1.000.000.000.000 = 10^{12}). Dann wäre die IDF für »suchmaschinenoptimierung« der Logarithmus von 10^{12} durch 2.540.000, also 18,58.

Ein anderes Keyword, z. B. »website«, wird in 16.150.000.000 Dokumenten bei Google gefunden (siehe Abbildung 7.9). Der IDF-Wert liegt hier also bei nur 5,97.

Abbildung 7.9 Treffermenge bei Google für »website«

Der Begriff »suchmaschinenoptimierung« kommt also im Index von Google deutlich seltener vor. Was bedeutet das für die Suchmaschinen-Optimierung? Der Begriff »website« ist weniger disjunktiv als »suchmaschinenoptimierung«, d. h., das Charakteristikum einer Website ist stärker, wenn man »suchmaschinenoptimierung« verwendet, als wenn man »website« verwendet. Ganz deutlich wird das, wenn Sie einmal die Berechnung für Keywords wie »und« und ähnliche durchführen, die beinahe in jedem Dokument auftreten. Nicht umsonst sind diese Begriffe häufig als Stoppwörter von den Berechnungen ausgenommen.

7.1.7 Termgewichtung TF*IDF bzw. WDF*IDF

Bei heutigen Suchmaschinen wird die Gewichtung der Terme als eine Kombination der relativen Worthäufigkeit und der inversen Dokumenthäufigkeit bestimmt. Damit kombiniert man die beiden Annahmen, dass zum einen besonders gute Deskriptoren bezogen auf die Dokumentlänge relativ häufig (TF) auftreten und zum anderen gute Deskriptoren in der Dokumentsammlung insgesamt eher selten vorkommen (IDF). Die gängige Formel zur Berechnung erfolgt also über das Produkt aus TF und IDF (siehe Abbildung 7.10).

$$W_{(i,j)} = WDF_{(j,j)} \times IDF_{(i)}$$

Abbildung 7.10 WDF*IDF-Formel

Karl Kratz hat 2012 die deutschsprachige SEO-Szene nochmals an diesen Ranking-Faktor erinnert und für viele faktisch die zuvor beherrschende Keyword-Dichte ersetzt. Er hat auch das heute bekannte WDF*IDF geprägt, was international eher TF*IDF genannt wird. Beides meint aber das Gleiche.

> **Praxistipp: TF*IDF einfach erklärt**
>
> Häufig findet man sich als SEO in die Situation versetzt, SEO-Laien das Thema TF*IDF zu erklären. Oft geht es dabei um Redakteure oder Texter, die bei der Textproduktion oder -überarbeitung gewisse SEO-Maßstäbe berücksichtigen sollen. Erfahrungsgemäß ist es hier nicht zielführend, mit komplexen Formeln oder der Theorie des Information Retrieval punkten zu wollen.
>
> Hier gefällt mir der Ansatz von Thomas Mindnich (*TermLabs.io*) sehr gut. Er beschreibt TF als »Wie häufig kommt ein Wort in einem Dokument vor« und IDF als »Wie häufig kommt das Wort in allen anderen Dokumenten vor« und fragt dann: »Wie unterscheidungsfähig ist ein bestimmter Begriff damit zur Gesamthäufigkeit des Vorkommens?« Er zielt also auf den Unterscheidungscharakter eines Begriffs oder einer Begriffskette ab. Als plastisches Beispiel lässt er Tiere raten.
>
> Was hat vier Beine, einen Kopf, zwei Ohren, einen Schwanz ... Sie merken: Es kann ein Hund oder eine Katze sein. Die genannten Kriterien bzw. Begriffe sind nicht unterscheidungsstark genug für eine Entität, also ein Tier. Wenn man hingegen nach einem Tier mit langem Hals fragt, kommt jedem sofort die Giraffe in den Sinn – bei einem Rüssel sofort der Elefant. Diese Entitäten bzw. Begriffe sind also deutlich unterscheidungsstärker, weil sie in der Gesamthäufigkeit nicht so stark auftreten. Ein anschauliches Beispiel für TF*IDF, wie ich finde.

Verschiedene Tool-Anbieter setzten schnell auf den Hype auf und entwarfen entsprechende Lösungen. Ein kostenfreier Anbieter findet sich unter *www.wdfidf-tool.com* (siehe Abbildung 7.11).

Häufig wird allerdings weder bei kostenpflichtigen noch bei kostenfreien Tool-Anbietern erklärt, wie genau die Berechnung funktioniert oder welche Datengrundlage herangezogen wird. Sie sollten daher – wie immer – mit einer gewissen Portion gesunder Skepsis die Daten interpretieren. Hinterfragen Sie vor allem, wie mit Stemming, Flexionen, Synonymen und den Positionsgewichtungen (siehe den nächsten Abschnitt) umgegangen wird. Hier bestehen erfahrungsgemäß enorme Unterschiede, die die Datenqualität am Ende maßgeblich beeinflussen.

Als Standardtool für ernsthafte TF*IDF-Berechnung hat sich TermLabs.io etabliert. Es ist sicherlich kein Einsteigertool, aber bietet umfangreiche Analyseformen, die man hervorragend in die eigenen Texterstellungs- und Optimierungsworkflows einbinden kann.

7 Gewichtung und Relevanz

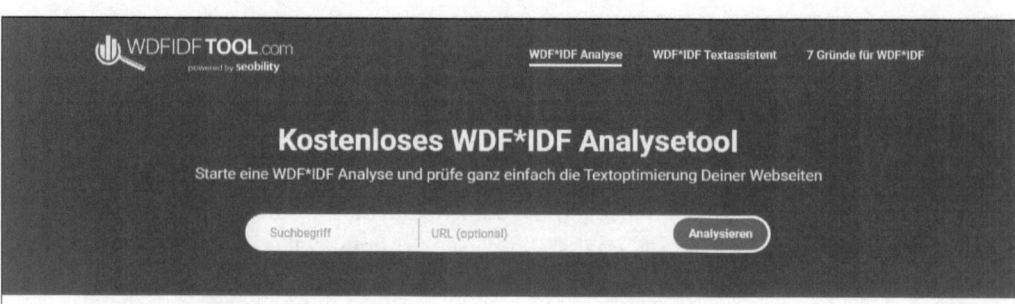

Kostenlose WDF*IDF-Analyse

Gib einfach Deinen gewünschten Suchbegriff ein und starte die kostenlose WDF*IDF Analyse. Innerhalb weniger Sekunden erhältst Du die relevanten Terme, die auf den Top 10 Seiten der aktuellen Google Rankings zu diesem Suchbegriff (in Deutschland) verwendet werden, und kannst direkt mit der Textoptimierung starten.

Optional kannst Du auch eine ausgewählte URL eingeben, deren Text mit den Top Seiten verglichen werden soll.

Mit unserem kostenlosen WDF*IDF Tool findest Du als SEO Texter auch ohne langwierige Recherchen interessante Longtail-Keywords für Deine Inhalte - auch zu weniger aktuellen oder für Dich unbekannten Themen.

Best Practices der Wettbewerber

Prüfe mit der kostenlosen WDF*IDF Analyse die Terme, die Deine Mitbewerber verwenden, und finde so heraus, mit welchen Begriffen Du die Rankings Deiner Webseite verbessern kannst. So bist du Deinen Mitbewerbern immer einen Schritt voraus.

Optional kannst Du auch eine ausgewählte URL eingeben, welche mit den Top Seiten verglichen werden soll.

Das WDF*IDF Tool ist für Dich komplett kostenfrei. Wenn Du eine detaillierte SEO Analyse Deiner Website durchführen möchtest, besuche Seobility.

Dein Tool zur Content Optimierung

- Erstelle schnell und effizient hochwertige Inhalte mit dem WDF*IDF Tool
- Verbessere Deine Rankings bei Google durch eine Termgewichtungsanalyse und -optimierung
- Erhalte übersichtliche Auswertungen und Analyse-Diagramme
- Schöpfe ungenutzte SEO Potenziale aus und vergleiche Deine Inhalte mit denen Deiner Mitbewerber
- Einfache Bedienung - auch für Anfänger geeignet
- Keine Anmeldung oder Registrierung notwendig

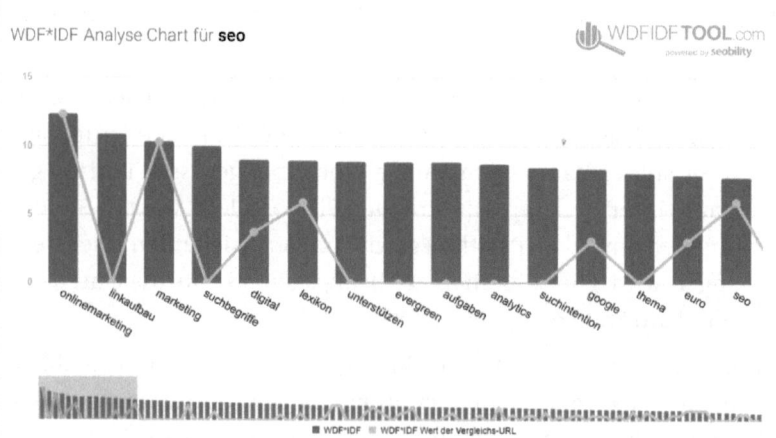

Abbildung 7.11 Kostenfreie WDF*IDF-Berechnungen

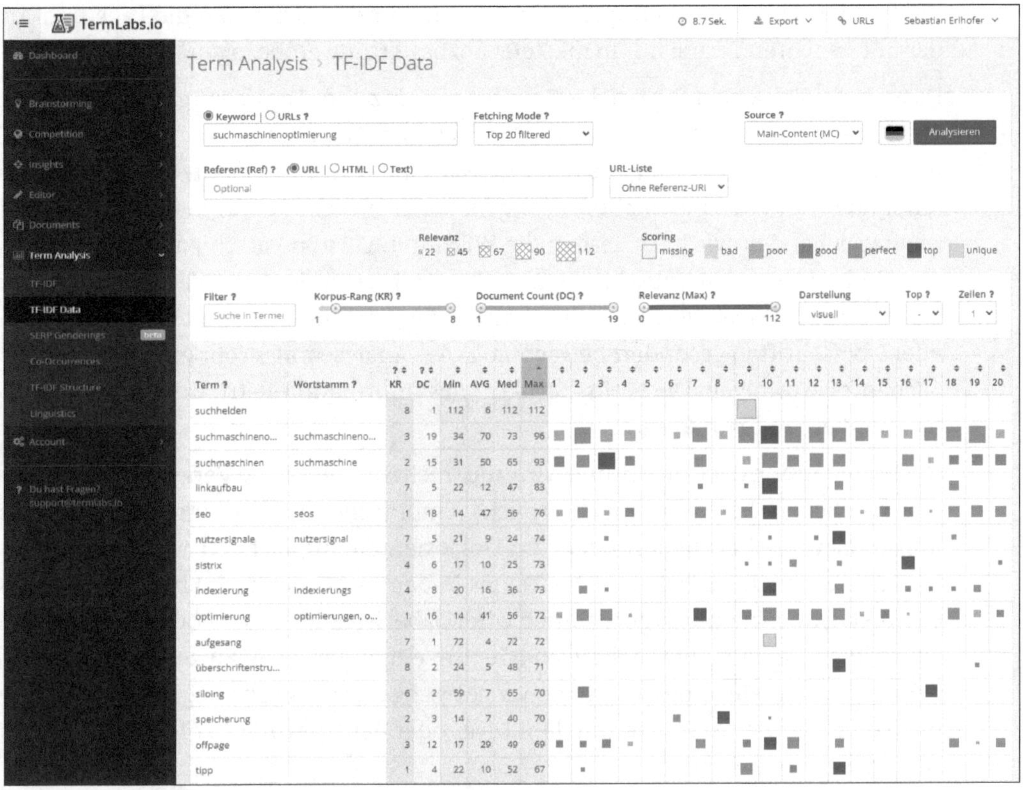

7.1 Statistische Modelle

Abbildung 7.12 TF*IDF-Optimierung mit »TermLabs.io«

> **Praxistipp: Texte nicht nach Zahlen schreiben**
>
> Bei der Optimierung ist man stets dankbar für einfache und deutliche Ranking-Richtlinien. Was zuvor die Keyword-Dichte war, wurde von der Termgewichtung TF*IDF abgelöst.
>
> Dennoch sollten Sie nicht blind Texte nach diesem Schema optimieren, ohne zu vergessen, dass es nach wie vor auf den Inhalt ankommt. Denn der muss zielgruppengerecht formuliert sein. Und schließlich ist die Termgewichtung nur einer von über 200 Ranking-Faktoren. Nutzen Sie also die TF*IDF-Erkenntnis, aber schreiben Sie keine Texte nur nach Zahlen.

7.1.8 Bedeutung der Lage und Auszeichnung eines Terms

Die bislang vorgestellten Verfahren beruhen alle auf der Annahme, dass sämtliche Terme innerhalb eines Dokuments gleichwertig sind. Dabei lässt man aber die durch HTML bewirkte Formatierung außer Acht und nimmt einen Informationsverlust in

Kauf. Daher werden in heutigen Information-Retrieval-Systemen die Lage und Art der untersuchten Terme mit in die Relevanzbewertung einbezogen.

Dass eine Unterscheidung bei der Gewichtung einzelner Terme vorgenommen wird, wurde bereits in Abschnitt 5.5.1 beim Thema Hitlist-Erzeugung erwähnt. So ist es z. B. üblich, dass das `<title>`-Tag nicht gemeinsam mit dem Dokumentkörper ausgewertet, sondern aufgrund seiner Bedeutung für die inhaltliche Repräsentation des Textes separat behandelt wird. So werden die WDF und IDF von verschiedenen Bereichen einzeln berechnet und abschließend in einem bestimmten Verhältnis zueinander aufgerechnet. Dabei werden auch sonstige Auszeichnungen wie Hervorhebungen oder Überschriften gesondert betrachtet. Diese Analyse muss sehr effizient bei jeder Suchanfrage erfolgen. Die Hitlist-Struktur des Information-Retrieval-Systems ist genau für diese Aufgabe ausgelegt.

Die Verfeinerung der Gewichtung wird aber nicht nur durch die Verarbeitung der unterschiedlichen Auszeichnungen erreicht. Empirische Beobachtungen zeigen, dass inhaltsrelevante Terme besonders am Dokumentanfang platziert werden. Das verwundert kaum, da zu Beginn eines Textes in der Regel auch eine Einführung in das entsprechende Thema vorgenommen wird. Dabei ist es irrelevant, ob es sich um eine Einleitung zu einem Themenbereich oder um einen speziellen Einzelaspekt handelt, denn ein Autor oder eine Autorin nennt gezwungenermaßen zu Beginn einführende und somit relevante Wörter, um dem Leser oder der Leserin mitzuteilen, worum es sich bei dem Text handelt.

Daher gilt prinzipiell der Leitsatz: Je weiter sich ein Term am Dokumentanfang befindet, desto höher ist seine Bedeutung. Nun werden Sie diesem Verfahren vielleicht skeptisch gegenüberstehen – zu Recht. Abhängig vom Stil des Autors oder der Autorin und seinen bzw. ihren Satzkonstruktionen können z. B. Nebensätze in der Abfolge vor Hauptsätzen stehen, die im Allgemeinen die inhaltlich relevantere Botschaft transportieren. Daher wird das restriktive Verfahren abgeschwächt, indem nicht mehr die einzelnen Terme in eine Rangfolge gebracht werden, sondern der Text in einzelne Klassen eingeteilt wird. Eine Klasse könnte etwa aus den ersten 50 Termen eines Dokumentkörpers bestehen, die zweite Klasse aus den Termen 51 bis 100 etc. Durch diese Klasseneinteilung bleibt das Grundprinzip zwar erhalten, lässt aber gleichzeitig genügend Freiraum für sprachliche Eigenheiten des Autors bzw. der Autorin.

Mittlerweile werden immer seltener einzelne Terme in die Suchfelder der Suchmaschinen eingegeben. Meist handelt es sich um zwei oder mehr Terme, die inhaltlich das gesuchte Thema umreißen. Angesichts dieser Erkenntnis bietet sich ein Vorgehen an, das insbesondere diejenigen Dokumente bevorzugt, die die Kombination der Suchterme möglichst genau abbilden. Neben der angesprochenen Reihenfolge spielt dann plötzlich die Nähe zweier Terme zueinander eine wesentliche Rolle. Denn je enger die gesuchten Terme zusammenstehen, desto wahrscheinlicher ist ihre thematische Verwandtschaft. Das Verfahren zur Bestimmung der Nähe einzelner Terme nennt man auch *Proximity-Verfahren*. Schon 2002 bezog Yahoo! die TF*IDF- und Proximity-Werte als einer der ersten Suchanbieter im Dokumentkopf wie auch im Körper stärker in das Gesamtgewicht mit ein.

7.1.9 Main Content und Supplementary Content

Terme und Texte im Dokumentkörper (HTML-Body) werden von Suchmaschinen nicht zwingend gleichbehandelt. Einerseits gilt wie fast überall in der Suchmaschinen-Optimierung die Grundregel »Je weiter oben, desto wichtiger und damit besser«. Andererseits besteht ein Dokument inhaltlich ja meist auch aus verschiedenen Bereichen. So gibt es häufig einen Hauptinhalt, der das eigentliche Thema der URL behandelt. Dann sieht man häufig auch Randspalten oder auch einen langen und ausführlichen Fußbereich (Footer). Google unterscheidet hier zwischen zwei Bereichen: dem *Main Content* (MC) und dem *Supplementary Content* (SC), also dem ergänzenden Inhalt, der nicht das Hauptthema bedient.

Google veröffentlichte dies quasi nebenbei in den *Quality Rater Guidelines* (https://static.googleusercontent.com/media/www.google.com/de//insidesearch/howsearchworks/assets/searchqualityevaluatorguidelines.pdf). Dieses Dokument war ursprünglich rein intern zur Verwendung von externen Mitarbeitern und Mitarbeiterinnen weltweit gedacht, welche die Qualität der Suchergebnisse möglichst einheitlich bewerten sollten. Nach dem mehrfachen Leak der Guidelines veröffentlicht Google diese nun öffentlich und aktualisiert sie regelmäßig. Für SEOs eine seltene Gelegenheit, ein paar Ableitungen aus den Informationen direkt von Google zu ziehen – so eben auch über den Main und den Supplementary Content. Google beschreibt den Main Content so:

> Main Content is any part of the page that directly helps the page achieve its purpose. Webmasters directly control the MC of the page (except for user-generated content). MC can be text, images, videos, page features (e.g., calculators, games), or it can be user-generated content such as videos, reviews, articles, etc. that users have added or uploaded to the page.

Der Main Content bedient also direkt das Nutzerinteresse und wird von dem Webmaster direkt beeinflusst – eben indem ein Redakteur oder eine Redakteurin diesen Text einstellt, was bei einer Randspalte häufig nicht der Fall ist, da diese automatisch eingespielt wird vom Content-Management-System. Dabei kann Main Content jede Medienform annehmen (Text, Bilder, Videos, Spiele, Rechner usw.).

In den Quality Rater Guidelines finden sich auch entsprechend visuelle Beispiele, die den Main Content visualisieren (Abbildung 7.13).

7 Gewichtung und Relevanz

Abbildung 7.13 Visualisierung des Main Content aus den Quality Rater Guidelines von Google

Der Supplementary Content hingegen ist gewissermaßen das Gegenstück, also im oberen Beispiel die Navigation, die Randspalte und der *Mehr-erfahren*-Content-Block unten. Google beschreibt das so:

> Supplementary Content contributes to a good user experience on the page, but does not directly help the page achieve its purpose. SC is controlled by webmasters and is an important part of the user experience. One common type of SC is navigation links that allow users to visit other parts of the website. Note that in some cases, content behind tabs may be considered part of the SC of the page. Sometimes the easiest way to identify SC is to look for the parts of the page that are not MC or Ads.

Supplementary Content unterstützt also eine gute UX, also Nutzererfahrung – er bedient aber nicht die eigentliche Suchintention des Nutzers oder der Nutzerin. Eine Haupt- oder Nebennavigation ist damit immer Supplementary Content, ebenso wie Footer und Randspalten.

Für Shop-Websites kann man das natürlich auch entsprechend anwenden, wie das Beispiel von Google zeigt:

Abbildung 7.14 Ein Beispiel für Supplementary Content aus den Google Quality Guidelines

Neben diesen beiden Content-Platzierungen erwähnt Google noch Werbung (Ads) als dritte Möglichkeit. Dabei geht es nicht immer nur um Banner-Werbung, sondern auch um *Sponsored Posts* oder *Native Advertising* aus Netzwerken wie ligatus und anderen.

Warum unterscheidet Google so stark die verschiedenen Bereiche? Nun – es macht einen deutlichen Unterschied, ob bestimmte Begriffe im Main Content stehen und damit vermeintlich das Thema einer URL stark bestimmen oder ob Begriffe überwiegend in der Navigation und im Footer stehen. Diese werden von Google vermeintlich weniger stark oder auch gar nicht gewichtet. Insofern lässt sich daraus schließen, dass bestimmte Optimierungsverfahren vor allem im Shop-Bereich nicht unbedingt ihre volle Wirksamkeit zeigen, wenn man »SEO-Texte« weit nach unten oder in die Randspalte platziert. Hier erkennen die automatischen Erkennungsverfahren von Google mit hoher Wahrscheinlichkeit den Text als Supplementary Content und werten diesen dann nicht (so hoch).

Es ist derzeit noch in den meisten Shops gängige Praxis, dass man den Suchmaschinen-optimierten Text unter die Produkte bzw. die Kategorien setzt, wie man in dem Beispiel in Abbildung 7.15 erkennen kann. Darunter wird zusätzlich noch automatisch der recht große und textlastige Footer gesetzt. Dass Google hier den Footer als Supplementary Content erkennt, kommt dem Anbieter zugute – ansonsten würden die Texte im Footer massiv die Optimierungsversuche der eigentlich relevanten Inhalte stören. Mit hoher Wahrscheinlichkeit identifizieren die automatischen Main-Content-Erkennungsverfahren aber auch den »SEO-Fließtext« nicht als Main Content – und damit verpufft auch hier die Wirkung.

Was kann man da nun tun? Selbstverständlich können Sie nicht den Text ganz nach oben setzen, weil dann die Produkte nach unten verdrängt würden, und das Hauptinteresse sind ja hier eben die Produkte. Also wählt man einen Mittelweg: Man setzt unter die H1-Überschrift oben einen kurzen 2- bis 3-zeiligen Text, in dem man dann mit einem Link nach unten in den Text verweist. Der untere Text sollte dann aber nicht nur als einfacher Fließtext formatiert sein. Nutzen Sie Zwischenüberschriften und vor allem verschiedene Formate wie Bilder, Listen, Tabellen und andere Formate. Das wertet den Inhalt auf – und zwar für Suchmaschinen UND für den Leser. Und damit wird sehr wahrscheinlich der Content nicht mehr als Supplementary Content erkannt, sondern als Teil des Main Content.

Inhaltlich sollten Sie vor allem in Shops darauf achten, dass Sie den Leser zu der Produktkategorie beraten – das ist das, was ein Besucher hier möchte. Und keine werblichen Texte oder die Historie der Produkte seit dem 16. Jahrhundert.

Die Einschätzung der Content-Bereiche betrifft im Übrigen nicht nur Texte, sondern auch Links. So werden entsprechend Links aus der Navigation und vor allem aus dem Footer deutlich weniger gewichtig bewertet als sogenannte Content-Links direkt aus dem Main Content. Es ist allein aus diesem Grund also nicht immer zielführend, den Footer mit allen möglichen internen Keyword-Anchor-Links vollzustopfen.

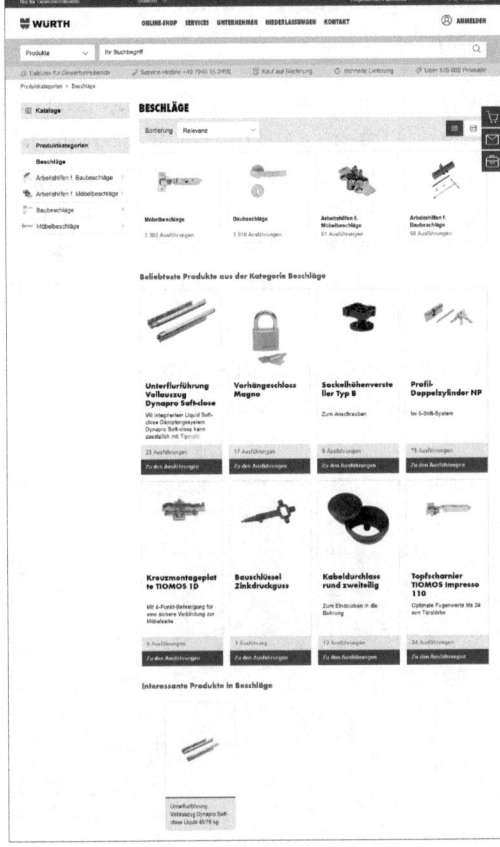
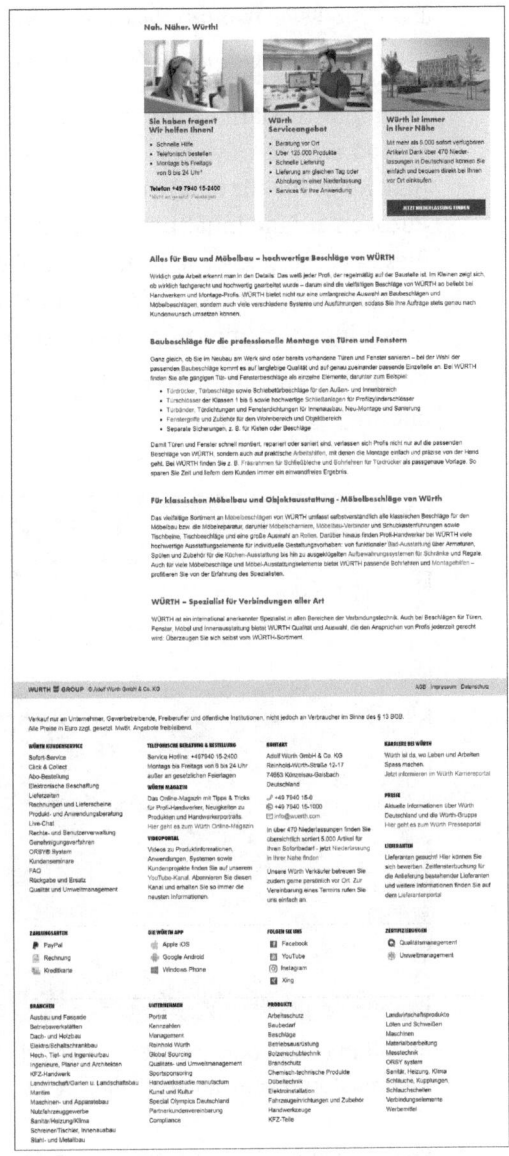

Abbildung 7.15 Eine Shop-Kategorieseite von »www.wuerth.de« vor dem Relaunch (links: Teil 1, rechts: Teil 2; »https://goo.gl/N6tq59«)

7.1.10 Betrachtung der URL

Neben dem Text innerhalb des Dokumentkopfes oder -körpers werden noch weitere dokumentbezogene Daten ausgewertet. Einen großen Einfluss innerhalb der statistischen Ranking-Verfahren hat in diesem Zusammenhang die Untersuchung der URL auf den entsprechenden Suchterm.

1. *http://www.wohnmobil.de/wohnmobile/wohnmobil-uebersicht.html*
2. *http://www.womos.de/modelle/index.html*

Es ist selbsterklärend, dass das erste Beispiel, nachdem gewisse Zeichen aus dem URL-Standard entfernt wurden und ein Stemming der Terme stattfand, sicherlich eine höhere Relevanz für den Begriff »Wohnmobil« zugesprochen bekommt als das zweite. Bezogen auf die inhaltliche Relevanz besagt die Art der URL nichts, daher wird auch dieses Verfahren wie alle anderen niemals allein die endgültige Gewichtung beeinflussen. Allerdings ist die Verzeichnis- und Dokumentstruktur in Bezug auf die Suchmaschinen-Optimierung von großem Interesse.

Keine Relevanz für das Ranking hat dabei laut Aussage von John Mueller die Dateiendung. Das erfährt man in einem der übrigens sehr empfehlenswerten SEO-Snippet-Videos von Google auf YouTube.

Abbildung 7.16 John Mueller von Google beantwortet SEO-Fragen auf dem Google-Webmasters-Kanal auf YouTube.

Ebenfalls von Google stammt die Aussage, dass Termnennungen in URLs verstärkt dann herangezogen werden, wenn der Dokumentinhalt keine weiteren Rückschlüsse auf den Inhalt zulässt. Das ist etwa bei reinen Bildergalerien ohne Text der Fall. Bei einer vollständigen Optimierung einer Website würde ich dennoch immer empfehlen, ein Augenmerk auf die Termnennung in den URLs zu legen. Schaden wird es sicherlich nicht, solange Sie es nicht übertreiben.

7.2 Natural Language Processing (NLP)

Die statistischen Modelle, über die Sie soeben gelesen haben, haben einen entscheidenden Nachteil: Sie bilden die textliche Komplexität der Inhalte im Web nicht ausreichend gut ab. Mit statistischen Modellen kommt man nicht annähernd an ein menschliches Textverständnis heran.

Die letzten Jahre hat die Forschung im Bereich künstliche Intelligenz (KI) und insbesondere in der Verarbeitung von natürlichsprachiger Information (*Natural Language Processing, NLP*) große Fortschritte gemacht.

Die Verarbeitung natürlichsprachiger Information spielt bei den Suchmaschinenbetreibern eine entscheidende Rolle, denn mit dem Einsatz von KI-Algorithmen kann endlich das Textverständnis deutlich erweitert und damit die Suchtrefferauswahl signifikant verbessert werden.

Dabei basieren heutige NLP-Algorithmen auf unterschiedlichen Ansätzen. Den meisten ist gemein, dass sie auf sogenannte Modelle trainiert werden. Diese Modelle werden auf vorhandenen und von Menschen klassifizierten Texten so lange trainiert, bis sie auch unbekannte Sätze und Texte mit einem gewissen Maß an Genauigkeit (*accuracy*) bestimmen bzw. klassifizieren können. Vereinfacht gesagt: Die Genauigkeit wird meist in Prozent angegeben. Je höher dieser Wert ist, desto sicherer ist sich das Modell, dass die Klassifizierung stimmt.

Für die moderne Suchmaschinen-Optimierung stellen die komplexen NLP-Algorithmen eine große Verständnishürde da. Das liegt zum einen an der starken mathematischen Ausprägung und andererseits an der Vielzahl an Konzepten, die man zunächst durchdringen muss. Und nicht zuletzt gilt es auch, Software-Frameworks und Programmiersprachen wie Tensorflow, Python oder R zu verstehen oder sogar zu beherrschen. Hier wird ein einzelner Suchmaschinen-Optimierer oder eine -Optimiererin nicht mehr in der Lage sein, dies alles kompetent zu erfassen. Die positive Nachricht hier ist: Suchmaschinen-Optimierung wird in Zukunft daher noch viel mehr eine disziplinübergreifende Team-Fachrichtung werden als bisher.

Ich kann Ihnen bei Interesse nur einen oder mehrere der vielen NLP-Online-Kurse empfehlen, etwa den YSDA-Kurs mit Python und vielen Hintergründen unter *https://github.com/yandexdataschool/nlp_course/tree/master*.

Ich kann und möchte Ihnen an dieser Stelle daher keinen vollständigen NLP-Kurs bieten, das würde den Rahmen von mehreren dieser Bücher sprengen. Aber als Suchmaschinen-Optimierer oder -Optimiererin sollten Sie grob die wesentlichen Konzepte kennengelernt haben, die für SEO auch eine Rolle spielen und spielen werden. Daher gebe ich Ihnen im Folgenden einen sicherlich stark verkürzten, aber dennoch hilfreichen Überblick.

7 Gewichtung und Relevanz

Die traditionellen Ansätze haben Sie bereits mit TF, IDF und dem Vektorraummodell kennengelernt.

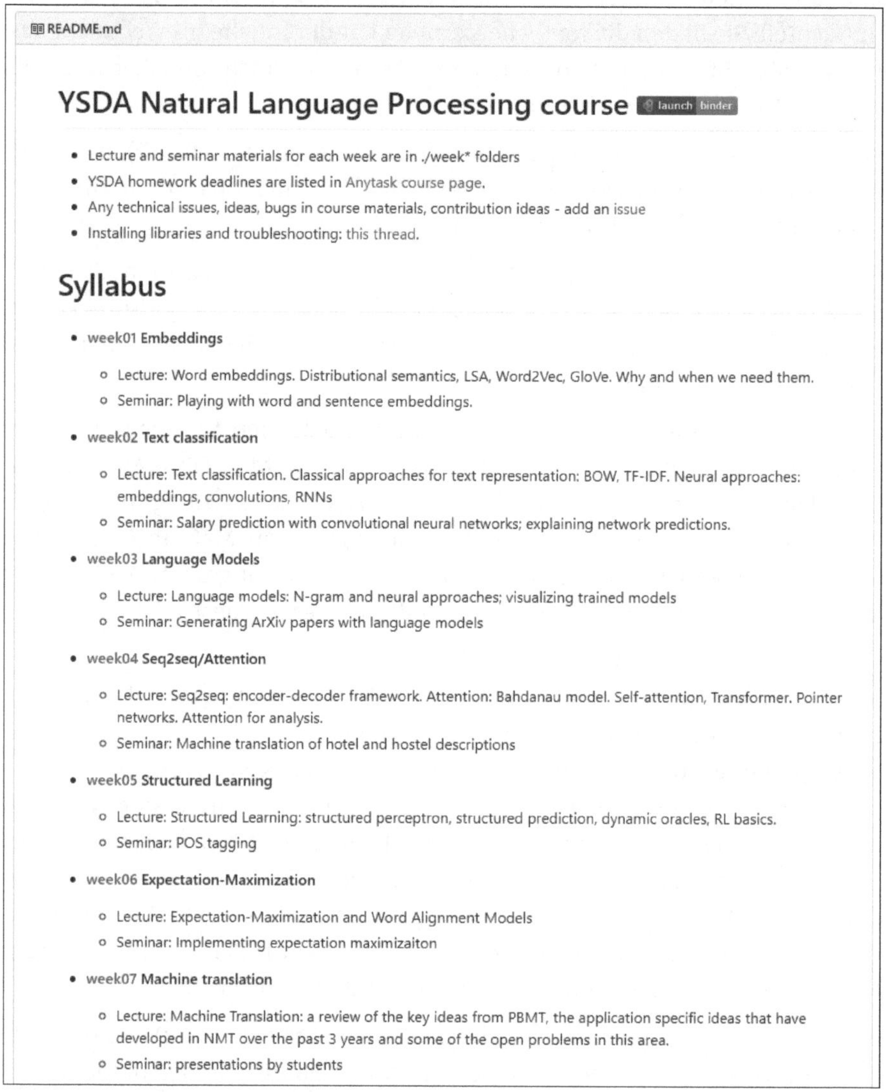

Abbildung 7.17 YSDA-Kurs in Natural Language Processing unter »https://github.com/yandexdataschool/nlp_course/tree/master«

7.2.1 Word2Vec, GloVe und FastText

Word2Vec wurde bereits 2013 in einem Paper von dem damaligen Google-Mitarbeiter Tomas Mikolov und seinem Team als Patent veröffentlicht (*https://patents.google.com/patent/US9037464B1/en*). Diese Arbeit bildet auch die Grundlage für Googles

RankBrain-Algorithmus, welcher hilft, noch nie gestellte Suchanfragen besser interpretieren zu können.

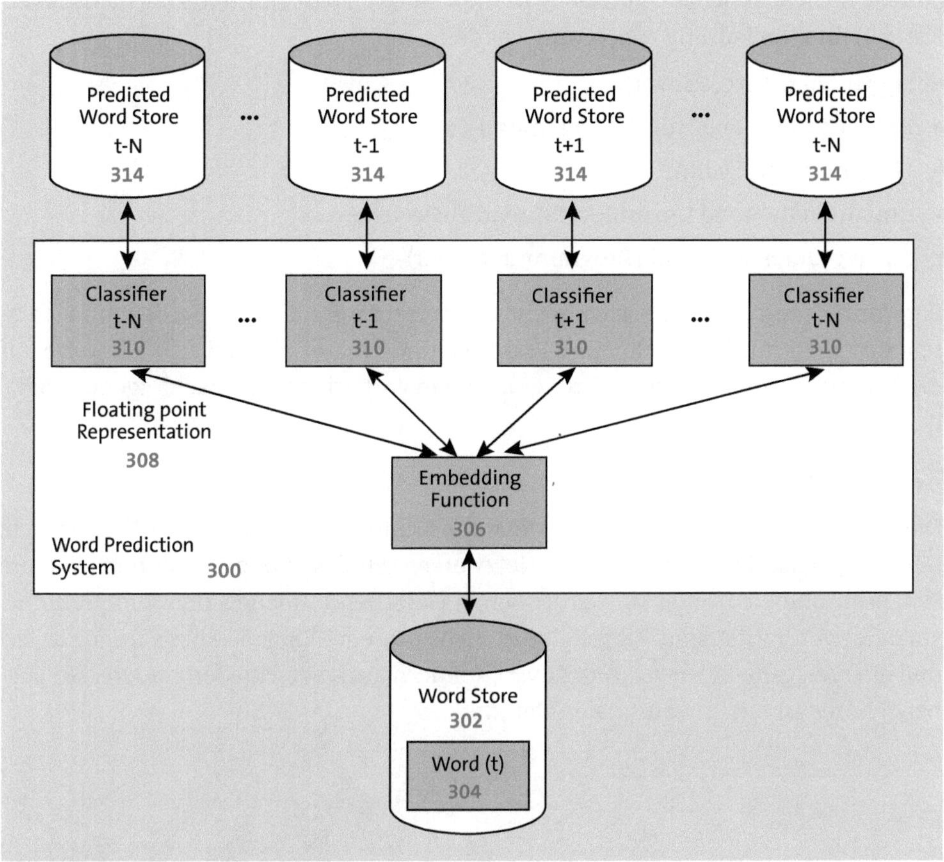

Abbildung 7.18 Word2Vec in einem Google-Patent von 2013

Da Computer-Algorithmen nicht wie Menschen einen Text verstehen können, müssen die Sätze und Wörter in Zahlen umgewandelt werden. Nichts anderes bedeutet *Word2Vec* – das Umwandeln von Wörtern in Vektoren.

Dabei geht es insbesondere darum, dass Vektoren als Beziehungen zu umliegenden Termen gebildet werden. So kann man algorithmisch abbilden, dass »niedlich« häufiger in Verbindung mit »Katzen« auftritt als etwa mit »Tisch«. Für Suchmaschinen ist die kontextuelle Erkenntnis sehr relevant.

Verschiedene Methoden wie etwa *GloVe* oder *FastText* führen den Gedanken von Word2Vec weiter und kompensieren einige Schwächen. So ist eine große Schwäche von Word2Vec etwa, dass nur Terme berücksichtigt werden, die direkt vor oder hinter einem untersuchten Begriff stehen. Die Nachfolger berücksichtigen weitere Bereiche und verarbeiten die errechneten Vektoren mehrmals.

Letztendlich stellen diese Modellberechnungen aber immer noch eine sehr einfache Repräsentation eines Textes dar und lösen die zentrale Herausforderung der *Homographie* nicht ausreichend gut: Ohne Kontext können bestimmte Terme nicht zuverlässig in ihrer Bedeutung zugeordnet werden:

- Jaguar (Tier, Auto, Panzer)
- Bank (Gartenmöbel, für Geldgeschäfte)
- Heroin (Droge, Heldin)
- umfahren (fahrend umstoßen, fahrend ausweichen)
- Bug (vorderer Schiffsteil, Programmierfehler)

Bei Word2Vec erhält jeder Term nur eine Vektorrepräsentation. Außerdem findet diese meist auch nur innerhalb eines Satzes statt. Oftmals befinden sich Hinweise auf die semantische Bedeutung allerdings in einem vorherigen oder nachfolgenden Satz.

7.2.2 Neuronale Netzwerke

Die Nutzung von neuronalen Netzwerken brachte hier einen wahren Durchbruch. Der Grundgedanke bei neuronalen Netzwerken ist, dass diese sich ähnlich wie die Synapsen und Neuronen in menschlichen Gehirnen aufbauen und komplex miteinander verdrahtet sind. Dabei gibt es nicht nur eine Eingabe-Ebene (*Input Layer*) und eine Ausgabe-Ebene (*Output Layer*), sondern auch verschiedene versteckte Ebenen (*Hidden Layer*) im neuronalen Netzwerk.

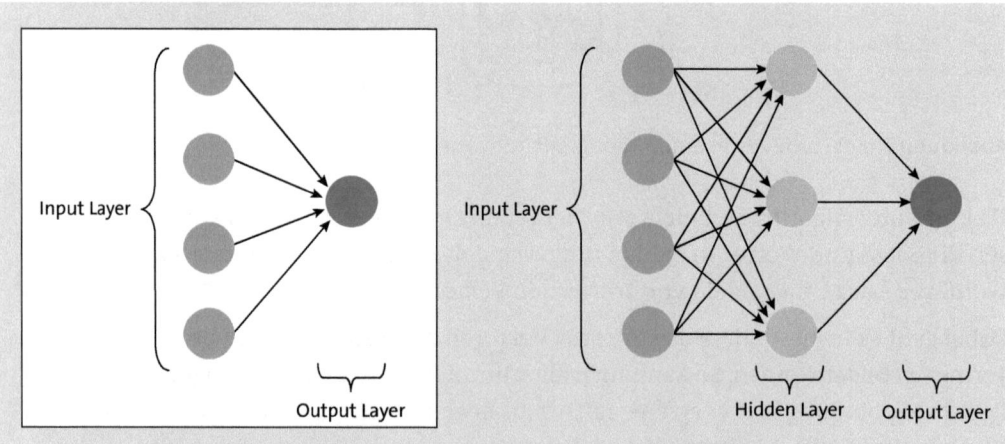

Abbildung 7.19 Mehr Neuronen bei dem neuronalen Netzwerk rechts. Quelle: towardsdatascience.com (»https://bit.ly/2UDNyZl«)

In diesem Zusammenhang werden Sie auch häufig auf den Begriff des *Deep Learning* stoßen. Neuronale Netze sind die Grundlage für diesen Teilbereich des maschinellen

Lernens, das Maschinen selbstständig in die Lage versetzt, ohne menschliches Zutun zu lernen und ihre Fähigkeiten autonom zu verbessern. Das erreicht man, indem aus großen Datenmengen Muster extrahiert und klassifiziert werden. Die gewonnenen Erkenntnisse lassen sich dann mit neuen Daten korrelieren und in einem weiteren Kontext verknüpfen. Schließlich ist die Maschine fähig, Entscheidungen und Vorhersagen auf Basis der Verknüpfungen zu treffen.

Beim reinen maschinellen Lernen greift der Mensch noch in die Analyse der Daten und den eigentlichen Entscheidungsprozess ein. Er bestimmt, welche Aspekte der Daten herangezogen werden und welche Algorithmen zur Klassifikation genutzt werden. Beim Deep Learning sorgt der Mensch nur noch dafür, dass die Informationen bereitstehen.

Im Falle der Suchmaschinen bietet das enormes Potenzial – denn Informationen im Web stehen ausreichend zur Verfügung, und die Crawler sorgen für stetigen Input.

7.2.3 ELMo, BERT, MUM und Co.

2019 verkündete Google das große BERT-Update als »einen der größten Sprünge in der Geschichte der Suche«. Zunächst waren alle SEOs in heller Aufregung, aber wirklich gravierende Rankingveränderungen blieben zunächst aus. Laut Google gibt es bei dem Update auch keine Abstrafungen oder größeren Rankingveränderungen – eine Optimierung dafür oder dagegen bleibt damit aus. Denn bei BERT geht es vor allem um das bessere Verständnis von komplexen Suchanfragen und Webseiten-Inhalten.

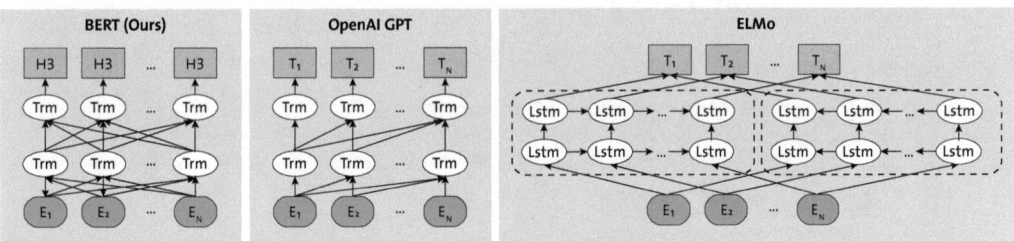

Abbildung 7.20 BERT, OpenAI GPT und ELMo im Vergleich

Dabei handelt es sich bei BERT nicht nur um ein Google-Update, sondern auch um die Abkürzung für ein neuronales Netzwerk, welches weit über die Suchmaschinen-Optimierung hinaus Bedeutung hat. *BERT* steht für *Bidirectional Encoder Representations from Transformers*. Gewissermaßen der »kleine« Bruder in einer weiterentwickelten Variante ist ALBERT. Dieses neuronale Netzwerk kommt mit deutlich weniger Rechenleistung aus und liefert noch bessere Ergebnisse als der große Bruder BERT.

Die Universität Stanford hat ein *SQuAD 2.0*-Verfahren etabliert, anhand dessen das Textverständnis gemessen werden kann. Aus einem Teil der Wikipedia haben Menschen zu vorgegebenen Fragen in einem mehrfach abgesicherten Verfahren be-

7 Gewichtung und Relevanz

stimmte Textabschnitte als korrekte Antworten ausgewählt. Testet man nun das Textverständnis einer Maschine – oder eines einzelnen Menschen –, kann man einen Grad für das Textverständnis messen. Dieser wird über zwei Metriken angegeben:

- EM steht für »Exact Match«, also ob eine Antwort eine Frage vollständig erfüllt oder nicht. Dies ist eine relativ harte binäre Metrik, da sie entweder wahr oder falsch sein kann.
- F1 nutzt die beiden Metriken Precision und Recall aus dem Information Retrieval und berechnet sich über die Formel 2 × Prediction × Recall / (Precision + Recall). Der F1-Wert ist daher nicht nur binär und wertet damit auch Antworten, die zwar nicht vollständig, aber teilweise richtig sind.

Wie Sie in Abbildung 7.21 sehen können, schneidet ALBERT beim Textverständnis mit über 90 Punkten in beiden Metriken besser ab als viele Menschen.

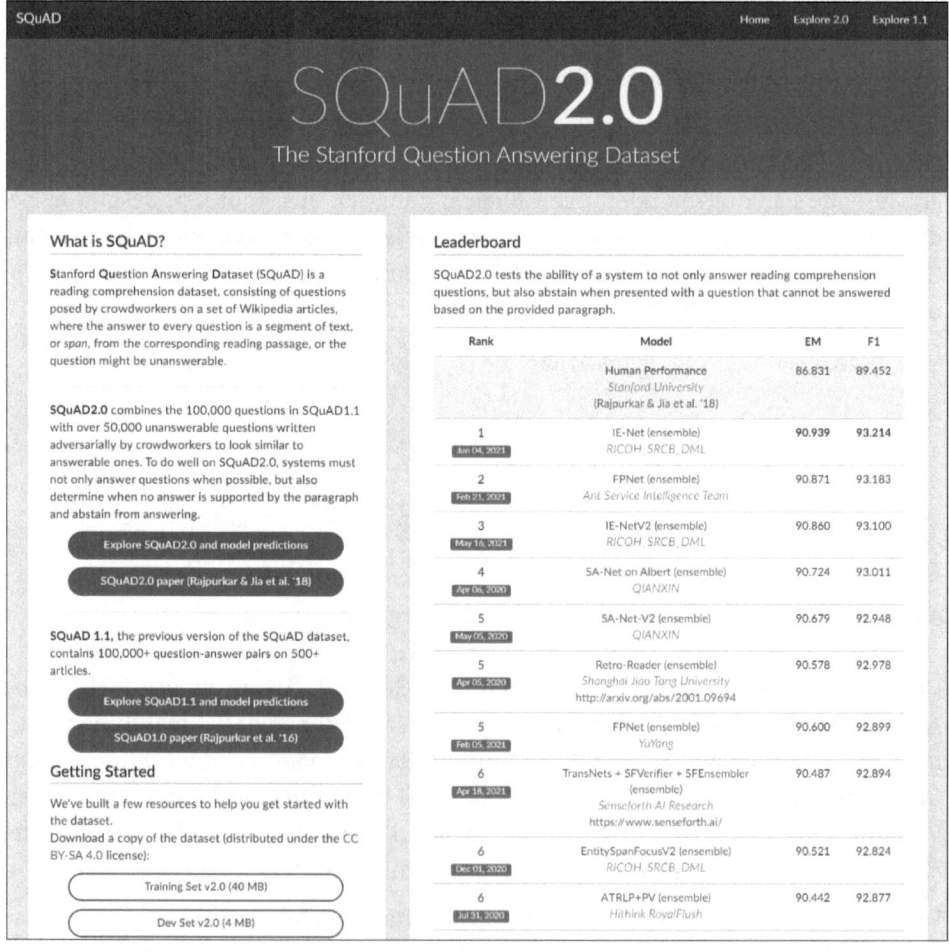

Abbildung 7.21 Mittels SQuAD 2.0 kann das Textverständnis gemessen werden.

Im Falle von BERT und ALBERT bei der Google-Suche geht man von einem neuronalen Netzwerk mit 120 bis 350 Millionen künstlichen Neuronen aus. Dabei wurden die Netzwerke mittels einer Vielzahl an Daten vortrainiert, sodass diese in Echtzeit dann Suchanfragen beantworten können. BERT wurde auf Basis der englischen Wikipedia und des BookCorpus mit über drei Milliarden Wörtern trainiert. Im Vergleich zu Modellen vorheriger Generationen stellt das eine verhältnismäßig geringe Zahl dar. BERT punktet allerdings im Vergleich zu den Vorgängern noch in einem anderen Bereich.

Vorläufer-Modelle wie XLnet, GPT oder GPT-2 überwinden bereits einige gravierende Nachteile der einfachen Word2Vec-Modelle: Sie können homographe Terme (Bank, Jaguar) unterschiedlich behandeln, sie gehen über Satzgrenzen hinweg und sagen besser die Wahrscheinlichkeit eines Vorgänger-Wortes vorher. Alle genannten Modelle gehören zu der Klasse der auto-regressiven Modelle. Daher eignen sie sich auch besonders gut für die automatische Textgenerierung. Bei Suchmaschinen geht es aber eher um das Textverständnis und weniger darum, neue Texte zu schreiben. Daher ist der Textzusammenhang in beide Richtungen von Bedeutung. Und genau das bedeutet das B in BERT (Bidirectional). BERT bzw. ALBERT von Google, RoBERT und RoBERTa von Facebook und andere ähnliche Modelle betrachten beide Richtungen bidirektional von einem untersuchten Term aus. Damit sind deutlich bessere und zuverlässigere Zuordnungen von Satzbestandteilen möglich.

Dass die Forschungen im Bereich Künstliche Intelligenz und Text- bzw. Sprachverständnis nicht stehen bleiben, zeigte Google auf der Konferenz I/O 2021 eindrucksvoll. MUM (Multitask Unified Model) baut wie BERT auf Googles Transformer-Architektur auf und kann als Ablösung von BERT angesehen werden. Laut Google ist MUM 1000-fach mächtiger als BERT und kommt vor allem bei komplexen Suchanfragen sowie dem »Verstehen« von Dokumenten und Texten zum Einsatz. Google hat wie immer die neue Technologie, die wahrscheinlich auch mehr Rechenpower bedarf, aber nicht gleich komplett ins Rennen geschickt und so wird BERT noch eine Weile unter Googles Haube arbeiten. Und sicherlich wird auch schon an dem Nachfolger von MUM gearbeitet.

Auch für andere Bereiche werden die modernen Modelle immer stärker eingesetzt. Sentimentanalysen versuchen beispielsweise, die Stimmung innerhalb eines Textes zu bestimmen. So kann man maschinell feststellen, ob ein Kommentar oder eine Produktrezension eher zugewandt und positiv oder ob sie eher negativ ist. Zukünftig brauchen Google, Facebook und Co. sich also nicht mehr auf einfache Sternebewertungen zu verlassen, sondern können diese aus dem Text direkt generieren.

Google verwendet BERT vor allem bei der Auswahl und Generierung von Featured Snippets, wie Sie in Abbildung 7.23 sehen können. Hier kann BERT glänzen, denn es geht genau um die Beantwortung natürlichsprachiger Anfragen aus einem großen unbekannten Dokumentenkorpus – dem Web.

7 Gewichtung und Relevanz

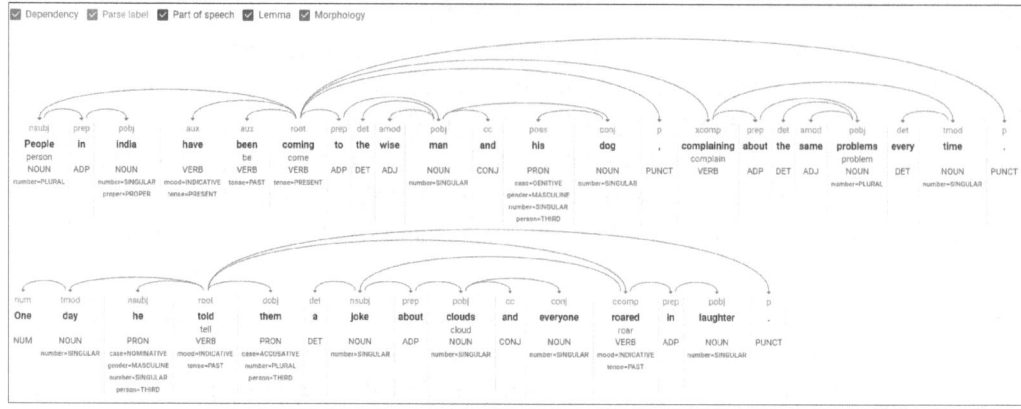

Abbildung 7.22 Textanalyse mittels NLP bei Google

Abbildung 7.23 Google nutzt BERT für die Auswahl von Featured Snippets.

Die Intention hinter dem Einsatz von neuronalen Netzen ist in allen Fällen grundsätzlich identisch: Es geht darum, Bedeutungen in Sätzen und Texten möglichst vollständig und tief greifend zu erfassen. Dies trifft einerseits auf Suchanfragen vor, die schriftlich oder mittels Spracheingabe getätigt werden. Andererseits werden aber auch Texte auf Websites entsprechend für Suchmaschinen ein gutes Stück verständlicher, und mehrdeutige Entitäten können deutlich zuverlässiger als bislang extrahiert und zugeordnet werden.

In Zukunft werden Suchmaschinen also nicht mehr nur Texte auf Webseiten in Wörter und Vektoren zerlegen. Sie können davon ausgehen, dass Suchmaschinen jetzt oder in naher Zukunft die Texte wirklich verstehen und damit dann entsprechende Rankingverfahren anwenden. Für die Suchmaschinen-Optimierung von Texten bedeutet das vor allem eins: Achten Sie noch mehr auf eine hohe Qualität und dass ein Text die Suchintention eines oder einer potenziellen Suchenden möglichst gut und vollständig abdeckt.

Einen guten Eindruck von den aktuellen Möglichkeiten erhalten Sie, wenn Sie die Demo der Google Natural Language API nutzen (*https://cloud.google.com/natural-language?hl=de*).

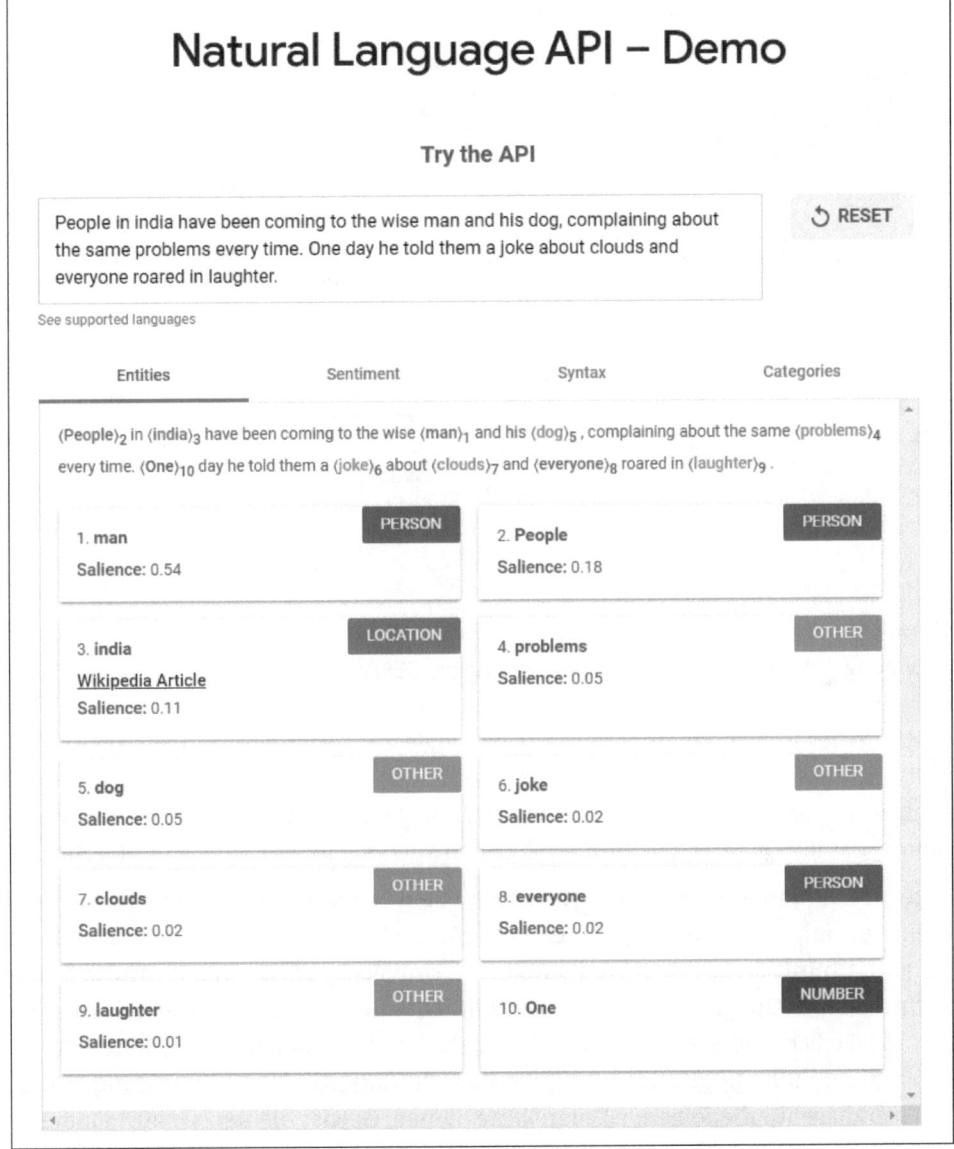

Abbildung 7.24 Googles NLP-API demonstriert die Möglichkeiten zur Texterkennung.

7.3 PageRank

Auch wenn die Analyse der Dokumente selbst immer komplexer wird, bietet das Web aufgrund seiner *Hypertextualität*, also der gegenseitigen Verlinkung zwischen Webseiten, noch weit mehr Möglichkeiten zur Relevanzbewertung von Dokumenten. Eine schöne grafische Darstellung der Linkstrukturen ist im Web als TouchGraph zu finden (*www.touchgraph.com/seo/*, siehe Abbildung 7.25).

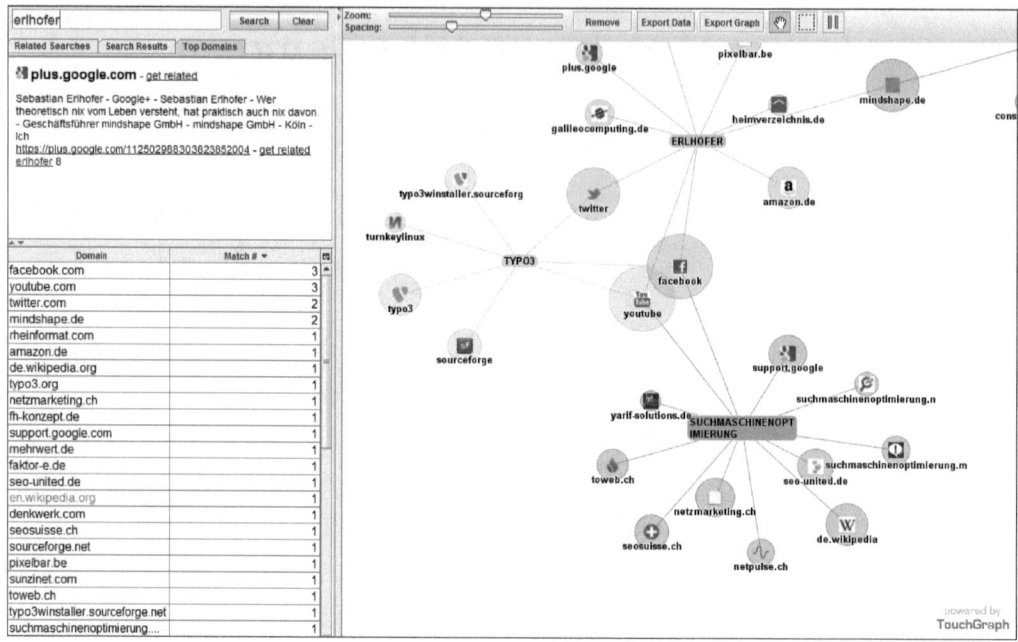

Abbildung 7.25 TouchGraph zur Visualisierung der SERPs

Im Laufe der letzten Jahrzehnte hat sich Google zur bedeutendsten Suchmaschine weltweit entwickelt. Neben der hohen Performance und der großen Benutzerfreundlichkeit ist dies maßgeblich auf die Verwendung des *PageRank*-Verfahrens zurückzuführen, das die Qualität der zurückgelieferten Suchergebnisse deutlich steigerte.

PageRank verdankt seinen Namen nicht etwa dem englischen Wort für Seite, wie man leicht vermuten könnte, sondern seinem Erfinder Lawrence Page. Er programmierte gemeinsam mit Sergey Brin an der Stanford University als Graduiertenstudent die Suchmaschine Google, und beide veröffentlichten dazu eine wissenschaftliche Arbeit. Zusätzlich ließ sich Page das PageRank-Verfahren patentieren (United States Patent 6,285,999). Diese beiden Dokumente sollen aufgrund ihrer Bedeutung primär als Grundlage für die folgende Darstellung dienen. Gewiss dienten sie auch anderen Suchmaschinen-Betreibern als Ausgangsbasis eigener hypermedialer Ranking-Verfahren, da die wissenschaftliche Arbeit über die Funktionsweise des PageRank-Verfahrens der Öffentlichkeit zugänglich ist.

Sie sollten dennoch im Hinterkopf behalten, dass in den letzten Jahren zahlreiche Änderungen und Anpassungen am ursprünglichen PageRank-Algorithmus vorgenommen wurden, die nicht veröffentlicht wurden, um Googles Wettbewerbsvorsprung gegenüber den Mitbewerbern zu sichern. Allerdings ist der ursprüngliche Gedanke des Verfahrens immer noch gültig.

> **Praxistipp: Heutige Bedeutung des PageRanks und der Linkjuice**
>
> Lange Zeit war der grüne Balken des PageRanks von großer Bedeutung für die Suchmaschinen-Optimierer. Dann aktualisierte Google nur noch sporadisch wenige Male im Jahr den PageRank. Heute wird der von außen sichtbare PageRank überhaupt nicht mehr aktualisiert. Aus den meisten Tools wurde die Angabe entfernt. Für die organische nachhaltige Suchmaschinen-Optimierung ist der PageRank heute nicht mehr so zentral wie früher.
>
> Dennoch ist der Grundgedanke, dass externe und interne Links eine Aussage über eine Dokumentgewichtung machen, heute immer noch aktuell. Häufig wird hier allerdings der Begriff *Linkjuice* verwendet, der nicht mehr nur das PageRank-Verfahren meint.
>
> Ähnlich wird es bei Google auch sein – dort werden noch zahlreiche Formen der Linkjuice-Algorithmen als Rankingfaktoren eingesetzt werden.

7.3.1 Link-Popularity

Oftmals wird das PageRank-Verfahren im allgemeinen Kontext auch als *Link-Popularity* bezeichnet. Es wurde jedoch vereinzelt bereits vor Googles Durchbruch eingesetzt. Worum handelt es sich dabei?

Nachdem die Manipulationsversuche seitens der Webautoren und -autorinnen zur besseren Platzierung ihrer Seiten zunahmen, wurde der Ruf nach weniger beeinflussbaren Ranking-Methoden laut. Als Lösung wurde ein in der Wissenschaft anerkanntes Prinzip auf das Web übertragen. Dabei gelten wissenschaftliche Veröffentlichungen im Allgemeinen als umso bedeutender, je öfter sie zitiert werden. Im übertragenen Sinne könnte folglich jeder eingehende Link auf eine Webseite als ein Zitat bzw. eine Empfehlung eines anderen Autors oder einer Autorin betrachtet werden. Die konkrete Umsetzung erfolgt, indem die Anzahl der sogenannten *Inbound-Links* (eingehende Links) summiert wird und sich daraus die Popularität (*Link-Popularity*) ergibt. Je mehr eingehende Links eine Seite zählt, desto bedeutsamer ist ihr Inhalt.

Dabei ist die Betrachtung eines ausreichend großen Ausschnitts aus dem Web erforderlich. Würde man z. B. lediglich zwei Seiten auswerten, von denen Seite B auf Seite A verlinkt, müsste man die generelle Gültigkeit dieser Empfehlung stark anzweifeln, da es sich nur um die Empfehlung einer einzelnen Person handelt. Erst wenn genü-

gend Personen auf die Seite A verlinken, entsteht annähernd empirische Objektivität. Die in die Berechnung einbezogene Anzahl von Webseiten muss also genügend groß sein, um aus vielen subjektiven Empfehlungen eine quasi objektive Meinung bilden zu können.

7.3.2 PageRank-Konzept, Random Surfer und Reasonable Surfer

Das reine Link-Popularity-Verfahren betrachtet ausschließlich die quantitativen Aspekte des hypertextuellen Mediums. Dies wurde auch relativ schnell von den Webautoren erkannt, und sogenannte *Link-Farms* sprossen wie Pilze aus dem Boden. Link-Farms sind Seiten mit einer enormen Ansammlung von Links, die auf externe Seiten verweisen. Diese Linksammlungen haben in der Regel keinen informationellen Mehrwert, sondern dienen lediglich als Trägermaterial, um die Anzahl eingehender Links anderer Seiten zu erhöhen. Die Argumentation der Google-Gründer, nicht jedes Dokument im Web dürfe gleichwertig behandelt werden, ist in Anbetracht dieses Phänomens gut nachzuvollziehen. Aus diesem Grund zieht das PageRank-Verfahren nicht nur die Anzahl (Quantität), sondern auch die Güte (Qualität) der einzelnen Links bzw. der verlinkenden Seiten mit in Betracht.

Daher sollte einem Dokument ein höherer Rang zugewiesen werden, wenn es von anderen bedeutenden Dokumenten aus verlinkt wird. Die eigentlichen Inhalte der Seiten spielen übrigens bei dieser Überlegung zunächst keine Rolle und werden daher auch nicht betrachtet. Die Auswertung erfolgt lediglich auf Basis der Vernetzung durch Links.

Lawrence Page und Sergey Brin bieten in ihren Veröffentlichungen eine sehr einfache und intuitive Rechtfertigung des PageRank-Algorithmus an. Dabei drückt der PageRank die bestimmte Wahrscheinlichkeit aus, mit der ein Surfer eine Webseite besucht. Dieser typische Benutzer wird als *Random Surfer* bezeichnet, weil er sich von einer Seite zur nächsten bewegt und dabei einen beliebigen Link nutzt, ohne dabei auf dessen Inhalt zu achten. Die Wahrscheinlichkeit, einen bestimmten Link zu verfolgen, ergibt sich demnach einzig und allein aus der Anzahl der zur Verfügung stehenden Links auf einer Seite. Aus diesem Grund fließt immer die Anzahl der ausgehenden Links einer Seite in die PageRank-Berechnung mit ein.

Das Random-Surfer-Modell hat heute nur noch historische Bedeutung. Bereits 2004 veröffentlichte Google ein Patent mit dem Nachfolgemodell: dem *Reasonable Surfer* (»Ranking documents based on user behavior and/or feature data« unter *https://bit.ly/1PNDOi3*). Bei diesem Modell haben nicht mehr alle Links die gleiche Wertigkeit. Die Bedeutung eines Links und damit die Menge an PageRank bzw. Linkjuice, die ein Link weitergibt, hängt von verschiedenen »Features« ab. Welche das genau sind und wie diese im Einzelnen gewichtet sind, weiß man wie so häufig nicht genau. Aber bestimmte Faktoren haben aus der Erfahrung heraus definitiv einen Einfluss auf die

Wertigkeit eines Links – ganz im Sinne des Reasonable Surfers, dem prominent und akzentuiert platzierte Links eben auch häufiger auffallen als weniger auffällig platzierte. Insofern spielen u. a. diese Faktoren bei der Linkgestaltung eine Rolle:

- Position im HTML-Body bzw. im ersten oberen Scrollbereich (Above the fold)
- Farbe und Schriftgröße
- Link innerhalb eines Fließtextes oder einer Auflistung
- Anzahl der Wörter im Anchor-Text des Links
- der Kontext der Wörter vor und hinter dem Textlink
- Themenbezug des Links zur Zielseite (sollte zusammenpassen)
- interner oder externer Link auf andere Domain
- Anzahl der Links insgesamt im Dokument (im Main Content und im Supplementary Content)

7.3.3 PageRank-Formel

Zur Berechnung des PageRanks einer Seite wird dementsprechend die Anzahl der Links mitberücksichtigt. Der ursprüngliche Algorithmus berechnet dabei den PageRank einer Seite iterativ aus dem PageRank der Seiten, die auf Erstere verweisen.

$$PR(A) = (1-d) + d\ (PR(T1)/C(T1) + \ldots + PR(Tn)/C(Tn))$$

Dabei gilt:

- `PR(A)` ist der PageRank der Seite A.
- `PR(Ti)` ist der PageRank der Seiten, von denen ein Link auf die Seite A zeigt.
- `C(Ti)` ist die Anzahl aller Links auf der Seite Ti.
- d ist ein Dämpfungsfaktor.

Dabei stellt `Ti` eine der Seiten zwischen `T1` und `Tn` dar. Bei drei Seiten ist z. B. n = 3 und Ti entweder T1, T2 oder T3. Sie sehen anhand der Formel, dass der PageRank der Seiten Ti, die alle auf die Seite A verweisen, nicht gleichmäßig in den PageRank der Seite A einfließt. Die Gesamtzahl der auf der Seite Ti befindlichen Links, nämlich der Wert `C(Ti)`, relativiert die Weitergabe eines PageRanks. Das bedeutet: Je mehr ausgehende Links eine Seite Ti besitzt, desto weniger PageRank wird aufgrund des geringeren Quotienten `C(Ti)` an die Seite A weitergegeben.

Die Quotienten der Seiten, die auf die Seite A verweisen, werden wiederum addiert, sodass jeder zusätzlich eingehende Link den PageRank der Seite A erhöht. Schließlich wird die Summe mit dem Dämpfungsfaktor d multipliziert. Dieser Wert liegt immer zwischen 0 und 1 und ist manuell definiert. Damit wird das Ausmaß der Weitergabe des PageRanks von einer Seite auf eine andere verringert, sodass eine Seite ihren

PageRank nicht eins zu eins weitergeben kann. Im Kontext des Random-Surfer-Modells entspricht der Dämpfungsfaktor der Wahrscheinlichkeit, mit der der Benutzer oder die Benutzerin die Verfolgung durch einen Klick auf einen der Links nicht aufnimmt, sondern eine neue Seite aufruft und damit die vorgegebene Hypertext-Struktur verlässt. Je höher d ist, desto wahrscheinlicher ist es, dass der Zufallssurfer Links weiterverfolgt. Die Wahrscheinlichkeit, mit der der Surfer oder die Surferin eine neue Seite aufruft, geht mit dem Wert (1-d) als Konstante in die Berechnung des PageRanks für jede Seite mit ein.

In der einschlägigen Literatur wie auch in der originären Arbeit von Page und Brin wird der Dämpfungsfaktor auf 0,85 gesetzt. Dieser Faktor bewirkt zusätzlich, dass selbst eine Seite, die keine eingehenden Links auf sich verzeichnen kann, einen geringen PageRank von (1 – 0,85) = 0,15 aufweist. Abgewandelte Formen der PageRank-Berechnung beziehen zusätzlich einen Erwartungswert für den Besuch der entsprechenden Seite mit ein, der in einer Relation zur Größe des gesamten Web steht. Darauf soll jedoch hier nicht näher eingegangen werden, da der ursprüngliche Algorithmus für das grundlegende Verständnis vollkommen ausreichend ist. Ein Problem, das sich in der Praxis recht schnell zeigt, beruht auf der Tatsache, dass sich immer nur ein Teil des World Wide Web in der Datenbank befindet. Das hat zur Konsequenz, dass Links auf Seiten verweisen, die bislang noch gar nicht indexiert wurden und über die keine Auswertung im Sinne des PageRanks möglich ist. Diese sogenannten *Dangling Links* werden bei der Berechnung des PageRanks zunächst entfernt und später wieder eingefügt. Die Berechnung, die ja stets auf der Gesamtzahl der vorhandenen Verweise basiert, wird durch dieses pragmatische Verfahren nur in geringem Maße beeinflusst. Aus den bereits berechneten PageRanks der Dokumente, die in der Datenstruktur vorhanden sind, kann ein Wert für die nicht erfassten Dokumente angenähert werden.

7.3.4 Beispiel zur PageRank-Berechnung

Ein Beispiel soll verdeutlichen, dass die Formel keineswegs so völlig unverständlich und kompliziert ist, wie sie auf den ersten Blick vielleicht erscheinen mag. Wie eingangs erwähnt, handelt es sich bei der Berechnung des PageRanks nicht um einen rekursiven, also sich selbst aufrufenden, sondern um einen iterativen Algorithmus. Daher sind bei der Berechnung eines PageRank-Wertes mehrere Iterationen notwendig. Dabei können zwei Wege eingeschlagen werden, damit die Iteration irgendwann beendet ist und schließlich ein Ergebnis liefert. Zum einen kann man eine bestimmte Anzahl von Wiederholungen festlegen. Die Berechnung wird dann jeweils mit den neuen Zwischenergebnissen durchgeführt. Glaubt man diversen Diskussionen in Internetforen, so beträgt die Anzahl der Iterationen bei Google zwischen 20 und 100. Zum anderen kann ein Ergebnis aber auch jeweils mit dem Vorergebnis verglichen werden, und die Berechnung wird dann erst gestoppt, wenn keine wesentliche Veränderung mehr eintritt.

Um einen Startwert für die Berechnung zu erhalten, wird jeder Seite zu Beginn ein PageRank von 1 zugeteilt. Das entspricht sozusagen dem durchschnittlichen PageRank aller Seiten. Damit erhalten Sie eine Ausgangssituation, wie sie in Abbildung 7.26 zu sehen ist.

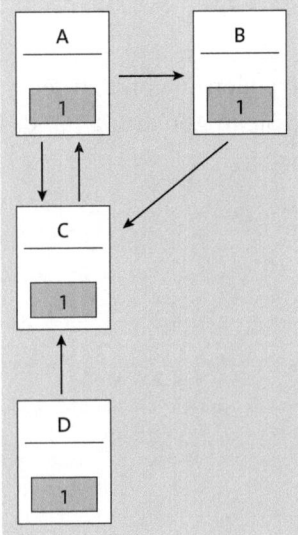

Abbildung 7.26 Ausgangssituation vor der ersten Iteration

Geht man davon aus, dass auf jeder Seite nur ein Link existiert, der durch die Pfeile symbolisiert ist, ergibt sich mit d = 0,85 folgende Rechnung nach der PageRank-Formel:

```
PR(A) = (1 - 0,85) + 0,85 (PR(C)/1)
      = 0,15 + 0,85 * 1 = 1
```

Für die Berechnung von PR(B) setzen Sie den vorher berechneten Wert PR(A) ein, der derzeit noch 1 beträgt. PR(A) wird durch 2 geteilt, da die Seite A zwei ausgehende Links besitzt, also C(A) = 2 ist.

Die weiteren Schritte laufen nach dem gleichen Schema ab:

```
PR(B) = (1 - 0,85) + 0,85 (PR(A)/2)
      = 0,15 + 0,85 * 0,5 = 0,58
PR(C) = (1 - 0,85) + 0,85 (PR(A)/2 + PR(B)/1 + PR(D)/1)
      = 0,15 + 0,85 * (0,5 + 0,58 + 1) = 1,91
PR(D) = (1 - 0,85) + 0,85 * 0 = 0,15
```

7 Gewichtung und Relevanz

Mit den neuen Werten beginnen Sie anschließend die zweite Iteration:

```
PR(A) = (1 - 0,85) + 0,85 (PR(C)/1)
      = 0,15 + 0,85 * 1,91 = 1,77
PR(B) = (1 - 0,85) + 0,85 (PR(A)/2)
      = 0,15 + 0,85 * 0,89 = 0,91
PR(C) = (1 - 0,85) + 0,85 (PR(A)/2 + PR(B)/1 + PR(D)/1)
      = 0,15 + 0,85 * (0,89 + 0,91 + 0,15) = 1,80
PR(D) = (1 - 0,85) + 0,85 * 0 = 0,15
```

Sie müssten etwa 20 Iterationen berechnen, um zu einem stabilen Ergebnis zu gelangen. Das soll Ihnen hier erspart bleiben. Stattdessen sehen Sie in Abbildung 7.27 das Endergebnis der Berechnung.

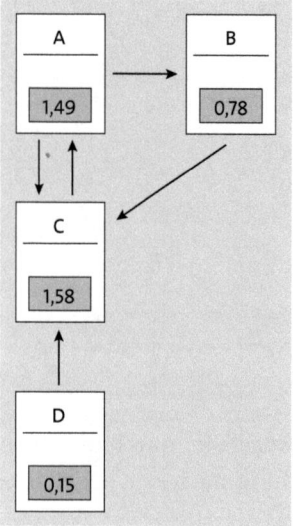

Abbildung 7.27 Ergebnis der PageRank-Berechnung

Sehr gut zu sehen ist, dass sich der Wert der Seite D nicht verändert. Er bleibt konstant bei 0,15, da keine eingehenden Links auf die Seite verweisen. Dagegen besitzt Seite C mit der höchsten Anzahl von eingehenden Verweisen auch den höchsten PageRank. Seite A erreicht aufgrund des einkommenden Links von C auch einen wesentlich höheren Wert als Seite B, die keinen einkommenden Link von C aufweisen kann. Der hohe PageRank von C wird hier auf die Seite A sozusagen teilweise zurückgegeben – das Verfahren funktioniert offensichtlich.

7.3.5 Effekte des PageRanks

Es ist deutlich geworden, dass anhand der hypertextuellen Struktur mit dem Page-Rank ein qualitativ hochwertigeres Ranking durchgeführt werden kann als mit dem einfachen Link-Popularity-Verfahren, das rein quantitative Aspekte berücksichtigt. Errechnen Sie den PageRank über das oben dargestellte Beispiel hinaus einmal für verschiedene Anordnungen und Verlinkungsarten, treffen Sie immer wieder auf charakteristische Effekte, die bei der Bewertung des PageRanks auftreten.

Wenn Sie von einer hierarchisch aufgebauten Website ausgehen, wie sie im Netz oftmals mit einer Startseite und vielen gleichwertigen Unterkategorien zu finden ist, sollten die untersten Seiten in jedem Fall einen Link zurück zur Homepage besitzen. Andernfalls wird der erreichte PageRank dieser Seiten verschwendet. Es hat sich mittlerweile eingebürgert, dass das Logo immer auf die Homepage einer Seite verweist. Damit schlagen Sie gleich zwei Fliegen mit einer Klappe: Zum einen erhöhen Sie den PageRank der Homepage, und zum anderen schaffen Sie eine etablierte Navigationsmöglichkeit für die Besucher und Besucherinnen Ihrer Website, was sich positiv auf die Gebrauchstauglichkeit (*Usability*) Ihrer Website auswirkt.

Generell lässt sich feststellen, dass hierarchisch aufgebaute Seiten den PageRank auf eine Seite konzentrieren. Bauen Sie hingegen ein Kreisnetz auf, in dem jede Seite auf die nächste verlinkt, verteilen Sie den PageRank gleichmäßig. Dies ist auch dann der Fall, wenn Sie alle Seiten vollständig untereinander verlinken (*fully meshed*).

Ein ausgehender Link reduziert in jedem Fall den PageRank einer Seite. Das lässt sich am Random-Surfer-Modell sehr einfach erläutern. Denn die Wahrscheinlichkeit, innerhalb einer einzelnen Website zu bleiben, sinkt, sobald Verweise auf externe Seiten gesetzt werden. Nun könnte man zu der Schlussfolgerung gelangen, überhaupt keine externen Links zu setzen. Allerdings ist es sicherlich nicht im Sinne des World Wide Web, dass Webautoren und -autorinnen von ihren eigenen Seiten nicht mehr auf externe Ressourcen verlinken, nur um möglichst viel PageRank bei sich zu horten. In den meisten Fällen wird dies ohnehin auch nicht möglich sein. Es ist also unweigerlich so, dass es zu einem Verlust an PageRank kommt. Eine Minderung des Effekts können Sie erzielen, indem Sie von der Seite, die die externen Links beinhaltet, zusätzlich auf interne Seiten verlinken. Außerdem besteht durchaus die Möglichkeit, dass die Anzahl der externen Verweise an einer anderen Stelle der Bewertungsmechanismen positiv mit in die Relevanzbewertung eingeht.

In diesem Zusammenhang ist auch der Einsatz einer *Sitemap* hilfreich. Diese Seite trägt selbst keine Nutzinformationen für den Besucher oder die Besucherin, sondern enthält eine Übersicht über die gesamte Website mit Links zu den einzelnen Seiten der Webpräsenz. In der Regel finden Sie eine gegliederte Anordnung der Links vor, die der hierarchischen Gliederung der Website entspricht. Und schon wieder haben Sie zwei weitere Aufgaben mit wenig Aufwand gelöst: Zum einen erhöhen Sie mit einer Sitemap die Anzahl der internen Links zum Erhalt der PageRank-Werte. Zum anderen ermöglicht die Sitemap gerade bei größeren Auftritten dem Besucher oder der Besucherin eine Orientierung und gibt ihm oder ihr damit einen Überblick über das verfügbare Angebot.

> **Praxistipp: Eine User-Sitemap ist keine Pflicht!**
>
> Häufig wird die User-Sitemap mit der XML-Sitemap verwechselt. Erstere ist ein Teil der Website, welche quasi als Inhaltsverzeichnis den Besuchern und Besucherinnen die Website-Struktur übersichtlich erschließt. Die XML-Sitemap ist eine strukturierte Datei für Suchmaschinen, welche alle URLs einer Domain enthält. Diese wiederum sollte nicht aus der Website heraus verlinkt sein (nur aus der *robots.txt*).
>
> Sie benötigen nicht zwingend eine User-Sitemap. Es gibt auch keine Logik, die sinngemäß lautet: Gutes SEO = User-Sitemap. Entscheiden Sie vielmehr aus Usability-Sicht: Ist Ihre Site-Struktur eventuell etwas unübersichtlich, und wäre es für Besucher und Besucherinnen hilfreich, ein übersichtliches Inhaltsverzeichnis zu haben? Dann ist der Einsatz einer User-Sitemap sinnvoll. Achten Sie aber darauf, dass die Konzeption für Besucher und Besucherinnen erfolgt – nicht für Suchmaschinen! Lieber haben Sie keine User-Sitemap, als eine schlechte und unübersichtliche. Damit ist niemandem geholfen.

Die Überlegungen zum PageRank bzw. Linkjuice spielen vor allem bei der Optimierung der internen Verlinkung eine bedeutende Rolle. Um aus der schnöden Theorie heraus ein wenig in die Praxis zu gehen, schauen Sie sich unbedingt die Verlinkungsanalyse des *Screaming Frog SEO Spider* an.

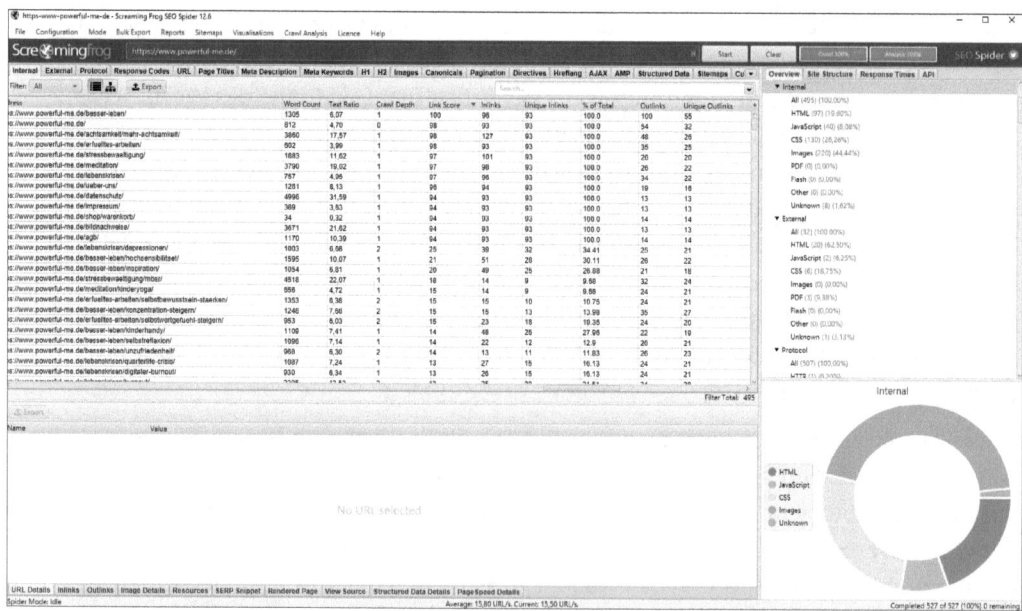

Abbildung 7.28 Screaming Frog SEO Spider berechnet den LinkScore als internen LinkJuice.

Neben der Identifizierung von isolierten Seiten ohne eingehende, interne Links (*Orphan Pages*) berechnet das Tool den sogenannten LinkScore. Dies ist eine Metrik zwischen 0 und 100, die an den internen PageRank angelehnt ist. Sie hilft für einen ersten schnellen Blick bei der Optimierung des internen Linkjuices, da Sie so recht schnell gut und weniger gute verlinkte Seiten Ihrer Domain identifizieren können.

7.3.6 Intelligente Surfer und weitere Einflussfaktoren

Im vorangegangenen Abschnitt wurden bereits vier Fliegen mit nicht mehr als zwei Klappen geschlagen. Mit dem weiteren Fliegenfangen wird es allerdings schwer, da in den letzten Jahren immer neue Kriterien zur PageRank-Berechnung hinzugezogen wurden.

Matthew Richardson und Pedro Domingos erweiterten schon 2002 in diesem Zusammenhang das Random-Surfer-Modell von Google (»The Intelligent Surfer: Probabilistic Combination of Link and Content Information in PageRank« unter *http://homes.cs.washington.edu/~pedrod/papers/nips01b.pdf*). Sie schlagen ein verbessertes Modell vor, in dem der Benutzer oder die Benutzerin nicht mehr wahllos einen der zur Verfügung stehenden Links verfolgt, sondern sich vielmehr von einer zielorientierten Motivation lenken lässt. Dieser intelligente Surfer bzw. Surferin ruft nur Seiten auf, die für sein oder ihr Ziel relevant sind – etwa die Suche nach einem neuen Wok-Kochrezept für einen Kochabend.

In der praktischen Anwendung bedeutet dies, dass der Linktext, auf den ein Surfer oder eine Surferin klickt, um auf eine andere Seite zu wechseln, mitberücksichtigt werden muss. Das bedeutet wiederum, dass ein Abgleich zwischen dem Text und dem tatsächlichen Inhalt des Zieldokuments stattfinden muss. Eine Seite mit Wok-Rezepten bekäme im Fall einer Verlinkung von außerhalb einen höheren Wert zugewiesen, falls der Linktext z. B. »Leckere Wok-Rezepte« hieße statt »hier«. Insbesondere das Wort »hier« wird sehr häufig verwendet, um eine Verlinkung für den vorangegangenen Satz anzubieten (»Gute Rezepte für den Wok gibt es *hier*«). Weil dabei nur das einzelne Wort verlinkt ist, gehen eventuell wichtige Ranking-Punkte verloren.

> **Praxistipp: Natürliche Verlinkung**
> Auch wenn »hier« nicht so themennah verlinkt ist wie »Leckere Wok-Rezepte«, achten Sie bitte darauf, dass Sie eine natürliche Verlinkung erzielen. Google erkennt, wenn Sie zu häufig mit sogenannten *harten Keywords* (meist Money-Keywords) verlinkt werden, und straft die Website seit den Penguin-Updates dann rigoros ab.

Die Linkbewertung erfolgt ähnlich dem Reasonable-Surfer-Modell von Google, welches allerdings erst zwei Jahre später, 2004, veröffentlicht wurde.

Neben der Stärke der Hervorhebung einzelner Links spielt auch die Position eines Verweises innerhalb des Dokuments eine Rolle. Bekommt eine Seite A einen eingehenden Verweis von Seite B, der relativ weit oben platziert ist, wird Seite A höher be-

wertet werden, als wenn der Link auf Seite B erst tiefer erscheinen würde. Die Erklärung ist recht eingängig: Weiter oben platzierte Links werden mit großer Wahrscheinlichkeit von einem Surfer oder einer Surferin häufiger wahrgenommen und angeklickt als tiefer liegende, zu denen erst einmal gescrollt werden muss. In diesem Zusammenhang steht übrigens auch der sogenannte Eisbergeffekt. Viele Webseiten sind extrem lang, und daher ist zu Beginn nur ein kleiner Ausschnitt – nämlich die sprichwörtliche Spitze des Eisbergs – zu sehen. Dieses Phänomen ist u. a. besonders bei deutschen Nachrichtenportalen zu beobachten und macht deutlich, dass die Betrachtung der Position eines Links durchaus sinnvoll ist.

> **Praxistipp: Nur der erste Link zählt**
>
> Häufig findet man mehrere Links zu einer Zielseite auf einer einzelnen URL. Dies gilt für interne und externe Links. Google berücksichtigt laut eigenen Aussagen dabei immer nur den ersten Textlink. Wenn Sie also auf ein Zieldokument mehrmals verlinken, dann sollte der erste Textlink einen optimierten Anchor-Text vorweisen.
>
> Das können Sie für die interne Verlinkungsoptimierung recht einfach nutzen – gestalten Sie beispielsweise einen Teaser mit Überschrift, Bild und verlinktem Teasertext so im HTML, dass die Überschrift mit dem Ziel-Keyword verlinkt ist und als Erstes genannt wird. Dann kann später im Teasertext auch ohne Bedenken ein »weiterlesen« oder »mehr« stehen.

Bislang wurde der Fokus primär auf Verweise innerhalb einer Website und weniger auf eingehende Links von anderen Websites gelegt. Allerdings sind insbesondere die eingehenden Verweise von externen Seiten im Sinne der Objektivität für eine Bewertung der Relevanz bedeutend. Aus diesem Grund wird zusätzlich ein weiteres Gütekriterium in die PageRank-Berechnung mit einbezogen.

Mit *Distanz* bezeichnet man einen Wert zwischen zwei Webseiten, der anzeigt, wie nahe das verweisende Dokument zu dem Dokument steht, auf das verwiesen wird. Je größer die Distanz ist, desto unwahrscheinlicher ist es, dass es sich bei den beiden Seiten um denselben Webautor oder -autorin handelt. Oder mit anderen Worten ausgedrückt: Je größer die Distanz ist, desto unwahrscheinlicher ist die Einflussnahme eines Webautors oder einer Webautorin auf eine andere Seite. Die Betrachtung der Distanz sichert somit die Objektivität eines eingehenden Links. Berechnungsgrundlage kann dabei das Kriterium sein, ob sich beide Dokumente A und B innerhalb der gleichen Domain befinden. Damit würden interne Links weniger stark gewichtet werden als externe. Ein weiter fassendes Kriterium wäre z. B. auch, ob beide Dokumente auf dem gleichen Webserver liegen, was anhand der IP-Adresse herausgefunden werden kann. Hinsichtlich der Fantasie sind den Entwicklern und Entwicklerinnen hier keine Grenzen gesetzt.

Abschließend könnte man noch die Aktualität der Webseiten und deren Verlinkungen als Faktor in Betracht ziehen. Es mag auf der Hand liegen, dass aktuelle Webseiten auch auf aktuelle Inhalte verweisen. Jedoch ist hier Vorsicht geboten. Das Ziel des PageRank-Prinzips soll es nach wie vor sein, relevante Dokumente von nicht relevanten zu unterscheiden. Das Kriterium der Aktualität ist hier nicht zwingend in beide Richtungen tauglich; man stelle sich nur einmal Gesetzestexte vor. Diese ändern sich eher selten, besitzen aber vielleicht für einen Hobbyjuristen, der die gegenüberliegende Kneipe wegen Ruhestörung anzeigen möchte, eine starke Relevanz. Hier gilt es also vor allem, die Aktualität eingehender Links anstelle ausgehender zu betrachten. Und somit haben auch neuere Seiten eine adäquate Chance auf einen guten PageRank. Das ursprüngliche PageRank-Verfahren bevorzugt ältere Seiten stärker, da die Anzahl der eingehenden Links meist erst allmählich wächst.

Die Ausführungen zum Thema PageRank sollen an dieser Stelle genügen. Nach und nach sind auch die anderen marktführenden Suchmaschinen-Betreiber – wen wundert es nach dem überragenden Siegeszug von Google Anfang der 2000er – auf den Zug aufgesprungen. Yahoo! taufte das Kind auf den Namen *Web-Rank*. Und auch alle anderen Suchmaschinen-Anbieter haben das Konzept als Baustein in ihre Relevanzbewertung mit übernommen.

> **Praxistipp: Zählen Links heute noch?**
>
> Eine gewisse Zeit lang hatte man das Gefühl, dass bei Google der PageRank – etwas überspitzt formuliert – das alleinige Kriterium der Relevanzbewertung einer Seite war. Eine ganze Linkbuilding- und Linkkauf-Industrie war daraus erwachsen. Mit den Penguin-Updates und der damit verbundenen besseren Erkennung von qualitativ hochwertigen Links begann allerdings der Anfang vom Ende der Bedeutung von Links im SEO. Mittlerweile gelten Backlinks nur noch in abgeschwächter Form, wenn auch dieses Verfahren nach wie vor einen großen Bestandteil des endgültigen Rankings ausmacht. Ohne Links zu ranken ist zwar in nicht so stark umkämpften Bereichen möglich, aber deutlich schwerer. Letztendlich gehören Links nach wie vor zum guten SEO dazu – allerdings nicht in gekaufter Form, sondern so, wie sie ursprünglich nicht nur von Google gedacht waren: als unabhängige Empfehlung eines Website-Anbieters auf den wertvollen und hilfreichen Content eines anderen.

7.3.7 Bad Rank

Google bot als erster Suchmaschinen-Betreiber eine Browserleiste mit diversen Funktionen für den Internet Explorer an. Dort befand sich auch eine Anzeige, die den PageRank einer Webseite zwischen 0 und 10 anzeigt. Die Spanne spiegelte dabei nicht den tatsächlichen PageRank wider, sondern bezeichnete vielmehr ein logarithmisches Maß, vermutlich mit einer Basis zwischen 6 und 10. Der genaue Umrechnungs-

wert wurde in etlichen Foren rauf und runter diskutiert. Zur Verdeutlichung sei ein Beispiel angeführt:

Toolbar-PageRank	Tatsächlicher PageRank
0	0,00000 bis 0,90909
1	0,90909 bis 1,81818
2	1,81818 bis 2,72727
...	...
8	7,27272 bis 8,18181
9	8,18181 bis 9,09090
10	9,09090 bis 10,0000

Tabelle 7.1 PageRank-Umrechnung in der Google Toolbar

In diesem Beispiel werden Werte unter 0,90909 mit einem PageRank von null in der Toolbar angezeigt. Ende 2004 wurde in einem Interview bekannt, dass der angezeigte PageRank-Wert der Google Toolbar absichtlich veraltet ist und nur sehr unregelmäßig aktualisiert wird. Die Nachricht sorgte für helle Aufregung in der Community. Google missfiel das massenhafte Auftreten von PageRank-Tools. Der angezeigte PageRank-Wert war daher schon immer nicht der vom System zur Berechnung tatsächlich verwendete, sondern ein bereits Monate alter Wert. 2009 und 2010 wurden die Aktualisierungszeiträume noch weiter drastisch verlängert. Seit 2012 fand nur noch alle drei bis sechs Monate ein Update statt. Im Dezember 2013 wurde der Page-Rank angeblich aus Versehen noch ein letztes Mal veröffentlicht. Seitdem wurde er nicht mehr aktualisiert und ist heute aus dem aktuellen SEO-Gedächtnis quasi gelöscht.

Ein Konzept aus diesen Zeiten ist allerdings geblieben. Oft wurde die Ansicht vertreten, dass ein sogenannter PR0 (*PageRank 0*) nur dann erschien, wenn die Seite entweder noch nicht voll indexiert oder der PageRank aufgrund des *Bad-Neighbourhood*-Phänomens oder einer Abstrafung auf null herabgesetzt wurde. Das Phänomen, zu Deutsch »schlechte Nachbarschaft«, bezeichnet bis heute Webseiten, die aus verschiedenen Gründen die Ungunst der Suchmaschine auf sich gezogen haben. Damit verknüpft ist die Systematik des Bad Ranks. Sozusagen als Gegenpol zum PageRank werden Negativbewertungen an Seiten vergeben, die auf andere Seiten verlinken, falls diese sich in der Kategorie *Bad Neighbourhood* befinden. Wer also einen ausgehenden Link auf eine dieser Seiten setzt, riskiert eine Abwertung der eigenen Seite. Nicht geklärt ist, ob und in welchem Maße eingehende Links von einer »schlechten«

Seite auch die eigenen Werte massiv herabsetzen. Laut Google werden schlechte eingehende Links zuverlässig algorithmisch erkannt und nicht gewertet. Das klappt aber in der Praxis nicht immer zuverlässig, weshalb Webmaster ungewollte eingehende Links über das sogenannte *Disavow*-Tool in der Search Console einzeln oder domainweit entwerten können. In der Regel ist dies aber nicht notwendig – es sei denn, Sie haben eine Benachrichtigung über eine manuelle Abstrafung wegen unnatürlichen Linkaufbaus in der Google Search Console erhalten.

Manuelle Abstrafung erteilt Google individuell bei solchen und anderen Verstößen, was entweder zu einer Verschlechterung vieler Rankings führt oder sogar alle Rankings aufhebt.

7.4 Das Hilltop-Prinzip

Seit dem Florida-Update 2003 gewichtet Google die Linkvererbung über den PageRank zusätzlich über ein weiteres Kriterium nach dem *Hilltop-Prinzip*.

Das Prinzip wurde erstmals von Krishna Bharat und George Andrei Mihaila im Jahre 1999 beschrieben. Unter *www.cc.gatech.edu/gvu/people/Phd/Krishna/Bio.html* sind zahlreiche Publikationen zu dem Themenkomplex von Bharat zu finden.

Interessanterweise stellte Google Bharat noch im gleichen Jahr ein. Das Expertenoder Hilltop-Prinzip besteht darin, dass bestimmte angesehene Seiten halb automatisch als Expertenseiten bestimmt werden. Die Verlinkung von solchen Seiten hat einen wesentlich höheren Einfluss auf die Gewichtung als die Verlinkung von Nichtexpertenseiten.

Versuche ergaben, dass bei häufig angefragten und allgemein gehaltenen Suchbegriffen das Hilltop-Prinzip entscheidend mit in die Berechnung einfloss. Durch die Nutzung des NOT IN-Operators (-) konnte man dies allerdings umgehen. Es verwundert jedoch kaum, dass Google kurz nach der Veröffentlichung dieser Beobachtung die Lücke schloss.

Experten-Websites sind die unterste Ebene in der Hilltop-Hierarchie. Diese Seiten werden anhand bestimmter Kriterien als *Experten* für ein Themengebiet definiert und festgelegt. Die genauen Kriterien für eine Expertenseite sind nicht bekannt. Vermutlich ist es eine Kombination aus verschiedenen Aspekten. Neben der Definition »per Hand« durch Google-Mitarbeiter und -Mitarbeiterinnen ist denkbar, dass die Position im Open Directory und ebenso auch die Bewertung über den klassischen PageRank herangezogen werden.

Die Vergabe eines Expertenstatus ist mit Gefahren verbunden, denn ein fälschlich ernannter Experte oder eine Expertin könnte gezielt seine bzw. ihre Linkstärke für Spam ausnutzen. Um einem zu großen »Machtgewinn« vorzubeugen, muss daher

darauf geachtet werden, dass die einzelnen Experten und Expertinnen voneinander unabhängig sind.

Google stellt dies auf zwei Weisen sicher:

- Die IP-Nummern der beiden Experten bzw. Expertinnen müssen mindestens im C-Block unterschiedlich sein. Damit wird verhindert, dass zwei Experten-Websites auf dem gleichen Webserver liegen oder dem gleichen Anbieter gehören.
- Die Top-Level- und Second-Level-Domainnamen müssen sich grundlegend voneinander unterscheiden.
- In der Ergebnisliste von Google erkennt man Experten-Websites für eine Suchanfrage auf den ersten Plätzen an der gesonderten Darstellung mit zusätzlichen Verweisen unterhalb der URL-Zeile (Sitelinks).

Das Hilltop-Prinzip wirkte bei Google seit dem Florida-Update anfangs als Ranking-Kriterium nur unterstützend. Mittlerweile hat sich das Hilltop-Prinzip jedoch zu einem gleichwertigen Mitspieler des PageRanks etabliert und wird bei der Ranking-Berechnung stets mit einbezogen.

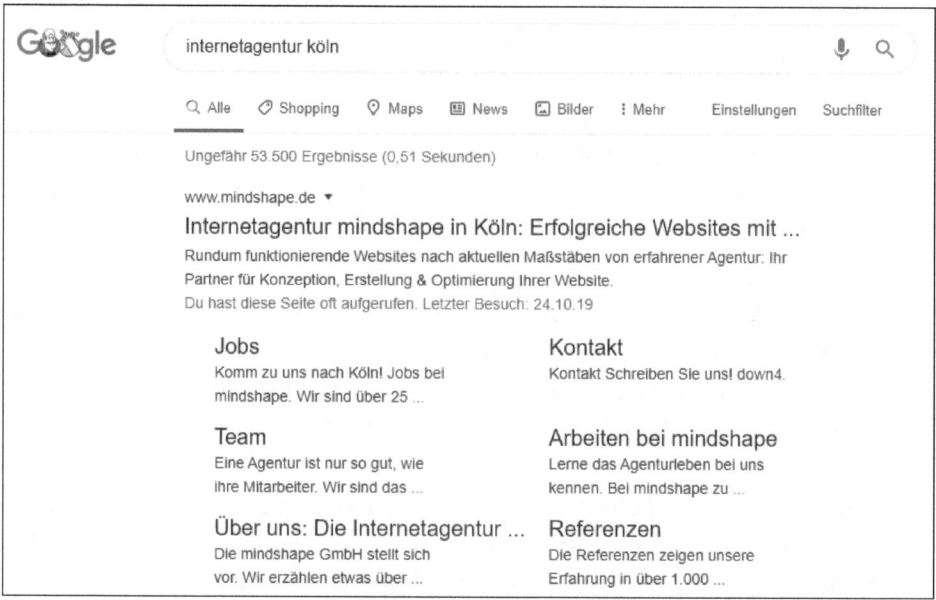

Abbildung 7.29 Google kennzeichnet Experten-Websites.

7.5 TrustRank

Ein ähnliches Prinzip ist in diesem Zusammenhang der *TrustRank*. Auch diese Technologie, die ursprünglich von zwei Stanford-Wissenschaftlern in Kooperation mit einem Yahoo!-Mitarbeiter entwickelt wurde, hat Google sich im Jahr 2005 patentieren lassen. Die Forschungsarbeit mit dem Titel »Combating Web Spam with TrustRank« ist unter *http://ilpubs.stanford.edu/638/* verfügbar (siehe Abbildung 7.30).

Das Vorgehen des TrustRanks ist in etwa vergleichbar mit dem Hilltop-Prinzip. Bestimmte Websites erhalten eine Vertrauensmarke, mit der sie als vertrauenswürdige Seite eingestuft werden. Geht man nun davon aus, dass vertrauenswürdige Websites nicht auf unseriöse Spam-Websites verweisen, kann man über diese Vererbung der Reputation effizient die Qualität der Ergebnisse steigern. Neben der einfachen PageRank-Berechnung und der Expertenberechnung kommt also zusätzlich noch der TrustRank mit ins Spiel.

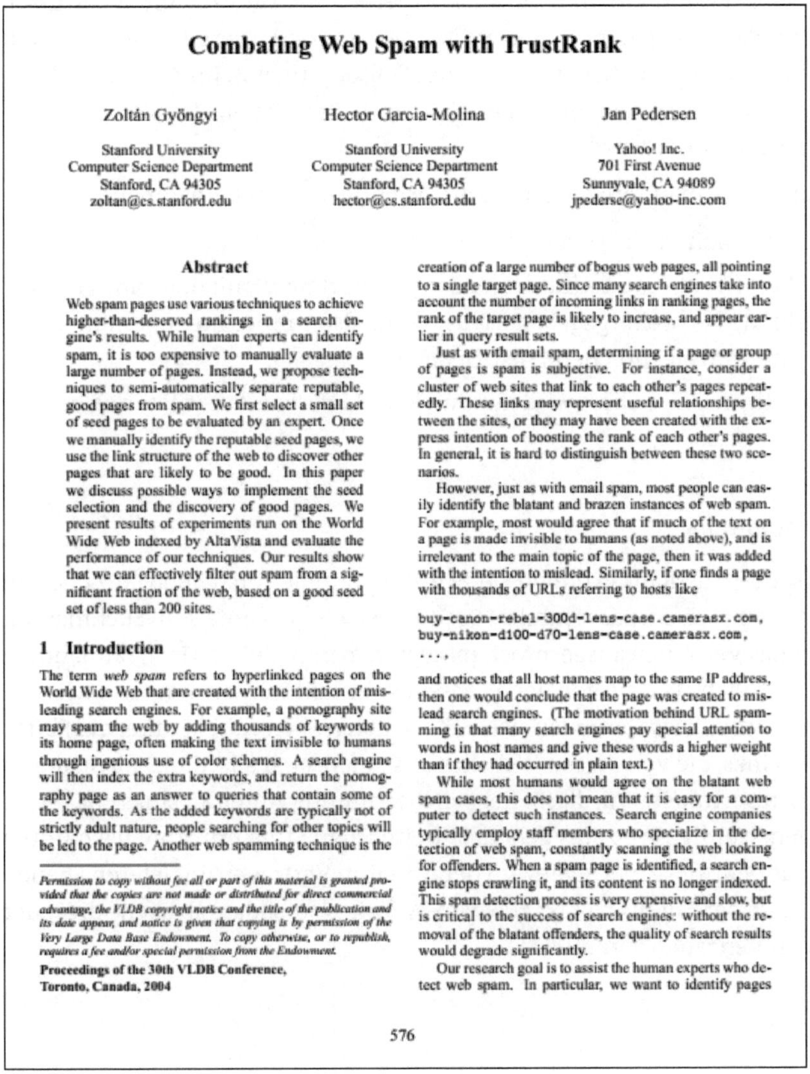

Abbildung 7.30 Typisches Paper zur Suchmaschinen-Optimierung, hier »Combating Web Spam with TrustRank«

Für einen Webautor oder eine Webautorin ist es daher besonders interessant, nicht nur eingehende Links von Sites mit hohem PageRank zu bekommen, sondern auch von Sites, die als Experten-Sites eingestuft wurden und zusätzlich oder alternativ einen hohen TrustRank besitzen.

7.5.1 Funktionsweise

Im TrustRank wird kein PageRank vererbt, sondern der Trust (das Vertrauen) selbst. Man spricht daher auch häufig von der *Trust-Vererbung*.

Häufig sind Websites mit hohem Trust auch Experten-Websites zu einem bestimmten Thema und damit sogenannte *Autoritäten* (*Authorities*). Diese Begriffe gehören streng genommen allerdings in den Bereich des Hilltop-Prinzips. Im Zusammenhang mit dem Trust-Prinzip spricht man hier von *Seed-Sites*, denen das Vertrauen ursprünglich »eingepflanzt« wurde.

Dem TrustRank-Prinzip unterliegen diese drei wichtigen Grundannahmen:

1. Autoritäten mit hohem Trust verlinken nicht auf Spam-Websites.
2. Der Trust-Wert (*Trust-Score*) wird mit jedem Mal verringert, mit dem eine Site eine andere verlinkt. Der weitergegebene Trust sinkt also immer mehr, je weiter entfernt eine Site vom eigentlichen Trust-Geber ist.
3. Der hochwertigste Trust-Score wird nur durch die Links von Autoritäten selbst vergeben.

7.5.2 Trust-Pyramide

Die Vererbung des TrustRanks können Sie sich als Pyramide vorstellen. Ganz oben an der Spitze befinden sich ein paar Hundert Seed-Sites. Diesen wurde vom Suchmaschinen-Betreiber das Vertrauen ausgesprochen. Legt man nun die drei Grundannahmen an, dann sind die Websites, die von den Seed-Sites verlinkt werden, immer noch relativ vertrauenswürdig. Diese befinden sich auf der ersten Ebene direkt unter der Spitze der Pyramide. Links, die von diesen Websites ausgehen, sind allerdings nicht alle zu hundert Prozent vertrauenswürdig. Es liegt ein bestimmter Anteil an Links vor, die an nicht vertrauenswürdige Websites gehen. Je weiter man Stufe um Stufe nach unten in der Pyramide geht, desto geringer wird der Anteil an Vertrauen. In tieferen Ebenen nimmt außerdem der Anteil an Links zu Spam-Websites zu, sodass ab Ebene drei oder vier kaum noch Vertrauen vererbt wird.

7.5.3 Trust-Netzwerk mit Hubs

Ein Modell, das das Trust-Prinzip mit einzelnen Netzwerkknoten (Hubs) erklärt, basiert auf einer Netzwerkdarstellung, die den Abhängigkeiten im Web noch näher kommt (siehe Abbildung 7.31).

Die einzelnen Kreise werden als *Knoten* oder als *Hub* bezeichnet, die Linien zwischen den einzelnen Hubs als *Kanten*. Jeder Hub steht für eine Website, und die Kanten sind die Links, die den TrustRank vererben.

Die blauen Hubs sind die Seed-Hubs. Ihre Verweise zählen am stärksten. Wenn ein anderer Hub gleich zwei eingehende Trustlinks erhält, dann ist dies natürlich besonders effektiv. Dieser Hub kann dann entsprechend auch mehr Trust weitervererben. Je weiter ein Hub von einem Seed-Hub entfernt ist, desto weniger Trust erhält er. Ganz rechts sehen Sie kleine Kreise – das sind Hubs, die bereits drei Schritte von einem Seed-Hub entfernt sind. Hier kann ein Algorithmus bereits nicht mehr sicher sein, ob diese Website eine vertrauenswürdige Website ist oder nicht.

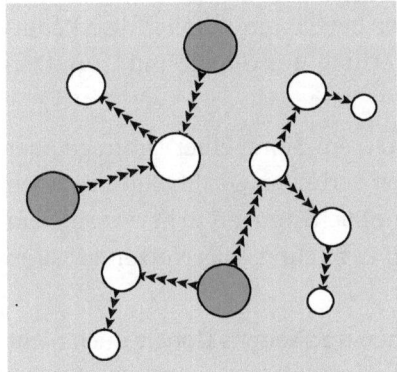

Abbildung 7.31 TrustRank-Prinzip mit Hubs

7.5.4 TrustRank-Anzeige

Eine Anzeige des TrustRanks wie damals beim PageRank gab und gibt es leider nicht. Google hat aus der PageRank-Anzeige gelernt, die mehr und mehr zum Preisanzeiger für Linkkäufer wurde. Ohnehin ist sicher, dass ebenso wie der PageRank auch der TrustRank nicht in seiner ursprünglich beschriebenen Form Anwendung findet. Die verschiedenen Link-Popularity-Verfahren greifen mit hoher Wahrscheinlichkeit bei aktuellen Ranking-Berechnungen ineinander. Dennoch ist für eine gute Suchmaschinen-Optimierung das Verständnis dieser verschiedenen Mechanismen von rankingentscheidendem Vorteil.

Der TrustRank gilt bis heute als ein Bestandteil zur Bestimmung des EAT-Werts einer Website. *EAT* steht dabei für Expertise, Authority und Trustworthiness. Es wird in den Quality Rater Guidelines als ein Bewertungskriterium von Websites erwähnt.

7.6 User-Signale

Alle bisher genannten Ranking-Verfahren funktionieren vollautomatisch und werden durch Suchmaschinen-Algorithmen berechnet. Sie können entweder dem Onpage-Bereich zugeteilt werden wie HTML-Auszeichnungen, Texte, interne Linkstruktur und andere Faktoren. Daneben besteht der Offpage-Bereich, der vor allem auf eine Website eingehende Links meint. Faktoren aus diesen beiden Bereichen bestimmten lange Zeit allein das Ranking. Zusätzlich werten Suchmaschinen heutzutage aber auch aus, wie die Suchenden auf der Ergebnisliste mit den Treffern umgehen. Wer klickt worauf? Wer bleibt dann auf der Trefferseite (*long click*), und wer kommt zurück und klickt auf einen anderen Treffer (*short click*)? Das Prinzip der Auswertung der User-Signale (engl. *User Signals*) gibt dem dritten Beteiligten, nämlich dem Benutzer oder der Benutzerin, die Möglichkeit einer Bewertung, und Google und Co. nutzen dies zur Ranking-Korrektur.

Dabei findet die Bewertung jedoch nicht aktiv statt im Sinne einer Umfrage oder einer strukturierten Erhebung wie bei den weltweit verteilten Quality Ratern, deren Job es ist, explizit die SERP-Qualität für vorgegebene Suchanfragen zu bewerten. Nein – Google und die anderen Suchmaschinen-Betreiber zeichnen das Nutzerverhalten auf und leiten daraus bestimmte Erkenntnisse ab.

Der Bereich der User-Signale ist vergleichsweise neu und seitens Google auch nicht ausführlich kommentiert oder offengelegt. Wie immer hilft hier ein Blick auf die Historie, um sinnvolle Ableitungen für die heutige Optimierungsarbeit zu machen.

7.6.1 Click-Popularity

Die Form der Ranking-Bewertung oder sogar der Ranking-Generierung aufgrund der Beobachtung des Klickverhaltens (*User Tracking*) besteht schon lange. 1998 setzte die Suchmaschine *DirectHit* das Verfahren mit dem gleichlautenden Namen erstmalig ein. Auf eine Suchanfrage hin wurde eine Ergebnisliste nach den oben erwähnten statistischen Methoden erzeugt. Der Benutzer oder die Benutzerin klickte anschließend auf ein Ergebnis seiner bzw. ihrer Wahl und wurde nicht direkt zu der entsprechenden Seite geleitet, sondern aktivierte mit dem Klick einen Zähler (*Counter*). Dieser speicherte in einer gesonderten Datenstruktur den Klick auf eben diesen Eintrag und leitete den Benutzer bzw. die Benutzerin anschließend auf die Zielseite. Das Ganze geschah in Bruchteilen von Sekunden und wurde von den Surfern und Surferinnen quasi nicht bemerkt.

Google übernahm dieses Prinzip. In einer technologisch älteren Version der Suche um 2005 konnte man diesen Counter im Google-Ergebnislisten-Quelltext erkennen: Ein Klick auf die Ergebnistreffer triggerte auf onmousedown einen Counter (siehe Abbildung 7.32).

```
▼<div class="vs" data-hveid="7">
  <span class="_ettrt"></span>
  ▼<h3 class="r">
    ▶<a href="/url?sa=t&rct=j&q=&esrc=s&source=web&cd=1&cad=rja&ved=0CEoQFjAA&url=http%3...
    V4YDAAQ&usg=AFQjCNGWSy6u9Df1Z5v5amL1MW8y7yvkpw&sig2=MvoJtiL2u9WM8SnQgcAeGg" onmousedown="return
    rwt(this,'','','','1','AFQjCNGWSy6u9Df1Z5v5amL1MW8y7yvkpw','MvoJtiL2u9WM8SnQgcAeGg','0CEoQFjAA','','',event)"
    data-href="http://www.mindshape.de/">...</a>
  </h3>
▶<div class="s">...</div>
```

Abbildung 7.32 Click-Tracking auf den Google-SERPs

Schaut man sich den heutigen Quellcode an, gibt es dieses Snippet nicht mehr direkt im HTML-Code. Man muss tiefer graben, um zu sehen, dass Google die Klicks auf einzelne Treffer aber immer noch aufzeichnet.

Die zugrunde liegende Vorstellung der *Click-Popularity* ist, dass häufiger angeklickte Seiten wohl relevanter für eine Anfrage sind als seltener angeklickte. So werden Einträge mit vielen Klicks höher gewertet und erscheinen demnach weiter oben in der Ergebnisliste.

> **Praxistipps: Achten Sie auf passgenaue Inhalte vor allem in den oberen Positionen**
>
> Bei der Optimierung der oberen drei Ranking-Plätze stellen wir seit Jahren fest, dass die Nutzersignale besonders gewichtig sind. Wenn viele Suchende lieber auf den zweiten Treffer klicken, dann scheint der erste Treffer für die Suchanfrage nicht so passend zu sein. Irgendwann wird Google dann die Positionen tauschen und feststellen, ob die Nutzer und Nutzerinnen nun immer noch auf den gleichen (eigentlich zweiten) klicken. Wenn das der Fall ist, bleibt die eigentlich algorithmisch bestimmte Position 1 auf Position 2.
>
> Achten Sie daher auf passgenaue Titel und description-Meta-Tags, und schauen Sie sich regelmäßig die CTR in der Google Search Console an.

Missbrauch verhindern

Ein Problem wird bei der Anwendung eines benutzerorientierten Verfahrens recht schnell deutlich: Wie können die Suchmaschinen-Betreiber verhindern, dass ein Webseitenbesitzer selbst etliche Male auf den Eintrag seiner eigenen Seite klickt und damit die Relevanz künstlich erhöht? Eine Möglichkeit, wie man diesen Missbrauch unterbinden kann, ist die Speicherung der IP-Adresse des Surfers oder der Surferin. Diese wird mit dem Klick in der Datenbank temporär gespeichert. Erfolgt in einem festgelegten Zeitfenster ein erneuter Klick auf die betreffende Seite von derselben

IP-Adresse aus, wird der Counter nicht erhöht. Dieses Verfahren hat allerdings gewisse Grenzen, da sich die Mehrzahl der Webbenutzer und -benutzerinnen über ein Einwahlverfahren mit dem Internet verbindet und in der Regel dabei eine dynamische IP-Adresse erhält. Sofern sich der Surfer oder die Surferin also zwischen jedem Klick neu einwählt, erhält er bzw. sie eine neue IP-Adresse und umgeht damit die IP-Sperre.

Eine Alternative zu der genannten Methode stellen die *Cookies* dar. Dabei handelt es sich um Textdateien mit diversen Informationen, die auf Kommando einer Webseite automatisch auf der Festplatte des Clients abgelegt werden. So kann der Benutzer oder die Benutzerin bei einem erneuten Besuch anhand des bereits vorhandenen Cookies identifiziert werden.

Bei Google im Speziellen sind Benutzer und Benutzerinnen häufig auch mit ihrem Google-Konto eingeloggt. Damit ist die Zuordnung dann ganz eindeutig möglich, auch wenn verschiedene IP-Adressen, Browser und Endgeräte zum Einsatz kommen.

7.6.2 Return-to-SERP-Rate (RTS)

Neben der reinen Häufigkeit spielt auch ein zweiter Faktor bei der Relevanzbewertung durch User Tracking eine Rolle. Die Verweildauer (*Stickiness*) auf den einzelnen Zielseiten soll mit in die Bewertung einfließen. Unter dieser Dauer ist die Zeit zu verstehen, die der User auf einer Zielseite verbringt, bis er zur Ergebnisliste zurückkehrt und weiterrecherchiert.

Häufig wird die Stickiness auch aus der anderen Perspektive formuliert: Wie viel Prozent der Nutzer und Nutzerinnen springen wieder zurück zur Suchergebnisseite, ohne eine weitere Seite auf der Zieldomain anzuschauen? Diesen Wert bezeichnet man als *Absprungrate* (*Bouncerate*). Google misst die Return-to-SERP-Rate als Nutzersignal.

Dabei greift Google nicht auf das sehr häufig eingebundene Google Analytics zurück, um die Verweildauer oder Bouncerate zu bestimmen. Technisch werden die Daten als die Zeit zwischen einem Klick innerhalb der Ergebnisliste und dem nächsten gezählt.

Bleibt ein Suchender oder eine Suchende lange auf einer Trefferseite oder kommt gegebenenfalls auch nie wieder zurück zu der Suchanfrage bei Google, dann spricht man von einem *long click*. Kommt der oder die Suchende allerdings nach einer kurzen Verweildauer von wenigen Sekunden wieder schnell zurück zur Google-Suchergebnisliste, dann spricht man von einem *short click*. Hier war der bzw. die Suchende wohl nicht mit dem Ergebnis in Bezug auf seine oder ihre Suchanfrage zufrieden. Ein eher schlechtes Signal für das betreffende Ranking.

Prinzipiell ist diese Erkennung eine pfiffige Idee. Je mehr Zeit ein Surfer oder eine Surferin auf einer Webseite verbringt, desto zufriedener ist er oder sie mit den dort angebotenen Informationen und desto höher kann dann die Seite bewertet werden.

Allerdings setzt das Verfahren voraus, dass der Surfer oder die Surferin erneut zur gleichen Ergebnisliste der Suchmaschine zurückkehrt. Findige SEOs sperren daher den Zurück-Button technisch mittels JavaScript oder leiten auf eine neue Google-SERP weiter. Ich rate Ihnen dringend von solchen Methoden ab, sie verstoßen gegen die Qualitätsrichtlinien aller Suchmaschinen und werden bei Meldung sofort abgestraft.

Es wird immer wieder lebhaft diskutiert, ob Google die Nutzersignale live auf Suchanfragen-Ebene auswertet und unmittelbar in die Rankings einfließen lässt oder ob es eher generelle Analysen sind, die dann regelmäßig und Keyword-unspezifisch in alle Rankings einfließen. Für das Erste spricht die Tatsache, dass Anfragen und Suchergebnisse sehr unterschiedlich sind und die indirekten Abstimmungen über die Click-Popularity immer an der Kombination *Anfrage-SERP* hängt. Dagegen spricht, dass diese Verfahren eine zusätzliche rechenzeitintensive Komplexität in die Ranking-Berechnung bringen und dass dieses Verfahren prinzipiell von außen angreifbar ist, wenn man nur ausreichend viele Menschen (oder Maschinen) dazu bringt, bestimmte Suchanfragen einzugeben und auf bestimmte Suchergebnisse zu klicken.

Wahrscheinlich ist es eine Mischung aus beiden Varianten: Google kennt, spätestens über die Ads-Klickpreise, sehr genau den monetären Wert einzelner Suchanfragen sowie deren Suchhäufigkeit. Für solche Begriffe wird Google sicherlich die Nutzersignale direkter und engmaschiger berücksichtigen als für Longtail-Suchanfragen, die nur sehr selten auftreten und wenig Konkurrenz haben.

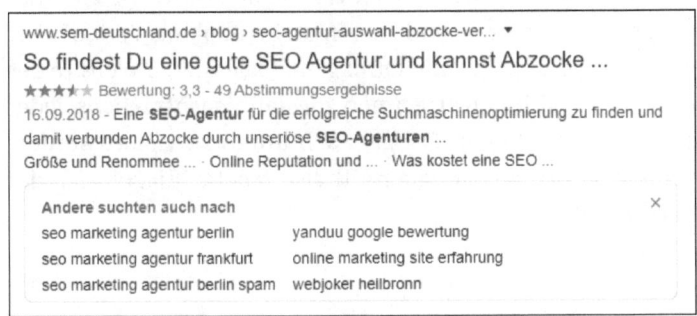

Abbildung 7.33 Bounce-Box in den Google-SERPS für Wiederkehrer

Dass Google die Nutzer-Bewegungen live berücksichtigt und wie stark Google daran interessiert ist, die Besucher und Besucherinnen nach einem Short Click auf jeden Fall zufriedenzustellen, zeigt die Einführung der *Bounce-Box*, die seit Ende 2017 angezeigt wird, sobald ein Suchender oder eine Suchende wieder zurück auf die SERPs kommt. Der zuvor angeklickte Treffer wird mit »Andere suchten auch nach«-Begriffen erweitert. Diese entstammen tatsächlich dem Kontext der betreffenden Domain. Es geht also weniger um generell verwandte Suchanfragen zur selbst getätigten, sondern meistens um Suchanfragen, die mit der gefundenen Domain bzw. konkreten

7 Gewichtung und Relevanz

URL zu tun haben. Dabei ist es unerheblich, wie lange der Besucher oder die Besucherin auf der Trefferseite blieb – es zählt nicht die Verweildauer auf der Seite, sondern nur die Tatsache, dass der Besucher bzw. die Besucherin zurück auf die SERP-Liste geht.

> **Praxistipp: Sorgen Sie dafür, dass die Verweildauer möglichst hoch ist**
>
> Sie sollten stets die Verweildauern auf den Zielseiten im Blick haben. Idealerweise liegt auch die Absprungrate unter 30 Prozent. Sorgen Sie mit attraktiven Inhalten für entsprechende Raten.
>
> Von technischen Lösungen, etwa dem Sperren des Zurück-Buttons im Browser oder der Veränderung der Browser-History, rate ich hier nochmals ab. Hier verstoßen Sie gegen die Qualitätsrichtlinien von Google, und das kann eine Abstrafung der gesamten Domain zur Folge haben.

Wie wirkt sich das nun aus, wenn Google über die Nutzersignale feststellt, dass ein Ergebnistreffer die Suchintention scheinbar nicht bedient? Im SISTRIX-Blog war ein anschauliches Beispiel zu finden. Es geht um das »Hotel Bonn« (sollten Sie da einmal übernachten, sagen Sie schöne Grüße an das in SEO-Kreisen nun sehr bekannte www.hotel-bonn.de). Das Hotel liegt am Stadtrand von Kassel. Das sind knappe 270 Kilometer weit weg von der ehemaligen Bundeshauptstadt Bonn. Die meisten Suchenden werden allerdings mit der Anfrage »hotel bonn« eine Übernachtungsmöglichkeit genau in dieser Stadt suchen. Hier passt der *User-Intent* also nicht zu einer Anzeige des Hotels Bonn in Kassel. Entsprechend kann man im Ranking-Verlauf über die Zeit auch schön sehen, dass die Onpage- und Offpage-Signale für die Website des Hotels Bonn immer wieder gute Positionen errechnen, die dann nachträglich wieder aufgrund der schlechten Nutzersignale von Google nach unten korrigiert werden. Das hält allerdings nur eine gewisse Zeit, Google prüft also regelmäßig, ob sich der User-Intent mittlerweile geändert hat.

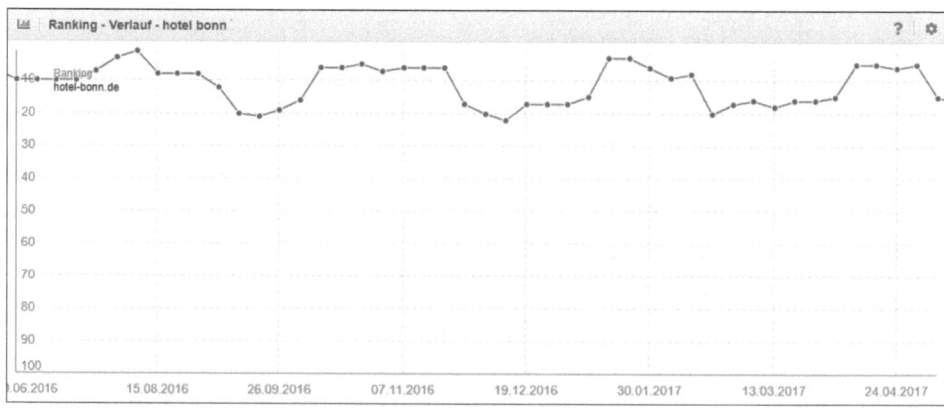

Abbildung 7.34 Schwankender Ranking-Verlauf von »hotel-bonn.de« (SISTRIX)

Nebenbei bemerkt: Hier erkennt man ganz deutlich, dass Google mit Entitäten noch nicht überall gut umgehen kann. Ansonsten würden die Algorithmen erkennen, dass das Hotel mit dem Eigennamen Bonn nichts mit der Entität Bonn als Stadt zu tun hat, und dann dürfte das Hotel für die Anfrage »hotel bonn« nicht regelmäßig wieder aufpoppen.

7.6.3 Techniken zur eindeutigen Zuordnung eines Suchenden

Wenn Sie Ihr eigenes Surfverhalten einmal beobachten, werden Sie feststellen, dass Sie in den meisten Fällen wieder zur gleichen Suche zurückkehren. Von dort geht es weiter zu den nächsten Ergebnissen. Das wird so lange wiederholt, bis man alle Informationen gesammelt oder die passende Website gefunden hat.

Abgesehen davon besteht hier erneut das Problem, die einzelnen Surfer und Surferinnen wiederzuerkennen. Auch hier wird auf die IP-Adresse, das Cookie oder auf ein aktives Login in Google zurückgegriffen.

Wenn der Anwender oder die Anwenderin die Cookies im Browser deaktiviert oder einer Verwendung von Cookies aktiv widerspricht, erschwert er oder sie es der Suchmaschine zwar, ihn bzw. sie wiederzuerkennen, ganz unsichtbar machen kann er oder sie sich aber nicht. Dabei ist die IP-Adresse als Alternative nicht unbedingt gut geeignet: Sie ist kein eindeutiger Hinweis auf die Identität eines Surfers oder einer Surferin. Die meisten Firmen und Organisationen besitzen in ihrem internen Netzwerk einen Router, der die Schnittstelle zwischen Internet und Intranet darstellt. Über ihn laufen alle Anfragen, die von den einzelnen Rechnern der Firmenangestellten kommen. Da dieser Router in der Regel nur eine IP-Adresse in das Internet besitzt, haben plötzlich alle Angestellten nach außen hin die gleiche IP-Adresse – das Todesurteil für die Berechnung der Verweildauer auf Basis der IP-Adresse.

Dennoch wird diese Form des User Trackings definitiv nicht aussterben, selbst wenn Cookies und IP-Adressen nicht als Grundlage genommen werden können und selbst wenn die Benutzer und Benutzerinnen sich nicht bei Google einloggen.

Neben ausgefeilten Techniken steht den Suchmaschinen-Betreibern ein ganz einfaches, immer vorhandenes Mittel zur Verfügung, Sie über kurze Zeit wiederzuerkennen – Ihr Browser. Jeder Browser verfügt über eine spezielle, meist individuelle Signatur, die einem Fingerabdruck gleichkommt. Je nachdem, welche Version Sie nutzen, welche Erweiterungen Sie installiert haben, welches Betriebssystem und, und, und … Google erkennt Ihren Browser wieder und kann damit die Nutzersignale verwerten.

Wenn Sie Ihren eigenen Fingerprint sehen möchten, schauen Sie doch einmal auf *https://coveryourtracks.eff.org/* vorbei (siehe Abbildung 7.35).

Die User-Signale haben in den letzten Jahren stetig an Bedeutung gewonnen. Mit Google Suggest, bei dem Ergebnisse bereits während des Tippens von Suchanfragen

angezeigt werden, und der Einbindung von längeren description-Meta-Tags in die Ergebnisliste gewann besonders die Click-Popularity an Bedeutung. In den vorderen drei Plätzen bei häufig gesuchten Begriffen spielt sie fast schon eine wichtigere Rolle als einzelne Onpage- oder Offpage-Faktoren. Letztlich entscheiden die Suchenden darüber, welches Ergebnis den ersten Platz verdient.

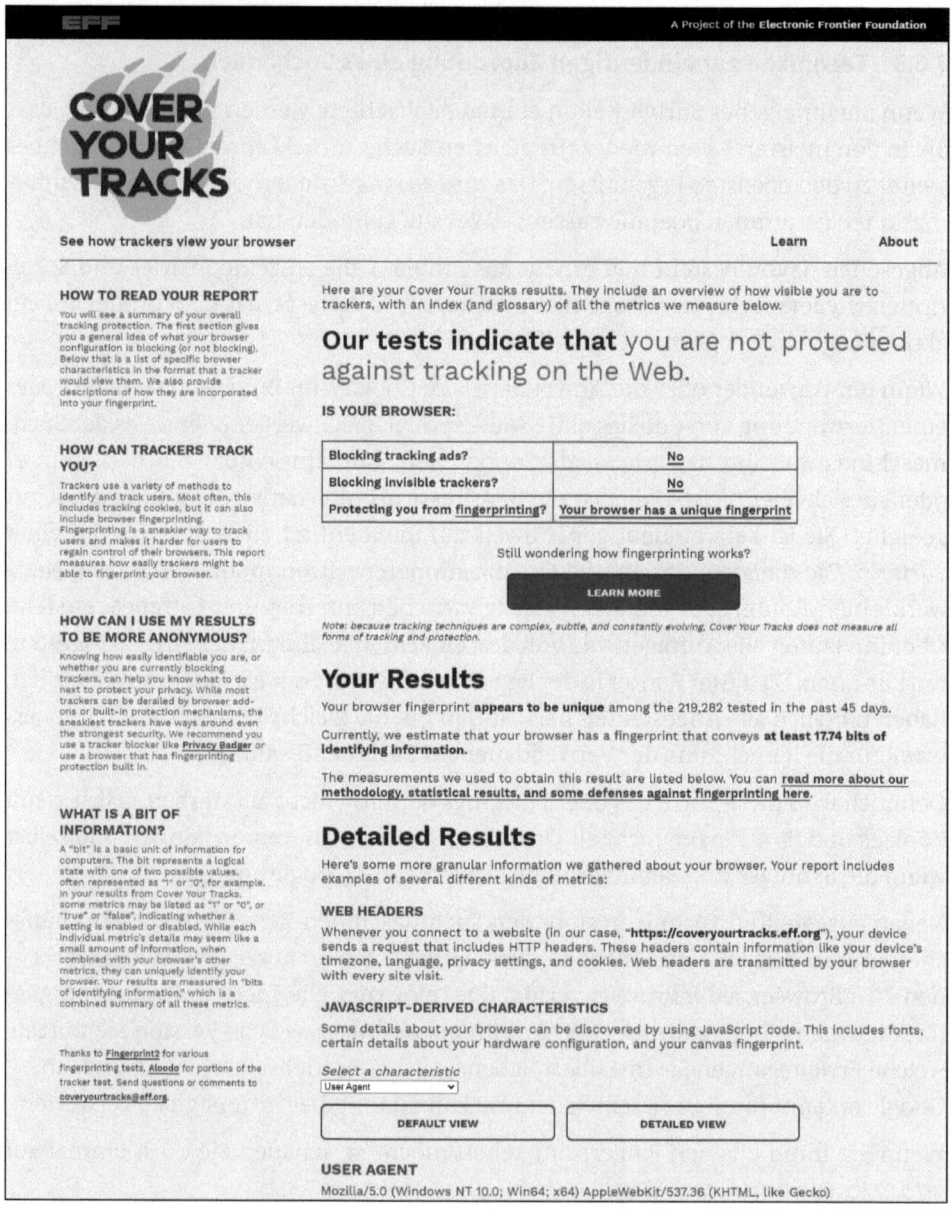

Abbildung 7.35 Browsersignatur zur Erfassung von User-Signalen

Die Nutzersignale werden aber auch an anderen Stellen verwertet. Die Return-to-SERP-Rate wurde fest in das Panda-Algorithmus-Update integriert. Seitdem ziehen dauerhaft hohe Absprungraten vom organischen Traffic mit über 80 Prozent definitiv eine Ranking-Abstufung nach sich.

Zudem erlaubt das asynchrone Verfahren von Google Suggest es, viel genauer nachzuvollziehen, was ein User auf der Ergebnisliste von Google tut.

7.6.4 User-Signale zur SERP-Optimierung mittels A/B-Tests

User Tracking wird bei Suchmaschinen nicht nur zur Anreicherung als Ranking-Signal verwendet. Die Erkenntnisse fließen in die Produktweiterentwicklung der Suchmaschinen-Interfaces selbst ein. Laut eigener Aussage macht Google täglich mehrere Dutzend A/B-Tests auf seinem Such-Interface.

Regelmäßig ändert sich die Anzeige der Suchergebnisseiten ein klein wenig. Bevor für alle Google-Nutzer und -Nutzerinnen eine solche Interface-Änderung angezeigt wird, hat Google dies bereits mehrere Millionen Male in Form von A/B-Tests getestet. Dabei erhält eine bestimmte Nutzergruppe das neue Interface, und die Nutzersignale werden dann mit den restlichen Nutzern und Nutzerinnen verglichen:

- Klicken die Benutzer und Benutzerinnen immer noch auf den ersten angezeigten Treffer?
- Nutzen die Testbenutzer und -benutzerinnen die Funktionen wie *Cache* oder *Weitere Seiten dieser Website anzeigen?* anders?

Dies sind Beispiele für Fragen, die mithilfe des User Trackings beantwortet werden können und damit der Verbesserung der Suchmaschine dienen. Letztlich bemühen sich alle Suchmaschinen-Betreiber, dass das Sucherlebnis möglichst positiv verläuft – nicht aus Altruismus, sondern mit dem Ziel, dass der Nutzer oder die Nutzerin wiederkommt und dann auch einmal auf die bezahlten Werbeanzeigen klickt.

7.6.5 Quellen für User-Signale

Die Click-Popularität ist für Suchmaschinen am einfachsten festzustellen, da die Besucher und Besucherinnen sich auf der eigenen Spielwiese tummeln – sprich in den Ergebnislisten.

Für Sie sind diese Daten von Google direkt nicht zugänglich. Dankenswerterweise stellt Google aber die *Google Search Console* (GSC) zur Verfügung. Über das *Search-Analytics*-Modul können Sie hier die Daten für Ihre eigene Domain einsehen, sobald Sie diese einmal verifiziert haben.

7 Gewichtung und Relevanz

Die Ansicht in Abbildung 7.36 zeigt die Daten für eine bestimmte URL und das Keyword »camping wutachschlucht«. Man erfährt, wie viele Klicks es in einem gewissen Zeitraum gegeben hat und, vor allem, wie hoch die CTR auf einer durchschnittlichen Position von 1,9 war – nämlich 30,9 Prozent. Das heißt, knapp ein Drittel aller Suchenden hat auch auf diesen Treffer in den SERPs geklickt. Hier erhalten Sie also konkrete Daten über das Nutzerverhalten auf den Google-SERPs – wenn Sie möchten, auch nach Land und Endgerät getrennt ausgewertet.

Über Webanalytics-Software wie Google Analytics erhalten Sie für Ihre eigene Domain auch zahlreiche Daten zu Nutzersignalen. Wie hoch ist die Absprungrate? Wie hoch die Verweildauer? Wie viele Seiten werden pro Besucher und Besucherin durchschnittlich angeschaut? Das sind alles Daten, die Sie aus Ihrem Webanalytics bereits in einem Grundsetup auslesen können.

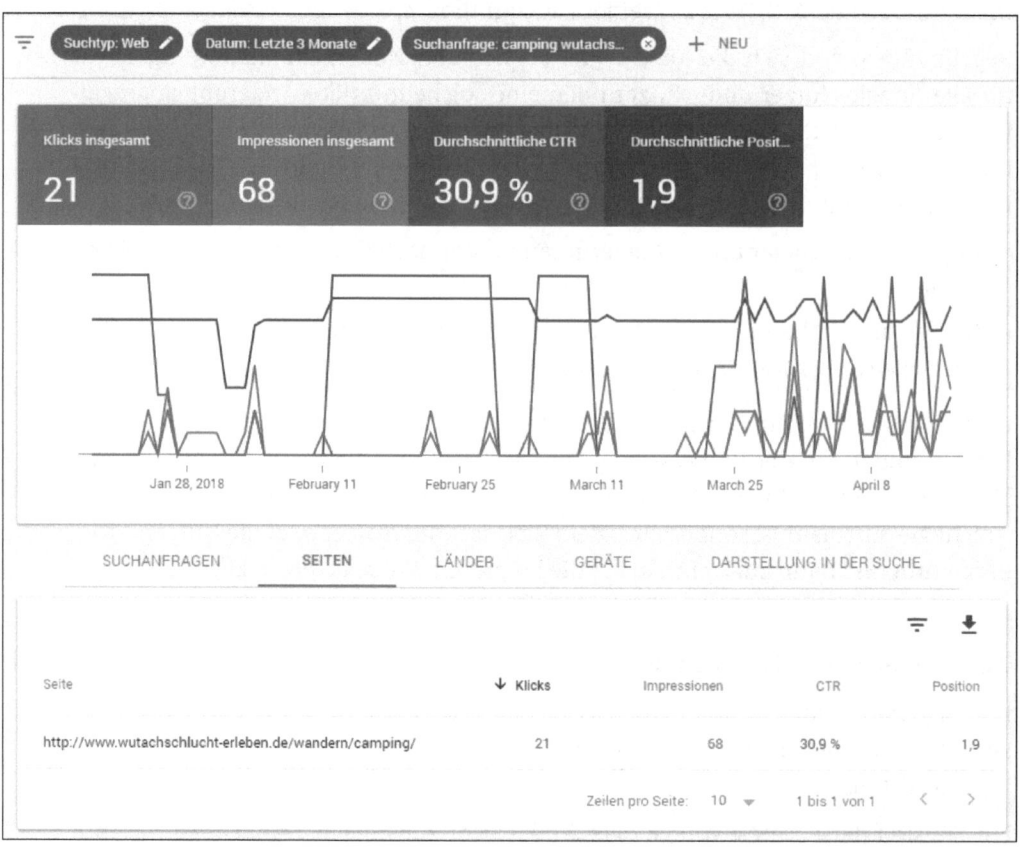

Abbildung 7.36 Die Google Search Console zeigt CTRs zu einzelnen Suchanfragen an.

Google selbst käme zwar auch an diese Daten heran, ich bezweifle aber, dass Google die Analytics-Daten verwendet, um die Rankings direkt zu justieren. Eher werden die daraus gewonnenen Bewegungsdaten anonym und abstrahiert genutzt, damit Google lernen kann, wie sich Nutzer und Nutzerinnen generell auf verschiedenen Website-Typen (Shop, Blog, Portal usw.) bewegen. Daraus lassen sich die allgemeinen Algorithmen viel besser und robuster optimieren.

Neben den Nutzersignalen auf den Suchergebnislisten und Websites direkt bestehen noch weitere Bereiche, in denen Nutzersignale eine Rolle spielen. So können auch Bewegungsdaten über GPS durchaus als Nutzersignale verstanden werden. Diese werden nicht zwingend für die Websuche primär relevant sein – aber wenn es um die Optimierung der Stauanzeige von Google Maps geht, sind aggregierte Standortdaten von Android-Handys bares Geld wert. Was würden Sie ableiten, wenn viele Handys, die alle auf der A1 sich soeben noch mit 120 km/h bewegt haben, auf einmal keine Bewegung mehr senden? Genau – hier ist wohl ein Stau.

Bewegungsdaten durch das gesamte Internet kann Google ebenfalls als Nutzersignale aufzeichnen und für ganz verschiedene Optimierungen verwenden. So sendet der Google-Browser Chrome regelmäßig Daten an Google-Server. Früher war noch die Google-Browser-Bar mit der PageRank-Anzeige weit verbreitet, welche ebenfalls Surfdaten übermittelt hatte. Auch der Betrieb des Google-eigenen DNS-Servers mit der leicht zu merkenden IP 8.8.8.8 dient wohl primär dazu, die Bewegungsdaten im Internet zu analysieren und daraus verschiedene Produkte und Algorithmen zu optimieren. Auch wenn, wie so häufig, ganz altruistisch ein schnelleres Surfen als Argumentation vorgeschoben wird:

> We believe that a faster and safer DNS infrastructure could significantly improve the web browsing experience. Google Public DNS has made many improvements in the areas of speed, security, and validity of results. (https://developers.google.com/speed/public-dns/faq)

Mit dem öffentlichen DNS-Server erhält Google täglich Milliarden von Nutzersignalen quasi frei Haus. Jede besuchte Domain muss zuvor vom DNS-Server erst in eine IP-Adresse aufgelöst werden. So bekommt der Suchgigant nicht nur die Klicks über die Google-Suche mit, sondern auch direkte Eingaben von Domains selbst in fremde Browser wie Firefox, Safari oder Edge.

7.7 Cluster-Verfahren

Ein von den bisher dargestellten Ranking-Methoden abweichendes Verfahren stellt das *Clustering* dar. Die Fülle der auf eine Suchanfrage hin gefundenen Seiten soll dabei in Gruppen von Dokumenten geordnet werden, die einander ähnlich sind. Die

Gruppenzuordnung basiert auf einer Ähnlichkeitsberechnung, bei der die Dokumentinhalte und -eigenschaften miteinander verglichen werden. In einem Cluster finden sich nach erfolgreicher Durchführung des Verfahrens Dokumente mit einer hohen inhaltlichen und thematischen Ähnlichkeit.

Die Vorteile bei der Anwendung eines Cluster-Verfahrens liegen auf der Hand. Es soll eine Struktur von ähnlichen Dokumenten aufgebaut werden, um auch Dokumente zu finden, die nicht direkt zur Suchanfrage passen. Außerdem wird die Fülle von Dokumenten in der Ergebnisliste thematisch gegliedert und somit der Zugang zu den gesuchten Dokumenten erleichtert. Auf die Suchanfrage nach dem Begriff »auto« erhält der Benutzer oder die Benutzerin nunmehr keine inhomogene Liste, die zwar nach Relevanzkriterien geordnet ist, jedoch keine thematische Gliederung enthält. Stattdessen werden ihm oder ihr einzelne Cluster angeboten, wie etwa »Versicherungen«, »Autokauf«, »Zeitschriften«, »Technisches« etc. Die Cluster enthalten dann wiederum einzelne Suchergebnisse zum jeweiligen Themenkomplex.

Die Zuordnung von Dokumenten erfordert zunächst einmal das prinzipielle Vorhandensein von Clustern mit definierten Grenzen. Dabei gibt es grundsätzlich zwei Möglichkeiten zur Cluster-Bildung. Einerseits können die Cluster bereits im Voraus fest definiert sein. Die Dokumente werden in diesem Fall dem jeweils passenden Cluster zugewiesen. Streng genommen spricht man hier nicht von Clustering, sondern von *Klassifizierung*, da die Klassen von Hand erweitert werden müssen. Der amerikanische Betreiber NorthernLight verkauft Suchdienste an Unternehmen und verwendet bereits im Vorhinein definierte Gruppen zur Klassifizierung. Das Verfahren des Clusterings bedeutet hingegen, die Cluster automatisch und dynamisch aufzubauen. Es finden keinerlei strukturelle Überlegungen im Voraus statt.

7.7.1 Cluster-Verfahren im Einsatz

Google band als einer der ersten Suchmaschinen-Betreiber das Cluster-Verfahren in die Ergebnisdarstellung mit ein. Über den Link Ähnliche Seiten kann sich der Benutzer oder die Benutzerin das Cluster zu einem betreffenden Eintrag anzeigen lassen (siehe Abbildung 7.37).

Die Cluster-Bildung bei Google basiert auf der Hyperlink-Struktur. Das ausgewählte Dokument wie auch die darauf verweisenden Dokumente werden einem Cluster zugeordnet. Daraus folgt zwangsläufig, dass Dokumente nicht exklusiv zu einem Cluster gehören, sondern in verschiedenen Clustern auftreten können.

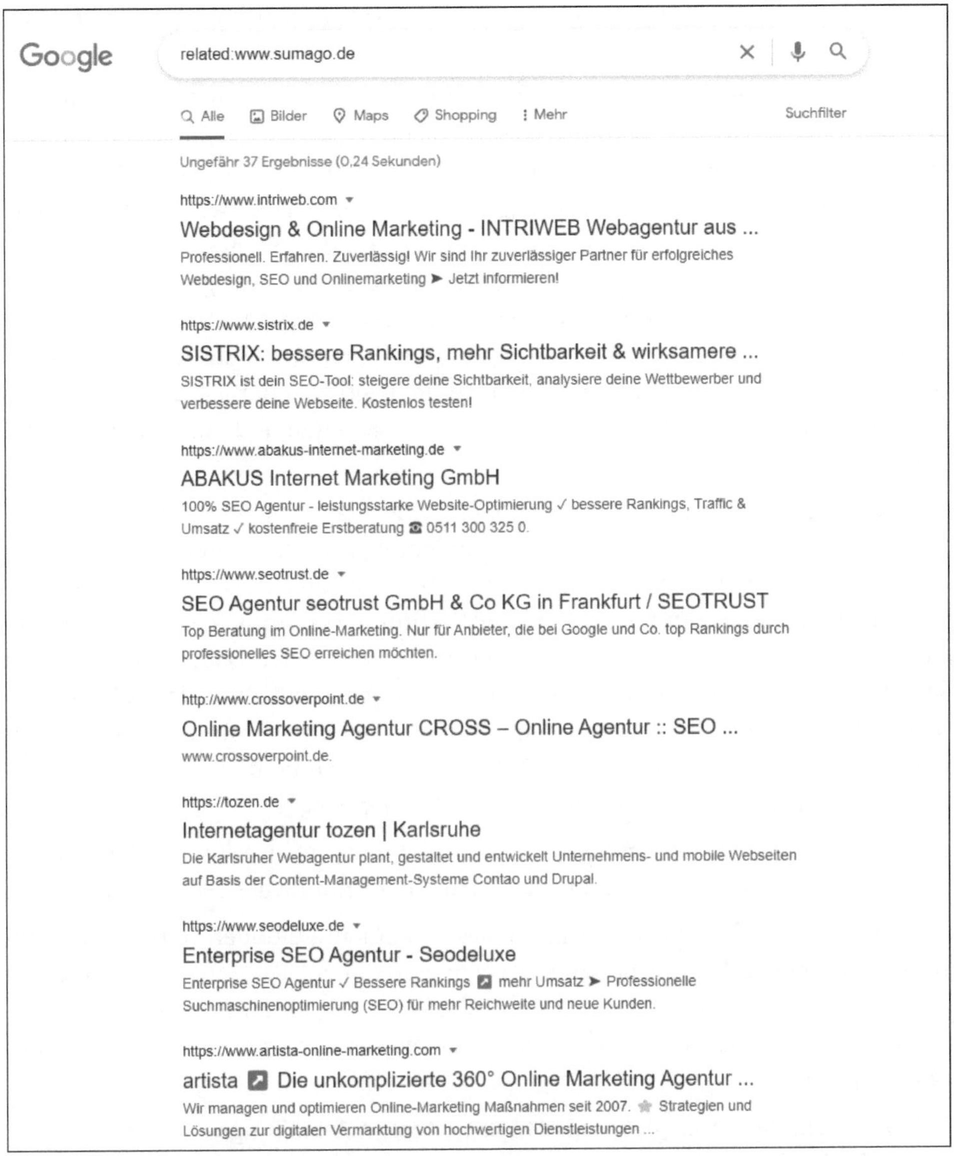

7.7 Cluster-Verfahren

Abbildung 7.37 »Ähnliche Seiten« – die Cluster-Funktion von Google

7.7.2 Die Single-Pass-Methode

Ein rein mathematisches Modell zur Cluster-Bildung stellt die *Single-Pass-Methode* dar. Ursprünglich wurde sie eingesetzt, um ähnliche Daten zu gruppieren und dicht nebeneinander zu speichern, damit schneller auf diese Datengruppen zugegriffen werden kann. Geht man davon aus, dass ein Benutzer oder eine Benutzerin inhaltlich verwandte Daten nacheinander betrachtet, bringt diese Methode auch hier den Vor-

teil, dass der Zugriff auf Dokumente innerhalb einer Gruppierung schneller erfolgen kann.

In Bezug auf das Information Retrieval und die Suchmaschinen im Speziellen ist insbesondere das Zusammenfassen von Dokumenten zur Erschließung von inhaltlichen Themengebieten interessant. Die Single-Pass-Methode findet auch hier Anwendung. Dazu muss zunächst eine Startkonfiguration geschaffen werden. Wie bereits angesprochen, kann dies durch eine manuelle Definition von groben Clustern erfolgen oder auch automatisch anhand diverser Algorithmen. Diese greifen auf charakteristische Meta-Eigenschaften der Dokumente zurück, wie etwa auf Begriffe innerhalb des `<title>`-Tags, der URL oder Begriffe innerhalb der Meta-Tags `description` oder `keywords` selbst. Natürlich spielen auch die Begriffe innerhalb des Dokuments eine Rolle, ebenso wie deren Anzahl und die eingehende und ausgehende Verlinkung.

Das Ziel des ersten Schritts bei der Herstellung einer Startkonfiguration ist die Gewinnung sogenannter *Zentroiden*. Diese stellen jeweils den Mittelpunkt eines Clusters dar und repräsentieren seinen thematischen Inhalt optimal. Nachdem alle benötigten Cluster mit den Zentroiden erstellt und bestimmt wurden, wird im Folgenden ein Dokument nach dem anderen mit allen Zentroiden verglichen. Dabei wird jeweils ein Ähnlichkeitskoeffizient errechnet und das Dokument schließlich dem Cluster mit dem höchsten Wert, also der besten inhaltlichen Übereinstimmung, zugeordnet. Ist eine Zuordnung nicht eindeutig möglich, kann ein Dokument auch mehreren Clustern angehören. Man spricht dabei von einer *Überlappung*.

Nach Zuweisung eines Dokuments zu einem oder mehreren Clustern findet für diese veränderten Cluster anschließend eine erneute Berechnung der Zentroiden statt.

Kann kein passendes Cluster für ein neues Dokument gefunden werden, wird ein neues Cluster generiert und das entsprechende Dokument als Zentroid definiert. Aus diesem Grund beginnt man bei der Single-Pass-Methode auch mit einer leeren Menge von Clustern. Das erste Dokument wird logischerweise zwangsläufig ein neues Cluster generieren.

Neben diesem Verfahren gibt es eine Fülle weiterer Abwandlungen und eigenständiger Methoden zur Generierung von Clustern. So sei hier abschließend die Theorie der unscharfen Mengen als mathematische Alternative unter vielen erwähnt. Sie bedient sich der bereits erwähnten Fuzzy-Logik.

7.7.3 Cluster aus Netzwerken

Als eine besondere Form von Clustern können auch Netzwerke angesehen werden. Informatiker und Mathematiker sehen Netzwerke als Graphen an, die aus Knoten (einzelnen Einheiten) und deren Verbindungen, den Kanten, bestehen. Über graphenalgorithmische Verfahren lassen sich aufgrund der Netzwerktopografie bestimmte besonders eng verbundene Gruppen bilden, sogenannte *N-Cliquen*. Ebenso können Ähnlichkeits- und Verwandtschaftsbeziehungen explizit formuliert und ausgewertet werden.

Implizit werden solche Netzwerkverfahren bei allen Suchmaschinen bereits eingesetzt. Bislang konnte sich jedoch noch keine Suchmaschine mit einer Netzwerkvisualisierung durchsetzen. Die Netzwerkvisualisierungstechnik findet man allerdings immer häufiger, wenn der Schwerpunkt der Suche darauf liegt, ähnliche Elemente zu finden. So gibt es nicht nur bei Community-Anwendungen Visualisierungen von Freundschaftsnetzwerken, sondern auch Suchmaschinen wie LivePlasma (*liveplasma.com*), die ähnliche Musiker, Filme oder Bücher gruppieren (siehe Abbildung 7.38).

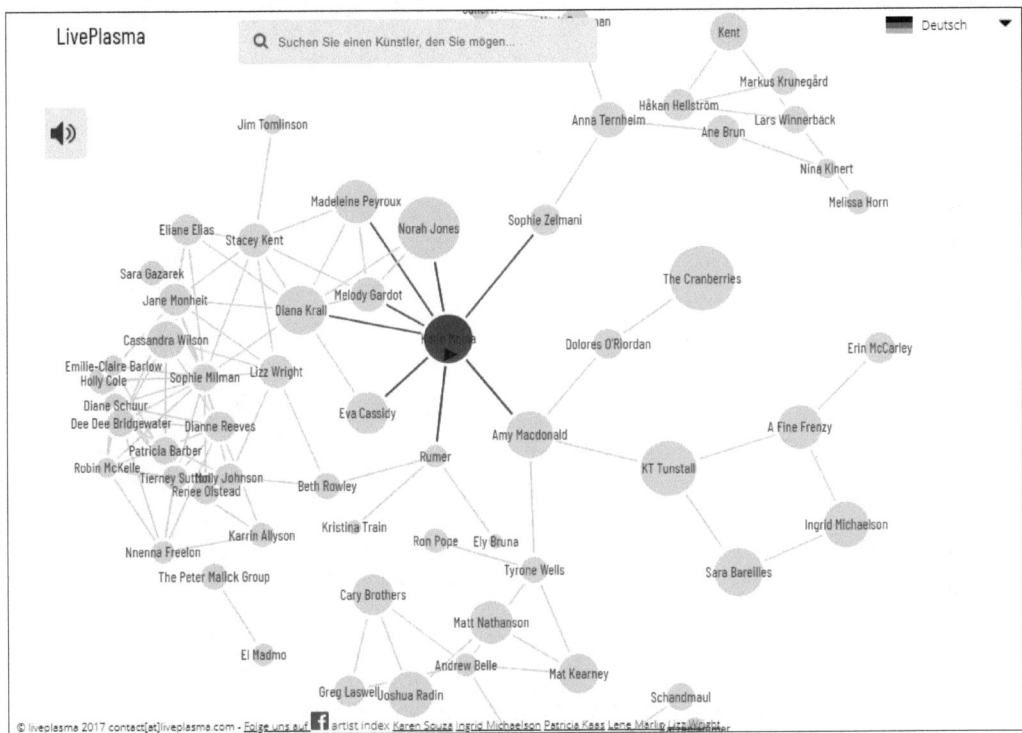

Abbildung 7.38 Cluster-Verfahren auf Netzwerkbasis – LivePlasma

Kapitel 8
Suchmaschinen-optimierte Website-Struktur

Sowohl bei einer neuen Website als auch bei einem Relaunch müssen optimale strukturelle Bedingungen geschaffen werden, damit die weitere Optimierung auf stabilem Fundament steht.

Nachdem Sie über die technischen Hintergründe Bescheid wissen, eine SMARTe-Zieldefinition entwickelt haben und Ihre Seiten-Keywords definiert sind, ist es nun an der Zeit, eine solide Basis für die Feinumsetzung der Optimierung aufzubauen.

Suchmaschinen-Optimierung findet hauptsächlich in zwei Bereichen statt:

- Bei der *Onpage-Optimierung* berücksichtigt man alle Faktoren, die innerhalb der eigenen Website liegen.
- Bei der *Offpage-Optimierung* geht es hauptsächlich um das Generieren eingehender Links, egal, ob aktiv oder passiv.

Die Suchmaschinen-optimierte Website-Struktur bildet dabei die Basis für beide Bereiche. Häufig werden strukturelle Überlegungen im Zusammenhang mit einer neuen Website angestellt. Doch auch bei einem Relaunch sollte die Website-Struktur ebenso auf den Prüfstand gestellt werden. Im Schnitt ergibt sich bei Unternehmenswebsites alle drei bis vier Jahre die Notwendigkeit eines Relaunchs. Häufig passt das Design nicht mehr zum vorherrschenden Stil, die Inhalte sind veraltet, das Content-Management-System muss grundlegend aktualisiert werden, oder der technische Fortschritt hat dafür gesorgt, dass die Website einfach nur noch veraltet und geradezu »modrig« daherkommt. Heutzutage einen Relaunch durchzuführen, ohne dabei die Rahmenbedingungen der Suchmaschinen-Optimierung zu berücksichtigen, kann in den meisten Fällen als fahrlässig gewertet werden.

8.1 Barrierefreiheit für Suchmaschinen

Unter dem Stichwort *Barrierefreiheit* versteht man im Internet die Tatsache, dass Nutzer und Nutzerinnen unter unterschiedlichsten Bedingungen Zugriff auf die Inhalte einer Website erhalten. Aus dem Alltag kennt man barrierefreie Duschen oder bar-

rierefreie Zugänge zu Museen. In diesem Sinne ist eine barrierefreie Website eine Site für Menschen mit Sehbehinderung. Allerdings sollte es nicht allein dabei bleiben.

Wenn Sie mit einem Smartphone auf eine Website zugreifen, steht Ihnen nur ein sehr kleines Display zur Verfügung. Auch hier haben Sie eine Form der Einschränkung. Das Gleiche gilt für den Ausdruck von Webseiten. Erstaunlich viele Seiten im Web lassen sich nur sehr schlecht zu Papier bringen.

Ein barrierefreies Webangebot ist also eine Website, die für alle Nutzer und Nutzerinnen – unabhängig von ihren körperlichen und technischen Möglichkeiten – uneingeschränkt zugänglich ist.

Seit 2002 gibt es für diesen wünschenswerten Zustand sogar eine rechtliche Vorgabe: die *Barrierefreie Informationstechnik-Verordnung* (BITV), die für alle öffentlich zugänglichen Websites von Behörden der Bundesverwaltung gilt.

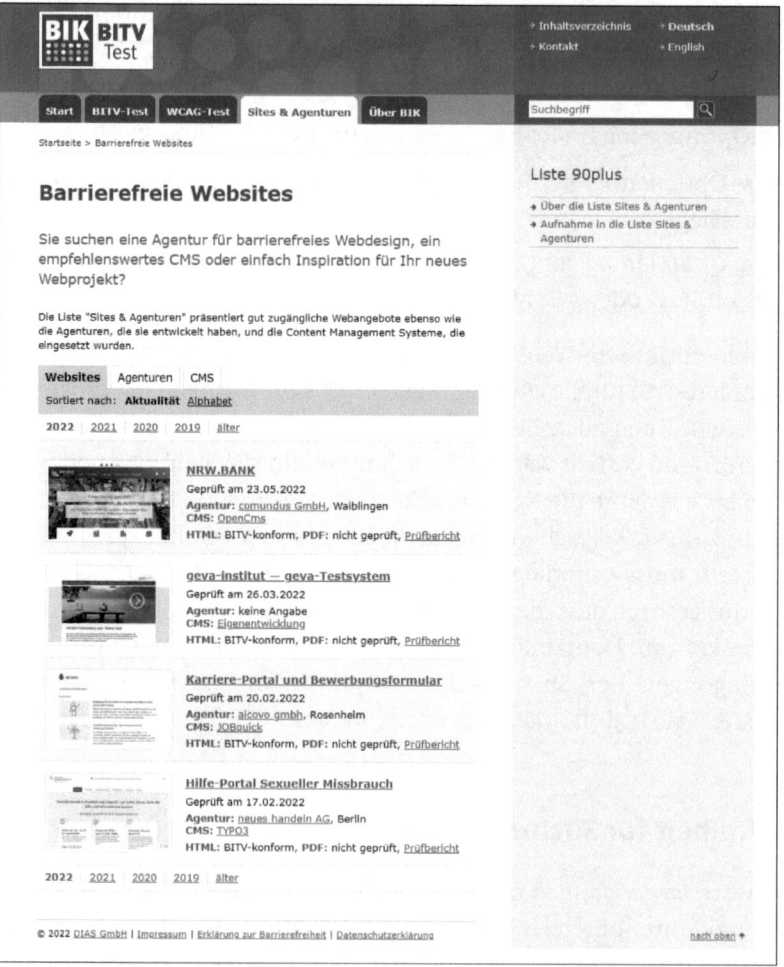

Abbildung 8.1 »bitvtest.de« prüft entgeltlich, ob die BITV-Richtlinien eingehalten werden.

Die Verordnung wurde in Anlehnung an die *Web Content Accessibility Guidelines* (WCAG) des W3C entworfen. Letztere dient häufig als Referenz bei größeren Webprojekten, um die Barrierefreiheit sicherzustellen.

Für die Suchmaschinen-Optimierung hat eine barrierefreie Website einen ganz zentralen und entscheidenden Vorteil: Suchmaschinen können ohne Hindernisse die von Ihnen bereitgestellten Inhalte lesen und verarbeiten. Wenn diese Grundvoraussetzung nicht geschaffen ist, dann werden Ihre Seiten niemals bei Google und Co. angezeigt werden.

Das klingt einfach und logisch. Erstaunlicherweise wird dies aber immer noch vernachlässigt, sodass eine Website entweder gar nicht oder nur teilweise von Suchmaschinen erfasst wird. Sie sollten daher die folgenden Punkte beachten.

8.1.1 Gut indexierbare Inhalte

Damit Inhalte in Suchmaschinen angezeigt werden, müssen sie indexierbar sein. Das bedeutet nicht nur, dass sie als einzelne Elemente separat abgespeichert werden können müssen, sondern dass sie auch durchsuchbar sind. Bilder sind z. B. zwar separat speicherbar (daher gibt es auch die Bildersuchen), sie sind aber selbst nicht direkt durchsuchbar. Sie sollten darauf achten, dass Ihre Suchmaschinen-relevanten Inhalte in einer dieser genannten Formen zur Verfügung stehen:

1. HTML-Dokumente: Suchmaschinen indexieren hauptsächlich HTML-Dokumente. Der größte Teil der Websites ist in HTML verfasst. HTML ist daher immer die erste Wahl und bei aktuellen barrierefreien Projekten in Kombination mit CSS der Standard. Dabei ist es unerheblich, ob das HTML durch ein Content-Management-System generiert wird oder von anderen Programmen oder gar von Programmierern oder Programmiererinnen direkt.
2. Suchmaschinen können durch spezielle Crawler auch strukturierte XML-Datenformate wie XML-Sitemaps oder RSS-Feeds verarbeiten.
3. PDF-Dateien sind ebenfalls indexierbar, wenn die Grundlage für das PDF ein Textdokument war. Andernfalls sind die Texte innerhalb des PDFs lediglich kleine Grafiken, die von keiner Suchmaschine ohne Weiteres interpretiert werden können.
4. Suchmaschinen können auch Office-Dokumente wie MS-Word-, MS-Excel- oder OpenOffice-Dokumente zunehmend besser indexieren.
5. Bilder und Videos sowie andere Medienformate wie Podcasts werden ebenfalls indexiert. Häufig werden jedoch hier vornehmlich die Metadaten indexiert und ausgewertet, weil die eigentlichen Medienformate technisch entweder nicht auswertbar sind oder es zu rechenaufwendig wäre, alle Bilder direkt zu verarbeiten – etwa bei einer Bilderkennung mittels künstlicher Intelligenz.

Bei Inhalten, die besonders relevant für die Suchmaschinen-Optimierung sind, sollten Sie stets auf HTML setzen. Die Ranking-Mechanismen der Suchmaschinen kön-

nen die Strukturen in HTML wesentlich besser verarbeiten und interpretieren als z. B. die in einem PDF-Dokument. In der Kombination von HTML und CSS steckt damit auch das größte Optimierungspotenzial.

8.1.2 Nicht indexierbare Inhalte: Flash und Text in Bildern

Im Gegensatz zu den gut indexierbaren Formaten hatten Suchmaschinen lange Probleme mit dem geschlossenen Format *Flash*. Dieses hat sich mittlerweile selbst überlebt und wird heute für neue Websites nicht mehr eingesetzt. Sollte es Ihnen dennoch einmal begegnen, in aller Kürze:

Eine Website aus Flash ist, technisch gesehen, ein Film, bei dem Sie interaktiv eingreifen können. Heute verwendet man dazu HTML5, CSS3 und JavaScript. Flash ist gewissermaßen die Vorgängertechnologie. Das Anklicken von Navigationselementen ruft ein anderes Kapitel auf – ähnlich wie bei einer DVD. Das Problem an diesen interaktiven, linearen Filmen ist allerdings, dass sie von außen eine geschlossene Einheit bilden. Ein Crawler kann unter normalen Umständen gar nicht oder nur sehr schlecht die Inhalte aus einer Flash-Datei herauslesen.

Hier und da sieht man immer noch Textinhalte, die in Form von Grafiken hinterlegt sind. Vor allem bei großen Bildern im Seitenkopf kommt das noch häufiger vor. Da die Suchmaschinen standardmäßig keine Texterkennung über Grafiken laufen lassen, weil dies zu rechenintensiv für die Milliarden von Grafiken wäre, sind Texte in Bildern für Suchmaschinen und damit für Suchende unsichtbar. Das machen sich übrigens einige zunutze, wenn bei der Suche nach einem Namen z. B. das Impressum einer Website gerade nicht gefunden werden soll.

> **Praxistipp: Impressumsbilder mit der Google-Bildersuche**
>
> Damit Linknetzwerke schwerer aufgedeckt werden können, werden häufig die Impressumstexte als Grafik gespeichert. Damit sind sie nicht so leicht über die normale Google-Suche zu finden. Wenn Sie eine solche Seite jedoch einmal gefunden haben, sollten Sie die Bildersuche von Google ausprobieren. Hier können Sie auch ähnliche Bilder zu einem bestimmten Bild suchen, und Google zeigt Ihnen je nach Ausgestaltung des Impressumsbildes vielleicht noch ein paar mehr Seiten des Linknetzwerks an.

8.1.3 Korrektes Rendering und gültiges HTML

Als Grundvoraussetzung für eine erfolgreiche Optimierung und eine gelungene Website überhaupt könnte man also den korrekten Umgang mit den Webtechnologien HTML und CSS bezeichnen.

Dazu zählt einerseits, dass Ihre Website über interpretierfähiges und valides HTML verfügt. Andererseits muss die Website auch von Suchmaschinen korrekt gerendert werden.

Syntax-Fehler vermeiden

Auch wenn der Browser aufgrund eines sehr toleranten Parsers eine Seite trotz gravierender Fehler im HTML-Code korrekt interpretiert und anzeigt, reagieren die Parser der Webcrawler-Systeme oft nicht so fehlertolerant. Einfache Fehler werden zwar solide erkannt und quasi übersehen – dennoch ist es für Suchmaschinen, Desktop- und Smartphone-Browser und vor allem Endgeräte wie Screenreader für Sehbehinderte empfehlenswert, auf ein valides und »sauberes HTML« zu achten, das möglichst wenige syntaktische Fehler enthält. Wie Sie gesehen haben, extrahieren Information-Retrieval-Systeme einzelne Kernstücke (wie z. B. das `<title>`-Tag oder Überschriften) aus dem Code, um diese gesondert zu gewichten. Dies ist nur realisierbar, solange ein Extrahieren überhaupt möglich ist, also solange der HTML-Code das Erkennen der Auszeichnungen wie `<title>` oder `<h1>` zulässt.

Im schlimmsten Fall kann das Vergessen einer schließenden eckigen Klammer bereits dazu führen, dass ganze Teile des Dokuments nicht berücksichtigt werden. Im folgenden Beispiel könnten die beiden Begriffe von einem Parser sehr gut als weitere Attribute des `<h1>`-Tags gewertet werden:

```
<h1 class="css_ueberschrift1" begriff1 begriff2 </h1>
```

Die korrekte Schreibweise sieht nach dem zweiten Anführungszeichen des `class`-Attributs, das dem Tag einen bestimmten CSS-Style zuweist, eine schließende Klammer (`</>`) vor. Der gleiche Fehler führt ebenso bei `<p>`-Tags und anderen Elementen zu einer entsprechenden Fehlinterpretation.

Eine häufige Fehlerquelle ist außerdem die unglückliche Verwendung der Anführungszeichen. Hier sollten Sie darauf achten, dass sie jeweils im Paar auftreten, sodass der Wert des Attributs von ihnen umschlossen wird. Andernfalls kann dies dazu führen, dass der gesamte Text von einem ersten Anführungszeichen bis zum nächsten als Wert interpretiert wird.

```
<a href="start.html hier</a> und er fragte "wie geht's?"
```

Im Beispiel würde der fett markierte Text als Wert des Attributs `href` angesehen werden, weil das eigentlich führende Anführungszeichen bei dem Zitat wie geht's? als schließendes Anführungszeichen bezüglich des Attributwerts interpretiert wird. Gereifte Parser würden eventuell bei dem schließenden `</a>`-Tag einfach ein schließendes Anführungszeichen annehmen. Trotzdem wäre die Linkbezeichnung hier dennoch verloren.

Diese Fehler sind ebenso ärgerlich wie häufig. Sie geschehen meist nicht aus Unwissen, sondern aus Unachtsamkeit.

> **Praxistipp: Google ist tolerant, achten Sie dennoch auf HTML-Qualität**
>
> Wenn Google nur rein validen HTML-Quellcode berücksichtigen würde, dann wäre der Index wohl sehr dünn. Google kommt sehr gut mit falschem HTML und fehlerhaften Auszeichnungen klar. Im schlimmsten Fall werden jedoch dennoch Inhalte falsch interpretiert und können so ihr volles Potenzial nicht ausschöpfen. Die Qualität des HTML-Quelltextes kann auch durchaus selbst als Zeichen für die Sorgfalt einer Website interpretiert werden. Insofern lohnt sich sauberes HTML allemal.

Über die Google Search Console kann man für eigene URLs den Quellcode anschauen, den der Evergreen-Google-Crawler erhält und verarbeitet. Dazu geben Sie die betreffende URL in der Search Console oben in das Eingabefeld ein und wählen dann GECRAWLTE SEITE ANZEIGEN. Auf der rechten Seite erhält man dann den Quellcode wie in Abbildung 8.2.

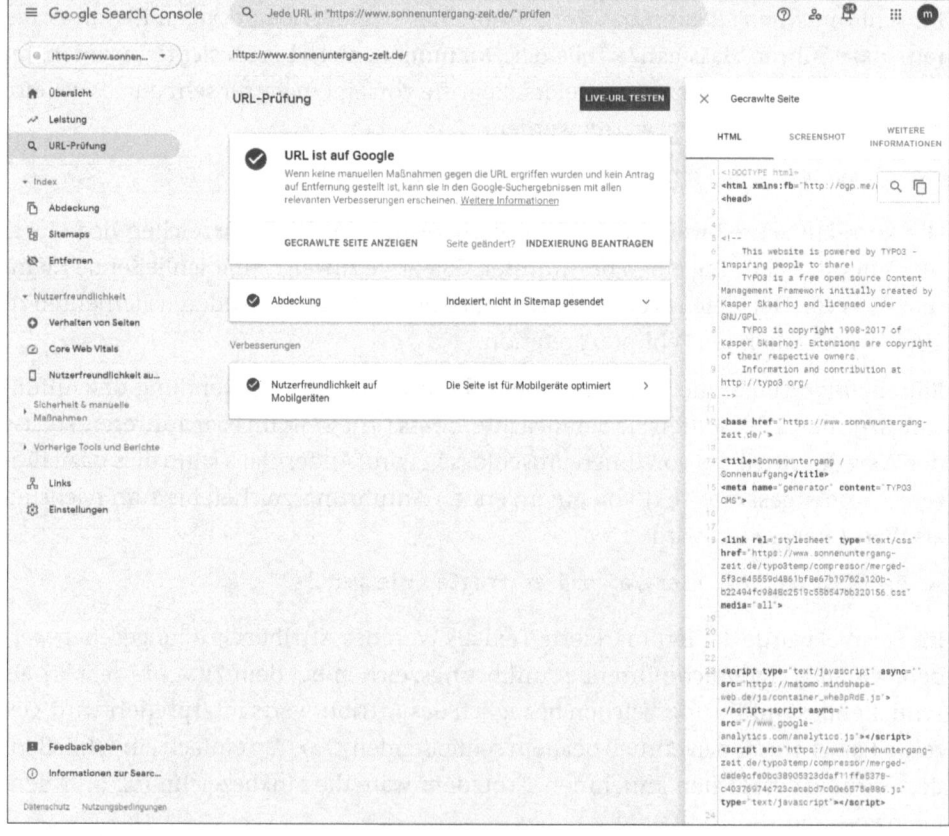

Abbildung 8.2 Quellcode eigener URLs mit Google Search Console

Sie können die URL auch live abfragen. Wählen Sie dazu den Button LIVE-URL TESTEN rechts oben.

Für URLs, die nicht auf der eigenen Domain liegen oder für die man auch noch keine Search Console verifiziert hat – z. B. Staging-Systeme vor einem Relaunch –, kann man indirekt auch an den Crawler-HTML-Code gelangen. Nutzen Sie dazu das *Rich Results Testing Tool* unter *https://search.google.com/test/rich-results*. Das ist eigentlich dafür geschaffen, um Rich Results zu analysieren. Aber mit einem Klick auf GERENDERTEN HTML-CODE ANSEHEN erhält man eben auch den Quellcode, wie er von einem Google-Crawler verarbeitet wird.

Bei genauem Hinsehen werden Sie feststellen, dass der angezeigte HTML-Quellcode nicht zu einhundert Prozent dem Original entspricht. So werden beispielsweise aus einfachen Anführungszeichen bei HTML-Tags doppelte gemacht. Google normalisiert den HTML-Quellcode, um typische Fehlerquellen oder Abweichungen zu vermeiden und für die spätere Verarbeitung im Storeserver möglichst wenig Fehlerquellen zu haben.

Schauen Sie also genau nach, ob noch gravierende HTML-Fehler nach der Google-Normalisierung übrig bleiben. Diese sollten Sie dann definitiv beheben!

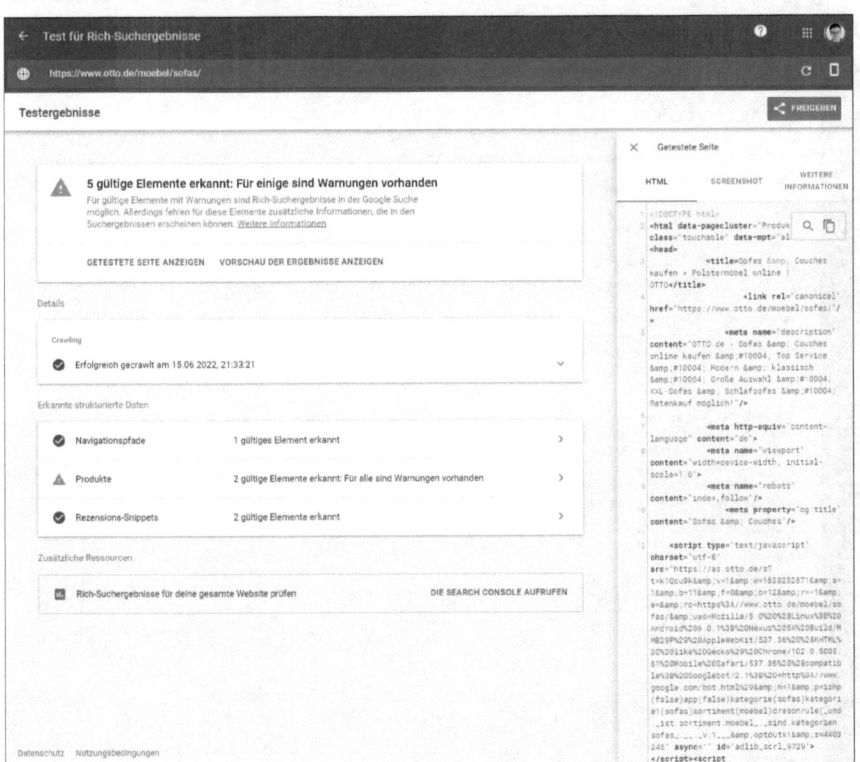

Abbildung 8.3 Das Rich Results Testing Tool von Google zeigt auch normalisierten Quellcode des Crawlers an.

8 Suchmaschinen-optimierte Website-Struktur

Auf die richtige Verlinkung achten

Sehr weitreichend ist leider auch die Angabe einer falschen URL.

```
<a href="https://www.mindshape.de//projekte/index.html">
<a href="https//www.mindshape.de">
```

Hier wird nicht nur der Besucher einen 404-Fehlercode für eine falsch verlinkte und daher nicht existierende Ressource angezeigt bekommen, sondern auch die Suchmaschine kann diesen Teil der Website nicht erschließen und indexieren. Um derartige Fehler zu vermeiden, können die Linkstrukturen unter Zuhilfenahme von Online-Tools oder des Screaming Frog SEO Spiders überprüft werden.

Aktuelles CMS verwenden

Die wenigsten Webseiten werden heutzutage noch von Hand programmiert. In der Regel wird ein Content-Management-System (*CMS*) wie TYPO3, WordPress, Joomla!, OXID, Shopware oder Magento genutzt. Diese CMS stellen innerhalb einer Websoftware einen Login-Bereich für Redakteure und Redakteurinnen zur Verfügung. Dort kann man direkt Seiten und Inhalte bearbeiten und anlegen. Das CMS generiert dann aus den so gespeicherten Inhalten in Form von Texten, Bildern, Galerien, Videos und anderen Formaten die jeweiligen HTML-Dateien zur Anzeige im Browser.

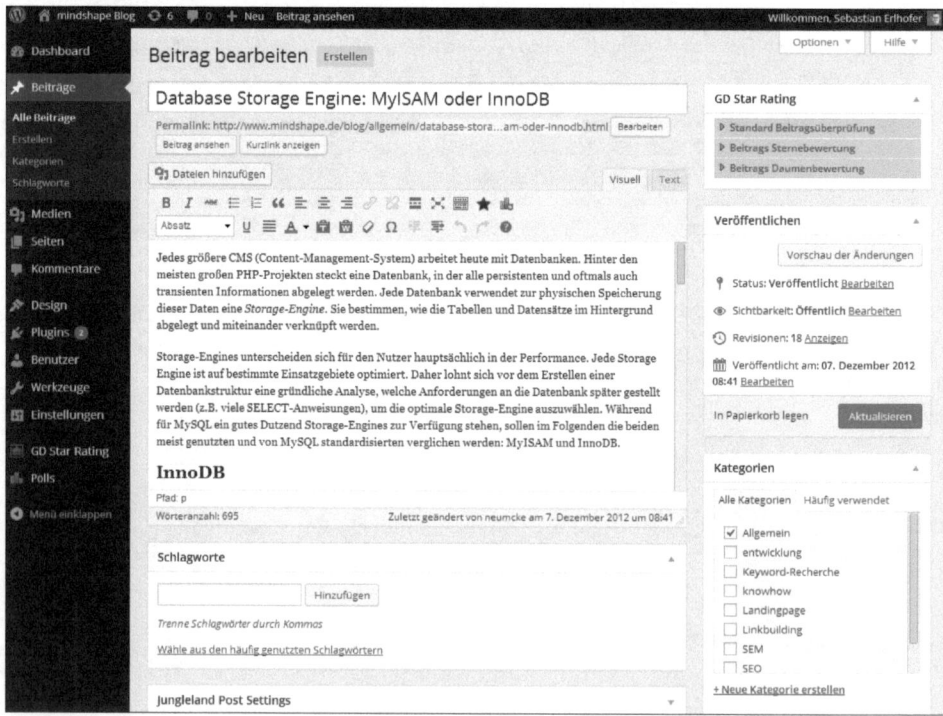

Abbildung 8.4 WordPress gilt als beliebtes System zur Veröffentlichung von Inhalten.

Für kleine Webvisitenkarten oder gänzlich statische Webseiten, die weniger häufig verändert werden müssen, werden auch heute noch teilweise WYSIWYG-Autoren-Programme wie etwa Dreamweaver eingesetzt – auch wenn derart statisches Webpublishing quasi veraltet ist.

Das Ergebnis sind fertige HTML- und CSS-Dateien, die meist via FTP (*File Transfer Protocol*) auf einen Webserver hochgeladen werden. Es muss in diesem Fall also kein Content-Management-System installiert werden, wodurch die Kosten anfänglich geringer sind. Allerdings rächt sich das bei häufigen Veränderungen, da diese dann sehr aufwendig manuell durchgeführt werden müssen.

Die WYSIWYG-Programme bringen besonders bei einer Verwendung älterer Versionen nicht selten Codestücke mit ein, die nicht dem aktuellen W3C-Standard für HTML entsprechen. Dies gilt leider vornehmlich für die weniger verbreiteten kostengünstigen Produkte.

Moderne Ansätze für sehr große Websites gehen in Richtung *Headless-CMS*. Hier ist die anzeigende Komponente isoliert von dem eigentlichen Backend für Redakteure und Redakteurinnen. Man hat quasi zwei unabhängig voneinander arbeitende Systeme. Beide Komponenten sprechen über eine Schnittstelle (API) miteinander. Der Vorteil dieser Headless-Lösung kommt vor allem dann zum Tragen, wenn man sehr viele Websites und andere Ausgabekanäle wie etwa Apps, Printmagazine oder Live-Dashboards aus einer Quelle bedienen möchte. Für kleinere und mittelgroße Projekte mit nur ein bis zwei üblichen Ausgabekanälen (Website, RSS-Feed) setzt man heute am besten noch die üblichen Content-Management-Systeme ein.

Die meisten CMS sind heute allerdings wie z. B. Wordpress noch im Headful-Modus, d. h., sie laufen direkt auf dem Webserver und geben dort auch das HTML aus. Achten Sie hierbei besonders darauf, dass regelmäßig Software-Updates gemacht werden. Google erkennt mittlerweile veraltete CMS sehr schnell und kann im schlimmsten Falle die gesamte Domain über die SERP und den Chrome-Browser sperren. Da helfen dann auch Top-Rankings nicht mehr.

Auf proprietäre HTML-Tags verzichten

In den letzten Jahren sind mit dem Konkurrenzkampf zwischen den verschiedenen Browserherstellern zunehmend proprietäre HTML-Tags eingeführt worden. Diese Tags, die nicht im W3C-Standard definiert sind, funktionieren – zumindest wenn sie neu erscheinen – ausschließlich auf den Browsern der entsprechenden Firma und bieten meist eine erweiterte Darstellungsmöglichkeit. Damit erhofften sich die Unternehmen einen Vorteil gegenüber ihren Mitbewerbern auf dem Browsermarkt. Dokumente, die eines dieser Tags enthalten, werden in anderen Browsern folglich gar nicht oder nicht korrekt dargestellt. Die Parser der Suchmaschinen unterstützen in der Regel diese proprietären Tags ebenso wenig. Glücklicherweise ließen zumindest

die professionellen Designer und Programmierer nach anfänglicher Euphorie vom überschwänglichen Gebrauch solcher Tags ab.

Ob ein HTML-Tag von einem Browser interpretiert wird, erfahren Sie über die Website *https://caniuse.com*.

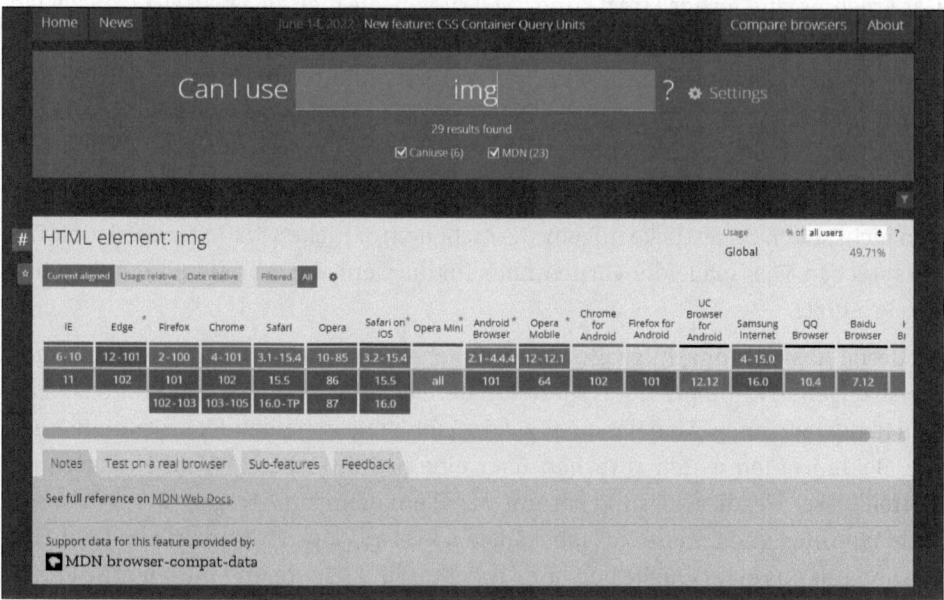

Abbildung 8.5 Auf »caniuse.com« können Sie die Browsermöglichkeiten prüfen.

HTML-Webseiten validieren und Fehler beheben

Um den HTML-Code einer Webseite unabhängig von Suchmaschinen zu überprüfen, bietet das W3C einen Gültigkeitscheck an. Der *W3C-Validator* ist unter *validator.w3.org* erreichbar und bietet die Möglichkeit, sowohl mittels Eingabe der URL online verfügbare Dokumente zu prüfen als auch unveröffentlichte HTML-Dokumente zur sofortigen Prüfung temporär hochzuladen.

Wie Abbildung 8.6 zeigt, findet der W3C-Validator bei der Untersuchung der Website des ADAC fast 200 Fehler und gibt 230 Warnungen aus.

Falls Fehler vorhanden sind, zählt das Tool diese anschließend jeweils einzeln auf und zeigt mehr oder weniger brauchbare Tipps für deren Beseitigung an. Nutzen Sie diese Hinweise, um Ihre Website mit validem HTML-Code auszustatten. Viele der Hinweise sind für eine ordentliche Indexierung nicht hinderlich. Doppelt vergebene Attribute, nicht geschlossene Tags oder falsch verschachtelte HTML-Befehle sind allerdings häufig ein Grund für ein nicht so optimales Ranking.

Ob Google die Website richtig rendern, also grafisch korrekt interpretieren kann, lässt sich über die Google Search Console oder auch über den Mobile Friendly Test (*https://*

8.1 Barrierefreiheit für Suchmaschinen

search.google.com/test/mobile-friendly) feststellen. Da Google die Website ohnehin mit dem Mobile Crawler erfasst und rendert, erhalten Sie hier einen guten Eindruck.

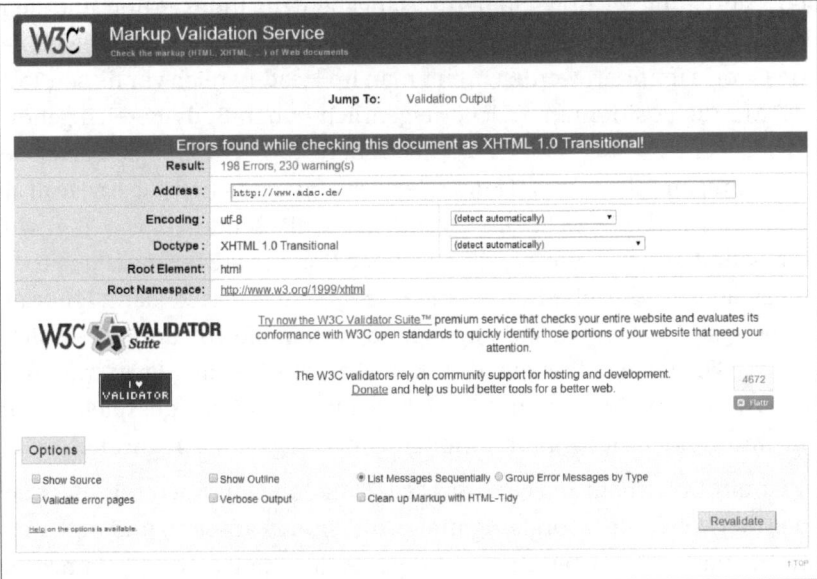

Abbildung 8.6 Der W3C-Validator meldet alle Fehler.

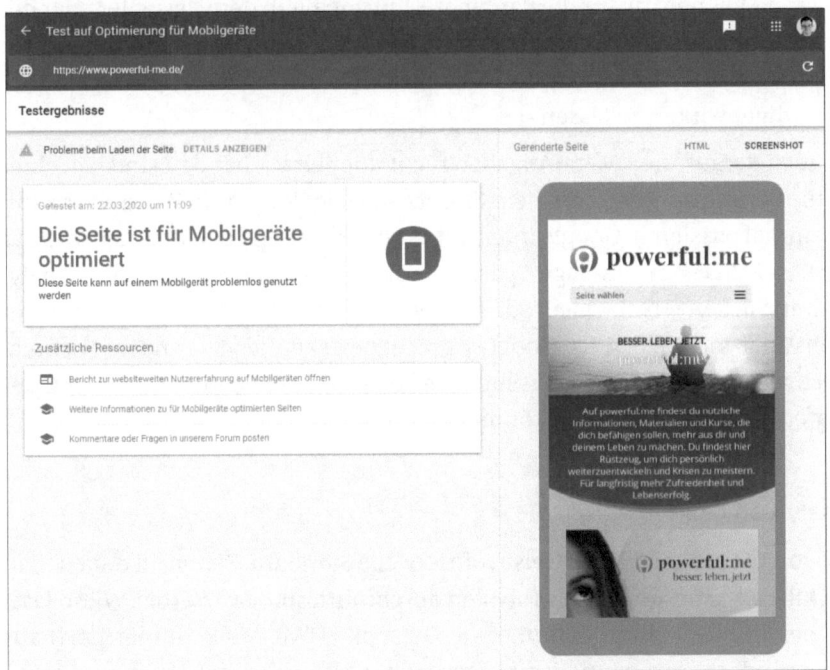

Abbildung 8.7 »Google Mobile Friendly Test« mit Rendering-Ansicht

Besondere Obacht im Head-Bereich

Ein besonderes Augenmerk sollten Sie auf die HTML-Qualität im Head-Bereich legen. Dort befinden sich häufig wichtige Steuerungsangaben zur Indexierung und dem Crawling – etwa Canonicals, hreflang-Tags, noindex-Auszeichnungen und andere. Diese können von Google ignoriert werden, wenn man im Head-Bereich vor diesen Tags ein anderes HTML-Tag positioniert, welches eigentlich in den Body-Bereich gehört. Also beispielsweise ein <a>-Tag, <img>-Tag oder andere Tags. Die Google-Parser behandeln dann in einigen Fällen den HTML-Code nach einem solchen Tag im Head als Startzeichen für den Body-Bereich. Das eigentliche schließende </body>-Tag wird dann ignoriert. Befinden sich dann aber die wichtigen Crawler-Steuerungssignale wie die noindex-Angabe beispielsweise hinter einem <img>-Tag im Head, dann ignoriert Google diese wichtige Angabe! Das kommt aber doch wohl nie vor, denken Sie sich? Nun. Häufiger, als Sie glauben. Denken Sie z. B. mal an ein Tracking-JavaScript, welches fälschlicherweise ein <img>-Tag mit Besuchercounter im Head ausspielt. Schon werden alle nachfolgenden Head-Informationen vom Google-Parser ignoriert.

Nicht zuletzt ist ein Dokument mit validem (X)HTML-Code ein Nachweis, dass der Webautor oder die Webautorin sorgfältig und professionell arbeitet, und daher ein durchaus anwendbares Gütekriterium für die Bewertung seitens der Suchmaschinen. Und wenn wir schon mal bei der Sorgfalt sind: Rechtschreibfehler sind zwar kein Problem für Suchmaschinen, sie bewerten allerdings die schlechtere Textqualität ab einem gewissen Maß negativ für die Rankings. Und vor allem dem Besucher oder der Besucherin fallen Rechtschreibfehler bei häufigem Auftreten negativ auf und tragen nicht dazu bei, den Autor oder die Autorin als Quelle für die angebotenen Informationen glaubwürdiger wirken zu lassen.

Achten Sie auch darauf, dass Meta-Angaben nicht doppelt vorhanden sind. Bei einer Fehlprogrammierung des CMS oder dem Einsatz zu vieler Plugins in Wordpress kann dies schon einmal passieren. Google interpretiert dann häufig das letzte Tag oder das restriktivere im Fall des robots-Tags. Sparen Sie sich unliebsame und kuriose Analysen, und halten Sie den HTML-Quellcode sauber und ordentlich. Das spart Zeit, Ärger und meistens auch viel Geld. Auch Google ist nicht perfekt und viele andere Suchmaschinen noch viel weniger. Insofern sollten Sie diesen recht leichten Punkt der Optimierung guten Gewissens abhaken können.

8.1.4 Einsatz von CSS

Der Einsatz von CSS ist glücklicherweise mittlerweile Standard. Zeiten, in denen man noch im HTML Formatierungen mit Tabellen durchführt, sind fast vorbei. Wieso fast? Weil leider bestimmte Mailprogramme wie Outlook HTML-Mails immer noch aus »Sicherheitsgründen« nur dann richtig anzeigen, wenn man veraltetes und kompliziert zu programmierendes HTML verwendet mit ganz eingeschränkten CSS-

Möglichkeiten und Tabellenlayouts. Bei der Webprogrammierung mit den aktuellen Browsern ist das aber nicht mehr der Fall!

Die Trennung von Inhalt und Design bietet auf vielen Feldern bessere Möglichkeiten. Allein die Vielfalt an verschiedenartigen Formatierungsmöglichkeiten und die responsiven Ansichten für verschiedene Endgeräte machen den Einsatz unbedingt notwendig. Ein Schlüsselelement bei der Entwicklung von CSS war die Auslagerung der grafischen Beschreibungssprache. So lässt sich das Layout komplett aus den HTML-Dokumenten auslagern und somit das Aussehen der gesamten Website zentral festlegen.

CSS-Formatierung als Datei auslagern

Zum Auslagern schreibt man lediglich die CSS-Formatierungen in eine eigene Datei und speichert diese so ab, dass alle Dokumente diese CSS-Datei erreichen können. Anschließend bindet man die CSS-Datei (z. B. *site.css*) über folgenden Befehl in den <head>-Bereich des HTML-Dokuments ein:

```
<link rel="stylesheet" href="site.css" type="text/css">
```

Lange Zeit haben Suchmaschinen CSS gar nicht berücksichtigt. Mittlerweile ist das anders. Google rendert immer regelmäßiger Webseiten mit CSS und JavaScript und bewertet z. B. zu viel Werbung im oberen Bereich als negatives Signal. Um dies feststellen zu können, muss die Suchmaschine auch die CSS-Daten erfassen und verarbeiten. Das bloße Lesen des HTML-Codes würde hier nicht helfen. Suchmaschinen wie Bing, Yandex oder Baidu rendern deutlich weniger Inhalte. Warum? Weil das Rendern ein rechenintensiverer Prozess ist als das bloße Abrufen der HTML-Daten. Hier geht es also um Rechen- und Serverkapazitäten als kostbare Ressource.

Auch andere Täuschungsmethoden (Spam) können mittels Rendering aufgedeckt werden. So war es lange Zeit möglich, bestimmte Textelemente mittels CSS außerhalb des sichtbaren Browserbereichs zu positionieren. Der Text war somit zwar im HTML vorhanden, allerdings nicht sichtbar. Auch hier können Suchmaschinen nun problemlos die Sichtbarkeit von Texten und anderen Inhalten durch die Verarbeitung von CSS prüfen. Wenn man sich allerdings die Webserver-Logs anschaut, wird man feststellen, dass Google und Co. nicht immer CSS-Dateien abrufen und rendern. Je nach Wichtigkeit der Domain bzw. URL für Google wird entschieden, ob eine URL an den Web Rendering Service weitergegeben wird oder ob das bloße HTML ausreicht.

Man kann in den meisten Logfiles auch heute noch sehen, dass die meisten Crawling-Ressourcen nach wie vor hauptsächlich für das Erfassen von Textdokumenten, meistens HTML, genutzt und nicht für zu viele CSS-Dateien verschwendet werden.

Wenn Sie in Ihren Webserver-Logfiles sehr viele CSS-Datei-Abrufe durch den Google-Crawler feststellen, dann ist das eher kein gutes Zeichen. Sie verschenken vermutlich zu viel Crawlbudget hier. Setzen Sie für CSS-Dateien ein entsprechendes Browser-Caching ein. Mit einem Apache-Webserver können Sie es mit dem *expires*-Modul so steuern, dass Browser und Crawler eine einmal heruntergeladene CSS-Datei erst wieder nach einigen Tagen herunterladen müssen. So sparen Sie Abfragen, und Google hat mehr Gelegenheit, andere, wichtigere URLs zu crawlen.

Der Inhalt der CSS-Dateien ändert sich in der Regel nicht so häufig wie der Inhalt von HTML-Dateien. Die Suchmaschine kann dies mit einer entsprechenden HTTP-Abfrage feststellen, ohne die CSS-Datei bei jedem Besuch erneut herunterladen zu müssen.

Für den Apache-Webserver tragen Sie beispielsweise diese Zeilen ein:

```
<IfModule mod_expires.c>
  ExpiresActive on
  ExpiresByType text/css                 "access plus 1 year"
  ExpiresByType application/javascript   "access plus 1 year"
</IfModule>
```

Listing 8.1 ».htaccess«-Eintrag zum Caching von CSS- und JavaScript-Dateien

Die Auslagerung der CSS-Datei ist noch aus einem anderen Grund absolute Pflicht: Die Größe der HTML-Datei verringert sich mit der Auslagerung beträchtlich. Erfassung und Verarbeitungszeit der wichtigen HTML-Dateien durch die Suchmaschinen steigen damit deutlich. Das wirkt sich positiv auf den Pagespeed-Score der Website aus. Je Website haben Sie idealerweise auch nur eine oder sehr wenige CSS-Dateien zusammengefasst, sodass nicht für jede URL eine andere CSS-Datei geladen werden muss.

Ein Wort der Warnung bereits hier: Sie sollten auf die Anwendung von CSS-Tricks wie das absichtliche Verstecken von vielen Inhalten in der Suchmaschinen-Optimierung generell verzichten. Denn als Strafe droht im schlimmsten Fall, dass Ihre Seiten aus dem Index entfernt werden, weil Sie von Google eine manuelle Abstrafung erhalten haben. Mehr dazu später in Kapitel 13, »Spam«.

Vorsicht bei Copy & Paste

In Sachen Formatierung und Layout sollten Sie Vorsicht walten lassen, wenn Sie Texte oder komplexere Inhalte aus MS Word oder anderen Textverarbeitungsprogrammen per Copy & Paste in ein WYSIWYG-Programm oder Content-Management-System einfügen. Die spezifischen Formatierungen der Textverarbeitungsprogramme werden nämlich mit übernommen und führen das Prinzip der Trennung von Inhalt und Formatierung ad absurdum.

Ironischerweise bot Microsoft in seinem eigenen Webpublishing-Produkt FrontPage eine Funktion an, die importierte Word-Formatierungen bereinigt. Aber auch andere Programme bieten derartige Funktionen. Im CMS TYPO3 wird z. B. die Bereinigung entweder automatisch oder auf Wunsch auch manuell durchgeführt.

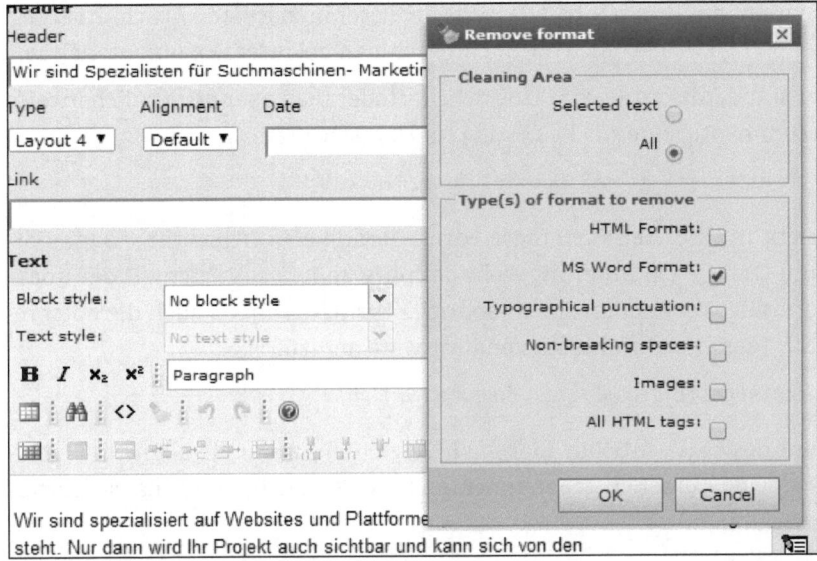

Abbildung 8.8 Der TYPO3-Editor bietet die Bereinigung von Word-Formaten an.

Sie sollten daher in Word das betreffende Dokument als HTML-Datei speichern, es anschließend mit einem Webpublishing-Programm öffnen und die Bereinigungsfunktion werkeln lassen. Besser ist es jedoch, den direkten Import derartiger Inhalte im Vorhinein zu vermeiden. Sie ersparen sich auf diese Weise die Verschandelung Ihres Codes. Falls es sich nur um einzelne Textpassagen handelt, können Sie den Text gegebenenfalls auch erst in den Windows-Editor *Notepad* oder den Mac-Editor *TextEdit* hineinkopieren. Beide Editoren beherrschen keinerlei Formatierungen und stellen den Text im ASCII-Standard unformatiert dar. Wenn Sie nun den Text erneut markieren und quasi in Rohform in die Zwischenablage kopieren, haben Sie einen unformatierten Text zum Einfügen in die Webseite.

Alternativ können Sie auch das kostenfreie Programm *PureText* für Windows installieren. Das entfernt HTML-Tags bereits beim Kopieren in die Zwischenablage (Clipboard).

Dies soll als Anmerkung zu den grundsätzlichen Vorbereitungen genügen. An späterer Stelle wird eigens auf die Optimierung mithilfe von CSS eingegangen.

8.1.5 Korrekter Einsatz von HTML-Tags

Welche Platzierung würden Sie für ein Keyword als wichtiger erachten: die Nennung des Keywords in einer Überschrift oder die Nennung eines Keywords in einem Fließtext? Es ist wohl die Überschrift, denn eine Überschrift hat eine textgliedernde Funktion und beschreibt mit ihrem Inhalt das, was der Leser im nächsten Abschnitt erfahren kann. Dieser Logik folgen auch die Suchmaschinen bei ihrer Dokumentanalyse.

Anstelle einer standardisierten <h1>-Überschrift findet man aber erstaunlicherweise immer noch sehr häufig eine solche Lösung für Überschriften:

```
<div class="ueberschrift_gross">Über Baumwurzeln</div>
```

Der Nutzer sieht im Browser auch diese Formatierung als Überschrift – dank CSS. Doch eine gute Onpage-Optimierung sieht definitiv anders aus. Hier gilt der unabdingbare Grundsatz: Verwenden Sie für spezielle Formatierungen auch die entsprechenden HTML-Tags. Die korrekte Anwendung wäre demzufolge:

```
<h1 class="ueberschrift_gross">Über Baumwurzeln</h1>
```

Sie können auf das class-Attribut hier auch verzichten, wenn Sie allen <h1>-Überschriften das gleiche Aussehen geben möchten (das Sie im Übrigen genauso mittels CSS bestimmen können):

```
<h1>Über Baumwurzeln</h1>
```

Verstehen Sie, warum es für Suchmaschinen so wichtig ist, die standardisierten HTML-Tags zu nutzen, auch wenn andere Tags im Aussehen gleich wären?

Für den Nutzer und die Nutzerin ändert sich am Aussehen in der Tat nichts – zumindest nicht für die Mehrheit der Nutzer und Nutzerinnen, wenn man einmal den Aspekt der Barrierefreiheit außer Acht lässt. Woher soll allerdings ein Crawler oder ein Browser für Blinde wissen, dass es sich bei dem Beispiel mit div class ... um eine Überschrift handelt – und um eine Überschrift der ersten Ebene obendrein? Hier verschenkt der Webautor oder die Webautorin wertvolle Punkte im Ranking, denn die semantische Struktur des Dokuments kann nicht korrekt erkannt und damit auch nicht entsprechend bewertet werden: Denn Keywords in Überschriften werden höher bewertet als Keywords in einem losen Fließtext – aber eine Überschrift lässt sich aus dem div class-Beispiel nicht ableiten. Das Beispiel mit <h1> hingegen verwendet das standardisierte Tag für Überschriften der ersten Ebene. Das verstehen Suchmaschinen und barrierefreie Browser gleichermaßen.

> **Praxistipp: Eine H1 je URL**
>
> Es ist keine Pflicht – und auch kein Fehler –, aber mehrere H1-Überschriften in einer URL haben sich in der Praxis als nicht ganz optimal herausgestellt in Sachen SEO. Wenn Sie je URL nur eine H1-Überschrift verwenden, welche konsequenterweise das

> Hauptthema der URL beinhaltet, machen Sie es Suchmaschinen deutlich einfacher, an dieser Stelle Klarheit über den Themenschwerpunkt zu erhalten. Eine H1-Überschrift je URL ist also definitiv ein *Best Practice*-Tipp, aber keine zwingende Pflicht.

Die korrekte Auszeichnung mit den vorgesehenen Tags ist nicht nur für Überschriften wesentlich. Auch für Absätze und Hervorhebungen sollten Sie stets die dafür vorgesehenen HTML-Tags nutzen. Tabelle 8.1 gibt Ihnen einen kurzen Überblick über die zentralen, strukturierenden Tags, die Sie für die Onpage-Optimierung auf jeden Fall verwenden sollten:

HTML-Tag	Funktion
\<h1> bis \<h6>	Überschrift der Ebene 1 bis 6
\<p>	Fließtext-Abschnitt (*paragraph*)
\<ul>	unsortierte Liste (*unordered list*)
\<ol>	sortierte Liste (*ordered list*)

Tabelle 8.1 Wichtige HTML-Tags zur Strukturierung von Texten

8.1.6 Frames und iframes

In den Neunzigerjahren war die Verwendung von Frames sehr beliebt und weitverbreitet. Mittlerweile sind alle Websites wieder zu einer Darstellungsform ohne Frames zurückgekehrt, weil die Frame-Technologie gewisse Tücken hat. Lediglich im Rahmen der Werbeverteilung werden iframes noch regelmäßig eingesetzt.

Im Hinblick auf Suchmaschinen-Optimierung sollten Sie keine Frames mehr verwenden.

Suchmaschinen tun sich mit Frames nach wie vor schwer und indexieren Frame-Seiten – wenn überhaupt – in den meisten Fällen fehlerhaft. Was ist so anders an diesen Frames, dass sie Suchmaschinen solche Probleme bereiten? Zu den möglichen Gründen für die Nichtbeachtung einer Seite kann man bei Google Folgendes erfahren:

> *Google unterstützt Frames so weit wie möglich. Frames erzeugen jedoch potenziell Probleme bei Suchmaschinen, Bookmarks, E-Mail-Links usw., da sie dem Grundmodell des Webs – eine Seite entspricht einer URL – widersprechen. Wenn eine Benutzeranfrage eine vollständige Site als Ergebnis liefert, gibt Google das Frameset zurück. Wenn die Anfrage als Ergebnis eine einzelne Seite der Site ergibt, gibt Google diese Seite zurück. Diese Seite wird dann nicht in einem Frame angezeigt, da es eventuell kein Frameset gibt, das mit dieser Seite verknüpft ist.*

Funktionsprinzip von Frames

Normale HTML-Dokumente enthalten den darzustellenden Inhalt in Form von Text und Bild direkt in der betreffenden Datei. Bei Verwendung von Frames erstellt man mit einer Frameset-Page zunächst einmal eine Aufteilung des Browserfensters in verschiedene Bereiche, eben die Frames. Eine solche Seite enthält demnach keinen direkten eigenen Inhalt, sondern teilt lediglich den Raum in Teile ein und bestimmt, welche weiteren HTML-Dokumente innerhalb dieser definierten Rahmen angezeigt werden sollen. Die eigentlichen Inhaltsseiten können so gleichzeitig nebeneinander dargestellt werden. Man spricht dabei auch von einer Verschachtelung der einzelnen Seiten zu einem Frameset. Abbildung 8.9 verdeutlicht dieses Prinzip.

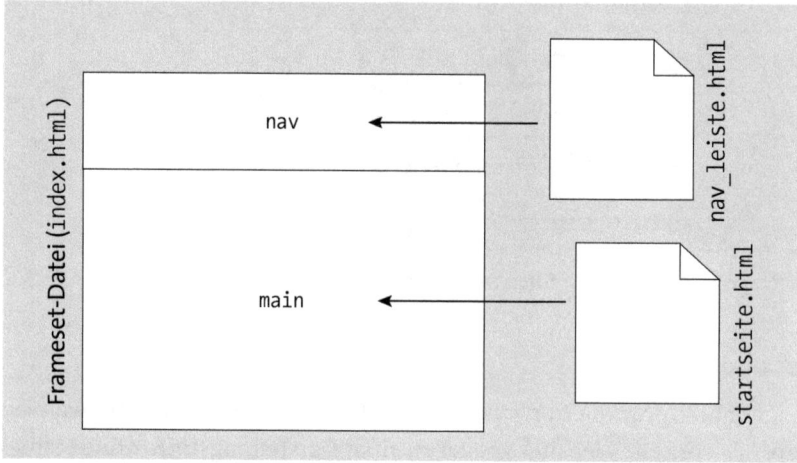

Abbildung 8.9 Prinzip einer Frameset-Seite

Der HTML-Code innerhalb der entsprechenden Frameset-Seite sieht dabei wie folgt aus:

```
<html>
<head>
</head>
    <frameset rows="20%,80%">
        <frame src="nav_leiste.html" name="nav">
        <frame src="startseite.html" name="main">
    </frameset>
<body>
</body>
</html>
```

Listing 8.2 HTML-Code einer Frameset-Seite

Das `<frameset>`-Tag definiert eine Zweiteilung der Grundfläche. Der obere Frame bekommt 20 Prozent der Höhe zugewiesen, der untere Frame die restlichen 80 Prozent. Die zwei `<frame>`-Tags stehen jeweils für den oberen und den unteren Frame. So wird im oberen Frame das HTML-Dokument `nav_leiste.html` angezeigt, im unteren Frame die Seite `startseite.html`.

Die Navigation befindet sich im oberen Frame und enthält einzelne Verweise, die mit dem `target`-Attribut versehen sind.

`<a href="produkte.html" target="main"> Produkte </a>`

Dieses Attribut bewirkt, dass der neue Link im unteren Frame geöffnet wird. Auf diese Art bleibt die obere Navigation ständig sichtbar, selbst wenn man im unteren Frame die Seite wechselt oder herunterscrollt. Dies ist der Grund, weshalb Framesets so gern verwendet wurden.

Probleme bei Frame-Seiten

Bei der Erfassung der Seiten durch den Webcrawler kommt es oft schon bei der Erkennung des Framesets zu Problemen. Der eigentliche Inhalt der Seite, definiert durch das `<body>`-Tag, ist leer. So wurden lange Zeit Seiten, die mit Frames gestaltet wurden, gar nicht erst erfasst. Mittlerweile werten zumindest die großen Betreiber die Frameset-Tags aus und können die Inhalte der Frames extrahieren.

Jedoch ergibt sich hier bereits das nächste Problem. Denn die Suchmaschine erfasst und indexiert nun die jeweiligen Seiten des Framesets als einzelne Dokumente. So würde im Beispiel oben die Navigationsleiste separat von der Startseite indexiert werden. Einmal abgesehen von der Frage, ob es sinnvoll ist, eine reine Navigationsseite zu indexieren, bekommt der Suchende in der Ergebnisliste nur die Einzelteile aufgelistet. Denn diese enthalten die relevanten Stichwörter, nicht die Frameset-Seite. Außerdem entsteht ein unschöner Nebeneffekt in Bezug auf eingehende Links. Diese können nämlich nur auf die Startseite verweisen, weil nur hier das Frameset definiert ist. Dies ist besonders dann von Bedeutung, wenn man z. B. ein Werbebanner auf einer externen Site geschaltet hat und interessierte Besucher und Besucherinnen direkt auf die Produktseite des beworbenen Gegenstands gelangen wollen. Das ist beim Einsatz von Frames nicht ohne Weiteres möglich.

Diese Probleme sind die Hauptgründe dafür, dass die anfängliche Frame-Euphorie bei den großen Content-Anbietern sehr schnell abebbte. Die Erkenntnis unter dem Strich lautet demnach, dass eine suchmaschinen-freundliche Seite nicht aus Frames bestehen darf. Was ist jedoch, wenn man aus (heute offen gestanden definitiv nicht nachvollziehbaren) bestimmten Gründen nicht umhinkommt, Frames einzusetzen?

Zunächst muss dafür gesorgt werden, dass auch Webcrawler ausreichend Informationen aus einer Frameset-Seite gewinnen können, um den Weg zu den verschiedenen

Seiten der Webpräsenz zu finden. Damit sichert man in einem ersten Schritt zunächst die Erfassung der einzelnen Seiten. Im folgenden Schritt muss man sich um das Problem der Darstellung kümmern. Gelingt es vielleicht beim Öffnen eines einzelnen Dokuments außerhalb des Framesets, dieses dennoch automatisch in die eigentliche Frame-Struktur zu laden?

Das Liefern von Informationen innerhalb der Frameset-Seite sollte zunächst durch den Einsatz verschiedener Tags erfolgen. Als wichtigstes Tag gehört dabei das `<title>`-Tag in den Kopfbereich. Außerdem empfiehlt sich der Einsatz der beiden Meta-Tags `description` und `keywords`. Suchmaschinen berücksichtigen allerdings das `keywords`-Tag nicht mehr in allen Fällen für das Ranking. Eine Ausnahme wird bei einigen Suchmaschinen gemacht, falls keine anderen Informationen zur Verfügung stehen. Dies ist bei Frames durchaus der Fall – also hinein mit den Meta-Tags.

Außerdem sollten Sie auf die Anchor-Texte der Backlinks achten, sofern Sie diese beeinflussen können. Die eingehenden Links werden verstärkt mit in die Themenbestimmung einbezogen, wenn auf einer Seite keine Inhalte identifiziert werden können. Die Logik dahinter ist schnell erklärt: Wenn 30 Websites mit dem Text »Hundefutter« auf eine Seite verlinken, dann wird es mit hoher Wahrscheinlichkeit auf der betreffenden Website auch um Hundefutter gehen.

> **Praxistipp: Verzichten Sie auf iframes!**
>
> Wenn Ihnen heute jemand noch für die gesamte Website eine Frame-Lösung empfiehlt, dann sollten Sie mehr als skeptisch werden. Mittels aktuellem HTML und CSS lassen sich die gleichen Lösungen heutzutage barrierefrei und responsiv umsetzen. Die Frame-Technologie ist veraltet und wird nur in Abwandlung noch für die Einblendung von Werbung von AdNetworks als iframe eingesetzt.

Das »noframes«-Tag

Zur Anzeige in Browsern, die keine Frames unterstützen, stellt HTML das `<noframes>`-Tag zur Verfügung. Dieses muss sich im Frameset-Bereich befinden. Der Inhalt zwischen dem öffnenden und dem schließenden Tag wird angezeigt, wenn keine Frames geladen werden können. Dies kann dazu genutzt werden, an dieser Stelle eine inhaltliche Beschreibung von 200 bis 400 Wörtern zu platzieren, um dem Webcrawler wenigstens etwas zuverlässiges Textmaterial für die Auswertung zu bieten. Kommen Sie um Frames nicht herum, ist das Setzen dieses Tags dennoch ein Muss.

Probleme umgehen

Ebenso ein Muss ist das Verlinken innerhalb dieses Textes zu einzelnen Seiten der Webpräsenz. Platziert man Textlinks, gibt man dem Webcrawler die Möglichkeit, auch weitere Seiten zu erfassen. Ein Link auf die Sitemap gehört ebenso dazu. Der gesamte Code für eine gute Frameset-Seite würde demnach so aussehen:

```html
<html>
<head>
<title>Segeln - Törns, Häfen, Inseln - alles rund ums Segeln
</title>
<meta name="description" content="Segeln Sie gerne? Informationen
zu Törns, Häfen und Inseln weltweit. Alle Finten beim Chartern,
Adressen und Kontakte zu den besten Seglern. Alles rund ums
Segeln.">
<meta name="keywords" content="segeln, törns, häfen, insel,
segeltörn, chartern, segel, segelboot, vercharterer, adressen,
kontakt, [...]">
</head>
    <frameset rows="20%,80%">
        <frame src="navigation_leiste.html" name="nav">
        <frame src="startseite.html" name="main">
        <noframes>
            <body>
                <h1>Segeln - alles, was Sie jemals über das
                    Segeln wissen wollten</h1>
                <p>Dies ist die weltweit beste Seite zum Thema
                    Segeln. Hier erfahren Sie alles über
                    <a href="toerns.html">Törns</a>,
                    <a href="haefen.html">Häfen</a> und
                    <a href="inseln.html">Inseln</a>.
                </p>
                <p>[mehr Text mit Verweisen]</p>
                <p>Erfahren Sie mehr in der
                    <a href="sitemap.html">Übersicht über unser
                    Angebot</a>.
                </p>
            </body>
        </noframes>
    </frameset>
</html>
```

Listing 8.3 Vollständiger HTML-Code einer guten Frameset-Seite

Die Optimierung der einzelnen Unterseiten eines Framesets wird oftmals vernachlässigt. Die meisten Webautoren und -autorinnen setzen z. B. auf der Frameset-Seite ein <title>-Tag, vergessen es jedoch anschließend auf den einzelnen Unterseiten des Framesets. Das ist nicht weiter tragisch und fällt auch nicht auf, solange man einen

Frame-fähigen Browser nutzt. Denn dieser zeigt immer nur das `<title>`-Tag der Frameset-Seite in der Fensterleiste oben an.

Für Suchmaschinen, die die Webpräsenz jedoch auf Umwegen erforschen, sollte man in jedem einzelnen Dokument ein `<title>`-Tag platzieren. Außerdem schadet es auch hier nichts, jeder Seite eine Fußnavigation aus Textlinks zu geben. Im Gegenteil, denn Suchmaschinen können so noch weiter in die Site-Struktur vordringen. Dabei sollten alle Verweise das bereits vorgestellte `target`-Attribut erhalten, das auf den Frame verweist, in dem die verlinkte Seite angezeigt werden soll. So wird sichergestellt, dass Surfer und Surferinnen bei einem Klick auf diese Links innerhalb des Framesets bleiben.

Der Link auf die Homepage bedeutet, technisch gesehen, einen Verweis zurück auf die Frameset-Seite. Hier muss ein anderer Attributwert verwendet werden, um die Funktionalität sowohl mit als auch ohne Frames zu gewährleisten:

```
<a href="index.html" target="_top"> Home </a>
```

Der Wert `_top` gibt das Kommando, alle vorherigen Framesets zu überschreiben. Wird der Verweis von einer Seite außerhalb des Framesets aufgerufen, macht dies keinen Unterschied, weil ohnehin keine Frames vorhanden sind. Ist allerdings bereits ein Frameset definiert, würde ohne das `target`-Attribut das neue Frameset innerhalb des alten geladen, und man erhielte eine nicht gewollte Verschachtelung der Inhalte.

JavaScript-Überprüfung

Abschließend bleibt noch zu klären, wie man auch bei einem direkten Aufruf einer Unterseite dennoch das gesamte Frameset laden kann. Denn wenn eine Website mit Frames gebaut ist, will der Webautor oder die Webautorin wahrscheinlich auch, dass die Besucher und Besucherinnen seine bzw. ihre Website entsprechend sehen. Eine wirklich elegante Lösung für dieses Problem gibt es leider nicht, da man hier auf JavaScript zurückgreifen muss. Auch dies ist prinzipiell nicht tragisch, denn die meisten Frame-fähigen Browser sind auch in der Lage, JavaScript auszuführen. Allerdings sollten Sie sich bewusst sein, dass die Lösung nicht zuverlässig ist und eher als Notnagel angesehen werden sollte, wenn Sie denn schon Frames nutzen wollen oder müssen.

Um beim Aufruf einer isolierten Seite das gesamte Frameset zu laden, muss auf jeder einzelnen Seite folgender JavaScript-Code im `<head>`-Bereich positioniert werden:

```
<script language="JavaScript">
    <!--
    if (top == self) self.location.href="index.html";
    // -->
</script>
```

Listing 8.4 JavaScript-Überprüfung, ob das Frameset korrekt geladen wurde

Dieses Skript überprüft beim Laden einer Seite, ob sie sich innerhalb eines Frames befindet. Ist dies nicht der Fall, wird hier die Frameset-Datei index.html geladen.

An dieser Stelle wird allerdings schon ein Problem dieser relativ einfachen Lösung deutlich. Denn der Besucher bzw. die Besucherin wird sofort bei einem Aufruf der isolierten Seite auf die Startseite geleitet. Diese baut zwar das Frameset korrekt auf, zeigt aber die Homepage an und nicht die eigentlich gefundene Seite. Das ist natürlich nicht im Sinne des Erfinders, denn der Besucher oder die Besucherin muss sich über die seiteninterne Navigation erst wieder zu der betreffenden Seite durchklicken. Und eins ist dabei sicher: Die wenigsten Benutzer und Benutzerinnen werden dies auf komplexen Seiten tun. Bei weniger umfangreichen Seiten besteht zumindest die reelle Chance, dass die Besucher und Besucherinnen einen Klick ausführen, um an die gewünschte Information zu gelangen. Mehr dürfen es aber im Sinne des Kosten-Nutzen-Gedankens auch nicht sein. Hier gilt der viel bemühte Satz, dass die Konkurrenz im Web nur einen Mausklick entfernt ist – insbesondere, wenn die Website Ihres Konkurrenten leichter zu erreichen ist als Ihre.

Eine komplexere Lösung des Frame-Problems besteht darin, auf der Frameset-Seite eine Differenzierung vorzunehmen, von wo aus sie aufgerufen wurde, und dann im Fall der oben erwähnten Weiterleitung die gewisse Unterseite direkt anstelle der Startseite anzuzeigen. Das setzt jedoch ein komplexeres JavaScript voraus, auf das hier nicht weiter eingegangen werden soll. Schließlich behebt selbst dieser Weg nicht den unschönen Nebeneffekt, dass bei einem Klick auf den ZURÜCK-Button des Browsers die Weiterleitung den Besucher oder die Besucherin wieder zurück auf die Startseite wirft. Das mag nur als kleines Detail erscheinen, verärgert aber die Besucher und Besucherinnen enorm.

Was letztlich bleibt, ist die Erkenntnis, dass man möglichst keine Frames einsetzen sollte.

iframes

Ein ähnliches Konzept, das allerdings auch im modernen Webdesign eingesetzt wird, sind die *iframes* bzw. *Inlineframes*. Ein Inlineframe ist ein HTML-Element, das gewissermaßen ein Loch in eine Website schneidet und dort einen anderen Inhalt anzeigen kann.

Wenn Sie auf einer Website z. B. das aktuelle Wetter eines Wetterportals anzeigen lassen möchten, können Sie dieses Codestück nutzen:

```
<iframe src="http://www.mywetter.de/wettergadget_hamburg.jsp" height="100"
width="200" name="meiniframe">Wetteranzeige</iframe>
```

Dieser iframe besitzt eine Höhe von 100 Pixeln und eine Breite von 200 Pixeln und zeigt innerhalb dieser Dimensionen die unter `src` angegebene URL an.

Häufig wird auf die iframe-Technik zurückgegriffen, wenn externe Funktionen in eine fremde Website integriert werden sollen. So können Sie z. B. Routenplaner, Buchungsformulare, Newsletter-Formulare, Reservierungsübersichten, Kontaktformulare oder auch Werbung aus einem Werbenetzwerk in Ihre Website integrieren. Meist können Farbe und Form individuell angepasst werden, sodass die Besucher und Besucherinnen keinen Unterschied zwischen der iframe-Einbindung und den eigentlichen Inhalten sehen.

Für Suchmaschinen besteht allerdings gleichwohl ein Unterschied: Die Inhalte innerhalb eines iframes werden von Suchmaschinen bei der Beurteilung der Webseiteninhalte nicht berücksichtigt. Es ist dabei unerheblich, ob die eingebundenen Inhalte auf einer anderen oder der gleichen Domain liegen. iframe-Inhalte sind für die Suchmaschinen-Optimierung einer Webseite nicht geeignet.

8.1.7 Cookie Consent Banner und Overlays

Bereits seit 2015 – unabhängig von der gesetzlichen Regelung – mussten alle Werbepartner-Websites von Google AdSense und DoubleClick ein Cookie-Informationsbanner eingerichtet haben. Andernfalls drohte der Suchmaschinen-Anbieter mit dem Ausspielungsstopp.

Seit Einführung der DSGVO (engl. GDPR) und spätestens seit dem EuGH-Urteil 2019 sind bloße Hinweise auf die Cookie-Setzung nicht mehr ausreichend. Es bedarf einer aktiven Zustimmung (Consent) der Website-Besucher – also einem *Cookie Consent*. Das wird, ähnlich wie in Abbildung 8.10 bei der Lufthansa-Website, als Overlay bzw. Pop-up umgesetzt.

Der Besucher muss zunächst zwingend eine Entscheidung treffen und gelangt dann erst zu den eigentlichen Inhalten der Website.

Was für Menschen mit einem Klick im Browser lösbar ist, stellt Suchmaschinen-Crawler allerdings vor eine größere Herausforderung. Bislang gibt es keinen einheitlichen technischen Standard, der ein Cookie Consent Banner für Suchmaschinen-Crawler ausblendet oder als solchen kennzeichnet.

Crawler müssen daher unterscheiden zwischen solchen rechtlich notwendigen Anzeigen und anderen Overlays wie zum Beispiel einem Aufruf zum Eintrag in einen Newsletter oder anderen sogenannten *Interstitial*-Anzeigen.

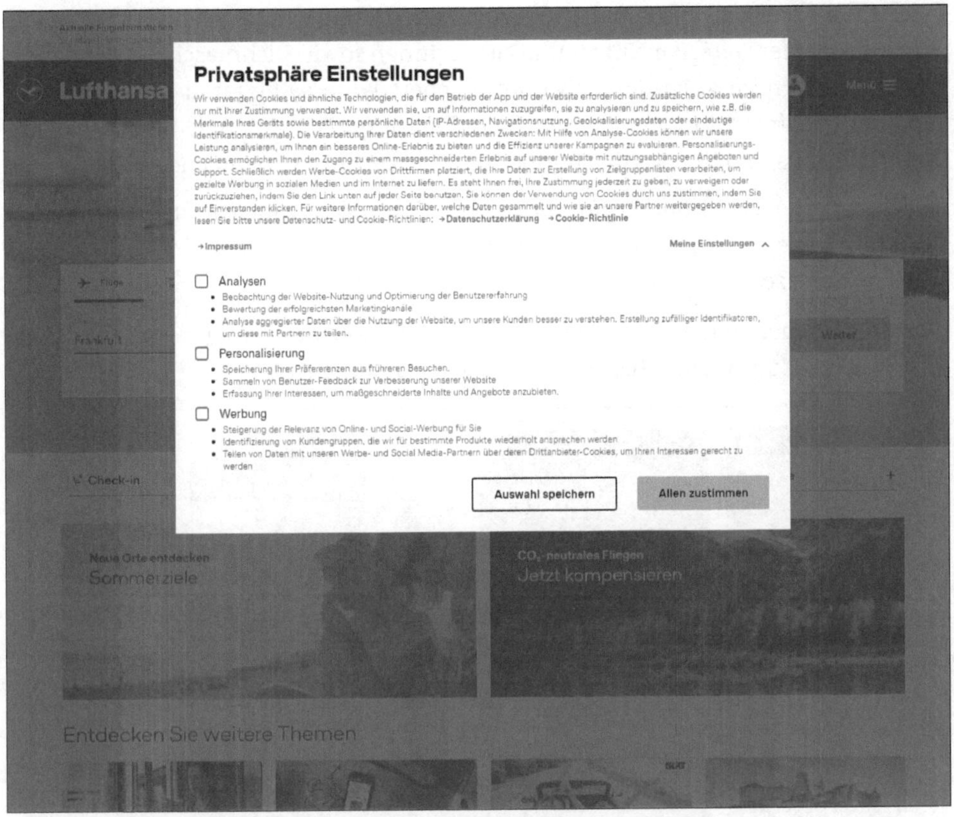

8.1 Barrierefreiheit für Suchmaschinen

Abbildung 8.10 Cookie Consent Overlay bei der Lufthansa-Website

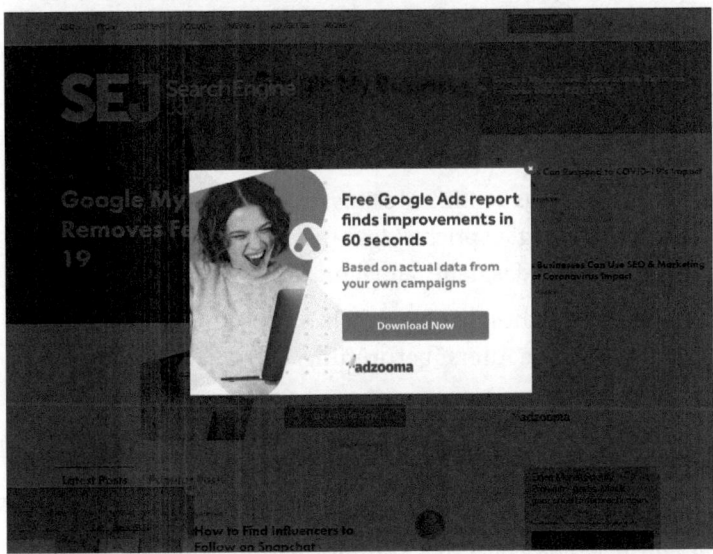

Abbildung 8.11 Interstitial-Anzeige bei »www.searchenginejournal.com«

Interstitial-Anzeigen erscheinen meist mit Verzögerung wenige Sekunden nach dem Erstbesuch einer Seite. Für Nutzer und Nutzerinnen sowie Suchmaschinen sind diese häufig ein Dorn im Auge, denn sie unterbrechen den Lesefluss und damit die Erfüllung der Suchintention. Aus diesem Grund veröffentlichte Google bereits 2017 die Richtlinie vor allem für massive Interstitial-Taktiken auf mobilen Endgeräten:

> *Seiten, bei denen die Inhalte für Nutzer beim Klick auf die mobilen Suchergebnisse nur schwer erreichbar sind, werden ab heute ggf. nicht so hoch in den Suchergebnissen angezeigt.*

Google gibt auch entsprechend visuelle Hinweise, welche Formen nicht gewünscht sind und den Zugriff auf Inhalte erschweren (Abbildung 8.12).

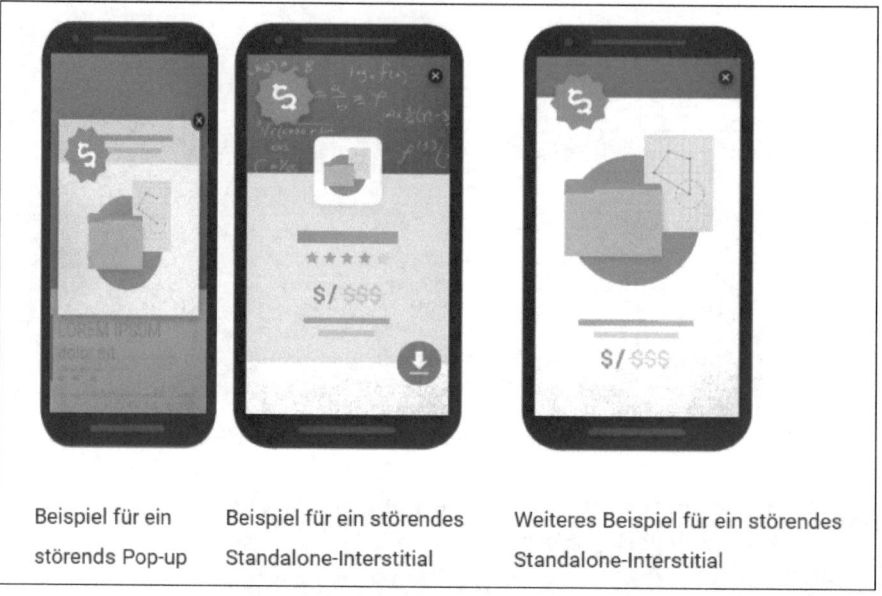

Abbildung 8.12 Beispiele für störende Überblendungen von Google

Explizit ausgeschlossen sind allerdings bestimmte Einsatzformen, wie in der Google-Dokumentation zu erfahren ist. Google spricht von »Beispielen für Techniken, die, sofern mit Bedacht eingesetzt, durch das neue Signal nicht beeinflusst werden«:

- Interstitials, die aufgrund einer rechtlichen Verpflichtung bestehen, wie beispielsweise ein Cookie-Hinweis oder eine Altersüberprüfung
- Anmeldedialogfelder auf Websites, deren Inhalte nicht öffentlich indexierbar sind. Hierzu gehören beispielsweise private Inhalte wie E-Mails oder nicht indexierbare, kostenpflichtige Inhalte.
- Banner, die einen angemessenen Teil des Displays ausfüllen und leicht zu schließen sind. Hierzu zählen beispielsweise die App-Installations-Banner von Safari und Chrome, die einen angemessenen Teil des Displays ausfüllen.

Wie viel dieser »angemessene Teil des Displays« sein soll, ist allerdings nicht zu erfahren. Lediglich visuell gibt es eine Hilfestellung, wie Sie in Abbildung 8.13 sehen können.

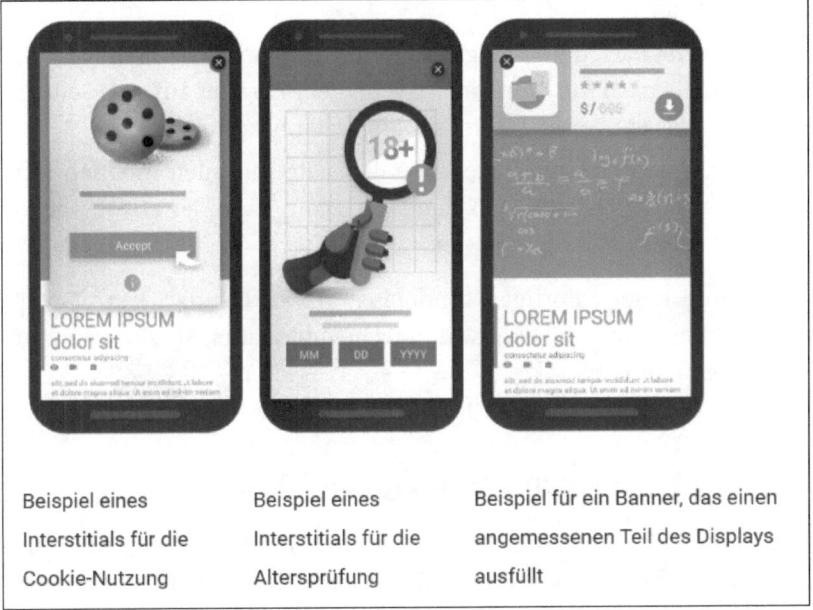

Beispiel eines Interstitials für die Cookie-Nutzung

Beispiel eines Interstitials für die Altersprüfung

Beispiel für ein Banner, das einen angemessenen Teil des Displays ausfüllt

Abbildung 8.13 Akzeptierte Interstitial-Formate von Google

Dass Google den übertriebenen Einsatz von vollflächigen Interstitials vor allem mobil nicht mag, ist leicht nachzuvollziehen. So sollen doch Suchende von Google auf die Websites kommen und möglichst schnell und passend ihr Suchproblem gelöst bekommen. Dazu gehören ein Eintrag in einen Newsletter, ein neuer 10 %-Gutschein oder ein Hinweis auf einen Whitepaper-Download meist nicht.

Warum sind diese Overlay- bzw. Pop-up-Techniken aber eigentlich ein Problem für die Suchmaschinen-Optimierung? Suchmaschinen rendern die Erstansichten von Websites, um darauf bestimmte Rankingalgorithmen anwenden zu können, etwa die Frage, ob ausreichend viele Informationen weit oben oder gar *Above-The-Fold*, d. h. im ersten Viewport ohne Scrollen, zu sehen oder ob stattdessen zahlreiche störende Werbebanner eingebettet sind.

Die Praxis zeigt, dass die Unterscheidung zwischen den »guten« und den »bösen« Overlays bzw. Pop-ups in einigen Fällen zu Problemen führt. Allerdings sollte das Sie nicht dazu verleiten, die rechtlich notwendigen Cookie-Consent-Hinweise zu entfernen oder nur ein Hinweis-Banner als Cookie-Hinweis anzuzeigen. Google und andere Suchmaschinen-Anbieter werden lernen müssen, hiermit umzugehen. Achten Sie dennoch auf folgende Hinweise beim Einsatz von Overlays:

- Overlays sollten mobil niemals vollflächig dargestellt werden.
- Overlays sollten leicht zu schließen sein.
- Verzichten Sie auf Overlays, die sofort oder nach fünf, zehn oder mehr Sekunden automatisch erscheinen.
- Interstitials sollten erst nach dem Navigieren durch die Site erscheinen. Das heißt konkret: Besucher, die nach Klick auf einen Suchergebnistreffer auf eine Seite gelangen, sollten niemals ein Werbe-Interstitial angezeigt bekommen.
- Achten Sie darauf, dass der HTML-Quellcode der Seite mit allen Inhalten trotz Cookie Consent Banner vollständig geladen wird. Dann kann der HTML-Crawler die Seite auf jeden Fall vollständig erfassen.

In einigen Fällen, etwa einer sofortigen Länderauswahl als Overlay, kann Google nicht eindeutig zwischen »gut« und »böse« unterscheiden. Halten Sie sich daher unbedingt an die oben genannten Punkte.

8.2 Mobile Websites, Responsive Design und AMP

Mobile Endgeräte vom Tablet über Smartphones bis zur Smartwatch verkaufen sich seit einigen Jahren schon besser und häufiger als stationäre Rechner oder Notebooks. Außerdem änderte sich das Nutzerverhalten, sodass mittlerweile die meisten Zugriffe auf Websites und auch die Suchmaschinen von einem mobilen Endgerät aus erfolgten. Das betrifft in vielen Bereichen natürlich auch die Art und Weise der Suchmaschinen-Optimierung.

8.2.1 Mobile First Indexing

Seit dem Frühjahr 2018 aktivierte Google das Mobile First Indexing für Websites. Stück für Stück wurden immer mehr Websites von dem Crawler mit der mobilen Ansicht abgerufen und gerendert. Seit 2019 wurden alle neuen Websites dann standardmäßig mobil besucht, und ab 2020 gibt es ausschließlich den mobilen Crawler. Der Desktop-Crawler kommt nur noch ab und an vorbei, um Unterschiede zwischen der mobilen und der Desktop-Ansicht zu erkennen. Bei Websites, die nach dem Mobile First Indexing behandelt werden, zählen auch ausschließlich die mobilen Inhalte – auch für die Rankingbewertung bei Desktop-Suchen.

Fälschlicherweise wurde von Google und in der SEO-Branche von dem Mobile First Index gesprochen. Google dementierte allerdings, dass es einen separaten mobilen Index gäbe. Es gibt nur einen gemeinsamen Index, der fortan die mobile Darstellung heranzieht.

8.2.2 Arten von mobilen Endgeräten und der mobile Index

Dennoch spielen die unterschiedlichen Endgeräte-Klassen im SEO eine Rolle. Daher muss man zunächst zwischen verschiedenen Arten von Endgeräten unterscheiden. Die Übergänge sind durch hybride Formen zwar fließend, aber dennoch lassen sich bestimmte Klassen unterscheiden.

Einerseits gibt es nach wie vor den **stationären Rechner**, meist ein PC oder ein Mac. Häufig ist dies ein Desktop-Rechner oder auch ein **tragbarer Laptop**. Diese Endgeräte zeichnen sich dadurch aus, dass sie eine vollwertige Tastatur und meist einen großen Bildschirm besitzen. In der Analytics- und SEO-Sprache zählen diese alle unter die Desktop-Suche.

Tragbare Mobilgeräte sind vor allem Tablets wie das iPad von Apple. Hier ist die Tastatur in den Bildschirm integriert, und die Bedienung geschieht fast ausnahmslos per Touchsteuerung über den Bildschirm. Der Benutzer hat in der Regel keine Maus und keine externe Tastatur, der Bildschirm ist aber noch relativ groß.

Smartphones kennt jeder – sie verfügen über einen noch kleineren Bildschirm. Dieser wird für die Website-Anzeige meist hochkant genutzt und nicht mehr quer.

Schlussendlich existieren derzeit noch eine Menge weiterer mobiler Endgeräte, die entweder noch kleinere Displays haben – wie etwa **Smartwatches** – oder über gar kein Display mehr verfügen. Das können Brillen, Ringe oder auch smarte Kleidung sein. Hier wird die Zukunft zeigen, wie Suchmaschinen-Optimierung aussehen wird.

Konzentrieren wir uns aber zunächst auf die aktuellen Klassen: Desktop-Rechner, Tablets und Smartphones. Displaylose Ausgabegräte bzw. virtuelle Assistenten wie Alexa, Siri und Co. werden später separat behandelt.

Für die Suchmaschinen-Optimierung ist der Maßstab spätestens seit der vollständigen Umstellung auf das Mobile First Indexing sicherlich die mobile Ansicht. Schauen Sie allerdings einmal in Ihr Webanalytics-Programm, etwa Google Analytics, hinein, und finden Sie heraus, wie viele stationäre Zugriffe die Website noch hat. Vor allem bei B2B-Websites sind die Desktop-Besucher noch sehr stark vertreten, und so sollten Sie zumindest in Sachen Usability nicht nur ausschließlich Mobile First denken. Je jünger die Zielgruppe und je endkundenlastiger der Websiteinhalt ist, desto bedeutender ist allerdings die mobile Ansicht auch für die Suchmaschinen-Optimierung.

8.2.3 Responsive Websites

Um eine Website mit gleichen Inhalten auf verschiedenen Endgeräten unter diversen Bedingungen anzeigen zu können, geht man heute meistens dazu über, ein sogenanntes responsives Design zu implementieren. Dieses Design passt sich verschiedenen Displaygrößen an. Dies funktioniert üblicherweise anhand von CSS und den dort verfügbaren @media-Abfragen. Das CSS beinhaltet verschiedene Breitenangaben für typische Displaygrößen.

Das beliebte HTML/CSS-Framework *Bootstrap* (siehe Abbildung 8.15), das webweit Maßstäbe setzte, unterscheidet bis zu vier Größen: Smartphone, Tablet, normaler Bildschirm und extra breiter Bildschirm. Die verfügbare Breite eines Bildschirms in Pixeln bestimmt dann, welche Layout-Variante angezeigt wird. Ein Dreispalter auf einem Tablet wird beispielsweise zu einem Einspalter mit untereinander angeordneten Elementen auf einem Smartphone.

Abbildung 8.14 Verdeutlichung von Responsivität von Google (»https://bit.ly/33B8y6S«)

Responsives Webdesign ist mittlerweile bei neuen Websites zum Standard geworden und aus SEO-Sicht auch definitiv die sichere Bank!

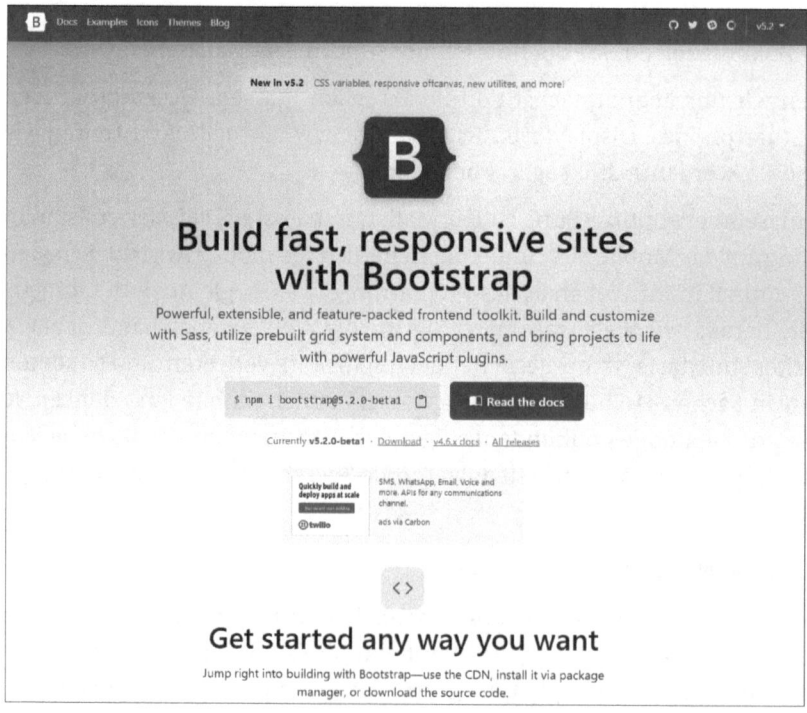

Abbildung 8.15 Mit Bootstrap wurden responsive Designs deutlich einfacher (»www.getbootstrap.com«).

8.2.4 Dynamische Bereitstellung und unterschiedliche Domains

Manchmal führen technische Bedingungen dazu, dass ein responsives Design nicht implementiert werden kann. Google kann allerdings auch mit zwei anderen Varianten umgehen, wenn Sie das richtig einrichten.

Dynamische Bereitstellung

Unter *dynamischer Bereitstellung* versteht man, dass unter derselben URL unterschiedliche Inhalte ausgegeben werden. Fragt ein Desktop-Rechner eine URL an, erhält er eine andere Website als ein Smartphone.

Damit das nicht als Cloaking missinterpretiert und abgestraft wird, sollten Sie hier unbedingt auf den Einsatz des Vary-HTTP-Headers achten!

Der Vary-Header ist Teil der HTTP-Response und sieht folgendermaßen aus:

```
HTTP/1.1 200 OK
Content-Type: text/html
Vary: User-Agent
Content-Length: 5210
[restlicher Response-Header]
```

Der Vary-Header informiert Browser, Proxys, Caches und vor allem den Google-Crawler darüber, dass die Inhalte der Antwort vom User Agent abhängig sind. Wenn die Suchmaschine das erkennt, fragt sie die URL einmal mit einer normalen Desktop-Browserkennung ab und einmal mit einer mobilen Browserkennung.

Unterschiedliche URLs

Lange Zeit war es Sitte, dass man mobiloptimierte Websites unter einer anderen Domain oder Subdomain platziert hat. Der *Focus* ist beispielsweise unter *www.focus.de* normal zu erreichen. Die mobiloptimierte Website befindet sich unter *m.focus.de*. Viele Websites, vor allem Verlage, haben in den letzten Jahren diese sogenannten *m-Dot-Domains* zugunsten von responsiven Varianten aufgelöst.

Bei der m-Dot-Einsatzart ist es enorm wichtig, dass Sie auf der mobilen Website ein canonical-Attribut einsetzen. So hat die *m.focus.de* beispielsweise auf der Startseite einen sogenannten Canonical zur Startseite der normalen Website:

```
<link rel="canonical" href="https://www.focus.de/"/>
```

Auf jeder Unterseite wird entsprechend mithilfe des Canonical auf die Desktop-Unterseite verwiesen. So entsteht kein Duplicate Content, und Google weiß, dass es sich um eine mobiloptimierte Seite handelt.

8 Suchmaschinen-optimierte Website-Struktur

Damit Google auf der Desktop-Variante auch erkennt, dass es einen mobiloptimierten Gegenpart gibt, muss man auf *www.focus.de* das Attribut `rel=alternate` einsetzen:

```
<link rel="alternate" media="only screen and (max-width: 640px)"
href="http://m.focus.de/ " >
```

8.2.5 Mobiltauglichkeit testen

Unter der URL *www.google.de/webmasters/tools/mobile-friendly/* stellt Google Ihnen ein Test-Tool zur Verfügung (siehe Abbildung 8.16). Mit ihm können Sie testen, ob eine Website im Sinne Googles mobiloptimiert ist oder nicht.

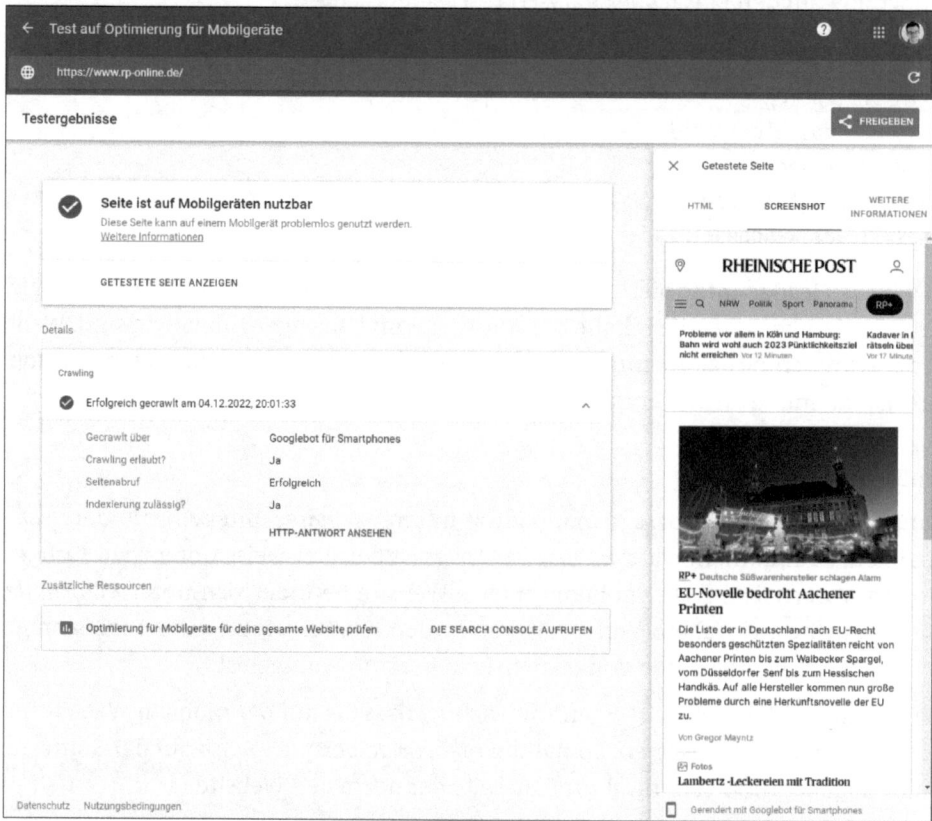

Abbildung 8.16 Googles Test für Mobilgeräte

Auch die Search Console gibt konkrete Optimierungshinweise für mobile Endgeräte (siehe Abbildung 8.17). Hier spielen vor allem Themen der Bedienung und der User-Experience eine wichtige Rolle. Daher lesen Sie bei nicht mobiltauglichen Websites vermutlich häufiger, dass die Bedienelemente zu klein sind, Touchelemente zu nah beieinanderstehen oder die Schrift unleserlich klein ist.

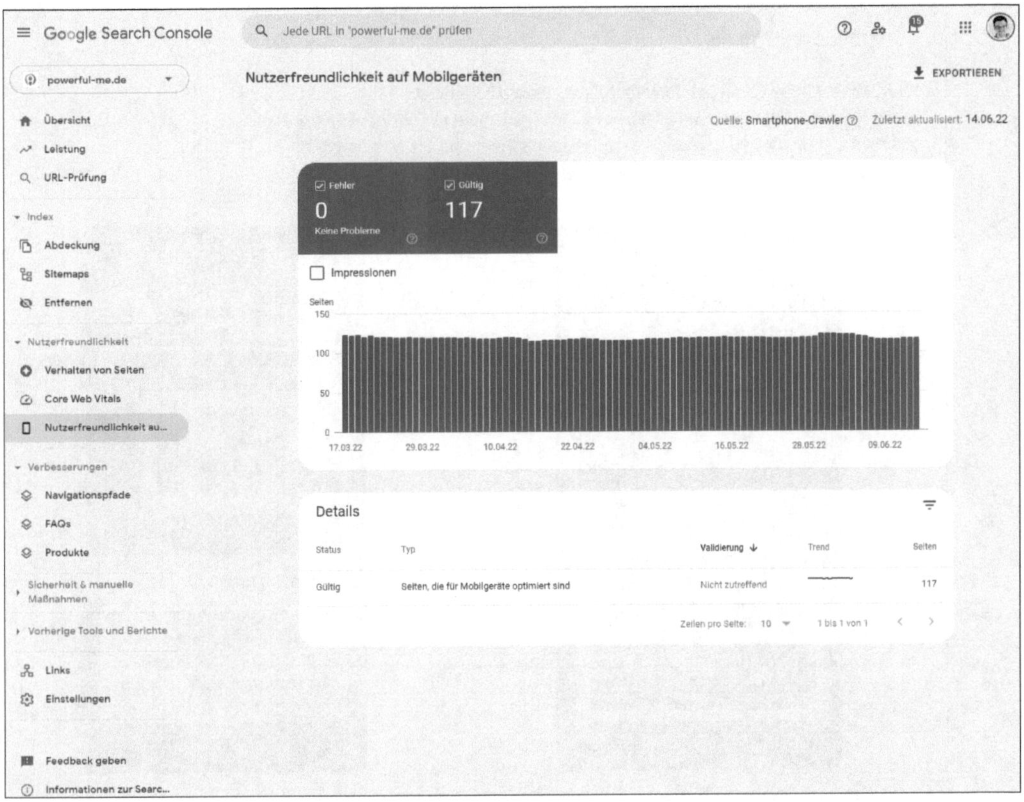

Abbildung 8.17 Die Search Console gibt Tipps zur Steigerung der Nutzerfreundlichkeit auf Mobilgeräten.

8.2.6 Tipps für mobiloptimierte Websites

Für die Optimierung von mobilen Websites gelten grundsätzlich die gleichen Regeln wie für normale Websites auch. Allerdings haben sich ein paar Faktoren als besonders relevant herausgestellt.

Achten Sie darauf, dass die Schriftgröße angepasst ist und auch auf kleinen Displays groß genug erscheint. Das gilt auch für Schaltflächen und Links. Der Daumen ist in der Regel nicht so filigran wie ein Mauszeiger. Planen Sie etwas Platz um die Links herum ein. Das erhöht auch die Usability enorm.

Verzichten Sie auf Overlays und Interstitials (siehe Abbildung 8.18). Google straft diese, wie oben dargestellt, explizit ab, vor allem wenn die Overlays die eigentlichen Inhalte verdecken.

Die Ladezeit sollten Sie vor allem bei der mobilen Optimierung besonders im Blick haben. Große Bilder, lange Seiten und viele verschiedene kleinteilige Elemente sind hier besonders hinderlich.

Interstitials vermeiden

Viele Webmaster werben bei Besuchern ihrer mobilen Website für die systemeigenen Apps ihres Unternehmens. Falls das nicht mit der nötigen Sorgfalt geschieht, kann dies zu Indexierungsproblemen führen und die Nutzung der Website durch den Besucher beeinträchtigen.

Das Interstitial blockiert den Nutzer, sodass dieser nicht die gewünschte Aktion durchführen kann.

Beim Einsatz eines HTML-Banners können Nutzer weiter gewünschte Aktionen durchführen, während die App präsentiert wird.

Abbildung 8.18 Google straft Overlays im mobilen Bereich ab.

Bei Google selbst erfährt man auch das Kriterium für die Ladezeit:

Es ist nicht einfach, ein Zeitbudget von einer Sekunde einzuhalten. Glücklicherweise muss nicht die gesamte Seite innerhalb dieser Zeitspanne gerendert werden, sondern wir müssen den ohne Scrollen sichtbaren Inhalt (Above The Fold, ATF) in weniger als einer Sekunde bereitstellen, damit der Nutzer so früh wie möglich mit der Seite interagieren kann. Während der Nutzer dann mit dem Inhalt auf der ersten Seite beschäftigt ist, kann der Rest der Seite nach und nach im Hintergrund bereitgestellt werden. (Quelle: https://developers.google.com/speed/docs/insights/mobile)

Dass Sie gänzlich auf Flash verzichten sollten, muss eigentlich nicht mehr erwähnt werden. Aber auch das wird noch von Google geprüft.

8.2.7 Google AMP

Google hat 2016 das *AMP Project* gestartet (*https://amp.dev/*). AMP steht für *Accelerated Mobile Pages*, also beschleunigte mobile Seiten.

AMP ist eine Open-Source-Bibliothek, mit der man schnelle und schlanke Webseiten erstellen kann. AMP ist gewissermaßen ein sehr eingeschränktes HTML-Format. Es besteht aus

- AMP-HTML: ein einerseits stark eingeschränktes HTML, das andererseits mit neuen Funktionen ausgestattet wurde
- AMP JS: eine JavaScript-Bibliothek, die dafür sorgt, dass AMP-Seiten schnell laden
- AMP Cache: ein Cache auf Google-Servern, der Ihre AMP-Seiten schnell bereitstellen kann, ohne dass sie auf Ihrem Webserver liegen (müssen)

In den ersten Versionen waren AMP-Seiten noch sehr rudimentär. Mittlerweile kann man ein etwas zeitgemäßeres Design umsetzen. An den vollen Funktionsumfang von HTML5 kommt man jedoch nicht ganz heran, und das ist auch der Sinn dahinter.

Wieso hat Google AMP entwickelt? Google hat sich in den letzten Jahren sehr stark der Ladezeit verschrieben. Vor allem im mobilen Bereich ist Google hier sehr engagiert. Google möchte das mobile Internet schneller machen. Das ist zumindest die offizielle Begründung. Es wird aber wohl kein Zufall sein, dass Google zeitnah mit Facebooks *Instant Articles* herausgekommen ist. Eine sehr ähnliche Technik, allerdings nur im Facebook-Universum. Und genau hier ist das Problem für Google: Durch Instant Articles müssen Facebook-User nicht mehr das Facebook-Netzwerk verlassen und im Internet Links verfolgen. Artikel können direkt in Facebook ausgespielt werden. Damit klicken die Besucher und Besucherinnen eher auf Facebook-Werbung und weniger auf Google-Werbung, die ja bekanntlich im Rest des Web stattfindet – und nicht auf Facebook.

Entsprechend ist es nicht verwunderlich, dass außer Googles AdSense auch kaum ein Werbenetzwerk in AMP zugelassen ist.

Google versucht, AMP mit all seiner Macht in den Markt zu drücken. So werden vor allem im News-Bereich Google-AMP-Artikel bevorzugt ausgespielt. Dort muss man sich tatsächlich überlegen, inwieweit man hier mitgeht. Letztendlich gibt man auch seine eigenen Assets stückweise aus der Hand, denn wenn die Inhalte als AMP-Seite angeboten und auf Google-Servern gespeichert werden, hat man keinen direkten Einfluss mehr auf die Inhalte. Auch Fragen zum User Tracking und Ausspielen von Werbung sind langfristig hier nicht so sicher wie auf der eigenen Website. Das sehen viele Publisher kritisch. Auch widerspricht AMP eigentlich den Grundsätzen des Web, welches auf offenen und plattformübergreifenden Standards basiert. AMP hingegen ist zentralisiert und priorisiert Seiten in der Suche, die darauf basieren. Google zeigt AMP-Seiten durch das Blitz-Icon in den SERPs an.

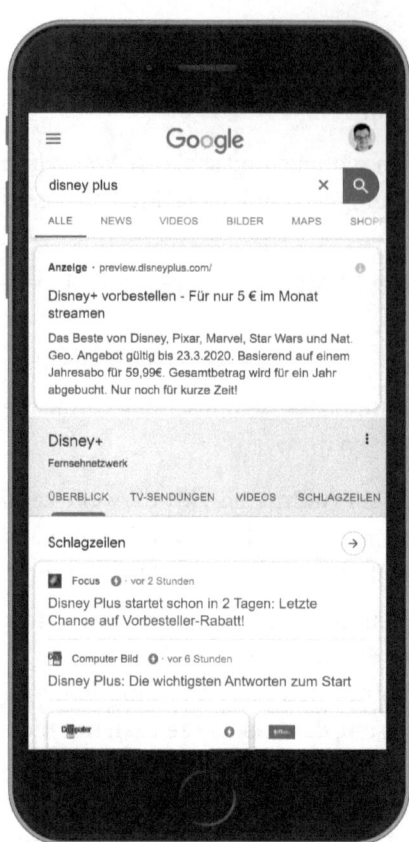

Abbildung 8.19 AMP-Seiten sind an dem Blitz-Icon zu erkennen.

Um eine AMP-Seite anzulegen, können Sie die Boilerplate unter *https://amp.dev/ documentation/guides-and-tutorials/start/create/basic_markup/* nutzen. Im ersten Moment sieht es aus wie normales HTML, im Detail unterscheidet sich das AMP-HTML allerdings:

```
<!doctype html>
<html amp lang="en">
  <head>
    <meta charset="utf-8">
    <script async src="https://cdn.ampproject.org/v0.js"></script>
    <title>Hello, AMPs</title>
    <link rel="canonical" href="https://amp.dev/documentation/guides-and-
    tutorials/start/create/basic_markup/">
    <meta name="viewport" content="width=device-width,minimum-scale=1,
    initial-scale=1">
    <script type="application/ld+json">
      {
```

```
        "@context": "http://schema.org",
        "@type": "NewsArticle",
        "headline": "Open-source framework for publishing content",
        "datePublished": "2015-10-07T12:02:41Z",
        "image": [
          "logo.jpg"
        ]
      }
    </script>
    <style amp-boilerplate>body{-webkit-animation:-amp-start 8s steps(1,end) 0s 1 normal both;-moz-animation:-amp-start 8s steps(1,end) 0s 1 normal both;-ms-animation:-amp-start 8s steps(1,end) 0s 1 normal both;animation:-amp-start 8s steps(1,end) 0s 1 normal both}@-webkit-keyframes -amp-start{from{visibility:hidden}to{visibility:visible}}@-moz-keyframes -amp-start{from{visibility:hidden}to{visibility:visible}}@-ms-keyframes -amp-start{from{visibility:hidden}to{visibility:visible}}@-o-keyframes -amp-start{from{visibility:hidden}to{visibility:visible}}@keyframes -amp-start{from{visibility:hidden}to{visibility:visible}}
    </style><noscript><style amp-boilerplate>body{-webkit-animation:none;-moz-animation:none;-ms-animation:none;animation:none}</style></noscript>
  </head>
  <body>
    <h1>Welcome to the mobile web</h1>
  </body>
</html>
```

Listing 8.5 AMP-Vorlage von Google

Um Google anzuzeigen, dass eine normale HTML-Seite eine AMP-Variante hat, müssen Sie im Head-Bereich der eigentlichen Seite einen link-Tag mit amphtml auf die AMP-Version setzen:

```
<link rel="amphtml" href="https://amp.domain.de/dokument.html">
```

Das kann wie in diesem Beispiel so sein, dass alle AMP-Dateien in einer Subdomain liegen. Sie können aber auch jede beliebige URL-Variante wählen – es muss dort eben nur der AMP-Code von Ihrem Webserver ausgeliefert werden:

```
<link rel="amphtml" href="https://www.domain.de/amp/dokument.html">
<link rel="amphtml" href="https://www.domain.de/dokument.html?amp=1">
```

Die AMP-Seite muss dann wiederum auf die normale HTML-Seite, wenn es die denn überhaupt gibt, zurückverweisen, in diesem Beispiel mit:

```
<link rel="canonical" href="https://www.domain.de/dokument.html">
```

Sollten Sie nur noch die AMP-Version anbieten und keine normale HTML-Version, dann müssen Sie den Canonical der AMP-URL zwingend selbstreferenziell auf sich selbst setzen! In dem Beispiel wäre das dann auf der AMP-Seite:

```
<link rel="canonical" href="https://amp.domain.de/dokument.html">
```

Google crawlt beim nächsten Abruf der eigentlichen HTML-Seite dann entsprechend auch die AMP-Variante und nimmt diese in den AMP-Cache auf den Google-Servern auf.

> **Praxistipp: Überlegen Sie den Einsatz von AMP gut**
>
> Wie viele SEO-Kollegen bin ich skeptisch gegenüber dem AMP-Einsatz. Mit einem entsprechenden Setup erhält man ebenso schnell ladende Websites mit normalem HTML und CSS. Hier haben Sie dann alle Möglichkeiten und die volle Kontrolle.
>
> Google bevorzugt jedoch gerade im journalistischen Bereich AMP-Seiten sehr stark in den eigenen SERPs. Hier muss man abwägen, inwieweit sich die Kosten und die Risiken lohnen. Für Unternehmenswebsites oder andere Formate ist derzeit nicht zwingend Handlungsbedarf angesagt. Achten Sie hier auf eine schnelle Ladezeit Ihrer normalen Website, das hilft allen Besuchern und Besucherinnen – auch denen, die nicht über Google kommen.

8.2.8 Progressive Web App (PWA)

Während Google versucht, Google AMP zu etablieren, macht sich scheinbar unbemerkt eine ganz andere Technologie auf den Weg – spannenderweise ebenfalls von Google initiiert. PWAs, sogenannte *Progressive Web Apps*, sind Websites, welche die Merkmale von nativen Apps auf iOS und Android mit denen von responsiven Websites verbinden. So können PWAs beispielsweise Benachrichtigungen (*Notifications*) auf einem Endgerät generieren oder auf Bewegungssensoren, das Mikrofon oder die Kamera zugreifen.

Technologisch setzen PWAs auf HTML5, CSS3 und JavaScript auf – also den gängigen Standards im aktuellen Web. Spezielle *Service Workers* sorgen für optimales Caching, auch wenn das Endgerät einmal offline ist.

Zur Ausführung von PWAs wird ein aktueller Browser benötigt. Chrome und Firefox unterstützen PWAs bereits vollständig. Bei Safari, Edge und Opera hapert es noch teilweise. Erst seit Anfang 2018 beherrscht beispielsweise der iOS-Safari-Browser die Offline-Funktionalität, die jedoch ganz zentral ist für eine App – wenn man beispielsweise in Funklöchern unterwegs ist.

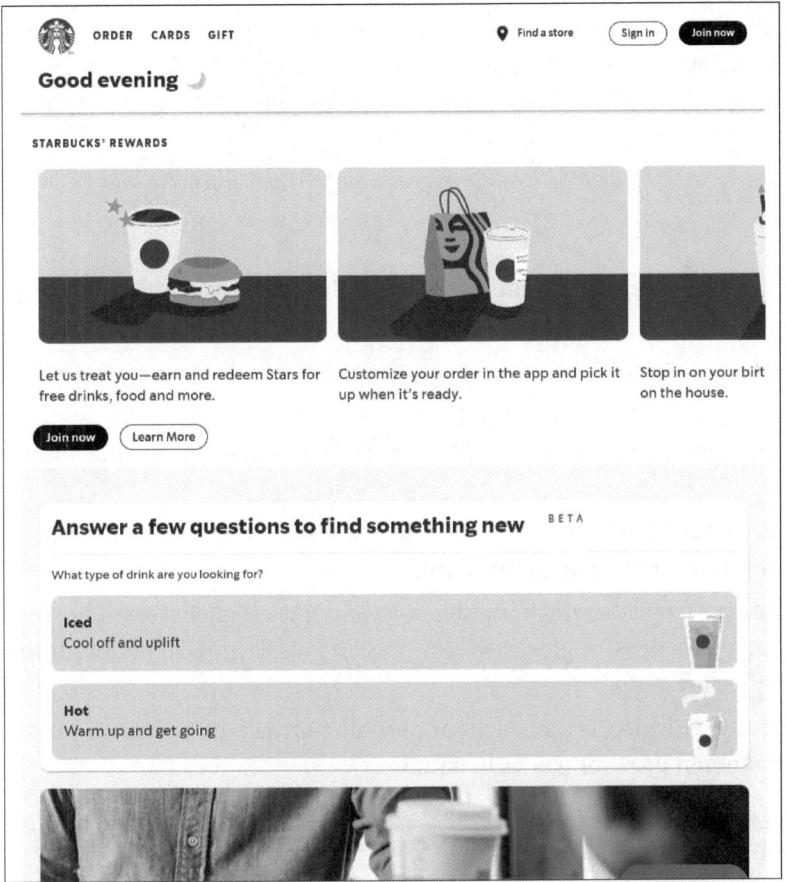

Abbildung 8.20 PWA von Starbucks unter »app.starbucks.com«

Was müssen Sie bei der Suchmaschinen-Optimierung von PWAs berücksichtigen? PWAs beinhalten signifikant viel JavaScript-Code. Ohne diesen funktionieren PWAs nicht. Hier genau liegt das Problem. Außer Google kann keine andere Suchmaschine annähernd JavaScript verlässlich interpretieren. Und selbst Google tut sich schwer damit, alle Varianten und Möglichkeiten wirklich nachhaltig zu erkennen, zu indexieren und zu verarbeiten. Insofern bestehen mit PWAs die gleichen Herausforderungen und Probleme wie beim restlichen AJAX- und JavaScript-Crawling: Es funktioniert zwar immer besser, aber nicht immer zuverlässig.

> **Praxistipp: Sind PWA die Zukunft?**
> Im Web entstehen täglich neue Technologien und Trends. Es wird sich zeigen, ob PWAs als Mischprodukt zwischen nativen Apps und Websites das Zeug haben, zum neuen Standard zu werden. Dagegen spricht auf jeden Fall die Marktmacht der App-Marktplätze Apple und Google. Dort wird eine Menge Geld verdient.

> Man sollte PWAs dennoch nicht aus den Augen verlieren. Für produktive Projekte empfehle ich es dennoch nicht. Wenn Sie eine Hauptseite weiterhin klassisch über eine normale Website betreiben, können Sie ja innovativ eine PWA dazu anbieten, vielleicht sogar nur mit einer speziellen Ausrichtung.
>
> Im SEO existieren bislang kaum Erfahrungswerte, da die Verbreitung noch sehr gering ist.

Sollten Sie zwingend PWAs einsetzen müssen oder wollen, berücksichtigen Sie auf jeden Fall diese Punkte:

- Nutzen Sie auf jeden Fall die Canonical-Tags, um Duplicate-Content-Probleme zu vermeiden.
- Der Crawler indexiert keine URLs mit #. PWAs nutzen dies manchmal – das sollten Sie umgehen.
- Nutzen Sie die Render-Vorschau in der Google Search Console, um zu prüfen, ob der Googlebot mit Ihrer PWA umgehen kann.
- Reduzieren Sie die Anzahl der eingebundenen JavaScripts möglichst stark, ansonsten kann es sein, dass der Google-Crawler nicht alle JavaScript-Dateien herunterlädt und interpretiert.
- Behandeln Sie den Google-Crawler nicht anders als normale Besucher und Besucherinnen über einen Browser (kein Cloaking).

Mit der Chrome-App *Lighthouse* (*https://goo.gl/svAwdk*) können Sie übrigens testen, ob eine Website die PWA-Standards erfüllt.

8.3 Die optimale Navigationsarchitektur

Die Navigation auf einer Website erlaubt dem User, sich interaktiv durch die verschiedenen Bereiche und Seiten zu bewegen. Auch für die Suchmaschinen ist die Navigation bei der Erschließung einer Website durch die Webcrawler ein wichtiges Element. Ein Crawler arbeitet sich von Link zu Link und erfasst so immer mehr Dokumente einer Website.

Der strukturelle Aufbau einer Navigation ist dabei für Mensch und Maschine von zentraler Bedeutung. Die Seitenstruktur jeder einzelnen Seite muss in einer Art und Weise arrangiert sein, dass alle Seiten einer Webpräsenz zueinander in logisch-hierarchischer Beziehung stehen und diese Anordnung für den Benutzer und die Benutzerin transparent erscheint. Was hier im Allgemeinen für den menschlichen Besucher bzw. die Besucherin gilt, verhält sich für Suchmaschinen im Speziellen nicht wesentlich anders. Weshalb also nicht ein wenig Usability-Optimierung gleich gemeinsam mit der Suchmaschinen-Optimierung vornehmen?

8.3.1 Kriterien für eine gute Navigation

Zur optimalen Seitenstruktur nach Kriterien der Usability gibt es etliche Publikationen. Hier können Sie sich auch für die Suchmaschinen-Optimierung gut bedienen. Wenn man die Kriterien nämlich zu vier Leitfragen zusammenfasst, ergeben sich gleichzeitig wichtige Aspekte, anhand derer die Tauglichkeit einer Website-Konzeption in Bezug auf die Suchmaschinen-Tauglichkeit geprüft werden kann. Sie sollten sich bei der Planung oder Überprüfung der Seitenstruktur folgende Fragen stellen:

- **Ist die Struktur vom Standpunkt des Besuchers oder der Besucherin aus sinnvoll?** Innerhalb einer sinnvoll und klar gegliederten Website können sich die Benutzer und Benutzerinnen wesentlich besser orientieren. Suchmaschinen dagegen beziehen die Gesamtstruktur u. a. in ihre Berechnungen mit ein, wenn sie die Verzeichnistiefe eines Dokuments bestimmen. Je tiefer die Dokumente liegen, desto weniger relevant sind sie für die Suchmaschinen. Das spiegelt sich auch in der Wiederbesuchsfrequenz wider, die in tieferen Ebenen meist geringer ausfällt. In der Regel ist das Linknetz in den unteren Ebenen wesentlich verzweigter als in den oberen Bereichen. Das bedeutet für Webcrawler sowie Besucher und Besucherinnen gleichermaßen, dass es prinzipiell aufwendiger ist, diese Dokumente zu finden als vergleichsweise höher liegende. Daher sollten wichtige Inhalte möglichst in einer flachen Hierarchieebene positioniert werden.

    In einer tiefen Ebene vermutet sicherlich niemand, dass es sich – das sei hier einmal angenommen – um den wichtigsten Inhalt auf der Website handelt:

    www.domain.de/informationen/zusatz/hinweise/wichtiges.html

    Das Dokument *wichtiges.html* befindet sich auf der vierten Unterebene. Anders sieht es bei dieser Struktur aus:

    www.domain.de/zusatzinformationen/wichtiges.html

    Sie werden später noch weitere wichtige Optimierungskriterien zur URL erfahren. Für eine optimierte Website-Struktur sollten Sie immer eine möglichst flache Hierarchie anstreben, was sich in wenigen Verzeichnisebenen innerhalb der URL äußert. Als Faustregel hat sich bewährt, dass bei Websites mit weniger als 10.000 Seiten jede Unterseite mit maximal drei Klicks von der Startseite aus erreichbar sein sollte.

- **Können Besucher und Besucherinnen schnell finden, was sie suchen?** Leider können Suchmaschinen noch keine Suchfunktionen innerhalb einzelner Websites nutzen. Für die Benutzer und Benutzerinnen ist eine Suchfunktion nachgewiesenermaßen das Recherche-Instrument Nummer eins, wenn es um die gezielte Suche von Informationen geht (*Informal Search*). Daneben ist eine gut durchdachte und ebenso gut organisierte Navigation die Bedingung für das schnelle Auffinden von gewünschten Informationen. Und diese Navigation kommt den Besuchern und Besucherinnen wie den Suchmaschinen zugute. Die Navigation ist das zentra-

477

le Organ, um eine Website zu erschließen. Daher gehe ich in Kapitel 16, »Usability und Suchmaschinen-Optimierung«, detailliert auf die Suchmaschinen-freundliche Gestaltung der Navigation ein.

▶ **Gibt es Sackgassen?** Die auch als *Dangling Pages* bezeichneten Seiten bilden das »blinde« Ende einer Verlinkungskette. Für den Besucher und die Besucherin sind sie eine Einbahnstraße, aus der er oder sie nur über den ZURÜCK-Button des Browsers herausgelangt. Jede Seite eines Angebots sollte daher zumindest die Navigationsmöglichkeit bieten, auf die Homepage eines Angebots zurückzukehren. Die meisten Benutzer und Benutzerinnen orientieren sich dort neu, nachdem sie sich im Angebot verirrt haben.

Für die Berechnung des internen PageRanks ist die Bedeutung solcher Dangling Pages bereits erwähnt worden. Sackgassen können sich allerdings auch auf die statistischen Bewertungsmethoden auswirken. Stellen Sie sich vor, ein Besucher oder eine Besucherin gelangt von der Ergebnisliste auf eine solche Seite. Er oder sie erhält keine Möglichkeit, das weitere Webangebot des Anbieters zu erkunden, weil kein weiterführender Link zur Verfügung steht. In diesem Sinne ist die Seite selbst bei annähernd inhaltlich gleicher Qualität weniger wert als eine gut aufbereitete und thematisch vernetzte Seite.

▶ **Weiß der Benutzer oder die Benutzerin zu jeder Zeit, wo er oder sie sich befindet?** Nur wenn der Benutzer oder die Benutzerin weiß, wo er bzw. sie sich relativ zu seinem oder ihren Startpunkt befindet, kann überhaupt so etwas wie Orientierung entstehen. Eine elegante und häufig verwendete Art der Orientierungshilfe ist die sogenannte *Breadcrumb-Navigation* (Breadcrumbs = Brotkrumen). Wie bei Hänsel und Gretel hinterlässt der Benutzer oder die Benutzerin eine Spur, je tiefer er bzw. sie in den Seitenwald vordringt:

Home > Support > Downloads > Firmware & Treiber > SD-D22

Jeder Link vor einem anderen repräsentiert die nächsthöhere Ebene. Die oberste Ebene ist die Wurzel (*root*) der Website und zumeist die Homepage. Eine Studie von Wissenschaftlern und Wissenschaftlerinnen der Wichita State University untersuchte die Effektivität dieses Navigationstyps und kommt zu dem Ergebnis, dass eine oben positionierte Breadcrumb-Navigation die Orientierung fördert und die Nutzungsrate des ZURÜCK-Buttons des Browsers senkt. So weit, so gut – was nützt sie allerdings der Suchmaschine? Eine derartige Navigationshilfe erhält zusätzliche wertvolle Verweise auf andere Seiten der Webpräsenz. Wertvoll daher, weil die Beschreibung in den meisten Fällen wirklich präzise das beschreibt, was auf der Seite zu erwarten ist. Das ist oftmals bei Hier- oder Mehr-Links (»klicken Sie hier«, »hier weiter«, »mehr hier« etc.) nicht der Fall. Zweitens sind die Breadcrumbs wertvoll, weil erneut interne Links platziert werden und dem Webcrawler »extra Futter« zur weiteren Erfassung gegeben wird. Kurzum: Diese Navigationsform erfreut Benutzer und Benutzerinnen sowie Suchmaschinen gleichermaßen.

Für Suchmaschinen sollten Sie die Breadcrumbs außerdem am besten mittels JSON-LD auszeichnen, damit Google und Co. die Breadcrumbs richtig interpretieren können. Aktuelle Informationen darüber finden Sie direkt bei Google unter *https://developers.google.com/search/docs/data-types/breadcrumb*.

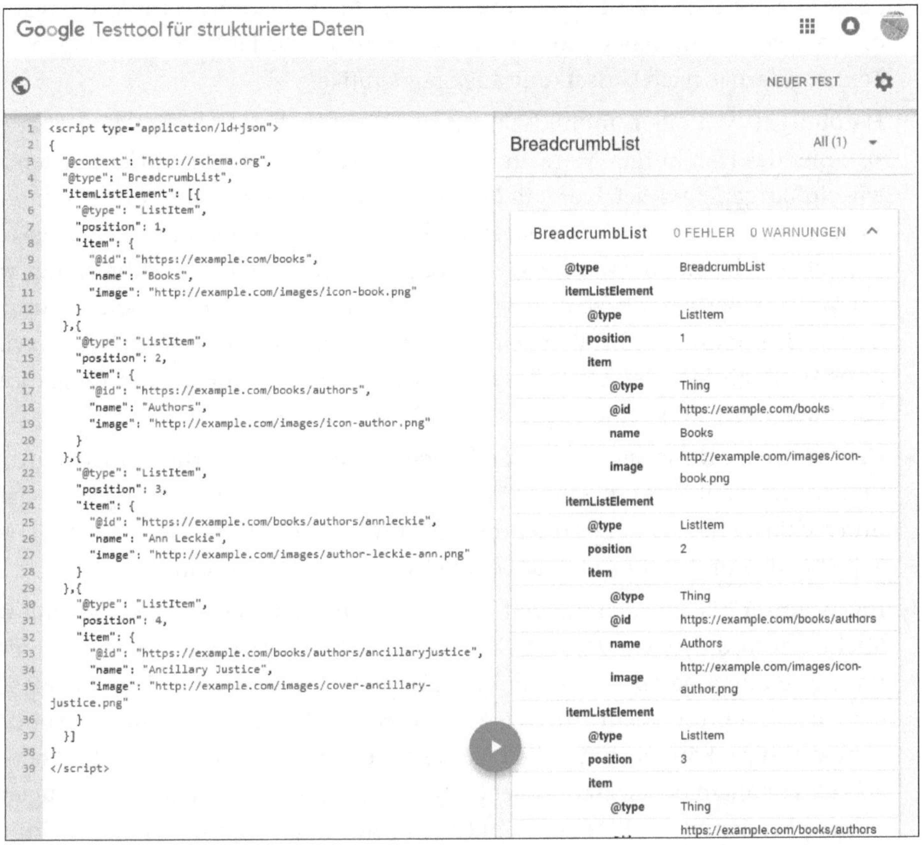

Abbildung 8.21 Breadcrumb-Auszeichnung mittels JSON-LD

8.3.2 Verschiedene Navigationssysteme

So viel zu den Fragen zur Seitenstruktur. Was kann man tun, falls diese Fragen nicht alle mit einem bewussten Ja beantwortet werden können? Es gibt mehrere Wege, die zum Erfolg und zu einer guten Seitenstruktur führen. Und genau dieses Prinzip sollte auch auf einer Website verfolgt werden. Bieten Sie mehrere Wege zum Ziel an.

Jeder Benutzer und jede Benutzerin denkt anders und versucht sein oder ihr Glück auf anderen Pfaden. Als positiven Nebeneffekt bieten Sie den Suchmaschinen mehr Informationen, um die Website zu erschließen. Ändern Sie daher die geplante Struktur so weit ab, dass die genannten Punkte auch auf Ihre Website zutreffen. Dabei können verschiedene zusätzliche Navigationssysteme zum Einsatz kommen:

- **Navigationsleisten**: Meistens findet man diese Form der Navigation als horizontale Register-Navigation im oberen Bereich einer Seite oder als vertikale Aufzählung auf der linken Seite. Bei der Mehrzahl von kleineren Webpräsenzen findet sich ausschließlich diese Art von Navigationssystem. Es ist darüber hinaus auf jeder Seite vorhanden. Häufig tritt die horizontale Navigation als Hauptnavigation, die vertikale als Subnavigation auf. Dabei bestehen die Links nicht zwingend aus Text, sondern je nach Umsetzung auch aus Grafiken.
- **Hamburger**: Vor allem mobil ist nicht viel Platz in der Horizontalen. Daher hat sich hier das Hamburger-Menü etabliert. Die drei horizontalen Striche sehen aus wie ein Burger. Ein Klick bzw. ein Fingertipp auf den Hamburger öffnet dann die Navigation. Immer häufiger sieht man das Hamburger-Menü auch auf Desktop-Versionen. Ich persönlich halte davon vor allem auf komplexeren Sites wenig, weil der Website-Besucher bzw. die -Besucherin beim Surfen auf der Domain immer nur den Hamburger sieht, aber keinerlei Orientierungsfunktion durch ein Navigations-Highlighting oder Ähnliches hat. Außerdem muss man für eine Navigationshandlung immer erst einen Klick auf den Hamburger tätigen.
- **User-Sitemap**: Diese Seite gibt eine Übersicht über die Struktur des Webauftritts und verweist auf jede einzelne Seite des Angebots. Die Visualisierung kann dabei unterschiedliche Ausmaße annehmen. Wichtig ist nur, dass es sich um eine HTML-Seite handelt und nicht um Bilder oder etwa um eine Flash-Animation.
- **Index von A bis Z**: Dabei handelt es sich um eine alphabetische Auflistung von Stichwörtern, die jeweils verlinkt sind. Im Gegensatz zur Sitemap geht es hier nicht um eine eindeutige Abbildung der Verweise auf die Seiten. Das bedeutet insbesondere, dass mehrere Stichwörter bzw. Verweise des Indexes auch auf eine einzige Seite verlinken können. In Studien wurde häufig die Benutzung des Indexes beobachtet. Vor allem bei großen Angeboten mit vielen verschiedenen Themengebieten wie bei den Webseiten der öffentlich-rechtlichen Sendeanstalten scheint der Index eine gute Orientierungsfunktion zu bieten.
- **Contentnavigation**: Auch im eigentlichen Inhalt kann und soll navigiert werden. Neben den im Fließtext eingebetteten Links (*Embedded Links*) findet man häufig bestimmte Formen von Navigationselementen im Hauptinhalt. Das sind bei einem Shop etwa die Links von der Kategorieseite zu verschiedenen *Produktdetailseiten* (PDS) oder bei einer Unternehmenswebsite die Links von einer Verteilerseite zu Detailseiten. Meist finden diese Links in Form von Teasern statt – eine Überschrift, ein Bild und ein kurzer Teasertext samt Link bilden hier eine Einheit, die den Besucher oder die Besucherin eine Ebene tiefer in die Website bringt.

Vor allem bei größeren Webangeboten ist auch heute noch eine HTML-Sitemap sinnvoll und angeraten. Bei kleineren Webauftritten sollte die Navigationsarchitektur von allein verständlich sein und das Webangebot erschließbar machen. Aber auch hier ist eine User-Sitemap keine schlechte Idee.

Häufig wird diese Form der Sitemap mit der strukturierten XML-Sitemap verwechselt. Letztere ist nicht für Nutzer oder Nutzerinnen gedacht, sondern zur Unterstützung der Suchmaschinen-Crawler. Darauf werde ich später eingehen. Eine Sitemap für Ihre Besucher und Besucherinnen hingegen kann z. B. so wie in Abbildung 8.22 aussehen.

Abbildung 8.22 Eine sehr einfache User-Sitemap

Sofern es angesichts der Größe des Webangebots sinnvoll ist, sollte ein A–Z-Index (siehe Abbildung 8.23) ebenso als Selbstverständlichkeit angesehen werden – von einer Navigation und den Textlinks ganz zu schweigen. So schaffen Sie verschiedene Wege für Mensch und Maschine zur Exploration Ihrer Website-Struktur.

Abbildung 8.23 Der A–Z-Index auf der BBC-Website

8.3.3 Die ideale 404-Fehlerseite

Auch das Auffinden einer nicht mehr bestehenden Unterseite gehört gewissermaßen zur Navigationsarchitektur. Zumindest sollte es so sein – denn häufig wird die 404-Fehlerseite bei der Konzeption neuer Websites oder bei einem Relaunch vernachlässigt.

Der HTTP-Fehlercode 404 wird von einem Webserver zurückgeliefert, wenn eine angeforderte Ressource nicht gefunden wird. Meist ist dies bei gelöschten Unterseiten der Fall. Ohne entsprechende Einstellung erscheint eine Standardfehlerseite. Diese führt den Nutzer oder die Nutzerin (und auch die Suchmaschinen) allerdings nicht weiter in das Angebot hinein, sondern sagt lediglich, dass die Seite nicht mehr gefunden wurde.

Erstellen Sie daher eine individuelle 404-Fehlerseite. Vielleicht integrieren Sie eine kleine Version einer Sitemap (siehe Abbildung 8.24)?

Abbildung 8.24 404-Fehlerseite mit Sitemap

Eine interne Suche ist auch nicht schlecht. Oder können Sie vielleicht besonders beliebte Seiten verlinken? Alle Maßnahmen, die dazu führen, dass der Besucher oder die Besucherin auf Ihrer Website bleibt und nicht wieder zu Google zurückkehrt, sind goldrichtig.

404-Fehlerseiten werden oftmals auch als Spielwiese genutzt, wie der animierte Sonnenverlauf auf *travel.sygic.com* in Abbildung 8.25. Sie sollten die Usability allerdings nie vergessen.

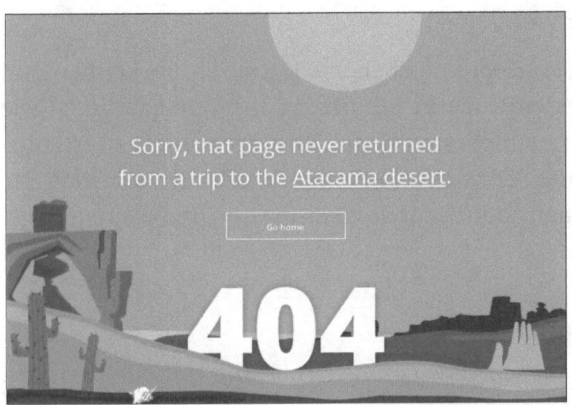

Abbildung 8.25 404-Fehlerseite auf »travel.sygic.com«

Für eine gute Suchmaschinen-Optimierung sollten Sie das massive Auftreten von 404-Fehlern möglichst vermeiden. Google sagt zwar, dass 404-Fehler an sich nicht schädlich sind. Gerade bei vielen 404-Fehlern leiden Rankings meiner Erfahrung nach dennoch, da Google sich gewissermaßen nicht mehr auf die Verfügbarkeit von Inhalten auf einer Website verlassen kann. Die Search Console hilft Ihnen dabei, indem sie alle 404-Fehler anzeigt (siehe Abbildung 8.26).

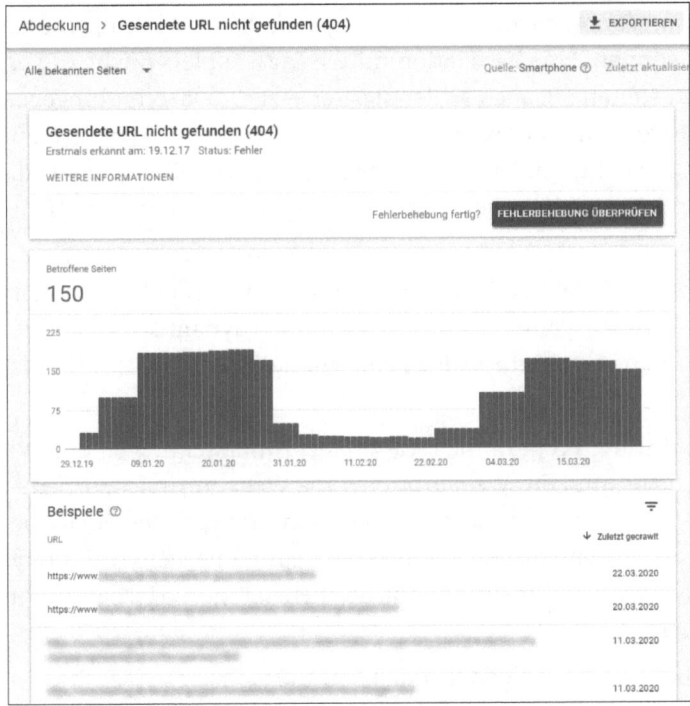

Abbildung 8.26 Eine steigende Anzahl von 404-Fehlern ist nicht gut für den Optimierungszustand einer Website und sollte dringend beseitigt werden.

8.3.4 Crawlbare Navigation verwenden

Das Thema Navigation ist bereits konzeptionell behandelt worden. Sie kennen nun die verschiedenen Navigationssysteme, die es Besuchern und Besucherinnen wie Suchmaschinen ermöglichen, sich auf mehreren Wegen Ihre Webpräsenz zu erschließen. Doch gibt es bei der Gestaltung der Navigation immer wieder Stolperfallen, die eine Indexierung unmöglich machen oder zumindest erschweren und damit Ihre gesamte Vorarbeit zunichtemachen.

Navigation mit JavaScript oder Flash

Ganz oben auf der Problemliste stehen Navigationsmenüs, die mit clientseitigen Skriptsprachen wie JavaScript oder dem veralteten Flash umgesetzt sind. Glücklicherweise nehmen diese Fälle immer mehr ab, aber dennoch sieht man hier und da noch diese Form der suboptimalen Umsetzung.

Grundsätzlich ist eine barrierefreie HTML-CSS-Navigation den clientbasierten Navigationen vorzuziehen. Der Client, sprich der Browser oder der Webcrawler, muss im letzteren Fall nämlich immer eine zusätzliche Systemkomponente verfügbar haben, die für die lokale Ausführung der Skriptsprache verantwortlich ist. Zu diesen clientseitigen Sprachen gehören Java-Applets, JavaScript und Flash. Navigationen mit Flash gehören definitiv der Vergangenheit an. So etwas macht man heute einfach nicht mehr, weil auch Endgeräte von Apple dies nicht anzeigen und auch Suchmaschinen damit nichts anfangen können. Eine Navigation mittels Java-Applets (nicht zu verwechseln mit JavaScript) sollten Sie auch schleunigst ersetzen. JavaScript hingegen wird von Google mittlerweile immer konsequenter und häufiger interpretiert. Für die Navigation, welche ja wichtige Links für die Crawler zur Erschließung aller URLs einer Domain enthält, sollte man aber, wie gesagt, immer primär barrierefreie HTML- und CSS-Methoden wählen.

Serverseitige Sprachen wie PHP, ASP, Perl etc. hingegen werden, wie der Name bereits andeutet, auf dem Webserver ausgeführt und liefern dann das dynamisch generierte Ergebnis in HTML. Der Client benötigt folglich keine zusätzlichen Plug-ins. Hier ist man auf der sicheren Seite.

Oftmals nutzen Webpublishing-Programme Java-Applets zur Erstellung einer Navigation. Das sieht hübsch aus, und der Webautor oder die Webautorin ist zufrieden und bemerkt gar nicht, dass er oder sie soeben einen schwerwiegenden Fehler begangen hat. Denn die Suchmaschine kann keine Verweise für eine weitere Exploration der Website extrahieren, weil für sie eine solche clientseitige Skriptnavigation schlichtweg nicht existiert.

Sie werden wahrscheinlich auch in die Verlegenheit kommen, veraltete Websites optimieren zu müssen, die Sie gar nicht selbst erstellt haben. Wenn Sie sich nicht sicher sind, ob eine Seite clientseitige Skriptsprachen enthält, können Sie in allen Browsern JavaScript und Active Scripting abschalten und sich dann die fragliche Seite anschauen. Taucht an der Stelle der Navigation nichts oder nur ein grauer Kasten auf, ist das Problem sichtbar.

Auch im Code lässt sich die Verwendung eines solchen Java-Applets sehr leicht finden – z. B., indem Sie nach dem Wort »applet« suchen:

```
<applet code="MenueApplet" width="200" height="450" archive="menu.jar">
```

Und auch ein ausgelagertes Menü mit JavaScript ist schnell im HTML-Code identifiziert:

```
<script type="JavaScript" src="menue/menue.js"></script>
```

Diese beiden Fälle sind leicht zu entdecken und zu vermeiden. Ähnlich verhält sich die Einbettung einer Flash-Navigation. Diese erkennt man an dem embedded- oder object-Tag in Kombination mit etlichen Attributen. Die Flash-Animation ist dabei in der Regel eine Datei mit der Endung *.swf*.

Wie lassen sich derartige Probleme vermeiden? Die beste Alternative ist, eine solche clientseitige Skriptnavigation erst gar nicht zu verwenden. Oftmals kommt man aber nicht darum herum – sei es aus ästhetischen oder technischen Gründen oder weil der Kunde schlichtweg nicht davon abzubringen ist. Setzen Sie hier dennoch alle Überzeugungskraft für eine ordentliche Navigationslösung ein! Ordentlich heißt in diesem Sinne: Suchmaschinen-Crawler und Browser sollten die Navigation ohne aktiviertes JavaScript nutzen können. JavaScript kann dann zusätzlich eingesetzt werden, um die Navigation »schön« zu gestalten und Effekte hinzuzufügen. Java-Applets und Flash sind tabu.

Auch ein Pop-up lässt sich ohne clientseitige Skripte nicht realisieren, da das Fenster nun mal auf dem Client erscheinen soll. In vielen Fällen ist es sicherlich auch weniger tragisch, wenn eine Suchmaschine den Inhalt eines Pop-up-Fensters nicht indexiert, da ohnehin meist Werbung in Form von Grafiken enthalten ist. Nach diesen Informationen wird sicherlich selten gesucht, und sie bieten dem Suchmaschinen-Nutzer bzw. der -Nutzerin an sich auch keinen Mehrwert.

Anchor-Text

Neben den rein technischen Hürden bei der Umsetzung einer Navigation gibt es auch noch kleinere, aber nicht unbedingt weniger bedeutende Probleme. Die Bezeichnung des Verweises (*Anchor-Text*), der sich zwischen dem öffnenden und dem schließenden Tag befindet, muss dem Benutzer oder der Benutzerin deutlich machen, was ihn oder sie bei einem Klick auf den entsprechenden Link erwartet. Dazu bedarf es einer guten Linkbeschreibung, im Fachjargon auch *Wording* genannt.

Gutes Wording hilft dem Besucher und der Besucherin bei der Auswahl seines bzw. ihres nächsten Schritts. Zusätzlich führt es aber auch zu einer höheren Bewertung bei der Vergabe hypertextueller Ranking-Algorithmen, die themenrelevant sind. So wird ein eingehender Link auf eine Seite, die das Thema »Krawatte binden« in allen Facetten beleuchtet, mit einem höheren Rank versehen, wenn eingehende Links auch das Stichwort »Krawatte« enthalten. Das bringt eine wesentlich höhere Gewichtung als die oft anzutreffenden Verweistexte »hier«, »mehr« oder »weiter«. Google etwa misst diesem themenrelevanten Linkprinzip viel Relevanz zu.

```
Hier finden Sie eine <a href="krawatten_anleitung.html">Anleitung
zum Binden Ihrer Krawatte</a>.
```

Usability-Studien belegen, dass Benutzer und Benutzerinnen sich wesentlich besser auf einer Seite zurechtfinden, wenn Linktexte aus mehr als einem einzelnen Wort bestehen und der Verweis genauer beschrieben ist. Wen wundert es? Schließlich bietet ein längerer Verweistext dem Benutzer und der Benutzerin mehr Informationen, um sich eine Meinung zu bilden, was ihn oder sie nach einem Klick erwartet.

> **Praxistipp: Intern möglichst »hart« verlinken**
>
> Wenn Sie intern auf relevante Unterseiten verlinken, dann sollten Sie immer den »harten Anchor-Text« nutzen. Das bedeutet: Verlinken Sie mit demjenigen Keyword auf die Unterseite, für das diese Seite ranken soll und für das sie optimiert wurde. Damit wissen Besucher und Besucherinnen sowie Suchmaschinen, was sie hinter dem Link erwartet. Aber Obacht: Das gilt ausschließlich für die interne Verlinkung! Bei einer ausgehenden bzw. extern eingehenden Verlinkung von einer anderen Domain gilt dies nicht. Hier sollten Sie möglichst variieren.

Was bei Embedded Links im Fließtext oftmals leicht zu realisieren ist, stößt innerhalb der Navigation schnell an die Grenzen des Machbaren. Die Gestaltungsrichtlinien von Designern und Designerinnen lassen meist nicht mehr als ein Dutzend Zeichen Verweistext als Navigationspunkt zu und bringen damit sogar einen erfahrenen Texter bzw. eine Texterin ins Schwitzen. Hier ist sicherlich die Verwendung des `<title>`-Tags förderlich.

Bilder als Navigationselemente

Trotz der umfangreichen Möglichkeiten, mit CSS Texte in Form und Farbe zu gestalten, verwenden erschreckend viele Webautoren und -autorinnen auch heute noch Grafiken als Navigationselemente. Selbst wenn die Image-Tags mit `alt`- und `title`-Attribut versehen sind, damit die Suchmaschinen wenigstens eine Ahnung davon erhalten können, welcher Textinhalt in Bildform angeboten wird, ist eine Navigation aus Bildern nicht Suchmaschinen-gerecht und keineswegs optimal. Sie sollten auf Bilder bei der Navigation daher verzichten und stattdessen auf entsprechende HTML-CSS-Formatierungen zurückgreifen.

Ajax für eine Tabbed Navigation

Ajax ermöglicht viele dynamische Aktivitäten auf einer Webseite, ohne dass sie komplett neu geladen werden muss. Ajax basiert u. a. auf JavaScript und ist damit auch eine potenzielle Problemquelle bei der Suchmaschinen-Optimierung, da die Webcrawler auch heute noch nicht zwingend zuverlässig JavaScript interpretieren. Die Google-Crawler haben hier zwar in den letzten Jahren deutlich zugelegt – andere Anbieter verarbeiten JavaScript aber eher unzuverlässig.

Vor allem als Unternavigation oder Register-Navigation (*Tabbed Navigation*) wird hier und da Ajax verwendet, wo die Navigationsinhalte erst nach Mausbewegung oder -klick dynamisch nachgeladen werden. Beim Klick auf ein neues Register erscheint dann zwar der entsprechende Inhalt, aber in einem initialen HTML-Request sind diese Navigationsinhalte noch nicht vorhanden.

Suchmaschinen-Crawler entdecken diese Inhalte zu den Unterseiten oder Registern dann nicht, weil eine Nutzerinteraktion erforderlich ist. Selbst Google-Crawler, die technologisch dazu in der Lage wären, »klicken« nicht auf der Website, und so bleiben Inhalte, die erst dynamisch mittels AJAX nachgeladen werden müssten, für die Suchmaschinen verborgen.

Bei wichtigen Inhalten innerhalb einer solchen Tabbed Navigation sollten Sie daher auf Alternativen setzen oder dafür sorgen, dass alle Inhalte gleich von Beginn an geladen werden, aber nur teilweise sichtbar sind. Hier kann man mittels HTML und CSS standardmäßig und barrierefrei sehr gute Lösungen einsetzen, bei denen JavaScript nur als visuelle Steuerungshilfe zum Tragen kommt.

8.3.5 Broken Links vermeiden

Nach dem Löschen, Umbenennen oder Verschieben von Dateien können mitunter einzelne Unterseiten nicht mehr von Suchmaschinen und Nutzern sowie Nutzerinnen gefunden werden. Bei Anfrage einer URL liefert der Webserver dann den 404-Fehler zurück.

Enthält Ihre Site viele solcher unerreichbaren Webseiten, ist das für die Suchmaschinen ein untrügliches Zeichen dafür, dass Sie die Pflege Ihrer Website nicht sehr sorgfältig durchführen. Dies kann eine empfindliche Abstrafung der gesamten Domain zur Folge haben.

8   Suchmaschinen-optimierte Website-Struktur

Die Google Search Console bietet im Bereich ABDECKUNG im Bereich FEHLER eine Übersicht über solche Probleme (siehe Abbildung 8.27). Hier sollten Sie regelmäßig hineinschauen.

Abbildung 8.27 Die Google Search Console zeigt Crawling-Fehler an.

Einen Schritt weiter geht der *Link Checker* des W3C (siehe Abbildung 8.28). Ihn rufen Sie unter *https://validator.w3.org/checklink* auf. Mit diesem Tool können Sie nicht nur übliche Verweise überprüfen, sondern alle eingebundenen Dateien und Medien innerhalb einer Webseite. Sie erhalten so auch für extern verlinkte Ressourcen eine Übersicht über deren Verfügbarkeit.

Eine richtig gute Möglichkeit, interne Broken Links zu entdecken, ist der Screaming Frog SEO Spider. Damit crawlen Sie Ihre Website wie ein Suchmaschinen-Crawler und können sich anschließend über RESPONSE CODES nur die 404-FEHLER ansehen. Je 404-Fehler zeigt Ihnen das Tool dann unten im Reiter INLINKS alle Broken Link-Quellen an, die Sie korrigieren können.

8.3 Die optimale Navigationsarchitektur

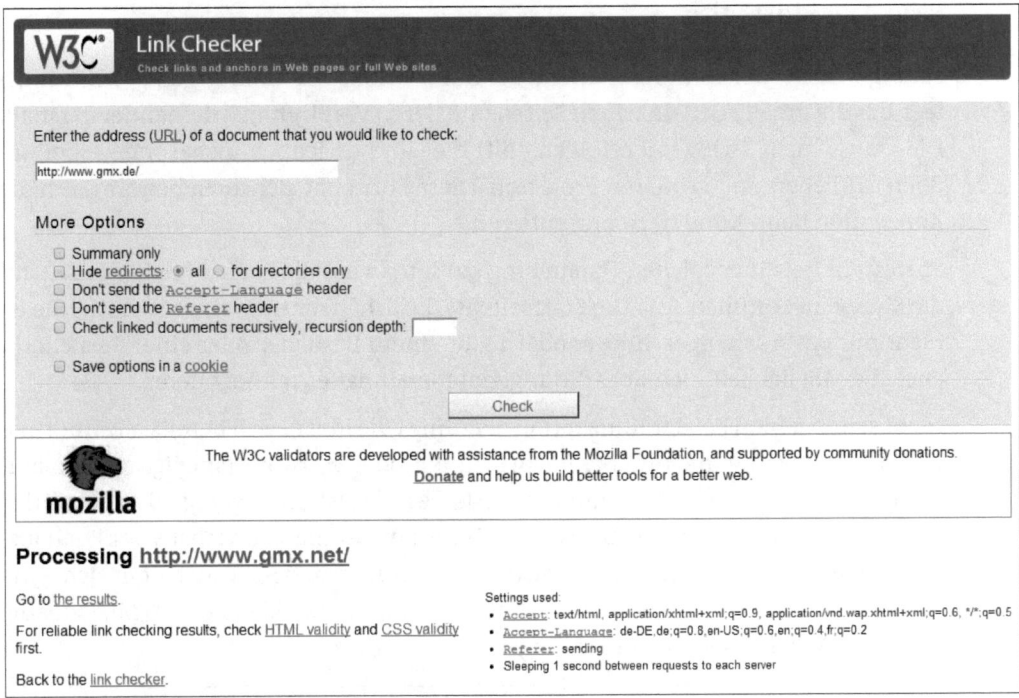

Abbildung 8.28 Der Link Checker des W3C

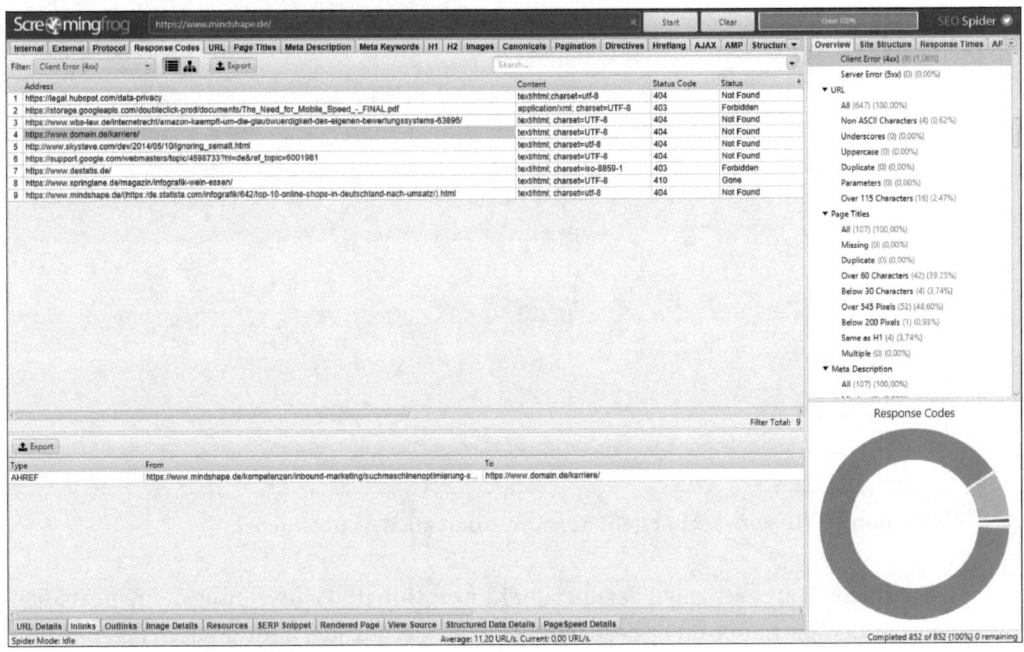

Abbildung 8.29 Broken-Link-Analyse mittels Screaming Frog

8.4 Die Startseite

Häufig wird bei der Planung während der Konzeptionsphase ein Organigramm angelegt, das die Inhalte der einzelnen Seiten und deren Verbindung zueinander darstellt. Dies muss nicht zwingend erfolgen, hilft hier und da jedoch insbesondere bei unübersichtlichen und größeren Projekten. Diese Form hat sich auch bewährt, um die Konzeption beim Kunden zu präsentieren.

Spätestens bei einer solchen Darstellung stößt man auf die Frage, welcher Inhalt auf die Startseite kommen soll. Die Startseite ist die Schaltzentrale einer Website. Sie ist nicht nur das Aushängeschild, sondern gibt einem Besucher oder einer Besucherin auch die Möglichkeit, sich über die angebotenen Inhalte zu informieren.

Nicht selten fehlen bei der Konzeption allerdings die Ideen, weil bereits alle Informationen anderweitig gut untergebracht wurden oder es zu kostspielig ist, eine aufwendige Startseite zu programmieren. Das Resultat ist eine wenig aussagekräftige Willkommensrede oder eine puristische Seite, auf der man zunächst vor die unausweichliche Wahl gestellt wird, die gewünschte Sprache zu bestimmen oder sich – wie es in Abbildung 8.30 zu sehen ist – zu entscheiden, ob man lieber die HTML- oder die JavaScript-Version sehen möchte.

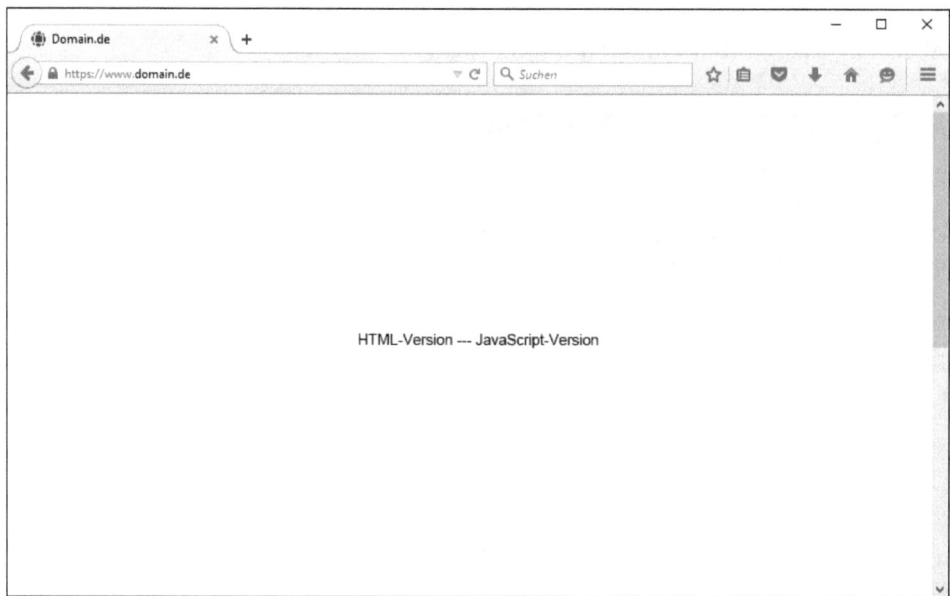

Abbildung 8.30 Puristischer geht es kaum – und auch nicht sinnloser.

Eine solche Startseite zeigt, dass bei der Konzeption und Umsetzung der Aspekt Suchmaschine überhaupt nicht berücksichtigt wurde. Schade, denn in dem Beispiel handelt es sich um die neue Website eines mittelständischen Unternehmens, das sicherlich auch über die Suchmaschinen den einen oder anderen Interessenten hätte gewinnen können. Wieso ist es also schlecht, dem Besucher oder der Besucherin die Wahl zu lassen, was er oder sie sehen möchte?

Zunächst ist der Gedanke löblich, meinen Sie? Die wenigsten Benutzer und Benutzerinnen wissen allerdings, worin genau der Unterschied zwischen HTML und JavaScript besteht, geschweige denn, wo auf der betreffenden Seite denn nun der inhaltliche Unterschied ist, da sie diese ja noch nicht gesehen haben.

8.4.1 Auf Intro-Seiten verzichten

Aus Sicht der Suchmaschinen-Optimierung verschenkt man durch diesen Unsinn vor allem den Vorteil der von den Ranking-Verfahren besonders beachteten Startseite. Der Einsatz eines bloßen Videos auf der Startseite ist daher aus dem gleichen Grund in der Regel eher kontraproduktiv.

Auch »schöne« Startseiten ohne eigentliche Navigation, die oftmals als Willkommensseite gestaltet sind (siehe Abbildung 8.31), gehören aus Sicht der Suchmaschinen-Optimierung und Usability auf den Schrottplatz.

Abbildung 8.31 Keine SEO-freundliche Startseite auf »www.dfz-hh.de« vor dem Relaunch

Manche Webautoren und Webautorinnen denken bereits weiter und versuchen, das Unternehmen auf der Homepage vorzustellen. Um dabei von den Suchmaschinen besser gefunden zu werden, bietet sich doch nichts Besseres an, als alle Stichwörter zu nennen, die mit dem Unternehmen in Verbindung gebracht werden können – so zumindest der Gedanke einiger Webautoren und -autorinnen oder Agenturen. Und so findet man regelmäßig eine Liste von Leistungsbeschreibungen auf der Homepage frei nach dem Motto »Wir leisten ...« (siehe Abbildung 8.32). Da hier jedes Stichwort meist nur als Aufzählungspunkt einmal vorkommt und somit von den Gewichtungsmethoden nur beiläufig beachtet wird, hat auch diese Methode – um es gelinde auszudrücken – wenig Aussicht auf Erfolg.

8 Suchmaschinen-optimierte Website-Struktur

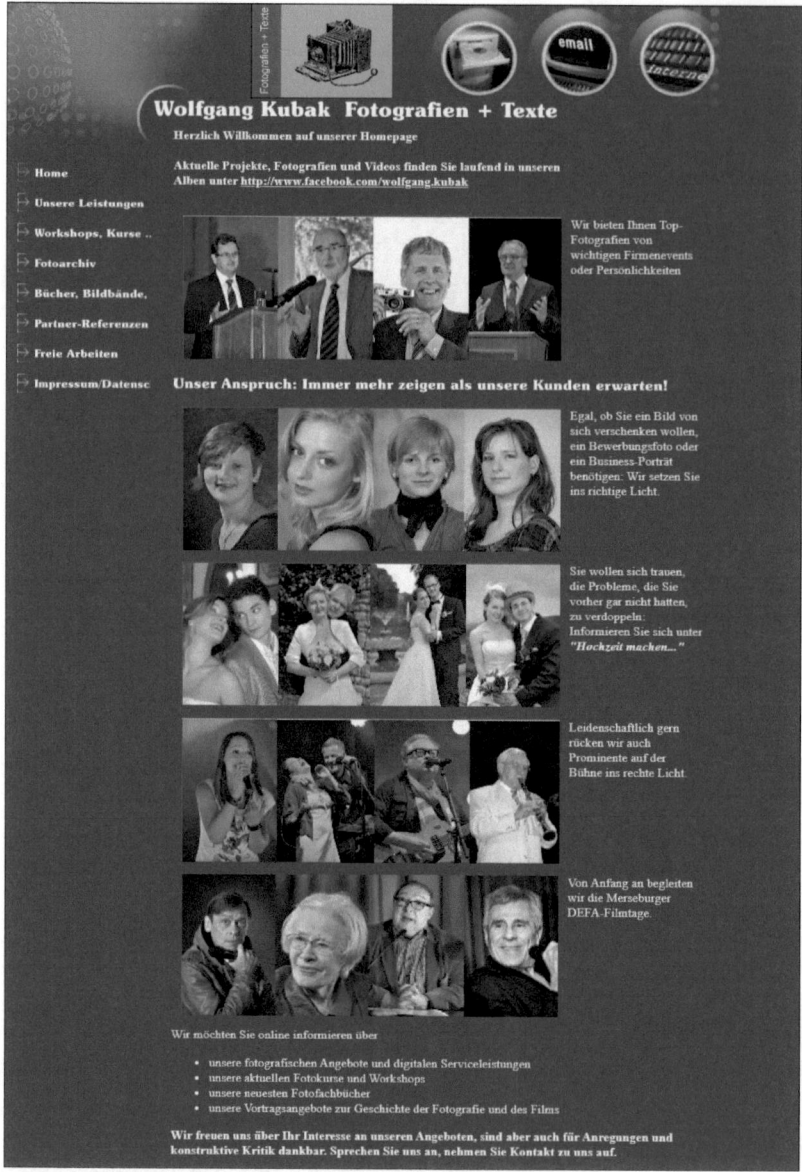

Abbildung 8.32 Die Startseite von »www.kubak-foto.de« ist nicht voll suchmaschinenoptimiert.

8.4.2 Nutzer- und Suchmaschinen-gerechte Startseite

Wieso also nicht die Einstiegsseite effektiv nutzen? Inhaltlich bietet sich die Positionierung aktueller Mitteilungen an. Daneben kann auf der Startseite bereits das Prinzip der verschiedenen Wege angewandt werden. So kann man dem Besucher oder der Besucherin, der oder die sich im ziellosen Modus des Undirected Viewing befindet, als Orientierungshilfe ausführliche Informationen zum Gesamtangebot geben. Dies kann z. B. geschehen, indem man die Hauptnavigationspunkte in etwas umfangreicheren Textblöcken beschreibt und darin weiterführende Verweise platziert. Dies ist eine gute Möglichkeit, um Stichwörter bereits auf der Startseite auf natürliche Weise zu positionieren (siehe Abbildung 8.33).

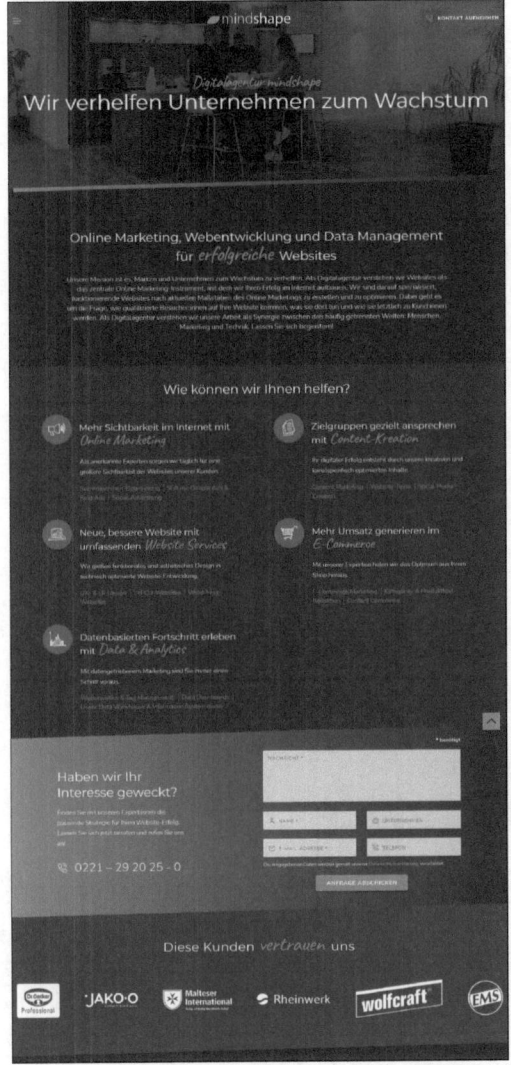

Abbildung 8.33 Die Startseite von »www.mindshape.de« mit unterschiedlichen Elementen für Besucher und Besucherinnen sowie Suchmaschinen (links: Teil 1, rechts: Teil 2)

Die optimale Lösung ist wie so oft diejenige, die Besuchern und Besucherinnen sowie Webcrawlern gleichermaßen zusagt. Dabei sind der Fantasie und Kreativität der Content-Anbieter keine Grenzen gesetzt.

8.5 Semantische Struktur wahren

Als *Semantik* oder *Bedeutungslehre* bezeichnet man die Theorie von der Bedeutung von Zeichen. Bei der Suchmaschinen-Optimierung ist die semantische Struktur innerhalb einer Webseite alles andere als Theorie, sondern sollte Ihnen in Fleisch und Blut übergehen.

Das Prinzip ist recht einfach, und dennoch wird es zu selten berücksichtigt: Die HTML-Tags geben eine semantische Struktur eines Seiteninhalts vor. Neben Überschriften stehen Tags für Absätze, Zitate und andere Sinneinheiten zur Verfügung. Gerade bei semiprofessionellen Suchmaschinen-Optimierungen erkennt man häufig, dass der jeweilige Webautor bzw. die Autorin verinnerlicht hat, dass Keywords in Überschriften der ersten Ebene (h1) besonders gut für das Ranking sind. Daher findet man z. B. solche Strukturen relativ oft vor:

```
<h1>Alles über Bücher</h1>
<p>Hier erfahren Sie alles über Bücher.</p>
<h1>Bücher zum Lesen</h1>
<h1>Gebrauchte Bücher</h1>
<p>Gebrauchte Bücher unterliegen nicht der Buchpreisbindung ...</p>
<h1>Neue Bücher</h1>
<p>Neue Bücher unterliegen hingegen der Buchpreisbindung ...</p>
<h1>Hörbücher</h1>
<p>Hörbücher sind nicht zum Lesen geeignet.</p>
```

Listing 8.6 Beispiel für eine schlechte semantische Struktur

Fällt Ihnen auf, dass innerhalb dieses Textes fünfmal die <h1>-Überschrift verwendet wurde? Jede dieser Überschriften ist semantisch gleichbedeutend. Zwar ist das Keyword »Bücher« häufig in einer <h1>-Überschrift untergebracht, allerdings verfehlt der Autor oder die Autorin dieser Struktur damit völlig die Wirkung. Suchmaschinen schätzen semantische Strukturen sehr und würdigen diese mit einigen Ranking-Punkten. Eine solche Struktur ist daher nicht optimal oder kann sogar leicht negative Auswirkungen haben.

Besser wäre es, die verschiedenen Hierarchieebenen der Überschriften zu nutzen. HTML stellt bis zu sechs Überschriftenebenen dar. Für die Suchmaschinen-Optimierung des Haupttextes sollten Sie dabei auf die ersten drei zurückgreifen. Der Bücher-Text könnte in einer optimierten semantischen Struktur also auch so aussehen:

```
<h1>Alles über Bücher</h1>
  <p>Hier erfahren Sie alles über Bücher.</p>
  <h2>Bücher zum Lesen</h2>
    <h3>Gebrauchte Bücher</h3>
      <p>Gebrauchte Bücher unterliegen nicht der
      Buchpreisbindung ...</p>
    <h3>Neue Bücher</h3>
      <p>Neue Bücher unterliegen hingegen der
      Buchpreisbindung ...</p>
  <h2>Hörbücher</h2>
    <p>Hörbücher sind nicht zum Lesen geeignet.</p>
```

Listing 8.7 Beispiel für eine gute semantische Struktur

Erkennen Sie das Prinzip dahinter? Jede Seite sollte, wenn möglich, nur eine <h1>-Überschrift beinhalten. Dort nennen Sie das Seiten-Keyword, das Sie beim Keyword-Mapping vergeben haben. Schachteln Sie dann abwechselnd Textabschnitte mithilfe des <p>-Tags und Unterüberschriften. So erhalten Sie eine hierarchische semantische Struktur.

8.6 Sprechende URLs

Im Sinne der Suchmaschinen-Optimierung sollten Sie stets auch das Seiten-Keyword mit in der URL positionieren. Dies erreichen Sie mit sogenannten *sprechenden URLs*:

```
http://www.domain.de/seifen/blaue_seife_xxl.html
```

Nicht sprechende URLs sind hingegen vor allem bei Shop-Systemen und Content-Management-Systemen häufig ein Problem:

```
http://www.domain.de/index.php?id=23&viewmode=3D
```

8.6.1 Der richtige Dateityp

Eine zentrale Frage, die bereits während der Konzeptionsphase beantwortet werden muss, ist die nach dem zu wählenden Dateityp. Suchmaschinen als Information-Retrieval-Systeme basieren primär auf der Auswertung von Textelementen und den darin enthaltenen Stichwörtern. Daher bilden HTML-Dokumente bislang das dominierende Format im Web. In den letzten Jahren haben die Suchmaschinen allerdings die Liste der indexierbaren Formate erweitert, sodass heutzutage ebenso PDF-Dokumente, Office-Dokumente und ähnliche Dateiformate ausgewertet werden können.

Bilder und Bildformate

Außerdem hat sich eine Suche nach Bildern etabliert, und auch die Suche nach Audio- und Videodateien oder Podcasts erfreut sich zunehmender Beliebtheit. Schon Anfang 2005 stellte Google eine Vorabversion eines neuen Videodienstes vor, der das Programm einiger US-amerikanischer Fernsehsender durchsucht. Nach einigen Versionen wurde dieser Dienst dann jedoch wieder eingestellt, und seither konzentriert man sich bei Google hauptsächlich auf das hauseigene YouTube. Bei der Suche in solchen Multimedia-Dateien wie auch in Bildern muss man allerdings bedenken, dass primär die Meta-Daten zum Ranking herangezogen werden und nicht die Inhalte selbst.

So wird trotz fortgeschrittener Bilderkennungsalgorithmen derzeit noch nicht flächendeckend nach dem eigentlichen Inhalt der Bilder gesucht, sondern nach dem Dateinamen des Bildes oder sonstigen aus der Umgebung extrahierten Informationen wie Bildunterschriften, Alt-Tags oder Ähnlichem.

Eine echte Bildersuche basiert allerdings auf mathematischen Modellen und Algorithmen zur Mustererkennung. Bislang konzentrieren sich die großen Suchmaschinen daher alle auf das eigentliche Text-Retrieval im Web. Denn auch dort ist noch nicht alles perfekt, wie man an den vielen falschen »erfolgreichen« Treffern in den Ergebnislisten sieht.

Für die Wahl der indexierbaren Bilddateien sind die Standardformate empfehlenswert. Nutzen Sie JPG-Dateien für Bilder und PNG- bzw. PNG24-Dateien für Icons oder Illustrationen, bei denen keine Artefakte durch eine Kompression gewünscht sind. Auch GIF-Dateien werden noch häufig verwendet. Auf andere Formate, wie etwa BMP oder TIFF, sollten Sie im Zusammenhang mit dem Web und der Suchmaschinen-Optimierung verzichten.

Neuere Bildformate wie WEBP werden zwar von Google stark propagiert, aber nur von Browsern neueren Versionsdatums unterstützt. Das Format FLIF wird beispielsweise noch gar nicht unterstützt.

Auch wenn WEBP bei gleicher Qualität teilweise deutlich geringere Dateigrößen aufweist, sollten Sie beim Einsatz neuer Bildformate stets Vorsicht walten lassen. Als Fallback für verwendete WEBP wird häufig eine Browsererkennung z. B. über die *.htaccess* angewendet.

```
AddType image/webp webp
<IfModule mod_rewrite.c>
    RewriteEngine On
```

```
    RewriteCond %{HTTP_USER_AGENT} Chrome [OR]
    RewriteCond %{HTTP_ACCEPT} image/webp
    RewriteCond %{REQUEST_URI} ^(.+)\.(gif|jpe?g|png)$ [NC]
    RewriteRule . %1.webp [T=image/webp,E=accept:1]

    RewriteCond %{HTTP_USER_AGENT} !Chrome
    RewriteCond %{HTTP_ACCEPT} !image/webp
    RewriteCond %{REQUEST_URI} ^(.+)\.webp$ [NC]

    RewriteCond %{DOCUMENT_ROOT}/%1.png -f
    RewriteRule . %1.png

    RewriteCond %{DOCUMENT_ROOT}/%1.jpg -f
    RewriteRule . %1.jpg

    RewriteCond %{DOCUMENT_ROOT}/%1.jpeg -f
    RewriteRule . %1.jpeg

    RewriteCond %{DOCUMENT_ROOT}/%1.gif -f
    RewriteRule . %1.gif
</IfModule>

<IfModule mod_headers.c>
    Header append Vary Accept env=REDIRECT_accept
</IfModule>
```

Listing 8.8 ».htaccess«-Eintrag zur Browserweiche von WEBP

Alternativ sieht man auch ab und an eine einfachere Form unter Einsatz von JavaScript direkt im HTML-Dokument:

```
<img src="image.webp" onerror="this.onerror=null; this.src='image.png'">
```

Mit aktuellem HTML5 wäre die korrekte Umsetzung allerdings so:

```
<picture>
  <source srcset="images/image.webp" type="image/webp">
  <img src="images/image.png" id="imageid" alt="Beispielbild">
</picture>
```

Das HTML5-Tag <Picture> funktioniert in allen aktuellen Browsern – nur nicht im Internet Explorer, im Nachfolger Edge hingegen schon.

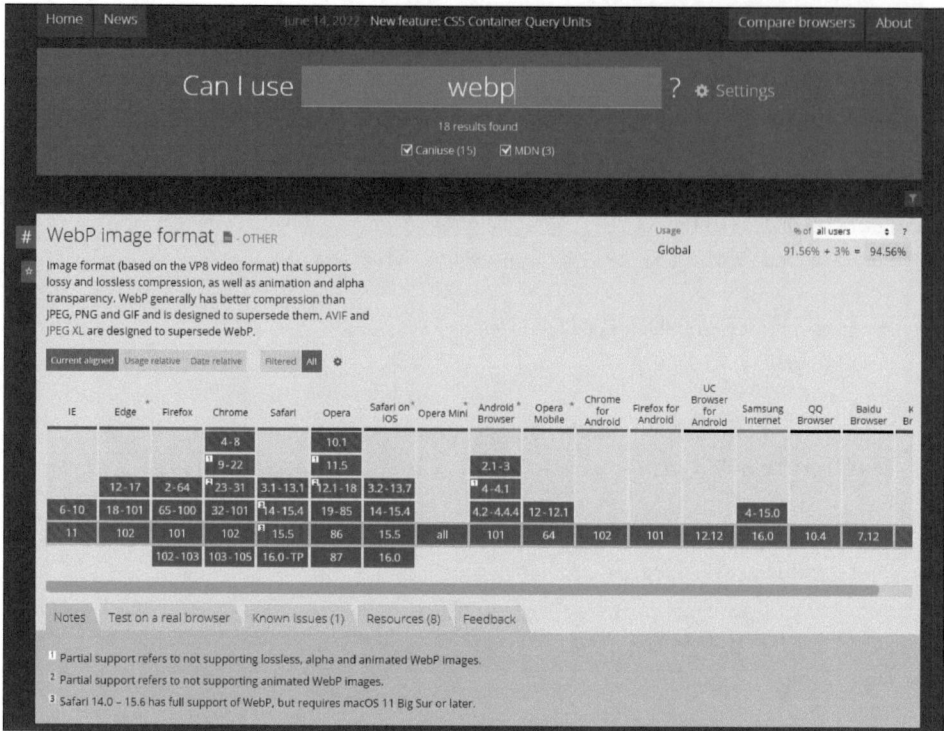

Abbildung 8.34 WEBP wird von vielen aktuellen Browsern unterstützt.

Flash

Um es vorneweg zu sagen: Nutzen Sie bitte kein Flash mehr. Es ist veraltet, unsicher, und die Entwicklung wurde eingestellt. Seit Langem. Kein Browser unterstützt Flash mehr wirklich. Dennoch findet man leider immer noch Flash-Elemente auf Websites oder ganze Websites aus Flash. Sollten Sie einen solchen antiquierten Fall vor sich haben – was ist zu tun?

Im Falle von einzelnen Flash-Elementen ersetzen Sie diese mit HTML-CSS-Animationen oder statischen Grafiken.

Wenn die gesamte Website in Flash programmiert ist, hilft nur noch eins: Führen Sie einen Relaunch mit moderner Technik durch. Alles andere ist nicht mehr zeitgemäß und absolut keine Basis, um erfolgreich Online-Marketing zu betreiben.

8.6.2 Dynamische Seiten- und URL-Generierung

Sobald Sie die Publikation in HTML als einzige Möglichkeit zur optimierten Website erkannt haben, stehen Sie bereits vor der nächsten Entscheidung: dynamisches oder statisch generiertes HTML? Prinzipiell kommen beide Varianten als identisch formatierte HTML-Dokumente beim Browser an. Der Unterschied besteht in der Verarbeitung innerhalb des Webservers. Shop- und Content-Management-Systeme (CMS), die auch als *Redaktionssysteme* bezeichnet werden, generieren dynamische Webseiten. Auch individuelle Programmierungen in PHP, Python oder Ruby können dynamische HTML-Seiten generieren.

Die alternative und, wenn man so möchte, klassische Variante ist das statische HTML-Dokument. Der gesamte HTML-Code einer Seite wird innerhalb einer Textdatei gespeichert und anschließend auf den Webserver geladen. Dort wird diese Datei von Clients angefordert und vom Webserver unverändert via HTTP verschickt.

Dynamisch generierte Dokumente ohne Caching zeichnen sich dadurch aus, dass keine fertige Seite zum Versenden existiert. Der Programmierer oder die Programmiererin gibt innerhalb des CMS wie WordPress oder TYPO3 lediglich ein Skelett der Seite vor, das mit Platzhaltern, sogenannten *Template-Variablen*, aufgefüllt ist. Diese Variablen werden bei einer Anforderung *on the fly* aus einer Datenbank eingefügt, und anschließend wird das Dokument wie bei statischen Seiten als HTML-Dokument via HTTP an den Client übergeben. Folgendes Ablaufschema soll diesen Prozess verdeutlichen:

1. Ein Client stellt via HTTP die Anfrage an den Webserver, das Dokument z. B. unter index.php herunterzuladen.
2. Der Webserver wertet die URL inklusive der Parameter aus und lädt anschließend die entsprechende Datei in den Speicher, übergibt ihr die Parameter und führt den dynamischen Code darin aus.
3. Der dynamische Code bestimmt, welche Informationen in welcher Anordnung aus einer Datenbank ausgelesen werden, und führt entsprechende Operationen durch.
4. Der Webserver fügt die Inhalte aus der Datenbank in das dynamische Dokument ein und generiert daraus eine HTML-Datei.
5. Diese wird als Antwort auf den HTTP-Request an den Client versendet.

Wie Sie sehen, sind sowohl dynamische als auch statische Seiten, wenn sie beim Client ankommen, prinzipiell in ihrer Struktur gleich. Der Unterschied zwischen dynamischen und statischen Webseiten besteht lediglich in der Art und Weise, wie sie auf dem Webserver verarbeitet werden.

Eine Mischlösung entsteht dann, wenn das CMS beim ersten Abruf die dynamisch zusammengestellte HTML-Datei nicht nur an den Browser sendet, sondern auch auf dem Server als Cache-Variante ablegt. Beim nächsten Abruf dieser URL wird dann nicht das rechenintensive dynamische Verfahren gewählt, um die HTML-Datei zu erstellen, sondern es wird auf die Cache-Variante zurückgegriffen. Dieser Cache läuft dann nach einer gewissen Zeit ab und wird bei einer Abfrage erneut dynamisch gefüllt. Moderne Systeme setzen auf ein Teil-Caching, da personalisierte Inhalte oder dynamische Anzeigen nicht komplett browser- und nutzerübergreifend gecached werden können.

Vorteile dynamischer Seitengenerierung

Im Vergleich zu den rein statischen Publikationsmodellen liegen die Vorteile dynamischer Webseiten mittels Content-Management-Systemen auf der Hand. Insbesondere bei Shop-Systemen muss eine Produktseite nur einmal programmiert werden. Das Produkt mit seinem Namen, einer Beschreibung, einem Bild etc. kommt aus der Datenbank. Dort hat jedes Produkt eine eindeutige Nummer, über die der Datensatz aufgerufen werden kann. Die Pflege der Daten findet folglich auch nicht mehr innerhalb der HTML-Produktseite statt, sondern über ein Datenbank-Interface. Das erlaubt die komfortable Koppelung und Einbindung weiterer Daten innerhalb der Datenbank, wie z. B. den aktuellen Lagerbestand.

Kurzum, je nach Konzeption und Art der Website kommt man um dynamische Dokumente nicht herum. Aber ist das so schlimm, das Ergebnis ist doch hier wie da eine gleichwertige HTML-Datei? Wieso sollten Suchmaschinen also mit solchen dynamischen Dokumenten Probleme haben?

Leider liegt die Problemquelle nicht in der technischen Übermittlung des Dokuments selbst, sondern in der Anfrage über die URL und in dem variierenden, weil dynamisch erstellten Seiteninhalt. Besonders Letzterer bringt gewisse Nachteile für die Indexierung durch die Suchmaschinen mit sich:

- Seiteninhalte können sich teilweise schnell ändern, sodass die einmal erfassten Inhalte bereits während des Indexierungsvorgangs nicht mehr der aktuellen Fassung entsprechen. Die Suchergebnisse werden demzufolge ungenau.
- Dynamisch generierte Seiten weichen meist nur geringfügig voneinander ab, da das Skelett grundsätzlich das gleiche ist. Es mag hier und dort durchaus sinnvoll erscheinen, alle Seiten trotz ihres geringfügigen Unterschieds zu indexieren. Oftmals steigt aber die Anzahl der indexierten Dokumente in den Hunderterbereich an, ohne nennenswerte Mehrinformationen für die Suchenden zu bieten.
- Dynamisch generierte Dokumente bieten in vielen Fällen die Möglichkeit, via POST oder GET Formulare auszufüllen oder sonstige Eingaben vorzunehmen. Die Suchmaschine kommt an diese Informationen gar nicht erst heran.
- Je nach Programmierung der Seiten kann sich eine URL ändern, sodass eine erneute Anfrage über die gleiche URL zu keinem Ergebnis, sondern zu einer Fehlermeldung oder einem Verweis auf die Homepage führt. Diese Problematik tritt besonders bei der Verwendung von *Session-IDs* auf. Diese eindeutigen Zeichenkombinationen werden häufig in der URL transportiert und dazu genutzt, den Besucher oder die Besucherin von einer Seite zur nächsten wiederzuerkennen. Ruft man nach einer ge-

wissen Zeitspanne die URL mit einer bereits abgelaufenen Session-ID auf, kommt es in der Regel zu Komplikationen, weil die spezielle URL nicht mehr gültig ist. Dies ist ein absolutes Ausschlusskriterium für die Aufnahme in einen Index.

Dies war eine Auswahl an Problemen, die beim Einsatz von dynamisch generierten Seiten auftreten können.

> **Praxistipp: Trotz Dynamik zuverlässig gleiche Inhalte anzeigen**
> Eigentlich ist es selbstverständlich, dennoch kommt es immer wieder aufgrund von Programmierfehlern oder Konzeptionsfehlern vor: Auch bei dynamischen URLs sollte ein Crawler bei einem erneuten Besuch noch die gleichen Inhalte vorfinden. Das heißt nicht, dass Sie die Inhalte nicht aktualisieren sollen und können. Aber eine URL sollte nicht auf einmal den Inhalt einer ganz anderen URL anzeigen, nur weil die dynamische Generierung und Zuordnung der URLs nicht funktioniert. Suchmaschinen mögen unzuverlässige URL-Quellen verständlicherweise gar nicht.

Parameter

Bei allen Suchmaschinen werden dynamische Seiten indexiert, allerdings nur solche mit wenigen Parametern und der Bedingung, dass sich die Inhalte bei wiederholtem Abruf nicht vollständig vom vorherigen Besuch unterscheiden. Das erscheint angesichts der oben genannten Punkte nachvollziehbar. Denn je mehr Parameter eine URL enthält, desto mehr Variablen werden an das dynamische Dokument übergeben, und desto ausgeprägter sind mit hoher Wahrscheinlichkeit die genannten Effekte. Wie stellen Suchmaschinen jedoch fest, wie viele Parameter eine URL enthält, und wie kann man überhaupt erkennen, ob eine URL ein statisches oder ein dynamisches Dokument aufruft?

Die Diagnose erfolgt mehrstufig, in jedem Fall über eine Zeichenanalyse anhand der URL. Die Suchmaschinen nutzen verschiedene typische Erkennungsmerkmale von dynamischen Seiten und verwerten alle Hinweise. Dabei wird zum einen auf standardisierte Dateiendungen hin durchsucht, die typischerweise dynamische Inhalte produzieren. PHP, ASP und JSP sind die derzeit am meisten verbreiteten Skriptsprachen, die auf dynamisch generierte Dokumente schließen lassen. Doch auch nicht überall dort, wo HTML draufsteht, ist automatisch auch statisches HTML drin. Je nach Webserver-Konfiguration kann eine *.html*-Endung auch ein PHP-Skript sein. Insofern reicht für Suchmaschinen die einfache Methode zur Feststellung von dynamischen Inhalten nicht.

Auch etwa das Auftreten des *cgi-bin*-Verzeichnisses greift nicht mehr ausreichend. Dieses enthält ebenfalls dynamisch ausführbare Programme.

Derzeit zuverlässig ist der Blick aktueller Suchdienste auf die Anzahl der Parameter, die nicht sprechend umgesetzt sind:

`http://www.firmenname.de/katalog/produkt.php?id=23&viewmode=3D`

Zu Beginn wurde bereits erläutert, dass eine URL verschiedene Parameter tragen kann. Das Information-Retrieval-System kann anhand der auftretenden Sonderzeichen leicht die Anzahl der verwendeten Parameter bestimmen. Häufig werden dynamische Seiten mit zu vielen Parametern von der Indexierung ausgeschlossen, um die Integrität des Datenbestands zu sichern.

Früher konnten Webmaster auch noch stärker die Bedeutung der Parameter über die Search Console steuern. Dies ist heute nicht mehr möglich.

Scheinbar funktioniert die algorithmische Erkennung bei Google zuverlässiger als die Angaben der Webmaster. Aus Erfahrung würde ich Ihnen auch dringend raten, Google die Entscheidungen zu überlassen. In den meisten Fällen funktioniert das tadellos. Die Parameter-Steuerung in der Search Console kam auch früher höchstens dann zum Einsatz, wenn ein schwerwiegendes Problem bei der Indexierung auftrat, welches durch Parameter verursacht wurde.

Das Problem mit Parametern haben auch die großen E-Commerce-Anbieter erkannt, die über die Jahre erfolgreiche Shop-Systeme auf die Beine gestellt haben – mit dynamischen Seiten versteht sich. Sieht man sich jedoch die URLs aus der Ergebnisliste für einen Treffer bei Amazon, Zalando und Co. an, zeigen sie keinen der soeben erwähnten Indikatoren für ein dynamisch generiertes Dokument (siehe Abbildung 8.35).

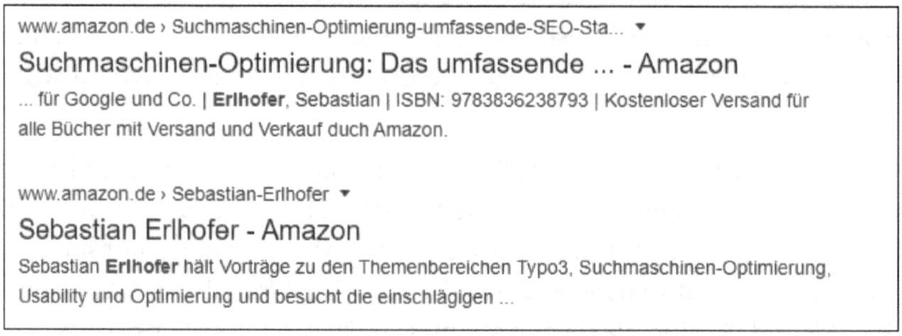

www.amazon.de › Suchmaschinen-Optimierung-umfassende-SEO-Sta... ▼
Suchmaschinen-Optimierung: Das umfassende ... - Amazon
... für Google und Co. | **Erlhofer**, Sebastian | ISBN: 9783836238793 | Kostenloser Versand für alle Bücher mit Versand und Verkauf duch Amazon.

www.amazon.de › Sebastian-Erlhofer ▼
Sebastian Erlhofer - Amazon
Sebastian **Erlhofer** hält Vorträge zu den Themenbereichen Typo3, Suchmaschinen-Optimierung, Usability und Optimierung und besucht die einschlägigen ...

Abbildung 8.35 Sprechende URLs bei großen E-Commerce-Anbietern

8.6.3 URL-Rewrite für sprechende URLs

Die Technik, die als *URL-Rewrite* oder in Form des Apache-Moduls auch als *mod_rewrite* bekannt ist, hilft dabei. Der weit verbreitete und kostenlose Apache-Webserver erlaubt (wie auch andere Produkte) eine Form der URL-Übersetzung zwischen dem Request des Clients und der Bearbeitung durch den Server.

Folgender Eintrag in die *.htaccess*-Datei würde z. B. eine Übersetzung des URL-Bestandteils `artikel.php?id=21` veranlassen:

```
RewriteEngine On
RewriteBase /
RewriteRule ^artikel(.*).html$ article.php?id=$1
```

Listing 8.9 mod_rewrite in der ».htaccess«-Datei

Die dritte Zeile schreibt alle Anfragen von Clients nach der genannten Regel um. Praktisch würde demnach die Anfrage

`https://www.domain.de/shop/artikel21.html`

für den Webserver umgewandelt werden zu:

`https://www.domain.de/shop/artikel.php?id=21.`

Die Suchmaschine als Client benutzt die erste URL, ohne zu wissen, dass es sich dabei eigentlich um ein dynamisches Dokument handelt. Das URL-Rewrite setzt zwar gewisse Kenntnisse bei der Administration eines Webservers bzw. das Vorhandensein gewisser Rechte voraus, ist jedoch eine sehr elegante Lösung, um die Erkennung von dynamischen Webseiten seitens der Suchmaschinen zu umgehen. Eine genauere Beschreibung der Funktionsweise finden Sie auf einschlägigen Websites oder in der Online-Dokumentation des Apache-Webservers.

> **Praxistipp: Dynamische Dateiendungen allein sind kein Ranking-Nachteil**
> Google hat bekannt gegeben, dass dynamische Dateiendungen wie *.php* nicht schlechter bewertet werden als etwa *.html*-Endungen oder auch gar keine Endungen. Für eine gute Suchmaschinen-Optimierung zählt daher weniger die Dateiendung. Viel wichtiger ist, dass Sie unnötige Parameter vermeiden und sprechende URLs dort erzeugen, wo es für die Suchmaschinen-Optimierung wichtig ist.

8.7 Cookies und Session-IDs

Eine Session-ID wird bei jedem Besuch einer Website vergeben. Häufig ist die Verwendung an einem URL-Parameter wie diesem zu erkennen:

`www.domain.de/index.html?SESSIONID=237273FD2231`

Mit dieser Session-ID kann ein Server einen Besucher oder eine Besucherin auch über verschiedene Unterseiten hinweg identifizieren. Das ist besonders bei Online-Shops wichtig, damit Sie nicht nach jedem Seitenwechsel einen fremden Warenkorb vorfinden. Wird die Session-ID allerdings an einen Link angehängt, indexiert die Suchmaschine diesen mit. Ruft dann ein User diesen Link als Suchmaschinen-Ergebnis auf, ist die Session-ID Tage später meist nicht mehr gültig, und es erscheint eine Fehlermeldung oder eine automatische Umleitung auf die Startseite. Beides ist nicht das, was der oder die Suchende sehen möchte. Achten Sie daher darauf, dass Sie keine Session-ID oder andere Parameter voraussetzen.

Technisch sind Parameter leider nicht immer auszuschalten oder verzichtbar. Google bietet, wie Sie soeben gelesen haben, daher über die Google Search Console eine Möglichkeit, wie Sie dem Crawler mitteilen können, welche Parameter keinen Einfluss auf die Seiteninhalte haben. Im Fall der Session-ID ist dies allerdings nicht ganz eindeutig. So werden häufig gerade angesehene Produkte, der individuelle Warenkorb oder andere dynamische Inhalte mit der Session-ID gekoppelt und angezeigt. Für die Suchmaschinen-Optimierung ist dies nicht erwünscht.

Eine Session-ID erlischt spätestens nach dem Schließen eines Browsers. Um Benutzer und Benutzerinnen auch langfristiger identifizieren zu können, werden Cookies genutzt. Das sind kleine Informationen, die im Browser gespeichert werden und die Sie als Besucher oder Besucherin auch nach mehreren Tagen noch identifizieren können. Aus Sicht der Crawlbarkeit und der idealen Website-Konzeption sollten Sie ebenso wie bei Session-IDs vermeiden, dass ein Cookie auf Unterseiten vorausgesetzt wird.

> **Praxistipp: Session-IDs vermeiden**
>
> Vermeiden Sie Session-IDs auf jeden Fall. Wenn dies technisch nicht möglich ist, dann sollten Sie den Session-Parameter über die *robots.txt* sperren. Die konkrete Zeile unterscheidet sich je nach System. Sie könnte z. B. so aussehen:
>
> ```
> Disallow: /*?sessionid=
> ```

8.8 Domainwahl

Es ist mitunter gar nicht so einfach, eine passende Domain für ein Projekt zu finden. Viele Domainnamen sind bereits vergeben und müssen erst teuer erworben werden. Für die Suchmaschinen-Optimierung spielt der Name der Domain eine große Rolle. Sie stehen dabei vor einer breiten Palette von Möglichkeiten: Welche Namen wählen Sie für Ihre neue Domain? Welche Endung (*Top Level Domain*, TLD) soll Ihre Domain erhalten: *DE*, *COM*, *ORG* oder vielleicht *INFO*, *BIZ*, *KOELN* oder noch ganz andere?

Doch auch wenn durch einen Produkt- oder Unternehmensnamen der Name der Domain bereits vorgegeben ist und die Domain vielleicht sogar schon in Ihrem Besitz ist, müssen Sie sich bei Erweiterungen der Website fragen, ob Sie eher auf eine Subdomain oder auf ein Verzeichnis setzen sollen.

Die wichtigste Regel ist bei der Registrierung vor allem: Treffen Sie keine Entscheidungen aus dem Bauch heraus. Lassen Sie sich hier nicht unter Druck setzen. Der Domainname ist enorm wichtig für den Erfolg Ihres gesamten Projekts. Er ist gewissermaßen die Straßen- und Hausnummer Ihres Angebots.

8.8.1 Der passende Domainname

Die Wahl des Domainnamens ist eine sehr wichtige Entscheidung. Aus Sicht des Marketings muss ein guter Domainname bestimmte Kriterien erfüllen.

In erster Linie sollte er einprägsam sein, damit Kunden auch über die direkte Eingabe in den Browser zu der Website gelangen können. In diesem Zusammenhang spielt die Länge der Domain eine wesentliche Rolle. Zwar lässt sich nicht grundsätzlich jede kurze Domain besser behalten als eine längere, jedoch sollten Sie trotzdem bemüht sein, einen möglichst kurzen und prägnanten Namen zu finden. Hier sind andernfalls negative Effekte auf die Übermittlung bei der Mund-Propaganda oder etwa bei Telefonaten zu erwarten (»... sehr gerne, schauen Sie doch einmal auf unserer Website *www.hypermaysenthal-kraftwerke.de* nach Angeboten«).

Sie sollten außerdem auch darauf achten, dass Sie bei Bindestrich-Domains wie der soeben genannten auch immer die Variante ohne Bindestriche für sich registriert haben. Die Nutzer und Nutzerinnen erinnern sich nicht immer daran, ob und wo Bindestriche zwischen Begriffen standen, und geben die Domain aufs Geratewohl ein.

8.8.2 Keyword-Domains bzw. Exact-Match-Domains (EMD)

Suchmaschinen bewerten nicht nur die Schlüsselwörter innerhalb der Dokumentstruktur, sondern beziehen auch möglichst viele andere Quellen in die Schlüsselwortanalyse mit ein. Eine dieser Quellen ist selbstverständlich die URL, deren Begriffe separat indexiert werden. Eine konsequente Optimierung muss daher auch innerhalb des Domainnamens erfolgen.

Google und andere Suchmaschinen bewerten seit 2009 sogenannte *Keyword-Domains* oder *Exact-Match-Domains* (EMD) grundsätzlich besser. Der Grundgedanke ist leicht nachzuvollziehen: Wenn ein Anbieter eine Website zu Wellensittichen betreibt und diese dann unter *www.wellensittich.de* zugänglich ist, dann ist dies tendenziell ein ernst zu nehmendes Angebot.

> **Praxistipp: EMD-Domains als SEO-Boost nutzen?**
>
> Auch wenn Google mit dem sogenannten EMD-Update im September 2012 den Einfluss des exakten Domainnamens bei entsprechenden Suchanfragen gemindert hat, gilt die Nennung von relevanten Keywords immer noch als wirksam. Erhoffen Sie sich allerdings nicht mehr den Boost, den es einmal einst gab. Nichtsdestotrotz

> klicken Suchende in Google doch eher auf Domains, die ihre Suchintention im Domainnamen bedienen. Damit werden positive Nutzersignale generiert, und das Ranking kann steigen.
>
> Übertreiben Sie es aber bitte nicht – das ist unseriös und bewirkt dann genau das Gegenteil. Wenn Sie mehr als zwei Bindestriche in der Domain haben, sollten Sie vor der Domainwahl kurz innehalten und nach möglichen Alternativen suchen.

In zahlreichen Beobachtungen und Tests kann man nachweisen, dass Keyword-Domains in der Tat bei den Suchmaschinen beliebt sind. Eine Keyword-Domain wird vor allem bei Produktsites häufig genutzt. Zu Microsites erfahren Sie mehr in Abschnitt 8.10.3, »Einsatz eigener Domains als Microsites«.

Bei größeren Webangeboten mit mehreren Schwerpunkten kann es eventuell sinnvoll sein, dass – im Fall einer Neuregistrierung – Sie das wichtigste Keyword mit aufnehmen. Ein Fliesenleger aus Hannover mit dem Namen Meyer sollte daher vielleicht diese Domain in Erwägung ziehen: *www.fliesen-meyer-hannover.de*

Hier sind alle relevanten Keywords enthalten. Am besten registriert sich Herr Meyer auch noch diese Domains:

- *www.fliesenmayerhannover.de*
- *www.fliesen-mayerhannover.de*
- *www.fliesenmayer-hannover.de*
- *www.fliesenmeyerhannover.de*
- *www.fliesen-meyerhannover.de*
- *www.fliesenmeyer-hannover.de*
- *www.fliesenmaierhannover.de*
- *www.fliesen-maierhannover.de*
- *www.fliesenmaier-hannover.de*
- *www.fliesenmeierhannover.de*
- *www.fliesen-meierhannover.de*
- *www.fliesenmeier-hannover.de*

Dann ist wirklich sichergestellt, dass alle Bindestrich-Schreibweisen sowie alle Varianten von Meyer abgedeckt sind.

Eine Keyword-Domain allein bringt meist keine Top-Position. Die Onpage- und Offpage-Faktoren zählen ebenso mit. Die genannten Schlüsselwörter sollten sich daher nach wie vor konsequent auch im Titel der Seite befinden, vom Inhalt des Dokuments ganz zu schweigen. Hier kommt allerdings die Frage auf, welche Keywords verwendet werden sollen. Nicht jeder Begriff kann in der Domain auftreten, wenn einzelne Seiten der Website auf unterschiedliche Begriffe hin optimiert wurden. Hier wählen Sie logischerweise diejenigen Begriffe aus, die für die gesamte Website am bedeutendsten sind. Bei thematisch orientierten Präsenzen ist dies meist das Hauptthema, bei gewerblichen Websites das beworbene Produkt.

8.8.3 Domainweiterleitungen

Oftmals soll der Firmenname die Domain bilden. Denn diese wird auf Geschäftspapieren, Visitenkarten und ähnlichen Erzeugnissen in die Welt getragen. Bekommt man damit zwangsläufig ein Problem, weil das Schlüsselwort hier nicht enthalten ist? Glücklicherweise nicht. Es besteht die Möglichkeit, mehrere Domains auf ein- und dieselbe IP-Adresse zu verlinken. Das DNS-Protokoll lässt diese Art der Verknüpfung ohne Weiteres zu. So kann auch Herr Meyer mit seinen verschiedenen Schreibweisen aus dem Beispiel oben seine Horde von Domainnamen immer wieder auf eine Hauptdomain lenken.

Ein Unternehmen namens »Beinharz Fitnesscoach« kann dank der Weiterleitung seine Fitnessangebote dementsprechend unter folgenden Domains anbieten:

- *www.beinharz.de*
- *www.beinharz-fitnesscoach.de*
- *www.beinharz-fitnesscoach-koeln.de*

Auf Geschäftsdrucken wie auch bei der sonstigen Kundenkommunikation würde vielleicht die erste Domain genutzt werden. Die eigentliche Website, die auch bei den Suchmaschinen indexiert wäre, findet allerdings unter einer der beiden anderen Domains statt. Die Webseiten mit den Schlüsselbegriffen »fitnesscoach« und »koeln« werden durch ihr zusätzliches Auftreten im Domainnamen nochmals an Relevanz gewinnen.

Bei der Weiterleitung sollten Sie darauf achten, dass Sie eine sogenannte *301 Redirect Permanent* nutzen. Diese Umleitung signalisiert Suchmaschinen, dass eine dauerhafte Umleitung existiert. Eine 302-Umleitung hingegen diente nur für temporäre Weiterleitungen und ist als domainweite Lösung nicht zu empfehlen. Bei 302-Umleitungen werden die URLs nicht dauerhaft umgeschrieben und die Linksignale nicht entsprechend vollständig vererbt auf die neue URL-Struktur.

> **Praxistipp: Domainportfolio**
>
> Häufig erleben wir in der Agentur-Praxis, dass Kunden zahlreiche Domains gesichert haben. Dies ist sicherlich sinnvoll, damit kein Mitbewerber die Domain mit oder ohne Bindestrich für sich beanspruchen kann. Für die Suchmaschinen-Optimierung ist allerdings nur eine einzige Domain sinnvoll. Alle anderen Domains werden entweder per 301-Redirect umgeleitet oder als Microsites angelegt. Vermeiden Sie auf jeden

> Fall, die gleiche Website unter verschiedenen Domains erreichbar zu haben. Das wird von Google als Duplicate Content gewertet und macht sich in einer Ranking-Abstrafung bemerkbar.

8.8.4 Mit oder ohne Bindestrich?

Wenn Sie einen Domainnamen mit mehr als einem Begriff nutzen möchten, stellt sich schnell die Frage: Soll die Domain mit oder ohne Bindestriche meine Hauptdomain werden? Die Frage ist aus Sicht der Suchmaschinen-Optimierung recht schnell beantwortet: Verwenden Sie immer die Variante mit Bindestrichen.

Der Grund liegt in der Datennormalisierung, die sich in Bezug auf die Sonderzeichen in Domainnamen nicht viel anders verhält, als bereits beschrieben wurde. Der Bindestrich wird bei der Indexierung entfernt, und übrig bleiben nur noch die Stichwörter. Generell sollten Sie daher für die Domains zur Anmeldung bei den Suchmaschinen immer mit Bindestrichen arbeiten und weniger auf zusammengeschriebene Domains setzen. Das hat den Vorteil, dass die Suchmaschinen die einzelnen Wörter indexieren und diese bei entsprechenden Suchanfragen höher gewichten können. Denn alleinstehende Begriffe werden bei den meisten Suchmaschinen höher bewertet als beim Auftreten innerhalb einer Wortkette.

Um sich einen Überblick zu verschaffen, wie Stichwörter in Domains genutzt werden, können Sie auf eine Funktion bei Google zurückgreifen:

```
inurl:fitnesscoach
```

Wenn Sie das Beispiel in das Suchfeld von Google eingeben, erhalten Sie eine Trefferliste, bei denen das Wort »fitnesscoach« in der URL enthalten ist.

Bei der Suche nach einem passenden Domainnamen werden Sie häufig auf bereits vergebene Namen stoßen. Die Erweiterung des bereits vergebenen Domainnamens mit der Bindestrich-Taktik ist daher auch in diesem Punkt hilfreich. Achten Sie jedoch darauf, dass Domains, die ausschließlich für Suchmaschinen gedacht sind, innerhalb eines vernünftigen Rahmens bleiben. Denn diese werden schließlich innerhalb der Trefferliste angezeigt und sollten daher einen seriösen Eindruck machen.

> **Praxistipp: Bindestrich-Manie**
>
> Eine Domain sollte idealerweise nicht zu lang sein, damit sie für Nutzer und Nutzerinnen schnell erfassbar ist. Verzichten Sie außerdem auf zu viele Bindestriche. Domains mit mehr als drei Bindestrichen sind sicherlich auch für Google ein Grund, einmal etwas genauer hinzusehen. Außerdem wirkt eine Domain wie *www.staubsauger-verkauf-reparatur-service-wartung.de* nicht wirklich seriös.

8.8.5 Umlaut-Domains (IDN vs. Punycode)

Seit 2004 sind im deutschsprachigen Raum Umlaute in Domains erlaubt. So ganz internationalisiert hat sich das Ganze allerdings nicht.

Umlaute und Sonderzeichen sind bei den sogenannten IDN-Domains (*Internationalized Domain Names*) zwar erlaubt, im internationalen DNS-System, das für die Übersetzung von Domainnamen in IP-Adressen und umgekehrt zuständig ist, sind allerdings nur ASCII-Zeichen erlaubt. Alle IDNs mit Umlauten oder Sonderzeichen müssen also umgewandelt werden. Aus der Domain *köln.de* wird z. B. *xn--kln-sna.de*, zu erkennen an den Bindestrichen an der dritten und vierten Stelle. Dieses Format bezeichnet man als *Punycode*.

In den Datenstrukturen der Suchmaschinen werden Domains mit Umlauten und Sonderzeichen im Punycode gespeichert. Bei Tests konnte 2010 noch gezeigt werden, dass direkte Verweise auf Umlaut-Domains in Punycode statt in Umlautschreibweise häufiger korrekt verarbeitet wurden. Mittlerweile haben alle großen Suchmaschinen-Betreiber dies aber soweit im Griff.

8.8.6 Alternativen zu ».de« – die richtige Top Level Domain

In Bezug auf die TLD (*Top Level Domain*) empfiehlt sich bei deutschen Webseiten immer die Endung *.de*. Auch wenn eine solche Domain nicht zwingend auf eine Website mit deutschem Inhalt verweist, steckt diese Assoziation doch in den Köpfen der meisten Nutzer. Anscheinend werden häufig gerne *.com*-, *.net*- und *.org*-Domains registriert, weil eine entsprechende *.de*-Domain bereits vergeben ist. Davor sollten Sie sich allerdings hüten, solange Sie nicht einen entsprechenden Status besitzen. Im Fall der *.org*-TLD wäre dies eine nicht kommerzielle Organisation. Das stört natürlich die Suchmaschinen nicht, es kostet Sie aber erfahrungsgemäß Besucher und Besucherinnen. Denn die gehen meist davon aus, dass es sich bei deutschen Unternehmen um *.de*-Domains handelt, da sich der Benutzer oder die Benutzerin oftmals nur an den eigentlichen Teil einer Domain erinnert und nicht an die TLD. Zusätzlich wird selbst von internationalen Firmen häufig erwartet, dass unter der *.de*-TLD das deutschsprachige Angebot zu finden ist.

> **Praxistipp: Bevorzugt Google ».de«-Domains?**
>
> Google bevorzugt nach eigener Aussage keine Top Level Domain wie *.de*, *.net* oder *.com*. Google benachteiligt auch nicht die Domainendungen wie *.koeln* oder *.biz* oder andere. In der Praxis hat sich für deutschsprachige Unternehmen jedoch immer die TLD *.de* bewährt. Denn auf sie klicken Nutzer lieber in den Ergebnissen. Das gibt gute Nutzersignale für Google und ist damit letztendlich indirekt ein Ranking-Faktor. Für international agierende Unternehmen empfiehlt sich in der Regel die übliche *.com*-Endung.

Die Wahl bei einem deutschsprachigen Projekt sollte daher aus Nutzer- und Suchmaschinen-Optimierungssicht immer auf die Endung *.de* fallen. Steht diese nicht mehr zur Verfügung, sollten Sie die Suche nach einem anderen Domainnamen oder den Kauf der Domain in Erwägung ziehen.

Wenn Sie keine Alternative haben, sollten Sie eher nicht auf exotische Top Level Domains wie *.tv*, *.mobi* oder *.biz* zurückgreifen. Setzen Sie stattdessen lieber auf die international bewährten CNO-Endungen (**.com**, **.net**, **.org**).

8.8.7 Domainalter

Neben der Ausgestaltung des Domainnamens ist noch ein ganz anderer Punkt besonders wichtig: das Alter der Domain. Grundsätzlich haben Domains, die bereits seit Längerem registriert sind, bessere Chancen, bei den Suchmaschinen gut gelistet zu werden. Domains sind wie guter Rotwein: Mit dem Alter reifen sie.

Der Hintergedanke ist dabei, dass ältere Domains sich im Web bereits etabliert haben und sich neuere Domains zunächst erst einmal beweisen müssen. Damit wollen die Suchmaschinen-Betreiber auch Unternehmungen Einhalt gebieten, die zu bestimmten Werbeaktionen oder Themengebieten eine neue Webpräsenz erstellen.

Ob es nun am Alter der Domain direkt liegt, das über die WHOIS-Daten in der Regel in Erfahrung gebracht werden kann, oder am Alter der eingehenden Verweise als Backlinks, kann letztlich nicht mit Gewissheit gesagt werden. Fest steht allerdings, dass es einen Seniorenbonus für Domains gibt.

Domainalter feststellen

Eine gute und auch interessante Möglichkeit, das Domainalter zu bestimmen, finden Sie unter *www.archive.org*. Dieser Dienst speichert die Historie von Webseiten, sodass Sie bei Eingabe einer Domain mit hoher Wahrscheinlichkeit mehrere Jahre zurückgehen und sich alte Webdesigns ansehen können (siehe Abbildung 8.36). So können Sie natürlich auch einschätzen, seit wann etwa eine Domain im Web existiert.

Bestehende Domains prüfen

Für den Start einer neuen Domain wird vor diesem Hintergrund der Kauf einer bereits existierenden Domain attraktiv. Dabei sollten Sie allerdings nicht nur auf den passenden Domainnamen achten, sondern auch auf das Alter der Domain und auf ihren Status bei den Suchmaschinen. Letzteres meint hauptsächlich die Tatsache, dass Domains bei Google & Co. »verbrannt« sein können. Das heißt, dass die Domain aus dem Index entfernt wurde. Dies geschieht meist aufgrund von missglückten Spam-Versuchen des Voreigentümers.

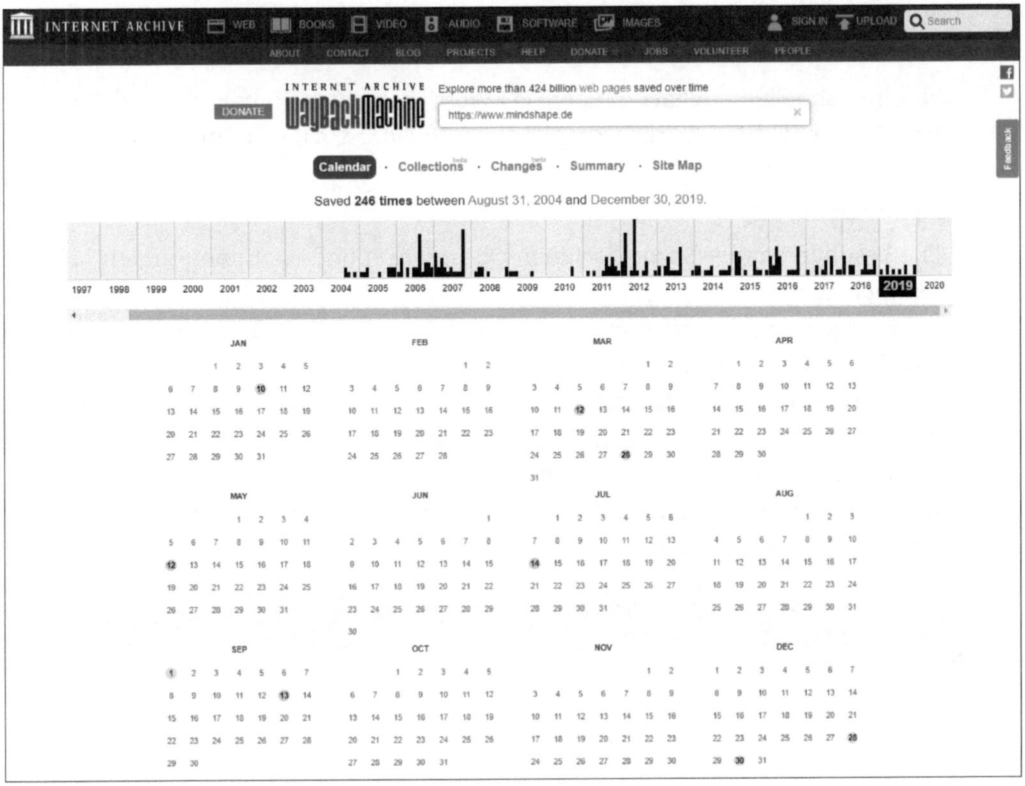

8.8 Domainwahl

[Screenshot der Wayback Machine auf archive.org mit der URL https://www.mindshape.de, die Kalenderansicht für 2019 zeigt]

Abbildung 8.36 »archive.org« zeichnet die Website-Historie auf.

Erkennbar sind solche Domains meist daran, dass die öffentliche Domain bereits älter als ein halbes Jahr ist, Sie allerdings mit einer Abfrage nach dem Schema `site:DOMAIN` nur die Rückmeldung »Zur URL X wurden keine Informationen gefunden« erhalten.

Eine solche Verbrennung kann durch einen Reinclusion Request rückgängig gemacht werden. Allerdings mindert diese Tatsache zunächst den Wert (und damit im Prinzip auch den Preis) einer Domain, da Sie nicht von Beginn an von Vorteilen profitieren können, sondern auch die erkauften Nachteile hinnehmen müssen.

Außerdem sollten Sie beim Domainkauf darauf achten, dass die Inhalte des vorherigen Besitzers thematisch den Ihren entsprechen. Ansonsten setzt Google mit hoher Wahrscheinlich alle vorherigen Signale auf null, und Sie gewinnen im Vergleich zu einer ganz frischen Domain recht wenig.

Eine Empfehlung, ab wann sich der Kauf einer Domain für Sie rechnet, kann man pauschal nicht geben. Das hängt von der Domain, Ihrem Geschäftsplan, Ihrer Gewinnmarge und vielen anderen Faktoren ab. So kann es sein, dass eine Domain für Sie keine 500 € wert ist. Für jemand anderen wäre die gleiche Domain hingegen auch mit einer Investition von 5.000.000 € lohnenswert. Üblicherweise bewegen sich die Prei-

8 Suchmaschinen-optimierte Website-Struktur

se aber von einigen Hundert bis zu einigen Tausend Euro. Erfahrungsgemäß lohnt sich das Handeln hier aber immer!

Für eine schnelle Einschätzung der SEO-Wertigkeit einer Domain lohnt sich immer der Blick in einen Sichtbarkeitsgraphen von SISTRIX, Xovi, Searchmetrics und Co.

Expired Domains

Eine besonders unter Suchmaschinen-Optimierern und -Optimiererinnen beliebte Methode für neue Domains sind sogenannte *Expired Domains*. Das sind Domains, die erst wenige Sekunden nicht mehr registriert sind, weil sie gelöscht wurden oder abgelaufen sind und jetzt ohne Kauf neu registriert werden können. Einige Anbieter haben sich mit automatischen Crawlern darauf spezialisiert, innerhalb von Sekunden attraktive Expireds zu »grabben«. Insofern haben Sie hier in der Regel manuell wenig gute Chancen. Aber vielleicht ist ja eine spezielle Domain für Sie besonders attraktiv, die doch noch frei ist. Eine gute Übersicht über viele Expired Domains finden Sie unter *www.peew.de* (siehe Abbildung 8.37).

Abbildung 8.37 Expired Domains auf »www.peew.de«

Unabhängig davon, wie schwer oder leicht eine gute Expired Domain zu bekommen ist, hat ihr Wirkungsgrad in den letzten Jahren auch stark variiert. Google hat entsprechende Gegenmaßnahmen ergriffen, da viele Suchmaschinen-Optimierer und -Optimiererinnen massiv Expired Domains erworben haben, um dann von dort mit 301-Redirects Link- und Nutzersignale auf die eigentliche Hauptdomain zu lenken. Wenn man themennahe und gute Expired Domains im Portfolio hat – oder sich einkauft –, funktioniert diese Taktik in vielen Fällen allerdings heute immer noch ganz gut.

8.9 Optimale Verzeichnis- und Dateinamen

Eine URL besteht nicht nur aus dem Domainnamen, sondern auch aus Verzeichnis- und Dateinamen. Hier werden Schlüsselbegriffe ebenso berücksichtigt wie im Domainnamen.

Auf Umlaute und Sonderzeichen verzichten

Bei Verzeichnis- und Dateinamen sollten Sie auf Sonderzeichen, Umlaute und Leerzeichen verzichten. Das begründet sich einerseits aus der Serverdatei-Struktur, andererseits auch aus der URL-Verarbeitung der Browser.

Vor allem Verzeichnisse und Dateinamen sollten keine Umlaute enthalten. Dadurch kann eine Website ohne Probleme von einem Server-Betriebssystem zum anderen transportiert werden. Dieser Punkt ist besonders wichtig, da Webserver häufig unter Linux laufen. Die meisten Webseiten bzw. Content-Management-Entwicklungen entstehen jedoch in Windows- oder Apple-Umgebungen. Jedes System besitzt spezielle Eigenschaften und Kodierungen bezüglich der Verzeichnis- und Dateinamen.

Verzichten Sie in URLs weitgehend auf Umlaute oder Sonderzeichen, da diese über URL-Encoding entsprechend umgeschrieben werden. Und bis heute kommt es hier bei allen Suchmaschinen immer wieder zu seltsamen Fehlern.

So wird aus

https://www.domain.de/hört-hört eine-schräge-html-datei!.html

beispielsweise

https://www.domain.de/h%C3%B6rt-h%C3%B6rt%20eine-schr%C3%A4ge-html-datei!.html

gemacht. Das ist technisch zwar korrekt – liest sich aber in der Ergebnisliste eher weniger schön.

Einheitliche Kleinschreibung

Damit es beim Upload der Dateien keine Probleme gibt, sollten Sie zusätzlich auf Leerzeichen in Verzeichnis- und Dateinamen verzichten und eine durchgängige

Kleinschreibung anwenden. Auch die Erzeugung von sprechenden URLs sollte einheitlich in Kleinschreibung erfolgen. Technisch spricht auch nichts dagegen, alles in Großschreibung zu setzen. Jedoch »schreit« eine solche URL den User regelrecht an und konvertiert in den Suchergebnislisten nachweislich schlechter. Nutzen Sie daher eine einheitliche Kleinschreibung, dann haben Sie auch keine Probleme mit Linux-Systemen und der case-sensitiven Erkennung von Dateien. Eine Datei namens *ueber-uns.Html* ist dort nämlich ein anderes Dokument als *ueber-uns.html*, und die Verwechslung führt im schlimmsten Fall zu einem 404-Fehler.

> **Praxistipp: 301-Umleitung von »Alles, was groß ist« auf »Alles klein«**
>
> Bei einer Backlink-Analyse sieht man immer wieder, dass eingehende Links auf URLs gehen, die eine andere Groß- und Kleinschreibung haben – etwa, weil der Linkgeber einen Anfangsbuchstaben großgeschrieben hat, obwohl er eigentlich klein in der URL steht.
>
> Da dies, technisch gesehen, ein Link auf eine nicht existierende URL ist und einen 404-Fehler wirft, geht hier wertvoller Linkjuice verloren. Daher sollten Sie idealerweise einen generellen 301-Redirect setzen, der von allen Großschreibvarianten von URLs auf die jeweilige kleingeschriebene Variante weiterleitet. Dann haben Sie solche Probleme nicht. Das machen Sie natürlich nur, wenn die Standardvariante bei Ihnen die kleingeschriebene ist. Alle internen Links gehen ebenso dann direkt auf die kleingeschriebenen URL-Varianten.

Keyword-Nennung in Pfad- und Dateinamen

Die Dateien bekommen nicht selten ungünstige Namen. Man findet z. B. Dateinamen wie:

- `main.html`
- `einstieg.html`
- `produkte.html`

Viel effektiver ist die Platzierung von Schlüsselwörtern innerhalb des Dateinamens. Auch wenn dies sicherlich keine Rankingverbesserung von 10 auf 1 bringt, sollten Sie diese Möglichkeit ausschöpfen. Dabei können Sie auch hier auf den Bindestrich-Trick zurückgreifen. Der Bindestrich in Dateinamen ist dem Unterstrich immer dann vorzuziehen, wenn auch die Schreibweise ohne Bindestrich als einzelnes Wort oder in der Getrenntschreibung mitberücksichtigt werden soll. Nehmen Sie sich demnach die Schlüsselwortdefinition für jede einzelne Seite vor, die Sie zu Beginn des Optimierungsprozesses erstellt haben. Benennen Sie alle Dateien entsprechend um, sodass ein bis zwei Schlüsselbegriffe auch im Dateinamen enthalten sind:

- Segeln_kiel.html
- Neumcke_adresse_kiel.html
- charter-vertrag.html

Das bringt nicht nur bei Suchmaschinen den einen oder anderen Ranking-Vorteil für die Ergebnisliste, sondern hilft Ihnen insbesondere bei Websites ohne komplexere Verzeichnisstruktur, sich in dem wachsenden Sammelsurium von URLs zurechtzufinden.

Entsprechend lassen sich auch die Verzeichnisnamen optimieren. Diese können dazu genutzt werden, das primäre Schlüsselwort nochmals zu betonen:

- charter/charter-vertrag.html
- charter/charter-bedingungen.html
- charter/charter-preise.html

So erhalten Sie im Optimalfall eine gute Positionierung der Schlüsselwörter bereits in der URL. Natürlich müssen diese Schlüsselwörter – man kann es nicht häufig genug betonen – im Titel und im Dokument konsequent optimiert sein. Nur die URL-Optimierung alleine reicht nicht aus.

Die mit Schlüsselwörtern versehenen Verzeichnis- und Dateinamen treten auch innerhalb des HTML-Codes der einzelnen Seiten wieder auf. Insbesondere bei Verweisen innerhalb der Website erhöhen sie die Stichwortnennung und tragen auch zu einer besseren Link-Popularity bei, falls thematische Ähnlichkeiten zum Zieldokument berücksichtigt werden.

8.9.1 Dateinamen von Bildern und sonstigen Dateien

Im Übrigen trifft die Benennung der Dateinamen nicht nur auf HTML-Dokumente zu. Auch andere Dateien, wie Bilder, PDF-Dokumente oder sonstige Dateien, können so optimiert werden und tragen auf diese Weise indirekt zur Onpage-Optimierung bei.

Insbesondere bei eingebundenen Bildern wird häufig ein kryptischer Dateiname gewählt. Dabei wäre ein aussagekräftiger Name hier nicht nur für die Keyword-Nennung unter Onpage-Gesichtspunkten hilfreich. Auch die Bildersuchen der Suchmaschinen benötigen Stichwörter, um ein passendes Bild für eine Suche anzuzeigen. Und da die Bilder nicht selbst analysiert werden können, nutzen die Suchmaschinen hauptsächlich die Dateinamen der Bilder als Quelle für Schlüsselwörter.

Das Bild eines Produkts mit dem Namen *XF20* sollte daher nicht nur im title- und alt-Attribut benannt und namentlich eingebunden werden:

```
<img src="/images/x8237hd/archive/293/2323HDASVsss28h38hdash.jpg"
title="XF20" alt="XF20">
```

Schöner und vor allem effektiver ist die Einbindung mit der Produktkategorie und dem Produktnamen:

```
<img src="/images/beamer/beamer-XF20_23271623.jpg" title="XF20" alt="XF20">
```

Im Beispiel wird die Produktkategorie nochmals als Pfadangabe und innerhalb des Dateinamens wiederholt. Benötigen Sie zusätzlich einen Produktcode oder Ähnliches im Dateinamen – etwa zur Verwaltung der Bilder über das Dateimanagementsystem –, können Sie diesen zusätzlich, jedoch eben nicht ausschließlich, in den Dateinamen integrieren.

Das Gleiche gilt für PDF-Dokumente sowie für Video- und Audiodateien.

8.9.2 Verzeichnistiefe

Neben der Bezeichnung eines Verzeichnisses spielt dessen Rangordnung innerhalb der gesamten Verzeichnisstruktur eine Rolle. Die Mehrzahl an Websites beweist, dass die Bedeutung eines Dokuments allgemein abnimmt, je tiefer es in die Verzeichnisstruktur eingebettet ist. Demnach haben folgende Dokumente abnehmende Bedeutung.

URL	Verzeichnisebene
www.segeln360.de/index.html	0 (Root-Ebene)
www.segeln360.de/boote/index.html	1
www.segeln360.de/boote/typen/index.html	2
www.segeln360.de/boote/typen/bilder/index.html	3

Tabelle 8.2 Beispiel für unterschiedliche Verzeichnistiefen

Manche kleineren Suchmaschinen indexieren nur Seiten bis zu einer gewissen Verzeichnisebene. Damit soll vermieden werden, dass einige umfangreiche Seiten ganz erfasst werden und derart viel Rechen- und Speicherkapazität in Anspruch nehmen, dass andere Seiten nicht gleichwertig im Datenbestand repräsentiert werden können. Das würde zu einer ungleichen Verteilung bei der Erfassung des World Wide Web führen und die Suchergebnisse verzerren.

Man unterscheidet bei der Exploration einer Website zwei Vorgehensweisen. Je nach Ausrichtung einer Suchmaschine erfasst ein Webcrawler eine Website in der *Breitensuche* oder in der *Tiefensuche*. Diese beiden Begriffe stammen aus der Graphentheorie. Der Graph einer Website sieht in der Regel wie ein umgekehrter Baum aus.

Abbildung 8.38 verdeutlicht dies. Der Root-Knoten, zumeist die Homepage in Form der Datei `index.html`, befindet sich dabei ganz oben an der Spitze.

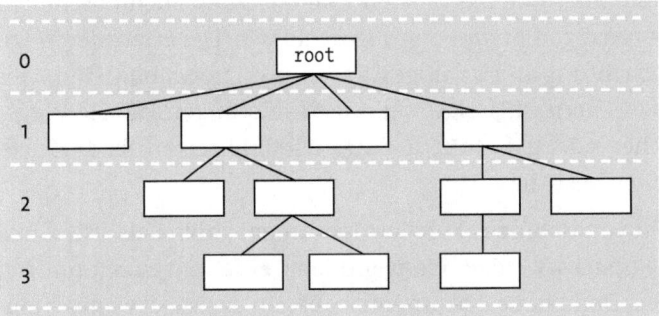

Abbildung 8.38 Die Site-Struktur als Graph

Dieses Vorgehen wird meist angewandt, wenn Webcrawler eine Website wie erwähnt nur bis zu einer bestimmten Verzeichnistiefe erfassen sollen. So bewegen sich kleinere Suchmaschinen nach diesem Prinzip nur in den obersten Ebenen. Google, Bing und andere größere Suchmaschinen arbeiten hingegen nach dem Prinzip der Tiefensuche. Dabei klettert die Suchmaschine einen Ast so lange hinunter, bis die letzte Seite erfasst ist. Danach kehrt der Webcrawler zu der höherliegenden Ebene zurück und geht von dort aus wieder auf dem Alternativweg nach unten. Dieses Verfahren führt zu einer vollständigen Erfassung der Website.

Eine vollständige Erfassung führt allerdings auch bei der Tiefensuche nicht zwingend zu einer besseren Gewichtung.

> **Praxistipp: Die optimale Verzeichnistiefe**
>
> Die optimale Verzeichnistiefe gibt es nicht. Wie stark und tief Google Ihre Website crawlt, hängt davon ab, wie wichtig Ihre Website für Google ist. Im Allgemeinen sollten Sie im Sinne einer Faustregel nicht mehr als drei Verzeichnisebenen verwenden und wichtige Seiten immer in einer möglichst flachen Struktur halten.

8.9.3 Aktualität einer URL

Dabei ist die Verzeichnistiefe nur eine Determinante, die bei der Gewichtung von Seiteneigenschaften eine Rolle spielt. Ebenso wichtig ist die Aktualität einer Seite. Diese wird im Response-Header als Datum der letzten Änderung geliefert, und bei einem erneuten Besuch fragt der Webcrawler mit dem `If-Modified-Since`-Header zunächst nach einer aktuelleren Version. Trifft der Webcrawler trotz wiederholten Besuchs stets ein unverändertes Dokument an, wird die Besuchsfrequenz in der Konsequenz seltener. Sie sollten jedoch darauf achten, die Wiederbesuchsfrequenz möglichst hoch zu halten. Denn je kürzer die Zeitspanne zwischen den Veränderungen an Ihrer Website und deren Aufnahme in den Suchmaschinen-Index ist, desto flexibler können Sie die Website optimieren. In den seltensten Fällen ist eine Suchmaschinen-Optimierung nach einer einmaligen Anpassung abgeschlossen. Die Erfahrung zeigt, dass eine permanente Beobachtung und ständige Anpassungen notwendig sind. Dies wird aber insbesondere dann vernachlässigt, wenn die Änderungen, die Sie vorgenommen haben, erst Wochen oder gar Monate später Wirkung zeigen, da die Suchmaschinen die Website selten besuchen.

Ebenso gewichten einige Suchmaschinen aktuellere Dokumente höher als ältere. Insbesondere wenn die Link-Popularity einen relativ großen Gewichtungsfaktor bildet, liegt diese Vermutung nahe. Denn neue Dokumente haben in der Regel weniger eingehende Links zu verzeichnen. Der gebotene Inhalt ist aufgrund der Neuheit jedoch nicht von vornherein weniger bedeutend als ein älteres Angebot. Da dieses aufgrund seiner längeren Existenz meist mehr Link-Popularity besitzt, kann das neuere Dokument durch eine höhere Gewichtung der Aktualität diesen Vorsprung ein wenig aufholen. Besonders bei sogenannten QDF-Suchanfragen (*QDF* für *Query Deserves Freshness*), die aktuelle Informationen vermuten lassen, werden aktuelle Dokumente bevorzugt.

Dabei hilft es nicht zwingend, wenn man die identischen Website-Informationen täglich nur leicht verändert. Der Hashwert liefert immer noch nahezu identische Ergebnisse bei leichten Veränderungen, und die Suchmaschine erkennt, dass keine relevante inhaltliche Veränderung stattgefunden hat. Besonders beliebt war es lange Zeit, z. B. einen Aktualitätshinweis auch für die Benutzer und Benutzerinnen sichtbar am unteren Rand der Webseite zu platzieren. So änderte sich die Seite für die Suchmaschine leicht, und man zeigte den Besuchern und Besucherinnen, dass die Seite nicht vernachlässigt wurde. Zwar konnte man damit den einfachen Hashwert bei der Uniqueness-Bestimmung leicht beeinflussen. Allerdings ist diese kleine Veränderung heutzutage nicht mehr ausreichend, um ein wirklich einzigartiges Dokument zu generieren. Sie müssen also mehr verändern und das Dokument bzw. die Inhalte darin aktualisieren und damit für die Suchmaschinen und die Suchenden werthaltiger gestalten.

> **Praxistipp: Zeitstempel als Indexierungszeit**
> Auf einigen Seiten wird ein Zeitstempel z. B. rechts unten im Fußbereich eingebunden. Dieser wird vom Content-Management-System aktuell erzeugt. Der Zeitstempel wird allerdings nicht genutzt, um Aktualität vorzuspielen. Der Zeitstempel ist hilfreich, wenn man die Indexierungsgeschwindigkeit bei Google prüfen möchte. So kann man regelmäßig für bestimmte Fragestellungen den Zeitstempel des Cache-Datums laut Google und den tatsächlichen Zeitstempel im Google-Cache vergleichen. Probieren Sie es aus, Sie werden überrascht sein.

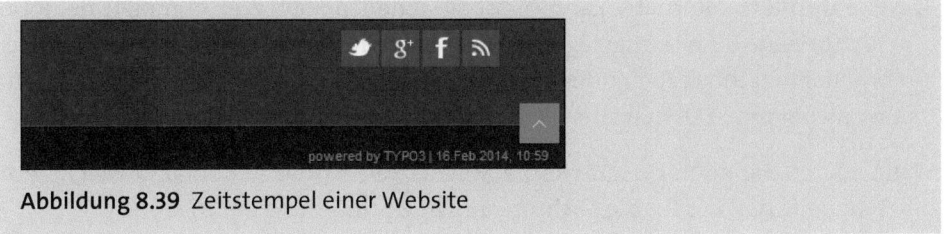

Abbildung 8.39 Zeitstempel einer Website

8.10 Platzierung neuer Inhalte

Nicht immer muss es eine neue Domain sein. Wenn neue Inhalte auf einer Website untergebracht oder optimiert werden sollen, stehen Ihnen grundsätzlich diese vier Möglichkeiten zur Verfügung:

1. **Zusätzliche Seiten**: Webseiten sind das Grundelement einer Webpräsenz. Sie werden über die URL als Dateinamen abgebildet und weisen mit ihnen eindeutig auf einen bestimmten Inhalt. Wenn Sie neue Inhalte erstellen, werden Sie diese meist über eine neue URL zur Verfügung stellen, wie z. B. hier:

   www.schuh-werner.de/neue_hausschuhe.html

2. **Verzeichnisse**: Wie auf Ihrem Arbeitsplatzrechner besteht bei Websites die Möglichkeit, verschiedene Seiten in Verzeichnissen zu gruppieren. Mit der entsprechenden Keyword-Nennung können diese Verzeichnisse dann auch »sprechend« sein und Informationen über ihre Inhalte vermitteln:

   www.schuh-werner.de/neuigkeiten/hausschuhe.html

   Hier ist jedem sofort klar, dass es sich bei dem Inhalt der neuen Unterseite wohl um Neuigkeiten zu Hausschuhen handelt. Suchmaschinen sehen das nicht anders.

3. **Subdomains**: Wenn eine noch weitreichendere Gruppierung erfolgen soll, wird häufig auf Subdomains zurückgegriffen. Technisch gesehen, ist auch das *www* innerhalb einer Domain eine Subdomain. In der Praxis findet man aber häufig auch solche doppelten Subdomains:

   www.muenchen.schuh-werner.de

   Korrekt und völlig ausreichend – zumindest für die Suchmaschinen-Optimierung – wäre allerdings diese Variante:

   muenchen.schuh-werner.de

   Möchte das Unternehmen Schuh-Werner expandieren und einen Laden in München eröffnen, dann wäre dies neben einem Verzeichnis oder einer neuen Datei eine weitere Möglichkeit (aber keine gute, wie Sie gleich erfahren werden).

4. **Neue Domain**: Alternativ kann selbstverständlich auch eine komplett neue Domain für neue Inhalte angelegt werden. Das ist die Lösung, die die neuen von den vorhandenen Inhalten am deutlichsten trennt. Die neue Domain profitiert dann aber nicht vom SEO-Stand der aktuellen Domain.

Wann sollten Sie nun also auf welche Möglichkeit zurückgreifen, und welche Vor- und Nachteile hat dies für die Suchmaschinen-Optimierung der Inhalte?

8.10.1 Verwendung von Unterverzeichnissen

Wenn Sie neue Inhalte anbieten möchten, die in der bisherigen Struktur nicht untergebracht werden können, sollten Sie eigentlich immer ein Unterverzeichnis wählen. Damit bieten Sie Ihren gesamten Inhalt auf einer einzigen Domain an. Dies erkennen die Suchmaschinen und bringen die Inhalte über die einzelnen Bereiche zu einem thematischen Ganzen zusammen. Damit bündeln Sie alle einzelnen positiven Effekte der Unterseiten auf die Hauptdomain und deren Startseite.

Darüber hinaus müssen Sie bei der Offpage-Optimierung eingehende Links nur für eine Domain generieren. Wenn bestimmte Bereiche nicht so stark verlinkt sind, dann können Sie diese durch interne Verlinkung aus anderen Bereichen stärken, die mehr von außen verlinkt sind. Daher ist eine gute Querverlinkung innerhalb solcher Domains sehr wichtig.

Daneben ist es technisch in der Regel die einfachste Möglichkeit, Unterverzeichnisse mit neuen Inhalten anzulegen. Neue Subdomains oder komplett neue Domains müssen zunächst registriert und eingerichtet werden.

8.10.2 Verwendung von Subdomains

Subdomains werden von Suchmaschinen nach wie vor unterschiedlich behandelt. Einige Subdomains, die sehr viele externe Verweise auf sich ziehen können und viele eigene Inhalte anbieten, werden von den großen Suchmaschinen beinahe wie eigenständige Domains behandelt. Oftmals sind Subdomains aber auch gleichauf mit Unterverzeichnissen. Sie haben jedoch einen entscheidenden Nachteil: Subdomains liegen für Suchmaschinen im Gegensatz zu Unterverzeichnissen nicht in der Seitenhierarchie. Querverlinkungen haben damit keinen so großen Effekt wie bei Unterverzeichnissen. Und auch eingehende Links auf die Hauptdomain werden nicht unbedingt auf die Subdomain übertragen.

In der Praxis heißt das für Sie, dass Sie für jede Subdomain eigenes Linkbuilding betreiben müssen. Dies gepaart mit der unstetigen Behandlung seitens der Suchmaschinen bedeutet für Sie: In den meisten Fällen ist die Entscheidung für ein Verzeichnis und gegen eine Subdomain die richtige.

8.10.3 Einsatz eigener Domains als Microsites

Die aufwendigste Variante, neue Inhalte anzubieten, besteht darin, eine eigene Domain mit einer eigenen Website aufzubauen. Das werden Sie in der Regel nur dann tun, wenn die Inhalte so gar nicht zu den alten Inhalten passen wollen, weil Sie z. B. zwei unterschiedliche Zielgruppen bedienen und daher auch das Design und die Farbgebung auf den Websites unterschiedlich sein müssen.

Vor allem für bestimmte Produkte oder Dienstleistungen nimmt man allerdings gerne eigene Domains und baut aus ihnen sogenannte *Microsites*.

Eine Microsite besteht aus einigen wenigen Unterseiten mit sehr spezifischem Inhalt. Für die Suchmaschinen-Optimierung sind Microsites besonders attraktiv, weil Sie als Domainnamen eine Keyword-Domain nutzen können. Außerdem können Sie sich ohne Rücksicht auf die Unternehmensdarstellung hauptsächlich auf das Produkt oder die Dienstleistung konzentrieren. Auch das kommt der Suchmaschinen-Optimierung zugute.

Wenn ein Hersteller von Seifen z. B. kleine Badeenten anbietet, kann er diese auf seiner Unternehmenswebsite nur als ein Produkt von vielen beschreiben. Die Suchmaschinen können hier keinen thematischen Schwerpunkt feststellen, und die Unternehmenssite wird niemals zu einer thematischen Autorität für Badeenten werden.

Wenn der Hersteller nun aber die Microsite *www.badeenten-paradies.de* erstellt, schlägt er mehrere Fliegen mit einer Klappe: Er erhält eine Keyword-Domain mit dem Haupt-Keyword »badeenten«, und er kann alle Seiten dieser Domain ausschließlich um das Thema Badeente konzipieren. Die Suchmaschinen erkennen nun eindeutig ein einheitliches Thema auf dieser Microsite.

> **Praxistipp: Überlegen Sie sich den Einsatz von Microsites für SEO sehr gründlich!**
>
> Microsites haben einen enormen Nachteil: Meist sind die Domains neu registriert und daher noch nicht so alt. Damit dauert es bis zu zwölf Monate, bis die neue Domain überhaupt so »zieht« wie eine ältere. Zusätzlich muss jede Microsite eigens offpage beworben werden. Das bedeutet, dass der Aufwand, eingehende Links zu generieren, mit jeder Microsite linear steigt. Prüfen Sie vorher also, ob Sie dieses Budget nicht sinnvoller in die Optimierung der Hauptdomain investieren. Meistens ist das nämlich der Fall.

8.11 Webhosting

Die Kosten für die Anschaffung und den Unterhalt eines eigenen Webservers inklusive der nötigen Verbindung zum Internet sind selbst bei den meisten großen Firmen

nicht rentabel. Nicht umsonst bauen große Webhosting-Anbieter in den letzten Jahren ihre Rechenzentren immer weiter aus. Bei der Wahl des Servers, auf dem die Website »beheimatet« sein soll, sind bestimmte Faktoren zu berücksichtigen, die in Bezug auf Suchmaschinen eine grundlegende Rolle spielen.

8.11.1 IP-Sharing

Meist ist neben dem lückenhaften Basiswissen in Sachen Webhosting der Geldbeutel das bestimmende Kriterium bei der Auswahl eines Angebots. Während das Basiswissen mit gezielter Lektüre und Weiterbildung relativ leicht zu vervollständigen sein sollte, ist dies beim Geld in aller Regel schon schwieriger. Privatanwender und -anwenderinnen, Vereine oder auch kleinere Unternehmen entscheiden sich daher meist für ein einfaches Webhosting-Paket. Auf einem betreuten Webserver wird dabei eine bestimmte Menge an Platz zur Verfügung gestellt. Oft erhält man eine bis drei Domains kostenlos zur Registrierung hinzu.

Auch wenn das Angebot nach außen hin als eigenständige Webpräsenz erscheint, handelt es sich, technisch gesehen, jedoch meist um einen virtuellen Webserver. Das bedeutet, die Websites anderer Kunden liegen sozusagen auf der gleichen Festplatte oder im gleichen Server-Netzwerk (Cloud) und werden vom gleichen Server-Netzwerk verwaltet. Dies kann neben gegenseitigen Performance-Beeinflussungen insbesondere dann Auswirkungen haben, wenn die gesamten IP-Adressen seitens der Suchmaschinen gesperrt werden.

8.11.2 Eigene Webserver für eigene IP-Adresse und Performance

Um diesem Problem aus dem Weg zu gehen und um insbesondere bei aufwendigen dynamischen Webpräsenzen mehr Unabhängigkeit und Performance zu besitzen, besteht auch die Möglichkeit, einen ganzen Server anzumieten. In Online-Foren wird dieser oftmals auch als *Root-Server* bezeichnet, weil man als Kunde der alleinige Administrator (root) ist. Allerdings setzt diese Form voraus, dass sich der Kunde mit der Pflege eines Webservers auskennt. Ein anderes Angebot sind die *Managed-Server* (siehe Abbildung 8.40). Hier wird nach wie vor ein eigener Webserver angemietet. Allerdings werden Wartung und Pflege als Dienstleistung mitgekauft. Der Preis ist hier natürlich um einiges höher.

Ein eigener Webserver, ob Root-Server oder Managed-Server, hat auch den Vorteil, dass Sie die Leistung des Servers mit niemandem teilen müssen. Vor allem bei aufwendigen Datenbankoperationen oder vielen Zugriffen sollten Sie immer auf einen eigenen Webserver setzen.

Abbildung 8.40 Ein beliebter Anbieter für Root- und Managed-Server: »www.hetzner.de«

Mittlerweile bieten einige Webhoster auch sogenannte *Cloud Server* an. Dabei wird ein virtueller Server angeboten, der sich tatsächlich auf verschiedenen Webservern befinden kann. Durch diese Virtualisierung können einzelne Hardwareressourcen quasi hinzugeschaltet werden. Sie beginnen mit zwei CPUs und mieten sich im nächsten Monat zwei weitere zur Unterstützung der Rechenleistung. Für Projekte, bei denen Sie zunächst mit einem kleinen Budget anfangen möchten und dann stetig mehr an Performance benötigen, ist diese Variante eine mögliche Alternative.

8.11.3 Kostenloser Webspace

Kostenloser *Webspace* ist nach wie vor im Web erhältlich – auch wenn die Anbieter immer weniger werden. Allerdings bietet dieser etliche technische Restriktionen, und in der Regel wird die Anzeige von Bannerwerbung oder Werbetexten im Nutzungsvertrag verlangt. Daher findet man bei solchen Anbietern vornehmlich Webmaster, die ihre ersten Schritte im Webpublishing gehen. Diese Websites besitzen

normalerweise auch keine eigene Domain, sondern müssen über ein Unterverzeichnis oder eine Subdomain aufgerufen werden nach dem Schema:

https://subdomain.wordpress.com

Diese Form der Adressierung ist für große Projekte meist nicht nur unschön, sondern bei Suchmaschinen auch äußerst uneffektiv. Im Fall von *wordpress.com* findet Google Millionen von Blogs als Subdomains. Es ist eher unwahrscheinlich, dass ein Blog hier deutlich herausstechen wird.

Eine eigene Domain ist daher zwingend Pflicht, wenn Sie eine Website im größeren Maßstab optimieren möchten. Alles andere steht für gewerbliche Anbieter ohnehin nicht zur Debatte.

Bei Anbietern von kostenlosem Webspace wie beim *IONOS-Homepage-Baukasten* (siehe Abbildung 8.42) oder bei Anbietern wie *Jimdo* oder *WIX* stößt man jedoch spätestens bei einer sehr ausführlichen Suchmaschinen-Optimierung auf Hindernisse, die systemtechnisch bedingt dann nicht änderbar sind.

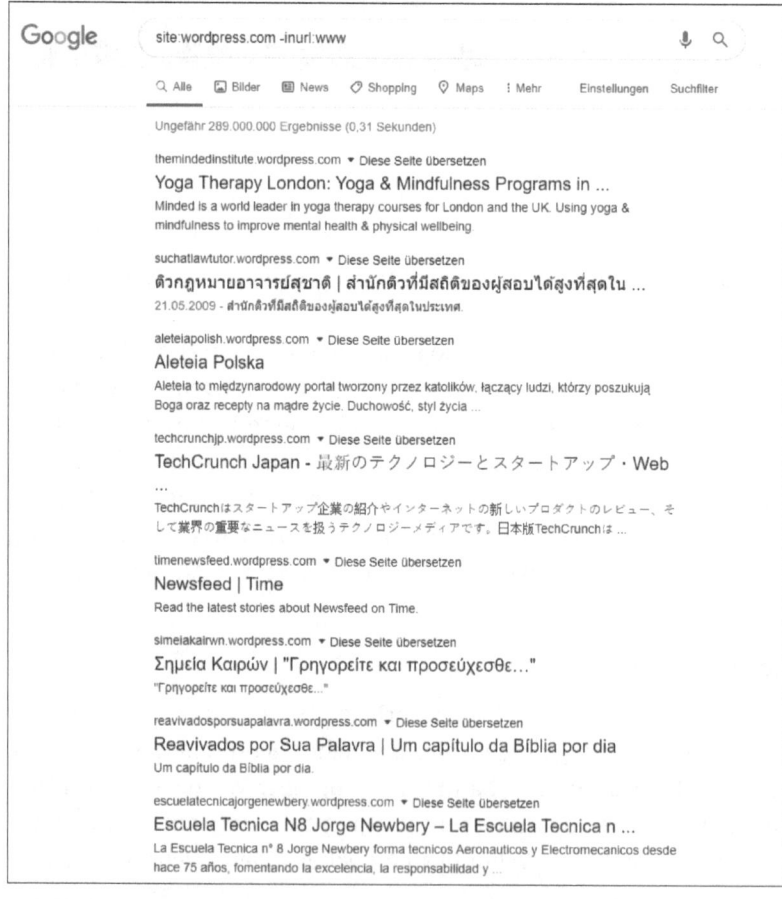

Abbildung 8.41 Millionen von Blogs auf »wordpress.com«

Abbildung 8.42 Die »1&1 Do-It-Yourself Homepage« eignet sich nur bedingt für SEO.

8.11.4 Voller Zugriff

Ein professioneller Webhoster oder Cloudservice-Anbieter sollte daher die Möglichkeit bieten, die Programmiercodes oder Mediendateien auf den Server zu übertragen oder gleich ein professionelles Content-Management-System wie TYPO3 oder WordPress zu installieren. In den meisten Fällen wird beides über FTP (*File Transfer Protocol*), SSH oder auch eine bequeme Webkonsole angeboten. Wählen Sie demnach keinen Anbieter, bei dem Sie nicht jederzeit die volle Kontrolle über Ihre Webseiten besitzen. Das betrifft auch alternative Lösungen, bei denen die Webseiten nicht sofort online erscheinen und sich eine Änderung zeitlich verzögert. Darüber hinaus sollte der Anbieter Ihnen zumindest den Zugang zu den eigenen Logdateien des Webservers gewähren. Noch besser ist es natürlich, wenn gleich eine entsprechend aufbereitete Auswertung angeboten wird. Dabei sollten Sie allerdings darauf achten, dass nicht jedes Analyse-Tool die Suchbegriffe anzeigt, mit denen Besucher und Besucherinnen von Suchmaschinen kommen. Diese Möglichkeit ist jedoch besonders wertvoll für die Analyse und langfristige Optimierung.

Abbildung 8.43 Der Hosting-Anbieter »www.mittwald.de« hat sich auf TYPO3, WordPress und Magento spezialisiert.

8.11.5 Eigene IP-Adresse

Dass eine ständige Verfügbarkeit des Servers garantiert sein muss, steht gewiss außer Frage. Suchmaschinen indexieren nur solche Dokumente, die für spätere Benutzer und Benutzerinnen auch zugänglich sind. Bleibt eine wiederholte Anfrage des Webcrawlers nach einem Dokument unbeantwortet, führt dies zur Löschung der betreffenden Einträge aus dem Index.

Unabhängig vom Typ des Webhostings sollten Sie bei größeren Projekten stets Wert auf eine eigene IP-Adresse legen. Für den Fall, dass Sie sich eine IP-Adresse mit anderen teilen, kann die Konsequenz sogar noch weitreichender sein. Stellt die Suchmaschine fest, dass der gesamte Server nicht zu erreichen ist, wird die komplette Website aus dem Index entfernt. Dabei wird entweder nach dem Domainnamen oder im schlimmeren Fall nach der IP-Adresse vorgegangen. Insbesondere bei Servern, bei denen Websites mehrerer Kunden unabhängig voneinander auf virtuellen Hosts liegen, hat dies fatale Folgen. Denn auch die anderen Websites wären betroffen.

Das Ausfallen von Webservern kommt bei den großen Providern mittlerweile selten vor. Häufig sind aber die Aktivitäten der unbekannten Partner, die sich eine IP mit Ihnen teilen, Schuld daran, dass die Suchmaschinen eine sogenannte *IP-Penalty* (IP-Strafe) verhängen:

Kommt es durch einen unbekannten Mitbesitzer der IP-Adresse zu einem Verstoß gegen die Nutzungsordnung, etwa wenn ein Spam-Versuch erkannt wurde, kann ebenfalls eine IP-bezogene Löschung oder Abstrafung erfolgen. In diesem Fall ist es besonders ärgerlich, als eigentlich Unbeteiligter über die IP-Sperrung derart bestraft zu werden.

Eine Abstrafung ist dabei die mildere Form. Alle Ergebnis-Rankings werden um 10 bis 30 Plätze nach hinten verschoben. Ihre Ergebnisse, die zuvor noch auf Platz 3 oder 4 waren, befinden sich dann auf Platz 33 oder 34. Eine Abstrafung kann zwischen drei Wochen und sechs Monaten anhalten.

Verhindern können Sie dies im Voraus nicht, denn in den seltensten Fällen wissen Sie, welche anderen Webpräsenzen sich auf dem Webserver befinden. Die marktführenden Suchmaschinen scheinen allerdings bei normalen Verstößen lediglich eine Domainsperrung durchzuführen, die dann nur den betreffenden Anbieter trifft. Sind Sie jedoch dringend darauf angewiesen, dass Ihr Angebot über die Suchmaschinen zu finden ist, sollten Sie in jedem Fall darauf achten, eine eigene IP-Adresse zu erhalten.

Damit vermeiden Sie auch eine andere Beschränkung, die aufseiten der Suchmaschinen besteht. Die Suchmaschinen sind bestrebt, das gesamte Web zu erfassen. Der Datenbestand ist allerdings derart enorm, dass einige Betreiber lieber nur Teile einer Website erfassen, um insgesamt ein größeres Spektrum abdecken zu können. Bei kleineren Webseiten spielt dies in der Regel keine Rolle. Diese werden komplett erfasst, sofern es dem Webcrawler möglich ist. Insbesondere bei größeren Seiten ist dieses Phänomen allerdings je nach Suchdienst zu beobachten. Dabei wird die Anzahl der maximal erfassbaren Dokumente ebenfalls über die IP-Adresse berechnet. Daher kann es sein, dass eine Suchmaschine nur eine bestimmte Anzahl Dokumente pro IP-Adresse indexiert. Befinden sich große Webseiten auf dem gleichen Webserver wie Ihre Website, kann dies im Extremfall durchaus Einfluss auf die Erfassung Ihrer Seiten haben. Insbesondere bei den kostenlosen Webspace-Anbietern ist dies häufiger der Fall, da sich hier die URL nur im Unterverzeichnis, nicht aber in der Domain selbst ändert.

8.12 Ladezeiten optimieren (Pagespeed)

Lange Zeit war es strittig, ob und inwieweit die Ladezeit einer Website Einfluss auf das Ranking hat. Seit 2010 ist es aber offiziell: Google hat die Ladegeschwindigkeit einer Website als relevanten Ranking-Faktor für Desktop-Suchen bekannt gegeben. Seit Juli 2018 ist die Ladezeit aber auch mobil offiziell ein Ranking-Faktor, wenn auch mit der Einschränkung, dass *großartiger Content* die Ladezeit immer noch positiv aussticht:

> The »Speed Update,« as we're calling it, will only affect pages that deliver the slowest experience to users and will only affect a small percentage of queries. It

applies the same standard to all pages, regardless of the technology used to build the page. The intent of the search query is still a very strong signal, so a slow page may still rank highly if it has great, relevant content.

Die letzten Jahre haben allerdings gezeigt, dass schnelle Websites für Google sowie Besucher und Besucherinnen eine enorme Bedeutung haben. Insofern sollten Sie Ihrerseits alles dafür tun, eine schnelle Website anzubieten. Wie geht das im Detail?

8.12.1 Critical Rendering Path/kritischer Rendering-Pfad

Zur Messung der Ladezeit bestehen verschiedene Metriken, die dann auch als Vergleichswert für eine gute Optimierung herangezogen werden. Die meisten Metriken beziehen sich auf den Zustand des DOM (*Document Object Model*) im Ladevorgang. Ein Browser fragt beispielsweise eine HTML-Datei von einem Server ab. Diese wird dann übertragen und anschließend vom Browser interpretiert. Dabei baut der Browser das DOM auf, welches die Struktur des Dokuments repräsentiert und auf der dann alle Operationen mit CSS und JavaScript durchgeführt werden können.

Den Vorgang des Analysierens und Renderns eines HTML-Dokuments durch einen Browser oder auch Suchmaschinen-Crawler bezeichnet man als *Critical Path Rendering*. Die Phasen, die Crawler und Browser dabei durchlaufen, bezeichnet man entsprechend als *Critical Rendering Path* (CRP, kritischer Rendering-Pfad).

```
Aus diesem Dokument

<!DOCTYPE html>
<html>
  <head>
    <title>Beispiel</title>
  </head>
  <body>
    <h1>Beispiel</h1>
    <p>Das ist ein <a href="demo.html">einfaches</a> Beispiel.</p>
    <!-- dies ist ein Kommentar -->
  </body>
</html>
```

entsteht dieses DOM:

```
├─ DOCTYPE: html
└─ html
   ├─ head
   │  ├─ #text: ↵
   │  ├─ title
   │  │  └─ #text: Beispiel
   │  └─ #text: ↵
   ├─ #text: ↵
   └─ body
      ├─ #text: ↵
      ├─ h1
      │  └─ #text: Beispiel
      ├─ #text: ↵
      ├─ p
      │  ├─ #text: Das ist ein
      │  ├─ a href="demo.html"
      │  │  └─ #text: einfaches
      │  └─ #text: Beispiel.
      ├─ #text: ↵
      ├─ #comment: dies ist ein Kommentar
      └─ #text: ↵
```

Abbildung 8.44 HTML und resultierendes DOM (Quelle: »https://wiki.selfhtml.org/wiki/DOM«)

Während des Renderings werden bestimmte Schritte durchlaufen, die bestimmte Bezeichnungen und Bedeutungen haben. In der Google-Dokumentation unter *https://developers.google.com/web/fundamentals/performance/critical-rendering-path/measure-crp* erfährt man neben der folgenden Grafik auch wertvolle Grundinformationen dazu.

Die relevanten Phasen sind dabei:

- **domLoading**: Hier beginnt der gesamte Prozess bereits beim Empfangen des ersten Bytes des HTML-Dokuments.
- **domInteractive**: Ab diesem Zeitpunkt ist der Browser mit dem Parsen des HTML-Dokuments und der DOM-Erstellung fertig.
- **domContentLoaded**: Dies markiert den Zeitpunkt, an dem keine CSS-Stylesheets oder JavaScripts mehr blockieren. Hier kann die Website also für den Nutzer oder die Nutzerin visuell gerendert werden. Für Programmierer und Programmiererinnen ist dies ein wichtiger Zeitstempel, da die meisten JavaScripts z. B. für Bildergalerien hier einsetzen, da ab hier dem Browser quasi alles Relevante für die Anzeige bekannt ist.
- **domComplete**: Ab hier ist das Laden komplett abgeschlossen. Im Browsertab dreht sich auch nicht mehr das Ladezeichen. Ab hier sind auch Größen und Breiten von Bildern bekannt, selbst wenn diese nicht im HTML (und damit im DOM direkt) über width und height angegeben wurden.
- **Load**: Am Ende gibt der Browser das loadEvent aus. Das kann benutzt werden, wenn Programmierlogiken erst dann einsetzen sollen, wenn die gesamte Website mit allen Bildern und Medien geladen ist.

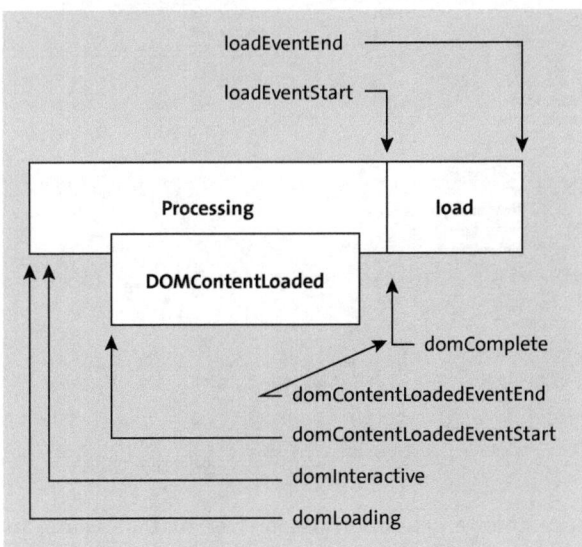

Abbildung 8.45 Ablauf des Critical Rendering Path (CPR)

8 Suchmaschinen-optimierte Website-Struktur

Neben dem DOM-Aufbau werden im Übrigen auch CSS-Dateien ähnlich verarbeitet. Browser bauen hier ein sogenanntes CSSOM (*Cascading Style Sheet Object Model*) auf. Daraus entsteht dann der gesamte Render-Tree.

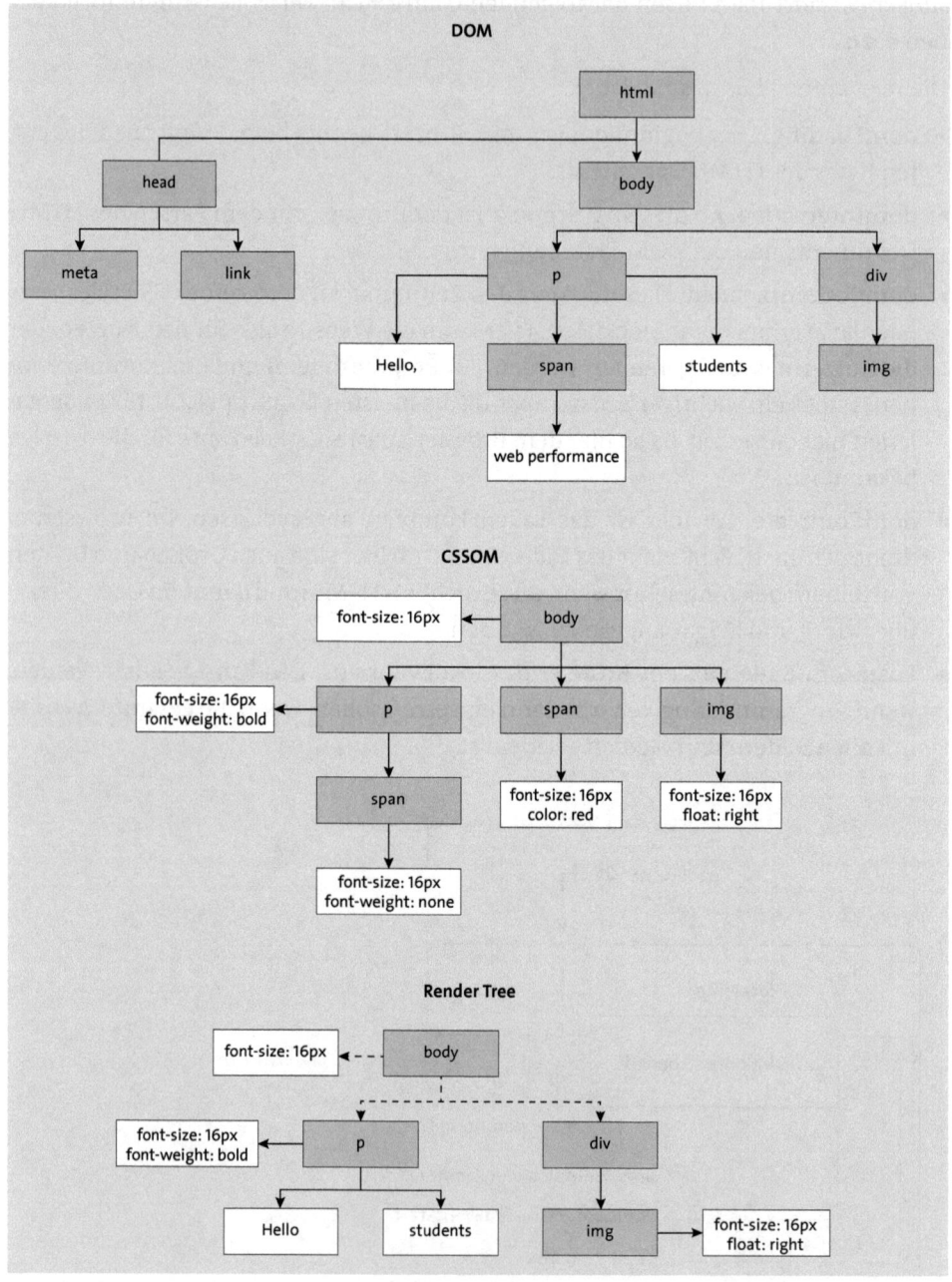

Abbildung 8.46 DOM und CSSOM zusammen ergeben den Render-Tree zur Darstellung im Browser. (Quelle: Google, »https://goo.gl/zYqoQz«)

Das hat für die Suchmaschinen-Optimierung allerdings nur insofern einen praktischen Wert, als dass man darauf achten sollte, die CSS-Dateien valide zu halten und möglichst keine CSS-Includes zu verwenden.

8.12.2 Rendering-Pfad analysieren

Über die *Chrome DevTools* können Sie sich für jede beliebige Website die zentralen Werte anschauen. Drücken Sie auf einem Windows-PC einfach die Taste [F12] in Chrome, wählen Sie den Tab NETWORK aus, und surfen Sie auf die entsprechende zu untersuchende URL.

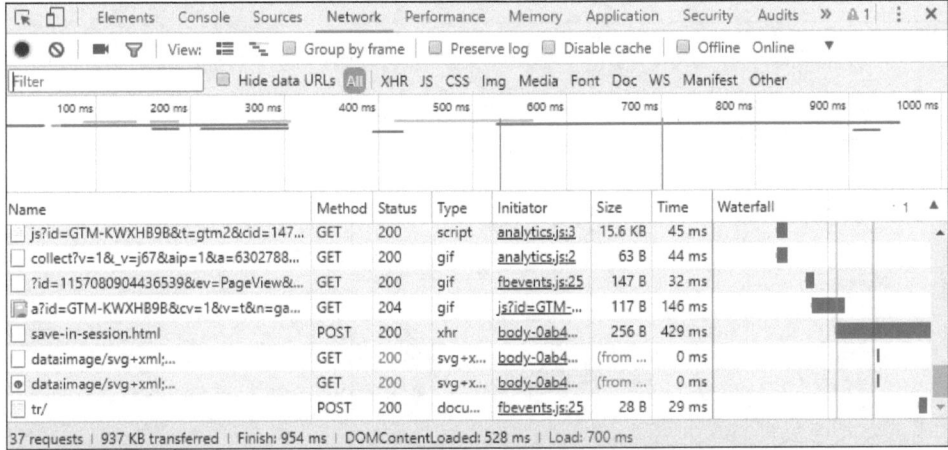

Abbildung 8.47 Anzeige der Ladezeit-Metriken über die Chrome DevTools

Hier sehen Sie in der unteren Leiste wichtige Angaben:

- **Requests**: Der Browser hat insgesamt 37 Anfragen an den Server gestellt, um die HTML-Datei und alle Assets wie CSS, JavaScript, Bilder und andere Dateien für das Rendering anzufordern. Je weniger Requests gemacht werden müssen, desto besser.
- **KB transferred**: Insgesamt wurden 937 Kilobyte vom Server an den Browser übertragen. Hier gilt übrigens ebenfalls: Je weniger, desto besser.
- **Finish**: Innerhalb von 954 ms war der gesamte Lade- und Anzeigeprozess fertig.
- **DOMContentLoaded**: Nach 528 ms hat der Browser das DOM komplett erstellt. Hier sind noch nicht zwingend alle Ressourcen wie Bilder geladen. In dem Wasserfalldiagramm über der Fußzeile wird dies als blauer, vertikaler Strich in der Zeitlinie markiert.

▶ **Load:** Nach 700 ms wird das Load-Event gefeuert, und die Website ist komplett geladen und wird angezeigt. Dies wird auch mit einem roten Strich in dem Wasserfalldiagramm angezeigt.

Wenn Sie mit der Maus über einzelne Balken zu den jeweiligen Dateien im Wasserfalldiagramm fahren, erscheint ein Detail-Pop-up. Dort sind verschiedene Werte enthalten, von denen vor allem die TTFB (*Time To First Byte*) und die Content-Download-Zeit für diese Datei relevant sind. In diesem Fall hat es 68 ms gedauert, bis das erste Byte der HTML-Datei beim Browser angekommen ist und damit das domLoading beginnen konnte. Insgesamt hat der Download der HTML-Datei 2,31 ms gedauert, der Ladevorgang der gesamten HTML-Datei 75,79 ms.

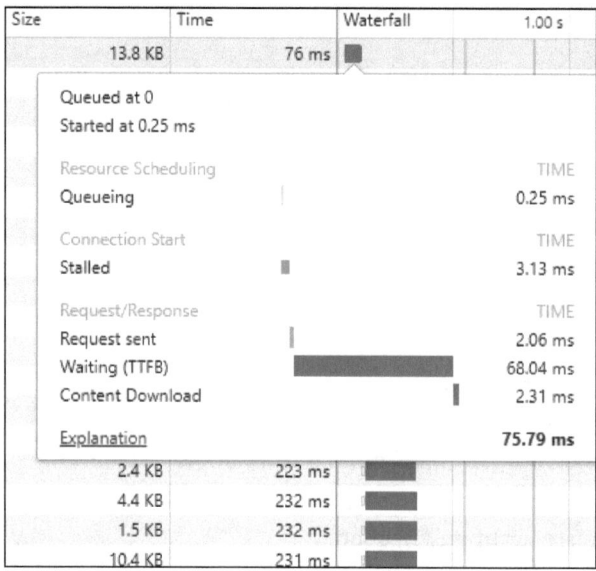

Abbildung 8.48 Detailinformationen aus dem Wasserfalldiagramm der Chrome DevTools

Sowohl in den Chrome DevTools als auch in zahlreichen anderen Tools im Browser und als eigenständige Website kann man sehr viele und detaillierte Analysen durchführen. Hier lohnt sich immer der Blick in die stets aktuellen Dokumentationen! Ein Tool kann ich Ihnen aber besonders ans Herz legen – auch weil es viele Visualisierungen bietet, die man in Präsentationen gut verwenden kann: *https://gtmetrix.com*.

Sie sollten sich hier einen Login anlegen, da man dann auch den Serverstandort London wählen kann. Deutschland steht leider nicht zur Verfügung. Sie erhalten außerdem eine Auswertung über zahlreiche Optimierungsbereiche.

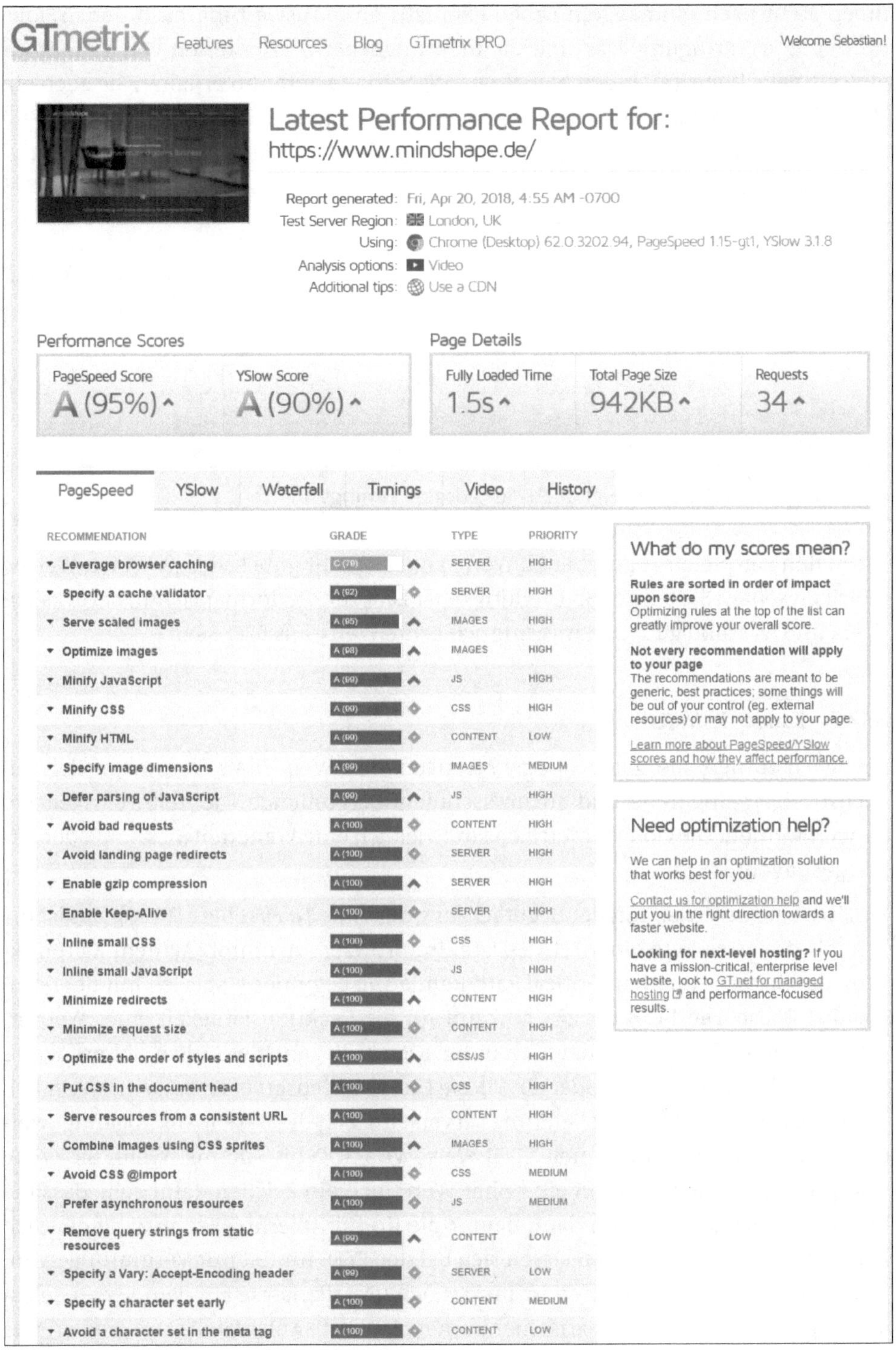

8.12 Ladezeiten optimieren (Pagespeed)

Abbildung 8.49 GTmetrix zeigt zahlreiche Optimierungsbereiche an.

Ihnen steht nach einmaligem Laden ebenfalls eine Auswertung nach dem *YSlow*-Konzept zur Verfügung. Das sind die ursprünglichen Prüfkriterien von Yahoo! für eine schnelle Website. Und neben einem Wasserfalldiagramm erhalten Sie auch ein Video des Ladevorgangs mit entsprechenden Sprungmarken. Besonders schön für Präsentationen ist die vorhandene Übersicht über die verschiedenen Ladezeit-Timings (Abbildung 8.50).

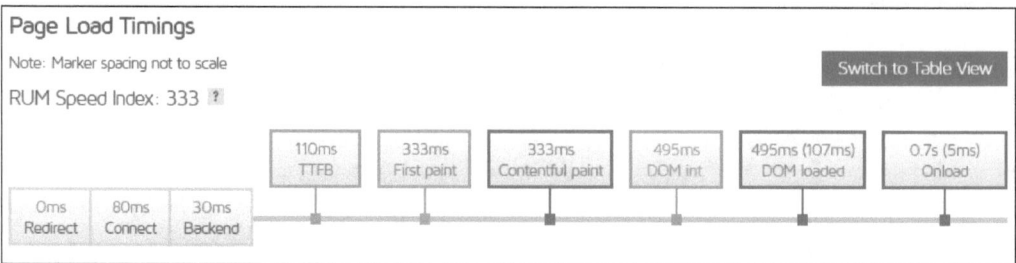

Abbildung 8.50 GTmetrix zeigt auch die Ladezeit-Timings an.

Die in den Beispielen angegebenen Werte sind alle sehr gute Ladezeit-Werte. Welche Metriken sollten Sie bei der Beurteilung einer Ladezeit-Performance nun berücksichtigen, und was sind gute und was sind schlechte Werte aus SEO-Sicht?

8.12.3 Ladezeit-Metriken

Bevor ich zu den speziellen Google-Metriken, den Web Vitals, komme, sollen zunächst allgemeingültige und suchmaschinenübergreifende Ladezeit-Metriken behandelt werden. Die Google-Metriken sind vielfach eine Weiterentwicklung oder Ableitung davon.

Zunächst beginnt man mit der Begutachtung der *Time To First Byte* (TTFB). Das ist die Zeit, bis das erste Byte einer HTML-Datei im Browser ankommt. Ab dem Zeitpunkt kann der Browser mit dem Critical Path Rendering beginnen – speziell mit der dom-Loading-Phase. Die TTFB gilt als Indikator für die Reaktionsfähigkeit eines Webservers. Sie sollte idealerweise deutlich unter 100 ms liegen. Wesentlich höhere Werte weisen meist auf Probleme oder eine hohe Last des Webservers hin. Denn wenn beispielsweise für eine Dateiauslieferung serverseitig erst die Datenbank abgefragt werden muss, erreicht man schnell TTFB-Werte von 300 bis 500 ms! Wenn Sie GZIP-Kompression einsetzen, kann ein hoher Wert auch ein Zeichen dafür sein, dass die CPU stark belastet ist. Denn dann dauert die Komprimierung serverseitig deutlich länger als normal. Von außen lassen sich bei der TTFB immer nur Vermutungen anstellen. Bei hohen TTFB-Werten ist immer eine Detailanalyse auf dem Server selbst angesagt. Der Linux-Befehl `top` ist hier immer eine erste Anlaufstelle, um gravierende Engpässe zu erkennen: etwa, wenn die *CPU-Auslastung* oder der *Load Average* sehr hoch sind.

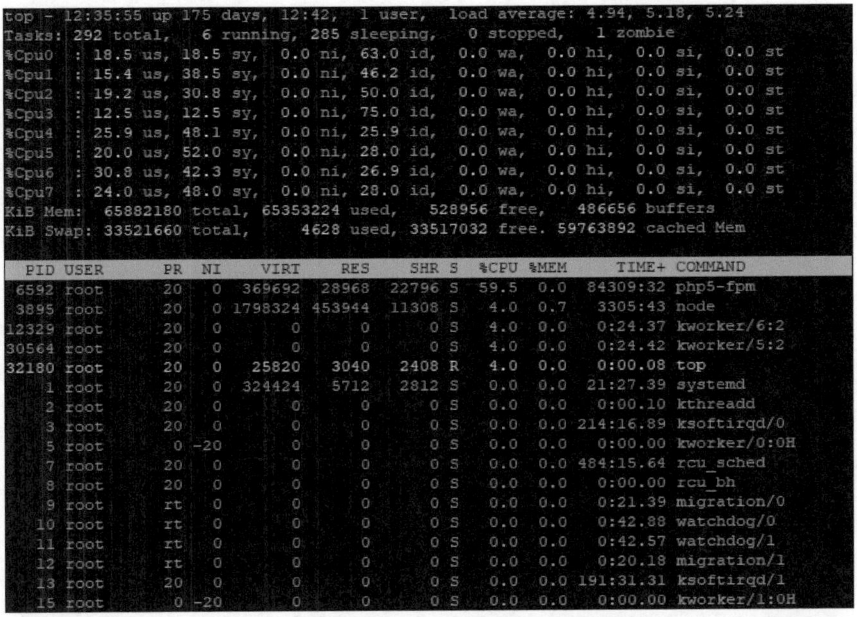

8.12 Ladezeiten optimieren (Pagespeed)

Abbildung 8.51 Schnelle Anzeige der Systemauslastung mittels »top« auf einem Linux-Server

Weitergehende Analysen beinhalten dann serverseitig die Datenbank-Performance, die Festplatten-RAID-Performance sowie im Fall eines Serverclusters die Verbindung zwischen den Servern und andere Dinge – hier verlassen wir aber das typische Feld eines Suchmaschinen-Optimierers bzw. einer -Optimiererin und kommen auf das mindestens genauso komplexe Feld der Serveroptimierung.

Nachdem das erste Byte mit Erreichen der TTFB verarbeitet werden kann, startet der Rendering-Prozess wie soeben beschrieben. Der Besucher oder die Besucherin einer Website sieht allerdings zu diesem frühen Zeitpunkt außer einem sich drehenden Ladezeichen im Browsertab noch nichts. Erst ab dem Moment, wo sich auf der Seite etwas ändert, bekommt der Nutzer oder die Nutzerin mit, dass die Website reagiert.

Man unterscheidet auch hier verschiedene visuelle Phasen, die allerdings zeitlich häufig sehr nahe beieinanderliegen, wie man in der anschaulichen Grafik des Ladezeit-Tools GTmetrix in Abbildung 8.52 sehen kann:

Der *First Paint (FP)* ist das erste Zeichen für den Nutzer oder die Nutzerin, dass die Seite überhaupt lädt. Häufig ändert sich etwa der Hintergrund. Der *First Contentful Paint (FCP)* hingegen tritt dann auf, wenn das erste Mal ein Inhalt sichtbar wird.

Erst wenn auch für die Nutzerintention bedeutsame Inhalte angezeigt werden, spricht man vom *First Meaningful Paint* (FMP). Sobald die Website so weit geladen ist, dass man sie mit Scrollen und Klicken benutzen kann, ist die *Time to Interactive* (TTI) erreicht.

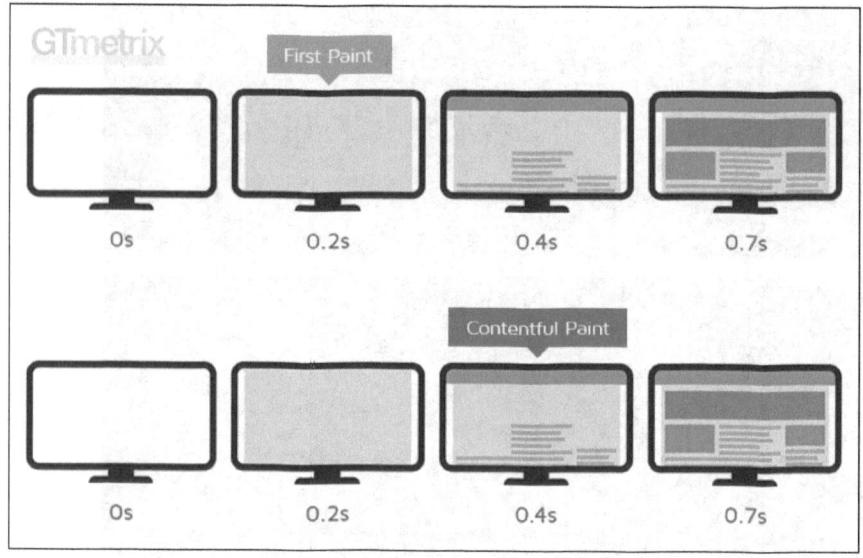

Abbildung 8.52 First Paint und First Contentful Paint (GTmetrix)

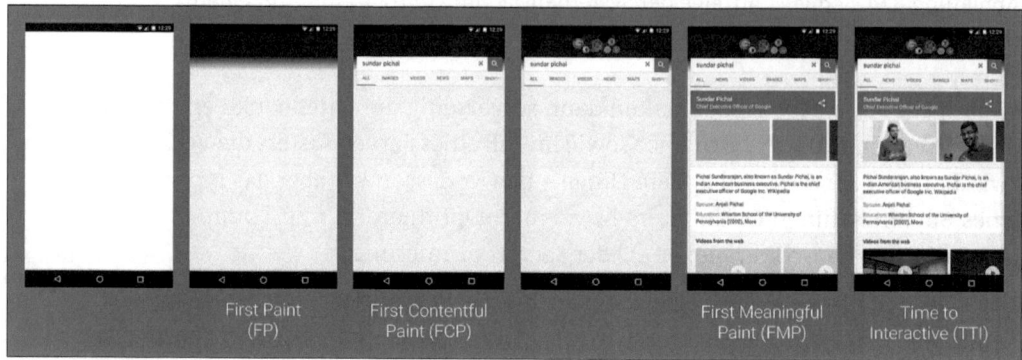

Abbildung 8.53 Google zeigt die verschiedenen Phasen deutlich (Quelle Google: »goo.gl/bFHGJp«).

Neben der visuellen Veranschaulichung kann man sich folgende Fragen stellen, um die jeweiligen Zeitpunkte für eine bestimmte Website herauszufinden:

- **First Paint (FP)**: Reagiert die Website überhaupt?
- **First Contentful Paint (FCP)**: Werden Inhalte auf der Website überhaupt grob richtig angezeigt (Thema Responsivität usw.)?
- **First Meaningful Paint (FMP)**: Bedient die Website meine Suchintention? Zum Beispiel prüfbar für den Besucher oder die Besucherin durch das erscheinende Hero-Element.
- **Time To Interactive (TTI)**: (Wann) ist die Website für mich interaktiv nutzbar?

8.12 Ladezeiten optimieren (Pagespeed)

- **First Input Delay (FID):** Wie lange ist die Zeitspanne zwischen der ersten Interaktion des Nutzers oder der Nutzerin bis zum Reagieren des Browsers auf diese Interaktion?

Für eine Visualisierung des Ladevorgangs mittels Screenshots können Sie übrigens auch die Chrome DevTools heranziehen. Klicken Sie im NETZWERK-Reiter auf das Kamerasymbol links und laden Sie die betreffende Seite neu. Dann erhalten Sie eine Idee davon, wie Browser die Website rendern. Im Übrigen sollten Sie dazu das Häkchen bei DISABLE CACHE aktivieren, damit die Daten live vom Server geladen werden müssen und nicht vom Browser-Cache. Ladezeiten über G3 oder LTE können Sie auch simulieren: Wählen Sie in der Dropdown-Liste ganz rechts statt ONLINE einen anderen Eintrag, oder legen Sie selbst welche an. Die Mobilansicht können Sie unabhängig davon auch simulieren, wenn Sie links oben auf das Smartphone-Icon klicken und ein Gerät zum Simulieren wählen.

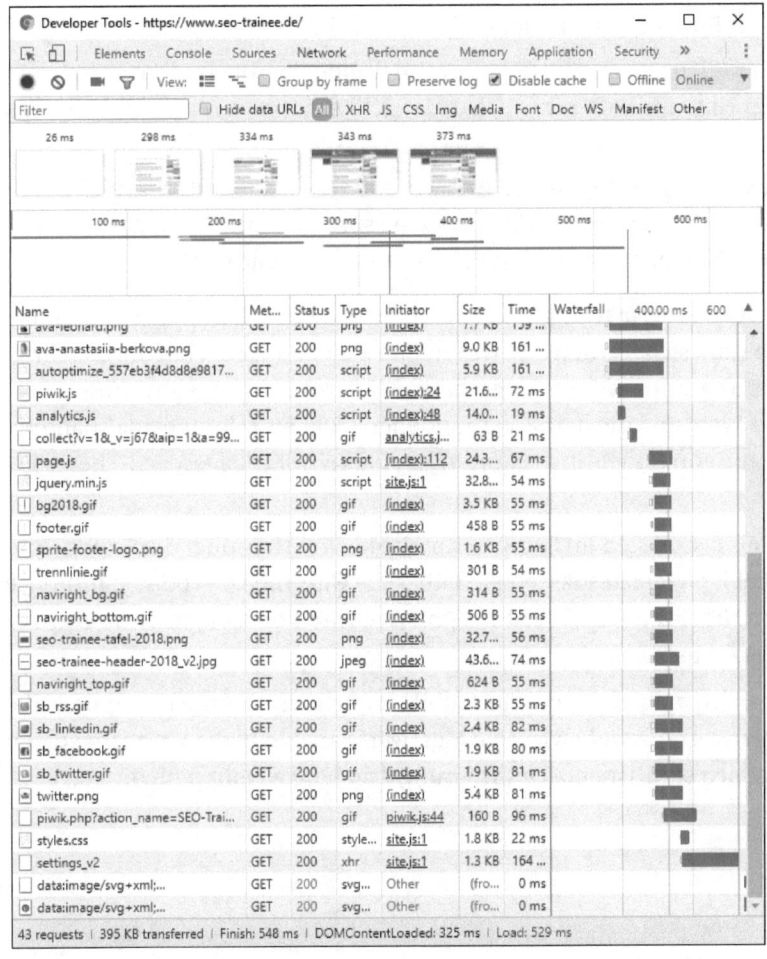

Abbildung 8.54 Ladezeit-Visualisierung mittels Chrome DevTools

8.12.4 Google Core Web Vitals

Mit den Core Web Vitals stellt Google seit 2021 einheitliche Standards dar, mit denen die Nutzererfahrung auf Websites gemessen und verglichen werden kann. Im Rahmen des Page-Experience-Updates wurde diese Performance auch Teil der Rankingbewertung.

Mit Einführung der Core Web Vitals erhielt die SEO-Gemeinde auch endlich die langersehnten Kennzahlen von Google. Dies führte die Folgejahre dann auch regelrecht zu einem Hype unter SEOs und aller Orten wurden Pagespeed-Audits auf Basis von Core Web Vitals durchgeführt.

Unter *https://web.dev/vitals/* werden die Metriken ausführlich beschrieben. Google versucht mittels dreier Core-Metriken die visuelle Performance einer Seite zu beschreiben. Die drei Metriken, von denen Sie bereits zwei kennen, sind:

1. Largest Contentful Paint (LCP), um zu messen, wie schnell eine Seite mit ihrem größten Element für den Nutzer oder die Nutzerin lädt.
2. First Input Delay (FID), um zu messen, wie schnell eine Website interaktiv mit dem Nutzer oder der Nutzerin sein kann – also hier geht es um den Moment der ersten Bedienbarkeit
3. Cumulative Layout Shift (CLS), um zu messen, wie stabil eine Seite visuell im Aufbau ist – also ob die Elemente beim Ladevorgang springen und damit das Auge des Nutzers oder der Nutzerin verwirrt oder stabil an einer Stelle bleibt.

Die letzte Metrix, der CLS, ist streng genommen keine Ladezeit-Metrik, sondern beschreibt eher, wie stark sich Elemente bewegen und zielt damit eher auf die Usability- bzw. Nutzererfahrung während des sichtbaren Renderingvorgangs im Browser ab. Dennoch sind der Wert und die damit verbundenen CSS-Optimierungsmaßnahmen durch die Aufnahme von Google in die Core Web Vitals ein SEO-Pagespeed-Thema geworden.

Die Core Web Vitals lassen sich im Übrigen für eigene Websites über die Search Console messen. Beliebige Websites lassen sich über die Chrome DevTools, Lighthouse oder aber bequem über die PageSpeed Insights-Website von Google unter *https://pagespeed.web.dev/* messen.

Die PageSpeed Insights zeigen sowohl für Mobil als auch für Desktop (Computer) die Core Web Vital-Werte und andere wichtige Messwerte an. Wenn die Werte im gelben oder gar roten Bereich sind, ist eine Optimierung dringend zu empfehlen.

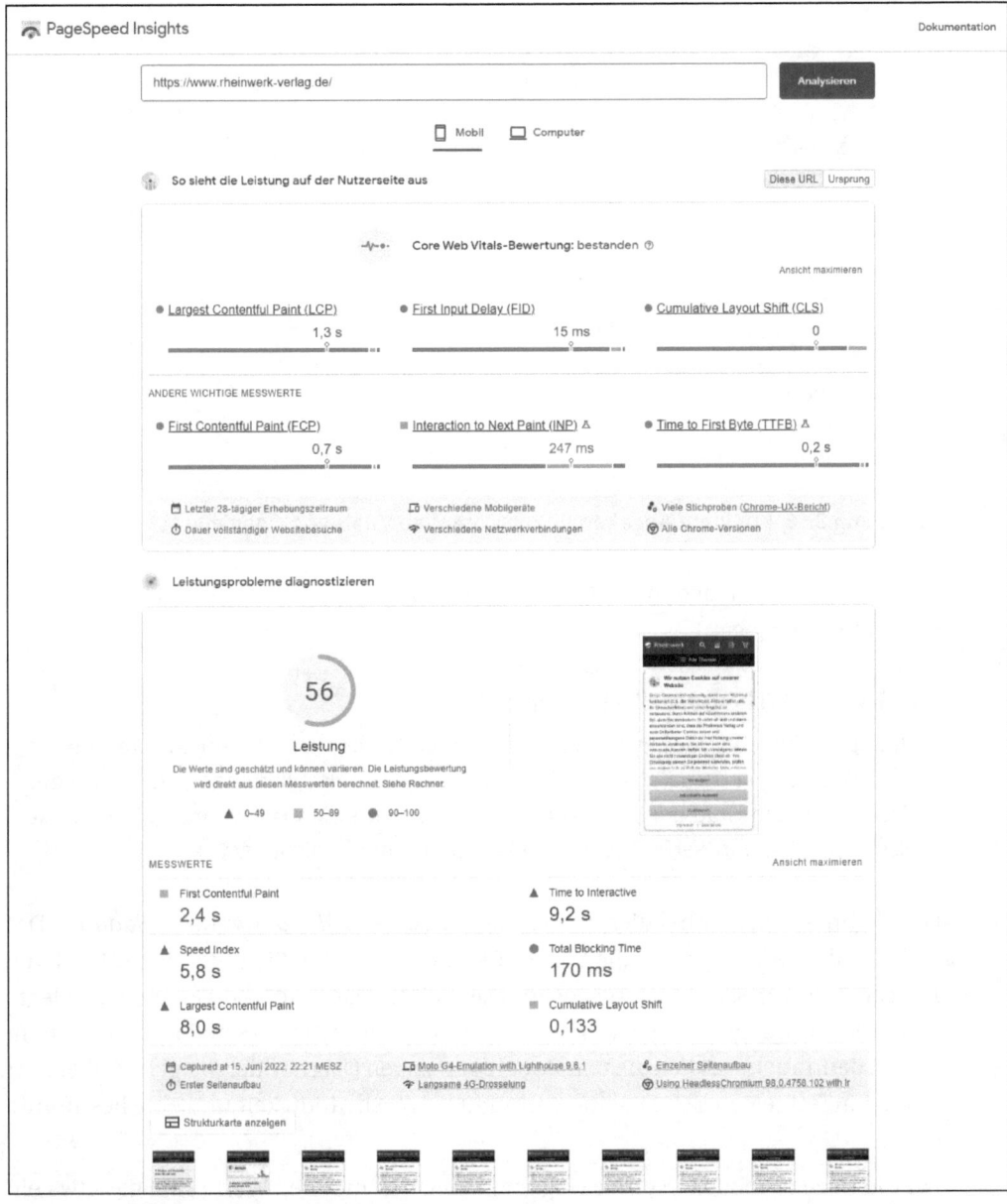

Abbildung 8.55 Übersichtliche Auswertung mit Optimierungshinweisen bei den PageSpeed Insights von Google

8.12.5 Die ideale Ladezeit

Wie ist denn aber nur die optimale Ladezeit? Klar ist dabei nur eins: Je schneller, desto besser! Google gibt für die Core Web Vitals konkrete Vorgaben, die für eine gute Ladezeit-Optimierung Ihr Ziel sein sollten.

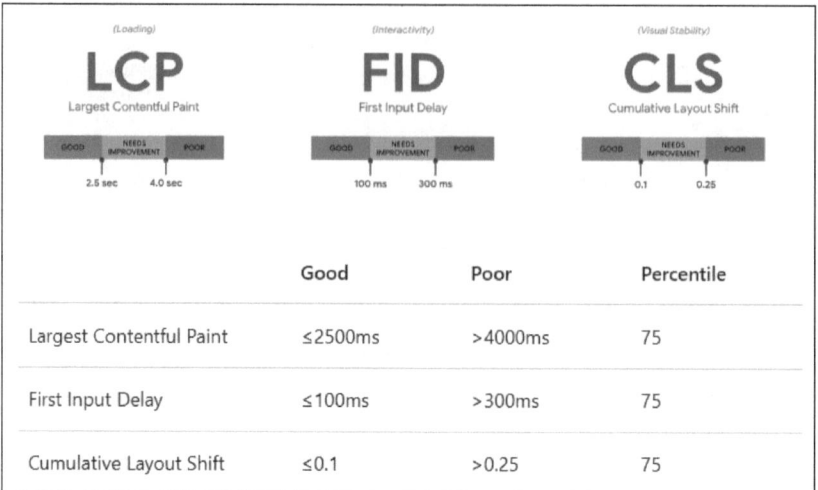

Abbildung 8.56 Konkrete Angaben für die Core Web Vitals von Google

Der LCP sollte demnach unter 2,5 ms liegen, der FID unter 100 ms und der CLS-Wert sollte unter 0,1 liegen.

> **CLS-Wert sind keine Millisekunden**
> Häufig erlebe ich in der Praxis, dass der CLS-Wert auch als Zeiteinheit interpretiert wird. Das ist zwar bei LCP und FID der Fall, der CLS-Wert ist allerdings eine berechnete Größe über den Grad der Verschiebung von Elementen im Ladevorgang. Der CLS ist also mehr eine normierte Distanzkennzahl und keine zeitliche Metrik.

Google unterscheidet bei diesen Metriken zwischen *Labordaten* und *Felddaten*. Das ist besonders wichtig, denn die Werte LCP und CLS sollten Sie unter den Labordaten messen, wie von Google vorgegeben. Das heißt, dass eine von Google festgelegte technische Umgebung bei der Messung simuliert werden muss und nur diese Kennzahlen dann auch wirklich die von Google genutzten Daten widerspiegeln. Dabei geht es um ein festgelegtes Gerät, eine Verbindungsgeschwindigkeit und eine bestimmte CPU.

Für die wegen Mobile First Indexing maßgeblichen mobilen Werte sind das etwa ein Moto G4-Handy sowie eine entsprechende CPU-Leistung und eine langsame 4G-Verbindung. Dies wird aber automatisch so eingestellt, wenn Sie beispielsweise den Lighthouse-Report in den Chrome DevTools nutzen (vgl. Abbildung 8.57).

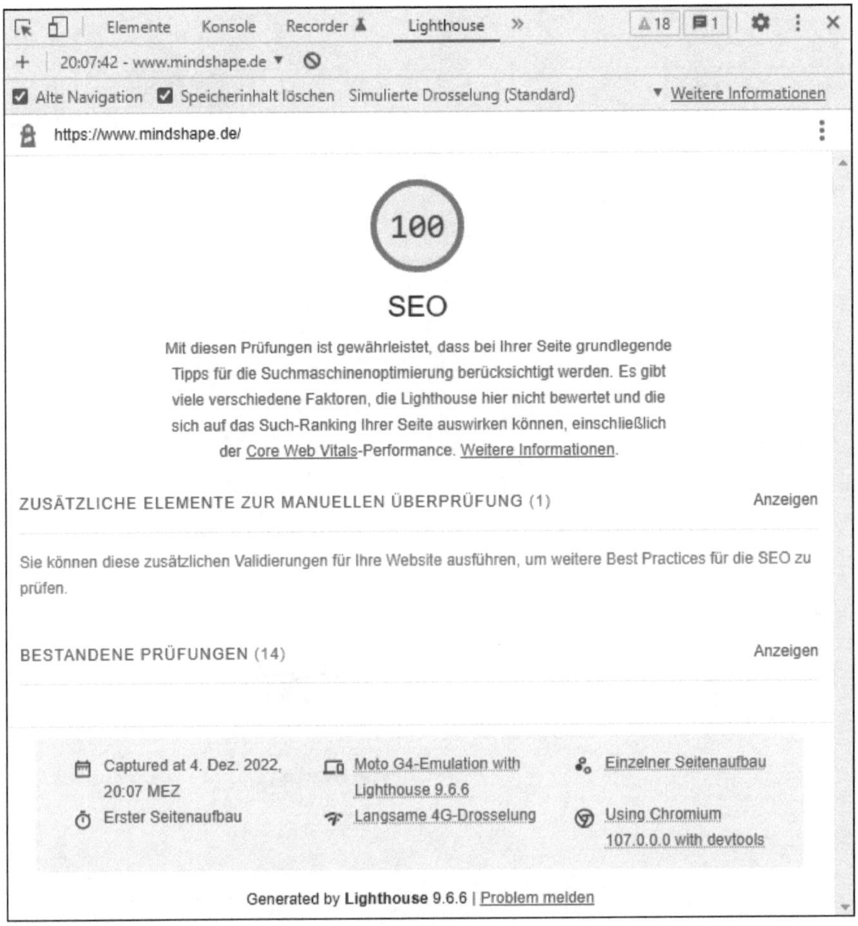

Abbildung 8.57 Untersuchung der Core Web Vitals mittels Chrome DevTools

Google greift selbst auch auf sogenannte *Felddaten* zurück. Das sind Daten, die beispielsweise von der Benutzung durch den Google-Browser Chrome gesendet werden. Diese Technik bezeichnet man als *Real User Monitoring* (RUM).

In dem PageSpeed Insights finden Sie die Felddaten unter dem ersten Punkt mit der Überschrift So sieht die Leistung auf der Nutzerseite aus. Die von Google live berechneten Labdaten finden sich darunter unter der Überschrift Leistungsprobleme Diagnostizieren (vgl. Abbildung 8.58). Die Werte können durch die festgesetzte Labordaten-Umgebung, wie oben genannt, durchaus voneinander abweichen. Die »echten« Felddaten entstehen mittlerweile meist mit deutlich modernerer Hardware und besserer Internetverbindung.

8 Suchmaschinen-optimierte Website-Struktur

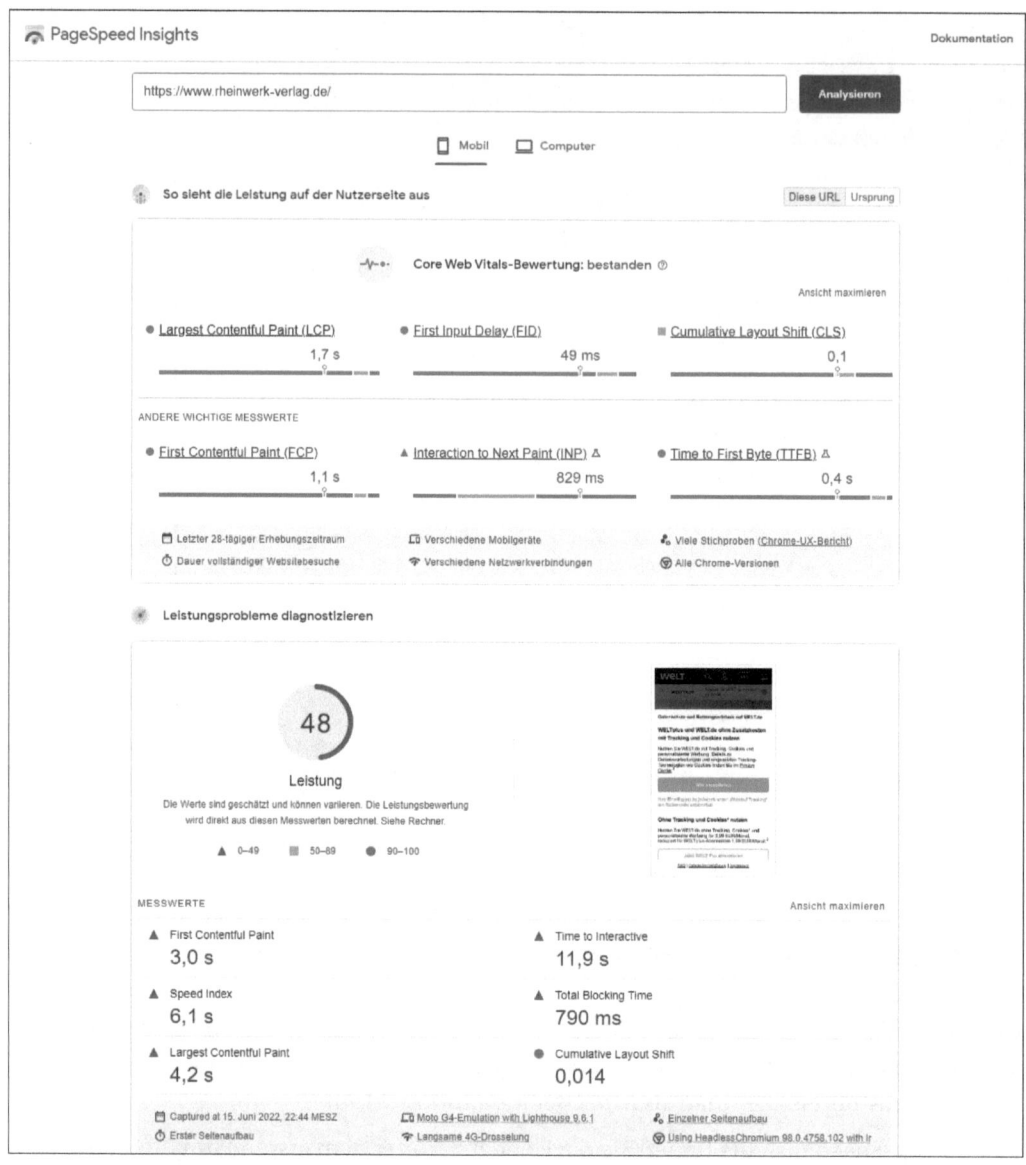

Abbildung 8.58 Feld- und Labordaten in PageSpeed Insights

Google experimentiert immer weiter und so kommen regelmäßig neue Werte hinzu und können vielleicht auch zukünftig in die Core Web Vitals aufgenommen werden. Ein alter Bekannter, der bei Google Stand 2022 aber wieder stark im Kommen ist, ist die bereits erwähnte *TTFB*.

Auch hier sollten Sie darauf achten, dass die TTFB möglichst niedrig ist. Wenn diese etwa bereits über 300 ms liegt, dann verzögert sich natürlich der gesamte Ladeprozess nach hinten.

Die *Interaction to Next Paint* (*INP*) ist ebenfalls eine nachträglich eingeführte Metrik. Sie beziffert die Reaktionsfähigkeit einer Website über alle Interaktionen hinweg. INP misst die Zeit zwischen Benutzereingaben und dem nächsten Interface-Update. In anderen Worten: Die INP sagt aus, wie schnell eine Website auf Nutzerinteraktionen reagiert und sollte unter 200 ms liegen. Im Gegensatz zum First Input Delay (FID) misst die INP alle Interaktionen während der gesamten Session und wird entsprechend nach Verlassen der Website berechnet.

Viele Jahre war der Ranking-Faktor Ladezeit bei Google ein eher binärer Faktor. Das heißt, eine Website war entweder gut in Sachen Ladezeit oder eben schlecht, wenn ein bestimmter Grenzwert überschritten wurde. Das änderte sich mit der Einführung des *Mobile First Indexing* und der mobilen Ladezeit 2018. Hier wird die Ladezeit eher als kontinuierlicher Faktor gesehen. Das heißt, es lohnt sich eine Optimierung in kleinen Schritten und damit stückchenweise weiter an der Performance zu drehen. Schön ist natürlich, wenn man die schnellste Website in seinem jeweiligen Segment hat. Für Google ist das Thema Pagespeed enorm wichtig, und das wird sich in Zukunft sicherlich nicht ändern.

8.12.6 Crawling und Pagespeed

Alle besprochenen Aspekte bezogen sich bislang auf die Ladezeit, die der Nutzer oder die Nutzerin sieht. In puncto Crawling ist allerdings noch eine andere Metrik von Bedeutung – nämlich die durchschnittliche Seitenantwortzeit für Dateien (HTML, CSS, Bilder usw.) ohne das Rendering. Diese erfährt man in der Google Search Console unter Einstellung – Crawling-Statistiken.

Gute Werte sollten hier auch im Schnitt unter 500 ms liegen. Sehr gute Werte liegen mit unter 250 ms nochmals deutlich darunter. Eine schnelle Ladezeit sorgt dafür, dass pro Tag mehr URLs gecrawlt werden. Reagiert Ihr Server zu langsam, dann möchten Suchmaschinen Ihren Server nicht noch zusätzlich mit Crawlings belasten.

Vor allem bei Shops ist eine niedrige Ladezeit nicht nur ein wichtiger Ranking-Aspekt. Die Konversionsrate leidet ebenfalls unter der Ladezeit und kostet Sie damit täglich Gewinn. Bei Amazon wirkt sich eine Ladezeitverlängerung von nur einer Sekunde laut Schätzungen im Bereich von fast zwei Milliarden Dollar Umsatzverlust pro Jahr aus.

Auch wenn Ihr Shop nicht Amazon ist – Sie sollten dringend auf eine angemessene Ladezeit auch im Hinblick auf die Verkäufe achten.

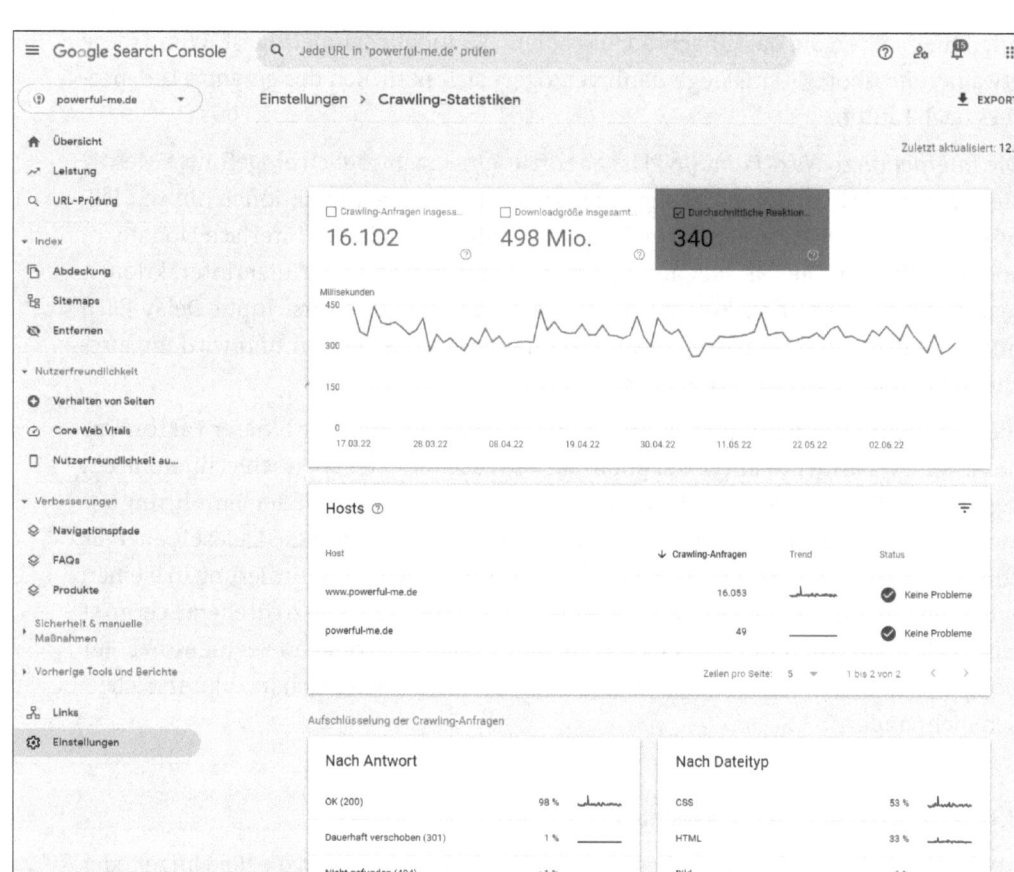

Abbildung 8.59 Ladezeit aus der Google Search Console

8.12.7 Optimierung der Ladezeit

Die Analyse der aktuellen Ladezeit ist natürlich nur der erste Schritt. Das Ziel sollte sein, mögliche Schwachstellen zu identifizieren und entsprechend zu beheben. Um einen Benchmark in Ihrer Branche zu erhalten, können Sie eine Analyse nicht nur für Ihre Website machen, sondern auch für die Keyword-Wettbewerber und Markt-Wettbewerber. Dann haben Sie einen guten Anhaltspunkt, wohin Sie mindestens optimieren sollten.

Grundsätzlich gibt es verschiedene Bereiche, in denen Sie die Ladezeit konkret optimieren können. Diese sind unterschiedlich komplex und je nach Setting des Projekts auch unterschiedlich aufwendig in ihrer Optimierung.

Zunächst spielt die Hardware des Servers eine zentrale Rolle. Vor allem Datenbank und Webserver-Software benötigen viel virtuellen Speicher (RAM) und entsprechend starke CPUs. Bei vielen Besuchern und Besucherinnen sind sicherlich auch ein *Loadbalancer*, der die Last auf mehrere Webserver verteilt, und ein eigener Datenbankserver eine Möglichkeit, die Performance auf Hardwareebene zu erhöhen. Überdurchschnittlich hohe TTFB-Werte sprechen für diesen Bereich.

Anschließend sollte man die Softwareebene prüfen. Neben dem Betriebssystem, das an sich nur aufwendig zu optimieren ist – oder im Fall von vielen kleineren Webhostings überhaupt nicht –, bleiben meist die PHP- und mySQL-Parameter. Setzen Sie, wenn möglich, PHP-Beschleuniger wie APC oder OPcache ein. Der Einsatz von aktuellen PHP-Versionen ist außerdem absolut zu empfehlen. Vor allem der Sprung auf PHP7 brachte bei gleichem Server und gleichem Code teilweise 15 bis 20 Prozent mehr Geschwindigkeit, da bei der Entwicklung von PHP7 deutlich mehr Wert auf eine performante Code-Interpretation gelegt wurde. PHP8 brachte nochmals einen deutlichen Schub.

Ebenfalls sollten Sie sich das HTTP-Protokoll anschauen. HTTP/2 ist durch seine neue Struktur deutlich schneller in Sachen Ladezeit. Dies gilt vor allem dann, wenn Sie viele Ressourcen je URL-Abruf laden müssen – etwa viele Bilder. Diese werden dann in weniger Roundtrips geladen, weil mehr als sechs Ressourcen gleichzeitig angefordert werden können. Auch wenn die Google-Crawler Stand 2022 noch nicht flächendeckend HTTP/2 unterstützen, sollten Sie schon heute für Ihre Besucher und Besucherinnen das Stück mehr an Geschwindigkeit herausholen. Wir haben in Projekten teilweise bis zu 30 Prozent mehr Geschwindigkeit mit HTTP/2 erzielt. Achten Sie aber für Google und ältere Browser darauf, dass Sie auch weiterhin das HTTP/1.1 anbieten.

> **Praxistipp: HTTP/2-Performance-Tests**
>
> Wenn Sie testen möchten, wie viel schneller Ihre Website mit HTTP/2 nach Einrichtung denn nun ist, dann achten Sie bitte darauf, dass Sie auch Testtools verwenden, die das HTTP/2 nutzen. Ansonsten testen Sie nämlich nur den Fallback auf HTTP/1.1 und werden keinen Unterschied feststellen.

Zur weiteren Optimierung nehmen Sie sich als Nächstes das Shop-System bzw. das Content-Management-System vor. Hier sollten Sie darauf achten, dass der ausgelieferte HTML-Quellcode am Ende schnell und sauber generiert wird. Achten Sie vor allem auf diese Punkte:

Komprimierung mit gzip einsetzen

Lassen Sie alle Dateien, vor allem HTML, CSS und JavaScript, mit gzip oder einem anderen unterstützten Format vor der Übermittlung komprimieren. Damit sparen Sie Zeit beim Herunterladen. Der Server muss hier natürlich entsprechend ausgestattet

sein, um die anfallenden CPU-Zeiten bewältigen zu können. Das ist aber praktisch nur bei stark belasteten Systemen ein Problem.

Dateien zusammenfassen

Fassen Sie CSS- und JavaScript-Dateien zusammen. Ein Browser kann gleichzeitig nur eine begrenzte Anzahl von Anfragen an einen Server stellen. Das sind aufgrund von Beschränkungen im HTTP/1.1 sechs bis acht Stück gleichzeitig. Wenn Sie Dateien zusammenfassen, dann geht es wesentlich schneller, weil die Daten nicht kaskadiert werden müssen. Idealerweise setzen Sie HTTP/2 ein, damit diese Beschränkung aufgehoben wird. Unabhängig davon macht aber auch das Zusammenfassen beim Einsatz von HTTP/2 Sinn.

Falls Sie deutlich mehr Dateien parallel verfügbar machen müssen und kein HTTP/2 einsetzen können – oder tatsächlich weltweit Website-Zugriffe verzeichnen, dann prüfen Sie den Einsatz eines CDN (*Content Delivery Network*). Ein CDN stellt bestimmte Inhalte für eine Website auf einem oder mehreren separaten Servern bereit, sodass die Browser-Anforderungsgrenze gewissermaßen ausgehebelt wird und mehrere Dateien von verschiedenen Servern gleichzeitig heruntergeladen werden können. So wird ein CDN z. B. häufig für Bilder und Grafiken eingesetzt. Außerdem werden so Ressourcen in den USA beispielsweise auch direkt auf einem US-CDN abgelegt, was in der Auslieferung immer schneller geht, als wenn Datenpakete erst durch ein Atlantikkabel müssen.

Bilder optimieren

Sorgen Sie dafür, dass Bilder nur maximal so groß verfügbar sind wie die größte Ansicht. Entfernen Sie außerdem alle unnötigen Meta-Informationen, und komprimieren Sie Bilder so weit wie möglich, ohne dass Artefakte entstehen. Beachten Sie die Ausführungen zu WEBP unter Abschnitt 8.6.1.

Dateien komprimieren (minify)

Entfernen Sie Kommentare, unnötige Leerzeilen und Leerzeichen aus dem HTML, CSS und JavaScript.

Expires-Header einsetzen

Verwenden Sie für Ressourcen unbedingt den Expires-Header, z. B. über die .htaccess-Datei. Damit geben Sie an, dass Browser bestimmte Dateien wie CSS, JavaScript, aber auch Bilder für eine bestimmte Zeit cachen sollen. Bei einer erneuten Anfrage einer anderen HTML-Datei werden diese Daten dann von dem lokalen Browser-Cache (also der lokalen Festplatte) geladen und nicht mehr neu vom Webserver angefragt. Das spart unheimlich Zeit. Übliche Caching-Zeiten liegen zwischen Stunden und Monaten. Das ist leider recht individuell. Eine gute Orientierung für die meisten Fälle sieht wie folgt aus:

```
<IfModule mod_expires.c>
ExpiresActive On
ExpiresByType text/css "access plus 1 week"
ExpiresByType application/javascript "access plus 1 month"
ExpiresByType application/x-javascript "access plus 1 month"
ExpiresByType image/gif "access plus 1 month"
ExpiresByType image/jpeg "access plus 1 month"
ExpiresByType image/png "access plus 1 month"
ExpiresByType image/x-icon "access plus 1 year"
</IfModule>
```

Listing 8.10 Expires-Behandlung in der ».htaccess« für Apache

ETag

Die *ETag*-Angabe ist ein Teil des HTTP-Headers. Es ist ein Validierungstoken, welches vom Server übertragen wird, und repräsentiert einen Hashwert bzw. Fingerabdruck für eine bestimmte Version eines Dokuments. Der ETag kann beispielsweise G2983FF lauten. Ändert sich das Dokument, so ändert sich auch der ETag. Damit können Browser und Crawler einen Webserver fragen, ob sich ein Dokument geändert hat, ohne das Dokument zunächst selbst herunterladen zu müssen. Erst wenn der im Browser gespeicherte ETag nicht mehr dem aktuellen ETag entspricht, lohnt sich der Download des aktuelleren Dokuments. So kann auch nach Ablauf der Expired-Zeit festgestellt werden, ob ein erneuter Dokumenten-Download sich lohnt oder ob der Client die noch aktuelle Dateiversion im Cache hat.

If-Modified-Since-Header

Dieser Header stellt gewissermaßen die Alternative des ETags dar. Einige Suchmaschinen-Crawler nutzen diese Funktion, damit Dokumente, die seit dem letzten Crawler-Besuch nicht mehr aktualisiert wurden, auch gar nicht erst wieder komplett angefragt werden müssen. Der Crawler fragt die URL mit dem Zusatz If-Modified-Since und dem Zeitstempel der letzten Abfrage ab. Wenn die URL seitdem nicht verändert wurde, erhält der Crawler ein HTTP 304 (Not Modified) als Antwort. Nur wenn der Inhalt sich geändert hat, erhält der Crawler einen HTTP 200 samt den gesamten Dateiinformationen als Payload mit.

»no-cache« kritisch prüfen

Die Verwendung von no-cache im HTTP-Head verhindert jegliches Caching beim Client. Die mit no-cache ausgezeichneten Ressourcen müssen also immer wieder live

vom Webserver angefragt werden. Sie sollten hier entsprechend mit Argusaugen wachen, ob irgendwo fälschlicherweise no-cache gesetzt wird. Gerade bei HTML-Dateien ist das eigentlich eher nicht der Standard. Selbst Caching-Zeiten von fünf Minuten (und damit das Verzichten auf no-cache) kann bei hoch frequentierten Domains helfen.

HTML von längerem CSS und JS freihalten

Im HTML sollten keine unnötigen CSS-Auszeichnungen oder JavaScript-Funktionen stehen. Lagern Sie das alles in eigene Dateien aus. Häufig sieht man das, wenn interne Suchen oder Filterlogiken nicht gut umgesetzt wurden. Auch dynamische Drop-down-Felder in Formularen sind ein gern gesehener Fall. Vor allem bei JS-Code, der für verschiedene URLs genutzt wird, macht das Auslagern definitiv Sinn, da der JS-Code dann nur einmal heruntergeladen werden muss in einer externen JS und der HTML-Code schlank bleibt. Das hilft auch für das Code-zu-Text-Verhältnis, ebenfalls ein vermeintlicher Ranking-Faktor.

Ladereihenfolge von JavaScript beachten

Stylesheets sollten im <head>-Bereich geladen werden, JavaScript idealerweise am Ende des Dokuments. Ungeschickt platziertes (und programmiertes) JavaScript verhindert oder lähmt nämlich das Critical Path Rendering und hat damit negative Auswirkungen auf die Ladezeit-Einschätzung von Google.

CSS-Sprites nutzen

Wenn Sie die letzten Prozent herausholen wollen, dann verwenden Sie für Schmuckelemente und kleine Bilder wie Icons oder Linien nicht jeweils eine eigene Grafik, sondern fügen Sie alle solche Elemente in einer Grafik zusammen, und steuern Sie die Ausgabe über CSS. So muss nur eine Grafik geladen werden und nicht mehrere.

8.12.8 Reverse Proxy und Server-Caching

Manchmal lassen sich Content-Management-Systeme oder Shop-Systeme nicht so ideal optimieren, dass am Ende die Zielladezeit erreicht wird. Daher wird häufig auf ein Server-Caching zurückgegriffen. Die generierten HTML-Dateien eines Systems werden zunächst in einen Cache gelegt. Dieser befindet sich häufig im RAM, sodass die Elemente schnell ausgeliefert werden können.

Ein beliebter Reverse Proxy, der so verfährt, ist *varnish (https://varnish-cache.org)*. Je nach Website und Typ können statische und dynamische Inhaltsbereiche festgelegt werden. So kommt z. B. ein individueller Warenkorb nicht aus dem Cache, eine Standardproduktseite allerdings schon. Je Seite kann eine individuelle Cache-Gültigkeit definiert werden. Bei starren Websites mit viel Text und wenig Dynamik kann die Cache-Gültigkeit z. B. mehrere Stunden oder gar Tage betragen. Damit wird die Auslieferung der Website enorm beschleunigt.

8.13 Stetige Aktualisierung und Content-Pflege

Suchmaschinen lieben aktuelle Inhalte. Seit 2011 hat Google durch das Freshness-Update eine Änderung in den Ranking-Algorithmus eingebracht, nach der aktuelle Inhalte über eine gewisse Zeit besser ranken als veraltete Inhalte, selbst wenn Letztere sonst bessere Ranking-Werte haben. Daher sollten Sie auch bereits bei den ersten Überlegungen zu einer neuen Website oder einem Relaunch berücksichtigen, wie und wo Sie regelmäßig inhaltliche Aktualisierungen einbinden können.

Sie können auf Ihrer Unternehmenssite – z. B. auf der Startseite – über Aktuelles berichten. Die Texte müssen nicht lang sein, sie sollten nur regelmäßig erscheinen. Besucher und Besucherinnen, die veraltete Nachrichten sehen, erhalten schnell den Eindruck, dass Sie nicht sonderlich viel Wert und Sorgfalt auf die Pflege Ihrer Website legen.

Neben dem neuen Hinzufügen von Inhalten sollten Sie auch regelmäßig die bestehenden Inhalte überarbeiten und aktualisieren. Die Suchmaschinen wissen von Millionen von Websites, dass sich nicht jede Unterseite wöchentlich aktualisiert. Es wäre unnatürlich, wenn Ihre Website dies täte. Allerdings sollten Sie zentrale und wichtige Zielseiten regelmäßig überarbeiten und damit aktuell halten. Google erfasst den Grad der Änderung eines Dokuments, und dank des Freshness-Updates 2011 werden auch ältere Dokumente, die aktualisiert wurden, zeitweise besser gerankt. Das Prinzip dahinter heißt *Query Deserves Freshness* (QDF) und bedeutet, dass bestimmte Suchanfragen gezielt nach aktuellen Inhalten suchen. So ist es wahrscheinlich, dass während der Fußballweltmeisterschaft eher aktuelle Berichte und Spielergebnisse gesucht werden und weniger historische Abhandlungen zu vergangenen Spielen der letzten Turniere. Google erkennt also mit verschiedenen Diensten (z. B. Google News), der Blog- und Twitter-Suche und einem Anstieg des Suchvolumens einer Keyword-Gruppe, dass ein Themenbereich Aktualität besitzt, und führt auf Anfragen von Suchenden in diesem Bereich dann den QDF-Filter aus. Insofern ist Google News kein Dienst an der Allgemeinheit, sondern ein Mechanismus, um tagesaktuell die Themen dieser Welt zu erfassen und verwenden zu können.

Hier ist also Ihre Chance – wenn Sie zu tagesaktuellen Themen Inhalte anbieten können, dann stellen Sie diese ein. Oder aktualisieren Sie bereits vorhandene Texte. Sie werden dann Ranking-Verbesserungen für eine gewisse Zeit erkennen können, in der das jeweilige Thema von Google als *fresh* eingestuft wird.

> **Praxistipp: Der Anteil an aktuellem Inhalt muss signifikant sein**
> Den QDF-Algorithmus können Sie nicht bedienen, wenn Sie immer nur einzelne Sätze austauschen oder hinzufügen. Google wertet den Anteil an neuen und frischen Inhalten auf der gesamten Website und auf speziellen URLs aus und entscheidet dann, ob der Inhalt nennenswert aktualisiert und erweitert wurde. Wenn Sie für ein Dokument also den Freshness-Bonus verdienen möchten, müssen Sie über einen längeren Zeitraum stets signifikant geänderten und aktuellen Inhalt anbieten. Ob Google darauf anspringt, sehen Sie an den häufigeren Besuchen des Crawlers. Er sollte für die betreffende URL bei einem Freshness-Bonus mehrerer Male am Tag vorbeikommen und nicht nur ein einziges Mal in der Woche.

8.13.1 Stetiges Wachstum

Nicht allein die Aktualisierung einer Website und ihrer Inhalte ist für Suchmaschinen von Bedeutung. Auch die Anzahl der Seiten und die Inhalte dort sind enorm wichtig. Moderne Suchmaschinen schauen nicht mehr nur auf einzelne Unterseiten, sondern versuchen mit verschiedenen statistischen und netzwerkanalytischen Verfahren herauszufinden, welches globale Thema ein Webauftritt behandelt.

In der Google Search Console (siehe Abbildung 8.60) bot Ihnen der Suchmaschinen-Betreiber bis 2016 einen Einblick, welche Themen und Begriffe seiner Meinung nach für Ihre Website zentral und von Bedeutung waren. Angeblich war diese Funktion zu missverständlich und wurde deswegen aus der GSC entfernt. Sie bot aus Google-Sicht vielleicht aber auch einen zu tiefen Einblick in die Content-Bewertungsweise der Algorithmen.

Für eine solide Suchmaschinen-Optimierung sollten Sie immer die Inhalte Ihrer Website nicht nur stetig aktualisieren, sondern auch themenbezogen erweitern. Eine immer größere Themenabdeckung verschafft Ihrer Website entsprechende Autorität zu diesem Thema. Achten Sie dabei auf eine hohe Qualität der Texte. Es geht um Qualität, nicht um Quantität. Die generelle thematische Erweiterung kann dabei entweder so umgesetzt werden, dass man mehrere URLs zu verschiedenen Themen erstellt. Man kann aber genauso eine größere Textmenge auf eine URL bringen und dort verschiedene Themenaspekte abdecken. Solche umfassenden Seiten, die ein informatorisches Thema holistisch behandeln, funktionieren bei Google in der Regel gut.

Analysieren Sie die Inhalte von Mitbewerbern oder anderen Webauftritten, die das gleiche Thema behandeln. Welche Aspekte werden dort noch beleuchtet? Welche Begriffe tauchen dort noch auf? Holen Sie sich entsprechende Anregungen, und identifizieren Sie thematische Lücken in Ihrem Angebot. Diese können Sie dann zielgerichtet füllen. Für die Suchmaschinen bauen Sie damit die Themenexpertise zu einem Bereich weiter aus. Wenn Sie dies gründlich machen, wird Ihre Site zu einer Themen-

8.13 Stetige Aktualisierung und Content-Pflege

autorität deklariert. Ein Hinweis auf diesen Status sind die Site-Links unter den Suchergebnislisten für Suchanfragen ohne Ihren Markennamen (*Non-Brand Queries*) – und natürlich bessere Rankings.

Abbildung 8.60 Wichtige Keywords und deren Bedeutung bei der Google Search Console – von Google 2016 abgeschaltet

8.13.2 Seiten und Inhalte entfernen

Eine lebendige Seite wächst und entwickelt sich ständig weiter. Das bedeutet oft, dass sich die Seitenstruktur verändert. Zu viel und schnelle Veränderung ist allerdings nicht gut für die Suchmaschinen-Optimierung. Die algorithmischen Bewertungen kommen dann durcheinander, weil das Abbild der Domain in der Google-Datenbank nicht mehr zur aktuellen Website-Struktur passt. Die Folge können zeitweise Ranking-Verluste sein.

Nicht selten werden Inhalte einer Seite auch erweitert oder auf neue Seiten aufgeteilt. Die alte Seite wird dann entfernt. Allerdings ist die alte URL mit hoher Wahrscheinlichkeit von Suchmaschinen bereits erfasst worden und im Index. Eventuell hat sie sogar eingehende Links erhalten. Bei einem erneuten Besuch würde die Datei nicht gefunden und der Webserver einen Fehlercode 404 für »Datei nicht gefunden« zurückliefern. Die Seite würde zwar nicht sofort aus dem Datenbestand entfernt werden – Google geht hier zunächst von einem Versehen aus –, aber wenn die URL bei mehrfachem Crawler-Besuch immer wieder den 404-Fehler wirft, dann wird sie aus dem Index entfernt.

Insbesondere bei einem Relaunch kommt es häufig vor, dass die bis dato von Suchmaschinen erfassten URLs massenhaft nicht mehr existieren. Eine Überarbeitung einer bestehenden Website bringt meist eine neue Site-Struktur, veränderte Verzeichnisnamen und Dateibezeichnungen mit sich. Die alte Struktur lässt sich oftmals trotz ernsthafter Bemühungen nicht halten. Ein Relaunch gibt einer Webpräsenz daher zwar sicherlich einen optischen und inhaltlichen Push, aber die alten Pfade und Linkstrukturen existieren zum Großteil nicht mehr. Auch hier wird die Suchmaschine alle »verschwundenen« Seiten samt Schlüsselwörtern mit der Zeit aus dem Index entfernen.

Parallel dazu werden dann die neuen URLs indexiert. In einer gewissen Übergangsphase existieren dann vielleicht auch alte URLs, die 404-Fehler werfen, und neue URLs. Das ist ein sicherer Weg, wie man die Bewertungsverfahren von Suchmaschinen komplett durcheinanderbringt und Rankings verliert. Auch die Besucher und Besucherinnen sind sicherlich nicht erfreut, wenn sie von Google kommen und ständig 404-Fehler erhalten statt der eigentlich gesuchten Inhalte.

Es gibt eigentlich nur ein paar Grundregeln, die Sie beachten müssen, damit es hier nicht zum Chaos kommt. Und damit werden Sie in der Praxis schon genug zu tun haben:

- Wenn eine URL sich ändert und der Inhalt gleich bleibt, dann setzen Sie einen 301-Redirect von der alten auf die neue URL.
- Wenn Sie Inhalte einer URL auf mehrere URLs aufteilen, dann überlegen Sie, ob Sie die aktuelle URL nicht behalten können und eine Übersichtsseite mit Teasern inklusive Links auf die jeweiligen neuen URLs einsetzen. Andernfalls setzen Sie einen 301-Redirect auf die neue URL, welche das alte Thema am breitesten abdeckt.
- Wenn Sie eine URL und deren Inhalte löschen, ohne dass der Inhalt woanders verwendet wird, und keine externen Links auf diese URL verweisen, dann setzen Sie einen 410-Gone HTTP-Status. Dieser weist Suchmaschinen an, dass die URL nicht wiederkommt und aus dem Index gelöscht werden kann.

- Wenn Sie eine URL löschen möchten, aber wertvolle eingehende Links darauf verweisen, dann sollten Sie diese Seite belassen und thematisch umschreiben. Wenn das nicht geht, verweisen Sie auf eine möglichst themennahe andere URL – hier besteht aber das Risiko, dass der Linkjuice nicht vererbt wird, weil Google erkennt, dass es sich um ein anderes Thema der Ziel-URL handelt.
- Wenn ein Inhalt nur temporär nicht verfügbar sein soll (z. B. Produkte in einem Shop, die es nur zu Weihnachten gibt), dann belassen Sie diese URL so, aber schreiben Sie einen entsprechenden Inhalt (z. B. dass es das Produkt erst wieder im Dezember gibt und man hier und dort andere ähnliche Produkte in Ihrem Shop findet).
- Setzen Sie niemals standardmäßig einfach nur so einen 301-Redirect von einer gelöschten URL auf die Startseite. Google erkennt, dass dieser Verweis höchstwahrscheinlich themenfremd ist, und generiert daraus einen Soft-404-Fehler. Dieser bedeutet, dass der Redirect nicht übernommen wird und Google die URL quasi wie einen 404-Fehler behandelt. Kommt es vermehrt zu solchen Soft-404-Fehlern, leidet die Gesamteinschätzung der Domain seitens Google. Und das möchte man vermeiden. Die Google Search Console zeigt die Soft-404-Fehler übrigens stichprobenhaft an.

Das sind in der Praxis die häufigsten Fälle. Mit Sonderfällen gehen Sie entsprechend in dem Sinne um, dass Sie keine 404-Fehler generieren und die Besucher und Crawler durch Redirects möglichst auf einem Themengebiet belassen. Andernfalls setzen Sie einen 410-HTTP-Statuscode.

> **Praxistipp: Entfernung von URLs über 410-Gone**
>
> Irgendwann zeigt Google eine URL nicht mehr an, die langfristig einen 404-Fehler meldet. Dafür muss der Crawler jedoch über einen längeren Zeitraum einen 404-Fehler vorfinden. Google ist hier vorsichtig und mag keine URLs aus dem Index entfernen, die vielleicht nur versehentlich einen 404-Fehler anzeigen.
>
> Wenn Sie zuverlässig und schneller URLs aus dem Index entfernen möchten, dann veranlassen Sie, dass die URL einen 410-Gone-HTTP-Code zurückliefert. Dieser wird eindeutig von Google als Signal zum Entfernen der URL gewertet, und die URL verschwindet meist schneller aus dem Index.
>
> Für einzelne URLs – und wenn es noch schneller gehen muss (z. B. im Fall einer Abmahnung) – geht es über die Google Search Console. Dort können Sie einzelne URLs für eine gewisse Zeit sofort aus den SERPs ausblenden. Beachten Sie: Gelöscht ist diese URL dann aber nicht. Kombinieren Sie das Senden des 410-Gone-Codes mit dem Ausblenden aus der Search Console.

8.13.3 Seiten mit hoher Qualität pflegen

Wenn man sich die letzten 20 Jahre Suchmaschinen-Historie anschaut, dann fällt vor allem eines auf: Suchmaschinen, allen voran Google, legen immer mehr Wert auf qualitativ hochwertigen Inhalt. Eingehende Links und Keyword-Dichten sind zweifelsfrei die Helden der Vergangenheit. Heute zählt die Frage, wie gut Ihr Content die Suchmotivation von Nutzern und Nutzerinnen bedienen kann und wie gut und schnell dieser Content deren Probleme löst bzw. Fragen beantwortet.

Achten Sie daher genau darauf, welche Inhalte Sie auf Ihrer Domain anbieten und wie Besucher und Besucherinnen darauf reagieren. Hierzu gibt es viele Metriken. Eine ganz einfache, wenn auch umstrittene, aber in jedem Analytics-Tool verfügbare Metrik ist beispielsweise die Absprungrate. Das ist der Prozentsatz der Besuche, die keine weitere URL besucht haben.

Zielseite		Akquisition			Verhalten		
		Sitzungen	Neue Sitzungen in %	Neue Nutzer	Absprungrate	Seiten/Sitzung	Durchschnittl. Sitzungsdauer
Organische Zugriffe		14.102 % des Gesamtwerts: 67,53 % (20.884)	84,90 % Durchn. für Datenansicht: 85,14 % (-0,27 %)	11.973 % des Gesamtwerts: 67,34 % (17.780)	59,86 % Durchn. für Datenansicht: 57,18 % (4,69 %)	2,28 Durchn. für Datenansicht: 2,24 (2,08 %)	00:02:03 Durchn. für Datenansicht: 00:01:55 (6,52 %)
1.	/wandern/camping/	2.430 (17,23 %)	84,03 %	2.042 (17,06 %)	73,46 %	1,73	00:01:56
2.	/wandern/wanderungen/	2.398 (17,00 %)	87,49 %	2.098 (17,52 %)	63,84 %	2,12	00:02:03
3.	/wandern/wanderkarte/	1.679 (11,91 %)	82,73 %	1.389 (11,60 %)	59,50 %	2,10	00:02:08
4.	/wandern/wanderwege/	2.493 (17,68 %)	84,36 %	2.103 (17,56 %)	54,35 %	2,55	00:02:19
5.	/	1.198 (8,50 %)	86,89 %	1.041 (8,69 %)	38,06 %	3,56	00:02:50

Abbildung 8.61 Beispiel einer Absprungraten-Analyse in Google Analytics

Im Beispiel sehen Sie die Absprünge einer Website, wobei in Google Analytics hier nur die organischen Besucher und Besucherinnen von Google als Segment betrachtet wurden.

Es fällt auf, dass bei der URL */wandern/camping/* 73 Prozent der gerade eingestiegenen Besucher und Besucherinnen schon wieder die Website verlassen. Man sollte sich also fragen, was an dem Inhalt hier nicht passend ist, und diesen entsprechend umschreiben.

Dies ist sicherlich ein etwas verkürztes Beispiel – zeigt aber, wie Sie prinzipiell mit Ihren Inhalten regelmäßig umgehen sollten: Sie schauen, inwieweit die Inhalte für die Besucher und Besucherinnen Ihrer Website passend sind, und anschließend optimieren Sie diese thematisch, strukturell und visuell so, dass die Besucher und Besucherinnen ihr Suchbedürfnis gestillt sehen. Sie werden feststellen, dass dann auch Ihre Rankings in den Suchmaschinen steigen. Das ist modernes SEO – es kombiniert UX, Usability, Nutzerbedürfnis und klassische SEO-Ansätze miteinander und führt zu guten und nutzwerten Websites.

8.14 Duplicate Content

Suchmaschinen sind darauf bedacht, ihren Datenbestand möglichst effizient zu gestalten. Dazu gehört, dass identische Informationen nicht mehrfach abgelegt werden sollen. Derjenige, der nach Informationen sucht, soll möglichst nur die beste Quelle für eine Information erhalten. Andere Quellen, die z. B. einen identischen Text enthalten, werden nicht berücksichtigt.

Aus Sicht des Content-Anbieters spricht man hier von sogenanntem *Duplicate Content* oder seltener auch *Double Content*, abgekürzt DC. Eine Suchmaschine wird in der Regel nur eine dieser URLs mit identischem Inhalt abspeichern und in der Ergebnisliste anzeigen. Den Anbieter der »Kopie« kann dabei zusätzlich eine Strafe treffen.

> **Praxistipp: Panda-Abstrafung durch Duplicate Content vermeiden**
>
> Seit dem Panda-Update, mit dem Google 2011 durch gezielte Algorithmusänderungen die Qualität von Websites stärker im Ranking berücksichtigte, spielt Duplicate Content bei der Suchmaschinen-Optimierung eine herausragende Rolle. Widmen Sie sich diesem Thema sehr ausführlich, und achten Sie regelmäßig darauf, dass weder auf Ihrer Site noch auf anderen Sites Ihre Inhalte doppelt auftreten! Damit wird eine Abstrafung nach dem Panda-Update deutlich weniger wahrscheinlich.

8.14.1 Warum Suchmaschinen keine doppelten Inhalte mögen

Es gibt schon lange verschiedene Gründe, weshalb Suchmaschinen keine doppelten Inhalte mögen.

Das Crawl-Budget

Auch wenn Google und die anderen großen Suchmaschinen-Betreiber über gigantische Rechenkapazitäten verfügen, ist die Anzahl der Crawler, die gleichzeitig das Web durchsuchen können, dennoch endlich. Das ist auch der Grund, weshalb ein Crawler bei einem Besuch nicht die gesamte Website mit allen URLs durchsucht, sondern nur eine ausgewählte Menge. Letztlich soll dies auch die Kapazität des Servers selbst schonen – der wichtigere Grund ist allerdings die Kapazität bei den Suchmaschinen selbst.

Es gibt keine festen Zahlen dazu, wie häufig ein Crawler eine Site besucht oder wie viele Dokumente ein Crawler bei einem Durchlauf erfasst. Das hängt von verschiedenen Faktoren ab:

- **Antwortgeschwindigkeit der Website:** Je schneller eine Website die Seiten an einen Crawler liefert, desto mehr Seiten können innerhalb eines Zeitfensters erfasst werden. Achten Sie also darauf, dass Ihre Website schnell lädt – nicht nur für Crawler, sondern auch für Ihre Besucher und Besucherinnen ist die Gesamtladezeit eine gute Vergleichsmetrik. Sie sollte im besten Fall unter zwei Sekunden liegen.

- **Relevanz und Beliebtheit der Website bei Suchmaschinen:** Je beliebter Ihre Website bei Suchmaschinen ist, desto häufiger kommt der Crawler vorbei und aktualisiert bestehende Seiten und erfasst neue. Hier hilft es, wenn die Website für ein bestimmtes Thema eine Autorität ist, denn dann möchten Suchmaschinen, dass Suchende möglichst aktuelle und neue Inhalte von Ihrer Website finden.

- **Häufigkeit der Aktualisierung:** Kommt ein Crawler mehrmals vorbei und erfasst eine URL und stellt dann fest, dass die URL nicht aktualisiert wurde, senkt er irgendwann die Wiederbesuchsfrequenz. Wenn jede URL der gesamten Website nicht verändert wird, wird irgendwann die Wiederbesuchsrate der gesamten Website sinken. Hier sollten Sie also auch im Hinblick auf andere Ranking-Faktoren stetig die zentralen Inhalte aktualisieren. Einzige Ausnahme sind hier Inhalte, bei denen Suchmaschinen keine Aktualisierung erwarten können – etwa bei Zusammenfassungen von historischen Ereignissen. Aber auch hier gewinnt die URL, welche die umfassendsten Informationen bereitstellt. Insofern darf man Aktualisierung hier so denken, dass man zwar keine aktuellen – also neuen – Informationen ergänzt, aber der Inhalt dennoch regelmäßig wächst oder sich ändert, da umfassendere, im Sinne von detaillierteren Informationen hinzugefügt werden.

Auch wenn es keine vollständigen Zahlen zur Besuchshäufigkeit und dem Grad der Erfassung durch Crawler gibt, können Sie für einzelne Websites über die Google Search Console die individuellen Werte je Domain unter EINSTELLUNGEN – CRAWLING-STATISTIKEN auslesen (siehe Abbildung 8.62).

Hier erfahren Sie nach bestimmten Kategorien die *Anzahl der Crawling-Anfragen*, die *Gesamtgröße* aller Dateien und Ressourcen sowie die *durchschnittliche Seitenantwortzeit* beim Crawlvorgang.

Vor allem die Anzahl der Crawling-Anfragen ist spannend zu beobachten. Wenn beispielsweise deutliche Peaks zu erkennen sind und eine Website sich in diesem Zeitraum nicht verändert hat, dann untersucht Google die Website offensichtlich nochmals intensiver und eine veränderte Bewertung ist in naher Zukunft recht wahrscheinlich. Meist geschieht dies im Rahmen von generellen Algorithmus-Updates.

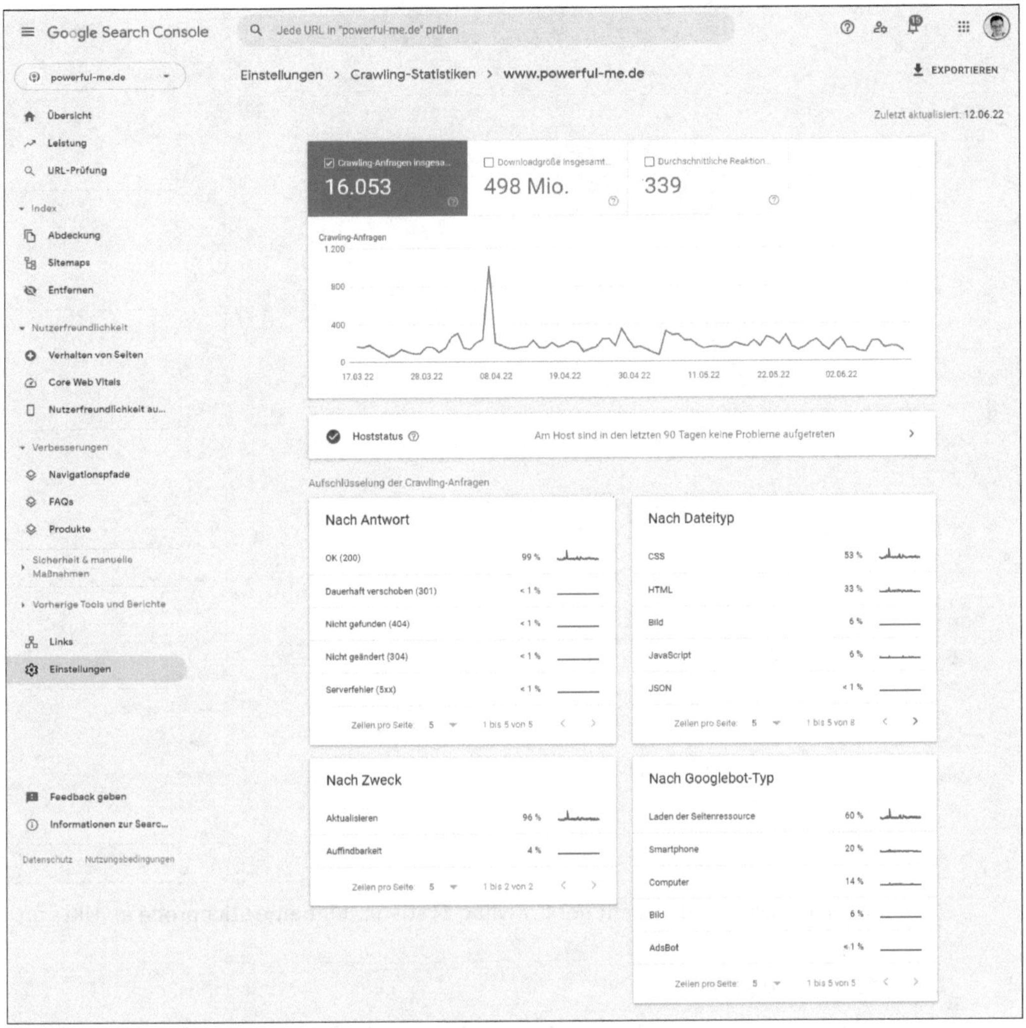

Abbildung 8.62 Crawling-Statistiken aus der Google Search Console

Sie können über die Aufschlüsselungen im unteren Bereich die Datenansicht nach Statuscode (nach Antwort), nach Dateityp, nach Zweck des Crawlings oder nach Googlebot-Typ filtern. Dies ist für individuelle Probleme praktisch: Etwa, wenn Sie ein Problem mit dem mobilen Crawler vermuten oder Sie ausschließlich das Crawling von 404-Fehlerseiten anschauen möchten. Ein Klick darauf bringt Sie dann zur Einzelansicht, bei der auch jeweils konkrete URLs angezeigt werden.

Doch Obacht: Google zeigt nur eine Auswahl an URLs an, dies ist vor allem bei größeren Domains keine vollständige Auflistung. Hier hilft am Ende nur eine eigene Logfile-Analyse zur Crawler-Auswertung.

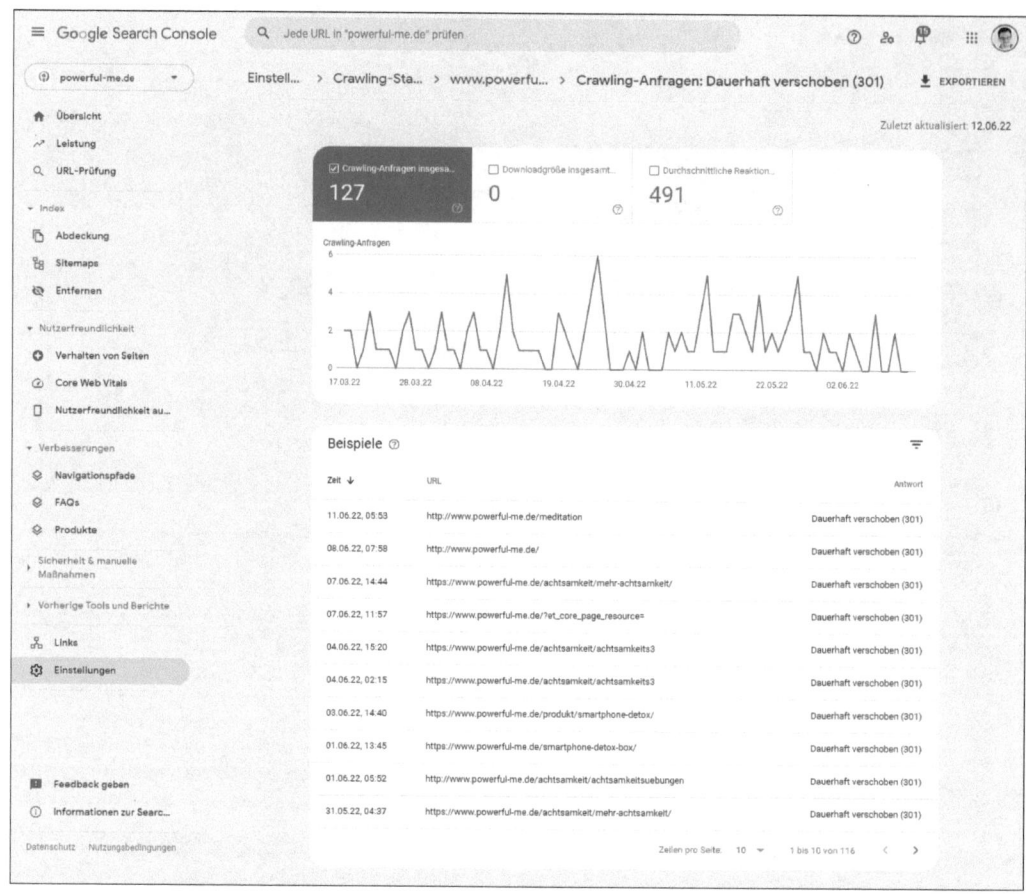

Abbildung 8.63 Die Einzelansicht der Crawling-Statistik zeigt eine Stichprobe an URLs an.

Die Indexierungsgrenze

Neben der Menge an täglich gecrawlten Seiten indexieren Suchmaschinen vor allem bei größeren Domains nicht alle Dokumente, wenn dies nicht relevant erscheint. Es besteht vor allem bei neuen Domains und Domains, die aufgrund mangelnder eingehender Links oder zu wenig Trust-Wert noch nicht eine ausreichend hohe Reputation bei den Suchmaschinen generieren konnten, ein Limit, wie viele URLs maximal indexiert werden. So kann es z. B. sein, dass von einer Domain überhaupt nur 60 Prozent aller URLs erfasst werden. Hier legen Suchmaschinen heutzutage von selbst Wert darauf, dass Duplicate Content nicht mehrfach innerhalb einer Domain indexiert wird. Denn dies wäre eine reine Platzverschwendung im Indexspeicher und hätte auch keinen Mehrwert für Suchende. Sie sollten allerdings hier nicht zwingend auf die Logik des Crawlers setzen, sondern selbstständig vorausschauend dafür sorgen, dass Sie nur relevante Inhalte indexieren lassen. Dazu gehört eben auch, dass kein Duplicate Content zu finden ist.

Wenn Sie neue Bereiche auf Ihre Website bringen möchten, die nicht für Google relevant sind und nur Crawl-Budget kosten würden, dann sperren Sie diese über die *robots.txt* aus. Das gilt aber nur, sofern die URLs noch nicht indexiert sind. In diesem Fall müssen Sie die URLs mit einem noindex versehen und warten, bis Google diese nicht mehr indexiert hat. Danach können Sie dann das Disallow über die *robots.txt* nutzen.

Das <canonical>-Tag hilft hier übrigens nur bei nahezu identischen URLs. Das heißt, Sie müssen auf verschiedenen URLs die nahezu gleichen Inhalte haben, und dann können Sie über das <canonical>-Tag Google den Hinweis geben, welche URL indexiert werden soll und welche quasi nur eine Kopie ist. Weder die Nutzung von Canonical noch die Nutzung von noindex werden aber das Crawl-Budget deutlich verbessern: URLs mit diesen Auszeichnungen werden nach wie vor von Google besucht. Es könnte sein, dass Sie irgendwann das Canonical bzw. das noindex wieder entfernen, und das müssen die Suchmaschinen ja dann mitbekommen. Lediglich die Crawl-Frequenz – also die Häufigkeit der Abrufe von URLs mit Canonical oder noindex – wird mit der Zeit weniger.

Der beste Weg, das Crawl-Budget effizient einzusetzen, ist, veraltete Inhalte entweder zu aktualisieren oder zu entfernen. Wie das geht, haben Sie ja gerade erst weiter oben erfahren.

8.14.2 Begriffe im Duplicate-Content-Umfeld

Wenn Sie sich mit der Duplicate-Content-Problematik auseinandersetzen wollen oder müssen, sollten Sie ein paar grundlegende Konzepte und Begriffe kennen:

- **Unique Content** ist einzigartiger Inhalt, der von Menschen geschrieben wurde und an keiner anderen Stelle im Web zu finden ist. Diese Texte sind am aufwendigsten zu produzieren, aber auch die beste Grundlage für eine Suchmaschinen-Optimierung.
- **Snippets** sind kleine Absätze wie etwa Zitate, die kopiert und wieder genutzt werden. In der Regel besteht hier keine Duplicate-Content-Problematik, weil Suchmaschinen Kenntnis davon haben, dass häufig Textteile von anderen Quellen zitiert werden.
- **Shingles** bedeutet übersetzt Dachziegel. Shingles sind kleine Einheiten aus zwei bis sechs Begriffen innerhalb eines Satzes oder eines Absatzes. Shingles werden von Suchmaschinen-Algorithmen genutzt, um zwei Quellen miteinander auf Duplicate Content zu vergleichen. Wenn sehr viele gleiche Shingles existieren, dann liegt mit hoher Wahrscheinlichkeit der gleiche oder ein sehr ähnlicher Text vor.

8.14.3 Arten von Duplicate Content

Grundsätzlich lassen sich drei verschiedene Arten von Duplicate Content unterscheiden:

1. **Echter Duplicate Content** ist zu 100 Prozent identischer Inhalt einer Seite. Dies betrifft nicht nur den reinen Text, sondern die gesamte Website mit Bildern und auch den Quelltext. Echter Duplicate Content bedeutet also, dass das identische Dokument unter verschiedenen URLs zu finden ist.

2. Bei **ähnlichem Duplicate Content** (*Near Duplicate Content*) unterscheiden sich zwei Dokumente in einigen Teilen, sodass aber dennoch die Erkennungsalgorithmen von beinahe identischen Inhalten ausgehen. Ein getauschter Absatz, ein anderes HTML/CSS-Layout oder ein anderes angezeigtes Veröffentlichungsdatum reichen in der Regel nicht aus, um ein zweites Dokument ausreichend eindeutig (unique) zu machen.

3. Auch wenn bis auf den Text alle Inhalte verschieden sind, genügt **inhaltlicher Duplicate Content**, damit Suchmaschinen ihn als Duplicate Content klassifizieren. Texte sind nach wie vor die wichtigste Basis für die Onpage-Bewertungen von Suchmaschinen, und damit ist nicht einzigartiger Text allein auch schon ein Duplicate-Content-Problem, selbst wenn alles andere auf der Seite unterschiedlich ist.

Jede Art kann dabei entweder innerhalb einer einzelnen Domain mehrfach auftreten, aber auch über Domains hinweg. Letzteres bezeichnet man dann als *Cross-Domain Duplicate Content*.

8.14.4 Wie Suchmaschinen Duplicate Content erkennen

Es gibt keine Veröffentlichungen, in denen die exakte Arbeitsweise zur Erkennung von Duplicate Content von Suchmaschinen beschrieben ist. Die Erkennung wird ohnehin ständig verfeinert. Aus einzelnen wissenschaftlichen Veröffentlichungen, Beobachtungen und Tests lassen sich jedoch bestimmte Schritte ableiten, die von Suchmaschinen zur Duplicate-Content-Erkennung und -Bestimmung durchgeführt werden:

1. **Ort des Duplicate Contents:** Befinden sich gleiche Textelemente auf verschiedenen URLs innerhalb einer Domain oder sind sie über verschiedene Domains verteilt? Duplicate Content kann nicht nur auf fremden Sites entstehen, sondern auch auf der eigenen.

2. **Wie viel Prozent Gleichheit besteht?** Hier gibt es keine genauen Angaben, ab welchem Anteil ein Text als Duplicate Content erkannt wird. Sicher ist allerdings, dass auch sehr ähnliche Texte mittlerweile als Dublette erkannt werden. Die Bestimmungsverfahren von Suchmaschinen werden hier immer komplexer, sodass blo-

ßes Umstellen von Textpassagen oder auch geringfügiges Umschreiben nicht mehr ausreichend ist, um die Double-Content-Erkennung zu umgehen. Erfahrungsgemäß sollten mindestens 70 bis 80 Prozent eines Textes unique sein, sich also von anderen Texten unterscheiden.

3. **Wo befindet sich der fragwürdige Inhalt?** Sehr viele Webseiten nutzen das gleiche Impressum, eine sehr ähnliche Navigationsstruktur oder andere gleichartige Elemente. Die Suchmaschinen können allerdings durch eine HTML-Quelltextanalyse sehr gut zwischen Strukturelementen wie der Navigation (*Supplementary Content*) und den Inhalten (*Main Content*) unterscheiden.
4. **Gibt es Quellverweise in Form von Links zu einem identischen Original?** Dann ist die Wahrscheinlichkeit recht hoch, dass es sich bei dem untersuchten Text um eine Kopie und damit um Duplicate Content handelt.

Die Erkennung des ursprünglichen Dokuments

Wenn ein Erkennungsverfahren mehrere identische Texte oder Dokumente erkannt hat, bleibt noch festzustellen, welches das ursprüngliche und damit zu indexierende Dokument ist. Hier haben sich drei Faktoren herauskristallisiert, die von den meisten Suchmaschinen-Anbietern so untersucht und gemeinsam bewertet werden:

1. **Indexierungsdatum:** Das Dokument, das als Erstes mit dem fraglichen Inhalt indexiert wurde, wird meist als Ursprungsdokument deklariert. Dabei zählt nicht unbedingt das Datum der Veröffentlichung oder der Online-Stellung, sondern der Zeitpunkt, zu dem die Suchmaschine das Dokument erfasst hat – und dies ist der Zeitpunkt der Indexierung.
2. **Reputation/Trust:** Wenn ein Dokument bei den Suchmaschinen-Betreibern eine gute Reputation und großes Vertrauen genießt, ist die Wahrscheinlichkeit hoch, dass ein Duplicate Content dieser Domain zugesprochen wird. Dies schließt auch das Wissen über bestimmte Publikationsmuster mit ein. So kann man z. B. davon ausgehen, dass in der Wikipedia selten Texte kopiert werden. Weil sie durch andere Autoren und Autorinnen überprüft werden, sind Texte bei Wikipedia meist eigens für die Enzyklopädie verfasst. Und genau diese Reputation machen sich Suchmaschinen bei der Herkunftsprüfung zunutze.
3. **Eingehende Quellverweise:** Gemäß Urheber- und Zitatrecht müssen fremde Inhalte immer mit einer Quellenangabe versehen werden. Häufig wird die Quelle auch direkt verlinkt, und dies können dann Suchmaschinen entsprechend auswerten. Besitzt ein Dokument also eingehende Links von anderen Dokumenten mit dem identischen Text, dann ist die Wahrscheinlichkeit hoch, dass es sich bei dem verlinkten Text um die Originalquelle handelt.

Diese Kriterien funktionieren in der Praxis meistens zuverlässig. Allerdings gibt es auch Ausnahmen, wenn z. B. ein renommiertes Themenportal einen Blogger oder

eine Bloggerin anschreibt und anfragt, ob der veröffentlichte Blog-Artikel auch auf dem Themenportal platziert werden kann. In solchen und ähnlichen Fällen zeigen Suchmaschinen dann meist nach kurzer Zeit eher den Artikel auf dem renommierten Portal an.

Die Erkennung über den Shingle-Algorithmus

Im Jahr 2007 veröffentlichten Google-Mitarbeiter und andere Autoren und Autorinnen eine wissenschaftliche Arbeit mit dem Titel »Detecting Near-Duplicates for Web Crawling« (*www2007.cpsc.ucalgary.ca/papers/paper215.pdf*). In diesem Text wird vor allem das Shingle-Verfahren erwähnt, sodass stark anzunehmen ist, dass bei der Duplicate-Content-Bewertung bei Google u. a. auch dieses Verfahren zum Einsatz kommt. Abgesehen davon ist es in der Praxis äußerst hilfreich, wenn Sie ein Hauptverfahren zur Erkennung von Duplicate Content verinnerlicht haben, sodass Sie beim Schreiben neuer Texte darauf achten können.

Das Shingle-Verfahren basiert auf einer N-Gram-Zerlegung und funktioniert – vereinfacht dargestellt – wie folgt: Zunächst wird der Text einer URL extrahiert. Dann werden Punkte, Kommata, Bindestriche, Überschriften oder Absätze aus diesem Text entfernt. Sie erhalten dann z. B. auszugsweise aus dem Wikipedia-Eintrag über Shakespeare (*de.wikipedia.org/wiki/William_Shakespeare*) einen solchen Fließtext:

```
Frühe Jahre Shakespeares Geburtsdatum ist nicht überliefert Laut
Kirchenregister der Holy Trinity Church in Stratford upon Avon
Warwickshire wurde er am 26 April 1564 getauft
```

Nun setzt das eigentliche Shingle-Verfahren ein. Ein Shingle können Sie sich als Fenster mit einer bestimmten Anzahl von Worten vorstellen. Ein 3-Shingle umfasst immer drei Worte, und so werden aus dem oberen Satz diese Shingles extrahiert:

- Frühe Jahre Shakespeares
- Jahre Shakespeares Geburtsdatum
- Shakespeares Geburtsdatum ist
- Geburtsdatum ist nicht
- ist nicht überliefert

Das Shingle-Fenster verschiebt sich also immer um ein Wort weiter nach rechts, bis der gesamte Text in Dreierketten zerlegt ist. Würden Sie nun den Wikipedia-Text auf die eigene Website kopieren und die Überschrift ändern, würden Sie aus folgendem Text ähnliche Shingles erhalten:

```
Über Shakespeares Shakespeares Geburtsdatum ist nicht überliefert Laut
Kirchenregister der Holy Trinity Church in Stratford upon Avon Warwickshire
wurde er am 26 April 1564 getauft
```

- Über Shakespeares Shakespeares
- Shakespeares Shakespeares Geburtsdatum
- Shakespeares Geburtsdatum ist
- Geburtsdatum ist nicht
- ist nicht überliefert

Sie sehen, es haben sich im Prinzip nur die ersten beiden Shingles geändert. Von insgesamt 23 Shingles haben sich nur zwei verändert, sodass der Grad der Uniqueness (Einzigartigkeit) gerade einmal 2 durch 23, also 0,09 ist. Das heißt, 9 Prozent des Textes wurden verändert. Für Suchmaschinen würde dies immer noch als identischer Content zählen.

Wenn Sie sich dieses Verfahren genauer vor Augen führen, wird auch deutlich, weshalb das Vertauschen von Absätzen oder das Ändern nur von einigen wenigen Wörtern immer noch nicht zu einem einzigartigen Text im Sinne der Shingle-Erkennung führt: Die Shingle-Menge bleibt nahezu identisch, und die Reihenfolge spielt keine Rolle.

8.14.5 Konsequenzen von Duplicate Content

Wenn Sie bewusst bereits im Web bestehenden Inhalt auf Ihrer Website einsetzen, dann müssen Sie mit zwei möglichen Konsequenzen rechnen. Die erste Konsequenz könnten Abmahnungen oder in schwächerer Form auch freundliche Kontaktversuche seitens des eigentlichen Urhebers und Rechteinhabers sein. Wenn Sie z. B. einen Artikel aus der Wikipedia kopieren, ohne einen Hinweis auf die Quelle des Textes zu geben, dann ist dies nicht rechtens, weil Sie gegen die Lizenzbestimmungen der Wikipedia verstoßen. Neben der rechtlichen Frage müssen Sie vonseiten der Suchmaschinen mit Nachteilen oder sogar mit einer Penalty (Abstrafung) rechnen, wenn Sie nachweislich Inhalte kopieren und Duplicate Content erkannt wird. Welche Nachteile sind damit konkret gemeint?

Zunächst haben Sie die Ungewissheit, welche Version von mehrfach vorhandenen Inhalten von den Suchmaschinen bevorzugt wird. Wenn im Web z. B. drei Kopien existieren, wird der Suchmaschinen-Algorithmus eine einzige auswählen und diese indexieren und in den Ergebnislisten bei einer entsprechenden Suchanfrage anzeigen.

Supplemental Index

Die beiden anderen Versionen werden ignoriert bzw. in den sogenannten *Supplemental Index* verschoben. Dies ist gewissermaßen ein Index zweiter Klasse, in den alle Inhalte hineingeschoben werden, die für die wichtigen Suchergebnistrefferlisten, vor allem die Top 10, grundsätzlich nicht infrage kommen.

Sie erkennen die Anwendung des Supplemental Index daran, dass am Ende der Ergebnisliste die Möglichkeit besteht, diesen dennoch anzeigen zu lassen (siehe Abbildung 8.64).

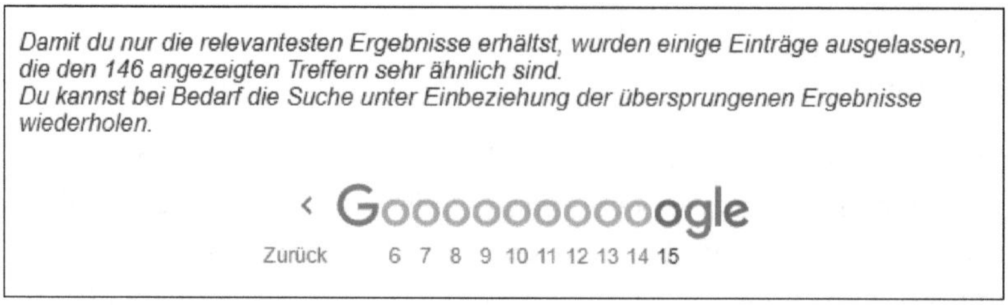

> Damit du nur die relevantesten Ergebnisse erhältst, wurden einige Einträge ausgelassen, die den 146 angezeigten Treffern sehr ähnlich sind.
> Du kannst bei Bedarf die Suche unter Einbeziehung der übersprungenen Ergebnisse wiederholen.
>
> ‹ Goooooooooogle
> Zurück   6 7 8 9 10 11 12 13 14 15

Abbildung 8.64 Zugriff auf den Supplemental Index am Ende der Google-Ergebnisliste

Crawl- und Indexierungsbudget und fehlender Linkjuice

Der zweite gravierende Nachteil von Duplicate Content entsteht beim Crawlen der Website. Wie oben ausführlich erläutert wurde, erhalten Sie je nach Beliebtheit Ihrer Website bei den Suchmaschinen ein bestimmtes Crawl- und Indexierungskontingent zugeteilt. Das bedeutet, dass nur einige bestehende und neue Webseiten Ihres Angebots regelmäßig erfasst werden. Nur bei kleinen Websites oder ganz wichtigen Websites (nach Meinung der Suchmaschinen) werden alle Unterseiten gleich regelmäßig abgefragt. Wenn Sie nun Duplicate-Content-Seiten anbieten, die für Suchmaschinen nicht interessant sind, dann verschenken Sie eben diese Teile des Crawl- und Indexierungskontingents. Das bedeutet dann eben auch, dass weniger andere Seiten erfasst werden.

In Bezug auf die interne Vererbung des PageRanks (*Linkjuice*) sind solche »toten« Seiten natürlich auch suboptimal. Diese Seiten erhalten Linkjuice von anderen Seiten, die auf sie verlinken. Allerdings werden diese Seiten nicht mehr aufgrund ihres Duplicate Contents berücksichtigt, und der Linkjuice ist damit umsonst bzw. fehlt anderen Seiten mit Unique Content.

Auswirkungen von Duplicate Content seit dem Panda-Update

Mit dem Panda-Update 2011 hat Google zahlreiche neue Aspekte in die Ranking-Bewertung eingebracht, die auf die Qualität und Vertrauenswürdigkeit einer Domain abzielen. Die Panda-Logiken sind bis heute gültig, auch wenn sie mittlerweile in den Google-Kern integriert wurden. Wichtig seit diesem Update ist, dass hier zwar einzelne URLs analysiert werden, die Ergebnisse sich jedoch in der gesamten Domain widerspiegeln können.

Einen großen Anteil im Panda-Update hat die Überprüfung auf Duplicate Content eingenommen. Diese wurde über mehrere Monate und zahlreiche neue Versionen des Updates verbessert und optimiert. Grundsätzlich ist es jedoch seit dem ersten Panda-Update so, dass der massive Einsatz von Duplicate Content auf einer Domain auch dramatisch die Rankings von Nicht-Duplicate-Content-URLs dieser Domain betrifft. Die Abstrafung kann auch keyword- oder themenbasiert erfolgen. Sie würden im Fall einer themenbezogenen Panda-Abstrafung also z. B. für alle Suchanfragen zum Thema Sonnencreme 20 oder 30 Plätze schlechter ranken als eigentlich algorithmisch berechnet. Dies erkennen Sie meist ganz gut an entsprechenden massiven Ranking-Verlusten über wenige Tage.

In diesem Zusammenhang sind nicht nur die Texte auf der Website relevant. Seit dem Panda-Update ist es noch wichtiger als zuvor, dass <title>- und <description>-Tags möglichst einzigartig sind und es nicht zu viele oder am besten gar keine Dopplungen gibt. Eine Website, die sehr viele identische <title>-Tags und <description>-Tags aufweist, ist nach den Bewertungskriterien von Suchmaschinen nicht gut und sorgfältig gepflegt, und die Wahrscheinlichkeit, dass es sich um automatisch generierte und damit für Besucher weniger relevante Seiten handelt, ist höher. Achten Sie daher darauf, dass das <title>-Tag und das <description>-Tag für jedes Dokument Ihrer Website einzigartig sind. Lieber lassen Sie ansonsten <description>-Tags leer.

8.14.6 Häufige Ursachen von Duplicate Content

Welche typischen und häufigen Ursachen für Duplicate Content gibt es? Erschreckenderweise sind es in der Regel immer die gleichen Ursachen, die zu dem Problem führen.

Copy & Paste

Die am weitesten verbreiteten Ursachen für Duplicate Content sind bewusstes Kopieren oder mehrfaches Veröffentlichen von Inhalten. Häufig werden Inhalte absichtlich unverändert veröffentlicht, die bereits an anderen Stellen im Web stehen. Pressetexte, Produktbeschreibungen oder Definitionen sind Beispiele für solche Duplicate-Content-Fälle. Diese werden auf zahlreichen Websites platziert, und nur die wenigsten Websites werden von den Suchmaschinen aufgrund des übernommenen Textes gerankt. Wenn es einmal zu einem Ranking kommt, dann meistens aus der Kombination mit einem Suchbegriff aus dem Duplicate Content und einem Absatz, der ausschließlich auf der Zielseite steht.

Selten macht sich eine Presseabteilung oder eine PR-Agentur die Arbeit und verfasst gleich mehrere Pressemeldungen zum gleichen Thema. Dies wäre wohl auch nicht wirtschaftlich. Man sollte sich allerdings von solchen Meldungen nicht unbedingt einen großen SEO-Erfolg erhoffen.

Vor allem Online-Shop-Betreiber müssen bei Produktbeschreibungen sehr darauf achten, nicht die allgemein verfügbaren Produkttexte zu platzieren. Hier lohnt sich der Aufwand meistens, für die Detailseiten eigene Texte zu erstellen. Diese können ohne Weiteres inhaltlich auf den vorgegebenen Texten beruhen. Sie sollten aller-

dings eben ausreichend unique sein, damit der domainweite Panda-Filter nicht den gesamten Shop abstraft.

Content-Klau und Scraping

Das absichtliche und rechtlich nicht einwandfreie Kopieren von Inhalten, der Content-Klau, ist ebenfalls häufiger anzutreffen, als man zunächst meinen könnte. Dabei werden Texte manuell oder durch automatische Scraper von einer Website extrahiert und auf eigenen Seiten veröffentlicht. Immer häufiger wird ein deutschsprachiger Text mit einem Übersetzungsprogramm ins Englische und wieder zurück ins Deutsche übersetzt. Damit verändert sich die Satzstruktur so, dass der Text sich in Teilen vom Ursprungstext unterscheidet.

Content-Aggregatoren

Content-Aggregatoren, die Inhalte von RSS-Feeds sammeln und auf eigenen Seiten zusammenstellen, generieren ebenfalls Duplicate Content und haben mit diesem Verfahren spätestens seit dem Panda-Update kaum noch eine Chance auf gute Rankings mit diesen Inhalten.

Mit »www« und ohne »www«

Viele Domains sind mit vorausgehendem und ohne vorausgehendes *www* erreichbar:

```
https://mindshape.de
https://www.mindshape.de
```

Technisch gesehen, ist *www* eine Subdomain, ähnlich wie `https://demo.mindshape.de`. Damit sind alle URLs für Suchmaschinen dieser Domains doppelt vorhanden, einmal mit und einmal ohne *www*.

Idealerweise entscheidet sich der Webmaster für eine Variante und legt diese dann als Master-Variante fest. Meist ist dies die Variante mit *www*. Alle internen Links sollten dann auch auf diese Variante verlinken, damit kein interner Linkjuice verloren geht. Über die *.htaccess*-Datei wird ein entsprechender Eintrag angelegt, der einen permanenten 301-Redirect von der Nicht-*www*-Version auf die *www*-Version bewirkt:

```
RewriteEngine On
RewriteCond %{HTTPS_HOST} ^mindshape\.de [NC]
RewriteRule ^(.*) https://www.mindshape.de/$1 [R,L]
```

Listing 8.11 www-Rewrite in der ».htaccess«-Datei

Google und anderen Suchmaschinen-Betreibern ist dieses Problem bekannt, und sie behandeln diese Form von Duplicate Content meist automatisch ganz gut. Leider gibt es aber immer wieder Ausnahmen, wo dies nicht gelingt.

Sie sollten sich auf jeden Fall für eine Anzeige (mit oder ohne *www*) entscheiden und entsprechende 301-Umleitungen einrichten. Achten Sie dabei darauf, dass es wirklich 301er sind und keine 302er oder 307er. Das wäre nicht richtig und würde negative Effekte mit sich bringen.

Test- und Entwicklungsserver

Es ist bei größeren Projekten gängige Praxis, dass eine Kopie einer Website im Web existiert, auf der neue Codestücke oder neue Designelemente zunächst getestet werden, bevor sie auf die öffentliche Website gelangen. Diese sogenannten *Test-* oder *Staging-Systeme* sind dann in der Regel auch über das Web zugänglich, damit alle Beteiligten die Änderungen begutachten und abnehmen können.

Meist platziert man Staging-Systeme unter solchen URLs:

- *http://test.domain.de*
- *http://dev.domain.de*
- *http://www.domain.de/test/*
- *http://www.test-domain.de*

Häufig wird jedoch vergessen, diese Subdomain oder den Pfad vor dem Zugriff von Suchmaschinen zu schützen. Damit werden diese Inhalte dann indexiert, und man generiert unabsichtlich Duplicate Content für die gesamte Website.

Um dies zu verhindern, sollten Sie die Website entweder mit einem Passwortschutz über die *.htaccess*-Datei versehen oder die Datei *robots.txt* anlegen und dort den Zugriff durch alle Crawler unterbinden. Ganz sicher ist es, wenn Sie nur bestimmte IP-Adressen freigeben.

Weniger gut ist es, dem Content-Management-System oder den einzelnen Dokumenten das `noindex`- und das `nofollow`-Meta-Tag mitzugeben. Hier besteht die Gefahr, dass bei der Liveschaltung des Systems (wenn das Test-System das öffentlich verfügbare Livesystem wird) die Meta-Tags vergessen werden und dann die öffentliche Website aus dem Index genommen wird. Das kann natürlich auch passieren, wenn die Staging-*robots.txt* mit kopiert wird. Die Passwortsperre oder IP-Sperre ist hier also definitiv allen anderen Varianten vorzuziehen, da sie bei einem Wechsel des Systems offensichtlich ist.

Ist das Kind bereits in den Brunnen gefallen und erhalten Sie auf einmal echte Shop-Bestellungen aus dem Test-Shop, dann sollten Sie allerdings keinen Passwortschutz nutzen! Legen Sie für jede einzelne URL aus dem Staging-System eine 301-Umleitung

auf die entsprechende URL der Hauptseite an, und warten Sie ein paar Wochen, bis die URLs hoffentlich wieder aus dem Index verschwunden sind. Durch die 301-Umleitung bewirken Sie im Suchmaschinen-Index ein Umschreiben der alten, fälschlicherweise indexierten URL auf die neue.

Für das neue Test- oder Staging-System suchen Sie sich dann eine neue Domain oder Subdomain und machen es diesmal richtig.

SSL-Seiten (HTTPS)

Seit 2015 ist offiziell bekannt, dass Websites, die komplett unter SSL bzw. TLS laufen, also unter HTTPS statt HTTP zu erreichen sind, einen kleinen Ranking-Vorteil haben, wenn alle anderen Faktoren den Domains der Wettbewerber gleichen. Viele Webautoren und -autorinnen vergessen allerdings, bei der Umstellung von HTTP zu HTTPS eine 301-Weiterleitung von HTTP auf HTTPS einzurichten, und so ist eine Website sowohl unter HTTP als auch unter HTTPS zu erreichen: astreiner Duplicate Content.

Sie sollten stets saubere 301-Redirects von HTTP auf HTTPS gesetzt haben. Mit sauber ist gemeint, dass diese direkt und für alle Varianten greifen. Alle folgenden Varianten sollten ohne weitere 301-Redirects auf die HTTPS-Variante leiten:

- http://www.domain.de
- http://domain.de
- http://www.domain.de/
- http://domain.de/

Nutzen Sie etwa *httpstatus.io*, um dies zu prüfen. In Abbildung 8.65 sehen Sie beispielsweise, dass die Domaineingabe ohne WWW von HTTP zunächst zur Mit-WWW-Variante von HTTP führt und dann erst auf die HTTPs-Variante umgeleitet wird. Besser wäre, wenn der erste Schritt (ohne WWW, HTTP) per 301-Redirect direkt auf das Ziel (mit WWW, HTTPS) leiten würde.

Request URL		Status codes		Redirects
http://sem-deutschland.de/		301 301 200		2

Summary

Status code	Scheme	Host	Path
301	HTTP	sem-deutschland.de	/
301	HTTP	www.sem-deutschland.de	/
200	HTTPS	www.sem-deutschland.de	/

Abbildung 8.65 httpstatus.io-Ausgabe einer Redirect-Prüfung

8.14 Duplicate Content

> **Praxistipp: Umstellung auf HTTPS durch Chrome quasi Pflicht**
> Google zwang Domainbetreiber damals mit neuen Chrome-Versionen, HTTPS einzusetzen und damit die Website-Kommunikation zu verschlüsseln. Domains, welche nur unter HTTP laufen, werden heute von Chrome als »Nicht sicher« gekennzeichnet. Wenn Ihre Domain also noch nicht auf HTTPS läuft, dann sollten Sie das schleunigst nachholen. Dabei können Sie dann auch gleich auf HTTP/2 umstellen und gewinnen gleichzeitig noch ein wenig Pagespeed dazu.

Duplicate Content kann leider auch in dem Fall auftreten, wenn auch andere Inhalte eines Shops oder einer Website jeweils unter HTTP und HTTPS gleichzeitig erreichbar sind, etwa PDFs. Idealerweise sorgen Sie dafür, dass einfach alle URLs nur noch über HTTPS ausgeliefert werden.

Von globalen 301-Umleitungen von HTTPS auf HTTP wie bei der Variante von nicht-*www* auf *www* sollten Sie auf jeden Fall Abstand nehmen! Dies führt dazu, dass Sie sich die Möglichkeit für die sicheren Verbindungen nehmen und im schlimmsten Fall rekursive Weiterleitungsschleifen einbauen.

Trailing Slashes bzw. abschließende Slashes

Häufig wird bei Domains auf die Dateiendung wie *.html* oder *.php* verzichtet. Für Google ist das laut eigener Aussage nicht ranking-relevant. Abschließende Slashes (*Trailing Slashes*, /) hingegen schon, wenn es sich nicht um den abschließenden Slash direkt hinter der Domain handelt.

Ein Beispiel verdeutlicht das schnell. Bei Zalando sehen URLs beispielsweise so aus:

https://www.zalando.de/t-shirts-kurzarm/

Es ist hingegen ein Unterschied, ob Sie eine solche URL mit Trailing Slash am Ende haben oder diese Version ohne:

https://www.zalando.de/t-shirts-kurzarm

Viele Browser behandeln dies gleich – gemäß Webstandard handelt es sich aber um unterschiedliche URLs, und John Mueller von Google hat sich dazu in einem Tweet auf Twitter entsprechend geäußert, dass für Google dies auch unterschiedliche URLs sind.

Prüfen Sie also, ob Ihr Content-Management-System für beide Varianten den gleichen Inhalt ausspielt. Das sollte nicht sein. Beheben Sie das Problem, indem Sie sich für eine primäre Variante entscheiden. Ich empfehle aus persönlichem Geschmack heraus die Variante mit Trailing Slash am Ende. Dann legen Sie eine generelle 301-Umleitungsregel an, die alle Non-Trailing-Slash-URLs auf die entsprechenden Trailing-Slash-URLs umleitet:

8 Suchmaschinen-optimierte Website-Struktur

```
RewriteEngine On
RewriteBase /
RewriteCond %{REQUEST_FILENAME} !-f
RewriteCond %{REQUEST_URI} !ausnahmen-regelung-hier.php
RewriteCond %{REQUEST_URI} !(.*)/$
RewriteRule ^(.*)$ http://domain.de/$1/ [L,R=301]
```

Listing 8.12 ».htaccess«-Regelwerk zum Beheben von Trailing-Slash-DC

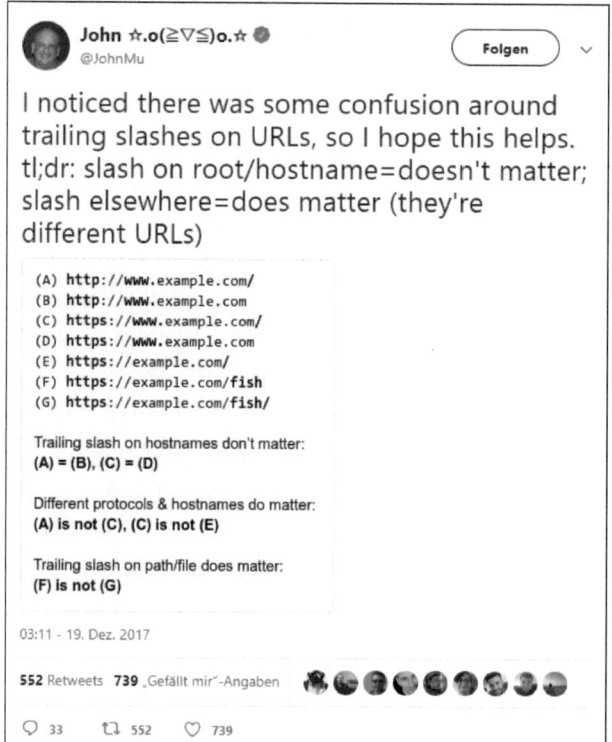

Abbildung 8.66 Klärung zum Umgang mit Trailing Slashes auf Twitter

Auch sollten Sie bei der internen Verlinkung und der Generierung von XML-Sitemaps darauf achten, dass Sie ein einheitliches Schema verwenden. Gegen Verlinkungen von außen sind Sie allerdings nie gewappnet. Aber hier hilft ja dann die eben beschriebene generelle 301-Umleitung.

Startseiten-URL

Nehmen Sie unbedingt Abstand von unkonventionellen Bezeichnungen der Startseite wie *home.html* oder *startseite.html*. Dies erkennen Suchmaschinen nicht mehr als Root- bzw. Startseite. Die Startseite (Homepage) hat eine besondere Bedeutung, da sie das Eintrittstor zu jeder Website ist. Üblicherweise gehen auch die meisten Backlinks auf die Startseite, sodass von dort aus der Linkjuice vererbt wird.

Eine Startseite sollte idealerweise immer unter *https://www.[ihre-domain.de]* direkt erreichbar sein.

Druckansicht

Auf vielen Websites steht eine Druckansicht zur Verfügung. Hier gibt es zwei technische Varianten der Umsetzung. Einerseits kann die identische URL über die Mediensteuerung von CSS bei der Ausgabe der Website auf dem Drucker anders gestaltet sein. Über eine solche Zeile im `<head>`-Bereich wird z. B. ein Druck-CSS eingebunden:

```
<link rel="stylesheet" type="text/css" href="print.css" media="print" />
```

Dies ist eine moderne und sichere Variante, frei von Duplicate Content, da es sich um das gleiche Dokument handelt.

Anders sieht es aus, wenn die Druckansicht über eine gesonderte URL oder einen Parameter gesteuert wird. Diese URLs sehen meist so oder so ähnlich aus:

- http://www.domain.de/produkte.html?print=1
- http://www.domain.de/produkte-druckansicht.html

Beide Fälle sind eigenständige URLs und generieren damit Duplicate Content. Hier sollten Sie die Indexierung grundsätzlich über die *robots.txt* ausschließen und die Verlinkung auf die Druckansicht am besten noch mit einem `nofollow`-Attribut versehen:

```
<a href="produkte.html?print=1" rel="nofollow" >drucken</a>
```

Das ist weniger als *PageRang-Scuplting*, also zur Linkjuice-Steuerung, gedacht als vielmehr als Absicherung, falls mal die Indexierungssperre aus Versehen aus der *robots.txt* entfernt wird. So kommen die Crawler nicht sofort auf die Druckansicht.

Funktionale Parameter

In vielen Content-Management- und Shop-Systemen werden funktionale Parameter verwendet, um eine Ansicht zu steuern. Besonders häufig findet man die Sortierung einer Produktliste z. B. in der URL:

- http://www.domain.de/produktliste.html?sort=name
- http://www.domain.de/produktliste.html?sort=price

Im ersten Fall wird die Produktliste nach Namen sortiert und im zweiten Fall nach dem Preis. Üblicherweise enthält diese Umsortierung also keine relevante Mehrinformation – im Gegenteil, auch hierbei handelt es sich um Duplicate Content, den

es zu verhindern gilt. Sperren Sie diese Parameter über die *robots.txt*, die Search Console oder – sofern fälschlicherweise schon indexiert – über `noindex`. Manchmal liest man auch, dass man einen Canonical auf die URL ohne Parameter setzen soll. Hier muss man allerdings bedenken, dass Google den Canonical weniger streng interpretiert, wenn sich der Hauptinhalt stark unterscheidet. Und im Fall einer unterschiedlichen Sortierung mit Paginierung sind die Inhalte unterschiedlich.

Ähnlich verhält es sich mit anderen Parametern, die Steuerfunktionen haben. Wird bei einem eingehenden Link z. B. ein Affiliate-Code mit übertragen, damit bei einem Lead der Besucher auf den Affiliate-Partner zurückverfolgt werden kann, sieht dies etwa so aus:

`http://www.domain.de/reise-buchen.html?affiliate=823CX`

Ebenfalls häufig findet man die Session-ID, die ein ähnliches Schema besitzt:

`http://www.domain.de/reise-buchen.html?SESSID=2348723842387412`

Auch in diesen beiden Fällen sollten die jeweiligen Parameter ausgeschlossen werden, da hier unnötig Duplicate Content entsteht.

Darüber hinaus gibt es noch zahlreiche weitere Parameter, die je nach Fall ähnlich behandelt werden sollten:

- interne Suchabfrage mit `?q=anfrage`
- Paginierung mit `?page=3`
- unterschiedliche Produktvarianten mit `?color=blue`

8.14.7 Duplicate Content identifizieren

Durch das Wissen um bestimmte häufige Problemstellen können Sie sicherlich den einen oder anderen größeren Fehler im Voraus vermeiden. Doch wie lässt sich auch bei individuellen Fällen sicherstellen, dass kein Duplicate Content vorhanden ist? Denn die Maxime ist klar: Sie sollten möglichst bei allen Seiten darauf achten, dass Sie keinen Duplicate Content in Inhalt, `<title>`- und `<description>`-Tag publizieren.

Die folgenden Absätze beschreiben verschiedene Verfahren, wie Sie feststellen können, ob auf Ihrer Website ein Duplicate-Content-Problem besteht.

Google Search Console

Im Bereich INDEX unter ABDECKUNG erfährt man Details auch zu Duplicate Content, wenn man die Kachel AUSGESCHLOSSEN anklickt. Neben vielen anderen Hinweisen zu Phänomenen, die dazu führen, dass URLs nicht indexiert (also ausgeschlossen) werden, erfahren Sie nach Klick auf die entsprechenden Duplikateinträge (unten im Bild) die betroffenen URLs.

In der Google-Dokumentation ist dazu zu entnehmen:

> **Duplikat – vom Nutzer nicht als kanonisch festgelegt:** *Es existieren Duplikate dieser Seite, jedoch wurde bisher keines davon als kanonisch gekennzeichnet. Google hält diese Seite nicht für kanonisch. Sie sollten die kanonische Seite explizit angeben. Bei der Überprüfung dieser URL sollte die von Google ausgewählte kanonische URL angezeigt werden.*

> **Duplikat – Google hat eine andere Seite als der Nutzer als kanonische Seite bestimmt:** *Diese URL wurde für mehrere Seiten als kanonische Seite gekennzeichnet. Nach Einschätzung von Google eignet sich jedoch eine andere Seite besser dafür. Google hat also stattdessen die Seite indexiert, die wir für kanonisch halten. Wir empfehlen, diese Seite ausdrücklich als Duplikat der kanonischen URL zu kennzeichnen. Diese Seite wurde gefunden, ohne dass dafür eine Crawling-Anfrage gestellt wurde. Bei der Überprüfung dieser URL sollte die von Google ausgewählte kanonische URL angezeigt werden.*

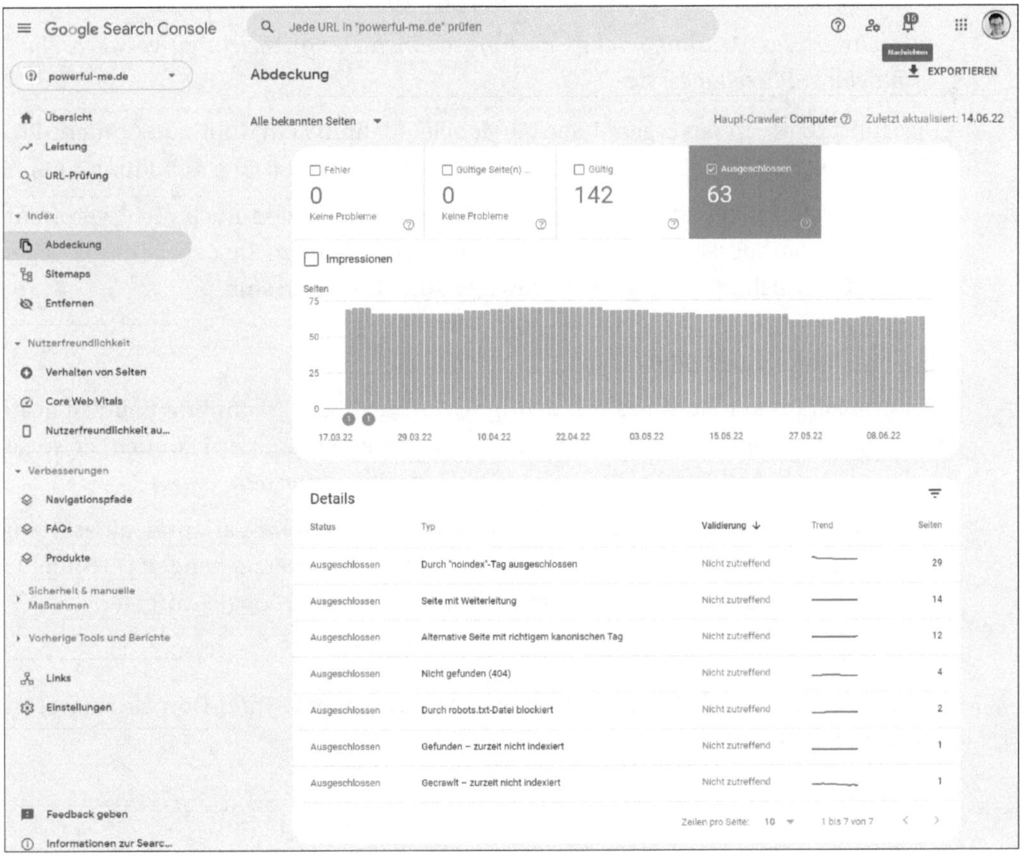

Abbildung 8.67 Duplicate-Content Hinweise neben vielen anderen

Hier ist also dringender Handlungsbedarf, entweder Canonicals zu setzen oder die vorhandene Canonical-Setzung zu überprüfen. Bitte beachten Sie außerdem, dass Google hier nicht jeden Fall von Duplicate Content anzeigt – leider. Es handelt sich lediglich um eine Auswahl. Insofern schauen Sie auch immer noch selbstständig, ob Sie weitere schematisch gleich gelagerte Fälle identifizieren können.

Einfache Phrasen-Suche bei Google

Über ein einfaches Verfahren können Sie für jede Website bei Google direkt überprüfen, ob ein Shingle, also etwa ein Satz oder ein Satzteil, andernorts im Web vorkommt und hier gegebenenfalls die Gefahr von Duplicate Content besteht.

Kopieren Sie einen oder zwei Sätze aus einem Text heraus, und setzen Sie ihn als Suchanfrage in Anführungszeichen in Google ein. Idealerweise sollte dann nur ein Treffer auftreten. Wenn mehrere Treffer erscheinen, dann haben Sie einen ersten Anhaltspunkt dafür, dass wahrscheinlich ein Duplicate-Content-Problem vorliegt. Im Beispiel wurden diese Sätze aus einer Shop-Website genutzt:

> *Hochwertiges Melamingeschirr im formschönen Design. Leicht zu verwechseln mit einem Porzellanservice.*

Dies führt zu mehreren Ergebnissen bei Google – definitiv ein Duplicate-Content-Problem, was vor allem bei Standardprodukttexten vorkommt (siehe Abbildung 8.68).

Dieses Verfahren eignet sich auch hervorragend dazu, einen noch nicht veröffentlichten Text auf dessen Uniqueness zu überprüfen. Wählen Sie dabei Textpassagen aus, die inhaltlich und sinngemäß schwerer auszutauschen sind.

Site-Parameter von Google

Der Site-Parameter ist ein sehr mächtiges Werkzeug zur Erkennung von Duplicate Content. Insbesondere in Kombination mit weiteren Parametern können Sie so gezielt nach typischen Duplicate-Content-Problemfällen forschen.

Nehmen wir an, Sie möchten feststellen, ob Google mehrere Varianten eines Dokuments indexiert hat. Dazu kopieren Sie den Titel des zu untersuchenden Dokuments, z. B. »Unsere Produktübersicht«, und formen daraus diese Google-Anfrage:

```
site:http://domain.de intitle:"Unsere Produktübersicht"
```

Sie erhalten damit alle bei Google indexierten Dokumente Ihrer Domain angezeigt, die den angegebenen Titel führen.

Abbildung 8.68 Massives Duplicate-Content-Problem

Einsatz von Tools

Neben der manuellen Form können Sie auch entsprechende Tools einsetzen. Unter *www.copyscape.com* oder *www.siteliner.com* finden Sie Möglichkeiten, auch kostenfrei eine URL als Stichprobe abzufragen (siehe Abbildung 8.69).

Abbildung 8.69 Plagiatserkennung als Duplicate-Content-Check

Für die Kontrolle innerhalb Ihrer Website bieten verschiedene Tool-Anbieter Lösungen an. Schauen Sie hier einmal bei *www.ryte.com* nach.

8.14.8 Mit Duplicate Content auf eigener Seite umgehen

Es gibt verschiedene Möglichkeiten, wie Sie mit Duplicate Content auf der eigenen Website umgehen können. Die einfachste ist offensichtlich, erst gar keinen Duplicate Content zu generieren. Dies ist aber aus verschiedenen wirtschaftlichen, praktischen oder auch rechtlichen Gründen nicht immer möglich. Welche Möglichkeiten stehen Ihnen dann offen, um auf der eigenen Website das Duplicate-Content-Problem zu lösen?

410 (Gone)

Eine zugegeben meist nur theoretisch infrage kommende Möglichkeit ist das Entfernen des doppelten Inhalts von der Website. Daraufhin wird ein 410-HTTP-Code bei darauffolgenden Abrufen durch Crawler gemeldet, und dieser führt dazu, dass die Seite nach ein paar Tagen aus dem Index entfernt wird.

> **Praxistipp: URL Entfernen aus Search Console ist nur Ausblenden**
>
> Viele denken, dass man URLs auch entfernen kann, wenn man in der Search Console die entsprechende Funktion URL ENTFERNEN benutzt. Tatsächlich blendet diese Funktion URLs aber nur für ca. 6 Monate aus. Das steht zwar auch in der Dokumentation – ist aber in der Search Console ungeschickt formuliert.
>
> Das Ausblenden führt dann auch nicht dazu, dass das Duplicate-Content-Problem behoben wird, da die URLs zwar nicht mehr sichtbar sind, aber dennoch im Index verbleiben und die Ursache damit nicht behoben ist.

Die radikale 410-Methode kommt immer dann zum Einsatz, wenn die Zielseite für die Suchmaschinen-Optimierung und auch die inhaltliche Verwertung keinerlei Verwendungszweck mehr hat. Dies trifft auf veraltete Inhalte zu, auf das rechtlich erzwungene Entfernen aufgrund einer Abmahnung oder auf ähnlich gelagerte Fälle.

Grundsätzlich sind die folgenden Varianten weniger radikal.

301-Redirect versus Canonical

Wenn Sie eine Dublette auf das eigentliche Dokument umleiten, gelangen auch die Besucher und Besucherinnen nach wie vor auf den eigentlichen Inhalt. Auch Suchmaschinen schreiben in ihrem Index die URL im Laufe der Zeit um, sodass diese Variante vor allem bei versehentlichem Duplicate Content eine gute Wahl ist – das gilt für eine generelle Umstellung wie etwa bei einer »Nicht-www-auf-www-Umstellung« oder einer »HTTP-zu-HTTPS-Umstellung«, wie zuvor beschrieben. Damit wird auch der Linkjuice entsprechend übertragen.

Für einzelne URLs kommt diese Methode allerdings nur dann infrage, wenn die Quell-URL nicht mehr benötigt wird. Denn die Weiterleitung sorgt ja dafür, dass die Quell-URL nicht mehr erreichbar ist. Wenn Sie beispielsweise zwei doppelte URLs in einem Shop haben, die sich in unterschiedlichen Kategorien befinden, katapultieren Sie damit dann den Benutzer oder die Benutzerin von einer Kategorie in die andere. Das ist nicht zwingend schön.

Hier ist der Einsatz des Canonical-Tags sinnvoller. Bei dieser Variante bleiben beide URLs erreichbar. Eine Quell-URL weist aber via Canonical für Suchmaschinen auf eine Ziel-URL und sagt damit, dass diese beiden URLs inhaltlich gleich sind. Mehr dazu lesen Sie gleich in Abschnitt 8.14.9.

Sperren über die Datei »robots.txt«

Der Einsatz der Datei *robots.txt* ist eine sehr solide Maßnahme, um Duplicate Content vor allem für ganze Verzeichnisse zu verhindern. Hierbei sperren Sie z. B. das interne Suchverzeichnis komplett für die Indexierung:

```
User agent: *
Disallow: /search/
```

Diese Variante eignet sich besonders gut, um im Vorhinein Inhalte von der Indexierung auszuschließen und damit proaktiv dem Duplicate-Content-Problem aus dem Weg zu gehen. Wenn URLs bereits im Index enthalten sind, ist die *robots.txt* nicht der richtige Weg. Denn sie verhindert nur das Crawling der URLs, aber bereits indexierte URLs werden damit nicht aus dem Index genommen. In diesem Fall ist das Umleiten oder das Entfernen, wie oben beschrieben, sicherer. Andernfalls bleibt Ihnen nur noch das Setzen des noindex.

> **Praxistipp: Verzichten Sie bei bereits indexierten URLs auf »robots.txt«**
>
> Wenn URLs mit Duplicate Content irrtümlich bereits indexiert worden sind, setzen Sie lieber auf robots="noindex" oder die <canonical>-Tags. Durch die Sperrung in der *robots.txt* bleiben die URLs im Index, sie werden nur nicht mehr gecrawlt. Durch die anderen Methoden teilen Sie Google mit, dass die URLs für den Index irrelevant sind.

Sperren über die Meta Robots oder X-Robots

Alternativ zur *robots.txt* können einzelne Seiten auch über das Meta-Tag robots von der Indexierung ausgeschlossen werden:

```
<meta name="robots" content="noindex" />
```

Auch das Setzen des Noindex über den HTTP-Header ist über das sogenannte X-Robots-Tag möglich. Das ist vor allem bei PDF-Dateien hilfreich, die keinen HTML-Quellcode zur Platzierung eines Meta-Tags haben.

Eine PDF namens *anleitung.pdf* setzen Sie beispielsweise mit diesem Eintrag in die *.htaccess* auf noindex:

```
<Files ~ "\anleitung.pdf$">
  Header set X-Robots-Tag "noindex, nofollow"
</Files>
```

Einzelne Parameter über die Google Search Console sperren

Über die Google Search Console konnte man bis 2021 noch bestimmen, dass diverse Parameter beachtet oder ignoriert werden. Diese Funktion gibt es mittlerweile nicht mehr.

Früher konnten Sie hier auch einsehen, welche Parameter Google bereits erkannt hat und wie der Umgang damit ist. Ihnen steht heute leider keine direkte Möglichkeit mehr zur Verfügung, die Parameterbehandlung über ein Interface zu steuern. Laut Aussage von Google führte diese Funktion häufig zu Bedienfehlern und die automatische Erkennung sei mittlerweile sehr zuverlässig, dass keine weiteren manuellen Angaben mehr nötig sind.

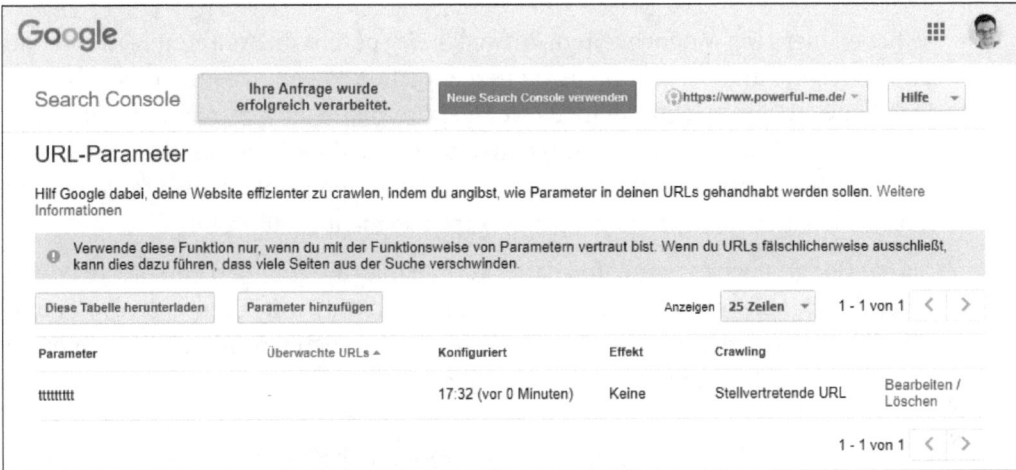

Abbildung 8.70 Parameterbehandlung in der GSC

> **Praxistipp: Die Search Console bzw. die Webmaster-Tools betreffen immer nur eine Suchmaschine – besser global lösen**
>
> Wichtig bei der Benutzung der Search Console von Google bzw. der Webmaster-Tools von Bing ist, dass die Angaben, die Sie machen, immer nur für die jeweilige Suchmaschine gelten. Mit den oben genannten Verfahren decken Sie das Duplicate-Content-Problem global ab. Daher sollten Sie die Search Console und die Webmaster-Tools immer nur zur Unterstützung einsetzen.

Paginierung (nicht mehr) mit »rel="next/prev"«

Vor allem in Online-Shops und sonstigen Websites mit Listendarstellungen wie etwa aktuellen Meldungen oder in Presseverzeichnissen kann man durch die Listenansicht blättern. Das bezeichnet man gemeinhin als Paginierung.

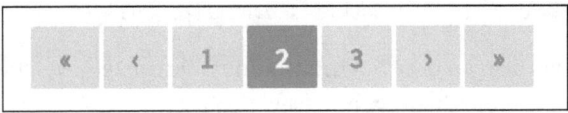

Abbildung 8.71 Typische Paginierung auf einer Website

Die URLs dazu sehen meist so aus:

http://www.domain.de/produktliste.html?page=2

Auch wenn sich die Produkte in der Listendarstellung ändern, bleiben die Randspalte, übergeordnete Texte und andere Inhalte doch identisch. Auch hier besteht die Gefahr von Duplicate Content. Nicht zuletzt sind auch die <title>- und <description>-Tags auf allen Seiten identisch.

Sie haben hier zwei Möglichkeiten: Entweder Sie sperren die weiteren Blättervarianten von Beginn an über die *robots.txt* und entgehen so dem Dilemma. Dies kann jedoch teilweise von Nachteil sein, da weniger Produktlisten gefunden und alle Links zu Einträgen (News, Produkte, Pressemeldungen) auf der 1+n-ten Seite dann nicht mehr durch die Crawler verfolgt werden und auch keinen Linkjuice weitergeben können. Bei den meisten Optimierungen ist dies also nicht zielführend.

Das hat Google auch erkannt, und daher konnte man ab Ende 2011 entsprechende Paginierungssignale setzen. Ursprünglich war die Funktion mit rel-next/prev nur dazu gedacht, Artikelserien mit mehreren Seiten auszuzeichnen. Aber die Webmaster nutzten dies einfach auch für Paginierungen.

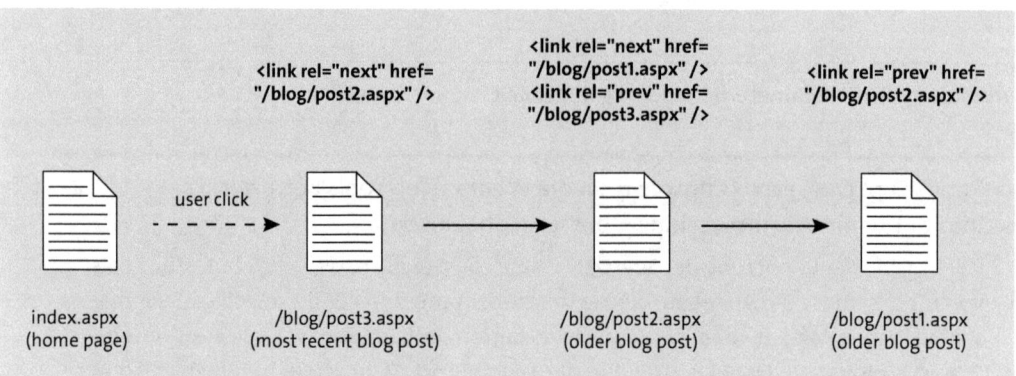

Abbildung 8.72 Erklärung zu »rel-next/prev« in einem Blog-Post zur Einführung bei Bing 2012 (»https://goo.gl/JpY4MA«)

Um anzuzeigen, dass eine URL eine nachfolgende bzw. vorangegangene Blätterseite einer aktuellen Seite ist, setzen Sie folgenden Code in den <head>-Bereich der betreffenden Seite:

```
<link rel="prev" href="http://www.domain.de/produktliste.html" />
<link rel="next" href="http://www.domain.de/produktliste.html?page=3" />
```

Ausgehend von der zweiten Seite wird so an eine Suchmaschine übermittelt, welche die URL für die vorangegangene (prev) und die folgende (next) URL ist.

Die Generierung dieser Meta-Tags sollte das Shop- oder Content-Management-System möglichst automatisch durchführen, damit hier keine Fehler unterlaufen und die Angaben stets aktuell sind.

2019 kam allerdings überraschend heraus, dass Google `rel-next/prev` seit Jahren schon gar nicht mehr beachtet. Eine Aktualisierung der Dokumentation wurde aber wohl vergessen. Das ist ein schönes Beispiel, dass man in der Suchmaschinen-Optimierung nicht immer alles glauben sollte, selbst wenn es direkt auf den Dokumentationsseiten von Google steht.

Für eine Google-Suchmaschinen-Optimierung können Sie also getrost auf das `rel-next/prev` verzichten. Bing nutzt die Angabe allerdings noch. Bei mindshape wenden wir diese Praxis an:

- Ist bereits ein `rel-next/prev` korrekt (!) implementiert, kann es erhalten bleiben – bis zum nächsten Relaunch oder Update.
- Ist ein `rel-next/prev` vorhanden, aber falsch implementiert, wird es entfernt. Bing und Google kommen auch ohne klar, und eventuell falsche Signale sind gefährlicher als gar keine. Hier lohnt sich eine Korrektur finanziell meist nicht.
- Ist kein `rel-next/prev` vorhanden, wird auch keines eingebaut.

Angeblich erkennt Google mittlerweile eine Paginierung zuverlässig selbstständig. Meine Erfahrungen bestätigen das leider nicht. Zur Paginierungs-Behandlung gibt es unterschiedliche Philosophien.

Häufig möchte man, dass nur die erste Seite einer Paginierung im Index enthalten ist. Selbst wenn Suchmaschinen verstehen, dass es sich um eine Paginierung handelt, und diese URLs dann von der Duplicate-Content-Erkennung ausnehmen, hat man dennoch eventuell sehr viele paginierte Seiten ohne echten Mehrwert im Index.

Das Setzen eines Canonicals führt hier oft auch nicht zum gewünschten Erfolg: Man setzt von allen n+1-Seiten (also zweite, dritte, vierte usw.) einen Canonical auf die erste Seite. Doch die Seiten sind im Main Content ja unterschiedlich, und so nimmt Google die kanonische Empfehlung nicht immer an. Beobachten Sie das bitte genau! Was bleibt? Richtig: Ein

```
<meta name="robots" content="noindex, follow" />
```

auf allen n+1-Seiten. Das `follow` (statt `nofollow`) sollte enthalten sein, weil man ja möchte, dass alle Links zu den Detailseiten bzw. Produkten weiterhin verfolgt werden und Linkjuice vererben.

Hier hat John Mueller auf der SMX München 2018 allerdings verlauten lassen, dass URLs, die sehr lange einen `noindex`-Wert gesetzt haben, von Google irgendwann auch mit `nofollow` interpretiert werden, selbst wenn `follow` gesetzt ist.

Wie Sie sehen, gibt es keine offizielle oder einzig wahre und richtige Lösung für die Behandlung von Paginierungen. Ich habe mit `noindex, follow` allerdings meistens gute Erfahrungen gemacht. Alles andere muss man sich im Detail anschauen, und man kann keine generelle Regel dafür verfassen.

8.14.9 Das <canonical>-Tag

Viele doppelte Textvorkommen lassen sich durch aufmerksames Platzieren und Schreiben vermeiden. Leider ist dies nicht immer möglich. Für diesen Zweck haben Suchmaschinen-Betreiber die Möglichkeit geschaffen, dass Sie innerhalb des Seitenkopfes einen Hinweis auf die ursprüngliche kanonische URL geben können. Wenn Sie, aus welchen Gründen auch immer, gezwungen sind, einen Text mehrfach zu verwenden, können Sie damit innerhalb oder außerhalb Ihrer Domain auf die ursprüngliche Quelle verweisen. Dieses Tag nennt sich <canonical>-Tag, da es auf die kanonische URL weist.

Sie können dieses Tag in den <head>-Bereich einer HTML-Seite integrieren, um Duplicate Content zu vermeiden:

```
<link rel="canonical" href="http://www.ihresite.de/ursprung.html" />
```

In diesem Beispiel setzen Sie dieses Tag auf die Seite `kopie.html`, sodass die Suchmaschinen erkennen, dass der eigentliche Inhalt sich auf `ursprung.html` befindet.

Wenn es eine einzelne Seite gibt, die über verschiedene URLs aufgerufen werden kann, oder wenn es verschiedene URLs mit sehr ähnlichem Inhalt gibt, z. B. eine mobile und eine Desktop-Version, sehen Suchmaschinen diese als doppelte Versionen derselben Seite an. In diesem Fall wählen Suchmaschinen idealerweise von selbst eine URL als *kanonische URL* aus, auch wenn kein <canonical>-Tag angegeben ist. Die kanonische URL ist gewissermaßen für Suchmaschinen dann die »richtige« URL. Alle anderen URLs werden als doppelte URLs betrachtet und seltener gecrawlt.

Wenn Sie Suchmaschinen über die Canonical-Steuerung nicht ausdrücklich mitteilen, welche URL kanonisch ist, treffen Suchmaschinen meist die richtige Wahl. Häufig betrachten Suchmaschinen aber beide URLs als gleichwertig und können sich gewissermaßen nicht entscheiden. Das führt dann zu unerwünschtem Verhalten oder sogar zu Abstrafungen durch massiven Duplicate Content.

Google selbst schreibt zur Definition einer kanonischen URL:

> *Eine kanonische URL ist die URL der Seite, von der Google annimmt, dass sie die repräsentativste von mehreren doppelten Seiten auf Ihrer Website ist. Wenn Sie beispielsweise mehrere URLs für dieselbe Seite haben, z. B. "example.com?kleid=1234" und "example.com/kleider/1234", wählt Google eine davon als kanonische URL aus. Beachten Sie, dass die Seiten nicht absolut identisch sein müssen. Kleinere Änderungen an Listen, z. B. eine Sortierung nach Preis oder eine Filterung*

nach Artikelfarbe, führen nicht dazu, dass die Seite als eigenständige, separate Seite betrachtet wird.

Die kanonische Seite kann sich in einer anderen Domain befinden als das Duplikat.

Ein Canonical-Tag verweist immer von einer nicht-kanonischen URL auf die kanonische URL. So können auch von verschiedenen URLs Canonical-Tags jeweils auf eine kanonische URL zeigen.

Canonical in der GSC prüfen

In der Google Search Console können Sie prüfen, ob eine URL als konisch angesehen wird oder ob eine Canonical-Setzung auch »greift«. Dazu geben Sie die betreffende URL in das Suchfeld oben ein und schauen sich das Ergebnis unter ABDECKUNG an. Im Bereich INDEXIERUNG sehen Sie, wie Google die betreffende URL einordnet. Im Beispiel in Abbildung 8.73 wird die angegebene URL als kanonisch angesehen (»Geprüfte URL«).

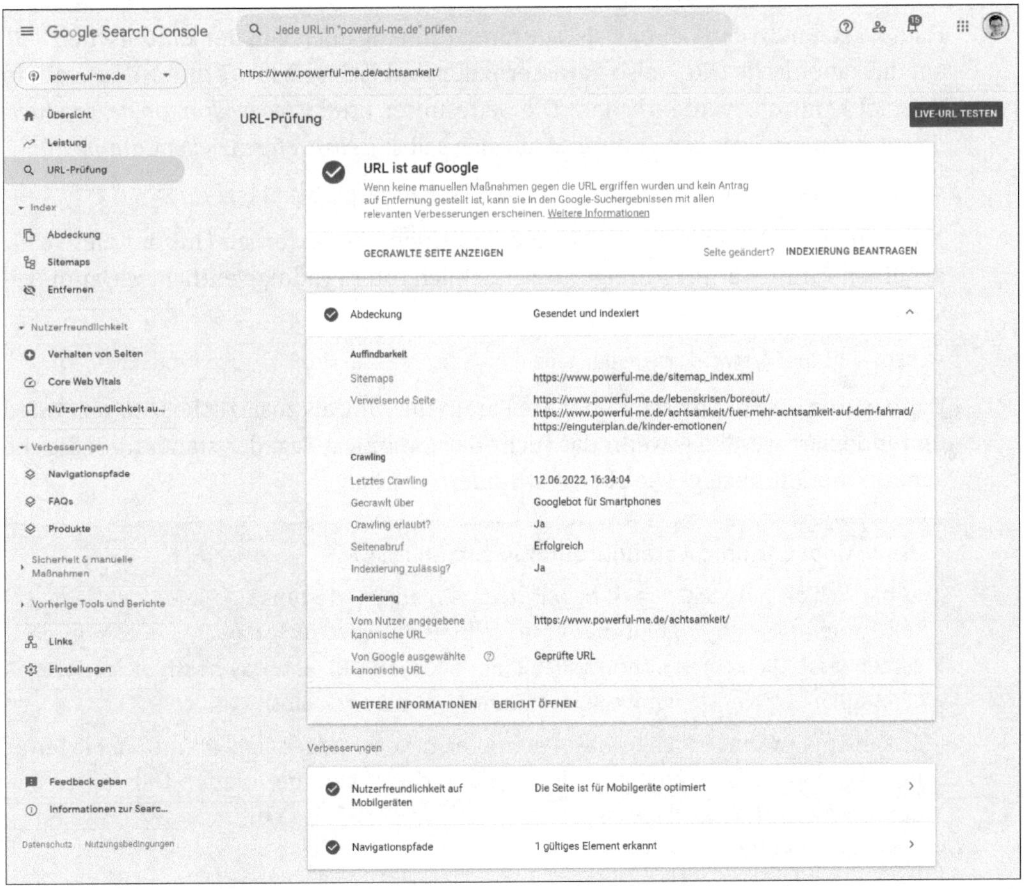

Abbildung 8.73 Prüfung einer kanonischen URL

Vor allem bei Websites, bei denen Sie nicht um die Verwendung von Parametern herumkommen, sollten Sie das <canonical>-Tag auf jeden Fall einsetzen. Wenn z. B. folgende URLs auf den gleichen Inhalt zielen, dann wäre der Einsatz des <canonical>-Tags ratsam:

```
http://www.ihresite.de/produkt.php?item=seife
http://www.ihresite.de/produkt.php?item=seife&trackingid=343
```

Der Parameter `trackingid` bewirkt hier nicht, dass eine andere Seite angezeigt wird. Dennoch sind die genannten URLs nicht identisch. Daher kann ein <canonical>-Tag mit dem Verweis auf die erste Variante auf beiden URLs angezeigt werden:

```
<link rel="canonical" href="http://www.ihresite.de/produkt.php?item=seife" />
```

Ähnliches gilt selbstverständlich auch für die Druckansicht und andere Seiten mit identischen Inhalten.

Selbstreferenzieller Canonical

Häufig setzt man den Canonical-Tag standardmäßig auch von der kanonischen URL auf die kanonische URL – also gewissermaßen auf sich selbst. Warum ist das so? Ein Beispiel kann das verdeutlichen. Die Seite unter *https://www.domain.de/produktliste/* trägt den folgenden Canonical auf sich selbst (*selbstreferenzieller Canonical*):

```
<link rel="canonical" href="https://www.domain.de/produktliste/"/>
```

Nun gehen wir davon aus, es gäbe einen internen oder externen Link auf diese URL, der einen Parameter zur Anzeige ausschließlich roter Produkte enthält, wie zum Beispiel:

```
<a href="https://www.domain.de/produktliste/?filter=rot"/>rote Produkte</a>
```

Dann würde für Suchmaschinen diese Parameter-URL als zusätzliche URL gecrawled und indexiert werden – wenn das nicht der Canonical-Tag, der standardmäßig die kanonische URL anzeigt wie oben, verhindern würde.

> **Praxistipp: Canonical standardmäßig setzen im CMS**
>
> Es hat sich als gute SEO-Praxis bewährt, dass man standardmäßig für jede URL einen selbstreferenziellen Canonical auf sich selbst setzt bzw. über das CMS automatisch setzen lässt, die keinen Canonical zu einer anderen URL hat. Das heißt, die meisten URLs auf einer Website verweisen via Canonical auf sich selbst.
>
> So kann man dann umgehen, dass Parameter, die entweder durch interne oder externe Links angehängt werden, zur Indexierung dieser parametrisierten URL führen – denn der selbstreferenzielle Canonical weist immer auf die Kern-URL – also ohne jedweden Parameter.

Insofern kann man den Canonical-Tag sehr gut auch präventiv zur Sicherheit einsetzen.

Typische Fehler

Bei der Canonical-Setzung werden häufig typische Fehler gemacht. Google gibt hier konkrete Hinweise zum Einsatz, die Sie unbedingt beachten sollten:

- Verwenden Sie für die Kanonisierung nicht die Datei *robots.txt*.
- Verwenden Sie für die Kanonisierung nicht das Tool zum Entfernen von URLs, denn damit werden alle Versionen einer URL aus der Suche temporär ausgeblendet.
- Geben Sie nicht verschiedene kanonische URLs für dieselbe Seite an. Dabei spielt es keine Rolle, ob Sie die gleiche oder unterschiedliche Kanonisierungsmethoden anwenden – zum Beispiel eine URL in einer Sitemap und eine andere URL für dieselbe Seite über `rel="canonical"`.
- Verwenden Sie nicht das `noindex`-Tag, um die Auswahl einer kanonischen Seite zu verhindern. Diese Anweisung dient dazu, Seiten aus dem Index auszuschließen, nicht die Auswahl einer kanonischen Seite zu verwalten.
- Geben Sie eine kanonische Seite an, wenn Sie `hreflang`-Tags verwenden. Geben Sie eine solche Seite in derselben Sprache bzw. in der bestmöglichen Ersatzsprache an, wenn für dieselbe Sprache keine kanonische Seite existiert.
- Verlinken Sie bei Verknüpfungen innerhalb Ihrer Website die kanonische URL, keine doppelte. Durch eine einheitliche Verknüpfung der URL, die Sie als kanonische URL bestimmen, mit Ihrer Website kann Google Ihre Präferenzen besser erkennen.

In der Tat habe ich schon häufig erlebt, dass ein Canonical-Tag von Google missachtet wurde, weil die interne Verlinkung stark auf eine nicht-kanonische URL ausgerichtet war. Insofern halten Sie sich an die Hinweise, dann funktioniert die Canonical-Erkennung meistens recht zuverlässig.

Letztendlich müssen Sie beachten, dass die Canonical-Auszeichnung von Google lediglich als starker Hinweis, aber nicht verpflichtend interpretiert wird. Wenn eine kanonische und eine nicht-kanonische URL zum Beispiel sehr unterschiedlich sind (oder komplett verschieden), dann greift der Canonical meist nicht. Leichte Unterschiede sind allerdings kein Hindernis, wobei es hier keine feste Zahl oder Grenze für »leichte Unterschiede« gibt.

Cross-Domain Canonical

Bevor Sie das `<canonical>`-Tag zur Duplicate-Content-Bekämpfung einsetzen, sollten Sie jedoch stets alle anderen Alternativen ausgeschöpft haben. Sicherer ist es, überhaupt nicht erst Duplicate Content zu produzieren – sei es aus technischer oder aus manueller Quelle. Ein Canonical ist eigentlich immer die letzte Alternative.

Ein <canonical>-Tag muss nicht immer nur innerhalb einer Domain gesetzt werden, auch wenn dies der Haupteinsatzzweck ist. Suchmaschinen erkennen auch <canonical>-Angaben zu anderen Domains, sogenannte *Cross-Domain-Canonicals*.

Insgesamt sollten Sie sehr vorsichtig mit dem <canonical>-Tag umgehen, da durch das ungeschickte, versehentliche Setzen eines <canonical>-Tags auf jeder URL zur Startseite hin die gesamte Domain (bis auf die Startseite) aus dem Index entfernt wird. Vor allem bei der Verwaltung mit Content-Management-Systemen kann hier ein Klick an falscher Stelle verheerende Wirkung haben.

Canonical über HTTP-Header und XML-Sitemap

Sollte es aus technischen Gründen nicht möglich sein, dass Sie das <canonical>-Tag im HTML-Body einfügen, stehen Ihnen noch ein paar weitere Möglichkeiten zur Verfügung.

Sie können beispielsweise einen Canonical im HTTP-Header mitsenden:

```
Link: <https://www.domain.de/downloads/whitepaper.pdf>; rel="canonical"
```

Das ist technisch meist schwieriger als andere Wege. Allerdings ist dies auch die einzige Möglichkeit, um PDF-Dateien einen Canonical zu einer HTML-Datei zu verpassen. Denn die PDF-Dateien haben kein HTML-Head, sodass hier der HTTP-Header als Alternative herhalten muss. Aber grundsätzlich kann man diese Methode auch für HTML-Dateien wählen. Das ist allerdings unüblich.

Laut Google-Dokumentation besteht noch die Möglichkeit, nur kanonische URLs (also die Ziel-URLs) über die XML-Sitemap zu melden. Alle anderen nicht kanonischen URLs lassen Sie außen vor.

> **Praxistipp: Canonical wird teilweise ignoriert**
>
> Google behandelt den Canonical als eine Empfehlung des Webmasters. Wenn die Quell-URL mit der kanonischen Ziel-URL nicht überwiegend inhaltlich übereinstimmt, nimmt Google die Empfehlung mit deutlich geringerer Wahrscheinlichkeit an. Sie sollten daher darauf achten, dass Quell- und Ziel-URL bei einem Canonical-Bezug möglichst identisch sind. Das trifft auch auf Canonicals von einem PDF auf ein HTML-Dokument zu.
>
> Noch besser schaffen Sie eine URL-Struktur, bei der gar keine Canonicals notwendig werden.

Egal für welche Variante Sie sich entscheiden – in dem Fall, dass eine doppelte URL gar nicht mehr existiert oder gelöscht werden soll, nutzen Sie bitte kein Canonical-Tag, sondern verweisen mit einem 301-Redirect von der nicht-kanonischen auf die kanonische URL.

8.14.10 Fremdsprachiger Duplicate Content

Häufig findet man mehrsprachige Websites, die die verschiedenen Sprachvarianten mittels eines Verzeichnisses unterscheiden. So findet sich die englische Variante unter www.domain.de/en/ und etwa die französische unter www.domain.de/fr/. Damit es auch hier nicht zu Duplicate-Content-Problemen kommt und unterstützend Google auch die passenden Sprachen innerhalb einer Website auseinanderhalten kann, haben Sie die Möglichkeit, ein Sprach-Meta-Tag zu setzen. Diese Zeilen würden im Head-Bereich auf der deutschen Seite http://www.domain.de/ auf den jeweils fremdsprachigen Inhalt verweisen:

```
<link rel="alternate" hreflang="de" href="http://www.domain.de/" />
<link rel="alternate" hreflang="en" href="http://www.domain.de/en/" />
<link rel="alternate" hreflang="fr" href="http://www.domain.de/fr/" />
```

Wichtig ist, dass der gleiche Code dann von den jeweils referenzierten URLs (also /en/ und /fr/) wiederum zu den anderen Varianten zurückverweist. Die Verweise müssen also reziprok sein. Ansonsten werden sie von Google nicht erkannt!

Dieses Verfahren lässt sich nicht nur mit Unterverzeichnissen, sondern auch mit Subdomains oder gänzlich anderen Domains durchführen.

Wo kommt hier nun die Duplicate-Problematik ins Spiel, wenn doch die Sprache gänzlich anders ist? Das Problem besteht weniger zwischen völlig verschiedenen Sprachen wie dem Deutschen und dem Französischen. Wenn Sie allerdings ein deutschsprachiges Online-Reiseangebot haben und die Preise sich z. B. für Deutschland und Österreich unterscheiden, haben Sie wahrscheinlich zwei verschiedene Seiten, die bis auf die Preise und vielleicht einen Satz den gleichen Duplicate Content haben:

www.reiseanbieter.de/de/reiseinfos.html
www.reiseanbieter.de/at/reiseinfos.html

Hier kommt dann die hreflang-Funktion voll zum Einsatz. Ähnlich verhält es sich z. B. mit englischsprachigen Websites, die ein US-amerikanisches, britisches oder irisches Publikum in Teilen unterschiedlich ansprechen möchten oder müssen. Im Beispiel erhalten dann Suchende aus Österreich auch die Informationen aus dem AT-Baum. Und Suchende aus Deutschland entsprechend den Inhalt aus DE. Ohne hreflang-Auszeichnung wäre das nicht unbedingt gesichert, und meiner Erfahrung nach wird dann häufiger in Österreich auch die Seite für Deutschland angezeigt.

Beachten Sie bitte auch die alternativen Umsetzungsmöglichkeiten von hreflang über die XML-Sitemap oder das HTTP. Beides wurde in Kapitel 4, »Anatomie des World Wide Web«, ausführlich und mit Beispielen vorgestellt.

> **Praxistipp: Trotz »hreflang« falsche Anzeige?**
>
> Manchmal kommt es vor, dass trotz korrekt gesetztem hreflang die Anzeige falsch ist. Das liegt daran, dass für Google die Inhalte dann zu ähnlich sind. Gerade bei deutschen und österreichischen Inhalten ist oft nur der Preis unterschiedlich. Ändern Sie hier testweise den Haupttext, dann sollte das Problem behoben sein.
>
> Ist das nicht möglich? Oder Sie müssen zu viele Inhalte ändern? Dann versuchen Sie stattdessen, das deutsche oder österreichische HTML-Template etwas zu verändern. Das reicht in manchen Fällen als Unterscheidungsmerkmal für Google auch schon aus.

8.14.11 Wie lässt sich aus einem Text einzigartiger anderer Text generieren?

Sie haben nun die verschiedenen Varianten von Duplicate Content, dessen Erkennung und Behandlung kennengelernt. Es bleibt nach wie vor bei dem Grundsatz, dass der beste Umgang mit Duplicate Content bei der Suchmaschinen-Optimierung darin besteht, das Problem gar nicht erst entstehen zu lassen.

Manuelles Überarbeiten

In vielen Fällen bedeutet dies also das Umschreiben von Texten. In der Praxis reicht es dabei nicht aus, einfach nur ein paar Begriffe zu vertauschen. Ihr Ziel sollte es sein, einen möglichst einzigartigen neuen Text zu generieren, auch wenn er inhaltlich identisch ist. Hierfür gibt es kein Patentrezept. Die folgenden Punkte sollen Ihnen jedoch ein paar Ideen und Anregungen vermitteln, wie Sie einen Text so umformen können, dass er ausreichend unique wird:

- Streichen Sie Sätze oder Nebensätze, die Sie nicht benötigen, komplett aus dem Text.
- Fügen Sie dafür neue Sätze oder Nebensätze hinzu, die z. B. auf einen Teilaspekt näher eingehen.
- Vertauschen Sie einzelne Sätze und Absätze, ohne dass dabei der rote Faden verloren geht.
- Verbinden Sie zwei Sätze mit einem »und« statt mit einem Punkt.
- Ersetzen Sie »oder« oder Aufzählungen mit Komma im Text durch andere Konjunktionen (»aber«, »sondern« etc.).
- Wechseln Sie von Plural zu Singular und umgekehrt.
- Verwenden Sie Synonyme für bestimmte Begriffe. Achten Sie jedoch dabei darauf, dass das zu optimierende Keyword nicht verschwindet.

- Ersetzen Sie vorhandene Adjektive durch andere, oder entfernen Sie sie.
- Fügen Sie neue Adjektive hinzu. So kann aus »eine Frau« z. B. »eine junge Frau« werden.

Wenn Sie diese und weitere Schemata gemeinsam anwenden, dann werden Sie recht schnell einen inhaltlich identischen, jedoch dennoch einzigartigen Text erhalten. Dieses Verfahren eignet sich besonders für hochwertige Texte wie Pressemeldungen, Themenbeiträge oder Produktbeschreibungen.

Textspinning

Ein anderer Ansatz sorgt bereits beim Entstehen eines Textes dafür, dass verschiedene Varianten generiert werden können. Dieses Verfahren nennt sich *Textspinning* und ist deutlich aufwendiger.

Die Grundlage für das Textspinning ist eine textliche Vorlage, die gewissen Konventionen folgt. So beschreiben z. B. geschweifte Klammern einzelne Elemente, ein senkrechter Strich (|) bedeutet eine Alternierung. An einem Beispiel wird dies deutlich:

```
Das ist ein { schönes | nettes } Haus.
```

Ein sogenannter *Textspinner* wandelt diese Vorlage dann in diese zwei Sätze um:

```
Das ist ein schönes Haus.
Das ist ein nettes Haus.
```

Die Klammern lassen sich meist beliebig verschachteln und hintereinanderstellen. So ist dann diese Vorlage bereits komplexer:

```
Das ist ein { schönes | nettes } Haus. { Die {Türen|Fenster|Dachziegel}
{sind|entstammen} aus dem
{Baumarkt|Baupark} | {Der Garten | Die Garage } ist {passend|attraktiv|
formschön} dazu gestaltet.}
```

Daraus erhält man u. a. diese Kombinationen:

- Das ist ein nettes Haus. Die Türen sind aus dem Baupark.
- Das ist ein schönes Haus. Die Türen entstammen aus dem Baupark.
- Das ist ein nettes Haus. Die Garage ist formschön dazu gestaltet.
- Das ist ein schönes Haus. Der Garten ist attraktiv dazu gestaltet.
- Das ist ein schönes Haus. Die Garage ist formschön dazu gestaltet.

Auch wenn das Beispiel deutlich komplexer ist, haben diese Abschnitte jeweils nur eine maximale Uniqueness von 20 Prozent. Bis hier 70 oder 80 Prozent erreicht sind, müssen Sie eine Menge Arbeit in die Texterstellung investieren.

Im Web finden Sie öffentlich verfügbare Textspinner für Ihre Texte. Sie können aber auch unter *www.myseosolution.de/seo-tools/article-wizard* die Windows-Software *Article Wizard* von Pascal Landau kaufen und nutzen (siehe Abbildung 8.74).

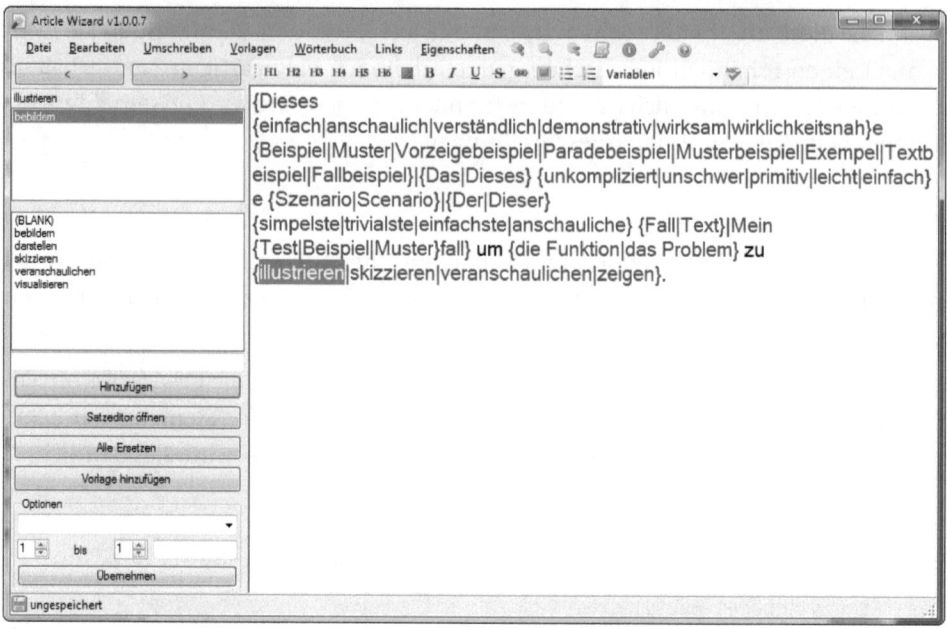

Abbildung 8.74 Article Wizard zum Textspinning

Die Methode des Textspinnings ist ohne Frage sehr mächtig und wird vor allem bei Texten eingesetzt, die immer wieder wiederholende Bausteine vorweisen. Mittlerweile ist allerdings die Forschung im Bereich der Künstlichen Intelligenz so weit fortgeschritten, dass Sprachalgorithmen wie etwa *GPT-2* nur ein einzelnes Keyword oder einen Anfangssatz benötigen und dann ganze natürlichsprachige Texte selbstständig schreiben. Für Wetterberichte, Fußball-Ergebnisse oder Aktienkurse wird dies schon breit eingesetzt. Für andere Bereiche ist Textspinning nach wie vor noch längst nicht ausgestorben – und sei es nur deswegen, weil das Bedienen von komplexen KI-Algorithmen nicht für jede Person so ohne tiefere Programmierkenntnisse möglich und machbar ist. Hier werden aber sicherlich auch passende Tools und Toolanbieter nachziehen.

8.14.12 Thin Content

Gleicher Inhalt kann auch vorhanden sein, wenn eigentlich sehr wenig Inhalt auf einer URL zu finden ist. Dann ist hier so wenig »Material«, dass Google dies ebenfalls abstrafen kann. Bei Google bezeichnet man dieses Phänomen dann als *Thin Content* –

dünnen Inhalt. Diese Inhalte genügen nicht den Qualitätsrichtlinien von Google und verfügen über keinen inhaltlichen Mehrwert für den Besucher oder die Besucherin. Erstmals wurde diese Bezeichnung 2011 über die Google-internen Qualitätsbewertungsrichtlinien bekannt.

Laut Google sind vor allem folgende Arten von Inhalten als Thin Content einzustufen (und sollten von Ihnen als Webmaster daher tunlichst vermieden werden):

- automatisch generierte Inhalte aus RSS-Feeds oder die systematische Veränderung von fremden Inhalten, z. B. durch das konsequente Ersetzen von einzelnen Wörtern
- Affiliate-Seiten mit Links zu Partnerprogrammen, die keinen Mehrwert für den Nutzer oder die Nutzerin bieten. Beispiele sind: Produktbeschreibungen von Amazon kopieren, Rezensionen von anderen Plattformen übertragen und auch sonst keine eigenständig verfassten Inhalte anbieten
- kopierte Inhalte, die dann übersetzt werden – etwa vollständige englischsprachige Wikipedia-Artikel ins Deutsche übersetzt
- Doorway-Pages
- Inhaltsseiten ohne echten Content, wie sie vor allem bei automatisiert generierten Seiten wie bei Webkatalogen, Branchenverzeichnissen und anderen Portal-Arten zu finden sind, bei denen aus Daten massiv URLs generiert werden

In der Search Console werden Thin-Content-Seiten als Soft-404-Fehler ausgezeichnet. Sie sollten also regelmäßig hier einen Blick hineinwerfen, ob bestimmte Seiten bei Ihnen erreichbar sind, aber dennoch in der Soft-404-Liste auftreten. Dann ist die Chance groß, dass Google hier ein Thin-Content-Problem sieht. Diese Seiten sollten Sie schnellstmöglich aus dem Index entfernen oder entsprechend aufwerten.

8.15 Redirects korrekt umsetzen

URLs können sich ändern. Daher müssen Sie einen Weg finden, um der URL-Datenbank der Suchmaschine mitzuteilen, dass gewisse Inhalte fortan unter einer anderen URL zu finden sind. In der Regel verschwinden Seiten mit ihren Inhalten nicht bei einem Relaunch, sondern werden lediglich in veränderter bzw. erweiterter Form unter einem anderen Dateinamen gespeichert. Hier liegt es also nahe, der Suchmaschine einen derartigen Umzug mitzuteilen.

Um die URLs herauszufinden, die bereits von Suchmaschinen indexiert wurden, können Sie z. B. den folgenden Befehl bei Google verwenden:

`site://mindshape.de`

Ähnliche Funktionen bietet nahezu jede Suchmaschine. Über diesen Weg lässt sich eine Liste aller URLs erstellen, die nicht mehr aktuell sind und zu einem 404-Fehler führen würden.

8.15.1 Das Meta-Tag »refresh«

Beim ersten Überlegen liegt der Gedanke nahe, eine Seite an der veralteten URL zu platzieren, die eine Weiterleitung zur neuen URL übernimmt. Dazu wird häufig das Meta-Tag refresh eingesetzt.

```
<META HTTP-EQUIV="refresh" content="0;URL=http://www.firma.de/neu.htm">
```

Beim Einsatz dieses Tags ist allerdings äußerste Vorsicht geboten. Denn Suchmaschinen reagieren sehr empfindlich auf eine derartige Weiterleitung. Eine verbreitete Spam-Methode benutzt eben diese Technik. Dabei wird eine Seite nur für Suchmaschinen auf ein bestimmtes Schlüsselwort hin optimiert, um ein möglichst gutes Ranking zu erzielen. Gelangt der Besucher oder die Besucherin auf diese Seite, wird er sofort auf die eigentliche Seite geleitet.

Suchmaschinen mögen diese Variante der Umleitung auch aus Performance-Gründen nicht. Denn bevor die Umleitung geschieht, muss der eigentliche HTML-Code zunächst interpretiert werden. Erst dann kann weitergeleitet werden.

Aus diesen Gründen sollten Sie in jedem Fall auf diese Art der Weiterleitung verzichten, da Sie hier mehr Schaden anrichten als Nutzen bewirken.

8.15.2 Redirects mit JavaScript

Bei der nächsten Methode muss neben dem HTML auch noch das JavaScript ausgeführt werden. Das kann unter den Suchmaschinen derzeit nur Google zuverlässig.

Durch die Platzierung einiger JavaScript-Zeilen im Kopfbereich des HTML-Dokuments werden die Besucher und Besucherinnen automatisch auf die neue Seite verwiesen:

```
<SCRIPT LANGUAGE="JavaScript">
<!--
window.location.replace('neu.html');
//-->
</SCRIPT>
```

Listing 8.13 JavaScript als Redirect

Für Webcrawler, die kein JavaScript interpretieren, ist dieses Vorgehen ungünstig. Sie finden zwar eine Seite vor, finden aber auch einen Seiteninhalt und indexieren diesen als neues Dokument – statt einer Weiterleitung. Eine einfache Seite nur mit einer JavaScript-Weiterleitung scheint also auch nicht in jedem Fall zu genügen.

Ein unlösbares Problem? Keineswegs, denn HTTP stellt eine sehr elegante Lösung bereit, auch ohne dass ein Dokument geparsed werden muss. Und genau das ist die Variante, die Sie eigentlich immer wählen sollten, wenn irgendwie möglich.

8.15.3 Redirect für Apache (».htaccess«) und NGINX

Die elegante Lösung basiert nicht auf einer Weiterleitung über eine Datei, sondern auf einer direkten Weiterleitung über die URL auf Protokollebene. Dazu muss der Webserver den Einsatz der *.htaccess*-Datei unterstützen, in der diese Weiterleitungen verwaltet werden. Und genau hier liegt der Hase im Pfeffer. Denn viele Webhosting-Pakete bieten leider eben diese nützliche Funktion nicht an. Informieren Sie sich daher, ob eine derartige Funktion unterstützt wird, bevor Sie eine Weiterleitung per JavaScript einsetzen. Falls nicht, sollten Sie dennoch auf die JavaScript-Lösung setzen, denn diese ist immer noch besser, als den Suchmaschinen einen 404-Fehler zu bieten.

Wenn Sie die *.htaccess*-Datei einsetzen, werden alle veralteten URLs automatisch bei einer Anfrage auf die neuen URLs umgeleitet. Dabei wird der Client zum einen auf die neue Seite umgeleitet, zum anderen enthält er die Rückmeldung mit dem Code 301 »Moved Permanently«:

```
redirect 301 /alt/veraltet.html http://www.firma.de/neu.htm
redirect 301 imp.html http://www.firma.de/impressum.html
```

Bei der Anfrage nach `imp.html` würde der Client z. B. umgehend auf die Seite www.firma.de/impressum.html weitergeleitet und die HTTP-Response den Code 301 enthalten.

Diese Rückmeldung hat einen unschlagbaren Vorteil im Vergleich zu allen anderen Methoden: Die Suchmaschine erfährt, dass die bisherige URL nicht mehr aktuell ist, und kann entsprechend darauf reagieren. Da kommuniziert wird, dass es sich um eine permanente Veränderung handelt, wird die veraltete URL in der URL-Datenbank mit der neuen überschrieben. Die Wiederbesuchsfrequenz wird im Allgemeinen von dieser Weiterleitung nicht beeinflusst, sodass eine erneute Anmeldung nicht erforderlich ist. Verwenden Sie daher, falls möglich, immer die *.htaccess*-Datei.

Der Punkt vor dem Dateinamen *.htaccess* ist übrigens per Standardeinstellung definiert. Wenn Sie ihn auslassen, führt dies dazu, dass die Datei nicht richtig von dem Apache-Webserver erkannt wird, der die Anfragen bearbeitet. Eine gute Übersicht über die mächtigen Funktionen dieser Methode finden Sie auf den Webseiten des SELFHTML e. V. (*https://wiki.selfhtml.org/wiki/Webserver/htaccess/Umleitungen_mit_mod_rewrite*).

Wenn Sie einen nginx-Server nutzen, dann sehen die Befehle etwas anders aus – die Logik bleibt aber gleich. Ein einzelner Redirect ist beispielsweise umzusetzen mit:

```
if ( $request_filename ~ imp.html ) {
   rewrite ^ http://domain.de/impressum.html permanent;
}
```

Sie sollten übrigens darauf achten, möglichst keine Redirects hintereinander zu schachteln und damit Redirect-Ketten zu bilden (*Redirect Chains*). Mehr als fünf Redirects unterstützt der WWW-Standard ohnehin nicht – für den Googlebot und andere Crawler sollten Sie die Zahl möglichst niedrig halten.

Auch mit Schleifen treten Schwierigkeiten auf. Wenn Sie von Seite A auf Seite B eine Umleitung einrichten, sollten Sie nicht auch von Seite B eine Umleitung auf Seite A einrichten. Das klingt logisch und wird Ihnen bei kleinen Websites wahrscheinlich auch nie passieren. Vor allem bei großen Websites mit zahlreichen automatischen Funktionen und Steuerungsmechanismen kommt dies aber immer wieder vor. Die Suchmaschinen-Crawler verabschieden sich bei solchen Schleifen schnell und kommen nicht mehr wieder.

8.16 Webcrawler-Steuerung

Webcrawler arbeiten weitgehend eigenständig und sind nicht in eine bestimmte Richtung zu lenken. Sie können aber über verschiedene Mechanismen Seiten vor Crawlern schützen und Empfehlungen für die Webcrawler geben.

8.16.1 Die Datei »robots.txt«

In einigen Fällen mag es durchaus erwünscht sein, bestimmte Ressourcen von Suchmaschinen nicht erfassen zu lassen. Das kann verschiedene Gründe haben. Gerade noch nicht fertiggestellte Teile einer Website eignen sich nicht zur Indexierung durch Suchmaschinen. Aber auch Informationen, die für Suchanfragen nicht relevant sind, müssen nicht zwingend erfasst werden. Dies betrifft z. B. Dateien oder komplette Verzeichnisse, die Skripte oder CSS-Befehle enthalten. Es muss demnach möglich sein, eine Indexierung seitens der Suchmaschinen bewusst zu verhindern.

Eine Möglichkeit haben Sie bereits kennengelernt. Ein geschützter Bereich, der nur über ein Login zugänglich ist, wird in keinem Fall erfasst werden. Im Fall der oben genannten Beispiele ist diese Lösung jedoch nicht immer angemessen oder realisierbar. Im Kontext der Meta-Tags haben Sie daneben eine weitere Methode kennengelernt, um Suchmaschinen Anweisungen zur Indexierung bzw. Nichtindexierung zu geben:

```
<meta name="robots" content="noindex, nofollow">
```

Wie erwähnt, halten sich Suchmaschinen allerdings nicht immer an solche Anweisungen. Die Platzierung dieses Meta-Tags ist daher sicherlich gut gemeint, führt aber nicht zwingend zum gewünschten Ziel.

Demgegenüber beachten alle Suchmaschinen das *Robots Exclusion Protocol* (REP). Über eine Datei namens *robots.txt* im Root-Verzeichnis können Sie es effektiv anwenden, um das Indexierungsverhalten der Suchmaschinen zu steuern. Webcrawler verlangen vor dem Besuch einer Website in der Regel diese Datei. Ist sie nicht vorhanden, werden Sie sicherlich in den Logdateien des Webservers unbeantwortete Anfragen nach der Datei *http://www.domain.de/robots.txt* feststellen können. Prinzipiell sollten Sie diese Datei anlegen, auch wenn Sie zumindest vorerst keine Ressourcen von der Indexierung ausschließen möchten.

Beim Inhalt der Datei *robots.txt* handelt es sich um einzelne Zeilen, die von Parsern der Suchmaschine analysiert werden:

```
User agent: *
Disallow: /scripts/
Disallow: /webserver_statistik/
Disallow: /mitarbeiter.html
```

Listing 8.14 Inhalt einer »robots.txt«-Datei

Das Protokoll lässt vielfältige Möglichkeiten zur Bestimmung der Parameter zu. So können wahlweise ganze Verzeichnisse von der Erfassung ausgeschlossen werden, wie es in der zweiten bis vierten Zeile des Listings geschieht. Aber auch die Nennung einzelner Ressourcen wie im Fall der Datei *mitarbeiter.html* ist möglich. Der Bezeichner `Disallow` besagt, dass der Webcrawler den genannten Bereich nicht erfassen soll. Dabei sollten Sie beachten, dass diese Bereiche dennoch prinzipiell zugänglich bleiben. Das heißt, insbesondere Benutzer und Benutzerinnen sind in der Lage, sich diese Dateien und Verzeichnisse anzusehen. Das Robots Exclusion Protocol schließt, wie der Name bereits verdeutlicht, lediglich Webrobots von Suchmaschinen aus.

> **Praxistipp: Schließen Sie keine Verzeichnisse für das Rendering aus**
>
> Google und Co. rendern mittlerweile Ihre Website und schauen sich nicht nur den Quellcode an. Sie benötigen dazu den Zugriff auf CSS- und JavaScript-Dateien. Früher hat man diese allerdings gern in der *robots.txt* gesperrt, um wichtiges Crawl-Budget zu sparen. Prüfen Sie also Ihre *robots.txt* daraufhin, ob für das Rendering relevante Verzeichnisse gesperrt sind, und entfernen Sie diese Zeilen (z. B. `/css/` oder `/javascript/` usw.).

Google und Bing erkennen in der *robots.txt* auch Wildcards. Damit können Sie mit einer Zeile gleich mehrere URLs nach einem bestimmten Schema von der Indexie-

8 Suchmaschinen-optimierte Website-Struktur

rung ausschließen. Hier sollten Sie allerdings noch vorsichtiger sein als ohnehin bei der *robots.txt*, da Sie ansonsten schnell ganze Teile Ihrer Website aus dem Index entfernen.

Der Stern (*) steht dabei für eine beliebige Anzahl von beliebigen Zeichen in der URL. Das Dollarzeichen ($) bezeichnet das Ende einer URL. Möchten Sie z. B. alle GIF-Dateien von der Indexierung ausschließen, wählen Sie folgende Zeile:

```
Disallow: /*.gif$
```

Es besteht die Möglichkeit, dass Beschränkungen nur für einzelne Suchmaschinen gelten. Im oben gezeigten Beispiel wird in der ersten Zeile durch `User agent: *` allerdings vermittelt, dass nachfolgende Regeln für alle Webcrawler gelten. Die Liste aller Webcrawler ist lang.

Im Netz finden sich aber wie so oft zahlreiche Listen, etwa auf *www.robotstxt.org/db.html* (siehe Abbildung 8.75).

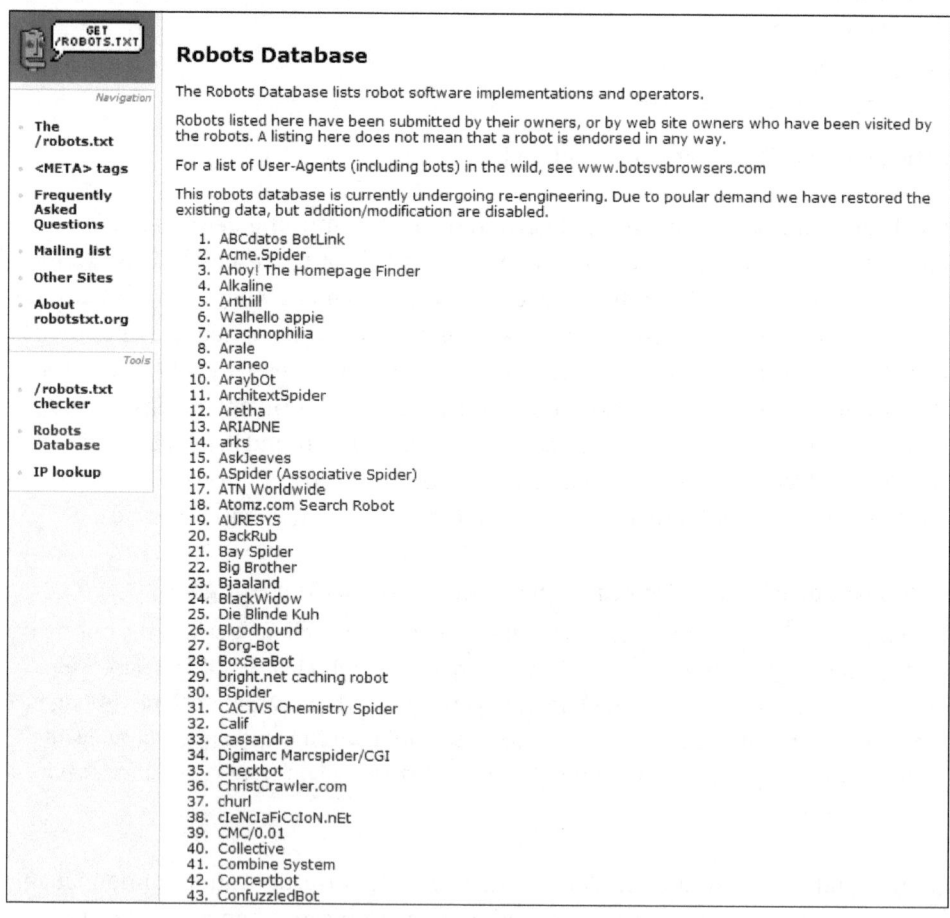

Abbildung 8.75 »www.robotstxt.org« zeigt Robot-Namen an.

> **Praxistipp: Möglichst alle Robots gleich behandeln**
> Die Namen der Crawler können verwendet werden, um einzelne Suchdienste gesondert zu behandeln. In den meisten Fällen wird eine separate Behandlung jedoch nicht angewandt, da die Website in möglichst allen Suchmaschinen einheitlich erscheinen soll. Und die nicht zu indexierenden Bereiche betreffen demnach alle Suchmaschinen.

Vielleicht möchte der Webautor oder die Webautorin einer Website mit vielen persönlichen Bildern von Freunden, Freundinnen und Bekannten insbesondere nicht in der Bildersuche von Google in Erscheinung treten. Für die Bildersuche ist bei Google ein spezieller Webcrawler zuständig, der den Namen *Google-Image* trägt. Wenn Sie ihn daran hindern wollen, die Bildergalerie zu indexieren, die im Verzeichnis galerie liegt, müssen Sie eine spezielle Ausnahmeregel einbinden:

```
User agent: *
Disallow: /css/
User agent: Google-Image
Disallow: /galerie/
```

Listing 8.15 Bilder bei Google nicht indexieren lassen

Allen Webcrawlern wird hier die Erfassung des Verzeichnisses css untersagt. Dem Bild-Crawler von Google wird außerdem das Verzeichnis galerie nicht zur Indexierung freigegeben. Um eine komplette Website von der Erfassung auszuschließen, würde folgende Zeile nach der entsprechenden User-agent-Definition eingebunden werden:

```
Disallow: /
```

Beträfe diese Zeile den Webcrawler Google-Image, würden keine Grafiken oder Bilder der gesamten Website erfasst werden. Beachten Sie jedoch, dass kein einziger Webcrawler Ihre Seite mehr erfassen wird, wenn Sie einen Stern in Kombination mit diesem generellen Erfassungsverbot setzen. Weiterführende Informationen zum Robots Exclusion Protocol finden Sie außer bei der oben genannten Adresse ebenfalls gut aufbereitet bei SELFHTML.

Eine Übersicht über alle Google-Crawler finden Sie unter *https://developers.google.com/search/docs/advanced/crawling/overview-google-crawlers*.

Die Search Console von Google sollten Sie direkt nach jeder Änderung an der *robots.txt* konsultieren und dort die Funktion zur Überprüfung der Datei nutzen. Sie finden die *robots.txt*-Analyse noch unter der alten Search Console, am einfachsten mit dem direkten Aufruf von *https://www.google.com/webmasters/tools/robots-testing-tool* (siehe Abbildung 8.76). Geben Sie eine zu prüfende URL ein, und klicken Sie auf den

Button TESTEN, um Ihre Änderungen auf Korrektheit zu überprüfen. Nicht wenige Webautoren und -autorinnen haben bereits durch eine schnelle Änderung nebenbei versehentlich die gesamte Website lahmgelegt – hier lohnt sich Kontrolle also auf jeden Fall.

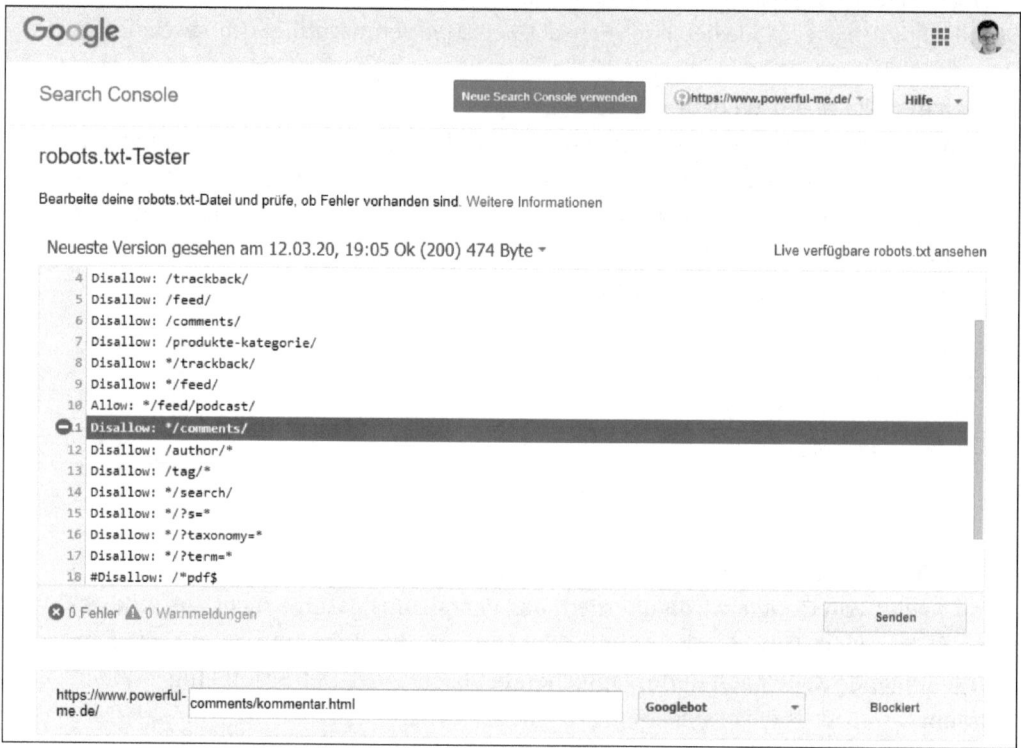

Abbildung 8.76 Die »robots.txt« über die Search Console testen

8.16.2 Robots »noindex« und »nofollow«

Über ein Meta-Tag können Sie ebenfalls das Indexierungs- und Crawl-Verhalten von Webcrawlern direkt beeinflussen. Wenn Sie ein solches Meta-Tag in den Kopf eines HTML-Dokuments setzen, wird ein Webcrawler diese Seite nicht indexieren und auch keine Links von dieser Seite aus verfolgen:

```
<meta name="ROBOTS" content="NOINDEX,NOFOLLOW">
```

Diese Steuerinformationen können Sie jeweils auch einzeln einsetzen. noindex wird häufiger z. B. für ein Impressum, Kontaktformular, die AGB oder andere Seiteninhalte genutzt, die nicht in dem Suchmaschinenindex enthalten sein sollen. nofollow wird in der Praxis dort eingesetzt, wo die Seiten, auf die Verweise innerhalb einer Website gesetzt sind, für Suchmaschinen keine Bedeutung haben oder wenn bereits indexierte URLs aus dem Index entfernen werden sollen, ohne dass die URLs gelöscht werden.

Bei einer sehr gut gemeinten Optimierung sieht man im Quelltext häufig das Gegenteil, nämlich Index und Follow:

```
<meta name="ROBOTS" content="INDEX,FOLLOW">
```

Bei dieser Kombination sollten die Webcrawler aufgefordert werden, die Seite zu indexieren und allen Verweisen zu folgen. Auf diese Angabe können Sie allerdings getrost verzichten, denn das ist ohnehin das Standardvorgehen der Webcrawler, wenn keine gegenteiligen Zeichen über die *robots.txt* oder noindex oder nofollow gesetzt sind.

Alternativen mittels X-Robots

Falls Sie vielleicht keine Möglichkeit haben, ein Meta-Tag zu setzen, können Sie die Robots-Steuerung auch über HTTP direkt bewerkstelligen. Dazu nutzen Sie das X-Robots-Tag, das dann bei der HTTP-Abfrage einer URL wie folgt erscheint:

```
HTTP/1.1 200 OK
Date: Tue, 25 May 2010 21:42:43 GMT
(…)
X-Robots-Tag: noindex
(…)
```

Listing 8.16 HTTP-Abfrage mit X-Robots-Tag

In diesem Fall würde diese URL den gleichwertigen Befehl erhalten wie im Fall des Robots-Meta-Tags. Mehr dazu erfahren Sie direkt bei Google unter *https://developers.google.com/search/reference/robots_meta_tag?hl=de*.

Auswirkung des langfristigen Setzens von »noindex, follow«

An anderer Stelle haben Sie bereits erfahren, dass das langfristige Setzen von noindex, follow dazu führt, dass Google Links auf dieser URL nach einer gewissen Zeit dennoch nicht mehr verfolgt – also ein follow als ein nofollow interpretiert. Meine Tests haben allerdings gezeigt, dass das nicht absolut stimmt. Es werden auch bei noindex, follow weiterhin Links der URL verfolgt – aber deutlich weniger häufig mit fortschreitender Zeit!

Mehrdeutige Angaben

Wenn Sie versehentlich doppeldeutige Signale für eine URL senden – etwa durch zwei Robots-Meta-Tags oder durch ein Robots-Meta-Tag und ein X-Robots-Tag im HTTP, wählt Google die restriktivere Angabe aus.

8.16.3 rel="nofollow"

Wenn Sie nur für einen einzelnen internen oder externen Link das Verfolgen durch Crawler unterbinden möchten, können Sie das nofollow-Attribut in Links verwenden:

```
<a href="http://www.extern.de" rel="nofollow">externer Link</a>
```

Damit verfolgt der Webcrawler den Link von Ihrer Seite aus nicht weiter. Ein wichtiger Aspekt ist allerdings vor allem, dass Sie mit dem nofollow-Attribut zwar einen Link setzen, es aber zu keiner PageRank-Vererbung kommt. Dies ist auch die quasi verpflichtende Variante, wenn Sie einen Link kaufen – dann müssen Sie ihn für Google mit rel="nofollow" entwerten, sodass kein Linkjuice vererbt wird. Nur dann entspricht beispielsweise eine gekaufte Artikelplatzierung in einem externen Blog mit einem Link auf Ihre Domain den Richtlinien für Webmaster von Google. Bei massivem Verstoß droht eine manuelle Abstrafung mit Ranking-Verlusten.

Das nofollow-Attribut ist vor allem bei Blog-Kommentaren häufig standardmäßig aktiviert, da zahlreiche Suchmaschinen-Optimierer und -Optimiererinnen in ebenso zahlreichen Weblogs sinnfreie Kommentare mit einem Link zu ihrem Projekt abgegeben haben. Durch das nofollow-Attribut haben diese Links keinen positiven Effekt mehr, und die Kommentar-Spam-Flut geht ein wenig zurück.

8.16.4 rel="sponsored", rel="ugc"

Als Antwort auf das Leistungsschutzrecht hat Google weitere Spezifizierungen zu rel="nofollow" eingeführt, die technisch allerdings das Gleiche bewirken: Es wird kein Linkjuice weitergegeben, der Link wird gewissermaßen »entwertet«.

Das Sponsored-Attribut setzen Sie dann, wenn Sie Links markieren, bei denen es sich um Werbung oder bezahlte Placements handelt – also um bezahlte Links oder Artikel.

UCG hingegen steht für User Generated Content. Dies sind Inhalte, die von Nutzern und Nutzerinnen einer Website erstellt wurden – etwa Kommentare. Das UCG-Attribut sollte entsprechend genutzt werden in Bereichen, in denen Besucher und Besucherinnen einer Website Inhalte veröffentlichen können. Dies soll das Platzieren von Spamkommentaren eindämmen.

Wenn Sie bereits über `rel="nofollow"` verfügen, müssen Sie nicht zwingend die anderen beiden Auszeichnungen sofort ersetzen. Sie können die Attribute sogar kombinieren:

```
<a href="http://www.extern.de" rel="nofollow sponsored">externer Link</a>
```

Inwieweit Google diese Auszeichnungen zukünftig stärker nutzen wird, sei dahingestellt. Erst wenn ein signifikanter Anteil der Websites diese Auszeichnung nutzt, kann der Suchmaschinen-Anbieter zuverlässig damit arbeiten.

8.17 Versteckte Inhalte (Deep Web)

Das ehrgeizige Ziel des Information Retrievals im Web ist dessen gesamte Erfassung und Auswertung. Vorsichtige Schätzungen gehen allerdings davon aus, dass hundertmal mehr Informationen im World Wide Web existieren, als von den Suchmaschinen überhaupt erfasst werden können. Dabei fällt häufig der Begriff des *tiefen* oder des *unsichtbaren Web* (*Deep Web* bzw. *Invisible Web*). Hier ist allerdings nicht die technische Begrenzung gemeint, die durch Rechenzeit oder Speicherkapazität bedingt ist. Diese Grenzen rücken durch fortschrittlichere Hardware- und Softwarelösungen nahezu täglich ein Stück weiter.

Vielmehr sind mit dem Begriff Deep Web die unzähligen Informationen gemeint, die in Datenbanken und geschützten Bereichen für Suchmaschinen unzugänglich gespeichert sind. Suchmaschinen kommen derzeit noch nicht mit Suchformularen zurecht, mit deren Hilfe die Inhalte aus Datenbanken ausgelesen werden können.

Stellen Sie sich eine Datenbank vor, in der alle Inhalte einer Zeitschrift digital erfasst sind. Über ein öffentlich zugängliches Suchformular ist es jedem Benutzer und jeder Benutzerin möglich, interaktiv durch das Ausfüllen des Formulars an vorhandene Informationen zu gelangen. Die Algorithmen der Suchmaschinen sind leider nicht in der Lage, diese Interaktivität nachzuahmen. Theoretisch wäre solch ein Vorgehen sicherlich denkbar und in gewissen Grenzen auch praktikabel. Jedoch legen die großen Betreiber derzeit den Schwerpunkt auf die Erfassung des direkt erreichbaren *Surface Web*. Denn auch hier ist bei Weitem noch nicht jede Präsenz erfasst.

Für die strukturelle Optimierung einer Website kann das Phänomen des Deep Web gegebenenfalls eine entscheidende Bedeutung gewinnen. Sollen die zunächst unzugänglichen Informationen durchsuchbar sein, muss eine erfassbare Darstellungsform konzipiert werden. Die Möglichkeiten dazu sind vielfältig und hängen stark von den speziellen Anforderungen ab.

8.17.1 Quasigeschützte Bereiche vermeiden

Oftmals sind private Content-Anbieter gar nicht im Besitz einer derartigen Informationsmenge, dass diese nicht in Suchmaschinen-freundlicher Darstellung präsentiert werden könnte. Bei diesem Personenkreis besteht das Problem des Deep Web überwiegend aus geschützten Bereichen in Bezug auf fehlende Rechte seitens der Clients. Selbstverständlich können Suchmaschinen solche Bereiche nicht erfassen, die mit einem Passwort geschützt sind. Meistens sollen sie das auch nicht, denn wo nur ein bestimmter Benutzerkreis erwünscht ist, will man in aller Regel keine Suchmaschinen.

In einigen Fällen schützen Webautoren und -autorinnen prinzipiell öffentliche Bereiche jedoch unbewusst vor Suchmaschinen. Dies ist insbesondere dann zu beobachten, wenn bestimmte Techniken zur Verfolgung und Beobachtung der Besucherströme angewandt werden. Dies bezeichnet man auch als *User Tracking*. Der Nutzer oder die Nutzerin muss beim Besuch verschiedener Seiten immer wieder aufs Neue identifiziert werden, um so die Sequenz der besuchten Seiten zu erhalten. Dazu verwendet man in der Praxis einerseits *Cookies*, wodurch Daten auf der lokalen Festplatte gespeichert werden. Mittels dieser Cookies ist dann eine Wiedererkennung möglich. Alternativ werden auch Session-IDs vergeben. Diese werden als Parameter in der URL mitgegeben und führen damit zum gleichen Ergebnis.

Sie haben über Cookies und Session-IDs bereits einiges erfahren, jedoch in einem anderen Zusammenhang. Weshalb schafft man bei der Verwendung dieser Techniken einen geschützten Bereich?

Auch die Suchmaschine besucht eine solche Seite und erhält ein Cookie oder eine Session-ID. Meistens akzeptieren Suchmaschinen überhaupt keine Cookies, und bei einer mangelhaft programmierten Seite führt dies bereits zu Problemen. Besonders bei Session-IDs kommt es allerdings vermehrt zu Schwierigkeiten. Denn die Suchmaschine speichert die Session-ID des Webcrawlers in der URL-Datenbank. In der Trefferliste wird diese auch Monate später angezeigt, wenn die Session-ID bereits längst abgelaufen ist. Die Laufzeit ist zwar variabel, jedoch ist die Gültigkeit meist auf wenige Stunden oder gar Minuten beschränkt. Was geschieht nun, wenn ein Besucher oder eine Besucherin per Klick auf den Eintrag mit einer veralteten Session-ID auf die betreffende Seite gelangt?

Da die Website-Betreiber User Tracking durchführen möchten, kommt es nicht selten vor, dass ein Besucher oder eine Besucherin mit einer ungültigen Session-ID automatisch auf die Startseite verwiesen wird, um dort eine neue gültige ID zu erhalten. Im Sinne des User Trackings ist dieses Vorgehen selbstverständlich zweckdienlich. Für den Benutzer oder die Benutzerin ist eine solche Umleitung allerdings ärgerlich, und vor allem leidet die Qualität der Suchergebnisse unter solchen Verfahren.

In Bezug auf das Deep Web ist ein erneuter Besuch durch die Suchmaschine mit einer veralteten Session-ID nicht möglich. Oftmals erfasst ein Webcrawler eine Website nicht auf einmal, sondern analysiert zunächst nur die Links, um sie für eine spätere Erfassung in die URL-Datenbank aufzunehmen. In diesem Fall wird der prinzipiell öffentlich zugängliche Bereich zum geschützten Bereich. Denn der Webcrawler, der die Seiten Tage später anhand der vorhandenen URLs mit der veralteten Session-ID erfassen will, wird zurückgewiesen.

Aus diesem Grund sollten Sie bei der Konzeption der Struktur unbedingt darauf achten, dass Seiten, die erfasst werden sollen, auch tatsächlich erfassbar sind. Weder ein direkt erforderliches Login noch ein quasigeschützter Bereich sind dafür geeignet. Erfreulicherweise nimmt jedoch die Zahl der Fehloptimierungen in diesem Bereich in den letzten Jahren ab.

8.17.2 Seiteninterne Suchfunktion

Vor dem Jahr 2007 war die seiteninterne Suchfunktion für die Suchmaschinen-Optimierung uninteressant. Zwischenzeitlich suchten nicht nur Nutzer und Nutzerinnen mit der Suchfunktion nach interessanten Themen, sondern auch vereinzelt die Suchmaschinen. Dazu nutzte z. B. Google themenrelevante Begriffe, um mit ihnen über das Suchformular auf der betreffenden Website zu suchen.

Diese Form der *Deep Web Exploration* hat sich allerdings bis heute nicht so recht durchgesetzt. Um gewissermaßen zukunftssicher zu bleiben, sollten Sie allerdings darauf achten, dass die Suchfunktion direkt über das klassische POST/GET-HTML-Verfahren und nicht etwa ausschließlich mit JavaScript oder Ajax bedienfähig ist. Außerdem sollten natürlich auch die präsentierten internen Suchergebnisse derart gestaltet sein, dass der Suchmaschinen-Crawler die Möglichkeit hat, die dort vorgefundenen Links auszuwerten.

> **Praxistipp: Interne Suchergebnisse der eigenen Suchfunktion**
>
> Vor allem die internen Suchergebnisse kommen doch gelegentlich in den Index, weil etwa externe Links direkt darauf verweisen oder weil Elemente wie *Häufige Suchanfragen* die Crawler direkt und ohne Eingabe von Suchbegriffen zu dem Suchergebnis führen. Überlegen Sie, inwieweit die Suchergebnisseiten sinnvolle Seiten für eine Indexierung sind. Meistens sind sie es eher nicht und sollten über die *robots.txt* exkludiert werden.

8.17.3 Inhalte hinter Paywalls

Vor allem Verlage versuchen den sinkenden Print-Auflagen entgegenzuwirken und ihre Artikel online gegen Bezahlung anzubieten. Am häufigsten werden dabei monat-

liche Abos angeboten. Manche Anbieter lassen auch Einmalzahlungen je Artikel zu. Letztendlich erhält der Nutzer oder die Nutzerin aber erst nach einer Transaktion Zugriff auf einen kompletten Artikel, wie in Abbildung 8.77 zu sehen ist.

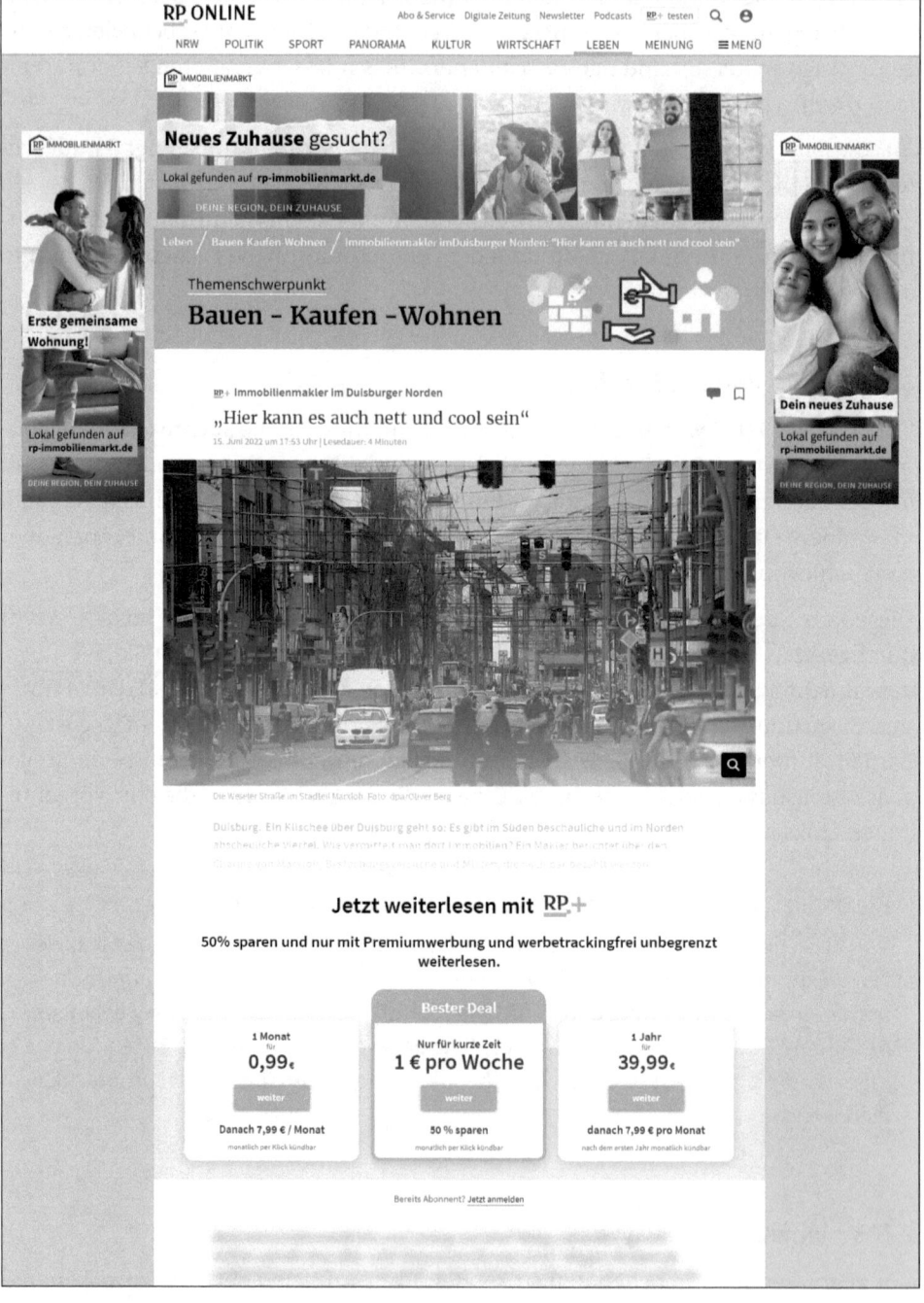

Abbildung 8.77 Paywall bei »rp-online.de«

Solche technischen Hürden bezeichnet man als *Paywall*. Für Suchmaschinen stellen sie zunächst ebenso eine Deep-Web-Hürde dar wie für Leser und Leserinnen, die nicht eingeloggt sind oder kein Abo besitzen.

Solche Abo- und Paywall-Inhalte sollte man für Google mittels schema.org näher spezifizieren, damit sie im Rahmen des Möglichen gut indexiert werden. Ein Beispiel verdeutlicht das Prinzip, bei dem der sichtbare Inhalt und der unsichtbare Inhalt mittels JSON-LD angereichert werden:

```
<html>
  <head>
    <title>Article headline</title>
    <script type="application/ld+json">
    {
      "@context": "https://schema.org",
      "@type": "NewsArticle",
      "mainEntityOfPage": {
        "@type": "WebPage",
        "@id": "https://beispiel.de/article"
      },
      "headline": "Headline des Artikels",
      "image": "https://beispiel.de/thumbnail1.jpg",
      "datePublished": "2025-02-05T08:00:00+08:00",
      "dateModified": "2025-02-05T09:20:00+08:00",
      "author": {
        "@type": "Person",
        "name": "John Doe"
      },
      "publisher": {
        "name": "Lokalzeitung Südost-Hintertupfingen",
        "@type": "Organization",
        "logo": {
          "@type": "ImageObject",
          "url": "https://beispiel.de/logo.jpg"
        }
      },
      "description": "Eine schöne Beschreibung des Artikels",
      "isAccessibleForFree": "False",
      "hasPart":
        {
        "@type": "WebPageElement",
        "isAccessibleForFree": "False",
        "cssSelector" : ".paywall"
        }
```

```
      }
    </script>
  </head>
  <body>
    <div class="non-paywall">
      Non-Paywall Inhalt
    </div>
    <div class="paywall">
      Paywall Content (nur mit Abo)
    </div>
  </body>
</html>
```

Listing 8.17 Abo- und Paywall-Auszeichnung mittels JSON-LD

Für alle Publisher, für die Google News interessant ist, sei an dieser Stelle das Google Publisher Center unter *https://publishercenter.google.com* erwähnt. Hier muss man sich als Publisher registrieren, um in Google-News-Rankings überhaupt berücksichtigt zu werden.

Kapitel 9
Websiteaufnahme, Relaunches und Domainwechsel

Neue Websites müssen zunächst von den Suchmaschinen erfasst werden. In diesem Kapitel erfahren Sie, welche Möglichkeiten der Erstaufnahme es gibt, wie Sie diese beschleunigen können und was Sie bei einem Relaunch und Domainumzug alles berücksichtigen müssen.

Üblicherweise ist es kein Problem, eine neue Website in den Google-Index zu bekommen. Gerade wenn Sie neu in der Suchmaschinen-Optimierung sind, sollten Sie einmal grundsätzlich darüber nachdenken, wie man die Aufnahme in Google und andere Suchmaschinen optimal gestalten kann. Denn je schneller, besser und vollständiger eine Website aufgenommen wird, desto schneller erhalten Sie Ihre Besucher und Besucherinnen.

Nach der Website-Fertigstellung und unmittelbar nach dem Going-Live treten immer wieder die gleichen Fragen und Probleme auf. Zunächst steht die Frage im Raum, ob man eine neue Website überhaupt aktiv anmelden muss. Information-Retrieval-Systeme erfassen über die Verfolgung der Hypertext-Verweise rein theoretisch das gesamte Web und damit auch automatisch neue Webseiten. Hier helfen die Bemühungen aus der Offpage-Optimierung, eingehende Links zu gewinnen. Denn diese bringen nicht nur eine höhere Link-Popularity, sondern sorgen auch dafür, dass Webcrawler eine neue Website finden und gleich von Beginn an durch den Linkjuice besser bewerten.

In der Regel will man es jedoch nicht dem Zufall überlassen, wann ein Webcrawler die neuen Seiten erfasst. Daher werden die Funktionen zur manuellen Meldung von neuen Seiten intensiv genutzt. Dabei entstehen dann auch gleich weitere Fragen. Bei welchen Suchmaschinen soll man sich anmelden? Welche Restriktionen gibt es, und wie lange dauert es schließlich, bis man das Ergebnis seiner Optimierungsmühen sehen kann? Auf all diese Fragen – und noch einige mehr – finden Sie in diesem Kapitel Antworten.

Bei einem Relaunch hingegen, also wenn Suchmaschinen bereits die alte Website-Struktur kennen, gibt es weit mehr zu beachten. Da sich meist die gesamte URL- und Website-Struktur bei einem Relaunch ändert, besteht hier die Aufgabe darin, mög-

lichst schnell die neue Struktur bei Suchmaschinen bekannt zu machen und die alte zu überführen. Wie dieser Prozess genau aussieht und was dabei zu beachten ist, erfahren Sie ebenfalls in diesem Kapitel.

Und schlussendlich gehört in diesen Themenbereich auch das Abenteuer, wenn die Hauptdomain SEO-freundlich gewechselt werden muss. Doch von Beginn an ...

9.1 Der Suchmaschinen-Markt

Bevor Sie sich Gedanken über die Aufnahme in die Datenbestände der Suchmaschinen machen, stellt sich zumindest theoretisch eine Frage: Wo überall soll ich mich anmelden?

Diese Frage ist deswegen eher theoretischer Natur, weil in Europa Google, wie Sie wissen, den überragenden Marktanteil für sich beansprucht. Höchstens Bing ist noch eine unabhängige Alternative.

Im Hintergrund spielen zahlreiche Kooperationen die eine oder andere Rolle. So liefert Bing etwa an Ecosia die Suchdaten. Aber für die operative Suchmaschinen-Optimierung spielt das alles heute keine Rolle, da es hauptsächlich um Google geht. Sollte Sie ein kurzer Exkurs zur Geschichte des Suchmaschinen-Marktes nicht interessieren, überspringen Sie insofern gern den folgenden Abschnitt.

9.1.1 Auf und Ab von Yahoo!

Der Suchmaschinen-Markt für Websites verändert sich schneller, als so manch einer oder eine denkt. Ein Beispiel zeigt die spannende Entwicklung von Yahoo!.

So vermeldeten im Jahr 2000 alle Medien, dass Yahoo! in Zukunft auf der Google-Technologie basieren würde. Noch während eine vertragliche Bindung bestand, kaufte Yahoo! dabei gehörig ein. Inktomi, Overture, AltaVista und AllTheWeb gehörten seitdem zum Yahoo!-Konsortium. Schon 2004 trennte sich Yahoo! wieder von Google und aktivierte einen eigenen, neuen Suchdienst. Die wenigsten Benutzer und Benutzerinnen waren sich damals bewusst, dass die Yahoo!-Ergebnisse eigentlich von Google kamen. 2010 wurde dann bekannt, dass Yahoo! seinen eigenen Index abschalten würde. Die Ergebnisse kamen dann von Microsofts Suchmaschine Bing, die ehemals unter MSN bekannt war.

2016 verkaufte Yahoo! dann sein Kerngeschäft an das US-Telekommunikationsunternehmen Verizon für 4,8 Milliarden US$. Entsprechend kamen seitdem die Werbeeinblendungen von Oath, einer Verizon-Tochter.

Ab 2020 war dann von dem ehemaligen Suchmaschinen-Anbieter nichts mehr zu sehen – Verizon versucht, die Marke Yahoo als Mobilfunkanbieter zu nutzen.

Die vielen Verflechtungen unter den Suchmaschinen sind den meisten Benutzern und Benutzerinnen kaum bekannt. Die meisten Nutzer und Nutzerinnen verwenden ihre Lieblingssuchmaschine ungeachtet dessen, woher die Ergebnisse stammen. In Europa ist dies mit über 90 Prozent Google. Auch in Amerika führt Google unangefochten. Lediglich in Russland macht Yandex Google ernsthafte Konkurrenz. Und im asiatischen Raum kennt man auch Baidu als Suchmaschine.

Für den weltweiten Markt, aber vor allem für den europäischen und amerikanischen Markt, konzentrieren sich die meisten Suchmaschinen-Optimierungen auf Google, da hier die Reichweite mit Abstand am größten ist und potenziell am meisten Besucher und Besucherinnen generiert werden können. Das wird für Ihre Optimierungsbemühungen nicht anders sein.

9.1.2 Eintrag in 200 Suchmaschinen?

Vielleicht sind Sie auch schon über solche Angebote gestolpert: »Einträge in 200 Suchmaschinen für nur 100 €«. Diese Angebote sind ebenso unsinnig wie unseriös. Konzentrieren Sie sich für den deutschsprachigen Markt auf den großen Anbieter Google und vielleicht noch auf Bing. Damit haben Sie 99,9 Prozent abgedeckt.

Und für Einträge in spezielle Suchmaschinen benötigt man ohnehin Detailinformationen, deren Einpflege für 100 € sicherlich nicht mit enthalten ist.

9.2 Die Anmeldung einer neuen Domain

Wenn Sie eine neue Domain registriert und eine Website dort veröffentlicht haben, geht es im nächsten Schritt darum, die Website mit allen URLs in die Datenbanken der Suchmaschinen zu bekommen. Der erste Schritt dabei ist sicherlich die Anmeldung bei den Web-Suchmaschinen.

9.2.1 Anmeldung über Search Console und Webmaster Tools

Trotz der Marktmacht von Google würde ich Ihnen immer empfehlen, Ihre Website auch noch bei Bing anzumelden. Die Verfahren sind nahezu identisch und wieso sollte man hierauf verzichten und die Aufnahme dort dem Zufall überlassen. Melden Sie Ihre Website entsprechend an bei:

- Google
- Bing

Im internationalen Bereich gehören Yandex und gegebenenfalls Baidu noch mit auf Ihre To-do-Liste. Die meisten Meta-Suchmaschinen haben Sie dann ebenfalls gleich mit erledigt.

Eine manuelle Anmeldung mittels einfacher Domaineingabe, wie in Abbildung 9.1 zu sehen ist, gibt es mittlerweile bei Google und Bing nicht mehr. Stattdessen funktioniert das heute über die Google Search Console bzw. die Bing Webmaster Tools.

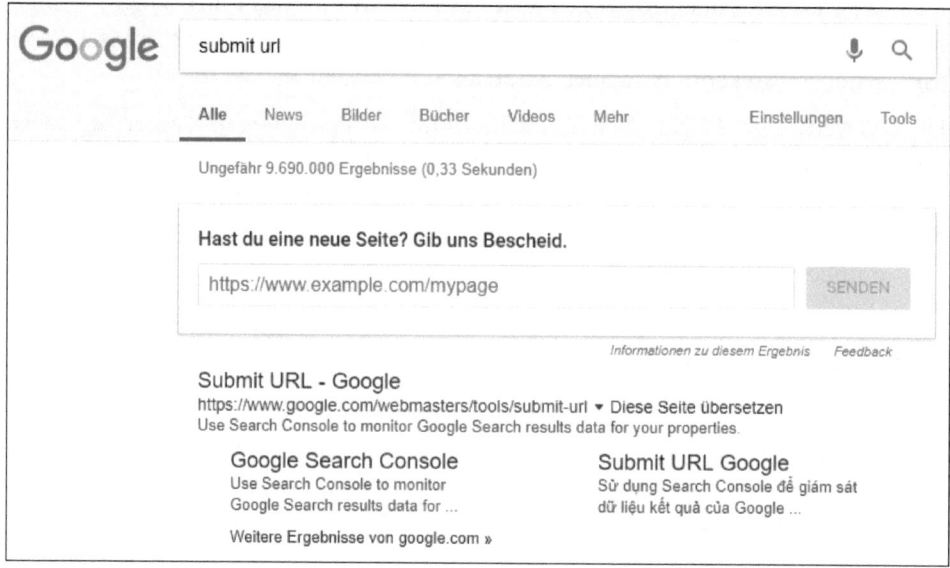

Abbildung 9.1 Früher hatte man Domains schnell angemeldet.

Sowohl die Google Search Console (GSC) unter *https://search.google.com/search-console* als auch die Bing Webmaster Tools (BWT) unter *https://www.bing.com/toolbox/webmaster* erfordern zunächst einen Login, den Sie anlegen müssen. Danach können Sie Ihre Domain als sogenannte Property anlegen (Abbildung 9.2) und müssen diese noch verifizieren.

Nach der Verifikation dauert es meist ein paar Stunden bis zu einem Tag, bis Daten der Domain angezeigt werden. Google und Bing kennen nun Ihre Domain.

Sofort nach der Verifizierung sollten Sie aber gleich die XML-Sitemap hinzufügen. Was das ist und wie es geht, erfahren Sie in Abschnitt 9.4, »XML-Sitemaps«. Auch das Beantragen der Indexierung einzelner URLs kann man durchaus zu Beginn angehen, hierzu mehr im Abschnitt 9.3, »Anmeldung einzelner URLs«.

Ich möchte nochmals betonen, dass die manuelle Anmeldung bei Seiten mit einer entsprechenden Anzahl eingehender Verweise von außen ohnehin nur unterstützend wirkt. Die Webcrawler erfassen überwiegend selbstständig das Web.

Insgesamt ist die manuelle Anmeldung mittlerweile bei vielen Suchmaschinen-Anbietern nur noch sehr eingeschränkt möglich. Für die wenigen Möglichkeiten zur Eintragung gelten jedoch gewisse Erfahrungswerte, die einen URL-Eintrag beeinflussen können.

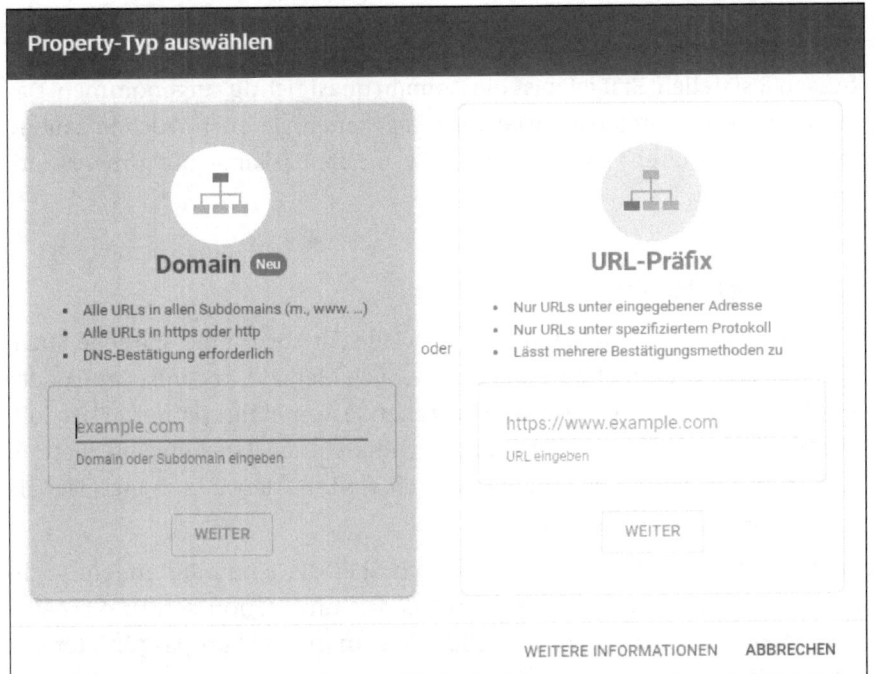

Abbildung 9.2 Anmeldung einer Domain-Property in der Google Search Console

Einen Aspekt sollten Sie allerdings bei jeder direkten Anmeldung nicht vergessen – das *Oversubmitting*. Die meisten Suchmaschinen-Betreiber ermöglichen nur eine bestimmte Anzahl von URL-Meldungen pro Tag. Es macht aber auch gar keinen Sinn, bei einer neuen Domain alle URLs manuell anzumelden. Die Crawler finden die verlinkten URLs von Ihrer Startseite meistens auch ganz gut von allein. Und den Rest können Sie mit einer XML-Sitemap nachsteuern, wie Sie gleich erfahren werden.

Früher hat Google nur Domains aufgenommen, die mindestens einen Backlink ihr Eigen nennen konnten. Heute spielt das zumindest für die Aufnahme keine Rolle mehr. Bereits nach wenigen Stunden sind die ersten URLs bei Google zu sehen. Bei anderen Suchmaschinen dauert das teilweise etwas länger. Hier können auch schon einmal zwei bis drei Tage vergehen.

Bei einer kompletten Neuaufnahme einer unbekannten Domain sollten Sie beachten, dass die tatsächliche Indexierung vor allem bei Google in zwei Phasen abläuft: Nach dem Anmelden einer Domain bzw. URL in Google erhält die Website recht schnell Besuch von Webcrawlern. Diese indexieren einige URLs – allerdings nicht alle. Sie sehen dann bereits wenige Stunden danach schon immer mehr URLs im Index. Beachten Sie hier allerdings, dass derzeit weder die Domain noch die einzelnen URLs inhaltlich bewertet wurden. Sie wurden lediglich im Index aufgenommen. Das bedeutet, dass die Rankings noch keineswegs final sind.

In Phase zwei werden die Domain, das Backlinknetzwerk sowie die einzelnen Inhalte der URLs jeweils analysiert und bewertet. In dieser Phase können Sie starke Ranking-Schwankungen feststellen. Erst jetzt ist die Domain quasi richtig aufgenommen. Das kann je nach Größe der Domain ein paar Tage, gegebenenfalls auch Wochen dauern. Sie können das Ende dieser Phase feststellen, wenn die Rankings nicht mehr stark fluktuieren.

9.2.2 Anmeldung bei Spezialsuchmaschinen

Bedienen Sie ein spezielles Thema, für das es vielleicht sogar eine spezielle Suchmaschine gibt? Vielleicht ein Thema aus dem Bereich Medizin, Technik, Grafik oder andere Spezialthemen? Eine Suche und entsprechende Anmeldung könnten sich lohnen. Es gibt allerdings immer weniger Spezialsuchmaschinen. Der Aufwand, diese zu betreiben, ist sehr hoch, und die großen Anbieter sind mittlerweile so gut, dass sie auch Nischen nahezu perfekt abdecken können.

Vor allem im medizinischen Bereich findet sich aber die eine oder andere Suchmaschine noch für Nischenzielgruppen. So bietet das Informationszentrum Lebenswissenschaften ZB-MED mit LIVIVO die größte Suchmaschine Europas für Literatur und Forschungsdaten für die Lebenswissenschaften an.

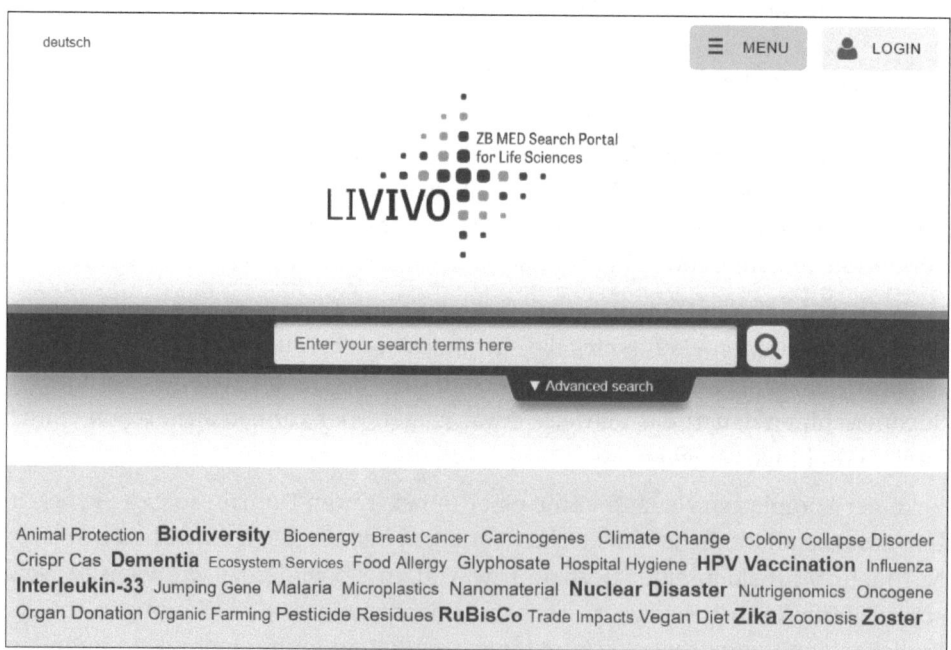

Abbildung 9.3 Spezialsuchmaschine unter »www.livivo.de«

9.2.3 Anmeldung bei Verzeichnissen

Auch wenn die große Zeit der Webkataloge spätestens mit der Schließung von DMOZ besiegelt wurde – für Nischen und bestimmte Branchen lohnt es sich, eine neue Domain in Verzeichnisse einzutragen. Hier erreichen Sie eine enge Zielgruppe und erhalten idealerweise auch noch erste Linksignale für die Web-Suchmaschinen auf Ihre Domain.

Für die Suchmaschinen-Optimierung gibt es beispielsweise einige wenige Portale, bei denen man sich als SEO-Agentur anmelden kann und auf denen die entsprechende Zielgruppe unterwegs ist. Vorreiter war und ist hier *seo-united.de*. Aber auch das *seo-portal.de* und der *suchradar.de* verfügen über ein SEO-Branchenverzeichnis.

Abbildung 9.4 SEO-Agentur-Suche im Verzeichnis von »seo-united.de«

Für Ihre Branche können Sie sicherlich ebenfalls ein paar relevante Verzeichnisse identifizieren, bei denen Sie Ihre Domain anmelden können. Suchen Sie hier ruhig auch einmal, wenn Sie bereits seit Längerem eine Domain haben.

Gewissermaßen ist auch Google Business Profile (früher myBusiness) ein Verzeichnis, bei dem Sie Ihr Geschäft bzw. Ihre Website anmelden sollten. Unter *https://www.google.de/business/* finden Sie den Link zur Anmeldung.

9 Websiteaufnahme, Relaunches und Domainwechsel

Das Interface hat sich in den letzten Jahren – ähnlich wie der Name – quasi monatlich verändert, sodass ich hier auf eine genaue Anleitung zur Eintragung verzichte. Ich finde sie aber auch wirklich selbsterklärend. Geben Sie möglichst alle Informationen an, und laden Sie auch ein paar aussagekräftige Bilder hoch.

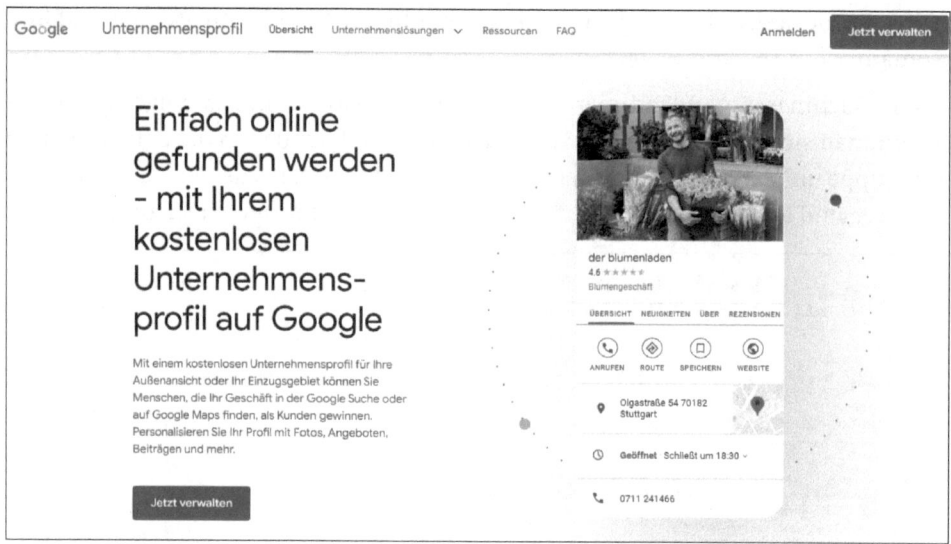

Abbildung 9.5 Der Start zum eigenen Google Business Profile-Eintrag

9.2.4 Automatisierte Anmeldung per Software

Neben der manuellen Eintragung gibt es auch zumindest theoretisch die Möglichkeit, diese Aufgabe durch den Einsatz von Software zu lösen. Dabei existieren neben Online-Tools auch viele eigenständige Programme, die zunächst installiert werden müssen. Der Markt ist hier sehr unübersichtlich, und die Spanne reicht von Freeware über Shareware bis hin zu angeblich professionellen Lösungen.

Dabei wird durchgängig versprochen, dass die Software eine Website in meist über 1.000 Suchmaschinen quasi mit einem Klick automatisch einträgt. Beim Einsatz solcher Dienste treten jedoch immer wieder bestimmte Probleme auf.

Grundsätzlich zeigt die Erfahrung, dass eine manuelle Eintragung bei den genannten Suchdiensten in den meisten Fällen genügt. Damit sind ohnehin über 99 Prozent der relevanten Suchdienste abgedeckt. Insbesondere sollten Sie hier nicht blind auf die automatisierten Prozesse irgendwelcher Software vertrauen. Die Gefahr ist zu groß, dass aus irgendwelchen Gründen die Eintragung auf negative Reaktionen seitens der Suchmaschinen-Betreiber stößt. Insbesondere die großen Betreiber reagieren teilweise empfindlich auf die Verwendung von Eintrage-Software.

9.2.5 Indirekte Anmeldung

Seit der Etablierung sozialer Netzwerke wie Twitter, Facebook oder LinkedIn von Microsoft spielen die kommunizierten Inhalte über diese Kanäle auch für Suchmaschinen-Betreiber eine zunehmend wichtige Rolle. Bei Twitter werden Tweets zu bestimmten Themen versendet. So erscheinen täglich neue Blog-Beiträge, und diese und andere interessante URLs werden von Twitter-Benutzern und -Benutzerinnen kommuniziert:

Alles, was ein SEO über die robots.txt wissen muss: https://t.co/nMNoCTgF1U #seo

Die URL ist in diesem Beispiel aufgrund der Zeichenbeschränkung von Twitter wie so häufig über einen sogenannten *URL-Shortener* verkürzt. Die URL *https://t.co/nMNoCTgF1U* leitet eigentlich auf diese URL um:

https://www.mindshape.de/magazin/robots-txt-fuer-seo

Google und andere Suchmaschinen-Betreiber können diese kurzen URLs auflösen und beobachten alle verfügbaren sozialen Kanäle sehr genau, um neue URLs zu finden und interessante Inhalte möglichst schnell zu indexieren.

Insofern sollten Sie neben der manuellen Anmeldung und der üblichen Verlinkung auch in Erwägung ziehen, einen Twitter-Beitrag mit der URL zu senden oder eine Facebook- oder LinkedIn-Nachricht zu verfassen. Wenn der Beitrag in der Community ankommt, wird er auch weiter geteilt, und Sie erhalten neben positiven Ranking-Signalen auch natürlichen Traffic über die sozialen Kanäle – eine Indexierung bei Suchmaschinen inklusive.

9.2.6 Aufnahmedauer

Spätestens nachdem Google 2010 mit dem Coffein-Update die gesamte Indexstruktur optimiert hat, bewegt sich die Aufnahmedauer zumindest bei Google mittlerweile im Bereich von Minuten, Stunden oder zumindest wenigen Tagen. Wie schnell und vor allem wie viel von Beginn an indexiert wird, hängt von verschiedenen Faktoren ab:

- Wie bekannt und beliebt ist die Website, auf der eine neue URL erscheint?
- Gibt es viele und gute eingehende Links auf eine neue Domain?
- Gibt es eine nennenswerte Erwähnung in sozialen Plattformen der Domain?

Grundsätzlich kann man sagen, dass neue Inhalte einer bestehenden Domain schneller indexiert werden als komplett neue Domains. Letztere werden auch bei Google mit ein paar Tagen Verzögerung indexiert und mit noch ein paar Tagen Verspätung dann auch im Index angezeigt.

Bei anderen Suchmaschinen sieht es teilweise nicht so rosig aus. Einmal eingetragen, wartet man nicht selten eine gehörige Zeit, bis sich die Website in den Ergebnislisten der Suchmaschinen zeigt. Die gefühlte Zeit ist gleichwohl wesentlich länger, denn verständlicherweise sehnt sich ein Webautor oder eine Webautorin danach, das Ergebnis seiner bzw. ihrer Optimierungsmühen zu sehen. Hat man es bereits beim ersten Versuch auf einen ansehnlichen Platz geschafft?

Die Spanne von der Anmeldung bis zum Erscheinen ist dabei je nach Anbieter unterschiedlich lang. Sie ist jedoch nicht nur abhängig von der Aktivität der Webcrawler. Wie bei der Darstellung der Funktionsweise von Information-Retrieval-Systemen deutlich geworden ist, durchläuft eine Ressource etliche Stufen, bis sie endgültig im Index eingelagert wird. Die erste beobachtbare Reaktion auf eine Anmeldung ist zunächst der Besuch des Webcrawlers. Diesen finden Sie im Logbuch des Webservers.

Google setzt für die Neuerfassung von Ressourcen einen eigenen Typ von Webcrawler ein. Der sogenannte *Freshbot* von Google ist durch einen gesonderten IP-Adressbereich identifizierbar. Allerdings tauchen die Seiten in wenigen Fällen unmittelbar nach einem Crawler-Besuch im Index auf. Häufig dauert es Stunden oder sogar Tage, bis eine URL indexiert wird. Dies liegt zum einen an dem enormen Aufkommen an zu bewältigenden Daten, zum anderen aber auch an dem Abgleich des Indexes zwischen den verschiedenen Rechenzentren.

Vor Mai 2004 bezeichnete man dieses Phänomen bei Google als den *Google Dance*. Einmal im Monat wurde der Index mit den neu erfassten und aktualisierten Dokumenten neu berechnet und auf alle Server überspielt. Dabei änderten sich die Ranking-Positionen in unterschiedlichem Ausmaß. Der Abgleich dauerte teilweise mehrere Tage, sodass man in dieser Zeit auf verschiedenen Servern unterschiedliche Ranking-Ergebnisse erhielt. Die Ergebnisse hüpften quasi hin und her – daher auch der Name Google Dance. Seit Mai 2004 trennt Google die Erfassung von der Bewertung und dem Überspielen des Indexes, sodass diese seitdem zeitlich getrennt voneinander stattfinden. Die PageRank-Berechnung schien sich dabei lange Zeit auf einen ein- bis dreimonatigen Rhythmus einzupendeln. Dieser Prozess ist unter dem Namen *Backlink-Update* bekannt. Heute wird der öffentlich sichtbare PageRank nicht mehr aktualisiert.

Aufgrund des Google Dance, der in ähnlicher Form bei allen anderen Suchmaschinen dieser Größe auftrat, kam es daher bei einem Vorhandensein der Daten in den Datenbeständen zu einer Verzögerung der Anzeige für die Suchenden. Mittlerweile sind die Indexstrukturen bei allen großen Suchmaschinen wie Google wesentlich direkter.

Dennoch sollten Sie bei Anfragen an Google immer berücksichtigen, dass es mehrere Datencenter gibt und Sie bei Eingabe von *www.google.de* nicht immer das gleiche Datencenter erreichen. Die Datencenter sind dabei nicht immer absolut synchron. Gerade bei kleinen Änderungen im Algorithmus können Schwankungen zwischen den Datencentern auftreten, die sich in unterschiedlichen Rankings für die gleiche Anfrage bemerkbar machen.

Generell liegt die Spanne ab der Anmeldung bzw. dem Besuch des Webcrawlers bis zum Erscheinen im Index zwischen wenigen Sekunden und zwei bis drei Wochen oder länger. Bei Google erscheint eine bislang unbekannte Domain meist innerhalb von ein bis drei Tagen erstmalig im Index und wird in den darauffolgenden Tagen dann entsprechend algorithmisch genauer bewertet. Bis ein Großteil dieser Domain dann aber vollständig indexiert und auch final bewertet ist, kann es unter Umständen auch mehrere Wochen dauern.

9.2.7 Kostenpflichtige Aufnahmen

Betreiber von Suchmaschinen und Verzeichnissen verrichten meist keine Dienste an der Menschheit, sondern führen vielmehr Unternehmen, die vor allem ein primäres Ziel verfolgen. Und das ist nicht die Informationserschließung des Web, sondern die Steigerung des eigenen Gewinns.

Verzeichnis- und Suchmaschinen-Betreiber verfolgen dabei unterschiedliche Strategien. Zum einen lässt sich ein beliebtes Prinzip erkennen, das auch in der Offline-Welt häufig zum Erfolg geführt hat: das Freemium-Modell. Zunächst bietet man eine Dienstleistung kostenlos an und wartet, bis die Nutzer sich daran gewöhnt und sie in ihren Alltagsgebrauch eingebunden haben. Ab dem Zeitpunkt, zu dem dieser Gewöhnungseffekt einsetzt und Betreiber mit Verlässlichkeit regelmäßige Benutzer und Benutzerinnen vorweisen können, werden die Dienste und Serviceleistungen Stück für Stück in kostenpflichtige Angebote umgewandelt, oder man muss Premium-Features wie eine bessere Positionierung oder umfangreichere Auszeichnung als Pro-Mitglied bezahlen. Dabei bleiben oftmals die alten Services in einer abgespeckten Form erhalten, jedoch im Schatten der bevorzugten kostenpflichtigen Angebote.

Dass Informationen gegen Bezahlung hervorgehoben dargestellt werden, ist ein bewährtes Prinzip aus den klassischen Medien wie der Zeitung, dem Fernsehen oder Radio: Es nennt sich Werbung. Allerdings gibt es immer noch eine relativ strenge Trennung zwischen redaktionellen Inhalten und werbenden Beiträgen in textlicher oder grafischer Form. Verschmelzungstendenzen sind zwar auch hier zu bemerken, jedoch ist die Tragweite nicht mit der Situation im World Wide Web zu vergleichen. Denn Nutzer und Nutzerinnen sind auf die sortierende und beratende Funktion der Verzeichnisse und Suchmaschinen angewiesen. Nichts anderes bedeutet letztlich der Einsatz zur Wiedergewinnung von Informationen, das Information Retrieval, in dem riesigen Meer von Daten.

Viele sehen eine Gefahr darin, wenn durch Bezahlung einzelne Ergebnisse nicht mehr nach dem demokratischen Gleichheitsprinzip behandelt werden, sondern eine bevorzugte, herausgehobene Stellung erhalten. Die Suchdienste reagieren öffentlich sehr bedacht auf derartige Bedenken und sichern eine Kennzeichnung der bezahlten Einträge zu. Studien zeigen aber immer wieder, dass sich die Mehrzahl der Nutzer und Nutzerinnen nicht einmal im Klaren darüber ist, wo der Unterschied zwischen bezahlten und organischen, also herkömmlichen Einträgen liegt. Dementsprechend findet eine Differenzierung in den Ergebnislisten durch die Nutzer und Nutzerinnen nicht wie gewünscht statt. Die Entwicklung wird zeigen, wie sich der Markt und das Nutzerverhalten entwickeln.

Aus der Produzentensicht gesehen – sprich: für Content-Anbieter –, hat eine bevorzugte Behandlung bei bezahlten Einträgen natürlich Vorteile. So können komfortabel durch finanziellen Einsatz gezielt Listenplätze gekauft werden. Dabei unterscheiden sich die *Payed-Inclusion-Programme*, die eine bevorzugte Behandlung durch die Webcrawler bei gleichbleibenden Ranking-Kriterien bieten, von den sogenannten *Pay-per-Click (PPC)-Programmen*.

Payed-Inclusion-Programme

Payed-Inclusion bedeutet, dass gegen einen finanziellen Aufwand eine Domain oder URL in den Datenbestand eines Anbieters aufgenommen wird. Meist werden noch weitere Dienste in diesem Zusammenhang angeboten, um das Angebot attraktiver zu machen und einen deutlichen Vorteil gegenüber der parallel laufenden »normalen« Indexierung im Rahmen der eingehenden Verweise zu bieten.

Die klassische Payed-Inclusion zur Aufnahme in den normalen, organischen Suchindex gibt es heute faktisch nicht mehr. Aber Google hat 2012 begonnen, die Aufnahme in bestimmte Dienste gegen Bezahlung zu ermöglichen. 2013 gab es die Ankündigung, dass der Produkt-Feed zur Befüllung von Google Shopping zukünftig auch kostenpflichtig sein würde. Und auch bei anderen Diensten wie der Google Flugsuche, der Google Hotelsuche und anderen liegt eine Payed-Inclusion nicht wirklich fern.

> **Praxistipp: Keine bezahlte Aufnahme nötig**
>
> In der Agentur-Praxis haben wir seit Jahren keine bezahlte Anmeldung mehr für die Suchmaschinen-Optimierung unserer Kunden durchgeführt. Das ist einfach nicht mehr zeitgemäß und auch gar nicht mehr nötig. Google als Hauptsuchmaschine in Europa sollten Sie schnell über die Search Console oder direkte Anmeldung informieren, alles andere ist höchstens für Nischen relevant.

Dabei wurde, wie schon erwähnt, immer wieder betont, dass URLs, die an einem Payed-Inclusion-Programm teilnehmen, bei der Relevanzbewertung nicht bevorzugt werden. Dies ist auch einer der zentralen Unterschiede zu den Pay-Per-Click-Programmen, die heute boomen – allen voran Google Ads.

Die Zeit wird zeigen, inwieweit die großen Suchmaschinen die Payed-Inclusion auf die eine oder andere Art wieder einführen, um weitere Geldquellen zu erschließen. Google Business (vormals Google my Business), Google Flight, Google Hotel Finder und Google Shopping sind sicherlich die ersten Dienste, bei denen der Zugang gegen Bezahlung Anbietern neue Möglichkeiten eröffnet – oder zumindest sichtbarere Rankingpositionen ermöglicht. Hier verschwimmen die Grenzen zwischen Payed Inclusion und PPC zusehends.

9.3 Anmeldung einzelner URLs

Domains meldet man in der Regel nur einmalig an. Allerdings gibt es hin und wieder einen Fall, bei dem eine oder mehrere URLs erstmalig oder erneut indexiert werden sollen.

Wenn beispielsweise ein ganz aktueller Beitrag veröffentlicht wurde, dann kann eine schnelle Erstindexierung gewünscht sein. Oder man hat eine bereits indexierte Seite grundlegend überarbeitet und möchte den Crawler möglichst bald damit beglücken?

Für die (Re-)Indexierung stehen neben dem Abwarten, bis ein verweisender Link einen Crawler auf die URL führt, grundsätzlich zwei Wege zur Verfügung.

9.3.1 Google Search Console und Bing Webmaster Tools

Die Google Search Console und Bing Webmaster Tools unterstützen beide das Übermitteln von einzelnen URLs. Dazu geben Sie im oberen Suchfeld eine bestehende URL oder eine neu zu indexierende URL an. Beide Wege führen zunächst über dieses Eingabefeld.

Unabhängig davon, ob eine URL bereits indexiert ist oder noch nicht, erscheinen weitergehende Informationen wie in Abbildung 9.6. Auf der rechten Seite befindet sich ein Link: SEITE GEÄNDERT? INDEXIERUNG BEANTRAGEN. Mit Klick auf diesen Link wird die betreffende URL bald Besuch von einem Google-Crawler erhalten und der Index aktualisiert.

Bei den Bing Webmaster Tools sind die Funktionen quasi identisch.

9   Websiteaufnahme, Relaunches und Domainwechsel

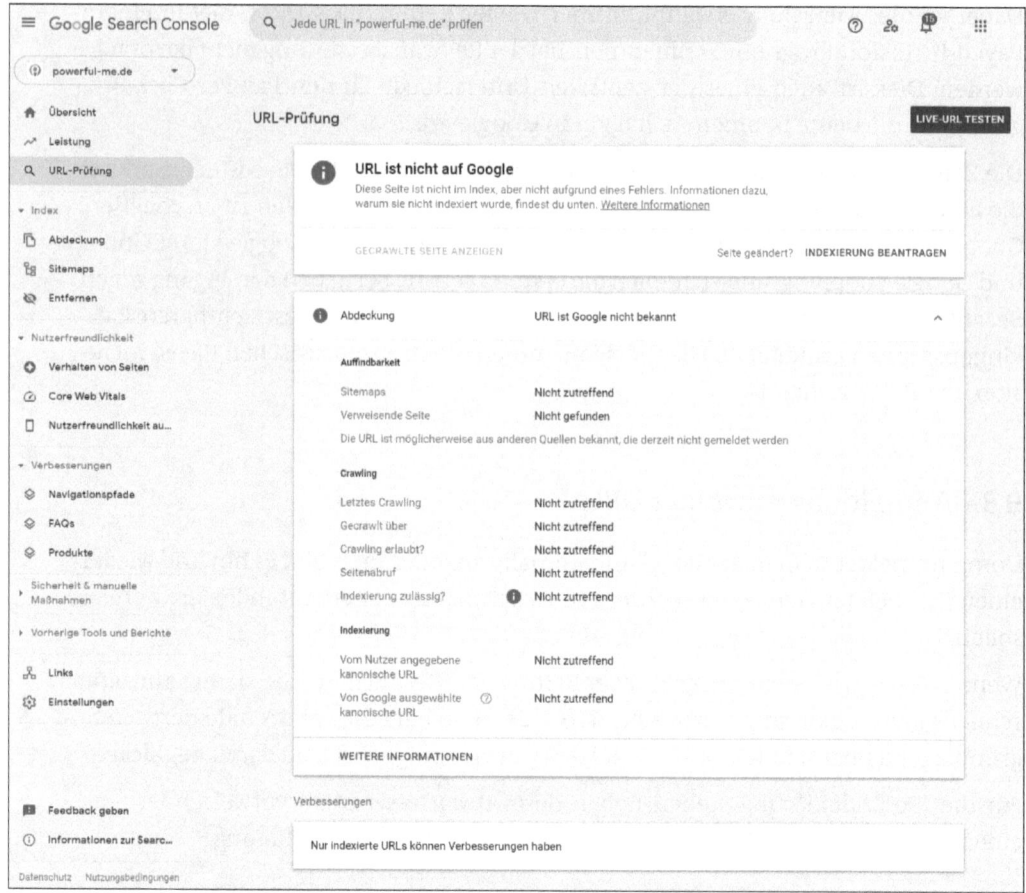

Abbildung 9.6 URL-Indexierung bei der GSC

9.3.2 Indexing APIs

Sowohl Google als auch Bing stellen Programmierschnittstellen zur gezielten automatischen Übermittlung von einzelnen URLs bereit.

Google Indexing API

Die Google Indexing API unterstützt allerdings nicht (mehr) die Übermittlung von allen möglichen HTML-Dateien. Google konzentriert sich lediglich auf Stellenausschreibungen und Livestream-Videos. Bei Websites mit vielen kurzlebigen Seiten wie Stellenausschreibungen oder Livestream-Videos sorgt die Indexing API dafür, dass der Inhalt in den Suchergebnissen auf dem neuesten Stand ist, da Aktualisierungen einzeln möglich gemacht werden.

Mit der Indexing API stehen folgende Möglichkeiten zur Verfügung:

- URL aktualisieren: Sie können Google über eine neue URL benachrichtigen, die gecrawlt werden muss, oder über die Aktualisierung von Inhalt unter einer bereits übermittelten URL.
- URL entfernen: Sie können Google nach dem Löschen einer Seite von Ihren Servern benachrichtigen, damit die Seite aus dem Index entfernt und die URL nicht mehr gecrawlt wird.
- Anfragestatus abrufen: Sie können prüfen, wann Google zuletzt eine Benachrichtigung über eine URL erhalten hat.
- Batch-Indexierungsanfragen senden: Sie können die Anzahl der HTTP-Verbindungen reduzieren, die Ihr Client herstellen muss, indem Sie bis zu 100 Aufrufe in einer einzigen HTTP-Anfrage zusammenfassen.

Für die Verwendung der API muss ein Google-Developer-Dienstkonto erstellt werden. Alle Schritte finden Sie jeweils aktuell unter *https://developers.google.com/search/apis/indexing-api/v3/quickstart?hl=de*.

Bing Webmaster API

Bei Bing ist dies ein wenig leichter. Nach dem Generieren eines API-Keys in den Bing Webmaster Tools können Sie die Submit-Methode der API einfach mittels eines POST-Befehls und eines XML-Datensatzes auslösen:

```
POST /webmaster/api.svc/pox/SubmitUrl?apikey=
EEDECC1EA4AE341CC57365E075EBC8B6 HTTP/1.1
Content-Type: application/xml; charset=utf-8
Host: ssl.bing.com

<SubmitUrl xmlns="http://schemas.datacontract.org/2004/07/
Microsoft.Bing.Webmaster.Api">
<siteUrl>https://www.beispiel.de</siteUrl>
<url>https://www.beispiel.de/eine-beispiel-url.html</url>
</SubmitUrl>
```

Listing 9.1 Hinzufügen einer URL mittels Bing Webmaster API

Nähere Informationen dazu finden Sie unter *https://www.bing.com/webmasters/help/url-submission-62f2860b*. Das Eingabelimit (Quota) von URLs ist auch hier limitiert. Es errechnet sich flexibel aus der Menge der bisher gemeldeten URLs, dem Alter der Domain und der Relevanz der Domain für Bing.

9.4 XML-Sitemaps

Suchmaschinen finden neue Ressourcen primär über die Linkverfolgung von bereits bekannten URLs mithilfe von Webrobots. Google bietet seit 2005 für alle Webmaster einen zusätzlichen Dienst an. Yahoo! war 2006 aufgesprungen, und auch Microsofts Bing verarbeitet seit 2007 die XML-Sitemaps. Da Google als »Erfinder« die umfangreichsten Informationen bereitstellt, soll der Schwerpunkt der Betrachtung auf dem Google-Sitemap-Programm liegen. Die Spezifikationen sind jedoch bei allen großen Anbietern mittlerweile einheitlich.

9.4.1 Was ist eine XML-Sitemap?

Eine Sitemap ist eine Übersicht über die Inhalte einer Website. Die *XML-Sitemap* ist eine XML-Datei mit einem speziellen Format. Sie enthält eine Liste der URLs einer Website sowie einige Parameter. Die XML-Sitemap kann bei Suchmaschinen angemeldet werden. Diese lesen die Sitemap dann regelmäßig ein und berücksichtigen die Angaben und Änderungen zusätzlich zum üblichen Crawlen, bei dem Links innerhalb der Website gefolgt wird.

Mit einer XML-Sitemap können Websites besser und effizienter in den Index aufgenommen werden. Die zusätzlichen Angaben zur Wichtigkeit oder Aktualität einer URL sind dabei praktisch jedoch von geringerer Bedeutung.

Eine XML-Sitemap sollten Sie jedoch nicht mit einer normalen Sitemap verwechseln. Eine XML-Sitemap ist ausschließlich für Suchmaschinen gedacht, während eine normale Sitemap innerhalb einer Website optisch übersichtlich strukturiert ist und klickbare Links für Besucher und Besucherinnen enthält.

9.4.2 Struktur

Die XML-Datei enthält vor allem die URLs zu den einzelnen Ressourcen einer Website:

```
<urlset>
   <url>
      <loc>http://www.erdmonster.de/geschriebenes.php</loc>
      <lastmod>2022-04-30T03:45:08+00:00</lastmod>
      <changefreq>monthly</changefreq>
      <priority>0.8</priority>
   </url>
   <url>
      <loc>http://www.erdmonster.de/photos.html</loc>
```

```
        <lastmod>2020-05-07T00:45:09+00:00</lastmod>
        <changefreq>monthly</changefreq>
        <priority>0.8</priority>
    </url>
</urlset>
```

Listing 9.2 XML-Datei für das Google-Sitemap-Programm

Alternativ dazu können auch andere Formate genutzt werden. So ist es möglich, eine einfache Textdatei mit einer zeilenweisen Auflistung der absoluten URLs zu nutzen. Falls möglich, sollten Sie aber das XML-Format vorziehen.

9.4.3 Generierung

Eigentlich sollte Ihr Content-Management-System immer eine aktuelle XML-Sitemap generieren. Alle verbreiteten CMS können dies auch, spätestens mittels eines Plugins.

In einigen Fällen ist dies allerdings nicht möglich, dann müssen Sie die XML-Sitemap regelmäßig von Hand erstellen. Diese aktualisiert sich bei einer Änderung innerhalb des CMS leider jedoch nicht von alleine. Zur automatischen Erstellung der Sitemap existieren zahlreiche Programme von Drittanbietern. Viele Tools verfolgen die Verweise online auf Ihrer Website und listen diese dann entsprechend formatiert auf. Für statisch erstellte Websites können Sie das Online-Tool unter *www.xml-sitemaps.com* nutzen. Hier geben Sie die betreffende URL ein, definieren die Parameter und lassen sich eine XML-Sitemap-Datei erstellen (siehe Abbildung 9.7).

Ein ebenfalls sehr beliebtes Tool, mit dem man Websites crawlen und daraus auch XML-Sitemaps exportieren kann, ist der Screaming Frog SEO Spider unter *https://www.screamingfrog.co.uk/seo-spider/*.

Die Suchmaschinen-Anbieter hoffen, durch den Einsatz einer zusätzlichen Indexierungsquelle eine noch größere Abdeckung des Web zu erreichen. Für Webanbieter ist dies besonders bei dynamischen und großen Websites mit zahlreichen Unterseiten hilfreich, da hier die Indexierung über die Linkverfolgung nicht immer zuverlässig verläuft. Trotzdem ist das Angebot von Google auch als solches zu sehen: Mit der Bereitstellung der XML-Sitemap gibt Google keine Garantie, dass die Einträge tatsächlich in den Index übernommen werden. Ebenso erfolgt die Verarbeitung vollkommen unabhängig von den weiterhin ablaufenden Besuchen der Webcrawler.

Erfahrungsgemäß beschleunigt die Teilnahme am Sitemap-Programm dennoch die Indexierung neuer Seiten, sodass sich der Einsatz vor allem für neue oder stark erweiterte Webangebote anbietet.

9   Websiteaufnahme, Relaunches und Domainwechsel

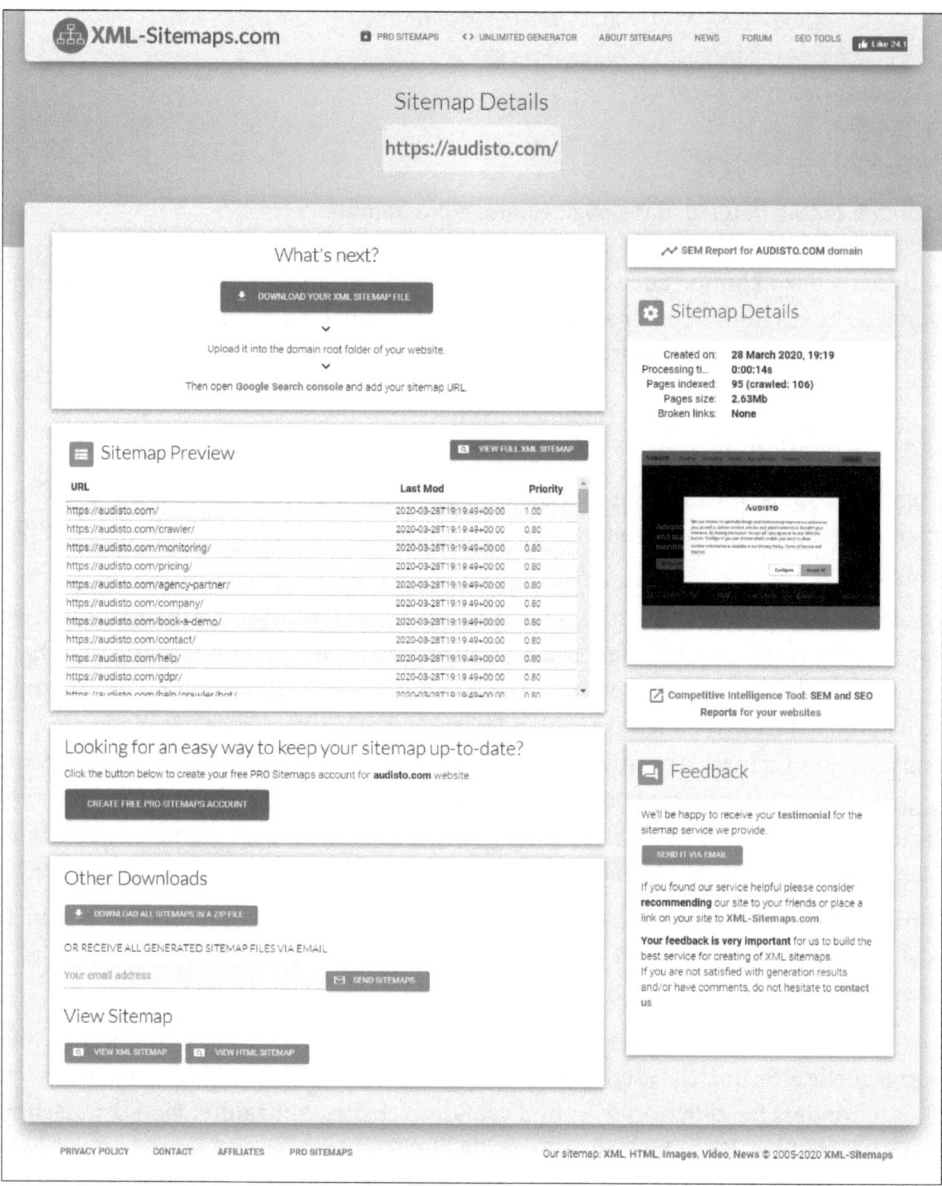

Abbildung 9.7 Vor allem kleine Sitemaps lassen sich schnell mit »XML-Sitemaps.com« erstellen.

Für kleinere Websites unter 10.000 URLs ist laut Google eine XML-Sitemap nicht zwingend notwendig. Meiner Erfahrung nach sollten Sie dennoch immer eine XML-Sitemap anbieten. Damit schaffen Sie einfach mehr Orientierung für die Crawler und sichern somit eine saubere und schnelle Indexierung, vor allem von neuen URLs.

9.4 XML-Sitemaps

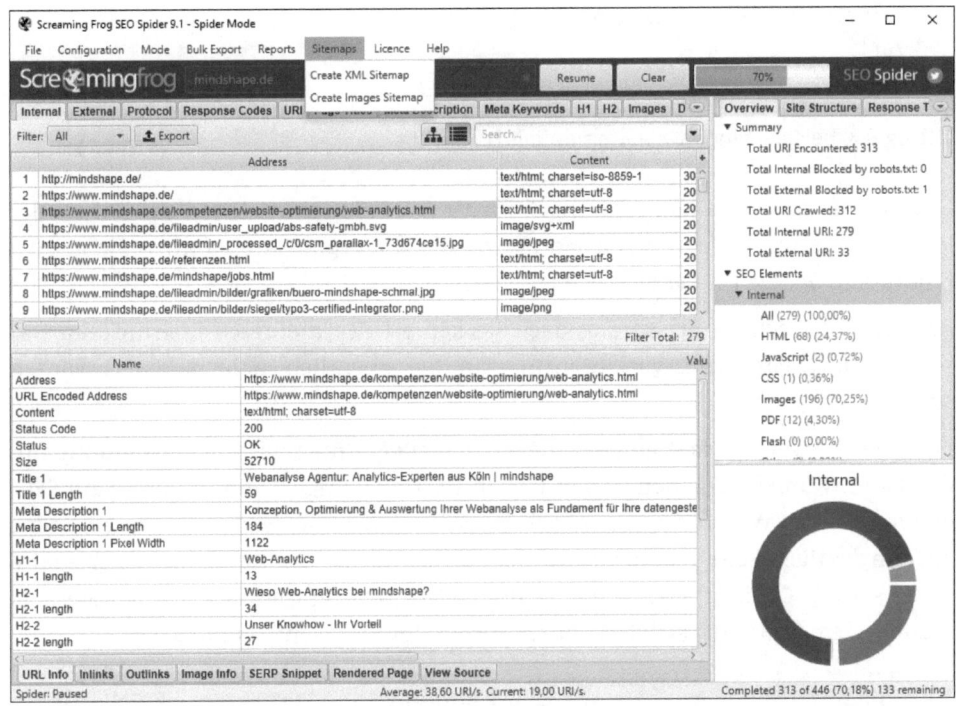

Abbildung 9.8 Der SEO Spider von Screaming Frog exportiert auch XML-Sitemaps.

9.4.4 Konfigurieren der XML-Sitemap

Unabhängig davon, ob Sie den empfohlenen Weg gehen und die XML-Sitemap über das Content-Management-System automatisch erstellen lassen oder ob Sie ein externes Programm zur Erstellung nutzen: Sie müssen die Parameter für jede einzelne URL noch sinnvoll anpassen.

```
<?xml version="1.0" encoding="UTF-8"?>
<urlset xmlns="http://www.sitemaps.org/schemas/sitemap/0.9">
    <url>
        <loc>http://www.domain.de/</loc>
        <lastmod>2020-01-01</lastmod>
        <changefreq>monthly</changefreq>
        <priority>0.8</priority>
    </url>
    <url>
        <loc>http://www.domain.de/pfad/dateiname.html</loc>
        <lastmod>2020-08-01</lastmod>
        <changefreq>monthly</changefreq>
```

```
        <priority>0.5</priority>
    </url>
</urlset>
```

Listing 9.3 Beispiel einer XML-Sitemap mit zwei URLs

Google beachtet vor allem drei Angaben: die URL, die Priorität und das Datum der letzten Änderung. Alle anderen Werte (wie die Änderungsrate) können Sie getrost ignorieren. Google tut das auch weitgehend.

Bei den URLs achten Sie darauf, dass Sie keine URLs mehrfach übermitteln. Das schließt auch Parameter-Varianten mit ein, die eigentlich nicht indexiert werden sollten.

Für die Wahl der Priorität gibt es eine einfache Regel, die meistens Anwendung finden kann: Wählen Sie einen hohen Wert für sehr wichtige Seiten in Bezug auf SEO, einen mittleren Wert für weniger wichtige Seiten und einen sehr niedrigen Wert für alle unwichtigen Seiten. Dabei ist es wichtig zu wissen, dass die Werte relativ zueinander stehen. 0.8 ist also nicht per se doppelt so wichtig wie 0.4, nur wichtiger. Bei E-Commerce-Shops hat sich folgendes Muster als Grundsetup etabliert:

Seitentyp	Priorität
Startseite	1.0
Kategorieübersichten	0.7
Produktdetailseiten	0.5
Impressum, AGB und andere	0.1
Markenwelten und Magazinbereiche	0.9

Tabelle 9.1 Prioritätsstufen in der XML-Sitemap

Achten Sie darauf, dass nur URLs in der XML-Sitemap enthalten sind, die auch in den Google-Index sollen. Das heißt konkret:

- keine 404-Fehlerseiten
- keine URLs, die auf noindex stehen
- keine URLs, auf denen ein Canonical auf eine andere URL zeigt

Zusätzlich lässt sich die XML-Sitemap auch durch hreflang-Angaben ergänzen. Mehr Informationen finden Sie unter *https://support.google.com/webmasters/answer/2620865?hl=de*.

Bei dem Änderungsdatum lassen Sie am besten aus dem CMS heraus das Datum generieren, an dem die betreffende URL zuletzt geändert wurde. Wurde die URL noch nie geändert, ist dies das Erstellungsdatum.

9.4.5 Image-, Video- und News-Sitemaps

Neben der klassischen XML-Sitemap besteht auch noch die Möglichkeit, eine eigene XML-Sitemap für Bilder, Videos oder Google News zu generieren und diese wie die normale XML-Sitemap in der Google Search Console anzumelden.

Image-Sitemap

Um in der Bildersuche die Ranking-Chancen zu verbessern, sollten Sie den Einsatz einer Image-Sitemap in Erwägung ziehen. Das ist besonders dann sinnvoll, wenn Sie einzigartige Bilder haben – etwa von Ihren Produkten oder Dienstleistungen – und Menschen danach suchen.

Eine Image-Sitemap ist wie folgt aufgebaut:

```
<?xml version="1.0" encoding="UTF-8"?>
<urlset xmlns="http://www.sitemaps.org/schemas/sitemap/0.9"
        xmlns:image="http://www.google.com/schemas/sitemap-image/1.1">
  <url>
    <loc>https://www.domain.de/beispiel.html</loc>
    <image:image>
      <image:loc>https://www.domain.de/bild.jpg</image:loc>
    </image:image>
    <image:image>
      <image:loc>https://www.domain.de/foto.jpg</image:loc>
      <image:caption>Eine Bildunterschrift</image:loc>
      <image:title>Ein Titel für das Bild</image:loc>
      <image:geo_location>Cologne, Germany</image:loc>
    </image:image>
  </url>
</urlset>
```

Listing 9.4 XML-Image-Sitemap

Sie enthält in der Minimalvariante lediglich die URLs zu den einzelnen Bildern – aufgeschlüsselt nach HTML-URLs. Neben der Pflichtangabe `loc` können Sie noch eine Beschreibung (`caption`), einen Titel (`title`) und einen Ort (`geo_location`) angeben.

Video-Sitemap

Die Video-Sitemap ist hingegen deutlich komplexer. Sie enthält eine Video-Landingpage-URL und diverse Angaben zum Video:

```
<urlset xmlns="http://www.sitemaps.org/schemas/sitemap/0.9"
      xmlns:video="http://www.google.com/schemas/sitemap-video/1.1">
  <url>
    <loc>http://www.example.com/videos/some_video_landing_page.html</loc>
    <video:video>
      <video:thumbnail_loc>http://www.example.com/thumbs/123.jpg
      </video:thumbnail_loc>
      <video:title>Grilling steaks for summer</video:title>
      <video:description>Alkis shows you how to get perfectly done steaks
         every time</video:description>
      <video:content_loc>http://www.example.com/video123.mp4
      </video:content_loc>
      <video:player_loc autoplay="ap=1">
         http://www.example.com/videoplayer.mp4?video=123</video:player_loc>
      <video:duration>600</video:duration>
      <video:expiration_date>2009-11-05T19:20:30+08:00
      </video:expiration_date>
      <video:rating>4.2</video:rating>
      <video:view_count>12345</video:view_count>
      <video:publication_date>2007-11-05T19:20:30+08:00
      </video:publication_date>
      <video:family_friendly>yes</video:family_friendly>
      <video:restriction relationship="allow">IE GB US CA</video:restriction>
      <video:gallery_loc title="Cooking Videos">http://cooking.example.com
      </video:gallery_loc>
      <video:price currency="EUR">1.99</video:price>
      <video:requires_subscription>yes</video:requires_subscription>
      <video:uploader info="http://www.example.com/users/grillymcgrillerson">
         GrillyMcGrillerson
      </video:uploader>
      <video:live>no</video:live>
    </video:video>
  </url>
</urlset>
```

Listing 9.5 XML-Video-Sitemap

Google unterstützt derzeit diverse Videoformate (*.mpg*, *.mpeg*, *.mp4*, *.m4v*, *.mov*, *.wmv*, *.asf*, *.avi*, *.ra*, *.ram*, *.rm*, *.flv*, *.swf*). Genauere Informationen finden Sie unter *https://support.google.com/webmasters/answer/80471?hl=de*.

Google-News-Sitemap

Um News an Google zu übermitteln, benötigt man eine spezielle News-Sitemap. Voraussetzung hierfür ist allerdings, dass die betreffende Domain bei Google News aufgenommen ist. Hier müssen recht strikte Kriterien erfüllt sein. Details erfahren Sie unter *https://support.google.com/news/publisher-center/answer/9606710?hl=de*.

Im Google News Publisher Center (*https://publishercenter.google.com/*) können Verleger und Publisher die Aufnahme in Google News beantragen und verwalten. Ist dies gelungen, bieten Sie eine News-Sitemap an:

```xml
<?xml version="1.0" encoding="UTF-8"?>
<urlset xmlns="http://www.sitemaps.org/schemas/sitemap/0.9"
        xmlns:news="http://www.google.com/schemas/sitemap-news/0.9">
  <url>
    <loc>http://www.ihrebeispielurl.de/unternehmen/artikel55.html</loc>
    <news:news>
      <news:publication>
        <news:name>Beispielzeitung</news:name>
        <news:language>de</news:language>
      </news:publication>
      <news:genres>PressRelease, Blog</news:genres>
      <news:publication_date>2008-12-23</news:publication_date>
      <news:title>Unternehmen A und B führen Fusionsgespräche</news:title>
      <news:keywords>unternehmen, fusion, übernahme, A, B</news:keywords>
      <news:stock_tickers>NASDAQ:A, NASDAQ:B</news:stock_tickers>
    </news:news>
  </url>
</urlset>
```

Listing 9.6 Google News-Sitemap

9.4.6 XML-Sitemapindex

Eine normale XML-Datei darf maximal 50.000 URLs enthalten oder maximal 50 Megabyte groß sein. Sollte das nicht reichen oder sollten Sie generell verschiedene XML-Sitemaps haben, dann können Sie alle einzelnen XML-Sitemaps in einem Sitemapindex als Kollektion auflisten.

Das ist eine XML-Datei mit einem gesonderten Format, welches URL-Verweise auf alle einzelnen XML-Dateien enthält:

```xml
<?xml version="1.0" encoding="UTF-8"?>
<sitemapindex xmlns="http://www.sitemaps.org/schemas/sitemap/0.9">
    <sitemap>
        <loc>https://www.domain.de/sitemap1.xml.gz</loc>
        <lastmod>2018-10-01T18:23:17+00:00</lastmod>
    </sitemap>
    <sitemap>
        <loc>https://www.domain.de/sitemap2.xml.gz</loc>
        <lastmod>2018-01-01</lastmod>
    </sitemap>
</sitemapindex>
```

Listing 9.7 Beispiel einer Sitemapindex-Datei

9.4.7 Anmelden der XML-Sitemap

Alle Sitemap-Typen lassen sich über die Google Search Console einreichen. Für den Webmaster sehen die einzelnen Schritte zur Teilnahme wie folgt aus:

- Generieren Sie eine XML-Sitemap.
- Stellen Sie die Datei auf dem Webserver bereit.
- Passen Sie die Datei *robots.txt* an.
- Loggen Sie sich in die Google Search Console ein.
- Melden Sie die XML-Sitemaps an.

Nachdem Sie sich unter der Adresse *https://search.google.com/search-console* angemeldet und die betreffende Domain ausgewählt haben, gelangen Sie über den Punkt INDEX in den Bereich SITEMAPS. Über den Bereich NEUE SITEMAP HINZUFÜGEN können Sie anschließend die URL Ihrer Sitemap angeben und mittels SENDEN übermitteln.

Neben der zusätzlichen Form der Indexierung bietet Google kleinere statistische Analysen, sobald die Sitemap das erste Mal eingelesen wurde (siehe Abbildung 9.9). So erfahren Sie, welche Seiten beim Crawlen erfolgreich erreicht wurden und welche Anfragen gegebenenfalls einen Fehler ergeben haben.

Schauen Sie sich die Google Search Console unabhängig von der XML-Sitemap regelmäßig an. Google bietet hier zahlreiche Informationen an und erweitert regelmäßig den Informations- und Funktionsumfang.

9.5 Aufnahme beschleunigen

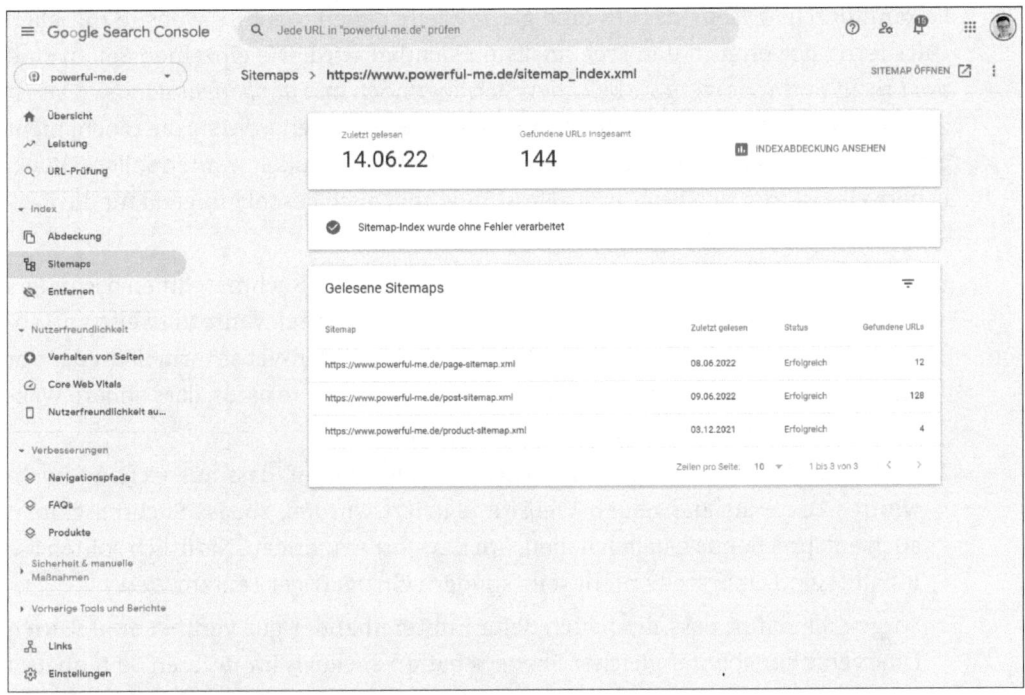

Abbildung 9.9 XML-Sitemap in der Google Search Console

Über die *robots.txt* können Sie ebenfalls Ihre Sitemap verlinken. Dazu fügen Sie eine entsprechende Zeile in die Datei ein, die auf die XML-Sitemap verweist:

Sitemap: https://www.ihredomain.de/sitemap.xml

Wenn Sie mehrere XML-Sitemaps haben, legen Sie eine Sitemapindex-Datei an und geben diese in der *robots.txt* an.

> **Praxistipp: Verschiedene XML-Sitemaps anlegen**
>
> Sie können bei der Google Search Console mehrere XML-Sitemaps anmelden und beobachten. Wenn Sie für bestimmte Bereiche oder Seitentypen jeweils eine separate XML-Sitemap generieren und anmelden, dann sehen Sie den Indexierungsfortschritt je Bereich oder Seitentyp. So können Sie z. B. in einem Shop die Indexierung von Produktdetailseiten und Listenansichten bequem separat beobachten.

9.5 Aufnahme beschleunigen

Wenn der Webcrawler Ihre Seite zum ersten Mal besucht hat, dann ist sie in der Regel nicht sofort bei den Suchmaschinen an der richtigen Ranking-Position sichtbar. Auch werden nicht gleich alle URLs sofort indexiert, sondern zunächst die zentralen URLs.

Es kann durchaus sein, dass es eine ganze Weile dauert, bis Ihre Website mit allen URLs fertig bewertet in den Ergebnislisten sichtbar wird. Die einzelnen Seiten sind zwar recht flott indexiert, sie befinden sich aber noch im *Supplemental Index*. Das ist ein Index zweiter Klasse, in den Dokumente aufgenommen werden, die (noch) nicht gleichwertig zu Dokumenten im eigentlichen Index behandelt werden sollen. Glücklicherweise wirken sich bestimmte Umstände aber auch beschleunigend für die Ranking-Ermittlung und die vollständige URL-Erfassung aus:

1. Eingehende Links (Backlinks): Eine neue Website ist für Suchmaschinen besonders dann interessant, wenn viele hochwertige und themenrelevante Verweise von anderen Websites auf sie zeigen. Für Sie als Webautor oder Webautorin heißt das vor allem eines: Sorgen Sie nach dem Erscheinen der Website dafür, dass andere Webautoren und Webautorinnen Ihre Website verlinken.

2. Suchmaschinen lieben Content. Achten Sie also darauf, dass ausreichend hochwertige Texte auf der neuen Website platziert wurden, sodass Suchmaschinen auch entsprechende Quellen haben, um Keywords zu finden. Natürlich sollten die Inhalte kein Duplicate Content sein, sondern einzigartiger Text im Web.

3. Sorgen Sie dafür, dass die neuen Seiten untereinander gut verlinkt sind. Durch Querverlinkungen auf gleicher Ebene schaffen Sie auch im unteren Seitenbaum Verknüpfungen, an denen sich Webcrawler entlanghangeln können. Wenn Sie auf bestimmte Unterseiten überdurchschnittlich viele solcher Querverlinkungen setzen, können Sie die relative Bedeutung dieser Zielseiten anheben. Damit werden solche bedeutenden Seiten schneller indexiert und angezeigt als andere.

4. Sorgen Sie für Aktualität auf Ihrer neuen Website. Häufig werden die Ressourcen nach einem aufwendigen Webprojekt an anderer Stelle benötigt, und die Website steht nach der Veröffentlichung still. Das sollte Ihnen nicht passieren, wenn Sie möglichst schnell aus dem Supplemental Index heraus in die guten Ranking-Positionen möchten.

5. Nutzersignale bestärken das Ansehen einer Domain bei Google. Insofern helfen Postings bei Twitter, Facebook, Instagram und Co., um Menschen dazu zu bewegen, auf Ihre Website zu gehen und ein paar Tage später vielleicht dann direkt über Google danach zu suchen. Letzteres kann einen positiven Effekt auf Ihre Domain haben, wenn Ihr Domainname gemeinsam mit einem generischen Suchbegriff gesucht wird – etwa »damenschuhe schuster schmidt hamburg«.

9.6 Die Wiederaufnahme

Manchmal geht es gar nicht darum, das erste Mal in den Suchmaschinen-Index zu gelangen, sondern wieder hineinzukommen. In solchen Fällen wurde oft eine Domain vom Suchmaschinen-Betreiber gesperrt, weil die Inhalte gegen die Qualitätsrichtlinien verstoßen haben.

In den meisten Fällen handelt es sich dabei um Spam-Versuche in der Absicht, ein besseres Ranking zu erhalten. Die verschiedenen Methoden lernen Sie in Kapitel 13, »Spam«, kennen. Grundsätzlich besteht nach einer Spam-Erkennung zumindest die Chance, wieder in den Index aufgenommen und somit von den Suchenden auch wieder gefunden zu werden.

Das gilt jedoch nicht für alle Sperrungen: Für Suchmaschinen gelten neben ethischen und moralischen Verpflichtungen zur Anzeige von Suchergebnissen grundsätzlich auch die Gesetze eines Landes. In diesem Zusammenhang werden natürlich illegale und pornografische Inhalte sowie rassistische oder ausländerfeindliche Websites gesperrt, wenn sie als solche identifiziert wurden. Hier ist eine Wiederaufnahme in der Regel aus gutem Grund ausgeschlossen.

9.6.1 Gründe für eine Deindexierung

Es gibt verschiedene Konstellationen, die dazu führen können, dass eine gesamte Website aufgrund von Spam-Versuchen aus dem Suchmaschinen-Index entfernt wird.

Eine sogenannte *Deindexierung* ist das extremste Mittel, das eine Suchmaschine zur Verfügung hat. In einigen Fällen wird zuvor eine Ranking-Abstrafung (Penalty) verhängt, d. h., die Rankings werden künstlich zehn, zwanzig oder mehr Plätze nach unten verschoben.

Die Gründe für eine Deindexierung sind meist schwerwiegend. Die in der Praxis häufig anzutreffende Variante ist die Meldung einer Seite über das Spam-Report-Formular. Jeder Nutzer und jede Nutzerin kann so z. B. unter der Adresse *https://www.google.com/webmasters/tools/spamreport?hl=de* einen Spam-Verdacht an Google melden (siehe Abbildung 9.10). Dieser wird dann geprüft, und im Fall eines gravierenden Verstoßes gegen die Qualitätsrichtlinien wird eine Deindexierung vorgenommen.

Die wenigsten Nutzer und Nutzerinnen nehmen sich die Zeit, einen solchen Spam-Report auszufüllen, sollten sie einmal auf eine unpassende Seite zu ihrer Suche gestoßen sein. Meistens wird der Spam-Report von Mitbewerbern genutzt, um die konkurrierende Website für immer oder zumindest einige Zeit aus dem (Google-)Verkehr zu ziehen und selbst besser dazustehen.

Neben der Angabe des Suchbegriffs, der exakten Suche und der betreffenden URL muss der oder die Berichtende noch die Art des Spam-Versuchs klassifizieren und gegebenenfalls weitere Informationen beifügen (siehe Abbildung 9.11).

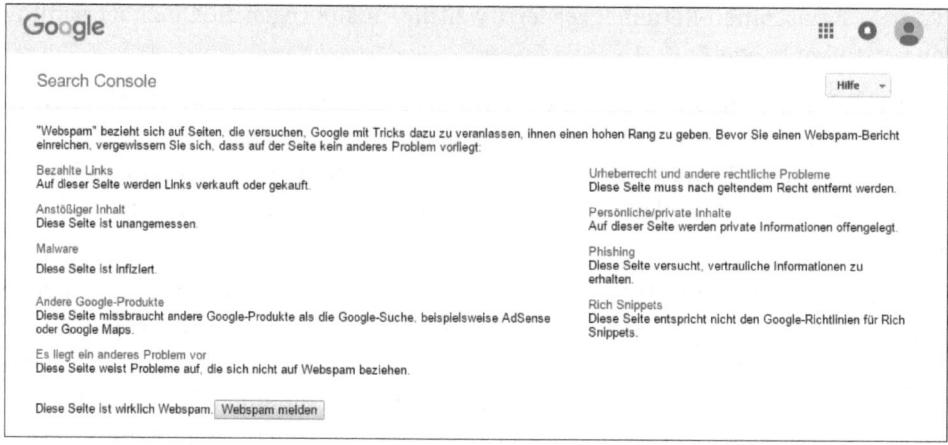

Abbildung 9.10 Web-Spam bei Google kann aktiv gemeldet werden.

Nicht jeder Spam-Report führt automatisch zu einer Sperrung der betreffenden Website. Die Meldung wird von Google-Mitarbeitern und -Mitarbeiterinnen geprüft, die auch die Berechtigung der Beschwerde bzw. die Schwere des Falls beurteilen. Liegt ein tatsächlicher Spam-Versuch vor, wird in der Regel die gesamte Domain aus dem Google-Index entfernt. Andere Suchmaschinen-Betreiber verfahren ähnlich.

In den meisten Fällen ist allerdings gar kein Spam-Report notwendig. Die Erkennungsmechanismen der Suchmaschinen-Betreiber finden auch selbstständig Webseiten, die Spam-Methoden verwenden oder langfristig von Malware infiziert sind. Keyword-Stuffing oder massiver, manueller Linkaufbau gehören z. B. zu solchen sehr zuverlässig erkennbaren Mustern, die ebenfalls zu einer Sperrung führen können.

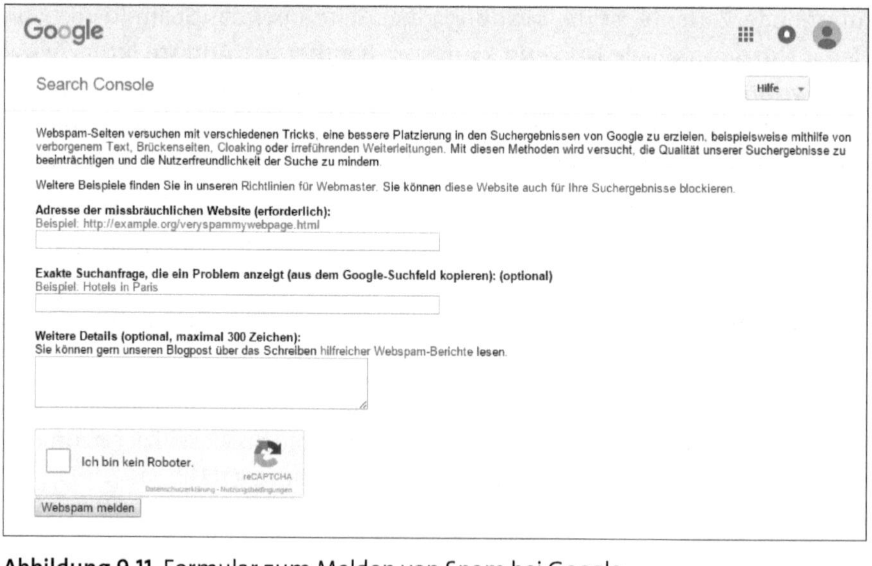

Abbildung 9.11 Formular zum Melden von Spam bei Google

9.6.2 Benachrichtigung der Sperrung

Üblicherweise werden manuelle Abstrafungen in der Search Console angezeigt, und der Webmaster erhält hierzu eine E-Mail über die Search Console. Dazu muss er natürlich die Search Console initial verifiziert haben.

In ganz harten Fällen erfährt der Webmaster von der Sperrung seiner Seiten in einer Suchmaschine auch per E-Mail, selbst wenn er nicht in der Search Console oder in den Webmaster Tools angemeldet ist. Dabei macht sich der Suchmaschinen-Betreiber nicht etwa die Arbeit, eine aktuelle und gültige E-Mail-Adresse herauszufinden. Stattdessen werden meist folgende Standard-E-Mail-Adressen angeschrieben:

- contact@domain
- info@domain
- kontakt@domain
- webmaster@domain

Als Webmaster sollten Sie daher, sofern Sie keine CatchAll-Weiterleitung eingerichtet haben, sicherstellen, dass Sie möglichst über alle diese E-Mail-Adressen erreichbar sind. Oder noch besser: Sie haben sich bei der Google Search Console angemeldet. Dann kann Google Sie am besten finden.

Der Absender der E-Mail-Benachrichtigung bei Google ist meistens noreply@google.com. Nicht selten erhält man als Webmaster jedoch E-Mails, die nicht direkt von Google stammen und dennoch eine Sperrung ankündigen. Man erkennt diese falschen E-Mails nicht unbedingt daran, dass sie nicht von der oben genannten E-Mail-Adresse verschickt wurden. Vielmehr bringt eine erfolglose Abfrage bei Google die Erkenntnis, dass die Mail tatsächlich nicht echt ist.

Der von Google eingesetzte Mail-Text lautet wie folgt:

Sehr geehrter Seiteninhaber oder Webmaster der Domain beispiel.de, während der Indexierung Ihrer Webseiten mussten wir feststellen, dass auf Ihrer Seite Techniken angewendet werden, die gegen unsere Richtlinien für Webmaster verstoßen. Sie können diese Richtlinien unter folgender Webadresse finden: http://www.google.de/webmasters/guidelines.html. Um die Qualität unserer Suchmaschine sicherzustellen, haben wir bestimmte Webseiten zeitlich befristet aus unseren Suchergebnissen entfernt. Zurzeit sind Seiten von beispiel.de für eine Entfernung über einen Zeitraum von wenigstens 30 Tagen vorgesehen. Wir haben auf Ihren Seiten insbesondere die Verwendung folgender Techniken festgestellt: * verborgener Text auf beispiel.de, z. B. Beispiel Produkt, Beispiel Produkt2, Beispiel Produkt3 [...] Gerne würden wir Ihre Seiten in unserem Index behalten. Wenn Sie wünschen, dass Ihre Seiten wieder von uns berücksichtigt werden, korrigieren oder entfernen Sie bitte alle Seiten, die gegen unsere Richtlinien für Webmaster verstoßen. Wenn dies erfolgt ist, besuchen Sie bitte die folgende Webadresse, um

weitere Informationen zu erhalten und einen Antrag auf Wiederaufnahme in unseren Suchindex zu stellen. Mit freundlichen Grüßen Google Search Quality Team

Wenn Sie bei der Google Search Console angemeldet sind, erscheint eine entsprechende Nachricht auch über diesen Kommunikationskanal und Sie erhalten die E-Mail an die von Ihnen angegebene E-Mail-Adresse.

9.6.3 Wiederaufnahme-Antrag stellen

Erhalten Sie eine Benachrichtigung und finden Sie die eigenen Seiten im Suchmaschinen-Index nicht mehr, kann es zu erheblichen Einbrüchen in den Besucherzahlen und Umsätzen der Website kommen. Meist ist hier schnelles Handeln angesagt, um wieder in die Ergebnislisten zu gelangen.

Dazu gilt es zunächst, den Spam von den eigenen Seiten zu beseitigen. Sie sollten dabei darauf achten, dass die Website nicht mehr gegen die Qualitätsrichtlinien der Suchmaschine verstößt. Das schließt selbstverständlich nicht nur die konkret angemahnten Seiten und den dort befindlichen Spam-Versuch mit ein, sondern alle Seiten und alle Spam-Typen. Hier sollten Sie als Privatperson gegebenenfalls auf professionelle Unterstützung setzen, um wirklich sicher zu sein, dass alles Notwendige korrigiert wurde.

Im nächsten Schritt müssen Sie dem Suchmaschinen-Betreiber mitteilen, dass der Spam entfernt wurde. Dieser sogenannte *Reinclusion Request* wurde lange Zeit bei Google per E-Mail gestellt. Das Verfahren wurde jedoch inzwischen standardisiert und muss nun über die Google Search Console erfolgen.

Dazu muss zunächst ein Search-Console-Account vorhanden sein, und die betreffende Domain muss verifiziert werden, damit Google sicherstellen kann, dass Sie der Eigentümer oder die Eigentümerin der Domain sind. Dazu verlangt Google eine bestimmte Datei auf der Domain, die Sie als Eigentümer oder Eigentümerin natürlich ohne Probleme erstellen können.

In der Google Search Console finden Sie unter dem Punkt SICHERHEIT & MANUELLE MASSNAHMEN • MANUELLE MASSNAHMEN ein Formular, wenn Ihre Website betroffen ist (siehe Abbildung 9.12).

Mittlerweile kann man nur noch bei sogenannten *manuellen Maßnahmen* eine Wiederaufnahme beantragen. Dies sind Maßnahmen, die ein Google-Mitarbeiter oder eine -Mitarbeiterin persönlich nach einer individuellen Analyse gesetzt hat. Im Gegensatz dazu stehen *algorithmische Maßnahmen*, die automatisch durch Programme gesetzt werden. Letztere prüfen regelmäßig, ob der Verstoß noch besteht, und lösen dann automatisch die Abstrafung oder Deindexierung auf.

Sollte es Sie getroffen haben und haben Sie daraufhin den Spam entfernt, verfahren Sie wie folgt: Zunächst wählen Sie die betreffende Domain aus und bestätigen, dass Sie die Qualitätsrichtlinien gelesen und verstanden, den Spam beseitigt haben und auf erneute Spam-Versuche in Zukunft verzichten werden.

Außerdem finden Sie ein ausreichend großes Textfeld, in dem Sie um eine Stellungnahme gebeten werden. Hier bietet es sich an, einsichtig zu sein und dies dementsprechend zu formulieren. Vermeiden Sie die Nennung von geschäftlichen Beziehungen zu Google, wie etwa die Teilnahme am Ads- oder AdSense-Programm. Die Person, die den Reinclusion Request bearbeitet, interessiert sich in erster Linie für die Tatsache, dass der Spam entfernt wurde und warum es überhaupt zu dem Spam-Versuch kam. Am einfachsten ist es natürlich, wenn Sie selbst zu diesem Zeitpunkt kein tieferes Wissen über die Spam-Techniken hatten und zumindest in leichten Fällen aus Unwissenheit gehandelt haben. Noch einfacher haben Sie es, wenn Sie ein externes Unternehmen mit der Suchmaschinen-Optimierung beauftragt haben und diesem den Schwarzen Peter zuspielen können.

Wenn der Spam entfernt wurde und Sie ausreichend Einsicht gezeigt haben, wird dem Reinclusion Request in der Regel nach einer erneuten Prüfung durch einen Google-Mitarbeiter bzw. eine -Mitarbeiterin stattgegeben, und Ihre Seite befindet sich wieder im Index.

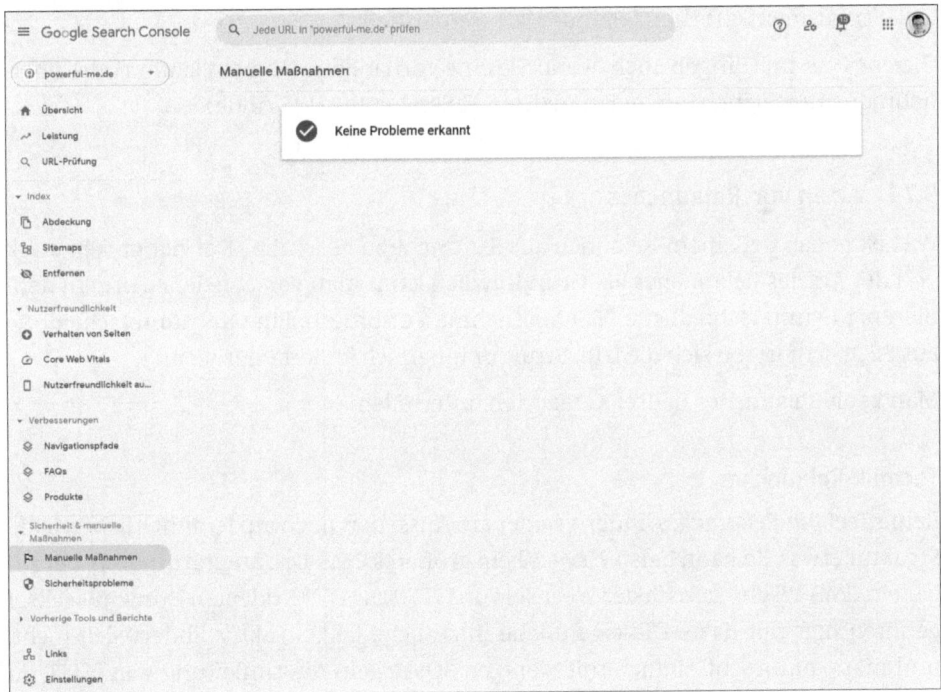

Abbildung 9.12 Idealerweise haben Sie keine manuellen Abstrafungen in der Search Console für Ihre Website.

Erfahrungsgemäß finden die Bearbeitung und die Wiederaufnahme innerhalb einer Zeitspanne von 10 und 100 Tagen statt. Dies hängt jedoch stark von der Anzahl der Spam-Reports sowie von der Schwere des Spam-Versuchs ab. In schwerwiegenden Fällen müssen Sie zudem mit nachträglichen Strafen rechnen, die sich in einer Reduzierung des Google-internen PageRanks oder einer Minderung der Ranking-Position äußern können.

Außerdem wird Ihre Domain intern im Suchmaschinen-Index markiert, sodass Sie bei einem erneuten Spam-Verstoß mit einer weitaus geringeren Chance für eine Wiederaufnahme rechnen können. Schließlich haben Sie zumindest bei Google bereits nach dem ersten Spam-Vorfall versichert, auf Spam-Versuche in Zukunft zu verzichten.

9.7 Relaunches aus SEO-Sicht

Nicht immer geht es darum, eine komplett neue Domain bei Suchmaschinen anzumelden. Häufig ist eine Domain bereits bekannt und indexiert. Bei einem Relaunch ändern sich aber häufig viele Parameter, u. a. die URL-Struktur, sodass sich auch hier die Frage stellt, wie man die neuen URLs bei den Suchmaschinen möglichst schnell und sauber indexiert bekommt. Zusätzlich kommt dann noch hinzu, dass die alte URL-Struktur entsprechend deindexiert werden soll.

Gleiches gilt im Übrigen auch, wenn Sie eine vorhandene Domain kaufen oder übernehmen. Auch dann sind in den meisten Fällen bereits URLs indexiert.

9.7.1 Arten von Relaunches

Was ist genau bei einem Relaunch aus SEO-Sicht zu beachten? Das hängt sehr stark von der Art des Relaunches ab. Grundsätzlich kann man verschiedene Formen definieren, die unterschiedliche SEO-Maßnahmen erfordern. Eine Kernunterscheidung aus SEO-Sicht ist, ob sich die URL-Struktur inhaltlich ändert oder nicht.

Man kann Relaunches in drei Kategorien unterteilen:

Technik-Relaunches

Reine *Technik-Relaunches* ändern weder am Aussehen noch an der inhaltlichen URL-Struktur etwas. So kann beispielsweise ein größeres CMS-Update stattfinden oder sogar ein CMS-Wechsel. Auch der Wechsel von HTTP zu HTTPS oder ein Domainwechsel gehören hier mit dazu. Die eigentliche inhaltliche URL-Struktur ändert sich nicht, und man kann recht einfach mit wenigen 301-Regeln die Umleitung von HTTP zu HTTPs oder von der alten Domain auf die neue Domain gestalten. Im letzteren Fall mag es zwar zwei bis drei Monate dauern, bis die neue Domain das Niveau der alten Domain in Sachen Sichtbarkeit und Rankings erreicht hat, aber aus SEO-Sicht gibt es hier sonst nicht allzu viel zu tun.

Design-Relaunches

Auch bei einem Design-Relaunch bleibt die URL-Struktur bestehen. Es ändert sich aber das Design. Die kleinste Form ist lediglich ein Facelift oder Design-Refresh. Hier wird das Design etwas aufgehübscht, die Inhalte und die HTML-Programmierung bleiben aber weitgehend bestehen. Hier besteht kein Bedarf für einen SEO-Einsatz. Anders sieht es allerdings aus, wenn das Design komplett neu entwickelt wird und sich dann auch die strukturelle Anordnung der Inhalte ändert – es beispielsweise keine Randspalte mehr gibt oder ein großes grafisches Banner im Kopf eingeführt wird und alle Inhalte nach unten rutschen. Hier sollte ein SEO bereits im Design-Prozess mit eingebunden werden, um frühzeitig Feedback und Änderungswünsche kommunizieren zu können.

Ein Wechsel von einem statischen zu einem responsiven Design fällt auch mit in diese Kategorie. Als SEO sollten Sie hier ausreichend die verschiedenen Ansichten testen und mit dem Google Mobile Friendly Tool testen (*https://search.google.com/test/mobile-friendly*).

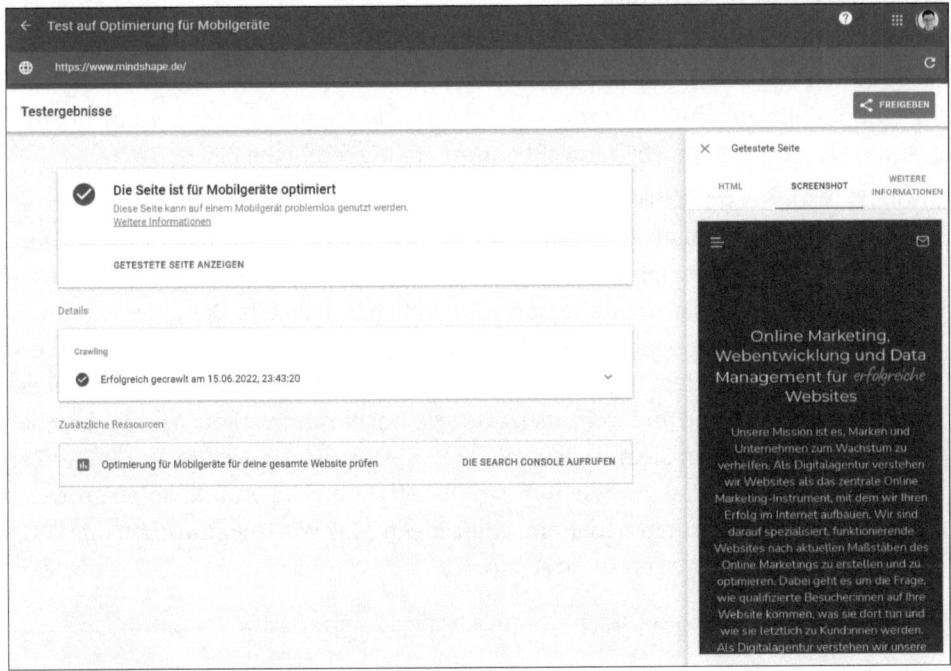

Abbildung 9.13 Google-Mobile-Friendly-Test

Bei der Einführung eines responsiven Designs ändert sich meist auch die Content-Struktur. Achten Sie dabei genau darauf, dass alle Ranking-relevanten Inhalte in der Smartphone-Ansicht präsent sind. Denn diese ist seit Einführung des Mobile First Indexing 2018 die entscheidende Ansicht.

Komplett-Relaunches

Meistens, wenn man von Relaunches spricht, meint man einen Komplett-Relaunch. Hier wird die Website-Struktur umgeworfen, ein neues Design entworfen, neue Templates programmiert und meistens auch neue Inhalte geschrieben. Auch technisch wird hier zumindest das CMS aktualisiert oder gar ein neues eingesetzt.

Man kann es erahnen – hier gibt es für einen SEO am meisten zu tun! Grundsätzlich kann man eine SEO-Relaunch-Begleitung in drei Phasen einteilen. In der Vorphase vor dem Relaunch wird auf der bestehenden und der neuen Website gearbeitet. Bei der Relaunch-Durchführung hat der SEO hoffentlich alle Hausaufgaben gemacht und ist hauptsächlich für das Monitoring da. Nach dem Relaunch kommt dann wieder etwas mehr Arbeit auf einen SEO zu.

Wie sehen die einzelnen Phasen genau aus, und was ist jeweils zu beachten?

9.7.2 Relaunch vorbereiten

Wenn Sie bereits vor dem Relaunch kontinuierlich SEO gemacht haben, halten sich die Arbeiten vor einem Relaunch in Grenzen. Wenn wir bei mindshape als Agentur für eine SEO-Relaunch-Begleitung angefragt werden, erleben wir allerdings häufig, dass das *Housekeeping* nicht gemacht wurde. Häufig fehlte die Zeit dafür.

Insofern ist der erste Schritt vor einem Relaunch, dass das SEO-Housekeeping gemacht bzw. sichergestellt ist. Dazu gehören verschiedene Bereiche: Das Crawling muss sauber vonstattengehen. Der Index sollte möglichst sauber sein und jeglicher Duplicate Content entfernt oder entsprechend behandelt sein. Das alles sollte idealerweise mindestens drei Monate vor Relaunch abgeschlossen (!) sein. Fängt man erst ein paar Wochen vor dem eigentlichen Going-Live an, dann schafft man das einerseits zeitlich kaum, und andererseits ist Google noch mit der alten Website beschäftigt, und dann schlagen Sie mit einer neuen Website auf. Man sollte also in der Zeit vor dem Going-Live eine gewisse Ruhe in die Website bringen und keine größeren strukturellen Veränderungen mehr machen. Ideen wie »Wir stellen vorher auf HTTPS um« sind also eher kontraproduktiv!

Ordentliches Crawling sicherstellen

Bei einem Relaunch spielt das Crawling aus SEO-Sicht eine entscheidende Rolle. Denn die Suchmaschinen-Crawler müssen möglichst schnell und sicher alle neuen URLs erfassen und die alten URLs verarbeiten.

Hier spielt das Thema Ladezeit eine zentrale Rolle! Denn je schneller die Crawler auf Ihre Website zugreifen können, desto mehr URLs werden verarbeitet und desto schneller findet die Umstellung auf eine neue URL-Struktur statt. Natürlich werden Sie vor einem Relaunch keine komplette Ladezeit-Optimierung der alten Website durchführen. Aber vielleicht finden sich ein paar Dinge, die sich Monate vorher noch rentabel umsetzen lassen: etwa die Bildgrößen, die ohnehin zu aktualisierende Serverhardware oder ähnliche Themen.

Früher konnte man über die Google Search Console noch die Crawling-Frequenz manuell beeinflussen. Das geht heute nicht mehr. Achten Sie lieber auf einen ausreichend starken Server für die Zeit nach dem Relaunch. Denn dann werden Besucher und Besucherinnen sowie Suchmaschinen-Crawler verstärkt die neue Website besuchen. Beachten Sie spätestens bei der Erstellung der neuen Website von Beginn an die Regeln einer guten Ladezeit-Optimierung.

Führen Sie idealerweise ein halbes Jahr vor dem Relaunch eine Crawler-Logfile-Analyse durch. Ihr Augenmerk sollte dabei auf dem Abruf von nicht mehr existierenden URLs liegen, die einen 404-Fehler werfen. Leiten Sie diese entsprechend um mit einem 301-Redirect, oder setzen Sie einen 410-Gone-Status, damit die URL aus dem Index gelöscht wird. Wenn Sie schon dabei sind, schauen Sie gleich noch mal in die Search Console – und zwar in den Bereich ABDECKUNG unter INDEX. Verarbeiten Sie die Nicht-gefunden-Einträge genauso.

Aus der Logfile-Analyse sollten Sie auch schlau werden, ob die Google-Crawler übermäßig viel und häufig CSS- und JavaScript-Dateien abfragen. Sollte dies der Fall sein, prüfen Sie einmal nach, ob das Browser-Caching für diese Dateien ausreichend gut eingestellt ist.

Neben dem Thema Reaktionsgeschwindigkeit des Servers sollten Sie darauf achten, dass die XML-Sitemap aktuell und vollständig ist. Das macht es den Crawlern einfacher.

Indexhygiene

Damit bei einem Relaunch keine unnötigen URLs behandelt werden müssen, sollte man den Suchmaschinen-Index stets im Blick halten und von unnötigen URLs befreien. Idealerweise betreiben Sie ohnehin regelmäßig die Indexhygiene, sodass hier vor einem Relaunch gar nicht viel Zusätzliches anfällt.

Typische Vertreter, die Sie aber spätestens drei Monate vor dem Relaunch entfernt haben sollten, sind etwa interne Suchergebnisseiten, zahlreiche unnötige Parameter-URLs, vergessene PDFs oder Seiten, die keine Besucher und Besucherinnen auf sich ziehen sollten, wie etwa die Login-Seite oder Ähnliches.

Setzen Sie diese URLs auf noindex. Die Crawler benötigen ein paar Wochen, um die URLs aus dem Index zu nehmen. Für ganze Verzeichnisse können Sie nach erfolgreicher Deindexierung auch einen Eintrag in die *robots.txt* setzen. Dann verhindern Sie das weitere Crawling dieser URLs und sparen wertvolles Crawl-Budget.

Unnötige PDFs und andere Ressourcen können Sie natürlich auch gleich löschen, wenn sie nicht mehr gebraucht werden. Hier setzen Sie dann einen 410-Gone-Status.

9.7.3 URL-Set und 301-Redirect-Liste erstellen

Eine oftmals leidige, aber wichtige Kernaufgabe bei einer SEO-Relaunch-Begleitung ist das Umleiten der URLs von der alten Struktur auf die neue. Dazu verfahren Sie in zwei Schritten: Sie identifizieren zunächst alle verfügbaren alten URLs und gehen dann im nächsten Schritt dazu über, die Weiterleitungsregeln je URL oder URL-Bereich zu definieren.

Um alle verfügbaren URLs zu identifizieren und ein möglichst umfassendes URL-Set für die aktuelle Website zu erstellen, reicht es leider nicht aus, wenn Sie einfach nur die Einträge aus der aktuellen XML-Sitemap ziehen. Dort sind meistens nicht alle URLs enthalten. Crawlen Sie zusätzlich etwa mit dem *Screaming Frog SEO Spider* die Domain. Der Spider verfolgt wie Google alle Links und sammelt alle möglichen URLs und Ressourcen wie Bilder und PDFs ein.

Wenn Sie mögen, schauen Sie in Ihrem Webanalytics-Programm zusätzlich noch nach, welche URLs in den letzten zwölf Monaten abgefragt wurden. Sind hier noch neue URLs dabei, nehmen Sie die ebenfalls mit auf in das URL-Set. Auch ein Export von Backlink-Tools wie *ahrefs.com* helfen, um weitere URLs zu identifizieren. Meist sind das URLs, die noch von einem früheren Relaunch stammen und auf der aktuellen Website gar nicht bedient werden. Hier geht vielleicht wertvoller Linkjuice verloren – insofern lohnt sich die Behandlung gleich doppelt!

Schlussendlich liefert auch eine Aufstellung aller gecrawlter URLs aus der Logfile-Analyse erfahrungsgemäß noch mal einen Satz neuer URLs für das URL-Set.

Am Ende führen Sie alle Quellen zu einer Liste zusammen und entfernen die Dubletten. Herzlichen Glückwunsch! Damit haben Sie eine solide Aufstellung von URLs, die für den Relaunch betrachtet werden sollten. Solche URLs, die sich nach dem Relaunch nicht ändern, können Sie im nächsten Schritt gleich wieder entfernen – oder Sie markieren diese gesondert. Für den Rest gehen Sie nun Schritt für Schritt vor und definieren ein neues URL-Ziel auf der neuen Website-Struktur.

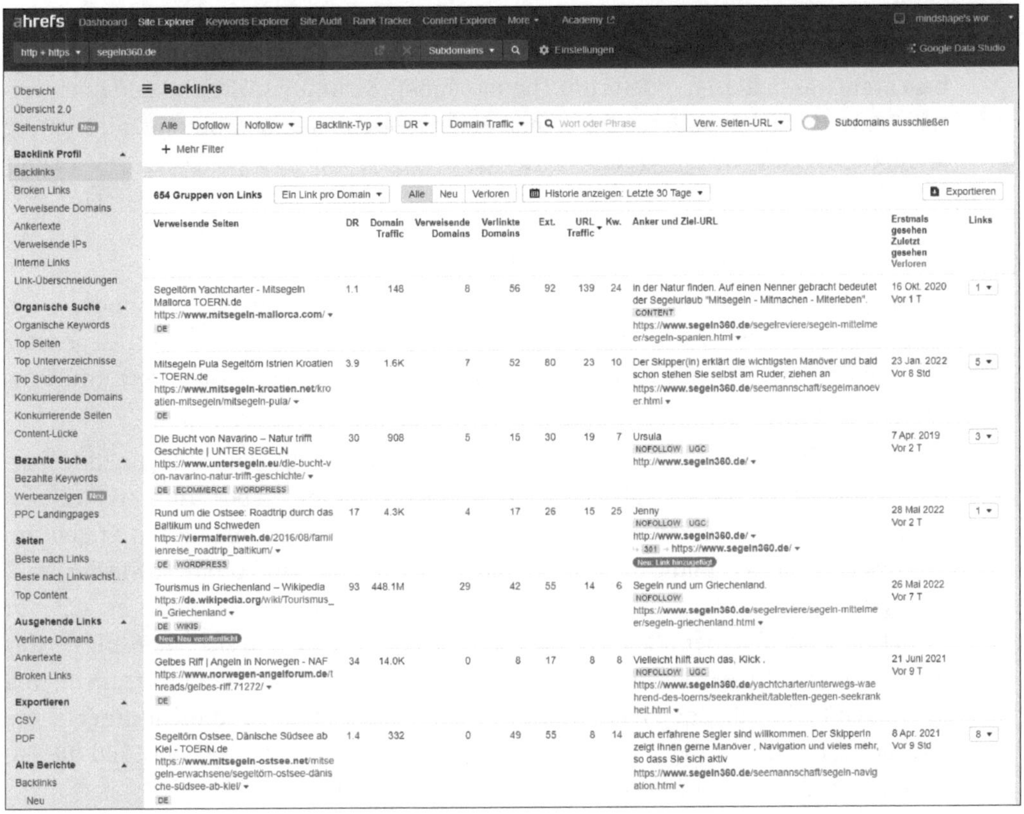

Abbildung 9.14 Ergänzungen für das URL-Set aus einer Analyse mit »ahrefs.com«

Beachten Sie dabei, dass Sie grundsätzlich entweder eine Eins-zu-eins-Zuweisung machen können oder eine Matching-Regel. Bei Ersterem definieren Sie wirklich für jede einzelne URL eine neue Ziel-URL. Bei der Matching-Regel geben Sie an, dass beispielsweise alle URLs im Verzeichnis /news/ sich zukünftig bei gleichen Dateinamen unter dem Verzeichnis /aktuelles/ befinden. Damit sparen Sie viel Zeit! Apropos Zeit. Je URL werden Sie im Schnitt 3 bis 5 Minuten benötigen. Sie müssen schließlich nachschauen, wo das neue URL-Ziel sein soll. Wenn Sie in Anbetracht Ihrer Zeit also zu viele URLs haben, konzentrieren Sie sich auf die wichtigen und zentralen zuerst. Idealerweise holen Sie sich aber für den Rest Hilfe von Kollegen oder Kolleginnen oder einem externen Dienstleister. Eine saubere Weiterleitung bei einem Relaunch ist das A und O!

Wenn Sie URLs finden, die nicht mehr benötigt werden oder vielleicht nur noch 404-Fehler senden, dann setzen Sie diese URLs bereits Monate vor dem Relaunch auf 410-Gone. Damit sollten diese URLs dann aus dem Index verschwunden sein bis zum Relaunch.

Parallel zu den Arbeiten an dem URL-Set und der aktuellen Website werden Sie sicherlich auch schon mit an der neuen Website arbeiten. Im Prinzip müssen Sie »nur« alles beachten, was in diesem Buch zum Thema saubere Struktur, hilfreiche und hochwertige Texte und allen anderen Bereichen einer soliden Suchmaschinen-Optimierung steht. Das ist eine Menge Arbeit!

9.7.4 Fallunterscheidung bei Bildern

Wenn der Traffic über die Bildersuche relevant ist, bedarf es hier einer besonderen Behandlung beim Relaunch. Bilder werden nämlich häufig vergessen. Im Gegensatz zu allen anderen Dateien sollten Sie Bilder nämlich nicht per 301-Redirect umleiten. Warum?

Die schnelle Antwort ist: Weil der Google-Imagebot keine 301-Redirects für Bilder verfolgt. Google fasst nämlich gleiche Bilder im Web anhand von bestimmten Merkmalen zusammen und erkennt damit gleiche Bilder an unterschiedlichen Stellen im Web als »das gleiche Bild«. Diese Merkmale sind die Höhe und Breite sowie der Pfad- und Dateiname. Solange sich diese Merkmale nicht ändern, handelt es sich für Google auch nach einem Relaunch um das gleiche Bild. Sobald sich allerdings etwas ändert, und das tut es meist bei einem Relaunch, helfen auch 301-Redirects nicht, weil die neuen Bilder für Google auf jeden Fall neue Bilder sind – und nicht umgeleitete alte. Sobald sich also die Abmessung oder der Pfad ändert, verliert das Bild die Zuordnung und damit auch das Ranking in der Bildersuche.

Manchmal kann man allerdings den Wechsel von Bilddateinamen nicht verhindern. Gerade beim Wechsel eines CMS oder einer neuen Version verändert sich manchmal die Logik der Bilddateinamen. Und sei es nur, dass hinten noch eine andere Zahl angehängt wird, wie bei `bildname_2837231.jpg`.

In diesem Fall belassen Sie alle alten Bilder inklusive Größen, Pfad- und Dateinamen auch nach dem Relaunch unter den gleichen URLs – aber eben nur auf dem neuen Server. Die neuen, ggf. auch gleichen Bilder binden Sie dann aber mit anderer Größe oder anderem Pfad- und Dateinamen in die neue Website ein. Keine Sorge, bei Bildern gibt es keinen Duplicate Content. Google wird nun die neuen Bilder mit der Zeit als relevanter einstufen, da diese ja auf der Website verlinkt sind, und die alten Bilder im Bilderindex durch die neuen ersetzen. Da dieser Vorgang allerdings mehrere Monate dauern kann, haben Sie für die alten Bilder noch die Rankings und vor allem den Traffic erhalten. Ich empfehle, die alten Bilder auch wirklich erst dann nach einem oder zwei Jahren zu löschen, wenn kein wesentlicher Crawlerzugriff mehr darauf stattfindet. Das können Sie über eine Logfile-Analyse gut feststellen.

9.7.5 Relaunch durchführen

Der große Tag ist gekommen – der Relaunch findet statt. Sie sollten, wenn es nicht vermeidbar ist, an einem Dienstag oder Mittwoch relaunchen. So ist noch vorher und nachher genug Zeit zu reagieren. Nichts ist schlimmer als ein Relaunch an einem Freitag, alle gehen ins Wochenende, und dann indexiert Google zwei Tage lang munter falsche URLs, und niemand bemerkt etwas.

Mit Umschaltung der Domain auf die neue Website müssen die 301-Redirects sofort implementiert sein. Die Crawler bekommen so direkt Anweisungen, wo die neuen URLs liegen und welche umzuschreiben sind. Selbstverständlich sollten Sie auch eine neue, aktuelle XML-Sitemap anbieten und in der Google Search Console am Tag des Relaunches anmelden.

Beachten Sie, dass der Server über ausreichend Kapazität für Besucher und Bessucherinnen sowie Crawler verfügt. Vielleicht rufen überdurchschnittlich viele Besucher und Besucherinnen die neue Website auf, und dann kann es schon einmal zu technischen Engpässen kommen. Das wäre allerdings ein sehr schlechtes Zeichen für die Crawler, die dann die Crawl-Frequenz senken. Und das ist genau das Gegenteil von dem, was Sie als SEO wollen. Insofern stellen Sie sicher, dass der Server auch unter Mehrlast noch ausreichend performant reagiert.

Ansonsten ist beim Going-Live selbst und der entsprechenden Vorbereitung idealerweise nicht viel mehr zu tun.

9.7.6 Relaunch nachbereiten

Mit dem Going-Live installieren Sie idealerweise auch ein gesondertes 404-Fehlertracking mit Google Analytics. Jedes Mal, wenn die 404-Fehlerseite aufgerufen wird, senden Sie ein Event an Google Analytics. So können Sie vor allem in den ersten Tagen nach dem Relaunch eine Liste von noch vorhandenen 404-Fehlern auslesen und diese mittels 410 oder 301 versorgen. Es ist nicht unüblich, dass Google manchmal bei einem Relaunch uralte URLs aus der Datenbank kramt, die seit Monaten und teilweise Jahren nicht mehr aufgetaucht sind, gemäß dem Motto »Dann schau ich mal, ob die vielleicht auch wieder da ist«.

In den Tagen und Wochen nach dem Relaunch sollten Sie regelmäßig die Search Console konsultieren. Hier tauchen manchmal wichtige Hinweise auf – leider immer ein paar Tage verspätet, aber besser als nie.

Wahrscheinlich hängen Sie täglich im Rank-Monitoring, Analytics und betrachten die Sichtbarkeitskurve. Das ist gut so – haben Sie alle relevanten KPIs im Blick. Letztendlich müssen Sie aber Geduld haben, denn Suchmaschinen benötigen ein paar Wochen, bis der Strukturwechsel in der Datenbank und den Bewertungsalgorithmen komplett durch ist.

In der Phase nach dem Going-Live ist es daher nicht unüblich, dass die Rankings und der organische Traffic leicht absinken. Das hat damit zu tun, dass die Suchmaschinen quasi zwei Versionen Ihrer Website im Index haben: die alte URL-Struktur und die neue URL-Struktur. Bis die alten URLs überschrieben bzw. umgeschrieben sind, wirken verschiedene Algorithmen wie z. B. die interne Linkjuice-Berechnung bei Google nicht so wirkungsvoll wie bei einer etablierten URL-Struktur.

Im Fall eines starken Traffic-Verlustes über mehrere Tage oder Wochen sollten Sie allerdings in die Detailanalyse gehen. Schauen Sie hier vor allem in der Search Console im Bereich Suchanalyse. Hier schauen Sie sich an, über welche Keywords und welche URLs vor dem Going-Live die Besucher und Besucherinnen kamen und wo die stärksten Einbrüche erlitten wurden. Das gibt Ihnen einen Ansatzpunkt, um entsprechende nachträgliche Optimierungen durchzuführen. Vielleicht ist ein Text nicht mehr ganz optimal geschrieben? Oder die interne Verlinkung muss nachjustiert werden? Hier gibt es leider unzählige Ursachen, sodass man als SEO auch noch Wochen und Monate nach einem Relaunch ausreichend zu tun hat. Wenn aber alles richtig gemacht wurde, kann man meist schon eine Woche nach Going-Live eher steigende Kurven sehen und präsentieren!

9.8 Domainwechsel aus SEO-Sicht

Bei einem Relaunch verändert sich meist die ganze Website-Struktur und damit auch die URL-Struktur. Bei einem Domainumzug oder Domainwechsel muss das nicht zwingend so sein. So könnte es beispielsweise sein, dass aus markenrechtlicher Sicht der Markenname und damit auch die Domain gewechselt werden müssen. Oder auch der Umzug von einer .de-Domain auf eine .com-Domain mag ein guter Grund für einen Domainwechsel sein.

9.8.1 Site-Struktur bei Domainwechsel beibehalten

Google empfiehlt dringend, dass ein Domainwechsel nicht gleichzeitig mit einem Strukturwechsel, also einem Relaunch, stattfinden soll. Wenn Sie eine Domain wechseln, sollten Sie die Websitearchitektur am neuen Ort möglichst identisch beibehalten. Auf diese Weise können die Signale bei Google besser eins zu eins an die neue Domain weitergegeben werden. Falls Sie eine Domain nicht nur umziehen, sondern am neuen Ort auch die Inhalte und URL-Struktur verändern, kommt es mit hoher Wahrscheinlichkeit zu einer längerfristigen und starken Beeinträchtigung des Traffics, da Google die einzelnen Seiten erst neu lernen und bewerten muss. Diese Auswirkungen sind im besten Fall nach ein paar Wochen erledigt, wie Sie in Abbildung 9.15 sehen können. In schlimmeren Fällen dauern sie Monate an.

John Mueller von Google sagte dazu:

> *Grundsätzlich dauert es immer eine Weile, bis alle unsere Signale weitergeleitet werden. Die meisten können wir grad nach einem Redirect übernehmen, aber zum Teil gibt es einfach Sachen, die einfach eine Weile brauchen, bis sie auch übernommen werden, bis sie wirklich gleich stark oder ähnlich stark bei der neuen Domain sind. Selbst wenn man das vom Crawling her ein bisschen schneller machen könnte, denke ich, dass man da immer, ich schätze jetzt mal, ein paar Wochen zumindest irgendwelche Unterschiede sehen würde, bis wirklich alles genau gleich eingependelt ist.*

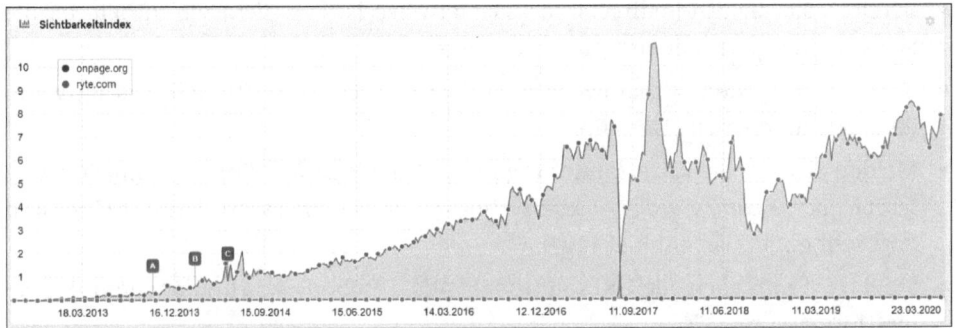

Abbildung 9.15 Sichtbarkeitskurven von »onpage.org« (links) und dem Domainnachfolger »ryte.com« (rechts)

Falls Sie also einen Domainumzug angehen möchten, stellen Sie sicher, dass dieser ohne strukturelle Veränderungen an der Website vorgenommen wird. Idealerweise folgt ein Relaunch erst frühestens sechs Monate danach auf der neuen Domain oder eben sechs Monate davor auf der alten Domain.

9.8.2 Vorgehen bei einem Domainumzug

Welche einzelnen Schritte sollten Sie unabhängig davon durchführen?

- Schaffen Sie Bewusstsein für das Risiko bei allen Entscheidern. Der SEO-Traffic kann bei einem Domainumzug auch ohne strukturelle Veränderungen zunächst einige Wochen einbrechen. Wie lange und um wie viel genau, weiß niemand. Ich habe auch schon Fälle erlebt, bei denen der Traffic kurzfristig eher zugenommen hat.
- Der Domainumzug sollte natürlich nicht während oder kurz vor einer wichtigen Geschäftsphase liegen. Idealerweise findet er genau nach einer solchen Phase statt. Ein Domainumzug eines Online-Shops für Gartenzubehör sollte also eher im Winter stattfinden und nicht im Februar oder März.

- Sollen trotz allem kleinere strukturelle Änderungen notwendig sein, führen Sie diese idealerweise auf der alten Domain mindestens zwei Monate vor dem Umzug durch.
- Verifizieren Sie bereits vor dem eigentlichen Umzug alle Domain-Varianten in der Google Search Console. Das betrifft HTTP und HTTPS ebenso wie die WWW- und Nicht-WWW-Varianten. Dies gilt für die alte und auch die neue Domain.
- Wenn Sie eine gefüllte Disavow-Datei in der alten Domain-Property hinterlegt haben, kopieren Sie diese vorab auf die neue Property. Sie wird nicht automatisch übernommen!
- Bereiten Sie die 301-Redirects vor. Idealerweise ist das nicht viel Arbeit, da die Struktur weitgehend identisch geblieben ist.
- Nun führen Sie den Domainwechsel durch und setzen die 301-Redirects aktiv von der alten auf die neue Domain.
- Melden Sie nun die Adressänderung in der Google Search Console unter *https://search.google.com/search-console/settings/change-address* an. Die Schritte sind dort sehr gut erklärt (Abbildung 9.16).
- Stellen Sie nun auch alle URLs in Google Ads, Facebook Ads und anderen Werbeplattformen um.
- Falls möglich, sollten Sie auch externe Backlinks von der alten Domain auf die neue Domain umstellen. Dies ist meist ein langwieriger Prozess, aber vor allem von Partnerwebsites oder anderen eigenen Domains ist dies schnell gemacht.
- Beobachten Sie die Entwicklung im Traffic und der Sichtbarkeit möglichst genau, und haben Sie auch ein bisschen Geduld. Wenn Sie alles richtig gemacht haben, bleibt der Traffic weitgehend gleich oder erholt sich binnen einer Woche wieder.

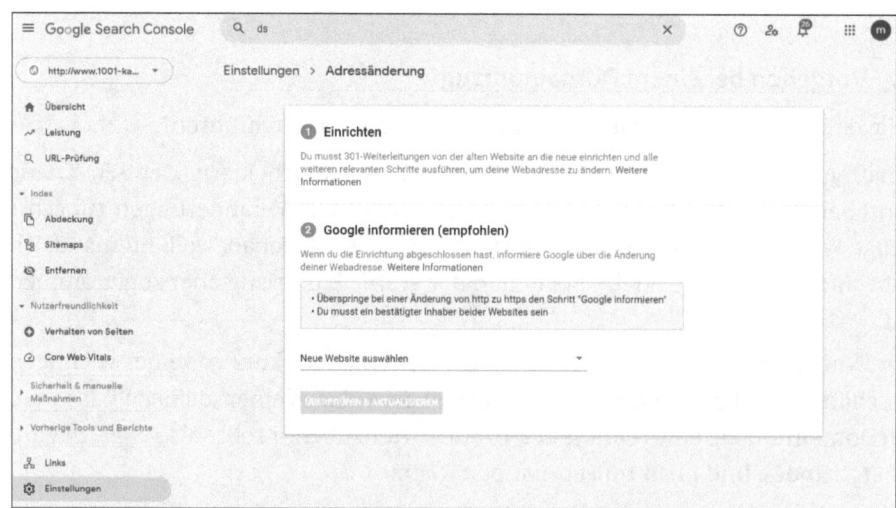

Abbildung 9.16 Domainwechsel an Google mittels GSC melden

Kapitel 10
Onpage-Optimierung

Die Onpage-Optimierung betrifft alle Optimierungsmaßnahmen, die Sie auf Ihrer Website durchführen können. Vor allem die Auszeichnung durch richtige Tags und die optimierten Texte spielen beim Ranking eine wichtige Rolle.

Nachdem Sie nun über ein exzellentes Basiswissen über Information-Retrieval-Systeme und Suchmaschinen verfügen, sind Sie schon fast in der Lage, Webseiten selbstständig zu optimieren. Doch das Wissen ist nur die eine Hälfte der Miete. Die notwendige Erfahrung ist leider nicht gänzlich durch Lektüre zu gewinnen. Die folgenden Abschnitte sollen Ihnen daher einen möglichst leichten Einstieg in die praktische Optimierung ermöglichen.

Zuvor sei jedoch einmal die grundsätzliche Frage aufgeworfen, was Optimierung überhaupt bedeutet. Im allgemeinen Sprachgebrauch bedeutet Suchmaschinen-Optimierung, die Inhalte und Struktur einer Website derart gezielt zu verändern, dass diese bei den Suchmaschinen eine obere Rangposition erhält. Wie in den vorangegangenen Abschnitten deutlich geworden ist, spielt sich die Rangbildung auf der Ebene der Dokumente ab und bezieht sich primär auf Schlüsselwörter. Eine Ressource, sei es ein HTML-Dokument, eine PDF- oder eine Word-Datei, kann dabei immer nur für einige wenige Schlüsselwörter eine gute Rangposition erzielen. Diese Schlüsselwörter müssen gezielt gewählt sein und möglichst effektiv platziert werden, um den maximalen Erfolg zu erzielen.

Ebenso wichtig ist ein konsequentes Verfolgen der Optimierungsstrategie. Diese Prämisse gilt gleich in zweierlei Hinsicht. Zum einen dürfen Sie nicht erwarten, dass der Rang nach einer Optimierung unmittelbar ansteigt. Die Suchmaschinen-Optimierung ist ein längerer Prozess, der stets zwischen Beobachten und gezielter Veränderung wechselt. So kann es durchaus Monate bis Jahre dauern, bis eine akzeptable Position innerhalb der Ergebnisliste einer Suchmaschine erreicht ist. Neben Geduld setzt die Optimierung auch eine gewisse Akribie voraus. Dies ist leider der Grund, weshalb die Mehrzahl der Optimierungsversuche scheitert. Die Frage, welche der vielen Optimierungsmaßnahmen zu priorisieren wäre, ist in den meisten Fällen jedoch nicht zu beantworten. Um eine gute Rangposition zu erzielen, reicht es nicht aus, nur eine Auswahl der zur Verfügung stehenden Optimierungsmethoden anzuwenden. Es müssen alle Mittel konsequent eingesetzt werden, nur so ist ein Erfolg wahrschein-

lich – und erst dann lohnt sich die Arbeit überhaupt. Das ist für alle die, die möglichst schnell zum Ziel gelangen möchten und ihre Optimierung nur halbherzig betreiben, häufig eine bittere Erkenntnis. Allen anderen nützt die Ungeduld der Mitbewerber.

Allerdings sieht die Realität in Sachen Suchmaschinen-Optimierung eher düster aus. Der durchschnittliche Privatanwender, der seine Seiten im Web publiziert, ist meist schon froh, überhaupt eine komplette Seite erstellt zu haben und mit dieser nach monatelanger Arbeit endlich online zu sein. Eine Suchmaschinen-Optimierung findet hier meist nicht statt. Doch auch in Agenturen, die mit der Aufgabe betraut werden, eine Webpräsenz zu entwickeln, sieht die Wirklichkeit oftmals nicht viel anders aus. Man könnte vermuten, dass hier der Faktor Zeit in Kombination mit dem (nicht) zur Verfügung stehenden Budget die Ursache sein könnte, dass eine Suchmaschinen-Optimierung nicht oder meist nur sehr halbherzig erfolgt. In den meisten Fällen konkurrieren hier neben bloßem Unwissen mehr als alles andere die verschiedenen Zielaspekte miteinander.

Das primäre Ziel bei der Entwicklung eines Webauftritts durch eine professionelle Agentur ist zumeist immer noch die Optik. Daran tragen nicht nur die Agenturen allein die Schuld. Manch guter Design- oder Textentwurf musste verworfen werden, weil der Auftraggeber, also der Kunde, die Zielgruppe aus den Augen verloren hatte und sich stattdessen mit einer pompösen Selbstdarstellung ohne nennenswerten Mehrwert für den Benutzer oder die Benutzerin präsentierte.

Die heutige Ausbildung der Designer und Designerinnen hat einen weiteren neuen und wichtigen Aspekt der Optimierung hervorgebracht, sodass dieses Wissen sich allmählich auch in den Agenturen verbreitet: Die *Website-Usability* gewann in den letzten Jahren immer mehr an Bedeutung. Auch wenn diese Gebrauchstauglichkeit elementar wichtig für den Erfolg einer Website ist, so ist sie doch ein weiterer Konkurrent für die Suchmaschinen-Optimierung.

Dies alles macht deutlich, dass ein Konzept mehr denn je notwendig ist, um mit der investierten Zeit oder Geldsumme das gewünschte Ziel zu erreichen. Dieses Konzept sollte im besten Fall einer der ersten Punkte sein, die Sie nach dem Entschluss angehen, eine Website zu veröffentlichen oder zu relaunchen. Wie ein großer Teil an konzeptioneller Vorarbeit bereits mit der Keyword-Recherche geleistet werden kann, wurde in Kapitel 3, »Keyword-Recherche«, beschrieben. Nun soll es darum gehen, die strukturellen Rahmenbedingungen innerhalb des Webangebots optimal vorzubereiten. Dazu sind bei einer Neukonzeption sowie bei einem Relaunch erfahrungsgemäß gewisse Aspekte für eine erfolgreiche Suchmaschinen-Optimierung besonders zu berücksichtigen.

10.1 Optimierung durch Tags

Im vorherigen Kapitel haben Sie alle wichtigen Aspekte zur gesamten Website-Struktur erfahren. Diese sollten bei einem neuen Website-Relaunch berücksichtigt werden, oder sie sollen Stück für Stück in eine vorhandene Website fließen, gewissermaßen als schrittweiser Relaunch.

Nachdem die allgemeine Site-Struktur so oder so optimiert wurde und die Hauptkeywords für jede einzelne URL nach der Keyword-Recherche und dem Keyword-Mapping feststehen, kann es an den HTML-Code und den Inhalt der einzelnen URLs selbst gehen. Bei der Optimierung bereits bestehenden Codes sollten Sie zunächst die bereits angesprochenen Voraussetzungen schaffen, wie sauberes HTML, die Verwendung von CSS und so weiter.

Bei der Optimierung ist es besonders wichtig, nicht nur einen einzelnen Aspekt zu berücksichtigen. Vielmehr kommt es darauf an, durch die Anwendung aller Mittel den Bewertungsalgorithmen der Suchmaschinen eine große Bandbreite an Möglichkeiten zu bieten, anhand derer sie Schlüsselwörter bewerten können. In diesem Zusammenhang ist es natürlich selbstverständlich, dass jedes Dokument einzeln und individuell optimiert werden muss. Dabei gibt es nahezu bei jedem HTML-Element bestimmte optimierbare Eigenschaften und Ausprägungen, auf die im Folgenden eingegangen wird.

10.1.1 Das Title-Tag

Der Text innerhalb des `<title>`-Tags im `<head>`-Bereich gehört mit zu den wichtigsten Elementen bei der Optimierung. Er wird nicht nur von sämtlichen Suchmaschinen in hohem Maße gewichtet, sondern erscheint auch in beinahe jeder Ergebnisliste prominent in gefetteter und unterstrichener Schrift.

```
<title>Das ist der Seitentitel</title>
```

Die enorme Bedeutung des Titels basiert darauf, dass nirgendwo sonst der Inhalt des Dokuments so knapp und präzise formuliert werden muss. Da die Darstellung in der Titelzeile des Browsers erfolgt, steht auf allen Systemen nur eine einzige Zeile mit beschränkter Breite zur Verfügung. Das verstärkt den Druck auf den Webautor oder die Webautoirn, sich kurz zu fassen, und sichert damit gleichzeitig die Integrität des Titels.

Die Nennung aller entsprechenden Hauptkeywords im Titel ist aufgrund der enormen Bedeutung natürlich Pflicht. Nach den bisher getroffenen Vorbereitungen sollten diese Begriffe den Inhalt bereits sehr gut beschreiben. Damit wäre dann prinzipiell die Arbeit getan.

Nicht ganz, denn das `<title>`-Tag ist ein zweischneidiges Schwert. Der Titel muss inhaltlich nicht nur den Suchmaschinen, sondern auch den Nutzern und Nutzerinnen gefallen. Denn selbst der erste Platz auf der Ergebnisliste ist nicht von Vorteil, wenn die Nutzer und Nutzerinnen sich für die anderen sichtbaren Einträge mehr begeistern können. Das `<title>`-Tag muss daher auch beim Lesen ansprechend sein und sozusagen auf den ersten Blick vermitteln, dass sich dahinter das gewünschte Dokument für den Suchenden oder die Suchende verbirgt.

Im Zweifel würde ich immer empfehlen, den Titel primär für Nutzer und Nutzerinnen attraktiv zu gestalten und dann erst für Suchmaschinen. Sie werden aber merken, dass es diese Entweder-Oder-Entscheidung bei einem guten Titel eigentlich nicht gibt, denn ein idealer Titel ist für beides perfekt ausgelegt.

Bei Studien wurde mehrfach der Blickverlauf eines Nutzers bzw. einer Nutzerin mit einer Kamera aufgezeichnet. Dadurch wurde ersichtlich, dass die Mehrzahl der Webnutzer und -nutzerinnen sich oft nur einen kurzen Moment die Titel innerhalb einer Ergebnisliste (siehe Abbildung 10.1) anschaut und dann relativ schnell eine Entscheidung fällt.

Die bisher verheißungsvolle Wortfolge ist demnach nicht zwingend die attraktivste Form der Präsentation. Zumindest nicht in Reinform. Wie sich Stoppwörter im `<title>`-Tag auf die Gewichtung auswirken, ist umstritten. Man kann jedoch davon ausgehen, dass sie bei einem maßvollen Einsatz eher nützlich sind: Der Text kann so wesentlich lesefreundlicher gestaltet werden, und die Suchmaschinen entfernen die Stoppwörter ohnehin bei der Normalisierung. Ähnlich verhält es sich mit Sonderzeichen. So kann der gezielte Einsatz eines Bindestrichs oder Doppelpunktes wahre (optische) Wunder wirken.

Machen Sie die Probe aufs Exempel. Auf welchen Titel würden Sie in einer Ergebnisliste intuitiv eher klicken?

```
segeln Jacht charter elba
Segeln: Professionelle Jacht-Charter auf Elba
```

Nach der Normalisierung des zweiten Titels ist dieser mit dem oberen absolut identisch. Die Attraktivität hat sich jedoch um Etliches gesteigert. Insbesondere bei Suchmaschinen, die das Click-Popularity-Verfahren einsetzen wie Google, gewinnt ein attraktiver Titel zusätzlich an Bedeutung.

Außerdem wird das `<title>`-Tag als Vorlage für die Bookmark-Bezeichnung im Browser genutzt. Das mag mit der Suchmaschinen-Optimierung zunächst herzlich wenig zu tun haben. Aber ist das Ziel der gesamten Arbeit nicht, die Besucherzahlen auf einer Website zu erhöhen? Und hier schließt sich der Kreis. Denn es wäre fatal, wenn ein Benutzer oder eine Benutzerin sich schon dazu entschlossen hätte, Ihre Seite in seine Bookmarks aufzunehmen, nur um sie Tage später nicht mehr in dem Meer von Einträgen finden zu können.

```
www.suncharter.de › de_DE › reviere › elba ▼
Elba - Sun Charter - Yachtcharter Mittelmeer
Sun Charter – Yachtcharter im Mittelmeer: chartern Sie Ihre Yacht für Ihren ganz privaten
Segeltörn in Palma de Mallorca, Elba, Korfu oder der Türkei, Marmaris ...

www.1a-yachtcharter.de › charterziele › italien › portoferraio-insel-elba ▼
Yachtcharter Portoferraio (Insel Elba)
Mit einer Yachtcharter Portoferraio die Insel Elba und den Toskanischen Archipel erleben.
Informieren Sie sich auf | 1a-yachtcharter.de.

www.buechi-yachting.com › yachtcharter-elba ▼
Yachtcharter Elba - Patrice Buechi - Yachting
Elba und toskanischer Archipel. Elba, die grösste Insel im Toskanischen Archipel bietet Ihnen
sechs große Golfe mit verlockenden Ankerbuchten vor weißen ...

www.argos-yachtcharter.de › yachtcharter › italien › elba-marina-di-p... ▼
Yachtcharter Elba - Marina di Portoferraio / Toskana und Elba ...
Yachten in Elba günstig buchen ✓ Persönliche Beratung für Yachtcharter ab Marina di
Portoferraio ☆ 40 Jahre zufriedene Argos Kunden!

www.happycharter.com › boote › mieten › elba ▼
Elba Yacht-Charter - Bootsvermietung - HappyCharter
Yachtcharter in vielen Revieren der Welt - Elba und viel mehr. Egal ob Segelboot, Motorboot
oder Katamaran, bei Happycharter gibt es sicher das richtige Boot.

www.happycharter.com › segelboote › mieten › elba ▼
Segelboot-Charter Elba | Segeln | Yacht mieten - HappyCharter
Große Auswahl an Segelyachten in Europa und weltweit beim internationalen Charter-Portal
Happycharter. Elba oder andere Reviere - Charterboote ...

yachtcharter-dagen.de › destinationen › italien › toskana › elba ▼
Yachtcharter Elba - Yachtcharter Dagen
Suchen Sie Yachten und Katamarane in Elba ... Für weitere Informationen zum Thema
Yachtcharter Elba, Bootscharter und Segelurlaub, oder aber Reviere mit ...

sailpoint.org › yachtcharter › yachtcharter-italien › yachtcharter-elba ▼
Yachtcharter Elba - Sailpoint.org
Yachtcharter und Segeln ab Elba, Italien, mit Sailpoint Yachtcharter. Aktuelle Preislisten und
Informationen zum Segelrevier und den Segelyachten finden Sie ...

www.pco-yachting.com › mittelmeer-yachtcharter › italien-toskana ▼
Yachtcharter Portoferraio-Elba | PCO YACHTING ...
Yachtcharter Elba - Der Hafen Portoferraio liegt auf der Insel Elba zwischen Italien und Korsika.
Die Insel Elba gehört zum Toskanischen Archipel der Toskana ...
```

Abbildung 10.1 Unterschiedlicher könnten die <title>-Tags nicht optimiert sein – bei der Suche nach »Jacht charter elba«.

Achten Sie beim Auffüllen mit Sonderzeichen und Stoppwörtern dennoch auf die Nähe der Schlüsselwörter. Auch wenn die Stoppwörter entfernt werden, kann immer noch die eigentliche Position im <title>-Tag vor der Normalisierung gespeichert werden. Der Query-Prozessor berechnet mit dem Proximity-Verfahren den Abstand zwischen zwei Termen und vergibt eine höhere Gewichtung an das Dokument, das der Suchanfrage in Wortnähe und bezüglich der Wortreihenfolge am ehesten entspricht. Google äußert sich zu diesem Thema konkret:

Google berücksichtigt den Ort Ihres Suchwortes auf der Seite. Aber Googles Suchergebnisse enthalten nicht nur alle Ihre Begriffe, sondern Google analysiert ebenfalls die Nähe dieser Begriffe auf einer Seite. Im Unterschied zu anderen Suchmaschinen weist Google den Suchergebnissen eine Priorität nach der Nähe der Suchbegriffe zu. Seiten, auf denen die Suchbegriffe näher beieinanderstehen, werden von uns höher bewertet, sodass Sie weniger Zeit mit unwichtigen Ergebnissen verschwenden.

Dies gilt insbesondere für Wörter, die wahrscheinlich in den Suchanfragen besonders häufig nebeneinanderstehen werden oder nach denen sogar mittels Phrasensuche gefragt wird. Im Beispiel beträfe das etwa die beiden Terme »Jacht Charter«. Hüten Sie sich demnach auch vor dem Ändern der Reihenfolge, die Sie im letzten Schritt bereits festgelegt haben. Beim »Verschönern« des Titels für den Web-User schleicht sich oftmals der ein oder andere Optimierungsfehler ein. Dies führt dann zu Uneinheitlichkeit zwischen den einzelnen Seitenelementen und mindert den gesamten Optimierungserfolg.

Über die optimale Länge des `<title>`-Tags gehen die Ansichten auseinander. Die angezeigte Länge unterscheidet sich auch stark zwischen verschiedenen Suchmaschinen-Anbietern. Auch die verschiedenen Ansichten zwischen Desktop, Tablet und mobil haben dazu geführt, dass es keine einheitliche Zeichen- oder Pixelangabe mehr gibt.

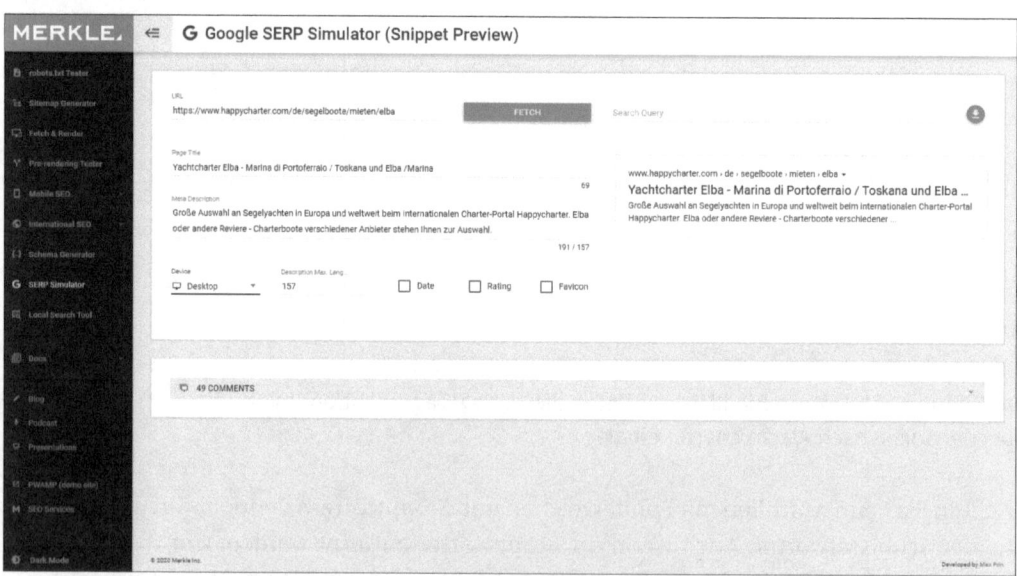

Abbildung 10.2 SERP-Simulation mit individuellem Snippet unter »https://technicalseo.com/tools/google-serp-simulator«

Häufig wird nach einer idealen Zeichenanzahl gefragt. Die kann es so genau nicht geben, denn Suchmaschinen nehmen die Snippet-Breite in Pixeln als Grundlage für die Anzeige. Da der Buchstabe »W« deutlich mehr Pixel in der Breite einnimmt als der Buchstabe »I«, lässt sich eine genaue Zeichenzahl also auch nicht für die einzelnen Anzeigevarianten (mobil, Tablet, Desktop) sagen. Da aber kein Redakteur und keine Redakteurin mit Pixelbreiten arbeiten kann, empfehle ich, zumindest grobe Zeichenzahlen zur Orientierung zu geben.

Suchmaschinen indexieren häufig bis zu 250 Zeichen des `<title>`-Tags. Da ein Dokument immer nur ein `<title>`-Tag hat, muss der Inhalt auf alle Anzeigevarianten passen. Daher hat ein guter Titel zwischen 50 und 60 Zeichen. Das entspricht etwa vier bis zehn Wörtern. Das reicht in aller Regel vollkommen aus. Die Suchmaschinen-Betreiber schlafen nicht und haben begonnen, die Länge des Titels mit in die Berechnung einzubeziehen. Verwendet man zu viele Wörter, nimmt die Bedeutsamkeit der einzelnen Begriffe ab.

```
Segeln - Jacht Charter auf Elba im Revier der sanften Winde
Segeln - Jacht Charter auf Elba
```

Ein kürzerer Text erhält mit denselben Schlüsselbegriffen und ähnlichen Eigenschaften im Gegensatz zu einem längeren eine höhere Gewichtung. Das macht auch durchaus Sinn, denn der kürzere Titel beinhaltet eine höhere Informationsdichte. Hier ist jeder der indexierten Begriffe auch tatsächlich ein Schlüsselbegriff. Im oberen Beispiel mit dem längeren `<title>`-Tag sind dagegen nur zwei Drittel der indexierten Begriffe wirklich relevant.

In manchen Publikationen wird die Wiederholung von Schlüsselwörtern innerhalb des Titels empfohlen. Von einem übertriebenen Vollstopfen des Tags mit Schlüsselbegriffen (*Keyword-Stuffing*) ist jedoch hier wie anderswo abzuraten, da Suchmaschinen durchaus sensibel auf diese Art von Spam reagieren. Aufgrund der genauen Ranking-Verfahren ist nicht sicher, ob eine Wiederholung der Stichwörter innerhalb des `<title>`-Tags sinnvoll oder förderlich ist. Diesbezügliche Tests zeigen jedoch prinzipiell keine Verbesserung der Rangposition durch Erhöhung der Keyword-Nennungen im `<title>`-Tag. In einigen Fällen kommt es dennoch zu kleinen Verbesserungen. Diese sind mit hoher Wahrscheinlichkeit aber eher durch die veränderte Position des Schlüsselwortes bedingt. Generell lässt sich konstatieren, dass eine Wiederholung im Titel nicht zwingend erforderlich ist. Auf keinen Fall darf sie übertrieben werden. Falls ein bestimmtes Schlüsselwort innerhalb des Dokuments bezüglich des Numerus ähnlich häufig vorkommt, empfiehlt es sich jedoch, eventuell die Singular- bzw. Pluralform im hinteren Bereich des Titels anzufügen. Darüber hinaus findet man vielfach typografische Verzierungen im Titel, wie eine kleine Auswahl an besonders hübschen Exemplaren zeigen soll:

```
.....::::::::: warez download :::::::::.....
[[[[[-- KOSTENLOSE FREEWARE DEMOS SHAREWARE --]]]]]
.oO(gedanken zur weidequalität in schottland)
```

Auch wenn diese oder ähnliche Formatierungen sicherlich aus dem alltäglichen Rahmen fallen und die Sonderzeichen bei der Normalisierung entfernt werden, werden insbesondere im ersten Beispiel jedoch die wertvollen ersten Zeichen verschenkt. Auf eine derartige typografische Betonung sollten Sie gänzlich verzichten, da sie meist zusätzlich unseriös wirkt und außerdem durch die Formatierung innerhalb der Ergebnisliste eher an Schönheit verliert – um es einmal milde auszudrücken. Gleiches gilt für eine übertriebene Großschreibung. Diese schreckt Webnutzer und -nutzerinnen eher ab, als dass Aufmerksamkeit im positiven Sinne erzeugt wird. In der allgemeinen Chat-Kommunikation wird die einheitliche Großschreibung sogar als lautes Schreien interpretiert.

> **Google schreibt <title>-Tags auch selbst**
> Wundern Sie sich nicht, wenn in der SERP Ihr mühsam geschriebener Titel nicht erscheint. Google versucht mittels KI-Algorithmen möglichst passgenaue SERP-Snippets für bestimmte Suchanfragen zu generieren. Hier werden dann Title- und Description-Texte selbstständig ausgesucht bzw. sogar teilweise neu geschrieben. Das sollte Sie jedoch nicht davon abhalten, optimierte Titel zu verfassen – denn sind diese passgenau und gut formuliert, dann werden Ihre Titel häufiger verwendet und damit haben Sie einen Optimierungsvorteil gegenüber Wettbewerbern in den SERPs, die dies nicht tun.

Neben dem `<title>`-Tag können im `<head>`-Bereich eines jeden Dokuments auch die entsprechenden Meta-Tags positioniert werden. Die genauen Ausprägungen der Meta-Tags wurden bereits behandelt. An dieser Stelle sei jedoch zusätzlich angemerkt, dass natürlich die gleichen Schlüsselwörter wie im `<title>`-Tag verwendet werden sollten.

10.1.2 Description-Meta-Tag

Mit der Seitenbeschreibung (engl. *description*) können Autoren und Autorinnen eine eigene Zusammenfassung des Seiteninhalts anbieten. Der Beschreibungstext sollte daher möglichst prägnant und präzise den Inhalt der Webseite zusammenfassen. Da er wie jedes Meta-Tag nur eine einzelne Webseite beschreibt, müssen Sie für jede Seite eine andere, spezifische Beschreibung platzieren.

```
<meta name="description" content="XR-32c, der Fahrradschlauch hält dem
spitzesten Nagel stand. Tipps zu Einbau, Pflege und Wartung des Schlauchs für
Ihr Fahrrad mit ausführlicher Beschreibung und animierten Bildern.">
```

Das `description`-Meta-Tag ist neben dem `<title>`-Tag der Klassiker der Suchmaschinen-Optimierung. Nachdem die Meta-Tags nach Erscheinen von Google 2001 beinahe in Vergessenheit gerieten, greifen heute die meisten Suchmaschinen wieder auf das `description`-Meta-Tag zurück.

Für Google sind Meta-Descriptions laut einem Blogbeitrag von 2009 (*https://developers.google.com/search/blog/2009/09/google-does-not-use-keywords-meta-tag*) allerdings kein direkter Rankingfaktor mehr, da die Beeinflussungsmöglichkeiten durch Webmaster zu unmittelbar sind. Eine gut und attraktiv formulierte Meta-Description regt aber eher zu einem Klick in den SERPs an als eine schlechte. Insofern kann eine Meta-Description als indirekter Rankingfaktor gesehen werden.

Selbst generiertes Description-Tag

In einigen Fällen generieren Suchmaschinen auch eine eigene Version für die SERP-Anzeige, auch wenn eigentlich ein `description`-Meta-Tag vorhanden ist. Eine Studie von AHREFS 2020 (*https://ahrefs.com/blog/meta-description-study*) spricht sogar von über 60 % aller Fälle, bei denen die Description von Google verändert wird. Heutzutage sind das noch eher mehr. Dies liegt häufig daran, dass Googles Algorithmen zum Schluss kommen, dass für eine bestimmte Suchanfrage der vorgegebene Description-Tag nicht ausreichend passend ist. Es wird stattdessen eine Textpassage aus der Webseite extrahiert, die das gesuchte Keyword oder Thema enthält.

In Fällen, in denen keine Textinformationen von einer Seite extrahiert werden können, verwenden nahezu alle Suchmaschinen das selbst generierte `description`-Meta-Tag. Das ist insbesondere bei komplexen Javascript-Seiten, Iframe-Seiten oder Bildergalerien der Fall, aus denen gar keine oder jedenfalls nicht ohne Weiteres Textinformationen gewonnen werden können.

Doch auch wenn das `description`-Meta-Tag vorhanden ist, schreiben Suchmaschinen immer mehr um. Warum? Der häufigste Fall liegt dann vor, wenn der Description-Text überhaupt nicht zum gesuchten Keyword oder Dokumentinhalt passt. Vielleicht ist auch die Beschreibung mit nur fünf bis sechs Wörtern zu kurz. Dann wird ebenfalls häufig zusätzlich Text aus dem Fließtext des HTML-Dokuments hinzugefügt oder auch ein ganz eigener Description-Tag aus dem Inhalt erstellt. Kommt die identische Description auf vielen oder sogar allen URLs einer Domain vor, sinkt der Aussagewert für Google schlussendlich auch.

> **Praxistipp: Lieber weglassen als doppelt nutzen**
> Vermeiden Sie unbedingt doppelte Description-Meta-Tags! Lassen Sie die Angaben lieber weg, als dass Sie hier Duplicate Content produzieren. Google und Co. suchen sich dann automatisch passende Inhalte heraus. Sie können dann immer noch Stück für Stück diejenigen URLs mit Descriptions versehen, die gute Rankings haben.

10 Onpage-Optimierung

Je nach Suchanfrage kann die Description für eine gleiche URL auch komplett unterschiedlich ausfallen. Nicht immer wird also auf die vorhandene Meta-Description zurückgegriffen.

Ideale Länge

2017 führte Google sogenannte *Long Descriptions* ein. Diese enthielten statt vorher zwei dann bis zu vier Zeilen Description-Text. Davor galt bei kurzen Descriptions die optimale Länge zwischen 150 und 250 Zeichen. Bei den Long Descriptions lag die optimale Länge etwa zwischen 300 und 325 Zeichen.

Diese Zahlen spielen heute allerdings keine Rolle mehr. Grundsätzlich muss man auch hier zwischen der Desktop- und der Mobil-Ansicht unterscheiden. Im Desktop sind es meistens immer noch zwei Zeilen und mobil eher drei, wobei hier trotzdem aufgrund der Größe ein paar weniger Zeichen angezeigt werden. Bei der Description bemisst Google die Länge auch nicht mehr nach Zeichen, sondern nach Pixelbreite von Zeichen.

Sie merken: Die Description-Optimierung ist nicht einfacher geworden. Aber auch hier halten sich in der Praxis die Zeichengrenzen, da dies einfacher im Handling ist.

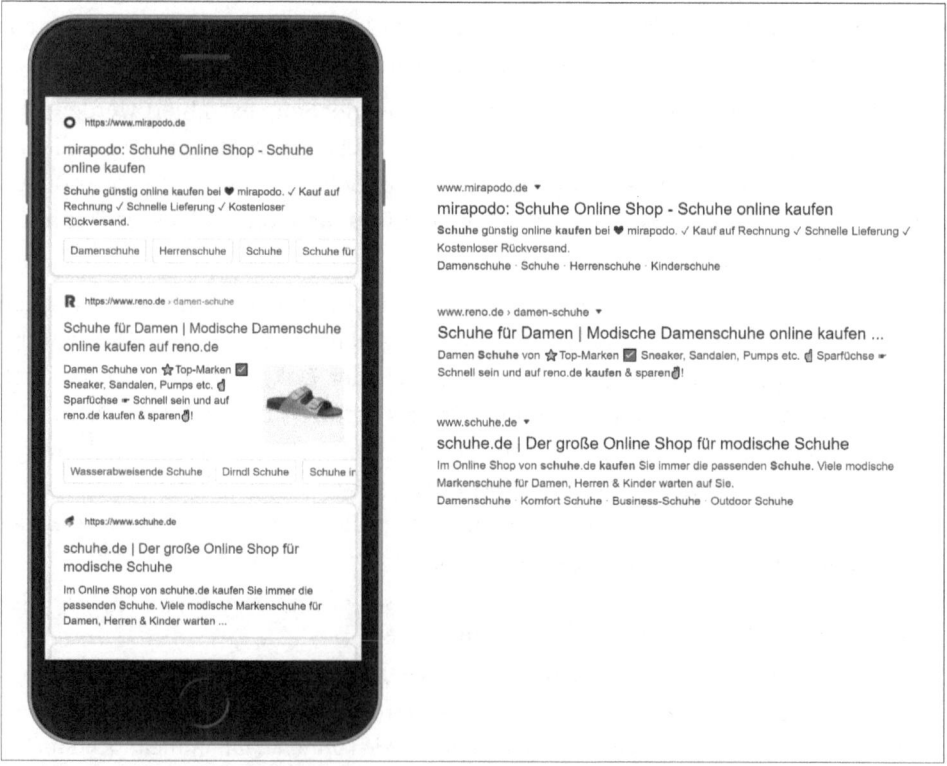

Abbildung 10.3 SERP-Snippets für mobil und Desktop im Vergleich

10.1 Optimierung durch Tags

Für eine gute Optimierung empfehle ich eine Description, bei der die wesentlichen Inhalte zwischen 150 und 160 Zeichen abgehandelt sind. Das entspricht etwa 20 Wörtern. Die eigentliche Description kann auch ein kleines Stück länger sein, wird dann aber wohl häufig nicht sichtbar erscheinen, sondern mittels Punkten abgeschnitten werden.

Abbildung 10.4 Lange und kurze Descriptions in den Desktop-SERPs

> **Praxistipp: Wichtiges in der Description nach vorne!**
>
> Halten Sie sich nicht zu lange damit auf, die passende Zeichen- oder Wortanzahl in der Description zu finden. Eine gute Description sollte innerhalb der ersten zwei Sätze erkennen lassen, worum es auf der betreffenden URL geht. Bedienen Sie das Suchproblem des oder der Suchenden, und nennen Sie auf natürliche Weise das Seiten-Keyword – dann ist es auch egal, ob Google eine kurze oder lange Version der Description anzeigt und einige Wörter am Ende abschneidet.

Icons und Emojis in der Description

Google lässt sowohl für die Desktop- als auch die Mobilansicht die Verwendung von Icons bzw. Emojis grundsätzlich zu. Dies gilt sowohl für das title-Tag als auch das description-Tag. Die Anzeige ist aber nicht unbedingt zuverlässig und sehr stark von den Suchbegriffen und Suchthemen abhängig. Auch werden nicht alle Emojis angezeigt. Aber einem Versuch auf Ihrer Website steht ja nichts entgegen. Auf *eisy.eu* finden Sie einen Live-Test, geben Sie dazu »site:eisy.eu emoji test« in Google ein (Abbildung 10.5).

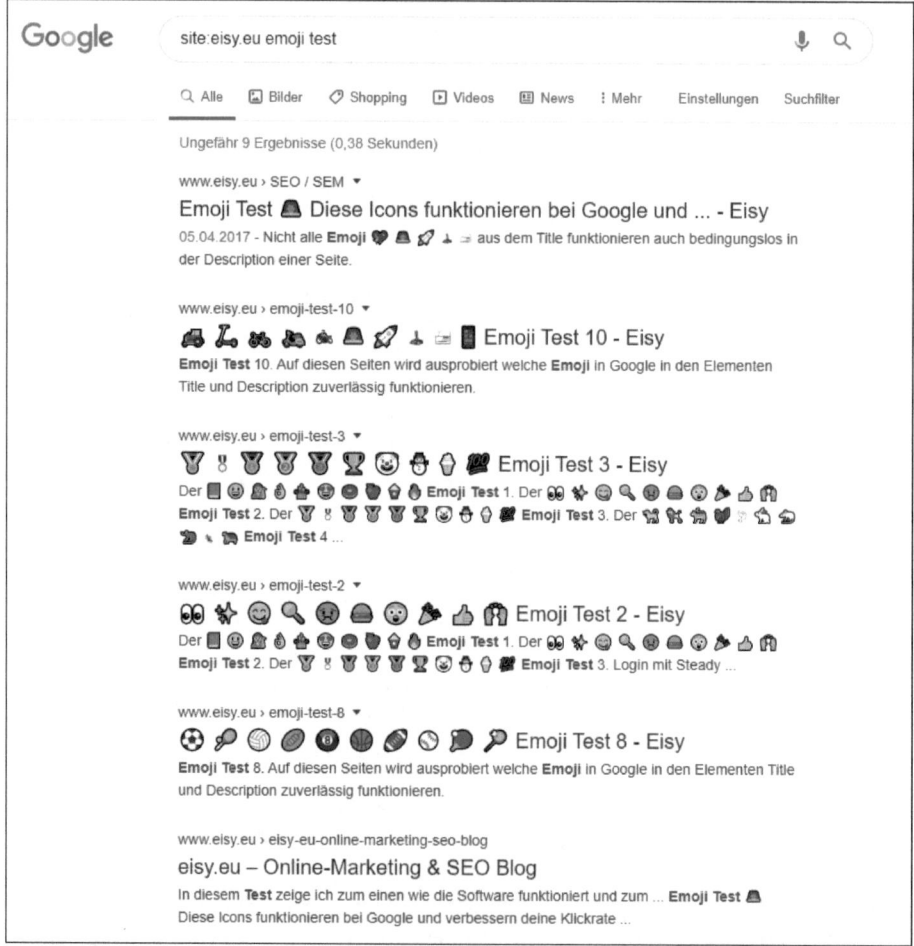

Abbildung 10.5 Emoji-Test auf »eisy.eu«

Bei gezieltem Einsatz können Sie damit eine höhere Aufmerksamkeit und vielleicht auch eine höhere Klickrate erzielen.

Wie bauen Sie die Emojis nun ein? Zunächst suchen Sie sich zum Beispiel auf *https://emojipedia.org/emoji/* ein gewünschtes Emoji aus. Um zum Beispiel »Grinning Face«

in den HTML-Quellcode innerhalb der Description einzusetzen, sollten Sie das Emoji in die HTML-Entity-Schreibweise übersetzen. Der betreffende Wert U+1F600 aus Abbildung 10.6 würde entsprechend umgewandelt werden in 😀.

😀 Every Emoji by Codepoint	
😀 Grinning Face	U+1F600
😃 Grinning Face with Big Eyes	U+1F603
😄 Grinning Face with Smiling Eyes	U+1F604
😁 Beaming Face with Smiling Eyes	U+1F601
😆 Grinning Squinting Face	U+1F606
😅 Grinning Face with Sweat	U+1F605
🤣 Rolling on the Floor Laughing	U+1F923
😂 Face with Tears of Joy	U+1F602
🙂 Slightly Smiling Face	U+1F642
🙃 Upside-Down Face	U+1F643
😉 Winking Face	U+1F609
😊 Smiling Face with Smiling Eyes	U+1F60A
😇 Smiling Face with Halo	U+1F607
🥰 Smiling Face with Hearts	U+1F970
😍 Smiling Face with Heart-Eyes	U+1F60D
🤩 Star-Struck	U+1F929

Abbildung 10.6 Die Auswahl von Emojis ist groß.

Sie können alternativ auch ein Icon in das Eingabefeld unter *https://r12a.github.io/app-conversion* hineinkopieren und auf CONVERT klicken. Danach erhalten Sie unter HEX NCRs das betreffende Schnipsel zum Kopieren.

Auch wenn, wie gesagt, die Verwendung von Emojis in den SERPs sehr selektiv und wechselhaft ist: Einige einfache Symbole haben sich mittlerweile als recht stabil etabliert.

- Nutzen Sie Häkchen ✓, um Aufzählungen zu generieren.
- Ein Pfeil ➔ richtet die Aufmerksamkeit auf eine Aussage oder ein Angebot.
- Ein Stern ★ mag höhere Qualität suggerieren. Versuche, fünf Sterne nacheinander zu platzieren und damit eine Bewertung zu simulieren, unterbindet Google allerdings.

Während auch ein einzelner Stern nicht immer zuverlässig in den Descriptions angezeigt wird, können Sie das Häkchen und den Pfeil durchaus mehrfach nutzen, und Google zeigt diese meist zuverlässig an.

Abbildung 10.7 Zeichenkonvertierung unter »https://r12a.github.io/app-conversion«

DMOZ und noodp-Tag

Vor Abschaltung des Webkatalogs DMOZ 2017 bediente sich Google in Sachen Descriptions vor allem für Startseiten noch von dort und nicht von der Website selbst. Dadurch kam das Meta-Tag `<meta name='robots' content='noodp'/>` zustande. Dieses verhinderte, dass Title und Description vom Open Directory Project (ODP, DMOZ) genutzt wurden. Mit Einstellung des ODP haben sich dieses Meta-Tag und die entsprechende Praxis aber selbst überlebt. Google und andere Suchmaschinen extrahieren das Description-Tag selbst oder nutzen Teile des Website-Textes als Ersatz. Hier hat Google die menschlichen redaktionellen Fähigkeiten durch die künstliche Intelligenz ersetzt.

Verwendung bei Meta-Suchmaschinen

Bei der Betrachtung des description-Meta-Tags wird oft vernachlässigt, dass Meta-Suchmaschinen zur Erläuterung ihrer Treffer allerdings noch stärker die Beschreibungstexte von den datengebenden Suchmaschinen auswerten. Gerade viele kleinere Suchmaschinen wie Ecosia oder DuckDuckGo könnten so das description-Meta-Tag noch zur direkten Ranking-Bewertung nutzen, sodass eine überlegte Stichwortplatzierung im Tag auch vor diesem Hintergrund durchaus ratsam ist. Allerdings sollten Sie darauf achten, ein Stichwort hier nicht übermäßig oft zu verwenden. Ansonsten kann das Vorhaben leicht ins Gegenteil umschlagen und als Täuschungsversuch (Keywordstuffing) gewertet werden.

> **Praxistipp: Uniqueness bei »description«-Meta-Tags**
>
> Achten Sie wie bei den <title>-Tags darauf, dass kein description-Meta-Tag auf Ihrer Website mehrfach vorkommt. Lassen Sie lieber das description-Meta-Tag leer oder ganz weg. Google sucht sich dann selbst ein passendes Snippet. Mehrfach identische Inhalte – und dazu gehören description-Tags – sind ein negatives Signal an Google. Daher finden Sie die gefundenen Duplikate auch in der Google Search Console.
>
> Das gilt ebenso für sehr ähnliche Description-Texte, in denen beispielsweise nur ein Wort ausgetauscht ist – wie etwa der Standort, Produktname oder Ähnliches. Die Descriptions sollten möglichst unique sein!

10.1.3 Das <p>-Tag

Der <body>-Bereich enthält in einer Suchmaschinen-freundlichen Webseite den Fließtext, der das Thema inhaltlich vermitteln soll. Die beste Optimierung ist in der Tat, einen Text zu schreiben, der das beabsichtigte Thema intensiv behandelt. Dort werden dann wie von selbst die relevanten Schlüsselbegriffe genannt. Oftmals handelt es sich bei Webtexten jedoch um Werbebotschaften mit eher geringer informativer Kommunikationsleistung, oder es gilt, einen bereits vorhandenen Text zu optimieren.

Wie dem auch sei, ebenso wie beim Titel gilt es beim Schreiben des Haupttextes einer Seite einmal mehr, Suchmaschinen wie Benutzer und Benutzerinnen gleichermaßen zufriedenzustellen. Über optimales Schreiben im Web sind in den letzten Jahren etliche Bücher erschienen, die dieses Thema mehr oder minder rein aus der Perspektive der Benutzeroptimierung sehen. Jakob Nielsen veröffentlichte bereits 1997 eine Studie über das Leseverhalten von Nutzern und Nutzerinnen im Web. Dabei kommt er zu dem Ergebnis, dass im Web nicht gelesen wird, sondern der Text einer Seite von der Mehrzahl der Benutzer und Benutzerinnen lediglich in einem *Scan-Vorgang*

überflogen wird. Interessanterweise decken sich die Befunde zur Verbesserung der Textgestaltung beinahe komplett mit einer optimalen Textgestaltung für Suchmaschinen. Das ist ungemein praktisch, denn so kann man neben der Suchmaschinen-Optimierung gleichzeitig die Usability erhöhen, damit Webnutzer und -nutzerinnen die Texte in höherem Maße erfassen.

Der wichtigste Aspekt, den Sie beim Schreiben eines Fließtextes berücksichtigen müssen, ist ein altes journalistisches Grundprinzip. Die invertierte Pyramide wird tagtäglich insbesondere bei der Darstellungsform *Nachricht* in jeder Zeitung angewandt. Das Prinzip besagt, dass das Wichtigste an den Anfang eines Textes gestellt werden soll und die Bedeutung mit der Länge des Textes stetig abnimmt (siehe Abbildung 10.8).

Angeblich ist dieses Prinzip entstanden, als Nachrichten noch per Telegraf übermittelt wurden. Bei einem Abbruch sollte der bisher übertragene Text dennoch verständlich und nutzbar sein. Das birgt selbst in den heutigen Zeiten des Desktop-Publishings (DTP) noch ungemeine Vorteile, denn ein solcher Text kann, überspitzt formuliert, ohne Kenntnis des Inhalts so lange von hinten gekürzt werden, bis er in das Layout passt, ohne dass die eigentliche Botschaft verloren geht.

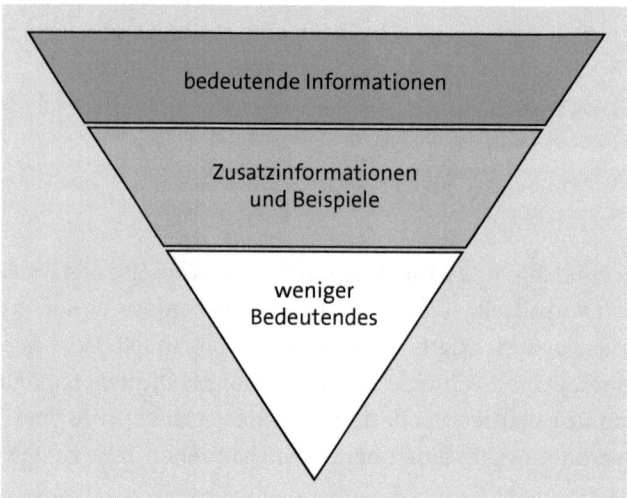

Abbildung 10.8 Das Prinzip der invertierten Pyramide aus dem Journalismus

Dieses Prinzip der *invertierten Pyramide* sollte auch bei Texten im Web Anwendung finden. Die wichtigen Schlüsselbegriffe gehören prominent an den Anfang. Suchmaschinen mögen Texte besonders gerne, die gleich zur Sache kommen, und honorieren dies durchaus. Daher sollten alle Schlüsselbegriffe möglichst mehrfach bereits in den ersten 1.000 Zeichen auftreten. Vermeiden Sie jedoch auch hier absichtliches Keyword-Stuffing.

Nielsen nennt neben der invertierten Pyramide einen weiteren Punkt in Bezug auf die thematische Gliederung des Textes: das bewusste Verwenden von Absätzen.

Das <p>-Tag (*paragraph*) definiert in HTML einzelne Absätze, die im Browser mit einem bestimmten Zeilenabstand dargestellt werden. Auch Suchmaschinen erkennen diese Tags bei ihrer Analyse und werten die einzelnen Abschnitte gegebenenfalls einzeln aus. Dabei ist es von Vorteil, wenn in einem Abschnitt ein stark vertretener Hauptgedanke zu finden ist. Die Betreiber der Suchmaschinen sind stets bemüht, möglichst natürlich geschriebene Texte besonders hoch zu gewichten.

Sie behandeln ein Thema besonders gründlich, wenn sich die thematischen Schwerpunkte gruppenweise auf einzelne Abschnitte verlagern. Jeder andere Textverlauf würde wahrscheinlich ein inhaltliches Durcheinander ergeben und die Webnutzer und -nutzerinnen verwirren.

Die eigentliche Gliederung eines Textes ergibt sich allerdings nicht durch das <p>-Tag, sondern durch Überschriftenformate wie <H2>. Insofern können auch beliebig viele <p>-Tags mit Inhalten nacheinander platziert werden, bis die nächste Überschrift kommt.

Neben den technischen Bedingungen in einem Text gehören auch vor allem inhaltliche Aspekte zur Onpage-Optimierung, die von Google verstärkt in den Fokus genommen werden. Mehr dazu erfahren Sie in Abschnitt 10.4, »Suchmaschinen-optimiertes Schreiben«.

10.1.4 Aufzählungen mit <li> und <ol>

Aufzählungen erhöhen Nielsen zufolge ebenfalls die Lesbarkeit. Sie gelten als effektives Mittel, um schnell und übersichtlich Informationen zu vermitteln. Suchmaschinen erkennen diese Formatierung innerhalb des HTML-Codes und gewichten die Inhalte der einzelnen Punkte höher als beim bloßen Auftreten innerhalb des reinen Fließtextes.

```
<p>Wir bieten Ihnen einen besonderen Service an:</p>
<ul>
<li>Segeln rund um Elba</li>
<li>unkomplizierte Charter</li>
<li>Jachten und andere Bootsklassen verfügbar</li>
</ul>
```

Listing 10.1 Einfache Aufzählung im HTML-Code

Die einzelnen Punkte (<li>-Tag) sollten die Schlüsselbegriffe in vernünftiger Anzahl enthalten. Vergessen Sie insbesondere nicht das schließende Tag (</li>). Oft gilt dieses zwar als entbehrlich, das entspricht jedoch nicht der Prämisse, es dem Parser

einer Suchmaschine möglichst einfach zu machen, den HTML-Code korrekt zu interpretieren.

Zur Auswahl stehen grundsätzlich die unsortierte Liste ohne Zahlen (<ul>-Tag, unordered list), oder die sortierte Liste, die standardmäßig in HTML mit Zahlen von eins an angezeigt wird (<ol>-Tag, ordered list). Mittels CSS lässt sich das Aussehen allerdings beliebig anpassen. Für die Suchmaschinen-Optimierung gibt es zwischen den beiden Tags keinen Unterschied. Für die erhöhte Übersicht innerhalb eines Textes sind beide Varianten zu empfehlen.

10.1.5 Texthervorhebungen

Selbst ein gut unterteilter Fließtext mit einigen Aufzählungen enthält hier und da längere Abschnitte, die auf den ersten Blick einer Bleiwüste gleichen. Um Nutzern und Nutzerinnen das *Scanning* zu erlauben und gegebenenfalls einen Einstieg mitten in den Text zu bieten, sollte die Aufmerksamkeit auf bestimmte Wörter innerhalb des Textes gelenkt werden. Und welche Begriffe eignen sich dazu besser als die Schlüsselwörter? Wie Sie sich unschwer vorstellen können, bewerten Suchmaschinen Dokumente mit ausgezeichneten Schlüsselwörtern wieder ein Stück besser.

Innerhalb des Fließtextes dient die Hervorhebung einzelner Begriffe demzufolge beiden Parteien: dem Nutzer oder er Nutzerin als Leser bzw. Leserin und der Suchmaschine als Information-Retrieval-System. Dabei stellt HTML eine Vielzahl von Möglichkeiten zur Verfügung, die eine Hervorhebung einzelner Zeichen oder Wörter erlauben. Tabelle 10.1 zeigt eine Auswahl an Tags zur Hervorhebung von Termen samt ihrer Funktion. Zu den einzelnen öffnenden Tags gehört selbstverständlich jeweils das schließende mit hinzu. Diese werden jedoch der besseren Übersichtlichkeit halber nicht mit aufgelistet.

HTML-Tag	Funktion
<strong> oder <b>	fett (*bold*)
<i>	kursiv (*italic*)
<u>	unterstrichen (*underline*)
<s>	durchgestrichen (*strike*)
<em>	hervorgehoben (*emphasized*)
<cite>	Zitat (*citation*)
<sub>	tiefer gestellter Text

Tabelle 10.1 HTML-Tags zum Hervorheben von Schlüsselwörtern

HTML-Tag	Funktion
<sup>	höher gestellter Text
<code>	Programmiercode

Tabelle 10.1 HTML-Tags zum Hervorheben von Schlüsselwörtern (Forts.)

Sie haben sicherlich bemerkt, dass es sich dabei zunächst nicht um eine Formatierung mittels CSS handelt, sondern um reines HTML. Wurde aber nicht zuvor betont, man solle für optische Belange auf den Einsatz von CSS zurückgreifen? Sicherlich, man könnte die Hervorhebung prinzipiell auch durch eine gesonderte CSS-Klasse erreichen:

```
<p>Segeln Sie mit uns um <span class="fett">Elba</span>auf [...] </p>
```

In der Tat wird dieser Fehler relativ häufig begangen, weil der allerorts empfohlene Einsatz von CSS zu stark beherzigt wird. Mit einer entsprechenden CSS-Klasse .fett {font-weight: strong} mag das Beispiel sicherlich in jedem Browser zum gewünschten Ziel führen; Suchmaschinen erwarten jedoch die Verwendung von Standard-HTML-Auszeichnungen. Somit würde die Formatierung zur Hervorhebung der Schlüsselwörter hier im Beispiel für Google und andere Suchmaschinen verloren gehen. Um dies zu vermeiden, setzen Sie deshalb am besten von Anfang an auf die entsprechenden offiziellen HTML-Tags. Diese können dann durch CSS mit dem gewünschten Aussehen versehen werden.

```
<html>
<head>
   <style type="text/css">
      b {font-weight: normal}
   </style>
</head>
<body>
   <p> Suchmaschinen sehen anders als <b>Web-User</b></p>
</body>
</html>
```

Listing 10.2 Das Aussehen eines HTML-Tags mittels CSS verändern

So glaubt die Suchmaschine in diesem Beispiel, einen besonders ausgezeichneten Begriff vorzufinden; der Nutzer oder die Nutzerin sieht mit einem CSS-fähigen Browser allerdings keinen Unterschied zum vorangegangenen Text. Inwieweit eine solche Markierung konsequent bei allen Schlüsselwörtern innerhalb des Fließtextes angewandt werden sollte, wird durchaus kontrovers diskutiert. Manche raten, dass alle Keywords, die innerhalb der erwähnten Erste-1.000-Zeichen-Grenze auftreten, her-

vorgehoben werden sollten. Bei einem längeren Text ist es erfahrungsgemäß nicht nötig, ein Schlüsselwort bei jedem Auftreten zu markieren.

> **Praxistipp: Hervorhebung sinnvoll für Nutzer einsetzen**
> Ich rate Ihnen von allem ab, was Nutzer und Nutzerinnen anders angezeigt bekommen als Suchmaschinen. Setzen Sie die Hervorhebung von einzelnen Schlüsselbegriffen nicht für Suchmaschinen, sondern gezielt für Nutzer und Nutzerinnen ein. Fette Begriffe, die Kernelemente eines Textes hervorheben und den Nutzer oder die Nutzerin in seinem bzw. ihrem Leseverhalten leiten, sind durchaus sinnvoll. Es spricht dabei auch nichts dagegen, wenn der fett gesetzte Begriff hier und da auch das Seiten-Keyword ist. Wie immer: Übertreiben Sie es nicht.

Neben der Hervorhebung durch die dazu vorgesehenen HTML-Tags mag der findige Webautor oder die Webautorin eine Änderung der Schriftgröße, Schriftart oder Schriftfarbe anwenden, um den gewünschten Effekt zu erzielen. Dass Suchmaschinen bei der Indexierung das Verhältnis der im Dokument auftretenden Schriftgrößen relativ zueinander berechnen, habe ich bereits erwähnt.

In Bezug auf Schriftart und Schriftfarbe gilt besonders wieder der Einsatz von CSS. Nutzen Sie die vorhandenen Tags zur Hervorhebung, und verwenden Sie keine Mühe darauf, das `<font>`-Tag direkt in den HTML-Code einzubinden. So kennzeichnet man z. B. ausschließlich die gewünschten Begriffe mittels des `<b>`-Tags und formatiert dieses durch CSS. Diese Technik ist in Listing 10.2 dargestellt. Die gewünschte Schriftart, Farbe und sonstige Attribute werden dem `<b>`-Tag dann ohne weiteres Hinzutun bei einer Verwendung zugewiesen.

> **Praxistipp: Spezielle HTML-Tags zur Auszeichnung nutzen**
> Immer wieder sehe ich bei Onpage-Analysen, dass für die Textauszeichnung nicht die eigentlichen HTML-Tags genutzt werden, sondern dass mit CSS oder dem `<font>`-Tag gearbeitet wird. Achten Sie bei der Umsetzung auf die ordentliche und sinngemäße Verwendung der Textauszeichnungs-Tags. Nur dann haben Suchmaschinen eine Chance, die Textelemente entsprechend zu bewerten.

10.1.6 Überschriften von H1 bis H6

Nichts ist besser geeignet, um das Thema eines Abschnitts zu bestimmen, als eine beschreibende Überschrift. Diese Erkenntnis machen sich natürlich auch die Suchmaschinen bei ihrer Analyse zunutze.

In HTML sind Überschriften (*Headings*) mit dem `<h1>`- bis `<h6>`-Tag vorgesehen. Die Abstufung ist als Untergliederung zu verstehen, bei der z. B. `<h2>` die »Unterüberschrift« zu einer <h1>-Überschrift ist. Das <h1>-Tag stellt damit die höchste Ebene dar. Hier sollten dementsprechend auch die primären Schlüsselbegriffe positioniert werden. Die <h2>-formatierten Überschriften können dann für die weiteren Begriffe verwendet werden.

```
<h1>Segeln Sie mit uns</h1>
   <h2>Geschichte von Elba</h2>
<h1>Charter - Konditionen und Verträge</h1>
   <h2>Jacht - eine Woche</h2>
   <h2>Jacht - zwei Wochen</h2>
```

Listing 10.3 Positionierung von Begriffen samt Gliederung der Überschriften

Im Idealfall ergibt sich durch die Formatierung der Überschriften und die Themenschwerpunkte innerhalb der einzelnen <p>-Tags für die Absätze eine einheitliche Gliederung.

Leider wirken die HTML-Überschriften in der Standardformatierung typografisch recht unschön. Außerdem wird automatisch ein gewisser Zeilenabstand nach unten gesetzt. Das ist insbesondere bei der <h1>-Formatierung der Fall. Dies passt verständlicherweise nicht zu einem schönen Design und führt daher in aller Regel dazu, dass dieses Tag nicht verwendet wird. Früher wurde oftmals erst mit der <h2>-Überschrift begonnen, da CSS noch nicht weit verbreitet war.

Dadurch werden jedoch gegebenenfalls Punkte verschenkt, denn Suchmaschinen können Schlüsselbegriffe durchaus umso bedeutender bewerten, je höher die Ebene der Überschrift ist. Eine ebenso oft genutzte wie leider auch unglückliche Praxis ist es, gänzlich auf die HTML-formatierten Überschriften zu verzichten und stattdessen auf normalen Fließtext zu setzen. Dieser ist dann meist mit dem <font>-Tag speziell formatiert, sodass typografisch zumindest ein Überschriftenformat erkennbar ist. Auch Container wie <div> oder <span> werden oft als Überschriften zweckentfremdet. Suchmaschinen haben dann keine Chance mehr, diese Inhalte als Überschriften zu gewichten. Verzichten Sie daher auf solche Lösungen:

```
<div class="headline">Das ist keine gute Idee</div>
<span class="headline">Das ist ebenfalls keine gute Idee</span>
```

Listing 10.4 Schlechte Umsetzungen von Überschriften

Dabei gibt es die sehr elegante Lösung mittels CSS. Denn im CSS können Sie bequem das festgelegte Aussehen der einzelnen Tags verändern – und das sogar inklusive des unbeliebten Abstands unter der Überschrift. Im HTML erscheint dann nur noch die eigentliche Überschrift im Standard-Tag:

```
<h1>Das ist eine gute Idee!</h1>
```

Die CSS-Formatierung für eine `<h1>`-Überschrift würde wie folgt aussehen:

```
h1 {
   font-size: 12pt;
   line-height: 12pt;
   font-family: verdana, arial, helvetica, sans-serif;
   margin-bottom: 1px;
   margin-top: 1px;
}
```

Listing 10.5 `<h1>`-Überschrift, mithilfe von CSS formatiert

Die letzten beiden Zeilen sind dabei für den Abstand nach oben bzw. unten zuständig.

Sie sollten auf keinen Fall auf die HTML-eigenen Überschriften verzichten, sondern stattdessen eine optische Anpassung mit CSS vornehmen. Ansonsten vergeben Sie vielleicht grundlos entscheidende Bewertungspunkte. Letztlich hilft das nicht nur Ihnen als Webautor oder -autorin, sondern auch dem Leser oder der Leserin, der bzw. die sich anhand der Überschriften eine bessere Orientierung verschaffen kann.

Verwenden Sie idealerweise nur eine einzige `<h1>`-Überschrift auf einer URL. Am besten enthält diese Hauptüberschrift noch das Seiten-Keyword, sodass Suchmaschinen eindeutig feststellen können, dass das Thema dieser Seite sich mit dem Haupt-Keyword deckt.

Die `<h2>`- bis `<h4>`-Überschriften verwenden Sie anschließend so häufig wie nötig in der richtigen, semantisch korrekten Reihenfolge. `<h5>` und `<h6>` eignen sich z. B. für Randspalten und weniger wichtige Inhaltsbereiche wie den Footer-Bereich. In der Navigation sollten Sie keine Headlines mittels `<H>`-Tags verwenden.

Insgesamt könnte dann eine H-Struktur so aussehen wie in Listing 10.6 und in Abbildung 10.9.

```
<H1>...</H1>
    <H2>...</H2>
        <H3>...</H3>
            <H4>...
    <H2>...</H2>
        <H3>...</H3>
            <H4>...</H4>
        <H3>...</H3>
            <H4>...</H4>
            <H4>...</H4>
    <H2>...</H2>
```

Listing 10.6 Exemplarische H-Struktur

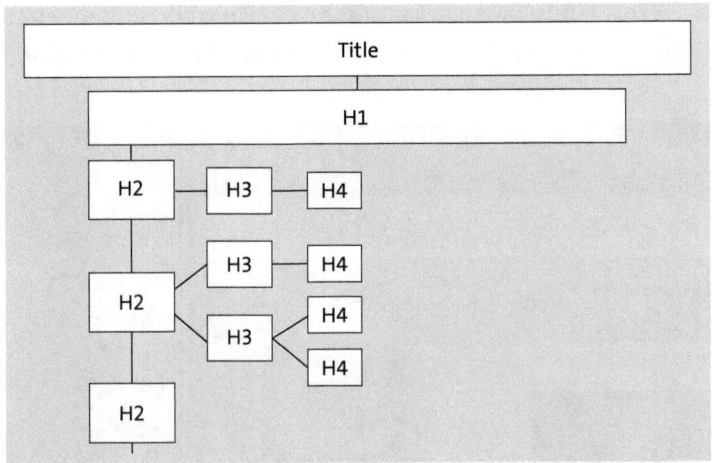

Abbildung 10.9 Nutzer- und Suchmaschinen-freundliche H-Struktur

10.1.7 Links und Anchor-Text

Der Beschaffenheit der Links kommt bei der Optimierung ebenfalls eine wichtige Rolle zu. Denn die <a>-Tags werden insbesondere unter Berücksichtigung des Anchor-Textes analysiert und bilden damit in Bezug auf die hypertextuellen Gewichtungen ein wichtiges Kriterium der Suchmaschinen-Optimierung.

Links nicht als Grafiken einsetzen

Der Anchor-Text ist daher besonders wichtig für die Bewertung durch Suchmaschinen. Deshalb sollten Sie in jedem Fall auf die Verwendung von Grafiken als Ersatz für einen Text verzichten. Vermeiden Sie also Dinge wie:

```
<a href="impressum.html"><img src="menu/impressum.gif"></a>
```

Die Suchmaschine kann aus einem derartigen Konstrukt keinen Text extrahieren. Eine eventuell höhere Gewichtung ist damit ausgeschlossen. Oftmals findet man das Einbinden reiner Grafikdateien ohne Anchor-Text immer noch bei der Umsetzung einer Navigation. Keine gute Idee – aber woher kommt das? In der Regel wird das Design einer Website zunächst in einem Grafikprogramm wie Photoshop entworfen (siehe Abbildung 10.10) und anschließend in kleine Bildsegmente zerschnitten, die als eigenständige Grafiken abgespeichert werden. So besteht jeder Menüpunkt einer Hauptnavigation aus einer Grafikdatei, die wie in dem oben gezeigten Beispiel in den Code implementiert wird. Eine moderne Navigation sollte responsiv, ohne texttragende Bilder und mittels HTML und CSS umgesetzt sein!

Außerdem erkennt die Suchmaschine den Navigationstext entsprechend und kann ihn mit in die Bewertung einfließen lassen. Idealerweise wird die Navigation noch

vom HTML5-Tag `<nav>...</nav>` umschlossen. Dann kann ein Parser erkennen, wo es sich um eine Navigation handelt und wo um den eigentlichen Seiteninhalt (*Main Content*).

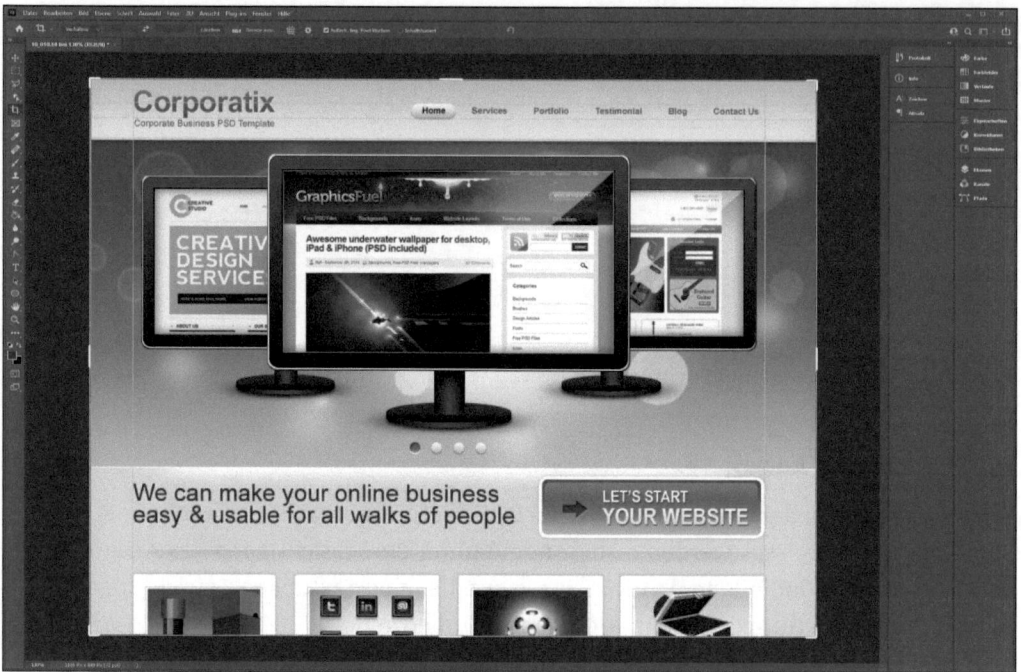

Abbildung 10.10 Grafikdesign mit Navigationselementen in Photoshop

Interne Anchortext-Verlinkung

Ausnahmsweise darf und soll der Anchor-Text nicht zwingend die festgelegten Schlüsselbegriffe enthalten. Vielmehr sollten Sie bei der Verwendung des Linktextes darauf achten, dass auch die Seiten-Keywords des Dokuments verwendet werden, auf das der Verweis zeigt. So sollte ein Verweis von Dokument A, der auf Dokument B verlinkt und auf den Begriff »Charterverträge« optimiert wurde, auch diesen Begriff enthalten:

```
... unsere <a href="chartervertraege.html">Charterverträge</a>
```

Das erhöht zum einen die interne Link-Popularity von Dokument B, insbesondere weil der Linktext korrekt auf den zu erwartenden Inhalt hinweist. Viel wichtiger in Bezug auf die Onpage-Optimierung ist allerdings, dass die eigene Seite, die den Link enthält, ebenfalls höher gewichtet wird. Denn auch hier verstärkt die thematische Passgenauigkeit des Anchor-Textes mit dem zu erwartenden Inhalt die Bewertung. Ganz nebenbei erfüllen Sie damit auch die Bedingung einer guten Usability, denn auch der Besucher oder die Besucherin weiß so genau, was ihn oder sie hinter einem Link erwartet – und zwar bevor er bzw. sie auf ihn klickt.

Alt- und Title-Attribut bei Links

Falls Grafiken unbedingt als einzige Verweisquelle eingebunden werden müssen, gibt es ebenfalls Mittel und Wege, dort Schlüsselbegriffe zu positionieren. Da diese jedoch nicht direkt auf der Browserseite angezeigt werden, erhalten sie von den Suchmaschinen eine geringere Bewertung als ein reiner Anchor-Text.

Ursprünglich wurde das `alt`-Attribut als alternative Beschreibung einer Grafik in HTML eingebunden. Vor vielen Jahren waren die Bandbreiten durch die analoge Modem-Technologie noch recht begrenzt, und viele Nutzer und Nutzerinnen verzichteten zugunsten schnellerer Ladezeiten auf die Anzeige von Grafiken innerhalb des Browsers. Stattdessen wurde ein stellvertretender Rahmen angezeigt, der den Inhalt des `alt`-Attributs enthielt. Heute wird dieses Attribut oftmals zur genaueren Beschreibung eines kurzen Links genutzt, da etliche Browser eine Tooltip-Zeile – wie in Abbildung 10.11 zu sehen – mit dem entsprechenden Text anzeigen, sobald man mit der Maus über eine derart formatierte Grafik fährt. In aktuellen Browsern wird allerdings der Inhalt des `title`-Attributs angezeigt. Das `alt`-Attribut ist tatsächlich für die alternative Beschreibung vorbehalten, falls kein Bild angezeigt werden kann. Dies ist für die barrierefreie Nutzung von Websites beispielsweise mit einem Braille-Lesegerät oder dem automatischen Vorlesen des Seiteninhalts wichtig.

Abbildung 10.11 Das »title«-Attribut als Tooltip-Anzeige innerhalb des Browsers

In diesem Beispiel sieht der zugehörige HTML-Code inklusive `title`-Attribut wie folgt aus:

```
<button class="link" title="Zum Untermenü Rubriken A-Z">
Rubriken A-Z
</button>
```

Ist kein Titel vorhanden, wird in einigen Browsern das `alt`-Attribut angezeigt, sofern es vorhanden ist. Streng genommen entspricht dies nicht dem Standard, weshalb z. B. Firefox das `alt`-Attribut auch wirklich nur innerhalb des Grafikrahmens als alternative Beschreibung anzeigt. Das `title`-Attribut – übrigens nicht zu verwechseln mit dem `<title>`-Tag – erlaubt es, beinahe jedes HTML-Element mit einem kommentierten Text im Sinne einer Meta-Information zu versehen. Dies ist insbesondere bei

Bildern sehr hilfreich, da hier zusätzliche Informationen über das Bild, den Entstehungsort, den Fotografen bzw. die Fotografin oder Ähnliches gegeben werden können.

Aus diesem Grund wird das `title`-Attribut auch von Suchmaschinen berücksichtigt. In der Praxis sollten Sie eine entsprechende Bild- bzw. Linkbeschreibung unter Verwendung der Schlüsselwörter im `title`-Attribut platzieren. Schließlich müssen Sie auch auf das `alt`-Attribut nicht verzichten. Dieses wird in ähnlicher Form, jedoch kürzer und stichwortartiger, ebenfalls in den Bildlink gesetzt. Bei der Platzierung gelten selbstverständlich auch hier die bislang genannten Kriterien zur Verwendung der Schlüsselwörter.

Denkt man einen Schritt weiter, kann das `title`-Attribut auch in Verweisen mit reinem Anchor-Text platziert werden. Insbesondere bei kurzen Verweisen bietet sich so die Gelegenheit, dem Benutzer oder der Benutzerin mehr Informationen über das Linkziel zu geben. Inwieweit Suchmaschinen jedoch eine Verwendung im `<a>`-Tag oder anderen Tags generell honorieren, ist unklar. Jedoch wird es gewiss nicht negativ in die Gewichtung mit eingehen, sodass ein sinnvoller Gebrauch ratsam ist.

> **Praxistipp: Nutzen Sie das »title«-Attribut selektiv bei Links**
> Es hat sich als wirkungsvoll herausgestellt, wenn man auch Text-Navigationslinks mit sinnvollen `title`-Attributen versieht. Dabei muss es sich nicht immer um die Wiederholung des Anchor-Textes handeln. Sie können auch Flexionen des Navigationsbegriffs verwenden oder bestimmte Zusätze wie »zu« oder »mehr erfahren über« einsetzen. Wahren Sie jedoch den Fokus auf das Zielseiten-Keyword. Bei einer kleinteiligen Navigation müssen Sie aber vor allem in der Desktop-Ansicht darauf achten, dass das angezeigte Mouseover mit dem Inhalt des `title`-Attributes nicht andere Navigationsstrukturen verdeckt.

10.1.8 Tabellen

Es werden sicherlich noch einige Generationen von Webentwicklern und Webdesignern das Tageslicht erblicken, bis alle Webseiten verschwunden sind, die mit Tabellen als Layouthilfe statt mit CSS gestaltet worden sind. Bei Neuentwicklungen von Websites und Relaunches sollten Sie aber unbedingt CSS verwenden.

Tabellen als Layouthilfe

Ursprünglich wurde das `<table>`-Tag natürlich nicht dazu entwickelt, die gesamte Seiteneinteilung zu übernehmen. Aber die relativ beschränkten Layoutmöglichkeiten der frühen Browser ließen den Webautoren und -autorinnen keine Wahl.

> **Tabellen-Designs bis heute aktiv**
> Bis heute muss man im Übrigen für HTML-Newsletterdesigns immer noch verstärkt auf diese Methode zurückgreifen, da Programme wie Outlook kein vollständiges modernes HTML und CSS zulassen.

Für Websites war in den Neunzigern nach dem Frame-Trend fast jede Seite durch Tabellen strukturiert. Stellt man sich eine einfache Seite vor, die links eine schmale vertikale Navigation besitzt und in der größeren rechten Hälfte den eigentlichen Inhalt anbietet, wurde dieses Layout in aller Regel mit einer zweispaltigen Tabelle umgesetzt. Das Tabellengitter wurde dabei unsichtbar gemacht, und die Tabelle diente fortan als reines Skelett. Allerdings ist dieses Vorgehen problematisch für eine ordentliche Suchmaschinen-Optimierung, wenn man sich den HTML-Code einer solchen Seite vergegenwärtigt.

```
<table>
   <tr>
      <td>Navigation</td>
      <td>Content-Bereich</td>
   </tr>
</table>
```

Listing 10.7 Seitenstrukturierung mithilfe einer Tabelle

Betrachten Sie eine solche Seite mit einem Online-Tool, das die Sichtweise der Suchmaschine simuliert, werden Sie feststellen, dass der Text der Navigation über dem eigentlichen Seiteninhalt steht. Das ist auch nicht weiter verwunderlich, steht doch die Navigation im HTML-Code ebenfalls vor dem Inhalt.

Für die Suchmaschinen-Optimierung ist dieses Phänomen allerdings nicht optimal. Der rechte Content-Bereich der Tabelle ist nach einer Optimierung in aller Regel ergiebiger in Bezug auf die Schlüsselwörter als die linke Navigation. Daher sollte dieser auch dringend möglichst weit oben positioniert werden. Wie kann man dieses Problem lösen?

Zunächst einmal natürlich durch den Einsatz von reinem CSS. Jeder aktuelle Browser beherrscht mittlerweile CSS. Die Zeiten von Tabellen als Gestaltungselement sind vorbei. Auch der alte Tabellen-Trick wird nur noch von ewig Gestrigen als Geheimwaffe zur Optimierung empfohlen:

```
<table>
   <tr>
      <td><!-- Kommentar: Diese TD leer lassen --></td>
      <td rowspan="2">Content-Bereich</td>
   </tr>
```

```
    <tr>
        <td>Navigation</td>
    </tr>
</table>
```

Listing 10.8 Seitenstruktur mit dem <table>-Trick

Man fügt eine leere Zelle in den linken Bereich ein und lässt die rechte Spalte mit dem wichtigen Inhalt über zwei Zeilen laufen. Dies wird mit dem HTML-Attribut rowspan bewerkstelligt. Somit steht schließlich innerhalb der HTML-Datei der Code mit dem Inhalt über der Navigation und soll damit vermeintlich besser bewertet werden – völliger Quatsch. Abbildung 10.12 verdeutlicht dieses Prinzip noch einmal grafisch. 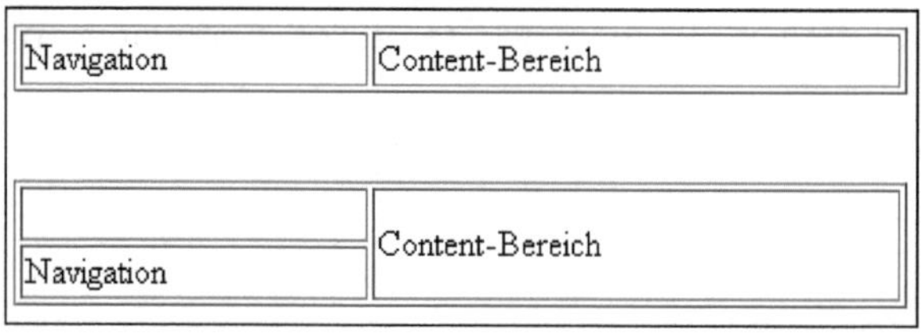

Abbildung 10.12 Vorher – nachher, Verbesserung durch den <table>-Trick

> **Praxistipp: Werfen Sie Tabellenlayouts über Bord**
>
> Sollten Sie noch eine Website oder ein Projekt haben, das auf Tabellenlayout aufbaut, gibt es eigentlich nur einen Rat: Erstellen Sie schleunigst ein modernes, neues und CSS-basiertes Layout, und werfen Sie das Tabellenlayout über Bord. Google wird es Ihnen garantiert mit besseren Rankings danken. Setzen Sie dabei auch gleich zwingend auf ein responsives Design, das Ihre Inhalte auch auf mobilen Endgeräten optimal anzeigt. Denn Tabellenlayouts sind nicht responsiv!

Tabellen im eigentlichen Sinne

Tabellen gibt es heute natürlich immer noch. Allerdings nicht mehr als Layouthilfe, sondern sie werden zu ihrem ursprünglichen Zweck genutzt. In diesem Zusammenhang gibt es das summary-Attribut, das eine Zusammenfassung einer Tabelle beinhalten kann. Es ist zwar nur im HTML4- und nicht mehr im HTML5-Standard enthalten, wird aber von einigen Suchmaschinen angeblich verarbeitet:

```
<table summary="segeln per b charter auf elba"> ... </table>
```

Dies bietet wiederum eine Gelegenheit, die Schlüsselwörter zu platzieren. Hoffen Sie jedoch nicht auf einen allzu großen Effekt. Die Platzierung von Begriffen in solchen Tags ist eher als Sahnehäubchen auf der Optimierungstorte anzusehen. Die wirklich einflussreichen Bereiche sind das <title>-Tag, der Fließtext mit den Hervorhebungen, die Überschriften und – nicht zu vergessen – die Verweise. Diese Elemente gehören der ersten Klasse an und sollten unbedingt sorgfältig optimiert werden. Alle weiteren Elemente sind Teil der zweiten Klasse und tragen nicht mehr mit einem bedeutenden Anteil zu einer höheren Gewichtung bei.

Achten Sie bei der Nutzung von Tabellen auch auf die strukturierenden Tags. Dies wären insbesondere:

- `<thead>` zur Kennzeichnung von Tabellenköpfen
- `<tbody>` zur Kennzeichnung des Tabelleninhalts
- `<tfoot>` zur Kennzeichnung des Tabellenfußbereichs

Eine ordentlich optimierte Tabellenstruktur sieht in HTML dann wie folgt aus:

```
<table summary="Übersicht anwesender Personen">
  <thead>
    <tr>
      <th>Monat</th>
      <th>Anzahl Personen</th>
    </tr>
  </thead>
  <tbody>
    <tr>
      <td>Januar</td>
      <td>100</td>
    </tr>
    <tr>
      <td>Februar</td>
      <td>20</td>
    </tr>
  </tbody>
  <tfoot>
    <tr>
      <td>Summe</td>
      <td>120</td>
    </tr>
  </tfoot>
</table>
```

Listing 10.9 Ordentliche HTML-Tabellen-Struktur

10.1.9 Das `<comment>`-Tag

Jede Programmiersprache oder Skriptsprache bietet dem Autor oder Autorin eine Möglichkeit, Kommentare zwischen den Codezeilen zu positionieren. Damit soll der

Code erklärt und Übersichtlichkeit geschaffen werden. Auch HTML macht hier keine Ausnahme.

```
<!-- Das ist ein HTML-Kommentar -->
```

Kommentare tauchen nicht in der Browseransicht auf, sondern sind lediglich im HTML-Code direkt zu sehen. Mitte der 90er-Jahre gab es eine regelrechte Bewegung von Webautoren und -autorinnen, die ihre Schlüsselwörter innerhalb dieser »unsichtbaren« Tags setzten. Die Suchmaschinen indexierten und bewerteten diese zunächst brav. Allerdings führte der Missbrauch alsbald zu einer Gegenreaktion der Betreiber. Heute werden die Inhalte der <comment>-Tags nicht mehr in die Gewichtung mit einbezogen. Eine absolute Sicherheit gibt es allerdings wie bei all diesen Aussagen nicht. Dazu halten die Betreiber ihre genauen Gewichtungsrezepte zu sehr unter Verschluss. Experimente haben jedoch gezeigt, dass das Setzen entsprechender Kommentare, die mit Schlüsselwörtern gespickt sind, zu keinem besseren Ranking-Ergebnis führt und die künstlichen Begriffe in Kommentaren nicht berücksichtigt werden.

Damit folgen die Suchmaschinen-Betreiber konsequent ihrem Credo, nur solche Inhalte zu bewerten, die dem Nutzer oder der Nutzerin tatsächlich auch etwas über den Inhalt vermitteln. Wundern Sie sich nicht: In semiprofessionellen Online-Foren kursiert teilweise immer noch die Meinung, das Einbinden von Kommentaren trage zu einer besseren Positionierung bei. Der Mythos um das <comment>-Tag wird sich daher sicherlich noch einige Zeit halten.

10.1.10 Formulare und das <input>-Tag

Das Einbinden eines HTML-Formulars zur Optimierung ist wenig verbreitet. Formulare erlauben dem Nutzer oder der Nutzerin, Informationen an den Server zu übermitteln, nachdem entsprechende Formularfelder ausgefüllt wurden. Oftmals muss dabei ein Wert oder Inhalt mit übergeben werden, der eigentlich zwar nicht für den Benutzer oder die Benutzerin, jedoch für den internen Ablauf relevant ist. Dieser Wert wird mittels eines unsichtbaren <input>-Tags innerhalb des Formulars platziert:

```
<input type="hidden" name="kundennummer" value="3249282">
```

Bei dem Begriff »unsichtbar« werden Sie sicherlich schon von allein stutzig. Und in der Tat wird die Platzierung von Schlüsselbegriffen innerhalb dieses unsichtbaren Feldes ausgiebig diskutiert. Bislang konnte in Experimenten bei mäßigem Einsatz von Keywords innerhalb des value-Attributs weder ein positiver noch ein negativer Effekt verzeichnet werden. Es ist daher letztlich unklar, inwieweit Suchmaschinen überhaupt Formulare auswerten und indexieren. Schließlich sind Formularfelder nicht zwingend geeignet, um von dort aus auf das Thema einer Webseite zu schließen. Man kann diesem Tag wahrscheinlich einen Optimierungswert dritter Klasse attestieren. Generell sollten Sie jedoch nicht viel Mühe und Zeit investieren, dieses Tag zu positionieren.

10.1.11 Das <noscript>-Tag

Ähnlich wie das <noframes>-Tag wird der Inhalt des <noscript>-Tags dann angezeigt, wenn ein User Agent nicht skriptfähig oder JavaScript ausgeschaltet ist. Das Tag wird direkt unter dem schließenden <script>-Element platziert.

```
[...]
</script>
<noscript>
   <p>Segeln mit Jacht auf Charter rund um Elba ... </p>
   <a href="sitemap.html">Sitemap</a>
 </noscript>
[...]
```

Listing 10.10 Das <noscript>-Tag im Einsatz

Google hat nach einigem Hin und Her 2018 verlauten lassen, dass Inhalte aus dem <noscript>-Tag nicht für die Rankings berücksichtigt werden. Jedoch finden sich hin und wieder Inhalte aus diesen Bereichen dennoch im Google-Index. Inwieweit es also trotzdem berücksichtigt wird, ist letztendlich unklar. In meiner Optimierungspraxis spielt das <noscript>-Tag keine Rolle.

Für das Lazy-Loading mittels JavaScript bei Bildern empfiehlt Google die Verwendung als Fallback aber dennoch.

10.1.12 Das <iframe>-Tag

Ursprünglich wurde das Tag <iframe> nur vom Internet Explorer unterstützt. Mittlerweile gehört es aber auch zum Standard seitens des W3C, und andere Browser wie der Mozilla Firefox zeigen das Element ebenfalls korrekt an.

```
<iframe src="nutzungsbedingung.html"></iframe>
```

Ein *iframe* hat dabei zunächst nichts mit den bereits behandelten Frames zu tun. Vielmehr handelt es sich dabei um ein eingebettetes Fenster, das eine externe Ressource beherbergt. Man kennt dieses Element für gewöhnlich aus den scrollbaren Textfeldern diverser Windows-Programme. Ähnlich wie bei den Frames haben allerdings die Suchmaschinen auch mit dieser Art von verschachtelter Darstellung gehörige Probleme. Grundsätzlich ist davon auszugehen, dass der Inhalt des iframes bei einer normalen Implementierung wie oben gezeigt nicht berücksichtigt wird.

Innerhalb des Tags lassen sich jedoch Informationen und eventuell ein Link platzieren, die von den Webcrawlern gelesen werden können. Auf diese Weise stellt man sicher, dass auch das eingebettete Dokument durch den Verweis erfasst werden kann:

```
<iframe src="nutzungsbedingung.html">
<a href="nutzungsbedingung.html" target="_blank">
   Lesen Sie die Nutzungsbedingungen</a>
   zu unserem Angebot über Segeln Jacht Charter auf Elba.
</iframe>
```

Listing 10.11 Das `<iframe>`-Tag für Suchmaschinen optimieren

Wichtig in diesem Zusammenhang ist der Verweis innerhalb des eingebetteten Dokuments zurück auf das Hauptdokument. Hier besteht eine ähnliche Problematik wie bei den Frames. Denn die Suchmaschine zeigt bei einem Treffer auf das eingebettete Dokument tatsächlich auch nur dieses an. Die Hauptseite wird außer Acht gelassen. Daher ist der Verweis wichtig, um dem Benutzer oder der Benutzerin die Möglichkeit zu geben, auf die eigentliche Seite zu gelangen. Alternativ können Sie auch eine JavaScript-Lösung nutzen, um die Form der Anzeige sicherzustellen.

Häufig werden iframes zum Einbinden von Werbeanzeigen über Ad-Server oder innerhalb von Affiliate-Netzwerken genutzt. In beiden Fällen wird meist in dem iframe ein Inhalt angezeigt, der auf einem fremden Server bereitgestellt wird. Auch bekannte Mashup-Dienste wie z. B. Google Maps oder auch zahlreiche Buchungsformulare von Event-, Reise- und Fluganbietern nutzen diese Technik. Diese Formulare können mittels der iframe-Technologie in die eigene Website eingebunden werden, ohne dass der Nutzer oder die Nutzerin direkt sieht, dass die Inhalte von verschiedenen Stellen kommen.

Suchmaschinen machen hier allerdings einen Unterschied. Denn per iframe eingebundene Inhalte von anderen Seiten werden nicht in die Onpage-Berechnungen mit einbezogen. Sie sollten daher darauf achten, dass Texte, die Sie für die Seitenoptimierung aufbereitet haben, nicht per iframe eingebunden sind, sondern sich direkt im HTML-Body des betreffenden Dokuments befinden.

10.2 Meta-Tags

In der Suchmaschinen-Optimierung, insbesondere für Google, spielen bestimmte Meta-Tags eine Rolle. Diese sollte jeder Suchmaschinen-Optimierer bzw. -Optimiererin kennen und beherrschen. Allzu oft werden in der Praxis durch die Fehlnutzung von Meta-Tags ganze Domains oder Seitenbereiche aus Versehen deindexiert, zusammengeworfen oder Schlimmeres. Insofern machen Sie sich in Ruhe mit den Meta-Tags vertraut.

Zwei wichtige Meta-Tags haben Sie bereits kennengelernt – das `<title>`-Tag und das `<description>`-Tag. Es gibt allerdings weitere relevante Tags, die nicht nur für die Anzeige von Inhalten verantwortlich sind, sondern teilweise auch die Steuerung der Crawler beeinflussen.

10.2.1 Das Meta-Tag »keywords«

Ursprünglich wurde dieses Meta-Tag zur Übermittlung von Stichwörtern an Suchmaschinen genutzt, unter denen die Seite gefunden werden sollte. Allerdings war die Versuchung groß, dort falsche Stichwörter zu platzieren – und zu viele Autoren und Autorinnen taten genau das. Als sich der Trend zur Indexierung gesamter Seiten weitgehend durchgesetzt hatte, sahen die Suchmaschinen-Betreiber keine Notwendigkeit mehr, sich auf die Angaben der Autoren und Autorinnen zu verlassen.

```
<meta name="keywords" content="XR-32c, Fahrradschlauch, Tipps, Einbau, Pflege,
Wartung, Schlauch, Fahrrad, Rad reparieren Beschreibung, Bilder">
```

Das Platzieren des Meta-Tags `keywords` hat heutzutage keinerlei Einfluss mehr auf das Ranking. Die großen Suchmaschinen ignorieren es schlichtweg. Manche Autoren und Autorinnen verwenden dennoch Mühe darauf, weil sie der Meinung sind, dass sie sich durch den bewussten und gezielten Einsatz des `keywords`-Meta-Tags von der Masse abheben und dadurch vor der Bewertung durch Suchmaschinen-Algorithmen seriöser und kompetenter wirken. In diesem Verhalten schwingt die Hoffnung mit, dass die Suchmaschinen eventuell doch zumindest ein wenig auf sinnvolle Stichwörter in diesem Tag schauen. Es soll Ihnen überlassen bleiben, zu welcher Seite Sie tendieren.

Wie bei allen Meta-Tags sind die `keywords` seitenspezifisch für jede einzelne Inhaltsseite. Suchen Sie nach einer empfohlenen Größenangabe, finden Sie die Empfehlung, nicht mehr als 1.000 Zeichen für die `keywords` zu nutzen. Erfahrungsgemäß sind aber bereits mehr als 25 Stichwörter zu viel. Hier gilt die Devise »Weniger ist mehr«. Wählen Sie die wichtigsten und treffendsten Begriffe aus, und sortieren Sie diese nach abnehmender Wichtigkeit.

Wenn Sie unbedingt dieses Tag nutzen möchten, sollten Sie auf jeden Fall darauf achten, die Begriffe mit Komma gefolgt von einem Leerzeichen zu trennen, damit die einzelnen Begriffe auseinandergehalten werden können.

Was die Groß- und Kleinschreibung anbelangt, ist diese bei der überwiegenden Anzahl von Suchmaschinen nicht von Bedeutung. Als Faustregel sollten Sie sich jedoch merken, die Wörter so zu schreiben, wie sie im Allgemeinen gesucht werden, und dies auch auf die Wörter im Seitentext übertragen.

Mit Mehrfachnennungen einzelner Wörter sollten Sie auch im `keywords`-Meta-Tag vorsichtig umgehen. Da Sie wissen, dass Suchmaschinen ohnehin das Tag wenig bis

gar nicht beachten, sollten Sie auf Mehrfachnennungen verzichten. Die optimale Auswahl und Positionierung von Stichwörtern wird in anderem Zusammenhang noch eingehender beschrieben.

> **Praxistipp: Verzichten Sie auf das »keywords«-Meta-Tag**
>
> Google berücksichtigt das keywords-Meta-Tag nicht. Daher spielt es aktuell für die Suchmaschinen-Optimierung keine Rolle. Die meisten SEOs verzichten daher bewusst darauf. Das sollten Sie auch tun.
>
> Bei den Mitbewerbern können Sie sich allerdings einmal umsehen, ob vielleicht doch Mühe und Aufwand in die Erstellung und Pflege des keywords-Meta-Tag gesteckt wurde. Damit haben Sie dann eine perfekte Quelle für neue Keywords.

10.2.2 Das Meta-Tag »robots«

Ein weiteres erwähnenswertes und sehr mächtiges Meta-Tag beschreibt keinen Seiteninhalt, sondern regelt das Indexierungs- und Crawlverhalten der Suchmaschine in Bezug auf die entsprechende Seite. Es folgt immer dem gleichen Schema und kann verschiedene Werte in beliebiger Reihenfolge enthalten:

```
<meta name="robots" content="wert1, wert2, wert3" />
```

Jeder Wert steuert dabei bestimmte Verhaltensweisen der Suchmaschinen.

»noindex« und »nofollow«

noindex wird gesetzt, falls eine Suchmaschine eine Seite *nicht* indexieren soll. Es ist wohl das meistgenutzte Meta-Tag in Kombination mit follow.

```
<meta name="robots" content="noindex, follow">
```

Die positiven Werte index und follow besagen, dass der Crawler die Seite indexieren und gefundene Links auf der URL verfolgen darf. Das Meta-Tag wird prinzipiell nicht benötigt, falls Sie eine vollständige Indexierung der Website wünschen. Suchmaschinen suchen standardmäßig alle Webseiten ab und verfolgen Links bis zu einer bestimmten Tiefe. Das Tag ist ohnehin nur als eine Empfehlung anzusehen. Ob die Suchmaschinen Ihrem Wunsch gerecht werden, können Sie leider nicht beeinflussen. Google hält sich jedoch in der Regel daran.

Fassen wir zusammen:

- index erlaubt das Indexieren von Websites, das ist der Standard, wenn nichts angegeben wird.
- follow bewirkt, dass der Crawler alle Links auf der Seite verfolgt und zur Indexierung untersucht, auch das ist der Standard, wenn nichts angegeben wird.

- noindex sorgt dafür, dass eine URL nicht indexiert wird oder aus dem Index entfernt wird, sollte sie bereits aufgenommen sein.
- nofollow verhindert, dass ein Crawler die Links der URL weiterverfolgt. Das bedeutet aber nicht, dass die Ziel-URLs von anderen URLs aus nicht verfolgt und ggf. indexiert werden können.

> **Praxistipp: »noindex, follow« verwenden**
>
> Bestimmte Seiten sollen nicht in den Google-Index. Diese sperren Sie mit einem noindex aus. Sollen dennoch vielleicht Links von dieser Seite verfolgt werden und für den internen Linkfluss sorgen? Dann wäre die Kombination aus noindex, follow ratsam.
>
> Google hat 2017 verlauten lassen, dass URLs, die lange auf noindex gesetzt sind, irgendwann automatisch auch auf nofollow umgestellt werden – trotz follow-Angabe. Das ändert jedoch zunächst nichts an der initialen Setzung von noindex, follow.

Das Setzen von noindex für URLs ist vor allem dann die richtige Wahl, wenn URLs bereits indexiert sind und diese aber nicht mehr indexiert sein sollen. Wundern Sie sich allerdings nicht: Das Deindexieren einer bereits indexierten URL bei Google dauert teilweise Wochen bis Monate.

Das Meta-Tag robots mit all seinen Ausprägungen wird heute von allen Suchmaschinen beachtet und ist damit ein Quasistandard geworden.

Eine weitere Möglichkeit zur Kontrolle, welche Seiten indexiert werden sollen und welche nicht, stellt das *Robots Exclusion Protocol* (REP) mit der Datei *robots.txt* zur Verfügung. Dabei werden alle Restriktionen in einer einzigen Datei mit dem Namen *robots.txt* im Root-Verzeichnis der Website definiert. Die Eintragungen in die *robots.txt* sorgen dafür, dass URLs nicht gecrawlt werden. Bei URLs, die bereits indexiert sind, hilft das allerdings nicht. Verwenden Sie hier stets die noindex-Methode. Näheres dazu finden Sie im Praxistipp und in Abschnitt 8.16.1, »Die Datei ›robots.txt‹«.

> **Praxistipp: Der Unterschied zwischen der Datei »robots.txt« und dem »robots«-Meta-Tag**
>
> In der Praxis verschwimmen die beiden Einsatzzwecke der *robots.txt* und des robots-Meta-Tags häufig. Der Unterschied ist allerdings immanent wichtig: Die *robots.txt* regelt, welche Seiten und Seitenbereiche ein Crawler überhaupt besuchen darf und welche nicht. Dies hat nur indirekt mit der Indexierung zu tun. Denn wenn die *robots.txt* nachträglich eingestellt wird, dann ist die Seite bereits indexiert! Daher prüfen Sie bei der laufenden Optimierung, ob nicht ein robots-Meta-Tag mit noindex angebracht ist. Eine solche Seite wird von den Crawlern zwar besucht, aber in der Regel nicht indexiert.

»noarchive«

Bei der Benutzung des Wertes noarchive wird die Webseite nicht in den lokalen Zwischenspeicher (*Cache*) der Suchmaschinen aufgenommen.

```
<meta name="robots" content="noarchive" />
```

Google stellte als erster Anbieter Kopien von Webseiten zur Verfügung, die in der Trefferliste unter dem Link IM CACHE betrachtet werden können, auch wenn die ursprüngliche Seite auf dem Webserver sich bereits verändert hat oder gar nicht mehr existiert.

»nosnippet«

Wenn Sie möchten, dass in den Suchergebnissen kein Text-Snippet und keine Video-Vorschau angezeigt werden, verwenden Sie:

```
<meta name="robots" content="nosnippet" />
```

Statt des Videos wird ggf. ein statisches Bild angezeigt. Ich wüsste offen gestanden nicht, warum man diese Funktion im SEO häufig nutzen wollte, da man generell eher bemüht ist, in den SERPs möglichst aufzufallen – und das gelingt mit einem größeren Snippet mit viel Text generell eher.

»max«-Snippets

Ebenfalls selten wird man eine Begrenzung durch sogenannte max-Snippets erreichen wollen. Diese wurden im Streit um das Leistungsschutzrecht eingeführt, da Google Publishern damit mehr Steuerungsmöglichkeiten über ihre Snippet-Anzeige in Suchmaschinen geben wollte. Daher werden Sie diesen Meta-Tags in der Praxis auch eher selten begegnen, außer auf Verlagswebsites.

Sollten Sie dennoch die Text-Snippet-Länge z. B. auf 60 Zeichen begrenzen wollen, nutzen Sie:

```
<meta name="robots" content="max-snippet:60" />
```

Bei Eingabe von 0 statt 60 würde kein Snippet angezeigt werden, also identisch mit dem gerade erläuterten nosnippet. -1 hingegen steht für »beliebig lang«.

Daneben gibt es noch zwei weitere max-Snippets:

```
<meta name="robots" content="max-image-preview:large" />
```

Hiermit definieren Sie die maximale Größe der Bildvorschau in den SERPs. Der Wert kann von none (keine Bildvorschau) über standard (Bild darf angezeigt werden) zu large (größere Bildvorschau darf angezeigt werden) reichen.

Ähnliches gilt für die Steuerung von Video-Snippets:

`<meta name="robots" content="max-video-preview:20" />`

Der Wert drückt die maximal erlaubte Dauer in Sekunden für eine Vorschau aus. Der Wert 0 bewirkt nur ein statisches Bild. Der Wert -1 besagt, dass die Videovorschau beliebig lang sein darf.

»unavailabe_after«

Für Inhalte mit Verfallsdatum, die ab einem bestimmten Zeitpunkt nicht mehr in den Suchergebnissen angezeigt werden sollen, nutzen Sie dieses robots-Meta-Tag:

`<meta name="robots" content="unavailable_after:2024-12-12 T09:00:00 +01" />`

Eine solche URL würde ab dem 12.12.2024 um 9 Uhr deutscher Zeit (UTC+1) bei Google nicht mehr angezeigt werden. Für das Datumsformat kann wie im Beispiel u. a. der ISO-8601-Standard genutzt werden.

»noimageindex«

Möchte man auf einer URL keines der Bilder in der Google-Bildersuche aufgenommen wissen, dann verwendet man:

`<meta name="robots" content="noimageindex" />`

Derzeit wird dieser Wert allerdings nur von Google interpretiert.

Beachten Sie allerdings, dass ein Bild auch von einer anderen URL eingebunden worden sein kann. Wenn dort nicht auch der `noimageindex`-Wert genutzt wird, würde das Bild dennoch in die Bildersuche aufgenommen werden.

Wenn Sie ein Bild wirklich nicht in der Bildersuche sehen möchten, nutzen Sie besser eine Anweisung in der *robots.txt*:

```
User-Agent: Googlebot-Image
Disallow: /bilder/bildname.jpg
```

`Disallow` führt dazu, dass genau dieses eine Bild nicht aufgenommen wird. Somit sind Sie auch in der Lage, gezielt einzelne Bilder auszuschließen statt alle Bilder einer URL. Alternativ stünde der Wert auch noch über die HTTP-Header-Regel *X-Robots* zur Verfügung.

Robots-Meta-Tag nur für Google: »googlebot«

Wenn Sie `robots`-Anweisungen speziell nur für den Googlebot geben möchten, können Sie das eigene Googlebot-robots-Meta-Tag verwenden:

`<meta name="googlebot" content="noindex, follow" />`

Die Syntax und Funktionen sind identisch mit dem allgemeinen robots-Meta-Tag. Eine Behandlung speziell für den Googlebot ist äußerst selten, meistens nutzt man das allgemeine Meta-Tag.

Sollten beide gleichzeitig auf einer URL verwendet werden, wird die restriktivere Einstellung genutzt. Gleiches gilt übrigens auch, wenn Sie das allgemeine robots-Meta-Tag zwei- oder mehrmals auf ein und derselben URL verwenden (was meistens ein technischer Fehler im CMS ist).

So würden beispielsweise diese beiden Zeilen wie folgt aufgelöst:

```
<meta name="googlebot" content="max-snippet:50" />
<meta name="googlebot" content="nosnippet" />
```

Hier würde Google das restriktivere nosnippet interpretieren.

10.2.3 Das Meta-Tag »language«

Das Meta-Tag language bestimmt die Sprache, in der ein Dokument verfasst wurde. Der Wert beschreibt eine oder mehrere Sprachen nach dem Zwei-Zeichen-Schema der RFC-1766-Norm. So steht z. B. das Kürzel de für Deutsch, fi für Finnisch etc.:

```
<meta name="language" content="de, fi">
```

Die meisten Suchmaschinen beachten dieses Meta-Tag nicht, sondern setzen für die Erkennung der verwendeten Sprache eigene Mechanismen ein.

10.2.4 Das Meta-Tag »content-type«

Anders als bei den üblichen Meta-Tags handelt es sich bei dem Meta-Tag content-type um eine Anweisung für Browser und Webcrawler (meta http-equiv = " ").

```
<meta http-equiv="content-type" content="text/html; charset=iso-8859-1">
```

Im Wertebereich wird der Dateityp des Dokuments bestimmt, der bei HTML-Dateien text/html lautet. Außerdem wird der Zeichensatz definiert. Bei dem Zeichensatz iso-8859-1 handelt es sich um den westeuropäischen Zeichensatz. Mittlerweile ist UTF-8 die international am weitesten verbreitete Kodierung für Unicode-Zeichen und für internationales SEO die beste Wahl. Diese Angaben stellen sicher, dass der Browser Umlaute und sonstige Sonderzeichen richtig anzeigt, selbst wenn sie nicht maskiert sind. *Maskierte Sonderzeichen* sind spezielle Zeichenkombinationen, die der Browser interpretiert und anschließend korrekt darstellen kann. So wird z. B. die Zeichenfolge ä in ein ä umgewandelt und € in ein Euro-Zeichen. Oftmals werden Sonderzeichen jedoch von Content-Management-Systemen oder Webautoren bzw. -autorinnen selbst nicht maskiert, weder im Seitentext noch in den Meta-Tag-

Angaben. Die Angabe des Zeichensatzes ist also auf jeden Fall vorteilhaft und sollte weit oben im HTML-Body erscheinen.

10.2.5 Das Meta-Tag »refresh«

Während die überwiegende Mehrheit von Meta-Tags nicht im besonderen Maße von Suchmaschinen in das Ranking mit einbezogen wird, beachten Suchmaschinen das Meta-Tag refresh sehr stark – allerdings im negativen Sinne.

`<meta http-equiv="refresh" content="15"; URL="website.de/i2.htm">`

Dieses Meta-Tag veranlasst den Browser, nach 15 Sekunden die Seite i2.htm aufzurufen. Ohne URL-Angabe würde die betreffende Seite neu geladen werden. Solche Brückenseiten zur Weiterleitung werden von den meisten Suchmaschinen als Unsinn gewertet, weil sie den Datenbestand an sinnvollen inhaltlichen Seiten nicht erhöhen, sondern lediglich Datenballast darstellen. Daher ist die Verwendung des Meta-Tags refresh bei Seiten, die von Suchmaschinen aufgenommen werden sollen, nicht zu empfehlen. Google und das W3C selbst raten ebenfalls davon ab und verweisen darauf, lieber einen serverseitigen 301-Redirect zu nutzen.

10.2.6 Das Meta-Tag »viewport«

Mit diesem Meta-Tag weisen Sie Browser und Suchmaschinen darauf hin, wie eine Seite mit einem Mobilgerät gerendert werden soll.

`<meta name="viewport" content="width=device-width, initial-scale=1.0">`

Meistens finden Sie das Meta-Tag genau mit diesen Werten vor. Wenn Sie den Darstellungsbereich-Meta-Wert width=device-width verwenden, geben Sie der Seite die Anweisung, die Breite des Bildschirms in geräteunabhängigen Pixeln zu nutzen. Dies ermöglicht der Seite, Inhalte neu anzuordnen und sich so an verschiedene Bildschirmgrößen anzupassen, egal ob an das kleine Display eines Mobiltelefons oder den großen Bildschirm eines Desktopcomputers.

Manche Browser behalten die Breite der Seite beim Drehen in das Querformat bei und zoomen, statt die Inhalte zum Füllen des Bildschirms neu anzuordnen. Indem Sie das Attribut initial-scale=1 verwenden, weisen Sie den Browser an, eine 1:1-Beziehung zwischen CSS-Pixeln und geräteunabhängigen Pixeln zu gewährleisten, unabhängig von der Geräteausrichtung. Somit kann die Seite die volle Breite im Querformat nutzen. Ein Beispiel in der Google-Dokumentation zeigt den Unterschied.

Sie sollten auf responsiven Seiten zwingend diese Angabe machen, damit Google die Mobiltauglichkeit bestimmen kann.

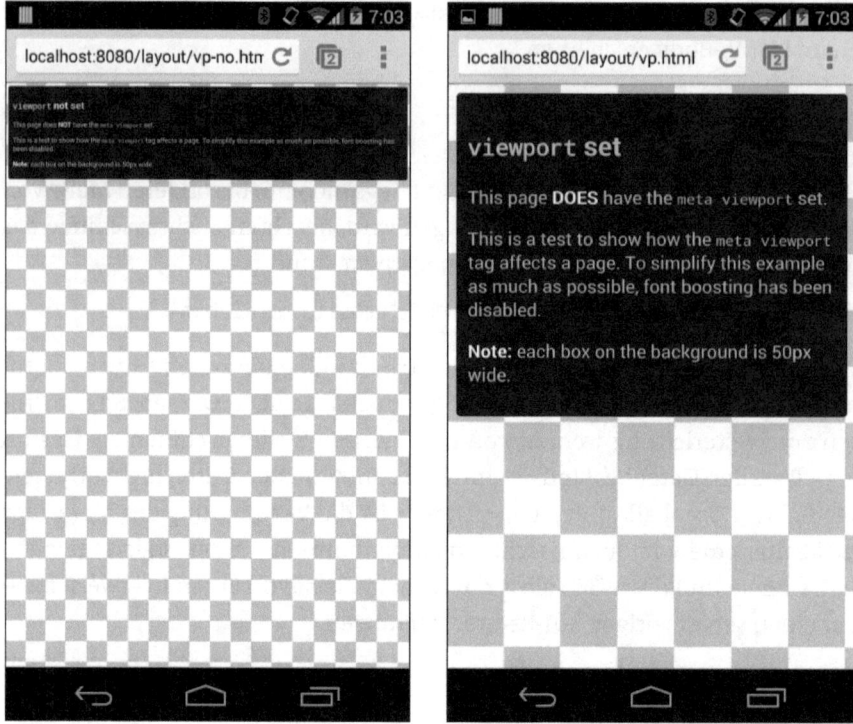

Abbildung 10.13 Unterschied bei Nutzung der Viewport-Angabe

10.2.7 Google-spezifische Meta-Tags

Speziell zur Steuerung von bestimmten Google-Funktionen stehen noch ein paar andere Meta-Tags zur Verfügung.

»google-site-verification«

Die Google Search Console kann unter anderen über das Einfügen einer Verifikation-Zeile auf der Startseite einer Website durchgeführt werden. Die sieht dann wie folgt aus:

```
<meta name="google-site-verification" content="62726DFd87" />
```

Hier geht es also nur darum, dass Sie durch das Einfügen einer Codezeile beweisen, dass Sie Zugriff auf eine Domain haben und daher an die Search-Console-Daten gelangen dürfen.

»nopagereadaloud«

Anders ist es bei diesem Meta-Tag:

```
<meta name="google" content="nopagereadaloud" />
```

Hier wird verhindert, dass in den Google-SERPs die Funktion »Vorlesen« oder »Seite vorlesen« angeboten wird. Dies kommt in Kombination mit dem Google Assistant vor.

»nositelinkssearchbox«

Wenn Nutzer oder Nutzerinnen nach Ihrer Website suchen, wird in den Suchergebnissen von Google manchmal neben weiteren direkten Links zu Ihrer Website ein Suchfeld speziell für Ihre Website angezeigt.

```
<meta name="google" content="nositelinkssearchbox" />
```

Dieses Tag weist Google an, kein Suchfeld für Sitelinks anzuzeigen.

»notranslate«

Wenn Sie verhindern möchten, dass Google in den SERPs anbietet, dass Ihre Webseite übersetzt angezeigt werden kann, können Sie dies verhindern mit:

```
<meta name="google" content="notranslate" />
```

Das ist vor allem dann sinnvoll, wenn die Website über eigene Sprachübersetzungen verfügt. Dazu nutzen Sie am besten die nachfolgende erklärte hreflang-Funktion.

10.2.8 Das Meta-Tag »hreflang«

Bei dem Meta-Tag hreflang dreht es sich auch um die Sprache: Es wurde von Google 2011 eingeführt und bestimmt, wo der gleiche Inhalt in einer anderen Sprache zu finden ist. Vor allem wenn Sie eine mehrsprachige Website mit gleichen Sprachen pflegen, sollten Sie dieses Meta-Tag einsetzen, damit Google die unterschiedlichen Sprachversionen miteinander in Verbindung setzen kann.

hreflang ist also vor allem hilfreich, wenn man unterschiedliche Sprachregionen auseinanderhalten muss oder möchte: etwa Deutsch in Deutschland und Österreich oder Spanisch in Spanien oder Südamerika. Aber auch für komplett unterschiedliche Sprachen kann man technisch innerhalb einer Domain oder auch domainübergreifend das hreflang-Tag einsetzen.

Ich würde Ihnen den hreflang-Einsatz allerdings primär bei unterschiedlichen Sprachregionen und gleichen Sprachen (häufig Deutschland – Österreich) empfehlen. Englisch und Deutsch über hreflang zu verbinden, ist zwar technisch ebenso möglich und findet sich im Web sehr oft. Die Verwendung und Interpretation des Meta-Tags ist allerdings nicht ganz einfach und führt oft zu Fehlern. Leider werden auch kleine Fehler dann von Google nicht korrekt interpretiert, und es wird meist

schlimmer, als wenn es gar kein hreflang-Tag gäbe. Wie funktioniert das Meta-Tag aber nun, und wo liegen die Tücken?

Wenn Sie beispielsweise unter *http://www.domain.com* die englische Sprache anbieten und unter *http://www.domain.de* die deutsche, dann würde die Auszeichnung wie folgt aussehen – auf der Startseite der englischen Domain steht dies:

```
<link rel="alternate" hreflang="en" href="http://www.example.com/" />
<link rel="alternate" hreflang="de" href="http://www.example.de/" />
```

Und auf der Startseite der deutschen Domain steht dies:

```
<link rel="alternate" hreflang="de" href="http://www.example.de/" />
<link rel="alternate" hreflang="en" href="http://www.example.com/" />
```

Ganz wichtig sind hierbei die gegenseitige Nennung und die Selbstreferenzierung! Eine einseitige Nennung wird von Google ignoriert. Die Reihenfolge, ob Sie die englische oder die deutsche Variante zuerst nennen, ist dabei unerheblich.

Die Auszeichnung sollten Sie außerdem nicht nur wie im Beispiel für die Startseite vornehmen, sondern für jede URL mit einer vorhandenen Übersetzung. Nur so kann sich Google ausreichend gut orientieren und die verschiedenen Sprachvarianten trennen.

Die Sprachangaben müssen im Format ISO 639-1 (de, en usw.) oder im Format ISO 3166-1 Alpha 2 (en-GB, be-FR usw.) hinterlegt werden. Die Groß- und Kleinschreibung der Buchstaben ist dabei nicht wichtig.

Wenn Sie eine Seite anbieten, die zur Sprachwahl genutzt werden soll oder generell als Sprach-Fallback dienen soll – also etwa eine Weltkarte auf der Startseite –, dann nutzen Sie zusätzlich eine Zeile mit dem Wert x-default:

```
<link rel="alternate" href="http://www.domain.com/" hreflang="x-default" />
```

> **Praxistipp: Obacht beim »hreflang«-Setzen!**
>
> Laut Google ist das korrekte Setzen von hreflang-Verweisen mit das Komplexeste in der SEO-Auszeichnung. Achten Sie also sehr sorgfältig auf eine korrekte Ausführung, und prüfen Sie diese mit der Search Console oder beispielsweise Tools wie Screaming-Frog oder Audisto. Beide zeigen hreflang-Fehler nach einem Crawl Ihrer Website an.

Sollte das Setzen von hreflang-Informationen im HTML-Head aus technischen Gründen nicht möglich sein, können Sie auch eine XML-Sitemap entsprechend anpassen. Auch hier müssen sich die URLs reziprok verlinken:

```
<?xml version="1.0" encoding="UTF-8"?>
<urlset xmlns="http://www.sitemaps.org/schemas/sitemap/0.9"
  xmlns:xhtml="http://www.w3.org/1999/xhtml">
```

```xml
<url>
  <loc>http://www.domain.de/english/</loc>
  <xhtml:link
              rel="alternate"
              hreflang="de"
              href="http://www.domain.de/deutsch/"
              />
  <xhtml:link
              rel="alternate"
              hreflang="de-ch"
              href="http://www.domain.de/schweiz-deutsch/"
              />
  <xhtml:link
              rel="alternate"
              hreflang="en"
              href="http://www.domain.de/english/"
              />
</url>

<url>
  <loc>http://www.domain.de/deutsch/</loc>
  <xhtml:link
              rel="alternate"
              hreflang="en"
              href="http://www.domain.de/english/"
              />
   <xhtml:link
              rel="alternate"
              hreflang="de-ch"
              href="http://www.domain.de/schweiz-deutsch/"
              />
   <xhtml:link
              rel="alternate"
              hreflang="de"
              href="http://www.domain.de/deutsch/"
              />
</url>

<url>
   <loc>http://www.domain.de/schweiz-deutsch/</loc>
    <xhtml:link
              rel="alternate"
              hreflang="de"
```

```
                    href="http://www.domain.de/deutsch/"
                    />
       <xhtml:link
                    rel="alternate"
                    hreflang="en"
                    href="http://www.domain.de/english/"
                    />
<xhtml:link
                    rel="alternate"
                    hreflang="de-ch"
                    href="http://www.domain.de/schweiz-deutsch/"
                    />
    </url>

</urlset>
```

Listing 10.12 XML-Sitemap mit »hreflang«-Auszeichnung

Ferner können Sie das Canonical über den HTTP-Header mitsenden. Das ist vor allem bei mehrsprachig vorliegenden PDF-Dateien praktisch, da diese ja über keine HTML-Head-Platzierungsmöglichkeit verfügen:

```
Link: <http://www.domain.de/downloads/whitepaper/english.pdf/>; rel="alternate"; hreflang="en"
Link: <http://www.domain.de/downloads/whitepaper/deutsch.pdf/>; rel="alternate"; hreflang="de"
Link: <http://www.domain.es/downloads/whitepaper/espanol.pdf/>; rel="alternate"; hreflang="es"
```

Letzteres ist in der Praxis allerdings meist technisch noch aufwendiger, sodass Ihnen nur noch die XML-Sitemap oder ein ernstes Gespräch mit Ihrem CMS-Anbieter oder Ihrer IT bleibt, damit dann doch die Meta-Tag-Variante implementiert werden kann. Damit das reibungslos klappt, muss Ihr Content-Management-System über eine gewisse Logik verfügen, welche die einzelnen Sprachvarianten eines Navigationspunktes miteinander in Verbindung setzt. Nur dann kann eine automatische Auszeichnung über hreflang durchgeführt werden. In Fällen, in denen dies automatisch nicht möglich ist, bleibt Ihnen nur noch, selbst Hand anzulegen und die Meta-Tags manuell zu pflegen – leider ein enormer Aufwand!

Schauen Sie auf jeden Fall in die ausführliche Dokumentation von Google unter *https://support.google.com/webmasters/answer/189077?hl=de*. Dabei bewahrheitet sich auch eine Regel: Je ausführlicher eine Dokumentation bei Google, desto wichtiger und komplexer ist ein Themenbereich.

10.2.9 Das Meta-Tag »revisit-after«

Im Wertebereich des Meta-Tags revisit-after wird angegeben, nach wie vielen Tagen der Crawler zur Indexierung wieder »vorbeischauen« soll. Der Wert kann als Zahl mit days (Tage), weeks (Wochen) oder months (Monate) angegeben werden.

`<meta name="revisit-after" content="14 days">`

Auch dieses Meta-Tag ist nur als Empfehlung für Webcrawler anzusehen. Sie können sicher sein, dass sich keine bedeutende Suchmaschine daran hält. Die Crawler haben eigene (feste oder dynamische) Intervalle. Generell gilt zwar die Faustregel, dass größere Sites mit häufigem Inhaltswechsel auch häufiger frequentiert werden, jedoch steht das in keinerlei Zusammenhang mit dem Meta-Tag revisit-after.

10.2.10 Das Meta-Tag »expires«

Dieses Meta-Tag zielt hauptsächlich auf die Browser der Besucher und Besucherinnen. Es definiert einen Verfallszeitpunkt für die abgerufene HTML-Datei in Sekunden.

`<meta http-equiv="expires" content="49500"/>`

Alternativ lässt sich auch ein bestimmter Zeitpunkt gemäß RFC 1123 angeben:

`<meta http-equiv="expires" content="Sun, 12 Dec 2004 12:30:00 GMT">`

Damit kann man also gezielt den Browser bei Wiederbesuch einer URL nach Ablauf einer gewissen Zeit zwingen, eine Seite nicht aus dem lokalen Cache zu nehmen, sondern live vom Server abzufragen. Besonders bei häufig aktualisierten Seiten ist das empfehlenswert.

Suchmaschinen halten sich erfahrungsgemäß lieber an die expires-Angabe im HTTP-Header, welche z. B. im Falle des Apache-Webservers über die *.htaccess*-Datei und das *mod_expires* implementiert wird. So nutzt Google beispielsweise dieses Meta-Tag auch nicht mehr aus dem HTML heraus.

10.2.11 Das Meta-Tag »cache-control«

Damit ein Browser auch bei kurz aufeinanderfolgenden, mehrfachen Besuchen einer URL nicht immer gleich den Server direkt abfragen muss, speichern die Browser einmal abgefragte HTML-Seiten in einem lokalen Zwischenspeicher (*Browser-Cache*). Über dieses Meta-Tag kann man bewirken, dass dieser Mechanismus nicht greift und ein Browser bei jedem Besuch die HTML-Seite vom Server anfordert:

`<meta http-equiv="cache-control" content="no-cache"/>`

Für die meisten Suchmaschinen hat dieses Meta-Tag heute keine Bedeutung mehr.

Weitergehende Informationen zum HTTP-Caching finden Sie unter:

https://developers.google.com/web/fundamentals/performance/optimizing-content-efficiency/http-caching?hl=de

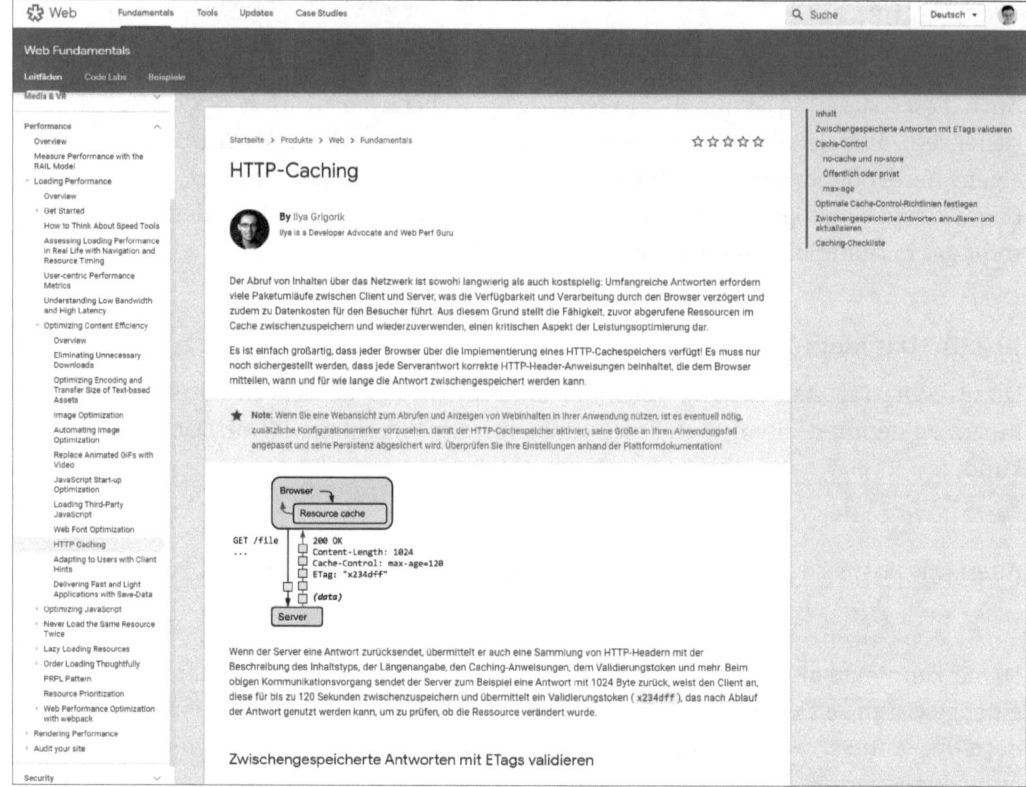

Abbildung 10.14 Ein gutes Beispiel für hervorragende Beiträge bei Google – viel zu selten geschätzt und gelesen

10.2.12 Open-Graph-Markup von Facebook

Sollten Inhalte einer Website über Facebook oder Instagram geteilt werden, kommt das Open-Graph-Markup im Headerbereich ins Spiel. Hier handelt es sich streng genommen nicht um Tags, die für Suchmaschinen direkt wichtig sind. Vielmehr sorgt eine umfängliche Open-Graph-Auszeichnung dafür, dass eine Seite beim Teilen über Facebook und Instagram alle Informationen wie Titel und das passende Bild in der Vorschau enthält.

Das Open-Graph-Markup benötigt mehrere Tags für verschiedene Aufgaben, die aber eigentlich selbsterklärend sind:

```
<meta property="og:locale" content="de_DE" />
<meta property="og:type" content="article" />
<meta property="og:title" content="Mehr Achtsamkeit: gelassener &
 bewusster Leben - powerful:me" />
<meta property="og:description" content=
"Mit Achtsamkeit zu einem gelassenen und bewussten Leben! \
u2713 Erfahre hier, was du über die Achtsamkeit wissen musst. \
u2713 Vermeide Stress langfristig!" />
<meta property="og:url" content="https://www.powerful-me.de/achtsamkeit/
mehr-achtsamkeit/" />
<meta property="og:site_name" content="powerful:me" />
<meta property="og:image" content="https://www.powerful-me.de/wp-content/
uploads/2019/09/header-achtsamkeit-109149509.jpg" />
<meta property="og:image:secure_url" content="https://www.powerful-me.de/
wp-content/uploads/2019/09/header-achtsamkeit-109149509.jpg" />
<meta property="og:image:width" content="1900" />
<meta property="og:image:height" content="570" />
```

Daraus resultiert dann die Anzeige, wie in Abbildung 10.15.

Abbildung 10.15 Teaser aus dem Open-Graph-Markup für Facebook

Für die meisten Content-Management-Systeme (CMS) gibt es Plugins, die diese Tags generieren. Sie müssen allerdings den passenden Titel, die Beschreibung und das passende Bild auswählen bzw. im CMS zuordnen. Letztendlich gelten aber sehr ähnliche Regeln für den Titel und die Beschreibung wie bei der Suchmaschinen-Optimierung auch – den Nutzern und Nutzerinnen muss es gefallen, und es sollte sie anregen, darauf zu klicken.

Um die korrekte Einbindung zu prüfen, können Sie den *Facebook Debugger* nutzen (*https://developers.facebook.com/tools/debug/*).

Andere Social-Media-Plattformen verfügen im Übrigen über ähnliche Markups bzw. Tags, z. B. Twitter. Andere Dienste nutzen aber teilweise das Open-Graph-Format von Facebook. Für Google und Bing spielen sie allerdings keine direkte Rolle.

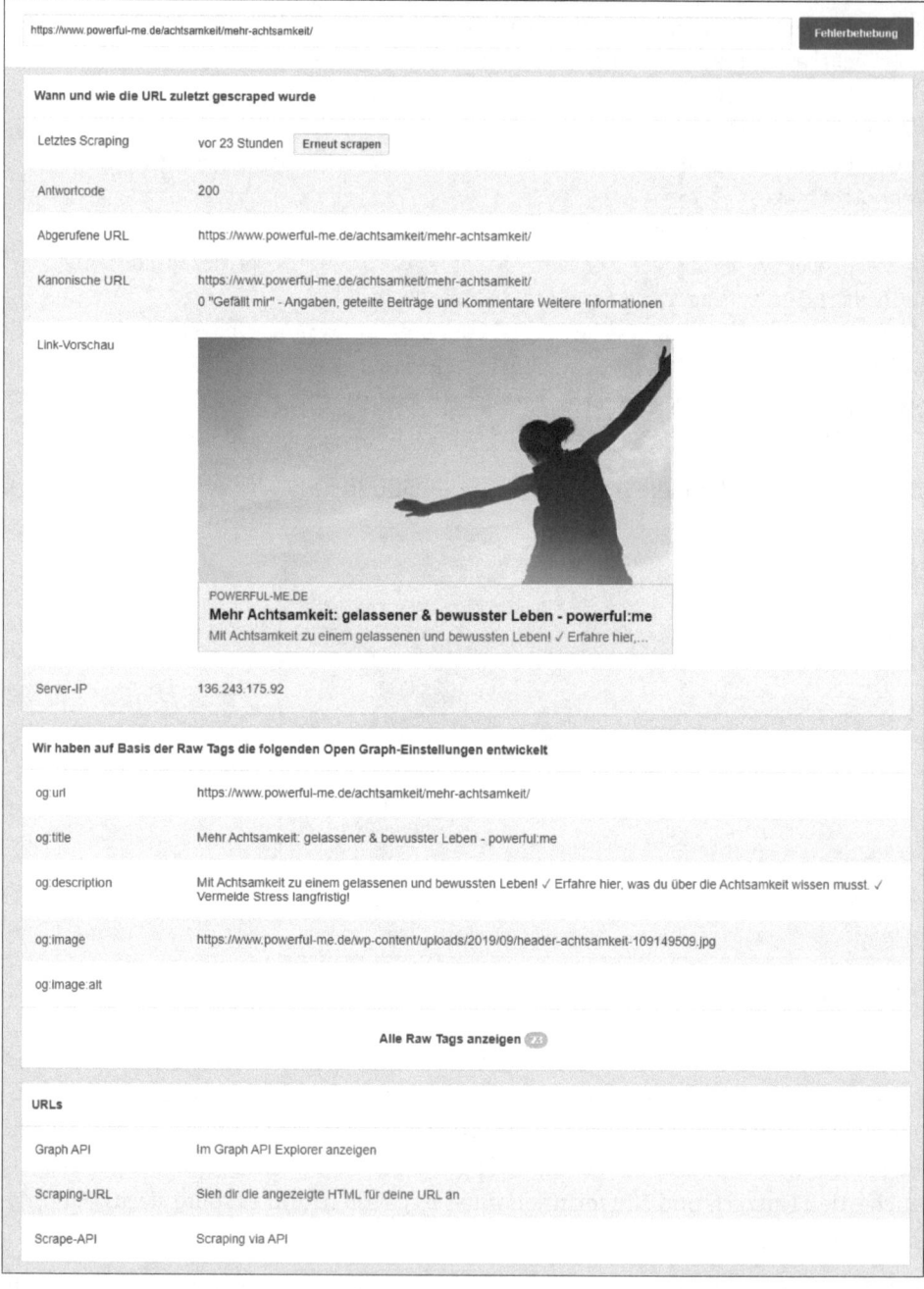

Abbildung 10.16 Mit dem Facebook Debugger lässt sie die Open-Graph-Einbindung prüfen.

10.2.13 Sonstige Meta-Tags

Es gibt noch eine Reihe weiterer Meta-Tags, die hier nicht im Detail aufgeführt werden sollen. Die meisten besitzen für Suchmaschinen keine oder lediglich eine verschwindend geringe Bedeutung.

So zeigte *Fireball* damals als allererste Suchmaschine den Verfasser oder die Verfasserin einer Seite in der Ergebnisliste an, sofern das Meta-Tag author gesetzt wurde:

```
<meta name="author" content="Paul Müller">
```

Auch Google zeigte Autorenbildchen eine Weile lang an – was zu einer wahren Überflutung an Profilbildern in den SERPs führte. Dies gehört allerdings mittlerweile auch zur SEO-Historie mit den Stichworten Google+ und dem Tag rel="author". Dieses wurde sogar noch vor dem Ende von Google+ eingestellt. Sollten Sie dies in irgendeinem Blog oder Audit lesen, können Sie es getrost ignorieren.

Viele weitere Meta-Tags sind vor allem bei Publikationen wissenschaftlicher Arbeiten von Relevanz, damit diese durch spezielle Katalogsysteme besser erfasst werden können. So kann neben den Meta-Tags date (Erstellungsdatum), publisher (Herausgeber) und copyright (urheberrechtlicher Hinweis) auch die Zielgruppe mittels audience definiert werden. Die Liste ließe sich beliebig fortsetzen. Es ist kaum verwunderlich, dass diese nicht standardisierte Vielfalt auch bei internationalen Experten Handlungsbedarf geweckt hat. Daraufhin wurden die sogenannten *Dublin-Core(DC)-Meta-Tags* ausgearbeitet, die seit 1998 vom W3-Konsortium offiziell unterstützt werden. Sie erkennen Meta-Tags nach der Dublin-Core-Konvention an dem vorangestellten DC.

```
<meta name="DC.description" content="Beschreibung">
```

Die Suchmaschinen-Welt hat noch nie nennenswert darauf reagiert und verarbeitet die DC-Meta-Tags bis heute nicht.

Ein besonderes Meta-Tag stellt abschließend das *PICS-Label* (*Platform for Internet Content Selection*) dar. Dieses umfangreiche Meta-Tag kann von Webautoren und -autorinnen auf Webseiten positioniert werden und enthält eine Einstufung über die Jugendfreiheit der entsprechenden Seite. Zur Erstellung des codierten Meta-Tags stehen gesonderte Tools zur Verfügung. Suchmaschinen nutzen diese Informationen teilweise, wenn die »Family«-Option zum Schutz vor nicht jugendfreien Inhalten bei der Suche aktiviert worden ist. Google geht hier jedoch seinen eigenen Weg:

```
<meta name="rating" content="adult"/>
```

Damit sind die Inhalte, vor allem die Bilder, dieser Meta-Tag-tragenden Seite als nicht jugendfreie Inhalte gekennzeichnet und werden durch den SafeSearch-Algorithmus von Google entsprechend behandelt.

10.3 Bildoptimierung

Bilder und Grafiken spielen beim primär textbasierten Information Retrieval eine untergeordnete Rolle und werden häufig nicht weiter beachtet. Oft ist das nicht sonderlich tragisch, da viele Grafiken lediglich eine Schmuckfunktion erfüllen. Auf manchen Websites bieten Grafiken und Bilder jedoch wichtige Informationen. Diese sind ohne weitere Optimierung für Suchmaschinen unterrepräsentiert.

Hier beginnt der Bereich der Bilder-SEO. Dieser ist allerdings recht komplex. Das liegt auch daran, dass er im Vergleich zur Optimierung von Texten nicht so viel Aufmerksamkeit erhält und Google selbst auch recht wenig Informationen darüber gibt.

Zumal seit dem großen Bildersuche-Update 2017 deutlich weniger Besucher und Besucherinnen von der Bildersuche auf die Websites gelangen. Dort, wo man früher per Klick auf ein Trefferbild direkt auf die Website gelangte, erscheint heute das vergrößerte Bild in der Bildersuche selbst. Der oder die Suchende muss dann erst noch auf einen Button klicken, um auf die betreffende Website zu gelangen – meist ist der Such-Intent aber bereits mit dem Auffinden des vergrößerten Bildes erfüllt. Bis zu 80 % Traffic-Verluste brachte diese Änderung den Webmastern ein.

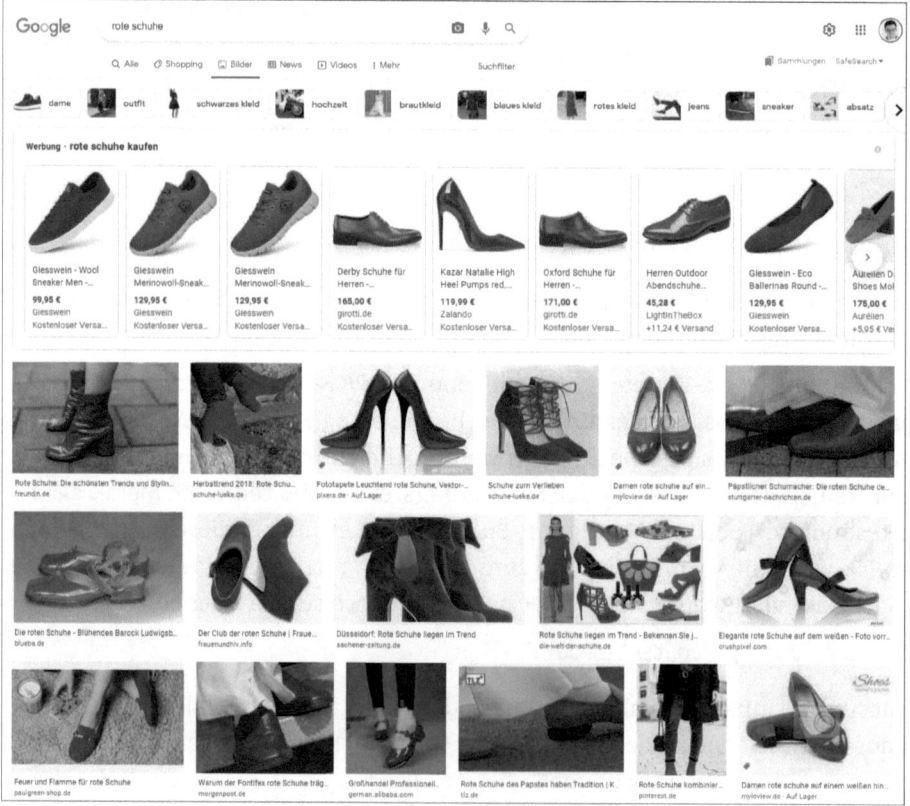

Abbildung 10.17 Die Google-Bildersuche

Deutlich relevanter in Sachen Traffic-Quelle ist daher die Vertical-Einblendung der Bilder in den »normalen« Ergebnislisten, die sich aber aus der gleichen Quelle speist.

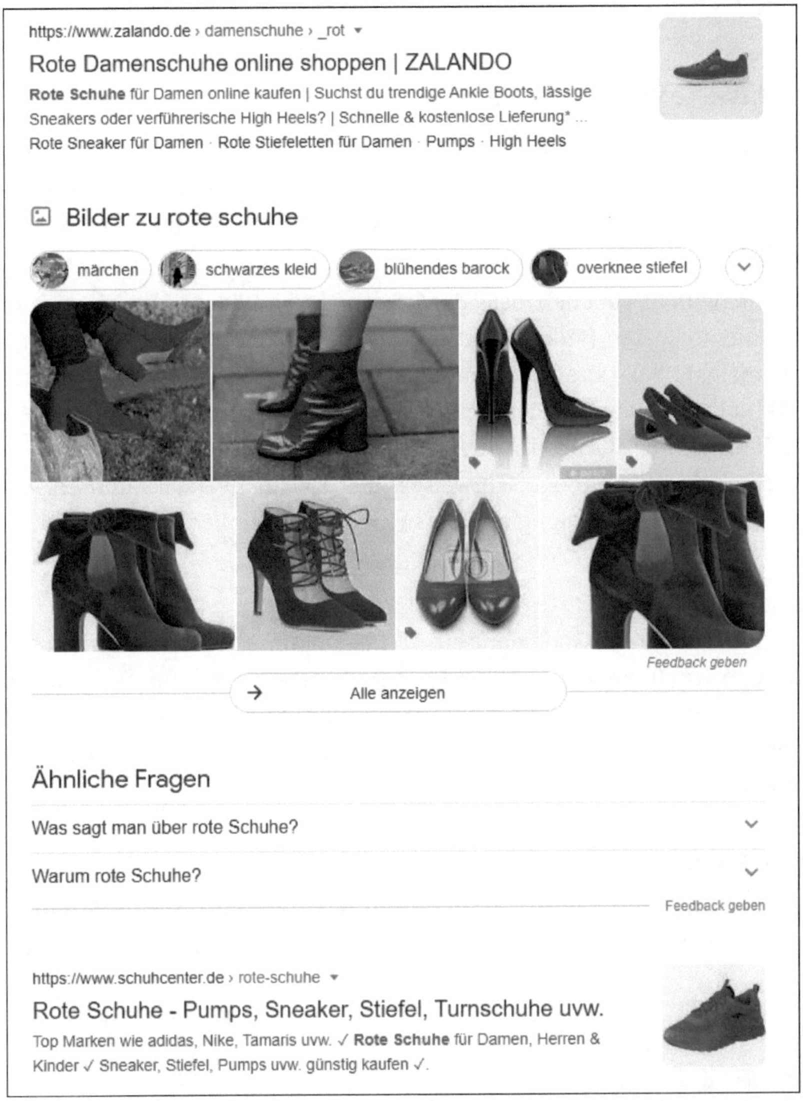

Abbildung 10.18 Einblendung der Bildersuche als Vertical bei Google

Hier kann man je nach Thema und Suchanfragetyp von bis zu zehn Mal mehr Besuchern und Besucherinnen sprechen als über die eigentliche Bildersuche. Insofern lohnt sich die Bildoptimierung heute vor allem bei transaktionalen Themen definitiv noch.

Die Google-Bildersuche ist demnach wahrscheinlich für viele ein relevanter und unterschätzter Traffic-Kanal. Die Indexierungstechnik von Bildern unterscheidet sich

allerdings von der normaler HTML-Dokumente. Sie sollten alle Möglichkeiten nutzen, die ich Ihnen im Folgenden vorstelle. Zunächst aber gehe ich auf die Besonderheiten der Bilderverarbeitung bei Suchmaschinen ein.

10.3.1 Funktionsweise der Bildersuche

Der genaue Prozess, wie die Verarbeitung von Bildern bei Google und Co. Stattfindet, ist nicht näher bekannt. Auch hier bleibt wie so oft nur die Mischung aus dem Lesen von kryptischen Patenten, dem Austausch mit Kollegen und Kolleginnen, eigenen SEO-Tests und Erfahrung.

Grundsätzlich ist davon auszugehen, dass die Erfassung von Bildern ähnlich wie der von anderen Medienformaten (Videos, Podcasts usw.) nah an der Verarbeitung und Speicherung normaler HTML-Dateien verläuft. Insofern wird ein Scheduler das Herunterladen und Aktualisieren von Bilddateien organisieren, welche die Imagebot-Webcrawler letztendlich operativ abfragen. Abweichungen gibt es aber vor allem in der Verarbeitung, und die sind sehr spannend. Hinweise finden sich in diversen Patenten. Wie läuft die Verarbeitung im Fall der Google-Bildersuche wahrscheinlich ab?

Bilderfassung

Zunächst besucht der normale Googlebot ein HTML-Dokument und analysiert dieses. Beim Auffinden von Bild-URLs wird der Imagebot losgeschickt, um die Bilder zu erfassen und zur Verarbeitung auf die Google-Server zu laden. Hier wird vielleicht auch schon gleich ein kleineres Thumbnail generiert, das später für die Bildanzeige genutzt werden kann.

Einfache Feature Extraction

Jedes einzelne Bild wird nun genauer analysiert, und es werden bestimmte Merkmale gespeichert (*Feature Extraction*). Das können recht einfache Merkmale sein, wie etwa

- Dateiname
- Pfad
- einbettendes HTML-Dokument
- Alt- und Title-Attribut
- Höhe und Breite in Pixeln
- Größe in Kilobyte
- Dateityp

Diese Informationen lassen sich schnell und ohne größere Rechenaufwände herausfinden und in einem Document Index für Bilder (*Imageindex*) abspeichern.

Je nach Suchmaschinenanbieter und Wichtigkeit des Bildes können weitere, rechenaufwendigere Merkmale extrahiert werden. So gibt es Anzeichen dafür, dass Google bei einigen Bildern eine Texterkennung (*OCR*, Optical Character Recognition) durchführt. Dabei werden Texte aus Bildern extrahiert und maschinenlesbar gemacht. Kombiniert man dies nun mit der Entitäten-Datenbank (bei Google Knowledge Graph), dann können beispielsweise textliche Markennennungen, Straßennamen oder andere Entitäten erkannt und dem Bild zugeordnet werden.

Diese Daten und Relationen werden alle in einem *inversen Imageindex* festgehalten – der hier wieder ähnlich wie der inverse Dokumentenindex bei HTML-Dokumenten funktioniert. Eventuell ist diese Struktur bei Google sogar dieselbe. Das spielt aber hier keine Rolle.

> **Wichtig: Eine Merkmalsveränderung führt zu Zuordnungsproblemen**
>
> In der Praxis hat sich gezeigt, dass die Veränderung von wesentlichen Bild-merkmalen wie Pixelbreite, Bilddateigröße, Pfad oder Bilddateiname dazu führen, dass Google die eindeutige Zuordnung zum inversen Imageindex nicht mehr gelingt. Das veränderte Bild würde dann neu in den Index aufgenommen werden. Damit können dann auch wertvolle Bilderrankings verloren gehen.

Die Herausforderung identischer Bilder

Im Web kommen Bilder meist nicht nur einmal vor. Das berühmte Gemälde der Mona Lisa haben bestimmt Millionen von Menschen auf Ihren Websites, und es sieht immer nahezu identisch aus. Suchmaschinen müssen also irgendwie diese identischen oder sehr ähnlichen Bilder miteinander in Verbindung bringen und das Masterbild festlegen. Denn niemand möchte auf eine Suche nach »Mona Lisa« nur hundertprozentig identische Bilder angezeigt bekommen.

Wie schon bei der Analyse von Termen und Texten machen sich moderne Suchmaschinen hier Vektoren zunutze. Vereinfacht gesagt analysieren Suchmaschinen jedes Bild in seinen einzelnen Bestandteilen. Dies erfolgt entweder durch die Zerlegung in kleinere Bereiche (Abbildung 10.20) oder sogar in der kleinstmöglichen Ebene eines Pixels.

Ein Beispiel aus dem Patent »Image and text searching techniques« aus dem Jahr 2001 (*https://patents.google.com/patent/US6522782B2/en*) veranschaulicht schön, wie man von einzelnen farbigen Pixeln innerhalb eines Bildes eine eindimensionale Zahlenzuordnung erhalten kann. In Abbildung 10.20 sehen Sie, wie bei einem kleinen, 3 × 3 Pixel großen Bild für jedes Pixel eine Farbe aus dem RGB-Modell ausgelesen und zugeteilt wird. *RGB* steht für »Red, Green, Blue« und wird zur Darstellung von Farben auf Monitoren verwendet.

10   Onpage-Optimierung

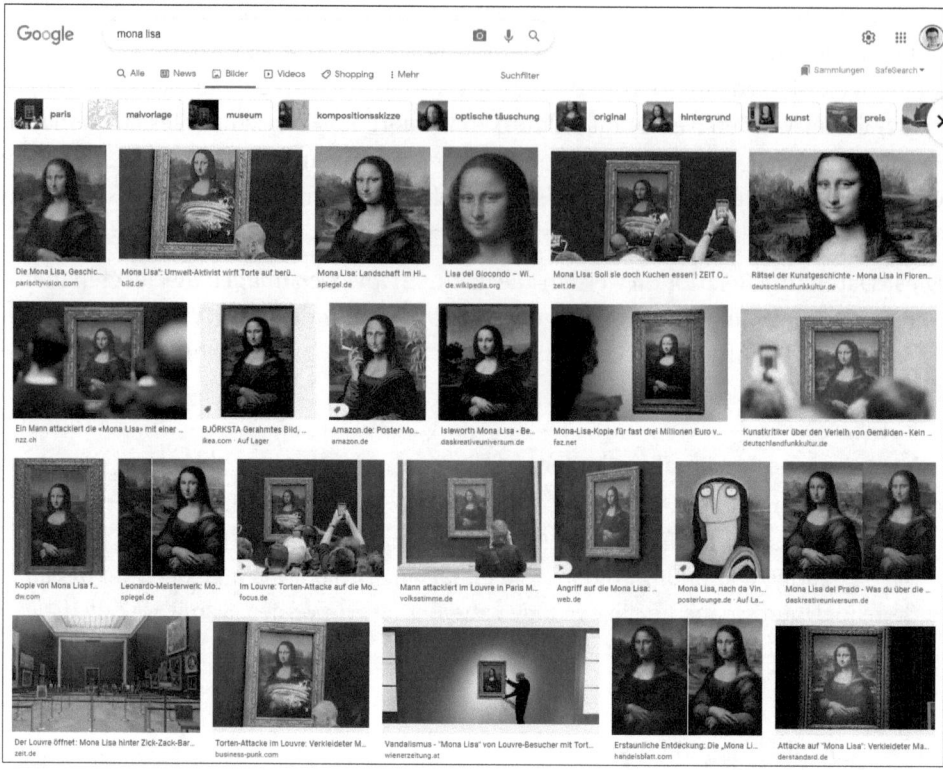

Abbildung 10.19 Die Suche nach »mona lisa« ergibt ähnliche, aber nicht identische Treffer.

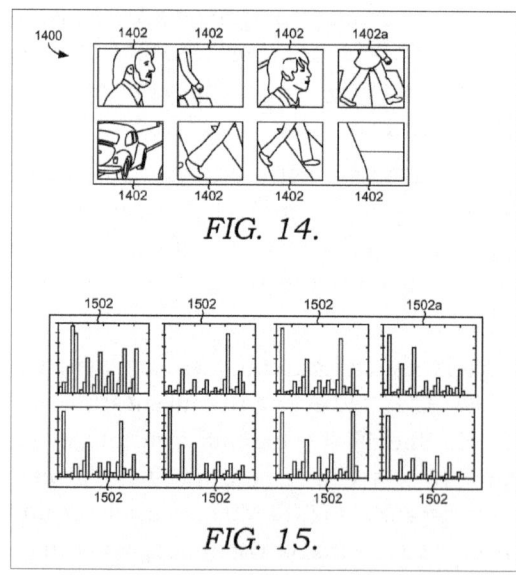

Abbildung 10.20 Bildzerlegung und Histogramm-Erstellung (»https://patents.google.com/patent/US8004576B2/en«)

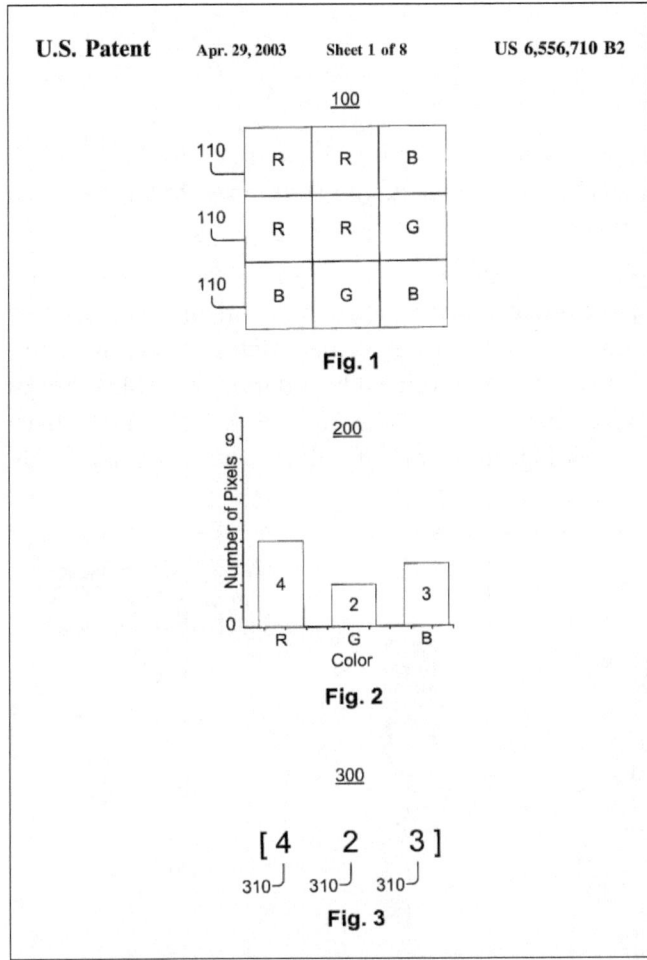

Abbildung 10.21 Vektor-Generierung anhand eines kleinen Pixelbeispiels (»https://patents.google.com/patent/US6522782B2/en«)

Jedes einzelne Monitorpixel verfügt über diese drei Farbmöglichkeiten, die sich zu allen anderen Farben und Farbabstufungen mischen lassen. Bilder tragen für jedes Pixel genau diese Farbmisch-Informationen mit sich.

Aus der Pixelzuordnung kann dann ein Diagramm mit den Häufigkeiten erstellt werden. Dies bezeichnet man als *Histogramm*. Histogramme lassen sich ganz wunderbar als Zahlenfolgen darstellen, das meint die Darstellung [4, 2, 3] am Ende der Abbildung.

Aus Bildern lassen sich viele Features als Histogramme extrahieren:

- Farbwerte
- Helligkeitswerte
- Kurvenverläufe

- Graulevel
- einheitliche Farbflächen
- und andere

Diesen Vorgang bezeichnet man als *Image Processing*. In Wahrheit ist dies deutlich komplexer und eine Wissenschaft für sich. Aber zur Illustration des Prinzips ist es an dieser Stelle völlig ausreichend.

Nimmt man nun mehrere solcher Histogramme, erhält man eine Matrix, etwa in der Form: [4, 2, 3], [9,3,2], [8,2,1.2]. Diese Matrix kann man dann als mehrdimensionalen Vektor darstellen und mit anderen Vektoren vergleichen. Und so haben Algorithmen letztendlich überhaupt die Chance, mehrere Bilder auf ihre Ähnlichkeit hin zu vergleichen. Dadurch sind Ähnlichkeiten trotz Bilddrehungen, kleinerer Bildausschnitte oder Anpassungen der Farbigkeit oder Helligkeit gut zu identifizieren (Abbildung 10.22).

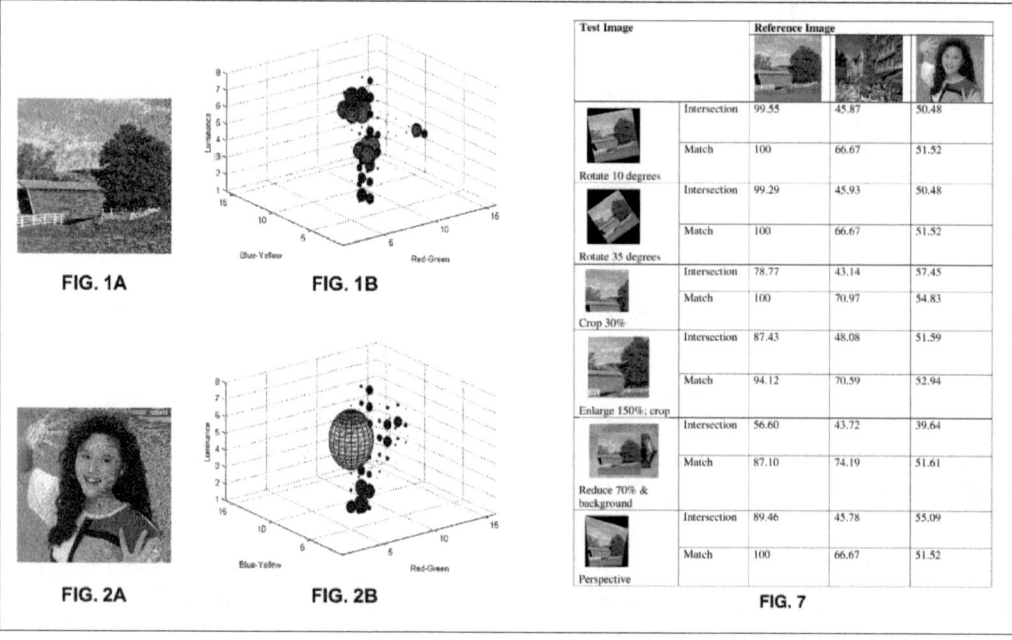

Abbildung 10.22 Mehrdimensionale Vektoren erlauben Bildvergleiche (»https://patents.google.com/patent/US8004576B2/en«).

Suchmaschinen wie Google erkennen Ähnlichkeiten zwischen Bildern sehr gut und zuverlässig. Diese Ähnlichkeitserkennung kommt nicht nur bei ähnlichen, sondern auch bei identischen Bildern zum Einsatz. Dabei sind vor allem diese Quellen von identischen Bildern für Sie bei der Bildoptimierung relevant:

- Mehrfache Verwendung eines Bildes innerhalb einer URL oder derselben Domain
- Verwendung eines Bildes außerhalb der ursprünglichen Domain, es wird allerdings die Original-Bild-URL genutzt (Hotlinking).
- Das Bild wird kopiert, ggf. umbenannt und verkleinert und an anderer Stelle im Netz wieder hochgeladen.

Alle diese Fälle, auch mit leichten Veränderungen, werden von den Suchmaschinen gut erkannt. Genau diese Erkennung wird dann genutzt, um zu verhindern, dass identische oder nahezu gleiche Bilder mehrfach in der Bildersuche angezeigt werden.

Der inverse Bildindex enthält also nicht nur die Merkmale der Bilder selbst (On-picture-Features), die Verbindung zu nahestehenden Texten aus dem umgebenden HTML-Quellcode und die Verbindung zu erkannten Entitäten. Er enthält auch die Vektor-Informationen für die Ähnlichkeitsbestimmung sowie die Autorität eines Bildes. Denn nur das Bild mit der höchsten Autorität wird am Ende das Rennen aller identischen oder nahezu identischen Bilder gewinnen und angezeigt werden.

Die Bildautorität könnte sich demnach etwa wie der PageRank berechnen. Und tatsächlich weist ein Patent genau diese Art der Berechnung für Bilder aus (*http://www.esprockets.com/papers/www2008-jing-baluja.pdf*), wie Sie in Abbildung 10.23 sehen können.

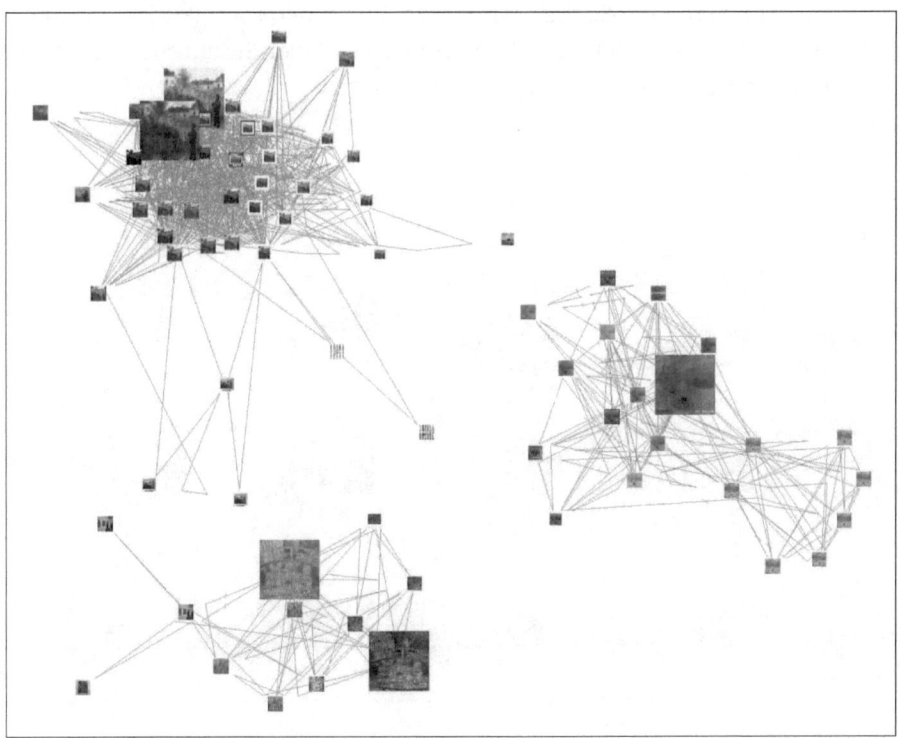

Abbildung 10.23 Auszug aus einem Patent zur Ähnlichkeitsberechnung von Bildern

Daneben könnten weitere Kriterien eine Rolle spielen. So ist beispielsweise die Kohärenz ein wesentliches Merkmal bei der Bildersuche. Ein praktisches Problem stellen dabei genau die unzähligen Stockfotos dar, die sich für eine Bildoptimierung nicht gut eignen. Sie kennen sicherlich diese und andere Fotos, in denen sich zwei Menschen die Hand reichen (Abbildung 10.24).

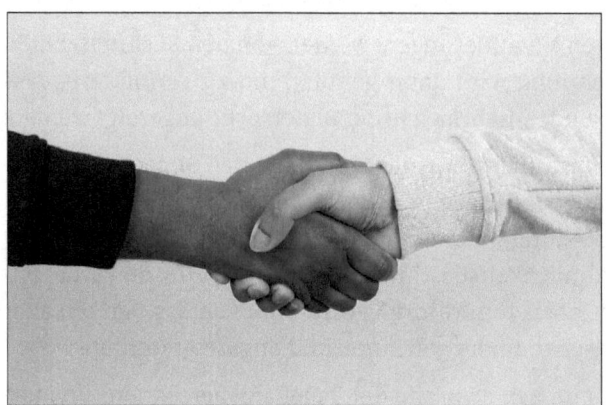

Abbildung 10.24 Ein typisches Stockfoto

Dieses Bild taucht in sehr vielen unterschiedlichen Zusammenhängen im WWW auf, wie man sehr schnell mit der Suche nach diesem Bild sehen kann (klicken Sie in der Bildersuche dazu auf das Kamera-Icon im Suchfeld, und laden Sie ein entsprechendes Bild hoch, um ähnliche oder identische Bilder zu finden).

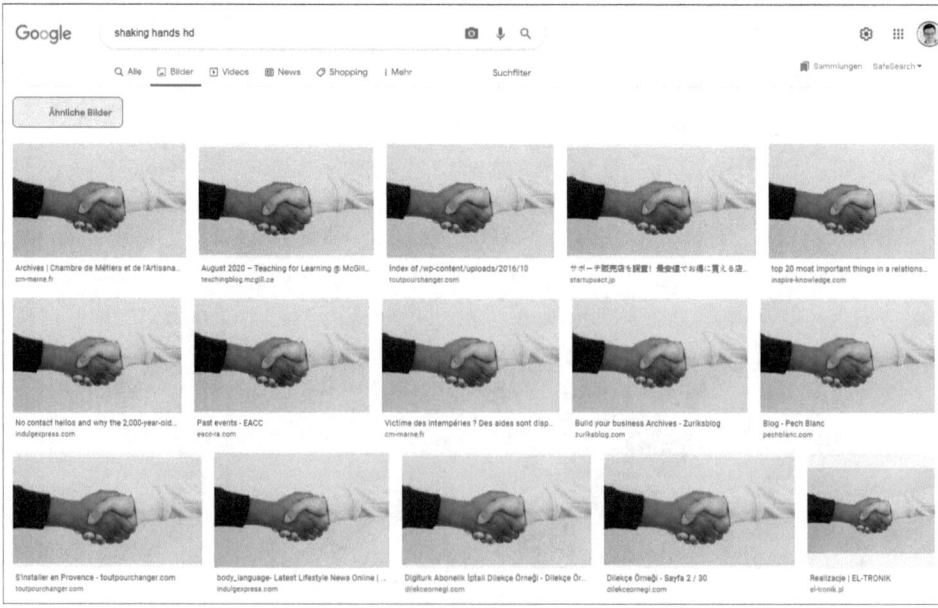

Abbildung 10.25 Zahlreiche unterschiedliche Verwendungen eines Stockfotos

Betrachtet man die verschiedenen Themenumfelder der zahllosen Websites, auf denen dieses Bild auftritt, gibt es keinen gemeinsamen Nenner. Der Kohärenzwert dieses Bildes ist sehr niedrig. Anders sieht es beispielsweise bei der Suche nach dem Eiffelturm aus. Hier erscheinen Terme wie »Eiffelturm«, »Paris« oder »La Tour Eiffel« sehr häufig. Ein hoher Kohärenzwert ist hier sicher.

Für Suchmaschinen ist diese Analyse von besonderer Bedeutung. Denn so können bei vielen identischen Bildern genau diese aussortiert werden, die nicht mit der Mehrheit in Kohärenz stehen. Für Sie bedeutet das vor allem zwei Dinge: Das Ranken in der Bildersuche mit beliebigen Stockfotos ist schwer, und Sie sollten Bilder möglichst thematisch kohärent einsetzen, wenn sie denn schon mehrfach im Web vorkommen.

Und genau dieses Mehrfachvorkommen ist bei der Bildoptimierung eigentlich gewünscht. Duplicate Content bei Bilder-SEO ist eher zuträglich, ganz anders als bei der Textsuche. Denn je häufiger ein Bild als direkte Kopie in Form eines Hotlinks oder auch als leicht veränderte Kopie im Web vertreten ist, desto relevanter scheint es zu sein. Für Google zählt dabei die Anzahl der unterschiedlichen Domains – gewissermaßen also eine *Bild-Domain-Popularity*.

Am Ende kommt es ebenso wie bei der Textsuche nach der Eingabe einer Suchanfrage in der Bildersuche zur Berechnung eines *Relevancy Scores*, der das eigentliche Ranking ausmacht. Dazu werden alle extrahierten Features, nahestehenden Terme, Autoritäts- und Popularity-Berechnungen zusammengenommen, und es ergibt sich daraus eine Reihenfolge für die einzelnen Bilder. Auch User-Signals in Form von Klicks auf bestimmte Bilder können mit herangezogen werden.

Auf die einzelnen Bild-Features möchte ich im Folgenden näher eingehen und Ihnen die passenden Optimierungshinweise an die Hand geben.

10.3.2 Das »alt«- und das »title«-Attribut

Die Möglichkeiten der Attribute `alt` und `title` wurden bereits bei den Verweisen (`<a>`-Tags) weiter oben besprochen. Die Verwendung dieser beiden Hilfsmittel gilt auch bei Bildern, die nicht als Link dienen. Damit wird sichergestellt, dass zumindest auf Umwegen ein Stück der Bildinformation erfasst werden kann. Leider wird insbesondere das `alt`-Attribut sehr häufig übermäßig mit Schlüsselbegriffen gefüllt. Die Suchmaschinen-Betreiber reagierten darauf mit einer geringeren Gewichtung dieses Attributs. Achten Sie daher auf eine korrekte Anwendung. Platzieren Sie die Schlüsselbegriffe mit wenigen Stoppwörtern, und bauen Sie keinesfalls identische Inhalte in die `alt`- und `title`-Attribute verschiedener Bilder mit ein.

Auch wenn verschiedene Suchmaschinen sich entweder auf das `alt`- oder das `title`-Attribut konzentrieren, nutzt Google das `alt`-Attribut, wie man unter *https://developers.google.com/search/docs/advanced/guidelines/google-images* erfährt:

> *Google verwendet Alternativtext, Algorithmen für maschinelles Sehen und den Inhalt der Seite, um das Thema des Bildes zu verstehen. Alternativtext in Bildern ist auch als Ankertext nützlich, wenn Sie ein Bild als Link verwenden.*

> **Alt-Attribut als Anchortext bei interner Verlinkung**
> Bei der Optimierung der internen Verlinkung sind die internen Anchortexte von Links sehr wichtig. Als Daumenregel gilt, dass man möglichst konsequent den Link-Text wählen sollte, der dem Keyword der internen Linkzielseite entspricht. Wenn Sie Bilder als Linkträger nutzen, sollten Sie entsprechend das `alt`-Attribut setzen und mit dem Keyword der Linkzielseite versehen. Hier gilt es dann einen textlichen Spagat zwischen dem beschreibenden Bildtext und der Keywordnennung zu vollziehen.

10.3.3 Bildgröße und Bildtyp

Suchmaschinen zeigen in Bildsuchergebnissen gern größere Bilder an. Sorgen Sie also dafür, dass Ihre Bilder gewisse Abmessungen haben. Als Mindestmaß gelten 600 Pixel in der Höhe. Besser ist tendenziell mehr. Breite Bilder (Landscape-Format) funktionieren in der Bildersuche etwas besser, weil sie mehr Platz einnehmen und damit ein bisschen sichtbarer sind als beispielsweise quadratische Bilder. Idealerweise hat ein Bild mindestens 200.000 Pixel in Summe (Höhe × Breite).

Achten Sie darauf, dass die Größe des Bildes sich nicht dynamisch verändert, etwa durch das Content-Management-System. Für Google ist es wichtig, dass die Bildgröße, die Dateigröße und der Dateiname gleich bleiben. Denn diese Angaben sind, wie oben erwähnt, die Erkennungsmerkmale für ein Bild in dem Imageindex. Wird einer dieser Werte verändert, kommt es meist zu starken Fluktuationen in der Bildersuche.

Beachten Sie vor allem die Ladezeit der Bilder. Je höher und breiter die Bilder sind, desto mehr Kilobyte besitzen sie auch. Durch entsprechende Kompressionsverfahren, vor allem bei JPEG-Grafiken, können Sie hier gegensteuern. Doch übertreiben Sie auch dies nicht – Google erkennt bei wichtigen Bildern den Grad der Kompression, und zu viele Artefakte wirken sich damit dann nicht nur auf die Optik, sondern auch auf das Bilder-Ranking negativ aus. Als Faustregel sollten Sie nicht weit unter die Bildqualität von 75 Prozent gehen. Der konkrete Wert hängt aber stark vom jeweiligen Bildmotiv ab. Für Strichzeichnungen, Logos und andere eher sensible Bilder nutzen Sie ohnehin besser das PNG- oder GIF-Format. Suchmaschinen verarbeiten alle webtypischen Bildformate.

Google unterstützt diese Bildformate: BMP, GIF, JPEG, PNG, WEBP und SVG. Achten Sie vor allem bei Verwendung von WEBP drauf, dass viele Browser dieses Format noch nicht unterstützen. Sie benötigen hier ein WEBP-Fallback, wie in Abschnitt 8.6.1 dargestellt.

10.3.4 Umgebender Text

Da Suchmaschinen die Bilder selbst nicht bewerten und lesen können, versuchen sie, auch den Text zu analysieren, der das Bild umgibt. Sorgen Sie also dafür, dass relevante Begriffe um das Bild herumstehen. Vor allem eine Bildunterschrift ist hier empfehlenswert. Diese sollte ein beschreibendes und relevantes Keyword zu dem Bild enthalten. Auch die Terme in der nächsthöheren Überschrift, in der das `<img>`-Tag eingebettet ist, spielen eine Rolle.

10.3.5 Dateiname und Pfad

Um Bilder zu verstehen, greifen Suchmaschinen auch auf den Dateinamen der Bilddatei und deren Dateipfad zurück. Achten Sie insofern auch auf die Nennung von relevanten Informationen und Keywords in diesem Bereich. Zwei Beispiele verdeutlichen dies schnell:

`/bilder/waschmaschinen/bosch/waschmaschine_mmax20.jpg`
`/imgcache/waschma_bosch_m20_D25ED76.jpg`

Häufig werden Bilder direkt von dem Smartphone oder der Digitalkamera hochgeladen und haben dann noch die übliche, allerdings suboptimale Benennung nach dem Schema `DMC_0002823.JPG`. Auch diese Fehlerquelle sollte vermieden werden.

Versuchen Sie außerdem, Ihre Bilder so in Ordnerstrukturen zu sortieren, dass sich ein logischer Aufbau ergibt. Das hilft bei der Einordnung ähnlicher und verwandter Bilder in der Bildersuche.

10.3.6 Responsive Bilder

Ohne den Einsatz von JavaScript war es früher nicht möglich, Bilder ohne Qualitäts- und Performanceverluste auf allen Displaygrößen gleich gut darzustellen. Dabei benötigt ein kleines Smartphone-Display ein Bild nicht in einer so großen Auflösung wie ein überbreiter Desktop-Monitor in 4K-Auflösung.

Mit `<picture>`, `srcset` und `sizes` sind neue Elemente und Attribute in die HTML5-Spezifikation gewandert, mit deren Hilfe sich viele Probleme lösen lassen. Auch Google empfiehlt den Einsatz dieser *responsiven Bilder*.

Einige Browser und Crawler verstehen diese Attribute jedoch nicht. Ich empfehle daher, immer eine Fallback-Bild-URL über das Attribut `img src` anzugeben.

Mit dem `<img srcset>`-Attribut können Sie verschiedene Versionen desselben Bildes für unterschiedliche Bildschirmgrößen spezifizieren.

```
<img srcset="bild-320w.jpg 320w,
             bild-480w.jpg 480w,
             bild-800w.jpg 800w"
     sizes="(max-width: 320px) 280px,
            (max-width: 480px) 440px,
            800px"
     src="bild-800w.jpg" alt="Beschreibung des Bildes">
```

Listing 10.13 `<img srcset>`-Variante von responsiven Bildern

Alternativ lässt sich ein Bild auch über das `<picture>`-Tag responsiv einbinden, das mittlerweile von allen modernen Browsern (also nicht dem Internet Explorer, aber Edge) unterstützt wird. Das `<picture>`-Tag ist ein Container, in dem verschiedene `<source>`-Versionen desselben Bildes platziert werden. Es bietet ein Fallback-Konzept, sodass der Browser in Abhängigkeit von den Gerätemerkmalen, wie etwa der Pixeldichte und der Bildschirmgröße, das richtige Bild auswählen kann. Außerdem ist das `picture`-Element bei der Verwendung neuer Bildformate wie etwa WEBP nützlich, da diese Formate noch nicht von allen Browsern unterstützt werden. Auch hier empfehle ich den Fallback mittels `src`-Attribut.

```
<picture>
  <source type="image/svg+xml" srcset="logo.svg">
  <source type="image/webp" srcset="logo.webp">
  <img src="logo.png" alt="Logo">
</picture>
```

Listing 10.14 Einsatz von `<picture>` für responsive Images

10.3.7 Strukturierte Daten für Bilder

Wenn Sie Ihre Bilder mit strukturierten Daten anreichern, kann Google Ihre Bilder als Rich-Suchergebnisse in der Bildersuche anzeigen – einschließlich einer gut sichtbaren Kennzeichnung.

Diese liefert dann nicht nur Suchmaschinen, sondern auch Nutzern und Nutzerinnen relevante Informationen zu Ihrem Bild und Ihrer Seite. Damit können Sie zielgerichtet die Zugriffszahlen steigern. Die Google-Bildersuche unterstützt die folgenden Typen von strukturierten Daten:

- Produkt (https://developers.google.com/search/docs/advanced/structured-data/product)
- Video (https://developers.google.com/search/docs/advanced/structured-data/video)
- Rezept (https://developers.google.com/search/docs/advanced/structured-data/recipe)

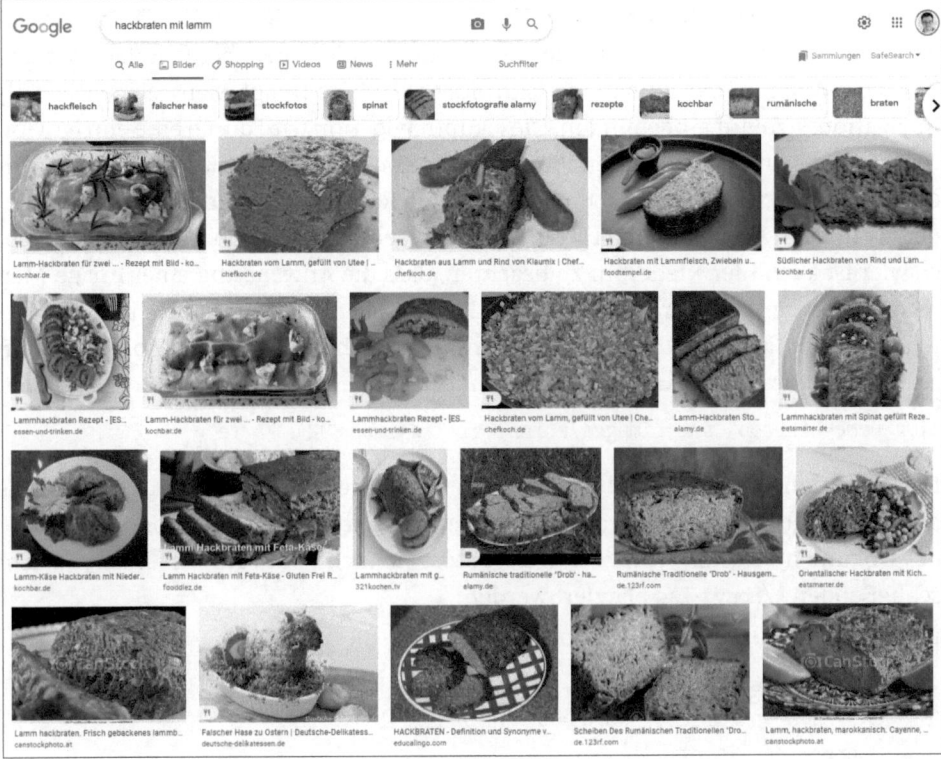

Abbildung 10.26 Rezepte als strukturierte Daten in der Google-Bildersuche

Achten Sie dabei auf die Einhaltung der Richtlinien für den Einsatz von strukturierten Daten (https://developers.google.com/search/docs/advanced/structured-data/sd-policies). Diese werden seitens Google recht rigoros überwacht, um Missbrauch frühzeitig vorzubeugen.

10.3.8 Image-Maps

Ein besonderer Blick soll auf die sogenannten *Image-Maps* geworfen werden. HTML stellt eine Funktion zur Verfügung, um innerhalb von Bildern gewisse sensible Bereiche zu definieren und diese mit einem Link zu versehen. Dieses Verfahren eröffnet sehr interessante Möglichkeiten. So könnte man sich z. B. eine Europakarte innerhalb einer Unternehmenswebsite vorstellen, auf der die einzelnen Standorte markiert sind. Dabei handelt es sich um eine einzige Grafikdatei. Mittels einer Image-Map könnte man hier nun die einzelnen Standorte als Links einbinden. Ein entsprechender Klick könnte dann jeweils genauere Informationen und Kontaktdaten aufzeigen – eine sehr interessante Geschichte, allerdings mit gewissen Tücken für Suchmaschinen.

Denn nicht alle Anbieter sind fähig, die Links innerhalb einer Image-Map korrekt zu extrahieren und zu verarbeiten. Darüber hinaus existiert hier ebenfalls das Problem, dass kein Anchor-Text vorhanden ist. Leider wird eine Image-Map gelegentlich als Navigationsstruktur eingebunden. Die Hauptnavigation wird durch eine einzige Grafik dargestellt, und die einzelnen Verweise sind Zonen innerhalb der Image-Map. Dies sollte mit Rücksicht auf die Suchmaschinen und Responsivität auf jeden Fall vermieden werden. In Bezug auf den HTML-Code und seine Konvertierung durch die Webcrawler ist auch hier wiederum zu beachten, dass die Anwendung einer Image-Map nicht die oberen Positionen »klaut«. Das kommt jedoch bei der grafisch unterstützten Erstellung in Webpublishing-Programmen sehr häufig vor, insbesondere wenn sich das Bild der Image-Map wie im folgenden Beispiel oben am Seitenkopf befindet.

```
<img name="europa" src="images/europe.gif" usemap="#eu_karte">
```

Die Definition der Zonen wird automatisch meist direkt hinter dieses Tag gestellt. Es beeinträchtigt die Funktion jedoch in keiner Weise, wenn die Definition an das Ende des Dokuments gestellt wird. Denn dort stört sie nicht. So würde sie kurz vor dem schließenden </body>-Tag platziert werden:

```
[...]
   <map name="eu_karte">
      <area shape="rect" coords="234,122,123,184"
       href="berlin.html">
      <area shape="rect" coords="41,190,23,211"
       href="paris.html">
   </map>
</body>
</html>
```

Listing 10.15 Definition der Image-Map-Zonen

Um das zu erreichen, müssen Sie oft selbst Hand anlegen. Jedes gute WYSIWYG-Programm bietet allerdings auch einen HTML-Modus an, in dem man den Code direkt in Textform bearbeiten kann. Wenn Sie hier den entsprechenden Abschnitt wie in Listing 10.15 nach unten kopieren, haben Sie einem wesentlichen Störfaktor vorgebeugt.

10.3.9 Bilder-XML-Sitemap verwenden

Es gibt Websites, bei denen die Bildersuche ein wichtigerer Traffic-Kanal ist als bei anderen. Dazu gehören definitiv Online-Shops mit ihren Produkten, aber auch beispielsweise die Websites von Architekturbüros oder Künstlern und Künstlerinnen. Weniger wichtig und auch weniger erfolgreich ist die Bildersuche beim Einsatz von Stockfotos oder reinen Schmuckbildern.

Für Erstere ist der Einsatz einer Bilder-XML-Sitemap quasi Pflicht. Sie können Google damit zusätzliche Details zu Ihren Bildern und die URL von Bildern mitteilen, die andernfalls möglicherweise nicht ermittelt werden würden.

```xml
<?xml version="1.0" encoding="UTF-8"?>
<urlset xmlns="http://www.sitemaps.org/schemas/sitemap/0.9"
        xmlns:image="http://www.google.com/schemas/sitemap-image/1.1">
  <url>
    <loc>https://www.domain.de/architektenhaus_marlies.html</loc>
    <image:image>
      <image:loc> https://www.domain.de/marlies/innenansicht.jpg</image:loc>
      <image:caption>Innenansicht des Architektenhauses Marlies
      </image:caption>
      <image:geo_location>Berlin, Germany</image:geo_location>
      <image:title>Architektenhaus Marlies, Innenansicht</image:title>
    </image:image>
    <image:image>
      <image:loc> https://www.domain.de/marlies/aussenansicht.jpg</image:loc>
    </image:image>
  </url>
</urlset>
```

Listing 10.16 Bilder-XML-Sitemap mit zusätzlichen Informationen

Während `Image` und `Loc` verpflichtende Angaben sind, sind `Caption`, `Geo_Location`, `Title` und `License` optional.

Bilder-Sitemaps können auch URLs aus anderen Domains enthalten, im Gegensatz zu regulären XML-Sitemaps, bei denen dies nicht möglich ist. Das ist besonders wichtig beim Einsatz von CDNs (Content Delivery Networks), die häufig zum Hosten von Bildern verwendet werden.

10.3.10 SafeSearch und Erwachseneninhalte

SafeSearch ist ein Mechanismus und eine Einstellung bei Google, die verhindert, dass nicht jugendfreie Inhalte in der Google-Bildersuche erscheinen. Das können porno-

grafische, gewaltverherrlichende oder andere nicht jugendfreie oder kindertaugliche Inhalte, insbesondere Bilder, sein.

Suchmaschinen stufen solche Bilder selbstständig ein. Dies gelingt aber sowohl in die eine wie auch die andere Richtung nicht immer zuverlässig.

Viele Suchende ziehen es vor, in ihren Suchergebnissen keine nicht jugendfreien Inhalte anzeigen zu lassen. Dies ist gerade bei der Nutzung von »Familien-Tablets« der Fall, wenn auch die Kinder dasselbe Gerät verwenden.

Wenn Sie nur einen Teilbereich auf Ihrer Website anbieten, der nicht jugendfreie Inhalte beinhaltet, dann sollten Sie die folgenden beiden Ratschläge beachten, damit der Rest der Domain nicht auch unter den SafeSearch-Filter fällt und damit wertvolle Rankingchancen verloren gehen:

1. Platzieren Sie die nicht jugendfreien Bilder in einem eigenen Unterverzeichnis, etwa *www.domain.de/adult_content/bild.jpg*.
2. Setzen Sie folgende Meta-Tags in den HTML-Kopfbereich auf die Seiten, welche die nicht jugendfreien Bilder darstellen:

   ```
   <meta name="rating" content="adult"/>
   <meta name="rating" content="RTA-5042-1996-1400-1577-RTA"/>
   ```

Dann haben Sie alles von Ihrer Seite aus Mögliche getan, damit Google die Einstufung möglichst gut bewerkstelligen kann.

10.4 Suchmaschinen-optimiertes Schreiben

Die HTML-Tags stellen das Skelett dar, das Sie durch Texte mit Fleisch füllen können. Die Art und Weise, wie Sie diese Texte verfassen, ist dabei mindestens so wichtig wie die richtige Verwendung der Tags. Dabei kommt es nicht nur auf statistische Parameter an, sondern auch auf die Textgestaltung, die inhaltliche Struktur und sogar auf den Stil und die Anzahl der grammatikalischen und typografischen Fehler.

10.4.1 Nutzerorientierung statt Suchmaschinen-Optimierung

Die wichtigste Regel beim Schreiben von Texten für die Suchmaschinen-Optimierung ist, die Texte für die Nutzer und Nutzerinnen zu schreiben und nicht für die Suchmaschinen. Deswegen mag ich persönlich auch den Begriff *SEO-Text* überhaupt nicht, weil er eine Denkart verrät, die meines Erachtens keine Gültigkeit mehr hat.

Das klingt zunächst paradox in einem Buch über Suchmaschinen-Optimierung, aber nur wenn Sie sich einen Leser oder eine Leserin mit seinen bzw. ihren typischen Informationsproblemen, seinem bzw. ihrem vermutlichen Kenntnisstand und seinem bzw. ihrem aktuellen Wissen zum betreffenden Thema vorstellen, können Sie auch wirklich gute und interessante Texte verfassen. Und das Tolle an der Entwicklung im SEO-Bereich der letzten Jahre ist, dass Suchmaschinen wie Google immer besser gute Texte erkennen und entsprechend besser ranken.

Dennoch muss man es Suchmaschinen am Ende nicht zwingend schwerer machen als nötig. Insofern spreche ich gerne von Suchmaschinen-freundlichen Texten.

10.4.2 Hauptkeyword und Nebenkeywords definieren

Wenn Sie Ihre Hausaufgaben gemacht haben, dann schreiben Sie einen Text immer unter Berücksichtigung der Keywords. Sie haben bereits bei der Keyword-Recherche bestimmte Suchanfragen herausgefunden, die Sie dann in der Sitemap bestimmten Zielseiten zugewiesen haben. Wenn Sie den Text für eine bestimmte Seite schreiben, haben Sie also ein *Seiten-Keyword*, das häufig auch als *Hauptkeyword* bezeichnet wird. Das Ziel ist, dass der Text auf dieser Seite für dieses Keyword in den Suchmaschinen gefunden wird.

- Ein Hauptkeyword kann dabei kurz und generisch sein, wie etwa das Shorthead-Hauptkeyword »internetagentur«.
- Ein Hauptkeyword kann aber auch aus mehreren Termen bestehen, etwa ein Midtail-Hauptkeyword »internetagentur köln«.
- Oder es kann ein Longtail-Hauptkeyword genutzt werden wie »internetagentur köln innenstadt seo«.

Im Sprachgebrauch sind alle Varianten ein jeweiliges Hauptkeyword für einen Text.

Wie Sie bereits bei der Keyword-Recherche erfahren haben, ist die Suchabsicht (*Search Intent*) hinter einer generischen Anfrage eher allgemein und wird spezifischer, je mehr Terme eine Anfrage hat. Genau das ist der Unterschied zwischen Shorthead-, Midtail- und Longtail-Keywords.

Für das Schreiben eines Textes und das Bedienen des Search Intents bedeutet dies, dass ein generischer Shorthead-Text eher länger und ausführlicher ist. Er umfasst verschiedene Aspekte, die teilweise weiter auseinander liegen. Er ist umfassend konzeptioniert und geschrieben, was man auch als *holistisch* bezeichnet. Hingegen ist ein Text für ein Longtail-Hauptkeyword eher spitz auf eine ganz spezifische Suchanfrage bzw. einen Search Intent hin geschrieben.

Wenn Sie kurz an das Keyword-Mapping zurückdenken, bei dem man versucht, Keywords unterschiedlichen Texten bzw. Seiten zuzuweisen, dann ergab sich hier schnell

ein Ressourcen-Problem: Sie können für 100 Longtail-Suchanfragen meistens nicht auch 100 eigene Texte schreiben – zumindest keine sinnvollen, die nicht Gefahr laufen, als Thin Content gewertet werden, weil sie nur zwei Sätze lang sind.

Daher gibt es das Konzept der *Nebenkeywords*. Einer Seite können verschiedene Nebenkeywords zugeordnet werden. Diese Seite hat dann zwar immer noch ein Hauptkeyword, unter der sie gefunden werden soll. Aber sie soll eben auch idealerweise unter den verschiedenen Nebenkeywords gefunden werden. Bei der Auswahl und Zuordnung von Nebenkeywords sollten Sie dringend diese Aspekte beachten:

- Ein Nebenkeyword darf nicht in Konkurrenz zu dem Hauptkeyword stehen, ansonsten wäre es ein eigenständiges Hauptkeyword eines anderen Textes.
- Ein Nebenkeyword muss thematisch zum Hauptkeyword passen und sollte es thematisch ergänzen.
- Ein Nebenkeyword fügt einen neuen thematischen Aspekt zum Hauptkeyword hinzu und ist keine Fehlschreibweise, Singular- oder Pluralform oder eine andere Wortabwandlung.
- Je kürzer ein Text für eine Seite werden soll, desto weniger Nebenkeywords sollten Sie vergeben. Denn die Rankingchancen für ein Keyword in einem Halbsatz sind eher mau.

Der letzte Aspekt ergibt sich aus einer einfachen Logik: Seiten mit einem generischen Shorthead-Hauptkeyword sind thematisch breiter aufgestellt und können somit mehr Nebenkeywords bedienen. Seiten mit einem sehr spezifischen Longtail-Hauptkeyword haben quasi gar keine Nebenkeywords mehr.

Manchmal sind Nebenkeywords auch identisch zu sogenannten Proof-Termen aus dem TF*IDF-Bereich, wie Sie später sehen werden. Die Funktion ist jedoch unterschiedlich und sollte zum Beispiel in Textbriefings auch konzeptionell unterschiedlich berücksichtigt werden.

> **Praxistipp: Nebenkeyword später als Hauptkeyword ausgliedern**
>
> In der Regel entsteht erhöhter Textbedarf bei Relaunches oder konzentrierten Optimierungsvorhaben. Dann ist wenig Zeit, um sehr viele Texte zu schreiben bzw. zu optimieren. In dieser Phase werden daher oft zu viele Nebenkeywords zu Hauptkeyword-Seiten zugeordnet. Das ist an sich nicht weiter tragisch, wenn Sie über die Zeit im Keyword-Monitoring sehen, dass bestimmte Nebenkeywords einfach nicht gut ranken, obwohl das Hauptkeyword recht gut rankt. In diesem Fall gliedern Sie wichtige Nebenkeywords aus dem Text aus, und machen Sie Hauptkeywords und neue Nebenkeywords aus diesen. Von dem alten Text können Sie dann einen Link auf den neuen Text setzen.

> Manchmal läuft es aber auch genau umgekehrt: Man ordnet aus Zeitgründen Nebenkeywords einer Seite zu und glaubt nicht daran, dass diese gut ranken werden. Nach ein paar Wochen tun sie das dann doch, und man hat sich so vielleicht die eine oder andere eigene Seite gespart.

In der Praxis erlebt man häufiger Textbriefings, in denen Nebenkeywords sehr feingliedrig angegeben werden. Das ist ebenso wie bei Hauptkeywords eigentlich nicht nötig. Ein Beispiel zum Hauptkeyword »rollschuhe kinder« mit folgenden ungünstigen Nebenkeywords soll das verdeutlichen:

1. rollschuh kinder
2. kinder rollschuhe
3. rollschuhe kinder
4. kinder roll schuh
5. rolschu kinder
6. gute rollschuhe für kinder
7. rollschuh kinder gut
8. inliner kinder
9. inlineskates für kinder

Sie sehen vielleicht schon die Probleme?

Bei (1) handelt es sich lediglich um den Singular des Hauptkeywords. Hier sollte man sich beim Hauptkeyword entscheiden, und die Verwendung von Singular- und Pluralformen sowie andere Flexionen oder Stemming-Varianten sind dann im Hauptkeyword bereits mit abgedeckt.

Dies gilt im Prinzip auch für (2) bis (5), bei denen nur leichte Veränderungen und Fehlschreibweisen berücksichtigt wurden. Das reicht nicht aus, um als Nebenkeyword durchzugehen.

Das »gute« bei (6) geht schon eher in Richtung Nebenkeyword, vor allem wenn diese Kombination hohes Suchvolumen vorweisen würde. Die (7) hingegen stellt lediglich eine Abwandlung davon dar und taugt daher wiederum nicht als zusätzliches Nebenkeyword.

Bei (8) und (9) werden Synonyme für das Hauptkeyword genutzt. Theoretisch sind das geeignete Nebenkeywords. Allerdings würde ich praktisch behaupten, dass die Konkurrenz anderer optimierter Texte hier so hoch ist, dass man diese beiden Keywords eher zu Hauptkeywords anderer Texte machen sollte. Auch der Search-Intent mag leicht anders sein zwischen Rollschuhen und Inlineskates.

Hier wird schlussendlich nochmals das Thema »SEO-Texte« deutlich: Planen Sie eine Website und die Texte nicht rein nach SEO-Kriterien, sondern so, dass die Besucher und Besucherinnen ein möglichst gutes Erlebnis auf und mit Ihrer Website haben. Das wird wahrscheinlich nicht der Fall sein, wenn Sie mehr oder weniger drei Mal den gleichen Text schreiben, nämlich zu den getrennten Hauptkeywords »internetagentur köln«, »webagentur köln« und »digitalagentur köln«. Vielleicht wäre es hier besser, nur einen Text mit zwei Nebenkeywords zu verfassen. Aber letztendlich entscheidet hier die Keyword-Konkurrenz in den SERPs.

Ob Sie nun selbst Haupt- und Nebenkeywords zugewiesen haben oder diese in Form eines Textbriefings von jemand anderem erhalten haben – es geht nun zunächst in die Textkonzeption. Hier sind verschiedene Dinge zu berücksichtigen.

10.4.3 Textkonzeption erstellen

Ein Text entsteht selten ungeplant, sondern aufgrund einer bestimmten Absicht. Das mag ein Produkttext sein, ein beratender Infotext oder ein Text, der beispielsweise auf einen Newsletter hinweist.

Produktzweck von Beginn an sicherstellen

Strukturieren Sie anhand von Stichworten die notwendigen thematischen Aspekte für den Text, und bedenken Sie vor allem, wozu dieser Text aus Ihrer Sicht da ist – ganz ohne die Suchmaschinen-Optimierung im Hinterkopf zu haben. Ein Produkttext soll ein Produkt verkaufen, der Text für den Newsletter soll zum Eintragen in den Newsletter animieren, und ein beratender Infotext sollte der beste Infotext zu diesem Thema im gesamten Web sein. Nur dann ist er wirklich außergewöhnlich gut und lässt keine Fragen mehr offen. Beachten Sie also zwingend den jeweils spezifischen Zweck des Textes. Oftmals wird dies vergessen, und es entstehen sinnleere Texte ohne *Call-To-Actions*.

Nebenkeywords verteilen

Danach kehren Sie wieder zurück zum SEO: Hinter jedem Hauptkeyword steckt mindestens eine Suchintention. Diese sollten Sie sich nun möglichst konkret vorstellen. Vielleicht haben Sie auch eine passende Persona erstellt, die Sie nun heranziehen können. Mit dieser Suchintention einer Persona fertigen Sie nun eine Textkonzeption an.

Dazu gliedern Sie die zugeordneten Nebenkeywords als Zwischenüberschriften. Nutzen Sie hierzu semantisch sinnvoll die Überschriftenformte <H2>, <H3> und <H4>, sodass

Nebenkeywords auch untereinander verschachtelt werden können. Die Themenaspekte aus dem vorherigen Schritt gliedern Sie jeweils unter die passende Zwischenüberschrift ein. Sollten Themenaspekte zu keiner Nebenkeyword-Überschrift passen, ist das nicht tragisch: Fügen Sie einfach neue und passende Zwischenüberschriften ein, auch wenn kein Nebenkeyword zugeordnet werden kann.

Suggest nutzen und SERP-Review

Vor allem bei Shorthead- und Midtail-Hauptkeywords sollten Sie zusätzlich an dieser Stelle Google Suggest abfragen.

Abbildung 10.27 Suggest als Ideen für die Textkonzeption

Damit erhalten Sie weitere Anfragen und Themenaspekte, die häufig bei Google gesucht werden. Auch die Angabe »Ähnliche Suchanfragen zu« am Ende der Google-SERPs mag den ein oder anderen Hinweis geben.

Mit dem Tool KWfinder von Mangools (*kwfinder.com*) können Sie diesen Prozess unter AUTOCOMPLETE ebenfalls ausführen lassen, erhalten allerdings noch zusätzlich das Suchvolumen zu den einzelnen Begriffen. Wenn Sie die Liste nach Suchvolumen absteigend sortieren, haben Sie gleich viele relevante Themenaspekte für Ihren Text.

Achten Sie allerdings darauf, nicht zu sehr wieder in die Keyword-Recherche abzurutschen. Die ist ja bereits gemacht, und Sie sollten eng am Hauptkeyword bleiben, um keine seitenübergreifende *Keyword-Kannibalisierung* – das sind mehrere gleich gut optimierte Texte innerhalb einer Domain – zu riskieren.

10 Onpage-Optimierung

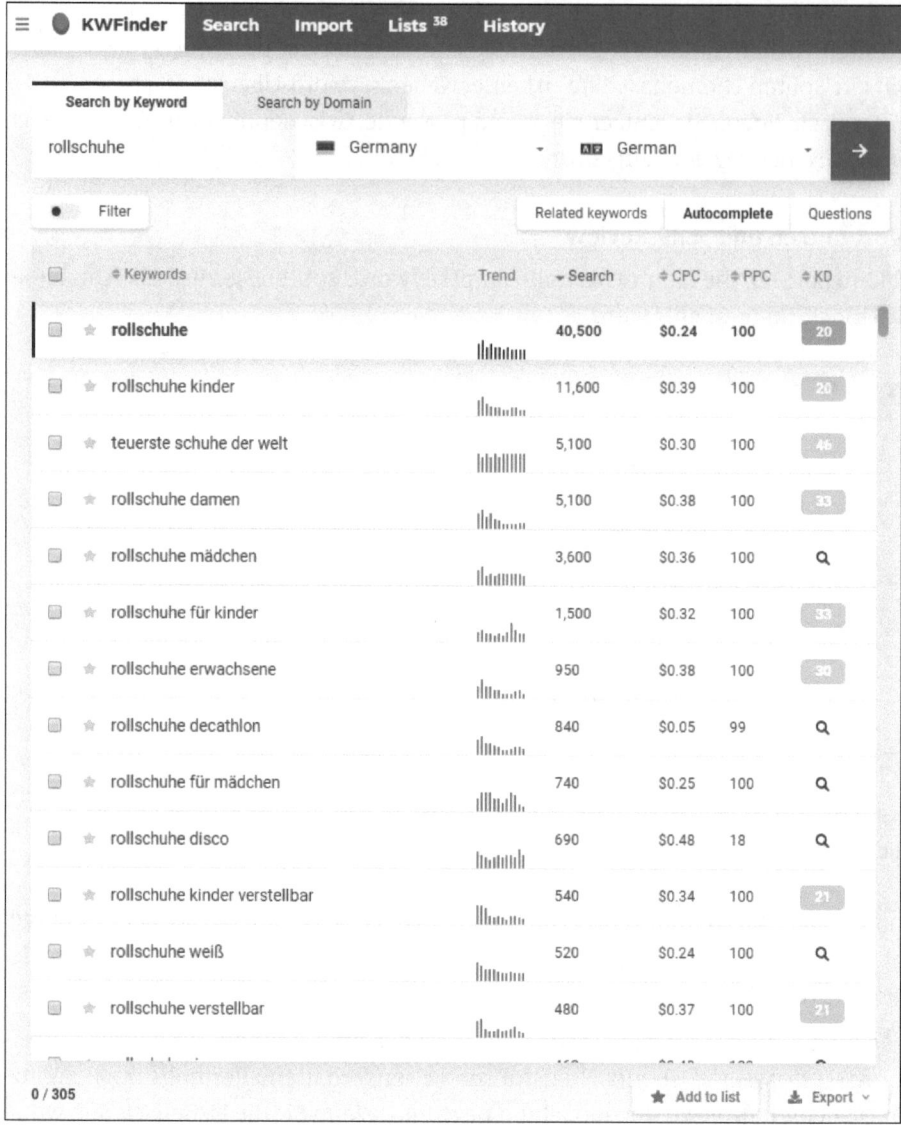

Abbildung 10.28 Den Keywordfinder zur erweiterten Suggest-Abfrage nutzen

Übliche Fragen herausfinden (W-Fragen und Fragesätze)

Mittels einer speziellen Abfragetechnik kann man auch sogenannte W-Fragen aus Google-Suggest ableiten. W-Fragen sind Fragen, die direkt an Google gestellt werden, auch wenn sie nicht immer mit »W« beginnen:

- ab wann rollschuhe
- wann rollschuhfahren
- warum haben rollschuhe einen absatz

- was für rollschuhe
- was kosten rollschuhe
- was sind gute rollschuhe

Sie erkennen hier eine Menge an tatsächlich gestellten Fragen und können diese ideal in Ihren Text einbetten – und natürlich beantworten.

Auch hier hilft der KWfinder in Kombination mit der Sortierung des Suchvolumens. Nutzen Sie hierfür die Funktion QUESTIONS (Abbildung 10.29).

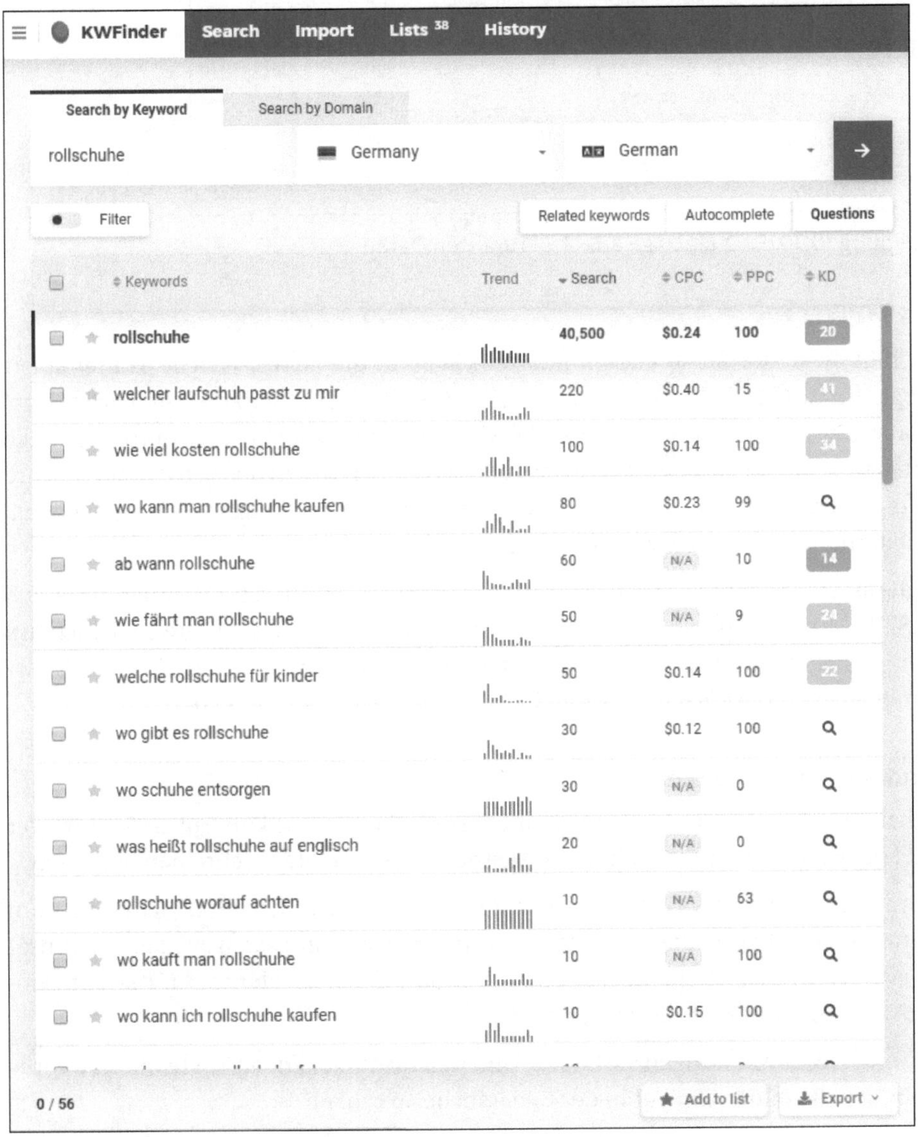

![KWfinder Screenshot]

Abbildung 10.29 »kwfinder.com« mit W-Fragen und Suchvolumina

Besonders spannend kann bei solchen Antworten die Nutzung von strukturierten Daten für FAQs sein. Wenn Sie die Fragen und Antworten passend mit JSON-LD oder Mikrodaten (*https://developers.google.com/search/docs/advanced/structured-data/faqpage*) auszeichnen, können diese direkt in den SERPs erscheinen und generieren damit deutlich mehr Aufmerksamkeit (Abbildung 10.30).

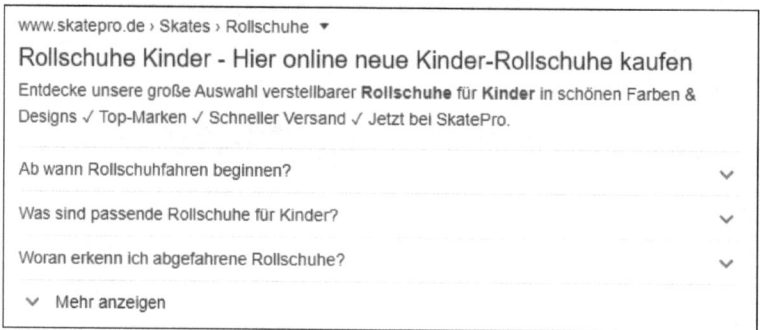

Abbildung 10.30 FAQ-Einträge aus strukturierten Daten

Blick in die SERPs

Mir hilft an dieser Stelle auch immer ein Blick in die SERPs. Welche Treffer spielt Google für das Hauptkeyword aus? Welche Anzeigen und Bilder werden angezeigt? Schauen Sie sich auch die Zielseiten der SERP-Wettbewerber an. Eine optimale Länge für einen Text gibt es nicht. Aber wenn alle Ergebnistreffer in der Top 10 eher längere Texte haben, scheint Google für dieses Thema auch eher längere Texte zu mögen. Ausnahmen bestätigen wie immer die Regel.

An dieser Stelle sollten Sie auch Titel und Description definieren. Orientieren Sie sich am SERP-Umfeld. Nutzen alle dort Häkchen? Dann sollten Sie dies entweder auch tun oder gerade eben nicht und sich abheben. Welche Taktik jeweils die bessere ist, ist immer wieder eine Einzelfallentscheidung – und das ist auch gut so.

Textdesign und Wireframe

Sie haben nun viele verschiedene Themenaspekte in das Textkonzept als Stichwörter und Fragen eingefügt. Damit können Sie theoretisch mit dem Schreiben beginnen.

Allerdings sollte man an dieser Stelle kurz innehalten und sich erste Gedanken zum Textdesign machen. Gibt es Texteinheiten, die man als Infokasten auslagern könnte? Wo eignet sich ein zweispaltiges Design? Wo kommen <ul>- oder <ol>-Listen zum Einsatz? Wie gehen Sie mit Hervorhebungen um?

An welcher Stelle benötigen Sie Bilder? Und welche umgebenden Texte mit Keywords benötigen die Bilder, um gut in der Bildersuche zu ranken?

Sie merken: An dieser Stelle laufen viele Fäden der letzten Kapitel zusammen. Planen Sie hier Ihren Text sorgfältig. Nichts ist schwerer, als aus einer willkürlich entstandenen Bleiwüste einen gut strukturierten, attraktiv gestalteten und Suchmaschinen-optimierten Text zu machen. Jetzt haben Sie es in der Hand!

Dabei muss das Textdesign nicht zwingend final an dieser Stelle genau definiert werden. Aber eine grobe Idee und ein, zwei Anmerkungen können Wunder bewirken.

In einigen Fällen wird an dieser Stelle sogar ein Wireframe erstellt. Dies passiert häufig, wenn noch Abnahmeprozesse z. B. bei anderen Abteilungen oder bei einem Agenturkunden notwendig sind. Beachten Sie hier aber unbedingt die verfügbaren Textformate der Website, auf der ein Text erscheinen soll. In einem Content-Management-System stehen meist nur bestimmte Textbausteine zur Verfügung.

10.4.4 Termnennung für Suchmaschinen

Bevor Sie das stichwortbasierte Textkonzept in einen schönen Text verwandeln können, steht in Sachen Suchmaschinen-Optimierung noch ein wichtiger Schritt an. Sie haben bereits die Konzepte der Termfrequenz (TF), Keyword-Dichte (KD) und TF*IDF im Kapitel 7 zu Gewichtung und Relevanz kennengelernt.

Nicht SEO-affinen Menschen beschreibe ich diesen Schritt meist so, dass Google bestimmte Terme in einem Text erwartet. Denn wie könnte es sein, dass hunderte Texte zu »Rollschuhe für Kinder« im Web veröffentlicht werden, bei denen es um Themen wie Unterschnallen, Kugellager und Skates geht und Ihr Text genau diese Begriffe alle nicht enthält? Ich würde dann davon ausgehen, dass der Text zu diesem Hauptkeyword nicht wirklich hilfreich sein kann. Also benötigen Sie diese Begriffe in Ihrem Text auch, denn sie beweisen gewissermaßen, dass Sie Ahnung von dem Thema haben. Daher bezeichnet man solche Begriffe auch als *Proof-Terme*.

Diese Analogie ist sicherlich stark vereinfacht, wie Sie nach der Lektüre von Kapitel 7 wissen. Aber sie hilft meist mehr als komplizierte Information-Retrieval-Theorie.

Es geht also an dieser Stelle darum, die relevanten Proof-Terme für einen Text herauszufinden. Ich kann Ihnen dazu das Tool *TermLabs.io* empfehlen. Es gibt allerdings auch weitere Anbieter zur TF*IDF-Berechnung auf dem Markt, etwa:

- www.seolyze.com
- www.ryte.com
- www.xovi.de
- www.wdfidf-tool.com

Bei TermLabs.io geben Sie im Bereich TERM ANALYSIS • TF-IDF DATA das Hauptkeyword ein. Als weitere Einstellungen für den Start empfehle ich insbesondere:

- Source: All
- Document Count (DC) von 1 auf 2 stellen, damit Terme, die nur in einem Dokument vorkommen, nicht berücksichtigt werden. Das sind oft Markennamen, die Sie ohnehin nicht verwenden dürfen.
- Nach Anzeige der Ergebnisse sortieren Sie nach AVG.

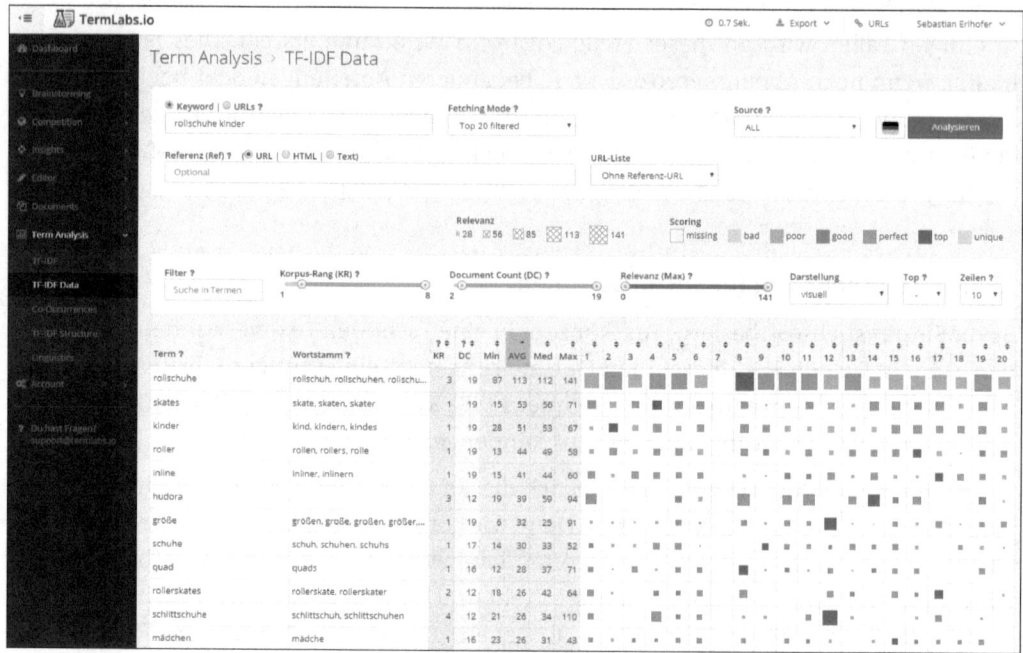

Abbildung 10.31 »TermLabs.io« zeigt die TF*IDF-Berechnung.

Sie erhalten nun eine Liste von Proof-Termen, die Sie mit in Ihre Textkonzeption einfließen lassen sollten. Oftmals werden hier Proof-Terme auftreten, die bereits Nebenkeywords sind. Umso besser. Dann haben Sie ein gutes Händchen bei der Wahl Ihrer Nebenkeywords bewiesen.

Es geht im Übrigen nicht darum, zwingend alle Terme in Ihren Text zu übernehmen. Beachten Sie hierzu auch den Korpusrang (KR). Der Korpusrang zeigt an, ob es sich eher um einen generischen Term (KR 1) oder um eher einen spezifischen Term (KR 8) handelt. Das heißt, je kleiner die Zahl, umso häufiger kommt der Term im deutschsprachigen Web vor. Je größer die Zahl, umso seltener ist der Term. Damit haben Terme mit höherem Korpusrang auch mehr Bedeutungskraft für einen Text. Sie erinnern sich vielleicht an das Beispiel mit den Tieren: Was hat eine Nase, Füße, Ohren ...? Das sind alles Terme mit eher niedrigerem Korpusrang. Aber der Begriff »Langhals« ist schon wesentlich spezifischer auf eine Giraffe bezogen und hat damit einen eher höheren Korpusrang. Insofern sollten Sie bei der Auswahl der Terme auch immer den Korpusrang mitberücksichtigen.

Kurzum: Um einen wirklich gut optimierten Text nach TF*IDF zu haben, sollten Sie die meisten Terme im oberen Bereich der Tabelle berücksichtigen und dabei den Korpusrang im Blick halten. Eine absolute Mindestgrenze gibt es leider nicht. Hier spielt TermLabs.io aber seine Stärken aus: Wenn die Quadrate deutlich weniger und kleiner werden in der Sortierung nach AVG, können Sie langsam nachlassen.

Ein Wort zum Unterschied zwischen der Sortierung: Bei der Sortierung nach *MAX* gilt die Optimierungsregel »auswählen und auf hohe Relevanz optimieren« (also primär die Giraffen-Langhals-Terme), während bei der Sortierung nach *AVG* die Optimierungsregel »möglichst viel und breit abdecken« lautet.

10.4.5 Keyword-Häufigkeit

Nun haben Sie alles beisammen und können mit dem Schreiben beginnen. Oftmals geistert an dieser Stelle noch die einfache Keyword-Dichte in den Köpfen vieler Redakteure und Redakteurinnen sowie SEOs umher.

Und tatsächlich stellt sich ja beim Schreiben die Frage: Wie häufig sollte man bestimmte Begriffe verwenden? Veraltete Regeln, die bestimmte Keyword-Dichten zwischen drei und sechs Prozent empfehlen, gehören in die Mottenkiste. Für moderne Suchmaschinen-Optimierung sind dies keine zielführenden Gedanken.

Die einzige Maßzahl über die Häufigkeit von Termen ergibt sich, wenn überhaupt, aus der TF*IDF-Berechnung zu Ihrem Text. Dazu müssen Sie ihn aber zunächst einmal schreiben. Ansonsten ist das Berechnen der Termmengen im Verhältnis zu den Top 10 bzw. Top 20 anderen Treffern bei Google eher schwer. Bevor Sie sich also um die Termanzahl Gedanken machen, schreiben Sie den Text und beachten dabei folgende grundlegende Verteilungsaspekte; um die Häufigkeit kümmern Sie sich erst danach:

- Das Hauptkeyword sollte zwingend in der H1-Überschrift auftreten.
- Das Hauptkeyword sollte mehrmals über den Text verteilt auftreten.
- Das Hauptkeyword kann weiter oben im Text ein paarmal häufiger genannt werden als weiter unten.
- Nebenkeywords sollten primär in den zugeordneten Zwischenüberschriften und den jeweiligen Abschnitten darunter vorkommen. Die Betonung liegt hierbei auf dem Wort primär, nicht ausschließlich.

Nachdem Sie den Text mit diesen Verteilungsaspekten geschrieben haben, können Sie nun an die Termfrequenz-Optimierung gehen.

> **Tipp: Texte direkt in TermLabs.io schreiben**
>
> In einem möglichen, aber nicht nötigen Zwischenschritt rufen Sie in TermLabs.io den Bereich EDITOR • TEXT WIZARD auf. Kopieren Sie anschließend den Text in den linken Editor-Bereich (Abbildung 10.32).
>
> Auch wenn der Text Wizard viele Funktionen bietet, die zum Schreiben und Verfeinern eines Textes sinnvoll sind, besteht derzeit leider noch keine Möglichkeit, hier die Termfrequenzen direkt beim Schreiben zu sehen.
>
>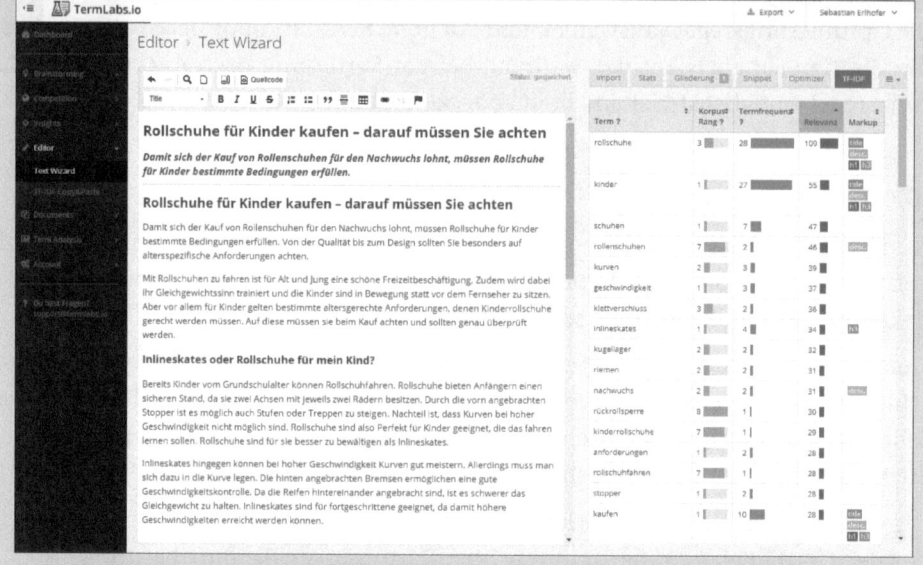
>
> **Abbildung 10.32** Text Wizard von »TermLabs.io«

Zur Termfrequenz-Optimierung gehen Sie in den Bereich TERM ANALYSIS • TF-IDF DATA und wählen nahezu die gleichen Einstellungen wie oben angegeben. Einen Unterschied machen Sie allerdings: Sie klicken bei REFERENZ (REF) auf TEXT und kopieren dort Ihren Text als Referenz hinein.

Nach Klick auf ANALYSIEREN sehen Sie Ihren Text nun zusätzlich in der Spalte REF (Referenz). Wählen Sie unter SCORE TERM COUNT am besten PERFECT aus. Damit geben Sie gewissermaßen das gewünschte Optimierungslevel für die Häufigkeit der Proof-Terme ein. TOP führt manchmal zu sehr übertriebenen Ergebnissen, weil einige Ausreißer-URLs bestimmte Terme überdurchschnittlich häufig verwenden.

In der rechten Spalte sehen Sie unter SCORE die Einstufung Ihres aktuellen Textes im Verhältnis zu den Werten der anderen Websites in den Top 20. In der zusammengestauchten Ansicht in Abbildung 10.34 können Sie ganz rechts verschiedene Ableitungen treffen. So fehlen (MISSING) die Begriffe »hudora« und »mädchen« komplett. Um einen Perfect-Score zu erreichen, müssen Sie diese Terme 7- bzw. 4-mal nennen. Auch

»skates« bzw. Stemmingabwandlungen wie »skate«, »skaten« oder »skater« sind eher BAD und sollten noch 11-mal im Text aufgenommen werden. Begriffe um »Rollschuhe« und »Kinder« sind PERFECT verwendet und könnten sogar 19-mal bzw. 6-mal weniger genannt werden.

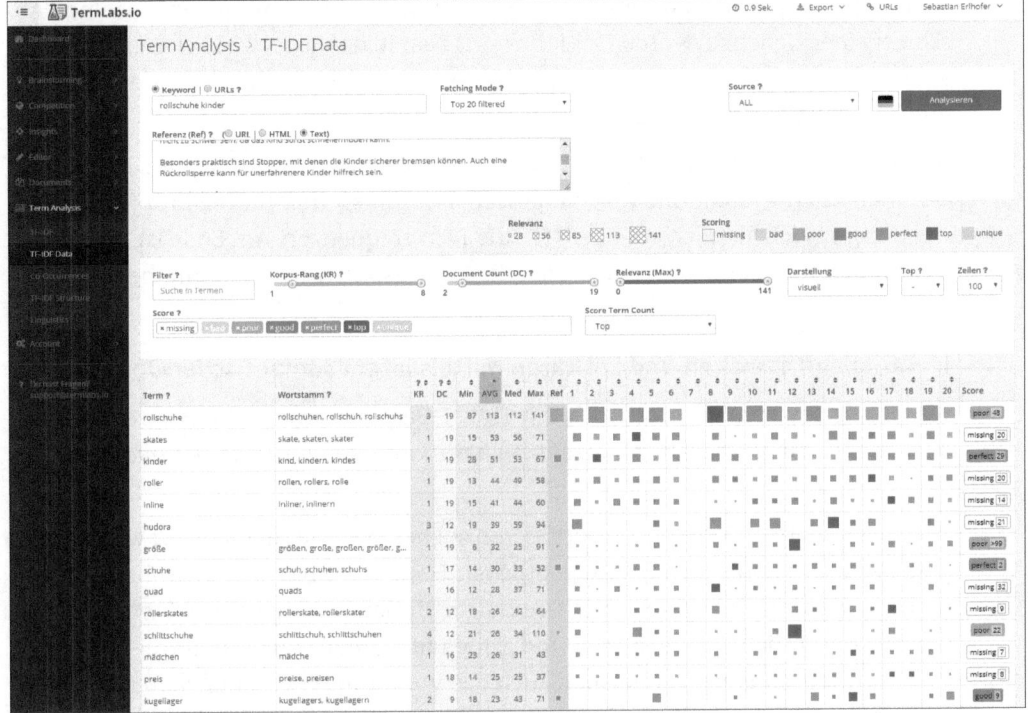

Abbildung 10.33 Termfrequenz-Analyse mit »TermLabs.io«

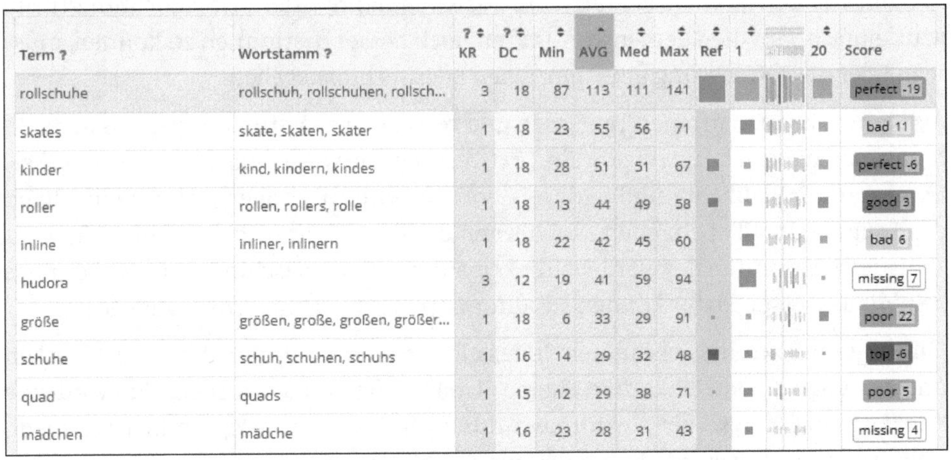

Term ?	Wortstamm ?	KR	DC	Min	AVG	Med	Max	Ref 1		20	Score
rollschuhe	rollschuh, rollschuhen, rollsch...	3	18	87	113	111	141				perfect -19
skates	skate, skaten, skater	1	18	23	55	56	71				bad 11
kinder	kind, kindern, kindes	1	18	28	51	51	67				perfect -6
roller	rollen, rollers, rolle	1	18	13	44	49	58				good 3
inline	inliner, inlinern	1	18	22	42	45	60				bad 6
hudora		3	12	19	41	59	94				missing 7
größe	größen, große, großen, größer...	1	18	6	33	29	91				poor 22
schuhe	schuh, schuhen, schuhs	1	16	14	29	32	48				top -6
quad	quads	1	15	12	29	38	71				poor 5
mädchen	mädche	1	16	23	28	31	43				missing 4

Abbildung 10.34 Zusammengestauchte Ansicht von »TermLabs.io«

Mit dieser Systematik können Sie Ihren Text nach TF*IDF optimieren. Wenn Sie im Dropdown SCORE TERM COUNT übrigens TERMFREQUENZ auswählen, sehen Sie in der hinteren Spalte die Termfrequenzen Ihres Textes, wie er derzeit online ist.

In einer knallharten TF*IDF-Optimierung würden Sie nicht nur für einen gesamten Text die Proof-Terme und Häufigkeiten berechnen, sondern für jeden einzelnen Abschnitt eines Nebenkeywords. Das lohnt sich aber in der Regel wirklich nur, wenn alle anderen Rankingfaktoren bereits optimiert wurden und es um die letzten Rankingpunkte für eine Top-Position geht.

Bei all der verlockenden TF*IDF-Optimierung sollte man darauf achten, den gesunden Menschenverstand nicht zu vergessen. Das gilt sowohl für die Proof-Term-Verwendung an sich als auch vor allem für die Termfrequenzen. Am Ende ist die oberste Leitlinie, einen interessanten und vor allem gut lesbaren Text zu schreiben.

10.4.6 Begriffswelten und Entitäten mittels latent semantischer Optimierung

Weder mit Keyword-Dichten noch mit TF*IDF-Berechnungen sollten Sie es übertreiben. Aber ein sehr ähnliches Konzept stellt die *latent semantische Optimierung* (LSO) dar.

Den Kerngedanken kennen Sie bereits von soeben: Sie sollten nicht auf wichtige Begriffe verzichten, die mit dem eigentlichen Hauptkeyword inhaltlich bzw. semantisch in Zusammenhang stehen. Die Textalgorithmen von Suchmaschinen sind mittlerweile wesentlich differenzierter und zählen nicht mehr nur stupide die Häufigkeit von Begriffen, sondern vergleichen auch das Vorkommen von Konzepten und Entitäten in Texten.

Indem sie Texte auf Millionen von Webseiten analysieren, können Suchmaschinen *semantische Kookkurrenzen* aufbauen. Das klingt kompliziert, ist jedoch im Prinzip ganz einfach. Um die Themen von Texten noch besser bestimmen zu können, muss man über die Betrachtung eines einzelnen Begriffs hinausgehen.

Als Mensch kann man einen Text lesen und verschiedene Verbindungen aus dem Alltagswissen in Beziehung setzen. Ein Text, der Begriffe wie »Auto«, »Haus«, »Straße«, »Kreuzung«, »Blaulicht« und »Polizei« enthält, wird mit hoher Wahrscheinlichkeit das Thema »Unfall« behandeln, auch wenn der Begriff gar nicht oder nicht in einer statistisch relevanten Keyword-Häufigkeit auftritt. Suchmaschinen haben allerdings kein Alltagswissen, dafür können sie automatisch sehr schnell Texte verarbeiten.

Ein Programm nimmt sich aus dem Index alle Texte, die aufgrund der Term-Metriken und der eingehenden Links dem Thema »Unfall« zugeordnet wurden. Nun wird eine Kookkurrenz-Analyse auf Vektorbasis durchgeführt – das Programm untersucht, welche anderen Keywords in den ausgewählten Texten regelmäßig vorkommen. Die-

10.4 Suchmaschinen-optimiertes Schreiben

se Keywords sind die Kookkurrenzen, also eben jene Begriffe, die häufig mit dem ursprünglichen Begriff auftreten, der das Thema beschreibt.

Diese semantischen Kookkurrenzen speichert die Suchmaschine für Millionen von Themen und Keywords ab. Bei neuen Dokumenten kann dann dieses maschinelle Alltagswissen angewandt werden, sodass auch ein mathematischer Algorithmus das Thema »Unfall« in dem obigen Beispiel erkennen und entsprechend als Suchergebnis anzeigen könnte. Ein eindrucksvolles Beispiel, wie dieses Verfahren funktioniert, können Sie sich bei der Wortschatzdatenbank der Universität Leipzig unter *wortschatz.uni-leipzig.de* anschauen (siehe Abbildung 10.35).

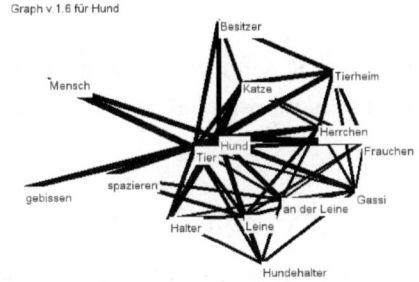

Abbildung 10.35 Kookkurrenzen zu »hund«

Für den Autor oder die Autorin eines optimalen Textes bedeutet dies zweierlei: Zum einen muss er bzw. sie sich im Klaren darüber sein, welche Kookkurrenz-Begriffe für das eigentliche Thema relevant sind. Zum anderen müssen diese dann auch im Text auftreten. Um geeignete Kookkurrenz-Begriffe zu finden, können Sie sich einfach die Top 10 bei Ihrer Lieblingssuchmaschine anschauen. Geben Sie Ihr Seiten-Keyword ein, und analysieren Sie ebenso wie Suchmaschinen die Texte und Inhalte der ersten zehn Treffer. Hier werden Sie relativ schnell zentrale Begriffe für Ihren Text finden. Achten Sie vielleicht auch besonders auf auftretende Entitäten rechts neben den

SERPs oder oberhalb der Anzeigen. Es schadet nicht, wenn Sie diese, wo inhaltlich sinnvoll, in Ihrem Text berücksichtigen.

10.4.7 Sprachtypische Strukturen verwenden

Um die Sprache eines Textes zu bestimmen, greifen Suchmaschinen nicht mehr auf Angaben des Autors oder der Autorin in den Meta-Daten zurück, sondern analysieren die Sprache anhand bekannter Textmuster direkt im Text selbst.

Nicht nur deshalb sollten Sie in einem optimalen Text vollständige Sätze verwenden. Keywords, die im Fließtext auftreten, werden nach wie vor von Ranking-Algorithmen bevorzugt. Achten Sie auch darauf, dass Sie eine semantisch korrekte Hierarchie verwenden, die Sie mit HTML-Tags für Überschriften und Absätze auszeichnen.

Darüber hinaus gibt es viele kleinere Punkte, auf die Sie beim Schreiben von SEO-Texten achten können:

- Wählen Sie einen passenden Stil, der interessant zu lesen ist und nicht so schnell ermüdet. Kurze Sätze sind hier immer besser als lange.
- Wenn Sie verschiedene Punkte kurz anreißen möchten, sollten Sie auch auf eine Listendarstellung zurückgreifen. Diese schafft nicht nur Übersicht, sondern bringt optisch und inhaltlich auch eine Abwechslung zum Fließtext.
- Kopieren Sie keine Texte, oder verwenden Sie keine Texte, die bereits andernorts erscheinen. Ansonsten besteht die Gefahr von Double Content. Suchmaschinen bevorzugen Unique Content.
- Bebildern Sie Ihre Texte mit entsprechendem Material. Achten Sie im Rahmen der Texterstellung bzw. Bildbearbeitung bei den Dateinamen und `alt`-Attributen auf eine Nennung des Haupt- bzw. Nebenkeywords.
- Arbeiten Sie multimodal und multimedial. Verwenden Sie neben Bildern auch Videos, Infografiken, und variieren Sie die textliche Darstellung.

Achten Sie immer darauf, dass Sie für Nutzer und Nutzerinnen und nicht ausschließlich für Suchmaschinen schreiben.

10.4.8 Orthografie und der »Schwafel-Score«

Moderne Suchmaschinen können mittlerweile sehr gut den Textinhalt, den Stil und die orthografische Textqualität bestimmen. Erste Schritte in diese Richtung zeichneten sich schon früh ab, wenn man die Google-Patente ansieht. In der Patentschrift »Identifying gibberish content in resources« von 2009 wird ein Verfahren beschrieben, wie Google den Anteil an Geschwafel in einem Text feststellt.

Google findet damit minderwertige Texte heraus, die dann entsprechend schlechter ranken. Wie funktioniert dieser »Schwafel-Score«? Im Grunde handelt es sich um eine Mischung aus Keyword-Stuffing und der Erkennung einer unnatürlichen Syntax, Grammatik und Rechtschreibung. Wenn ein Text statistisch ungewöhnliche Muster aufweist, dann fällt er durch das Raster.

Damit kann Google recht zuverlässig sogar verschiedene Sprachniveaus unterscheiden. Zum Beispiel unterscheidet sich ein wissenschaftlicher Artikel in Stil und Sprache wesentlich von einem saloppen Blog-Beitrag. Damit kann die Suchmaschine für eher wissenschaftliche Anfragen auch entsprechend passende Inhalte präsentieren.

Besonders einige ganz bestimmte minderwertige Texte kann Google auf diese Weise zuverlässig herausfiltern: etwa direkt übersetzte Texte aus anderen Sprachen, die mithilfe von Google Translate massenweise übersetzt wurden. Gelegentlich wird nämlich zur Textverfremdung und Vermeidung von Duplicate Content gestohlener Text vom Deutschen ins Englische und wieder zurück übersetzt (siehe Abbildung 10.36).

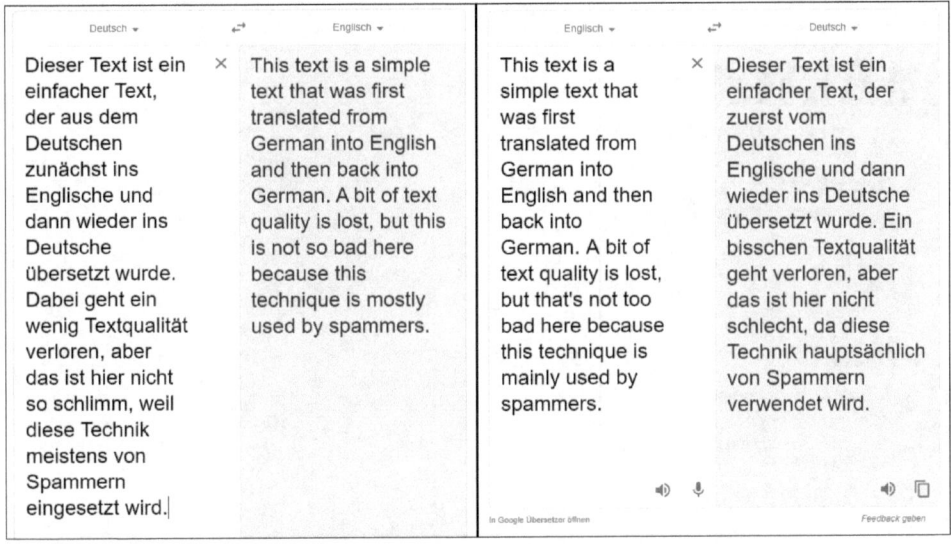

Abbildung 10.36 Deutsch-Englisch-Deutsch mit Google Translate

Doch auch Inhalte, die aus eher preisgünstigen, schnellen Quellen stammen und mit Füllwörtern aufgebläht wurden, damit ein Texter die vorgegebene Wortanzahl erreicht, können zuverlässig identifiziert werden. Auf diese Weise findet Google auch schlechtes Textspinning heraus und kann dafür sorgen, dass solche Texte nicht für relevante Suchanfragen in den Rankings erscheinen.

In diesem Zusammenhang existieren auch unterschiedliche Berechnungsmethoden eines Lesbarkeitsindex aus dem Information Retrieval, welche die Textkomplexität operationalisieren:

- Flesch-Reading-Ease
- Gunning-Fog-Index
- Wiener Sachtextformel

Es gibt noch unzählige weitere Lesbarkeitsformeln. Sie sind alle jeweils für eine Sprache ausgelegt, lassen sich aber auch für andere Sprachen kalibrieren und nutzen. Verschiedene Tools zur Texterstellung nutzen diese oder andere Formeln zur Berechnung eines Lesbarkeitsgrades. Meist wird dieser dann in leicht, mittel, schwer kategorisiert. Google selbst wird allerdings deutlich komplexere Methoden aus dem Bereich der NLP verwenden. Insofern sehen Sie die Angaben aus Texttools bitte höchstens als Hilfe beim Schreiben von verständlichen Texten.

Dass dies allerdings sehr hilfreich sein kann, zeigt sich unter *http://wortliga.de/textanalyse/*. Dort können Sie schnell und unkompliziert ein paar Schlüsselmetriken analysieren lassen. Für einen ersten schnellen Eindruck eines Textes ist dieses Tool wirklich empfehlenswert.

Abbildung 10.37 Textanalyse von »www.wortliga.de/textanalyse/«

> **Praxistipp: Kostenfaktor Text**
>
> Es hat sich gezeigt, dass Google immer mehr auf die Qualität des Inhalts achtet. Sie tun gut daran, dies auch zu tun. Verzichten Sie auf günstige und minderwertige Texterstellungsverfahren. Setzen Sie auf eine möglichst gute Textqualität, und achten Sie auf nützliche Inhalte für Ihre Zielgruppe.
>
> Häufig wird der Kostenfaktor Text unterschätzt. Es kostet sehr viel Zeit und Budget, gute, sinnvolle und einzigartige Texte zu verfassen. Kalkulieren Sie das gleich von Beginn an mit ein.
>
> Ein guter Text ist nicht mal eben so in einer Stunde geschrieben. Sie können je nach Länge und Komplexität schon mit mindestens zwei bis acht Stunden rechnen. Nach oben sind wie so häufig keine Grenzen gesetzt.

10.4.9 Verlinkungen nach außen

Auch wenn die Verlinkung streng genommen zum Bereich der Offpage-Optimierung gehört, sollten Sie bereits beim Schreiben von Texten daran denken, dass Sie auch gezielt auf andere interne Seiten und auch externe Websites verlinken.

Interne Verlinkung

Über die interne Verlinkung haben Sie bereits an verschiedenen Stellen etwas gelesen. Gute Textbriefings beinhalten bereits den Wunsch des Auftraggebers, dass Links zu bestimmten Seiten gesetzt werden.

Auch unabhängig davon können Sie an bestimmten Stellen gezielt Links setzen. Vor allem dort, wo Sie nicht selbst tiefer in die Thematik einsteigen, es aber einen tiefergehenden Artikel auf Ihrer Website gibt, bieten sich interne Links an.

Bei internen Links sollten Sie immer darauf achten, dass das Hauptkeyword der Zielseiten im Anchortext des Links enthalten ist. Je nach Texttyp dürfen Sie es allerdings mit den Links auch nicht übertreiben. Eine Verteilerseite beinhaltet grundsätzlich mehr Links als ein Informationstext. Zu viele Links auf andere Seiten können dafür sorgen, dass die Leser und Leserinnen schnell wieder abspringen. Grundsätzlich gilt: Je weiter unten ein Text in einer Hierarchieebene ist, desto weniger Links hat er zu höheren oder gleichwertigen Texten in der Hierarchie.

Verlinkung auf Autoritäten

Die Zielseiten für externe Links sollten dabei keine beliebigen Seiten sein: Wählen Sie thematische Autoritäten. Wenn Sie z. B. einen Text über monatliche Unfallzahlen von Radfahrern und Radfahrerinnen in Ihrer Stadt verfassen, dann können Sie auf die

Website der Stadt verweisen, auf den Allgemeinen Deutschen Fahrrad Club (ADFC) sowie auf das Presseportal der Polizei. All dies sind in den Augen von Suchmaschinen Autoritäten für das Thema »Fahrradunfall«.

Sie beweisen durch die Nennung dieser Quellen und durch die entsprechende Verlinkung eine Expertise für das betreffende Gebiet. Sie betten Ihr Dokument in ein Netzwerk aus thematisch passenden und angesehenen Seiten ein und erhalten dadurch vielleicht Vorteile bei den Ranking-Bewertungen. Google hat zwar häufiger bestritten, dass das gezielte Verlinken zu Autoritäten deutliche Rankingvorteile bringt, aber wenn externe Links für Ihre Leser und Leserinnen sinnvoll sind, wird Google das sicherlich nicht schlecht finden.

Um für Ihren Text passende thematische Autoritäten zu finden, verwenden Sie wiederum Google oder eine andere Suchmaschine. Geben Sie das betreffende Seiten-Keyword ein. In dem obigen Beispiel wäre dies »Fahrradunfall« oder »Fahrrad Unfall«.

Sie erhalten anschließend gute Vorschläge direkt von derjenigen Instanz, die später auch Ihre Texte und externen Verlinkungen bewerten wird. Dabei sollten Sie bei der Wahl Ihrer externen Verlinkungen nicht streng nach Ranking vorgehen. Nicht immer eignet sich der erste Treffer auch als Linkziel. Die Ergebnisliste soll Ihnen lediglich Hinweise und Anregungen geben.

Dieses Verfahren bietet sich natürlich nicht immer an. Wenn Sie einen Text über ein Produkt oder eine Dienstleistung schreiben, dann werden Sie über dieses Verfahren hauptsächlich Mitbewerber finden. Auf diese möchte man aber in der Regel selten aus der eigenen Website heraus verlinken. Hier können Sie dann bestimmt auf Alternativen zurückgreifen oder notfalls auch allgemeine Autoritäten nutzen wie Wikipedia, Portalseiten oder Nachrichtenportale, die vielleicht einen passenden Artikel verfasst haben.

10.4.10 Publizieren eines Textes

Nachdem Sie den Text fertiggestellt haben, wird er sicherlich nochmals Korrektur gelesen. Das eigentliche Publizieren eines Textes findet dann meistens über ein Content-Management-System statt.

Vergessen Sie hier nicht den Suchmaschinen-optimierten Titel und die Meta-Description. Auch ein Bild für die OpenGraph-Metadaten für Facebook und Co. gehören noch zum Schritt des Publizierens dazu.

Nun können die Crawler kommen und Ihren Text indexieren.

10.4.11 Workflow für Textoptimierung

Nicht immer wird ein Text komplett neu geschrieben. Oftmals werden Texte zusammengefügt, getrennt oder auch einfach »nur« für Suchmaschinen optimiert, weil der ursprüngliche Autor oder die Autorin dies nicht bewerkstelligen konnte.

Im Prinzip sind die Schritte zur Textoptimierung sehr ähnlich zu denen eines neuen Textes. Sie prüfen zunächst die Gültigkeit des Hauptkeywords und der Nebenkeywords. Eine komplette Textkonzeption ist nur dann notwendig, wenn der Text sehr stark erweitert, umgeschrieben oder mit anderen Texten kuratiert werden muss. Ansonsten können Sie lediglich ein paar Elemente aus dem Textkonzeptions-Prozess entnehmen – etwa die W-Fragen mit dem FAQ-Schema.

Steht ein Text schon online, können Sie mit TermLabs.io recht einfach auch direkt den Online-Text untersuchen. Damit erledigen Sie die Untersuchung von Proof-Termen und Termfrequenz-Festlegung quasi in einem Schritt. Das spart Zeit!

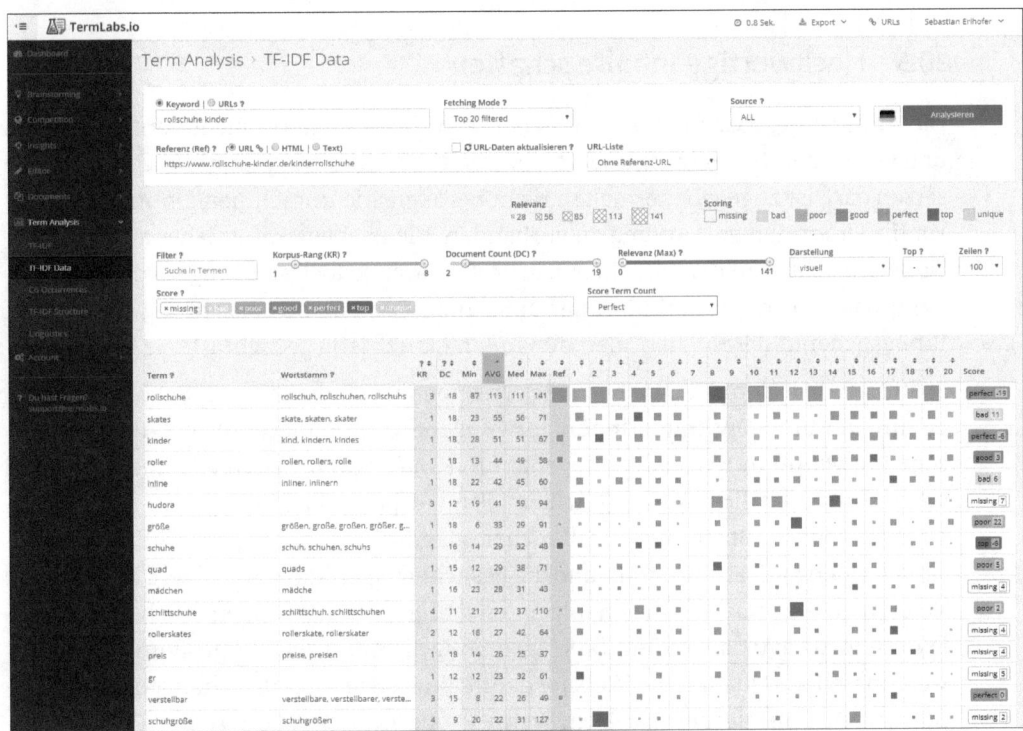

Abbildung 10.38 URL-Analyse mittels TF*IDF-Modul von »TermLabs.io«

In TermLabs.io füllen Sie im Bereich TERM ANALYSIS • TF-IDF DATA dazu folgende Felder und Optionen aus:

- KEYWORD: das Hauptkeyword
- REFERENZ: die betreffende URL, unter welcher der zu optimierende Text zu finden ist, und die Auswahl auf URL setzen (nicht HTML oder TEXT)
- SOURCE: ALL (ich empfehle hier generell, nicht die Maincontent-Erkennung zu nutzen)
- DOCUMENT COUNT (DC) auf AB 2
- SCORE TERM COUNT auf PERFECT
- Nach dem Analysieren die Sortierung auf AVG stellen

Ihren Text sehen Sie nun in der Spalte REF (Referenz). Sie können den Text online mit den angegebenen Termen und Termfrequenzen optimieren und danach erneut prüfen. Da TermLabs.io die URLs zwischenspeichert, sollten Sie dazu dann die Checkbox URL-DATEN AKTUALISIEREN anhaken.

10.5 Hochwertige Inhalte schaffen

Die Auffassung, dass man den Besucher oder die Besucherin nicht vernachlässigen und seine oder ihre Bedürfnisse weit hinter die Optimierung für die Suchmaschinen setzen darf, ist zugegebenermaßen nicht bei allen Suchmaschinen-Optimierern und -Optimiererinnen von Anfang an vorhanden. Vielleicht stammt daher auch der teilweise schlechte Ruf der Branche. Viele Profis waren jedoch seit Langem der Überzeugung, dass eine reine Optimierung auf Suchmaschinen ohne Beachtung der Qualität für Besucher und Besucherinnen nur äußerst kurzfristig gedacht ist.

Spätestens seit dem 12. Oktober 2011 vertreten jedoch die meisten Suchmaschinen-Optimierer und -Optimiererinnen gezwungenermaßen diese Ansicht, denn an diesem Tag wurde in Europa das sogenannte *Panda-Update* erstmalig ausgerollt und sorgte für ordentlich Wirbel. Mit dem Panda-Update brachte Google die Qualität einer Website ins Spiel – für den Besucher oder die Besucherin wenig hilfreiche Websites wurden radikal abgestraft, und die Besucherzahlen sanken rapide. Über mehrere Versionen führte Google in den folgenden Jahren Verbesserungen durch. Mittlerweile kann man davon ausgehen, dass regelmäßig die Kriterien überprüft und verfeinert werden und die Qualität der Website damit ein fest verankertes Thema bei der Suchmaschinen-Optimierung ist, auch wenn Panda mittlerweile fest im Algorithmus-Kern integriert ist. Die teils gravierenden Core-Updates seit 2019 betreffen sicherlich auch Panda-Kriterien.

10.5.1 Der Panda-Fragenkatalog

Mit Einführung des Panda-Updates wurde die Bedeutung des PageRanks herabgestuft, der lange Zeit die Rankings bestimmte. Während Google seit 2000 also kontinuierlich vornehmlich Offpage-Faktoren für die Rankings verbesserte, erfolgte mit dem Panda-Update erstmalig eine Besinnung auf die Onpage-Faktoren einer Website. Dieser Trend hält bis heute an.

Der Name des Updates hat nichts mit dem Pandabären zu tun, sondern mit dem Google-Mitarbeiter Navneet Panda, der maßgeblich an der Entwicklung eines Fragenkatalogs beteiligt war, anhand dessen sich Qualität und Vertrauenswürdigkeit von Websites eruieren lassen. Diese Fragen wurden im Mai 2011 im offiziellen Google-Blog *Webmaster-Zentrale* veröffentlicht (*https://developers.google.com/search/blog/2011/05/more-guidance-on-building-high-quality.html?hl=de*) und werden bis heute häufig herangezogen, wenn es um die Qualitätsbeurteilung einer Seite geht:

- Würdet ihr den in diesem Artikel enthaltenen Informationen trauen?
- Wurde der Artikel von einem Experten oder einem sachkundigen Laien verfasst, oder ist er eher oberflächlich?
- Weist die Website doppelte, sich überschneidende oder redundante Artikel zu denselben oder ähnlichen Themen auf, deren Keywords leicht variieren?
- Würdet ihr dieser Website eure Kreditkarteninformationen anvertrauen?
- Enthält dieser Artikel Rechtschreibfehler, stilistische oder Sachfehler?
- Entsprechen die Themen echten Interessen der Leser der Website, oder werden auf der Website Inhalte generiert, mit denen ein gutes Ranking in Suchmaschinen erzielt werden soll?
- Enthält der Artikel Originalinhalte oder -informationen, eigene Berichte, eigene Forschungsergebnisse oder eigene Analysen?
- Hat die Seite im Vergleich zu anderen Seiten in den Suchergebnissen einen wesentlichen Wert?
- In welchem Maße werden die Inhalte einer Qualitätskontrolle unterzogen?
- Werden in dem Artikel unterschiedliche Standpunkte berücksichtigt?
- Wird die Website als kompetente Quelle zu ihrem Thema anerkannt?
- Stammen die Inhalte aus einer Massenproduktion oder von zahlreichen externen Autoren, bzw. werden sie über ein großes Netzwerk von Websites verbreitet, sodass einzelnen Seiten oder Websites eher wenig Aufmerksamkeit oder Sorgfalt gewidmet wird?
- Wurde der Artikel sorgfältig redigiert, oder scheint er eher schlampig oder hastig erstellt worden zu sein?

- Hättet ihr bei gesundheitsbezogenen Suchanfragen Vertrauen in die Informationen dieser Website?
- Würdet ihr diese Website als kompetente Quelle erkennen, wenn sie namentlich erwähnt würde?
- Bietet dieser Artikel eine vollständige oder umfassende Beschreibung des Themas?
- Enthält dieser Artikel aufschlussreiche Analysen oder interessante Informationen, die nicht allgemein bekannt sind?
- Würdet ihr diese Seite zu euren Lesezeichen hinzufügen, an Freunde weitergeben oder empfehlen?
- Enthält dieser Artikel unverhältnismäßig viele Anzeigen, die vom eigentlichen Inhalt ablenken oder diesen beeinträchtigen?
- Könntet ihr euch diesen Artikel in einem Printmagazin, einer Enzyklopädie oder einem Buch vorstellen?
- Sind die Artikel kurz oder gehaltlos, oder fehlen sonstige hilfreiche Details?
- Wurden die Seiten mit großer Sorgfalt und Detailgenauigkeit oder mit geringer Detailgenauigkeit erstellt?
- Würden sich Nutzer beschweren, wenn ihnen Seiten von dieser Website angezeigt würden?

Die Google-Ingenieure und -Ingenieurinnen standen vor der Aufgabe, diese Fragen algorithmisch so zu formulieren, dass automatische Verfahren die oben aufgeführten Fragen beantworten können. Dazu nahm man das Verfahren des maschinellen Lernens zu Hilfe.

Vereinfacht formuliert funktioniert dies so: Es wird eine möglichst verschiedene Menge an ausgewählten Websites selektiert. Anschließend werden zahlreiche menschliche Bewerter und Bewerterinnen (*Rater*) mit dem Qualitätsfragebogen vertraut gemacht, und diese bewerten dann jede einzelne der ausgewählten Websites. Dieses Trainingsset an Websites ist am Ende dann in allen Fragen von Menschen beantwortet worden. Häufig werden gleiche Websites auch von mehreren Ratern bewertet, sodass man sich sicher sein kann, dass persönliche Einschätzungen möglichst keinen Einfluss auf die Gesamtbewertung einer Website unter einem bestimmten Aspekt haben.

Ein spezieller Lernalgorithmus vergleicht dann anhand statistischer Signifikanzen alle Websites miteinander, die in einem bestimmten Faktor die gleiche Bewertung erhalten haben. Dabei kommt z. B. heraus, dass alle Seiten, die mit »wenig vertrauenswürdig« bewertet wurden, eine hohe Rate an Rechtschreib- und Grammatikfehlern aufweisen. Die verschiedenen Faktoren werden so maschinell gelernt und als algorithmische Logik gespeichert.

Diese Logik kann dann auf fremde, nicht von Menschen bewertete Websites angewandt werden. So gelingt es mithilfe von Trainingssets, auch unbekannte Objektmengen zu klassifizieren. Man kann also davon ausgehen, dass Google dieses Verfahren mehrfach durchgeführt hat, um die robustesten und besten Kriterien zu extrahieren und diese dann in den Ranking-Algorithmus einzubinden.

Die Panda-Kriterien werden anhand einzelner URLs eruiert, aber betroffen ist im Fall des Falles die gesamte Domain. Panda hat also einen domainweiten Effekt! Daher sollten Sie äußerst umsichtig mit der Qualitätsfrage umgehen. Die lange Zeit gepflegte Haltung, dass man sich nur um die zentralen und wichtigen Seiten auf seiner Webpräsenz kümmert, ist nicht mehr zeitgemäß. Schlechte Seiten im Sinne von Panda können die gesamte Domain oder zumindest ganze Seitenbereiche in Mitleidenschaft ziehen.

10.5.2 Ist meine Website von Panda betroffen?

Die Frage, ob eine Website von Panda betroffen ist, war früher in den meisten Fällen recht klar zu beantworten. Denn die Erscheinungsdaten der jeweiligen Updates wurden bekanntgegeben. Wenn es zu den Stichtagen, an denen eines der Panda-Updates eingespielt wurde, zu drastischen Ranking-Verlusten kam, ist dies bereits ein »gutes« – wenn auch kein eindeutiges – Zeichen. Häufig waren die Ranking-Verluste in einem gesamten Themenbereich, Website-Segment oder auch domainweit festzustellen.

Heute ist dies nicht mehr ganz so einfach festzustellen. Mittlerweile kündigt Google ab und an größere Core-Updates zwar an. Aber die positiven wie negativen Ranking-Veränderungen lassen keine eindeutigen Rückschlüsse mehr auf Panda-Komponenten zu, denn ein Core-Update beinhaltet auch die Anpassung zahlreicher anderer möglicher Rankingkomponenten.

Gleich geblieben ist dennoch der Blick in ein Sichtbarkeitsindex-Tool, um eigene und fremde Rankingverluste schnell zu erkennen. Abbildung 10.39 zeigt den Verlauf eines massiven Sichtbarkeitsverlustes durch ein Core-Update.

> **Praxistipp: Panda als Teil des Kernalgorithmus**
>
> Schon 2017 hat Google Panda als Teil des Kernalgorithmus implementiert. Seitdem fließen die Panda-Bewertungen quasi live mit in die Rankings ein. Für die Suchmaschinen-Optimierung bedeutet das allerdings, dass eine Panda-Erkennung immer schwieriger wird, weil es seltener diese harten Abfälle in Sichtbarkeit und Rankings gibt.
>
> Insofern müssen Sie noch besser mögliche Ursachen und Sichtbarkeits- bzw. Ranking-Verläufe beobachten. Ein gutes Monitoring ist im aktuellen SEO Pflicht!

Wenn es Ihre Website nun »erwischt« hat, was können Sie tun, um aus der Panda-Falle wieder zu entkommen?

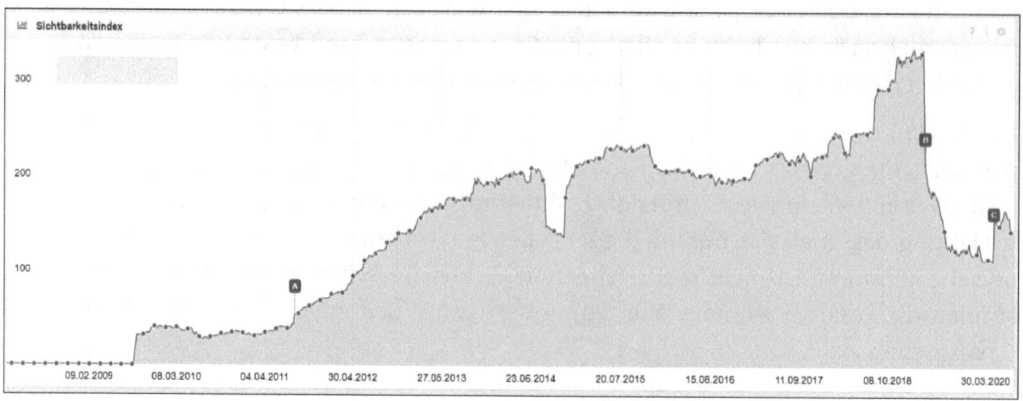

Abbildung 10.39 Abnehmender Sichtbarkeitsverlauf nach Core-Update

10.5.3 Echten Mehrwert schaffen für Besucher, niedrige Absprungraten

Google versteht unter Qualität den echten Mehrwert für Suchende, die nach einer bestimmten Lösung für ihr Problem suchen. Google möchte seinen Benutzern und Benutzerinnen die möglichst beste und hochwertigste Website liefern, auf der die gesuchten Informationen vollständig, professionell und vertrauenswürdig dargestellt sind.

Auch wenn Google die direkten Qualitätskriterien, an denen die Webseiten gemessen werden, nicht veröffentlichen wird, ist doch ein Kriterium absolut sicher: Wenn Ihre Website unnatürlich hohe Absprungraten aus den SERPs aufweist, dann ist das ein todsicherer Garant dafür, dass sich die Site demnächst (oder jetzt schon) in der Qualitätsfalle befindet. Denn hohe Absprungraten bedeuten nur eins: Die Besucher und Besucherinnen sind nicht zufrieden mit dem Inhalt, den Sie anbieten. Klicken immer wieder viele Suchende für ein bestimmtes Keyword auf Ihre Website und gehen nach wenigen Sekunden zurück zu Google und klicken dort auf die nächste Website, ist das ein eindeutiges Signal für Google, dass Ihre Website wohl nicht die Ranking-Platzierung verdient, die sie derzeit noch besitzt. Wenn Google für ähnliche Keyword-Themen dann immer wieder dieses Muster erkennt, werden die Rankings schnell schlechter.

Nun gibt es keine exakt zu definierende Grenze bei der Absprungrate oder der Bounce-to-SERP-Rate, ab der es für Sie gefährlich wird. Vielmehr bestimmt Google eine mittlere Absprungrate für bestimmte Keyword-Themen und Branchen, und die ist nicht öffentlich bekannt. Letztlich zählen also der Vergleich mit den Mitbewerbern und wie so oft der gesunde Menschenverstand und die Erfahrung.

> **Praxistipp: Absprungrate unter fünf Prozent?**
> In der Agentur-Praxis erleben wir sehr häufig, dass Neukunden und -kundinnen eine Absprungrate von unter fünf Prozent vorweisen. In den meisten Fällen liegt hier eine fehlerhafte Trackingcode-Einbindung vor. Wenn Sie auch eine solch niedrige Absprungrate haben, sollten Sie daher sicherheitshalber einmal Ihren Trackingcode auf doppelte Einbindung oder andere Fehler prüfen. Absprungraten unter fünf Prozent sind sehr selten. Meistens liegen sie zwischen 20 und 30 Prozent.

Bei der Beurteilung der Absprungraten sollten Sie vor allem auf solche Seiten und Seitenbereiche achten, die keinen themenrelevanten Traffic bringen. Wenn Sie z. B. ein Portal zum Thema Musikanlagen betreiben und zu jeder Musikanlage eine ausführliche Abteilung zur Stadt des jeweiligen Herstellers haben, dann könnte es theoretisch sein, dass die Website z. B. für eine Anfrage wie »Berlin Audioguide« gefunden wird. Hier ist klar, dass die Absprungrate sehr hoch sein wird, wenn Sie in Ihrem Kontext gar nicht das touristische Audioführer-Angebot der Stadt Berlin bedienen. Die Absprungraten werden hier also enorm hoch sein, und Google wird – wenn dies über verschiedene Seiten mehrfach auftritt – entsprechende Konsequenzen ziehen. Bevor dies passiert, sollten Sie solche und ähnliche Seiten daher lieber von der Indexierung ausschließen. Thematisch unpassende Inhalte und Inhalte, die keinen Mehrwert für die Zielgruppe bieten, haben seit Panda nichts mehr auf einer für Besucher und Besucherinnen sowie Suchmaschinen gut optimierten Website zu suchen.

10.5.4 Textqualität beachten

Ein wesentliches Onpage-Merkmal ist die Textqualität. Darunter lassen sich verschiedene Merkmale zusammenfassen, die Sie teilweise auch schon im Zusammenhang mit dem Suchmaschinen-optimierten Schreiben gelesen haben.

Moderne Suchmaschinen verfügen über ausgefeilte Methoden, um die sprachliche Qualität eines Textes zu bestimmen. Dabei werden u. a. die korrekte Rechtschreibung, eine sinnvolle Syntax oder eine korrekte Grammatik mit ausgewertet. Jeder schlecht automatisch generierte Text fällt hier durch. Aber auch über eine Stilerkennung verfügen Suchmaschinen mittlerweile. Es wird hier nicht nur zwischen gutem und schlechtem Stil unterschieden, sondern auch in der Ansprachart. Handelt es sich um einen Text für Jugendliche oder für Ältere? Ist der Textstil wissenschaftlich oder eher erzählend? Je nach gesuchtem Keyword bzw. Thema ist z. B. ein wissenschaftlicher Stil mit hoher Wahrscheinlichkeit besser als Suchtreffer geeignet als ein Romanstil. Insofern gibt es auch hier kein Gut oder Schlecht. Es zählt das Mittel über vergleichbare Websites.

Neben den Merkmalen des Fließtextes ist die Verwendung einer sinnvollen Tag-Hierarchie ein weiteres Kriterium. Zur Erinnerung: Verwenden Sie am besten einmalig die `<h1>`-Überschrift, gefolgt von Fließtexten in `<p>`-Tags, die jeweils semantisch sinnvoll mit `<h2>`, `<h3>` und den weiteren `<h>`-Überschriften segmentiert sind. Auch das Vorhandensein von ul/ol-Listen, Fettungen oder die Verwendung von Zitaten (`<cite>`) und anderen ähnlichen Auszeichnungen, die Sie in Abschnitt 10.1 kennengelernt haben, kann als Zeichen gewertet werden, dass der Webautor oder die Webautorin sich Mühe gemacht hat, seinen Text hochwertig zu präsentieren.

10.5.5 Hochwertiges Website- und Content-Design

Eine hochwertige Website anzubieten, erfordert auch Maßnahmen über das reine Textdesign hinaus. Google berücksichtigt nicht nur die reinen Texte, sondern auch die gesamte Content-Verwendung bis hin zum Rahmenquelltext und Design.

Viele Websites mit niedriger Qualität verwenden keine Bilder – die Lizenzierung ist für den intendierten Einsatzzweck (»Textfutter für Suchmaschinen«) nicht rentabel, und das Einstellen und Ausrichten von Bildern dann auch meist noch aufwendiger als das bloße Hineinkopieren von Fließtexten. Dabei ist es für Suchmaschinen recht einfach, automatisch festzustellen, ob Bilder auf einer URL eingebunden werden und welche Qualität diese besitzen.

Auch das gesamte Design kann eine Rolle bei der Evaluation spielen. Barrierefreies oder zumindest barrierearmes Webdesign und die Nutzung moderner HTML5-Auszeichnungen mit den speziellen Tags für Sektionen, Artikel, Navigation und vieles mehr werden auch von Suchmaschinen honoriert. Dabei geht es hier weniger um die exakte Ausgestaltung der Optimierung jedes einzelnen Tags. Vielmehr geht es um ein interessantes und abwechslungsreiches Textdesign, das eben nicht nur einer Bleiwüste gleicht.

10.5.6 Das Anliegen der Besucher ins Zentrum stellen

Für Google steht das Interesse des Besuchers und der Besucherin seit dem ersten Panda-Update bis heute stark im Mittelpunkt. Dazu gehört auch, dass man nach dem Klick auf einen Ergebnistreffer möglichst schnell die gewünschte Information auf der Website findet. Häufig stören jedoch zahlreiche Werbeeinblendungen die erste Orientierung.

Für Google ist diese Form der Content-Erkennung mit der Bestimmung von Größe und Platzierung ein weiterer Schritt in Richtung Qualitätserkennung. Daher rendert Google mittlerweile auch sehr viele Seiten, um genau diese Untersuchungen anstellen zu können.

Genau genommen ist das Verhältnis zwischen Inhalt und Werbung das besonders wichtige, auch von Google bestätigte Merkmal. Insbesondere im oberen Bereich, den man ohne zu scrollen sehen kann (*above the fold*), sollten Sie daher darauf achten, nicht zu viel großflächige Werbung zu platzieren und den eigentlich für den Nutzer und die Nutzerin wichtigen Content nicht zu weit zu verdrängen.

»Aber gerade da verdient man das meiste Geld«, werden Sie vielleicht sagen. Absolut. Und genau hier befindet man sich in einer Zwickmühle. Geht man auf die Interessen der Besucher und Besucherinnen ein und verzichtet im oberen Bereich auf allzu viele Werbeeinblendungen? Oder verfolgt man die eigenen Interessen und blendet viel Werbung im großen Format im Kopfbereich ein?

Google beschreibt das wie folgt:

> *This algorithmic change does not affect sites who place ads above-the-fold to a normal degree, but affects sites that go much further to load the top of the page with ads to an excessive degree or that make it hard to find the actual original content on the page.*

Auch hier taucht wieder das normale Maß (*normal degree*) auf. Mit einem Blick auf die Keyword-Mitbewerber verschaffen Sie sich einen guten Eindruck davon, was »normal« ist.

Wenn Sie das Gefühl haben, dass massiver Werbeeinsatz Sie in die Ranking-Abstrafung gebracht haben könnte, dann sollten Sie drastisch die Werbeeinblendungen für mehrere Wochen entfernen und die Rankings beobachten. Nach Angaben von Google kann es mehrere Wochen dauern, bis diese Änderung sich in den Rankings widerspiegelt.

10.5.7 Unique Content statt Duplicate Content

Eine häufige Ursache für eine Panda- bzw. Onpage-Abstrafung ist massives Auftreten von Duplicate Content. Das Problem von mehrfach vorhandenen Inhalten auf einer Website oder über verschiedene Websites hinweg habe ich bereits in Abschnitt 8.13, »Stetige Aktualisierung und Content-Pflege«, ausführlich dargestellt – inklusive entsprechender Gegenmaßnahmen.

Im Zusammenhang mit dem Panda-Update ist massives Auftreten von Duplicate Content für Google ein deutliches Signal, dass eine Website entweder schlecht gewartet wird oder einfach nur redundante Informationen von anderen Quellen wiedergibt. So oder so bietet eine Website mit viel Duplicate Content in den Augen von Googles Algorithmus keinen Mehrwert für Suchende.

Sie sollten daher stets auf möglichst einzigartigen (unique) Content zurückgreifen. Seiten, auf denen Sie aus bestimmten Gründen Duplicate Content einbinden müssen, sollten Sie idealerweise von der Indexierung ausschließen. Denn selbst ein mas-

sives Duplicate-Content-Vorkommen auf der untersten Website-Ebene kann hier zur Abstrafung der gesamten Domain führen.

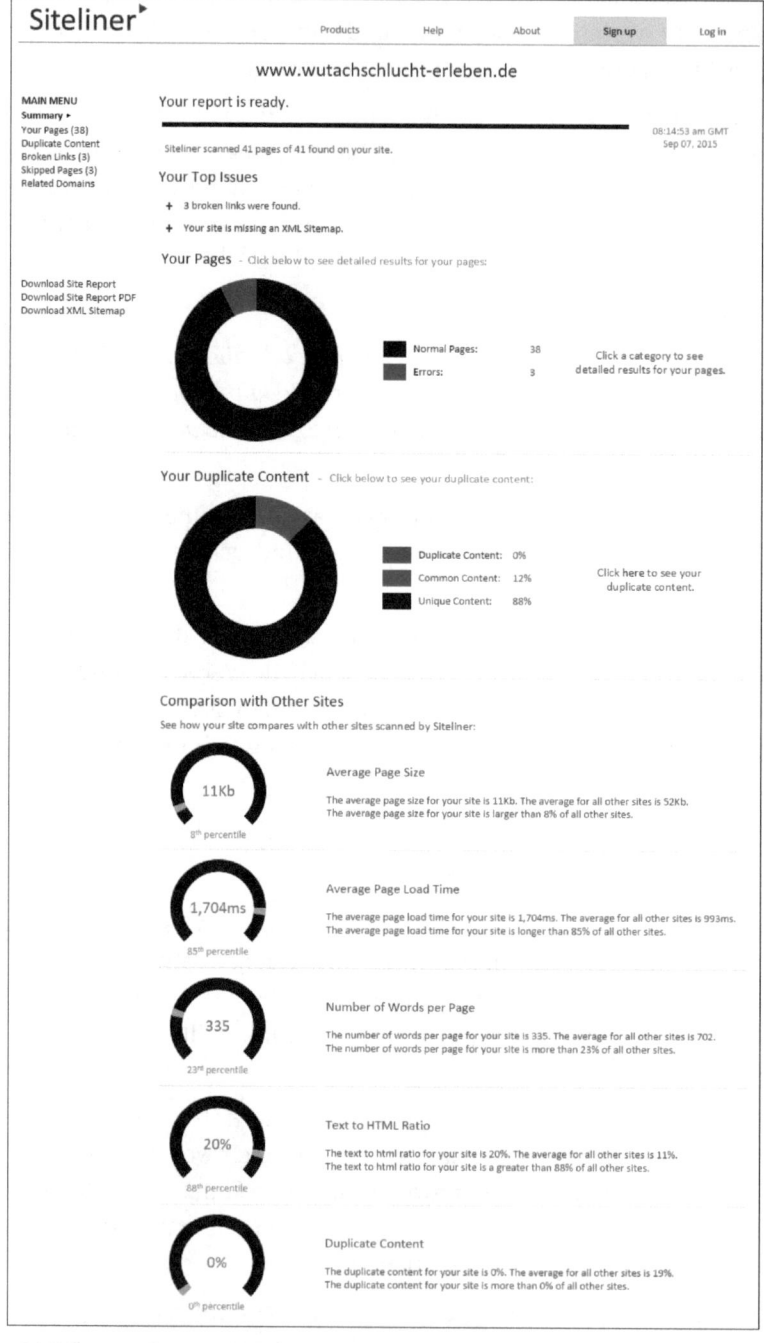

Abbildung 10.40 Unter »www.siteliner.com« können Sie einfach internen Duplicate Content und mehr testen.

10.5.8 Echten Mehrwert schaffen für Besucher

Google möchte den Suchenden möglichst die besten Ergebnisse auf ihre Suchanfragen liefern. Nur dann ist gesichert, dass die Nutzer und Nutzerinnen wieder Google benutzen und eventuell das ein oder andere Mal auch auf die gewinnbringenden Ads klicken.

Als Website-Betreiber sind Sie daher angehalten, einen echten Mehrwert für Ihre Besucher und Besucherinnen anzubieten. Es ist nicht genau bekannt, anhand welcher Kriterien Google den Mehrwert einer Website für Besucher und Besucherinnen bemisst. Sicher ist jedoch, dass dies eine Evaluation aus verschiedensten Kriterien ist.

Unbeabsichtigt kam im März 2011 ein PDF von Google an die Öffentlichkeit, das die Bewertungsrichtlinien für sogenannte *Quality Rater* beinhaltete. Mittlerweile wird es in unregelmäßigen Abständen aktualisiert und veröffentlicht. Zur stetigen Verbesserung der Suchergebnisse lässt Google regelmäßig die Suchergebnisse durch Quality Rater bewerten. Und aus genau diesen Richtlinien kann man Rückschlüsse ziehen, was nach Ansicht von Google den Mehrwert bzw. den Nutzen einer Website ausmacht.

Essenziell (A+)

Ein essenzieller Suchtreffer wird meist dann als solcher gewertet, wenn er auf eine ganz klare Faktensuche das richtige und beabsichtigte Ergebnis liefert. Zum Beispiel ist die Anfrage nach einem Produkt oder einem Lokal eine solche Suchanfrage – und passenderweise wäre der essenzielle Treffer dann die entsprechende Website des Produktherstellers oder des Lokals selbst. In diesem Fall wäre der Nutzen des Zieltreffers eindeutig sehr hoch.

Nützlich (A)

Wenn Seiten für die überwiegende Mehrheit aller Suchenden mit einer bestimmten Suchanfrage das jeweilige Suchproblem lösen, dann wird diese Seite als nützlich eingestuft. Dabei sollte laut den Bewertungsrichtlinien auch eine große Zufriedenheit bei Suchenden bestehen. Die Website sollte eine Autorität, unterhaltend, informativ und aktuell sein. Hier wird eine nützliche Website also sehr stark mit einer hohen thematischen Autorität gekoppelt.

Relevant (B)

Relevante Seiten bieten für einige bis viele Suchende die gewünschten Informationen. Das Thema des Treffers ist zwar passend zur Suchanfrage, die Inhalte sind jedoch nicht so nützlich wie bei Kategorie A. Hier spielen mangelnde Aktualität, wenig Übersicht, Unvollständigkeit und eine geringere Vertrauenswürdigkeit der Website bzw. des Webautors oder Webautorin eine ausschlaggebende Rolle. Relevante Seiten sind in diesem Sinne durchschnittliche Seiten. Für wenig umkämpfte Begriffe oder Nischen ranken solche Seiten in den Top 10, bei einem stärker umworbenen Umfeld allerdings nicht mehr.

Wenig relevant (C)

Weniger relevante Seiten beantworten nur einen kleinen Teil des Suchproblems zu einer Anfrage. Meist sind sie veraltet und entweder zu spezifisch oder zu allgemein. Sie bieten keinen echten Mehrwert. Typischerweise sind schlecht recherchierte Texte und schnell verfasste Inhalte Vertreter der C-Kategorie. Sie spielen bei Google in den Rankings nur eine untergeordnete Rolle und treten nicht in Spitzenpositionen auf.

Nutzlos und Off-Topic (D)

Nutzlos ist die Website nach den Angaben von Google dann, wenn sie eine Suchanfrage nicht beantwortet oder nur für eine sehr spezielle und kleine Teilmenge von Anfragen ansatzweise relevant wäre. Google selbst nennt Beispiele: Seiten, die ausschließlich Links enthalten, zu viel Werbung aufbieten, aber keinen wirklich für die Suchanfrage nützlichen Inhalt bieten.

10.5.9 Nicht übertreiben durch Überoptimierung

Eine sehr häufige Überoptimierung ist die Verwendung von zu vielen Keywords im Text, in der URL oder im `<title>`- oder `<description>`-Tag. Bei massivem Auftreten kann man hier von Keyword-Stuffing als Spam-Methode sprechen. Nicht immer muss jedoch eine Überoptimierung zwingend Spam sein.

Eine Überoptimierung tritt dann auf, wenn Parameter unnatürlich wirken und nicht in den Durchschnitt anderer Websites passen. Suchmaschinen kennen weite Teile des Web und können hervorragend solche Vergleiche anstellen.

Seit dem Panda-Update legt Google gesteigerten Wert auf eine möglichst natürliche Optimierung. Laut Google ist es durchaus erwünscht, die Inhalte suchmaschinenfreundlich aufzubereiten. Man sollte jedoch den Nutzer und die Nutzerin sowie deren Interessen in den Vordergrund stellen und nicht die Suchmaschine.

10.5.10 Ladegeschwindigkeit und Website-Performance

Damit Suchende möglichst schnell zu den gewünschten Informationen gelangen, ist es wichtig, dass die Website schnell lädt. Google hat offiziell bestätigt, dass die Ladegeschwindigkeit der Website ein Ranking-Kriterium ist. Sie sollten daher sicherstellen, dass Ihre Website nicht nur jederzeit erreichbar ist, sondern auch die Inhalte schnell lädt. Mehr dazu finden Sie in Abschnitt 17.7 zur Ladezeit-Optimierung.

10.5.11 Linkqualität seit Penguin

Zugegeben, die Linkqualität ist kein Onpage-Faktor. Dennoch geht auch sie mit in die Qualitätsbestimmung einer Website durch Google ein. Das Penguin-Update, das Google im April 2012 einspielte, ist gewissermaßen der Bruder des Panda-Updates und mittlerweile auch in den Google-Core eingegliedert. Während Panda hauptsächlich auf Onpage-Faktoren ausgelegt ist, nutzt Penguin überwiegend linkbasierte Metriken. Ebenso wie Panda wird Penguin in regelmäßigen Abständen mit neuen Daten gefüttert, sodass neue Unterversionen bei Google eingespielt werden, die die Rankings verbessern sollen.

Ein zentrales Kriterium für Penguin ist die Diversität der Anchor-Texte von eingehenden Links. Wird hier stetig mit dem gleichen Text verlinkt, dann entspricht dies nicht dem natürlichen Muster von eingehenden Links. Denn viele Inhalte im Web sind regelmäßig auch mit Begriffen wie »hier« oder »mehr« verlinkt.

Auch die Qualität des verlinkenden Contents – basierend auf der Panda-Evaluation – spielt eine Rolle. Wenn aus einem minderwertigen Text verlinkt wird, dann schlägt Penguin Alarm. Wenn dann noch zusätzlich mehrfach themenfremde Links in diesem Text enthalten sind, schlimmstenfalls noch mit immer den gleichen Keyword-Anchor-Texten, dann sieht es schlecht aus für die Rankings der Website.

Eine Ausnahme bilden sogenannte *Brand-Keywords*. Suchmaschinen wissen sehr wohl, dass auf *amazon.de* häufig mit »amazon« verlinkt wird. Dies ist die entsprechende Marke. Nicht immer entspricht die Marke auch dem Domainnamen. Google nutzt diverse statistische und linkbasierte Verfahren, um die passenden Brand-Keywords zu bestimmen. Welche dies jedoch genau sind, ist nicht bekannt.

10.6 JavaScript und Ajax

JavaScript und Suchmaschinen-Optimierung sind immer noch keine dicken Freunde. Früher beherrschte keine Suchmaschine das clientseitige JavaScript. Viel zu umständlich und teuer war die Ausführung, und man verließ sich lieber auf das bloße HTML. Dank Technologien wie Ajax wurden Websites aber interaktiver und benutzerfreundlicher. JavaScript ist heute nicht mehr wegzudenken, und so ist es eigentlich verwunderlich, dass außer Google keine andere bedeutende Suchmaschine zuverlässig JavaScript ausführt.

Und selbst Google hat hier immer noch häufiger Probleme. Ich kann Ihnen an dieser Stelle nochmals die Ausführungen zum Web Rendering Service bei Google in Abschnitt 5.3.4 nahelegen. An dieser Stelle gehe ich auf die Besonderheiten und Möglichkeiten des JavaScript- und Ajax-Einsatzes bei der Onpage-Optimierung ein.

10.6.1 Ajax vorgestellt

Die wohl bekannteste Web-2.0-Technologie ist Ajax (*Asynchronous JavaScript and XML*). Ajax selbst ist streng genommen eine Zusammenstellung von verschiedenen anderen Webtechnologien. Es wird zur Datenübertragung genutzt, die das abwechselnde Anfordern (Request) und Absenden (Response) von Webseiten durchbricht und auf eine asynchrone Übertragung setzt. Das sogenannte *Request-Response-Paradigma* gehört dank Ajax in das Web 1.0 von gestern.

Für den Nutzer und die Nutzerin bedeutet eine sinnvolle Implementation von Ajax in der Tat einen höheren Interaktivitätsgrad bei der Nutzung von Webangeboten. So werden z. B. Auswahllisten ohne erneutes Laden einer Webseite gefüllt, in Formulare eingegebene Daten erscheinen ohne das sonst übliche komplette Neuladen einer Seite direkt nach dem Absenden als Kommentar, oder Begriffe werden bereits während der Eingabe in Suchfelder ergänzt. Heute ist der Einsatz von Ajax Quasistandard und kommt überall vor.

Google selbst stellt mit *Angular* (*angular.io*) ein mächtiges Ajax- und JavaScript-Framework zur Verfügung, mit dem Ajax-Funktionen und komplette JavaScript-Websites dynamisch umgesetzt werden können. Auch kleinere Frameworks promoted Google unter *https://developers.google.com/speed/libraries* im Zuge der Pagespeed-Thematik.

Funktionsweise von Ajax

Ajax lässt sich aus dem modernen Web nicht mehr wegdenken. Dennoch haben Suchmaschinen teils enorme Probleme damit, weil für das Nachladen von Ajax-Inhalten eine entsprechende Interaktivität benötigt wird, die von Crawlern nicht geleistet werden kann. Das ist eine ganz wichtige und bislang gültige Regel: Überall dort, wo menschliche Interaktion über einen Klick, Swipe oder Mouseover notwendig ist, um Inhalte zu laden, kommt Google nicht hin!

Bei der Onpage-Optimierung spielt Ajax daher eine besondere Rolle, weil man versuchen muss, zwischen SEO, Usability und Ladezeitoptimierung zu vermitteln.

Ein Beispiel verdeutlicht das Problem. Stellen Sie sich einen Seitenbereich vor, bei dem eine Reiternavigation umgesetzt ist. Der erste Reiter ist direkt mit HTML beim Laden der Seite gefüllt. Alle weiteren Reiter werden mittels Ajax bei Klick auf einen entsprechenden Reiter nachgeladen. Dieser HTML-Code ist beim ersten Seitenaufruf also noch nicht vorhanden – und damit für Browser und Google zu diesem Zeitpunkt nicht sichtbar.

Klickt man nun auf einen zweiten Reiter, wird nicht die gesamte Website neu geladen, sondern lediglich der betreffende Bereich mit neuem HTML-Code gefüllt. Während man früher häufig alle Inhalte in versteckten `div`-Layern auf der Seite mit einem Mal lud, geschieht bei einer Ajax-Umsetzung einer solchen Register- oder Tab-Lösung Folgendes (ohne dabei auf alle technischen Details genau einzugehen):

1. Das auslösende Moment ist der Klick des Nutzers oder der Nutzerin auf den zweiten Reiter.
2. Der Browser übermittelt daraufhin eine Nachricht im Datenaustauschformat XML mittels eines standardisierten *XMLHttpRequest*-Objekts an den Webserver.
3. Der Webserver antwortet mit einer XML-Nachricht, die die angeforderten Daten enthält, ähnlich dem normalen Request-Response-Verfahren.
4. Der Browser liest die Inhalte aus dem XML-Code und fügt sie in den entsprechenden HTML-Container (z. B. ein `<div>`-Tag) ein.

Genau dies bezeichnet man als Ajax-Aufruf: das interaktive Abrufen von Informationen und das Einfügen dieser ohne einen kompletten Seitenreload. Auf diese Art kann der HTML-Code eines bestimmten Bereichs innerhalb der Webseite ersetzt oder ergänzt werden.

10.6.2 JavaScript und JavaScript-Frameworks

Eine unabdingbare Voraussetzung für das Funktionieren der Ajax-Technologie ist neben einem Ajax-fähigen Browser das eingeschaltete JavaScript. Dieses ist hauptsächlich für die Manipulation des bestehenden HTML-Gerüsts (DOM, *Document Object Model*) und für die dynamische Darstellung der Inhalte verantwortlich.

Genau hier liegt der Hase im Pfeffer: Nicht alle Crawler von Suchmaschinen verarbeiten JavaScript. Google selbst verarbeitet bereits seit 2008 sehr ausgewählt JavaScript. Aber erst seit 2014 wird breitflächig JavaScript bei Google-Crawlern ausgeführt. Dennoch wählen die Crawler bis heute noch aus, welche JavaScript- und Ajax-Teile ausgeführt werden. Das heißt, so richtig darauf verlassen sollten Sie sich derzeit noch nicht darauf, dass sämtliches JavaScript vollständig ausgeführt wird. Zumal immer noch eine Doppellogik vorherrscht, weil der normale HTML-Quellcode zunächst ohne JavaScript interpretiert wird und erst mit dem Web Rendering Service einige Zeit später dann die tatsächliche JavaScript-Ausführung stattfindet. Es ist sicherlich nur noch eine Frage der Zeit, bis diese beiden Schritte eins werden. Aber dennoch sollten Sie sich der Problematik bewusst sein.

Grundsätzlich kann man davon ausgehen, dass das JavaScript bei Google im direkt sichtbaren Bereich auch immer zeitnah ausgeführt wird. Je weiter unten auf einer Seite sich allerdings dynamische Inhalte befinden, desto unwahrscheinlicher wird die Ausführung. Man munkelte hier lange von einer Grenze bis 1.000 Pixel in der Höhe. Teilweise wird aber auch gänzlich kein JavaScript ausgeführt. Hier spart Google immer noch seine Rechnerkapazitäten. So bleiben letztlich auch heute noch oftmals

die Informationen im Verborgenen, die erst über Ajax nachgeladen werden und nicht bereits im ursprünglich angebotenen HTML-Code enthalten sind.

Ein besonderer Fall für die Suchmaschinen-Optimierung tritt dann auf, wenn die Ausgabe der kompletten Website in JavaScript programmiert ist. Aus Programmiersicht ist das eine sehr flexible und agile Form der Webentwicklung. JavaScript-Frameworks wie React von Twitter, Angular von Google oder vue.js etablieren sich mehr und mehr. Spannenderweise gibt es bei allen Frameworks – auch bei Angular von Google selbst – immer wieder Probleme. Diese treten immer weniger bei Standardfällen auf, aber je nach Website werden sie den ein oder anderen Sonderfall bestimmt »treffen«.

Serverside-Rendering und mehr

Die Krux bei JavaScript ist, dass der Client – also der Browser oder die Suchmaschine – das JavaScript interpretieren und auf dem DOM ausführen muss. Seit der Einführung des Evergreen-Googlebots unterstützen die Crawler die neuste Chrome-Version, und der Web Rendering Service stellt sicher, dass immer mehr JavaScript ausgeführt wird.

Google selbst empfiehlt dennoch den Einsatz von Mechanismen, damit der Erstabruf auch ohne JavaScript-Interpretation funktioniert. JavaScript-freie Clients und damit auch Suchmaschinen ohne JavaScript-Kompetenz sind damit ebenso abdeckt. Doch wie soll das gehen bei Frameworks, die ausschließlich in JavaScript laufen? Eine JavaScript-Seite muss quasi vorher auf dem Server gerendert werden, obwohl JavaScript eigentlich eine clientseitige Ausführungssprache ist. Dieses Verfahren bezeichnet man als *Serverside-Rendering* (SSR).

Hier führt der Webserver einmalig für jede URL das Rendern des JavaScript-Codes selbstständig aus, er ist gewissermaßen sein eigener Client. Das Ergebnis des Rendering-Prozesses wird als HTML-Datei auf die Webserver-Festplatte oder den -Cache gespeichert. Fragt ein Besucher, eine Besucherin oder ein Crawler eine dieser URLs nun ab, dann erhält er oder sie zunächst die statische HTML-Variante. Erst bei weiteren Aktionen wie Klicks, automatischen Slidern oder Tab-Navigationen kommt dann auf dieses statische HTML das JavaScript bzw. Ajax zum Einsatz.

Diese Methode bietet zwei Vorteile: Clients ohne JavaScript-Fähigkeit können zumindest die erste Ansicht als HTML-Datei herunterladen. Zweitens wird die statische HTML-Datei rasant ausgeliefert, was zu einer guten Ladezeit führt.

Alle größeren JavaScript-Frameworks wie Angular, vue.js und auch React unterstützen mittlerweile ein solches Rendering-Verfahren. Für vue.js schauen Sie bei *nuxtjs.org* vorbei. Aus Entwicklersicht spricht man hierbei vom *isomorphen* oder *hybriden Rendering*-Ansatz. Man muss nur einen JavaScript-Code schreiben, der sowohl für das clientseitige wie auch für das serverseitige Rendering benutzt werden kann. Hierauf sollten Sie vor allem bei neuen Projekten unbedingt achten, um die Vorteile beider Welten miteinander zu verbinden. Das Umwandeln von vorhandenem Code ist quasi unmöglich.

Wenn Sie JavaScript über Serverside-Rendering einsetzen, ist das in den meisten Fällen für alle Suchmaschinen und Browser lesbar, und Sie haben keine Probleme mehr. Testen kann man das über das Mobile-Friendly-Tool von Google, welches JavaScript ausführt (*https://search.google.com/test/mobile-friendly*).

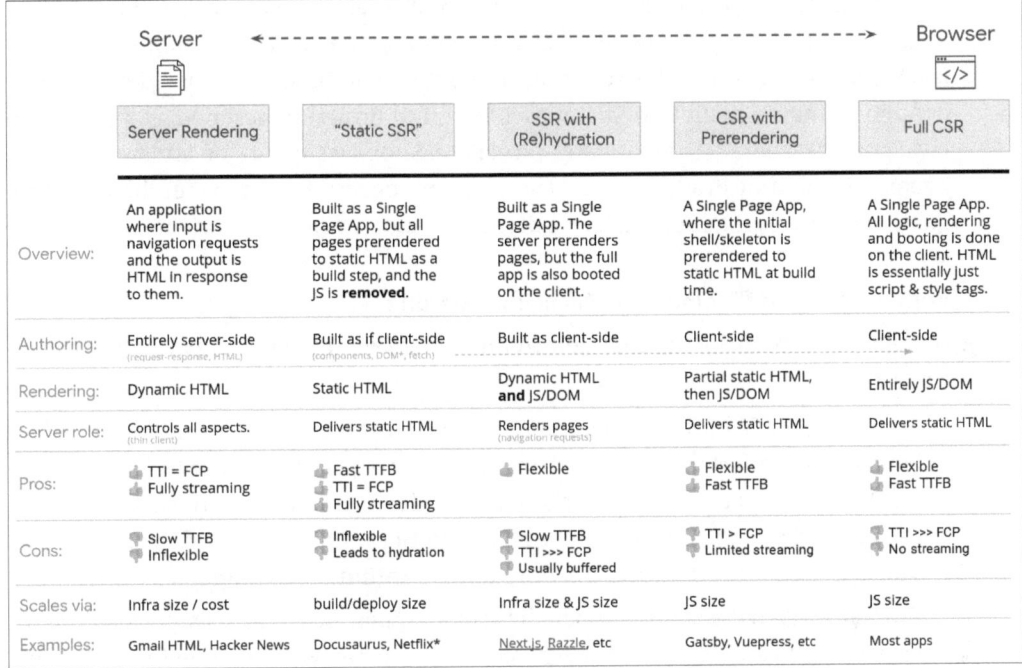

Abbildung 10.41 Google gibt eine ausführliche Übersicht über Renderingformen.

Bei Google selbst finden Sie unter *https://web.dev/rendering-on-the-web/* eine ausführliche Erklärung aller weiteren Mischformen des Renderings.

10.6.3 Infinite Scrolling mit Ajax

Moderne Webdesigns sind leider nicht immer von Haus aus Suchmaschinen-freundlich. Eine besonders beliebte moderne Webtechnik stellt das *Infinite Scrolling* dar. Dies ist gewissermaßen eine Sonderform des *Lazy Loadings* und kann statt einer klassischen Paginierung eingesetzt werden (siehe Abbildung 10.42). Zum Lazy Loading von Bildern komme ich im nächsten Abschnitt noch.

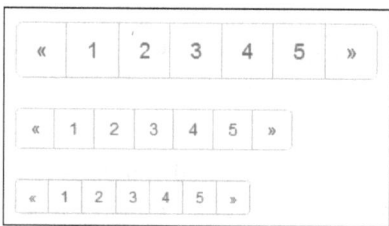

Abbildung 10.42 Klassische Paginierung

Sobald der Benutzer oder die Benutzerin am unteren Ende einer Listendarstellung angelangt ist, werden die neuen Elemente via Ajax nachgeladen. Da diese Technik JavaScript einsetzt und das Scrollen als Interaktion voraussetzt, werden die nachzuladenden Elemente nicht von Suchmaschinen und Browsern gesehen, in denen kein JavaScript aktiviert ist. Vor allem aktuellere Shop-Designs oder andere Website-Typen, die viel mit Produkt- und Listendarstellungen arbeiten, haben hier ein Problem. Allerdings gibt es eine Lösung dafür, die Google selbst beschrieben hat.

Vorbedingungen für eine ordentliche Indexierung

Google spricht von Suchmaschinen-freundlicher Darstellung, wenn zwei Bedingungen erfüllt sind:

1. Erstens sind alle einzelnen Elemente auch ohne JavaScript erreichbar. Vor allem bei nicht optimierten Lösungen erscheinen nur die ersten Elemente für die Crawler. Diejenigen, die erst dynamisch nachgeladen werden, bleiben vor Google und Co. versteckt. Google fordert hier also eine Gesamtabdeckung, d. h. den Einsatz von klassischer Paginierung trotz modernem Infinite Scrolling.

2. Zweitens sollen die Elemente sich nicht überlappen, damit kein Duplicate Content entsteht. Das heißt, ein Element soll nur auf einer virtuellen Seite erscheinen, nicht auf mehreren.

Technische Lösung

Wie erhalten Sie also nun eine Suchmaschinen-freundliche Infinite-Scrolling-Lösung?

Zunächst sollten Sie sicherstellen, dass bei deaktiviertem JavaScript die initiale Liste angezeigt wird. Nehmen wir an, Sie haben 24 Elemente, wobei eine Listenansicht immer sechs Elemente auf einmal anzeigt. Dann sollten auch ohne JavaScript z. B. diese URLs erreichbar sein:

www.domain.de/listenansicht.html
www.domain.de/listenansicht.html?page=2
www.domain.de/listenansicht.html?page=3
www.domain.de/listenansicht.html?page=4

Auf jeder Seite werden jeweils sechs verschiedene Elemente angezeigt. Mit aktiviertem JavaScript würden beim Herunterscrollen auf der ersten Listenansicht auch ohne Parameter alle 24 Elemente angezeigt.

Anzeige bei nicht JavaScript-fähigen Browsern

Damit Browser und Crawler, die kein JavaScript beherrschen, dennoch an die Seite zwei, drei und vier gelangen, positionieren Sie die Links als klassische HTML-Paginierung in den <noscript>-Bereich hinter dem Lazy-Loading-JavaScript bzw. unter den Inhalt der ersten Seite. Von dort können Nutzer, Nutzerinnen oder Crawler dann einen der Links wie üblich verfolgen.

Browser und Crawler mit JavaScript-Fähigkeiten ignorieren das HTML innerhalb der <noscript>-Tags.

Zeitpunkt des Nachladens

Wenn der Besucher oder die Besucherin die ersten Listeneinträge herunterscrollt, gelangt er zum Ende der Liste. Hier muss ein Ereignis (Event) ausgelöst werden, welches dann mittels Ajax-Aufruf die nächsten Listeneinträge dynamisch nachlädt.

Anders ausgedrückt: Damit die Inhalte auf einer Seite für den Googlebot sichtbar sind, müssen alle relevanten Inhalte für die Lazy-Loading-Implementierung dann geladen werden, wenn sie im Darstellungsbereich (Viewport) sichtbar werden.

Dazu gibt Google zwei Möglichkeiten an: Die erste führt über die individuelle Implementierung der *IntersectionObserver API* und von *Polyfill*. Kurz gesagt geht es darum, dass ein JavaScript-Event gefeuert wird, sobald ein bestimmtes Element in den Viewport gerät. Was leicht erklärt ist, bedarf etwas komplexerer Implementierung, wie Sie unter *https://developer.mozilla.org/en-US/docs/Web/API/Intersection_Observer_API* erfahren können.

Daher gibt Google alternativ die Empfehlung für »eine JavaScript-Bibliothek, die das Laden von Daten bei deren Eintritt in den Darstellungsbereich unterstützt.« Eine solche Bibliothek finden Sie beispielsweise von Andrea Verlicchi unter *https://github.com/verlok/vanilla-lazyload*. Diese benutzt auch die IntersectionObserver API.

Paginierte URL über »pushState« generieren

pushState ist eine HTML5-Funktion, die über einen JavaScript-Aufruf die Browserhistorie verändert:

history.pushState(null, null, href);

Diese Funktion sollten Sie für das Infinite Scrolling nutzen. Nachdem der Ajax-Aufruf weitere Seiteninhalte geladen hat, lösen Sie ein pushState mit der neuen, paginierten

URL aus. Selbstverständlich muss dann die URL auch bei einem manuellen Aufruf die entsprechenden Elemente bzw. die entsprechend paginierte Seite zeigen.

Google unterstützt explizit die Funktionen pushState und replaceState für die Erkennung von Infinite-Scrolling-Lösungen.

10.6.4 Lazy Loading von Bildern

Letztendlich funktioniert das Lazy Loading von Bildern sehr ähnlich. Die ersten Bilder im oberen, direkt sichtbaren Viewport sollten Sie immer sofort beim Erstabruf einer Seite laden.

Erst Bilder weiter unten werden dann beim Scrollen nachgeladen. Auch hier können Sie fertige JavaScript-Bibliotheken nutzen. Nachdem Sie beispielsweise die oben genannte Bibliothek (*https://github.com/verlok/vanilla-lazyload*) zum Quellcode hinzugefügt haben, können Sie Bilder mittels data-src-Attribut als Lazy Image aussteuern:

```
<img alt="lazy image" data-src="lazy.jpg" />
```

Ein Lazy Image mit einem Platzhalter in niedriger Qualität spart immer noch Ladezeit und verhindert bei schnellem Scrollen den sichtbaren Effekt des zu späten Nachladens:

```
<img alt="lazy image" src="lazy-lowQuality.jpg" data-src="lazy.jpg" />
```

Und auch das responsive Bildformat beherrscht die Bibliothek, nutzen Sie dazu:

```
<img
    alt="lazy image"
    class="lazy"
    data-src="lazy.jpg"
    data-srcset="lazy_400.jpg 400w, lazy_800.jpg 800w"
    data-sizes="100w"
    src="lazy_fallback_10.jpg"
/>
```

Listing 10.17 Lazy Image für ein responsives Bild (srcset-Methode)

Für eine ideale Ladezeit-Optimierung greifen Sie auf WEBP-Bildformate zurück. Auch diese lassen sich – inklusive Fallback – gut mittels Lazy Loading umsetzen:

```
<picture>
    <source
        type="image/webp"
        data-srcset="lazy_400.webp 400w, lazy_800.webp 800w"
        data-sizes="100w"
```

```
    />
    <img
        alt="lazy image"
        class="lazy"
        data-src="lazy.jpg"
        data-srcset="lazy_400.jpg 400w, lazy_800.jpg 800w"
        data-sizes="100w"
        src="lazy_fallback_10.jpg"
    />
</picture>
```

Listing 10.18 Lazy Loading mit WEBP-Fallback-Weiche (picture-Methode)

Und selbst CSS-Hintergrundbilder lassen sich dynamisch nachladen:

```
<div class="lazy" data-bg="url(lazy.jpg)"></div>
```

Wie Sie sehen, kann man recht schnell und Google-freundlich das Lazy Loading mit Bildern einsetzen.

Praktischerweise unterstützt die Bibliothek auch noch das Lazy Loading von Videos:

```
<video class="lazy" controls width="620" data-src="lazy.mp4" data-poster="lazy.jpg">
    <source type="video/mp4" data-src="lazy.mp4" />
    <source type="video/ogg" data-src="lazy.ogg" />
    <source type="video/avi" data-src="lazy.avi" />
</video>
```

Listing 10.19 Lazy Loading von Videos

Für weitere Informationen und auch alternative, von Google empfohlene Bibliotheken für Lazy Loading schauen Sie unter *https://web.dev/fast/#lazy-load-images-and-video*.

10.6.5 JavaScript und Ajax-Rendering bei Google prüfen

Wenn Sie JavaScript oder Ajax nutzen, sollten Sie dies immer besonders aufmerksam prüfen. Es geht vor allem darum, ob die Google-Crawler und -Parser das JavaScript korrekt ausführen.

Dazu nutzen Sie bitte nicht die Rendering-Ansicht der Search Console. Die hat sich als *nicht* belastbar in diesem Fall herausgestellt, da JavaScript hier nicht ausgeführt wird.

Nutzen Sie das *Mobile Friendly Tool* unter *https://search.google.com/test/mobile-friendly*, und klicken Sie rechts oben auf HTML. Dann können Sie sehen, wie Google den Code wirklich interpretiert.

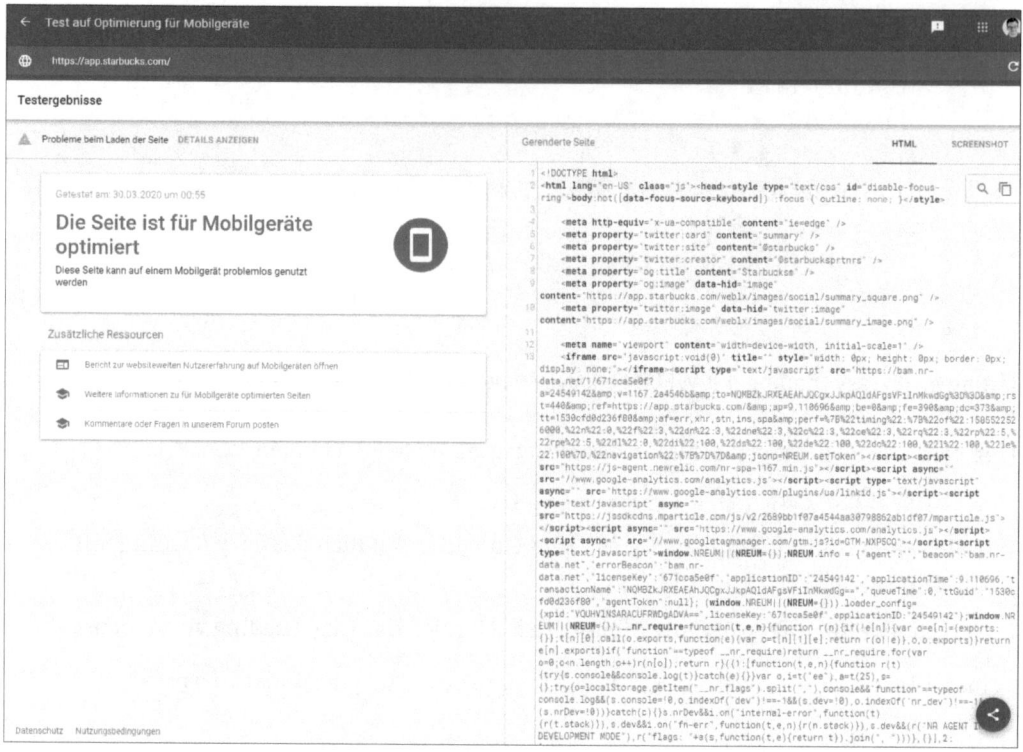

Abbildung 10.43 Echte DOM-Betrachtung mit JavaScript über das Mobile Friendly Tool

Achten Sie auch unbedingt darauf, dass JavaScript innerhalb von fünf Sekunden heruntergeladen und vollständig ausgeführt werden kann! Ansonsten wird es von Google ignoriert.

> **Crawling mit JavaScript dauert fast 10-mal länger**
>
> Tests haben ergeben, dass eine Website, die vollständig JavaScript-basiert ist, etwa 9–10 mal längere Crawlzeiten benötigt, als eine statische oder gecachte Website. Bei kleineren Websites mit unter 10.000 URLs sollte das kein Problem darstellen. Vor allem bei größeren Websites mit sehr vielen URLs sollten Sie darauf achten, dass der Crawler zügig arbeiten kann. Wenn also Indexierungsprobleme bestehen, dann mag das langsamere Crawling des JavaScripts eine Ursache sein und Sie sollten überlegen, auf ein statisches Caching umzustellen.

10.7 PDF-Dokumente optimieren

HTML-Dokumente dominieren das Bild im Web nach wie vor. Das PDF-Dokument hat sich aufgrund seiner Plattformunabhängigkeit einen sicheren Platz in der digita-

10.7 PDF-Dokumente optimieren

len Welt erobert. Das spiegelt sich nicht nur in Rechnungen in PDF-Form und zahllosen E-Mail-Anhängen wider, sondern auch im Web selbst. Die meisten Suchmaschinen indexieren daher PDF-Dokumente ebenso wie HTML-Dateien. Prinzipiell gelten für das Optimieren von PDF-Dateien die gleichen Regeln wie für das Publizieren im Web mit HTML.

Allerdings ist ein erstelltes PDF zwar immer von einem PDF-Reader lesbar. Die Quellen sind aber sehr unterschiedlich. So können ganze Bilder, Präsentationen, Word-Dokumente oder auch zahllose andere Formate als Quelle für PDFs genutzt werden. Es gibt daher kein einheitliches, strukturiertes Format mit bestimmten Tags wie bei HTML. Eine Onpage-Optimierung ist damit nur beschränkt möglich. Was bleibt für die Suchmaschinen-Optimierung von PDFs?

10.7.1 Meta-Daten nutzen

PDF stellt bei der Konvertierung bestimmte Felder zur Verfügung, die zur Platzierung von Meta-Informationen eingerichtet sind. In gewissem Sinne ähneln die Feldtypen den Meta-Tags in HTML. Wie bei HTML-Dateien ist das `title`-Feld mit einem leserfreundlichen Titel und Berücksichtigung des Hauptkeywords zu besetzen. Immerhin wird der Titel des PDFs in den Suchergebnissen angezeigt (siehe Abbildung 10.44).

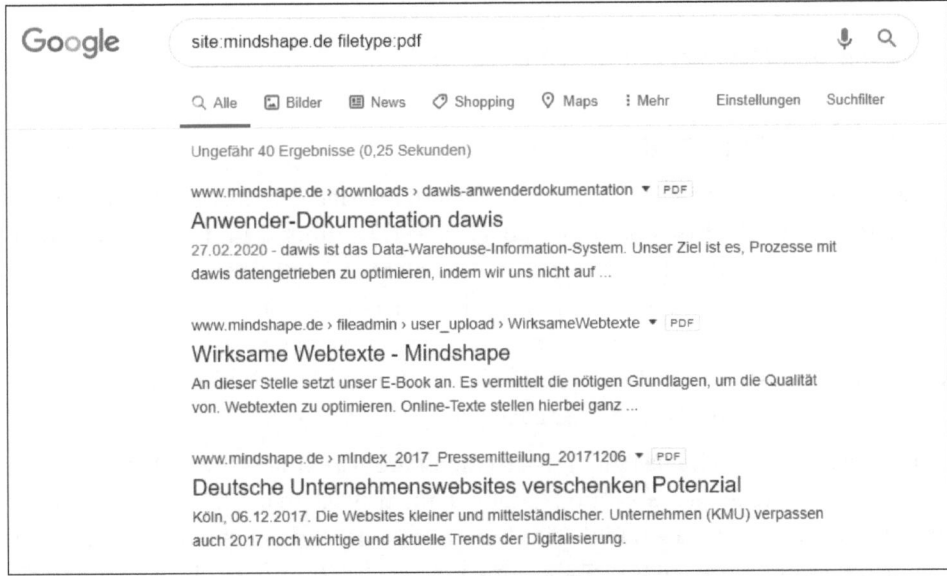

Abbildung 10.44 Anzeige von PDFs in den Google-Suchergebnissen

Den Text für die Kurzbeschreibung bzw. Thema, Felder für Verfasser oder Verfasserin und auch die Stichwörter kann man ausfüllen – sie werden allerdings von den wenigsten Suchmaschinen stark gewichtet (siehe Abbildung 10.45).

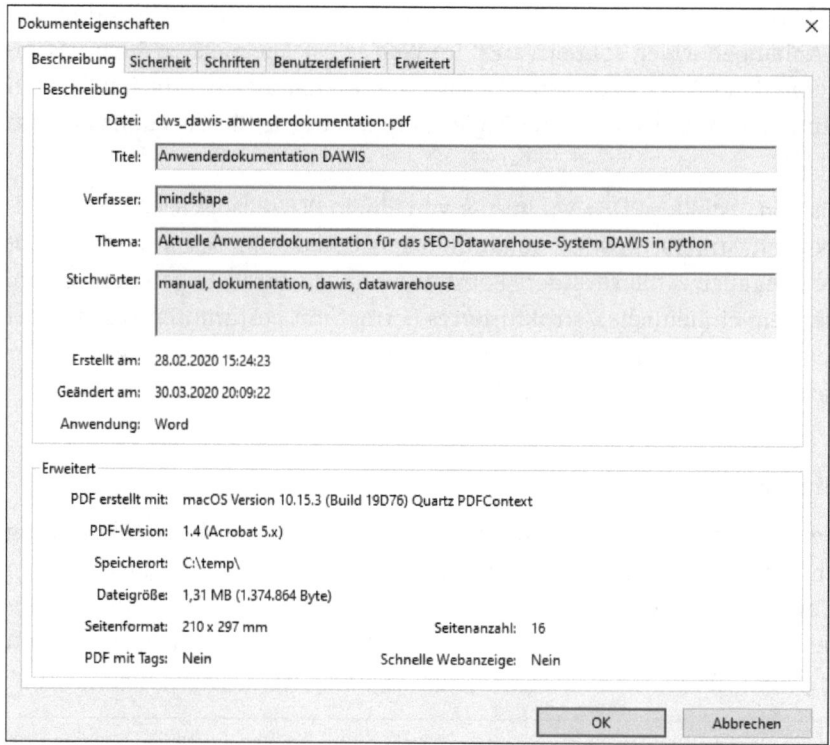

Abbildung 10.45 Meta-Daten innerhalb eines PDFs

10.7.2 Erschließbare Textinhalte schaffen

Verwenden Sie nicht allzu viel Mühe und Zeit auf die Meta-Daten. Achten Sie eher auf eine gute Schlüsselwortplatzierung zu Beginn des Dokuments und auf sonstige übliche Merkmale der guten Suchmaschinen-Optimierung von Texten. Auch wenn keine Tag-Semantik für Google auslesbar ist, sind Überschriften doch meist automatisch gut zu erkennen, da sie optisch hervorgehoben sind. Achten Sie daher auf eine sinnvolle, thematische Strukturierung mit Überschriften und Sinnabschnitten, und nennen Sie in Überschriften relevante Keywords.

Selbstverständlich sollte das PDF aus erschließbarem Text bestehen. Häufig werden Papierdokumente eingescannt und landen dann als PDF im digitalen Web. Dabei ist der Scan jedoch lediglich ein Bild. Für Menschen ist der Text in dem Bild zwar lesbar, für Suchmaschinen stellt das PDF aber eine zusätzliche Hürde dar, die rechenintensiv mittels Texterkennung verarbeitet werden müsste.

Achten Sie daher darauf, dass Sie im Fall eines Scans wenigstens vor dem Upload selbst eine automatische Texterkennung über das PDF laufen lassen. Optimal ist das freilich auch nicht. Idealerweise ist der Produktionsprozess des PDFs rein digital. Das heißt, aus den Desktop-Publishing-Programmen InDesign, QuarkXPress oder auch aus Word generieren Sie direkt das PDF. Damit sind die Texte dann alle digital für Suchmaschinen lesbar.

10.7.3 Dateiname

Da das PDF selbst keine strukturierte Auszeichnungsform wie etwa HTML bietet, ist der Dateiname besonders wichtig. Er sollte das Thema bzw. das Hauptkeyword enthalten. Idealerweise deckt sich dieses mit dem Titel des PDFs aus den Meta-Daten.

Achten Sie auch darauf, dass der Dateiname nicht zu lang ist und attraktiv klingt. Er erscheint in den Google-Suchergebnislisten. Zu lange Titel werden mit »...« abgeschnitten (siehe Abbildung 10.46).

```
magazin.spiegel.de › EpubDelivery › spiegel › pdf ▼  PDF
Zur Europawahl im Mai tritt erstmals die Partei Volt ... - Spiegel
kennen es die Menschen seit Jahrzehnten. Doch seit einigen. Monaten ist Europa auch lila, ein
satter Farbton, der an die. Verpackung von Milka-Schokolade ...

magazin.spiegel.de › EpubDelivery › spiegel › pdf ▼  PDF
PDF file created from a TIFF image by tiff2pdf - Spiegel
dem Intercity, der um 7,40 Uhr den sehen werden konnte (und zwar als logen Herbert Maisch.
Und als sich die-. Hamburger Hauptbahnhof verläßt und ein ganz ...

magazin.spiegel.de › EpubDelivery › spiegel › pdf ▼  PDF
Herr der Bücher - Spiegel
Die Keilschriftzeichen auf dem verwitterten Tontä- felchen, das unter der In- ventarnummer 83-1-
18, 22 im British Museum in. London liegt, sind ungelenk.
```

Abbildung 10.46 Der Dateiname von PDFs erscheint in den Google-SERPs.

10.7.4 Dateigröße

Vor allem wenn Bilder in einem PDF eingebettet sind oder das PDF für den Druck mit 300 dpi erzeugt wurde, ist die Dateigröße oftmals enorm. Achten Sie darauf, dass das PDF für das Web optimiert gespeichert wird. Viele PDF-Generierungsprogramme haben dafür eine spezielle Funktion, sodass Bilder eigens komprimiert werden und die Auflösung heruntergesetzt wird. Für den Web-User ist diese Komprimierung am Bildschirm nicht sichtbar.

Eine maximale Größenbeschränkung für PDFs gibt es offiziell nicht. Grundsätzlich gilt jedoch die Maxime, die Dateigröße auch bei PDFs so gering wie möglich zu halten.

10.7.5 Eingehende Verlinkung auf PDFs per <canonical>-Tag umleiten

Häufig werden PDFs als Linkbait eingesetzt. Man bietet schön formatierte und hochwertig aufbereitete Ratgeber-Broschüren als PDF-Download an (siehe Abbildung 10.47). Diese lassen sich besonders gut verbreiten und werden gern heruntergeladen.

Abbildung 10.47 Zahlreiche PDF-Broschüren beim GDV

Den einen oder anderen eingehenden Link können Sie damit generieren, wenn Sie es richtig anpacken. Dabei entsteht allerdings ein Problem: Der wertvolle Linkjuice zeigt meist direkt auf die URL des PDFs. Damit versickert der PageRank in dem unstrukturierten PDF. Besser wäre hier eine HTML-URL als Linkziel. Doch das kann man den freiwillig verlinkenden Webautoren und -autorinnen meist nicht von allein klarmachen.

Eine elegante Lösung bietet Google aber auch hier mit der *Canonical*-Technik. Eine Voraussetzung ist allerdings, dass der Inhalt eines PDFs und die kanonische HTML-Seite möglichst thematisch gleich sind. Ansonsten greift der Canonical nicht zuverlässig! Übersichtsseiten wie die in Abbildung 10.47 bieten sich also eher nicht so gut als kanonische URL für ein PDF an.

Sie kennen bereits das `<canonical>`-Tag. Mit dessen Hilfe können Sie Google und anderen Suchmaschinen mitteilen, dass es sich bei einer URL nicht um die Haupt-URL handelt, sondern um eine Kopie. Meistens wird das `<canonical>`-Tag zur Dublettenkennzeichnung eingesetzt. Nun können Sie in einem PDF kein HTML-Tag setzen. Richtig. Das müssen Sie auch gar nicht – Sie können nämlich das `<canonical>`-Tag auch auf die Protokollebene im HTTP setzen. Seit 2011 unterstützt Google dieses Verfahren bereits, es wird aber erstaunlich selten eingesetzt.

Ein HTTP-Request zur Anforderung eines PDFs sieht dabei so aus:

```
GET /ratgeber.pdf HTTP/1.1
Host: www.domain.de
```

Der korrekt eingerichtete Server antwortet dabei mit einem canonical-Teil im HTTP-Header:

```
HTTP/1.1 200 OK
Content-Type: application/pdf
Link: <http://www.domain.de/ratgeber.html>; rel="canonical"
Content-Length: 82710
```

Damit liefert der Webserver dem Browser zwar das PDF aus. Aber gleichzeitig weist er als canonical die dazugehörige HTML-Seite aus.

Als Webmaster müssen Sie bei einem Apache-Webserver lediglich Zugriff auf die .htaccess-Datei haben, damit eine solche Zeile im HTTP erscheint. Im Beispiel würden folgende Zeilen in der .htaccess stehen:

```
<FilesMatch "ratgeber.pdf">
Header set Link '<http://www.domain.de/ratgeber.html >; rel="canonical"'
</FilesMatch>
```

Listing 10.20 ».htaccess«-Code für HTTP-»canonical«

10.7.6 Indexierung verhindern oder rückgängig machen mittels »noindex«

Über HTTP lässt sich für ein PDF auch ein noindex ausspielen. Das sorgt dafür, dass ein PDF überhaupt erst gar nicht in den Index gelangt oder – sollte das noindex nachträglich eingefügt werden – ein PDF nach ein paar Wochen aus dem Index entfernt wird.

Sollte gar kein PDF im Index erscheinen, dann können Sie dies auch grundsätzlich für die gesamte Domain unterbinden. Dazu nutzen Sie auch diese Zeilen in der .htaccess:

```
<Files ~ "\.pdf$">
   Header set X-Robots-Tag "noindex, follow"
</Files>
```

Listing 10.21 ».htaccess«-Code für HTTP-»noindex«

Damit werden auch bereits indexierte PDFs Stück für Stück aus dem Index genommen. Bei einer neuen Domain, bei der noch keine PDFs indexiert sind, bietet sich eher eine Sperrung in der *robots.txt* an, damit der Crawler auf die PDFs gar nicht erst zugreifen kann.

```
User-agent: *
Disallow: /*.pdf$
```

Sie sollten allerdings dafür Sorge tragen, dass kein PDF häufiger von außen direkt verlinkt wird. Ansonsten würde Google die PDF-URL als Linkziel mit in den Index aufnehmen, ohne das Dokument selbst zu kennen.

www.google.com › patents › pdf › DIAMOND_I... - Diese Seite übersetzen
Diamond Implosion Apparatus - Google
Für diese Seite sind keine Informationen verfügbar.
Weitere Informationen

Abbildung 10.48 Bei über die »robots.txt« gesperrten PDFs kann es dennoch zu solchen Anzeigen in den Ergebnissen kommen.

Kapitel 11
Offpage-Optimierung (Linkbuilding)

Mit der Offpage-Optimierung sorgt ein Optimierer aktiv dafür, dass gute und wertige eingehende Links auf ein Angebot gesetzt werden. Die Offpage-Optimierung ist eine aufwendige Methode, an der Sie jedoch nicht vorbeikommen, wenn Sie auf die vorderen Plätze möchten.

Ein guter Teil der Relevanzbewertung eines Dokuments basiert auf der hypertextuellen Analyse der Linkstrukturen. Optimierungen auf den einzelnen Seiten stellen daher nur eine Seite der Medaille dar. Die Offpage-Optimierung folgt im Optimierungsprozess meist auf die ersten Onpage-Arbeiten. Die Einflussnahme ist beim Linkaufbau natürlich in vielen Bereichen geringer, da Faktoren mitspielen, die außerhalb der Website und damit auch außerhalb der direkten Einflussmöglichkeiten des Webautors oder der Webautorin liegen.

Die Bedeutung der verweisenden Links und damit auch der Offpage-Optimierung hat in den letzten Jahren vor allem für Google-Optimierungen stetig abgenommen. Das liegt hauptsächlich auch daran, dass Google deutlich besser die Inhaltsqualität einer Website beurteilen kann und so nicht mehr unbedingt auf externe Signale angewiesen ist. Dennoch ist das Prinzip der »eingehenden Links als Empfehlungssignal« nach wie vor fest im Algorithmus verankert.

Das liegt eben genau auch daran, dass der Offpage-Bereich nur schwer durch eigenes Zutun optimiert werden kann, und so wird die Link-Popularity auch noch die nächsten Jahre ein Feld für Suchmaschinen-Optimierer bleiben.

Das Ziel der Bemühungen ist es, möglichst gewinnbringend eingehende Links auf die eigenen Seiten zu erzielen, um die eigene Link-Popularity zu erhöhen und sich damit weiter oben in den Ergebnislisten zu positionieren. Unabhängig davon, ob man selbst aktiv Links auf das zu optimierende Webangebot setzt oder ob man Inhalte anbietet, die anschließend von anderen verlinkt werden, spricht man bei dieser Optimierung von *Linkbuilding* (Linkaufbau). Damit ist also der direkte und indirekte Aufbau von Backlinks gemeint. Linkbuilding gehört zu den komplexesten und aufwendigsten Optimierungsschritten bei der Suchmaschinen-Optimierung – und auch zu den längsten. Durch zu viele oder falsche Links können schnell negative Konsequenzen drohen. Denn die Suchmaschinen möchten Manipulationsversuche an den Linknetzwerken möglichst früh unterbinden.

11 Offpage-Optimierung (Linkbuilding)

> **Praxistipp: Linkbuilding ist komplex geworden**
>
> Das Jahr 2013 gilt als Jahr des Paradigmenwechsels in der Suchmaschinen-Optimierung. Google hat durch das Penguin-Update und die damit verbundene Erkennung von unnatürlichen Linkstrukturen nachhaltig die Art und Weise verändert, wie Suchmaschinen-Optimierer und -Optimiererinnen Links aufbauen.
>
> Zuvor waren Free-For-All-Eintragsmöglichkeiten wie Blog-Kommentare, Foren, Webkataloge und andere frei verfügbare Quellen nach und nach von Google mehr oder weniger für das Linkbuilding abgeschwächt worden. 2013 kam der Schlag auch gegen Produktrezensionen oder Advertorials als viel eingesetztes Mittel im Linktausch und Linkkauf.
>
> Seitdem ist der aktive Linkaufbau deutlich komplexer geworden, und Laien kann nur empfohlen werden, sich nach einer professionellen Agentur für den Aufbau von Links umzusehen. Nachhaltiger Linkaufbau mit Content-Marketing als Linkakquisemittel hat sich als eine beliebte Lösung etabliert. Doch sie ist wesentlich aufwendiger als der bloße Linkkauf, der zunehmend weniger bringt und immer teurer wird.
>
> Achten Sie immer, wenn Sie aktiven Linkaufbau betreiben, auf ein natürliches Linkprofil, und verzichten Sie auf alles, was nicht nachhaltig ist oder unnatürlich wirkt.

11.1 Linkjuice

Die mathematischen Berechnungen des PageRanks, TrustRanks und anderer vielleicht sogar bislang unbekannter Verfahren sind sehr komplex und anspruchsvoll. Das haben Sie bereits in Abschnitt 7.3 erfahren. Zudem entwickeln sie sich stets weiter, sodass ihre genaue Funktionsweise immer unbekannt ist. Für ein einfaches, aber sehr effektives Verständnis hat sich daher das Bild des Linkjuice bei der Suchmaschinen-Optimierung durchgesetzt.

Mit *Linkjuice* werden alle positiven Eigenschaften bezeichnet, die ein externer oder interner Link haben kann. Als *Linkjuice-Flow* bezeichnet man dann das Fließen dieses »Saftes« durch eine Website von Link zu Link.

Stellen Sie sich vor, dass eine Website eine Menge von Gläsern ist, die über Schläuche (Links) miteinander verbunden sind (siehe Abbildung 11.1). Wenn Sie in das oberste Glas (Startseite) etwas Saft hineingießen, dann fließt er von Glas zu Glas über die einzelnen Schläuche. In jedem Glas bleibt etwas Saft hängen, und je weiter nach unten es geht, desto weniger Saft kommt noch an. Je mehr Linkjuice Sie oben oder auch in Zwischenebenen hineingeben, desto »saftiger« werden die einzelnen Gläser. So in etwa funktioniert der Linkjuice auch mit Webseiten.

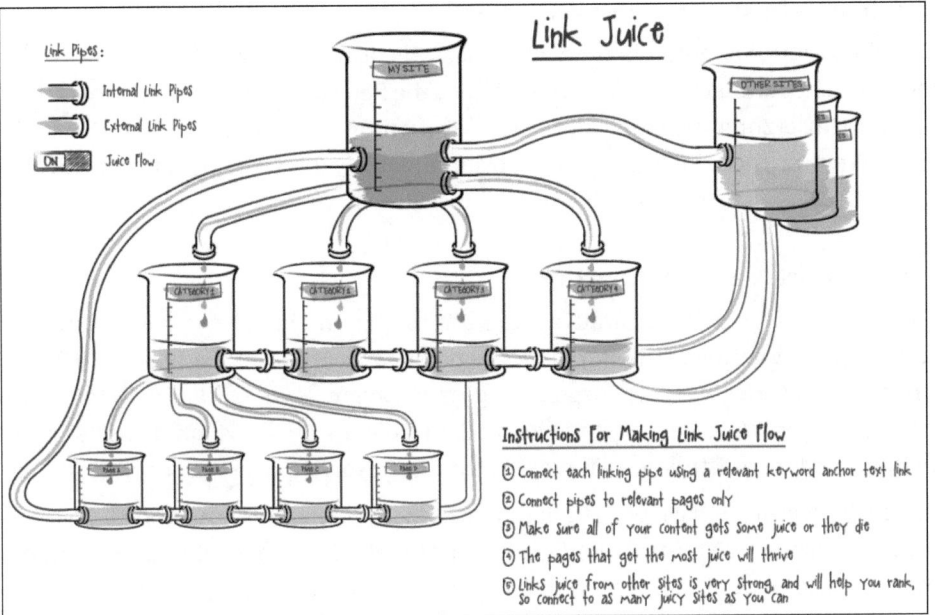

Abbildung 11.1 Anschauliches Linkjuice-Bild (Quelle: »www.linkdex.com«)

11.2 Interne Verlinkung optimieren

Der erste Schritt zur Erhöhung der Link-Popularity fällt streng genommen nicht in den Bereich der Offpage-Optimierung, muss aber dennoch an dieser Stelle genannt werden. Denn die Optimierung der internen Verlinkung geht selbstverständlich jeglicher anderen Optimierung voraus.

Bei der Behandlung des PageRank-Algorithmus in Abschnitt 7.2 wurden bereits einige typische Phänomene erläutert. Sie sollen hier nicht wiederholt werden. Vielmehr wird auf vier generelle Verhaltensweisen eingegangen, die aufgrund der genannten Phänomene zu bestimmten optimierenden Eingriffen führen.

11.2.1 Externe Links überlegt einsetzen

Wenn Sie externe Links innerhalb Ihres Webangebots platzieren, dann geben Sie etwas von dem Linkjuice nach außen zum Linkziel. Sie sollten jetzt nicht denken, dass es besser ist, gar keine Links mehr nach außen zu setzen, um den Linkjuice komplett für sich zu behalten. Das wäre verkehrt und nicht im Sinne des ursprünglichen Webgedankens. Wenn Sie gezwungen sind, viele externe Links zu setzen, sollten Sie zusätzlich immer auch gezielt innerhalb der eigenen Website Links setzen. So verteilen Sie den Verlust der Link-Popularity möglichst nicht nur auf die ausgehenden Links allein, sondern behalten auch etwas auf den eigenen Seiten zurück.

Auch interne Links themenrelevant setzen

Sie sollten zum anderen darauf achten, dass Sie auch innerhalb Ihrer Website themenrelevant verlinken. Das erhöht zusätzlich die Relevanz der Zielseiten. In der praktischen Umsetzung bedeutet dies, dass der Anchor-Text eines Verweises stets die Seiten-Keywords der Zielseite enthalten sollte. Außerdem sollte das Linkziel idealerweise von der Suchmaschine als Autorität betrachtet werden.

Seiten mit vielen ausgehenden Links

Darüber hinaus sollten Sie darauf achten, dass Seiten mit vielen externen Verweisen eine möglichst geringe Link-Popularity erzielen. So ist der Verlust beim Link-Popularity-Wert auf der Website insgesamt gesehen nicht so hoch. Voraussetzung für einen geringen Wert ist, dass eingehende Links nicht unbedingt auf diese Seite verweisen, sondern auf andere Seiten der Webpräsenz mit weniger ausgehenden Links.

Diese Überlegungen basieren auf dem mathematischen Funktionsmodell des Page-Rank-Algorithmus. Natürlich sind die genannten Richtlinien idealtypisch, denn oftmals sind sie in der Praxis kaum in ausreichender Konsequenz durchzuführen. Ein Grund dafür ist, dass relevanter Inhalt von anderen immer als wertvoll erachtet und daher verlinkt wird.

Maximal 100 Links pro URL

Achten Sie außerdem darauf, dass pro Webseite nicht mehr als 100 Verweise platziert sind. Google nennt diese Zahl als Richtwert in den Hinweisen für Webmaster. Sie ist allerdings eher als Daumenregel zu verstehen. Im Normalfall sollte dies auf gewöhnlichen Webseiten mit redaktionell erstellten Texten kein ernsthaftes Problem sein, auf einer Sitemap allerdings kann es durchaus vorkommen, dass sehr viele Verweise existieren. Hier empfiehlt es sich, die Sitemap in einzelne Ebenen zu untergliedern und diese dann auf verschiedene Webseiten samt Links zu verteilen.

> **Praxistipp: Nicht geizig sein mit ausgehenden Links**
>
> Weil viele Suchmaschinen-Optimierer und -Optimiererinnen Angst haben, dass sie den mühsam gewonnenen Linkjuice verlieren, wenn sie nach außen verlinken, setzen sie häufig gar keine Links. Dabei ist das ein schlechtes Signal an Google. Alle Suchmaschinen erwarten von Websites im Netz, dass sie sich untereinander verlinken. So wirkt es überaus unnatürlich, wenn eine Website gar keine ausgehenden Links aufweist.
>
> Verlinken Sie daher auch nach außen, auf möglichst thematisch passende andere Seiten, die für Ihre Besucher und Besucherinnen relevant sind.

11.2.2 Link Sculpting

Der Gedanke klingt verlockend, dass man den Linkjuice-Flow innerhalb der eigenen Website gezielt kontrollieren kann. Dies können Sie, indem Sie nur ganz bestimmte interne Links setzen und andere eben nicht. Das Problem wird häufig sein, dass allein durch die Haupt- und Unternavigation bereits viele Unterseiten verlinkt werden, die nicht so zwingend wichtig sind wie andere.

Erinnern Sie sich an die Funktion `rel="nofollow"`? In einem Link platziert weist dieses Attribut Crawler an, einen Link nicht zu verfolgen und damit auch keinen Linkjuice zu vererben (wobei in der Praxis Crawler dennoch den Link verfolgen). Dieses Attribut wäre perfekt geeignet, um interne Links zu setzen, die jedoch keinen Linkjuice vererben. So können Sie den Linkjuice-Flow gezielt auf die wichtigen Seiten in Ihrem Webangebot lenken. Damit auch die so mit `nofollow` referenzierten Seiten überhaupt indexiert werden, könnten Sie sie z. B. von der Sitemap aus einmal ohne `nofollow`, also normal, verlinken.

Dieses Verfahren wird als *Link Sculpting* oder *PageRank Sculpting* bezeichnet, weil man damit den PageRank formen kann. Eine gute Idee – leider funktioniert sie heute nicht mehr.

Google und andere Suchmaschinen-Betreiber haben Mitte 2009 die Berechnung geändert, sodass ein Link Sculpting mit dem `nofollow`-Attribut keine so große Wirkung mehr erzielt. Wenn eine Webseite vor der Änderung z. B. über drei ausgehenden Links verfügte, wurde der PageRank – vereinfacht gesagt – durch drei geteilt, und jedes dieser Linkziele bekam ein Drittel vom Linkjuice ab. Setzte man zwei dieser Links auf `nofollow`, erhielten die verbleibenden Links jeweils anteilig mehr Linkjuice. Die `nofollow`-Links wurden also bei der Berechnung quasi nicht beachtet. Genau das wurde dann durch die Algorithmusoptimierung verändert. Mittlerweile fließen auch die `nofollow`-Links mit in die Berechnung hinein. Die mit `nofollow` verlinkten Seiten erhalten zwar überhaupt keinen Linkjuice, die restlichen Nicht-`nofollow`-Seiten erhalten aber dafür auch nicht proportional mehr. Wenn Sie bei fünf Links also drei auf `nofollow` setzen, dann erhalten die zwei eigentlichen Links genau so viel Linkjuice, als wenn alle fünf Links voll gültig wären.

Eine Alternative, um Links zu setzen, ohne dass sie von Google bewertet werden, gibt es allerdings weiterhin. Mittels JavaScript, welches in der *robots.txt* vor dem Crawlerzugriff gesperrt ist, können Sie dynamisch Links generieren, die für Suchmaschinen unsichtbar sind. Damit könnten für Suchmaschinen unwichtige Seiten wie das Impressum oder die AGB verlinkt werden, ohne Linkjuice zu verschwenden. In der Praxis sind solche Maßnahmen in aller Regel allerdings nicht notwendig.

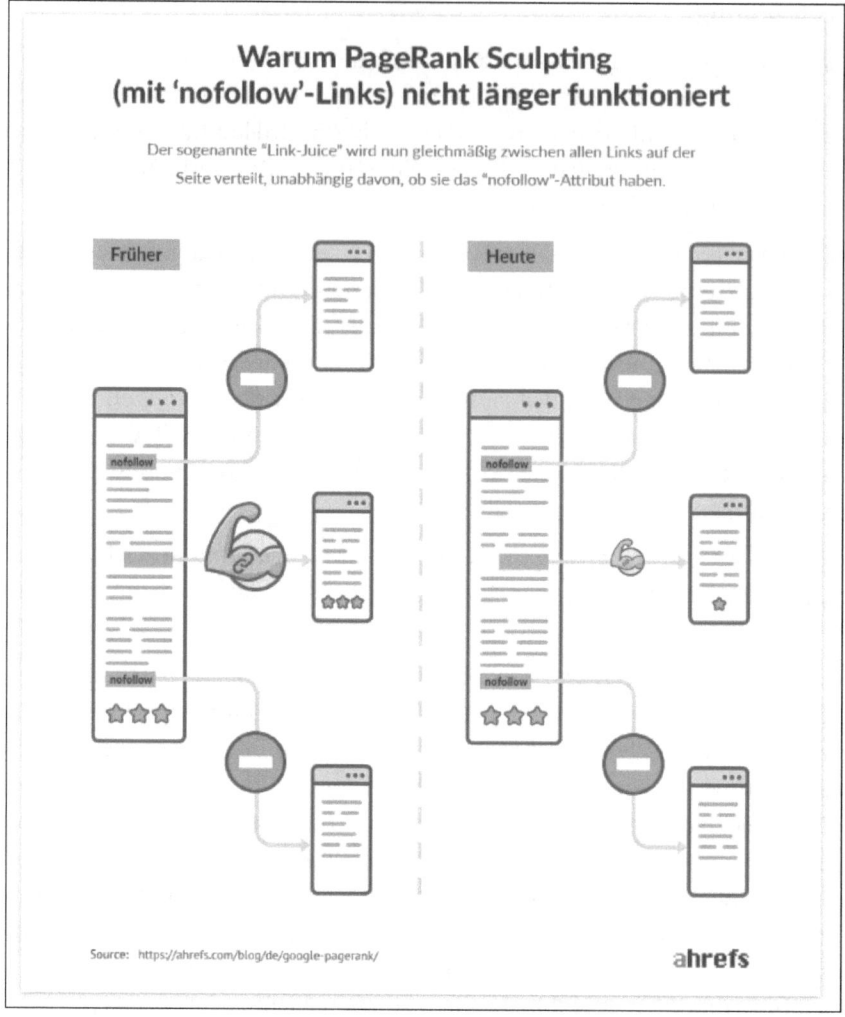

Abbildung 11.2 Illustration des Link-Sculpting-Prinzips früher und heute von »ahrefs.com«

11.2.3 Den Linkjuice-Flow kontrollieren

Dass PageRank Sculpting nicht mehr funktioniert, soll nun allerdings nicht bedeuten, dass Sie keine Steuerungsmöglichkeit bei der internen Verlinkungsstruktur haben. Sie sollten sehr darauf achten, auf welche Seiten Sie intern verlinken. Das gilt besonders für solche Seiten, die innerhalb des Angebots besonders stark sind. Das sind in der Regel die Startseite sowie die Hauptkategorien und Landing Pages, die auch von außen häufiger verlinkt werden und damit externen Linkjuice erhalten.

Das Ziel einer optimalen internen Verlinkung ist es demnach, gezielt Schwerpunkte durch die interne Vernetzung zu setzen. Je häufiger ein Dokument innerhalb der Seitenstruktur verlinkt wird, desto relevanter scheint es für einen Betrachter oder eine Betrachterin zu sein. Suchmaschinen-Crawler werden solche Seiten stärker gewichten und auch häufiger besuchen.

Ein beliebtes Mittel zur Schwerpunktkontrolle waren und sind *Footer*. Sie bilden den Abschluss- oder Fußbereich einer jeden Webseite. Die Gestaltungsmöglichkeiten sind dabei vielfältig, wie Abbildung 11.3 zeigt. Allerdings hat sich der Einsatzgrad stark gewandelt, wie man im Beispiel von *welt.de* prototypisch erkennen kann.

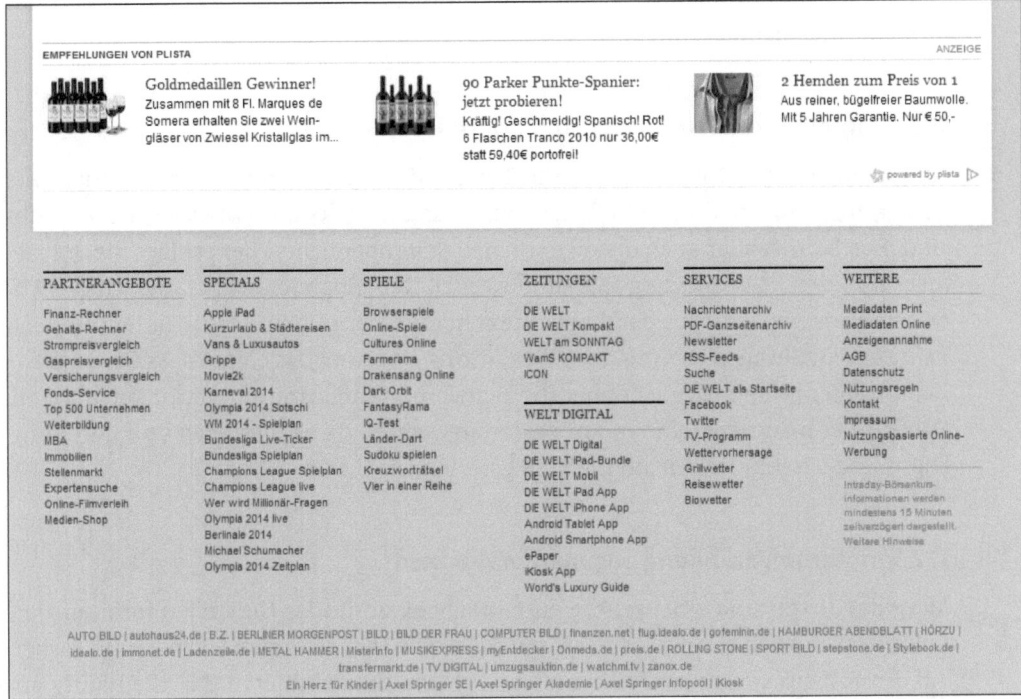

Abbildung 11.3 Massive Verlinkung bei »welt.de« noch 2017

Abbildung 11.4 Deutlich reduzierter Footer-Bereich bei »welt.de« 2022

Vor allem bei Websites von vielen anderen Verlagen und Großkonzernen ist der Footer bis heute noch außerordentlich groß. Das ist allerdings nicht zwingend optimal, denn so reduzieren die Anbieter die Linkpower der Content-Links. Unabhängig davon kann Google durch die Main-Content-Erkennung mittlerweile Footer-Links und Navigationslinks recht gut von eigentlichen Content-Links unterscheiden und bewertet die Links weiter unten auf der Website entsprechend weniger.

Allen Verlinkungsformen im Footer ist gemeinsam, dass die Verweise auf zentrale Seiten im Angebot enthalten sind. Und das ist nach wie vor ein funktionierendes Signal an die Suchmaschinen.

11.2.4 Interne Verlinkung aus dem Content

Nun ist die Footer-Optimierung kein Geheimnis, und Suchmaschinen können, wie gesagt, mit einfachen Mitteln feststellen, dass die Links am Fußende Footer-Links sind. Das betrifft aber auch die eigentlichen Seitenbereiche. Hier schlägt die *Supplementary-Content*-Erkennung zu. Damit werden Nebenbereiche nicht so hoch gewichtet wie etwa Textlinks aus einem Fließtext heraus, der sich im *Main-Content*-Bereich befindet. Für Sie als Webautor oder Webautorin bedeutet das daher, dass Sie auch aus Main-Content-Fließtexten heraus die Schwerpunktbildung unterstützen müssen. Das wird von Suchmaschinen am besten gewichtet, da es hier auch von den Besuchern und Besucherinnen am meisten gesehen wird.

11.2.5 Interne Verlinkung aus Marginal-Boxen

Marginal-Boxen sind eine weitere gute Möglichkeit für das Herstellen interner Verlinkungen, um Schwerpunkte zu setzen. Sie treten in vielfältigen Formen und Farben auf. Im Prinzip stellen sie immer kleine Informationseinheiten dar, die häufig am Rand in einer Spalte untergebracht werden. Aufgrund von responsiven Designs und den aktuellen Designtrends sind sie allerdings mittlerweile deutlich seltener anzutreffen.

In die Marginal-Boxen sollten Sie idealerweise zwei bis drei Sätze schreiben und aus diesen heraus den Link setzen. Auch Tagclouds waren lange Zeit ein beliebtes Mittel. Sie verstreuen aber sehr stark und unkontrolliert Links, weshalb ich aus SEO-Sicht nicht unbedingt dazu raten würde.

11.2.6 Siloing

Eine spezielle Technik zur Verstärkung und Konzentration einzelner Themenbereiche innerhalb einer Website ist das sogenannte *Siloing*. Es beruht auf dem Bild der hohen Silos, die man aus der Landwirtschaft kennt. Siloing bedeutet, dass man bei der internen Verlinkung immer innerhalb eines (Themen-)Silos bleibt.

Das Ziel der silointernen Verlinkung ist die Stärkung eines Themas, sodass die Suchmaschinen einzelne Themenschwerpunkte auf der Website ausmachen können. Durch eine zu starke Querverlinkung zwischen Themen verwässert das Siloing.

Ein Prinzip des Siloings ist auch die Verlinkung zu Oberthemen. Wenn Sie z. B. gerade bei dem Thema Kunststofffenster sind und dann auf Kunststofftüren wechseln möchten, dann verlinken Sie nicht auf die Kunststofftüren, sondern auf die Oberseite »Türen«. Diese beherbergt dann einen Teaser zu den Kunststofftüren, aber auch zu den Holztüren. Der Linkjuice soll hier immer möglichst weit oben angesiedelt werden, damit er sich nach unten verteilen kann.

> **Praxistipp: Siloing in der Praxis**
>
> Das Siloing-Verfahren ist nicht ganz unumstritten. Es ist in der Praxis auch nicht immer ganz einfach durchzusetzen. Der Grundgedanke, möglichst verschiedene Themensilos aufzubauen, ist jedoch sicherlich nicht falsch. Sie müssen sich ja nicht sklavisch an die Silogrenzen halten. Verlinken Sie das, was für die Nutzer und Nutzerinnen sinnvoll ist. Beachten Sie jedoch immer, dass die Benutzerführung vom Allgemeinen zum Speziellen gehen sollte. Am Ende steht idealerweise ein Kauf oder ein Lead. Das erreichen Sie nur, wenn Sie die Besucher und Besucherinnen nicht kreuz und quer durch Ihre Website schicken.

11.3 Linkbaiting und das KAKADU-Prinzip

Bei der Optimierung der Link-Popularity muss der Schwerpunkt weiterhin zunächst nach innen gerichtet bleiben. Bemüht sich ein Webautor oder eine Webautorin um eingehende Links, ist die Relevanz des Angebots entscheidend. Nur mit guten Inhalten können Sie auch ausreichend eingehende Links generieren.

Beim Linkbuilding geht es daher nicht allein darum, selbst aktiv neue Links auf anderen Websites zu platzieren, sondern vor allem attraktive Inhalte anzubieten, die andere als verlinkungswürdig ansehen. Nichts anderes bedeutet übrigens auch Content-Marketing. Das aus dem Alltag bekannte »Fishing for Compliments« (Komplimente provozieren) wird bei der Suchmaschinen-Optimierung als *Linkbaiting* (Ködern von Links) bezeichnet. Den Linkköder bezeichnet man als *Linkbait*.

Unbedeutende Inhalte regen andere Webautoren und -autorinnen in den seltensten Fällen dazu an, einen Link auf das Angebot zu setzen. Die Link-Popularity bleibt folglich niedrig. Es lassen sich gewisse Faktoren formulieren, die erfahrungsgemäß erfüllt sein müssen, um eine gute Link-Popularity zu erzielen. Anders formuliert: Welche Kriterien machen einen guten Linkbait aus? Dazu habe ich das KAKADU-Prinzip erfunden, das es mittlerweile sogar bis in die Wikipedia geschafft hat (*https://de.wikipedia.org/wiki/KAKADU-Prinzip*).

Beim KAKADU-Prinzip steht ein bestimmter Inhaltstyp für jeden Buchstaben des Wortes. Vereint man alle miteinander auf einer einzigen Website, ist ein gehöriges Interesse von außen und damit die Grundlage für eine gute Link-Popularity gesichert.

- **Kostenlose Informationen:** Ob Tipps oder Tricks zu bestimmten Themen gegeben werden, Neuigkeiten aus einer Branche, lokale Nachrichten oder praxisbezogene Ratschläge – solange qualitativ hochwertige Informationen kostenlos sind, werden sie gerne angenommen. Ein besonderes Beispiel sind hier die Tutorials, die mit praktischen Schritt-für-Schritt-Anleitungen zur Lösung von Problemen vornehmlich aus dem EDV-Bereich beitragen.

- **Aktuelles:** Egal, welche Informationen oder Inhalte angeboten werden, die Aktualität spielt eine entscheidende Rolle. Optimal ist selbstverständlich Brandaktuelles. Dies beinhaltet oft den Faktor Exklusivität, denn neue Themen und Inhalte sind selten weit verbreitet.

- **Künstlerisches:** Der Mensch lebt nicht nur vom Brot allein – ebenso wenig wie von seiner Arbeit. Der Bedarf an Videos, Musik und Grafiken aus dem Web ist in den letzten Jahren enorm gestiegen. Ein Beispiel sind die begehrten Portale, die zur Verschönerung des Arbeitsplatzes eine unglaubliche Vielfalt an Desktop-Hintergründen und Bildschirmschonern anbieten. Darüber hinaus machen sich auch viele Webautoren und -autorinnen selbst auf die Suche nach Bildmaterial und Grafiken für die eigene Webpräsenz. Der Markt an künstlerischen Werken im Netz ist breit gefächert.

- **Außergewöhnliches:** Je seltener ein bestimmtes Angebot zu finden ist, desto stärker konzentriert sich der Besucherstrom auf die vorhandenen Websites. Ob es sich dabei um besondere Informationen handelt, um eine außergewöhnliche Dienstleistung oder eine hervorragende Idee für das Thema einer Website, ist dabei unerheblich. Man kann Nutzer und Nutzerinnen mit einem sensationellen Preisangebot ebenso begeistern wie mit einem außergewöhnlichen Online-Spiel. Der Fantasie des Content-Anbieters sind hier keine Grenzen gesetzt.

- **Downloads:** Mit immer schnelleren Bandbreiten erhöhen sich auch Zahl und Größe der Dateien, die aus dem Netz heruntergeladen werden. Auch wenn der Boom der Tauschbörsen und Download-Portale abnimmt, gibt es immer noch zahlreiche Quellen, auf denen man Freeware, Shareware, Ausmalbilder, Bastelvorlagen oder sonstige Inhalte herunterladen kann.

- **Unerlaubtes:** Nicht zuletzt ist das Verbotene auch im Netz reizvoll. Damit ist in erster Linie nicht das Anbieten von illegalen Inhalten gemeint, auch wenn diese unbestreitbar eine große Anziehungskraft haben. Vielmehr ist der Bruch gesellschaftlich anerkannter Normen gemeint. Die Spanne ist auch hier sehr groß und führt von Bildern, die die Privatsphäre von Prominenten aufdecken, bis hin zur Anleitung zum Bau einer Pistole aus dem 3D-Drucker. Oft gerät ein solches Angebot in eine rechtliche Grauzone: Denken Sie nur an die zahlreichen Seiten, auf denen Seriennummern und Programme zum Freischalten von Software (Cracks) zu finden sind.

Viele erfolgreiche Webseiten leben das KAKADU-Prinzip vor. Einige Beispiele sollen Ihnen Anregungen geben, mit welchen Elementen Sie das Prinzip in der Praxis umsetzen können:

- Seite mit kommentierten Linkempfehlungen zu einem Thema
- kuratierte und sortierte Linklisten
- regelmäßige und informative Blog-Postings
- regelmäßiger Newsletter mit Archiv und Abo-Service
- PDF-Downloads vollständiger Werke oder nur von Teilen als Kaufanreiz
- Tools, Demoversionen oder Demovideos zum Download
- Kundenbereich mit Login und speziellen Features
- Community mit Diskussionsforum, Gästebuch oder Chat
- Führen eines thematischen Weblogs
- Live-Online-Beratung (mit einem Chat-System)
- Online-Umfrage mit Ergebnissen
- FAQ-Seiten
- Lern- und Weiterbildungsangebote
- Termine und Übersichten wichtiger Ereignisse in der Branche (z. B. Messen)
- Pressebereich mit Infomaterial
- Möglichkeit zur Anforderung von Gratismustern
- Online-Shop mit Freebies
- elektronische Postkarten (E-Cards)
- Online-Spiele
- Preisausschreiben und Gewinnspiele
- Fotogalerien

Ihnen fallen für Ihre Website sicherlich noch weitere Punkte ein. Wenn Sie dafür sorgen, dass auf Ihrer Webpräsenz weitgehend einzigartige Inhalte angeboten werden, und dem KAKADU-Prinzip folgen, können Sie sich erfahrungsgemäß relativ bald einer hohen Linkpopularität erfreuen. Das bringt entsprechende Besucherzahlen und spart die teilweise mühsame Arbeit des Linkaufbaus.

11.4 Natürliches Linkbuilding

Wenn Sie gute Inhalte anbieten, werden andere Webautoren und -autorinnen Ihr Angebot auch ohne weiteres Zutun verlinken. In der Praxis stellt sich allerdings häufig die Frage, welche solcher linkwerten Inhalte ein Unternehmen oder eine Organisation anbieten kann. Vor allem die zeitlichen und finanziellen Ressourcen schränken hier den Entwurf größerer Content-Mengen ein. Selten wird man nur mit einem Text viele Links auf sich ziehen. Der Inhalt müsste schon eine bahnbrechende Neuigkeit oder Information beinhalten.

11.4.1 Direktes und indirektes Linkbuilding

Linkbuilding muss daher immer auf zwei Arten betrieben werden:

1. indirektes Linkbuilding über das Bereitstellen von linkwerten Inhalten (*Content-Marketing*)
2. direktes Linkbuilding, bei dem der Webautor bzw. die Webautorin oder eine SEO-Agentur aktiv Backlinks im Web setzt oder setzen lässt (aktives Linkbuilding bzw. *Seeding*)

Beim Linkbuilding gibt es kein Rezept, nach dem man stets vorgehen kann, um gute Ergebnisse zu erzielen. Jeder Linkaufbau ist unterschiedlich und hängt von den Voraussetzungen ab, die zu Beginn bestehen, von der Branche, den verfügbaren Ressourcen und dem Projekt selbst. Ein großes Unternehmen mit Hunderten von Geschäftspartnern kann anderes Linkbuilding betreiben als ein Community-Start-up. Dennoch gibt es bestimmte Dinge, die Sie immer beachten sollten.

Linkwachstumsrate

Ein häufiger Fehler beim direkten Linkbuilding ist die Missachtung der Linkwachstumsrate und der Linkquellen. Sie können davon ausgehen, dass alle großen Suchmaschinen mittlerweile die aktuellen und historischen Backlink-Daten Ihrer Website sehr genau kennen.

Google und Co. wissen daher auch genau, zu welchem Zeitpunkt Sie welche und wie viele Backlinks hatten. Die Zusammenstellung aller Backlinks mit ihren Quellen, zeitlichen Daten und Linkzielen bezeichnet man als *Backlink-Profil* oder einfach auch als *Linkprofil*.

Diese Daten werden genutzt, um unnatürliches Linkwachstum zu erkennen, das z. B. durch den Kauf von Links oder allzu aktives Setzen von Links entsteht. Betrachten Sie dazu einmal die Kurve in Abbildung 11.5.

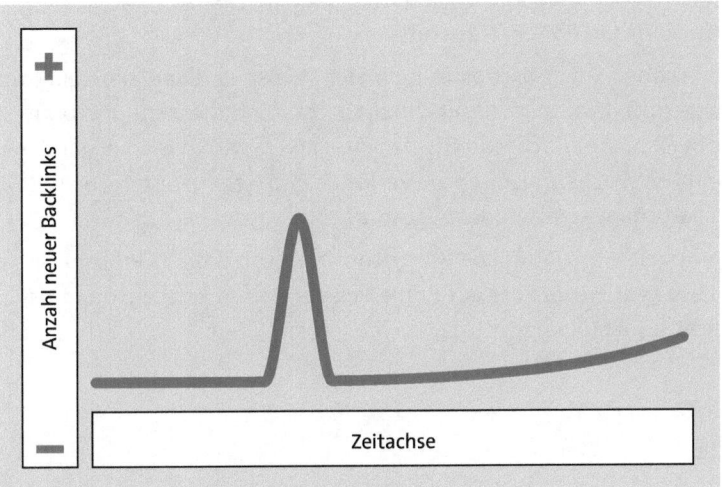

Abbildung 11.5 Historisches Linkwachstum als Graph

Die horizontale Achse stellt den Zeitverlauf dar. Dieser kann z. B. in Tagen, Wochen oder Monaten abgebildet werden. Je höher die Kurve zu einem bestimmten Zeitpunkt ist, desto mehr Backlinks konnte eine Suchmaschine zu diesem Zeitpunkt neu entdecken.

Die Grafik zeigt dabei mit dem vulkanartigen Ausbruch in der Mitte einen recht unnatürlichen Verlauf. Zu diesem Zeitpunkt kamen überproportional viele neue Backlinks hinzu. Das allein wäre kein unnatürliches Wachstum, denn häufig werden Websites stärker verlinkt, wenn sie ein aktuelles Thema bedienen. Die Tatsache, dass der Backlink-Zugewinn jedoch anscheinend eine einmalige Sache war, wird Mensch und Maschine stutzig machen. Denn nach dem Erreichen eines Höhepunktes mit sehr vielen neuen Backlinks fällt die Kurve wieder auf das vorherige Niveau zurück.

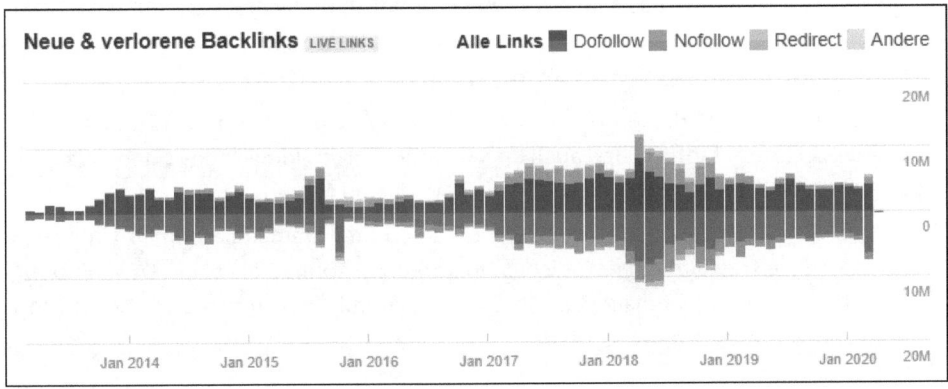

Abbildung 11.6 »ahrefs.com« zeigt das Linkwachstum über die Zeit an.

> **Praxistipp: Die natürliche Linkwachstumsrate**
>
> Die Suchmaschinen können durch Betrachtung vieler Websites einen sehr guten Durchschnitt berechnen. Teilweise ist dieser Durchschnitt auch themen- und branchenspezifisch. Der berechnete durchschnittliche Normalwert wird dann bei der Bewertung von bestimmten Wachstumsraten als Vergleichsmoment genutzt. Verstößt eine Website hier massiv dagegen, wird sie abgestraft.
>
> Als grobe Orientierung gilt eine natürliche Wachstumsrate von 8 bis 13 Prozent pro Monat. Wenn Sie diese Wachstumsrate kontinuierlich vorweisen können, dann betreiben Sie erfolgreiches Linkbuilding.

11.4.2 Anchor-Texte

Lange Zeit war es übliche Praxis, dass Suchmaschinen-Optimierer und -Optimiererinnen sogenannte *harte Linktexte* gesetzt haben. Dabei ging es darum, möglichst viele und gute Links auf ein Projekt mit dem entsprechenden Haupt-Keyword zu erhalten. Dabei wurde stets das gleiche Keyword ohne Alternierung genutzt. Google hat diesem Verfahren mit dem Penguin-Update 2013 ein Ende bereitet und Websites mit unnatürlich harten Linktexten abgestraft.

Besonders betroffen waren Seiten, die besonders unnatürlich viele Money-Keywords als Linktexte vorwiesen. In der Regel ist der meistverlinkte Text immer der Domainname oder der Markenname. Das wertet Google als völlig natürlich.

Doch bestimmte harte Begriffe mit einer relativen Häufigkeit von schon über 10 Prozent können zu einer Penguin-Abstrafung führen, die entweder alle Rankings oder nur die des betroffenen Keyword-Clusters empfindlich nach unten setzt.

In Abbildung 11.7 sehen Sie einen großen Anteil an Nennungen des Domainnamens. Mit sechs Prozent wurde das Money-Keyword »baufinanzierung vergleich« verlinkt.

> **Praxistipp: Vorsicht bei harten Anchor-Texten**
>
> Vermeiden Sie das Verlinken mit zu vielen harten Anchor-Texten. Das ist seit dem Penguin-Update gefährlich, und auch unachtsames Linkbuilding kann so unbeabsichtigt schnell zu enormen Ranking- und Traffic-Verlusten führen.
>
> Variieren Sie die Linktexte, nutzen Sie Ihre Marken- und Domainnamen als Linktext, und achten Sie stets auf ein natürliches Linkprofil. Sie können die diversen Tools aus der Linkprofil-Analyse im nächsten Abschnitt auch nutzen, um den Durchschnitt in Ihrem Themenbereich herauszufinden.

Anchor-Texte, Wachstumsraten und alle anderen Faktoren sollten Sie beim aktiven Linkbuilding stets im Auge behalten. Neben Ihren eigenen Links kommen idealerwei-

11.4 Natürliches Linkbuilding

se auch noch »fremde« Backlinks hinzu, die Sie nicht aktiv angestoßen haben. Aber vor allem für das eigene Linkbuilding sollten Sie eine Auflistung oder Datenbank aller aufgebauten Backlinks führen. Das kann in einer ganz einfachen Excel-Tabelle funktionieren.

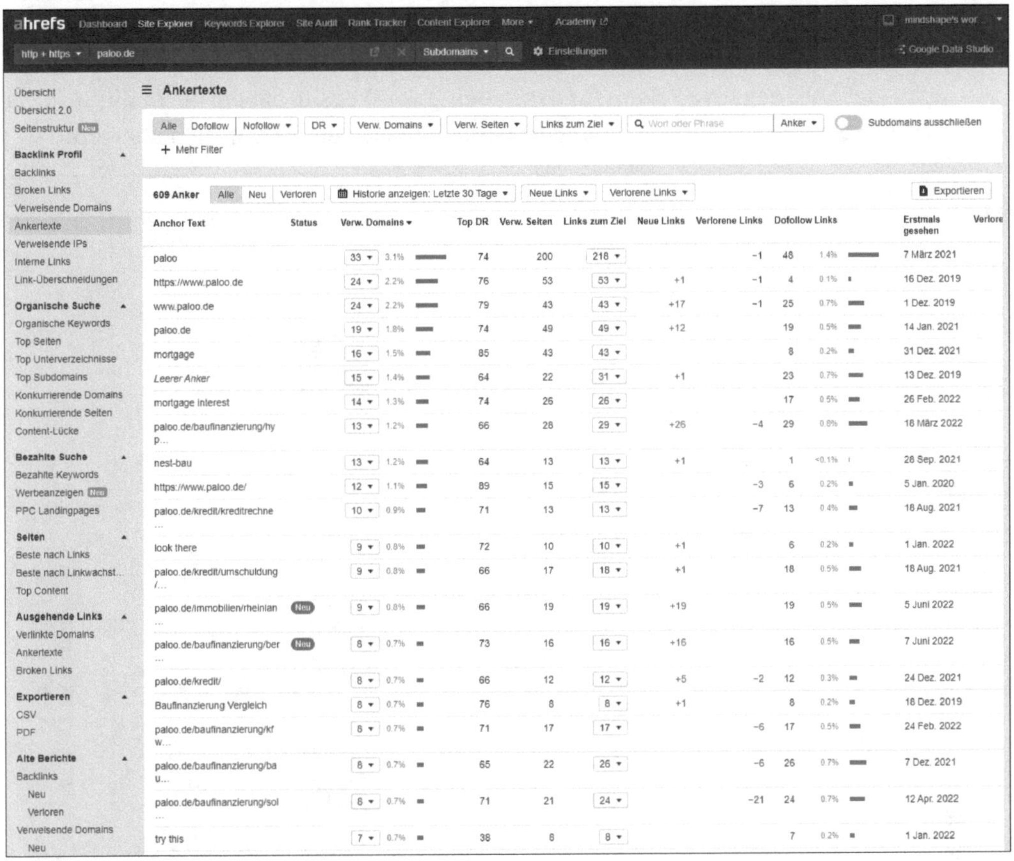

Abbildung 11.7 Anchor-Texte von »ahrefs.com«

11.4.3 Agenda-Überprüfung

Suchmaschinen betrachten verdächtige Linkprofile als Hinweis darauf, etwas näher nachzusehen. Es könnte ja durchaus sein, dass ein plötzliches Linkwachstum auch natürlich erklärbar wäre.

Nehmen Sie z. B. ein Weblog, das über Pandemien berichtet. Glücklicherweise passieren nicht ständig solche weltweiten Katastrophen. Wenn jedoch eine solche eintritt, berichtet der Blogger oder die Bloggerin intensiv und vielleicht in bestimmten Bereichen exklusiv darüber und erhält durch die Tagesaktualität so kurzfristig mehr eingehende Links als an anderen Tagen. Suchmaschinen können dies allerdings ebenfalls genau beobachten, denn sie haben über ihre Nachrichtenbeobachtungen ein

sehr genaues Bild davon, was in der Welt geschieht. Sie kennen doch sicherlich Google News unter *news.google.de* (siehe Abbildung 11.8)?

Google News ist in diesem Sinne kein Dienst nur für die Leser und Leserinnen, sondern vor allem auch eine enorme Datenbasis für die Ranking-Bewertung bei Google.

Wenn eine Website ein solches unnatürlich wirkendes und plötzliches Linkwachstum verzeichnet und dies nicht über tagesaktuelle Themen (die Agenda) erklärbar ist, kann das eher negative Folgen für das Ranking der Website haben. Bevor die Suchmaschinen Strafen (Penaltys) verhängen, werden noch weitere Kriterien überprüft.

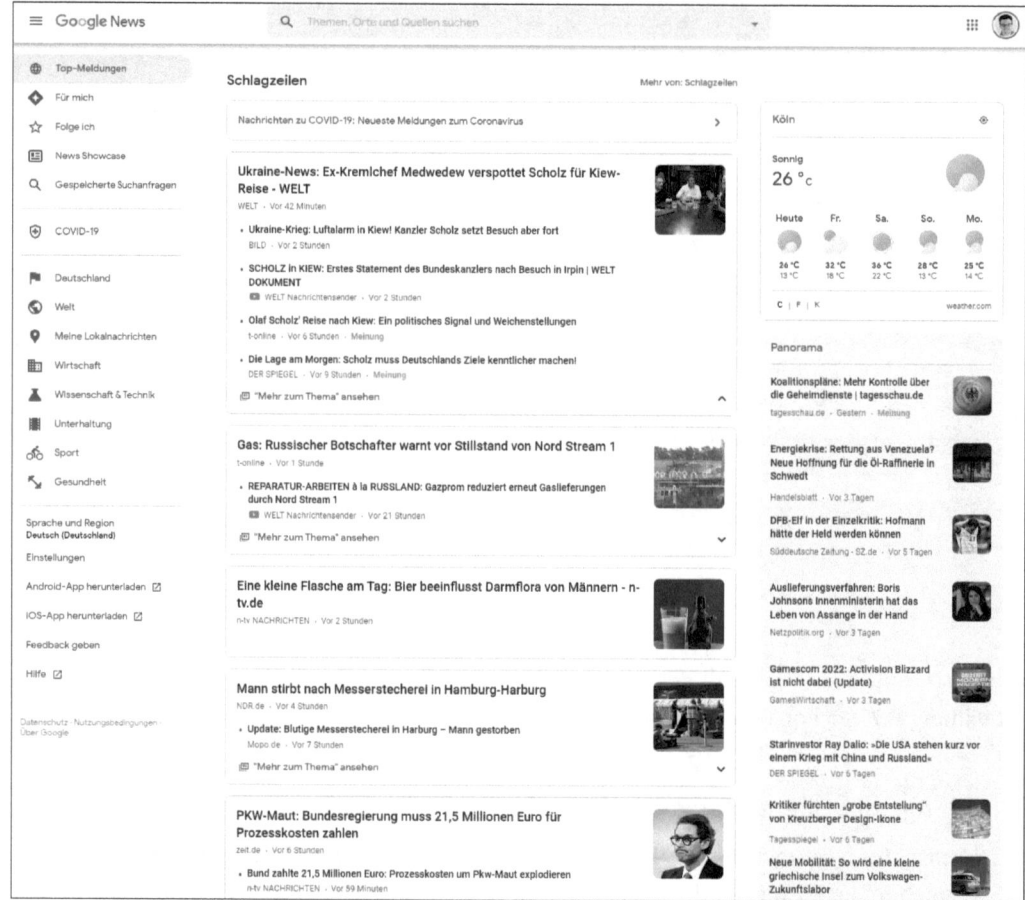

Abbildung 11.8 Google News

11.4.4 Content-Änderung

Neben der Agenda-Überprüfung nutzen Suchmaschinen auch andere Mechanismen, um ein vermeintlich unnatürliches Linkwachstum zu bestätigen. Ein wichtiges Indiz für einen unnatürlichen Linkaufbau ist häufig, dass die Aktualisierung von Inhalten nicht zu dem rasanten Zugewinn an neuen Links passt. Stellen Sie sich vor, Sie haben Ihre Website bereits seit über einem Jahr nicht mehr aktualisiert und die Inhalte nicht verändert. Plötzlich entdecken Suchmaschinen einen enormen Backlink-Anstieg für einen Tag, und es gibt keine Agenda-Deckung. Woher sollten diese vielen Links auf einmal kommen und wieso gerade an diesem einen Tag?

Sicherlich ergäbe es ein natürlicheres Bild, wenn in Folge einer Änderung der Inhalte viele neue Links gesetzt würden. Insofern sollten Sie bei jedem Linkbuilding darauf achten, dass Sie Ihre Inhalte aktualisieren und pflegen. Bei einer ordentlichen Suchmaschinen-Optimierung tun Sie das aber ohnehin.

11.4.5 Linkherkunft

Auch die Herkunft und die Art der Backlinks spielen eine wesentliche Rolle bei der Begutachtung durch Suchmaschinen. Anfang 2009 geisterte der Begriff *Russenlinks* durch die SEO-Branche. Damit sind alle gekauften Backlinks gemeint, die meist günstig in Osteuropa erworben und auf dort ansässigen Webseiten platziert wurden.

Zu einem natürlichen Linkwachstum gehört daher nicht nur die reine Anzahl der Links, sondern auch ihre Herkunft (siehe Abbildung 11.9). Wenn Sie eine deutschsprachige Website betreiben, dann ist es unnatürlich, wenn Sie 90 Prozent fremdsprachige Websites als Linkquellen vorweisen können.

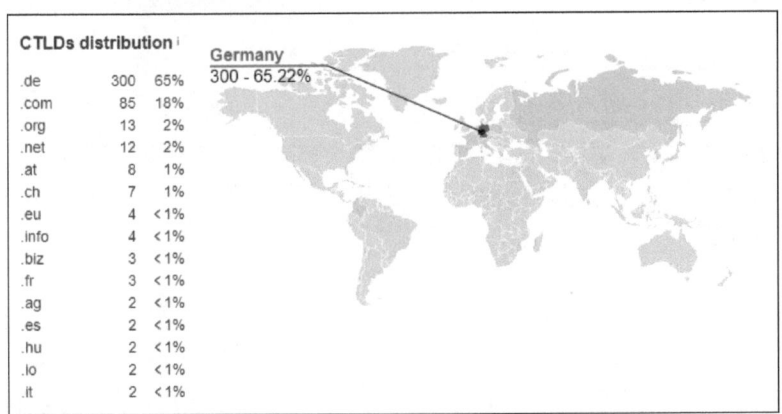

Abbildung 11.9 Die Linkherkunft ist für ein natürliches Linkprofil wichtig.

11.4.6 Kennzeichnung von werblichen Links

Wenn man sich die Qualitätsrichtlinien von Google einmal näher ansieht und vor allem deren Entwicklung verfolgt, dann wird eins ganz klar: Google schränkt nach und nach jegliche Form von aktivem Linkaufbau ein und zählt ihn als Spam-Versuch, weil durch aktiven Linkaufbau der PageRank künstlich beeinflusst wird (siehe Abbildung 11.10).

11 Offpage-Optimierung (Linkbuilding)

Abbildung 11.10 Google erklärt auf den Hilfeseiten ganz genau, was erlaubt ist und was nicht.

Unter *https://developers.google.com/search/docs/advanced/guidelines/link-schemes* werden explizit »Linktausch-Programme« erwähnt und wie folgt beschrieben:

▶ Ge- oder verkaufte Links, die PageRanks weitergeben. Dazu gehören der Austausch von Geld für Links oder Posts, die Links enthalten, sowie der Austausch von Waren oder Dienstleistungen für Links. Darüber hinaus zählt dazu auch das Senden »kostenloser« Produkte, wenn Nutzer oder Nutzerinnen im Gegenzug etwas darüber schreiben und einen Link einfügen.

- Exzessiver Linktausch (»Verlink auf meine Website und ich verlinke auf deine«) oder Partnerseiten zu dem ausschließlichen Zweck der gegenseitigen Verlinkung
- Artikel-Marketing im großen Stil oder das Posten von Kampagnen als Gast mit Ankertextlinks, die viele Keywords enthalten
- Verwendung automatisierter Programme oder Dienste, um Links zu Ihrer Website zu erstellen
- Anforderung eines Links im Rahmen von Nutzungsbedingungen, eines Vertrags oder einer ähnlichen Vereinbarung, ohne dass Dritte, die Inhaber oder Inhaberinnen von Inhaltsrechten sind, den ausgehenden Link bei Bedarf kennzeichnen können.

Nun ist es keineswegs so, dass Google hier einem Webmaster verbietet, überhaupt Links von anderen Websites aktiv aufzubauen. Google verlangt formell allerdings in den Richtlinien, dass solche Beiträge erstens als werblich gekennzeichnet sind und zweitens, dass die Links dort mit einem nofollow oder besser noch zusätzlich sponsored entwertet werden.

```
<a href="..." rel="nofollow sponsored">Linktext</a>
```

> **Praxistipp: Linkbuilding in der Realität**
>
> Man muss beim Linkbuilding zwischen zwei Bereichen unterscheiden, die häufig vermischt werden. Versteckte Werbung in Form von bezahlten Artikeln, die als redaktioneller Beitrag erscheinen und nicht als Werbung gekennzeichnet werden, verstoßen gegen das deutsche Wettbewerbsrecht.
>
> Wenn Sie allerdings Links aktiv aufbauen und diese nicht mit einem nofollow sponsored markieren, dann ist das keineswegs illegal. Sie verstoßen gegen kein Gesetz. Sie verstoßen lediglich gegen die Richtlinien eines privaten, kommerziell orientierten US-Konzerns. Nicht mehr, aber auch nicht weniger: Denn dieser Konzern bietet die wichtigste Suchmaschine an, die man derzeit für organischen Traffic benötigt.
>
> Sie müssen also entscheiden, ob und wie sehr Sie willentlich gegen die Richtlinien von Google verstoßen. Da sehr viele Mitbewerber dies tun, wird Ihnen in vielen Bereichen gar keine andere Wahl bleiben, wenn Sie Erfolge bei der Optimierung erzielen möchten.
>
> Bitte achten Sie aber dennoch immer auf die Nachhaltigkeit der aufgebauten Links, und setzen Sie nicht massiv auf Linkstrukturen, die vielleicht schon bald von Google aufgedeckt werden können.

Ab und an werden diese Richtlinien im Übrigen von Google aktualisiert. Es ist besonders spannend, welche Aspekte hinzugefügt und welche entfernt wurden. Denn das

verrät ein bisschen, wie Google denkt und arbeitet. Um bei Änderungen von Websites automatisch eine E-Mail zu erhalten, können Sie beispielsweise das Tool *https://visualping.io/* nutzen.

11.5 Backlink-Profil-Analyse

Für Suchmaschinen-Algorithmen zählt schon lange nicht mehr nur die bloße Quantität, sondern eben auch die Qualität. Auch hier existiert keine Regel, nach der Sie immer vorgehen können. Allerdings gibt es einige wichtige Dinge, bei deren Missachtung Sie schnell eine Abstrafung (*Penalty*) erhalten können.

Das Backlink-Profil beinhaltet dabei nicht nur die bloße Zahl der Backlinks, sondern auch deren Herkunft und den Linktyp. Leider gibt es keine frei verfügbare Quelle, mit der man ein vollständiges Backlink-Profil auf Knopfdruck generieren kann. Daher müssen Sie hier selbst Hand anlegen.

11.5.1 Einsatzzweck einer Backlink-Profil-Analyse

Die Erstellung eines Backlink-Profils wird als *Backlink-Profil-Analyse* (BPA) bezeichnet. Sie ist eine relativ aufwendige Analyse, die jedoch ein enormes Potenzial birgt. Da das Linknetzwerk bei der Ranking-Berechnung sehr wichtig ist, spielt das Backlink-Profil der virtuellen Mitbewerber für ein Keyword eine zentrale Rolle.

Für eine vergleichende Backlink-Profil-Analyse benötigen Sie zunächst Ihre Keyword-Mitbewerber. Dazu geben Sie z. B. bei Google das Keyword ein, das Sie untersuchen möchten. Sie erhalten nun die Top 10 – dies sind Ihre Keyword-Mitbewerber, bei denen Google der Meinung ist, dass genau diese für die gestellte Suchanfrage am besten geeignet sind. Wenn Sie davon ausgehen, dass Ihre Website mindestens das Onpage-Optimierungsniveau besitzt wie die Top 10, dann müssen Sie herausfinden, welches Linkprofil die Keyword-Mitbewerber aufgebaut haben, und anschließend ein qualitativ wie quantitativ ebenso gutes Backlink-Profil nach- und aufbauen. Dabei geht es nicht darum, ein Linkprofil 1:1 nachzubauen. Die Analyse dient vielmehr Ihrer Orientierung, damit Sie einen Eindruck davon erhalten, in welchen Aspekten die Mitbewerber stärker sind und damit bessere Rankings erhalten.

> **Praxistipp: Wann setzen Sie eine Backlink-Profil-Analyse ein?**
>
> Eine BPA wird grundsätzlich für zwei Strategien eingesetzt. Entweder Sie möchten das Ranking verbessern und benötigen noch Hinweise, wo und wie Links in Ihrem eigenen Linkprofil fehlen. Dabei geht man davon aus, dass die Linkprofile der Top 10 nach dem Google-Algorithmus für ein bestimmtes Keyword optimal sind – ansonsten wären die Top 10 ja nicht die Top 10. Das heißt, man erarbeitet sich mit der Linkprofil-

Analyse einen Vergleichsmaßstab und kann daraus eine Zielsetzung für das eigene Linkbuilding ableiten.

Der zweite übliche Einsatzbereich einer Backlink-Profil-Analyse ist die Vorbereitung für den Linkabbau nach einer Penguin-Abstrafung oder einer manuellen Abstrafung aufgrund eines unnatürlichen Linkprofils. Hier untersuchen Sie dann die eigene betroffene Domain und keine Mitbewerberdomains. Das Ziel dabei ist die Identifikation von potenziell schädlichen Backlinks, die dann im nächsten Schritt entfernt werden. Daher wird diese Analyse auch als *Detox-Analyse* bezeichnet.

11.5.2 Daten sammeln für die Backlink-Profil-Analyse

Den ersten Schritt der Backlink-Analyse haben Sie bereits getan, wenn Sie die Top 10 in eine Liste aufgenommen haben. Gehen Sie nun Treffer für Treffer nacheinander mit diesem Verfahren durch.

Backlinks finden – gar nicht so einfach

Zunächst müssen Sie herausfinden, welche Backlinks überhaupt auf die Top 10 zielen. Das ist kein leichtes Unterfangen, da die Suchmaschinen genau dieser Analysen wegen nicht alle Backlinks zu einer Seite anzeigen.

Neben kostenpflichtigen Tools, die wie etwa *www.sistrix.de* oder *www.ahrefs.com* (siehe Abbildung 11.11 bzw. Abbildung 11.12) eine eigene Backlink-Datenbank aufgebaut haben, wurde früher für die Backlink-Analyse vor allem die kostenfreie Abfragemöglichkeit bei Yahoo! genutzt. Dies gehört allerdings der Vergangenheit an. Die Daten stehen mittlerweile aber teilweise über die Bing Webmastertools zur Verfügung – auch für Websites, die nicht Ihnen gehören und die Sie nicht verifiziert haben.

> **Praxishinweis: Qualität von Backlink-Daten**
>
> Beachten Sie bei der Nutzung von Backlink-Datenbanken immer eins: Es handelt sich meist nur um eine Stichprobe. Selbst Google kann nicht 100 Prozent des gesamten Webs erfassen. Aber Google besitzt enorme Serverzentren. Die großen deutschsprachigen Anbieter von Backlink-Daten betreiben ebenfalls sehr viele Server, um das Crawlen von Websites und das damit verbundene Sammeln und Aktualisieren von Backlinks zu ermöglichen. Genau hier unterscheiden sich die verschiedenen Tools auch. Achten Sie also auf Unterschiede in Bereichen wie Crawltiefe, Schwerpunkte auf großen oder kleinen Websites, Aktualisierungsgrad der Backlinks und auf andere kritische Faktoren.
>
> Bei mindshape nutzen wir verschiedene Tools als Quellen und kombinieren die Datensätze dann, entfernen Dubletten und nivellieren somit die Schwächen einzelner Backlink-Datenbanken.

11 Offpage-Optimierung (Linkbuilding)

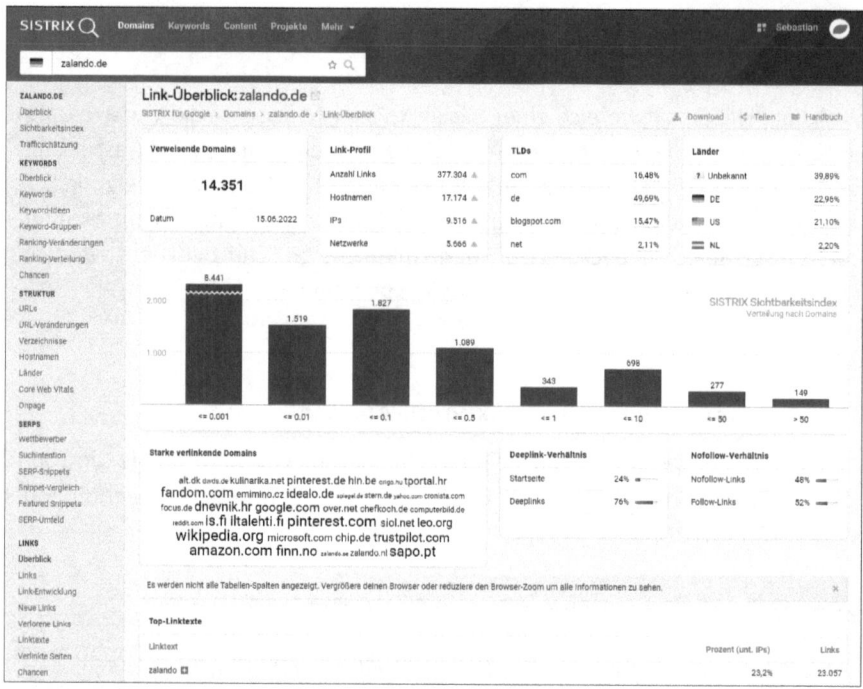

Abbildung 11.11 Backlink-Daten bei SISTRIX

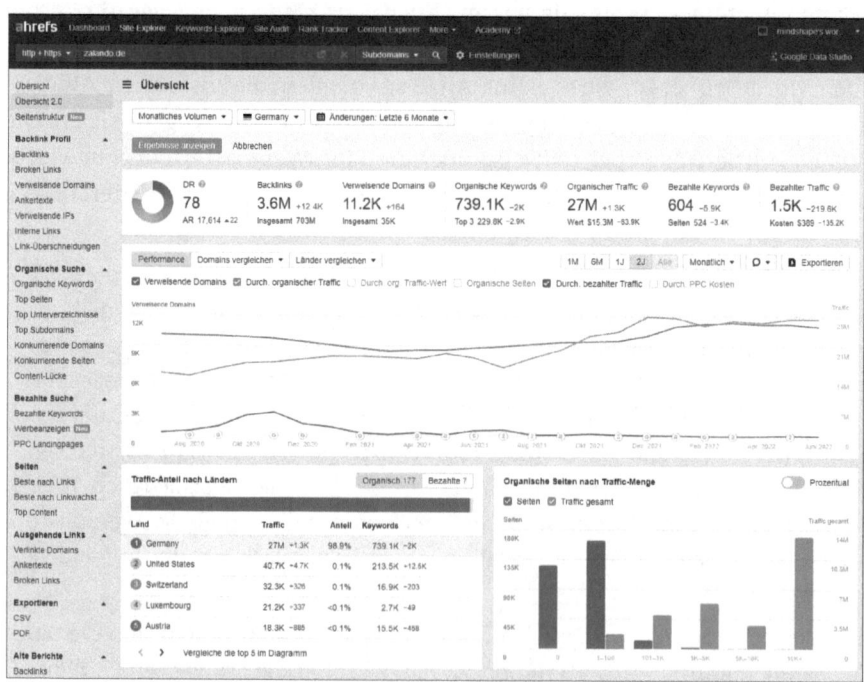

Abbildung 11.12 »www.ahrefs.com« liefert Backlink-Analysen und Backlink-Daten.

Zu eigenen Domains bietet die Google Search Console entsprechende Daten zu den Backlinks (siehe Abbildung 11.13).

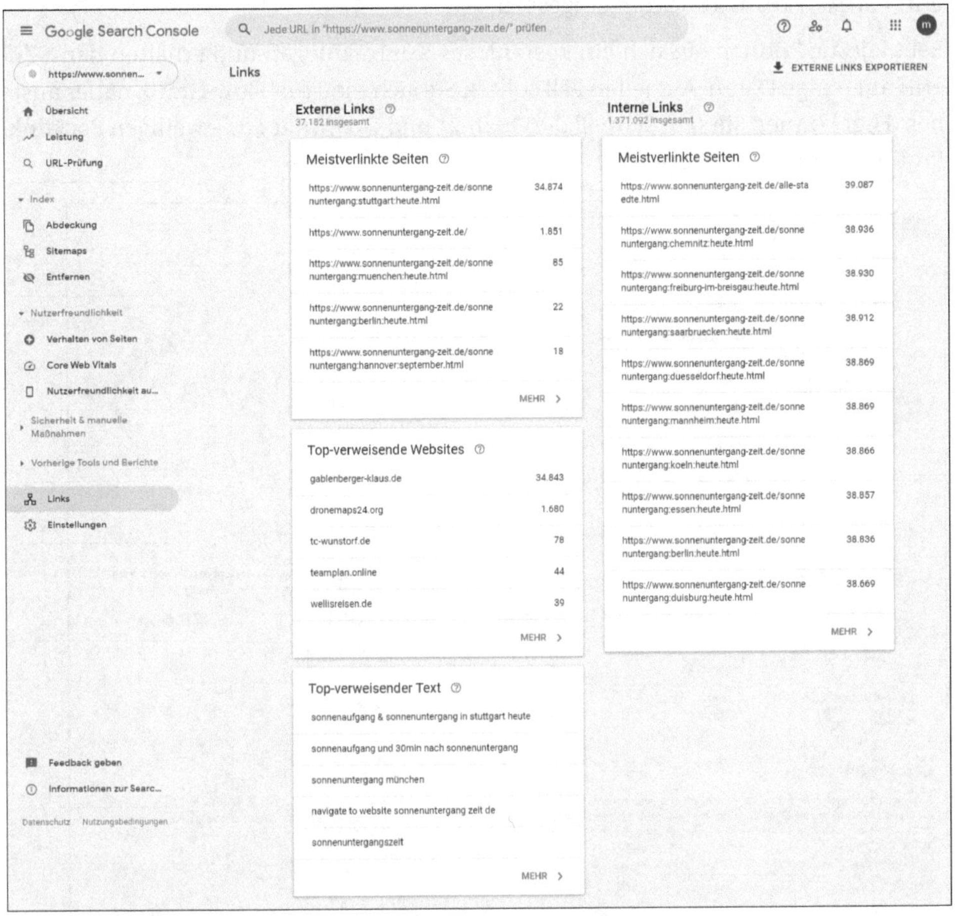

Abbildung 11.13 Anzeige der Backlinks über die Google Search Console

> **Praxistipp: Exportfunktionen beachten**
>
> Die Google Search Console wird stetig verändert und weiterentwickelt. Beachten Sie bei der Anzeige der eingehenden Links unbedingt auch die Exportfunktionen wie etwa EXTERNE LINKS EXPORTIEREN. Hier erhalten Sie eine CSV-Datei mit den jeweiligen Erkennungsdaten von Google. Das sind wertvolle Informationen, die in der Search Console selbst nicht direkt angezeigt werden.
>
> Die Search Console verfügt seit 2015 auch über eine mächtige API-Programmierschnittstelle – für Entwickler und Entwicklerinnen eine spannende Quelle, leider (noch) ohne Zugriff auf die Linkexportmöglichkeit.

11 Offpage-Optimierung (Linkbuilding)

Für den US-amerikanischen Markt und große deutschsprachige Websites wird auch häufig der Link-Explorer von MOZ unter *https://moz.com/link-explorer* oder Majestic unter *https://de.majestic.com* eingesetzt.

Bei Majestic können Sie sich ein kostenloses Konto anlegen und erhalten dann Zugriff auf einige Daten. Auf jeden Fall sollten Sie sich die TrustFlow-Grafik näher ansehen. Hier können Sie sehr schnell die Qualität und Quantität des jeweiligen Backlink-Profils einer Domain einsehen.

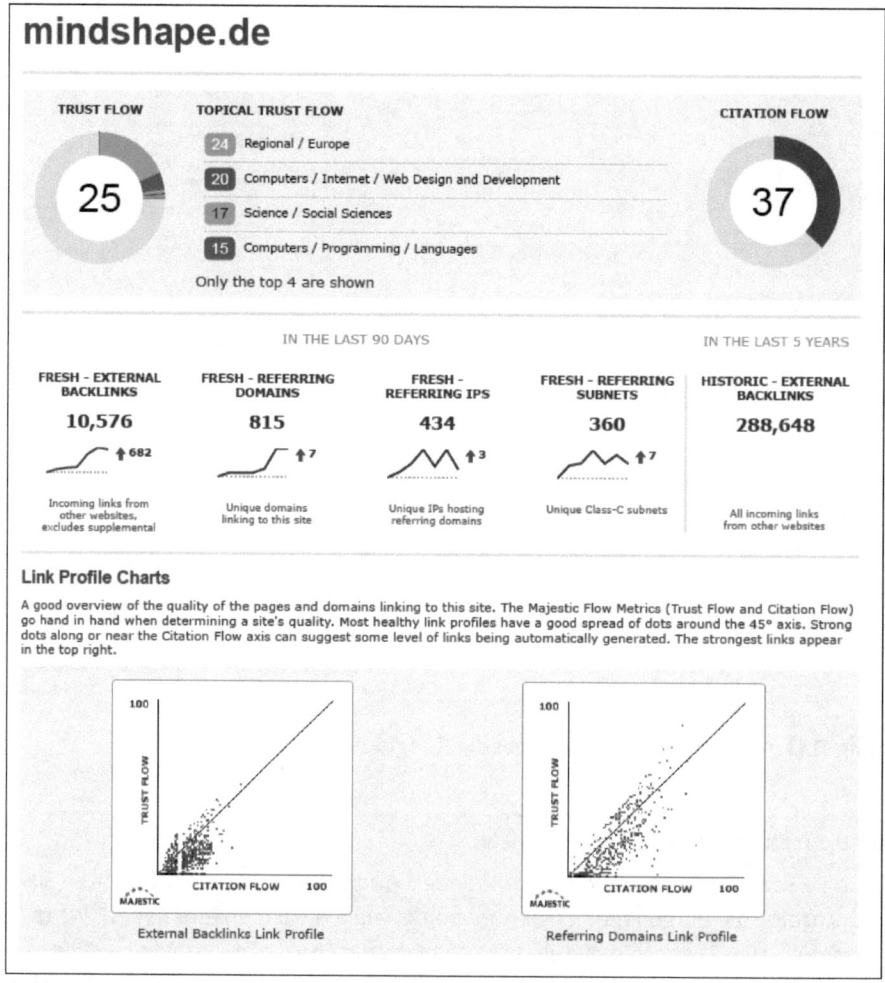

Abbildung 11.14 Majestic-Backlink-Analyse mit TrustFlow-Grafik

Unabhängig von dem jeweils eingesetzten Tool sind bestimmte Begrifflichkeiten und Konzepte immer identisch oder zumindest sehr ähnlich. Die wichtigsten für die Backlink-Profil-Analyse sind dabei:

Host

Der *Host* bzw. die *Domain* wird aus der gesamten URL extrahiert und einzeln dargestellt. So können auch verschiedene Links von mehreren Unterseiten einer Domain zusammengefasst werden:

quelldomain.de

IP-Adresse

Aus der Domain ist dann auch die IP-Adresse zu erkennen, auf die die Domain auflöst. Dazu können Sie über die Kommandozeile die Domain mit `ping www.quelldomain.de` anpingen (siehe Abbildung 11.16), oder Sie nutzen ein entsprechendes Tool im Web (etwa *www.dnswatch.info/de*).

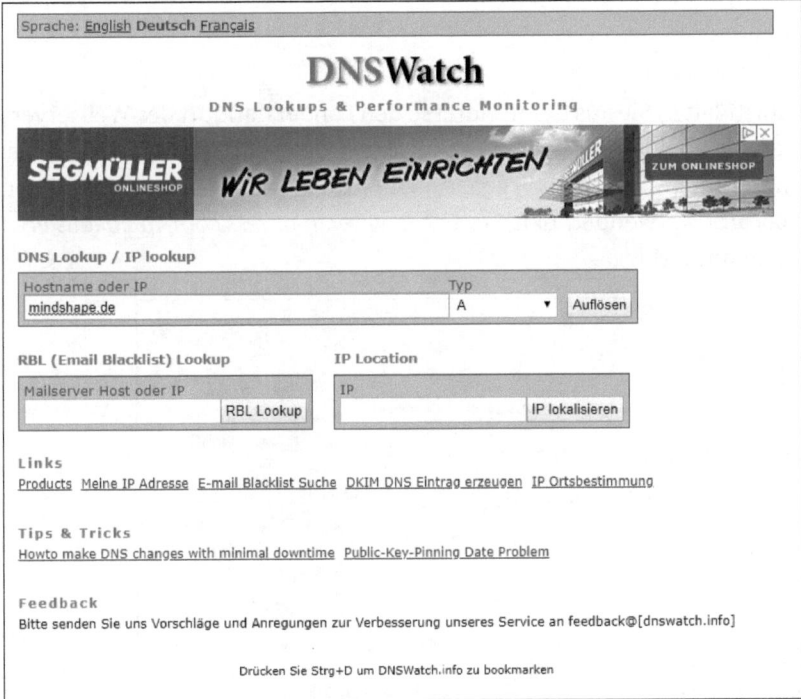

Abbildung 11.15 IP-Auflösung mittels Webtool

Sie erhalten nun eine vollständige IP-Adresse, etwa:

`212.221.234.41`

Für spätere Analysen hat es sich bewährt, den letzten Block der IP-Adresse zu entfernen und die damit entstehende dreigliedrige C-Block-Adresse als eigenes Feld in der Liste anzulegen.

```
Eingabeaufforderung

Microsoft Windows [Version 10.0.18363.720]
(c) 2019 Microsoft Corporation. Alle Rechte vorbehalten.

C:\Users\erlho>ping mindshape.de

Ping wird ausgeführt für mindshape.de [136.243.175.92] mit 32 Bytes Daten:
Antwort von 136.243.175.92: Bytes=32 Zeit=55ms TTL=56
Antwort von 136.243.175.92: Bytes=32 Zeit=52ms TTL=56
Antwort von 136.243.175.92: Bytes=32 Zeit=52ms TTL=56
Antwort von 136.243.175.92: Bytes=32 Zeit=60ms TTL=56

Ping-Statistik für 136.243.175.92:
    Pakete: Gesendet = 4, Empfangen = 4, Verloren = 0
    (0% Verlust),
Ca. Zeitangaben in Millisek.:
    Minimum = 52ms, Maximum = 60ms, Mittelwert = 54ms

C:\Users\erlho>
```

Abbildung 11.16 Ping mit dem Windows-Terminal

Standort

Im nächsten Schritt leiten Sie aus der IP-Adresse den Länderstandort des Webservers ab. Dazu können Sie ebenfalls eines der zahlreichen frei verfügbaren Tools nutzen. Um herauszufinden, dass sich die oben genannte IP-Adresse in Deutschland befindet, wurde der IP-Locator verwendet, den Sie unter *www.ip-adress.com/ip_lokalisieren* finden (siehe Abbildung 11.17).

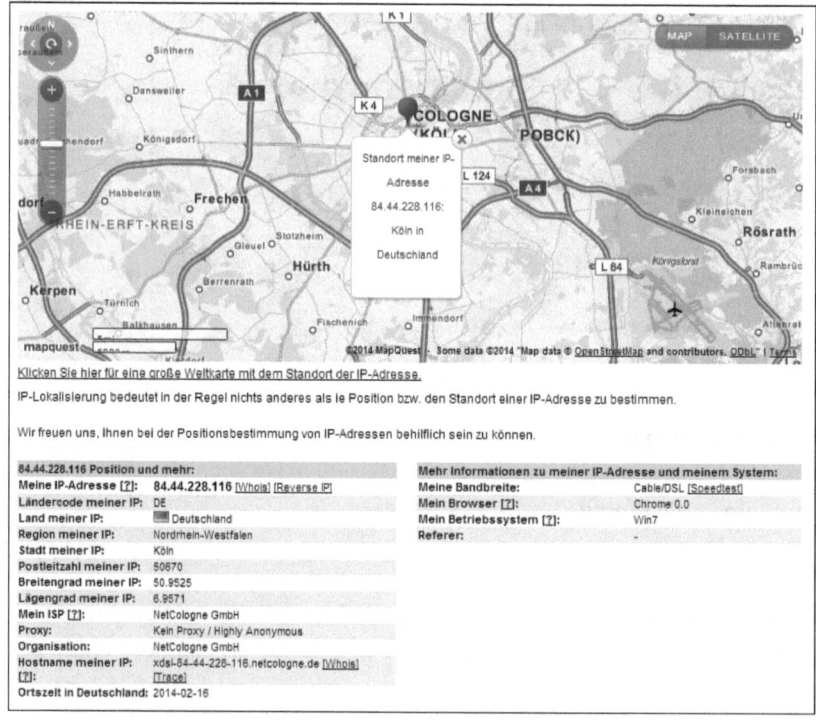

Abbildung 11.17 Den Standort eines Servers können Sie über die IP-Adresse herausfinden.

Viele kostenpflichtige SEO-Tools bieten ebenfalls Unterstützung bei der Backlink-Recherche an und liefern gleich die IP-Adresse, den Host und andere Daten mit. Spätestens wenn Sie regelmäßig mehrere hundert Backlinks prüfen müssen, empfehle ich dringend den Einsatz solcher Tools. Sie sparen einfach enorm Zeit. Die manuelle Prüfung sollte man eher für wenige Fälle in Betracht ziehen und wenn man keine Tools einsetzen kann.

Linktyp

Nachdem Sie nun alle Informationen aus der URL gelesen haben, betrachten Sie anschließend den Link selbst. Nehmen Sie als zusätzliche Information den Linktyp auf. Eine übliche Typologie könnte wie folgt aussehen. Sie unterscheidet zwischen der Einbettung des Links und der Umsetzung.

Die Einbettung kann z. B. diese Ausprägungen aufweisen:

- **Content-Link**: Das ist ein Link aus einem Fließtext oder einer Aufzählung heraus, der sich im eigentlichen Inhaltsbereich einer Website befindet.
- **Footer-Link**: Das ist ein Link aus dem Footer-Bereich, der sich meist am unteren Bereich einer Website befindet.
- **Header-Link**: Gelegentlich findet man rechts oben über dem eigentlichen Webdesign einige wenige Verweise. Meist sind diese auf das Impressum, den Kontakt oder andere interne Seiten verlinkt. Da sie im Quelltext weit oben stehen, sind Header-Links allerdings auch als Backlink geeignet und bilden damit einen anderen Typ als der Footer-Link.
- **Hidden Link**: Dies sind Verweise, die auf den ersten Blick auf der Website nicht ersichtlich sind, weil sie entweder absichtlich oder unabsichtlich versteckt wurden.

Der Linktyp wird nicht nur anhand der Einbettung unterschieden, sondern auch noch nach der Art der technischen Umsetzung. Hier finden Sie vor allem die folgenden Ausprägungen:

- **Textlink**: In den meisten Fällen handelt es sich bei Backlinks um einen reinen Textlink. Dieser wird mit dem einfachen `<a>`-Tag beschrieben und enthält einen Anchor-Text, auf den ein Nutzer oder eine Nutzerin klicken kann:

    `<a href="http://www.ziel.de">Anchor-Text</a>`

- **Bildlink**: Auch Bilder können mit einem Link versehen werden. Innerhalb eines `<a>`-Tags befindet sich dann ein `<img>`-Tag:

    ```
    <a href="http://www.ziel.de">
      <img src="bild.jpg" alt="Bildbeschreibung" title="Bildbeschreibung"/>
    </a>
    ```

Bei einem Bildlink können Sie sich für eine sehr detaillierte Auswertung zusätzlich die Höhe und Breite in Pixeln notieren. Große Bilder als Linkquelle sind in der Regel besser für die Ranking-Bewertung als kleine. Größere Bilder werden von Nutzern und Nutzerinnen häufiger angeklickt, und damit entspricht diese Behandlung eher dem Random-Surfer-Modell.

- **Image-Map**: Wenn ein Bild mehrere Links enthalten soll, greift man auf eine sogenannte *Image-Map* zurück. Mit ihr kann man verschiedene Stellen über Koordinaten in einem Bild mit einem Link versehen.

Notieren Sie sich bei den Backlink-Quellen jeweils den Linktyp für die spätere Auswertung. Diese Liste ist nicht zwingend vollständig oder für alle Zwecke geeignet. Sie dient nur als Anregung für Ihre eigene Klassifikation.

Linkbezeichnung

Besonders wichtig ist Text, mit dem auf eine Seite verlinkt wird. Der Anchor-Text sollte daher, wenn es sich um einen Textlink handelt, ebenfalls als Datenelement aufgenommen werden.

> **Praxistipp: Der Anchor-Text ist wichtig**
>
> Die Analyse des Anchor-Textes ist seit dem Penguin-Update besonders wichtig. Viele Websites sind abgestraft worden, weil zu viel mit dem immer gleichen Anchor-Text »hart« verlinkt wurde. Achten Sie also bei der Analyse (und natürlich beim Linkbuilding) darauf, dass keine unnatürlich häufige Nennung einzelner Anchor-Texte auftritt. Ausnahmen bilden hier Marken- oder Firmennamen. Hier ist Google toleranter, weil eine häufige Marken- oder Firmennennung in Links durchaus natürlich ist.

Auch ein Bildlink hat gewissermaßen eine Linkbezeichnung. Wenn es sich um einen Bildlink handelt, sollten Sie sich auch den Inhalt des `<alt>`- und `<title>`-Attributs herausschreiben. Das `<title>`-Attribut kann im Übrigen auch bei Textlinks eingesetzt werden – auch das sollten Sie sich notieren.

Das Untersuchen von Quelltexten kann eine zeitaufwendige Arbeit sein, weil Sie ständig an die entsprechende Stelle des Quelltextes springen müssen. Chrome, Firefox und alle anderen Browser stellen dafür die mittlerweile fest integrierten *DevTools* bereit. Ich arbeite gerne mit den Chrome DevTools, da diese am umfangreichsten sind für SEO-Arbeiten.

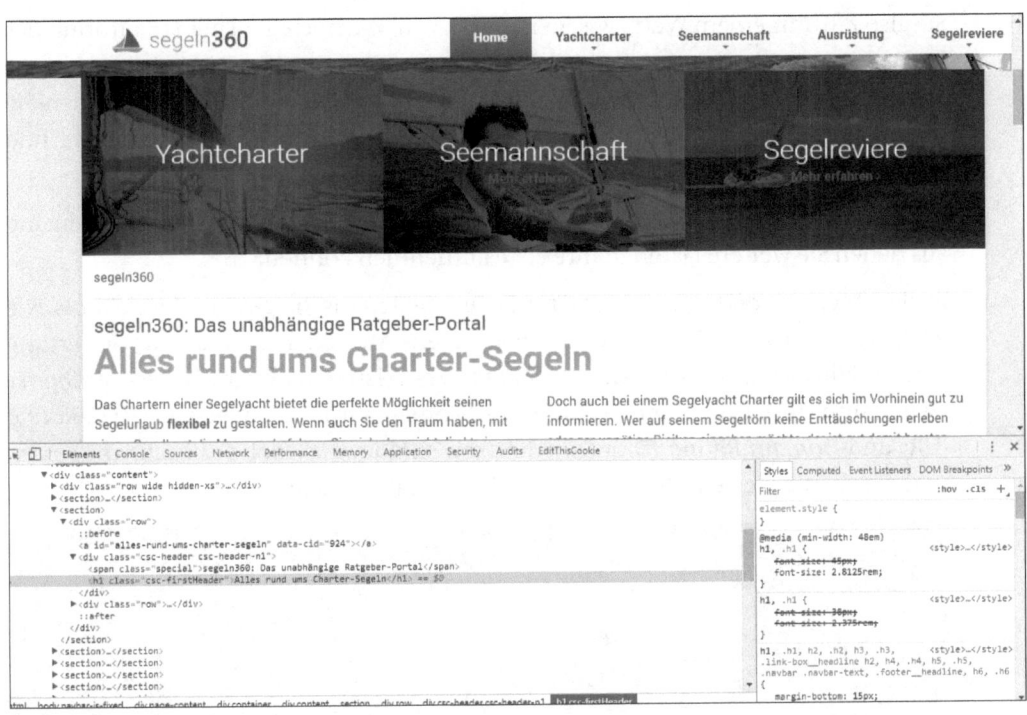

Abbildung 11.18 Chrome DevTools im Einsatz, um die H1-Überschrift zu verifizieren

»follow«-Link und »nofollow«-Link

Notieren Sie sich zusätzlich, ob der entsprechende Link ein `nofollow`-Attribut besitzt oder nicht. Gerade bei Links aus Weblog-Kommentaren wird dies häufig der Fall sein. Ein `nofollow`-Link sieht z. B. so aus:

`<a href="http://www.ziel.de" rel="nofollow">Anchor-Text</a>`

Google unterstützt neben `nofollow` auch noch `sponsored` für bezahlte Links und `ugc` für User-Generated-Content. Auch Kombinationen sind möglich und sollten jeweils dokumentiert werden:

`<a href="http://www.ziel.de" rel="nofollow sponsored">Anchor-Text</a>`

Weitere Kennzahlen

Neben diesen typologischen und inhaltlichen Kennwerten müssen Sie jetzt nur noch einige andere Bewertungen der linkgebenden Quelle mit in Ihre Liste aufnehmen.

Leider zeigen die Suchmaschinen selbst keine Metriken zu den Linknetzwerken an. Daher müssen Sie sich selbst helfen. Oftmals reicht hier eine grobe Schätzung. Geben

Sie also z. B. mit einem Wert zwischen 0 und 4 an, wie hoch die Themenautorität des Linkgebers ist. 0 ist dabei gleichbedeutend mit keiner Autorität. Die Angabe 4 ist eine klare Autorität. Damit können Sie den TrustRank ein wenig abbilden. Nehmen Sie diese Abschätzung einmal für die konkrete URL, wahrscheinlich eine Unterseite, und einmal für die gesamte Domain vor, die die Seite mit dem Backlink enthält.

Daneben gibt es zahlreiche andere Quellen, die Ihnen bei der Abschätzung helfen und aus denen Sie weitere Daten in Ihre Liste aufnehmen können.

In der Agenturpraxis nutzen wir als Datenquelle einschlägige Backlink-Tools wie *ahrefs.com*. Diese Tools berechnen verschiedene Metriken, die man zur Bewertung von Backlinkstrukturen heranziehen kann. So existieren Werte zu *Page Authority* (Seitenautorität) oder *Domain Authority* (Domainautorität) oder auch *URL-Rating* (UR) und *Domain-Rating* (DR). Die Metriken sind jeweils toolspezifisch, am besten schauen Sie sich jeweils die passende Dokumentation dazu an.

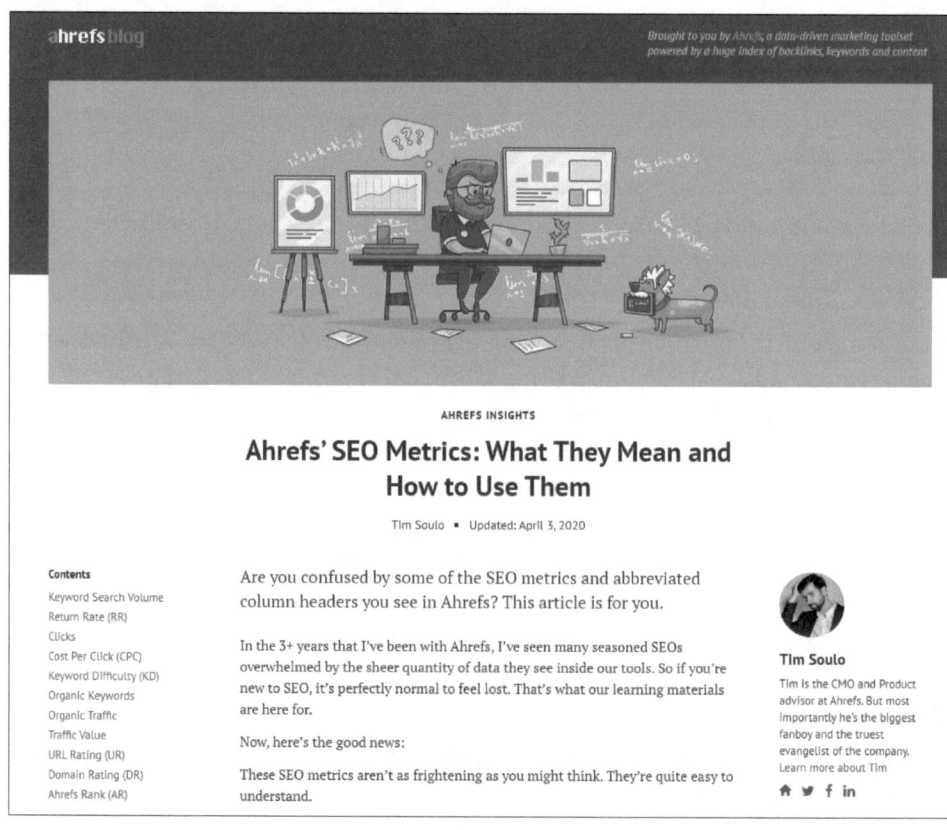

Abbildung 11.19 Bei jeder Toolnutzung sollten Sie die programmeigenen Metriken kennen, hier am Beispiel von »ahrefs.com« (»https://ahrefs.com/blog/ahrefs-seo-metrics/«).

Eine Programmierschnittstelle (API) erlaubt dann auch die Nutzung dieser Metriken für einige Datenbestände. Wenn Sie über entsprechende Programmierkenntnisse und den notwendigen Bedarf verfügen, können Sie unter *http://moz.com/products/api* mehr zur Schnittstelle und ihren Funktionen erfahren und sich selbst ein Import-Tool programmieren, um die Authority-Daten auszulesen.

Zusätzlich bieten nahezu alle Toolanbieter für Browser Toolbars an. Die beliebte Moz-Bar ist beispielsweise kostenfrei unter *https://moz.com/products/pro/seo-toolbar* verfügbar und zeigt zusätzliche Informationen zu der gerade besuchten Website und Domain an.

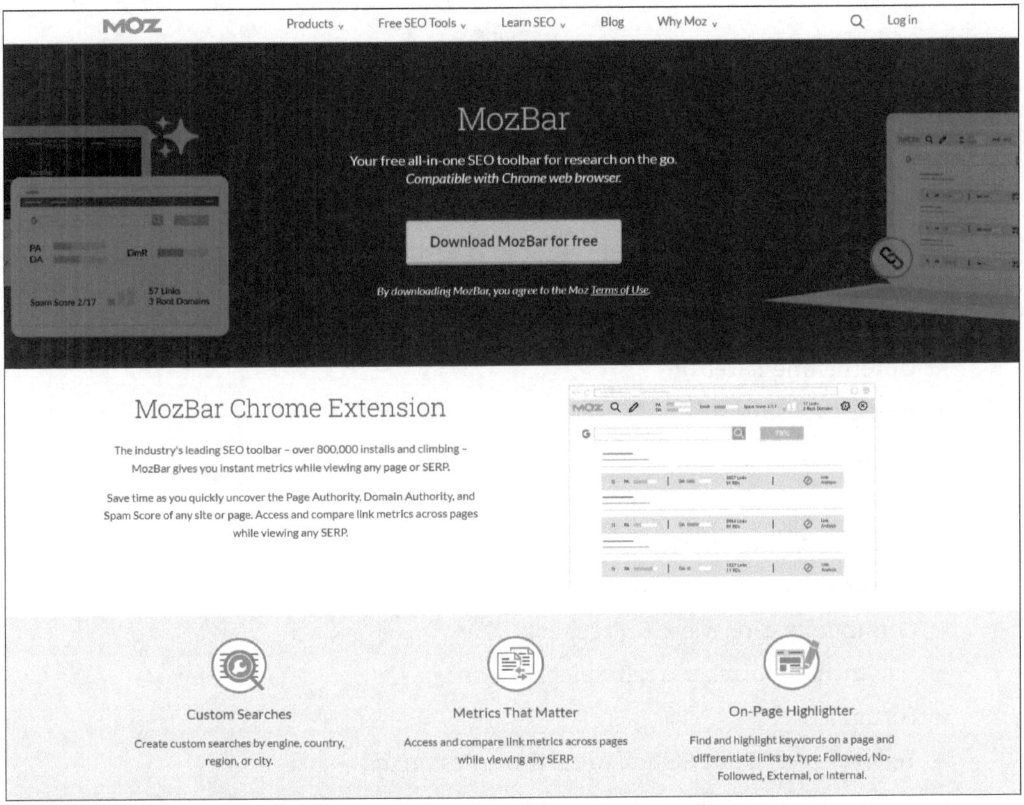

Abbildung 11.20 MozBar ist kostenfrei nutzbar

Mit einer registrierten Version (Pro-Zugang) erhalten Sie alle Informationen. Jedoch auch ohne Pro-Zugang können Sie einen interessanten Wert in Ihre Liste übernehmen. So gibt etwa der *spamScore* Aufschluss darüber, wie »spammy« ein Linkprofil ist. Die Werte der *Page Authority* (PA) und *Domain Authority* (DA) helfen ebenfalls bei einer Bewertung.

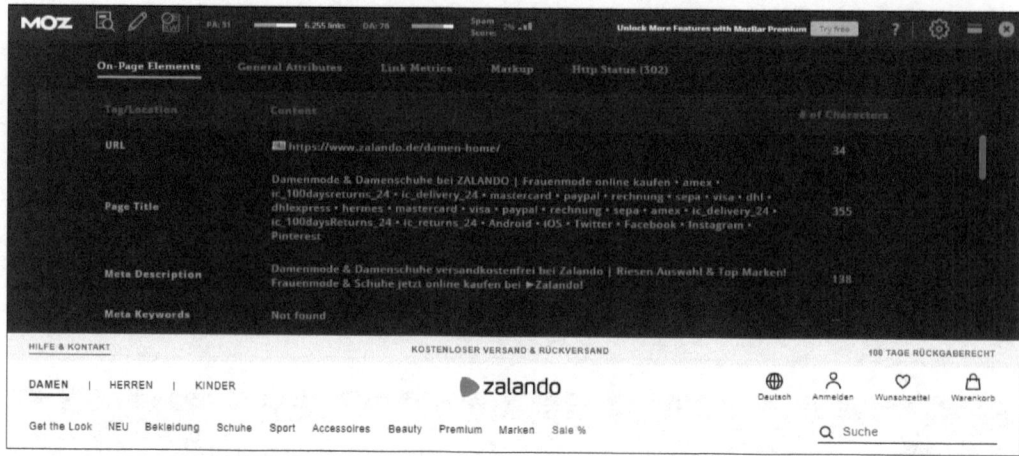

Abbildung 11.21 MozBar im Einsatz

Website-Genre

Notieren Sie sich außerdem das Genre der Website, die den Backlink enthält. Suchmaschinen unterscheiden zwischen verschiedenen Website-Genres, daher ist diese Bestimmung interessant für die Backlink-Profil-Analyse. Typische Genres sind z. B.:

- Unternehmenswebsite
- Vereinswebsite
- Organisationswebsite
- Weblog
- Wiki, wie z. B. Wikipedia
- Linkliste
- Community-Site, wie z. B. Facebook
- Nachrichtenportal, wie z. B. Spiegel Online
- Forum
- Yellow Pages/Gelbe Seiten, wie z. B. *meinestadt.de*
- News-Aggregator, wie z. B. Google News
- Mikroblogging-Dienst, wie z. B. Twitter

Je nachdem, in welcher Branche und zu welchem Thema Sie die Analyse durchführen, sollten Sie bestimmte Genres zusammenlegen oder auch weiter unterscheiden. Die Liste soll hauptsächlich zur Verdeutlichung dienen.

11.5.3 Auswertung der Daten

Sie haben nun eine Menge Daten aufwendig zusammengestellt. Das allein war bereits sehr hilfreich. Denn Sie haben ein sehr gutes Gefühl dafür bekommen, welche Art von Backlinks Ihre virtuellen Mitbewerber gesetzt haben und wie sich das Linkprofil qualitativ zusammensetzt. Damit haben Sie gewissermaßen die qualitative Netzwerkanalyse bereits erledigt.

Vor allem bei zahlreichen Backlinks sollten Sie nun noch eine quantitative Analyse anschließen. Stellen Sie für jeden virtuellen Mitbewerber diese Ergebnisse aus Ihren gesammelten Daten zusammen, und Sie erhalten ein vergleichbares quantitatives Bild des Linkprofils.

- Anzahl unterschiedlicher IP-Quellen (IP-Popularity)
- Anzahl unterschiedlicher C-Blöcke der IP-Adressen (C-Block-Popularity)
- relative Verteilung der Serverstandorte (Country-Popularity)
- Anzahl unterschiedlicher Domains (Domain-Popularity)
- häufig genutzte Anchor-Texte
- relative Verteilung der Linktypen (Art und Herkunft)
- durchschnittlicher PageRank, TrustRank, MozRank etc.
- Verteilung der nofollow/follow-Links (mit sponsored- und ugc-Anteilen)
- relative Verteilung des Website-Genres

Abschließend gebe ich Ihnen ein Beispiel, wie eine Zusammenfassung einer solchen Linkprofil-Analyse aussehen könnte. Dies ist wie so häufig nur ein Vorschlag – es gibt keine Richtlinien oder Regeln, wie eine Analyse konkret durchgeführt oder ausgewertet werden muss. Wichtig ist immer, dass Sie mit solchen Analysen Klarheit gewinnen und Ihrem definierten Optimierungsziel näherkommen.

- Die Website *www.konkurrenz-domain.de* verzeichnet insgesamt 30 eingehende Links.

  Interpretation: Der Anbieter der Website scheint kein ausgiebiges Linkbuilding betrieben zu haben oder steht noch am Anfang. 30 Backlinks sind definitiv nicht viel.

- Der selbst bestimmte, durchschnittliche TrustRank beträgt 0,3.

  Interpretation: Die Backlink-Quellen scheinen keine thematischen Autoritäten zu sein. Mit gezielter Platzierung von Links auf thematisch passenden Websites (hier zum Thema Wutachschlucht und Wandern) ist dieser Wert schlagbar.

- 60 Prozent der Links sind nofollow-Links aus Weblogs.

  Interpretation: 60 Prozent sind ein hoher Anteil. Über die Hälfte der eingehenden Links vererben keinen Linkjuice, da sie mit dem nofollow-Attribut versehen sind. Entweder ist der Webautor oder die Webautorin der Website aktiv gewesen und

hat sich an Diskussionen zum Thema Wandern beteiligt, oder er bzw. sie hat Kommentar-Spamming betrieben. Ein Blick in die Kommentarbeiträge würde hier Klarheit bringen.

- 60 Prozent der Backlinks stammen von Weblogs, 20 Prozent von Foren und 20 Prozent von Unternehmenswebsites.

  Interpretation: Die 20 Prozent Forenanteil weisen darauf hin, dass der Webautor oder die Webautorin dort einige wenige Kommentare mit einem Link hinterlassen hat. Dies würde man bei einer Optimierung der eigenen Seite durch Linkbuilding ebenfalls erreichen können. Interessant ist der Anteil von Unternehmenswebsites. Hier scheint der Webautor oder die Webautorin gezielt Backlinks generiert zu haben.

- Bis auf zwei Verweise sind alle Backlinks Textverweise.

  Interpretation: Textlinks sind üblich. Vor allem bei der hohen Anzahl von Blog-Kommentaren ist dieses Ergebnis nicht verwunderlich.

- 60 Prozent der Links sind Kommentarlinks aus Weblogs, 10 Prozent Footer-Links, 30 Prozent Content-Links aus Fließtexten.

  Interpretation: Auch dies passt ins Bild. Allerdings sind die Content-Links mit knapp einem Drittel interessant. Hier müsste man genauer nachsehen, woher diese stammen, und dann für das eigene Linkbuilding versuchen, mindestens ebenso viele Content-Links aus gleichwertigen Quellen zu erhalten. Die 60 Prozent Kommentarlinks würde ich nicht versuchen, nachzubauen. Das ist keine zielführende Linkbuilding-Taktik mehr.

- Alle Links stammen von Webservern aus Deutschland.

  Interpretation: Dies ist bei kleinen deutschsprachigen Websites durchaus üblich.

- Die Domain-Popularity liegt bei 100 Prozent, d. h., es gibt keine Domain, die mehr als einen Link auf die Zielseite setzt.

  Interpretation: Das ist ein guter Wert, der an dieser Stelle keine weiteren Aussagen zulässt.

- Die drei verschiedenen Unternehmenswebsites, von denen Backlinks stammen, besitzen alle den gleichen C-Block in der IP-Adresse.

  Interpretation: Dies ist hingegen eine interessante Beobachtung. Zusammen mit den anderen Angaben lässt dies vermuten, dass der Autor oder die Autorin der Wandern-Seite die Möglichkeit hatte, auf drei verschiedenen Unternehmenswebsites einen Link zu platzieren. Da die IP-Adressen sich lediglich im letzten, vierten Block unterscheiden und somit wahrscheinlich beim gleichen Webhosting-Provider liegen, scheint der gleiche Anbieter dahinterzustehen. So könnte z. B. der Betreiber der Wandern-Seite in einer Agentur arbeiten, die für Kunden Websites erstellt hat, und von dort dann die Links platziert haben.

An diesem Beispiel und den jeweiligen Interpretationen können Sie sehen, welche Hinweise man aus dem Backlink-Profil eines virtuellen Mitbewerbers herauslesen kann. Diese Daten sind wichtige Eckpunkte, an denen sich Ihre Website messen muss. Ihr Optimierungsziel im Linkbuilding ist es daher, mindestens ein ebenso gutes Backlink-Profil aufzubauen wie die virtuellen Mitbewerber. Wenn Sie noch ein Stück besser sind, werden Sie mit hoher Wahrscheinlichkeit an ihnen auf die vorderen Plätze vorbeiziehen. Dabei geht es nicht darum, dieses Linkprofil exakt nachzubauen und nur ein bisschen besser zu sein. Es dient primär als Anhaltspunkt und Analyse, wie der Stand bei Mitbewerbern ist und soll als Orientierungshilfe bzw. Benchmark für das eigene Linkprofil dienen.

> **Praxistipp: Linkprofil-Analyse ist Erfahrungssache**
>
> Die ersten Linkprofil-Analysen werden Ihnen vielleicht noch etwas schwerer fallen. Sie werden sehr viele Daten sammeln, die Sie vielleicht gar nicht benötigen. Mit steigender Erfahrung wird die Auswertung merkbar punktgenauer und treffender. Dennoch ist eine Linkprofil-Analyse nach wie vor noch viel Arbeit. Daran ändern auch die vielen Tools und Helferlein nichts. Ein perfektes Tool, das die Arbeit komplett automatisiert, ist mir bislang nicht begegnet.

11.6 Linkpartnerschaften

Nach einer Backlink-Analyse machen Sie sich selbst ans Werk und setzen aktiv Backlinks. Da Sie in den meisten Fällen nicht direkt auf fremden Seiten einen Link hinterlegen können, müssen Sie indirekt oder direkt die jeweiligen Webautoren und -autorinnen kontaktieren und bitten, einen Link auf Ihr Angebot zu platzieren.

Das ist zumindest die einfache Theorie hinter Linkpartnerschaften. Dieses Bitten bezeichnet man auch als *Seeding*, d. h., Sie verbreiten idealerweise Ihren guten Inhalt, und dieser wird dann verlinkt.

In vielen Fällen sind die Inhalte, realistisch betrachtet, jedoch nicht wirklich herausragend und verlinkenswert, und so mündet die Linksetzungsanfrage entweder in einem Linktausch oder einem Linkkauf – oder in einer unbeantworteten Anfrage.

11.6.1 Erfolgsquote und Stil

Im einfachsten Fall kennen Sie die jeweiligen Webautoren oder -autorinnen bereits, weil es Freunde, Freundinnen, Geschäftspartner, Lieferanten, Kunden oder andere Bekannte sind. Hier ist die Erfolgsquote meist am höchsten. Bei Neukontakten liegt die Erfolgsquote oft bei nur zehn Prozent. Das heißt, von zehn Kontakten, die Sie anschreiben oder ansprechen, wird am Ende ein Backlink generiert.

Ein entscheidendes Kriterium, ob eine Kontaktanbahnung zur Linkpartnerschaft erfolgreich sein wird, ist über alle Branchen hinweg der Stil, mit dem Sie an einen neuen Linkpartner herantreten. Sie sollten ihn auf jeden Fall individuell ansprechen. Verzichten Sie auf allgemeine und vorformulierte Sätze. Vor allem die in der Branche bekannten Sätze, die bei entsprechenden Softwarepaketen Standard sind, führen dazu, dass Ihre Anfrage überhaupt nicht beachtet wird. Unabhängig davon sollten Sie die rechtlichen Bedingungen für unverlangte Mails (Spam) beachten, die vor allem bei Privatpersonen gelten.

11.6.2 Qualitätskriterien potenzieller Linkpartner

Die Reputation potenzieller Linkpartner bei den Suchmaschinen ist enorm wichtig. Wenn Sie von zu vielen Websites verlinkt werden, die eine negative Reputation besitzen, erhalten Sie ebenfalls eine negative Reputation (*Bad Neighbourhood*). Im Gegensatz dazu profitieren Sie allerdings auch von Seiten mit besonders hoher Reputation oder besonders hohem Trust. Hier greift das TrustRank-Verfahren.

Daher sollten Sie sich gut überlegen, bei wem Sie anfragen, um einen Backlink zu erhalten. Ein entscheidendes Charakteristikum der Linkpopularität besteht darin, dass Hunderte von eingehenden Links von Webseiten mit eher geringem Trust nicht unbedingt einen so großen Effekt haben wie wenige Links von Webseiten mit einer hohen Linkpopularität und hohem Trust. Die Qualität der zukünftigen Linkpartner muss daher sichergestellt werden, um den Aufwand zu rechtfertigen.

Wenn Sie die folgenden Punkte ständig im Hinterkopf behalten, haben Sie sich eine sichere Basis für weitere Schritte geschaffen. Denn diese Grundlagen stellen die notwendige Voraussetzung dafür dar, dass eingehende Verweise auch wirklich den gewünschten Effekt erzielen, nämlich die Erhöhung der eigenen Linkpopularität.

- **Linkpopularität prüfen:** Wenn Sie möchten, dass jemand auf Ihre Site verlinkt, sollten Sie zunächst dessen eigene Link-Popularity überprüfen. Denn nach dem Prinzip der Vererbung kann ein Partner Sie bei Ihrem Vorhaben nur dann voranbringen, wenn er selbst über ausreichend hohe Werte verfügt.

  Viele Tools mit Backlink-Daten bieten auch eine Vergleichsfunktion an. Geben Sie hier einfach verschiedene Mitbewerber an, und anschließend erhalten Sie eine erste grobe Vergleichsanalyse (siehe Abbildung 11.22).

  Überprüfen Sie im Vorfeld die potenziellen Linkpartner auf deren Wert hin. Die Link-Popularity-Beurteilung eines Linkpartners hängt heute an vielen Indikatoren, für die es keine mathematische Formel gibt. Früher hat man den PageRank genutzt. Über die Backlink-Profil-Analyse haben Sie aber zahlreiche hilfreiche Indikatoren wie etwa die Domain Authority oder den Domain Rank kennengelernt, die Sie auch zur Bewertung von potenziellen Linkpartnern nutzen können.

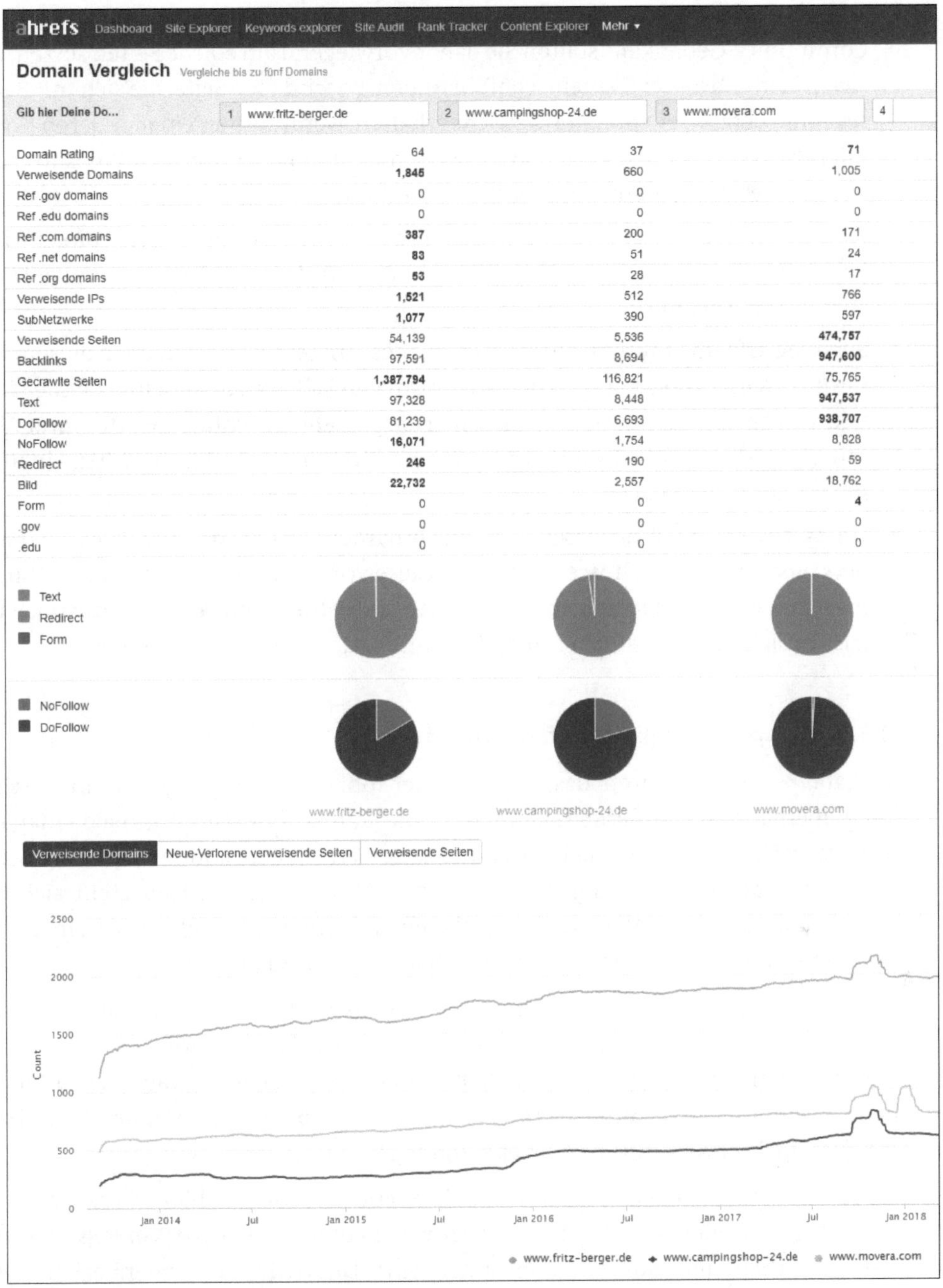

Abbildung 11.22 Vergleichsfunktion für Backlink-Profile von »ahrefs.com«

- **Themenkreise wahren**: Achten Sie bei der Suche nach Möglichkeiten zur Platzierung eingehender Links darauf, dass die Partnerseiten ein möglichst ähnliches Themengebiet abdecken. Dass die thematische Verwandtschaft bei der Link-Popu-

larity Berücksichtigung findet, wurde bereits mehrfach erwähnt. Im Sinne eines Community-Gedankens sollten Sie daher vorwiegend auf solche Seiten setzen, die sich innerhalb dieser Gemeinschaft befinden. So wird eine Seite, die sich mit Backrezepten befasst, ein höheres Gewicht erhalten, wenn sie von einer anderen Koch- oder Backseite verlinkt wird. Ein Verweis von einer gleichwertigen Website eines Autohauses bringt demnach weniger Punkte ein.

- **Exklusivität:** Je weniger Verweise eine Seite nach außen besitzt, desto stärker wirkt jeder einzelne nach außen. Die optimale Partnerseite besitzt daher wenige Links zu anderen Anbietern.
- **Suchbegriffe im Linktext:** Die Bedeutung des Linktextes spielt auch in diesem Zusammenhang eine wichtige Rolle. Im optimalen Fall enthält der eingehende Linktext von einer anderen Website nämlich die passenden Schlüsselwörter Ihrer Zielseite. Natürlich ist die Beeinflussung anderer Content-Anbieter in Sachen Linktext nicht immer so einfach.
- **Unterschiedliche IP-Adressen:** Achten Sie darauf, dass die Website Ihres Linkpartners eine andere IP-Adresse besitzt. Verweise von gleichen IPs bewerten die Suchmaschinen als weniger bedeutend, da hier die Wahrscheinlichkeit relativ hoch ist, dass es sich um ein und denselben Webautor oder Webautorin handelt.

11.6.3 An andere Webautoren herantreten

Sie haben soeben erfahren, dass bedeutender Inhalt die Grundlage für eine Verlinkung überhaupt ist. Außerdem kennen Sie die Gütekriterien für optimale Linkpartner. Wenn Sie diese Punkte beherzigt und umgesetzt haben, können Sie zum nächsten Schritt, der Optimierung der Link-Popularity, übergehen. Hier stellt sich die Frage, wie Sie an andere Webautoren und Webautorinnen mit der Bitte um einen Verweis herantreten, um eine möglichst positive Reaktion zu erhalten.

Neben einzelnen Personen eignen sich oftmals Websites von Organisationen oder Firmen als Linkpartner. So liegt es sicherlich nahe, dass ein Webautor oder eine Webautorin mit seiner Seite über Taubenzucht bei verschiedenen Taubenzuchtvereinen um einen Verweis bittet. Kein Verein wird dies ablehnen, wenn der Autor bzw. die Autorin das KAKADU-Prinzip beherzigt hat.

Im gewerblichen Bereich bestehen vielfältige Formen von geschäftlichen Beziehungen. Oftmals findet man bei Herstellern von Bauteilen aller Art Verweise auf die weiterverarbeitende Industrie oder umgekehrt. Dies trifft für Firmenbeziehungen (Business-to-Business, B2B) ebenso zu wie für direkte Beziehungen zum Endkunden (Business-to-Customer, B2C). So wird eine Agentur für Webdesign im Impressum des Kunden stets einen Verweis auf die eigene Seite platzieren. Dies erhöht nicht nur die Link-Popularity, sondern führt zusätzlich potenzielle Kunden, denen die Aufmachung der Seite gut gefällt, zum richtigen Ziel.

Im Prinzip sind Ihnen bei der Suche nach Personen oder Organisationen zur Platzierung keine Grenzen gesetzt. Solange Sie auf die genannten Qualitätskriterien achten, ist jeder entsprechende eingehende Link ein Gewinn.

Linkquelltext vorbereiten und anbieten

Beim passiven, indirekten Linkbuilding erfolgt die Verlinkung auf die eigenen Seiten meist unkontrolliert durch andere. Im Sinne der oben genannten Punkte wäre es hingegen wünschenswert, ein wenig Einfluss auf die Platzierung und Art des eingehenden Verweises nehmen zu können. Selbst wenn sich andere Autoren oder Autorinnen natürlich nicht gern beeinflussen lassen, können Sie unterschwellig bestimmte Informationen übermitteln. Damit erhöhen Sie die Wahrscheinlichkeit, dass eingehende Verweise optimal gestaltet sind. Zunächst setzen Sie wieder innerhalb der eigenen Webpräsenz an. Eine Seite nach dem Motto »Verweisen Sie auf uns« bietet erste Möglichkeiten zur Kontrolle eingehender Links. Bieten Sie auf dieser Seite ausgewählte URLs von Seiten der eigenen Webpräsenz an, die Sie gern verlinkt haben möchten. Stellen Sie dabei explizit den HTML-Code zur Verfügung, sodass andere Autoren diesen nur noch kopieren müssen. Oftmals werden auch Logos oder sogar Banner angeboten, die auf fremden Seiten platziert werden können. Bieten Sie in diesem Fall die Grafiken in verschiedenen Größen an. Außerdem sollten Sie auch hier den HTML-Code zum schnellen Einbinden bereitstellen.

Das Anbieten eines fertigen HTML-Codes hat den Vorteil, dass viele Autoren und Autorinnen diesen ohne Veränderung auf ihren Seiten übernehmen können. Vergessen Sie in diesem Zusammenhang die Kriterien der Onpage-Optimierung nicht, insbesondere des Linktextes und der Bilder. Oft werden Sie als Webautor oder -autorin selbst andere Anbieter per E-Mail kontaktieren. Dabei sollten Sie nicht automatisch auf die soeben angesprochene Seite verweisen. Kommen Sie dem anderen aktiv entgegen, und bitten Sie um die Platzierung eines Verweises. Dabei liefern Sie am besten den entsprechenden HTML-Code in der E-Mail gleich mit, um Ihrem Gegenüber die Sucharbeit abzunehmen.

Nachhaken und kontrollieren

Vielleicht hören Sie von anderen, dass ein Link auf Ihre Seite positioniert wurde. Meist ist dies mit der Bitte um eine Rückverlinkung verbunden. Überprüfen Sie unabhängig davon die Gestaltung des eingehenden Links. Verweist er auf die gewünschte Seite? Enthält er die passenden Schlüsselbegriffe? Falls nicht, melden Sie sich möglichst rasch bei dem Autor oder der Autorin. Die Wahrscheinlichkeit, dass er oder sie den Verweis ändert, ist erfahrungsgemäß höher, wenn nicht bereits Wochen oder Monate seit der Platzierung vergangen sind.

Natürlich können Sie auch selbst nach Verweisen suchen. Nutzen Sie dazu die entsprechenden Funktionen der Suchmaschinen. Scheuen Sie auch hier nicht davor zurück, einem anderen Content-Anbieter, der einen Verweis auf Ihre Website gesetzt hat, eine Verbesserung dieses Verweises vorzuschlagen.

11.6.4 Linktausch

Beim Linkbuilding werden Sie selten auf Webautoren oder -autorinnen treffen, die absolut begeistert sind von Ihrer Idee, einen Link auf Ihr Webangebot setzen zu dürfen. Wenn Sie derart bahnbrechende Inhalte anbieten, die eine solche Reaktion hervorrufen, müssen Sie in der Regel kein aktives Linkbuilding betreiben.

Insofern erwarten viele Webautoren und -autorinnen eine Gegenleistung von Ihnen. Wenn es kein monetäres Entgegenkommen ist (Linkkauf), handelt es sich meistens um einen *Linktausch*. Sie erhalten einen Backlink auf Ihre Website, und dafür setzen Sie im Gegenzug einen Link auf die andere.

> **Praxistipp: Linktausch mit Tauschdomains**
>
> Um einen Linktausch wirklich effizient durchführen zu können, benötigen Sie passende Domains, auf denen Sie den Tauschlink platzieren können. Meist geschieht dies in Form von Gastbeiträgen oder Advertorials. Unternehmen besitzen meist keine eigenen Linktausch-Domains im ausreichenden Maß, und Sie sollten auch keine Linktausche auf Mikroseiten durchführen – denn Linktausch-Domains stehen in ständiger Gefahr, von Google abgestraft zu werden. Das ist der Grund, warum viele Unternehmen das Linkbuilding an Agenturen auslagern, die solche Linktausch-Netzwerke pflegen.
>
> Der Linktausch ist faktisch im großen Maßstab 2013 und 2014 von Google angegriffen worden. Viele Linktausch-Domains in Netzwerken wurden aufgedeckt und entsprechend abgestraft. Auch wenn diese Domains stets unter dem Ranking-Radar flogen, haben sie doch damit die Tauschwertigkeit verloren. Google bewirkte damit vor allem eins: Viele Suchmaschinen-Optimierer und -Optimiererinnen kaufen mehr Links denn je (siehe Abschnitt 11.7).

11.6.5 Reziproke Links

Vorsicht – beim gegenseitigen Verlinken im Linktausch entsteht schnell ein reziprokes Linknetzwerk, und damit erreichen Sie genau das Gegenteil! Reziproke Links sind gegenseitig gesetzte Verweise. Wenn A auf B verlinkt und B auch auf A, dann spricht man von einem *reziproken Link*. Das ist häufig die Gefahr bei einem direkten Linktausch.

Es ist nun nicht unüblich, dass im Web reziproke Links existieren. Wenn Sie allerdings intensiven Linktausch mit reziproken Links betreiben, wird diese Menge an gegenseitiger Verlinkung überproportional ansteigen. Das entspricht dann wiederum nicht dem von Suchmaschinen ermittelten Durchschnitt und wird schnell ein Fall für eine Penalty.

11.6.6 Ringtausch

Wie kommen Sie nun aus dieser Falle heraus? Denn im Prinzip ist der Tausch von Links eine durchaus interessante Idee, auch wenn sie nicht im eigentlichen Sinne der Qualitätsrichtlinien von Google ist.

Anstatt direkt von A nach B und von B nach A zu verlinken, können Sie noch eine zweite Website von sich ins Spiel bringen. So kann Ihr Linktausch-Partner von seiner Domain auf Ihre Hauptdomain verlinken. Sie müssen aber nicht von Ihrer Hauptdomain zurückverlinken, sondern können dafür eine andere Domain nutzen. Der eigentliche Link wird also von A nach B gesetzt, der Tauschlink aber von C nach B und nicht von B nach A.

Die netzwerkanalytischen Fähigkeiten von Suchmaschinen sind allerdings so ausgefeilt, dass sie solche Ringtausche auch erkennen können, wenn sie sehr häufig vorkommen. Daher sollten Sie einerseits die Zweitdomain deutlich getrennt von der Hauptdomain halten. Andererseits sollten Sie nicht jeden Linktausch auf diese Weise und über die Zweitdomain durchführen.

Letztlich führt das dazu, dass Sie ein großes Netzwerk von verschiedenen Zweitdomains aufbauen und pflegen müssen. Diese sogenannten *Satelliten* müssen allerdings auch in der Bewertung der Linkpartner einen Tauschlink wert sein. Üblicherweise ist Ihre Hauptdomain die attraktivste Quelle für Tauschlinks. Vielleicht können Sie aber auch zwei schwächere Tauschlinks von Satellitensites im Gegenzug zu einem Link auf Ihre Hauptdomain eintauschen. Feilschen ist hier durchaus möglich.

> **Praxistipp: Nachhaltige SEO statt Satellitenaufbau**
>
> Aufbau und Pflege von Linktausch-Satelliten sind aufwendig, kostspielig und keine nachhaltige Strategie, da Google jederzeit die Websites aufdecken und abstrafen kann. Prüfen Sie also stets Ihre Optionen in anderen Optimierungsbereichen, und denken Sie an nachhaltige Suchmaschinen-Optimierung. Nur dann rechnet sich der Aufwand wirklich.
>
> Außerdem sind Sie heute ohnehin zu spät, denn Ihre Mitbewerber haben höchstwahrscheinlich schon vor Jahren mit dem Aufbau von Satelliten angefangen oder eine entsprechende Agentur damit beauftragt.

11.7 Linkkauf

Der Kauf oder Verkauf von Links ist der deutlichste Verstoß gegen die Qualitätsrichtlinien von Google und anderen Suchmaschinen-Anbietern. Dennoch gehört das Wissen um das Thema zum Grundwissen eines Suchmaschinen-Optimierers bzw. einer -Optimiererin – und sei es auch nur, um dieses Gebiet bewusst auszuklammern, wie es viele Agenturen und Freelancer tun.

11.7.1 Der Kaufmarkt

Der Markt für Linkkäufe gleicht einem Schattenmarkt und ist von außen nur schwer bis gar nicht einsehbar.

Linkverkäufer und ihre Linknetzwerke

Auf der einen Seite stehen Website-Betreiber, die meist sehr viele Domains unterhalten. Das Ziel dieser Domains ist ganz klar definiert: Es sollen Links verkauft werden, die in Form von einzelnen Links oder von Links innerhalb von Gastbeiträgen, redaktionellen Beiträgen oder Advertorials platziert werden.

Die Qualität reicht dabei von eher schlichten WordPress-Blogs mit dem Standard-Theme über komplex und aufwendig gestaltete Portale bis hin zu Unterverzeichnissen auf Websites von Zeitungs- und Zeitschriftenverlagen. Solche Projekte gelten gewissermaßen als »unechte Projekte«, wenn nur der Linkverkauf das Ziel ist.

Der Preis eines Links wird von der Wertigkeit der linkgebenden Domain bestimmt. Da es keinen PageRank mehr gibt, wird hier meistens ein Sichtbarkeitsindex als Vergleichsmaßstab genutzt. Ein Link von einer Domain mit einer Sichtbarkeit über 3 ist demnach günstiger als ein Link von einer Domain mit dem Sichtbarkeitsindex 12.

Linkverkäufer von »echten Projekten«

Als »echte Projekte« werden in der Fachsprache alle Domains bezeichnet, die eigentlich nicht zum Ziel des Linkverkaufs hochgezüchtet werden. Für viele Zeitschriftenverlage und Zeitungsverlage mit entsprechend hochwertigen Websites ist der Verkauf von Links sogar auf ihren Hauptwebsites ein einträgliches Zusatzgeschäft neben den üblichen Werbeeinnahmen. Aber auch Blogger und Bloggerinnen, Portalbetreiber und andere Webmaster mit »echten Projekten« verkaufen Links.

Linkbroker

Linkbroker besitzen keine eigenen Domains oder Netzwerke, sondern verkaufen Links an Endabnehmer. Man kann zwischen direkten und indirekten Linkbrokern unterscheiden. Die direkten Linkbroker haben meist direkten und persönlichen Kontakt zu den Linknetzwerkbetreibern.

Indirekte Linkbroker verkaufen Links, die sie selbst wiederum bei einem anderen Linkbroker kaufen. Natürlich ist der Preis des Links dann etwas höher, weil zwei Broker zwischendrin ihre Marge auf den Grundpreis aufschlagen.

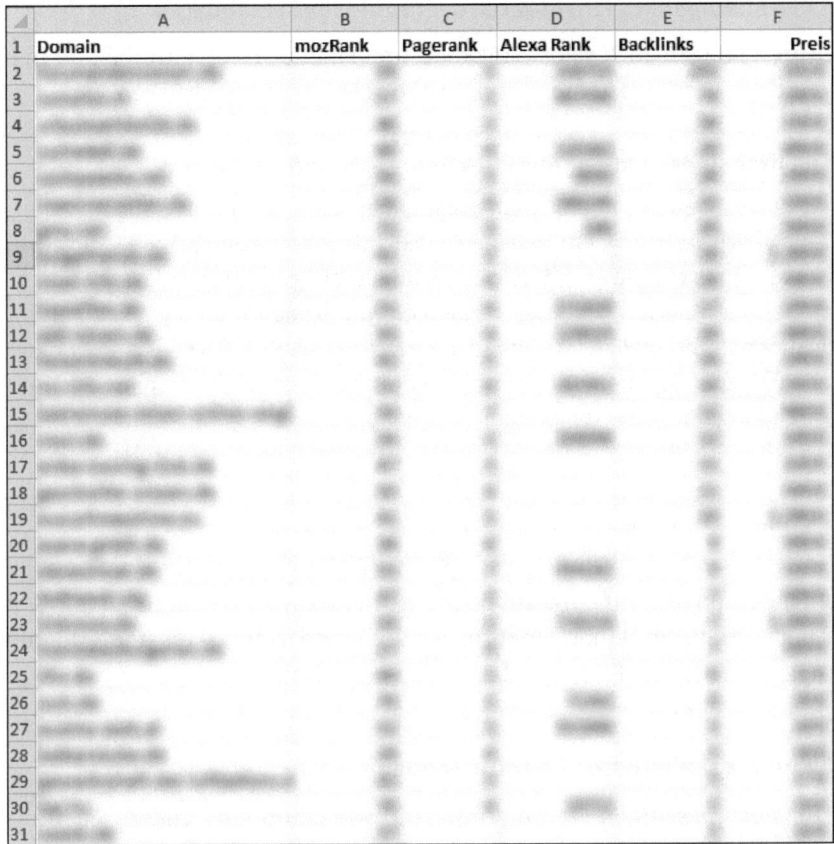

Abbildung 11.23 Einkaufen nach Liste – häufig in Excel

Die Linkbroker bieten Kauflisten wie die aus Abbildung 11.23 Agenturen, Freelancern und anderen Website-Betreibern an, die SEO durchführen. Dabei wird meist zunächst eine Verschwiegenheitserklärung (NDA, *Non-Disclosure Agreement*) unterzeichnet, und anschließend erhält man meist eine Excel-Liste mit Domains und entsprechenden Werten und Preisen. Viele Listen enthalten auch eine Themengliederung und weitere Daten – Service wird hier großgeschrieben.

Vermarktungsrechteinhaber

Vor allem bei größeren Domains existieren gewissermaßen Vermarktungsrechte an Links. Nicht jeder beteiligte Redakteur oder Redakteurin kann und soll Links verkaufen. Der Verkauf läuft über eine bestimmte Stelle entweder innerhalb des Unternehmens oder auch über Linkbroker, die entsprechende Vermarktungsrechte besitzen.

Agenturen

Nicht immer werden Links von einzelnen Website-Betreibern gekauft. Häufig unterhalten Agenturen, die im Auftrag eines Kunden das Linkbuilding organisieren, entsprechende Verbindungen zu Linkbrokern oder sind selbst Linkbroker.

Einige Agenturen pflegen auch selbst Linkkauf- und Linktausch-Netzwerke und maximieren somit den Profit, da keine Zwischenstationen die Marge drücken.

> **Praxistipp: Offen über Linkkauf mit Ihrer Agentur reden**
> Linkkauf ist nichts Illegales. In manchen Themenbereichen gilt er als obligatorisch und unausweichlich. Aber er verstößt gegen die Richtlinien von Google und kann abgestraft werden. Egal, wie Sie es mit dem Linkkauf halten – wichtig ist, dass Sie über die Arbeit Ihrer Agentur Bescheid wissen. Die Kommunikation sollte hier offen und ehrlich stattfinden. Und schließlich wird jede seriöse SEO-Agentur Sie auch über die Risiken des Linkkaufs aufklären. Das wird dann üblicherweise auch entsprechend in dem Dienstleistungsvertrag festgehalten.

Einzelne Linkkäufer

Am Ende der Kette stehen Linkkäufer, also letztlich Webmaster, die ihre Linkpopularität erhöhen möchten und auf Linkkauf oder Linkmiete zurückgreifen. Meist stoßen Webmaster per Anfrage auf einen Linkbroker oder einen Vermarkter und erhalten dann den Zugang zu den Kauflisten und damit zu mehr Domains.

11.7.2 Linkkauf als skalierbares Agentur-Modell?

Agenturen für Suchmaschinen-Optimierung sind wie kaum eine andere Agenturform im digitalen Bereich sehr schnellen Veränderungen unterworfen. Googles Innovationsgrad ist enorm, und die SEO-Agenturen müssen technologisch und wissenstechnisch Schritt halten, um am Markt bestehen zu können.

Gleichzeitig sind die Budgets von Kunden nach wie vor nicht vergleichbar mit den Budgets für klassische Werbeagenturen. SEO gilt häufig immer noch als Randgebiet. Dass es das nicht ist, weiß jeder, der ordentlich Suchmaschinen-Optimierung betrieben hat und entsprechende Erfolge verbuchen konnte. Doch vonseiten der SEO-Agenturen müssen flexible Prozesse gepflegt werden, um preisgünstig Suchmaschinen-Optimierung für Kunden betreiben zu können.

Ein dankbares Modell war bis 2013 vor dem Penguin-Update das Linkbuilding mittels Linkkauf. In den Linkbuilding-Verträgen konnten exakte Linkzahlen pro Monat festgehalten werden. Durch das Netzwerk von Linkbrokern konnte die Agentur quasi aus Excel-Listen Links kaufen, die Marge aufschlagen und dann entsprechend den Link an den Endkunden verkaufen. Das hat lange Zeit nicht nur marktwirtschaftlich sehr gut funktioniert, sondern sich auch in ordentlichen Rankings niedergeschlagen. Alle waren glücklich und zufrieden.

Google hat mit dem Penguin-Update das Spiel deutlich komplexer gemacht. Anfang 2014 wurden zahlreiche Linknetzwerke aufgedeckt und abgestraft, und der aktive Aufbau von Links und die Pflege eines natürlichen Linkprofils haben deutlich an Anspruch gewonnen. Die skalierbaren Prozesse funktionieren seither nicht mehr so gut und sind deutlich aufwendiger geworden.

Nachdem Google das Penguin-Update einspielte und ein Ruck durch den Markt ging, hätte man glauben können, dass der Linkkauf tot wäre. Allerdings verzeichneten die Beteiligten nach ein paar Tagen Schockstarre mehr Linkkauf denn je – und zwar zu noch gestiegenen Preisen.

Eine Ursache ist wohl die Tatsache, dass viele Domains neben dem Linkverkauf auch den Linktausch angeboten haben und ebenfalls abgestraft wurden. Die Netzwerke von Agenturen sind somit für den Tausch nichts mehr wert, und folglich bleibt zur Einhaltung der Verträge mit den Kunden nur noch der Kauf.

Die Alternative, nämlich das Verändern der Verträge und das offene Gespräch mit Kunden, ist dabei nicht immer so einfach, wie es auf den ersten Blick erscheint. Kleinere Agenturen können dies noch bewerkstelligen. Größere Agenturen können ihre Prozesse allerdings nicht so schnell verändern und müssen mehrere Dutzend Gehälter monatlich bezahlen.

Das Jahr 2013 ist als Jahr des Paradigmenwechsels in die SEO-Geschichte vor allem für reine Linkbuilding-Agenturen eingegangen, die es so heute auf dem Markt gar nicht mehr gibt.

11.7.3 Gibt es einen Zwang zum Linkkauf?

In einschlägigen Suchmaschinen-Optimierer-Kreisen hört man immer wieder, dass gerade bei sogenannten *High Potential Keywords* das Linkbuilding auf ehrliche Art (Whitehat-SEO) bei der hohen Anzahl und Stärke der Mitbewerber nicht mehr möglich sei. Betrachten Sie die Linknetzwerke von Unternehmen, die bei Suchanfragen wie »Hotel«, »Flug buchen« oder »private Krankenversicherung« in den Top 10 erscheinen, können Sie sich durchaus eine eigene Meinung dazu bilden. Fest steht, dass die Offpage-Optimierung in umkämpften Branchen immer aufwendiger wird. Und da die potenziell linkgebenden Domains um diesen Wettkampf wissen, verlangen sie für Linksetzungen entsprechend hohe Preise. Wer hier nicht mitspielt, ist schnell außen vor. Das wird sich erst ändern, wenn Google wirklich alle gekauften Links zuverlässig erkennt. Bis dahin besteht in einigen extremen Nischen quasi ein Zwang zum Linkkauf. Daraus resultiert die eigentliche Frage, inwieweit hier SEO noch der richtige Kanal ist.

11.7.4 Linkkauf und Linkmiete

Wenn es um Linkkauf geht, wird in den seltensten Fällen ein Link tatsächlich auf Lebenszeit gekauft. Vielmehr handelt es sich faktisch um eine Mietgebühr, die für die Platzierung eines oder mehrerer Links berechnet wird. Diese Miete läuft meist über mindestens ein oder zwei Jahre. Manchmal wird auch die Linksetzung garantiert, solange eine Domain im Besitz des Linksetzers ist.

Tatsächliche Linkmiete

Die Linkmiete selbst existiert allerdings auch als selbstständiges Abrechnungskonzept. Vor allem in bestimmten Linknetzwerken wird die Zahlung monatlich getätigt. Damit wird sichergestellt, dass der Linksetzer nach einer Einmalzahlung wie beim Kauf den Link nicht wieder nach wenigen Tagen entfernt und das Geld nicht zurückzahlt. Kaufverträge sind in der Branche eher unüblich, sodass hier eine rechtliche Handhabe wohl schwer sein wird. Trotz des offensichtlichen Vorteils hat sich die Linkmiete nicht so richtig durchsetzen können – wohl aufgrund des erhöhten Aufwands im Vergleich zum Einmalkauf.

11.7.5 Linkpreise

Je nach Stärke der Domain, auf der ein Link vermietet werden soll, und je nach passender Thematik bewegt sich der Preis für einen Backlink zwischen 50 und 600 € im Monat. Nach oben sind dabei keine Grenzen gesetzt.

11.7.6 Nachhaltige Suchmaschinen-Optimierung vs. Linkkauf

Für die meisten kleinen und mittelständischen Unternehmen kommt eine Linkmiete in lohnender Anzahl finanziell meist nicht infrage. Ohnehin können diese Budgets sinnvoller und langfristig wirksamer in ein qualitativ hochwertiges Linkbuilding investiert werden. Damit umgeht man auch einen enormen Nachteil von gemieteten bzw. gekauften Links: Nach Ablauf der Vertragslaufzeit werden sie wieder entfernt. Organisch gesetzte Links existieren meist noch Jahre nach einer Optimierungswelle und entfalten dann erst ihre volle Wirkung.

Linkkauf gilt nicht als nachhaltige Optimierungstechnik. Es ist nur eine Frage der Zeit, bis Google die gekauften Links identifiziert und die Websites abstraft. Dabei erhalten dann nicht nur die verkaufenden Websites eine Abstrafung. Auch die verlinkten Domains erhalten einen »blauen Brief« von Google in Form einer Webmaster-Meldung und einer E-Mail. Dort wird auf das unnatürliche Linkprofil hingewiesen. Webmaster werden dann dazu veranlasst, die gekauften Links abzubauen und die Linkquellen zu nennen.

Natürlich verrät Google nicht genau, welche Links abgestraft werden. Das führt dazu, dass Webmaster mehr gekaufte Links abbauen und melden, als eigentlich nötig wäre. Damit erhält Google im Schneeballsystem erneut Quellen für gekaufte Links und kann diese wiederum abstrafen.

Es gibt andere Formen von indirektem Linkaufbau, die im Rahmen der Qualitätsrichtlinien erlaubt sind – bekannt als Spielarten des *Content-Marketings*. Vereinfacht gesagt, besteht nachhaltiges Linkbuilding darin, dass Sie den denkbar besten Inhalt zu Ihrem Thema im Web anbieten. Dann werden automatisch andere Webseitenbetreiber Ihre Inhalte verlinken. Freiwillig. Von selbst und ohne Ihr Zutun. Lediglich darauf aufmerksam machen müssen Sie sie natürlich – auch dieser Prozess fällt unter das *Seeding* oder auch *Online-PR*.

> **Praxistipp: »Content-Marketing« und »Content is King«**
>
> Dies alles lässt sich natürlich einfach schreiben und sagen. Faktisch ist es jedoch gar nicht so einfach, den »besten Content« zu veröffentlichen. Hier gibt es leider auch kein Patentrezept bzw. keine bestimmte Vorgehensweise.
>
> Ein roter Faden zieht sich jedoch durch die neue Form der Suchmaschinen-Optimierung: Sie müssen den Bedarf Ihrer Zielgruppe erkennen und bedienen. So einfach ist das – und so schwer gleichermaßen.

11.8 Webkataloge und Webverzeichnisse

Vor allem zu Beginn eines Optimierungsprojekts werden Sie versuchen, gleich möglichst schnell und einfach Links zu platzieren, um die Link-Popularity zu erhöhen. Die erste Adresse sind hier meist die renommierten Webkataloge. Ein Eintrag wurde vor Schließung des Verzeichnisses Open Directory Project/DMOZ von Google sehr hoch bewertet.

Allgemeine Kataloge und Verzeichnisse sind für SEO nicht mehr relevant. Sie sollten diese Möglichkeiten allerdings für das Linkbuilding nicht gänzlich verwerfen. So gibt es häufig auf Gemeindeportalen eine Liste ausgewählter Links. Auch spezielle Themen-Webkataloge sind ein weites Feld.

Um es nochmals deutlich zu sagen: Sie müssen einen ganz harten gedanklichen Schnitt zwischen solchen speziellen und hochwertigen Katalogen und dem großen Rest machen. Zahlenmäßig ist der »große Rest« deutlich überlegen. Hier benötigen Sie keine Einträge. Im Gegenteil, denn wenn Sie zu viele Links von den restlichen Katalogen erhalten, ist das ein sicheres Zeichen für Google, dass Sie aktiv niederwertigen Linkaufbau betreiben, und die Abstrafung wird nicht lange auf sich warten las-

sen. Wenn ich im Folgenden also nur von Webkatalogen spreche, dann sind damit die hochwertigen und spezialisierten Webkataloge gemeint.

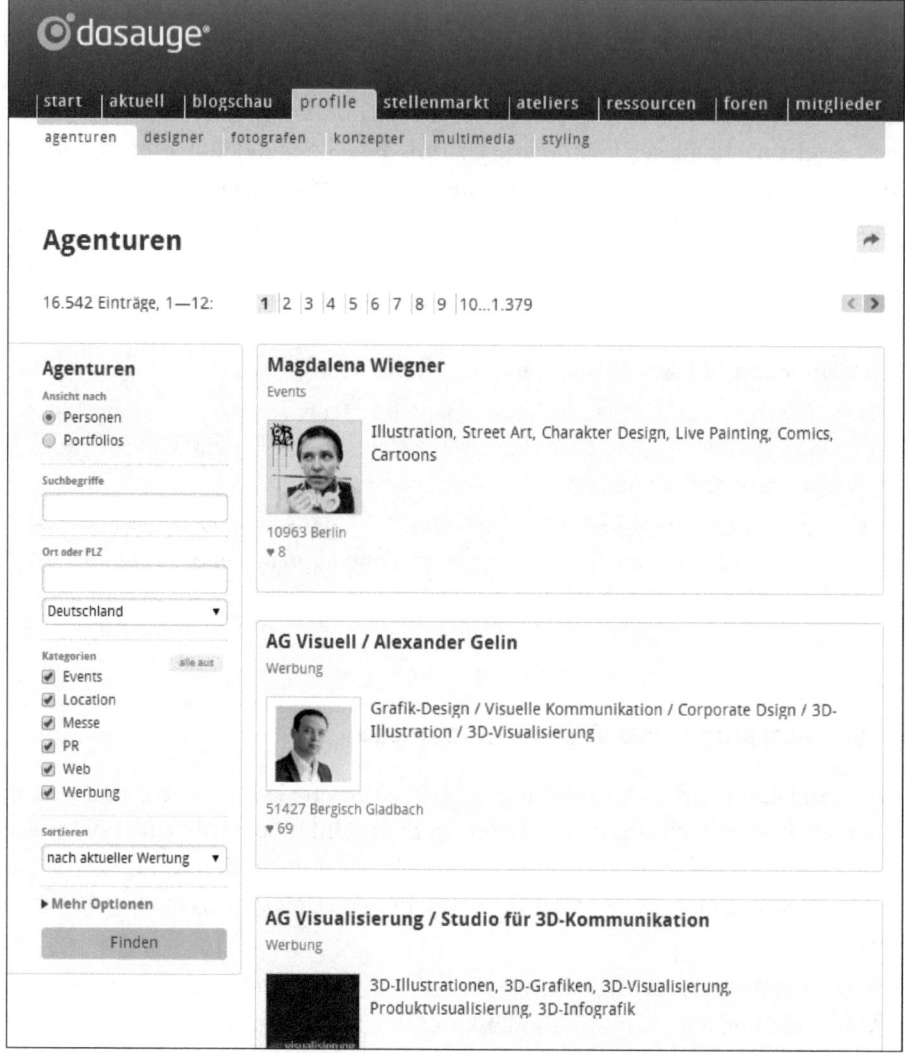

Abbildung 11.24 »dasauge.de« ist ein Verzeichnis von Designern und Agenturen.

> **Praxistipp: Webkataloge**
>
> Es ist nicht schädlich, wenn Sie einige nicht spezialisierte Webkataloge in Ihrem Linkprofil haben. Überhaupt keine Webkataloge aufzubauen, ist nur eine übertriebene Reaktion auf das massive Abstrafen durch Google. Sie sollten jedoch ganz klar qualitativ hochwertige Verzeichnisse und Kataloge von den minderwertigen trennen. Dies können Sie einfach über die Optik und Ihr Bauchgefühl tun.

Stellen Sie sich die folgende Frage: Würden Sie als Zielgruppe ein solches Verzeichnis aufsuchen und dort nach einem entsprechenden Anbieter suchen? Wenn Sie die Frage mit Ja beantworten, ist das gut, wenn es ein klares Nein ist, dann sollten Sie die Finger von dem Katalog lassen.

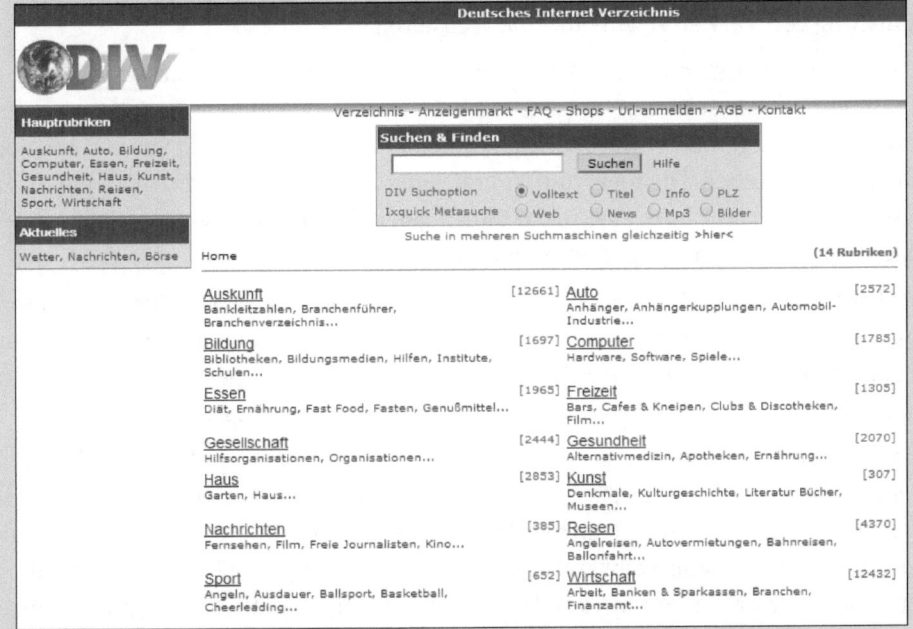

Abbildung 11.25 Nicht spezialisierter Webkatalog. Von dieser Art sollten Sie am besten gar keine Links aufbauen.

Webkataloge haben für das Linkbuilding einen entscheidenden Vorteil: Die Anmeldung setzt kein tieferes technisches Verständnis oder gar eine eigene Seitenoptimierung voraus, sie ist über Formulare ohne aufwendige Kontaktanbahnung einfach und schnell zu erledigen. Daher empfiehlt sich der Eintrag in einen Webkatalog immer als einer der ersten Schritte im Linkbuilding.

Sie sollten keine Wunder erwarten. Suchmaschinen kennen die Webkataloge und wissen, dass quasi jeder dort einen Link erhält. Das führt dazu, dass die Backlinks von dort nicht allzu viel Gewicht haben. Für einen ersten Anfang sind sie aber dennoch gut.

11.8.1 Was ist ein Webkatalog?

Ein *Webkatalog*, häufig auch *Webverzeichnis* oder *Web Directory* genannt, ist im Grunde genommen eine Website mit thematisch geordneten Linklisten. Diese Listen sind hierarchisch in einzelne Rubriken gegliedert. Der oder die Suchende gelangt so immer vom Allgemeinen zum Speziellen, bis er oder sie den Themenkomplex seines bzw. ihres Interesses gefunden hat. Dabei unterstützen Querverlinkungen zusätzlich die Suche, um mehrdeutige Themengebiete über verschiedene Wege zu erschließen und »Verirrte« wieder auf den richtigen Pfad zu bringen. Den Endpunkt stellt eine Auflistung von Verweisen auf einzelne Webseiten dar.

Während eine Anmeldung zur Aufnahme in eine Suchmaschine gar nicht oder nur für einige zentrale Seiten nötig ist, muss bei Webkatalogen hingegen jeder einzelne Link manuell angemeldet werden. Das Anmelden ist hier jedoch im Sinne eines Vorschlags zu verstehen. Die meist umfangreichen Anmeldedaten werden an einen zuständigen Redakteur oder eine Redakteurin geleitet, der oder die dann entscheidet, ob und wie der Eintrag aufgenommen wird.

Der Redakteur oder die Redakteurin versieht jede URL mit einem Titel und einem knappen Beschreibungstext, der sich an den bei der Eintragung hinterlassenen Vorschlag anlehnt. Die verfügbare Datenmenge umfasst daher meist nur den Link auf eine Webseite, in der Regel die Homepage, sowie einen kurzen Beschreibungstext.

Das Besondere an Webkatalogen ist ihre redaktionelle Erstellung ohne Zuhilfenahme von Programmroutinen. Die Redakteure und Redakteurinnen, neudeutsch auch Editors genannt, sind für die Pflege des Datenbestands zuständig. Genau das macht die besondere Qualität von Webkatalogen aus, denn jeder Eintrag ist von einem Mitarbeiter oder einer Mitarbeiterin vor der Aufnahme gesichtet und als geeignet bewertet worden. Damit zählen im Vergleich zu den automatisierten Suchmaschinen neben dem faktischen Inhalt auch algorithmisch nicht erfassbare Faktoren wie die passende und seriöse Gestaltung oder die inhaltliche Qualität des Angebots als Kriterien.

Wie die einzelnen Einträge innerhalb eines Ressorts gegliedert und sortiert werden, ist von Webkatalog zu Webkatalog unterschiedlich. Klar unterscheiden lassen sich das gewichtete und das ungewichtete Verfahren. Bei Ersterem ordnet der Redakteur oder die Redakteurin dem Eintrag manuell eine Gewichtung, sprich Listenposition, zu. Dafür existieren organisationsinterne Regelungen und nicht zuletzt die freie Meinung des Mitarbeiters bzw. der Mitarbeiterin. Beim ungewichteten Verfahren wird der Datenbestand alphabetisch oder nach Datum sortiert. Bekannter Vertreter dieser Methode sind *web.de* (*dir.web.de*, siehe Abbildung 11.26) und *bellnet.de* als »ältestes deutsches Internetverzeichnis«.

Befürworter der Webkataloge nennen den Hauptvorteil: Mit der intellektuellen Bewertung steigt die Präzision von Suchergebnissen im Vergleich zu indexbasierten Suchmaschinen. Kritiker halten dagegen, dass von Menschenhand erstellte Linklisten dem rasanten Wachstum des Web nicht standhalten können. Einer Handvoll Redakteure und Redakteurinnen steht eine ganze Schar von Webautoren und Webautorinnen gegenüber.

Damit haben – wie die derzeitige Websituation beweist – paradoxerweise beide Seiten recht. Jedoch wird oft ein wichtiges Kriterium außer Acht gelassen.

Abbildung 11.26 Unter »dir.web.de« finden Sie einen der ältesten Webkataloge im deutschsprachigen Web.

Das Beispiel des Fahrradhändlers Krause soll dies verdeutlichen. Er bietet auf seiner gewerblichen Website *Krause-Rad* zusätzlich Tipps und Tricks rund um die Pflege der Drahtesel an und möchte sie gerne in Webkatalogen anmelden. Leider hat er bislang noch nicht ausreichend Zeit gefunden, all sein Wissen auf der Seite zu präsentieren, sodass bis dato nur ein paar Merksätze auf der Seite zu finden sind, die einen recht mageren Eindruck machen.

Es ist klar, was passieren wird: Es wird bei einem kurzen Besuch des Redakteurs oder der Redakteurin auf der Seite bleiben. Die Aufnahme von unfertigen, im Aufbau befindlichen Seiten in Webkataloge ist nahezu unmöglich. Im Gegensatz dazu hätte eine Suchmaschine die unfertige Webseite nach ihrem Programmschema wahrscheinlich aufgenommen. Darüber hinaus achten Redakteure und Redakteurinnen gerade in stark gefüllten Ressorts auf besonders hohe Qualität und Relevanz der Angebote. Häufig decken kleine Angebote nur das ab, was bereits mit einer umfassenden Website aufgenommen wurde. Die Wahl des geeigneten Suchdienstes hängt offensichtlich von der Suchanforderung ab. Webkataloge wie auch Suchmaschinen haben ihre Stärken.

> **Praxistipp: Allgemeine Webkataloge gehören in eine vergangene Zeit**
>
> Die Suchmaschinen haben in den letzten Jahren durch die Verfeinerung ihrer Algorithmen enorm aufgeholt, und so stellen zahlreiche mächtige Rechenmaschinen in den Datencentern der Suchmaschinen-Betreiber die menschlichen Redakteure und Redakteurinnen schon längst in den Schatten.
>
> 80 Prozent aller Websessions beginnen mit einer Eingabe eines Suchbegriffs in eine Suchmaschine – die Zeit der Webkataloge zur Informationssuche ist damit vorbei. Für Sie als Suchmaschinen-Optimierer oder -Optimiererin sind Webkataloge jedoch zweckdienlich: eben für die Suchmaschinen-Optimierung. Und idealerweise finden Sie Kataloge und Verzeichnisse, in denen sich die Zielgruppe tummelt. Häufig sind moderne Kataloge mit Foren und Frage-Antwort-Portalen auf einer Plattform verbunden, und damit sind sie die ideale Ausgangslage für qualifizierten Traffic.

11.8.2 Liste von Webkatalogen?

Es gibt Hunderte deutschsprachige Webkataloge. Viele Kataloge sind kurzlebig, andere bestehen seit Jahren. Im Web werden an verschiedenen Stellen Listen angeboten, die diverse Webkataloge aufzählen.

Achten Sie besonders auf die Qualität des Webkatalogs. Viel wichtiger als eine konkrete Liste ist die Frage, was Sie bei einem Eintrag in einen Katalog beachten sollten.

11.8.3 Auswahl der Rubrik

Die Art und Weise der Eintragung spielt bei Verzeichnissen eine zentrale Rolle. Dabei kann ein falsch ausgefülltes Anmeldeformular selbst bei einer noch so guten Website zur Ablehnung führen, oder die späteren Besucher und Besucherinnen finden Ihren Eintrag nicht.

Ein häufiger Fehler ist eine falsche oder ungenaue Auswahl der Rubrik. Die Stärke der Verzeichnisse ist ihre feine Gliederung nach thematischen Kriterien, sodass besonders komfortabel Themengebiete erschlossen werden können, bei denen der oder die Suchende keine passenden Stichwörter zur Suche parat hat. Ist die Zuordnung zu den Rubriken zu grob und ungenau, ergeben sich sehr bald unübersichtliche Listen mit undifferenzierten Themengebieten. Sie führen das Prinzip des Webkatalogs ad absurdum.

11.8.4 Titelwahl

Eine weitere Hürde stellen der vorzuschlagende Titel und der Beschreibungstext dar. Der Titel sollte knapp und aussagekräftig gewählt sein. Es ist ratsam, den Eigennamen der Website, wie etwa den Firmen- oder Vereinsnamen, mit in den Titel zu übernehmen. Der Name sollte dann aus Platzgründen nicht mehr im darauffolgenden Beschreibungstext wiederholt werden.

> **Praxistipp: Domain- oder Markenname als Titel wählen**
>
> Achten Sie darauf, dass Sie bei den Webkatalogen keine Money-Keywords oder andere harte Verlinkungen verwenden. Nutzen Sie Ihren Domain- oder Markennamen, denn eine mehrfache Verlinkung mit immer den gleichen Linktexten von verschiedenen Webkatalogen kann selbst bei sorgsamer Auswahl der Kataloge schädlich sein.

Listenposition mit Titel beeinflussen?

Die Sortierung der Verweise innerhalb der Listen wird – wie Sie gesehen haben – unterschiedlich gehandhabt. Das Gedränge um die besten oberen Plätze ist gerade bei den überwiegend alphabetisch sortierten Listen groß. Lassen Sie sich dennoch nicht dazu hinreißen, Sonderzeichen oder Ziffern voranzustellen (@Radtipps, !Werksverkauf, 5-fach-billig), nur um möglichst weit oben zu stehen. Solche Titel werden in der Regel von den Redakteuren und Redakteurinnen bereinigt oder führen zur Ablehnung des gesamten Eintrags.

Einen etwas anderen Weg der Datensortierung beschreiten bestimmte Webverzeichnisse. Dort werden an erster Stelle als *Sponsoren-Links* bezeichnete Einträge positioniert. Erst danach erscheinen die restlichen Einträge. Das Prinzip des *bezahlten Premium-Eintrags* ist bei sehr vielen Webkatalogen eine beliebte Art der Finanzierung.

Abbildung 11.27 Webkatalog von SEO-Agenturen auf »www.seo-united.de«

11.8.5 Aufgepasst beim Beschreibungstext

Der Titel allein ist selten aussagekräftig genug, um den entscheidenden Klick zu gewinnen. Der Beschreibungstext soll dem oder der Suchenden weiterführende Informationen bieten und ihn oder sie über das zu erwartende Angebot aufklären.

Erfahrungsgemäß bestehen die Fehler beim Beschreibungstext überwiegend in unnötiger Prahlerei und einem übertriebenen Gebrauch von Großschreibung und Ausrufezeichen. Sie sollten auch allzu werbende und wenig aussagekräftige Sätze vermeiden. Ein Text wie

> *Hier erfahren Sie alles über FAHRRÄDER, viele TIPPS UND TRICKS! Besuchen Sie uns jetzt!!!!!*

lädt nicht gerade dazu ein, den Link anzuklicken, finden Sie nicht auch? Das kann man wesentlich eleganter lösen:

> *Umfangreiche Tipps und Tricks zur Wartung, Reinigung, Pflege und zum Ausbau für Rennrad, Mountainbike und andere Radtypen.*

Dieser Text liefert sachlich und objektiv echte Informationen über den zu erwartenden Inhalt.

Sorgfältig verfasste Texte sind außerordentlich wichtig für die Aufnahme des Eintrags. Gerade bei Ressorts mit erhöhtem Aufkommen machen sich Redakteure und Redakteurinnen nicht immer die Arbeit, die gelieferten Texte umzuschreiben, und lehnen die Anmeldung daher schneller ab.

Erfahrungsgemäß liegt die optimale Textlänge zwischen 15 und 25 Wörtern. Der oder die Suchende, der bzw. die die Liste mit Einträgen durchschaut, überfliegt die einzelnen Beiträge nur flüchtig. Diesen Vorgang bezeichnet man auch als *Scannen* oder *Scanning*. Sobald ein passendes Stichwort gefunden wurde, wird die entsprechende Textstelle intensiver gelesen. Ist jetzt die Aussage des Textes nicht mit wenigen Blicken zu erfassen, wirkt der Text auf den Leser oder die Leserin nicht ausreichend informativ und zu lang. Die subjektiven »Kosten« stehen in diesem Moment nicht im passenden Verhältnis zum potenziellen Nutzen. Die Wahrscheinlichkeit, dass bei anderen Einträgen weitergesucht wird, ist daher sehr hoch, und Sie haben einen potenziellen Besucher oder eine Besucherin verloren. Kaum jemand ist so ungeduldig wie ein suchender Internetsurfer bzw. eine -surferin.

Es hat sich bewährt, die Texte zur Eintragung nicht spontan in das Webformular zu tippen, sondern offline in einem Texteditor den Titel und die Beschreibung bedacht auszuformulieren und dann per Copy-and-paste einzufügen. Das hat außerdem den Vorteil, dass Sie die Texte auch über einen größeren Zeitraum mehrmals verwenden können, sofern Sie das Textdokument abspeichern.

11.8.6 Stichwörter mit Sorgfalt wählen

Der interessant und informativ gestaltete Beschreibungstext sollte darüber hinaus wichtige Schlüsselwörter enthalten, damit bei einer Stichwortsuche im Katalog eine gute Trefferchance besteht.

Neben der hierarchischen Verzeichnisstruktur stellen die meisten Webkataloge eine Stichwortsuche zur Verfügung, um Besuchern und Besucherinnen die gewünschten Informationen schneller zugänglich zu machen. Im Gegensatz zu Suchmaschinen ist hier die Grundlage der Suche der in der Datenbank vorliegende Titel und Beschreibungstext und nicht der Inhalt der Webseite selbst. Umso wichtiger ist demzufolge die Wahl passender Stichwörter für die Beschreibung. Außerdem sollten Sie beachten, dass die Stichwörter immer Substantive sein sollten. Kaum jemand gibt Verben in Suchformulare ein.

11.8.7 Häufige Fehler

Es gibt eine Reihe mehr oder minder »prominenter« Fehler, die neben unfertigen Seiten immer wieder zur Ablehnung in Webkatalogen führen.

Während die Beachtung der jeweiligen Eintrageregeln selbstverständlich ist, werden immer noch häufig Seiten mit nicht funktionierenden Links (sogenannten *Broken Links*) vorgeschlagen. Dass die Redakteure und Redakteurinnen alles andere als begeistert darauf reagieren, ist verständlich. Daneben sind störende animierte Grafiken, sinnfrei platzierte Musik und fehlende oder schwer zu findende Skip-Funktionen zum Überspringen von Flash-Intros häufige Ablehnungsgründe.

Je nach Redaktionsstruktur fallen sogar gleiche Eintragungen auf, die unter unterschiedlichen Domains vorgenommen wurden. Wird ein solches Vorgehen von einem Mitarbeiter oder einer Mitarbeiterin als absichtlicher Täuschungsversuch erkannt, führt dies in der Regel zur sofortigen Entfernung sämtlicher Einträge.

11.8.8 Submit-Tools

Im Web sind immer wieder Dienste oder Tools zu finden, die anbieten, die Eintragung in Webkataloge für Sie zu übernehmen. Hier sollten Sie jedoch gesunde Skepsis an den Tag legen. Meistens gibt es nur eine Chance, eine Website anzumelden. Daher sollten Sie diese auch sinnvoll nutzen und die Site wenigstens in die großen deutschen Webkataloge wie *web.de* und *bellnet.de* per Hand eintragen.

Die Gefahr besteht vor allem darin, dass der Anmeldeverlauf sich verändert hat und die dadurch veraltete Software nicht mehr kompatibel ist und zu Fehlern im Anmeldevorgang führt. Darüber hinaus legen immer mehr Webkataloge besonderen Wert auf die explizite Zustimmung zu ihren Richtlinien beim Absenden der Daten. Daher lehnen sie automatische Übermittlungen aus Prinzip ab.

Weniger gute Submit-Tools melden darüber hinaus auch immer nur den gleichen Beschreibungstext bei allen Webkatalogen an. Das macht es Suchmaschinen dann noch leichter, die Webkataloge als Quellen mit wenig Linkqualität zu identifizieren.

> **Praxistipp: Verzichten Sie auf Submit-Tools!**
> Sie möchten nicht viele Links von allen möglichen Webkatalogen erhalten. Warum sollten Sie dann Submit-Tools einsetzen? Suchen Sie lieber qualitativ hochwertige Portale und Kataloge, und sorgen Sie manuell für einen hochwertigen Eintrag.

11.9 Weblogs

Weblogs sind ebenfalls seit jeher eine beliebte Quelle für Backlinks. Sie bieten durch ihre Kommentarfunktion jedem die Möglichkeit, einen Text und auch einen Link zu hinterlassen. Meist ist der Autorenname des Kommentargebers mit seiner Website verlinkt.

Grundsätzlich sind Kommentare in Blogs und anderen Webgenres nicht dazu gedacht, eine nennenswerte Verlinkung auf seine eigenen Websites zu erzielen. Das funktionierte zwar in den frühen Anfängen der Blogs recht zuverlässig, wurde dann mit der Einführung des `nofollow`- bzw. `ugc`- Attributs bei Kommentar-Links jedoch schnell unterbunden. Dennoch ist das Eintragen von Kommentaren bei Weblogs und Co. heute noch oft ein Bestandteil des Linkbuildings. Aber bitte: Seien Sie aktiv im Web 2.0, und schreiben Sie sinnvolle und hilfreiche (!) Kommentare. Kommentar-Spam ist nicht nur nervend für Weblog-Betreiber, sondern wirft auch ein negatives Licht auf Sie.

Insbesondere bei nicht kommerziellen Angeboten bieten sich Freunde, Freundinnen und Bekannte als eine der ersten Anlaufstellen an. Häufig besitzen diese eine eigene Website.

11.9.1 Weblogs finden und anlegen

Nachdem es vor einigen Jahren zunächst Mode war, ein sogenanntes *Weblog* (Blog) zu führen, hat sich das Genre mittlerweile etabliert und professionalisiert. Bei einem Weblog handelt es sich um eine Seite, auf der ein Autor oder eine Autorin periodisch Kommentare, Berichte oder sonstige Beiträge zu einem bestimmten Thema veröffentlicht. Neue Einträge stehen dabei immer an oberster Stelle.

Die behandelten Themen sind dabei breit gefächert und reichen von persönlichen Tagebüchern bis hin zur kritischen Betrachtung einzelner Unternehmen. Diese Spezialform von Weblogs nennt man *Watchblogs*. Auch die Aktivitäten der Suchmaschinen werden in solchen Blogs beobachtet. Dazu brauchen Sie lediglich die Stichwörter »blog suchmaschinen« in eine Suchmaschine einzugeben und erhalten anschließend unzählige Treffer.

Die Anmeldung, um ein eigenes Blog zu führen, ist meist kostenlos. Google selbst hat im Jahr 2002 einen Blog-Anbieter (*www.blogger.com*) gekauft. Die Trust-Werte sind dort teilweise erstaunlich hoch. Daher sollten Sie unter Ihren Freunden und Freundinnen sowie Bekannten nach Bloggern und privaten Websites fragen und sie um die Platzierung eines Verweises bitten. Sie können auch spezielle Blog-Suchmaschinen nutzen (z. B. *www.blogsearchengine.org*). Diese sind allerdings auf dem Rückzug; auch die Google-Blog-Suche wurde eingestellt.

Aber warum eröffnen Sie nicht ein eigenes Blog und verlinken dort auf Ihre Website? Für Suchmaschinen gilt dies auch als unabhängige Empfehlung wie jede andere, sofern sich Ihr Blog und Ihre Ziel-Website nicht auf dem gleichen Webserver befinden. Wenn Sie dies berücksichtigen, bemerken Suchmaschinen nicht, dass es sich bei dem Blog-Autor und dem Website-Autor bzw. der Autorin um dieselbe Person handelt.

Dazu können Sie auch bei *wordpress.com* oder anderen Blog-Hostern meist kostenlos ein eigenes Weblog anlegen.

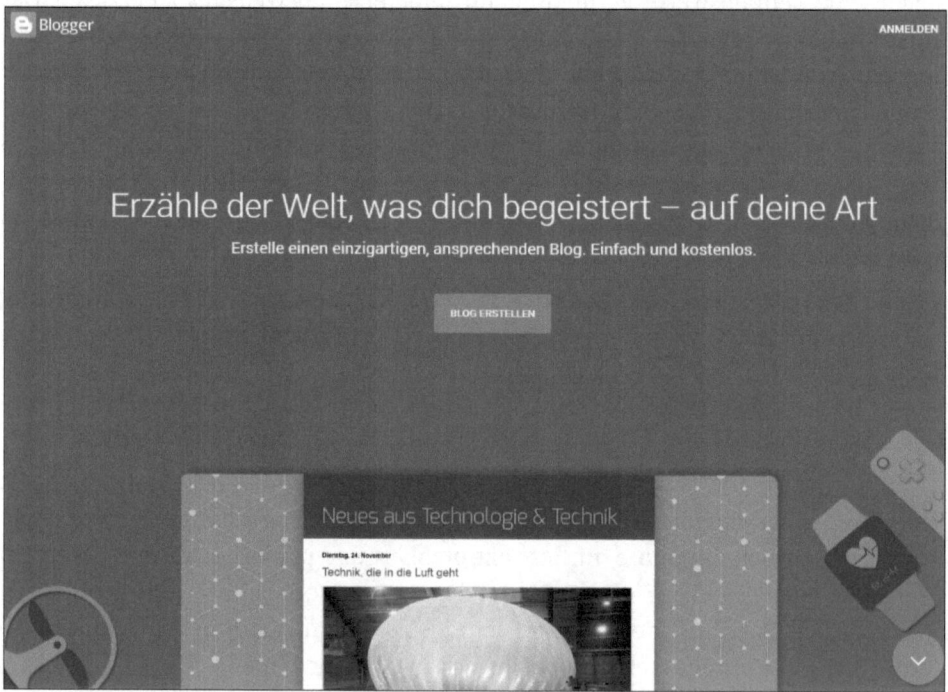

Abbildung 11.28 Auf »blogger.com« können Sie ein eigenes Blog ohne Installation einer Software schnell und unkompliziert erstellen.

Alternativ können Sie sich die beliebte und umfangreiche Blog-Software WordPress auch auf einem eigenen Webspace oder Webserver installieren (siehe Abbildung 11.29). Näheres dazu erfahren Sie unter *de.wordpress.org*.

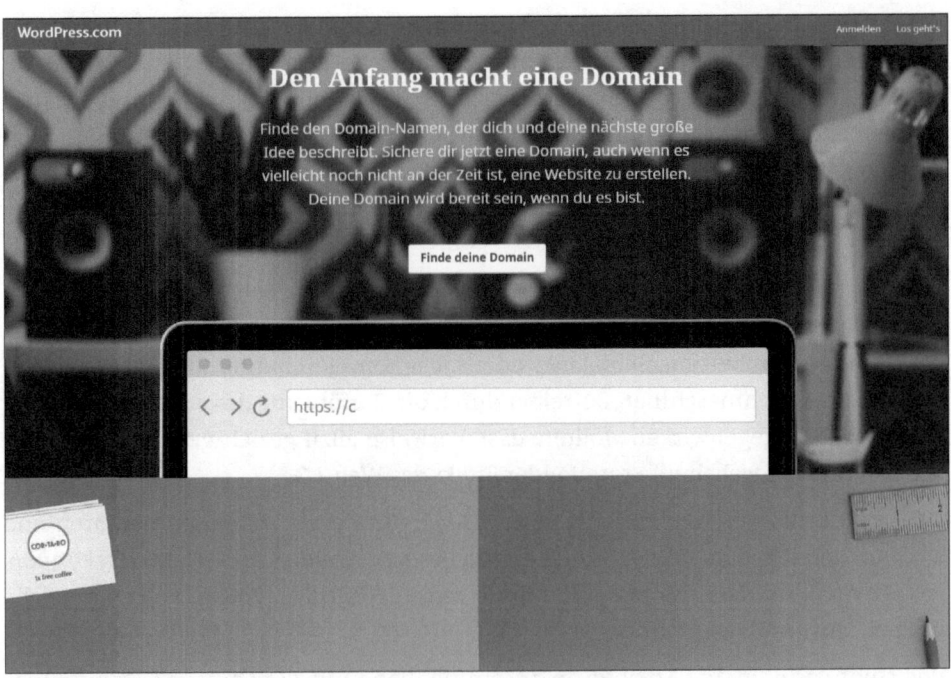

Abbildung 11.29 WordPress ist das beliebteste Blog-System.

11.9.2 Kommentar-Spam

Natürlich ist den Suchmaschinen-Betreibern das Phänomen Kommentar-Spamming nicht unbekannt. Bereits im Jahr 2005 haben Google, Microsoft (MSN/Bing) und Yahoo! Gegenmaßnahmen eingeleitet, damit die Verweise, die sich innerhalb von Web-2.0-Anwendungen leicht setzen lassen, nicht zu stark die Offpage-Ranking-Kriterien beeinflussen.

Sogenannte nofollow-Links enthalten ein spezielles Attribut, das den Crawlern anzeigt, dass dieser Verweis nicht mit in die Offpage-Bewertung, z. B. des PageRanks, eingerechnet werden soll:

```
<a href="http://www.seo-firma.de/" rel="nofollow" alt="seo">
  Mit uns auf Platz 1 bei Google!
</a>
```

Dieser Verweis wird aufgrund des Zusatzes rel="nofollow" speziell von Suchmaschinen behandelt. Die Crawler verfolgen den Link nicht und suchen auch nicht nach weiteren Links auf der Zielseite. Die Inhalte der Zielseite werden also aufgrund dieses Verweises nicht indexiert. Besonders wichtig ist auch die Tatsache, dass der Link nicht bei der Link-Popularity-Vererbung berücksichtigt wird. Die Attribute alt und title werden ebenso ignoriert.

Es scheint paradox, dass gerade Google als Erfinder des PageRanks eine Initiative ins Leben rief, um Verweise zu kennzeichnen, die nicht berücksichtigt werden sollen. Offiziell wollte man damit Webmastern und insbesondere Blog-Besitzern und -Besitzerinnen helfen. Diese sollten standardmäßig bei einem Link in einem Kommentar das nofollow-Attribut setzen. Man glaubte, damit der Flut von Kommentar-Spam entgegenwirken und vor allem Google-Bomben aus der Blog-Gemeinschaft vermeiden zu können.

Zunächst fand die Idee neben einigen Protesten viel Zuspruch. Heutzutage besteht jedoch für viele gängige Blog-Tools und Blog-Portale die Möglichkeit, manuell das nofollow-Attribut bei einzelnen Links oder sogar komplett auszuschalten. Man munkelt, dass die Suchmaschinen-Betreiber durch die Einführung des nofollow-Attributs dem Trend entgegenwirken wollten, dass Verweise allzu gezielt gesetzt werden. Jedoch ist dies ein websiteübergreifender Effekt des Web 2.0.

2019 wurde zur weiteren Differenzierung noch für Links in Blogkommentaren und anderen Bereichen, in denen Besucher und Besucherinnen Links platzieren können, das ugc-Attribut (User-Generated-Content) hinzugefügt. Die Wirkweise ist die gleiche wie bei dem nofollow-Attribut.

Wie steht das nofollow-Attribut im Zusammenhang mit der Offpage-Optimierung? Wikipedia sowie auch bekannte Social-Bookmarking-Portale setzen es grundsätzlich in ausgehende Links. Damit sollen potenzielle Spammer abgehalten und die Qualität der Dienste gesichert werden.

Es gibt allerdings Hinweise, dass insbesondere Google dennoch ausgehende Verweise von Wikipedia mit in die Offpage-Ranking-Berechnung einbezieht. Dies würde bedeuten, dass Google ein selbst aufgestelltes Prinzip umgeht. Ist das unlogisch? Eigentlich nicht – denn genau das besagt die *Nofollow-Follow-These*:

Die großen Suchmaschinen-Betreiber führten das nofollow-Attribut ein, um ein deutliches Zeichen zu setzen, dass von Nutzergruppen leicht zu manipulierende Linknetzwerke keinen Einfluss mehr auf das Ranking einer Seite haben. Inwieweit das Ziel, den Link-Spam zu reduzieren, tatsächlich erreicht worden ist, kann man nur mutmaßen. Einige große Blogs verzeichneten zumindest kurz- bis mittelfristig weniger Kommentar-Spam. Geht man also davon aus, dass bei Wikipedia und Co. die Spam-Versuche gegen null tendieren, sind die übrig gebliebenen Links inhaltlich sehr wertvoll und bergen meist thematisch relevante Inhalte – eigentlich genau das, was eine Suchmaschine sucht oder durch ein höheres Ranking begünstigen will. Und eben hier schließt sich der Kreis der Nofollow-Follow-These, nämlich dass Google nofollow-Links auf bestimmten Webpräsenzen (wie z. B. Wikipedia) trotz des Attributs mit in die Bewertung einbezieht und damit gute Linknetzwerke erhält. Natürlich würden die Suchmaschinen-Betreiber ein solches Vorgehen nie zugeben, sodass dieser Sachverhalt lediglich eine Vermutung sein kann.

> **Praxistipps: »nofollow«-Links gehören dazu**
> Für Sie als Linkbuilder bedeutet das vor allem eins: nofollow-Links gehören zum natürlichen Linkmix dazu. Der Anteil an nofollow-Links sollte allerdings nicht überhandnehmen.

Letztendlich wird auch die Einführung des sponsored- und ugc-Attributs 2019 dazu führen, dass Google seine automatischen Erkennungsmechanismen selbstständig verbessern kann. Denn wenn ausreichend Websites mit diesen Attributen ausgestattet sind, können die Algorithmen von diesen gewissermaßen händisch klassifizierten Links lernen und das Gelernte dann auf nicht derart ausgezeichnete Links anderer Websites übertragen.

11.10 Sonstige mögliche Linkquellen

Neben den bereits genannten Quellen für Backlinks gibt es noch zahlreiche weitere Möglichkeiten, wie Sie Backlinks generieren können.

11.10.1 Presseportale und Artikelverzeichnisse

Presseportale oder Artikelverzeichnisse sind Websites, auf denen jeder mehr oder weniger ausführliche Texte veröffentlichen kann. Die Spannbreite reicht von der Aufnahme ausschließlich professionell geschriebener Pressemitteilungen bis hin zu Artikelverzeichnissen, in denen alles und jeder ohne Durchsicht der Texte seine Inhalte veröffentlichen kann.

Eine Liste von deutschsprachigen Presseportalen finden Sie sicherlich bei einer entsprechenden Suche im Web.

Wie bei allen Plattformen, die von vielen Suchmaschinen-Optimierern und -Optimiererinnen genutzt werden, sollten Sie darauf achten, dass Sie das Linkprofil Ihrer Website nicht ausschließlich aus solchen Sites zusammenstellen. Suchmaschinen wissen um die Möglichkeit, auf diesen Portalen kostenlos Artikel einsetzen zu können, und kennen alle Portale. Für eine zusätzliche Unterstützung des Linkbuildings sind sie dennoch gut geeignet. Als professionelles Presseportal mit Journalisten und Journalistinnen als Zielgruppe taugen die meisten jedoch nicht.

Schauen Sie daher auch nach Quellen, die vielleicht auf den ersten Blick nur indirekt für das Linkbuilding dienen. Wenn Sie ein einzigartiges Produkt anbieten, das Menschen hilft – warum sollten Sie nicht auch einmal den Versuch starten, in Hörfunk, Fernsehen oder Anzeigen- und Wochenblättern eine Platzierung zu erreichen? Schauen Sie doch einfach einmal in Ihrer Region, was es an Medien gibt. Häufig ist die

11 Offpage-Optimierung (Linkbuilding)

Nennung in einem klassischen Medium automatisch mit einer Linknennung auf der Website des Mediums verbunden.

Als eine gute Recherchequelle eignen sich Listen für Presseverteiler wie die von der Handelskammer Hamburg aus Abbildung 11.30.

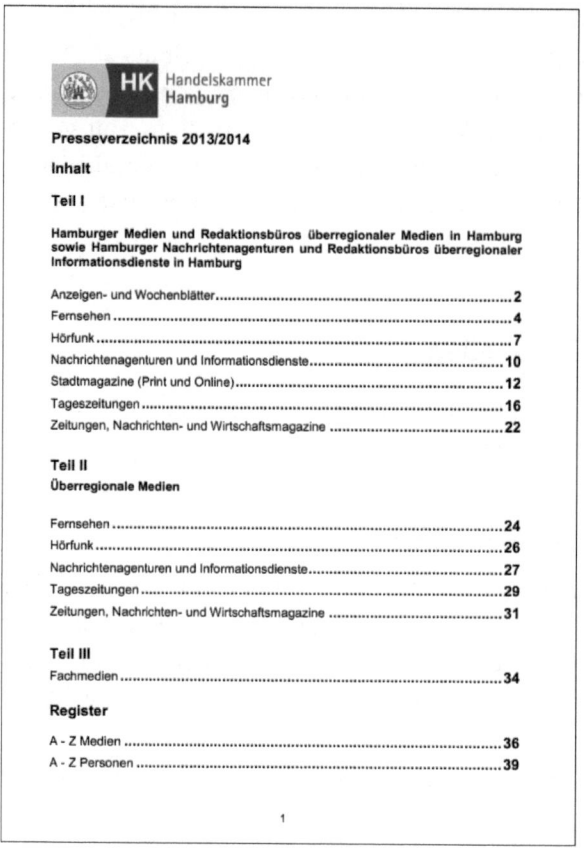

Abbildung 11.30 42-seitiges PDF mit Pressekontakten in Hamburg

11.10.2 Signaturen in Foren

Diskussionsforen sind ebenfalls eine mögliche Quelle für Backlinks. Doch auch hier gilt: Solange Sie sich aktiv und konstruktiv an einer Diskussion beteiligen, hat in der Regel niemand etwas dagegen, wenn Sie aus Ihrer Signatur heraus einen Link platzieren. Nur wenn das eigentliche Ziel Ihrer Beiträge die bloße Backlink-Generierung ist, dann sind Sie in Foren fehl am Platz.

Die meisten Foren sorgen mit einem Login dafür, dass die Gelegenheitsspammer außen vor bleiben. Nach dem erfolgreichen Login haben Sie dann auch die Möglichkeit, eine Signatur zu definieren, die bei jedem Posting automatisch an den Beitrag angehängt wird.

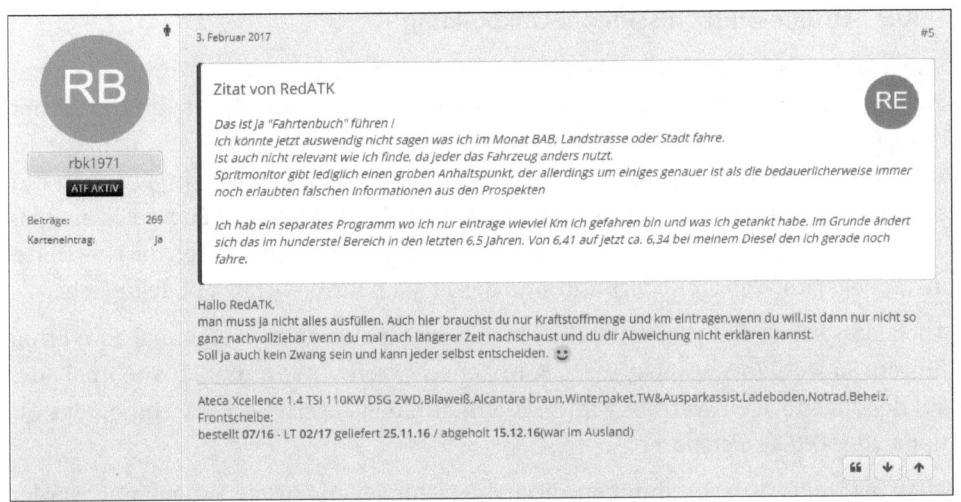

Abbildung 11.31 Typischer Foreneintrag bei »ateca-forum.de«

Abbildung 11.32 Ein typisches Forum, hier »tx-board.de«

Sie sollten auch selbst innerhalb von Foren eine Signatur nutzen, wenn Sie nicht an SEO denken. Die Signatur sollte – falls möglich – auf Ihre Website verweisen. Achten Sie dabei darauf, dass der Link auf Ihre Domain in einer solchen Signatur korrekt ist, also *https://www.domain.de* und nicht nur *domain.de* lautet.

11.10.3 Offline- und Crossmedia-Linkbuilding

Selbst auf dem klassischen Weg der Werbung erreichen viele Webautoren und Webautorinnen ihr Ziel. Überall werden Newsletter an eine Vielzahl von Interessierten geschickt. Oftmals sind die Newsletter-Autoren und -Autorinnen dankbar für Tipps und Hinweise auf gute Quellen. Der Verweis auf Ihre Website im Postfach Tausender Benutzer und Benutzerinnen kann natürlich nicht von den Suchmaschinen in die Berechnung der Link-Popularity mit einfließen. Allerdings werden die Newsletter in der Regel im Web archiviert und sind damit auch für Webcrawler zugänglich.

Auch klassische Öffentlichkeitsarbeit in Offline-Medien kann manchmal zum Erfolg führen. So werden Verweise, die z. B. in Zeitschriften vorkommen, manchmal auch auf der zugehörigen Website veröffentlicht, um den Lesern und Leserinnen das Abtippen der URLs zu ersparen.

Auch bei Stellenausschreibungen, die auf verschiedenen Portalen angeboten werden (siehe Abbildung 11.33), können Sie gezielt Links platzieren und somit Backlinks für Ihre Unternehmenswebsite generieren.

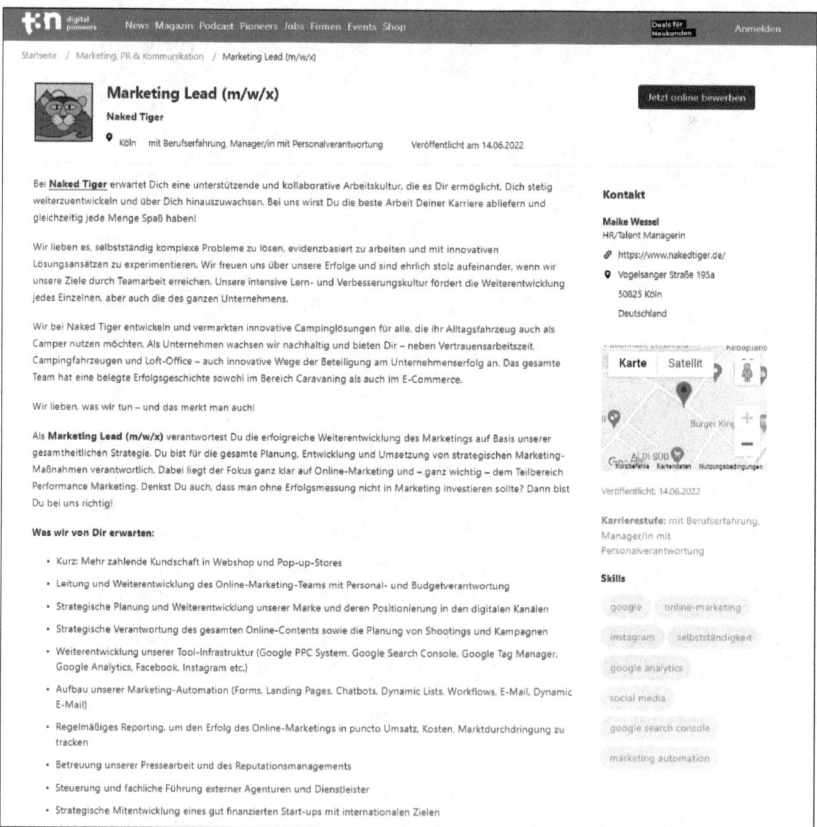

Abbildung 11.33 Stellenausschreibung auf »www.t3n.de« mit Backlink im ersten Satz – hier hätte auch ein thematischer Anchortext als Backlink platziert werden können.

11.10.4 Linkfarmen und Google-Bomben

Bei der Suche nach Linkpartnern sollten Sie stets die Qualitätskriterien im Hinterkopf behalten. Als die Link-Popularity noch in den Anfängen steckte, bildeten sich schnell lange Listen mit unzähligen Verweisen. Diese Listen waren dabei keineswegs thematisch sortiert oder in irgendeiner Weise gepflegt. Ein Netz solcher Seiten schloss sich zusammen und führte automatisierte Austauschprogramme für Links ein.

Vor solchen Linkfarmen (*Link-Farms*) sollten Sie sich als Webautor oder -autorin hüten. Ein dort enthaltener Verweis kann unter Umständen bereits als Spam-Versuch gewertet werden, da Suchmaschinen in diesen Linkansammlungen eine Gefährdung des Link-Popularity-Prinzips sehen. Eine negative Auswirkung über die Bad-Rank-Systematik bei massivem Auftreten ist ebenfalls wahrscheinlich. Außerdem müssen Sie bei der Eintragung oft die eigene E-Mail-Adresse angeben. Wenige Monate später werden Sie dann selbst durch unerwünschte Werbe-E-Mails zum Spam-Opfer.

Der pushende Effekt von Linkfarmen ist mittlerweile nicht mehr vorhanden. Eine gänzlich andere Optimierungsart ist allerdings in den letzten Jahren im Zusammenhang mit Online-Communitys entstanden. Der Begriff *Google-Bombing* hat sich hier für einen gezielten Missbrauch der Link-Popularity eingebürgert. Dabei wird ein vereinbarter Linktext von allen Mitgliedern und Mitgliederinnen einer Community gesetzt. Dies führt bei entsprechender Größe der Community zu einer enormen Anzahl von Links, was wiederum dafür sorgt, dass die Suchmaschinen die Seite hoch bewerten, auf die verwiesen wird.

Bekannt wurden Google-Bomben im Jahr 2003. Gegner des amerikanischen Präsidenten George W. Bush animierten Tausende von Bloggern und Website-Betreibern zu einer Linksetzung auf Bushs Seite mit dem Linktext »miserable failure« (jämmerlicher Versager). Kurze Zeit später war die Website des Präsidenten bei einer entsprechenden Suchanfrage auf Position eins. Heute ranked der dazugehörige Wikipedia-Beitrag dort. Gegen eine solch gezielte Manipulation gingen Suchmaschinen lange Zeit nur durch Sperrung einzelner Websites vor, was angesichts der enormen Anzahl unmöglich erscheint. Google hat Anfang 2007 einen *Anti-Google-Bombing-Filter* aktiviert, der automatisch Google-Bomben erkennen soll und in der Folge nichts mehr anzeigt. Stattdessen werden Diskussionen und sonstige Beiträge zu dem gesuchten Thema angezeigt. Die Entschärfung von »miserable failure« funktionierte nachweislich, allerdings gibt es noch zahlreiche weniger bekannte Google-Bomben, die weiterhin funktionieren oder sich unterhalb der Schwelle zur Einstufung als »gefährliche Bombe« befinden.

Der Google-Bomben-Effekt kann daher auch in Ihrem Sinne für die Offpage-Optimierung genutzt werden, wenn Sie über entsprechende Kontakte innerhalb einer großen Online-Community verfügen und unterhalb der genannten Schwelle bleiben, die der Google-Filter als »gefährliche Bombe« einstuft.

11.11 Individuelle Linkquellen erschließen

Auch wenn Sie alle freien und kostenpflichtigen Tools für die mögliche Backlink-Sammlung genutzt haben, stehen Ihnen viele weitere Möglichkeiten offen. Hier ist Ihre Kreativität gefragt, und letztlich mag diese dann entscheidend für den einen oder anderen Link sein, den ein Mitbewerber vielleicht nicht erhält. Im Folgenden nenne ich Ihnen ein paar Ansätze, die Sie nutzen können und sollten. Bleiben Sie aber nicht hier stehen, sondern denken Sie weiter. Potenzielle Linkquellen zu finden, ist ein Schlüsselelement im Linkbuilding.

11.11.1 Die einfache Google-Suche

Ganz offensichtlich ist die Suche nach einem interessanten Begriff für das Linkbuilding in Suchmaschinen eine einfache, aber auch gern genutzte Suchmethode. Wenn Sie z. B. ein Thema wie »Erste Laufschuhe für Kinder« *seeden* möchten, dann suchen Sie bei Google und Co. nach genau diesen Begriffen. Anschließend gehen Sie dann die einzelnen Treffer durch und bewerten, ob hier eine Backlink-Platzierung möglich ist.

Wenn Sie diesen *Prospecting*-Prozess häufiger durchführen, können Sie auch eine gewisse Bewertungsstruktur nutzen.

11.11.2 Allinanchor-Suche

Eine andere Möglichkeit, Linkpartner zu finden, ist die Eingabe der folgenden Anfrage bei Google:

```
allinanchor:wunderkerzen
```

Google liefert daraufhin in absteigender Reihenfolge Webseiten, die mit dem Anchor-Text »wunderkerzen« verlinkt sind. Setzen Sie anstelle von »wunderkerzen« Ihre jeweiligen Seiten-Keywords ein, haben Sie ein sehr hilfreiches Mittel, um gute Linkpartner zu finden, die bereits für Ihr Keyword gut in den Rankings stehen. Hier gibt es allerdings eine Einschränkung: Nicht selten handelt es sich um Mitbewerber, die wenig Interesse daran haben, einen Link auf Ihre Website zu platzieren. Erfahrungsgemäß lohnt sich die Recherche über die vorgestellten Anfragen jedoch, um den einen oder anderen guten Linkpartner zu entdecken.

11.11.3 Attribut-Suchanfragen bei Google

Letztlich können Sie auch nach der Phrase »add url« suchen. Sie erhalten eine gewaltige Anzahl von Einträgen, von denen auf jedem einzelnen die Eintragung eines Verweises möglich ist. Fügen Sie der Phrasensuche zusätzlich ein Stichwort hinzu, erhalten Sie eventuell thematisch verwandte Seiten, auf denen Sie problemlos einen

Verweis setzen lassen können. Achten Sie hier jedoch darauf, dass Sie sich nicht bei Linkfarmen eintragen und bei den Suchmaschinen in »schlechte Nachbarschaft« geraten!

Nutzen Sie alle Möglichkeiten, die Ihnen Google und Co. mit den Suchanfragen bieten. Hier sind ein paar Ideen für Sie:

- [Branchenbezeichnung] intitle:interview -job
- [Mitbewerbername] intitle:interview -job
- [Keyword] intitle:experteninterview
- [Keyword] add a site
- [Keyword] submit site
- [Keyword] suggest site
- [Keyword] post site
- [Keyword] recommend site
- [Keyword] add URL
- [Keyword] submit URL
- [Keyword] suggest URL
- [Branchenbezeichnung] partner
- [Branchenbezeichnung] sponsoring
- [Branchenbezeichnung] spende
- [Branchenbezeichnung] intitle:tools
- [Branchenbezeichnung] intitle:widgets
- [Branchenbezeichnung] intitle:badges
- [Branchenbezeichnung] intitle:siegel
- [Branchenbezeichnung] intitle:gütesiegel
- [Produktname] intitle:produktvergleich
- [Produktname] intitle:bewertung
- [Produktname] intitle:rezension

Sie sehen, wohin der Hase läuft? Seien Sie kreativ.

Google Alerts nutzen

Eine sehr beliebte Möglichkeit, um auch Links von gerade neu erschienenen Websites und URLs zu erhalten, ist die Nutzung von *Google Alerts* (siehe Abbildung 11.34). Richten Sie einen Alert-Suchauftrag so ein, dass Sie eine E-Mail erhalten, wenn ein für Ihr Linkbuilding relevantes Keyword im Web neu auftritt. Dann können Sie prüfen, ob sich diese Website als Linkbuilding-Quelle eignet.

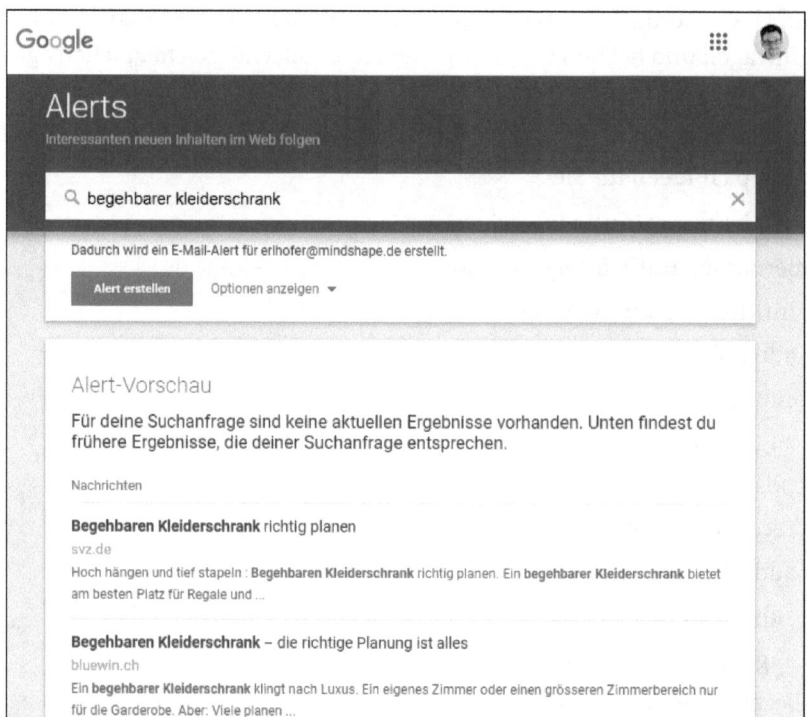

Abbildung 11.34 Google Alerts für das Linkbuilding nutzen

> **Praxistipp: Feed nutzen und einmal wöchentlich durchsehen**
> Wenn Sie sehr viele Google Alerts einrichten, empfehle ich Ihnen, die E-Mail-Benachrichtigung auf einmal wöchentlich zu stellen. Ein Klick auf das Zahnrad-Symbol oben rechts führt Sie zu dieser Einstellung.

11.12 Penaltys

Wenn Sie es mit dem Linkbuilding übertreiben, weil Sie entweder viele Badlinks aus der Bad Neighbourhood generiert oder die Ranking-Algorithmen ein unnatürliches Linkprofil erkannt haben, droht Ihnen eine Abstrafung (Penalty). Eine Penalty kann unterschiedliche zeitliche und inhaltliche Ausmaße annehmen.

Grundsätzlich unterscheidet man zwischen manuellen und algorithmischen Abstrafungen. Eine manuelle Abstrafung wird durch einen Google-Mitarbeiter oder eine -Mitarbeiterin individuell vergeben. Über diese Abstrafung werden Sie dann auch in der Google Search Console informiert. Eine algorithmische Abstrafung wird allein über die Computerlogiken verhängt. Diese treten nicht zwingend in der Search Console auf und müssen von Ihnen teils mühsam und nicht unbedingt immer eindeutig erst analysiert und interpretiert werden.

Die bekannteste algorithmische Abstrafung im Offpage-Bereich ist die Penguin-Abstrafung. Ein unnatürliches Linkprofil ruft diese Abstrafung auf den Plan und sorgt für massive Verluste in den Rankings. Doch welche Formen der Abstrafung gibt es generell?

11.12.1 Raus aus dem Index: Delisting

Im extremsten Fall wird Ihr Vorgehen dazu führen, dass alle indexierten Seiten einer Domain aus dem Index entfernt werden. Sie sind dann über die Suchmaschinen nicht mehr sichtbar. Für nur online tätige Unternehmen ist dies der GAU.

Das Entfernen aus dem Index bezeichnet man als *Delisting*. Dies ist die härteste Form der Abstrafung. Webautoren und Webautorinnen, die ein Delisting erfahren, müssen meist über längere Zeit massiv gegen die Qualitätsrichtlinien der Suchmaschinen verstoßen haben. Das Delisting ist die letzte Konsequenz, und es wurden zuvor bereits weniger extreme Penaltys verhängt.

Mit der Anfrage »site:www.ihredomain.de« können Sie feststellen, welche und wie viele Webseiten Ihrer Domain indexiert sind. Waren lange Zeit viele Seiten indexiert und ergibt die Abfrage nun keine Treffer mehr, ist dies ein untrügliches Zeichen für ein Delisting.

Ein Projekt, das ein Delisting erfahren hat, ist für die Suchmaschinen-Optimierung im Prinzip für immer unattraktiv. Man spricht hier auch von einer »verbrannten Domain«.

11.12.2 Site-Deranking

Als *Deranking* bezeichnet man das künstliche Herabsetzen des Rankings. Wenn Sie von einem Site-Deranking betroffen sind, werden alle berechneten Rankings um eine bestimmte Anzahl von Plätzen nach hinten verschoben – und zwar für alle Treffer, bei denen Ihre Domain erscheinen würde. Wenn Sie also nach der eigentlichen Ranking-Berechnung auf Platz 4 stehen würden und ein Deranking zuschlägt, dann wird man Ihre Site erst auf Platz 14, 34 oder noch weiter hinten finden. Damit sind Sie also quasi unsichtbar. In diesem Zusammenhang spricht man übrigens häufig von der *30-Plus-Penalty* oder auch nur von der *30-Penalty*.

Dass Sie von einem Site-Deranking betroffen sind, können Sie sehr gut beim Rank-Tracking erkennen: Alle Rankings sinken auf einmal um bestimmte Ranking-Plätze.

Das Deranking ist das Ergebnis eines Suchmaschinen-Filters. Filter sind bestimmte Maßnahmen, die nach der eigentlichen Ranking-Berechnung durch die Algorithmen

auf das errechnete Ranking angewandt werden. Um wieder aus dem Deranking-Filter zu gelangen, müssen Sie die vermeintliche Ursache entfernen. Wenn Sie z. B. zu schnell und zu viele Backlinks gesetzt haben, dann sollten Sie gezielt wieder einige Links zurückbauen. Auch eine unnatürlich häufige Anzahl von gleichen Anchor-Texten, die alle im gleichen Zeitraum gesetzt werden, ist als typisches Zeichen von Linkkauf ein häufiger Grund für ein Site-Deranking. Auch hier sollten Sie die Links wieder zurückbauen. Dann lautet die Devise: abwarten. Ein Deranking kann mehrere Wochen und je nach Schweregrad auch über drei Monate dauern. Die Suchmaschinen-Crawler kommen jedoch immer noch auf Ihr Webangebot, und die Algorithmen untersuchen die Onpage- und Offpage-Daten Ihrer Website daraufhin, ob das »Problem« bereits behoben wurde.

11.12.3 Keyword-Deranking

Ein Keyword-Deranking findet nicht für eine gesamte Website, sondern nur für ein bestimmtes Keyword statt. Ein Keyword-Deranking ist schwerer festzustellen, weil auch unter normalen Umständen das Ranking für ein Keyword ständig fluktuiert. Ein eindeutiges Indiz ist allerdings dann gegeben, wenn ohne Veränderungen auf der Seite das Ranking deutlich um mehrere Dutzend Plätze nach unten abrutscht. Auch hier müssen wie beim Site-Deranking die möglichen Ursachen beseitigt werden, und dann bleibt Ihnen nur, abzuwarten.

11.12.4 Keyword-Cluster-Deranking

Bei bestimmten Abstrafungen werden komplette Keyword-Cluster gemeinsam abgestraft. Die Analyse eines solchen Keyword-Cluster-Derankings zeigt häufig, dass ganz bestimmte Themenbereiche in den Rankings abgestürzt sind. Andere Themenbereiche sind hingegen dann nicht betroffen. Das macht teilweise die Erkennung etwas schwierig.

Sollten Sie von einem Keyword- oder Keyword-Cluster-Deranking betroffen sein, dann identifizieren Sie das oder die Keywords, und suchen Sie ganz speziell nach einer Überoptimierung in diesem Themenbereich. Häufig sind zu viele harte Keyword-Verlinkungen aufgetreten.

> **Praxistipp: Monitoring wichtig!**
>
> Wichtig für das frühzeitige Erkennen von Penaltys ist das Beobachten von Rankings (Rank-Monitoring) und anderer statistischer Daten wie etwa des Traffics.
>
> Sie sollten auch bei der Optimierung ein Protokoll führen, sodass Sie bei einer Penalty schnell nachvollziehen können, welche möglichen Ursachen dafür infrage kommen

> können. Ohne Anhaltspunkte und ohne Kenntnis des vorherigen Zustands kann die Ursachenforschung für eine Penalty sehr langwierig und kostspielig sein.
>
> Sollten Sie eine Abstrafung erhalten haben, sollten Sie schnell reagieren. Dennoch kann das Aufheben einer Abstrafung mehrere Tage oder Wochen dauern. In Einzelfällen kann es auch zwei bis drei Monate dauern, bis die Abstrafung aufgehoben wird.

11.13 Linkabbau

Suchmaschinen-Optimierung ist ein ständiges Spiel zwischen Google und den Optimierern und Optimiererinnen. 2013 hat Google mit dem Penguin-Update einen entscheidenden Einschnitt in die Suchmaschinen-Optimierung vorgenommen.

Häufig sind viele Suchmaschinen-Optimierungen in den letzten Jahren den effizientesten Weg gegangen. Nachhaltigkeit und Konformität mit Google-Richtlinien waren nicht immer die obersten Ziele. Effiziente Erfolge und schnelle Verkäufe standen stattdessen ganz oben auf der Wunschliste vieler Website-Betreiber und Agenturen.

Nach und nach hat Google bestimmte Linkbuilding-Verfahren abgeschwächt: Webkataloge, Social Bookmarks, Forenlinks, Footer-Links, Blog-Kommentare, Gastbeiträge und viele andere beliebte Methoden wurden schlichtweg von SEOs zu häufig eingesetzt, sodass Google einschreiten musste. Ein massiver Schlag, der die SEO-Branche nachhaltig verändert hat, ist mit dem Penguin-Update 2013 erfolgt.

Google hat mit diesem Update unnatürliche Linkprofile deutlich besser erkannt und entsprechend abgestraft. Sinkende Besucherzahlen, fallende Sichtbarkeitsindexe und daraus resultierende Umsatzverluste waren bei vielen Websites, die lange Jahre erfolgreich Suchmaschinen-Optimierung betrieben haben, auf einmal deutlich erkennbar.

Der Grund für eine Penguin-Abstrafung ist zwar ein unnatürliches Linkprofil, aber was heißt das konkret? Mit der Zeit haben sich vor allem zwei Faktoren als wesentliche Ursache für ein unnatürliches und abstrafungswürdiges Linkprofil herausgestellt: eine künstliche Anchor-Text-Verteilung und viele schlechte Linkquellen.

Es gibt kein Standardvorgehen, das zwingend zur Aufhebung einer Penguin-Abstrafung führt. Verschiedene Tool-Anbieter versuchen, Mittel zur Verfügung zu stellen, wie man die zahlreichen Backlink-Quellen auf Schädlichkeit untersuchen kann.

Allen voran hat sich Christoph Cemper mit seinen *LinkResearchTools* an einem Detox-Tool versucht, das automatisch mit verschiedenen Metriken ein Linkprofil durchsucht und schädliche Links identifiziert, die es anschließend zu entfernen gilt (siehe Abbildung 11.35).

11 Offpage-Optimierung (Linkbuilding)

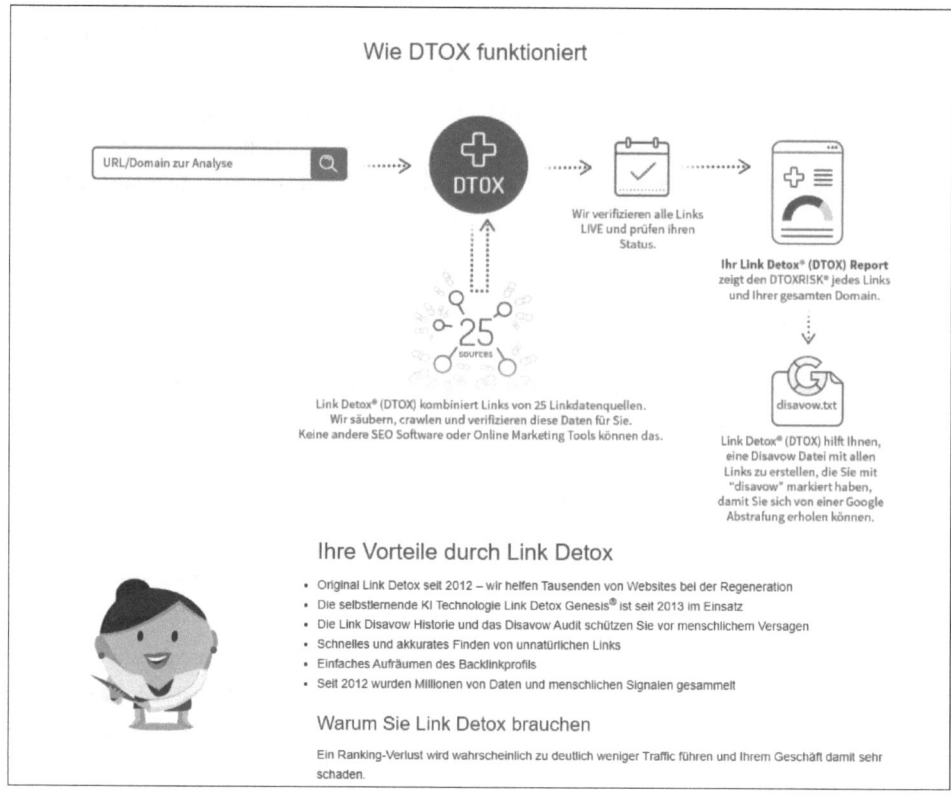

Abbildung 11.35 Link Detox von LinkResearchTools

Das Tool wird stetig erweitert und verbessert. Das zeigt, dass die Erkennung von schlechten Links nicht unbedingt einfach ist. Viele Optimierer und Optimiererinnen nehmen die Linkanalyse auf schädliche Links auch manuell vor, da sie der Meinung sind, dass viele Bewertungen nicht automatisch vorgenommen werden können.

Welche Schritte sind bei einem Linkabbau-Prozess aufgrund einer Penguin-Abstrafung üblich?

11.13.1 Penguin-Abstrafung erkennen

Der erste Schritt, bevor man überhaupt in den eigentlichen Linkabbau-Prozess einsteigt, ist das Erkennen einer Offpage-Abstrafung. Meistens bemerkt man eine Abstrafung über das Traffic- oder Rank-Monitoring: Die organischen Besucherzahlen nehmen plötzlich ab, und der Sichtbarkeitsindex fällt rapide, weil bestimmte Keywords deutlich schlechter ranken als noch kurz zuvor. Wenn diese Phänomene mit einem terminlich bekannten Google-Update zusammenfallen und sonst keine größeren Änderungen an der Website durchgeführt wurden, kann man eigentlich fast immer von einer entsprechenden Abstrafung ausgehen. Schwierig festzustellen bleibt allerdings, ob es sich dabei um eine Onpage- oder Offpage-Abstrafung handelt und ob der massive Verlust von Rankings nicht auch eine grundlegende Änderung im Bewertungsverfahren von Google sein kann, wie es bei Core-Updates seit 2018 häufig der Fall ist.

Für alle Untersuchungen in dieser Art sind Tools hilfreich, die die Daten von bestimmten Updates in den jeweiligen Sichtbarkeitskurven anzeigen. So hilft etwa der SISTRIX-Sichtbarkeitsindex mit den einzelnen Updates, die als Pins dargestellt werden, eine Abstrafung schnell zu erkennen (siehe Abbildung 11.36).

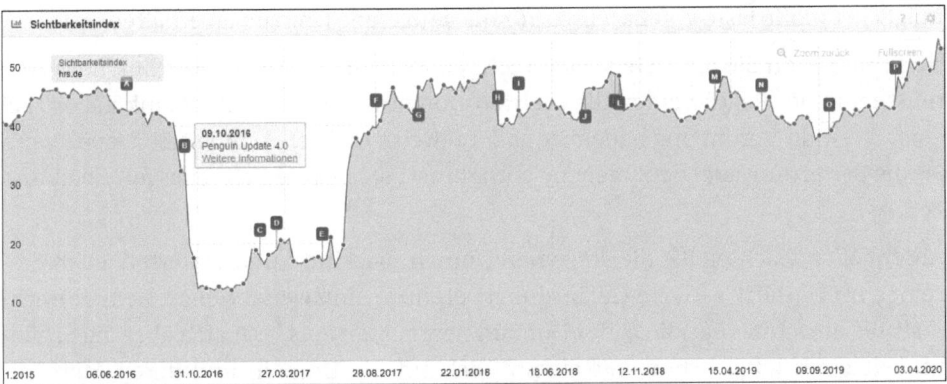

Abbildung 11.36 Diese Website wurde vom Penguin getroffen und konnte sich erholen (SISTRIX-Sichtbarkeitsindex).

Im Beispiel gab es bei dem Penguin-Update 4.0 am 09.10.2016 (Pin B) eine Abstrafung, die deutlich sichtbar ist. Im Juli 2017 sind die Rankings dann kontinuierlich wieder gestiegen – vermutlich haben hier Linkabbau-Maßnahmen gewirkt.

11.13.2 Backlink-Daten sammeln und bewerten

Nachdem man eine Penguin-Abstrafung festgestellt hat, beginnt man üblicherweise mit dem Versuch, die Abstrafung wieder zu entfernen. Sollten Sie sich mit Suchmaschinen-Optimierung nicht wirklich gut auskennen und empfindliche Umsatzeinbußen erleben, kann ich Ihnen nur empfehlen, sich an eine professionelle Agentur zu wenden.

> **Praxistipp: Hilfe von Profis**
>
> Der Linkabbau ist aufwendig und eine Gratwanderung.
>
> Es gilt nämlich, möglichst alle schädlichen Links abzubauen, dabei jedoch nicht so viele, dass danach die positiv wirkenden Links auch nicht mehr vorhanden sind und Sie von vorne beginnen müssen.

> Auf der anderen Seite besteht bei einem zu vorsichtigen Vorgehen die Gefahr, dass nicht alle negativ wirkenden Links entfernt werden und damit dann die Abstrafung auch nicht aufgehoben wird und noch länger für weniger Umsatz sorgt.
>
> Stellen Sie also sicher, dass Sie jemanden haben, der weiß, was er tut.

Der erste Schritt ist das Sammeln möglichst aller Backlink-Daten. Das Verfahren habe ich bereits bei der Erstellung der Linkprofil-Analyse beschrieben. Im Prinzip nutzen Sie alle möglichen Tools, Datenquellen und auch die Google Search Console, um eine möglichst große Liste von Backlinks für die betroffene Domain zu erhalten.

Nun reduzieren Sie die Liste so, dass Sie pro Domain nur einen Backlink bewerten müssen. In der Regel werden die meisten Domains auch nur einen Link haben. Bei einer Sitewide-Verlinkung haben Sie aber teilweise mehrere hundert Einträge. Wenn Sie die Bewertung auf Domainebene vornehmen, sparen Sie sich sehr viel Arbeit und Zeit.

Anschließend sichten Sie die einzelnen Domain-Backlinks und bewerten jeden einzelnen im Hinblick auf sein Gefährdungspotenzial. Im Zweifel ziehen Sie hier nochmals die einzelnen Backlinks der Domain heran. Meistens lässt sich aber die Schädlichkeit eines Links schon mit einem Blick auf die Domain und deren Metriken bewerten.

In unserer Agentur haben wir ein semimanuelles Verfahren etabliert. Sobald wir eine Liste von Backlinks erstellt haben, bewerten wir jeden einzelnen Link automatisch mit den verschiedenen Daten, die auch schon in der Backlink-Profil-Analyse genannt wurden. Zusätzlich haben wir automatisierte Verfahren entwickelt, wie man z. B. erkennen kann, ob eine linkgebende Domain selbst eine Google-Abstrafung erhalten hat. Auch die Erreichbarkeit einer Domain ist hier wichtig. Teilweise sind die Backlink-Datenquellen veraltet, und bestimmte Links bestehen gar nicht mehr. Hier kann man viel Zeit verschenken, wenn man ständig nicht mehr erreichbare Domains prüfen muss.

Unsere erste automatische Klassifikation nutzen wir danach für eine manuelle Durchsicht. Das Ergebnis der Klassifikation gibt eine grobe Richtlinie: guter Link, neutraler und schädlicher Link. Über diese Klassifikation lässt sich ein manuelles Review-Verfahren effizienter anschließen. Gerade bei großen Datenmengen spart man sich hier teilweise tagelange Arbeit. Dennoch ist die Identifikation schädlicher Links eine langwierige Arbeit.

Neben den einzelnen Linkbewertungen sollten Sie sich auch die Anchor-Text-Verteilung genauer ansehen, die Sie idealerweise aus den Backlink-Tools erhalten haben. Hier können Sie eine unnatürlich hohe Anchor-Text-Verwendung erkennen. Sorgen Sie dann im Linkabbau dafür, dass das Verhältnis wieder normal wird. Dazu kann ich

Ihnen leider keine feste Grenze nennen. Aber wenn Sie ein Money-Keyword haben, das mehr als 20 Prozent Ihrer Anchor-Texte ausmacht und Sie mehr als ein paar Dutzend Backlinks haben, dann ist das definitiv zu viel. Achten Sie vor allem auch auf gleiche Anchor-Text-Phrasen.

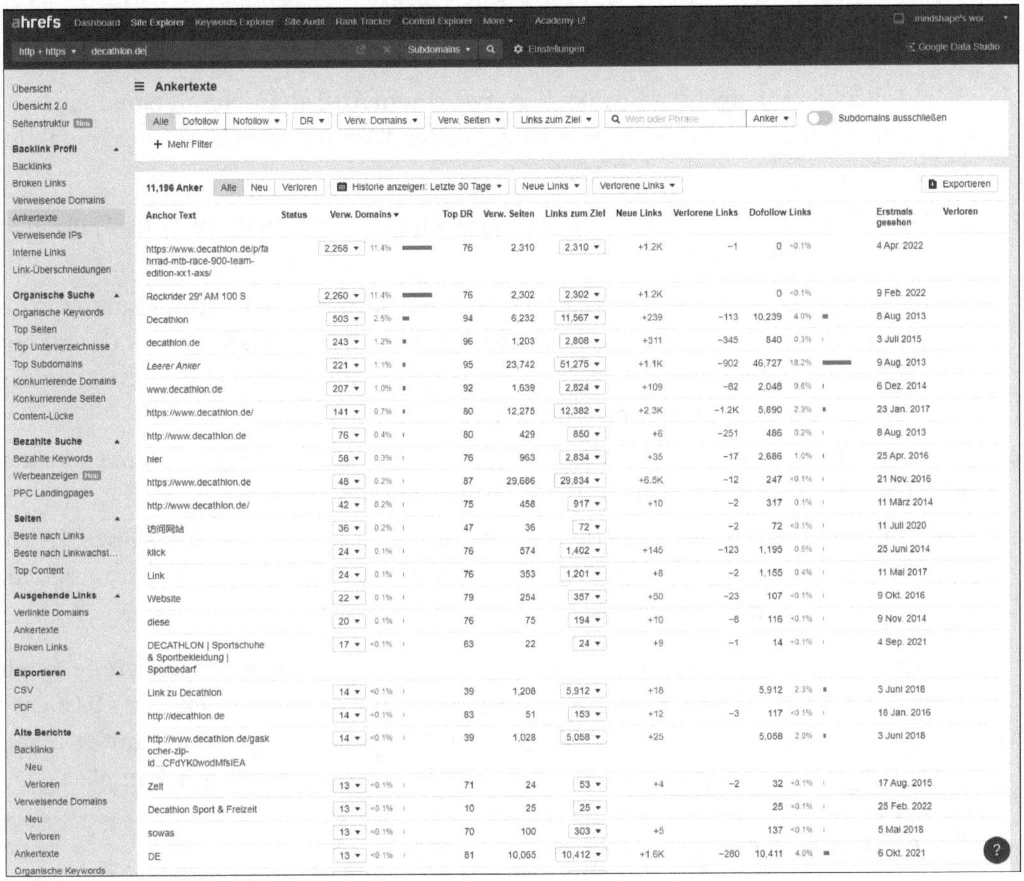

Abbildung 11.37 Anchor-Text-Analyse bei »ahrefs.com«

Ob Sie nun ein Tool nutzen, verschiedene Tools kombinieren oder eine manuelle Bewertung der Backlinks vornehmen – Sie werden am Ende eine Liste von definitiv schädlichen Backlinks erhalten, die nun für Google entwertet werden müssen.

Für die Entwertung gibt es grundsätzlich drei Möglichkeiten:

▸ **Linkentfernung**: Sie lassen den Link entfernen.
▸ **Linkentwertung**: Sie lassen den Link mit einem `nofollow` versehen.
▸ **Disavow (abstreiten)**: Sie entwerten den Link nur bei Google.

11.13.3 Um Linkabbau oder Linkumbau bitten

Meistens können Sie die schädlichen Links nicht direkt selbst abbauen. Im Fall von massivem Webkatalog-Linkbuilding müssen Sie zum Beispiel zunächst an die Login-Daten herankommen. Mit etwas Glück hat der Linkaufbauer oder die -aufbauerin damals sorgfältig gearbeitet und alle Logins mit Passwörtern dokumentiert. Leider ist dies selten der Fall.

Im Fall anderer aufgebauter Links, wie etwa einem Artikeltausch mit einem nun abgestraften und schädlichen Blog, müssen Sie den Website-Betreiber direkt kontaktieren. Meist geschieht das per E-Mail.

Hier bitten Sie den Website-Betreiber, den Link zu entwerten. Idealerweise entscheiden Sie, was am besten wäre:

- Sie entfernen den gesamten Artikel und damit vielleicht auch die gesamte schädliche URL, wenn Ihr Artikel der einzige auf dieser URL ist. Damit erhält Google anschließend keinen 200-HTTP-Code mehr zurück, sondern mit einem 404-Error das Signal, dass Quelle und Link nun nicht mehr existieren.
- Sie bitten den Website-Betreiber lediglich, den Link zu entfernen. Dann bleibt der Artikel bzw. Inhalt stehen. Auch dies ist ein gültiges Entfernen.
- Alternativ bitten Sie den Betreiber, den Link als `rel="nofollow"` zu kennzeichnen. Damit entsprechen Sie den Qualitätsrichtlinien von Google, da ein aktiv gesetzter Link entsprechend entwertet wird.

Welche Form der Entwertung Sie wählen, bleibt Ihnen überlassen. Ich würde Ihnen empfehlen, bei der Entscheidung die Frage zu beantworten, wie viele echte Besucher und Besucherinnen über diesen Link kommen. Wenn die Frage schnell mit »gar keine« beantwortet ist, dann entfernen Sie den Link bzw. Artikel einfach komplett.

> **Praxistipp: Umbenennen hilft nicht**
> Google kennt die Historie einer URL und erkennt damit auch recht leicht, dass ein Link oder Anchor-Text nur geändert wurde. Insofern sollten Sie auf das Ändern von schädlichen Backlinks verzichten und den Link konsequent abbauen oder entwerten lassen.

Einige Webmaster entfernen den Link auf Anfrage sofort. Andere lassen sich etwas Zeit. Manche Optimierer und Optimiererinnen drohen in ihren Anschreiben mit dem Disavowing der linkgebenden Domain. Je nach Webmaster erhalten Sie dann eine Aufwandsabschätzung mit einem meist zweistelligen Eurobetrag, was die Linkentfernung kostet.

Insgesamt bewegt sich der Linkabbau aus rechtlicher Sicht ohnehin auf dünnem Eis. Nicht selten ist eine Nachfolgeagentur mit dem Linkaufbau beauftragt und bittet dann unter ihrer Agentur-E-Mail-Adresse um das Entfernen des Links. Aus der Erfahrung heraus fragen viele Website-Betreiber gar nicht mehr nach und entfernen den Link einfach. Theoretisch könnte man auf die gleiche Weise auch nicht schädliche Links von Mitbewerbern abbauen, wenn keine Berechtigung zum Abbau nachgefragt wird.

> **Praxistipp: Als Agentur eine E-Mail-Adresse des Kunden erbitten**
> Wenn Sie Linkabbau für einen Kunden betreiben, können Sie die Quote deutlich erhöhen, wenn Sie eine zur Domain gehörige E-Mail-Adresse haben und über diese anfragen. Damit gehen die Empfänger und Empfängerinnen meist gleich davon aus, dass Sie berechtigt sind, den Linkabbau anzufragen.

11.13.4 Links entwerten mit dem Disavow-Tool

Nicht immer kann man alle Links selbst entfernen oder durch andere entfernen oder entwerten lassen. Viele Websites haben keinen ausgezeichneten Ansprechpartner oder Ansprechpartnerin, viele Angeschriebene antworten nicht oder verlangen entsprechende (Un-)Summen für den Linkabbau.

Ihnen bleibt dann abschließend noch die Möglichkeit, die Links über Googles Disavow-Tool zu entwerten. Dabei bleiben die Links im Web faktisch bestehen, Sie teilen Google über das Disavow-Tool allerdings mit, dass bestimmte Links nicht mehr berücksichtigt werden sollen.

Diese Maßnahme gilt dann jedoch nur für Google und ist von außen für andere Suchmaschinen oder Webmaster nicht zu erkennen. Die Benutzung des Disavow-Tools ist nicht zwingend gut dokumentiert. Man könnte Google hier Absicht unterstellen, damit es nicht von jedermann blind genutzt wird. Auch der Warnhinweis ist eindeutig:

> *Es handelt sich hierbei um eine erweiterte Funktion, die nur mit Vorsicht eingesetzt werden sollte. Bei unsachgemäßer Verwendung kann sie sich nachteilig auf das Abschneiden Ihrer Website in den Suchergebnissen von Google auswirken. Sie sollten Rückverweise nur für ungültig erklären, wenn Ihrer Ansicht nach eine erhebliche Anzahl von Spam-Links, künstlichen Links oder Links von geringer Qualität auf Ihre Website verweisen und Sie sich sicher sind, dass diese Ihnen Probleme verursachen. In den meisten Fällen kann Google ohne Zusatzinformationen beurteilen, welche Links vertrauenswürdig sind. Daher ist die Verwendung des Tools bei den meisten normalen Websites nicht nötig.*
>
> *(https://support.google.com/webmasters/answer/2648487?hl=de)*

Beim Schritt LINKS FÜR UNGÜLTIG ERKLÄREN im Disavow-Tool (siehe Abbildung 11.38) weiß man nicht so recht, ob der Button nun gleich schon alle Links entwertet. Dies ist jedoch nicht so.

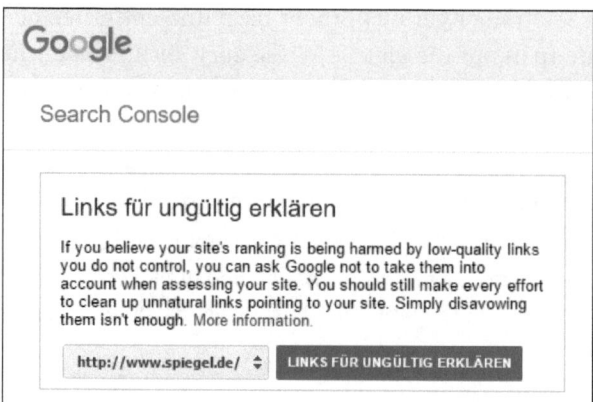

Abbildung 11.38 Erster Schritt im Disavow-Prozess: Domain auswählen

Danach gelangt man zu einer langen Erklärung (siehe Abbildung 11.39).

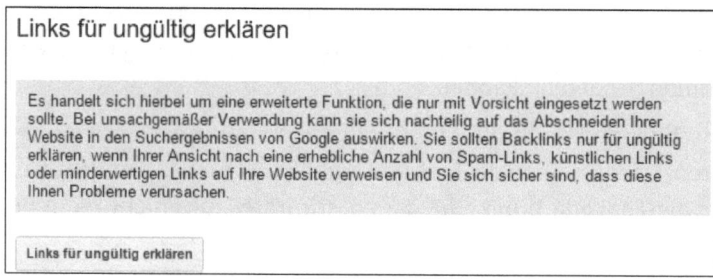

Abbildung 11.39 Googles Hinweise zum Disavow-Tool

Nach dem Klick erscheint ein Dialog (siehe Abbildung 11.40). Dort müssen Sie dann eine TXT-Datei hochladen.

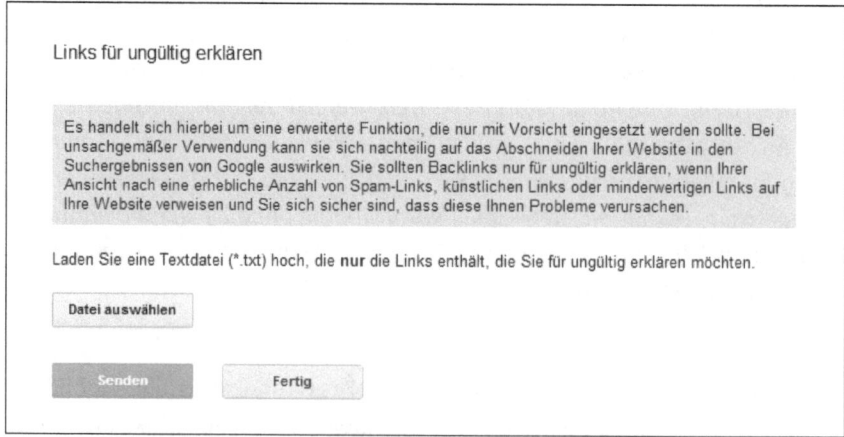

Abbildung 11.40 Dialog zum Hochladen der Disavow-Textdatei

Die Textdatei kann verschiedene Formate enthalten:

```
# http://example.com hat die Links bis auf folgende entfernt:
https://spam.example.com/stuff/comments.html
https://spam.example.com/stuff/paid-links.html
# Inhaber von http://shadyseo.com am 01.07.2012 kontaktiert
# Anfrage zur Linkentfernung, aber keine Antwort domain:irgendwas.com
```

Listing 11.1 Disavow-Textdatei

Kommentare werden mit einer Raute (#) eingeleitet. Diese sollten Sie nutzen, weil Sie immer nur eine Disavow-Datei an Google übermitteln können. Das heißt, im Fall einer erneuten Meldung ergänzen Sie die erste Liste. Sie laden keine neue hoch.

Um Links zu entwerten, haben Sie entweder die Möglichkeit, eine spezifische URL anzugeben, oder Sie entwerten eine gesamte Domain mittels `domain:domainname.de`.

In der Regel empfiehlt es sich, eine ganze Domain abzuwerten. Häufig treten schädliche Links mehrmals auf Domains auf – so könnte ein Blog verschiedene Ansichten haben, auf denen ein Beitrag mit Link erscheinen kann: die eigentliche Ansicht, eine Archivansicht, eine Ansicht in einer Randspalte etc.

Sie gehen also auf Nummer sicher, wenn Sie in der Regel die gesamte Domain entwerten. Damit teilen Sie dann Google mit, dass alle Backlinks von dieser Domain nicht gewertet werden sollen.

Nach Fertigstellung laden Sie die Datei hoch, und Google wird sie analysieren. Die Links werden allerdings erst dann wirklich entwertet, wenn der Crawler die betreffenden schädlichen Linkquellen wieder besucht. Das kann je nach Crawling-Frequenz unter Umständen Tage oder Wochen dauern.

> **Praxistipp: Schlechte Links erkennt Google auch von allein**
>
> Seien Sie vorsichtig mit dem Disavow-Tool! Es besteht schnell die Gefahr, dass Sie zu viele Links entwerten. Google erkennt ganz schlechte und schädliche Links mittlerweile recht zuverlässig von selbst und wertet diese einfach nicht. Es gibt bei solchen Links angeblich also keine Abstrafung mehr. Nur wenn bestimmte Linkaufbau-Muster erkennbar sind – nennen wir sie einmal historische Altlasten –, sollten Sie das Disavow-Tool nutzen.

11.13.5 Linkmanagement und Linkmonitoring

Wenn Sie alle Links direkt oder über das Disavow-Tool entwertet haben, können Sie hoffen, dass die Abstrafung aufgehoben wird. Im Fall einer algorithmischen Penguin-Abstrafung müssen und können Sie keinen manuellen Reinclusion Request stellen.

Das ist nur bei manuellen Abstrafungen möglich. Es heißt also abwarten – schlimmstenfalls, bis die nächste Version des Penguin-Updates eingespielt wird und Sie dann sehen, ob Sie die richtigen schädlichen Links abgebaut haben.

Sie sollten sich dann allerdings auch im Fall einer Erholung nicht zufrieden zurücklehnen. Führen Sie ein ordentliches Linkmanagement ein, das dafür sorgt, dass schädliche Links nicht mehr aufgebaut werden, und halten Sie auch regelmäßig selbst nach schädlichen Links Ausschau.

Es ist normal, dass ein Linkprofil nicht immer astrein ist. Google ist hier durchaus tolerant und straft nur ab, wenn es deutlich zu viel ist. Wenn Sie von allein Ihr Linkprofil regelmäßig säubern, dann kommt es idealerweise gar nicht zu Abstrafung und Umsatzeinbußen.

11.14 Aufbau von Satellitendomains

Die Suche nach Linkpartnern ist ein aufwendiges Unterfangen, denn hier ist der Webautor oder die Webautorin auf die »Hilfe« von anderen angewiesen, die er oder sie nicht direkt beeinflussen kann.

Aus diesem Grund haben sich zahlreiche Suchmaschinen-Optimierer und -Optimiererinnen über die Zeit hinweg ein Portfolio an unterschiedlichen Websites zu unterschiedlichen Themengebieten aufgebaut, die auf den ersten Blick wie »normale« Webangebote erscheinen.

Im Prinzip haben die Betreiber solcher Websites aber hauptsächlich im Sinn, Platz für das Platzieren von themenrelevanten Verweisen zu schaffen. Diese Websites nennt man auch *Satelliten*, da sie sich um die eigentliche zu optimierende Seite »drehen«. Viele professionelle Suchmaschinen-Optimierungsagenturen besitzen zahlreiche solcher Satellitendomains, um den Kunden einen schnellen Anstieg der Linkpopularität zu sichern.

Die Satelliten selbst müssen auch eine entsprechende Linkpopularität aufweisen, damit die Verlinkung sinnvoll ist. Aus diesem Grund werden häufig Webkataloge mit Linkempfehlungen oder Seiten zu speziellen Themengebieten erstellt. Hier wird oft eine Verbindung zwischen Optimierungsagenturen und Organisationen oder Vereinen eingegangen. Letztere liefern dann das Textmaterial, und die Agentur kümmert sich um Design und Webhosting.

Häufig wird zunächst eine Mikroseite auf der eigentlichen zu bewerbenden Website erstellt, die auf ein Keyword optimiert ist. Eine Mikroseite ist eine ausgelagerte Webseite, die primär für die Suchmaschinen-Optimierung entworfen ist. Damit bewegt sich die Verwendung einer Mikroseite im Graubereich des Suchmaschinen-Spams, auf den aber erst in Kapitel 13 eingegangen werden soll.

Satellitennetzwerk für Google unter dem Radar

Sollten Sie entsprechende Möglichkeiten haben und Satellitenseiten aufbauen wollen, achten Sie darauf, dass Sie diese auf unterschiedlichen IP-Adressen anbieten. Suchmaschinen bewerten Verweise innerhalb des gleichen IP-Bereichs weniger hoch. Je unterschiedlicher die IP-Adressen zweier Webangebote sind, desto unwahrscheinlicher ist es in der Regel, dass es sich um den gleichen Webautor oder die -autorin handelt. Achten Sie daher besonders darauf, dass die C-Klasse der IP-Adressen unterschiedlich ist:

234.129.**123**.3
234.129.**211**.5

Sie können die IP-Adresse einer Domain auf einem Windows-Rechner übrigens relativ einfach herausfinden. Rufen Sie dazu die Kommando-Konsole auf (unter Windows über START AUSFÜHREN • cmd), und geben Sie den Befehl ping, gefolgt vom Domainnamen, ein. Daraufhin wird in eckigen Klammern die IP-Adresse der angefragten Domain angegeben.

Auch andere Gemeinsamkeiten, sogenannte *Footprints*, sollten Sie vermeiden. Dazu gehören das gleiche Design, die gleichen Impressumsdaten, der gleiche DNS-Server, die Einbindung von gleichen Google-Analytics-Codes oder sogar der Zugriff vom gleichen Browser aus.

Hauptproblem: nicht skalierbares Linkbuilding für Satelliten

Ein Hauptproblem bei Satellitennetzwerken ist, dass Sie für jede Domain zunächst eine bestimmte Wertigkeit für Google generieren müssen. Dies erreichen Sie hauptsächlich über die Linkpopularität. Hier wird relativ schnell klar, dass sich ein Satellitennetzwerk in der Regel nur für solche Optimierer und Optimiererinnen lohnt, die mehr als eine Domain optimieren möchten. Denn der Aufwand, der betrieben werden muss, um Satellitendomains mit einer hohen Linkpopularität zu erhalten, ist um ein Vielfaches höher, als eine einzige zu bewerbende Site im Offpage-Bereich zu optimieren.

Daher wird ein Großteil existierender Satellitendomains auch von entsprechend professionellen Agenturen betrieben, die auf diese Weise Websites von mehreren Kunden gleichzeitig bedienen können.

> **Praxistipp: Prüfen Sie genau, ob sich ein Satellitennetzwerk lohnt**
> Google hat Anfang 2014 viele Satellitennetzwerke in Deutschland manuell aufgedeckt und abgestraft. Damit ist die Wertigkeit aller identifizierten Domains quasi bei null und damit für SEO wertlos. Dieser Prozess läuft seitdem regelmäßig in kleinerem Maßstab und sicherlich mittlerweile auch mit algorithmischer Unterstützung.

> Für die übliche Suchmaschinen-Optimierung würde ich Ihnen nicht empfehlen, auf Satellitennetzwerke zu setzen. Diese Strategie mag noch funktionieren, muss allerdings auf einem so hohen Niveau und mit einem so hohen Budgeteinsatz erfolgen, dass der Aufwand auch in die eigentlichen Websites investiert werden könnte und im Rahmen von Content-Marketing Links akquiriert werden sollten.
>
> Schließlich ist der Aufbau von Satellitendomains allein für eingehende Links oder als Basis für einen Linktausch oder Link(ver)kauf auch nicht nachhaltig. Google kann Ihnen – wie 2014 erstmalig geschehen – jederzeit diese Basis entwerten.

11.15 Das Web 2.0 zur Offpage-Optimierung nutzen

Web 2.0 wird von einigen Personen eher als eine Einstellung statt als technologischer Fortschritt gesehen. In dieser Tradition sind auch etwa Wikipedia oder YouTube als Web-2.0-Anwendungen anzusehen. *User-Generated Content* (UGC) ist hier das Schlagwort, also der von Nutzern und Nutzerinnen erzeugte Inhalt, der eben nicht aus einer Redaktion, einer PR-Abteilung oder einer einzelnen Quelle stammt. Web-2.0-Applikationen zeichnen sich besonders dadurch aus, dass der eigentliche Mehrwert der Dienste durch den Netzwerkeffekt entsteht. Je mehr Nutzer und Nutzerinnen sich beteiligen, desto attraktiver wird der Dienst.

Das Optimieren von Inhalten in Web-2.0-Anwendungen bezeichnet man heutzutage häufig auch als *Social-Media-Optimierung* (SMO). Linkbuilding als Teil der Suchmaschinen-Optimierung und Social-Media-Optimierung zeigen in vielen Bereichen sehr große Schnittmengen.

11.15.1 Wikis nutzen

Wikipedia ist mittlerweile selbst in der Offline-Welt bestens bekannt und neben Google eine der am häufigsten angefragten Sites, wenn es um die Recherche von Fakten geht. Das Wiki-Prinzip ist ebenso einfach wie genial: Jeder kann jeden Eintrag editieren; die Qualitätssicherung der Beiträge funktioniert über gegenseitige Kontrolle und Verbesserung.

Wikis scheinen daher ideal zu sein, um eingehende Links für die Offpage-Optimierung zu generieren. Allerdings sei an dieser Stelle gleich erwähnt, dass Beiträge, die mehr werbenden als informierenden Charakter haben, meist nur wenige Minuten zu sehen sind und dann bereits wieder von anderen Autoren oder Autorinnen gelöscht werden. Das trifft besonders auf solche Fälle zu, die eher schlecht als recht eine einzelne Seite auf ihrer Webpräsenz »zusammenschustern«, der man mit einem Blick bereits ansieht, dass hier keine Informationen zu finden sind, sondern dass die Seite lediglich zur Bauernfängerei dienen soll. So fragt z. B. ein Betreiber auf der Diskussionsseite der Wikipedia-Seite zur Suchmaschinen-Optimierung nach, ob er einen Link auf seine Website (ausschließlich mit Google-Anzeigen) setzen darf. Oder ein anderer Nutzer regt an, dass alle Links auf kommerzielle Unternehmen im Artikel zur Suchmaschinen-Optimierung entfernt werden sollten, da die Links ohnehin nur Linkbuilding seien (siehe Abbildung 11.41).

Für Wikipedia – wie für viele andere bekannte Wikis – gelten allgemeine Regeln für das Setzen externer Links. Diese sollten unabhängig vom Thema beachtet werden. Die Aussage des Diskussionsteilnehmers, dass es sich bei ausgehenden Links von Wikipedia um nofollow-Links handelt, ist zwar richtig. Falsch ist aber, dass dies keine Auswirkung auf die Suchmaschinen-Optimierung hat. Entgegen der offiziellen Ankündigung von Google, dass nofollow-Links nicht berücksichtigt werden, kann man gleichwohl einen Effekt eines Wikipedia-Links in den Rankings spüren.

HTML-Validität [Bearbeiten]

Hallo! Im Abschnitt Arbeitsweise steht, die Konformität zu Webstandarts sei "erster und wesentlicher Schritt einer Optimierung". Direkt im nächsten Satz, wird, auf eine Aussage von Google gestützt, das Gegenteil behauptet. Ja was denn nu? Gruß -- 89.14.126.55 10:29, 6. Jan. 2012 (CET)

Ich habe es einmal umformuliert, jetzt sollte es konsistent sein. --Doc ꞓ 11:50, 6. Jan. 2012 (CET)

kommerzielle Links [Bearbeiten]

Alle kommerziellen Links sollten entfernt werden. Dies dient offensichtlich nur der Suchmaschinenoptimierung. *(nicht signierter Beitrag von* 109.193.94.127 (Diskussion) 08:13, 18. Jan. 2012 (CET))

Es gelten die Richtlinien für externe Weblinks - nicht mehr und nicht weniger. Für die Suchmaschinenoptimierung sind die Links aufgrund des nofollow-Tags ohnehin wertlos. -- Doc ꞓ 10:31, 18. Jan. 2012 (CET)

Eine Tüte Deutsch bitte [Bearbeiten]

"Das PDF sollte eine möglichst hohe Suchwortdichte aufweisen **und anstatt von (Hyper)links zählen Zitationen.**" Was will uns der Autor mit diesem Satz sagen? --Bin im Garten (Diskussion) 10:42, 4. Mär. 2012 (CET)

Linkpyramide [Bearbeiten]

Sorry, aber die Grafik zum Thema Linkpyramide ist falsch. Es geht hier nicht um Dinge wie PageRank, sondern eine Art von Struktur und Verlinkung. Die deutschsprachige Quelle zum Thema: Bau deine eigene Linkpyramide ⌘ von 2009. -- Loewenherz (Diskussion) 21:19, 20. Mär. 2012 (CET)

Guten Tag, ich bin zwar jetzt nicht so in der Materie drin wie ihr, aber aufgrund deines Beitrages hab ich mir das Bild mal angesehen und die Referenzseite. Dort steht z.B. aufgeführt, dass es nicht auf den PR ankommt, sondern dieser als Anhaltspunkt dient. Der Link zu deiner Seite ist sehr allgemein gehalten und wenig veranschaulichend für einen Außenstehenden wie ich finde. Aber so wie ich das bisher lese, ich das Thema eh ein sehr schwieriges wo es kein richtig und falsch oder sehr viel Diskussions Potential gibt :)-- Tarotonline (Diskussion) 22:11, 6. Jun. 2012 (CEST)

Abbildung 11.41 Die Diskussionsseite aus dem Wikipedia-Artikel zur Suchmaschinen-Optimierung

Für das Entfernen eines Links aus einem Wikipedia-Beitrag gibt es also feste Richtlinien. Häufig finden Sie dann solche oder ähnliche Begründungen, wenn der Link gelöscht wird:

- mit Werbung überladene Seite mit Belanglosigkeiten in einem E-Book zusammengefasst ... Link gelöscht
- Inhalte schon andernorts abgedeckt

- Werbung entfernt
- revert linkspam
- www.XY.de ist eine Schande! Spam mit Google-Anzeigen!
- No Blogs, siehe Richtlinien für Links

Diese Beispiele zeigen anschaulich, dass werbende Seiten ohne Mehrwert kaum eine Chance bei Wikipedia haben. Auch hier gilt das KAKADU-Prinzip.

Sieht man einmal von solchen Beispielen ab, gibt es sicherlich eine Vielzahl von Fällen, in denen ein Eintrag einer URL in Wikipedia – etwa in den Sektionen Literatur, Quellen oder Weblinks – durchaus einen Mehrwert für den interessierten Leser oder die Leserin darstellt.

Falls Sie eine solche Seite anbieten, können Sie mit der internen Suche in Wikipedia nach den passenden Schlagwörtern forschen und erhalten eine Liste von infrage kommenden Seiten angezeigt. Im besten Fall können Sie einen Link mit einem Hinweis auf Ihr Angebot platzieren. Generell gilt, dass Sie auf die thematisch passende Seite verlinken und nicht auf Ihre Startseite. Dieses Deeplinking ist ohnehin effizienter für die Suchmaschinen-Optimierung, da Sie zusätzlich durch die themenrelevante Verlinkung Ranking-Punkte gutmachen. Außerdem wird dadurch die Wahrscheinlichkeit um ein Vielfaches größer, dass der Link nicht von anderen Autoren oder Autorinnen wieder herausgenommen wird, wenn bei einem »Testklick« auch tatsächlich Relevantes zum Thema erscheint.

Noch besser und deutlich vielversprechender, was die Halbwertszeit Ihres Eintrags angeht, ist es allerdings, wenn Sie auf einer vorhandenen Wiki-Seite oder gar auf einer von Ihnen neu angelegten Wiki-Seite interessante und relevante Inhalte beisteuern und nicht einfach nur einen Link platzieren.

Natürlich schlafen Ihre Mitbewerber nicht. So kann es durchaus passieren, dass sie einen Link aus »Wettbewerbsgründen« wieder herausnehmen – auch wenn inhaltlich wie redaktionell nichts gegen ihn spräche. Hier hilft erfahrungsgemäß nur, den Link erneut einzutragen und auf der Diskussionsseite, die jeder einzelnen Wiki-Seite zugeordnet ist, die Relevanz dieses Links zu beschreiben.

In der Regel ist das Platzieren eines Links insbesondere bei Wikipedia jedoch eher schwierig, vor allem dann, wenn der Mehrwert nicht sofort für die Community ersichtlich ist. Daran sieht man, dass die gegenseitige Kontrolle in der Regel sehr gut funktioniert.

Neben der Wikipedia gibt es allerdings eine ganze Reihe anderer Wikis, die teilweise ebenfalls einen hohen PageRank besitzen und weniger stark von anderen Autoren und Autorinnen redigiert werden.

11.15.2 Social Bookmarking

Neben Wikis ist besonders eine Sorte von Plattformen mit der damaligen Web-2.0-Welle bekannt geworden: die *Social Bookmarks*. Als Social Bookmarking bezeichnet man Dienste, bei denen sich Nutzer und Nutzerinnen anmelden und ihre Bookmarks (Favoriten, Lesezeichen) online platzieren können.

Die meisten bekannten Social-Bookmarking-Dienste wie MisterWong und Co. sind in den letzten Jahren eingemottet worden, weil Facebook und Co. sie quasi obsolet gemacht haben. Heute gibt es faktisch keinen relevanten Social-Bookmark-Dienst mehr, der für Offpage-Optimierung eine Bedeutung hätte.

11.15.3 Social Signals aus Facebook und Co.

Teilweise werden auch Inhalte aus sozialen Netzwerken in Web-Suchmaschinen erfasst. Damit stellen sie auch mögliche Linkquellen dar. Aber auch andere Social Communitys ermöglichen es ihren Mitgliedern schon seit Jahren, sich gegenseitig Nachrichten zu schreiben, sich mitzuteilen, Freunde und Freundinnen zu markieren und andere Dinge virtuell gemeinsam zu erleben. Das meiste davon bleibt für Web-Suchmaschinen wie Google unsichtbar.

Auf Facebook und Co. können sich jedoch nicht nur Menschen als Mitglieder und Mitgliederinnen präsentieren, sondern auch Unternehmen und andere Interessensgruppen. So kann man als Unternehmen z. B. eine Facebook-Seite einrichten, über die man die Facebook-Gemeinde dann über Neuigkeiten informieren kann.

Diese Seiten sind auch öffentlich ohne Facebook-Login sichtbar und damit für Suchmaschinen interessant. Facebook-User können diese Unternehmensseite offen sichtbar für andere liken (mögen). Ein Beispiel einer solchen Seite ist die von Coca-Cola unter *www.facebook.com/cocacola* (siehe Abbildung 11.42).

Für die Suchmaschinen-Optimierung von Facebook-Seiten und ähnlichen Seiten anderer Communitys sollten Sie neben den üblichen Optimierungsgrundsätzen folgende Punkte beachten:

- Wählen Sie die bestmögliche URL für Ihre Facebook-Seite. Die URL bestimmt sich über den gewählten Facebook-Benutzernamen.
- Nutzen Sie Möglichkeiten für die Platzierung geeigneter Keywords.
- Achten Sie außerdem auch stark auf Keyword-relevante Texte.
- Schreiben Sie regelmäßig Status-Updates, die auch Links auf Ihre Website enthalten. Dabei können Sie einen Link direkt im Text platzieren oder einen Link an die Statusmeldung anhängen. Letzteres hat den Vorteil, dass andere User einen Link über die TEILEN-Funktion im Netzwerk weiterverbreiten können.

- Verlinken Sie die Community-Seite von anderen Sites aus, damit sie an Bedeutung gewinnt.
- Seien Sie aktiv, informativ, und bieten Sie für die gewünschte Zielgruppe passende Inhalte auf der Community-Plattform.
- Sorgen Sie mit Inhalten dafür, dass Sie Kommentare von Usern erhalten. Diese werden auf öffentlichen Profilen der User angezeigt und von Suchmaschinen als Backlink zu Ihrer Community-Seite gewertet.

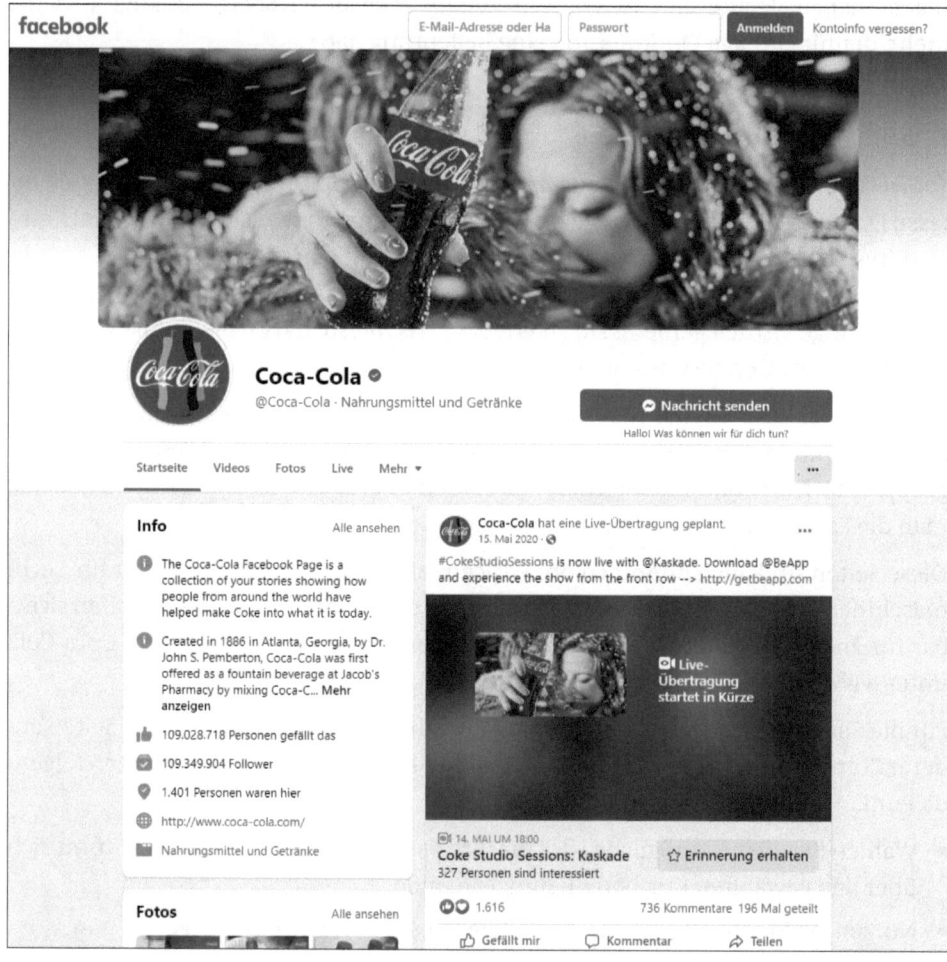

Abbildung 11.42 Facebook-Seite von Coca-Cola

Für Google stellt Facebook ein enormes Problem dar, denn Facebook ist ein geschlossenes System und erlaubt dem Google-Crawler keinen vollständigen Zugriff. Daher rief Google mit Google+ ein eigenes Netzwerk ins Leben (siehe Abbildung 11.43) und versuchte zwischenzeitlich verstärkt, Mitglieder zu akquirieren. Seit 2014 befand sich

Google+ allerdings schon wieder auf dem absteigenden Ast und wurde dann Stück für Stück aufgelöst. Heute existiert es nicht mehr.

Über die Meldungen und Nachrichten in sozialen Netzwerken werden viele interessante Themen und Links geteilt. Diese Nachrichten stellen einen unschätzbaren Wert für eine Suchmaschine dar, denn damit ist sie am Puls der Zeit und kann Themen und persönliche Netzwerkstrukturen erkennen und diese in die algorithmische Ranking-Bewertung einfließen lassen.

Social Signals aus Facebook sind derzeit übrigens kein Ranking-Faktor bei Google. Es besteht lediglich eine starke Korrelation zwischen beliebten Inhalten mit vielen Likes und guten Rankings – weil eben gute Inhalte in verschiedenen Bewertungsverfahren bei Facebook und Google überdurchschnittlich gut abschneiden. Letztendlich sind Facebook und Google starke Konkurrenten auf dem digitalen Werbemarkt und versuchen, ihre Spielfelder klar abzustecken.

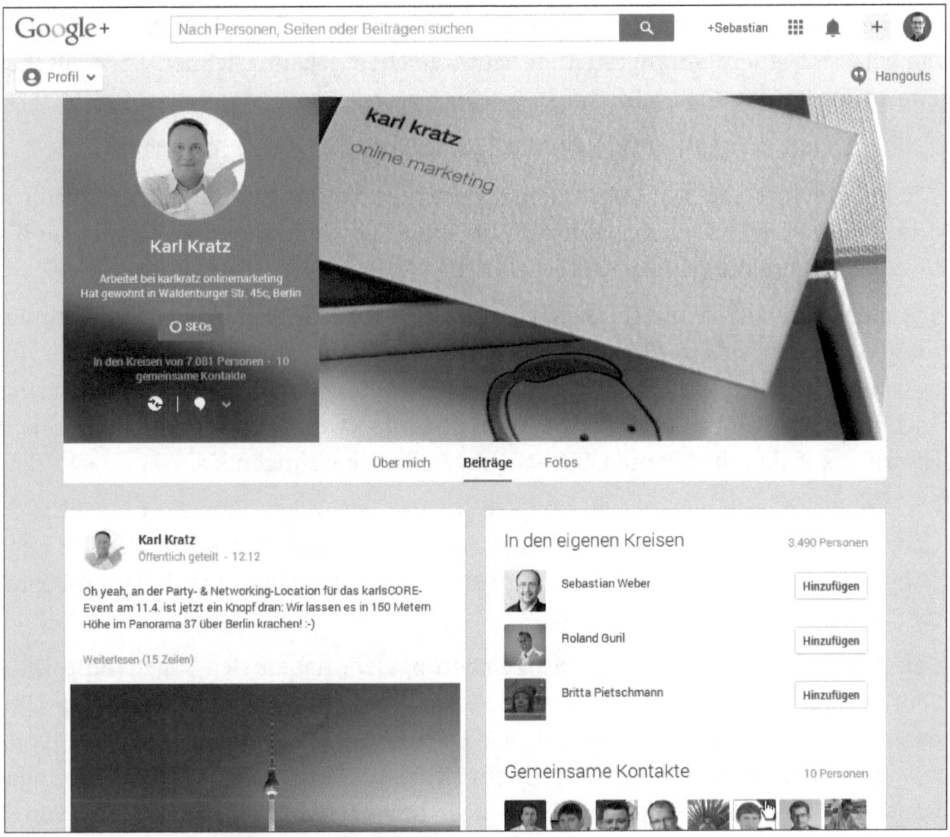

Abbildung 11.43 Damalige Profilseite von Karl Kratz auf Google+ vor Schließung des Dienstes

11.15.4 Twitter

Twitter (*twitter.com*) ist ein Dienst für sogenanntes *Mikroblogging*, der seit 2006 stetig steigende Benutzerzahlen aufweisen kann. Das Prinzip von Twitter ist einfach: Jeder registrierte User kann beliebig viele Kurznachrichten, sogenannte *Tweets*, veröffentlichen. Eine Nachricht kann seit November 2017 maximal 280 Zeichen lang sein. Vorher waren es nur 140.

Über das Web-Interface von Twitter oder auch eigenständige Programme, die man auf dem lokalen Rechner installieren kann, können Tweets geschrieben und Tweets von anderen gelesen werden.

Um Tweets von einer anderen Person lesen zu können, muss man ihr *folgen*. Man abonniert die Tweets eines anderen. Man selbst wird bei der betreffenden Person damit in die Liste der *Follower* aufgenommen. Alternativ können auch Suchfilter für Begriffe eingegeben werden, und Twitter zeigt fortan alle passenden Tweets an.

Eine besondere Form der Verschlagwortung entstand durch die Hashtags. Ein Hashtag wird mit einem vorangestellten Rautenzeichen gekennzeichnet. Ein typischer Tweet mit Hashtag sieht z. B. so aus:

Interessanter Artikel zur Keyword-Recherche: goo.gl/Mywk #seo #kwrecherche

Wie bei Weblogs sind die Inhalte der Nachrichten bei Twitter sehr unterschiedlich und reichen von persönlichen Inhalten zur aktuellen Laune des Zwergkaninchens bis hin zu Pressemeldungen von Unternehmen.

Vor allem über bestimmte Themenbereiche – also etwa die Suchmaschinen-Optimierung – kann man sich mit Twitter hervorragend auf dem Laufenden halten, denn viele Experten und Expertinnen twittern (siehe Abbildung 11.44). Speziell im Bereich der Suchmaschinen-Optimierung erhält man durch in Tweets enthaltene Links schnell Hinweise auf aktuelle Themen, Blog-Beiträge oder Neuerungen.

Für die Suchmaschinen-Optimierung ist Twitter besonders interessant, weil auch Google und Co. die Tweets mitlesen und die Links auswerten. Auch als Vertical zeigt Google bestimmte Tweets direkt in der SERP an. Man kann gezielt mit dem #-Operator danach suchen (Abbildung 11.45).

Damit auch lange URLs in die 280 Zeichen passen, haben sich sogenannte URL-Shorten-Dienste oder *URL-Shortener* etabliert. Diese Dienste wandeln eine lange URL in eine Kurz-URL um. Eine lange URL wie *www.langer-domainname.de/langer-pfad/langer-dateiname.html* kann damit in eine Kurz-URL wie *https://bit.ly/AX5o* umgewandelt werden. Neben *bitly.com* bietet auch *tinyurl.com* solche Dienste an. Twitter kürzt zu lange URLs allerdings auch automatisch. Praktisch bei den Diensten ist allerdings, dass Sie die Links auch an anderen Stellen verwenden und Statistiken über deren Nutzung einsehen können.

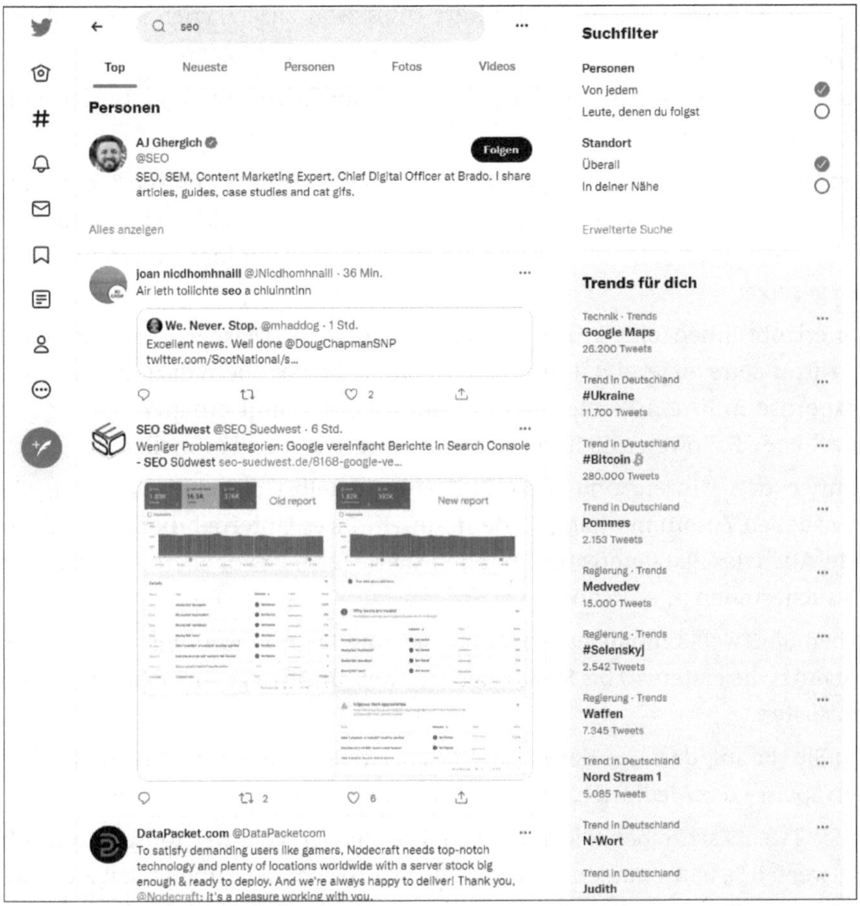

11.15 Das Web 2.0 zur Offpage-Optimierung nutzen

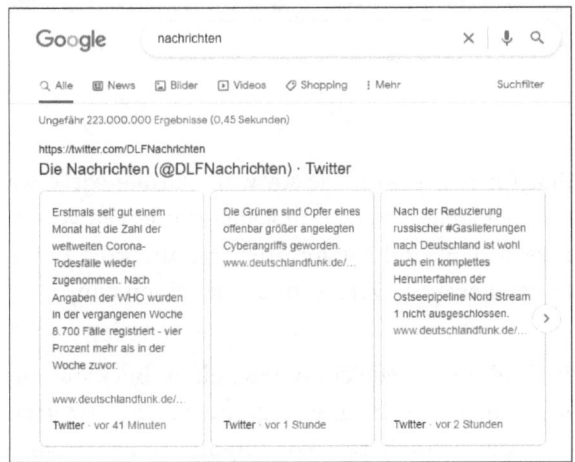

Abbildung 11.44 Tweets über Twitter senden und empfangen

Abbildung 11.45 Tweets in den Google-Suchergebnissen

Für die Suchmaschinen bedeuten diese Kurz-URLs zwar zusätzlichen Aufwand zur Auflösung, der wird aber aufgrund der Aktualität gerne in Kauf genommen.

Wenn Sie Twitter zur Suchmaschinen-Optimierung nutzen möchten, sollten Sie einige wichtige Punkte beachten:

- Wählen Sie einen passenden Twitter-Namen. Er wird immer bei Ihren Tweets angezeigt. Er sollte im relevanten Zusammenhang mit Ihrem Projekt oder Ihrem Unternehmen stehen. Auf Ihrer Twitter-Seite wird ein Link auf Ihre URL mit diesem Namen gesetzt.
- Twitter erlaubt Ihnen, eine kurze Biografie zu verfassen. Diese wird ebenfalls auf Ihrer Twitter-Seite angezeigt. Diesen Platz sollten Sie vor allem dazu nutzen, um Ihre Expertise in Ihrem Bereich zu kommunizieren. Damit erhalten Sie zügiger entsprechende Follower, und Ihre Reichweite vergrößert sich schneller.
- Sie können den Hintergrund Ihrer Twitter-Seite selbst gestalten. Schaffen Sie einen visuellen Zusammenhang zu dem Auftritt Ihres Unternehmens oder Ihrer Website. Auch das Platzieren von Texten in Schriftform ist vor allem für Besucher und Besucherinnen interessant.
- Schreiben Sie Tweets möglichst so, dass relevante Begriffe weit vorne auftreten. Google nutzt die ersten 40 bis 50 Zeichen als Titel zur Anzeige Ihres Tweets in den Ergebnislisten.
- Achten Sie darauf, dass Sie Keywords in den Tweets nennen. Verfallen Sie aber nicht in Spam – das Medium ist hauptsächlich für die lesenden Follower.
- Wenn Sie Tweets schreiben, die andere an ihre eigenen Follower weiterleiten sollen (Retweet, RT), dann nutzen Sie nicht alle 140 Zeichen aus, und lassen Sie Platz für Kommentare des Retweeters.
- Nicht zuletzt: Je mehr Follower Sie haben, desto höher ist Ihre Reichweite. Um viele Follower aufzubauen, müssen Sie regelmäßig, aktuell und informativ twittern. Auch hier zählt das KAKADU-Prinzip.

11.15.5 Frage-Antwort-Portale

Eine beliebte Form von sozialen Plattformen sind Frage-Antwort-Portale wie etwa *gutefrage.net* (siehe Abbildung 11.46). Hier stellen Nutzer und Nutzerinnen Fragen zu allen möglichen Themen, und andere Nutzer und Nutzerinnen beantworten diese. Besonders hilfreiche Antworten können bewertet werden und erscheinen dann weit oben.

Hier sollten Sie im Rahmen des Linkbuildings vielleicht einmal einen Blick hineinwerfen. Vielleicht hat ein Nutzer oder eine Nutzerin eine Frage, die Sie beantworten können? Wenn Sie sich als Themenexperte etablieren, können Sie vielleicht dann auch einmal erfolgreich einen hilfreichen Link platzieren.

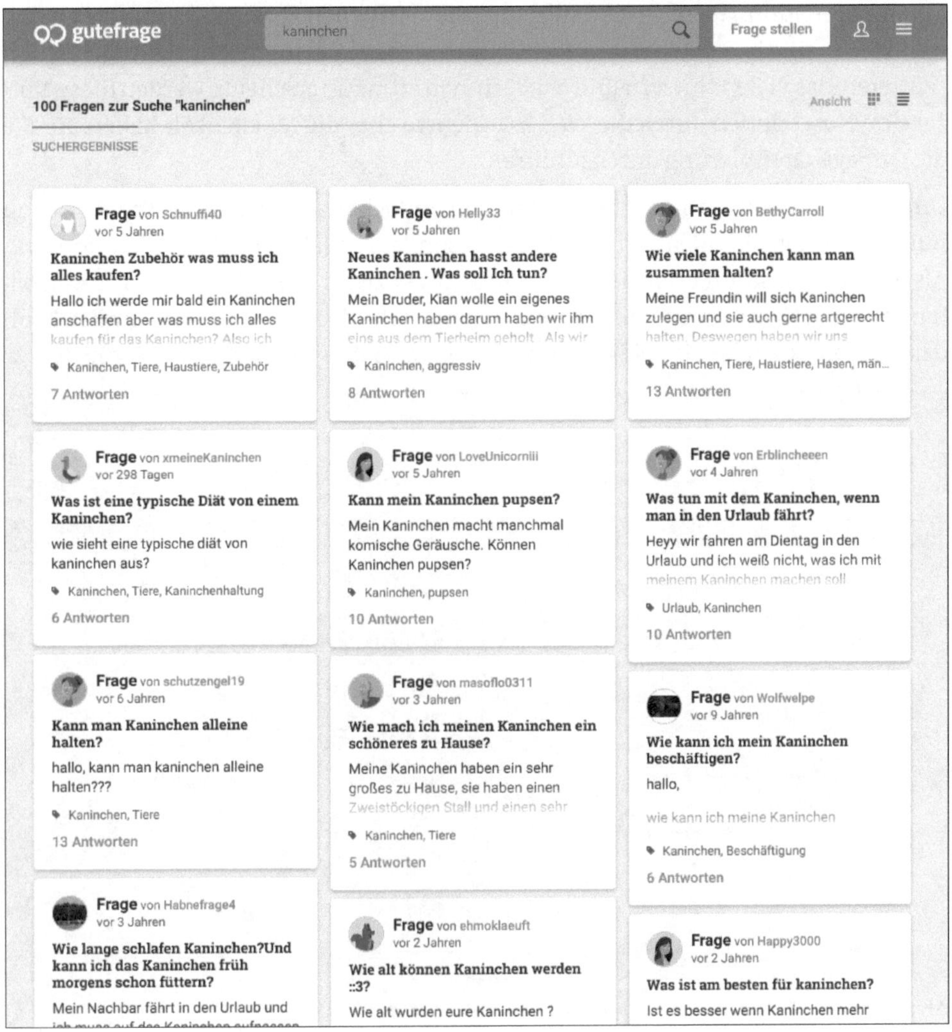

Abbildung 11.46 »www.gutefrage.net« ist ein beliebtes Frage-Antwort-Portal im deutschsprachigen Raum.

11.15.6 Web-2.0-Nutzer arbeiten lassen

Beim Stichwort Web 2.0 kann man – wie bei vielen anderen Themen im Web auch – die Strategien zur Suchmaschinen-Optimierung überdenken. Der klassische Weg, sozusagen die »Suchmaschinen-Optimierung 1.0«, besteht darin, dass man selbst für eingehende Verweise sorgen muss.

Unter »Suchmaschinen-Optimierung mittels Web 2.0« könnte man verstehen, dass die Webnutzer und -nutzerinnen selbst zumindest den Bereich der Offpage-Optimierung übernehmen. Sicherlich wird es nie so sein, dass Sie als Betreiber einer Website die Offpage-Optimierung vollständig aus der Hand geben können – zumindest nicht, wenn Sie es eilig haben. Aber falls Sie auf Ihrer Website ein interessantes Angebot präsentieren, das vielen Nutzern und Nutzerinnen attraktiv erscheint, werden diese Nutzer und Nutzerinnen durch die Web-2.0-Dienste eher die Möglichkeit haben, für Sie die Offpage-Optimierung durchzuführen.

Um es Ihren Besuchern und Besucherinnen einfacher zu machen, diese Dienste zu nutzen, können Sie Hilfsmittel anbieten. Besonders beliebt sind dafür *Sharing-Icons*. Als Betreiber positionieren Sie solche Links direkt zu Ihren Beiträgen oder in der Seitenleiste. Ein Nutzer oder eine Nutzerin, der oder die die Inhalte attraktiv findet, kann dann per Klick auf den jeweiligen Link automatisch Ihre Seiten-URL hinzufügen.

Abbildung 11.47 Sharing-Icons rechts oben auf »iwd.de«

Insbesondere bei Weblogs und Nachrichtenportalen finden solche Techniken sehr häufig Anwendung. Jedoch spricht nichts dagegen, sie auch bei anderen Webformaten einzusetzen, um die Offpage-Optimierung anzukurbeln.

11.15.7 RSS-Feeds anbieten

Im Zusammenhang mit Web 2.0 werden auch häufig *RSS-Feeds* genannt. Auch wenn diese keinen direkten Einfluss auf die Verbesserung der Onpage-Bewertung einer Website haben, können Sie doch zumindest indirekt das Datenformat für Ihre Optimierungszwecke nutzen, um die Website bekannter zu machen.

Das Kürzel RSS steht für *Really Simple Syndication*, was etwa so viel bedeutet wie »wirklich einfache Verbreitung«. Genau genommen handelt es sich bei dieser Bezeichnung um RSS 2.0. RSS 1.0 trug den Namen *RDF Site Summary* und RSS 0.9.x den Namen *Rich Site Summary*. Heute wird jedoch hauptsächlich RSS 2.0 eingesetzt. RSS ist ein XML-Datenformat, das den plattformübergreifenden Austausch von Daten vereinfachen soll. Ein ähnliches, wenn auch nicht so populäres Datenformat, das als Nachfolger von RSS gehandelt wird, ist ATOM. Die folgenden Ausführungen zielen zwar hauptsächlich auf RSS ab, jedoch gilt für das ATOM-Format im Wesentlichen das Gleiche.

Der Aufbau einer RSS-Datei folgt einem standardisierten Schema, sodass es RSS-Parsern möglich ist, von jeder RSS-Datei Informationen zu extrahieren. Eine populäre Anwendung des RSS-Formats findet man innerhalb von Weblogs. Im HTML-Head wird z. B. auf eine zugehörige RSS-Datei verwiesen:

```
<link rel="alternate" type="application/rss+xml"
title="meinBlog" href="http://meinblog.de/rss-feed.rss" />
```

Die RSS-Datei könnte z. B. wie folgt aussehen:

```
<?xml version="1.0" encoding="ISO-8859-1"?>
<rss version="2.0">
  <channel>
    <title>Mein Blog</title>
    <link>http://www.meinblog.de</link>
    <description>Kurze Beschreibung des Blogs</description>
    <language>de-DE</language>
    <pubDate> Tue, 27 Feb 2007 11:22:11 +0100</pubDate>
    <item>
      <title>Titel des ersten Artikels</title>
      <description> Kurzer Beschreibungstext
        oder auch ausführlicher Inhalt </description>
      <link>http://www.meinblog.de/artikel928372.html</link>
    </item>
    <item>
      [...]
    </item>
  </channel>
</rss>
```

Listing 11.2 Beispiel für eine RSS-Datei

Die RSS-Datei beschreibt einen `<channel>`. Dieser enthält den Titel, die URL sowie weitere Angaben zu dem Dokument, das die RSS-Datei beschreibt. Innerhalb des Chan-

nels befinden sich die jeweiligen <item>-Tags, die im Fall eines Blogs Informationen zu den einzelnen Postings enthalten.

Eine genauere Spezifikation von RSS finden Sie im Internet unter *www.rssboard.org/rss-specification*.

Handelt es sich um eine kontinuierlich aktualisierte RSS-Datei, spricht man auch von einem *RSS-Feed* (»Einspeisung«). Diese kann man mit speziellen Programmen, aber auch z. B. mit Browsern, abonnieren. Der Nutzer oder die Nutzerin erhält dann eine Benachrichtigung, sobald neue Inhalte verfügbar sind – also sobald ein neues Item im RSS-Feed hinzugefügt wurde.

Die meisten Blog-Tools und Content-Management-Systeme stellen eine RSS-Export-Funktion zur Verfügung, sodass Sie neben Blog-Postings auch Artikel oder sonstige Inhalte per RSS-Feed anbieten können. Wenn Nutzer und Nutzerinnen diesen Feed abonnieren, dient der Content als eine Form der Besucher- bzw. Kundenbindung. In dieser Form kann er als »Newsletter 2.0« angesehen werden.

Für die Offpage-Optimierung wird ein RSS-Feed interessant, wenn man ein Stück weiterdenkt. RSS-Formate können nämlich auch in andere Seiten als fremder Inhalt eingebunden werden.

Aber auch Unternehmen können sich die RSS-Technologie zunutze machen. Das Content-Management-System der Firma B liest z. B. regelmäßig den RSS-Feed des Unternehmens A ein, das Branchen-News veröffentlicht. Firma B präsentiert somit die Inhalte auf der eigenen Website – inklusive der im Feed enthaltenen Verweise.

Diese *Syndication* (deutsch: Zusammenschluss, Ringbildung) findet zunehmenden Zuspruch, da sie beiden Parteien hilft. Der Feed-Anbieter erhält neben einem guten Ruf und der zunehmenden Bekanntheit die Möglichkeit, Inhalte, Themen und Verweise in gewissem Rahmen zu steuern. Der Betreiber, der einen oder mehrere Feeds in die eigene Website einbindet, kann so seinen Besuchern und Besucherinnen einen informationellen Mehrwert bieten. Das ist letztlich auch für das Onpage-Kriterium der Aktualität bzw. der Aktualisierungshäufigkeit förderlich.

Für Google News hat der Suchmaschinen-Anbieter allerdings den Support für RSS eingestellt, da ein spezieller Google-News-Feed verpflichtend ist und noch mehr Informationen enthält.

Google selbst bietet aber unter *https://news.google.com/news/rss* einen RSS-Feed zu den aktuellen News an.

11.16 Click-Popularity erhöhen durch Snippet-Optimierung

Das zweite Ranking-Verfahren, das auf den hypertextuellen Eigenschaften des Web aufbaut, ist deutlich schwieriger zu beeinflussen als die Link-Popularity. Den Begriff

Click-Popularity kann man als Klick-Beliebtheit übersetzen. Je häufiger ein Ergebnis bei Erscheinen in den Suchergebnistreffern angeklickt wird, desto beliebter ist es. Und je beliebter ein SERP-Treffer ist, desto besser sind die Rankings. Die Click-Popularität wird häufig selbst gar nicht genannt, sondern man spricht übergreifend von *Nutzersignalen* (*User Signals*).

Lange Zeit besaß die Click-Popularity kaum noch eine Bedeutung. Mit Google Suggest erhielt sie als Ranking-Faktor allerdings wieder Auftrieb, und Google setzt heute Nutzersignale mit hoher Wahrscheinlichkeit als Ranking-Signal ein. Insofern hat die Erhöhung der Click-Popularity wieder eine hohe Relevanz bei Suchmaschinen-Optimierern und -Optimiererinnen erlangt.

11.16.1 Inhaltliche Optimierung

Der Optimierungsschauplatz für eine Erhöhung der Click-Popularity in den Google-Suchergebnissen ist dabei gar nicht unbedingt der sonst übliche Inhalt einer Website. Die Parameter, die für das SERP-Snippet optimiert werden können, befinden sich fast alle im Bereich der Meta-Daten einer Seite.

Dabei sind vor allem zwei Faktoren besonders relevant: das `<title>`-Tag und das `<description>`-Meta-Tag. Daneben sind noch strukturierte Auszeichnungen nach schema.org wichtig, da diese zusätzliche Informationen in das SERP-Snippet einspielen können.

Das `<title>`-Tag und das »description«-Meta-Tag

Der oder die Suchende muss durch den Eintrag in der Ergebnisliste davon überzeugt werden, auf diesen einen betreffenden Link zu klicken und auf keinen anderen. Dazu steht dem Webautor oder der Webautorin bei der Onpage-Optimierung nur das `<title>`-Tag zur Verfügung. Dieses wird angezeigt – bei Beachtung der Parameter wie der Länge auch unverändert. Die dazugehörige Beschreibung wird allerdings in der Regel aus dem `description`-Meta-Tag entnommen.

Verfassen Sie beide Elemente möglichst ansprechend für den Suchenden oder die Suchende (siehe Abbildung 11.48).

```
www.home24.de › Möbel › Schlafzimmer ▼
Kleiderschränke & Schlafzimmerschränke kaufen | home24
Entdecke unsere Kleiderschränke und bestelle noch heute ganz bequem online! Top Auswahl
✓ GRATIS Versand ✓ 30 Tage Rückgaberecht.
Kleiderschrank im Landhausstil · Kleiderschrank Odari · Kleiderschrank Lyngby III
```

Abbildung 11.48 Beispiel für ein optimiertes SERP-Snippet

Achten Sie darauf, dass das Thema durch Title und Description ganz klar kommuniziert wird. Vor allem im `description`-Meta-Tag sollten Sie neben Faktoren wie Keyword-Nennung und Beachtung der maximalen Länge den Suchenden oder die Suchende bei seinem bzw. ihrem Suchproblem ansprechen und eine Lösung anbieten. Dann erhöhen Sie die Klickrate. Auch die Verwendung von Icons bzw. Häkchen hatte ich in Kapitel 10, »Onpage-Optimierung«, bereits empfohlen.

Breadcrumb-Navigation anstelle von URL-Struktur und Mikroformaten

Eine weitere Möglichkeit, mehr Informationen strukturiert in dem SERP-Snippet anzuzeigen, bietet Google mit einer Breadcrumb-Auszeichnung. Wenn Sie Ihre Breadcrumb-Navigation mit Mikroformaten gemäß *schema.org* auszeichnen, kann Google die Struktur gewissermaßen verstehen und letztlich im SERP-Snippet anzeigen. In unserem Beispiel ist dies der Fall. Die eigentliche URL lautet:

```
http://www.regalraum.com/Regalsysteme/WALK-IN-begehbarer-Kleiderschrank:::17_40.html
```

Google zeigt jedoch www.regalraum.com > Regalsysteme an.

schema.org bietet darüber hinaus noch weitere Möglichkeiten der Content-Auszeichnung an, die sich teilweise in den Google-Suchergebnissen niederschlagen. Mehr dazu erfahren Sie in Kapitel 12, »Universal Search und strukturierte Daten«.

Sterne-Bewertung und Social-Proof-Elemente in den SERPs

Auch Bewertungen eines Produkts oder der Website können in den Google-SERPs angezeigt werden. Die Anzeige des Treffers ist damit dann deutlich prominenter als ein einfacher Eintrag. Außerdem erfüllen Sie gleichermaßen auch das Kriterium der sozialen Bewährtheit (*Social Proof*): Menschen orientieren sich in ihrem Verhalten an dem Verhalten von anderen. Und wenn 298 andere Menschen einer Seite eine gute Bewertung geben, dann kann der oder die aktuell Suchende das vielleicht auch und klickt etwas lieber auf den Treffer (siehe Abbildung 11.49).

> www.meine-moebelmanufaktur.de › begehbarer-kleiderschrank ▼
> **Begehbarer Kleiderschrank | meine möbelmanufaktur**
> 20.01.2016 - ★★★★★ Bewertung: 4,9 - 298 Rezensionen
> Plane deinen maßgenauen **begehbaren Kleiderschrank** ganz einfach nach deinen Wünschen und ...

Abbildung 11.49 Bewertungssterne in den Ergebnislisten

Nicht bewährt: die Authorship-Markierung

Bis August 2014 konnte man für Google bestimmte Beiträge oder die ganzen Websites mit seinem Profil verbinden und galt dann für Google als Autor oder Autorin bestimmter Beiträge (siehe Abbildung 11.50).

Abbildung 11.50 Es war einmal: Authorship-Bilder in den Google-SERPs bis August 2014

Dies führte dann dazu, dass häufiger ein Bild in den SERPs angezeigt wurde, was definitiv ein Hingucker im wahrsten Sinne ist. Inwieweit der Ausschnitt des Bildes, die Person selbst, die Blickrichtung zu dem Treffer hin oder andere Faktoren die Klickrate beeinflussten, ist offiziell nicht bekannt.

Google hat diese Ansicht allerdings eingestellt. Sie steht heute nicht mehr zur Verfügung. Man vermutet, dass die Authorship-Einbindung einerseits zu viel Aufmerksamkeit von den bezahlten Ads-Anzeigen zog und damit die Einnahmen für Google gefährdet waren. Andererseits war die Beteiligung auch recht gering.

Sollten Sie entsprechend heute noch eine Anweisung eines Suchmaschinen-Optimierers oder einer -Optimiererin erhalten, eine Zeile wie

```
<a rel="author" href="https://plus.google.com/110055119245870189989" />
```

einzubinden, dann können Sie getrost darauf verzichten.

Auch die Anzeige des Favicons einer Website vor den Suchergebnissen war in der Vergangenheit immer wieder ein Test, den Google wahlweise in der mobilen oder Desktop-Darstellung ausgetestet hatte. Insofern achten Sie auf ein ansprechendes Favicon Ihrer Website.

11.16.2 Zählweisen der Klicks

Bei einem Klick wird ein interner Zähler um eins erhöht. Um zu verhindern, dass ein Webautor oder eine -autorin selbst unzählige Klicks auf seine bzw. ihre Einträge tätigt, wird entweder ein Cookie eingesetzt oder die IP-Adresse des Clients für eine Zeitspanne notiert. Ist bereits ein entsprechendes Cookie vorhanden oder befindet sich dieselbe IP-Adresse im Sperrfilter, führt der Klick nicht mehr zu einer Erhöhung des Zählers. Der Einsatz von Cookies findet dabei meist nur unterstützend zum IP-Filter statt, da Cookies auf der lokalen Festplatte des Benutzers oder der Benutzerin gespeichert und daher auch von ihm bzw. ihr wieder gelöscht werden können.

Das Erfassen der Klicks kann von den Suchmaschinen entweder direkt oder indirekt erfolgen. Im direkten Fall führt ein Klick auf einen Ergebnistreffer zunächst zu einem Zählskript. Dieses zählt den Klick und leitet dann auf die eigentliche Zielseite weiter. Für User geschieht dies meist unbemerkt. Das indirekte Verfahren setzt darauf, dass ein User kurze Zeit, nachdem er auf ein Suchergebnis geklickt hat, wieder zur Ergebnisliste zurücknavigiert und dann dort einen anderen Treffer anklickt. Auf diese Art können nicht nur Klicks gezählt werden, sondern Suchmaschinen können auch erkennen, dass User anscheinend mit einer Website nicht zufrieden waren und die betreffende Website damit eine hohe *Bouncerate* (Absprungrate) aufweist. Dies ist langfristig definitiv kein gutes Ranking-Signal für Google.

11.16.3 Klicksimulation

Wie kann man – abgesehen von einem ansprechenden und animierenden Titel – die Click-Popularity erhöhen? Einige Anbieter sagen dazu: durch das Simulieren von vielen Klicks durch Klickbots oder Crowdsourcing-Dienste. Diese müssen zwischen zwei Klicks jeweils das Cookie löschen, und der Client muss eine andere IP-Adresse vorweisen. Auch möglichst natürliche Mausbewegungen sind mittlerweile vorzuweisen, um die Erkennungsmechanismen von Suchmaschinen zu umgehen.

Allerdings ist dieses Verfahren nicht nur ein Verstoß gegen die Nutzungsrichtlinien der Suchmaschinen, sondern wird auch technisch immer aufwendiger. Angesichts der höheren Gewichtung dieses Verfahrens bei der gesamten Relevanzbewertung ist dieser Bereich an Angeboten in den letzten Jahren allerdings wieder gestiegen.

Einzelne Klicks von Freunden, Freundinnen, Angestellten oder Bekannten helfen hier allerdings nichts. Es müssen massiv verteilte Klicks stattfinden, um die Algorithmen beeinflussen zu können.

Um die geografische Verteilung innerhalb eines Landes zu simulieren, nutzen viele einschlägige Dienste IP-Proxys. Letztlich auch um nicht direkt identifiziert werden zu können, benutzt man einen Zwischenstopp für die TCP/IP-Pakete. Der Client leitet alle Pakete zunächst an einen Proxy, und von dort aus wandern die Pakete dann zum eigentlichen Ziel. Das klingt ähnlich wie in einem Agententhriller, wo versucht wird, den Standort eines oder einer Telefonierenden zu bestimmen. So ungefähr können Sie sich dieses Verfahren auch vorstellen.

Natürlich reagieren die Suchdienste auch auf derartige Täuschungsversuche. Zwar kann der eigentliche Schutz durch die genannten Verfahren umgangen werden, jedoch kostet es erheblichen zeitlichen Aufwand, bis ein Effekt zu erkennen ist. Darüber hinaus geben die Suchmaschinen-Spam-Algorithmen ein Warnsignal, falls an einem Tag nur ein Klick auf ein Ergebnis verzeichnet wurde, am folgenden Tag jedoch mehrere tausend. Dies kann zum Entfernen des Eintrags oder zumindest zum Zurücksetzen des Zählers führen, sofern nicht ohnehin durch mathematische Berechnungen solche Schwankungen nivelliert werden.

Zusammenfassend kann man sagen, dass auch ohne eine direkte Manipulation ein gutes Ranking durch die Click-Popularity erreicht werden kann. Dazu muss jedoch die Onpage-Optimierung insbesondere durch das `<title>`-Tag und gegebenenfalls durch das `description`-Meta-Tag beitragen. Nach einer Weile werden die Besucher und Besucherinnen der Suchmaschine auf natürliche Art ihr Übriges tun.

11.16.4 Klickrate in der Search Console analysieren

Nachdem Sie ein Snippet soweit optimiert haben, sollten Sie nicht rasten. Warten Sie ein paar Tage oder Wochen, je nach Klickrate. Dann schauen Sie in der Search Console nach der Clickthrough-Rate (CTR) für das Keyword-Ranking (siehe Abbildung 11.51). Passt sie zu der durchschnittlichen Position?

Wenn Sie durchschnittlich auf Rang 1,2 stehen und nicht mindestens 30 Prozent CTR haben, dann sollten Sie dringend an Ihrem Snippet arbeiten, denn dies wäre ungewöhnlich wenig für eine Platz-1- oder -2-Positionierung. Ähnlich verfahren Sie mit anderen Rangpositionen in der Analyse.

Auch ein Vergleichstest lässt sich mit dieser Methode durchführen. Wenn Sie nicht wissen, ob eine bestimmte Änderung im Titel oder der Description wirklich besser ist, dann lassen Sie die neue Variante ein paar Tage oder Wochen laufen und vergleichen die CTR mit der alten CTR.

Ist sie besser? Gut. Dann können Sie die Änderung so belassen und die nächste Änderung mit einem Vergleichstest gleich starten. Wenn die alte Variante besser ist, dann machen Sie die Änderung rückgängig oder entwickeln noch eine neue Variante. Achten Sie dabei darauf, dass Sie immer nur möglichst eine Variable ändern. Ändern Sie nicht gleichzeitig die Ansprache komplett mit der Textlänge, der Keyword-Positionierung, dem Keyword selbst oder anderen Faktoren. Ansonsten können Sie danach nicht gut beurteilen, welcher Faktor zur Verbesserung oder Verschlechterung geführt hat.

11 Offpage-Optimierung (Linkbuilding)

Gerade bei Top-5-Positionen bei Keywords mit hohem Suchvolumen können Sie einiges an Traffic mit einer Snippet-Optimierung gutmachen, obwohl Sie keine einzige Ranking-Steigerung haben. Auch das ist Suchmaschinen-Optimierung.

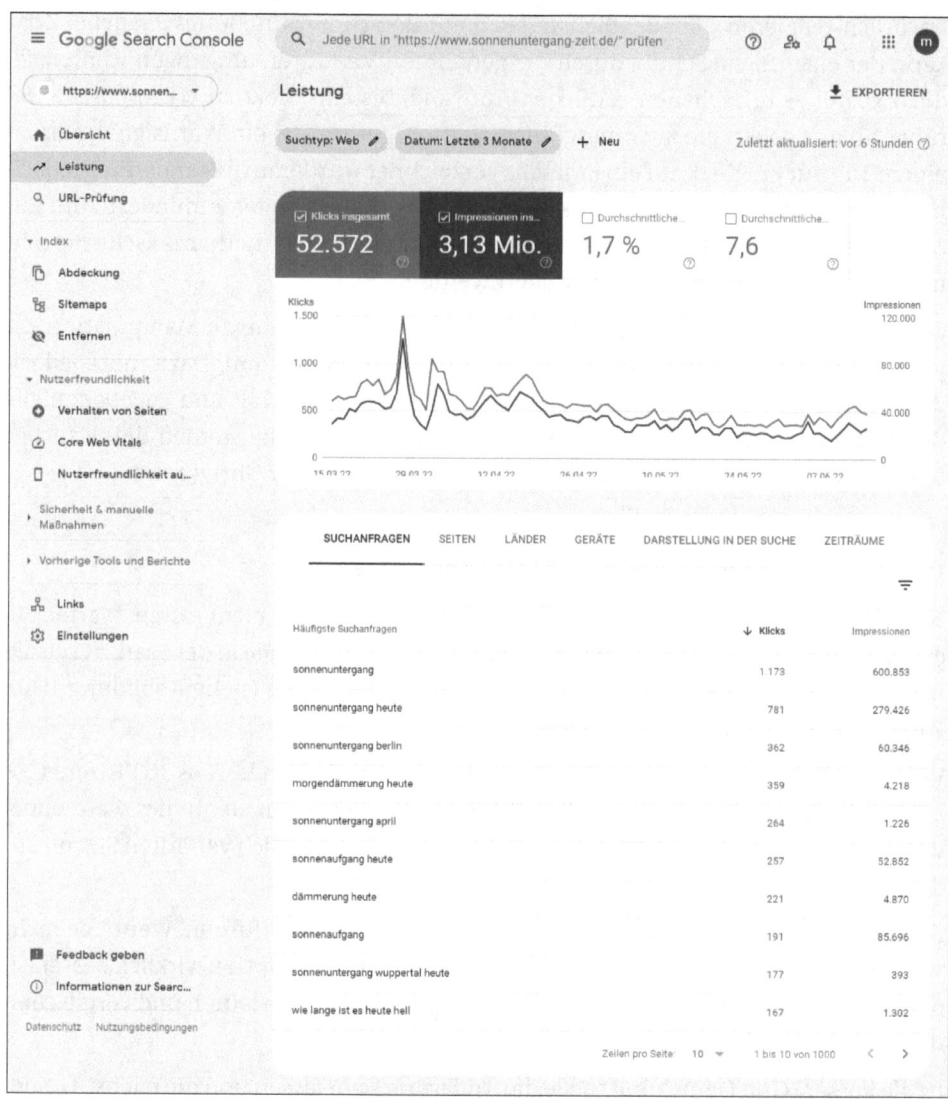

Abbildung 11.51 SERP-CTR in der Google Search Console

11.17 Wenn es einmal länger dauert: PPC als Ergänzung

Die Offpage-Optimierung ist keine kurzfristige oder einmalige Angelegenheit, sondern hat nur dann Erfolg, wenn sie kontinuierlich über Monate und Jahre hinweg betrieben wird. Häufig muss es aber schneller gehen – hier kommt bezahlte Werbung in den Suchmaschinen-Rankings ins Spiel. Diese hilft zwar nicht bei der Offpage-Optimierung, sie kann aber die Besucherzahlen so lange anheben, bis die Rankings durch eine erfolgreiche Offpage-Optimierung gestiegen sind.

11.17.1 Pay per Click (PPC)

Bezahlte Werbung wird heutzutage meist als *Pay-per-Click-Verfahren* (PPC) bezeichnet. Gelegentlich wird auch die Bezeichnung *Cost per Click* (CPC) verwendet. Im Prinzip werden damit allerdings schon die Abrechnungsmodelle beschrieben. Das Prinzip von bezahlter Werbung pro Klick ist dabei bei allen Anbietern gleich, weil es sich als faires und gut kalkulierbares Modell erwiesen hat.

Listenplätze auf den Ergebnislisten der Suchmaschinen werden versteigert. Die verkaufte Einheit ist dabei ein Klick. Der Bezugspunkt wird über definierte Suchbegriffe festgelegt. Das bekannteste PPC-Programm bietet Google mit *Google Ads* (früher AdWords). Aber auch Facebook besitzt Pendants dazu, *Facebook Ads* und *Instagram Ads*. Einen Zusammenhang zwischen den bezahlten und den unbezahlten (organischen) Rankings gibt es nicht, auch wenn dies regelmäßig vermutet wird. Sicher kann man sich dessen natürlich nicht sein bei aller Geheimniskrämerei, die die Suchmaschinen-Betreiber an den Tag legen. Direkte Einflüsse gelten in Fachkreisen allerdings als unwahrscheinlich, da der Ruf der Suchmaschinen-Marke auf dem Spiel stünde und die vermeintliche Neutralität in den organischen Rankings nicht mehr glaubhaft wäre.

Bei den PPC-Programmen handelt es sich bei allen Suchmaschinen um mehr oder weniger gut ausgezeichnete Links, die nicht mit den Treffern nach dem herkömmlichen Verfahren angezeigt werden. Die Paid Listings werden separat gehandelt. Die Paid Inclusion bezog sich auf die Möglichkeit, durch finanzielle Aufwendungen schneller in Webkataloge oder Suchmaschinen aufgenommen zu werden.

11.17.2 Bieterprinzip

Bei PPC-Programmen erhält derjenige Anbieter die oberste Listenposition, der pro Klick für ein Schlüsselwort am meisten zahlt. Die finanzielle Spanne reicht dabei von geringen Beträgen für wenig begehrte Begriffe bis hin zu horrenden Summen bei stark umkämpften Suchtermen. Dabei wird ein bestimmtes Kontingent an Klicks gekauft. Wenn diese Anzahl durch die Klicks der Nutzer und Nutzerinnen verbraucht ist, verschwindet der Eintrag aus der Liste. Der Webautor oder die Webautorin muss dann erst wieder erneut einen Platz ersteigern. Dabei sind die notwendigen Preise für die einzelnen Rangpositionen meist sichtbar, um diese Form des Marketings kalkulierbar zu machen.

Die wenigsten Suchmaschinen-Betreiber entwickeln selbst die Technik, um das Bietverfahren und ein Abrechnungssystem zu implementieren. Stattdessen wird auf zentrale Anbieter zurückgegriffen. Eine Größe auf diesem Markt ist Google mit dem Programm Google Ads sowie Bing mit Bing Ads. Diese beiden beliefern andere Ads-Dienste mit ihren Systemen.

11.17.3 Darstellung von bezahlter Werbung

Auch wenn Google Ads in Deutschland Marktführer ist, kaufen viele internationale Suchdienste ihre Daten für das Paid Placement bei Bing oder kleineren Anbietern ein. Alle Programme funktionieren allerdings beinahe identisch und sehen auch ebenso aus. In allen Fällen sind die Unternehmen als Verwalter der Programme für die administrativen Bereiche zuständig, die einzelnen Suchmaschinen, die die Dienste einbinden, jedoch nach wie vor für die Platzierung und Auszeichnung der Einträge. Aufgrund dieser Konstellation ist es unwahrscheinlich, dass die von außen kommenden Einträge der Paid-Placement-Anbieter in die herkömmlichen Bewertungsmechanismen eingreifen und damit das normale Ranking beeinflussen. Jedoch ist die Unterscheidung mittlerweile auch bei Google nicht unbedingt im Sinne der Benutzer und Benutzerinnen gelöst (siehe Abbildung 11.52). Die Unterscheidung zwischen organischen und bezahlten Treffern wird immer schwieriger.

Nach geltendem Recht müssen allerdings bei allen Suchmaschinen-Betreibern in den Suchergebnislisten die unbezahlten Treffer optisch von den bezahlten getrennt werden, da es sich um Werbung handelt, die in Medien und somit auch im Web ausgezeichnet werden muss.

Gibt man bei Google ein Stichwort ein, z. B. »treppenlift«, werden die oberen bezahlten Einträge mit dem Zusatz ANZEIGE dargestellt. In der rechten Spalte befinden sich meist auch bezahlte Einträge als bezahlte Shopping-Ergebnisse (*Product Listing Ads*, PLA). Bing und andere Anbieter haben sich nach einigen Versuchen mit Varianten weitgehend an Google orientiert.

Diese bezahlten Einträge werden im Englischen auch als *Paid Listing* bezeichnet, das Verfahren entsprechend als *Paid Placement*. Früher waren solche Placements noch mit einem gemeinsamen Kasten gekennzeichnet. Die Suchmaschinen-Anbieter fahren die Kennzeichnung allerdings auf ein Minimum zurück und gleichen die bezahlten Placements den organischen Treffern optisch immer mehr an. Kein Wunder, dass viele Menschen bis heute nicht den Unterschied zwischen bezahlten und organischen Treffern kennen.

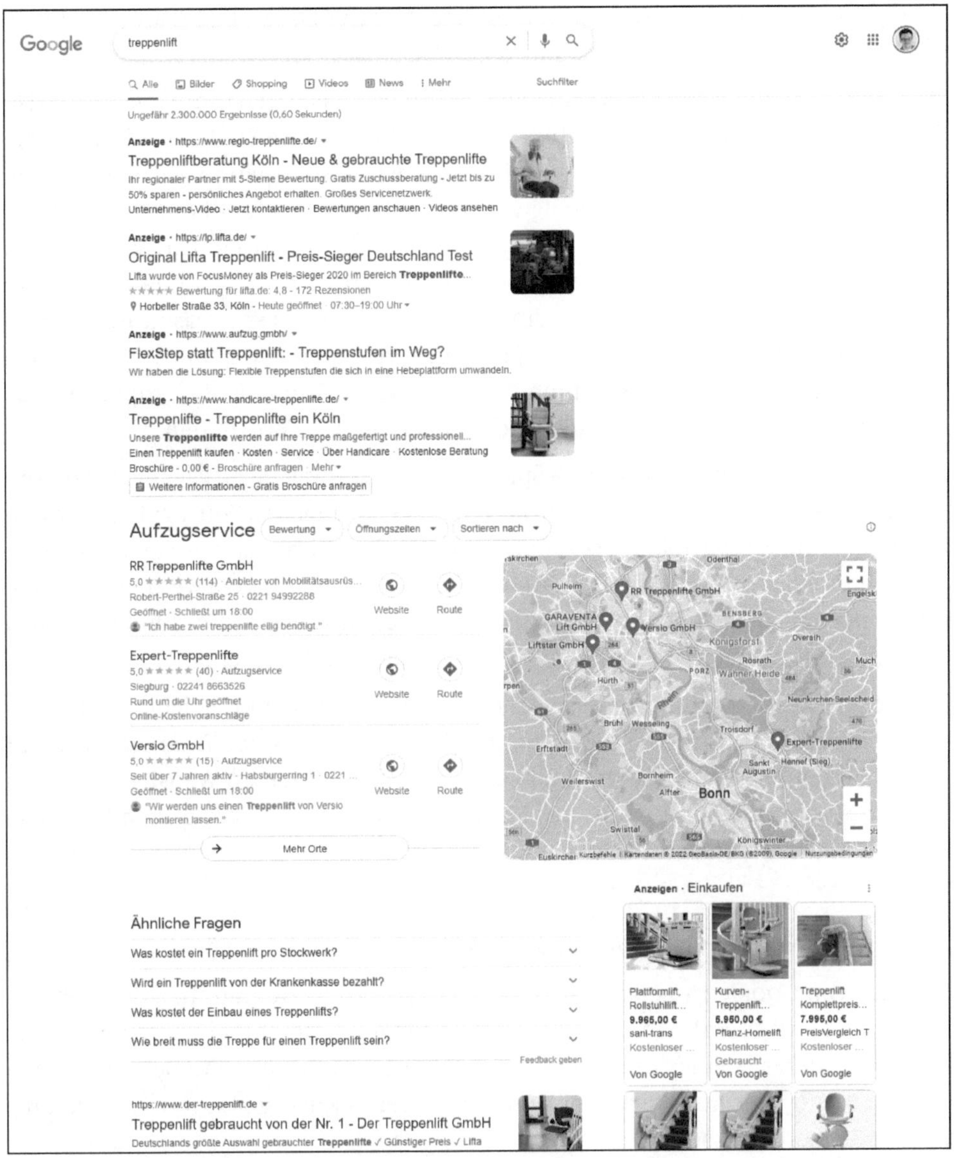

11.17 Wenn es einmal länger dauert: PPC als Ergänzung

Abbildung 11.52 Google Ads auf der Ergebnisliste oben und rechts

11.17.4 Zahlreiche Optionen mit Google Ads und Co.

Google und alle anderen Anbieter differenzieren ihre Paid-Placement-Angebote stetig weiter. Es gibt zahlreiche Optionen, unter denen man als PPC-Werbende oder -Werbender auswählen kann. Sie reichen von unterschiedlichen Zielgruppenbeschreibungen über lokale Einschränkungen bis hin zu komplexen Anzeigebedingungen. Da die Optionen stetig erweitert werden und es natürlich auch hier eine starke

Tendenz zur Vollautomatisierung gibt, sollen an dieser Stelle allgemeine Prinzipien erläutert werden, die über die Zeit hinweg gültig sind.

Die oben genannten Werbeschaltungen beschreiben das sogenannte *Precise-Match-Angebot* bzw. das *Keyword-Matching*, das abhängig von den Stichwörtern zielgruppenorientiert bei den Suchmaschinen eingesetzt wird. Es werden also in den Suchmaschinen-Listen nicht einfach beliebige Anzeigen dargestellt, sondern solche, die zur Suche des Nutzers oder der Nutzerin passen. Welche Keywords letztlich passend sind, bestimmt der Kunde, der die Anzeige schaltet. Er definiert bestimmte Begriffe oder Begriffskombinationen, bei denen seine Anzeige erscheinen soll. Das führt dann dazu, dass besonders häufig gesuchte Begriffe entsprechend teurer sind. Dabei können auch ausschließende Begriffe definiert werden. Damit kann die Zielgruppe, der die Anzeigen präsentiert werden sollen, noch genauer spezifiziert werden.

Den geschäftstüchtigen, kreativen Köpfen sind die Ideen nicht ausgegangen. So kann man durch einen höheren Preis auch das Auftreten des eigenen Eintrags bei Begriffen innerhalb von Wortgruppen erkaufen. Unpassender Numerus, falsche Schreibweisen, andere Reihenfolgen etc. können ebenfalls mit eingeschlossen werden. Die Suchmaschinen zeigen die Anzeigen auf Wunsch auch dann an, wenn ein ähnlicher Begriff oder nur ein Teil der definierten Begriffskette eingegeben wurde.

Das Google-Ads-Programm unterteilt sich verschiedene Hauptbereiche. Die bezahlten Suchergebnisse wurden soeben vorgestellt. Der sogenannte *Display-Bereich* zielt auf die Einbindung von Bannern und Textanzeigen auf anderen Websites – nicht in der Suchergebnisliste – ab. Auch das Einspielen von Werbung vor und in YouTube-Videos stellt einen Bereich in Google Ads dar.

11.17.5 Geld verdienen mit AdSense und Co.

AdSense von Google ist genau das Gegenstück zum Ads-Programm. Jeder Website-Betreiber kann Ads-Anzeigen und Ads-Banner von Ads-Teilnehmern in seine Website einbinden. Im Falle eines Klicks verdienen Google und der Website-Betreiber einen kleinen Betrag. Der Ads-Werbetreibende zahlt diesen Klick, genauso wie in den bezahlten Suchergebnissen.

Das Verfahren bezeichnet man allgemein als *Content-Matching*. Es zielt auf die Einbettung von Links innerhalb von anderen Webseiten oder Portalseiten ab. Das gleiche Prinzip verfolgen auch Anbieter wie Outbrain oder Plista.

Das in Deutschland am häufigsten eingesetzte Content-Matching ist allerdings immer noch *AdSense* von Google. Die Besitzer von Webseiten können direkt von Google Werbeanzeigen auf ihrer Website einblenden. Dazu nutzt Google wie andere Anbieter auch verschiedene Onpage-Analyse-Möglichkeiten und findet das Thema der einzelnen Webseite heraus. Daraufhin werden thematisch möglichst passende Werbeanzeigen eingeblendet. Klickt ein Besucher oder eine Besucherin darauf, erhält der Website-Besitzer (*Publisher*) eine Vergütung.

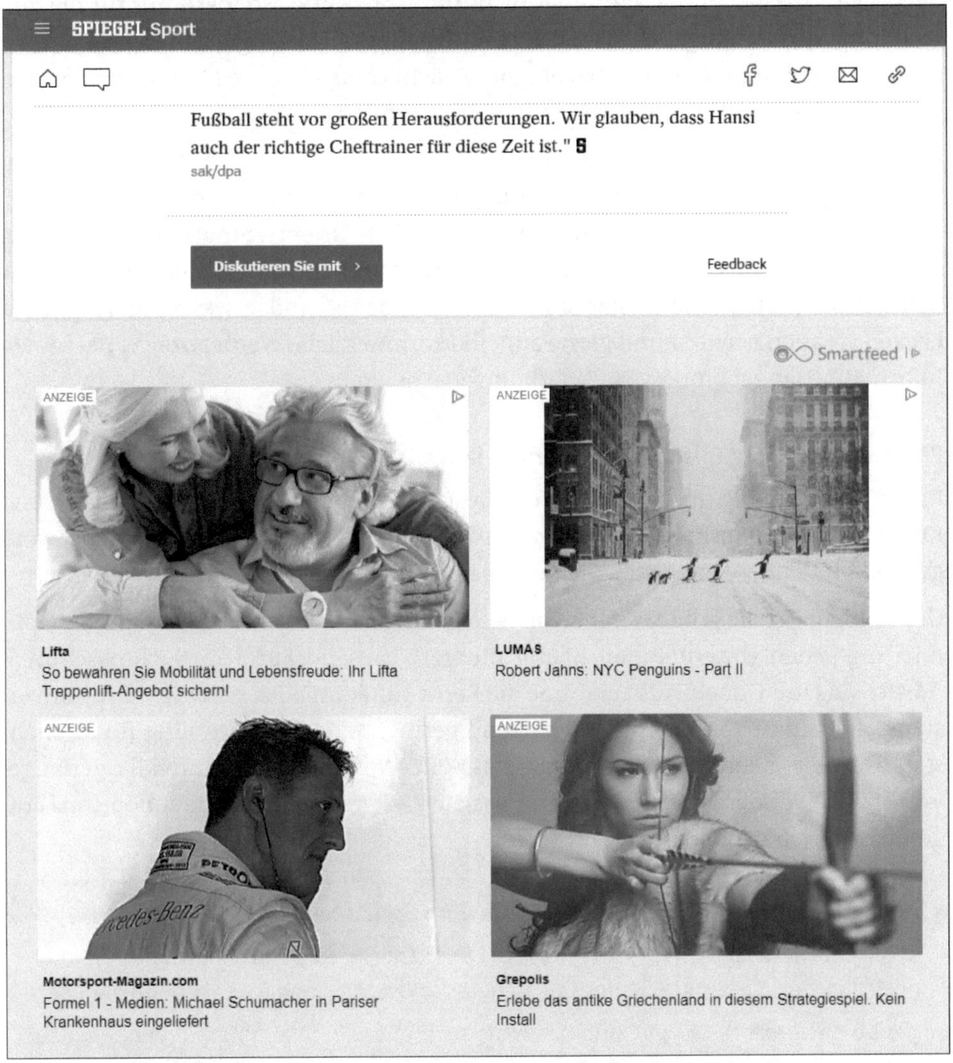

Abbildung 11.53 Anzeigen-Einbindung von Outbrain in »spiegel.de«

Alternativ zeigen die Plattform-Anbieter im sogenannten *Retargeting*-Verfahren Werbung an, die von einer zuvor besuchten Website stammt. Deswegen bekommen Sie häufig Schuhwerbung auf anderen Websites angezeigt, wenn Sie sich gerade für Schuhe in einem Online-Shop interessiert haben.

Programme wie Content-Match, AdSense oder Ähnliche müssen nicht zwingend nach dem Pay-per-Click-Prinzip funktionieren, sondern können z. B. auch über einen bestimmten Zeitraum fest gebucht werden. Hier befindet man sich dann aber im fließenden Übergang zur klassischen Bannerwerbung, die meist auf der Grundlage von Page Impressions nach dem TKP (Tausender-Kontakt-Preis) berechnet wird. Das heißt, der Anzeigenkunde zahlt hier nicht für echte Klicks, sondern nur für die Einblendung der Werbung. Der Vorteil der PPC(Pay-per-Click)-Programme wird sichtbar: Der Anzeigenkunde zahlt nur bei einem tatsächlichen Klick. Im klassischen Banner-Marketing haben sich mittlerweile auch Mischformen etabliert.

Eine Antwort auf die Frage, ob sich bezahlte Werbung für Sie lohnt, kann ich nicht pauschal geben. Sie eignet sich – überlegt und sinnvoll angewandt – auf jeden Fall dann, wenn es hauptsächlich um eine kommerzielle Orientierung geht. Hier spielen Ads und die organische Suchmaschinen-Optimierung in der Regel beide eine große Rolle. Wenn Nutzer oder Nutzerinnen ohnehin bereit sind, etwas zu zahlen, dann klicken sie auch bewusst und gerne auf eine kommerzielle Werbeanzeige. Bei reinen Informationsangeboten ist PPC-Werbung eher seltener.

PPC kurzfristig, organische Optimierung langfristig

In der Tat bietet PPC unschlagbare Vorteile. Denn die gesamte zeitaufwendige Arbeit für die Webseitenoptimierung wird durch den Kauf dieser PPC-Pakete zunächst weitgehend hinfällig – wenngleich die Kosten sich auf die Werbeschaltung verlagern.

Genau hier liegt die große Gefahr: Anstelle einer nachhaltigen Suchmaschinen-Optimierung geben Unternehmen häufig mehrere tausend Euro für Suchmaschinen-Advertising mit Google Ads aus, ohne die Rentabilität im Blick zu halten. Die Konversionsraten sind dabei meist erschreckend gering, und ein Controlling findet nicht statt. Das liegt allerdings nicht daran, dass PPC-Werbung nicht sinnvoll oder angebracht wäre, sondern meistens daran, dass die PPC-Werbekampagne suboptimal aufgesetzt, betrieben oder budgetiert wurde.

> **Praxistipp: Keine Ads-Schaltungen aus dem Bauch heraus**
>
> Ich erhalte nahezu wöchentlich Anrufe bei uns in der Agentur, in denen Unternehmen mitteilen, dass sie aufgrund eines Gutscheins selbst mit Google Ads begonnen haben.
>
> Genau das möchte Google, und das mag auch gut sein. Allerdings sollten Sie nicht mehrere Tausend Euro jährlich ausgeben, ohne eine qualifizierte Person mit der Kampagnen-Planung und dem Kampagnen-Monitoring zu beauftragen. Ads-Kampagnen aus dem Bauch heraus zu fahren, bedeutet meist, dass vor allem einer gewinnt – Google.

Ob sich ein Website-Betreiber ausschließlich oder zusätzlich für Google, Bing oder andere PPC-Anbieter entscheidet oder nur eine klassische Suchmaschinen-Optimierung betreibt, hängt von den individuellen Zielen und den erreichbaren Märkten ab. Diese wachsen und verändern sich ständig, sodass sich eine regelmäßige Überprüfung der Strategie lohnt.

Quasistandard seit Jahren ist allerdings ganz klar Google mit Ads – nicht zuletzt aufgrund der Bekanntheit durch das AdSense-Netzwerk und die zahlreichen teilnehmenden Websites. Dies wird dann kombiniert mit entsprechenden SEO-Maßnahmen.

Für private und nichtkommerzielle Content-Anbieter wird der gesamte Bereich der bezahlten Leistungen des Suchmaschinen-Advertisings in der Regel nicht so stark infrage kommen. Diese erzielen mit einer sorgfältigen Optimierung auf herkömmliche Weise gute Ergebnisse. Für Unternehmen ist dieser Bereich jedoch durchaus interessant, da eine langfristige Optimierung der eigenen Seiten auch im frühen Stadium unterstützt werden kann oder die Optimierung für bestimmte Keywords für die organischen Treffer vielleicht einfach nicht rechtzeitig machbar wäre. Auch werden die oberen Plätze gerade bei stark transaktionalen Suchanfragen eher von bezahlten Bereichen dominiert. Die ersten organischen Treffer sind erst deutlich weiter unten zu finden.

Suchmaschinen-Optimierung sollten Sie stets als mittel- und langfristige Investition betrachten. Bezahltes Suchmaschinen-Advertising ist eine deutlich kurzfristigere und dynamischere Angelegenheit. Viele Unternehmen investieren daher heute noch lieber ins Suchmaschinen-Advertising, das der klassischen Werbestrategie näher kommt, als sich auf einen externen Suchmaschinen-Optimierungsdienst zu verlassen und erst mittelfristig Erfolge zu sehen. Dass diese Bedenken bei einem professionellen Anbieter unbegründet sind, zeigen die vielen erfolgreichen Ergebnisse. Daneben ist eine entsprechende technische Kompetenz oft nicht in ähnlichem Maße verfügbar wie eine betriebswirtschaftliche. Häufig kommt eine Optimierung bereits im Vorfeld aufgrund des fehlenden technischen Wissens nicht infrage. Stattdessen wird in Richtung der werbenden PPC-Angebote tendiert. Dies ist sicherlich ein bedeutender Grund für den Erfolg solcher Programme.

11.18 Content-Marketing für das Linkbuilding

Als 2013 Google mit dem Penguin-Update 2.0 die zuvor gut funktionierenden Linkbuilding-Strategien von Suchmaschinen-Optimierern mit einem Schlag entwertet hatte, kam ein eigentlich schon lange bekannter Online-Marketing-Zweig zu ganz neuem Glanz: Das Content-Marketing wurde als der Heilsbringer überall gelobt und gepriesen.

In der Zwischenzeit wurde viel über Content-Marketing auf Konferenzen gesprochen, in Blogs geschrieben, und auch Bücher zum Thema Content-Marketing erfreuten sich eines neuen Leserkreises.

Denn für viele Suchmaschinen-Optimierer und -Optimiererinnen gilt Content-Marketing als der Nachfolger der klassischen Offpage-Optimierung mit Linkkauf und

Linktausch. Für Kritiker und Kritikerinnen, die das Buzzword schon schnell nicht mehr hören konnten, ist Content-Marketing eine bestimmte Methode im Online-Marketing-Mix.

Ich möchte und kann hier gar nicht auf alle Facetten des Content-Marketings eingehen. Ich möchte Ihnen dazu das Buch »Think Content!« von Miriam Löffler und Irene Michl empfehlen, das ebenfalls beim Rheinwerk Verlag erschienen ist. Die Autorinnen fassen das gesamte Gebiet umfassend zusammen und geben wertvolle Tipps.

Vielmehr möchte ich auf einen speziellen Einsatzzweck des Content-Marketings zu sprechen kommen – den Nutzen von Content-Marketing für das Linkbuilding.

> **Praxistipp: Content-Marketing ist vielfältig**
> Bitte vergessen Sie nicht, dass Content-Marketing vielfältig eingesetzt werden kann: Neben dem Linkbuilding kann es auch in anderen SEO-Bereichen zweckdienlich sein und auch als eigenständiger Inbound-Kanal wirken. Grundsätzlich sollten Sie immer die Augen und Ohren offen halten für neue Methoden, ob sie nun Content-Marketing heißen oder ganz anders.

11.18.1 Was ist Content-Marketing?

Content-Marketing ist eine Marketing-Technik, die Inhalte auf eine bestimmte Weise für eine bestimmte Zielgruppe anbietet. Oder genauer: Content-Marketing beschreibt Analyse- und Produktionsprozesse, die spezifische Informationsbedürfnisse für Personen aus einer wohldefinierten Zielgruppe analysieren und anschließend passende, informative und nicht werbliche, multimediale Inhalte produzieren, platzieren und darüber informieren, ohne dass dabei eine direkte Lead-Erzielungsabsicht verfolgt wird.

Manche Definitionen umfassen auch noch eine Zielsetzung, nämlich Kunden zu gewinnen oder zu halten. Genau das ist meiner Meinung nach aber nicht zwingend erforderlich. Selbstverständlich hat jede vernünftige Marketing-Strategie eine Zielsetzung. Doch im Rahmen des Content-Marketings soll eine bestimmte Zielsetzung gar nicht so im Vordergrund stehen, sondern das Informationsbedürfnis einer Zielgruppe und damit eben der Nutzer und die Nutzerin und nicht das kommunizierende Unternehmen!

Bestandteile des Content-Marketings

Wenn man sich die Definition näher anschaut, dann kann man vier Aspekte hervorheben, die sich auch in den meisten anderen Definitionen wiederfinden:

- Beim Content-Marketing gibt es eine klar definierte und bekannte Zielgruppe, deren Informationsbedürfnisse und Interessen genau bekannt und spezifiziert sind. Das ist auch ganz verständlich, denn man muss zunächst die Zielgruppe und deren Bedürfnisse und Fragen kennenlernen, bevor man Inhalte anbieten kann. Auch dieses *Research* ist Teil des Content-Marketings.

- Content-Marketing durchzuführen bedeutet, für diese Zielgruppe hilfreichen und hochwertigen Inhalt in jeglicher medialer Form zu produzieren und anzubieten. Hier kommt der altbekannte Spruch »Content is King« zu neuem Glanz.
- Es besteht keine direkte Lead-Erzielungsabsicht – es soll nichts direkt verkauft werden, und es sollen keine Kontakte generiert werden. Content-Marketing ist nicht direkt lead-orientiert. Content-Marketing ist werbefrei. Oder anders formuliert: Der Nutzer und die Nutzerin steht mit seinem bzw. ihrem Bedürfnis im Zentrum, nicht der eigentliche Kommunikator, also etwa das Unternehmen.
- Das Anbieten (*Seeding*) des Contents kommt in vielen Definitionen zu kurz, ist allerdings elementarer Bestandteil des Content-Marketings, damit der produzierte Inhalt überhaupt auch zur Zielgruppe gelangt.

Content im Content-Marketing

Dabei ist mit Content nicht nur Text gemeint. Content kann alles sein, was multimodal und multimedial aufbereitet und rezipiert werden kann. Damit gehören neben Texten auch Bilder, Videos, Podcasts, Infografiken und andere Formate zum Content.

Die Präsentation des Contents erfolgt dann meist im Web über verschiedene Kanäle. Dazu gehören Blog-Beiträge, Infografiken, Software, Spiele, Ratgeber, E-Books, Whitepaper, Studien, Tests und andere. Diese Einbettung ist offen, und grundsätzlich ist jede Verbreitungsweise möglich. Allerdings eignen sich bestimmte Präsentationsformen für den Content im Hinblick auf die Suchmaschinen-Optimierung besonders. So sind E-Books und PDF-Ratgeber beliebt für die Suchmaschinen-Optimierung, weil sie von Crawlern auch durchsucht und indexiert werden können.

11.18.2 Content-Marketing als Linkbait-Methode

Es greift sicherlich zu kurz, wenn man Content-Marketing ausschließlich als Methode zur Generierung von Links sieht. Doch genau hier liegt eine große Stärke des Content-Marketings im Vergleich zu den klassischen Linkakquiseverfahren wie dem Linkkauf oder dem Linktausch.

Die Theorie dahinter ist recht einfach nachzuvollziehen: Wenn eine Website für eine bestimmte linkfreudige Gruppe gezielt wirklich nutzwerte Inhalte anbietet, dann erhält diese Website mit hoher Wahrscheinlichkeit Backlinks von dieser Gruppe.

Die Linkfreudigen bezeichnet man in der Regel auch als *Linkerati*. Und der nutzwerte Inhalt darf nicht irgendein Content sein, der schnell geschrieben und publiziert wird. Vielmehr geht es darum, den besten Content zu einem für die Linkerati interessanten

Thema zu platzieren. Das ist nicht immer ganz einfach, wie Sie richtig vermuten. Aber nur so bringen Sie die Linkerati dazu, auf Content zu verlinken, wodurch Sie das eigentliche Ziel des Content-Marketings im Rahmen von SEO erreichen – nämlich Backlinks zu generieren.

> **Praxistipp: Herausforderung annehmen**
>
> Regelmäßig erhalten wir bei mindshape Neuanfragen, bei denen es einem Shop-Betreiber um Content-Marketing oder eine generelle Suchmaschinen-Optimierung geht. Beim ersten Gespräch stellt sich dann heraus, dass die angebotenen Produkte genau so auch in vielen anderen Online-Shops vertreten sind. Hier scheint es dann auf den ersten Blick schwer, einen wirklich einzigartigen Inhalt für Linkerati anzubieten.
>
> Doch in Wahrheit liegt das Problem gar nicht darin, dass eine Suchmaschinen-Optimierung nicht oder nur schwer möglich ist. Vielmehr muss man sich in solchen Fällen schon fast als Unternehmensberater betrachten und dem Shop-Betreiber seine Alleinstellungsmerkmale entlocken oder diese sogar mit ihm zusammen entwickeln.
>
> So kann z. B. ein ausführlicher Ratgeber-Teil in einem Rucksack-Shop zum Thema »Welchen Rucksack benötige ich für welche Wanderungen?« als Content-Marketing-Maßnahme wahre Wunder im Linkbuilding bewirken. Denken Sie also über Ihre eigenen Standards hinaus.

11.18.3 Phasen des Content-Marketings

Je nachdem, aus welchem Bereich ein Autor oder eine Autorin kommt, der oder die über Content-Marketing schreibt, lassen sich unterschiedliche Phasen im Content-Marketing-Prozess erkennen. Grundsätzlich gibt es aber drei wesentliche Phasen: die Konzeption, die Produktion und die Verbreitung der Inhalte.

Content-Konzeption: Ziele und Methoden

Zu Beginn einer Content-Marketing-Kampagne müssen einige Fragen geklärt werden, damit die Kampagne überhaupt erfolgreich sein kann und sich in die gewünschte Richtung entwickelt.

Sie sollten sich u. a. folgende Fragen vornehmen und möglichst umfassende Antworten dazu finden:

- Was möchte ich erreichen?
- Wer ist meine Zielgruppe?
- Gibt es vielleicht mehrere Zielgruppen?
- Welche Probleme und Bedürfnisse hat meine Zielgruppe?
- Wie spreche ich meine Zielgruppe an?

- Welche emotionalen, intrinsischen und extrinsischen Trigger nutze ich, um die Zielgruppe zu überzeugen?
- Welche Möglichkeiten der Content-Produktion habe ich?
- Wie viel Budget habe ich, und welche Content-Formen sind realistisch?
- Welche Inhalte bieten die anderen Mitbewerber zu diesem Thema an?
- Welches ist mein Aspekt, der meinen Content zum besten macht?

Diese Fragen sollen Ihnen eine erste Orientierung geben. Entwickeln Sie selbst weitere Fragen – und vor allem passende Antworten.

Content-Konzeption: Zielgruppe

Im Rahmen der Content-Konzeption sollten Sie die Zielgruppe möglichst genau definieren. Dazu eignet sich das Persona-Konzept. Eine Persona ist eine künstliche Person, die mit individuellen Eigenschaften, Interessen und Problemen beschrieben wird (siehe Abbildung 11.54).

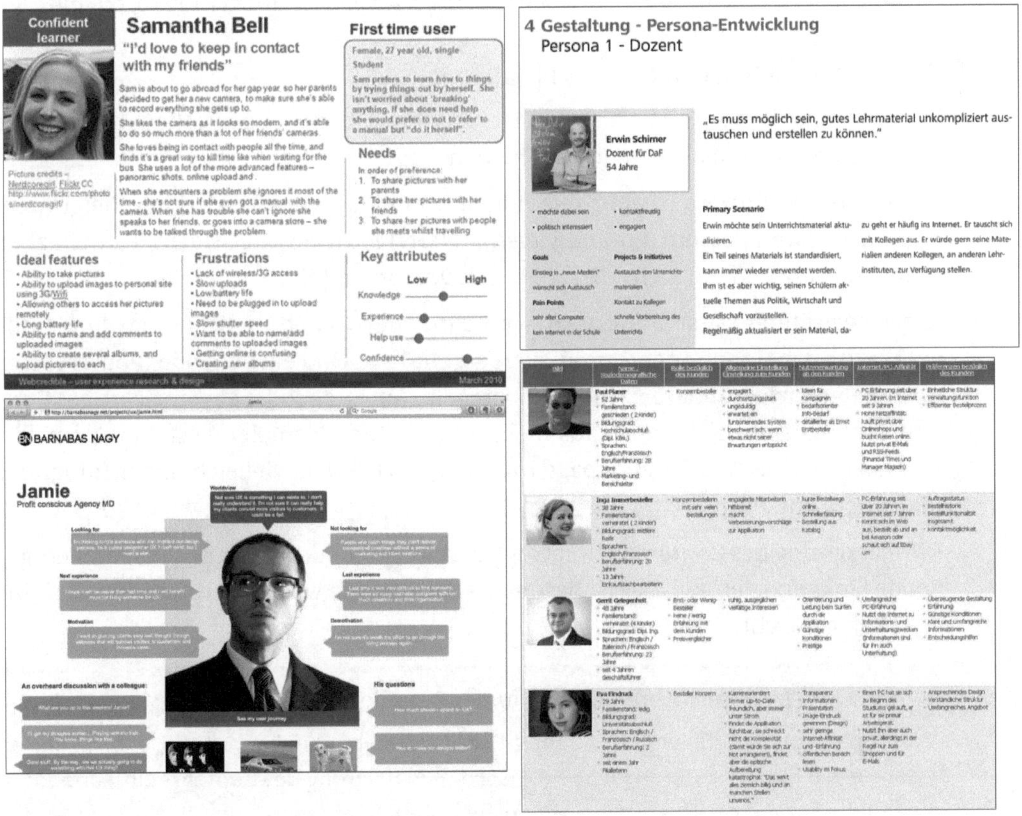

Abbildung 11.54 Verschiedene Persona-Konzeptionsmöglichkeiten

Es gibt keinen festen Standard, wie eine Persona-Beschreibung am Ende aussehen muss.

Meistens finden sich diese Elemente in einer Persona-Beschreibung:

- ein realistischer Name, damit ein wirklicher Bezug erzeugt wird
- ein Foto, das diese Persona darstellt
- demografische Infos wie Alter, Herkunft, Familienstand etc.
- Beruf und Ausbildung
- Ziele, Erwartungen, Wünsche und Bedürfnisse
- Vorlieben und Abneigungen, die eine Entscheidung beeinflussen können
- Freizeitbeschäftigungen der Persona
- ein Zitat, um den Charakter der Persona stärker zum Ausdruck zu bringen
- Faktoren, die eine Kaufentscheidung beeinflussen und hemmen
- Freunde und soziale Umgebung
- Informationsquellen der Persona und wie sie an diese Informationen gelangt

Content-Produktion und Content-Platzierung

Nach den eher konzeptionellen und theoretischen Überlegungen geht es dann meist ganz konkret um die Recherche der Themen.

Der Recherche-Prozess ist sehr individuell und hängt vom Thema, der Zielgruppe, den verfügbaren Ressourcen und vielen anderen Faktoren ab. Es geht letztlich aber immer darum, den möglichst besten Inhalt vorzubereiten.

Je nach gewählter Darstellungsform wird dann die Produktion begonnen. Eine Infografik wird dabei ganz anders produziert als ein Text. Und ein Film oder Podcast folgt nochmals gänzlich anderen Produktionsregeln. Am Ende sollte ein einzigartiges Content-Produkt stehen, das auch aus mehreren Content-Formaten bestehen kann. Ein Klassiker ist eine Text-Landingpage mit Bildern, Galerien, vielleicht einer Infografik und einem kurzen Video.

Die Platzierung des Contents erfolgt logischerweise auf der Domain, die später eingehende Links erzielen soll. Das ist besonders wichtig und wird erstaunlicherweise häufig falsch gemacht.

> **Praxistipp: Multiplikatoren bereits in der Produktion einbinden**
>
> Multiplikatoren verteilen Ihren Content weiter und helfen Ihnen damit enorm. Binden Sie die Multiplikatoren nicht erst nach der Platzierung des Contents ein, sondern bereits während der Produktion. Wenn Sie für eine Ratgeberseite z. B. ein Experten-Interview führen, gewinnen Sie eine objektiv wirkende und seriöse Quelle, und ande-

rerseits wird sich der Interviewpartner oder die Interviewpartnerin sicherlich als Multiplikator bzw. Multiplikatorin erweisen. Nutzen Sie hier auch gezielt die Eitelkeit der Menschen aus – wer postet nicht gerne auf Facebook, dass ein Interview mit ihm oder ihr erschienen ist?

Seeding

Das aktive Verbreiten eines Inhalts bezeichnet man als *Seeding*. Damit streuen Sie gewissermaßen die Kenntnis über Ihren Content. Es geht dabei aber sicherlich nicht um Linkanfragen nach dem Schema »Bitte verlinken Sie auf meinen schönen Inhalt«. Vielmehr weisen Sie bestimmte Personen auf Ihren Inhalt hin.

Das Seeding ist sicherlich die Kür des Content-Marketings. Hier müssen sich viele Suchmaschinen-Optimierer und -Optimiererinnen von gewohnten Mustern aus den klassischen Linkbuilding-Tagen verabschieden. Die Zielsetzung beim Content-Marketing-Seeding-Prozess ist leicht anders. Denn hier geht es darum, bestimmte Meinungsführer und -führerinnen vom eigenen Inhalt zu überzeugen. Diese werden auch als *Influencer*, *Hubs* oder *Experten* bezeichnet.

Das Prinzip ist dabei immer dasselbe: Sie weisen mehr oder weniger direkt auf Ihren Inhalt hin, ein Meinungsführer oder eine -führerin findet diesen hilfreich und verteilt die frohe Kunde in seinem bzw. ihrem eigenen Netzwerk weiter. Dabei entstehen ganz natürlich – gewissermaßen als Abfallprodukt – Links auf Ihren Content.

11.18.4 Nachteile des Content-Marketings

Mit Content-Marketing erreichen Sie nachhaltiges Linkbuilding ganz im Sinne der Google-Qualitätsrichtlinien. Allerdings gibt es wie so häufig immer auch die andere Seite der Medaille.

Content-Marketing-Kampagnen sind meist deutlich aufwendiger als einfaches Linkbuilding. Ohne Frage, sie sind auch wesentlich effizienter und nachhaltiger. Aber nicht jede Kampagne fruchtet gleich zu Beginn. Manche Kampagnen erzielen auch gar keinen oder nur einen sehr geringen Effekt, der nicht im Verhältnis zu den Kosten steht.

> **Praxistipp: Content-Marketing-Kampagnen kontinuierlich betreiben**
> Grundsätzlich sollten Sie niemals eine einzige Content-Marketing-Kampagne planen. Ebenso wie die Suchmaschinen-Optimierung ist auch das Content-Marketing vor allem ein kontinuierliches Geschäft.

Ebenso wie beim klassischen Linkbuilding kann Ihnen niemand den Erfolg einer Content-Marketing-Maßnahme versprechen. Genau das ist auch ein Grund, weshalb heute viele Unternehmen gar kein Content-Marketing durchführen oder es nur halbherzig betreiben. Das ist jedoch Ihre Chance. Wenn Sie Content-Marketing beherrschen und kontinuierlich betreiben, dann wird es garantiert Unmengen an rankingfördernden Backlinks geben.

Und ob Sie das dann letztlich Content-Marketing nennen oder einfach nur gute Inhalte für Ihre Zielgruppe anbieten – wen interessiert das, wenn die Anfragen und Verkäufe am Ende steigen?

Kapitel 12
Universal Search und strukturierte Daten

Nur noch selten finden man in den Ergebnislisten reine Text-Snippets. Welche Formen der Darstellung es gibt, wie Sie diese beeinflussen und begünstigen können und worauf Sie dabei achten sollten, erfahren Sie in diesem Kapitel.

Seit 2007 zeigt Google in den Ergebnislisten nicht mehr nur reine Texttreffer an, sondern teilweise auch ausführlichere Informationen in speziellen Formaten. Eine Suche nach »michael jackson« verdeutlicht dies (siehe Abbildung 12.1).

Hier finden sich News, Bilder, Videos sowie Daten aus dem Knowledge Graph zwischen und neben den rein organischen Treffern.

Das erste Ergebnis ist ein normales Textdokument der Wikipedia. Danach erfolgt die Einblendung von Videos aus YouTube und »Nutzer fragten auch«, daneben erscheinen Bilder und Informationen aus dem Knowledge Graph zu der gesuchten Person. Diese Einblendung von Detailinformationen in den Ergebnislisten bezeichnet Google als *Universal Search*.

In diesem Zusammenhang werden häufig zwei weitere Begriffe verwendet:

1. **Blended Search** ist der allgemeine Begriff für Googles Universal Search. Dabei geht es bei Blended Search immer darum, dass in eine Ergebnisliste nicht nur reine Treffer als Link zu den Dokumenten aufgenommen werden, sondern auch Informationen aus den Dokumenten selbst, die vielleicht bereits die Frage des oder der Suchenden beantworten.
2. **Vertical Search:** Die vertikale Suche ist eine Art Filter. Eine Suchmaschine besitzt verschiedene spezielle Informationskanäle. Das World Wide Web ist natürlich die größte Quelle für Informationen. Webcrawler erfassen die semistrukturierten Dokumente und geben sie für die Anzeige in den Suchergebnislisten weiter. Andere Crawler erfassen ausschließlich Bilder für die Bildersuche. Wiederum andere Informationskanäle sind auf Videos, Nachrichten, Bücher oder Twitter-Feeds spezialisiert. Die verschiedenen Kanäle lassen sich bei Google auf der linken Seite auswählen.

Abbildung 12.1 Universal Search bei Google

Wo ist nun die Verbindung zwischen der Vertical Search und der Blended Search bzw. Universal Search? Ganz einfach: Wenn Ergebnisse aus der Vertical Search in den normalen Ergebnisseiten eingespielt werden, bezeichnet man dies als Blended Search oder bei Google eben als Universal Search.

12.1 Potenzial für die Optimierung

Die Quellen für die Blended Search sind im Gegensatz zu den Webinhalten meist strukturiert. Das heißt, sie müssen von den Content-Anbietern in RSS- oder XML-Form aufbereitet und zur Verfügung gestellt werden. Oder sie stammen direkt aus der Knowledge Graph-Datenbank von Google.

Vor allem der Marktführer Google stellt für einige Universal-Search-Typen auch eigene Eingabemasken zur Verfügung, sodass ein Online-Shop-Betreiber z. B. seine Produktinformationen hochladen kann.

Das Potenzial bei der Suchmaschinen-Optimierung hängt stark vom jeweils gewählten Optimierungsziel ab. Insgesamt werden Universal-Search-Elemente bei etwa einem Drittel aller Suchanfragen ausgeliefert. Da die Universal-Search-Treffer in den Ergebnislisten deutlich anders formatiert und je nach Typ zusätzlich mit Bildern oder Videostills ausgestattet sind, generieren sie mehr Aufmerksamkeit als normale Texttreffer. Es hängt jedoch enorm vom aktuellen Informationsproblem ab, ob ein Suchender oder eine Suchende eher die normalen Treffer oder doch die Universal-Search-Treffer bevorzugt betrachtet.

12.2 Verschiedene Universal-Search-Typen

Im Folgenden sollen einige wichtige Universal-Search-Typen von Google vorgestellt werden. Andere Suchmaschinen-Betreiber bieten ähnliche Inhalte an, die jedoch aufgrund der geringeren Reichweite und Nutzerzahlen hier zu vernachlässigen sind.

Auf eine genaue Erklärung, wie Sie die Daten für den jeweiligen Universal-Search-Typ bei Google anmelden und einstellen, wird hier ebenfalls verzichtet. Die Spezifikationen ändern sich regelmäßig, und die Dokumentation und die Formulare sind meist selbsterklärend. Ihnen hilft in der Regel eine entsprechende Google-Suche oder ein Blick in den Hilfebereich für Webmaster von Google unter *https://support.google.com/webmasters*.

Unter der Adresse *https://developers.google.com/search/docs/advanced/structured-data/article?hl=de* finden Sie einen guten Einstieg in die Auszeichnung aller aktuell unterstützten Universal-Formate (Abbildung 12.2).

12   Universal Search und strukturierte Daten

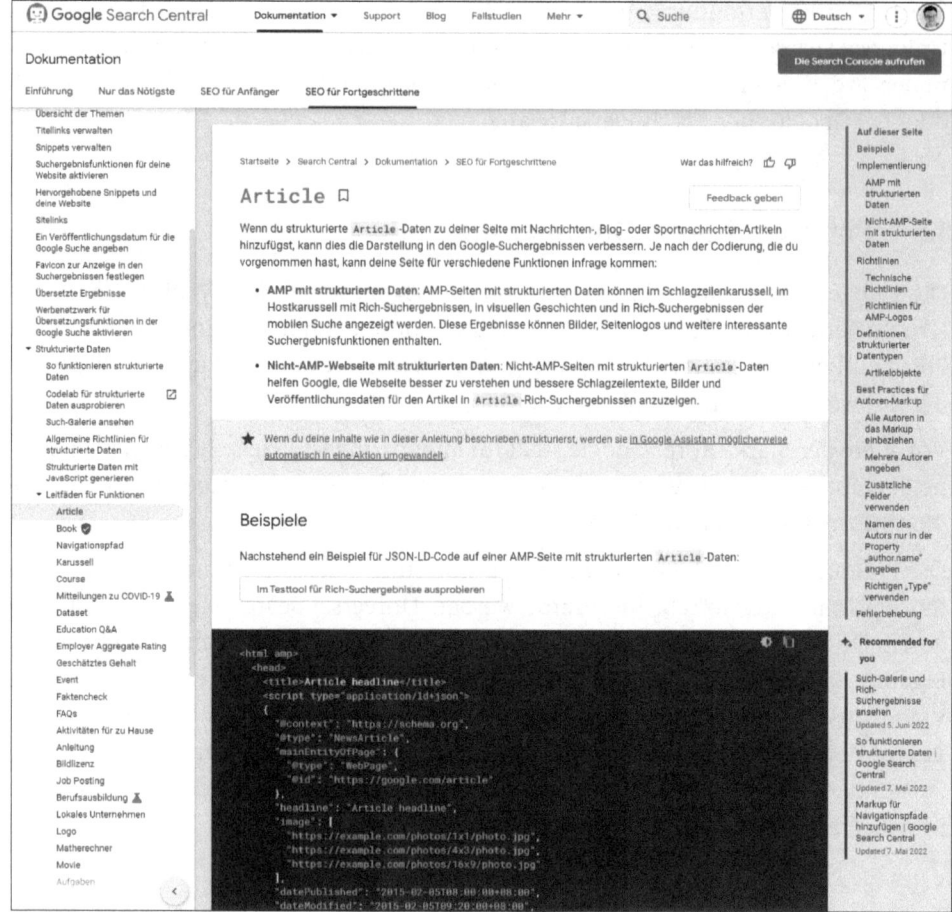

Abbildung 12.2 Übersicht über aktuell unterstützte Formate bei Google

12.2.1   Google Maps und Google Business Profile (ehemals Places oder My Business)

Der am häufigsten angezeigte Typ ist Google Maps. Vor allem bei Suchanfragen, die ein lokales Interesse vermuten lassen oder einen Städte- oder Regionsnamen enthalten, wird eine Karte mit Einträgen oben in der Ergebnisliste angezeigt. Abbildung 12.3 enthält die Einblendung auf die Suchanfrage »friseur«. Die Local-Treffer werden seit dem Venice-Update entsprechend in den Suchergebnislisten als Vertical angezeigt. In dem Beispiel erscheinen die Map-Einträge sogar noch vor den organischen Einblendungen.

Vor allem für lokal agierende Unternehmen ist eine solche Anzeige Gold wert. Mit der Universal-Search-Einbindung steigt die Attraktivität eines Eintrags bei Google Maps enorm.

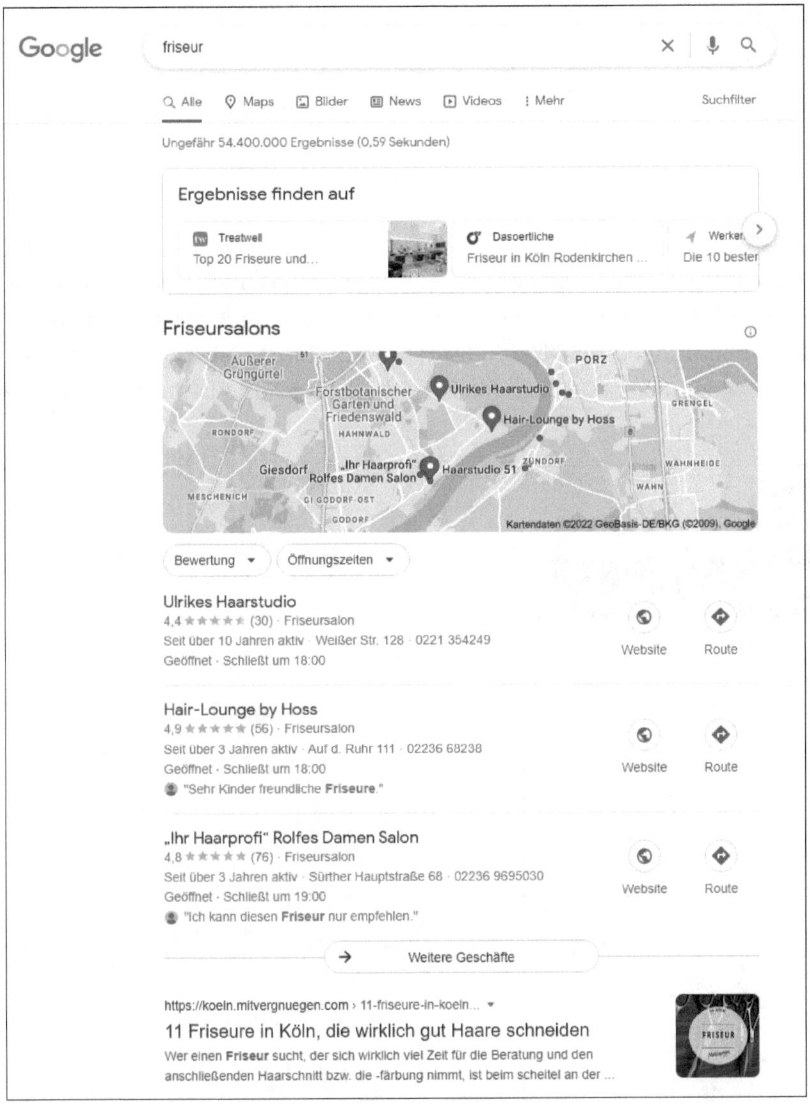

12.2 Verschiedene Universal-Search-Typen

Abbildung 12.3 Einblendung von Google Maps in den Ergebnislisten

Damit Ihr Unternehmen, Verein, Ihre Organisation oder Institution bei Google Maps aufgenommen wird, müssen Sie sich in der Regel bei *Google Business Profile* anmelden. Ein entsprechendes Formular finden Sie unter *www.google.com/business*. Das umfangreiche Formular fragt verschiedene Informationen ab, die Sie alle möglichst vollständig angeben sollten:

- Kontakt und Adressdaten als Basisinformation
- Kategorie
- Einzugsgebiet und Standort

881

- Öffnungszeiten
- Zahlungsoptionen
- Fotos
- Videos
- zusätzliche Details zum Eintrag

Nutzen Sie die Adresse und Kontaktdaten, die für potenzielle Suchende interessant sind. Idealerweise laden Sie auch ein Logo des Unternehmens hoch (siehe Abbildung 12.4). Wenn Sie über Bilder Ihres Unternehmens verfügen, können Sie diese auch einbinden. Vor allem bei Ladengeschäften oder repräsentativen Gebäuden signalisiert ein Foto dem oder der Suchenden eine gewisse Seriosität und schafft eine erste Vertrauensgrundlage.

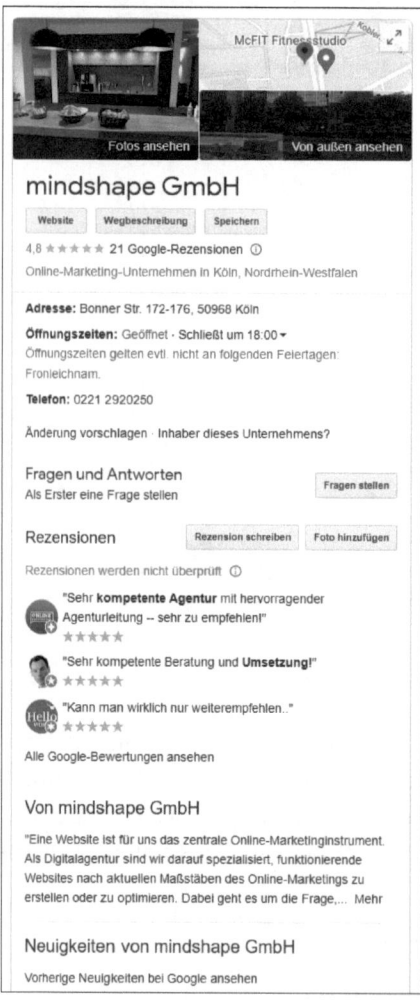

Abbildung 12.4 So erscheint ein Google Business Profile-Eintrag in den Ergebnissen.

Achten Sie bei der Kategorieauswahl auf die passenden Kategorien. Schöpfen Sie alle Möglichkeiten der Kategoriennennung aus, und achten Sie darauf, dass Sie allgemeingültige Kategorienamen nutzen (siehe Abbildung 12.5). Die Kategorienamen sind deshalb so wichtig, weil damit ähnliche Unternehmen gruppiert werden. So haben Sie die Chance, auch bei einem nicht direkten Treffer gefunden zu werden.

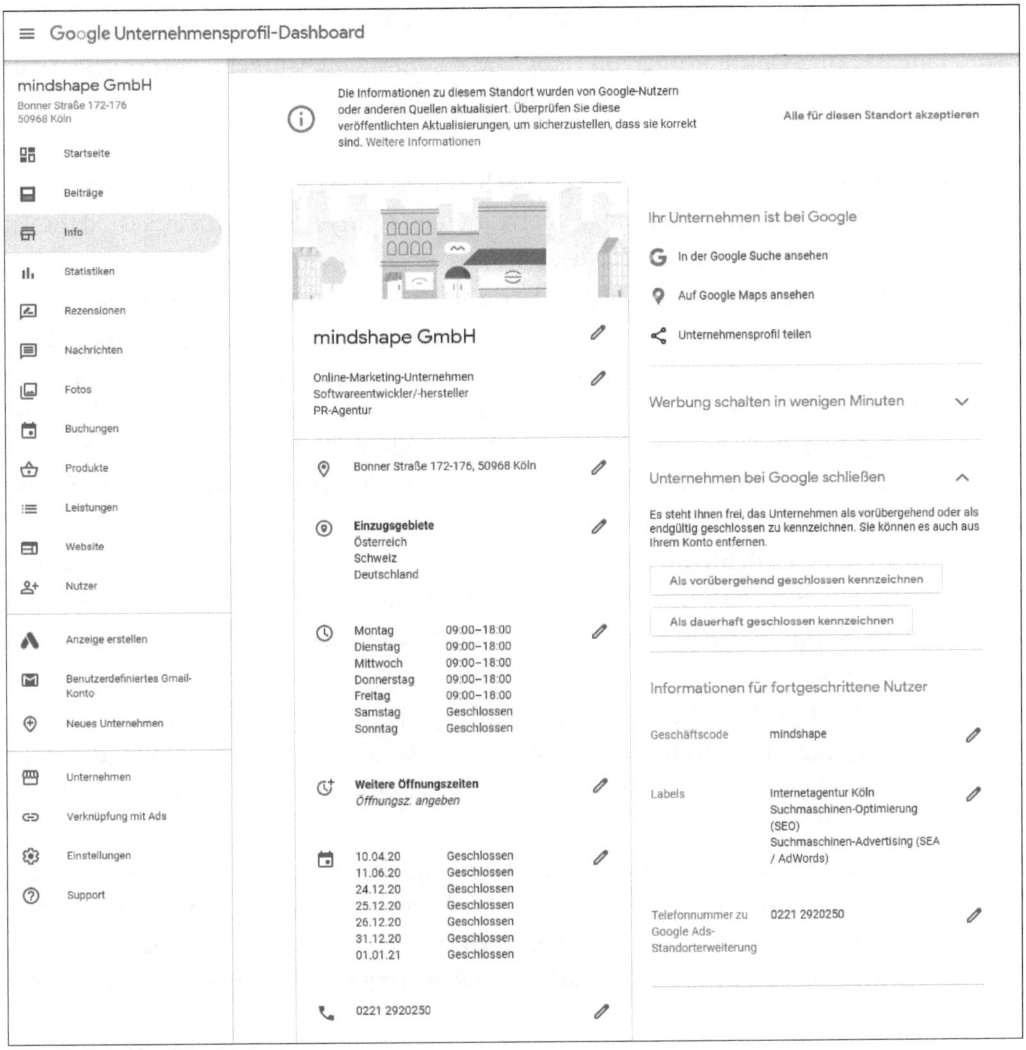

Abbildung 12.5 Ausführliches Formular von Google Business Profile

Eine zentrale Identifikation für ein Unternehmen ist die Telefonnummer. Google verbindet verschiedene Informationen hauptsächlich über die Telefonnummer. Achten Sie daher darauf, dass Sie bei allen Einträgen im Web dieselbe Telefonnummer wählen.

Damit Google sicherstellen kann, dass Sie der oder die Berechtigte für diesen Eintrag sind, erhalten Sie eine Postkarte mit einem Code per Post zugeschickt. Damit können Sie Ihre Adresse verifizieren.

Ab sofort stehen Ihnen dann unter Ihrem Google-Konto verschiedene kleinere Auswertungen zur Verfügung. Hier können Sie sich einen Eindruck davon verschaffen, wie gut Ihre Google Business Profile-Einbindung angenommen wird.

Eine Ranking-Optimierung von Google-Maps-Einträgen ist nicht ganz so leicht. Als wichtige Faktoren für ein gutes Ranking lassen sich jedoch folgende Punkte festhalten:

- **Relevanz**: Ihr Eintrag muss für die Suchanfrage relevant sein. Wenn Sie eine Pizzeria betreiben, die Suchanfrage aber auf einen China-Imbiss hinausläuft, dann ist Ihr Treffer nicht relevant für diese Anfrage.
- **Nähe zum oder zur Suchenden**: Natürlich muss Ihr Eintrag in der Nähe des Gesuchten liegen. Wenn Sie einen Pizzadienst in Hamburg eingetragen haben, dann werden Sie nicht bei der Suche »pizza köln« gefunden. Führen Sie Ihre Filiale in Köln deswegen als eigenen Standort auf. Dabei muss die Suchanfrage nicht unbedingt eine Stadt oder Region enthalten. Google stellt anhand der IP-Adresse des oder der Suchenden fest, aus welcher Stadt oder Region eine Anfrage kommt, und zeigt entsprechende Treffer an.
- **Die Wahl der richtigen Kategorie**: Wählen Sie die passende Kategorie aus. Google hat viele Begriffe mit bestimmten Kategorien verbunden. Wenn ein Begriff zu einer Kategorie passt, wird Ihr Treffer auch dann angezeigt, wenn Sie den Begriff nicht abdecken.
- **Vollständigkeit und Umfang Ihres Eintrags**: Je umfangreicher und vollständiger Ihr Eintrag ist, desto besser wird er auch gelistet. Vielleicht möchten Sie ja auch Coupons als Gutscheine anbieten? Diese können Sie auch bei Google Business Profile eintragen.
- **Erwähnungen bei Gelbe-Seiten-Portalen**: Sie sollten bei bestimmten Branchenportalen gelistet sein. Achten Sie auf die Verwendung der gleichen Telefonnummer. Typische Portale sind z. B. Yelp (*www.yelp.com*), GoYellow (*www.goyellow.de*), Stadtbranchenbuch (*www.stadtbranchenbuch.com*) oder meinestadt.de (*www.meinestadt.de*).
- **Generelle Onpage- und Offpage-Kriterien**: Wie bei der organischen Suche zählen natürlich auch die Inhalte auf Ihrer Website sowie die Zahl und Qualität der eingehenden Verweise.
- **Bewertungen**: Mit dem Eintrag in Google Business Profile können User Ihren Eintrag bzw. Ihr Unternehmen bewerten und kommentieren. Anzahl und Qualität der Bewertungen fließen auch in das Ranking ein. Bevor Sie nun jedoch auf die Idee

kommen und Hunderte Bewertungen und Kommentare selbst verfassen, sollten Sie lieber Kunden und Geschäftspartner bitten, eine Bewertung abzugeben.

- **Übereinstimmung mit anderen Nennungen**: Achten Sie darauf, dass die angegebene Adresse auch identisch so auf Ihrer Website erscheint. Die Übereinstimmung mit der Adresse, die bei der Registrierung der Domain (WHOIS-Daten) angegeben wurde, kann auch von Vorteil sein.

12.2.2 Google Bildersuche

Vor allem bei Suchen nach Produkten oder Orten ist die Bildersuche (*Google Images*) ein starker Besuchermagnet. Je nach Zieldefinition kann die Optimierung der Bildersuche sehr attraktiv sein.

Für einen Online-Shop, der Handytaschen verkauft, ist die Beschreibung der Taschen in Textform eher kompliziert. Vor allem bei Lifestyle-Artikeln wie etwa dem iPhone kommt es auch bei Taschen auf die richtige Optik an. Sie kann durch die Einblendung von Bildern über die Universal Search eindeutig besser kommuniziert werden, wie Abbildung 12.6 zeigt.

Die Besucher und Besucherinnen klicken bei solchen Anfragen lieber auf Bilder und gelangen so zum Shop des Anbieters.

Bei der Optimierung der Bilder für Bilder-Suchmaschinen sollten Sie bedenken, dass Suchmaschinen Bilder nicht immer direkt »verstehen« können. Die Inhalte der Bilder werden hauptsächlich durch indirekte Signale erschlossen. Dies wurde in Abschnitt 10.3 ausführlich dargestellt. Zusammenfassend sollten Sie an dieser Stelle die folgenden Punkte berücksichtigen:

- **Keyword-basierte Dateinamen**: Geben Sie dem Bild einen Namen, der das Gezeigte ausdrückt. Für eine Handytasche sollten Sie also nicht *ht3262.jpg* wählen, sondern *handytasche_3262.jpg*.
- **alt-Attribut verwenden**: Damit die Suchmaschinen noch weitere Informationen direkt zum Bild erhalten können, versehen Sie das Bild mit einem alt- bzw. title-Attribut. Welches Attribut Sie nutzen, ist dabei unerheblich. Sie können auch beide mit verschiedenen Inhalten verwenden. Im HTML-Quelltext sollte dies etwa so aussehen:

```
<img src="handytaschen/handytasche_3262.jpg" alt="Handytasche"
title="Bild einer Handytasche"/>
```

- **Attribute verwenden**: Wenn Sie nicht bloß eine Handytasche anbieten, sondern eine bestimmte Farbe, eine bestimmte Größe oder eine Tasche für ein bestimmtes Modell, dann sollten Sie diese Attribute sowohl im Dateinamen, im <alt>- bzw. <title>-Attribut als auch im umgebenden Text nennen.

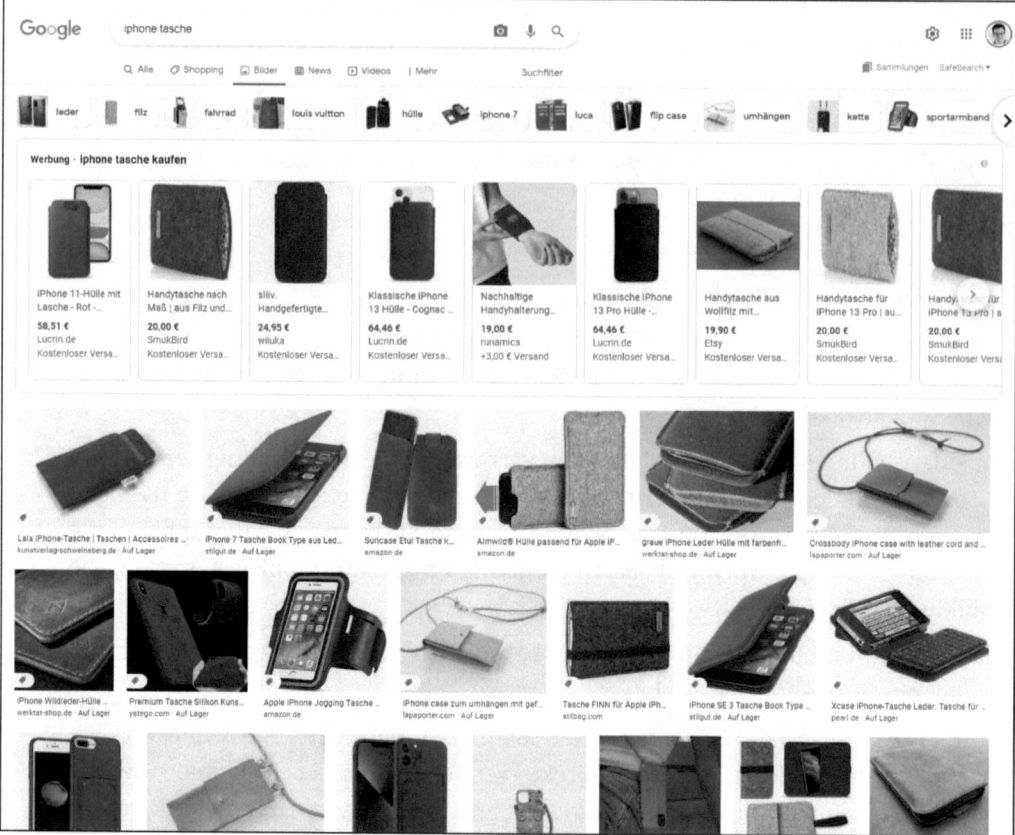

Abbildung 12.6 Einblendung der Bildersuche als Universal-Search-Element

- **Bildunterschriften:** In HTML 4 gab es kein Tag für eine Bildunterschrift. In HTML 5 kann man diese mit `figure` und `figurecaption` auszeichnen. Die Suchmaschinen bestimmen die Bildunterschrift aber ohnehin auch aus umliegendem Quelltext und versuchen so, nähere Informationen zum Bildinhalt herauszulesen. Achten Sie daher auf die Keyword-Nennung im umliegenden Text.
- **Nähe zum Text:** Ebenso sollte der Textblock, in dem das Bild positioniert ist, häufig das betreffende Keyword beinhalten. Idealerweise enthält auch die zugehörige Zwischenüberschrift das Keyword. Hier ist erneut eine korrekte semantische HTML-Struktur von enormer Bedeutung:

```
<h2>iPhone-Handytasche</h2>
<p>
```

```
Diese iPhone-Handytasche zeichnet sich durch eine enorme
Robustheit aus ...
<img src="iphone_handytasche.jpg" alt="Handy Tasche iPhone"
title="iphone handytasche"/>
Bestellen Sie die iPhone-Handytasche mit 10 % Rabatt ...
</p>
```

- **Ausreichende Größe der Bilder**: Die Bilder sollten nicht zu klein sein. Die Bilder können jedoch ohne Bedenken größer sein, denn die Suchmaschinen zeigen ohnehin eine verkleinerte Ansicht an. Eine Idealgröße gibt es nicht. Erfahrungsgemäß ist eine Mindesthöhe von 600 Pixeln gut. Achten Sie allerdings auf die Dateigröße. Sie sollte nicht wesentlich über 200 bis 300 KB liegen.

- **Qualität der Bilder**: Google kann mit bestimmten Verfahren die Helligkeitsverteilung, das Kontrastverhältnis und durch hohe Kompression entstehende Schlieren feststellen. Achten Sie daher auf eine gute Qualität des Bildes und des Dargestellten. Wenn Sie ein Produkt abbilden, sollten Sie es auf weißem Hintergrund freistellen, damit das Produkt sofort identifiziert werden kann.

- **Geeignetes Seitenverhältnis**: Idealerweise haben Ihre Bilder ein Seitenverhältnis von 4:3 und sind damit eher breit als hoch. Das nimmt in der Darstellung mehr Platz ein und erhöht damit die Sichtbarkeit.

- **Inline-Bilder anstelle anklickbarer Bilder**: Wenn Sie Bilder in voller Größe in den Text einbinden, haben Sie die besten Ranking-Voraussetzungen. Verzichten Sie auf Zoom-Funktionen, die erst auf einen Klick hin das eigentliche Bild in voller Größe anzeigen.

12.2.3 Produktsuche

Besonders für all jene, die direkt über das Web Produkte verkaufen, ist die Produktsuche von Google ein interessanter Optimierungsbereich. Google erfasst die Detailseiten eines Shops über die normalen Webcrawler. Diese Daten liegen jedoch nicht strukturiert vor. Daher gibt Google Webshop-Betreibern über das *Google Merchant Center* (ehemals Google Base) unter *https://www.google.com/retail/solutions/merchant-center/* die Möglichkeit, die Produkte strukturiert als Liste hochzuladen (siehe Abbildung 12.7).

Die Produkte erscheinen in Verbindung mit Google-Ads-Geboten in der Produktsuchmaschine von Google (*www.google.de/shopping*), die auch über den Vertical-Search-Navigationspunkt SHOPPING von der Standardergebnisliste zu erreichen ist (siehe Abbildung 12.8).

12   Universal Search und strukturierte Daten

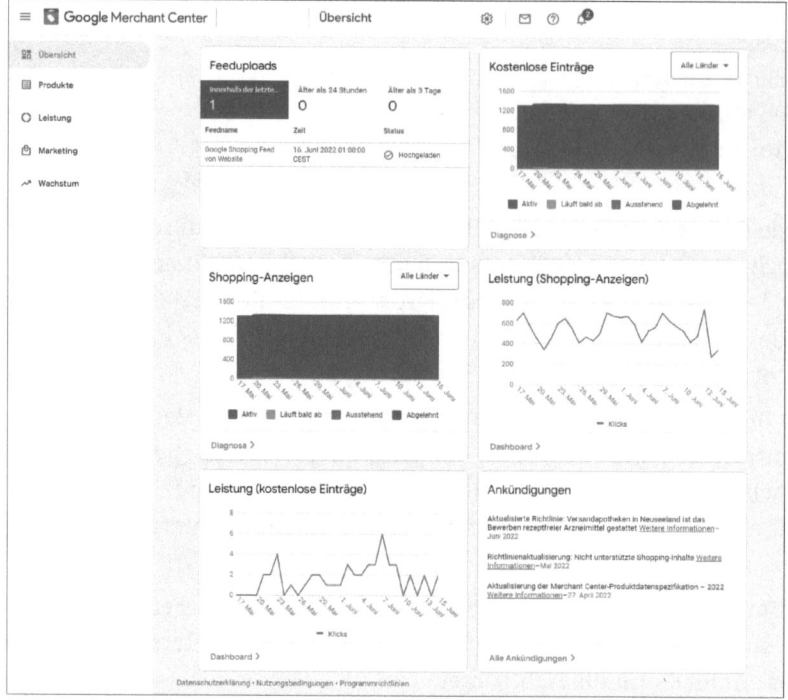

Abbildung 12.7 Detailauswertung zum Produkt-Feed im Google Merchant Center

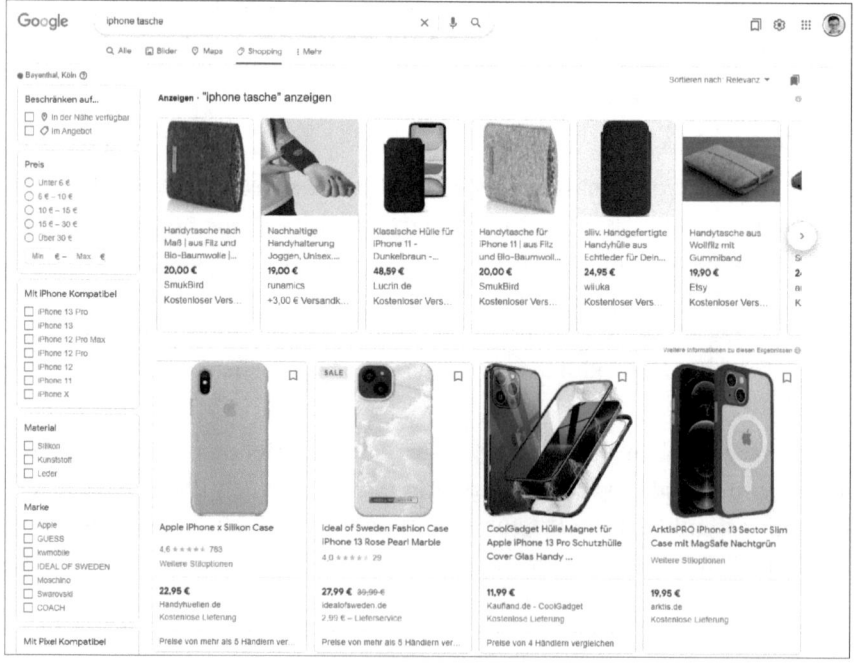

Abbildung 12.8 Googles Produktsuche mit Google Shopping

Noch interessanter ist auch hier wiederum die Einbindung der Treffer als Universal-Search-Ergebnis in die normale Trefferliste (siehe Abbildung 12.9).

Abbildung 12.9 Massive Einbindung der Produktsuche als Universal-Search-Elemente

Ein Klick auf ein Produkt, und der oder die Suchende gelangt direkt auf die Shop-Betreiber-Seite. Ein Klick auf die Titelzeile führt allerdings zur Shopping-Liste, in der noch weitere Anbieter mit Bewertungen, Versandkosten und dem Endpreis aufgelistet sind.

Google macht hier den üblichen Preis-Suchmaschinen deutlich Konkurrenz. Für die Optimierung ist es daher nicht nur wichtig, als Ergebnis in der Universal Search zu erscheinen, da bei einem Klick eine direkte Weiterleitung auf den Shop erfolgt. Ebenso wichtig sind letztlich auch Anzahl und Qualität der Bewertungen sowie der Preis, da diese als Ranking-Faktor dienen. Denn nur dann stehen Sie in der Ansicht weit oben und damit in den Ergebnissen und haben schlussendlich eine Chance auf eine Konversion.

Eine direkte Optimierung der Produkte ist nicht ganz einfach. Sie sollten vor allem folgende Punkte beachten:

- **CPC**: Über den Cost-Per-Click bestimmen Sie, was Sie bereit sind, für einen Klick auf ein Shopping-Ergebnis zu bezahlen. Das Prinzip ist identisch mit dem Verfahren bei Google Ads. Je mehr Sie pro Klick bezahlen, desto höher wird der Eintrag gelistet.

  Produktpreis: Hier zählt nicht unbedingt das Motto »Je billiger, desto besser«. Der Preis selbst spielt laut Google keine entscheidende Rolle beim Ranking des Produkts – bei der Auswahl der Kunden in der Detailliste jedoch schon. Wenn Sie ein identisches Produkt 40 € teurer anbieten als Mitbewerber, dann haben Sie im Internet in der Regel keine Chance. Webkäufer sind vor allem an günstigen Angeboten interessiert. Die LOBO-Mentalität (*Look Offline, Buy Online*), also Produkte im Laden um die Ecke anzusehen und dann online günstig zu kaufen, ist weit verbreitet. Daher ist der Preis zumindest indirekt ein wichtiger Faktor.

- **Artikelbezeichnung**: Natürlich ist vor allem die Bezeichnung des Artikels wichtig. Verwenden Sie die genaue Produktbezeichnung. Achten Sie jedoch auch darauf, dass Sie den Produkttyp – so wie er von Suchenden eingegeben wird – ebenfalls nennen.

- **Beschreibung**: Hier zählt ebenfalls die Keyword-Nennung. Die Beschreibung sollte möglichst ausführlich und detailliert sein.

- **Zielland**: Achten Sie hier auf die korrekte Angabe.

- **Stetige Aktualisierung**: Halten Sie Ihre Produktdaten aktuell. Sie sollten mindestens einmal pro Woche einen Upload der Produkte vornehmen. Dabei ist eine leichte Veränderung oder sogar eine Erweiterung von Vorteil. Damit Sie nicht alle Produkte einzeln bearbeiten müssen, sollten Sie einen XML-Feed nutzen. Gängige Shop-Systeme können diesen Feed von Haus aus generieren und teilweise auch selbstständig bei Google hochladen bzw. anbieten. So wird im Idealfall jede Aktualisierung von Produkten in Ihrem Shop auch an Google bekannt gegeben. Achten

Sie vor allem bei der Aktualisierung von Hand darauf, dass die Produkt-ID (meist die Artikelnummer) immer gleich bleibt.

- **Viele und gute Beurteilungen**: Anzahl und Qualität der Beurteilungen als Empfehlung Ihres Shops und des Produkts sind ein sehr wichtiger Ranking-Faktor. Sie können Ihre Kunden z. B. nach dem Versand der Ware bitten, bei Google Business Profile eine Bewertung abzugeben. Senden Sie in der E-Mail gleich den passenden Link mit, dann ist die Einstiegshürde noch niedriger, und Sie erhalten ein paar Bewertungen mehr.
- **Individuelle Bilder**: Setzen Sie individuelle Bilder ein. Nutzen Sie auf keinen Fall das Shop-Logo als Produktbild. Sie sollten für jedes Produkt, das Sie über Google bewerben möchten, ein passendes Bild mitliefern.
- **Anzahl der Attribute**: Neben den Pflichtattributen, wie z. B. dem Zustand des Produkts (neu oder gebraucht), können Sie jedem Produkt beliebig viele vordefinierte und selbst definierte Attribute zuordnen. Das sollten Sie auch tun. Attribute sind wichtig für eine möglichst genaue Beurteilung des Besuchers oder der Besucherin, und auch Google schätzt diese dann als wertvoll ein. Am besten orientieren Sie sich an anderen, bereits vorhandenen Produkten.

12.2.4 Google News

Mit Google News beobachtet Google die Nachrichten und kann so sehr gut Themen erkennen, die die Öffentlichkeit bewegen. Unter Google News (*news.google.de*) werden zahlreiche Nachrichten automatisch priorisiert, gruppiert und angezeigt.

Die Daten übermitteln die Content-Anbieter dabei selbst. Um bei Google News berücksichtigt zu werden, müssen Sie eine sogenannte *News-Sitemap* anbieten. Dies ist eine strukturierte XML-Datei, die bestimmten Vorgaben folgt. Eine News-Sitemap sieht z. B. wie folgt aus:

```xml
<?xml version="1.0" encoding="UTF-8"?>
<urlset xmlns="http://www.sitemaps.org/schemas/sitemap/0.9"
      xmlns:news="http://www.google.com/schemas/sitemap-news/0.9">
  <url>
    <loc>http://www.news.org/politik/article55.html</loc>
    <news:news>
      <news:publication>
        <news:name>Das Beispiel-Newsportal</news:name>
        <news:language>de</news:language>
      </news:publication>
      <news:access>Subscription</news:access>
      <news:genres>PressRelease, Blog</news:genres>
      <news:publication_date>2010-12-12</news:publication_date>
```

```
            <news:title>Titel der Nachricht</news:title>
            <news:keywords>politics</news:keywords>
        </news:news>
    </url>
</urlset>
```

Listing 12.1 Struktur einer Google-News-Sitemap

Die genaue Spezifikation zu erläutern, würde hier den Rahmen sprengen. Eine Erläuterung zu den einzelnen Feldern und deren möglichen Inhalten finden Sie in der Google-Hilfe unter *https://support.google.com/news/publisher-center/answer/9606710*, oder Sie suchen über Google nach »news-sitemap format«.

Vor allem für Content-Anbieter mit aktuellen Nachrichten lohnen sich das Anbieten und das Optimieren der News-Feeds. Die News werden als Universal-Search-Element dann bei einem passenden Suchbegriff, wie z. B. »olaf scholz«, in der Ergebnisliste angezeigt (siehe Abbildung 12.10).

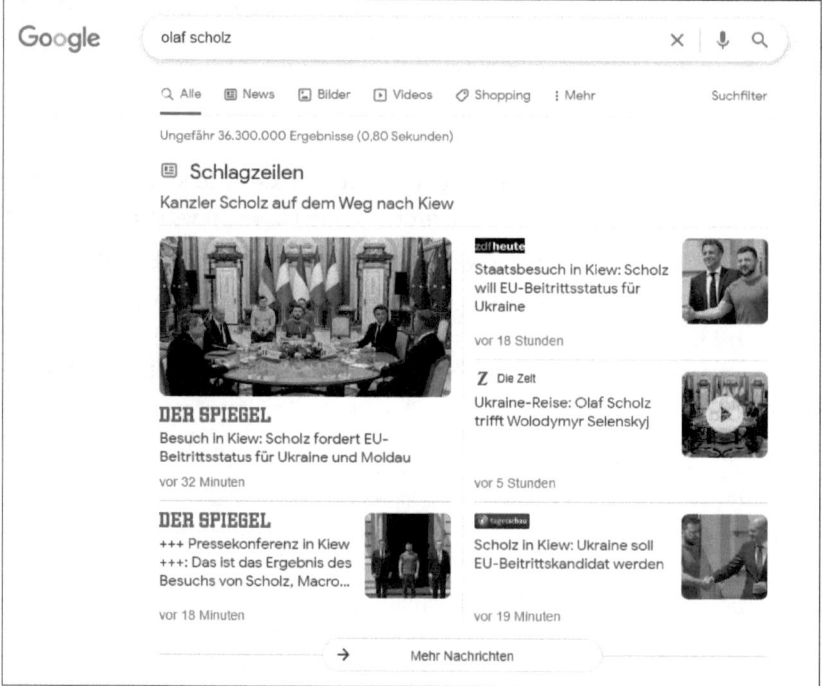

Abbildung 12.10 Einbindung von Google News als Universal-Search-Element

Vor allem große und bekannte Content-Anbieter sind hier häufig zu finden. Damit fällt die Liste der notwendigen Optimierungsschritte für Google News auch entsprechend kurz aus: Betreiben Sie die Optimierung onpage und offpage für Ihr Nachrichtenangebot, und stellen Sie einen aktuellen und korrekten News-Feed als News-Sitemap zur Verfügung. Besonders wichtig ist, dass Sie eine Autorität für Google werden. Das erreichen Sie durch eine hohe Anzahl von qualitativ hochwertigen Backlinks auf Ihr Portal.

Die Google News sind mit all diesen Bedingungen vor allem für reine Nachrichtenportale und Verlage interessant.

12.2.5 Videos

Das Videoportal YouTube (*www.youtube.com*) wurde von Google aufgekauft und dient auch als Quelle für die Universal Search. Vor allem bei Suchanfragen nach Musikkünstlern oder Kurzvideos erscheinen zwei bis drei direkte Links zu YouTube-Videos in den Ergebnislisten. So zeigt Google bei der unter Katzenliebhabern und -liebhaberinnen beliebten Suche nach »Simon The Cat« direkt auf Platz 1 und damit vor der eigentlichen Website das Universal-Search-Ergebnis aus Abbildung 12.11 an.

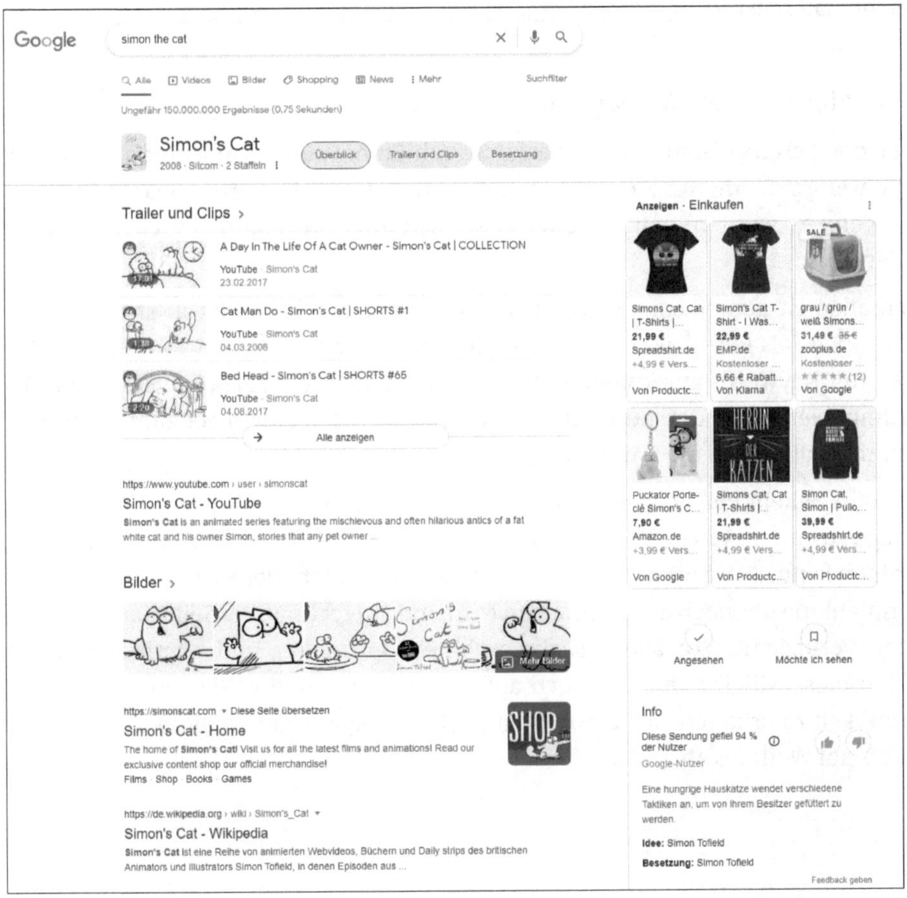

Abbildung 12.11 Bis auf den ersten Treffer erscheinen ausschließlich YouTube-Einbindungen als Universal-Search-Elemente.

Bislang konzentriert sich Google bei der Anzeige von Multimedia-Inhalten als Universal-Search-Element hauptsächlich auf YouTube. Sie sollten daher bei einer entsprechenden Optimierung dort Ihre Videos hinterlegen. Achten Sie dabei auf einen passenden Videotitel. Über Verweise, die mit dem entsprechenden Stichwort direkt einen Link auf die YouTube-Detailseite Ihres Videos setzen, können Sie die Bedeutung des Videos für eine entsprechende Suchanfrage noch unterstützen. Letztlich zählen auch hier erneut Anzahl und Qualität der Bewertungen. Da Google auf die Datenbasis von YouTube direkten Zugriff besitzt, können auch die Seitenabrufe, die LIKE-Bewertungen und weitere Details berücksichtigt werden. Sie sollten daher vor allem den Inhalt des Videos so gestalten, dass möglichst viele User dieses Video ansehen und bewerten. Genau dann wird Ihr Video mit großer Wahrscheinlichkeit auch in der Universal Search für die passenden Suchbegriffe erscheinen.

Doch auch die Einbindung eines Videos auf der eigenen Website kann zu einem erweiterten Suchergebnistreffer werden, wenn Sie die Videoeinbindung mittels Mikrodaten gemäß *schema.org* vornehmen.

12.2.6 Abgeschaltet: Weblogs und rel-Author

Neben den bereits genannten Universal-Search-Einbindungen existieren noch zahlreiche weitere Elemente aus der Vertical Search, die als Universal-Search-Einblendung genutzt werden, wurden oder sicherlich auch in Zukunft noch verwendet werden.

Ihnen allen ist gemeinsam, dass die Content-Anbieter die Daten in strukturierter Form – meist als RSS- bzw. XML-Feed – anbieten. Vor allem Weblogs werden bei Anfragen mit Keywords zu aktuellen Themen häufig angezeigt. Sie unterscheiden sich allerdings wenig von den normalen Ergebnistreffern. Bei einem genaueren Blick erkennt man allerdings die Datumsangabe.

Besonders beliebt bei Bloggern war die *rel-Author-Auszeichnung,* mithilfe derer man Beiträge zu einem Autor oder einer Autorin, der oder die bei Google+ registriert war, zuordnen kann. Diese wird nicht mehr unterstützt. Leider erlebe ich häufig, dass diese Empfehlung dennoch ausgesprochen wird und auf technischer Seite dann unnötig Kosten verursacht. Vor allem Suchmaschinen-Optimierer und -Optimiererinnen nutzten diese Möglichkeit, um auch auf niedrigeren Ranking-Plätzen eine höhere Sichtbarkeit zu erhalten (siehe Abbildung 12.12). Google schaltete diese Ansicht Ende 2014 bis auf Weiteres ab.

Abbildung 12.12 Die rel-Author-Nutzung gehört mitterweile zur Google-Geschichte. Sie hat sich für Google nicht bewährt.

12.2.7 Twitter

Eine Quelle, die alle Suchmaschinen aufgrund ihrer Aktualität sehr genau analysieren möchten, sind die Kurznachrichten des Mikroblogging-Dienstes Twitter (*www.twitter.com*). Die Anzeige dieser Nachrichten in Echtzeit wurde von Google 2010 erstmals getestet. Allerdings verlängerte Twitter den Vertrag 2011 nicht mehr, sodass Google lange Jahre nicht mehr an die Twitter-Daten kam. Seit 2015 erscheinen hin und wieder Twitter-Meldungen in den Ergebnislisten. Diese sind jedoch deutlich seltener als die Google-eigenen News-Meldungen.

12 Universal Search und strukturierte Daten

Abbildung 12.13 Tweets bei Google als Universal-Element

12.2.8 Rich Data Query

Für bestimmte Suchanfragen (*Querys*) liefert Google bereits Ergebnisse direkt in den Suchergebnissen. Diese Antworten werden entweder aktuell berechnet (wie z. B. der Sonnenuntergang, siehe Abbildung 12.14), oder es wird der tatsächliche Taschenrechner eingeblendet, oder die Daten stammen aus dem Knowledge Graph.

Abbildung 12.14 Anzeige des Sonnenuntergangs direkt in den SERPs

Stellen Sie sich vor, Sie betreiben ein Portal, das die Sonnenuntergangszeit berechnet. Nach der Einführung der Zeitanzeige direkt bei Google würden Sie deutlich weniger Traffic erhalten.

Ähnlich geht es sicherlich anderen Portalbetreibern im Bereich der Hotel- und Flugsuche. Google versucht immer stärker, die Antwort für eine Suchanfrage direkt auf der Suchergebnisseite anzuzeigen. Für die Website-Betreiber bedeutet das weniger Traffic, weniger Werbeeinnahmen und weniger Leads und Conversions.

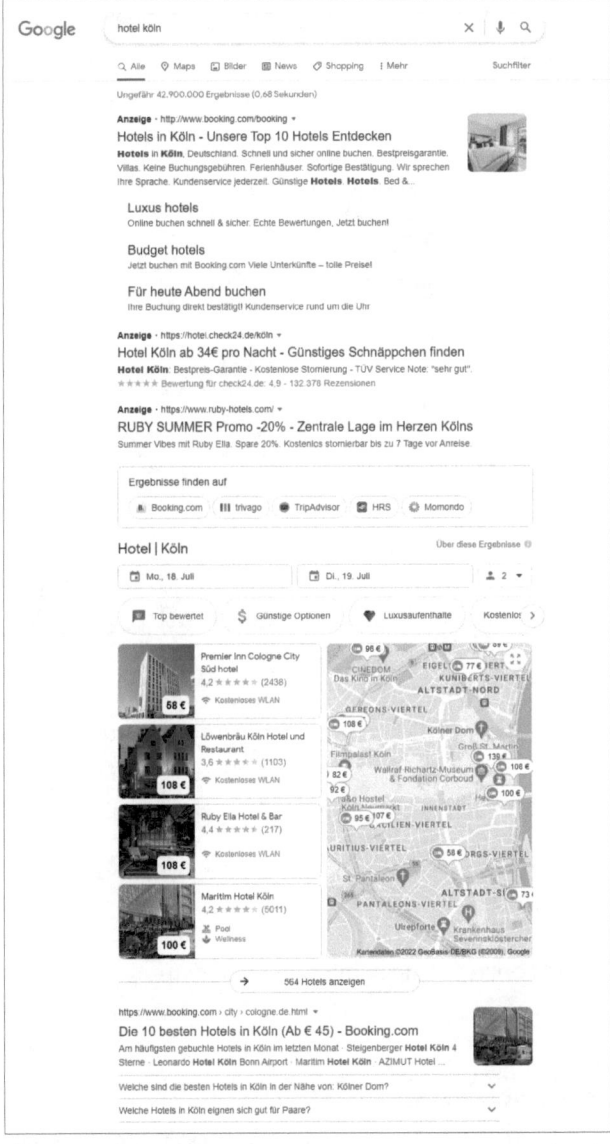

Abbildung 12.15 Die Suche nach einem Hotel zeigt erst weit unten den ersten organischen Treffer.

12.3 Google Knowledge Graph

Viele Suchanfragen sind reine Faktensuchen. Das heißt, es wird konkret nach einem bestimmten Datum, einer Größe oder einer anderen faktischen Angabe gesucht. »Wie alt ist Miley Cyrus?« ist eine natürlichsprachige Anfrage, die eine bestimmte Zahl als Ergebnis fordert.

Google antwortet auf solche Fragen mit dem eigenen Datenbestand, anstatt nur entsprechend passende Ergebnisse anzuzeigen und den Suchenden oder die Suchende dann auf diese zu verweisen. Abbildung 12.16 zeigt das Ergebnis dieser Suchanfrage.

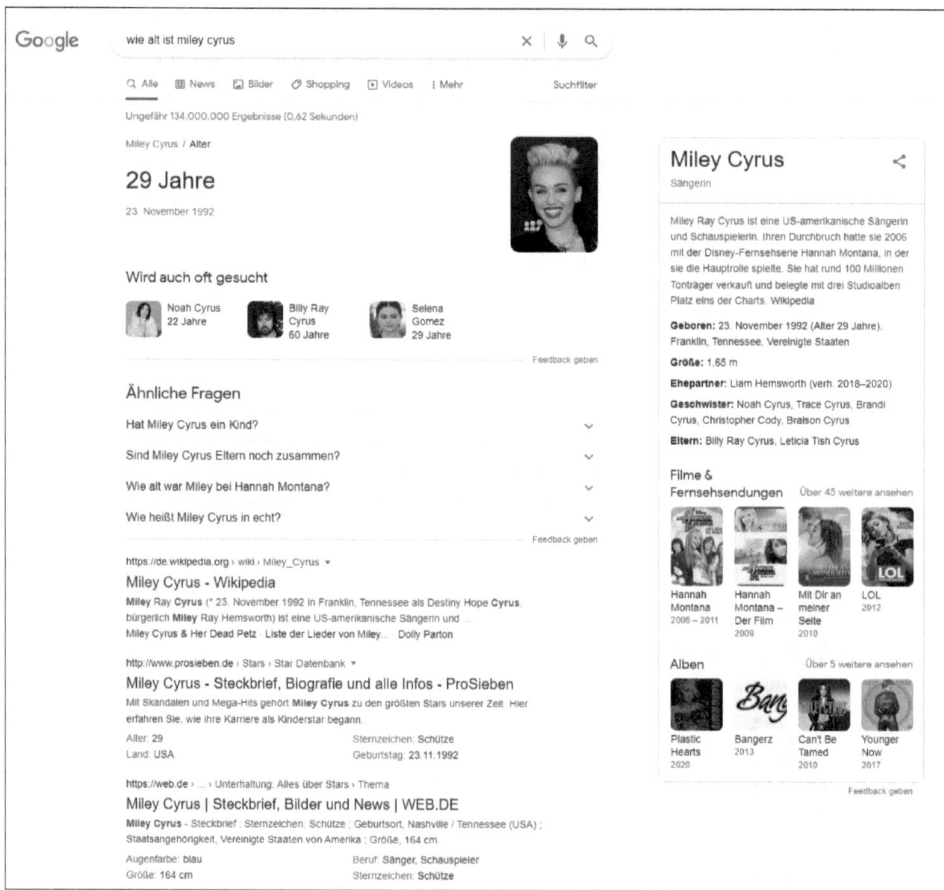

Abbildung 12.16 Google antwortet auf konkrete Fragen mit Daten aus dem Knowledge Graph.

12.3.1 Entitäten im semantischen Netzwerk

Im Dezember 2012 wurde die Anzeige der Knowledge-Daten auch in Google sichtbar. Zuvor war eine Menge Arbeit erforderlich, um zahlreiche Datenbestände semantisch miteinander zu verbinden. Nur so kann Google bestimmte Schauspieler und Schauspielerinnen Filmen und Fernsehsendungen zuordnen.

Sie können sich diese semantische Datenbank wie ein riesiges Netzwerk vorstellen. Das Netzwerk besitzt viele Einträge, sogenannte *Entitäten*. Entitäten können Personen, Orte, Filme, Ereignisse und anderes sein. Es geht hier um das Netz der Dinge, die miteinander verbunden sind. Und genau das macht den Knowledge Graph aus: Er verbindet die einzelnen Entitäten und stellt Beziehungen, sogenannte *Relationen*, zwischen ihnen her. Dabei bestehen viele Relationen zur Entität »Miley Cyrus«, etwa folgende:

- ist eine Schauspielerin
- ist eine Frau
- geboren am 23.11.1992
- ist 1,65 m groß
- spielte in »Hannah Montana« mit

Das Netzwerk ist enorm groß und eng verbunden. Die einzelnen Geburtstage, Filmnamen und andere Entitäten sind wiederum mit anderen Daten verbunden, sodass Google informative Verbindungen herstellen kann.

Für Google sind bestimmte Suchanfragen damit nicht mehr nur einfach Zeichenketten (Strings), sondern haben auch eine bestimmte Bedeutung (Things). Damit ist der erste Schritt »from strings to things« getan.

> **Praxistipp: Entwicklung beobachten**
>
> Auch wenn Ihnen vielleicht der Knowledge Graph hauptsächlich als Anzeigeelement in den SERPs begegnet, ist er doch viel mehr. Google versteht nun bestimmte Suchanfragen und erkennt bestimmte Muster viel besser. In dem Google-Patent »Search entity transition matrix and applications of the transition matrix« wird ersichtlich, dass es Google nicht nur um Personen oder andere Entitäten zur Anzeige geht, sondern dass die Qualität der Suche – und damit auch die Erkennung von Spam und anderen irreführenden Optimierungsversuchen – positiv beeinflusst werden soll. Beobachten Sie also die Entwicklung des Knowledge Graph genau. Die Suche entwickelt sich stetig weiter.

12.3.2 Datenherkunft und Datenmenge

Für eine Optimierung ist die Datenherkunft interessant. Wie können Sie bestimmte Entitäten in den Knowledge Graph einbringen? Es gibt derzeit kein direktes Vorschlageformular oder Ähnliches. Google bedient sich verschiedener Datenquellen, die sicherstellen, dass nur wirklich bedeutende Entitäten in den Knowledge Graph aufgenommen werden.

Die Entitäten und Relationen stammen von diversen Quellen. Laut Google-Angaben wurden u. a. folgende Quellen genutzt:

- CIA World Factbook
- Freebase
- Wikipedia bzw. Wikidata
- Verschiedene APIs
- Google Business Profile

Bereits in der ersten Version enthielt der Knowledge Graph über 570 Millionen Entitäten mit über 18 Milliarden Daten und Relationen. Die aktuelle Zahl ist nicht bekannt, vermutlich aber stetig steigend.

Für die eigene Optimierung, also letztlich die Aufnahme in den Knowledge Graph, sollten Sie sich vor allem auf die Aufnahme in Wikipedia konzentrieren. Die Relevanzkriterien hier sind klar definiert und in verschiedene Typen unterteilt.

Für ein allgemeines Wirtschaftsunternehmen gelten z. B. diese Aufnahmekriterien für einen enzyklopädischen Eintrag:

- Das Unternehmen muss mindestens 1.000 Vollzeitmitarbeiter und -mitarbeiterinnen haben oder
- einen Jahresumsatz von mehr als 100 Millionen € vorweisen oder
- mindestens 20 Betriebsstätten im Sinne von Art. 5 OECD-MA DBA besitzen (dabei sind eigene Zweigniederlassungen, Produktionsstandorte, Filialen und Ladengeschäfte eingeschlossen, nicht jedoch unabhängige Handelsvertreter oder Vertriebspartner) und dabei mindestens zwei der drei in § 267 Absatz 2 HGB bezeichneten Merkmale überschreiten oder
- an einer deutschen Börse im regulierten Markt oder in einem gleichwertigen Börsensegment in anderen Staaten gehandelt werden oder
- bei einer relevanten Produktgruppe oder Dienstleistung eine marktbeherrschende Stellung oder innovative Vorreiterrolle haben (unabhängige Quelle erforderlich) oder
- eines dieser Kriterien historisch erfüllen.

Nähere Informationen dazu finden Sie unter *https://de.wikipedia.org/wiki/Wikipedia:Relevanzkriterien*.

12.3.3 Knowledge Graph als Webmaster erweitern

Um Informationen, z. B. zur eigenen Unternehmenswebsite, strukturiert an Google zu übermitteln, kann man seit 2014 auch auf JSON-LD zurückgreifen.

Dies hat allerdings keinen direkten Einfluss mehr auf den Knowledge Graph. So gilt das Schema »Unternehmenskontakt« mittlerweile als veraltet:

```
<script type="application/ld+json">
 {
   "@context": "http://schema.org",
   "@type": "Organization",
   "url": "http://www.beispiel.de",
   "logo": "http://www.beispiel.de/bilder/logo.png"
 }
</script>
```

Listing 12.2 »schema.org« für Organization

Die einzigen Änderungen im Knowledge Graph kann man – wenn überhaupt – nur noch als Änderungsvorschlag einbringen. Hierzu gibt Google nähere Informationen unter *https://support.google.com/knowledgepanel/answer/7534842* (siehe Abbildung 12.17).

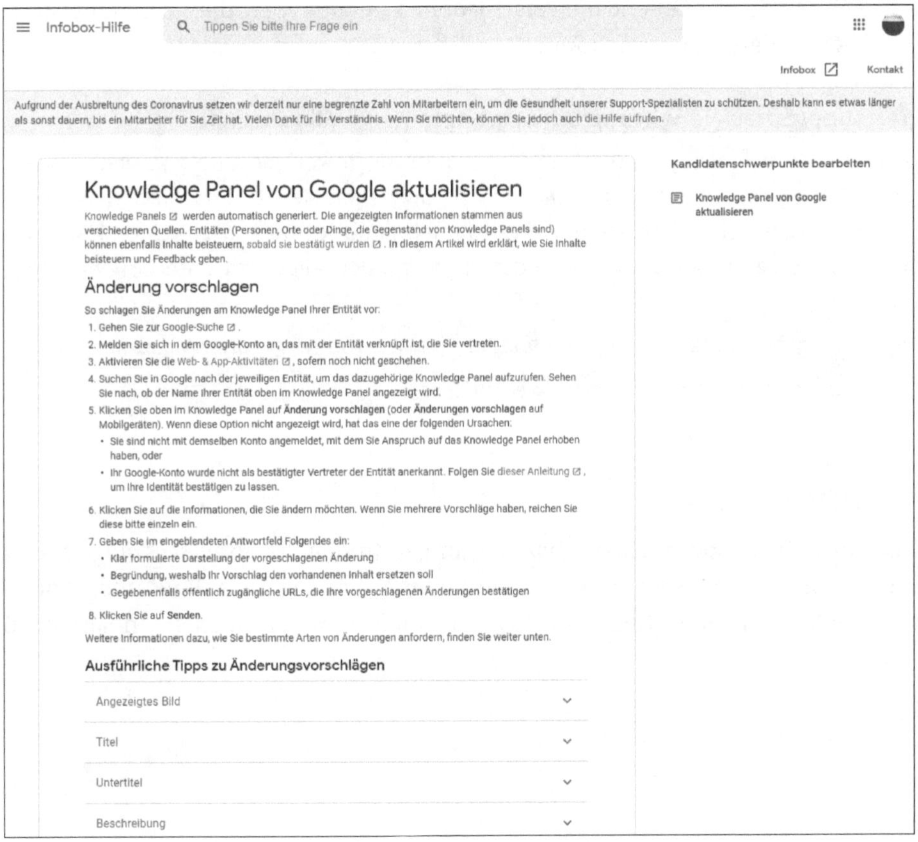

Abbildung 12.17 Änderungsantrag für den eigenen Knowledge Graph

12.4 Unterschiedliche Markup-Formate

Eine Mischform aus der Darstellung von normalen Texttreffern (Snippets) und der Universal Search sind die *Rich Snippets*. Die Algorithmen der Suchmaschinen extrahieren aus den Websites für den User interessante Informationen und stellen diese dann in den Ergebnistreffern dar.

Diese Extraktion funktioniert meist nur dann, wenn der Webautor oder die Webautorin eine Auszeichnung nach einem bestimmten Markup-Standard vorgesehen hat. Nur dann können Suchmaschinen Daten verstehen, aufbereiten und anschließend für die Ergebnisanzeige verwenden.

Die Auszeichnung von Informationen, die in den SERPs genutzt werden, erfolgt auf den jeweiligen Websites. Dabei gibt es grundsätzlich drei verschiedene Techniken, wie man strukturiert Daten auszeichnen kann.

Google selbst empfiehlt zur Auszeichnung der Daten das JSON-LD-Format. Jedoch akzeptiert und interpretiert Google auch die anderen geläufigen Formate, die Mikroformate und die RDFa-Auszeichnung. Ich stelle Ihnen zunächst die drei Formate vor und beschreibe dann anschließend die verschiedenen Inhaltstypen, die Sie für eine Suchergebnis-Optimierung nutzen können.

> **Praxistipp: Sprachverwirrung um Mikrodaten und Mikroformate**
>
> Wundern Sie sich nicht, wenn in der Praxis die Begriffe komplett unterschiedlich interpretiert werden. Wer kann sich auch schon genau den Unterschied zwischen Mikrodaten und Mikroformaten merken? Zunehmend werden unter beiden Namen immer die eigentlichen HTML-Mikrodaten verstanden, die auch unter *schema.org* spezifiziert sind.
>
> Als Gattungsbegriff tauchen immer wieder auch *Mikroformate* oder *Mikrodaten* auf. Damit ist dann die Sprachverwirrung komplett.

12.4.1 HTML-Mikrodaten

Die genauen Spezifikationen zu Auszeichnungen finden Sie unter *schema.org*. 2011 taten sich die großen Suchmaschinen-Anbieter Yahoo!, Google, Bing und Yandex zusammen und bieten seitdem einen Quasistandard für verschiedene Inhaltstypen an.

12.4 Unterschiedliche Markup-Formate

Die HTML-Mikrodaten-Spezifikation ist eine Erweiterung von HTML5. Nähere Informationen darüber finden Sie unter *https://html.spec.whatwg.org/multipage/*.

Diese Form der Spezifikation von Daten wurde von Google lange Zeit bevorzugt und dann schließlich von JSON-LD abgelöst. Die HTML-Mikrodaten befinden sich im Gegensatz zu JSON-LD im HTML-Body-Bereich.

Doch schauen wir uns zunächst einmal einen unstrukturierten Block in HTML an. Ein bloßer HTML-Block ohne semantische Bedeutung ist von Google nicht weiter interpretierbar:

```
<div>
  Mein Name ist Emil Erlhofer, aber die meisten Leute nennen mich Emil. Ich
  lese gerne online die
  <a href="http://www.wdrmaus.de">Maus</a>
  Ich lebe in Köln in NRW und arbeite als Redakteur bei der Firma Imaginos.
</div>
```

Listing 12.3 Nicht semantischer HTML-Quellcode

Fügt man nun eine Struktur mittels HTML-Mikrodaten hinzu, wird der HTML-Block plötzlich auch für Maschinen verständlich:

```
<div itemscope itemtype="http://data-vocabulary.org/Person">
  Mein Name ist <span itemprop="name">Emil Erlhofer</span>
   aber die meisten Leute nennen mich <span itemprop="nickname">Emil</span>.
   Ich lese gerne online die
  <a href="http://www.wdrmaus.de" itemprop="url">Maus</a>.
    Ich lebe in Köln in NRW und arbeite als <span itemprop="title">Redakteur
    </span>
    bei der Firma <span itemprop="affiliation">Imaginos</span>.
</div>
```

Listing 12.4 HTML, mit Mikrodaten angereichert

Die erste Zeile von Listing 12.4 gibt mit `itemscope` an, dass es sich um den Typ `Person` handelt (`http://data-vocabulary.org/Person`). Jede Eigenschaft dieser Person wird dann innerhalb des `<div>`-Containers mithilfe des `itemprop`-Attributs definiert. Die zur Verfügung stehenden Attribute sind unter *http://schema.org/Person* definiert (siehe Abbildung 12.18).

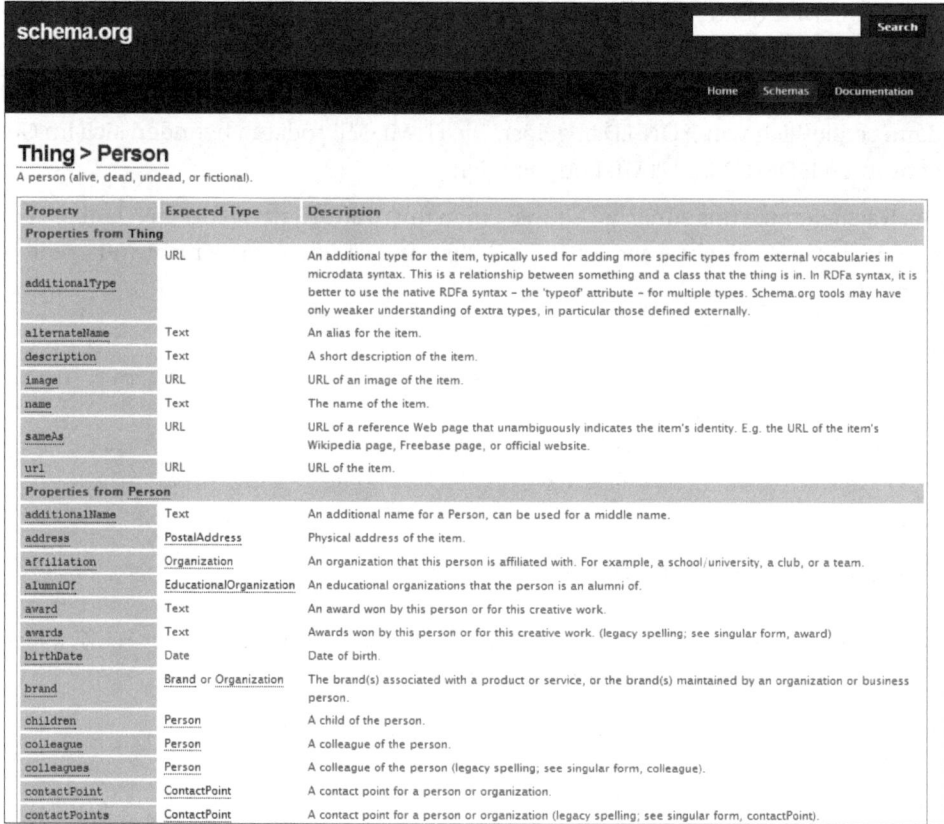

Abbildung 12.18 Informationen auf »schema.org« zum Typ »Person«

Mikroformate

Häufig werden HTML-Mikrodaten mit Mikroformaten verwechselt. Mikroformate haben für die Suchmaschinen-Optimierung allerdings keine weitere Bedeutung. Das Mikroformat *vCard* ist bei Kontaktdaten sehr beliebt. So können direkt im HTML-Quelltext bestimmte Inhalte spezifiziert werden:

```
<div class="vcard">
   Ich heiße
   <span class="fn">Sebastian Erlhofer</span>,
   meine Freunde nennen mich
   <span class="nickname">Sebastian</span>.
   Das ist meine Website:
<a href="http://www.mindshape.de" class="url">www.mindshape.de</a>.
   Ich lebe in
   <span class="adr">
      <span class="locality">Köln</span> in
```

```
    <span class="region">Nordrhein-Westfalen</span>
  </span>
  und arbeite als
  <span class="title">Suchmaschinen-Optimierer</span> bei der Firma
  <span class="org">mindshape</span>.
</div>
```

Listing 12.5 vCard in HTML

Die Informationen sind in der CSS-Klasse vcard mit einem <div>-Tag umschlossen. Innerhalb dieses spezifizierten <div>-Tags stehen dann die Spezifikationen zu einzelnen Angaben der Person, wie z. B. der Name (fn) oder Rufname (nickname). Wie gesagt, für Suchmaschinen ist dies keine offizielle Auszeichnung.

12.4.2 RDFa

RDFa steht für *Resource Description Framework (in) attributes*, also für eine Konvention, wie zusätzliche Informationen (Meta-Daten) zu bestehenden Inhalten in XHTML ergänzt werden können. RDFa ist dabei keine Erfindung von Google, sondern wurde vom W3C spezifiziert.

Das Ziel ist es laut W3C, der Vorstellung des sogenannten semantischen Web ein wenig näher zu kommen. Im semantischen Web sind alle Informationen strukturiert und liegen nicht als bloßer Text vor.

So kann mittels RDFa z. B. die Angabe zu einem Rezept so aufbereitet werden, dass Suchmaschinen verschiedene Attribute in der Ergebnisliste einblenden können.

Abbildung 12.19 Ein Rezept als Rich Snippet

Das Rezept enthält Bewertungen und Angaben zur Vorbereitungs- und Zubereitungszeit.

Ein unformatiertes Rezept sieht in HTML wie folgt aus:

```
<div>
   <h1>Großmutters Apfelkuchen für Festtage</h1>
   <img src="apfelkuchen.jpg"/>
   von Carol Smith
   Dies ist ein Rezept meiner Großmutter für einen Apfelkuchen.
```

12 Universal Search und strukturierte Daten

```
    Ich gebe gerne eine Prise Muskatnuss hinzu.
    4.0 Sterne auf der Grundlage von 35 Beurteilungen
    Vorbereitungszeit: 30 Minuten
    Garzeit: 1 Stunde
    Gesamtzeit: 1 Stunde, 30 Minuten
    Menge: Kuchen mit einem Durchmesser von 23 cm
    Kalorien pro Portion: 250
    Fett pro Portion: 12 g

    Zutaten:
    6 Tassen in dünne Scheiben geschnittene Äpfel
    3/4 Tasse Zucker
    ...
    Anweisungen:
    1. Schälen und schneiden Sie die Äpfel.
    2. Vermischen Sie Zucker und Zimt. Erhöhen Sie die Zuckermenge bei
    säuerlichen Äpfeln.
    ...
</div>
```

Listing 12.6 Unformatiertes Rezept in HTML

Als Mensch können Sie die einzelnen inhaltlichen Elemente wie z. B. die Zubereitungszeit und die Kalorienmenge auseinanderhalten. Suchmaschinen können dies nicht.

Mittels RDFa können Sie als Webautor oder -autorin den Suchmaschinen allerdings auf die Sprünge helfen. Schauen Sie sich diesen HTML-Code mit RDFa-Attributen einmal an:

```
<div xmlns:v="http://rdf.data-vocabulary.org/#" typeof="v:Recipe">
   <h1 property="v:name">Großmutters Apfelkuchen für Festtage</h1>
   <img src="apfelkuchen.jpg" rel="v:photo"/>
   Von <span property="v:author">Carol Smith</span>
   <span property="v:summary">Das ist ein Rezept meiner Großmutter
   für einen Apfelkuchen. Ich füge gerne eine Prise Muskatnuss hinzu.</span>
   <span rel="v:Review">
      <span typeof="v:Review-aggregate">
         <span rel="v:rating">
            <span typeof="v:Rating">
               <span property="v:average">4.0</span>
               Sterne auf der Grundlage von
               <span property="v:count">35</span> Beurteilungen
         </span>
```

```
      </span>
   </span>
 </span>
 Vorbereitungszeit: <span property="v:prepTime" content="PT30M">30 Minuten
</span>
 Garzeit: <span property="v:cookTime" content="PT1H">1 Stunde</span>
 Gesamtzeit: <span property="v:totalTime" content="PT1H30M">
 1 Stunde, 30 Minuten</span>
 Menge: <span property="v:yield">Kuchen mit einem Durchmesser von
 23 cm</span>
 Kalorien pro Portion: <span property="v:calories">250</span>
 Fett pro Portion: <span property="v:fat">12 g</span>

 Zutaten:
 <span rel="v:ingredient">
    <span typeof="v:Ingredient">
       In dünne Scheiben geschnittene <span property="v:name">
       Äpfel</span>:
       <span property="v:amount">6 Tassen</span>
    </span>
 </span>
 <span rel="v:ingredient">
    <span typeof="v:Ingredient">
       <span property="v:name">Zucker</span>:
       <span property="v:amount">3/4 Tasse</span>
    </span>
  </span>
  ...

 Anweisungen:
 <div property="v:instructions">
 1. Schälen und schneiden Sie die Äpfel.
 2. Vermischen Sie Zucker und Zimt. Erhöhen Sie die Zuckermenge bei
 säuerlichen Äpfeln.
    ...
   </div>
</div>
```

Listing 12.7 Rezept mit RDFa

Dieses Rezept kann von Suchmaschinen und allen anderen RDFa-kompatiblen Programmen verarbeitet werden. Die Zutaten sind nun durch die Attribute deutlich von den Kalorien unterscheidbar:

```
<span rel="v:ingredient">...</span>
<span property="v:calories">250</span>
```

12.4.3 JSON-LD

Bei JSON-LD handelt es sich um eine JavaScript-Notation, die in ein `<script>`-Tag im Seitenkopf oder -text eingebettet ist. Das Markup überlappt sich nicht mit dem für den Nutzer oder die Nutzerin sichtbaren Text. Verschachtelte Datenelemente wie das Land einer Postanschrift (`PostalAddress`) einer Musikspielstätte (`MusicVenue`) einer Veranstaltung können daher leichter ausgedrückt werden. Außerdem kann Google JSON-LD-Daten lesen, wenn sie dynamisch in die Inhalte der Seite eingefügt werden, beispielsweise durch JavaScript-Code oder eingebettete Widgets in Ihrem CMS (Content-Management-System).

Ein strukturiert ausgezeichnetes Rezept in JSON-LD sähe wie folgt aus:

```
<html>
  <head>
    <title>Omas Apfelkuchen</title>
    <script type="application/ld+json">
    {
      "@context": "https://schema.org/",
      "@type": "Recipe",
      "name": "Omas leckerer Apfelkuchen",
      "author": "Elaine Smith",
      "image": "http://images.edge-generalmills.com/56459281-6fe6-4d9d-984f-385c9488d824.jpg",
      "description": "Ein klassischer Apfelkuchen",
      "aggregateRating": {
        "@type": "AggregateRating",
        "ratingValue": "4",
        "reviewCount": "276",
        "bestRating": "5",
        "worstRating": "1"
      },
      "prepTime": "PT30M",
      "totalTime": "PT1H",
      "recipeYield": "8",
      "nutrition": {
        "@type": "NutritionInformation",
        "servingSize": "1 kleines Stück",
        "calories": "230 Kalorien",
        "fatContent": "1 g",
        "carbohydrateContent": "43 g"
```

```
    },
    "recipeIngredient": [
      "Kochen Sie das Wasser zunächst auf",
      "danach schneiden Sie 6 Äpfel in Stücke",
      "..."
    ],
    "recipeInstructions": [
      "1...",
      "2..."
    ]
  }
  </script>
 </head>
 <body>
 </body>
</html>
```

Listing 12.8 JSON-LD Rezeptauszeichnung

Google hat das RDFa-Format aus allen aktuellen Dokumentationen entfernt und empfiehlt den Einsatz von JSON-LD noch vor HTML-Mikrodaten. Insofern würde ich Ihnen ebenfalls empfehlen, bei neuen Projekten nicht mehr auf das RDFa-Format zu setzen, sondern stattdessen JSON-LD zu nutzen. Da dieses im Gegensatz zu HTML-Mikroformaten unabhängig von der HTML-Struktur im HTML-Kopf sitzt, ist es meist auch deutlich besser zu implementieren und für den dynamischen Einsatz mit JavaScript bestens geeignet.

12.5 Markup-Formate

Im Folgenden finden Sie die wichtigsten Markups, um die organischen Suchergebnisse anzureichern. Google nimmt regelmäßig neue Formate mit auf. Eine Liste finden Sie in der »Such-Galerie« unter *https://developers.google.com/search/docs/advanced/structured-data/search-gallery*.

12.5.1 Erfahrungsberichte und Bewertungen (Review)

Bei der Einführung der Rich Snippets zeigte Google vor allem Bewertungen und Tests von Produkten an. Mittlerweile stehen verschiedene andere Rich Snippets zur Verfügung. Die Erfahrungsberichte sind allerdings nach wie vor beliebt, da sie in eine Sternebewertung in den Ergebnistreffern münden. Diese Anzeigeform bringt deutlich mehr Sichtbarkeit Ihres Treffers.

Deswegen ist Google bei diesem Format besonders kritisch und gibt warnende Hinweise bei Missachtung der Richtlinien zur Einbindung:

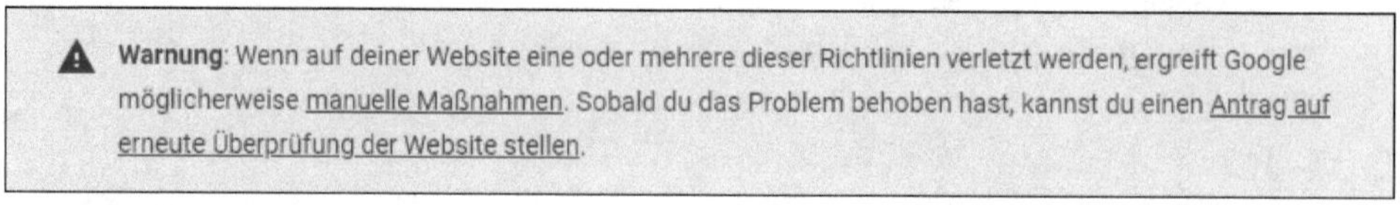

 Warnung: Wenn auf deiner Website eine oder mehrere dieser Richtlinien verletzt werden, ergreift Google möglicherweise manuelle Maßnahmen. Sobald du das Problem behoben hast, kannst du einen Antrag auf erneute Überprüfung der Website stellen.

Abbildung 12.20 Warnung von Google

Google gibt für die Einbindung von Erfahrungsberichten klare Richtlinien vor (Quelle: *https://developers.google.com/search/docs/advanced/structured-data/review-snippet?hl=de*), an die Sie sich unbedingt halten sollten. Ansonsten droht meistens keine Abstrafung, aber die Sternebewertungen aller Snippets Ihrer Domain werden seitens Google deaktiviert!

- Eine Gesamtbewertung eines Elements durch viele Personen sollten Sie in jedem Fall mit schema.org/AggregateRating auszeichnen. Google zeigt Gesamtbewertungen als Rich-Snippets oder – bei bestimmten Elementen – als Antworten in den Suchergebnissen an.
- Verweisen Sie konkret auf ein bestimmtes Produkt oder eine bestimmte Dienstleistung. Verschachteln Sie hierzu die Rezension im Markup eines anderen Schema.org-Typs wie schema.org/Book oder schema.org/Recipe. Sie können auch einen Schema.org-Typ als Wert für die Property itemReviewed verwenden.
- Achten Sie darauf, dass die Rezensionen und Bewertungen, die Sie mit Markup auszeichnen, für Nutzer und Nutzerinnen auf der mit Markup versehenen Seite leicht zugänglich sind. Nutzer und Nutzerinnen sollten sofort erkennen können, dass die Seite Rezensionsinhalte enthält. Versteckte Bewertungen sind also tabu.
- Geben Sie die Rezensionsinformationen nur zu einem bestimmten Element an, nicht zu einer Kategorie oder zu einer Liste mit mehreren Elementen. Es geht also beispielsweise um die Bewertung eines bestimmten Hotels, nicht der Top 10 aller Hotels in Köln.

Wenn sich das Rezensions-Snippet auf ein lokales Unternehmen bezieht, müssen Sie die folgenden zusätzlichen Richtlinien beachten:

- Seiten mit LocalBusiness oder anderen strukturierten Daten vom Typ Organization eignen sich nicht für eine Sternebewertung, wenn die jeweilige Organisation die Rezensionen über sich kontrolliert. Ein Beispiel: Eine Rezension der Organisation A wird entweder direkt in den strukturierten Daten der Website der Organisation A oder über ein eingebettetes Widget eines Drittanbieters platziert.

- Bewertungen müssen direkt von Nutzern und Nutzerinnen stammen.
- Lassen Sie Bewertungsinformationen für lokale Unternehmen nicht von menschlichen Redakteuren und Redakteurinnen erstellen, auswählen oder zusammenstellen, sondern verwenden Sie stattdessen strukturierte Daten für Kritikerrezensionen.
- Websites müssen Bewertungsinformationen direkt von Nutzern und Nutzerinnen erheben, nicht von anderen Websites.

Inwieweit alle Unternehmen mit der Auszeichnung ihrer Rezensionen wirklich alle Regeln einhalten, sei einmal dahingestellt. Wichtig ist hier festzuhalten, dass Google immer stärker die Einhaltung überprüft.

Google stellt das Rezensions-Snippet für folgende Inhaltstypen bereit:

- Buch
- Kurs
- Veranstaltung
- Anleitung
- Lokales Unternehmen
- Film
- Produkt
- Rezept
- Softwareanwendung

Aus dem Schema.org-Kosmos werden diese Typen unterstützt:

- CreativeWorkSeason
- CreativeWorkSeries
- Episode
- Game
- MediaObject
- MusicPlaylist
- MusicRecording
- Organization

Grundsätzlich unterscheidet man zwischen einzelnen Erfahrungsberichten und aggregierten Erfahrungsberichten, bei denen mehrere einzelne Erfahrungsberichte zusammengetragen werden.

Einzelne Rezension

Google erkennt die Daten eines einzelnen Erfahrungsberichts, die entweder per Mikrodaten, RDFa oder JSON-LD ausgezeichnet worden sind. Als Mikrodaten-Auszeichnung sähe dies wie folgt aus:

```html
<html>
  <head>
    <title>Restaurant Seezunge</title>
  </head>
  <body>
    <div itemscope itemtype="https://schema.org/Review">
      <div itemprop="itemReviewed" itemscope itemtype="https://schema.org/Restaurant">
        <img itemprop="image" src="https://example.com/photos/1x1/seafood-restaurant.jpg" alt="Legal Seafood"/>
        <span itemprop="name">Legal Seafood</span>
        <span itemprop="servesCuisine">Seafood</span>
        <span itemprop="priceRange">$$$</span>
        <span itemprop="telephone">1234567</span>
        <span itemprop="address">123 William St, New York</span>
      </div>
      <span itemprop="reviewRating" itemscope itemtype="https://schema.org/Rating">
        <span itemprop="ratingValue">4</span>
      </span> stars -
      <b>"<span itemprop="name">A good seafood place.</span>" </b>
      <span itemprop="author" itemscope itemtype="https://schema.org/Person">
        <span itemprop="name">Bob Smith</span>
      </span>
      <span itemprop="reviewBody">The seafood is great.</span>
      <div itemprop="publisher" itemscope itemtype="https://schema.org/Organization">
        <meta itemprop="name" content="Washington Times">
      </div>
    </div>
  </body>
</html>
```

Listing 12.9 Restaurant-Review mittels HTML-Mikrodaten

Die gleichwertige Auszeichnung im HTML-Kopf mittels JSON-LD ist etwas länger:

```html
<html>
  <head>
  <title>Restaurant Seezunge </title>
    <script type="application/ld+json">
    {
      "@context": "https://schema.org/",
      "@type": "Review",
      "itemReviewed": {
        "@type": "Restaurant",
        "image": "http://www.example.com/seafood-restaurant.jpg",
        "name": "Legal Seafood",
        "servesCuisine": "Seafood",
        "priceRange": "$$$",
        "telephone": "1234567",
        "address" :{
          "@type": "PostalAddress",
          "streetAddress": "123 William St",
          "addressLocality": "New York",
          "addressRegion": "NY",
          "postalCode": "10038",
          "addressCountry": "US"
        }
      },
      "reviewRating": {
        "@type": "Rating",
        "ratingValue": "4"
      },
      "name": "A good seafood place.",
      "author": {
        "@type": "Person",
        "name": "Bob Smith"
      },
      "reviewBody": "The seafood is great.",
      "publisher": {
        "@type": "Organization",
        "name": "Washington Times"
      }
    }
    </script>
  </head>
```

```
    <body>
    </body>
</html>
```

Listing 12.10 Review-Auszeichnung mittels JSON-LD

Aggregierte Rezensionen

Mehrere Erfahrungsberichte auf einer URL lassen sich auch unter Berücksichtigung der oben genannten Regeln zusammenfassen. Als JSON-LD sähe das so aus:

```
<html>
  <head>
    <title>Restaurant Seezunge</title>
    <script type="application/ld+json">
    {
      "@context": "https://schema.org/",
      "@type": "AggregateRating",
      "itemReviewed": {
        "@type": "Restaurant",
        "image": "http://www.example.com/seafood-restaurant.jpg",
        "name": "Legal Seafood",
        "servesCuisine": "Seafood",
        "telephone": "1234567",
        "address" : {
          "@type": "PostalAddress",
          "streetAddress": "123 William St",
          "addressLocality": "New York",
          "addressRegion": "NY",
          "postalCode": "10038",
          "addressCountry": "US"
        }
      },
      "ratingValue": "88",
      "bestRating": "100",
      "ratingCount": "20"
    }
    </script>
  </head>
  <body>
  </body>
</html>
```

Listing 12.11 Aggregierter Erfahrungsbericht

> **Praxistipp: SERP-Anzeige erst bei gewissem Vertrauen**
>
> Auch wenn Sie die Bewertungen korrekt auszeichnen: Google entscheidet selbst, ob und wann Sterne in den Ergebnissen angezeigt werden. Es kann durchaus sein, dass an einem Tag die Sternebewertung angezeigt wird und am nächsten Tag nicht mehr. Grundsätzlich muss Ihre Website zunächst über ein gewisses Vertrauen von Google verfügen, damit überhaupt die angebotenen Markup-Daten genutzt werden. Und Sie müssen die Regeln dieses Auszeichnungsformats wirklich korrekt einhalten.

Alle Informationen und Möglichkeiten der Verschachtelung von Rezensionen finden Sie unter *https://developers.google.com/search/docs/advanced/structured-data/review-snippet?hl=de*.

Artverwandt mit den Rezensionen sind andere Auszeichnungstypen wie etwa die »Kritikerrezension« für Unternehmen, Filme und Bücher.

12.5.2 Stellenausschreibung mit Google for Jobs (Jobposting)

Auch nutzergenerierte Bewertungen zu Arbeitgebern sind im »Employer Aggregate Rating« möglich. Diese und weitere Formate kamen mit der Einführung von Google for Jobs als Jobsuchmaschine auf.

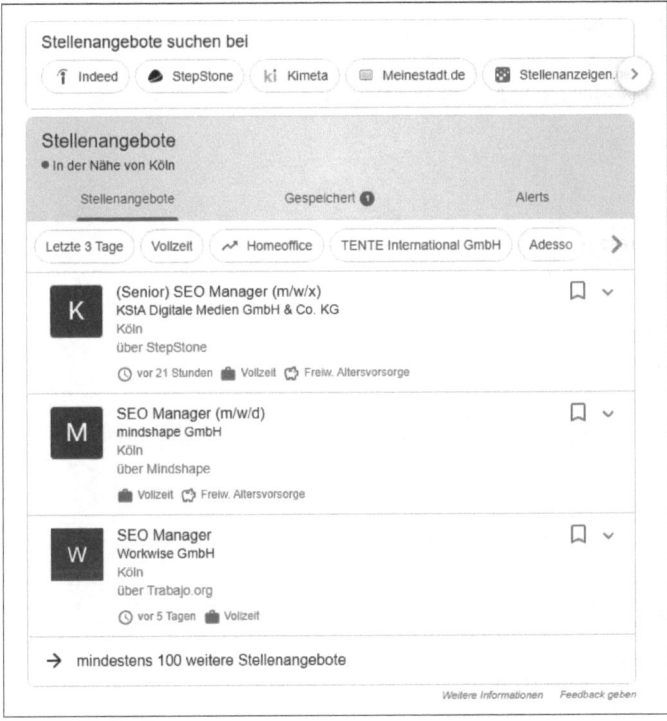

Abbildung 12.21 Universal-Element von Google for Jobs

Stellenausschreibungen können seit 2019 für Google ausgezeichnet werden und führen dann unter anderem zu Ergebnissen wie in Abbildung 12.21.

```html
<html>
  <head>
    <title>SEO-Consultant (m/w/d)</title>
    <script type="application/ld+json">
    {
      "@context" : "https://schema.org/",
      "@type" : "JobPosting",
      "title" : "SEO-Consultant (m/w/d)",
      "description" : "<p>[Jobbeschreibung hier]</p>",
      "identifier": {
        "@type": "PropertyValue",
        "name": "mindshape GmbH",
        "value": "1234567"
      },
      "datePosted" : "2021-01-18",
      "validThrough" : "2021-03-18T00:00",
      "employmentType" : "CONTRACTOR",
      "hiringOrganization" : {
        "@type" : "Organization",
        "name" : "mindshape GmbH",
        "sameAs" : "http://www.mindshape.de",
        "logo" : "http://www.mindshape.de/images/logo.png"
      },
      "jobLocation": {
      "@type": "Place",
        "address": {
        "@type": "PostalAddress",
        "streetAddress": "Bonner Straße 172",
        "addressLocality": ", Köln",
        "addressRegion": "NRW",
        "postalCode": "50968",
        "addressCountry": "DE"
        }
      },
     "baseSalary": {
        "@type": "MonetaryAmount",
        "currency": "EUR",
        "value": {
          "@type": "QuantitativeValue",
          "value": 40.00,
```

```
            "unitText": "HOUR"
          }
        }
      }
    </script>
  </head>
  <body>
  </body>
</html>
```

Listing 12.12 Stellenausschreibung als JSON-LD für einen SEO-Consultant

12.5.3 Produktauszeichnungen (Product)

Auch Produkte lassen sich auszeichnen und dabei u. a. Preise und Verfügbarkeit in den SERPs ausspielen.

Abbildung 12.22 Product-Markup in der SERP

Rich-Suchergebnisse zu Produkten vermitteln Nutzern und Nutzerinnen Informationen zu immer einem einzelnen bestimmten Produkt, z. B. Preis, Verfügbarkeit und ggf. auch Bewertungsergebnisse. Für das Produkt-Markup gelten die folgenden Richtlinien:

- Verwenden Sie das Markup für ein bestimmtes Produkt und nicht für eine Produktkategorie oder -liste. »Fahrräder in unserem Shop« ist beispielsweise kein bestimmtes Produkt.
- Nicht jugendfreie Produkte werden nicht unterstützt.
- Der Name des Rezensenten muss ein gültiger Name einer Person oder eines Teams sein. Beispiel: »Rainer Schmidt« oder »CNET-Rezensenten«. Dagegen wäre »50 % Rabatt am Black Friday« nicht gültig.

Damit Produktinformationen in Google Bilder angezeigt werden können, müssen die nachfolgenden Richtlinien für erforderliches Markup beachtet werden:

- Schließen Sie zum Einblenden der Produktinformationen in den Rich-Suchergebnissen von Google Bilder die folgenden Properties ein: name, image, *price* und *priceCurrency*.

- Wenn die Produktinformationen in der Funktion »Ähnliche Elemente« angezeigt werden sollen, geben Sie die folgenden Properties an: name, image, price, priceCurrency und availability.

Eine Produkt-Auszeichnung besteht aus den eigentlichen Informationen zum Produkt (wie Name und Marke) sowie entweder einem Angebot oder einer Angebotssammlung. Darüber hinaus lassen sich über die Auszeichnung auch weitere Informationen als Eigenschaften definieren, wie etwa die Kategorie, der Preis oder andere.

Die Produktauszeichnungen sind vielfältig, Sie sollten sich die Beschreibung von Google unter *https://developers.google.com/search/docs/data-types/product* genau durchsehen und sie umsetzen, sofern Sie Produkte anbieten, die auf die oben passenden Aufnahmekriterien passen.

Vor allem die Preisangaben erscheinen bei Google in den Suchergebnissen. Dabei können Sie auch die oben vorgestellten Bewertungen mit dem Produkt-Markup kombinieren, wie das Snippet aus Abbildung 12.23 zeigt.

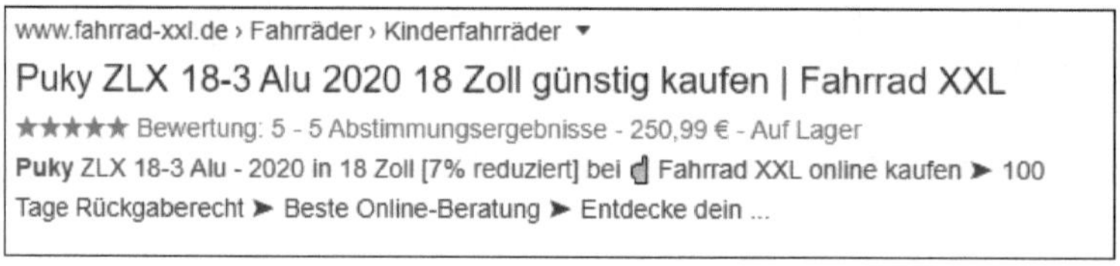

```
www.fahrrad-xxl.de › Fahrräder › Kinderfahrräder ▼
Puky ZLX 18-3 Alu 2020 18 Zoll günstig kaufen | Fahrrad XXL
★★★★★ Bewertung: 5 - 5 Abstimmungsergebnisse - 250,99 € - Auf Lager
Puky ZLX 18-3 Alu - 2020 in 18 Zoll [7% reduziert] bei 🚲 Fahrrad XXL online kaufen ➤ 100
Tage Rückgaberecht ➤ Beste Online-Beratung ➤ Entdecke dein ...
```

Abbildung 12.23 Kombination aus verschiedenen Quellen: gemischte Snippets mit Erfahrungsbericht und Produktauszeichnung mit Preis

Eine Seite mit einem einzelnen Produkt, also eine Produktdetailseite (PDS), würden Sie samt Bewertung wie folgt auszeichnen:

```
<html>
  <head>
    <title>Puky ZLX 13-8 Alu Fahrrad</title>
    <script type="application/ld+json">
    {
      "@context": "https://schema.org/",
      "@type": "Product",
      "name": "Puky ZLX 13-8 Alu Fahrrad",
      "image": [
        "https://example.com/photos/1x1/photo.jpg",
        "https://example.com/photos/4x3/photo.jpg",
        "https://example.com/photos/16x9/photo.jpg"
      ],
      "description": "[Beschreibung]",
      "sku": "0446310786",
```

```
      "mpn": "925872",
      "brand": {
        "@type": "Brand",
        "name": "ACME"
      },
      "review": {
        "@type": "Review",
        "reviewRating": {
          "@type": "Rating",
          "ratingValue": "4",
          "bestRating": "5"
        },
        "author": {
          "@type": "Person",
          "name": "Fred Benson"
        }
      },
      "aggregateRating": {
        "@type": "AggregateRating",
        "ratingValue": "4.4",
        "reviewCount": "89"
      },
      "offers": {
        "@type": "Offer",
        "url": "https://example.com/anvil",
        "priceCurrency": "EUR",
        "price": "119.99",
        "priceValidUntil": "2021-11-20",
        "itemCondition": "https://schema.org/UsedCondition",
        "availability": "https://schema.org/InStock",
        "seller": {
          "@type": "Organization",
          "name": "Executive Objects"
        }
      }
    }
    </script>
  </head>
  <body>
  </body>
</html>
```

Listing 12.13 Auszeichnung eines einzelnen Produkts mittels JSON-LD

12.5.4 Veranstaltungen und Seminare (Event)

Wenn Sie Seminare geben oder Veranstaltungen abhalten, dann können Sie diese ebenfalls strukturiert auszeichnen. Einzelne Seminartermine werden dann von Google in den SERPs angezeigt:

```
https://www.vdi-wissensforum.de › betriebssicherheitsv... ▼
Betriebssicherheitsverordnung (BetrSichV) in der Instandhaltung
Ablauf des Seminars "Betriebssicherheitsverordnung (BetrSichV) in der Instandhaltung" ·
Technische Regeln für Betriebssicherheit TRBS 1112 (Instandhaltung).
21. Juni - 22. Juni     Betriebssicherheitsverordn ...
13. Sept. - 14. Sept.   Betriebssicherheitsverord ...
29. Nov. - 30. Nov.     Betriebssicherheitsverordn ...
```

Abbildung 12.24 Eventauszeichnung in den Google-SERPs

Die Auszeichnung mittels JSON-LD für ein einzelnes Event ist wie folgt strukturiert:

```
<html>
  <head>
    <title>The Adventures of Kira and Morrison</title>
    <script type="application/ld+json">
    {
      "@context": "https://schema.org",
      "@type": "Event",
      "name": "The Adventures of Kira and Morrison",
      "startDate": "2025-07-21T19:00",
      "endDate": "2025-07-21T23:00",
      "eventAttendanceMode": "https://schema.org/OfflineEventAttendanceMode",
      "eventStatus": "https://schema.org/EventScheduled",
      "location": {
        "@type": "Place",
        "name": "Snickerpark Stadium",
        "address": {
          "@type": "PostalAddress",
          "streetAddress": "100 West Snickerpark Dr",
          "addressLocality": "Snickertown",
          "postalCode": "19019",
          "addressRegion": "PA",
          "addressCountry": "US"
        }
      },
      "image": [
        "https://example.com/photos/1x1/photo.jpg",
        "https://example.com/photos/4x3/photo.jpg",
```

```
            "https://example.com/photos/16x9/photo.jpg"
          ],
          "description": "The Adventures of Kira and Morrison is coming to
          Snickertown in a can't miss performance.",
          "offers": {
            "@type": "Offer",
            "url": "https://www.example.com/event_offer/12345_201803180430",
            "price": "30",
            "priceCurrency": "USD",
            "availability": "https://schema.org/InStock",
            "validFrom": "2024-05-21T12:00"
          },
          "performer": {
            "@type": "PerformingGroup",
            "name": "Kira and Morrison"
          }
        }
      </script>
    </head>
    <body>
    </body>
</html>
```

Listing 12.14 Auszeichnung mittels Events-Markup

Es lassen sich ebenfalls mehrere Termine eines Events schachteln, Online- wie Offline-Events vermischen und Aktualisierungen von Terminen anzeigen. Die Google-Dokumentation finden Sie unter *https://developers.google.com/search/docs/advanced/structured-data/event*.

12.5.5 Videos auszeichnen (Video)

Die Einbindung von Videos in Websites ist sehr beliebt, da die Bandbreiten auf Mobil- und Desktopgeräten mittlerweile ausreichend groß sind. Viele Website-Betreiber laden ihre Videos zunächst bei YouTube hoch und verbinden sie dann mit ihrer Website. Damit sparen sie sich Serverkosten und umgehen Performance- und Traffic-Limitierungen.

Wenn Sie die Videoeinbindung auf Ihrer Website mittels Markup kennzeichnen und das Video bei YouTube hochladen, zeigt Google eventuell ein Still des Videos bereits in den Ergebnislisten an. Da die Anzeige eines Videos bei manchen Suchanfragen von Google gewollt ist, können Sie vielleicht nur aufgrund einer Videoeinbindung um den einen oder anderen Ranking-Platz steigen. Früher wurden direkt auch die Do-

mains mit eingeblendet. Heute sieht man üblicherweise nur das YouTube-Portal selbst direkt mit Video (siehe Abbildung 12.25), nicht die einbettende Domain.

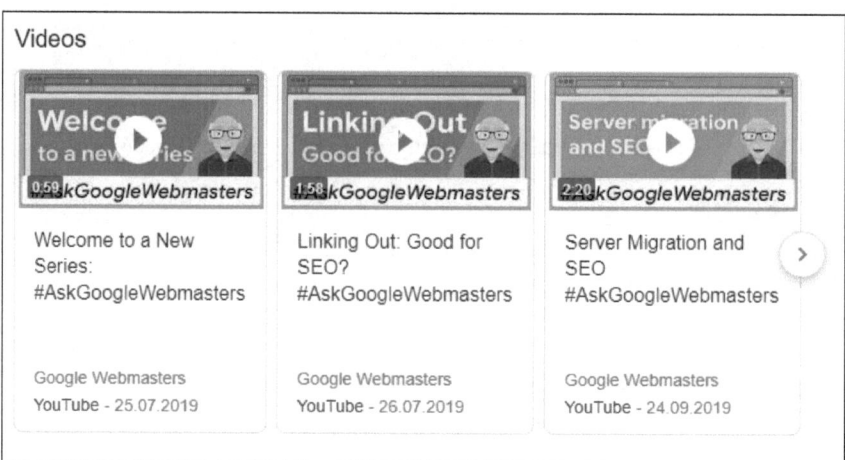

Abbildung 12.25 Video-Einblendungen bei Google

Zur Auszeichnung verwenden Sie das *VideoObject*-Format, das unter *schema.org/VideoObject* beschrieben ist. Achten Sie darauf, dass die Auszeichnung auch ohne JavaScript für den Crawler lesbar ist.

```
<html>
  <head>
    <title>Introducing the self-driving bicycle in the Netherlands</title>
    <script type="application/ld+json">
    {
      "@context": "https://schema.org",
      "@type": "VideoObject",
      "name": "Introducing the self-driving bicycle in the Netherlands",
      "description": "This spring, Google is introducing the self-driving
      bicycle in Amsterdam, the world's premier cycling city. The Dutch cycle
      more than any other nation in the world, almost 900 kilometres per year
      per person, amounting to over 15 billion kilometres annually. The self-
      driving bicycle enables safe navigation through the city for Amsterdam
      residents, and furthers Google's ambition to improve urban mobility with
      technology. Google Netherlands takes enormous pride in the fact that a
      Dutch team worked on this innovation that will have great impact in
      their home country.",
      "thumbnailUrl": [
        "https://example.com/photos/1x1/photo.jpg",
        "https://example.com/photos/4x3/photo.jpg",
        "https://example.com/photos/16x9/photo.jpg"
```

```
      ],
      "uploadDate": "2016-03-31T08:00:00+08:00",
      "duration": "PT1M54S",
      "contentUrl": "https://www.example.com/video/123/file.mp4",
      "embedUrl": "https://www.example.com/embed/123",
      "interactionStatistic": {
        "@type": "InteractionCounter",
        "interactionType": { "@type": "http://schema.org/WatchAction" },
        "userInteractionCount": 5647018
      }
    }
    </script>
  </head>
  <body>
  </body>
</html>
```

Listing 12.15 Video-Markup mittels JSON-LD

Nähere Details erfahren Sie bei Google unter *https://developers.google.com/search/docs/advanced/structured-data/video*.

Parallel dazu empfiehlt Google auch den Einsatz einer Video-Sitemap. Vor allem wenn Sie mehrere Videos zur Verfügung stellen, sollten Sie den Einsatz einer Video-Sitemap prüfen:

```
<urlset xmlns="http://www.sitemaps.org/schemas/sitemap/0.9"
        xmlns:video="http://www.google.com/schemas/sitemap-video/1.1">
  <url>
    <loc>http://www.example.com/videos/some_video_landing_page.html</loc>
    <video:video>
      <video:thumbnail_loc>http://www.example.com/thumbs/123.jpg
      </video:thumbnail_loc>
      <video:title>Grilling steaks for summer</video:title>
      <video:description>Alkis shows you how to get perfectly done steaks
      everytime</video:description>
      <video:content_loc>
        http://streamserver.example.com/video123.mp4</video:content_loc>
      <video:player_loc>
        http://www.example.com/videoplayer.php?video=123</video:player_loc>
      <video:duration>600</video:duration>
      <video:expiration_date>2021-11-05T19:20:30+08:00</video:expiration_date>
      <video:rating>4.2</video:rating>
```

```
            <video:view_count>12345</video:view_count>
            <video:publication_date>2007-11-05T19:20:30+08:00</video:publication_
            date>
            <video:family_friendly>yes</video:family_friendly>
            <video:restriction relationship="allow">IE GB US CA</video:restriction>
            <video:price currency="EUR">1.99</video:price>
            <video:requires_subscription>yes</video:requires_subscription>
            <video:uploader info="http://www.example.com/users/
            grillymcgrillerson">GrillyMcGrillerson
            </video:uploader>
            <video:live>no</video:live>
        </video:video>
    </url>
</urlset>
```

Listing 12.16 Googles Beispiel für eine Video-Sitemap, mit der man mehrere Videos an den Google-Index übermitteln kann

Näheres dazu finden Sie unter *https://developers.google.com/search/docs/advanced/sitemaps/video-sitemaps*.

12.5.6 Breadcrumbs (Navigationspfad)

Besonders interessant ist bei der Verwendung von Rich Snippets die Aufnahme der Breadcrumb-Navigation durch Google (siehe Abbildung 12.26). Vor allem die URL wird in den Ergebnislisten bei den meisten Websites gern als Breadcrumb-Navigation dargestellt, um längere URLs übersichtlicher zu gliedern.

```
www.mindshape.de › mindshape › Jobs bei mindshape ▼
Webentwicklungs-Jobs in Köln | mindshape
In unserer Entwickler-Unit konziperst du Lösungen für TYPO3 und setzt diese um.  ☑ MacBook
Pro  ☑ Vollzeit  ☑ Work-Life-Balance  ☑ Weiterbildung inkl.
```

Abbildung 12.26 Breadcrumbs im Ergebnistreffer

Die Suchmaschinen erkennen die Breadcrumb-Navigation auf den Seiten teilweise selbstständig. So würde eine Breadcrumb-Navigation ohne Meta-Daten im HTML-Quellcode aussehen:

```
<a href="http://www.mindshape.de/">Home</a>
<a href="http://www.mindshape.de/mindshape/">mindshape</a>
<a href="http://www.mindshape.de/mindshape/jobs/">Jobs</a>
```

Listing 12.17 Breadcrumb-Navigation ohne RDFa-Meta-Daten

Mithilfe eines JSON-Codes können Sie jedoch enorme Unterstützung bieten, sodass eine Breadcrumb-Navigation als solche erkannt wird:

```
<html>
  <head>
    <title>Seitentitel</title>
    <script type="application/ld+json">
    {
      "@context": "https://schema.org",
      "@type": "BreadcrumbList",
      "itemListElement": [{
        "@type": "ListItem",
        "position": 1,
        "name": "Home",
        "item": "https://www.mindshape.de "
      },{
        "@type": "ListItem",
        "position": 2,
        "name": "mindshape",
        "item": "https://www.mindshape.de/mindshape/"
      },{
        "@type": "ListItem",
        "position": 3,
        "name": "Jobs bei mindshape",
        "item": "https://www.mindshape.de/mindshape/jobs"
      }
      ]
    }
    </script>
  </head>
  <body>
    [HTML-Body]
  </body>
</html>
```

Listing 12.18 Breadcrumb-Navigation mit RDFa-Meta-Daten

Der Vorteil der Breadcrumb-Anzeige bei Google und anderen Suchmaschinen ist vor allem die deutlich bessere Lesbarkeit gegenüber einer verkürzten URL. Ein direkter Vergleich macht dies sofort deutlich:

1. *www.apple.com > Press Info*
2. *http://www.apple.com/pr/bios/jobs.html*

Außerdem ist nicht die gesamte Breadcrumb-Navigation sensitiv, sondern jede einzelne Ebene. Das bedeutet, dass der oder die Suchende auch kurzfristig auf eine höhere Ebene innerhalb der Seite direkt über den Ergebnistreffer zugreifen kann.

12.5.7 Frequently Asked Questions (FAQPage)

Ein ebenfalls sehr beliebtes Format sind FAQs in den SERPs, denn sie vergrößern den Platz, den ein Snippet einnimmt, enorm.

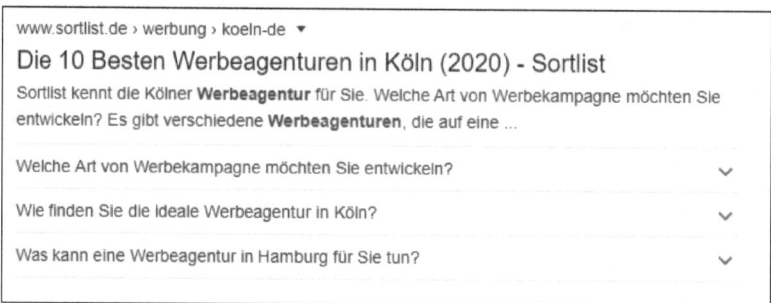

Abbildung 12.27 FAQ-Snippet

Dazu müssen einzelne Fragen und Antworten jeweils ausgezeichnet werden. Dies kann entweder als JSON-LD oder als HTML-Mikroformat geschehen. Da häufig die Fragen und Antworten ohnehin gleichförmig auf einer Website stehen, eignet sich hier das HTML-Mikroformat aus Effizienzgründen oftmals besser:

```
<html itemscope itemtype="https://schema.org/FAQPage">
<head>
  <title>Example Site - Frequently Asked Questions(FAQ)</title>
    </head>
<body>
  <div itemscope itemprop="mainEntity" itemtype="https://schema.org/Question">
    <h3 itemprop="name">What is the return policy?</h3>
    <div itemscope itemprop="acceptedAnswer" itemtype="https://schema.org/Answer">
      <div itemprop="text">
        Most unopened items in new condition and returned within <strong>90 days</strong> will receive a refund or exchange. Some items have a modified return policy noted on the receipt or packing slip. Items that are opened or damaged or do not have a receipt may be denied a refund or exchange. Items purchased online or in-store may be returned to any store.
        <br /><p>Online purchases may be returned via a major parcel carrier. <a href="http://example.com/returns"> Click here </a> to initiate a return.
```

```html
    </p>
      </div>
    </div>
  </div>
  <div itemscope itemprop="mainEntity" itemtype="https://schema.org/Question">
    <h3 itemprop="name">How long does it take to process a refund?</h3>
    <div itemscope itemprop="acceptedAnswer" itemtype="https://schema.org/Answer">
      <div itemprop="text">
        We will reimburse you for returned items in the same way you paid for them. For example, any amounts deducted from a gift card will be credited back to a gift card. For returns by mail, once we receive your return, we will process it within 4-5 business days. It may take up to 7 days after we process the return to reflect in your account, depending on your financial institution's processing time.
      </div>
    </div>
</div>
<div itemscope itemprop="mainEntity" itemtype="https://schema.org/Question">
   <h3 itemprop="name">What is the policy for late/non-delivery of items ordered online?</h3>
   <div itemscope itemprop="acceptedAnswer" itemtype="https://schema.org/Answer">
     <div itemprop="text">
       Our local teams work diligently to make sure that your order arrives on time, within our normal delivery hours of 9AM to 8PM in the recipient's time zone. During busy holiday periods like Christmas, Valentine's and Mother's Day, we may extend our delivery hours before 9AM and after 8PM to ensure that all gifts are delivered on time. If for any reason your gift does not arrive on time, our dedicated Customer Service agents will do everything they can to help successfully resolve your issue.
         <br/> <p><a href="https://example.com/orders/">Click here</a> to complete the form with your order-related question(s).</p>
     </div>
   </div>
</div>
<div itemscope itemprop="mainEntity" itemtype="https://schema.org/Question">
   <h3 itemprop="name">When will my credit card be charged?</h3>
   <div itemscope itemprop="acceptedAnswer" itemtype="https://schema.org/Answer">
     <div itemprop="text">
       We'll attempt to securely charge your credit card at the point of purchase online. If there's a problem, you'll be notified on the spot and
```

```
prompted to use another card. Once we receive verification of sufficient
funds, your payment will be completed and transferred securely to us. Your
account will be charged in 24 to 48 hours.
      </div>
    </div>
  </div>
  <div itemscope itemprop="mainEntity" itemtype="https://schema.org/Question">
    <h3 itemprop="name">Will I be charged sales tax for online orders?</h3>
    <div itemscope itemprop="acceptedAnswer" itemtype="https://schema.org/
Answer">
      <div itemprop="text">
        Local and State sales tax will be collected if your recipient's mailing
        address is in:
        <ul>
          <li>Arizona</li>
          <li>California</li>
          <li>Colorado</li>
        </ul>
      </div>
    </div>
  </div>
  </body>
</html>
```

Listing 12.19 FAQ als HTML-Mikroformat

Innerhalb der Antworten kann auch mit normalen HTML-Tags gearbeitet werden.

12.5.8 Sonstige Mikrodaten (Rezepte, Veranstaltungen, Musik etc.)

Neben den genannten Inhaltstypen steht noch eine Reihe weiterer zur Verfügung. So können Sie Rezepte, Apps, Anleitungen, Filme oder Musik für Google auszeichnen. Alle Angaben münden in spezielle Darstellungen in den Google-Suchergebnissen.

Da Google die Inhaltstypen regelmäßig erweitert, lohnt sich für diese und andere Formate ein Blick in die Hilfeseite von Google unter *https://developers.google.com/search/docs/advanced/structured-data/search-gallery*.

Beachten Sie beim Einsatz aller Snippet-Varianten die Nutzungsrichtlinien (siehe Abbildung 12.28). Diese sind ausführlich unter *https://developers.google.com/search/docs/advanced/structured-data/sd-policies* zu finden.

Im Wesentlichen müssen Sie vor allem eins sein: ehrlich. Ansonsten kann es durchaus sein, dass jemand Sie meldet und Google die Anzeige von Snippets bei Ihnen domainweit sperrt. Aus einer solchen Sperrung wieder herauszukommen, ist dann sehr

12.5 Markup-Formate

schwer. Achten Sie bei einzelnen Snippets (z. B. für Produkt-Reviews oder Events usw.) auf die jeweils speziellen Bedingungen. Dort erfahren Sie genau, was zulässig ist und was nicht.

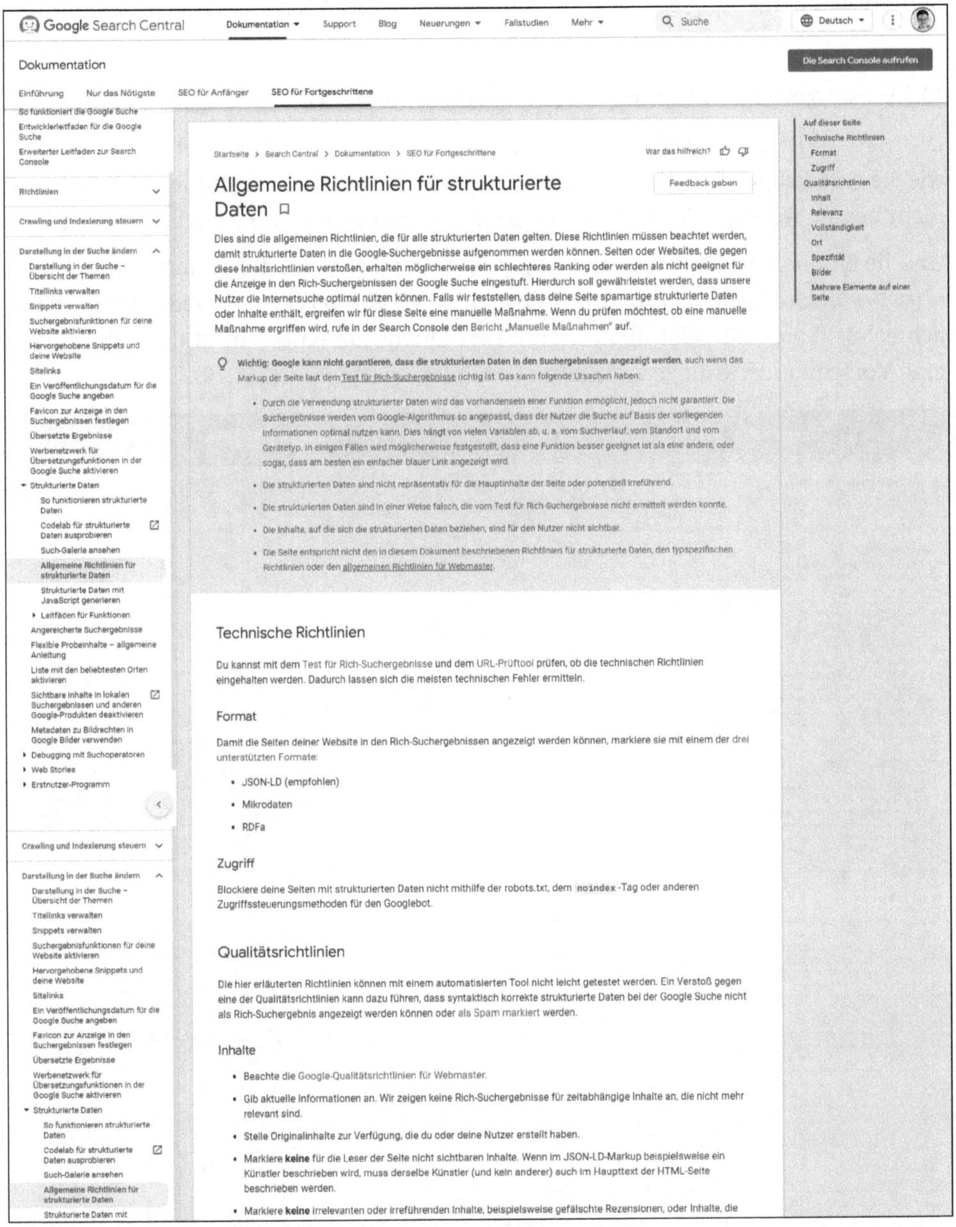

Abbildung 12.28 Google erklärt ausführlich die Nutzungsbedingungen für Snippets.

Sie sollten nach Möglichkeit immer alle für Sie sinnvollen Markup-Daten nutzen, damit Google Ihre Daten auffälliger in den Suchergebnissen anzeigen kann – auch wenn

das bedeutet, dass Sie damit Google strukturierte Daten an die Hand geben und theoretisch die Möglichkeit besteht, dass Google diese auch direkt auf der Ergebnisseite anzeigt, ohne auf Sie verweisen zu müssen. Derzeit ist der Gewinn durch die prominentere Hervorhebung dem Risiko allerdings noch deutlich vorzuziehen.

12.5.9 Korrekte Einbindung testen mit dem Test-Tool

Die Markup-Formate sind für Google zwar besser lesbar, für Menschen allerdings – wie Sie gerade beim Lesen der Codezeilen gemerkt haben – nicht unbedingt. Das wird nicht besser, wenn die Markup-Formate sehr komplex und verschachtelt werden.

Um die Einbindung zu testen, hat Google ein Test-Tool für strukturierte Daten unter *https://validator.schema.org/* bereitgestellt. Hier können Sie entweder eine öffentlich erreichbare URL oder direkt den HTML-Quellcode eingeben und erhalten dann eine Vorschau sowie die extrahierten Daten (siehe Abbildung 12.29).

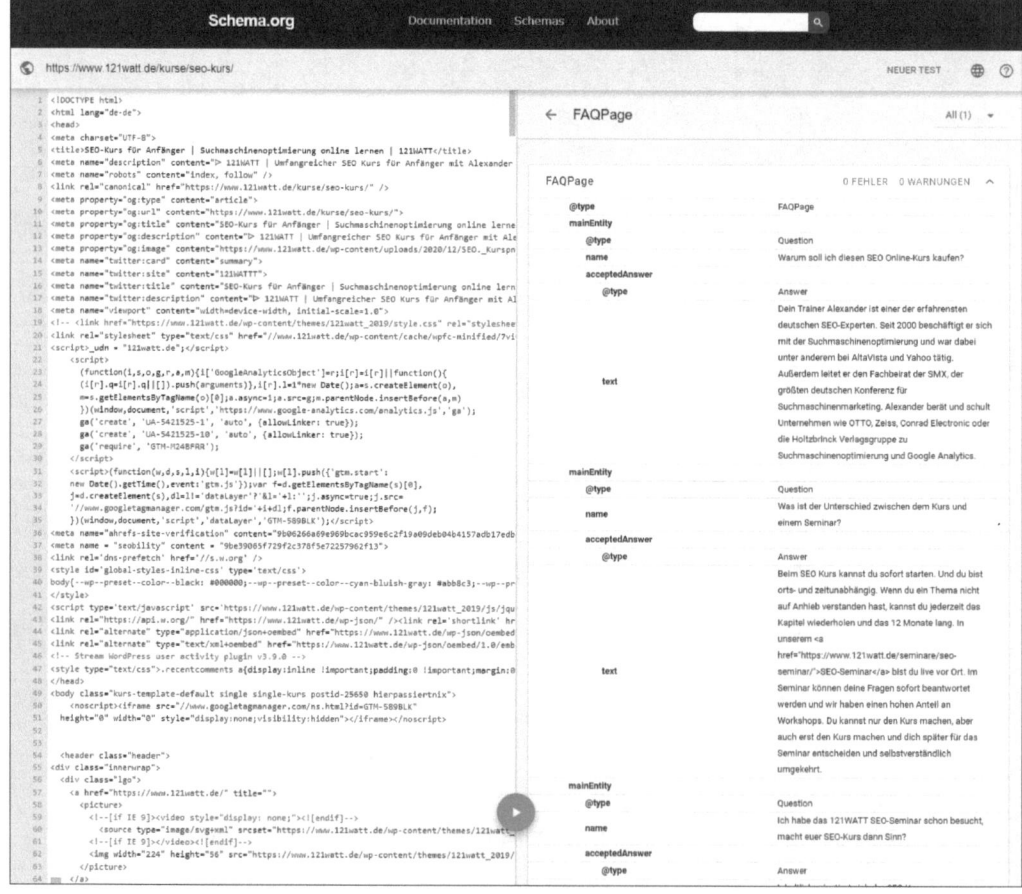

Abbildung 12.29 Mit dem Test-Tool für strukturierte Daten prüfen Sie die korrekte Einbindung Ihrer Markups.

12.6 Typologie der Google-Ergebnisse

Die Fehlermeldungen sind leider oftmals etwas kryptisch, aber immerhin werden sie angezeigt, und Sie können sich dann an die Beseitigung der Fehler machen.

Eine Alternative für das »Testtool für strukturierte Daten« ist das Tool »Test für Rich-Suchergebnisse« unter *https://search.google.com/test/rich-results*. Dieses befindet sich allerdings (gefühlt) in einer ewigen Beta. Es ermöglicht allerdings unter VORSCHAU DER ERGEBNISSE ANZEIGEN für bestimmte Schemata, sich konkret die Beispiele anzusehen. Hier lohnt ein Blick also allemal (siehe Abbildung 12.30).

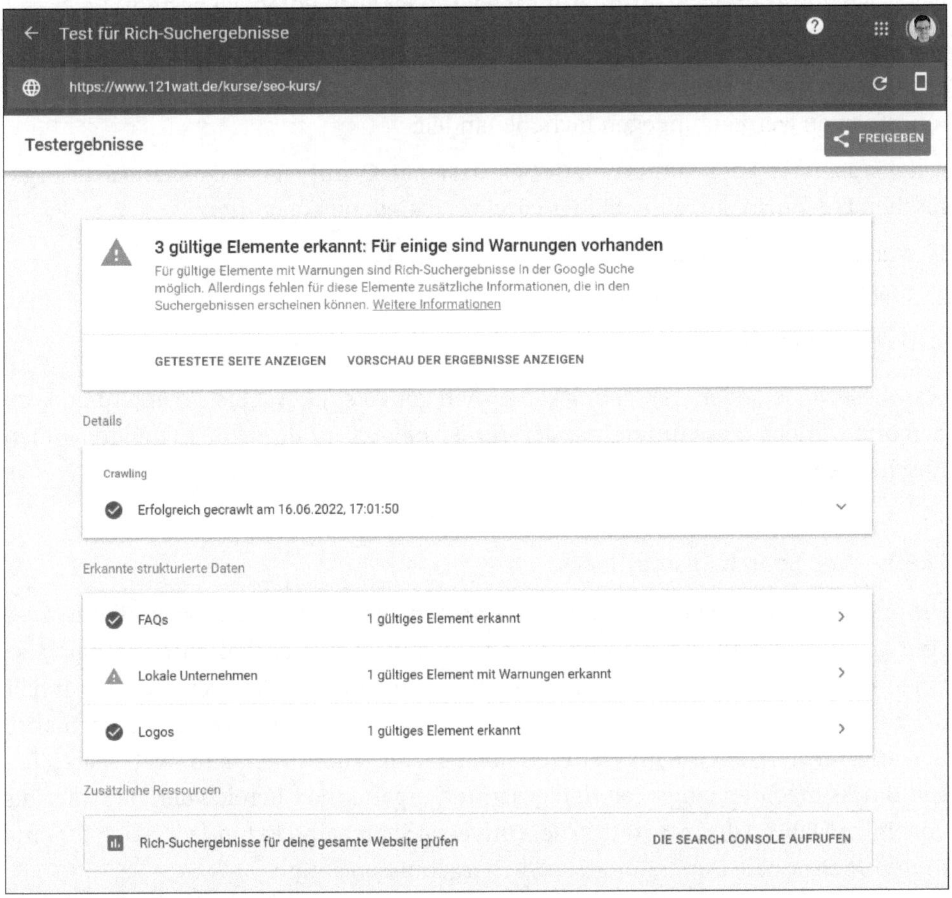

Abbildung 12.30 Das Rich-Results-Tools erlaubt auch die Vorschau.

12.6 Typologie der Google-Ergebnisse

In der Kommunikation zwischen Suchmaschinen-Optimierer oder -Optimiererin und Kunde und auch unter Suchmaschinen-Optimierern und -Optimiererinnen selbst gibt es immer wieder Unklarheiten, welches SERP-Element speziell bei Google

man nun meint. Hier geistert häufig der Begriff *Onebox* umher – eine terminologische Krücke, um Suchergebnisse zu beschreiben, die sich in einem Rahmen befinden.

Mein Kollege Malte Müller und ich haben uns intensiv mit dem Thema auseinandergesetzt und eine Typologie von Google-Suchergebnissen entworfen. Wir geben dabei keine Garantie auf Vollständigkeit, und Google ändert regelmäßig die Ansichten und bringt ebenso regelmäßig neue heraus. Aber es hilft definitiv, wenn Sie sich einmal über alle Anzeigeformen bei Google ausführlich Gedanken machen und dabei überlegen, wo für Ihr Projekt Optimierungsbedarf oder auch Potenzial besteht.

Die folgenden Erläuterungen beziehen sich dabei ausschließlich auf organische Ergebnisformate bei Google. Google Ads oder andere daraus resultierende Darstellungsformen werden hingegen nicht behandelt.

Auf der obersten Ebene unterteilt Google in seinen Quality Rater Guidelines die organischen Ergebnisse auf einer SERP in drei verschiedene Kategorien[1]:

1. Web Search Result Block
2. Special Content Result Block
3. Device Action Result Block

Was diese verschiedenen Ergebniskategorien genau sind, wie Sie sie erkennen können und wie sich diese untereinander unterscheiden, erfahren Sie in den folgenden Abschnitten.

12.6.1 Web Search Result Blocks

Die erste Art von Ergebnissen sind die sogenannten *Web Search Result Blocks*. Dies sind gewissermaßen die ursprünglichen Ergebnisse. Sie enthalten typischerweise einen verlinkenden Titel, eine URL und einen Textauszug (Snippet), der den Inhalt der zugehörigen Webseite beschreibt. Oftmals sind sie mit zusätzlichen Informationen angereichert, auf die im Weiteren noch Bezug genommen wird. Web Search Result Blocks machten lange Zeit den gesamten organischen Bereich der SERP aus, bis vor einigen Jahren die Integration der Universal Search und Extended Search für eine multidimensionale Darstellung von Suchergebnissen sorgte.

12.6.2 Basic Results

Innerhalb der *Web Search Result Blocks* sind wiederum verschiedene Darstellungsformate zu unterscheiden. Die häufigste Art von Ergebnissen in dieser Kategorie wird

---

[1] Quelle: *https://static.googleusercontent.com/media/guidelines.raterhub.com/de//searchquality-evaluatorguidelines.pdf*, Seite 80–85

von Google als *Basic Result* bezeichnet. Diese sind in der Branche auch als *Blue Links* (Blaue Links) bekannt und stehen für die rudimentärste Ergebnisanzeige, welche ausschließlich aus einem Titel, einer URL und einem Textauszug besteht.

> www.mindshape.de ▼
> **Internetagentur mindshape in Köln**
> Rundum funktionierende Websites nach aktuellen Maßstäben von erfahrener Agentur: Ihr Partner für Konzeption, Erstellung & Optimierung Ihrer Website.

Abbildung 12.31 Basic Result mit den wohlbekannten Elementen

Dabei werden Titel und Beschreibung häufig aus den entsprechenden Meta-Tags der Website gezogen. Stimmen die hinterlegten Meta-Daten für Google jedoch nicht mit der Suchanfrage überein, können auch eigenständig durch den Algorithmus generierte Results auf der SERP ausgegeben werden.

12.6.3 Rich Results/Enriched Search Results

Von diesen *Blue Links* zu unterscheiden sind erweiterte Darstellungsformate innerhalb der *Web Search Result Blocks*, welche Google in ihrer Dokumentation je nach Ausprägung als *Rich Results* oder *Enriched Search Results* bezeichnet. Diese »reichen« Suchergebnisse zeichnen sich dadurch aus, dass sie zusätzlich zu den drei Bestandteilen (Titel, URL, Beschreibung) noch weitere Inhalte umfassen und eventuell anders aufbereitet sind, aber dennoch ein Web Search Result darstellen.

Rich Results

Rich Results sind Ihnen vielleicht besser unter ihrer früheren Bezeichnung *Rich Snippets* bekannt, die im vorherigen Kapitel besprochen wurden. Google hat hier die Bezeichnung geändert. Rich Results enthalten zusätzlich zu den drei Kernelementen eines Snippets (Titel, URL, Beschreibung) noch weitere Informationen, die normalerweise auf eine Auszeichnung mit einem bestimmten Markup zurückzuführen sind. Dabei kann es sich beispielsweise um Bewertungen und daraus resultierende Sternchen handeln.

> www.wbs-law.de › abmahncheck ▼
> **Abmahncheck - Webseite jetzt online prüfen lassen**
> ★★★★★ Bewertung: 4,6 - 651 Rezensionen
> Kostenloser Abmahncheck ✓ Lassen Sie jetzt Ihre Website sofort & kostenfrei rechtlich prüfen ✓ Online-Check vollständig anonym.

Abbildung 12.32 Sternebewertung als Rich Result

Oder es werden Eckdaten von Veranstaltungen mit angezeigt:

```
www.121watt.de › ... › Online-Marketing-Seminar › Jetzt anmelden ▼
Online Marketing Seminar u.a. in München ... - 121WATT
SEO & Google Ads: Du erfährst, wie du bei Google und anderen Suchmaschinen relevante
Nutzer gewinnst. Web-Analytics: Nach unserem Seminar weißt du, wie ...
4. Juni - 5. Juni     Design Offices – Am Zirkus, Berlin
1. Juli - 2. Juli     Design Offices – Arnulfpark, München
14. Juli - 15. Juli   Design Offices – Barckhausstraße, Frankfurt am Main
```

Abbildung 12.33 Veranstaltungsdaten als Rich Result

Nichtsdestotrotz folgen Rich Results aber den gewohnten Darstellungskriterien von Snippets auf der SERP (z. B. blauer Titel, grüne URL bzw. Breadcrumb, Textsnippet) und sind auf einer regulären Position zu finden. Rich Results erkennen Sie also daran, dass alle dieser drei Kriterien erfüllt sind.

> **Hinweis: Sprachgebrauch von Rich Results und Rich Snippets**
>
> *Rich Results* haben sich als offiziell neues Wording bisher kaum durchgesetzt, warum Sie in vielen (älteren) Publikationen und im Gespräch mit anderen SEOs wahrscheinlich eher dem Begriff *Rich Snippets* begegnen werden.
>
> Diese Bezeichnung hat Google vor einigen Jahren eingeführt und als Standard etabliert. Streng genommen ist sie jedoch veraltet. Stattdessen verwendet Google heutzutage je nach Erscheinung die bereits erwähnten Bezeichnungen *Rich Results* oder *Enriched Search Results*.
>
> Aufmerksamen Lesern und Leserinnen wird sicherlich auffallen, dass ich in anderen Buchkapiteln insofern nicht ganz korrekt von Rich Snippets spreche, auch wenn es eigentlich Rich Results sind. Nun wissen Sie, warum.

Enriched Search Results

Enriched Search Results hingegen unterscheiden sich in ihrer Darstellung maßgeblich von üblichen Web Search Results. Enriched Search Results sind ein vergleichsweise junges Feature in der Google-Suche und erscheinen in einem speziellen Format auf *Position Null* (Position Zero) oberhalb der sonstigen Web Search Result Blocks. So sollen sie zu einer unmittelbaren Rezeption durch den Nutzer oder die Nutzerin und einer interaktiveren Aufbereitung von bestimmten Suchergebnissen führen.

Darüber hinaus sollen sie zudem eine gezielte Suche anhand einzelner strukturierter Datenklassen ermöglichen. Dabei könnte es sich beispielsweise um eine bestimmte Kalorienzahl in Rezepten handeln, nach der der Nutzer oder die Nutzerin durch entsprechend strukturierte Datensätze gezielt in der angereicherten Suche suchen könnte.

Abbildung 12.34 Enriched Search Results: Stellenausschreibungen

Derzeit werden Enriched Search Results von Google nur für folgende drei Suchtypen unterstützt und auch innerhalb dieser Ergebnistypen nur rudimentär ausgespielt:

1. Stellenausschreibungen
2. Rezepte
3. Veranstaltungen

Dementsprechend selten sind Enriched Rich Results also derzeit zu finden. Bitte beachten Sie außerdem, dass sie bisher auch nicht in den einzelnen Ergebnis-Dokumentationen erwähnt werden. Google hat allerdings bereits angekündigt, dies zukünftig zu ändern. Es ist also zu erwarten, dass die derzeit kaum berücksichtigten Enriched Search Results in Zukunft an Bedeutung gewinnen werden. Ich würde Ihnen daher empfehlen, die Entwicklung weiterzuverfolgen – vorausgesetzt, Sie verfügen über passende Inhaltsformen –, um auf eventuelle Änderungen der Richtlinien und Ausspielungsfrequenz reagieren zu können. Die entsprechende Themenseite finden Sie in der Search-Console-Hilfe unter *https://developers.google.com/search/docs/advanced/appearance/enriched-search-results*.

Als Quelle für Rich Results und Enriched Search Results dient in den meisten Fällen eine Kombination aus dem HTML einer Webseite und strukturierten Daten, mit denen bestimmte Inhalte z. B. über JSON-LD zusätzlich ausgezeichnet sind. Rich Results können allerdings auch ohne strukturierte Daten entstehen, indem Google einzelne

Inhalte einer Webseite eigenständig interpretiert und je nach Suchanfrage in den Result Block auf der SERP integriert. Enriched Search Results liegt nach der Google-Dokumentation hingegen verpflichtend eine Auszeichnung mit strukturierten Daten zugrunde.

Bounce-Boxes oder Short Click Boxes

Seit 2018 zeigt Google sogenannte *Bounce-Boxes* oder auch *Short Click Boxes* an, wenn ein Suchender oder eine Suchende zur SERP nach einem Klick auf einen Treffer zurückkehrt. Dies ist meist ein deutliches Signal dafür, dass die Suchintention auf der besuchten Webseite nicht bzw. nicht vollständig befriedigt wurde.

Kehrt der Nutzer bzw. die Nutzerin entsprechend diesem Verhalten auf die SERP zurück, erscheint unterhalb des geöffneten Treffers eine Box mit zusätzlichen Links. In der deutschen Suche trägt die Box die Überschrift ANDERE SUCHTEN AUCH NACH und ist anhand dieser eindeutig zu identifizieren. Diese Links sind nach ähnlichen Suchanfragen zum gesuchten Term benannt und lösen bei einem Klick eine neue Suche mit dem entsprechenden Keyword aus. So möchte Google auf den Short Click des Nutzers reagieren und Suchanfragen vorschlagen, die eventuell eher zur Lösung des Suchproblems führen.

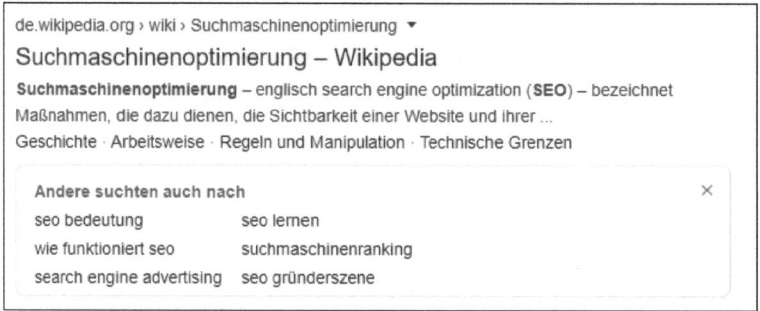

Abbildung 12.35 Bounce-Box oder Short Click Box nach Wiederkehr auf die SERP

Da die Bounce-Box nur nach dem Öffnen eines Web Search Result Blocks aufgespielt wird, ist sie am ehesten dieser Kategorie zuzuordnen. Dennoch stellt sie kein wirklich eigenständiges Suchergebnis dar, da sie nur als Reaktion auf die Interaktion mit einem anderen SERP-Treffer und den darauffolgenden Aktionen im Browser ausgespielt wird. Der Vollständigkeit halber und um eventuellen Verwechslungen mit Sitelinks oder anderen Features vorzubeugen, ist sie hier als gesondertes Darstellungsformat auf der SERP aber trotzdem erwähnt.

Als Quelle für die Suchvorschläge dient dabei das angeklickte Ergebnis in Verbindung mit eigenen Daten von Google. Sie als Webmaster können darauf leider keinen unmittelbaren Einfluss nehmen. Auch hier gilt die Prämisse, dass Sie auf Ihrer Seite bestmöglichen Inhalt bereitstellen sollten, der optimal zur Suchintention des Nutzers oder der Nutzerin passt. So beugen Sie Short Clicks vor und vermeiden, dass Nutzer oder Nutzerinnen durch neue Suchvorschläge von Ihrer Website weggeführt werden.

12.6.4 Special Content Result Blocks

Wie Sie bereits wissen, stellen die Web Search Result Blocks jedoch nur einen Teil der Suchergebnisse dar, welche heutzutage auf einer SERP zu finden sein können. Diesen gegenüber stehen vor allem die von Google als *Special Content Result Blocks* bezeichneten Ergebnisse.

Special Content Result Blocks erscheinen sehr häufig auf der als Position Zero bekannten Stelle der SERP. Damit ist der Bereich oberhalb des ersten organischen Web Search Result Blocks gemeint. Somit erscheint ein Ergebnis auf Position Zero je nach Suchanfrage direkt unterhalb der Suchmaske bzw. der bezahlten Anzeigeformate und ist dementsprechend populär auf der SERP platziert.

Das primäre Ziel von Special Content Result Blocks besteht laut eigener Aussage von Google darin, bestimmte Inhalte bereits auf der Suchergebnisseite selbst bereitzustellen. So sollen die wichtigsten Informationen zu einem Suchproblem unmittelbar auf den Suchvorgang zur Verfügung stehen und dem Nutzer oder der Nutzerin das Aufrufen einer weiteren Seite ersparen. Somit dient die Suchmaschine in diesem Fall nicht mehr nur als Schnittstelle zwischen Nutzer bzw. Nutzerin und Webseite, sondern tritt selbst als Aggregator von Informationen in Aktion. Teilweise gehen Special Content Result Blocks noch einen Schritt weiter und sind als dynamisches Element aufgebaut, wodurch sie dem Nutzer oder der Nutzerin sogar die direkte Interaktion mit dem Ergebnis auf der SERP ermöglichen. Dadurch können beispielsweise Wettervorhersagen für verschiedene Städte auf Ebene der SERP abgefragt werden, ohne neue Suchprozesse und Ladevorgänge starten zu müssen.

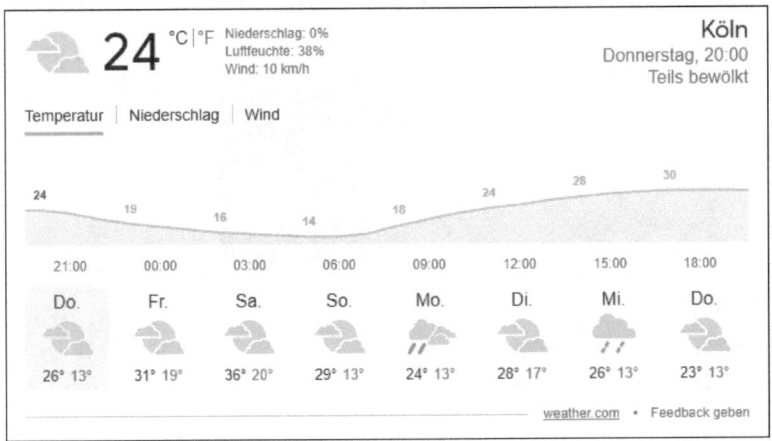

Abbildung 12.36 Wetteranzeige bei Google

Special Content Result Blocks können verschiedenste Formate annehmen und in dementsprechend zahlreichen Darstellungsformen auf der SERP erscheinen. Im Folgenden stelle ich Ihnen auszugsweise einige der wichtigsten Darstellungsformen kurz vor, ohne dabei in Anbetracht einer fehlenden Google-Dokumentation Anspruch auf Vollständigkeit zu erheben.

12.6.5 Fakten-Anzeige (Fact)

Eine mögliche Darstellungsform von Special Content Result Blocks bezeichnen wir bei mindshape als *Fakten-Anzeige* (Fact). Damit sind singuläre Faktenanzeigen auf der SERP gemeint, die eine konkrete Antwort bzw. eine konkrete Angabe zu einer Frage bzw. einem Suchproblem enthalten. Dabei erscheinen die Fakten in unterschiedlichen Anzeigeformen.

Die Frage nach dem Sonnenuntergang in Köln zeigt eine einfache Antwort an. Diese wird im Übrigen auch gern von Google Voice vorgelesen, wenn Sie den Sprachassistenten fragen: »Wann geht in Köln heute die Sonne unter?«

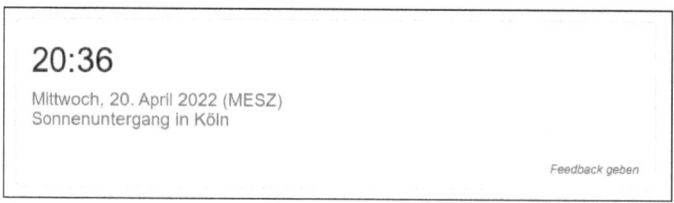

Abbildung 12.37 Einfache Fact-Anzeige bei Google auf Position Zero

Auch Feiertage und andere Datumsentitäten (»Vatertag 2024«) erzeugen eine solche Antwort. Ein paar mehr Informationen gibt Google aus, wenn es um eine Fakten-Aussage auf die Frage »Wie groß ist George Clooney?« geht. Hier werden Daten aus dem Knowledge Graph genutzt. Seien Sie also nicht enttäuscht, wenn das bei Ihrem Namen nicht unbedingt klappt.

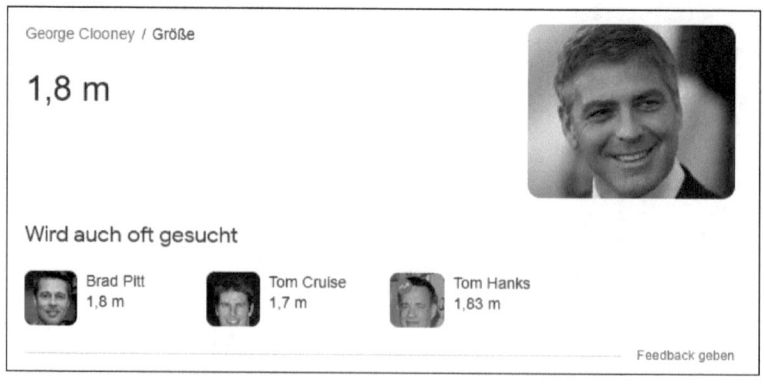

Abbildung 12.38 Größe von bekannten Personen als Fact-Anzeige

Als Quellen für diese Faktenanzeigen dienen immer Informationen aus dem Knowledge Graph (»Wie groß ist George Clooney«) oder in Echtzeit stattfindende algorithmische Berechnungen (»Sonnenuntergang Köln«). Facts sind bisher immer auf Position Zero der SERP platziert.

12.6.6 Compilation

Als *Compilation* bezeichnet man einen Special Content Result Block, in dem verschiedene Informationen kompiliert und auf der SERP selbst aufbereitet werden. Compilations können in unterschiedlichen Erscheinungsformen auftreten, was die Zusammenstellung, das Layout und die Positionierung betrifft. Klassische Keywords für diese Special Content Result Blocks sind Suchen nach Personen, lokalen Ergebnissen (*Local Packs*) oder Sportevents. Sehr häufig wird Ihnen die Compilation zu bekannten Personen begegnen, wie im Beispiel zu Albert Einstein.

Abbildung 12.39 Anzeige einer Compilation zur Anfrage nach Albert Einstein

12   Universal Search und strukturierte Daten

Aber auch bei der Anfrage nach der Bundesliga zeigt Google schon lange nicht mehr nur noch normale Ergebnisse an. Die häufigsten Suchintentionen bei der Anfrage nach »bundesliga« werden wohl schon über die Compilation in Abbildung 12.40 direkt auf Position Zero bedient.

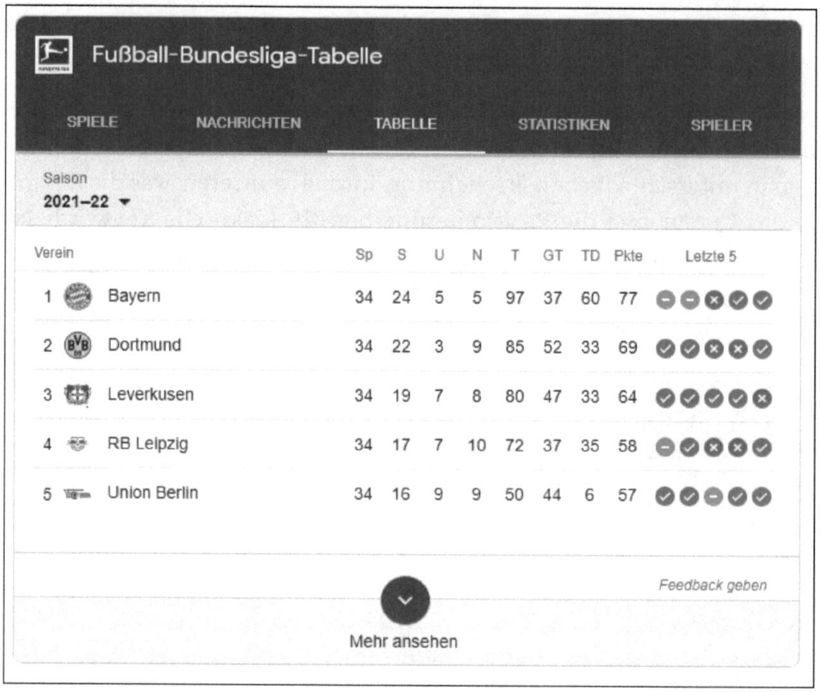

Verein		Sp	S	U	N	T	GT	TD	Pkte	Letzte 5
1	Bayern	34	24	5	5	97	37	60	77	
2	Dortmund	34	22	3	9	85	52	33	69	
3	Leverkusen	34	19	7	8	80	47	33	64	
4	RB Leipzig	34	17	7	10	72	37	35	58	
5	Union Berlin	34	16	9	9	50	44	6	57	

Abbildung 12.40 Anzeige nach der einfachen Suche nach »bundesliga«

Die Bandbreite von Compilations geht aber noch sehr viel weiter: Auch Suchanfragen wie »Dax« oder »Michael Jackson Billie Jean« führen zu Special Content Result Blocks in Form von Compilations – immer in einer anderen Darstellungsform und Zusammensetzung.

Somit fallen neben den bereits thematisierten Local Packs ebenso andere Einbindungen der Vertical Search unter diese Darstellungsform. Auch Integrationen der Flugsuche oder Google News in der Universal Search fallen also unter die Kategorie der Compilation – immer zu unterscheiden nach ihrer jeweiligen Quelle.

Compilations weisen demnach die größte Quellenvielfalt aller Darstellungsformen auf. Von Informationen aus dem Knowledge Graph über externe Daten von Partnern bis hin zu algorithmischen Berechnungen oder Verticals – die einzelnen Elemente einer Compilation ergeben sich jeweils aus der Suchanfrage und können unterschiedlichsten Ursprungs sein.

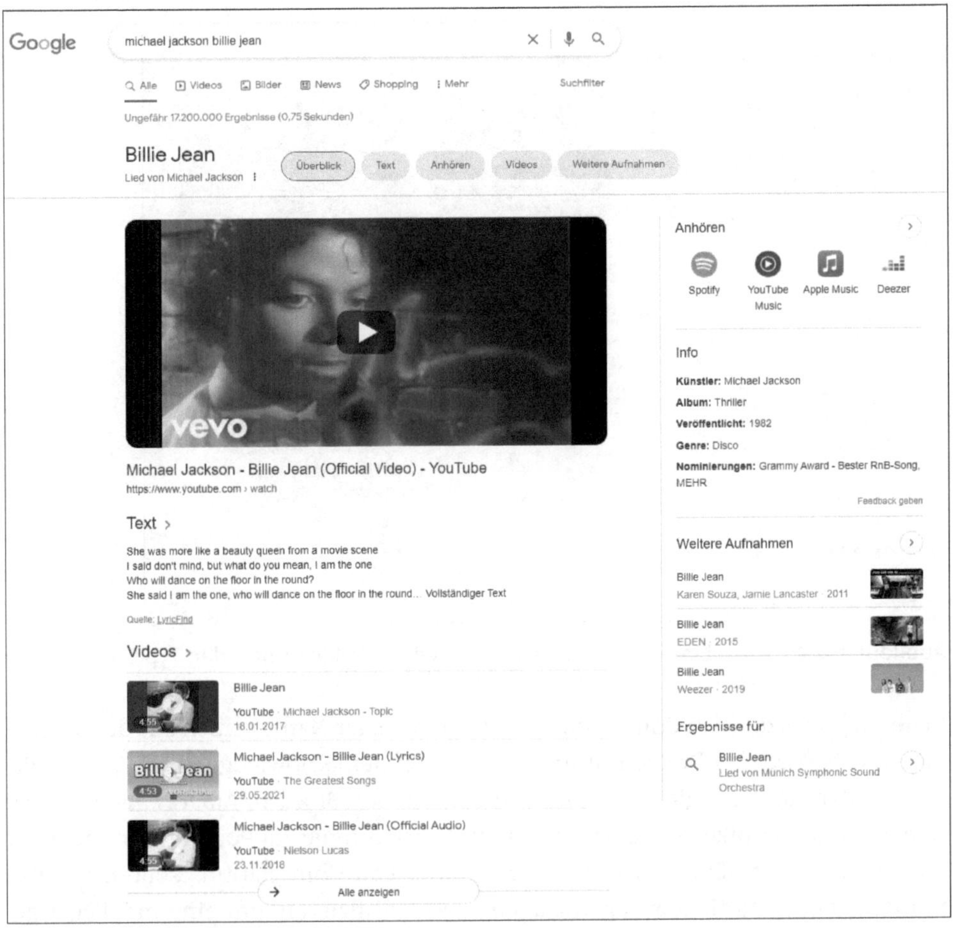

12.6 Typologie der Google-Ergebnisse

Abbildung 12.41 Google zeigt je nach Anfrage verschiedene Compilations an.

Abbildung 12.42 Die Flugsuche bei Google direkt auf Position Zero als Compilation

Abbildung 12.43 Auch Einbindungen als Twitter-Vertical fallen unter den Typ Compilation.

In der Regel setzen sich Compilations – daher auch der Name – auch aus der Kombination verschiedener Quellen zusammen, wie z. B. dem Knowledge Graph, Wikipedia, Google Maps und Google Bilder bei dem Compilation Block zu Albert Einstein. Positioniert sind Compilations je nach Gerät und Suchanfrage auf Position Zero oder der rechten Seite der SERP. Bei der Klassifizierung von Compilations sollten Sie also immer versuchen, die jeweiligen Quellen zu identifizieren, um eine möglichst genaue Einordnung in Hinsicht auf SERP-Funktion und eventuelle Optimierung tätigen zu können.

Rechner

Ein bekanntes Beispiel für interaktive Special Content Result Blocks sind die verschiedenen Arten von Rechnern, die Google heutzutage zu Suchanfragen mit (Um-)Rechnungsintention bereitstellt. Diese Rechner setzen sich meist aus verschiedenen Dropdowns für die möglichen Rechen- bzw. Maßeinheiten und einer oder mehreren Eingabemasken für die möglichen Werte zusammen. Klassische Dimensionen für Berechnungen sind beispielsweise Geschwindigkeiten (»Meter pro Sekunde in km/h«), Datengrößen (»wie viel Kilobyte sind 10 Megabyte«) oder Längen (»Kilometer Meilen Rechner«). Suchen Sie nur nach dem Begriff »Rechner« oder geben unmittelbar eine Rechnung wie 1330 + 7 in die Google-Suche ein, finden Sie zudem einen üblichen Taschenrechner.

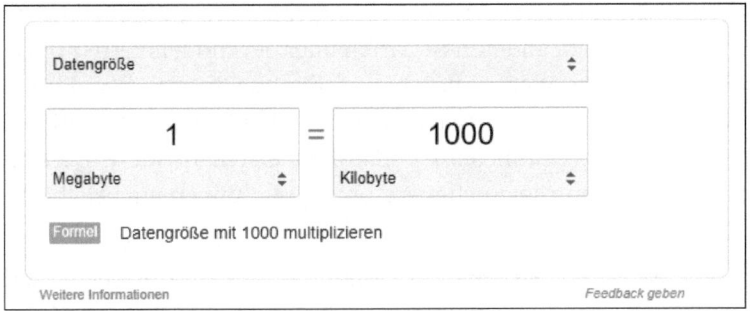

Abbildung 12.44 Rechner auf Position Zero

Als Quelle für die Rechner bzw. die entsprechenden Ergebnisse dienen mathematische und algorithmische Berechnungen, die Google nach der Anfrage in Echtzeit durchführt. Zu finden sind Rechner immer auf Position Zero.

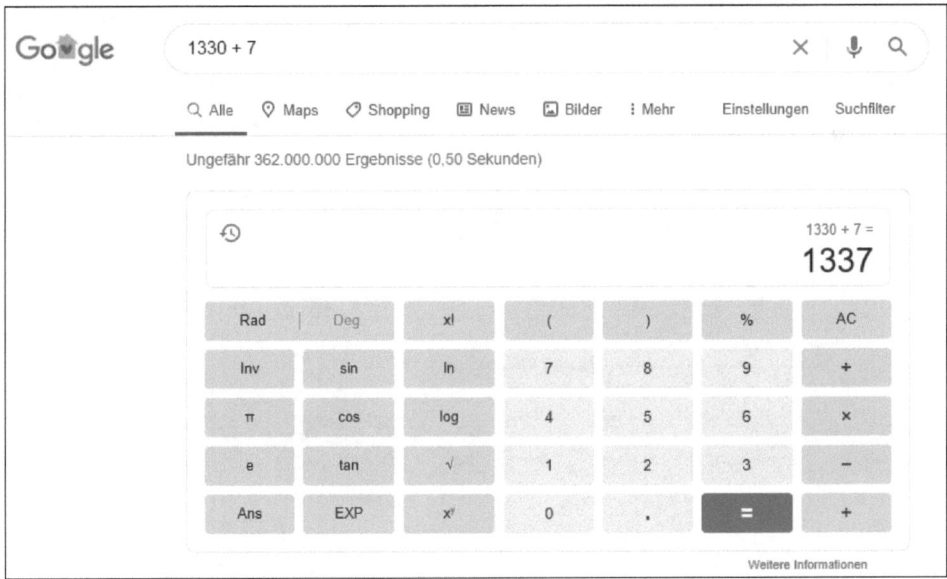

Abbildung 12.45 Mit Google kann man auch direkt rechnen.

Wörterbuch

Auch ein *Wörterbuch-Ergebnis* in der SERP ist sofort an der Überschrift WÖRTERBUCH erkennbar. Diese Ergebnisse sind heutzutage besonders bei Shorthead-Keywords ein häufig aufzufindender Special Content Result Block. Dieser enthält meist eine kurze Begriffsdefinition und weitere Informationen zum jeweiligen Term wie einzelne Wortsilben, grammatikalische Formen oder den Themenkomplex, dem der Term zugeordnet wurde.

Direkte Interaktionsmöglichkeiten liegen außerdem in der Nutzung der Suchmaske zur unmittelbaren Recherche nach anderen Begriffen oder der mitgelieferten Übersetzungsfunktion. Sie finden das Wörterbuch bei Suchanfragen wie »Reduktion« oder »Biologie« sowie natürlich auch bei vielen Suchen zu Keyword + »Definition«, Keyword + »Beschreibung« oder Ähnlichem. Außerdem erscheint diese Darstellungsform sehr oft bei der Nutzung des Suchoperators `define:` mit einem beliebigen Keyword.

Eine spezielle Form des Wörterbuches stellt außerdem der Google-Übersetzer dar, der u. a. eine Übersetzungsfunktion in verschiedene Sprachen in Echtzeit auf der SERP bereitstellt.

Die Daten für das Wörterbuch stammen aus dem Knowledge Graph bzw. einer eigens dafür gepflegten Datenbank von Google, auf die auch beim Google-Übersetzer zurückgegriffen wird. Auch das Wörterbuch ist als Special Content Result Block immer auf Position Zero zu finden.

Abbildung 12.46 Ergebnis auf die Anfrage »reduktion«

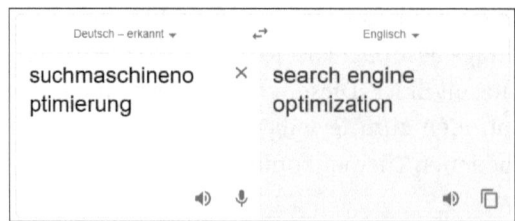

Abbildung 12.47 Ergebnis für die Anfrage »Suchmaschinenoptimierung auf Englisch«

Featured Snippet (Hervorgehobene Snippets)

Diese Art von Special Content Result Blocks hat Anfang 2018 für viel Aufsehen in der SEO-Branche gesorgt: die sogenannten *Featured Snippets*. Damit sind Suchergebnisse gemeint, die in Form eines hervorgehobenen Snippets[2] auf Position Zero platziert sind und eine zusammengefasste Antwort auf eine Frage bzw. ein Suchproblem enthalten – möglichst direkt und leicht konsumierbar. Featured Snippets sind somit ein weiterer Schritt von Google in Richtung einer Antwortsuchmaschine. Davon spricht man immer dann, wenn die Suchmaschine nicht mehr nur als Aggregator von Suchergebnissen auftritt, sondern Antworten direkt im Suchprozess bzw. auf der SERP bereitstellt.

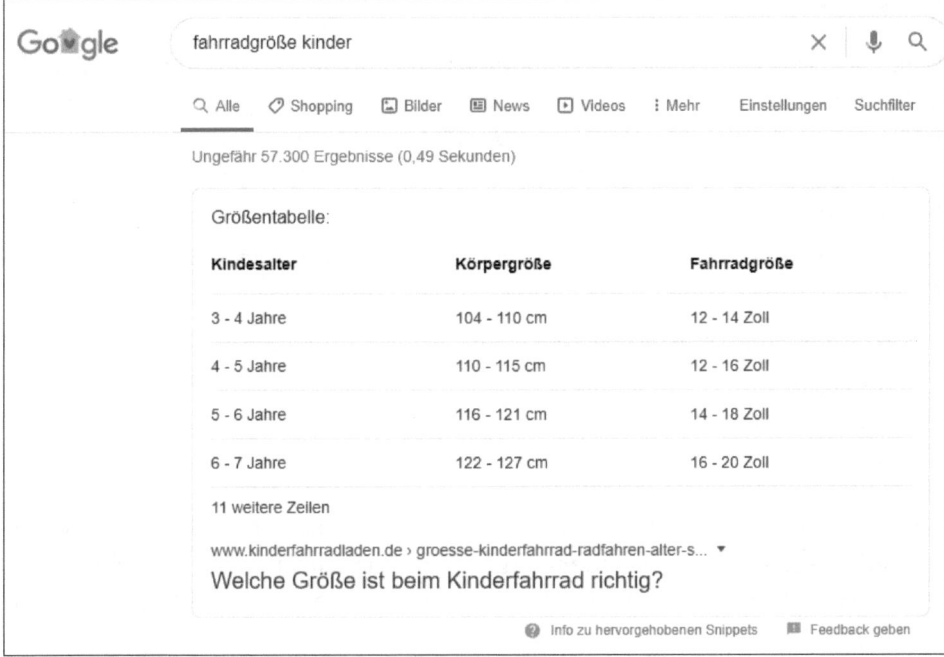

Abbildung 12.48 Featured Snippet aus einer Tabelle

Das Ziel von Featured Snippets ist also wie so oft eine Verbesserung des Nutzererlebnisses in der Google-Suche. Bei passender Suchanfrage soll die Suchintention so (im Idealfall) unmittelbar befriedigt werden – ohne dass ein Klick auf einen Treffer der SERP erforderlich ist. Außerdem haben Featured Snippets eine immense Relevanz für *Voice Search*. Sie werden beispielsweise vom Google Home, in der Google-App oder im Chrome-Browser (je nach Gerät) als Ergebnis auf die Sprachsuche vorgelesen. Da die Nutzung von Voice Search weiter auf dem Vormarsch ist, gewinnen auch Featured Snippets stetig an Bedeutung. Es lohnt sich also mit Sicherheit für Sie, die zu-

---

2 https://support.google.com/webmasters/answer/6229325?hl=de

künftige Entwicklung um dieses Thema weiter zu beobachten und Featured Snippets in Ihre SEO-Arbeiten miteinfließen zu lassen.

> **Praxistipp: Featured Snippets erhalten**
>
> Um Featured Snippets zu erhalten, muss eine URL eine perfekte Antwort auf die Suchanfrage bedienen. Achten Sie darauf, dass Sie möglichst strukturierte Informationen in Form von Tabellen oder Aufzählungen direkt unter einer <h2>-Überschrift bringen. Alle Informationen sollten entsprechend die zu optimierende Suchanfrage enthalten. Idealerweise haben Sie auch noch ein Bild in diesem HTML-Bereich mit platziert.
>
> Featured Snippets werden aus den Top-Treffern generiert. Insofern nehmen Sie sich vor allem die Rankings vor, die bereits auf Platz 1 bis 3 stehen.

Dabei ist es wichtig zu wissen, dass Featured Snippets zum allergrößten Teil nur zu informationsorientierten Suchanfragen auftreten. Transaktionale Suchbedürfnisse beispielsweise können mit diesem Antwortformat nur vereinzelt befriedigt werden. Dementsprechend selten werden Sie auf Featured Snippets zu dieser Art Suchanfragen stoßen.

Auftreten können Featured Snippets derzeit in vier verschiedenen Erscheinungsformen:

1. Text- bzw. Paragraph-Snippets
2. Listen (geordnet und unsortiert)
3. Tabellen
4. Video

Häufig werden Kernelemente von Featured Snippets missverstanden und falsch interpretiert. Featured Snippets stammen von einem Ergebnis der SERP und sind an Gestaltung und Anordnung von Titel, URL und Antwort eindeutig zu erkennen. Sie sind kein Teil des Knowledge Graph.

Grundsätzlich haben Sie auch die Möglichkeit, die Berücksichtigung Ihrer Webseite für die Ausgabe von Featured Snippets zu verhindern. Dies ist mithilfe der folgenden Angabe im Head einer Webseite möglich:

```
<meta name="googlebot" content="nosnippet">
```

Da Featured Snippets tendenziell aber zu einer höheren Wahrnehmung auf der SERP führen und Ihre CTR maßgeblich erhöhen können, besteht in der Regel kein Grund für diesen Ausschluss. Mögliche Ausnahmen könnten beispielsweise TKP-basierte Werbeformen auf Ihrer Webseite sein, wenn sich durch ein Featured Snippet nachweislich der Traffic vermindern würde.

12.6 Typologie der Google-Ergebnisse

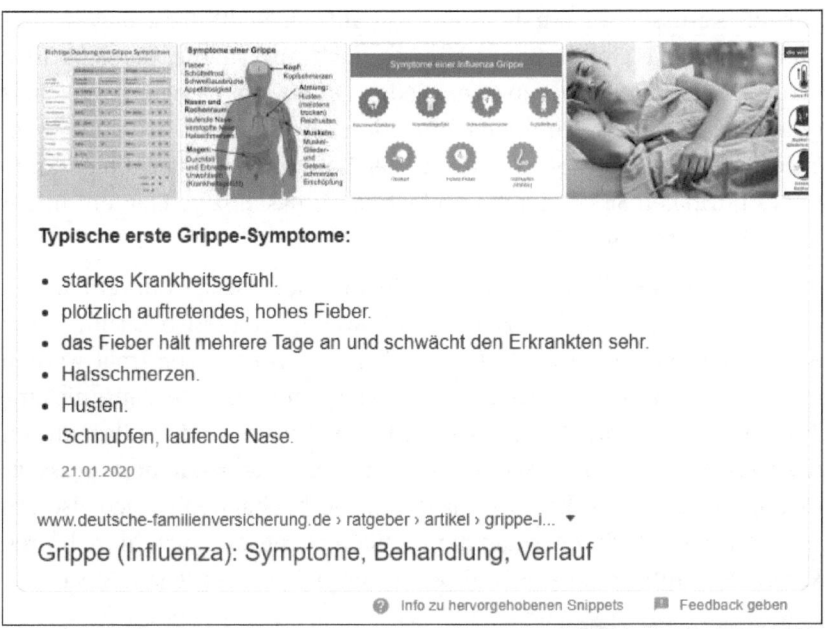

Typische erste Grippe-Symptome:

- starkes Krankheitsgefühl.
- plötzlich auftretendes, hohes Fieber.
- das Fieber hält mehrere Tage an und schwächt den Erkrankten sehr.
- Halsschmerzen.
- Husten.
- Schnupfen, laufende Nase.

21.01.2020

www.deutsche-familienversicherung.de › ratgeber › artikel › grippe-i... ▼
Grippe (Influenza): Symptome, Behandlung, Verlauf

Abbildung 12.49 Featured Snippet aus einer Liste mit Bildern anderer Domains

Karussell

Auch das *Karussell* ist ein Special Content Result Block. Sie erkennen es an der Bündelung zusammenhängender Informationen in Form einzelner Karten, welche in einer horizontal scrollbaren Ansicht nebeneinander angeordnet sind. Dabei stellen die einzelnen Karten gleichrangige Entitäten im Knowledge Graph dar, die aufgrund ihrer Zusammengehörigkeit zur übergeordneten Entität in der Karussell-Ansicht gruppiert sind.

Geeignete Informationsbedürfnisse für ein Karussell sind beispielsweise die Suche nach allen Filmen eines Schauspielers (»Filme mit Brad Pitt«), allen Städten eines Landes (»Städte NRW«) oder allen Büchern eines Autors (»Dan Brown Bücher«).

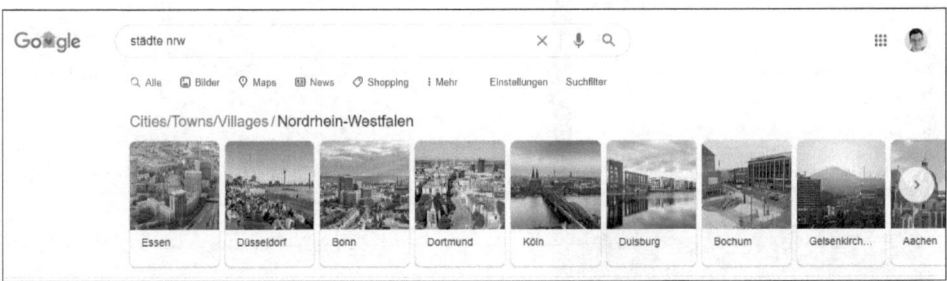

Abbildung 12.50 Karussell-Snippet bei der Suche nach Städten in NRW

Als Quelle für das Karussell als Darstellungsform auf der SERP dient derzeit ausschließlich der Knowledge Graph. Somit können auch nur Themenbereiche bzw. Daten im Karussell erscheinen, die im Knowledge Graph von Google gespeichert sind. Positioniert ist das Karussell immer auf Position Zero der SERP. In der Desktop-Ansicht zieht es sich außerdem bei ausreichender Datenmenge über die gesamte Breite rechts des normalen SERP-Layouts und ist damit das einzige Element in der Suche, das dieses Verhalten aufweist.

Verwechseln Sie das Karussell als Darstellungsform eines Special Content Result Blocks nicht mit dem Karussell als Spezialformat innerhalb eines Rich Results in der mobilen Suche. In diesem früher als *Rich Cards* bekannten Anzeigeformat werden mit strukturierten Daten ausgezeichnete einzelne Elemente einer Webseite, die eine Zusammenfassung dieser Elemente enthält – wie beispielsweise einzelne Rezepte auf einer Rezept-Kategorieseite –, in Form einer horizontalen Liste bzw. eines Karussells anstelle der Description im Result Block angezeigt. Hierbei handelt es sich also um einen Web Search Result Block innerhalb der mobilen Suche, der auch in mehreren Result Blocks der SERP auftreten kann, und keinen Special Content Result Block.

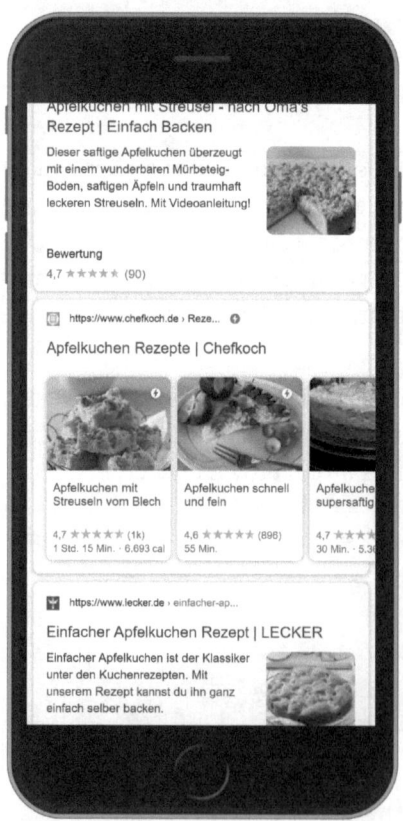

Abbildung 12.51 Rich Results (früher Rich Cards) in der mobilen Suche haben eine andere Herkunft als das Karussell im Special Content Result Block.

12.6.7 Device Action Result Blocks

Neben den Web Search Result Blocks und den Special Content Result Blocks unterscheidet Google in seinen Quality Rater Guidelines noch eine dritte Ergebnisart: *Device Action Result Blocks*. Diese Result Blocks ergeben sich aus Suchanfragen, in denen der Nutzer oder die Nutzerin sein bzw. ihr Gerät zu einer konkreten Aktion auffordert. So können Sie beispielsweise Ihr Mobilgerät dazu auffordern, eine App zu öffnen (»öffne Amazon«), einen Timer zu stellen (»stelle einen Timer auf 15 Minuten«) oder ein nahe gelegenes Geschäft anzurufen (»rufe mindshape an«).

Device Action Result Blocks zeichnen sich dadurch aus, dass sie dem Nutzer oder der Nutzerin eine direkte Interaktion mit Funktionen des Geräts selbst abseits der Websuche ermöglichen. Device Action Result Blocks sind derzeit ausschließlich in der Google-App auf Smartphones mit dem Android-Betriebssystem verfügbar.

Sie sind an dieser Stelle nur der Vollständigkeit halber erwähnt und werden im Folgenden nicht weiter thematisiert, da sie aufgrund ihrer Zusammensetzung und eingeschränkten Verfügbarkeit nicht für die Suchmaschinen-Optimierung relevant sind. Weitere Informationen dazu finden Sie bei Bedarf in den Google Quality Rater Guidelines.

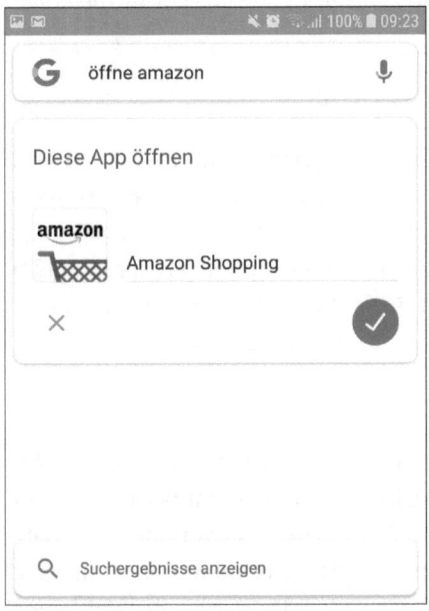

Abbildung 12.52 Beispiel für ein Device Action Result

12.6.8 Andere häufig verwendete Begriffe

Für viele der hier vorgestellten Darstellungsformen werden Sie in Blogs, auf Konferenzen oder in Gesprächen noch andere Begriffe und Bezeichnungen lesen. Diese

sind häufig unscharf, werden manchmal sogar streng genommen falsch verwendet. Daher soll an dieser Stelle nochmals abschließend eine klare Klärung stehen.

Onebox

Beim Begriff *Onebox* handelt es sich um eine frühere Bezeichnung für die Integration eines Special Content Result Blocks aus der Vertical Search. Dabei setzte sich der Name aus der Funktion der Onebox zusammen, in der in einer Anzeigebox verschiedene Informationen kompiliert und angezeigt werden. In den letzten Jahren führte Google jedoch derart viele verschiedene Darstellungsformen und Inhaltsarten in die Suche ein, dass der Begriff der Onebox immer unspezifischer wurde. In diesem Zuge sind vor allem Integrationen der Extended Search und Sonderformate wie das Featured Snippet als neue Formate in der SERP zu nennen.

Auch in neueren Google-Dokumentationen zu Suche und Suchergebnistypen ist die Onebox als Wording so nicht mehr zu finden. Stattdessen stößt man bei entsprechender Recherche nur noch im Umfeld der *Google Enterprise Search* oder in Publikationen und Tools aus der SEO-Szene auf diese Bezeichnung.

Onebox steht also gewissermaßen umgangssprachlich für alle Ergebnisse, die in einem Kasten stehen. Das sind – wie Sie soeben gelesen haben – recht unterschiedliche.

Snippet

Als *Snippet* bezeichnet man fachlich korrekt die Textauszüge innerhalb eines Web Search Result Blocks, die über den Inhalt der entsprechenden Webseite informieren sollen. Es setzt sich aus einem Titel und einer Beschreibung zusammen, die abhängig von der Suchanfrage generiert werden – häufig wird hierbei auf die entsprechenden Meta-Tags einer Webseite zurückgegriffen. Ein Basic Web Search Result Block setzt sich demnach aus dem Snippet und der URL einer Webseite zusammen.

Rich Snippet

Der Begriff *Rich Snippet* stellt eine inzwischen veraltete Bezeichnung für ein *Rich Result* dar. Es hält sich aber wacker als Fachbegriff unter den Suchmaschinen-Optimierern und -Optimiererinnen. Damit sind Web Search Results gemeint, die zusätzlich zu Titel, URL und Beschreibung noch weitere Elemente enthalten bzw. sich von der Aufbereitung von einfachen *Blue Links* unterscheiden. Dennoch wird der Begriff heutzutage noch regelmäßig verwendet, da sich das neue Wording bisher kaum durchgesetzt hat.

Answer Box

Bei weiteren Recherchen zum Thema SERP-Formate werden Sie früher oder später auch auf die sogenannte *Answer Box* stoßen. Leider liegt diesem Wording keine einheitliche Definition zugrunde, warum es meist zwei verschiedene Bedeutungen haben kann:

- Einerseits nutzen einige den Begriff der Answer Box als eine Art Synonym zur Position Zero. Ergebnisse in der Answer Box sind also demnach Ergebnisse, die oberhalb der regulären Web Search Result Blocks platziert sind. Die Bezeichnung dient somit als eine Art Containerbegriff für mehrere Darstellungsformen.
- Andererseits verstehen einige unter der Answer Box ein Synonym zu einem Featured Snippet, was wiederum andere Darstellungsformate auf Position Zero ausschließt.

In Anbetracht der Uneinheitlichkeit dieses Wordings und des Mangels an offiziellen Stellungnahmen kann ich Ihnen an dieser Stelle leider keine allgemeingültige Definition liefern. Ich würde Ihnen daher empfehlen, auf eindeutigere Beschreibungen zurückzugreifen, die direkte Rückschlüsse auf Quelle und Darstellungsform zulassen.

Direct Answer oder Quick Answer

Auch der Begriff *Direct Answer* ist nicht klar definiert und wird in der SEO-Branche mit verschiedenen Bedeutungen für die Beschreibung eines Ergebnisses oder der Beschaffenheit einer SERP verwendet. Als Direct Answer wird grundsätzlich ein Ergebnis bezeichnet, das unmittelbar auf der SERP eine Antwort auf eine Frage bzw. ein Suchproblem bereitstellt.

Aus der vorgestellten Typologie ergeben sich somit zwei verpflichtende Kriterien für eine Direct Answer: Erstens muss das Ergebnis ein Special Content Result Block sein, und zweitens muss es auf Position Zero platziert sein. Schwierig zu beurteilen ist allerdings, wann ein Ergebnis wirklich als konkrete Antwort (Fact oder Featured Snippet) bezeichnet werden kann und wann es eher eine Zusammenstellung verschiedener Informationen (Compilation oder Karussell) darstellt. Auch Google bezieht hierzu nicht eindeutig Stellung.

Somit fallen also Fact-Anzeigen aus dem Knowledge Graph oder Featured Snippets unter die Kategorie Direct Answers, da beide eine konkrete Antwort auf eine Frage auf der SERP beantworten. Geben Sie eine Rechnung in die Suche ein, stellt aber auch der eingebundene Taschenrechner eine Direct Answer dar, da Sie das Ergebnis Ihrer Rechnung unmittelbar auf der SERP finden.

Knowledge Card

Den Begriff *Knowledge Card* werden Sie wahrscheinlich auch regelmäßig lesen oder hören. Leider ist auch er nicht eindeutig definiert, sondern wird je nach Quelle mit einer anderen Bedeutung genutzt. Grundsätzlich lässt sich sagen, dass als Knowledge Card immer ein Special Content Result Block bezeichnet wird, welcher Daten aus dem Knowledge Graph enthält. Allerdings variieren je nach Auslegung die Darstellungsformen:

- Einerseits werden Fact Blocks mit einer Antwort aus dem Knowledge Graph häufig als Knowledge Card bezeichnet, die auf Position Zero ausgespielt werden. Mögliche Suchanfragen dafür sind beispielsweise »wie groß ist George Clooney« oder »wie hoch ist der Kölner Dom«.
- Andererseits ist dieses Wording aber auch für Compilations verbreitet, in denen verschiedene Informationen aus dem Knowledge Graph zu einem Thema zusammengestellt sind. Diese erscheinen je nach Suchanfrage ebenfalls auf Position Zero oder in der Desktop-Ansicht auf der rechten Sidebar.

Für zusammengestellte Compilations aus dem Knowledge Graph hat sich teilweise außerdem auch der Begriff *Knowledge Graph Box* etabliert. Dieser konkurriert also mit der zweiten möglichen Begriffsbedeutung der Knowledge Card und stellt somit in Hinsicht auf diese Bedeutung ein Synonym zur Knowledge Card dar.

Kapitel 13
Spam

Suchmaschinen reagieren empfindlich auf eine zu offensichtliche und unnatürlich wirkende Optimierung. Abstrafungen und Gegenmaßnahmen sind die Folge. In diesem Kapitel erfahren Sie, was Spam ist und wie Sie Spam-Maßnahmen vermeiden können.

Spam ist vor allem im Kontext der E-Mail-Kommunikation allen als leidiges Thema bekannt und präsent. Unerwünschte Werbe-Mails sind mittlerweile weiter verbreitet als die Werbung im Briefkasten an der Haustür. Der Anteil an Spam-Mails im gesamten E-Mail-Verkehr weltweit soll weit über 50 Prozent betragen. Die Kosten, die dadurch in Unternehmen entstehen, lagen bereits 2003 deutlich über den anderen Kosten durch Viren oder Hacker. Mittlerweile etablieren sich immer intelligentere Spam-Filter auf Servern und in E-Mail-Programmen, um der Lage Herr zu werden.

Auch in Bezug auf die Suchmaschinen wurde Spam bereits mehrfach erwähnt. Dabei versteht man unter Spam alle Techniken, die versuchen, Suchmaschinen Informationen vorzugaukeln, eine nicht natürliche Seitenstruktur darzustellen oder in sonstiger Weise manipulierend die Ergebnisse in den Trefferlisten zu beeinflussen. Das Ziel von Spam ist, eine Top-Position bei den Suchmaschinen zu erlangen und dadurch viele Besucher und Besucherinnen auf eine Website zu locken.

Streng genommen kann all das als Spam verstanden werden, was nicht dem Nutzer oder der Nutzerin zugutekommt, sondern rein zur Seitenoptimierung und damit zur Verbesserung der Ranking-Position initiiert wird. Daher ist nicht automatisch jeder Optimierungsversuch mit Spam gleichzusetzen. In den meisten Fällen der bereits erwähnten Onpage- und Offpage-Optimierung handelt es sich nicht um eine reine Optimierung für Suchmaschinen, sondern es werden vor allem auch Verbesserungen für die Benutzer und Benutzerinnen erzielt. Wie Sie gesehen haben, ist ein optimal gestalteter Seitentitel für den Benutzer ebenso hilfreich wie für eine Suchmaschine. Und auch eine Strukturierung mittels Überschriften, Sinnabschnitten und Texthervorhebungen kommt dem Leseverhalten der Besucher entgegen.

Suchmaschinen sind an echten Informationen interessiert, die sie für ihre Kunden erfassen und die diesen anschließend auch einen echten Mehrwert bieten sollen. Die Basis dafür ist eine zuverlässige Textanalyse. Aus diesem Grund reagieren die Betreiber zunehmend empfindlich auf Täuschungsversuche. Wird ein Spam-Versuch als

solcher entdeckt, folgt meist eine Abstrafung der betreffenden Seite. Dabei kann es sich im schlimmsten Fall um einen ganzen oder teilweisen Ausschluss aus dem Index handeln oder in den meisten Fällen um ein erhebliches Herabsetzen des Rankings durch Vergabe von Negativpunkten. Die genauen Reaktionen der einzelnen Suchmaschinen sind jeweils unterschiedlich und ändern sich auch über die Zeit. Manche Anbieter sperren auch die betreffende Domain mit allen Seiten für eine gewisse Zeit. Noch verheerender und daher seltener eingesetzt ist die Sperrung der IP-Adresse, da hier über virtuelle Hosts gegebenenfalls auch Unbeteiligte von der Blockade betroffen sind. Solche Maßnahmen werden wohl auch ausschließlich manuell eingeleitet.

Die Spam-Erkennung selbst beruht hingegen zu großen Teilen auf automatischen Algorithmen, die auf statistischen Analysen und künstlicher Intelligenz basieren. Beinahe bei jedem Anbieter können Benutzer und Benutzerinnen aber auch zusätzlich Seiten manuell melden, die durch unlautere Mittel eine gute Position erhalten haben und nicht durch automatische Verfahren erkannt werden. Eine so entdeckte Website wird von Mitarbeitern und Mitarbeiterinnen des Suchdienstes eigens geprüft und im berechtigten Fall abgestraft. Oftmals sind die Meldenden Webautoren und -autorinnen, die einen Mitbewerber anzeigen. Hier schwingt natürlich auch die Hoffnung mit, dass der Konkurrent entfernt und die eigene Website damit höher positioniert wird. Suchmaschinen-Optimierung gleicht einem Kampf um den besten Platz, in dem bisweilen alle Register gezogen werden.

Die gemeldeten Websites dienen den Suchdiensten jedoch nicht nur zur manuellen Verbesserung der Ergebnisse. Sie stellen zugleich auch die Grundlage zur Verbesserung der eigenen Erkennungsmechanismen dar. Die Spam-Erkennung entwickelt sich ähnlich wie der E-Mail-Bereich ständig weiter. Dabei reagieren Suchmaschinen unterschiedlich auf Spam-Versuche. Was bei dem einen Anbieter zum Entfernen aus dem Index führt, kann bei einem anderen die Top-Position bedeuten.

Grundsätzlich ist von der Verwendung von Spam-Versuchen bei einer seriösen Optimierung abzuraten. Dies gilt besonders für Projekte, bei denen eine Abstrafung, wie z. B. das Entfernen aus dem Index, finanziell nicht verantwortbar wäre – also etwa bei einem Online-Shop oder einer Website eines Online-Dienstleisters. Seriöse SEO-Agenturen und Freelancer wenden bei Kundenprojekten ohnehin keine Spam-Techniken an.

Es wäre jedoch falsch zu sagen, dass ein Suchmaschinen-Optimierer oder eine -Optimiererin niemals Spam-Techniken anwenden sollte. Das sollte definitiv gemacht werden – allerdings ausschließlich bei Testprojekten. Sie fragen sich, wozu? Ganz einfach: Viele der im Folgenden vorgestellten Techniken werden erst durch übermäßige Verwendung zu einer eigentlichen Spam-Technik. Die Frage dabei ist nun, was »übermäßig« bedeutet, und genau hier kommen die Testprojekte ins Spiel. Es gibt zu den meisten Spam-Erkennungen von den Suchmaschinen-Betreibern keine genauen Grenzwerte. Die wird es wohl auch nie geben, weil ansonsten jeder Optimierer genau diesen Grenzwert einstellen würde. Insofern bleibt hier nur, einige Domains als Testprojekte aufzusetzen und diese gezielt mit Spam-Techniken zu optimieren. So können Sie sich an die Grenze des Machbaren herantasten, und es hat keine großen Auswirkungen, wenn eine Domain »verbrannt« wird. Für die »richtigen« Projekte und Kundenprojekte haben Sie damit eine ungefähre Messlatte, die Sie in der Praxis allerdings erfahrungsgemäß noch ein gutes Stück unterschreiten sollten.

> **Praxistipp: Spam leicht gemerkt**
>
> Grundsätzlich können Sie davon ausgehen, dass all das von Suchmaschinen als Spam gewertet wird, was entweder ausschließlich die Suchmaschinen sehen und nicht die menschlichen Besucher und Besucherinnen oder was einer spürbaren Überoptimierung gleicht.
>
> Wenn Sie diese beiden Merkmale bei Ihrer Optimierung stets im Auge behalten, dann werden Sie auch nicht aus Versehen »spammy«.

13.1 Keyword-Stuffing

Als zentrales Mittel des Information Retrievals hat sich das Bestimmen von repräsentativen Schlüsselwörtern herauskristallisiert. Je häufiger ein Begriff innerhalb eines Dokuments vertreten ist, desto bedeutender ist er für den Inhalt – so zumindest der Grundgedanke.

Eine weitverbreitete Spam-Methode setzt daher genau dort an. *Keyword-Stuffing* bezeichnet das exzessive Wiederholen von Schlüsselbegriffen innerhalb einer einzelnen Seite. Dabei soll die relative Worthäufigkeit, die durch den TF-Algorithmus bestimmt wird, für einen Begriff drastisch erhöht werden. Dazu wird ein Keyword, oftmals für den Benutzer oder die Benutzerin unsichtbar, im Seitenkopf platziert. Insbesondere im Titel oder in den Meta-Tags description oder keywords ist das Phänomen häufig zu beobachten.

```
<meta name="description" content="segeln segeln segeln segeln
segeln segeln segeln segeln segeln segeln segeln segeln segeln
segeln segeln segeln segeln segeln segeln segeln">
```

Eine absichtliche Manipulation der Keyword-Dichte gehört zu den Verfahren, die am einfachsten umzusetzen sind, und wird daher besonders oft von unerfahrenen Webautoren und -autorinnen angewandt. Unter anderem aus diesem Grund wurden die Meta-Tags Keywords und Descriptions recht früh nicht mehr so hoch oder gar nicht mehr direkt gewichtet. Die Webautoren und Webautorinnen wichen folglich auf den Dokumentkörper aus. Hier trifft man dann auf Keyword-Stuffing innerhalb des Fließtextes. Diese Form wird auch für den Anwender und die Anwenderin direkt sichtbar.

Zusätzlich werden Schlüsselbegriffe auch häufig in Tag-Attributen wie dem `alt`- oder `title`-Attribut für Bilder genannt. Prinzipiell ist dies natürlich ein durchaus zulässiges Vorgehen, zumindest solange kein Keyword-Stuffing stattfindet. Vermeiden Sie daher auch hier eine übermäßige Nennung eines Begriffs.

Dabei ist es unerheblich, ob es sich um das stupide Aneinanderreihen eines einzelnen Wortes handelt (wie im obigen Beispiel) oder ob mehrere Schlüsselbegriffe abwechselnd genannt werden:

```
<img src="logo.gif" alt="segeln charter elba segeln charter elba
segeln charter elba segeln charter elba" title=" segeln charter
elba segeln charter elba segeln charter elba segeln charter elba"/>
```

```
<p> segeln charter elba segeln charter elba segeln charter elba
segeln charter elba segeln charter elba</p>
```

Zur Erkennung solcher Täuschungsversuche werden verschiedenartige Mechanismen eingesetzt. Ein deutlicher Hinweis ist meist schon dadurch gegeben, dass einige Begriffe unnatürlich häufig innerhalb eines Textes auftreten. Erkenntnisse aus der wissenschaftlichen Textanalyse liefern grobe Maximalwerte für das relative Auftreten eines Schlüsselbegriffs, der ein Thema gut repräsentiert. Diese sind ganz unabhängig von idealen Wortmengen nach TF*IDF oder anderen Berechnungsmethoden. Auf dieser Grundlage wird eine Seite bei einem übermäßigen Auftreten eines einzelnen Begriffs als Spam erkannt. Wird in Diskussionen für das Auftreten eines Begriffs eine maximale relative Häufigkeit von 15 bis 20 Prozent angegeben, ist damit bei etlichen Suchmaschinen die Grenze bereits deutlich überschritten. Erfahrungsgemäß ist auch eine Häufigkeit zwischen fünf und zehn Prozent schon recht hoch und führt zu unleserlichen Texten. Nebenbei erwähnt bringt es auch nichts.

Dass Suchmaschinen kein Keyword-Stuffing mögen, hat sich mittlerweile bei den meisten Webautoren und -autorinnen herumgesprochen. Besonders findige Autoren und Autorinnen versahen daraufhin einen Text mit anderen Substantiven oder sinnlosen Füllwörtern, um die gewünschte relative Häufigkeit für die Schlüsselbegriffe zu erzielen. Neben der Überprüfung der relativen Worthäufigkeit können allerdings zusätzlich semantische Analysen durchgeführt werden. Ein Text, der zwar keine unnatürliche Worthäufigkeit aufweist, jedoch nur aus Substantiven besteht, ist im semantischen Sinne nicht korrekt. Auch ein solches Verhalten wird demnach als Spam gewertet.

Gelegentlich trifft man »optimierte« Webseiten an, die nur ein einziges Schlüsselwort beinhalten und ansonsten keinen Text bieten. Webautoren und -autorinnen solcher Seiten beabsichtigen damit offensichtlich, künstlich ein hohes Ranking zu erzeugen. Die Auffassung, dass Suchmaschinen diese Seiten aufgrund der enormen Keyword-Dichte von 100 Prozent besonders gut bewerten, ist natürlich falsch. Die

Keyword-Dichte ist, wie Sie schon wissen, nicht das alleinige Relevanzkriterium. Neben den bereits erwähnten anderen Faktoren sind Suchmaschinen außerdem an gehaltvollen und damit meist längeren Texten interessiert und beachten daher nicht nur ausschließlich relative Werte, sondern auch die absolute Anzahl der Wörter einer Seite und viele weitere Qualitätssignale.

Aber auch wenn es sich bei der Positionierung eines einzelnen Begriffs auf einer Seite um einen Spam-Versuch im eigentlichen Sinne handelt, wird dieser von keiner Suchmaschine als solcher gewertet. Denn die Relevanzbewertung fällt ohnehin extrem niedrig aus, sodass Seiten dieser Machart auf der Ergebnisliste im Meer der besser optimierten Einträge untergehen.

13.2 Unsichtbare und kleine Texte

Die Anreicherung von Schlüsselwörtern auf einer Seite kann auch ohne ausgiebiges Keyword-Stuffing als Spam gewertet werden, wenn Sie sich die Möglichkeiten der Formatierung von Texten anschauen. Ein alter Trick aus den Anfängen der Suchmaschinen-Optimierung hat sich unter dem Begriff *Text-Hiding* (Text-Verstecken) einen Namen gemacht. Schlüsselwörter werden hier für den Benutzer und die Benutzerin gar nicht oder nur schwer erkennbar innerhalb der Seite positioniert. Für Suchmaschinen, die den HTML-Code zunächst nicht wie Browser interpretieren, sondern vielmehr strukturell analysieren, ist der versteckte Text lesbar wie jeder andere auch. Nur in der gerenderten Ansicht ist er versteckt.

Text ausschließlich für Suchmaschinen anzubieten, ohne dass er von einem Benutzer oder einer Benutzerin gesehen werden soll, verstößt gegen das Prinzip, eine Webseite gleichermaßen für den Menschen und eine Maschine zu optimieren. Text-Hiding ist daher eines der Paradebeispiele für Suchmaschinen-Spam. Damit ist jedoch nicht das Platzieren von Schlüsselbegriffen in an sich unsichtbaren Bereichen wie dem <noframes>-Tag oder dem hidden-Field gemeint.

Das ursprüngliche Verfahren arbeitet mit dem <font>-Tag. Setzen Sie bei diesem die Farbe des Textes mit der des Dokumenthintergrunds im <body>-Tag gleich, ist der Text für den Benutzer oder die Benutzerin unsichtbar. Im HTML-Code ist er jedoch nach wie vor enthalten.

```
<body color="#ffffff">
<p>sichtbarer Text</p>
<p><font color="#ffffff">unsichtbarer Text</font></p>
</body>
```

Der Farbwert #ffffff steht für die Farbe Weiß. Die Codierung basiert auf dem hexadezimalen System. Jeweils zwei Stellen nach der Raute (#) stellen einen Farbwert des

additiven RGB-Farbraums mit den Farben Rot, Grün und Blau dar. Die Angabe ff steht für den Maximalwert 255, sodass die Mischung aller drei Farben im höchsten Wert schließlich Weiß ergibt.

Nachdem die Suchmaschinen diese Art des Text-Hidings durch einen einfachen Abgleich zwischen der Hintergrundfarbe und der Schriftfarbe automatisch aufdecken konnten, veränderten Webautoren und -autorinnen die Werte so, dass nicht mehr die identische Farbe genutzt wurde, sondern lediglich eine ähnliche. Auf weißem Hintergrund ist z. B. der hellbeige Farbton #ffffcc immer noch kaum lesbar und erfüllt daher seinen Zweck ebenso »gut« wie reines Weiß.

Allerdings zogen auch hier die Suchmaschinen schnell wieder nach und führen seitdem mathematische Ähnlichkeitsberechnungen durch. Setzt sich die Textfarbe nicht genügend vom Hintergrund ab, wirkt sich dies über eine Erhöhung der Spam-Punkte negativ aus. Natürlich ist nicht jede Seite, auf der einige Zeichen schwer lesbar sind, automatisch gleich Spam und wird aus dem Index entfernt: Die meisten Suchmaschinen gehen ähnlich vor wie bei der Erkennung von E-Mail-Spam. Ein Dokument wird anhand verschiedener Kriterien auf Spam hin untersucht, und für jedes Auftreten wird eine bestimmte Punktzahl vergeben, um es einmal vereinfacht darzustellen. Erst wenn diese Punktzahl einen bestimmten Schwellenwert überschreitet, wird ein Dokument als Spam gewertet. So führt z. B. der Einsatz von Text-Hiding in Kombination mit Keyword-Stuffing in den meisten Fällen zu einer Überschreitung, womit dann ein Dokument als Spam deklariert wird.

Im Zuge der Formatierungsanalyse wird auch die relative Größe eines Stichworts ermittelt und gespeichert. Dieser Wert wird ebenfalls zur Spam-Erkennung eingesetzt. Denn neben der Veränderung der Textfarbe kann ein Begriff auch durch eine winzige Schriftgröße nahezu unsichtbar gemacht werden. Dieses Vorgehen wird ebenso als Spam gewertet wie jeder andere erkennbare Versuch, einen Text vor dem Webnutzer oder der Webnutzerin zu verstecken.

Oftmals tritt Text-Hiding durch Farbformatierung und das Verkleinern von Begriffen (*Text-Smalling*) in Kombination mit Keyword-Stuffing auf. So soll bewirkt werden, dass die Optik der Webseite möglichst wenig verändert wird, aber dennoch genügend Informationen für ein hohes Ranking an die Suchmaschinen übermittelt werden können.

Meist befindet sich ein solcher Text am Rand oder unterhalb der eigentlichen Webseite. Oft zeigt der Browser daher auch einen Scrollbalken an. Beim Herunterscrollen zeigt sich aber nur eine leere Fläche. Ein kleiner Trick macht schlecht versteckten Text selbst im Browser sichtbar: Durch das Markieren des gesamten Inhalts mit der Tastenkombination [Strg]+[A] wird auf PC-Systemen in allen Browsern der Text mit einem farbigen Rand umgeben und die eigentliche Textfarbe invertiert (siehe Abbildung 13.1).

Wie Sie wissen, erfassen die Webcrawler von Google wie auch die überwiegende Anzahl anderer Webcrawler zunächst primär den HTML-Quelltext und interpretieren nicht gleich die CSS-Dateien. Die CSS-Formatierung wird damit zu Beginn erst einmal außer Acht gelassen. Der untere Text in Abbildung 13.1 ist in HTML lediglich als <h4>-Überschrift formatiert.

```
<h4>Weitere Suchbegriffe für diese Seite: Webdesign Screendesign
Webhosting Webpromotion...</h4>
```

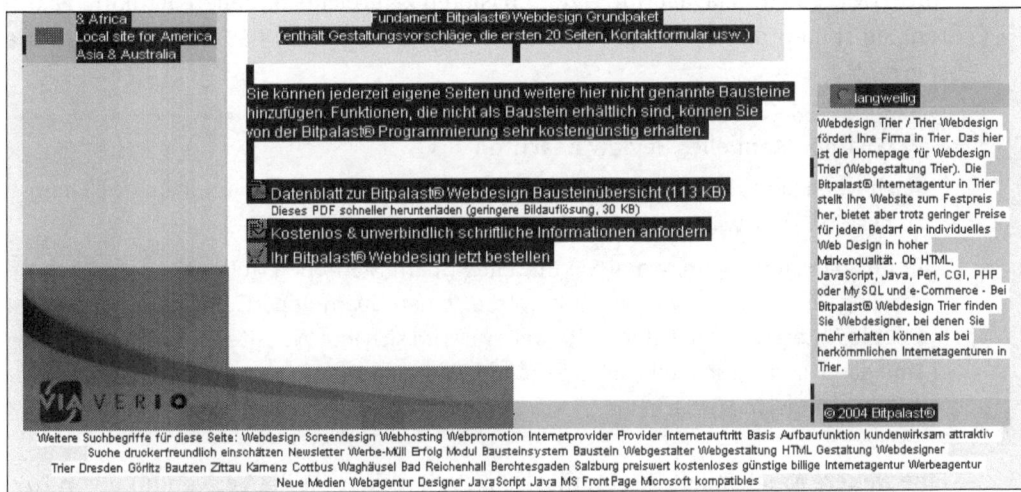

Abbildung 13.1 Die invertierte Auswahl entlarvt den Spam-Versuch.

In der externen CSS-Datei wird diesem Tag eine Formatierung wie einem Fließtext gegeben. Außerdem erhält er eine kleine Schriftart und eine annähernd weiße Farbe, sodass eine <h4>-Überschrift auf weißem Hintergrund für den Benutzer und die Benutzerin immer unsichtbar bleibt.

```
h4 {
   color: #F6F3F4;
   font-family: Arial;
   font-size: 7pt;
   font-weight: normal;
   text-decoration: none;
   font-style: normal;
   margin: 0;
}
```

Der Einsatz von CSS läutete eine neue Generation des Text-Hidings ein. Denn zunächst interpretierten die Suchmaschinen überhaupt kein CSS. Heute können Sie diese Technik ohne komplexere Maßnahmen höchstens ein paar Tage lang auf einer neuen Website anwenden, denn Google wertet nach dem HTML auch das CSS aus und

stuft Ihr Vorgehen dann als Spam ein. Damit ist das Webprojekt schon erledigt, bevor es überhaupt richtig indexiert wurde.

Um eine Erkennung durch Suchmaschinen zu erschweren, wurden auch externe CSS-Dateien genutzt, die dann über die Datei *robots.txt* von der Indexierung ausgenommen wurden. Damit ist der Zugriff auf die CSS-Datei für Browser generell immer noch möglich, für Suchmaschinen-Crawler allerdings gesperrt, da diese sich an das Protokoll halten. Allerdings schadet man sich hier selbst, denn Google rendert die Website mit HTML, CSS und JavaScript. Darauf basieren zahlreiche aktuellere Ranking-Faktoren. Sie sollten daher für die Website-Anzeige zwingendes CSS und JavaScript nie sperren!

> **Praxistipp: Manuelles Review beachten**
>
> Auch wenn Sie es schaffen, bestimmte »Lücken« bei Google auszunutzen und Spam zu positionieren, wird er entdeckt werden.
>
> Denn spätestens dann, wenn Sie mit einer Spam-Methode Erfolg haben und hohe Rankings erreichen, wird ein Mitbewerber einen Spam-Report absenden, und ein Google-Mitarbeiter oder eine -Mitarbeiterin wird sich Ihre Website genau anschauen. Und dann sind Sie schnell von einer manuellen Abstrafung betroffen, die unter Umständen lange andauern kann.

Eine weitere Möglichkeit, Texte mit CSS zu verstecken, ist die Verwendung von *Layern*. Diese Ebenen können frei im Dokument und außerhalb des Dokuments positioniert werden. Dabei werden in der CSS-Formatierung die exakten Koordinaten angegeben:

```
.rahmen {
   position: absolute;
   top: 16px;
   left: -1999px;
   width: 394px;
   height: 254px;
   visibility: visible;
}
```

Die letzte Definition lässt den Layer prinzipiell sichtbar erscheinen, wenn die Koordinaten innerhalb des sichtbaren Fensterbereichs definiert sind. Die Verwendung von `visibility: hidden` sollten Sie vermeiden, da dies von einem Parser zu einfach erkannt werden kann. Das dazugehörige Tag im HTML-Dokument definiert den Layer und beinhaltet die Schlüsselwörter:

```
<div class="rahmen">Segeln - Yacht Charter auf Elba ... </div>
```

Diese Methode ist eine Abwandlung der Methode, per absoluter Positionierung bestimmte HTML-Textbausteine im Quellcode weiter nach oben zu setzen, obwohl sie eigentlich weiter unten platziert sind. Damit soll die Bedeutung von bestimmten Elementen hervorgehoben oder herabgesetzt werden, weil Wichtiges für Suchmaschinen immer oben steht.

Auf manchen Seiten wird diese Technik gar nicht zur Optimierung von Webseiten genutzt. Innerhalb des Layers wird eine Werbegrafik eingebettet, die dann über der eigentlichen Seite umherschwirrt. Dabei fliegt sie oftmals aus dem nicht sichtbaren Außenbereich ein, um den visuellen Effekt zu verstärken und so die Aufmerksamkeit auf sich zu lenken. Diese neue Form der Werbebanner-Darstellung soll der *Banner-Blindness* entgegenwirken. Zahlreiche Studien belegen, dass Benutzer und Benutzerinnen gar nicht mehr auf Banner achten, da sich hier mittlerweile feste Größen und Positionen etabliert haben, an die sich die Benutzer und Benutzerinnen gewöhnt haben und die sie daher bequem ausblenden können. Aus Sicht der Suchmaschinen-Optimierung ist dieses Phänomen sehr günstig. Denn eine Suchmaschine kann nicht ohne Weiteres entscheiden, ob ein außerhalb des sichtbaren Bereichs positionierter Layer mit Sicherheit ein Spam-Versuch ist oder für werbende oder anderweitige Zwecke benötigt wird.

Als Variation dieser Methode kann ein Layer innerhalb des sichtbaren Bereichs hinter einem größeren versteckt werden. Die Layer können mithilfe des sogenannten *z-Indexes* auf verschiedenen virtuellen Schichten übereinandergelegt werden. So können Schlüsselbegriffe z. B. hinter einer großen Grafik positioniert werden, die selbst in einem Layer eingebettet ist und sich eine Ebene höher befindet.

Schließlich war es nur eine Frage der Zeit, bis auch solche komplexen CSS-Techniken nicht mehr zum Text-Hiding genutzt werden konnten, weil die Suchmaschinen-Anbieter entsprechende Erkennungsmechanismen einsetzen und die absolute Positionierung von Texten berücksichtigen. Und wenn diese mit Minuswerten außerhalb des Viewports liegen, wird ein Text höchstwahrscheinlich gar nicht oder nicht so stark gewichtet wie ein sichtbarer Text im Main-Content.

Das bedeutet aber auch, dass eine ganz strenge Behandlung von verstecktem Text aufgrund des modernen Webdesigns nicht zu befürchten steht. Denn bestimmte Texte zu verstecken, ist durchaus üblich – auch ganz ohne Spam-Absicht. Denken Sie einmal an Popup-Menüs, Tab-Menüs oder Akkordeon-Elemente.

Auch hier wird Text zunächst versteckt, bis der Benutzer oder die Benutzerin klickt. Google wird diese und andere Verfahren sicherlich nicht abstrafen. Daher können Sie davon ausgehen, dass eine bestimmte kritische Menge an Text versteckt sein muss, bevor die Erkennungsmechanismen von Google anschlagen.

13.3 Hidden-Links

Neben reinem Fließtext werden auch Verweise auf Seiten versteckt. Diese versteckten Links (*Hidden-Links*) sind für den Benutzer und die Benutzerin ebenfalls nicht sichtbar. Suchmaschinen interpretieren sie allerdings wie gewöhnlich mit dem übrigen HTML-Code. Daher spricht man auch in diesem Fall von Spam.

In seltenen Fällen bleiben dabei die Linktexte ganz leer. Die Verweise müssen jedoch nicht tatsächlich unsichtbar sein, um als Spam zu gelten. Oft werden sie auch im Fließtext als Punkt eines Satzendes gesetzt.

```
[...] Apfelsaft ohne Zucker <a href="seite.html">.</a>
```

Ist er entsprechend mit CSS formatiert, würde man als Benutzer oder Benutzerin den Link als solchen gar nicht identifizieren können. Ein Punkt stellt außerdem eine recht minimale Klickfläche dar. Er wird ebenso wie ein Bindestrich oder sonstige Sonderzeichen bei der Datennormalisierung entfernt. Natürlich kann anstelle eines Sonderzeichens auch mit dem Phantom-Pixel gearbeitet werden, auf das ich gleich noch eingehen werde.

Der Einsatz von versteckten Links kann von unterschiedlichen Motivationen herrühren. Zum einen findet er oft dort regen Einsatz, wo eine Navigation nicht genügend geeignete Verweise zur Exploration der Website für den Webcrawler bereitzustellen vermag. Dies war bekanntermaßen vor allem bei JavaApplet- und Flash-Navigationen der Fall. Andererseits wird über das Setzen der Hidden-Links der Versuch unternommen, die Link-Popularity zu manipulieren. In einigen Fällen wird dies mit dem Ziel untermauert, den Benutzer oder die Benutzerin möglichst lange auf der eigenen Website zu halten. Denn die Verweildauer ist gerade im Zusammenhang mit der Click-Popularity eine wichtige Kenngröße. Offensichtliche Links, die vom Angebot wegführen, sind daher eher unerwünscht.

Allerdings sollte nach einer gelungenen Onpage-Optimierung im Allgemeinen die Anwendung von Hidden-Links ohnehin nicht mehr erforderlich sein. Der einzige wirkliche Nutzen wäre demnach die Manipulation der Link-Popularity und des internen Linkjuice-Flows. Aber auch das benötigen Sie bei einer ordentlichen Konzeption und optimierten internen Verlinkung nicht.

13.4 Phantom-Pixel und Alt-Attribut-Spam

Suchmaschinen-Optimierer und -Optimiererinnen sind findig. Das `title`- und das `alt`-Attribut können auch angewandt werden, selbst wenn Sie eigentlich keine Grafiken innerhalb eines Dokuments positionieren möchten. Auch hierbei handelt es sich um eine unerlaubte Optimierung – und sie wird als Spam erkannt und bewertet. Sie funktioniert übrigens nicht mehr. Dennoch finde ich hier und da immer noch Empfehlungen von angeblichen Suchmaschinen-Optimierern und -Optimiererinnen, die einen Phantom-Pixel-Einsatz empfehlen.

Ein *Phantom-Pixel* ist eine Grafik an oberster Stelle in einem Dokument. Es können auch mehrere dieser Grafiken nacheinander eingebunden werden. Diese Grafiken sind exakt ein Pixel mal ein Pixel groß und transparent und für den Benutzer und die Benutzerin unsichtbar. Genau hier liegt das Spam-Problem, da Suchmaschinen etwas anderes vorgegaukelt wird als den Besuchern und Besucherinnen. Die Bilder haben meist das Format GIF oder PNG. Das Phantom-Pixel wird ebenso wie andere Grafiken mit dem `<img>`-Tag eingebunden, und die Schlüsselbegriffe werden, wie oben gezeigt, in den beiden Attributen `alt` und `title` platziert.

```
<img src="pixel.png" title="Wichtiges Keyword" alt="Wichtiges Keyword"/>
```

Weniger Findige machen es Suchmaschinen noch einfacher, solche Pixel zu erkennen. Sie steuern über die üblichen Attribute zur Bestimmung der Bildhöhe (`height`) und Breite (`width`) die Pixelgröße. Da beide den Wert 1 besitzen, könnte die Methode auch durch eine weniger ausführlichere Analyse seitens der Suchmaschinen leicht entdeckt werden.

```
<img src="pixel.png" title="Wichtiges Keyword" alt="Wichtiges Keyword" width="1" height="1"/>
```

Wundern Sie sich nicht, wenn Sie diese Pixeltechnik auf vielen Websites finden. Dabei handelt es sich aber meistens um das einmalige Einbinden eines Pixels ohne die Attribute `alt` und `title`. Eigentlich handelt es sich dabei dann um ein Zählpixel – eine 1 × 1 Pixel große Grafik, die von einem anderen Webserver eines Tracking-Dienstes eingebunden wird. Die IVW (Informationsgemeinschaft zur Feststellung der Verbreitung von Werbeträgern), die die Reichweitenmessung für Online-Angebote vornimmt, nutzt ein solches Phantom-Pixel sogar mit den Größenangaben. Dass dieses Pixel die Seitenkontakte zählt und nicht zur Suchmaschinen-Optimierung angewandt wird, spielt im Zusammenhang mit der Analyse durch Suchmaschinen keine Rolle.

Diese Methode wurde daher durchaus genutzt, auch wenn sie als Spam gilt, da mit für den Nutzer und die Nutzerin unsichtbaren Inhalten gearbeitet wird. Sie sollten wie bei allen Spam-Methoden darauf verzichten. Ohnehin sind keine allzu großen Effekte damit zu erzielen. Denn die Inhalte der Attribute beschreiben lediglich ein unsichtbares kleines Bild. Suchmaschinen legen im Allgemeinen mehr Wert auf tatsächliche Inhalte.

13.5 Meta-Spam

Eine plumpe Technik versucht, über die Meta-Informationen künstlich Einfluss auf ein höheres Ranking zu nehmen. Dabei stimmen die Meta-Angaben nicht mit dem tatsächlichen Inhalt der Webseite überein. Auf Seiten, an denen ernsthafte Optimierungsversuche stattfinden, ist diese Methode heutzutage allerdings nicht mehr anzutreffen.

In den Anfangsjahren des Web war es regelrecht Mode, das viel gesuchte Wort »Sex« im Meta-Tag keywords zu platzieren. Selbst auf Seiten seriöser Unternehmen und Verlage, die keinen inhaltlichen Bezug zu dem Thema boten, konnte man dieses Phänomen beobachten. Der Hintergedanke bei diesem Verhalten ist, dass »Sex« als häufig gesuchtes Wort auch die Besucherströme auf die eigene Webpräsenz leiten könnte. Eine Nennung ohne inhaltlichen Bezug hat jedoch keine Aussicht auf Erfolg. Das mittlerweile selten gewordene Auftreten von Meta-Spam unterstreicht diese Feststellung.

Insbesondere bei hart umkämpften Begriffen ist es selbst mit einer sehr effektiven Optimierung schwer, unter die ersten zehn Treffer zu gelangen. Daher sollten Sie den Hauptakzent vornehmlich auf die Optimierung tatsächlich relevanter Schlüsselbegriffe legen.

Oft lassen sich auch falsche Meta-Informationen finden, die der Webautor oder die Webautorin unbeabsichtigt positioniert hat. Das tritt häufig dann auf, wenn eine Seitenvorlage mehrfach kopiert wurde und anschließend im Kopfbereich des neuen Dokuments keine Anpassungen vorgenommen wurden. Aus diesem Grund wird Meta-Spam von Suchmaschinen auch nicht mit besonders hohen Spam-Punkten gewertet. Vielmehr werden Schlüsselbegriffe nicht so hoch gewichtet, wenn sie ausschließlich im Kopf- oder Körperbereich eines Dokuments auftreten. Oder positiv ausgedrückt: Dokumente, in denen die Begriffe der Meta-Information zum Inhalt einer Seite passen, werden höher gewichtet.

Sie sollten es daher nicht versäumen, sich intensiv um die Onpage-Optimierung des Kopfbereichs eines jeden einzelnen Dokuments zu kümmern. Besonders wichtig ist die Kohärenz zwischen Titel, Meta-Tags und den Begriffen innerhalb des Dokumentkörpers. Ist die Diskrepanz zu hoch, passen die Meta-Informationen nicht zum Inhalt und dienen somit nicht ihrer ursprünglichen Funktion. Die Chance, dass es sich dabei entweder um eine weniger sorgfältig gepflegte Seite handelt oder dass gar ein beabsichtigter Täuschungsversuch vorliegt, ist relativ hoch. Wird dies von Suchmaschinen in Kombination mit anderen Spam-Verfahren – insbesondere zusammen mit dem Keyword-Stuffing – erkannt, führt es mit hoher Wahrscheinlichkeit zu einer Abstrafung.

Außer dieser Form von Meta-Spam kann man am Rande auch die Weiterleitung mit dem Meta-Tag `refresh` zu diesem Bereich zählen. Dieses Meta-Tag wird eigentlich nicht mehr operativ verwendet. Wenn Sie es dennoch vorfinden, sollten Sie eine Umleitung per 301-Redirect wählen. Diese wird definitiv nicht als Spam gewertet.

13.6 Doorway-Pages

Eine *Doorway-Page* (»Brückenseite«) ist eine Webseite, die nur dazu erstellt wird, um ein spezifisches Schlüsselwort in den Ergebnislisten der Suchmaschinen gut zu platzieren und so Besucher und Besucherinnen anzulocken.

Das Ziel, eine »superoptimierte« Webseite zu schaffen, unterscheidet sich zunächst nicht von der Motivation, die eigentlichen Seiten des Angebots zu optimieren. Charakteristisch sind jedoch die isolierte Stellung außerhalb der Seitenstruktur und die Verknüpfung per Hyperlink oder eine automatische Weiterleitung, die auf die eigentliche Seite führt.

Kennen Sie das bislang massivste Beispiel für Cloaking? Google nahm Anfang 2006 die gesamten BMW-Seiten aus dem Index, weil das Unternehmen auf Doorway-Pages gesetzt hatte. Dieser Fall gilt bis heute als ein bekanntes Beispiel für eine Abstrafungsmaßnahme von Google gegenüber einer großen Marke. Nachdem BMW den Spam entfernt hatte, wurden die Seiten wieder aufgenommen – was dank der Marke BMW sicherlich schneller ging als bei jedem kleineren Anbieter. Google hatte allerdings ein deutliches Zeichen gesetzt.

Abbildung 13.2 zeigt die Doorway-Page, die ausgezeichnet mit einer hohen Keyword-Dichte und Keyword-Häufigkeit auf »BMW Neuwagen« hin optimiert wurde. Ähnliche Seiten gab es für thematisch relevante Begriffe, wie z. B. »BMW Gebrauchtwagen«.

Die Besucher und Besucherinnen sahen diese Seite allerdings nicht, da jeder JavaScript-fähige Browser sofort auf die eigentliche Seite (siehe Abbildung 13.3) verwiesen wurde. Nur die Crawler von Suchmaschinen, die damals kein JavaScript verarbeiteten, blieben auf der optimierten Seite.

Oftmals ist eine Doorway-Page etwas geschickter als Willkommensseite getarnt; der Benutzer oder die Benutzerin muss erst durch einen Klick die eigentliche Seite aufrufen. Im Fall der Weiterleitungen bemerkt der Webnutzer oder die -nutzerin das Vorhandensein einer Doorway-Page meist erst gar nicht. Dabei funktioniert die Weiterleitung über das Meta-Tag `redirect` oder via JavaScript. Der Einsatz dieser Techniken wurde bereits an anderer Stelle vorgestellt. Die dadurch entstehende Problematik greift hier ebenso.

3er BMW	**BMW Neuwagen**
3er BMW - Fahrspaß pur!	
Autohaus BMW	Sie suchen einen BMW Neuwagen? Unsere Suche nach BMW Händlern in Ihrer
Sie suchen ein BMW Autohaus?	Nähe bietet schnellen Zugriff auf BMW-Autohäuser in Ihrer Nähe, wo Sie sich die
Behörde Fahrzeuge Anschaffung	BMW Neuwagen in aller Ruhe und Ausführlichkeit ansehen können. BMW
Fahrzeugverkauf an Behörden	Neuwagen - Sie erhalten von uns Adresse, Telefon und Website der BMW-Händler
Behörde Fahrzeuge Beschaffung	in Ihrer Nähe. Suchen Sie über Postleitzahl, Stadt oder Name des BMW-Partners.
Fahrzeugbeschaffung für Behörden bei BMW	BMW Neuwagen - In jeder Abteilung unserer BMW Niederlassung arbeiten Fachleute für Sie. Unsere Mitarbeiter werden durch intensive Schulungen der BMW
Beschaffung Fahrzeuge Behörde	AG immer auf den aktuellen Stand des Wissens gehalten. BMW Neuwagen - Mit
Beschaffung von Behördenfahrzeugen bei BMW	diesem Know-how erarbeiten sie garantiert immer die Lösung, die sich am besten an Ihre Bedürfnisse anpasst. In einem unserer vielen Autohäuser in ganz
Blaulichtfahrzeug BMW	Deutschland können Sie sich rasch und unproblematisch für eine Probefahrt in
Für Polizei, Notarzt und Feuerwehr - Blaulichtfahrzeuge von BMW	Ihrem Lieblings-BMW Neuwagen anmelden. Egal, worum es geht: um die Absprache eines Service-Termins, eine Reparatur oder die Finanzierung Ihres
Blaulichtfahrzeug Notarzt	Neuen oder Ihres neuen Gebrauchten. BMW Neuwagen - Sympathisch und
Schnell am Einsatzort - mit einem Notarztwagen von BMW	kompetent. Unser Team ist immer im Einsatz für Sie. Bei uns ist immer was los! Langeweile kommt in unserer Niederlassung nicht auf.
BMW 318	Hier finden Sie Informationen zum Thema: BMW Neuwagen gesucht?.
Informationen zum BMW 316	
BMW 318	**Ein BMW Neuwagen gesucht?**
Informationen zum BMW 318	
BMW 318i	BMW Neuwagen - Regelmäßig bieten wir Ihnen neue Angebote, bringen Ihnen Aktuelles über die neuesten BMW Modelle nahe und organisieren Veranstaltungen
BMW 318i - Design und Fahrkultur	aller Art. Bei uns werden Sie gut informiert und gut unterhalten. BMW Neuwagen -
BMW 320	Egal, welche Frage Sie an unsere Profis haben: in unseren Filialen sind Sie als
Probefahrt mit einem BMW 320?	unser Kunde oder als neugieriger Interessent immer herzlich willkommen. BMW
BMW 330	Neuwagen - Wenn Ihnen das BMW-Portal im Internet Appetit gemacht hat,
Faszination BMW 330	besuchen Sie doch einmal eine Niederlassung ganz in Ihrer Nähe - hier können Sie unseren Mitarbeitern Löcher in den Bauch fragen. BMW Neuwagen - Haben
BMW 3er	Sie Interesse an einer Probefahrt in Ihrem Wunsch-BMW? Kein Problem! Bei
BMW 3er Editionen	unseren Niederlassungen können Sie sich jederzeit für eine Probefahrt in einem
BMW 5er	unserer Automobile anmelden. In unseren Niederlassungen bekommen Sie
BMW 5er Serie	einen Vorgeschmack auf die Freude am Fahren. BMW Neuwagen - Der Hol- und
BMW 6er	Bring-Service. Nutzen Sie die Flexibilität Ihres BMW Partners. So verlieren Sie
Das BMW 6er Coupé	keine unnötige Zeit. Viele BMW Autohäuser führen nicht nur die Wartungs- und
BMW Ausbildung	Reparaturarbeiten an Ihrem BMW fachgerecht aus. Sie holen das Fahrzeug auch
Stellenangebote bei BMW	direkt bei Ihnen zu Hause oder im Büro ab und bringen es Ihnen nach Beendigung
BMW Autohändler	der Arbeiten wieder zurück.
BMW Autohändler Adressen	Ihr neues Auto - ein BMW.
BMW Autohaus	
BMW Autohaus finden	BMW Neuwagen - Fragen Sie Ihren BMW Partner, welchen Service er Ihnen
BMW Felgen	anbieten kann, damit Sie möglichst lang mit Ihrem BMW Neuwagen Freude
BMW Zubehör Felgen	haben. Sollten Ihre Arbeitszeiten trotz erweiterter Öffnungszeiten bei Ihrem BMW

Abbildung 13.2 Ehemalige Doorway-Page von BMW

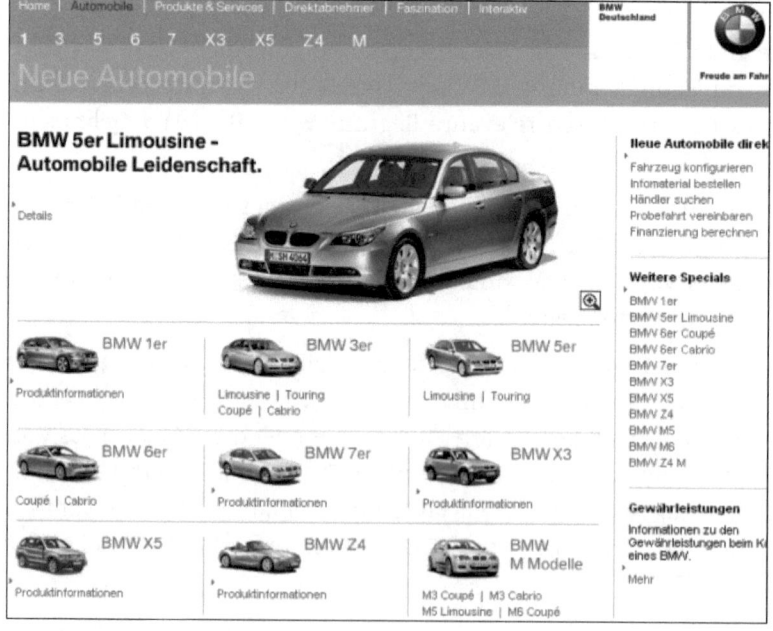

Abbildung 13.3 Die eigentliche Seite, auf die per JavaScript weitergeleitet wurde

Meist sind Doorway-Pages nicht auf mehrere Schlüsselwörter optimiert, sondern konzentrieren sich auf ein einziges. Die gesamte Struktur sowie der Inhalt der Seite werden dabei unter alleiniger Berücksichtigung aller manipulierbaren Ranking-Kriterien optimiert. Um dies noch effektiver zu gestalten, findet die Optimierung dabei häufig speziell für die Anforderungen einer einzigen Suchmaschine statt. Durch diese Ausrichtung wird gänzlich auf Layout verzichtet.

Das macht nicht nur inhaltlich, sondern vor allem auch optisch sehr deutlich, dass Doorway-Pages nicht für die Benutzer und Benutzerinnen, sondern lediglich für Suchmaschinen veröffentlicht werden. Somit ist klar, dass die Suchdienste diese Form von Optimierungsversuch als Täuschung und damit als Spam werten.

Daran ändern auch die vielen anderen Namen nichts, die sich pfiffige Geschäftsmenschen ausgedacht haben, um Kunden ihre Doorway-Praktiken zu verkaufen. So taucht diese Technik im Web auch unter der Bezeichnung *Gateway-*, *Ghost-*, *Pointer-*, *Entry-*, *Jump-*, *Supplemental-* oder *Information-Page* auf.

Dieser üppige Wald von Bezeichnungen weist deutlich darauf hin, dass die Technik sich reger Beliebtheit erfreute. Vor einigen Jahren galten Doorway-Pages als die magische Lösung zur Website-Optimierung schlechthin. Und bei korrekter Anwendung waren sie tatsächlich eine Garantie für ein gutes Ranking – damals. Denn wie so oft wurde auch dieses Optimierungsverfahren maßlos überbeansprucht. So fand man nicht selten Webpräsenzen, die mehr Doorway-Pages als eigentliche Inhaltsseiten besaßen.

Heutige Doorway-Pages unterscheiden sich gezwungenermaßen stark von ihren Vorgängern. Einst waren sie für einen Betrachter und eine Betrachterin absolut unbrauchbar, weil sie mit einer endlosen Aneinanderreihung von Schlüsselwörtern vollgestopft waren. Vor allem das härtere Vorgehen gegen das Keyword-Stuffing zwang Webautoren und -autorinnen zur Reaktion. Heute wird daher stattdessen häufig von *Information-Pages* gesprochen. Die Inhalte sind nach wie vor überwiegend in einfacher Form innerhalb des HTML-Codes als Text ohne Gestaltung vorzufinden. Durch die differenzierten Ranking-Algorithmen mussten Webautoren und Webautorinnen jedoch semantisch korrekte Satzstrukturen und eine typografische Ordnung mit Überschriften, Absätzen und Hervorhebungen einbinden. Diese Gestaltung kommt einer Inhalt tragenden Webseite schon näher und ist für Web-User gelegentlich tatsächlich nutzbar. Durch den Einsatz von CSS kann zusätzlich eine ansprechende Optik erzielt werden, sodass neben dem Begriff der Information-Page auch die Bezeichnungen *Affiliate-*, *Advertising-* oder *Marketing-Page* verwendet werden.

Im Grunde handelt es sich jedoch dabei immer noch um eine Doorway-Page, auch wenn die Namen noch so verheißungsvoll klingen mögen. Als Webautor bzw. Webautorin sollten Sie hier vorsichtig sein. Viele kommerzielle Optimierungsprogramme basieren auf der Erstellung von Doorway-Pages. Dabei gehen solche Produkte immer

nach dem gleichen Schema vor. Man gibt die Stichwörter ein, und nach einem vorgefertigten Ablauf wird daraus eine HTML-Seite mit einer Weiterleitung generiert. In manchen Agenturen wird diese »Optimierung« teuer verkauft. Regelmäßig werden dabei noch alte Programmversionen eingesetzt, die nicht einmal annähernd den aktuellen Ansprüchen der Suchmaschinen an gute Seiten entsprechen. Der Kunde wird bei einem ausbleibenden Erfolg vertröstet, die Suchmaschinen bräuchten Zeit, bis sie eine Website erfasst hätten. Nach einigen Wochen lässt der versprochene Erfolg immer noch auf sich warten. Der Kunde sieht in der Regel jedoch mittlerweile das Webprojekt als abgeschlossen an. Die Website funktioniert ja, und das tägliche Geschäft beansprucht die Aufmerksamkeit für zahllose andere Dinge.

Eine wirklich gewinnbringende Doorway-Page muss demnach von Hand programmiert werden, und die Inhalte müssen mit möglichst aktuellen und besten Mitteln optimiert werden. Letztlich hält eine solche Seite nur dann der Behauptung stand, eine Information-Page zu sein, wenn selbst die Prüfung durch einen Mitarbeiter oder eine Mitarbeiterin eines Webkatalogs keinen anderen Schluss zulässt. Alles andere wird bei einem effektiven Einsatz von Optimierungstechniken mit hoher Wahrscheinlichkeit als Spam gewertet und erst gar nicht indexiert. Und schlimmer noch: Werden Doorway-Pages als solche erkannt, entfernen einige Suchdienste zusätzlich die dort verlinkte Seite aus dem Datenbestand.

Eine sorgfältig geplante Website, die alle vorgestellten Optimierungsprozesse und -faktoren mit einschließt, macht ohnehin den Einsatz von Doorway-Pages überflüssig. Denn in diesem Fall sollten alle Seiten bereits so ausgerichtet sein, dass eine ebenso effektive Optimierung direkt auf den eigentlichen Seiten möglich ist und keine Doorway-Pages allein für die Suchmaschinen benötigt werden. Der Aufwand ist unter dieser Voraussetzung der gleiche. Weshalb sollte man daher nicht direkt die eigentliche Website optimieren? Zumal diese unter Berücksichtigung der hypertextuellen Ranking-Verfahren einen entscheidenden Vorteil besitzt: Die eingehenden Links sorgen für eine entsprechende Link-Popularity. Reine Doorway-Pages oder selbst Information-Pages besitzen in der Regel kaum eingehende Links.

Der Einsatz einer Doorway-Page ist daher überhaupt nur dann angebracht, wenn die eigentliche Seite nicht optimierungsfähig ist, sei es, weil bereits bestehende Seiten aus Kosten- oder Zeitgründen nicht suchmaschinen-freundlich umgestaltet werden können, oder sei es, weil entsprechende Möglichkeiten oder Inhalte zur Optimierung nicht gegeben sind. Dies kann z. B. bei Bildergalerien oder Ähnlichem der Fall sein. Dabei gilt auch für Doorway- oder Information-Pages die Bedingung, dass nur durch das konsequente Anwenden aller zur Verfügung stehenden Optimierungsmöglichkeiten ein gutes Ranking erzielt werden kann.

Hier besteht aber nach wie vor das Problem, dass solche Doorway-Pages in der Regel nicht innerhalb der Site-Struktur verlinkt sind und damit nicht zur Indexierung kommen. Häufig wird hier versucht, über sogenannte *Hallway-Pages* Abhilfe zu schaffen. Diese Seiten dienen zur Verlinkung von Doorway-Pages und sorgen dafür, dass Webcrawler die Doorway-Pages überhaupt finden können. Für die notwendige Link-Popularity werden oftmals Verweise von Satellitendomains genutzt.

13.7 Cloaking

Häufig wird eine ähnliche Form des Spams mit der Anwendung von Doorway-Pages gleichgesetzt. Tatsächlich ist das Ziel ein ähnliches, die Technik unterscheidet sich jedoch gravierend. Unter *Cloaking* (Verhüllen) versteht man die bedingte Präsentation einer Seite abhängig vom anfragenden Client. Konkret bedeutet Cloaking, dass einem Webcrawler beim Besuch einer URL eine andere Seite vom Webserver zur Verfügung gestellt wird als einem Benutzer oder einer Benutzerin, der oder die den HTTP-Request über einen üblichen Browser versendet.

Die Erkennung des Besuchers oder der Besucherin erfolgt meist im Kopf der »echten« Seite durch ein Skript. Dazu wird beim Cloaking auf die Browserkennung zurückgegriffen, die bei einem HTTP-Request mit übermittelt wird:

```
User Agent: Googlebot/2.1 (+http://www.google.com/bot.html)
```

Diese Zeile wird demnach an den Webserver übermittelt, falls der Webcrawler von Google eine URL anfordert.

Die folgende Zeile wird vom Browser Firefox geliefert:

```
User Agent: Mozilla/5.0 (Windows; U; Windows NT 5.1;
de-DE; rv:1.7.5) Gecko/20041108 Firefox/1.0
```

Dabei ist es unerheblich, welche zusätzlichen Informationen (wie etwa die Programmversion, das Betriebssystem oder Ähnliches) zusätzlich mitgeliefert werden. Entscheidend ist vor allem der Eigenname.

Dem Skript zur Untersuchung der User Agents sind die verschiedenen Eigennamen bekannt. Jede Anfrage an eine URL wird serverseitig dieser Erkennung unterzogen. Handelt es sich um einen Menschen, bekommt dieser die eigentliche Seite angezeigt. Wird jedoch über die Zeile im HTTP-Request der Webcrawler einer Suchmaschine identifiziert, kann das Skript das Senden einer anderen Seite veranlassen. Dem Webcrawler wird auf diese Weise vorgegaukelt, bei dem übermittelten Dokument handele es sich um die Ressource der angefragten URL. Da jeder Webcrawler sich durch seine eindeutige Kennung nicht nur von den Browsern, sondern auch von seinen Kollegen unterscheidet, kann jeweils eine eigens optimierte Seite für die entsprechende Suchmaschine geliefert werden. Diese optimierte Seite kann natürlich wie eine Doorway-Page gestaltet werden – im Prinzip sogar noch unabhängiger, da ein

Besucher oder eine Besucherin diese Seite nicht einmal mehr als Zwischenstation angezeigt bekommt. Hier ist erneut der Tatbestand des Spams erfüllt: Mensch und Maschine erhalten völlig unterschiedliche Webseiten.

Das kann im Extremfall dazu führen, dass eine Seite für Suchmaschinen mit ganz anderen Schlüsselwörtern optimiert wurde als die eigentliche Seite. Der Webnutzer oder die -nutzerin wundert sich über die Suchmaschine und darüber, wie ein solches Ergebnis zustande kommen kann. Hinweise auf das Cloaking liefert in der Regel die Cache-Funktion der Suchdienste. Vergleichen Sie die Kopie der Webseite im Cache – die der Sichtweise des Webcrawlers entspricht – mit der Ansicht des heimischen Browsers, können Sie beim Cloaking meist deutliche Unterschiede erkennen.

Dabei wird dieses Spam-Verfahren häufig mit dem Einsatz von Browserweichen in Verbindung gebracht. Leider stellen die Browser unterschiedlicher Hersteller gleiche Webseiten immer noch unterschiedlich dar, falls bestimmte HTML-Codierungen lauftreten. Um diesem Dilemma aus dem Weg zu gehen, werden manchmal parallel verschiedene Versionen einer Website programmiert. Dabei ist jede Version eigens für die Darstellung innerhalb eines bestimmten Browsertyps ausgelegt. Um unbedarften Webnutzern und -nutzerinnen die Entscheidung abzunehmen, mit welchem Browser sie im World Wide Web unterwegs sind, wird hier ebenfalls ein Skript zur Erkennung des User Agents eingesetzt. Dieses Vorgehen ist aus Sicht der Usability durchaus löblich und wird auch nicht als Täuschungsversuch gewertet. Denn die Webcrawler würden in beiden Bereichen nahezu die gleichen Informationen nach einer Datennormalisierung erhalten. Die Unterschiede zwischen den parallelen Versionen bestehen lediglich in den spezifischen Programmieranforderungen der einzelnen Browser, und diese unterscheiden sich oftmals nur marginal in einzelnen HTML-Attributen oder HTML-Verschachtelungen. Der Inhalt bleibt in beiden Fassungen jedoch der gleiche – ganz im Gegensatz zum Cloaking.

Natürlich ist den Suchmaschinen-Betreibern diese Methode nicht unbekannt und ein Dorn im Auge. Denn geschickter kann das Vorgaukeln falscher Inhalte, das zu einer erheblichen Verminderung der Precision führt, fast nicht mehr geschehen. Aus diesem Grund setzen die Suchmaschinen besondere Webcrawler zur Überprüfung bereits erfasster Dokumente ein. Von Google ist bekannt, dass ein Webcrawler mit der Kennung des Mozilla-Browsers Seiten besucht, um eventuelles Cloaking festzustellen. Dabei wird die Webseite des Crawlers mit Mozilla-Kennung mit der normalen Googlebot-Kennung verglichen. Handelt es sich dabei um zwei deutlich unterschiedliche Webseiten, besteht ein ernsthafter Verdacht, dass hier ein Spam-Versuch vorliegt.

13.8 IP-Delivering

Als Reaktion auf die Erkennung von Cloaking durch Google entwickelte das Lager der SEO-Spammer eine erweiterte Form des Cloakings. Es galt, eine Erkennung der Webcrawler unabhängig von der User-Agent-Zeile einzusetzen. Das sogenannte *IP-Delivering* basiert demnach nicht mehr auf der Erkennung über den User Agent, sondern baut auf die nicht unmittelbar zu manipulierende IP-Adresse, die bei jedem HTTP-Request ebenfalls mitgeliefert wird.

Um zwischen Webcrawlern und Webnutzern bzw. -nutzerinnen zu unterscheiden, wird dabei nicht jeweils eine einzelne IP-Adresse genutzt, sondern ein ganzer IP-Adressbereich (Range). Denn besonders bei großen Suchdiensten beherbergt eine Vielzahl von Servern mehrere einzelne Webcrawler. Der Googlebot besitzt z. B. den IP-Bereich 216.239.46.255, wobei der letzte Block (255) stellvertretend für die Werte 1 bis 254 steht. So hat ein Googlebot z. B. die IP-Adresse 216.239.46.4, ein anderer die IP-Adresse 216.239.46.212 etc. Diese Angaben beziehen sich auf den Haupt-Webcrawler von Google. Ein spezieller Robot, der sogenannte *Fresh-Crawler* von Google, ist für die Neuerfassung von Webseiten zuständig und besitzt die IP-Range 64.68.82.255. Entsprechend aktuelle Listen der IP-Adressen zum Einbinden in Skripten finden Sie in diversen Online-Foren oder auf einschlägigen Websites. Sie werden dort auch fündig, wenn Sie entsprechende Cloaking- bzw. IP-Delivering-Skripte suchen.

Die IP-Adressen ändern sich gelegentlich, da einige wegfallen und neue hinzukommen. Es ist auch nicht auszuschließen, dass Server mit »geheimen« IP-Adressen eingesetzt werden, um von dort aus die Überprüfungen mittels Webcrawler durchzuführen. In diesem Fall würde auch das IP-Delivering als Spam-Versuch enttarnt werden, wenn der echte Webcrawler eine andere Seite erhalten hat als der Inkognito-Webcrawler.

Im Übrigen sollten Sie vor diesem Hintergrund von Sprachweichen Abstand nehmen, die auf einer IP-Erkennung basieren. Auch das könnte fälschlicherweise als Spam-Versuch gewertet werden. Denn während Ihre Besucher und Besucherinnen wahrscheinlich primär mit IP-Adressen aus Deutschland dann die deutschsprachige Variante einer URL angezeigt bekommen, sehen die Google-Crawler mit den US-amerikanischen IPs unter der gleichen URL die englischsprachigen Inhalte. Selbst wenn es zu keiner versehentlichen Spam-Erkennung führt, ist dieser Zustand äußerst suboptimal.

13.9 Bait-and-Switch

Oftmals lässt sich nicht erkennen, weshalb eine Webseite eine Top-Position innehat. Ein Unterschied zwischen der Cache-Version der Suchmaschine und der tatsächli-

chen Seite kann dabei auf Cloaking oder IP-Delivering hinweisen. Jedoch ist es durchaus möglich, dass ein Webautor oder eine Webautorin seit dem letzten Besuch des Webcrawlers seine Seiten modifiziert hat und daher gewisse Indifferenzen entstehen. In der Regel fallen diese Änderungen jedoch nicht gravierend aus, und insbesondere die Verwendung der optimierten Schlüsselwörter bleibt erhalten.

Das komplette Austauschen einer Seite kann jedoch zu einem strategisch günstigen Zeitpunkt gezielt zur Manipulation eingesetzt werden. Die Methode *Bait-and-Switch* (»Ködern und Ändern«) läuft dabei in zwei Schritten ab. Zunächst wird eine sehr gut optimierte Seite angeboten und bei den Suchmaschinen angemeldet. Nach der Aufnahme dieser Seite in den Suchmaschinen-Index wird eine andere Seite unter der URL platziert. Diese ist oft völlig anders gestaltet und nicht optimiert. Daher wird diese Methode oftmals auch als *Page-Swapping* bezeichnet.

Meist wird Bait-and-Switch eingesetzt, um sehr textarme und grafiklastige Seiten zu positionieren, die normalerweise kein vergleichbar hohes Ranking erzielen würden wie eine überwiegend textbasierte Webseite. Diese Methode eignet sich vorwiegend nur bei solchen Suchmaschinen, die eine niedrige Wiederbesuchsfrequenz besitzen. Denn ansonsten würde kurz nach Umstellung der Seite der Webcrawler erneut zurückkehren, um eventuelle Veränderungen zu erfassen. In diesem Fall verschwände der Effekt der ersten optimierten Seite logischerweise, weil stattdessen die Daten der neuen, eigentlichen Seite in dem Index erfasst würden. Genau aus diesem Grund wird diese Methode heute nicht mehr oft benutzt.

13.10 Domaindubletten

Suchmaschinen sind bemüht, den Datenbestand möglichst gering zu halten, aber dennoch möglichst viele Ressourcen zu erfassen. Daher müssen Doppelungen jeglicher Art erkannt und ausgeschlossen werden. Denn diese bedeuten keinen Mehrwert an Information.

Die Riege der Webautoren und -autorinnen arbeitet dem in gewissen Punkten entgegen. Bedenkt man, dass die Schlüsselwörter innerhalb der Domain je nach Suchdienst das Zünglein an der Waage darstellen können, liegt die Wahl mehrerer Domains nahe. Oft geht dieser Entschluss mit der Entscheidung einher, die identische Website auf mehreren Domains abzubilden.

Diese sogenannten *Spiegelseiten* (*Mirror-Pages* bzw. *Mirror-Sites*) sollen außerdem bewirken, dass mehrere Einträge in der Ergebnisliste angezeigt werden. Denn viele Suchmaschinen beachten bei der Auswahl der angezeigten Ergebnisse nicht nur das Ranking, sondern auch die bisher genannte Anzahl der Seiten innerhalb einer Domain. So zeigt Google z. B. oftmals nur zwei Ergebnisse einer Domain an, selbst wenn auch andere Dokumente innerhalb dieser Webpräsenz relevant wären.

Auf diese Weise soll ein breiteres Spektrum von Webseiten zur Verfügung gestellt werden. Viele Webautoren und Webautorinnen sowie Firmen möchten dies umgehen, indem Spiegelseiten unter anderen, jeweils verschiedenen Domains angelegt werden. Dabei wird dieses Verhalten aus dem Lager der Suchmaschinen-Anbieter missbilligt, da sie den Datenbestand und die Systemressourcen möglichst effizient verwalten möchten. Streng genommen handelt es sich dabei nicht um Spam. Bei der Entdeckung einer Dublette wird jedoch nur eine Ausführung beibehalten und die andere restlos aus dem Index entfernt – hier schlägt nämlich die Duplicate-Content-Erkennung der Suchmaschinen zu.

Zur Erkennung einer Dublette werden u. a. die Checksummen zweier Dokumente miteinander verglichen. Weichen diese nicht sonderlich voneinander ab, handelt es sich um das identische Dokument. Nun entfernt kein Suchdienst eine gesamte Domain aufgrund einer einzelnen Dokumentdoppelung. Daher wird ein repräsentativer Anteil der beiden Websites miteinander verglichen. Sofern es genügend Anzeichen gibt, dass es sich bei einer Webpräsenz um eine Mirror-Site handelt, kann diese entfernt werden.

Die gesamte Problematik betrifft natürlich nur zwei oder mehrere unabhängige Webpräsenzen. Falls mehrere Domains angelegt werden, um lediglich per 301-Redirect auf eine einzige Website zu verweisen, ist das kein Problem: Sollten Sie mehrere Domainnamen besitzen, z. B. *www.lisapertagnol.de* und *www.lisa-pertagnol.de*, um möglichst bei allen Eingaben gefunden zu werden, bestimmen Sie eine Domain als Hauptdomain und verweisen von allen anderen Domains mit einem 301-Redirect auf diese. Dann haben Sie das sogenannte *DC-Problem* (Duplicate Content) für die Suchmaschinen optimal gelöst.

13.11 Page-Jacking

Um Besucherströme auf die eigene Website zu generieren, muss man nicht zwingend in den Top-Positionen sein – vorausgesetzt, man besitzt ein gewisses Maß an krimineller Energie. Denn *Page-Jacking* wird nicht nur als Spam gewertet, sondern ist auch strafbar.

Dabei wird versucht, die Besucher und Besucherinnen einer Konkurrenz-Website auf die eigene Site zu lotsen. Insbesondere bei vorhandenen Sicherheitslücken in Content-Management-Systemen ist es für einen Eindringling ein Leichtes, eine Browserumleitung zu positionieren. Nicht selten findet man z. B. Installationen frei verfügbarer Content-Management-Systeme, bei denen das Standardpasswort nicht geändert wurde und so der freie Zugang gewährt ist.

Eine wesentlich beliebtere Form des Page-Jackings setzt dabei nicht auf das Umleiten von Besucherströmen, sondern auf das Entfernen der Konkurrenzseite aus dem Suchmaschinen-Index. Wie kann dies erreicht werden?

Die Idee basiert auf der Tatsache, dass Suchmaschinen versuchen, Doppelungen im Index zu vermeiden, und daher Dubletten entfernen. Da der HTML-Code für jedermann offensichtlich ist, kann eine sehr gut positionierte Website der Konkurrenz ohne Weiteres von Neidern kopiert werden. Ein Page-Jacker dupliziert daher die fremde Website vollständig auf seine eigene Webpräsenz. Zusätzlich legt er auf dieser einen 302-Redirect an. Den Suchmaschinen wird so vorgegaukelt, dass es sich um eine temporäre Umleitung von der Page-Jacking-Website zur Konkurrenz handele.

Durch den identischen Inhalt und den Redirect macht das gesamte Konstrukt den Eindruck, als wäre die Website des Page-Jackers die neue Webpräsenz der Konkurrenz, die jedoch derzeit noch in Arbeit ist, weswegen die »alte« vorübergehend noch Gültigkeit besitzt. Dies trifft natürlich nicht zu, jedoch hält die Website aufgrund des identischen Inhalts sämtlichen Prüfungskriterien stand. Im Sinne der Dublettenvermeidung werden die alten Einträge der URL-Datenbank auf die neuen des Page-Jackers umgeschrieben. Denn es handelt sich hier lediglich um eine temporäre Umleitung, die erwartungsgemäß bald aufgelöst wird. Damit ist die »Entführung« erfolgreich, denn die Einträge in der Suchmaschinen-Datenbank sind verändert worden. Der Page-Jacker kann nun die eigentlichen Inhalte auf seine Website stellen.

Dies ist eine Variante des Page-Jackings. Neben dieser gibt es weitere Varianten, die mit dem Kopieren von Seiten und Umleiten oder mittels Cross-Domain-Canonical-Setzung arbeiten. Dabei wird auch die Link-Popularity der betroffenen Website enorm negativ beeinflusst.

Die eigentlichen Seiten des Page-Jackers sollen meist auch während der Umleitungsphase für Besucher und Besucherinnen sichtbar sein und nicht die kopierten Seiten der Konkurrenz. Um dieses Problem zu lösen, wird zusätzlich auf Cloaking oder IP-Delivering zurückgegriffen. Der 302-Redirect gilt demnach nur für Suchmaschinen, und auch die kopierten Seiten werden nur den Webcrawlern angezeigt.

13.12 Blog- und Gästebuch-Spam

Um möglichst schnell eingehende Links zu bekommen, wandern zahlreiche Webautoren und -autorinnen von Website zu Website auf der Suche nach Gästebüchern und Weblogs. Beide Typen erlauben Besuchern und Besucherinnen das Hinterlassen von Nachrichten in Form von Kommentaren, Grüßen oder Ähnlichem. Beim Blog- oder Gästebuch-Spam ist die primäre Absicht allerdings nicht, sich an einer Diskussion zu

13.12 Blog- und Gästebuch-Spam

beteiligen oder Grüße zu hinterlassen, sondern einen Inbound-Link auf die eigene Website zu generieren.

Die Etablierung einiger weniger Gästebuch- und Weblog-Programme hat zu einer gewissen Vereinheitlichung beigetragen. Allerdings öffnete dies auch findigen Spammern Tür und Tor für den Einsatz automatischer Skripte, die das Web nach Möglichkeiten durchsuchen, vorgefertigte Einträge zu platzieren. Auf diese Weise war es binnen weniger Stunden möglich, Tausende von Inbound-Links zu generieren.

Die Reaktion der Suchmaschinen ließ nicht lange auf sich warten. Im Januar 2005 führte Google ein Attribut für Verweise ein. Links mit dem Zusatz rel="nofollow" werden seither nicht mehr in die Linkjuice-Bewertung miteinbezogen. Zahlreiche Blog-Anbieter zogen schnell mit und implementierten dieses Attribut standardmäßig für alle Verweise in Kommentaren. Natürlich hat dies auch einen gewissen bitteren Beigeschmack: Denn nicht immer ist ein Link in einem Kommentar primär zur Suchmaschinen-Optimierung platziert, sondern als Hinweis auf eine weitere Quelle zum diskutierten Thema. Hier spräche nichts dagegen, dass diese Seite einen entsprechenden Linkjuice erhalten würde. Aus diesem Grund sind viele Weblog-Autoren und -Autorinnen dazu übergegangen, das Attribut nicht zu verwenden, sondern das automatische Eintragen technisch, z. B. durch ein *Captcha*, zu unterbinden (siehe Abbildung 13.4) und die Kommentare regelmäßig durchzusehen und gegebenenfalls zu löschen. Ein Captcha ist aber leider nicht wirklich nutzerfreundlich, da es so unleserlich ist, dass auch echte Menschen häufig Probleme mit dessen Entzifferung haben.

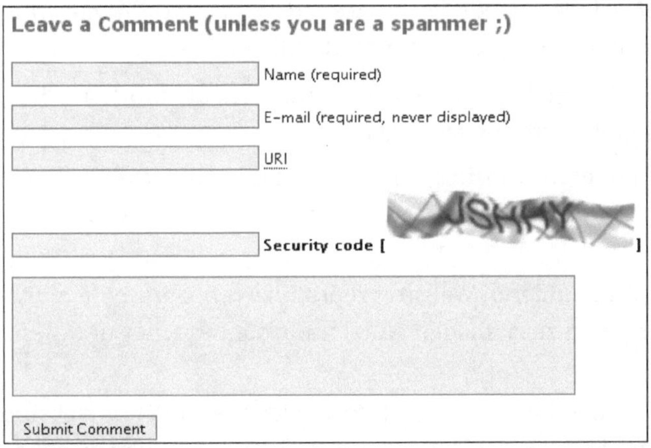

Abbildung 13.4 Die Verwendung eines Captchas verhindert das automatische Eintragen.

Googles neues reCAPTCHA (siehe Abbildung 13.5) basiert daher nicht mehr auf dem Entziffern von Buchstaben- und Zahlenkombinationen, sondern auf der Erkennung von menschlichen Mausbewegungen und anderen Signalen.

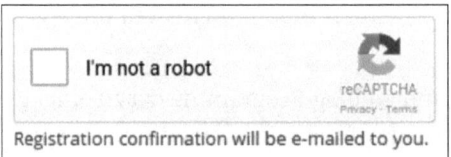

Abbildung 13.5 Googles neues Captcha basiert auf der Erkennung von Mausbewegungen.

Offenbar haben Google und Co. aber noch weitere Maßnahmen ergriffen, um die geballte Macht von Blog- und Gästebuchverweisen zu reduzieren. So werden angeblich Verweise von Dateien mit dem Namen *guestbook, gaestebuch, links* oder mit ähnlichen Namen mit weniger Gewichtung in die Berechnung der Link-Popularity einbezogen.

13.13 Kopierte Inhalte

Offiziell zählen kopierte Inhalte laut Google auch zu Spam. Die Erkennung dieser Inhalte wurde bereits im Rahmen der Duplicate-Content-Abstrafung über das Panda-Update erläutert. Google straft demnach Websites ab, die über zu viele nicht einzigartige, also doppelte Inhalte verfügen. Die Rankings werden dabei um mehrere Ergebnisseiten nach hinten verschoben.

Google gibt unter *https://developers.google.com/search/docs/advanced/guidelines/scraped-content* vier ganz konkrete Beispiele für kopierte Inhalte:

1. Websites, die Inhalte von anderen Websites kopieren und erneut veröffentlichen, ohne eigene Inhalte oder Mehrwert hinzuzufügen
2. Websites, die Inhalte von anderen Websites kopieren, leicht verändern (z. B. durch Ersetzen von Synonymen oder mithilfe automatisierter Techniken) und erneut veröffentlichen
3. Websites, die Inhaltsfeeds von anderen Websites reproduzieren, ohne eine individuelle Organisation oder einen zusätzlichen Nutzen für die Besucher und Besucherinnen zu bieten
4. Websites, die Inhalte wie Videos, Bilder oder andere Medien von anderen Websites einbetten, ohne Nutzern und Nutzerinnen einen wesentlichen Mehrwert zu bieten

Man erkennt eindeutig, dass es Google um Mehrwert von Inhalten geht. Wenn Sie also Inhalte von anderen Quellen zusammenführen, dann nennen Sie erstens die Quelle und fügen zweitens für die Leser und Leserinnen einen echten Mehrwert hinzu. Damit wird dieser Inhalt auch einzigartig.

13.14 Teilnahme an Linktausch oder Linkkauf

Die meisten Spam-Methoden spielen sich im Onpage-Bereich ab. Die Teilnahme an Linktausch- oder Linkkaufprogrammen ist allerdings im Offpage-Bereich angesiedelt und umfasst eine ganze Bandbreite von Spam-Maßnahmen.

Grundsätzlich kann man sie alle zusammenfassen, wenn man festhält, dass jeder direkte und aktive Aufbau von Backlinks mit dem Ziel, das Ranking einer Website zu erhöhen, von Google als Spam angesehen wird.

Google gibt hier konkrete Hinweise unter *https://developers.google.com/search/docs/advanced/guidelines/link-schemes*:

- Kauf oder Verkauf von Links, die PageRank weitergeben. Dazu gehören der Austausch von Geld für Links oder Beiträge, die Links enthalten, sowie der Austausch von Waren oder Dienstleistungen für Links. Darüber hinaus zählt dazu auch das Senden »kostenloser« Produkte, wenn Nutzer und Nutzerinnen im Gegenzug etwas darüber schreiben und einen Link einfügen.
- exzessiver Linktausch (»Verlinke auf meine Website, und ich verlinke auf deine«) oder Partnerseiten zu dem ausschließlichen Zweck der gegenseitigen Verlinkung
- Artikel-Marketing im großen Stil oder das Posten von Kampagnen als Gast mit Ankertextlinks, die viele Keywords enthalten
- Verwendung automatisierter Programme oder Dienste zum Erstellen von Links zu Ihrer Website
- Textanzeigen, die PageRank weitergeben
- Textanzeigen oder native Werbung, wo Artikel mit Links, die PageRank weitergeben, bezahlt werden
- Links mit optimiertem Ankertext in Artikeln oder Pressemitteilungen, die auf anderen Websites verteilt sind
- Links von Verzeichnissen oder Lesezeichen-Websites geringer Qualität
- Links innerhalb von Widgets, die über verschiedene Websites verteilt sind
- weit verteilte Links in den Fußzeilen verschiedener Websites
- Forumkommentare mit optimierten Links im Post oder in der Signatur

Sie merken, das ist eine ganze Reihe von aktiven Linkbuilding-Maßnahmen. Wenn man sich die Beispiele genau durchliest, stellt man fest, dass vieles relativiert und unspezifisch ist. Wie genau der Wert für »weit« bei »weit verteilte Links« ist, erfährt man leider nicht. Auch »Artikel-Marketing im großen Stil« ist nicht näher spezifiziert. Hier behält sich Google zum einen vor, die Stellschrauben noch nachzujustieren, und zum anderen möchte Google auch gar keine genauen Angaben machen, die dann von allen Optimierern genau erzielt werden würden.

13.15 Negative SEO

Negative SEO ist streng genommen eine gezielte Überoptimierung im Linkaufbau, sodass es zu einer Spam-Erkennung und Abstrafung kommt. Das Ziel einer Negative-SEO-Kampagne sind dabei natürlich nicht eigene Websites, sondern die von Mitbewerbern.

Meist werden Tausende von Spam-Links gesetzt, die absichtlich von schlechter Qualität sind und immer den gleichen Anchor-Text aufweisen. Bei Negative SEO handelt es sich nicht nur um einen Verstoß gegen die Qualitätsrichtlinien von Google, sondern ein solches Vorgehen ist auch strafrechtlich relevant.

Wie kann man sich gegen Negative SEO wehren? Sie können nicht verhindern, dass solche Links gegen ein Projekt aufgebaut werden. Meist sind auch die Links nicht wieder zu entfernen, da sie aus aller Welt gesetzt werden und die Anzahl kaum manuelle Handlungsmöglichkeiten in Sachen Linkabbau bietet. Das Wichtigste in Sachen Negative SEO ist, dass Sie stets Ihr Linkprofil im Rahmen des Linkmanagements im Blick haben und entsprechendes Monitoring in Ihren Prozessen etablieren.

Wenn Sie dann eine solche Kampagne gegen sich erkennen, sollten Sie schnell handeln: Nutzen Sie das Disavow-Tool von Google, und entwerten Sie alle gefundenen schädlichen Links auf Domainebene. Das sollten Sie dann auch nicht nur einmal machen, sondern Sie sollten nach ein paar Tagen erneut prüfen, ob die Backlink-Tools neue schädliche Links aufweisen. Sie sehen, wie wichtig ein gutes Linkmanagement ist.

13.16 Pop-up-Spam

So wird der HTML-Code bei einigen Suchdiensten z. B. auf das Auftreten von Pop-ups bzw. Interstitials hin überprüft. Vor allem im mobilen Bereich reagiert Google hier sehr empfindlich, wenn wesentliche Teile des eigentlichen Seiteninhalts überdeckt werden.

Pop-ups werden meist mittels JavaScript realisiert und sind daher durch einen entsprechenden Parser analysierbar. Manche Betreiber sind der Meinung, dass Nutzer und Nutzerinnen bei einem Klick auf ein Suchergebnis nicht mit Pop-ups behelligt werden möchten, und schließen daher Seiten mit massivem Auftreten von Pop-ups aus dem Index aus. Vom Ausschluss betroffen sind außerdem oftmals Seiten mit illegalen oder nicht jugendfreien Inhalten. Dabei handelt es sich nicht um Spam im eigentlichen Sinne, jedoch ist die Konsequenz des Ausschlusses die gleiche.

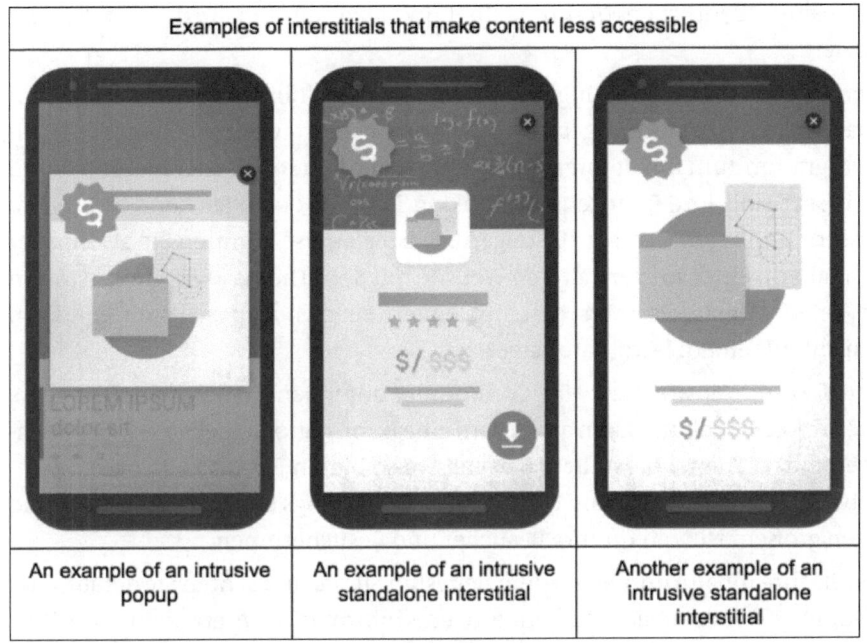

Abbildung 13.6 Beispiel von Google für störende Interstitials

13.17 Thin Affiliates und Thin Content

Wenn man Websites betreibt, die keinen nützlichen Inhalt bieten und schlimmstenfalls noch mit automatisiert erstelltem Text versehen sind, spricht man von *Thin Content* oder *Thin Affiliates*. Google gibt dazu unter *https://developers.google.com/search/docs/advanced/guidelines/affiliate-programs* ein plakatives Beispiel:

> Seiten mit Produktlinks, bei denen die Produktbeschreibungen und Erfahrungsberichte direkt von dem ursprünglichen Händler kopiert wurden, ohne eigene Inhalte oder Mehrwert hinzuzufügen.

Dabei handelt es sich nicht bei jeder Affiliate-Website automatisch um eine spammige Website. Die Google-Richtlinien sind hier eindeutig:

- Die Inhalte aus dem Affiliate-Programm sollten nur einen kleinen Teil des gesamten Inhalts auf Ihrer Website ausmachen, wenn keine zusätzlichen Elemente enthalten sind.
- Überlegen Sie, weshalb Nutzer und Nutzerinnen zuerst Ihre Website besuchen möchten, statt direkt die Website des Händlers aufzurufen. Achten Sie darauf, dass

Ihre Website wesentlichen Wert hinzufügt und nicht nur Inhalte des Händlers reproduziert.

- Wählen Sie bei der Entscheidung für ein bestimmtes Affiliate-Programm eine Produktkategorie, die für Ihre angestrebte Zielgruppe relevant ist. Je genauer das Affiliate-Programm zum Inhalt Ihrer Website passt, desto höher ist der Mehrwert und desto besser sind Ihre Chancen, Ihr Ranking in den Google-Suchergebnissen zu verbessern und Ihren Umsatz zu steigern. Beispielsweise könnten Sie als Inhaber oder Inhaberin einer gut verwalteten Website mit dem Thema »Bergsteigen in den Alpen« eine Affiliate-Partnerschaft mit einem Bergschuhspezialisten eingehen (aber nicht mit einem Büromaterialgeschäft).
- Nutzen Sie Ihre Website dazu, eine Community unter den Besuchern aufzubauen. Dies schafft Loyalität und kann außerdem eine Informationsquelle zu dem von Ihnen gewählten Thema darstellen. Beispielsweise bieten Diskussionsforen, Erfahrungsberichte von Nutzern und Nutzerinnen sowie Blogs einzigartige Inhalte und sind von großem Nutzen für Ihre Besucher und Besucherinnen.
- Halten Sie Ihre Inhalte immer auf dem neuesten Stand, und achten Sie darauf, dass sie relevant sind. Aktuelle, themenbezogene Informationen erhöhen die Wahrscheinlichkeit, dass Ihre Inhalte vom Googlebot gecrawlt und von Nutzern und Nutzerinnen angeklickt werden.

13.18 Oversubmitting

Beim sogenannten *Oversubmitting* meldet ein Webautor oder eine Webautorin zu viele neue Links auf einmal bei einer Suchmaschine an. Bei Betreibern kleinerer Suchmaschinen führt ein solch übertriebenes Verhalten zum vorläufigen Ausschluss oder zumindest zur Nichtbearbeitung sämtlicher übermittelter Daten. Frei nach dem Motto »jetzt erst recht nicht«.

13.19 Spam melden

Bei den Suchmaschinen-Anbietern arbeiten ganze Teams Tag und Nacht an der Spam-Bekämpfung. Dabei wird immer versucht, die manuelle Spam-Erkennung in algorithmische Formen zu überführen, um sie dann auf alle Websites anwenden zu können.

Dazu tragen auch die Daten bei, die bei der Spam-Meldung seitens der Suchmaschinen-Benutzer und -Benutzerinnen gesammelt werden. Die entsprechenden Formulare sind allerdings den allgemeinen Nutzern und Nutzerinnen wenig bekannt, und das Ausfüllen erfordert zumindest etwas Zeit, von der ein Webnutzer oder eine Webnutzerin bekanntermaßen nicht allzu viel besitzt. Die kommerziell orientierten Mitbewerber kennen den Spam-Report allerdings oftmals sehr gut und setzen ihn auch ein.

Das seit Jahren unveränderte Formular findet sich unter *https://developers.google.com/search/docs/advanced/guidelines/report-spam*.

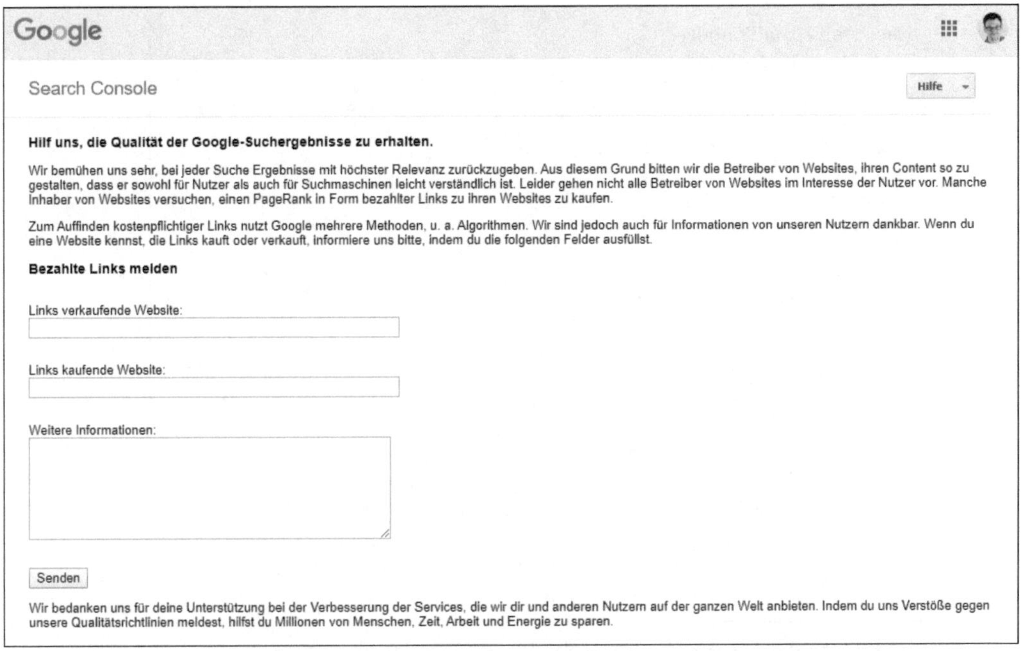

Abbildung 13.7 Spam-Report von Google gegen bezahlte Links

13.20 Die Qualitätsrichtlinien von Google

Die Definition von Spam wird bei Google stetig erweitert. Sie sollten die Qualitätsrichtlinien für Webmaster auf der Google-Website *https://developers.google.com/search/docs/advanced/guidelines/webmaster-guidelines* regelmäßig prüfen. Hier werden konkrete Empfehlungen gegeben und positive wie negative Beispiele genannt (siehe Abbildung 13.8).

Auf der Website »So funktioniert die Suche« zeigt Google anschaulich einige Beispiele von spammiger Optimierung und geht näher auf die Identifikation von Spam ein – ohne dabei zu viel zu verraten (siehe Abbildung 13.9). Ein Besuch der Seite *https://www.google.com/search/howsearchworks/how-search-works/detecting-spam/* lohnt sich dennoch.

13 Spam

Grundprinzipien

- Erstellen Sie Seiten in erster Linie für Nutzer, nicht für Suchmaschinen.
- Täuschen Sie die Nutzer nicht.
- Vermeiden Sie Tricks, die das Suchmaschinen-Ranking verbessern sollen. Ein guter Anhaltspunkt ist, ob es Ihnen angenehm wäre, Ihre Vorgehensweise einem konkurrierenden Website-Betreiber oder einem Google-Mitarbeiter zu erläutern. Ein weiterer hilfreicher Test besteht darin, sich folgende Fragen zu stellen: "Ist dies für meine Nutzer von Vorteil? Würde ich genauso handeln, wenn es keine Suchmaschinen gäbe?"
- Überlegen Sie, was Ihre Website einzigartig, wertvoll oder ansprechend macht. Gestalten Sie Ihre Website so, dass sie sich von anderen in Ihrem Bereich abhebt.

Konkrete Empfehlungen

Vermeiden Sie die folgenden Methoden:

- Automatisch generierte Inhalte
- Teilnahme an Linktauschprogrammen
- Erstellen von Seiten ohne oder mit nur wenigen eigenen Inhalten
- Cloaking
- Irreführende Weiterleitungen
- Verborgener Text/verborgene Links
- Brückenseiten
- Kopierte Inhalte
- Teilnahme an Affiliate-Programmen ohne ausreichenden Mehrwert
- Laden von Seiten mit irrelevanten Keywords
- Erstellen von Seiten mit schädlichen Funktionen, durch die beispielsweise Phishingversuche unternommen oder Viren, Trojaner oder andere Badware installiert werden
- Missbrauch von Rich Snippet-Markup
- Senden von automatisierten Anfragen an Google

Beachten Sie Best Practices wie die folgenden:

- Kontrollieren Ihrer Website auf Hacking und Entfernen gehackter Inhalte direkt nach ihrem Auftauchen
- Vermeiden und Entfernen von nutzergeneriertem Spam auf Ihrer Website

Wenn Ihre Website eine oder mehrere dieser Richtlinien verletzt, ergreift Google möglicherweise manuelle Maßnahmen. Sobald Sie das Problem behoben haben, können Sie einen Antrag auf erneute Überprüfung der Website stellen.

Abbildung 13.8 Ausschnitt aus den Qualitätsrichtlinien von Google

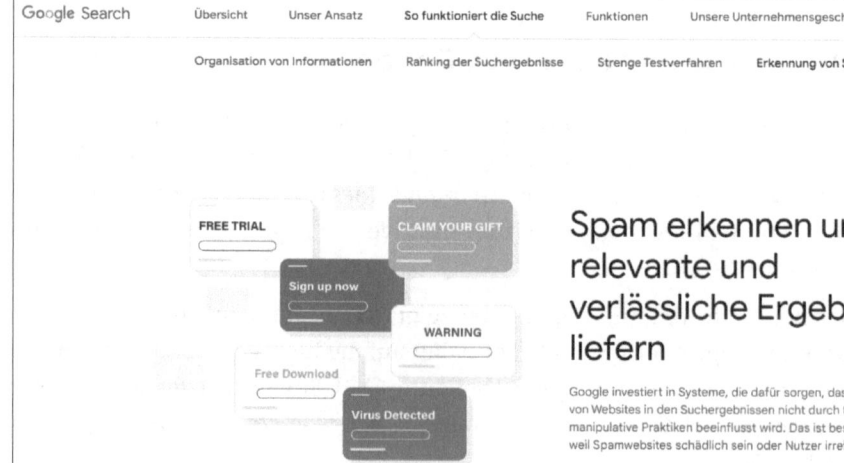

Abbildung 13.9 Google gibt Einsteigern Einblicke in die Spam-Bekämpfung.

Zusammenfassend lässt sich also festhalten, dass Google SEO-Spam sehr ernst nimmt und stetig auf der Hut ist. Seit Beginn der Suchmaschinen-Optimierung haben sich Suchmaschinen-Optimierer und -Optimiererinnen auf die Suche nach Lücken und Möglichkeiten in den Algorithmen begeben, die eine schnellere und einfachere Ranking-Optimierung ermöglichten. Es wäre falsch zu glauben, dass das heute nicht mehr auf die eine oder andere Weise funktioniert.

Allerdings sind solche »Tricks« immer nur von kurzer Dauer, und ihre Anwendung wird deutlich komplexer, da Google und andere Suchmaschinen-Betreiber stetig am Ball bleiben. Ich würde Ihnen daher für Ihr Unternehmen, Ihr Produkt oder Ihre Website immer nur eine nachhaltige, ehrliche Suchmaschinen-Optimierung empfehlen. Beachten Sie diese vier Richtlinien, die Google in seinen »Richtlinien für Webmaster« veröffentlicht hat, und Sie werden kein Problem mit Spam bekommen:

1. Erstellen Sie Seiten in erster Linie für Nutzer und Nutzerinnen, nicht für Suchmaschinen.
2. Täuschen Sie die Nutzer und Nutzerinnen nicht.
3. Vermeiden Sie Tricks, die das Suchmaschinen-Ranking verbessern sollen. Ein guter Anhaltspunkt ist, ob es Ihnen angenehm wäre, Ihre Vorgehensweise einem konkurrierenden Website-Betreiber oder einem Google-Mitarbeiter bzw. einer -Mitarbeiterin zu erläutern. Ein weiterer hilfreicher Test besteht darin, sich folgende Fragen zu stellen: »Ist dies für meine Nutzer und Nutzerinnen von Vorteil? Würde ich das auch tun, wenn es keine Suchmaschinen gäbe?«
4. Überlegen Sie, was Ihre Website einzigartig, wertvoll oder einnehmend macht. Gestalten Sie Ihre Website so, dass sie sich von anderen in Ihrem Bereich abhebt.

Kapitel 14
Monitoring, Controlling und Tracking

Nach der Optimierung ist vor der Optimierung. Sie müssen stets auf dem Laufenden darüber sein, wie gut Ihre Optimierungsmaßnahmen greifen. Wie Sie dazu vorgehen, erfahren Sie in diesem Kapitel.

Das World Wide Web ist ein äußerst dynamisches Terrain. Minütlich ändern sich die Inhalte, es werden Seiten verschoben oder gelöscht. All dies hat einen direkten Einfluss auf die Indexe der Suchmaschinen. Um die Aktualität des Datenbestands zu sichern, müssen alle erfassten Ressourcen in regelmäßigen Abständen auf ihren Zustand und eventuelle Veränderungen hin überprüft werden. Ist ein Dokument nicht mehr erreichbar, wird es sofort aus dem Bestand entfernt, um die vergeudeten Ressourcen wieder freizugeben.

Als Suchmaschinen-Optimierer oder -Optimiererin müssen Sie daher sicherstellen, dass Ihre Seiten zu jeder Zeit auf dem Server verfügbar sind. Dabei können Sie nicht ständig vor einem Computer sitzen und darauf achten, dass die Webseiten erreichbar sind. Dieses Beobachten (*Monitoring*) kann auf unterschiedliche Weise geschehen und besitzt weit mehr Facetten als die bloße Erreichbarkeit des Servers. Dazu stehen Ihnen sowohl manuelle als auch automatische Dienste zur Verfügung.

Das Sicherstellen der Verfügbarkeit ist eine notwendige, jedoch nicht hinreichende Voraussetzung, um den Erfolg einer Optimierung zu sichern. Oftmals gelingt es nicht auf Anhieb, bereits beim ersten Optimierungsversuch auf die besten Plätze zu kommen. Insbesondere bei Website-Betreibern, die neu im Bereich der Optimierung sind, ist dies die Regel. Hier dürfen Sie nicht verzweifeln – Tuning ist angesagt. Die vorgenommenen Veränderungen an den Webseiten sind offensichtlich nicht optimal genug. Sie sollten an dieser Stelle von einem blinden oder gar übertriebenen Optimieren absehen. Viele Website-Betreiber verlieren erfahrungsgemäß die Motivation, die Webseiten weiter zu pflegen und die Optimierung zu verbessern. Leider ist in diesen Fällen dann auch die Vorarbeit vergebens. Suchmaschinen-Optimierung sollte vielmehr als ein reflektierendes Verfahren angesehen werden, das zwischen Beobachten und Anpassen stetig wechselt und kontinuierlich betrieben wird. Anders gesagt: Wer SEO als einmalige Angelegenheit versteht, verliert.

Daher möchte ich Ihnen an dieser Stelle einen dringenden Rat geben: Lassen Sie Ihr »Kind« nicht allein! Die Webseitenoptimierung ist kein einmaliger Vorgang, sondern

besteht aus einem Kreislauf von Veränderungen und dem Beobachten der Auswirkungen. Dieses mittel- bis langfristige Denken ist auch die Grundlage für die Verbesserung der eigenen Optimierungsweise. So können z. B. verschiedene Varianten an diversen Dokumenten ausprobiert werden. Ein Überprüfen des Ergebnisses und ein entsprechendes Nachjustieren können zu dem optimalen Mix an Relevanzkriterien führen, der Ihre Website in den oberen Bereich der Ergebnislisten bringt.

Es ist demnach ein absolutes Muss, ständig nach dem Rechten zu sehen und die eigenen Bewertungen innerhalb der Ergebnislisten zu kennen. Selbst eine Webseite auf einer Top-Position kann nach Veränderungen in den Bewertungskriterien einer Suchmaschine plötzlich schlechter abschneiden. Das permanente Kontrollieren der eigenen Position und die Suche nach möglichen Ursachen für ein unbefriedigendes Ranking fasst man unter dem Begriff *Controlling* zusammen. Häufig wird dies auch als Tracking bezeichnet. Streng genommen ist *Tracking* zwar nur der Schritt der Erfassung von Daten, dennoch hat sich der Begriff etabliert.

Die Formen des Monitorings und Trackings sind dabei vielfältig und beziehen sich, im Ganzen betrachtet, nicht nur auf das Thema Suchmaschinen-Optimierung. Im Folgenden wird Ihr Augenmerk insbesondere auf die Punkte gelenkt, die für eine Suchmaschinen-Optimierung relevant sind.

14.1 Monitoring

Für Suchmaschinen-Optimierer und -Optimiererinnen ist es von enormer Bedeutung, über möglichst viele Zustände und Änderungen einer Website Bescheid zu wissen. Da man sich mit den Suchmaschinen ohnehin schon in einem undurchsichtigen und komplexen System bewegt, sollte man zumindest in seinem »Vorgarten« aufgeräumt haben. Das betrifft verschiedene Ebenen, angefangen von der Erreichbarkeit des Webservers über die Antwortgeschwindigkeit bis hin zum Sorgetragen dafür, dass unabsichtliche Änderungen an der Seitenstruktur und den Seiteninhalten nicht unentdeckt bleiben.

14.1.1 Erreichbarkeits-Monitoring

Die Voraussetzung dafür, dass eine Website gefunden wird, ist deren Erreichbarkeit. Dies gilt gleich in zweierlei Hinsicht. Denn erreicht ein Webcrawler einen Webserver zur Neuindexierung eines Dokuments nicht, wird kein Webcrawler einen zweiten Versuch starten und die URL aus der Datenbank entfernen. Ähnlich verhält es sich bei einem erneuten Besuch. Hier gelten zwar oftmals weniger strenge Regeln, aber ist jedoch ein Dokument mehrmals nicht erreichbar, wird es aus dem Index entfernt. Das ist besonders ärgerlich, wenn aufgrund der bestehenden On- und Offpage-Optimierung bereits ein gutes Ranking erzielt wurde. Insbesondere eingehende Links von außen, die die Link-Popularity erhöhen, werden im Fall einer Nichterreichbarkeit schnell entfernt. Dies gilt für eine permanente Erreichbarkeit ebenso wie für zeitweilige Ausfälle.

Ein Webserver und die darauf befindlichen Ressourcen müssen daher ständig verfügbar sein. Um dies zu überprüfen, empfiehlt sich ein Server-Monitoring. Meist wird eine Software eingesetzt, die in kurzen regelmäßigen Abständen das Antwortverhalten bestimmter Ressourcen oder Protokolle (HTTP, FTP, Ping, DNS, POP, SMTP etc.) überprüft. Bei einem Ausfall wird der Content-Anbieter benachrichtigt. Meist erfolgt dies per E-Mail oder SMS.

Natürlich muss das Server-Monitoring außerhalb des zu überwachenden Servers erfolgen. Ebenfalls sollte es sich nicht innerhalb des gleichen Netzwerks befinden. Denn sonst würden bei einem Stromausfall ohne USV (unterbrechungsfreie Stromversorgung) sowohl der Webserver als auch der Monitoring-Server ausfallen und eine Überwachung sinnlos machen.

In manchen Fällen reicht ein kleines Skript, das die Serververfügbarkeit regelmäßig überprüft. Diese Skripte sind z. B. in Perl, Python oder einer anderen Skriptsprache geschrieben und lassen sich für den geübten Anwender relativ leicht installieren. Selbstverständlich gibt es auch im Bereich des Server-Monitorings Dienstleister, die diesen Service übernehmen.

Abbildung 14.1 Nagios ist eine beliebte Server-Monitoring-Applikation. (Quelle: »nagios.com«)

Das Server-Monitoring wird häufig insbesondere dann eingesetzt, wenn die unterbrechungsfreie Erreichbarkeit einer Website von entscheidender Bedeutung ist. Bei Anmeldeprogrammen, Online-Banking oder ähnlichen Anwendungen sind hier nicht die Suchmaschinen der ausschlaggebende Faktor, sondern die Kunden. Diese haben selten Verständnis für Ausfälle. Dabei ist es erfahrungsgemäß unerheblich, ob es sich bei dem Ausfall um eigenes Verschulden, um falsch installierte Software, um ein schlecht gewartetes System oder um einen Angriff von außen handelt. Die sogenannten DOS-Attacken (*Denial of Service*) zwingen einen Webserver in die Knie, sodass Anfragen nur noch sehr langsam oder gar nicht mehr beantwortet werden können. Dabei werden möglichst viele irrelevante TCP/IP-Pakete an den Webserver gesandt, um diesen mit der Bearbeitung der Eingänge derart zu beschäftigen, dass keine Zeit mehr für die Abarbeitung der eigentlichen Anfragen bleibt. Der Webserver verweigert somit den Dienst oder wird derart überlastet, dass er abstürzt.

Viele Suchmaschinen werten im Übrigen nach einer Anfrage nicht nur die Statuscodes im HTTP-Response aus, sondern verarbeiten auch die Antwortzeit.

14.1.2 Servergeschwindigkeit beobachten

So ist nicht nur darauf zu achten, dass ein Server erreichbar bleibt, sondern auch darauf, dass er moderate Antwortzeiten liefert. Auch das kann ein Monitoring überwachen. Liegt zu viel Zeit zwischen der Anfrage des Webcrawlers und der Antwort des Webservers, erhält das Dokument oder bei massivem Auftreten sogar die gesamte Domain ein schlechteres Ranking – von der Herabsetzung der Wiederbesuchsfrequenz einmal ganz abgesehen. Kommt ein Webcrawler nicht mehr häufig auf eine Website, werden in der Konsequenz die Änderungen nicht zügig in den Index übernommen. Dies erschwert eine reflektierende Suchmaschinen-Optimierung und wirkt sich erfahrungsgemäß insbesondere bei Websites mit aktuelleren Themen in Form sinkender Besucherzahlen aus.

Dabei können lange Antwortzeiten unterschiedliche Gründe haben. Die erwähnte DOS-Attacke ist dabei eher selten. Häufiger sind Webserver mit einer Flut von legitimen Anfragen schlichtweg überlastet. Ein sprunghafter Anstieg der Besucherzahlen kann z. B. aufgrund einer schnell bekannt werdenden Publikation oder eines neuen Produkts entstehen. Ein Webserver verhält sich dabei nicht viel anders als Ihr Computer zu Hause. Wenn dort zu viele Programme geöffnet sind, wird das ganze System langsamer, und alle Prozesse dauern entsprechend länger. Sie sollten daher stets die Leistungsgrenze des Webservers im Hinterkopf behalten, damit es hier nicht zu einer Abstufung durch Suchmaschinen kommt. Gegebenenfalls muss bei einer dauerhaften Überlastung ein neuer Webserver oder ein Loadbalancer eingebunden werden. Schließlich sind mittlerweile viele Nutzer und Nutzerinnen von schnellen Anbindungen verwöhnt, sodass einer sich zu langsam aufbauenden Seite schnell mit der ZURÜCK-Funktion des Browsers jegliche Chance zur Informationsübermittlung genommen wird. Daher sollten Sie beim Monitoring auch auf die Antwortzeiten achten.

14.1.3 Versehentliche Änderung von URLs

Außer technischen Problemen auf dem Server gibt es weitere Gründe für die Nichterreichbarkeit eines Dokuments. Insbesondere bei Content-Management-Systemen werden einzelne Seiten, die bereits indexiert wurden, einfach gelöscht oder verschoben. Dabei richten immer noch zu wenige CMS automatisch einen entsprechenden Redirect auf der Serverebene ein. Hier tritt dann das Problem auf, das bereits bei einer Umstrukturierung der Website angesprochen wurde. Letztlich führt dies auch zum Entfernen der URL aus dem Index. Abgesehen vom Einsatz eines CMS können Dokumente auch absichtlich gelöscht werden, weil die Inhalte nicht mehr relevant oder aktuell sind. Der Webcrawler erhält bei einer Anfrage einen 404-Statuscode (Not Found) zurück – ein todsicheres Zeichen für das Information-Retrieval-System, die Ressource aus dem Datenbestand nach einer kurzen Karenzzeit zu löschen.

Besitzt ein Dokument jedoch eine besonders gute SERP-Position und vielleicht sogar eine gute Link-Popularity, sollte man es keinesfalls löschen. Ein Redirect ist hier durchaus angebracht. Alternativ kann die Seite auch bestehen bleiben und innerhalb eines sinnvollen Kontextes umgebaut werden. Die richtige Wahl ist jeweils von den individuellen Faktoren abhängig.

Gelegentlich kommt es vor, dass eine gesamte Domain nicht mehr erreichbar ist. In diesem Fall wird dem Webcrawler ebenso ein Fehlercode zurückgeliefert – und zwar für jedes Dokument dieser Domain. Die Konsequenzen sind bekannt. Neben den seltenen externen DNS-Fehlern, die, wenn sie denn auftreten, meist nicht selbst behoben werden können, sind meistens die nicht bezahlte Jahresgebühr und somit der ablaufende Vertrag die Ursache für die Abschaltung einer Domain. Speziell Webautoren und -autorinnen mit zahlreichen Domains verlieren mitunter die Übersicht, welche Laufzeiten die einzelnen Domains besitzen.

Oft wird auch bei der Protokollumstellung von HTTP auf das sichere HTTPS vergessen, dass Suchmaschinen unter der alten URL nur noch einen 404-Fehler erhalten. Eine entsprechend eingerichtete Weiterleitung kann auch hier Abhilfe schaffen. Die URL-Daten bei den Suchmaschinen werden bei einem permanenten Redirect umgeschrieben, und die vorhandenen Daten zu den jeweiligen Einträgen bleiben somit erhalten.

Die Wichtigkeit, einzelne Ressourcen erreichen zu können, steht – wie Sie sehen – der Gesamtverfügbarkeit des Webservers in keinem Punkt nach. Sie sollten daher bei allen Veränderungen der Dateistruktur bedenken, dass bereits indexierte Dokumente

mit gegebenenfalls guter Link-Popularity oder Positionierung aus Sicht der Suchmaschinen nicht einfach verschwinden. Redirects oder andere angesprochene Praktiken vermeiden in diesen Fällen allzu große Verluste.

Wie können Sie sich also letztlich vor Ausfällen jeglicher Art schützen, die zu negativen Effekten indexierter Dokumente führen? Prinzipiell sollten Sie bei der Arbeit an der Website Sorgfalt walten lassen und nicht unüberlegt die Strukturen verändern. Ein nützliches, selbst angelegtes oder erkauftes Server-Monitoring bietet im Normalfall nicht nur das bloße Überwachen einzelner Protokolle, wie z. B. die prinzipielle Antwort eines Webservers auf eine bestimmte IP-Adresse. Vielmehr sollte es möglich sein, einzelne URLs anzugeben, die jeweils einzeln auf die genannten Kriterien hin überprüft werden. Nur bei einer entsprechenden automatisierten Benachrichtigung können Sie auf Serverausfälle oder versehentliches Löschen oder Verschieben einzelner Ressourcen rechtzeitig reagieren. »Schneller sein als die Webcrawler« lautet in solchen Fällen die Devise.

Eine kleine Hilfe ganz ohne Installation von Software bietet Ihnen der Einsatz der Google Search Console. Wenn Sie Ihre Website dort angemeldet haben, erhalten Sie von Google entsprechende Meldungen und E-Mails, wenn Seiten nicht mehr erreichbar sind und einen 404-Fehler auslösen.

14.1.4 Website-Änderungen überwachen

Häufig kommt es vor, dass die IT-Abteilung unbeabsichtigt oder beabsichtigt Inhalte der *robots.txt* verändert, ohne dem Suchmaschinen-Optimierer oder der -Optimiererin Bescheid zu geben. Manchmal werden auch Canonicals plötzlich domainweit entfernt, und HTML-Auszeichnungsformate oder strukturierte Daten verschwinden.

Das hat meist erhebliche Konsequenzen, die aber erst Tage oder Wochen nach der Veränderung als Ranking- und Trafficverlusts spürbar werden und bis dahin auch unbemerkt geblieben sind. Diese Beispiele zeigen, wie wichtig ein Monitoring auch dieser Punkte ist.

Dazu habe ich mit meinem Team die Software DAWIS in Python geschrieben. Sie ist frei für alle verfügbar und als Open-Source-Projekt unter *https://github.com/mindshape-GmbH/dawis* erhältlich. Die Struktur ist dabei modular aufgebaut.

Für das Monitoring der oben genannten Fälle besteht ein HTML-Parser-Modul. Dort kann man für beliebige URLs einer Website konfigurieren, dass Änderungen erfasst und gespeichert werden sollen. Ein Alerting sorgt dann dafür, dass eine E-Mail oder eine Nachricht verschickt wird, sobald eine unerwünschte Veränderung auftritt. Das robotstxt-Modul hingegen überwacht die *robots.txt* auf Veränderung.

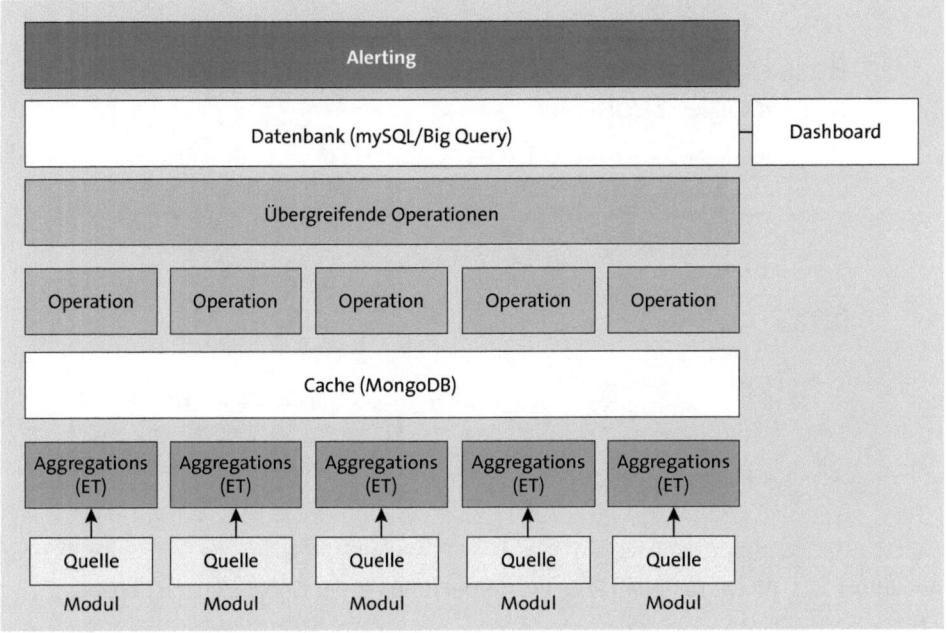

Abbildung 14.2 Struktur von DAWIS

Die aktuelle Dokumentation sowie weitere Hinweise finden Sie unter *https://www.dawis.io*.

14.2 Controlling mit der Google Search Console

Noch vor wenigen Jahren gab es kaum Kommunikation zwischen Website-Betreibern und Suchmaschinen-Diensten. Mittlerweile bieten alle großen Suchmaschinen jedoch Webmaster-Tools an. Bei Google heißt dieses Tool seit 2015 *Search Console*. Sobald Sie verifiziert wurden, können Sie als Webmaster hier wichtige Informationen ablesen und Informationen an die jeweilige Suchmaschine geben.

Dabei sollten Sie allerdings beachten, dass jede Suchmaschine ihre eigenen Webmaster-Tools hat. Für den deutschsprachigen Raum ist dies derzeit kaum von praktischer Bedeutung, da die Optimierung ohnehin hauptsächlich bis ausschließlich für Google durchgeführt wird, da Google den Suchmarkt beherrscht. Daher wird im Folgenden als Beispiel die Google Search Console (GSC) herangezogen (siehe Abbildung 14.3). Alle anderen Tools funktionieren jedoch ähnlich, und es erscheinen ohnehin stetig neue und verbesserte Funktionen.

Abbildung 14.3 Pflicht für jeden SEO: die Anmeldung bei der Google Search Console

Die einzelnen Webmaster-Tools finden Sie unter folgenden URLs:

- Google Search Console: *https://search.google.com/search-console*
- Bing Webmaster Tools: *https://www.bing.com/webmasters/about*

14.2.1 Anmeldung und Verifikation

Initial anmelden können Sie sich ebenfalls über die URL der Search Console. Danach nutzen Sie den Button WEBSITE HINZUFÜGEN und geben die Domain ein, die Sie hinzufügen möchten (siehe Abbildung 14.4).

Bei der GSC ist eine Domain in mehrere Properties unterteilt. So sind jede Subdomain (auch www) und auch HTTP und HTTPS jeweils eine eigene Property. Sie können aber alle üblichen Properties unter einer Domain zusammenfassen. Dazu wählen Sie die linke Option DOMAIN. Wenn Sie nur eine bestimmte Property nutzen möchten, wählen Sie die Option URL-PRÄFIX.

Damit Sie nur Websites hinzufügen können, die auch unter Ihrer eigenen Kontrolle stehen (und damit Sie auch nur Ihre eigenen Daten einsehen können und nicht die der Mitbewerber), müssen Sie sich zunächst verifizieren und damit zeigen, dass Sie der rechtmäßige Eigentümer oder die Eigentümerin der Website sind.

Dies geschieht am einfachsten, wenn Sie bereits mit dem gleichen Google-Konto auch schon zuvor Google Analytics oder den Google Tag Manager auf Ihrer Website eingerichtet haben. Dann erkennt Google dies und gibt die Search Console ohne weitere Nachfrage frei (siehe Abbildung 14.5).

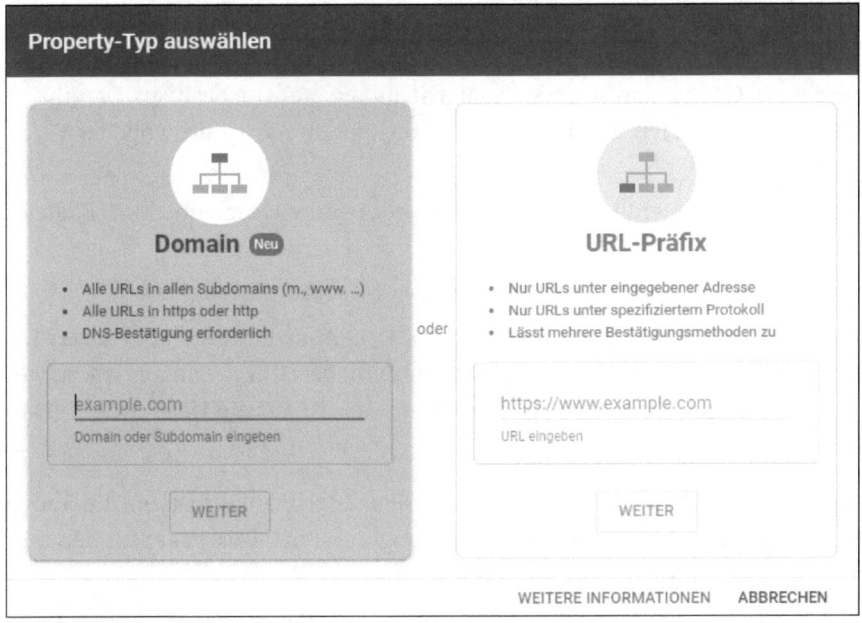

Abbildung 14.4 Das Hinzufügen einer neuen Website zu der Search Console ist einfach und schnell erledigt.

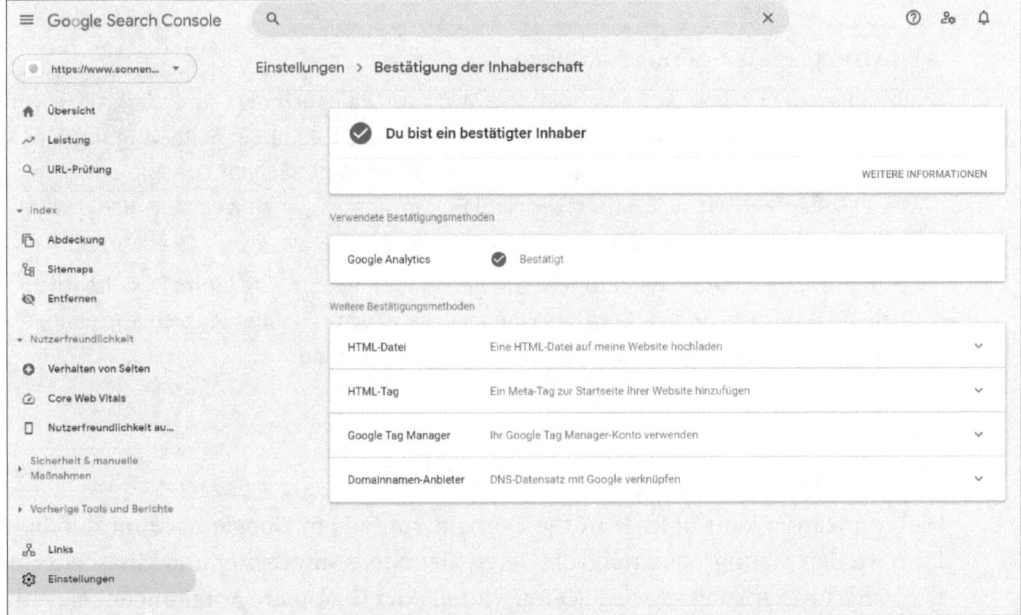

Abbildung 14.5 Wer zuvor Google Analytics eingebunden hat, kann die Search Console schnell und unkompliziert validieren.

Alternativ stehen Ihnen weitere Möglichkeiten zur Verfügung:

- Sie laden eine bestimmte HTML-Seite mit einem bestimmten Inhalt auf den Server und bestätigen Google damit, dass Sie Zugriff auf die Website besitzen. Dateiname und Inhalt werden Ihnen durch einen entsprechenden Assistenten bei der Verifikation angezeigt.
- Alternativ können Sie ein HTML-Tag in den <head>-Bereich setzen, das z. B. dieses Aussehen hat:
  ```
  <meta name="google-site-verification" content=" DFSUfbO3G3Hg" />
  ```
- Deutlich komplexer wird das Anlegen eines DNS-Alias-Eintrags über Ihren Domainanbieter. Diese Methode wird meist nur dann gewählt, wenn aus irgendwelchen Gründen weder ein Dateizugriff noch ein Zugriff auf die Header der HTML-Dateien möglich ist.

Nach erfolgreicher Verifikation haben Sie nun vollen Zugriff auf die Daten, die Google Ihnen zur Verfügung stellt. Es kann sein, dass Google erst nach ein paar Stunden oder am nächsten Tag alle Informationen darstellt.

Sollten Sie sinnvollerweise auch Google Analytics im gleichen Google-Account nutzen, dann stellen Sie sicher, dass die beiden Dienste miteinander gekoppelt sind. Wie das über Google Analytics geht, erfahren Sie unter *https://support.google.com/analytics/answer/1308621?hl=de*.

> **Praxistipp: E-Mail-Adresse aktivieren**
>
> Sie sollten über die Website-Verwaltung auf jeden Fall auch den Punkt EINSTELLUNGEN besuchen. Hier aktivieren Sie dann am besten die E-Mail-Benachrichtigung. Damit kann Google Ihnen E-Mails über Vorkommnisse in der Search Console schicken. Das ist sehr praktisch, weil Sie so schnell reagieren können, auch wenn Sie nicht jeden Tag in die Search Console schauen.
>
> Bei mindshape schauen wir übrigens für alle Kunden regelmäßig einmal wöchentlich über alle Daten der Search Console. Einen solchen Turnus sollten Sie sich auch angewöhnen. Das hilft, Fehler und Probleme frühzeitig zu erkennen.

14.2.2 Einladungen aussprechen und widerrufen

Die Verifikation kann immer nur je Domain von einem Google-Account durchgeführt werden. Häufig jedoch sind die Daten für andere Mitarbeiter und Mitarbeiterinnen, externe Dienstleister wie SEO-Agenturen oder für andere Abteilungen relevant. Nicht immer kann oder möchte man den Google-Account teilen, da je Account auch mehrere Domains oder ein personengebundener Google-Account integriert sein können.

Um eine verifizierte Domain anderen zugänglich zu machen, nutzen Sie auf der Übersichtsseite erneut den Link EINSTELLUNGEN unten links und wählen NUTZER UND BERECHTIGUNGEN aus. Sie finden nun eine Liste mit allen zugriffsberechtigten Usern bzw. Google-Accounts vor. Über den Button NUTZER HINZUFÜGEN können Sie einen anderen Google-Account hinzufügen. Geben Sie dazu einfach die entsprechende Google-E-Mail-Adresse ein.

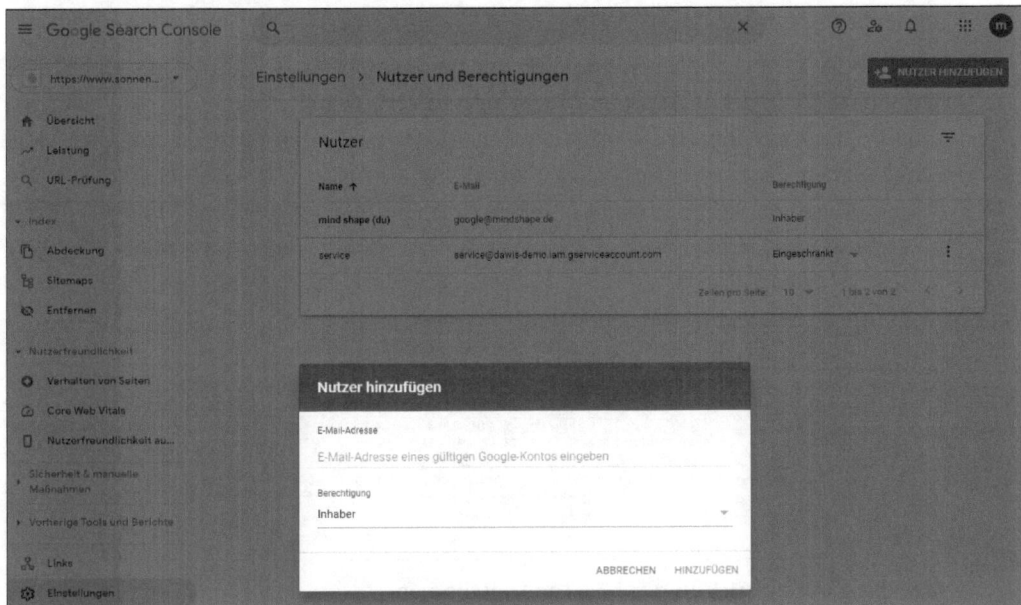

Abbildung 14.6 Hinzufügen weiterer Nutzer zur GSC

Als Berechtigungsoptionen stehen Ihnen INHABER, UNEINGESCHRÄNKT und EINGESCHRÄNKT zur Verfügung. Inhaber und Inhaberinnen haben uneingeschränkte Kontrolle über die Property. Sie können andere Nutzer und Nutzerinnen hinzufügen und entfernen, Einstellungen konfigurieren und alle Funktionen vollständig nutzen. Uneingeschränkte Nutzer und Nutzerinnen verfügen über das Recht, alle Daten anzusehen und einige Maßnahmen zu ergreifen. Eingeschränkte Nutzer und Nutzerinnen können hingegen nur die meisten Daten lesen, aber keine Maßnahmen anstoßen.

Grundsätzlich lässt sich festhalten, dass ein lesender Zugriff z. B. für die Marketing-Abteilung eingeschränkt sein sollte. Eine extern arbeitende SEO-Agentur erhält üblicherweise einen uneingeschränkten Zugriff, da hier auch wichtige Änderungen und Anpassungen durchgeführt werden können und sollten. So können Sie beispielsweise regeln, wie Google mit den URL-Parametern der Website umgehen soll, oder die GSC-API vollumfänglich nutzen.

14.2.3 Initiale Angaben

Zu Beginn nehmen Sie üblicherweise einige Einstellungen vor, um Google eine entsprechende Hilfestellung bei der Indexierung Ihrer Website zu geben. Diese Punkte finden Sie teilweise noch in der Vorgängerversion der GSC unter Vorherige Tools und Berichte.

Sprachliche Zuordnung der Websites

Mittlerweile kann Google recht zuverlässig die deutsche Sprache auf einer Website erkennen, auch wenn noch andere Sprachen auf der Website oder sogar auf gleichen URLs bedient werden. Ist Google allerdings im Zweifel oder bestehen mehrere Möglichkeiten für die geografische Zielorientierung einer Sprache (z. B. bei englischsprachigen Websites), können und sollten Sie Google das geografische Hauptziel Ihrer Website im Bereich Internationale Ausrichtung mitteilen (siehe Abbildung 14.7).

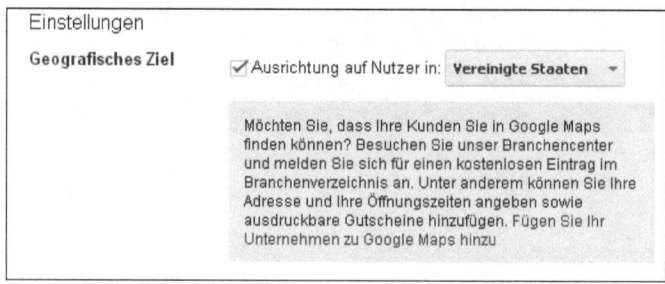

Abbildung 14.7 Ausrichtung auf ein Land bestimmen

Bevorzugte Domain

Früher konnte man noch eine bevorzugte Domain (mit oder ohne *www* vor der Domain) angeben. Dies ist nicht mehr möglich. Steuern Sie die primäre Variante dadurch, dass Sie globale 301-Redirects entweder auf die www- oder Nicht-www-URLs setzen. Google erkennt dies dann meistens zuverlässig.

14.2.4 Einzelne URL prüfen

Eine zentrale Funktion ist die Untersuchung einer einzelnen URL. Dazu geben Sie diese oben in das Eingabefeld ein und warten eine Weile auf das Ergebnis.

Wenn die URL bereits indexiert ist, werden diese Ergebnisse angezeigt. Sie können mittels Live-URL testen auch eine direkte Abfrage der URL starten – etwa weil Sie Inhalte oder Meta-Daten geändert haben und dies nun prüfen möchten.

Über den Klick auf Gecrawlte Seite anzeigen erhalten Sie die Möglichkeit, den HTML-Code zu sehen, den Google indexiert hat. Dabei handelt es sich um die Variante ohne JavaScript-Rendering. Auch ein Screenshot im Falle der Live-URL ist sichtbar. Außerdem erhalten Sie weitere Informationen zum HTTP-Statuscode sowie Seitenressourcen und ggf. auch Fehlermeldungen aus der JavaScript-Console von Google. Dies ist vor allem bei Problemen mit der JavaScript-Verarbeitung hilfreich.

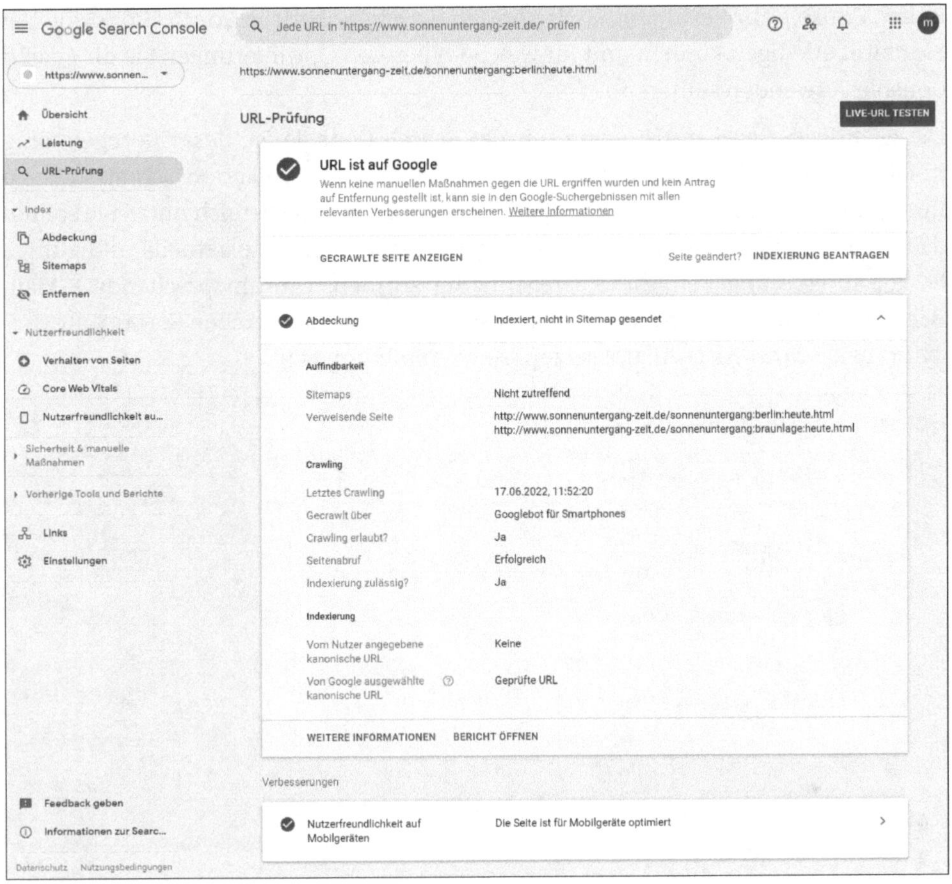

Abbildung 14.8 Einzelne URL in der GSC analysieren

Möchten Sie eine URL neu oder erneut indexieren lassen, klicken Sie auf INDEXIERUNG BEANTRAGEN. Dann erfolgt ein zeitnaher Crawlerbesuch.

Von den einzelnen Akkordeons darunter ist vor allem das erste spannend. Es enthält je nach URL-Status verschiedene Informationen zum letzten Crawling-Zeitpunkt, welcher Crawler die URL abgerufen hat und ob Crawlersteuerungen wie noindex und *robots.txt* gegriffen haben.

Vor allem bei einem Canonical-Einsatz oder einem Duplicate-Content-Problem ist die Angabe VON GOOGLE AUSGEWÄHLTE KANONISCHE URL sehr hilfreich. Prüfen Sie hier, ob dies auch die von Ihnen gewollte kanonische URL ist.

14.2.5 Regelmäßiges Controlling mit der Search Console

Die Controlling-Funktionalitäten der Search Console wandeln sich stetig. Sie sollten sich daher jetzt oder später einmal die Zeit nehmen und sich durch alle Ansichten einmal »durchklicken«. Viel wichtiger ist es jedoch, nicht bloß zu wissen, was die Search Console zur Verfügung stellt, sondern welche wichtigen Controlling-Arbeiten Sie damit erledigen können und für welche typischen Optimierungen Sie die Search Console verwenden sollten.

Die wichtigste Regel im Umgang mit der Search Console ist, dass Sie regelmäßig hineinschauen! Die Search Console ist die einzige Kommunikationsschnittstelle zu Ihnen, die Google individuell im organischen Optimierungsbereich nutzt. Sie sollten daher auch dringend im Bereich NUTZEREINSTELLUNGEN eine aktuelle und gültige E-Mail-Adresse angeben, die Sie regelmäßig abrufen. Um entsprechende E-Mail-Benachrichtigungen zu erhalten, sollten Sie unbedingt das Häkchen BENACHRICHTIGUNG PER E-MAIL AKTIVIEREN setzen (siehe Abbildung 14.9).

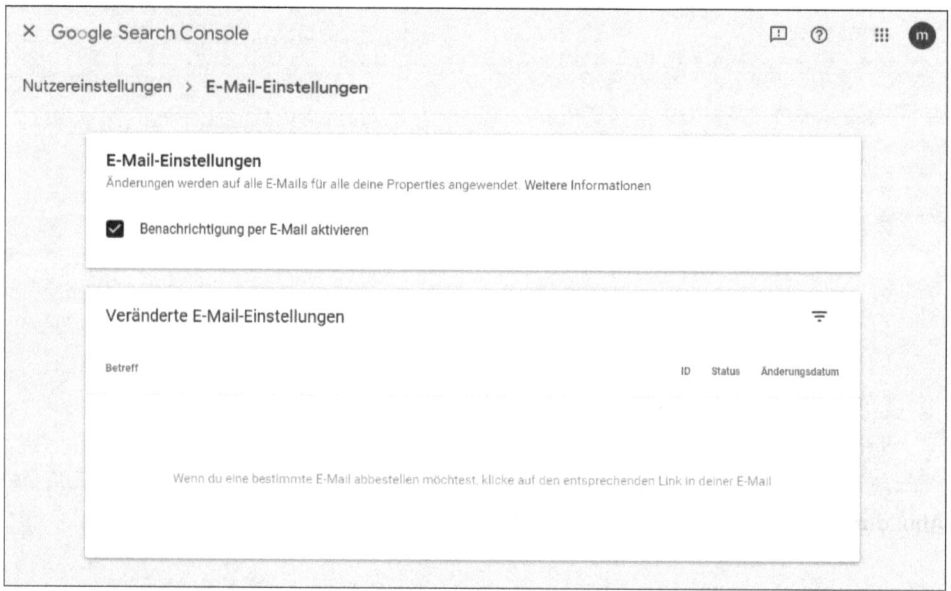

Abbildung 14.9 Die Benachrichtigung per E-Mail ist eine hilfreiche Funktion.

Meiner Erfahrung nach hat es sich bewährt, sich feste regelmäßige Termine (z. B. im Wochenabstand) zu setzen, um einen kurzen Blick in die Search Console zu werfen. Dank des übersichtlichen Dashboards werden Sie bereits auf einen Blick mit allen aktuellen Informationen versorgt (siehe Abbildung 14.10).

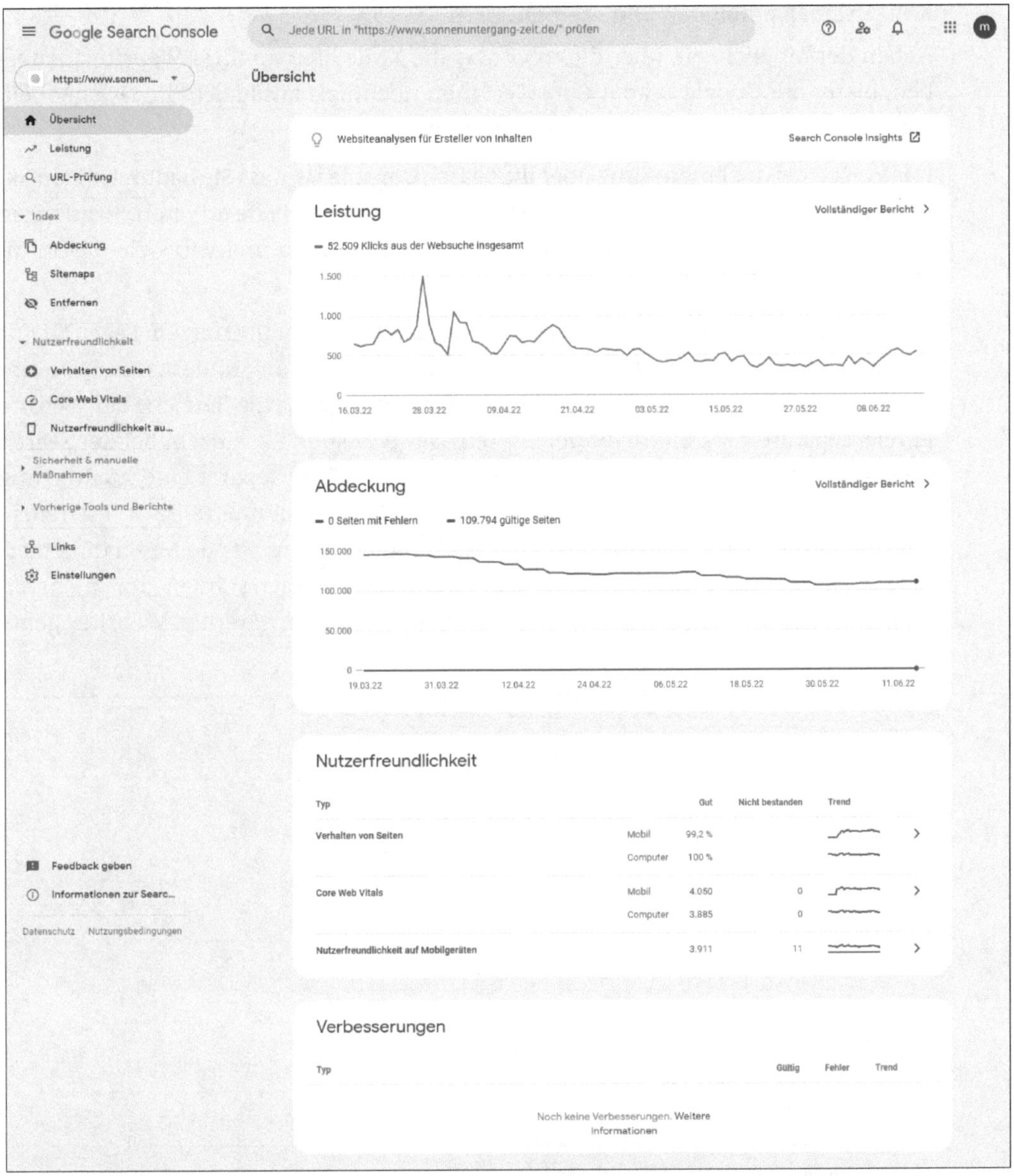

Abbildung 14.10 Alles im Blick im Dashboard der Google Search Console

14.2.6 Typische Controlling-Arbeiten mit der Search Console

Es gibt viele typische Aufgaben und Controlling-Arbeiten, die mit der Google Search Console erledigt werden können.

XML-Sitemap einbinden und segmentieren

Neben der Möglichkeit, über die *robots.txt* die XML-Sitemap Ihrer Website anzugeben, bietet die Google Search Console Ihnen nochmals zusätzlich die Gelegenheit, eine oder mehrere XML-Sitemaps einzubinden.

Der Vorteil bei der Einbindung über die Search Console ist, dass Sie dadurch einen aktuellen Statusreport über den Indexierungsstand Ihrer Website erhalten. So erfahren Sie je XML-Sitemap, wie viele URLs Sie eingereicht haben und wie viele davon indexiert sind.

Das können Sie hervorragend für das Indexierungs-Controlling nutzen: Legen Sie für die gesamte Website nicht nur eine einzelne XML-Sitemap an, sondern fassen Sie einzelne URLs logisch zusammen. So könnten Sie z. B. für einzelne Bereiche der Website jeweils separate XML-Sitemaps generieren. Diese melden Sie einzeln bei der Search Console an. Sie erhalten dann für die einzelnen Bereiche separat eine Auswertung über den Stand der Indexierung (siehe Abbildung 14.11). So können Sie z. B. feststellen, dass ein Bereich noch sehr wenig indexiert ist, und entsprechende Maßnahmen ergreifen – also etwa die interne Verlinkung auf diesen Bereich stärken, dort mehr aktuelle Inhalte einbringen oder auch gezielt Deep Links von externen Websites generieren.

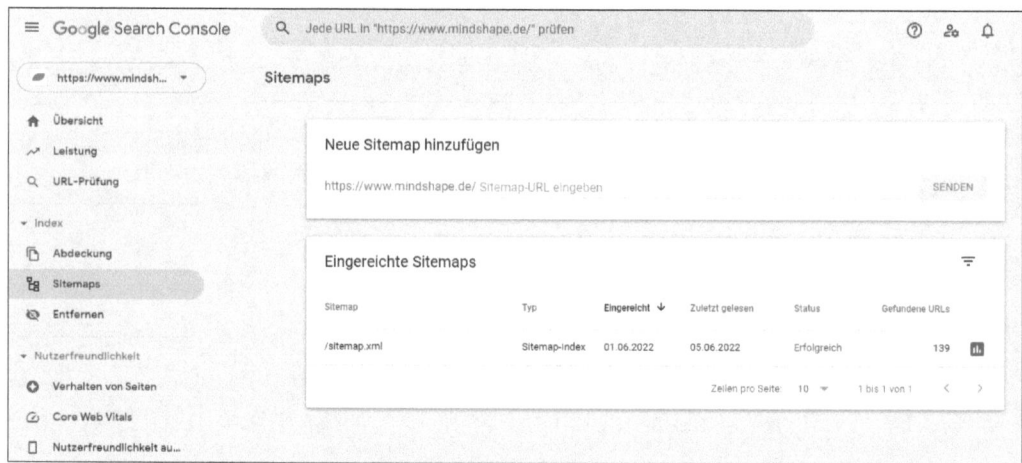

Abbildung 14.11 XML-Sitemap-Übersicht

Über einen anderen Bereich namens SEITEN unter dem Oberbegriff INDEX finden Sie unabhängig von der XML-Sitemap eine historische Entwicklung der indexierten Seiten. Sie können in der Auswahl (siehe Abbildung 14.12) hier auch nur die URLs aus der XML-Sitemap betrachten oder eben alle.

Die erweiterte Ansicht bietet außerdem noch weitere interessante Informationen, unter anderem:

- Gecrawlte, aber nicht indexierte URLs
- Crawling-Anomalien
- URL-Duplicate (Duplicate Content)
- Soft-404-Fehler
- URLs, die durch noindex ausgeschlossen sind
- URL mit Weiterleitungen
- Canonical-Probleme und -Hinweise
- Indexierte URLs, die nicht in der XML-Sitemap vertreten sind
- und weitere

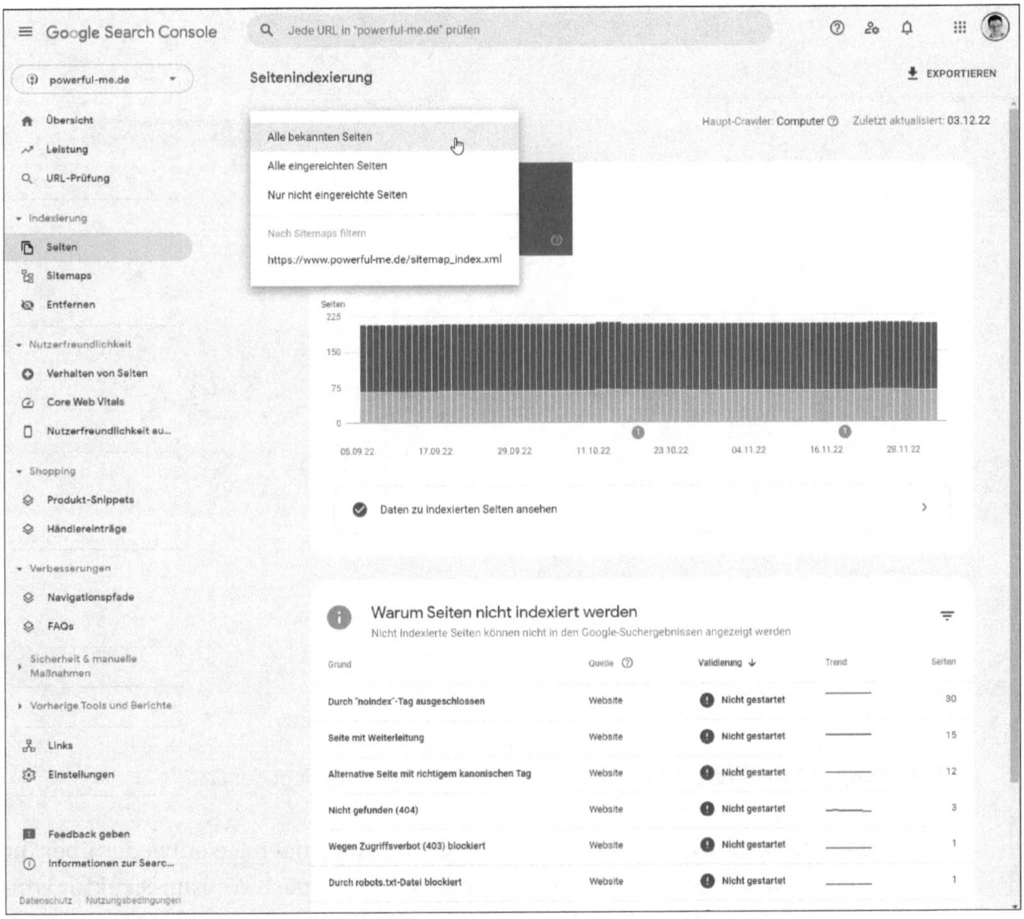

Abbildung 14.12 Indexierungsstatus der XML-Sitemap

Eine Erklärung der sich stetig ändernden Zustände und Daten des »Berichts zur Indexabdeckung« finden Sie unter *https://support.google.com/webmasters/answer/7440203*.

In diesem Bericht sollten Sie allerdings nicht bloß auf die Zahlen schauen und sich zufrieden zurücklehnen. Diese Angabe hat nur dann einen richtigen Nutzwert für Sie, wenn Sie erstens wissen, wie viele einzelne Seiten Ihre Domain überhaupt maximal zur Indexierung anbietet, und wenn Sie zweitens die richtigen Maßnahmen aufgrund Ihrer Beobachtungen ergreifen.

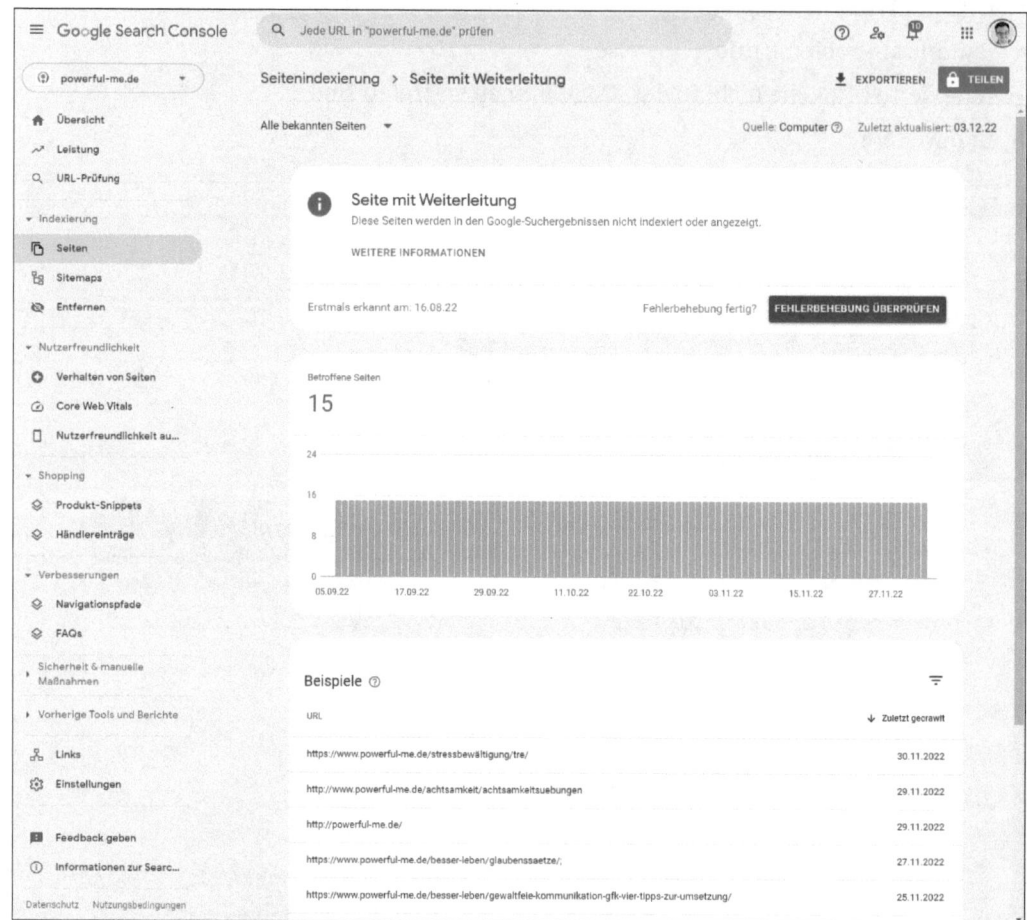

Abbildung 14.13 Hilfreiche Informationen aus dem Seitenbericht der GSC

Die Anzahl der wirklich einzelnen indexierbaren URLs finden Sie entweder über Ihr Content-Management-System heraus, oder Sie zählen. Je nach Website-Struktur können Sie auch automatische Crawling-Tools wie den Screaming Frog SEO Spider nutzen. Dieser zählt auch die gefunden URLs. Dies funktioniert vor allem bei kleineren

Domains mit einer wenig komplexen Seitenstruktur gut. Der praktische Nebeneffekt ist, dass Sie bei Bedarf gleich eine XML-Sitemap generiert haben. Vergessen Sie aber nicht, diese auch regelmäßig zu aktualisieren, sobald neue URLs hinzukommen! Grundsätzlich sollten Sie auf jeden Fall kritisch gegenüber allen Zahlenangaben von Tools sein: Prüfen Sie sie logisch nach.

Indexierung überwachen

Die historische Ansicht bietet Ihnen neben den reinen Zahlenwerten auch zahlreiche weitere Möglichkeiten für das Controlling.

- So haben Sie z. B. die Gelegenheit festzustellen, wie lange ein neuer Inhalt benötigt, bis er indexiert ist. Der Zeitabstand zwischen einzelnen Datenpunkten beträgt dabei immer einen Tag. Allerdings benötigt Google für die Datenaufbereitung ein paar Tage, sodass das jüngste Datum immer ein paar Tage in der Vergangenheit liegt.
- Wenn Sie Ihre Website stetig erweitern und Google auch ebenso stetig die neuen URLs indexiert, der Graph also steigt, dann läuft alles planmäßig.
- Ganz drastische Abfälle bei der Anzahl der indexierten Seiten deuten auf Probleme hin. Entweder ist Ihr Server längere Zeit nicht erreichbar gewesen, oder Google hat die Website abgestraft, oder in der *robots.txt* wurde etwas falsch eingestellt, oder die <canonical>-Tags wurden falsch gesetzt, oder Ihr Server ist so überlastet, dass Google den Suchenden einen langsamen Server nicht zumuten möchte. Es gibt zahlreiche Ursachen. Wichtig ist aber im Controlling, dass Sie das Problem erkennen und dann entsprechend schnell beseitigen.

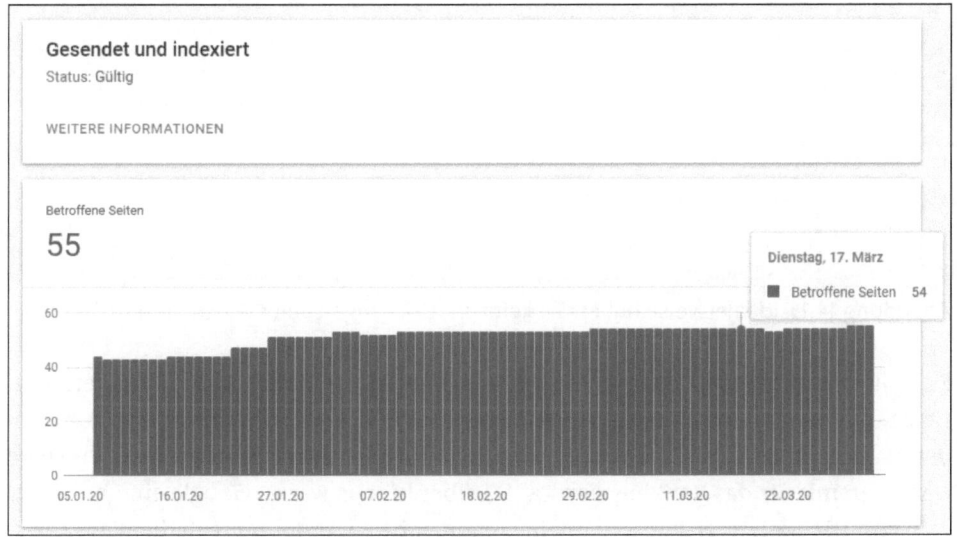

Abbildung 14.14 Indexierte Seitenanzahl bleibt stabil.

14   Monitoring, Controlling und Tracking

Crawling-Fehler feststellen und beseitigen

Im Bereich SEITEN finden Sie alle URL-Fehler und sonstige Indexierungsprobleme (siehe Abbildung 14.15). In der letzten Zeile der Tabelle im Bereich WARUM SEITEN NICHT INDEXIERT WERDEN sehen Sie die Anzahl der betroffenen URLs. Besonders dort, wo viele URLs betroffen sind, sollten Sie einen näheren Blick wagen. Klicken Sie dazu auf eine betreffende Zeile. Anschließend erhalten Sie eine detaillierte Auswertung mit allen URLs explizit aufgelistet.

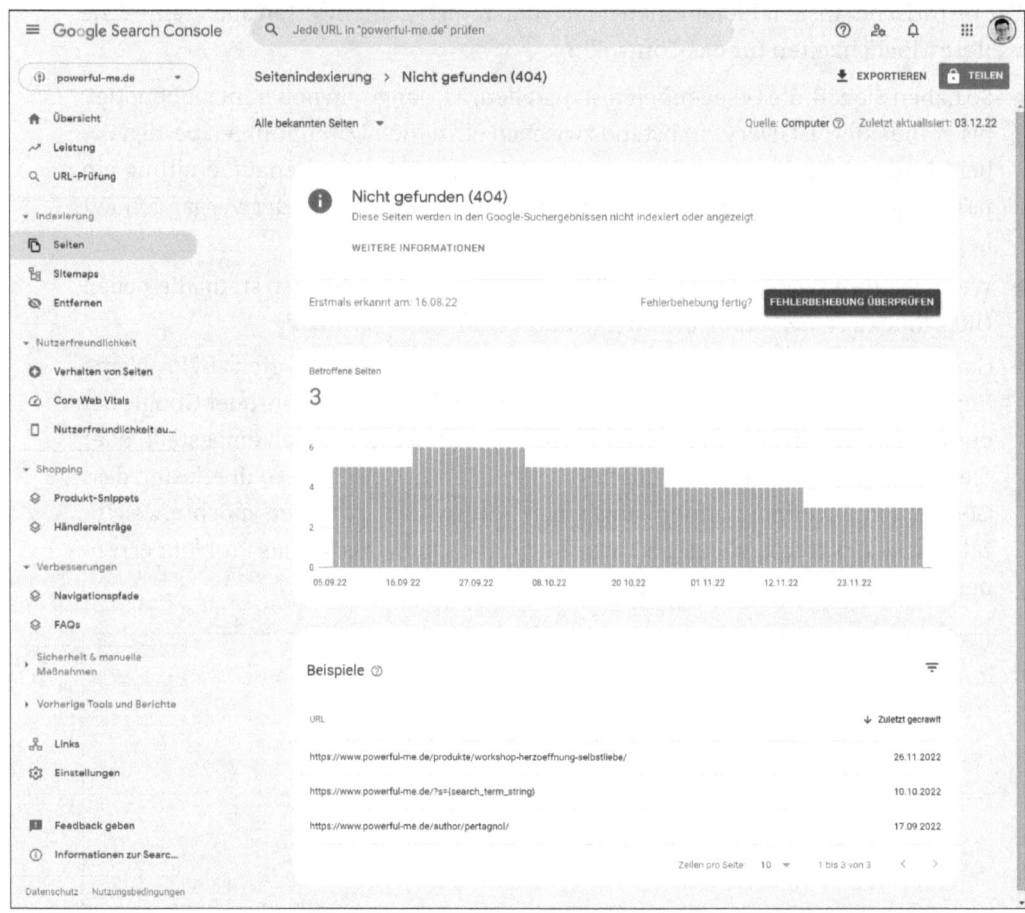

Abbildung 14.15 Idealerweise haben Sie keine Indexierungs-Fehler wie in diesem Beispiel.

Sie sollten dafür sorgen, dass nicht zu viele 404-Fehler in hoher Fallzahl auftreten. Einerseits gehen Ihnen wahrscheinlich Besucher und Besucherinnen verloren, und andererseits läuft der Linkjuice von Websites, die auf diese URL verlinkt haben, ins Leere und ist damit für das Ranking wertlos. Darüber hinaus wertet Google eine hohe Anzahl von 404-Seiten als Zeichen für eine mangelnde Sorgfalt und stuft die Website damit unter einer geringeren Wertigkeit ein, was sich deutlich auf das Ranking aller

Keywords dieser Domain auswirken kann. Das sind viele gute Gründe dafür, regelmäßig in diese Liste zu schauen. Folgendes sollten Sie tun, wenn Sie 404-Fehler vorfinden:

1. Wenn die angegebene Seite unbeabsichtigt entfernt wurde, dann stellen Sie diese wieder her. Das passiert häufiger, z. B. durch ein versehentliches Verschieben von Seitenbäumen oder durch Umbenennen von Kategorien in Content-Management-Systemen, was sich auf die URL-Gestaltung auswirkt.

2. Wenn die Seite nicht entfernt, sondern absichtlich unter einer anderen URL platziert wurde, dann richten Sie in der *.htaccess*-Datei eine entsprechende 301-Weiterleitung auf die neue URL ein.

3. Sollte die URL gelöscht worden sein, können Sie das Entfernen der URL beschleunigen, wenn Sie den HTTP-Code 410 (»Gone«) anstelle von 404 senden. Außerdem wird der Eintrag dann auch aus der Liste entfernt, und Sie können ihn von neuen 404-Fehlern unterscheiden.

4. Schauen Sie in jedem Fall in die Detailübersicht hinein, ob externe Seiten auf diese URL verlinken. Wenn dies ein relevanter Link ist, schreiben Sie entweder den anderen Webautor oder die Webautorin an und bitten ihn bzw. sie um Korrektur, oder Sie richten auf jeden Fall eine 301-Weiterleitung – zur Not auch auf Ihre Startseite – ein.

5. Sollte die URL noch in einer XML-Sitemap vertreten sein oder sollte die Detailansicht anzeigen, dass es interne Verlinkungen auf diese Seite gibt, entfernen Sie diese auch, um Google zu signalisieren, dass Ihre Website sehr gut gepflegt ist.

Die Unterscheidung zwischen echten 404-Fehlern und sogenannten Soft-404-Fehlern wird in der Search Console auch getroffen. Soft-404-Fehler sind keine »echten« 404-Fehler, d. h., der Webserver liefert nicht 404 als Statuscode auf eine Anfrage, sondern ein 200 (»success«) zurück. Die Seite zeigt jedoch dennoch eine Meldung nach dem Motto »Diese URL ist nicht mehr verfügbar« an. Diese Soft-404-Fehler treten häufig bei nicht korrekt eingerichteten Content-Management-Systemen auf. Hier sollten Sie dann die Ursache finden und echte 404-Fehler senden oder eine entsprechende Maßnahme wie zuvor dargestellt wählen. In einigen Fällen kommt es auch vor, dass Seiten mit massivem Duplicate Content hier als Soft-404 aufgelistet werden.

Bei der Identifikation von gesendeten Headern können Sie übrigens das Browser-Plug-in *Live HTTP Headers* verwenden. Als Chrome-Nutzer oder -Nutzerin stehen Ihnen auch die Entwickler-Tools zur Verfügung. Nutzen Sie das Register NETWORK, das die HTTP-Kommunikation explizit darlegt. Wird bei den fraglichen Seiten kein 404-Not Found zurückgeliefert, sondern ein 200-OK, dann besteht Handlungsbedarf. Ansonsten liefert das Tool *httpstatus.io* hervorragende Dienste.

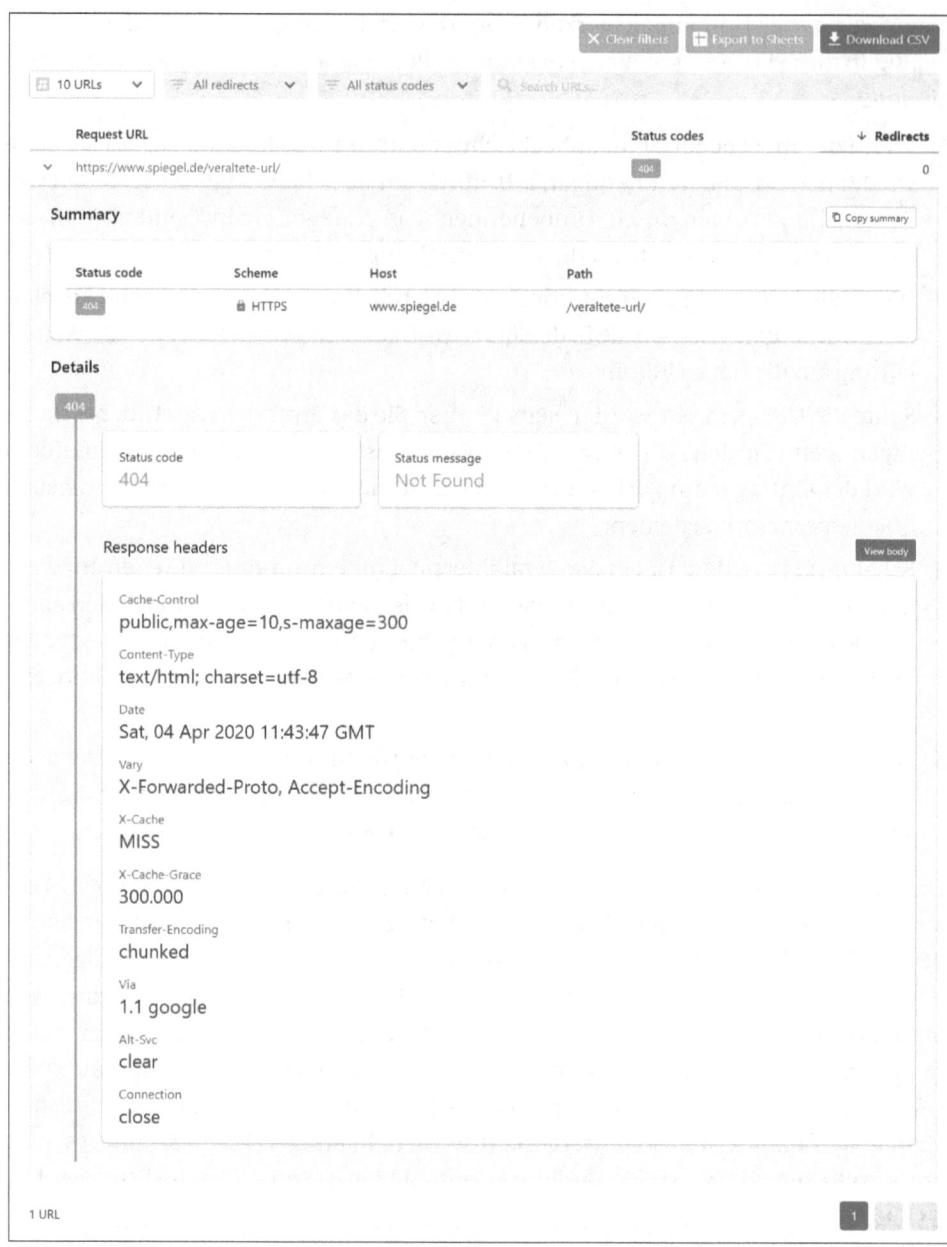

Abbildung 14.16 Response-Code-Analyse mit »httpstatus.io«

Änderungen an der Datei »robots.txt« prüfen

Änderungen an der *robots.txt*-Datei sind zwar meist schnell gemacht, sie können aber verheerend sein und bei einem falschen Zeichen schon zur Deindexierung der gesamten Website führen. Die »alte« Google Search Console bietet die Möglichkeit, die gewünschten Änderungen bereits vorher zu testen und ihre Auswirkungen zu prüfen. In der neuen Version ist dieses Modul Stand Sommer 2020 noch nicht integriert. Sie erreichen den robots.txt-Tester über *https://www.google.com/webmasters/tools/robots-testing-tool*.

Sie erhalten in diesem Bereich außerdem auch die Möglichkeit einzusehen, wann die *robots.txt* zuletzt heruntergeladen wurde (siehe Abbildung 14.17).

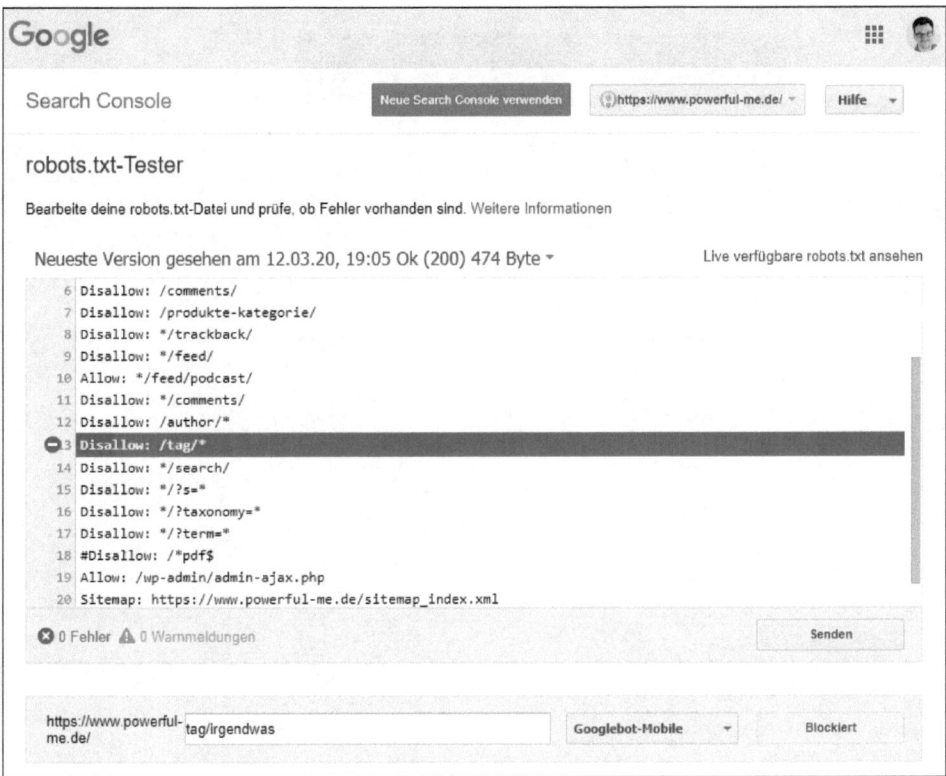

Abbildung 14.17 Durch »robots.txt« blockierte URLs testen

Sie können Änderungen an der *robots.txt* mit diesem Tool testen, bevor Sie sie hochladen. Geben Sie dazu einfach die neuen Zeilen oder die veränderten Zeilen in der Oberfläche ein, und testen Sie anschließend bestimmte URLs unten im Test-Bereich. Das Tool markiert dann die betreffende Zeile in der *robots.txt* und zeigt das Ergebnis an. Wenn alle Tests zu Ihrer Zufriedenheit laufen, können Sie die Änderung ohne Bedenken in der echten *robots.txt* durchführen. Dieses Verfahren ist vor allem für komplexe Parameter-Sperrungen mit Wildcards hilfreich.

Ranking und SERP-CTR

Einzigartige Einblicke in die Rankings, Ergebnislistenklicks und die Suchergebnislisten-Clickthrough-Rates (SERP-CTR) finden Sie im Bereich Leistung (siehe Abbildung 14.18).

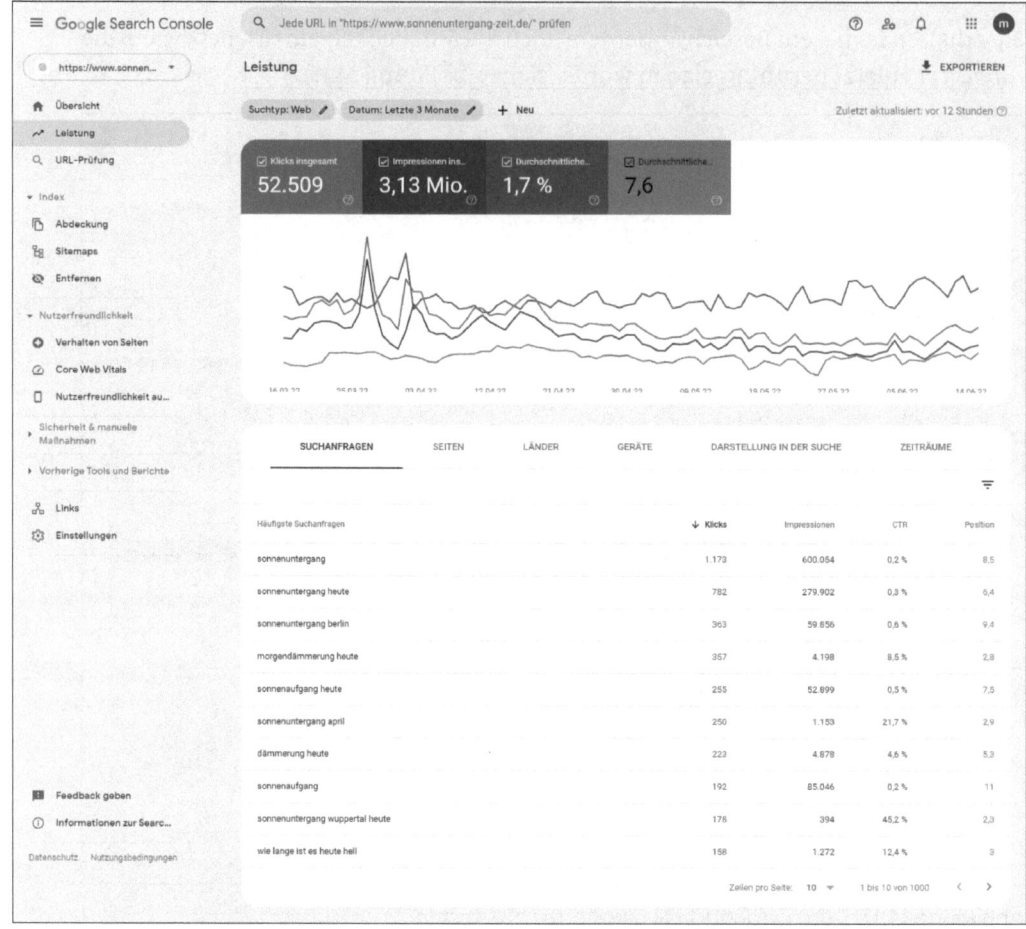

Abbildung 14.18 Hilfreiche Suchanfragen- und CTR-Auswertung

Hier erhalten Sie Informationen zu einzelnen Suchanfragen oder einzelnen Seiten Ihrer Website mit folgenden hilfreichen Angaben:

- Impressionen: Wie häufig wurde Ihre Website bei Eingabe des genannten Suchbegriffs angezeigt?
- Klicks: Wie häufig wurde Ihre Website dann auch angeklickt, also besucht?

- Klickrate (CTR, Clickthrough-Rate): Wie viel Prozent der Impressionen sind tatsächlich Besucher und Besucherinnen geworden?
- Position: durchschnittliche Position für das betreffende Keyword

Beim Klick auf ein Keyword erhalten Sie auch die entsprechend dargestellten URLs. In der Ansicht der URLs finden Sie die jeweiligen Keywords, die zur Anzeige der Seite geführt haben.

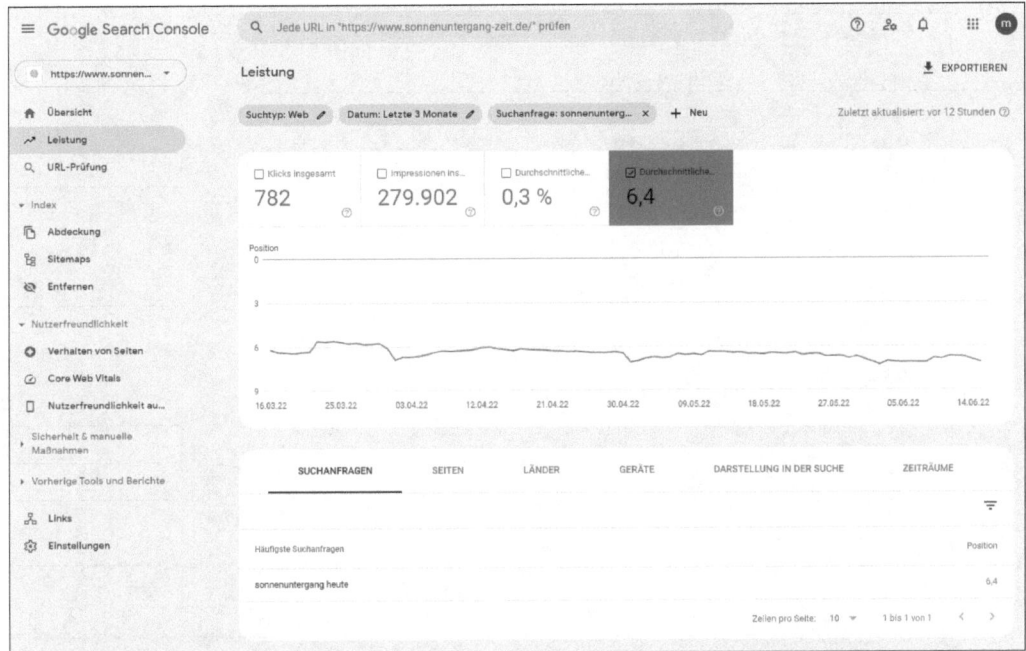

Abbildung 14.19 Die Search Console zeichnet die Ranking-Position für einzelne Keywords auf.

Besonders interessant ist dabei die Möglichkeit, verschiedene Zeiträume auszuwählen. So können Sie z. B. gezielt eine Snippet-Optimierung durchführen und deren Auswirkungen in der Search Console sehen. Unter *Snippet-Optimierung* versteht man dabei hauptsächlich das Umformulieren von <title>-Tag und <description>-Tag, um in der Ergebnisanzeige mehr Klicks zu generieren. Es geht also nicht unbedingt um eine Platz-1-Positionierung. Auch ein zweiter oder dritter Platz kann so optimiert werden, dass der Text ansprechender ist und mehr Suchende auf ihn klicken.

Sicherheitsprobleme und manuelle Maßnahmen

Die Google Search Console warnt Sie auch, wenn Sie ein veraltetes Content-Management-System (CMS) einsetzen. Sollten Sie Ihr CMS einmal zu spät aktualisiert haben, kann eventuell Schadcode auf Ihre Website eingeschleust worden sein. Spezielle Algo-

rithmen von Hackern zeigen dabei nur Texte und ausgehende Links auf Ihrer Website, wenn der Googlebot vorbeischaut. Bei allen anderen Browserkennungen und IP-Adressen wird die übliche Website angezeigt. Diese Form von Blackhat-Linkbuilding kann nur dann identifiziert werden, wenn Sie quasi durch die Brille von Google sehen. Dies ermöglicht Ihnen die Google Search Console durch den Punkt SICHERHEIT & MANUELLE MASSNAHMEN • SICHERHEITSPROBLEME. Sollte die betreffende URL nicht »Keine Probleme erkannt« zeigen, besteht dringender Handlungsbedarf.

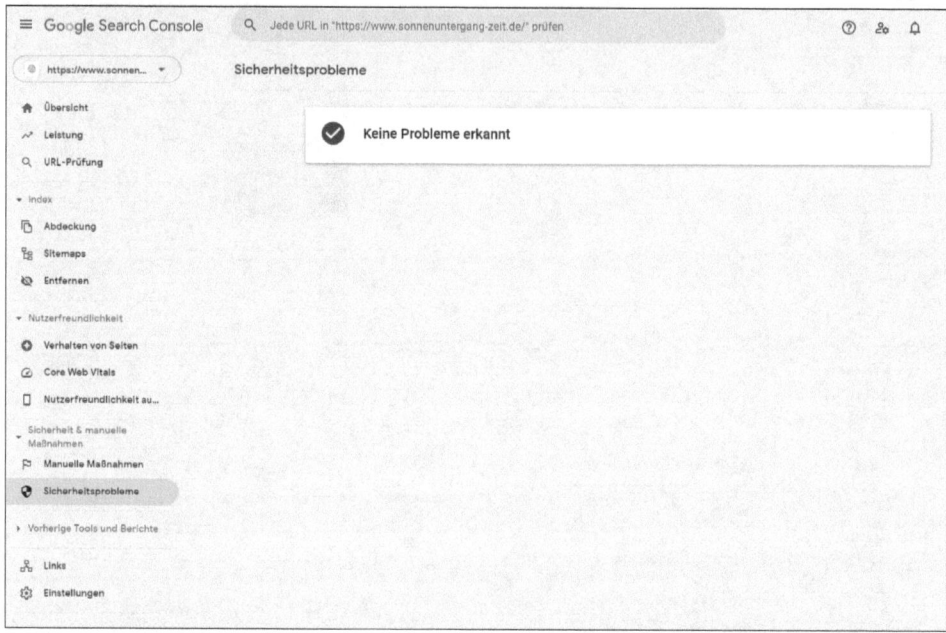

Abbildung 14.20 Alles tutti, sagt die Google Search Console. So soll es sein.

Teilweise erkennt Google diese Malware auch selbstständig und informiert Sie ebenfalls über diesen Bereich. Allerdings erhalten auch die Nutzer und Nutzerinnen von Google selbst einen Hinweis direkt beim Treffereintrag, dass die Website möglicherweise Malware enthält.

Der Bereich MANUELLE MASSNAHMEN sollte bei Ihnen eigentlich auch immer problemfrei sein. Andernfalls beachten Sie die Hinweise, die an dieser Stelle auftreten. Über manuelle Maßnahmen werden Sie in der Regel zusätzlich per E-Mail informiert, wenn Sie diese Option wie oben beschrieben aktiviert haben.

Crawling-Statistiken

Unter dem Punkt EINSTELLUNGEN • CRAWLING-STATISTIKEN erhalten Sie neben anderen Informationen eine Auswertung darüber, wie die Indexierung Ihrer Website verläuft und wie schnell oder langsam Ihr Server reagiert (siehe Abbildung 14.21).

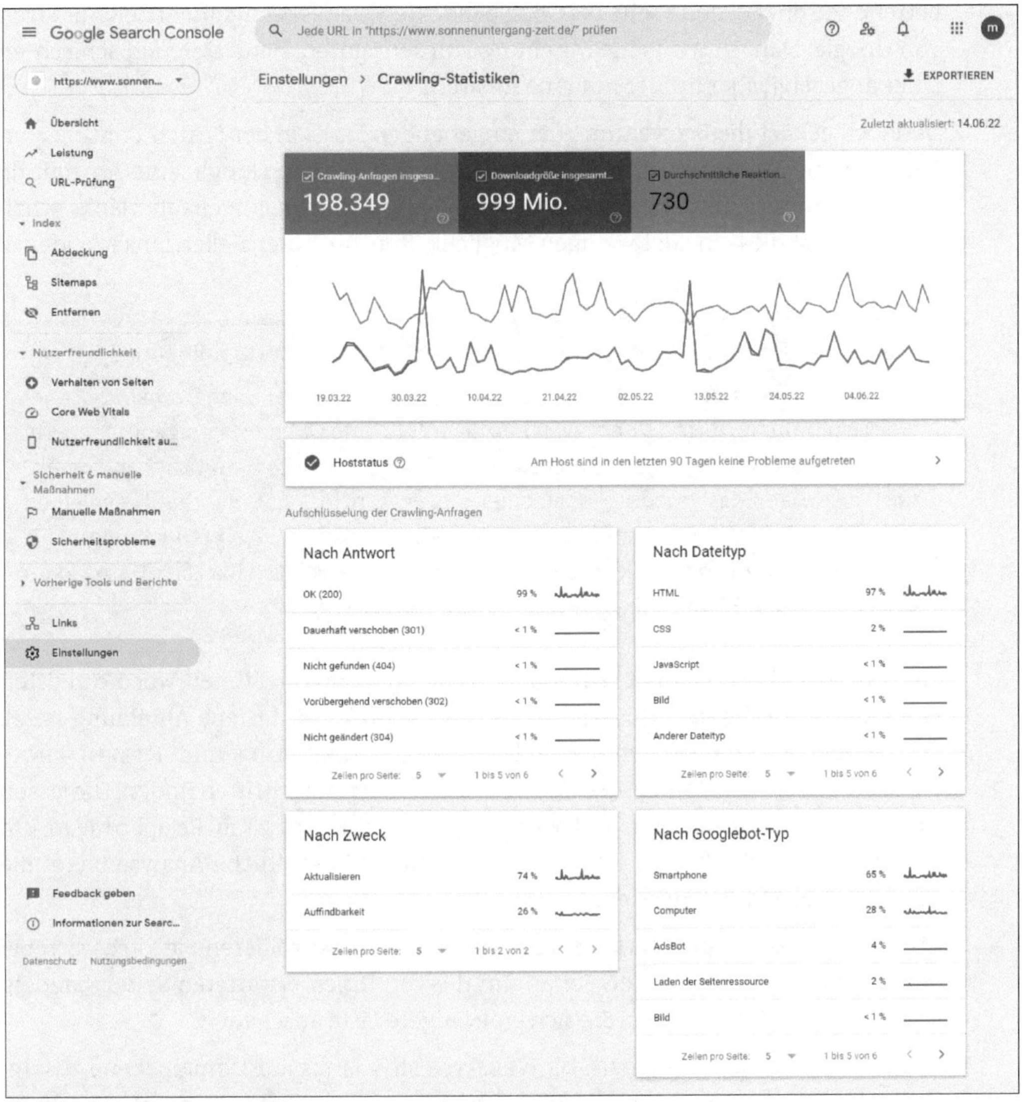

Abbildung 14.21 Crawling-Statistiken in der Search Console

Eingehende Links

Auch wenn Google über die allgemeine Suchabfrage mittels des link-Parameters schon seit Langem keine Backlink-Daten mehr zu Domains herausgibt, haben Sie über die Search Console doch die Möglichkeit, einige Backlinks auf Ihre eigenen Projekte zu sehen. Sie sollten nicht davon ausgehen, dass hier wirklich zuverlässig alle eingehenden Links angezeigt werden. Meine Tests an verschiedenen Projekten, für die wir Linkbuilding betreiben, zeigen, dass Links zwar gesetzt wurden, diese aber auch nach Monaten noch nicht in der Search Console vertreten waren – obwohl die

betreffende linkgebende Seite bei Google indexiert war. Das entspricht den Aussagen von Google. Danach wird eine Mischung von sehr guten, neutralen und schlechten Links angezeigt, aber immer nur eine Auswahl.

Dennoch gehört die Betrachtung der eingehenden Links in der Search Console zum Controlling-Pflichtprogramm. Insbesondere wenn Sie von Google eine Abstrafung wegen gekaufter Links oder anderer nicht Google-konform aufgebauter Links erhalten haben, ist dies eine der wenigen Möglichkeiten, die potenziellen Links zu identifizieren.

> **Praxistipp: Einzelne Verzeichnisse oder Dateien als Property anlegen**
>
> Selbst die wenigsten langjährigen SEOs wissen, dass man für eine Domain auch jeweils ein Unterverzeichnis und sogar einzelne URLs, also Dateien, als eigenes Property in der Search Console anlegen und verifizieren kann. Doch was bringt das? Im Extremfall – also wenn das Property genau einer URL entspricht – hat man für diesen einen Fall sehr viel mehr und exaktere Daten, als wenn man nur eine einzelne Property für die gesamte Domain hat. Gerade in Bezug auf die angezeigten Backlink-Daten kann das für wichtige SEO-Landingpages sehr erhellend sein.

Eine Übersicht in dem Punkt LINKS ganz unten im Menü zeigt Ihnen, wer die meisten Links erstellt und welcher Inhalt am meisten verlinkt wird (siehe Abbildung 14.22). Spannend dabei sind bei den beiden Rubriken EXTERNE LINKS und INTERNE LINKS vor allem die Gesamtzahlen, die Sie direkt unter den Überschriften finden. Die lassen sich gut regelmäßig notieren und beispielsweise in eine Excel-Tabelle übertragen, um den Linkverlauf direkt von Google zu monitoren. Eine zeitliche Analyse bietet die GSC leider selbst nicht direkt an.

Als Erstes sehen Sie die MEISTVERLINKTEN SEITEN. Kontrollieren Sie, ob es sich bei den am häufigsten verlinkten Seiten um die von Ihnen erwarteten Seiten handelt. Über den Link MEHR können Sie sich eine längere Liste anschauen.

Bei der Ansicht TOP-VERWEISENDE WEBSITES sind Links auf Domainebene zusammengefasst, und Sie erkennen, welche Domain Ihre Website am meisten verlinkt. Eine besonders hohe Zahl einer Domain wie in Abbildung 14.22 weist darauf hin, dass eine Domain in einer Randspalte oder im Fuß Ihre Seite sehr häufig verlinkt hat.

Auch die Anchor-Texte (TOP-VERWEISENDER TEXT) werden angezeigt, und Sie können anhand der Reihenfolge und Art der Anchor-Texte sehr gut sehen, welche Links Google berücksichtigt und welche Anchor-Texte genau. Das hilft – spätestens seit dem Penguin-Update –, die Anchor-Texte beim aktiven Linkaufbau ausreichend zu streuen und nicht stets die gleichen Anchor-Texte zu verwenden und damit Gefahr zu laufen, in den Penguin-Filter zu geraten.

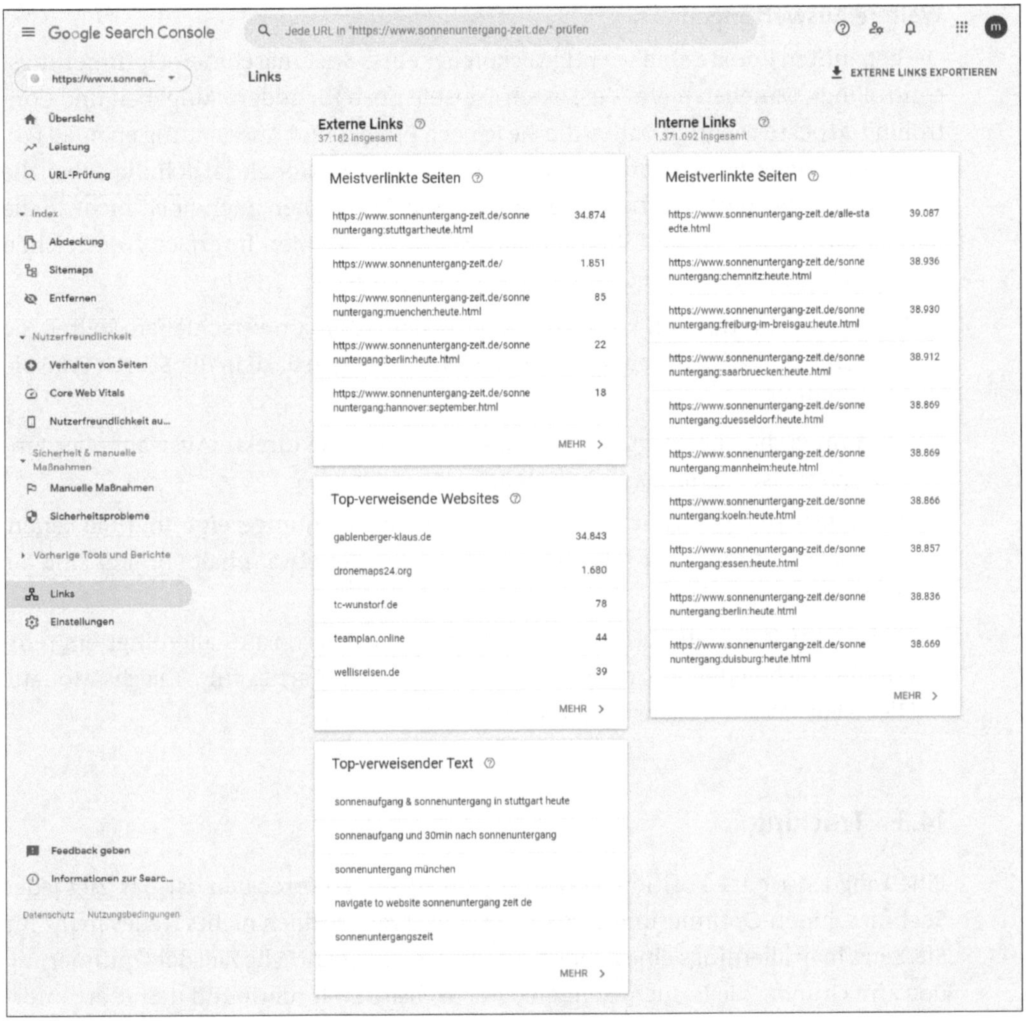

Abbildung 14.22 Links zu Ihrer Website in der Search Console

Bei den INTERNEN LINKS erkennen Sie über die Tabelle MEISTVERLINKTE SEITEN, welche Seiten Google innerhalb Ihrer Domain am stärksten verlinkt sieht. Wenn Sie z. B. erkennen, dass ein bestimmter Bereich weniger gut indexiert wird und auch vergleichsweise wenige interne Links erhält, dann könnten Sie entsprechend gezielt gegensteuern.

Rechts oben steht Ihnen noch der Button EXTERNE LINKS EXPORTIEREN zur Verfügung. Sie haben hier die Wahl zwischen dem Download weiterer BEISPIEL-LINKS und NEUESTEN LINKS. Vor allem Letzteres ist als Monitoring für einen aktiven Linkaufbau spannend, weil Sie erkennen können, ob und wann gesetzte Links bei Google »ankommen«.

Weitere Auswertungen

Die genannten Punkte sind wichtige Eckpfeiler eines Suchmaschinen-Optimierungscontrollings. Daneben bietet die Search Console noch für andere Aufgaben und Controlling-Aspekte wichtige Daten, die Sie je nach Projekt und Ausrichtung ebenfalls regelmäßig auswerten oder im Bedarfsfall nutzen sollten. Google ist ständig dabei, die Search Console zu erweitern. Leider sind einige Funktionen auch noch nicht in die neue Search Console überführt, sodass diese noch im alten Interface zu erreichen sind oder sogar abgeschaltet wurden.

- Sollten Sie Ihre Domain komplett auf eine neue Domain verschieben, sollten Sie unterstützend auch die entsprechenden Einstellungen dazu in der Search Console vornehmen.
- Sie können die angezeigten Site-Links einsehen. Eine direkte Auswahl oder Einflussnahme ist allerdings nicht möglich.
- Die Nutzerfreundlichkeit für Mobilgeräte wird Ihnen angezeigt, und Sie sehen, wenn Elemente zu dicht nebeneinander liegen oder etwa Inhalte breiter sind als der mobile Bildschirm.
- Sie können Seiten aus dem Index »entfernen«. Faktisch ist es allerdings ein temporäres Ausblenden einzelner URLs oder der Seiten-Caches für ca. sechs Monate. Hier ist das Wording sehr unglücklich gewählt.

14.3 Tracking

Eine möglichst gute Position in den Ergebnislisten zu erreichen, ist das Ziel jeder Suchmaschinen-Optimierung. Das ist nun selbstverständlich nichts Neues mehr für Sie. Setzt man allerdings eine Ebene tiefer an, ist das eigentliche Ziel der Optimierung doch im Grunde, die Besucherzahlen einer Website zu fördern und damit die Informationen oder Dienstleistungen zu verbreiten oder sonstige gewünschte Ziele zu erreichen. Die Suchmaschinen-Optimierung ist hier lediglich Mittel zum Zweck. Eine hervorragend optimierte Seite mit der falschen Auswahl an Schlüsselwörtern etwa bringt nicht den gewünschten Erfolg.

Es ist daher – wie bereits mehrfach festgestellt worden ist – notwendig, das Besucherverhalten auch auf der Website möglichst genau aufzuzeichnen und zu analysieren, um die gewonnenen Erkenntnisse in eine Verbesserung der Website investieren zu können. Das Prinzip, den Benutzer und die Benutzerin von Seite zu Seite zu begleiten und über seine und ihre Aktionen Buch zu führen, wurde bereits unter dem Stichwort *Visitor-Tracking* beschrieben. Dies erfordert meist den Einsatz von Cookies, um Nutzer und Nutzerinnen über eine einzelne Besuchssitzung hinaus wieder zu identifizieren und verlangt darüber hinaus das Einbinden zusätzlicher Tracking-Codes.

Das Tracking selbst kann bei einer Suchmaschinen-Optimierung je nach Webangebot sehr unterschiedliche Formen annehmen. Während ein kommerzieller Anbieter meist genaue Leads definiert hat und entsprechende Konversionsraten zur Erfolgskontrolle seiner Strategien im Bereich der Suchmaschinen-Optimierung und des Suchmaschinen-Marketings besitzt, gelten für kleinere oder private Websites die Besucherzahlen primär als das Maß aller Dinge. Zunächst möchte ich unabhängig von Programmen oder Tools ein paar Einordnungen zu grundsätzlichen Tracking-Möglichkeiten geben.

14.3.1 Grundsätzliche Tracking-Möglichkeiten

Dabei ist die Beobachtung der Besucher und Besucherinnen, das *Visitor-Tracking*, in beiden Fällen die Grundlage des Controllings. Vor allem die folgenden Elemente sind für das Controlling besonders wertvoll:

- **Action-Tracking**: Um festzustellen, was Ihre Besucher und Besucherinnen interessiert und worauf am meisten geklickt wird, ist es hilfreich, bestimmte Aktionen aufzuzeichnen. Die Bandbreite ist dabei groß und beinhaltet einfaches Link-Tracking, das Absenden von Kontaktformularen, das Anmelden zu Newslettern, das Hinzufügen von Waren zum Warenkorb etc.
- **Kampagnen-Tracking**: In der Regel wird auf Anzeigen, Banner oder sonstige Werbekampagnen ebenfalls ein Tracking angewandt. Dies kann für die auf der eigenen Website platzierten Werbemittel geschehen und selbstverständlich auch für solche, die auf anderen Webseiten für das eigene Webangebot werben. Oftmals wird das Kampagnen-Tracking von den jeweiligen Werbepartnern angeboten; so stellt z. B. Google im Rahmen der Ads- und AdSense-Programme solche Tracking-Analysen zur Verfügung. Durch eine Analyse des Kampagnen-Trackings lassen sich anschließend Aussagen treffen, wie erfolgreich und rentabel eine Kampagne ist.
- **Suchmaschinen-Useragent**: Für die Suchmaschinen-Optimierung ist es zweifellos äußerst hilfreich zu wissen, mit welchen Crawlern eine Suchmaschine die eigenen Seiten besucht.
- **URL-Referrer**: Über HTTP lässt sich die zuvor besuchte URL nachverfolgen. Darüber wird erkennbar, woher Ihre Besucher und Besucherinnen kommen. Insbesondere für die Kontrolle des Linkbuildings ist dies eine sehr nützliche Information. Über HTTPs funktioniert das leider protokollbedingt nicht mehr. Damit gehört diese Analyseform der Vergangenheit an.
- **Erstbesuch/Wiederholungsbesuch**: Durch das Setzen von Cookies ist es in der Regel für jeden Besucher und jede Besucherin möglich zu erfahren, ob es sich um einen Erstbesuch handelt oder ob der Besucher oder die Besucherin bereits zuvor auf der Seite war und wiedergekehrt ist.

- **Pfadanalyse:** Nicht nur in Supermärkten sind die Einkaufswege auf die Besucher und Besucherinnen hin optimiert. Im Web werden die Wege, die ein Besucher oder eine Besucherin auf einer Website geht, oft aufgezeichnet und anschließend analysiert. Diese Form des Controllings ermöglicht das Auffinden von Schwachstellen innerhalb der Website. So lassen sich häufig Seiten identifizieren, die eine hohe Abbruchquote besitzen, worauf dann entsprechend reagiert werden kann.
- **Entry-/Exit-Pages:** In diesem Zusammenhang steht auch die Analyse der Eintritts- und Austrittsseiten. Mit welchen Seiten beginnen die Besucher und Besucherinnen auf Ihrer Website, und bei welchen Seiten steigen sie wieder aus? Ein Controlling dieser Punkte verrät viel über die Interessen Ihrer Besucher und Besucherinnen.
- **Besucherinformationen:** In vielen Fällen ist es auch von Vorteil, nicht nur das Verhalten Ihrer Besucher und Besucherinnen zu betrachten, sondern zudem deren technisches Rüstzeug. Das hilft Ihnen, Ihr Webangebot noch besser auszurichten. So könnte eine Analyse der von Ihren Besuchern und Besucherinnen gewählten Bildschirmauflösungen z. B. enthüllen, weshalb eine rechts außen positionierte Werbung kaum wahrgenommen wird. Ebenfalls können Sie Informationen zu den gewählten Browsern, Auflösungen und den genutzten Endgeräten erhalten.
- **Visits, Page Impressions und Stickiness:** Die wohl bekanntesten Kennzahlen im Web-Controlling sind die Anzahl der Sitzungen bzw. Besuche, der Besucher bzw. Besucherinnen (Visits), die Anzahl der Seitenabrufe (Page Impressions) und die Verweildauer auf den Seiten pro Besuch (Stickiness). Diese Daten sind offensichtlich grundlegende Kennzahlen für den Erfolg Ihrer Website. Denn erst entsprechend zahlreiche Seitenabrufe sichern den Erfolg einer Website.

Das Website-Controlling umfasst in der Regel eine Kombination dieser einzelnen Punkte und ist im größeren Maßstab eine Wissenschaft für sich.

Wenn man ein ganzheitliches Controlling durchführt, bei dem alle Berührungspunkte eines potenziellen Kunden im Online- wie auch im Offline-Bereich mit einer Marke oder einem Produkt ausgewertet werden, spricht man von der *User Journey* oder *Customer Journey*.

Unabhängig davon, ob Sie einen sehr ganzheitlichen Ansatz wählen oder die für Sie relevanten (und rentablen) einzelnen Controlling-Aspekte aussuchen: Ein regelmäßig und konsequent durchgeführtes Controlling ist erfahrungsgemäß die notwendige Voraussetzung für den langfristigen Erfolg einer Website. Ohne Controlling werden Sie keinen dauerhaften Optimierungserfolg haben.

14.3.2 Dashboards zur Visualisierung

Für die Präsentation dieser und weiterer Kennzahlen wurde lange Zeit überwiegend Excel oder Ähnliches verwendet. Seit einiger Zeit haben sich aber dynamische Dashboards eingeschlichen, die den Excel-Tabellen oftmals den Rang ablaufen.

Vor allem die direkte Live-Verbindung von *Google Looker Studio* mit der Google Search Console, Google Analytics und Google Ads macht den Dienst sehr beliebt. Daneben gibt es freilich noch weitere Anbieter wie *Tableau* oder *PowerBI* von Microsoft. Hier ist die Hürde bei der Erstbedienung allerdings deutlich höher.

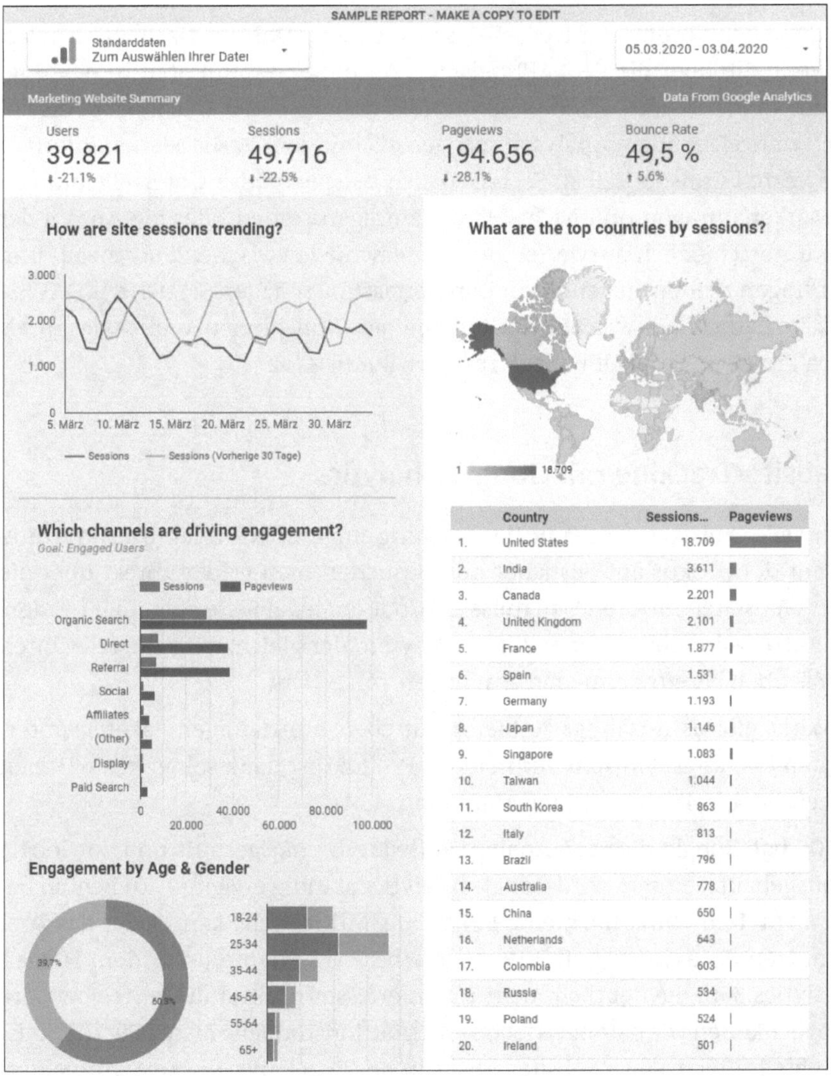

Abbildung 14.23 Vorlage für ein Google Looker Studio Dashboard

Zur weiten Verbreitung von Google Looker Studio trägt sicherlich auch die Vielzahl an fertigen Vorlagen bei, die man im Prinzip gleich benutzen kann, sobald sie einmal mit den Datenquellen verbunden sind.

Eine detaillierte Einführung in Google Looker Studio würde an dieser Stelle zu weit führen. Für die Suchmaschinen-Optimierung lassen sich allerdings tolle Berichte vor allem für das obere Management und die Geschäftsführung bzw. den Vorstand erstellen. Die Erfahrung zeigt, dass interaktive und farblich attraktive, verständliche Grafiken und Tabellen für SEO-Laien leichter zugänglich sind als komplexe Excel-Grafiken, die als E-Mail-Anhang verschickt werden.

Daneben kann auch für den Hardcore-SEO selbst eine Vielzahl an Dashboards nützlich sein. Wenn Sie über die GSC-API beispielsweise die Search-Daten in eine BigQuery-Datenbank speichern, können Sie mittels verschiedener Dashboard-Ansichten deutlich weitreichendere Analysen machen als mit dem vorhandenen Interface der Google Search Console selbst. So lassen sich beispielsweise Unterscheidungen zwischen Markenanfragen und Nicht-Markenanfragen treffen oder die Anzahl der Suchterme unterschiedlich auswerten, um Unterschiede zwischen Shorthead- und Longtail-Anfragen zu identifizieren. Zur Datenerfassung schauen Sie sich das DAWIS-Framework in Python an, welches ich mit meinen Kolleginnen und Kollegen als OpenSource-Projekt entwickelt habe (*https://www.dawis.io*).

14.4 Website-Tracking mit Google Analytics

Eine mittlerweile Quasistandard- und daher häufig eingesetzte Variante des Website-Trackings mit dem Fokus auf Besucher und Besucherinnen erfolgt direkt über die Zählung der Webseitenaufrufe. Dazu muss ein Code auf jeder Seite eingefügt werden. Bei einem Aufruf wird ein externer Zähler aktiviert, der gleichzeitig alle relevanten Daten, die Sie oben bereits kennengelernt haben, mit erhebt.

Auf dem Markt gibt es unzählige Anbieter mit ebenso unzähligen Paketen unterschiedlichsten Umfangs. Ein sehr verbreitetes Produkt ist dank seiner kostenfreien Verfügbarkeit *Google Analytics* (siehe Abbildung 14.24).

Anfang 2005 hat Google die Web-Analyse-Software *Urchin* gekauft und zu Google Analytics ausgebaut. Seitdem wird Google Analytics ständig erweitert. Zu Beginn benötigte man zur Teilnahme noch eine Einladung. Mittlerweile kann jeder das Tool kostenlos nutzen. Es existiert seit 2016 auch eine Pro-Variante unter dem Namen Google Analytics 360, die deutlich mehr Daten erfassen kann und weitreichendere Analysemöglichkeiten wie datengetriebene Attributionsmodelle bietet. Für die meisten kleinen bis mittelgroßen Websites reicht in der Regel aber die kostenfreie Version.

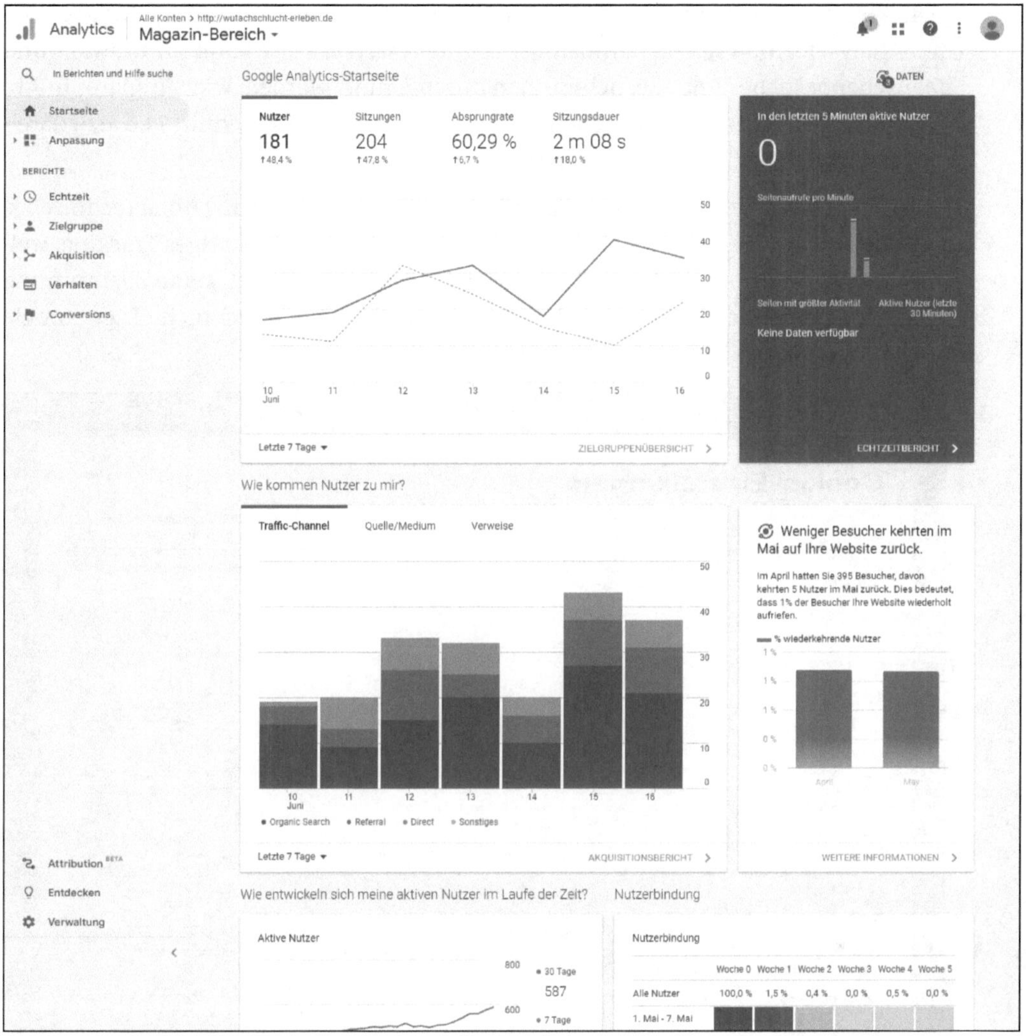

14.4 Website-Tracking mit Google Analytics

Abbildung 14.24 Das Dashboard von Google Analytics gibt einen ersten Überblick.

14.4.1 Nachteil von Google Analytics und Co.

Mittlerweile lässt sich Google datenschutztechnisch konform einsetzen. Allerdings haben die Cookie Consent Banner mittels zwingendem Opt-In dafür gesorgt, dass viele Besucher und Besucherinnen einem Tracking mittels Google Analytics (und auch anderen Tracking-Systemen wie Matomo oder eTracker) nicht mehr zustimmen.

Das Ergebnis ist frappant – bei den meisten Websites fehlen bis zu 80 oder 90 Prozent der Trackingdaten. Damit ist die Aussagekraft dieser Daten äußerst gering, weil nur jeder zehnte Besucher oder Besucherin seine bzw. ihre Datenerfassung zulässt. Seit

2019 konnte man daher wieder eine verstärkte Zunahme von eigentlich tot geglaubten Analyseformen sehen, nämlich der Logfile-Analyse. Diese kann für Crawler- und Menschenbesucher und -besucherinnen durchgeführt werden, wie Sie später in Abschnitt 14.5, »Logdateien zur Besucheranalyse nutzen«, und Abschnitt 14.6 »Logdateien zur Crawler-Analyse nutzen«, erfahren werden.

Google Analytics und viele andere ermöglichen – leider nicht ganz ohne technisches Grundwissen und eine komplexere Tracking-Struktur – serverseitiges Tracking, welches weiterhin datenschutzkonform einsetzbar ist und eventuell keine Zustimmung zu einer Cookie-Setzung ermöglicht. Insofern wird auch die rechtliche Lage Google Analytics und Co. nicht gänzlich obsolet machen.

Abbildung 14.25 Cookie-Consent-Popup mit Opt-In-Möglichkeit bei der Lufthansa-Website

14.4.2 Technische Einbindung über Google Analytics oder Tag Manager

Das Tracking bei Google Analytics erfolgt über die Einbindung eines JavaScript-Snippets. Damit können hier technisch bedingt deutlich mehr Daten von den Clients abgefragt und erfasst werden als bei der Speicherung der Zugriffe in einem Server-Logfile.

Die Einbindung von Google Analytics kann entweder direkt in den HTML-Quellcode erfolgen oder über die Einrichtung in den bereits eingebetteten Google Tag Manager. Die Einbindung von Google Analytics 4 (GA4) in direkter Form gleich am Anfang des HEAD-Tags sieht auf einer Webseite wie folgt aus:

```
<!-- Global site tag (gtag.js) - Google Analytics -->
<script async src="https://www.googletagmanager.com/gtag/js?id=UA-144461848-1">
</script>
<script>
  window.dataLayer = window.dataLayer || [];
  function gtag(){dataLayer.push(arguments);}
  gtag('js', new Date());
  gtag('config', 'G-BWMTRG9P04', { 'anonymize_ip': true });
</script>
```

Listing 14.1 Einbindung von Google Analytics 4 Site Tag

Dabei bezeichnet ein eindeutiger Code (Mess-ID `G-BWMTRG9P04`) die Website. Das Tracking-Tool weiß damit, um welche Website es sich handelt. Mit diesem Snippet lässt sich auch nicht nur Google Analytics verbinden, sondern auch andere Tools wie etwa der Google Tag Manager. Daher bezeichnet man dieses Snippet als *Global Site Tag*.

In dem Codebeispiel wird der neueste Tracking-Code von Google Analytics 4 (GA4) verwendet, der ganz vorne im `<head>`-Bereich eingebunden werden sollte. Die Vorgängerversion *Google Universal Analytics* oder die noch älteren, teilweise synchronen Versionen, die weniger performant sind und weniger Auswertungsmöglichkeiten bieten, sollten Sie nicht mehr verwenden. Diese erkennen Sie an der Verwendung folgender Zeilen:

```
ga('create', 'UA-4711-1', 'auto');
```

oder

```
_gaq.push(['_setAccount', 'UA-4711-1']);.
```

Etwas komplexer, aber mit nochmals mehr Möglichkeiten an Bord, ist die Einbindung von Google Analytics über den *Google Tag Manager* (GTM). Hier setzt man einmal einen Tag-Container in den Head jeder URL, und dann können Sie über das Tag-Manager-Interface per Klick und mit Drag-and-drop verschiedene Skripte und Ereignisse einspielen. Die Einrichtung und die Bedienung sind allerdings deutlich komplexer als bei der Verwendung von Google Analytics allein.

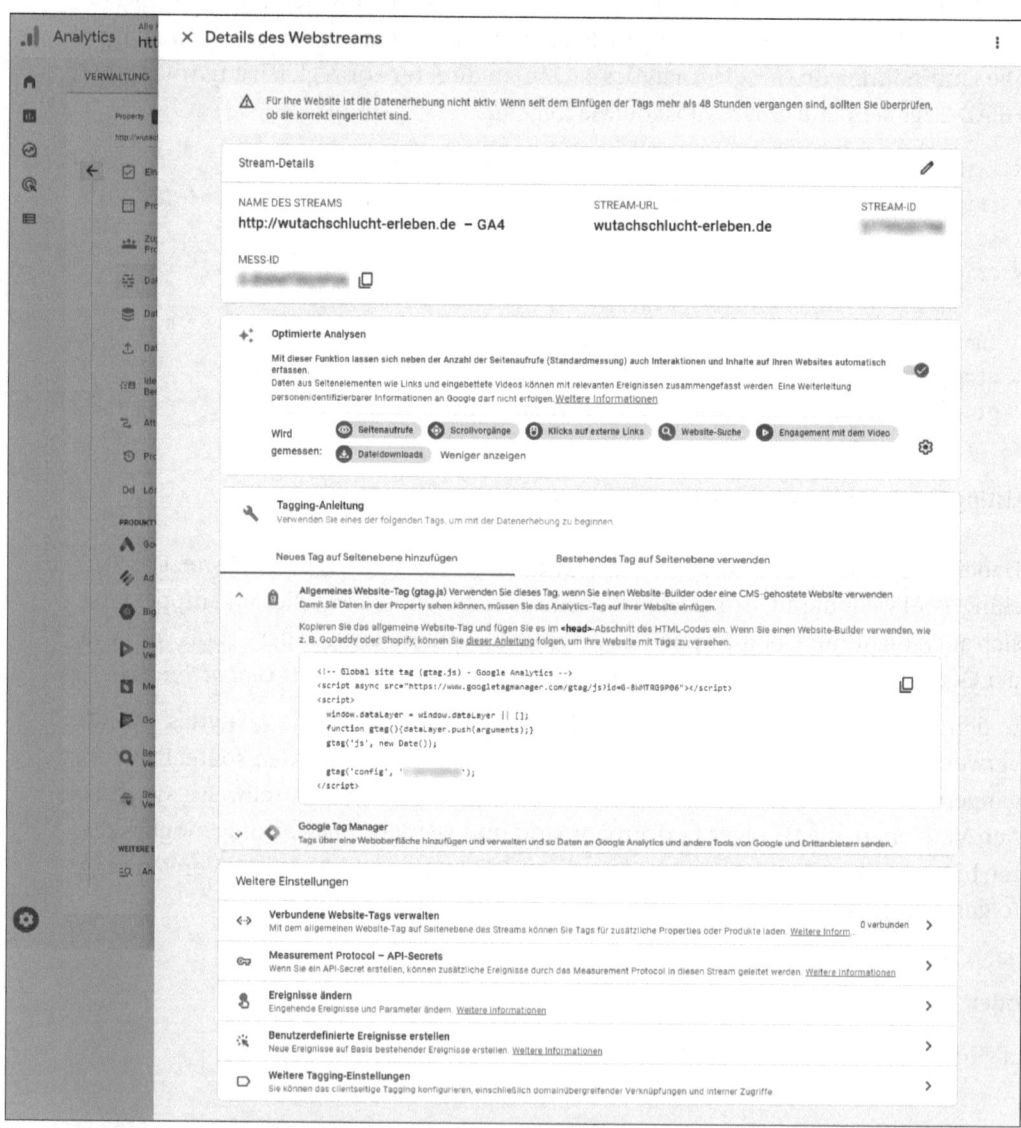

Abbildung 14.26 Die Einrichtung des Webstreams für GA4 bietet vielfältige Optionen. Mit der Standardauswahl machen Sie zunächst nichts falsch.

Bevor Tags über den GTM auf der Website integriert werden können, muss zunächst der Tag-Manager-Code selbst einmalig integriert werden. Die Tag-Manager-ID (GTM-0815) würde entsprechend im Head- und Body-Teil jedes HTML-Dokuments einer Website so platziert werden:

```
<head>
<!-- Google Tag Manager -->
<script>(function(w,d,s,l,i){w[l]=w[l]||[];w[l].push({'gtm.start':
new Date().getTime(),event:'gtm.js'});var f=d.getElementsByTagName(s)[0],
j=d.createElement(s),dl=l!='dataLayer'?'&l='+l:'';j.async=true;j.src=
'https://www.googletagmanager.com/gtm.js?id='
+i+dl;f.parentNode.insertBefore(j,f);
})(window,document,'script','dataLayer','GTM-0815');</script>
<!-- End Google Tag Manager -->
[...]
</head>
<body>
<!-- Google Tag Manager (noscript) -->
<noscript><iframe src="https://www.googletagmanager.com/ns.html?id=GTM-0815"
height="0" width="0" style="display:none;visibility:hidden"></iframe></
noscript>
<!-- End Google Tag Manager (noscript) -->
[...]
</body>
```

Listing 14.2 Einbindung des Google Tag Managers im HTML-Head- und -Body-Bereich

Einmal integriert können von nun an ohne Programmierung oder Quelltextänderung alle Tag-Einbettungen von der grafischen Oberfläche des Google Tag Managers aus gesteuert werden. Genau hier liegt der Vorteil dieses Verfahrens: Sie benötigen keinen Zugriff mehr auf die Website selbst, um Änderungen in der Tag-Struktur durchzuführen. Das spart sicherlich Zeit und das eine oder andere Ticket an die IT-Abteilung.

Mit dem Google Tag Manager lassen sich dann auch das Facebook-Pixel, eine Hubspot-Tracking-Integration, Scroll- und Event-Trackings für Google Analytics und unendlich viele andere Tracking-Funktionen integrieren.

Selbst beispielsweise `title`- und `description`-Tags könnte man mittels Google Tag Manager überschreiben. Das kann dann attraktiv werden, wenn ein komplexes und veraltetes Content-Management-System keinerlei Steuerungsmöglichkeiten oder Varianten erlaubt. Google hatte lange Zeit allerdings Probleme mit diesem Vorgehen,

da die ursprünglichen Taginhalte direkt im HTML stehen und dann mittels Google Tag Manager, also JavaScript, überschrieben werden. Das führte lange Zeit zu Fehlinterpretationen. Aber mittlerweile führt Google bei den meisten Seiten JavaScript aus, sodass ab 2020 dieses Vorgehen sogar explizit empfohlen wurde (*https://developers.google.com/search/docs/advanced/structured-data/generate-structured-data-with-javascript*).

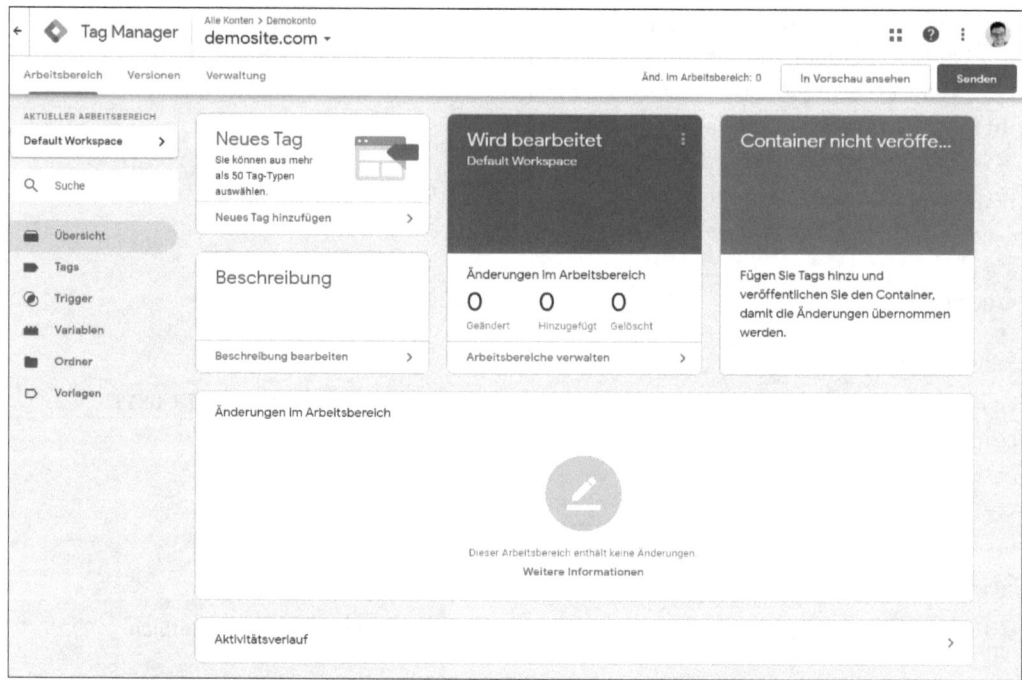

Abbildung 14.27 Google Tag Manager im Einsatz

14.4.3 Datenschutzkonformer Einsatz

Beim Website-Tracking durch einen externen Anbieter entstehen bestimmte datenschutzrechtliche Fragestellungen, da Sie die Daten Ihrer Nutzer und Nutzerinnen – die IP-Adresse, die eingegebenen Suchbegriffe in der lokalen Website-Suche, verwendete Browser, die Bildschirmauflösung und vieles mehr – an einen externen Anbieter weitergeben. Besonders heikel wird es fraglos, wenn der Anbieter wie im Fall von Google Analytics seinen Hauptsitz im Ausland hat und damit die Frage aufkommt, welches Datenschutzrecht Anwendung finden muss und wie das mit der DSGVO genau geregelt ist (in den USA nämlich gar nicht).

14.4 Website-Tracking mit Google Analytics

Google Analytics ist nicht das einzige Remote-Tracking-System auf dem Markt. Technisch gesehen steht Google Analytics auf der gleichen Stufe mit anderen externen Tracking-Anbietern, wie den teils kostenpflichtigen Mitbewerbern eTracker (*www.etracker.de*) oder Mapp (*www.mapp.com*).

Aber die kostenlose und einfache Einrichtung macht Google Analytics für viele Nutzer und Nutzerinnen besonders im privaten und mittelständischen Einsatz attraktiv – spätestens seitdem der Einsatz in Deutschland seit Ende 2011 unter bestimmten Voraussetzungen datenschutzkonform ist (siehe unten).

Google stellt den Service selbstverständlich nicht ganz ohne Eigennutz zur Verfügung. Die gewonnenen Daten verbleiben in den Händen von Google – und dies gleich in zweifacher Hinsicht. Unter anderem erhält Google somit Einsicht in die Besucherzahlen und Besucherflüsse auf den einzelnen Webseiten. Diese Zahlen könnten ohne Probleme in die Relevanzbewertung bei einer Suchanfrage mit eingebunden werden, getreu dem Motto »Eine Website mit ohnehin vielen Besuchern und Besucherinnen zum Thema Wok-Rezepte kann bei einer entsprechenden Suche über die Suchmaschine höher gelistet werden als eine weniger gut frequentierte Seite«. Dazu gibt es aber noch keine Hinweise, sodass sich die Verquickung der Datenbestände (derzeit noch) lediglich im Reich der Mythen und Märchen befindet.

Doch auch die Daten der einzelnen Nutzer und Nutzerinnen werden eifrig gesammelt. So wird das Profil eines Nutzers oder einer Nutzerin – identifizierbar über seine bzw. ihre IP-Adresse und Cookies – immer umfassender. Google lernt seine Nutzer und Nutzerinnen mit jedem Klick besser kennen. Die Interessen, Surfgewohnheiten, die Verweildauern über mehrere Webseiten hinweg, die virtuellen Einkäufe und die dabei entstehenden Kosten, nicht zu vergessen die E-Mails über GMail sowie selbstverständlich auch die Suchanfragen über die Suchmaschine werden inzwischen festgehalten und gespeichert. Das alles dient dem Bereich, der derzeit über 70 Prozent des Umsatzes bei Google ausmacht, nämlich dem Verkauf von Werbung. Diese lässt sich verständlicherweise noch besser vermarkten, wenn man die Nutzer und Nutzerinnen kennt und die Produkte direkt und zielgruppenspezifisch an den Mann oder an die Frau bringen kann. Ist Google also mittlerweile ein Datenkrake? Das einstige Saubermann-Image schwindet zumindest zusehends.

In den Terms of Service liest man, dass es untersagt ist, persönliche oder identifizierende Informationen der Besucher und Besucherinnen an Google Analytics zu übermitteln. Dies betrifft also z. B. E-Mail-Adressen, Kundennummern, Adressen oder Namen als Parameter in URLs oder Links. Ein Webmaster, der den Analytics-Dienst nutzt, ist verpflichtet, seine Nutzer und Nutzerinnen auf das Tracking hinzuweisen:

> Sie sind ferner verpflichtet, an prominenten Stellen Ihrer Website eine sachgerechte Datenschutz-Policy zu dokumentieren (und sich an diese zu halten).

In der Datenschutz-Policy erklärt Google, dass die einzelnen IP-Adressen nicht mit anderen Google-Daten in Verbindung gebracht werden. Inwieweit aber Cookies oder Ähnliches zur Identifikation genutzt werden, wird nicht gesagt. Unabhängig davon sind Sie gemäß DSGVO rechtlich dazu verpflichtet, über den Einsatz und die erfassten Daten auf Ihrer Website zu informieren. Mehr dazu erfahren Sie in Kapitel 17, »SEO-Anforderungen an ein Content-Management-System«.

Es bleibt letztlich jedem bzw. jeder Einzelnen überlassen, ob er bzw. sie (datenschutzkonform oder nicht) die Daten seiner Besucher und Besucherinnen in das Google-Universum geben möchte. Seitens der Nutzer und Nutzerinnen besteht zumindest bislang nur ein geringes Bewusstsein für die Menge und Art der gesammelten Daten. Es herrscht entweder eher eine generelle Ablehnung jeglichen Trackings oder eine generalisierte Egal-Haltung.

Wie bereits erwähnt wurde, ist seit Ende 2011 die Verwendung von Google Analytics bei korrektem Einsatz offiziell datenschutzkonform. Allerdings setzt dies ein paar Modifikationen und Schritte voraus, damit das tatsächlich der Fall ist. Mit dem einfachen Einbinden des Tracking-Codes entspricht man nämlich noch nicht der Datenschutzanforderung. Sie müssen Folgendes tun, um Google Analytics datenschutzkonform einzusetzen:

Anmelden

Melden Sie sich zunächst bei Google Analytics mit Ihrem Google-Konto an. Idealerweise ist es das Konto, in dem auch die anderen Dienste von Google enthalten sind: Google Search Console, Google Ads und Google Tag Manager.

Vertrag zur Auftragsdatenverarbeitung mit Google

Nach Ansicht der Datenschutzbehörden arbeiten Sie als Website-Betreiber beim Einsatz von Google Analytics als Auftraggeber, und Google stellt den Auftragnehmer dar. Nach deutschem Gesetz muss daher ein Vertrag zur Auftragsdatenverarbeitung geschlossen werden.

Früher musste man dazu ein PDF ausdrucken und an Google senden, welches dann unterschrieben zurückkam. Heute gehen Sie in die EINSTELLUNGEN und wählen dann im Bereich KONTO die KONTOEINSTELLUNGEN. Dort ganz unten findet sich die Abschlussmöglichkeit, die für die Nutzung von Google Analytics gesetzlich verpflichtend ist.

Über den Link DETAILS ZUM ZUSATZ ZUR DATENVERARBEITUNG VERWALTEN können Sie dann auch beispielsweise den zuständigen externen Datenschutzbeauftragten bzw. die -beauftragte hinzufügen.

14.4 Website-Tracking mit Google Analytics

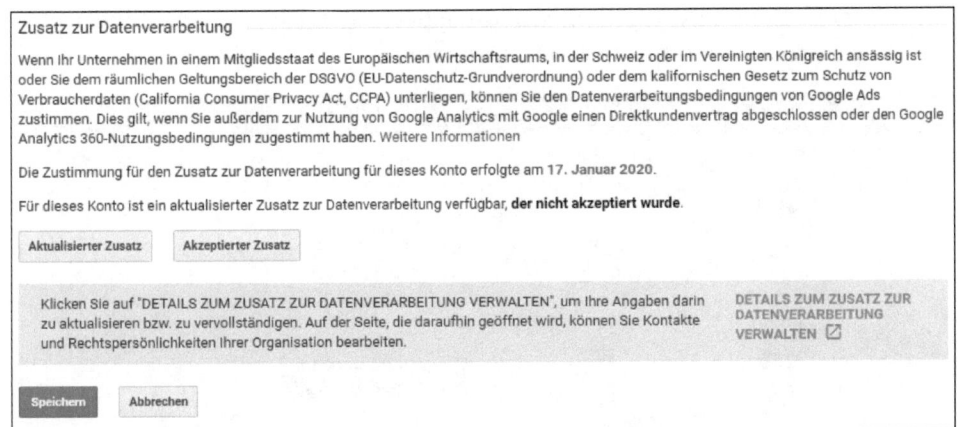

Abbildung 14.28 Zusatz zur Datenverarbeitung

IP-Anonymisierung hinzufügen

Bis vor Google Analytics 4 wurde die IP-Adresse des Besuchers oder der Besucherin vollständig an die Analytics-Server übertragen und dort gespeichert. Damit diese vor der Übertragung gekürzt wird, müssen Sie je nach eingesetzter Tracking-Version folgende Zeilen ergänzen bzw. anpassen.

Für die Universal Analytics ergänzen Sie die Zeile nach der UA-ID um `anonymize_ip`:

```
gtag('config', 'UA-4711-1', { 'anonymize_ip': true });
```

Bei ga.js-Version fügen Sie dem Tracking-Code unter der Zeile mit _setAccount noch diese Zeile hinzu:

```
_gaq.push(['_gat._anonymizeIp']);
```

bzw. für Universal Analytics:

```
ga('set', 'anonymizeIp', true);
```

Diese Zeilen bewirken dann, dass nicht die gesamte IP-Adresse übertragen wird, sondern nur ein Teil. Damit ist die Identifikation eines einzelnen Nutzers bzw. einer Nutzerin anhand seiner oder ihrer IP-Adresse nicht mehr möglich. Mehr zur IP-Anonymisierung erfahren Sie unter *https://support.google.com/analytics/answer/2763052?hl=de*.

Cookie-Consent-Lösung mit Opt-In-Möglichkeit

Da Google Analytics Cookies zur Wiedererkennung von Besuchern und Besucherinnen auf deren Rechner speichert, benötigen Sie noch ein Cookie-Consent-Opt-In, wie oben bei dem Lufthansa-Beispiel gezeigt. Hier gibt es zahlreiche Anbieter, die solche Lösungen anbieten. Für WordPress kann ich Ihnen das Borlabs-Cookie-Consent-Plugin empfehlen (*https://de.borlabs.io/borlabs-cookie/*).

Zur Einbindung mittels Google Tag Manager gibt es zahlreiche andere Anbieter, etwa *https://www.cookiebot.com/de/* von Usercentrics.

Abbildung 14.29 Cookie-Consent-Plugin für WordPress von Borlabs

Datenschutzerklärung und Widerspruchsrecht einräumen

Gemäß DSGVO und der Analytics-AGB sind Sie verpflichtet, auf Ihrer Website die Nutzer und Nutzerinnen auf die Datenerfassung aufmerksam zu machen. Dies sollten Sie auf Ihrer Datenschutz-Seite tun, die wie das Impressum im Fußbereich überall direkt verlinkt sein sollte.

Google schlägt bereits einen Text vor. Ich empfehle Ihnen jedoch mittlerweile, mindestens einen interaktiven Datenschutz-Generator zu nutzen. Wenn Sie einen verpflichtenden Datenschutzbeauftragten bzw. eine -beauftragte haben, wird auch der oder die mitentscheiden wollen und müssen.

Einen aktuellen interaktiven Datenschutz-Generator von Dr. Thomas Schwenke finden Sie unter *https://datenschutz-generator.de/*. Hier lässt sich auch eine Vielzahl weiterer wichtiger Rechtstexte für die Website (z. B. das Impressum) generieren. Rechtliche Neuerungen sind dort immer berücksichtigt.

14.4 Website-Tracking mit Google Analytics

Um den Datenschutztext inklusive der Berücksichtigung von Google Analytics zu erhalten, beantworten Sie einfach den Fragebogen, und Sie erhalten den Text für Ihre Website inklusive notwendiger Widerspruchsmöglichkeit, welche das Tracking auf Klick deaktiviert.

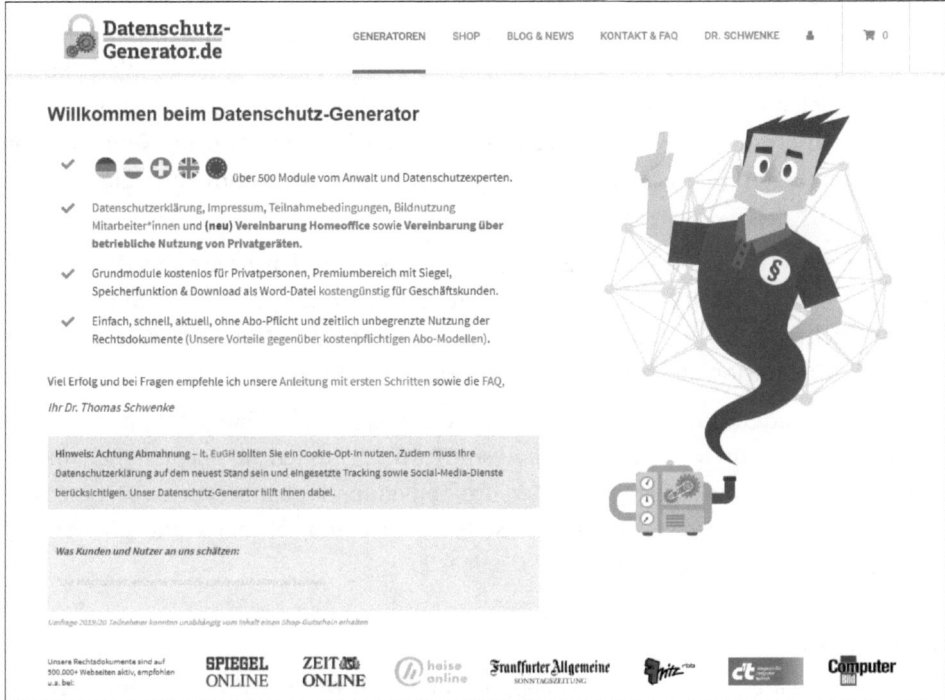

Abbildung 14.30 Interaktiver Datenschutz-Generator

Weitere relevante Einstellungen

Mit diesen Schritten fahren Sie schon einmal deutlich rechtssicherer als beim bloßen Einbau des Google-Analytics-Codes in Ihre Website.

Sie können in Analytics noch weitere Einstellungen vornehmen, die ggf. datenschutzrelevant sind. Alle Optionen finden Sie im Bereich EINSTELLUNGEN.

- Verkürzen Sie ggf. die Speicherdauer der Nutzerdaten (DATENAUFBEWAHRUNG).
- Das Erfassen der User-ID (USER-ID) sollte deaktiviert sein.
- Deaktivieren Sie die Remarketing-Funktion, falls nicht benötigt (DATENERFASSUNG).

14.4.4 Website-Tracking für unterschiedliche Website-Typen

Haben Sie die Einrichtungshürde erst einmal gemeistert, laufen täglich wertvolle Daten für das Online-Marketing in Google Analytics ein.

1029

Die große Menge vorhandener Möglichkeiten macht es vor allem Einsteigern und Einsteigerinnen schwer, die Flut von Informationen sinnvoll miteinander zu verknüpfen und auszuwerten. Häufig wird Visitor-Tracking dann reduziert auf Aussagen wie: »Diesen Monat hatten wir 231.328 Page Visits und über 9,4 Millionen Page Impressions auf unseren Seiten.« Diese beiden Zahlen sind nach wie vor die »Währung« in der Online-Werbebranche. Meistens werden Bannerplätze über den TKP (Tausender-Kontakt-Preis) gehandelt. Für jeweils 1.000 Page Visits zahlt der Werbekunde einen festgelegten Preis. Mit der zunehmenden Verbreitung von Ajax kommen solche Daten allerdings ins Wanken, da verschiedenste Inhalte ohne das Neuladen von kompletten Seiten (das entsprach bislang einer Page Impression) angezeigt werden können.

Möchte man effektives Visitor-Tracking durchführen, sind diese Kennwerte ohnehin nur ein Stück der Wahrheit. Hier ergibt sich recht schnell der Unterschied zwischen einem flüchtigen Blick auf die Visits und der intensiven Nutzung einer Website-Tracking-Applikation als mächtigem Werkzeug für das Controlling.

Häufig wird zudem nicht bedacht, dass unterschiedliche Webangebote auch individuelle Herangehensweisen bei der Analyse erfordern. Stellen Sie sich lediglich die unterschiedlichen Anforderungen bei den drei folgenden Website-Typen vor: eine klassische E-Commerce-Site, eine Service-Seite eines Unternehmens und ein Weblog ohne kommerzielle Interessen.

E-Commerce

Bei einem *Online-Shop* ist das Ziel klar definiert. Die Waren sollen verkauft werden. Das Traumziel eines jeden Shop-Betreibers ist eine Konversionsrate von 100 Prozent. Das heißt, jeder Besucher und jede Besucherin der Website kauft auch ein Produkt. In Wirklichkeit liegen Konversionsraten nicht derart hoch. Je nach Branche und Angebot liegt der Wert im Mittel zwischen 0,3 und 20 Prozent.

Für E-Commerce-Plattformen bietet Google Analytics das *Enhanced Ecommerce Tracking* an. Dabei werden auch angeschaute und gekaufte Produkte miterfasst sowie die gemachten Umsätze. Letztlich ist es ja die Umsatzabsicht, die ein Unternehmen einen Online-Shop betreiben lässt.

Gerade im E-Commerce müssen dabei häufig Berichte an andere Abteilungen oder die Geschäftsführung geliefert werden, auch um interne Ressourcen und Budgets zu rechtfertigen. Dabei können nicht alle Daten eines Visitor-Trackings in voller Breite vorgestellt werden. Meistens werden besonders zentrale Werte in Form eines Dashboards, einer PowerPoint- oder Excel-Präsentation vorgestellt. Diese zentralen Daten sind die *Key-Performance-Indikatoren* (KPIs). Es gibt sicherlich hundert denkbare Daten, die als KPI dienen können. Letztlich muss ein KPI für die jeweilige Zielgruppe klar und verständlich sein.

Lead-Gen

Bei Websites geht es nicht immer um das Verkaufen von Produkten. Viele Websites möchten Kontakte (Leads) generieren. Daher bezeichnet man diese Form auch als Lead-Gen-Websites (für Lead-Generierung).

Zentrale Metriken sind hier neben den üblichen Besuchern und Besucherinnen, Sitzungen und durchschnittlich besuchten URLs pro Sitzung auch wieder die Konversionsraten. Diese beziehen sich allerdings auf ausgefüllte Kontaktformulare, heruntergeladene Whitepaper gegen eine E-Mail-Adresse oder auch Newsletter-Eintragungen – also alles Aktionen, bei denen der Website-Betreiber einen Kontakt zum Besucher und zur Besucherin nachträglich herstellen kann.

Support- und Service

Bei einer *Support-* oder *Service-Website* zählen wiederum ganz andere Dinge. Hier kommt es darauf an, den Besucher oder die Besucherin möglichst schnell ans Ziel zu führen und ihm bzw. ihr für ein konkretes Problem eine Lösung anzubieten. Dabei spielt es keine Rolle, ob es um ein technisches Problem mit einem Gerät, einer Software oder etwa um die Suche nach einer Kontaktadresse bei der Stadtverwaltung geht.

Die Anzahl der durchschnittlichen Page Impressions pro Besucher oder Besucherin ist hier negativ zu interpretieren. Denn je länger der Nutzer oder die Nutzerin klicken muss, desto länger zieht sich die Problemlösung hin und desto unzufriedener wird er oder sie. Über die Page Impressions oder Page Visits kommt man hier also nicht sehr weit. Vielmehr müssen andere Daten genutzt werden, die für eine Performance-Prüfung einer Support-Seite hilfreich sein können:

- **Besuchertreue**: Hier erfahren Sie, wie oft Nutzer und Nutzerinnen wiederkehren. Für eine Support-Seite sollten die Nutzer und Nutzerinnen in den meisten Fällen nur einmal wiederkehren, nämlich bei einem konkreten Problem.
- **Besuchstiefe**: Sind zu viele Besucher und Besucherinnen in tief liegenden Ebenen der Seite unterwegs, ist das ein Zeichen dafür, dass Inhalte nicht sofort gefunden werden. Die Navigationsarchitektur muss offensichtlich dringend verbessert werden.
- **Besuchslänge**: Verständlicherweise soll die Lösung eines Problems möglichst rasch erfolgen. Daher ist eine kurze Verweildauer auf den Seiten bei einer Support-Seite im Vergleich zu einer Nachrichtenseite wünschenswert. Angenommen, über 80 Prozent der Besucher und Besucherinnen verweilen zwischen 31 und 60 Sekunden auf der Seite: Dies ist ein sehr guter Wert für eine Support-Seite.
- **Gesuchte Keywords**: Häufig suchen Nutzer und Nutzerinnen bei Problemen nicht direkt beim Hersteller Rat, sondern wenden sich zunächst an das gesamte WWW – natürlich mithilfe von Suchmaschinen. Daher sind für eine Support-Seite die Her-

kunft der Nutzer und Nutzerinnen sowie die genutzten Begriffe relevant. Diese zeigt Google Analytics nach der Verknüpfung mit der Google Search Console an. Auf diese Weise können Sie wichtige Keywords aufdecken und gleichzeitig überprüfen, inwieweit diese auf der Support-Seite inhaltlich bereits abgedeckt sind. Falls für ein häufig gesuchtes Produkt z. B. keine oder wenige Informationen zu finden sind, sollten Sie diese im Hinblick auf die Kundenzufriedenheit ergänzen.

Bei Website-Typen wie der Support-Seite können ebenfalls Konversionsraten genutzt werden. Eine Konversion wäre hier z. B. das Aufrufen des Support-Formulars. Dies kann dahingehend interpretiert werden, dass der Nutzer oder die Nutzerin keine Antwort auf der Website gefunden hat und direkte Hilfe benötigt. Über die Trichter-Visualisierung kann zudem analysiert werden, welche Wege der Nutzer bzw. die Nutzerin zuvor versucht hat.

Private Websites

Bei nicht kommerziell orientierten Seiten wie etwa bei *privaten Weblogs* kann man in der Regel nur schwer ein Ziel definieren. Hier sollen in erster Linie Artikel gelesen und Meinungen ausgetauscht werden. Daher wird häufig das Kommentieren von Artikeln als Interaktionsmesser genutzt. Die Tracking-Tools liefern hier jedoch noch weitere Ansätze, um ein Tracking bei Weblogs durchzuführen. So zeigt etwa die Liste unter LANDINGPAGES im Bereich VERHALTEN • WEBSITECONTENT mehr die Seiten an, welche als Erstes beim Website-Besuch aufgerufen wurden. Die Informationen aus dieser Ansicht in Kombination mit den AUSSTIEGSSEITEN wiederum können genutzt werden, um die von den Besuchern und Besucherinnen wahrgenommenen Schwerpunkte Ihrer Website zu identifizieren und neue oder noch fehlende Interessenbereiche aufzubauen.

Diese kurze Gegenüberstellung der Website-Typen zeigt bereits, dass unterschiedliche Anforderungen an das Controlling existieren. Den richtigen Mix an Daten und Auswertungen müssen Sie für jede Website jeweils individuell bestimmen. Nur so können Sie Controlling als mächtiges Werkzeug nutzen und damit den Erfolg und die Sichtbarkeit der Website steigern.

14.4.5 Typische Auswertungen vorgestellt

Die meisten Websites, bei denen das Website-Tracking eingesetzt wird, sind kommerziell ausgerichtete oder private Websites, auf denen Informationen zu Produkten oder Dienstleistungen zu finden sind oder ein bestimmtes Thema ausführlich behandelt wird. Wie soeben dargestellt, müssen Sie selbst anhand der passenden KPIs wählen, welche Auswertungen für Sie besonders hilfreich und zielführend sind. Um Ihnen den Einstieg zu erleichtern, werde ich Ihnen ein paar schnelle und geläufige Auswertungsansätze anhand von Google Analytics vorstellen.

14.4 Website-Tracking mit Google Analytics

Wer sind unsere Besucher?

Auch ganz unabhängig von konkreten Zielen bei der Suchmaschinen-Optimierung ist es für jede Optimierung sinnvoll, wenn man weiß, wer sich eigentlich auf der eigenen Website tummelt. Nicht immer passt dies auch zur intendierten Zielgruppe. Bei Google Analytics finden Sie im Bereich ZIELGRUPPE eine Vielzahl an zusammenfassenden Informationen über Ihre Besucher und Besucherinnen. Die demografischen Merkmale mit Sprache und Standort sind vor allem für solche Projekte interessant, die ein Angebot in englischer Sprache haben oder verschiedene regionale Schwerpunkte besitzen. Ein Vermieter von Baukränen kann so z. B. sehen, woher die meisten Besucher und Besucherinnen auf seiner Website kamen. Dann kann er entweder versuchen, die weißen Flecken auf der Karte zu füllen (sofern es hier einen Markt gibt), oder eben die Zielseiten für die besonders stark nachgefragten Regionen noch weiter ausbauen.

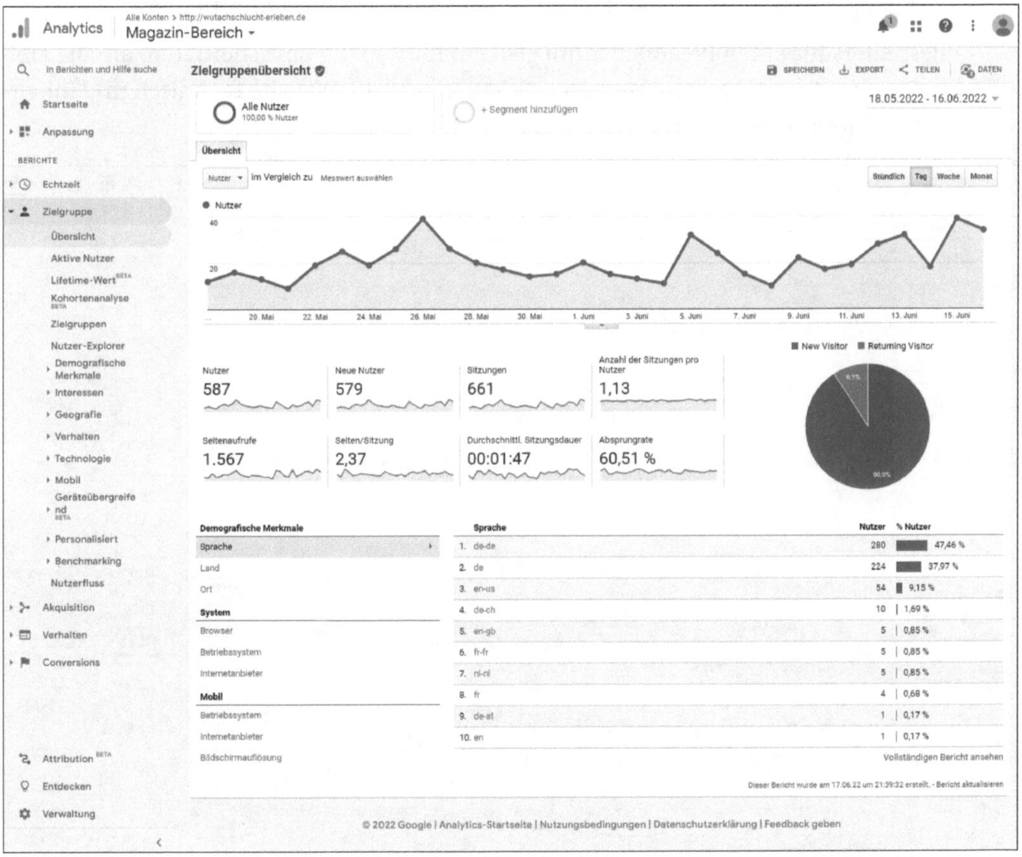

Abbildung 14.31 Zielgruppenübersicht bei Google Analytics

Besonders interessant ist das Verhältnis zwischen neuen und wiederkehrenden Besuchern und Besucherinnen. Je nach Thema und Website-Typ wird die eine oder andere Gruppe immer dominieren. Hier können Sie prüfen, inwieweit Maßnahmen zur Kundenbindung greifen. Auch die Anzahl der Besuche ist eine interessante Maßzahl. Sie gibt an, wie häufig ein Besucher oder eine Besucherin im Schnitt wieder auf Ihre Website kommt und wann der letzte Besuch war. Sollte ein großer Teil der Besucher und Besucherinnen z. B. jede Woche einmal vorbeischauen, dann sollten Sie sich überlegen, ob Sie die spärlich gefüllte *Aktuelles*-Rubrik auf Ihrer Website nicht vielleicht häufiger befüllen. Die Aktualisierung ist auch für Suchmaschinen ein positives Zeichen.

Neben diesen Daten finden Sie auch technisch orientierte Daten über verwendete Browser, Auflösungen und verwendete Endgeräte. Vor allem Letzteres ist dann interessant, wenn es um die Frage geht, wie stark überhaupt noch Zugriffe aus dem Desktop-Bereich sind oder ob mobile Zugriffe nicht schon längst dominieren.

Besonders für einen Relaunch lohnt sich ein Blick in die Besucherdaten, um die Zielgruppe noch genauer beschreiben zu können und die Website technisch und inhaltlich auf sie abzustimmen.

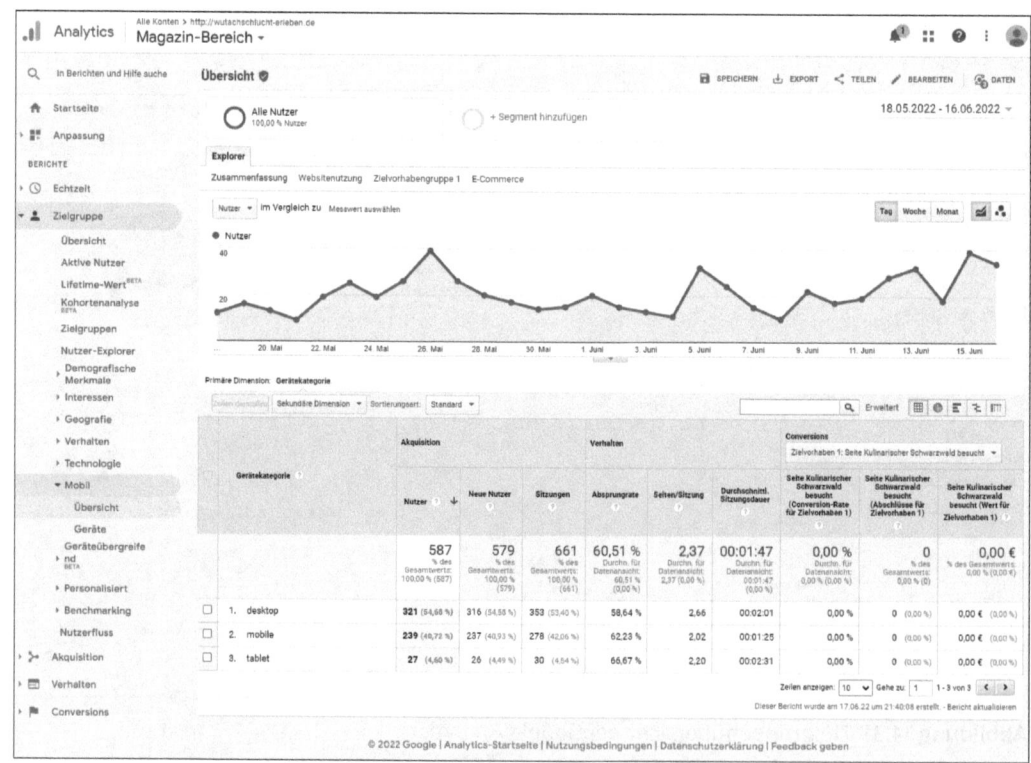

Abbildung 14.32 Ca. 56 Prozent aller Besucher und Besucherinnen sind mit dem Desktop-Rechner auf der Website unterwegs.

Besucherfluss

Die Analyse von statistischen Daten ist die eine Sache. Sehr aufschlussreich ist hingegen noch eine ganz andere Form der Analyse: die Pfadanalyse bzw. der Besucherfluss. Diese Auswertung zeigt nicht an, wie häufig eine Seite aufgerufen oder besucht wurde. Stattdessen erfahren Sie hier über alle Besucher und Besucherinnen hinweg, von wo sie auf die Seite kamen und wo sie danach hingegangen sind (siehe Abbildung 14.33).

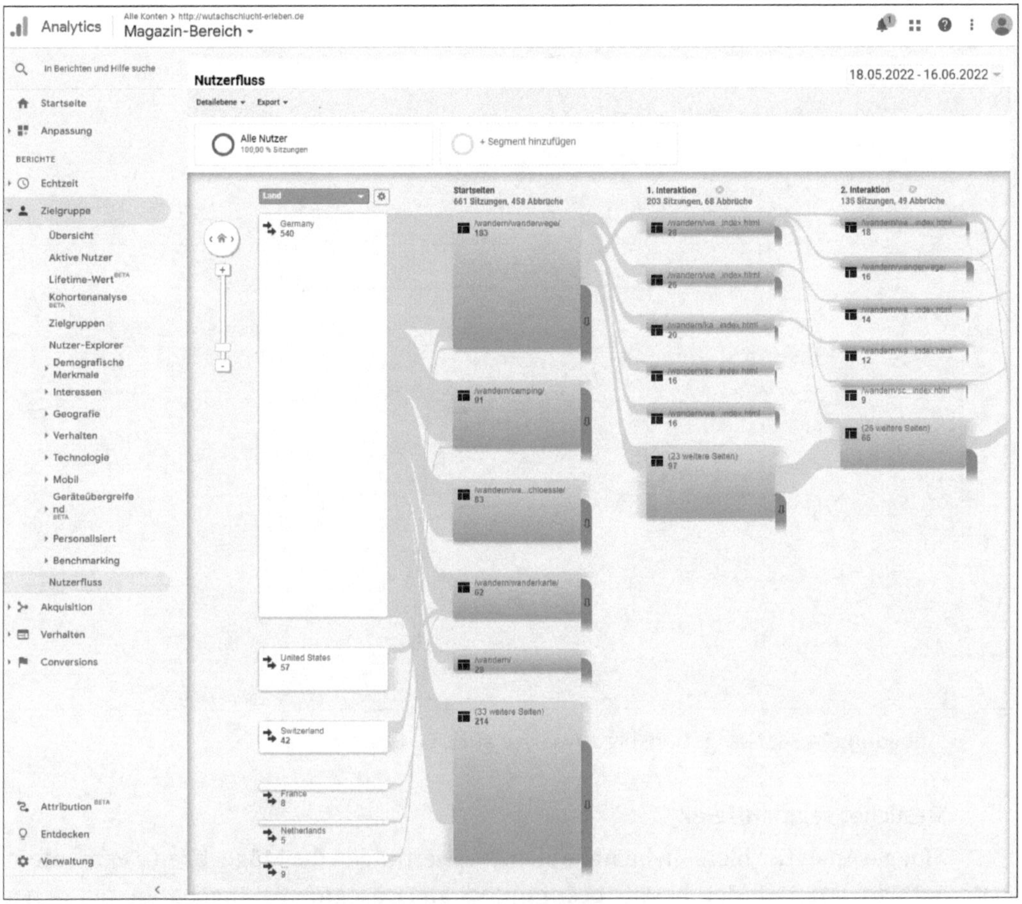

Abbildung 14.33 Besucherfluss-Analyse bei Google Analytics

Die Ansicht mag zwar schick aussehen, so sonderlich hilfreich finde ich sie persönlich allerdings nicht. Nutzen Sie hierzu eine andere Funktion, die von einer bestimmten Seite ausgehend die hinführenden und wegführenden Besucherströme anzeigt. Dazu wechseln Sie in den Bereich Verhalten • Websitecontent • Alle Seiten und wählen im Reiter oben Navigationsübersicht aus. Nun können Sie in dem Dropdown neben Aktuelle Auswahl die gewünschte URL aussuchen.

Hier können Sie abgleichen, ob die tatsächlichen Besucherflüsse auch mit den intendierten übereinstimmen. Klicken Ihre Besucher und Besucherinnen die Seiten durch, die Sie vorgesehen haben? Oder müssen Sie eventuell einige Links deutlicher hervorheben oder gar die Zusammenstellung an bestimmten Stellen erweitern?

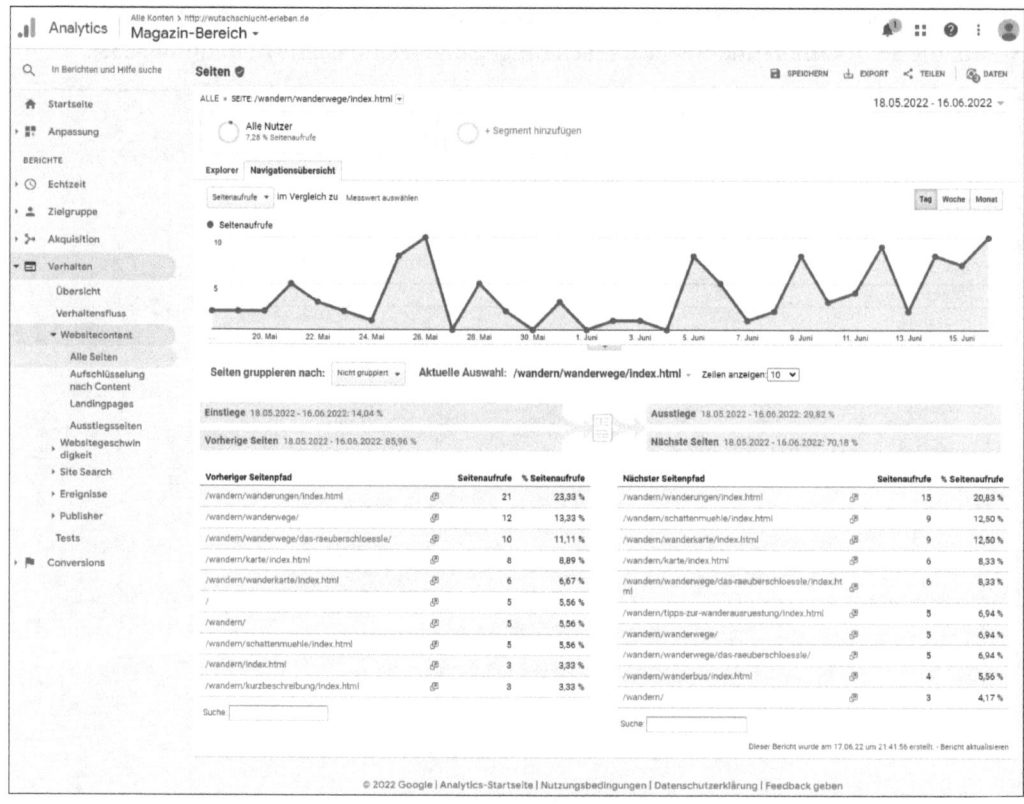

Abbildung 14.34 Navigationspfad-Analyse auf URL-Basis

Besucher segmentieren

Google Analytics bietet in beinahe allen Auswertungen die Möglichkeit, Segmente zu wählen. Dazu werden bereits bestimmte Standardsegmente angeboten, mit denen Sie die Daten aufteilen können.

Wenn Sie nur ein Segment auswählen, dann dient dieses gewissermaßen als Filter. Wählen Sie z. B. das Segment ORGANISCHE ZUGRIFFE aus, dann filtert Google ausschließlich die Daten zu Besuchen über organische Suchmaschinen-Rankings heraus. Die Auswahl BEZAHLTE ZUGRIFFE wiederum zeigt nur die Daten von Ads-Besuchern und -Besucherinnen an. Wenn Sie mehrere Segmente wählen, dann werden diese jeweils gemeinsam dargestellt. So erhalten Sie die Möglichkeit, verschiedene Segmente direkt miteinander zu vergleichen.

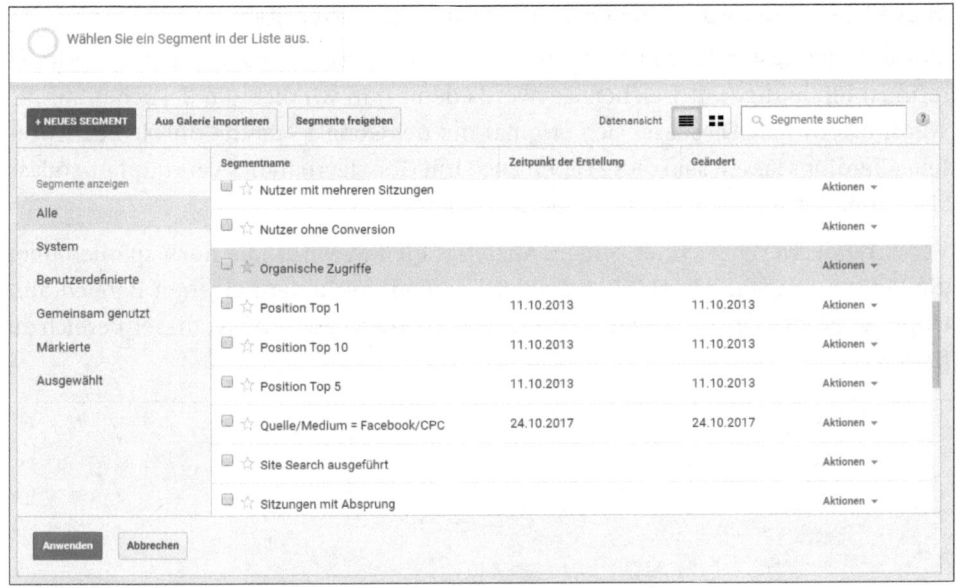

Abbildung 14.35 Segmentierung bei Google Analytics nutzen

Sie können aber auch selbstständig eigene Segmente definieren und für spätere Verwendungen speichern. Möchten Sie z. B. ausschließlich die Daten von Besuchern und Besucherinnen sehen, die eine bestimmte Verweildauer auf Ihrer Website haben, dann können Sie ein benutzerdefiniertes Segment anlegen (siehe Abbildung 14.36).

Abbildung 14.36 Benutzerdefinierte Segmente selbstständig anlegen

Die Segmentierung ist ein ungemein hilfreiches und mächtiges Werkzeug, das Sie sich ausgiebig anschauen sollten. Es hilft bei vielen Fragen der Suchmaschinen-Optimierung und der Optimierung der Website insgesamt.

Mit welchen Keywords kommen Besucher auf meine Website?

Eine der wichtigsten Fragen eines Suchmaschinen-Optimierers oder einer -Optimiererin ist eindeutig, mit welchen Keywords denn nun wirklich die Besucher auf die Website kommen. Dies lässt sich originär mit der Google Search Console beantworten. Allerdings lassen sich diese Daten auch mit Google Analytics verknüpfen, sodass Sie kombinierte Analysen durchführen können.

Verwirrenderweise zeichnet Google Analytics die Keywords, die noch spärlich über die Referrer-Angabe via HTTP extrahiert werden, mit einem eigenen Bereich aus. Unter AKQUISITION • KAMPAGNEN • ORGANISCHE KEYWORDS ist dieser Bereich zu finden.

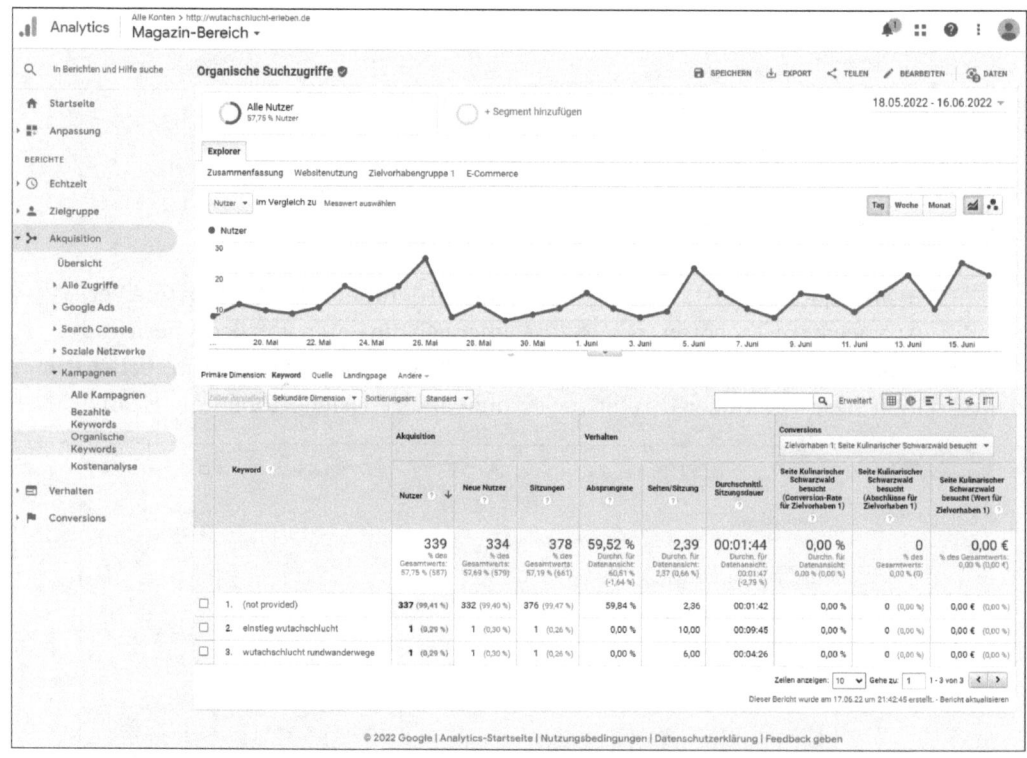

Abbildung 14.37 Diese Ansicht ist durch »(not provided)« nicht nutzbar.

Die Angabe (NOT PROVIDED) findet sich in solchen Listen immer häufiger. Seit Google die Suchergebnisseiten über HTTPS ausspielt, werden keine Referrer-Daten mehr an die Websites und die Analytics-Tracking-Skripte übertragen. Alle User, für die dies zutrifft, kommen zwar über den organischen Bereich, sind jedoch keinem

Keyword konkret zuzuordnen und werden unter (NOT PROVIDED) gesammelt. Daher können Sie diese Ansicht getrost vergessen.

Über den Punkt AKQUISITION • SEARCH CONSOLE können Sie allerdings diese fehlenden Zuordnungen getrost vergessen, da diese Daten nicht auf den Referrern basieren, sondern von der Google Search Console als Datenimport direkt stammen.

Wichtig ist hier der Bereich der SUCHANFRAGEN. Als Suchmaschinen-Optimierer oder -Optimiererin interessiert Sie hier in der Regel die Liste aller unbezahlten Keywords aus der organischen Suche, die zu Besuchen geführt hat.

Durch die Art der Daten in der Google Search Console ist eine eindeutige Zuordnung von Suchanfragen zu URLs nicht mehr so einfach möglich. Hier gehen tatsächlich spannende Auswertungsmöglichkeiten verloren. Der Anbieter Keyword-Hero (*https://keyword-hero.com/de*) versucht, durch Machine Learning die Not-Provided-Daten mittels der Search-Console-Daten wieder zu ergänzen, sodass die URL-Keyword-Kombination wiederhergestellt werden kann. Dies funktioniert in einigen Fällen mal besser und mal schlechter.

Beliebtester Inhalt insgesamt

Unabhängig von den konkreten Suchbegriffen sollten Sie für die kontinuierliche Optimierung Ihrer Inhalte bei Google Analytics regelmäßig in den gesamten Bereich VERHALTEN schauen. Der Bereich WEBSITECONTENT, speziell ALLE SEITEN, verrät Ihnen die beliebtesten Seiten auf Ihrer Website. Vielleicht können Sie bei beliebten Seiten ja weitere Themen identifizieren, die Sie ebenfalls auf Ihrer Website anbieten können? Oder Sie erkennen, dass die Besucher und Besucherinnen sich ganz andere Inhalte auf Ihrer Site anschauen als ursprünglich von Ihnen gedacht oder gar geplant?

Hier können Sie auch die oben erwähnten Segmente gut einsetzen, um sich die beliebten URLs ausschließlich von organischen Besuchern und Besucherinnen anzuschauen.

Zielseiten – welche sind die beliebtesten Einstiegsseiten?

Im Vergleich zu den *Content-Seiten*, bei denen die Seitenaufrufe zählen, versteht man unter *Landingpages* (Einstiegsseiten) nur solche Seiten, die beim Erstkontakt mit einer Website aufgerufen werden. Sie finden diese Ansicht unter VERHALTEN • WEBSITECONTENT • LANDINGPAGES. Verständlicher ausgedrückt sind Landingpages die Einstiegsseiten bei Google Analytics. In Kombination mit dem Segment ORGANISCHE ZUGRIFFE sehen Sie hier alle Einstiegsseiten aus der organischen Suche.

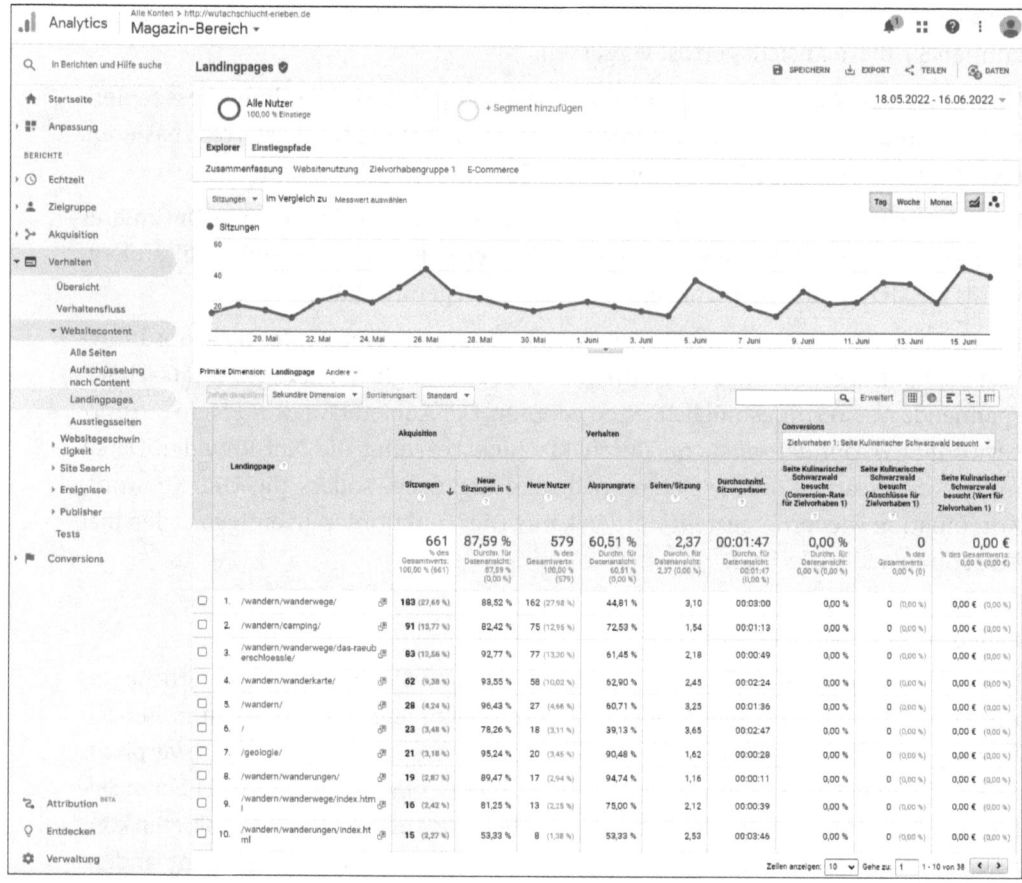

Abbildung 14.38 Organische Einstiege auf Landingpages

Vorjahresvergleich bei saisonalen Themen

Vor allem bei saisonalen Inhalten ist der Vergleich zwischen einzelnen Monaten oder Quartalen oft schwer. Wer Gartenmöbel online verkauft, der darf getrost im Winter mit geringerem Traffic über Suchmaschinen rechnen und auf einen Anstieg an den ersten warmen Frühjahrswochenenden vertrauen. Um verschiedene Saisons miteinander vergleichen zu können, bietet Google Analytics eine entsprechende Funktion. Diese finden Sie bei der Auswahl des Datums als Checkbox VERGLEICHEN MIT. Sie müssen natürlich nicht ein Jahr auswählen, sondern können auch Monate, Quartale oder beliebige Zeiträume miteinander vergleichen.

Standardmäßig ist bei den Vergleichsgrafiken das Raster TAG ausgewählt. Im Zeitvergleich zählen häufig nicht einzelne Tage, sondern größere Zeiträume, z. B. Wochen oder Monate. Daher klicken Sie auf WOCHE oder MONAT, um die einzelnen Wochen bzw. Monate miteinander vergleichen zu können (siehe Abbildung 14.39).

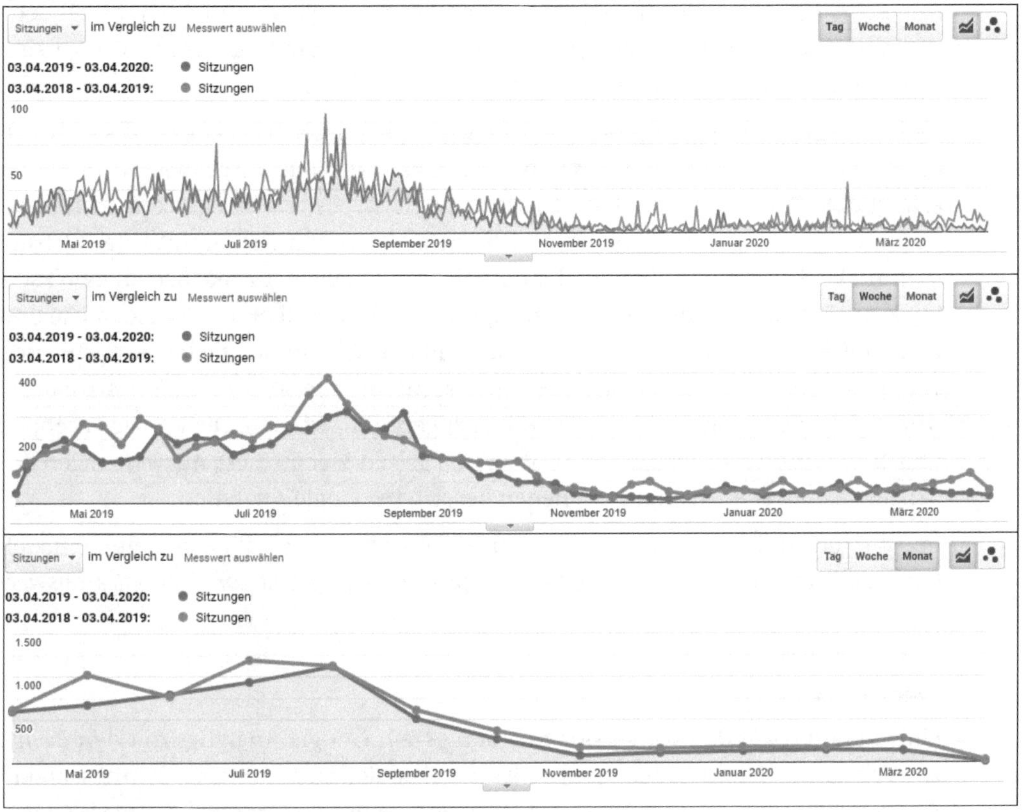

Abbildung 14.39 Der Jahresvergleich mit Tagesraster ist schwierig.

Ziele, Conversions und Funnel-Analyse

Über die Einstellungen haben Sie die Möglichkeit, bestimmte URLs als Ziel zu definieren. Dies stellt die einfachste Form der Zielerstellung dar. So kann z. B. das Ausfüllen eines Kontaktformulars ein Ziel sein, das idealerweise auch als KPI definiert wurde. Nach einem Kontaktformular erscheint meist die Seite »Ihre Anfrage wurde abgeschickt«. Die zugehörige URL würden Sie bei Google Analytics als Ziel angeben und könnten dann die Leads zählen. Diese finden Sie im Bereich CONVERSIONS unter ZIELVORHABEN-URLS. Dort stehen auch zahlreiche Analyseformen zur Auswahl, etwa eine Trichter-Visualisierung. Sie ist vor allem dann hilfreich, wenn Sie einen Trichter (Funnel) definieren. Ein beliebtes Funnel-Setup bei einem Online-Shop ist z. B. der Weg vom Warenkorb bis zur Seite »Danke für Ihre Bestellung«. Eine Funnel-Analyse zeigt dann genau, bei welchem Schritt die Besucher und Besucherinnen ausgestiegen sind, und der Webmaster kann entsprechend Ursachenforschung betreiben. Wird vielleicht ein Geburtsdatum an dieser Stelle abgefragt, das nicht benötigt wird und viele Besucher und Besucherinnen vom Kauf abschreckt?

Auch für die Suchmaschinen-Optimierung können solche Funnels hilfreich sein, wenn man klare Wege durch Informationen oder von Landingpages zu Conversion Pages definiert hat und diese optimieren möchte.

In diesem Zusammenhang sollten Sie sich auch den Bereich CONVERSIONS • MULTI-CHANNEL-TRICHTER • VORBEREITENDE CONVERSIONS näher anschauen. Nicht immer erfolgt eine Conversion bei dem Erstbesuch einer Website. Häufiger kommen Besucher und Besucherinnen über verschiedene Kanäle immer wieder mit einer Website in Kontakt: So klickt ein Nutzer oder eine Nutzerin vielleicht zunächst auf eine Facebook-Anzeige und kommt dann zwei Tage später wieder über die Google-Suche und einen Klick auf eine Ads-Anzeige. Der tatsächliche Kauf findet vielleicht noch einen Tag später über einen organischen Einstieg statt. Im Falle einer *Last-Click-Attribution* würde der Kauf dann nur dem SEO-Kanal zugeordnet werden. Die Kanäle Facebook und Ads würden als *vorbereitende Conversion* gelten. Genau diese Auswertungen finden Sie in dem soeben angesprochenen Bereich in Google Analytics.

Im Übrigen ist die Last-Click-Attribution in den seltensten Fällen eine gute Einstellung. Alternativen dazu finden Sie unter *https://support.google.com/analytics/answer/1665189?hl=de*.

Event-Tracking

Eine andere Form der Konversionsmessung stellt Google Analytics mit den *Events* zur Verfügung. Hier werden keine URLs als Ziele definiert, sondern Sie müssen ein Signal in Ihre Website einbinden, das ein Event »feuert« (so nennen das die Webanalytiker). Wie sieht das konkret an einem Beispiel aus?

Sie möchten wissen, wie viele Besucher und Besucherinnen auf Ihrer Landingpage auf den E-Mail-Link klicken. In HTML sieht dieser E-Mail-Link zunächst so aus:

```
<a href="mailto:anfrage@mindshape.de">Anfrage stellen</a>
```

Beim Klick auf diesen Link öffnet sich das Standard-Mail-Programm auf dem jeweiligen Rechner. Eine URL als Ziel zu definieren, würde Ihnen hier also keine Daten liefern, da keine URL, sondern ein Programm aufgerufen wird. Genau hier kommt das Event ins Spiel.

Die Einbindung des Event-Trackings mit dem veralteten Google Universal Analytics war noch recht einfach, hier musste nur etwa eine solche Zeile eingefügt werden:

```
<a href="mailto:anfrage@mindshape.de" onClick="ga('send','event',
   'Anfragen', 'Landingpage');">Anfrage stellen</a>
```

Mit Google Analytics 4 ist es etwas komplexer geworden. Ich empfehle Ihnen hier dringend den Einsatz des Google Tag Managers. In beiden Fällen finden Sie aktuelle Informationen über das Vorgehen unter *https://support.google.com/analytics/answer/11147304*.

Das Zählen von E-Mail-Klicks ist dabei selbstverständlich nicht alles. Überlegen Sie, welche Daten für Sie interessant und hilfreich sind. Vielleicht möchten Sie die Klicks auf externe Links tracken? Oder Sie möchten wissen, welche Bilder in einer Bildergalerie am meisten vergrößert werden? Sie bieten verschiedene redundante Buttons auf einer einzelnen Seite an und möchten wissen, welcher am häufigsten benutzt wird? Die Szenarien sind nahezu unbegrenzt, und genau das macht das Event-Tracking so hilfreich.

»Durchklicken«
Google Analytics ist ein Produkt, das stetig weiterentwickelt wird und bei dem sich regelmäßig etwas ändert. Erste Analysen mögen ganz einfach und schnell zu bewerkstelligen sein, aber mittlerweile ist das Programm sowohl in der korrekten Einrichtung als auch in der gewinnbringenden Benutzung derart komplex geworden, dass man als Suchmaschinen-Optimierer oder -Optimiererin hier nicht mehr immer alleine arbeitet, sondern den Webanalysten oder die -Analystin zu Rate zieht. Diese beiden Gewerke treffen sich immer häufiger in Unternehmen und Agenturen.

Als SEO sollten Sie dennoch ein solides Grundverständnis der Benutzung von Google Analytics oder einem anderen favorisiertem Analytics-Tool haben. Insofern kann ich Ihnen nur empfehlen, dass Sie regelmäßig einfach durch die Funktionen von oben nach unten klicken und schauen, was es Neues gibt.

Für einen tieferen Einstieg kann ich Ihnen das Buch »Google Analytics: Das umfassende Handbuch« der Agentur-Kollegen Markus Vollmert und Heike Lück ans Herz legen, das ebenfalls beim Rheinwerk Verlag erschienen ist.

14.5 Logdateien zur Besucheranalyse nutzen

Vor dem Aufkommen von Google Analytics und anderen JavaScript-basierten Trackern war eine Besucheranalyse auf Grundlage von Logfiles Standard. Dieses Verfahren ist in den letzten Jahren quasi in Vergessenheit geraten, da die JavaScript-basierten Trackingmethoden detailliertere und auch genauere Ergebnisse liefern. Allerdings sind die Trackingfallzahlen seit Einführung von Cookie Consent Bannern, die jeden Nutzer und jede Nutzerin beim Betreten einer Website aktiv um Zustimmung (Opt-In) zur Speicherung von Cookies bitten, rapide gesunken. Viele Menschen stimmen dem Tracking mit Analytics-Tools nicht zu, und so sinken die Fallzahlen enorm. Dies führt in vielen Fällen zur Unbrauchbarkeit der Daten aufgrund der niedrigen Stichproben.

Logfiles hingegen liegen ohnehin auf dem Server vor. Sie müssen aus rechtlichen Gründen erhoben und eine gewisse Zeit gespeichert werden. Dies muss zwar auch in die Datenschutzerklärung einer Website aufgenommen werden, da diese Methode

allerdings ohne Cookie-Setzung auskommt, kann der Nutzer und die Nutzerin hier nicht widersprechen.

Insofern lassen sich grundlegende Besucheranalysen auch auf Basis von Logfile-Analysen durchführen, auch wenn das Problem des fehlenden Cookies alle Überlegungen zur Wiedererkennung von wiederkehrenden Besuchern und Besucherinnen zunichtemacht. Insofern ist dies sicherlich keine ideale, sondern eher eine Behelfslösung, bevor Sie gar keine Besucherdaten mehr analysieren.

Dies trifft im Übrigen nicht auf die Logfile-Analyse zu, welche die Crawler-Bewegungen der Suchmaschinen-Bots analysiert. Dazu komme ich aber erst im folgenden Kapitel.

14.5.1 Besucheranalyse aus den Logfiles

Der Webserver führt über die Anfragen (HTTP-Requests) der Clients gewissermaßen Buch und schreibt jeweils eine Zeile pro Anfrage in die Logdatei. Diese ist zunächst eine reine Textdatei und innerhalb der Verzeichnisstruktur des Webservers zu finden:

```
207.46.98.52 - - [18/Jan/2005:12:27:42 +0100] "GET /ueber_uns/
information.html HTTP/1.0" 200 2818 "-" "msnbot/0.3 (+http://
search.msn.com/msnbot.htm)"
84.56.48.18 - - [19/Jan/2005:16:42:50 +0100] "GET /index.html
HTTP/1.1" 200 1172 "-" "Mozilla/5.0 (Windows; U; Windows NT 5.1;
de-DE; rv:1.7.5) Gecko/20041108 Firefox/1.0"
```

Das jeweilige Format hängt vom verwendeten Webserver sowie von der gewählten Einstellung ab. In der Regel findet sich jedoch das oben gezeigte Format. Nach der IP-Adresse des Clients erscheint das genaue Anfragedatum. Der Inhalt des HTTP-Requests wird an dritter Stelle in Anführungszeichen angezeigt und zeigt die Art der Anfrage und die verwendete URL inklusive der Protokollversion an. Unmittelbar darauf folgt der zurückgelieferte Servercode (in den Beispielen: 200). Die Größe der Datei und die User-Agent-Kennung schließen eine Zeile meist ab.

Natürlich sind die Logdateien bei der enormen Anzahl von Zeilen nicht dazu geeignet, per Hand durchgesehen zu werden. Denn für jeden Seiten- und Ressourcenabruf wird eine neue Zeile eingetragen. Zahlreiche Tools und Programme nutzen diese Logfiles aber als Grundlage für eine übergreifende Auswertung. Man erhält dann eine Oberfläche, auf der eine aggregierte und visualisierte Form der Auswertung angeboten wird.

Dabei gehören AWStats (*awstats.sourceforge.io*) zu der Gruppe der frei verfügbaren und einfach zu installierenden Projekte. Daneben gibt es selbstverständlich auch kostenpflichtige Programme.

14.5 Logdateien zur Besucheranalyse nutzen

> **Setzen Sie möglichst auf ein modernes Analytics Tool**
> Der Rückgriff auf AWStats bzw. die Logfiles sollte wirklich nur eine Notlösung sein, wenn aus welchen Gründen auch immer kein umfangreiches Tracking möglich ist. Der Einsatz von AWStats und Co. ermöglicht keine vergleichbaren, professionellen Auswertungen wie Google Analytics und andere moderne Trackinglösungen. Sollten Sie oder jemand in Ihrem Unternehmen Bedenken gegenüber Google Analytics haben, lässt sich auch Matomo als Selbsthosting-Variante einrichten.

Die meisten Auswertungstools setzen voraus, dass deren Datensammlung wie bei Google Analytics aktiv eingerichtet wird. In der Regel werden die Logdateien direkt auf dem Webserver ausgewertet und in Form einer oder mehrerer HTML-Dateien angezeigt. Oft sind jedoch aufgrund serverseitiger Beschränkungen solche Installationen nicht möglich. Das ist zwar ärgerlich, jedoch kein Beinbruch. Diverse Unternehmen bieten auch hierzu Service an. Bei einigen kann man eine abgespeckte Version sogar kostenlos benutzen. Hier muss die Logdatei von dem eigentlichen Webserver auf den Server des Dienstleisters zur Auswertung übertragen werden. Dies stellt jedoch technisch meist kein Problem dar. Achten Sie hierbei jedoch darauf, dass die Logfiles vollständige IP-Adressen enthalten. Dies sind personenbezogene Daten gemäß der DSGVO, die entsprechend behandelt oder anonymisiert werden müssen.

Unabhängig davon, in welcher Form oder an welchem Ort die Auswertung der Logdateien erfolgt, gibt es eine bestimmte Auswahl an Daten, die für das Marketing und die Suchmaschinen-Optimierung besonders interessant sind. Diese sollen im Folgenden vorgestellt werden.

14.5.2 Anfragen pro Tag und Monat

Die einfachste Form der aggregierten Auswertung ist die Summe der Besuche pro Tag bzw. pro Monat. Eine Betrachtung dieser Zahlen ist von grundlegender Bedeutung. Denn ein Anstieg nach einer Veränderung – sei es eine Marketing-Aktion über PPC-Programme oder eine Onpage- oder Offpage-Optimierung – kann auf einen Erfolg hinweisen. Andererseits können stagnierende oder sogar deutlich abnehmende Besucherzahlen ein Zeichen für Fehler oder Probleme sein.

Dabei ist die Unterscheidung zwischen verschiedenen Werten zu beachten, um die Daten korrekt interpretieren zu können. In der Logdatei des Webservers wird der Aufruf eines jeden HTTP-Requests aufgezeichnet. Das bedeutet, dass ein Besucher bzw. eine Besucherin, der oder die eine Seite z. B. dreimal neu lädt, auch drei Einträge generiert, da es sich jedes Mal um einen HTTP-Request handelt. Die *Page Impressions* würden hier entsprechend um drei erhöht werden.

14 Monitoring, Controlling und Tracking

Diese Angabe findet sich in Abbildung 14.40 in der Spalte ZUGRIFFE. Der Unterschied zu den SEITEN besteht darin, dass mit *Zugriffe* alle Ressourcen gemeint sind – dementsprechend auch PDF-Dokumente, Grafiken, Videos, Audiodateien oder sonstige Ressourcen. Diese können allerdings in den meisten Produkten herausgefiltert werden. Die Spalte SEITEN zeigt tatsächlich nur die HTML-Dateien an.

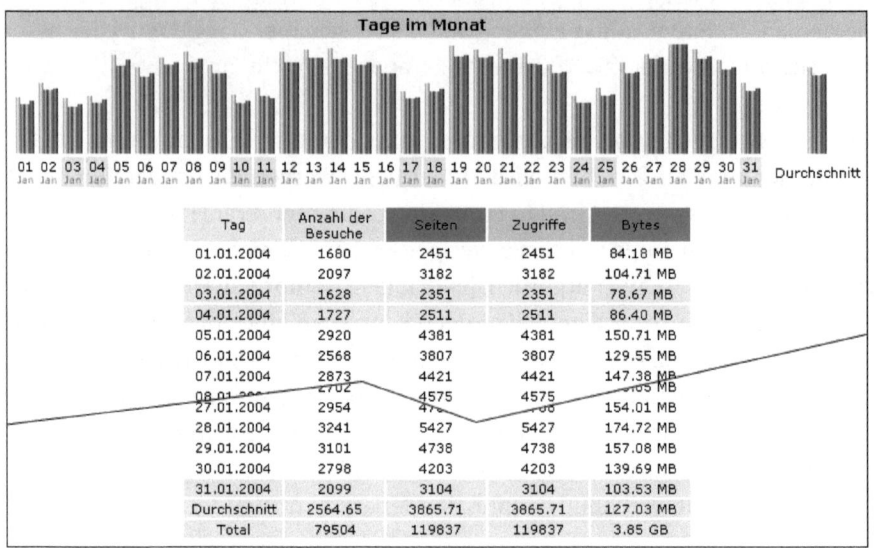

Abbildung 14.40 Summe aller HTTP-Requests pro Tag (gekürzte Darstellung)

Daneben ist die Anzahl einzelner Besuche von Bedeutung. Denn ein Besucher oder eine Besucherin kann durchaus mehrere Seiten aufsuchen und damit auch mehrere Page Impressions erzeugen. Daher muss der Wert der Besucher und Besucherinnen (*Visits*) immer niedriger sein. Die Berechnung der Besucherzahl erfolgt bei Logfile-Analysen über die IP-Adresse und nicht über ein Cookie. So können alle HTTP-Requests von einer IP-Adresse zusammengefasst werden und zählen daher als ein Visit.

Ein Problem besteht allerdings im Zusammenhang mit dieser Methode: Die meisten Webnutzer und -nutzerinnen wählen sich über einen Internet-Service-Provider in das Internet ein und erhalten aus dessen IP-Adressen-Pool eine freie dynamische IP-Adresse. Diese kann kurz zuvor noch ein anderer Webnutzer bzw. eine -nutzerin besessen haben, der oder die sich jedoch wieder vom Internet getrennt und damit die IP-Adresse freigegeben hat. Falls nun beide Nutzer oder Nutzerinnen die gleiche Seite besucht haben, kann aufgrund der identischen IP-Adresse bei der Analyse keine Differenzierung mehr erfolgen. In diesem Fall können daher die tatsächlichen Besucherzahlen höher liegen als die angezeigten. Um diesem Phänomen vorzubeugen, werden oftmals Zeiträume festgelegt, nach deren Ablauf eine gleiche IP-Adresse als erneuter Besuch gezählt wird.

Darüber hinaus ist eine weitere statistische Angabe sicherlich auch von Interesse. Über die Angabe der Dateigrößen innerhalb der Logdatei-Einträge wird üblicherweise zusätzlich pro Tag bzw. Monat grob das Transfervolumen angezeigt. Diese Information ist insbesondere als ein Ansatz der Ladezeit-Optimierung interessant, da hier serverseitig große Ressourcen identifiziert werden können.

14.5.3 Herkunftsland der Besucher

Die IP-Adresse eines Besuchers oder einer Besucherin lässt noch weitere Schlüsse zu. Die Herkunftsländer der Besucher und Besucherinnen sind vor allem bei international definierten Zielgruppen ein interessanter Indikator dafür, ob einzelne Länder mit einem Webangebot erreicht werden (siehe Abbildung 14.41).

Länder (Top 10) – Gesamte Liste				
Länder		Seiten	Zugriffe	Bytes
United States	us	36266	36266	1.14 GB
European Union	eu	8709	8709	278.29 MB
Germany	de	8340	8340	224.29 MB
France	fr	4350	4350	129.95 MB
Canada	ca	4297	4297	139.58 MB
Netherlands	nl	4200	4200	143.84 MB
Great Britain	gb	4197	4197	138.18 MB
Australia	au	4141	4141	146.32 MB
Italy	it	3229	3229	110.46 MB
Japan	jp	3160	3160	111.21 MB
Sonstige		33995	33995	1.14 GB

Abbildung 14.41 Übersicht über die Herkunftsländer der Besucher und Besucherinnen

Dabei ist allerdings zu beachten, wie die Zuordnung der Besucher und Besucherinnen zu einzelnen Ländern technisch erfolgt. Je nach Analyse-Tool kann man daher die Daten eher nur im Sinne einer Tendenz bewerten.

14.5.4 Seitenbesuche

Eine Liste der meistbesuchten Webseiten findet sich in jeder Auswertung. Hier lässt sich das Interesse der Webnutzer und -nutzerinnen bzw. die Motivation eines Besuchs ablesen. Für jede Datei werden die Zugriffe einzeln angezeigt, sodass auch ein Vergleich möglich ist.

Außerdem lässt sich berechnen, ob eine Seite zu Beginn eines Besuchs abgerufen wird oder am Ende. Entsprechend wird die erste angeforderte Seite als Einstiegsseite definiert, die jeweils letzte Seitenanforderung als Ausstiegsseite (Exit-Seite, siehe Abbildung 14.42).

14 Monitoring, Controlling und Tracking

Seiten-URL (Top 10) – Gesamte Liste – Einstiegsseiten – Exit Seiten				
35 Unterschiedliche Seiten	Zugriffe	durchschnitt. Größe	Einstiegsseiten	Exit Seiten
/	106841	35.20 KB	76395	73684
/produkte/profession_kit.html	6342	10.00 KB	710	2954
/jobs.html	889	4.57 KB	90	370
/support/support.html	337	4.18 KB	31	194
/suche.html	91	50.05 KB	49	31
/kontakt.html	87	32.62 KB	68	46
/ueber_uns.html	77	36.22 KB	19	27
/download_portal.html	66	7.24 KB	7	34
/impressum.html	34	41.53 KB	11	21
/telefon_nummern.html	31		31	31
Sonstige	89	35.25 KB	31	49

Abbildung 14.42 Die Top 10 der meistbesuchten Seiten

Diese Informationen lassen vielfältige Rückschlüsse auf das Besucherverhalten zu, die in Kombination mit den Seitenbesuchen und dem intendierten Schwerpunkt der Webpräsenz zu wertvollen Erkenntnissen führen. Weichen die Daten von dem eigentlich erwünschten Verhalten der Benutzer und Benutzerinnen ab, muss eine Ursachenforschung betrieben werden, damit Faktoren verändert werden können.

Mögliche Ansatzpunkte sind erfahrungsgemäß vor allem ein ungünstig gewählter oder falscher Dokumenttitel oder unpassende Meta-Angaben. Darüber hinaus muss die Wahl der Schlüsselwörter für ein entsprechendes Dokument geprüft werden. Ebenso sollte im Anschluss daran auch die Optimierung der Seite einer sorgfältigen Prüfung unterzogen werden. Dort liegen meist die Gründe dafür, weshalb eine Seite trotz relevanten Inhalts nicht den gewünschten Besucherstrom verzeichnet.

14.5.5 404-Statuscodes

Sie sehen, die Auswertungsmöglichkeiten im Vergleich zu komplexeren Plattformen wie Google Analytics sind äußerst beschränkt. Hilfreich ist hingegen noch die Anzeige der HTTP-Fehlercodes. In einer Liste lassen sich so z. B. alle Anfragen anzeigen, auf die ein 404-Code als Rückmeldung erfolgte. Hier finden Sie vergessene URLs, die Sie bei der Einrichtung einer Umleitung übersehen haben.

Neben den tatsächlichen Besuchen werten beinahe alle Tools HTTP-Requests von Webcrawlern gesondert aus. Eine Übersicht zeigt dementsprechend die absolute Häufigkeit des Besuchs an, aufgeschlüsselt nach einzelnen Crawlern. Für eine Crawler-Analyse sind diese Tools aber ungeeignet. Mehr dazu erfahren Sie in Abschnitt 14.6, »Logdateien zur Crawler-Analyse nutzen«.

14.5.6 Vergleich zwischen Website-Tracking und Logfile-Analyse

Im Prinzip ist es sowohl beim Website-Tracking als auch bei der Logfile-Analyse technisch möglich, das Verhalten einzelner Besucher und Besucherinnen auszuwerten.

Wie bei Google Analytics und auch zahlreichen Programmen zur Logfile-Analyse ist jedoch eine Einzelauswertung nicht implementiert.

Grundsätzlich ist es in den meisten Fällen aber auch überhaupt nicht notwendig, einen einzelnen User auszuwerten. Vielmehr geht es bei modernen Tracking-Auswertungen darum, eine bestimmte Nutzergruppe zu segmentieren und diese dann gezielt auszuwerten. Damit sind die Daten dann auch verlässlicher, weil man eventuelle Ausreißer nivelliert.

Tracking-Tools bieten mehr Features

Die meisten Website-Tracking-Tools bieten zahlreiche Features, die die normale Logdateien-Analyse weit in den Schatten stellen. So gibt es z. B. grafische Heatmaps mit Klickraten, um festzustellen, welche Links populär sind und welche nicht. Mit einem Landkarten-Overlay wird ein visuelles Geo-Targeting ermöglicht. Insbesondere bei multinationalen Websites erhalten Sie damit ein sehr gutes Mittel, um die Besucherherkunft geografisch zu verorten. Die bei der Logfile-Analyse vorgestellten Auswertungsmöglichkeiten haben Sie alle in ähnlicher Form auch bei Google Analytics und anderen Tracking-Anbietern.

Die wesentlichen Unterschiede liegen also nicht nur in den Basisauswertungen, sondern vor allem in den deutlich mächtigeren Auswertungsmöglichkeiten der Tracking-Anbieter, da bei der Tracking-Aufzeichnung mehr Daten erfasst werden können als bei der reinen Logfile-Auswertung – von der Wiedererkennung von Besuchern und Besucherinnen, weiterführenden Auswertungen durch Events, dem Einsatz verschiedener Attributionsmodelle oder komplexer Verknüpfungen zu anderen Diensten ganz zu schweigen.

Cookies als Ersatz zur reinen IP-Erkennung

Ein wesentlicher Unterschied bei den Tracking-Verfahren mit Tracking-Code-Einbindung ist die Tatsache, dass Cookies eingesetzt und Besucher und Besucherinnen nicht mehr nur über die IP-Adresse identifiziert werden können. Auch nach einem IP-Wechsel wird so ein Besucher oder eine Besucherin als wiederkehrender Besucher bzw. Besucherin identifiziert. Im Fall der Logfile-Auswertung würde er bzw. sie als neuer Besucher bzw. neue Besucherin zählen.

Doch nicht nur die Cookie-Verwendung führt zu unterschiedlichen Zahlen, wenn man einmal einen Tracking-Dienst mit einer Logfile-Analyse vergleicht.

Unterschiedliche Besucherzahlen

Die Logfile-Analyse wird in den meisten Fällen höhere Besucherzahlen aufweisen als der Tracking-Dienst. Woran liegt das? Mittlerweile wird jede Website im Web täglich von mehreren verschiedenen Crawlern aufgesucht. Nicht nur Google und Co. schi-

cken Crawler ins Web, sondern auch Forschungseinrichtungen, digitale Archivierungsdienste, Jobsuchmaschinen, SEO-Tool-Anbieter und nicht zuletzt auch Hacker, die automatisch nach offenen Stellen in Websystemen suchen, was dazu führt, dass jede einzelne Anfrage als Besucher oder Besucherin gezählt wird. Die großen Tracking-Anbieter führen dazu Datenbanken und gleichen die über die Cookies erhaltenen Signaturen teilweise ab, sodass die Streuverluste möglichst minimiert werden und die angegebenen Zahlen näherungsweise an die wirklichen menschlichen Besucher und Besucherinnen herankommen. Dies ist bei den Auswertungsprogrammen für die Logfile-Analyse nicht der Fall, und so erklärt sich meistens auch der große Unterschied zwischen den Zahlen der beiden Verfahren. Sie sollten daher möglichst nur ein Verfahren einsetzen, vor allem wenn es um externes Reporting geht, und die beiden Datensätze auch niemals miteinander vergleichen. Hier vergleichen Sie nämlich Äpfel mit Birnen.

Website-Tracking kann mehr

Zusammenfassend lässt sich sagen, dass das modernere Website-Tracking mehr Möglichkeiten der Auswertung bietet und genauere Ergebnisse liefert. Die Besucheranalyse über Logfiles kann nur als äußerster Notanker gelten, wenn aufgrund der Cookie-Ablehnung die Anzahl der Trackingdaten zu gering ist.

Ich bin mir sicher, dass Google und andere Anbieter, schon während Sie diese Zeilen lesen, eifrig daran sind, neuere Trackingmethoden zu implementieren, die ohne Cookie-Einsatz auskommen und wieder höhere Fallzahlen liefern können. Ansätze dafür sind das *serverseitige Tracking* (Server-Side-Tracking). So kann man bereits jetzt serverseitig das Google Measurement Protocol benutzen, um mittels dieser Schnittstelle die Tracking-Daten in Google Analytics zu speichern. Dabei erfolgt der Aufruf nicht im Quellcode, sondern auf dem Server selbst und ist somit unsichtbar für Besucher und Besucherinnen von außen. Die entsprechenden Datenschutzhinweise vorausgesetzt, umgeht man damit einige Probleme, schafft aber wieder neue – etwa den Konflikt mit Server-Side-Caching und anderen Thematiken.

Mit der Zeit wird es sicherlich passende Lösungen geben, um Online-Marketern weiterhin sinnvolle Daten für ihre Arbeit zu liefern.

Matomo bzw. Piwik Pro als Alternative?

Als Alternative zu Google Analytics wurde die unter der Open-Source-Lizenz stehende Software Matomo (zuvor Piwik) entworfen (*matomo.org*, siehe Abbildung 14.43). Auch wenn Matomo ebenso auf Cookies setzt, sind die erfassten Daten doch zumindest auf einem eigenen Server gespeichert. Dies ist für viele Unternehmen der Grund für den Einsatz von Matomo. Doch auch wenn in den letzten Jahren stetig weiter an Matomo entwickelt wurde, ist der Funktionsumfang im Vergleich zu Google Analytics nicht gleich mächtig. Sie können eine Demo unter *https://demo.matomo.org/* einsehen.

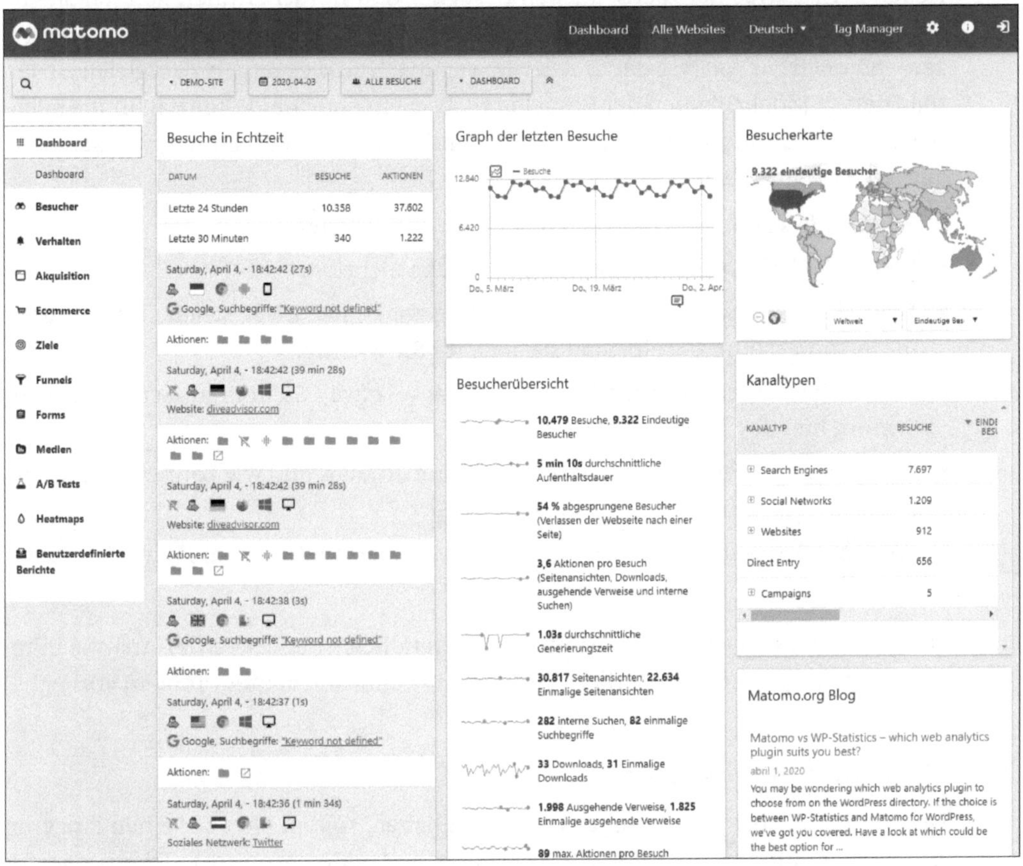

Abbildung 14.43 Ansicht bei Matomo

Für einfache Auswertungen ist Matomo dennoch eine echte Alternative. Matomo müssen Sie als Tracking-Tool zunächst auf einem eigenen Webserver installieren. Die Daten werden also bei Ihnen auf dem Server in einer Datenbank gespeichert. Danach binden Sie den Matomo-Tracking-Code auf Ihrer Website ein, und damit funktioniert die Tracking-Technik wie bei Google Analytics und anderen. Sie können mit Matomo auch mehrere Websites gleichzeitig tracken, wenn der Hosting-Server von Matomo stark genug ist, was vor allem an der Datenbankauslastung liegt. Außerdem hat Matomo auch einen Tag Manager mit an Bord.

Letztlich kommt es also darauf an, welche Auswertungsmöglichkeiten Sie brauchen und wo die erfassten Daten liegen dürfen. In der Praxis erfreut sich Google Analytics, weil es kostenfrei und einfach zu installieren ist, spätestens seit der offiziellen Erklärung der Datenschutzkonformität äußerster Beliebtheit.

14.6 Logdateien zur Crawler-Analyse nutzen

Neben der Analyse der menschlichen Besucher und Besucherinnen können Sie die Logfiles aber auch noch für ganz andere Monitoring- und Controlling-Zwecke benutzen – nämlich zur Analyse der Crawler-Bewegung. Und dies birgt im Vergleich zu den reduzierten Möglichkeiten der Besucheranalyse ein enormes Potenzial für die Suchmaschinen-Optimierung. Es lassen sich nämlich mittels Logfile-Analyse Antworten auf viele Fragen geben:

- Wie häufig kommt ein Crawler auf welcher URL vorbei?
- Welche URLs besucht ein Crawler und welche nicht?
- Werden bestimmte URLs besonders häufig angefragt? Diese scheinen wichtig für die Suchmaschine zu sein. Sind sie auch für Sie wichtig?
- Welche Ressourcen werden häufig abgefragt – etwa CSS und JavaScript-Dateien? Stimmt hier das Browser-Caching?
- Gibt es 404-Fehler? Wenn ja, welche URLs betrifft das, und wie können Sie dies beheben?
- Werden 500-Fehler geworfen? Ist der Server oder die Datenbank vielleicht überlastet?

Die Liste ließe sich unendlich erweitern. Letztendlich ist eine Crawler-Analyse in regelmäßigen Abständen sicherlich Pflicht, auch wenn kein akutes Problem vorliegt.

14.6.1 Logfiles vorbereiten

Um eine möglichst gute Datengrundlage zu haben, sollten Sie über einen längeren Zeitraum von mehreren Wochen die Webserver-Logfiles zunächst sichern oder sichern lassen. Üblicherweise werden diese nämlich nach einigen Wochen automatisch gelöscht. Achten Sie darauf, dass Sie die richtigen Logfiles an der Hand haben – häufig werden beispielsweise die Abfragen für HTTP und HTTPs in unterschiedliche Logfiles geschrieben.

In der Praxis stößt man hier auf zwei Probleme, die sich allerdings leicht lösen lassen:

Die Logfiles sind sehr groß und können nicht übermittelt oder in der Menge gespeichert werden. Wenn dies auch nach einer ZIP-Kompression der Fall ist, können Sie vom Webserver nur solche Zeilen aus dem Logfile exportieren (lassen), die Sie am Ende auch interessieren. Möchten Sie beispielsweise nur den Google-Crawler analysieren, dann lassen Sie nur Zeilen exportieren, welche die Googlebot-Signatur beinhalten. Auf einem Linux-System geben Sie dafür beispielsweise ein:

```
grep -i googlebot access_ssl_log > output.txt
```

14.6 Logdateien zur Crawler-Analyse nutzen

Die Datei *output.txt* enthält dann alle Zeilen, wie beispielsweise diese:

```
66.249.36.128 - - [22/Apr/2018:11:39:24 +0200] "POST /api/save-in-
session.html HTTP/1.0" 200 672 "https://www.mindshape.de/kompetenzen/inbound-
marketing/suchmaschinen-advertising-sea/9-kriterien-adwords-
landingpage.html" "Mozilla/5.0 (compatible; Googlebot/2.1; +http://
www.google.com/bot.html)"
```

Ein zweites häufiges Problem besteht in Sachen Datenschutz bezüglich der IP-Adressen. Dies tritt vor allem dann auf, wenn Sie alle Daten exportieren. Hier sollten Sie also entweder nur die Google-Crawler-Daten exportieren oder für die Nicht-Google-Zeilen die IPs anonymisieren lassen. Setzen Sie einfach am Ende immer eine Null (77.213.329.0) statt der eigentlichen Zahl.

Statt die Logfile-Daten regelmäßig auf einen anderen Server zur Auswertung zu übertragen, kann man die Daten auch in eine Datenbank speichern. In der Praxis hat sich hierbei *Elasticsearch* etabliert. Für eine Cloud-Lösung bietet sich Googles BigData-Lösung *BigQuery* an.

14.6.2 Google-Crawler verifizieren

Viele andere Tools oder Bots geben sich als Google-Crawler aus – in der Hoffnung, dann nicht entdeckt oder gesperrt zu werden. Solche Einträge im Logfile stören dann leider die Analyse. Daher sollten Sie diese vorab herausfiltern.

Dazu führen Sie einen umgekehrten DNS-Lookup durch. Hier muss entweder ein `googlebot.com` oder `google.com` als Antwort enthalten sein, ansonsten war das kein echter Googlebot, und Sie können die Zeile getrost löschen:

```
> host 66.249.66.1
1.66.249.66.in-addr.arpa domain name pointer crawl-66-249-66-1.googlebot.com.
> host crawl-66-249-66-1.googlebot.com
crawl-66-249-66-1.googlebot.com has address 66.249.66.1
> host 66.249.90.77
77.90.249.66.in-addr.arpa domain name pointer rate-limited-proxy-66-249-90-
77.google.com.
> host rate-limited-proxy-66-249-90-77.google.com
rate-limited-proxy-66-249-90-77.google.com has address 66.249.90.77
```

Idealerweise machen Sie das nicht für jede einzelne Zeile in Ihrem Logfile, sondern haben dafür ein Script oder Programm.

14.6.3 Google-Crawler-Verhalten auswerten

Nun kommen Sie zur eigentlichen Auswertung, die Daten liegen vor und sind bereinigt. Neben manuellen Verfahren mittels R oder Python kann man mittlerweile auf zwei etablierte Tools zurückgreifen.

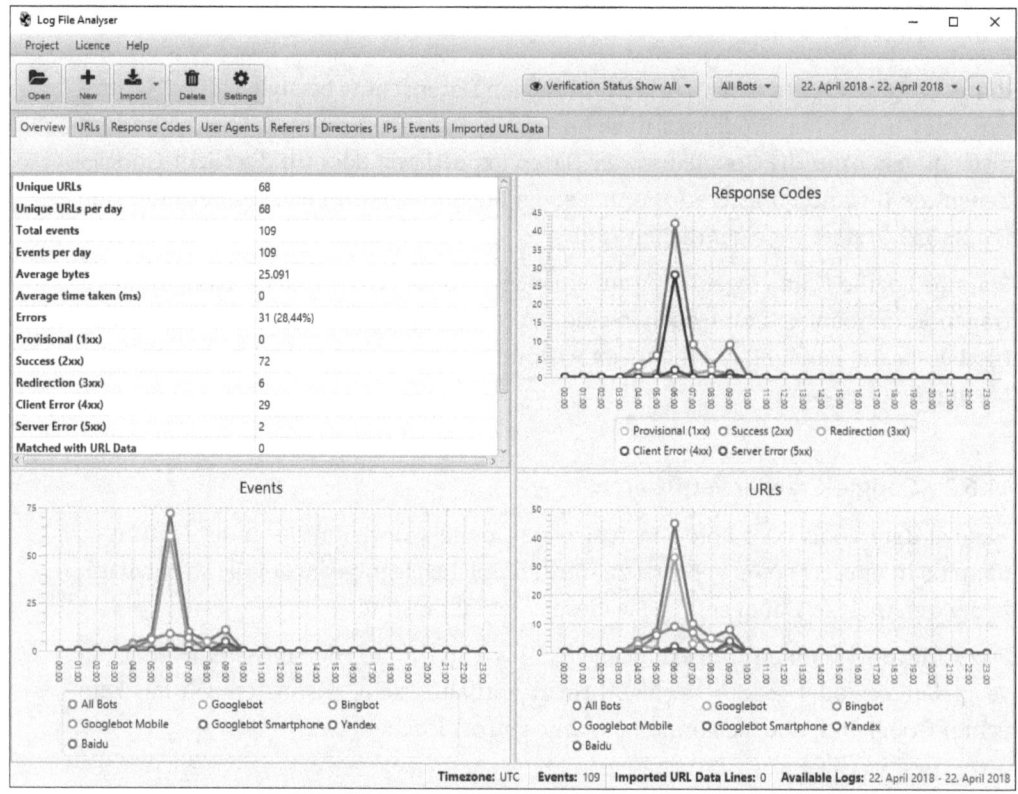

Abbildung 14.44 Logfile-Analyzer von Screaming Frog

Der sogenannte ELK-Stack (*https://www.elastic.co/de/what-is/elk-stack*) kombiniert neben anderen die Kerntechnologien ElasticSearch als Datenbank, Logstash zur Verarbeitung von Logfiles und Kibana als Anzeige-Frontend. Ein ELK-Stack erlaubt eine automatische und sich selbst aktualisierende Analyse in Form von Dashboards. Das ist gerade für größere Unternehmen praktisch, die stets einen Blick auf die Logfile-Daten haben möchten. Das Setup ist allerdings deutlich aufwendiger.

Für den stärker analytischen und weniger Setup-aufwendigen Ansatz können Sie den SEO Logfile Analyzer von Screaming Frog unter *https://www.screamingfrog.co.uk/log-file-analyser/* herunterladen. Bis 1.000 Logfile-Zeilen ist das Tool kostenfrei. Die Investition von 99 £ Jahresgebühr rechnet sich aber in den meisten Fällen.

Der Logfile Analyzer liest alle gängigen Logfiles – ob bereinigt oder nicht – ein und stellt Ihnen bequem viele Filter- und Auswertungsmöglichkeiten zur Verfügung. Nutzen Sie hier auch die Funktion VERIFY BOTS. Dann sparen Sie sich den oben beschriebenen Arbeitsschritt.

14.7 Rank-Monitoring

Die Messung der eigenen Rangposition, das *Rank-Monitoring*, ist neben der Analyse des eigenen Besucherverkehrs ein zentrales Element bei der Betrachtung der Optimierung. Denn die Besucherzahlen und die Rangposition hängen unmittelbar zusammen. Daher ist das Rank-Monitoring oftmals die erste Anlaufstelle, falls Seiten Einbrüche in den Besucherzahlen verzeichnen. Leider ist es dann meist schon zu spät für eine angemessene Reaktion. Daher sollten Sie das Rank-Monitoring nicht nur als Ursachenforschung betreiben, sondern sich mit seiner Hilfe regelmäßig über die eigene Position innerhalb der Ergebnislisten informieren.

14.7.1 Manuelles Tracking

Dies kann wiederum manuell oder automatisch geschehen. Insbesondere bei kleineren Websites oder für wichtige Keywords hält sich der Aufwand einer manuellen Recherche in Grenzen, und Sie erhalten einen guten Eindruck von der jeweiligen Mitbewerbersituation. Dazu geben Sie in eine Suchmaschine die Schlüsselbegriffe ein, auf die hin das zu untersuchende Dokument optimiert wurde. Anschließend zählen Sie dessen Rangposition. Der Einsatz einer Tabelle, in die die Positionen für jedes Dokument bei den verschiedenen Suchmaschinen eingetragen werden können, hat sich dabei als sinnvoll erwiesen. So erhalten Sie einen Überblick über den Verlauf der Positionierung. Zusätzlich können hier Notizen zu vorgenommenen Optimierungen festgehalten werden, sodass über einen längeren Zeitraum die Auswirkungen auf die Rangposition deutlich werden. Die daraus gewonnenen Erkenntnisse können Sie später auf weitere Seiten oder andere Webpräsenzen übertragen.

Die manuelle Betrachtung der Position bringt noch einen weiteren entscheidenden Vorteil mit sich. Bei der Suche nach dem eigenen Eintrag wird ein Webautor oder eine Webautorin unwillkürlich auch die besser platzierten Einträge wahrnehmen. Hier lohnt sich ein genauerer Blick. Welche Titel werden verwendet? Welche Dateinamen treten auf? Dies kann durchaus auch genauer untersucht werden, indem Sie sich den HTML-Code einer Konkurrenzseite anschauen und versuchen, daraus Erkenntnisse für die eigene Optimierung zu gewinnen.

Sobald sie wöchentlich allerdings mehr als ein Dutzend Rankings notieren müssen, werden Sie sicherlich ein automatisches Verfahren wählen.

14.7.2 Automatisches Rank-Tracking

Spätestens bei größeren Webauftritten können nicht alle einzelnen Rankings manuell überprüft werden. Im professionellen Bereich ist daher ein automatisches Rank-Tracking unverzichtbar. Die Bandbreite der Tools reicht hier von umfangreichen und teuren Programmen bis hin zu freien und kostenlosen Online-Tools. Rankaware Expert (*myrankaware.com*, siehe Abbildung 14.45) ist z. B. ein freies Tool, mit dem Sie ein kleines Projekt gut beobachten können.

Abbildung 14.45 Rankaware beobachtet das Ranking Ihrer Keywords kostenlos.

Allerdings müssen Sie bei der lokalen Anwendung solcher Programme ein paar Dinge bedenken. Erstens fragen Sie die Rankings immer nur von ihrem Standort ab und haben insofern einen Bias bei der Lokalisierung. Andererseits führen wiederholte automatische Abfragen von einer IP-Adresse früher oder später zur Ablehnung seitens der Suchmaschinen. Insofern würde ich solche installierbaren Programme nicht für den professionellen Einsatz empfehlen.

Die meisten professionellen Lösungen sind kostenpflichtig. Ein Anbieter, der sich auf das Rank-Monitoring spezialisiert hat, ist der Keyword-Monitor unter *www.keyword-monitor.de* (siehe Abbildung 14.46).

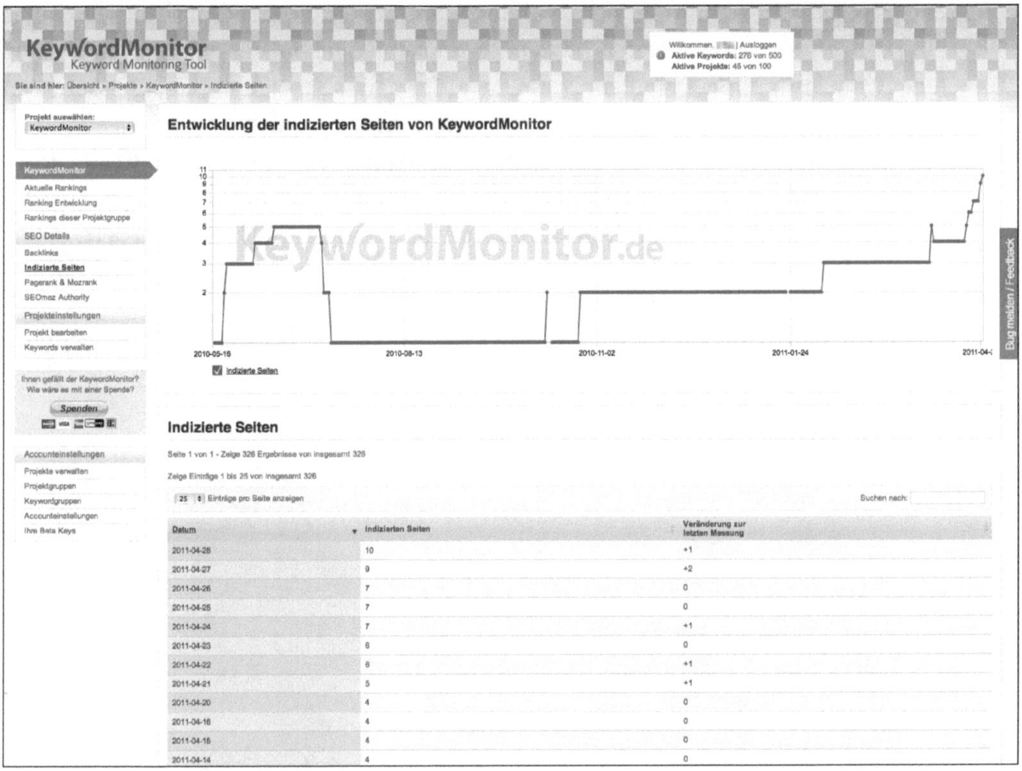

Abbildung 14.46 Keyword-Monitoring mit »www.keywordmonitor.de«

Auch SEO-Tool-Lösungen wie SISTRIX bieten das Rank-Monitoring an. Zur Überwachung individueller Keywords kann dazu der SISTRIX Optimizer genutzt werden, der ein eigenständiges Modul darstellt (*https://www.sistrix.de/tutorials/onpage-optimierung-mit-dem-sistrix-optimizer/*). Auch XOVI bietet seit Jahren ein zuverlässiges Keyword-Monitoring an (*https://www.xovi.de/xovi-tool/monitoring/*).

Einige Suchmaschinen-Optimierer und -Optimiererinnen führen das Keyword-Monitoring auch mittels der Search Console durch. Hier lassen sich allerdings keine individuellen Keywords eingeben, sondern man kann nur die durchschnittlichen Positionen für Suchanfragen einsehen, bei denen die eigene Website mindestens einmal in der Treffermenge erschienen ist. Keywords, die noch frisch optimiert sind und noch keine Impressionen erhalten, tauchen hier also nicht auf. Dafür erhalten Sie echte Google-Daten mit vielen Informationen.

Wenn Sie wirklich eine vernünftige Suchmaschinen-Optimierung machen möchten, werden Sie meiner Meinung nach um eine kostenpflichtige Rank-Monitoring-Lösung nicht herumkommen. Das ist es aber definitiv wert.

Letztendlich gibt es für alle Bereiche des Monitorings, Controllings und Trackings eine Vielzahl an verschiedenen Tools mit unterschiedlichen Stärken und Schwächen. Jede Agentur und jeder Freelancer hat dabei ihr bzw. sein eigenes Lieblingssetup an Tools, die dann in die eigenen Workflows eingebunden werden. So gehört es auch regelmäßig dazu, die Workflows und Tools zu aktualisieren und zu hinterfragen. Insofern kann ich Sie nur dazu animieren, sich regelmäßig auf dem Tool-Markt umzuschauen und die neuen und alten Sterne am Monitoring-Tool-Himmel zu betrachten.

Kapitel 15
Google – Gerüchte, Updates und Theorien

Google ist ohne Frage der zentrale Anbieter auf dem Suchmaschinen-Markt. Daher schadet es nichts, sich ein wenig über seine Geschichte sowie über die Gerüchte und Theorien rund um den Suchgiganten zu informieren.

Google ist die derzeit bedeutendste Suchmaschine der Welt und eines der größten Unternehmen weltweit. Wie im realen Leben brodeln natürlich auch in der virtuellen Welt vielerlei Gerüchte um die Stars – so auch um Google. Die Antwort auf die Frage, nach welchen Kriterien Google Webseiten für die Ergebnisliste bewertet und gewichtet, gehört mittlerweile wohl zu den bestgehüteten Geheimnissen direkt nach der Rezeptur von Coca-Cola.

Google hüllt sich selbstverständlich in Schweigen. Auch die ehemals transparente Kommunikation zum Zeitpunkt von größeren Updates unterlag in den letzten Jahren unterschiedlichen Schwankungen. Was bleibt, sind Gerüchte, vermischt mit einer Portion harter Fakten, spärlichen Äußerungen von Google-Mitarbeitern und Mitarbeiterinnen und zahlreichen Beobachtungen von Nutzern und Nutzerinnen und noch zahlreicheren Vermutungen von Suchmaschinen-Optimierern und -Optimiererinnen. Es wäre famos, aus diesem Dschungel von vermeintlichen Tatsachen immer definitive Aussagen über die eine oder andere Funktionsweise von Google ableiten zu können, wie man es in vielen einschlägigen Foren regelmäßig zu sehen bekommt.

Nur ganz selten äußert sich Google mittlerweile noch zu Updates, Algorithmen oder anderen Bewertungsmechanismen. Die Veröffentlichung einer Übersicht über die aktuellen Rankingsysteme Ende 2022 (*https://developers.google.com/search/docs/appearance/ranking-systems-guide*) ist vor diesem Hintergrund wirklich bemerkenswert und definitiv einen Besuch wert (siehe Abbildung 15.1).

Dennoch kommt man als Suchmaschinen-Optimierer bzw. -Optimiererin oder zumindest SEO-Interessierter oder -Interessierte nicht umhin, sich mit den Theorien um die Funktionsweise von Google zu beschäftigen – denn genau das ist eigentlich das Spannende an der Suchmaschinen-Optimierung. Keine Disziplin im Online-

Marketing hat so viel mit Forschen, Ausprobieren und dem kommunikativen Wissensaustausch mit Kollegen und Kolleginnen zu tun wie die Suchmaschinen-Optimierung.

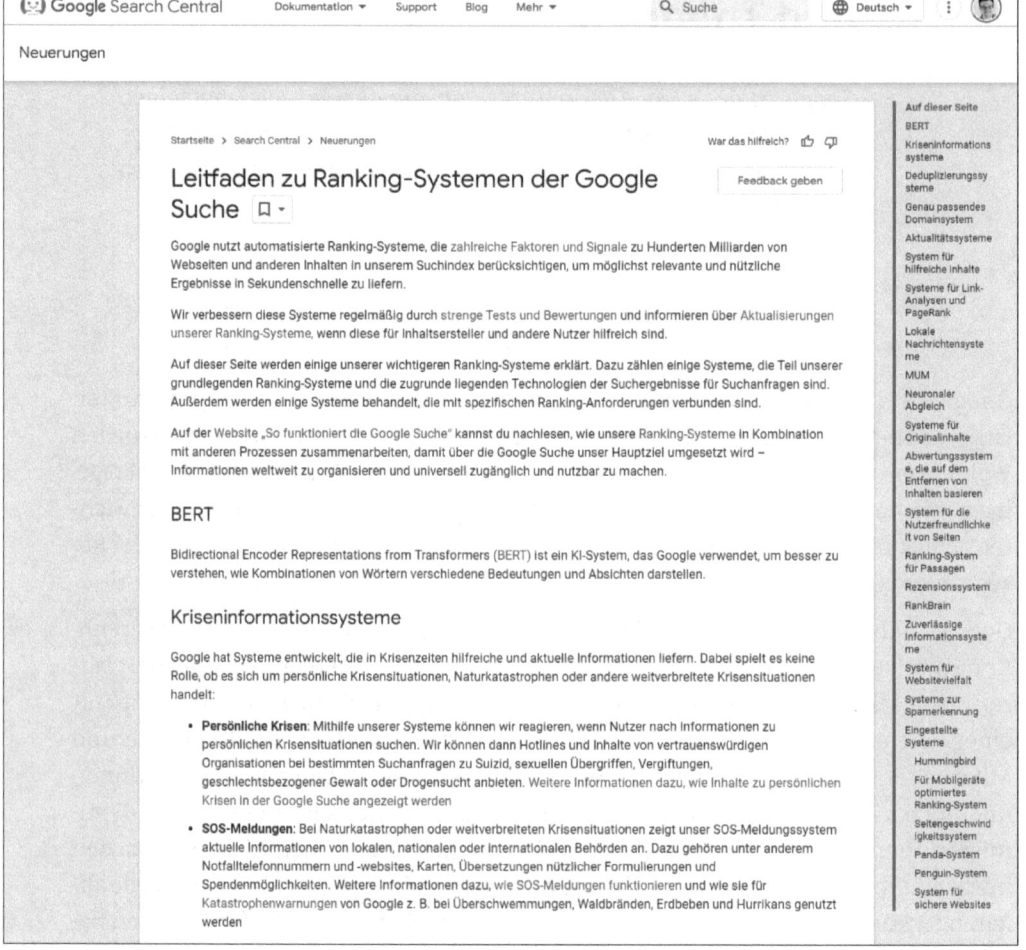

Abbildung 15.1 Leitfaden zu Ranking-Systemem der Google Suche

15.1 Gerüchtequellen und Gerüchteküchen

Offizielle Statements seitens Google sind eher rar, zumindest was technische Einzelheiten oder Details zu Algorithmen betrifft. Interessant ist die Informationspolitik von Google diesbezüglich dennoch. Denn scheinbar wird seit jeher der kooperative, quasi inoffizielle Charakter der Kommunikation zu den Nutzern und Nutzerinnen gepflegt.

Angefangen mit der Öffnung der Kommunikation aus dem Hause Google hatte für lange Zeit der ehemalige Mitarbeiter und Leiter der Webspam-Gruppe, Matt Cutts. Er postete regelmäßig in seinem Weblog *www.mattcutts.com/blog* Beiträge zu aktuellen Themen in Bezug auf Google, die einmal mehr und einmal weniger Platz für Interpretationen ließen. Mittlerweile arbeitet Matt Cutts nicht mehr für Google, und sein Blog hat trotz einiger mehr oder weniger privater Postings eher einen historischen Wert.

Matt Cutts beantwortete schon recht früh in kurzen Videos ausgewählte Fragen. Mittlerweile haben andere Kollegen und Kolleginnen, im deutschsprachigen Raum vor allem John Mueller, seine Stelle eingenommen. Neben zahlreichen Auftritten auf Konferenzen und Webmaster-Hangouts erhält man auch von ihm über YouTube ein paar Tipps und Hinweise.

Alle Videos sind bei YouTube unter *www.youtube.com/user/GoogleWebmasterHelp* zu sehen.

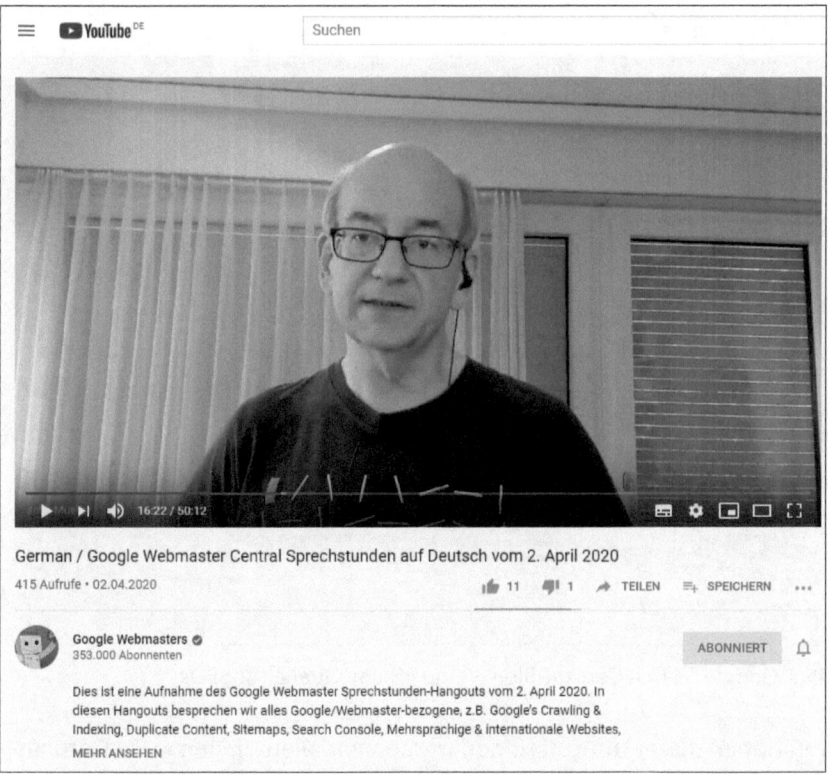

Abbildung 15.2 Webmaster-Central-Sprechstunde mit John Mueller

Daneben gibt es seit einigen Jahren auch die offizielleren Kommunikationskanäle in Form von Blogs.

15 Google – Gerüchte, Updates und Theorien

Das offizielle Google-Blog ist unter *https://developers.google.com/search/blog?hl=de* (siehe Abbildung 15.3) zu erreichen. Dort sind aktuelle Meldungen zum Thema Googlesuche und Suchmaschinen-Optimierung zu finden.

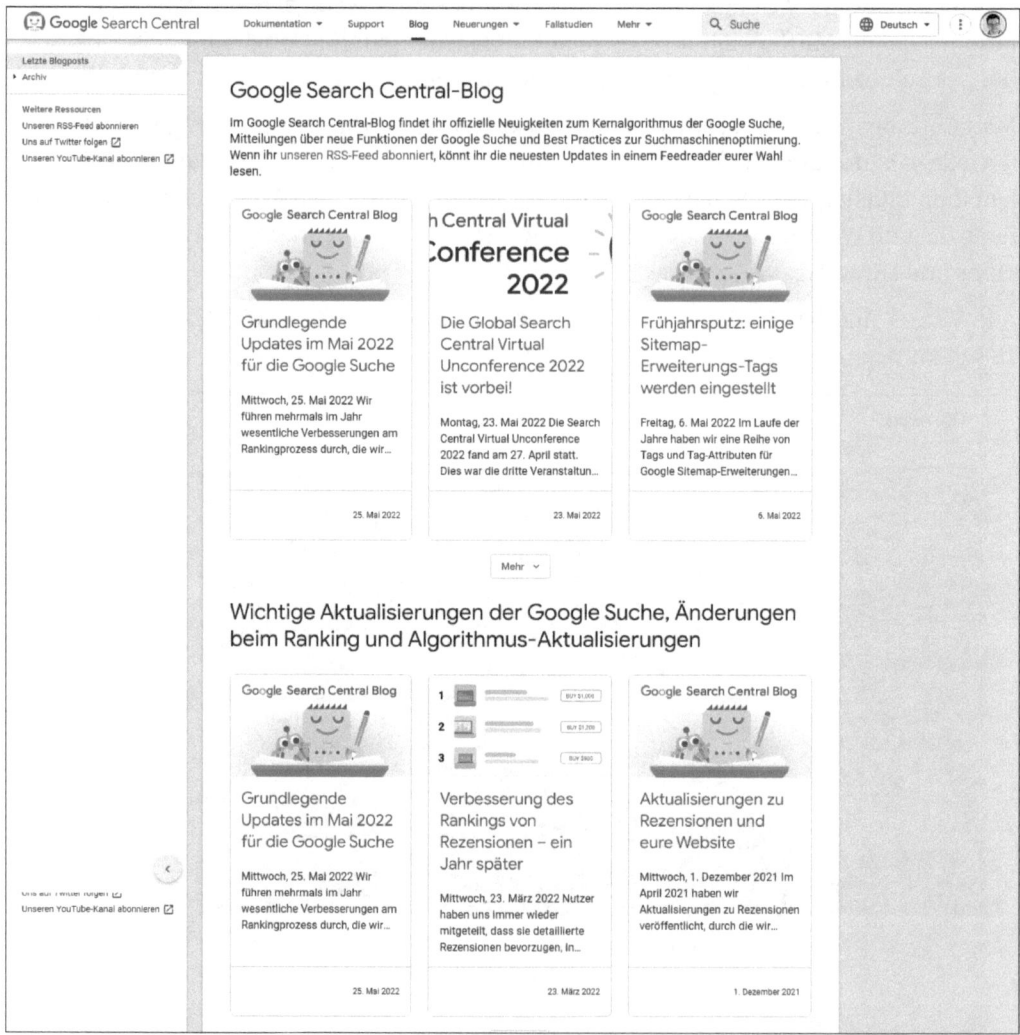

Abbildung 15.3 Google Search Central-Blog – eine Pflicht-Quelle für SEOs

Die Interpretationen dieser Informationen werden vor allem in den »SEO-Gerüchteküchen«, also den Suchmaschinen-Foren, gepflegt, weitergegeben und diskutiert. Im US-amerikanischen Sprachraum ist vor allem das Forum *www.webmasterworld.com* stark frequentiert, weil dort erstmalig ein Google-Mitarbeiter namens »GoogleGuy« Beiträge schrieb und Aussagen kommentierte. Während es damals noch Zweifel gab, ob der GoogleGuy ein Mitarbeiter von Google sei, ist seine Identität heute klar: Hinter dem Decknamen versteckte sich Matt Cutts. Heute hat Google seine Kommunikationspolitik offener gestaltet.

Neben den Accounts einiger Google-Mitarbeiter und -Mitarbeiterinnen wie etwa denen von Gary Illyes (@methode) oder Danny Sullivan (@dannysullivan) gibt es auf Twitter auch diverse Google-Accounts. Zwei zentrale für SEOs sind dabei sicherlich @googlewmc und @searchliaison.

Im US-amerikanischen Raum hat sich übrigens die Website *https://searchengineland.com/* als zuverlässige Quelle etabliert – auch wenn nicht direkt von Google, so bleibt man hier bequem auf dem aktuellen Stand, was Google so über alle Kanäle verlautbaren lässt.

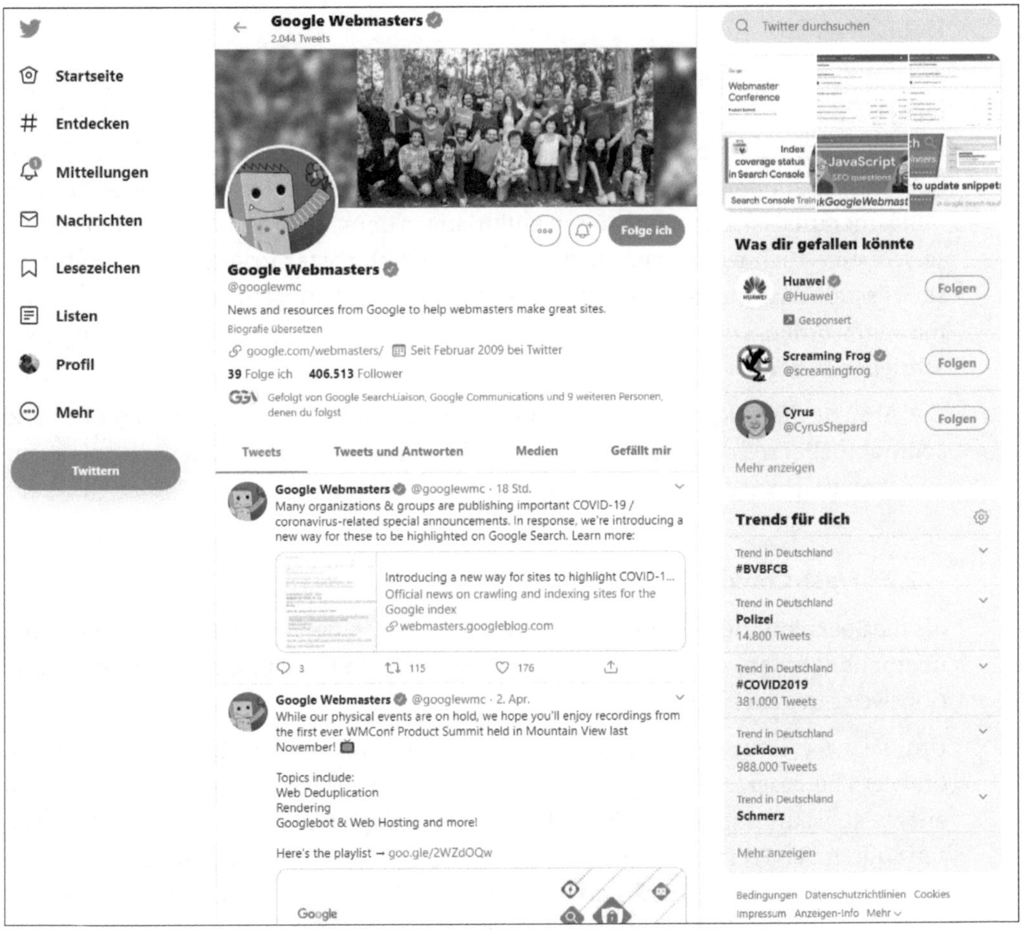

Abbildung 15.4 Diesem Twitter-Account sollte man folgen: @searchliaison.

15.2 Googles Crawling-Strategien

Mittlerweile kommen die Google-Crawler in sehr dichten Abständen. Das war allerdings nicht immer so. Früher fand nämlich nur etwa alle vier Wochen ein Update des Google-Indexes statt. In einem Haupt-Datencenter wurden dazu zunächst die Rankings neu berechnet und sukzessive auf alle Datencenter übertragen. Während die Ergebnisse in Google »tanzten«, konnte man auf den verschiedenen Servern unterschiedliche Rankings auf die gleiche Anfrage beobachten. Den klassischen *Google Dance* gibt es seit 2002 in der altbekannten Form nicht mehr. Der lange Zyklus hat sich als zu unflexibel erwiesen und drohte, zu einem Qualitätsproblem zu werden. Bis zum heutigen Crawlingverhalten gab es verschiedene Evolutionsstufen.

15.2.1 Everflux

Anstatt den Index nur in regelmäßigen Abständen zu aktualisieren, begann Google recht bald mit der Strategie, kürzere Aktualisierungszyklen auf ausgewählte Seiten anzuwenden. Das führt bis heute zu einem ständigen Wechseln der Positionen innerhalb der Ergebnisseiten und wird als *Everflux* bezeichnet. Ein besonderes Erscheinungsmerkmal ist, dass neue Seiten kurzfristig in dem Ranking auftreten und – ebenso schnell – auch wieder verschwinden. Einige Webmaster reagierten gelassen, weil sie wussten, dass ihre Seiten spätestens nach dem nächsten Update im Index vertreten sein würden, andere sollen angeblich sogar schon erboste E-Mails an Google geschrieben haben.

Die Absicht des Suchmaschinen-Anbieters war klar erkennbar: Der Datenbestand sollte aktueller werden, um einen entscheidenden Vorteil gegenüber der Konkurrenz zu haben und sich damit Nutzerzahlen sichern zu können.

15.2.2 Fresh Crawl und Deep Crawl

Als die Spekulationen um die Existenz des Everflux in den US-amerikanischen Foren überhandnahmen, setzte Matt Cutts dem Treiben ein Ende und beschrieb die Funktionsweise des Everflux.

Um die zwei Aktualisierungszyklen umsetzen zu können, wurden zwei Typen von Crawlern eingesetzt. Der sogenannte *Fresh Crawl* wurde jeden Tag durchgeführt und endete quasi unmittelbar im öffentlichen Index. Natürlich wurde nicht jede Webpräsenz durch den Fresh Crawl gleichermaßen besucht. Vor allem solche Seiten wurden bevorzugt, die täglich aktualisiert wurden und sich häufig ändern. Man kann hier nur spekulieren; aber für die Auswahl zählten auch hier sicherlich wieder neben der Aktualisierungsrate vor allem PageRank-Werte, das Alter und die Größe einer Webpräsenz.

Waren die Seiten vor der Erfassung durch den Fresh Crawl bereits indexiert, fand hier eine Aktualisierung statt. Neue Seiten wurden zunächst nur flüchtig erfasst. In diesem Fall ließ sich der Everflux beobachten. Daneben erschienen solche Seiten auch oftmals noch ohne Beschreibung und Datum in der Ergebnisliste von Google.

Unabhängig vom vorherigen Indexierungsstand einer Website fand während des Fresh Crawls keine vollständige Erfassung statt. Sowohl in der Tiefe des Crawlings als auch bei der Abdeckung der Seiten in den oberen Ebenen variierte der Fresh Crawl von Tag zu Tag. So konnte man häufig aus den Logdateien herauslesen, dass an unterschiedlichen Tagen auch verschiedene Seiten der Webpräsenz vom Googlebot besucht wurden. Auf manchen Seiten tauchte der Googlebot auch tage- oder wochenlang nicht auf – ein Grund mehr für Webmaster, ihre Inhalte regelmäßig zu aktualisieren. Google bezeichnete den Fresh Crawl daher auch als einen »zusätzlichen Bonus« für die Webseitenbetreiber.

Der Crawlertyp namens *Deep Crawl* war hingegen durch die vollständige Erfassung einer Website vom Fresh Crawl zu unterscheiden. Er verfolgte alle Verweise und indexierte die Seiten nach altbekannter Art. Der Vorgang konnte bei großen Websites mehrere Stunden benötigen und verteilte sich nicht selten über Tage, um den Webserver nicht zu stark zu belasten. Die Ergebnisse der Indexierung erschienen dann nach den jeweiligen Updates in den Ergebnislisten.

15.2.3 Caffein

2010 wurde nach langer Entwicklungszeit eine komplett neue Datenbank- und Indexstruktur aktiviert. Das *Google Caffein* stellt eines der größten Infrastrukturprojekte bei Google dar. Der Index ist seitdem nicht mehr in verschiedenen Ebenen und Stufen strukturiert, sondern hat eine netzartige Struktur. Damit kann Google sehr viel schneller und flexibler Informationen und Websites crawlen, aktualisieren und wiedergeben. Nach eigenen Angaben kann die Caffein-Struktur mehrere Hunderttausend Prozesse gleichzeitig durchführen. Jeden Tag kommen mehrere Hundert Gigabyte an Daten hinzu.

Die Einführung von Caffein ermöglichte es überhaupt erst, Echtzeitergebnisse wie die Nachrichten von Twitter und anderen Plattformen einzublenden. Vor allem bei aktuellen Themen war eine deutlich schnellere Reaktionszeit in den Ergebnislisten sichtbar.

15.2.4 Mobile First Indexing und Googlebot Smartphone

2018 war der nächste große Schritt in Sachen Crawl-Strategie bei Google. Bislang war immer die Desktop-Version einer Website die Grundlage für die Ranking-Algorith-

men – egal, ob die mobile Website auf einem Smartphone gesucht wurde oder der oder die Suchende auf einem Desktop arbeitete.

Mit dem Mobile First Indexing drehte Google dies gewissermaßen um und wurde damit der immer stärker werdenden Nutzung von Smartphones gerecht.

Nach wie vor gibt es nur noch einen Index für alle Anzeigegrößen. Allerdings werden Websites seit dem Mobile First Indexing nun nach ihrer mobilen Variante ausgewertet. Der verantwortliche Crawler dafür ist der Googlebot Smartphone bzw. Mobile. Diese gravierende Umstellung stellt eine große Herausforderung für Google dar. Denn wie soll mit bestimmten Fragestellungen umgegangen werden, wenn beispielsweise Inhalte mobil nicht angezeigt werden, auf dem Desktop aber schon? Oder was passiert, wenn Links auf die Desktop-Variante bisher noch gezählt wurden, seit der Indexumstellung aber die Mobil-URLs der Maßstab sind und damit dann plötzlich keine Links mehr auf die URL zeigen?

Hier wird deutlich, dass Sie die Mobiloptimierung sehr sorgfältig betreiben sollten, wie das bereits mehrfach im Buch erwähnt und erklärt wurde. Im Fall einer responsiven Website sind die URLs gleich – hier ist alles in Ordnung. Bei anderen URL-Strukturen wie z. B. m-Dot-URLs (*m.domain.de*) müssen entsprechende Canonicals gesetzt werden, damit die Desktop- und Mobile-URLs miteinander in Verbindung gebracht werden können.

In den Jahren 2019 und 2020 machte Google quasi gleichzeitig mit dem Mobile First Indexing auch enorme Fortschritte in Sachen Rendering von JavaScript-basierten Websites. Während Google bis 2019 nur zögerlich JavaScript auf Websites ausführte, nahmen die Dichte und auch die Geschwindigkeit seit 2020 rapide zu.

Um den modernen CSS- und JavaScript-Websites gerecht zu werden, änderte Google auch die Rendering-Engine des Crawlers. Auf der Google I/O 2019 wurde verkündet, dass der sogenannte Evergreen-Bot fortan die neueste Chromium-Rendering-Engine nutzen würde. Seitdem werden Websites bei Google genauso gerendert wie in Ihrem Chrome-Browser. Zuvor waren die Crawler mit der Chromium-Version 41 lange Zeit unterwegs gewesen, die nicht alle neuen Formate und vor allem JavaScript-Möglichkeiten bot. Die Signatur des Evergreen-Bots sieht wie folgt aus und beinhaltet die genutzte Chrome-Version:

```
Mozilla/5.0 (Linux; Android 6.0.1; Nexus 5X Build/MMB29P) AppleWebKit/
537.36 (KHTML, like Gecko) Chrome/W.X.Y.Z‡ Mobile Safari/
537.36 (compatible; Googlebot/2.1; +http://www.google.com/bot.html)
```

Seit dem 1. Juli 2019 wurde die Mobile-First-Indexierung standardmäßig auf alle neuen Websites angewandt. Ab Mitte 2020 wurde das Mobile First Indexing dann schließlich auf alle Websites ausgerollt – auch auf solche, die nicht mobiloptimiert sind.

Der Desktop-Crawler kommt aber dennoch unregelmäßig vorbei, um Unterschiede zwischen den Darstellungen zu erkennen. Sie sollten unabhängig davon schon längst eine mobiloptimierte und responsive Website haben.

15.3 Google-Update-Typen

Die Bedeutung von Google-Updates ist für die Suchmaschinen-Optimierung aufgrund der teilweise deutlich sichtbaren Änderungen in den Rankings über die Jahre immer größer geworden. Mit einigen zentralen Google-Updates änderten sich auch die Optimierungsmethoden gravierend, weil gewissermaßen bestimmte Lücken, die vorher ausgenutzt werden konnten, geschlossen wurden.

15.3.1 Kommunikationspolitik zu Updates

Seit einigen Jahren kommuniziert Google die Updates allerdings nicht mehr konsequent. Nur noch sehr selten werden Updates auf massive Nachfrage hin bestätigt – meist aber gleich mit der Relativierung, dass es ja täglich verschiedene Updates geben würde.

Abbildung 15.5 Google kommentiert Updates nur noch sehr selten und spärlich.

Im Sommer 2019 gab es diesbezüglich allerdings einen kleinen Richtungswechsel. Auch wenn es angeblich jede Woche mehrere kleinere Updates gibt, die Google nicht kommentiert, haben sogenannte Core-Updates meist größere Auswirkungen auf die Rankings. Entsprechend wurde in einem umfangreichen Blogbeitrag (*https://developers.google.com/search/blog/2019/08/core-updates*) veröffentlicht, dass diese Core-Updates zukünftig angekündigt werden würden. Seitdem fand zwar meist auch eine Ankündigung statt; eine nähere Erklärung, um welche Änderungen oder Verbesserungen es sich in dem betreffenden Core-Update handelt, wurde allerdings nie kom-

muniziert. Es gab lediglich immer den Verweis darauf, großartige Inhalte bereitzustellen.

Es schadet also nicht, sich mit der Geschichte und den Varianten von Google-Updates zu beschäftigen. Man sollte aber nicht in eine Update-Furcht verfallen. In der Tat geht Google mit jedem Update einen Schritt mehr in die Richtung, den Search Intent besser zu bedienen und dafür die Websites inhaltlich besser zu verstehen. Der Hinweis, großartige Inhalte innerhalb einer Suchmaschinen-optimierten Websitestruktur bereitzustellen, kann also durchaus als der SEO-Weg der Zukunft angesehen werden.

15.3.2 Varianten von Updates

Bei einem *Google-Update* handelt es sich um eine Veränderung des Datenbestands oder des Google-Systems, um die Qualität der zurückgelieferten Ergebnisse zu verbessern. Dabei lassen sich grundsätzlich sechs Varianten eines Google-Updates unterscheiden:

- **Inhaltliche Updates:** Diese Update-Form ist die häufigste, da es sich bei ihr hauptsächlich um die Aktualisierung und Erweiterung der Seiten im Index handelt. Ein Update der eigenen Seite erkennt man in der Regel an einer Änderung in der gecachten Ansicht. Sowohl der Fresh Crawl als auch der Deep Crawl lieferten für die inhaltlichen Updates die Grundlage. Die Update-Rate war daher stark von der Wiederbesuchsfrequenz der Crawler abhängig und somit auch von der Relevanz, die Google einer Seite zuspricht.

- **PageRank-Updates:** Die Berechnung der Verlinkung im Web ist bei dem enormen Datenbestand ein komplexes Verfahren. Die PageRank-Updates wurden zu Beginn etwa alle vier Wochen durchgeführt, während mittlerweile die Berechnungen jedoch permanent laufen und im Google-Kern integriert sind. Der angezeigte PageRank über die Google Toolbar war allerdings weniger aktuell, er wurde nur alle drei bis vier Monate aktualisiert. Heute gibt es ihn gar nicht mehr. Der PageRank als solcher ist allerdings immer noch Bestandteil des Google-Systems.

- **Backlink-Updates:** Die Analyse des Netzwerks von Verweisen auf eine Seite nimmt ebenfalls viel Rechenzeit in Anspruch. Vereinfacht ausgedrückt muss jede einzelne indexierte Webseite daraufhin überprüft werden, ob sie einen eingehenden Link auf die zu bewertende Seite besitzt. Diese Links werden gezählt und zur weiteren Datenverarbeitung gespeichert.

- **Algorithmus-Updates:** Nach Google-Aussagen fließen angeblich über 200 einzelne Kriterien in die Berechnung der Relevanz einer Seite mit ein. Dies lässt eine noch größere Menge an Variablen zu, über die sich die Bedeutung jedes einzelnen Kriteriums wie mit feinen Stellschrauben verändern lässt. Google verändert in unregelmäßigen Abständen diese Variablen und deren Gewichtung, um die Qualität der Ergebnisse zu verbessern. Außerdem werden neue Kriterien und Methoden eingeführt.

- **Datenstruktur-Updates**: Anpassungen und Veränderungen in der Struktur der Google-Datenbank sind durch den Nutzer oder die Nutzerin in der Regel nicht zu beobachten. Sie dienen der Vorbereitung für Updates in anderen Bereichen.
- **Knowledge-Graph-Updates**: Aktualisierungen und Erweiterungen am Knowledge Graph sind von außen nur als Ergebnis einer veränderten Anzeige sichtbar. Einen direkten Einfluss kann man nur sehr beschränkt nehmen.

15.4 Historie wichtiger Google-Updates

Von 2003 bis 2016 erhielten die wichtigsten Google-Updates eigene Namen – frei nach dem Prinzip der Benennung der Hurrikans in Amerika oder der Hoch- und Tiefdruckgebiete in Europa.

Die Vergabe der Namen erfolgt dabei ebenso wenig offiziell von Google wie die Bekanntgabe neuer Updates generell. Meist findet sich während der Durchführung eines Updates in diversen Foren eine Welle von Beiträgen, in denen »Betroffene« von der Veränderung ihrer Rankings berichten. In einigen Fällen bestätigen Google-Mitarbeiter oder -Mitarbeiterinnen die Updates. Die Quasinamensgebung erfolgt also meistens durch die Branche selbst, wobei Anfang 2006 auch Matt Cutts erstmalig in seinem Blog ein Update auf den Namen »Big Daddy« taufte.

Im Folgenden erhalten Sie eine Übersicht über einige der wichtigsten Google-Updates. Aufgrund der inoffiziellen Situation verschwimmen hier die Grenzen zwischen Gerüchten, Theorien und Fakten. Die Auflistung soll aber vor allem ein Bewusstsein dafür schaffen, dass Google keineswegs eine statische Blackbox ist und dass sich bestimmte Aussagen, die als Regeln etabliert sind – wie etwa die 101-KB-Grenze für Dateien –, durch Updates automatisch relativieren.

15.4.1 Florida-Update (2003)

Das Florida-Update vom November 2003 gilt als erstes großes Update nach der Umstellung der regelmäßigen Google Dances. Im Jahr 2003 gab es zuvor noch kleinere Updates (Boston, Cassandra, Dominic, Esmeralda), die jedoch keine vergleichbaren Auswirkungen auf das Ranking hatten und entsprechend unbekannt blieben.

Beim Florida-Update handelte es sich primär um eine Anpassung des Algorithmus. Die Qualität der zurückgelieferten Ergebnisse war aufgrund des hohen Spam-Aufkommens nicht besonders hochwertig, sodass Google offensichtlich Handlungsbedarf sah. Die Konsequenz war eine sichtbare Abwertung überwiegend kommerzieller Seiten und solcher Webauftritte, die stark auf Suchmaschinen hin optimiert waren.

Entsprechend laut war der Aufschrei unter den Betroffenen; und schnell wurde die Vermutung geäußert, dass Google mit der Abwertung kommerzieller Seiten in den generischen Ergebnissen das eigene Ads-Programm fördern wolle. Google dementierte dies, äußerte sich aber ansonsten nicht zu dem Update.

Über die Änderungen am Algorithmus entstanden entsprechend viele Gerüchte und Theorien. Am schlüssigsten war die *Hilltop-Theorie*, die bei Google auch als *TrustRank* firmiert. Sie gilt mittlerweile als akzeptiert.

Eine ebenfalls häufig genannte Theorie ist die Einführung des *Localranks* im Florida-Update. Dabei wird zunächst nach dem bekannten Algorithmus eine Menge infrage kommender Webseiten für eine Anfrage generiert. Diese wird allerdings nicht gleich angezeigt, sondern es wird zunächst die Verlinkungsstruktur innerhalb dieser Ergebnismenge analysiert. Seiten, die innerhalb dieser Menge eingehende Links bekommen, werden zusätzlich höher gewichtet. Nähere Untersuchungen verschiedener Seiten haben allerdings gezeigt, dass das Localrank-Prinzip nicht immer zu beobachten ist. Das Phänomen wurde daher meistens auf die Hilltop-Implementierung bezogen.

15.4.2 Austin-Update (2004)

Ab Januar 2004 nahm der Linktausch für die Suchmaschinen-Optimierung enorm an Bedeutung zu. Neben den differenzierten Onpage-Kriterien wurde die Offpage-Berechnung über den PageRank mit einem themenrelevanten Aspekt versehen. Eingehende Links von Seiten mit einem verwandten Thema bekamen ein deutlich höheres Gewicht als noch vor dem Austin-Update. Als Konsequenz kamen besonders die großen, stark thematisch verlinkten Webanbieter wie Amazon und eBay oftmals in die vorderen Ranking-Positionen – was vor allem bei den Nutzern und Nutzerinnen auf Unmut stieß, die nicht primär ein Kaufinteresse bei ihrer Suche verfolgten.

15.4.3 Brandy-Update (2004)

Nach dem Austin-Update folgte bereits einen Monat später im Februar 2004 ein erneutes Update. Primäres Ziel war es, die Maßnahmen des Florida-Updates zu optimieren, sodass viele zu Unrecht »abgestrafte« Webseiten wieder in den Ergebnislisten zu finden waren. Andererseits wurden viele klar erkennbare Spam-Versuche endgültig aus dem Index verbannt.

Ebenfalls konnte man eine deutlich häufigere Aufnahme dynamischer Seiten beobachten. Die Verfolgung dynamischer URLs führte allerdings auch zu dem Phänomen, dass Google für viele Websites eine wesentlich höhere Zahl indexierter Seiten aufführte, als es tatsächlich gab. Als Ursache erkannten die Nutzer und Nutzerinnen recht schnell, dass Google URLs indexierte, die überhaupt nicht existierten. So wurden z. B. diese beiden URLs als verschiedene Dokumente behandelt:

```
http://www.sportalis.de/artikel-versenden.php?
href=sportpark-freiburg.html
http://www.sportalis.de/sportpark-freiburg.html
```

Jede Seite, die den beliebten Link »Diesen Artikel versenden« besaß, wurde auf diese Weise doppelt gezählt. In diesem Kontext entstand der vielleicht erste Google-Witz, denn offensichtlich sah Google aufgrund des *Brandy-Effekts* vieles doppelt. Paradoxerweise wurde beim Brandy-Update auch die Erkennung von doppelten Inhalten und von Mirror-Pages verbessert.

15.4.4 Allegra-Update (2005)

Erstmalig startete der GoogleGuy nach dem Abschluss eines Updates Ende Februar 2005 einen Aufruf, um eine direkte Reaktion der Nutzer und Nutzerinnen auf die Veränderungen zu erhalten:

> *Wir testen alles gründlich, bevor wir es einsetzen, um sicherzustellen, dass die Änderungen die Qualität erhöhen. Aber ich bin immer dankbar für Feedback über Spammer oder Seiten von schlechter Qualität in unseren Ergebnissen (oder über qualitativ hochwertige Seiten, die nicht dort stehen, wo man sie gerne hätte). Ich habe eine Google Group eröffnet, an die Sie Ihr Feedback senden können: feb05-feedback@googlegroups.com.*
>
> *(sinngemäß aus dem Englischen übersetzt)*

Zu den eigentlichen Verbesserungen wurden jedoch erneut keine Details von offizieller Seite bekannt gegeben. Eine verbesserte Verarbeitung von Seiten, die per 302-Redirect temporär als weitergeleitet definiert wurden, wurde implementiert, schuf aber gleichzeitig die Möglichkeit für das Page-Hijacking, die erst Monate später beseitigt wurde.

15.4.5 Bourbon-Update (2005)

Mitte Mai 2005 kam es erneut zu einem Update, das sich bis Ende Juni hinzog. In den Foren explodierte wieder die Anzahl der Beiträge, und so mancher oder manche fragte sich, wer die einzelnen Ranking-Berichte, Vermutungen und Beobachtungen zwischen den verschiedenen Datencentern überhaupt noch lesen sollte. Entsprechend beschwichtigend äußerte sich der GoogleGuy in einem Forumsbeitrag:

> *Hier ist der Hinweis, den ich nun gebe: Nehmen Sie sich für ein paar weitere Tage eine Auszeit von der Beobachtung der Rankings. Bourbon beinhaltet gewissermaßen circa 3,5 Verbesserungen in der Suchqualität, und ich glaube, es sind erst ein paar davon draußen. Die restlichen 0,5 werden in wenigen Tagen draußen sein,*

und die letzten Hauptänderungen sollten irgendwann nächste Woche herauskommen. Und auch danach wird es immer noch ein paar kleinere Änderungen geben.

(sinngemäß aus dem Englischen übersetzt)

Durch das Bourbon-Update wurde der Google-Index stark neu sortiert. Es gab Vermutungen, dass die Backlinks neu gewichtet wurden. Tatsächlich umfasst der Algorithmus seit dem Update eine Sonderbehandlung für Verweise, die aus einem direkten Linkaustausch entstanden und auch als solche erkennbar sind. Aus Nutzerperspektive betrachtet ergibt dies auch durchaus Sinn: Ein Verweis von einer Webseite, die von der Zielseite nicht zurückverlinkt ist, ist unabhängiger und höher zu bewerten, als wenn ein Verweis auf die Seite zurückführt.

Gleichzeitig mit dem Bourbon-Update wurde ein Backlink-Update durchgeführt, sodass viele Beobachtungen nicht zwingend nur auf eine Anpassung des Algorithmus zurückzuführen sind.

15.4.6 Gillian-Update (2005)

Im September 2005 wurde wieder einmal deutlich, wie hartnäckig die Vermutungen über die Google-Updates oftmals sind und wie schnell sich die Beobachter und Beobachterinnen gegenseitig hochschaukeln, obwohl die Beobachtungen dem normalen Wechsel in den Ergebnislisten entsprechen. Die Berichte über das Gillian-Update wiesen zahlreiche Hinweise für grundlegende Änderungen in allen relevanten Bereichen auf. Es handele sich um ein großes Update – so konnte man zumindest in vielen Beiträgen lesen.

Tatsächlich handelte es sich aber bei dem vermeintlichen Update um etwas anderes, wie Matt Cutts in seinem Blog klarstellte:

Technisch gesehen, werden beim Gillian-Update nur einmal mehr Backlink/PageRank-Daten sichtbar, es handelt sich um kein tatsächliches Update. Es gab keine erheblichen algorithmischen Veränderungen bei unseren Gewichtungen in den letzten Tagen.

(sinngemäß aus dem Englischen übersetzt)

15.4.7 Jagger-Update (2005)

Das Jagger-Update von Oktober bis November 2005 hingegen war ein »echtes« Update, das erstmals in drei einzelnen Phasen durchgeführt wurde, die die Namen *Jagger1*, *Jagger2* und *Jagger3* erhielten.

Erstmalig wurden die einzelnen Schritte und die betroffenen Datencenter, bei denen man die Neuerungen beobachten konnte, halb offiziell im Blog durch Matt Cutts angekündigt:

> *Jagger3, gestern gestartet, ist sichtbar im 66.102.9.104-Datencenter. Es gibt dort immer noch kleinere Fluktuationen, aber das Datencenter beinhaltet Jagger1, Jagger2 und Jagger3.*
>
> *(sinngemäß aus dem Englischen übersetzt)*

Dabei sollte Jagger1 dazu dienen, die gezielt zur Suchmaschinen-Optimierung aufgebauten Linknetzwerke zukünftig besser zu erkennen. Außerdem sollten Seiten, die ohne wirklich zielgerichteten und sinnvollen Inhalt nur zur Anzeigenplatzierung veröffentlicht wurden, ebenso wie andere Spam-Methoden automatisch entlarvt werden.

Jagger2 hatte zum Ziel, die Verarbeitung von weiteren Dokument- und Dateitypen zu ermöglichen.

Die letzte Phase, Jagger3, schuf die Möglichkeit, neben dem Crawlen durch das Schneeballsystem auch durch andere Methoden neue URLs in den Index aufzunehmen – z. B. durch das Google-Sitemap-Programm.

Mit dem Jagger-Update schien sich die Informationspolitik von Google ein weiteres Stück in eine kooperative Richtung entwickelt zu haben. Oder, um es vorsichtig zu formulieren: Dieser Anschein sollte zumindest aus PR-taktischen Gründen erweckt werden. Die Bekanntgabe von IP-Adressen der Datencenter, die bereits das neue Update aufgespielt hatten, stieß auf sichtbaren Zuspruch seitens der zahlreichen beobachtenden Suchmaschinen-Optimierer und -Optimiererinnen. Inwieweit diese Datencenter jedoch auch tatsächlich die später endgültigen Ergebnisgewichtungen repräsentierten, ist fraglich.

Kritische Stimmen behaupteten daher sogar, es handele sich bei solchen inoffiziellen Ankündigungen vielfach nur um Ablenkungsmanöver, damit die eigentlichen Arbeiten in Ruhe fortgesetzt werden konnten. Andere behaupteten hingegen, dass selbst Blog-Beiträge von Matt Cutts über seine erkrankte Katze als versteckte Hinweise auf Probleme mit dem Google-System gedeutet werden sollten.

15.4.8 Big-Daddy-Update (2006)

Das erste Update im Jahr 2006 wurde im Februar durchgeführt. *Big Daddy* erhielt seinen Namen direkt von Matt Cutts und nicht, wie bis dato, aus dem *webmasterworld.com*-Forum. In seinem Beitrag antwortete er auf die Frage, was neu und anders bei Big Daddy sei:

> *Es gibt eine neue Infrastruktur, nicht nur verbesserte Algorithmen und andere Daten. Die überwiegende Anzahl Änderungen bleibt verdeckt, sodass der durchschnittliche Nutzer nicht einmal eine Änderung bemerken wird.*
>
> *(sinngemäß aus dem Englischen übersetzt)*

Der »überdurchschnittliche« Nutzer oder die Nutzerin konnte jedoch aufgrund des primären Updates in der Datenstruktur durchaus einige Verbesserungen erkennen.

So wurde das Problem mit den *kanonischen URLs* behoben. Vor dem Update wurden folgende URLs noch als unterschiedliche Datensätze in der Google-Datenbank betrachtet:

```
mindshape.de
mindshape.de/
www.mindshape.de
www.mindshape.de/
www.mindshape.de/index.html
```

Dies sollte durch die veränderte Datenstruktur verbessert bzw. behoben sein, was sich u. a. bei Abfragen der Art »site:www.domainname.de« im Vergleich zu vorher auswirkt.

Weiter ist auch das aus dem Allegra-Update entstandene Hijacking-Problem angegangen worden. Google verfolgte besonders bei diesem Update mit dem Aufruf, Spam-Reports einzusenden, wenn in den Ergebnislisten auf den bereits umgestellten Datencentern in vorderen Positionen Spam erkennbar sein sollte, seine kooperative Strategie weiter. Die Feedbacks zahlreicher interessierter und engagierter Nutzer und Nutzerinnen dienen sozusagen als Qualitätssicherung und als Beta-Test gleichermaßen.

15.4.9 Anti-Google-Bomben-Update (2007)

Um sich gegen Google-Bomben wie »miserable failure« zu schützen und die Qualität der Ergebnisse bei solchen oder ähnlichen »explosiven« Anfragen zu erhöhen, führte Google Ende Januar 2007 einen Filter ein, der Google-Bomben automatisch erkennen soll und anstelle der betroffenen Seite überwiegend Diskussionen und Beiträge zu der Google-Bombe als Ergebnisse liefert. Im Grunde genommen handelt es sich daher nicht um ein Update des Google-Algorithmus zur Ranking-Erstellung, sondern in erster Linie um einen Filter, der nach der eigentlichen Ranking-Erstellung bei verdächtigen Mustern anspringt, die auf eine Google-Bombe hinweisen.

15.4.10 Buffy-Update (2007)

Nach Aussagen der Beteiligten des Webmaster-Forums gab es über ein Jahr lang keine signifikanten Veränderungen in den Ergebnislisten. Im Sommer 2007 wurde allerdings ein neues Update von Google diskutiert, das den Namen *Buffy* erhielt. Es gab etliche Diskussionen um die vermeintlichen Auswirkungen des Updates. Eine sichtbare Neuerung war die Funktion VERWANDTE SUCHVORGÄNGE in den Ergebnislisten. Diese Übersicht zeigt an, welche ähnlichen Suchkombinationen verwendet wurden.

Eine grundsätzliche Bewegung konnte hauptsächlich bei Anfragen mit nur einem Keyword festgestellt werden. Seit dem Buffy-Update bewertet Google diese Anfragen anscheinend anders. Matt Cutts betonte in einem Weblog-Kommentar, dass es keine grundsätzlichen Veränderungen bei den Algorithmen gab. Es seien lediglich einige Bewertungsfaktoren und -gewichte verändert worden, die sich besonders auf die Ein-Wort-Anfragen auswirken.

15.4.11 Update zur Subdomain und Aktualität (2007)

Um die Jahreswende 2007/2008 gab es noch zwei weitere Neuerungen, die zunächst keinen Update-Namen erhielten. Bereits im Dezember 2007 kündigte Matt Cutts auf der PubCon an, dass zukünftig Subdomains genauso behandelt würden wie Verzeichnisse.

Außerdem wurde um die Jahreswende verkündet, dass nun aktuelle Inhalte im Ranking bevorzugt würden. Google setzt die Aktualitätserkennung vermutlich über das Buzz-Tracking um. Das heißt, solange ein Thema in den Nachrichten häufig genannt wird, ist die Wahrscheinlichkeit eines guten Rankings für betreffende Themenseiten mit aktuellen und relevanten Inhalten höher.

15.4.12 Brand-Update (2009)

Ende 2009 wurde das *Brand*-Update aktiviert. Besonders bekannte Marken (Brands) wurden seit diesem Zeitpunkt besser bewertet. Google wollte nach eigenen Aussagen die Zufriedenheit der Suchenden bei der Recherche nach Markennamen erhöhen, indem die jeweils gültigen Domainnamen der Marken weit oben angezeigt werden. Seit dem Brand-Update ranken jedoch Keyword-Domains deutlich besser. Keyword-Domains sind Domains, in denen ein bestimmtes (zu optimierendes) Keyword enthalten ist.

15.4.13 Mayday-Update (2010)

Im April 2010 konnte man eine deutliche Abnahme im Ranking vieler Longtail-Keywords erkennen. Mit dem *Mayday*-Update korrigierte Google die Behandlung von

solchen mehrgliedrigen Suchanfragen mit geringem Suchvolumen. Vor allem bei Websites, die hauptsächlich auf den Longtail als Keyword-Strategie gesetzt hatten, kam es teilweise zu einem Einbruch von 50 Prozent.

Nach dem Update wurden vor allem solche Treffer für Longtail-Anfragen angezeigt, bei denen das angefragte Thema auch auf der gesamten Website stärker vertreten war. Damit wurde es schwieriger, verschiedene Themen auf einer einzelnen Domain im Longtail zu optimieren.

15.4.14 Attribution-Update (2011)

Das *Attribution*-Update Anfang 2011 war ein Vorgänger des Panda-Updates. Das Update sollte das Spam-Level in den Ergebnislisten reduzieren. Vor allem kopierte bzw. gescapte (automatisch und meist ohne Einverständnis des Autors bzw. der Autorin kopierte) Inhalte rankten deutlich schlechter oder gar nicht mehr.

15.4.15 Panda-Update (seit 2011)

Am 12. August 2011 rollte Google das *Panda*-Update in der ersten Version in Deutschland aus. In Kapitel 10, »Onpage-Optimierung«, wurde das Panda-Update ausführlich besprochen – auch die entsprechenden Vorsichts- und Gegenmaßnahmen. Letztlich ging es Google mit diesem Update darum, die Qualität von Websites stärker zu berücksichtigen. Damit sind vor allem der Nutzen und Mehrwert für die Suchenden gemeint. Websites, bei denen eher die Suchmaschinen-Optimierung oder die Bannerwerbung im Vordergrund steht oder massiv Duplicate Content zu finden ist, ranken seit dem Panda-Update deutlich schlechter.

Das Panda-Update wurde seit der ersten Version regelmäßig aktualisiert und verfeinert. 2017 wurde Panda in den Google-Kern implementiert und arbeitet dort quasi live.

15.4.16 Freshness-Update (2011)

Schon seit Längerem gab es sogenannte QDF-Faktoren (*Query Deserves Freshness*), die dafür sorgen sollten, dass bei Suchanfragen mit aktuellem Bezug auch möglichst passende und aktuelle Ergebnisse erscheinen. Mit dem *Freshness*-Update wurde dieses Bemühen weiterverfolgt. Die technische Voraussetzung dafür wurde mit dem Caffein-Update geschaffen, um die Suchmaschinen-Indexstrukturen schneller und flexibler füllen und abfragen zu können. Stellt Google also anhand verschiedener Signale (wie etwa Google News oder Knowledge Graph) fest, dass ein Thema besonders aktuell ist, werden passende Websites für einen gewissen Zeitraum durch den Freshness-Faktor besser platziert.

15.4.17 Google+-Button (2012)

2012 führte Google den +1-Button in den Suchergebnissen ein. Dies kann durchaus als Reaktion auf den Druck der sozialen Plattformen Twitter und Facebook gesehen werden. Mit Google+ wollte Google dem Konkurrenten Facebook im Bereich der Social Networks die Stirn bieten. Eine grundlegende Überarbeitung von Google+ führte im April 2012 zu einer zunehmend steigenden Nutzerzahl. Auch wenn diese längst nicht die Zahlen von Facebook erreicht hatte, war laut Google der Erfolg des Unternehmens abhängig vom Erfolg von Google+. Seit 2014 wurde die Einbindung von Google+ allerdings zunehmend zurückgefahren. Mittlerweile ist Google+ offiziell beerdigt und ein trauriges Kapitel in der Geschichte Googles.

15.4.18 Venice-Update (2012)

Im Sommer 2012 wurde das *Venice*-Update ausgerollt. Dieses Update sorgte bei den lokalen Suchergebissen ordentlich für Wirbel. Google bezieht für bestimmte Keyword-Anfragen automatisch den Standort des Nutzers oder der Nutzerin mit ein. Häufig sind dies Keywords, die im Zusammenhang mit Dienstleistungen oder der Freizeitgestaltung stehen. Suchte man z. B. in Köln nur nach »Friseur«, erhielt man die Ergebnisliste aus Abbildung 15.6.

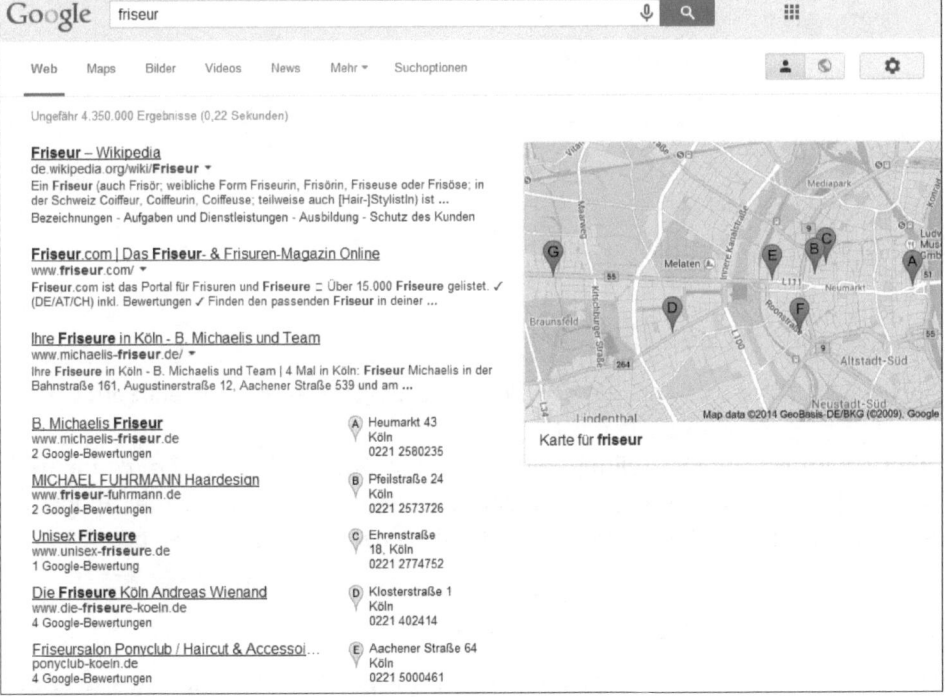

Abbildung 15.6 Lokale Anzeigen erscheinen dank des Venice-Updates auch ohne konkrete Stadtnennung (historischer Screenshot zur Veröffentlichung des Venice-Updates).

Heute besteht das sogenannte *Local Pack* nur noch aus drei Treffern, und die Karte ist integriert (siehe Abbildung 15.7).

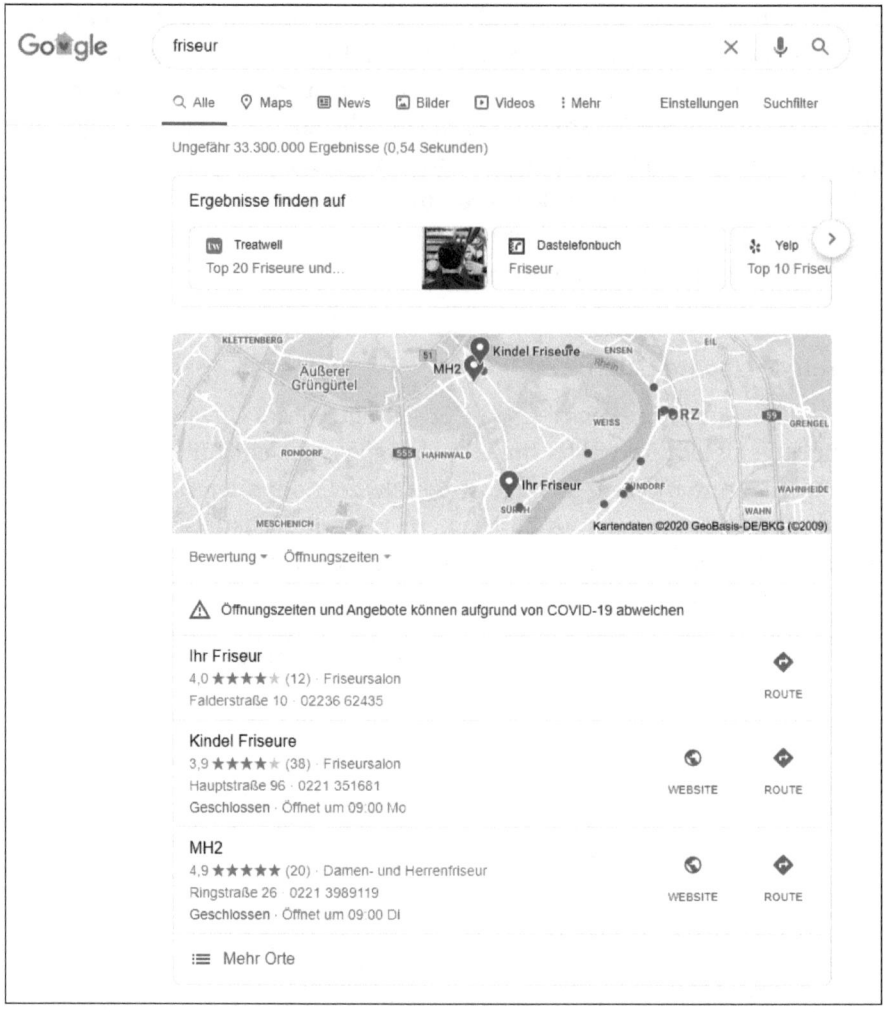

Abbildung 15.7 Das Local Pack aus dem Venice-Update 2015 ist deutlich reduzierter.

Die Quellen für die Darstellung stammten von *Google Business Profile* (deutsch: Google Unternehmensprofil), das zuvor *Google Local*, *Google Places* oder *Google My-Business* hieß. Dieses Google-Produkt hat wahrlich schon viele Namen besessen.

15.4.19 Knowledge-Graph-Update (2012)

Im Frühjahr 2012 startete Google mit dem Knowledge Graph auch in deutschsprachigen Ergebnislisten. Nach Angabe von Google sind in der semantischen Datenbank mehr als 500 Millionen Objekte und 3,5 Milliarden Fakten hinterlegt und miteinan-

15.4 Historie wichtiger Google-Updates

der verknüpft. Vor allem bekannte Personen, Plätze, Gebäude oder ähnliche Themen möchte Google damit den Suchenden schneller und einfacher erschließbar machen.

Seitdem wurde der Knowledge Graph ständig erweitert und aktualisiert. Einen direkten Einfluss darauf kann man allerdings nicht nehmen. Die Suche nach »Taj Mahal« zeigt das Ergebnis des Knowledge Graph in der rechten Spalte (siehe Abbildung 15.8).

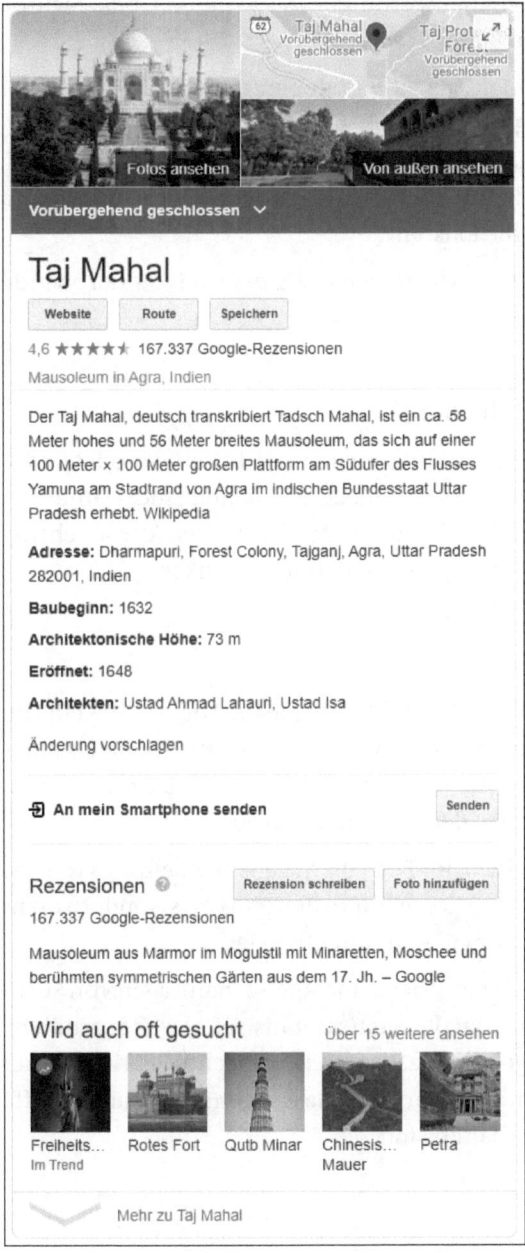

Abbildung 15.8 Knowledge Graph bei Google

15.4.20 Penguin-Update #1 (ab 2012)

Im Mai 2012 wurde das erste *Penguin*-Update als linkbasierter Algorithmus ausgerollt, der als Ergänzung zum Panda-Update zu verstehen ist. Das Hauptaugenmerk wurde auf unnatürlich aufgebaute eingehende Verlinkungsstrukturen gelegt. Zu viel gleiche Anchor-Texte, Links auf Bad Neighbourhood und Links von qualitativ minderwertigen Texten führen zu einer Ranking-Abstrafung. Das Penguin-Update wurde ebenso wie Panda regelmäßig mit neuen Metriken aktualisiert.

Vor allem die Penguin-Version 2.0 im Mai 2013 schlug wie eine Bombe ein: Zahlreiche Linkbuilding-Methoden, die jahrelang wirkungsvoll waren, wurden mit diesem Update abgestraft, und viele Rankings stürzten ab – und mit ihnen die Besucherzahlen. Das Penguin-Update veränderte nachhaltig die Form des aktiven Linkbuildings und kostete viele Linkbuilding-Agenturen die Existenz.

Auch Penguin war so wichtig, dass es seit 2017 in den Google-Kern integriert wurde und dort quasi live arbeitet.

15.4.21 Exact-Match Domain (EMD) Update (2012)

Im September 2012 schwächte Google die Wirkung von Keyword-Domains oder *Exact-Match Domains* (EMD) ab, wenn die Websites von niederer Qualität sind. Damit korrigierte Google ein früheres Update und wirkte dem Trend entgegen, dass Website-Betreiber zahlreiche Keyword-Domains anlegen und damit gut ranken.

15.4.22 Hummingbird (2013)

Unter dem Codenamen *Hummingbird* (Kolibri) rollte Google im August 2013 ein Update aus, das angeblich 90 Prozent aller Suchanfragen weltweit betrifft und als eines der Meilenstein-Updates in der Geschichte Googles gilt. Denn dieses Update bietet die Grundlage für die gesamte Neuauflage der Suche bei Google.

Das Update selbst hat kaum Effekte bei Website-Betreibern gehabt. Allerdings war das Ziel des Updates auch nicht unbedingt eine Korrektur in den Rankings, sondern dient ähnlich wie das Caffein-Update eher einem übergeordneten Ziel.

Google kann mittels Hummingbird auch natürlichsprachige Suchanfragen von Suchenden interpretieren und damit die Qualität der Suchergebnistreffer weiter erhöhen. Suchende haben seit dem Update festgestellt, dass teilweise gesuchte Begriffe breiter interpretiert wurden als vorher. Das führt sogar dazu, dass eigentliche Suchbegriffe gar nicht mehr in der Treffermenge enthalten sind.

15.4.23 Layout-Update oder Ads-Above-The-Fold-Update 2.0 (2012)

Dieses Update traf vor allem Websites, die sehr viel Werbung im oberen Bereich einblendeten und bei denen kaum sichtbarer Content vorhanden war, ohne dass man zunächst nach unten scrollen musste. Die Version 2.0 erschien im Januar 2014 als Update zur ersten Version vom Januar 2012. Matt Cutts äußerte sich dazu wie folgt:

> Websites, die nicht viel Inhalt »above-the-fold« haben, können also von dieser Änderung betroffen sein. Wenn Sie auf eine Website klicken und der Teil der Website, den Sie zuerst sehen, hat entweder nicht viel sichtbaren Inhalt »above-the-fold« oder widmet einen großen Teil für Anzeigen, ist das keine sehr gute Benutzererfahrung. Solche Websites ranken möglicherweise in Zukunft nicht so hoch.[1]

(sinngemäß aus dem Englischen übersetzt)

Achten Sie also darauf, dass Sie über der Scrolllinie (*above the fold*) ausreichend Content für Ihre Besucher und Besucherinnen anbieten und nicht mit zu viel Werbung oder einem zu großen Bild wertvolle Höhe verschenken.

15.4.24 Payday Loan Update (2013)

Erstmalig wurde das *Payday Loan Update* im Juni 2013 eingeführt. Im Mai 2014 erhielt es ein Update.

Wie bei vielen anderen Updates auch handelt es sich hierbei um den Versuch, die Qualität der Suchergebnisse weiter zu erhöhen. Das Payday Loan Update zielte dabei nicht wie etwa das Penguin-Update auf unnatürliche eingehende Linkstrukturen, sondern strafte Websites ab, die durch illegale SEO-Techniken ihre Rankings zu manipulieren versuchten. Das betraf vor allem Blackhat-Methoden, also gehackte Seiten oder Seiten, die mit Schadsoftware infiziert wurden.

15.4.25 Google Core Update aka Phantom-Update (2015)

Im Mai 2015 rumpelte es ordentlich in den Suchergebnislisten. Da Google einmal mehr keine Aussage dazu machte, wurde das Update als *Phantom* bezeichnet. Die massiven Sichtbarkeitsverluste vieler Domains wurden dann aber doch von Google eingeordnet – es handle sich um ein Update im Kern des Algorithmus. Allerdings blieb Google nähere Erklärungen schuldig. Insgesamt lässt sich festhalten, dass seit dem Core-Update einzelne Qualitätssignale anders bewertet werden, was zu massiven Ranking-Sprüngen nach oben und unten führte. Einige Erklärungsversuche deuten darauf hin, dass sowohl inhaltliche Ranking-Faktoren in Sachen Text als auch die interne Verlinkung eine Rolle spielen.

---

1 Quelle: *http://googlewebmastercentral.blogspot.de/2012/01/page-layout-algorithm-improvement.html*

15.4.26 RankBrain (2015)

Mit RankBrain veränderte Google die Art, wie Suchanfragen interpretiert wurden. Dabei spielt RankBrain vor allem bei der Ermittlung der Relevanz von Suchanfragen und deren einzelner Bestandteile eine Rolle. Der Unterschied zu vorherigen Einführungen ist der zentrale Einsatz von künstlicher Intelligenz. Das System lernt selbst neu dazu und benötigt daher keine fortlaufende Anpassung durch Menschenhand. Insofern handelt es sich hier gar nicht so sehr um ein Update, sondern eher um eine technologische Erweiterung.

Mittels RankBrain wurden vor allem diese Arten von Anfragen besser verarbeitet:

- Verarbeitung von erstmalig gestellten Suchanfragen, meistens Longtail-Suchanfragen
- Erkennung von mehrdeutigen und komplexen Suchanfragen (Januar, Bank usw.)
- Zuverlässigere Erkennung von Umgangssprache und Dialekten sowie Wortneuschöpfungen
- Verarbeitung von Spracheingaben und Dialogen

Damit baut das RankBrain-System auf der Infrastruktur des Hummingbird-Updates auf oder führt dieses fort.

15.4.27 Panda und Penguin – die x-te Iteration (2011–2017)

Immer wieder wurden Penguin und Panda als Update-Gespann für die Offpage- und Onpage-Signale aktualisiert. Meist wurde lediglich die Datengrundlage aktualisiert. Das schien bei all den Fortschritten bei Google immer noch sehr langsam vonstattenzugehen. Das führte dazu, dass Webmaster teils mehrere Monate auf eine Erholung aus dem jeweiligen Update warten mussten. Google war laut eigener Aussage zwar bemüht, die Iterationen fließend zu integrieren, schafft es aber nicht so schnell. So wurde ein Panda-Update Mitte 2015 nach langer Testphase und Veröffentlichung sogar wieder zurückgenommen, weil die Ergebnisse wohl nicht ausreichend gut waren. Beide Updates sind seit 2017 mittlerweile im Google-Kern integriert, und die Updates sind seither fließend.

15.4.28 Fred-Update (2017)

Dieses Update hat besonders Seiten getroffen, die minderwertige Inhalte anbieten und schlechte Nutzersignale haben. Zahlreiche Affiliate-Websites mit unechten Testberichten und Produktvergleichen hat das Fred-Update hart getroffen.

15.4.29 Unknown Updates (seit 2017)

Ab 2017 kommentierte Google eigentlich gar keine Updates mehr. Dass es größere Updates gab, ließ sich nur an deutlichen Schwankungen in den SERPs erkennen. Viele SEOs versuchten anschließend zu verstehen, welche Merkmale und Ursachen die Updates hatten. So geistert häufig die Bezeichnung *Unknown Update* als Sammelbegriff im Web umher, der für mehrere Updates steht, die alle eins gemeinsam haben: die Maßnahmen von Google, Websites mit hochwertigen Inhalten besser zu ranken und im Gegensatz dazu weniger hochwertige Websites schlechter zu ranken.

Welche Metriken und Maßnahmen hier genau verantwortlich sind, wurde allerdings nicht mehr kommuniziert. Meiner Einschätzung nach ist das Machine Learning bei Google mittlerweile so weit vorangeschritten, dass Google bei Updates auch gar keine konkreten Faktoren mehr nennen könnte. Es geht darum, dass Updates bestimmte Qualitätsprobleme beheben sollen. Welche einzelnen Faktoren hier verstärkt oder abgeschwächt werden, ist am Ende wohl nicht einmal den bekannten Google-Mitarbeitern und -Mitarbeiterinnen klar.

15.4.30 Medic-Update (seit 2018)

Das Medic-Update wurde in verschieden Versionen seit 2018 ausgerollt. Es betraf vor allem Websites mit sensiblen Informationen aus dem YMYL-Bereich (Your Money Your Life). Vor allem Websites mit medizinischen Gesundheitsthemen waren stark betroffen, daher auch der Name Medic-Update. Dabei waren YMYL-Sites nicht grundsätzlich von Rankingverlusten getroffen – viele dieser Websites erlebten auch einen deutlichen Sprung nach vorne. Dies wurde teilweise durch die Folgeversionen wieder revidiert. Scheinbar musste Google hier nachjustieren.

Dreh- und Angelpunkt der Medic-Updates ist wohl die EAT-Bewertung seitens Google (Expertise, Authority, Trust). Diese Begrifflichkeit stammt aus den Quality Rater Guidelines. Insbesondere zu Websites mit sensiblen Themen ist dort zu lesen:

> *High E-A-T medical advice should be written or produced by people or organizations with appropriate medical expertise or accreditation. High E-A-T medical advice or information should be written or produced in a professional style and should be edited, reviewed, and updated on a regular basis.*

Die Medic-Updates sind ein eindrückliches Beispiel, wie es Google immer besser gelingt, Inhalte differenziert nach deren Qualität zu bewerten.

15.4.31 BERT-Update (2019)

Bei BERT handelt es sich laut Google um einen neuen Ansatz, um Sprache noch besser zu verstehen. In Kapitel 7 habe ich bereits die Funktionsweise von BERT als NLP-Modell mittels neuronaler Netzwerke vorgestellt.

Spannend bei dem groß angekündigten Update ist, dass die Rankings sich quasi gar nicht verändert haben, obwohl das Update um die Jahreswende zu 2020 in 70 Sprachen und Ländern ausgerollt wurde.

Nach Hummingbird (2013) und RankBrain (2015) beschreitet Google mit BERT 2019 konsequent den Weg, Inhalte auf Websites »wie ein Mensch« verstehen zu können. Benchmarks zeigen, dass die Algorithmen mittlerweile sogar besser Informationen aus Texten extrahieren können als viele Menschen.

15.4.32 Core-Updates (ab 2019 bis heute)

2019 veränderten zwei größere Core-Updates viele Rankings. Von Google wurden diese offiziell als »March 2019 Core Update« und »June 2019 Core Update« bezeichnet.

Core-Updates sind nach dem aktuellen Verständnis Googles große algorithmische Veränderungen, die starke Auswirkungen auf die sichtbaren Rankings haben – im Prinzip also nichts anderes als viele der vorher beschrieben Updates auch. Allerdings ist die Kommunikationspolitik Googles mittlerweile deutlich restriktiver (und deutlich weniger kreativ in der Namensfindung) geworden. Informationen zu den Core-Updates erarbeitet sich die weltweite SEO-Community dann jeweils nach den Updates selbst.

Auch hier scheinen verschiedene Versionen ihre Vorgänge häufig zu korrigieren. Daher ist die These recht wahrscheinlich, dass Justierungen in den Machine-Learning-Algorithmen vorgenommen werden. Bei den Core-Updates seit 2019 handelt es sich also nicht mehr um Algorithmen, die von Menschen programmiert und implementiert wurden, sondern um neuronale Netzwerke und andere trainierte Machine-Learning-Modelle, welche zunehmend die Rankingberechnung übernehmen. Updates sind in diesem Sinne die Updates von Computermodellen und nicht mehr von fest programmierten Algorithmen.

Über die folgenden Jahre wurde diese Core-Update-Kommunikationsstrategie beibehalten. Wie Sie am Beispiel des Postings zum »Mai 2022 Core Update« sehen können, erhält man eigentlich keine relevante inhaltliche Information. Man ist lediglich informiert, dass es ein Update gab und kann dann gespannt auf die Rankingveränderungen schauen.

15.4 Historie wichtiger Google-Updates

> Startseite > Search Central > Blog von Google Search Central
>
> # Grundlegende Updates im Mai 2022 für die Google Suche
>
> Mittwoch, 25. Mai 2022
>
> ★ **Aktualisierung am 9. Juni 2022**: Die Einführung des grundlegenden Updates vom Mai 2022 ist jetzt abgeschlossen.
>
> Wir führen mehrmals im Jahr wesentliche Verbesserungen am Rankingprozess durch, die wir als grundlegende Updates bezeichnen. Die grundlegenden Updates sollen die Relevanz unserer Suchergebnisse insgesamt erhöhen und sie für alle noch nützlicher machen. Heute veröffentlichen wir das grundlegende Update für Mai 2022. Es dauert etwa 1 bis 2 Wochen, bis die Einführung abgeschlossen ist.
>
> Grundlegende Updates sind Änderungen, die wir vornehmen, um die Google Suche insgesamt zu verbessern und mit den Veränderungen des Webs Schritt zu halten. Auch wenn sich die grundlegenden Updates nicht auf bestimmte Websites beziehen, kann sich deren Leistung deutlich ändern, wie bereits in der letzten Anleitung Tipps für Websiteinhaber zu den grundlegenden Google-Updates beschrieben.
>
> Wir geben euch diese umfassenden grundlegenden Updates bekannt, weil die Änderungen meistens deutlich spürbare Folgen haben. Manche Websites schneiden schon während der Updates und danach in den Suchergebnissen besser, andere schneiden schlechter ab. Wir wissen, dass Inhaber von Websites, die plötzlich einen Leistungsrückgang der Website feststellen, bei sich nach Fehlern suchen werden, und wir möchten nicht, dass sie die falschen Punkte ändern. In wieder anderen Fällen ist auch gar keine Fehlerbehebung notwendig.
>
> Seiten, die nach einem grundlegenden Update in der Suche schlechter abschneiden, sind nicht unbedingt fehlerhaft. Sie verstoßen nicht gegen die Richtlinien für Webmaster und es wurden auch keine manuellen oder algorithmischen Maßnahmen ergriffen, wie es sonst bei Richtlinienverstößen der Fall sein kann. Die grundlegenden Updates enthalten keine Änderungen, die auf bestimmte Seiten oder Websites abzielen. Wir möchten mit ihnen nur allgemein verbessern, wie unsere Systeme Inhalte bewerten. Es kann auch passieren, dass Seiten eurer Website, die bisher unterbewertet wurden, nach dem Update erfolgreicher sind.
>
> Wir werden diesen Blogpost noch einmal aktualisieren, um zu bestätigen, dass die Einführung des grundlegenden Updates vom Mai 2022 abgeschlossen ist. Feedback zu den grundlegenden Updates für Mai 2022 könnt ihr hier posten.
>
> *Beitrag von Danny Sullivan, Public Liaison for Search*

Abbildung 15.9 Enthalten eigentlich keine inhaltlich hilfreiche Informationen, außer dass es ein Update gab: Die Ankündigungen von Google-Updates seit 2019.

Wichtig ist für Sie jetzt und in Zukunft, dass Sie nachhaltige und ordentliche Suchmaschinen-Optimierung betreiben und darauf achten, hochwertige und hilfreiche Inhalte zu veröffentlichen.

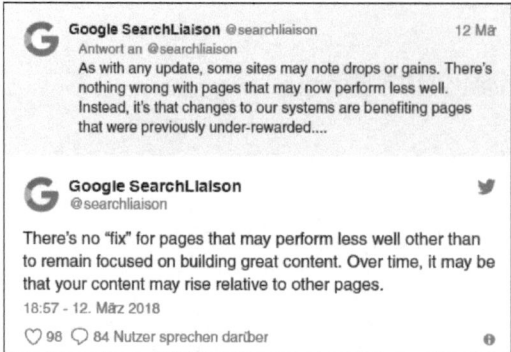

Abbildung 15.10 Building great content – großartige Inhalte erstellen

15.5 Google und die geheimen Labors

Blickt man hinter die Kulissen des Unternehmens Google, wird schnell deutlich, wie daran gearbeitet wird, die Qualität der Suchergebnisse ständig zu verbessern. Für die Suchmaschinen-Optimierung an sich sind die Gerüchte und Entdeckungen um Google natürlich wenig hilfreich, allerdings sollen hier dennoch ein paar Beispiele genannt werden, um zu zeigen, dass wesentlich mehr hinter der Suchmaschine steckt als komplexe Relevanzberechnungen. Dies ist sicherlich lohnend, um zukünftige Entwicklungen besser einordnen zu können.

15.5.1 Geheime Labors

Als im Juni 2005 der niederländische Journalist Henk van Ess sein Weblog mit dem Beitrag »Google's Secret Lab« (»Googles geheimes Labor«) eröffnete, ging ein Ruck durch die Branche: Google bewertet die Ergebnisse nicht nur automatisch nach algorithmisch ablaufenden Maßstäben!

Auf *http://eval.google.com* sollten angeblich ausgewählte Personen eine Oberfläche vorgefunden haben, um Ergebnisse von Google zu bewerten. Henk van Ess lieferte Screenshots und sogar ein Video als Beweis. Matt Cutts bestätigte zu einem späteren Zeitpunkt, dass es ein sogenanntes *Rater Hub* tatsächlich gab. Er wies allerdings darauf hin, dass die Bewertungen nicht direkt in die Relevanzberechnung einfließen würden, sondern primär zur Qualitätskontrolle dienten.

Die Bezeichnung »geheime Labors« trifft hier natürlich nicht wirklich den Kern der Sache, sondern ist eher aus journalistischen Gründen gewählt. Heute befinden sich die veröffentlichten Richtlinien für die Rater auch unter einer gleichnamigen Domain raterhub.com, die allerdings keine Inhalte von außen erkennen lässt. Lediglich eine Site-Abfrage zeigt, dass – wohl versehentlich – ein paar URLs indexiert wurden, die auf ein Rating-Portal schließen lassen.

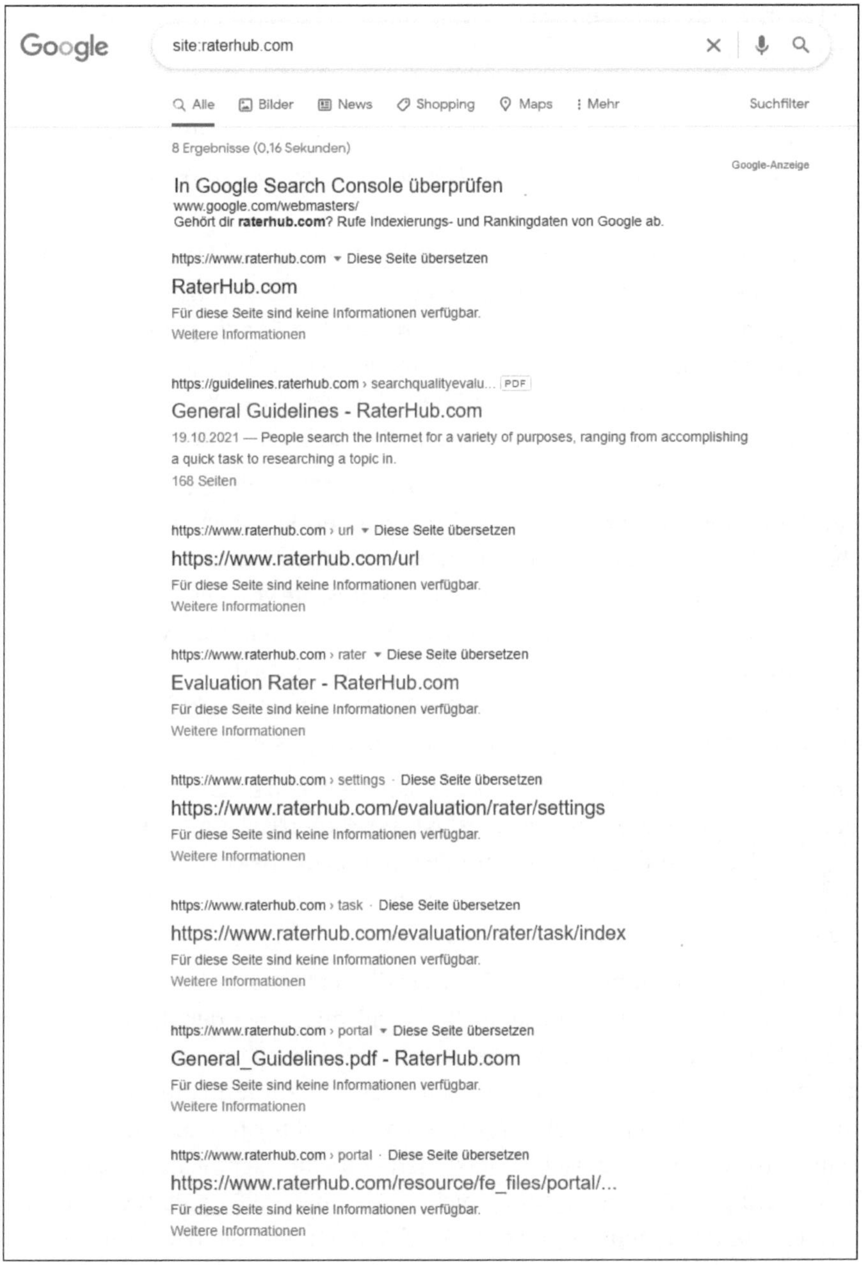

Abbildung 15.11 Die Google Site-Funktion verrät ein wenig über den Inhalt des zugriffsbeschränkten Raterhubs von Google.

15.5.2 Quality Rater, YMYL und E-A-T

Google bezahlt hauptsächlich Studenten auf der ganzen Welt, um die Qualität seiner Ergebnislisten in den verschiedenen Sprachregionen zu bewerten. Auch von anderen Betreibern ist eine solche Qualitätskontrolle bekannt.

Spätestens mit dem Leak der Quality Rater Guidelines sind die »geheimen Labors« also kein Gerücht mehr. Die Guidelines gibt es mittlerweile auch offiziell bei Google zum Download unter *https://guidelines.raterhub.com/searchqualityevaluatorguidelines.pdf*.

Hier liest man spannende Details und zwischen den Zeilen die Bestätigung vieler Vermutungen. Vor allem eins wird klar: Google behandelt Suchanfragen und Themen nicht mehr gleich. Je nach Thema und Keyword werden Ranking-Faktoren unterschiedlich gewichtet und mit einbezogen. Das ist auch nachvollziehbar – je wichtiger ein Thema etwa für Leib und Leben ist (von Google bezeichnet als YMYL – *Your Money Your Life*), desto genauer achtet auch Google auf die Ergebnisqualität in den SERPs.

Die menschliche Bewertung von SERPs und Websites ist für Google von entscheidender Bedeutung in der Entwicklung von selbstlernenden künstlichen Intelligenzen. Um die Qualität der Ergebnisse solcher autonomer Algorithmen zu bewerten, bedarf es der Quality Rater. Diese haben Zugriff auf neue SERPs, die von den zu erprobenden neuen Algorithmen generiert werden. Wenn die Mehrheit der Quality Rater zu dem Ergebnis kommt, dass das Sucherlebnis besser ist als bei der aktuell öffentlichen Variante, dann spricht das für die Veröffentlichung eines neuen Algorithmus-Updates, welches Sie dann wahrscheinlich irgendwann als Core-Update sehen.

Aus dem Kontext der Quality Guidelines ist das *E-A-T*-Prinzip bekannt. Die drei Buchstaben repräsentieren die drei Evaluierungsfaktoren Expertise, Authority (Autorität) und Trust (Vertrauen). Sie spielen eine zentrale Rolle bei der Bewertung von Websites durch die Quality Rater. Vor allem bei YMYL-Sites sind diese drei Faktoren sehr bedeutend, da es hier um Geld und Gesundheit geht.

Es wird vermutet, dass nicht nur menschliche Quality Rater das E-A-T-Prinzip zur Bewertung hernehmen, sondern Google auch algorithmisch bei der Bewertung von Websites und Inhalten nach diesem Schema vorgeht. Vor allem bei sensiblen Themen legt Google bekanntermaßen Wert darauf, dass die Seiteninhalte eine hohe Expertise aufweisen, die Domain oder der Autor bzw. die Autorin eine entsprechende thematische Autorität in diesem Gebiet darstellen und schlussendlich auch die Inhalte vertrauenswürdig sind. Neben umfangreichen Texten, dem Einhalten von rechtlichen Vorgaben wie z. B. einem Impressum, spielen auch positive Bewertungen und schlussendlich auch hochwertige Links aus namhaften Quellen eine Rolle in der algorithmischen Bewertung. Beachten Sie dabei bitte immer E-A-T ganzheitlich; es geht darum, dass Ihre Website in allen drei Bereichen gute Werte erzielen würde bei einer Begutachtung – ob sie nun menschlich oder algorithmisch stattfindet.

15.6 Sandbox

Seit Anfang 2004 ist ein Phänomen in den Ergebnislisten zu beobachten, das den Namen *Sandbox* (Sandkasten) trägt. Dabei handelt es sich um einen Filter, der Seiten nach bestimmten Kriterien bewertet und gegebenenfalls »zum Spielen in den Sandkasten« schickt. Damit soll verhindert werden, dass vor allem neue Websites mit einem unnatürlichen Wachstum den alten und etablierten Seiten den Rang ablaufen.

15.6.1 Der Sandbox-Effekt

Der Effekt gilt als schwer vorherzusagen, sogar als unberechenbar und letztlich als kaum verständlich. Die Kriterien, die die Wahrscheinlichkeit erhöhen, dass eine Website vom Sandbox-Effekt betroffen ist, sind jedoch gut dokumentiert worden:

- **Top Level Domain**: Der Sandbox-Effekt lässt sich primär auf kommerziellen und privaten Webangeboten beobachten. Domains mit *.gov*, *.edu*, *.mil* oder ähnlichen offiziellen Endungen sind nicht betroffen.
- **Second Level Domains**: Der Effekt betrifft nicht nur einzelne Webseiten, Unterverzeichnisse oder Subdomains, sondern die gesamte Domain.
- **Junge Domains**: Tendenziell sind erheblich mehr frisch angemeldete Domains vom Sandbox-Effekt betroffen als bereits länger existierende. Hier lassen sich dennoch einige wenige Ausnahmen finden.
- **Overoptimization**: Websites mit einer »Überoptimierung« im Sinne einer übertriebenen Suchmaschinen-Optimierung, die zwar nicht die Spam-Kriterien erfüllt, jedoch nach algorithmischen Maßstäben weit über die Norm hinausgeht, sind ebenfalls häufig betroffen. Dies gilt insbesondere für die Onpage-Optimierung. Die Beobachtung, dass solche Seiten dennoch nicht von dem Effekt betroffen sind, sofern sie eine entsprechende Anzahl von qualitativ hochwertigen Inbound-Links aufweisen, lässt eine einseitige Onpage-Optimierung als Ursache vermuten.
- **Keyword-Bedeutung irrelevant**: Entgegen anderslautenden Gerüchten sind nicht nur Websites betroffen, die für wichtige und häufig genutzte Begriffe optimiert wurden, sondern alle. Dabei ist es ebenso unerheblich, wie viele Begriffe eine Suchanfrage beinhaltet.
- **Nur bei Google**: Die vom Effekt betroffenen Domains sind häufig in anderen Suchmaschinen in den Top 10 der Ergebnisliste zu finden. Bei Google dagegen findet man sie wesentlich weiter hinten.
- **Dauer**: Die durchschnittliche Verweildauer in der Sandbox scheint sich auf sechs bis neun Monate einzupendeln. Verschiedene oben genannte Faktoren können diese Zeit verkürzen oder verlängern.

15.6.2 Sandbox: Gerücht oder Fakt?

Trotz dieser Beobachtungen waren die Meinungen über die tatsächliche Existenz einer Sandbox lange Zeit geteilt. Die Frage, ob die Sandbox bis heute existiert, kann ich hier nicht beantworten. Dazu sind die Diskussionen in den einschlägigen Blogs und Foren sicherlich besser geeignet und interessanter. Festzuhalten ist allerdings, dass das Phänomen Sandbox definitiv auftritt – ob nun aus einem eigens programmierten Schutzalgorithmus gegen eifrige Spam-Versuche heraus oder als Effekt verschiedener anderer algorithmischer Berechnungen.

Ein ähnliches Konzept, der *Supplemental Index*, ist allerdings mittlerweile von Google bestätigt worden. Dieser zusätzliche Index ist ein Index zweiter Klasse, in den Double-Content-Inhalte und andere weniger wichtige Dokumente verschoben werden.

15.6.3 Den Sandbox-Effekt vermeiden

Die interessantere Frage ist jedoch: Wie schafft man es, den Sandbox-Effekt zu vermeiden oder möglichst schnell nicht mehr zu den Betroffenen zu zählen?

Die grobe Marschrichtung ist klar: Man sollte die Seiten nicht »überoptimieren« und ein unnatürliches Wachstum der Seiten und der eingehenden Links vermeiden. Hier stellt sich recht bald die Frage, wo die Grenze zwischen »natürlich« und »unnatürlich« verläuft und inwieweit es Google möglich ist, so etwas zumindest halb automatisch festzustellen.

An dieser Stelle kommt ein US-Patent ins Spiel, das von Google im März 2005 unter dem Namen *Information Retrieval Based on Historical Data* (»Information Retrieval auf Grundlage historischer Daten«) angemeldet wurde. Verkürzt ausgedrückt wird dort u. a. beschrieben, wie man die über Jahre hinweg gesammelten Daten über die Entwicklung von Tausenden von Webseiten als Vergleichsbasis zur Abschätzung aktueller Entwicklungen einzelner Webseiten nutzen kann. Man kann sich leicht vorstellen, dass Google aus den unzähligen indexierten Daten zu den Seiten und deren Verlinkungsstruktur die durchschnittliche Entwicklung einer Website berechnen kann. Erfolgt die Bewertung einer aktuellen Website nach differenzierteren Kriterien, z. B. nach der Art und Bedeutung der Stichwörter oder dem öffentlichen Interesse eines Themenkomplexes, kann eine heutige Website in ihren Entwicklungsphasen in einer Skala von »unterdurchschnittlich«, »durchschnittlich«, »überdurchschnittlich« bis hin zu »ungewöhnlich« im Sinne von »unnatürlich« eingestuft werden.

Dabei mag das Vorgehen, ungewöhnlich stark gewachsene Seiten zu bestrafen, unter bestimmten Umständen paradox erscheinen. Nimmt man z. B. eine Website, die sehr schnell außergewöhnlichen Zuspruch findet, sollte diese gleichwohl auch bei Google gefunden werden. Eine nähere Betrachtung löst das Problem jedoch: Es gibt sichere Anzeichen dafür, dass Google die Sandbox-Bewertung abhängig von bestimmten

Themenkomplexen definiert. Bei einer Naturkatastrophe ist es z. B. sehr wahrscheinlich, dass neue Seiten – neuerdings vornehmlich Weblogs – entstehen, die aufgrund ihrer exklusiven Informationen ein relativ schnelles Wachstum verzeichnen.

Wie muss man also mit dem Sandbox-Effekt umgehen?

Domainübernahme

Zunächst wird häufig darauf verwiesen, eine bereits bestehende Domain für ein neues Projekt zu übernehmen, sofern Sie dies nicht ohnehin bereits tun, da Sie keinen passenden freien Domainnamen mehr gefunden haben. Der Vorteil ist hier, dass Sie mit einer Domain älteren Datums ein Hauptkriterium für die Sandbox-Aufnahme umgehen können. Voraussetzung hierfür ist, dass sich weder die inhaltliche Struktur noch die thematische Ausrichtung der Domain selbst wesentlich ändern. Ansonsten setzt Google alle Signale für diese Domain gewissermaßen auf Null.

Eine Domainübernahme kann neben den zusätzlichen Kosten für den eventuellen Kauf auch noch ganz andere Nebeneffekte haben, die weit über das Problem der Sandbox hinausgehen. So sollten Sie eine Domain eingehend auf folgende Punkte hin untersuchen, bevor Sie sie übernehmen:

- Ist die Domain bereits indexiert?
- Welchen Sichtbarkeitsindex hat die Domain? Falls sie indexiert ist und keinen Sichtbarkeitsindex aufweist, stellt sich die Frage, ob die Website wegen Spam-Versuchen oder aus anderen Gründen abgestraft wurde.
- Untersuchen Sie die Backlinks auf diese Domain und achten Sie auf die verlinkten Anchor-Texte. Diese können zusätzlich Hinweise darauf liefern, ob eine Domain »verbrannt« ist oder welche thematische Ausrichtung Google erwarten würde.

Gegenstrategien

Nicht immer kann oder soll ein neues Projekt auf einer bereits existierenden Domain aufgebaut werden oder die Struktur der alten Domain übernommen werden, sodass ein Neuanfang unumgänglich ist. Umso mehr gilt es fortan, die anderen Kriterien für die Sandbox-Aufnahme zunächst möglichst nicht zu erfüllen.

Nach Möglichkeit sollten Sie die junge Domain etwas »altern« lassen, indem Sie eine Ankündigung über mehrere Wochen oder Monate platzieren, dass demnächst ein neues Portal an dieser Stelle erscheinen wird. Melden Sie eine neue Domain also möglichst frühzeitig bei Google an, sodass die Uhr schon einmal läuft.

Auch nachdem das Projekt vollständig veröffentlicht ist, sollten Sie in den ersten Monaten ein paar Punkte im Hinterkopf haben. Oftmals widersprechen diese Maßnahmen dem intuitiven Verhalten, wenn man eine neue Domain »pushen« möchte. Hier gilt es, den goldenen Mittelweg zu finden. Neben den bekannten Qualitätsrichtlinien

für die Onpage-Optimierung und die Usability sollten Sie vor allem im Offpage-Bereich die folgenden Punkte beachten:

- **Linktexte variieren:** Achten Sie darauf, dass eingehende Links nicht immer die gleichen Keywords enthalten.
- **Linkwachstum beschränken:** Achten Sie darauf, dass Sie bei der Offpage-Optimierung nicht zu viele eingehende Links zwischen den Backlink-Updates generieren. Ein Sprung von 100 eingehenden Links auf 100.000 innerhalb von wenigen Wochen erscheint nicht nur Suchmaschinen in der Regel unnatürlich. Ebenso unnatürlich ist ein ständig wechselndes Wachstum der Links.
- **Links streuen:** Sorgen Sie dafür, dass eingehende Links nicht nur auf die Homepage verweisen, sondern vor allem auf tiefer liegende Seiten (Deep Links).
- **Themenrelevante Links:** Es hat sich bewährt, sich um eingehende Links von Seiten zu bemühen, die den gleichen Themenkomplex behandeln. Dies erhöht für Google die Wahrscheinlichkeit, dass Sie auch tatsächlich neue und relevante Inhalte ins Web einbringen und nicht nur ein Einzelkämpfer sind, der möglichst schnell viel Geld machen möchte.
- **Umfangreiche Texte:** Setzen Sie gerade zu Beginn auf umfangreiche und ausführliche Texte. Versuchen Sie von Beginn an, die beste Website zu Ihrem Themenbereich zu erstellen.

15.6.4 Nicht auf Google-Updates warten

Es gibt wohl kaum eine Branche, die so sehr von einem einzigen Anbieter abhängig ist wie die Suchmaschinen-Optimierung. Viele Optimierer und Optimiererinnen warten nahezu täglich mit Furcht auf ein neues Update von Google. Meist trifft das besonders auf die Optimierungen zu, die ganz knapp an der Grenze zum richtlinienkonformen Bereich durchgeführt wurden.

Aus der Agentur-Praxis und der über 15-jährigen Erfahrung kann ich Ihnen nur eins empfehlen: Verlieren Sie trotz aller Optimierungsbemühungen niemals den Besucher bzw. die Besucherin aus den Augen. Arbeiten Sie nachhaltig, und fokussieren Sie langfristige Ziele. Am Ende wird derjenige oder diejenige die Nase bzw. das Ranking vorn haben, der bzw. die ordentlich und kontinuierlich gearbeitet hat. Qualität wird sich auszahlen, davon bin ich überzeugt.

Wenn Sie diese Einstellung verfolgen, sind Google-Updates dann auch nicht mehr so dramatisch, und Sie müssen nicht um Besucher und Besucherinnen oder im schlimmeren Fall um Ihren Job als SEO bangen. Denn beides kann man aufgrund eines Google-Updates verlieren – das ist mehr als einmal vorgekommen.

Kapitel 16
Usability und Suchmaschinen-Optimierung

Wirklichen Erfolg hat man online nur dann, wenn eine Website für Suchmaschinen sowie Nutzer und Nutzerinnen gleichermaßen optimiert ist. Dieses Kapitel zeigt Ihnen, dass Suchmaschinen-Optimierung und Usability eng miteinander verknüpft sind.

Usability als Maß der Gebrauchstauglichkeit ist spätestens seit der Qualitätsoffensive von Google mit dem Panda-Update ein wesentlicher Bereich auch in der Suchmaschinen-Optimierung. Nicht zuletzt bewirkt eine gute Usability auch meist höhere Konversionsraten, sodass einmal »gefangene« Suchende auch wirklich zu Kunden werden.

Nicht selten bleibt der erhoffte Anstieg der Leads auch nach einer gelungenen Suchmaschinen-Optimierung aus. Dabei wurde doch alles richtig gemacht: Die Keywords sind passgenau auf die Zielgruppe abgestimmt, die Seiten befinden sich für die meisten relevanten Suchanfragen in Top-Positionen. Die Traffic-Analyse zeigt außerdem, dass die Besucherzahlen auf einigen der optimierten Seiten besonders in die Höhe geschnellt sind. Alle anderen Seiten des Webangebots werden jedoch wenig beachtet, obwohl dort auch weiterführende Informationen zu dem zu verkaufenden Produkt oder zu der Dienstleistung zu finden sind und die Seiten für den Suchenden und die Suchende auf jeden Fall wichtig und interessant erscheinen sollten! Aber trotzdem steigen die Verkaufszahlen des beworbenen Produkts auch nach Monaten nicht an.

Das Staunen und die Verwunderung sind groß, wenn nach erfolgten Optimierungsmaßnahmen der erhoffte Erfolg ausbleibt. Schnell wird nach weiteren Optimierungsmaßnahmen gesucht, die dann ebenso rasch in den Bereich des Spammings mit all seinen Konsequenzen führen. Helfen wird dieser Vorstoß nach vorne wahrscheinlich immer noch nicht.

Denn liegt die Ursache wirklich in einer unzureichenden Suchmaschinen-Optimierung? Wie lässt sich sonst das häufig zu beobachtende Phänomen erklären, dass zwar stark optimierte Seiten hohe Besucherzahlen haben, die Website als solche mit ihrem Produkt- oder Dienstleistungsangebot jedoch nicht wahrgenommen wird?

> **Praxistipp: Usability für Konversionsrate und SEO beachten**
> Ich kann Ihnen aus eigener Agentur-Erfahrung nach zahlreichen Projekten nur dringend raten, sich ausführlich mit Usability zu beschäftigen. Google verschreibt sich der Nutzererfahrung immer mehr und bewertet zahlreiche Faktoren auf Ihrer Website in dieser Hinsicht. Auch im Hinblick auf die Konversionsratenoptimierung zahlt sich eine gute Usability immer aus. Führen Sie also nicht nur klassisches SEO durch, sondern optimieren Sie ganzheitlich.

16.1 Suchmaschinen-Optimierung allein reicht nicht

Zieht man aktuelle Studien zurate, die das Verhalten von Suchmaschinen-Nutzern und -Nutzerinnen beschreiben, wird schnell klar, dass die Ursache des Problems an ganz anderer Stelle zu suchen ist. Die Nutzung von Suchmaschinen ist heutzutage für viele Menschen alltäglicher Bestandteil ihres (Online-)Lebens. Entsprechend werden viele Vorgänge nicht mehr bewusst mit Bedacht ausgeführt, sondern laufen quasi automatisiert ab. Das ist gewissermaßen vergleichbar mit dem Schalten im Auto. Während sich der Fahranfänger noch auf das Schalten konzentrieren muss, läuft dieser Vorgang bei dem erfahrenen Fahrer automatisch und schematisiert ab.

Die Nutzer und Nutzerinnen von Suchmaschinen wählen oftmals ebenso schematisiert nach einem sehr kurzen Überfliegen der ersten Treffer einer Ergebnisliste einen Eintrag aus. Der Nutzer oder die Nutzerin hat offensichtlich die Erfahrung gemacht, dass die oberen Treffer allesamt am besten auf seine oder ihre Suche passen. Die Frage, ob eine Trefferseite auch wirklich das Gesuchte bietet, wird nicht mehr auf der Ergebnisliste gestellt, sondern – kurz nach dem Klick auf einen Eintrag – auf der Seite selbst. Sobald diese geladen ist, entscheidet der Benutzer oder die Benutzerin innerhalb von Sekunden, ob die Seite seinen bzw. ihren Erwartungen entspricht oder nicht. Die »Kosten« für einen Irrtum sind relativ gering. Ein Klick auf den Zurück-Button des Browsers, und die nächste Seite kann zur Begutachtung ausgewählt werden. Im Schnitt finden zwischen zwei und vier solcher Evaluationen statt, bevor der Nutzer bzw. die Nutzerin eine andere Strategie wählt, etwa die Suche mit anderen oder veränderten Stichwörtern, das Anschauen der unteren Ergebnisse oder Ähnliches. In den meisten Fällen spart der oder die Suchende aber mit dieser Click-and-Go-Taktik mehr Zeit, als wenn er oder sie sorgfältig die relevanten Treffer in der Ergebnisliste betrachten und bewerten würde.

Leider bieten heutige Webanalyse-Techniken kaum eine Möglichkeit, ein solches Stippvisiten-Verhalten festzustellen. Die Aufenthaltszeit eines Besuchers oder einer Besucherin auf einer einzelnen Seite wird in der Regel über die Zeitspanne zwischen der Browserabfrage der betreffenden Seite und der Abfrage der Folgeseite gemessen, die der Nutzer bzw. die Nutzerin besucht. Liegt allerdings die zweite Abfrage nicht mehr auf dem eigenen Webserver, dann fehlt das zweite Datum, und die Aufenthaltsdauer kann nicht berechnet werden. Genau dies ist der Fall bei dem beschriebenen Nutzerverhalten, bei dem mehrere Seiten innerhalb von Sekunden evaluiert werden.

Für einen Webanbieter gilt hier einmal mehr: Die Konkurrenz im Web ist nur wenige Klicks entfernt. Sie haben meist nur eine sehr kurze Gelegenheit, den Besucher oder die Besucherin davon zu überzeugen, dass die Suchmaschine Ihre Website zu Recht weit oben gelistet hat.

Der Schlüssel zum Erfolg ist kein Geheimnis, sondern hat sogar zwei Namen: Er ist gemeinhin als *Usability* und *User Experience* (UX) bekannt. Die Gebrauchstauglichkeit einer Website, so wird der Begriff Usability häufig übersetzt, ist anscheinend mehr als nur ein großzügiges Angebot des Webanbieters an den Besucher und die Besucherin, damit dieser oder diese sich besser zurechtfindet. Die Usability entscheidet auf vielen Ebenen über den Erfolg oder Misserfolg einer Webpräsenz und beeinflusst entscheidend andere Marketing-Maßnahmen. Durch das Click-and-Go-Verhalten der Nutzer und Nutzerinnen ist die Suchmaschinen-Optimierung hier im Besonderen betroffen.

Das ist Grund genug, um sich in einem Buch über Suchmaschinen-Optimierung auch mit dem Thema Usability zu beschäftigen. Die Erfahrung zeigt zudem, dass es wesentlich leichter ist, einen zweiten Klick aus einem Besucher oder einer Besucherin herauszukitzeln, der oder die bereits auf der Webseite ist, als einen neuen Besucher bzw. eine neue Besucherin zu *generieren*, wie es im Online-Marketing-Deutsch heißt. Das ist aber natürlich auch wiederum nur dann möglich, wenn der Besucher oder die Besucherin die Seite, die er bzw. sie sieht, für relevant hält und nicht gleich wieder zurück zur Ergebnisliste flieht.

16.2 Was Usability mit Suchmaschinen-Optimierung zu tun hat

Usability scheint ein recht komplexes Gebilde zu sein, wenn es zum einen den Nutzer oder die Nutzerin »auf den ersten Blick« halten kann, gleichzeitig aber dafür sorgt, dass er oder sie sich weiter in das Angebot hineinklickt und sich darin auch noch zurechtfindet. Betrachtet man die Bedeutung der Usability für eine Website genauer, wird allerdings deutlich, dass diese Funktionen zwar alle erfüllt werden, die Umsetzung aber bei Weitem nicht so kompliziert sein muss, wie mancherorts gerne behauptet wird. Was genau versteht man nun unter Usability?

16.2.1 Was ist Usability?

Als Antwort auf diese Frage wird häufig die Definition der Internationalen Organisation für Standardisierung (ISO 9241) zitiert:

> *Usability eines Produktes ist das Ausmaß, in dem es von einem bestimmten Benutzer verwendet werden kann, um bestimmte Ziele in einem bestimmten Kontext effektiv, effizient und zufriedenstellend zu erreichen.*

Im Kontext der Suchmaschinen-Optimierung ist mit dem »Produkt« nicht die Usability einer Kaffeemaschine gemeint, sondern das Webangebot, weswegen auch oftmals von *Website-Usability* oder auch nur von *Web-Usability* gesprochen wird.

In der Definition kommt ein zentrales Kriterium zum Vorschein, nämlich die Tatsache, dass Usability nicht allein eine Eigenschaft der Website ist, sondern das Attribut einer Interaktion des Benutzers oder der Benutzerin mit einem Produkt innerhalb eines bestimmten Nutzungszusammenhangs. Kurz formuliert bedeutet dies: Eine gute Usability einer Website kann nur für eine bestimmte Zielgruppe mit bestimmten Absichten geschaffen werden. So muss sich z. B. eine Seite für Senioren und Seniorinnen mit Informationen zur Pflege im Alter grundlegend in Optik, Ansprache und Informationsgehalt von einem Jugendportal mit Reisetipps unterscheiden.

Mit diesen beiden Z, nämlich der *Zielgruppe* und der *Zielsetzung*, kommen alte Bekannte aus der Konzeptionsphase der Onpage-Suchmaschinen-Optimierung erneut ins Spiel. Der erste Schritt zu einer optimalen Usability ist damit schon durch die Suchmaschinen-Optimierung abgedeckt. Sie werden sehen, dass sich die beiden Bereiche häufig überschneiden – übrigens ein gutes Argument nicht nur für Agenturen, um Suchmaschinen-Optimierung und Usability gleichzeitig anzugehen.

Neben der Tatsache, dass Usability nur im Kontext einer Zielgruppe sinnvoll anwendbar ist, sind insbesondere die drei oben genannten Attribute zu beachten:

▶ *Effektiv* bedeutet im Zusammenhang mit der Web-Usability, dass der Benutzer und die Benutzerin in die Lage versetzt werden, genaue und vollständige Ergebnisse zu erzielen. Diese können auf unterschiedlichen Ebenen angesiedelt sein und reichen vom Lösen bestimmter Aufgaben mit der Website (wie einem Online-Shopping-Vorgang) über das Finden von gesuchten Informationen bis hin zur Möglichkeit, sich auf der gesamten Website zurechtzufinden. Je besser eine Website den Nutzer und die Nutzerin beim Erreichen dieser Ziele unterstützt, desto höher ist ihr Maß an Usability. Typische Elemente auf Webseiten, die die Effektivität steigern, sind z. B. Hilfefunktionen, erklärende Texte, Sortierfunktionen sowie erklärende Elemente auf der inhaltlichen Ebene wie etwa Bildunterschriften.

▶ *Effizient* soll die Interaktion zwischen Nutzer oder Nutzerin und Webseite ebenfalls sein, um ein hohes Maß an Usability zu erreichen. Das bedeutet, dass der Aufwand, der betrieben werden muss, um das gewünschte Ziel zu erreichen, auch in einer angemessenen Zeit zu erledigen sein muss. Niemand möchte sich mit einem Bestellvorgang im Web aufhalten, der eine halbe Stunde dauert – mag dieser noch so effektiv sein. Und in der Regel möchten Nutzer oder Nutzerinnen auch gleich die gesuchten Informationen auf der Website finden, ohne lange danach suchen zu müssen. Genau das ist auch der Grund, weshalb viele Besucher und Besucherinnen von Suchmaschinen sehr schnell die Webseite wieder verlassen – sie finden nicht sofort die gewünschten Informationen. Wesentliche Parameter auf Webseiten, die die Effizienz betreffen, sind die inhaltliche Gliederung auf der Seite, die Güte der Navigation zu anderen Seiten und nicht zuletzt auch technische Bedingungen, z. B. die Ladezeit und die Performance des Webservers.

▶ *Zufriedenstellend* sollte die Nutzung eines Webangebots mit guter Usability ebenfalls sein. Damit deckt die Definition eher die »weichen« Nutzungsfaktoren ab. Sind die anderen Faktoren meist objektiv messbar, kann die Zufriedenheit als subjektives Empfinden des Nutzers oder der Nutzerin bei der Interaktion oft nur schwer dingfest gemacht werden. Insbesondere bei Unterhaltungsangeboten spielt dieser Faktor jedoch eine bedeutende Rolle.

16.2.2 Von der Suchmaschinen-Optimierung zur Usability

Ein hohes Maß an Web-Usability ist längst nicht nur für das eingangs erwähnte Beispiel des Click-and-Go-Verhaltens vieler Suchmaschinen-Nutzer und -Nutzerinnen eine große Hilfe. Es liegt nahe, eine Website nicht nur für Suchmaschinen zu optimieren, sondern auch für das, wofür sie eigentlich veröffentlicht wird: für die Nutzung der Website durch die Besucher und Besucherinnen.

Im speziellen Kontext der Suchmaschinen-Optimierung kann man zusammenfassend die Funktion der Web-Usability in zwei Bereiche aufteilen:

▶ Suchende, die von den Ergebnislisten kommen, müssen eine ihren Vorstellungen entsprechende Seite vorfinden, sodass sie auch bleiben. Hier zählen die genannten Attribute der Usability sozusagen primär auf der einzelnen Seite, die isoliert betrachtet wird. Man spricht auch von der *Mikro-Usability* einer Website. Vor allem müssen die inhaltlichen Elemente benutzergerecht und gebrauchstauglich angelegt werden.

▶ Oftmals ist das Ziel für den Anbieter einer Website nicht erreicht, wenn der von den Suchmaschinen kommende Besucher oder die Besucherin nur eine Seite nutzt; das stellt lediglich den Anfang der gewünschten Website-Nutzung dar. Um z. B. einen geschäftlichen Erfolg mit einem Online-Shop zu erzielen, reicht es nicht, wenn die Besucher und Besucherinnen die Produktinformationen lediglich ansehen, sondern sie müssen auch den Bestellvorgang über mehrere Seiten abwickeln. Hier kommt die *Makro-Usability* ins Spiel, die hauptsächlich die Frage beantwortet, wie gut die Navigation auf einer einzelnen Webseite ist, damit der Nutzer oder die Nutzerin effektiv und effizient durch das Angebot zu seinem bzw. ihrem gewünschten Ziel (im Beispiel ist das der Warenkorb des Online-Shops) navigieren kann.

16 Usability und Suchmaschinen-Optimierung

Schon während der einzelnen Maßnahmen zur Suchmaschinen-Optimierung werden meistens – mit Ausnahme von Spam-Techniken – zahlreiche Ansätze für eine Verbesserung der Usability umgesetzt. Erfahrungsgemäß geschieht dies eher unbeabsichtigt.

Auch Google sieht die enorme Bedeutung von UX und Usability insbesondere für den Online-Handel. Vor diesem Hintergrund tauchte »zufällig« ein ausführliches Playbook für den Online-Handel (*https://services.google.com/fh/files/events/pdf_retail_ux_playbook.pdf*) mit vielen guten Beispielen im Web auf.

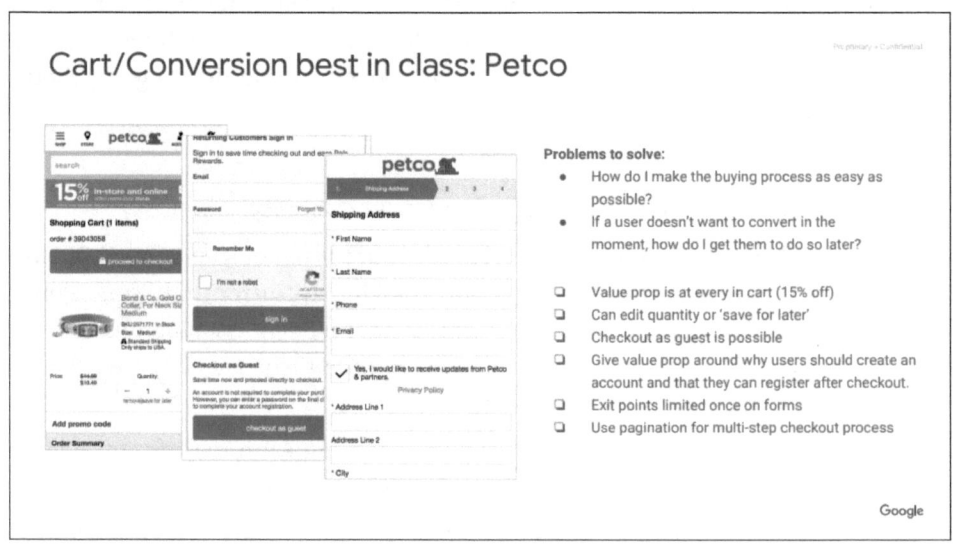

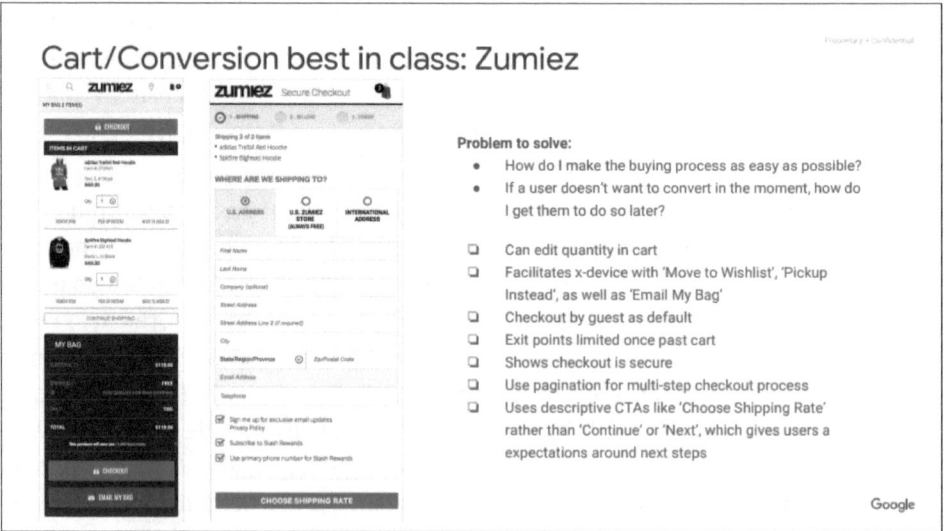

Abbildung 16.1 Retail-UX-Playbook von Google

Über diese Beispiele sollen folgende Überlegungen dazu führen, dass Sie die UX- und Usability-Ansätze bei der nächsten Suchmaschinen-Optimierung bewusster berücksichtigen.

Keyword-Recherche und Search Intent

Im Vorfeld der Suchmaschinen-Optimierung muss die Frage geklärt werden, mit welchen Stichwörtern die Benutzer und Benutzerinnen die angebotenen Inhalte suchen. In der Optimierungsphase nutzt man für die eigenen Webseiten diese Stichwörter, die vielleicht im (fach-)technischen Sinne nicht zwingend die erste Wahl gewesen wären. Der Nutzer oder die Nutzerin sieht dies natürlich nicht aus der Sicht eines Anbieters, sondern aus seiner bzw. ihrer ureigenen: Für den Nutzer oder die Nutzerin sprechen Sie »die gleiche Sprache«, weil Sie die gleichen Wörter und Begriffe nutzen. Dies kann sich z. B. in der Darstellung der Sichtweise zeigen, die über die Sprache transportiert wird. Aber auch bei der Nennung von Namen und Bezeichnungen ist der Kunde häufig anders gepolt als der Anbieter: Welcher Kunde weiß schon, wo der Unterschied zwischen der »Exclusive Edition« und der »Premium Edition« liegt? Die Erklärung dazu leicht zugänglich zu machen, wäre an dieser Stelle erst in einem zweiten Schritt erforderlich.

Gleichermaßen wichtig dabei ist, die Intention hinter der Suchanfrage mit den Keywords zu erkennen und auf der Website inhaltlich entsprechend zu bedienen. Dies steckt hinter dem Konzept des *Search Intent*.

Inhalt bieten

Der Slogan »Suchmaschinen mögen Content« vernachlässigt zwar viele Aspekte der Suchmaschinen-Optimierung, trifft den Nagel trotz allem aber nach wie vor auf den Kopf. Für den Anbieter heißt dies: ausreichende Textmengen auf der Seite zur Indexierung bereitstellen, damit die Algorithmen der Suchmaschinen auch das Thema der Seite korrekt erkennen. Aus der Sicht des Benutzers oder der Benutzerin und somit auch der Usability scheint eine Seite mit wenig Inhalt in den meisten Fällen auch wenig Informationsgehalt zu bieten, was unweigerlich dazu führt, dass die Besucher und Besucherinnen sich andernorts die gewünschten Informationen besorgen werden. Ausreichende Textmengen an Informationen auf Webseiten bereitzustellen, erfüllt daher die Forderungen aller Parteien.

Allerdings ist nicht nur die bloße Menge zu berücksichtigen. Im Rahmen des Content-Marketing-Trends ist die Devise »Content is King« nochmals deutlich von allen Seiten betont worden. Bieten Sie also Inhalte an, die für die Zielgruppe wichtig und relevant sind.

Schnelle Ladezeiten

Gute Usability und gute Nutzererfahrung heißen auch, dass die Website schnell lädt und schnell reagiert. Nicht zuletzt ist deswegen Google in den letzten Jahren niemals müde geworden, die Bedeutung der Ladezeit zu betonen. Und schließlich ist sie auch ein Rankingfaktor. Ein zügiger Seitenaufbau, schnelle Ladezeiten und kompakte, aber dennoch ausführliche Informationen können nur durch entsprechend kleine HTML-, CSS- oder JavaScript-Dateien erreicht werden.

Gliederung durch Überschriften

Suchmaschinen gehen davon aus, dass Stichwörter in Überschriften (<h1> bis <h6>) zur Erschließung des Themas einer Webseite bedeutender sind als Stichwörter innerhalb des Fließtextes. Daher müssen diese bei der Suchmaschinen-Optimierung bevorzugt in Überschriften platziert werden. Eine thematisch sinnvolle Einteilung in Haupt- und Unterüberschriften (<h1>, <h2> etc.) in Kombination mit der Nennung der Stichwörter in den darauffolgenden Abschnitten (<p>) wird ebenfalls höher bewertet.

Diese Struktur mit einer klaren Gliederung durch Überschriften kommt ohne Frage auch dem Benutzer und der Benutzerin entgegen, der oder die Webseiten eher »scannt« als liest – vor allem dann, wenn er bzw. sie soeben von der Ergebnisseite kommt und schnell überprüfen möchte, ob die aufgerufene Seite auch die gewünschten Inhalte bietet. Für den Nutzer oder die Nutzerin bedeutet eine gute Gliederung der Inhalte in diesem Fall einen beachtlichen Gewinn an Effizienz.

Sinnvoller Seitentitel

Die Bedeutung des Seitentitels für die Bewertung durch Suchmaschinen ist unbestritten hoch. Beschreibt der Titel den Inhalt einer Seite entsprechend genau, fällt das Ranking für die betreffenden Stichwörter zweifelsfrei höher aus. Für den Nutzer und die Nutzerin bedeutet ein sinnvoller Seitentitel ebenfalls einen hohen Gewinn. Der Seitentitel wird in den Suchergebnislisten zuerst gelesen, sodass viele Nutzer und Nutzerinnen hier gedanklich schon halb auf Ihrer Website sind. Andererseits hilft ein gut formulierter Seitentitel bei der Orientierung beim Surfen und auch beim Abspeichern von Favoriten – und entsprechend beim Wiederfinden derselben.

Beschreibende Anchor-Texte

Neben der reinen Tatsache, dass ein Link auf eine Seite verweist, beachten Suchmaschinen auch den Text, mit dem verlinkt wird (Anchor-Text). Eine Nennung von themenrelevanten Keywords innerhalb des Anchor-Textes, die auch auf der Zielseite auftreten, wird seit einiger Zeit von Suchmaschinen besonders hoch gewichtet, weshalb sich viele Webautoren und -autorinnen intensiv um den Aufbau von themenrelevanten eingehenden Links bemühen. Für den Nutzer oder die Nutzerin und die

Usability kann dies nur von Vorteil sein. Stellt man sich erneut den scannenden Webnutzer oder die Webnutzerin vor, ist die sinnvolle Vergabe von Begriffen als Anchor-Text insofern hilfreich, als nicht erst der gesamte Kontext um den Link gelesen werden muss.

Stellen Sie sich vor, Sie surfen im Netz und überfliegen die beiden folgenden Textpassagen – welcher Abschnitt erschließt sich Ihnen schneller?

> *Wer von Mallorca redet, meint meistens Hotelmaschinen, überfüllte Strände, Ballermann und das pauschale Urlaubsglück. Doch dem muss nicht immer so sein. Mehr ...*

> *Wer von Mallorca redet, meint meistens Hotelmaschinen, überfüllte Strände, Ballermann und das pauschale Urlaubsglück. Doch das muss nicht sein. Erfahren Sie mehr über den Urlaub auf »Mallorca einmal anders«.*

Die Antwort fällt nicht schwer. Der zweite Abschnitt lässt sich wesentlich einfacher scannen, da das Linkziel trotz des immer noch großzügig formulierten »Urlaub auf Mallorca« klarer ist als oben. Der Anbieter des zweiten Abschnitts geht nicht davon aus, dass der Nutzer oder die Nutzerin den Text um den Link herum vollständig liest. Er stellt somit ein höheres Maß an Usability sicher und kann auf der Zielseite wesentlich mehr Folge-Visits verbuchen als sein Konkurrent.

CSS für das Layout

Viele Webseiten verzeichneten nach der Umstellung der veralteten Layouttechnik mit Tabellen auf CSS einen beachtlichen Anstieg ihrer Besucherzahlen. Die Verwendung von barrierefreiem CSS ist durch seine Flexibilität und die Reduzierung der Ladezeiten ohne Zweifel eine grundlegende Technologie, die entscheidend zur Verbesserung der Web-Usability beiträgt. Dabei sind es vor allem drei Aspekte, die sich auch hier wieder gleichermaßen auf die Usability und die Suchmaschinen-Optimierung auswirken:

1. Der Quellcode ist durch die Trennung von Layout und Inhalt »sauberer« und dadurch für Suchmaschinen und Browser besser und vor allem sicherer interpretierbar.
2. Die Inhalte können durch CSS flexibel formatiert werden, sodass die Reihenfolge der Elemente im Quellcode nicht zwingend der Reihenfolge in der Anzeige entsprechen muss. So können die Elemente im Quellcode nach Kriterien der Suchmaschinen-Optimierung sortiert werden und zur Anzeige auf dem Bildschirm für den Nutzer oder die Nutzerin nach Kriterien der Usability.
3. Die Dichte an verwertbaren Informationen ist beim Einsatz von CSS im Vergleich zu anderen Layouttechniken relativ gesehen höher, da die Menge an Tags und

Attributen im HTML-Code selbst reduziert ist. Das führt zu schnelleren Downloadzeiten und zu einem zügigeren Seitenaufbau im Renderingprozess.

Responsive Websites

Usability meint auch die Nutzbarkeit auf verschiedenen Endgeräten und Displaygrößen. Moderne Webdesigns passen sich selbstständig an verschiedene Displaygrößen an (siehe Abbildung 16.2). Die sogenannten *Responsive Websites* sind Quasistandard für neue Websites und werden auch von Suchmaschinen besser bewertet, wenn es um die Tauglichkeit der Darstellung auf mobilen Endgeräten geht. Bei responsiven Websites ändern sich die URLs nicht je nach Endgerät. Das bereitet Ihnen, Ihren Besuchern und Besucherinnen sowie Suchmaschinen am wenigsten Ärger.

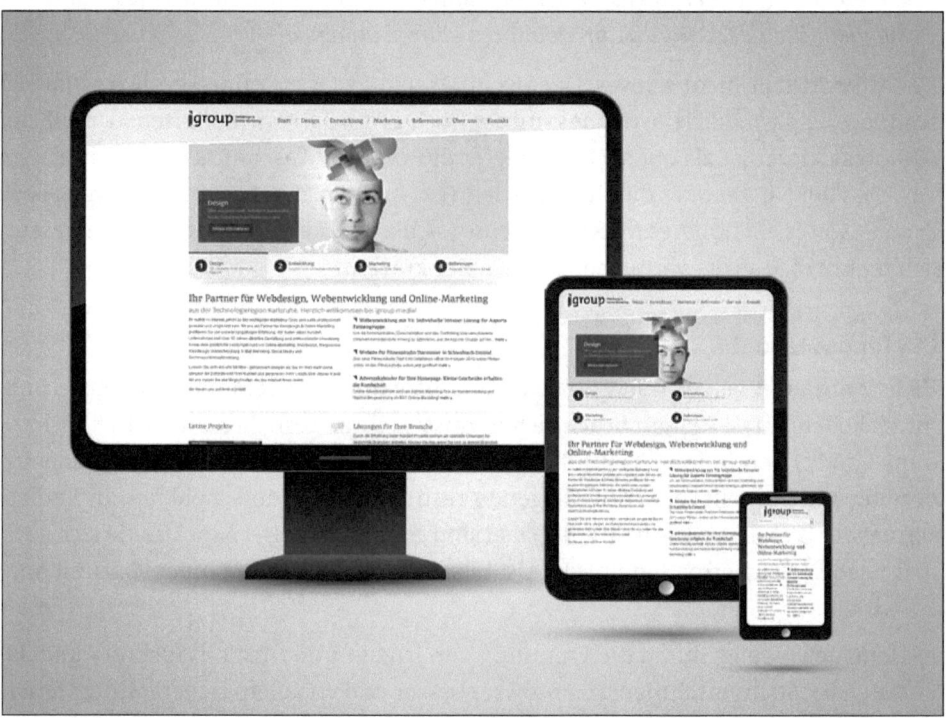

Abbildung 16.2 Responsive Webdesign (»www.i-group.de«)

Usability lohnt sich für SEO

Es lassen sich sicherlich noch weitere Bereiche finden, in denen eine Suchmaschinen-Optimierung auch positive Einflüsse auf die Usability einer Webseite hat. Allerdings soll abschließend das Hauptaugenmerk eher auf solche die Usability verbessernde Maßnahmen gerichtet werden, die nicht zwingend durch die Suchmaschinen-Optimierung mit abgedeckt sind.

Dennoch sollten Sie auch bei der Suchmaschinen-Optimierung auf eine größtmögliche Usability-Optimierung achten, um die Potenziale voll auszuschöpfen.

16.3 Usability-Regeln

Viele Schritte und Änderungen an der Website während der Suchmaschinen-Optimierung ermöglichen gleichzeitig eine kosteneffiziente Verbesserung zugunsten der Web-Usability.

Lesenswertes über Usability, wie man sie testet und verbessert, ist zahlreich im Netz, in Bibliotheken und Büchereien zu finden. Oftmals sind es aber nur wenige Regeln, die beachtet werden müssen, damit ein Mindestmaß an Usability gesichert ist. Viele Feinheiten lassen sich ohnehin nur im speziellen Kontext durch individuelle Usability-Tests optimieren.

Im Folgenden sind daher insbesondere solche Aspekte als Regeln formuliert, die noch nicht durch die Suchmaschinen-Optimierung verbessert wurden, aber in deren Kontext meist gleich mit zu optimieren sind. Wenn Sie diese Punkte bei der Neukonzeption oder beim Relaunch zusätzlich zu anderen Optimierungsmaßnahmen beachten, stellen Sie sicher, dass keine wertvollen Potenziale verloren gehen.

16.3.1 Kohärenz und Konsistenz

Die wichtigsten Kriterien für eine gute Web-Usability sind ein in sich stimmiger Aufbau der Webseite (*Kohärenz*) sowie der Zusammenhalt und die Geschlossenheit einzelner Elemente (*Konsistenz*).

Dabei kann zwischen zwei Ebenen unterschieden werden: Zum einen geht es um die isoliert betrachteten Seiten selbst, zum anderen um das Zusammenspiel und die Navigation zwischen den einzelnen Seiten einer Webpräsenz. Der Nutzer oder die Nutzerin versucht, einmal gelernte Muster und Prinzipien immer wieder anzuwenden. Das spart Zeit und Ressourcen.

Ein prominentes Beispiel für ein solches Muster ist die Kennzeichnung von Links. Meistens werden diese im Web unterstrichen dargestellt. Entsprechend hat der Nutzer oder die Nutzerin dieses Muster verinnerlicht und überträgt es zunächst auf jeden unterstrichenen Text. So muss ein Nutzer oder eine Nutzerin auf einer Website, die nicht mit unterstrichenen Links arbeitet, zunächst einmal lernen, wie die Links gekennzeichnet sind – etwa durch ein Symbol oder einen Pfeil vor dem Link oder durch eine andere Textfarbe.

Kohärenz und Konsistenz in diesem Zusammenhang bedeuten, dass der Nutzer oder die Nutzerin nicht auf jeder einzelnen Seite eines Angebots ein neues Format zur Kennzeichnung von Links erlernen muss, sondern einmal erlernte Muster schnell

und unkompliziert anwenden kann. Idealerweise macht man sich wie im Fall der unterstrichenen Links etablierte und webseitenübergreifende Muster zunutze.

Was für die Links im Speziellen gilt, muss ebenso auf alle anderen Elemente übertragen werden. Dies gilt insbesondere für die Navigation und die Struktur einer Website. Die Navigation sollte sich stets an der gleichen Stelle befinden. Es würde sicherlich jeden Webnutzer und -nutzerin irritieren, wenn sich die Hauptnavigation aus unersichtlichen Gründen auf manchen Seiten rechts unten befände und auf anderen Seiten wiederum links oben. Ebenso verwunderlich wäre es gewiss auch, wenn der Content-Bereich einmal dreispaltig, dann wieder einspaltig und hin und wieder auch zweispaltig wäre.

Viele große und kleine Websites haben hier eine Entwicklung durchgemacht. Der Trend scheint zu einem Layout zu gehen, bei dem es maximal zwei Spalten gibt und sich die Navigation oben befindet. Dieses Layout ist am einfachsten responsiv umzusetzen.

Als Webautor oder Webautorin sollten Sie sich besonders bei dem Punkt der Aufteilung von Bereichen innerhalb einer Webseite darüber im Klaren sein, dass der User einmal gelernte Konzepte – sei es auf anderen Seiten oder auf der Einstiegsseite Ihres eigenen Angebots – gern erneut anwendet. Das führt zu einer schnelleren Verarbeitung, und dies macht wiederum eine gute Usability aus, die sich nicht zuletzt in den Besucherzahlen niederschlägt.

16.3.2 Erwartungen erfüllen

Je schneller ein Nutzer oder eine Nutzerin mit einem Angebot zurechtkommt, desto schneller kann er oder sie sich auf die Inhalte konzentrieren und muss sich nicht mehr um funktionale Elemente wie etwa die Navigation kümmern. Daher bietet es sich an, das Rad nicht ständig neu zu erfinden und sich an gewisse etablierte Standards im Web zu halten.

Dafür haben sich Konzepte insbesondere zu folgenden Punkten als Quasistandards etabliert:

- **Logo:** Die Position des Logos ist meist prominent links oben oder rechts oben gewählt. Das Logo dient als Referenzpunkt, wenn es um die Frage geht, wo sich der Nutzer oder die Nutzerin überhaupt befindet. Außerdem sollte der Klick auf das Logo zur Homepage des Webangebots führen.
- **Hauptnavigation:** Die Hauptnavigation beschreibt die oberste Hierarchie der Verzeichnisebene und ist auf jeder Seite des Angebots an der gleichen Position zu sehen. Man kann dabei grob zwischen zwei Positionen unterscheiden: Die horizontale Hauptnavigation befindet sich unter dem Logo und erstreckt sich von links nach rechts. Die vertikale Hauptnavigation befindet sich in der Regel auf der lin-

ken Seite und ist optisch entsprechend vom inhaltlichen Bereich abgetrennt. Die einzelnen Punkte der Hauptnavigation sind ebenfalls optisch voneinander getrennt, sodass eine Zuordnung mehrerer Wörter zu einem Link selbst bei einem Zeilensprung schnell möglich ist.

- **Subnavigation**: Die Sub- oder Unternavigation ist üblicherweise nicht immer vollständig zu sehen. Meistens ist sie optisch wie inhaltlich logisch der Hauptnavigation untergeordnet. In der Regel lernt der Nutzer einmal die Art der Zuordnung auf einer Webseite und kann anschließend dieses erlernte Prinzip auf anderen Seiten der Webpräsenz ohne Probleme anwenden.

- **Icons und Symbole**: Aus Platzgründen wird häufig auf eine textliche Beschreibung von Links verzichtet und stattdessen auf Icons oder Symbole zurückgegriffen. Hier besteht insbesondere das Problem, dass jeder wissen muss, was die einzelnen Elemente bedeuten. Verwenden Sie daher Icons und Symbole aus bekannten Umgebungen, sei es aus der realen alltäglichen Welt oder etwa auch aus der Windows-Welt. So können erlernte Konzepte aus dem Leben oder vom Desktop schnell auf das Web übertragen werden: Ein Einkaufswagen etwa steht für den Warenkorb, ein Mülleimer im Online-Shop für das Entfernen eines Produkts aus eben diesem Warenkorb, ein Klick auf das Haus-Symbol führt zur Homepage, ein Brief zum Kontaktbereich und ein diagrammähnliches Icon zur Sitemap.

- **Kennzeichnung von Links**: Neben dem bereits erwähnten Prinzip, Links immer zu unterstreichen, haben sich noch andere Linkkonzepte etabliert. So wird häufig ein Pfeil vor oder hinter den Anchor-Text gesetzt, oder die Links sind auf eine andere Art einheitlich gekennzeichnet, wie z. B. durch eine Einrahmung oder eine eindeutige Farbgebung.

- **Einheitliches Wording**: Die Beschreibung der Links durch die Anchor-Texte sollte das Ziel oder die Funktion immer adäquat beschreiben. Der Link *Kontakt* führt zu den Ansprechpartnern und -partnerinnen mit Anschrift, E-Mail und Telefonnummer; ein leeres Kontaktformular allein erfüllt selten die Erwartungen.

- **Sitemap und sonstige Suchhilfen**: Mittlerweile wird auf mittleren bis großen Seiten erwartet, dass Navigationshilfen zusätzlich zu der normalen Navigation als Hilfsfunktionen zur Verfügung stehen. Ein beliebter Vertreter ist die HTML-Sitemap, die bereits im Zusammenhang mit der Suchmaschinen-Optimierung erwähnt wurde. Ebenso ist die Eingabe von Suchbegriffen in ein Suchfeld konzeptionell bei vielen Nutzern und Nutzerinnen, insbesondere bei konkreten Suchabsichten, fest verankert und ebenso Bestandteil ihrer persönlichen Surfstrategie.

- **Werbung bleibt Werbung**: Offensichtlich zeigen Phänomene wie das Ignorieren von Bannerwerbung trotz ihrer Animation und des Blinkens (Banner-Blindness), dass Nutzer und Nutzerinnen Konzepte entwickelt haben, um »echten« Inhalt von Werbung zu unterscheiden. In diesem Sinne ist es daher fatal, eigene Inhalte in

Format, Größe, Position oder Anmutung in Anlehnung an klassische Bannerwerbung umzusetzen, sofern nicht werbeähnliche Effekte beabsichtigt sind.

Es wird schwer sein, alle Quasistandards immer und überall einzuhalten; und letztlich etablieren sich neue Standards nur durch den Bruch von Regeln. Allerdings sollten Sie dabei jederzeit kohärenten und konsistenten Prinzipien folgen, um eine gute Usability weitestgehend aufrechtzuerhalten.

16.3.3 Schnelle Erschließbarkeit

Wenn der Nutzer oder die Nutzerin eine Webseite evaluiert, stellt er oder sie sich sicherlich die folgende Frage: »Hilft mir diese Webseite bei dem, was ich suche?« Die Frage muss, wie Sie wissen, bereits nach kurzer Betrachtung der Webseite schnell und positiv beantwortet werden können – oder der Nutzer bzw. die Nutzerin ist weg.

Die Voraussetzung für eine erfolgreiche Evaluation ist neben dem entsprechenden Inhalt auch dessen Aufbereitung. Hier zählt vor allem die Möglichkeit, die Inhalte der Webseite in Sekundenbruchteilen erschließen und interpretieren zu können. Praktisch formuliert bedeutet dies, dass der Nutzer oder die Nutzerin sozusagen auf einen Blick erkennen muss, wie die Webseite gegliedert ist – d. h., wo sich die Navigation befindet, wo der eigentliche Inhalt ist, nach dem gesucht wird, und wo sonstige Elemente platziert sind, die für den Suchenden oder die Suchende zunächst einmal weniger von Bedeutung sind, wie etwa Werbung, Verweise auf andere Inhalte oder Ähnliches.

Eine deutliche Gliederung der funktionalen Bereiche auf einer Webseite ist allerdings noch nicht genug, um eine schnelle Erschließbarkeit zu sichern. Insbesondere im inhaltlichen Bereich sollte darauf geachtet werden, dass gleiche funktionale Elemente auch das gleiche Aussehen haben. So sollte eine `<h1>`-Überschrift stets gleich aussehen. Der Nutzer oder die Nutzerin erspäht einmal eine solche Überschrift und scannt die Seite nach gleichen Überschriftstypen ab, falls er oder sie nicht direkt bei der ersten Überschrift sein bzw. ihr gewünschtes Thema findet. Hier kommen die Gestalt- und Wahrnehmungsgesetze aus der Psychologie ins Spiel, die, vereinfacht ausgedrückt, besagen, dass gleiche Formen als Einheit erkannt werden. Im Beispiel mit den Überschriften nimmt der oder die Suchende die Überschriften als ganz spezielle Einheiten wahr, nämlich als gliedernde Elemente, unter denen er oder sie jeweils unterschiedliche Themenkomplexe zu finden glaubt. Als Webautor oder Webautorin sollte man sich diesen Effekt zunutze machen.

Ebenfalls ratsam ist das Hervorheben von wichtigen Schlüsselwörtern in Fließtexten, etwa durch Fettung oder Einfärbung. Dies ermöglicht es dem Nutzer und der Nutzerin, einen schnellen Überblick zu erhalten, wovon ein Abschnitt handelt.

Eine besondere Art der Hervorhebung hat sich ebenfalls als sehr schnell und leicht erschließbar erwiesen: die Listendarstellung. Sofern möglich, sollten Sie daher anstelle

16.3 Usability-Regeln

eines langen Fließtextes eine geordnete Liste mit kurzen Sätzen anbieten, sodass der oder die Suchende sich schnell einen Überblick verschaffen kann, ohne die manchmal lang erscheinenden einführenden Worte eines Abschnitts komplett lesen zu müssen.

16.3.4 Lesbarkeit sicherstellen

Eigentlich müsste es nicht erwähnt werden, dass für eine hohe Gebrauchstauglichkeit (Usability) einer Website die Lesbarkeit der Inhalte eine selbstverständliche Grundlage ist.

Allerdings kann sicherlich jeder Websurfer bestätigen, dass das oftmals nicht so ist. Viele Seiten verwenden keine monochromen Farbhintergründe für Fließtexte und Navigationsflächen, sondern legen einen Farbverlauf oder sogar Muster in den Hintergrund. Was hier und dort zwar schick aussehen mag, erschwert aber bei einer entsprechend unglücklichen Farbwahl die Lesbarkeit zuweilen enorm. Der Kontrast zwischen Hintergrund und Schriftfarbe sollte daher immer ausreichend hoch sein. In den Richtlinien zur barrierefreien Gestaltung des W3C (*Web Content Accessibility Guidelines*, WCAG) wird ein Grenzwert von 500 angegeben. Sie können diesen mit Tools wie etwa dem *Farbkontrast-Analyzer* (*https://developer.paciellogroup.com/resources/contrastanalyser/*) oder dem Online-Tool *Colour Contrast Check* unter *www.snook.ca/technical/colour_contrast/colour.html* (siehe Abbildung 16.3) berechnen und Ihre eigene Farbwahl dahingehend überprüfen.

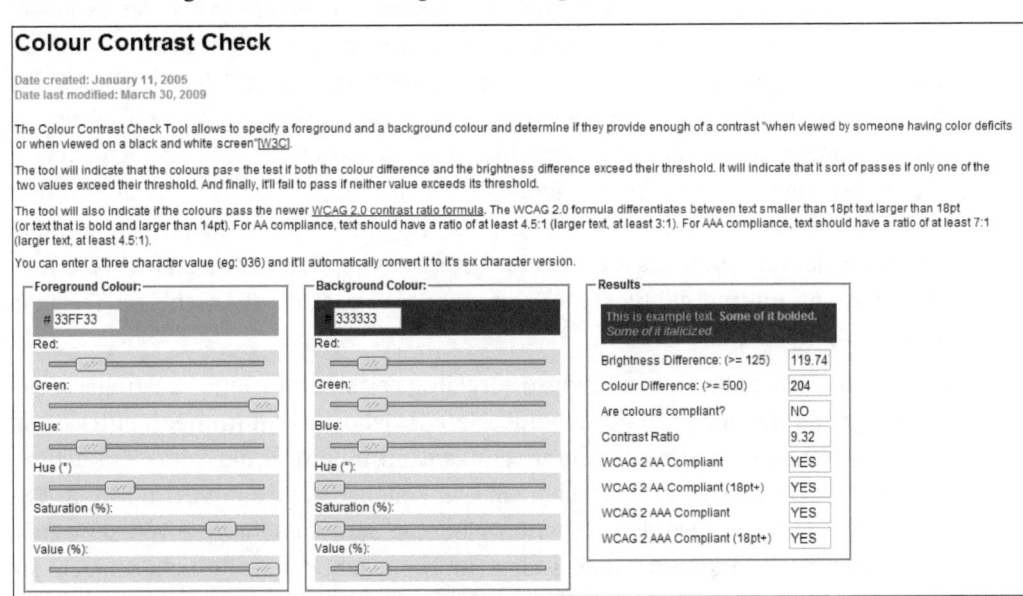

Abbildung 16.3 Den Colour Contrast Check direkt online durchführen

Ein besonders häufig anzutreffender Fall von Unleserlichkeit liegt übrigens bei der Linkgestaltung von Texten vor. Während der noch unbesuchte Link meistens sehr gut zu erkennen ist, wird es kritisch, wenn der Nutzer oder die Nutzerin mit der Maus über den Link fährt (*hover*) und dieser eine Farbe annimmt, die nur noch schwer zu erkennen ist. Ähnliches erscheint oftmals bei bereits als besucht gekennzeichneten Links (*visited*).

Offensichtlich wird die Formatierung von hover- und visited-Attributen bei der Linkgestaltung hier und dort vernachlässigt, was die Usability mindert, weil es den Nutzer oder die Nutzerin unnötig irritiert.

Daneben spielt in puncto Lesbarkeit auch die Schriftgröße eine wichtige Rolle. Meistens findet man auf Webseiten Fließtext in einer Schriftgröße zwischen 8 und 14 pt. Nutzt man in CSS zur Festsetzung der Größen keine festen, absoluten Punkt-Werte (pt), sondern relative Maße wie z. B. em oder ex, kann der Nutzer mit dem Browser selbst bestimmen, welche Größe er angezeigt haben möchte. Das stößt bei vielen Webdesignern und -designerinnen allerdings auf heftigen Widerstand, da ein Design genau so erscheinen soll, wie es entworfen wurde. Die Wahl unterschiedlicher Schriftgrößen sprengt früher oder später jedes aufwendig gestaltete Layout. Letztlich ist es jedem Webautor und jeder Webautorin selbst überlassen, absolute oder relative Maße zu nutzen; die vorgegebene Schriftgröße sollte allerdings in jedem Fall unter Berücksichtigung einer ausreichend guten Lesbarkeit für das Zielpublikum gewählt werden.

Eine ähnliche Frage stellt sich auch bei der Spaltenbreite eines Textes. Das Lesen am Bildschirm fällt den meisten Menschen heute immer noch wesentlich schwerer als das Lesen von gedruckten Medien wie einem Buch oder einer Zeitung. Werden die Textzeilen zu lang, muss das Auge vom Ende der einen Zeile zum Anfang der nächsten Zeile sehr weit springen. Das ist nicht nur anstrengend, sondern kostet auch Zeit. Der Nutzer oder die Nutzerin empfindet ein solches Lesen selbstverständlich als sehr unangenehm und wird sich nicht länger als nötig mit dem Lesen aufhalten. Daher sollten Sie darauf achten, dass die Breite des Textes bei Darstellungen im Web angemessen ist. Als optimal gilt hier eine Spaltenbreite von 50 bis 90 Anschlägen (Zeichen inklusive Leerzeichen) pro Zeile.

Der richtige Zeilenabstand will ebenso sorgfältig gewählt sein. Eine Faustregel lautet hier: ungefähr die doppelte Versalhöhe. Diese ist jedoch nicht immer identisch mit dem Schriftgrad. Sie bestimmen sie am einfachsten, indem Sie die Höhe des Buchstabens E in Pixeln messen oder abschätzen. Der Zeilenabstand kann dann mittels CSS (line-height) definiert werden. Nebenbei gibt man dem Aussehen der Webseite auch einen etwas aufgelockerten Touch, sodass der Besucher oder die Besucherin nicht sofort durch den Eindruck einer »Bleiwüste« abgeschreckt wird.

16.3.5 Nutzersicht einnehmen!

Eine der schwierigsten Herausforderungen bei der Usability-Optimierung einer Website ist der Wechsel der Sichtweise. Ein Webnutzer oder eine Webnutzerin geht in erster Linie davon aus, dass Ihre Website für ihn oder sie angeboten wird, sei es zur Information, für Service-Angebote, zum Einkaufen oder aus ähnlichen Gründen. Sie als Anbieter haben dagegen eine andere Sicht auf die Dinge: Sie möchten Ihre Informationen platzieren, Ihre Werbung an den Mann und die Frau bringen, Ihre Produkte verkaufen oder sonstige Interessen öffentlich kundtun.

Daraus entsteht ein paradoxes, aber dennoch häufig zu beobachtendes Phänomen: Webseiten sind nicht für den Nutzer oder die Nutzerin gemacht, sondern für den Anbieter.

Ein sehr deutliches Zeichen dafür sind z. B. Webpräsenzen großer Unternehmen, deren Seitenarchitektur möglichst genau das Unternehmen in all seinen Organisationsstrukturen abbildet. Es mag sicherlich den internen Strukturen genügen, wenn sich jeder Abteilungschef vor seinen Unterabteilungen präsentieren und dem Surfer ein oder zwei einleitende Worte mit auf den Weg in die tieferen Ebenen geben kann – sinnvoll ist dies allerdings aus Nutzersicht nicht! Der Nutzer oder die Nutzerin hat ein Anliegen, weshalb er oder sie eine bestimmte Seite besucht, und will dieses möglichst schnell erfüllt sehen. Dabei sind Strukturen, die eher problemorientiert sind, aus Nutzersicht sehr viel wertvoller als eine Gliederung nach anderen Kriterien.

Ohne Frage: Es fällt nicht leicht, die Betriebsbrille abzulegen und das eigene Produkt durch die Augen von Benutzern und Benutzerinnen zu betrachten. Man ist sogar geneigt zu sagen: Es ist überhaupt nicht möglich! Dies ist – zu Recht – auch immer wieder ein Argument für das Outsourcen von Usability-Tests. Eine Agentur dient als Vermittler zwischen den Anbietern und den Nutzern und Nutzerinnen, die in den Usability-Tests befragt und beobachtet werden, während sie typische Aufgaben auf einer Website lösen und somit die Usability-Probleme zutage fördern. Im kleineren, privaten Umfeld reichen hier oftmals auch schon Gespräche mit Kollegen oder Freunden und Freundinnen.

Die Ergebnisse solcher Tests sind für jedes Webangebot meist sehr speziell (sollte dies nicht der Fall sein, hat die beauftragte Agentur nicht wirklich gute Arbeit geleistet). Daher soll an dieser Stelle keine detaillierte Beschreibung von typischen Fehlern stehen, sondern der Appell: Versuchen Sie, Ihre Seiten einmal aus Nutzerperspektive zu sehen, wenn Sie dieses Buch nachher aus den Händen legen! Finden Sie bereits auf der Einstiegsseite alle wichtigen Informationen, oder können Sie durch eine kurze Liste von Quick-Links sofort wichtige Inhalte erschließbar machen? Wenn Sie Nutzer oder Nutzerin spielen, vergessen Sie alles Wissen über Ihre Firma, Ihre Organisation oder Ihr Haus! Verstehen Sie dann immer noch den Aufbau der Website? Verstehen Sie die Inhalte und Begriffe? Gehen Sie noch die richtigen Pfade zu den erhofften In-

formationen? Sie haben wenig Zeit – erhalten Sie dennoch alle wichtigen Informationen aus den Texten und Grafiken?

16.3.6 Zweckdienliche und einfache Navigation

Bei der Navigation laufen im Endeffekt alle Kriterien für eine gute Usability zusammen. Sie muss nicht nur den Kriterien der Kohärenz und Konsistenz genügen, sondern zudem auch lesbar und schnell erschließbar sein. Sofern Symbole als Navigationselemente genutzt werden, kommt es hier mehr als anderswo darauf an, sich auf ein bereits etabliertes Symbolverständnis zu beziehen.

Neben diesen Kriterien ist die Funktion des Navigationssystems innerhalb eines Webangebots entgegen der landläufigen Meinung nicht nur die reine Navigation im Sinne der Bewegung durch das Angebot, sondern sie muss vielmehr in zwei Punkte unterteilt werden:

- Sie muss zunächst dem Nutzer und der Nutzerin die Möglichkeiten bieten, sich frei im Angebot zu bewegen.
- Zum anderen muss sie dem Nutzer und der Nutzerin aber zusätzlich jederzeit deutlich machen, an welcher Stelle des Angebots er oder sie sich befindet, wie er oder sie dorthin kam und, vor allem, welche weiteren Optionen er oder sie noch besitzt, seinen bzw. ihren Weg durch das Angebot zu gehen.

Die bereits genannten Kriterien sind dabei die Grundlage für ein gut funktionierendes Navigationssystem. Insbesondere folgende Punkte werden hingegen teilweise immer noch nicht konsequent umgesetzt:

- Der Nutzer oder die Nutzerin muss zu jeder Zeit die Kontrolle über die Navigation haben. Das betrifft vor allem die Kontrolle über multimediale Elemente wie etwa Video, die nicht angehalten werden können, oder auch Musik auf der Webseite, die nicht stumm zu bekommen ist, ohne die Lautsprecher auszuschalten und damit auch das Webradio oder Ähnliches gleichzeitig mit zum Schweigen zu bringen.
- Die Zielerwartungen, also die Frage, wohin ein Link führt, müssen klar und deutlich formuliert werden (Wording). Einerseits gilt es, auch hier die Erwartungen der Nutzer und Nutzerinnen zu erfüllen. Über einen Button mit der Beschriftung *Kontakt* sollte mittlerweile nicht mehr einfach nur noch automatisch das E-Mail-Programm geöffnet werden, sondern eine entsprechende Webseite erscheinen. Andererseits sind schlecht gewählte Begriffe, die dem Besucher oder der Besucherin nichts sagen, selten ein Garant für viele Klicks. Die Neugier des Nutzers und der Nutzerin ist selten größer als der Wunsch, das Rechercheziel schnellstmöglich zu erreichen. Nehmen Sie auch bei der Wahl der Navigationstexte die Sicht des Nutzers bzw. der Nutzerin ein.

- Eine Brotkrumen-Navigation (Breadcrumb-Navigation) zeigt dem Nutzer und der Nutzerin, auf welchem Navigationspfad er oder sie sich befindet, und gibt ihm oder ihr die Möglichkeit, wieder zur nächsthöheren Ebene zurückzukehren. Nebenbei platzieren Sie für Suchmaschinen an einer meist oben am Seitenbeginn angesiedelten Stelle wertvolle Keywords und Verlinkungen für die Indexierung.
- Wenn es darum geht, dass ein Besucher oder eine Besucherin mehrere Seiten sequenziell nacheinander besuchen soll (etwa bei einer mehrseitigen Geschichte oder auch bei einem Kaufvorgang in einem Online-Shop), sollten die jeweiligen Schritte und der aktuelle Stand deutlich mit einem Fortschrittsbalken oder ähnlichen Angaben zu den bereits erledigten und den noch zu erledigenden Schritten angezeigt werden.

Selbst die beste Navigation schafft es nicht, für jeden Benutzer und jede Benutzerin »optimal« bedienbar zu sein. Für solche Fälle sollten Sie Wiedereinstiegspunkte anbieten. Die Sitemap hat sich für diese Zwecke etabliert. Bei einer ausreichend großen thematischen Vielfalt bieten sich aber auch z. B. eine Suchfunktion oder ein A–Z-Index an.

Kapitel 17
SEO-Anforderungen an ein Content-Management-System

Heutzutage werden meistens Content-Management-Systeme zur Publikation von Websites und Online-Shops eingesetzt. Leider beherrscht keines der Systeme von Haus aus eine perfekte Suchmaschinen-Optimierung. Worauf Sie besonders achten müssen, erfahren Sie in diesem Kapitel.

Nachfolgend finden Sie allgemeine SEO-Anforderungen, die jedes vollwertige CMS unterstützen sollte. Ich kenne bislang kein System, das diese Liste vollständig direkt nach der Installation unterstützt. Und auch trotz zahlreicher Plugins bleibt meist noch ausreichend Bedarf an individuellen Anpassungen. Das betrifft Open-Source-Systeme wie WordPress, die häufig auch selbst installiert und eingerichtet werden, ebenso wie komplexere Open-Source-Systeme wie TYPO3, Drupal oder Joomla!, welche meistens von Agenturen aufgesetzt werden. Aber auch teure professionelle Systeme wie CMS von Adobe, Sitecore oder wie sie alle heißen müssen für einen idealen SEO-Einsatz angepasst und individualisiert werden.

Das trifft im Übrigen auch auf alle freien und nicht freien Shopsysteme zu, auch wenn gerade hier die Anbieter häufig etwas anderes behaupten. Immerhin ist der SEO-Zustand der meisten Systeme in den letzten Jahren deutlich besser geworden.

Nachdem Sie die vorherigen Kapitel gelesen haben, verfügen Sie über ein solides Fachwissen zur Suchmaschinen-Optimierung. Neben diesem ohne Zweifel wichtigen theoretischen Wissen entscheidet aber auch die praktische Erfahrung über den langfristigen Erfolg einer Suchmaschinen-Optimierung. Beides – Theoriewissen und Praxiserfahrung – müssen vor allem dann vorhanden sein, wenn ein neues CMS ausgesucht und eingerichtet wird. Um Ihnen hier möglichst gut unter die Arme zu greifen, finden Sie in diesem Kapitel eine strukturierte Checkliste zu den in der Praxis wichtigsten SEO-Anforderungen, die ein Content-Management-System erfüllen muss oder sollte.

Die jeweiligen Hintergründe werden nur kurz erwähnt, um vielleicht auch das generelle Verständnis einer IT-Abteilung oder auch weniger versierter Stakeholder in einem Unternehmen zu fördern. Denn die Auswahl und Optimierung eines CMS bedarf neben dem Fachwissen erfahrungsgemäß vor allem einer Kompetenz: nämlich

der Fähigkeit, andere Personen davon zu überzeugen, dass eine solide technische Optimierung des Content-Management-Systems die Grundlage für den SEO-Erfolg ist.

17.1 Crawling- und Indexierungssteuerung

Zunächst muss das System so aufgesetzt sein, dass Crawler die Website gut erfassen und die Dokumente in den Index aufnehmen können.

17.1.1 »robots.txt«

Die *robots.txt* ist eine Datei zur Steuerung der Suchmaschinen-Crawler, die im Root-Verzeichnis der Domain und jeder Subdomain hinterlegt wird. So kann das Crawling von einzelnen Seiten, Verzeichnissen oder Parametern beschränkt oder freigegeben werden.

- Die Datei *robots.txt* muss im Root-Verzeichnis der Domain erreichbar sein: *https://www.example.de/robots.txt*
- Die *robots.txt*-Datei muss den Pfad zur XML-Index-Sitemap beinhalten:
  Sitemap: https://www.example.com/sitemap_index.xml
- Änderungen an der *robots.txt* sollten zur Freigabe an eine SEO-verantwortliche Person gegeben werden, bevor sie veröffentlicht werden.
- Die *robots.txt* sollte entweder über das CMS oder per direktem Dateizugriff (z. B. SSH) editierbar sein.
- Diese Vorschläge gelten auch für Subdomains. Diese sollten eigenständig behandelbar sein.

17.1.2 XML-Sitemaps

Eine Sitemap im XML-Format dient den Crawlern als Inhaltsverzeichnis für eine Domain. XML-Sitemaps unterstützen somit das zeitnahe Crawlen und möglichst vollständige Indexieren aller relevanten URLs.

Durch implementierte Automatismen im CMS werden kritische Anforderungen an die Erstellung und Pflege von XML-Sitemaps sichergestellt. Das Schaffen weiterführender Funktionen für die Segmentierung ermöglicht Benutzern und Benutzerinnen das gezielte Erstellen bzw. Einschränken von XML-Sitemaps.

- Alle XML-Sitemaps dürfen ausschließlich URLs enthalten, die
  - den Statuscode 200 (OK) zurückgeben,
  - nicht in der *robots.txt*-Datei vom Crawling ausgeschlossen sind,

- kein Robots-Tag noindex im HTML-Head bzw. kein X-Robots-Tag noindex im HTTP-Header aufweisen,
- kein auf eine andere Ressource referenzierendes Canonical-Tag im HTML-Head bzw. im HTTP-Header aufweisen.

▶ Die XML-Sitemaps müssen den Richtlinien von Google entsprechen, die unter *https://developers.google.com/search/docs/advanced/sitemaps/build-sitemap* zu finden sind:
- Es muss automatisch eine Sitemap-Index-Datei erzeugt werden, die Pfade zu allen zum Einsatz kommenden XML-Sitemaps enthält.
- Bei sich regelmäßig ändernden URLs müssen betroffene XML-Sitemaps kontinuierlich (idealerweise täglich) automatisch aktualisiert werden.
- Alle Sitemaps mit HTML-URLs müssen die <lastmod>-Angabe pro URL enthalten, um eine gute Crawling-Effizienz durch den Googlebot sicherzustellen.
- Alle SEO-relevanten Bilder müssen in einer Bilder-XML-Sitemap enthalten sein, welche den Google-Richtlinien für Bilder-Sitemaps folgt. Über eine globale Einstellung zur Mindesthöhe und -breite in Pixeln muss zudem festgelegt werden können, welche Bilder automatisch von der Bilder-XML-Sitemap ausgeschlossen werden.
- Bilder sollten manuell von der Bilder-XML-Sitemap ausgeschlossen werden können.
- Alle Videos müssen in einer eigenen Video-XML-Sitemap enthalten sein, welche den Google-Richtlinien für Video-Sitemaps folgt.
- Redakteure und Redakteurinnen müssen pro URL-Pfad eine eigene XML-Sitemap erzeugen können, um bei Bedarf ein segmentiertes Monitoring über die Google Search Console zu ermöglichen.
- Einzelne URLs müssen im CMS von der XML-Sitemap manuell, besser noch regelbasiert ausschließbar sein.
- Einzelne Verzeichnisse müssen im CMS von der XML-Sitemap ausschließbar sein.

17.1.3 Canonicals

Canonicals werden genutzt, um für Suchmaschinen doppelte Inhalte auszuzeichnen, welche auf unterschiedlichen URLs erreichbar sind. Sie beugen somit primär Duplicate-Content-Problematiken vor und signalisieren der Suchmaschine, welche URL von mehreren Duplikaten als Original (sogenannte kanonische URL) angesehen werden soll.

Die gängigste Implementierung stellt die Einbindung eines Canonical-Tags in den <head> dar:

`<link rel="canonical" href="https://www.domain.de/kanonische-ressource.html">`

Alternativ zum <head> kann ein Canonical auch im HTTP-Header platziert werden. Ein entsprechender Editor im CMS ermöglicht das Setzen von Canonical-Angaben für einzelne oder wenige URLs. Andere Canonicals wie z. B. selbstreferenzielle Canonicals sollten über Programmierlogiken implementiert werden.

- Redakteure und Redakteurinnen müssen für jede URL ein individuelles Canonical-Tag vergeben können.
- Im CMS vergebene Canonicals müssen im <head> der jeweiligen Seite gesetzt werden. Canonical-Angaben im <body> werden von Suchmaschinen nicht berücksichtigt.
- Jede URL darf nur eine einzige Canonical-Angabe enthalten.
- Canonicals im <head> sollten idealerweise im initialen HTML platziert sein und nicht nachträglich durch JavaScript hinzugefügt werden.
- Standardmäßig müssen alle URLs einen selbstreferenzierenden Canonical enthalten. Dieser muss ersetzt werden, falls eine individuelle Angabe im CMS vorgenommen wird und diesen überschreibt.
- Alle Ziel-URLs von Canonical-Anweisungen müssen als vollständige, absolute URLs implementiert werden. Relative URLs sind nicht geeignet.
- Entspricht die Ziel-URL eines Canonicals einem der folgenden Kriterien, muss eine Warnung im Backend ausgegeben werden (z. B. »Achtung: Die ausgewählte URL ist kein geeignetes kanonisches Ziel.«):
  - gibt nicht den Statuscode 200 (OK) zurück
  - ist in der *robots.txt*-Datei vom Crawling ausgeschlossen
  - enthält ein Robots-Tag noindex im <head> bzw. ein X-Robots-Tag noindex im HTTP-Header
  - enthält ein auf eine andere Ressource referenzierendes Canonical-Tag im <head> bzw. im HTTP-Header

17.1.4 Meta-Robots-Tags »noindex« & »nofollow«

Das noindex-Attribut wird genutzt, um URLs zu kennzeichnen, die von Google nicht indexiert werden sollen. Das nofollow-Attribut hingegen bewirkt, dass der Googlebot keinen Links auf der entsprechenden URL folgt.

noindex-Anweisungen sind die verbreitetere der beiden Direktiven und kommen zum Einsatz, um Duplicate Content zu vermeiden. Außerdem bereinigen sie den

Google-Index um Seiten mit wenig relevanten Inhalten (Thin Content) oder nicht für den Einstieg über die Suche vorgesehene URLs (Impressum, Datenschutz usw.).

Die gängigste Implementierung stellt die Einbindung des Meta-Tags in den `<head>` dar:

```
<meta name="robots" content="noindex" />
```

Alternativ zum `<head>` kann ein `noindex` auch per X-Robots-Tag im HTTP-Header platziert werden. Das bietet sich z. B. bei PDF-Dokumenten ohne `<head>` an. Ein entsprechender Editor im CMS ermöglicht das Setzen von Robots-Angaben auf URL- und Verzeichnis-Ebene.

- Die Angaben "`index, follow`" werden standardmäßig im Meta-Robots-Tag gesetzt.
- Robots-Tags im `<head>` müssen im initialen HTML platziert sein und dürfen nicht nachträglich durch JavaScript hinzugefügt werden.
- Für jede URL müssen Redakteure und Redakteurinnen die Meta-Robots-Tags `noindex` und `nofollow` unabhängig voneinander vergeben können.

```
<meta name="robots" content="index, follow">
<meta name="robots" content="index, nofollow">
<meta name="robots" content="noindex, follow">
<meta name="robots" content="noindex, nofollow">
```

- Die Meta-Robots-Tags `noindex` und `nofollow` müssen unabhängig voneinander auf gesamte Verzeichnisse anwendbar sein.

17.1.5 Link-Attribute: »nofollow«, »sponsored«, »ugc«

Im Unterschied zum Robots-Meta-Tag `nofollow`, welches für alle Links auf einer URL gilt, kann das `nofollow`-Attribut auf einzelne Verlinkungen angewendet werden. Somit kann verhindert werden, dass die Crawler einzelnen Links auf einer URL folgen.

```
<a href="…" rel="nofollow">…</a>
<a href="…" rel="nofollow sponsored">…</a>
<a href="…" rel="nofollow ugc">…</a>
```

Das `nofollow`-Attribut wird normalerweise z. B. auf spezielle Utility-Links wie einen Login- oder Warenkorb-Verweis sowie Links aus bezahlten Partnerschaften angewendet. Das `sponsored`-Attribut wird genutzt, um bezahlte Links zu markieren. Das `ugc`-Attribut zeichnet User Generated Content aus.

- Redakteure und Redakteurinnen müssen einzelne Links über drei Checkboxen mit jedem einzelnen Attribut versehen können.
- Die Attribute können beliebig kombiniert werden.

- Diese Option muss losgelöst von der Funktion zur Verfügung stehen, das nofollow-Robots-Meta-Tag einzelnen URLs hinzuzufügen.

17.2 Snippets und Meta-Daten

Snippets sind die Vorschautexte, die Google dem Nutzer oder der Nutzerin in den Suchergebnissen zeigt. Sie bestehen aus den title-Tags und der Meta-Description im <head> der Website.

17.2.1 Title-Tag

Das title-Tag ist je URL zu definieren und erscheint im HTML-Kopf:

`<title>Seitentitel einer Website | MARKE</title>`

- Standardmäßig muss der interne Seitentitel auch als Inhalt des title-Tags gesetzt werden.
- Für jede URL müssen Redakteure und Redakteurinnen ein individuelles title-Tag vergeben können, das den standardmäßig hinterlegten Title überschreibt.
- Das title-Tag muss unabhängig von der internen Seitenbezeichnung im CMS definierbar sein.
- Es kann eine globale Ergänzung für das title-Tag festgelegt werden, die automatisch jedem Title hinzugefügt wird.
  Diese Ergänzung beinhaltet gängigerweise die Marke (z. B. [...] | Marke). Zusätzlich muss festgelegt werden, ob die Ergänzung als Präfix (Marke | [...]) oder Suffix ([...] | Marke) verwendet werden soll.
- Für jede URL muss festgelegt werden können, dass auf die globale title-Ergänzung verzichtet werden soll.
- Für einzelne Verzeichnisse muss festgelegt werden können, dass auf die globale title-Ergänzung verzichtet werden soll.
- Es muss die Möglichkeit geben, gängige HTML-Sonderzeichen zu Titles hinzuzufügen.

17.2.2 Meta-Description

Die Meta-Description wird, insofern sie die Suchabsicht des oder der Suchenden trifft, direkt als mehrzeilige Beschreibung im Google-Suchergebnis angezeigt.

`<meta name="description" content="Beschreibungstext">`

Hinterlegen Sie keine Meta-Description, wählt Google Textausschnitte von Ihrer Seite.

- Redakteure und Redakteurinnen müssen für jede URL eine individuelle Meta-Description vergeben können.
- Die Meta-Description muss unabhängig von einer eventuellen internen Seitenbeschreibung im CMS definierbar sein.
- Es muss die Möglichkeit geben, gängige HTML-Sonderzeichen zu Descriptions hinzuzufügen.

17.2.3 Fokus-Keyword

Idealerweise ist jede SEO-relevante URL auf ein Fokus-Keyword optimiert. Dieses kann im CMS mit eingebunden und für diverse Analysen und Programmlogiken z. B. der automatischen internen Verlinkung genutzt werden.

- Pro URL muss ein Fokus-Keyword definiert werden können. Dieses wird für verschiedene Prüfungen benötigt, welche die Qualität des Snippets bewerten sollen.
- Im Frontend findet das Fokus-Keyword keinerlei Verwendung.

17.2.4 Favicon

Google zeigt das Favicon inzwischen als Zusatz bei den meisten Ergebnissen auf einer mobilen SERP an. So können korrekt hinterlegte Favicons die Aufmerksamkeit auf einzelne Suchergebnisse erhöhen, indem sie z. B. Wiedererkennbarkeit einer Marke erzeugen.

- Der Pfad zum Favicon muss domainweit im <head> hinterlegt werden:
  `<link rel="shortcut icon" href="https:\\www.domain.de\favicon.ico"/>`
- Sowohl die Favicon-Datei als auch die Startseite dürfen für Google nicht blockiert sein, damit sie gecrawlt werden können.
- Das Favicon sollte eine grafische Darstellung Ihres Website-Logos sein, damit Nutzer und Nutzerinnen es beim Stöbern in den Suchergebnissen schnell zuordnen können.
- Das Favicon sollte ein Vielfaches von 48 px sein, z. B. 48 × 48 px, 96 × 96 px oder 144 × 144 px. SVG-Dateien haben keine bestimmte Größe. Jedes gültige Favicon-Format wird unterstützt. Für die Verwendung in den Suchergebnissen skaliert Google das Bild auf 16 × 16 px – achten Sie also darauf, dass es in dieser Auflösung gut aussieht. Hinweis: Geben Sie kein Favicon im Format 16 × 16 px an.
- Die Favicon-URL sollte sich möglichst nicht ändern.

- Favicons, die Google als unangemessen einstuft, werden nicht angezeigt. Dazu gehören z. B. pornografische und Hasssymbole wie etwa das Hakenkreuz. Wenn eine solche Darstellung in einem Favicon erkannt wird, ersetzt Google es durch ein Standardsymbol.

17.2.5 Nicht zu berücksichtigende Meta-Daten

Diese Meta-Daten sollten bei Vorhandensein für Redakteure und Redakteurinnen deaktiviert und ausgeblendet werden:

- keywords-Meta-Tag: Suchmaschinen berücksichtigen die Inhalte des Keyword-Tags nicht für das Ranking. Stattdessen stellt die Nutzung eine einfache Möglichkeit für den Wettbewerb dar, die wichtigsten Keywords einer Website bzw. URL einzusehen. Daher sollte in der Regel komplett auf die Nutzung verzichtet werden.
- Dublin-Core-Metadaten: Dublin-Core-Metadaten haben keinen Einfluss auf das Ranking und werden nicht berücksichtigt.
- rel=next/prev zur Auszeichnung von Paginierungen: Google hat im Frühjahr 2019 verkündet, dass rel=next/prev-Angaben schon mehrere Jahre lang nicht mehr im Zuge der Indexierung ausgewertet werden. Daher kann in der Regel auf eine entsprechende Integration verzichtet werden.

  Andere Suchmaschinen wie Bing unterstützen rel=next/prev allerdings weiterhin. Existiert relevanter Traffic aus Suchmaschinen abseits von Google bzw. soll dieser erzeugt werden, kann die Nutzung von rel=next/prev geprüft werden.

17.2.6 Weitere Meta-Daten außerhalb von SEO

Unabhängig von der Suchmaschinen-Optimierung sollte Redakteuren und Redakteurinnen die Möglichkeit zum Ausspielen dieser Meta-Daten gegeben werden:

- Open Graph Metadaten von Facebook (*https://developers.facebook.com/docs/sharing/webmasters?locale=de_DE#markup*)

  Debugging der OG-Daten unter *https://developers.facebook.com/tools/debug/*
- Twitter-Metadaten (*https://developer.twitter.com/en/docs/tweets/optimize-with-cards/guides/getting-started*)

17.3 Bilder

Google bietet mit der Bildersuche einen eigenen Bereich an. Die Rankingsignale für Bilder werden aber nicht primär aus den Bildern selbst generiert, sondern von umgebenden Informationen. Diese gilt es vor allem dann zu optimieren, wenn Besucher und Besucherinnen über die Bildersuche generiert werden sollen (etwa in einem

Online-Shop oder einer stark visuell geprägten Branche wie Architekten, Heimeinrichtung, Künstlerbedarf und anderen).

17.3.1 Alt-Attribute

Die Nutzung von alt-Attributen in Bildern dient einerseits der Erhöhung der Barrierefreiheit einer Website, da sie z. B. von Screenreadern anstelle eines Bildes vorgelesen werden. Andererseits helfen alt-Attribute auch Google dabei, den Inhalt eines Bildes besser verstehen zu können, und stellen damit ein relevantes Rankingsignal für die Bildersuche dar. Zudem werden die alt-Attribute als Beschreibung für Ergebnisse in der Bildersuche ausgespielt.

- Beim Upload eines Bildes müssen Redakteure und Redakteurinnen einen Standardwert für das alt-Attribut definieren können, das bei jeder zukünftigen Einbindung des Bildes verwendet wird. Zusätzlich erscheint beim Upload eines Bildes ein Hinweis, bitte ein geeignetes alt-Attribut festzulegen (Pflichtfeld).
- Darüber hinaus müssen Redakteure und Redakteurinnen für jede einzelne Einbindung eines Bildes ein individuelles alt-Attribut setzen können, welches den vordefinierten Standardwert überschreibt.

17.3.2 Responsive Images

Standardmäßig werden Bilder, deren Abmessungen für die Nutzung auf größeren Bildschirmen ausgelegt sind, auch auf Mobilgeräten geladen. Dadurch müssen viele unnütze Kilobytes heruntergeladen werden, da das Bild in deutlich größeren Abmessungen übertragen wird, als es für den kleinen Bildschirm nötig wäre.

Dieses Problem löst die Funktion der Responsive Images.

```
<picture>
  <source media="(min-width: 800px)" srcset="head.jpg, head-2x.jpg 2x">
  <source media="(min-width: 450px)" srcset="head-small.jpg, head-small-2x.jpg 2x">
  <img src="head-fb.jpg" srcset="head-fb-2x.jpg 2x" alt="a head carved out of wood">
</picture>
```

Durch das Zurverfügungstellen mehrerer Bildversionen in unterschiedlichen Größen (meist groß, mittel und klein) kann in Kombination mit einer Erkennung der jeweiligen Bildschirmgröße dafür gesorgt werden, dass immer die kleinstmögliche passende Bildversion geladen wird. So müssen insbesondere auf Mobilgeräten deutlich geringere Dateigrößen heruntergeladen werden, was die Ladezeit reduziert und somit das Nutzungserlebnis verbessert.

- Das CMS muss Responsive Images unterstützen, um passende Bildgrößen für verschiedene Gerätegrößen ausspielen zu können.
- Beim Upload eines großen Bildes müssen automatisch von dem CMS kleinere Versionen erzeugt werden, die auf Geräten mit kleineren Bildschirmen geladen werden.
- Zusätzlich sollte beim Erzeugen dieser kleineren Bildversionen die Möglichkeit bestehen, den zu den Abmessungen passenden Bildausschnitt definieren zu können. So ist sichergestellt, dass der gewünschte Bildfokus auch bei anderen Seitenverhältnissen erhalten bleibt (z. B. wenn hochgeladene Bilder im Querformat für das Hochformat auf einem Mobilgerät zurechtgeschnitten werden).

17.3.3 Automatische Bildkompression

Indem nicht benötigte Bildinformationen entfernt werden und serverseitig Bildkompressionen angewandt werden, können die Dateigrößen von Bildern erheblich reduziert werden. Somit sorgt eine Bildkompression für geringere Ladezeiten und ein besseres Nutzungserlebnis der Website. Eine serverseitige Kompression automatisiert diesen Schritt, sodass er nicht manuell vor jedem Bilder-Upload durchgeführt werden muss.

- Bilder werden beim Upload oder in regelmäßigen Abständen automatisch serverseitig verlustfrei komprimiert.
- Bei der Kompression ist sichergestellt, dass die Bildqualität nicht sichtbar verschlechtert wird.

17.3.4 Bildskalierung

Bilder sollten in der Regel in den Abmessungen eingebunden werden, mit denen sie auch auf der Website maximal dargestellt werden. Werden Bilder stattdessen in deutlich größeren Abmessungen hochgeladen und eingebunden, werden sie im Browser lediglich klein angezeigt – der Client muss allerdings trotzdem die deutlich größere Originaldatei herunterladen. Das kann sich aufgrund der höheren Dateigrößen negativ auf die Ladezeit auswirken und sollte daher vermieden werden.

- Das CMS muss in der Lage sein, hochgeladene Bilder automatisch auf global definierte Maximalabmessungen zu skalieren, ggf. für einzelne Inhaltselemente spezifisch.
- Zusätzlich muss ein globales Maximalmaß für Bilder festgelegt werden können.
- Bilder müssen beim Upload mit den definierten Maximalabmessungen verglichen und ggf. auf die Obergrenze verkleinert werden.

17.3.5 Bildunterschriften

Bildunterschriften sind oftmals eine sinnvolle Möglichkeit, dem Nutzer oder der Nutzerin einen zusätzlichen Kontext zum Bild selbst zu geben. Außerdem gelten sie inzwischen als Rankingsignal für die Google-Bildersuche und müssen daher entsprechend im CMS gepflegt werden können.

- Redakteure und Redakteurinnen müssen Bilder mit Bildunterschriften versehen können.

17.3.6 Sprechende Verzeichnispfade für Bilder

Ein sprechender Dateipfad hilft dem Nutzer und der Nutzerin sowie Suchmaschinen dabei, den Kontext des Bildes besser zu verstehen. Somit fördert er beispielsweise bei einem Einstieg über die Bildersuche die Orientierung. Zudem gilt ein sprechender Verzeichnispfad als Rankingsignal für die Bildersuche.

- Den Redakteuren und Redakteurinnen sollte es möglich sein, sprechende Verzeichnisse im Asset- oder Dateisystem des CMS anzulegen. So soll sichergestellt sein, dass insbesondere Bilder und PDFs mit sprechenden Verzeichnispfaden veröffentlicht werden können.

17.3.7 Bilder im WebP-Format mit Fallback

Moderne Bildformate wie WebP ermöglichen in der Regel eine stärkere Kompression und führen somit zu geringeren Dateigrößen als gängige Formate wie JPG oder PNG. Kleinere Dateigrößen wirken sich positiv auf die Ladezeit aus, da der Browser weniger Bytes herunterladen muss.

- Geeignete Bilder müssen standardmäßig im WebP-Format ausgespielt werden können.
- Dabei muss auf eine Abwärtskompatibilität bzw. Fallback-Lösung gegenüber älteren Browser-Versionen sowie Browsern geachtet werden, die das WebP-Format nicht unterstützen.

17.4 URLs

Die URLs bilden den Zugang zu einzelnen Seiten einer Domain. Sie müssen bestimmte Anforderungen erfüllen, um eine solide Suchmaschinen-Optimierung sicherstellen zu können. Außerdem sind meist individuelle URL-Generierungsmethoden von Content-Management-Systemen zu beachten, die nicht immer SEO-tauglich sind.

17.4.1 Startseite

Die Startseite ist je nach CMS standardmäßig unter verschiedenen Pfaden erreichbar. Um alle relevanten Signale auf einer URL zu bündeln, ist es wichtig, dass alle alternativen Pfade auf den Hauptpfad (/) weiterleiten.

- Die Startseite ist unter *https://www.domain.de* erreichbar und nicht unter *https://www.domain.de/index.html* o. ä.
- *https://www.domain.de/index.html* und andere alternative Pfade der Startseite leiten ausschließlich per 301-Weiterleitung auf *https://www.domain.de* weiter.

17.4.2 Sprechende URLs

Sprechende URLs vereinfachen dem Nutzer oder der Nutzerin die Orientierung auf der Website und geben Aufschluss darüber, an welcher Stelle der Domain er oder sie sich gerade befindet.

Außerdem können sprechende URLs einen positiven SEO-Effekt haben: Einerseits steigern sie die Click-Through-Rate auf der SERP, andererseits gilt die Verwendung des jeweiligen Fokus-Keywords in der URL als Rankingsignal.

- Das CMS generiert sprechende URLs für das Frontend – Parameter- oder ID-URLs o. Ä. werden nicht verwendet.
- Es werden keine SessionIDs für die URL-Bildung genutzt.
- Der Dateipfad entspricht standardmäßig dem internen Seitentitel.
- Redakteure und Redakteurinnen können den Dateipfad pro URL beliebig anpassen und so den standardmäßig gesetzten Seitentitel überschreiben, der standardmäßig für die URL-Bildung genutzt werden kann.
    `https://www.domain.de/pfadsegment/`**`slug`**`/`
- Das Pfadsegment für untergeordnete Seiten entspricht standardmäßig dem internen URL-Slug der übergeordneten Seite. Als Fallback kann der Seitentitel der übergeordneten Seite dienen.
    `https://www.example.com/`**`pfadsegment`**`/slug/`
- Redakteure und Redakteurinnen können das Pfadsegment für untergeordnete Seiten beliebig anpassen und so das standardmäßig gesetzte Pfadsegment überschreiben.
- Bei Änderungen von bereits veröffentlichten URLs wird automatisch ein 301-Redirect von allen alten URLs zu den neuen URLs angelegt und in die Liste der 301-Redirects für das Weiterleitungsmanagement aufgenommen.

17.4.3 URL-Endung

Insbesondere durch irrtümliche interne und externe Verlinkungen können die Crawler der Suchmaschinen auf unterschiedliche URL-Versionen von HTML-Ressourcen gelangen. In diesen Fällen ist es wichtig, dass Weiterleitungen auf das definierte Standardschema eingerichtet sind, damit identische Inhalte nicht unter verschiedenen URLs erreichbar sind.

- Für die URL-Struktur der Website muss eine Standard-URL-Endung definiert sein, unter der alle HTML-Ressourcen aufrufbar sind. Gängige Suffixe für URLs stellen ein Trailingslash, ein .html oder der Verzicht auf jeglichen Zusatz dar:
    - https://www.domain.de/datei
    - https://www.domain.de/datei/
    - https://www.domain.de/datei.html
    - https://www.domain.de/datei.htm
- Für die anderen Varianten muss eine 301-Weiterleitung auf die Standardstruktur eingerichtet sein.
- Sollte eine entsprechende Konfiguration auf Serverebene nicht möglich sein, muss über das CMS eine automatische Weiterleitung der anderen URL-Versionen auf die Standard-URL-Endung sichergestellt sein.
- Alle internen Links müssen direkt auf die Standardstruktur leiten, nicht auf eine Variante.

17.4.4 HTTPS und Standard-Host

Mittlerweile ist HTTPS zum Standard geworden. Ob Ihre Domain unter www oder ohne www standardmäßig zu erreichen sein soll, ist Ihnen überlassen und hat keinen Einfluss auf die Suchmaschinen-Optimierung.

- Für die URL-Struktur der Haupt-Domain muss ein Standard-Host und -Protokoll definiert sein. Durch verschiedene Kombinationen sind mindestens folgende vier Präfixe für eine Domain verbreitet:
    - http://example.de
    - http://www.example.de
    - https://example.de
    - https://www.example.de
- Nutzen Sie zwingend eine der HTTPS-Varianten als Standardstruktur.
- Für alle anderen Varianten muss eine direkte 301-Weiterleitung auf die Standardstruktur eingerichtet sein.

- Sollte eine entsprechende Konfiguration auf Serverebene nicht möglich sein, muss über das CMS eine automatische Weiterleitung der anderen URL-Version auf das Standard-URL-Präfix sichergestellt sein.

17.4.5 Großschreibung in URLs

URLs sind nach dem Standard des W3C case-sensitive und unterscheiden somit zwischen Groß- und Kleinschreibung. Daher kann es bei entsprechenden Verlinkungen zu Duplicate-Content-Problemen kommen, wenn identische Inhalte durch mangelndes Handling von Groß- und Kleinschreibung unter verschiedenen URL-Versionen erreichbar sind.

- Alle Großbuchstaben in URLs müssen automatisch in Kleinbuchstaben umgeschrieben werden.
- Alle Anfragen mit Großbuchstaben in der URL müssen per 301-Weiterleitung auf die jeweilige URL in Minuskeln weitergeleitet werden.
- Sollte eine entsprechende Konfiguration auf Serverebene nicht möglich sein, muss über das CMS eine automatische Umschreibung und Weiterleitung aller URLs mit Großbuchstaben sichergestellt sein.

17.4.6 Weiterleitungsmanagement für Redakteure

Verändert sich durch Verschiebungen innerhalb einer Domain die URL einer Ressource oder werden einzelne Seiten gelöscht, sollten die nicht mehr verfügbaren URLs in vielen Fällen weitergeleitet werden.

So wird einerseits sichergestellt, dass Nutzer und Nutzerinnen, die durch alte Verlinkungen, Lesezeichen o. Ä. versuchen, die ursprüngliche URL aufzurufen, nicht auf einer Fehlerseite landen. Zudem können durch 301-Weiterleitungen SEO-relevante Signale von einer URL auf eine andere übertragen werden, um beispielsweise dem Verlust von Ranking- und Backlinksignalen vorzubeugen.

- Redakteure und Redakteurinnen müssen die Möglichkeit haben, Weiterleitungen im CMS anzulegen und zu verwalten.
- Aus Performance-Gründen ist das Weiterleitungsmanagement auf Serverebene vorzuziehen, oftmals sind dafür aber zusätzliche technische Ressourcen notwendig. Sind diese nicht vorhanden oder wird eine kurzfristige Übergangslösung benötigt, können die Weiterleitungen im CMS gepflegt und durchgeführt werden.
- Das Weiterleitungsmanagement muss die Verwendung regulärer Ausdrücke unterstützen, um regelbasierte Umsetzungen für ganze Verzeichnisse o. Ä. zu ermöglichen.

- Das Weiterleitungsmanagement muss die Auswahl zwischen den Statuscodes 301 (Permanent) und 302 (Temporär) unterstützen. Standmäßig muss der Statuscode 301 ausgewählt sein.

17.4.7 URL-Parameter

Die unkontrollierte Nutzung von URL-Parametern birgt aus SEO-Sicht einige Risiken. So kann es ohne passende Konfiguration beispielsweise zu kryptischen URL-Strukturen, einer massiven Verschwendung von Crawl-Budget und einer Vielzahl an Dubletten sowie Thin Content im Index kommen.

- Statt Parameter-URLs werden standardmäßig sprechende statische URLs genutzt.
- Es werden keine Hash-Parameter eingesetzt.
- Es werden keine Session-Parameter eingesetzt.
- Für alle Parameter ist eine feste Reihenfolge definiert und implementiert, in der diese in einer URL aneinandergereiht werden. Folgendes darf also nicht passieren:

  https://www.example.com/test/?**p1**=test&p2=test
  https://www.example.com/test/?p2=test&**p1**=test

  So ist sichergestellt, dass durch verschiedene Reihenfolgen von Parametern nicht große Mengen an URLs erzeugt werden, welche z. B. Duplicate Content verursachen oder das Crawl-Budget beanspruchen.
- Parameter, die nicht den Seiteninhalt verändern (z. B. UTM-Parameter), müssen standardmäßig
  - per Canonical auf die Ressource ohne Parameter zeigen,
  - kein `noindex`-Tag aufweisen.
- Parameter, die den Seiteninhalt verändern (z. B. gefilterte Ansichten), müssen standardmäßig
  - mit dem Meta-Robots-Tag `noindex, follow` versehen werden,
  - kein Canonical-Tag aufweisen.

Diese Einstellungen sind gängige Empfehlungen für den Umgang mit Parameter-URLs, die nicht indexiert werden sollen. Sollen Parameter-URLs (teilweise) indexiert werden, muss auf eine andere Regelung zurückgegriffen werden. Auch müssen diese Einstellungen nicht immer optimal sein – ein genaues Parameter-Handling ist stets im Einzelfall festzulegen.

Eventuell sollten einzelne Parameter auch in der *robots.txt* vom Crawling ausgeschlossen sein. Das muss allerdings im Einzelfall entschieden werden.

17.4.8 404- und 410-Seite

Eine optimierte Fehlerseite sorgt dafür, dass der Nutzer oder die Nutzerin über das Nichtvorhandensein einer Ressource informiert wird. Durch das Ausspielen von Such- und Navigationshilfen kann dem Nutzer bzw. der Nutzerin so z. B. ein alternativer Weg in die Website geboten werden. So sinkt die Wahrscheinlichkeit eines Absprungs durch das (versehentliche) Aufrufen einer Fehlerseite.

Für Suchmaschinen muss zudem sichergestellt sein, dass Fehlerseiten auch korrekte Fehler-Statuscodes (404 oder 410) senden, da diese als Signale für das Crawling und die Indexierung herangezogen werden.

- Bei Eingabe einer ungültigen URL muss eine aufbereitete 404-Fehlerseite ausgespielt und ein 404 Fehler-Statuscode gesendet werden.
- Es wird demnach kein 200-Code geliefert und auch kein 301-Redirect.
- Design und Inhalt der Fehlerseite müssen einmalig gestaltet werden können, gestrandete Nutzer und Nutzerinnen inhaltlich abholen und in das eigene Angebot weiterführen.
- Die 404-Fehlerseite enthält keinen Canonical.
- Bei einer Seite mit dem Statuscode 410 muss eine aufbereitete 410-Fehlerseite ausgespielt werden. Diese kann abgesehen vom gesendeten 410-Statuscode der 404-Fehlerseite inhaltlich entsprechen.
- Die 410-Fehlerseite enthält ebenfalls keinen Canonical.

17.5 Strukturierte Daten nach schema.org

Die Auszeichnung von Website-Inhalten mittels strukturierter Daten erlaubt Google eine bessere Verarbeitung und optimierte Darstellung in den Ergebnislisten. Primär sollte zur Auszeichnung das JSON-LD-Format im HTML-Head genutzt werden.

17.5.1 Website- und Sitelinks-Suchfeld

- Domainweit ist ein Website-Suchfeld (und eine Sitelinks-Suchfeld-Auszeichnung bei Nutzung einer internen Suche) nach schema.org integriert.

```
<script type="application/ld+json">
{
  "@context": "https://schema.org",
  "@type": "WebSite",
  "url": "https://www.example.com/",
  "potentialAction": {
    "@type": "SearchAction",
```

```
      "target": "https://query.example.com/search?q={search_term_string}",
      "query-input": "required name=search_term_string"
    }
  }
</script>
```

Listing 17.1 Website- und interne Suche über JSON-LD beispielhaft ausgezeichnet

17.5.2 Breadcrumb auszeichnen

Eine Breadcrumb-Navigation hilft dem Nutzer und der Nutzerin bei der Orientierung durch die Website und informiert ihn oder sie über seinen bzw. ihren aktuellen Aufenthaltsort innerhalb der Website-Struktur und -hierarchie.

Die Auszeichnung der Breadcrumb nach schema.org sorgt wiederum dafür, dass diese statt der URL auf der Suchergebnisseite ausgespielt wird und Google einen besseren Zugang zur Website-Struktur erhält.

- Domainweit ist eine Breadcrumb-Navigation eingebunden.
- Sie ist mittels strukturierter Daten nach schema.org ausgezeichnet.

```
<script type="application/ld+json">
{
  "@context": "https://schema.org",
  "@type": "BreadcrumbList",
  "itemListElement": [{
    "@type": "ListItem",
    "position": 1,
    "name": "Books",
    "item": "https://example.com/books"
  },{
    "@type": "ListItem",
    "position": 2,
    "name": "Authors",
    "item": "https://example.com/books/authors"
  },{
    "@type": "ListItem",
    "position": 3,
    "name": "Ann Leckie",
    "item": "https://example.com/books/authors/annleckie"
  }]
}
</script>
```

Listing 17.2 Beispielhafte JSON-LD für eine Breadcrumb

17.5.3 Unternehmen bzw. Organisation auszeichnen

Eine Organization-Auszeichnung hilft Google beim Verständnis und der Einordnung einer Website. Die Verbindung der Social-Media-Kanäle mit der Website gilt beispielsweise als Best Practice, um die Vertrauenswürdigkeit der gesamten digitalen Entität gegenüber der Suchmaschine zu steigern. Außerdem hilft die Organization-Auszeichnung tendenziell bei der Interpretation marken-, lokal- und kontaktbezogener Suchanfragen.

▶ Domainweit ist eine Organization-Auszeichnung nach schema.org integriert.
▶ Dabei werden mindestens folgende Properties verwendet:
  - url
  - name
  - logo
  - contactPoint
  - sameAs (betrifft die Social-Media-Kanäle der Organisation)

```
<script type="application/ld+json">
{
  "@context": "https://schema.org",
  "@type": "Organization",
  "name": "Example",
  "url": "https://www.example.com/",
  "logo": "https://www.example.com/images/logo.png",
  "sameAs": [ "https://www.facebook.com/example",
    "https://www.youtube.com/example" ],
  "contactPoint": {
    "@type": "contactPoint",
    "telephone": "+49-...",
    "contactType": "customer service",
    "areaServed": "DE"
  }
}
</script>
```

Listing 17.3 Beispielhafte Organization-Auszeichnung mittels JSON-LD

17.5.4 Pflegbarkeit der strukturierten Daten

Neben global eingebundenen strukturierten Daten existieren auch viele Markup-Formate, die abhängig vom Seitentyp und den genutzten Inhaltselementen eingesetzt werden sollten. Dafür muss eine Möglichkeit geschaffen werden, wie Code-Blöcke mit Informationen in JSON-LD zu Templates und einzelnen URLs hinzugefügt werden können.

- Der technische Website-Betreuung muss es möglich sein, strukturierte Daten mit JSON-LD auf URL- und Template-Ebene hinzuzufügen.
- Dabei kann es sich z. B. um die regelbasierte Auszeichnung von Events handeln, die in einer eigenen Datenbank gepflegt und auf bestimmten Seitentypen ausgespielt werden.
- Eingebundene strukturierte Daten müssen vor der Veröffentlichung mit dem Testtool für strukturierte Daten (*https://developers.google.com/search/docs/advanced/structured-data*) auf ihre Korrektheit und Vollständigkeit geprüft werden:
  – Es dürfen keine Fehler bei der Prüfung mit dem Testtool auftreten.
  – Alle erforderlichen Eigenschaften müssen gesetzt sein.
  – Sinnvolle empfohlene Eigenschaften müssen gesetzt sein.

17.6 HTML-Struktur und Semantik

Die HTML5-Elemente zur Seitenstrukturierung ermöglichen Suchmaschinen eine verlässliche Erkennung bestimmter Website-Elemente wie zum Beispiel der Navigation und des Hauptinhaltes. Außerdem helfen sie bei der Unterscheidung der verschiedenen Sektionen.

17.6.1 Generelle HTML5-Struktur

So wirkt sich die korrekte Nutzung semantischer HTML5-Elemente tendenziell positiv auf verschiedene Analysen durch die Suchmaschine wie die Main-Content-Erkennung aus.

- Nutzen Sie valides HTML5.
- Bei der Umsetzung der Website müssen die semantischen Elemente für die Seitenstrukturierung nach dem HTML5-Standard beachtet werden. Das betrifft vor allem folgende Elemente:
  – <header>
  – <nav>
  – <main>
  – <aside>
  – <footer>

17.6.2 Überschriften

Für jede URL sollte nur eine Hauptüberschrift (<h1>) verwendet werden, und das auch am Anfang des Hauptinhalts. Ihr folgt strukturell nach möglichen Inhaltselementen wie <p>-Tags immer zunächst eine <h2>-Überschrift. Danach kann entweder eine weitere <h2>-Überschrift oder auch eine <h3>-Überschrift folgen. Ein Nichtbefolgen dieser Basisregeln kann dazu führen, dass Google die thematische Struktur der jeweiligen Seite weniger gut bewerten kann.

- Redakteure und Redakteurinnen müssen die Möglichkeit haben, einzelne Textbausteine als HTML-Überschriften auszuzeichnen.
- Dabei müssen die Überschriften <h1> bis <h6> zur Verfügung stehen.
- HTML-Überschriften werden ausschließlich für die Hauptüberschrift und Zwischenüberschriften im Main Content verwendet.
- Überschriften in Navigationselementen außerhalb des Main Contents (insbesondere Hauptmenü, Footer und Sidebars) sind nicht als <h>-Tags eingebunden, sondern z. B. als <span>, <div> oder als andere nicht-semantische Elemente mit entsprechender CSS-Klasse.
- Das CMS sollte einen Hinweis im Editor-Modus ausspielen, wenn kein <h1>-Tag auf einer Seite eingebunden ist.
- Das CMS sollte einen Hinweis im Editor-Modus ausspielen, wenn mehrere <h1>-Tags auf einer Seite eingebunden sind.

17.6.3 Paginierungen

Paginierungen sind aus SEO-Sicht eine Herausforderung, da sie viel ähnlichen Inhalt unter verschiedenen URLs bereitstellen. Daher werden die Seiten nach der ersten (2 ff.) oftmals von der Indexierung ausgeschlossen, um Duplicate Content zu vermeiden. Der genaue Umgang mit Paginierungen ist im Zuge der SEO-Strategie zu bestimmen.

- Beim Einsatz von Paginierungen müssen die Seiten 2 ff. standardmäßig mit dem Meta-Robots-Tag »noindex, follow« versehen sein.

  Diese Einstellungen sind gängige Empfehlungen für den Umgang mit paginierten Seiten, die nicht indexiert werden sollen. Sollen Paginierungen (teilweise) indexiert werden, muss auf eine andere Regelung zurückgegriffen werden. Auch müssen diese Einstellungen nicht immer optimal sein – ein genaues Paginierungs-Handling ist stets im Einzelfall festzulegen.

- Bei den Verlinkungen der paginierten Seiten auf die erste Seite muss darauf geachtet werden, die korrekte URL der ersten Seite statt z. B. einer mit der Ziffer 1 versionierten URL zu verlinken.

- https://www.example.com/page1 statt
- https://www.example.com/page1?**page=1** oder
- https://www.example.com/page1**/1**

▶ Auf die Integration von `rel=next/prev` kann verzichtet werden, soweit kein relevanter Traffic über andere Suchmaschinen als Google erzeugt wird bzw. werden soll. Google beachtet dies nicht mehr.

17.6.4 Interne Suche & interne Suchergebnisseiten

Interne Suchen auf einer Website sind neben der Navigation das Hauptwerkzeug für den Nutzer und die Nutzerin, um sich durch die verschiedenen Inhalte bewegen und zur gesuchten Information gelangen zu können.

Interne Suchergebnisseiten sind aus SEO-Sicht eine Herausforderung, da sie viel ähnlichen (Duplicate Content) oder dünnen (Thin Content) Inhalt unter verschiedenen URLs bereitstellen. Daher werden die Suchergebnisseiten oftmals von der Indexierung ausgeschlossen, um Near Duplicate Content bzw. Thin Content zu vermeiden. Der genaue Umgang mit internen Suchergebnisseiten ist im Zuge der SEO-Strategie zu bestimmen.

▶ Beim Einsatz einer internen Suche müssen Suchergebnisseiten standardmäßig mit dem Meta-Robots-Tag `"noindex, follow"` versehen sein. Dies ist die gängige Empfehlung für den Umgang mit internen Suchergebnisseiten, die nicht indexiert werden sollen. Hiervon sind Abweichungen je nach individueller Indexierungsstrategie zu berücksichtigen.

▶ Eventuell sollten interne Suchergebnisseiten auch in der *robots.txt*-Datei vom Crawling ausgeschlossen sein. Das muss im Einzelfall entschieden werden.

17.6.5 »hreflang« bei mehrsprachigen Inhalten

Das Attribut `"hreflang"` dient dazu, im HTML-Head anzugeben, wo sich die Übersetzung eines Inhaltes befindet. Dies erleichtert Suchmaschinen die Bestimmung verschiedener URL-Verhältnisse zueinander. Somit hilft es beispielsweise den Suchmaschinen bei der Ausspielung der korrekten Sprachversion je nach Suchanfrage oder beugt möglichen Duplicate-Content-Problemen vor.

```
<link rel="alternate" hreflang="de-de" href="https://www.example.com/de.html">
<link rel="alternate" hreflang="de-at" href="https://www.example.com/at.html"/>
<link rel="alternate" hreflang="de-ch" href="https://www.example.com/ch.html"/>
```

Eine Auszeichnung ist insbesondere bei ähnlichen Sprachvarianten wie z. B. Deutsch, Österreichisch, Schweizer Deutsch notwendig.

- Werden Inhalte über das CMS in verschiedenen Sprachen bzw. für verschiedene Regionen zur Verfügung gestellt, beispielsweise in Form von Sprachverzeichnissen auf einer Domain (Multi-Language) oder in Form von verschiedenen Top-Level-Domains auf verschiedenen Domains (Multi-Domain), muss die automatische Integration von hreflang-Attributen für übersetzte Inhalte sichergestellt sein.
- Redakteure und Redakteurinnen müssen die hreflang-Angaben zudem manuell pflegen können.
- Die Integration von hreflang muss den Google-Richtlinien folgen, die unter *https://support.google.com/webmasters/answer/189077?hl=de* verfügbar sind.
- Sollte die standardmäßige Implementierung im <head> nicht möglich sein, muss eine automatische Implementierung in die XML-Sitemaps oder den HTTP-Header gewährleistet sein.

17.7 Ladezeitoptimierung (Pagespeed)

Eine schnelle Website ist sicherlich kein reines SEO-Thema. Allerdings hat Google in den letzten Jahren einen expliziten Fokus auf die Ladezeit gesetzt und dies sogar zum Rankingfaktor gemacht. Die Ladezeitoptimierung verbindet grundlegende Webserver-Techniken, die schnell implementiert sind, mit einer der technisch anspruchsvollsten Disziplinen der Website-Optimierung generell – dem Critical Rendering Path.

17.7.1 Browser-Caching

Starke Caching-Signale wie cache-control oder die expires-Angaben im HTTP-Header werden vom Browser zuerst geprüft. Die Implementation dieser Angaben kann daher wiederholte Anfragen an den Server minimieren, die Seitenladezeit beschleunigen und die Serverlast reduzieren.

HTML-Dateien sollten in der Regel nicht längerfristig gecached werden, damit der Browser Änderungen an der Seite erfassen kann.

- Für Ressourcen wie Bilder und CSS-Dateien können Caching-Anweisungen hinterlegt werden. Eine pauschale Empfehlung zur Caching-Dauer kann nicht gegeben werden, da diese von der Art und Änderungsfrequenz der Ressourcen abhängig ist.
- Folgende Anweisungen müssen pro Ressourcen-Typ definiert und im Response-Header gesetzt sein:

```
cache-control: max-age
expires:
last-modified:
```

- Sollte eine entsprechende Konfiguration auf Serverebene nicht möglich sein, müssen über das CMS möglichst vollständige Caching-Richtlinien festgelegt werden.

17.7.2 Kompression

Durch die Komprimierung von HTML-, CSS- und JavaScript-Dateien kann die Dateigröße vor dem Übertragen durch das Netzwerk verringert werden. Kleinere Dateigrößen wirken sich positiv auf die Ladezeit aus, da der Browser weniger Bytes herunterladen muss. Gängige Kompressionsalgorithmen sind beispielsweise gzip, deflate und brotli.

- HTML-, CSS- und JavaScript-Dateien werden komprimiert übertragen.

17.7.3 Minify

Durch das Minifien textbasierter Ressourcen kann die Dateigröße vor dem Übertragen durch das Netzwerk weiter verringert werden. Kleinere Dateigrößen wirken sich positiv auf die Ladezeit aus, da der Client weniger Bytes übertragen muss.

- HTML-, CSS- und JavaScript-Dateien sind per Minify um alle unnötigen Informationen wie Kommentare, Leerzeichen und Zeilenumbrüche gekürzt.
- Idealerweise nutzen Sie bereits im Deployment-Prozess entsprechende Minify-Tools.

17.7.4 Zusammenfassen von Ressourcen

Durch das Zusammenfassen von Ressourcen kann die Anzahl an Requests gesenkt werden, die vom Client an den/die Server gestellt werden. Weniger Requests wirken sich tendenziell positiv auf die Ladezeit aus, da der Client eine geringere Zahl an Ladevorgängen durchführen muss.

- CSS- und JavaScript-Ressourcen müssen zusammengefasst werden können. Inwiefern das Bündeln möglich bzw. sinnvoll ist, muss abhängig von den eingesetzten Ressourcen im Einzelfall entschieden werden.
- Sollte eine entsprechende Konfiguration während des Deployment-Prozesses nicht möglich sein, muss über das CMS das Zusammenfassen von Ressourcen geregelt werden.

17.7.5 Lazy Loading

Insbesondere bei längeren Seiten kann durch eine hohe Anzahl an Bildern die herunterzuladende Datenlast beim initialen Seitenaufruf stark ansteigen. Mit Hilfe von

Lazy Loading kann das Laden von Bildern verzögert werden, bis diese den sichtbaren Bereich auf dem Gerät des Nutzers oder der Nutzerin erreichen.

- Das Laden von Bildern und Videos außerhalb des Above-the-Fold-Bereichs muss per Lazy Loading verzögert werden können.
- Inwiefern die Einbindung von Lazy Loading domainweit, Template-basiert oder auf URL-Ebene zum Einsatz kommen soll, muss im Einzelfall entschieden werden.
- Der Einsatz von Lazy Loading muss gemäß den Google-Richtlinien erfolgen, um eine bestmögliche Interpretierbarkeit durch die Suchmaschine sicherzustellen. Diese Richtlinien sind hier verfügbar: *https://developers.google.com/web/fundamentals/performance/lazy-loading-guidance/images-and-video/*.

  Das betrifft insbesondere die Verwendung des `<noscript>`-Tags als Fallback-Lösung für Clients ohne JavaScript, da abseits von möglichen Problemen mit älteren Browser-Versionen auch die erste Indexierungswelle bei Google ohne JavaScript erfolgt.

17.7.6 Critical Rendering Path

Mithilfe einer Optimierung des Critical Rendering Path kann der Rendering-Prozess im Browser optimiert werden. Dabei geht es in erster Linie darum, die essenziellen Seiteninhalte zu priorisieren sowie den Aufbau des DOMs und die Reihenfolge eingebundener Ressourcen zu optimieren. Vor allem das Rendering der Inhalte, die ohne Scrollen (Above the Fold) sichtbar sind, wird als *kritisch* bezeichnet.

So kann der First Paint deutlich verkürzt werden, was einen positiven Effekt auf die wahrgenommene Ladezeit einer Webseite hat. Außerdem gilt der First Paint bzw. der First Contentful Paint als eine der Metriken, die bei Google für die Performance-Bewertung einer Webseite zum Einsatz kommen.

- **CSS im `<head>`:** CSS-Ressourcen müssen standardmäßig möglichst früh im `<head>` eingebunden werden können. Inwiefern eine Platzierung an anderer Stelle nötig ist, muss im Einzelfall entschieden werden.
- **media-Attribut bei Stylesheets:** Einbindungen von Stylesheets müssen mit dem `media`-Attribut versehen werden können.
- **Inline-CSS:** Abhängig von einer definierbaren Bildschirmgröße muss das kritische CSS (für die Darstellung des Above-the-Fold-Bereichs benötigt) automatisch erkannt und inline eingebunden werden.
- **Verzögern von CSS:** Ist das kritische CSS inline eingebunden, muss das Laden des/der anderen Stylesheets verzögert werden können, um dessen/deren Blockierung aufzuheben. Das kann z. B. erreicht werden, indem das `rel="stylesheet"`-Attribut im `<link>`-Tag des Stylesheets erst beim `load`-Event gesetzt wird.

- **Blockierung von Custom Fonts aufheben:** Sind Custom Fonts eingebunden, muss deren Blockierung des Renderings aufgehoben werden. Das kann z. B. mithilfe von `font-display: optional` ermöglicht werden, was standardmäßig zu einer Blockierungsdauer von nur 100 ms führt. Konnte in diesem Zeitraum die Custom Font nicht geladen werden, wird sie stattdessen im Hintergrund geladen und beim ersten Seitenaufruf eine Standard-Schrift genutzt. Die Custom Font kommt in dem Fall erst ab dem zweiten Seitenaufruf zum Einsatz. Ein Flicker-Effekt findet somit nicht statt.
- **JavaScript vor `</body>`:** JavaScript-Ressourcen müssen standardmäßig möglichst kurz vor dem schließenden `body`-Tag eingebunden werden können. Inwiefern eine Platzierung an anderer Stelle benötigt ist, muss im Einzelfall entschieden werden.
- **Verzögern von JavaScript:** Mithilfe der `async`- und `defer`-Attribute muss die Blockierung von Skripten aufgehoben und deren Laden verzögert werden können. Inwiefern das Verzögern sinnvoll ist und welches der Attribute besser geeignet ist, muss im Einzelfall entschieden werden.

17.8 Sicherheit

HTTPS ist die verschlüsselte Variante des HTTP-Protokolls und sollte bei allen Websites zum Einsatz kommen. Der Großteil der Browser warnt inzwischen vor nicht verschlüsselten Verbindungen.

17.8.1 HTTPS

Im Vordergrund steht dabei die zusätzliche Datensicherheit für alle Nutzer und Nutzerinnen der Website. Zusätzlich stellt HTTPS einen geringen Rankingfaktor in der Google-Suche dar.

- HTTPS muss standardmäßig vom CMS unterstützt werden.
- Jegliche Ressourcen inkl. aller Bilder müssen per HTTPS eingebunden werden können.
- Mixed Content (Einbindung von HTTP in HTTPS-Dokumenten) darf nicht auftreten.

17.8.2 HSTS

Durch die Nutzung von HSTS werden auch bei Anfragen mit HTTP-Protokoll in der URL HTTPS-Inhalte angefordert. Somit wird die Sicherheit der Website weiter erhöht.

Außerdem gilt HSTS als weiteres Signal, um ausschließlich verschlüsselte URLs in den Suchergebnissen einzublenden.

▶ Bei der Nutzung von HTTPS sollte zusätzlich die Nutzung von HSTS aktiviert werden. Dafür muss das CMS HSTS standardmäßig unterstützen.

17.9 Rendering

Google ruft inzwischen nicht nur den Quelltext einzelner Webseiten ab, sondern rendert diese inklusive aller abhängigen Ressourcen wie ein Browser. Welche Dinge müssen hier beachtet werden?

17.9.1 Erreichbarkeit aller Rendering-Ressourcen

Damit eine Webseite also vollständig interpretiert werden kann, müssen alle für das Rendering relevanten Ressourcen für den Crawler erreichbar sein.

▶ Alle für das Rendern benötigten Ressourcen müssen für den Googlebot erreichbar und zum Crawling freigegeben sein. Das betrifft insbesondere Bilder, CSS-Ressourcen und Skripte, die das Rendering beeinflussen, die nicht in der *robots.txt* gesperrt sein dürfen.

▶ Das Rendering einzelner Webseiten kann mit der Funktion der URL-Prüfung in der Google Search Console getestet werden.

17.9.2 JavaScript für SEO-relevante Elemente

Außer Google interpretiert keine Suchmaschine derzeit JavaScript-Inhalte. Auch Google hat hier bislang noch Schwierigkeiten. Daher wird seitens Google auch der Einsatz von serverseitigem JavaScript-Rendering empfohlen. Idealerweise setzen Sie eine hybride bzw. isomorphe JavaScript-Rendering-Technik ein. Dies ist allerdings bei vorhandenen Systemen kaum rentabel umzusetzen. Achten Sie daher darauf, dass diese Inhalte auch ohne JavaScript abrufbar sind:

▶ SEO-relevante Inhalte der Website dürfen nicht ausschließlich durch clientseitig gerendertes JavaScript erzeugt bzw. sichtbar gemacht werden. Laut Aussage von Google betrifft das insbesondere:

– Navigationselemente
– sprechende Links
– eindeutige URLs
– Überschriften

- relevante Textinhalte
- Bilder

▶ Zudem sollten erfahrungsgemäß SEO-relevante Meta-Informationen nicht durch clientseitig gerendertes JavaScript gesetzt werden, auch wenn Suchmaschinenbetreiber dazu raten. Das betrifft insbesondere:
  - Meta-Title und -Description
  - Meta-Robots-Angaben
  - Canonicals
  - strukturierte Daten

Inwiefern clientseitiges JavaScript zum Einsatz kommt, kann auf verschiedene Arten getestet werden. Dazu zählen z. B. das Aufrufen der nicht gecachten URL mit deaktiviertem JavaScript und anschließendes Prüfen des Quelltexts und der sichtbaren Inhalte. Alternativ können Sie Bulk-Analysen mit Crawling-Tools wie dem Screaming Frog durchführen, die den nicht gerenderten Quelltext mehrerer URLs speichern und auswerten können.

17.9.3 Einsatz von CDN für Bilder

▶ Setzen Sie, wo möglich, ein CDN für die Bildauslieferung ein.
▶ Verzichten Sie bei dem CDN auf das Setzen von Cookies. Das spart Zeit.

17.10 Optimierung für Mobilgeräte

Aufgrund des enorm gestiegenen mobilen Traffic-Anteils in den letzten Jahren ist eine Optimierung für Mobilgeräte heutzutage Pflicht, um ein positives Nutzungserlebnis auf kleineren Bildschirmen sicherzustellen. Zudem nutzt Google das Mobile First Indexing für alle Websites und zieht somit die mobile Version für die Bewertung heran.

17.10.1 Responsive Design

Die gängigste Lösung zur geräteübergreifenden Optimierung stellt das Responsive Design dar. Auch Google empfiehlt den Einsatz von Responsive Design für die Mobile-Optimierung, da diese Technik tendenziell am wenigsten Fehlerpotenzial für das Crawling, die Indexierung und die Interpretation einer Website für den Googlebot aufweist.

- Die gesamte Website ist mithilfe eines Responsive Designs umgesetzt, sodass abhängig von der Bildschirmgröße des Clients eine optimierte Darstellung der Inhalte zum Einsatz kommt. Das betrifft insbesondere die Darstellung auf folgenden drei Geräteklassen:
  - Mobil
  - Tablet
  - Desktop
- Die Nutzung separater URLs für die mobile Version und der Einsatz von Dynamic Serving sind möglichst zu vermeiden.
- Sollte eine responsive Umsetzung nicht möglich sein, muss eine Prüfung von Alternativen sowie damit verbundenen Anforderungen im Einzelfall erfolgen.

17.10.2 AMP

Ziel von AMP ist die Bereitstellung enorm performanter Seiten, um insbesondere das Nutzungserlebnis auf Mobilgeräten zu verbessern.

AMP ist aus SEO-Sicht umstritten und sollte daher nicht ohne intensive Prüfung und Bewertung angegangen werden. Da auf Mobilgeräten u. a. ausschließlich AMP-Seiten im News-Karussell gefeatured werden, führt bei News-relevanten Inhalten meist kein Weg an AMP vorbei.

- Bei der Nutzung von Google-News-relevanten Inhalten muss die Möglichkeit bestehen, Accelerated Mobile Pages (AMP) einzusetzen.
- Die technischen Anforderungen für AMP sind einzuhalten und bei jedem Deployment zu prüfen (*https://developers.google.com/amp/?hl=de*).
- Die Bedingungen und Anforderungen zur Nutzung von AMP sind im Einzelfall zu bestimmen.

17.11 Sonstige Anforderungen

Neben den oben genannten Anforderungen in den jeweiligen Bereichen existieren noch weitere.

17.11.1 Aktivierbarer Wartungsmodus

Der Statuscode 503 vermeidet für die Dauer einer geplanten temporären Abschaltung der Website das Generieren zahlreicher 4xx-Fehlercodes. Diese könnten ansonsten das Crawl-Budget negativ beeinflussen sowie zur Deindexierung von Seiten führen.

Die Retry-After-Angabe informiert den Bot zusätzlich darüber, wann die Website voraussichtlich wieder verfügbar ist und das Crawling wieder aufgenommen werden soll.

- Das CMS muss einen Wartungsmodus unterstützen, welcher nach Aktivierung domainweit einen Statuscode 503 inkl. einer entsprechenden Hinweisseite ausspielt.
- Design und Inhalt der Hinweisseite müssen einmalig gestaltet werden können, um den Nutzer oder die Nutzerin bezüglich der aktuellen Nichtverfügbarkeit der Website abzuholen.
- In den Einstellungen des Wartungsmodus muss eine erwartete Downtime in Sekunden angegeben werden können. Wird eine Angabe im passenden Editor vorgenommen, muss das Feld `Retry-After` im HTTP-Header der 503-Seite gesetzt und mit dem entsprechenden Wert befüllt werden.

17.11.2 Modulare Content-Pflege

Um Redakteuren und Redakteurinnen eine größtmögliche Flexibilität bei der Content-Integration und -Pflege zu ermöglichen, hat sich eine modulare Content-Pflege inkl. passendem Grid-System im CMS bewährt. So können Redakteure und Redakteurinnen die Reihenfolge, Aufteilung und Position standardisierter Inhaltselemente größtenteils selbstständig steuern, ohne dafür IT-Ressourcen in Anspruch nehmen zu müssen. So ermöglichen Sie die Gestaltung von ansprechenden und attraktiven Webseiten.

- Das CMS muss eine modulare Content-Pflege für Redakteure und Redakteurinnen unterstützen, um eine flexible Anordnung und Reihenfolge der Inhaltselemente zu ermöglichen. Dafür sollten mindestens folgende Content-Formate auswählbar und pflegbar sein:
    - Überschriften
    - Fließtext
    - ungeordnete Listen
    - geordnete Listen
    - Tabellen
    - Einzelbilder
    - Bildergalerien
    - reines HTML
    - reines JavaScript
    - Whitespace

- Die Content-Pflege im Backend sollte auf einem responsiven Grid-System basieren, mit dem Redakteure und Redakteurinnen die Aufteilung des Main Contents in Mehrspalter flexibel steuern können. Die zur Verfügung stehenden Grids sollten von der Technik editiert und erweitert werden können.

17.11.3 Server-Umgebung

- möglichst geringe Time to first Byte (TTFB) von idealerweise < 200 ms
- Einsatz von HTTP/2
- Möglichkeit zur Integration von performancerelevanten Redirects in der .htaccess-Datei (Apache) bzw. config-Datei (Nginx)
- Möglichkeit zum Einrichten von Subdomains
- stabile Erreichbarkeit und Performance
- Zugriff auf Logfiles und deren Aufbewahrung für Logfile-Analysen, ggf. mit anonymisierten IP-Adressen

17.12 Besonderheiten bei E-Commerce-Seiten

Die soeben aufgezeigten Anforderungen gelten im Wesentlichen auch für Online-Shops. Diese Gattung von Websites gilt jedoch als besonders anspruchsvoll zu optimieren. Mittlerweile konnten sich auf dem E-Commerce-Markt große Player etablieren. Allen voran ist hier sicherlich Amazon zu nennen. Das Unternehmen lebt mittlerweile natürlich stark von seiner Reputation. Zu Beginn allerdings konnte sich Amazon insbesondere durch eine gute Präsenz in den Suchmaschinen behaupten. Daran hat sich bis heute kaum etwas geändert.

Warum ist aber ein Shop so schwer zu optimieren? In den meisten Fällen gilt es, auf Webseiten bestimmte Inhalte zu kommunizieren. Dies geschieht überwiegend in Form von Texten. Aus diesem Grund haben sich Suchmaschinen seit jeher auf Texte konzentriert. Im Webshop stehen jedoch nicht die Texte im Mittelpunkt, sondern der Verkauf und die dazu notwendige Präsentation der Produkte. Texte sind hier Mangelware und kommen im wahrsten Sinne des Wortes zu kurz.

Doch nicht nur die beinahe chronische Textkürze macht eine Optimierung schwierig. Ein Shop beherbergt oftmals sehr viele Produkte, die über ein Warenwirtschaftssystem oder zumindest über eine Datenbankapplikation gepflegt werden. Da passiert es allzu häufig, dass eine einzelne Seite kaum Beachtung erfährt.

Die große Datenmenge bringt natürlich auch Shopsysteme mit sich, die erst allmählich das Attribut »Suchmaschinen-tauglich« verdienen. Es scheint immer noch eine große Seltenheit zu sein, sodass zahlreiche Softwareanbieter damit werben, ihr Produkt sei »Suchmaschinen-freundlich«.

Nicht zuletzt machen die stark unterschiedlichen Funktionsbereiche innerhalb eines Shops das Optimieren schwer. Auf einer Website finden sich neben einzelnen Kontaktformularen überwiegend viele Einzelseiten, die es untereinander zu vernetzen gilt. Bei einem Shopsystem finden sich jedoch Produkt- bzw. Detailseiten, Übersichtsseiten, Rubrikenseiten und viele mehr.

Wie optimiert man nun aber einen Webshop? Im Folgenden sollen ergänzend zu den technischen Anforderungen grundlegende Strategien vorgestellt werden, wie ein Online-Shop für Suchmaschinen auch strukturell fit gemacht werden kann.

17.12.1 Auswahl der geeigneten Shop-Software

Häufig richtet sich die Auswahl der Shop-Software nicht nach Kriterien der Suchmaschinen-Tauglichkeit oder der Usability. Meist entscheiden Faktoren wie die Anbindung an ein vorhandenes Warenwirtschafts- oder Fakturierungssystem oder auch die Lizenzgebühren über den Shop.

Es gibt jedoch bestimmte Voraussetzungen, die ein Online-Shopsystem insbesondere aus Sicht der Suchmaschinen-Optimierung erfüllen sollte.

Auf der Ebene des HTML-Layouts sollten Sie durch den Einsatz von Templates alle Möglichkeiten haben, den HTML-Code zu verändern. Viele Shops setzen bei vorhandenen Standardvorlagen immer noch auf eine Layoutstruktur, die mittels Tabellen umgesetzt wurde. Ein guter Online-Shop sollte Tabellen nur zur strukturierten Darstellung von Inhalten nutzen, nicht aber als Layouthilfe (siehe Abbildung 17.1).

Ebenso sollten Sie Zugriff auf die Verzeichnis- und Dateinamen und deren Struktur haben. Nur so ist es Ihnen möglich, eine effektive Keyword-Platzierung in der URL durchzuführen. Dass Session-IDs nicht zwingend für einen Besuch des Shops vorausgesetzt werden sollten, müsste eigentlich klar sein. Bei Streifzügen durch die Online-Shop-Welt werden Sie allerdings noch genügend Shopsysteme finden, bei denen Sie ohne Session-ID immer nur auf der Startseite landen. Das ist ein todsicherer Garant dafür, dass dieser Shop niemals mit tieferen Seiten im Suchmaschinen-Index landen wird.

Zusätzlich zu den überwiegend technischen Voraussetzungen sollten Sie verständlicherweise in der Lage sein, möglichst flexibel den Inhalt (Content) zu gestalten. Hieran krankt es bei den meisten Shopsystemen.

Das betrifft einerseits die Beschreibungen in Text und Bild zu den jeweiligen Produkten. Aber auch die Seitenspalten sollten Sie möglichst frei und produktabhängig bestimmen können. Es hilft nämlich nichts, wenn Sie einen Produkttext auf den Produktnamen optimiert haben, jedoch die Randspalte und die restlichen Texte auf der

Website mit häufig genannten Begriffen wie »Angebot« oder »Übersicht« den mühsam aufgebauten Keyword-Fokus wieder zunichtemachen.

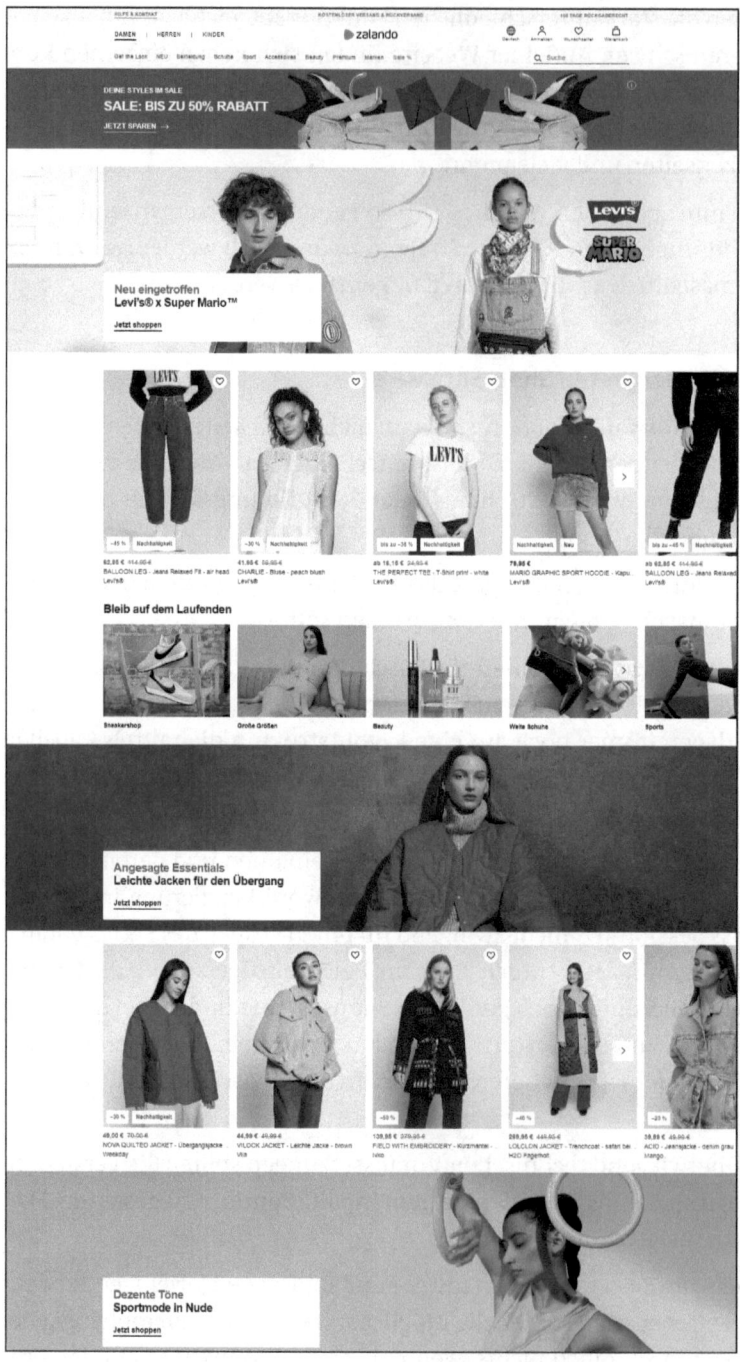

Abbildung 17.1 Online-Shop von »www.zalando.de«

Die Liste der Anforderungen könnte man noch weiter ausbauen. Bei der Auswahl eines geeigneten Shopsystems werden Sie die Unterschiede nach der Lektüre der vorangegangenen Kapitel jedoch schnell erkennen. Beliebte Open-Source-Systeme sind *Shopware* oder *OXID*. Für WordPress hat sich das Plugin *WooCommerce* etabliert. Es bietet Ihnen ohne Lizenzkosten eine sehr hohe Flexibilität. Im extremen Gegensatz dazu stehen fertige Shop-Produkte für wenige Euro pro Monat. Hier haben Sie in den allermeisten Fällen kaum Möglichkeiten zur Optimierung, da diese Shops als Out-of-the-Box-Software konzipiert sind und möglichst für jedermann nutzbar sein sollen. Am anderen Ende der Fahnenstange stehen dann große kommerzielle Shop-Lösungen wie *Hybris* von SAP oder Frameworks wie *Spryker*.

Alle Systeme haben leider eins gemeinsam: Keines ist von sich aus perfekt auf eine Suchmaschinen-Optimierung ausgelegt. Daran ändern auch keine Plugins etwas. Beachten Sie daher die technischen und inhaltlichen Optimierungshinweise.

17.12.2 Doppelstrategie bei der E-Shop-Optimierung

Ein Webshop zeichnet sich meist durch eine Vielzahl von Produkten aus. Jedes dieser Produkte besitzt eine eigene Produktseite, auf der detaillierte Informationen zu erfahren sind. Die Shop-Seiten sowie die einzelnen Module basieren auf Templates, die zentral verändert und optimiert werden.

Die Optimierung eines Shops besteht daher klassischerweise aus zwei Schritten:

- Im ersten Schritt überarbeiten Sie die Grundstruktur anhand der Templates derart, dass eine möglichst optimale HTML-Struktur entsteht. Da alle Produktseiten, alle Verzeichnisseiten sowie alle anderen Typen jeweils immer nur ein Template als Vorlage besitzen, können Sie mit relativ wenigen Handgriffen relativ viele Seiten auf einen Schlag optimieren. Auch die Struktur der URL kann zentral gesteuert werden und basiert auf bestimmten Feldern aus der Datenbank. Das Gleiche gilt für Querverweise, die etwa ein Produkt einer Kategorie mit anderen in Verbindung setzen.

- Der zweite Schritt der Optimierung bezieht sich auf die Inhalte selbst. Für jedes Produkt gilt es, die Keyword-Kombination zu recherchieren, die entsprechenden Tags für den Titel, die Meta-Tags, die Kategorie und natürlich auch den Fließtext inklusive seiner Struktur zu erstellen und zu optimieren. Auch die Bezeichnung der Bilder und ihrer Dateinamen sollte beachtet werden. Sie merken bereits: Hier kommt wesentlich mehr Arbeit auf den Shop-Betreiber zu als im ersten Schritt.

Aus diesem Grund setzt eine Shop-Optimierung auf zwei Strategien. Die Produkte, die aus Sicht des Kaufmanns und der Kauffrau am meisten Profit versprechen, werden bevorzugt behandelt und im Detail optimiert. Die Seiten mit den sorgsam optimierten Texten und Inhalten bieten somit auch ein perfektes Ziel für eine Offpage-

Optimierung, die insbesondere im Shop-Bereich unerlässlich ist, da die Konkurrenz für die zu verkaufenden Produkte in aller Regel hoch ist.

Natürlich werden die gezielt ausgesuchten Seiten auch strukturell optimiert. Dies erfolgt im zuvor beschriebenen ersten Schritt über die Optimierung der Templates. Von einer besseren HTML-Struktur und von effektiveren URLs profitieren nicht nur die ausgesuchten Produktseiten, sondern im Prinzip alle Seiten und alle Produkte. Hier verbindet sich die Strategie der gezielten Optimierung mit der sogenannten *Long-Tail-Strategie*.

Der Long Tail ist in Abbildung 17.2 der grau unterlegte Bereich. Das Phänomen wurde 2004 von Chris Anderson beschrieben. Es besagt, dass man als Anbieter im Internet mit einer großen Anzahl von Nischenprodukten Gewinn machen kann. Insbesondere beim Buchgeschäft wird deutlich, dass im konventionellen Verkaufsgeschäft Tausende von Büchern nur sehr selten von Kunden aus der Umgebung gekauft werden und damit beim Buchhändler die Regale verstopfen. Keine Buchhandlung kann sich so viele Regale in einem Geschäft in einer teuren Fußgängerzone leisten. Amazon z. B. kann jedoch günstige Lagerhallen mitten im Nirgendwo bauen und von dort aus die Anfragen weltweit bedienen.

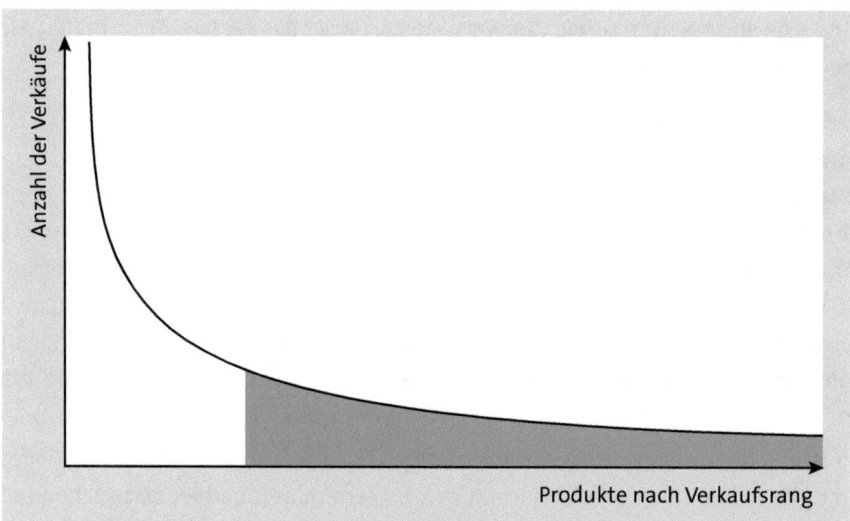

Abbildung 17.2 Den Long Tail bei der Shop-Optimierung nutzen

Wenn Sie sich auf die detaillierte und damit kostenintensive Optimierung von einigen wenigen Produkten konzentrieren, verfolgen Sie damit den klassischen Weg und nutzen die Gewinnspanne im linken Bereich der Grafik. Durch diese Grundoptimierung sorgen Sie jedoch dafür, dass Kunden mit einem Spezialinteresse an Produkten aus dem Long Tail über Suchmaschinen zu Ihnen gelangen und Sie damit auch den rechten Bereich ausschöpfen können.

Um dieser Doppelstrategie bei der Optimierung gerecht zu werden, müssen Sie die Vorgänge in Ihrem Shop allerdings sehr gut kennen. Hier kommen die Punkte des Controllings zusammen mit Marketing-Strategien zum Tragen. Einmal definierte Schwerpunkte des Shops sollten daher nicht in Stein gemeißelt bleiben. Falls sich der Markt ändert – entweder dauerhaft oder aufgrund von Trends oder Jahreszeiten –, sollten Sie flexibel zusätzliche oder neue Schwerpunkte ausbilden.

17.12.3 Optimierung der Funktionsbereiche eines E-Shops

Für die Suchmaschinen-Optimierung ist aus praktischer Sicht die Unterscheidung zwischen den verschiedenen Funktionsbereichen zentral für einen Erfolg der Long-Tail-Strategie. Die bereits angesprochenen Bereiche müssen verschiedene Funktionen erfüllen und daher auch mit unterschiedlichen Schwerpunkten optimiert werden.

Produktdetailseite (PDS)

Erfahrungsgemäß beginnt man die Optimierung am besten auf den Detail- bzw. Produktdetailseiten. Hier kommen hauptsächlich die angesprochenen Onpage-Kriterien zum Einsatz. Das heißt, Sie müssen für eine effiziente HTML-Struktur sorgen. Wichtige Inhalte müssen nach oben, weniger wichtige nach unten. Das Haupt-Keyword ist meist der Produktname selbst und muss fokussiert optimiert werden. Ebenso muss die semantische Struktur aus Überschriften, Fließtext, Bildunterschriften und anderen Auszeichnungselementen optimiert werden. Die Optimierung der Detailansicht unterscheidet sich im Prinzip nicht von derjenigen einer gewöhnlichen Webseite.

Für besonders gewinnbringende Produkte wird anschließend gezielt eine Offpage-Optimierung durchgeführt. Hier sollten möglichst viele themenrelevante eingehende Verweise von anderen Seiten geschaffen werden.

Detailseiten liegen für gewöhnlich etwas tiefer im Seitenbaum. Dennoch erhält eine gut optimierte Detailseite einen hohen PageRank, wenn die Offpage-Optimierung Erfolg hat. Um den Linkjuice auch auf andere Seiten zu verteilen, sollten Sie Querverweise sowohl zur nächsthöheren Ebene, der Produktliste, als auch zu anderen verwandten Produkten setzen. Letzteres lässt sich meist über Standardfunktionen umsetzen: »Kunden, die diesen Artikel ansahen, sahen auch …« oder »Zubehör zu diesem Produkt« sind zwei Beispiele für beliebte Module.

Kategorie- und Unterkategorieseiten

Die Kategorieseiten befinden sich in der Hierarchie über den jeweiligen Detailseiten. Sie beinhalten meist eine Produktliste mit Vorschau-Teasern inklusive Links zu den Produkten dieser Kategorie. Jedoch kann eine Produktliste auch die Topseller, güns-

tige Angebote oder alle Produkte einer Marke anzeigen. Strukturell sind diese jedoch alle wie Kategorieseiten zu behandeln. Vor allem bei umfangreichen Kategorien verweisen Kategorieseiten zunächst auf verschiedene Unterkategorieseiten, die dann wiederum auf die Produkte verlinken.

Die Kategorieseite kündigt in jedem Fall die einzelnen Produkte an und soll den Besucher dazu animieren, auf einen Detaileintrag zu klicken. Meistens steht für die Kategorieseiten wenig Fließtext zur Verfügung.

Aber innerhalb der Produkt-Teaser können Sie einen kurzen Beschreibungstext für jedes Produkt nutzen, um ausreichend Text für die Suchmaschinen zu generieren. Häufig findet man im Kopfbereich auch einen einführenden Text, der die Produkte aus einer Produktkategorie einführt. Hier haben Sie ebenfalls die Möglichkeit, relevante Inhalte weit oben zu platzieren.

In vielen Shops findet man auch unterhalb der Produktliste am Ende der Seite einen langen Text, der für SEO-Zwecke eingesetzt wird. Solange dieser Text ausschließlich für Suchmaschinen geschrieben ist und einer Bleiwüste gleicht, können Sie ihn getrost vergessen. Ist er stattdessen für den Besucher oder die Besucherin hilfreich geschrieben, vielleicht in Form einer Kaufberatung, und hat er auch ein ansprechendes Design mit Bildern und strukturierten Zwischenüberschriften, ist dies auch durchaus zuträglich für bessere Rankings.

Welches Keyword eignet sich zur Optimierung der Kategorieseite? Handelt es sich um Produkte einer Kategorie, ist der Kategoriename auf jeden Fall gesetzt. Eine Keyword-Recherche bringt vielleicht noch zusätzliche Begriffe für eine effiziente Kombination. Achten Sie darauf, dass die der Reihe nach aufgezählten Produkte eine hochwertige Überschrift besitzen und das gewählte Keyword darin vorkommt. Auch sollten die Überschrift, das Bild sowie ein weiterer Verweis auf die jeweilige Detailseite angezeigt werden, damit die Crawler beim Indexieren alle Detailseiten möglichst gut erreichen. Das `<alt>`- sowie das `<title>`-Tag in den Bildern können in der Produktliste auch vor der eigentlichen Produktbeschreibung die Produktkategorie beinhalten.

Startseite

Die Startseite eignet sich hervorragend zum Setzen von Deep Links. Häufig gekaufte Produkte, aktuell gekaufte Produkte, Angebote, Aktionen oder ein Gewinnspiel: Lassen Sie Ihrer Kreativität freien Lauf. Hier geht es hauptsächlich darum, dass sowohl die Crawler als auch die Nutzer und Nutzerinnen Einstiege in die Seite finden. Achten Sie besonders bei der Startseite darauf, dass diese stets aktuell ist und dass mehrmals wöchentlich neue Inhalte präsentiert werden. Suchmaschinen bewerten Bewegung und Veränderung auf Startseiten positiv.

Vermeiden Sie – falls möglich – Suchmaschinen-untaugliche Verweissysteme. Dropdown-Felder oder in Bilderslider integrierte Texte taugen für Suchmaschinen nichts. Auch das Einbinden von Fremdinhalten über iframes bringt keine Punkte, da die Fremdinhalte nicht zu Ihrer Seite gezählt werden.

Sollten Sie neben dem virtuellen Shop auch Kundenverkehr in einem Ladengeschäft haben, bietet sich für die Startseite die Nennung der Adresse, der Öffnungszeiten sowie das Präsentieren einiger Bilder an. Bei mehreren Filialen sollten Sie eine Übersicht prominent auf der Startseite verlinken.

Indexseiten

Ein Online-Shop bietet eine Menge Indexseiten. Dies sollten Sie nutzen. Vor allem muss eine Suchfunktion zentral auf der Website nutzbar sein. Die Ergebnisse sollten in der Regel nicht für Suchmaschinen erreichbar sein. Weitere Indexseiten sind aus Sicht der Optimierung überwiegend hilfreich, um die Crawler auf die zahlreichen Seiten zu verweisen. So bieten einige Shopsysteme an, automatisch einen A–Z-Index aller Kategorien und Unterkategorien zu erstellen.

Verwaltungsseiten

Ebenso gehören auch solche Seiten zu einem Shop, die zur Abwicklung der Bestellvorgänge dienen. Der Warenkorb, das Formular zur Adresseingabe, die Übersicht über den Versandstatus und viele andere Ansichten können Sie getrost vor dem Suchmaschinenzugriff schützen. Auch die allgemeinen Geschäftsbedingungen (AGB), das Impressum und die Datenschutzerklärung sind für die Suchmaschinen-Optimierung nicht interessant. Die Versandbedingungen und andere für den Nutzer und die Nutzerin relevante Informationen sollten Sie hingegen indexieren lassen, falls Nutzer oder Nutzerinnen direkt über Google danach suchen.

Magazin- und Ratgeberseiten

Es hat sich als gute Praxis erwiesen, dass ein Online-Shop neben den soeben dargestellten transaktionalen Bereichen noch über einen weiteren Bereich verfügt, der eher inhaltsgetrieben ist: Das kann ein Magazin sein, ein Ratgeber, eine Infothek oder ähnliche Konzepte. Letztendlich geht es bei allen darum, dass Suchende abgeholt werden sollen, die nicht direkt eine transaktionale Absicht haben, sondern sich noch in einer früheren Phase der Informationsbeschaffung finden. So könnte ein Schuhhändler einen Ratgeberbereich anbieten, worauf man beim Schuhkauf achten sollte, was beim Kauf von Gesundheitsschuhen zu beachten ist und welche Schuhe aktuell in Mode sind. Hier sind thematisch keine Grenzen gesetzt. Die Bereiche sollen aber für Keywords ranken, die informatorisch sind. Die Kunst besteht dann darin, die Be-

sucher und Besucherinnen aus diesem informatorischen Bereich gezielt in den transaktionalen zu bringen. Dies kann zum Beispiel mit dem Einblenden von relevanten Produkten zu einem Thema geschehen.

17.12.4 Controlling über Konversionen

Sobald die Template-Struktur überarbeitet ist und zentrale Produkte verstärkt optimiert wurden, ist die erste Arbeit getan. Insbesondere bei der Beauftragung eines externen Optimierers oder einer Optimiererin hört hier die Arbeit zunächst auf. Dabei gilt bei einem Online-Shop die Grundregel der Suchmaschinen-Optimierung noch viel stärker als bei anderen Websites: Optimierung ist ein stetiger Prozess!

Dazu gehört vor allem die Erfolgskontrolle. Über die Verkaufszahlen der Produkte haben Sie eine klassische und dankbare Conversion-Definition und können damit vor allem für die besonders optimierten Produkte die Entwicklung der Konversionszahlen in Abhängigkeit von den Besuchern und Besucherinnen von Suchmaschinen beobachten. Sollten sich hier innerhalb von sechs Monaten nach Abschluss der ersten Optimierungsphase keine wesentlichen Verbesserungen ergeben haben, gilt es nachzuforschen, warum die Optimierung nicht wirkt. Das kann ohne Frage an der Optimierung selbst liegen.

Häufig sind aber auch andere Faktoren bei einem Online-Shop zu berücksichtigen. Vielleicht kommen die Kunden mit dem Bestellvorgang nicht zurecht und brechen stets an einer bestimmten Stelle ab, weil sie z. B. kein Vertrauen in das Bezahlsystem haben, einen Button nicht finden oder eine Fehlermeldung nicht verstehen. Solche Gründe für einen Abbruch lassen sich über das Tracking gezielt herausfinden und sollten schnellstens behoben werden.

> **Praxistipp: Shop-Optimierung ist SEO und CRO!**
>
> Die Optimierung dieses Bereichs fällt zwar streng genommen nicht in die Suchmaschinen-Optimierung (SEO), sondern in die Konversionsraten-Optimierung (CRO) – aber was bringt es einem Shop-Betreiber, wenn er erst mit SEO viel Traffic auf die Website bringt, um ihn dann nicht richtig zu verwerten?

Ebenso sollten Sie neben den allgemeinen Onpage-Faktoren der zentralen Seiten vor allem das Ranking der gezielt optimierten Seiten beobachten. Nur so können Sie auch effektiv nachoptimieren, falls das Ranking einmal verharrt oder gar abfällt. Hier bringt eine Analyse der Webseiten Sie sicherlich auf die eine oder andere Idee zu einer weiteren Optimierung.

17.13 Viel Erfolg!

Nach der Lektüre der vorangegangenen Kapitel besitzen Sie ein fundiertes Wissen, um selbstständig die Entwicklungen auf dem Markt beobachten und vor allem kompetent beurteilen zu können. Dabei ist es unerheblich, ob dieses Wissen bei der eigenhändigen Optimierung Anwendung findet oder ob es Sie davor schützt, von einem der vielen (professionellen) Suchmaschinen-Optimierer und -Optimiererinnen einen Bären aufgebunden zu bekommen. Nur mit dem erworbenen Wissen kann eine erfolgreiche Optimierung funktionieren. Dazu wünsche ich Ihnen viel Geduld und Erfolg!

Ich freue mich jederzeit über Feedback und Erfolgsmeldungen Ihrer Optimierung. Sie erreichen mich unter *mail@erlhofer.de*.

Kapitel 18
SEO und Recht

Immer wieder gibt es auch rechtliche Fragen zum Thema Suchmaschinen-Optimierung. Nicht immer sind die deutschen und europäischen Gesetze für die SEO-Arbeiten leicht und eindeutig zu interpretieren. Seit einigen Jahren hält uns insbesondere das Datenschutzrecht auf Trab. Daher freue ich mich, dass Christian Solmecke in diesem Kapitel ein wenig Licht in das Dunkel rechtlicher Fragen rund um die Suchmaschinen-Optimierung bringt.

Nachdem in den vorangegangenen Kapiteln erläutert wurde, wie die Suchmaschinen-Optimierung technisch umgesetzt werden kann, ist nun ein Blick auf einen weiteren besonders wichtigen Aspekt bei der Suchmaschinen-Optimierung zu legen, nämlich das Recht. Denn dabei gilt es zahlreiche Vorgaben zu beachten, die für eine rechtssichere Suchmaschinen-Optimierung wichtig sind. Der Suchmaschinen-Optimierer wird mit zahlreichen Fragen konfrontiert: Was ist beim Abschluss eines SEO-Vertrags mit einer Agentur zu beachten? Dürfen die Namen von Wettbewerbern in den Meta-Informationen eines Internetauftritts auftauchen? Dürfen fremde Inhalte via RSS-Feed in den eigenen Internetauftritt eingebettet werden? Sind von Google verbotene Optimierungsmethoden auch juristisch relevant? Welchen Einfluss hat die Europäische Datenschutz-Grundverordnung auf die Suchmaschinenoptimierung? Und wie kann SEO eigentlich aktuell angesichts der anhaltenden rechtlichen Diskussionen um Cookies datenschutzkonform eingesetzt werden? Wer sich über solche Fragen keine Gedanken macht, wird womöglich ins (teure) Fettnäpfchen tappen. Um dies zu verhindern, erläutert Christian Solmecke in diesem Kapitel wichtige Themen rund um das Thema SEO und Recht.

Christian Solmecke schreibt über SEO und Recht

Rechtsanwalt Christian Solmecke ist Partner der Kanzlei Wilde Beuger Solmecke (*wbs-law.de*) und hat in den vergangenen Jahren den Bereich IT und E-Commerce stetig ausgebaut. So betreut er zahlreiche SEO-Agenturen, Medienschaffende und Web-2.0-Plattformen. Regelmäßig nimmt Christian Solmecke als Redner am SEO DAY, der Fachkonferenz für die Suchmaschinen-Optimie-

rung, teil. Zu diesem Thema hat Solmecke bereits den Ratgeber »SEO Recht – Suchmaschinenoptimierung und Recht« verfasst, der als E-Book kostenfrei auf seiner Kanzleiwebsite erhältlich ist (*https://www.wbs-law.de/wp-content/uploads/2012/11/SEO-Recht-WILDE-BEUGER-SOLMECKE.pdf*). Welche rechtlichen Aspekte bei der Verwendung von SEO als Werbeinstrument zu beachten sind, hat er zudem gemeinsam mit Sibel Kocatepe in dem Praktiker-Handbuch »Recht im Online-Marketing« näher dargestellt. Zusätzlich klärt er wöchentlich über seinen YouTube-Kanal (*wbs-law.tv*) über neueste Trends im Online-Recht auf. Neben seiner Kanzleitätigkeit ist Christian Solmecke auch Geschäftsführer des *Deutschen Instituts für Kommunikation und Recht im Internet* (DIKRI) an der Cologne Business School. Dort beschäftigt er sich insbesondere mit Rechtsfragen in sozialen Netzen. Vor seiner Tätigkeit als Anwalt arbeitete Christian Solmecke mehrere Jahre als Journalist für den Westdeutschen Rundfunk und andere Medien. Über *solmecke@wbs-law.de* ist der Autor per E-Mail zu erreichen.

18.1 Das Vertragsrecht

Wer die Suchmaschinen-Optimierung nicht selbst in die Hand nehmen kann und deshalb z. B. eine Agentur damit beauftragen möchte, sollte zunächst an das denken, was zahlreiche spätere Konflikte vermeiden kann: an einen sauberen Vertrag. Ein Vertrag ist die Basis der Zusammenarbeit und regelt im Optimalfall jeden relevanten Punkt der Kooperation. Bei der Gestaltung des Vertrags sollten daher alle möglichen Szenarien, die sich bei der Suchmaschinen-Optimierung ereignen könnten, gedanklich durchgespielt und verklausuliert werden, um so für jede Situation die Modalitäten und die Konsequenzen schon im Voraus vertraglich zu regeln. Dies betrifft nicht nur den Kernvertrag, sondern auch Vertragsänderungen oder Vertragsergänzungen. Insbesondere spielen dabei die folgenden Aspekte eine Rolle:

- Vertragsart
- Leistungsgegenstand
- Vertragsschlussmodalitäten
- Mitwirkungspflichten des Kunden und Regelungen für den Fall des Verstoßes
- Preise, Zahlungen, Fälligkeit sowie Folgen bei Zahlungsverzug
- Aufrechnungsrechte und Zurückbehaltungsrechte
- Vertragslaufzeit, Kündigungsrechte, Schadenersatzrechte
- Gewährleistungsrechte bzw. deren Ausschluss
- Datenschutz
- Haftung
- Rechte Dritter und Freistellung von Ansprüchen Dritter

- Geheimhaltung vertraulicher Informationen
- Exklusivitätsvereinbarungen

Im Folgenden werde ich Ihnen nun einen Überblick darüber geben, welche Regelungsinhalte sich genau hinter diesen Begrifflichkeiten verbergen.

18.1.1 Vertragsart: Werkvertrag oder Dienstvertrag?

Was zunächst recht einfach klingt, ist mit verschiedenen Schwierigkeiten verbunden. Das beginnt schon mit der Vertragsart.

So stellt sich zunächst einmal die Frage, welche Art von Vertrag eigentlich bei einer Vereinbarung zwischen dem Betreiber des Internetauftritts und dem Suchmaschinen-Optimierer geschlossen wird. In Betracht kommen dabei ein Dienstvertrag nach § 611 BGB (Abbildung 18.1) und ein Werkvertrag (Abbildung 18.2) nach § 631 BGB. Um zu verstehen, warum diese Unterscheidung überhaupt eine Rolle spielt, werfen wir zunächst einen Blick auf die Grundprinzipien dieser Vertragsarten.

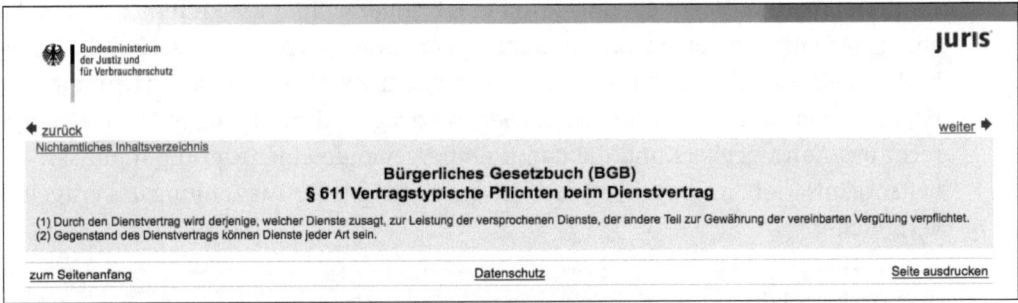

Abbildung 18.1 Gesetzliche Regelung des Dienstvertrages

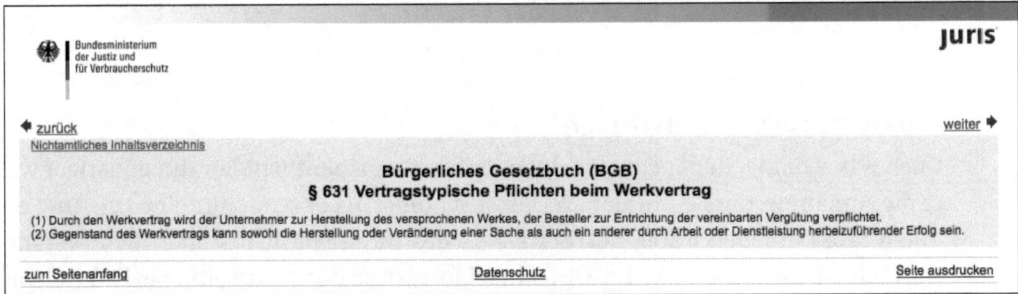

Abbildung 18.2 Gesetzliche Regelung des Werkvertrages

Werkvertrag

Beim *Werkvertrag* handelt es sich um einen entgeltlichen, gegenseitigen Vertrag, bei dem sich der Auftragnehmer zur Herstellung eines Werkes und der Auftraggeber zur

Zahlung des vereinbarten Werklohns verpflichten. Damit schuldet der Unternehmer hier nicht nur eine Tätigkeit, sondern zudem noch ein konkretes Ergebnis, also einen bestimmten Erfolg. Ein wesentliches Merkmal ist dabei, dass die Herstellung des Werkes regelmäßig mit den eigenen Mitteln und Ressourcen des Auftragnehmers erfolgt. Werden die Verpflichtungen nicht erfüllt, dann stehen dem Auftraggeber wegen Schlechtleistung Gewährleistungsrechte zu, wie etwa Nacherfüllung oder Schadenersatz nach § 634 BGB.

> **Praxisbeispiel!**
> Typische Werkverträge regeln zum Beispiel Handwerkerarbeiten, die auf eine bestimmte Art und Weise und mit einem bestimmten Ergebnis erledigt werden müssen.

Dienstvertrag

Genau dieser geschuldete Erfolg ist auch der Unterschied zum *Dienstvertrag*. Denn dabei schuldet der Unternehmer oder die Unternehmerin nicht ein konkretes Werk, sondern nur eine Dienstleistung, also die Erbringung einer konkreten Leistung, die aber gerade nicht einen bestimmten Erfolg zum Ergebnis haben muss. Zur Erfüllung ist daher ein ernstliches Bemühen des Auftragnehmers im vereinbarten Umfang ausreichend. Kennzeichnend für einen Dienstvertrag sind in der Regel ein Weisungsrecht des Auftraggebers und die damit einhergehende Eingliederung in dessen Arbeitsorganisation. Im Gegenzug dazu ist der Auftraggeber zur Zahlung des Entgeltes verpflichtet.

> **Praxisbeispiel!**
> Dienstverträge begegnen uns im Alltag zum Beispiel bei Arztbesuchen, bei denen der Arzt oder die Ärztin nur zur Untersuchung verpflichtet ist, nicht jedoch zur Heilung des Patienten.

Werkvertrag oder Dienstvertrag?

Doch was schuldet der Suchmaschinen-Optimierer eigentlich? Für ihn günstiger wäre die Annahme, dass er nur einen Dienst schuldet, da er dann nur eine Leistung erfüllen muss, für den Erfolg des Betreibers des Internetauftritts aber nicht verantwortlich ist. Dies bedeutet im Umkehrschluss, dass dort, wo kein spezieller Erfolg versprochen wird, dessen Nichteintritt auch nicht zu einer Inanspruchnahme des Suchmaschinen-Optimierers führen kann. Auch gibt es bei Dienstverträgen keine Gewährleistungsrechte.

Spiegelbildlich dazu ist es im Interesse des Internetauftritt-Betreibers als Auftraggeber, eine Einordnung als Werkvertrag zu erreichen, da dieser dann bei mangelndem

Erfolg den Suchmaschinen-Optimierer wegen Schlechtleistung in Anspruch nehmen kann. Dabei gilt jedoch grundsätzlich, dass bei Werkverträgen Zahlungs- und Mängelansprüche erst nach erfolgter Abnahme des Werkes durch den Auftraggeber geltend gemacht werden können.

> **Praxisbeispiel!**
> Über genau diese Problematik hatte das Landgericht Amberg (Urteil vom 22.08.2012, Az. 14 O 417/12) in einem Zivilverfahren zu entscheiden. Gegenstand dieses Verfahrens war ein Linkbuilding-Service-Vertrag zwischen einem Suchmaschinen-Optimierer und einem Internetdienstleister, wonach die Setzung einer bestimmten Anzahl von Backlinks bis zu einer bestimmten Zeit zu einem bestimmten Betrag erbracht werden sollte. Eine genaue Tätigkeitsbeschreibung erfolgte jedoch nicht. Nach Ansicht des LG Amberg stellt dies einen Werkvertrag gemäß § 631 BGB dar, da die geschuldete Leistung ein Erfolg und nicht nur ein ernstliches Bemühen ist. Daher war die Leistung durch den Auftragnehmer nicht schon dadurch erfüllt, dass er das Platzieren beantragte, sondern erst mit dem Platzieren durch die Betreiber selbst.

Doch die Entscheidung aus dem Praxisbeispiel ist keine Grundsatzentscheidung. Nicht jeder SEO-Vertrag ist nun ein Werkvertrag. Vielmehr ist immer eine konkrete Betrachtung der vertraglichen Vereinbarungen im Einzelfall erforderlich. Es spricht vieles dafür, den SEO-Vertrag grundsätzlich als Dienstvertrag einzuordnen, wobei es natürlich jeweils auf den individuellen Sachverhalt ankommt. Ein Dienstvertrag ist z. B. dort denkbar, wo der Auftragnehmer sich längerfristig auf Grundlage festgelegter Leistungen innerhalb des vereinbarten finanziellen Rahmens zum Tätigwerden verpflichtet, woraus der Auftraggeber zwar in irgendeiner Weise profitieren soll, der Auftragnehmer aber z. B. für die Verbesserung des Suchmaschinen-Rankings nicht verantwortlich sein soll.

> **Praxisbeispiel!**
> Das OLG Köln (Beschluss vom 16.1.2014, Az. 19 U 149/13) ist ebenfalls der Auffassung, dass ein Vertrag über Suchmaschinen-Optimierung ein Dienstvertrag ist, auch, wenn die Parteien eine Analyse des Nutzerverhaltens bei Besuchen des Web-Shops mit dem Ziel einer Verbesserung des Angebots vereinbart haben. Auch die Vereinbarung einer Provision für den Suchmaschinen-Optimierer bei Erreichen eines bestimmten Umsatzes führe nicht zwingend dazu, dass das Werkvertragsrecht Anwendung findet.
>
> Auch das AG Ludwigslust (Urteil vom 28.5.2014, Az. 5 C 31/13) ordnet einen SEO-Vertrag grundsätzlich als Dienstvertrag ein. Dafür spreche vor allem die Vertragslaufzeit von einem Jahr und die Tatsache, dass die Platzierung unter den Suchergebnissen von Umständen abhängt, die der Suchmaschinen-Optimierer selbst nicht beeinflussen kann.

Bei der Einordnung von SEO-Verträgen kommt es somit auf eine Gesamtwürdigung der vereinbarten Leistungspflichten an. Suchmaschinen-Optimierer sollten daher ihre aktuellen Verträge von einem Anwalt oder einer Anwältin überprüfen lassen, um zu vermeiden, dass eine Vergütung nur bei Erreichen bestimmter Ziele geschuldet wird.

18.1.2 Der Leistungsgegenstand

Die Regelung des Leistungsumfangs bildet für die Suchmaschinen-Optimierung die wichtigste Richtlinie. Präzise und professionell formuliert, als auch der Betreiber der Internetseite zu welchem Zeitpunkt hat.

> **Praxistipp!**
> Je detaillierter der Leistungsumfang formuliert ist, desto geringer ist die Wahrscheinlichkeit, dass die Leistung im Nachhinein als nicht oder nicht vollständig erbracht angesehen wird. Über den Leistungsumfang kann dann auch ermittelt werden, ob Auftraggeber und Auftragnehmer einen Werk- oder einen Dienstvertrag gewünscht haben.

Hauptleistungspflichten

Dabei sollte zunächst geregelt werden, was die Hauptleistungspflichten der Vertragsvereinbarung sein sollen. Dazu gehört neben der Suchmaschinen-Optimierung auch die Bezahlung.

Bei einem Suchmaschinen-Optimierungsvertrag verpflichtet sich der Auftragnehmer dazu, den Internetauftritt des Auftraggebers dergestalt zu optimieren, dass dieser in den Suchergebnissen der vereinbarten Suchmaschinen eine verbesserte Positionierung erreicht. Dazu ist eine Steigerung des Traffics erforderlich, dessen Umfang jedoch oftmals nicht garantiert werden kann, da er von zu vielen Faktoren abhängt.

> **Formulierungsbeispiel!**
> *Das Unternehmen erbringt umfassende Dienstleistungen im Bereich der Suchmaschinen-Optimierung (SEO) mit dem Ziel, während der Vertragslaufzeit die Platzierung des Internetauftritts des Kunden (nachfolgend ›Website‹ genannt) in den wichtigsten zwischen den Parteien jeweils abzustimmenden Internetsuchdiensten zu verbessern, idealerweise auf eine führende Platzierung.*

Welche Dienstleistungen dabei genau erbracht werden sollen, muss sich aus einer auf das jeweilige Produkt abgestimmten Leistungsbeschreibung ergeben.

Was im Detail von der Onpage- und Offpage-Optimierung umfasst sein soll, muss vertraglich zwischen den Parteien vereinbart werden. So ist etwa daran zu denken, die für die Optimierung genutzten Suchbegriffe und Suchbegriffskombinationen, sogenannte *Keywords*, mit dem Kunden abzustimmen.

Während die Zusicherung der Traffic-Steigerung in aller Regel Bestandteil des SEO-Vertrags ist, wünschen sich die Website-Betreiber als Auftraggeber oftmals auch eine Top-10-Platzierung (siehe Abbildung 18.3).

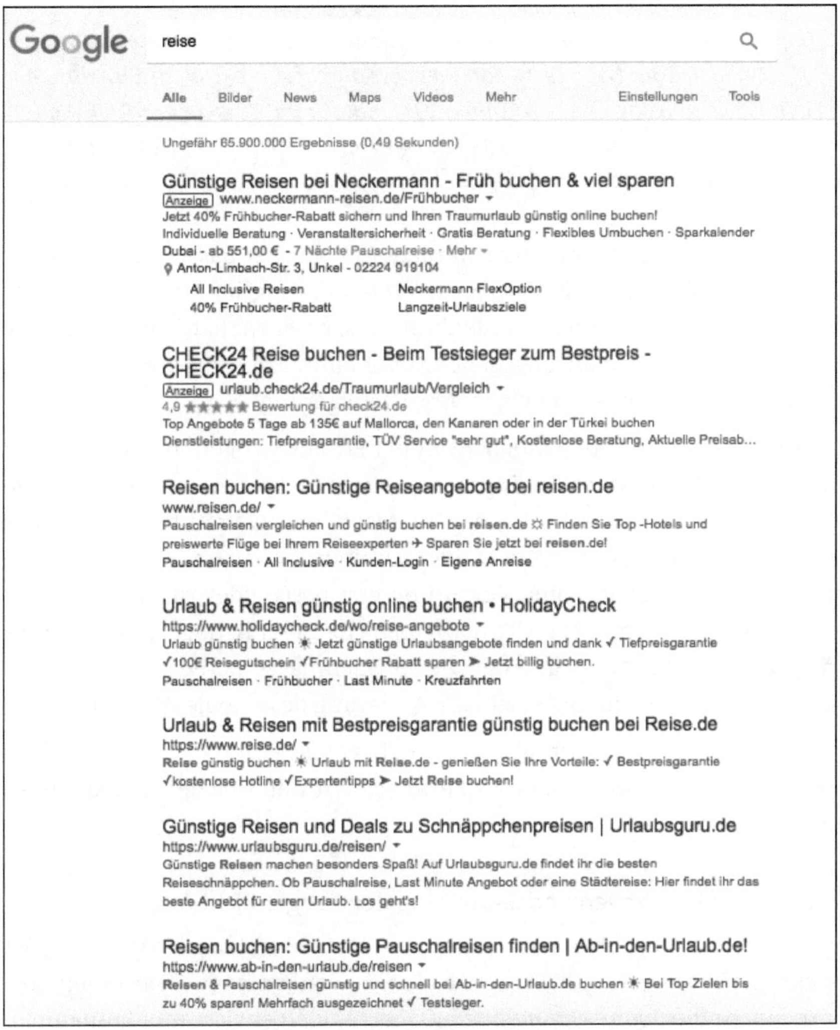

Abbildung 18.3 Diese Webseiten können bei Eingabe des Suchbegriffes »Reise« eine Platzierung unter den ersten zehn Treffern aufweisen.

Dies bedeutet letztlich, dass ein gewisser Erfolg geschuldet wird, der aber nicht nur vom Können des Suchmaschinen-Optimierers abhängt, sondern auch von vielen

Faktoren, die außerhalb seines Einflussbereichs liegen. Daher ist eine solche Vereinbarung für ihn risikoreich, da er bei Nichterreichen der Platzierung mit der Geltendmachung von Gewährleistungsrechten, wie z. B. Schadenersatz oder Rücktritt wegen Schlechtleistung, rechnen muss.

> **Formulierungsbeispiel!**
>
> Eine für den Suchmaschinen-Optimierer günstige Formulierung könnte folgendermaßen lauten:
>
> *»Das Unternehmen wird die ihm übertragenen Aufgaben nach bestem Wissen und Gewissen dem jeweiligen Stand der Technik angepasst durchführen. Das Unternehmen garantiert dem Kunden jedoch keine Aufnahme oder bestimmte Platzierung der Webseite bei dem jeweiligen Suchdienst. Klarstellend wird festgehalten, dass das Unternehmen insoweit keinen konkreten Erfolg schuldet.«*

Auch die Gegenleistung muss vereinbart werden. Auf welcher Basis und in welcher Höhe die Bezahlung erfolgen soll, hängt von der Vereinbarung der Parteien ab. Denkbar sind dabei die Festlegung eines Stundenhonorars, einer monatlichen Pauschale in Kombination mit einer Einrichtungsgebühr oder eines Erfolgshonorars auf Basis eines vorher fixierten Rankings oder einer Umsatzsteigerung.

Die aus Sicht des Kunden lukrative Möglichkeit der Erfolgsbezogenheit erfordert für den Suchmaschinen-Optimierer allerdings ein gewisses Maß an finanzieller Flexibilität. Das heißt, wenn der Suchmaschinen-Optimierer auf ein bestimmtes monatliches Einkommen angewiesen ist, sollte er nicht oder zumindest nicht überwiegend Werkverträge abschließen, bei denen eine Vergütung erst geschuldet ist, wenn ein bestimmter Erfolg erreicht wurde. Es sollte nämlich nicht außer Acht gelassen werden, dass der Erfolg auch von Faktoren abhängt, die der Suchmaschinen-Optimierer nicht beeinflussen kann, z. B. eine unvorhersehbare Änderung des Google-Algorithmus.

Darüber hinaus sollte auch geregelt werden, ob die vereinbarten Preise brutto oder netto gelten, wie die Rechnungsstellung zu erfolgen hat und welche Konsequenzen ein Zahlungsverzug hat.

Ausschluss von Spam-Methoden und Einhaltung der Google-Richtlinien

Außerdem kann der Auftraggeber auch festlegen, welche Mittel bei der Erfüllung der Vertragspflichten nicht angewandt werden dürfen. Zu denken ist dabei an einen Ausschluss der sogenannten *Spam-Maßnahmen*. Dabei handelt es sich um Maßnahmen und Mittel, die gemäß Google-Richtlinien nicht erlaubt sind. Dazu zählen z. B. die Verwendung von Hidden Text, der Einsatz von Doorway-Pages, das Cloaking (siehe Abbildung 18.4) sowie die Verwendung bzw. der Aufbau von gekauften Links.

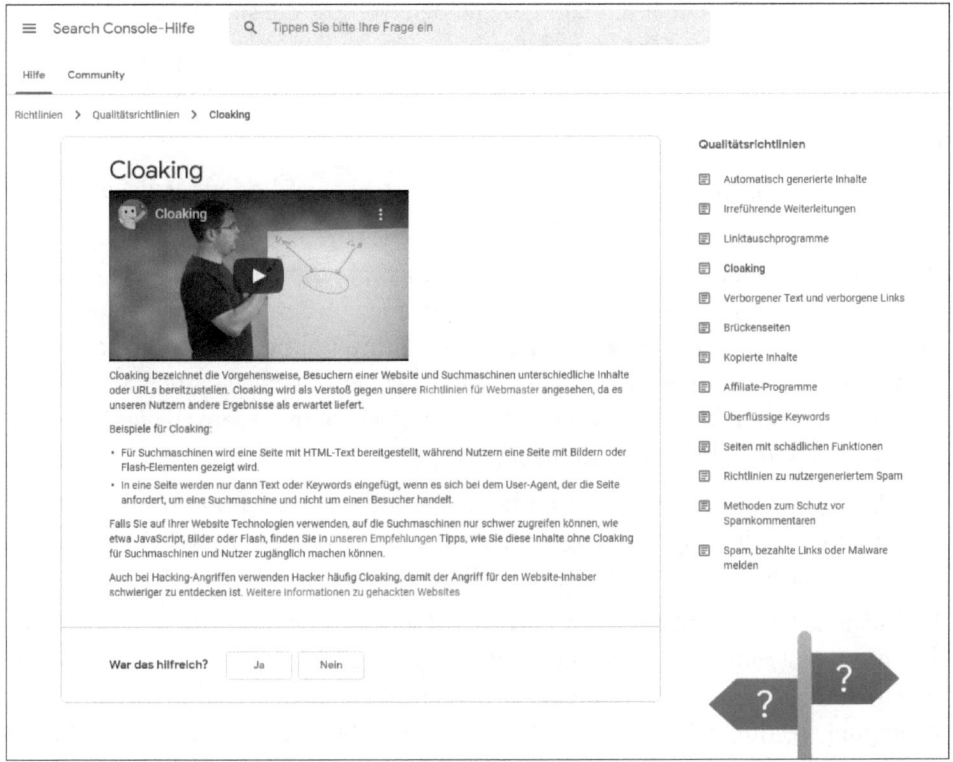

Abbildung 18.4 Google Qualitätsrichtlinien zum Cloaking

Während Spam-Methoden auch eventuell wettbewerbsrechtliche Konsequenzen haben können, liegt die wohl empfindlichere Sanktion in der Reaktion der Suchmaschinen-Betreiber. Hier sind dann Ranking-Abstrafungen bis hin zur Deindexierung zu befürchten. Aus diesem Grund empfiehlt es sich, sich nicht zu schnellen Erfolgen durch Spam-Methoden hinreißen zu lassen und die Verwendung solcher Methoden auszuschließen sowie dem Suchmaschinen-Optimierer die Einhaltung der Google-Richtlinien für Webmaster aufzuerlegen. Auf diese Weise können nachhaltig und langfristig Erfolge bei der Suchmaschinen-Optimierung verzeichnet und das Risiko von Schadenersatzforderungen durch Dritte reduziert werden.

18.1.3 Vertragsdauer

Einen weiteren Vertragsbestandteil sollte auch die Vereinbarung über die Vertragsdauer bilden. Dabei müssen sich die Parteien darüber einigen, ob der Vertrag entweder eine in Tagen, Wochen, Monaten oder Jahren klar vereinbarte Dauer haben soll oder bis zur Erreichung der im Leistungsumfang genannten Ziele andauern soll. In aller Regel wird die Vereinbarung aber auf eine langfristige Dauer angelegt sein, weshalb oftmals Verträge über ein Jahr geschlossen werden, die sich dann automatisch verlängern, wenn keine der Parteien kündigt.

18.1.4 Kündigungsrechte

Bei den Kündigungsrechten muss zwischen vertraglichen und gesetzlichen Kündigungsrechten unterschieden werden.

Da die vertraglichen Kündigungsrechte von Suchmaschinen-Optimierer und Website-Betreiber selbst formuliert werden müssen und von deren individuellen Interessen und Vereinbarungen abhängen, ist bei der Formulierung solcher Klauseln zu bedenken, welche Voraussetzungen die Kündigungsrechte je nach Partei haben sollen, welches Exit-Szenario man regeln möchte und welche Konsequenzen dies insbesondere für den Vergütungsanspruch haben soll.

Kündigungsrechte können grob in ordentliche Kündigungsrechte mit Fristsetzung und außerordentliche Kündigungsrechte ohne Fristsetzung unterteilt werden. Hier sollten die Parteien die Begriffe durch die Benennung von Beispielen konkretisieren.

Sind sich die Parteien über die wesentlichen Aspekte einig, sollte der Inhalt der Vereinbarung Bestandteil des schriftlichen Vertrags werden. Sofern die Parteien keine eigenen Kündigungsrechte vereinbaren möchten, bedeutet dies nicht, dass dann keine Kündigungsrechte mehr bestehen. Beiden Parteien bleiben die gesetzlichen Kündigungsrechte, die im Folgenden näher erläutert werden.

Welche gesetzlichen Kündigungsrechte bestehen, hängt primär von der Vertragsart ab.

Kündigungsregelungen beim Dienstvertrag

Ein Dienstvertrag endet gemäß § 620 Abs. 1 BGB grundsätzlich mit Ablauf der Zeit, für die er eingegangen worden ist. Darüber hinaus endet das Vertragsverhältnis nur im Falle einer Kündigung durch eine Partei, die unter Einhaltung der Fristen des § 621 BGB ohne einen Grund möglich ist. Die Frist hängt dabei von der Art der Vergütungsvereinbarung ab.

Möchte eine Partei jedoch fristlos kündigen, ist dies zum Schutz der anderen Partei nur aus einem wichtigen Grund möglich. Haben die Parteien vertraglich nicht vereinbart, welche Umstände einen solchen wichtigen Grund darstellen, dann liegt gemäß § 626 Abs. 1 BGB ein solcher vor, wenn

> *Tatsachen vorliegen, auf Grund derer dem Kündigenden unter Berücksichtigung aller Umstände des Einzelfalles und unter Abwägung der Interessen beider Vertragsteile die Fortsetzung des Dienstverhältnisses bis zum Ablauf der Kündigungsfrist oder bis zu der vereinbarten Beendigung des Dienstverhältnisses nicht zugemutet werden kann.*

Die Kündigung muss dann gemäß § 626 Abs. 2 BGB binnen zwei Wochen ab Kenntniserlangung erfolgen. Ob damit in dem konkreten Einzelfall ein wichtiger Grund vorliegt, muss durch Auslegung ermittelt werden. Da dies rechtlich unsicher für die Parteien ist, empfiehlt sich die genaue vertragliche Vereinbarung solcher wichtigen Gründe.

Kündigungsregelungen beim Werkvertrag

Ebenso wie bei einem Dienstvertrag räumt der Gesetzgeber auch den Parteien eines Werkvertrags Kündigungsrechte ein. Deren Ausübung ist jedoch nur so lange möglich, wie noch keine Abnahme, also Akzeptanz des Werkes, erfolgt ist. Danach ist allenfalls ein Rücktritt nach § 634 Nr. 3 BGB im Falle einer Schlechtleistung möglich.

Nach § 643 BGB kann der Auftragnehmer, hier also der Suchmaschinen-Optimierer den Vertrag kündigen, wenn der Auftraggeber, hier also der Website-Betreiber, den vertraglich vereinbarten Mitwirkungspflichten nicht oder nicht ausreichend nachkommt und so die Fertigstellung vereitelt. Zuvor hat der Suchmaschinen-Optimierer ihm aber noch eine Frist zur Nachholung der Mitwirkungshandlung zu setzen und eine Erklärung mit dem Inhalt abzugeben, dass er bei erfolglosem Verstreichen kündige. Verstreicht diese Frist dann erfolglos, gilt der Vertrag als aufgehoben, ohne dass dies den Vergütungsanspruch des Suchmaschinen-Optimierers berührt, da ihn Verschulden an der Nichtvollendung trifft.

Das Kündigungsrecht des Website-Betreibers als Auftraggeber wurde vom Gesetzgeber deutlich weiter gefasst als das des Suchmaschinen-Optimierers. Denn dieser kann ab dem Zeitpunkt des Vertragsschlusses bis zur Abnahme gemäß § 649 BGB den Vertrag jederzeit fristlos und ohne Angabe von Gründen kündigen.

Die Vergütung des Suchmaschinen-Optimierers berechnet sich dann aus der Differenz zwischen dem vertraglich Vereinbarten und dem, was er durch die Nichtvollendung des Werkes erspart hat oder anderweitig erzielt oder auch böswillig nicht erzielt hat.

> **Hinweis!**
> Da nur der Suchmaschinen-Optimierer darlegen kann, welchen Vergütungsanspruch er hat, trägt auch er die Beweislast für den von ihm berechneten Vergütungsanspruch. Dies bedeutet, dass er für den Einzelfall detailliert darlegen und beziffern muss, was er an Aufwendungen erspart hat. Da die Anforderungen an die Darlegungspflicht sehr hoch sind, empfiehlt es sich, vertraglich eine Vergütungssumme festzulegen, die z. B. nach den verschiedenen Stadien der Tätigkeit gestaffelt werden kann.

18.1.5 Datenschutzerklärung

Ein weiterer besonders wichtiger Aspekt der Vertragsgestaltung ist die Datenschutzerklärung. Damit vereinbaren die Parteien, wie mit den gegenseitig ausgetauschten Daten umzugehen ist.

> **Formulierungsbeispiel!**
>
> Eine Datenschutzvereinbarung des Suchmaschinen-Optimierers könnte zum Beispiel so aussehen:
>
> *»Der Website-Anbieter erklärt sich damit einverstanden, dass im Rahmen des mit ihm geschlossenen Vertrags Daten über seine Person gespeichert, geändert und/oder gelöscht und im Rahmen der Notwendigkeit an Dritte übermittelt werden. Dies gilt insbesondere für die Übermittlung von Daten, die für die Anmeldung bzw. Änderung einer Domain in Suchmaschinen, Katalogen und Listen notwendig sind. Persönliche Kundendaten, die nicht für die Vertragsabwicklung benötigt werden, werden nicht an Dritte weitergegeben, es sei denn, der Kunde erklärt dazu seine Einwilligung.«*

Auch ist nicht unwesentlich, was mit den Daten nach Abschluss des Vertrags passiert. Dahingehend empfiehlt es sich, den Website-Anbietern zuzusichern, dass ihre Daten auch nach Ende des Vertragsverhältnisses nicht weitergegeben werden, es sei denn, eine Abweichung davon wurde vertraglich vereinbart. Da auch nach Erlass der Europäischen Datenschutz-Grundverordnung weiterhin das Prinzip der Datensparsamkeit gilt, sollten Sie das Sammeln von unnötigen – also nicht zur Vertragsdurchführung notwendigen – Daten so weit wie möglich vermeiden.

18.1.6 Haftungsbeschränkungen

Darüber hinaus sollte geregelt werden, in welchen Fällen der Website-Betreiber den Suchmaschinen-Optimierer in Anspruch nehmen kann, z. B. wegen der Verletzung vertraglicher Pflichten oder aus unerlaubter Handlung. Grundsätzlich haftet der Schädiger dem Geschädigten in Höhe und Umfang unbeschränkt, sofern vertraglich nichts anderes bestimmt wurde.

Um die Risiken, die sich aus der unbegrenzten Haftung ergeben, zu limitieren und sich vor wirtschaftlich verheerenden Haftungsketten zu schützen, sollte der Suchmaschinen-Optimierer seine Haftung vertraglich im Rahmen des gesetzlich Möglichen einschränken.

> **Hinweis!**
>
> Gerade Haftungsbeschränkungen werden häufig nicht individualvertraglich vereinbart, sondern in Allgemeinen Geschäftsbedingungen verklausuliert. Dabei ist jedoch zu beachten, dass allgemeine Geschäftsbedingungen gegenüber Verbrauchern der

vollen Kontrolle der §§ 307 ff. BGB unterliegen und daher unter Umständen nicht wirksam sind. Anders ist dies hingegen bei der Verwendung von AGB unter Unternehmern, da die Normierungen der §§ 307 ff. BGB gemäß § 310 Abs. 1 BGB nur sehr eingeschränkt Anwendung finden. Umso wichtiger ist es, die allgemeinen Geschäftsbedingungen sorgfältig zu formulieren. Denn liegt eine unwirksame Klausel vor, gilt diese unter Umständen vollständig als unwirksam und es gilt das gesetzlich Normierte. Zur rechtssicheren Gestaltung der AGB empfiehlt es sich, einen spezialisierten Rechtsanwalt oder eine Rechtsanwältin hinzuzuziehen.

Zu unterscheiden ist grundsätzlich zunächst zwischen einer Haftung dem Grunde nach und einer Haftung der Höhe nach. Wie diese Beschränkungen erfolgen und inwieweit sie zulässig sind, wird im Folgenden erläutert.

Haftung dem Grunde nach

Schränkt man die Haftung dem Grunde nach ein, hat dies zur Folge, dass bestimmte Umstände erst gar nicht zu einem Haftungsfall führen. Dies kann durch individualvertragliche Regelungen erfolgen, aber auch durch Klauseln in allgemeinen Geschäftsbedingungen.

Eine individualvertragliche Vereinbarung macht dort Sinn, wo es um den Ausschluss ganz konkreter, genau diesen Fall der Suchmaschinen-Optimierung betreffender Modalitäten geht. In Betracht kommt eine solche Vereinbarung z. B. für die Haftung des Suchmaschinen-Optimierers für vom Website-Anbieter gelieferten Drittinhalt. Diesbezüglich sollte ein Ausschluss von der Haftung bzw. die Freistellung von der Haftung ausdrücklich vereinbart werden.

Praxishinweis!

Eine Formulierung könnte folgendermaßen lauten:

»1. Das Unternehmen haftet nicht für die bei den Suchdiensten und/oder Google Ads im Auftrag des Kunden angemeldeten Inhalte oder die Website, insbesondere wenn diese gegen Rechte Dritter verstoßen. Klarstellend wird festgehalten, dass allein der Kunde dafür Sorge trägt, dass durch die Keywords und Inhalte der Website Rechte Dritter nicht verletzt werden. Das Unternehmen haftet somit insbesondere nicht für etwaige Verstöße gegen gewerbliche Schutzrechte und/oder urheber- oder wettbewerbsrechtliche Ansprüche Dritter gegen den Kunden.

2. Sofern und soweit ein Dritter Ansprüche gegen das Unternehmen hinsichtlich der von dem Kunden überlassenen Informationen oder vorgenannter Rechte geltend macht, stellt der Kunde das Unternehmen auf erstes Anfordern von sämtlichen Ansprüchen, einschließlich der angemessenen Kosten der Rechtsverteidigung, frei. Weitergehende Schadenersatzansprüche des Unternehmens bleiben hiervon unberührt.«

Die Haftungsbegrenzung im Individualvertrag hat viele Gestaltungsmöglichkeiten. Eine Grenze muss jedoch dort gezogen werden, wo es sich um den Haftungsausschluss bei vorsätzlichem oder arglistigem Handeln handelt, sowie bei der sittenwidrigen Ausnutzung einer Vormachtstellung.

Haftung der Höhe nach

Bei einer Haftungsbeschränkung der Höhe nach wird ein bestimmter Umstand zwar als haftungsauslösend anerkannt, die Höhe der Haftungssumme wird aber auf einen vertraglich zu bestimmenden Betrag begrenzt. Dabei kann einerseits die Haftung auf einen von den Parteien zu bestimmenden maximalen Betrag festgelegt werden.

> **Praxishinweis!**
>
> Wer eine solche Haftungsbegrenzung der Höhe nach vereinbaren möchte, der kann eine der folgenden Formulierungen in seinen Vertrag einbauen:
>
> *»Der Suchmaschinen-Optimierer haftet nur für unmittelbare Sach- und Vermögensschäden bis zu einem Betrag von EUR ... je Schadensereignis. Treten mehrere Schäden auf, haftet der Entwickler bis zu einem maximalen Gesamtbetrag von EUR ...«*
>
> *»Der Suchmaschinen-Optimierer haftet nur für unmittelbare Sach- und Vermögensschäden bis zu einem Betrag von ... % des Auftragswertes je Schadensereignis. Treten mehrere Schäden auf, haftet der Suchmaschinen-Optimierer bis zu einem maximalen Gesamtbetrag von 100 % des Auftragswertes.«*

Bei der Haftungsbegrenzung der Höhe nach in den AGB ist zu beachten, dass die Klausel den Normierungen der §§ 305 ff. BGB entspricht, wonach eine Begrenzung der Haftung unter Umständen gegenüber einem Verbraucher ausgeschlossen sein kann. Zu denken ist dabei an einen unzulässigen Ausschluss der Haftung nach § 309 Nr. 7a BGB für eine fahrlässige Pflichtverletzung, die eine Verletzung von Leben, Körper oder Gesundheit einer anderen Person zur Folge hat. Darüber hinaus ist eine Haftungshöchstgrenze gemäß § 309 Nr. 7b BGB auch dann nicht wirksam, wenn die Klausel die Haftung für grobes Verschulden für sonstige Schäden begrenzen soll.

In allen anderen Fällen darf die Haftungsbegrenzung in den AGB nur in einem solchen Maß erfolgen, wie sie den möglichen Schaden auch umfassen würde (BGH, Urteil vom 27.09.2000, Az. VIII ZR 155/99), womit der Sinn der Haftungsbegrenzung letztlich faktisch leerläuft.

Wer jedoch seine persönliche Haftung als Suchmaschinen-Optimierer weiter eingrenzen möchte, sollte eine Berufshaftpflichtversicherung abschließen. Das Vorhandensein einer Berufshaftpflichtversicherung sollte aber dennoch nicht zu einem Absehen von der Haftungsbegrenzung verleiten, da auch Versicherungen nur bis zu einer bestimmten Deckungssumme für entstandene Schäden einstehen.

18.1.7 Exklusivitäts- und Geheimhaltungsvereinbarungen

Exklusivitätsvereinbarungen spielen dort eine Rolle, wo z. B. ein Suchmaschinen-Optimierer den Auftrag eines Branchenführers erhält und dieser verhindern möchte, dass der Suchmaschinen-Optimierer auch für seine Mitbewerber tätig wird, da er auf diese Weise Gefahr läuft, auch innerhalb der Suchmaschinen noch mehr in direktem Wettbewerb zu stehen. Um dies zu verhindern, bietet sich eine Regelung an, die ein Tätigwerden des Suchmaschinen-Optimierers während der Vertragslaufzeit für Mitbewerber des Auftraggebers ausschließt.

Umgekehrt kann eine Exklusivitätsvereinbarung auch von dem Suchmaschinen-Optimierer gewünscht werden, nämlich wenn es darum geht, dass der Auftraggeber nicht berechtigt sein soll, für dieselbe Domain weitere SEO-Dienstleister zu beauftragen.

Darüber hinaus ist des Öfteren die Geheimhaltung von Geschäftsdaten sehr wichtig. Denn für viele Auftraggeber spielt es eine große Rolle, dass ihre gesamten Daten garantiert geheim gehalten werden, auch über die Vertragsauflösung hinaus.

> **Formulierungsbeispiel!**
>
> Dazu empfiehlt sich z. B. folgende Regelung:
>
> »1. Die Parteien verpflichten sich, sämtliche im Zusammenhang mit der vertraglichen Zusammenarbeit erlangten vertraulichen Informationen strikt geheim zu halten und diese ohne ausdrückliche schriftliche Zustimmung weder über die zur Erfüllung ihrer vertraglichen Verpflichtungen hinausgehend zu verwenden oder zu verwerten noch an Dritte weiterzugeben. Dies gilt insbesondere für Informationen über Suchgewohnheiten und Technologien der Suchdienste, soweit diese nicht allgemein bekannt sind.
>
> 2. Als vertrauliche Informationen im Sinne dieser Regelung gelten alle mitgeteilten Informationen sowie ausgehändigten Daten, Unterlagen und Materialien, die im Rahmen des Vertrags direkt oder indirekt zur Verfügung gestellt werden und als vertraulich bezeichnet werden.«

Trotz des in der Regel untergeordneten Charakters dieser Pflichten können auch bei deren Verletzung sehr kostenintensive Ansprüche gegen den Suchmaschinen-Optimierer geltend gemacht werden.

18.1.8 Form des Vertrags

Bei der Fixierung des Vertrags ist die Schriftform insofern zu empfehlen, als sie den Parteien ermöglicht, sich während ihrer Zusammenarbeit bei Unklarheiten immer wieder an dem schriftlich Vereinbarten orientieren zu können und so Missverständnisse in den Absprachen zu vermeiden. Denn die Suchmaschinen-Optimierung umfasst zahlreiche Einzelaspekte, die im Laufe der Zeit in Vergessenheit geraten können,

wenn diese nur mündlich besprochen wurden. Auch besteht das Risiko, dass die Absprachen mit Personen getroffen wurden, die beim Entstehen einer Unstimmigkeit nicht mehr im Anbieter-Unternehmen tätig sind.

> **Hinweis!**
> Zu bedenken ist, dass zwar ein mündlicher Vertrag genauso wirksam ist wie ein schriftlicher Vertrag, jedoch besteht das Problem, dass mündliche Absprachen im Streitfall schwerer nachzuweisen sind. Die Schriftform ist die einfachste und sicherste Variante, sich im Streitfall auf Absprachen zu berufen, um so eigene Ansprüche durchzusetzen bzw. Gegenansprüche abzuwehren. Dazu genügt bereits eine E-Mail mit der gegnerischen Bestätigung des Erhalts.

18.2 Urheberrecht

Im Zusammenhang mit der Suchmaschinen-Optimierung spielen Urheberrechte an zwei Stellen eine wichtige Rolle: zum einen bei der Suchmaschinen-Optimierung an sich (z. B. Konzeption der Seitenstruktur) und zum anderen bei den für die Suchmaschinen-Optimierung verwendeten Inhalten Dritter, wie z. B. Texten oder Bildern, also dem Content.

Einen urheberrechtlichen Schutz genießen gemäß § 2 Abs. 2 UrhG nur Werke mit einer persönlichen geistigen Schöpfung. »Persönlich« bedeutet dabei, dass das Werk auf einer menschlich-gestalterischen Tätigkeit des Urhebers oder Urheberin beruht und damit nicht bloß Ergebnis eines Softwarevorgangs ist. Einen »geistigen« Gehalt weist es darüber hinaus auf, wenn der menschliche Geist z. B. durch die Mitteilung eines Gedanken- oder Gefühlsinhalts durch das Werk zum Ausdruck kommt.

Auch ist zu beachten, dass das Urheberrecht nach deutschem Recht nicht übertragbar ist, allenfalls ist es gemäß §§ 29, 28 UrhG vererbbar. Dies hat zur Folge, dass die alleinigen und ausschließlichen Verwertungsrechte an dem Werk beim Urheber bzw. der Urheberin liegen und Dritte das urheberrechtlich geschützte Werk nur dann rechtmäßig gebrauchen können, wenn ihnen die Nutzungsrechte daran durch den Urheber oder die Urheberin übertragen wurden.

18.2.1 Urheberrecht an Suchmaschinen-optimierten Inhalten

Im Rahmen der Suchmaschinen-Optimierung stellt sich jedoch erst einmal ganz grundsätzlich die Frage, ob die Suchmaschinen-optimierten Inhalte überhaupt urheberrechtlichen Schutz gemäß § 2 Abs. 1 Urheberrechtsgesetz (UrhG) genießen, da sie oft belanglos und nicht sonderlich kreativ wirken. Die Antwort auf diese Frage haben bereits das OLG Rostock (Beschluss vom 27.6.2007, Az. 2 W 12/07) und das OLG Köln

(Urteil vom 30.9.2011, Az. 6 U 82/11) gegeben, indem sie entschieden, dass der im Rahmen der Suchmaschinen-Optimierung getroffenen Auswahl und Anordnung von Begriffen bei der Gestaltung der Texte ein urheberrechtlicher Schutz jedenfalls dann zukommt, wenn die Suchmaschinen-Optimierung erfolgreich erfolgt ist, da in einem solchen Fall die verwendete Sprache für eine gewisse Schöpfungshöhe des Werkes spreche. Schließlich führe die sprachliche Gestaltung durch den Suchmaschinen-Optimierer dazu, dass die Internetseite des Auftraggebers bei Eingabe plakativer Suchwörter in die Suchmaschine Google unter den ersten Suchergebnissen erscheint. Weiter führte das OLG Rostock (Beschluss vom 27.6.2007, Az. 2 W 12/07) aus:

> *Die Gestaltung mit Mitteln der Sprache erreicht die für die Urheberrechtsschutzfähigkeit hinreichende Gestaltungshöhe, denn sie übersteigt deutlich das Schaffen eines durchschnittlichen Webdesigners, das auf einer routinemäßigen, handwerksmäßigen und mechanisch-technischen Zusammenfügung des Materials beruht. Die durch geschickte Auswahl und Anordnung der Schlüsselwörter erzielte Spitzenposition in der Suchmaschine beruht auf der eigenen geistigen Schöpfung des Kl. Die auf diese Weise vorgenommene Gestaltung verschafft den Webseiten eine individuelle Prägung und hebt sie deutlich aus der Vielzahl durchschnittlicher Internetauftritte anderer Anbieter von Häusern heraus.*

Das OLG Rostock sieht einen Text also schon deswegen als kreativ an, weil er bei Google gut gefunden wird. Ob andere Gerichte dieser weiten Auslegung des Begriffs Schöpfungshöhe folgen werden, bleibt abzuwarten.

Das LG Köln (Beschluss vom 17.12.2009, Az. 28 O 861/09 sowie Urteil vom 6.4.2011, Az. 28 O 900/10) nimmt jedenfalls gerade keine Prüfung des Rankings vor. Entscheidend sei allein, dass es sich um Werbetexte handele, die die Eigenschaften und Beschaffenheit verschiedener Produktarten beschreiben und dabei einem bestimmten Stil folgen, der ersichtlich in seiner Ausdrucksart eine bestimmte Käuferschicht ansprechen soll und keine alltägliche Umgangssprache enthält. Dafür reiche auch schon ein aus drei Sätzen bestehender Text aus.

Damit ist zwar auch dieser rechtliche Aspekt der Suchmaschinen-Optimierung noch nicht einheitlich geklärt, jedoch kann festgehalten werden, dass zumindest derjenige Suchmaschinen- urheberrechtlich auf der sicheren Seite ist, der einen individuellen und hochwertigen Inhalt verwendet.

18.2.2 Das Urheberrecht an Inhalten Dritter

Eine weitere wichtige Rolle spielt das Urheberrecht im Hinblick auf die verwendeten Inhalte Dritter, also die Rechte an Texten oder Bildern, die nicht von dem Suchmaschinen-Optimierer oder dem Website-Betreiber selbst geschaffen wurden. Zwar erfolgt die Optimierung umso besser, je hochwertiger der Content ist, doch wer sich dabei ungefragt an Inhalten Dritter bedient, muss mit rechtlichen Konsequenzen

rechnen. Denn nur weil Inhalte im Internet frei zugänglich sind, bedeutet dies nicht, dass sie auch nach Belieben benutzt werden dürfen.

Das Urheberrecht sichert dem Urheber das alleinige und ausschließliche Verwertungsrecht an seinem Werk. Während im Gesetz verschiedene Arten geregelt sind, auf die der Urheber seine Rechte ausüben kann, sind im Internet drei Verwertungsarten von besonderer Relevanz: Die Vervielfältigung, die öffentliche Zugänglichmachung und die Bearbeitung eines Werkes.

Dies bedeutet, dass ohne die Einwilligung des Urhebers oder der Urheberin – mit wenigen Ausnahmen – seine oder ihre Werke weder vervielfältigt noch öffentlich zugänglich gemacht oder bearbeitet werden dürfen. Was dies genau umfasst, soll im Folgenden näher erläutert werden.

Von besonderer Relevanz im Internet ist das Recht der öffentlichen Zugänglichmachung gemäß § 19a UrhG. Von einer solchen Verwertung ist dann auszugehen, wenn Inhalte derart auf der Internetseite angeboten werden, dass sie von einem unbestimmten Personenkreis betrachtet werden können. Da dies gerade Sinn einer Homepage ist, stellt die öffentliche Zugänglichmachung des Bildes ohne Einwilligung des Urhebers oder der Urheberin eine Verletzung seiner Rechte dar, die zivilrechtliche Ansprüche nach sich ziehen kann.

Das Recht zur Vervielfältigung erlaubt es gemäß § 16 UrhG dem Rechteinhaber, Kopien eines Werkes anzufertigen, wobei davon jede Art von Kopie, durch die das Werk wiedergegeben werden kann, und jede Anzahl umfasst ist. Auf die technische Art der Kopie kommt es dabei ebenso wenig an wie auf die Qualität des Werks. Zur Einstellung des Inhalts auf der Internetseite ist dessen Vervielfältigung erforderlich.

Das Bearbeitungsrecht gemäß § 23 UrhG schützt den Urheber und die Urheberin vor der unbefugten Bearbeitung oder sonstigen Umgestaltung seines oder ihres Werkes in qualitativer oder quantitativer Hinsicht und ermöglicht ihm bzw. ihr gleichzeitig die Gestattung dieser Vorgänge gegenüber Dritten. Unter die Bearbeitung fallen nicht nur die identische oder nahezu identische Vervielfältigung des geschützten Werkes, sondern auch Änderungen bis zur sogenannten *Verblassensgrenze*. Nach der ständigen Rechtsprechung des Bundesgerichtshofs (Urteil vom 8.5.2002, Az. I ZR 98/00) zur sogenannten Verblassensformel sind Veränderungen dann vonseiten des Urhebers oder der Urheberin nicht zustimmungsbedürftig, wenn der Vergleich vor und nach der Veränderung zeigt, dass die wesentlichen Züge des Ausgangswerkes in dem neu geschaffenen, selbstständigen Werk verblasst sind.

Bei der Verwendung von Inhalten Dritter sollte dabei immer im Blick behalten werden, dass an jedem Bild, Text oder Video Urheberrechte bestehen. Dabei ist es unerheblich, wie aufwendig die Erstellung war – ein Schnappschuss eines Hobbyfotografen oder einer Hobbyfotografin ist genauso schutzwürdig wie die Aufnahme eines Profis. Letztlich sollte bei jeder Verwendung eines Bildes überprüft werden, ob das Recht besteht, dieses Bild für den beabsichtigten Zweck zu verwenden.

> **Hinweis!**
>
> Suchmaschinen-Optimierer, denen Inhalte von ihrem Auftraggeber geliefert werden, sollten an dieser Stelle an eine Haftungsfreistellungsvereinbarung mit ihrem Auftraggeber denken, da sie in der Regel wenig Möglichkeiten haben, um zu überprüfen, ob die ihnen zur Verfügung gestellten Inhalte urheberrechtlich bedenkenlos verwendet werden können.

Entscheidet man sich hingegen doch für die Nutzung von urheberrechtlich geschützten Werken, so ist die Einräumung von Nutzungsrechten durch den Urheber bzw. die Urheberin erforderlich.

Nutzungsrechte sind im allgemeinen Sprachgebrauch als *Lizenzen* bekannt und stellen Rechte am geistigen Eigentum anderer dar. Diese Nutzungsrechte an urheberrechtlich geschützten Werken kann der Urheber oder die Urheberin als Rechteinhaber (Lizenzgeber) gemäß § 32 UrhG mit einem Lizenzvertrag auf den späteren Werknutzer (Lizenznehmer) für bestimmte Nutzungsarten übertragen und ihm so die wirtschaftliche Nutzung des Werkes gestatten. Der Rechteinhaber bzw. -inhaberin eines Fotos z. B. entscheidet also, wer das Foto wo, wie und in welchem Umfang benutzen darf und wer nicht.

Dies bedeutet letztlich, dass der Suchmaschinen-Optimierer oder der Website-Betreiber beim Urheber bzw. der Urheberin anfragen muss, ob er bzw. sie den gewünschten Inhalt für die Internetseite nutzen darf. Er oder sie muss sich dieses Recht dann gegebenenfalls vertraglich und oftmals gegen ein Entgelt einräumen lassen. Hier empfiehlt sich aus Gründen der Beweislast eine schriftliche Fixierung der Vereinbarung.

Ist die Zahlung eines Entgelts für die Nutzung von Werken Dritter nicht gewünscht, so kann auch auf kostenlose Alternativen zurückgegriffen werden. Zu denken ist dabei an die sogenannten *Creative-Commons-Inhalte* (CC, kostenfreie Lizenz), wie sie auch in der Google-Bildersuche zu finden sind (Abbildung 18.5).

Diese »Jedermannlizenzen« richten sich als schöpferisches Gemeingut an alle Betrachter und Betrachterinnen gleichermaßen und erlauben, dass jeder mit einem CC-lizenzierten Inhalt machen darf, was sich aus dem jeweiligen CC-Lizenztext ergibt (siehe Abbildung 18.6). Bedingungen der Nutzung solcher CC-lizenzierten Werke sind z. B. die Namensnennung, die Nennung der jeweiligen Lizenz und die Verlinkung dazu, sowie das Verbot der Bearbeitung ebenso wie der kommerziellen Nutzung (zumindest bei manchen CC-Lizenzen).

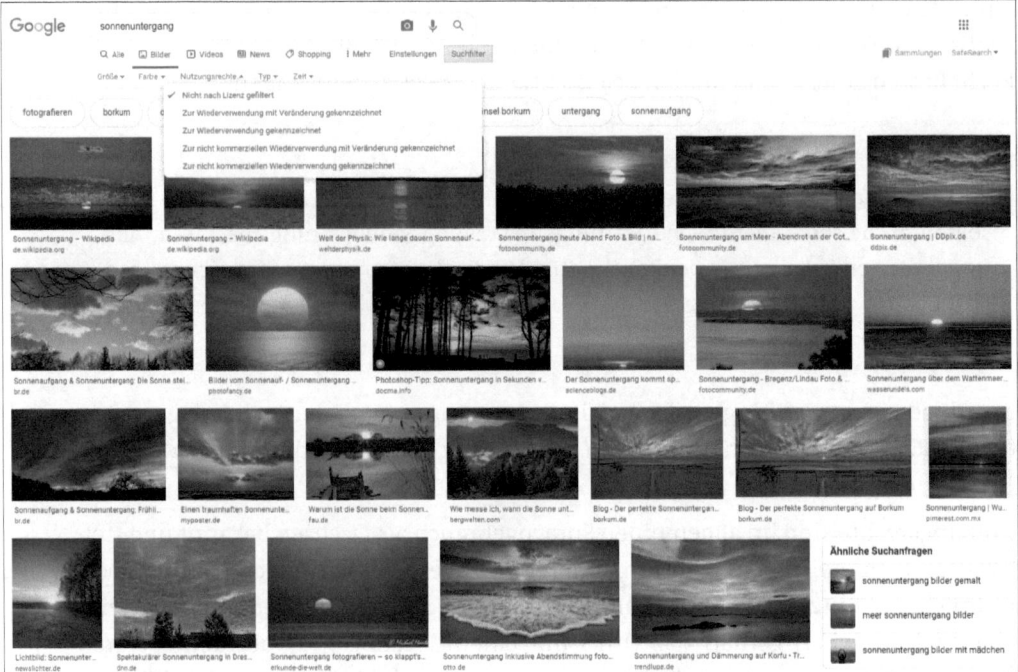

Abbildung 18.5 Die Google-Bildersuche bietet die Möglichkeit, die Bilder nach Lizenzen zu filtern.

Abbildung 18.6 Beispiel für den Mouseover-Effekt bei der Urhebernennung

Während die Namensnennung des Urhebers noch so simpel klingt, zeigt ein Blick in die Rechtsprechung, dass die praktische Umsetzung gar nicht immer so einfach ist. So hat das Amtsgericht Düsseldorf (Urteil vom 3.9.2014, Az. 57 C 5593/14) entschieden, dass eine Nennung des Urhebers, die nur angezeigt wird, wenn man mit dem Mauszeiger über das Bild streift – ein sogenannter Mouseover-Effekt (siehe Abbildung 18.6)

– nicht ausreicht, da dieser Effekt beispielsweise bei einem mauslosen Tablet-PCs gerade nicht zu Vorschein komme.

> **Praxistipp!**
>
> Eine gute Internetseite, auf der Sie ausschließlich CC-lizenzierte Bilder finden können, ist *piqs.de*. Dieses Portal gibt unter der Sparte »Regeln zur Verwendung der piqs.de Fotos« zudem eine Anleitung zur Umsetzung ihrer Anforderungen (siehe Abbildung 18.7), die Sie unbedingt einhalten sollten. Doch auch wenn der Lizenzgeber dazu keine Anforderungen stellt, sind Sie gesetzlich jedenfalls zur Nennung des Urhebers oder der Urheberin verpflichtet.

Abbildung 18.7 Regeln zur Verwendung der Fotos auf der Seite www.piqs.de

Somit ist auch bei CC-Inhalten ein Blick in die Lizenzbedingungen auch für Suchmaschinen-Optimierer sowie Website-Anbieter unumgänglich, um sich nicht im Nachhinein mit Ansprüchen der Rechteinhaber auseinandersetzen zu müssen.

18.3 Markenrecht

Ein weiterer rechtlich sehr relevanter Bereich, der auch bereits zu zahlreichen gerichtlichen Auseinandersetzungen geführt hat, ist das Markenrecht. Dieser Bereich wird immer dann tangiert, wenn Suchmaschinen-Optimierer sich die hohe Suchhäufigkeit von Markennamen zunutze machen, um so das Ranking der zu optimierenden Seite zu steigern (siehe Abbildung 18.8).

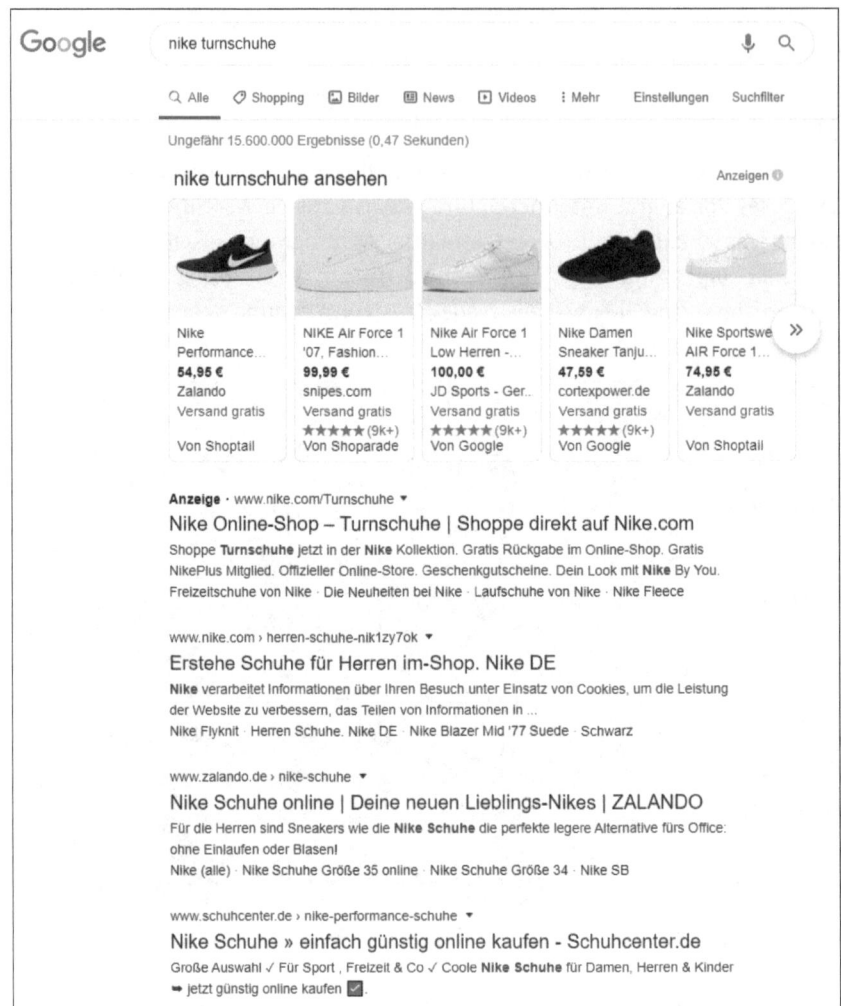

Abbildung 18.8 Der Online-Händler Zalando verwendet den Markennamen »Nike«, um auf sich aufmerksam zu machen.

18.3.1 Markenrechtliche relevante Urteile des BGH und EuGH

Zwar ist es nicht generell verboten, einen Markennamen auf seiner Website zu erwähnen, doch unterliegen Marken in einem gewissen Maße rechtlichem Schutz. Denn grundsätzlich schützt das Markenrecht neben geschäftlichen Bezeichnungen und geographischen Herkunftsangaben insbesondere die Marken, worunter der Gesetzgeber

> *alle Zeichen, insbesondere Wörter einschließlich Personennamen, Abbildungen, Buchstaben, Zahlen, Hörzeichen, dreidimensionale Gestaltungen einschließlich der Form einer Ware oder ihrer Verpackung sowie sonstige Aufmachungen ein-*

schließlich Farben und Farbzusammenstellungen geschützt werden, die geeignet sind, Waren oder Dienstleistungen eines Unternehmens von denjenigen anderer Unternehmen zu unterscheiden

fasst, § 3 Abs. 1 MarkenG. Dieser Markenschutz entsteht in der Regel mit der Eintragung der Marke in das beim Patentamt geführte Markenregister und hat zur Folge, dass der Eintragende als Einziger berechtigt ist, über das Ob und Wie der Verwendung seiner Marke im geschäftlichen Verkehr zu entscheiden. Wollen Dritte seine Marke benutzen, bedürfen sie dazu seiner Zustimmung.

Ausgehend von diesem Grundsatz, hat der Bundesgerichtshof in verschiedenen Verfahren diverse Maßnahmen von Suchmaschinen-Optimierern als Verletzung des Markenrechts eingestuft.

Dazu gehört die »Impuls«-Entscheidung (BGH, Urteil vom 18.5.2006, Az. I ZR 183/03), in der das Gericht entschieden hat, dass die Benutzung fremder Kennzeichen im eigenen Quelltext, insbesondere innerhalb der Meta-Tags, eine markenrechtlich zu ahndende Rechtsverletzung darstelle und damit unzulässig sei.

Ebenfalls unzulässig sei die Verwendung des als Suchwort verwendeten verwechslungsfähigen Zeichens als Meta-Tag im HTML-Code oder auch in »Weiß-auf-Weiß-Schrift« als Hidden Text auf der Internetseite, die dazu dient, das Ergebnis einer Internetsuchmaschine zu beeinflussen und den Nutzer oder die Nutzerin dadurch zu der Internetseite des Verwenders zu leiten, so der BGH in der sogenannten »Weiß-auf-Weiß«-Entscheidung (Urteil vom 13.1.2011, Az. I ZR 46/08).

Ähnlich entschied der BGH schon im »AIDOL«-Urteil (Urteil vom 8.2.2007, Az. I ZR 77/04), womit er festlegte, dass bei der Verwendung eines fremden Kennzeichens als Meta-Tag eine kennzeichenmäßige Benutzung im Sinne des Markengesetzes vorliege, wenn das fremde Zeichen dazu eingesetzt werde, den Nutzer oder die Nutzerin zu einer Internetseite des Verwenders zu führen und auf das dort werbende Unternehmen und sein Angebot hinzuweisen.

Mit der »Power-Ball«-Entscheidung erweiterte der BGH (Urteil vom 4.2.2010 – I ZR 51/08) die Rechtsprechung zu dieser Problematik. Das Gericht entschied, dass ein Unternehmen, das in seinem Online-Shop eine interne Suchfunktion anbietet, dafür sorgen müsse, dass fremde Marken nicht im »Title« der Ergebnisliste erscheinen. Dies gelte vor allem dann, wenn Produkte dieser Marke im Online-Shop gar nicht angeboten werden. Außerdem würden die Markenrechte des Markeninhabers dadurch verletzt werden, dass durch die Verwendung des Markennamens im »Title« die Google-Suchergebnisse beeinflusst werden. Es werden bei Eingabe der Marke nämlich die Produkte des Online-Shop-Betreibers als Suchergebnisse angezeigt, obwohl es sich nicht um Produkte der Marke handelt.

Neben den nationalen Gerichten setzte sich auch bereits der Europäische Gerichtshof (Urteil vom 11.7.2013, Az. C-657/11) mit dem Problem der Verwendung von fremden

Markennamen in Meta-Tags auseinander und entschied, dass diese Vorgehensweise eine irreführende Werbung darstelle, da das Suchergebnis zugunsten des Verwenders der Meta-Tags manipuliert werde und der Nutzer oder die Nutzerin denke, dass er oder sie dort Angebote des Markeninhabers finde.

> **Hinweis!**
> Diese Urteile stehen letztlich im Widerspruch zu der Tatsache, dass die Gerichte fremde Markennamen als Ads-Keywords sehr wohl zulassen – jedenfalls dann, wenn sich der Werbende im Anzeigentext deutlich von dem Konkurrenten distanziert, dessen Namen er als Keyword verwendet hat. Denn der EuGH (Urteil vom 8.7.2010, Az. C-558/08) stellte diesbezüglich fest, dass durch die Kennzeichnung der Werbung als solche beim Nutzer oder der Nutzerin der Suchmaschine keine Fehlvorstellung oder Verwirrung ausgelöst und daher der Ruf der als Keyword verwendeten Marke auch nicht beeinträchtigt werde. Schließlich würden über Ads die Suchergebnisse in der Rubrik ANZEIGEN veröffentlicht (siehe Abbildung 18.9), wodurch der Nutzer oder die Nutzerin zwischen den bezahlten und den unbezahlten Suchergebnissen differenzieren könne. Die Meta-Tags hingegen würden die Suchergebnisse als solche beeinflussen, ohne dass dies für den Nutzer oder die Nutzerin erkennbar wäre.
>
>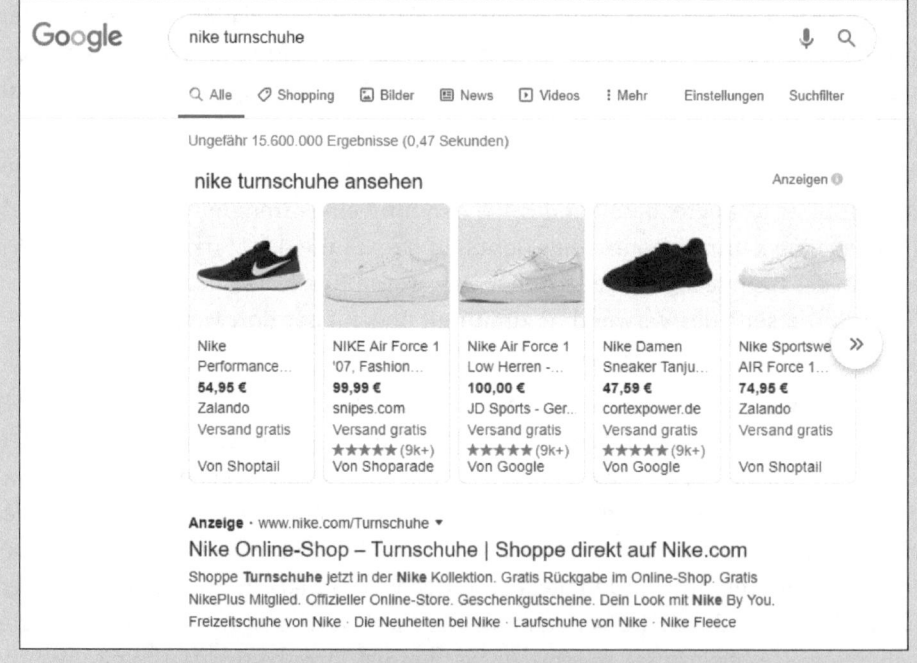
>
> **Abbildung 18.9** Die Anzeigen von Google-Ads werden mit dem Hinweis »Anzeige« versehen.

18.3.2 Rechtsfolgen von Markenrechtsverstößen

Wer sich jedoch entgegen diesen Entscheidungen dennoch für solche Vorgehensweisen bei der Suchmaschinen-Optimierung entscheidet, um so das Produkt vermeintlich besser zu vermarkten, der muss mit teuren Abmahnungen und Ersatzansprüchen der Markeninhaber rechnen.

Darüber hinaus kann auch eine Ranking-Abstrafung in den Suchmaschinen-Ergebnissen oder gar die Löschung aus dem Google-Index die Folge sein.

> **Hinweis!**
> Markenrechtsverletzende Vorgehensweisen sollten klar mit dem Auftraggeber abgestimmt sein. Dieser sollte auf die oben genannten Gefahren hingewiesen werden. Besteht er dennoch auf diese Art der Vertragsdurchführung, sollte der Suchmaschinen-Optimierer dies vertraglich aufnehmen und sich von der Haftung freistellen lassen.

18.4 Wettbewerbsrecht

Das Wettbewerbsrecht dient dem Schutz der Mitbewerber, der Verbraucher und Verbraucherinnen sowie der sonstigen Marktteilnehmer vor unlauteren geschäftlichen Handlungen und gleichzeitig auch dem Interesse der Allgemeinheit an einem unverfälschten Wettbewerb. Dies betrifft Maßnahmen innerhalb der Suchmaschinen-Optimierung immer dann, wenn sich der Suchmaschinen-Optimierer und damit auch der Betreiber der Internetseite unlauter verhält.

18.4.1 Gesetzliche Informationspflichten

Eine solche Unlauterkeit ist insbesondere dann der Fall, wenn einer gesetzlichen Vorschrift zuwidergehandelt wird, die auch dazu bestimmt ist, im Interesse der Marktteilnehmer das Marktverhalten zu regeln. Welche Verhaltensweisen im Hinblick auf die Suchmaschinenoptimierung problematisch sind, möchte ich Ihnen im Folgenden kurz erläutern.

Impressum

Ein Anwendungsfall einer wettbewerbsrechtlichen Unlauterkeit ist z. B. der Verstoß gegen die gesetzlichen Informationspflichten, also etwa ein nicht vorhandenes, falsches oder unvollständiges Impressum. Dies ist insbesondere bei Blogs, Tumblr- oder Facebook-Seiten, die nur im Rahmen der Suchmaschinen-Optimierung aufgesetzt worden sind, häufig zu beobachten.

> **Hinweis!**
> Welche Anforderungen der Gesetzgeber an ein rechtskonformes Impressum stellt, erläutere ich Ihnen in Abschnitt 18.7, »Gesetzliche Informationspflicht: das Impressum« dieses Kapitels und weise dabei auch auf neue gesetzliche Informationspflichten hin.

Hidden Text

Die Nennung von Wettbewerbern im Hidden Text stellt nach Meinung des OLG Hamm (Urteil vom 18.6.2009, Az. 4 U 53/09) eine unlautere geschäftliche Handlung und damit einen Wettbewerbsverstoß dar, da dies eine gezielte Behinderung der Wettbewerber darstellt. Durch die konkrete Verwendung fremder Namen in den Seiten soll eine Umleitung von der fremden Seite auf die eigene Seite erreicht werden, um so Kunden abfangen zu können. Dies gilt aber nur dann, wenn neben dem bloßen Hinlenken zur eigenen Seite weitere besondere Umstände wie das Ausnutzen des fremden Rufs als Vorspann oder die Irreführung des Nutzers oder der Nutzerin hinzukommen.

Spam-Links und Negative SEO

Auch das Setzen von Spam-Links durch Konkurrenten, um eine Abstrafung der Webseite zu erreichen, stellt eine wettbewerbsrechtlich unzulässige gezielte Behinderung dar, da auf diese Weise der Anschein erweckt wird, der Geschädigte selbst habe diese Links gesetzt. In der Folge wird er unter Umständen vom Betreiber der Suchmaschine mit einer Ranking-Reduzierung oder gar mit der Löschung aus dem Index abgestraft.

Cloaking

Beim *Cloaking* handelt es sich um eine Technik zur Suchmaschinen-Optimierung, bei der dem Webcrawler der Suchmaschine eine andere Seite präsentiert wird als dem Besucher oder der Besucherin, obwohl die gleiche Quellenanzeige verwendet wird, um so ein höheres Ranking zu erreichen. Hier ist von keiner wettbewerbsrechtlichen Relevanz auszugehen, da dabei lediglich der Suchmaschine etwas vorgespielt wird, um das Ranking zu erhöhen; ein unlauteres Verhalten gegenüber Mitbewerbern oder Verbrauchern bzw. Verbraucherinnen ist aber nicht erkennbar.

Doorway-Pages

Bei Doorway-Pages handelt es sich um HTML-Seiten, die als speziell für Suchmaschinen aufbereitete Seiten vor der eigentlichen Webseite geschaltet werden. Diese vorgeschaltete Seite bemerkt der Besucher jedoch in der Regel nicht, da er automatisch auf die eigentlich gewünschte Webseite weitergeleitet wird. Dadurch wird dem Besucher der Webseite ein anderer Inhalt geboten als der Suchmaschine, wodurch aber das Ranking der Seite erhöht wird. Jedoch ist auch darin kein Wettbewerbsverstoß zu sehen, da der Besucher nach Meinung der Gerichte nicht auf die Richtigkeit der Suchmaschinen-Ergebnisse vertrauen kann und diese somit auch nicht schutzwürdig ist, was aber Voraussetzung einer Unlauterkeit ist.

Kauf und Miete von Backlinks

Darüber hinaus könnte der Kauf oder die Miete von Backlinks wettbewerbsrechtlich nicht unbedenklich sein. Diese sind für die Suchmaschinen-Optimierung deshalb von besonderer Bedeutung, da die Anzahl der Backlinks letztlich einen wichtigen Faktor beim Ranking in den Suchmaschinen-Treffern darstellt. Da der natürliche Aufbau von Links jedoch seine Zeit braucht, greifen manche Suchmaschinen-Optimierer zum Kauf oder zur Miete von Backlinks (siehe Abbildung 18.10). Gerade bei Seiten, die auf das Internet angewiesen sind, wie z. B. Online-Shops, ist die Verlockung groß. Zwar stellt eine solche Vorgehensweise einen Verstoß gegen die Google-Richtlinien dar, jedoch kommt auch diesem Verhalten ebenso wie den Doorway-Pages und dem Cloaking keine wettbewerbsrechtliche Relevanz zu, da allein die Suchmaschine auf diese Weise getäuscht wird.

Abbildung 18.10 Die Agentur Proentry klärt über die Möglichkeit des Kaufs und der Miete von Backlinks auf.

Ganz anders liegt der Fall allerdings, wenn solche Backlinks aus redaktionellen Inhalten heraus erfolgen. Etliche Suchmaschinen-Optimierer sind dazu übergegangen, gezielt Texte in Online-Publikationen mit darin eingebetteten Backlinks als Advertorial zu positionieren. Die Zeitungsverlage veröffentlichen also gekaufte Texte, die für den Leser oder die Leserin wie redaktionelle Inhalte aussehen. Ein solches Vorgehen verstößt gegen das strikte Trennungsgebot von Werbung und redaktionellen Inhalten. Solche Texte und Backlinks müssen klar als Werbung gekennzeichnet werden. Zwar sind solche Kooperationen für Wettbewerber oder Verbraucherschützer nicht immer leicht aufzudecken; kommen die geheimen Verträge allerdings erst einmal ans Licht, haben Suchmaschinen-Optimierer Verlag und Auftraggeber mit kostspieligen Abmahnungen zu rechnen.

Leistungsangebot per E-Mail

Nahezu täglich werden deutsche Unternehmer mit E-Mails überflutet, in denen Suchmaschinen-Optimierer ihnen ihre Leistungen anbieten.

> **Praxisbeispiel!**
>
> Meist sehen diese Mails wie folgt aus:
>
> *»Sehr geehrte Damen und Herren, wir haben für Sie ein besonderes Neujahrsangebot für die Optimierung Ihrer Webseite vorbereitet. Einzigartige Gelegenheit! Nur jetzt bis zum 8.12.2022 bieten wir Ihnen ein Optimierungspaket für Ihre Webseite zum Preis von 149 EUR (einmalige Gebühr ohne Abonnement) an. Dank der Optimierung steigt Ihre Webseite in die ersten Positionen in der Google-Suchmaschine auf. Wir laden Sie auf unsere Webseite ein: http://www.domain.net*
>
> *Mit freundlichen Grüßen Peter K.*
>
> *SEO-Ranking-Team – http://www.domain.net«*

Dieses vermeintliche »Neujahrsangebot«, das übrigens Anfang März verschickt worden ist, ist klar illegal und als E-Mail-Spam zu werten. Da der Absender auch ersichtlich ist, sind Abmahnungen schnell an den »Übeltäter« verschickt. Angebote für eine Suchmaschinen-Optimierung dürfen einem Unternehmen postalisch oder per Telefon unterbreitet werden, nicht aber per Fax oder E-Mail. Ähnlich sieht es bei Angeboten zum Linktausch aus.

Manche Suchmaschinen-Optimierer bieten anderen Unternehmern ihre optimierten Texte an, um im Gegenzug Backlinks zu erhalten. Auch diese Maßnahme ist wettbewerbsrechtlich nicht ganz unbedenklich. Fest steht, dass gemäß § 7 Abs. 1 UWG jede geschäftliche Handlung verboten ist, die andere Marktteilnehmer unzumutbar belästigt.

Eine unzumutbare Belästigung liegt beim Verschicken von E-Mails ohne die Einwilligung des Adressaten immer vor. Bei telefonischen Werbemaßnahmen kommt es auf die Umstände im Einzelfall an.

Gegenüber Verbrauchern und Verbraucherinnen – darunter fallen z. B. nicht geschäftlich handelnde Blog-Betreiber – wird eine Werbemaßnahme per Telefon ohne Einwilligung des oder der Betroffenen stets als unzumutbare Belästigung angesehen.

Im B2B-Bereich kommt es auf die Gesamtumstände des Anrufs an. Je nach Art und Inhalt der Werbung kann auf eine mutmaßliche Einwilligung des Unternehmers oder der Unternehmerin geschlossen werden (vgl. BGH, Urteil vom 16.11.2006, Az. I ZR 191/03). Es kommt darauf an, ob der oder die Werbende davon ausgehen durfte, dass der Unternehmer oder die Unternehmerin ein sachliches Interesse an seinem Angebot haben könnte, so der BGH (Urteil vom 20.09.2007, Az. I ZR 88/05).

Die Grenze zwischen erlaubten und verbotenen telefonischen Anrufen zu Werbezwecken ist fließend, rechtswidrig ist der Anruf aber jedenfalls immer dann, wenn der oder die Angerufene zuvor ausdrücklich solche Anrufe abgelehnt hat.

Das Anbieten solcher kostenlosen optimierten Texte per E-Mail dürfte stets eine unzumutbare Belästigung und damit einen Wettbewerbsverstoß darstellen.

18.5 Persönlichkeitsrecht: das Recht am eigenen Bild

Im Zusammenhang mit auf der Internetseite eingestellten Inhalten ist auch an das Persönlichkeitsrecht Dritter zu denken. Denn während das bereits erläuterte Urheberrecht den Schöpfer des Bildes im Blick seines Schutzes hat, zielt das Recht am eigenen Bild auf die Rechte des oder der Abgebildeten ab. Um nicht mit Schadenersatz- oder Unterlassungsklagen der Betroffenen rechnen zu müssen, sollte vor der Anfertigung und Veröffentlichung eines Bildes geklärt werden, ob dies mit dem Persönlichkeitsrecht des oder der Abgebildeten in Einklang steht. Was genau dies umfasst, soll im Folgenden näher erläutert werden.

Das Recht am eigenen Bild, wonach jeder Mensch selbst bestimmen darf, ob überhaupt und in welchem Zusammenhang Bilder von ihm veröffentlicht werden, ist eine Folge des durch Art. 2 Abs. 1 in Verbindung mit Art. 1 Abs. 1 GG garantierten Allgemeinen Persönlichkeitsrechts und muss auch im Internet respektiert werden. Die unbefugte Anfertigung und Verbreitung seiner Bildnisse muss demnach niemand dulden.

Die Rechtsgrundlage für den Schutz des Rechts am eigenen Bild bilden die §§ 22, 23 KUG. Gemäß § 22 S. 1 KUG sind die Verbreitung und öffentliche Zurschaustellung von Bildnissen grundsätzlich nicht ohne Einwilligung des oder der Abgebildeten zulässig. Ausnahmen davon normiert der in § 23 Abs. 1 KUG geregelte Katalog abschließend. Danach dürfen zugunsten der Informations-, Abbildungs-, Meinungs- und Kunstfreiheit Bildnisse auch dann ohne Einwilligung des oder der Abgebildeten veröffentlicht werden, wenn es sich um solche aus dem Bereich der Zeitgeschichte handelt (Nr. 1); Bilder, auf denen die Personen nur als Beiwerk neben einer Landschaft oder sonsti-

gen Örtlichkeit erscheinen (Nr. 2); Bilder von Versammlungen, Aufzügen und ähnlichen Vorgängen, an denen die dargestellten Personen teilgenommen haben (Nr. 3), oder um Bildnisse, die nicht auf Bestellung angefertigt sind, sofern die Verbreitung oder Schaustellung einem höheren Interesse der Kunst dient (Nr. 4).

Den wohl bedeutendsten Ausnahmetatbestand stellt § 23 Abs. 1 Nr. 1 KUG dar, worunter man im weitesten Sinne alle Erscheinungen im Leben der Gegenwart versteht, die von der Öffentlichkeit beachtet werden, bei ihr Aufmerksamkeit finden und Gegenstand der Teilnahme oder Wissbegier weiter Kreise sind. Darunter fällt im weitesten Sinne das gesamte politische, soziale, wirtschaftliche und kulturelle Leben und das, was Gegenstand der Aufmerksamkeit, Wissbegier oder Anteilnahme der Öffentlichkeit ist.

Diese Ausnahmen vom Einwilligungserfordernis gelten dann wiederum nicht, wenn die Rück-Ausnahme des § 23 Abs. 2 KUG greift. Denn danach ist eine Verbreitung und öffentliche Zurschaustellung eines Bildnisses trotz des Vorliegens eines Ausnahmetatbestandes nach § 23 Abs. 1 KUG dann wieder nicht zulässig, wenn eine Verletzung berechtigter Interessen vorliegt.

Um dies beurteilen zu können, muss eine einzelfallgerechte, umfassende Abwägung der widerstreitenden Interessen vorgenommen werden. Die Abwägung fällt in jedem Falle dann zugunsten des oder der Abgebildeten aus, wenn ein Eingriff in die geschützte Privat- und Intimsphäre des oder der Abgebildeten vorliegt, bei der Verfälschung des Aussagegehalts von Bildnissen sowie beim Einsatz von Bildnissen zu Werbezwecken.

> **Achtung!**
> Die Einhaltung dieser rechtlichen Grundsätze, die immer eine einzelfallgerechte Prüfung unter Abwägung der widerstreitenden Interessen erfordert, sollte vor der Verwendung eines jeden Bildes genau geprüft werden, da es das Hauptgeschäft vieler Agenturen ist, solche Rechtsverletzungen im Internet ausfindig zu machen und rechtlich zu verfolgen. Dies kann dann unangenehme finanzielle Folgen haben.

18.6 Datenschutz

Suchmaschinen-Optimierung funktioniert umso besser, je mehr Daten man über die Besucher und Besucherinnen der Website hat. Doch dieses Sammeln von Daten ist rechtlich nicht ohne Weiteres zulässig. Während sich in den anderen Rechtsbereichen wie im Vertrags-, Marken- oder Urheberrecht in den letzten Jahren nicht viel verändert hat, bleiben die datenschutzrechtlichen Themen seit einigen Jahren im Fluss. Nachdem vor einigen Jahren schon die Europäische Datenschutz-Grundverordnung (kurz »DSGVO«) für Neuerungen und zugleich auch viel Verunsicherung gesorgt hat, besteht aktuell aufgrund des Telekommunikations-Telemedien-Datenschutzgesetzes (kurz »TTDSG«) vermehrt Unsicherheit.

Aber warum werden unsere Daten eigentlich geschützt? Nun, gemäß Art. 2 Abs. 1 in Verbindung mit 1 Abs. 1 GG ist im Allgemeinen Persönlichkeitsrecht das Recht auf informationelle Selbstbestimmung verfassungsrechtlich verankert. Danach kann grundsätzlich jeder selbst über die Preisgabe und Verwendung seiner personenbezogenen Daten bestimmen. Dieses Recht wird aber genau dann vereitelt, wenn Informationen Dritter heimlich zu Zwecken der Suchmaschinen-Optimierung erhoben, gespeichert und übermittelt werden.

18.6.1 Umgang mit Daten nach der Europäischen Datenschutz-Grundverordnung und dem Telekommunikation-Telemedien-Datenschutzgesetz

Die Erhebung und Verarbeitung von personenbezogenen Daten ist innerhalb der Grenzen des Datenschutzrechts zulässig. Maßgeblich ist dafür grundsätzlich die europäische Datenschutz-Grundverordnung (DSGVO), die seit dem 25. Mai 2018 als datenschutzrechtliches Rahmenwerk von datenverarbeitenden Unternehmen in allen Mitgliedstaaten und damit auch in Deutschland unmittelbar eingehalten werden muss.

> **Achtung!**
> Die Einhaltung der Datenschutz-Grundverordnung sollte zu jeder Zeit in Ihrem Fokus stehen. Hier kann rechtliche Unterstützung Gold wert sein und Sie vor hohen Geldbußen bewahren. Denn um eine effektive Umsetzung der datenschutzrechtlichen Standards zu erreichen, hat der Gesetzgeber den Rahmen für Bußgelder verschärft: Während die Obergrenze für Bürger bei 20.000.000 € liegt, kann sie bei Unternehmen sogar bis zu 4 % des weltweiten Umsatzes des vergangenen Jahres betragen – je nachdem, welcher Betrag höher ist!

Von den rechtlichen Beschränkungen betroffen sind »personenbezogene Daten«. Darunter fasst der europäische Gesetzgeber gemäß Art. 4 DSGVO alle Informationen, die sich auf eine identifizierte oder identifizierbare natürliche Person beziehen. Danach wird eine Person als identifizierbar angesehen, wenn sie »direkt oder indirekt, insbesondere mittels Zuordnung zu einer Kennung wie einem Namen, zu einer Kennnummer, zu Standortdaten, zu einer Online-Kennung oder zu einem oder mehreren besonderen Merkmalen identifiziert werden kann, die Ausdruck der physischen, physiologischen, genetischen, psychischen, wirtschaftlichen, kulturellen oder sozialen Identität dieser natürlichen Person sind«. Dies ist nach Ansicht des Europäischen Gerichtshofs (Urteil vom 19.10.2016, Az. C-582/14) insbesondere dann der Fall, wenn die rechtliche Möglichkeit besteht, über die Daten einen Bezug zu einer natür-

lichen Person herzustellen. Eine solche rechtliche Möglichkeit besteht in Deutschland beispielsweise über den urheberrechtlichen Auskunftsanspruch.

> **Praxisbeispiel!**
> Zu personenbezogenen Daten gehören z. B. Name, Adresse, Kontaktdaten, Ausweisnummer, Familienstand oder berufliche Aktivitäten. Nach allgemeiner Ansicht gehört dazu auch die zunächst anonym erscheinende IP-Adresse, weil darüber ein Personenbezug möglich ist.

In welchem rechtlichen Rahmen die Verarbeitung personenbezogener Daten bei der Suchmaschinen-Optimierung nun zulässig ist, richtet sich demnach in erster Linie nach der Datenschutz-Grundverordnung. Danach ist die Verarbeitung personenbezogener Daten gemäß Art. 6 DSGVO nur dann rechtmäßig, wenn eine der gesetzlich normierten Varianten einschlägig ist.

Von besonderer Bedeutung ist dabei die Datenverarbeitung infolge einer rechtmäßig erteilten Einwilligung des Nutzers oder der Nutzerin gemäß Art. 6 Abs. 1 lit. a DSGVO.

Doch daneben gibt es auch noch das bereits angesprochene Gesetz über den Datenschutz und den Schutz der Privatsphäre in der Telekommunikation und bei Telemedien (Telekommunikation-Telemedien-Datenschutz-Gesetz – TTDSG), das seit dem 1. Dezember 2021 in Kraft getreten ist und diesbezüglich das alte Telemediengesetz (TMG) abgelöst hat. Die Richtlinie und das auf ihr basierende Gesetz dienen allgemein dem Schutz von Endgeräten wie PCs und Smartphones vor dem Zugriff durch Dritte. Artikel 5 Abs. 3 der Richtlinie regelt den Fall, dass Informationen auf den Endgeräten gespeichert werden bzw. auf Informationen auf deren Endgeräten zugegriffen wird. Hauptanwendungsfall ist damit das Setzen von Cookies. Nach einem langen Hin und Her zwischen deutschen und europäischen Institutionen und Gerichten (EuGH, Urt. v. 1. Oktober 2019, C-673/17 – PLANET49; BGH, Urt. v. 28. Mai 2020, Az. I ZR 7/16 – Cookie-Einwilligung II) wird Artikel 5 Abs. 3 der ePrivacy-Richtlinie nun in § 25 des TTDSG richtig umgesetzt.

Damit greift der deutsche Gesetzgeber den geplanten europäischen Regelungen vor, die schon seit Jahren mit der europäischen »Verordnung über die Achtung des Privatlebens und den Schutz personenbezogener Daten in der elektronischen Kommunikation und zur Aufhebung der Richtlinie 2002/58/EG«, kurz: *ePrivacy-Verordnung*, geregelt werden sollten. Diese Verordnung hat neben der Verarbeitung von personenbezogenen Daten auch nicht personenbezogene Daten im Fokus und soll die Kommunikationsdaten von natürlichen Personen sowie juristischen Personen schützen. Schwerpunkte der Verordnung liegen demnach auf der Vertraulichkeit der Kommunikation, der Zulässigkeit der Verarbeitung von Kommunikationsdaten sowie dem Speichern und Auslesen von Informationen auf Endeinrichtungen, zum Beispiel über Cookies. Ebenso wie die DSGVO kommt auch dieses Regelwerk bereits als Verordnung unmittelbar zur Anwendung. Durch das Gesetz werden die bisher im Telekommunikationsgesetz enthaltenen Bestimmungen des Datenschutzes und die im Telemediengesetz enthaltenen Bestimmungen vereinheitlicht. Ihr kommt jedoch im Verhältnis zur DSGVO als bereichsspezifische Spezialverordnung eine vorrangige Wirkung zu. Insbesondere geht es um den Einsatz und Umgang mit Cookie-Bannern, die auch bei der Suchmaschinenoptimierung eine essenzielle Rolle spielen.

18.6.2 Datenschutzkonformer Einsatz von Cookies zur Suchmaschinenoptimierung

Das Internet ist inzwischen mit umfangreichen Cookie-Bannern in verschiedenen Varianten übersät. Eigentlich sollen diese für mehr Datensicherheit und Rechtsklarheit im Netz sorgen. Dennoch kommt es immer wieder zu datenschutzrechtlichen Diskussionen über den Einsatz von Cookies. Lange Zeit war die Rechtslage im Hinblick auf Cookies in Deutschland recht verworren. Deshalb nutzten viele Websitebetreiber einfach einen »OK«-Button, auf den die Besucher klicken sollten – aber keine echte Wahlmöglichkeit hatten. Das sollte nun eigentlich nach einigen Urteilen und Gesetzesänderungen passé sein – doch auf welcher Rechtsgrundlage können Unternehmen aktuell überhaupt Cookies setzen? Die bereits seit Längerem angekündigte ePrivacy-Verordnung, die das Thema Cookies EU-weit regeln sollte, ist immer noch nicht in Sicht. Daher kommen aktuell zwei Gesetze in Betracht: die DSGVO und das TTDSG. Cookies fallen zwar grundsätzlich unter den weiten Anwendungsbereich der Datenschutz-Grundverordnung, jedoch enthält diese keine speziellen Regelungen zu deren rechtskonformem Einsatz. Demzufolge ist der Einsatz von Cookies nur dann rechtmäßig, wenn Sie gemäß Art. 6 Abs. 1 lit. f DSGVO ein berechtigtes Interesse an deren Verwendung haben oder aber eine Einwilligung des Nutzers oder der Nutzerin vorliegt.

Um ermitteln zu können, ob Sie sich in Ihrem konkreten Einzelfall auf ein berechtigtes Interesse stützen können, bedarf es zunächst einer Abwägung Ihrer Interessen mit denen der Betroffenen. Ob Ihr Interesse im Ergebnis überwiegt, hängt maßgeblich von der Art des Cookies ab. Dies wird man bei *webanalysierenden Cookies*, die zu Zwecken des Remarketings bzw. Retargetings eingesetzt werden, nicht so einfach bejahen können. Hier stellen DSGVO und TTDSG strenge Anforderungen zum »Schutz der Privatsphäre bei Endeinrichtungen« der Nutzer und Nutzerinnen.

Grundsätzlich gilt gemäß § 25 Abs. 1 TTDSG, dass Cookies nur dann gesetzt werden dürfen, wenn der Endnutzer oder die Endnutzerin aufgrund von »klarer und umfassender Information eingewilligt hat«. Sowohl die Information als auch die Einwilligung haben dabei nach den Regeln der DSGVO zu erfolgen. Darauf kann gemäß § 25 Abs. 2 Nr. 2 TTDSG dann verzichtet werden, wenn der Einsatz des Cookies »unbedingt erforderlich« ist, damit das Unternehmen den vom Nutzer oder der Nutzerin »aus-

drücklich gewünschten Telemediendienst zur Verfügung stellen kann«. Das Gesetz regelt jedoch nicht, wann dies bei Cookies der Fall ist, es gibt jedoch unter Juristen und Juristinnen verschiedene Ansichten dazu – auch von den Datenschutzbehörden. Der aktuelle Stand beim Tracking sieht so aus, dass Cookies allein zu Marketing- und Werbezwecken (z. B. Konversionsmessung, personalisierte Werbung über mehrere Webseiten hinweg oder die Bildung von Nutzerprofilen) nicht unbedingt erforderlich ist. Daher bedarf es auch auf dieser Grundlage einer Einwilligung der Nutzer und Nutzerinnen.

In unsicheren Fällen sollten Unternehmen klar auf eine rechtskonforme Einwilligung setzen, um später Abmahnungen zu vermeiden. Wer eine Einwilligung für nicht unbedingt notwendige Cookies einholen möchte, muss darauf achten, dass die Einwilligung die hohen Anforderungen von § 25 TTDSG und Art. 6 Abs. 1 S. 1 lit a., 7 DSGVO erfüllt sind. Danach muss der Einwilligungstext beim ersten Aufruf der Seite eingeblendet werden. Erst, wenn der Nutzer oder die Nutzerin aktiv eingewilligt hat, dürfen nicht technisch notwendige Cookies gesetzt und ggf. personenbezogene Daten erhoben werden. Dabei sind nach der DSGVO folgende Voraussetzungen zu beachten, die letztlich auch sicherstellen, dass die Regelungen des TTDSG eingehalten werden:

1. Die Einwilligung muss sich auf den konkreten Einsatz der Cookies und die konkrete Art der Verarbeitungszwecke der Daten beziehen. Der Nutzer oder die Nutzerin muss also ausreichend über die Reichweite der Einwilligung und darüber informiert werden, welche Cookies gesetzt und welche Daten gesammelt werden.
2. Ist ein Drittanbieter beteiligt, gehört dies ebenfalls zu den wichtigen Informationen. Lediglich zu den Details können Unternehmen auf ihre Datenschutzerklärung verlinken. Dementsprechend ist es wichtig, in der Datenschutzerklärung genaue Informationen über den Zweck des Cookieeinsatzes mit aufzunehmen.
3. Die Einwilligung muss freiwillig erteilt werden. Der oder die Einwilligende muss eine echte und freie Wahl haben und in der Lage sein, die Einwilligung zu verweigern oder zurückzuziehen, ohne Nachteile zu erleiden.
4. Der Einwilligungstext muss klar formuliert sein.
5. Der Text muss gut zugänglich sein.
6. Die Nutzer und Nutzerinnen müssen deutlich auf die Widerrufsmöglichkeit hingewiesen werden.

> **Achtung!**
> Beachten Sie dabei, dass dazu vor der Erklärung der Zustimmung zur Cookie-Nutzung die Website frei von Cookies sein muss, um den Anforderungen der Datenschutz-Grundverordnung zu genügen! Dies entspringt dem datenschutzrechtlichen Grundsatz *Privacy by Default*!

Wie genau die Einholung der Einwilligung in der Praxis gestaltet werden soll, dazu schweigt die DSGVO ebenso wie das TTDSG. Denkbar sind letztlich verschiedene Varianten. Bisher am weitesten verbreitet ist sicherlich der Cookie-Banner, der regelmäßig einen Hinweis sowie eine Schaltfläche mit der Beschriftung »OK« oder »Einverstanden« enthält, den der Nutzer oder die Nutzerin anklicken muss.

Ein solcher Hinweis auf Cookies ist jedoch nur dann rechtskonform, wenn es sich um solche Cookies handelt, die zwangsläufig für den Betrieb der Website notwendig sind oder für die es möglicherweise ein berechtigtes Interesse geben kann – nicht hingegen für webanalysierende Cookies.

Bei webanalysierenden Cookies fragen eine Vielzahl von Websites bei Aufruf zuerst die Einwilligung zu den verschiedenen Tracking-Tools ab. Meist stellt sich dies so dar, dass der »Allen Cookies zustimmen«-Button im Vordergrund dargestellt wird und dazu verleitet, grundsätzlich allen Analyse-Werkzeugen des Websitebetreibers zuzustimmen. Wer eine genaue Auswahl treffen will, hat es schwer: Die Einstellungen zu den Cookies lassen sich nur schwerlich finden, meist sind sie gut versteckt. Im Ergebnis klicken die meisten Nutzer und Nutzerinnen die Cookie-Banner schnell weg, um auf die gewünschte Website zu gelangen und sich nicht müßig durch die Auswahl klicken zu müssen. Eine wirkliche Entscheidung treffen sie daher nicht – zum Vorteil der Werbewirtschaft.

Auch an dieser Stelle setzt das TTDSG mit der Idee eines zentralen Einwilligungsmanagements an. Das Gesetz sieht vor, dass Unternehmen auch Alternativen zu den bisher genutzten Bannern einführen dürfen. Ziel ist es, den Nutzern und Nutzerinnen mehr Kontrolle über ihre personenbezogenen Daten zu ermöglichen. Als Alternative zum traditionellen Cookie-Tracking kommen sogenannte »Personal Information Management Services« (PIMS) oder Single-Sign-on-Lösungen in Betracht. Nutzer können so ihre Einwilligung oder Ablehnung von Cookies setzen. Die Präferenzen werden dann auch für andere Websites gespeichert und weitergegeben. Das bedeutet in der Praxis, dass nicht bei jedem Besuch auf einer Website ein Consent-Banner erscheinen muss: Nutzer und Nutzerinnen müssen nicht mehr auf jeder Website eine Auswahl treffen, sondern können Tracking-Tools zu Marketingzwecken insgesamt ablehnen oder nur einzelne Ausnahmen vorsehen. Unternehmen werden jedoch nicht verpflichtet, PIMS zu nutzen, sondern können auch weiterhin auf Cookie-Banner zurückgreifen.

Auch wenn durch die Einführung von PIMS nervige Cookie-Banner in Zukunft der Vergangenheit angehören könnten, so heißt das nicht, dass das Surfen im Internet nun nutzerfreundlicher gestaltet ist. Das Gesetz sieht in § 26 TTDSG vor, dass sich Anbieter von PIMS-Diensten akkreditieren lassen müssen und kein wirtschaftliches Eigeninteresse an der Erteilung der Einwilligung haben dürfen. Das Einwilligungsmanagement muss daher über einen dritten Anbieter eingerichtet werden, um den

Anforderungen des Gesetzes gerecht zu werden. Es bleibt abzuwarten, ob sich solche Technologien am Markt etablieren können und von Usern angenommen werden. Weiterhin enthält das Gesetz keine Regelungen zum Thema Cookie-Banner-Design. Andere Länder – wie etwa Frankreich – haben entsprechende Verordnungen bereits erlassen. Auf den meisten Websites sorgt das Design der Banner für eine Art Lenkung der Nutzer und Nutzerinnen: Die Farbgebung des Buttons führt oft dazu, dass User eher auf »Alle akzeptieren« klicken. Die Datenschutzbehörden bemängeln eine solche Farbgebung schon seit längerer Zeit. Der Gesetzgeber hat sich jedoch dagegen entschieden, gegenüber Unternehmen in dieser Hinsicht Vorgaben einzuführen.

Die Zustimmungsrate wird bei dem Einsatz von PIMS wohl sinken – zur Freude der Datenschutzaufsichtsbehörden. Diese bemängeln die Gestaltung der Einwilligung zur Verarbeitung der Daten von Nutzern und Nutzerinnen durch den Einsatz von Cookies schon seit Längerem. Durch den automatisieren Einsatz von PIMS werden Unternehmen individuelle Gestaltungsmöglichkeiten verlieren, da Cookie-Banner dann dem Nutzer und der Nutzerin nicht mehr angezeigt werden. Nun bleibt abzuwarten, wie die anerkannten Dienste zur Einwilligungsverwaltung genau aussehen werden. Bis dahin bleiben uns die klassischen Cookie-Banner wohl noch eine Weile erhalten.

18.6.3 Datenschutzkonformer Einsatz von Google Analytics

Webanalyse-Tools gibt es viele. Das wichtigste ist aber sicherlich Google Analytics. Mit diesem Tracking-Programm können Website-Betreiber das Verhalten ihrer Besucher und Besucherinnen detailliert analysieren. Sie können insbesondere schauen, welche Seiten sie sich wie oft angesehen haben. Dabei spielt wieder das Datenschutzrecht eine besondere Rolle. Die datenschutzrechtliche Rechtmäßigkeit des Einsatzes von Webanalyse-Tools ist schon seit Jahren Gegenstand von juristischen Diskussionen. Eine viel genutzte mögliche Lösung, Datenschutzprobleme zu umgehen, ist folgende: Google Analytics bietet die Möglichkeit, die IP-Adresse der Besucher und Besucherinnen zu anonymisieren. Dazu gibt es viele Anleitungen im Netz. Die Idee dahinter: Wenn keine personenbezogenen Daten übermittelt werden, ist die DSGVO überhaupt nicht anwendbar. Tatsächlich hatte netdoctor.at diese Funktion wohl nicht korrekt genutzt. Ist das also die Lösung aller Probleme für andere Websites?

Offensichtlich nein! Denn nach der österreichischen hat nun auch die französische Datenschutzbehörde festgestellt, dass die Nutzung des US-Webanalyse-Dienstes Google Analytics wegen der Datenübermittlung in die USA rechtswidrig ist. Sollten weitere Behörden oder gar der EuGH der Auffassung folgen, könnte das den gesamten Datenverkehr zwischen der EU und den USA ins Wanken bringen.

Schaut man sich die Begründung der Österreicher an, so bietet Google Analytics einfach zu viele Möglichkeiten, die Websitebesucher und -besucherinnen zu identifizieren. Der Datenschutzbeauftragte (DSB) war der Ansicht, dass bei Google Analytics sehr viele personenbezogene Daten im Sinne von Art. 4 Nr. 1 DSGVO verarbeitet werden. Darunter einzigartige Online-Kennungen, die Adresse der besuchten Seiten, Browser, Betriebssystem, Bildschirmauflösung, Sprachauswahl, Datum und Uhrzeit des Website-Besuchs. Der einzelne Websitebesucher oder die -besucherin sei damit auch durch andere Parameter als eine (anonymisierte) IP-Adresse identifizierbar. Eine gelungene Anonymisierung der IP-Adresse hätte deswegen an der Bewertung der DSB wohl nichts geändert. Denn die Kennung werde mit so vielen weiteren Elementen verknüpft, dass immer noch ein Personenbezug gegeben sei. Demnach war Google Analytics also an den Vorgaben der DSGVO zu messen – und denen werde der Dienst nicht gerecht, so die Österreicher weiter.

Das Hauptproblem beim Datenschutz, das aber nicht nur Google Analytics, sondern alle US-Unternehmen betrifft, ist die Übermittlung personenbezogener Daten aus der EU in die USA. Seit dem »Schrems II«-Urteil des Europäischen Gerichtshofs (EuGH, Urt. 16.07.2020, Rs. C-311/18) können sich EU-Unternehmen dabei nicht mehr auf das transatlantische »Privacy Shield« berufen. Denn die Luxemburger Richter urteilten, dass es US-Überwachungsgesetze amerikanischen Sicherheitsbehörden ermöglichen, auch auf Daten von EU-Bürgern und -Bürgerinnen zuzugreifen. Damit entspreche der Datenschutzstandard in den USA nicht dem in der EU.

Seitdem setzen europäische und US-Unternehmen beim transatlantischen Datenaustausch auf die sog. Standardvertragsklauseln, welche die EU-Kommission Anfang Juni 2021 in aktualisierter Version herausgegeben hat. Google implementierte diese Vorgaben bereits im September 2021 in die eigenen Angebote – so auch in Google Analytics.

Nicht nur das – es folgte auch den »Empfehlungen 01/2020 zu Maßnahmen zur Ergänzung von Übermittlungstools zur Gewährleistung des unionsrechtlichen Schutzniveaus für personenbezogene Daten« des Europäischen Datenschutzausschuss (EDSA). Danach müssten »zusätzliche Maßnahmen« ergriffen werden, welche genau die Rechtslücken schließen, die im Drittland (den USA) bestehen. So versprach das US-Unternehmen etwa, man werde betroffene EU-Bürger und -Bürgerinnen informieren, sollten US-Geheimdienste nach ihren Daten fragen und außerdem jede Datenzugriffsanfrage sorgfältig prüfen. Auch in technischer Hinsicht sicherte Alphabet etwa eine Verschlüsselung der Daten zu.

Doch all das reiche nicht, so die österreichische Behörde. Googles Standardvertragsklauseln böten kein angemessenes Schutzniveau, um zuverlässig zu verhindern, dass die US-Nachrichtendienste nach den US-amerikanischen Gesetzen auf die Daten von

EU-Bürgern und -Bürgerinnen zugreifen. Auch all die zusätzlichen Maßnahmen, die Google ergriffen habe, reichten nicht aus, wenn die NSA oder das FBI vor der Tür stünden. Schließlich hätten die Behörden sowohl das Recht als auch die technischen Möglichkeiten, auch auf verschlüsselte Daten zuzugreifen.

Ziehen andere Behörden oder gar der EuGH nach, wäre es mit dieser Begründung aktuell kaum mehr möglich, basierend auf den Standardvertragsklauseln legal Daten in die USA zu übermitteln. Das könnte den gesamten transatlantischen Datenverkehr ins Wanken bringen.

Mit dem Ergebnis des Verfahrens sind weder NOYB noch Google zufrieden – und vermutlich auch nicht der Betreiber von netdoctor.de. NOYB überlegt, dagegen vorzugehen, dass die DSB nicht gegen Google direkt vorgegangen ist. Google Analytics kann aktuell nur hoffen, das netdoctor.de ein Rechtsmittel gegen den Teilentscheid erheben wird. Dann geht das Verfahren erst zum österreichischen Bundesverwaltungsgericht und möglicherweise am Ende zum EuGH. Der hat dann die Möglichkeit, eine Entscheidung zu treffen, die auch für andere Mitgliedstaaten bindend wäre. Ob die mögliche EuGH-Entscheidung dann aber im Sinne von Google ausfallen wird, ist fraglich.

Dass es darüber hinaus zu weiteren Entscheidungen auch anderer Datenschutzbehörden in den EU-Staaten kommt, die das Potenzial haben, ebenfalls vor dem EuGH zu landen, ist zudem sicher und nur eine Frage der Zeit. Direkt nach dem EuGH-Urteil zum Privacy-Shield von 2020 hatte Schrems insgesamt 101 vergleichbare Beschwerden in 30 EU- und EWR-Staaten eingereicht. Die Beschwerden betreffen auch deutsche Websites wie wiwo.de, derwesten.de, express.de, tvspielfilm.de, chefkoch.de, netzwelt.de und sky.de. Im EU-Ausland sind etwa Airbnb, IKEA oder Cinemaxx betroffen. Auch weitere Beschwerden gegen Google direkt sind anhängig.

Die nächste Entscheidung wird aller Voraussicht nach von der niederländischen Aufsichtsbehörde für persönliche Daten (AP) kommen. Diese hat bereits zwei Entscheidungen für Anfang 2022 angekündigt. Zu der seit 2018 dort abrufbaren Anleitung zur »datenschutzfreundlichen Einrichtung Google Analytics« hat sie nun folgenden Hinweis hinzugefügt: »Bitte beachten: Die Verwendung von Google Analytics ist möglicherweise bald nicht mehr erlaubt«.

Auch von der deutschen Aufsichtsbehörde könnte bald etwas kommen. Denn der aktuelle Fall netdoctor.at betrifft nicht mehr nur die Österreicher. Noch während des laufenden Verfahrens wurde die Website an den Münchner Verlag Burda übertragen. Österreichs Datenschutzbehörde war daher nur noch zuständig, über die Datenübermittlungen im August 2020 zu entscheiden. Für die Zeit danach hat die DSB den bayerischen Landesbeauftragten für den Datenschutz ersucht, zu entscheiden, wie es mit der Website weitergeht und ob sie eingestellt werden muss.

18.7 Gesetzliche Informationspflicht: das Impressum

Umfasst die Suchmaschinen-Optimierung auch die Programmierung der Seite, müssen Sie als Suchmaschinen-Optimierer oder -Optimiererin unbedingt an die Einhaltung der gesetzlichen Informationspflichten denken. Denn diese Verstöße sind einfach zu finden und können teure Abmahnungen zur Folge haben. Im Rahmen der gesetzlichen Informationspflichten müssen Sie besonderes Augenmerk auf ein rechtssicheres Impressum legen. Wie diese Vorgaben umgesetzt werden können, schauen wir uns im folgenden Abschnitt genauer an.

18.7.1 Impressumspflicht nach § 5 TMG

Voraussetzung für eine Impressumspflicht nach § 5 TMG ist zunächst, dass das TMG überhaupt anwendbar ist. Dies wiederum richtet sich nach § 1 Abs. 1 S. 1 TMG, wonach das Gesetz für alle »elektronischen Informations- und Kommunikationsdienste« gilt, soweit sie nicht Telekommunikationsdienste, telekommunikationsgestützte Dienste oder Rundfunk darstellen und über das Internet abrufbar sind. Darunter fällt auch jeder Online-Auftritt.

Die Impressumspflicht nach § 5 TMG gilt aber gemäß § 5 Abs. 1 TMG nur für alle geschäftsmäßigen, in der Regel gegen Entgelt angebotenen Telemedien. In diesem Zusammenhang stellt sich dabei zunächst die Frage, wann ein geschäftsmäßiges Angebot vorliegt und welcher Internetauftritt ein solches Merkmal überhaupt erfüllt.

Eine Definition dieses Begriffs bietet das TMG nicht. Nach allgemeiner Ansicht handelt ein Dienstanbieter jedoch geschäftsmäßig, wenn er Telemedien aufgrund einer nachhaltigen Tätigkeit mit oder ohne Gewinnerzielungsabsicht erbringt, wovon nur dann nicht ausgegangen werden kann, wenn es sich allein um private Gelegenheitsgeschäfte handelt. Von einer Nachhaltigkeit ist immer dann auszugehen, wenn die Tätigkeit auf einen längeren Zeitraum ausgerichtet ist und keine Einzelfalltätigkeit darstellt.

Es ist davon auszugehen, dass Website-Betreiber, die eine Suchmaschinen-Optimierung wünschen, wohl auch längerfristig am Erfolg ihres Internetauftritts interessiert sind. In jedem Fall trifft die Website-Anbieter aber eine Impressumspflicht, gerade wenn auch kommerzielle Interessen verfolgt werden. Davon ist zum Beispiel bei Internetauftritten von Online-Shops oder Dienstleistern auszugehen, da dort in jedem Fall eine Gewinnerzielungsabsicht vorliegt.

18.7.2 Bestandteile des Impressums

In der Folge stellt sich nun die Frage, welche Bestandteile das Impressum mindestens enthalten muss. Dazu gehören gemäß § 5 Abs. 1 TMG:

- Name und Anschrift des Website-Betreibers
- Kontaktdaten
- Angaben zur gesetzlichen Aufsichtsbehörde, sofern das Gewerbe einer behördlichen Zulassung unterliegt (z. B. Gastronomiebetriebe, Spielhallen etc.)
- Registernummer bei Personenvereinigungen
- berufsspezifische Angaben zu Berufen, deren Zugang gesetzlich geregelt ist (z. B. Ärzte, Rechtsanwälte, Architekten etc.)
- Umsatzsteueridentifikationsnummer
- der Hinweis auf die Möglichkeit der europäischen Online-Streitbeilegung

> **Achtung!**
> Die Pflicht zum Hinweis auf die Online-Streitbeilegungs-Plattform (OS-Plattform) besteht seit dem 09.01.2016 und hat ihre rechtliche Grundlage in Art. 14 Abs. 1 der EU-Verordnung über Online-Streitbeilegung in Verbraucherangelegenheiten Nr. 524/2013.
>
> Diese Plattform dient der außergerichtlichen Regelung von Streitigkeiten ausschließlich zwischen Verbrauchern und Verbraucherinnen sowie Unternehmen und nur bei Online-Käufen, sodass Streitigkeiten bei Online-Käufen vollständig online abgewickelt und beigelegt werden können. Auf diese Weise sollen Verbraucher bzw. Verbraucherinnen sowie Unternehmer und Unternehmerinnen schneller und effektiver Probleme lösen können, ohne langwierige und kostenintensive Gerichtsverfahren anstrengen zu müssen.
>
> Zentraler Aspekt der neuen Informationspflicht ist also die zwingende Nennung des Links zur OS-Plattform (*https://ec.europa.eu/consumers/odr*) und die Angabe der E-Mail-Adresse. Dabei sollte sich der Link an zugänglicher Stelle befinden, was nach aktuellem Stand der Fall ist, wenn eine Verlinkung im Impressum (siehe Abbildung 18.11) oder in den AGB erfolgt – ich empfehle Ihnen, beide Stellen zu nutzen! Auch sollten Sie nachprüfen, ob der Link tatsächlich funktioniert.
>
> Die Pflicht gilt dabei für jegliche Formen von Verkaufsplattformen und damit neben Online-Shops auch für Profile in sozialen Netzwerken, wenn Sie darin Waren oder Dienstleistungen zum Kauf anbieten. Fehlt der Link, drohen Abmahnungen, da dies einen Rechtsverstoß darstellt (OLG München, Urteil vom 22.09.2016, Az. 29 U 2498/16).

- Hinweis zur Teilnahme an Streitbeilegungsverfahren vor einer Verbraucherschlichtungsstelle

18.7 Gesetzliche Informationspflicht: das Impressum

Achtung!
Der Hinweis auf die Teilnahme am Streitbeteiligungsverfahren vor einer Verbraucherschlichtungsstelle gilt seit dem 01.02.2017. Die Normierung betrifft Unternehmen, die zum 31.12.2016 mehr als zehn Mitarbeiter und Mitarbeiterinnen beschäftigt haben, und beinhaltet, dass Verbraucher und Verbraucherinnen darüber in Kenntnis gesetzt werden müssen, inwieweit der Unternehmer oder die Unternehmerin, der oder die eine Website unterhält oder Allgemeine Geschäftsbedingungen verwendet, bereit ist, an einem Streitbeilegungsverfahren teilzunehmen.

Gemäß § 36 des Gesetzes über die alternative Streitbeilegung in Verbrauchersachen hat der Unternehmer den Verbraucher leicht zugänglich, klar und verständlich in Kenntnis davon zu setzen, inwieweit er bereit oder verpflichtet ist, an Streitbeilegungsverfahren vor einer Verbraucherschlichtungsstelle teilzunehmen. Auch muss er auf die zuständige Verbraucherschlichtungsstelle hinweisen, wenn er sich zur Teilnahme an deren Streitbeilegungsverfahren verpflichtet hat oder sich dies aus dem Gesetz ergibt.

Sofern Sie keine gesetzliche oder vertragliche Pflicht trifft, so ist die Teilnahme an einem solchen Verfahren grundsätzlich freiwillig. Das Gesetz sieht jedoch vor, dass der Verbraucher oder die Verbraucherin über die Teilnahme ebenso informiert werden muss wie über die Nichtteilnahme (siehe Abbildung 18.11).

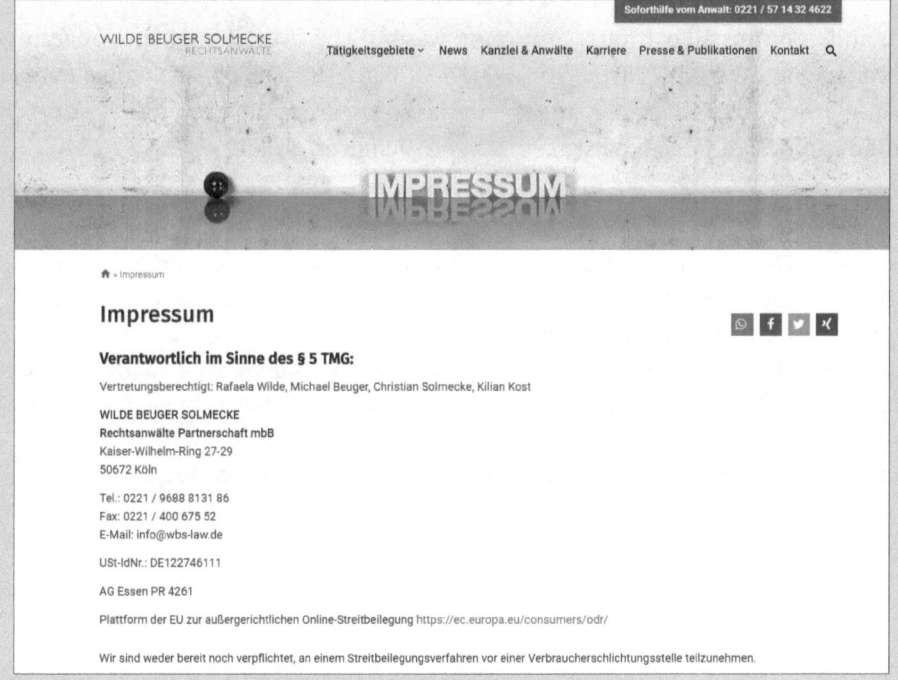

Abbildung 18.11 Beispiel für die Umsetzung des Hinweises auf die OS-Plattform und die Nichtteilnahme am Streitbeilegungsverfahren im Impressum

> **Hinweis!**
> Wenn Sie sich nicht sicher sind, was alles in Ihr Impressum gehört, so können Sie sich auch des Rechtstexters bedienen, den die Rechtsanwaltskanzlei Wilde Beuger Solmecke in Kooperation mit Trusted Shops entwickelt und auf der Webseite *https:// www.wbs-law.de/e-commerce/trusted-shops-und-die-kanzlei-wilde-beuger-solmecke-bieten-abmahnschutzpakete-an-die-garantie-fuer-online-haendler-60997/* online gestellt hat.

18.7.3 Platzierung und Ausgestaltung des Impressums

Darüber hinaus hat der Gesetzgeber auch klare Vorstellungen davon, wo das Impressum hingehört und wie die Umsetzung dieser Vorgaben zu erreichen ist. Nach § 5 Abs. 1 TMG müssen die Informationen vom Betreiber der Seite leicht erkennbar, unmittelbar erreichbar und ständig verfügbar gehalten werden. Das bedeutet einerseits, dass die Informationen in einer lesbaren Schriftgröße gestaltet werden sollten und – obwohl dies bei Suchmaschinen-Optimierern und -Optimiererinnen beliebt zu sein scheint – gerade keine Grafik als Darstellungsart verwendet werden sollte, da die Darstellung von Grafiken im Browser deaktiviert sein könnte, das Impressum aber so gestaltet sein muss, dass es von den gängigen Browsern dargestellt werden kann.

Zum anderen muss das Impressum ohne wesentliche Zwischenschritte abgerufen werden können. Der BGH (Urteil vom 20.07.2006, Az. I ZR 228/03) geht von einem Erfüllen dieser Voraussetzungen aus, wenn das Impressum über zwei Klicks erreicht werden kann, da dies regelmäßig kein langes Suchen erfordere.

> **Hinweis!**
> Beachten Sie, dass ein Impressum nicht nur auf Internetseiten, sondern auch auf sämtlichen Social-Media-Auftritten erforderlich ist. Während die Unterbringung in Profilen sozialer Netzwerke sich früher noch etwas schwieriger gestaltete, sieht beispielsweise Facebook nun eine eigene Spalte auf Unternehmens-Seiten dafür vor (siehe Abbildung 18.12). Der erste Klick führt dann meist auf eine Seite mit weiteren Informationen zum Unternehmen, auf der dann auch die Anbieterkennzeichnung selbst erfolgt oder ein Link zum Impressum auf der Unternehmens-Website gesetzt wird.

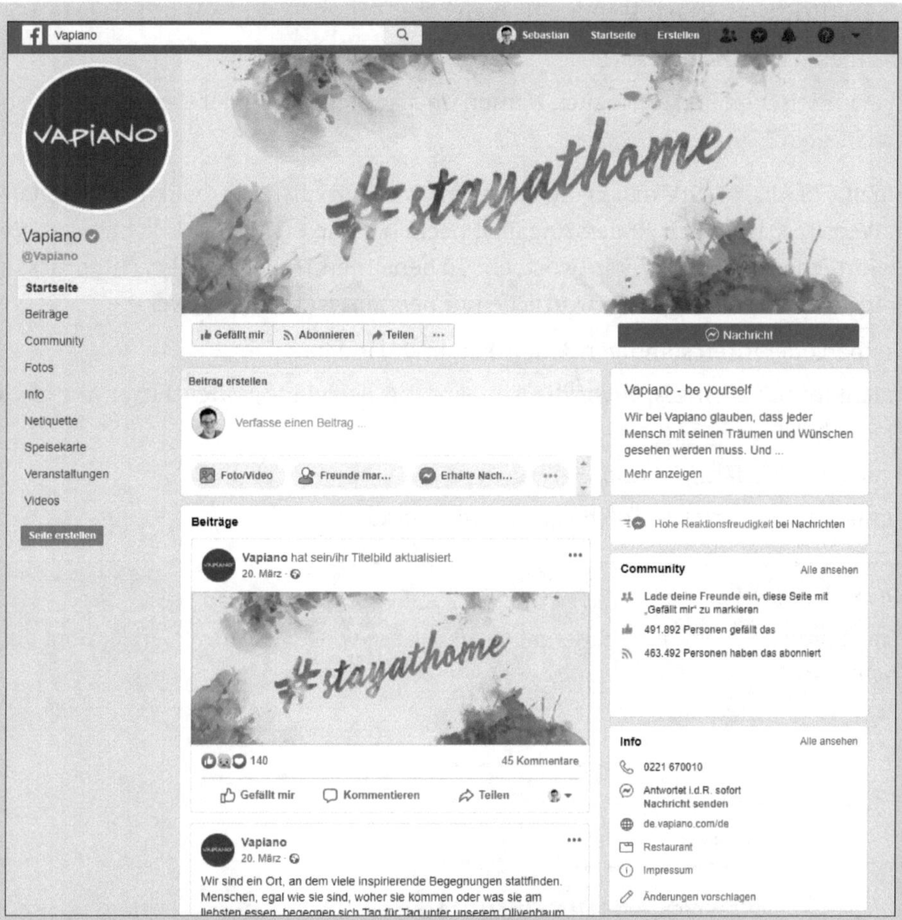

18.7 Gesetzliche Informationspflicht: das Impressum

Abbildung 18.12 Hinweis auf die Anbieterkennzeichnung auf der Facebook-Seite des Restaurants Vapiano Aachen

18.7.4 Impressumspflicht nach § 18 Abs. 1 MStV

Darüber hinaus können sich weitere Pflichtangaben bei journalistisch-redaktionell gestalteten Angeboten aus § 18 Abs. 1 MStV ergeben. Eine Impressumspflicht nach dem Rundfunkstaatsvertrag nach § 18 Abs. 1 MStV betrifft die Auftritte, die nicht ausschließlich persönlichen oder familiären Zwecken dienen und ein journalistisch-redaktionell gestaltetes Angebot bereithalten. Von Letzterem kann ausgegangen werden, wenn eine Presseähnlichkeit aufgrund des Ziels der Leistung eines Beitrags zur öffentlichen Meinungsbildung und Information angenommen werden kann. Zu Beurteilung dessen ist die Gestaltung des Internetauftritts im konkreten Einzelfall zu untersuchen.

Diese Auftritte müssen folgende Angaben bereithalten:

1. Namen und Anschrift sowie
2. bei juristischen Personen auch Namen und Anschrift des oder der Vertretungsberechtigten

Gemäß § 18 Abs. 1 MStV haben die Betreiber von journalistisch-redaktionell gestalteten Websites zusätzlich zu den Angaben nach §§ 5 und 6 TMG die Pflicht, einen Verantwortlichen bzw. eine Verantwortliche zu benennen. Dabei ist zu beachten, dass als Verantwortlicher bzw. Verantwortliche nur benannt werden darf, wer

1. seinen oder ihren ständigen Aufenthalt im Inland hat,
2. nicht infolge Richterspruchs die Fähigkeit zur Bekleidung öffentlicher Ämter verloren hat,
3. voll geschäftsfähig ist und
4. unbeschränkt strafrechtlich verfolgt werden kann.

Praxisbeispiel!
Ein Impressum, das die Anforderungen an den Medienstaatsvertrag erfüllt, zeigt die Abbildung 18.13.

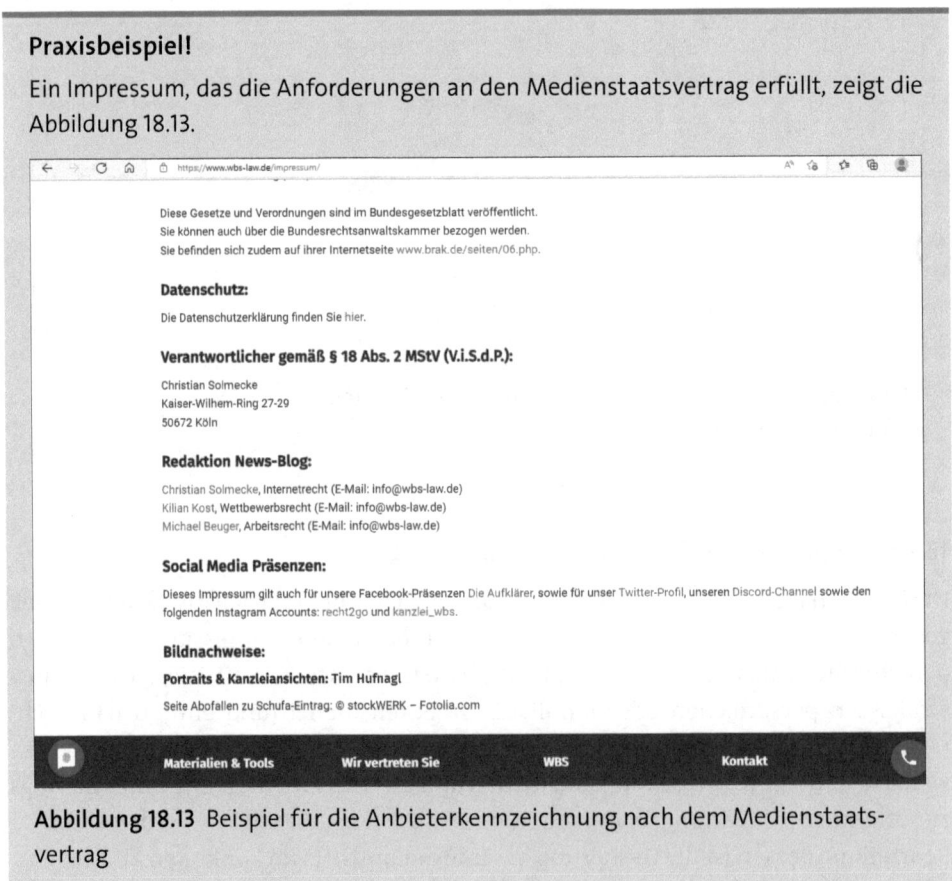

Abbildung 18.13 Beispiel für die Anbieterkennzeichnung nach dem Medienstaatsvertrag

18.8 Rechtliche Relevanz der Google-Richtlinien

Auf seiner Internetseite hat Google ausführliche Richtlinien für Webmaster unter *https://support.google.com/webmasters/answer/35769?hl=de* zur Verfügung gestellt, denen man entnehmen kann, nach welchen Regeln eine Suchmaschinen-Optimierung bei Google zu erfolgen hat. Darin wird erklärt, welche Aspekte der Inhaltsgestaltung wichtig sind. Dabei spielen die Regeln zur Qualität eine besondere Rolle, wonach gewisse unerlaubte Vorgehensweisen, wie z. B. die Verwendung von Spam-Methoden, unterlassen werden sollen. Nun stellt sich jedoch die Frage, welche Konsequenzen ein Verstoß gegen diese Richtlinien hat.

Zunächst einmal ist festzuhalten, dass die Google-Richtlinien nicht mit dem deutschen Recht vergleichbar sind, da sie nur Richtlinien eines privaten Unternehmens darstellen und keine Gesetzesqualität haben. Hier darf keine Verwechslung mit der Richtlinie erfolgen, wie wir sie aus dem europäischen Recht kennen. Google-Richtlinien sind eher Nutzungsbedingungen. Daraus folgt, dass ein Verstoß gegen diese Richtlinien im Verhältnis zu Mitbewerbern rechtlich keine unmittelbare Konsequenz hat.

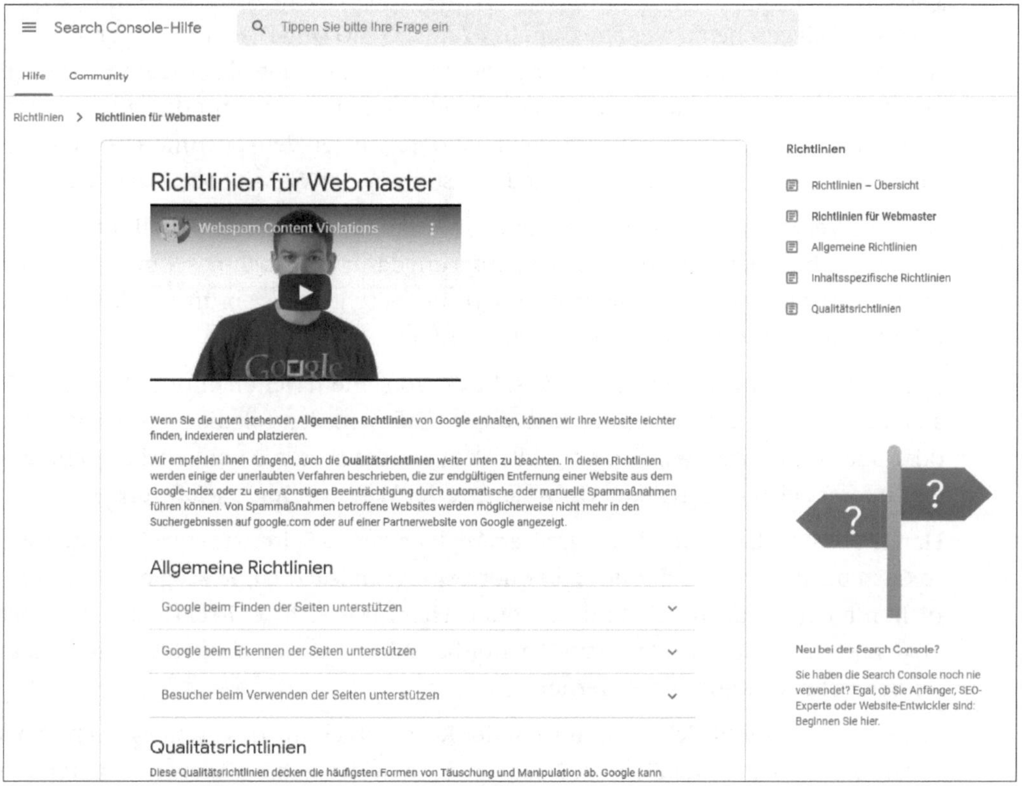

Abbildung 18.14 Google-Richtlinien für Webmaster

Wer nun denkt, er oder sie könne beherzt die Google-Richtlinien ignorieren, irrt jedoch. Denn die Konsequenzen, mit denen Google droht, treffen gerade die auf das Internet angewiesenen Unternehmen, wie etwa Betreiber von Online-Shops, deutlich empfindlicher.

Denn auch wenn ein Verstoß gegen die Richtlinien grundsätzlich keine rechtliche Bedeutung für das Verhältnis zwischen Google und dem Betreiber der Internetseite hat, hat er dennoch eine hohe tatsächliche Relevanz: Denn während Google selbst hinsichtlich der Richtlinien zu Gestaltung, Inhalt und Technik von einer rein beratenden Funktion ausgeht, diese also befolgt werden können, jedoch nicht befolgt werden müssen, sieht das Unternehmen seine Qualitätsrichtlinien als zwingend an. Ein Verstoß dagegen wird daher mit der dauerhaften Entfernung einer Website aus dem Google-Index oder einer sonstigen Beeinträchtigung durch algorithmische oder manuelle Maßnahmen abgestraft (siehe Abbildung 18.14).

18.9 Haftung des Website-Betreibers

Während des Betriebs eines Internetauftritts muss einem Aspekt besondere Aufmerksamkeit geschenkt werden: Gemäß § 7 Abs. 1 TMG sind Diensteanbieter für eigene Informationen, die sie zur Nutzung bereithalten, nach den allgemeinen Gesetzen verantwortlich. Das bedeutet, dass der Betreiber einer Website für diejenigen Informationen haftet, die er selbst eingestellt hat oder die von dem Suchmaschinen-Optimierer eingestellt wurden, den er mit der Erstellung der Website beauftragt hatte.

Löst das Verhalten des Suchmaschinen-Optimierers einen Haftungsfall für den Betreiber der Internetseite aus, kann er wiederum dafür den Suchmaschinen-Optimierer in Anspruch nehmen. Aus diesem Grund sollte genau geprüft werden, welche Inhalte auf Internetseiten veröffentlicht werden.

Das Gesetz geht im Rahmen des § 7 Abs. 1 TMG von einem weiten Informationsbegriff aus und fasst darunter alle Angaben, die im Rahmen des Teledienstes gespeichert oder übermittelt werden, also auch alle Texte oder Fotos, die vom Suchmaschinen-Optimierer bei Erstellung oder Optimierung der Website eingespeist wurden.

Handelt es sich dabei um Inhalte Dritter auf der eigenen Seite, wie etwa Kommentare in Gästebüchern, so ist der Betreiber der Seite grundsätzlich privilegiert und muss nicht mit einer Inanspruchnahme rechnen. Hier muss sich der Rechteinhaber direkt an den Rechtsverletzer selbst wenden. Der Betreiber muss rechtsverletzende Inhalte Dritter erst nach Kenntnis entfernen.

Etwas anderes ergibt sich nach Ansicht der Rechtsprechung des Bundesgerichtshofs (Urteil v. 12.11.2009, Az. I ZR 166/07) jedoch dann, wenn sich der Diensteanbieter den rechtverletzenden Inhalt zu eigen gemacht hat, da er dann für fremde Inhalte wie für eigene haftet.

Um herauszufinden, ob eine Zueigenmachung vorliegt, sei eine »objektive Sicht auf der Grundlage einer Gesamtbetrachtung aller relevanten Umstände« nötig. Wesentlich sei, ob der durchschnittliche verständige Nutzer oder die Nutzerin den Eindruck gewinnen muss, dass sich der Diensteanbieter dergestalt mit der Information identifiziert, dass diese als eigene erscheint, wobei bei der Annahme Zurückhaltung geboten sei (BGH, Urteil vom 30.06.2009, Az. VI ZR 2010/08). Davon sei etwa dann auszugehen, wenn der Diensteanbieter (oder der Suchmaschinen-Optimierer) fremde Inhalte in seinen Verantwortungsbereich aufnimmt, ohne diese als fremde Inhalte zu kennzeichnen.

> **Praxisbeispiel!**
> Dies ist z. B. der Fall, wenn der Suchmaschinen-Optimierer zur Optimierung des Online-Shops seines Auftraggebers ein Bild von einer anderen Internetseite kopiert und auf der zu optimierenden Internetseite veröffentlicht, sich im Nachhinein aber herausstellt, dass es sich um ein rechtsverletzendes Bild handelt. Auch bei der Übernahme von Inhalten, z. B. von Wikipedia, ohne entsprechende Kennzeichnung liegt ein solcher Verstoß vor.

Ein solches Vorgehen erscheint für Außenstehende wie eine eigene Information des Betreibers der Website und stellt somit ein haftungsbegründendes Zueigenmachen dar. Um dies zu vermeiden, sollten Suchmaschinen-Optimierer Inhalte Dritter unter keinen Umständen ungeprüft auf die zu optimierende Internetseite übernehmen.

18.9.1 Haftung für fremde Inhalte wie Kommentare

Darüber hinaus stellt sich die Frage, wann der Betreiber einer Website für fremde Inhalte, wie z. B. beleidigende Kommentare, haftet. Eine Verantwortlichkeit für fremde Inhalte sieht das Telemediengesetz für die Informationen vor, die der Website-Betreiber für einen Nutzer oder eine Nutzerin speichert. Eine Ausnahme davon macht der Gesetzgeber gemäß § 10 S. 1 TMG nur dann, wenn die Diensteanbieter

> *1. keine Kenntnis von der rechtswidrigen Handlung oder der Information haben und ihnen im Falle von Schadenersatzansprüchen auch keine Tatsachen oder Umstände bekannt sind, aus denen die rechtswidrige Handlung oder die Information offensichtlich wird, oder 2. sie unverzüglich tätig geworden sind, um die Information zu entfernen oder den Zugang zu ihr zu sperren, sobald sie diese Kenntnis erlangt haben.*

Zu beachten ist dabei jedoch, dass der Betreiber der Internetseite nicht auf Anhieb erkennen kann, ob z. B. auf seiner Seite veröffentlichte Informationen die Rechte Dritter verletzen. Auch kann ihm nicht zugemutet werden, dies stets zu überprüfen und zu überwachen (§ 7 Abs. 2 TMG). Aus diesem Grund kommt eine Haftung nach An-

sicht des Landgerichts Hamburg (Urteil vom 20.4.2012, Az. 310 O 461/10) erst ab Kenntniserlangung in Betracht.

> **Hinweis!**
> Von einer Kenntniserlangung kann jedoch nicht schon dann ausgegangen werden, wenn der Betreiber der Site eine automatische Benachrichtigung über den Eintrag erhalten hat und diesen gelesen oder gar selbst kommentiert hat. Denn allein die Kenntniserlangung von der Existenz des Beitrags bedeutet noch keine Kenntniserlangung von dessen Rechtswidrigkeit.

In diesem Zusammenhang hat sich das aus dem US-Recht stammende »Notice-and-takedown-Verfahren« bewährt. Danach wird der Betreiber der Site zunächst z. B. durch den Rechteinhaber selbst über die Verletzung seiner Rechte informiert, damit dieser Zustand dann vom Betreiber der Site unverzüglich beseitigt werden kann.

Nach der Rechtsprechung des BGH (Urteil vom 25.10.2011, Az. VI ZR 93/10) muss der Hinweis dabei so konkret gefasst sein, dass der Rechtsverstoß auf der Grundlage der Behauptungen des oder der Betroffenen unschwer – d. h. ohne eingehende rechtliche und tatsächliche Überprüfung – bejaht werden könne. Hat der Betreiber der Site Zweifel an der Richtigkeit der Mitteilung, so könne er diese dem oder der Betroffenen innerhalb der Frist mitteilen und um Nachweis der Rechtsinhaberschaft bitten. Reagiere dieser darauf nicht mehr, so bestehe keine Löschungspflicht für den Betreiber der Site.

Auf Löschungsforderungen der Rechteinhaber sollte jedoch unbedingt reagiert werden, da andernfalls mit der Inanspruchnahme auf Unterlassung, Beseitigung und Schadenersatz gerechnet werden muss. Jedenfalls dann, wenn eine Rechtsverletzung offensichtlich ist, ist eine sofortige Löschung empfehlenswert, um so eine eigene Inanspruchnahme zu vermeiden.

18.9.2 Grundsätzliche Haftung für Links

Im Rahmen der Haftung ist darüber hinaus ein Blick auf die Frage zu werfen, ob der Betreiber einer Site auch für rechtsverletzende Links haftet, die auf seiner Site gesetzt werden. Die Antwort auf diese Frage ist in der Rechtsprechung und juristischen Literatur noch nicht einheitlich beantwortet worden.

Einigkeit besteht zumindest darüber, dass das Setzen von Hyperlinks auf einen urheberrechtlich geschützten Inhalt ohne Einwilligung des Rechteinhabers grundsätzlich keine Urheberrechtsverletzung darstellt, da weder eine Vervielfältigungshandlung noch eine öffentliche Zugänglichmachung vorgenommen werde, so der BGH (Beschluss vom 24.7.2003, Az. VII ZB 8/03).

Fraglich ist jedoch, ob der Betreiber der Site auch für die Inhalte auf der verlinkten Site in Anspruch genommen werden kann. Dabei muss auf die Grundsätze der Haftung für eigene Inhalte nach § 7 Abs. 1 TMG zurückgegriffen werden, wonach eine solche Inanspruchnahme jedenfalls dann bejaht werden kann, wenn sich der Betreiber der Site den Inhalt des Links zu eigen macht. Davon ist immer dann auszugehen, wenn der Betreiber der Site den hinter dem Link stehenden rechtswidrigen Inhalt zur Kenntnis genommen und seine Weiterverbreitung gefördert hat. Andernfalls gelten auch im Rahmen der Linksetzung die bereits erläuterten Regelungen zur Störerhaftung nach § 10 Abs. 1 TMG und zum »Notice-and-takedown-Verfahren«.

Noch ungeklärt ist in diesem Zusammenhang die Haftung für YouTube-Videos, die über die Einbetten-Funktion in eine Webseite eingebunden werden (sog. Framing). Hier stellt sich die Frage, ob das Einbinden eines YouTube-Videos eine Urheberrechtsverletzung darstellt. Nach Entscheidungen des EuGH (Urteil v. 21.10.2014, Az. C-348/13) und des BGH (Urteil v. 09.07.2015, Az. I ZR 46/12) sieht die rechtliche Situation aktuell so aus, dass das Einbinden von fremden Inhalten (z. B. Fotos oder Videos) dann erlaubt ist, wenn das Foto oder Video schon mit Zustimmung des Urhebers oder der Urheberin im Internet verfügbar ist. Umstritten ist jedoch nach wie vor die Frage, ob das Einbinden auch dann erlaubt ist, wenn der Urheber oder die Urheberin die ursprüngliche Nutzung des Werkes nicht gebilligt hat. Aus Sicht des Nutzers oder der Nutzerin, der oder die ein YouTube-Video einbinden will, ist jedoch in aller Regel nicht erkennbar, ob das Video mit Zustimmung des Urhebers bei YouTube hochgeladen wurde. Aus diesem Grund können YouTube-Videos nach wie vor nicht ohne Bedenken in fremde Webseiten eingebunden werden.

> **Praxisbeispiel**
> Ein auf Wasserfiltersysteme spezialisiertes Unternehmen erwarb die ausschließlichen Nutzungsrechte an einem Kurzfilm über Wasserverschmutzung mit dem Titel »Die Realität«. Dieser Kurzfilm gelangte auf YouTube, wo zwei Wettbewerber des Unternehmens ihn entdeckten und für eigene Zwecke verwendeten. Dazu eröffneten sie den Besuchern und Besucherinnen ihrer eigenen Webseiten die Möglichkeit, durch eine Video-Einbettung den Kurzfilm vom YouTube-Server abzurufen, der dann auf den eigenen Webseiten in einem Frame abgespielt wurde. Das auf Wasserfiltersysteme spezialisierte Unternehmen sah das eigene Recht zur öffentlichen Zugänglichmachung verletzt und erhob Klage.

18.9.3 Haftung des Website-Betreibers für Spam-Links (Negative SEO)

Um bei den Suchmaschinen ein gutes Ranking zu erhalten, benötigt man gute Links. Dies bedeutet im Umkehrschluss, dass schlechte Links wie Spam-Links zu einer Verschlechterung der Ranking-Position führen können. Doch genau das ist auch das Ziel

derer, die Spam-Links zulasten von Wettbewerbern einsetzen (Negative SEO). Denn zu viele Links, insbesondere von typischen SEO-Webkatalogen, aus zu vielen Foren oder auch massiv gekaufte Links sind Suchmaschinen wie Google, Yahoo! oder Bing ein Dorn im Auge.

Aus diesem Grund investieren Suchmaschinen wie Google einen hohen Aufwand in die Bekämpfung und automatische Erkennung von Spam. Denn erscheint über Nacht eine ungeheure Vielzahl neuer Links zu einer bestimmten Internetseite im Google-Index, schlagen Spam-Filter Alarm, da Google davon ausgeht, dass eine solche Entwicklung nicht natürlich sein kann. Daraufhin zieht Google Konsequenzen und straft die Webseiten entweder in den Suchergebnissen ab oder schließt sie gar ganz aus dem Index aus. Die Indexierung einer Webseite ist aber gerade die Grundvoraussetzung für eine Auffindbarkeit in den Suchergebnislisten. Darüber hinaus sind mit einem schlechten bis nicht vorhandenen Ranking Umsatzeinbußen und ein Reputationsverlust für das Unternehmen verbunden, dessen Site Zielscheibe von Spam-Links wurde.

Diese verheerenden Konsequenzen werden auch gezielt im Rahmen von Negative-SEO-Kampagnen gegen Mitbewerber eingesetzt, die ein hohes Ranking haben, indem ihre Site mit Spam-Links überschüttet wird. Denn die Suchmaschine selbst kann nicht erkennen, wer diese Links gesetzt hat, sodass sie dafür zunächst den Betreiber der Site in Anspruch nimmt. Doch welche Ansprüche stehen den Opfern solcher Rechtsverletzungen dann zu?

Grundsätzlich besteht die Möglichkeit, die negativen Auswirkungen von Spam-Links zu neutralisieren. Dabei sind z. B. eine Kontaktaufnahme mit dem Suchmaschinen-Betreiber über das Diashow-Tool und das Ergreifen eigener manueller Gegenmaßnahmen zum Linkabbau üblich. Doch die Umsetzung ist zum einen sehr zeitaufwendig und zum anderen kostenaufwendig.

Möchte man den Schädiger für die entstandenen Schäden auf Schadenersatz und Unterlassung z. B. wegen eines Eingriffs in den eingerichteten und ausgeübten Gewerbebetrieb oder wegen einer vorsätzlichen sittenwidrigen Schädigung in Anspruch nehmen, so wird man – sofern man von dem Vorliegen der Voraussetzungen dieser Ansprüche ausgeht – bei der prozessualen Durchsetzung mit zahlreichen rechtlichen Problemen konfrontiert.

Zunächst einmal muss der Geschädigte die Tatsachen, die seinen Anspruch begründen, auch beweisen. Die dafür erforderlichen Beweismittel liegen aber regelmäßig in der Sphäre des Schädigers, auf die der Geschädigte nur einen schweren bis hin zu gar keinen Zugriff hat. Denn Spam-Links stellen Aktivitäten aufseiten Dritter dar, die mit dem Schädiger nicht verbunden sein müssen, wodurch dieser zunächst anonym bleibt.

Ein Zivilverfahren gibt dem Geschädigten nicht die Möglichkeit, Ermittlungsmaßnahmen einleiten zu lassen. Eine solche Möglichkeit besteht erst dann, wenn ein Strafverfahren gegen den Schädiger eingeleitet wird. Diese Möglichkeit war vor der Einführung des Auskunftsanspruches im Urheberrecht im Rahmen des Filesharings ebenfalls gängige Praxis, da auch dort das Problem bestand, dass Rechteinhaber und -inhaberinnen mangels Kenntnis der hinter der IP-Adresse befindlichen Daten der Filesharer zwar einen Rechtsverstoß feststellen konnten, ihre Ansprüche aber nicht geltend machen konnten. Aus diesem Grund wurde zunächst ein Strafantrag gestellt, um im Rahmen des Ermittlungsverfahrens über das Akteneinsichtsrecht an die Daten der Filesharer zu gelangen und diese dann im Zivilverfahren zu verwenden.

Um eine solche Vorgehensweise auch auf Spam-Links anwenden zu können, müsste dieses Verhalten auch einen Straftatbestand erfüllen. Zu denken ist dabei z. B. an eine Kreditgefährdung gemäß § 187 Hs. 2 StGB, wonach derjenige zu bestrafen ist, der wider besseren Wissens in Beziehung auf einen anderen eine unwahre Tatsache behauptet oder verbreitet, die geeignet ist, dessen Kredit zu gefährden. Ob diese Voraussetzungen vorliegen, ist jedoch zweifelhaft.

Zunächst einmal ist festzuhalten, dass der Begriff *Kredit* nicht wörtlich im Sinne eines Darlehens zu verstehen ist, sondern vielmehr das Vertrauen umfasst, das jemand hinsichtlich der Erfüllung seiner vermögensrechtlichen Verbindlichkeiten genießt. Ob die Voraussetzungen dafür vorliegen, ist fraglich. Es ist schon fragwürdig, ob das Setzen von Spam-Links als unwahre Tatsachenbehauptung gegenüber einem Dritten gewertet werden kann. Unter einer *Tatsache* versteht man grundsätzlich konkrete Geschehnisse oder Zustände der Vergangenheit oder Gegenwart, die sinnlich wahrnehmbar und daher dem Beweis zugänglich sind, so das Bundesverfassungsgericht (Urteil vom 12.11.2002, Az. 1 BvR 232/97). Selbst wenn man davon ausgeht, dass das Setzen von Spam-Links eine unwahre Tatsachenbehauptung darstellt – nämlich die falsche Behauptung, der Geschädigte habe diese Links selbst gestellt –, fehlt es bereits an einem Drittbezug. Denn dafür ist es erforderlich, dass der Dritte erkennbar ist und dass hinter der Äußerung ein anderer als der Betroffene selbst steht. Dies ist hier aber gerade nicht der Fall, da der Angriff so gestaltet wird, dass es so scheint, als habe der Geschädigte selbst gehandelt. Folglich liegt zumindest keine Strafbarkeit nach § 187 StGB vor, die eine Ermittlung der Daten über das Strafverfahren ermöglichen würde.

Würde es dem Geschädigten dennoch gelingen, den Schädiger ausfindig zu machen, müsste er zur Geltendmachung von Umsatzeinbußen auch diese darlegen und beweisen. Das heißt, er muss begründen und beweisen, dass der vom Schädiger vorgenommene Angriff kausal war, also die direkte Ursache der genau zu beziffernden Umsatzeinbußen. Dieser Beweis ist jedoch nur sehr schwer zu führen, da ein direkter Zusammenhang etwa zwischen rückläufigen Aufträgen und einer fehlenden Auffindbarkeit in Suchmaschinen nur schwer nachzuweisen ist.

Damit kann festgehalten werden, dass dem geschädigten Website-Anbieter zwar materiell Ansprüche zur Geltendmachung seiner Ansprüche gegen den Geschädigten zustehen, die prozessuale Geltendmachung dieser ihn aber vor nahezu unüberwindliche Probleme stellt. In dieser Hinsicht bleibt abzuwarten, wie Gerichte mit dieser Problematik umgehen werden.

> **Hinweis!**
> Ich habe Ihnen nun einen groben Überblick über die rechtlich problematischen Aspekte der Suchmaschinen-Optimierung gegeben – alle rechtlichen Probleme in der Tiefe zu besprechen, würde den Rahmen dieses Kapitels sprengen. Da sich auch in den nächsten Jahren immer wieder rechtliche Details ändern werden, empfehle ich Ihnen, sich auf dem Laufenden zu halten. Auf unserer Kanzlei-Website *www.wbs-law.de* beispielsweise finden Sie täglich neue Artikel und Meldungen aus der Welt des Medienrechts. Dort können Sie auch unseren wöchentlichen Newsletter abonnieren und bekommen so alle aktuellen Themen per E-Mail geliefert. Aber auch in den sozialen Netzwerken informieren wir Sie mit unserem YouTube-Kanal (*www.wbs-law.tv*) sowie unserem Auftritt bei Facebook (*www.facebook.com/die.aufklaerer*) und dem Twitter-Feed (*www.twitter.com/solmecke*) über Neuigkeiten auch aus dem Bereich SEO & Recht!

Anhang A
Glossar

AdSense Das Werbeprogramm von Google, bei dem auf Webseiten von angemeldeten Webautoren Ads-Anzeigen passend zum jeweiligen Thema angezeigt werden können. Die Anbieter erhalten eine Provision pro Klick (*www.google.de/adsense*).

Ads Der Name des Werbeprogramms von Google, bei dem man kostenpflichtige Anzeigen hauptsächlich auf den Ergebnisseiten von Google schalten kann (→ *Paid Listing*). Die Anzeigen werden kontextsensitiv zu definierten Stichwörtern oben oder rechts von den gewöhnlichen Ergebnissen eingeblendet. Die Abrechnung erfolgt pro Klick; eine Budgetgrenze kann gesetzt werden. Je mehr Gebühr der Kunde pro Klick zu zahlen bereit ist, desto weiter oben steht der betreffende Ads-Eintrag in dem Paid-Listing-Bereich der Ergebnisseite (*https://ads.google.com/intl/de_DE/home/*).

Affiliate Vertriebspartner, die Werbung von kommerziellen Webseiten in die eigene Webpräsenz einbinden, nennt man Affiliates oder Affiliate-Partner. Die Formen der Einbindung reichen von einfacher Bannerplatzierung bis zum Einbinden von kompletten Such- oder Buchungsformularen auf der Partnerseite. Kommt über diese Form von Werbung ein Kauf oder Ähnliches zustande, erhalten die Affiliate-Partner eine Provision oder Vergütung. Für viele Sparten (z. B. Tourismus, Gesundheit/Wellness, Finanzen) existieren umfangreiche Affiliate-Programme.

alt-Text Um eine barrierefreie Weblösung zu erreichen, können Bilder im HTML mit alternativen Texten beschrieben werden. Diese Texte werden bei der Suchmaschinen-Optimierung auch zur Platzierung von Keywords genutzt.

Anchor-Text Deutsch: »Linktext«. Bezeichnet den Text innerhalb eines hypertextuellen Verweises, der im Browser in der Regel unterstrichen angezeigt wird, vom Benutzer oder der Benutzerin angeklickt werden kann und von Suchmaschinen erfasst wird. Die Beschaffenheit des Anchor-Textes hat im Zusammenhang mit der themenrelevanten Verlinkung an Bedeutung gewonnen.

Attribut Zusätzliche Information innerhalb eines HTML-Tags. Innerhalb des `<a>`- Tags ist z. B. die Linkadresse (`href`) ein Attribut. Für `<img>`-Tags (Bilder) ist der → *alt-Text* ebenfalls ein Attribut.

Authority Deutsch: »Autorität«. Eine Website, die für einen bestimmten Themenbereich besonders bedeutend ist, wird als Autorität bezeichnet. Solche Seiten besitzen eine hohe Anzahl eingehender Verweise und werden durch diese Referenzierung deutlich aus der Masse herausgehoben. In der Ergebnisliste von Google sind Einträge von Autoritäten oftmals zusätzlich mit direkten Links unter der URL-Zeile zu zentralen Bereichen der Site ausgestattet.

Backlink Deutsch: »eingehender Link«. Hypertextuelle Verweise im Web, die auf eine Webseite zeigen, bezeichnet man als Backlink oder auch Inbound Link. Diese eingehenden Links spielen seit der PageRank-Bewertung von Google eine bedeutende Rolle. Hier wird die Relevanz einer Seite an der Anzahl und der Qualität der eingehenden Links gemessen. Je mehr Links von Seiten, die selbst viele Links auf sich ziehen und somit qualitativ hochwertig sind, auf die betreffende Seite verweisen, desto höher ist die Relevanz. Als themenrelevante Backlinks werden solche eingehenden Links bezeichnet, die von Seiten mit gleichem oder ähnlichem Thema stammen und/oder im Linktext themenrelevante Stichwörter besitzen. Themenrelevante Backlinks steigern die Qualität des Backlinks für die Bewertung zusätzlich. Als Backlinking wird entsprechend das Bemühen verstanden, viele eingehende Links auf eine Seite zu bekommen, um die Relevanz und damit das Ranking zu erhöhen.

Bad Neighbourhood Deutsch: »schlechte Nachbarschaft«. Menge aller Websites, die von Suchmaschinen abgestraft wurden. Die Abstrafung besteht in der Vergabe einer → *Linkpopularität* von null oder dem völligen Entfernen aus dem Index. Durch einen Verstoß gegen die Suchmaschinen-Richtlinien (meist durch Spam) geraten Seiten in die Bad Neighbourhood. Es wird vermutet, dass viele eingehende Links von Seiten aus der »schlechten Nachbarschaft« sowie ausgehende Links zu solchen Seiten zu einer geringeren Relevanzbewertung führen. Seiten aus der »schlechten Nachbarschaft« erkennt man gemeinhin daran, dass sie trotz ihrer längeren Zeit im Index einen Tool-PageRank von null besitzen, einen Sichtbarkeitsindex von null haben oder gar nicht im Index zu finden sind.

Black Hat SEO *Black Hats* sind die »schwarzen Schafe« unter den Suchmaschinen-Optimierern. Als Black-Hat-Techniken bezeichnet man Spam-Versuche, die gegen die Qualitätsrichtlinien von Suchmaschinen verstoßen, d. h., die auf künstlichem Wege versuchen, ein besseres Ranking zu erzielen.

Black List Deutsch: »schwarze Liste«. Eine Auflistung von IP-Adressen, Webseiten oder Servern, die generell nicht beachtet werden. Im Kontext der Suchmaschinen-Optimierung werden Seiten auf der Black List nicht indexiert. Die Black Lists der großen Suchmaschinen-Anbieter sind nicht öffentlich. Im Bereich des E-Mail-Verkehrs können allerdings Black Lists heruntergeladen werden, um E-Mail-Spam von bekannten Spam-Absendern zu identifizieren und herauszufiltern.

Blog Auch »Weblog«. Ein Webseitengenre, in dem periodisch einzelne Beiträge in chronologisch umgekehrter Reihenfolge publiziert werden und in dem in der Regel die Möglichkeit von Kommentaren gegeben ist. Die Spannbreite erstreckt sich dabei von privaten Online-Tagebüchern bis hin zu themenbezogenen journalistischen Beiträgen. Das Schreiben von Blogs wird als »Bloggen« bezeichnet. Für die stark vernetzte Gemeinschaft aller Bloggenden wird auch der Begriff der *Blogosphäre* genutzt. Blogs waren durch ihre Kommentarfunktion bei Suchmaschinen-Spammern vor dem Google-Update 2004 besonders beliebt. Heutzutage werden Blogs im Zusammenhang mit der Suchmaschinen-Optimierung oftmals als → *Satelliten* genutzt, um eingehende Links zu erzeugen.

Broken Link Deutsch: »defekter Link«. Auch bekannt als »toter Link« oder »Dead Link«. Bezeichnet einen Verweis, der nicht mehr gültig ist. Die Zielseite ist entweder umbenannt oder gelöscht worden oder aus sonstigen Gründen wie z. B. aufgrund eines Serverausfalls nicht mehr erreichbar. Ist die Anzahl der Broken Links auf einer Website überdurchschnittlich hoch, kann dies negative Konsequenzen für die Aufnahme oder Bewertung der Seite im Index haben.

Cache Deutsch: »Versteck« oder »versteckter Vorrat«. Im Zusammenhang mit Suchmaschinen eine Kopie der indexierten Webseite, die bei Google über den Link ARCHIVIERTE SEITE in den Treffern der Ergebnisliste abrufbar ist. Diese Funktion ist z. B. dann besonders interessant, wenn man bei einem Relaunch sehen will, ob die neue Version der Website bereits indexiert wurde und somit auch im Cache zu finden ist. Caches werden auch in anderen Zusammenhängen eingesetzt. Ebenso cachen Internet-Provider Webseiten, sodass der Abruf einer Seite im Browser nicht immer zwingend als Anfrage an den eigentlichen Webserver gestellt wird, sondern aus dem Cache des Providers geladen wird. Das hat zur Konsequenz, dass die tatsächlichen Besucherzahlen einer Website ohne entsprechende technische Vorkehrungen von der Zahl der aufgezeichneten Besucher und Besucherinnen häufig abweichen.

Cascading Style Sheets Abkürzung: »CSS«. Technik zur Gestaltung von barrierefreien Webseiten, die die Trennung von Inhalt und Design erlaubt. Im CSS-Bereich oder in der CSS-Datei werden Größen-, Farb- oder sonstige Formatierungen definiert und über Marker den Inhaltselementen zugewiesen. Dadurch entsteht die Möglichkeit, gleiche Inhalte unterschiedlich optisch aufzubereiten, sodass sie jeweils auf verschiedene Ausgabegeräte (z. B. Computerbildschirm, PDA oder Braille-Lesegerät) hin optimiert werden können.

Click-Popularität Ein mittlerweile als veraltet geltendes Verfahren zur Gewichtung von Ergebnissen. Der Gedanke dahinter ist einfach: Je häufiger ein Ergebnis angeklickt wird, desto populärer und damit relevanter ist es. Allerdings konnte sich dieses Verfahren in der Praxis nicht durchsetzen – nicht nur wegen seiner Anfälligkeit gegenüber Nutzermanipulationen. Das PageRank-Prinzip von Google bzw. die *Linkpopularität* kann als Nachfolger angesehen werden.

Client Deutsch: »Kunde«. Als Client wird der Computer oder das Programm bezeichnet, das bei einem → *Host* eine Ressource oder einen Dienst anfragt und diese bzw. diesen weiterverarbeitet. Ein Browser ist z. B. ein Client, der Webseiten abfragt und anzeigt, ebenso wie der Crawler von Suchmaschinen Webseiten abfragt und zur Indexierung weitergibt.

Conversion-Rate-Optimierung Abkürzung: »CRO«. Die Optimierung der Konversionsraten ist vor allem in Online-Shops und bei der Lead-Generierung neben der Suchmaschinen-Optimierung ein zentraler Hebel zur Performance-Steigerung.

Cost per Click Abkürzung: »CPC«. Häufig eingesetztes Verrechnungsprinzip, bei dem Kosten pro Klick abgerechnet werden. Einsatz findet CPC z. B. bei → *Ads* von Google.

CRO siehe Conversion-Rate-Optimierung.

Cross-Linking Deutsch: »Querverlinkung«. Das gegenseitige Verlinken von Seiten zwischen verschiedenen Websites. Auch als → *Reziproke Verlinkung* bekannt. Das Cross-Linking entsteht häufig als Resultat eines → *Linktauschs* mit dem Bemühen, die Anzahl von themenrelevanten eingehenden Links zu erhöhen.

Dedicated Server Ein Computer im Internet, der Dienste ausschließlich für einen einzelnen Kunden meist mit einer einzelnen Domain anbietet. Im Hinblick auf die Suchmaschinen-Optimierung ist dies von Bedeutung, weil im Index durch einen solchen Server die zugehörige IP-Adresse nur für eine Website verknüpft wird und sich keine anderen Websites darauf befinden. Damit umgeht man das Risiko, von einer Sperrung der IP-Adressen (etwa durch Spam-Versuche) im Index betroffen zu sein, die von einer anderen Website verursacht wurde. Die häufig genutzte Alternative zu einem Dedicated Server ist ein → *Virtueller Server*.

Deep Linking Deutsch: »tiefes Verlinken«. Bezeichnet das Verlinken auf Seiten, die tiefer in der Hierarchie liegen und nicht auf die Homepage verlinken. Damit wird versucht, nicht nur den PageRank der Homepage, sondern auch gezielt den der anderen Seiten zu steigern. Insbesondere weil Homepages oftmals nicht monothematisch sind und sich daher zur Optimierung auf ein Keyword hin nicht eignen, wird auf entsprechenden → *Mikroseiten* themenrelevantes Deep Linking betrieben.

Doodles Bezeichnet alle grafischen Varianten des Google-Logos. Der Suchmaschinen-Betreiber nimmt damit grafisch Bezug auf aktuelle Anlässe (Weihnachten, Valentinstag, Olympiade etc.).

Doorway-Page Deutsch: »Brückenseite«. Auch »Ranking-Seite«, »Information-Page«, »Gateway-Page« oder »Funnel-Page« genannt. Es handelt sich um Webseiten, die nicht für den Nutzer oder die Nutzerin, sondern nur für Suchmaschinen-Robots veröffentlicht werden. Diese Seiten sind für wenige spezielle Keywords optimiert und unterscheiden sich in Aussehen und Inhalt häufig von den restlichen Seiten eines Webangebots. Nicht selten liegt durch die unnatürliche Wiederholung von Stichwörtern ein sinnfreier Text vor. Sofern der Nutzer oder die Nutzerin nicht automatisch auf die eigentliche Webpräsenz weitergeleitet wird, finden sich in der Regel ein oder mehrere Links auf die »echte« Seite. Google hat im Januar 2006 aufgrund von Doorway-Seiten öffentlichkeitswirksam die Seiten von BMW (www.bmw.de) vorübergehend aus dem Index entfernt und damit auch auf nicht englischsprachigen Seiten begonnen, die Verwendung solcher Spam-Techniken zu ahnden.

Duplicate Content Deutsch: »doppelter Inhalt«, Abkürzung: »DC«. Um den Index nicht mehrfach mit gleichen Webseiten zu füllen, wird doppelter Inhalt seitens der Suchdienste nicht gefördert und herausgefiltert. Oftmals wird einmal erstellter Inhalt teilweise leicht abgewandelt und sodann unter verschiedenen Domains und Webseiten mehrfach veröffentlicht. »Viel hilft viel« ist die Hoffnung eines solchen Vorgehens. Dies wird allerdings von Suchmaschinen als Spam-Versuch betrachtet und bei entsprechender Schwere abgestraft. Ein häufig auftretendes Problem mit doppelten Inhalten entsteht oftmals unbeabsichtigt, wenn mehrere Domains auf eine Website verweisen. Hier sollte auf eine ordentliche Umleitung mit entsprechendem Response-Header geachtet werden.

E-A-T Steht für Expertise – Authority – Trust. Damit bezeichnet Google seit 2018 seinen Qualitätsstandard für Websites, den die Google Quality Rater bei ihren Website-Evaluationen berücksichtigen sollen. Dies trifft besonders für die sensiblen YMYL-Themen (Your Money, Your Life) zu, bei denen es um Informationen zu Finanzen oder Gesundheit geht. Auch bei Google Updates fließen die E-A-T-Informationen in die Algorithmus-Änderungen mit ein.

False Drops Als False Drop werden angeblich relevante Treffer in Ergebnislisten bezeichnet, die jedoch kaum oder gar nicht relevant sind und somit der Suchintention des Nutzers oder der Nutzerin nicht entsprechen. Häufig kommen solche Treffer durch eine zu unpräzise Nutzung von Operatoren bei der Suche zustande – z. B. wenn jemand nach »DVD-Rekorder« sucht und einen Treffer anklickt, bei dem »DVD-Player« und »Video-Rekorder« in einer Auflistung innerhalb einer Übersichtsseite genannt werden. False Drops können aber auch zustande kommen, wenn die indexierte Version einer Webseite nicht mehr der aktuellen entspricht und die Keywords gar nicht mehr oder nicht mehr so prominent vertreten sind. Dies betrifft letztlich auch Seiten, auf denen den Suchmaschinen durch erfolgreiche Spam-Maßnahmen Keywords vorgegaukelt werden, die der Nutzer oder die Nutzerin dann nicht vorfindet.

Frames Eine inzwischen veraltete HTML-Technologie, die es ermöglicht, eine Webseite in einzelne Bereiche bzw. Rahmen (Frames) einzuteilen und in diesen jeweils eigene HTML-Dateien anzeigen zu lassen. Durch dieses Verfahren können definierte Bereiche wie z. B. die Hauptnavigation permanent angezeigt werden, während sich der inhaltliche Bereich durch Navigation und Scrollen ändert. Suchmaschinen indexieren jedoch bis heute nicht immer alle Frame-Seiten korrekt, sodass nur einzelne Frames angezeigt werden. Heutzutage gilt der Einsatz von Frames als überholt, da mithilfe von → *Cascading Style Sheets* diese Funktion ohne Nebeneffekte umgesetzt werden kann.

Fresh-Tag Deutsch: »Frische-Kennzeichen«. Bezeichnet die Angabe des Datums, an dem eine Seite zuletzt im Index aktualisiert wurde. In der Ergebnisliste von Google befindet sich das Fresh-Tag oftmals in der URL-Zeile. Liegt die Datierung des Fresh-Tags nur kurz zurück, wird der Seite durch die hohe Wiederbesuchsrate eine hohe Relevanz zugesprochen.

Hallway-Page Deutsch: »Hausflur-Seite«. Eine Seite, die Links zu → *Doorway-Pages* enthält, um die Crawler zu diesen zu führen. Damit soll das Problem behoben werden, dass Doorway-Pages in der Regel nicht verlinkt sind, weil sie aufgrund ihrer Funktion (Spam) nicht für den Nutzer oder die Nutzerin direkt sichtbar in die Seitenstruktur eingebaut sind.

Hidden Text Deutsch: »versteckter Text«. Bezeichnet Text auf Webseiten, der in der Ansicht mit einem Browser nicht sichtbar ist. Das Verstecken von Text (Text Hiding) verstößt gegen die Qualitätsrichtlinien der Suchmaschinen und wird als Spam-Versuch geahndet. Dabei kann Text dadurch unsichtbar gemacht werden, dass die Textfarbe der Hintergrundfarbe angepasst wird oder mittels CSS entsprechende Attribute gesetzt werden.

Hijacking Deutsch: »entführen«. Bezeichnet eine Spam-Methode, die auch strafrechtlich verfolgt werden kann. Die einzelnen Methoden sind unterschiedlich. Gemeinsam ist ihnen, dass durch technische Manipulation versucht wird, Besuchern und Besucherinnen vorzugaukeln, dass sie sich auf der von ihnen intendierten Webseite – tatsächlich aber auf einer falschen – befinden, ohne dass sie es bemerken. Die Besucher und Besucherinnen werden sozusagen »entführt«. Eine spezielle Form ist das URL-Hijacking. Dabei wird mit temporären Umleitungen gearbeitet, um gewisse Änderungen im Suchmaschinen-Index zu eigenen Gunsten zu bewirken.

Hilltop Der Name eines Algorithmus zur Bewertung von Dokumenten, der von Krishna Bharat im Jahr 1999 erstmals beschrieben wurde. Dabei werden für einzelne Themengebiete jeweils Webangebote definiert. Eingehende Verweise von einem Expertenangebot werden höher gewichtet als andere eingehende Verweise. Seit dem Google-Update »Florida« wird vermutet, dass eine Form des Hilltop-Algorithmus implementiert wurde.

Hits Deutsch: »Treffer«. Zahl der Zugriffe auf eine Webseite bzw. der Abfragen einer Webseite. Anderer Begriff für → *Page Impressions*.

Homepage Deutsch: »Einstiegsseite«. Die erste Seite innerhalb eines Webangebots. Der Begriff Homepage wird häufig allerdings auch für die gesamte Website verwendet.

Host Ein Computer in einem Netzwerk. In der Regel wird ein Rechner, der Dienste anbietet, als Server oder Host bezeichnet. Ein Client ist hingegen ein Rechner im Netzwerk, der Anfragen an einen Host stellt.

HTACCESS Name einer Steuerungsdatei im Apache-Webserver-System. Sie ermöglicht Einstellungen zu Datei- oder Verzeichnissperrungen, die Regelung von Zugriffsrechten, die serverseitige Umleitung sowie die Optimierung von dynamischen Dateinamen für Suchmaschinen.

Inbound Link Deutsch: »eingehender Link«. Es handelt sich um hypertextuelle Verweise, die von einer Seite auf eine andere eingehen. Verweist A auf B, ist der Link auf B ein eingehender Link. Inbound Links spielen bei der Berechnung der Linkpopularität (z. B. PageRank) eine zentrale Rolle. Siehe auch → *Backlink*.

Index Im Zusammenhang mit Suchmaschinen ist mit Index meist der Datenbestand bzw. die Datenstruktur eines Suchmaschinen-Systems gemeint. Den Vorgang, bei dem Daten in den Index geschrieben werden, bezeichnet man als Indexierung.

Information Retrieval Deutsch: »Informations(wieder)gewinnung«. Bezeichnet alle Verfahren und Methoden, um Daten aufzubereiten, zu verarbeiten und geordnet in durchsuchbaren Strukturen zu speichern. Information Retrieval ist die zentrale Aufgabe von Suchmaschinen im Web. Diese wandeln natürlichsprachige Texte in Form von Webseiten und ähnlichen Dokumenten in durchsuchbare Strukturen um.

Invisible Web Deutsch: »unsichtbares Web«, auch »Hidden Web« genannt. Damit wird derjenige Bereich des World Wide Web bezeichnet, der durch eine automatisch arbeitende Suchmaschine nicht eigenständig erschlossen werden kann – entweder weil die Inhalte vor Zugriffen gesperrt sind oder weil eine Abfrage technisch nicht möglich ist. Eine Datenbankabfrage über ein Eingabefeld ist z. B. ein solches Hindernis.

IP Abkürzung für »Internet Protocol«. Bezeichnet eine technische Vereinbarung darüber, wie die Kommunikation zwischen Netzwerkrechnern erfolgt. Oft wird unter »IP« auch die IP-Adresse verstanden. Diese ist in IP-Version 4 (IPv4) eine Adresse nach dem Muster 122.169.32.124.

JavaScript Eine Skript- oder Programmiersprache zur Einbettung in Webseiten. Der Client (Browser) muss JavaScript-fähig sein, da es sich um eine clientseitige Programmiersprache handelt, die vom Browser aus direkt ausgeführt wird und nicht auf dem Server (serverseitig). JavaScript wird teilweise als Spam-Methode zur Weiterleitung oder für ähnliche Zwecke eingesetzt, da Suchmaschinen es oftmals nicht vollständig interpretieren können.

Keyword Deutsch: »Schlüsselwort«. Auch als »Stichwort«, »Suchbegriff« oder »Schlagwort« bezeichnet. Es handelt sich um einen Begriff oder eine Kombination von Begriffen, die von Nutzern und Nutzerinnen in Suchmaschinen eingegeben werden. Bei der Suchmaschinen-Optimierung gilt es, eine Webseite mit entsprechend ausgewählten Keywords zu optimieren, damit Nutzer oder Nutzerinnen bei Eingabe die Seite an möglichst vorderer Position finden.

Keyword-Datenbank Eine Ansammlung von meist tatsächlich getätigten Suchanfragen. Keyword-Datenbanken wie der Keyword-Planner von Google können zur → *Keyword-Recherche* bei der Suchmaschinen-Optimierung herangezogen werden.

Keyword Density Deutsch: »Suchwortdichte«. Ein Relevanzkriterium für Suchmaschinen. Je dichter im Sinne von »häufiger« ein gesuchter Begriff in Relation zu anderen Begriffen in einem Webseitentext auftritt, desto relevanter ist er. Eine zu hohe Keyword-Dichte wird jedoch von Suchmaschinen als unnatürlich erkannt und entsprechend abgestraft (Spam). Man spricht von einer optimalen Keyword-Dichte auf einer Webseite bei einem Wert von fünf bis sieben Prozent.

Keyword Frequency Deutsch: »Worthäufigkeit«. Die absolute Häufigkeit, mit der ein → *Keyword* auf einer Seite auftritt. Die Worthäufigkeit ist ein Relevanzkriterium.

Keyword Prominence Deutsch: »Wortprominenz«. Beschreibt die Wertigkeit eines Keywords in Abhängigkeit von seiner Positionierung innerhalb eines Dokuments. Je höher die Position eines Wortes ist, als desto relevanter wird es von den Suchmaschinen eingeschätzt. Der Gedanke dahinter ist, dass wichtige Wörter zur Erschließung eines Themas in einem Text überdurchschnittlich oft an vorderer Stelle zu finden sind.

Keyword Proximity Deutsch: »Wortnähe«. Abstand zweier Begriffe innerhalb eines Textes. Die Wortnähe spielt bei einer kombinierten Suchanfrage zur Relevanzbewertung eines Dokuments eine Rolle. Je näher die gesuchten Begriffe im Dokument zueinander stehen, desto relevanter wird das Dokument in diesem Punkt eingeschätzt.

Keyword-Recherche Wird im Vorfeld der technischen Suchmaschinen-Optimierung durchgeführt, um möglichst optimale Keywords für die Webseite zu finden. Dazu können unter anderem → *Keyword-Datenbanken* genutzt werden.

Keyword Stuffing Deutsch: »Wörter stopfen«. Das meist semantisch sinnlose Aneinanderreihen von Keywords zur Suchmaschinen-Optimierung. Wird häufig als Spam erkannt. Mittels Keyword Stuffing sollen vor allem die Relevanzkriterien → *Keyword Density* und → *Keyword Frequency* erhöht werden.

Konversion Eine definierte Transaktion, die einen Besucher oder eine Besuchering zum Kunden bzw. zur Kundin macht. Üblicherweise ist der Kauf einer Ware in einem Online-Shop eine Konversion. Seltener werden auch Kontaktanfragen oder etwa Downloads als Konversion bezeichnet (→ *Lead*).

Konversionsrate Bezeichnet die Rate, wie viel Prozent der Besucher und Besucherinnen letztlich durch einen → *Lead* in Kunden bzw. Kundinnen verwandelt wurden.

Lead Eine definierte Aktion eines Nutzers bzw. einer Nutzerin auf einer Website, z. B. ein Kauf oder ein Download. Führt ein Besucher oder eine Besucherin einen Lead durch, wird er per Definition zu einem Kunden bzw. einer Kundin konvertiert (→ *Konversionsrate*).

Link-Farm Auch »Free-For-All-Seite (FFA)« genannt. Bezeichnet eine Webseite, die nahezu nur aus Verweisen auf externe Seiten besteht. Meist kann die Eintragung ohne redaktionelle Überprüfung durchgeführt werden und ist nicht nach inhaltlichen Kriterien geordnet. Ein eingehender Link von einer solchen Seite sollte vermieden werden, da dies als Spam-Versuch angesehen wird (→ *Bad Neighbourhood*).

Linkpopularität Englisch: »Link-Popularity«. Bezeichnet die Anzahl und Qualität der eingehenden Links (→ *Inbound Links*) auf eine Seite und wird als Einschätzung von anderen Webautoren im Sinne einer objektiven Empfehlung angesehen. Der bekannteste Algorithmus zur Berechnung der Linkpopularität stammt von Google (→ *PageRank*). Das Gewicht einer Empfehlung über die Linkpopularität ist umso größer, je höher die Popularität der verweisenden Seite und je größer die thematische Nähe sind.

Linktausch Englisch: »Link Exchange«. Meint das kreuzweise, geplante und gegenseitige Platzieren von optimierten Verweisen, um die → *Linkpopularität* zu erhöhen. Eine kreuzweise Verlinkung wird auch als reziproke Verlinkung bezeichnet und ist in der Regel weniger effektiv als eine einseitige.

Logdatei Ein Webserver zeichnet zumeist jede Anfrage eines Clients auf. Diese Daten enthalten u. a. die IP-Adresse, den Zeitpunkt der Anfrage, die URL der angefragten Ressource und Ähnliches. Eine Logdatei ist die Datengrundlage für Analyse-Tools, die die Daten akkumuliert auswerten.

Meta-Tag Festgelegter Bereich im Kopf eines Dokuments, der Informationen zu dem Dokument selbst bereitstellt. Die bekanntesten Meta-Tags für die Suchmaschinen-Optimierung sind `description` und `keywords`.

Mikroseite Eine aus dem eigentlichen Webangebot ausgelagerte Seite, die eigens zur Suchmaschinen-Optimierung erstellt wurde, weil die Dateien innerhalb der Website nicht optimierungsfähig sind. Oftmals wird eine Mikroseite »per Hand« programmiert, da eine Veränderung des Content-Management-Systems nicht kosteneffizient wäre. Im Gegensatz zu Doorway-Pages sind Mikroseiten aber häufig optisch ähnlich aufgebaut wie die eigentliche Website und enthalten auch für den Besucher oder die Besucherin sinnvolle Texte und Verweise zum Angebot.

mod_rewrite Ein Modul des Apache-Webservers, mit dem das Umschreiben von URLs möglich ist. Die Konfiguration erfolgt in der Regel über die *.htaccess*-Datei. Das Modul wird hauptsächlich zum Transformieren dynamischer URLs (`index.php?id=4711`) in statische (*uebersicht-produkte.html*) verwendet. Dies ist für die Suchmaschinen-Optimierung sinnvoll, da statische URLs bevorzugt werden.

<noframes> Ein spezielles Tag, das in einer Frameset-Seite platziert werden kann. Der Bereich innerhalb von `<noframes>...</noframes>` wird für Browser und Suchmaschinen, die keine Frames anzeigen können, als Ersatz genutzt.

Offpage-Optimierung Bezeichnet einen Bereich der → *Suchmaschinen-Optimierung*, bei dem vor allem externe Faktoren optimiert werden, die über die Veränderung der eigentlichen Dokumente hinausgehen. Zur Offpage-Optimierung gehört hauptsächlich das Aufbauen von eingehenden Verweisen auf die eigene Website.

Onpage-Optimierung Dieser Bereich der Suchmaschinen-Optimierung beschäftigt sich mit der Optimierung der Seiteninhalte. Darunter fallen u. a. Änderungen im HTML-Code sowie die Textoptimierung.

Organic Listing Deutsch: »generische Ergebnisse«. Bezeichnet die Einträge in einer Suchmaschinen-Ergebnisliste, die über eine »natürliche« Indexierung zustande gekommen sind. Organic Listings können von den Webautoren nicht direkt über die Suchmaschinen-Optimierung beeinflusst werden. Die Zusammenstellung erfolgt nach den Ranking-Kriterien der jeweiligen Suchmaschine. In Abgrenzung dazu siehe → *Paid Listing*.

Outbound Link Deutsch: »ausgehender Link«. Bezeichnet einen hypertextuellen Verweis, der von einer Seite A auf eine Seite B zeigt. Meist werden als Outbound Links auch nur solche Verweise bezeichnet, die von einer Webpräsenz auf eine andere zeigen.

Overoptimization Deutsch: »Überoptimierung«. Ein unnatürlich erscheinendes Maß an optimierter Webseitengestaltung. Suchmaschinen erkennen anhand verschiedener statistischer Algorithmen überdurchschnittlich stark optimierte Seiten und gewichten diese entsprechend geringer im Ranking. Zeichen für eine Überoptimierung sind z. B. ein zu hohes Auftreten einzelner Keywords, zu viele gleiche Linktexte sowie ein unnatürliches Wachstum von → *Inbound Links*.

Page Impressions Deutsch: »Seitenabrufe«, Abkürzung: »PI«. Anzahl der Abrufe einer Webseite über eine definierte Dauer. Neben → *Visits* ein Maß für die Werbequalität einer Website.

PageRank Abkürzung: »PR«. Skala zwischen null und zehn für die → *Linkpopularität* einer Webseite bei Google. Je mehr eingehende Verweise eine Webseite verzeichnen kann, desto höher ist ihr PageRank. Der interne PageRank wird nicht mehr öffentlich angezeigt, bei Google allerdings noch verwendet.

Paid Listing Deutsch: »bezahlte Ergebniseinträge«. Im Vergleich zu → *Organic Listing* können bei Suchmaschinen Listenpositionen erkauft werden. Diese bezeichnet man als Paid Listings. Bekannte Anbieter solcher Programme sind Google, Yahoo oder Bing.

Pollution Deutsch: »Verschmutzung«. Gemeint ist die Verschmutzung von Suchmaschinen-Ergebnisseiten. Bezeichnet die Beobachtung, dass auf bestimmte Anfragen keine qualitativ hochwertigen Ergebnisse in den oberen Positionen erscheinen, sondern stattdessen thematisch irrelevante Seiten zu finden sind, die meist durch Suchmaschinen-Optimierung in diese Position gekommen sind (siehe auch → *False Drops*).

Proxy-Server Ein Server, der meistens von einem Internet-Service-Provider (ISP) betrieben wird. Anfragen eines Clients (z. B. ein Browser) werden dabei nicht direkt an den Webserver der angefragten Seite geleitet, sondern zunächst an den Proxy-Server. Besitzt dieser bereits eine Kopie, wird diese dem Client angeboten. Andernfalls lädt der Proxy-Server eine Kopie der angefragten Website herunter und bietet sie dann an. Diese Proxy-Technik soll die Ladezeiten beschleunigen und gleichzeitig die Webserver entlasten. Leider erschwert ihr Einsatz auch das Controlling und Monitoring der eigentlichen Webseiten.

Query Deutsch: »Anfrage«. Eine Query wird vom Benutzer oder der Benutzerin an eine Suchmaschine gestellt, wenn Begriffe über das Formularfeld abgeschickt werden. Man spricht jedoch auch bei der programminternen Abfrage einer Datenbank von einer Query.

Ranking Das Erstellen einer Rangfolge von Suchergebnissen nach bestimmten Kriterien aufgrund von Ranking-Algorithmen mit dem Ziel, die relevantesten Treffer für eine Anfrage möglichst weit oben zu platzieren.

Ranking-Analyse Das Untersuchen der Ergebnislisten nach dem Stand einer Webseite auf eine bestimmte Anfrage bzw. ein Keyword hin. Ranking-Analysen werden meist in regelmäßigen Abständen über eine längere Zeit hinweg durchgeführt, um den Erfolg einer Optimierungsmaßnahme zu beobachten.

Redirect Deutsch: »Umleitung« oder »Weiterleitung«. Die Anfrage an eine bestimmte URL wird auf eine andere URL umgeleitet. Dies ist notwendig, wenn z. B. eine Seite gelöscht oder umbenannt wurde und die Besucher und Besucherinnen von den Suchmaschinen dennoch zum Ziel gelangen sollen. Redirects können allerdings auch im Kontext von Spam-Versuchen z. B. zum Cloaking eingesetzt werden.

Referrer Eine verweisende Seite, in der Regel die Seite, von der ein Besucher oder eine Besucherin kommt. Der Referrer wird über das HTTP-Protokoll mitgeliefert und ist im Rahmen des Controllings zur Analyse der Besucherherkunft von Bedeutung.

Reinclusion Deutsch: »Wiederaufnahme«. Wenn Seiten aus dem Index entfernt wurden, meist aufgrund von → *Spam*, kann eine Wiederaufnahme in den Index beantragt werden. Dazu müssen die → *Richtlinien* des Suchmaschinen-Betreibers zunächst vollständig erfüllt sein. Danach kann in der Regel über ein Formular eine Anforderung zur Wiederaufnahme (ein sogenannter Reinclusion-Request) gestellt werden.

Die Bearbeitungszeit kann dabei zwischen einigen Wochen und mehreren Monaten variieren.

Relativer Link Bezeichnet im Gegensatz zu einem absoluten Link einen nicht vollständigen Verweis ohne Angabe der Domain, z. B. *.../hausratversicherung.html*.

Reziproke Verlinkung → *Cross-Linking*

Richtlinien Englisch: »Guidelines«. Die meisten Suchmaschinen-Betreiber haben auf ihren Seiten einen Kriterienkatalog erstellt, der Webautoren und Webmastern erklärt, welche Optimierungsmaßnahmen zu einem Ausschluss aus der Datenbank führen können. Ein Verstoß gegen diese Qualitätsrichtlinien wird häufig als → *Spam* angesehen.

robots.txt Textdatei, die vor dem Crawling von einem Webcrawler abgefragt wird. Die Datei kann spezifische Anweisungen darüber enthalten, welche Ressourcen auf einer Website nicht indexiert werden dürfen.

Sandbox Deutsch: »Sandkasten«. Beobachtungen der Ergebnislisten in Google zeigen, dass neue Seiten zunächst nicht gleichwertig mit bereits länger im Index vorhandenen Seiten behandelt werden. Trotz vergleichbarer Keyword-Werte und eingehender Links unterliegen diese Seiten dem »Sandbox-Effekt« (Sandkasten-Effekt). Erst nach einer gewissen Zeit erreichen die Seiten ähnliche Gewichtungen und gelangen somit aus dem Sandkasten und in adäquate Listpositionen. Damit soll angeblich einem guten Ranking von spamlastigen Webseiten entgegengewirkt werden, die nur zum kommerziellen Gewinn für eine sehr kurze Lebensdauer bestimmt sind.

Satellit Als »Satellit«, »Satellitendomain« oder »Satelliten-Site« bezeichnet man Webangebote, die nur aus dem Grund erstellt worden sind, Links auf die eigentlich zu optimierende Site zu platzieren, um deren → *Linkpopularität* zu erhöhen.

Seitentitel Der Titel einer Seite erscheint in der Browserleiste oben sowie in der obersten Zeile in einem Eintrag innerhalb der Suchmaschinen-Ergebnisliste. Der Seitentitel wird durch das `<title>`-Tag innerhalb des Dokumentenkopfes definiert und ist für die Suchmaschinen-Optimierung von besonderer Bedeutung.

SEM Abkürzung für »Search Engine Marketing« → *Suchmaschinen-Marketing*.

Semantische Analyse Suchmaschinen untersuchen den Text innerhalb von Webseiten und führen dazu verschiedene Analysen durch. Um festzustellen, ob es sich um einen natürlichsprachigen Text mit verständlichen Sätzen oder etwa um eine Spam-Seite mit einer inhaltlich sinnlosen Aneinanderreihung von Begriffen handelt, wird eine semantische Analyse durchgeführt.

SEO Abkürzung für »Search Engine Optimization« oder »Search Engine Optimizer« → *Suchmaschinen-Optimierung*.

SERP Abkürzung für »Search Engine Result Page«, Deutsch: »Suchmaschinen-Ergebnisliste«. Dies ist die Seite, die nach dem Absenden der Suchanfrage angezeigt wird. Die Einträge werden auch als »Treffer« bezeichnet.

Sitemap Deutsch: »Standortkarte«. Eine Seite innerhalb einer Webpräsenz, die die Struktur des gesamten Angebots meist in hierarchisch gegliederten Ebenen anzeigt. Dabei finden sich jeweils Links zu allen Unterseiten, was sowohl für den suchenden Nutzer bzw. die Nutzerin als auch zur Indexierung für Crawler hilfreich ist. Außerdem existiert das sogenannte Google-Sitemap-Programm, das die Aufnahme von Ressourcen in den Index über eine XML-Datei erlaubt.

Slow Death Deutsch: »langsamer Tod«. Bezeichnet ein Phänomen, bei dem nach und nach ein Verschwinden von Seiten einer Webpräsenz aus dem Index (vor allem bei Google) zu beobachten ist. Der Grund dafür ist meistens doppelter Inhalt, d. h., die Seiten werden aus dem Index gelöscht, weil sie redundante, bereits andernorts befindliche Informationen enthalten.

Spam Bezeichnet alle Optimierungsmaßnahmen, die nur zur besseren Positionierung in den Ergebnislisten der Suchmaschinen durchgeführt werden, ohne dass sie in den meisten Fällen vom Besucher oder der Besucherin bemerkt werden oder diesem bzw. dieser nutzen. Spam ist ein Verstoß gegen die Qualitätsrichtlinien von Suchmaschinen und wird bei Entlarvung mit einer Löschung aus dem Index abgestraft.

Spam-Report Suchmaschinen-Betreiber bieten für Nutzer und Nutzerinnen die Möglichkeit, → *Spam* zu melden. Damit soll die Qualität der Suchergebnisse verbessert werden.

Spider Andere Bezeichnung »Crawler«. Der Teil eines Suchmaschinen-Systems, der die Webseiten besucht und zur weiteren Verarbeitung herunterlädt.

Stemming Das Zurückführen eines Begriffs auf seinen Wortstamm bezeichnet man als Stemming. Dieses Verfahren wird von Suchmaschinen eingesetzt, um die Trefferanzahl zu erhöhen.

Stoppwort Wörter, die nicht zur Interpretation eines Themas auf einer Webseite hilfreich sind, werden für die Analyse entfernt. Wörter wie z. B. »und«, »oder«, »welche«, »durch«, »aus«, »im« oder »zu« bezeichnet man als Stoppwörter.

String Deutsch: »Zeichenkette«. Ein Such-String entspricht der Eingabe des Benutzers oder der Benutzerin in das Suchformular einer Suchmaschine.

Suchmaschinen-Marketing Englisch: »Search Engine Marketing«, Abkürzung: SEM. Alle Maßnahmen, um Besucher und Besucherinnen über Suchmaschinen auf die eigene Website zu führen. Prinzipiell lassen sich zwei Hauptbereiche definieren: zum einen das Erzeugen von Besucherströmen über die generische Listung im Index. Dies wird durch die → *Suchmaschinen-Optimierung* erreicht. Das Schalten von bezahlten Links (→ *Paid Listing*) bildet den zweiten Bereich.

Suchmaschinen-Optimierung Englisch: »Search Engine Optimization«, Abkürzung: SEO. Beschreibt alle Maßnahmen, die darauf abzielen, die Position von Webseiten für bestimmte Anfragen in den Suchmaschinen-Ergebnislisten zu verbessern. Man unterscheidet hier zwischen den Onpage-Optimierungsmaßnahmen, die primär innerhalb der Seiten durchgeführt werden, und den Offpage-Optimierungsmaßnahmen, die auf die Einbindung in das Linknetzwerk abzielen. Neben der Suchmaschinen-Optimierung wird häufig auch noch das → *Suchmaschinen-Marketing* zur Erhöhung der Besucherzahlen eingesetzt.

Syntax Deutsch: »Schreibweise« oder »Satzbau«. Jede Suchmaschine besitzt ihre eigene Anfragesprache, auch Anfrage-Syntax genannt. Diese beschreibt, wie Operatoren und Begriffe zu einem Anfrage-String kombiniert werden.

Themenrelevante Verlinkung Zur Berechnung der Link-Popularity wird nicht nur die Anzahl der eingehenden Links gewertet, sondern auch deren Qualität. Diese ist dabei umso höher, je näher die verweisende Seite der Zielseite thematisch ist. Webautoren suchen daher Partner, die möglichst aus thematisch gleichen Gebieten stammen, um die themenrelevante Verlinkung zu erhöhen.

Tiny Text Deutsch: »kleiner Text«. Bei dieser Spam-Methode verkleinert man den Text derart, dass er für das menschliche Auge im Browser kaum noch oder gar nicht mehr sichtbar ist. Sofern der Text nicht mit CSS verkleinert wird, entlarven Suchmaschinen diesen Spam-Versuch allerdings mittlerweile und ziehen entsprechende Konsequenzen.

Toolbar Anzeige, die im Browser installiert werden kann und zusätzliche Informationen anzeigt. Die Google Toolbar ist sehr beliebt, da sie den PageRank einer besuchten Seite anzeigt. Die Alexa-Toolbar zeigt außerdem themenrelevante Webseiten an.

Tracking Deutsch: »Verfolgen«. Auch »Visitor Tracking« oder »User Tracking« genannt. Das Aufzeichnen der Aktionen von Besuchern und Besucherinnen auf einer Website. Damit erhält ein Webmaster wertvolle Informationen, um die weitere Optimierung der Website zu planen.

Traffic Deutsch: »Verkehr«. Damit ist meistens das Datenvolumen gemeint, das vom Webserver übertragen wird. Manche Webhoster haben eine Traffic-Beschränkung, sodass monatlich nur eine bestimmte Größe übertragen werden kann. Manchmal wird als Traffic allerdings auch der Besucherstrom auf einer Website bezeichnet.

Unique Visitors Deutsch: »einzelne Besucher«. Die Anzahl der Besucher und Besucherinnen einer Website, wobei mehrfache Besuche eines einzelnen Nutzers bzw. einer Nutzerin herausgerechnet werden. Im Vergleich dazu zählt die Kennzahl → *Visits* Besuche allgemein.

Update Von einem Update im Zusammenhang mit Suchmaschinen spricht man, wenn die Stellschrauben bei den Bewertungskriterien verändert werden und/oder der Datenbestand so gravierend aktualisiert oder erweitert wird, dass in den »neuen« Ergebnislisten trotz gleicher Eingabe von Suchbegriffen im Vergleich zu vorher ein anderes Ranking zu beobachten ist. Suchmaschinen-Betreiber reagieren damit auf aktuelle Entwicklungen im Web und kompensieren neue Spam-Techniken. Bei Google sind große Updates mit Namen benannt worden.

User Agent Programme, die für den Benutzer oder die Benutzerin Dienste abfragen. In den meisten Fällen handelt es sich dabei um einen Webbrowser. Jedoch werden auch die Webcrawler von Suchmaschinen als User Agents bezeichnet. Bei einer Anfrage an einen Webserver hinterlässt ein User Agent in der → *Logdatei* seine spezifische Kennung.

Validierung Im Zusammenhang mit der Suchmaschinen-Optimierung bezeichnet dies das Überprüfen einer Website auf deren Konformität mit den gültigen Standards. Eine Validierung der HTML- und CSS-Daten ist empfehlenswert, damit Suchmaschinen die Ressourcen in jedem Fall korrekt verarbeiten können.

Virtueller Server Im Unterschied zu einem → *Dedicated Server* befinden sich beim virtuellen Serverbetrieb mehrere Domains auf einem physikalischen Webserver. Softwaretechnisch handelt es sich um einen Webserver-Dienst, der in verschiedene eigenständig arbeitende und verwaltbare »virtuelle Server« untergliedert ist. Alle virtuellen Server auf einem Webserver besitzen in der Regel die gleiche IP-Adresse.

Visits Deutsch: »Besuche«. Kennzahl für die Zahl der Besuche auf einer Website. Neben den → *Page Impressions* eine wichtige Kennzahl für die Frequentierung einer Website. Die Visits sind dabei nicht zu verwechseln mit den → *Unique Visitors*.

W3C Abkürzung für »World Wide Web Consortium«. Eine Organisation, die zur Entwicklung von Webstandards gegründet wurde. Näheres dazu erfahren Sie unter *www.w3c.org*.

Webhosting Bereitstellung von Serverkapazitäten zum Publizieren einer Website auf einem Webserver. Man unterscheidet dabei zwischen einem Hosting auf einem → *Dedicated Server* und auf einem → *Virtuellen Server*.

WebRank Der Name des Link-Popularity-Algorithmus von Yahoo!. Der WebRank hat jedoch in der Optimierungsbranche nicht annähernd die Bedeutung wie der PageRank von Google.

White Hat SEO Bezeichnet die »gute Seite« der Suchmaschinen-Optimierer und -Optimiererinnen, die die Qualitätsrichtlinien der Suchmaschinen-Betreiber einhält und auf Spam-Methoden verzichtet. Siehe im Gegensatz dazu → *Black Hat SEO*.

Wiederbesuchsrate Der Anteil der Besucher und Besucherinnen, der über eine bestimmte Zeitperiode mehrfach auf eine Website kommt.

Witz Zwei benachbarte Suchmaschinen-Platzierungen unterhalten sich: »Wo sind denn die Domains, die gestern noch hinter uns waren, hingegangen?« Daraufhin die andere: »Zum SEO.«

Anhang B
Literaturverzeichnis

Wenn Sie Ihr Wissen in bestimmten Fachgebieten weiter vertiefen möchten, finden Sie sicherlich in einem dieser Werke hilfreiche Tipps und Tricks. Ich habe hier den Fokus auf Klassiker und Lieblingswerke gelegt, die vielleicht nicht über gängigen Bestseller-Listen im Segment »Online-Marketing« und Co. zu finden sind.

- Aguilar, Francis Joseph: *Scanning the Business Environment*. New York: Macmillan Company 1967.
- Anderson, Chris: *The Long Tail: Nischenprodukte statt Massenmarkt. Das Geschäft der Zukunft*. München: dtv 2009.
- Ash, Tim: *Landing Pages – Optimieren, Testen, Conversions generieren*. Heidelberg: mitp 2013.
- Baeza-Yates, Ricardo, und Ribeiro-Neto, Berthier: *Modern Information Retrieval*. Harlow: Addison-Wesley 1999. http://www.sims.berkeley.edu/~hearst/irbook
- Brenner, Dorothea und Erlhofer, Sebastian: *Website-Konzeption und Relaunch. Planung, Optimierung, Usability*. Bonn: Rheinwerk-Verlag 2019.
- Brin, Sergey, und Page, Lawrence: *The Anatomy of a Large-Scale Hypertextual Web Search Engine*. Computer Networks and ISDN Systems, 30 (1–7). S. 107–117 (1998). http://www-db.stanford.edu/pub/papers/google.pdf
- Bucher, Hans-Jürgen: *Publizistische Qualität im Internet. Rezeptionsforschung für die Praxis*. In: Altmeppen, Klaus-Dieter; Bucher, Hans-Jürgen, und Löffelholz, Martin (Hrsg.): *Online-Journalismus. Perspektiven für die Wissenschaft und Praxis*. Wiesbaden: Westdeutscher Verlag 2000.
- Büffel, Steffen: *Usability und Vertrauen bei der Nutzung von Internet-Angeboten*. In: Bucher, Hans-Jürgen, und Jäckel, Michael (Hrsg.): *Die Kommunikationsqualität von E-Business-Plattformen*. Trier: Competence Center E-Business 2002.
- Daft, Richard L., und Weick, Karl E.: *Toward a Model of Organizations as Interpretation Systems*. Academy of Management Review 9 (2) (1984). S. 284–295.
- Dreier, Thomas, Schulze, Gernot, und Specht, Louisa (Hrsg.): *Urheberrechtsgesetz*. 5. Aufl. München: C. H. Beck 2015.
- Erlhofer, Sebastian: *Informationssuche im World Wide Web: Taktiken und Strategien bei der Nutzung von Suchmaschinen*. Berlin: wvb 2007.

B Literaturverzeichnis

- Ferber, Reginald: *Information Retrieval Suchmodelle und Data-Mining-Verfahren für Textsammlungen und das Web.* Heidelberg: dpunkt-verlag 2003. http://information-retrieval.de/irb/ir.html
- Fischer, Mario: *Website Boosting 2.0: Suchmaschinen-Optimierung, Usability, Online-Marketing.* Heidelberg: mitp 2008.
- Frakes, William B., und Baeza-Yates, Ricardo: *Information Retrieval: Data Structures & Algorithms.* Upper Saddle River, New Jersey: Prentice Hall 1992.
- Gütl, Christian: *Ansätze zur modernen Wissensauffindung im Internet.* Dissertation (2002).
- Jacobsen, Jens: *Website-Konzeption: Erfolgreiche Websites planen, umsetzen und betreiben.* 7. Aufl. Heidelberg: dpunkt 2013.
- Kleinberg, Jon M.: *Authoritative sources in a hyperlinked environment.* Journal of the ACM 46 (5) (1999). S. 604–632.
- Krug, Steve: *Don't make me think! Web Usability: Das intuitive Web.* Heidelberg: mitp 2006.
- Kuhlen, Rainer; Seeger, Thomas, und Strauch, Dietmar (Hrsg.): *Grundlagen der praktischen Information und Dokumentation.* 5. Aufl. München: K. G. Saur Verlag 2004.
- Löffler, Miriam: *Think content! Content-Strategie, Content-Marketing, Texten fürs Web.* Bonn: Rheinwerk Verlag 2019.
- Machill, Marcel, und Welp, Carsten (Hrsg.): *Wegweiser im Netz. Qualität und Nutzung von Suchmaschinen.* Gütersloh: Verlag Bertelsmann Stiftung 2003.
- Miyamoto, Sadaaki: *Information Retrieval.* In: Ruspini, Enrique H.; Bonissone, Piero P., und Pedrycz, Witold (Hrsg.): *Handbook of fuzzy computation.* London: Institute of Physics 1998.
- Nielsen, Jakob, und Loranger, Hoa: *Web Usability.* München: Addison-Wesley 2008.
- Richardson, Matthew, und Domingos, Pedro: *The Intelligent Surfer: Probabilistic Combination of Link and Content Information in PageRank.* Cambridge: MIT Press 2002.
- Salton, G.; Fox, E. A., und Wu, H.: *Extended boolean information retrieval.* Communication of the ACM, 26 (11) (1983). S. 1022–1036.
- Sander-Beuermann, Wolfgang, und Schomburg, Mario: *Internet Information Retrieval – The Further Development of Meta-Search Engine Technology.* Proceedings of the Internet Summit. Internet Society. July 22–24. Genf 1998.
- Stricchiola, Jessie C.; Enge, Eric; Spencer, Stephan, und Fishkin, Rand: *The Art of SEO.* Sebastopol: O'Reilly Media 2009.

- Tanenbaum, Andrew S., und Wetherhall David J.: *Computernetzwerke*. 5. Aufl. Hallbergmoos: Pearson Studium 2012.
- Thurow, Shari, und Musica, Nick: *When Search Meets Web Usability*. Berkeley: New Riders 2009.
- Waller, W. G., und Kraft, Donald H.: *A mathematical Model for weighted Boolean retrieval systems*. Information Processing and Management, 15 (1979). S. 235–245.
- Weick, Karl E., und Daft, Richard L.: *The Effectiveness of Interpretation Systems*. In: Cameron, K. S., und Whitten, D. A. (Hrsg.): *Organizational Effectiveness: A Comparison of Multiple Models*. New York: Academic Press 1983.
- Witten, Ian H.; Moffat, Alistair, und Bell, Timothy C.: *Managing Gigabytes, Compressing and Indexing Documents and Images*. San Francisco: Morgan Kaufmann Publishers 1994.

Ansonsten empfehle ich Ihnen, im Online-Shop des Rheinwerk-Verlags zu stöbern (*https://www.rheinwerk-verlag.de*). Es lohnt sich.

Index

.htaccess-Datei ... 503
... 567
404 ... 1128
410 ... 1128

A

Above-The-Fold ... 463
Abstrafung ... 782
Action-Tracking ... 1015
Administrator ... 522
AdSense ... 867
Ad-Server ... 680
Affiliate-Marketing ... 50
Affiliates ... 50
Agentur ... 650
Ähnlichkeitsbestimmung ... 378
Ajax ... 487, 748
Aktualität ... 516, 517
Algebra, boolesche ... 260
Alleinstellungsfaktor ... 91
AllTheWeb ... 335
alt-Attribut ... 673, 707
AMP ... 471, 1140
Anchor ... 315, 485
Anchor-Text ... 671, 1100
Angular ... 748
Answer Box ... 951
Antwortmaschinen ... 264
Apache ... 502
API ... 269
ARPANET ... 234
ASP ... 484, 501
Attribut ... 885, 905
   Anzahl ... 891
Aufnahmedauer ... 616
Auswertung
   aggregierte ... 1045
   Fehlercode ... 1048
   Herkunftsland ... 1047
   pro Tag ... 1045
   Seitenbesuch ... 1047
Authority ... 1088
Autodidakt ... 75
Autorität ... 705

B

B2B ... 800
B2C ... 800
Backlink ... 35, 45, 112
Backlink-Pflicht ... 45
Backlink-Profil ... 774
Backlink-Profil-Analyse ... 782
Backlink-Update ... 616
Bad Rank ... 416
Banner-Blindness ... 961
Basic Result ... 933
Bedarfsweckung ... 64
Bedürfniserkennung ... 64
bellnet ... 812
Berners-Lee, Timothy ... 221
Besucherinformationen ... 1016
Besucherverhalten ... 1048
BigQuery ... 1053
Bild ... 698
   Größe ... 887
   individuelles ... 891
   Qualität ... 887
   Suchmaschinen ... 885
Bildersuche ... 627
Bildhöhe ... 963
Bildkompression ... 1122
Bildskalierung ... 1122
Bildunterschriften ... 886
Black List ... 289, 310
Blackhat ... 72
Blatt ... 324
Blended Search ... 877
Blickverlauf ... 652
Blog ... 819
   Spam ... 974
   Suchmaschine ... 820
Blue Link ... 933
Bookmark ... 39
Bootstrap ... 466
Bounce-Box ... 425, 936
Breadcrumb ... 1129
Breadcrumb-Navigation ... 478, 924
Breitensuche ... 516
Brin, Sergey ... 258, 406
Broken Link ... 818
Browser-Cache ... 693

Index

Browseroberfläche ... 39
Browserweiche ... 970
Brückenseite ... 965
Buchdruck ... 222
Bundesverband Digitale Wirtschaft ... 71
BVDW ... 71

C

Call-To-Action ... 718
Canonical ... 1116
   selbstreferenzieller ... 584
Captcha ... 975
Cascading Style Sheets → CSS
CERN ... 221
Checksumme ... 277, 973
Click per Install ... 51
Click per PrintOut ... 51
Click per SignUp ... 51
Click-Popularity ... 423, 857
   erhöhen ... 856
   IP-Sperre ... 424
Clickstream-Daten ... 178
Client ... 232
Client-Server-Prinzip ... 232
Clipboard ... 451
Cloaking ... 1178
Cluster ... 278
Clustering ... 324, 431
   Google ... 432
   Single-Pass ... 433
Cluster-Validität ... 313
CMS ... 54, 239, 444
Compilation ... 939
Conflation ... 304
Constraints ... 291
Content-Agentur ... 69
Content-Anbieter ... 52
Content-Management-System ... 54, 239, 499
Content-Marketing ... 774, 870
Conversion Rate ... 60, 66
Conversion Tracking ... 61
Conversion-Rate-Optimierung ... 61, 65, 96
Cookie Consent ... 460
Cookie Notice ... 1185
Cookie-Banner ... 1187
Cookies ... 349, 424, 860
Cosinus ... 378
Cost per Action ... 50
Cost per Click ... 50, 863
Cost per Lead ... 50
Cost per Mille ... 49
Cost per Sale ... 50
CPA ... 50
CPC ... 50
CPL ... 50
CPM ... 49
CPS ... 50
CPU-Auslastung ... 534
Crawler ... 35
Creative-Commons ... 1171
Critical Rendering Path ... 528, 1134
CRO ... 61, 65, 96, 1150
Crowdsourcing ... 860
CSS ... 229
   Datei ... 449
   Formatierung ... 231
   Formatierungsregel ... 230
   Hervorhebung ... 667
   korrektes ... 440
   Text-Hiding ... 959
   Trennung Inhalt/Darstellung ... 229
   Tutorial ... 230
CSS und Usability ... 1101
CSSOM ... 530
Customer Journey ... 1016
Customer Profiling ... 113

D

Dangling Pages ... 478
Data Manipulation Language ... 292
Dateiname ... 513, 885
Dateisystem, invertiertes ... 316
Dateityp ... 345
Datenaufbereitung ... 290
Datenbestand
   Aktualität ... 279
   Grundlage ... 373
   Integrität ... 502
   Normalisierung ... 326
Datennormalisierung ... 295, 508, 962, 970
Datenschutz ... 1182
Datenschutzbeauftragter ... 1026
Datenschutzerklärung ... 1164
Datenschutz-Grundverordnung ... 1183
Datenspeichermodul ... 277
Datenstruktur, direkte ... 319
Deep Crawl ... 1064
Deep Learning ... 398
Deep Web ... 601
Denial of Service ... 988

DENIC 258
Deranking 831
Design-Relaunch 639
Deskriptor 266, 311, 384
Detox-Analyse 783
Deutsches Patent- und Markenamt 162
Device Action Result Block 932, 949
Dienstvertrag 1156
Digital-Asset-Management System 254
Direct Answer 951
Direkte Datei 320
Disavow 417
DMEXCO 80
DNS 236, 280
DNS-Balancing 323
DocID 277, 289, 320, 322
Document Index 277
Document Object Model 226
Dokumentanalyse 290
Dokumentenindex
   Aufgaben 277
   Inhalt 277
   Zuordnung 320
Dokumenttyp 286
DOM 226
Domain 522
   Domainname 505
   Expired 512
   Top Level Domain (TLD) 238
Domain Authority 793
Domain Name Service → DNS
Domain-Popularity, Bild 707
Domain-Rating 792
Domainübernahme 1091
Doorway-Pages 1178
DOS 988
DOS-Attacke 988
Dublettenerkennung 287
Duplicate Content 288, 707, 1115
Durchschnittliche Position 158

E

E-A-T 1088
EAT 422, 1083
eBay 189
Editor 812
Eingabemaske 259
Einwilligung 1184
Eisbergeffekt 414
E-Mail 232

Embedded Link 480, 486
Enriched Rich Results 935
Enriched Search Result 933, 934
Entitäten 899
e-Privacy-Verordnung 1184
Erfolgshonorar 1160
Ergebnisseite 260
Erstbesuch 1015
Erweiterte Suche 340
Events 1042
Everflux 1064
Excel 346
Exklusivitätsvereinbarung 1167
Experten 875
Expertise 1088
Expired Domain 512, 513

F

Facebook Ads 863
Facebook Debugger 695
Fakten-Anzeige 938
Fakten-Retrieval 291
FastText 397
Favicon 1119
Favoriten 39
Feature Extraction 700
Featured Snippet 945
First Contentful Paint (FCP) 535
First Meaningful Paint (FMP) 535
First Paint (FP) 535
Flash 440
   Auswertungsmechanismen 281
   Intro 491, 818
   Navigation 484
   Skip-Funktion 818
Fließtext 666
Flugsuche 940
Fokus-Keyword 219, 1119
Frame 453, 460
   Frameset 454, 455
   Prinzip 454
   Probleme 459
   target-Attribut 455
Freelancer 70
Fresh Crawl 1064
FTP 232, 525
Full-Service-Agentur 70
Funnel 1041
Fuzzy-Logik 376

G

Geheimhaltung 1167
Geschäftsbedingungen 1165
Gewichtungsvalidität 313
Glaubwürdigkeit 62
GloVe 397
Google
    Google-Image 597
    Richtlinien 1160, 1197
    Videosuche 496
Google Ads 61, 863, 864
Google Alerts 829
Google Business 881
Google Dance 616, 1064
Google for Jobs 915
Google Jobs 915
Google Maps 880
Google News 891, 940
Google Suggest 181
Google Tag Manager 1022
Google Webmaster-Tools 184
Google-Bombing 827
Google-Qualitätsrichtlinien 875
Google-Sitemap 622
Google-Update 1068
GoYellow 884
Greyhat 74
Großschreibung 318
Grundoptimierung 75
GTM 1022
Gutenberg, Johannes 222

H

Haftung 1164, 1198
    dem Grunde nach 1165
    der Höhe nach 1166
    für Inhalte 1199
    für Links 1200
Harte Linktexte 776
Hashwert 518
Hauptkeyword 219, 715
Hauptleistungspflichten 1158
Hauptnavigation 1104
Hauptüberschrift 1132
Head of Line Blocking 242
Headfull-Prinzip 254
Headless-CMS 445
Headless-Prinzip 254
Hidden Layer 398

Hidden Text 1178
Hidden-Links 962
Hidden-Markov-Modell 304
Hilltop-Prinzip 417
Hilltop-Theorie 1070
Histogramm 703
Hitlist 317, 322
Holistisch 715
Holistische Behandlung 550
Homepage 517
Homographie 398
Host 232
Hotlinking 705
Housekeeping 640
hreflang 1133
HSTS 1137
HTML
    Auszeichnungssprache 224
    Body 225
    Container-Tags 227
    Container-Tags mit Zusatz 227
    Dokumentkopf 225
    Dokumentkörper 225
    Dokumentstruktur 224
    dynamisches 484, 499
    Empty-Tags 227
    fehlerfreies 296
    Formular 678
    gültiges 440
    Head 225
    Prüfung 446
    SGML-Abkömmling 222
    Standard 222
    statisches 499
    Tag 224, 226
HTTP 250
    404 Not Found 251
    Abkürzung 240
    Ablaufschema 241
    Accept 249
    Aufbau, schematischer 244
    If-Modified-Since 246
    If-None-Match 247
    Kommunikation 240
    Methoden 245
    Monitoring 987
    Request 240, 245
    Response 240, 249, 281, 988
    Response-Code 250
    Statusbereiche 250
    Statuscode 250, 285

HTTP (Forts.)
  User Agent 247
  Versionen 240
HTTPS 1137
Hubs 875
Huffman-Code 319
Hybris 1145

I

Icon 1105
ICQ 232
Image Processing 704
Imageindex 700
  invers 701
Image-Map 698, 711
Image-Sitemap 627
Impression 158
Impressum 1177, 1191
  Bestandteile 1191
Impressumspflicht 1191
Inbound-Links 405
Index 480
  direkter 319
  invertierter 321
  Metapher 290
  mobil 358
Indexabdeckung 1002
Indexer 35, 294
Indexierung 266
  kontrollierte 323
  unkontrollierte 323
Influencer 875
Informatik 292, 319, 324
Information 105
Information-Page 967
Information-Retrieval-System
  Aufgabe 290
  Aufgabenbereich 290
  Definition 266
  Dokumentenrepräsentation 266
  Herausforderung 373
  optimale Werte 306
  Unterschiede 291
Informationsbedürfnis 362
Informationssuche 64
Inhaltliche Umsetzung 69
Inhouse-SEO 58, 74
Inlink 35
INP 543
Input Layer 398

Inquirus 273
Instagram Ads 863
Intention 329
Interaction to Next Paint 543
Internet
  Client-Server-Prinzip 232
  Protocol (IP) 235
  Service Provider (ISP) 1046
  Trägermedium 232
Internet Protocol → TCP/IP
Internet Society 270
IntersectionObserver API 753
Interstitial 460, 469
Inverse Dokumenthäufigkeit (Idf) 383
Inversen Imageindex 701
Invertierte Pyramide 664
IONOS 524
IP-Adresse 1184
IP-Sperre 527, 567
IRC 232
Isomorphes JavaScript 750
ISO-OSI-Modell 233
IVW 963

J

JavaScript 458
Jedermannlizenzen 1171
Jimdo 524
Jugendschutz 309

K

KAKADU-Prinzip 772, 800
Kampagnen-Tracking 1015
Kanonische URL 582
Kanten 324
Karussell 947
KEI 211
Key-Performance-Indikator 105
Keyword 34, 111, 153
  Datenbank 170
  Effizienz-Index 211
  Extrahierung 311
  Gütekriterien 142
  High Potential 807
  Recherche 131, 138, 1099
  Stuffing 655, 664
Keyword-Difficulty 179
Keyword-Kannibalisierung 142, 719
Keyword-Matching 866

Kleinschreibung 317
Kleinstunternehmen 57
Klick 158
Klickbots 860
Knoten 324
Knowledge Card 952
Knowledge Graph 330, 879
Knowledge-Daten 898
Kohärenz 1103
Konsistenz 1103
Kontrolle 105
Konversionsrate → Conversion Rate
Konversionsraten-Optimierung
   → Conversion-Rate-Optimierung
Konzept 62
Kosten-Nutzen-Verhältnis 88
KPI 105
Kündigungsrecht 1162

L

Landing Page 111, 142
Latent semantische Optimierung 728
Lazy Loading 1136
Lead 59, 96, 101
Leistungsumfang 1158
Lexikon 304, 320
Lifestyle-Faktor 95
Linkaufbau 45
Linkbuilding 45, 70, 99, 114
Linkbuilding-Agentur 69
Linkerati 871
Link-Farm 406, 827
Linkgestaltung 1108
Linkjuice 405, 406
Linkkauf 1179
Linkmiete 1179
Link-Popularity
   Definition 405
   Exklusivität 800
   interne Verlinkung 765
   Konzept 406
   PageRank 406
   prüfen 798
   Qualitätskriterien 798
   Suchbegriffe 800
   Themenkreise 799
Linkprofil 774
Linkstruktur 552
Linux 513
Lizenzgeber 1171

Lizenznehmer 1171
Load Average 534
Location List → Hitlist
Logdatei, Format 1044
Logik
   AND 337
   boolesche 337
   NOT 338
   OR 337
Logo 1104
Long Click 422, 424
Long Tail Keywords 93
Longtail 146
LSO 728
Luhn, Hans Peter 314

M

Main Content 770
Managed-Server 522
Marginal-Boxen 770
Markenbekanntheit 97
Markenrecht 1173
Marketing-Abteilung 57, 58
Marketing-Plan 114
Matching 326
MD5 277
Mehrwortgruppenidentifikation 308
meinestadt.de 884
Meinungsführer 875
merge 242
MetaCrawler 273
MetaGer 185, 186
Meta-Suchmaschine 268, 270
   Ablaufschema 269
   All-in-One 269
   Cluster-Technik 274
   Einsatzgebiete 270
   formale Kriterien 270
   Kurzbeschreibung 273
   Nutzerkreis 270
   Operatoren 271
   Präsentation 272
   Ranking 273
   Schnittstelle 272
   zusammenschließen 271
Meta-Tag 228
   audience 697
   author 697
   content-type 686
   copyright 697

Meta-Tag (Forts.)
  date 697
  description 656
  Dublin Core 697
  hreflang 689
  keywords 681
  language 303, 686
  Mehrfachnennungen 681
  Meta-Spam 964
  Missbrauch 228
  PICS 697
  publisher 697
  refresh 687
  revisit-after 693
  robots 594, 682
Mikroblogging 850
Mikroseite 842
Milestones 115
MIME-Type 287
Minify 1135
Mirror-Page 972
Miserable failure 1074
Mitbewerbersituation 57
Mixed Content 1137
Mobile First Index 358
Mobile First Indexing 1139
Mobiltauglichkeit 468
Monitoring
  DNS 989
  Rank 1055
  Server 986
Mouseover-Effekt 1172
MSN 309
Multitask Unified Model 401
MUM 401

N

Navigation 484
Navigationsleiste 480
NDA 805
Nebenkeyword 219, 716
Negative SEO 1178, 1201
Newsletter 826
Newsletter-Marketing 31
News-Sitemap 891
NGO 58
N-Gramm 288
Nichtregierungsorganisation 58
nofollow 791, 1116, 1117
Nofollow-Follow-These 822

noindex 1116
Normalisieren 266
Nutzersicht 1109
Nutzersignale 857
Nutzerverhalten
  im Web 361
  Suchmaschine 365
  Suchmodus 363
  Suchverfeinerung 200
  surfen 363

O

OCR 701
Offpage-Faktoren 35
Onebox 950
Online-Marketing 64, 67
Online-Medien 232
Online-PR 809
Online-Shop 95, 1030
Onpage-Faktor 35
Open Directory 809
Open Directory Project 43
Open-Graph-Markup 694
OpenOffice 164
Optimierung
  Breitband 368
  Meta-Tags 228
  PDF-Dokumente 756
  Rahmenbedingungen 84
  Tags 651
Optimierungsziel 879
Ordered list 666
Organigramm 490
Orphan Pages 412
Output Layer 398
Overlay 469
Oversubmitting 611
OXID 1145

P

Page Authority 793
Page Impressions 1045
Page, Lawrence 258, 406
Page-Jacking 973
PageRang-Scuplting 571
PageRank 405
  Aktualität 415
  Bad Rank 415
  Beispiel 408

PageRank (Forts.)
  Dämpfungsfaktor 407
  Distanz 414
  Effekte 410
  Formel 407
  intelligenter Surfer 413
  Iterationen 410
  Problem 408
  Random-Surfer-Modell 411
  Startwert 409
PageRank-Algorithmus 258
Page-Swapping 972
Paginierung 1132
Paid Listing 91, 864
Paid Placement 864
Parser 35, 36, 294
  Alphabet 297
  Datenaufbereitung 294
  Fehlertoleranz 296
  JavaScript 978
  Prozess 294
Pay per Click 50, 618, 619, 863
Payed-Inclusion 618
Paywall 605
PDF
  Adobe 345
  optimieren 757
  Plattformunabhängigkeit 757
PDF-Dokument 60
PDS 918, 1147
Penalty 782, 830, 831
  30-Plus 831
Perl 484
Persona 718, 874
Persona-Erstellung 113
Personalisierung 366
Personenbezogene Daten 1183
Persönlichkeitsrecht 1181
Pfad 239, 362, 552
Pfadanalyse 1016
Phantom-Pixel 962, 963
PHP 484, 501
Phrase 289, 338
Phrasensuche 338, 339, 828
PLA 864
Polyfill 753
Polysem 300
Port 236, 239
Position Null 934
PowerPoint 346

PPC 50, 863
Precise-Match-Angebot 866
Precision 305, 308
  Definition 305
  Practical Precision 336
  Verminderung 970
Privacy by Default 1186
Privatperson 53
Processing Module 277
Proctocol Module 276
Product Listing Ads 864
Produktdetailseite 480, 918
Programmierer 62
Projektaufträge 117
Projekterfahrung 75
Projektmanagement 74
Proof-Term 723
Prospecting 828
Protokollmodul 276
Protokollumstellung 989
Proximity 389, 653
Proxy 860
Publisher 867
Punycode 509
PureText 451
PWA 474

Q

QDF 372, 518
Qualifizierte Besucher 63
Qualitätszertifikat 71
Query 34
  Non-Brand 551
Query Deserves Freshness 372, 518
Query Processing 326
Query-Prozessor 234, 267
  Arbeitsschritte 326
  Funktionalität 325
  Matching 334
  Parsing 327
  Query 328
  Searcher 325
  Stemming 327
  Stoppwort-Eliminierung 327
  Stoppwörter 327
  Tokenizing 326
  Trefferliste 334
  Wildcard 339
Quick Wins 125

R

Rahmenbedingungen 84
Random Surfer 406
RankBrain 330
Ranking 34, 35, 110
Rank-Monitoring 77, 1055
Rater 738
RDFa 906
RDFa-Code 925
Reasonable Surfer 406
Recall 305
   Definition 305
   Stemming 306
   Stoppwort-Eliminierung 310
Rechner 942
Recht 1153
Recht am eigenen Bild 1181
Redaktionssystem → Content-
   Management-System
Redirect 250, 591
Redirect Chains 594
Referenzmodell → ISO-OSI-Modell
Refinement 65, 169
Reinclusion Request 636
rel=next/prev 1120
Relaunch 552
rel-Author 894
Relevancy Scores 707
Relevancy Set 267, 334
Relevanzbewertung 374, 763
Rendering 230, 750
   hybrid 284, 750
   isomorph 284, 750
Repository 289, 321
Reputationsmanagement 98
Research 871
Responsiv 464
Responsives Bild 709, 1121
Retargeting 867
Retrieval
   boolesches 375
   Fakten-Retrieval 291
   Fuzzy 376
   Information Retrieval 293
   Ziel 601
Retweet 852
reziproken Link 802
RGB 701
RGB-Farbraum 958
Rich Cards 948

Rich Result 933
Rich Snippet 902, 909, 933, 950
Robot 35
Robots Exclusion Protocol 595, 683
robots.txt 595, 683, 1114
Root-Server 522
Router 235
RSS-Feeds 854

S

SafeSearch 348
Sandbox-Effekt 1089
   vermeiden 1090
Satellit 803, 842
Satellitendomain 842
Satzstruktur 313
Scanning 666, 817
Scan-Vorgang 663
Schadenersatz 1160
Scheduler
   Definition 278
   DNS 280
   Richtlinien 278
   URL 279
Schichten 233
Schlüsselwort 153
   Aussagekraft 142
   Bereinigung 168
   Brainstorming 155
   Definition 311
   IDF 167
   in URL 515
   Liste 160
   Mitbewerber 160
   neue Rechtschreibung 195
   Numerus 192
   Schreibweise 196
   Sonderzeichen 194
   Übernahme 162
   Wahl 143
   Wortfolge 652
   Wortkombination 200, 201
Schriftgröße 1108
Schwellenkeyword 158
Screaming Frog 412
Search Console 991
Search Engine Optimization 32
Search Engine Result Page 35
Search Intent 715, 1099
Searcher → Query-Prozessor

Searchmetrics	78
Seeding	774, 797, 828, 875
Seiten-Keyword	715
Seitenstruktur	476
Kriterien	477
Planung	477
Suchmöglichkeit	348
Seitentitel	1100
SEM	61, 91
Semantik	313
SEO	32
SEO Campixx	80
SEO-Beratung	68
SEO-Blog	81
SEO-Dienstleistung	68
SEO-Konferenzen	80
SEO-Software	75, 77
SEO-Stammtische	80
SEO-Text	714
SERP	35, 93
Serverseitige Tracking	1050
Service Worker	474
Session-ID	500, 602
SGML	222
Sharing-Icons	854
Shingle	288
Shopware	1145
Short Click	422, 424, 936
SISTRIX	78
Sitemap	411, 457, 480, 1105
XML	622
Site-Struktur	458, 517, 551
Skriptsprache	
clientseitige	484
Navigationsmenü	484
Probleme	484
serverseitige	484
SMART	100
SMO	61, 844
Snippet	260, 950
Social Bookmarking	39, 847
Social Media Optimization	61
Solmecke, Christian	1153
Sonderzeichen	296, 686, 815
Sorter	322
Spam	953, 1160
Bait-and-Switch	971
BMW-Beispiel	965
Cloaking	969
Domaindubletten	972
Doorway-Page	965
E-Mail	953
Hidden-Links	962
IP-Delivering	971, 972
Keyword-Stuffing	955
Oversubmitting	980
Pop-up	978
Spam-Meldung	980
Text-Hiding	957
Text-Smalling	958
Spam-Links	1178, 1201
Special Content Result Block	932, 937
Spiegelseite	972
sponsored	791, 1117
Sponsored Links, Paid Placement	815
Sprache	
asiatische	297
Identifikation	300
natürliche	297
Sprachfilter	344
Spracherkennung	303, 304
Spryker	1145
SQL	292
SquAD 2.0	399
SSH	1114
Stadtbranchenbuch	884
Stamm	304
Startseite	490
Statusbereich → HTTP	
Stemming	305
Affix-Removal	307
Ähnlichkeitsberechnung	307
Lexikon	306
Look-up	306
Porter	307
Steuerung	105
Stichwortvalidität	313, 314
Stickiness	424, 1016
Stoppwort	309
Stoppwort-Eliminierung	377
Stoppwortliste	309
Studie	
Forrester Research	365
Leseverhalten im Web	663
Vividence	366
Stundenhonorar	1160
Subnavigation	1105
Substantiv	142
Suchaktivität	362
Browsing	362
Chaining	362
Differentiating	362

Suchaktivität (Forts.)
   Extracting 363
   Monitoring 363
   Starting 362
Suchbegriff
   Beliebtheit 369
   Nähe 654
Suchintention 364
Suchmaschine 258
   Anmeldung 609
   Architektur 257
   Blindanteil 264
   Datenanalyse 266
   Datengewinnung 266
   Eingabemaske 259
   Ergebnisse 267
   Hürden 264
   Kernkomponenten 266, 267
   Kommerzialisierung 264
   Kooperationen 608
   Nutzung 258
   Query-Prozessor 267
   Resultate 260
   User-Interface 259
   Wachstum 258
Suchmaschinen-Beratung 68
Suchmaschinen-Ergebnislisten 93
Suchmaschinen-Marketing 61, 91
Suchmaschinen-Optimierung, Ziele 90
Suchmaschinen-Referrer 1015
Suchmodus
   Conditioned Viewing 363
   Formal Search 364
   Informal Search 364
   Undirected Viewing 363, 492
Suchoperator 336
Suchtreffer 260
Suchvolumen 139
Symbole 1105
Synonym 164

T

Tabelle 674
   codierte 320
   CSS 675
   Strukturierung 291, 675
   Tag 674
   Trick 676

Tag
   <comment> 677
   <iframe> 679
   <noscript> 679
   <p> 665
   <title> 651
   Aufzählung 665
   embedded 485
   Link 671
   proprietäres 445
   title-Attribut 673
   Überschrift 668
Tausender-Kontakt-Preis 92
TCP/IP 235
   Adressierung 236
   IPv6 236
Technik-Relaunch 638
Technische Umsetzung 69
Telefonnummer 883
Termabstand 201
Terme 388
   Art 388
   Klassen 388
   Lage 388
   Leitsatz 388
Textanalyse 313
Texthervorhebung 666
Text-Hiding 957
Textlink 480
Thesaurus 143, 308, 328
Thin Content 590
Tiefensuche 516
Time to Interactive (TTI) 535
TKP 92
TLD 509
Tokenisierung 297
Tokenizer 297
Tooltip 673
Traffic 106
Traffic-Steigerung 107, 1159
Transaktion 65, 66, 101, 114
Trigger 291
Trunkierungsoperator 305
Trust 1088
TrustRank 417, 418
TTFB 542
Tutorial 772
Tweet 357, 850
Twitter 81, 895

U

Überschrift 668
Übersetzungsfunktion 944
UGC 791, 844, 1117
Umlaute 304
Uniform Resource Identifier 239
Uniform Resource Locator 237
Unique Selling Proposition 86, 91
Unique Visitors 92
Universal Search 877
Unordered list 666
Unternehmen 54, 57
Urheberrecht 1168
URL
   Analyse 393
   Beispiel 239
   Filter 288
   Parameter 239, 502
   Pfadangabe 239
   Schrägstriche 238
   Überprüfung 288
   URI 239
   URN 240
URL-Datenbank 591
URL-Parameter 1127
URL-Rating 792
URL-Referrer 1015
URL-Resolver 315
Usability 165, 411, 650, 1095
Usability-Regeln 1103
User Agent 226
User Experience 1095
User Intent 139, 364
User Journey 1016
User Tracking 422, 602
User-Generated Content 844
User-Intent 329, 426
USP 91
USV 987
UX 1095

V

Vary-Header 467
Vektorraummodell 377
Vermarktung 90
Vertical Search 877
Vertragsdauer 1161
Vertragsform 1167
Vertragsrecht 1154
Verweildauer 424
Verzeichnisname 513
Verzeichnistiefe 516
Viewport 463
Visit 1016, 1046
Visitor 92
Visitor-Tracking 1014, 1015
Voice-Search 259
Vollindexierung 310, 312
Vorbereitende Conversion 1042
Vorbereitung, strukturelle 437

W

W3C 221, 905
Watchblog 819
WCAG 1107
Web Content Accessibility Guidelines 1107
Web Directory → Webkatalog
Web Search Result Block 932
web.de 812
Web-Assoziator 185
Webcrawler-System 275
   Crawler 280
   Protokollmodul 277
   Storeserver 284
   Verarbeitungsmodul 277
Webhosting 521
Webkatalog 42, 811
   Beschreibungstext 817
   häufige Fehler 818
   Redakteur 812
   Rubrik 815
   Submit-Tool 818
   Textlänge 817
   Titelwahl 815
Weblog 819, 975
WebP 1123
Webserver 233
Website-Usability 1096
Webspace 289, 523
Web-Usability 1096
Webverzeichnis → Webkatalog
Webvisitenkarte 55
Weiterleitungsmanagement 1126
Werbeeinblendung 47
Werbung 1105
Werkvertrag 1155
Wettbewerbsrecht 1177
White List 323
Whitehat 72, 807

Wiedereinstiegspunkt ... 1111
Wiederholungsbesuch ... 1015
Wiki ... 844
Wikipedia ... 844
Wildcard ... 339
WIX ... 524
WooCommerce ... 1145
Word ... 164, 346
Word2Vec ... 397
WordID ... 320, 334
Wording ... 485, 1105, 1110
WordPress ... 1145
World Wide Web Consortium → W3C
Wortabstand ... 338
   ADJ ... 339
   FAR ... 339
   NEAR ... 339
Wörterbuch ... 943
Wortgruppe ... 297
Wortnähe ... 201
Wortseparator ... 297
WWW
   Anatomie ... 221
   Dynamik ... 985
WYSIWYG ... 223

X

XHTML ... 905
XML ... 223
XML-Sitemap ... 622, 1114
XOVI ... 78

Y

Yahoo! ... 260
Yelp ... 884
YMYL ... 1088
YouTube ... 893
YSlow ... 534

Z

Zeilenabstand ... 1108
Zentroid ... 434
Zieldefinition ... 83
Ziele ... 90
   definieren ... 83
   errreichbare ... 101
   messbare ... 101
   relevante ... 102
   terminierte ... 103
Zielgruppe ... 113, 870
z-Index ... 961
Zipfsches Gesetz ... 314
Zugriffszeit ... 320
Zuwachs ... 107

Die gesamte Customer Journey im Blick!

Mit Google Analytics (GA4) können Sie die komplette Reise des Kunden über alle Stationen und Geräte analysieren. Wenn Sie bereits mit GA4 arbeiten oder erstmalig neue Projekte starten, ist unser Buch das richtige für Sie. Sie werden alle Neuerungen und Features von Google Analytics 4 kennenlernen und erhalten Herangehensweisen für Websites, Shops, Kampagnen und Apps an die Hand.
Inkl. vieler Praxisbeispiele!

518 Seiten, gebunden, 39,90 Euro, ISBN 978-3-367-10658-5
www.rheinwerk-verlag.de/6052

Verkaufsprozesse werden zu Erfolgsgeschichten!

Möchten Sie das Verhalten Ihrer Kunden wirklich verstehen? Die erfahrene Verhaltensökonomin Katharina Stapel teilt mit Ihnen wertvolle Erkenntnisse und Strategien. Lernen Sie, das Kundenkaufverhalten zu entschlüsseln, und steigen Sie in die Grundlagen der Verhaltensökonomie und die Psychologie des Kaufens ein. Praxisnahe Tipps und Fallstudien zeigen Ihnen, wie Sie Ihre Website für bessere Kundenbindung und Conversion optimieren können.

351 Seiten, broschiert, 29,90 Euro, ISBN 978-3-367-10198-6
www.rheinwerk-verlag.de/5905

Revolutionieren Sie Ihre Content-Erstellung

Social-Media-Posts automatisch erstellen und kommentieren, Titelseiten von Magazinen gestalten, Interviews vorbereiten, Recherchen anstellen, oder bessere Texte sowie Video- und Audio-Content von der KI erstellen lassen: ChatGPT, Claude und Co. haben die Content-Erstellung schon jetzt grundlegend verändert. Erfahren Sie, wie Sie Texte generieren, Blog-Artikel schreiben, Übersetzungen redigieren, Bilder, Videos und Sounds erstellen oder Kreativitätsblockaden überwinden können.

508 Seiten, broschiert, 34,90 Euro, ISBN 978-3-367-10133-7

www.rheinwerk-verlag.de/5885

Klare Texte.
Klare Erfolge.

Petra van Laak zeigt Ihnen, wie Sie klare, präzise und zugängliche Inhalte für berufliche und formelle Kontexte schreiben. Egal ob im Unternehmen, in Behörden, im Bildungswesen oder privat – mithilfe praxisnaher Anleitungen und aktueller Tools gestalten Sie Ihre Texte effizient und wirkungsvoll.

354 Seiten, broschiert, 24,90 Euro, ISBN 978-3-367-10692-9

www.rheinwerk-verlag.de/6069